Gonglu Yanghu Guanli Fagui Zhidu Wenjian Huibian

公路养护管理法规制度文件汇编

2021 年版

（上册）

交通运输部公路局

人民交通出版社股份有限公司

北　京

内 容 提 要

本汇编分为上、中、下三册。上、中册汇编了1978年～2021年有关公路养护管理的各种法规、文件共计303篇，内容包括两个方面：(1) 国家法律法规、国务院及国务院办公厅文件；(2) 交通运输部及其他部委相关规章、文件。其中交通运输部及其他部委相关规章、文件又分为六类，包括综合类、养护管理类、路政管理类、收费公路管理类、路网应急与服务类及其他类。养护管理类又细分为综合管理、桥隧养护管理、路网结构改造工程以及防灾减灾四小类。下册汇编了各省（自治区、直辖市）有关公路养护管理最新的地方性法规制度文件，共计125篇。为便于查阅，各类文件主要依发布时间的先后顺序加以排列，并按序列统一编号。

本书可供各级公路管理部门的领导干部和养护管理人员使用参考。

图书在版编目（CIP）数据

公路养护管理法规制度文件汇编 ：2021年版 / 交通运输部公路局编．— 北京 ：人民交通出版社股份有限公司，2021.6

ISBN 978-7-114-17352-3

Ⅰ.①公… Ⅱ.①交… Ⅲ.①公路养护—管理—法规—汇编—中国 Ⅳ.①D922.296.9

中国版本图书馆CIP数据核字（2021）第102152号

书　　名：公路养护管理法规制度文件汇编　2021年版（上册）
著 作 者：交通运输部公路局
责任编辑：吴有铭　王海南　刘永超
责任校对：孙国靖　魏佳宁　宋佳时　扈　婕
责任印制：张　凯
出版发行：人民交通出版社股份有限公司
地　　址：(100011)北京市朝阳区安定门外外馆斜街3号
网　　址：http://www.ccpcl.com.cn
销售电话：(010)59757973
总 经 销：人民交通出版社股份有限公司发行部
经　　销：各地新华书店
印　　刷：北京市密东印刷有限公司
开　　本：880×1230　1/16
印　　张：43
字　　数：1246千
版　　次：2021年6月　第1版
印　　次：2021年6月　第1次印刷
书　　号：ISBN 978-7-114-17352-3
总 定 价：480.00元（上、中、下册）
（有印刷、装订质量问题的图书由本公司负责调换）

总 目 录

上 册

中 册

下 册

目　　录

一、国家法律法规、国务院及国务院办公厅文件

二、交通运输部及其他部委相关规章、文件

（一）综　　合

（二）养 护 管 理

◇综合管理◇

◇ 路网结构改造工程 ◇

（六）其　他

三、各省（自治区、直辖市）公路养护管理法规制度文件

一、

国家法律法规、国务院及国务院办公厅文件

1. 中华人民共和国公路法

（根据2017年11月4日第十二届全国人民代表大会常务委员会第三十次会议《关于修改〈中华人民共和国会计法〉等十一部法律的决定》第五次修正）

第一章　总　　则

第一条　为了加强公路的建设和管理，促进公路事业的发展，适应社会主义现代化建设和人民生活的需要，制定本法。

第二条　在中华人民共和国境内从事公路的规划、建设、养护、经营、使用和管理，适用本法。

本法所称公路，包括公路桥梁、公路隧道和公路渡口。

第三条　公路的发展应当遵循全面规划、合理布局、确保质量、保障畅通、保护环境、建设改造与养护并重的原则。

第四条　各级人民政府应当采取有力措施，扶持、促进公路建设、公路建设应当纳入国民经济和社会发展计划。

国家鼓励、引导国内外经济组织依法投资建设、经营公路。

第五条　国家帮助和扶持少数民族地区、边远地区和贫困地区发展公路建设。

第六条　公路按其在公路路网中的地位分为国道、省道、县道和乡道，并按技术等级分为高速公路、一级公路、二级公路、三级公路和四级公路、具体划分标准由国务院交通主管部门规定。

新建公路应当符合技术等级的要求、原有不符合最低技术等级要求的等外公路，应当采取措施，逐步改造为符合技术等级要求的公路。

第七条　公路受国家保护，任何单位和个人不得破坏、损坏或者非法占用公路、公路用地及公路附属设施。

任何单位和个人都有爱护公路、公路用地及公路附属设施的义务，有权检举和控告破坏、损坏公路、公路用地、公路附属设施和影响公路安全的行为。

第八条　国务院交通主管部门主管全国公路工作。

县级以上地方人民政府交通主管部门主管本行政区域内的公路工作；但是，县级以上地方人民政府交通主管部门对国道、省道的管理、监督职责，由省、自治区、直辖市人民政府确定。

乡、民族乡、镇人民政府负责本行政区域内的乡道的建设和养护工作。

县级以上地方人民政府交通主管部门可以决定由公路管理机构依照本法规定行使公路行政管理职责。

第九条　禁止任何单位和个人在公路上非法设卡、收费、罚款和拦截车辆。

第十条　国家鼓励公路工作方面的科学技术研究，对在公路科学技术研究和应用方面作出显著成绩的单位和个人给予奖励。

第十一条　本法对专用公路有规定的，适用于专用公路。

专用公路是指由企业或者其他单位建设、养护、管理，专为或者主要为本企业或者本单位提供运输服务的道路。

第二章　公 路 规 划

第十二条　公路规划应当根据国民经济和社会发展以及国防建设的需要编制，与城市建设发展规划和其他方式的交通运输发展规划相协调。

第十三条 公路建设用地规划应当符合土地利用总体规划，当年建设用地应当纳入年度建设用地计划。

第十四条 国道规划由国务院交通主管部门会同国务院有关部门并商国道沿线省、自治区、直辖市人民政府编制，报国务院批准。

省道规划由省、自治区、直辖市人民政府交通主管部门会同同级有关部门并商省道沿线下一级人民政府编制，报省、自治区、直辖市人民政府批准，并报国务院交通主管部门备案。

县道规划由县级人民政府交通主管部门会同同级有关部门编制，经本级人民政府审定后，报上一级人民政府批准。

乡道规划由县级人民政府交通主管部门协助乡、民族乡、镇人民政府编制，报县级人民政府批准。

依照第三款、第四款规定批准的县道、乡道规划，应当报批准机关的上一级人民政府交通主管部门备案。

省道规划应当与国道规划相协调、县道规划应当与省道规划相协调、乡道规划应当与县道规划相协调。

第十五条 专用公路规划由专用公路的主管单位编制，经其上级主管部门审定后，报县级以上人民政府交通主管部门审核。

专用公路规划应当与公路规划相协调、县级以上人民政府交通主管部门发现专用公路规划与国道、省道、县道、乡道规划有不协调的地方，应当提出修改意见，专用公路主管部门和单位应当作出相应的修改。

第十六条 国道规划的局部调整由原编制机关决定、国道规划需要作重大修改的，由原编制机关提出修改方案，报国务院批准。

经批准的省道、县道、乡道公路规划需要修改的，由原编制机关提出修改方案，报原批准机关批准。

第十七条 国道的命名和编号，由国务院交通主管部门确定；省道、县道、乡道的命名和编号，由省、自治区、直辖市人民政府交通主管部门按照国务院交通主管部门的有关规定确定。

第十八条 规划和新建村镇、开发区，应当与公路保持规定的距离并避免在公路两侧对应进行，防止造成公路街道化，影响公路的运行安全与畅通。

第十九条 国家鼓励专用公路用于社会公共运输、专用公路主要用于社会公共运输时，由专用公路的主管单位申请，或者由有关方面申请，专用公路的主管单位同意，并经省、自治区、直辖市人民政府交通主管部门批准，可以改划为省道、县道或者乡道。

第三章　公 路 建 设

第二十条 县级以上人民政府交通主管部门应当依据职责维护公路建设秩序，加强对公路建设的监督管理。

第二十一条 筹集公路建设资金，除各级人民政府的财政拨款，包括依法征税筹集的公路建设专项资金转为的财政拨款外，可以依法向国内外金融机构或者外国政府贷款。

国家鼓励国内外经济组织对公路建设进行投资、开发、经营公路的公司可以依照法律、行政法规的规定发行股票、公司债券筹集资金。

依照本法规定出让公路收费权的收入必须用于公路建设。

向企业和个人集资建设公路，必须根据需要与可能，坚持自愿原则，不得强行摊派，并符合国务院的有关规定。

公路建设资金还可以采取符合法律或者国务院规定的其他方式筹集。

第二十二条　公路建设应当按照国家规定的基本建设程序和有关规定进行。

第二十三条　公路建设项目应当按照国家有关规定实行法人负责制度、招标投标制度和工程监理制度。

第二十四条　公路建设单位应当根据公路建设工程的特点和技术要求，选择具有相应资格的勘查设计单位、施工单位和工程监理单位，并依照有关法律、法规、规章的规定和公路工程技术标准的要求，分别签订合同，明确双方的权利义务。

承担公路建设项目的可行性研究单位、勘查设计单位、施工单位和工程监理单位，必须持有国家规定的资质证书。

第二十五条　公路建设项目的施工，须按国务院交通主管部门的规定报请县级以上地方人民政府交通主管部门批准。

第二十六条　公路建设必须符合公路工程技术标准。

承担公路建设项目的设计单位、施工单位和工程监理单位，应当按照国家有关规定建立健全质量保证体系，落实岗位责任制，并依照有关法律、法规、规章以及公路工程技术标准的要求和合同约定进行设计、施工和监理，保证公路工程质量。

第二十七条　公路建设使用土地依照有关法律、行政法规的规定办理。

公路建设应当贯彻切实保护耕地、节约用地的原则。

第二十八条　公路建设需要使用国有荒山、荒地或者需要在国有荒山、荒地、河滩、滩涂上挖砂、采石、取土的，依照有关法律、行政法规的规定办理后，任何单位和个人不得阻挠或者非法收取费用。

第二十九条　地方各级人民政府对公路建设依法使用土地和搬迁居民，应当给予支持和协助。

第三十条　公路建设项目的设计和施工，应当符合依法保护环境、保护文物古迹和防止水土流失的要求。

公路规划中贯彻国防要求的公路建设项目，应当严格按照规划进行建设，以保证国防交通的需要。

第三十一条　因建设公路影响铁路、水利、电力、邮电设施和其他设施正常使用时，公路建设单位应当事先征得有关部门的同意；因公路建设对有关设施造成损坏的，公路建设单位应当按照不低于该设施原有的技术标准予以修复，或者给予相应的经济补偿。

第三十二条　改建公路时，施工单位应当在施工路段两端设置明显的施工标志、安全标志、需要车辆绕行的，应当在绕行路口设置标志；不能绕行的，必须修建临时道路，保证车辆和行人通行。

第三十三条　公路建设项目和公路修复项目竣工后，应当按照国家有关规定进行验收；未经验收或者验收不合格的，不得交付使用。

建成的公路，应当按照国务院交通主管部门的规定设置明显的标志、标线。

第三十四条　县级以上地方人民政府应当确定公路两侧边沟（截水沟、坡脚护坡道，下同）外缘起不少于一米的公路用地。

第四章　公路养护

第三十五条　公路管理机构应当按照国务院交通主管部门规定的技术规范和操作规程对公路进行养护，保证公路经常处于良好的技术状态。

第三十六条　国家采用依法征税的办法筹集公路养护资金，具体实施办法和步骤由国务院规定。

依法征税筹集的公路养护资金，必须专项用于公路的养护和改建。

第三十七条　县、乡级人民政府对公路养护需要的挖砂、采石、取土以及取水，应当给予支持和协助。

第三十八条　县、乡级人民政府应当在农村义务工的范围内，按照国家有关规定组织公路两侧的农村居民履行为公路建设和养护提供劳务的义务。

第三十九条 为保障公路养护人员的人身安全，公路养护人员进行养护作业时，应当穿着统一的安全标志服；利用车辆进行养护作业时，应当在公路作业车辆上设置明显的作业标志。

公路养护车辆进行作业时，在不影响过往车辆通行的前提下，其行驶路线和方向不受公路标志、标线限制；过往车辆对公路养护车辆和人员应当注意避让。

公路养护工程施工影响车辆、行人通行时，施工单位应当依照本法第三十二条的规定办理。

第四十条 因严重自然灾害致使国道、省道交通中断，公路管理机构应当及时修复；公路管理机构难以及时修复时，县级以上地方人民政府应当及时组织当地机关、团体、企业事业单位、城乡居民进行抢修，并可以请求当地驻军支援，尽快恢复交通。

第四十一条 公路用地范围内的山坡、荒地，由公路管理机构负责水土保持。

第四十二条 公路绿化工作，由公路管理机构按照公路工程技术标准组织实施。

公路用地上的树木，不得任意砍伐；需要更新砍伐的，应当经县级以上地方人民政府交通主管部门同意后，依照《中华人民共和国森林法》的规定办理审批手续，并完成更新补种任务。

第五章 路政管理

第四十三条 各级地方人民政府应当采取措施，加强对公路的保护。

县级以上地方人民政府交通主管部门应当认真履行职责，依法做好公路保护工作，并努力采用科学的管理方法和先进的技术手段，提高公路管理水平，逐步完善公路服务设施，保障公路的完好、安全和畅通。

第四十四条 任何单位和个人不得擅自占用、挖掘公路。

因修建铁路、机场、电站、通信设施、水利工程和进行其他建设工程需要占用、挖掘公路或者使公路改线的，建设单位应当事先征得有关交通主管部门的同意；影响交通安全的，还须征得有关公安机关的同意、占用、挖掘公路或者使公路改线的，建设单位应当按照不低于该段公路原有的技术标准予以修复、改建或者给予相应的经济补偿。

第四十五条 跨越、穿越公路修建桥梁、渡槽或者架设、埋设管线等设施的，以及在公路用地范围内架设、埋设管线、电缆等设施的，应当事先经有关交通主管部门同意，影响交通安全的，还须征得有关公安机关的同意；所修建、架设或者埋设的设施应当符合公路工程技术标准的要求、对公路造成损坏的，应当按照损坏程度给予补偿。

第四十六条 任何单位和个人不得在公路上及公路用地范围内摆摊设点、堆放物品、倾倒垃圾、设置障碍、挖沟引水、利用公路边沟排放污物或者进行其他损坏、污染公路和影响公路畅通的活动。

第四十七条 在大中型公路桥梁和渡口周围二百米、公路隧道上方和洞口外一百米范围内，以及在公路两侧一定距离内，不得挖砂、采石、取土、倾倒废弃物，不得进行爆破作业及其他危及公路、公路桥梁、公路隧道、公路渡口安全的活动。

在前款范围内因抢险、防汛需要修筑堤坝、压缩或者拓宽河床的，应当事先报经省、自治区、直辖市人民政府交通主管部门会同水行政主管部门批准，并采取有效的保护有关的公路、公路桥梁、公路隧道、公路渡口安全的措施。

第四十八条 铁轮车、履带车和其他可能损害公路路面的机具，不得在公路上行驶。

农业机械因当地田间作业需要在公路上短距离行驶或者军用车辆执行任务需要在公路上行驶的，可以不受前款限制，但是应当采取安全保护措施。对公路造成损坏的，应当按照损坏程度给予补偿。

第四十九条 在公路上行驶的车辆的轴载质量应当符合公路工程技术标准要求。

第五十条 超过公路、公路桥梁、公路隧道或者汽车渡船的限载、限高、限宽、限长标准的车辆，不得在有限定标准的公路、公路桥梁上或者公路隧道内行驶，不得使用汽车渡船、超过公路或者公路桥梁限载标准确需行驶的，必须经县级以上地方人民政府交通主管部门批准，并按要求采取有效的防护措施；运载不可解体的超限物品的，应当按照指定的时间、路线、时速行驶，并悬挂明显标志。

运输单位不能按照前款规定采取防护措施的，由交通主管部门帮助其采取防护措施，所需费用由运输单位承担。

第五十一条 机动车制造厂和其他单位不得将公路作为检验机动车制动性能的试车场地。

第五十二条 任何单位和个人不得损坏、擅自移动、涂改公路附属设施。

前款公路附属设施，是指为保护、养护公路和保障公路安全畅通所设置的公路防护、排水、养护、管理、服务、交通安全、渡运、监控、通信、收费等设施、设备以及专用建筑物、构筑物等。

第五十三条 造成公路损坏的，责任者应当及时报告公路管理机构，并接受公路管理机构的现场调查。

第五十四条 任何单位和个人未经县级以上地方人民政府交通主管部门批准，不得在公路用地范围内设置公路标志以外的其他标志。

第五十五条 在公路上增设平面交叉道口，必须按照国家有关规定经过批准，并按照国家规定的技术标准建设。

第五十六条 除公路防护、养护需要的以外，禁止在公路两侧的建筑控制区内修建建筑物和地面构筑物；需要在建筑控制区内埋设管线、电缆等设施的，应当事先经县级以上地方人民政府交通主管部门批准。

前款规定的建筑控制区的范围，由县级以上地方人民政府按照保障公路运行安全和节约用地的原则，依照国务院的规定划定。

建筑控制区范围经县级以上地方人民政府依照前款规定划定后，由县级以上地方人民政府交通主管部门设置标桩、界桩、任何单位和个人不得损坏、擅自挪动该标桩、界桩。

第五十七条 除本法第四十七条第二款的规定外，本章规定由交通主管部门行使的路政管理职责，可以依照本法第八条第四款的规定，由公路管理机构行使。

第六章　收 费 公 路

第五十八条 国家允许依法设立收费公路，同时对收费公路的数量进行控制。

除本法第五十九条规定可以收取车辆通行费的公路外，禁止任何公路收取车辆通行费。

第五十九条 符合国务院交通主管部门规定的技术等级和规模的下列公路，可以依法收取车辆通行费：

（一）由县级以上地方人民政府交通主管部门利用贷款或者向企业、个人集资建成的公路；

（二）由国内外经济组织依法受让前项收费公路收费权的公路；

（三）由国内外经济组织依法投资建成的公路。

第六十条 县级以上地方人民政府交通主管部门利用贷款或者集资建成的收费公路的收费期限，按照收费偿还贷款、集资款的原则，由省、自治区、直辖市人民政府依照国务院交通主管部门的规定确定。

有偿转让公路收费权的公路，收费权转让后，由受让方收费经营。收费权的转让期限由出让、受让双方约定，最长不得超过国务院规定的年限。

国内外经济组织投资建设公路，必须按照国家有关规定办理审批手续；公路建成后，由投资者收费经营、收费经营期限按照收回投资并有合理回报的原则，由有关交通主管部门与投资者约定并按照国家有关规定办理审批手续，但最长不得超过国务院规定的年限。

第六十一条 本法第五十九条第一款第一项规定的公路中的国道收费权的转让，应当在转让协议签订之日起三十个工作日内报国务院交通主管部门备案；国道以外的其他公路收费权的转让，应当在转让协议签订之日起三十个工作日内报省、自治区、直辖市人民政府备案。

前款规定的公路收费权出让的最低成交价，以国有资产评估机构评估的价值为依据确定。

第六十二条 受让公路收费权和投资建设公路的国内外经济组织应当依法成立开发、经营公路的企业（以下简称公路经营企业）。

第六十三条 收费公路车辆通行费的收费标准，由公路收费单位提出方案，报省、自治区、直辖市人民政府交通主管部门会同同级物价行政主管部门审查批准。

第六十四条 收费公路设置车辆通行费的收费站，应当报经省、自治区、直辖市人民政府审查批准、跨省、自治区、直辖市的收费公路设置车辆通行费的收费站，由有关省、自治区、直辖市人民政府协商确定；协商不成的，由国务院交通主管部门决定、同一收费公路由不同的交通主管部门组织建设或者由不同的公路经营企业经营的，应当按照“统一收费、按比例分成”的原则，统筹规划，合理设置收费站。

两个收费站之间的距离，不得小于国务院交通主管部门规定的标准。

第六十五条 有偿转让公路收费权的公路，转让收费权合同约定的期限届满，收费权由出让方收回。

由国内外经济组织依照本法规定投资建成并经营的收费公路，约定的经营期限届满，该公路由国家无偿收回，由有关交通主管部门管理。

第六十六条 依照本法第五十九条规定受让收费权或者由国内外经济组织投资建成经营的公路的养护工作，由各该公路经营企业负责、各该公路经营企业在经营期间应当按照国务院交通主管部门规定的技术规范和操作规程做好对公路的养护工作、在受让收费权的期限届满，或者经营期限届满时，公路应当处于良好的技术状态。

前款规定的公路的绿化和公路用地范围内的水土保持工作，由各该公路经营企业负责。

第一款规定的公路的路政管理，适用本法第五章的规定、该公路路政管理的职责由县级以上地方人民政府交通主管部门或者公路管理机构的派出机构、人员行使。

第六十七条 在收费公路上从事本法第四十四条第二款、第四十五条、第四十八条、第五十条所列活动的，除依照各该条的规定办理外，给公路经营企业造成损失的，应当给予相应的补偿。

第六十八条 收费公路的具体管理办法，由国务院依照本法制定。

第七章 监 督 检 查

第六十九条 交通主管部门、公路管理机构依法对有关公路的法律、法规执行情况进行监督检查。

第七十条 交通主管部门、公路管理机构负有管理和保护公路的责任，有权检查、制止各种侵占、损坏公路、公路用地、公路附属设施及其他违反本法规定的行为。

第七十一条 公路监督检查人员依法在公路、建筑控制区、车辆停放场所、车辆所属单位等进行监督检查时，任何单位和个人不得阻挠。

公路经营者、使用者和其他有关单位、个人，应当接受公路监督检查人员依法实施的监督检查，并为其提供方便。

公路监督检查人员执行公务，应当佩戴标志，持证上岗。

第七十二条 交通主管部门、公路管理机构应当加强对所属公路监督检查人员的管理和教育，要求公路监督检查人员熟悉国家有关法律和规定，公正廉洁，热情服务，秉公执法，对公路监督检查人员的执法行为应当加强监督检查，对其违法行为应当及时纠正，依法处理。

第七十三条 用于公路监督检查的专用车辆，应当设置统一的标志和示警灯。

第八章 法律责任

第七十四条 违反法律或者国务院有关规定，擅自在公路上设卡、收费的，由交通主管部门责令停止违法行为，没收违法所得，可以处违法所得三倍以下的罚款，没有违法所得的，可以处二万元以下的罚款；对负有直接责任的主管人员和其他直接责任人员，依法给予行政处分。

第七十五条 违反本法第二十五条规定，未经有关交通主管部门批准擅自施工的，交通主管部门可以责令停止施工，并可以处五万元以下的罚款。

第七十六条 有下列违法行为之一的，由交通主管部门责令停止违法行为，可以处三万元以下的罚款：

（一）违反本法第四十四条第一款规定，擅自占用、挖掘公路的；

（二）违反本法第四十五条规定，未经同意或者未按照公路工程技术标准的要求修建桥梁、渡槽或者架设、埋设管线、电缆等设施的；

（三）违反本法第四十七条规定，从事危及公路安全的作业的；

（四）违反本法第四十八条规定，铁轮车、履带车和其他可能损害路面的机具擅自在公路上行驶的；

（五）违反本法第五十条规定，车辆超限使用汽车渡船或者在公路上擅自超限行驶的；

（六）违反本法第五十二条、第五十六条规定，损坏、移动、涂改公路附属设施或者损坏、挪动建筑控制区的标桩、界桩，可能危及公路安全的。

第七十七条 违反本法第四十六条的规定，造成公路路面损坏、污染或者影响公路畅通的，或者违反本法第五十一条规定，将公路作为试车场地的，由交通主管部门责令停止违法行为，可以处五千元以下的罚款。

第七十八条 违反本法第五十三条规定，造成公路损坏，未报告的，由交通主管部门处一千元以下的罚款。

第七十九条 违反本法第五十四条规定，在公路用地范围内设置公路标志以外的其他标志的，由交通主管部门责令限期拆除，可以处二万元以下的罚款；逾期不拆除的，由交通主管部门拆除，有关费用由设置者负担。

第八十条 违反本法第五十五条规定，未经批准在公路上增设平面交叉道口的，由交通主管部门责令恢复原状，处五万元以下的罚款。

第八十一条 违反本法第五十六条规定，在公路建筑控制区内修建建筑物、地面构筑物或者擅自埋设管线、电缆等设施的，由交通主管部门责令限期拆除，并可以处五万元以下的罚款、逾期不拆除的，由交通主管部门拆除，有关费用由建筑者、构筑者承担。

第八十二条 除本法第七十四条、第七十五条的规定外，本章规定由交通主管部门行使的行政处罚权和行政措施，可以依照本法第八条第四款的规定由公路管理机构行使。

第八十三条 阻碍公路建设或者公路抢修，致使公路建设或者抢修不能正常进行，尚未造成严重损失的，依照《中华人民共和国治安管理处罚法》的规定处罚。

损毁公路或者擅自移动公路标志，可能影响交通安全，尚不够刑事处罚的，适用《中华人民共和国道路交通安全法》第九十九条的处罚规定。

拒绝、阻碍公路监督检查人员依法执行职务未使用暴力、威胁方法的，依照《中华人民共和国治安管理处罚法》的规定处罚。

第八十四条 违反本法有关规定，构成犯罪的，依法追究刑事责任。

第八十五条 违反本法有关规定，对公路造成损害的，应当依法承担民事责任。

对公路造成较大损害的车辆，必须立即停车，保护现场，报告公路管理机构，接受公路管理机构的调查、处理后方得驶离。

第八十六条 交通主管部门、公路管理机构的工作人员玩忽职守、徇私舞弊、滥用职权，构成犯罪的，依法追究刑事责任；尚不构成犯罪的，依法给予行政处分。

第九章 附 则

第八十七条 本法自 1998 年 1 月 1 日起施行。

2. 中华人民共和国收费公路管理条例

（2004年9月13日　中华人民共和国国务院令2004年第417号）

第一章　总　　则

第一条　为了加强对收费公路的管理，规范公路收费行为，维护收费公路的经营管理者和使用者的合法权益，促进公路事业的发展，根据《中华人民共和国公路法》（以下简称公路法），制定本条例。

第二条　本条例所称收费公路，是指符合公路法和本条例规定，经批准依法收取车辆通行费的公路（含桥梁和隧道）。

第三条　各级人民政府应当采取积极措施，支持、促进公路事业的发展。公路发展应当坚持非收费公路为主，适当发展收费公路。

第四条　全部由政府投资或者社会组织、个人捐资建设的公路，不得收取车辆通行费。

第五条　任何单位或者个人不得违反公路法和本条例的规定，在公路上设站（卡）收取车辆通行费。

第六条　对在公路上非法设立收费站（卡）收取车辆通行费的，任何单位和个人都有权拒绝交纳。

任何单位或者个人对在公路上非法设立收费站（卡）、非法收取或者使用车辆通行费、非法转让收费公路权益或者非法延长收费期限等行为，都有权向交通、价格、财政等部门举报。收到举报的部门应当按照职责分工依法及时查处；无权查处的，应当及时移送有权查处的部门。受理的部门必须自收到举报或者移送材料之日起10日内进行查处。

第七条　收费公路的经营管理者，经依法批准有权向通行收费公路的车辆收取车辆通行费。

军队车辆、武警部队车辆，公安机关在辖区内收费公路上处理交通事故、执行正常巡逻任务和处置突发事件的统一标志的制式警车，以及经国务院交通主管部门或者省、自治区、直辖市人民政府批准执行抢险救灾任务的车辆，免交车辆通行费。

进行跨区作业的联合收割机、运输联合收割机（包括插秧机）的车辆，免交车辆通行费。联合收割机不得在高速公路上通行。

第八条　任何单位或者个人不得以任何形式非法干预收费公路的经营管理，挤占、挪用收费公路经营管理者依法收取的车辆通行费。

第二章　收费公路建设和收费站的设置

第九条　建设收费公路，应当符合国家和省、自治区、直辖市公路发展规划，符合本条例规定的收费公路的技术等级和规模。

第十条　县级以上地方人民政府交通主管部门利用贷款或者向企业、个人有偿集资建设的公路（以下简称政府还贷公路），国内外经济组织投资建设或者依照公路法的规定受让政府还贷公路收费权的公路（以下简称经营性公路），经依法批准后，方可收取车辆通行费。

第十一条　建设和管理政府还贷公路，应当按照政事分开的原则，依法设立专门的不以营利为目的的法人组织。

省、自治区、直辖市人民政府交通主管部门对本行政区域内的政府还贷公路，可以实行统一管理、统一贷款、统一还款。

经营性公路建设项目应当向社会公布，采用招标投标方式选择投资者。

经营性公路由依法成立的公路企业法人建设、经营和管理。

第十二条 收费公路收费站的设置，由省、自治区、直辖市人民政府按照下列规定审查批准：

（一）高速公路以及其他封闭式的收费公路，除两端出入口外，不得在主线上设置收费站。但是，省、自治区、直辖市之间确需设置收费站的除外。

（二）非封闭式的收费公路的同一主线上，相邻收费站的间距不得少于50公里。

第十三条 高速公路以及其他封闭式的收费公路，应当实行计算机联网收费，减少收费站点，提高通行效率。联网收费的具体办法由国务院交通主管部门会同国务院有关部门制定。

第十四条 收费公路的收费期限，由省、自治区、直辖市人民政府按照下列标准审查批准：

（一）政府还贷公路的收费期限，按照用收费偿还贷款、偿还有偿集资款的原则确定，最长不得超过15年。国家确定的中西部省、自治区、直辖市的政府还贷公路收费期限，最长不得超过20年。

（二）经营性公路的收费期限，按照收回投资并有合理回报的原则确定，最长不得超过25年。国家确定的中西部省、自治区、直辖市的经营性公路收费期限，最长不得超过30年。

第十五条 车辆通行费的收费标准，应当依照价格法律、行政法规的规定进行听证，并按照下列程序审查批准：

（一）政府还贷公路的收费标准，由省、自治区、直辖市人民政府交通主管部门会同同级价格主管部门、财政部门审核后，报本级人民政府审查批准。

（二）经营性公路的收费标准，由省、自治区、直辖市人民政府交通主管部门会同同级价格主管部门审核后，报本级人民政府审查批准。

第十六条 车辆通行费的收费标准，应当根据公路的技术等级、投资总额、当地物价指数、偿还贷款或者有偿集资款的期限和收回投资的期限以及交通量等因素计算确定。对在国家规定的绿色通道上运输鲜活农产品的车辆，可以适当降低车辆通行费的收费标准或者免交车辆通行费。

修建与收费公路经营管理无关的设施、超标准修建的收费公路经营管理设施和服务设施，其费用不得作为确定收费标准的因素。

车辆通行费的收费标准需要调整的，应当依照本条例第十五条规定的程序办理。

第十七条 依照本条例规定的程序审查批准的收费公路收费站、收费期限、车辆通行费收费标准或者收费标准的调整方案，审批机关应当自审查批准之日起10日内将有关文件向国务院交通主管部门和国务院价格主管部门备案；其中属于政府还贷公路的，还应当自审查批准之日起10日内向国务院财政部门备案。

第十八条 建设收费公路，应当符合下列技术等级和规模：

（一）高速公路连续里程30公里以上。但是，城市市区至本地机场的高速公路除外。

（二）一级公路连续里程50公里以上。

（三）二车道的独立桥梁、隧道，长度800米以上；四车道的独立桥梁、隧道，长度500米以上。

技术等级为二级以下（含二级）的公路不得收费。但是，在国家确定的中西部省、自治区、直辖市建设的二级公路，其连续里程60公里以上的，经依法批准，可以收取车辆通行费。

第三章　收费公路权益的转让

第十九条 依照本条例的规定转让收费公路权益的，应当向社会公布，采用招标投标的方式，公平、公正、公开地选择经营管理者，并依法订立转让协议。

第二十条 收费公路的权益，包括收费权、广告经营权、服务设施经营权。

转让收费公路权益的，应当依法保护投资者的合法利益。

第二十一条 转让政府还贷公路权益中的收费权，可以申请延长收费期限，但延长的期限不得超过5年。

转让经营性公路权益中的收费权，不得延长收费期限。

第二十二条 有下列情形之一的，收费公路权益中的收费权不得转让：

（一）长度小于1000米的二车道独立桥梁和隧道；

（二）二级公路；

（三）收费时间已超过批准收费期限2/3。

第二十三条 转让政府还贷公路权益的收入，必须缴入国库，除用于偿还贷款和有偿集资款外，必须用于公路建设。

第二十四条 收费公路权益转让的具体办法，由国务院交通主管部门会同国务院发展改革部门和财政部门制定。

第四章 收费公路的经营管理

第二十五条 收费公路建成后，应当按照国家有关规定进行验收；验收合格的，方可收取车辆通行费。

收费公路不得边建设边收费。

第二十六条 收费公路经营管理者应当按照国家规定的标准和规范，对收费公路及沿线设施进行日常检查、维护，保证收费公路处于良好的技术状态，为通行车辆及人员提供优质服务。

收费公路的养护应当严格按照工期施工、竣工，不得拖延工期，不得影响车辆安全通行。

第二十七条 收费公路经营管理者应当在收费站的显著位置，设置载有收费站名称、审批机关、收费单位、收费标准、收费起止年限和监督电话等内容的公告牌，接受社会监督。

第二十八条 收费公路经营管理者应当按照国家规定的标准，结合公路交通状况、沿线设施等情况，设置交通标志、标线。

交通标志、标线必须清晰、准确、易于识别。重要的通行信息应当重复提示。

第二十九条 收费道口的设置，应当符合车辆行驶安全的要求；收费道口的数量，应当符合车辆快速通过的需要，不得造成车辆堵塞。

第三十条 收费站工作人员的配备，应当与收费道口的数量、车流量相适应，不得随意增加人员。

收费公路经营管理者应当加强对收费站工作人员的业务培训和职业道德教育，收费人员应当做到文明礼貌，规范服务。

第三十一条 遇有公路损坏、施工或者发生交通事故等影响车辆正常安全行驶的情形时，收费公路经营管理者应当在现场设置安全防护设施，并在收费公路出入口进行限速、警示提示，或者利用收费公路沿线可变信息板等设施予以公告；造成交通堵塞时，应当及时报告有关部门并协助疏导交通。

遇有公路严重损毁、恶劣气象条件或者重大交通事故等严重影响车辆安全通行的情形时，公安机关应当根据情况，依法采取限速通行、关闭公路等交通管制措施。收费公路经营管理者应当积极配合公安机关，及时将有关交通管制的信息向通行车辆进行提示。

第三十二条 收费公路经营管理者收取车辆通行费，必须向收费公路使用者开具收费票据。政府还贷公路的收费票据，由省、自治区、直辖市人民政府财政部门统一印（监）制。经营性公路的收费票据，由省、自治区、直辖市人民政府税务部门统一印（监）制。

第三十三条 收费公路经营管理者对依法应当交纳而拒交、逃交、少交车辆通行费的车辆，有权拒绝其通行，并要求其补交应交纳的车辆通行费。

任何人不得为拒交、逃交、少交车辆通行费而故意堵塞收费道口、强行冲卡、殴打收费公路管理人员、破坏收费设施或者从事其他扰乱收费公路经营管理秩序的活动。

发生前款规定的扰乱收费公路经营管理秩序行为时，收费公路经营管理者应当及时报告公安机关，由公安机关依法予以处理。

第三十四条 在收费公路上行驶的车辆不得超载。

发现车辆超载时，收费公路经营管理者应当及时报告公安机关，由公安机关依法予以处理。

第三十五条 收费公路经营管理者不得有下列行为：

（一）擅自提高车辆通行费收费标准；

（二）在车辆通行费收费标准之外加收或者代收任何其他费用；

（三）强行收取或者以其他不正当手段按车辆收取某一期间的车辆通行费；

（四）不开具收费票据，开具未经省、自治区、直辖市人民政府财政、税务部门统一印（监）制的收费票据或者开具已经过期失效的收费票据。

有前款所列行为之一的，通行车辆有权拒绝交纳车辆通行费。

第三十六条 政府还贷公路的管理者收取的车辆通行费收入，应当全部存入财政专户，严格实行收支两条线管理。

政府还贷公路的车辆通行费，除必要的管理、养护费用从财政部门批准的车辆通行费预算中列支外，必须全部用于偿还贷款和有偿集资款，不得挪作他用。

第三十七条 收费公路的收费期限届满，必须终止收费。

政府还贷公路在批准的收费期限届满前已经还清贷款、还清有偿集资款的，必须终止收费。

依照本条前两款的规定，收费公路终止收费的，有关省、自治区、直辖市人民政府应当向社会公告，明确规定终止收费的日期，接受社会监督。

第三十八条 收费公路终止收费前6个月，省、自治区、直辖市人民政府交通主管部门应当对收费公路进行鉴定和验收。经鉴定和验收，公路符合取得收费公路权益时核定的技术等级和标准的，收费公路经营管理者方可按照国家有关规定向交通主管部门办理公路移交手续；不符合取得收费公路权益时核定的技术等级和标准的，收费公路经营管理者应当在交通主管部门确定的期限内进行养护，达到要求后，方可按照规定办理公路移交手续。

第三十九条 收费公路终止收费后，收费公路经营管理者应当自终止收费之日起15日内拆除收费设施。

第四十条 任何单位或者个人不得通过封堵非收费公路或者在非收费公路上设卡收费等方式，强迫车辆通行收费公路。

第四十一条 收费公路经营管理者应当按照国务院交通主管部门和省、自治区、直辖市人民政府交通主管部门的要求，及时提供统计资料和有关情况。

第四十二条 收费公路的养护、绿化和公路用地范围内的水土保持及路政管理，依照公路法的有关规定执行。

第四十三条 国务院交通主管部门和省、自治区、直辖市人民政府交通主管部门应当对收费公路实施监督检查，督促收费公路经营管理者依法履行公路养护、绿化和公路用地范围内的水土保持义务。

第四十四条 审计机关应当依法加强收费公路的审计监督，对违法行为依法进行查处。

第四十五条 行政执法机关依法对收费公路实施监督检查时，不得向收费公路经营管理者收取任何费用。

第四十六条 省、自治区、直辖市人民政府应当将本行政区域内收费公路及收费站名称、收费单位、收费标准、收费期限等信息向社会公布，接受社会监督。

第五章　法律责任

第四十七条 违反本条例的规定，擅自批准收费公路建设、收费站、收费期限、车辆通行费收费标准或者收费公路权益转让的，由省、自治区、直辖市人民政府责令改正；对负有责任的主管人员和其他直接责任人员依法给予记大过直至开除的行政处分；构成犯罪的，依法追究刑事责任。

第四十八条 违反本条例的规定，地方人民政府或者有关部门及其工作人员非法干预收费公路经营管理，或者挤占、挪用收费公路经营管理者收取的车辆通行费的，由上级人民政府或者有关部门责令停止非法干预，退回挤占、挪用的车辆通行费；对负有责任的主管人员和其他直接责任人员依法给予记大过直至开除的行政处分；构成犯罪的，依法追究刑事责任。

第四十九条 违反本条例的规定，擅自在公路上设立收费站（卡）收取车辆通行费或者应当终止收费而不终止的，由国务院交通主管部门或者省、自治区、直辖市人民政府交通主管部门依据职权，责令改正，强制拆除收费设施；有违法所得的，没收违法所得，并处违法所得2倍以上5倍以下的罚款；没有违法所得的，处1万元以上5万元以下的罚款；负有责任的主管人员和其他直接责任人员属于国家工作人员的，依法给予记大过直至开除的行政处分。

第五十条 违反本条例的规定，有下列情形之一的，由国务院交通主管部门或者省、自治区、直辖市人民政府交通主管部门依据职权，责令改正，并根据情节轻重，处5万元以上20万元以下的罚款：

（一）收费站的设置不符合标准或者擅自变更收费站位置的；

（二）未按照国家规定的标准和规范对收费公路及沿线设施进行日常检查、维护的；

（三）未按照国家有关规定合理设置交通标志、标线的；

（四）道口设置不符合车辆行驶安全要求或者道口数量不符合车辆快速通过需要的；

（五）遇有公路损坏、施工或者发生交通事故等影响车辆正常安全行驶的情形，未按照规定设置安全防护设施或者未进行提示、公告，或者遇有交通堵塞不及时疏导交通的；

（六）应当公布有关限速通行或者关闭收费公路的信息而未及时公布的。

第五十一条 违反本条例的规定，收费公路经营管理者收费时不开具票据，开具未经省、自治区、直辖市人民政府财政、税务部门统一印（监）制的票据，或者开具已经过期失效的票据的，由财政部门或者税务部门责令改正，并根据情节轻重，处10万元以上50万元以下的罚款；负有责任的主管人员和其他直接责任人员属于国家工作人员的，依法给予记大过直至开除的行政处分；构成犯罪的，依法追究刑事责任。

第五十二条 违反本条例的规定，政府还贷公路的管理者未将车辆通行费足额存入财政专户或者未将转让政府还贷公路权益的收入全额缴入国库的，由财政部门予以追缴、补齐；对负有责任的主管人员和其他直接责任人员，依法给予记过直至开除的行政处分。

违反本条例的规定，财政部门未将政府还贷公路的车辆通行费或者转让政府还贷公路权益的收入用于偿还贷款、偿还有偿集资款，或者将车辆通行费、转让政府还贷公路权益的收入挪作他用的，由本级人民政府责令偿还贷款、偿还有偿集资款，或者责令退还挪用的车辆通行费和转让政府还贷公路权益的收入；对负有责任的主管人员和其他直接责任人员，依法给予记过直至开除的行政处分；构成犯罪的，依法追究刑事责任。

第五十三条 违反本条例的规定，收费公路终止收费后，收费公路经营管理者不及时拆除收费设施的，由省、自治区、直辖市人民政府交通主管部门责令限期拆除；逾期不拆除的，强制拆除，拆除费用由原收费公路经营管理者承担。

第五十四条 违反本条例的规定，收费公路经营管理者未按照国务院交通主管部门规定的技术规范和操作规程进行收费公路养护的，由省、自治区、直辖市人民政府交通主管部门责令改正；拒不改正的，责令停止收费。责令停止收费后30日内仍未履行公路养护义务的，由省、自治区、直辖市人民政府交通主管部门指定其他单位进行养护，养护费用由原收费公路经营管理者承担。拒不承担的，由省、自治区、直辖市人民政府交通主管部门申请人民法院强制执行。

第五十五条 违反本条例的规定，收费公路经营管理者未履行公路绿化和水土保持义务的，由省、自治区、直辖市人民政府交通主管部门责令改正，并可以对原收费公路经营管理者处履行绿化、水土保持义务所需费用1倍至2倍的罚款。

第五十六条 国务院价格主管部门或者县级以上地方人民政府价格主管部门对违反本条例的价格违法行为，应当依据价格管理的法律、法规和规章的规定予以处罚。

第五十七条 违反本条例的规定，为拒交、逃交、少交车辆通行费而故意堵塞收费道口、强行冲卡、殴打收费公路管理人员、破坏收费设施或者从事其他扰乱收费公路经营管理秩序活动，构成违反治安管理行为的，由公安机关依法予以处罚；构成犯罪的，依法追究刑事责任；给收费公路经营管理者造成损失或者造成人身损害的，依法承担民事赔偿责任。

第五十八条 违反本条例的规定，假冒军队车辆、武警部队车辆、公安机关统一标志的制式警车和抢险救灾车辆逃交车辆通行费的，由有关机关依法予以处理。

第六章　附　　则

第五十九条 本条例施行前在建的和已投入运行的收费公路，由国务院交通主管部门会同国务院发展改革部门和财政部门依照本条例规定的原则进行规范。具体办法由国务院交通主管部门制定。

第六十条 本条例自2004年11月1日起施行。

3. 中华人民共和国公路安全保护条例

（2011年3月7日　中华人民共和国国务院令2011年第593号）

第一章　总　　则

第一条　为了加强公路保护，保障公路完好、安全和畅通，根据《中华人民共和国公路法》，制定本条例。

第二条　各级人民政府应当加强对公路保护工作的领导，依法履行公路保护职责。

第三条　国务院交通运输主管部门主管全国公路保护工作。

县级以上地方人民政府交通运输主管部门主管本行政区域的公路保护工作；但是，县级以上地方人民政府交通运输主管部门对国道、省道的保护职责，由省、自治区、直辖市人民政府确定。

公路管理机构依照本条例的规定具体负责公路保护的监督管理工作。

第四条　县级以上各级人民政府发展改革、工业和信息化、公安、工商、质检等部门按照职责分工，依法开展公路保护的相关工作。

第五条　县级以上各级人民政府应当将政府及其有关部门从事公路管理、养护所需经费以及公路管理机构行使公路行政管理职能所需经费纳入本级人民政府财政预算。但是，专用公路的公路保护经费除外。

第六条　县级以上各级人民政府交通运输主管部门应当综合考虑国家有关车辆技术标准、公路使用状况等因素，逐步提高公路建设、管理和养护水平，努力满足国民经济和社会发展以及人民群众生产、生活需要。

第七条　县级以上各级人民政府交通运输主管部门应当依照《中华人民共和国突发事件应对法》的规定，制定地震、泥石流、雨雪冰冻灾害等损毁公路的突发事件（以下简称公路突发事件）应急预案，报本级人民政府批准后实施。

公路管理机构、公路经营企业应当根据交通运输主管部门制定的公路突发事件应急预案，组建应急队伍，并定期组织应急演练。

第八条　国家建立健全公路突发事件应急物资储备保障制度，完善应急物资储备、调配体系，确保发生公路突发事件时能够满足应急处置工作的需要。

第九条　任何单位和个人不得破坏、损坏、非法占用或者非法利用公路、公路用地和公路附属设施。

第二章　公 路 线 路

第十条　公路管理机构应当建立健全公路管理档案，对公路、公路用地和公路附属设施调查核实、登记造册。

第十一条　县级以上地方人民政府应当根据保障公路运行安全和节约用地的原则以及公路发展的需要，组织交通运输、国土资源等部门划定公路建筑控制区的范围。

公路建筑控制区的范围，从公路用地外缘起向外的距离标准为：

（一）国道不少于20米；

（二）省道不少于15米；

（三）县道不少于 10 米；

（四）乡道不少于 5 米。

属于高速公路的，公路建筑控制区的范围从公路用地外缘起向外的距离标准不少于 30 米。

公路弯道内侧、互通立交以及平面交叉道口的建筑控制区范围根据安全视距等要求确定。

第十二条 新建、改建公路的建筑控制区的范围，应当自公路初步设计批准之日起 30 日内，由公路沿线县级以上地方人民政府依照本条例划定并公告。

公路建筑控制区与铁路线路安全保护区、航道保护范围、河道管理范围或者水工程管理和保护范围重叠的，经公路管理机构和铁路管理机构、航道管理机构、水行政主管部门或者流域管理机构协商后划定。

第十三条 在公路建筑控制区内，除公路保护需要外，禁止修建建筑物和地面构筑物；公路建筑控制区划定前已经合法修建的不得扩建，因公路建设或者保障公路运行安全等原因需要拆除的应当依法给予补偿。

在公路建筑控制区外修建的建筑物、地面构筑物以及其他设施不得遮挡公路标志，不得妨碍安全视距。

第十四条 新建村镇、开发区、学校和货物集散地、大型商业网点、农贸市场等公共场所，与公路建筑控制区边界外缘的距离应当符合下列标准，并尽可能在公路一侧建设：

（一）国道、省道不少于 50 米；

（二）县道、乡道不少于 20 米。

第十五条 新建、改建公路与既有城市道路、铁路、通信等线路交叉或者新建、改建城市道路、铁路、通信等线路与既有公路交叉的，建设费用由新建、改建单位承担；城市道路、铁路、通信等线路的管理部门、单位或者公路管理机构要求提高既有建设标准而增加的费用，由提出要求的部门或者单位承担。

需要改变既有公路与城市道路、铁路、通信等线路交叉方式的，按照公平合理的原则分担建设费用。

第十六条 禁止将公路作为检验车辆制动性能的试车场地。

禁止在公路、公路用地范围内摆摊设点、堆放物品、倾倒垃圾、设置障碍、挖沟引水、打场晒粮、种植作物、放养牲畜、采石、取土、采空作业、焚烧物品、利用公路边沟排放污物或者进行其他损坏、污染公路和影响公路畅通的行为。

第十七条 禁止在下列范围内从事采矿、采石、取土、爆破作业等危及公路、公路桥梁、公路隧道、公路渡口安全的活动：

（一）国道、省道、县道的公路用地外缘起向外 100 米，乡道的公路用地外缘起向外 50 米；

（二）公路渡口和中型以上公路桥梁周围 200 米；

（三）公路隧道上方和洞口外 100 米。

在前款规定的范围内，因抢险、防汛需要修筑堤坝、压缩或者拓宽河床的，应当经省、自治区、直辖市人民政府交通运输主管部门会同水行政主管部门或者流域管理机构批准，并采取安全防护措施方可进行。

第十八条 除按照国家有关规定设立的为车辆补充燃料的场所、设施外，禁止在下列范围内设立生产、储存、销售易燃、易爆、剧毒、放射性等危险物品的场所、设施：

（一）公路用地外缘起向外 100 米；

（二）公路渡口和中型以上公路桥梁周围 200 米；

（三）公路隧道上方和洞口外 100 米。

第十九条 禁止擅自在中型以上公路桥梁跨越的河道上下游各 1000 米范围内抽取地下水、架设浮桥以及修建其他危及公路桥梁安全的设施。

在前款规定的范围内，确需进行抽取地下水、架设浮桥等活动的，应当经水行政主管部门、流域管理机构等有关单位会同公路管理机构批准，并采取安全防护措施方可进行。

第二十条 禁止在公路桥梁跨越的河道上下游的下列范围内采砂：

（一）特大型公路桥梁跨越的河道上游500米，下游3000米；

（二）大型公路桥梁跨越的河道上游500米，下游2000米；

（三）中小型公路桥梁跨越的河道上游500米，下游1000米。

第二十一条 在公路桥梁跨越的河道上下游各500米范围内依法进行疏浚作业的，应当符合公路桥梁安全要求，经公路管理机构确认安全方可作业。

第二十二条 禁止利用公路桥梁进行牵拉、吊装等危及公路桥梁安全的施工作业。

禁止利用公路桥梁（含桥下空间）、公路隧道、涵洞堆放物品，搭建设施以及铺设高压电线和输送易燃、易爆或者其他有毒有害气体、液体的管道。

第二十三条 公路桥梁跨越航道的，建设单位应当按照国家有关规定设置桥梁航标、桥柱标、桥梁水尺标，并按照国家标准、行业标准设置桥区水上航标和桥墩防撞装置。桥区水上航标由航标管理机构负责维护。

通过公路桥梁的船舶应当符合公路桥梁通航净空要求，严格遵守航行规则，不得在公路桥梁下停泊或者系缆。

第二十四条 重要的公路桥梁和公路隧道按照《中华人民共和国人民武装警察法》和国务院、中央军委的有关规定由中国人民武装警察部队守护。

第二十五条 禁止损坏、擅自移动、涂改、遮挡公路附属设施或者利用公路附属设施架设管道、悬挂物品。

第二十六条 禁止破坏公路、公路用地范围内的绿化物。需要更新采伐护路林的，应当向公路管理机构提出申请，经批准方可更新采伐，并及时补种；不能及时补种的，应当交纳补种所需费用，由公路管理机构代为补种。

第二十七条 进行下列涉路施工活动，建设单位应当向公路管理机构提出申请：

（一）因修建铁路、机场、供电、水利、通信等建设工程需要占用、挖掘公路、公路用地或者使公路改线；

（二）跨越、穿越公路修建桥梁、渡槽或者架设、埋设管道、电缆等设施；

（三）在公路用地范围内架设、埋设管道、电缆等设施；

（四）利用公路桥梁、公路隧道、涵洞铺设电缆等设施；

（五）利用跨越公路的设施悬挂非公路标志；

（六）在公路上增设或者改造平面交叉道口；

（七）在公路建筑控制区内埋设管道、电缆等设施。

第二十八条 申请进行涉路施工活动的建设单位应当向公路管理机构提交下列材料：

（一）符合有关技术标准、规范要求的设计和施工方案；

（二）保障公路、公路附属设施质量和安全的技术评价报告；

（三）处置施工险情和意外事故的应急方案。

公路管理机构应当自受理申请之日起20日内作出许可或者不予许可的决定；影响交通安全的，应当征得公安机关交通管理部门的同意；涉及经营性公路的，应当征求公路经营企业的意见；不予许可的，公路管理机构应当书面通知申请人并说明理由。

第二十九条 建设单位应当按照许可的设计和施工方案进行施工作业，并落实保障公路、公路附属设施质量和安全的防护措施。

涉路施工完毕，公路管理机构应当对公路、公路附属设施是否达到规定的技术标准以及施工是否符合保障公路、公路附属设施质量和安全的要求进行验收；影响交通安全的，还应当经公安机关交通管理部门验收。

涉路工程设施的所有人、管理人应当加强维护和管理，确保工程设施不影响公路的完好、安全和畅通。

第三章　公 路 通 行

第三十条　车辆的外廓尺寸、轴荷和总质量应当符合国家有关车辆外廓尺寸、轴荷、质量限值等机动车安全技术标准，不符合标准的不得生产、销售。

第三十一条　公安机关交通管理部门办理车辆登记，应当当场查验，对不符合机动车国家安全技术标准的车辆不予登记。

第三十二条　运输不可解体物品需要改装车辆的，应当由具有相应资质的车辆生产企业按照规定的车型和技术参数进行改装。

第三十三条　超过公路、公路桥梁、公路隧道限载、限高、限宽、限长标准的车辆，不得在公路、公路桥梁或者公路隧道行驶；超过汽车渡船限载、限高、限宽、限长标准的车辆，不得使用汽车渡船。

公路、公路桥梁、公路隧道限载、限高、限宽、限长标准调整的，公路管理机构、公路经营企业应当及时变更限载、限高、限宽、限长标志；需要绕行的，还应当标明绕行路线。

第三十四条　县级人民政府交通运输主管部门或者乡级人民政府可以根据保护乡道、村道的需要，在乡道、村道的出入口设置必要的限高、限宽设施，但是不得影响消防和卫生急救等应急通行需要，不得向通行车辆收费。

第三十五条　车辆载运不可解体物品，车货总体的外廓尺寸或者总质量超过公路、公路桥梁、公路隧道的限载、限高、限宽、限长标准，确需在公路、公路桥梁、公路隧道行驶的，从事运输的单位和个人应当向公路管理机构申请公路超限运输许可。

第三十六条　申请公路超限运输许可按照下列规定办理：

（一）跨省、自治区、直辖市进行超限运输的，向公路沿线各省、自治区、直辖市公路管理机构提出申请，由起运地省、自治区、直辖市公路管理机构统一受理，并协调公路沿线各省、自治区、直辖市公路管理机构对超限运输申请进行审批，必要时可以由国务院交通运输主管部门统一协调处理；

（二）在省、自治区范围内跨设区的市进行超限运输，或者在直辖市范围内跨区、县进行超限运输的，向省、自治区、直辖市公路管理机构提出申请，由省、自治区、直辖市公路管理机构受理并审批；

（三）在设区的市范围内跨区、县进行超限运输的，向设区的市公路管理机构提出申请，由设区的市公路管理机构受理并审批；

（四）在区、县范围内进行超限运输的，向区、县公路管理机构提出申请，由区、县公路管理机构受理并审批。

公路超限运输影响交通安全的，公路管理机构在审批超限运输申请时，应当征求公安机关交通管理部门意见。

第三十七条　公路管理机构审批超限运输申请，应当根据实际情况勘测通行路线，需要采取加固、改造措施的，可以与申请人签订有关协议，制定相应的加固、改造方案。

公路管理机构应当根据其制定的加固、改造方案，对通行的公路桥梁、涵洞等设施进行加固、改造；必要时应当对超限运输车辆进行监管。

第三十八条　公路管理机构批准超限运输申请的，应当为超限运输车辆配发国务院交通运输主管部门规定式样的超限运输车辆通行证。

经批准进行超限运输的车辆，应当随车携带超限运输车辆通行证，按照指定的时间、路线和速度行驶，并悬挂明显标志。

禁止租借、转让超限运输车辆通行证。禁止使用伪造、变造的超限运输车辆通行证。

第三十九条　经省、自治区、直辖市人民政府批准，有关交通运输主管部门可以设立固定超限检测站点，配备必要的设备和人员。

固定超限检测站点应当规范执法，并公布监督电话。公路管理机构应当加强对固定超限检测站点的管理。

第四十条 公路管理机构在监督检查中发现车辆超过公路、公路桥梁、公路隧道或者汽车渡船的限载、限高、限宽、限长标准的，应当就近引导至固定超限检测站点进行处理。

车辆应当按照超限检测指示标志或者公路管理机构监督检查人员的指挥接受超限检测，不得故意堵塞固定超限检测站点通行车道、强行通过固定超限检测站点或者以其他方式扰乱超限检测秩序，不得采取短途驳载等方式逃避超限检测。

禁止通过引路绕行等方式为不符合国家有关载运标准的车辆逃避超限检测提供便利。

第四十一条 煤炭、水泥等货物集散地以及货运站等场所的经营人、管理人应当采取有效措施，防止不符合国家有关载运标准的车辆出场（站）。

道路运输管理机构应当加强对煤炭、水泥等货物集散地以及货运站等场所的监督检查，制止不符合国家有关载运标准的车辆出场（站）。

任何单位和个人不得指使、强令车辆驾驶人超限运输货物，不得阻碍道路运输管理机构依法进行监督检查。

第四十二条 载运易燃、易爆、剧毒、放射性等危险物品的车辆，应当符合国家有关安全管理规定，并避免通过特大型公路桥梁或者特长公路隧道；确需通过特大型公路桥梁或者特长公路隧道的，负责审批易燃、易爆、剧毒、放射性等危险物品运输许可的机关应当提前将行驶时间、路线通知特大型公路桥梁或者特长公路隧道的管理单位，并对在特大型公路桥梁或者特长公路隧道行驶的车辆进行现场监管。

第四十三条 车辆应当规范装载，装载物不得触地拖行。车辆装载物易掉落、遗洒或者飘散的，应当采取厢式密闭等有效防护措施方可在公路上行驶。

公路上行驶车辆的装载物掉落、遗洒或者飘散的，车辆驾驶人、押运人员应当及时采取措施处理；无法处理的，应当在掉落、遗洒或者飘散物来车方向适当距离外设置警示标志，并迅速报告公路管理机构或者公安机关交通管理部门。其他人员发现公路上有影响交通安全的障碍物的，也应当及时报告公路管理机构或者公安机关交通管理部门。公安机关交通管理部门应当责令改正车辆装载物掉落、遗洒、飘散等违法行为；公路管理机构、公路经营企业应当及时清除掉落、遗洒、飘散在公路上的障碍物。

车辆装载物掉落、遗洒、飘散后，车辆驾驶人、押运人员未及时采取措施处理，造成他人人身、财产损害的，道路运输企业、车辆驾驶人应当依法承担赔偿责任。

第四章　公 路 养 护

第四十四条 公路管理机构、公路经营企业应当加强公路养护，保证公路经常处于良好技术状态。

前款所称良好技术状态，是指公路自身的物理状态符合有关技术标准的要求，包括路面平整，路肩、边坡平顺，有关设施完好。

第四十五条 公路养护应当按照国务院交通运输主管部门规定的技术规范和操作规程实施作业。

第四十六条 从事公路养护作业的单位应当具备下列资质条件：

（一）有一定数量的符合要求的技术人员；

（二）有与公路养护作业相适应的技术设备；

（三）有与公路养护作业相适应的作业经历；

（四）国务院交通运输主管部门规定的其他条件。

公路养护作业单位资质管理办法由国务院交通运输主管部门另行制定。

第四十七条 公路管理机构、公路经营企业应当按照国务院交通运输主管部门的规定对公路进行巡查，并制作巡查记录；发现公路坍塌、坑槽、隆起等损毁的，应当及时设置警示标志，并采取措施修复。

公安机关交通管理部门发现公路坍塌、坑槽、隆起等损毁，危及交通安全的，应当及时采取措施，疏导交通，并通知公路管理机构或者公路经营企业。

其他人员发现公路坍塌、坑槽、隆起等损毁的，应当及时向公路管理机构、公安机关交通管理部门报告。

第四十八条 公路管理机构、公路经营企业应当定期对公路、公路桥梁、公路隧道进行检测和评定，保证其技术状态符合有关技术标准；对经检测发现不符合车辆通行安全要求的，应当进行维修，及时向社会公告，并通知公安机关交通管理部门。

第四十九条 公路管理机构、公路经营企业应当定期检查公路隧道的排水、通风、照明、监控、报警、消防、救助等设施，保持设施处于完好状态。

第五十条 公路管理机构应当统筹安排公路养护作业计划，避免集中进行公路养护作业造成交通堵塞。

在省、自治区、直辖市交界区域进行公路养护作业，可能造成交通堵塞的，有关公路管理机构、公安机关交通管理部门应当事先书面通报相邻的省、自治区、直辖市公路管理机构、公安机关交通管理部门，共同制定疏导预案，确定分流路线。

第五十一条 公路养护作业需要封闭公路的，或者占用半幅公路进行作业，作业路段长度在2公里以上，并且作业期限超过30日的，除紧急情况外，公路养护作业单位应当在作业开始之日前5日向社会公告，明确绕行路线，并在绕行处设置标志；不能绕行的，应当修建临时道路。

第五十二条 公路养护作业人员作业时，应当穿着统一的安全标志服。公路养护车辆、机械设备作业时，应当设置明显的作业标志，开启危险报警闪光灯。

第五十三条 发生公路突发事件影响通行的，公路管理机构、公路经营企业应当及时修复公路、恢复通行。设区的市级以上人民政府交通运输主管部门应当根据修复公路、恢复通行的需要，及时调集抢修力量，统筹安排有关作业计划，下达路网调度指令，配合有关部门组织绕行、分流。

设区的市级以上公路管理机构应当按照国务院交通运输主管部门的规定收集、汇总公路损毁、公路交通流量等信息，开展公路突发事件的监测、预报和预警工作，并利用多种方式及时向社会发布有关公路运行信息。

第五十四条 中国人民武装警察交通部队按照国家有关规定承担公路、公路桥梁、公路隧道等设施的抢修任务。

第五十五条 公路永久性停止使用的，应当按照国务院交通运输主管部门规定的程序核准后作报废处理，并向社会公告。

公路报废后的土地使用管理依照有关土地管理的法律、行政法规执行。

第五章　法律责任

第五十六条 违反本条例的规定，有下列情形之一的，由公路管理机构责令限期拆除，可以处5万元以下的罚款。逾期不拆除的，由公路管理机构拆除，有关费用由违法行为人承担：

（一）在公路建筑控制区内修建、扩建建筑物、地面构筑物或者未经许可埋设管道、电缆等设施的；

（二）在公路建筑控制区外修建的建筑物、地面构筑物以及其他设施遮挡公路标志或者妨碍安全视距的。

第五十七条 违反本条例第十八条、第十九条、第二十三条规定的，由安全生产监督管理部门、水行政主管部门、流域管理机构、海事管理机构等有关单位依法处理。

第五十八条 违反本条例第二十条规定的，由水行政主管部门或者流域管理机构责令改正，可以处 3 万元以下的罚款。

第五十九条 违反本条例第二十二条规定的，由公路管理机构责令改正，处 2 万元以上 10 万元以下的罚款。

第六十条 违反本条例的规定，有下列行为之一的，由公路管理机构责令改正，可以处 3 万元以下的罚款：

（一）损坏、擅自移动、涂改、遮挡公路附属设施或者利用公路附属设施架设管道、悬挂物品，可能危及公路安全的；

（二）涉路工程设施影响公路完好、安全和畅通的。

第六十一条 违反本条例的规定，未经批准更新采伐护路林的，由公路管理机构责令补种，没收违法所得，并处采伐林木价值 3 倍以上 5 倍以下的罚款。

第六十二条 违反本条例的规定，未经许可进行本条例第二十七条第一项至第五项规定的涉路施工活动的，由公路管理机构责令改正，可以处 3 万元以下的罚款；未经许可进行本条例第二十七条第六项规定的涉路施工活动的，由公路管理机构责令改正，处 5 万元以下的罚款。

第六十三条 违反本条例的规定，非法生产、销售外廓尺寸、轴荷、总质量不符合国家有关车辆外廓尺寸、轴荷、质量限值等机动车安全技术标准的车辆的，依照《中华人民共和国道路交通安全法》的有关规定处罚。

具有国家规定资质的车辆生产企业未按照规定车型和技术参数改装车辆的，由原发证机关责令改正，处 4 万元以上 20 万元以下的罚款；拒不改正的，吊销其资质证书。

第六十四条 违反本条例的规定，在公路上行驶的车辆，车货总体的外廓尺寸、轴荷或者总质量超过公路、公路桥梁、公路隧道、汽车渡船限定标准的，由公路管理机构责令改正，可以处 3 万元以下的罚款。

第六十五条 违反本条例的规定，经批准进行超限运输的车辆，未按照指定时间、路线和速度行驶的，由公路管理机构或者公安机关交通管理部门责令改正；拒不改正的，公路管理机构或者公安机关交通管理部门可以扣留车辆。

未随车携带超限运输车辆通行证的，由公路管理机构扣留车辆，责令车辆驾驶人提供超限运输车辆通行证或者相应的证明。

租借、转让超限运输车辆通行证的，由公路管理机构没收超限运输车辆通行证，处 1000 元以上 5000 元以下的罚款。使用伪造、变造的超限运输车辆通行证的，由公路管理机构没收伪造、变造的超限运输车辆通行证，处 3 万元以下的罚款。

第六十六条 对 1 年内违法超限运输超过 3 次的货运车辆，由道路运输管理机构吊销其车辆营运证；对 1 年内违法超限运输超过 3 次的货运车辆驾驶人，由道路运输管理机构责令其停止从事营业性运输；道路运输企业 1 年内违法超限运输的货运车辆超过本单位货运车辆总数 10％的，由道路运输管理机构责令道路运输企业停业整顿；情节严重的，吊销其道路运输经营许可证，并向社会公告。

第六十七条 违反本条例的规定，有下列行为之一的，由公路管理机构强制拖离或者扣留车辆，处 3 万元以下的罚款：

（一）采取故意堵塞固定超限检测站点通行车道、强行通过固定超限检测站点等方式扰乱超限检测秩序的；

（二）采取短途驳载等方式逃避超限检测的。

第六十八条 违反本条例的规定，指使、强令车辆驾驶人超限运输货物的，由道路运输管理机构责令改正，处 3 万元以下的罚款。

第六十九条 车辆装载物触地拖行、掉落、遗洒或者飘散，造成公路路面损坏、污染的，由公路管理机构责令改正，处 5000 元以下的罚款。

第七十条 违反本条例的规定，公路养护作业单位未按照国务院交通运输主管部门规定的技术规范和操作规程进行公路养护作业的，由公路管理机构责令改正，处 1 万元以上 5 万元以下的罚款；拒不改正的，吊销其资质证书。

第七十一条　造成公路、公路附属设施损坏的单位和个人应当立即报告公路管理机构，接受公路管理机构的现场调查处理；危及交通安全的，还应当设置警示标志或者采取其他安全防护措施，并迅速报告公安机关交通管理部门。

发生交通事故造成公路、公路附属设施损坏的，公安机关交通管理部门在处理交通事故时应当及时通知有关公路管理机构到场调查处理。

第七十二条　造成公路、公路附属设施损坏，拒不接受公路管理机构现场调查处理的，公路管理机构可以扣留车辆、工具。

公路管理机构扣留车辆、工具的，应当当场出具凭证，并告知当事人在规定期限内到公路管理机构接受处理。逾期不接受处理，并且经公告 3 个月仍不来接受处理的，对扣留的车辆、工具，由公路管理机构依法处理。

公路管理机构对被扣留的车辆、工具应当妥善保管，不得使用。

第七十三条　违反本条例的规定，公路管理机构工作人员有下列行为之一的，依法给予处分：

（一）违法实施行政许可的；

（二）违反规定拦截、检查正常行驶的车辆的；

（三）未及时采取措施处理公路坍塌、坑槽、隆起等损毁的；

（四）违法扣留车辆、工具或者使用依法扣留的车辆、工具的；

（五）有其他玩忽职守、徇私舞弊、滥用职权行为的。

公路管理机构有前款所列行为之一的，对负有直接责任的主管人员和其他直接责任人员依法给予处分。

第七十四条　违反本条例的规定，构成违反治安管理行为的，由公安机关依法给予治安管理处罚；构成犯罪的，依法追究刑事责任。

第六章　附　　则

第七十五条　村道的管理和养护工作，由乡级人民政府参照本条例的规定执行。

专用公路的保护不适用本条例。

第七十六条　军事运输使用公路按照国务院、中央军事委员会的有关规定执行。

第七十七条　本条例自 2011 年 7 月 1 日起施行。1987 年 10 月 13 日国务院发布的《中华人民共和国公路管理条例》同时废止。

4. 中华人民共和国行政诉讼法

（根据2017年6月27日第十二届全国人民代表大会常务委员会第二十八次会议《关于修改〈中华人民共和国民事诉讼法〉和〈中华人民共和国行政诉讼法〉的决定》第二次修正）

第一章 总 则

第一条 为保证人民法院公正、及时审理行政案件，解决行政争议，保护公民、法人和其他组织的合法权益，监督行政机关依法行使职权，根据宪法，制定本法。

第二条 公民、法人或者其他组织认为行政机关和行政机关工作人员的行政行为侵犯其合法权益，有权依照本法向人民法院提起诉讼。

前款所称行政行为，包括法律、法规、规章授权的组织作出的行政行为。

第三条 人民法院应当保障公民、法人和其他组织的起诉权利，对应当受理的行政案件依法受理。

行政机关及其工作人员不得干预、阻碍人民法院受理行政案件。

被诉行政机关负责人应当出庭应诉。不能出庭的，应当委托行政机关相应的工作人员出庭。

第四条 人民法院依法对行政案件独立行使审判权，不受行政机关、社会团体和个人的干涉。

人民法院设行政审判庭，审理行政案件。

第五条 人民法院审理行政案件，以事实为根据，以法律为准绳。

第六条 人民法院审理行政案件，对行政行为是否合法进行审查。

第七条 人民法院审理行政案件，依法实行合议、回避、公开审判和两审终审制度。

第八条 当事人在行政诉讼中的法律地位平等。

第九条 各民族公民都有用本民族语言、文字进行行政诉讼的权利。

在少数民族聚居或者多民族共同居住的地区，人民法院应当用当地民族通用的语言、文字进行审理和发布法律文书。

人民法院应当对不通晓当地民族通用的语言、文字的诉讼参与人提供翻译。

第十条 当事人在行政诉讼中有权进行辩论。

第十一条 人民检察院有权对行政诉讼实行法律监督。

第二章 受案范围

第十二条 人民法院受理公民、法人或者其他组织提起的下列诉讼：

（一）对行政拘留、暂扣或者吊销许可证和执照、责令停产停业、没收违法所得、没收非法财物、罚款、警告等行政处罚不服的；

（二）对限制人身自由或者对财产的查封、扣押、冻结等行政强制措施和行政强制执行不服的；

（三）申请行政许可，行政机关拒绝或者在法定期限内不予答复，或者对行政机关作出的有关行政许可的其他决定不服的；

（四）对行政机关作出的关于确认土地、矿藏、水流、森林、山岭、草原、荒地、滩涂、海域等自然资源的所有权或者使用权的决定不服的；

（五）对征收、征用决定及其补偿决定不服的；

（六）申请行政机关履行保护人身权、财产权等合法权益的法定职责，行政机关拒绝履行或者不予答复的；

（七）认为行政机关侵犯其经营自主权或者农村土地承包经营权、农村土地经营权的；

（八）认为行政机关滥用行政权力排除或者限制竞争的；

（九）认为行政机关违法集资、摊派费用或者违法要求履行其他义务的；

（十）认为行政机关没有依法支付抚恤金、最低生活保障待遇或者社会保险待遇的；

（十一）认为行政机关不依法履行、未按照约定履行或者违法变更、解除政府特许经营协议、土地房屋征收补偿协议等协议的；

（十二）认为行政机关侵犯其他人身权、财产权等合法权益的。

除前款规定外，人民法院受理法律、法规规定可以提起诉讼的其他行政案件。

第十三条　人民法院不受理公民、法人或者其他组织对下列事项提起的诉讼：

（一）国防、外交等国家行为；

（二）行政法规、规章或者行政机关制定、发布的具有普遍约束力的决定、命令；

（三）行政机关对行政机关工作人员的奖惩、任免等决定；

（四）法律规定由行政机关最终裁决的行政行为。

第三章　管　　辖

第十四条　基层人民法院管辖第一审行政案件。

第十五条　中级人民法院管辖下列第一审行政案件：

（一）对国务院部门或者县级以上地方人民政府所作的行政行为提起诉讼的案件；

（二）海关处理的案件；

（三）本辖区内重大、复杂的案件；

（四）其他法律规定由中级人民法院管辖的案件。

第十六条　高级人民法院管辖本辖区内重大、复杂的第一审行政案件。

第十七条　最高人民法院管辖全国范围内重大、复杂的第一审行政案件。

第十八条　行政案件由最初作出行政行为的行政机关所在地人民法院管辖。经复议的案件，也可以由复议机关所在地人民法院管辖。

经最高人民法院批准，高级人民法院可以根据审判工作的实际情况，确定若干人民法院跨行政区域管辖行政案件。

第十九条　对限制人身自由的行政强制措施不服提起的诉讼，由被告所在地或者原告所在地人民法院管辖。

第二十条　因不动产提起的行政诉讼，由不动产所在地人民法院管辖。

第二十一条　两个以上人民法院都有管辖权的案件，原告可以选择其中一个人民法院提起诉讼。原告向两个以上有管辖权的人民法院提起诉讼的，由最先立案的人民法院管辖。

第二十二条　人民法院发现受理的案件不属于本院管辖的，应当移送有管辖权的人民法院，受移送的人民法院应当受理。受移送的人民法院认为受移送的案件按照规定不属于本院管辖的，应当报请上级人民法院指定管辖，不得再自行移送。

第二十三条　有管辖权的人民法院由于特殊原因不能行使管辖权的，由上级人民法院指定管辖。

人民法院对管辖权发生争议，由争议双方协商解决。协商不成的，报它们的共同上级人民法院指定管辖。

第二十四条　上级人民法院有权审理下级人民法院管辖的第一审行政案件。

下级人民法院对其管辖的第一审行政案件，认为需要由上级人民法院审理或者指定管辖的，可以报请上级人民法院决定。

第四章　诉讼参加人

第二十五条　行政行为的相对人以及其他与行政行为有利害关系的公民、法人或者其他组织，有权提起诉讼。

有权提起诉讼的公民死亡，其近亲属可以提起诉讼。

有权提起诉讼的法人或者其他组织终止，承受其权利的法人或者其他组织可以提起诉讼。

人民检察院在履行职责中发现生态环境和资源保护、食品药品安全、国有财产保护、国有土地使用权出让等领域负有监督管理职责的行政机关违法行使职权或者不作为，致使国家利益或者社会公共利益受到侵害的，应当向行政机关提出检察建议，督促其依法履行职责。行政机关不依法履行职责的，人民检察院依法向人民法院提起诉讼。

第二十六条　公民、法人或者其他组织直接向人民法院提起诉讼的，作出行政行为的行政机关是被告。

经复议的案件，复议机关决定维持原行政行为的，作出原行政行为的行政机关和复议机关是共同被告；复议机关改变原行政行为的，复议机关是被告。

复议机关在法定期限内未作出复议决定，公民、法人或者其他组织起诉原行政行为的，作出原行政行为的行政机关是被告；起诉复议机关不作为的，复议机关是被告。

两个以上行政机关作出同一行政行为的，共同作出行政行为的行政机关是共同被告。

行政机关委托的组织所作的行政行为，委托的行政机关是被告。

行政机关被撤销或者职权变更的，继续行使其职权的行政机关是被告。

第二十七条　当事人一方或者双方为二人以上，因同一行政行为发生的行政案件，或者因同类行政行为发生的行政案件、人民法院认为可以合并审理并经当事人同意的，为共同诉讼。

第二十八条　当事人一方人数众多的共同诉讼，可以由当事人推选代表人进行诉讼。代表人的诉讼行为对其所代表的当事人发生效力，但代表人变更、放弃诉讼请求或者承认对方当事人的诉讼请求，应当经被代表的当事人同意。

第二十九条　公民、法人或者其他组织同被诉行政行为有利害关系但没有提起诉讼，或者同案件处理结果有利害关系的，可以作为第三人申请参加诉讼，或者由人民法院通知参加诉讼。

人民法院判决第三人承担义务或者减损第三人权益的，第三人有权依法提起上诉。

第三十条　没有诉讼行为能力的公民，由其法定代理人代为诉讼。法定代理人互相推诿代理责任的，由人民法院指定其中一人代为诉讼。

第三十一条　当事人、法定代理人，可以委托一至二人作为诉讼代理人。

下列人员可以被委托为诉讼代理人：

（一）律师、基层法律服务工作者；

（二）当事人的近亲属或者工作人员；

（三）当事人所在社区、单位以及有关社会团体推荐的公民。

第三十二条　代理诉讼的律师，有权按照规定查阅、复制本案有关材料，有权向有关组织和公民调查，收集与本案有关的证据。对涉及国家秘密、商业秘密和个人隐私的材料，应当依照法律规定保密。

当事人和其他诉讼代理人有权按照规定查阅、复制本案庭审材料，但涉及国家秘密、商业秘密和个人隐私的内容除外。

第五章 证　据

第三十三条 证据包括：

（一）书证；

（二）物证；

（三）视听资料；

（四）电子数据；

（五）证人证言；

（六）当事人的陈述；

（七）鉴定意见；

（八）勘验笔录、现场笔录。

以上证据经法庭审查属实，才能作为认定案件事实的根据。

第三十四条 被告对作出的行政行为负有举证责任，应当提供作出该行政行为的证据和所依据的规范性文件。

被告不提供或者无正当理由逾期提供证据，视为没有相应证据。但是，被诉行政行为涉及第三人合法权益，第三人提供证据的除外。

第三十五条 在诉讼过程中，被告及其诉讼代理人不得自行向原告、第三人和证人收集证据。

第三十六条 被告在作出行政行为时已经收集了证据，但因不可抗力等正当事由不能提供的，经人民法院准许，可以延期提供。

原告或者第三人提出了其在行政处理程序中没有提出的理由或者证据的，经人民法院准许，被告可以补充证据。

第三十七条 原告可以提供证明行政行为违法的证据。原告提供的证据不成立的，不免除被告的举证责任。

第三十八条 在起诉被告不履行法定职责的案件中，原告应当提供其向被告提出申请的证据。但有下列情形之一的除外：

（一）被告应当依职权主动履行法定职责的；

（二）原告因正当理由不能提供证据的。

在行政赔偿、补偿的案件中，原告应当对行政行为造成的损害提供证据。因被告的原因导致原告无法举证的，由被告承担举证责任。

第三十九条 人民法院有权要求当事人提供或者补充证据。

第四十条 人民法院有权向有关行政机关以及其他组织、公民调取证据。但是，不得为证明行政行为的合法性调取被告作出行政行为时未收集的证据。

第四十一条 与本案有关的下列证据，原告或者第三人不能自行收集的，可以申请人民法院调取：

（一）由国家机关保存而须由人民法院调取的证据；

（二）涉及国家秘密、商业秘密和个人隐私的证据；

（三）确因客观原因不能自行收集的其他证据。

第四十二条 在证据可能灭失或者以后难以取得的情况下，诉讼参加人可以向人民法院申请保全证据，人民法院也可以主动采取保全措施。

第四十三条 证据应当在法庭上出示，并由当事人互相质证。对涉及国家秘密、商业秘密和个人隐私的证据，不得在公开开庭时出示。

人民法院应当按照法定程序，全面、客观地审查核实证据。对未采纳的证据应当在裁判文书中说明理由。

以非法手段取得的证据，不得作为认定案件事实的根据。

第六章　起诉和受理

第四十四条　对属于人民法院受案范围的行政案件，公民、法人或者其他组织可以先向行政机关申请复议，对复议决定不服的，再向人民法院提起诉讼；也可以直接向人民法院提起诉讼。

法律、法规规定应当先向行政机关申请复议，对复议决定不服再向人民法院提起诉讼的，依照法律、法规的规定。

第四十五条　公民、法人或者其他组织不服复议决定的，可以在收到复议决定书之日起十五日内向人民法院提起诉讼。复议机关逾期不作决定的，申请人可以在复议期满之日起十五日内向人民法院提起诉讼。法律另有规定的除外。

第四十六条　公民、法人或者其他组织直接向人民法院提起诉讼的，应当自知道或者应当知道作出行政行为之日起六个月内提出。法律另有规定的除外。

因不动产提起诉讼的案件自行政行为作出之日起超过二十年，其他案件自行政行为作出之日起超过五年提起诉讼的，人民法院不予受理。

第四十七条　公民、法人或者其他组织申请行政机关履行保护其人身权、财产权等合法权益的法定职责，行政机关在接到申请之日起两个月内不履行的，公民、法人或者其他组织可以向人民法院提起诉讼。法律、法规对行政机关履行职责的期限另有规定的，从其规定。

公民、法人或者其他组织在紧急情况下请求行政机关履行保护其人身权、财产权等合法权益的法定职责，行政机关不履行的，提起诉讼不受前款规定期限的限制。

第四十八条　公民、法人或者其他组织因不可抗力或者其他不属于其自身的原因耽误起诉期限的，被耽误的时间不计算在起诉期限内。

公民、法人或者其他组织因前款规定以外的其他特殊情况耽误起诉期限的，在障碍消除后十日内，可以申请延长期限，是否准许由人民法院决定。

第四十九条　提起诉讼应当符合下列条件：

（一）原告是符合本法第二十五条规定的公民、法人或者其他组织；

（二）有明确的被告；

（三）有具体的诉讼请求和事实根据；

（四）属于人民法院受案范围和受诉人民法院管辖。

第五十条　起诉应当向人民法院递交起诉状，并按照被告人数提出副本。

书写起诉状确有困难的，可以口头起诉，由人民法院记入笔录，出具注明日期的书面凭证，并告知对方当事人。

第五十一条　人民法院在接到起诉状时对符合本法规定的起诉条件的，应当登记立案。

对当场不能判定是否符合本法规定的起诉条件的，应当接收起诉状，出具注明收到日期的书面凭证，并在七日内决定是否立案。不符合起诉条件的，作出不予立案的裁定。裁定书应当载明不予立案的理由。原告对裁定不服的，可以提起上诉。

起诉状内容欠缺或者有其他错误的，应当给予指导和释明，并一次性告知当事人需要补正的内容。不得未经指导和释明即以起诉不符合条件为由不接收起诉状。

对于不接收起诉状、接收起诉状后不出具书面凭证，以及不一次性告知当事人需要补正的起诉状内容的，当事人可以向上级人民法院投诉，上级人民法院应当责令改正，并对直接负责的主管人员和其他直接责任人员依法给予处分。

第五十二条　人民法院既不立案，又不作出不予立案裁定的，当事人可以向上一级人民法院起诉。上一级人民法院认为符合起诉条件的，应当立案、审理，也可以指定其他下级人民法院立案、审理。

第五十三条 公民、法人或者其他组织认为行政行为所依据的国务院部门和地方人民政府及其部门制定的规范性文件不合法，在对行政行为提起诉讼时，可以一并请求对该规范性文件进行审查。

前款规定的规范性文件不含规章。

第七章 审理和判决

第一节 一般规定

第五十四条 人民法院公开审理行政案件，但涉及国家秘密、个人隐私和法律另有规定的除外。

涉及商业秘密的案件，当事人申请不公开审理的，可以不公开审理。

第五十五条 当事人认为审判人员与本案有利害关系或者有其他关系可能影响公正审判，有权申请审判人员回避。

审判人员认为自己与本案有利害关系或者有其他关系，应当申请回避。

前两款规定，适用于书记员、翻译人员、鉴定人、勘验人。

院长担任审判长时的回避，由审判委员会决定；审判人员的回避，由院长决定；其他人员的回避，由审判长决定。当事人对决定不服的，可以申请复议一次。

第五十六条 诉讼期间，不停止行政行为的执行。但有下列情形之一的，裁定停止执行：

（一）被告认为需要停止执行的；

（二）原告或者利害关系人申请停止执行，人民法院认为该行政行为的执行会造成难以弥补的损失，并且停止执行不损害国家利益、社会公共利益的；

（三）人民法院认为该行政行为的执行会给国家利益、社会公共利益造成重大损害的；

（四）法律、法规规定停止执行的。

当事人对停止执行或者不停止执行的裁定不服的，可以申请复议一次。

第五十七条 人民法院对起诉行政机关没有依法支付抚恤金、最低生活保障金和工伤、医疗社会保险金的案件，权利义务关系明确、不先予执行将严重影响原告生活的，可以根据原告的申请，裁定先予执行。

当事人对先予执行裁定不服的，可以申请复议一次。复议期间不停止裁定的执行。

第五十八条 经人民法院传票传唤，原告无正当理由拒不到庭，或者未经法庭许可中途退庭的，可以按照撤诉处理；被告无正当理由拒不到庭，或者未经法庭许可中途退庭的，可以缺席判决。

第五十九条 诉讼参与人或者其他人有下列行为之一的，人民法院可以根据情节轻重，予以训诫、责令具结悔过或者处一万元以下的罚款、十五日以下的拘留；构成犯罪的，依法追究刑事责任：

（一）有义务协助调查、执行的人，对人民法院的协助调查决定、协助执行通知书，无故推拖、拒绝或者妨碍调查、执行的；

（二）伪造、隐藏、毁灭证据或者提供虚假证明材料，妨碍人民法院审理案件的；

（三）指使、贿买、胁迫他人作伪证或者威胁、阻止证人作证的；

（四）隐藏、转移、变卖、毁损已被查封、扣押、冻结的财产的；

（五）以欺骗、胁迫等非法手段使原告撤诉的；

（六）以暴力、威胁或者其他方法阻碍人民法院工作人员执行职务，或者以哄闹、冲击法庭等方法扰乱人民法院工作秩序的；

（七）对人民法院审判人员或者其他工作人员、诉讼参与人、协助调查和执行的人员恐吓、侮辱、诽谤、诬陷、殴打、围攻或者打击报复的。

人民法院对有前款规定的行为之一的单位，可以对其主要负责人或者直接责任人员依照前款规定予以罚款、拘留；构成犯罪的，依法追究刑事责任。

罚款、拘留须经人民法院院长批准。当事人不服的，可以向上一级人民法院申请复议一次。复议期间不停止执行。

第六十条 人民法院审理行政案件，不适用调解。但是，行政赔偿、补偿以及行政机关行使法律、法规规定的自由裁量权的案件可以调解。

调解应当遵循自愿、合法原则，不得损害国家利益、社会公共利益和他人合法权益。

第六十一条 在涉及行政许可、登记、征收、征用和行政机关对民事争议所作的裁决的行政诉讼中，当事人申请一并解决相关民事争议的，人民法院可以一并审理。

在行政诉讼中，人民法院认为行政案件的审理需以民事诉讼的裁判为依据的，可以裁定中止行政诉讼。

第六十二条 人民法院对行政案件宣告判决或者裁定前，原告申请撤诉的，或者被告改变其所作的行政行为，原告同意并申请撤诉的，是否准许，由人民法院裁定。

第六十三条 人民法院审理行政案件，以法律和行政法规、地方性法规为依据。地方性法规适用于本行政区域内发生的行政案件。

人民法院审理民族自治地方的行政案件，并以该民族自治地方的自治条例和单行条例为依据。

人民法院审理行政案件，参照规章。

第六十四条 人民法院在审理行政案件中，经审查认为本法第五十三条规定的规范性文件不合法的，不作为认定行政行为合法的依据，并向制定机关提出处理建议。

第六十五条 人民法院应当公开发生法律效力的判决书、裁定书，供公众查阅，但涉及国家秘密、商业秘密和个人隐私的内容除外。

第六十六条 人民法院在审理行政案件中，认为行政机关的主管人员、直接责任人员违法违纪的，应当将有关材料移送监察机关、该行政机关或者其上一级行政机关；认为有犯罪行为的，应当将有关材料移送公安、检察机关。

人民法院对被告经传票传唤无正当理由拒不到庭，或者未经法庭许可中途退庭的，可以将被告拒不到庭或者中途退庭的情况予以公告，并可以向监察机关或者被告的上一级行政机关提出依法给予其主要负责人或者直接责任人员处分的司法建议。

第二节 第一审普通程序

第六十七条 人民法院应当在立案之日起五日内，将起诉状副本发送被告。被告应当在收到起诉状副本之日起十五日内向人民法院提交作出行政行为的证据和所依据的规范性文件，并提出答辩状。人民法院应当在收到答辩状之日起五日内，将答辩状副本发送原告。

被告不提出答辩状的，不影响人民法院审理。

第六十八条 人民法院审理行政案件，由审判员组成合议庭，或者由审判员、陪审员组成合议庭。合议庭的成员，应当是三人以上的单数。

第六十九条 行政行为证据确凿，适用法律、法规正确，符合法定程序的，或者原告申请被告履行法定职责或者给付义务理由不成立的，人民法院判决驳回原告的诉讼请求。

第七十条 行政行为有下列情形之一的，人民法院判决撤销或者部分撤销，并可以判决被告重新作出行政行为：

（一）主要证据不足的；

（二）适用法律、法规错误的；

（三）违反法定程序的；

（四）超越职权的；

（五）滥用职权的；

（六）明显不当的。

第七十一条 人民法院判决被告重新作出行政行为的，被告不得以同一的事实和理由作出与原行政行为基本相同的行政行为。

第七十二条 人民法院经过审理，查明被告不履行法定职责的，判决被告在一定期限内履行。

第七十三条 人民法院经过审理，查明被告依法负有给付义务的，判决被告履行给付义务。

第七十四条 行政行为有下列情形之一的，人民法院判决确认违法，但不撤销行政行为：

（一）行政行为依法应当撤销，但撤销会给国家利益、社会公共利益造成重大损害的；

（二）行政行为程序轻微违法，但对原告权利不产生实际影响的。

行政行为有下列情形之一，不需要撤销或者判决履行的，人民法院判决确认违法：

（一）行政行为违法，但不具有可撤销内容的；

（二）被告改变原违法行政行为，原告仍要求确认原行政行为违法的；

（三）被告不履行或者拖延履行法定职责，判决履行没有意义的。

第七十五条 行政行为有实施主体不具有行政主体资格或者没有依据等重大且明显违法情形，原告申请确认行政行为无效的，人民法院判决确认无效。

第七十六条 人民法院判决确认违法或者无效的，可以同时判决责令被告采取补救措施；给原告造成损失的，依法判决被告承担赔偿责任。

第七十七条 行政处罚明显不当，或者其他行政行为涉及对款额的确定、认定确有错误的，人民法院可以判决变更。

人民法院判决变更，不得加重原告的义务或者减损原告的权益。但利害关系人同为原告，且诉讼请求相反的除外。

第七十八条 被告不依法履行、未按照约定履行或者违法变更、解除本法第十二条第一款第十一项规定的协议的，人民法院判决被告承担继续履行、采取补救措施或者赔偿损失等责任。

被告变更、解除本法第十二条第一款第十一项规定的协议合法，但未依法给予补偿的，人民法院判决给予补偿。

第七十九条 复议机关与作出原行政行为的行政机关为共同被告的案件，人民法院应当对复议决定和原行政行为一并作出裁判。

第八十条 人民法院对公开审理和不公开审理的案件，一律公开宣告判决。

当庭宣判的，应当在十日内发送判决书；定期宣判的，宣判后立即发给判决书。

宣告判决时，必须告知当事人上诉权利、上诉期限和上诉的人民法院。

第八十一条 人民法院应当在立案之日起六个月内作出第一审判决。有特殊情况需要延长的，由高级人民法院批准，高级人民法院审理第一审案件需要延长的，由最高人民法院批准。

第三节 简易程序

第八十二条 人民法院审理下列第一审行政案件，认为事实清楚、权利义务关系明确、争议不大的，可以适用简易程序：

（一）被诉行政行为是依法当场作出的；

（二）案件涉及款额二千元以下的；

（三）属于政府信息公开案件的。

除前款规定以外的第一审行政案件，当事人各方同意适用简易程序的，可以适用简易程序。

发回重审、按照审判监督程序再审的案件不适用简易程序。

第八十三条 适用简易程序审理的行政案件，由审判员一人独任审理，并应当在立案之日起四十五日内审结。

第八十四条 人民法院在审理过程中，发现案件不宜适用简易程序的，裁定转为普通程序。

第四节 第二审程序

第八十五条 当事人不服人民法院第一审判决的，有权在判决书送达之日起十五日内向上一级人民法院提起上诉。当事人不服人民法院第一审裁定的，有权在裁定书送达之日起十日内向上一级人民法院提起上诉。逾期不提起上诉的，人民法院的第一审判决或者裁定发生法律效力。

第八十六条 人民法院对上诉案件，应当组成合议庭，开庭审理。经过阅卷、调查和询问当事人，对没有提出新的事实、证据或者理由，合议庭认为不需要开庭审理的，也可以不开庭审理。

第八十七条 人民法院审理上诉案件，应当对原审人民法院的判决、裁定和被诉行政行为进行全面审查。

第八十八条 人民法院审理上诉案件，应当在收到上诉状之日起三个月内作出终审判决。有特殊情况需要延长的，由高级人民法院批准，高级人民法院审理上诉案件需要延长的，由最高人民法院批准。

第八十九条 人民法院审理上诉案件，按照下列情形，分别处理：

（一）原判决、裁定认定事实清楚，适用法律、法规正确的，判决或者裁定驳回上诉，维持原判决、裁定；

（二）原判决、裁定认定事实错误或者适用法律、法规错误的，依法改判、撤销或者变更；

（三）原判决认定基本事实不清、证据不足的，发回原审人民法院重审，或者查清事实后改判；

（四）原判决遗漏当事人或者违法缺席判决等严重违反法定程序的，裁定撤销原判决，发回原审人民法院重审。

原审人民法院对发回重审的案件作出判决后，当事人提起上诉的，第二审人民法院不得再次发回重审。

人民法院审理上诉案件，需要改变原审判决的，应当同时对被诉行政行为作出判决。

第五节 审判监督程序

第九十条 当事人对已经发生法律效力的判决、裁定，认为确有错误的，可以向上一级人民法院申请再审，但判决、裁定不停止执行。

第九十一条 当事人的申请符合下列情形之一的，人民法院应当再审：

（一）不予立案或者驳回起诉确有错误的；

（二）有新的证据，足以推翻原判决、裁定的；

（三）原判决、裁定认定事实的主要证据不足、未经质证或者系伪造的；

（四）原判决、裁定适用法律、法规确有错误的；

（五）违反法律规定的诉讼程序，可能影响公正审判的；

（六）原判决、裁定遗漏诉讼请求的；

（七）据以作出原判决、裁定的法律文书被撤销或者变更的；

（八）审判人员在审理该案件时有贪污受贿、徇私舞弊、枉法裁判行为的。

第九十二条 各级人民法院院长对本院已经发生法律效力的判决、裁定，发现有本法第九十一条规定情形之一，或者发现调解违反自愿原则或者调解书内容违法，认为需要再审的，应当提交审判委员会讨论决定。

最高人民法院对地方各级人民法院已经发生法律效力的判决、裁定，上级人民法院对下级人民法院已经发生法律效力的判决、裁定，发现有本法第九十一条规定情形之一，或者发现调解违反自愿原则或者调解书内容违法的，有权提审或者指令下级人民法院再审。

第九十三条 最高人民检察院对各级人民法院已经发生法律效力的判决、裁定，上级人民检察院对下级人民法院已经发生法律效力的判决、裁定，发现有本法第九十一条规定情形之一，或者发现调解书损害国家利益、社会公共利益的，应当提出抗诉。

地方各级人民检察院对同级人民法院已经发生法律效力的判决、裁定，发现有本法第九十一条规定情形之一，或者发现调解书损害国家利益、社会公共利益的，可以向同级人民法院提出检察建议，并报上级人民检察院备案；也可以提请上级人民检察院向同级人民法院提出抗诉。

各级人民检察院对审判监督程序以外的其他审判程序中审判人员的违法行为，有权向同级人民法院提出检察建议。

第八章　执　　行

第九十四条　当事人必须履行人民法院发生法律效力的判决、裁定、调解书。

第九十五条　公民、法人或者其他组织拒绝履行判决、裁定、调解书的，行政机关或者第三人可以向第一审人民法院申请强制执行，或者由行政机关依法强制执行。

第九十六条　行政机关拒绝履行判决、裁定、调解书的，第一审人民法院可以采取下列措施：

（一）对应当归还的罚款或者应当给付的款额，通知银行从该行政机关的账户内划拨；

（二）在规定期限内不履行的，从期满之日起，对该行政机关负责人按日处五十元至一百元的罚款；

（三）将行政机关拒绝履行的情况予以公告；

（四）向监察机关或者该行政机关的上一级行政机关提出司法建议。接受司法建议的机关，根据有关规定进行处理，并将处理情况告知人民法院；

（五）拒不履行判决、裁定、调解书，社会影响恶劣的，可以对该行政机关直接负责的主管人员和其他直接责任人员予以拘留；情节严重，构成犯罪的，依法追究刑事责任。

第九十七条　公民、法人或者其他组织对行政行为在法定期限内不提起诉讼又不履行的，行政机关可以申请人民法院强制执行，或者依法强制执行。

第九章　涉外行政诉讼

第九十八条　外国人、无国籍人、外国组织在中华人民共和国进行行政诉讼，适用本法。法律另有规定的除外。

第九十九条　外国人、无国籍人、外国组织在中华人民共和国进行行政诉讼，同中华人民共和国公民、组织有同等的诉讼权利和义务。

外国法院对中华人民共和国公民、组织的行政诉讼权利加以限制的，人民法院对该国公民、组织的行政诉讼权利，实行对等原则。

第一百条　外国人、无国籍人、外国组织在中华人民共和国进行行政诉讼，委托律师代理诉讼的，应当委托中华人民共和国律师机构的律师。

第十章　附　　则

第一百零一条　人民法院审理行政案件，关于期间、送达、财产保全、开庭审理、调解、中止诉讼、终结诉讼、简易程序、执行等，以及人民检察院对行政案件受理、审理、裁判、执行的监督，本法没有规定的，适用《中华人民共和国民事诉讼法》的相关规定。

第一百零二条　人民法院审理行政案件，应当收取诉讼费用。诉讼费用由败诉方承担，双方都有责任的由双方分担。收取诉讼费用的具体办法另行规定。

第一百零三条　本法自 1990 年 10 月 1 日起施行。

5. 中华人民共和国行政处罚法

（2021年1月22日第十三届全国人民代表大会常务委员会第二十五次会议修订）

第一章　总　　则

第一条　为了规范行政处罚的设定和实施，保障和监督行政机关有效实施行政管理，维护公共利益和社会秩序，保护公民、法人或者其他组织的合法权益，根据宪法，制定本法。

第二条　行政处罚是指行政机关依法对违反行政管理秩序的公民、法人或者其他组织，以减损权益或者增加义务的方式予以惩戒的行为。

第三条　行政处罚的设定和实施，适用本法。

第四条　公民、法人或者其他组织违反行政管理秩序的行为，应当给予行政处罚的，依照本法由法律、法规、规章规定，并由行政机关依照本法规定的程序实施。

第五条　行政处罚遵循公正、公开的原则。

设定和实施行政处罚必须以事实为依据，与违法行为的事实、性质、情节以及社会危害程度相当。

对违法行为给予行政处罚的规定必须公布；未经公布的，不得作为行政处罚的依据。

第六条　实施行政处罚，纠正违法行为，应当坚持处罚与教育相结合，教育公民、法人或者其他组织自觉守法。

第七条　公民、法人或者其他组织对行政机关所给予的行政处罚，享有陈述权、申辩权；对行政处罚不服的，有权依法申请行政复议或者提起行政诉讼。

公民、法人或者其他组织因行政机关违法给予行政处罚受到损害的，有权依法提出赔偿要求。

第八条　公民、法人或者其他组织因违法行为受到行政处罚，其违法行为对他人造成损害的，应当依法承担民事责任。

违法行为构成犯罪，应当依法追究刑事责任的，不得以行政处罚代替刑事处罚。

第二章　行政处罚的种类和设定

第九条　行政处罚的种类：

（一）警告、通报批评；

（二）罚款、没收违法所得、没收非法财物；

（三）暂扣许可证件、降低资质等级、吊销许可证件；

（四）限制开展生产经营活动、责令停产停业、责令关闭、限制从业；

（五）行政拘留；

（六）法律、行政法规规定的其他行政处罚。

第十条　法律可以设定各种行政处罚。

限制人身自由的行政处罚，只能由法律设定。

第十一条　行政法规可以设定除限制人身自由以外的行政处罚。

法律对违法行为已经作出行政处罚规定，行政法规需要作出具体规定的，必须在法律规定的给予行政处罚的行为、种类和幅度的范围内规定。

法律对违法行为未作出行政处罚规定，行政法规为实施法律，可以补充设定行政处罚。拟补充设定行政处罚的，应当通过听证会、论证会等形式广泛听取意见，并向制定机关作出书面说明。行政法规报送备案时，应当说明补充设定行政处罚的情况。

第十二条 地方性法规可以设定除限制人身自由、吊销营业执照以外的行政处罚。

法律、行政法规对违法行为已经作出行政处罚规定，地方性法规需要作出具体规定的，必须在法律、行政法规规定的给予行政处罚的行为、种类和幅度的范围内规定。

法律、行政法规对违法行为未作出行政处罚规定，地方性法规为实施法律、行政法规，可以补充设定行政处罚。拟补充设定行政处罚的，应当通过听证会、论证会等形式广泛听取意见，并向制定机关作出书面说明。地方性法规报送备案时，应当说明补充设定行政处罚的情况。

第十三条 国务院部门规章可以在法律、行政法规规定的给予行政处罚的行为、种类和幅度的范围内作出具体规定。

尚未制定法律、行政法规的，国务院部门规章对违反行政管理秩序的行为，可以设定警告、通报批评或者一定数额罚款的行政处罚。罚款的限额由国务院规定。

第十四条 地方政府规章可以在法律、法规规定的给予行政处罚的行为、种类和幅度的范围内作出具体规定。

尚未制定法律、法规的，地方政府规章对违反行政管理秩序的行为，可以设定警告、通报批评或者一定数额罚款的行政处罚。罚款的限额由省、自治区、直辖市人民代表大会常务委员会规定。

第十五条 国务院部门和省、自治区、直辖市人民政府及其有关部门应当定期组织评估行政处罚的实施情况和必要性，对不适当的行政处罚事项及种类、罚款数额等，应当提出修改或者废止的建议。

第十六条 除法律、法规、规章外，其他规范性文件不得设定行政处罚。

第三章 行政处罚的实施机关

第十七条 行政处罚由具有行政处罚权的行政机关在法定职权范围内实施。

第十八条 国家在城市管理、市场监管、生态环境、文化市场、交通运输、应急管理、农业等领域推行建立综合行政执法制度，相对集中行政处罚权。

国务院或者省、自治区、直辖市人民政府可以决定一个行政机关行使有关行政机关的行政处罚权。

限制人身自由的行政处罚权只能由公安机关和法律规定的其他机关行使。

第十九条 法律、法规授权的具有管理公共事务职能的组织可以在法定授权范围内实施行政处罚。

第二十条 行政机关依照法律、法规、规章的规定，可以在其法定权限内书面委托符合本法第二十一条规定条件的组织实施行政处罚。行政机关不得委托其他组织或者个人实施行政处罚。

委托书应当载明委托的具体事项、权限、期限等内容。委托行政机关和受委托组织应当将委托书向社会公布。

委托行政机关对受委托组织实施行政处罚的行为应当负责监督，并对该行为的后果承担法律责任。

受委托组织在委托范围内，以委托行政机关名义实施行政处罚；不得再委托其他组织或者个人实施行政处罚。

第二十一条 受委托组织必须符合以下条件：

（一）依法成立并具有管理公共事务职能；

（二）有熟悉有关法律、法规、规章和业务并取得行政执法资格的工作人员；

（三）需要进行技术检查或者技术鉴定的，应当有条件组织进行相应的技术检查或者技术鉴定。

第四章　行政处罚的管辖和适用

第二十二条　行政处罚由违法行为发生地的行政机关管辖。法律、行政法规、部门规章另有规定的，从其规定。

第二十三条　行政处罚由县级以上地方人民政府具有行政处罚权的行政机关管辖。法律、行政法规另有规定的，从其规定。

第二十四条　省、自治区、直辖市根据当地实际情况，可以决定将基层管理迫切需要的县级人民政府部门的行政处罚权交由能够有效承接的乡镇人民政府、街道办事处行使，并定期组织评估。决定应当公布。

承接行政处罚权的乡镇人民政府、街道办事处应当加强执法能力建设，按照规定范围、依照法定程序实施行政处罚。

有关地方人民政府及其部门应当加强组织协调、业务指导、执法监督，建立健全行政处罚协调配合机制，完善评议、考核制度。

第二十五条　两个以上行政机关都有管辖权的，由最先立案的行政机关管辖。

对管辖发生争议的，应当协商解决，协商不成的，报请共同的上一级行政机关指定管辖；也可以直接由共同的上一级行政机关指定管辖。

第二十六条　行政机关因实施行政处罚的需要，可以向有关机关提出协助请求。协助事项属于被请求机关职权范围内的，应当依法予以协助。

第二十七条　违法行为涉嫌犯罪的，行政机关应当及时将案件移送司法机关，依法追究刑事责任。对依法不需要追究刑事责任或者免予刑事处罚，但应当给予行政处罚的，司法机关应当及时将案件移送有关行政机关。

行政处罚实施机关与司法机关之间应当加强协调配合，建立健全案件移送制度，加强证据材料移交、接收衔接，完善案件处理信息通报机制。

第二十八条　行政机关实施行政处罚时，应当责令当事人改正或者限期改正违法行为。

当事人有违法所得，除依法应当退赔的外，应当予以没收。违法所得是指实施违法行为所取得的款项。法律、行政法规、部门规章对违法所得的计算另有规定的，从其规定。

第二十九条　对当事人的同一个违法行为，不得给予两次以上罚款的行政处罚。同一个违法行为违反多个法律规范应当给予罚款处罚的，按照罚款数额高的规定处罚。

第三十条　不满十四周岁的未成年人有违法行为的，不予行政处罚，责令监护人加以管教；已满十四周岁不满十八周岁的未成年人有违法行为的，应当从轻或者减轻行政处罚。

第三十一条　精神病人、智力残疾人在不能辨认或者不能控制自己行为时有违法行为的，不予行政处罚，但应当责令其监护人严加看管和治疗。间歇性精神病人在精神正常时有违法行为的，应当给予行政处罚。尚未完全丧失辨认或者控制自己行为能力的精神病人、智力残疾人有违法行为的，可以从轻或者减轻行政处罚。

第三十二条　当事人有下列情形之一，应当从轻或者减轻行政处罚：

（一）主动消除或者减轻违法行为危害后果的；

（二）受他人胁迫或者诱骗实施违法行为的；

（三）主动供述行政机关尚未掌握的违法行为的；

（四）配合行政机关查处违法行为有立功表现的；

（五）法律、法规、规章规定其他应当从轻或者减轻行政处罚的。

第三十三条　违法行为轻微并及时改正，没有造成危害后果的，不予行政处罚。初次违法且危害后果轻微并及时改正的，可以不予行政处罚。

当事人有证据足以证明没有主观过错的，不予行政处罚。法律、行政法规另有规定的，从其规定。

对当事人的违法行为依法不予行政处罚的，行政机关应当对当事人进行教育。

第三十四条 行政机关可以依法制定行政处罚裁量基准，规范行使行政处罚裁量权。行政处罚裁量基准应当向社会公布。

第三十五条 违法行为构成犯罪，人民法院判处拘役或者有期徒刑时，行政机关已经给予当事人行政拘留的，应当依法折抵相应刑期。

违法行为构成犯罪，人民法院判处罚金时，行政机关已经给予当事人罚款的，应当折抵相应罚金；行政机关尚未给予当事人罚款的，不再给予罚款。

第三十六条 违法行为在二年内未被发现的，不再给予行政处罚；涉及公民生命健康安全、金融安全且有危害后果的，上述期限延长至五年。法律另有规定的除外。

前款规定的期限，从违法行为发生之日起计算；违法行为有连续或者继续状态的，从行为终了之日起计算。

第三十七条 实施行政处罚，适用违法行为发生时的法律、法规、规章的规定。但是，作出行政处罚决定时，法律、法规、规章已被修改或者废止，且新的规定处罚较轻或者不认为是违法的，适用新的规定。

第三十八条 行政处罚没有依据或者实施主体不具有行政主体资格的，行政处罚无效。

违反法定程序构成重大且明显违法的，行政处罚无效。

第五章　行政处罚的决定

第一节　一般规定

第三十九条 行政处罚的实施机关、立案依据、实施程序和救济渠道等信息应当公示。

第四十条 公民、法人或者其他组织违反行政管理秩序的行为，依法应当给予行政处罚的，行政机关必须查明事实；违法事实不清、证据不足的，不得给予行政处罚。

第四十一条 行政机关依照法律、行政法规规定利用电子技术监控设备收集、固定违法事实的，应当经过法制和技术审核，确保电子技术监控设备符合标准、设置合理、标志明显，设置地点应当向社会公布。

电子技术监控设备记录违法事实应当真实、清晰、完整、准确。行政机关应当审核记录内容是否符合要求；未经审核或者经审核不符合要求的，不得作为行政处罚的证据。

行政机关应当及时告知当事人违法事实，并采取信息化手段或者其他措施，为当事人查询、陈述和申辩提供便利。不得限制或者变相限制当事人享有的陈述权、申辩权。

第四十二条 行政处罚应当由具有行政执法资格的执法人员实施。执法人员不得少于两人，法律另有规定的除外。

执法人员应当文明执法，尊重和保护当事人合法权益。

第四十三条 执法人员与案件有直接利害关系或者有其他关系可能影响公正执法的，应当回避。

当事人认为执法人员与案件有直接利害关系或者有其他关系可能影响公正执法的，有权申请回避。

当事人提出回避申请的，行政机关应当依法审查，由行政机关负责人决定。决定作出之前，不停止调查。

第四十四条 行政机关在作出行政处罚决定之前，应当告知当事人拟作出的行政处罚内容及事实、理由、依据，并告知当事人依法享有的陈述、申辩、要求听证等权利。

第四十五条 当事人有权进行陈述和申辩。行政机关必须充分听取当事人的意见，对当事人提出的事实、理由和证据，应当进行复核；当事人提出的事实、理由或者证据成立的，行政机关应当采纳。

行政机关不得因当事人陈述、申辩而给予更重的处罚。

第四十六条 证据包括：

（一）书证；

（二）物证；

（三）视听资料；

（四）电子数据；

（五）证人证言；

（六）当事人的陈述；

（七）鉴定意见；

（八）勘验笔录、现场笔录。

证据必须经查证属实，方可作为认定案件事实的根据。

以非法手段取得的证据，不得作为认定案件事实的根据。

第四十七条 行政机关应当依法以文字、音像等形式，对行政处罚的启动、调查取证、审核、决定、送达、执行等进行全过程记录，归档保存。

第四十八条 具有一定社会影响的行政处罚决定应当依法公开。

公开的行政处罚决定被依法变更、撤销、确认违法或者确认无效的，行政机关应当在三日内撤回行政处罚决定信息并公开说明理由。

第四十九条 发生重大传染病疫情等突发事件，为了控制、减轻和消除突发事件引起的社会危害，行政机关对违反突发事件应对措施的行为，依法快速、从重处罚。

第五十条 行政机关及其工作人员对实施行政处罚过程中知悉的国家秘密、商业秘密或者个人隐私，应当依法予以保密。

第二节　简易程序

第五十一条 违法事实确凿并有法定依据，对公民处以二百元以下、对法人或者其他组织处以三千元以下罚款或者警告的行政处罚的，可以当场作出行政处罚决定。法律另有规定的，从其规定。

第五十二条 执法人员当场作出行政处罚决定的，应当向当事人出示执法证件，填写预定格式、编有号码的行政处罚决定书，并当场交付当事人。当事人拒绝签收的，应当在行政处罚决定书上注明。

前款规定的行政处罚决定书应当载明当事人的违法行为，行政处罚的种类和依据、罚款数额、时间、地点，申请行政复议、提起行政诉讼的途径和期限以及行政机关名称，并由执法人员签名或者盖章。

执法人员当场作出的行政处罚决定，应当报所属行政机关备案。

第五十三条 对当场作出的行政处罚决定，当事人应当依照本法第六十七条至第六十九条的规定履行。

第三节　普通程序

第五十四条 除本法第五十一条规定的可以当场作出的行政处罚外，行政机关发现公民、法人或者其他组织有依法应当给予行政处罚的行为的，必须全面、客观、公正地调查，收集有关证据；必要时，依照法律、法规的规定，可以进行检查。

符合立案标准的，行政机关应当及时立案。

第五十五条 执法人员在调查或者进行检查时，应当主动向当事人或者有关人员出示执法证件。当事人或者有关人员有权要求执法人员出示执法证件。执法人员不出示执法证件的，当事人或者有关人员有权拒绝接受调查或者检查。

当事人或者有关人员应当如实回答询问，并协助调查或者检查，不得拒绝或者阻挠。询问或者检查应当制作笔录。

第五十六条 行政机关在收集证据时，可以采取抽样取证的方法；在证据可能灭失或者以后难以取得的情况下，经行政机关负责人批准，可以先行登记保存，并应当在七日内及时作出处理决定，在此期间，当事人或者有关人员不得销毁或者转移证据。

第五十七条 调查终结，行政机关负责人应当对调查结果进行审查，根据不同情况，分别作出如下决定：

（一）确有应受行政处罚的违法行为的，根据情节轻重及具体情况，作出行政处罚决定；

（二）违法行为轻微，依法可以不予行政处罚的，不予行政处罚；

（三）违法事实不能成立的，不予行政处罚；

（四）违法行为涉嫌犯罪的，移送司法机关。

对情节复杂或者重大违法行为给予行政处罚，行政机关负责人应当集体讨论决定。

第五十八条 有下列情形之一，在行政机关负责人作出行政处罚的决定之前，应当由从事行政处罚决定法制审核的人员进行法制审核；未经法制审核或者审核未通过的，不得作出决定：

（一）涉及重大公共利益的；

（二）直接关系当事人或者第三人重大权益，经过听证程序的；

（三）案件情况疑难复杂、涉及多个法律关系的；

（四）法律、法规规定应当进行法制审核的其他情形。

行政机关中初次从事行政处罚决定法制审核的人员，应当通过国家统一法律职业资格考试取得法律职业资格。

第五十九条 行政机关依照本法第五十七条的规定给予行政处罚，应当制作行政处罚决定书。行政处罚决定书应当载明下列事项：

（一）当事人的姓名或者名称、地址；

（二）违反法律、法规、规章的事实和证据；

（三）行政处罚的种类和依据；

（四）行政处罚的履行方式和期限；

（五）申请行政复议、提起行政诉讼的途径和期限；

（六）作出行政处罚决定的行政机关名称和作出决定的日期。

行政处罚决定书必须盖有作出行政处罚决定的行政机关的印章。

第六十条 行政机关应当自行政处罚案件立案之日起九十日内作出行政处罚决定。法律、法规、规章另有规定的，从其规定。

第六十一条 行政处罚决定书应当在宣告后当场交付当事人；当事人不在场的，行政机关应当在七日内依照《中华人民共和国民事诉讼法》的有关规定，将行政处罚决定书送达当事人。

当事人同意并签订确认书的，行政机关可以采用传真、电子邮件等方式，将行政处罚决定书等送达当事人。

第六十二条 行政机关及其执法人员在作出行政处罚决定之前，未依照本法第四十四条、第四十五条的规定向当事人告知拟作出的行政处罚内容及事实、理由、依据，或者拒绝听取当事人的陈述、申辩，不得作出行政处罚决定；当事人明确放弃陈述或者申辩权利的除外。

第四节　听证程序

第六十三条 行政机关拟作出下列行政处罚决定，应当告知当事人有要求听证的权利，当事人要求听证的，行政机关应当组织听证：

（一）较大数额罚款；

（二）没收较大数额违法所得、没收较大价值非法财物；

（三）降低资质等级、吊销许可证件；

（四）责令停产停业、责令关闭、限制从业；

（五）其他较重的行政处罚；

（六）法律、法规、规章规定的其他情形。

当事人不承担行政机关组织听证的费用。

第六十四条 听证应当依照以下程序组织：

（一）当事人要求听证的，应当在行政机关告知后五日内提出；

（二）行政机关应当在举行听证的七日前，通知当事人及有关人员听证的时间、地点；

（三）除涉及国家秘密、商业秘密或者个人隐私依法予以保密外，听证公开举行；

（四）听证由行政机关指定的非本案调查人员主持；当事人认为主持人与本案有直接利害关系的，有权申请回避；

（五）当事人可以亲自参加听证，也可以委托一至二人代理；

（六）当事人及其代理人无正当理由拒不出席听证或者未经许可中途退出听证的，视为放弃听证权利，行政机关终止听证；

（七）举行听证时，调查人员提出当事人违法的事实、证据和行政处罚建议，当事人进行申辩和质证；

（八）听证应当制作笔录。笔录应当交当事人或者其代理人核对无误后签字或者盖章。当事人或者其代理人拒绝签字或者盖章的，由听证主持人在笔录中注明。

第六十五条 听证结束后，行政机关应当根据听证笔录，依照本法第五十七条的规定，作出决定。

第六章 行政处罚的执行

第六十六条 行政处罚决定依法作出后，当事人应当在行政处罚决定书载明的期限内，予以履行。

当事人确有经济困难，需要延期或者分期缴纳罚款的，经当事人申请和行政机关批准，可以暂缓或者分期缴纳。

第六十七条 作出罚款决定的行政机关应当与收缴罚款的机构分离。

除依照本法第六十八条、第六十九条的规定当场收缴的罚款外，作出行政处罚决定的行政机关及其执法人员不得自行收缴罚款。

当事人应当自收到行政处罚决定书之日起十五日内，到指定的银行或者通过电子支付系统缴纳罚款。银行应当收受罚款，并将罚款直接上缴国库。

第六十八条 依照本法第五十一条的规定当场作出行政处罚决定，有下列情形之一，执法人员可以当场收缴罚款：

（一）依法给予一百元以下罚款的；

（二）不当场收缴事后难以执行的。

第六十九条 在边远、水上、交通不便地区，行政机关及其执法人员依照本法第五十一条、第五十七条的规定作出罚款决定后，当事人到指定的银行或者通过电子支付系统缴纳罚款确有困难，经当事人提出，行政机关及其执法人员可以当场收缴罚款。

第七十条 行政机关及其执法人员当场收缴罚款的，必须向当事人出具国务院财政部门或者省、自治区、直辖市人民政府财政部门统一制发的专用票据；不出具财政部门统一制发的专用票据的，当事人有权拒绝缴纳罚款。

第七十一条 执法人员当场收缴的罚款，应当自收缴罚款之日起二日内，交至行政机关；在水上当场收缴的罚款，应当自抵岸之日起二日内交至行政机关；行政机关应当在二日内将罚款缴付指定的银行。

第七十二条 当事人逾期不履行行政处罚决定的，作出行政处罚决定的行政机关可以采取下列措施：

（一）到期不缴纳罚款的，每日按罚款数额的百分之三加处罚款，加处罚款的数额不得超出罚款的数额；

（二）根据法律规定，将查封、扣押的财物拍卖、依法处理或者将冻结的存款、汇款划拨抵缴罚款；

（三）根据法律规定，采取其他行政强制执行方式；

（四）依照《中华人民共和国行政强制法》的规定申请人民法院强制执行。

行政机关批准延期、分期缴纳罚款的，申请人民法院强制执行的期限，自暂缓或者分期缴纳罚款期限结束之日起计算。

第七十三条 当事人对行政处罚决定不服，申请行政复议或者提起行政诉讼的，行政处罚不停止执行，法律另有规定的除外。

当事人对限制人身自由的行政处罚决定不服，申请行政复议或者提起行政诉讼的，可以向作出决定的机关提出暂缓执行申请。符合法律规定情形的，应当暂缓执行。

当事人申请行政复议或者提起行政诉讼的，加处罚款的数额在行政复议或者行政诉讼期间不予计算。

第七十四条 除依法应当予以销毁的物品外，依法没收的非法财物必须按照国家规定公开拍卖或者按照国家有关规定处理。

罚款、没收的违法所得或者没收非法财物拍卖的款项，必须全部上缴国库，任何行政机关或者个人不得以任何形式截留、私分或者变相私分。

罚款、没收的违法所得或者没收非法财物拍卖的款项，不得同作出行政处罚决定的行政机关及其工作人员的考核、考评直接或者变相挂钩。除依法应当退还、退赔的外，财政部门不得以任何形式向作出行政处罚决定的行政机关返还罚款、没收的违法所得或者没收非法财物拍卖的款项。

第七十五条 行政机关应当建立健全对行政处罚的监督制度。县级以上人民政府应当定期组织开展行政执法评议、考核，加强对行政处罚的监督检查，规范和保障行政处罚的实施。

行政机关实施行政处罚应当接受社会监督。公民、法人或者其他组织对行政机关实施行政处罚的行为，有权申诉或者检举；行政机关应当认真审查，发现有错误的，应当主动改正。

第七章 法律责任

第七十六条 行政机关实施行政处罚，有下列情形之一，由上级行政机关或者有关机关责令改正，对直接负责的主管人员和其他直接责任人员依法给予处分：

（一）没有法定的行政处罚依据的；

（二）擅自改变行政处罚种类、幅度的；

（三）违反法定的行政处罚程序的；

（四）违反本法第二十条关于委托处罚的规定的；

（五）执法人员未取得执法证件的。

行政机关对符合立案标准的案件不及时立案的，依照前款规定予以处理。

第七十七条 行政机关对当事人进行处罚不使用罚款、没收财物单据或者使用非法定部门制发的罚款、没收财物单据的，当事人有权拒绝，并有权予以检举，由上级行政机关或者有关机关对使用的非法单据予以收缴销毁，对直接负责的主管人员和其他直接责任人员依法给予处分。

第七十八条 行政机关违反本法第六十七条的规定自行收缴罚款的，财政部门违反本法第七十四条的规定向行政机关返还罚款、没收的违法所得或者拍卖款项的，由上级行政机关或者有关机关责令改正，对直接负责的主管人员和其他直接责任人员依法给予处分。

第七十九条 行政机关截留、私分或者变相私分罚款、没收的违法所得或者财物的，由财政部门或者有关机关予以追缴，对直接负责的主管人员和其他直接责任人员依法给予处分；情节严重构成犯罪的，依法追究刑事责任。

执法人员利用职务上的便利，索取或者收受他人财物、将收缴罚款据为己有，构成犯罪的，依法追究刑事责任；情节轻微不构成犯罪的，依法给予处分。

第八十条 行政机关使用或者损毁查封、扣押的财物，对当事人造成损失的，应当依法予以赔偿，对直接负责的主管人员和其他直接责任人员依法给予处分。

第八十一条 行政机关违法实施检查措施或者执行措施，给公民人身或者财产造成损害、给法人或者其他组织造成损失的，应当依法予以赔偿，对直接负责的主管人员和其他直接责任人员依法给予处分；情节严重构成犯罪的，依法追究刑事责任。

第八十二条 行政机关对应当依法移交司法机关追究刑事责任的案件不移交，以行政处罚代替刑事处罚，由上级行政机关或者有关机关责令改正，对直接负责的主管人员和其他直接责任人员依法给予处分；情节严重构成犯罪的，依法追究刑事责任。

第八十三条 行政机关对应当予以制止和处罚的违法行为不予制止、处罚，致使公民、法人或者其他组织的合法权益、公共利益和社会秩序遭受损害的，对直接负责的主管人员和其他直接责任人员依法给予处分；情节严重构成犯罪的，依法追究刑事责任。

第八章　附　　则

第八十四条 外国人、无国籍人、外国组织在中华人民共和国领域内有违法行为，应当给予行政处罚的，适用本法，法律另有规定的除外。

第八十五条 本法中“二日”“三日”“五日”“七日”的规定是指工作日，不含法定节假日。

第八十六条 本法自 2021 年 7 月 15 日起施行。

6. 中华人民共和国行政复议法

（根据2017年9月1日第十二届全国人民代表大会常务委员会第二十九次会议《关于修改〈中华人民共和国法官法〉等八部法律的决定》第二次修正）

第一章　总　　则

第一条　为了防止和纠正违法的或者不当的具体行政行为，保护公民、法人和其他组织的合法权益，保障和监督行政机关依法行使职权，根据宪法，制定本法。

第二条　公民、法人或者其他组织认为具体行政行为侵犯其合法权益，向行政机关提出行政复议申请，行政机关受理行政复议申请、作出行政复议决定，适用本法。

第三条　依照本法履行行政复议职责的行政机关是行政复议机关。行政复议机关负责法制工作的机构具体办理行政复议事项，履行下列职责：

（一）受理行政复议申请；

（二）向有关组织和人员调查取证，查阅文件和资料；

（三）审查申请行政复议的具体行政行为是否合法与适当，拟订行政复议决定；

（四）处理或者转送对本法第七条所列有关规定的审查申请；

（五）对行政机关违反本法规定的行为依照规定的权限和程序提出处理建议；

（六）办理因不服行政复议决定提起行政诉讼的应诉事项；

（七）法律、法规规定的其他职责。

行政机关中初次从事行政复议的人员，应当通过国家统一法律职业资格考试取得法律职业资格。

第四条　行政复议机关履行行政复议职责，应当遵循合法、公正、公开、及时、便民的原则，坚持有错必纠，保障法律、法规的正确实施。

第五条　公民、法人或者其他组织对行政复议决定不服的，可以依照行政诉讼法的规定向人民法院提起行政诉讼，但是法律规定行政复议决定为最终裁决的除外。

第二章　行政复议范围

第六条　有下列情形之一的，公民、法人或者其他组织可以依照本法申请行政复议：

（一）对行政机关作出的警告、罚款、没收违法所得、没收非法财物、责令停产停业、暂扣或者吊销许可证、暂扣或者吊销执照、行政拘留等行政处罚决定不服的；

（二）对行政机关作出的限制人身自由或者查封、扣押、冻结财产等行政强制措施决定不服的；

（三）对行政机关作出的有关许可证、执照、资质证、资格证等证书变更、中止、撤销的决定不服的；

（四）对行政机关作出的关于确认土地、矿藏、水流、森林、山岭、草原、荒地、滩涂、海域等自然资源的所有权或者使用权的决定不服的；

（五）认为行政机关侵犯合法的经营自主权的；

（六）认为行政机关变更或者废止农业承包合同，侵犯其合法权益的；

（七）认为行政机关违法集资、征收财物、摊派费用或者违法要求履行其他义务的；

（八）认为符合法定条件，申请行政机关颁发许可证、执照、资质证、资格证等证书，或者申请行政机关审批、登记有关事项，行政机关没有依法办理的；

（九）申请行政机关履行保护人身权利、财产权利、受教育权利的法定职责，行政机关没有依法履行的；

（十）申请行政机关依法发放抚恤金、社会保险金或者最低生活保障费，行政机关没有依法发放的；

（十一）认为行政机关的其他具体行政行为侵犯其合法权益的。

第七条 公民、法人或者其他组织认为行政机关的具体行政行为所依据的下列规定不合法，在对具体行政行为申请行政复议时，可以一并向行政复议机关提出对该规定的审查申请：

（一）国务院部门的规定；

（二）县级以上地方各级人民政府及其工作部门的规定；

（三）乡、镇人民政府的规定。

前款所列规定不含国务院部、委员会规章和地方人民政府规章。规章的审查依照法律、行政法规办理。

第八条 不服行政机关作出的行政处分或者其他人事处理决定的，依照有关法律、行政法规的规定提出申诉。

不服行政机关对民事纠纷作出的调解或者其他处理，依法申请仲裁或者向人民法院提起诉讼。

第三章　行政复议申请

第九条 公民、法人或者其他组织认为具体行政行为侵犯其合法权益的，可以自知道该具体行政行为之日起六十日内提出行政复议申请；但是法律规定的申请期限超过六十日的除外。

因不可抗力或者其他正当理由耽误法定申请期限的，申请期限自障碍消除之日起继续计算。

第十条 依照本法申请行政复议的公民、法人或者其他组织是申请人。

有权申请行政复议的公民死亡的，其近亲属可以申请行政复议。有权申请行政复议的公民为无民事行为能力人或者限制民事行为能力人的，其法定代理人可以代为申请行政复议。有权申请行政复议的法人或者其他组织终止的，承受其权利的法人或者其他组织可以申请行政复议。

同申请行政复议的具体行政行为有利害关系的其他公民、法人或者其他组织，可以作为第三人参加行政复议。

公民、法人或者其他组织对行政机关的具体行政行为不服申请行政复议的，作出具体行政行为的行政机关是被申请人。

申请人、第三人可以委托代理人代为参加行政复议。

第十一条 申请人申请行政复议，可以书面申请，也可以口头申请；口头申请的，行政复议机关应当当场记录申请人的基本情况、行政复议请求、申请行政复议的主要事实、理由和时间。

第十二条 对县级以上地方各级人民政府工作部门的具体行政行为不服的，由申请人选择，可以向该部门的本级人民政府申请行政复议，也可以向上一级主管部门申请行政复议。

对海关、金融、国税、外汇管理等实行垂直领导的行政机关和国家安全机关的具体行政行为不服的，向上一级主管部门申请行政复议。

第十三条 对地方各级人民政府的具体行政行为不服的，向上一级地方人民政府申请行政复议。

对省、自治区人民政府依法设立的派出机关所属的县级地方人民政府的具体行政行为不服的，向该派出机关申请行政复议。

第十四条 对国务院部门或者省、自治区、直辖市人民政府的具体行政行为不服的，向作出该具体行政行为的国务院部门或者省、自治区、直辖市人民政府申请行政复议。对行政复议决定不服的，可以向人民法院提起行政诉讼；也可以向国务院申请裁决，国务院依照本法的规定作出最终裁决。

第十五条 对本法第十二条、第十三条、第十四条规定以外的其他行政机关、组织的具体行政行为不服的，按照下列规定申请行政复议：

（一）对县级以上地方人民政府依法设立的派出机关的具体行政行为不服的，向设立该派出机关的人民政府申请行政复议；

（二）对政府工作部门依法设立的派出机构依照法律、法规或者规章规定，以自己的名义作出的具体行政行为不服的，向设立该派出机构的部门或者该部门的本级地方人民政府申请行政复议；

（三）对法律、法规授权的组织的具体行政行为不服的，分别向直接管理该组织的地方人民政府、地方人民政府工作部门或者国务院部门申请行政复议；

（四）对两个或者两个以上行政机关以共同的名义作出的具体行政行为不服的，向其共同上一级行政机关申请行政复议；

（五）对被撤销的行政机关在撤销前所作出的具体行政行为不服的，向继续行使其职权的行政机关的上一级行政机关申请行政复议。

有前款所列情形之一的，申请人也可以向具体行政行为发生地的县级地方人民政府提出行政复议申请，由接受申请的县级地方人民政府依照本法第十八条的规定办理。

第十六条 公民、法人或者其他组织申请行政复议，行政复议机关已经依法受理的，或者法律、法规规定应当先向行政复议机关申请行政复议、对行政复议决定不服再向人民法院提起行政诉讼的，在法定行政复议期限内不得向人民法院提起行政诉讼。

公民、法人或者其他组织向人民法院提起行政诉讼，人民法院已经依法受理的，不得申请行政复议。

第四章 行政复议受理

第十七条 行政复议机关收到行政复议申请后，应当在五日内进行审查，对不符合本法规定的行政复议申请，决定不予受理，并书面告知申请人；对符合本法规定，但是不属于本机关受理的行政复议申请，应当告知申请人向有关行政复议机关提出。

除前款规定外，行政复议申请自行政复议机关负责法制工作的机构收到之日起即为受理。

第十八条 依照本法第十五条第二款的规定接受行政复议申请的县级地方人民政府，对依照本法第十五条第一款的规定属于其他行政复议机关受理的行政复议申请，应当自接到该行政复议申请之日起七日内，转送有关行政复议机关，并告知申请人。接受转送的行政复议机关应当依照本法第十七条的规定办理。

第十九条 法律、法规规定应当先向行政复议机关申请行政复议、对行政复议决定不服再向人民法院提起行政诉讼的，行政复议机关决定不予受理或者受理后超过行政复议期限不作答复的，公民、法人或者其他组织可以自收到不予受理决定书之日起或者行政复议期满之日起十五日内，依法向人民法院提起行政诉讼。

第二十条 公民、法人或者其他组织依法提出行政复议申请，行政复议机关无正当理由不予受理的，上级行政机关应当责令其受理；必要时，上级行政机关也可以直接受理。

第二十一条 行政复议期间具体行政行为不停止执行；但是，有下列情形之一的，可以停止执行：

（一）被申请人认为需要停止执行的；

（二）行政复议机关认为需要停止执行的；

（三）申请人申请停止执行，行政复议机关认为其要求合理，决定停止执行的；

（四）法律规定停止执行的。

第五章　行政复议决定

第二十二条　行政复议原则上采取书面审查的办法，但是申请人提出要求或者行政复议机关负责法制工作的机构认为有必要时，可以向有关组织和人员调查情况，听取申请人、被申请人和第三人的意见。

第二十三条　行政复议机关负责法制工作的机构应当自行政复议申请受理之日起七日内，将行政复议申请书副本或者行政复议申请笔录复印件发送被申请人。被申请人应当自收到申请书副本或者申请笔录复印件之日起十日内，提出书面答复，并提交当初作出具体行政行为的证据、依据和其他有关材料。

申请人、第三人可以查阅被申请人提出的书面答复、作出具体行政行为的证据、依据和其他有关材料，除涉及国家秘密、商业秘密或者个人隐私外，行政复议机关不得拒绝。

第二十四条　在行政复议过程中，被申请人不得自行向申请人和其他有关组织或者个人收集证据。

第二十五条　行政复议决定作出前，申请人要求撤回行政复议申请的，经说明理由，可以撤回；撤回行政复议申请的，行政复议终止。

第二十六条　申请人在申请行政复议时，一并提出对本法第七条所列有关规定的审查申请的，行政复议机关对该规定有权处理的，应当在三十日内依法处理；无权处理的，应当在七日内按照法定程序转送有权处理的行政机关依法处理，有权处理的行政机关应当在六十日内依法处理。处理期间，中止对具体行政行为的审查。

第二十七条　行政复议机关在对被申请人作出的具体行政行为进行审查时，认为其依据不合法，本机关有权处理的，应当在三十日内依法处理；无权处理的，应当在七日内按照法定程序转送有权处理的国家机关依法处理。处理期间，中止对具体行政行为的审查。

第二十八条　行政复议机关负责法制工作的机构应当对被申请人作出的具体行政行为进行审查，提出意见，经行政复议机关的负责人同意或者集体讨论通过后，按照下列规定作出行政复议决定：

（一）具体行政行为认定事实清楚，证据确凿，适用依据正确，程序合法，内容适当的，决定维持；

（二）被申请人不履行法定职责的，决定其在一定期限内履行；

（三）具体行政行为有下列情形之一的，决定撤销、变更或者确认该具体行政行为违法；决定撤销或者确认该具体行政行为违法的，可以责令被申请人在一定期限内重新作出具体行政行为：

1. 主要事实不清、证据不足的；
2. 适用依据错误的；
3. 违反法定程序的；
4. 超越或者滥用职权的；
5. 具体行政行为明显不当的。

（四）被申请人不按照本法第二十三条的规定提出书面答复、提交当初作出具体行政行为的证据、依据和其他有关材料的，视为该具体行政行为没有证据、依据，决定撤销该具体行政行为。

行政复议机关责令被申请人重新作出具体行政行为的，被申请人不得以同一的事实和理由作出与原具体行政行为相同或者基本相同的具体行政行为。

第二十九条　申请人在申请行政复议时可以一并提出行政赔偿请求，行政复议机关对符合国家赔偿法的有关规定应当给予赔偿的，在决定撤销、变更具体行政行为或者确认具体行政行为违法时，应当同时决定被申请人依法给予赔偿。

申请人在申请行政复议时没有提出行政赔偿请求的，行政复议机关在依法决定撤销或者变更罚款，撤销违法集资、没收财物、征收财物、摊派费用以及对财产的查封、扣押、冻结等具体行政行为时，应当同时责令被申请人返还财产，解除对财产的查封、扣押、冻结措施，或者赔偿相应的价款。

第三十条 公民、法人或者其他组织认为行政机关的具体行政行为侵犯其已经依法取得的土地、矿藏、水流、森林、山岭、草原、荒地、滩涂、海域等自然资源的所有权或者使用权的，应当先申请行政复议；对行政复议决定不服的，可以依法向人民法院提起行政诉讼。

根据国务院或者省、自治区、直辖市人民政府对行政区划的勘定、调整或者征收土地的决定，省、自治区、直辖市人民政府确认土地、矿藏、水流、森林、山岭、草原、荒地、滩涂、海域等自然资源的所有权或者使用权的行政复议决定为最终裁决。

第三十一条 行政复议机关应当自受理申请之日起六十日内作出行政复议决定；但是法律规定的行政复议期限少于六十日的除外。情况复杂，不能在规定期限内作出行政复议决定的，经行政复议机关的负责人批准，可以适当延长，并告知申请人和被申请人；但是延长期限最多不超过三十日。

行政复议机关作出行政复议决定，应当制作行政复议决定书，并加盖印章。

行政复议决定书一经送达，即发生法律效力。

第三十二条 被申请人应当履行行政复议决定。

被申请人不履行或者无正当理由拖延履行行政复议决定的，行政复议机关或者有关上级行政机关应当责令其限期履行。

第三十三条 申请人逾期不起诉又不履行行政复议决定的，或者不履行最终裁决的行政复议决定的，按照下列规定分别处理：

（一）维持具体行政行为的行政复议决定，由作出具体行政行为的行政机关依法强制执行，或者申请人民法院强制执行；

（二）变更具体行政行为的行政复议决定，由行政复议机关依法强制执行，或者申请人民法院强制执行。

第六章　法 律 责 任

第三十四条 行政复议机关违反本法规定，无正当理由不予受理依法提出的行政复议申请或者不按照规定转送行政复议申请的，或者在法定期限内不作出行政复议决定的，对直接负责的主管人员和其他直接责任人员依法给予警告、记过、记大过的行政处分；经责令受理仍不受理或者不按照规定转送行政复议申请，造成严重后果的，依法给予降级、撤职、开除的行政处分。

第三十五条 行政复议机关工作人员在行政复议活动中，徇私舞弊或者有其他渎职、失职行为的，依法给予警告、记过、记大过的行政处分；情节严重的，依法给予降级、撤职、开除的行政处分；构成犯罪的，依法追究刑事责任。

第三十六条 被申请人违反本法规定，不提出书面答复或者不提交作出具体行政行为的证据、依据和其他有关材料，或者阻挠、变相阻挠公民、法人或者其他组织依法申请行政复议的，对直接负责的主管人员和其他直接责任人员依法给予警告、记过、记大过的行政处分；进行报复陷害的，依法给予降级、撤职、开除的行政处分；构成犯罪的，依法追究刑事责任。

第三十七条 被申请人不履行或者无正当理由拖延履行行政复议决定的，对直接负责的主管人员和其他直接责任人员依法给予警告、记过、记大过的行政处分；经责令履行仍拒不履行的，依法给予降级、撤职、开除的行政处分。

第三十八条 行政复议机关负责法制工作的机构发现有无正当理由不予受理行政复议申请、不按照规定期限作出行政复议决定、徇私舞弊、对申请人打击报复或者不履行行政复议决定等情形的，应当向有关行政机关提出建议，有关行政机关应当依照本法和有关法律、行政法规的规定作出处理。

第七章　附　　则

第三十九条　行政复议机关受理行政复议申请，不得向申请人收取任何费用。行政复议活动所需经费，应当列入本机关的行政经费，由本级财政予以保障。

第四十条　行政复议期间的计算和行政复议文书的送达，依照民事诉讼法关于期间、送达的规定执行。

本法关于行政复议期间有关“五日”、“七日”的规定是指工作日，不含节假日。

第四十一条　外国人、无国籍人、外国组织在中华人民共和国境内申请行政复议，适用本法。

第四十二条　本法施行前公布的法律有关行政复议的规定与本法的规定不一致的，以本法的规定为准。

第四十三条　本法自1999年10月1日起施行。1990年12月24日国务院发布、1994年10月9日国务院修订发布的《行政复议条例》同时废止。

7. 中华人民共和国行政许可法

（根据 2019 年 4 月 23 日第十三届全国人民代表大会常务委员会第十次会议《关于修改〈中华人民共和国建筑法〉等八部法律的决定》修正）

第一章　总　　则

第一条　为了规范行政许可的设定和实施，保护公民、法人和其他组织的合法权益，维护公共利益和社会秩序，保障和监督行政机关有效实施行政管理，根据宪法，制定本法。

第二条　本法所称行政许可，是指行政机关根据公民、法人或者其他组织的申请，经依法审查，准予其从事特定活动的行为。

第三条　行政许可的设定和实施，适用本法。

有关行政机关对其他机关或者对其直接管理的事业单位的人事、财务、外事等事项的审批，不适用本法。

第四条　设定和实施行政许可，应当依照法定的权限、范围、条件和程序。

第五条　设定和实施行政许可，应当遵循公开、公平、公正、非歧视的原则。

有关行政许可的规定应当公布；未经公布的，不得作为实施行政许可的依据。行政许可的实施和结果，除涉及国家秘密、商业秘密或者个人隐私的外，应当公开。未经申请人同意，行政机关及其工作人员、参与专家评审等的人员不得披露申请人提交的商业秘密、未披露信息或者保密商务信息，法律另有规定或者涉及国家安全、重大社会公共利益的除外；行政机关依法公开申请人前述信息的，允许申请人在合理期限内提出异议。

符合法定条件、标准的，申请人有依法取得行政许可的平等权利，行政机关不得歧视任何人。

第六条　实施行政许可，应当遵循便民的原则，提高办事效率，提供优质服务。

第七条　公民、法人或者其他组织对行政机关实施行政许可，享有陈述权、申辩权；有权依法申请行政复议或者提起行政诉讼；其合法权益因行政机关违法实施行政许可受到损害的，有权依法要求赔偿。

第八条　公民、法人或者其他组织依法取得的行政许可受法律保护，行政机关不得擅自改变已经生效的行政许可。

行政许可所依据的法律、法规、规章修改或者废止，或者准予行政许可所依据的客观情况发生重大变化的，为了公共利益的需要，行政机关可以依法变更或者撤回已经生效的行政许可。由此给公民、法人或者其他组织造成财产损失的，行政机关应当依法给予补偿。

第九条　依法取得的行政许可，除法律、法规规定依照法定条件和程序可以转让的外，不得转让。

第十条　县级以上人民政府应当建立健全对行政机关实施行政许可的监督制度，加强对行政机关实施行政许可的监督检查。

行政机关应当对公民、法人或者其他组织从事行政许可事项的活动实施有效监督。

第二章　行政许可的设定

第十一条　设定行政许可，应当遵循经济和社会发展规律，有利于发挥公民、法人或者其他组织的积极性、主动性，维护公共利益和社会秩序，促进经济、社会和生态环境协调发展。

第十二条 下列事项可以设定行政许可：

（一）直接涉及国家安全、公共安全、经济宏观调控、生态环境保护以及直接关系人身健康、生命财产安全等特定活动，需要按照法定条件予以批准的事项；

（二）有限自然资源开发利用、公共资源配置以及直接关系公共利益的特定行业的市场准入等，需要赋予特定权利的事项；

（三）提供公众服务并且直接关系公共利益的职业、行业，需要确定具备特殊信誉、特殊条件或者特殊技能等资格、资质的事项；

（四）直接关系公共安全、人身健康、生命财产安全的重要设备、设施、产品、物品，需要按照技术标准、技术规范，通过检验、检测、检疫等方式进行审定的事项；

（五）企业或者其他组织的设立等，需要确定主体资格的事项；

（六）法律、行政法规规定可以设定行政许可的其他事项。

第十三条 本法第十二条所列事项，通过下列方式能够予以规范的，可以不设行政许可：

（一）公民、法人或者其他组织能够自主决定的；

（二）市场竞争机制能够有效调节的；

（三）行业组织或者中介机构能够自律管理的；

（四）行政机关采用事后监督等其他行政管理方式能够解决的。

第十四条 本法第十二条所列事项，法律可以设定行政许可。尚未制定法律的，行政法规可以设定行政许可。

必要时，国务院可以采用发布决定的方式设定行政许可。实施后，除临时性行政许可事项外，国务院应当及时提请全国人民代表大会及其常务委员会制定法律，或者自行制定行政法规。

第十五条 本法第十二条所列事项，尚未制定法律、行政法规的，地方性法规可以设定行政许可；尚未制定法律、行政法规和地方性法规的，因行政管理的需要，确需立即实施行政许可的，省、自治区、直辖市人民政府规章可以设定临时性的行政许可。临时性的行政许可实施满一年需要继续实施的，应当提请本级人民代表大会及其常务委员会制定地方性法规。

地方性法规和省、自治区、直辖市人民政府规章，不得设定应当由国家统一确定的公民、法人或者其他组织的资格、资质的行政许可；不得设定企业或者其他组织的设立登记及其前置性行政许可。其设定的行政许可，不得限制其他地区的个人或者企业到本地区从事生产经营和提供服务，不得限制其他地区的商品进入本地区市场。

第十六条 行政法规可以在法律设定的行政许可事项范围内，对实施该行政许可作出具体规定。

地方性法规可以在法律、行政法规设定的行政许可事项范围内，对实施该行政许可作出具体规定。

规章可以在上位法设定的行政许可事项范围内，对实施该行政许可作出具体规定。

法规、规章对实施上位法设定的行政许可作出的具体规定，不得增设行政许可；对行政许可条件作出的具体规定，不得增设违反上位法的其他条件。

第十七条 除本法第十四条、第十五条规定的外，其他规范性文件一律不得设定行政许可。

第十八条 设定行政许可，应当规定行政许可的实施机关、条件、程序、期限。

第十九条 起草法律草案、法规草案和省、自治区、直辖市人民政府规章草案，拟设定行政许可的，起草单位应当采取听证会、论证会等形式听取意见，并向制定机关说明设定该行政许可的必要性、对经济和社会可能产生的影响以及听取和采纳意见的情况。

第二十条 行政许可的设定机关应当定期对其设定的行政许可进行评价；对已设定的行政许可，认为通过本法第十三条所列方式能够解决的，应当对设定该行政许可的规定及时予以修改或者废止。

行政许可的实施机关可以对已设定的行政许可的实施情况及存在的必要性适时进行评价，并将意见报告该行政许可的设定机关。

公民、法人或者其他组织可以向行政许可的设定机关和实施机关就行政许可的设定和实施提出意见和建议。

第二十一条 省、自治区、直辖市人民政府对行政法规设定的有关经济事务的行政许可，根据本行政区域经济和社会发展情况，认为通过本法第十三条所列方式能够解决的，报国务院批准后，可以在本行政区域内停止实施该行政许可。

第三章 行政许可的实施机关

第二十二条 行政许可由具有行政许可权的行政机关在其法定职权范围内实施。

第二十三条 法律、法规授权的具有管理公共事务职能的组织，在法定授权范围内，以自己的名义实施行政许可。被授权的组织适用本法有关行政机关的规定。

第二十四条 行政机关在其法定职权范围内，依照法律、法规、规章的规定，可以委托其他行政机关实施行政许可。委托机关应当将受委托行政机关和受委托实施行政许可的内容予以公告。

委托行政机关对受委托行政机关实施行政许可的行为应当负责监督，并对该行为的后果承担法律责任。

受委托行政机关在委托范围内，以委托行政机关名义实施行政许可；不得再委托其他组织或者个人实施行政许可。

第二十五条 经国务院批准，省、自治区、直辖市人民政府根据精简、统一、效能的原则，可以决定一个行政机关行使有关行政机关的行政许可权。

第二十六条 行政许可需要行政机关内设的多个机构办理的，该行政机关应当确定一个机构统一受理行政许可申请，统一送达行政许可决定。

行政许可依法由地方人民政府两个以上部门分别实施的，本级人民政府可以确定一个部门受理行政许可申请并转告有关部门分别提出意见后统一办理，或者组织有关部门联合办理、集中办理。

第二十七条 行政机关实施行政许可，不得向申请人提出购买指定商品、接受有偿服务等不正当要求。

行政机关工作人员办理行政许可，不得索取或者收受申请人的财物，不得谋取其他利益。

第二十八条 对直接关系公共安全、人身健康、生命财产安全的设备、设施、产品、物品的检验、检测、检疫，除法律、行政法规规定由行政机关实施的外，应当逐步由符合法定条件的专业技术组织实施。专业技术组织及其有关人员对所实施的检验、检测、检疫结论承担法律责任。

第四章 行政许可的实施程序

第一节 申请与受理

第二十九条 公民、法人或者其他组织从事特定活动，依法需要取得行政许可的，应当向行政机关提出申请。申请书需要采用格式文本的，行政机关应当向申请人提供行政许可申请书格式文本。申请书格式文本中不得包含与申请行政许可事项没有直接关系的内容。

申请人可以委托代理人提出行政许可申请。但是，依法应当由申请人到行政机关办公场所提出行政许可申请的除外。

行政许可申请可以通过信函、电报、电传、传真、电子数据交换和电子邮件等方式提出。

第三十条 行政机关应当将法律、法规、规章规定的有关行政许可的事项、依据、条件、数量、程序、期限以及需要提交的全部材料的目录和申请书示范文本等在办公场所公示。

申请人要求行政机关对公示内容予以说明、解释的，行政机关应当说明、解释，提供准确、可靠的信息。

第三十一条 申请人申请行政许可，应当如实向行政机关提交有关材料和反映真实情况，并对其申请材料实质内容的真实性负责。行政机关不得要求申请人提交与其申请的行政许可事项无关的技术资料和其他材料。

行政机关及其工作人员不得以转让技术作为取得行政许可的条件；不得在实施行政许可的过程中，直接或者间接地要求转让技术。

第三十二条 行政机关对申请人提出的行政许可申请，应当根据下列情况分别作出处理：

（一）申请事项依法不需要取得行政许可的，应当即时告知申请人不受理；

（二）申请事项依法不属于本行政机关职权范围的，应当即时作出不予受理的决定，并告知申请人向有关行政机关申请；

（三）申请材料存在可以当场更正的错误的，应当允许申请人当场更正；

（四）申请材料不齐全或者不符合法定形式的，应当当场或者在五日内一次告知申请人需要补正的全部内容，逾期不告知的，自收到申请材料之日起即为受理；

（五）申请事项属于本行政机关职权范围，申请材料齐全、符合法定形式，或者申请人按照本行政机关的要求提交全部补正申请材料的，应当受理行政许可申请。

行政机关受理或者不予受理行政许可申请，应当出具加盖本行政机关专用印章和注明日期的书面凭证。

第三十三条 行政机关应当建立和完善有关制度，推行电子政务，在行政机关的网站上公布行政许可事项，方便申请人采取数据电文等方式提出行政许可申请；应当与其他行政机关共享有关行政许可信息，提高办事效率。

第二节 审查与决定

第三十四条 行政机关应当对申请人提交的申请材料进行审查。

申请人提交的申请材料齐全、符合法定形式，行政机关能够当场作出决定的，应当当场作出书面的行政许可决定。

根据法定条件和程序，需要对申请材料的实质内容进行核实的，行政机关应当指派两名以上工作人员进行核查。

第三十五条 依法应当先经下级行政机关审查后报上级行政机关决定的行政许可，下级行政机关应当在法定期限内将初步审查意见和全部申请材料直接报送上级行政机关。上级行政机关不得要求申请人重复提供申请材料。

第三十六条 行政机关对行政许可申请进行审查时，发现行政许可事项直接关系他人重大利益的，应当告知该利害关系人。申请人、利害关系人有权进行陈述和申辩。行政机关应当听取申请人、利害关系人的意见。

第三十七条 行政机关对行政许可申请进行审查后，除当场作出行政许可决定的外，应当在法定期限内按照规定程序作出行政许可决定。

第三十八条 申请人的申请符合法定条件、标准的，行政机关应当依法作出准予行政许可的书面决定。

行政机关依法作出不予行政许可的书面决定的，应当说明理由，并告知申请人享有依法申请行政复议或者提起行政诉讼的权利。

第三十九条 行政机关作出准予行政许可的决定，需要颁发行政许可证件的，应当向申请人颁发加盖本行政机关印章的下列行政许可证件：

（一）许可证、执照或者其他许可证书；

（二）资格证、资质证或者其他合格证书；

（三）行政机关的批准文件或者证明文件；

（四）法律、法规规定的其他行政许可证件。

行政机关实施检验、检测、检疫的，可以在检验、检测、检疫合格的设备、设施、产品、物品上加贴标签或者加盖检验、检测、检疫印章。

第四十条 行政机关作出的准予行政许可决定，应当予以公开，公众有权查阅。

第四十一条 法律、行政法规设定的行政许可，其适用范围没有地域限制的，申请人取得的行政许可在全国范围内有效。

第三节 期 限

第四十二条 除可以当场作出行政许可决定的外，行政机关应当自受理行政许可申请之日起二十日内作出行政许可决定。二十日内不能作出决定的，经本行政机关负责人批准，可以延长十日，并应当将延长期限的理由告知申请人。但是，法律、法规另有规定的，依照其规定。

依照本法第二十六条的规定，行政许可采取统一办理或者联合办理、集中办理的，办理的时间不得超过四十五日；四十五日内不能办结的，经本级人民政府负责人批准，可以延长十五日，并应当将延长期限的理由告知申请人。

第四十三条 依法应当先经下级行政机关审查后报上级行政机关决定的行政许可，下级行政机关应当自其受理行政许可申请之日起二十日内审查完毕。但是，法律、法规另有规定的，依照其规定。

第四十四条 行政机关作出准予行政许可的决定，应当自作出决定之日起十日内向申请人颁发、送达行政许可证件，或者加贴标签、加盖检验、检测、检疫印章。

第四十五条 行政机关作出行政许可决定，依法需要听证、招标、拍卖、检验、检测、检疫、鉴定和专家评审的，所需时间不计算在本节规定的期限内。行政机关应当将所需时间书面告知申请人。

第四节 听 证

第四十六条 法律、法规、规章规定实施行政许可应当听证的事项，或者行政机关认为需要听证的其他涉及公共利益的重大行政许可事项，行政机关应当向社会公告，并举行听证。

第四十七条 行政许可直接涉及申请人与他人之间重大利益关系的，行政机关在作出行政许可决定前，应当告知申请人、利害关系人享有要求听证的权利；申请人、利害关系人在被告知听证权利之日起五日内提出听证申请的，行政机关应当在二十日内组织听证。

申请人、利害关系人不承担行政机关组织听证的费用。

第四十八条 听证按照下列程序进行：

（一）行政机关应当于举行听证的七日前将举行听证的时间、地点通知申请人、利害关系人，必要时予以公告；

（二）听证应当公开举行；

（三）行政机关应当指定审查该行政许可申请的工作人员以外的人员为听证主持人，申请人、利害关系人认为主持人与该行政许可事项有直接利害关系的，有权申请回避；

（四）举行听证时，审查该行政许可申请的工作人员应当提供审查意见的证据、理由，申请人、利害关系人可以提出证据，并进行申辩和质证；

（五）听证应当制作笔录，听证笔录应当交听证参加人确认无误后签字或者盖章。

行政机关应当根据听证笔录，作出行政许可决定。

第五节 变更与延续

第四十九条 被许可人要求变更行政许可事项的，应当向作出行政许可决定的行政机关提出申请；符合法定条件、标准的，行政机关应当依法办理变更手续。

第五十条 被许可人需要延续依法取得的行政许可的有效期的，应当在该行政许可有效期届满三十日前向作出行政许可决定的行政机关提出申请。但是，法律、法规、规章另有规定的，依照其规定。

行政机关应当根据被许可人的申请，在该行政许可有效期届满前作出是否准予延续的决定；逾期未作决定的，视为准予延续。

第六节　特 别 规 定

第五十一条　实施行政许可的程序，本节有规定的，适用本节规定；本节没有规定的，适用本章其他有关规定。

第五十二条　国务院实施行政许可的程序，适用有关法律、行政法规的规定。

第五十三条　实施本法第十二条第二项所列事项的行政许可的，行政机关应当通过招标、拍卖等公平竞争的方式作出决定。但是，法律、行政法规另有规定的，依照其规定。

行政机关通过招标、拍卖等方式作出行政许可决定的具体程序，依照有关法律、行政法规的规定。

行政机关按照招标、拍卖程序确定中标人、买受人后，应当作出准予行政许可的决定，并依法向中标人、买受人颁发行政许可证件。

行政机关违反本条规定，不采用招标、拍卖方式，或者违反招标、拍卖程序，损害申请人合法权益的，申请人可以依法申请行政复议或者提起行政诉讼。

第五十四条　实施本法第十二条第三项所列事项的行政许可，赋予公民特定资格，依法应当举行国家考试的，行政机关根据考试成绩和其他法定条件作出行政许可决定；赋予法人或者其他组织特定的资格、资质的，行政机关根据申请人的专业人员构成、技术条件、经营业绩和管理水平等的考核结果作出行政许可决定。但是，法律、行政法规另有规定的，依照其规定。

公民特定资格的考试依法由行政机关或者行业组织实施，公开举行。行政机关或者行业组织应当事先公布资格考试的报名条件、报考办法、考试科目以及考试大纲。但是，不得组织强制性的资格考试的考前培训，不得指定教材或者其他助考材料。

第五十五条　实施本法第十二条第四项所列事项的行政许可的，应当按照技术标准、技术规范依法进行检验、检测、检疫，行政机关根据检验、检测、检疫的结果作出行政许可决定。

行政机关实施检验、检测、检疫，应当自受理申请之日起五日内指派两名以上工作人员按照技术标准、技术规范进行检验、检测、检疫。不需要对检验、检测、检疫结果作进一步技术分析即可认定设备、设施、产品、物品是否符合技术标准、技术规范的，行政机关应当当场作出行政许可决定。

行政机关根据检验、检测、检疫结果，作出不予行政许可决定的，应当书面说明不予行政许可所依据的技术标准、技术规范。

第五十六条　实施本法第十二条第五项所列事项的行政许可，申请人提交的申请材料齐全、符合法定形式的，行政机关应当当场予以登记。需要对申请材料的实质内容进行核实的，行政机关依照本法第三十四条第三款的规定办理。

第五十七条　有数量限制的行政许可，两个或者两个以上申请人的申请均符合法定条件、标准的，行政机关应当根据受理行政许可申请的先后顺序作出准予行政许可的决定。但是，法律、行政法规另有规定的，依照其规定。

第五章　行政许可的费用

第五十八条　行政机关实施行政许可和对行政许可事项进行监督检查，不得收取任何费用。但是，法律、行政法规另有规定的，依照其规定。

行政机关提供行政许可申请书格式文本，不得收费。

行政机关实施行政许可所需经费应当列入本行政机关的预算，由本级财政予以保障，按照批准的预算予以核拨。

第五十九条 行政机关实施行政许可，依照法律、行政法规收取费用的，应当按照公布的法定项目和标准收费；所收取的费用必须全部上缴国库，任何机关或者个人不得以任何形式截留、挪用、私分或者变相私分。财政部门不得以任何形式向行政机关返还或者变相返还实施行政许可所收取的费用。

第六章 监督检查

第六十条 上级行政机关应当加强对下级行政机关实施行政许可的监督检查，及时纠正行政许可实施中的违法行为。

第六十一条 行政机关应当建立健全监督制度，通过核查反映被许可人从事行政许可事项活动情况的有关材料，履行监督责任。

行政机关依法对被许可人从事行政许可事项的活动进行监督检查时，应当将监督检查的情况和处理结果予以记录，由监督检查人员签字后归档。公众有权查阅行政机关监督检查记录。

行政机关应当创造条件，实现与被许可人、其他有关行政机关的计算机档案系统互联，核查被许可人从事行政许可事项活动情况。

第六十二条 行政机关可以对被许可人生产经营的产品依法进行抽样检查、检验、检测，对其生产经营场所依法进行实地检查。检查时，行政机关可以依法查阅或者要求被许可人报送有关材料；被许可人应当如实提供有关情况和材料。

行政机关根据法律、行政法规的规定，对直接关系公共安全、人身健康、生命财产安全的重要设备、设施进行定期检验。对检验合格的，行政机关应当发给相应的证明文件。

第六十三条 行政机关实施监督检查，不得妨碍被许可人正常的生产经营活动，不得索取或者收受被许可人的财物，不得谋取其他利益。

第六十四条 被许可人在作出行政许可决定的行政机关管辖区域外违法从事行政许可事项活动的，违法行为发生地的行政机关应当依法将被许可人的违法事实、处理结果抄告作出行政许可决定的行政机关。

第六十五条 个人和组织发现违法从事行政许可事项的活动，有权向行政机关举报，行政机关应当及时核实、处理。

第六十六条 被许可人未依法履行开发利用自然资源义务或者未依法履行利用公共资源义务的，行政机关应当责令限期改正；被许可人在规定期限内不改正的，行政机关应当依照有关法律、行政法规的规定予以处理。

第六十七条 取得直接关系公共利益的特定行业的市场准入行政许可的被许可人，应当按照国家规定的服务标准、资费标准和行政机关依法规定的条件，向用户提供安全、方便、稳定和价格合理的服务，并履行普遍服务的义务；未经作出行政许可决定的行政机关批准，不得擅自停业、歇业。

被许可人不履行前款规定的义务的，行政机关应当责令限期改正，或者依法采取有效措施督促其履行义务。

第六十八条 对直接关系公共安全、人身健康、生命财产安全的重要设备、设施，行政机关应当督促设计、建造、安装和使用单位建立相应的自检制度。

行政机关在监督检查时，发现直接关系公共安全、人身健康、生命财产安全的重要设备、设施存在安全隐患的，应当责令停止建造、安装和使用，并责令设计、建造、安装和使用单位立即改正。

第六十九条 有下列情形之一的，作出行政许可决定的行政机关或者其上级行政机关，根据利害关系人的请求或者依据职权，可以撤销行政许可：

（一）行政机关工作人员滥用职权、玩忽职守作出准予行政许可决定的；

（二）超越法定职权作出准予行政许可决定的；

（三）违反法定程序作出准予行政许可决定的；

（四）对不具备申请资格或者不符合法定条件的申请人准予行政许可的；

（五）依法可以撤销行政许可的其他情形。

被许可人以欺骗、贿赂等不正当手段取得行政许可的，应当予以撤销。

依照前两款的规定撤销行政许可，可能对公共利益造成重大损害的，不予撤销。

依照本条第一款的规定撤销行政许可，被许可人的合法权益受到损害的，行政机关应当依法给予赔偿。依照本条第二款的规定撤销行政许可的，被许可人基于行政许可取得的利益不受保护。

第七十条 有下列情形之一的，行政机关应当依法办理有关行政许可的注销手续：

（一）行政许可有效期届满未延续的；

（二）赋予公民特定资格的行政许可，该公民死亡或者丧失行为能力的；

（三）法人或者其他组织依法终止的；

（四）行政许可依法被撤销、撤回，或者行政许可证件依法被吊销的；

（五）因不可抗力导致行政许可事项无法实施的；

（六）法律、法规规定的应当注销行政许可的其他情形。

第七章 法 律 责 任

第七十一条 违反本法第十七条规定设定的行政许可，有关机关应当责令设定该行政许可的机关改正，或者依法予以撤销。

第七十二条 行政机关及其工作人员违反本法的规定，有下列情形之一的，由其上级行政机关或者监察机关责令改正；情节严重的，对直接负责的主管人员和其他直接责任人员依法给予行政处分：

（一）对符合法定条件的行政许可申请不予受理的；

（二）不在办公场所公示依法应当公示的材料的；

（三）在受理、审查、决定行政许可过程中，未向申请人、利害关系人履行法定告知义务的；

（四）申请人提交的申请材料不齐全、不符合法定形式，不一次告知申请人必须补正的全部内容的；

（五）违法披露申请人提交的商业秘密、未披露信息或者保密商务信息的；

（六）以转让技术作为取得行政许可的条件，或者在实施行政许可的过程中直接或者间接地要求转让技术的；

（七）未依法说明不受理行政许可申请或者不予行政许可的理由的；

（八）依法应当举行听证而不举行听证的。

第七十三条 行政机关工作人员办理行政许可、实施监督检查，索取或者收受他人财物或者谋取其他利益，构成犯罪的，依法追究刑事责任；尚不构成犯罪的，依法给予行政处分。

第七十四条 行政机关实施行政许可，有下列情形之一的，由其上级行政机关或者监察机关责令改正，对直接负责的主管人员和其他直接责任人员依法给予行政处分；构成犯罪的，依法追究刑事责任：

（一）对不符合法定条件的申请人准予行政许可或者超越法定职权作出准予行政许可决定的；

（二）对符合法定条件的申请人不予行政许可或者不在法定期限内作出准予行政许可决定的；

（三）依法应当根据招标、拍卖结果或者考试成绩择优作出准予行政许可决定，未经招标、拍卖或者考试，或者不根据招标、拍卖结果或者考试成绩择优作出准予行政许可决定的。

第七十五条 行政机关实施行政许可，擅自收费或者不按照法定项目和标准收费的，由其上级行政机关或者监察机关责令退还非法收取的费用；对直接负责的主管人员和其他直接责任人员依法给予行政处分。

截留、挪用、私分或者变相私分实施行政许可依法收取的费用的，予以追缴；对直接负责的主管人员和其他直接责任人员依法给予行政处分；构成犯罪的，依法追究刑事责任。

第七十六条 行政机关违法实施行政许可，给当事人的合法权益造成损害的，应当依照国家赔偿法的规定给予赔偿。

第七十七条 行政机关不依法履行监督职责或者监督不力，造成严重后果的，由其上级行政机关或者监察机关责令改正，对直接负责的主管人员和其他直接责任人员依法给予行政处分；构成犯罪的，依法追究刑事责任。

第七十八条 行政许可申请人隐瞒有关情况或者提供虚假材料申请行政许可的，行政机关不予受理或者不予行政许可，并给予警告；行政许可申请属于直接关系公共安全、人身健康、生命财产安全事项的，申请人在一年内不得再次申请该行政许可。

第七十九条 被许可人以欺骗、贿赂等不正当手段取得行政许可的，行政机关应当依法给予行政处罚；取得的行政许可属于直接关系公共安全、人身健康、生命财产安全事项的，申请人在三年内不得再次申请该行政许可；构成犯罪的，依法追究刑事责任。

第八十条 被许可人有下列行为之一的，行政机关应当依法给予行政处罚；构成犯罪的，依法追究刑事责任：

（一）涂改、倒卖、出租、出借行政许可证件，或者以其他形式非法转让行政许可的；

（二）超越行政许可范围进行活动的；

（三）向负责监督检查的行政机关隐瞒有关情况、提供虚假材料或者拒绝提供反映其活动情况的真实材料的；

（四）法律、法规、规章规定的其他违法行为。

第八十一条 公民、法人或者其他组织未经行政许可，擅自从事依法应当取得行政许可的活动的，行政机关应当依法采取措施予以制止，并依法给予行政处罚；构成犯罪的，依法追究刑事责任。

第八章 附 则

第八十二条 本法规定的行政机关实施行政许可的期限以工作日计算，不含法定节假日。

第八十三条 本法自 2004 年 7 月 1 日起施行。

本法施行前有关行政许可的规定，制定机关应当依照本法规定予以清理；不符合本法规定的，自本法施行之日起停止执行。

8. 中华人民共和国突发事件应对法

（2007年8月30日第十届全国人民代表大会常务委员会第二十九次会议通过）

第一章　总　　则

第一条　为了预防和减少突发事件的发生，控制、减轻和消除突发事件引起的严重社会危害，规范突发事件应对活动，保护人民生命财产安全，维护国家安全、公共安全、环境安全和社会秩序，制定本法。

第二条　突发事件的预防与应急准备、监测与预警、应急处置与救援、事后恢复与重建等应对活动，适用本法。

第三条　本法所称突发事件，是指突然发生，造成或者可能造成严重社会危害，需要采取应急处置措施予以应对的自然灾害、事故灾难、公共卫生事件和社会安全事件。

按照社会危害程度、影响范围等因素，自然灾害、事故灾难、公共卫生事件分为特别重大、重大、较大和一般四级。法律、行政法规或者国务院另有规定的，从其规定。

突发事件的分级标准由国务院或者国务院确定的部门制定。

第四条　国家建立统一领导、综合协调、分类管理、分级负责、属地管理为主的应急管理体制。

第五条　突发事件应对工作实行预防为主、预防与应急相结合的原则。国家建立重大突发事件风险评估体系，对可能发生的突发事件进行综合性评估，减少重大突发事件的发生，最大限度地减轻重大突发事件的影响。

第六条　国家建立有效的社会动员机制，增强全民的公共安全和防范风险的意识，提高全社会的避险救助能力。

第七条　县级人民政府对本行政区域内突发事件的应对工作负责；涉及两个以上行政区域的，由有关行政区域共同的上一级人民政府负责，或者由各有关行政区域的上一级人民政府共同负责。

突发事件发生后，发生地县级人民政府应当立即采取措施控制事态发展，组织开展应急救援和处置工作，并立即向上一级人民政府报告，必要时可以越级上报。

突发事件发生地县级人民政府不能消除或者不能有效控制突发事件引起的严重社会危害的，应当及时向上级人民政府报告。上级人民政府应当及时采取措施，统一领导应急处置工作。

法律、行政法规规定由国务院有关部门对突发事件的应对工作负责的，从其规定；地方人民政府应当积极配合并提供必要的支持。

第八条　国务院在总理领导下研究、决定和部署特别重大突发事件的应对工作；根据实际需要，设立国家突发事件应急指挥机构，负责突发事件应对工作；必要时，国务院可以派出工作组指导有关工作。

县级以上地方各级人民政府设立由本级人民政府主要负责人、相关部门负责人、驻当地中国人民解放军和中国人民武装警察部队有关负责人组成的突发事件应急指挥机构，统一领导、协调本级人民政府各有关部门和下级人民政府开展突发事件应对工作；根据实际需要，设立相关类别突发事件应急指挥机构，组织、协调、指挥突发事件应对工作。

上级人民政府主管部门应当在各自职责范围内，指导、协助下级人民政府及其相应部门做好有关突发事件的应对工作。

第九条　国务院和县级以上地方各级人民政府是突发事件应对工作的行政领导机关，其办事机构及具体职责由国务院规定。

第十条 有关人民政府及其部门作出的应对突发事件的决定、命令，应当及时公布。

第十一条 有关人民政府及其部门采取的应对突发事件的措施，应当与突发事件可能造成的社会危害的性质、程度和范围相适应；有多种措施可供选择的，应当选择有利于最大程度地保护公民、法人和其他组织权益的措施。

公民、法人和其他组织有义务参与突发事件应对工作。

第十二条 有关人民政府及其部门为应对突发事件，可以征用单位和个人的财产。被征用的财产在使用完毕或者突发事件应急处置工作结束后，应当及时返还。财产被征用或者征用后毁损、灭失的，应当给予补偿。

第十三条 因采取突发事件应对措施，诉讼、行政复议、仲裁活动不能正常进行的，适用有关时效中止和程序中止的规定，但法律另有规定的除外。

第十四条 中国人民解放军、中国人民武装警察部队和民兵组织依照本法和其他有关法律、行政法规、军事法规的规定以及国务院、中央军事委员会的命令，参加突发事件的应急救援和处置工作。

第十五条 中华人民共和国政府在突发事件的预防、监测与预警、应急处置与救援、事后恢复与重建等方面，同外国政府和有关国际组织开展合作与交流。

第十六条 县级以上人民政府作出应对突发事件的决定、命令，应当报本级人民代表大会常务委员会备案；突发事件应急处置工作结束后，应当向本级人民代表大会常务委员会作出专项工作报告。

第二章 预防与应急准备

第十七条 国家建立健全突发事件应急预案体系。

国务院制定国家突发事件总体应急预案，组织制定国家突发事件专项应急预案；国务院有关部门根据各自的职责和国务院相关应急预案，制定国家突发事件部门应急预案。

地方各级人民政府和县级以上地方各级人民政府有关部门根据有关法律、法规、规章、上级人民政府及其有关部门的应急预案以及本地区的实际情况，制定相应的突发事件应急预案。

应急预案制定机关应当根据实际需要和情势变化，适时修订应急预案。应急预案的制定、修订程序由国务院规定。

第十八条 应急预案应当根据本法和其他有关法律、法规的规定，针对突发事件的性质、特点和可能造成的社会危害，具体规定突发事件应急管理工作的组织指挥体系与职责和突发事件的预防与预警机制、处置程序、应急保障措施以及事后恢复与重建措施等内容。

第十九条 城乡规划应当符合预防、处置突发事件的需要，统筹安排应对突发事件所必需的设备和基础设施建设，合理确定应急避难场所。

第二十条 县级人民政府应当对本行政区域内容易引发自然灾害、事故灾难和公共卫生事件的危险源、危险区域进行调查、登记、风险评估，定期进行检查、监控，并责令有关单位采取安全防范措施。

省级和设区的市级人民政府应当对本行政区域内容易引发特别重大、重大突发事件的危险源、危险区域进行调查、登记、风险评估，组织进行检查、监控，并责令有关单位采取安全防范措施。

县级以上地方各级人民政府按照本法规定登记的危险源、危险区域，应当按照国家规定及时向社会公布。

第二十一条 县级人民政府及其有关部门、乡级人民政府、街道办事处、居民委员会、村民委员会应当及时调解处理可能引发社会安全事件的矛盾纠纷。

第二十二条 所有单位应当建立健全安全管理制度，定期检查本单位各项安全防范措施的落实情况，及时消除事故隐患；掌握并及时处理本单位存在的可能引发社会安全事件的问题，防止矛盾激化和事态扩大；对本单位可能发生的突发事件和采取安全防范措施的情况，应当按照规定及时向所在地人民政府或者人民政府有关部门报告。

第二十三条 矿山、建筑施工单位和易燃易爆物品、危险化学品、放射性物品等危险物品的生产、经营、储运、使用单位，应当制定具体应急预案，并对生产经营场所、有危险物品的建筑物、构筑物及周边环境开展隐患排查，及时采取措施消除隐患，防止发生突发事件。

第二十四条 公共交通工具、公共场所和其他人员密集场所的经营单位或者管理单位应当制定具体应急预案，为交通工具和有关场所配备报警装置和必要的应急救援设备、设施，注明其使用方法，并显著标明安全撤离的通道、路线，保证安全通道、出口的畅通。

有关单位应当定期检测、维护其报警装置和应急救援设备、设施，使其处于良好状态，确保正常使用。

第二十五条 县级以上人民政府应当建立健全突发事件应急管理培训制度，对人民政府及其有关部门负有处置突发事件职责的工作人员定期进行培训。

第二十六条 县级以上人民政府应当整合应急资源，建立或者确定综合性应急救援队伍。人民政府有关部门可以根据实际需要设立专业应急救援队伍。

县级以上人民政府及其有关部门可以建立由成年志愿者组成的应急救援队伍。单位应当建立由本单位职工组成的专职或者兼职应急救援队伍。

县级以上人民政府应当加强专业应急救援队伍与非专业应急救援队伍的合作，联合培训、联合演练，提高合成应急、协同应急的能力。

第二十七条 国务院有关部门、县级以上地方各级人民政府及其有关部门、有关单位应当为专业应急救援人员购买人身意外伤害保险，配备必要的防护装备和器材，减少应急救援人员的人身风险。

第二十八条 中国人民解放军、中国人民武装警察部队和民兵组织应当有计划地组织开展应急救援的专门训练。

第二十九条 县级人民政府及其有关部门、乡级人民政府、街道办事处应当组织开展应急知识的宣传普及活动和必要的应急演练。

居民委员会、村民委员会、企业事业单位应当根据所在地人民政府的要求，结合各自的实际情况，开展有关突发事件应急知识的宣传普及活动和必要的应急演练。

新闻媒体应当无偿开展突发事件预防与应急、自救与互救知识的公益宣传。

第三十条 各级各类学校应当把应急知识教育纳入教学内容，对学生进行应急知识教育，培养学生的安全意识和自救与互救能力。

教育主管部门应当对学校开展应急知识教育进行指导和监督。

第三十一条 国务院和县级以上地方各级人民政府应当采取财政措施，保障突发事件应对工作所需经费。

第三十二条 国家建立健全应急物资储备保障制度，完善重要应急物资的监管、生产、储备、调拨和紧急配送体系。

设区的市级以上人民政府和突发事件易发、多发地区的县级人民政府应当建立应急救援物资、生活必需品和应急处置装备的储备制度。

县级以上地方各级人民政府应当根据本地区的实际情况，与有关企业签订协议，保障应急救援物资、生活必需品和应急处置装备的生产、供给。

第三十三条 国家建立健全应急通信保障体系，完善公用通信网，建立有线与无线相结合、基础电信网络与机动通信系统相配套的应急通信系统，确保突发事件应对工作的通信畅通。

第三十四条 国家鼓励公民、法人和其他组织为人民政府应对突发事件工作提供物资、资金、技术支持和捐赠。

第三十五条 国家发展保险事业，建立国家财政支持的巨灾风险保险体系，并鼓励单位和公民参加保险。

第三十六条 国家鼓励、扶持具备相应条件的教学科研机构培养应急管理专门人才，鼓励、扶持教学科研机构和有关企业研究开发用于突发事件预防、监测、预警、应急处置与救援的新技术、新设备和新工具。

第三章　监测与预警

第三十七条　国务院建立全国统一的突发事件信息系统。

县级以上地方各级人民政府应当建立或者确定本地区统一的突发事件信息系统，汇集、储存、分析、传输有关突发事件的信息，并与上级人民政府及其有关部门、下级人民政府及其有关部门、专业机构和监测网点的突发事件信息系统实现互联互通，加强跨部门、跨地区的信息交流与情报合作。

第三十八条　县级以上人民政府及其有关部门、专业机构应当通过多种途径收集突发事件信息。

县级人民政府应当在居民委员会、村民委员会和有关单位建立专职或者兼职信息报告员制度。

获悉突发事件信息的公民、法人或者其他组织，应当立即向所在地人民政府、有关主管部门或者指定的专业机构报告。

第三十九条　地方各级人民政府应当按照国家有关规定向上级人民政府报送突发事件信息。县级以上人民政府有关主管部门应当向本级人民政府相关部门通报突发事件信息。专业机构、监测网点和信息报告员应当及时向所在地人民政府及其有关主管部门报告突发事件信息。

有关单位和人员报送、报告突发事件信息，应当做到及时、客观、真实，不得迟报、谎报、瞒报、漏报。

第四十条　县级以上地方各级人民政府应当及时汇总分析突发事件隐患和预警信息，必要时组织相关部门、专业技术人员、专家学者进行会商，对发生突发事件的可能性及其可能造成的影响进行评估；认为可能发生重大或者特别重大突发事件的，应当立即向上级人民政府报告，并向上级人民政府有关部门、当地驻军和可能受到危害的毗邻或者相关地区的人民政府通报。

第四十一条　国家建立健全突发事件监测制度。

县级以上人民政府及其有关部门应当根据自然灾害、事故灾难和公共卫生事件的种类和特点，建立健全基础信息数据库，完善监测网络，划分监测区域，确定监测点，明确监测项目，提供必要的设备、设施，配备专职或者兼职人员，对可能发生的突发事件进行监测。

第四十二条　国家建立健全突发事件预警制度。

可以预警的自然灾害、事故灾难和公共卫生事件的预警级别，按照突发事件发生的紧急程度、发展势态和可能造成的危害程度分为一级、二级、三级和四级，分别用红色、橙色、黄色和蓝色标示，一级为最高级别。

预警级别的划分标准由国务院或者国务院确定的部门制定。

第四十三条　可以预警的自然灾害、事故灾难或者公共卫生事件即将发生或者发生的可能性增大时，县级以上地方各级人民政府应当根据有关法律、行政法规和国务院规定的权限和程序，发布相应级别的警报，决定并宣布有关地区进入预警期，同时向上一级人民政府报告，必要时可以越级上报，并向当地驻军和可能受到危害的毗邻或者相关地区的人民政府通报。

第四十四条　发布三级、四级警报，宣布进入预警期后，县级以上地方各级人民政府应当根据即将发生的突发事件的特点和可能造成的危害，采取下列措施：

（一）启动应急预案；

（二）责令有关部门、专业机构、监测网点和负有特定职责的人员及时收集、报告有关信息，向社会公布反映突发事件信息的渠道，加强对突发事件发生、发展情况的监测、预报和预警工作；

（三）组织有关部门和机构、专业技术人员、有关专家学者，随时对突发事件信息进行分析评估，预测发生突发事件可能性的大小、影响范围和强度以及可能发生的突发事件的级别；

（四）定时向社会发布与公众有关的突发事件预测信息和分析评估结果，并对相关信息的报道工作进行管理；

（五）及时按照有关规定向社会发布可能受到突发事件危害的警告，宣传避免、减轻危害的常识，公布咨询电话。

第四十五条 发布一级、二级警报，宣布进入预警期后，县级以上地方各级人民政府除采取本法第四十四条规定的措施外，还应当针对即将发生的突发事件的特点和可能造成的危害，采取下列一项或者多项措施：

（一）责令应急救援队伍、负有特定职责的人员进入待命状态，并动员后备人员做好参加应急救援和处置工作的准备；

（二）调集应急救援所需物资、设备、工具，准备应急设施和避难场所，并确保其处于良好状态、随时可以投入正常使用；

（三）加强对重点单位、重要部位和重要基础设施的安全保卫，维护社会治安秩序；

（四）采取必要措施，确保交通、通信、供水、排水、供电、供气、供热等公共设施的安全和正常运行；

（五）及时向社会发布有关采取特定措施避免或者减轻危害的建议、劝告；

（六）转移、疏散或者撤离易受突发事件危害的人员并予以妥善安置，转移重要财产；

（七）关闭或者限制使用易受突发事件危害的场所，控制或者限制容易导致危害扩大的公共场所的活动；

（八）法律、法规、规章规定的其他必要的防范性、保护性措施。

第四十六条 对即将发生或者已经发生的社会安全事件，县级以上地方各级人民政府及其有关主管部门应当按照规定向上一级人民政府及其有关主管部门报告，必要时可以越级上报。

第四十七条 发布突发事件警报的人民政府应当根据事态的发展，按照有关规定适时调整预警级别并重新发布。

有事实证明不可能发生突发事件或者危险已经解除的，发布警报的人民政府应当立即宣布解除警报，终止预警期，并解除已经采取的有关措施。

第四章　应急处置与救援

第四十八条 突发事件发生后，履行统一领导职责或者组织处置突发事件的人民政府应当针对其性质、特点和危害程度，立即组织有关部门，调动应急救援队伍和社会力量，依照本章的规定和有关法律、法规、规章的规定采取应急处置措施。

第四十九条 自然灾害、事故灾难或者公共卫生事件发生后，履行统一领导职责的人民政府可以采取下列一项或者多项应急处置措施：

（一）组织营救和救治受害人员，疏散、撤离并妥善安置受到威胁的人员以及采取其他救助措施；

（二）迅速控制危险源，标明危险区域，封锁危险场所，划定警戒区，实行交通管制以及其他控制措施；

（三）立即抢修被损坏的交通、通信、供水、排水、供电、供气、供热等公共设施，向受到危害的人员提供避难场所和生活必需品，实施医疗救护和卫生防疫以及其他保障措施；

（四）禁止或者限制使用有关设备、设施，关闭或者限制使用有关场所，中止人员密集的活动或者可能导致危害扩大的生产经营活动以及采取其他保护措施；

（五）启用本级人民政府设置的财政预备费和储备的应急救援物资，必要时调用其他急需物资、设备、设施、工具；

（六）组织公民参加应急救援和处置工作，要求具有特定专长的人员提供服务；

（七）保障食品、饮用水、燃料等基本生活必需品的供应；

（八）依法从严惩处囤积居奇、哄抬物价、制假售假等扰乱市场秩序的行为，稳定市场价格，维护市场秩序；

（九）依法从严惩处哄抢财物、干扰破坏应急处置工作等扰乱社会秩序的行为，维护社会治安；

（十）采取防止发生次生、衍生事件的必要措施。

第五十条 社会安全事件发生后，组织处置工作的人民政府应当立即组织有关部门并由公安机关针对事件的性质和特点，依照有关法律、行政法规和国家其他有关规定，采取下列一项或者多项应急处置措施：

（一）强制隔离使用器械相互对抗或者以暴力行为参与冲突的当事人，妥善解决现场纠纷和争端，控制事态发展；

（二）对特定区域内的建筑物、交通工具、设备、设施以及燃料、燃气、电力、水的供应进行控制；

（三）封锁有关场所、道路，查验现场人员的身份证件，限制有关公共场所内的活动；

（四）加强对易受冲击的核心机关和单位的警卫，在国家机关、军事机关、国家通讯社、广播电台、电视台、外国驻华使领馆等单位附近设置临时警戒线；

（五）法律、行政法规和国务院规定的其他必要措施。

严重危害社会治安秩序的事件发生时，公安机关应当立即依法出动警力，根据现场情况依法采取相应的强制性措施，尽快使社会秩序恢复正常。

第五十一条 发生突发事件，严重影响国民经济正常运行时，国务院或者国务院授权的有关主管部门可以采取保障、控制等必要的应急措施，保障人民群众的基本生活需要，最大限度地减轻突发事件的影响。

第五十二条 履行统一领导职责或者组织处置突发事件的人民政府，必要时可以向单位和个人征用应急救援所需设备、设施、场地、交通工具和其他物资，请求其他地方人民政府提供人力、物力、财力或者技术支援，要求生产、供应生活必需品和应急救援物资的企业组织生产、保证供给，要求提供医疗、交通等公共服务的组织提供相应的服务。

履行统一领导职责或者组织处置突发事件的人民政府，应当组织协调运输经营单位，优先运送处置突发事件所需物资、设备、工具、应急救援人员和受到突发事件危害的人员。

第五十三条 履行统一领导职责或者组织处置突发事件的人民政府，应当按照有关规定统一、准确、及时发布有关突发事件事态发展和应急处置工作的信息。

第五十四条 任何单位和个人不得编造、传播有关突发事件事态发展或者应急处置工作的虚假信息。

第五十五条 突发事件发生地的居民委员会、村民委员会和其他组织应当按照当地人民政府的决定、命令，进行宣传动员，组织群众开展自救和互救，协助维护社会秩序。

第五十六条 受到自然灾害危害或者发生事故灾难、公共卫生事件的单位，应当立即组织本单位应急救援队伍和工作人员营救受害人员，疏散、撤离、安置受到威胁的人员，控制危险源，标明危险区域，封锁危险场所，并采取其他防止危害扩大的必要措施，同时向所在地县级人民政府报告；对因本单位的问题引发的或者主体是本单位人员的社会安全事件，有关单位应当按照规定上报情况，并迅速派出负责人赶赴现场开展劝解、疏导工作。

突发事件发生地的其他单位应当服从人民政府发布的决定、命令，配合人民政府采取的应急处置措施，做好本单位的应急救援工作，并积极组织人员参加所在地的应急救援和处置工作。

第五十七条 突发事件发生地的公民应当服从人民政府、居民委员会、村民委员会或者所属单位的指挥和安排，配合人民政府采取的应急处置措施，积极参加应急救援工作，协助维护社会秩序。

第五章 事后恢复与重建

第五十八条 突发事件的威胁和危害得到控制或者消除后，履行统一领导职责或者组织处置突发事件的人民政府应当停止执行依照本法规定采取的应急处置措施，同时采取或者继续实施必要措施，防止发生自然灾害、事故灾难、公共卫生事件的次生、衍生事件或者重新引发社会安全事件。

第五十九条 突发事件应急处置工作结束后，履行统一领导职责的人民政府应当立即组织对突发事件造成的损失进行评估，组织受影响地区尽快恢复生产、生活、工作和社会秩序，制定恢复重建计划，并向上一级人民政府报告。

受突发事件影响地区的人民政府应当及时组织和协调公安、交通、铁路、民航、邮电、建设等有关部门恢复社会治安秩序，尽快修复被损坏的交通、通信、供水、排水、供电、供气、供热等公共设施。

第六十条 受突发事件影响地区的人民政府开展恢复重建工作需要上一级人民政府支持的，可以向上一级人民政府提出请求。上一级人民政府应当根据受影响地区遭受的损失和实际情况，提供资金、物资支持和技术指导，组织其他地区提供资金、物资和人力支援。

第六十一条 国务院根据受突发事件影响地区遭受损失的情况，制定扶持该地区有关行业发展的优惠政策。

受突发事件影响地区的人民政府应当根据本地区遭受损失的情况，制定救助、补偿、抚慰、抚恤、安置等善后工作计划并组织实施，妥善解决因处置突发事件引发的矛盾和纠纷。

公民参加应急救援工作或者协助维护社会秩序期间，其在本单位的工资待遇和福利不变；表现突出、成绩显著的，由县级以上人民政府给予表彰或者奖励。

县级以上人民政府对在应急救援工作中伤亡的人员依法给予抚恤。

第六十二条 履行统一领导职责的人民政府应当及时查明突发事件的发生经过和原因，总结突发事件应急处置工作的经验教训，制定改进措施，并向上一级人民政府提出报告。

第六章　法 律 责 任

第六十三条 地方各级人民政府和县级以上各级人民政府有关部门违反本法规定，不履行法定职责的，由其上级行政机关或者监察机关责令改正；有下列情形之一的，根据情节对直接负责的主管人员和其他直接责任人员依法给予处分：

（一）未按规定采取预防措施，导致发生突发事件，或者未采取必要的防范措施，导致发生次生、衍生事件的；

（二）迟报、谎报、瞒报、漏报有关突发事件的信息，或者通报、报送、公布虚假信息，造成后果的；

（三）未按规定及时发布突发事件警报、采取预警期的措施，导致损害发生的；

（四）未按规定及时采取措施处置突发事件或者处置不当，造成后果的；

（五）不服从上级人民政府对突发事件应急处置工作的统一领导、指挥和协调的；

（六）未及时组织开展生产自救、恢复重建等善后工作的；

（七）截留、挪用、私分或者变相私分应急救援资金、物资的；

（八）不及时归还征用的单位和个人的财产，或者对被征用财产的单位和个人不按规定给予补偿的。

第六十四条 有关单位有下列情形之一的，由所在地履行统一领导职责的人民政府责令停产停业，暂扣或者吊销许可证或者营业执照，并处五万元以上二十万元以下的罚款；构成违反治安管理行为的，由公安机关依法给予处罚：

（一）未按规定采取预防措施，导致发生严重突发事件的；

（二）未及时消除已发现的可能引发突发事件的隐患，导致发生严重突发事件的；

（三）未做好应急设备、设施日常维护、检测工作，导致发生严重突发事件或者突发事件危害扩大的；

（四）突发事件发生后，不及时组织开展应急救援工作，造成严重后果的。

前款规定的行为，其他法律、行政法规规定由人民政府有关部门依法决定处罚的，从其规定。

第六十五条 违反本法规定，编造并传播有关突发事件事态发展或者应急处置工作的虚假信息，或者明知是有关突发事件事态发展或者应急处置工作的虚假信息而进行传播的，责令改正，给予警告；造成严重后果的，依法暂停其业务活动或者吊销其执业许可证；负有直接责任的人员是国家工作人员的，还应当对其依法给予处分；构成违反治安管理行为的，由公安机关依法给予处罚。

第六十六条 单位或者个人违反本法规定，不服从所在地人民政府及其有关部门发布的决定、命令或者不配合其依法采取的措施，构成违反治安管理行为的，由公安机关依法给予处罚。

第六十七条 单位或者个人违反本法规定，导致突发事件发生或者危害扩大，给他人人身、财产造成损害的，应当依法承担民事责任。

第六十八条 违反本法规定，构成犯罪的，依法追究刑事责任。

第七章 附 则

第六十九条 发生特别重大突发事件，对人民生命财产安全、国家安全、公共安全、环境安全或者社会秩序构成重大威胁，采取本法和其他有关法律、法规、规章规定的应急处置措施不能消除或者有效控制、减轻其严重社会危害，需要进入紧急状态的，由全国人民代表大会常务委员会或者国务院依照宪法和其他有关法律规定的权限和程序决定。

紧急状态期间采取的非常措施，依照有关法律规定执行或者由全国人民代表大会常务委员会另行规定。

第七十条 本法自 2007 年 11 月 1 日起施行。

9. 中华人民共和国道路交通安全法

（根据2021年4月29日第十三届全国人民代表大会常务委员会第二十八次会议通过《关于修改〈中华人民共和国道路交通安全法〉等八部法律的决定》第三次修正）

第一章 总 则

第一条 为了维护道路交通秩序，预防和减少交通事故，保护人身安全，保护公民、法人和其他组织的财产安全及其他合法权益，提高通行效率，制定本法。

第二条 中华人民共和国境内的车辆驾驶人、行人、乘车人以及与道路交通活动有关的单位和个人，都应当遵守本法。

第三条 道路交通安全工作，应当遵循依法管理、方便群众的原则，保障道路交通有序、安全、畅通。

第四条 各级人民政府应当保障道路交通安全管理工作与经济建设和社会发展相适应。

县级以上地方各级人民政府应当适应道路交通发展的需要，依据道路交通安全法律、法规和国家有关政策，制定道路交通安全管理规划，并组织实施。

第五条 国务院公安部门负责全国道路交通安全管理工作。县级以上地方各级人民政府公安机关交通管理部门负责本行政区域内的道路交通安全管理工作。

县级以上各级人民政府交通、建设管理部门依据各自职责，负责有关的道路交通工作。

第六条 各级人民政府应当经常进行道路交通安全教育，提高公民的道路交通安全意识。

公安机关交通管理部门及其交通警察执行职务时，应当加强道路交通安全法律、法规的宣传，并模范遵守道路交通安全法律、法规。

机关、部队、企业事业单位、社会团体以及其他组织，应当对本单位的人员进行道路交通安全教育。

教育行政部门、学校应当将道路交通安全教育纳入法制教育的内容。

新闻、出版、广播、电视等有关单位，有进行道路交通安全教育的义务。

第七条 对道路交通安全管理工作，应当加强科学研究，推广、使用先进的管理方法、技术、设备。

第二章 车辆和驾驶人

第一节 机动车、非机动车

第八条 国家对机动车实行登记制度。机动车经公安机关交通管理部门登记后，方可上道路行驶。尚未登记的机动车，需要临时上道路行驶的，应当取得临时通行牌证。

第九条 申请机动车登记，应当提交以下证明、凭证：

（一）机动车所有人的身份证明；

（二）机动车来历证明；

（三）机动车整车出厂合格证明或者进口机动车进口凭证；

（四）车辆购置税的完税证明或者免税凭证；

（五）法律、行政法规规定应当在机动车登记时提交的其他证明、凭证。

公安机关交通管理部门应当自受理申请之日起五个工作日内完成机动车登记审查工作，对符合前款规定条件的，应当发放机动车登记证书、号牌和行驶证；对不符合前款规定条件的，应当向申请人说明不予登记的理由。

公安机关交通管理部门以外的任何单位或者个人不得发放机动车号牌或者要求机动车悬挂其他号牌，本法另有规定的除外。

机动车登记证书、号牌、行驶证的式样由国务院公安部门规定并监制。

第十条 准予登记的机动车应当符合机动车国家安全技术标准。申请机动车登记时，应当接受对该机动车的安全技术检验。但是，经国家机动车产品主管部门依据机动车国家安全技术标准认定的企业生产的机动车型，该车型的新车在出厂时经检验符合机动车国家安全技术标准，获得检验合格证的，免予安全技术检验。

第十一条 驾驶机动车上道路行驶，应当悬挂机动车号牌，放置检验合格标志、保险标志，并随车携带机动车行驶证。

机动车号牌应当按照规定悬挂并保持清晰、完整，不得故意遮挡、污损。

任何单位和个人不得收缴、扣留机动车号牌。

第十二条 有下列情形之一的，应当办理相应的登记：

（一）机动车所有权发生转移的；

（二）机动车登记内容变更的；

（三）机动车用作抵押的；

（四）机动车报废的。

第十三条 对登记后上道路行驶的机动车，应当依照法律、行政法规的规定，根据车辆用途、载客载货数量、使用年限等不同情况，定期进行安全技术检验。对提供机动车行驶证和机动车第三者责任强制保险单的，机动车安全技术检验机构应当予以检验，任何单位不得附加其他条件。对符合机动车国家安全技术标准的，公安机关交通管理部门应当发给检验合格标志。

对机动车的安全技术检验实行社会化。具体办法由国务院规定。

机动车安全技术检验实行社会化的地方，任何单位不得要求机动车到指定的场所进行检验。

公安机关交通管理部门、机动车安全技术检验机构不得要求机动车到指定的场所进行维修、保养。

机动车安全技术检验机构对机动车检验收取费用，应当严格执行国务院价格主管部门核定的收费标准。

第十四条 国家实行机动车强制报废制度，根据机动车的安全技术状况和不同用途，规定不同的报废标准。

应当报废的机动车必须及时办理注销登记。

达到报废标准的机动车不得上道路行驶。报废的大型客、货车及其他营运车辆应当在公安机关交通管理部门的监督下解体。

第十五条 警车、消防车、救护车、工程救险车应当按照规定喷涂标志图案，安装警报器、标志灯具。其他机动车不得喷涂、安装、使用上述车辆专用的或者与其相类似的标志图案、警报器或者标志灯具。

警车、消防车、救护车、工程救险车应当严格按照规定的用途和条件使用。

公路监督检查的专用车辆，应当依照公路法的规定，设置统一的标志和示警灯。

第十六条 任何单位或者个人不得有下列行为：

（一）拼装机动车或者擅自改变机动车已登记的结构、构造或者特征；

（二）改变机动车型号、发动机号、车架号或者车辆识别代号；

（三）伪造、变造或者使用伪造、变造的机动车登记证书、号牌、行驶证、检验合格标志、保险标志；

（四）使用其他机动车的登记证书、号牌、行驶证、检验合格标志、保险标志。

第十七条 国家实行机动车第三者责任强制保险制度，设立道路交通事故社会救助基金。具体办法由国务院规定。

第十八条 依法应当登记的非机动车，经公安机关交通管理部门登记后，方可上道路行驶。

依法应当登记的非机动车的种类，由省、自治区、直辖市人民政府根据当地实际情况规定。

非机动车的外形尺寸、质量、制动器、车铃和夜间反光装置，应当符合非机动车安全技术标准。

第二节 机动车驾驶人

第十九条 驾驶机动车，应当依法取得机动车驾驶证。

申请机动车驾驶证，应当符合国务院公安部门规定的驾驶许可条件；经考试合格后，由公安机关交通管理部门发给相应类别的机动车驾驶证。

持有境外机动车驾驶证的人，符合国务院公安部门规定的驾驶许可条件，经公安机关交通管理部门考核合格的，可以发给中国的机动车驾驶证。

驾驶人应当按照驾驶证载明的准驾车型驾驶机动车；驾驶机动车时，应当随身携带机动车驾驶证。

公安机关交通管理部门以外的任何单位或者个人，不得收缴、扣留机动车驾驶证。

第二十条 机动车的驾驶培训实行社会化，由交通运输主管部门对驾驶培训学校、驾驶培训班实行备案管理，并对驾驶培训活动加强监督，其中专门的拖拉机驾驶培训学校、驾驶培训班由农业（农业机械）主管部门实行监督管理。

驾驶培训学校、驾驶培训班应当严格按照国家有关规定，对学员进行道路交通安全法律、法规、驾驶技能的培训，确保培训质量。

任何国家机关以及驾驶培训和考试主管部门不得举办或者参与举办驾驶培训学校、驾驶培训班。

第二十一条 驾驶人驾驶机动车上道路行驶前，应当对机动车的安全技术性能进行认真检查；不得驾驶安全设施不全或者机件不符合技术标准等具有安全隐患的机动车。

第二十二条 机动车驾驶人应当遵守道路交通安全法律、法规的规定，按照操作规范安全驾驶、文明驾驶。

饮酒、服用国家管制的精神药品或者麻醉药品，或者患有妨碍安全驾驶机动车的疾病，或者过度疲劳影响安全驾驶的，不得驾驶机动车。

任何人不得强迫、指使、纵容驾驶人违反道路交通安全法律、法规和机动车安全驾驶要求驾驶机动车。

第二十三条 公安机关交通管理部门依照法律、行政法规的规定，定期对机动车驾驶证实施审验。

第二十四条 公安机关交通管理部门对机动车驾驶人违反道路交通安全法律、法规的行为，除依法给予行政处罚外，实行累积记分制度。公安机关交通管理部门对累积记分达到规定分值的机动车驾驶人，扣留机动车驾驶证，对其进行道路交通安全法律、法规教育，重新考试；考试合格的，发还其机动车驾驶证。

对遵守道路交通安全法律、法规，在一年内无累积记分的机动车驾驶人，可以延长机动车驾驶证的审验期。具体办法由国务院公安部门规定。

第三章 道路通行条件

第二十五条 全国实行统一的道路交通信号。

交通信号包括交通信号灯、交通标志、交通标线和交通警察的指挥。

交通信号灯、交通标志、交通标线的设置应当符合道路交通安全、畅通的要求和国家标准，并保持清晰、醒目、准确、完好。

根据通行需要，应当及时增设、调换、更新道路交通信号。增设、调换、更新限制性的道路交通信号，应当提前向社会公告，广泛进行宣传。

第二十六条 交通信号灯由红灯、绿灯、黄灯组成。红灯表示禁止通行，绿灯表示准许通行，黄灯表示警示。

第二十七条 铁路与道路平面交叉的道口，应当设置警示灯、警示标志或者安全防护设施。无人看守的铁路道口，应当在距道口一定距离处设置警示标志。

第二十八条 任何单位和个人不得擅自设置、移动、占用、损毁交通信号灯、交通标志、交通标线。

道路两侧及隔离带上种植的树木或者其他植物，设置的广告牌、管线等，应当与交通设施保持必要的距离，不得遮挡路灯、交通信号灯、交通标志，不得妨碍安全视距，不得影响通行。

第二十九条 道路、停车场和道路配套设施的规划、设计、建设，应当符合道路交通安全、畅通的要求，并根据交通需求及时调整。

公安机关交通管理部门发现已经投入使用的道路存在交通事故频发路段，或者停车场、道路配套设施存在交通安全严重隐患的，应当及时向当地人民政府报告，并提出防范交通事故、消除隐患的建议，当地人民政府应当及时作出处理决定。

第三十条 道路出现坍塌、坑漕、水毁、隆起等损毁或者交通信号灯、交通标志、交通标线等交通设施损毁、灭失的，道路、交通设施的养护部门或者管理部门应当设置警示标志并及时修复。

公安机关交通管理部门发现前款情形，危及交通安全，尚未设置警示标志的，应当及时采取安全措施，疏导交通，并通知道路、交通设施的养护部门或者管理部门。

第三十一条 未经许可，任何单位和个人不得占用道路从事非交通活动。

第三十二条 因工程建设需要占用、挖掘道路，或者跨越、穿越道路架设、增设管线设施，应当事先征得道路主管部门的同意；影响交通安全的，还应当征得公安机关交通管理部门的同意。

施工作业单位应当在经批准的路段和时间内施工作业，并在距离施工作业地点来车方向安全距离处设置明显的安全警示标志，采取防护措施；施工作业完毕，应当迅速清除道路上的障碍物，消除安全隐患，经道路主管部门和公安机关交通管理部门验收合格，符合通行要求后，方可恢复通行。

对未中断交通的施工作业道路，公安机关交通管理部门应当加强交通安全监督检查，维护道路交通秩序。

第三十三条 新建、改建、扩建的公共建筑、商业街区、居住区、大（中）型建筑等，应当配建、增建停车场；停车泊位不足的，应当及时改建或者扩建；投入使用的停车场不得擅自停止使用或者改作他用。

在城市道路范围内，在不影响行人、车辆通行的情况下，政府有关部门可以施划停车泊位。

第三十四条 学校、幼儿园、医院、养老院门前的道路没有行人过街设施的，应当施划人行横道线，设置提示标志。

城市主要道路的人行道，应当按照规划设置盲道。盲道的设置应当符合国家标准。

第四章 道路通行规定

第一节 一般规定

第三十五条 机动车、非机动车实行右侧通行。

第三十六条 根据道路条件和通行需要，道路划分为机动车道、非机动车道和人行道的，机动车、非机动车、行人实行分道通行。没有划分机动车道、非机动车道和人行道的，机动车在道路中间通行，非机动车和行人在道路两侧通行。

第三十七条 道路划设专用车道的，在专用车道内，只准许规定的车辆通行，其他车辆不得进入专用车道内行驶。

第三十八条 车辆、行人应当按照交通信号通行；遇有交通警察现场指挥时，应当按照交通警察的指挥通行；在没有交通信号的道路上，应当在确保安全、畅通的原则下通行。

第三十九条 公安机关交通管理部门根据道路和交通流量的具体情况，可以对机动车、非机动车、行人采取疏导、限制通行、禁止通行等措施。遇有大型群众性活动、大范围施工等情况，需要采取限制交通的措施，或者作出与公众的道路交通活动直接有关的决定，应当提前向社会公告。

第四十条 遇有自然灾害、恶劣气象条件或者重大交通事故等严重影响交通安全的情形，采取其他措施难以保证交通安全时，公安机关交通管理部门可以实行交通管制。

第四十一条 有关道路通行的其他具体规定，由国务院规定。

第二节　机动车通行规定

第四十二条 机动车上道路行驶，不得超过限速标志标明的最高时速。在没有限速标志的路段，应当保持安全车速。

夜间行驶或者在容易发生危险的路段行驶，以及遇有沙尘、冰雹、雨、雪、雾、结冰等气象条件时，应当降低行驶速度。

第四十三条 同车道行驶的机动车，后车应当与前车保持足以采取紧急制动措施的安全距离。有下列情形之一的，不得超车：

（一）前车正在左转弯、掉头、超车的；

（二）与对面来车有会车可能的；

（三）前车为执行紧急任务的警车、消防车、救护车、工程救险车的；

（四）行经铁路道口、交叉路口、窄桥、弯道、陡坡、隧道、人行横道、市区交通流量大的路段等没有超车条件的。

第四十四条 机动车通过交叉路口，应当按照交通信号灯、交通标志、交通标线或者交通警察的指挥通过；通过没有交通信号灯、交通标志、交通标线或者交通警察指挥的交叉路口时，应当减速慢行，并让行人和优先通行的车辆先行。

第四十五条 机动车遇有前方车辆停车排队等候或者缓慢行驶时，不得借道超车或者占用对面车道，不得穿插等候的车辆。

在车道减少的路段、路口，或者在没有交通信号灯、交通标志、交通标线或者交通警察指挥的交叉路口遇到停车排队等候或者缓慢行驶时，机动车应当依次交替通行。

第四十六条 机动车通过铁路道口时，应当按照交通信号或者管理人员的指挥通行；没有交通信号或者管理人员的，应当减速或者停车，在确认安全后通过。

第四十七条 机动车行经人行横道时，应当减速行驶；遇行人正在通过人行横道，应当停车让行。

机动车行经没有交通信号的道路时，遇行人横过道路，应当避让。

第四十八条 机动车载物应当符合核定的载质量，严禁超载；载物的长、宽、高不得违反装载要求，不得遗洒、飘散载运物。

机动车运载超限的不可解体的物品，影响交通安全的，应当按照公安机关交通管理部门指定的时间、路线、速度行驶，悬挂明显标志。在公路上运载超限的不可解体的物品，并应当依照公路法的规定执行。

机动车载运爆炸物品、易燃易爆化学物品以及剧毒、放射性等危险物品，应当经公安机关批准后，按指定的时间、路线、速度行驶，悬挂警示标志并采取必要的安全措施。

第四十九条 机动车载人不得超过核定的人数，客运机动车不得违反规定载货。

第五十条 禁止货运机动车载客。

货运机动车需要附载作业人员的，应当设置保护作业人员的安全措施。

第五十一条 机动车行驶时，驾驶人、乘坐人员应当按规定使用安全带，摩托车驾驶人及乘坐人员应当按规定戴安全头盔。

第五十二条 机动车在道路上发生故障，需要停车排除故障时，驾驶人应当立即开启危险报警闪光灯，将机动车移至不妨碍交通的地方停放；难以移动的，应当持续开启危险报警闪光灯，并在来车方向设置警告标志等措施扩大示警距离，必要时迅速报警。

第五十三条 警车、消防车、救护车、工程救险车执行紧急任务时，可以使用警报器、标志灯具；在确保安全的前提下，不受行驶路线、行驶方向、行驶速度和信号灯的限制，其他车辆和行人应当让行。

警车、消防车、救护车、工程救险车非执行紧急任务时，不得使用警报器、标志灯具，不享有前款规定的道路优先通行权。

第五十四条 道路养护车辆、工程作业车进行作业时，在不影响过往车辆通行的前提下，其行驶路线和方向不受交通标志、标线限制，过往车辆和人员应当注意避让。

洒水车、清扫车等机动车应当按照安全作业标准作业；在不影响其他车辆通行的情况下，可以不受车辆分道行驶的限制，但是不得逆向行驶。

第五十五条 高速公路、大中城市中心城区内的道路，禁止拖拉机通行。其他禁止拖拉机通行的道路，由省、自治区、直辖市人民政府根据当地实际情况规定。

在允许拖拉机通行的道路上，拖拉机可以从事货运，但是不得用于载人。

第五十六条 机动车应当在规定地点停放。禁止在人行道上停放机动车；但是，依照本法第三十三条规定施划的停车泊位除外。

在道路上临时停车的，不得妨碍其他车辆和行人通行。

第三节 非机动车通行规定

第五十七条 驾驶非机动车在道路上行驶应当遵守有关交通安全的规定。非机动车应当在非机动车道内行驶；在没有非机动车道的道路上，应当靠车行道的右侧行驶。

第五十八条 残疾人机动轮椅车、电动自行车在非机动车道内行驶时，最高时速不得超过十五公里。

第五十九条 非机动车应当在规定地点停放。未设停放地点的，非机动车停放不得妨碍其他车辆和行人通行。

第六十条 驾驭畜力车，应当使用驯服的牲畜；驾驭畜力车横过道路时，驾驭人应当下车牵引牲畜；驾驭人离开车辆时，应当拴系牲畜。

第四节 行人和乘车人通行规定

第六十一条 行人应当在人行道内行走，没有人行道的靠路边行走。

第六十二条 行人通过路口或者横过道路，应当走人行横道或者过街设施；通过有交通信号灯的人行横道，应当按照交通信号灯指示通行；通过没有交通信号灯、人行横道的路口，或者在没有过街设施的路段横过道路，应当在确认安全后通过。

第六十三条 行人不得跨越、倚坐道路隔离设施，不得扒车、强行拦车或者实施妨碍道路交通安全的其他行为。

第六十四条 学龄前儿童以及不能辨认或者不能控制自己行为的精神疾病患者、智力障碍者在道路上通行，应当由其监护人、监护人委托的人或者对其负有管理、保护职责的人带领。

盲人在道路上通行，应当使用盲杖或者采取其他导盲手段，车辆应当避让盲人。

第六十五条 行人通过铁路道口时，应当按照交通信号或者管理人员的指挥通行；没有交通信号和管理人员的，应当在确认无火车驶临后，迅速通过。

第六十六条 乘车人不得携带易燃易爆等危险物品，不得向车外抛洒物品，不得有影响驾驶人安全驾驶的行为。

第五节　高速公路的特别规定

第六十七条　行人、非机动车、拖拉机、轮式专用机械车、铰接式客车、全挂拖斗车以及其他设计最高时速低于七十公里的机动车，不得进入高速公路。高速公路限速标志标明的最高时速不得超过一百二十公里。

第六十八条　机动车在高速公路上发生故障时，应当依照本法第五十二条的有关规定办理；但是，警告标志应当设置在故障车来车方向一百五十米以外，车上人员应当迅速转移到右侧路肩上或者应急车道内，并且迅速报警。

机动车在高速公路上发生故障或者交通事故，无法正常行驶的，应当由救援车、清障车拖曳、牵引。

第六十九条　任何单位、个人不得在高速公路上拦截检查行驶的车辆，公安机关的人民警察依法执行紧急公务除外。

第五章　交通事故处理

第七十条　在道路上发生交通事故，车辆驾驶人应当立即停车，保护现场；造成人身伤亡的，车辆驾驶人应当立即抢救受伤人员，并迅速报告执勤的交通警察或者公安机关交通管理部门。因抢救受伤人员变动现场的，应当标明位置。乘车人、过往车辆驾驶人、过往行人应当予以协助。

在道路上发生交通事故，未造成人身伤亡，当事人对事实及成因无争议的，可以即行撤离现场，恢复交通，自行协商处理损害赔偿事宜；不即行撤离现场的，应当迅速报告执勤的交通警察或者公安机关交通管理部门。

在道路上发生交通事故，仅造成轻微财产损失，并且基本事实清楚的，当事人应当先撤离现场再进行协商处理。

第七十一条　车辆发生交通事故后逃逸的，事故现场目击人员和其他知情人员应当向公安机关交通管理部门或者交通警察举报。举报属实的，公安机关交通管理部门应当给予奖励。

第七十二条　公安机关交通管理部门接到交通事故报警后，应当立即派交通警察赶赴现场，先组织抢救受伤人员，并采取措施，尽快恢复交通。

交通警察应当对交通事故现场进行勘验、检查，收集证据；因收集证据的需要，可以扣留事故车辆，但是应当妥善保管，以备核查。

对当事人的生理、精神状况等专业性较强的检验，公安机关交通管理部门应当委托专门机构进行鉴定。鉴定结论应当由鉴定人签名。

第七十三条　公安机关交通管理部门应当根据交通事故现场勘验、检查、调查情况和有关的检验、鉴定结论，及时制作交通事故认定书，作为处理交通事故的证据。交通事故认定书应当载明交通事故的基本事实、成因和当事人的责任，并送达当事人。

第七十四条　对交通事故损害赔偿的争议，当事人可以请求公安机关交通管理部门调解，也可以直接向人民法院提起民事诉讼。

经公安机关交通管理部门调解，当事人未达成协议或者调解书生效后不履行的，当事人可以向人民法院提起民事诉讼。

第七十五条　医疗机构对交通事故中的受伤人员应当及时抢救，不得因抢救费用未及时支付而拖延救治。肇事车辆参加机动车第三者责任强制保险的，由保险公司在责任限额范围内支付抢救费用；抢救费用超过责任限额的，未参加机动车第三者责任强制保险或者肇事后逃逸的，由道路交通事故社会救助基金先行垫付部分或者全部抢救费用，道路交通事故社会救助基金管理机构有权向交通事故责任人追偿。

第七十六条　机动车发生交通事故造成人身伤亡、财产损失的，由保险公司在机动车第三者责任强制保险责任限额范围内予以赔偿；不足的部分，按照下列规定承担赔偿责任：

（一）机动车之间发生交通事故的，由有过错的一方承担赔偿责任；双方都有过错的，按照各自过错的比例分担责任。

（二）机动车与非机动车驾驶人、行人之间发生交通事故，非机动车驾驶人、行人没有过错的，由机动车一方承担赔偿责任；有证据证明非机动车驾驶人、行人有过错的，根据过错程度适当减轻机动车一方的赔偿责任；机动车一方没有过错的，承担不超过百分之十的赔偿责任。

交通事故的损失是由非机动车驾驶人、行人故意碰撞机动车造成的，机动车一方不承担赔偿责任。

第七十七条　车辆在道路以外通行时发生的事故，公安机关交通管理部门接到报案的，参照本法有关规定办理。

第六章　执 法 监 督

第七十八条　公安机关交通管理部门应当加强对交通警察的管理，提高交通警察的素质和管理道路交通的水平。

公安机关交通管理部门应当对交通警察进行法制和交通安全管理业务培训、考核。交通警察经考核不合格的，不得上岗执行职务。

第七十九条　公安机关交通管理部门及其交通警察实施道路交通安全管理，应当依据法定的职权和程序，简化办事手续，做到公正、严格、文明、高效。

第八十条　交通警察执行职务时，应当按照规定着装，佩带人民警察标志，持有人民警察证件，保持警容严整，举止端庄，指挥规范。

第八十一条　依照本法发放牌证等收取工本费，应当严格执行国务院价格主管部门核定的收费标准，并全部上缴国库。

第八十二条　公安机关交通管理部门依法实施罚款的行政处罚，应当依照有关法律、行政法规的规定，实施罚款决定与罚款收缴分离；收缴的罚款以及依法没收的违法所得，应当全部上缴国库。

第八十三条　交通警察调查处理道路交通安全违法行为和交通事故，有下列情形之一的，应当回避：

（一）是本案的当事人或者当事人的近亲属；

（二）本人或者其近亲属与本案有利害关系；

（三）与本案当事人有其他关系，可能影响案件的公正处理。

第八十四条　公安机关交通管理部门及其交通警察的行政执法活动，应当接受行政监察机关依法实施的监督。

公安机关督察部门应当对公安机关交通管理部门及其交通警察执行法律、法规和遵守纪律的情况依法进行监督。

上级公安机关交通管理部门应当对下级公安机关交通管理部门的执法活动进行监督。

第八十五条　公安机关交通管理部门及其交通警察执行职务，应当自觉接受社会和公民的监督。

任何单位和个人都有权对公安机关交通管理部门及其交通警察不严格执法以及违法违纪行为进行检举、控告。收到检举、控告的机关，应当依据职责及时查处。

第八十六条　任何单位不得给公安机关交通管理部门下达或者变相下达罚款指标；公安机关交通管理部门不得以罚款数额作为考核交通警察的标准。

公安机关交通管理部门及其交通警察对超越法律、法规规定的指令，有权拒绝执行，并同时向上级机关报告。

第七章　法律责任

第八十七条　公安机关交通管理部门及其交通警察对道路交通安全违法行为，应当及时纠正。

公安机关交通管理部门及其交通警察应当依据事实和本法的有关规定对道路交通安全违法行为予以处罚。对于情节轻微，未影响道路通行的，指出违法行为，给予口头警告后放行。

第八十八条　对道路交通安全违法行为的处罚种类包括：警告、罚款、暂扣或者吊销机动车驾驶证、拘留。

第八十九条　行人、乘车人、非机动车驾驶人违反道路交通安全法律、法规关于道路通行规定的，处警告或者五元以上五十元以下罚款；非机动车驾驶人拒绝接受罚款处罚的，可以扣留其非机动车。

第九十条　机动车驾驶人违反道路交通安全法律、法规关于道路通行规定的，处警告或者二十元以上二百元以下罚款。本法另有规定的，依照规定处罚。

第九十一条　饮酒后驾驶机动车的，处暂扣六个月机动车驾驶证，并处一千元以上二千元以下罚款。因饮酒后驾驶机动车被处罚，再次饮酒后驾驶机动车的，处十日以下拘留，并处一千元以上二千元以下罚款，吊销机动车驾驶证。

醉酒驾驶机动车的，由公安机关交通管理部门约束至酒醒，吊销机动车驾驶证，依法追究刑事责任；五年内不得重新取得机动车驾驶证。

饮酒后驾驶营运机动车的，处十五日拘留，并处五千元罚款，吊销机动车驾驶证，五年内不得重新取得机动车驾驶证。

醉酒驾驶营运机动车的，由公安机关交通管理部门约束至酒醒，吊销机动车驾驶证，依法追究刑事责任；十年内不得重新取得机动车驾驶证，重新取得机动车驾驶证后，不得驾驶营运机动车。

饮酒后或者醉酒驾驶机动车发生重大交通事故，构成犯罪的，依法追究刑事责任，并由公安机关交通管理部门吊销机动车驾驶证，终生不得重新取得机动车驾驶证。

第九十二条　公路客运车辆载客超过额定乘员的，处二百元以上五百元以下罚款；超过额定乘员百分之二十或者违反规定载货的，处五百元以上二千元以下罚款。

货运机动车超过核定载质量的，处二百元以上五百元以下罚款；超过核定载质量百分之三十或者违反规定载客的，处五百元以上二千元以下罚款。

有前两款行为的，由公安机关交通管理部门扣留机动车至违法状态消除。

运输单位的车辆有本条第一款、第二款规定的情形，经处罚不改的，对直接负责的主管人员处二千元以上五千元以下罚款。

第九十三条　对违反道路交通安全法律、法规关于机动车停放、临时停车规定的，可以指出违法行为，并予以口头警告，令其立即驶离。

机动车驾驶人不在现场或者虽在现场但拒绝立即驶离，妨碍其他车辆、行人通行的，处二十元以上二百元以下罚款，并可以将该机动车拖移至不妨碍交通的地点或者公安机关交通管理部门指定的地点停放。公安机关交通管理部门拖车不得向当事人收取费用，并应当及时告知当事人停放地点。

因采取不正确的方法拖车造成机动车损坏的，应当依法承担补偿责任。

第九十四条　机动车安全技术检验机构实施机动车安全技术检验超过国务院价格主管部门核定的收费标准收取费用的，退还多收取的费用，并由价格主管部门依照《中华人民共和国价格法》的有关规定给予处罚。

机动车安全技术检验机构不按照机动车国家安全技术标准进行检验，出具虚假检验结果的，由公安机关交通管理部门处所收检验费用五倍以上十倍以下罚款，并依法撤销其检验资格；构成犯罪的，依法追究刑事责任。

第九十五条　上道路行驶的机动车未悬挂机动车号牌，未放置检验合格标志、保险标志，或者未随车携带行驶证、驾驶证的，公安机关交通管理部门应当扣留机动车，通知当事人提供相应的牌证、标志或者补办相应手续，并可以依照本法第九十条的规定予以处罚。当事人提供相应的牌证、标志或者补办相应手续的，应当及时退还机动车。

故意遮挡、污损或者不按规定安装机动车号牌的，依照本法第九十条的规定予以处罚。

第九十六条 伪造、变造或者使用伪造、变造的机动车登记证书、号牌、行驶证、驾驶证的，由公安机关交通管理部门予以收缴，扣留该机动车，处十五日以下拘留，并处二千元以上五千元以下罚款；构成犯罪的，依法追究刑事责任。

伪造、变造或者使用伪造、变造的检验合格标志、保险标志的，由公安机关交通管理部门予以收缴，扣留该机动车，处十日以下拘留，并处一千元以上三千元以下罚款；构成犯罪的，依法追究刑事责任。

使用其他车辆的机动车登记证书、号牌、行驶证、检验合格标志、保险标志的，由公安机关交通管理部门予以收缴，扣留该机动车，处二千元以上五千元以下罚款。

当事人提供相应的合法证明或者补办相应手续的，应当及时退还机动车。

第九十七条 非法安装警报器、标志灯具的，由公安机关交通管理部门强制拆除，予以收缴，并处二百元以上二千元以下罚款。

第九十八条 机动车所有人、管理人未按照国家规定投保机动车第三者责任强制保险的，由公安机关交通管理部门扣留车辆至依照规定投保后，并处依照规定投保最低责任限额应缴纳的保险费的二倍罚款。

依照前款缴纳的罚款全部纳入道路交通事故社会救助基金。具体办法由国务院规定。

第九十九条 有下列行为之一的，由公安机关交通管理部门处二百元以上二千元以下罚款：

（一）未取得机动车驾驶证、机动车驾驶证被吊销或者机动车驾驶证被暂扣期间驾驶机动车的；

（二）将机动车交由未取得机动车驾驶证或者机动车驾驶证被吊销、暂扣的人驾驶的；

（三）造成交通事故后逃逸，尚不构成犯罪的；

（四）机动车行驶超过规定时速百分之五十的；

（五）强迫机动车驾驶人违反道路交通安全法律、法规和机动车安全驾驶要求驾驶机动车，造成交通事故，尚不构成犯罪的；

（六）违反交通管制的规定强行通行，不听劝阻的；

（七）故意损毁、移动、涂改交通设施，造成危害后果，尚不构成犯罪的；

（八）非法拦截、扣留机动车辆，不听劝阻，造成交通严重阻塞或者较大财产损失的。

行为人有前款第二项、第四项情形之一的，可以并处吊销机动车驾驶证；有第一项、第三项、第五项至第八项情形之一的，可以并处十五日以下拘留。

第一百条 驾驶拼装的机动车或者已达到报废标准的机动车上道路行驶的，公安机关交通管理部门应当予以收缴，强制报废。

对驾驶前款所列机动车上道路行驶的驾驶人，处二百元以上二千元以下罚款，并吊销机动车驾驶证。

出售已达到报废标准的机动车的，没收违法所得，处销售金额等额的罚款，对该机动车依照本条第一款的规定处理。

第一百零一条 违反道路交通安全法律、法规的规定，发生重大交通事故，构成犯罪的，依法追究刑事责任，并由公安机关交通管理部门吊销机动车驾驶证。

造成交通事故后逃逸的，由公安机关交通管理部门吊销机动车驾驶证，且终生不得重新取得机动车驾驶证。

第一百零二条 对六个月内发生二次以上特大交通事故负有主要责任或者全部责任的专业运输单位，由公安机关交通管理部门责令消除安全隐患，未消除安全隐患的机动车，禁止上道路行驶。

第一百零三条 国家机动车产品主管部门未按照机动车国家安全技术标准严格审查，许可不合格机动车型投入生产的，对负有责任的主管人员和其他直接责任人员给予降级或者撤职的行政处分。

机动车生产企业经国家机动车产品主管部门许可生产的机动车型，不执行机动车国家安全技术标准或者不严格进行机动车成品质量检验，致使质量不合格的机动车出厂销售的，由质量技术监督部门依照《中华人民共和国产品质量法》的有关规定给予处罚。

擅自生产、销售未经国家机动车产品主管部门许可生产的机动车型的，没收非法生产、销售的机动车成品及配件，可以并处非法产品价值三倍以上五倍以下罚款；有营业执照的，由工商行政管理部门吊销营业执照，没有营业执照的，予以查封。

生产、销售拼装的机动车或者生产、销售擅自改装的机动车的，依照本条第三款的规定处罚。

有本条第二款、第三款、第四款所列违法行为，生产或者销售不符合机动车国家安全技术标准的机动车，构成犯罪的，依法追究刑事责任。

第一百零四条 未经批准，擅自挖掘道路、占用道路施工或者从事其他影响道路交通安全活动的，由道路主管部门责令停止违法行为，并恢复原状，可以依法给予罚款；致使通行的人员、车辆及其他财产遭受损失的，依法承担赔偿责任。

有前款行为，影响道路交通安全活动的，公安机关交通管理部门可以责令停止违法行为，迅速恢复交通。

第一百零五条 道路施工作业或者道路出现损毁，未及时设置警示标志、未采取防护措施，或者应当设置交通信号灯、交通标志、交通标线而没有设置或者应当及时变更交通信号灯、交通标志、交通标线而没有及时变更，致使通行的人员、车辆及其他财产遭受损失的，负有相关职责的单位应当依法承担赔偿责任。

第一百零六条 在道路两侧及隔离带上种植树木、其他植物或者设置广告牌、管线等，遮挡路灯、交通信号灯、交通标志，妨碍安全视距的，由公安机关交通管理部门责令行为人排除妨碍；拒不执行的，处二百元以上二千元以下罚款，并强制排除妨碍，所需费用由行为人负担。

第一百零七条 对道路交通违法行为人予以警告、二百元以下罚款，交通警察可以当场作出行政处罚决定，并出具行政处罚决定书。

行政处罚决定书应当载明当事人的违法事实、行政处罚的依据、处罚内容、时间、地点以及处罚机关名称，并由执法人员签名或者盖章。

第一百零八条 当事人应当自收到罚款的行政处罚决定书之日起十五日内，到指定的银行缴纳罚款。

对行人、乘车人和非机动车驾驶人的罚款，当事人无异议的，可以当场予以收缴罚款。

罚款应当开具省、自治区、直辖市财政部门统一制发的罚款收据；不出具财政部门统一制发的罚款收据的，当事人有权拒绝缴纳罚款。

第一百零九条 当事人逾期不履行行政处罚决定的，作出行政处罚决定的行政机关可以采取下列措施：

（一）到期不缴纳罚款的，每日按罚款数额的百分之三加处罚款；

（二）申请人民法院强制执行。

第一百一十条 执行职务的交通警察认为应当对道路交通违法行为人给予暂扣或者吊销机动车驾驶证处罚的，可以先予扣留机动车驾驶证，并在二十四小时内将案件移交公安机关交通管理部门处理。

道路交通违法行为人应当在十五日内到公安机关交通管理部门接受处理。无正当理由逾期未接受处理的，吊销机动车驾驶证。

公安机关交通管理部门暂扣或者吊销机动车驾驶证的，应当出具行政处罚决定书。

第一百一十一条 对违反本法规定予以拘留的行政处罚，由县、市公安局、公安分局或者相当于县一级的公安机关裁决。

第一百一十二条 公安机关交通管理部门扣留机动车、非机动车，应当当场出具凭证，并告知当事人在规定期限内到公安机关交通管理部门接受处理。

公安机关交通管理部门对被扣留的车辆应当妥善保管，不得使用。

逾期不来接受处理，并且经公告三个月仍不来接受处理的，对扣留的车辆依法处理。

第一百一十三条 暂扣机动车驾驶证的期限从处罚决定生效之日起计算；处罚决定生效前先予扣留机动车驾驶证的，扣留一日折抵暂扣期限一日。

吊销机动车驾驶证后重新申请领取机动车驾驶证的期限，按照机动车驾驶证管理规定办理。

第一百一十四条 公安机关交通管理部门根据交通技术监控记录资料，可以对违法的机动车所有人或者管理人依法予以处罚。对能够确定驾驶人的，可以依照本法的规定依法予以处罚。

第一百一十五条 交通警察有下列行为之一的，依法给予行政处分：

（一）为不符合法定条件的机动车发放机动车登记证书、号牌、行驶证、检验合格标志的；

（二）批准不符合法定条件的机动车安装、使用警车、消防车、救护车、工程救险车的警报器、标志灯具，喷涂标志图案的；

（三）为不符合驾驶许可条件、未经考试或者考试不合格人员发放机动车驾驶证的；

（四）不执行罚款决定与罚款收缴分离制度或者不按规定将依法收取的费用、收缴的罚款及没收的违法所得全部上缴国库的；

（五）举办或者参与举办驾驶学校或者驾驶培训班、机动车修理厂或者收费停车场等经营活动的；

（六）利用职务上的便利收受他人财物或者谋取其他利益的；

（七）违法扣留车辆、机动车行驶证、驾驶证、车辆号牌的；

（八）使用依法扣留的车辆的；

（九）当场收取罚款不开具罚款收据或者不如实填写罚款额的；

（十）徇私舞弊，不公正处理交通事故的；

（十一）故意刁难，拖延办理机动车牌证的；

（十二）非执行紧急任务时使用警报器、标志灯具的；

（十三）违反规定拦截、检查正常行驶的车辆的；

（十四）非执行紧急公务时拦截搭乘机动车的；

（十五）不履行法定职责的。

公安机关交通管理部门有前款所列行为之一的，对直接负责的主管人员和其他直接责任人员给予相应的行政处分。

第一百一十六条 依照本法第一百一十五条的规定，给予交通警察行政处分的，在作出行政处分决定前，可以停止其执行职务；必要时，可以予以禁闭。

依照本法第一百一十五条的规定，交通警察受到降级或者撤职行政处分的，可以予以辞退。

交通警察受到开除处分或者被辞退的，应当取消警衔；受到撤职以下行政处分的交通警察，应当降低警衔。

第一百一十七条 交通警察利用职权非法占有公共财物，索取、收受贿赂，或者滥用职权、玩忽职守，构成犯罪的，依法追究刑事责任。

第一百一十八条 公安机关交通管理部门及其交通警察有本法第一百一十五条所列行为之一，给当事人造成损失的，应当依法承担赔偿责任。

第八章　附　　则

第一百一十九条 本法中下列用语的含义：

（一）“道路”，是指公路、城市道路和虽在单位管辖范围但允许社会机动车通行的地方，包括广场、公共停车场等用于公众通行的场所。

（二）“车辆”，是指机动车和非机动车。

（三）“机动车”，是指以动力装置驱动或者牵引，上道路行驶的供人员乘用或者用于运送物品以及进行工程专项作业的轮式车辆。

（四）“非机动车”，是指以人力或者畜力驱动，上道路行驶的交通工具，以及虽有动力装置驱动但设计最高时速、空车质量、外形尺寸符合有关国家标准的残疾人机动轮椅车、电动自行车等交通工具。

（五）“交通事故”，是指车辆在道路上因过错或者意外造成的人身伤亡或者财产损失的事件。

第一百二十条 中国人民解放军和中国人民武装警察部队在编机动车牌证、在编机动车检验以及机动车驾驶人考核工作，由中国人民解放军、中国人民武装警察部队有关部门负责。

第一百二十一条 对上道路行驶的拖拉机，由农业（农业机械）主管部门行使本法第八条、第九条、第十三条、第十九条、第二十三条规定的公安机关交通管理部门的管理职权。

农业（农业机械）主管部门依照前款规定行使职权，应当遵守本法有关规定，并接受公安机关交通管理部门的监督；对违反规定的，依照本法有关规定追究法律责任。

本法施行前由农业（农业机械）主管部门发放的机动车牌证，在本法施行后继续有效。

第一百二十二条 国家对入境的境外机动车的道路交通安全实施统一管理。

第一百二十三条 省、自治区、直辖市人民代表大会常务委员会可以根据本地区的实际情况，在本法规定的罚款幅度内，规定具体的执行标准。

第一百二十四条 本法自 2004 年 5 月 1 日起施行。

10. 国务院关于公安与交通部门交通管理工作分工问题的通知

（国发〔1983〕47 号）

各省、市、自治区人民政府，国务院各部委、各直属机构：

为了加强城市与公路的交通管理工作，经召集公安、交通两部研究、现对公安与交通部门关于交通管理工作的分工问题，作如下通知：

一、关于公安部门与交通部门的分工。

（1）各省、市、自治区人民政府驻地城市、开放的旅游城市和公安部门现在管理的城市，共计一百零五个（城市名单附后），其交通管理工作，包括交通指挥、维护交通秩序、行车安全管理、处理交通事故以及对机动车辆的检验、驾驶人员的考试考核与发牌发证，由公安部门负责。

上述城市所属县的交通管理工作，仍维持 1980 年底以前的现状，即原由公安部门管理的，仍由公安部门管理；原由交通部门管理的，仍由交通部门管理；原由公安、交通两个部门共同管理的，仍由两个部门共同管理。

（2）除第（1）项规定的范围以外，凡设有交通民警的城市、县镇，交通指挥、维护交通秩序、行车安全管理、处理交通事故的工作，由公安部门负责；机动车辆的检验、驾驶人员的考试考核和发牌发证，仍归交通部门的监理机关负责。

（3）上述（1）、（2）两项以外，所有城市、县镇、公路的交通管理工作，均由交通部门负责。

（4）交通部门负责的城市、县镇、公路的交通管理工作，监理机关在处理交通违章和交通事故时，公安机关要积极配合，对触犯法律需要执行行政拘留和追究刑事责任的，由公安机关按有关法律规定办理。

（5）今后，在行政区划变更、城市人口增长、开放新的旅游点等情况发生变化，需要调整分工时，须由交通、公安两部协商同意并经国务院批准。各地不得自行变动分工范围。

二、全国实行统一的交通法规，统一的机动车牌照，统一的行车证、驾驶证和代理证。

（1）交通规则、交通事故处理办法和交通违章处罚条例的制订和修订，以公安部为主，会商交通部同意后，两部联合上报国务院批准公布。

（2）机动车及驾驶人员监理规章，包括机动车牌照、行车证、驾驶证和待理证的制订和修订，以交通部为主，会商公安部同意后，两部联合上报国务院批准公布。

（3）交通事故、机动车和驾驶员统计表式的拟订和修订，以交通部为主，会商公安部同意，由两部联合送国家统计局审核后实行，各自按管辖范围统计。各地公安部门要按规定时间将统计数字填送同级交通部门，统一由交通部门汇总。交通部门汇总的统计报表在报送上级主管部门时要送同级公安部门。

（4）城乡公路交通标志、号志、标线，全国要统一，以交通部为主制订和修订，会商公安部同意后，两部联合公布。

（5）上述法规的解释权，以交通部为主制订和修订的，属于交通部；以公安部为主制订和修订的，属于公安部。在做出解释前，两部要互相协商。

三、上述分工从 1983 年 6 月 1 日起实行。在此之前，公安、交通部门要办好交接手续。交通部门移交给公安部门的，只限于机动车和驾驶人员的档案，不移交人员、房产、设备、考场等。

四、交通部门的交通监理机构和公安部门的交通管理机构都属于国家行政机关，在当地人民政府的领导下，代表国家执行交通法规和进行技术监督。交通管理工作的分工范围在做了上述调整之后，交通监理力量不仅不能削弱，还必须加强，努力把全国城市和公路交通安全工作搞好。

交通管理（监理）业务用车、用油，应纳入国家计划供应渠道。

五、各级人民政府要加强对城市与公路交通管理工作的领导，搞好公安与交通部门的协调工作。公安、交通部门要密切配合，互相支持，共同搞好城市与公路的交通安全工作。

附

一百零五个城市名单

北京、天津、上海、石家庄、承德、秦皇岛、太原、大同、呼和浩特、包头、沈阳、大连、鞍山、抚顺、本溪、锦州、丹东、阜新、营口、辽阳、长春、吉林、哈尔滨、齐齐哈尔、大庆、伊春、佳木斯、牡丹江、南京、徐州、连云港、南通、苏州、无锡、常州、扬州、镇江、杭州、宁波、温州、绍兴、合肥、芜湖、蚌埠、马鞍山、屯溪、福州、厦门、淄博、烟台、泰安、郑州、开封、洛阳、新乡、安阳、三门峡、信阳、武汉、十堰、沙市、宜昌、襄樊、长沙、湘潭、衡阳、岳阳、广州、海口、湛江、佛山、江门、深圳、珠海、肇庆、南宁、柳州、桂林、梧州、北海、成都、重庆、渡口、乐山、万县、贵阳、昆明、拉萨、西安、延安、咸阳、兰州、嘉峪关、西宁、银川、乌鲁木齐、石河子、喀什。

11. 国务院关于改革道路交通管理体制的通知

（国发〔1986〕94号）

目前，我国的城乡道路标准低、质量差，人车混杂，交通管理又分别由公安、交通、农业（农机）部门负责，机构重叠，政出多门，互相扯皮。这种多头管理的体制，在城乡机动车辆大幅度增长的情况下，已愈来愈不适应我国对外实行开放、对内搞活经济的需要，亟待加以改革。为此，国务院决定，全国城乡道路交通由公安机关负责统一管理。现将有关问题通知如下：

一、全国统一的道路交通安全管理法规，由公安部起草，征求交通部、城乡建设环境保护部、农牧渔业部等有关部门的意见，经批准后由公安机关负责实施。

二、公安机关对全国城乡道路交通依法管理，包括交通安全宣传教育、交通指挥、维护交通秩序、处理交通事故和车辆检验、驾驶员考核与发牌发证、路障管理以及交通标志、标线等安全设施的设置与管理等。

农用拖拉机的道路交通管理工作，除专门从事农田作业的拖拉机及其驾驶员由农业（农机）部门负责管理外，凡上道路行驶的专门从事运输和既从事农田作业又从事运输的拖拉机及其驾驶员，由公安机关按机动车辆进行管理。有关道路行驶安全技术检验、驾驶员考核、核发全国统一的道路行驶牌证等项工作，公安机关可以委托农业（农机）部门负责，并有权进行监督、检查。

三、任何单位和个人未经公安机关批准，不准占用道路摆摊设点、停放车辆、堆物作业、违章建筑和搞集市贸易等。公路养护和市政管理部门为维修道路需占用、挖掘道路时（日常维修、养护作业除外），须与公安机关协商后再行施工，并共同采取维持交通的措施。公安机关要大力支持，积极协助，维护施工作业的顺利进行。其他单位和个人，临时占用道路需经公安机关批准；挖掘道路和超限运输，需经公路养护或市政管理部门审核同意后，由公安机关办理手续。

四、除公安机关外，其他部门不准在道路上设置检查站拦截、检查车辆。有关部门确需上路进行检查时，可派人参加公安机关的检查站进行工作。没有公安检查站的地区，有关部门如要设立检查站，须经当地公安机关批准。经省、自治区、直辖市人民政府批准，可在必要的路口、桥头、渡口设立收取通行费的站卡。

公安机关要向交通部门提供车辆、驾驶员等有关统计资料，并在路查、年检中把积极协助交通部门做好养路费和车辆购置附加费的征收工作作为一项任务规定下来。具体办法，由各省、自治区、直辖市人民政府制定。

养路费征收和路政管理人员，目前仍暂着原交通监理服装。

五、公安机关对于车辆检验、驾驶员考核，可委托给有设备和技术条件的单位，按照标准和公安机关的要求代行办理。公安机关有权对受托单位进行监督、检查和决定变更委托事项。交通部门的院校应积极协助公安机关培训交通管理人员，并按培训交通系统人员的收费标准收取费用。

六、改革城乡道路交通管理体制，应以不增加编制、经费为原则，由公安机关负责组建全国统一的交通管理机构。

（一）交通部现有的交通监理机构，要成建制地划归公安部。地方各级交通监理机构，包括人员、编制、房产、场地、设施、装备等（不含养路费征收人员及其设施），要成建制地划归地方各级公安部门。原共用的房屋、设施，明确产权后仍继续共用。具体办法，由地方各级人民政府研究确定并组织实施。

（二）交通管理所需经费，维持原有开支渠道，即城市交通管理经费，列入国家预算收支科目，由原来的行政费和城市维护费开支。用于公路交通管理的经费，包括基建费、装备费、交通安全设施费、宣传费、事故处理费和人员经费，由监理规费开支，不足部分仍从养路费中开支。其标准，凡原由养路费开支的地区，按1983年至1985年平均每年从养路费中开支（扣除养路费征收人员的开支）的比例提取，具体办法由各地人民政府根据当地的实际情况确定。

实行由公安机关统一负责全国道路交通的管理体制，是一项重大改革，牵动面较大，政策性较强，各省、自治区、直辖市人民政府要切实加强对这项工作的领导，尽快组织实施。各级公安、交通、农业（农机）等有关部门要积极协助各地人民政府做好这项工作。

12. 国务院关于加强交通运输安全工作的决定

（国发〔1988〕48号）

交通运输业是国民经济发展的重要前提和支柱。改革开放以来，交通运输面临新的形势，任务更加繁重和艰巨。搞好交通运输安全，对于保障人民生命财产，维护社会安定，促进改革开放顺利进行，保证国民经济持续稳定发展，具有十分重要的意义。在最近召开的全国交通安全工作会议上，国务院总理李鹏同志作了重要指示，国务院委员邹家华同志作了重要讲话，各地区、各部门要认真贯彻执行。

近几年来，交通运输部门深化改革，实行各种形式的承包经营责任制，取得了显著成绩。安全运输工作也取得了一定成效，积累了不少好的经验，涌现出一批先进集体和个人，保证了运输任务的完成。但是，必须清醒地看到，当前交通安全状况还很不好。今年以来，全国重大交通事故接连发生，国家和人民生命财产受到巨大损失，造成了极其不良的影响。更为令人担忧的是还存在着相当严重的隐患。搞好交通安全，已经到了刻不容缓的地步。要扭转当前安全不好的被动状况，开创交通运输安全的新局面，需要坚持不懈地做艰苦、扎实、细致的工作，光治标不行，必须治本。

为了统一思想和行动，确保交通运输安全，必须要有一个共同的目标。全国交通运输安全工作的奋斗目标是：紧急动员起来，加强领导，深化改革，抓好基础，严格管理，建立科学的管理体系，完善必要的技术设备和监控手段，建设一支思想好、作风硬、基本功扎实、纪律严明的职工队伍，坚决防止重大恶性事故，最大限度地减少一般事故，安全优质、高效地为社会主义现代化建设服务。为实现这一奋斗目标，特作如下决定。

一、提高认识，加强领导，狠抓内部管理

当前交通运输安全状况不好，原因是多方面的，有主观原因，也有客观原因，但主要原因是内部管理问题。突出表现是领导不力，管理不严，安全责任制不落实；劳动纪律松弛，违章违纪严重；设备管理维修跟不上；培训抓得不够，职工技术业务水平下降；维护社会交通治安秩序抓得不够。对此，各级领导要有统一的、明确的认识。

认识不提高，领导不加强，安全则无保障。各级领导一定要提高对交通运输安全重要性和紧迫性的认识，认真贯彻安全第一、预防为主的方针，实行领导负责制。各部门、各单位主要负责同志对安全负第一位的责任，要按级负责，建立安全管理网。要转变领导作风，反对官僚主义和好人主义，坚持“严肃、认真、周到、细致”的工作作风，深入调查研究，狠抓落实工作。要正确处理安全与生产、安全与效率、安全与效益的关系，在保证安全的前提下挖潜扩能，发展生产。

狠抓内部管理，关键和核心问题是要突出一个“严”字，整顿和克服劳动纪律松弛和违章违纪现象。严格管理，首先要从领导干部做起，严以律己，敢抓敢管，不护短、不迁就，不准隐瞒和迟报事故；广大职工应当发扬“一点不差，差一点也不行”的精神，自觉地、严格地、一丝不苟地执行各项规章制度。对于在交通安全工作中作出贡献的先进单位和个人要大力表彰，对于有章不循、违章操作而造成事故的，要坚决处理，触犯刑律的要追究法律责任。切实做到严密组织，严格要求，严明纪律和赏罚分明。

二、深化改革，进一步完善承包经营责任制，建立健全安全责任制

铁路大包干和其他交通运输部门实行的承包经营责任制，方向是正确的，成效也是显著的，但要根据交通运输行业的特点，进一步深化和完善。铁路是高度集中的企业，是国民经济的大动脉，具有半军事化的特点。在实行大包干中，铁路局和分局可实行全面承包，基层站段的承包则应采取综合指标管理和考核的办法。在劳动工资方面，主要工种的关键岗位可以实行固定工制，并对其中的主要人员适当提高报酬，但必须严格考核，真正做到符合要求，胜任工作；辅助工种应提倡实行合同工制。其他运输部门也可按照这一精神进行改革。

要克服重效益轻安全的短期行为，把安全指标作为重要内容列入承包经营责任制和任期目标责任制中。凡是没有列入的，要立即列入；不完善的，要加以完善。要加强班组安全管理，把安全措施层层落实到每个岗位和职工，把安全指标与企业和职工个人经济利益挂起钩来。要妥善处理完成生产经营任务与保证安全运输之间的关系，在企业升级，干部考核任免，职工晋级，评选先进单位、个人和发放奖金时，安全指标具有否决权。

要把严格培训，提高职工技术业务素质，作为确保安全、健全安全责任制的一项重要内容。特别要重视对生产第一线的班组长和操作人员的培训。招收新工人时，要严格考核。关键岗位的职工，必须培训合格后才能上岗。平时要组织大练基本功，开展技术表演活动，实行定期轮训考核，做到培训工作经常化、制度化。对领导干部特别是新担任领导职务的同志，要加强安全管理方面的专门培训。要注意改善培训条件，办好技工学校和职工学校。有关的大专院校要开设安全教育课程，使学生在校时就受到系统的安全知识教育，增强安全意识。

三、加强对设备的维护、保养和修理，确保设备完好

保持设备处于良好状态，是交通安全的重要保证。各单位要把设备和线路的维护、保养和修理放在重要位置，严格执行使用、维护和检修制度。不准扣减计划内的维修费，不准挤占维修材料，不准抽调定编的维修力量，确保按质、按量、按时完成修理任务，使运输设备和线路始终处于良好状态。要树立全局观点，坚决反对只顾本单位的利益，该修不修，能拖就拖，能推就推，以邻为壑的错误做法。有关部门要为交通运输部门生产合格的产品，并要保证供应设备修理所需要的原材料及配件。

今后，在新建和更新改造项目中，要有相应的安全设施专项投资，必须实行安全设施与主体工程同时设计、同时施工、同时验收的原则，对不符合安全要求的，不准投资、不准施工、不准投入使用，以切实保证安全，不留后患。

四、依靠技术进步，优化运输结构

要加强交通运输安全方面的科学技术研究和新技术的运用。对于已经研制成功的装置和设备，要加速安装，完善配套。对于尚未解决的课题，要加快攻关进度，有的要列入国家重点攻关项目。要认真落实这方面的经费。积极引进、消化国际先进的管理方法、手段，提高安全管理水平。要树立大交通观念，优化运输结构，逐步建立合理的综合运输体系，充分发挥各种运输工具的作用。用经济和行政手段，促使运输的合理分流，缓解铁路严重超负荷状况。由国家计委牵头，组织有关部门，通过设想研究，提出方案。

五、加强安全法制建设和监督监察工作

交通安全法制建设，当前要着重抓好三方面的工作：一是抓紧制订和完善有关保证交通安全的法规，做到事事有法可依；二是严格执法，做到有法必依，执法必严，违法必究；三是要在全社会大造舆论，大张旗鼓地开展交通运输安全的宣传工作，提高广大人民群众的法制观念，使人人知法、懂法、守法。各地区、各部门都要重视和支持安全监督监察工作，选派熟悉业务、善于联系群众、敢于坚持原则的人员，充实安全监督监察机构。安全监督监察部门要公正、权威地履行职责，把主要精力放在预防事故的工作上。

交通运输系统各单位要立即开展一次安全检查整顿。抓好四查：查思想、查管理、查纪律、查隐患。对查出的问题，凡是能够解决的要立即解决；不能马上解决的，也要采取临时措施加以补救，并提出解决办法，限期解决；对过去隐瞒和久拖不决的事故要抓紧处理。检查整顿要层层进行，落实到每个岗位、每个职工。要充分相信和依靠各单位的领导和职工。不走过场，不搞形式主义，要重在落实，注重实效。检查整顿之后，要使这项工作形成制度，把安全检查列入日常生产管理工作的议程。交通运输部门和各省、自治区、直辖市人民政府，要在第三季度末向国务院正式报告检查整顿结果；同时，要制定本地区、本部门交通运输安全规划，于今年底上报国务院。

六、加强思想政治工作，关心职工生活

各单位要根据新时期思想政治工作的新特点，联系实际，采用生动活泼、群众喜闻乐见的形式，把思想工作做到生产和职工生活中去，教育广大职工懂得本职工作同运输安全的密切关系，增强职工搞好安全运输的自觉性。教育广大职工加强主人翁责任感，树立良好的职业道德，发扬艰苦奋斗的精神，顾全国家大局，克服和防止“一切向钱看”的思想，以对人民高度负责的精神，自觉遵章守纪，做好本职工作，保证运输安全。为了加强对思想政治工作的领导，交通运输部门可进行党委书记兼任行政副职的试点。

在加强思想政治工作的同时，各级领导要关心职工生活，依靠自己的力量，努力解决他们的实际困难。要抓紧解决边远地区职工的吃水、供电、医疗卫生、文化生活和子女上学、就业等问题，做好运输第一线职工家属的工作。要为保证运输第一线职工尤其是驾驶人员的休息创造必要的条件，解决他们超劳的问题。

七、落实好几项具体政策

为了提高交通运输部门自我积累、自我发展、自我改造的能力，国家根据目前条件，决定采取以下措施：根据全国物价改革的总体方案，考虑适当调整部分运价；对保障交通安全所需贷款，银行应优先予以安排；适当提高铁路大修折旧率；民航部分技术骨干跨省调动不受户口限制；公路交通管理经费不足的地区，经省（区、市）财政部门审核并报省（区、市）人民政府批准，可适当增加养路费划拨给公安部门的比例；在主要公路干线的乡镇，设置道路交通管理机构；研究制定运输工具、货物、旅客人身意外伤害和第三者责任的法定保险制度等。有关部门和地方要抓紧提出具体方案，上报批准后实施。

八、地方政府要把交通运输安全工作列入重要议事日程

各级地方政府要加强对本地区交通安全工作的领导，层层建立安全责任制。除抓好以上各项工作外，要进一步贯彻落实国务院一系列有关搞好交通安全的各项规定；抓好本地区的交通治安工作，对哄抢运输物资、盗窃交通安全器材、破坏交通安全等刑事犯罪活动，要坚决依法予以打击；重要铁路区段、港口、桥梁、隧道、航道和航标，要配合武警部队和交通部门建立保护制度；加强对铁路道口的管理；严禁把易燃、易爆和其他危险品带上车、船、飞机；对农村个体、集体车船要严格管理，尽快扭转失管失控的状况；维护机场秩序，严格执行保护机场净空条件的有关规定；按照《国务院关于改革道路交通管理体制的通知》（国发〔1986〕94号）的规定，要进一步加强对拖拉机交通运输安全的管理；根据国务院已有的规定，对现在各种检查站进行清理整顿，统筹规划检查站的布局，把乱设卡、滥收费的混乱现象限期加以纠正。

九、有计划、有步骤地增加运输能力

加强交通运输安全，当前主要应从强化管理入手。同时也应看到，交通运输仍然是国民经济的突出薄弱环节，要从根本上改变交通运输安全不好的状况，增加投入，扩大能力，更新设备，增添安全设施和现代管理手段，同样是不可忽视和十分必要的。这不仅是保证安全的需要，也是发展生产的需要。随着国民经济的发展，交通运输的能力和需求之间的矛盾将会更加突出。各地区、各部门都要从长远考虑，采取切实措施，有计划地增加投入，不断提高运输能力，使交通运输进一步适应改革开放的要求，保证国民经济持续稳定地发展。

交通运输安全是关系国计民生的大事，各地区、各部门一定要十分重视，互相支持，密切配合。国务院相信，经过全国人民特别是交通运输战线广大职工的努力，交通运输安全不好的局面一定能够扭转，交通运输事业和交通运输安全一定能够提高到一个新的更高的水平。

13. 中共中央、国务院关于坚决制止乱收费、乱罚款和各种摊派的决定

（中发〔1990〕16号）

近几年来，党中央、国务院针对一些地区和部门出现的乱收费、乱罚款和各种摊派（以下简称“三乱”）的情况，曾多次发布文件严加制止。各地区、各部门虽进行了一些清理整顿，但总的来说，效果不明显，问题仍相当严重。不少地区和单位继续违反国家规定，任意增加收费项目，提高收费标准，名目繁多，标准过高；有的随意对企事业单位和群众罚款，甚至乱设关卡，敲诈勒索；有的搞建设、办事业不量力而行，强制集资摊派；有的财务管理混乱，监督检查不严，违法违纪现象经常发生。“三乱”屡禁不止，日趋严重，已成为一个尖锐的社会问题，群众对此反映十分强烈。在当前纠正行业不正之风的同时，必须下大决心对“三乱”进行综合治理，坚决加以制止。为此，特作如下决定：

一、统一思想，提高认识，增强制止“三乱”的紧迫感。“三乱”的出现，有体制改革不配套、经济过热、法制不健全的原因，也有部分执法人员素质不高的原因，但更主要的还在于有些地区和部门的领导缺乏全局观念、群众观念和法制观念，对“三乱”的危害性认识不足，管理不严，清理整顿态度不坚决，措施不得力，致使问题长期得不到解决。坚决制止“三乱”，关键在于各级党政领导要统一思想，充分认识“三乱”的严重性和危害性。必须看到，“三乱”不仅加重了企事业单位和群众的负担，造成国家财政收入的大量流失和浪费，而且背离了为人民服务的宗旨，助长了不正之风，严重损害了党和政府同人民群众的关系，挫伤了企事业单位和群众的积极性，影响了经济发展和社会稳定。各级党政机关和有关部门，一定要把制止“三乱”提到端正党风、加强廉政建设、密切党群干群关系的高度来认识，把制止“三乱”与纠正行业不正之风、清除腐败现象结合起来，作为治理经济环境、整顿经济秩序的一项重要内容，认真加以解决。一定要牢固树立全局观念，坚持量力而行和勤俭节约的原则，不能超越社会承受能力乱铺摊子，不能只顾本地区、本部门的局部利益随意开收费的口子和乱罚款，自觉防止和抵制“三乱”的滋生和发展。

二、对现有的收费、罚款、集资项目和各种摊派进行全面的清理整顿。各地区、各有关部门要在全面检查现有收费、罚款和集资项目的依据、标准、范围、资金用途和执收执罚单位管理的基础上，认真整顿收费、罚款、集资项目和执收执罚机构、现行规章、票据、执法纪律。在清理整顿时，要条块结合，以块为主，密切配合，协调进行。国务院有关部门和各省、自治区、直辖市人民政府要倾听群众的呼声和意见，带头清理整顿。在地方的中央有关部门的直属单位的清理整顿工作，由地方政府统一布置。各部门、各单位要先进行自查，并按规定报上级主管部门和当地政府处理。国务院和地方政府要组织力量，对群众和企事业单位反映强烈的部门和单位进行重点检查。通过清理整顿，解决“滥、散、乱”的问题，取缔非法行为，维护合法的收费、罚款和集资。

三、严格审核收费、罚款、集资项目和标准。对现有的收费、罚款、集资项目，要重新进行审核，区别不同情况加以处理。凡符合国家审批规定又合理的予以保留，继续执行，但对其中标准过高的要降下来。不合理的要取消，重复收取的要合并。不符合审批规定的收费项目，应立即停止执行。对其中确有正当理由需要保留的，必须按规定权限重新申报批准后才能执行，未经批准的一律取消。国家行政机关应在其职责范围内办理公务，除国家法律、法规有专门规定者外，不准收费。罚款幅度过大的，要划清档次，明确标准。用集资建设的计划外项目和不符合产业政策的项目要停建。在清理整顿期间，除国家法律、法规、规定和国务院特批的外，不审批新的收费、罚款项目。

四、坚决禁止各种形式的摊派。国务院1988年4月发布的《禁止向企业摊派暂行条例》和1990年2月发出的《关于切实减轻农民负担的通知》，各地区、各部门都要认真执行。党中央、国务院重申：在国家法律、法规和有关规定之外，要求有关单位或个人无偿地、非自愿地提供财力、物力和人力的行为都是摊派，一律予以禁止。任何地方、部门和单位都不准收取上述文件所禁止的费用，不得以赞助、捐赠等为名变相向行政事业单位、企业和个人摊派。企业自愿赞助、捐赠的，只准从企业留利中开支，不得计入成本。刊登广告和订阅报刊杂志，必须坚持自愿的原则，不得用行政手段强行摊派。

五、明确部门职责和管理权限，加强项目审批管理。行政事业性收费项目，审批权限集中在中央和省（不含计划单列市）两级。根据收费项目情况，分别由国家物价局、财政部和省物价、财政部门审批，重要项目须报国务院或省政府批准。设立各种基金的审批权集中到财政部，由财政部会同有关部门审批，重要的报国务院批准。各种证照的发放的收费要严格控制。罚款项目，要严格按国家法律、法规和规章的有关规定执行。新确定罚款项目，必须严格按法定程序报批。集资必须在法律、法规和国务院有关政策允许的范围内进行，坚持自愿、受益、适度、资金定向使用的原则。集资项目，应由同级计委、财政部门会审，经当地人民政府报上一级人民政府审批。集资规模必须纳入国家计委下达给当地的投资计划，进不了计划的不准批准集资（乡镇企业的资金筹集管理，仍按财政部〔86〕财农字第306号文件执行）。

六、建立健全收费、罚款和集资的财务、票证管理制度。对行政事业性收费，要按照资金性质分别纳入财政预算或预算外管理。罚款收入上交财政，取消各种形式的罚没收入提留分成办法；执法部门所需办案和业务经费，列入财政支出预算。对集资的资金，实行收支两条线管理。用于基本建设的，要统一存入当地财政在建设银行开设的预算外资金专户，由财政部门和建设银行监督使用。上述各项收支都要入账，纳入单位财务管理，并按规定及时解缴国库或存入财政专户，严禁坐收坐支，挪用私分或私设“小金库”。有关单位在收费时必须持“收费许可证”。各种收费和罚款，都必须使用财政部门统一制定的票据，否则单位和个人有权拒付。

七、精简机构，压缩人员，努力减少各种收费。对以收费为主要经费来源的单位，经过清理要撤并一批。确实需要保留的单位，经批准可继续准予适当收费或增加财政拨款。对各类检查站（点），要减少数量，尽可能实行部门联合检查。目前，各种学会、协会、研究会、基金会等社会团体和群众组织过多过滥，民政部和有关部门要结合这次清理整顿重新审核。对不符合社会需要、不具备基本活动条件的，应予撤销。对行业、学科分工过细或重复成立的，要进行合并。社会团体和群众组织不得向社会收取费用。会费的收取标准，由民政部会同财政部制定，各地区、各部门要严格执行。今后除特殊情况外，新增加的工作必须由原职能部门承担，不准另设机构，也不准以自行收费不要财政负担为由，搞编外机构和人员。

八、切实加强监督检查。今后，各级政府要把对收费、罚款、集资、摊派的检查列为税收、财务、物价大检查的一项重要内容，使之制度化、经常化。财政、物价、审计、监察部门都要加强对收费、罚款、集资、摊派的监督检查。各级人大常委会可结合执法检查，组织人大代表开展这方面的检查。可邀请政协委员参与检查，进行监督。对人大代表和政协委员反映的问题，各级政府要及时处理。要通过各种新闻舆论工具，广泛宣传有关法规、政策，公布收费、罚款项目和标准，对严重违反规定的要公开处理。有关单位要亮证执收执罚。各级财政、物价、计委（经委）、农业和有关主管部门要对“三乱”建立举报制度，负责查处违法乱纪行为。要抓紧制定和完善有关法规、依法制止“三乱”。要发动企事业单位和群众，运用法律、法规、制度维护自身的合法权益，积极参与对执收执罚人员的监督，形成一种抵制“三乱”的社会监督机制。对目无法纪，继续乱收费、乱罚款和摊派的单位，其非法收入除按规定退还被收、被罚、被摊派的单位和个人外，其余全部没收上交财政，并由纪检、监察机关或主管部门给予这些单位和审批部门领导人相应的党纪、政纪处分。对私分财物、贪赃枉法或打击报复举报人者，要依法从重处理，决不姑息。

九、大力加强执法队伍的建设，努力提高执法人员素质。应该肯定，我们的执法队伍总体上是好的，多数执法人员在工作中做出了一定成绩，但确有少数执法人员严重违法违纪，在群众中造成了恶劣影响。要大力加强对执法人员的思想政治工作，广泛深入地开展法制教育、廉政教育和职业道德教育，不断提高他们的思想觉悟和政策水平。要使每个执法人员懂得，他们是代表国家执法的，一举一动直接关系着党和国家的声誉，应更加自觉地秉公执法。对执法严明的，要加以表彰；对不适合做执法工作的，要坚决调离；对少数贪赃枉法的，要坚决清除；对触犯法律的要依法惩处。对新上岗的执收执罚人员，要分期分批地进行培训，提高政治、业务素质。对执法机关中已招收的合同工，必须重新全面审核，进行岗前培训，经考试合格、报同级政府批准后才可从事执法工作。今后，有关部门不得招收合同工、临时工行使执法权。

十、切实加强对治理“三乱”工作的领导。制止“三乱”是一项十分艰巨的工作，涉及面广，政策性强，情况复杂、难度很大，各级党委、政府及有关部门必须加强领导。党中央、国务院决定成立治理“三乱”领导小组，有关部门参加，统一领导、部署和协调清理整顿工作。领导小组下设办公室，负责治理“三乱”的日常工作。各省、自治区、直辖市党委、人民政府和国务院有关部门也要建立相应的领导机构，确定一位主要领导同志负责这项工作。在治理“三乱”工作中，要充分发挥有关职能部门的监督管理作用。清理整顿乱收费的工作，由物价、财政部门负责；清理整顿各种摊派的工作由计委（经委）负责；清理整顿乱罚款的工作，由财政部门负责。以上各项涉及农民负担的，要与农业主管部门共同研究。各地区、各部门要按本决定提出的要求，抓紧研究制定实施方案，进行部署，用一年左右的时间基本搞完。已经开展清理整顿的地区和部门，要在总结经验的基础上，把这项工作抓深抓细，不能走过场。清理整顿结束后，要认真进行总结，并将情况报告党中央、国务院。

14. 国务院关于禁止在公路上乱设站卡乱罚款乱收费的通知

（国发〔1994〕41号）

各省、自治区、直辖市人民政府，国务院各部委、各直属机构：

公路是城乡经济交流和人民生活交往的重要通道，在我国国民经济与社会发展中占有重要地位。保障公路畅通与安全，维护正常的交通秩序，直接关系到社会主义市场经济的发展和社会的安定。因此，对在公路上乱设站卡、乱罚款、乱收费的行为必须坚决禁止，严肃查处。特作如下通知：

一、在公路上设置站卡，必须严格按照国家有关法律、法规的规定执行。按照有关规定，公安部门可以在公路上设置检查站，交通部门可以在必要的公路路口、桥头、渡口、隧道口设置车辆通行费收费站或公路征费稽查站，林业部门可以在通过林区的公路上设置木材检查站。除上述部门以外，其他任何部门、单位、组织和个人，不得在公路上设置任何形式的检查站、收费站、也不得在公路上拦截车辆进行检查、罚款、收费。

二、公安部门设置检查站，交通部门设置收费站、征费稽查站，林业部门设置木材检查站，应当从保障公路畅通、安全和有利于交通运输生产出发，提出设站方案和申请，由省、自治区、直辖市人民政府统一规划，合理布局，严格审批。各省、自治区、直辖市人民政府不得将审批权下放到下级人民政府。在国道上设置的检查站、收费站、征费稽查站和在通过林区的国道上设置的木材检查站，应当由省、自治区、直辖市人民政府的公安部门、交通部门、林业部门分别报公安部、交通部、林业部备案，三部应及时沟通情况。

三、公安部门设置的检查站，交通部门设置的收费站、征费稽查站，林业部门设置的木材检查站，必须严格依法履行职责，执行任务。不得在职责、任务范围以外，从事不符合国家规定的活动。

四、人民警察在公路上依法进行巡逻执勤、疏导交通、纠正违章，除发现有违章行为和犯罪嫌疑的情况外，不得随意拦截车辆。

五、交通部门设置的收费站，必须严格执行有关收费标准和收费期限的规定。严禁在公路、桥梁、隧道正式竣工通行前，先收取通行费。

凡利用贷款（包括需归还的集资）新建、改建（不包括局部改造）的高等级公路、桥梁、大型隧道，经省、自治区、直辖市人民政府批准后，可以对过往的车辆收取通行费，但是贷款（集资）还清后要立即停止收费。凡由国家投资、养路费投资、民工建勤、民办公助、以工代赈办法以及个人和社会捐资修建的公路、桥梁、隧道，一律不得收取通行费。

六、交通部门设置的征费稽查站，必须严格按照有关规定征收养路费和进行稽查。在征费稽查站执行运政管理任务的工作人员，不得违反规定随意拦截车辆和乱收费、乱罚款。

七、经批准设置的检查站、收费站、征费稽查站、木材检查站，应公布设站的批准证件、工作范围，收费站还应公布收费单位、收费标准、收费期限和监督电话，接受群众的监督。

八、检查站、征费稽查站、木材检查站和收费站的工作人员，应分别持有省、自治区、直辖市人民政府核发或省、自治区、直辖市人民政府授权部门核发的检查证和收费证。证件上应有持证人姓名、照片、工作单位、证件号码、工作地点。一人一证，不得转让，工作时应予佩带。持证人员只限于在本站区内工作，不得超越工作地点拦车检查、罚款、收费。无证人员不得执行检查、罚款、收费任务。

九、收取通行费和实施罚款处罚的工作人员，必须严格执行有关的法律、法规。严禁地方各级人民政府及其有关部门下达收费、罚款指标。收费、罚款票据应由省、自治区、直辖区人民政府财政部门统一制发或监制，罚款要按照有关规定全额上缴。

十、禁止任何部门、单位、组织和个人在公路上拦截车辆，巧立名目进行强买强卖、敲诈勒索及其他妨碍道路交通的行为。任何部门不得利用职权向过往车辆及驾驶人员强制推销各种车辆设备、配件和宣传品等，不得在公路或者城市入口设置强制性车辆冲洗站，拦截过往车辆强制冲洗。

十一、公安部门的检查站，交通部门的收费站、征费稽查站，林业部门的木材检查站，违反有关法律、法规和本通知规定进行检查、罚款、收费的，车辆驾驶人员和其他人员都有权进行检举揭发和控告。对违反规定的罚款和收费，应予以退还；无法退还的，一律上缴国库。对侵犯驾驶人员人身权利和危害公私财物安全，情节轻微尚不构成犯罪的，设站的行政主管部门或者监察机关应给予行政处分；情节严重构成犯罪的，要依法追究刑事责任；对造成人身伤害或财产损失的，应依法承担民事责任。

十二、地方各级人民政府和国务院各部门都要从维护国家利益、促进改革开放和经济建设、维护社会稳定的大局出发，认真贯彻执行本通知的规定，严格查处本地区、本部门在公路上乱设站卡、乱罚款、乱收费的行为。违反本通知的规定，擅自设置站卡或者设置强制性车辆冲洗站的，对主要负责人和直接责任人员，由其主管部门或者监察机关给予行政处分。对违反规定设置的各种站卡，一律撤销。

十三、本通知自下发之日起执行，由各省、自治区、直辖市人民政府组织实施，公安部、交通部、林业部会同监察部、财政部、国家计委监督执行。过去有关文件规定与本通知规定不一致的，一律依照本通知执行。

15. 国务院办公厅、中央军委办公厅关于免收军车通行费和军队生产经营车辆改挂地方车辆号牌问题的通知

（国办发〔1997〕7号）

各省、自治区、直辖市人民政府，国务院各部委、各直属机构，各大军区、省军区、各军，军委各总部、各军兵种、军事科学院、国防大学、武警部队：

为了进一步加强军政军民团结，确保军队顺利履行职责、执行任务，经国务院、中央军委批准，对军车（含武警部队车辆）免收过路过桥等费用，将军队（含武警部队）生产经营车辆改挂地方车辆号牌。现就有关问题通知如下：

一、对军车免收过路过桥等费用，确保军队顺利履行职责

从1997年8月1日起，各地无论以何种投资方式修建和何种经营方式管理的各种公路、桥梁、渡口、隧道和各类停车场，对军车免收通行费和停车费。任何收费站、停车场不得以任何理由对军车收取费用。有条件的收费站要设立有明显标志的军车通道，没有条件设立军车通道的收费站，要优先保证军车的顺畅通行。军队有关部门要加强对军车的管理，积极协助地方交通部门维护好收费站的秩序。

二、军车生产经营车辆改挂地方车辆号牌，纳入地方管理渠道

改挂号牌的工作，由军队和国务院有关部门共同组织，从1997年4月1日开始至6月30日结束。军队对生产经营单位改挂地方号牌的车辆要严格审批，不得借机“搭车”，违反者将严肃查处。地方在办理车辆改挂手续时要减少环节、简化手续。鉴于军队车辆管理方式与地方规定不同，这次改挂手续以军队军以上单位出具的审批件和原有有关车辆档案作为车辆来历凭证，由公安机关核发民用机动车号牌。改挂的车辆免征“落户”时各地自行规定的收费。同时，为了支持军队建设，对改挂地方号牌的车辆每年定额包交8个月养路费。改挂工作的具体实施办法由总后勤部商公安部、交通部另行制订。

三、全军更换新式军车号牌，进一步加强对军车的管理

为了进一步加强对军车的管理，军队要在1997年7月底前完成统一更换新式军车号牌的工作。要加强领导，严格核发手续，严格控制军车号牌的使用，从严查处违章违纪人员，严禁使用军车从事营业性运输活动；各级人民政府和有关部门要支持军队有关部门的工作，加大对假冒军车、伪造军车号牌等案件的查处力度，对于严重违反交通、运输、市政管理法规的军车，要协同军队有关部门严肃查处。

各地区、各部门接到本通知后，要认真传达，切实抓好贯彻落实。以往各地区、各部门制订的有关规定内容与此通知相违背的，一律以本通知为准。

16. 罚款决定与罚款收缴分离实施办法

（1997年11月17日　中华人民共和国国务院令1997年第235号）

第一条　为了实施罚款决定与罚款收缴分离，加强对罚款收缴活动的监督，保证罚款及时上缴国库，根据《中华人民共和国行政处罚法》（以下简称行政处罚法）的规定，制定本办法。

第二条　罚款的收取、缴纳及相关活动，适用本办法。

第三条　作出罚款决定的行政机关应当与收缴罚款的机构分离；但是，依照行政处罚法的规定可以当场收缴罚款的除外。

第四条　罚款必须全部上缴国库，任何行政机关、组织或者个人不得以任何形式截留、私分或者变相私分。

行政机关执法所需经费的拨付，按照国家有关规定执行。

第五条　经中国人民银行批准有代理收付款项业务的商业银行、信用合作社（以下简称代收机构），可以开办代收罚款的业务。

具体代收机构由县级以上地方人民政府组织本级财政部门、中国人民银行当地分支机构和依法具有行政处罚权的行政机关共同研究，统一确定。海关、外汇管理等实行垂直领导的依法具有行政处罚权的行政机关作出罚款决定的，具体代收机构由财政部、中国人民银行会同国务院有关部门确定。依法具有行政处罚权的国务院有关部门作出罚款决定的，具体代收机构由财政部、中国人民银行确定。

代收机构应当具备足够的代收网点，以方便当事人缴纳罚款。

第六条　行政机关应当依照本办法和国家有关规定，同代收机构签订代收罚款协议。

代收罚款协议应当包括下列事项：

（一）行政机关、代收机构名称；

（二）具体代收网点；

（三）代收机构上缴罚款的预算科目、预算级次；

（四）代收机构告知行政机关代收罚款情况的方式、期限；

（五）需要明确的其他事项。

自代收罚款协议签订之日起15日内，行政机关应当将代收罚款协议报上一级行政机关和同级财政部门备案；代收机构应当将代收罚款协议报中国人民银行或者其当地分支机构备案。

第七条　行政机关作出罚款决定的行政处罚决定书应当载明代收机构的名称、地址和当事人应当缴纳罚款的数额、期限等，并明确对当事人逾期缴纳罚款是否加处罚款。

当事人应当按照行政处罚决定书确定的罚款数额、期限，到指定的代收机构缴纳罚款。

第八条　代收机构代收罚款，应当向当事人出具罚款收据。

罚款收据的格式和印制，由财政部规定。

第九条　当事人逾期缴纳罚款，行政处罚决定书明确需要加处罚款的，代收机构应当按照行政处罚决定书加收罚款。

当事人对加收罚款有异议的，应当先缴纳罚款和加收的罚款，再依法向作出行政处罚决定的行政机关申请复议。

第十条　代收机构应当按照代收罚款协议规定的方式、期限，将当事人的姓名或者名称、缴纳罚款的数额、时间等情况书面告知作出行政处罚决定的行政机关。

第十一条　代收机构应当按照行政处罚法和国家有关规定，将代收的罚款直接上缴国库。

第十二条 国库应当按照《中华人民共和国国家金库条例》的规定，定期同财政部门和行政机关对账，以保证收受的罚款和上缴国库的罚款数额一致。

第十三条 代收机构应当在代收网点、营业时间、服务设施、缴款手续等方面为当事人缴纳罚款提供方便。

第十四条 财政部门应当向代收机构支付手续费，具体标准由财政部制定。

第十五条 法律、法规授权的具有管理公共事务职能的组织和依法受委托的组织依法作出的罚款决定与罚款收缴，适用本办法。

第十六条 本办法由财政部会同中国人民银行组织实施。

第十七条 本办法自 1998 年 1 月 1 日起施行。

17. 国务院关于进一步推进全国绿色通道建设的通知

（国发〔2000〕31号）

各省、自治区、直辖市人民政府，国务院各部委、各直属机构：

绿色通道建设是我国国土绿化的重要组成部分，主要任务是对公路、铁路、河渠、堤坝沿线进行绿化美化。近年来，绿色通道建设取得了一定成绩。但是，发展很不平衡，绿化的空间和潜力还很大。为进一步推进全国绿色通道建设，现通知如下：

一、绿色通道建设是一项具有战略意义的国土绿化工程

建设绿色通道，是贯彻落实江泽民总书记关于建设秀美山川的重大举措，是我国从总体上构建以重点林业生态工程为骨架，以城镇、村庄绿化为依托，以公路、铁路、河渠、堤坝等沿线绿化为网络的国土绿化战略的需要。实施绿色通道工程，不仅能够保护公路、铁路、河渠、堤坝，改善沿线生态环境，全面推进全国城乡绿化美化向纵深发展，而且能够促进沿线地区的农业结构调整，改善和优化沿线地区社会经济环境，加强社会主义物质文明和精神文明建设。各级政府和部门要深刻认识绿色通道建设对于促进国民经济和社会可持续发展，实现祖国山川秀美的重要意义，广泛宣传和发动，组织好各方面的力量，投入到绿色通道建设工程中去，力求取得新的成效。

二、绿色通道建设的基本思路和目标

绿色通道建设是一项社会公益性事业，应动员全社会和全民参与这项工作，鼓励国家、部门、集体、个人一起上，实行谁绿化谁所有、谁投资谁受益、谁经营谁得利，充分调动各方面建设绿色通道的积极性。

绿色通道建设要在保障公路、铁路视野开阔，无安全隐患的前提下进行，要和公路、铁路、水利设施建设统筹规划并与工程建设同步设计、同步施工、同步验收。要实行分级负责，部门密切配合，将建设和管护任务落实到单位和个人。要坚持从实际出发，遵循客观规律，科学规划，合理布局，宜林则林，宜草则草，适地适树（草），乔灌草综合考虑，优化配置，不断提高绿色通道建设的质量。绿色通道建设要和道路、堤坝等防护工程设施以及沿线城镇、乡村的绿化工作结合起来，既要绿化美化环境，又要能够保障安全，护路护堤（坝），提高工程的防护性能。要注意节约耕地。

绿色通道建设任务艰巨，必须突出重点，分步实施。要优先抓好高速公路、铁路、国道、省道、重要堤坝沿线以及重点水库周边地区的绿化。新建、改建、扩建的道路、堤坝等沿线的绿化要和工程项目统筹规划，统一纳入工程概算，同步建设。

绿色通道建设要纳入全国生态环境建设规划、全国造林绿化规划和城市总体规划。绿色通道建设用地规划应当与各级土地利用总体规划相衔接，并纳入年度土地利用计划。

全国绿色通道建设的目标是：到2005年，全国的高速公路，60%的现有铁路、国道、省道、河渠、堤坝实现绿化。到2010年，力争全国所有可绿化的公路、铁路、河渠、堤坝全面绿化，形成带、网、片、点相结合，层次多样、结构合理、功能完备的绿色长廊，使绿色通道与生态环境、城乡绿化美化融为一体。

三、科学规划和设计，提高绿色通道建设质量

绿色通道建设要考虑到各方面的实际情况和要求，因地制宜，科学规划，确定合理的建设标准，注重实效，提高质量。

高速公路、铁路、国道、省道绿色通道建设，应以防风固土，美化环境为主要功能。原则上，新建、改建、扩建的道路沿线绿化带宽度每侧严格按5～10米进行规划设计，有条件的地区可加宽到

10 米以上。现有上述道路沿线尚未绿化的，要尽快绿化，可参照上述标准拓宽绿化带。在条件适宜的地区，应合理配置主副林带，主林带树种应以高大乔木为主，副林带树种应选择乔木、亚乔木或灌木。实行针阔混交，形成立体复层的绿化带。在干旱、半干旱地区，应宜灌则灌、宜草则草，有条件的可选择一些耐旱乔木，形成乔、灌、草结合的绿化带。城市规划区内的公路、铁道旁的防护林带宽度每侧按 30～50 米进行规划设计，有条件的地区可加宽到 50 米以上。

县、乡道路沿线绿化，应以防风固土，改善环境为主要功能。原则上，新建、改建、扩建道路沿线绿化带宽度每侧严格按 3～5 米进行规划设计，有条件的地区可加宽到 5 米以上。现有县、乡道路沿线尚未绿化的，也要尽快绿化，可参照上述标准拓宽绿化带。在水热和土壤条件较好的地区，以优质速生乔木为主，针阔混交；在干旱、半干旱地区，应宜灌则灌、宜草则草，有条件的要实行乔、灌、草相结合。

河渠、堤坝、水库沿线绿化应以保持水土、护坡护岸、涵养水源为主要功能。尚未绿化的河渠、堤坝等要尽快绿化，有条件的地区也要提高绿化标准。树种、草种的选择根据护堤（坝）和绿化美化要求确定，有条件的要增加乔木、灌木的比重。

绿色通道建设应选择生态、经济、观赏价值较高的树种，选择根系发达、适应性强、无病虫害、主干通直、抗病性强的良种壮苗。

采取多种方式，解决好绿色通道建设的用地问题。新建、改建、扩建道路和河渠、堤坝、水库沿线的绿化用地和工程用地要统一规划。现有道路在现行设计标准以内的用地，由建设单位负责解决；超出现行技术标准的，由所在地区提供用地。严格控制占用基本农田，确需占用的，按照《中华人民共和国基本农田保护条例》的规定，履行报批程序后，方可占用。地方政府负责的县、乡道路绿化用地可推行农民自愿出地、国家出苗、个体承包造林管护、收益按比例分成的做法，实行谁造林谁收益的政策，调动各方面参与绿色通道建设的积极性。各地可以从实际出发，采取拍卖、承包和合理补偿等方式，安排好绿色通道建设用地。具体由国土资源部商有关部门另行规定。

四、加强领导，抓好落实

绿色通道建设是一项跨部门、跨行业、跨区域的系统工程，必须纳入各级政府的重要议事日程，加强领导，精心组织，确保工程顺利实施。要实行领导目标责任制，层层签订责任状，建立严格的检查奖惩制度。各有关部门要按照职责分工，密切配合，积极主动做好工作。全国绿化委员会办公室要积极配合有关部门制定全国绿色通道工程建设质量标准和检查验收办法，搞好组织协调、督促检查，建立检查通报制度。各级林业、园林、水土保持部门要搞好行业指导，在规划设计、种苗供应、技术咨询等方面搞好服务。各地区、各部门要突出抓好一批示范路段，通过典型示范，全面推进全国绿色通道建设。

18. 国务院批转财政部、国家计委等部门《交通和车辆税费改革实施方案》的通知

（国发〔2000〕34号）

各省、自治区、直辖市人民政府，国务院各部委、各直属机构：

国务院同意财政部、国家计委、国家经贸委、公安部、建设部、交通部、税务总局、工商局、国务院法制办、国务院体改办、中国石油天然气集团公司、中国石油化工集团公司制定的《交通和车辆税费改革实施方案》（以下简称《方案》）。现转发给你们，请认真贯彻执行。

第九届全国人大常委会第12次会议已审议通过了《中华人民共和国公路法》修正案，涉及交通和车辆税费改革的法律程序业已完成。为加快交通和车辆税费改革步伐，国务院决定于2001年1月1日先行出台车辆购置税。考虑到当前国际市场原油价格较高，为稳定国内油品市场，燃油税的出台时间，将根据国际市场原油价格变动情况，由国务院另行通知。在车辆购置税、燃油税出台前，各地区和有关部门要继续加强车辆购置附加费、养路费等国家规定的有关政府性基金和行政事业性收费的征管工作，确保各项收入的足额征缴。同时，要继续清理涉及交通和车辆的乱收费，落实已取消的收费项目，切实减轻社会各方面负担。

实施交通和车辆税费改革，是进一步深化和完善财税体制改革的重要内容，也是社会主义市场经济体制下政府依法行政、依法理财、依法治税的必然要求。通过这项改革，有利于进一步规范政府行为，遏制各种乱收费，从根本上减轻企事业单位和人民群众的负担，合理筹集公路、城市道路、水路维护和建设资金，促进国民经济持续、快速、健康发展。这项改革涉及面广、政策性强，各地区、各部门要高度重视，顾全大局，加强领导，切实做好各项准备工作，抓好《方案》的组织实施，保证改革的顺利进行。

交通和车辆税费改革实施方案

（2000 年 9 月 4 日　财政部、国家计委、国家经贸委、公安部、建设部、交通部、税务总局、工商局、国务院法制办、国务院体改办、中国石油天然气集团公司、中国石油化工集团公司）

为治理公路、城市道路和水路“三乱”，从根本上减轻企事业单位和人民群众的经济负担，理顺税费关系，合理筹集交通基础设施维护和建设资金，特制订交通和车辆税费改革实施方案。

一、改革的指导思想和基本原则

我国现行交通基础设施维护、建设与车辆管理方面的行政事业性收费、政府性基金和政府性集资（以下统称“收费”），对于促进交通基础设施建设和相关事业发展，起到了一定作用。但是，由于利益机制和管理制度等方面的原因，当前收费征管中仍存在着许多亟待解决的问题，主要表现在：一是一些地方和部门越权和重复设立收费项目，随意设站立卡，收费过多过乱，加重了企事业单位和人民群众的经济负担；二是收费稽征机构重叠设置，收费养人、养人收费的现象普遍存在，征收成本不断加大；三是收费负担不公平，不能体现多用路者多付费，少用路者少付费的原则；四是资金管理不规范，使用缺乏监督，坐支挪用等问题时有发生。因此，必须进行交通和车辆税费改革。

改革的指导思想是：根据发展社会主义市场经济的要求，进一步规范政府行为，继续深化和完善财税体制改革，正确处理税费关系，遏制各种乱收费。参照国际惯例，以税收为主体筹集交通基础设施维护和建设资金，促进汽车工业和道路、水路等相关事业的健康发展。

改革的基本原则是：第一，规范收费管理，取消不合法、不合理的收费项目，降低不合理的收费标准，从根本上减轻企事业单位和人民群众负担。第二，规范收入分配秩序，合理调节分配关系，建立科学的交通基础设施维护和建设投入的资金渠道。第三，多用路者多负担，少用路者少负担，鼓励节约能源和保护环境。第四，合理开征新税，进一步完善现行财税体制，增强国家财政宏观调控能力。

二、改革的主要内容

（一）取消不合法和不合理的收费项目。这类项目包括：地方和部门违反国家有关审批管理权限，越权设立的项目；以及虽按审批管理权限规定批准，但现已属于不合理的收费项目。具体项目由财政部会同国家计委向社会公布。各地区、各部门要层层建立和落实取消乱收费责任制，不得以任何理由直接或变相拖延甚至拒绝执行。凡是继续乱收费的，一经查出，要予以公开曝光，并追究有关地区和部门主要负责人和直接责任人的责任；对其非法所得一律没收上缴中央国库，并由中央财政按照查处乱收费金额一倍的数额，扣减对该地区的燃油税转移支付基数。公民、法人和其他社会组织有权拒交已取消的收费，有权举报乱收费行为，有权要求对乱收费造成的损失获得赔偿。

（二）将具有税收特征的收费实行“费改税”。具体是：开征车辆购置税取代车辆购置附加费；开征燃油税取代公路养路费、公路客货运附加费、公路运输管理费（包括海南省征收的燃油附加费用于公路养护、公路运输管理的收入部分，下同）、航道养护费（包括长江干线、黑龙江和内河，下同）、水路运输管理费、水运客货运附加费，以及地方用于公路、水路、城市道路维护和建设方面的部分收费。开征车辆购置税和燃油税后，相关收费同时废止。

（三）将不体现政府行为的收费转为经营性收费，严格按照经营性收费的规定进行管理。具体项目由财政部、国家计委向社会公布，并由国家计委会同有关部门制定管理办法。

（四）保留少量必要的规费，降低不合理的收费标准，实行规范化管理。保留的规费包括各级交通部门利用贷款或按照国家规定有偿集资修建公路、桥梁、隧道、渡口，以及各级建设部门利用贷款或按照国家规定有偿集资修建大型桥梁、隧道等，在还款期间收取的车辆通行费（过路费、过桥费、过隧道费、过渡费，下同）；各级交通部门贷款修建船闸收取的船舶过闸费；政府有关部门在交通和车辆管理过程中依法发放证照收取的机动车辆牌证（含行驶证）工本费、机动车驾驶证工本费、船舶证明签证费、船员证书工本费、机动车辆安全检验费、船舶登记费、强制性（法定）的船舶检验收费、船舶港务费、港口建设费等。除此以外，任何地方和部门均不得设立与道路、水路维护和建设以及机动车辆、船舶管理有关的收费项目。

对保留的收费项目，由财政部会同国家计委重新向社会公布，并规范管理；收费标准由国家计委会同财政部重新核定，其中车辆通行费收费标准由省、自治区、直辖市人民政府重新核定，港口建设费收费标准由财政部会同国家计委、交通部重新核定。收费标准过高的要降低，证书性工本费每证收费标准一般不得超过 10 元。实施收费时，要按照有关规定到指定的价格主管部门申领收费许可证，并按照隶属关系分别使用财政部或省、自治区、直辖市财政部门统一印（监）制的收费票据；收取的资金分别纳入同级财政预算或预算外资金财政专户，实行“收支两条线”管理。改革收费收取方式，根据不同情况，分别实行银行代收和主管部门收取等办法。

三、开征车辆购置税和燃油税

制定《中华人民共和国车辆购置税暂行条例》、《中华人民共和国燃油税暂行条例》及其征收管理办法，相应修订有关法规。

（一）车辆购置税

车辆购置税纳税人为购置和自产自用机动车辆的单位和个人。计税依据为应税机动车辆的组成计税价格或实际价格。计征方式为从价定率。征税环节为购车之后、办理车辆登记注册手续之前。免税范围包括外国驻华使领馆和国际组织驻华机构及其外交人员自用车辆，中国人民解放军和中国人民武装警察部队列入军队武器装备订货计划的车辆，设有固定装置的非运输车辆以及国务院规定的其他车辆。纳税人在办理车辆登记注册手续时，必须出示完税证明。车辆购置税税率在《中华人民共和国车辆购置税暂行条例》中另行规定。

车辆购置税为中央税，由国家税务局负责征收，税款缴入中央国库。

（二）燃油税

燃油税纳税人为中国境内汽油、柴油（以下简称汽柴油）的生产、批发经营单位；无汽柴油生产、批发经营权进口汽柴油的单位；机动车辆用液化气、燃气（以下简称车用燃气）的零售单位。纳税环节为：有汽柴油生产、批发经营权的单位销售汽柴油给无汽柴油生产、批发经营权的单位的，在销售时纳税；无汽柴油生产、批发经营权的单位委托加工汽柴油的，在汽柴油交货环节纳税；无汽柴油生产、批发经营权进口汽柴油的单位进口汽柴油的，在报关进口环节纳税；有汽柴油生产、批发经营权的单位自用汽柴油的，在移送环节纳税；零售车用燃气的，在零售时纳税；自用车用燃气的，在移送环节纳税。计税依据为汽柴油或车用燃气的销售数量、委托加工数量、自用数量、报关进口数量。计征方式实行从量定额、价外征收。燃油税不作为增值税税基。免（退）税范围包括外国驻华使领馆和国际组织驻华机构及其外交人员自用的车用汽柴油、车用燃气；出口的未税汽柴油免税，已税汽柴油退税；国务院规定的其他减税、免税。燃油税税率在《中华人民共和国燃油税暂行条例》中另行规定。为保护环境，鼓励车辆使用清洁燃料，暂对车用燃气按应纳税额减半征收燃油税。

燃油（含车用燃气，下同）税为中央与地方共享税，由国家税务局组织征收。其中无燃油生产、批发经营权单位进口燃油的燃油税，在其报关进口时由海关负责征收。税款分别缴入中央国库和地方国库。

燃油税收入中央与地方分享办法是：对军队、武警部队、铁路、国家储备、农垦（包括兵团）等直供燃油征收的燃油税以及由海关征收的燃油税全部作为中央收入；其余燃油税收入，中央分享 40%，地方分享 60%。

开征燃油税后，对无燃油生产、批发经营权的经销企业和单位开征燃油税前购入库存的未税燃油，要核实数量，补征燃油税。

四、税收分配与安排使用

燃油税和车辆购置税收入具有专项用途，不作为经常性财政收入，不计入现有与支出挂钩项目的测算基数。

中央所得的燃油税收入，除返还中国石油天然气集团公司和中国石油化工集团公司（以下简称两大集团）所属原油及成品油生产企业生产工艺过程自用汽油、柴油缴纳的燃油税外，一部分用于弥补军队、武警部队、国家储备、铁路机车、中央农垦（包括兵团）农业田间作业用油，中央直属的煤炭、冶金等露天矿山企业生产用油和中央直属林业企事业单位营林、采伐生产用油等因征收燃油税增加的支出，用于长江干线航道养护、内河基础设施建设、沿海和内河船舶的更新改造、航道支持保障系统的船舶建造、航道基础设施维护和建设支出；另一部分按照适当考虑地方既得利益和兼顾公平与效率的原则，通过采用“基数加因素分配法”的转移支付方式分配给地方。具体办法由财政部另行制定，报国务院批准后实施。

地方所得的燃油税收入，除返还符合条件的地方所属原油及成品油生产企业生产工艺过程自用汽油、柴油缴纳的燃油税外，主要由地方用于公路、水路维护和建设及必要的运输管理支出，适当安排用于城市道路维护和建设，铁路与公路交叉无人看管道口的监护支出，补偿城市公共汽车用油（气）支出；补偿城市轮渡、地方铁路机车用油，地方所属的煤炭、冶金等露天矿山企业生产用油，林业企事业单位营林、采伐生产用油，农业田间作业用油，近海、内河、大型湖泊渔业捕捞用油等因征收燃油税增加的支出；承担中央在地方单位因征收燃油税需要补偿的部分支出，以及地方政府确定的其他补偿支出。对开征燃油税后农业田间作业等用油增加的负担，各省、自治区、直辖市人民政府要结合本地实际，采取相应补偿措施，认真落实补偿责任制，并将补偿办法报国务院备案，同时抄送国务院交通和车辆税费改革部际协调小组。按照国家有关规定，原养路费中有一定比例用于弥补交警经费，改征燃油税后，地方要从所得的燃油税收入中予以安排。具体分配使用办法由地方政府确定。

车辆购置税收入，由中央财政根据交通部提出、国家计委审批下达的公路建设投资计划，统筹安排，主要用于国道、省道干线公路建设。

根据国务院有关规定，水利建设基金从原有车辆购置附加费、养路费中各提取3%；中央财政每年从车辆购置附加费中安排3亿元用于老旧汽车更新改造。征收燃油税和车辆购置税后，中央和地方财政部门要按照税费改革前从车辆购置附加费和养路费中实际提取的水利建设基金数额，分别从车辆购置税和地方所得的燃油税收入中定额提取相应资金，用于水利基础设施建设；中央财政继续从车辆购置税收入中安排相应资金用于老旧汽车更新改造。取消一些收费项目后，公安交通管理等部门的有关经费，由各级财政部门予以合理安排。

五、改革的配套措施

（一）认真做好宣传解释工作。交通和车辆税费改革是整个税费改革的重要内容，对于从根本上治理“三乱”，切实减轻企事业单位和人民群众的负担，防止腐败，促进财税体制的进一步完善，具有十分积极的意义。各地区、各部门和各单位要讲政治，顾大局，统一认识，齐心协力，确保改革的顺利实施。要通过新闻媒体，采取多种形式，进行广泛宣传解释，使之得到社会各方面的理解和支持。

（二）做好加强税收征管的相关工作。

1. 按照《国务院办公厅转发国家经贸委等部门关于清理整顿小炼油厂和规范原油成品油流通秩序意见的通知》（国办发正〔1999〕38号）的要求，各省、自治区、直辖市人民政府和国务院有关部门要依法对成品油生产和经营企业进行清理整顿，取消不合格的生产经销企业的经营资格，并加大监督检查力度，巩固已经取得的成果。对清理整顿合格的加油站（点）必须安装税控装置或具有税控功能的加油机；同时，要在成品油零售过程中逐步推行集中配送、连锁经营。军队、武警部队等直供用户的加油站（点）清理整顿工作，由中国人民解放军总后勤部、中国人民武装警察部队分别与国家经贸委、税务总局共同负责。直供用户的自用加油站（点）统一发给“自用证”，不得对社会经营。

2. 调整成品油直供用户。除军队、武警部队、铁路、国家储备、农垦（包括兵团）等中央单位用油继续保留定点供应外，其他用户用油一律通过市场供应渠道供给。对保留定点供应的用户，其供应方式和价格暂按现行规定执行。成品油直供用户的具体管理办法，由国家计委会同有关部门另行制定。

3. 军队、武警部队、铁路、国家储备、农垦（包括兵团）等直供用油额度计划，由国家计委会同财政部、税务总局核定下达；军队、武警部队、铁路机车、国家储备、中央农垦（包括兵团）农业田间作业用油因征收燃油税增加开支的补偿数额，由财政部实行总量控制。

4. 严厉打击油品走私活动。海关、工商、公安、税务、财政、外经贸等有关部门要密切配合，与地方政府共同采取有力措施，加大对各种油品走私的打击力度，依法从重从快处理油品走私案件。同时，要加强油品市场监管，严厉打击各种假冒伪劣油品与合同欺诈等违法行为。

（三）清理整顿各类公路、城市道路、水路收费站（卡），坚决撤销非法设置、已还完贷款（或有偿集资款）和经营期满的公路、城市道路、水路收费站（卡）。具体整顿工作由国务院有关部门和各省、自治区、直辖市人民政府负责。加强对公路、城市道路、水路收费站（卡）收取的车辆通行费、船舶过闸费的管理。凡国内外经济组织设立公路或城市道路经营企业收取车辆通行费，统一由省、自治区、直辖市物价部门会同交通或建设部门审核后，报同级人民政府审批，收费时要按照有关规定使用税务发票，依法纳税；凡交通、建设部门贷款或按照国家规定有偿集资修建路桥、隧道、渡口、船闸收取车辆通行费、船舶过闸费，收费项目由省、自治区、直辖市财政部门会同物价、交通或建设部门审核，收费标准由省、自治区、直辖市物价部门会同财政、交通或建设部门审核后，报同级人民政府审批，收费时要按照有关规定到指定的价格主管部门申领收费许可证，使用省、自治区、直辖市财政部门统一印（监）制的收费票据，所收资金全额纳入财政专户，实行“收支两条线”管理，不缴纳营业税等税收。

（四）清理整顿出租汽车等城市公共客货运输市场。按照《国务院办公厅转发建设部、交通部等部门关于清理整顿城市出租汽车等公共客运交通意见的通知》（国办发〔1999〕94号）的要求，针对当前出租汽车等城市公共客货运输市场存在的问题，认真进行清理整顿，为交通和车辆税费改革创造良好的外部环境。

（五）加快航运业结构调整步伐，整顿航运秩序。按照有关要求，调整航运业运力结构，切实解决运力结构性过剩的问题，促进航运业的健康发展。

（六）调整有关价格。征收燃油税后，一些专业运输企业和港口企业，包括出租汽车公司、长途客运公司、货运公司、港口装卸公司、水运公司等增加的负担，除通过取消有关收费项目减轻部分负担和自行消化一部分外，在市场条件允许的情况下，可以按照国家规定通过适当提高价格的办法解决。

（七）妥善安置现有交通和车辆收费稽征人员。要结合机构改革，对现有车辆购置附加费、公路养路费、公路运输管理费、水路运输管理费、航道养护费等稽征管理机构进行划转、撤并、精简，有关部门要合理安排下岗分流人员的安置费用。对下岗分流人员要进行专业技能定向培训，予以妥善安置；鼓励自谋职业，广开就业门路，实施再就业；暂时安置不了的，通过社会保障体系解决基本生活费用，维护社会稳定。

（八）规范交通基础设施维护、建设和行政管理资金的使用和管理。从我国实际情况出发，参照国际通行做法，在合理划分中央政府与地方政府在交通基础设施维护、建设和行政管理事权的基础上，按照资金分配和使用相分离，管理和监督相结合的原则，财政部门根据交通基础设施维护计划和计划部门下达的交通基础设施建设投资计划，负责编制预算和拨付资金，并实行国库集中支付，交通、建设部门负责资金的使用，审计部门负责对资金使用情况进行审计监督。具体办法由财政部会同交通部另行制定。有关交通基础设施建设投资计划和项目管理办法，由国家计委会同交通部、建设部另行制定。

六、改革的实施步骤

《中华人民共和国车辆购置税暂行条例》自2001年1月1日起实施。《中华人民共和国燃油税暂行条例》的出台时间，由国务院另行决定。

19. 国务院批转关于行政审批制度改革工作实施意见的通知

（国发〔2001〕33号）

各省、自治区、直辖市人民政府，国务院各部委、各直属机构：

监察部、国务院法制办、国务院体改办、中央编办《关于行政审批制度改革工作的实施意见》已经国务院批准，现转发给你们，请认真贯彻执行。

关于行政审批制度改革工作的实施意见

（2001年10月9日　监察部、国务院法制办、国务院体改办、中央编办）

按照党的十五届五中全会、六中全会和中央纪委第五次全会、国务院第三次廉政工作会议的部署和要求，积极推行行政审批制度改革，对于深化行政管理体制改革，促进政府职能转变，完善社会主义市场经济体制，加强和改进作风建设，从源头上预防和治理腐败，都具有重要意义。近年来，绝大多数省、自治区、直辖市和国务院各部门程度不同地开展了行政审批制度改革工作，取得了初步成效。但是，这个问题并未完全解决。最近国务院党组决定把进一步推进这项改革作为贯彻十五届六中全会精神的一项重要工作，要求各级政府进一步转变政府职能，减少行政审批。少管微观，多管宏观，少抓事前的行政审批，多抓事后的监督检查，切实加强监督和落实。改革行政审批制度，需要审批的项目应规定清楚，公开透明，不需要审批的坚决不去审批。逐步建立、完善价格和市场机制，而不是单靠行政手段去解决。根据国务院上述精神，现就进一步推进行政审批制度改革提出如下意见。

一、行政审批制度改革的指导思想和总体要求

行政审批制度改革的指导思想是：以党的十五大和十五届五中全会、六中全会精神为指导，按照江泽民同志“七一”重要讲话和“三个代表”重要思想的要求，解放思想，实事求是，以充分发挥市场在资源配置中的基础性作用为基点，把制度创新摆在突出位置，努力突破影响生产力发展的体制性障碍，加强和改善宏观调控，规范行政行为，提高行政效率，促进经济发展，推进政府机关的廉政勤政建设。

行政审批制度改革的总体要求是：不符合政企分开和政事分开原则、妨碍市场开放和公平竞争以及实际上难以发挥有效作用的行政审批，坚决予以取消；可以用市场机制代替的行政审批，通过市场机制运作。对于确需保留的行政审批，要建立健全监督制约机制，做到审批程序严密、审批环节减少、审批效率明显提高，行政审批责任追究制得到严格执行。

2001年，以经济事务的行政审批为重点，兼顾其他方面，突出抓好国务院各部门及各省、自治区、直辖市人民政府的工作落实。省级以下各级人民政府及其部门也要积极推行行政审批制度改革。

二、行政审批制度改革应遵循的原则

（一）合法原则。行政审批作为一项重要的行政权力，直接涉及公民、法人和其他组织的合法权益，关系政府职能的转变和社会主义市场经济的发展。设定行政审批应当遵循我国的立法体制和依法行政的要求，符合法定权限和法定程序。法律、行政法规、地方性法规和依照法定职权、程序制定的规章可以设定行政审批。鉴于目前有关立法还不够完善，国务院各部门可根据国务院的决定、命令和要求设定行政审批，并以部门文件形式予以公布；其他机关、文件设定的行政审批应当取消。

（二）合理原则。设定行政审批，要符合社会主义市场经济发展的要求，有利于政府实施有效管理。凡是通过市场机制能够解决的，应当由市场机制去解决；通过市场机制难以解决，但通过公正、规范的中介组织、行业自律能够解决的，应当通过中介组织和行业自律去解决。有关经营性土地使用权出让、建设工程招标投标、政府采购和产权交易等事项，必须通过市场机制来运作。对虽符合合法原则，但不符合上述要求的行政审批，也应当取消。

（三）效能原则。要合理划分和调整部门之间的行政审批职能，简化程序，减少环节，加强并改善管理，提高效率，强化服务。一个部门应当实行一个“窗口”对外；涉及几个部门的行政审批，应当由国务院规定的主要负责部门牵头，会同其他有关部门共同研究决定后办理；实施行政审批要规定合理时限，提高工作效率，在限定期限内办结。

（四）责任原则。按照“谁审批、谁负责”的原则，在赋予行政机关行政审批权时，要规定其相应的责任。行政机关实施行政审批，应当依法对审批对象实施有效监督，并承担相应责任。行政机关不按规定的审批条件、程序实施行政审批甚至越权审批、滥用职权、徇私舞弊，以及对被许可人不依法履行监督责任或者监督不力、对违法行为不予查处的，审批机关主管有关工作的领导和直接责任人员必须承担相应的法律责任。

（五）监督原则。赋予行政机关行政审批权，要按照公开、公平、公正的原则，明确行政审批的条件、程序，并建立便于公民、法人和其他组织监督的制度。行政审批的内容、对象、条件、程序必须公开；未经公开的，不得作为行政审批的依据。行使行政审批权的行政机关应当建立健全有关制度，依法加强对被许可人是否按照取得行政许可时确定的条件、程序从事有关活动的监督检查。

三、实施步骤

国务院各部门的行政审批制度改革工作按照以下步骤和要求进行。

（一）全面清理行政审批项目并提出处理意见。由各部门按照统一要求，对本部门的行政审批项目进行彻底清理，填报行政审批项目登记表，并依据上述原则逐项研究提出取消、保留、下放或转入市场机制运作的处理意见。其中，各部门根据国务院以往的决定、命令和要求设定的行政审批，该取消的也要取消；需要保留的，必须报国务院备案。各部门内设机构设定的行政审批，原则上一律取消；个别确需保留的，要以部门文件形式予以公布并报国务院备案。

（二）研究确定行政审批项目处理意见。由国务院行政审批制度改革工作领导小组（以下简称领导小组）办公室对各部门提出的行政审批项目的处理意见进行审核，并负责与各部门协商。对协商不一致的行政审批项目，由领导小组办公室提出意见报领导小组确定。

（三）公布行政审批项目处理决定。由领导小组办公室编制各部门取消和保留的行政审批项目目录并拟定有关规定，报领导小组讨论并提交国务院总理办公会议审议，经批准后以国务院决定的形式予以公布。

（四）制定监督制约措施。各部门结合实际，针对保留的审批项目制定、公布监督制约的具体措施，并报领导小组办公室。

各省、自治区、直辖市的行政审批制度改革，要在前一阶段工作的基础上，根据本实施意见的要求，进一步加大工作力度。已对行政审批项目进行了初步清理和处理的，要认真回顾和分析前一阶段的工作情况，查找存在问题和不足，针对薄弱环节，采取改进措施。要根据本实施意见确定的原则，结合本地区实际，切实做好有关行政审批项目的处理工作。如存在该清理的未作清理、应取消的没有取消等问题，要坚决予以纠正。正在进行清理和处理的，要按照有关要求加强监督检查，严格审核把关。尚未开展这项工作的，要尽快作出部署，抓紧组织实施。对工作扎实、效果较好的，要注意总结和推广经验；对工作不认真、走过场的，要责成其认真整改。

四、需要注意的问题

行政审批制度改革政策性强，涉及面广，工作难度大。各地区、各部门务必采取有效措施，确保这项改革健康有序地进行。

（一）要加强组织领导。各地区、各部门要增强政治责任感，充分认识行政审批制度改革的重大意义，把这项工作摆到重要位置，切实加强领导。要明确一位领导同志负责这项工作，并成立专门工作班子或抽调专人承担日常工作。监察、法制、体改、机构编制等部门和单位要在党委、政府的统一领导下，充分发挥职能作用，做好组织协调工作，要实行严格的责任制，形成工作合力。

（二）要注意搞好工作衔接。各地区在审批项目处理工作中，要注意与国务院各部门的有关工作相协调。对于国务院已经明确取消和保留的行政审批项目，要作出相应处理。应该取消的，必须取消；需要保留的以及由国务院有关部门下放给地方审批的，要继续实行，并健全监督制约机制。国务院及国务院各部门依据法律、行政法规、部门规章设定的审批项目，地方政府可以提出取消或者其他处理的建议，但不能自行宣布处理意见。

（三）要积极稳妥地推进。改革行政审批制度，既要大胆实践，勇于创新，又要按照中央的统一部署和要求，有组织、有秩序地进行；既要坚决精简和调整不适应社会主义市场经济发展要求的行政审批事项，又要切实加强对需要保留的行政审批行为的监督。对取消行政审批的事项要制定后续监管措施，避免管理脱节。要加强调查研究，注意发现并及时解决倾向性、苗头性问题。要将行政审批制度改革工作与政府机构改革、政务公开和实行“收支两条线”管理等工作结合起来，互相促进。

（四）要加强监督检查。各地区、各部门要切实加强对行政审批制度改革工作的监督检查，绝不允许搞上有政策、下有对策，有令不行、有禁不止，坚决反对和防止搞形式主义。任何部门和单位都不得瞒报、虚报行政审批项目，不得对决定取消的项目搞变相审批，不得违反规定擅自新设行政审批项目。对已经明确取消的行政审批项目仍然进行审批的，要按照有关规定予以处理。

领导小组办公室拟在 2001 年底对各地区、各部门开展行政审批制度改革的情况（包括行政审批项目是否得到彻底清理，已经作出处理的审批项目是否落实到位，对保留的审批项目是否建立了监督制约机制等）有重点地进行一次检查。

20．国务院办公厅关于治理向机动车辆乱收费和整顿道路站点有关问题的通知

（国办发〔2002〕31号）

各省、自治区、直辖市人民政府，国务院各部委、各直属机构：

近年来，针对一些地方和部门向机动车辆乱收费、乱集资、乱罚款，以及在道路上乱设收费站点等问题，各地区和有关部门采取措施，多次进行专项治理，取得了一定成效。但目前问题仍十分突出，主要表现在：一些地方和部门违规设立道路收费站、出让道路收费权、延长道路收费期限；越权审批涉及机动车辆的行政事业性收费、政府性基金和政府性集资项目，擅自扩大征收范围、提高收费标准；向机动车辆乱摊派，以及以罚代纠、以罚代管、重复罚款等。这些问题的存在，不仅严重影响交通秩序，加重了企业和群众负担，而且扰乱了政府收入分配秩序，助长了不正之风和腐败现象，必须下决心予以解决。各地区、各部门要充分认识抓好这项工作对于整顿和规范市场经济秩序、加强廉政建设的重要性和紧迫性，下大力气进行专项治理整顿。根据有关法律法规和《中共中央国务院关于治理向企业乱收费、乱罚款和各种摊派等问题的决定》（中发〔1997〕14号）等文件精神，经国务院同意，现就进一步做好治理整顿工作有关问题通知如下：

一、坚决取消向机动车辆收取不符合规定的行政事业性收费、政府性基金、政府性集资、罚款和各种摊派项目

各地区、各有关部门要集中力量、集中时间对涉及机动车辆行政事业性收费、政府性基金、政府性集资、各种摊派项目和罚款进行清理整顿。凡不符合国家法律法规、国务院及财政部、国家计委和省、自治区、直辖市人民政府及其所属财政、物价部门明文规定的涉及机动车辆行政事业性收费项目，不符合国家法律法规、国务院及财政部明文规定的涉及机动车辆的政府性基金项目，不符合国家法律法规、国务院明文规定的涉及机动车辆的政府性集资项目，不符合国家法律法规、规章规定的罚款项目，以及各种摊派项目，均一律取消。

各地区、各有关部门对机动车辆的各种收费和罚款必须严格按规定的范围、标准和期限执行，坚决制止超范围、超标准、超期限收费和乱罚款行为。在清理整顿中，对符合规定但重复交叉的项目要予以合并，征收标准过高的要降低标准。各省（区、市）人民政府和财政部、国家计委对涉及机动车辆的行政事业性收费项目、政府性基金项目、政府性集资项目和罚款项目，均要实行目录管理并向社会公布。对已经取消的收费项目继续收费的，一律按乱收费查处。为强化社会监督机制，各地要在公布收费项目目录基础上，实行收费项目、收费依据、收费范围、收费标准及收费监督电话等公告制度。

二、全面清理整顿公路和城市道路收费站（点）

各地区要对目前在公路和城市道路、桥梁、隧道上设置的所有收费站（包括收费点，下同）进行全面清理整顿。凡属以下情况之一的收费站，一律取消，并限期拆除收费设施：

（一）未经省（区、市）人民政府批准的收费站，或虽经批准但擅自变更位置的收费站；

（二）不属于利用国内外贷款或集资建设的公路、城市道路、桥梁、隧道上的收费站；

（三）已偿还完贷款和集资款，或经营期已满的收费公路、城市道路、桥梁、隧道上的收费站；

（四）将未利用国内外贷款或集资建设的公路、城市道路、桥梁、隧道与收费公路、收费桥梁等捆绑，违规增设的收费站；

（五）虽属于贷款或集资建设的公路、城市道路、桥梁、隧道，但尚未建成即先收费的收费站；

（六）不符合国家关于收费公路或收费公路收费站设置规定的收费站；

（七）其他违反国家规定应当撤销的收费站。

各省（区、市）人民政府依据上述规定对现有收费站进行清理整顿后，对符合条件需保留的道路收费站，要在 2002 年 12 月底前重新办理审批手续，重新核定收费期限和收费标准；对收费还贷公路实行统一管理，对收费公路和城市道路实行总量控制。

各省（区、市）人民政府要对本行政区域内收费公路、城市道路及收费站加强监督管理，对经批准在道路上设置的所有固定收费站实行集中公告。各收费站均应公布设站的政府行政审批文件、工作范围、收费单位、收费标准、收费起止年限和监督电话，接受社会监督。

三、严格对涉及机动车辆收费的审批和管理

今后，除法律法规和国务院明文规定外，任何地方、部门和单位均不得再出台新的涉及机动车辆的行政事业性收费、政府性集资和政府性基金项目。收费公路、城市道路收费期限，由省（区、市）人民政府依据《中华人民共和国公路法》等有关规定确定。向机动车辆实施罚款，必须按照法律法规和有关规章的规定执行。

要加强对涉及机动车辆收费的管理，严禁将车辆通行费平摊到所有车辆并强制收取；严禁擅自提高收费标准，扩大收费范围；严禁对机动车安全重复检验、重复收费和机动车定期检验时搭车收费；严禁机动车检测站强制机动车所有人到指定修理厂和尾气治理点修理（调试）；严禁对机动车综合性能检测收费；严禁各种摊派行为；严禁收费公路先收费后建设或者边收费边建设；严禁将已取消的道路收费站的收费项目转移到未被取消的道路收费站，继续变相收费。

四、进一步加强对道路收费站、检查站的审批和管理

在公路、城市道路、桥梁、隧道上设置收费站，必须按规定报省（区、市）人民政府审批。跨省（区、市）收费公路设置收费站，由有关省（区、市）人民政府协商确定，联合设置，收费按比例分成。不能达成协议的，由国务院交通主管部门负责协调。高速公路以及其他具备封闭条件的连续通行的收费公路，除两端出入口外，一律不得在主线上设置收费站。

根据《中华人民共和国公路法》有关规定，县级以上地方人民政府交通主管部门利用贷款或者按国家规定向企业、个人有偿集资建成的收费公路，其收费权的转让，属于国道的，必须报国务院交通主管部门批准；属于非国道的，必须经省（区、市）人民政府批准，并报国务院交通主管部门备案。收费权转让后，应严格执行原批准的收费年限和收费标准，收费年限应连续计算，不得以经营权转让或上市融资为由，延长收费年限或提高收费标准。

要加强对公路和城市道路收费站和检查站的监督和管理，除公安、林业行政主管部门依法设置检查站，交通、市政工程行政主管部门或国内外经济组织经省（区、市）人民政府批准设置收费站，以及经省人民政府批准设立的动物防疫监督检查站外，未经国务院批准，严禁其他任何部门、单位和个人在公路和城市道路上设置任何形式的检查站、收费站，也不得在道路上拦截过往车辆进行检查、收费和罚款。

收费站工作人员上岗时，必须持有省（区、市）人民政府核发或省（区、市）人民政府授权部门核发的检查证和收费证。持证人员只限于在规定的地域范围内工作。无证人员不得执行检查、收费和罚款任务。

五、严格执行各项财务制度

要加强对机动车辆行政事业性收费、政府性基金、政府性集资、罚款和车辆通行费的管理。行政事业性收费、政府性基金、政府性集资要按照财政部门规定分别上交财政专户或国库，不得截留、挤占和挪作他用。罚款要全部上缴同级国库，实行收支两条线管理。收取各项费用时必须按规定使用合法、规范的凭证。按照财政部、国家税务总局规定，不需纳税的，按照财务隶属关系分别使用财政部和省（区、市）财政部门统一印制的票据；需依法纳税的，使用由省（区、市）税务部门统一印制的税务发票。除国务院规定外，严禁从收费还贷公路和城市道路收费资金中提取任何资金。

收费还贷公路不得与其他产业类公司捆绑上市。收费期限已超过 2/3 的一级及一级以上收费还贷公路和城市道路，或长度1000米以下的独立桥梁和隧道，以及技术等级为二级的收费还贷公路，均不得转让收费权。政府及其有关部门转让收费还贷公路和城市道路收费权取得的收入，必须全部上缴国库，实行收支两条线管理，并严格按规定使用，保证收费还贷公路建设贷款本息的偿还。

六、加强领导，狠抓落实

各省（区、市）和有关部门要切实加强对治理向机动车辆乱收费和整顿道路站点工作的领导。要严格按照本通知规定，制定具体实施方案，精心组织，周密部署，明确责任，狠抓落实，并在2002年12月底前完成。要加强对重点地区、部门和单位的检查和审计。对在道路上乱设站点，向机动车辆乱收费、乱集资、乱罚款的，要严格按照《违反行政事业性收费和罚没收入收支两条线管理规定行政处分暂行规定》（国务院令第281号）和其他有关规定，对有关人员和责任人给予纪律处分；构成犯罪的，移交司法机关依法处理。要充分发挥新闻舆论监督作用。新闻单位要紧密配合此项工作，宣传国家方针政策，报道各地好的经验和做法。对于违反本通知的，要予以公开曝光。

为更好地开展道路收费治理工作，由国务院减轻企业负担部际联席会议及其办公室负责道路收费治理工作的指导监督和组织协调，并增补公安部、交通部、建设部为国务院减轻企业负担部际联席会议及其办公室成员单位。有关部门要按照各自职责分工做好工作，互相支持、互相配合，共同做好治理向机动车辆收费和整顿道路站点的各项工作。国务院减轻企业负担部际联席会议要切实负起责任，加强对各地的指导和监督。对行动迟缓、落实不力、有令不行，情节严重的地区、部门和单位，要严肃追究有关领导责任。

21. 国务院关于坚决制止占用基本农田进行植树等行为的紧急通知

（国发明电〔2004〕1号）

各省、自治区、直辖市人民政府，国务院各部委、各直属机构：

近年来，一些地方违反《土地管理法》和《基本农田保护条例》的规定，占用基本农田进行植树造林、挖塘养鱼等，使基本农田面积不断减少，严重削弱了粮食生产能力。为实行最严格的耕地保护制度，切实保护基本农田，现紧急通知如下：

一、坚决制止占用基本农田进行植树等行为

要认真执行《土地管理法》和《基本农田保护条例》，坚决制止任意改变基本农田用途的行为，切实做好保护基本农田“五个不准”，即：不准占用基本农田进行植树造林、发展林果业和搞林粮间作以及超标准建设农田林网；不准以农业结构调整为名，在基本农田内挖塘养鱼、建设用于畜禽养殖的建筑物等严重破坏耕作层的生产经营活动；不准违法占用基本农田进行绿色通道和城市绿化隔离带建设；不准以退耕还林为名违反土地利用总体规划，将基本农田纳入退耕范围；除法律规定的国家重点建设项目以外，不准非农建设项目占用基本农田。凡在基本农田上进行植树造林（包括种植速生丰产林）、挖塘养鱼、绿色通道和城市绿化隔离带建设的必须立即停止和纠正。今后，新增绿化造林、新建和扩建用材林基地均不得占用基本农田。

二、正确引导和规范农业结构调整和绿色通道建设

地方各级人民政府和国务院有关部门要正确引导农民进行农业结构调整，充分利用荒山、荒地和一般耕地发展水产业、畜禽养殖和林果业。编制和实施退耕还林、生态建设与保护、农业结构调整等规划，要与土地利用总体规划相衔接。

进行绿色通道建设要因地制宜，严格限定道路沿线绿化带宽度。道路沿线是耕地的，道路用地范围以外每侧绿化带宽度不得超过5米，其中县乡道路不得超过3米；占用基本农田的，应履行基本农田占用报批手续。交通、水利工程建设用地范围内的绿化用地，要严格按照有关规定办理建设用地审批手续，其中涉及占用耕地的必须做到占补平衡。

三、严格控制各类建设占用基本农田

严禁违反法定程序通过修改或调整土地利用总体规划改变基本农田的数量与布局。严禁规避基本农田占用审批。严格执行国家重点建设项目占用基本农田审批制度，确需占用基本农田的，要严格审查农用地转用和土地征用方案，并按照法定程序报国务院审批。

四、对已经违法违规占用和破坏的基本农田要尽快采取恢复耕种措施

各地区、各有关部门要按以下原则对已经违规占用和破坏的基本农田进行处理：（一）对占用基本农田种植速生丰产林的，限期恢复耕种；（二）对在基本农田内建设畜禽养殖等建筑物的，限期拆除并予整理；（三）对建设基础设施造成基本农田耕作力破坏的，限期修复；（四）对超标准建设绿色通道而占用基本农田的，逐步恢复耕种条件；（五）对各类非农建设占用基本农田的，在依法妥善处理前，不得受理该地区建设用地申请。在具体处理中，要确保农民经济上不受损失。

五、抓紧开展基本农田保护检查工作

各省、自治区、直辖市人民政府要立即组织有关部门对本地区基本农田保护情况进行一次检查，严肃查处违法占用和破坏基本农田的行为，清查工作结束后向国务院作出报告。国土资源部、农业部要按照全国基本农田保护检查工作方案组织检查，并将本通知贯彻落实情况作为检查重点内容。对有令不行、有禁不止的要严肃查处；对情节严重，特别是顶风作案，造成基本农田面积大量减少的地区，要依法严肃处理并追究责任人和有关领导人的责任。

国务院有关部门应依照本通知制定具体实施办法。本通知自发布之日起实行。前发文件规定，凡与本通知不一致的，一律以本通知为准。

22. 中华人民共和国道路交通安全法实施条例

（根据 2017 年 10 月 7 日中华人民共和国国务院令第 687 号修正）

第一章　总　　则

第一条　根据《中华人民共和国道路交通安全法》（以下简称道路交通安全法）的规定，制定本条例。

第二条　中华人民共和国境内的车辆驾驶人、行人、乘车人以及与道路交通活动有关的单位和个人，应当遵守道路交通安全法和本条例。

第三条　县级以上地方各级人民政府应当建立、健全道路交通安全工作协调机制，组织有关部门对城市建设项目进行交通影响评价，制定道路交通安全管理规划，确定管理目标，制定实施方案。

第二章　车辆和驾驶人

第一节　机　动　车

第四条　机动车的登记，分为注册登记、变更登记、转移登记、抵押登记和注销登记。

第五条　初次申领机动车号牌、行驶证的，应当向机动车所有人住所地的公安机关交通管理部门申请注册登记。申请机动车注册登记，应当交验机动车，并提交以下证明、凭证：

（一）机动车所有人的身份证明；

（二）购车发票等机动车来历证明；

（三）机动车整车出厂合格证明或者进口机动车进口凭证；

（四）车辆购置税完税证明或者免税凭证；

（五）机动车第三者责任强制保险凭证；

（六）法律、行政法规规定应当在机动车注册登记时提交的其他证明、凭证。

不属于国务院机动车产品主管部门规定免予安全技术检验的车型的，还应当提供机动车安全技术检验合格证明。

第六条　已注册登记的机动车有下列情形之一的，机动车所有人应当向登记该机动车的公安机关交通管理部门申请变更登记：

（一）改变机动车车身颜色的；

（二）更换发动机的；

（三）更换车身或者车架的；

（四）因质量有问题，制造厂更换整车的；

（五）营运机动车改为非营运机动车或者非营运机动车改为营运机动车的；

（六）机动车所有人的住所迁出或者迁入公安机关交通管理部门管辖区域的。

申请机动车变更登记，应当提交下列证明、凭证，属于前款第（一）项、第（二）项、第（三）项、第（四）项、第（五）项情形之一的，还应当交验机动车；属于前款第（二）项、第（三）项情形之一的，还应当同时提交机动车安全技术检验合格证明：

（一）机动车所有人的身份证明；

（二）机动车登记证书；

（三）机动车行驶证。

机动车所有人的住所在公安机关交通管理部门管辖区域内迁移、机动车所有人的姓名（单位名称）或者联系方式变更的，应当向登记该机动车的公安机关交通管理部门备案。

第七条 已注册登记的机动车所有权发生转移的，应当及时办理转移登记。

申请机动车转移登记，当事人应当向登记该机动车的公安机关交通管理部门交验机动车，并提交以下证明、凭证：

（一）当事人的身份证明；

（二）机动车所有权转移的证明、凭证；

（三）机动车登记证书；

（四）机动车行驶证。

第八条 机动车所有人将机动车作为抵押物抵押的，机动车所有人应当向登记该机动车的公安机关交通管理部门申请抵押登记。

第九条 已注册登记的机动车达到国家规定的强制报废标准的，公安机关交通管理部门应当在报废期满的 2 个月前通知机动车所有人办理注销登记。机动车所有人应当在报废期满前将机动车交售给机动车回收企业，由机动车回收企业将报废的机动车登记证书、号牌、行驶证交公安机关交通管理部门注销。机动车所有人逾期不办理注销登记的，公安机关交通管理部门应当公告该机动车登记证书、号牌、行驶证作废。

因机动车灭失申请注销登记的，机动车所有人应当向公安机关交通管理部门提交本人身份证明，交回机动车登记证书。

第十条 办理机动车登记的申请人提交的证明、凭证齐全、有效的，公安机关交通管理部门应当当场办理登记手续。

人民法院、人民检察院以及行政执法部门依法查封、扣押的机动车，公安机关交通管理部门不予办理机动车登记。

第十一条 机动车登记证书、号牌、行驶证丢失或者损毁，机动车所有人申请补发的，应当向公安机关交通管理部门提交本人身份证明和申请材料。公安机关交通管理部门经与机动车登记档案核实后，在收到申请之日起 15 日内补发。

第十二条 税务部门、保险机构可以在公安机关交通管理部门的办公场所集中办理与机动车有关的税费缴纳、保险合同订立等事项。

第十三条 机动车号牌应当悬挂在车前、车后指定位置，保持清晰、完整。重型、中型载货汽车及其挂车、拖拉机及其挂车的车身或者车厢后部应当喷涂放大的牌号，字样应当端正并保持清晰。

机动车检验合格标志、保险标志应当粘贴在机动车前窗右上角。

机动车喷涂、粘贴标识或者车身广告的，不得影响安全驾驶。

第十四条 用于公路营运的载客汽车、重型载货汽车、半挂牵引车应当安装、使用符合国家标准的行驶记录仪。交通警察可以对机动车行驶速度、连续驾驶时间以及其他行驶状态信息进行检查。安装行驶记录仪可以分步实施，实施步骤由国务院机动车产品主管部门会同有关部门规定。

第十五条 机动车安全技术检验由机动车安全技术检验机构实施。机动车安全技术检验机构应当按照国家机动车安全技术检验标准对机动车进行检验，对检验结果承担法律责任。

质量技术监督部门负责对机动车安全技术检验机构实行计量认证管理，对机动车安全技术检验设备进行检定，对执行国家机动车安全技术检验标准的情况进行监督。

机动车安全技术检验项目由国务院公安部门会同国务院质量技术监督部门规定。

第十六条 机动车应当从注册登记之日起，按照下列期限进行安全技术检验：

（一）营运载客汽车 5 年以内每年检验 1 次；超过 5 年的，每 6 个月检验 1 次；

（二）载货汽车和大型、中型非营运载客汽车 10 年以内每年检验 1 次；超过 10 年的，每 6 个月检验1次；

（三）小型、微型非营运载客汽车6年以内每2年检验1次；超过6年的，每年检验1次；超过15年的，每6个月检验1次；

（四）摩托车4年以内每2年检验1次；超过4年的，每年检验1次；

（五）拖拉机和其他机动车每年检验1次。

营运机动车在规定检验期限内经安全技术检验合格的，不再重复进行安全技术检验。

第十七条　已注册登记的机动车进行安全技术检验时，机动车行驶证记载的登记内容与该机动车的有关情况不符，或者未按照规定提供机动车第三者责任强制保险凭证的，不予通过检验。

第十八条　警车、消防车、救护车、工程救险车标志图案的喷涂以及警报器、标志灯具的安装、使用规定，由国务院公安部门制定。

第二节　机动车驾驶人

第十九条　符合国务院公安部门规定的驾驶许可条件的人，可以向公安机关交通管理部门申请机动车驾驶证。

机动车驾驶证由国务院公安部门规定式样并监制。

第二十条　学习机动车驾驶，应当先学习道路交通安全法律、法规和相关知识，考试合格后，再学习机动车驾驶技能。

在道路上学习驾驶，应当按照公安机关交通管理部门指定的路线、时间进行。在道路上学习机动车驾驶技能应当使用教练车，在教练员随车指导下进行，与教学无关的人员不得乘坐教练车。学员在学习驾驶中有道路交通安全违法行为或者造成交通事故的，由教练员承担责任。

第二十一条　公安机关交通管理部门应当对申请机动车驾驶证的人进行考试，对考试合格的，在5日内核发机动车驾驶证；对考试不合格的，书面说明理由。

第二十二条　机动车驾驶证的有效期为6年，本条例另有规定的除外。

机动车驾驶人初次申领机动车驾驶证后的12个月为实习期。在实习期内驾驶机动车的，应当在车身后部粘贴或者悬挂统一式样的实习标志。

机动车驾驶人在实习期内不得驾驶公共汽车、营运客车或者执行任务的警车、消防车、救护车、工程救险车以及载有爆炸物品、易燃易爆化学物品、剧毒或者放射性等危险物品的机动车；驾驶的机动车不得牵引挂车。

第二十三条　公安机关交通管理部门对机动车驾驶人的道路交通安全违法行为除给予行政处罚外，实行道路交通安全违法行为累积记分（以下简称记分）制度，记分周期为12个月。对在一个记分周期内记分达到12分的，由公安机关交通管理部门扣留其机动车驾驶证，该机动车驾驶人应当按照规定参加道路交通安全法律、法规的学习并接受考试。考试合格的，记分予以清除，发还机动车驾驶证；考试不合格的，继续参加学习和考试。

应当给予记分的道路交通安全违法行为及其分值，由国务院公安部门根据道路交通安全违法行为的危害程度规定。

公安机关交通管理部门应当提供记分查询方式供机动车驾驶人查询。

第二十四条　机动车驾驶人在一个记分周期内记分未达到12分，所处罚款已经缴纳的，记分予以清除；记分虽未达到12分，但尚有罚款未缴纳的，记分转入下一记分周期。

机动车驾驶人在一个记分周期内记分2次以上达到12分的，除按照第二十三条的规定扣留机动车驾驶证、参加学习、接受考试外，还应当接受驾驶技能考试。考试合格的，记分予以清除，发还机动车驾驶证；考试不合格的，继续参加学习和考试。

接受驾驶技能考试的，按照本人机动车驾驶证载明的最高准驾车型考试。

第二十五条　机动车驾驶人记分达到12分，拒不参加公安机关交通管理部门通知的学习，也不接受考试的，由公安机关交通管理部门公告其机动车驾驶证停止使用。

第二十六条 机动车驾驶人在机动车驾驶证的6年有效期内，每个记分周期均未达到12分的，换发10年有效期的机动车驾驶证；在机动车驾驶证的10年有效期内，每个记分周期均未达到12分的，换发长期有效的机动车驾驶证。

换发机动车驾驶证时，公安机关交通管理部门应当对机动车驾驶证进行审验。

第二十七条 机动车驾驶证丢失、损毁，机动车驾驶人申请补发的，应当向公安机关交通管理部门提交本人身份证明和申请材料。公安机关交通管理部门经与机动车驾驶证档案核实后，在收到申请之日起3日内补发。

第二十八条 机动车驾驶人在机动车驾驶证丢失、损毁、超过有效期或者被依法扣留、暂扣期间以及记分达到12分的，不得驾驶机动车。

第三章　道路通行条件

第二十九条 交通信号灯分为：机动车信号灯、非机动车信号灯、人行横道信号灯、车道信号灯、方向指示信号灯、闪光警告信号灯、道路与铁路平面交叉道口信号灯。

第三十条 交通标志分为：指示标志、警告标志、禁令标志、指路标志、旅游区标志、道路施工安全标志和辅助标志。

道路交通标线分为：指示标线、警告标线、禁止标线。

第三十一条 交通警察的指挥分为：手势信号和使用器具的交通指挥信号。

第三十二条 道路交叉路口和行人横过道路较为集中的路段应当设置人行横道、过街天桥或者过街地下通道。

在盲人通行较为集中的路段，人行横道信号灯应当设置声响提示装置。

第三十三条 城市人民政府有关部门可以在不影响行人、车辆通行的情况下，在城市道路上施划停车泊位，并规定停车泊位的使用时间。

第三十四条 开辟或者调整公共汽车、长途汽车的行驶路线或者车站，应当符合交通规划和安全、畅通的要求。

第三十五条 道路养护施工单位在道路上进行养护、维修时，应当按照规定设置规范的安全警示标志和安全防护设施。道路养护施工作业车辆、机械应当安装示警灯，喷涂明显的标志图案，作业时应当开启示警灯和危险报警闪光灯。对未中断交通的施工作业道路，公安机关交通管理部门应当加强交通安全监督检查。发生交通阻塞时，及时做好分流、疏导，维护交通秩序。

道路施工需要车辆绕行的，施工单位应当在绕行处设置标志；不能绕行的，应当修建临时通道，保证车辆和行人通行。需要封闭道路中断交通的，除紧急情况外，应当提前5日向社会公告。

第三十六条 道路或者交通设施养护部门、管理部门应当在急弯、陡坡、临崖、临水等危险路段，按照国家标准设置警告标志和安全防护设施。

第三十七条 道路交通标志、标线不规范，机动车驾驶人容易发生辨认错误的，交通标志、标线的主管部门应当及时予以改善。

道路照明设施应当符合道路建设技术规范，保持照明功能完好。

第四章　道路通行规定

第一节　一般规定

第三十八条 机动车信号灯和非机动车信号灯表示：

（一）绿灯亮时，准许车辆通行，但转弯的车辆不得妨碍被放行的直行车辆、行人通行；

（二）黄灯亮时，已越过停止线的车辆可以继续通行；

（三）红灯亮时，禁止车辆通行。

在未设置非机动车信号灯和人行横道信号灯的路口，非机动车和行人应当按照机动车信号灯的表示通行。

红灯亮时，右转弯的车辆在不妨碍被放行的车辆、行人通行的情况下，可以通行。

第三十九条 人行横道信号灯表示：

（一）绿灯亮时，准许行人通过人行横道；

（二）红灯亮时，禁止行人进入人行横道，但是已经进入人行横道的，可以继续通过或者在道路中心线处停留等候。

第四十条 车道信号灯表示：

（一）绿色箭头灯亮时，准许本车道车辆按指示方向通行；

（二）红色叉形灯或者箭头灯亮时，禁止本车道车辆通行。

第四十一条 方向指示信号灯的箭头方向向左、向上、向右分别表示左转、直行、右转。

第四十二条 闪光警告信号灯为持续闪烁的黄灯，提示车辆、行人通行时注意瞭望，确认安全后通过。

第四十三条 道路与铁路平面交叉道口有两个红灯交替闪烁或者一个红灯亮时，表示禁止车辆、行人通行；红灯熄灭时，表示允许车辆、行人通行。

第二节 机动车通行规定

第四十四条 在道路同方向划有 2 条以上机动车道的，左侧为快速车道，右侧为慢速车道。在快速车道行驶的机动车应当按照快速车道规定的速度行驶，未达到快速车道规定的行驶速度的，应当在慢速车道行驶。摩托车应当在最右侧车道行驶。有交通标志标明行驶速度的，按照标明的行驶速度行驶。慢速车道内的机动车超越前车时，可以借用快速车道行驶。

在道路同方向划有 2 条以上机动车道的，变更车道的机动车不得影响相关车道内行驶的机动车的正常行驶。

第四十五条 机动车在道路上行驶不得超过限速标志、标线标明的速度。在没有限速标志、标线的道路上，机动车不得超过下列最高行驶速度：

（一）没有道路中心线的道路，城市道路为每小时 30 公里，公路为每小时 40 公里；

（二）同方向只有 1 条机动车道的道路，城市道路为每小时 50 公里，公路为每小时 70 公里。

第四十六条 机动车行驶中遇有下列情形之一的，最高行驶速度不得超过每小时 30 公里，其中拖拉机、电瓶车、轮式专用机械车不得超过每小时 15 公里：

（一）进出非机动车道，通过铁路道口、急弯路、窄路、窄桥时；

（二）掉头、转弯、下陡坡时；

（三）遇雾、雨、雪、沙尘、冰雹，能见度在 50 米以内时；

（四）在冰雪、泥泞的道路上行驶时；

（五）牵引发生故障的机动车时。

第四十七条 机动车超车时，应当提前开启左转向灯、变换使用远、近光灯或者鸣喇叭。在没有道路中心线或者同方向只有 1 条机动车道的道路上，前车遇后车发出超车信号时，在条件许可的情况下，应当降低速度、靠右让路。后车应当在确认有充足的安全距离后，从前车的左侧超越，在与被超车辆拉开必要的安全距离后，开启右转向灯，驶回原车道。

第四十八条 在没有中心隔离设施或者没有中心线的道路上，机动车遇相对方向来车时应当遵守下列规定：

（一）减速靠右行驶，并与其他车辆、行人保持必要的安全距离；

（二）在有障碍的路段，无障碍的一方先行；但有障碍的一方已驶入障碍路段而无障碍的一方未驶入时，有障碍的一方先行；

（三）在狭窄的坡路，上坡的一方先行；但下坡的一方已行至中途而上坡的一方未上坡时，下坡的一方先行；

（四）在狭窄的山路，不靠山体的一方先行；

（五）夜间会车应当在距相对方向来车150米以外改用近光灯，在窄路、窄桥与非机动车会车时应当使用近光灯。

第四十九条 机动车在有禁止掉头或者禁止左转弯标志、标线的地点以及在铁路道口、人行横道、桥梁、急弯、陡坡、隧道或者容易发生危险的路段，不得掉头。

机动车在没有禁止掉头或者没有禁止左转弯标志、标线的地点可以掉头，但不得妨碍正常行驶的其他车辆和行人的通行。

第五十条 机动车倒车时，应当察明车后情况，确认安全后倒车。不得在铁路道口、交叉路口、单行路、桥梁、急弯、陡坡或者隧道中倒车。

第五十一条 机动车通过有交通信号灯控制的交叉路口，应当按照下列规定通行：

（一）在划有导向车道的路口，按所需行进方向驶入导向车道；

（二）准备进入环形路口的让已在路口内的机动车先行；

（三）向左转弯时，靠路口中心点左侧转弯。转弯时开启转向灯，夜间行驶开启近光灯；

（四）遇放行信号时，依次通过；

（五）遇停止信号时，依次停在停止线以外。没有停止线的，停在路口以外；

（六）向右转弯遇有同车道前车正在等候放行信号时，依次停车等候；

（七）在没有方向指示信号灯的交叉路口，转弯的机动车让直行的车辆、行人先行。相对方向行驶的右转弯机动车让左转弯车辆先行。

第五十二条 机动车通过没有交通信号灯控制也没有交通警察指挥的交叉路口，除应当遵守第五十一条第（二）项、第（三）项的规定外，还应当遵守下列规定：

（一）有交通标志、标线控制的，让优先通行的一方先行；

（二）没有交通标志、标线控制的，在进入路口前停车瞭望，让右方道路的来车先行；

（三）转弯的机动车让直行的车辆先行；

（四）相对方向行驶的右转弯的机动车让左转弯的车辆先行。

第五十三条 机动车遇有前方交叉路口交通阻塞时，应当依次停在路口以外等候，不得进入路口。

机动车在遇有前方机动车停车排队等候或者缓慢行驶时，应当依次排队，不得从前方车辆两侧穿插或者超越行驶，不得在人行横道、网状线区域内停车等候。

机动车在车道减少的路口、路段，遇有前方机动车停车排队等候或者缓慢行驶的，应当每车道一辆依次交替驶入车道减少后的路口、路段。

第五十四条 机动车载物不得超过机动车行驶证上核定的载质量，装载长度、宽度不得超出车厢，并应当遵守下列规定：

（一）重型、中型载货汽车，半挂车载物，高度从地面起不得超过4米，载运集装箱的车辆不得超过4.2米；

（二）其他载货的机动车载物，高度从地面起不得超过2.5米；

（三）摩托车载物，高度从地面起不得超过1.5米，长度不得超出车身0.2米。两轮摩托车载物宽度左右各不得超出车把0.15米；三轮摩托车载物宽度不得超过车身。

载客汽车除车身外部的行李架和内置的行李箱外，不得载货。载客汽车行李架载货，从车顶起高度不得超过0.5米，从地面起高度不得超过4米。

第五十五条 机动车载人应当遵守下列规定：

（一）公路载客汽车不得超过核定的载客人数，但按照规定免票的儿童除外，在载客人数已满的情况下，按照规定免票的儿童不得超过核定载客人数的10%；

（二）载货汽车车厢不得载客。在城市道路上，货运机动车在留有安全位置的情况下，车厢内可以附载临时作业人员1人至5人；载物高度超过车厢栏板时，货物上不得载人；

（三）摩托车后座不得乘坐未满12周岁的未成年人，轻便摩托车不得载人。

第五十六条 机动车牵引挂车应当符合下列规定：

（一）载货汽车、半挂牵引车、拖拉机只允许牵引1辆挂车。挂车的灯光信号、制动、连接、安全防护等装置应当符合国家标准；

（二）小型载客汽车只允许牵引旅居挂车或者总质量700千克以下的挂车。挂车不得载人；

（三）载货汽车所牵引挂车的载质量不得超过载货汽车本身的载质量。

大型、中型载客汽车，低速载货汽车，三轮汽车以及其他机动车不得牵引挂车。

第五十七条 机动车应当按照下列规定使用转向灯：

（一）向左转弯、向左变更车道、准备超车、驶离停车地点或者掉头时，应当提前开启左转向灯；

（二）向右转弯、向右变更车道、超车完毕驶回原车道、靠路边停车时，应当提前开启右转向灯。

第五十八条 机动车在夜间没有路灯、照明不良或者遇有雾、雨、雪、沙尘、冰雹等低能见度情况下行驶时，应当开启前照灯、示廓灯和后位灯，但同方向行驶的后车与前车近距离行驶时，不得使用远光灯。机动车雾天行驶应当开启雾灯和危险报警闪光灯。

第五十九条 机动车在夜间通过急弯、坡路、拱桥、人行横道或者没有交通信号灯控制的路口时，应当交替使用远近光灯示意。

机动车驶近急弯、坡道顶端等影响安全视距的路段以及超车或者遇有紧急情况时，应当减速慢行，并鸣喇叭示意。

第六十条 机动车在道路上发生故障或者发生交通事故，妨碍交通又难以移动的，应当按照规定开启危险报警闪光灯并在车后50米至100米处设置警告标志，夜间还应当同时开启示廓灯和后位灯。

第六十一条 牵引故障机动车应当遵守下列规定：

（一）被牵引的机动车除驾驶人外不得载人，不得拖带挂车；

（二）被牵引的机动车宽度不得大于牵引机动车的宽度；

（三）使用软连接牵引装置时，牵引车与被牵引车之间的距离，应当大于4米，小于10米；

（四）对制动失效的被牵引车，应当使用硬连接牵引装置牵引；

（五）牵引车和被牵引车均应当开启危险报警闪光灯。

汽车吊车和轮式专用机械车不得牵引车辆。摩托车不得牵引车辆或者被其他车辆牵引。

转向或者照明、信号装置失效的故障机动车，应当使用专用清障车拖曳。

第六十二条 驾驶机动车不得有下列行为：

（一）在车门、车厢没有关好时行车；

（二）在机动车驾驶室的前后窗范围内悬挂、放置妨碍驾驶人视线的物品；

（三）拨打接听手持电话、观看电视等妨碍安全驾驶的行为；

（四）下陡坡时熄火或者空挡滑行；

（五）向道路上抛撒物品；

（六）驾驶摩托车手离车把或者在车把上悬挂物品；

（七）连续驾驶机动车超过4小时未停车休息或者停车休息时间少于20分钟；

（八）在禁止鸣喇叭的区域或者路段鸣喇叭。

第六十三条 机动车在道路上临时停车，应当遵守下列规定：

（一）在设有禁停标志、标线的路段，在机动车道与非机动车道、人行道之间设有隔离设施的路段以及人行横道、施工地段，不得停车；

（二）交叉路口、铁路道口、急弯路、宽度不足4米的窄路、桥梁、陡坡、隧道以及距离上述地点50米以内的路段，不得停车；

（三）公共汽车站、急救站、加油站、消防栓或者消防队（站）门前以及距离上述地点 30 米以内的路段，除使用上述设施的以外，不得停车；

（四）车辆停稳前不得开车门和上下人员，开关车门不得妨碍其他车辆和行人通行；

（五）路边停车应当紧靠道路右侧，机动车驾驶人不得离车，上下人员或者装卸物品后，立即驶离；

（六）城市公共汽车不得在站点以外的路段停车上下乘客。

第六十四条　机动车行经漫水路或者漫水桥时，应当停车察明水情，确认安全后，低速通过。

第六十五条　机动车载运超限物品行经铁路道口的，应当按照当地铁路部门指定的铁路道口、时间通过。

机动车行经渡口，应当服从渡口管理人员指挥，按照指定地点依次待渡。机动车上下渡船时，应当低速慢行。

第六十六条　警车、消防车、救护车、工程救险车在执行紧急任务遇交通受阻时，可以断续使用警报器，并遵守下列规定：

（一）不得在禁止使用警报器的区域或者路段使用警报器；

（二）夜间在市区不得使用警报器；

（三）列队行驶时，前车已经使用警报器的，后车不再使用警报器。

第六十七条　在单位院内、居民居住区内，机动车应当低速行驶，避让行人；有限速标志的，按照限速标志行驶。

第三节　非机动车通行规定

第六十八条　非机动车通过有交通信号灯控制的交叉路口，应当按照下列规定通行：

（一）转弯的非机动车让直行的车辆、行人优先通行；

（二）遇有前方路口交通阻塞时，不得进入路口；

（三）向左转弯时，靠路口中心点的右侧转弯；

（四）遇有停止信号时，应当依次停在路口停止线以外。没有停止线的，停在路口以外；

（五）向右转弯遇有同方向前车正在等候放行信号时，在本车道内能够转弯的，可以通行；不能转弯的，依次等候。

第六十九条　非机动车通过没有交通信号灯控制也没有交通警察指挥的交叉路口，除应当遵守第六十八条第（一）项、第（二）项和第（三）项的规定外，还应当遵守下列规定：

（一）有交通标志、标线控制的，让优先通行的一方先行；

（二）没有交通标志、标线控制的，在路口外慢行或者停车　望，让右方道路的来车先行；

（三）相对方向行驶的右转弯的非机动车让左转弯的车辆先行。

第七十条　驾驶自行车、电动自行车、三轮车在路段上横过机动车道，应当下车推行，有人行横道或者行人过街设施的，应当从人行横道或者行人过街设施通过；没有人行横道、没有行人过街设施或者不便使用行人过街设施的，在确认安全后直行通过。

因非机动车道被占用无法在本车道内行驶的非机动车，可以在受阻的路段借用相邻的机动车道行驶，并在驶过被占用路段后迅速驶回非机动车道。机动车遇此情况应当减速让行。

第七十一条　非机动车载物，应当遵守下列规定：

（一）自行车、电动自行车、残疾人机动轮椅车载物，高度从地面起不得超过 1.5 米，宽度左右各不得超出车把 0.15 米，长度前端不得超出车轮，后端不得超出车身 0.3 米；

（二）三轮车、人力车载物，高度从地面起不得超过 2 米，宽度左右各不得超出车身 0.2 米，长度不得超出车身 1 米；

（三）畜力车载物，高度从地面起不得超过 2.5 米，宽度左右各不得超出车身 0.2 米，长度前端不得超出车辕，后端不得超出车身 1 米。

自行车载人的规定，由省、自治区、直辖市人民政府根据当地实际情况制定。

第七十二条 在道路上驾驶自行车、三轮车、电动自行车、残疾人机动轮椅车应当遵守下列规定：

（一）驾驶自行车、三轮车必须年满12周岁；

（二）驾驶电动自行车和残疾人机动轮椅车必须年满16周岁；

（三）不得醉酒驾驶；

（四）转弯前应当减速慢行，伸手示意，不得突然猛拐，超越前车时不得妨碍被超越的车辆行驶；

（五）不得牵引、攀扶车辆或者被其他车辆牵引，不得双手离把或者手中持物；

（六）不得扶身并行、互相追逐或者曲折竞驶；

（七）不得在道路上骑独轮自行车或者2人以上骑行的自行车；

（八）非下肢残疾的人不得驾驶残疾人机动轮椅车；

（九）自行车、三轮车不得加装动力装置；

（十）不得在道路上学习驾驶非机动车。

第七十三条 在道路上驾驭畜力车应当年满16周岁，并遵守下列规定：

（一）不得醉酒驾驭；

（二）不得并行，驾驭人不得离开车辆；

（三）行经繁华路段、交叉路口、铁路道口、人行横道、急弯路、宽度不足4米的窄路或者窄桥、陡坡、隧道或者容易发生危险的路段，不得超车。驾驭两轮畜力车应当下车牵引牲畜；

（四）不得使用未经驯服的牲畜驾车，随车幼畜须拴系；

（五）停放车辆应当拉紧车闸，拴系牲畜。

第四节 行人和乘车人通行规定

第七十四条 行人不得有下列行为：

（一）在道路上使用滑板、旱冰鞋等滑行工具；

（二）在车行道内坐卧、停留、嬉闹；

（三）追车、抛物击车等妨碍道路交通安全的行为。

第七十五条 行人横过机动车道，应当从行人过街设施通过；没有行人过街设施的，应当从人行横道通过；没有人行横道的，应当观察来往车辆的情况，确认安全后直行通过，不得在车辆临近时突然加速横穿或者中途倒退、折返。

第七十六条 行人列队在道路上通行，每横列不得超过2人，但在已经实行交通管制的路段不受限制。

第七十七条 乘坐机动车应当遵守下列规定：

（一）不得在机动车道上拦乘机动车；

（二）在机动车道上不得从机动车左侧上下车；

（三）开关车门不得妨碍其他车辆和行人通行；

（四）机动车行驶中，不得干扰驾驶，不得将身体任何部分伸出车外，不得跳车；

（五）乘坐两轮摩托车应当正向骑坐。

第五节 高速公路的特别规定

第七十八条 高速公路应当标明车道的行驶速度，最高车速不得超过每小时120公里，最低车速不得低于每小时60公里。

在高速公路上行驶的小型载客汽车最高车速不得超过每小时120公里，其他机动车不得超过每小时100公里，摩托车不得超过每小时80公里。

同方向有2条车道的，左侧车道的最低车速为每小时100公里；同方向有3条以上车道的，最左侧车道的最低车速为每小时 110 公里，中间车道的最低车速为每小时 90 公里。道路限速标志标明的车速与上述车道行驶车速的规定不一致的，按照道路限速标志标明的车速行驶。

第七十九条 机动车从匝道驶入高速公路，应当开启左转向灯，在不妨碍已在高速公路内的机动车正常行驶的情况下驶入车道。

机动车驶离高速公路时，应当开启右转向灯，驶入减速车道，降低车速后驶离。

第八十条 机动车在高速公路上行驶，车速超过每小时 100 公里时，应当与同车道前车保持 100 米以上的距离，车速低于每小时 100 公里时，与同车道前车距离可以适当缩短，但最小距离不得少于 50 米。

第八十一条 机动车在高速公路上行驶，遇有雾、雨、雪、沙尘、冰雹等低能见度气象条件时，应当遵守下列规定：

（一）能见度小于 200 米时，开启雾灯、近光灯、示廓灯和前后位灯，车速不得超过每小时 60 公里，与同车道前车保持 100 米以上的距离；

（二）能见度小于 100 米时，开启雾灯、近光灯、示廓灯、前后位灯和危险报警闪光灯，车速不得超过每小时 40 公里，与同车道前车保持 50 米以上的距离；

（三）能见度小于 50 米时，开启雾灯、近光灯、示廓灯、前后位灯和危险报警闪光灯，车速不得超过每小时 20 公里，并从最近的出口尽快驶离高速公路。

遇有前款规定情形时，高速公路管理部门应当通过显示屏等方式发布速度限制、保持车距等提示信息。

第八十二条 机动车在高速公路上行驶，不得有下列行为：

（一）倒车、逆行、穿越中央分隔带掉头或者在车道内停车；

（二）在匝道、加速车道或者减速车道上超车；

（三）骑、轧车行道分界线或者在路肩上行驶；

（四）非紧急情况时在应急车道行驶或者停车；

（五）试车或者学习驾驶机动车。

第八十三条 在高速公路上行驶的载货汽车车厢不得载人。两轮摩托车在高速公路行驶时不得载人。

第八十四条 机动车通过施工作业路段时，应当注意警示标志，减速行驶。

第八十五条 城市快速路的道路交通安全管理，参照本节的规定执行。

高速公路、城市快速路的道路交通安全管理工作，省、自治区、直辖市人民政府公安机关交通管理部门可以指定设区的市人民政府公安机关交通管理部门或者相当于同级的公安机关交通管理部门承担。

第五章　交通事故处理

第八十六条 机动车与机动车、机动车与非机动车在道路上发生未造成人身伤亡的交通事故，当事人对事实及成因无争议的，在记录交通事故的时间、地点、对方当事人的姓名和联系方式、机动车牌号、驾驶证号、保险凭证号、碰撞部位，并共同签名后，撤离现场，自行协商损害赔偿事宜。当事人对交通事故事实及成因有争议的，应当迅速报警。

第八十七条 非机动车与非机动车或者行人在道路上发生交通事故，未造成人身伤亡，且基本事实及成因清楚的，当事人应当先撤离现场，再自行协商处理损害赔偿事宜。当事人对交通事故事实及成因有争议的，应当迅速报警。

第八十八条 机动车发生交通事故，造成道路、供电、通信等设施损毁的，驾驶人应当报警等候处理，不得驶离。机动车可以移动的，应当将机动车移至不妨碍交通的地点。公安机关交通管理部门应当将事故有关情况通知有关部门。

第八十九条 公安机关交通管理部门或者交通警察接到交通事故报警，应当及时赶赴现场，对未造成人身伤亡，事实清楚，并且机动车可以移动的，应当在记录事故情况后责令当事人撤离现场，恢复交通。对拒不撤离现场的，予以强制撤离。

对属于前款规定情况的道路交通事故，交通警察可以适用简易程序处理，并当场出具事故认定书。当事人共同请求调解的，交通警察可以当场对损害赔偿争议进行调解。

对道路交通事故造成人员伤亡和财产损失需要勘验、检查现场的，公安机关交通管理部门应当按照勘查现场工作规范进行。现场勘查完毕，应当组织清理现场，恢复交通。

第九十条 投保机动车第三者责任强制保险的机动车发生交通事故，因抢救受伤人员需要保险公司支付抢救费用的，由公安机关交通管理部门通知保险公司。

抢救受伤人员需要道路交通事故救助基金垫付费用的，由公安机关交通管理部门通知道路交通事故社会救助基金管理机构。

第九十一条 公安机关交通管理部门应当根据交通事故当事人的行为对发生交通事故所起的作用以及过错的严重程度，确定当事人的责任。

第九十二条 发生交通事故后当事人逃逸的，逃逸的当事人承担全部责任。但是，有证据证明对方当事人也有过错的，可以减轻责任。

当事人故意破坏、伪造现场、毁灭证据的，承担全部责任。

第九十三条 公安机关交通管理部门对经过勘验、检查现场的交通事故应当在勘查现场之日起10日内制作交通事故认定书。对需要进行检验、鉴定的，应当在检验、鉴定结果确定之日起5日内制作交通事故认定书。

第九十四条 当事人对交通事故损害赔偿有争议，各方当事人一致请求公安机关交通管理部门调解的，应当在收到交通事故认定书之日起10日内提出书面调解申请。

对交通事故致死的，调解从办理丧葬事宜结束之日起开始；对交通事故致伤的，调解从治疗终结或者定残之日起开始；对交通事故造成财产损失的，调解从确定损失之日起开始。

第九十五条 公安机关交通管理部门调解交通事故损害赔偿争议的期限为10日。调解达成协议的，公安机关交通管理部门应当制作调解书送交各方当事人，调解书经各方当事人共同签字后生效；调解未达成协议的，公安机关交通管理部门应当制作调解终结书送交各方当事人。

交通事故损害赔偿项目和标准依照有关法律的规定执行。

第九十六条 对交通事故损害赔偿的争议，当事人向人民法院提起民事诉讼的，公安机关交通管理部门不再受理调解申请。

公安机关交通管理部门调解期间，当事人向人民法院提起民事诉讼的，调解终止。

第九十七条 车辆在道路以外发生交通事故，公安机关交通管理部门接到报案的，参照道路交通安全法和本条例的规定处理。

车辆、行人与火车发生的交通事故以及在渡口发生的交通事故，依照国家有关规定处理。

第六章 执法监督

第九十八条 公安机关交通管理部门应当公开办事制度、办事程序，建立警风警纪监督员制度，自觉接受社会和群众的监督。

第九十九条 公安机关交通管理部门及其交通警察办理机动车登记，发放号牌，对驾驶人考试、发证，处理道路交通安全违法行为，处理道路交通事故，应当严格遵守有关规定，不得越权执法，不得延迟履行职责，不得擅自改变处罚的种类和幅度。

第一百条 公安机关交通管理部门应当公布举报电话，受理群众举报投诉，并及时调查核实，反馈查处结果。

第一百零一条 公安机关交通管理部门应当建立执法质量考核评议、执法责任制和执法过错追究制度，防止和纠正道路交通安全执法中的错误或者不当行为。

第七章 法律责任

第一百零二条 违反本条例规定的行为，依照道路交通安全法和本条例的规定处罚。

第一百零三条 以欺骗、贿赂等不正当手段取得机动车登记或者驾驶许可的，收缴机动车登记证书、号牌、行驶证或者机动车驾驶证，撤销机动车登记或者机动车驾驶许可；申请人在3年内不得申请机动车登记或者机动车驾驶许可。

第一百零四条 机动车驾驶人有下列行为之一，又无其他机动车驾驶人即时替代驾驶的，公安机关交通管理部门除依法给予处罚外，可以将其驾驶的机动车移至不妨碍交通的地点或者有关部门指定的地点停放：

（一）不能出示本人有效驾驶证的；

（二）驾驶的机动车与驾驶证载明的准驾车型不符的；

（三）饮酒、服用国家管制的精神药品或者麻醉药品、患有妨碍安全驾驶的疾病，或者过度疲劳仍继续驾驶的；

（四）学习驾驶人员没有教练人员随车指导单独驾驶的。

第一百零五条 机动车驾驶人有饮酒、醉酒、服用国家管制的精神药品或者麻醉药品嫌疑的，应当接受测试、检验。

第一百零六条 公路客运载客汽车超过核定乘员、载货汽车超过核定载质量的，公安机关交通管理部门依法扣留机动车后，驾驶人应当将超载的乘车人转运、将超载的货物卸载，费用由超载机动车的驾驶人或者所有人承担。

第一百零七条 依照道路交通安全法第九十二条、第九十五条、第九十六条、第九十八条的规定被扣留的机动车，驾驶人或者所有人、管理人30日内没有提供被扣留机动车的合法证明，没有补办相应手续，或者不前来接受处理，经公安机关交通管理部门通知并且经公告3个月仍不前来接受处理的，由公安机关交通管理部门将该机动车送交有资格的拍卖机构拍卖，所得价款上缴国库；非法拼装的机动车予以拆除；达到报废标准的机动车予以报废；机动车涉及其他违法犯罪行为的，移交有关部门处理。

第一百零八条 交通警察按照简易程序当场作出行政处罚的，应当告知当事人道路交通安全违法行为的事实、处罚的理由和依据，并将行政处罚决定书当场交付被处罚人。

第一百零九条 对道路交通安全违法行为人处以罚款或者暂扣驾驶证处罚的，由违法行为发生地的县级以上人民政府公安机关交通管理部门或者相当于同级的公安机关交通管理部门作出决定；对处以吊销机动车驾驶证处罚的，由设区的市人民政府公安机关交通管理部门或者相当于同级的公安机关交通管理部门作出决定。

公安机关交通管理部门对非本辖区机动车的道路交通安全违法行为没有当场处罚的，可以由机动车登记地的公安机关交通管理部门处罚。

第一百一十条 当事人对公安机关交通管理部门及其交通警察的处罚有权进行陈述和申辩，交通警察应当充分听取当事人的陈述和申辩，不得因当事人陈述、申辩而加重其处罚。

第八章 附 则

第一百一十一条 本条例所称上道路行驶的拖拉机，是指手扶拖拉机等最高设计行驶速度不超过每小时20公里的轮式拖拉机和最高设计行驶速度不超过每小时40公里、牵引挂车方可从事道路运输的轮式拖拉机。

第一百一十二条 农业（农业机械）主管部门应当定期向公安机关交通管理部门提供拖拉机登记、安全技术检验以及拖拉机驾驶证发放的资料、数据。公安机关交通管理部门对拖拉机驾驶人作出暂扣、吊销驾驶证处罚或者记分处理的，应当定期将处罚决定书和记分情况通报有关的农业（农业机械）主管部门。吊销驾驶证的，还应当将驾驶证送交有关的农业（农业机械）主管部门。

第一百一十三条 境外机动车入境行驶，应当向入境地的公安机关交通管理部门申请临时通行号牌、行驶证。临时通行号牌、行驶证应当根据行驶需要，载明有效日期和允许行驶的区域。

入境的境外机动车申请临时通行号牌、行驶证以及境外人员申请机动车驾驶许可的条件、考试办法由国务院公安部门规定。

第一百一十四条 机动车驾驶许可考试的收费标准，由国务院价格主管部门规定。

第一百一十五条 本条例自2004年5月1日起施行。1960年2月11日国务院批准、交通部发布的《机动车管理办法》，1988年3月9日国务院发布的《中华人民共和国道路交通管理条例》，1991年9月22日国务院发布的《道路交通事故处理办法》，同时废止。

23. 国务院办公厅关于保障铁路公路等交通运输设施安全的通知

（国办发明电〔2005〕15号）

各省、自治区、直辖市人民政府，国务院各部委、各直属机构：

近年来，我国铁路、公路等交通运输设施建设进一步加快，运输安全形势总体稳定，但各类事故仍然时有发生；特别是一些单位和个人在铁路、公路附近过量取土挖砂、违规采石开矿等，造成路基沉陷、塌方，线路中断，严重威胁人民群众生命财产安全。2005年5月9日，萧甬铁路驿亭至余姚段临近线路的一砖瓦厂因超量取土，造成铁路路基大面积沉陷、塌方，中断上行方向行车168小时、下行方向行车99小时，停运客车188列、货车258列。2005年3月23日，206国道马城附近一铁矿挖掘矿石时严重违章作业，造成距公路4米处排水沟底部出现深达4米多的塌陷坑，严重影响国道安全畅通。此类危及铁路、公路安全的现象在一些地方还比较普遍。据近期调查发现，在铁路安全保护区内违章建筑物达5519处、取土156处、地下采空作业70处，在铁路桥梁跨越河道上下游禁采范围内采砂895处，在铁路设备两侧200米范围内生产、加工、储存危险品1534处，给运输安全带来了严重隐患。目前，全国相继进入汛期，确保运输安全畅通的任务更加繁重，为杜绝各类人为因素造成交通运输设施损坏事件的发生，经国务院同意，现就有关事项通知如下：

一、高度重视对铁路、公路等交通运输设施的保护。铁路、公路是国家重要的基础设施，确保铁路、公路安全对于国民经济发展和保障人民群众生命财产安全意义重大。地方各级人民政府及有关部门要充分认识保护铁路、公路等交通运输设施安全的重要性，落实护路联防责任制，按照各自职责，加强对铁路、公路等交通运输设施的保护工作，防范和制止危害运输设施安全的行为，并会同有关部门积极做好防洪及防范山体滑坡、泥石流等自然灾害和各类突发事件的应急预案。铁道、交通等有关部门要加强检查指导和督促协调，努力形成各地区、各有关部门齐抓共管的合力。

二、开展以保护铁路、公路等交通设施安全为重点的专项整治。地方各级人民政府要进一步加强对铁路、公路沿线采矿、挖砂、取土等行为的监督管理，严格相关许可审批，督促企业认真遵守法律法规和有关作业标准，防止对交通运输设施安全造成威胁。各地区、各有关部门近期要对铁路、公路沿线及运输设施安全情况进行一次全面检查和专项整治，对危及铁路、公路安全的取土挖砂、围垦造田、拦河筑坝、架设浮桥、采矿爆破、抽取地下水、生产储存危险品等问题，地方人民政府和有关部门要共同制订整改措施，限期解决。对拒不整改或故意拖延的，要依法采取强制措施并予以处罚。对违法违规作业危及运输安全、情节严重的企业，要依法吊销资质证书和营业执照。

三、进一步加强对交通运输设施的安全管理。铁路、公路管理机构要进一步加强运输安全管理和日常检查巡视，坚持早发现、早处理的原则，对可能发生各类灾害或事故的路段，及时进行整治，并安排足够的力量、配备必要的设备，加强监测监控，严防事故发生。特别要加强对汛期行车安全的管理，加强对重点路段的检查巡视，严格落实保证汛期行车安全的有关制度，对存在安全隐患的设备，抓紧进行整修。要进一步完善细化防洪安全措施，认真落实防洪岗位责任制，备足防洪物品，切实搞好对从业人员防洪知识的培训，提高处置汛期行车各种突发事件的能力。

四、加强宣传教育，加大执法力度。各地区、各有关部门要结合《铁路运输安全保护条例》的贯彻实施，组织力量，采取各种行之有效的方式，向铁路、公路沿线群众及社会公众广泛宣传保护交通运输设施安全的重要意义和国家有关法律法规，使群众充分认识在铁路、公路附近非法取土挖砂、违章违规操作等行为对运输安全的严重危害，进一步增强遵纪守法、爱路护路的自觉性。要充分发挥新闻媒体的作用，对严重危及运输安全的典型事例，公开曝光，形成全社会重视和保护交通运输设施安全的舆论氛围。要加强监察执法，严厉打击各类破坏铁路、公路设施的违法行为，确保铁路、公路运输安全畅通。

24. 国务院办公厅关于加强车辆超限超载治理工作的通知

（国办发〔2005〕30号）

各省、自治区、直辖市人民政府，国务院各部委、各直属机构：

近年来，车辆超限超载违法运输现象十分严重，不仅损坏公路基础设施，引发大量的道路交通事故，而且直接导致道路运输市场的恶性竞争和车辆生产使用秩序的混乱。根据国务院的统一部署，从2004年6月开始，交通部、公安部、发展改革委、中宣部、工商总局、质检总局、安全监管总局和法制办等8部门联合在全国范围集中开展了车辆超限超载治理工作，取得了初步成效。但是目前超限超载车辆数量依然较大，暴力抗法、野蛮闯关事件时有发生，个别地方工作出现松懈，超限超载有所反弹，治理超限超载的长效机制亟待建立和完善。为巩固和扩大治理工作成果，从根本上解决车辆超限超载运输问题，经国务院同意，现就进一步做好车辆超限超载治理工作通知如下：

一、加强领导，落实治理工作责任

开展治理车辆超限超载工作，是加强安全生产、促进道路运输事业健康发展的重要措施，也是整顿和规范市场经济秩序的重要内容。各地区、各部门要从贯彻“三个代表”重要思想和落实科学发展观的高度，充分认识治理超限超载工作的重要性和紧迫性，坚持全国统一领导、地方政府负责、部门指导协调、各方联合行动的治理工作机制，明确职责，制订方案，完善措施，加强督促检查，切实做好治理工作。地方各级人民政府要把治理工作列入年度工作重点，实行目标责任制和责任追究制，加强领导，落实经费，积极研究解决治理工作中出现的问题和困难。交通、公安、发展改革、宣传、工商、质检、安全监管和法制等部门要按照职责分工，加强协调配合，认真落实措施，推进治理工作平稳有序进行。

二、明确重点，坚决遏制车辆超限超载运输

车辆超限超载治理工作要坚持经济、法律和行政手段与技术措施并重，集中整治与制度建设、严格执法与科学管理、严密防堵与积极疏导相结合，突出重点，进一步落实各项整治措施。

（一）进一步加大路面执法力度。各级交通、公安部门要加强协调和配合，按照全国统一的超限超载认定标准和处罚标准，在治理超限超载检测站共同对超限超载车辆进行集中整治。对重点监管车型和重点地区，逐步加大卸载和处罚力度，对超限超载车辆驾驶员严格实行扣分制度，遏制超限超载车辆上路行驶。对治理中暴力抗法、野蛮闯关的，各级公安机关要严厉打击，坚决依法查处。

（二）加大对现有“大吨小标”车辆的更正力度。对现有“大吨小标”车辆，要按照发展改革委公布的“大吨小标”车型更正表，进一步加快车辆吨位参数更正和行驶证换发工作，不符合国家安全技术标准的，不予通过车辆检验；对因特殊原因尚未公布更正表的，要加大工作力度，在2005年内发布更正公告。对现有“大吨小标”车辆更正过渡期以后新生产的“大吨小标”车辆及其他不符合国家标准的车辆，一律按照违法车辆处理，发展改革委撤销相应的车型，公安机关不发放车辆牌照，车辆生产厂家负责召回车辆，同时承担相应的法律责任和经济责任。严格执行《中华人民共和国道路交通安全法》等法律法规及相关的国家标准，严格车辆注册登记工作，确保车辆参数标定的严肃性和准确性，杜绝“大吨小标”及其他不符合国家标准的车辆上路行驶。

（三）整顿汽车改装企业。对非法车辆改装企业要依法严厉处罚，坚决予以取缔，并公开曝光；对不按国家规定或超范围改装车辆的企业，要立即停业并限期整改。对非法改装问题严重的地区，有关部门要联合行动，坚决清理。

（四）加强对运输市场和货物装载的监管。要进一步整顿规范道路运输市场秩序，建立货运经营企业和营运驾驶员信誉档案，对车辆超限超载运输经营者、营运驾驶员以及为超限超载提供便利的运输站（场），依法予以处罚。对公路沿线的小煤场及各类货物分装场，当地政府要组织有关部门进行清理整顿，未取得工商营业执照的，予以关闭；取得工商营业执照的，强化其按照规范和标准装载的责任，确保车辆源头装载符合要求；对放行超限超载车辆问题严重的，责令停业整顿。

三、标本兼治，加强治理超限超载长效机制建设

要紧紧抓住车辆生产、车辆改装、运输市场准入、收费政策调整、路面监控网络建设等关键环节，研究制订切实可行的措施，从根本上遏制超限超载现象。

（一）严把车辆生产和改装关。研究建立强化车辆生产企业和改装企业监管的制度，规范车辆生产和改装行为，确保车辆生产企业、改装企业严格按照国家标准生产和改装车辆。发展改革委要会同有关部门研究制订具体的限制措施，严把源头关。

（二）严格运输市场准入管理。严格执行《中华人民共和国道路运输条例》，对不符合国家标准的车辆，一律不予发放车辆营运证，严禁进入运输市场。公布一批符合道路运输行业发展方向的性能优良车型，实行优先准入等措施，优化运输车辆结构。

（三）加强监控网络建设。结合公路基础设施建设，统一规划，合理布局，建设一批标准化、规范化且通过计量检定的超限超载检测站，逐步形成全国性超限超载车辆监控网络，对超限超载车辆实行长期、有效的监控检测。

（四）强化经济调节手段。抓紧对现行车辆通行费和公路养路费的征收标准和计量方式进行调整和完善，降低合法运输车辆的收费标准和运输成本。鼓励发展高效、安全的车型。

（五）完善法律法规体系。不断总结经验，完善法律法规，使治理工作走上法制化、规范化轨道。要加快公路保护条例的起草制定工作，争取尽快公布。对于造成桥梁和公路设施严重破坏的超限超载车辆，及时研究出台有关规定，依法追究肇事者的责任。

四、加强舆论引导，充分发挥新闻媒体的作用

要大力宣传治理车辆超限超载的目的、意义、要求以及各地的好经验、好做法，使群众了解治理的相关政策，营造依法治理的社会环境，增强群众合法运输、依法维权的意识。同时，对严重超限超载和损害群众利益的典型案件，要公开曝光。新闻媒体要从维护社会稳定和市场经济秩序的大局出发，坚持正确的舆论导向，严守宣传纪律，防止诱发和激化矛盾。

五、规范执法行为，确保道路运输畅通

要严格依法行政，规范执法行为，加强监督检查，使治理工作规范、有序开展。要把治理车辆超限超载与严格规范公路收费结合起来，防止出现各种形式的乱收费、乱罚款。加强执法队伍的法纪教育，规范执法人员行为，对徇私舞弊、借机牟取私利的，要严肃处理。各地区和有关部门要正确处理治理超限超载与促进运输的关系，密切监测、跟踪了解市场动态和公路交通流量变化，加强组织疏导，完善运输应急预案和快速反应机制，确保煤炭等重点物资运输畅通，确保农副产品绿色通道畅通。

25. 关于印发公路、水路交通事业单位岗位设置管理的两个指导意见的通知

（人社部发〔2008〕74号）

各省、自治区、直辖市人事厅（局）、劳动保障厅（局）、交通厅（委），新疆生产建设兵团人事局、劳动保障局、民政局，各副省级市人事局、劳动保障局、交通局，国务院各部委、各直属机构人事劳动保障部门：

根据《事业单位岗位设置管理试行办法》（国人部发〔2006〕70号）和《〈事业单位岗位设置管理试行办法〉实施意见》（国人部发〔2006〕87号）文件精神，结合交通事业单位的实际情况，我们制定了《关于公路交通事业单位岗位设置管理的指导意见》和《关于水路交通事业单位岗位设置管理的指导意见》。现印发给你们，请遵照执行。

关于公路交通事业单位岗位设置管理的指导意见

根据《事业单位岗位设置管理试行办法》（国人部发〔2006〕70号，以下简称《试行办法》）和《〈事业单位岗位设置管理试行办法〉实施意见》（国人部发〔2006〕87号，以下简称《实施意见》），为做好公路交通事业单位岗位设置管理的组织实施工作，结合公路交通事业单位的特点，提出以下指导意见。

一、适用范围

1. 各级公路交通事业单位，包括公路管理（含建设、养护、运营、规费征稽、质量监督、造价、定额等管理）事业单位和道路运输管理（含客货运、运输站场、驾驶培训、机动车维修、汽车出租、公共交通等管理）事业单位，及其他利用国有资产按照规定程序设立、从事公益性服务的公路交通事业单位，包括经费来源主要由财政拨款、部分由财政支持以及经费自理的，都要实施岗位设置管理。

2. 公路交通事业单位的管理人员（职员）、专业技术人员和工勤技能人员，都要纳入岗位设置管理。

岗位设置管理中涉及公路交通事业单位领导人员的，按照干部人事管理权限的有关规定执行。

3. 使用事业编制的公路学会、建设协会、道路运输协会等公路社会团体工作人员，参照《试行办法》、《实施意见》和本指导意见，纳入岗位设置管理。

4. 经批准参照《中华人民共和国公务员法》进行管理的公路交通事业单位、社会团体，各类企业所属的公路交通事业单位和公路交通事业单位所属独立核算的企业，以及已经由事业单位转制为企业的公路单位，不适用本指导意见。

5. 公路交通教育、科研、卫生、广播影视、新闻出版等事业单位，适用相关行业的指导意见。

二、岗位类别设置

6. 公路交通事业单位岗位分为管理岗位、专业技术岗位和工勤技能岗位三种类别（以下简称三类岗位）。

7. 管理岗位指担负领导职责或管理任务的工作岗位。管理岗位的设置要适应增强单位运转效能、提高工作效率、提升管理水平的需要。

8. 专业技术岗位指从事专业技术工作，具有相应专业技术水平和能力要求的工作岗位。专业技术岗位的设置要符合公路交通工作和人才成长的规律和特点，适应公路交通事业发展与提高专业水平的需要。

公路交通事业单位的专业技术岗位分为主体专业技术岗位和其他专业技术岗位。根据公路交通的特点，主体专业技术岗位包括道桥工程、交通工程、道路运输、汽车运用、运输经济（含规费征稽中的统计、财会）、交通法律法规、交通信息化等公路交通特有专业技术岗位。

9. 工勤技能岗位指承担技能操作和维护、后勤保障、服务等职责的工作岗位。工勤技能岗位的设置要适应提高操作维护技能，提升服务水平的要求，满足公路交通事业单位业务工作的实际需要。

鼓励公路交通事业单位后勤服务社会化，已经实现社会化服务的一般性劳务工作，不再设置相应的工勤技能岗位。

10. 根据公路交通事业单位的社会功能、职责任务、工作性质和人员结构特点等因素，综合确定公路交通事业单位三类岗位总量的结构比例。在确定岗位总量时，应根据核定的人员编制总量和实际工作需要综合确定。

11. 公路交通事业单位三类岗位的结构比例由政府人事行政部门和公路交通事业单位主管部门确定。控制标准如下：

（1）主要履行法律法规授权或交通行政部门委托职能，承担执法监督、公路和道路运输行业管理、规费征稽任务的公路交通事业单位，岗位设置一般以管理岗位为主。其管理岗位一般不低于单位岗位总量的50％，工勤技能岗位一般不高于单位岗位总量的10％。

对于专业技术性很强以及管理层级高的上述公路交通事业单位，可适当提高专业技术岗位比例并相应降低其他两类岗位比例。

（2）主要以专业技术为社会提供公益性服务，从事造价与定额编制、公路与桥梁检测等活动的公路交通事业单位，岗位设置以专业技术岗位为主。其专业技术岗位一般不低于单位岗位总量的70％，工勤技能岗位一般不高于单位岗位总量的10％。其中，主体专业技术岗位占全部专业技术岗位的比例一般不低于70％。

（3）主要提供公路技能型服务，从事公路养护生产、机动车辆检测等活动的公路交通事业单位，岗位设置应以工勤技能岗位为主。其工勤技能岗位一般不低于单位岗位总量的50％，管理岗位一般不高于单位岗位总量的15％。

三、岗位等级设置

（一）管理岗位等级设置

12. 管理岗位分8个等级。管理岗位的最高等级和结构比例根据公路交通事业单位的规格、规模和隶属关系，按照干部人事管理有关规定和权限确定。

13. 公路交通事业单位现行的厅级正职、厅级副职、处级正职、处级副职、科级正职、科级副职、科员、办事员依次分别对应管理岗位三至十级职员岗位。

14. 根据公路交通事业单位的规格、规模和隶属关系，按照干部人事管理权限设置公路交通事业单位各等级管理岗位的职员数量。

（二）专业技术岗位等级设置

15. 专业技术岗位的最高等级和结构比例根据公路交通事业单位的功能、规格、隶属关系和专业技术水平等因素，按照公路交通行业现行专业技术职务管理有关规定和本指导意见确定。

16. 专业技术岗位分13个等级。专业技术高级岗位分7个等级，即一至七级。高级专业技术职务正高级的岗位包括一至四级，副高级的岗位包括五至七级；中级岗位分3个等级，即八至十级；初级岗位分3个等级，即十一至十三级，其中十三级是员级岗位。

17. 专业技术高级、中级、初级岗位之间，以及高级、中级、初级岗位内部不同等级岗位之间的结构比例，根据地区经济、公路交通发展水平，以及公路交通事业单位的功能、规格、隶属关系和专业技术水平，实行不同的结构比例控制。

根据全国事业单位专业技术人员高级、中级、初级岗位之间的结构比例总体控制目标的要求，按照公路交通事业单位专业技术人员高级、中级、初级结构比例现状，结合公路交通事业发展需要和“十一五”人才发展规划，合理确定公路交通事业单位专业技术高级、中级、初级岗位之间的结构比例。

中央所属公路交通事业单位高级专业技术岗位的比例可适当高于省（自治区、直辖市）所属公路交通事业单位，省（自治区、直辖市）所属公路交通事业单位高级专业技术岗位的比例可适当高于地（市）所属公路交通事业单位；地（市）所属公路交通事业单位高级专业技术岗位的比例可适当高于县（县级市、区）所属公路交通事业单位。

18. 公路交通事业单位专业技术高级、中级、初级岗位内部不同等级岗位之间的结构比例全国总体控制目标为：二级、三级、四级岗位之间的比例为1∶3∶6，五级、六级、七级岗位之间的比例为2∶4∶4，八级、九级、十级岗位之间的比例为3∶4∶3，十一级、十二级岗位之间的比例为5∶5。

县级及以下单位小、人员少、较分散的基层公路交通事业单位，专业技术岗位设置的结构比例可实行集中调控、集中管理的办法。具体办法由省级政府人事行政部门和公路交通主管部门研究制定。

19. 各级政府人事行政部门和公路交通事业单位主管部门要严格控制专业技术岗位的结构比例，严格控制高级专业技术岗位总量。公路交通事业单位要严格执行核准的专业技术岗位结构比例。

（三）工勤技能岗位等级设置

20. 工勤技能岗位包括技术工岗位和普通工岗位，其中技术工岗位分5个等级，普通工岗位不分等级。

21. 工勤技能岗位的最高等级和结构比例按照岗位等级规范、技能水平和工作需要确定。

22. 公路交通事业单位中的高级技师、技师、高级工、中级工、初级工，依次分别对应一至五级工勤技能岗位。

23. 公路交通事业单位工勤技能岗位结构比例，一级、二级、三级岗位的总量占工勤技能岗位总量的比例，全国总体控制目标为25%左右；一级、二级岗位的总量占工勤技能岗位总量的比例，全国总体控制目标为5%左右。

24. 主要提供公路技能型服务、技能水平较高、技能人才密集的事业单位，其工勤技能岗位结构比例可适当高于其他事业单位。

25. 公路交通事业单位工勤技能一级、二级岗位，主要应在专业技术辅助岗位承担技能操作和维护职责等对技能水平要求较高的领域设置。工勤技能一级、二级岗位的总量要严格控制。

（四）特设岗位设置

26. 特设岗位是根据公路交通事业单位特点和事业发展规律，为适应聘用急需的高层次人才等特殊需要，经批准设置的工作岗位，是公路交通事业单位中的非常设岗位。特设岗位的等级按照规定的程序确定。

特设岗位不受公路交通事业单位岗位总量、最高等级和结构比例限制，在完成工作任务后，按照管理权限予以核销。

27. 公路交通事业单位特设岗位的设置须经主管部门审核，并按程序报设区的市级以上政府人事行政部门核准。具体管理办法由各省（自治区、直辖市）根据实际情况制定。

四、专业技术岗位名称及岗位等级

28. 公路交通事业单位主体专业技术岗位中，正高级岗位名称暂定为高级工程师一级岗位、高级工程师二级岗位、高级工程师三级岗位、高级工程师四级岗位，分别对应一至四级专业技术岗位；副高级岗位名称暂定为高级工程师五级岗位（高级经济师一级岗位）、高级工程师六级岗位（高级经济师二级岗位）、高级工程师七级岗位（高级经济师三级岗位），分别对应五至七级专业技术岗位；中级岗位名称为工程师（经济师，下同）一级岗位、工程师二级岗位、工程师三级岗位，分别对应八至十级专业技术岗位；初级岗位名称为助理工程师（助理经济师，下同）一级岗位、助理工程师二级岗位，分别对应十一级、十二级专业技术岗位；员级岗位名称为技术员岗位（经济员岗位），对应十三级专业技术岗位。

29. 其他专业技术岗位名称和对应等级参照相关行业指导意见和标准执行，原则上沿用现专业技术名称。

30. 公路交通事业单位专业技术一级岗位属国家专设的特级岗位，其人员的确定按国家有关规定执行。

31. 公路交通事业单位其他系列专业技术岗位的等级原则上应低于主体专业技术岗位。

五、岗位基本条件

（一）各类岗位的基本条件

32. 公路交通事业单位三类岗位的基本条件，主要根据岗位的职责任务和任职条件确定。公路交通事业单位三类岗位的基本任职条件为：

（1）遵守宪法和法律；

（2）具有良好的品行；

（3）具备岗位所需的专业、能力或技能条件；

（4）适应岗位要求的身体条件。

（二）管理岗位基本条件

33. 职员岗位一般应具有中专以上文化程度，其中六级以上的职员岗位，一般应具有大学专科以上文化程度，四级以上的职员岗位，一般应具有大学本科以上文化程度。

34. 公路交通事业单位各等级职员岗位的基本任职条件为：

(1) 三级、五级职员岗位，须分别在四级、六级职员岗位上工作两年以上。

(2) 四级、六级职员岗位，须分别在五级、七级职员岗位上工作三年以上。

(3) 七级、八级职员岗位，须分别在八级、九级职员岗位上工作三年以上。

确因工作需要，由专业技术岗位交流到管理岗位的人员，可根据干部人事管理权限和岗位任职条件，比照同类人员，直接聘用到相应的管理岗位。

35. 各省（自治区、直辖市）、国务院有关部门以及公路交通事业单位在上述基本任职条件的基础上，根据本指导意见，结合实际情况，制定本地区、本部门以及本单位职员的具体条件。

（三）专业技术岗位基本条件

36. 公路交通事业单位专业技术岗位的基本任职条件按照现行专业技术职务评聘的有关规定执行。

37. 公路交通事业单位实行职业资格准入控制的专业技术岗位的基本条件，应包括准入控制的要求。

38. 各省（自治区、直辖市）、国务院有关部门以及公路交通事业单位在国家规定的专业技术高级、中级、初级岗位基本条件基础上，根据本指导意见，结合不同类型、不同层次专业技术岗位的实际情况，制定本地区、本部门以及本单位专业技术岗位的具体条件。

39. 公路交通事业单位专业技术高级、中级、初级岗位内部不同等级岗位的条件，由主管部门和公路交通事业单位按照《试行办法》、《实施意见》和本指导意见，根据岗位的职责任务、专业技术水平要求等因素综合确定。

（四）工勤技能岗位基本条件

40. 公路交通事业单位工勤技能岗位的基本任职条件为：

(1) 一级、二级工勤技能岗位，须在本工种下一级岗位工作满 5 年，并分别通过高级技师、技师技术等级考评。

(2) 三级、四级工勤技能岗位，须在本工种下一级岗位工作满 5 年，并分别通过高级工、中级工技术等级考核。

(3) 学徒（培训生）学习期满和工人见习、试用期满，通过初级工技术等级考核后，可确定为五级工勤技能岗位。

六、岗位设置的审核

41. 公路交通事业单位岗位设置实行核准制度，严格按照规定的程序和管理权限进行审核。

42. 公路交通事业单位设置岗位按照以下程序进行：

(1) 制定岗位设置方案，填写岗位设置审核表；

(2) 按程序报主管部门审核、政府人事行政部门核准；

(3) 在核准的岗位总量、结构比例和最高等级限额内，制定岗位设置实施方案；

(4) 广泛听取职工对岗位设置实施方案的意见；

(5) 岗位设置实施方案由单位负责人员集体讨论通过；

(6) 组织实施。

43. 国务院有关部门所属公路交通事业单位的岗位设置方案经主管部门审核汇总后，报人力资源社会保障部备案。

44. 省（自治区、直辖市）政府直属公路交通事业单位的岗位设置方案，报本地区人事厅（局）核准。省（自治区、直辖市）政府部门所属公路交通事业单位的岗位设置方案经主管部门审核后，报本地区人事厅（局）核准。

45. 地（市）政府直属公路交通事业单位的岗位设置方案，报本地（市）政府人事行政部门核准。

地（市）政府部门所属公路交通事业单位的岗位设置方案经主管部门审核后，报本地（市）政府人事行政部门核准。

46. 县（县级市、区）政府直属公路交通事业单位的岗位设置方案，经同级政府人事行政部门审核后，报地区或设区的市政府人事行政部门核准。

县（县级市、区）政府部门所属公路交通事业单位的岗位设置方案经主管部门、同级政府人事行政部门审核汇总后，报地区或设区的市政府人事行政部门核准。

47. 实行省（自治区、直辖市）以下或者地（市）以下垂直管理的公路交通事业单位，其岗位设置实施方案由省（自治区、直辖市）或者地（市）公路交通事业单位主管部门汇总，报省（自治区、直辖市）或者地（市）政府人事行政部门核准后，由省（自治区、直辖市）或者地（市）公路交通事业单位组织实施。

48. 公路交通事业单位的岗位总量、结构比例和最高等级应保持相对稳定。有下列情形之一的，岗位设置方案可按照本指导意见第 43 条、第 44 条、第 45 条、第 46 条、第 47 条的权限申请变更：

（1）公路交通事业单位出现分立、合并，须对本单位的岗位进行重新设置的；

（2）根据上级或同级机构编制部门的正式文件，增减机构编制的；

（3）按照业务发展和实际情况，为完成工作任务确需变更岗位设置的。

49. 经核准的岗位设置方案作为公路交通事业单位聘用人员、确定岗位等级、调整岗位以及核定工资的依据。

七、岗位聘用

50. 公路交通事业单位按照《试行办法》、《实施意见》和本指导意见以及核准的岗位设置方案，根据按需设岗、竞聘上岗、按岗聘用的原则，确定具体岗位，明确岗位等级，聘用工作人员，签订聘用合同。

按照原中央职称改革工作领导小组、国务院工资制度改革小组《关于试行提高部分高级工程师职务工资的通知》（职改字〔1986〕165 号）评定的成绩优异的高级工程师，可聘用在正高级专业技术岗位。

51. 公路交通事业单位聘用人员，应在岗位有空缺的情况下按照公开招聘、竞聘上岗的原则及有关规定择优聘用。

公路交通事业单位应按照管理岗位、专业技术岗位、工勤技能岗位的职责任务和任职条件，在核定的结构比例范围内聘用人员，聘用条件不得低于国家规定的基本条件。

52. 县级及以下单位小、人员少、较分散，对岗位结构比例实行集中调控、集中管理的基层公路交通事业单位，可根据实际情况实行人员集中聘用。

53. 根据公路交通行业人才的特点，对公路交通事业单位确有真才实学、成绩显著、贡献突出的专业技术人员，岗位急需且符合破格条件的，经上级主管部门批准，可根据有关规定破格聘用。

54. 公路交通事业单位新参加工作人员见习、试用期满后，管理人员按照《实施意见》规定确定相应的岗位等级；专业技术人员按照岗位条件要求确定岗位等级。

55. 尚未实行聘用制度和岗位管理制度的公路交通事业单位，应按照《国务院办公厅转发人事部关于在事业单位试行人员聘用制度意见的通知》（国办发〔2002〕35 号）、《试行办法》、《实施意见》和本指导意见的精神，抓紧进行岗位设置，实行聘用制度，组织岗位聘用。

已经实行聘用制度，签订聘用合同的公路交通事业单位，可以根据《试行办法》、《实施意见》和本指导意见，按照核准的岗位设置方案，对本单位现有人员确定不同等级的岗位，并变更聘用合同的相应内容。

56. 各级政府人事行政部门、公路交通事业单位主管部门和公路交通事业单位要根据国家有关规定，使公路交通事业单位现有在册的正式工作人员，按照现聘职务或岗位进入相应等级的岗位。

各地区、各部门和公路交通事业单位必须严格把握政策，不得违反规定突破现有的职务数额，不得突击聘用人员，不得突击聘用职务。要采取措施严格限制专业技术高级、中级、初级岗位中的高等级岗位的设置。

57. 公路交通事业单位聘用人员原则上不得同时在两类岗位上任职。根据公路交通事业单位的工作特点，因工作需要，确需兼任的，须按人事管理权限审批。

58. 公路交通事业单位首次进行岗位设置和岗位聘用，岗位结构比例不得突破现有人员的结构比例。现有人员的结构比例已经超过核准比例的，应通过自然减员、调出、低聘或解聘等办法，逐步达到规定的结构比例。尚未达到核准的结构比例的，要严格控制岗位聘用数量，根据公路交通事业发展要求和人员队伍状况等情况逐年逐步到位。

八、组织实施

59. 岗位设置管理工作是公路交通事业单位人事制度和收入分配制度改革的前提和基础，是加强公路交通人才队伍建设的重要内容。各级公路交通事业单位主管部门及公路交通事业单位，要高度重视，加强领导，坚持以人为本，从实际出发，充分考虑公路交通科学发展的客观需要，切实保证职工的切身利益，积极稳妥地推进改革。

60. 各级公路交通事业单位主管部门要加强对公路交通事业单位岗位设置管理的组织领导，制定具体工作方案，及时研究解决新情况、新问题，确保改革有序进行。对于法律法规授权的具有公路路政、道路运政、规费征稽、质量监督等管理职能，尚未获准参照公务员法管理的公路交通事业单位，都应按照本指导意见做好岗位设置管理工作。

各级人事行政部门要加强与公路交通事业单位主管部门的沟通协调，结合本地区公路交通事业单位的特点，认真贯彻执行《试行办法》、《实施意见》和本指导意见。

61. 各地区、各部门和公路交通事业单位在岗位设置和岗位聘用工作中，要严格执行有关政策规定，坚持原则，坚持走群众路线。对违反规定滥用职权、打击报复、以权谋私的，要追究责任。对不按《试行办法》、《实施意见》和本指导意见进行岗位设置和岗位聘用的公路交通事业单位，政府人事行政部门、公路交通事业单位主管部门及有关部门不予确认岗位等级、不予兑现工资、不予核拨经费。情节严重的，对相关领导和责任人予以通报批评，按照人事管理权限给予相应的纪律处分。

62. 本指导意见由人力资源社会保障部、交通运输部负责解释。

关于水路交通事业单位岗位设置管理的指导意见

根据《事业单位岗位设置管理试行办法》（国人部发〔2006〕70号，以下简称《试行办法》）和《〈事业单位岗位设置管理试行办法〉实施意见》（国人部发〔2006〕87号，以下简称《实施意见》），为做好水路交通事业单位岗位设置管理的组织实施工作，结合水路交通事业单位的特点，提出以下指导意见。

一、适用范围

1. 为了社会公益目的，由国家机关举办或者其他组织利用国有资产举办的，经费来源主要由财政拨款、部分由财政支持以及经费自理的，具有航道、港政、运政、引航、海事、质监、船检等职能的水路交通事业单位，都要实施岗位设置管理。

2. 水路交通事业单位的管理人员（职员）、专业技术人员和工勤技能人员，都要纳入岗位设置管理。

岗位设置管理中涉及水路交通事业单位领导人员的，按照干部人事管理权限的有关规定执行。

3. 使用事业编制的水路交通各类学会、协会、基金会等社会团体工作人员，参照《试行办法》、《实施意见》和本指导意见，纳入岗位设置管理。

4. 经批准参照《中华人民共和国公务员法》进行管理的水路交通事业单位、社会团体，各类企业所属的水路交通事业单位和水路交通事业单位所属独立核算的企业，以及已经由事业单位转制为企业的水路单位，不适用本指导意见。

5. 水路交通教育、科研、卫生、广播影视、新闻出版等事业单位，适用相关行业的指导意见。

二、岗位类别设置

6. 水路交通事业单位岗位分为管理岗位、专业技术岗位和工勤技能岗位三种类别（以下简称三类岗位）。

7. 管理岗位指担负领导职责或管理任务的工作岗位。管理岗位的设置要适应增强单位运转效能、提高工作效率、提升管理水平的需要。

8. 专业技术岗位指从事专业技术工作，具有相应专业技术水平和能力要求的工作岗位。专业技术岗位的设置要符合水路交通工作和人才成长的规律和特点，适应水路交通事业发展与提高专业水平的需要。

水路交通事业单位的专业技术岗位分为主体专业技术岗位和其他专业技术岗位。根据水路交通的特点，主体专业技术岗位包括港口、航道、水路运输管理、运输经济、航海、船舶检验、质量检验、试验检测、交通法律法规等水路交通特有专业技术岗位。

9. 工勤技能岗位指承担技能操作和维护、后勤保障、服务等职责的工作岗位。工勤技能岗位的设置要适应提高操作维护技能，提升服务水平的要求，满足水路交通事业单位业务工作的实际需要。

鼓励水路交通事业单位后勤服务社会化，已经实现社会化服务的一般性劳务工作，不再设置相应的工勤技能岗位。

10. 根据水路交通事业单位的社会功能、职责任务、工作性质和人员结构特点等因素，综合确定水路交通事业单位三类岗位总量的结构比例。

11. 水路交通事业单位三类岗位的结构比例由政府人事行政部门和水路交通事业单位主管部门确定。控制标准如下：

（1）主要履行法律法规授权或交通行政部门委托职能，承担行政执法、管理职能的港政、运政、航道行政管理、海事执法、质量监督等水路交通事业单位，岗位设置一般以管理岗位为主。其管理岗位一般不低于岗位总量的 50%。

（2）主要以专业技术为社会提供公益性服务，从事航道建设及维护、船舶检验、水运工程试验检测、引航、航标、测绘、通信等活动的水路交通事业单位，岗位设置以专业技术岗位为主。专业技术岗位占岗位总量的比例一般不低于 70%。

（3）水路交通事业单位主体岗位以外的其他两类岗位，应保持相对合理的结构比例。

（4）船员的岗位总量、结构比例按照国家有关规定执行。

三、岗位等级设置

（一）管理岗位等级设置

12. 管理岗位分 8 个等级。管理岗位的最高等级和结构比例根据水路交通事业单位的规格、规模、隶属关系，按照干部人事管理有关规定和权限确定。

13. 水路交通事业单位现行的厅级正职、厅级副职、处级正职、处级副职、科级正职、科级副职、科员、办事员依次分别对应管理岗位三到十级职员岗位。

14. 根据水路交通事业单位的规格、规模和隶属关系，按照干部人事管理权限设置水路交通事业单位各等级管理岗位的职员数量。

（二）专业技术岗位等级设置

15. 专业技术岗位的最高等级和结构比例，根据地区经济、社会事业发展水平及不同区域（水网和非水网地区、沿海与内河等）水路交通事业的发展规模、水平，及事业单位的功能、规格、隶属关系、专业技术水平等因素，按照水路交通行业现行专业技术职务管理的有关规定和本指导意见确定。

16. 专业技术岗位分 13 个等级。专业技术高级岗位分 7 个等级，即一至七级。高级专业技术职务正高级的岗位包括一至四级，副高级的岗位包括五至七级；中级岗位分 3 个等级，即八至十级；初级岗位分 3 个等级，即十一到十三级，其中十三级是员级岗位。

17. 专业技术高级、中级、初级岗位之间，以及高级、中级、初级岗位内部不同等级岗位之间的结构比例，根据地区经济、行业发展水平、行业不同业务类别以及水路交通事业单位的功能、规格、隶属关系和专业技术水平，实行不同的结构比例控制。

根据全国事业单位专业技术人员高级、中级、初级岗位之间的结构比例总体控制目标的要求，按照水路交通事业单位专业技术人员高级、中级、初级结构比例现状，结合水路交通事业发展需要和“十一五”人才发展规划，合理确定水路交通事业单位专业技术高级、中级、初级岗位之间的结构比例。

中央所属水路交通事业单位高级、中级、初级专业技术岗位的结构比例适当高于省（自治区、直辖市）所属水路交通事业单位的专业技术高级、中级、初级之间的结构比例。地（市）以下政府所属水路交通事业单位的专业技术高级、中级、初级之间的比例结构，由政府人事行政部门和事业单位主管部门按照低于上述结构比例的原则研究确定。

18. 水路交通事业单位专业技术高级、中级、初级岗位内部不同等级岗位之间的结构比例全国总体控制目标为：二级、三级、四级岗位之间的比例为 1∶3∶6，五级、六级、七级岗位之间的比例为 2∶4∶4，八级、九级、十级岗位之间的比例为 3∶4∶3，十一级、十二级岗位之间的比例为 5∶5。

县级及以下单位小、人员少、较分散的基层水路交通事业单位，专业技术岗位设置的结构比例可实行集中调控、集中管理的办法。具体办法由省级政府人事行政部门和水路交通主管部门研究制定。

19. 各级政府人事行政部门和水路交通事业单位主管部门要严格控制专业技术岗位的结构比例，严格控制高级专业技术岗位的总量。水路交通事业单位要严格执行核准的专业技术岗位结构比例。

（三）工勤技能岗位等级设置

20. 工勤技能岗位包括技术工岗位和普通工岗位，其中技术工岗位分 5 个等级，普通工岗位不分等级。

21. 工勤技能岗位的最高等级和结构比例按照岗位等级规范、技能水平和工作需要确定。

22. 水路交通事业单位中的高级技师、技师、高级工、中级工、初级工依次分别对应一级至五级工勤技能岗位。

23. 水路交通事业单位工勤技能岗位结构比例，一级、二级、三级岗位的总量占工勤技能岗位总量的比例，全国总体控制目标为25%左右；一级、二级岗位的总量占工勤技能岗位总量的比例，全国总体控制目标为5%左右。

24. 水路交通事业单位工勤技能一级、二级岗位，主要应在专业技术辅助岗位承担技能操作和维护职责等对技能水平要求较高的领域设置。工勤技能一级、二级岗位的总量要严格控制。

（四）特设岗位设置

25. 特设岗位是根据水路交通事业单位特点和事业发展规律，为适应聘用急需的高层次人才等特殊需要，经批准设置的工作岗位，是水路交通事业单位中的非常设岗位。特设岗位的等级按照规定的程序确定。

特设岗位不受水路交通事业单位岗位总量、最高等级和结构比例限制，在完成工作任务后，按照管理权限予以核销。

26. 水路交通事业单位特设岗位的设置须经主管部门审核，并按程序报设区的市级以上政府人事行政部门核准。具体管理办法由各省（自治区、直辖市）根据实际情况制定。

四、专业技术岗位名称及岗位等级

27. 水路交通事业单位主体专业技术岗位中，正高级岗位名称暂定为高级工程师一级岗位、高级工程师二级岗位、高级工程师三级岗位和高级工程师四级岗位，分别对应一至四级专业技术岗位；副高级岗位名称暂定为高级工程师五级岗位（高级经济师一级岗位、高级引航员一级岗位、高级船长一级岗位、高级轮机长一级岗位）、高级工程师六级岗位（高级经济师二级岗位、高级引航员二级岗位、高级船长二级岗位、高级轮机长二级岗位）、高级工程师七级岗位（高级经济师三级岗位、高级引航员三级岗位、高级船长三级岗位、高级轮机长三级岗位），分别对应五至七级专业技术岗位；中级岗位名称为工程师（经济师）一级岗位和一级引航员岗位、工程师（经济师）二级岗位和二级引航员一级岗位、工程师（经济师）三级岗位和二级引航员二级岗位，分别对应八至十级专业技术岗位；初级岗位名称为助理工程师（助理经济师）一级岗位、助理工程师（助理经济师）二级岗位，分别对应十一级至十二级专业技术岗位；技术员岗位对应十三级专业技术岗位。其他船员对应等级按照国家有关规定执行。

28. 其他专业技术岗位名称和对应等级参照相关行业指导意见和标准执行，原则上沿用现专业技术名称。

29. 水路交通事业单位专业技术一级岗位属国家专设的特级岗位，其人员的确定按国家有关规定执行。

30. 水路交通事业单位其他系列专业技术岗位的等级原则上应低于主体专业技术岗位。

五、岗位基本条件

（一）各类岗位的基本条件

31. 水路交通事业单位三类岗位的基本条件，主要根据岗位的职责任务和任职条件确定。水路交通事业单位三类岗位的基本任职条件为：

（1）遵守宪法和法律；

（2）具有良好的品行和敬业精神；

（3）具备岗位所需的专业、能力和技能等条件；

（4）适应岗位要求的身体条件。

（二）管理岗位基本条件

32. 职员岗位一般应具有中专以上文化程度，其中六级以上的职员岗位，一般应具有大学专科以上文化程度，四级以上职员岗位一般应具有大学本科以上文化程度。

33. 水路交通事业单位各等级职员岗位的基本任职条件为：

（1）三级、五级职员岗位，须分别在四级、六级职员岗位上工作两年以上。

（2）四级、六级职员岗位，须分别在五级、七级职员岗位上工作三年以上。

（3）七级、八级职员岗位，须分别在八级、九级职员岗位上工作三年以上。

确因工作需要，由专业技术岗位交流到管理岗位的人员，可根据干部人事管理权限和岗位任职条件，比照同类人员，直接聘用到相应的管理岗位。

34. 各省（自治区、直辖市）、国务院有关部门以及水路交通事业单位在上述基本任职条件的基础上，根据本指导意见，结合实际情况，制定本地区、本部门以及本单位职员的具体条件。

（三）专业技术岗位基本条件

35. 水路交通事业单位专业技术岗位的基本任职条件按照现行专业职务评聘的有关规定执行。

36. 水路交通事业单位实行职业资格准入控制的专业技术岗位的基本条件，应包括准入控制的要求。

37. 各省（自治区、直辖市）、国务院有关部门以及水路交通事业单位在国家规定的专业技术高级、中级、初级岗位基本条件基础上，根据本指导意见，结合不同类型、不同层次专业技术岗位的实际情况，制定本地区、本部门以及本单位专业技术岗位的具体条件。

38. 水路交通事业单位专业技术高级、中级、初级岗位内部不同等级岗位的条件，由主管部门和水路交通事业单位按照《试行办法》、《实施意见》和本指导意见，根据岗位的职责任务、专业技术水平要求等因素综合确定。

（四）工勤技能岗位基本条件

39. 水路交通事业单位工勤技能岗位的基本任职条件为：

（1）一级、二级工勤技能岗位，须在本工种下一级岗位工作满 5 年，并分别通过高级技师、技师技术等级考评。

（2）三级、四级工勤技能岗位，须在本工种下一级岗位工作满 5 年，并分别通过高级工、中级工技术等级考核。

（3）学徒（培训生）学习期满和工人见习、试用期满，通过初级工技术等级考核后，可确定为五级工勤技能岗位。

六、岗位设置的审核

40. 水路交通事业单位岗位设置实行核准制度，严格按照规定的程序和管理权限进行审核。

41. 水路交通事业单位设置岗位按照以下程序进行：

（1）制定岗位设置方案，填写岗位设置审核表；

（2）按程序报主管部门审核、政府人事行政部门核准；

（3）在核准的岗位总量、结构比例和最高等级限额内，制定岗位设置实施方案；

（4）广泛听取职工对岗位设置实施方案的意见；

（5）岗位设置实施方案由单位负责人员集体讨论通过；

（6）组织实施。

42. 国务院有关部门所属水路交通事业单位的岗位设置方案经主管部门审核汇总后，报人力资源社会保障部备案。

43. 省（直辖市、自治区）政府直属水路交通事业单位的岗位设置方案，报本地区人事厅（局）核准。

省（直辖市、自治区）政府部门所属水路交通事业单位的岗位设置方案经主管部门审核后，报本地区人事厅（局）核准。

44. 地（市）政府直属水路交通事业单位的岗位设置方案，报本地（市）政府人事行政部门核准。

地（市）政府部门所属水路交通事业单位的岗位设置方案经主管部门审核后，报本地（市）政府人事行政部门核准。

45. 县（县级市、区）政府直属水路交通事业单位的岗位设置方案，经同级政府人事行政部门审核后，报地区或设区的市政府人事行政部门核准。

县（县级市、区）政府部门所属水路交通事业单位的岗位设置方案经主管部门、同级政府人事行政部门审核汇总后，报地区或设区的市政府人事行政部门核准。

46. 实行省（自治区、直辖市）以下或者地（市）以下垂直管理的水路交通事业单位，其岗位设置实施方案由省（自治区、直辖市）或者地（市）水路交通事业单位主管部门汇总，报省（自治区、直辖市）或者地（市）政府人事行政部门核准后，由省（自治区、直辖市）或者地（市）水路交通事业单位组织实施。

47. 水路交通事业单位的岗位总量、结构比例和最高等级应保持相对稳定。有下列情形之一的，岗位设置方案可按照本指导意见第 42 条、第 43 条、第 44 条、第 45 条、第 46 条的权限申请变更：

（1）水路交通事业单位出现分立、合并、须对本单位的岗位进行重新设置的；

（2）根据上级或同级机构编制部门的正式文件，增减机构编制的；

（3）按照业务发展和实际情况，为完成工作任务确需变更岗位设置的。

48. 经核准的岗位设置方案作为水路交通事业单位聘用人员、确定岗位等级、调整岗位以及核定工资的依据。

七、岗位聘用

49. 水路交通事业单位按照《试行办法》、《实施意见》和本指导意见以及核准的岗位设置方案，根据按需设岗、竞聘上岗、按岗聘用的原则，确定具体岗位，明确岗位等级，聘用工作人员，签订聘用合同。

按照原中央职称改革工作领导小组、国务院工资制度改革小组《关于试行提高部分高级工程师职务工资的通知》（职改字〔1986〕165 号）评定的成绩优异的高级工程师，可聘用在正高级专业技术岗位。

50. 水路交通事业单位聘用人员，应在岗位有空缺的情况下按照公开招聘、竞聘上岗的原则及有关规定择优聘用。

水路交通事业单位应按照管理岗位、专业技术岗位、工勤技能岗位的职责任务和任职条件，在核定的结构比例范围内聘用人员，聘用条件不得低于国家规定的基本条件。

51. 县级及以下单位小、人员少、较分散，对岗位结构比例实行集中调控、集中管理的基层水路交通事业单位，可根据实际情况实行人员集中聘用。

52. 根据水路交通行业人才的特点，对水路交通事业单位确有真才实学、成绩显著、贡献突出的专业技术人员，岗位急需且符合破格条件的，经上级主管部门批准，可根据有关规定破格聘用。

53. 水路交通事业单位新参加工作人员见习、试用期满后，管理人员按照《实施意见》规定确定相应的岗位等级；专业技术人员按照岗位条件要求确定岗位等级。

54. 尚未实行聘用制度和岗位管理制度的水路交通事业单位，应按照《国务院办公厅转发人事部关于在事业单位试行人员聘用制度意见的通知》（国办发〔2002〕35 号）、《试行办法》、《实施意见》和本指导意见的精神，抓紧进行岗位设置，实行聘用制度，组织岗位聘用。

已经实行聘用制度，签订聘用合同的水路交通事业单位，可以根据《试行办法》、《实施意见》和本指导意见，按照核准的岗位设置方案，对本单位现有人员确定不同等级的岗位，并变更聘用合同的相应内容。

55. 各级政府人事行政部门、水路交通事业单位主管部门和水路交通事业单位要根据国家有关规定，使水路交通事业单位现有在册的正式工作人员，按照现聘职务或岗位进入相应等级的岗位。

各地区、各部门和水路交通事业单位必须严格把握政策，不得违反规定突破现有的职务数额，不得突击聘用人员，不得突击聘用职务。要采取措施严格限制专业技术高级、中级、初级岗位中的高等级岗位的设置。

56. 水路交通事业单位聘用人员原则上不得同时在两类岗位上任职。根据水路交通事业单位的工作特点，因工作需要，确需兼任的，须按人事管理权限审批。

57. 水路交通事业单位首次进行岗位设置和岗位聘用，岗位结构比例不得突破现有人员的结构比例。现有人员的结构比例已经超过核准比例的，应通过自然减员、调出、低聘或解聘的办法，逐步达到规定的结构比例。尚未达到核准的结构比例的，要严格控制岗位聘用数量，根据水路交通事业发展要求和人员队伍状况等情况逐年逐步到位。

八、组织实施

58. 岗位设置管理工作是水路交通事业单位人事制度和收入分配制度改革的前提和基础，是加强水路交通人才队伍建设的重要内容。各级水路交通事业单位主管部门及水路交通事业单位，要高度重视，加强领导，坚持以人为本，从实际出发，充分考虑水路交通科学发展的客观需要，切实保证职工的切实利益，积极稳妥地推进改革。

59. 各级水路交通事业单位主管部门要加强对水路交通事业单位岗位设置管理的组织领导，制定具体工作方案，及时研究解决新情况、新问题，确保改革有序进行。对于主要依据法律法规授权或交通行政部门委托的行政执法、管理职能及专业技能为水路交通发展提供具体港政、运政、航道行政管理、海事执法、质量监督等事务性管理和公共服务的事业单位，以及其他符合公务员法的事业单位，在尚未获准参照公务员法管理之前，都应按照本指导意见做好岗位设置管理工作。

各级人事行政部门要加强与水路交通事业单位主管部门的沟通协调，结合本地区水路交通事业单位的特点，认真贯彻执行《试行办法》、《实施意见》和本指导意见。

60. 各地区、各部门和水路交通事业单位在岗位设置和岗位聘用工作中，要严格执行有关政策规定，坚持原则，坚持走群众路线。对违反规定滥用职权、打击报复、以权谋私的，要追究责任。对不按《试行办法》、《实施意见》和本指导意见进行岗位设置和岗位聘用的水路交通事业单位，政府人事行政部门、水路交通事业单位主管部门及有关部门不予确认岗位等级、不予兑现工资、不予核拨经费。情节严重的，对相关领导和责任人予以通报批评，按照人事管理权限给予相应的纪律处分。

61. 本指导意见由人力资源社会保障部、交通运输部负责解释。

26. 国务院关于实施成品油价格和税费改革的通知

（国发〔2008〕37 号）

各省、自治区、直辖市人民政府，国务院各部委、各直属机构：

为建立完善的成品油价格形成机制和规范的交通税费制度，促进节能减排和结构调整，公平负担，依法筹措交通基础设施维护和建设资金，国务院决定实施成品油价格和税费改革。现通知如下：

一、实施成品油价格和税费改革的必要性

我国现行成品油价格和交通税费政策，对保障国内成品油市场供应，加快交通基础设施建设步伐，促进国民经济平稳较快发展，起到了积极作用。但随着我国石油需求不断增加，经济社会发展与资源环境之间的矛盾日益突出；以费代税、负担不公平等弊端日益显现；二级收费公路规模过大，结构不合理，与地方经济发展和群众出行的矛盾越来越尖锐。迫切需要理顺成品油价格和交通税费机制。

近期国际市场油价持续回落，为实施成品油价格和税费改革提供了十分难得的机遇。及时把握当前有利时机，推进成品油价格和税费改革，对规范政府收费行为，公平社会负担，促进节能减排和结构调整，依法筹措交通基础设施维护和建设资金，促进交通事业稳定健康发展，都具有重大而深远的意义。

二、改革的主要内容

（一）关于成品油税费改革。

提高现行成品油消费税单位税额，不再新设立燃油税，利用现有税制、征收方式和征管手段，实现成品油税费改革相关工作的有效衔接。

1. 取消公路养路费等收费。取消公路养路费、航道养护费、公路运输管理费、公路客货运附加费、水路运输管理费、水运客货运附加费等六项收费。

2. 逐步有序取消政府还贷二级公路收费。抓紧制定实施方案和中央补助支持政策，由省、自治区、直辖市人民政府根据相关方案和政策统筹研究，逐步有序取消政府还贷二级公路收费。各地可以省为单位统一取消，也可在省内区分不同情况，分步取消。实施方案由国家发展改革委会同交通运输部、财政部制订，报国务院批准后实施。

3. 提高成品油消费税单位税额。汽油消费税单位税额每升提高 0.8 元，柴油消费税单位税额每升提高 0.7 元，其他成品油单位税额相应提高。加上现行单位税额，提高后的汽油、石脑油、溶剂油、润滑油消费税单位税额为每升 1 元，柴油、燃料油、航空煤油为每升 0.8 元。

4. 征收机关、征收环节和计征方式。成品油消费税属于中央税，由国家税务局统一征收（进口环节继续委托海关代征）。纳税人为在我国境内生产、委托加工和进口成品油的单位和个人。纳税环节在生产环节（包括委托加工和进口环节）。计征方式实行从量定额计征，价内征收。

今后将结合完善消费税制度，积极创造条件，适时将消费税征收环节后移到批发环节，并改为价外征收。

5. 特殊用途成品油消费税政策。提高成品油消费税单位税额后，对进口石脑油恢复征收消费税。2010 年 12 月 31 日前，对国产的用作乙烯、芳烃类产品原料的石脑油免征消费税；对进口的用作乙烯、芳烃类产品原料的石脑油已纳消费税予以返还。航空煤油暂缓征收消费税。对用外购或委托加工收回的已税汽油生产的乙醇汽油免征消费税；用自产汽油生产的乙醇汽油，按照生产乙醇汽油所耗用的汽油数量申报纳税。对外购或委托加工收回的汽油、柴油用于连续生产甲醇汽油、生物柴油的，准予从消费税应纳税额中扣除原料已纳消费税税款。

6. 新增税收收入的分配。新增成品油消费税连同由此相应增加的增值税、城市维护建设税和教育费附加具有专项用途，不作为经常性财政收入，不计入现有与支出挂钩项目的测算基数，除由中央本级安排的替代航道养护费等支出外，其余全部由中央财政通过规范的财政转移支付方式分配给地方。改革后形成的交通资金属性不变、资金用途不变、地方预算程序不变、地方事权不变。具体转移支付办法由财政部会同交通运输部等有关部门制定并组织落实。新增税收收入按以下顺序分配：

一是替代公路养路费等六项收费的支出。具体额度以 2007 年的养路费等六费收入为基础，考虑地方实际情况按一定的增长率来确定。

二是补助各地取消政府还贷二级公路收费。每年安排一定数量的专项补助资金，用途包括债务偿还、人员安置、养护管理和公路建设等。

三是对种粮农民增加补贴，对部分困难群体和公益性行业，考虑用油量和价格水平变动情况，通过完善成品油价格形成机制中相应的配套补贴办法给予补助支持。

四是增量资金，按照各地燃油消耗量、交通设施当量里程等因素进行分配，适当体现全国交通的均衡发展。

（二）关于完善成品油价格形成机制。

国产陆上原油价格继续实行与国际市场直接接轨。国内成品油价格继续与国际市场有控制地间接接轨。成品油定价既要反映国际市场石油价格变化和企业生产成本，又要考虑国内市场供求关系；既要反映石油资源稀缺程度，促进资源节约和环境保护，又要兼顾社会各方面承受能力。

1. 国内成品油出厂价格以国际市场原油价格为基础，加国内平均加工成本、税金和适当利润确定。当国际市场原油一段时间内平均价格变化超过一定水平时，相应调整国内成品油价格。

2. 汽、柴油价格继续实行政府定价和政府指导价。(1) 汽、柴油零售实行最高零售价格。最高零售价格由出厂价格和流通环节差价构成。适当缩小出厂到零售之间流通环节差价。(2) 汽、柴油批发实行最高批发价格。(3) 对符合资质的民营批发企业汽、柴油供应价格，合理核定其批发价格与零售价格价差。(4) 供军队、新疆生产建设兵团和国家储备用汽、柴油供应价格，按国家核定的出厂价格执行。(5) 合理核定供铁路、交通等专项部门用汽、柴油供应价格。(6) 上述差价由国家发展改革委根据实际情况适时调整。

3. 在国际市场原油价格持续上涨或剧烈波动时，继续对汽、柴油价格进行适当调控，以减轻其对国内市场的影响。

4. 航空煤油等其他成品油价格继续按现行办法管理。液化气改为实行最高出厂价格管理。

5. 国家发展改革委根据上述完善后的成品油价格形成机制，另行制定石油价格管理办法。

（三）关于完善成品油价格配套措施。

1. 继续发挥石油企业内部上下游利益调节机制作用。当国际市场原油价格大幅上涨，国家实施有控制地调整汽、柴油价格措施时，原油加工企业会出现暂时性困难，中石油、中石化两公司要继续按照石油企业内部上下游利益调节机制，平衡好内部利益关系，调动炼油企业生产积极性，保证市场供应。

2. 完善相关行业价格联动机制。(1) 铁路货运价格，根据上年国内柴油价格上涨影响铁路运输成本增加的情况，由铁路运输企业消化 20%，其余部分通过提高铁路货物运输价格疏导，原则上每年调整一次。具体幅度由国家发展改革委商铁道部确定。(2) 民航国内航线旅客运输价格，首先在运价浮动机制内，由航空公司自主调整具体票价，需要调整燃油附加时，根据航空煤油价格影响民航运输成本变化情况，由航空公司消化 20%，其余部分通过调整燃油附加标准或基准票价的方式疏导。调整燃油附加标准间隔时间原则上不少于半年。燃油附加具体收取标准由国家发展改革委会同民航局按照上述原则确定。(3) 出租车和道路客运价格，由各地进一步完善价格联动机制，根据油价变动情况，通过法定程序，决定调整运价或燃油附加。

3. 完善对种粮农民、部分困难群体和公益性行业补贴的机制。(1) 种粮农民。当年成品油价格变动引起的农民种粮增支，继续纳入农资综合直补政策统筹考虑给予补贴。对种粮农民综合直补只增不减。(2) 城市公交、农村道路客运（含岛际和农村水路客运）、林业、渔业（含远洋渔业）。成品油价格调整影响上述行业增加的成本，由中央财政通过专项转移支付的方式给予补贴。补贴比例按现行政策执行，补贴标准随成品油价格的升降而增减，具体补贴办法由财政部商有关部门另行制定。新的补贴办法从 2009 年起执行。(3) 出租车。在运价调整前，因油价上涨增加的成本，继续由财政给予临时补贴。(4) 低收入困难群体。各地综合考虑成品油、液化气等调价和市场物价变动因素，继续做好城乡低保对象等困难群体基本生活保障工作。

4. 继续实行石油涨价收入财政调节机制。为合理调节石油涨价收入，妥善处理各方面利益关系，继续按相关规定征收石油特别收益金。

（四）妥善解决改革的相关问题。

1. 妥善安置交通收费征稽人员。妥善做好改革涉及人员的安置工作，是成品油税费改革顺利推进的重要保证。要按照转岗不下岗、待安置期间级别不变、合规合理的待遇不变的总体要求，由省、自治区、直辖市人民政府负总责，多渠道安置，有关部门给予指导、协调和支持，确保改革稳妥有序推进。各地要锁定改革涉及的征稽收费人员数量，严格把关，防止突击进人。

对公路养路费征稽人员的安置措施：一是交通运输行业内部转岗；二是税务部门接收；三是地方人民政府统筹协调，多种渠道安置改革涉及人员。

人员安置工作指导意见由交通运输部会同中央编办、财政部、人力资源社会保障部、税务总局制订，报国务院批准后实施。

2. 研究解决普通公路建设发展，特别是二级公路发展问题。地方要以这次改革为契机，利用中央财政给予的支持政策，整合现有资源，更好地用于发展二级公路。同时有关部门要按照六费原有资金功能不变的原则，抓紧研究建立和理顺普通公路投融资体制，促进普通公路健康发展。

3. 加强成品油市场监管。加强油品市场监测和监管，坚决禁止成品油生产企业为规避税收只开具发票而无实际货物交付和突击销售成品油等非正常销售成品油行为，严厉打击油品走私、经营假冒伪劣油品以及合同欺诈等违法行为，确保成品油市场稳定。

（五）实施时间。完善成品油价格形成机制，理顺成品油价格，自发文之日起实施。成品油税费改革自 2009 年 1 月 1 日起实施。

三、切实做好改革的实施工作

成品油价格和税费改革是党中央、国务院做出的重大决策，是贯彻落实科学发展观、促进经济社会平稳较快发展的重要举措。各地区、各有关部门要统一思想，充分认识改革的必要性和紧迫性，切实把思想和行动统一到中央的决策部署上来，精心组织，周密部署，共同做好有关工作，确保改革方案平稳实施。

（一）加强组织领导。国务院有关部门组成的成品油价格和税费改革部际协调小组，要切实做好改革方案的组织实施工作；各省、自治区、直辖市人民政府要成立由主要负责同志牵头的改革领导小组，主要负责同志负总责，发展改革、价格、财政、交通、税务、编制、人事等相关部门密切配合，落实责任，确保改革措施落实到位。

（二）保证队伍稳定和资金有效衔接。地方各级人民政府要切实担负起安置人员和维护稳定的责任，把人员安置的工作摆在推进改革的突出位置，提前筹划，周全安排，妥善安置。各级财政部门要做好改革前后资金安排及预算衔接工作；中央财政要通过向地方预拨资金，确保养护管理及人员经费等需要，保障改革平稳顺利推进。

（三）确保取消收费政策到位，严格禁止乱收费。各地要按照改革方案的统一安排，在 2009 年 1 月 1 日零时全部取消公路养路费等六项收费，已经提前预收的要及时清退，要加强检查，确保取消收费政策落到实处。对确定撤销的政府还贷二级公路收费站点，省级人民政府要及时向社会公布其位置和名称，接受社会监督；同时做好财务清理工作，防止国有资产流失和逃废银行债务。绝不允许任何地方、部门、单位和个人，以任何理由、任何名义继续收取或变相收取明令取消的各项收费。违反规定的，要严肃查处，并追究相关责任人的责任。国家发展改革委、财政部要会同有关部门尽快制定下发配套文件，并加大督查力度。

（四）加强宣传解释工作。要通过广播、电视、报纸、网络等多种媒体，有针对性地开展宣传解释工作，取得群众的理解和支持，为改革的顺利实施创造有利的舆论环境。地方各级人民政府要结合本地实际情况，加强舆论引导。

（五）确保社会大局稳定。成品油价格和税费改革涉及面广，情况复杂。各地要密切关注市场情况和社会动态，针对改革过程中可能出现的新情况、新问题，提前做好应对预案，并妥善处理，切实维护社会稳定的大局。

各地区、各有关部门贯彻落实情况，要及时向国务院报告。

27. 国务院办公厅转发交通运输部等部门关于成品油价格和税费改革人员安置工作指导意见的通知

（国办发〔2009〕9号）

各省、自治区、直辖市人民政府，国务院各部委、各直属机构：

交通运输部、中央编办、财政部、人力资源社会保障部、税务总局制订的《关于成品油价格和税费改革人员安置工作的指导意见》已经国务院同意，现转发给你们，请认真贯彻执行。

取消公路养路费等六项收费、逐步有序取消政府还贷二级公路收费是实施成品油价格和税费改革的重要内容，妥善做好成品油价格和税费改革涉及人员的安置工作，是改革顺利推进的重要保证。各地区、各有关部门要高度重视，精心组织，通力合作，周密部署。要按照指导意见的要求，制订具体实施方案，加强动态管理，切实解决好安置工作中的有关问题，确保改革平稳顺利实施。

关于成品油价格和税费改革人员安置工作的指导意见

（交通运输部、中央编办、财政部、人力资源社会保障部、税务总局）

为妥善安置成品油价格和税费改革中取消公路养路费、公路运输管理费、公路客货运附加费、航道养护费、水路运输管理费和水运客货运附加费（以下简称“六费”）以及政府还贷二级公路收费涉及的相关人员（以下简称改革涉及人员），确保成品油价格和税费改革顺利实施，根据《国务院关于实施成品油价格和税费改革的通知》（国发〔2008〕37号）精神，提出如下意见：

一、充分认识妥善安置改革涉及人员的重要性

多年来，广大交通规费征稽和收费人员始终恪尽职守，勤奋工作，为我国交通事业持续快速发展做出了重要贡献。妥善安置改革涉及人员，既是确保改革顺利推进、实现改革平稳过渡的基本前提和重要保证，也是维护社会稳定、建设和谐社会的现实需要。地方各级人民政府、各相关部门要充分认识妥善安置改革涉及人员的重要性，把人员安置工作摆在推进改革的突出位置，切实抓紧、抓实、抓好。

二、指导思想和原则

成品油价格和税费改革人员安置工作的指导思想是：按照国务院的统一部署，在地方各级人民政府的直接领导下，坚持以人为本，按照“转岗不下岗”的要求，多渠道、多领域妥善安置改革涉及人员，用三年时间完成人员安置工作，基本实现“人人有去向、不增加社会就业压力”的目标，确保成品油价格和税费改革顺利实施和社会稳定。

人员安置工作的基本原则是：

1. 政府主导、部门实施。人员安置工作由各省、自治区、直辖市人民政府负总责，地方各级人民政府和有关部门具体实施，中央有关部门给予指导、协调和支持。

2. 依法办事、分类安置。按照公务员法、劳动合同法等有关法律以及国发〔2008〕37号、《国务院办公厅转发人事部关于在事业单位试行人员聘用制度意见的通知》（国办发〔2002〕35号）等有关文件的要求，分类妥善安置相关人员。

3. 平稳过渡，有序推进。要把稳定作为保障改革顺利实施的重要前提，周密部署，有序推进。改革涉及人员待安置期间“级别不变、合规合理的待遇不变”。

三、安置意见

地方各级人民政府要结合本地实际，积极拓展人员安置渠道，主要通过下列途径安置：

（一）交通运输行业内部转岗。

1. 公路养路费征稽管理人员：在所属交通运输部门转岗，可成建制转岗到公路管理等机构，加强路政、治超和公路养护管理等工作；也可转岗到高速公路管理等相关机构。

2. 公路运输管理费和公路客货运附加费征稽管理人员：在所属道路运输管理机构内部转岗，加强道路运输管理等工作。

3. 航道养护费、水路运输管理费和水运客货运附加费征稽管理人员：在所属航道、航运管理机构内部转岗，加强航道管理和运输管理等工作。

4. 取消政府还贷二级公路收费所涉及的人员：属于事业编制的，在所属公路管理等机构内部转岗。合同制人员，可根据合同性质，按照有关规定妥善处理劳动关系或事业单位聘用关系；也可转岗到高速公路收费站和公路养护管理等相关领域。

5. 离退休人员：原单位成建制划转的，随同其原单位一并划转；非成建制划转的，由地方各级交通主管部门确定接收单位。

（二）税务部门接收。

按照公开、公平、竞争、择优原则，充分尊重改革涉及人员意愿，由各级税务部门接收部分在编的公路养路费征稽管理人员，具体编制数额由中央编办商财政部、交通运输部、税务总局另行下达。税务等有关部门要在下达的编制内，按照公务员法等有关规定对接收人员进行考试录用或调任，有关工作另行部署。在编的公路养路费征稽管理人员基数和名单由省级机构编制部门会同省级财政、交通运输、人事、税务主管部门核定，并通过适当方式进行公示。

（三）地方政府统筹协调，多渠道安置。

地方各级人民政府要统筹协调，多渠道安置改革涉及人员。人员安置期间，各地高速公路收费站，以及交通运输各领域需要加强有关工作、充实人员时，应优先从改革涉及人员中选用。

四、保障措施

（一）人员安置期间，要保证现有交通规费征稽机构组织不散、秩序不乱、资产不流失，继续做好清欠退费、清产核资等工作，有关人员在工作过程中逐步转岗安置。

（二）改革涉及人员的编制相应划转至接收单位。相关单位编制的调整与核定工作，在各省级人民政府领导下，由机构编制部门会同交通运输、财政、人事和税务等部门落实。

（三）取消“六费”涉及人员安置资金在中央对地方成品油消费税转移支付中替代“六费”的相应科目中列支。取消政府还贷二级公路收费的人员安置费用在地方安排资金和中央对地方取消政府还贷二级公路收费专项转移支付资金中列支。

五、工作要求

（一）加强组织领导。由交通运输部牵头，会同中央编办、财政部、人力资源社会保障部、税务总局组成成品油价格和税费改革人员安置组，指导、协调和支持各地人员安置工作。各省级人民政府要组织有关部门周密部署，精心安排，抓好落实，认真做好本地区改革涉及人员的安置工作。

（二）落实工作责任。各有关部门要各司其职，各负其责，密切配合，共同做好人员安置工作。交通运输、税务等部门要做好人员安置的转岗、接收工作；机构编制、财政、人力资源和社会保障等部门要做好机构编制调整、考试录用等环节相关工作；财政部门要确保人员安置资金及时足额到位，依法加强对资金使用的监管。

（三）制订实施方案。地方各级人民政府要立即冻结改革涉及人员相关机构的人事关系。同时，迅速组织力量，对本行政区域改革涉及人员有关情况进行调查摸底，全面、准确掌握相关机构在职人员的编制、组成等基本情况；要按照本意见的精神并结合当地实际，抓紧制订人员安置实施方案，经省级人民政府批准后组织实施。批准后的人员安置方案报交通运输部、中央编办、财政部、人力资源社会保障部、税务总局备案。

（四）加强动态管理。建立并落实成品油价格和税费改革人员安置工作定期报告制度，及时了解和掌握工作动态，加强督促指导。要切实做好改革涉及人员的思想政治工作，加强政策解释和引导。对人员安置工作中出现的重大问题，要及时通报交通运输部等有关部门。

（五）严肃工作纪律。要按照公开、公平、公正的要求开展人员安置工作。严禁突击进人、突击提拔任用干部、伪造和篡改人事档案等行为。认真受理群众举报，对线索清楚、内容具体的问题，要及时调查核实。对发现的违规违纪问题，要严肃查处。

六、发放价格临时补贴

各地区要根据实际情况，对优抚对象、城乡低保对象、农村五保供养对象发放价格临时补贴。对财政有困难的中西部地区，由中央财政给予适当补助。按照隶属关系，增加对大中专院校家庭经济困难学生和学生食堂补贴，各大中专院校要保持学生食堂饭菜价格基本稳定。切实安排好农村寄宿制学校学生的生活。

七、建立社会救助和保障标准与物价上涨挂钩的联动机制

各地区要根据基本生活费用价格指数变动情况，尽快建立和完善最低生活保障、失业保险标准与物价上涨挂钩的联动机制。逐步提高基本养老金、失业保险金和最低工资标准。

八、继续落实规范收费的各项规定

清理和取消不合理收费项目。对各级政府批准的收费项目，根据实际情况适当降低收费标准。

九、积极稳妥推进价格改革

有关部门和地方要把握好政府管理价格的调整时机、节奏和力度，对已经确定的调价方案，要充分考虑社会承受能力，完善配套措施，审慎出台。必要时对重要的生活必需品和生产资料实行价格临时干预措施。

十、规范农产品经营和深加工秩序

整顿主要农产品收购秩序，严格粮食收购资格审核；落实经营者最高库存量的规定，加强粮食收购资金监管；取缔无证照收购加工棉花的行为。各省（区、市）人民政府要对玉米深加工企业进行全面清理，关停违规建设的玉米深加工企业。

十一、加强农产品期货和电子交易市场监管

完善农产品期货市场交易规则，严厉打击操纵市场等违法违规行为，抑制过度投机。研究制定规范农产品电子交易市场管理办法，清理整顿电子交易市场，取缔非法交易。

十二、健全价格监管法规

尽快出台《政府制定价格成本监审条例》，强化成本监管。抓紧修订《价格违法行为行政处罚规定》，将捏造、散布涨价信息的行为纳入价格监管范围，增强处罚的针对性，加大处罚力度。

十三、加强价格监督检查和反价格垄断执法

强化价格监管力量，重点打击恶意囤积、哄抬价格、变相涨价以及合谋涨价、串通涨价等违法行为，严厉查处恶性炒作事件，维护市场和价格秩序。

十四、完善价格信息发布制度

加强价格监测预警，建立健全价格新闻披露机制，及时公布市场价格情况，客观分析价格变动趋势，准确阐释价格政策，澄清不实报道，稳定社会预期。

十五、切实落实“米袋子”省长负责制和“菜篮子”市长负责制

各地区要把稳定价格工作列入重要议事日程，建立协调机制，加强监测预警，及时研究制定价格应急预案，依法完善价格调节基金管理，增强价格调控监管能力。

十六、建立市场价格调控部际联席会议制度

有关部门要加强协调、密切配合，各司其职、各负其责，确保国务院确定的稳定消费价格总水平、保障群众基本生活各项政策措施落实到位。

各地区、各部门要在2010年11月底前将贯彻落实本通知的情况报告国务院。国务院将组织督察组赴各地调查了解各项政策措施的落实和市场物价情况。

28. 国务院办公厅关于转发发展改革委、交通运输部、财政部逐步有序取消政府还贷二级公路收费实施方案的通知

（国办发〔2009〕10号）

各省、自治区、直辖市人民政府，国务院各部门、各直属机构：

发展改革委、交通运输部、财政部制订的《逐步有序取消政府还贷二级公路收费实施方案》已经国务院同意，现转发给你们，请认真贯彻执行。

逐步有序取消政府还贷二级公路收费，是国务院决定实施成品油价格和税费改革的一项重要内容，各地区、各有关部门要高度重视、精心组织，加强领导、通力合作，周密部署、落实责任。要按照实施方案的要求，制订具体工作方案，明确工作目标和任务，着力解决取消政府还贷二级公路收费涉及的人员安置、债务偿还等问题，积极稳妥地做好逐步有序取消政府还贷二级公路收费的各项工作，确保社会稳定。对工作中出现的新情况新问题，要及时与发展改革委、交通运输部、财政部沟通，并定期通报工作进展情况。

逐步有序取消政府还贷二级公路收费实施方案

（国家发展改革委、交通运输部、财政部）

为做好逐步有序取消政府还贷二级公路（含二级公路上的收费桥隧和在建二级收费公路项目，下同）收费工作，根据《国务院关于实施成品油价格和税费改革的通知》（国发〔2008〕37号，以下简称《通知》）精神，制订本实施方案。

一、总体思路与原则

按照“国家鼓励、地方为主；确定目标、有序推进；锁定债务、逐年偿还；安置人员、确保稳定”的总体思路，坚持以下原则：

——促进发展。逐步有序取消政府还贷二级公路收费的目的是为了优化收费公路结构，完善收费公路政策，逐步建立政府提供普遍服务的普通公路网络，促进经济社会持续健康发展。

——分级负责。由各省（区、市）人民政府根据本地经济社会发展水平、债务规模与偿还能力等因素确定取消本行政区域政府还贷二级公路收费时间表，负责取消政府还贷二级公路收费及取消后的人员安置、债务偿还、公路养护和后续发展等工作。国家以“撤销收费站点”为主导目标，对按规定时限取消政府还贷二级公路收费的省（区、市），安排专项资金给予补助。

——逐步有序。取消政府还贷二级公路收费工作按照“先停止收费，后偿还债务”的方式进行。各地可以省（区、市）为单位统一取消政府还贷二级公路收费，也可由各省（区、市）根据本地实际情况，按照本方案确定的目标，分期分批取消政府还贷二级公路收费。对经营性二级收费公路，仍按现行政策，在批准收费限期内由企业继续经营。

——依法推进。坚持“谁审批、谁负责”，依法有序推进取消政府还贷二级公路收费工作，进一步研究完善收费公路的相关政策，抓紧修订《收费公路管理条例》。

二、工作目标与任务

（一）根据《收费公路管理条例》，东部地区已从2004年11月起停止发展二级收费公路；中部地区从2009年1月1日起，停止审批新的二级收费公路项目；西部地区的省（区、市）如决定取消政府还贷二级公路收费，从决定取消之日起，同步停止审批新的二级收费公路项目。

（二）从2009年起到2012年年底前，东、中部地区逐步取消政府还贷二级公路收费，使全国政府还贷二级收费公路里程和收费站点总量减少约60%。西部地区是否取消政府还贷二级公路收费，由省（区、市）人民政府自主决定。

三、工作措施与实施步骤

（一）开展试点引导。根据各省（区、市）人民政府的意向，由交通运输部会同发展改革委、财政部审核确定具备条件的省（区、市）作为全国的试点。试点省（区、市）经核定后宣布取消政府还贷二级公路收费；其他地区也可分期分批开展取消政府还贷二级公路收费的试点工作，探索撤销站点、债务清偿、人员安置等工作的有效途径和办法。

（二）锁定债务余额。由各省（区、市）审计厅（局）会同发展改革、财政、交通等部门以及财政部驻各地财政监察专员办事处，对本省（区、市）政府还贷二级收费公路全面进行审计、核实，锁定债务余额和里程，向省（区、市）人民政府提出专项审计报告。试点省（区、市）审计工作要在2009年上半年完成；其他省（区、市）原则上在2009年内完成。中央有关部门将对其审计结果进行核查。

（三）制订具体方案。由各省（区、市）交通运输、发展改革、财政部门根据本方案确定的总体目标与要求，经与国务院有关部门协商后，研究制订本省（区、市）的具体实施方案，确定取消收费的时限，报省（区、市）人民政府批准，并抄报交通运输部、发展改革委、财政部备案。

（四）签订还贷协议。各省（区、市）交通运输部门会同发展改革、财政等有关部门，按照省（区、市）人民政府批准的实施方案，组织各有关债务人，与有关银行签订取消政府还贷二级公路收费后的还贷协议。新签订的协议须对有关银行债权提供保障。

（五）商定补助资金。为确保取消政府还贷二级公路收费工作逐步有序开展，各省（区、市）应于每年9月30日前将本省（区、市）取消政府还贷二级公路收费的实施方案、债务余额及专项审计报告、还贷协议等有关材料报交通运输部。交通运输部、发展改革委、财政部组织审核，并听取人民银行和银监会意见后确认，综合考虑各地经济发展水平、人员安置措施、债务余额及偿还能力等因素，共同商定停止收费工作及中央补助资金安排。

（六）限时取消收费。各地要按照省（区、市）人民政府确定的实施方案以及有关部委审核确认的意见，在规定时限内取消政府还贷二级公路收费。取消收费的政府还贷二级公路站点，要及时向社会公布，接受社会公众监督。

（七）逐年偿还债务。按照“国家鼓励，地方为主”的原则，由各省（区、市）人民政府负责，多渠道筹集资金，解决取消政府还贷二级公路收费涉及的债务偿还等问题。国家每年从成品油价格和税费改革后新增的成品油消费税收入中安排260亿元专项补助资金，用于债务偿还、人员安置、养护管理和公路建设等。中央补助各省（区、市）的年度资金额度，由交通运输部、发展改革委、财政部综合考虑2007年各省（区、市）政府还贷二级公路收费额和里程、地区差异等因素定额测算，并按照“先撤先补、多撤多补、不撤不补”的原则，每年全额分配各地，实行包干补助。未取消收费的省（区、市）不予补助。在债务偿还期间中央补助各省（区、市）的资金总量，以其锁定的债务余额为基数，按照东部地区不超过40%、中部地区不超过50%、西部地区不超过60%的比例进行封顶控制。对试点省（区、市），按照“鼓励先撤站、后定补助资金”的办法进行处理。中央财政按2007年实际收费额为基数预拨资金，确保平稳过渡。2009年上半年再按照本方案的要求，开展债务审计、签订偿还债务协议、确定中央补助资金等工作。中央补助资金的具体管理办法由财政部会同有关部门另行制定。全国取消政府还贷二级公路收费债务偿还完成后，专项资金仍用于支持地方非收费公路的养护及建设发展。

（八）妥善安置人员。取消政府还贷二级公路收费涉及的人员安置工作由地方各级人民政府负责。按照“谁主管、谁负责”的原则，由政府还贷二级公路收费站的管理部门，按照劳动合同法等法律法规规定，力争在三年内完成人员安置工作，确保社会稳定。取消政府还贷二级公路收费涉及的相关人员中，属于事业编制的，可在系统内部转岗到所属公路管理机构；属于合同制的，按照合同规定执行。合同期内可转岗到高速公路收费站点、公路超限治理检测站，或者充实到现有国省干线公路和农村公路管养单位。上述需接收转岗人员的单位，在改革期间的新增岗位，原则上从待安置的人员中选用。相关人员在未妥善安置前，按照2008年底实际发放的标准保留其合理合规的工资待遇。

（九）明确配套措施。加强收费公路项目审批管理，严格控制一级收费公路规模。取消收费的政府还贷二级公路非因交通量增长需求、未按基本建设审批程序批准，不得改造成一级公路继续收费。加快实现高速公路联网收费，积极推广不停车收费系统，进一步提高收费公路的通行效率和通行能力。各级交通主管部门和公路管理机构要全面加强停止收费后普通公路的养护管理和超限超载治理，做好公路养护工作。进一步调整完善收费公路发展政策，研究修订《收费公路管理条例》。发展改革委要会同财政部、交通运输部等部门，抓紧研究提出促进普通公路发展的投融资政策。

四、工作要求

（一）加强领导，明确分工。逐步有序取消政府还贷二级公路收费工作，由各省（区、市）人民政府负总责。各省（区、市）交通运输、发展改革、财政等部门要加强配合，明确分工，共同抓好具体实施工作。交通运输部、发展改革委、财政部负责协调组织，指导相关政策的落实。

（二）加强监督，明确责任。各地区、各有关部门要按照《通知》要求，精心组织，周密部署，密切配合，落实责任，及时研究出现的问题，定期通报工作进展情况，积极稳妥地做好取消政府还贷二级公路收费的各项工作。

（三）加强宣传，正面引导。逐步有序取消政府还贷二级公路收费工作涉及面广，情况复杂，政策性强。各地区要结合本地实际情况，加强舆论正面引导，有针对性地做好宣传解释工作，使广大人民群众充分认识到逐步有序取消政府还贷二级公路收费的必要性和现实意义，取得理解和支持，确保各项工作顺利开展。

（注：本方案中，东部地区包括北京、天津、辽宁、上海、江苏、浙江、福建、山东、广东；中部地区包括河北、山西、吉林、黑龙江、安徽、江西、河南、湖北、湖南、海南；西部地区包括内蒙古、广西、重庆、四川、贵州、云南、西藏、陕西、甘肃、青海、宁夏、新疆）

29. 国务院关于加强地方政府融资平台公司管理有关问题的通知

（国发〔2010〕19号）

各省、自治区、直辖市人民政府，国务院各部委、各直属机构：

近年来，地方政府融资平台公司（指由地方政府及其部门和机构等通过财政拨款或注入土地、股权等资产设立，承担政府投资项目融资功能，并拥有独立法人资格的经济实体）通过举债融资，为地方经济和社会发展筹集资金，在加强基础设施建设以及应对国际金融危机冲击中发挥了积极作用。但与此同时，也出现了一些亟须高度关注的问题，主要是融资平台公司举债融资规模迅速膨胀，运作不够规范；地方政府违规或变相提供担保，偿债风险日益加大；部分银行业金融机构风险意识薄弱，对融资平台公司信贷管理缺失等。为有效防范财政金融风险，加强对地方政府融资平台公司管理，保持经济持续健康发展和社会稳定，现就有关问题通知如下：

一、抓紧清理核实并妥善处理融资平台公司债务

地方各级政府要对融资平台公司债务进行一次全面清理，并按照分类管理、区别对待的原则，妥善处理债务偿还和在建项目后续融资问题。

纳入此次清理范围的债务，包括融资平台公司直接借入、拖欠或因提供担保、回购等信用支持形成的债务。债务经清理核实后按以下原则分类：（1）融资平台公司因承担公益性项目建设举借、主要依靠财政性资金偿还的债务；（2）融资平台公司因承担公益性项目建设举借、项目本身有稳定经营性收入并主要依靠自身收益偿还的债务；（3）融资平台公司因承担非公益性项目建设举借的债务。

对原计划由融资平台公司承担融资的在建项目，对其后续资金应根据不同情况妥善处理。地方各级政府要严格审核项目投资预算和资金来源，各类资金要集中用于项目续建和收尾，严格控制新开工项目，防止出现“半拉子”工程。经地方政府审核后，对还款来源主要依靠财政性资金的公益性在建项目，除法律和国务院另有规定外，不得再继续通过融资平台公司融资，应通过财政预算等渠道，或采取市场化方式引导社会资金解决建设资金问题。对使用债务资金的其他在建项目，原贷款银行等要重新进行审核，凡符合国家产业政策、土地政策、环境保护政策、信贷审慎管理规定及宏观调控政策等要求的项目，要继续按协议提供贷款，推进项目建设；对不符合上述要求的项目，地方政府要尽快进行清理，妥善处置。

对融资平台公司贷款，银行业金融机构要坚持按照“逐包打开、逐笔核对、重新评估、整改保全”的原则进行全面清理，及时采取补救措施，确保信贷资产安全。

地方各级政府要采取有效措施，落实有关债务人偿债责任。对融资平台公司存量债务，要按照协议约定偿还，不得单方面改变原有债权债务关系，不得转嫁偿债责任和逃废债务。融资平台公司等要统筹安排资金，制定偿债计划，明确偿债时限，切实承担还本付息责任。

二、对融资平台公司进行清理规范

在本通知下发前已经设立的融资平台公司，要按以下要求进行清理规范：对只承担公益性项目融资任务且主要依靠财政性资金偿还债务的融资平台公司，今后不得再承担融资任务，相关地方政府要在明确还债责任，落实还款措施后，对公司做出妥善处理；对承担上述公益性项目融资任务，同时还承担公益性项目建设、运营任务的融资平台公司，要在落实偿债责任和措施后剥离融资业务，不再保留融资平台职能。对承担有稳定经营性收入的公益性项目融资任务并主要依靠自身收益偿还债务的融资平台公司，以及承担非公益性项目融资任务的融资平台公司，要按照《中华人民共和国公司法》等有关规定，充实公司资本金，完善治理结构，实现商业运作；要通过引进民间投资等市场化途径，促进投资主体多元化，改善融资平台公司的股权结构。对其他兼有不同类型融资功能的融资平台公司，也要按照上述原则进行清理规范。

今后地方政府确需设立融资平台公司的，必须严格依照有关法律法规办理，足额注入资本金，学校、医院、公园等公益性资产不得作为资本注入融资平台公司。

三、加强对融资平台公司的融资管理和银行业金融机构等的信贷管理

融资平台公司融资和担保要严格执行相关规定。经清理整合后保留的融资平台公司，其融资行为必须规范，向银行业金融机构申请贷款须落实到项目，以项目法人公司作为承贷主体，并符合有关贷款条件的规定。融资项目必须符合国家宏观调控政策、发展规划、行业规划、产业政策、行业准入标准和土地利用总体规划等要求，按照国家有关规定履行项目审批、核准或备案手续。要严格按照规定用途使用资金，讲求效益，稳健经营。

银行业金融机构等要严格规范信贷管理，切实加强风险识别和风险管理。要落实借款人准入条件，按商业化原则履行审批程序，审慎评估借款人财务能力和还款来源。凡没有稳定现金流作为还款来源的，不得发放贷款。向融资平台公司新发贷款要直接对应项目，并严格执行国家有关项目资本金的规定。严格执行贷款集中度要求，加强贷款风险控制，坚持授信审批的原则、程序与标准。要按照要求将符合抵质押条件的项目资产或项目预期收益等权利作为贷款担保。要认真审查贷款投向，确保贷款符合国家规划和产业发展政策要求。要加强贷后管理，加大监督和检查力度。适当提高融资平台公司贷款的风险权重，按照不同情况严格进行贷款质量分类。

四、坚决制止地方政府违规担保承诺行为

地方政府在出资范围内对融资平台公司承担有限责任，实现融资平台公司债务风险内部化。要严格执行《中华人民共和国担保法》等有关法律法规规定，除法律和国务院另有规定外，地方各级政府及其所属部门、机构和主要依靠财政拨款的经费补助事业单位，均不得以财政性收入、行政事业等单位的国有资产，或其他任何直接、间接形式为融资平台公司融资行为提供担保。

五、加强组织领导，确保工作落实

各地区、各部门要从大局出发，牢固树立科学发展观和正确政绩观，充分认识加强融资平台公司管理工作的重要性和紧迫性，统一思想，加强领导，精心组织，结合本地区、本部门实际认真抓好落实。财政部、发展改革委、人民银行、银监会等部门和机构，要抓紧制订具体实施方案，完善相关政策，加强对这项工作的指导监督。财政部要会同有关部门加快建立融资平台公司债务管理信息系统、会计核算和统计报告制度，以及融资平台公司债务信息定期通报制度，实现对融资平台公司债务的全口径管理和动态监控。审计部门要加强对融资平台公司的审计监督。要研究建立地方政府债务规模管理和风险预警机制，将地方政府债务收支纳入预算管理，逐步形成与社会主义市场经济体制相适应、管理规范、运行高效的地方政府举债融资机制。

地方各级政府和有关部门、单位都要严格遵守法律制度规定，确保有法必依，违法必究。对清理规范中检查出来的问题要及时予以纠正，对清理规范后仍然违反《中华人民共和国预算法》、《中华人民共和国担保法》、《中华人民共和国商业银行法》等规定的要依法依规严肃处理，并追究相关责任人的责任。

各省（区、市）人民政府要切实履行职责，抓紧落实相关工作，并将工作落实情况于2010年12月31日前上报国务院，抄送财政部、发展改革委、人民银行和银监会。

30. 国务院办公厅转发发展改革委、监察部等部门关于解决当前政府投资工程建设中带有普遍性问题意见的通知

（国办发〔2010〕41号）

各省、自治区、直辖市人民政府，国务院各部委、各直属机构：

发展改革委、监察部等部门《关于解决当前政府投资工程建设中带有普遍性问题的意见》已经国务院同意，现转发给你们，请认真贯彻执行。

关于解决当前政府投资工程建设中带有普遍性问题的意见

（发展改革委、监察部、公安部、民政部、财政部、国土资源部、环境保护部、住房城乡建设部、交通运输部、铁道部、水利部、商务部、人民银行、审计署、国资委、工商总局、安全监管总局、法制办、电监会）

2010 年 4 月，中央扩大内需促进经济增长政策落实检查工作领导小组、中央治理工程建设领域突出问题工作领导小组、中央抗震救灾资金物资监督检查领导小组组织发展改革委、监察部、财政部、审计署等部门组成中央检查组，分赴 31 个省（区、市）、新疆生产建设兵团以及部分中央企业，对扩大内需促进经济增长政策落实、工程建设领域突出问题专项治理、汶川地震灾后恢复重建等情况进行了检查。检查情况表明，当前政府投资工程建设情况总体是好的，但也存在着一些带有普遍性的问题，有的问题还比较突出。为了从源头上规范对政府投资工程的管理，加强监督检查，防止类似问题再度发生，经认真研究，再提出如下意见：

一、规范工程建设决策行为，重点解决未批先建、违规审批等问题

（一）严格遵守政府投资项目决策规则和程序。健全重大项目决策制度，进一步提高决策的科学化和民主化水平。要按照有关规定，认真开展咨询评估，对特别重大的项目应当实行专家评议制度。严禁以会议纪要等形式代替审批程序，严禁越权审批项目。建立和完善项目储备制度，切实做好项目勘察、设计、论证分析等前期工作，确保投资计划和项目预算下达后即可完成开工准备，及时开工建设。

（二）切实履行职责，严格执行建设审批程序。各级政府有关部门要按照国家有关规定，加强审批管理，强化对项目规划依据、节能评估、环境影响评价、水土保持方案等条件的审核。不符合国家产业政策、发展建设规划、市场准入标准等相关规定以及有关手续不完备的项目，不得开工建设，金融机构不得发放贷款。严格禁止未批先建。

（三）加强对重大项目审批工作的沟通协调。各级发展改革、城乡规划、国土资源、环境保护、住房城乡建设等部门要加强沟通，明确责任，密切配合，建立投资项目管理联动机制。继续清理和规范工程建设领域行政审批事项，优化审批程序。探索实行相关政府部门集中受理、一站式审批，提高行政效率。

（四）加强业务培训。加强对地方各级政府、有关部门尤其是（市）、县（市）级政府主抓项目建设领导干部的培训，切实提高其贯彻执行法律法规和政策的自觉性。加大对项目建设单位，特别是农村和基层项目单位执行投资管理程序和开展项目管理的指导和培训力度，帮助其掌握政府投资项目建设的各项规定，提高项目管理水平。

二、规范工程建设招标投标活动，重点解决规避招标、围标串标等问题

（五）完善招标事项核准制，规范评标专家管理。明确核准招标的政策界限和有关程序，落实责任要求。对邀请招标、自行招标和不招标的项目要严格按照规定的条件核准。强化核准后的跟踪监督，确保项目建设单位按照核准的范围、组织形式、招标方式开展招标活动。加强评标专家管理，实施全国统一的评标专家专业分类标准，规范专家评标行为，促进专家资源共享。

（六）推进招标文件标准化和规范化，加快电子招投标制度建设。抓紧编制发布简明标准文件和其他合同类型施工招标文件，形成完整的施工招标标准文件体系。抓紧制定电子招标投标办法及技术标准，逐步推广电子招投标，提高招标效率，增强招标活动的公开性和透明度。

（七）加大工程招标信息公开力度，建立健全诚信体系。坚持招标信息公开，规范招标公告发布行为。进一步完善项目考核、合同履约等市场信用记录和通报制度，加大违法失信行为披露力度，选取一批典型案件进行公告。将招标投标违法行为记录作为招标代理机构资格认定、投标人资格审查、招标代理机构选择、中标人推荐和确定、评标委员会成员确定和评标专家考核的重要依据。

（八）强化对招标投标活动的行政监督。招标投标行政监督部门要建立健全科学、高效的监督机制和监控体系，按照职责对招标投标活动进行全过程监督。进一步清理涉及行业垄断和地区封锁的招标投标许可、审批事项。明确界定围标串标、恶意低价中标、挂靠借用资质等违法违规行为，切实加大打击力度。加大对招标代理机构违规操作行为的查处力度。

三、规范工程建设资金安排使用，重点解决资金管理混乱等问题

（九）进一步完善中央预算内投资管理制度。抓紧研究出台中央预算内资本金注入项目管理办法和中央预算内直接投资项目管理办法。进一步规范中央投资项目概算管理，严格防止发生项目超概算问题。

（十）严格按照预算管理程序的规定审核下达项目资金预算，不得超国家规定的投资规模、方向和范围下达预算，不得擅自提高建设标准和变更建设内容，不得挤占挪用其他专项资金，不得违反规定的用途支付资金，不得拖欠工程款和截留资金。

（十一）加强对项目建设资金的监管。修订完善基本建设财务管理制度，督促项目单位做到项目分账核算，资金专款专用，成本规范归集，及时编制竣工财务决算，按照规定妥善处理项目结余资金。加强对建设资金预算管理，定期考核资金预算的编制和执行情况，及时发现纠正扩大支出范围的行为。严格项目合同管理，规范价款结算。推行国库集中支付制度，建立健全预算执行监控机制。

（十二）加强建设项目的审计、稽察和监督检查工作。加强对政府重大投资项目的跟踪审计和稽察，建立健全审计、稽察、监察沟通协作机制，加大对违规问题的处理处罚力度，对发生严重违规问题的地区应予以通报批评，对相关部门和单位要追究有关责任人的责任。对民生项目的实施和管理要逐步引入群众监督员制度。

四、保证扩大内需项目配套资金落实

（十三）各省级人民政府要加强统筹，对地方配套投资落实工作负总责。明确地方配套投资责任主体，合理分担配套投资比例。有关部门和地方在转发、分解下达中央投资计划时，须同时明确省、市、县等各级配套投资比例和数额，应由省级承担的配套责任不得转移给市、县，应由市（地）级承担的配套责任也不得转移给县（市）。要继续适当提高中央投资补助标准，减轻一些公益、民生项目的基层配套负担。

（十四）对于需要地方财政性配套资金的项目，一般在申报环节应取得当地财政部门的配套资金承诺意向。发展改革等部门要加强审查，对配套承诺明显超出地方财政能力的项目不予审批。

（十五）鼓励地方政府依法多渠道筹措资金，通过政府一般预算资金、土地出让收益等各类政府性基金、地方政府债券资金以及其他可用财力保障中央投资项目配套。同时，切实加强对地方政府融资平台公司的管理，规范融资活动，坚决制止地方政府违规担保承诺行为，有效规范和化解财政金融风险。

（十六）制定刚性约束措施，督促地方政府按照国家相关政策要求将地方政府债券主要用于中央投资地方配套的公益性建设项目及其他难以吸引社会投资的公益性建设项目。

（十七）把中央投资项目地方配套资金落实情况作为安排后续中央投资计划的重要参考，对配套资金不落实的地区，相应减少或暂缓安排该地区后续中央投资，防止出现“半拉子”工程。

五、加强建设项目管理和质量安全工作

（十八）严格落实建设项目管理制度。继续推进项目标准化、精细化、规范化和扁平化管理，严格实行项目法人制、招标投标制、合同管理制和工程监理制。规范变更设计管理，坚持“先批准、后变更”原则，严格控制重大设计变更，完善变更报批手续，加强概算调整管理，明确变更设计责任主体，落实责任追究。严格执行投资管理程序，禁止违反规律盲目压缩工期。

（十九）严格落实住宅特别是保障性住房工程质量分户验收制度。建设单位要组织施工、监理等单位，在住宅工程竣工验收时，依据国家有关工程质量标准，对每户住宅及相关公共部位的观感质量和使用功能等进行检查验收，确保住宅工程结构安全和使用功能质量，并出具验收合格证明。建设、施工、监理等单位要严格履行分户验收职责，对分户验收的结论进行签认，不得简化程序。

（二十）严格落实工程质量安全政府监管制度。按照“谁审批、谁负责”和“谁发证、谁负责”的原则，明确有关建设项目的政府监管部门，落实监管责任。按照属地和行业归口管理的原则，加强工程质量安全监管，严格工程建设规范，提高工程质量安全基础保障能力。

（二十一）强化建设各方的质量安全责任，落实工程质量安全终身责任制。工程建设、施工、监理、勘察、设计、租赁以及大宗材料和产品供应等相关单位要落实工程质量和安全生产主体责任，特别是要强化建设单位的责任，认真执行工程安全设施与主体工程同时设计、同时施工、同时投入生产和使用的有关规定。认真落实发展改革委等部门《关于加强重大工程安全质量保障措施的通知》（发改投资〔2009〕3183号）要求，所有参建单位工作人员，以及工程监测、检测、咨询评估及施工图审查等单位工作人员，按各自职责对其经手的工程质量负终身责任。

（二十二）加大对违法违规行为查处力度。充分利用信息网络技术手段，及时记录和曝光工程建设领域的不良行为信息，强化对市场主体的动态监管。要加大对司法机关查办案件的支持力度。建立健全行政执法机关与司法机关之间的情况通报、案件线索移送机制，发现涉嫌犯罪线索及时移送司法机关处理。对严重违法违规的企业要严肃查处，直至清出建设市场。

（二十三）加强对建设工程尤其是事故易发频发的重点部位和环节的日常监管和监督检查。开展工程隐患排查治理工作，严厉打击违法建设行为，认真查处施工现场违章指挥、违章作业和违反劳动纪律的行为，强化施工现场安全管理。严格执行《生产安全事故报告和调查处理条例》，进一步加强事故调查处理工作，认真查明事故原因，研究提出防范措施，严肃追究事故责任。

六、加快形成投资建设领域法规制度体系，建立健全长效机制

（二十四）健全投资建设领域基础性法规制度。一是抓紧出台政府投资条例，进一步明确政府投资资金来源、资金投向、投资决策和审批程序等，规范政府投资行为；抓紧制定企业投资项目核准和备案管理条例。二是抓紧出台招标投资法实施条例和政府采购法实施条例，细化有关程序，加强政府采购法和招标投标法的协调。三是抓紧制订建筑市场管理条例，规范建筑市场各方主体交易行为，明确监管责任。四是抓紧研究完善试生产管理和竣工验收管理制度。

（二十五）健全投资建设领域关键环节法规制度。研究制定推进和规范政府投资项目代建制的指导意见。研究制定推进和规范政府投资项目代建制的指导意见。研究出台国有建设用地供应计划编制规范、国有划拨建设用地使用权管理办法、土地评估管理办法等规定，进一步规范土地审批和出让行为，建立统一规范的土地和矿业权交易市场。研究制定控制性详细规划编制与审批办法，严格控制性详细规划编制、修改、审批程序。抓紧完善的建设工程监理管理制度，规范监理行为，提高监理水平。按照《国务院办公厅关于做好规章清理工作有关问题的通知》（国办发〔2010〕28号）要求，认真清理工程建设领域有关规章，切实解决部门规章质量不高、可操作性不强，甚至相互“打架”问题。

（二十六）推进建设项目信息公开，建立政府投资项目责任追究制度。进一步完善建设项目信息公开和信用信息指导目录，依托政府网站相对集中做好信息公开工作，加强信用信息的公开分享。制定政府投资项目公示指导意见，明确公示内容和审批流程，及时公布审批结果。出台政府投资项目决策责任追究指导意见、违反城乡规划规定行为处分办法等规定。对违反规定造成重大损失的，要按照“谁决策、谁负责”、“谁主管、谁负责”、“谁建设、谁负责”的原则，严肃追究直接责任人员和有关领导的责任。

31. 国务院关于稳定消费价格总水平保障群众基本生活的通知

（国发〔2010〕40号）

各省、自治区、直辖市人民政府，国务院各部委、各直属机构：

今年以来，按照党中央、国务院关于处理好保持经济平稳较快发展、调整经济结构和管理通胀预期关系的要求，各地区、各部门积极采取措施，发展生产、保障供应、强化监管，保证了市场供应和价格总水平基本稳定。7月份以来，受国内外多种因素影响，以农产品为主的生活必需品价格上涨较快，价格总水平逐月攀升，加大了城乡居民特别是中低收入群体的生活负担。为切实维护广大人民群众根本利益、保持社会和谐稳定，各地区、各部门要充分认识稳定市场价格的重要性和紧迫性，按照“立足当前、着眼长远，综合施策、重点治理，保障民生、稳定预期”的原则，及时采取有力措施，坚持扶持生产、保障供应与抑制不合理需求相结合，实施短期应急措施与建立长效机制相结合，理顺价格关系与保障群众基本生活相结合，维护企业正常经营活动与打击价格违法行为相结合，以经济和法律手段为主，辅之以必要的行政手段，进一步做好价格调控监管工作，稳定市场价格，切实保障群众基本生活。现就有关问题通知如下：

一、大力发展农业生产

进一步落实扶持农业生产的各项政策措施，巩固和加强农业基础地位，保持农业稳定发展。切实加强蔬菜种植基地和蔬菜大棚建设，南方省区和有关蔬菜主产区要抓好冬季蔬菜的生产，中央和地方各级财政给予必要的支持；各地尤其是城市人民政府要扩大速生蔬菜生产规模，增加越冬蔬菜供应。加强冬季粮油生产田间管理。完善糖料收购价格政策和利益共享机制，稳定榨糖企业生产。

二、稳定农副产品供应

各地区要保持地方储备粮油的投放力度，落实小包装成品粮油储备制度。有关部门要继续把握好中央储备粮、油、糖投放和轮换的节奏、力度，保障市场供应。城市人民政府要提前做好小包装成品粮油和越冬蔬菜等农副产品储备工作，加快蔬菜批发市场、社区菜店和冷链物流建设，提前做好粮食、食用油、蔬菜等应急保障预案。铁路部门要做好新疆棉花调运工作。

三、降低农副产品流通成本

完善鲜活农产品运输绿色通道政策。自2010年12月1日起，所有收费公路对整车合法装载鲜活农产品的车辆免收通行费；少量混装其他农产品以及超载幅度在合理计量误差范围内的鲜活农产品运输车辆，比照整车合法装载车辆执行；将马铃薯、甘薯、鲜玉米、鲜花生列入绿色通道品种目录。各地区要进一步规范和降低集贸市场摊位费和超市进场费。

四、保障化肥生产供应

继续实行化肥生产用电、用气和铁路运输价格优惠政策，保障化肥企业正常生产用电、用气供应，不得对化肥企业拉闸限电。控制化肥出口，调整化肥出口关税政策和淡旺季划分时段。切实落实化肥淡季储备政策和计划安排。

五、做好煤电油气运协调工作

进一步发挥煤电油气运保障工作部际协调机制作用，加强组织协调，搞好运力衔接，确保冬春季能源供应。煤炭主产区人民政府要组织好煤炭生产，尤其是安排好元旦、春节“两节”期间的生产，不得干预煤炭外运。煤电双方要衔接好2011年度电煤供需合同，煤炭行业要加强自律，保持价格稳定。石油企业要采取经济和技术手段提高生产负荷，增加柴油产量，保障市场需求。各地区要确保城乡居民生活和企业正常生产的电力供应，不得随意拉闸限电。

32. 中共中央　国务院关于分类推进事业单位改革的指导意见

（国发〔2011〕14号）

为全面贯彻落实党的十七大和十七届二中、三中、四中、五中全会精神，推动公益事业更好更快发展，不断满足人民群众日益增长的公益服务需求，现就分类推进事业单位改革提出如下意见。

一、改革的重要性和紧迫性

1. 事业单位是经济社会发展中提供公益服务的主要载体，是我国社会主义现代化建设的重要力量。改革开放特别是党的十六大以来，各地区各有关部门积极探索事业单位改革，不断创新事业单位体制机制，稳步推进教育、科技、文化、卫生等行业体制改革，积累了有益经验，取得了明显成效，为进一步推进改革奠定了基础。事业单位提供公益服务总量不断扩大，服务水平逐步提高，在促进经济社会发展、改善人民群众生活方面发挥了重要作用。

2. 当前，我国正处于全面建设小康社会的关键时期，加快发展社会事业、满足人民群众公益服务需求的任务更加艰巨。面对新形势新要求，我国社会事业发展相对滞后，一些事业单位功能定位不清，政事不分、事企不分，机制不活；公益服务供给总量不足，供给方式单一，资源配置不合理，质量和效率不高；支持公益服务的政策措施还不够完善，监督管理薄弱。这些问题影响了公益事业的健康发展，迫切需要通过分类推进事业单位改革加以解决。

3. 分类推进事业单位改革，是深入贯彻落实科学发展观、构建社会主义和谐社会的必然要求，是推进政府职能转变、建设服务型政府的重要举措，是提高事业单位公益服务水平、加快各项社会事业发展的客观需要。必须从改革开放和社会主义现代化建设全局的高度，充分认识分类推进事业单位改革的重大意义，切实增强责任感和紧迫感，坚定不移地把这项改革推向深入。

二、改革的指导思想、基本原则和总体目标

4. 指导思想。高举中国特色社会主义伟大旗帜，以邓小平理论和“三个代表”重要思想为指导，深入贯彻落实科学发展观，按照政事分开、事企分开和管办分离的要求，以促进公益事业发展为目的，以科学分类为基础，以深化体制机制改革为核心，总体设计、分类指导、因地制宜、先行试点、稳步推进，进一步增强事业单位活力，不断满足人民群众和经济社会发展对公益服务的需求。

5. 基本原则。坚持以人为本，把提高公益服务水平、满足人民群众需求作为出发点和落脚点；坚持分类指导，根据不同类别事业单位的特点，实施改革和管理；坚持开拓创新，破除影响公益事业发展的体制机制障碍，鼓励进行多种形式的探索和实践；坚持着眼发展，充分发挥政府主导、社会力量参与和市场机制的作用，实现公益服务提供主体多元化和提供方式多样化；坚持统筹兼顾，充分发挥中央和地方两个积极性，注意与行业体制改革、政府机构改革等相衔接，妥善处理改革发展稳定的关系。

6. 总体目标和阶段性目标。到2020年，建立起功能明确、治理完善、运行高效、监管有力的管理体制和运行机制，形成基本服务优先、供给水平适度、布局结构合理、服务公平公正的中国特色公益服务体系。今后5年，在清理规范基础上完成事业单位分类，承担行政职能事业单位和从事生产经营活动事业单位的改革基本完成，从事公益服务事业单位在人事管理、收入分配、社会保险、财税政策和机构编制等方面改革取得明显进展，管办分离、完善治理结构等改革取得较大突破，社会力量兴办公益事业的制度环境进一步优化，为实现改革的总体目标奠定坚实基础。

三、科学划分事业单位类别

7. 清理规范现有事业单位。对未按规定设立或原承担特定任务已完成的，予以撤销。对布局结构不合理、设置过于分散、工作任务严重不足或职责相同相近的，予以整合。

8. 划分现有事业单位类别。在清理规范基础上，按照社会功能将现有事业单位划分为承担行政职能、从事生产经营活动和从事公益服务三个类别。对承担行政职能的，逐步将其行政职能划归行政机构或转为行政机构；对从事生产经营活动的，逐步将其转为企业；对从事公益服务的，继续将其保留在事业单位序列、强化其公益属性。今后，不再批准设立承担行政职能的事业单位和从事生产经营活动的事业单位。

9. 细分从事公益服务的事业单位。根据职责任务、服务对象和资源配置方式等情况，将从事公益服务的事业单位细分为两类：承担义务教育、基础性科研、公共文化、公共卫生及基层的基本医疗服务等基本公益服务，不能或不宜由市场配置资源的，划入公益一类；承担高等教育、非营利医疗等公益服务，可部分由市场配置资源的，划入公益二类。具体由各地结合实际研究确定。

四、推进承担行政职能事业单位改革

10. 严格认定标准和范围。根据国家有关法律法规和中央有关政策规定，按照是否主要履行行政决策、行政执行、行政监督等职能，从严认定承担行政职能的事业单位。

11. 区分不同情况实施改革。结合行政管理体制改革和政府机构改革，特别是探索实行职能有机统一的大部门体制，推进承担行政职能事业单位改革。涉及机构编制调整的，不得突破政府机构限额和编制总额，主要通过行政管理体制和政府机构改革中调剂出来的空额逐步解决。对部分承担行政职能的事业单位，要认真梳理职能，将属于政府的职能划归相关行政机构；职能调整后，要重新明确事业单位职责、划定类别，工作任务不足的予以撤销或并入其他事业单位。对完全承担行政职能的事业单位，可调整为相关行政机关的内设机构，确需单独设置行政机构的，要按照精简效能原则设置。已认定为承担行政职能、但尚未调整到位的事业单位，在过渡期内继续按照现行法律法规和政策规定履行职责，使用事业编制且只减不增，人事、财务、社会保险等依照国家现行政策规定实施管理。

五、推进从事生产经营活动事业单位改革

12. 推进转企改制。周密制定从事生产经营活动事业单位转企改制工作方案，按照有关规定进行资产清查、财务审计、资产评估，核实债权债务，界定和核实资产，由同级财政部门依法核定国家资本金。转制单位要按规定注销事业单位法人，核销事业编制，进行国有资产产权登记和工商登记，并依法与在职职工签订劳动合同，建立或接续社会保险关系。事业单位转企改制后，要按照现代企业制度要求，深化内部改革，转变管理机制，并依照政企分开、政资分开的原则，逐步与原行政主管部门脱钩，其国有资产管理除国家另有规定外，由履行国有资产出资人职责的机构负责。

13. 完善过渡政策。为平稳推进转制工作，可给予过渡期，一般为 5 年。在过渡期内，对转制单位给予适当保留原有税收等优惠政策，原有正常事业费继续拨付。在离退休待遇方面，转制前已离退休人员，原国家规定的离退休费待遇标准不变，支付方式和待遇调整按国家有关规定执行；转制前参加工作、转制后退休的人员，基本养老金的计发和调整按照国家有关规定执行，保证离退休人员待遇水平平稳衔接。在医疗保障方面，离休人员继续执行现行办法，所需资金按原渠道解决；转制前已退休人员，转制后继续按规定享受职工基本医疗保险、补充医疗保障等待遇。有条件的转制单位，可按照有关规定为职工建立补充医疗保险和企业年金。要进一步做好离退休人员的服务管理工作。

六、推进从事公益服务事业单位改革

14. 明确改革目的。强化事业单位公益属性，进一步理顺体制、完善机制、健全制度，充分调动广大工作人员的积极性、主动性、创造性，真正激发事业单位生机与活力，不断提高公益服务水平和效率，促进公益事业大力发展，切实为人民群众提供更加优质高效的公益服务。

15. 改革管理体制。实行政事分开，理顺政府与事业单位的关系。行政主管部门要加快职能转变，创新管理方式，减少对事业单位的微观管理和直接管理，强化制定政策法规、行业规划、标准规范和监督指导等职责，进一步落实事业单位法人自主权。对面向社会提供公益服务的事业单位，积极探索管办分离的有效实现形式，逐步取消行政级别。对不同类型事业单位实行不同的机构编制管理，科学制定机构编制标准，合理控制总量，着力优化结构，建立动态调整机制，强化监督管理。

16. 建立健全法人治理结构。面向社会提供公益服务的事业单位，探索建立理事会、董事会、管委会等多种形式的治理结构，健全决策、执行和监督机制，提高运行效率，确保公益目标实现。不宜建立法人治理结构的事业单位，要继续完善现行管理模式。

17. 深化人事制度改革。以转换用人机制和搞活用人制度为核心，以健全聘用制度和岗位管理制度为重点，建立权责清晰、分类科学、机制灵活、监管有力的事业单位人事管理制度。加快推进职称制度改革。对不同类型事业单位实行分类人事管理，依据编制管理办法分类设岗，实行公开招聘、竞聘上岗、按岗聘用、合同管理。

18. 深化收入分配制度改革。以完善工资分配激励约束机制为核心，健全符合事业单位特点、体现岗位绩效和分级分类管理要求的工作人员收入分配制度。结合规范事业单位津贴补贴实施绩效工资，进一步做好义务教育学校、公共卫生与基层医疗卫生事业单位实施绩效工资工作；对其他事业单位按照分类指导、分步实施、因地制宜、稳慎推进的原则，实施绩效工资。各地区各部门要根据改革进程，探索对不同类型事业单位实行不同的绩效工资管理办法，分步实施到位。完善事业单位工资正常调整机制。

19. 推进社会保险制度改革。完善事业单位及其工作人员参加基本养老、基本医疗、失业、工伤等社会保险政策，逐步建立起独立于单位之外、资金来源多渠道、保障方式多层次、管理服务社会化的社会保险体系。事业单位工作人员基本养老保险实行社会统筹和个人账户相结合，养老保险费由单位和个人共同负担，个人缴费全部记入个人账户。养老保险基金单独建账，实行省级统筹，基本养老金实行社会化发放。实行“老人老办法、新人新制度、中人逐步过渡”，对改革前参加工作、改革后退休的人员，妥善保证其养老待遇水平平稳过渡、合理衔接，保持国家规定的待遇水平不降低。建立事业单位工作人员职业年金制度。统筹考虑企业、事业单位、机关离退休人员养老待遇水平。

20. 加强对事业单位的监督。建立事业单位绩效考评制度，考评结果作为确定预算、负责人奖惩与收入分配等的重要依据。加强审计监督和舆论监督。面向社会提供公益服务的事业单位要建立信息披露制度，重要事项和年度报告要向社会公开，涉及人民群众切身利益的重大公益服务事项要进行社会公示和听证。

21. 全面加强事业单位党的建设。按照党章和有关规定，及时调整党的组织设置，理顺隶属关系，选好配强党组织领导班子，加强党员教育、管理、服务，做好思想政治工作，推进精神文明建设，领导工会、共青团等群众组织开展工作，充分发挥党组织在促进事业发展、完成本单位中心任务中的领导核心或政治核心作用，保证党的基本路线方针政策在事业单位的贯彻执行。

七、构建公益服务新格局

22. 大力发展公益服务。适应经济社会发展和人民群众需要，不断拓展公益服务领域，增加公益服务品种，扩大公益服务供给总量。发挥政府主导作用，引导社会力量广泛参与，引入市场竞争机制，充分调动各方面积极性，不断增强公益事业发展活力。通过改革，形成提供主体多元化、提供方式多样化的公益服务新格局，努力为人民群众提供广覆盖、多层次的公益服务。

23. 强化政府责任。按照逐步实现基本公共服务均等化的要求，优先发展直接关系人民群众基本需求和国家安全、社会稳定的公益服务，促进公益服务公平公正。加快发展农村、欠发达地区和民族地区公益事业，缩小城乡之间、地区之间公益服务水平差距，切实满足广大农民和城市低收入群体医疗、教育、文化等公益服务需求。优化公益服务资源配置，合理规划布局，科学设置事业单位，打破条块分割和行政区划界限，推进资源共享。创新公益服务提供方式，完善购买服务机制，提高服务质量和效率。

24. 鼓励社会力量兴办公益事业。完善相关政策，放宽准入领域，推进公平准入，鼓励社会力量依法进入公益事业领域。对社会力量兴办公益事业的，在设立条件、资质认定、职业资格与职称评定、税收政策和政府购买服务等方面，与事业单位公平对待，并切实加强监管，引导其健康发展。完善和落实税收优惠政策，鼓励企业、社会团体和公民个人捐赠公益事业。大力倡导和发展志愿服务。

25. 充分发挥市场机制作用。完善扶持政策，充分发挥市场在公益事业领域资源配置中的积极作用，为社会资本投资创造良好环境，推动相关产业加快发展，满足人民群众多层次、多样化服务需求。

八、完善支持公益事业发展的财政政策

26. 加大财政对公益事业发展支持力度。加快建立健全公共财政体系，调整支出结构，加大投入力度，着力构建财政支持公益事业发展长效机制。制定和完善支持社会力量兴办公益事业的财政政策，形成多渠道筹措资金发展公益事业的投入机制。对事业单位的财政资金使用情况进行绩效考评，严格资金管理，提高使用效益。

27. 改革和完善财政支持方式。按照国家政策和以事定费的原则，结合不同事业单位的具体特点和财力，对不同类型事业单位实行不同的财政支持办法，合理制定标准，实行动态调整，健全监管制度，充分发挥财政资金的效用。对公益一类，根据正常业务需要，财政给予经费保障；对公益二类，根据财务收支状况，财政给予经费补助，并通过政府购买服务等方式予以支持。

28. 推进预算管理、政府采购和国有资产管理改革。研究建立事业单位资产配置标准体系，促进资产管理与预算编制有机结合，强化事业单位政府采购预算管理与执行，规范政府采购操作执行行为。加强行政事业性收费管理，严格收费项目和标准审批。建立健全事业单位财务会计和国有资产管理制度，加强财务监督，确保财政资金和国有资产使用规范、安全和有效。

九、认真做好组织实施工作

29. 加强领导。分类推进事业单位改革事关经济社会发展全局，是一场广泛而深刻的变革，任务复杂艰巨。各地区各部门要高度重视，坚定信心，精心组织，攻坚克难，确保改革顺利推进。为加强对改革工作的领导，建立中央分类推进事业单位改革工作部际联席会议制度，负责交流改革情况、研究共性问题、提出工作建议等工作，具体工作由中央编办承担。教育、科技、文化、卫生、新闻出版等部门要按照现行的领导体制和政策规定，继续推动行业体制改革。中央和国家机关负责组织所属事业单位进行改革。中央编办、财政部、人力资源社会保障部等部门要各司其职，密切配合，指导做好相关工作。各省（区、市）党委和政府对本地区的改革负总责，要建立领导小组，健全工作机制，结合实际研究制定实施意见并抓好组织落实。

30. 稳步实施。坚持分类指导、分业推进、分级组织、分步实施的工作方针，注意把握节奏，加强统筹协调，做到条块结合、上下结合，条件成熟的可率先改革，暂不具备条件的允许过渡，不搞“一刀切”。要继续深化改革试点，不断总结试点经验，完善相关政策措施。严禁突击提拔干部、严禁超职数配备干部或违反规定提高干部职级待遇。切实加强新闻宣传和思想政治工作，正确引导社会舆论，营造良好改革氛围，确保社会和谐稳定，确保国有资产不流失，确保公益事业健康发展。

33. 国务院办公厅转发发展改革委、财政部、交通运输部关于进一步完善投融资政策促进普通公路持续健康发展若干意见的通知

（国办发〔2011〕22号）

各省、自治区、直辖市人民政府，国务院各部委、各直属机构：

发展改革委、财政部、交通运输部《关于进一步完善投融资政策促进普通公路持续健康发展的若干意见》已经国务院同意，现转发给你们，请认真贯彻执行。

关于进一步完善投融资政策　促进普通公路持续健康发展的若干意见

（发展改革委、财政部、交通运输部）

改革开放以来，我国普通公路建设取得了巨大成就，通车里程规模迅速扩大、服务能力显著增强，对经济社会发展发挥了重要支撑作用。但也存在着债务偿还困难、养护相对不足等问题，特别是成品油价格和税费改革以及逐步有序取消政府还贷二级公路收费以后，普通公路的建设、养护管理面临新的发展环境。为进一步完善普通公路投融资体制机制，促进普通公路持续健康发展，现提出以下意见：

一、充分认识普通公路发展的重要性

（一）普通公路是指除高速公路以外的、为公众出行提供基础性普遍服务的非收费公路，由普通国省干线公路和农村公路组成，构成了我国公路网的主体，是我国覆盖范围最广、服务人口最多、提供服务最普遍、公益性最强的交通基础设施，是保障经济社会发展和人民生产生活的重要基础条件。不断完善普通公路网络，充分发挥普通公路的基础性服务作用，对于便利群众出行，推动社会主义新农村建设，促进城镇化和工业化发展，构建社会主义和谐社会，具有十分重要的意义。建设和维护好普通公路，是各级人民政府履行公共服务职能的重要内容。各地区、各有关部门要高度重视普通公路建设、养护和管理，统筹交通资源，积极筹措资金，保障普通公路持续健康发展。

二、总体要求和基本原则

（二）总体要求。以科学发展观为指导，按照加强政府公共服务职能的要求，根据经济社会发展需要与财力可能，建立以公共财政为基础、各级政府责任清晰、财力和事权相匹配的投融资长效机制，实现普通公路的持续健康发展。

（三）基本原则。坚持政府主导，提高公共财政保障能力，以财政性资金为主解决普通公路投入问题，规范融资渠道，加强资金使用监管。坚持需求和财力相统筹，综合考虑发展需要和财力状况，实事求是，量力而行，有序推进普通公路发展。坚持财力和事权相匹配，明确各级政府对普通公路的建设与养护管理责任，根据各级政府事权合理配置财力。坚持科学规划，根据经济社会发展需求和路网功能定位，合理规划、适时调整普通公路的总体布局、路网规模和标准。坚持存量优先，合理安排新建、改扩建及养护资金，做到建养并重、养护优先。

三、切实保障普通公路养护和建设资金

（四）规范成品油价格和税费改革转移支付资金使用。成品油价格和税费改革后，新增成品油消费税收入基数返还中替代公路养路费支出部分和增量资金中相当于养路费占原基数比例的部分，原则上全额用于普通公路的养护管理，不得用于收费公路建设。新增成品油消费税收入中每年安排各地用于政府还贷二级收费公路撤站债务偿还的专项资金，在债务偿还完毕后，全额用于普通公路养护管理和建设。加大成品油价格和税费改革新增税收收入增量资金对普通公路养护管理和建设的转移支付力度。

（五）加大对普通公路发展的支持力度。继续安排中央预算内投资用于普通公路的建设。调整车购税支出结构，提高用于普通干线公路的支出比重。在规范政府性债务管理和风险可控的条件下，在现行中央代理发行地方政府债券制度框架内，考虑普通公路建设发展需求因素，适当扩大发行债券规模，由地方政府安排用于普通公路发展。除中央预算内资金、专项资金和政府债券外，地方各级人民政府应加大力度安排其他财政性资金用于普通公路发展。完善中央资金分配调节机制，加大向西部地区倾斜力度，实现区域间的合理分配，促进区域交通协调发展。

（六）多渠道增加普通公路投入。中央预算内投资和车购税资金在公路交通领域投资形成的收益，应主要用于普通公路建设。各地转让政府还贷公路经营权益所得，应安排一定比例资金用于普通公路建设。逐步建立高速公路与普通公路统筹发展机制，新建、改扩建高速公路应将与之密切关联、提供集散服务的普通公路纳入项目范围，统一规划、统一建设。积极探索符合普通公路公益性质的市场融资方式，鼓励社会各界支持普通公路发展。

四、抓紧完善相关配套措施

（七）加强资金使用的监督管理。尽快制定成品油价格和税费改革转移支付资金使用管理办法，规范专项资金的分配使用和监督管理。各级财政用于普通公路发展的资金应纳入预算管理，各级财政和交通运输主管部门要严格执行国库管理制度有关规定，确保及时足额拨付资金。成品油价格和税费改革形成的交通资金实行专款专用，不得挤占、挪用。要健全资金使用的绩效考核管理，加强对公路基础设施领域社会资金的引导和监管，依法加强对各类资金使用情况的审计监督，切实提高资金使用效益。

（八）规范政府性交通融资平台。地方各级人民政府要认真落实《国务院关于加强地方政府融资平台公司管理有关问题的通知》（国发〔2010〕19号）有关规定，加强对各类交通融资平台公司的监管，严禁违规提供担保或进行变相担保。

（九）妥善处理债务问题。地方各级人民政府要全面清理普通公路建设形成的债务余额，合理分担政府性债务还本付息责任，统筹安排财力，严格按规定和协议偿还普通公路发展形成的历史债务。金融监管机构要采取措施加强金融风险的防控。财政部、交通运输部、发展改革委等部门要密切关注普通公路发展的债务问题，适时研究提出防范信贷风险的政策措施。

（十）理顺公路管理体制机制。抓紧研究制订公路管养体制改革方案，进一步明确公路事权归属，分清各级政府责任，逐步理顺公路管理体制机制。要根据明晰事权、理顺管理体制的要求，认真总结实践经验，适时修订完善相关法律法规。

五、工作要求

（十一）切实抓好组织实施。各地区、各有关部门要根据本意见的要求，结合本地区、本部门实际制定具体实施意见，统筹安排落实工作任务。要正确处理改革、发展与稳定的关系，稳妥推进各项工作。

（十二）进一步加强协调指导。发展改革委、财政部、交通运输部等部门要根据各自职责，密切协同配合，加强对普通公路发展投融资工作的宏观指导和监督检查，及时解决工作中出现的重大问题。

34. 中华人民共和国招标投标法实施条例

（根据2019年3月2日中华人民共和国国务院令第709号第三次修订）

第一章　总　　则

第一条　为了规范招标投标活动，根据《中华人民共和国招标投标法》（以下简称招标投标法），制定本条例。

第二条　招标投标法第三条所称工程建设项目，是指工程以及与工程建设有关的货物、服务。

前款所称工程，是指建设工程，包括建筑物和构筑物的新建、改建、扩建及其相关的装修、拆除、修缮等；所称与工程建设有关的货物，是指构成工程不可分割的组成部分，且为实现工程基本功能所必需的设备、材料等；所称与工程建设有关的服务，是指为完成工程所需的勘察、设计、监理等服务。

第三条　依法必须进行招标的工程建设项目的具体范围和规模标准，由国务院发展改革部门会同国务院有关部门制订，报国务院批准后公布施行。

第四条　国务院发展改革部门指导和协调全国招标投标工作，对国家重大建设项目的工程招标投标活动实施监督检查。国务院工业和信息化、住房城乡建设、交通运输、铁道、水利、商务等部门，按照规定的职责分工对有关招标投标活动实施监督。

县级以上地方人民政府发展改革部门指导和协调本行政区域的招标投标工作。县级以上地方人民政府有关部门按照规定的职责分工，对招标投标活动实施监督，依法查处招标投标活动中的违法行为。县级以上地方人民政府对其所属部门有关招标投标活动的监督职责分工另有规定的，从其规定。

财政部门依法对实行招标投标的政府采购工程建设项目的政府采购政策执行情况实施监督。

监察机关依法对与招标投标活动有关的监察对象实施监察。

第五条　设区的市级以上地方人民政府可以根据实际需要，建立统一规范的招标投标交易场所，为招标投标活动提供服务。招标投标交易场所不得与行政监督部门存在隶属关系，不得以营利为目的。

国家鼓励利用信息网络进行电子招标投标。

第六条　禁止国家工作人员以任何方式非法干涉招标投标活动。

第二章　招　　标

第七条　按照国家有关规定需要履行项目审批、核准手续的依法必须进行招标的项目，其招标范围、招标方式、招标组织形式应当报项目审批、核准部门审批、核准。项目审批、核准部门应当及时将审批、核准确定的招标范围、招标方式、招标组织形式通报有关行政监督部门。

第八条　国有资金占控股或者主导地位的依法必须进行招标的项目，应当公开招标；但有下列情形之一的，可以邀请招标：

（一）技术复杂、有特殊要求或者受自然环境限制，只有少量潜在投标人可供选择；

（二）采用公开招标方式的费用占项目合同金额的比例过大。

有前款第二项所列情形，属于本条例第七条规定的项目，由项目审批、核准部门在审批、核准项目时作出认定；其他项目由招标人申请有关行政监督部门作出认定。

第九条 除招标投标法第六十六条规定的可以不进行招标的特殊情况外，有下列情形之一的，可以不进行招标：

（一）需要采用不可替代的专利或者专有技术；

（二）采购人依法能够自行建设、生产或者提供；

（三）已通过招标方式选定的特许经营项目投资人依法能够自行建设、生产或者提供；

（四）需要向原中标人采购工程、货物或者服务，否则将影响施工或者功能配套要求；

（五）国家规定的其他特殊情形。

招标人为适用前款规定弄虚作假的，属于招标投标法第四条规定的规避招标。

第十条 招标投标法第十二条第二款规定的招标人具有编制招标文件和组织评标能力，是指招标人具有与招标项目规模和复杂程度相适应的技术、经济等方面的专业人员。

第十一条 国务院住房城乡建设、商务、发展改革、工业和信息化等部门，按照规定的职责分工对招标代理机构依法实施监督管理。

第十二条 招标代理机构应当拥有一定数量的具备编制招标文件、组织评标等相应能力的专业人员。

第十三条 招标代理机构在招标人委托的范围内开展招标代理业务，任何单位和个人不得非法干涉。

招标代理机构代理招标业务，应当遵守招标投标法和本条例关于招标人的规定。招标代理机构不得在所代理的招标项目中投标或者代理投标，也不得为所代理的招标项目的投标人提供咨询。

第十四条 招标人应当与被委托的招标代理机构签订书面委托合同，合同约定的收费标准应当符合国家有关规定。

第十五条 公开招标的项目，应当依照招标投标法和本条例的规定发布招标公告、编制招标文件。

招标人采用资格预审办法对潜在投标人进行资格审查的，应当发布资格预审公告、编制资格预审文件。

依法必须进行招标的项目的资格预审公告和招标公告，应当在国务院发展改革部门依法指定的媒介发布。在不同媒介发布的同一招标项目的资格预审公告或者招标公告的内容应当一致。指定媒介发布依法必须进行招标的项目的境内资格预审公告、招标公告，不得收取费用。

编制依法必须进行招标的项目的资格预审文件和招标文件，应当使用国务院发展改革部门会同有关行政监督部门制定的标准文本。

第十六条 招标人应当按照资格预审公告、招标公告或者投标邀请书规定的时间、地点发售资格预审文件或者招标文件。资格预审文件或者招标文件的发售期不得少于5日。

招标人发售资格预审文件、招标文件收取的费用应当限于补偿印刷、邮寄的成本支出，不得以营利为目的。

第十七条 招标人应当合理确定提交资格预审申请文件的时间。依法必须进行招标的项目提交资格预审申请文件的时间，自资格预审文件停止发售之日起不得少于5日。

第十八条 资格预审应当按照资格预审文件载明的标准和方法进行。

国有资金占控股或者主导地位的依法必须进行招标的项目，招标人应当组建资格审查委员会审查资格预审申请文件。资格审查委员会及其成员应当遵守招标投标法和本条例有关评标委员会及其成员的规定。

第十九条 资格预审结束后，招标人应当及时向资格预审申请人发出资格预审结果通知书。未通过资格预审的申请人不具有投标资格。

通过资格预审的申请人少于3个的，应当重新招标。

第二十条 招标人采用资格后审办法对投标人进行资格审查的，应当在开标后由评标委员会按照招标文件规定的标准和方法对投标人的资格进行审查。

第二十一条　招标人可以对已发出的资格预审文件或者招标文件进行必要的澄清或者修改。澄清或者修改的内容可能影响资格预审申请文件或者投标文件编制的，招标人应当在提交资格预审申请文件截止时间至少3日前，或者投标截止时间至少15日前，以书面形式通知所有获取资格预审文件或者招标文件的潜在投标人；不足3日或者15日的，招标人应当顺延提交资格预审申请文件或者投标文件的截止时间。

第二十二条　潜在投标人或者其他利害关系人对资格预审文件有异议的，应当在提交资格预审申请文件截止时间2日前提出；对招标文件有异议的，应当在投标截止时间10日前提出。招标人应当自收到异议之日起3日内作出答复；作出答复前，应当暂停招标投标活动。

第二十三条　招标人编制的资格预审文件、招标文件的内容违反法律、行政法规的强制性规定，违反公开、公平、公正和诚实信用原则，影响资格预审结果或者潜在投标人投标的，依法必须进行招标的项目的招标人应当在修改资格预审文件或者招标文件后重新招标。

第二十四条　招标人对招标项目划分标段的，应当遵守招标投标法的有关规定，不得利用划分标段限制或者排斥潜在投标人。依法必须进行招标的项目的招标人不得利用划分标段规避招标。

第二十五条　招标人应当在招标文件中载明投标有效期。投标有效期从提交投标文件的截止之日起算。

第二十六条　招标人在招标文件中要求投标人提交投标保证金的，投标保证金不得超过招标项目估算价的2%。投标保证金有效期应当与投标有效期一致。

依法必须进行招标的项目的境内投标单位，以现金或者支票形式提交的投标保证金应当从其基本账户转出。

招标人不得挪用投标保证金。

第二十七条　招标人可以自行决定是否编制标底。一个招标项目只能有一个标底。标底必须保密。

接受委托编制标底的中介机构不得参加受托编制标底项目的投标，也不得为该项目的投标人编制投标文件或者提供咨询。

招标人设有最高投标限价的，应当在招标文件中明确最高投标限价或者最高投标限价的计算方法。招标人不得规定最低投标限价。

第二十八条　招标人不得组织单个或者部分潜在投标人踏勘项目现场。

第二十九条　招标人可以依法对工程以及与工程建设有关的货物、服务全部或者部分实行总承包招标。以暂估价形式包括在总承包范围内的工程、货物、服务属于依法必须进行招标的项目范围且达到国家规定规模标准的，应当依法进行招标。

前款所称暂估价，是指总承包招标时不能确定价格而由招标人在招标文件中暂时估定的工程、货物、服务的金额。

第三十条　对技术复杂或者无法精确拟定技术规格的项目，招标人可以分两阶段进行招标。

第一阶段，投标人按照招标公告或者投标邀请书的要求提交不带报价的技术建议，招标人根据投标人提交的技术建议确定技术标准和要求，编制招标文件。

第二阶段，招标人向在第一阶段提交技术建议的投标人提供招标文件，投标人按照招标文件的要求提交包括最终技术方案和投标报价的投标文件。

招标人要求投标人提交投标保证金的，应当在第二阶段提出。

第三十一条　招标人终止招标的，应当及时发布公告，或者以书面形式通知被邀请的或者已经获取资格预审文件、招标文件的潜在投标人。已经发售资格预审文件、招标文件或者已经收取投标保证金的，招标人应当及时退还所收取的资格预审文件、招标文件的费用，以及所收取的投标保证金及银行同期存款利息。

第三十二条　招标人不得以不合理的条件限制、排斥潜在投标人或者投标人。

招标人有下列行为之一的，属于以不合理条件限制、排斥潜在投标人或者投标人：

（一）就同一招标项目向潜在投标人或者投标人提供有差别的项目信息；

（二）设定的资格、技术、商务条件与招标项目的具体特点和实际需要不相适应或者与合同履行无关；

（三）依法必须进行招标的项目以特定行政区域或者特定行业的业绩、奖项作为加分条件或者中标条件；

（四）对潜在投标人或者投标人采取不同的资格审查或者评标标准；

（五）限定或者指定特定的专利、商标、品牌、原产地或者供应商；

（六）依法必须进行招标的项目非法限定潜在投标人或者投标人的所有制形式或者组织形式；

（七）以其他不合理条件限制、排斥潜在投标人或者投标人。

第三章 投 标

第三十三条 投标人参加依法必须进行招标的项目的投标，不受地区或者部门的限制，任何单位和个人不得非法干涉。

第三十四条 与招标人存在利害关系可能影响招标公正性的法人、其他组织或者个人，不得参加投标。

单位负责人为同一人或者存在控股、管理关系的不同单位，不得参加同一标段投标或者未划分标段的同一招标项目投标。

违反前两款规定的，相关投标均无效。

第三十五条 投标人撤回已提交的投标文件，应当在投标截止时间前书面通知招标人。招标人已收取投标保证金的，应当自收到投标人书面撤回通知之日起 5 日内退还。

投标截止后投标人撤销投标文件的，招标人可以不退还投标保证金。

第三十六条 未通过资格预审的申请人提交的投标文件，以及逾期送达或者不按照招标文件要求密封的投标文件，招标人应当拒收。

招标人应当如实记载投标文件的送达时间和密封情况，并存档备查。

第三十七条 招标人应当在资格预审公告、招标公告或者投标邀请书中载明是否接受联合体投标。

招标人接受联合体投标并进行资格预审的，联合体应当在提交资格预审申请文件前组成。资格预审后联合体增减、更换成员的，其投标无效。

联合体各方在同一招标项目中以自己名义单独投标或者参加其他联合体投标的，相关投标均无效。

第三十八条 投标人发生合并、分立、破产等重大变化的，应当及时书面告知招标人。投标人不再具备资格预审文件、招标文件规定的资格条件或者其投标影响招标公正性的，其投标无效。

第三十九条 禁止投标人相互串通投标。

有下列情形之一的，属于投标人相互串通投标：

（一）投标人之间协商投标报价等投标文件的实质性内容；

（二）投标人之间约定中标人；

（三）投标人之间约定部分投标人放弃投标或者中标；

（四）属于同一集团、协会、商会等组织成员的投标人按照该组织要求协同投标；

（五）投标人之间为谋取中标或者排斥特定投标人而采取的其他联合行动。

第四十条 有下列情形之一的，视为投标人相互串通投标：

（一）不同投标人的投标文件由同一单位或者个人编制；

（二）不同投标人委托同一单位或者个人办理投标事宜；

（三）不同投标人的投标文件载明的项目管理成员为同一人；

（四）不同投标人的投标文件异常一致或者投标报价呈规律性差异；
（五）不同投标人的投标文件相互混装；
（六）不同投标人的投标保证金从同一单位或者个人的账户转出。

第四十一条 禁止招标人与投标人串通投标。

有下列情形之一的，属于招标人与投标人串通投标：
（一）招标人在开标前开启投标文件并将有关信息泄露给其他投标人；
（二）招标人直接或者间接向投标人泄露标底、评标委员会成员等信息；
（三）招标人明示或者暗示投标人压低或者抬高投标报价；
（四）招标人授意投标人撤换、修改投标文件；
（五）招标人明示或者暗示投标人为特定投标人中标提供方便；
（六）招标人与投标人为谋求特定投标人中标而采取的其他串通行为。

第四十二条 使用通过受让或者租借等方式获取的资格、资质证书投标的，属于招标投标法第三十三条规定的以他人名义投标。

投标人有下列情形之一的，属于招标投标法第三十三条规定的以其他方式弄虚作假的行为：
（一）使用伪造、变造的许可证件；
（二）提供虚假的财务状况或者业绩；
（三）提供虚假的项目负责人或者主要技术人员简历、劳动关系证明；
（四）提供虚假的信用状况；
（五）其他弄虚作假的行为。

第四十三条 提交资格预审申请文件的申请人应当遵守招标投标法和本条例有关投标人的规定。

第四章 开标、评标和中标

第四十四条 招标人应当按照招标文件规定的时间、地点开标。

投标人少于 3 个的，不得开标；招标人应当重新招标。

投标人对开标有异议的，应当在开标现场提出，招标人应当当场作出答复，并制作记录。

第四十五条 国家实行统一的评标专家专业分类标准和管理办法。具体标准和办法由国务院发展改革部门会同国务院有关部门制定。

省级人民政府和国务院有关部门应当组建综合评标专家库。

第四十六条 除招标投标法第三十七条第三款规定的特殊招标项目外，依法必须进行招标的项目，其评标委员会的专家成员应当从评标专家库内相关专业的专家名单中以随机抽取方式确定。任何单位和个人不得以明示、暗示等任何方式指定或者变相指定参加评标委员会的专家成员。

依法必须进行招标的项目的招标人非因招标投标法和本条例规定的事由，不得更换依法确定的评标委员会成员。更换评标委员会的专家成员应当依照前款规定进行。

评标委员会成员与投标人有利害关系的，应当主动回避。

有关行政监督部门应当按照规定的职责分工，对评标委员会成员的确定方式、评标专家的抽取和评标活动进行监督。行政监督部门的工作人员不得担任本部门负责监督项目的评标委员会成员。

第四十七条 招标投标法第三十七条第三款所称特殊招标项目，是指技术复杂、专业性强或者国家有特殊要求，采取随机抽取方式确定的专家难以保证胜任评标工作的项目。

第四十八条 招标人应当向评标委员会提供评标所必需的信息，但不得明示或者暗示其倾向或者排斥特定投标人。

招标人应当根据项目规模和技术复杂程度等因素合理确定评标时间。超过三分之一的评标委员会成员认为评标时间不够的，招标人应当适当延长。

评标过程中，评标委员会成员有回避事由、擅离职守或者因健康等原因不能继续评标的，应当及时更换。被更换的评标委员会成员作出的评审结论无效，由更换后的评标委员会成员重新进行评审。

第四十九条 评标委员会成员应当依照招标投标法和本条例的规定，按照招标文件规定的评标标准和方法，客观、公正地对投标文件提出评审意见。招标文件没有规定的评标标准和方法不得作为评标的依据。

评标委员会成员不得私下接触投标人，不得收受投标人给予的财物或者其他好处，不得向招标人征询确定中标人的意向，不得接受任何单位或者个人明示或者暗示提出的倾向或者排斥特定投标人的要求，不得有其他不客观、不公正履行职务的行为。

第五十条 招标项目设有标底的，招标人应当在开标时公布。标底只能作为评标的参考，不得以投标报价是否接近标底作为中标条件，也不得以投标报价超过标底上下浮动范围作为否决投标的条件。

第五十一条 有下列情形之一的，评标委员会应当否决其投标：

（一）投标文件未经投标单位盖章和单位负责人签字；

（二）投标联合体没有提交共同投标协议；

（三）投标人不符合国家或者招标文件规定的资格条件；

（四）同一投标人提交两个以上不同的投标文件或者投标报价，但招标文件要求提交备选投标的除外；

（五）投标报价低于成本或者高于招标文件设定的最高投标限价；

（六）投标文件没有对招标文件的实质性要求和条件作出响应；

（七）投标人有串通投标、弄虚作假、行贿等违法行为。

第五十二条 投标文件中有含义不明确的内容、明显文字或者计算错误，评标委员会认为需要投标人作出必要澄清、说明的，应当书面通知该投标人。投标人的澄清、说明应当采用书面形式，并不得超出投标文件的范围或者改变投标文件的实质性内容。

评标委员会不得暗示或者诱导投标人作出澄清、说明，不得接受投标人主动提出的澄清、说明。

第五十三条 评标完成后，评标委员会应当向招标人提交书面评标报告和中标候选人名单。中标候选人应当不超过 3 个，并标明排序。

评标报告应当由评标委员会全体成员签字。对评标结果有不同意见的评标委员会成员应当以书面形式说明其不同意见和理由，评标报告应当注明该不同意见。评标委员会成员拒绝在评标报告上签字又不书面说明其不同意见和理由的，视为同意评标结果。

第五十四条 依法必须进行招标的项目，招标人应当自收到评标报告之日起 3 日内公示中标候选人，公示期不得少于 3 日。

投标人或者其他利害关系人对依法必须进行招标的项目的评标结果有异议的，应当在中标候选人公示期间提出。招标人应当自收到异议之日起 3 日内作出答复；作出答复前，应当暂停招标投标活动。

第五十五条 国有资金占控股或者主导地位的依法必须进行招标的项目，招标人应当确定排名第一的中标候选人为中标人。排名第一的中标候选人放弃中标、因不可抗力不能履行合同、不按照招标文件要求提交履约保证金，或者被查实存在影响中标结果的违法行为等情形，不符合中标条件的，招标人可以按照评标委员会提出的中标候选人名单排序依次确定其他中标候选人为中标人，也可以重新招标。

第五十六条 中标候选人的经营、财务状况发生较大变化或者存在违法行为，招标人认为可能影响其履约能力的，应当在发出中标通知书前由原评标委员会按照招标文件规定的标准和方法审查确认。

第五十七条 招标人和中标人应当依照招标投标法和本条例的规定签订书面合同，合同的标的、价款、质量、履行期限等主要条款应当与招标文件和中标人的投标文件的内容一致。招标人和中标人不得再行订立背离合同实质性内容的其他协议。

招标人最迟应当在书面合同签订后5日内向中标人和未中标的投标人退还投标保证金及银行同期存款利息。

第五十八条 招标文件要求中标人提交履约保证金的，中标人应当按照招标文件的要求提交。履约保证金不得超过中标合同金额的10%。

第五十九条 中标人应当按照合同约定履行义务，完成中标项目。中标人不得向他人转让中标项目，也不得将中标项目肢解后分别向他人转让。

中标人按照合同约定或者经招标人同意，可以将中标项目的部分非主体、非关键性工作分包给他人完成。接受分包的人应当具备相应的资格条件，并不得再次分包。

中标人应当就分包项目向招标人负责，接受分包的人就分包项目承担连带责任。

第五章 投诉与处理

第六十条 投标人或者其他利害关系人认为招标投标活动不符合法律、行政法规规定的，可以自知道或者应当知道之日起10日内向有关行政监督部门投诉。投诉应当有明确的请求和必要的证明材料。

就本条例第二十二条、第四十四条、第五十四条规定事项投诉的，应当先向招标人提出异议，异议答复期间不计算在前款规定的期限内。

第六十一条 投诉人就同一事项向两个以上有权受理的行政监督部门投诉的，由最先收到投诉的行政监督部门负责处理。

行政监督部门应当自收到投诉之日起3个工作日内决定是否受理投诉，并自受理投诉之日起30个工作日内作出书面处理决定；需要检验、检测、鉴定、专家评审的，所需时间不计算在内。

投诉人捏造事实、伪造材料或者以非法手段取得证明材料进行投诉的，行政监督部门应当予以驳回。

第六十二条 行政监督部门处理投诉，有权查阅、复制有关文件、资料，调查有关情况，相关单位和人员应当予以配合。必要时，行政监督部门可以责令暂停招标投标活动。

行政监督部门的工作人员对监督检查过程中知悉的国家秘密、商业秘密，应当依法予以保密。

第六章 法律责任

第六十三条 招标人有下列限制或者排斥潜在投标人行为之一的，由有关行政监督部门依照招标投标法第五十一条的规定处罚：

（一）依法应当公开招标的项目不按照规定在指定媒介发布资格预审公告或者招标公告；

（二）在不同媒介发布的同一招标项目的资格预审公告或者招标公告的内容不一致，影响潜在投标人申请资格预审或者投标。

依法必须进行招标的项目的招标人不按照规定发布资格预审公告或者招标公告，构成规避招标的，依照招标投标法第四十九条的规定处罚。

第六十四条 招标人有下列情形之一的，由有关行政监督部门责令改正，可以处10万元以下的罚款：

（一）依法应当公开招标而采用邀请招标；

（二）招标文件、资格预审文件的发售、澄清、修改的时限，或者确定的提交资格预审申请文件、投标文件的时限不符合招标投标法和本条例规定；

（三）接受未通过资格预审的单位或者个人参加投标；

（四）接受应当拒收的投标文件。

招标人有前款第一项、第三项、第四项所列行为之一的，对单位直接负责的主管人员和其他直接责任人员依法给予处分。

第六十五条 招标代理机构在所代理的招标项目中投标、代理投标或者向该项目投标人提供咨询的，接受委托编制标底的中介机构参加受托编制标底项目的投标或者为该项目的投标人编制投标文件、提供咨询的，依照招标投标法第五十条的规定追究法律责任。

第六十六条 招标人超过本条例规定的比例收取投标保证金、履约保证金或者不按照规定退还投标保证金及银行同期存款利息的，由有关行政监督部门责令改正，可以处 5 万元以下的罚款；给他人造成损失的，依法承担赔偿责任。

第六十七条 投标人相互串通投标或者与招标人串通投标的，投标人向招标人或者评标委员会成员行贿谋取中标的，中标无效；构成犯罪的，依法追究刑事责任；尚不构成犯罪的，依照招标投标法第五十三条的规定处罚。投标人未中标的，对单位的罚款金额按照招标项目合同金额依照招标投标法规定的比例计算。

投标人有下列行为之一的，属于招标投标法第五十三条规定的情节严重行为，由有关行政监督部门取消其 1 年至 2 年内参加依法必须进行招标的项目的投标资格：

（一）以行贿谋取中标；

（二）3 年内 2 次以上串通投标；

（三）串通投标行为损害招标人、其他投标人或者国家、集体、公民的合法利益，造成直接经济损失 30 万元以上；

（四）其他串通投标情节严重的行为。

投标人自本条第二款规定的处罚执行期限届满之日起 3 年内又有该款所列违法行为之一的，或者串通投标、以行贿谋取中标情节特别严重的，由工商行政管理机关吊销营业执照。

法律、行政法规对串通投标报价行为的处罚另有规定的，从其规定。

第六十八条 投标人以他人名义投标或者以其他方式弄虚作假骗取中标的，中标无效；构成犯罪的，依法追究刑事责任；尚不构成犯罪的，依照招标投标法第五十四条的规定处罚。依法必须进行招标的项目的投标人未中标的，对单位的罚款金额按照招标项目合同金额依照招标投标法规定的比例计算。

投标人有下列行为之一的，属于招标投标法第五十四条规定的情节严重行为，由有关行政监督部门取消其 1 年至 3 年内参加依法必须进行招标的项目的投标资格：

（一）伪造、变造资格、资质证书或者其他许可证件骗取中标；

（二）3 年内 2 次以上使用他人名义投标；

（三）弄虚作假骗取中标给招标人造成直接经济损失 30 万元以上；

（四）其他弄虚作假骗取中标情节严重的行为。

投标人自本条第二款规定的处罚执行期限届满之日起 3 年内又有该款所列违法行为之一的，或者弄虚作假骗取中标情节特别严重的，由工商行政管理机关吊销营业执照。

第六十九条 出让或者出租资格、资质证书供他人投标的，依照法律、行政法规的规定给予行政处罚；构成犯罪的，依法追究刑事责任。

第七十条 依法必须进行招标的项目的招标人不按照规定组建评标委员会，或者确定、更换评标委员会成员违反招标投标法和本条例规定的，由有关行政监督部门责令改正，可以处 10 万元以下的罚款，对单位直接负责的主管人员和其他直接责任人员依法给予处分；违法确定或者更换的评标委员会成员作出的评审结论无效，依法重新进行评审。

国家工作人员以任何方式非法干涉选取评标委员会成员的，依照本条例第八十一条的规定追究法律责任。

第七十一条 评标委员会成员有下列行为之一的，由有关行政监督部门责令改正；情节严重的，禁止其在一定期限内参加依法必须进行招标的项目的评标；情节特别严重的，取消其担任评标委员会成员的资格：

（一）应当回避而不回避；

（二）擅离职守；

（三）不按照招标文件规定的评标标准和方法评标；

（四）私下接触投标人；

（五）向招标人征询确定中标人的意向或者接受任何单位或者个人明示或者暗示提出的倾向或者排斥特定投标人的要求；

（六）对依法应当否决的投标不提出否决意见；

（七）暗示或者诱导投标人作出澄清、说明或者接受投标人主动提出的澄清、说明；

（八）其他不客观、不公正履行职务的行为。

第七十二条 评标委员会成员收受投标人的财物或者其他好处的，没收收受的财物，处3000元以上5万元以下的罚款，取消担任评标委员会成员的资格，不得再参加依法必须进行招标的项目的评标；构成犯罪的，依法追究刑事责任。

第七十三条 依法必须进行招标的项目的招标人有下列情形之一的，由有关行政监督部门责令改正，可以处中标项目金额10‰以下的罚款；给他人造成损失的，依法承担赔偿责任；对单位直接负责的主管人员和其他直接责任人员依法给予处分：

（一）无正当理由不发出中标通知书；

（二）不按照规定确定中标人；

（三）中标通知书发出后无正当理由改变中标结果；

（四）无正当理由不与中标人订立合同；

（五）在订立合同时向中标人提出附加条件。

第七十四条 中标人无正当理由不与招标人订立合同，在签订合同时向招标人提出附加条件，或者不按照招标文件要求提交履约保证金的，取消其中标资格，投标保证金不予退还。对依法必须进行招标的项目的中标人，由有关行政监督部门责令改正，可以处中标项目金额10‰以下的罚款。

第七十五条 招标人和中标人不按照招标文件和中标人的投标文件订立合同，合同的主要条款与招标文件、中标人的投标文件的内容不一致，或者招标人、中标人订立背离合同实质性内容的协议的，由有关行政监督部门责令改正，可以处中标项目金额5‰以上10‰以下的罚款。

第七十六条 中标人将中标项目转让给他人的，将中标项目肢解后分别转让给他人的，违反招标投标法和本条例规定将中标项目的部分主体、关键性工作分包给他人的，或者分包人再次分包的，转让、分包无效，处转让、分包项目金额5‰以上10‰以下的罚款；有违法所得的，并处没收违法所得；可以责令停业整顿；情节严重的，由工商行政管理机关吊销营业执照。

第七十七条 投标人或者其他利害关系人捏造事实、伪造材料或者以非法手段取得证明材料进行投诉，给他人造成损失的，依法承担赔偿责任。

招标人不按照规定对异议作出答复，继续进行招标投标活动的，由有关行政监督部门责令改正，拒不改正或者不能改正并影响中标结果的，依照本条例第八十二条的规定处理。

第七十八条 国家建立招标投标信用制度。有关行政监督部门应当依法公告对招标人、招标代理机构、投标人、评标委员会成员等当事人违法行为的行政处理决定。

第七十九条 项目审批、核准部门不依法审批、核准项目招标范围、招标方式、招标组织形式的，对单位直接负责的主管人员和其他直接责任人员依法给予处分。

有关行政监督部门不依法履行职责，对违反招标投标法和本条例规定的行为不依法查处，或者不按照规定处理投诉、不依法公告对招标投标当事人违法行为的行政处理决定的，对直接负责的主管人员和其他直接责任人员依法给予处分。

项目审批、核准部门和有关行政监督部门的工作人员徇私舞弊、滥用职权、玩忽职守，构成犯罪的，依法追究刑事责任。

第八十条 国家工作人员利用职务便利，以直接或者间接、明示或者暗示等任何方式非法干涉招标投标活动，有下列情形之一的，依法给予记过或者记大过处分；情节严重的，依法给予降级或者撤职处分；情节特别严重的，依法给予开除处分；构成犯罪的，依法追究刑事责任：

（一）要求对依法必须进行招标的项目不招标，或者要求对依法应当公开招标的项目不公开招标；

（二）要求评标委员会成员或者招标人以其指定的投标人作为中标候选人或者中标人，或者以其他方式非法干涉评标活动，影响中标结果；

（三）以其他方式非法干涉招标投标活动。

第八十一条 依法必须进行招标的项目的招标投标活动违反招标投标法和本条例的规定，对中标结果造成实质性影响，且不能采取补救措施予以纠正的，招标、投标、中标无效，应当依法重新招标或者评标。

第七章 附 则

第八十二条 招标投标协会按照依法制定的章程开展活动，加强行业自律和服务。

第八十三条 政府采购的法律、行政法规对政府采购货物、服务的招标投标另有规定的，从其规定。

第八十四条 本条例自2012年2月1日起施行。

35. 国务院办公厅转发发展改革委　法制办　监察部关于做好招标投标法实施条例贯彻实施工作意见的通知

（国办发〔2012〕21号）

各省、自治区、直辖市人民政府，国务院各部委、各直属机构：

发展改革委、法制办、监察部《关于做好招标投标法实施条例贯彻实施工作的意见》已经国务院同意，现转发给你们，请认真贯彻执行。

关于做好招标投标法实施条例贯彻实施工作的意见

《中华人民共和国招标投标法实施条例》(以下简称《条例》)已于2012年2月1日起施行。为做好《条例》的贯彻实施工作，现提出以下意见：

一、充分认识贯彻实施《条例》的重要性和紧迫性

《中华人民共和国招标投标法》(以下简称《招标投标法》)自2000年1月1日起施行以来，对于促进公平竞争，保证采购质量，节约采购资金，预防和惩治腐败，发挥了重要作用。但在实践中，一些地方仍然存在着规避招标、虚假招标、串通投标等亟待解决的突出问题。在认真总结《招标投标法》实施经验基础上，《条例》为解决当前突出问题作了有针对性的制度安排。做好《条例》贯彻实施工作，关系到招投标市场的长远健康发展，关系到公开公平公正市场竞争秩序的形成，关系到重点建设项目和民生工程的优质高效廉洁推进。各地区、各部门要从完善社会主义市场经济体制的高度，充分认识做好《条例》贯彻实施工作的重要性和紧迫性，采取有效措施，将《条例》的各项规定落到实处。

二、加强对《条例》的宣传、学习和培训

(一)广泛宣传。各级人民政府有关行政监督部门要充分利用广播、电视、报纸、网络等媒介，采取专家访谈、法规解读、专题报道、以案说法、知识竞赛等方式，广泛宣传《条例》。发布招标公告的指定媒介和相关行业组织要制定宣传工作方案并抓好组织落实。

(二)深入学习。各级人民政府有关行政监督部门要组织招投标监督管理人员认真学习《条例》，不断提高招投标行政监督执法能力。招标人、投标人、招标代理机构要将加强《条例》学习作为提高队伍业务素质的一项基础性工作来抓，进一步规范招投标行为和招标代理行为。评标专家要重点学习《条例》有关评标纪律和评标程序等方面的规定，增强客观公正评标的自觉性。

(三)组织培训。国务院有关部门要对本部门、本系统从事招投标监督管理的人员进行专门培训，并将《条例》学习纳入培训和考核内容。国资委要组织对中央企业有关人员进行培训。组建评标专家库的省级以上人民政府有关部门，要对评标专家进行集中培训。相关行业组织要组织开展会员单位培训。各种培训要确保培训质量，不得以营利为目的，不得乱收费。

三、全面清理与招投标有关的规定

(一)清理范围。凡涉及到招投标的规章和规范性文件，都要纳入清理范围。对与招投标有关的地方性法规，本级人民政府组织梳理后，依法向同级人民代表大会或其常务委员会提出清理建议。

(二)清理内容。对限制或者排斥潜在投标人、擅自设置审批事项、增加审批环节、干预当事人自主权、增加企业负担等违反《条例》的内容，以及不同规定之间相互冲突矛盾的内容，要进行全面清理。有关规定中个别条款存在前述情形的，应当予以修改；有关规定的主要内容违反《条例》或者不适应经济社会发展需要的，应当予以废止。

(三)清理方式。按照“谁制定、谁清理”的原则，由制定机关或者牵头起草部门确定具体清理范围，并提出清理意见。各级发展改革部门要会同同级法制工作机构、监察机关，做好组织协调、督促指导等具体工作。在清理过程中，要广泛听取各方面特别是招标人、投标人、招标代理机构等市场主体以及有关专家学者、研究机构、行业组织的意见，并以适当形式及时反馈意见采纳情况。

(四)进度安排。2012年7月31日前，国务院有关部门要将本部门清理意见送发展改革委，并抄送法制办和监察部；地方各级人民政府有关部门的清理意见，由同级发展改革部门汇总后报上级发展改革部门，并抄报上级法制工作机构和监察机关。需要修改、废止的规章、规范性文件，各制定机关要在2012年12月31日前完成修改、废止程序，并向社会公布清理结果。

（五）巩固成果。为切实维护招投标规则统一，避免政出多门，各级发展改革部门要会同有关部门，建立招投标政策规定的会商机制，确保所制定的招投标政策规定严格遵守上位法，并充分征求有关方面意见。各级法制工作机构要加大招投标规章备案审查力度，坚决纠正违反上位法、不同规定之间相互冲突矛盾等问题。

四、抓紧完善《条例》配套制度

（一）完善工程建设项目强制招标制度。发展改革委要会同有关部门，抓紧修改《工程建设项目招标范围和规模标准规定》，科学合理地确定依法必须进行招标的工程建设项目的范围和规模标准，报国务院批准后公布施行。

（二）建立电子招投标制度。发展改革委要会同有关部门，抓紧制定电子招投标办法以及相关技术规范，推动建立符合国情、定位清晰、分工明确、互联互通的电子招投标系统，进一步提高招投标活动的效率和透明度。

（三）建立从业人员职业资格制度。人力资源社会保障部要会同发展改革委，抓紧制定招标职业资格管理办法。负责招标代理机构资格认定的国务院有关部门，要抓紧修改相关管理办法，做好机构资质认定与人员职业资格制度的衔接。

（四）健全标准招标文件体系。发展改革委要会同有关部门，抓紧编制标准货物、服务招标文件和资格预审文件，构建覆盖主要采购对象、多种合同类型、不同项目规模的标准招标文件体系，提高资格预审文件和招标文件编制质量和效率。

（五）建立综合评标专家库制度。发展改革委要会同国务院有关部门，起草制定规范评标专家入库审查、考核培训、动态管理和抽取监督的管理办法。各级综合评标专家库之间应逐步实现专家资源共享，互联互通。

（六）推动建立招投标信用制度。发展改革委要会同国务院有关部门，在总结招投标违法行为记录公告制度实践的基础上，结合推进工程建设领域诚信体系建设，研究制定招投标信用评价标准和具体办法，逐步建立健全鼓励诚信、惩戒失信的机制。

五、进一步加强和改进行政监督

（一）加强监督管理。项目审批、核准部门应当严格履行招标内容核准职责，在审批、核准项目时审批、核准招标范围、招标方式和招标组织形式。严格规范国有企事业单位特别是中央企业招投标活动，落实监管责任，切实改变监督缺位状况。严格执行招标从业人员职业资格制度，有关部门在认定招标代理机构资格时，要确保招标代理机构拥有一定数量的取得招标职业资格的专业人员。有关行政监督部门要加强对评标委员会成员确定方式、评标专家抽取以及评标活动的监督，规范评标专家自由裁量权，确保评标行为客观、公正、科学；加强对合同签订和履行的监督，防止签订“阴阳合同”、违法转包和违规分包；加强对依法必须招标项目合同变更的监督约束，防止“低中高结”等违法违规行为的发生；加强过程监督，及时依法查处违法违规行为，对如不及时纠正将造成难以弥补损失的，可以责令暂停招投标活动。

（二）加大执法力度。有关行政监督部门要进一步强化执法意识，加大行政监督执法力度。要以政府投资项目、国有投资占控股和主导地位的项目为主，重点检查招标人规避招标、虚假招标、限制或者排斥潜在投标人、泄露标底等信息，投标人串通投标、以他人名义投标、弄虚作假，招标代理机构不规范代理，评标委员会成员不客观公正履行职责，中标人不严格履行合同、非法转包和违规分包等违法违规行为。一经认定，要严肃查处，并公布违法行为记录。涉嫌犯罪的，移送司法机关处理。

（三）规范监督行为。各部门在履行好各自职责的同时，要加强协调配合，形成监管合力。有关行政监督部门要依法受理符合条件的投诉，并及时作出处理决定。有关部门及其工作人员应当依法履行监督管理职责，不得违法设置审批事项、增加管理环节；应当合理确定行政监管边界，不得非法干涉招标人自主编制招标文件、组建评标委员会、确定中标人、发出中标通知书，不得非法干涉投标人自主投标和评标委员会独立评审。招标代理机构可以依法跨区域开展业务，任何地区和部门不得以登记备案等方式加以限制。各级监察机关要加强对行政监督部门及其工作人员的监督检查，严肃查处不依法履行职责、非法干涉招投标活动等问题。各级审计机关要依法加强对招投标行政监督部门、招投标当事人招投标活动的审计监督。

（四）创新管理模式。县级以上地方人民政府可以结合本地实际，积极探索建立分工明确、责任落实、执行有力、运转协调的招投标行政监督管理制度。具备条件的市级以上地方人民政府，可以结合当地实际，建立不隶属于任何行政监督部门、不以营利为目的、统一规范的招投标交易场所，为行政监督和市场交易提供服务。

六、确保《条例》贯彻实施工作落到实处

（一）制定贯彻实施方案。地方各级人民政府和国务院有关部门，要加强对《条例》贯彻实施工作的组织领导，明确责任分工，结合本地区、本部门实际作出具体部署。对于需要多个部门联合开展的工作，牵头部门要会同有关部门拟定具体方案，协同有序推进。

（二）检查贯彻实施情况。发展改革委、法制办、监察部适时组成联合检查组，对各地区、各部门贯彻实施情况进行检查。省级发展改革部门要会同同级法制工作机构、监察机关，结合工程建设领域突出问题专项治理工作，于 2012 年 10 月 31 日前组织开展专项检查。

36. 国务院关于加强道路交通安全工作的意见

（国发〔2012〕30号）

各省、自治区、直辖市人民政府，国务院各部委、各直属机构：

为适应我国道路通车里程、机动车和驾驶人数量、道路交通运量持续大幅度增长的形势，进一步加强道路交通安全工作，保障人民群众生命财产安全，提出以下意见：

一、总体要求

（一）指导思想。以邓小平理论和“三个代表”重要思想为指导，深入贯彻落实科学发展观，牢固树立以人为本、安全发展的理念，始终把维护人民群众生命财产安全放在首位，以防事故、保安全、保畅通为核心，以落实企业主体责任为重点，全面加强人、车、路、环境的安全管理和监督执法，推进交通安全社会管理创新，形成政府统一领导、各部门协调联动、全社会共同参与的交通安全管理工作格局，有效防范和坚决遏制重特大道路交通事故，促进全国安全生产形势持续稳定好转，为经济社会发展、人民平安出行创造良好环境。

（二）基本原则。

——安全第一，协调发展。正确处理安全与速度、质量、效益的关系，坚持把安全放在首位，加强统筹规划，使道路交通安全融入国民经济社会发展大局，与经济社会同步协调发展。

——预防为主，综合治理。严格驾驶人、车辆、运输企业准入和安全管理，加强道路交通安全设施建设，深化隐患排查治理，着力解决制约和影响道路交通安全的源头性、根本性问题，夯实道路交通安全基础。

——落实责任，强化考核。全面落实企业主体责任、政府及部门监管责任和属地管理责任，健全目标考核和责任追究制度，加强督导检查和责任倒查，依法严格追究事故责任。

——科技支撑，法治保障。强化科技装备和信息化技术应用，建立健全法律法规和标准规范，加强执法队伍建设，依法严厉打击各类交通违法违规行为，不断提高道路交通科学管理与执法服务水平。

二、强化道路运输企业安全管理

（三）规范道路运输企业生产经营行为。严格道路运输市场准入管理，对新设立运输企业，要严把安全管理制度和安全生产条件审核关。强化道路运输企业安全主体责任，鼓励客运企业实行规模化、公司化经营，积极培育集约化、网络化经营的货运龙头企业。严禁客运车辆、危险品运输车辆挂靠经营。推进道路运输企业诚信体系建设，将诚信考核结果与客运线路招投标、运力投放以及保险费率、银行信贷等挂钩，不断完善企业安全管理的激励约束机制。鼓励运输企业采用交通安全统筹等形式，加强行业互助，提高企业抗风险能力。

（四）加强企业安全生产标准化建设。道路运输企业要建立健全安全生产管理机构，加强安全班组建设，严格执行安全生产制度、规范和技术标准，强化对车辆和驾驶人的安全管理，持续加大道路交通安全投入，提足、用好安全生产费用。建立专业运输企业交通安全质量管理体系，健全客运、危险品运输企业安全评估制度，对安全管理混乱、存在重大安全隐患的企业，依法责令停业整顿，对整改不达标的按规定取消其相应资质。

（五）严格长途客运和旅游客运安全管理。严格客运班线审批和监管，加强班线途经道路的安全适应性评估，合理确定营运线路、车型和时段，严格控制1000公里以上的跨省长途客运班线和夜间运行时间，对现有的长途客运班线进行清理整顿，整改不合格的坚决停止运营。创造条件积极推行长途客运车辆凌晨2时至5时停止运行或实行接驳运输。客运车辆夜间行驶速度不得超过日间限速的80%，并严禁夜间通行达不到安全通行条件的三级以下山区公路。夜间遇暴雨、浓雾等影响安全视距的恶劣天气时，可以采取临时管理措施，暂停客运车辆运行。加强旅游包车安全管理，根据运行里程严格按规定配备包车驾驶人，逐步推行包车业务网上申请和办理制度，严禁发放空白旅游包车牌证。运输企业要积极创造条件，严格落实长途客运驾驶人停车换人、落地休息制度，确保客运驾驶人24小时累计驾驶时间原则上不超过8小时，日间连续驾驶不超过4小时，夜间连续驾驶不超过2小时，每次停车休息时间不少于20分钟。有关部门要加强监督检查，对违反规定超时、超速驾驶的驾驶人及相关企业依法严格处罚。

（六）加强运输车辆动态监管。抓紧制定道路运输车辆动态监督管理办法，规范卫星定位装置安装、使用行为。旅游包车、三类以上班线客车、危险品运输车和校车应严格按规定安装使用具有行驶记录功能的卫星定位装置，卧铺客车应同时安装车载视频装置，鼓励农村客运车辆安装使用卫星定位装置。重型载货汽车和半挂牵引车应在出厂前安装卫星定位装置，并接入道路货运车辆公共监管与服务平台。运输企业要落实安全监控主体责任，切实加强对所属车辆和驾驶人的动态监管，确保车载卫星定位装置工作正常、监控有效。对不按规定使用或故意损坏卫星定位装置的，要追究相关责任人和企业负责人的责任。

三、严格驾驶人培训考试和管理

（七）加强和改进驾驶人培训考试工作。进一步完善机动车驾驶人培训大纲和考试标准，严格考试程序，推广应用科技评判和监控手段，强化驾驶人安全、法制、文明意识和实际道路驾驶技能考试。客、货车辆驾驶人培训考试要增加复杂路况、恶劣天气、突发情况应对处置技能的内容，大中型客、货车辆驾驶人增加夜间驾驶考试。将大客车驾驶人培养纳入国家职业教育体系，努力解决高素质客运驾驶人短缺问题。实行交通事故驾驶人培训质量、考试发证责任倒查制度。

（八）严格驾驶人培训机构监管。加强驾驶人培训市场调控，提高驾驶人培训机构准入门槛，按照培训能力核定其招生数量，严格教练员资格管理。加强驾驶人培训质量监督，全面推广应用计算机计时培训管理系统，督促落实培训教学大纲和学时。定期向社会公开驾驶人培训机构的培训质量、考试合格率以及毕业学员的交通违法率和肇事率等，并作为其资质审核的重要参考。

（九）加强客货运驾驶人安全管理。严把客货运驾驶人从业资格准入关，加强从业条件审核与培训考试。建立客货运驾驶人从业信息、交通违法信息、交通事故信息的共享机制，加快推进信息查询平台建设，设立驾驶人“黑名单”信息库。加强对长期在本地经营的异地客货运车辆和驾驶人安全管理。督促运输企业加强驾驶人聘用管理，对发生道路交通事故致人死亡且负同等以上责任的，交通违法记满12分的，以及有酒后驾驶、超员20%以上、超速50%（高速公路超速20%）以上，或者12个月内有3次以上超速违法记录的客运驾驶人，要严格依法处罚并通报企业解除聘用。

四、加强车辆安全监管

（十）提高机动车安全性能。制定完善相关政策，推动机动车生产企业兼并重组，调整产品结构，鼓励发展安全、节能、环保的汽车产品，积极推进机动车标准化、轻量化，加快传统汽车升级换代。大力推广厢式货车取代栏板式货车，尽快淘汰高安全风险车型。抓紧清理、修订并逐步提高机动车安全技术标准，督促生产企业改进车辆安全技术，增设客运车辆限速和货运车辆限载等安全装置。进一步提高大中型客车和公共汽车的车身结构强度、座椅安装强度、内部装饰材料阻燃性能等，增强车辆行驶稳定性和抗侧倾能力。客运车辆座椅要尽快全部配置安全带。

（十一）加强机动车安全管理。落实和完善机动车生产企业及产品公告管理、强制性产品认证、注册登记、使用维修和报废等管理制度。积极推动机动车生产企业诚信体系建设，加强机动车产品准入、生产一致性监管，对不符合机动车国家安全技术标准或者与公告产品不一致的车辆，不予办理注册登记，生产企业要依法依规履行更换、退货义务。严禁无资质企业生产、销售电动汽车。落实和健全缺陷汽车产品召回制度，加大对大中型客、货汽车缺陷产品召回力度。严格报废汽车回收企业资格认定和监督管理，依法严厉打击制造和销售拼装车行为，严禁拼装车和报废汽车上路行驶。加强机动车安全技术检验和营运车辆综合性能检测，严格检验检测机构的资格管理和计量认证管理。对道路交通事故中涉及车辆非法生产、改装、拼装以及机动车产品严重质量安全问题的，要严查责任，依法从重处理。

（十二）强化电动自行车安全监管。修订完善电动自行车生产国家强制标准，着力加强对电动自行车生产、销售和使用的监督管理，严禁生产、销售不符合国家强制标准的电动自行车。省级人民政府要制定电动自行车登记管理办法，质监部门要做好电动自行车生产许可证管理和国家强制性标准修订工作，工业和信息化部门要严格电动自行车生产的行业管理，工商部门要依法加强电动自行车销售企业的日常监管。对违规生产、销售不合格产品的企业，要依法责令整改并严格处罚、公开曝光。公安机关要加强电动自行车通行秩序管理，严格查处电动自行车交通违法行为。地方各级人民政府要通过加强政策引导，逐步解决在用的超出国家标准的电动自行车问题。

五、提高道路安全保障水平

（十三）完善道路交通安全设施标准和制度。加快修订完善公路安全设施设计、施工、安全性评价等技术规范和行业标准，科学设置安全防护设施。鼓励地方在国家和行业标准的基础上，进一步提高本地区公路安全设施建设标准。严格落实交通安全设施与道路建设主体工程同时设计、同时施工、同时投入使用的“三同时”制度，新建、改建、扩建道路工程在竣（交）工验收时要吸收公安、安全监管等部门人员参加，严格安全评价，交通安全设施验收不合格的不得通车运行。对因交通安全设施缺失导致重大事故的，要限期进行整改，整改到位前暂停该区域新建道路项目的审批。

（十四）加强道路交通安全设施建设。地方各级人民政府要结合实际科学规划，有计划、分步骤地逐年增加和改善道路交通安全设施。在保证国省干线公路网等项目建设资金的基础上，加大车辆购置税等资金对公路安保工程的投入力度，进一步加强国省干线公路安全防护设施建设，特别是临水临崖、连续下坡、急弯陡坡等事故易发路段要严格按标准安装隔离栅、防护栏、防撞墙等安全设施，设置标志标线。加强公路与铁路、河道、码头联接交叉路段特别是公铁立交、跨航道桥梁的安全保护。收费公路经营企业要加强公路养护管理，对安全设施缺失、损毁的，要及时予以完善和修复，确保公路及其附属设施始终处于良好的技术状况。要积极推进公路灾害性天气预报和预警系统建设，提高对暴雨、浓雾、团雾、冰雪等恶劣天气的防范应对能力。

（十五）深入开展隐患排查治理。地方各级人民政府要建立完善道路交通安全隐患排查治理制度，落实治理措施和治理资金，根据隐患严重程度，实施省、市、县三级人民政府挂牌督办整改，对隐患整改不落实的，要追究有关负责人的责任。有关部门要强化交通事故统计分析，排查确定事故多发点段和存在安全隐患路段，全面梳理桥涵隧道、客货运场站等风险点，设立管理台账，明确治理责任单位和时限，强化对整治情况的全过程监督。切实加强公路两侧农作物秸秆禁烧监管，严防焚烧烟雾影响交通安全。

六、加大农村道路交通安全管理力度

（十六）强化农村道路交通安全基础。深入开展“平安畅通县市”和“平安农机”创建活动，改善农村道路交通安全环境。严格落实县级人民政府农村公路建设养护管理主体责任，制定改善农村道路交通安全状况的计划，落实资金，加大建设和养护力度。新建、改建农村公路要根据需要同步建设安全设施，已建成的农村公路要按照“安全、有效、经济、实用”的原则，逐步完善安全设施。地方各级人民政府要统筹城乡公共交通发展，以城市公交同等优惠条件扶持发展农村公共交通，拓展延伸农村地区客运的覆盖范围，着力解决农村群众安全出行问题。

（十七）加强农村道路交通安全监管。地方各级人民政府要加强农村道路交通安全组织体系建设，落实乡镇政府安全监督管理责任，调整优化交警警力布局，加强乡镇道路交通安全管控。发挥农村派出所、农机监理站以及驾驶人协会、村委会的作用，建立专兼职道路交通安全管理队伍，扩大农村道路交通管理覆盖面。完善农业机械安全监督管理体系，加强对农机安全监理机构的支持保障，积极推广应用农机安全技术，加强对拖拉机、联合收割机等农业机械的安全管理。

七、强化道路交通安全执法

（十八）严厉整治道路交通违法行为。加强公路巡逻管控，加大客运、旅游包车、危险品运输车等重点车辆检查力度，严厉打击和整治超速超员超载、疲劳驾驶、酒后驾驶、吸毒后驾驶、货车违法占道行驶、不按规定使用安全带等各类交通违法行为，严禁三轮汽车、低速货车和拖拉机违法载人。依法加强校车安全管理，保障乘坐校车学生安全。健全和完善治理车辆超限超载工作长效机制。研究推动将客货运车辆严重超速、超员、超限超载等行为列入以危险方法危害公共安全行为，追究驾驶人刑事责任。制定客货运车辆和驾驶人严重交通违法行为有奖举报办法，并将车辆动态监控系统记录的交通违法信息作为执法依据，定期进行检查，依法严格处罚。大力推进文明交通示范公路创建活动，加强城市道路通行秩序整治，规范机动车通行和停放，严格非机动车、行人交通管理。

（十九）切实提升道路交通安全执法效能。推进高速公路全程监控等智能交通管理系统建设，强化科技装备和信息化技术在道路交通执法中的应用，提高道路交通安全管控能力。整合道路交通管理力量和资源，建立部门、区域联勤联动机制，实现监控信息等资源共享。严格落实客货运车辆及驾驶人交通事故、交通违法行为通报制度，全面推进交通违法记录省际转递工作。研究推动将公民交通安全违法记录与个人信用、保险、职业准入等挂钩。

（二十）完善道路交通事故应急救援机制。地方各级人民政府要进一步加强道路交通事故应急救援体系建设，完善应急救援预案，定期组织演练。健全公安消防、卫生等部门联动的省、市、县三级交通事故紧急救援机制，完善交通事故急救通信系统，加强交通事故紧急救援队伍建设，配足救援设备，提高施救水平。地方各级人民政府要依法加快道路交通事故社会救助基金制度建设，制定并完善实施细则，确保事故受伤人员的医疗救治。

八、深入开展道路交通安全宣传教育

（二十一）建立交通安全宣传教育长效机制。地方各级人民政府每年要制定并组织实施道路交通安全宣传教育计划，加大宣传投入，督促各部门和单位积极履行宣传责任和义务，实现交通安全宣传教育社会化、制度化。加大公益宣传力度，报刊、广播、电视、网络等新闻媒体要在重要版面、时段通过新闻报道、专题节目、公益广告等方式开展交通安全公益宣传。设立“全国交通安全日”，充分发挥主管部门、汽车企业、行业协会、社区、学校和单位的宣传作用，广泛开展道路交通安全宣传活动，不断提高全民的交通守法意识、安全意识和公德意识。

（二十二）全面实施文明交通素质教育工程。深入推进“文明交通行动计划”，广泛开展交通安全宣传进农村、进社区、进企业、进学校、进家庭活动，推行实时、动态的交通安全教育和在线服务。建立交通安全警示提示信息发布平台，加强事故典型案例警示教育，开展交通安全文明驾驶人评选活动，充分利用各种手段促进驾驶人依法驾车、安全驾车、文明驾车。坚持交通安全教育从儿童抓起，督促指导中小学结合有关课程加强交通安全教育，鼓励学校结合实际开发有关交通安全教育的校本课程，夯实国民交通安全素质基础。

（二十三）加强道路交通安全文化建设。积极拓展交通安全宣传渠道，建立交通安全宣传教育基地，创新宣传教育方法，以学校、驾驶人培训机构、运输企业为重点，广泛宣传道路交通安全法律法规和安全知识。推动开设交通安全宣传教育网站、电视频道，加强交通安全文学、文艺、影视等作品创作、征集和传播活动，积极营造全社会关注交通安全、全民参与文明交通的良好文化氛围。

九、严格道路交通事故责任追究

（二十四）加强重大道路交通事故联合督办。严格执行重大事故挂牌督办制度，健全完善重大道路交通事故“现场联合督导、统筹协调调查、挂牌通报警示、重点约谈检查、跟踪整改落实”的联合督办工作机制，形成各有关部门齐抓共管的监管合力。研究制定道路交通安全奖惩制度，对于成效显著的地方、部门和单位予以表扬和奖励；对发生特别重大道路交通事故的，或者一年内发生 3 起及以上重大道路交通事故的，省级人民政府要向国务院作出书面检查；对一年内发生两起重大道路交通事故或发生性质严重、造成较大社会影响的重大道路交通事故的，国务院安全生产委员会办公室要会同有关部门及时约谈相关地方政府和部门负责同志。

（二十五）加大事故责任追究力度。研究制定重特大道路交通事故处置规范，完善跨区域责任追究机制，建立健全重大道路交通事故信息公开制度。对发生重大及以上或者 6 个月内发生两起较大及以上责任事故的道路运输企业，依法责令停业整顿；停业整顿后符合安全生产条件的，准予恢复运营，但客运企业 3 年内不得新增客运班线，旅游企业 3 年内不得新增旅游车辆；停业整顿仍不具备安全生产条件的，取消相应许可或吊销其道路运输经营许可证，并责令其办理变更、注销登记直至依法吊销营业执照。对道路交通事故发生负有责任的单位及其负责人，依法依规予以处罚，构成犯罪的，依法追究刑事责任。发生重特大道路交通事故的，要依法依纪追究地方政府及相关部门的责任。

十、强化道路交通安全组织保障

（二十六）加强道路交通安全组织领导。地方各级人民政府要高度重视道路交通安全工作，将其纳入经济和社会发展规划，与经济建设和社会发展同部署、同落实、同考核，并加强对道路交通安全工作的统筹协调和监督指导。实行道路交通安全地方行政首长负责制，将道路交通安全工作纳入政府工作重要议事日程，定期分析研判安全形势，研究部署重点工作。严格道路交通事故总结报告制度，省级人民政府每年 1 月 15 日前要将本地区道路交通安全工作情况向国务院作出专题报告。

（二十七）落实部门管理和监督职责。各有关部门要按照“谁主管、谁负责，谁审批、谁负责”的原则，依法履行职责，落实监管责任，切实构建“权责一致、分工负责、齐抓共管、综合治理”的协调联动机制。要严格责任考核，将道路交通安全工作作为有关领导干部实绩考评的重要内容，并将考评结果作为综合考核评价的重要依据。

（二十八）完善道路交通安全保障机制。研究建立中央、地方、企业和社会共同承担的道路交通安全长效投入机制，不断拓展道路交通安全资金保障来源，推动完善相关财政、税收、信贷支持政策，强化政府投资对道路交通安全投入的引导和带动作用，将交警、运政、路政、农机监理各项经费按规定纳入政府预算。要根据道路里程、机动车增长等情况，相应加强道路交通安全管理力量建设，完善道路交通警务保障机制。地方各级人民政府要研究出台高速公路交通安全发展的相关保障政策，将高速公路交通安全执勤执法营房等配套设施与高速公路建设同步规划设计、同步投入使用并给予资金保障，高速公路建设管理单位要积极创造条件予以配合支持。

37. 国务院关于批转交通运输部等部门重大节假日免收小型客车通行费实施方案的通知

（国发〔2012〕37号）

各省、自治区、直辖市人民政府，国务院各部委、各直属机构：

国务院同意交通运输部、发展改革委、财政部、监察部、国务院纠风办制定的《重大节假日免收小型客车通行费实施方案》，现转发给你们，请认真贯彻执行。

重大节假日免收小型客车通行费实施方案

（交通运输部、发展改革委、财政部、监察部、国务院纠风办）

为进一步提升收费公路通行效率和服务水平，方便群众快捷出行，现就重大节假日期间免收7座及以下小型客车通行费有关问题制定如下实施方案：

一、实施范围

（一）免费通行的时间范围为春节、清明节、劳动节、国庆节等四个国家法定节假日，以及当年国务院办公厅文件确定的上述法定节假日连休日。免费时段从节假日第一天00：00开始，节假日最后一天24：00结束（普通公路以车辆通过收费站收费车道的时间为准，高速公路以车辆驶离出口收费车道的时间为准）。

（二）免费通行的车辆范围为行驶收费公路的7座以下（含7座）载客车辆，包括允许在普通收费公路行驶的摩托车。

（三）免费通行的收费公路范围为符合《中华人民共和国公路法》和《收费公路管理条例》规定，经依法批准设置的收费公路（含收费桥梁和隧道）。各地机场高速公路是否实行免费通行，由各省（区、市）人民政府决定。

二、工作要求

（一）加强收费站免费通行管理。

为确保免费政策实施后车辆有序通行，各地区要对公路收费站现有车道进行全面调查，结合重大节假日期间7座及以下小型客车免费通行的要求，合理规划和利用现有收费车道和免费专用通道，确保过往车辆分类分车道有序通行。

（二）完善收费站应急处置预案。

地方各级交通运输主管部门和收费公路经营管理单位要全面分析本辖区公路收费站的运营管理状况，特别是交通拥堵等有关情况，督促收费站制定并完善重大节假日期间应对突发事件的应急预案。一旦出现突发事件，要迅速启动应急响应，及时采取有针对性的应对措施，确保收费站正常运行和车辆有序通行。

三、保障措施

在重大节假日期间免收7座及以下小型客车通行费是调整和完善收费公路政策的重要举措，对于提高重大节假日公路通行能力和服务水平，降低公众假日出行成本具有重要意义，各省（区、市）人民政府和国务院有关部门要高度重视，切实抓好贯彻落实。

（一）加强领导，明确责任。

重大节假日免收7座及以下小型客车通行费的具体工作，由各省（区、市）人民政府负责统一组织实施。各省级交通运输、发展改革（价格）、财政、监察、纠风等部门要在省级人民政府统一领导下，制定方案，落实责任，明确分工，密切配合，共同做好实施工作。交通运输部、发展改革委、财政部、监察部、国务院纠风办要成立联合工作小组，加强对各地区的指导、协调和督查，及时帮助解决出现的问题。

（二）深化研究，完善政策。

各省（区、市）人民政府及国务院各有关部门要深入研究分析、科学评估该政策实施效果及影响，不断完善相关措施，妥善解决实施过程中出现的问题；要切实做好与收费公路经营者的沟通，争取其理解和支持，确保各项工作顺利开展。同时，要加快研究完善收费公路管理、提高公路服务水平、促进收费公路健康发展的长效机制和政策措施，更好地服务经济社会发展。

（三）注重宣传，正面引导。

各地区要通过政府及部门网站、新闻媒体等多种渠道，加强舆论引导和政策宣传，及时发布相关信息，使社会公众及时、全面了解本方案的重大意义及具体内容，为公路交通健康持续发展创造良好的舆论氛围。

38. 国务院办公厅关于印发突发事件应急预案管理办法的通知

（国办发〔2013〕101号）

各省、自治区、直辖市人民政府，国务院各部委、各直属机构：

《突发事件应急预案管理办法》已经国务院同意，现印发给你们，请认真贯彻执行。

突发事件应急预案管理办法

第一章　总　　则

第一条　为规范突发事件应急预案（以下简称应急预案）管理，增强应急预案的针对性、实用性和可操作性，依据《中华人民共和国突发事件应对法》等法律、行政法规，制订本办法。

第二条　本办法所称应急预案，是指各级人民政府及其部门、基层组织、企事业单位、社会团体等为依法、迅速、科学、有序应对突发事件，最大程度减少突发事件及其造成的损害而预先制定的工作方案。

第三条　应急预案的规划、编制、审批、发布、备案、演练、修订、培训、宣传教育等工作，适用本办法。

第四条　应急预案管理遵循统一规划、分类指导、分级负责、动态管理的原则。

第五条　应急预案编制要依据有关法律、行政法规和制度，紧密结合实际，合理确定内容，切实提高针对性、实用性和可操作性。

第二章　分类和内容

第六条　应急预案按照制定主体划分，分为政府及其部门应急预案、单位和基层组织应急预案两大类。

第七条　政府及其部门应急预案由各级人民政府及其部门制定，包括总体应急预案、专项应急预案、部门应急预案等。

总体应急预案是应急预案体系的总纲，是政府组织应对突发事件的总体制度安排，由县级以上各级人民政府制定。

专项应急预案是政府为应对某一类型或某几种类型突发事件，或者针对重要目标物保护、重大活动保障、应急资源保障等重要专项工作而预先制定的涉及多个部门职责的工作方案，由有关部门牵头制订，报本级人民政府批准后印发实施。

部门应急预案是政府有关部门根据总体应急预案、专项应急预案和部门职责，为应对本部门（行业、领域）突发事件，或者针对重要目标物保护、重大活动保障、应急资源保障等涉及部门工作而预先制定的工作方案，由各级政府有关部门制定。

鼓励相邻、相近的地方人民政府及其有关部门联合制定应对区域性、流域性突发事件的联合应急预案。

第八条　总体应急预案主要规定突发事件应对的基本原则、组织体系、运行机制，以及应急保障的总体安排等，明确相关各方的职责和任务。

针对突发事件应对的专项和部门应急预案，不同层级的预案内容各有所侧重。国家层面专项和部门应急预案侧重明确突发事件的应对原则、组织指挥机制、预警分级和事件分级标准、信息报告要求、分级响应及响应行动、应急保障措施等，重点规范国家层面应对行动，同时体现政策性和指导性；省级专项和部门应急预案侧重明确突发事件的组织指挥机制、信息报告要求、分级响应及响应行动、队伍物资保障及调动程序、市县级政府职责等，重点规范省级层面应对行动，同时体现指导性；市县级专项和部门应急预案侧重明确突发事件的组织指挥机制、风险评估、监测预警、信息报告、应急处置措施、队伍物资保障及调动程序等内容，重点规范市（地）级和县级层面应对行动，体现应急处置的主体职能；乡镇街道专项和部门应急预案侧重明确突发事件的预警信息传播、组织先期处置和自救互救、信息收集报告、人员临时安置等内容，重点规范乡镇层面应对行动，体现先期处置特点。

针对重要基础设施、生命线工程等重要目标物保护的专项和部门应急预案，侧重明确风险隐患及防范措施、监测预警、信息报告、应急处置和紧急恢复等内容。

针对重大活动保障制定的专项和部门应急预案，侧重明确活动安全风险隐患及防范措施、监测预警、信息报告、应急处置、人员疏散撤离组织和路线等内容。

针对为突发事件应对工作提供队伍、物资、装备、资金等资源保障的专项和部门应急预案，侧重明确组织指挥机制、资源布局、不同种类和级别突发事件发生后的资源调用程序等内容。

联合应急预案侧重明确相邻、相近地方人民政府及其部门间信息通报、处置措施衔接、应急资源共享等应急联动机制。

第九条　单位和基层组织应急预案由机关、企业、事业单位、社会团体和居委会、村委会等法人和基层组织制定，侧重明确应急响应责任人、风险隐患监测、信息报告、预警响应、应急处置、人员疏散撤离组织和路线、可调用或可请求援助的应急资源情况及如何实施等，体现自救互救、信息报告和先期处置特点。

大型企业集团可根据相关标准规范和实际工作需要，参照国际惯例，建立本集团应急预案体系。

第十条　政府及其部门、有关单位和基层组织可根据应急预案，并针对突发事件现场处置工作灵活制定现场工作方案，侧重明确现场组织指挥机制、应急队伍分工、不同情况下的应对措施、应急装备保障和自我保障等内容。

第十一条　政府及其部门、有关单位和基层组织可结合本地区、本部门和本单位具体情况，编制应急预案操作手册，内容一般包括风险隐患分析、处置工作程序、响应措施、应急队伍和装备物资情况，以及相关单位联络人员和电话等。

第十二条　对预案应急响应是否分级、如何分级、如何界定分级响应措施等，由预案制定单位根据本地区、本部门和本单位的实际情况确定。

第三章　预 案 编 制

第十三条　各级人民政府应当针对本行政区域多发易发突发事件、主要风险等，制定本级政府及其部门应急预案编制规划，并根据实际情况变化适时修订完善。

单位和基层组织可根据应对突发事件需要，制定本单位、本基层组织应急预案编制计划。

第十四条　应急预案编制部门和单位应组成预案编制工作小组，吸收预案涉及主要部门和单位业务相关人员、有关专家及有现场处置经验的人员参加。编制工作小组组长由应急预案编制部门或单位有关负责人担任。

第十五条　编制应急预案应当在开展风险评估和应急资源调查的基础上进行。

（一）风险评估。针对突发事件特点，识别事件的危害因素，分析事件可能产生的直接后果以及次生、衍生后果，评估各种后果的危害程度，提出控制风险、治理隐患的措施。

（二）应急资源调查。全面调查本地区、本单位第一时间可调用的应急队伍、装备、物资、场所等应急资源状况和合作区域内可请求援助的应急资源状况，必要时对本地居民应急资源情况进行调查，为制定应急响应措施提供依据。

第十六条　政府及其部门应急预案编制过程中应当广泛听取有关部门、单位和专家的意见，与相关的预案作好衔接。涉及其他单位职责的，应当书面征求相关单位意见。必要时，向社会公开征求意见。

单位和基层组织应急预案编制过程中，应根据法律、行政法规要求或实际需要，征求相关公民、法人或其他组织的意见。

第四章　审批、备案和公布

第十七条　预案编制工作小组或牵头单位应当将预案送审稿及各有关单位复函和意见采纳情况说明、编制工作说明等有关材料报送应急预案审批单位。因保密等原因需要发布应急预案简本的，应当将应急预案简本一起报送审批。

第十八条　应急预案审核内容主要包括预案是否符合有关法律、行政法规，是否与有关应急预案进行了衔接，各方面意见是否一致，主体内容是否完备，责任分工是否合理明确，应急响应级别设计是否合理，应对措施是否具体简明、管用可行等。必要时，应急预案审批单位可组织有关专家对应急预案进行评审。

第十九条　国家总体应急预案报国务院审批，以国务院名义印发；专项应急预案报国务院审批，以国务院办公厅名义印发；部门应急预案由部门有关会议审议决定，以部门名义印发，必要时，可以由国务院办公厅转发。

地方各级人民政府总体应急预案应当经本级人民政府常务会议审议，以本级人民政府名义印发；专项应急预案应当经本级人民政府审批，必要时经本级人民政府常务会议或专题会议审议，以本级人民政府办公厅（室）名义印发；部门应急预案应当经部门有关会议审议，以部门名义印发，必要时，可以由本级人民政府办公厅（室）转发。

单位和基层组织应急预案须经本单位或基层组织主要负责人或分管负责人签发，审批方式根据实际情况确定。

第二十条　应急预案审批单位应当在应急预案印发后的20个工作日内依照下列规定向有关单位备案：

（一）地方人民政府总体应急预案报送上一级人民政府备案。

（二）地方人民政府专项应急预案抄送上一级人民政府有关主管部门备案。

（三）部门应急预案报送本级人民政府备案。

（四）涉及需要与所在地政府联合应急处置的中央单位应急预案，应当向所在地县级人民政府备案。

法律、行政法规另有规定的从其规定。

第二十一条　自然灾害、事故灾难、公共卫生类政府及其部门应急预案，应向社会公布。对确需保密的应急预案，按有关规定执行。

第五章　应 急 演 练

第二十二条　应急预案编制单位应当建立应急演练制度，根据实际情况采取实战演练、桌面推演等方式，组织开展人员广泛参与、处置联动性强、形式多样、节约高效的应急演练。

专项应急预案、部门应急预案至少每3年进行一次应急演练。

地震、台风、洪涝、滑坡、山洪泥石流等自然灾害易发区域所在地政府，重要基础设施和城市供水、供电、供气、供热等生命线工程经营管理单位，矿山、建筑施工单位和易燃易爆物品、危险化学品、放射性物品等危险物品生产、经营、储运、使用单位，公共交通工具、公共场所和医院、学校等人员密集场所的经营单位或者管理单位等，应当有针对性地经常组织开展应急演练。

第二十三条　应急演练组织单位应当组织演练评估。评估的主要内容包括：演练的执行情况，预案的合理性与可操作性，指挥协调和应急联动情况，应急人员的处置情况，演练所用设备装备的适用性，对完善预案、应急准备、应急机制、应急措施等方面的意见和建议等。

鼓励委托第三方进行演练评估。

第六章　评估和修订

第二十四条　应急预案编制单位应当建立定期评估制度，分析评价预案内容的针对性、实用性和可操作性，实现应急预案的动态优化和科学规范管理。

第二十五条　有下列情形之一的，应当及时修订应急预案：

（一）有关法律、行政法规、规章、标准、上位预案中的有关规定发生变化的；

（二）应急指挥机构及其职责发生重大调整的；

（三）面临的风险发生重大变化的；

（四）重要应急资源发生重大变化的；

（五）预案中的其他重要信息发生变化的；

（六）在突发事件实际应对和应急演练中发现问题需要作出重大调整的；

（七）应急预案制定单位认为应当修订的其他情况。

第二十六条　应急预案修订涉及组织指挥体系与职责、应急处置程序、主要处置措施、突发事件分级标准等重要内容的，修订工作应参照本办法规定的预案编制、审批、备案、公布程序组织进行。仅涉及其他内容的，修订程序可根据情况适当简化。

第二十七条　各级政府及其部门、企事业单位、社会团体、公民等，可以向有关预案编制单位提出修订建议。

第七章　培训和宣传教育

第二十八条　应急预案编制单位应当通过编发培训材料、举办培训班、开展工作研讨等方式，对与应急预案实施密切相关的管理人员和专业救援人员等组织开展应急预案培训。

各级政府及其有关部门应将应急预案培训作为应急管理培训的重要内容，纳入领导干部培训、公务员培训、应急管理干部日常培训内容。

第二十九条　对需要公众广泛参与的非涉密的应急预案，编制单位应当充分利用互联网、广播、电视、报刊等多种媒体广泛宣传，制作通俗易懂、好记管用的宣传普及材料，向公众免费发放。

第八章　组 织 保 障

第三十条　各级政府及其有关部门应对本行政区域、本行业（领域）应急预案管理工作加强指导和监督。国务院有关部门可根据需要编写应急预案编制指南，指导本行业（领域）应急预案编制工作。

第三十一条　各级政府及其有关部门、各有关单位要指定专门机构和人员负责相关具体工作，将应急预案规划、编制、审批、发布、演练、修订、培训、宣传教育等工作所需经费纳入预算统筹安排。

第九章　附　　则

第三十二条　国务院有关部门、地方各级人民政府及其有关部门、大型企业集团等可根据实际情况，制定相关实施办法。

第三十三条　本办法由国务院办公厅负责解释。

第三十四条　本办法自印发之日起施行。

39. 国务院办公厅关于实施公路安全生命防护工程的意见

（国办发〔2014〕55号）

各省、自治区、直辖市人民政府，国务院各部委、各直属机构：

“十五”时期以来，全国在普通国省干线公路上实施了公路安全保障工程，有效改善了公路行车安全条件。但是，我国幅员辽阔，公路点多、线长、面广，各地交通环境差异较大，部分公路尤其是农村公路安全隐患仍比较突出，道路交通事故易发多发。为适应工业化、城镇化和农业现代化快速发展要求，全面提升公路安全水平，切实维护人民群众生命财产安全，国务院同意在全国实施公路安全生命防护工程。经国务院批准，现提出以下意见：

一、总体要求

（一）指导思想。深入贯彻党的十八大和十八届三中、四中全会精神，落实国务院的决策部署，牢固树立以人为本、安全发展的理念，坚守发展决不能以牺牲人的生命为代价的红线意识，以防事故、保安全、保畅通为目标，以落实安全生产责任为主线，以加强基层基础建设为抓手，坚持公路建设、管理、养护、安全并举，紧紧抓住农村公路这一工作重心，按照“消除存量、不添增量、动态排查”方针，大力整治公路安全隐患，不断完善安全设施，依法强化综合治理，全面提升公路安全水平，促进全国道路交通安全形势持续稳定好转。

（二）基本原则。坚持突出重点、分步实施，着力整治事故多发易发路段隐患，满足公众安全出行基本需要。坚持属地管理、分级负责，落实地方各级政府的主体责任，加强中央部门的政策指导和资金支持。坚持政府主导、社会参与，切实加大公共财政的投入保障，同时注重发挥市场机制的作用。坚持依法治安、综合治理，严厉打击车辆超限超载违法运输等破坏损害公路设施行为，着力解决影响和制约道路交通安全的源头性、根本性问题，夯实道路交通安全基础。

（三）工作目标。

——2015年底前，全面完成公路安全隐患的排查和治理规划工作，健全完善严查车辆超限超载的部门联合协作机制，并率先完成通行客运班线和接送学生车辆集中的农村公路急弯陡坡、临水临崖等重点路段约3万公里的安全隐患治理。

——2017年底前，全面完成急弯陡坡、临水临崖等重点路段约6.5万公里农村公路的安全隐患治理。

——2020年底前，基本完成乡道及以上行政等级公路安全隐患治理，实现农村公路交通安全基础设施明显改善、安全防护水平显著提高，公路交通安全综合治理能力全面提升。

二、全面排查治理现有公路安全隐患

（四）全面总结普通公路安全保障工程实施经验，吸收近年来相关标准规范和国内外公路安全隐患治理研究成果，进一步提高公路安全隐患防治水平，抓紧制定《公路安全生命防护工程实施技术指南》。鼓励各地区结合当地实际，制订修订更高要求的公路隐患治理标准并组织实施。

（五）2015年6月底前，各地区要按照《公路安全生命防护工程实施技术指南》，组织力量集中对所有公路进行全面排查，摸清公路安全隐患底数，建立隐患基础台账。要根据公路等级、交通流量、交通事故等情况，坚持动态排查、定期复查。

（六）各地区对排查出的安全隐患要列入治理计划，将隐患按照严重程度区分轻重缓急，实行省、市、县三级政府挂牌督办制度，逐一落实责任单位和责任人，落实治理资金，确定治理方案，明确治理时限。对2015年底和2017年底前要求完成安全隐患治理的重点路段，要按照《公路安全生命防护工程实施技术指南》，做到重点治理、保障到位。

（七）要根据公路状况、事故特征、交通流量等实际，科学判断改造需求，制定切实可行的工程改造方案，注重整条路线的规模效益，科学有序组织实施。安全隐患治理完成后，要按程序组织工程验收，确保隐患整改符合要求。对列入政府挂牌督办的安全隐患，在隐患治理完成后要组织开展治理效果评估，治理效果达不到规定要求的，要继续挂牌督办。对隐患整治不到位的农村公路，不得开通客运班线和校车。已开通的，在隐患整治到位之前要对线路进行调整；因客观条件无法调整的，应当暂停营运。

（八）地方各级人民政府要将公路安全设施维护纳入养护工程范畴，根据安全设施的使用年限定期进行维护更新。安全性能不适应新情况的，应结合公路安全隐患治理规划及时升级改造；安全设施遭到损毁的，要及时进行修复，确保公路及其附属设施处于良好的技术状况。要加大部门联合整治力度，严厉打击、惩治偷盗公路安全设施的违法行为。

三、严格规范公路工程安全设施建设

（九）整合现有标准规定，吸收各地区经验做法，修订完善公路安全设施标准。建立公路工程技术标准的动态发展工作机制，根据经济发展和实际情况不断修订完善标准。着重研究修订低等级公路技术标准，结合农村、山区实际情况，确定线形指标及安全设施设置等相关技术要求，提高技术标准的针对性和实用性。

（十）新建、改建、扩建省级及以上公路时，公路建设投资应按有关要求，认真测算并计列安全设施，审批部门要进行必要的审核，监管部门要加强监督管理，确保安全设施投资足额到位并同步建成。地方各级人民政府要保障农村公路安全设施建设投资，确保新建农村公路符合相关技术标准要求。上级人民政府要加强对下级人民政府保障农村公路安全设施建设投资的监督，确保不形成新的安全隐患。

（十一）各级发展改革部门和交通运输部门要严格落实安全生产“三同时”制度，新建、改建、扩建公路建设项目必须充分考虑安全设施建设，切实做到同时设计、同时施工、同时投入使用。公路工程建设单位在编制项目可行性研究报告时，应充分考虑安全性，制定安全专篇。设计单位应严格依据可行性研究报告进行设计，落实安全对策措施；对技术标准中的非强制性指标，应在确保安全的基础上经过综合论证后确定，避免因过多使用指标下限造成安全隐患。

（十二）公路安全设施建设必须符合有关工程技术标准和合同约定的要求，鼓励采用标准化结构、标准化施工，严格执行基本建设程序，不得随意降低标准、更改设计方案，保证公路安全设施齐全有效。各地区要进一步健全公路工程交工验收制度，严格按照公路工程管理权限吸收相应层级的公安交通管理、安全监管等部门人员参加，将安全设施作为验收重要内容，验收不合格的，不得交付使用、通车运行。

四、切实加大资金投入保障力度

（十三）经营性收费公路的安全设施完善资金由收费企业承担。地方各级人民政府及相关部门要督促收费企业整治安全隐患，加强对治理计划和实施进度的监督检查。

（十四）普通国省干线公路安全设施完善资金通过现有资金渠道予以保障。农村公路安全设施完善资金由县级人民政府财政预算内资金给予保障，省级财政要根据地方实际进行补助，中央财政通过车辆购置税等多种渠道安排资金投入，支持县级人民政府开展农村公路安全隐患治理工作。

（十五）各地区、各有关部门要引导和鼓励汽车制造、公路建设和公路运输、保险等相关行业企业积极参与公路安全设施建设，鼓励社会各界捐赠资金，按照相关规定和市场化原则探索引入保险资金，拓宽公路安全设施建设资金来源渠道。

五、大力推进公路安全综合治理

（十六）积极推动新技术和信息化手段的应用，不断投入交通技术监控等管理设备，在急弯陡坡、临水临崖等重点路段已完善公路安全防护设施的基础上，进一步完善交通管理设施。在货物运输主通道、重要桥梁入口处、高速公路入口处等公路网的重要路段和节点，设立公路超限检测站或设置动（静）态监测等技术设备，加强车辆超限超载情况监测。实行货运车辆在高速公路入口称重，全面禁止超限超载违法运输车辆进入高速公路，探索利用计重收费等检测数据加强治超执法管理。

（十七）进一步加强车辆生产、销售、登记、检验、营运准入等环节的监管，严厉打击非法生产、非法改装车辆的行为，严格追究非法生产、改装企业责任，坚决杜绝非法生产和改装车辆出厂上路。对在用非法生产、改装的车辆要强制予以整改，对非法拼装的车辆要强制拆解。对大件运输专用车辆违规从事普通货物运输的，要坚决予以纠正。抓紧清理、修订并逐步提高机动车安全技术标准，督促生产企业改进车辆安全技术性能，加快落实公路货运车辆安装限载装置制度。

（十八）加快建立客货运驾驶人从业信息、交通违法信息、交通事故信息的共享机制，设立驾驶人“黑名单”制度。研究统一货车超限超载认定标准，严格落实违法超载驾驶人记分制度，积极推广重点货运源头运政人员巡查和派驻制度，坚决遏制货车超限超载违法运输。制定并落实治超责任追究办法，严肃追究货运源头、车辆生产或改装源头和监管源头相关单位、部门及企业的责任。加大对超限超载违法运输车辆驾驶人、车辆所有人、运营管理者及货物托运人的处罚，研究推动将车辆超限超载违法运输行为列入以危险方法危害公共安全行为，追究有关人员刑事责任。

六、进一步加强组织领导和责任落实

（十九）各省（区、市）人民政府对本地区公路安全生命防护工程工作负总责，要加强组织领导，指导市（地）、县（市）人民政府严格执行相关技术标准要求，落实工程建设资金，有序组织实施。要加强督促检查，注重总结经验，优化审批程序，切实做好项目前期、工程质量监督、项目资金管理、工程验收和养护管理等工作，把公路安全生命防护工程建成平安工程、放心工程、廉洁工程。

（二十）各省（区、市）人民政府要结合实际，科学编制本地区公路安全生命防护工程建设规划，统筹安排年度建设任务，确保将农村公路急弯陡坡、临水临崖等重点路段隐患整治低限指标落实到位，同时鼓励有条件的地区将工程规划建设向村道延伸。要尽快明确 2015 年工程建设任务、投资计划、资金来源渠道等。各市（地）、县（市）人民政府要按照规划因地制宜编制年度实施计划，落实具体项目，并将计划和项目开竣工等情况及时向社会公布。

（二十一）地方各级人民政府要坚持依法严管、标本兼治，强化立足源头、长效治理，综合运用法律、行政、经济、技术等多种手段，加强车辆超限超载治理工作。公安交通管理部门和公路路政执法部门要形成合力，加大路面执法力度，集中开展治超专项行动，严查车辆超限超载违法运输行为。要重点整治非法改装车辆、货物源头装载、营运驾驶员管理等关键环节，从源头上遏制车辆超限超载违法运输。

（二十二）地方各级人民政府要把公路安全生命防护工程列入重要议事日程，纳入政府绩效考核，考核结果作为领导班子和领导干部综合考核评价的重要内容。国务院有关部门要建立约谈和问责机制，对没有完成年度目标任务或者安全隐患整治不符合要求，并由此导致重大人员伤亡和财产损失的，要严格开展责任倒查，依法依规严肃追究行政领导和相关责任人的责任。同时，要限期进行整改，整改到位前暂停该地区新建道路项目的审批。

40. 中共中央办公厅　国务院办公厅印发《关于深化交通运输综合行政执法改革的指导意见》的通知

（中办发〔2018〕63号）

各省、自治区、直辖市党委和人民政府，中央和国家机关各部委，解放军各大单位、中央军委机关各部门，各人民团体：

《关于深化交通运输综合行政执法改革的指导意见》已经中央领导同志同意，现印发给你们，请结合实际认真贯彻落实。

关于深化交通运输综合行政执法改革的指导意见

为贯彻落实《中共中央关于深化党和国家机构改革的决定》、《深化党和国家机构改革方案》部署要求，深入推进交通运输综合行政执法改革，现提出如下指导意见。

一、总体要求

（一）指导思想。以习近平新时代中国特色社会主义思想为指导，全面贯彻党的十九大和十九届二中、三中全会精神，紧紧围绕统筹推进“五位一体”总体布局和协调推进“四个全面”战略布局，深化转职能、转方式、转作风，以建设人民满意交通为出发点，以交通运输治理体系和治理能力现代化为导向，以建立适应经济社会发展的交通运输行政执法体制为目标，整合组建交通运输综合行政执法队伍，为开启交通强国建设新征程提供有力的体制机制保障。

（二）总体目标。通过改革，整合执法队伍，理顺职能配置，减少执法层级，加强执法保障，夯实基层基础，提高执法效能，着力解决机构重叠、职责交叉、多头多层重复执法等问题，形成权责统一、权威高效、监管有力、服务优质的交通运输综合行政执法体制，建设一支政治坚定、素质过硬、纪律严明、作风优良、廉洁高效的交通运输综合行政执法队伍。

（三）基本原则

——坚持党的全面领导。坚决维护习近平总书记的核心地位，坚决维护党中央权威和集中统一领导，自觉在思想上政治上行动上同党中央保持高度一致，把加强党对一切工作的领导贯穿改革各方面和全过程。

——坚持优化协同高效。科学界定执法职能，全面梳理、规范和精简执法事项，推动行政执法队伍综合设置，相对集中行政处罚权，大幅减少执法队伍种类，合理配置执法力量。减少执法层级，推动执法力量下沉，提高监管执法效能。

——坚持全面依法行政。依法履行职权，完善执法程序，规范执法行为，做到严格规范公正文明执法。加强执法监督，落实执法责任，做到执法有保障、有权必有责、用权受监督、违法受追究。

——坚持统筹配套协调。加强改革政策措施的配套衔接，将深化交通运输综合行政执法改革与机构改革、“放管服”改革、事业单位改革等统筹谋划，联动推进，使各项改革配套衔接、互相促进，增强改革总体效应。

——坚持注重实效。坚持问题导向和目标导向相结合，顶层设计和实践探索相结合，行业指导和地方主导相结合。地方党委和政府落实改革主体责任，确保改革取得实效。

二、主要任务

（一）全面梳理、规范和精简执法事项。加强对行政处罚、行政强制事项的源头治理，实行执法事项清单管理制度，并依法及时动态调整。凡没有法律法规规章依据的执法事项一律取消，对长期未发生且无实施必要的、交叉重复的大力清理，最大限度减少不必要的行政执法事项，切实防止执法扰民。对涉及的相关法律法规规章及时进行清理修订。通过落实联合检查、“双随机、一公开”等常态工作机制，充分利用“互联网＋监管”等方式，整合、精简行政检查事项，突出执法检查重点，切实减少检查种类，合理安排检查频次，减少重复检查、无效检查，增强执法检查实效。

（二）整合职责和队伍。将交通运输系统内公路路政、道路运政、水路运政、航道行政、港口行政、地方海事行政、工程质量监督管理等执法门类的行政处罚以及与行政处罚相关的行政检查、行政强制等执法职能进行整合，组建交通运输综合行政执法队伍，以交通运输部门名义实行统一执法。水网发达地区也应实行公路、水路执法队伍综合设置，避免公路、水路分设，造成资源浪费和统筹障碍。个别水网特别发达地区，如有需要可分别集中行使公路、水路执法职能。已经实行更大范围跨领域跨部门综合行政执法的，可以继续探索。具备条件的地区可结合实际进行更大范围的综合行政执法。地方党委和政府要在明确执法机构和人员划转认定标准和程序基础上，按照“编随事走、人随编走”原则有序整合交通运输综合行政执法队伍，锁定编制底数。交通运输综合行政执法队伍不同性质编制目前保持现状，待中央统一明确政策后，逐步加以规范。

（三）明确层级职责。根据交通运输部门事权，厘清不同层级执法权限，明确监管职责、执法领域和执法重点。省、自治区交通运输部门应强化统筹协调和监督指导职责，主要负责监督指导、重大案件查处和跨区域执法的组织协调工作，原则上不设执法队伍，已设立的执法队伍要进行有效整合、统筹安排，现有事业性质执法队伍要逐步清理消化。法律法规明确要求由省级承担的交通运输综合行政执法职责，可结合部门“三定”规定明确由省级交通运输部门内设机构承担。个别业务管理有特殊性的领域，如有必要，由省、自治区按程序另行报批。省级交通运输部门可按程序调用市县交通运输综合行政执法队伍人员力量。直辖市的行政执法层级配置，由直辖市党委按照减少多层多头重复执法的改革要求，结合实际研究确定。设区的市和市辖区原则上只保留一个执法层级，市级设置交通运输综合行政执法队伍的，区级不再承担相关执法责任；区级设置交通运输综合行政执法队伍的，市级主要强化监督指导和组织协调，不再设置执法队伍。县（市、区、旗）一般实行“局队合一”体制，地方可根据实际情况探索具体落实形式，压实县级交通运输部门履行行政执法职责和加强执法队伍建设的责任，改变重审批轻监管的行政管理方式，把更多行政资源从事前审批转到加强事中事后监管上来。实行“局队合一”后，交通运输行政主管部门要强化行政执法职能，将人员编制向执法岗位倾斜，同时通过完善内部执法流程，解决一线执法效率问题。强化基层执法职责，与人民群众日常生活、出行安全直接相关的执法活动，主要由市县两级实施。

（四）下移执法重心。地方党委和政府在严格控制执法队伍人员规模不增加的前提下，盘活存量、优化结构，推动执法力量向基层和一线倾斜，确保执法人员编制重点用于执法一线，着力解决基层执法力量分散薄弱等问题。合理规划、调整、布建基层执法建制，统一名称、规格、数量和层级，创新巡查组织形式和体制机制，优化人员编制和力量配备，重点加强动态巡查、办案、应急指挥等执法一线工作力量。县级交通运输部门派驻在乡镇的基层交通运输综合行政执法队伍，应纳入乡镇党委和政府指挥协调的工作机制，加强联合执法、联动执法，增强行政执法工作合力和整体震慑力。

（五）加强执法保障。地方党委和政府要根据财政事权与支出责任相匹配的原则，将交通运输综合行政执法经费纳入同级财政预算，加强相关经费保障。严格执行罚缴分离和收支两条线管理制度，严禁收费罚没收入同部门利益直接或者变相挂钩。有关统一执法制式服装和标志，以及执法执勤用车（船艇）配备，按中央统一规定执行。加快执法信息化建设，大力推进非现场执法和信息化移动执法，强化执法信息共享。加强执法人员职业保障，依法参加社会保险、落实抚恤等政策，提高执法风险保障水平。

（六）严格队伍管理。严把人员进口关，严禁将不符合行政执法类公务员管理规范要求的人员划入执法队伍，严禁挤占、挪用本应用于公益服务的事业编制。全面清理规范临时人员和编外聘用人员，严禁使用辅助人员执法。按照老人老办法、新人新办法原则，对干部职工工作和福利待遇作出妥善安排，不搞断崖式的精简分流人员。现有公益类事业编制，由同级机构编制委员会统筹用于解决交通运输等相关领域用编需求。坚持凡进必考，严禁借队伍整合组建之际转干部身份。实行执法人员持证上岗和资格管理制度，定期开展执法队伍岗位练兵活动。主动适应交通运输综合行政执法需要，组织开展执法人员培训，提高执法人员综合素质和执法能力。注重人才培养，建立符合交通运输综合行政执法特点的职务晋升和交流制度，探索执法人员职级制度。

（七）规范执法行为。按照有权必有责、用权受监督要求，全面落实执法责任制，严格限制自由裁量权，打造行政执法监督平台，建立健全权责明晰的监管执法责任体系和责任追究机制。完善执法程序，改进执法方式，规范执法行为。梳理编制执法工作规程，严格执行行政执法公示制度、执法全过程记录制度、重大执法决定法制审核制度，严格规范公正文明执法，提升交通运输综合行政执法公信力。

（八）健全协作机制。建立健全沟通协调机制、联席会议制度、案件移送制度、联动协作机制，实现审批服务与执法监管信息开放共享、互联互通。将执法检查结果纳入市场主体社会信用记录，建立健全部门间相互衔接的联合惩戒制度。完善跨部门跨区域执法联动联合协作机制，形成执法监管合力。建立交通运输综合行政执法队伍与公安机关、检察机关、审判机关信息共享、案情通报、案件移送等制度，做好交通运输综合行政执法与刑事司法的有效衔接。

（九）强化作风建设。建立科学合理的监管执法绩效考评体系，强化执法监督，创新监督机制。加强行政执法职权行使和监管责任履行情况的检查、评价及结果应用，将执法办案的数量、质量、效果以及执法办案活动中执行法律、遵守纪律、接受奖惩等情况，作为对交通运输综合行政执法队伍和人员考核评估的主要依据。加强交通运输综合行政执法队伍的思想政治和道德品质教育，切实树立执法为民、依法行政的责任感和使命感，寓管理于服务中，做到业务精通、作风优良，杜绝粗暴执法和选择性执法，树立交通运输综合行政执法队伍新形象。

（十）加强党建工作。加强交通运输综合行政执法队伍党组织建设，保证全面从严治党在基层落地落实。根据改革进展情况，及时建立健全交通运输综合行政执法队伍党组织，使机构改革和基层党组织建设同步推进，扩大党的组织覆盖和工作覆盖，发挥基层党组织的战斗堡垒作用。在改革过渡期，要继续按照规定和要求抓好党的建设工作，确保党的工作不间断、党组织作用不削弱、党员先锋模范作用得到充分发挥，引导党员职工正确认识改革、积极参与和支持改革。

三、组织实施

（一）加强组织领导。地方党委和政府要把思想和行动统一到党中央关于深化党和国家机构改革的决策部署上来，充分认识深化交通运输综合行政执法改革的重要性和紧迫性，在省级机构改革方案中作出具体安排，纳入地方机构改革同步部署、同步实施、同步推进。交通运输部要加强对地方推进改革的指导，会同中央编办、司法部、财政部、人力资源社会保障部等部门及时研究解决各地改革过程中的共性问题，中央和国家机关有关部门要加强支持配合，明确改革配套政策，支持地方推进改革工作。

（二）积极推进改革。全面贯彻先立后破、不立不破原则，坚持蹄疾步稳、紧凑有序推进改革。抓紧制定具体实施方案，明确时间步骤，细化政策措施。注重统筹兼顾，把握好机构设置、职责划分、人员划转、经费保障等关键环节，处理好改革发展稳定关系，做到思想不乱、工作不断、队伍不散、干劲不减，确保按照指导意见的各项要求，于 2019 年 3 月底前完成交通运输综合行政执法队伍整合组建工作。

（三）严明工作纪律。严格执行有关规定，严禁突击进人、突击提拔和调整交流干部，严肃财经纪律，坚决防止国有资产流失。整合组建交通运输综合行政执法队伍工作中涉及机构变动、职责调整的部门单位，要服从大局，确保机构、职责、队伍等按要求及时调整到位，不允许搞变通、拖延改革。在整合调整过程中，要做好工作交接，保持工作的连续性和稳定性。

（四）强化责任担当。要精心组织，狠抓落实，认真研究改革过程中出现的新情况新问题，加强思想政治工作，正确引导社会舆论，营造良好社会环境。搞好重点任务的督查督办，对于已经出台的改革方案，要加强跟踪落实，及时发现苗头性、潜在性问题，及时纠正偏差，确保改革工作平稳有序进行。

41. 国务院办公厅关于印发交通运输领域中央与地方财政事权和支出责任划分改革方案的通知

（国办发〔2019〕33号）

各省、自治区、直辖市人民政府，国务院各部委、各直属机构：

《交通运输领域中央与地方财政事权和支出责任划分改革方案》已经党中央、国务院同意，现印发给你们，请结合实际认真贯彻落实。

交通运输领域中央与地方财政事权和支出责任划分改革方案

按照党中央、国务院有关决策部署，现就交通运输领域中央与地方财政事权和支出责任划分改革制定如下方案。

一、总体要求

（一）指导思想。以习近平新时代中国特色社会主义思想为指导，全面贯彻落实党的十九大和十九届二中、三中全会精神，统筹推进“五位一体”总体布局，协调推进“四个全面”战略布局，坚持和加强党的全面领导，坚持稳中求进工作总基调，坚持新发展理念，坚持推动高质量发展，坚持以供给侧结构性改革为主线，合理划分交通运输领域中央与地方财政事权和支出责任，通过改革形成与现代财政制度相匹配、与国家治理体系和治理能力现代化要求相适应的划分模式，为推进“四好农村路”建设、构建现代综合交通运输体系、建设交通强国提供有力保障。

（二）基本原则。

——充分调动各方积极性。在完善中央决策、地方执行机制的基础上，适度加强中央政府承担交通运输基本公共服务的职责和能力，落实好地方政府在中央授权范围内的责任，充分发挥地方政府区域管理优势和积极性，保障改革举措落实落地。

——坚持人民交通为人民。把满足人民日益增长的美好生活需要作为出发点和落脚点，提高交通运输基本公共服务供给效率，着力解决交通运输领域发展不平衡不充分问题，不断增强人民群众的获得感、幸福感、安全感。

——遵循交通运输行业发展规律。充分考虑行业特点，对运转情况良好、管理行之有效、符合行业发展规律的事项进行总结和确认，对存在问题的事项进行调整和完善，稳步推进相关改革。

二、主要内容

根据《国务院关于推进中央与地方财政事权和支出责任划分改革的指导意见》（国发〔2016〕49号），按照上述总体要求和交通运输工作的特点，划分公路、水路、铁路、民航、邮政、综合交通六个方面的中央与地方财政事权和支出责任。

（一）中央财政事权。

1. 公路。（1）国道。中央承担国道（包括国家高速公路和普通国道）的宏观管理、专项规划、政策制定、监督评价、路网运行监测和协调，国家高速公路中由中央负责部分的建设和管理，普通国道中由中央负责部分的建设、管理和养护等职责。中央承担国家高速公路建设资本金中相应支出，承担普通国道建设、养护和管理中由中央负责事项的相应支出。（2）界河桥梁。中央承担专项规划、政策决定、监督评价职责，建设、养护、管理、运营等具体执行事项由中央委托地方实施。（3）边境口岸汽车出入境运输管理。中央承担专项规划、政策决定、监督评价职责，建设、养护、管理、运营等具体执行事项由中央委托地方实施。界河桥梁、边境口岸汽车出入境运输管理由中央承担支出责任。

2. 水路。（1）长江干线航道。中央承担专项规划、政策决定、监督评价职责，建设、养护、管理、运营等具体执行事项由中央实施。（2）西江航运干线。中央承担专项规划、政策决定、监督评价职责，建设、养护、管理、运营等具体执行事项视改革进展情况，逐步由中央实施；在改革到位之前，按照现行管理体制执行。（3）国境、国际通航河流航道。中央承担专项规划、政策决定、监督评价职责，建设、养护、管理（包括航运管理）、运营等具体执行事项由中央实施或委托地方实施。（4）中央管理水域水上安全监管和应急救助打捞。中央承担专项规划、政策决定、监督评价职责，具体执行事项由中央实施。上述水路领域事项由中央承担支出责任。

3. 铁路。(1) 宏观管理。中央承担全国铁路的专项规划、政策决定、监督评价、路网统一调度和管理等职责。(2) 由中央决策的铁路公益性运输。中央承担相应的管理职责，具体执行事项由中央(含中央企业) 实施。(3) 其他事项。中央承担国家及行业标准制定，铁路运输调度指挥，国家铁路、国家铁路运输企业实际管理合资铁路的安全保卫，铁路生产安全事故调查处理，铁路突发事件应急预案编制，交通卫生检疫等公共卫生管理，铁路行业科技创新等职责。上述铁路领域事项由中央(含中央企业) 承担支出责任。

4. 民航。(1) 空中交通管理。中央承担专项规划、政策决定、监督评价职责，具体执行事项由中央实施。(2) 民航安全管理。中央承担政策决定、监督评价职责，具体执行事项由中央(含中央企业) 实施。(3) 专项任务机队建设和运营。中央承担相应的管理职责，具体执行事项由中央(含中央企业) 实施。(4) 重大和紧急航空运输。中央承担政策决定、监督评价等职责，具体执行事项由中央(含中央企业) 实施。上述民航领域事项由中央(含中央企业) 承担支出责任。

5. 邮政。(1) 邮政普遍服务和特殊服务主干网络。中央承担专项规划、政策决定、监督评价职责，建设、维护、管理、运营等具体执行事项由中央(含中央企业) 实施。(2) 邮件和快件进出境设施。中央承担专项规划、政策决定、监督评价职责，建设、维护、管理、运营等具体执行事项由中央(含中央企业) 实施或委托地方实施。(3) 其他事项。中央承担保障邮政通信和信息安全等方面的职责。上述邮政领域事项由中央(含中央企业) 承担支出责任。

此外，公路、水路、铁路、民航、邮政、综合交通领域中央履职能力建设，由中央承担财政事权和支出责任，主要包括相关领域中央履行行业管理职责所开展的全局性、战略性和前瞻性重大问题研究，发展战略、规划、政策、标准与相关法律法规制定，基础类、公益类国家及行业标准制定，行业监管，行业统计与运行监测，开展国际合作等事项。

(二) 中央与地方共同财政事权。

1. 公路。(1) 国家级口岸公路。中央承担专项规划、政策决定、监督评价职责，建设、养护、管理、运营等具体执行事项由地方实施。(2) 国家区域性公路应急装备物资储备。中央承担专项规划、政策决定、监督评价职责，具体执行事项由地方实施。上述公路领域事项由中央和地方共同承担支出责任。

2. 水路。(1) 京杭运河及其他内河高等级航道。中央承担专项规划、政策决定、监督评价职责，建设、养护、管理、运营等具体执行事项由地方实施。(2) 沿海港口公共基础设施。中央承担沿海港口的专项规划、政策决定、监督评价职责，沿海港口公共基础设施的建设、养护、管理、运营等具体执行事项由地方实施。(3) 重大海上溢油应急处置和海(水)上搜救。中央承担政策决定、监督评价等职责，具体执行事项由中央与地方共同实施。发挥地方政府组织能力强、贴近基层、获取信息便利的优势，强化地方政府在重大海上溢油应急处置和海(水)上搜救方面的相关职责。(4) 水运绿色发展。中央承担专项规划、政策决定、监督评价职责，具体执行事项由地方实施。上述水路领域事项由中央与地方共同承担支出责任。

3. 铁路。中央(含中央企业) 与地方共同承担干线铁路的组织实施职责，包括建设、养护、管理、运营等具体执行事项，其中干线铁路的运营管理由中央企业负责实施。中央(含中央企业) 与地方共同承担支出责任。

4. 民航。中央与地方共同承担运输机场相关职责。其中，中央承担运输机场布局、建设规划、政策决定和相关审批工作等职责，国务院明确规定由民航局直接管理的北京首都国际机场、北京大兴国际机场、天津机场、西藏区内机场、洛阳机场的建设、维护、运营等具体执行事项由中央(含中央企业) 负责实施；地方根据全国运输机场布局和建设规划，制定本行政区域内的运输机场建设规划，并负责建设、运营、机场公安等具体事项的执行实施。中央(含中央企业) 与地方共同承担支出责任。

5. 邮政。(1) 邮政业安全管理和安全监管。中央承担专项规划、政策决定、监督评价职责，具体执行事项由中央（含中央企业）与地方共同实施。（2）其他邮政公共服务。中央承担专项规划、政策决定、监督评价职责，具体执行事项由中央（含中央企业）与地方共同实施。上述邮政领域事项由中央（含中央企业）与地方共同承担支出责任。

6．综合交通。（1）运输结构调整、全国性综合运输枢纽与集疏运体系。中央承担专项规划、政策决定、监督评价职责，建设、养护、管理、运营等具体执行事项由中央（含中央企业）与地方共同实施。（2）综合交通应急保障。中央与地方共同承担国家应急性交通运输公共服务、军民融合和国防交通动员能力建设与管理、国家特殊重点物资运输保障等职责。（3）综合交通行业管理信息化。中央承担专项规划、政策决定、监督评价职责，建设、维护、管理、运营等具体执行事项由地方实施。上述综合交通领域事项由中央（含中央企业）与地方共同承担支出责任。

（三）地方财政事权。

1．公路。（1）国道。地方承担国道（包括国家高速公路和普通国道）的建设、养护、管理、运营、应急处置的相应职责和具体组织实施。地方负责筹集国家高速公路建设中除中央财政出资以外的其余资金，承担普通国道建设、养护、管理、运营中除中央支出以外的其余支出。（2）省道、农村公路、道路运输站场。地方承担专项规划、政策决定、监督评价职责，并承担建设、养护、管理、运营等具体事项的执行实施。（3）道路运输管理。地方承担专项规划、政策决定、监督评价职责，并承担具体事项的执行实施。省道、农村公路、道路运输站场和道路运输管理由地方承担支出责任。

2．水路。（1）其他内河航道、内河港口公共锚地、陆岛交通码头。地方承担专项规划、政策决定、监督评价职责，并承担建设、养护、管理、运营等具体事项的执行实施。（2）客运码头安全检测设施、农村水上客渡运管理。地方承担专项规划、政策决定、监督评价职责，并承担建设、养护、管理、运营等具体事项的执行实施。（3）地方管理水域的水上安全监管和搜寻救助。地方承担具体事项的执行实施。上述水路领域事项由地方承担支出责任。

3．铁路。（1）城际铁路、市域（郊）铁路、支线铁路、铁路专用线。建设、养护、管理、运营等具体执行事项由地方实施或由地方委托中央企业实施。（2）由地方决策的铁路公益性运输。地方承担相应的管理职责，具体执行事项由地方实施或由地方委托中央企业实施。（3）其他事项。地方承担铁路沿线（红线外）环境污染治理和铁路沿线安全环境整治，除国家铁路、国家铁路运输企业实际管理合资铁路外的其他铁路的安全保卫职责。上述铁路领域事项由地方承担支出责任。

4．民航。地方承担通用机场相关职责，主要包括本行政区域内通用机场布局和建设规划、相关审批工作，并负责通用机场的建设、维护、运营等具体事项的执行实施（民航局及其所属企事业单位所有的通用机场除外），承担相应支出责任。

5．邮政。地方承担邮政普遍服务、特殊服务和快递服务末端基础设施，邮政业环境污染治理等相关职责，负责规划、建设、维护、运营等具体事项的执行实施，承担相应支出责任。

6．综合交通。地方承担一般性综合运输枢纽相关职责，主要包括专项规划、政策决定、监督评价等，负责建设、维护、管理、运营等具体事项的执行实施，承担相应支出责任。

此外，公路、水路、铁路、民航、邮政、综合交通领域地方履职能力建设，由地方承担财政事权和支出责任，主要包括相关领域地方履行行业管理职责所开展的重大问题研究、地方相关政策法规及地方标准制定，本行政区域内行业监管，本行政区域内行业统计与运行监测，应急性交通运输公共服务等事项。

中央与新疆生产建设兵团财政事权和支出责任划分，参照中央与地方划分原则执行；财政支持政策原则上参照新疆维吾尔自治区执行，并适当考虑新疆生产建设兵团的特殊因素。交通运输领域的其他未列事项，按照改革的总体要求和事项特点具体确定财政事权和支出责任。

三、配套措施

（一）加强组织领导，确保改革落实。各地区、各有关部门要增强“四个意识”，坚定“四个自信”，做到“两个维护”，切实加强组织领导与协调配合。国务院有关部门和单位要根据本方案，细化实化改革任务和举措，强化对改革任务进展情况的督查和评估。各地区要认真执行相关政策，履行好提供交通运输基本公共服务的职责，确保改革顺利实施。

（二）落实支出责任，强化投入保障。各地区、各有关部门要根据本方案，按规定做好预算安排和投资计划，切实落实支出责任。对属于地方财政事权的，原则上由地方政府通过自有财力安排，确保地方承担的支出责任落实到位。对地方政府履行财政事权、落实支出责任存在收支缺口的，上级政府可根据不同时期发展目标给予一定的资金支持。

（三）加强省级统筹，推进省以下改革。各地区要根据本方案精神，结合本地实际情况，按照财税体制改革要求，制定省以下交通运输领域财政事权和支出责任划分改革方案，组织推动相关改革工作。要加强省级统筹，适度加强省级政府承担交通运输基本公共服务的职责和能力，避免将过多支出责任交由基层政府承担。

（四）协同推进改革，形成良性互动。要积极稳妥统筹推进交通运输领域财政事权和支出责任划分改革，与交通运输领域现有重大改革有机衔接、整体推进、务求实效。要强化顶层设计，准确把握各项改革措施出台的时机、力度和节奏，形成良性互动、协同推进的局面。要完善预算管理制度，全面实施预算绩效管理，盘活存量资金，优化支出结构，着力提高交通运输领域资金配置效率和使用效益。

（五）完善配套制度，促进规范运行。各地区、各有关部门要在全面系统梳理交通运输领域财政事权方面相关法律制度的基础上，抓紧修订相关管理制度，推动研究完善相关法律、法规及部门规章，逐步实现交通运输领域财政事权和支出责任划分的法治化、规范化。

本方案自2020年1月1日起实施。

42. 国务院办公厅关于深化农村公路管理养护体制改革的意见

（国办发〔2019〕45号）

各省、自治区、直辖市人民政府，国务院各部委、各直属机构：

农村公路是服务“三农”的公益性基础设施，是打赢脱贫攻坚战、实施乡村振兴战略的重要抓手。党的十八大以来，以习近平同志为核心的党中央高度重视农村公路工作，多次对“四好农村路”建设作出重要部署。为切实解决“四好农村路”工作中管好、护好的短板问题，加快建立农村公路管理养护长效机制，经国务院同意，现就深化农村公路管理养护体制改革提出以下意见：

一、总体要求

以习近平新时代中国特色社会主义思想为指导，全面贯彻党的十九大精神，认真落实习近平总书记关于“四好农村路”的重要指示精神和党中央、国务院决策部署，践行以人民为中心的发展思想，紧紧围绕打赢脱贫攻坚战、实施乡村振兴战略和统筹城乡发展，以质量为本、安全至上、自然和谐、绿色发展为原则，深化农村公路管理养护体制改革，加强农村公路与农村经济社会发展统筹协调，形成上下联动、密切配合、齐抓共管的工作局面，推动“四好农村路”高质量发展，为广大农民群众致富奔小康、加快推进农业农村现代化提供更好保障。

二、工作目标

到2022年，基本建立权责清晰、齐抓共管的农村公路管理养护体制机制，形成财政投入职责明确、社会力量积极参与的格局。农村公路治理能力明显提高，治理体系初步形成。农村公路通行条件和路域环境明显提升，交通保障能力显著增强。农村公路列养率达到100%，年均养护工程比例不低于5%，中等及以上农村公路占比不低于75%。

到2035年，全面建成体系完备、运转高效的农村公路管理养护体制机制，基本实现城乡公路交通基本公共服务均等化，路况水平和路域环境根本性好转，农村公路治理能力全面提高，治理体系全面完善。

三、完善农村公路管理养护体制

（一）省、市级人民政府加强统筹和指导监督。省级人民政府要制定相关部门和市、县级人民政府农村公路管理养护权力和责任清单，强化省级统筹和政策引导，建立健全规章制度，筹集养护补助资金，加强养护管理机构能力建设指导，对市、县级人民政府进行绩效管理。市级人民政府要发挥好承上启下作用，完善支持政策和养护资金补助机制，加强指导监督。

（二）县级人民政府履行主体责任。县级人民政府要按照“县道县管、乡村道乡村管”的原则，建立健全农村公路管理养护责任制，明确相关部门、乡级人民政府农村公路管理养护权力和责任清单，并指导监督相关部门和乡级人民政府履职尽责。大力推广县、乡、村三级路长制，各级路长负责相应农村公路管理养护工作，建立“精干高效、专兼结合、以专为主”的管理体系。按照“有路必养、养必到位”的要求，将农村公路养护资金及管理机构运行经费和人员支出纳入一般公共财政预算，加大履职能力建设和管理养护投入力度。

（三）发挥乡村两级作用和农民群众积极性。乡级人民政府要确定专职工作人员，指导村民委员会组织好村道管理养护工作。村民委员会要按照“农民自愿、民主决策”的原则，采取一事一议、以工代赈等办法组织村道的管理养护工作。要加强宣传引导，将爱路护路要求纳入乡规民约、村规民约；鼓励采用以奖代补等方式，推广将日常养护与应急抢通捆绑实施并交由农民承包；鼓励农村集体经济组织和社会力量自主筹资筹劳参与农村公路管理养护工作，通过将农村公路管理养护纳入公益岗位等方式，为贫困户提供就业机会。

四、强化农村公路管理养护资金保障

（四）落实成品油税费改革资金。完善成品油税费改革转移支付政策，合理确定转移支付规模，加大对普通公路养护的支持力度。成品油税费改革新增收入替代原公路养路费部分，不得低于改革基期年（2009年）公路养路费收入占“六费”（公路养路费、航道养护费、公路运输管理费、公路客货运附加费、水路运输管理费、水运客货运附加费）收入的比例。成品油税费改革转移支付用于普通公路养护的比例一般不得低于80%且不得用于公路新建。2022年起，该项资金不再列支管理机构运行经费和人员等其他支出。继续执行省级人民政府对农村公路养护工程的补助政策，省级补助资金与切块到市县部分之和占成品油税费改革新增收入替代原公路养路费部分的比例不得低于15%，实际高于上述比例的不得再降低。

（五）加大财政资金支持力度。农村公路养护属于地方财政事权，资金原则上由地方通过自有财力安排，对县级人民政府落实支出责任存在的收支缺口，上级人民政府可根据不同时期发展目标给予一定的资金支持。中央在均衡性转移支付中将进一步考虑农村公路管理养护因素，加大对重点贫困地区支持力度，继续安排车购税资金支持农村公路升级改造、安全生命防护工程建设和危桥改造等。地方各级人民政府要确保财政支出责任落实到位，将相关税收返还用于农村公路养护。省、市、县三级公共财政资金用于农村公路日常养护的总额不得低于以下标准：县道每年每公里10000元，乡道每年每公里5000元，村道每年每公里3000元，省、市、县三级公共财政投入比例由各省（区、市）根据本地区实际情况确定，并建立与养护成本变化等因素相关联的动态调整机制。

（六）强化养护资金使用监督管理。财政部、交通运输部要建立对省级人民政府的农村公路管理养护考核机制，将考核结果与相关投资挂钩。对地方各级公共财政用于农村公路养护的资金实施全过程预算绩效管理，确保及时足额拨付到位。地方各级财政和交通运输主管部门要加强农村公路养护资金使用监管，严禁农村公路建设采用施工方带资的建设—移交（BT）模式，严禁地方以“建养一体化”名义新增隐性债务，公共资金使用情况要按有关规定对社会公开，接受群众监督。村务监督委员会要将村道养护资金使用和养护质量等情况纳入监督范围。审计部门要定期对农村公路养护资金使用情况进行审计。

（七）创新农村公路发展投融资机制。地方各级人民政府要发挥政府资金的引导作用，采取资金补助、先养后补、以奖代补、无偿提供料场等多种方式支持农村公路养护。将农村公路发展纳入地方政府一般债券支持范围。鼓励地方人民政府将农村公路建设和一定时期的养护进行捆绑招标，将农村公路与产业、园区、乡村旅游等经营性项目实行一体化开发，运营收益用于农村公路养护。鼓励保险资金通过购买地方政府一般债券方式合法合规参与农村公路发展，探索开展农村公路灾毁保险。

五、建立农村公路管理养护长效机制

（八）加快推进农村公路养护市场化改革。将人民群众满意度和受益程度、养护质量和资金使用效率作为衡量标准，分类有序推进农村公路养护市场化改革，逐步建立政府与市场合理分工的养护生产组织模式。引导符合市场属性的事业单位转制为现代企业，鼓励将干线公路建设养护与农村公路捆绑招标，支持养护企业跨区域参与市场竞争。鼓励通过签订长期养护合同、招投标约定等方式，引导专业养护企业加大投入，提高养护机械化水平。

（九）加强安全和信用管理。公路安全设施要与主体工程同时设计、同时施工、同时投入使用，县级人民政府要组织公安、应急等职能部门参与农村公路竣（交）工验收。已建成但未配套安全设施的农村公路要逐步完善。加强农村公路养护市场监管，着力建立以质量为核心的信用评价机制，实施守信联合激励和失信联合惩戒，并将信用记录按照国家有关规定纳入全国信用信息共享平台，依法向社会公开。

（十）强化法规政策和队伍建设。推动公路法修订，研究制定农村公路条例，探索通过民事赔偿保护路产路权。坚持经济实用、绿色环保理念，全面开展“美丽公路”创建工作，提高农村公路养护技术，完善路政管理指导体系，建立县有路政员、乡有监管员、村有护路员的路产路权保护队伍。

各地区、各部门要将深化农村公路管理养护体制改革作为打赢脱贫攻坚战、实施乡村振兴战略、推进农业农村现代化的一项先行工程，同步部署落实。各省级人民政府要加强统筹和指导，制定本辖区改革实施方案，协调解决重大问题，督促地方各级人民政府压实责任，认真抓好任务落实。各有关部门要密切配合，按照职责完成各项任务。交通运输部要加强工作指导和督促检查，重大情况及时报告国务院。

本意见自印发之日起施行。《国务院办公厅关于印发农村公路管理养护体制改革方案的通知》（国办发〔2005〕49号）同时废止。

43. 中共中央　国务院印发《交通强国建设纲要》

近日，中共中央、国务院印发了《交通强国建设纲要》，并发出通知，要求各地区各部门结合实际认真贯彻落实。

《交通强国建设纲要》全文如下。

建设交通强国是以习近平同志为核心的党中央立足国情、着眼全局、面向未来作出的重大战略决策，是建设现代化经济体系的先行领域，是全面建成社会主义现代化强国的重要支撑，是新时代做好交通工作的总抓手。为统筹推进交通强国建设，制定本纲要。

一、总体要求

（一）指导思想。以习近平新时代中国特色社会主义思想为指导，深入贯彻党的十九大精神，紧紧围绕统筹推进“五位一体”总体布局和协调推进“四个全面”战略布局，坚持稳中求进工作总基调，坚持新发展理念，坚持推动高质量发展，坚持以供给侧结构性改革为主线，坚持以人民为中心的发展思想，牢牢把握交通“先行官”定位，适度超前，进一步解放思想、开拓进取，推动交通发展由追求速度规模向更加注重质量效益转变，由各种交通方式相对独立发展向更加注重一体化融合发展转变，由依靠传统要素驱动向更加注重创新驱动转变，构建安全、便捷、高效、绿色、经济的现代化综合交通体系，打造一流设施、一流技术、一流管理、一流服务，建成人民满意、保障有力、世界前列的交通强国，为全面建成社会主义现代化强国、实现中华民族伟大复兴中国梦提供坚强支撑。

（二）发展目标

到 2020 年，完成决胜全面建成小康社会交通建设任务和“十三五”现代综合交通运输体系发展规划各项任务，为交通强国建设奠定坚实基础。

从 2021 年到本世纪中叶，分两个阶段推进交通强国建设。

到 2035 年，基本建成交通强国。现代化综合交通体系基本形成，人民满意度明显提高，支撑国家现代化建设能力显著增强；拥有发达的快速网、完善的干线网、广泛的基础网，城乡区域交通协调发展达到新高度；基本形成“全国 123 出行交通圈”（都市区 1 小时通勤、城市群 2 小时通达、全国主要城市 3 小时覆盖）和“全球 123 快货物流圈”（国内 1 天送达、周边国家 2 天送达、全球主要城市 3 天送达），旅客联程运输便捷顺畅，货物多式联运高效经济；智能、平安、绿色、共享交通发展水平明显提高，城市交通拥堵基本缓解，无障碍出行服务体系基本完善；交通科技创新体系基本建成，交通关键装备先进安全，人才队伍精良，市场环境优良；基本实现交通治理体系和治理能力现代化；交通国际竞争力和影响力显著提升。

到本世纪中叶，全面建成人民满意、保障有力、世界前列的交通强国。基础设施规模质量、技术装备、科技创新能力、智能化与绿色化水平位居世界前列，交通安全水平、治理能力、文明程度、国际竞争力及影响力达到国际先进水平，全面服务和保障社会主义现代化强国建设，人民享有美好交通服务。

二、基础设施布局完善、立体互联

（一）建设现代化高质量综合立体交通网络。以国家发展规划为依据，发挥国土空间规划的指导和约束作用，统筹铁路、公路、水运、民航、管道、邮政等基础设施规划建设，以多中心、网络化为主形态，完善多层次网络布局，优化存量资源配置，扩大优质增量供给，实现立体互联，增强系统弹性。强化西部地区补短板，推进东北地区提质改造，推动中部地区大通道大枢纽建设，加速东部地区优化升级，形成区域交通协调发展新格局。

（二）构建便捷顺畅的城市（群）交通网。建设城市群一体化交通网，推进干线铁路、城际铁路、市域（郊）铁路、城市轨道交通融合发展，完善城市群快速公路网络，加强公路与城市道路衔接。尊重城市发展规律，立足促进城市的整体性、系统性、生长性，统筹安排城市功能和用地布局，科学制定和实施城市综合交通体系规划。推进城市公共交通设施建设，强化城市轨道交通与其他交通方式衔接，完善快速路、主次干路、支路级配和结构合理的城市道路网，打通道路微循环，提高道路通达性，完善城市步行和非机动车交通系统，提升步行、自行车等出行品质，完善无障碍设施。科学规划建设城市停车设施，加强充电、加氢、加气和公交站点等设施建设。全面提升城市交通基础设施智能化水平。

（三）形成广覆盖的农村交通基础设施网。全面推进“四好农村路”建设，加快实施通村组硬化路建设，建立规范化可持续管护机制。促进交通建设与农村地区资源开发、产业发展有机融合，加强特色农产品优势区与旅游资源富集区交通建设。大力推进革命老区、民族地区、边疆地区、贫困地区、垦区林区交通发展，实现以交通便利带动脱贫减贫，深度贫困地区交通建设项目尽量向进村入户倾斜。推动资源丰富和人口相对密集贫困地区开发性铁路建设，在有条件的地区推进具备旅游、农业作业、应急救援等功能的通用机场建设，加强农村邮政等基础设施建设。

（四）构筑多层级、一体化的综合交通枢纽体系。依托京津冀、长三角、粤港澳大湾区等世界级城市群，打造具有全球竞争力的国际海港枢纽、航空枢纽和邮政快递核心枢纽，建设一批全国性、区域性交通枢纽，推进综合交通枢纽一体化规划建设，提高换乘换装水平，完善集疏运体系。大力发展枢纽经济。

三、交通装备先进适用、完备可控

（一）加强新型载运工具研发。实现 3 万吨级重载列车、时速 250 公里级高速轮轨货运列车等方面的重大突破。加强智能网联汽车（智能汽车、自动驾驶、车路协同）研发，形成自主可控完整的产业链。强化大中型邮轮、大型液化天然气船、极地航行船舶、智能船舶、新能源船舶等自主设计建造能力。完善民用飞机产品谱系，在大型民用飞机、重型直升机、通用航空器等方面取得显著进展。

（二）加强特种装备研发。推进隧道工程、整跨吊运安装设备等工程机械装备研发。研发水下机器人、深潜水装备、大型溢油回收船、大型深远海多功能救助船等新型装备。

（三）推进装备技术升级。推广新能源、清洁能源、智能化、数字化、轻量化、环保型交通装备及成套技术装备。广泛应用智能高铁、智能道路、智能航运、自动化码头、数字管网、智能仓储和分拣系统等新型装备设施，开发新一代智能交通管理系统。提升国产飞机和发动机技术水平，加强民用航空器、发动机研发制造和适航审定体系建设。推广应用交通装备的智能检测监测和运维技术。加速淘汰落后技术和高耗低效交通装备。

四、运输服务便捷舒适、经济高效

（一）推进出行服务快速化、便捷化。构筑以高铁、航空为主体的大容量、高效率区际快速客运服务，提升主要通道旅客运输能力。完善航空服务网络，逐步加密机场网建设，大力发展支线航空，推进干支有效衔接，提高航空服务能力和品质。提高城市群内轨道交通通勤化水平，推广城际道路客运公交化运行模式，打造旅客联程运输系统。加强城市交通拥堵综合治理，优先发展城市公共交通，鼓励引导绿色公交出行，合理引导个体机动化出行。推进城乡客运服务一体化，提升公共服务均等化水平，保障城乡居民行有所乘。

（二）打造绿色高效的现代物流系统。优化运输结构，加快推进港口集疏运铁路、物流园区及大型工矿企业铁路专用线等“公转铁”重点项目建设，推进大宗货物及中长距离货物运输向铁路和水运有序转移。推动铁水、公铁、公水、空陆等联运发展，推广跨方式快速换装转运标准化设施设备，形成统一的多式联运标准和规则。发挥公路货运“门到门”优势。完善航空物流网络，提升航空货运效率。推进电商物流、冷链物流、大件运输、危险品物流等专业化物流发展，促进城际干线运输和城市末端配送有机衔接，鼓励发展集约化配送模式。综合利用多种资源，完善农村配送网络，促进城乡双向流通。落实减税降费政策，优化物流组织模式，提高物流效率，降低物流成本。

（三）加速新业态新模式发展。深化交通运输与旅游融合发展，推动旅游专列、旅游风景道、旅游航道、自驾车房车营地、游艇旅游、低空飞行旅游等发展，完善客运枢纽、高速公路服务区等交通设施旅游服务功能。大力发展共享交通，打造基于移动智能终端技术的服务系统，实现出行即服务。发展“互联网＋”高效物流，创新智慧物流营运模式。培育充满活力的通用航空及市域（郊）铁路市场，完善政府购买服务政策，稳步扩大短途运输、公益服务、航空消费等市场规模。建立通达全球的寄递服务体系，推动邮政普遍服务升级换代。加快快递扩容增效和数字化转型，壮大供应链服务、冷链快递、即时直递等新业态新模式，推进智能收投终端和末端公共服务平台建设。积极发展无人机（车）物流递送、城市地下物流配送等。

五、科技创新富有活力、智慧引领

（一）强化前沿关键科技研发。瞄准新一代信息技术、人工智能、智能制造、新材料、新能源等世界科技前沿，加强对可能引发交通产业变革的前瞻性、颠覆性技术研究。强化汽车、民用飞行器、船舶等装备动力传动系统研发，突破高效率、大推力/大功率发动机装备设备关键技术。加强区域综合交通网络协调运营与服务技术、城市综合交通协同管控技术、基于船岸协同的内河航运安全管控与应急搜救技术等研发。合理统筹安排时速600公里级高速磁悬浮系统、时速400公里级高速轮轨（含可变轨距）客运列车系统、低真空管（隧）道高速列车等技术储备研发。

（二）大力发展智慧交通。推动大数据、互联网、人工智能、区块链、超级计算等新技术与交通行业深度融合。推进数据资源赋能交通发展，加速交通基础设施网、运输服务网、能源网与信息网络融合发展，构建泛在先进的交通信息基础设施。构建综合交通大数据中心体系，深化交通公共服务和电子政务发展。推进北斗卫星导航系统应用。

（三）完善科技创新机制。建立以企业为主体、产学研用深度融合的技术创新机制，鼓励交通行业各类创新主体建立创新联盟，建立关键核心技术攻关机制。建设一批具有国际影响力的实验室、试验基地、技术创新中心等创新平台，加大资源开放共享力度，优化科研资金投入机制。构建适应交通高质量发展的标准体系，加强重点领域标准有效供给。

六、安全保障完善可靠、反应快速

（一）提升本质安全水平。完善交通基础设施安全技术标准规范，持续加大基础设施安全防护投入，提升关键基础设施安全防护能力。构建现代化工程建设质量管理体系，推进精品建造和精细管理。强化交通基础设施养护，加强基础设施运行监测检测，提高养护专业化、信息化水平，增强设施耐久性和可靠性。强化载运工具质量治理，保障运输装备安全。

（二）完善交通安全生产体系。完善依法治理体系，健全交通安全生产法规制度和标准规范。完善安全责任体系，强化企业主体责任，明确部门监管责任。完善预防控制体系，有效防控系统性风险，建立交通装备、工程第三方认证制度。强化安全生产事故调查评估。完善网络安全保障体系，增强科技兴安能力，加强交通信息基础设施安全保护。完善支撑保障体系，加强安全设施建设。建立自然灾害交通防治体系，提高交通防灾抗灾能力。加强交通安全综合治理，切实提高交通安全水平。

（三）强化交通应急救援能力。建立健全综合交通应急管理体制机制、法规制度和预案体系，加强应急救援专业装备、设施、队伍建设，积极参与国际应急救援合作。强化应急救援社会协同能力，完善征用补偿机制。

七、绿色发展节约集约、低碳环保

（一）促进资源节约集约利用。加强土地、海域、无居民海岛、岸线、空域等资源节约集约利用，提升用地用海用岛效率。加强老旧设施更新利用，推广施工材料、废旧材料再生和综合利用，推进邮件快件包装绿色化、减量化，提高资源再利用和循环利用水平，推进交通资源循环利用产业发展。

（二）强化节能减排和污染防治。优化交通能源结构，推进新能源、清洁能源应用，促进公路货运节能减排，推动城市公共交通工具和城市物流配送车辆全部实现电动化、新能源化和清洁化。打好柴油货车污染治理攻坚战，统筹油、路、车治理，有效防治公路运输大气污染。严格执行国家和地方污染物控制标准及船舶排放区要求，推进船舶、港口污染防治。降低交通沿线噪声、振动，妥善处理好大型机场噪声影响。开展绿色出行行动，倡导绿色低碳出行理念。

（三）强化交通生态环境保护修复。严守生态保护红线，严格落实生态保护和水土保持措施，严格实施生态修复、地质环境治理恢复与土地复垦，将生态环保理念贯穿交通基础设施规划、建设、运营和养护全过程。推进生态选线选址，强化生态环保设计，避让耕地、林地、湿地等具有重要生态功能的国土空间。建设绿色交通廊道。

八、开放合作面向全球、互利共赢

（一）构建互联互通、面向全球的交通网络。以丝绸之路经济带六大国际经济合作走廊为主体，推进与周边国家铁路、公路、航道、油气管道等基础设施互联互通。提高海运、民航的全球连接度，建设世界一流的国际航运中心，推进 21 世纪海上丝绸之路建设。拓展国际航运物流，发展铁路国际班列，推进跨境道路运输便利化，大力发展航空物流枢纽，构建国际寄递物流供应链体系，打造陆海新通道。维护国际海运重要通道安全与畅通。

（二）加大对外开放力度。吸引外资进入交通领域，全面落实准入前国民待遇加负面清单管理制度。协同推进自由贸易试验区、中国特色自由贸易港建设。鼓励国内交通企业积极参与“一带一路”沿线交通基础设施建设和国际运输市场合作，打造世界一流交通企业。

（三）深化交通国际合作。提升国际合作深度与广度，形成国家、社会、企业多层次合作渠道。拓展国际合作平台，积极打造交通新平台，吸引重要交通国际组织来华落驻。积极推动全球交通治理体系建设与变革，促进交通运输政策、规则、制度、技术、标准“引进来”和“走出去”，积极参与交通国际组织事务框架下规则、标准制定修订。提升交通国际话语权和影响力。

九、人才队伍精良专业、创新奉献

（一）培育高水平交通科技人才。坚持高精尖缺导向，培养一批具有国际水平的战略科技人才、科技领军人才、青年科技人才和创新团队，培养交通一线创新人才，支持各领域各学科人才进入交通相关产业行业。推进交通高端智库建设，完善专家工作体系。

（二）打造素质优良的交通劳动者大军。弘扬劳模精神和工匠精神，造就一支素质优良的知识型、技能型、创新型劳动者大军。大力培养支撑中国制造、中国创造的交通技术技能人才队伍，构建适应交通发展需要的现代职业教育体系。

（三）建设高素质专业化交通干部队伍。落实建设高素质专业化干部队伍要求，打造一支忠诚干净担当的高素质干部队伍。注重专业能力培养，增强干部队伍适应现代综合交通运输发展要求的能力。加强优秀年轻干部队伍建设，加强国际交通组织人才培养。

十、完善治理体系，提升治理能力

（一）深化行业改革。坚持法治引领，完善综合交通法规体系，推动重点领域法律法规制定修订。不断深化铁路、公路、航道、空域管理体制改革，建立健全适应综合交通一体化发展的体制机制。推动国家铁路企业股份制改造、邮政企业混合所有制改革，支持民营企业健康发展。统筹制定交通发展战略、规划和政策，加快建设现代化综合交通体系。强化规划协同，实现“多规合一”“多规融合”。

（二）优化营商环境。健全市场治理规则，深入推进简政放权，破除区域壁垒，防止市场垄断，完善运输价格形成机制，构建统一开放、竞争有序的现代交通市场体系。全面实施市场准入负面清单制度，构建以信用为基础的新型监管机制。

（三）扩大社会参与。健全公共决策机制，实行依法决策、民主决策。鼓励交通行业组织积极参与行业治理，引导社会组织依法自治、规范自律，拓宽公众参与交通治理渠道。推动政府信息公开，建立健全公共监督机制。

（四）培育交通文明。推进优秀交通文化传承创新，加强重要交通遗迹遗存、现代交通重大工程的保护利用和精神挖掘，讲好中国交通故事。弘扬以“两路”精神、青藏铁路精神、民航英雄机组等为代表的交通精神，增强行业凝聚力和战斗力。全方位提升交通参与者文明素养，引导文明出行，营造文明交通环境，推动全社会交通文明程度大幅提升。

十一、保障措施

（一）加强党的领导。坚持党的全面领导，充分发挥党总揽全局、协调各方的作用。建立统筹协调的交通强国建设实施工作机制，强化部门协同、上下联动、军地互动，整体有序推进交通强国建设工作。

（二）加强资金保障。深化交通投融资改革，增强可持续发展能力，完善政府主导、分级负责、多元筹资、风险可控的资金保障和运行管理体制。建立健全中央和地方各级财政投入保障制度，鼓励采用多元化市场融资方式拓宽融资渠道，积极引导社会资本参与交通强国建设，强化风险防控机制建设。

（三）加强实施管理。各地区各部门要提高对交通强国建设重大意义的认识，科学制定配套政策和配置公共资源，促进自然资源、环保、财税、金融、投资、产业、贸易等政策与交通强国建设相关政策协同，部署若干重大工程、重大项目，合理规划交通强国建设进程。鼓励有条件的地方和企业在交通强国建设中先行先试。交通运输部要会同有关部门加强跟踪分析和督促指导，建立交通强国评价指标体系，重大事项及时向党中央、国务院报告。

二、

交通运输部及其他部委相关规章、文件

(一)综　　合

44. 关于加强公路设施产权交易管理的紧急通知

（交财发1994年539号）

各省、自治区、直辖市、计划单列市交通厅（局、委、办）：

最近，有些省、市开始对公路设施从事产权交易活动，这是在社会主义市场经济体制下，对交通基础设施进行产权制度改革，实行“商品化”管理的一种探索。根据《国务院办公厅关于加强国有企业产权交易管理的通知》（国办发明电〔1994〕12号，以下简称《明电》）精神，现就公路设施产权交易的有关问题通知如下：

一、公路设施属国有资产。各地在以公路设施经营权与外商进行产权交易活动时，一般可采取合资、合作的形式进行；也可以采取股份制的形式进行经营，但其国有股股权应由投资单位管理。

二、按照国家现行政策规定，公路设施的所有权不得进行交易。各地在将经营权转让给外商经营时，要按国家有关规定的权限和程序办理审批。

三、按《明电》规定，批准进行公路设施产权交易时，应遵循“谁投资，谁所有”的原则，对有经我部安排国家投资、车辆购置附加费投资等中央投资的，要事先征得我部同意，所形成的产权收益，由我部统一管理并按国务院办公厅《明电》的规定安排使用。凡在本文下达前已经发生公路产权交易行为的，均应向部补报，对中央投资的产权收益，按规定由部处理。

四、凡发生各种形式的公路设施产权变动或交易时，都必须按照《国有资产评估管理办法》（国务院令第91号）的规定，向部办理申报资产评估立项的手续。

五、公路设施产权交易的各项活动和各方的权益、责任、义务等，均应符合国家有关法律、法规和规章的规定，保证公路设施的正常养护和使用，确保国有资产的保值增值，并依法接受监督。

各单位要认真执行本紧急通知的规定，切实加强对公路设施产权交易的管理。对违反国家规定和本紧急通知精神，擅自进行公路设施产权交易，并造成国有资产流失的，将严肃追究当事人及主要领导的责任。

45. 交通行政处罚程序规定

（交通部令1996年第7号）

第一章　总　　则

第一条　为规范交通行政处罚程序，根据《中华人民共和国行政处罚法》（以下简称行政处罚法）的规定，结合交通实际，制定本规定。

第二条　公民、法人或者其他组织违反交通行政管理秩序，应当给予行政处罚的，由交通管理部门依照行政处罚法和有关法律、法规及本规定的程序实施。

第三条　本规定中交通管理部门是指具有行政处罚权的下列部门或者机构：

（一）县级以上人民政府的交通主管部门；

（二）法律、法规授权的交通管理机构；

（三）县级人民政府的交通主管部门依法委托的交通管理机构。

第四条　县级以上人民政府的交通主管部门可以委托依法设置的符合行政处罚法第十九条规定的运输、航道、港口、公路、规费、通信等交通管理机构实施行政处罚。

第二章　行政处罚的管辖

第五条　各级交通管理部门依法可以作出警告、罚款、没收违法所得、没收非法财物、暂扣证照的行政处罚。

县级以上人民政府交通主管部门、交通部直接设置的管理机构、省级人民政府交通主管部门直接设置的管理机构依法可以作出吊销证照、责令停产停业的行政处罚。

省级人民政府交通主管部门直接设置的管理机构的下设机构，根据省级人民政府交通主管部门的决定，依法可以作出吊销证照、责令停产停业的行政处罚。

港务（航）监督机构行政处罚案件的管辖另行规定。

对涉外、涉台、涉港澳当事人作出行政处罚的权限，法律、法规、规章另有规定的，从其规定。

第六条　对违法行为需要给予的行政处罚超出本级交通管理部门的权限的，应将案件及时报送有处罚权的上级交通管理部门调查处理。

第七条　上级交通管理部门可以办理下一级交通管理部门管辖的行政处罚案件；下级交通管理部门对其管辖的交通行政处罚案件，认为需要由上级交通管理部门办理时，可以报请上一级交通管理部门决定。

第三章　行政处罚决定

第八条　交通行政执法人员在实施行政处罚时，应当主动向当事人和案件其他有关人员出示执法身份证件。

第九条　交通行政处罚程序分为简易程序和一般程序。

第一节　简易程序

第十条　违法事实确凿并有法定依据，对公民处以五十元以下、对法人或者其他组织处以一千元以下罚款或者警告的行政处罚的，可以当场作出行政处罚决定。

第十一条　执法人员当场做出行政处罚决定前，应当将认定的违法事实、处罚的理由和依据告知当事人。

当事人有权进行陈述和申辩。

执法人员必须充分听取当事人的意见，对当事人提出的事实、理由和证据应当进行复核；当事人提出的事实、理由和证据成立的，应当采纳。

第十二条　执法人员作出当场处罚决定，必须填写统一编号的《交通行政（当场）处罚决定书》（附件一），当场交付当事人，并应当告知当事人不服行政处罚决定可以依法申请行政复议或者提起行政诉讼。

第十三条　执法人员作出当场处罚决定之日起五日内，应当将《交通行政（当场）处罚决定书》副本向所属交通管理部门备案。

第二节　一般程序

第十四条　实施交通行政处罚，除适用简易程序的外，应当适用一般程序。

第十五条　交通管理部门必须对案件情况进行全面、客观、公正地调查，收集证据；必要时，依照法律、法规的规定，可以进行检查。

证据包括书证、物证、视听材料、证人证言、当事人陈述、鉴定结论、勘验笔录和现场笔录。

第十六条　案件调查人员调查、收集证据，应当遵守下列规定：

（一）不得少于两人；

（二）询问证人和当事人，应当个别进行并告知其作伪证的法律责任；制作《询问笔录》（附件二）须经被询问人阅核后，由询问人和被询问人签名或者盖章，被询问人拒绝签名或者盖章，由询问人在询问笔录上注明情况；

（三）对与案件有关的物品或者现场进行勘验检查的，应当通知当事人到场，制作《勘验检查笔录》（附件三），当事人拒不到场的，可以请在场的其他人员见证；

（四）对需要采取抽样调查的，应当制作《抽样取证凭证》（附件四），需要妥善保管的应当妥善保管，需要退回的应当退回；

（五）对涉及专门性问题的，应当指派或者聘请有专业知识和技术能力的部门和人员进行鉴定，并制作《鉴定意见书》（附件五）；

（六）证据可能灭失或者以后难以取得的情况下，经交通管理部门负责人批准，可以先行登记保存，制作《证据登记保存清单》（附件六），并应当在七日内作出处理决定。

第十七条　案件调查人员有下列情况之一的，应当回避，当事人也有权向交通管理部门申请要求回避：

（一）是本案的当事人或者其近亲属；

（二）本人或者其近亲属与本案有利害关系；

（三）与本案当事人有其他关系，可能影响案件的公正处理的。

第十八条　案件调查人员的回避，由交通管理部门负责人决定。

回避决定作出之前，案件调查人员不得擅自停止对案件的调查处理。

第十九条　案件调查人员在初步调查结束后，认为案件事实基本清楚，主要证据齐全，应当制作《交通违法行为调查报告》（附件七），提出处理意见，报送交通管理部门负责人审查。

第二十条　交通管理部门负责人对《交通违法行为调查报告》审核后，认为应当给予行政处罚的，交通管理部门应当制作《交通违法行为通知书》（附件八），送达当事人，告知拟给予的行政处罚内容及其事实、理由和依据，并告知当事人可以收到该通知书之日起三日内进行陈述和申辩，符合听证条件的可以要求组织听证。

当事人逾期未提出陈述、申辩或者要求组织听证的，视为放弃上述权利。

第二十一条 当事人进行陈述和申辩的，交通管理部门应当审核当事人的意见并应当将当事人提出的事实、理由或者证据制成笔录。上述事实、理由或者证据成立的，交通管理部门应当采纳。

当事人要求组织听证的，交通管理部门应当按照本章第三节组织听证。

第二十二条 案件调查完毕后，交通管理部门负责人应当及时审查有关案件调查材料、当事人陈述和申辩材料、听证会笔录和听证会报告书，根据不同情况分别作出如下处理决定：

（一）违法事实清楚，证据确凿充分，依照本规定不需要经过听证程序的案件，根据情节轻重，作出处罚决定；

（二）应当经过听证程序处理的案件，适用本章第三节听证程序后作出处理决定；

（三）案件还需要作进一步调查处理的，责令案件调查人员补充调查；

（四）违法行为轻微，依法可以不予行政处罚的，不予行政处罚；

（五）违法事实不能成立的，不得给予行政处罚；

（六）违法行为已构成犯罪的，应当将案件有关材料移送有管辖权的司法机关处理。

案情复杂或者有重大违法行为需要给予较重行政处罚的，应当集体讨论。

第二十三条 交通管理部门作出行政处罚决定必须制作《交通行政处罚决定书》（附件九）。

第二十四条 《交通行政处罚决定书》应当在宣告后当场交付当事人；当事人不在场的，交通管理部门应当在七日内送达当事人，由受送达人在《交通行政处罚文书送达回证》（附件十）上注明收到日期、签名或者盖章，受送达人在《交通行政处罚文书送达回证》上的签收日期为送达日期。

（一）当事人不在场的，交其同住的成年家属签收，并且在备注栏内写明与当事人的关系；

（二）受送达人已指定代收人，交代收人签收；

（三）受送达人拒绝接收的，送达人应当邀请有关基层组织的代表或者是其他人员到场，说明情况，在《交通行政处罚文书送达回证》上写明拒收事由和日期，由送达人、见证人签名或者盖章，把交通行政处罚文书留在受送达人的住处，即视为送达；

（四）直接送达交通行政处罚文书困难的，可以委托其他交通管理部门代为送达，或者以邮寄、公告的方式送达。

邮寄送达，挂号回执上注明的收件日期为送达日期；公告送达，自发出公告之日起经过六十天，即视为送达。

第三节　听证程序

第二十五条 交通管理部门在做出责令停产停业、吊销证照、较大数额罚款的行政处罚决定之前，当事人要求听证的，案件调查人员应当记录在案。交通管理部门应当组织听证。

本条前款所指的较大数额，地方交通管理部门按省级人大常委会或者人民政府规定或其授权部门规定的标准执行；交通部直属的交通管理机构按五千元以上执行，港务（航）监督机构按一万元以上执行。

第二十六条 交通管理部门应当在举行听证会的七日前向当事人送达《听证会通知书》（附件十一），告知当事人组织听证的时间、地点、听证会主持人名单及是否申请其回避和可以委托代理人的权利。

第二十七条 除涉及国家秘密、商业秘密或者个人隐私外，听证会公开举行。

第二十八条 听证会由主持人、案件调查人员、当事人或者其委托代理人、证人、书记员参加。

听证会主持人由交通管理部门负责人指定的法制机构工作人员或者其他相应人员担任。

委托代理人出席听证会的，应当提交当事人的委托书。

第二十九条 听证会按以下程序进行：

（一）听证会主持人宣布听证会开始，宣布案由和听证会纪律，宣布和核对听证参加人员名单；

（二）案件调查人员介绍案件的违法事实和调查过程，宣读或者出示案件的证据，说明拟作出的行政处罚的内容及依据；

（三）当事人或者其委托代理人对案件的事实、证据、适用的法律依据及拟作出的行政处罚内容进行质证和申辩；

（四）听证会主持人就案件的有关问题向当事人、案件调查人员、证人询问；

（五）当事人或者其委托代理人作最后陈述；

（六）当事人或者其委托代理人阅读、修改《交通行政处罚案件听证会笔录》（附件十二），并签字或者盖章。

第三十条 当事人或者其委托代理人无正当理由不按时出席听证会或者中途擅自退出听证会的，视为当事人放弃要求听证的权利。

第三十一条 听证主持人应当在听证会结束后将听证情况和处理意见制作成《交通行政处罚案件听证会报告书》（附件十三）。

第四章 行政处罚的执行

第三十二条 交通行政处罚决定依法作出后，当事人对行政处罚决定不服申请行政复议或者提起行政诉讼的，除法律另有规定外，行政处罚不停止执行。

第三十三条 作出罚款决定的交通管理部门应当与收缴罚款的机构分离。

除依照本规定第三十四条、第三十五条的规定当场收缴的罚款外，作出行政处罚的交通管理部门及其执法人员不得自行收缴罚款。

第三十四条 依照本规定第十条的规定当场作出行政处罚决定，有下列情形之一的，执法人员可以当场收缴罚款：

（一）依法给予二十元以下的罚款；

（二）不当场收缴事后难以执行的。

第三十五条 在边远、水上、交通不便地区，交通管理部门及其执法人员依照本规定第十条、第二十二条的规定作出罚款决定后，当事人向指定的银行缴纳罚款确有困难，经当事人书面提出，交通管理部门及其执法人员可以当场收缴罚款。

第三十六条 交通管理部门及其执法人员当场收缴罚款的，必须向当事人出具省级财政部门统一制发的罚款收据。

行政执法人员当场收缴的罚款，应当自收缴罚款之日起二日内，交至执法人员所属交通管理部门；在水上当场收缴的罚款，应当自抵岸之日起二日内交至所属交通管理部门，交通管理部门应当在二日内将罚款缴付指定的银行。

罚款决定与罚款收缴分离制度的执行，按照国务院制定的具体办法实施。

第三十七条 对需继续行驶的船舶、车辆实施暂扣证照或者吊销证照的行政处罚，交通管理部门在实施行政处罚的同时，应当发给当事人相应的证明，允许船舶、车辆驶往预定或者指定的地点。

第三十八条 对已经生效的处罚决定，当事人拒不履行的，由作出处罚决定的交通管理部门依法强制执行或者申请人民法院强制执行。

第三十九条 下列适用一般程序的交通行政处罚案件结案后，案件调查人员应当填写《交通行政处罚结案报告》（附件十四）：

（一）当事人在规定的期限内履行交通管理部门处理决定完毕的；

（二）申请人民法院或者由交通管理部门依法强制执行的案件，已经执行完毕的；

（三）对违法行为依法不予处罚的。

第五章　附　　则

第四十条　本规定颁布之前交通部制定的规章与本规定不一致的，按本规定执行。

第四十一条　交通管理部门和执法人员违反本规定的，按照行政处罚法和《交通行政执法监督规定》的有关规定依法追究法律责任。

第四十二条　交通行政处罚文书由省级交通主管部门和交通部设置的管理机构组织印制；港务（航）监督机构使用的文书，中华人民共和国港务监督局可以参照本规定所附文书样式另行制定。

第四十三条　本规定自1996年10月1日起施行。

附件（略）

46. 交通行政执法检查制度

（交体法发〔1996〕829 号）

第一条 为加强对交通行政执法工作的现场监督，防止和纠正违法或者不当的具体行政行为，维护公民、法人或者其他组织的合法权益，根据《交通行政执法监督规定》，规定本制度。

第二条 本制度所称行政执法检查指上级交通行政管理部门对下级交通行政管理部门及其执法人员的执法活动实施的监督检查。

第三条 执法检查分定期检查和不定期检查两种。定期检查每年一次，不定期检查作为日常工作，根据工作需要随时进行。

第四条 各级交通行政管理部门的法制工作机构或相应机构会同有关部门负责组织、协调执法检查工作。

第五条 交通行政管理部门及其执法人员有义务接受监督检查。

第六条 现场行政执法检查包括以下内容：

（一）执法主体是否合法；

（二）执法人员是否风纪严整，文明执法；

（三）执法程序是否合法；

（四）执法文书是否规范；

（五）执法中认定的事实是否准确；

（六）执法活动所适用的规范性文件是否正确；

（七）是否履行了法定职责。

第七条 上级交通行政管理部门对检查中发现的问题按下列规定处理：

（一）对现场执法活动中存在着明显违法行为的，监督部门和监督人员应立即予以制止；

（二）对下级交通行政管理部门及其执法人员作出的违法和不当的具体行政行为，责令其限期改正；

（三）对下级交通行政管理部门及其执法人员不履行或者不严格履行法定职责的，责令其履行。

第八条 交通行政管理部门及其执法人员拒不接受执法监督检查或执法监督决定的，上级交通行政管理部门可视情况建议或直接对负责的主管人员和其他直接责任人员依法给予行政处分；情节严重构成犯罪的，依法追究刑事责任。

第九条 本制度自 1996 年 10 月 1 日起施行。

47. 交通行政执法重大行政处罚决定备案审查制度

（交体法发〔1996〕829号）

第一条 为加强对交通行政管理部门作出的重大行政处罚决定的监督，根据《交通行政执法监督规定》，制定本制度。

第二条 本制度所称重大行政处罚决定是指交通行政管理部门作出的吊销证照、责令停产停业、五千元以上罚款的行政处罚决定。

第三条 交通行政管理部门应当在作出重大行政处罚决定之日的次日起十五日内报上一级交通行政管理部门备案。

第四条 省级交通主管部门和交通部直属的行政管理部门应当将备案材料一式三份向交通部（主管业务司局和体改法规司）备案。省级交通主管部门和交通部直属的行政管理部门具体规定其所属地区和部门的报备管辖。

第五条 交通行政管理部门向上一级交通行政管理部门备案时应提交备案报告和行政处罚决定书副本。备案报告应包括主送机关、备案内容及说明、备案的年月日及备案机关等内容。

第六条 上一级交通行政管理部门应在收到备案材料之日起三十日内对材料进行审查，审查内容包括：

（一）重大行政处罚案件的处罚是否在处罚机关法定职权范围的；

（二）适用的处罚依据是否正确；

（三）执法主体是否合法；

（四）处罚程序是否合法；

（五）事实是否清楚，主要证据是否确实、充分、齐全。

第七条 上一级交通行政管理部门在审查过程中，根据情况可调阅报备部门的有关行政处罚的案卷和材料，报备部门不得拒绝。

第八条 上一级交通行政管理部门对审查中发现的问题应按下列规定处理：

（一）作出的重大行政处罚决定不合法或者显失公正的，责令其限期撤销原处罚决定，并重新作出行政处罚决定（当事人提起行政复议、行政诉讼的案件除外）；

（二）重大行政处罚决定书不规定的，责令其限期改正。

第九条 下一级交通行政管理部门对上一级交通行政管理部门的处理意见有异议的，可以向上一级交通行政管理部门提出书面报告，但不得拒绝执行监督决定。

第十条 上一级交通行政管理部门对执行重大行政处罚决定备案制度情况的监督处理：

（一）对在规定期限内应备案而不备案，由上一级交通行政管理部门予以通报批评并责令其改正；

（二）对拒不执行上一级交通行政管理部门作出的监督决定的，由上一级交通行政管理部门建议其所属机关或者直接对负有责任的主管人员作出行政处分。

第十一条 本制度自1996年10月1日起施行。

48. 交通行政赔偿案件备案审查制度

（交体法发〔1996〕829号）

第一条 为加强对交通行政管理部门作出的行政赔偿的监督，根据《交通行政执法监督规定》，制定本制度。

第二条 本制度所称交通行政赔偿案件是指交通行政管理部门及其执法人员在履行公务时违法行使职权，侵犯公民、法人或者其他组织的合法权益造成损害，由交通行政管理部门作出行政赔偿的案件和人民法院判决其作出行政赔偿的案件。

第三条 交通行政赔偿案件实行报备制度。交通行政管理部门作出的行政赔偿案件和人民法院判决其作出的行政赔偿案件，应在交通行政管理部门作出行政赔偿决定或者人民法院判决其作出行政赔偿的次日起十五日内向上一级交通行政管理部门报备。

第四条 省级交通主管部门和交通部直属的行政管理部门向交通部（主管业务司局和体改法规司）备案。省级交通主管部门和交通部直属的行政管理部门具体规定其所属地区和部门的报备管辖。

第五条 交通行政管理部门报备的材料包括案件的备案报告、交通行政管理部门作出的行政赔偿决定书副本或者人民法院判决书副本一式三份。

第六条 上一级交通行政管理部门应在收到报备材料之日起三十日内对材料进行审查，审查内容包括：

（一）是否属于国家赔偿法中确定的行政赔偿范围；

（二）赔偿程序是否符合法律规定；

（三）赔偿请求人和赔偿义务机关是否明确；

（四）赔偿方式和计算标准是否合理、适当；

（五）赔偿费用的支出是否符合《国家赔偿费用管理办法》；

（六）其他应审查的内容。

第七条 上一级交通行政管理部门对审查中发现的问题应按下列规定处理：

（一）对下级交通行政管理部门做出的行政赔偿决定中不属于国家赔偿法中确定的行政赔偿范围、赔偿方式和计算标准不合理、赔偿费用支出不符合规定等问题，责令下级限期更正；

（二）认为人民法院作出的行政赔偿判决不合法，上级交通行政管理部门应督促下级交通行政管理部门向人民法院提起申诉；

（三）下级交通行政管理部门作出行政赔偿后未及时追究有故意或重大过失的工作人员经济和行政责任的，上级交通行政管理部门应督促下级交通行政管理部门追究有关人员的行政和经济责任。

第八条 上一级交通行政管理部门对执行行政赔偿案件备案制度情况的监督处理：

（一）对在规定期限内应备案而不备案的，可由上一级交通行政管理部门建议其所属机关或者直接对该部门予以通报批评并责令其改正；

（二）对拒不执行上一级交通行政管理部门作出的监督决定的，由上一级交通行政管理部门建议其所属机关或者直接对负有责任的主管人员作出行政处分。

第九条 本制度自1996年10月1日起施行。

49. 交通行政执法错案追究制度

（交体法发〔1996〕829号）

第一条 为加强对交通行政执法中的错案追究工作，保护公民、法人或者其他组织的合法权益，促进交通行政管理部门依法行政，根据《交通行政执法监督规定》，制定本制度。

第二条 本制度所称错案是指交通行政管理部门及其执法人员在执法过程中因故意或过失作出的违法或者不当的具体行政行为，并对行政管理相对人造成损害的案件。

第三条 错案追究制度是指上级交通行政管理部门对作出错案的单位或有关责任人员追究其行政和经济责任的制度。

第四条 错案追究制度遵循以下原则：

（一）实事求是，有错必究；

（二）重证据，重调查研究；

（三）错案追究与加强行政执法相结合；

（四）惩处与教育相结合。

第五条 错案的认定：

（一）经过行政诉讼，被人民法院判决认定其为错案的；

（二）经过行政复议，复议机关作出决定认为是错案的；

（三）上级交通行政管理部门通过调阅执法案卷、受理当事人申诉等途径，审查认定为错案的。

第六条 错案责任的承担：

（一）由于案件承办人索贿受贿、徇私舞弊、枉法裁决，造成公民、法人或其他组织财产损失的，或使违法者逃避行政处罚的，错案责任由承办人负责，单位主管领导负连带责任；

（二）由于案件承办人的领导索贿受贿、徇私舞弊、利用职权命令、指使案件承办人枉法裁决，造成公民、法人或其他组织财产损失的，或使违法者逃避行政处罚的，错案责任由主管领导负责，案件承办人负连带责任；

（三）案件承办人办案正确，而主管领导予以否决的案件，由主管领导承担错案责任；

（四）经集体会议研究、行政首长决定的案件，由单位或行政首长承担错案责任。

第七条 错案的究责方式：

（一）情节较轻、造成较轻危害后果的，可由上级交通行政管理部门建议其所属机关或直接对错案责任人依法给予行政处分；

（二）情节较重、造成较重危害后果的，上级交通行政管理部门可根据情况建议其所属机关或直接对负有责任的主管人员和其他责任人员给予取消行政执法资格、调离执法岗位等处分，构成犯罪的，依法追究刑事责任；

（三）给行政管理相对人造成经济损失的，赔偿义务机关赔偿损失后，应当责令有故意或者重大过失的执法人员承担全部或部分赔偿费用。

第八条 本制度自1996年10月1日起施行。

50. 关于实施《交通行政执法职业道德基本规范》的通知

（交体法发〔1997〕42号）

各省、自治区、直辖市交通厅（局、委、办），部属及双重领导行政单位：

为贯彻《中共中央关于加强社会主义精神文明建设若干重要问题的决定》，加强交通行业精神文明建设和交通职业道德建设，创建交通行政执法文明“窗口”，特制定《交通行政执法职业道德基本规范》，现印发给你们，并就有关问题通知如下，请遵照执行。

一、《交通行政执法职业道德基本规范》（以下简称《规范》）共160个字，分为“甘当公仆，热爱交通，忠于职守，依法行政，团结协作，风纪严整，接受监督，廉洁奉公”八节内容，包含了对交通行政执法人员的政治素质、法律素质、思想作风、外部形象和廉洁奉公的基本要求和行为规范，是今后一个时期交通行政执法人员应当遵循的职业道德准则。它的适用对象包括：(1) 在各级交通行政机关从事行政许可、确认、处罚等行政执法工作的国家公务员；(2) 在交通部和各级交通主管部门所属的公路路政管理、道路运输管理、交通规费征稽、交通卫生监督、水路运输管理、水上安全监督、航道管理、船舶检验、港航公安和通信管理等执法机构的所有交通行政执法人员。

二、各级交通主管部门及所属各执法机构，要组织全体执法人员认真学习《规范》，尽快形成一个学习热潮，使每个执法人员能熟记《规范》的各项内容，坚决贯彻执行。根据《规范》的具体内容，部已经编写并即将出版发行《交通行政执法职业道德教程》一书，作为今后一个时期对交通行政执法人员实施岗位培训，进行经常性职业道德教育的基本教材。各部门、各单位组织实施的过程中，既注意形式多样、又要注重实效。各执法单位的领导干部要身体力行，带头执行《规范》，按照《规范》约束自己的言行。要把能否认真贯彻《规范》作为考核交通行政执法人员的重要内容。

三、要把学习、实施《规范》同学习贯彻党的十四届六中全会精神和交通行业文明建设的各项措施紧密结合起来。通过学习和实施《规范》，巩固反腐败斗争和治理“三乱”的成果，努力创建文明执法的窗口，建设一支具有良好的法律素质和职业道德素质，文明、廉洁、高效的交通行政执法队伍。

各地贯彻实施《规范》的有关情况和问题，请及时报部体改法规司。

附件：1. 交通行政执法职业道德基本规范

2.《交通行政执法职业道德基本规范》释义

附件1

交通行政执法职业道德基本规范

一、甘当公仆

忠于祖国　热爱人民　听党指挥　服务群众

二、热爱交通

爱岗敬业　乐于奉献　钻研业务　艰苦奋斗

三、忠于职守

严肃执法　不畏权势　违法必究　不枉不纵

四、依法行政

恪守职责　法为准绳　严守程序　裁量公正

五、团结协作

互助友爱　通力协作　顾全大局　联系群众

六、风纪严整

遵章守纪　作风严谨　平等待人　举止文明

七、接受监督

办事公开　欢迎批评　服从检查　有错必纠

八、廉洁奉公

清正廉明　反腐拒贿　不谋私利　一心为公

附件 2

《交通行政执法职业道德基本规范》释义

一、甘当公仆

忠于祖国　指忠于社会主义祖国，树立爱国主义思想。

热爱人民　指必须关心人民群众，尊重人民群众，相信人民群众，维护人民群众的根本利益。

听党指挥　指要服从党的领导，贯彻执行党的路线、方针、政策，与党保持一致。

服务群众　指寓管理于服务之中，全心全意为人民服务，这是交通行政执法职业道德的核心。

二、热爱交通

爱岗敬业　指交通行政执法人员立足本职，服务交通，热爱行政执法岗位，有强烈的事业心和责任感。

乐于奉献　指以本业为荣，以本职为乐，为交通经济建设大局服务，在交通行政执法岗位上发扬忘我工作的精神。

钻研业务　指对事业尽职尽责，勤恳忠诚，注重务实，钻研业务，不断提高行政执法工作能力和水平。

艰苦奋斗　指保持艰苦奋斗的光荣传统和创业精神，反对追求豪华、奢侈浪费的不良风气，发扬开拓进取、勇于斗争的革命精神。

三、忠于职守

严肃执法　指认真维护交通行政管理秩序，严格执行交通法律、法规和规章，不失职、不失当，保持必要的执法力度，保证交通行业的有效管理。

不畏权势　指坚持依法管理，反对以权代法、以权压法，不趋炎附势，敢于顶住各种压力，依法行政，坚持法律面前人人平等。

违法必究　指自觉维护宪法和法律尊严，对违反交通行政管理秩序的违法行为敢于依法追究，严肃处理。

不枉不纵　指严格依法办事，力求执法正确、准确，不冤枉一个守法者，也不放过任何违法者。

四、依法行政

恪守职责　指坚持职权法定原则，严格履行法定义务，不超越职权，不滥用职权，维护国家行政机关的尊严。

法为准绳　指坚持执法依据法定原则，对违反交通行政管理秩序的违法行为，必须以事实为依据，以法律为准绳，依法认定和处理，法律没有明文规定不得随意处理和处罚。

严守程序　指坚持执法程序法定原则，严格按照法律规定的方式、方法和步骤从事行政执法活动，防止行政程序违法。

裁量公正　指坚持交通行政执法的合法性与合理性统一原则，正确适用法律和正确使用行政自由裁量权，力求执法行为公正、准确、合理、适当。

五、团结协作

互助友爱　指执法人员要团结互助，建立正常的上下级关系，大力提倡集体主义和团队精神。

通力协作　指地区之间、部门之间、单位之间在行政执法中互相配合、协作，提倡互谅互让，互通信息。

顾全大局　指树立大局观念，局部服从全局，下级服从上级，在行政执法中不搞地方保护主义和部门保护主义。

联系群众　指执法人员要密切联系群众，建立良好的政民关系，积极开展法制宣传教育，争取广大群众的理解和支持。

六、风纪严整

遵章守纪　指严格遵守国家工作人员的政治纪律、组织纪律和工作纪律，适应半军事化管理的要求。

作风严谨　指行政执法过程中认真负责，一丝不苟，注重调查研究，讲究工作效率，办事不推诿，不拖延，不懈怠。

平等待人　指执法过程中态度和蔼，尊重当事人的人格，反对特权思想，杜绝以势压人。

举止文明　指着装整洁规范，仪表举止庄重，语言表达准确文明。

七、接受监督

办事公开　指树立民主政治意识，使行政执法活动公开化，做到执法依据公开，执法程序公开，权利义务公开，处理结果公开。

欢迎批评　指认真接受社会监督，虚心听取和诚恳接受来自社会组织、人民群众和社会舆论的批评、意见和建议。

服从检查　指严格执行国家行政法制监督，自觉服从和接受国家权力机关、司法机关、上级行政机关和党组织的监督检查。

有错必纠　指勇于改正行政执法中的缺点错误，认真纠正不正当或违法行政行为，依法定程序纠正错案，及时采取补救性措施，保护当事人合法权益。

八、廉洁奉公

清正廉明　指严格执行党和国家有关廉政建设的有关规定，努力做到自重、自省、自警、自励，勤政廉洁，严格自律。

反腐拒贿　指发扬“拒腐蚀，永不沾”的精神，反对拜金主义、享乐主义，杜绝权钱交易，自觉拒腐防变。

不谋私利　指不利用职务上的权力和便利谋取个人私利，自觉做到不以权谋私、不假公济私、不损公肥私。

一心为公　指自觉树立社会主义道德风尚的同时，大力提倡公而忘私，大公无私的共产主义道德精神，这是交通行政执法职业道德的落脚点。

51. 交通运输行政执法证件管理规定

（交通运输部令 2011 年第 1 号）

《交通运输行政执法证件管理规定》已于 2010 年 12 月 23 日经第 11 次部务会议通过，现予公布，自 2011 年 3 月 1 日起施行。

第一章　总　　则

第一条　为加强交通运输行政执法证件管理，规范交通运输行政执法人员的执法资格，提高交通运输行政执法人员的整体素质和执法水平，根据《中华人民共和国行政处罚法》等法律、行政法规，制定本规定。

第二条　交通运输行政执法证件是取得交通运输行政执法资格的合法凭证，是依法从事公路路政、道路运政、水路运政、航道行政、港口行政、交通建设工程质量安全监督、海事行政、交通综合行政执法等交通运输行政执法工作的身份证明。

交通运输行政执法证件包括《交通运输行政执法证》和《海事行政执法证》。从事海事执法工作的人员应当持有《海事行政执法证》，从事其他交通运输执法工作的人员应当持有《交通运输行政执法证》。

第三条　交通运输部负责全国交通运输行政执法证件管理工作。

县级以上地方交通运输主管部门负责本地区交通运输行政执法证件管理工作。

交通运输部海事局负责《海事行政执法证》管理工作。长江航务管理局、长江口航道管理局在职责范围内负责《交通运输行政执法证》管理工作。

县级以上交通运输主管部门、交通运输部海事局、长江航务管理局、长江口航道管理局的法制机构负责实施交通运输行政执法证件管理工作。

第四条　交通运输行政执法证件的格式、内容、编号和制作要求由交通运输部规定。

第五条　交通运输行政执法人员在执行公务时，应当出示交通运输行政执法证件。

未取得交通运输行政执法证件的，一律不得从事交通运输行政执法工作。

第二章　证 件 申 领

第六条　申领交通运输行政执法证件应当参加交通运输行政执法人员资格培训，经交通运输行政执法人员资格考试合格。

第七条　参加交通运输行政执法人员资格培训与考试，应当具备以下条件：

（一）十八周岁以上，身体健康；

（二）具有国民教育序列大专以上学历；

（三）具有交通运输行政执法机构正式编制并拟从事交通运输行政执法工作；

（四）品行良好，遵纪守法；

（五）法律、行政法规和规章规定的其他条件。

已经持有《交通行政执法证》但不符合前款规定的第（二）项、第（三）项条件的人员，可以通过申请参加交通运输行政执法人员资格培训和考试，取得《交通运输行政执法证》。

第八条 下列人员不得申请参加交通运输行政执法人员资格培训和考试：

（一）曾因犯罪受过刑事处罚的；

（二）曾被开除公职的。

第九条 符合下列条件之一的人员申请交通运输行政执法资格，经省级交通运输行政执法主管部门、交通运输部海事局、长江航务管理局、长江口航道管理局审核合格，可免予参加交通运输行政执法人员资格培训和考试：

（一）在法制管理或交通运输行政执法岗位工作15年以上，且具有大学本科以上学历；

（二）在法制管理或基层执法岗位工作10年以上，且具有法学专业本科以上学历。

第十条 申请参加交通运输行政执法人员资格培训和考试的，应当向其所属主管部门提交下列申请材料：

（一）交通运输行政执法人员资格培训和考试申请表，注明申请人基本情况及拟申请参加资格培训和考试的相应执法门类等主要内容；

（二）居民身份证原件及复印件；

（三）学历证书原件及复印件；

（四）人员编制证明材料；

（五）所在单位的推荐函。

第十一条 主管部门收到申请材料后，应当按照本规定第七条、第八条规定的条件进行审查。

县级以上交通运输主管部门设立业务管理机构的，由业务管理机构对所提交的相应执法门类的申请材料提出初步审查意见。

主管部门审查合格的，由其主要负责人签署审查意见并加盖本机关公章后，通过执法人员与执法证件管理系统逐级报送至省级交通运输主管部门或者交通运输部海事局、长江航务管理局、长江口航道管理局。

第十二条 交通运输部负责组织编制全国交通运输行政执法人员培训规划、各执法门类的培训大纲和教材。

第十三条 交通运输部和省级交通运输主管部门、交通运输部海事局、长江航务管理局、长江口航道管理局根据教学设备设施、教学人员力量等情况组织选择交通运输行政执法人员资格培训机构。

第十四条 交通运输行政执法人员资格培训教学人员应当是参加交通运输部组织的培训并经考试合格的人员，或者经省级以上交通运输主管部门、交通运输部海事局、长江航务管理局、长江口航道管理局认可的法学专家、具有丰富执法经验和较高法制理论水平的专业人员。

第十五条 交通运输行政执法人员培训由交通运输部和省级交通运输主管部门、交通运输部海事局、长江航务管理局、长江口航道管理局在各自的职责范围内负责实施。

第十六条 交通运输行政执法人员资格培训的内容，应当包括基本法律知识、相关交通运输法规、职业道德规范、现场执法实务和军训，其中面授课时数不少于60个学时。

第十七条 交通运输部负责组织制定交通运输行政执法人员资格考试各门类的大纲和考试题库，并逐步推行全国交通运输行政执法人员资格计算机联网考试。

第十八条 省级交通运输主管部门、交通运输部海事局、长江航务管理局、长江口航道管理局负责组织本地区、本系统交通运输行政执法人员资格考试，按照执法门类分别实行统一命题、统一制卷、统一阅卷。

培训和考试应当按照申领执法证件的门类分科目进行。

第十九条 交通运输行政执法人员资格考试包括以下内容：

（一）法律基础知识，包括宪法、立法法、行政许可法、行政处罚法、行政复议法、行政诉讼法、国家赔偿法等；

（二）专业法律知识，包括有关交通运输的法律、行政法规和交通运输部规章，以及与交通运输密切相关的法律、行政法规；

（三）行政执法基础理论和专业知识，包括交通运输行政执法人员道德规范、执法程序规范、执法风纪、执法禁令、执法忌语、执法文书等；

（四）交通运输部规定的其他相关知识。

第二十条 省级交通运输主管部门、交通运输部海事局、长江航务管理局、长江口航道管理局应当将资格培训和考试的相关信息及时录入执法人员与执法证件管理系统，并在本地区、本系统范围内进行公示，公示时间为一周。公示期间无异议的，报交通运输部备案审查。

第三章 证件发放与管理

第二十一条 省级交通运输主管部门是本地区交通运输行政执法证件的发证机关。交通运输部海事局、长江航务管理局、长江口航道管理局是本系统交通运输行政执法证件的发证机关。

发证机关通过执法人员与执法证件管理系统制作并发放交通运输行政执法证件。

第二十二条 持证人应当按照其所持交通运输行政执法证件中注明的执法门类在法定职责和辖区范围内从事交通运输行政执法工作。

第二十三条 持证人应当妥善保管交通运输行政执法证件，不得损毁、涂改或者转借他人。

第二十四条 持证人遗失交通运输行政执法证件的，应当立即向其所属主管部门报告，由其所属主管部门逐级报告至发证机关。发证机关审核属实的，于3日内通过媒体发表遗失声明。声明后通过执法人员与执法证件管理系统补发新证。

第二十五条 交通运输行政执法人员有下列情形之一的，所在单位逐级上报至发证机关，由发证机关注销其交通运输行政执法资格及交通运输行政执法证件：

（一）持证人调离执法单位或者岗位的；

（二）持证人退休的；

（三）其他应当注销交通运输行政执法证件的情况。

第四章 监督检查与责任追究

第二十六条 各级交通运输主管部门及交通运输部海事局、长江航务管理局、长江口航道管理局应当加强交通运输行政执法人员的监督管理，并结合新出台的法律法规及时组织在岗培训，提高交通运输行政执法人员的法律意识、业务素质和执法水平。

第二十七条 发证机关应当结合实际每年组织对本地区、本系统交通运输行政执法人员进行执法工作考核。

第二十八条 交通运输行政执法人员执法工作考核分为以下四个等次：

（一）优秀：工作实绩突出，精通法律与业务，执法行为文明规范，职业道德良好，风纪严明，执法无差错；

（二）合格：能够完成工作任务，熟悉或者比较熟悉法律、业务知识，执法行为规范，职业道德良好，遵章守纪，无故意或者过失引起的执法错案；

（三）基本合格：基本能够完成工作任务，了解一般法律、业务知识，执法行为基本规范，具有一定职业操守，无故意或者重大过失引起的执法错案；

（四）不合格：法律、业务素质差，难以胜任执法工作；因故意或者重大过失引起执法错案。

第二十九条 发证机关应当将交通运输行政执法人员的在岗培训情况、年度考核结果及时输入执法人员与执法证件管理系统，并在本地区、本系统范围内进行通报。

第三十条 发证机关每年应当根据年度考核结果对交通运输行政执法证件进行年审。交通运输行政执法人员考核等次为优秀、合格、基本合格的，保留其交通运输行政执法人员资格，由省级交通运输主管部门、交通运输部海事局、长江航务管理局、长江口航道管理局对其交通运输行政执法证件予以年度审验通过。

未经发证机关年度审验的交通运输行政执法证件自行失效。

第三十一条 交通运输行政执法人员有下列情形之一的，由发证机关作出暂扣其交通运输行政执法证件的决定，并由其所在单位收缴其证件：

（一）年度考核等次为不合格的；

（二）无故不参加岗位培训或考核的；

（三）涂改交通运输行政执法证件或者将交通运输行政执法证件转借他人的；

（四）其他应当暂扣交通运输行政执法证件的情形。

因前款被暂扣交通运输行政执法证件的，在暂扣期间不得从事交通运输行政执法活动。

第三十二条 对暂扣交通运输行政执法证件的人员，发证机关应当对其进行离岗培训。经培训考试合格的，返还其交通运输行政执法证件。

第三十三条 交通运输行政执法人员有下列情形之一的，由发证机关作出吊销其交通运输行政执法证件的决定，并由其所在县级以上交通运输主管部门或者海事管理机构收缴其证件：

（一）受到刑事处罚、劳动教养、行政拘留或者开除处分的；

（二）利用交通运输行政执法权牟取私利、从事违法活动的；

（三）利用职务收受贿赂、以权谋私等行为受到行政记大过以上处分的；

（四）以欺诈、贿赂等不正当手段取得交通运输行政执法证件的；

（五）因违法执法导致行政执法行为经行政诉讼败诉、行政复议被撤销、变更，并引起国家赔偿，造成严重后果的；

（六）违反执法人员工作纪律，造成严重不良社会影响的；

（七）连续两年考核等次为不合格的；

（八）违反交通运输行政执法禁令，情节严重的；

（九）其他应当吊销交通运输行政执法证件的情形。

第三十四条 被吊销交通运输行政执法证件的，不得重新申领交通运输行政执法证件。

第三十五条 交通运输行政执法人员对吊销交通运输行政执法证件不服的，可以在接到吊销通知之日起三十日内向作出该决定的机关申请复核。收到复核申请的机关应当组成调查组自收到复核申请之日起三十日内作出复核决定并书面通知申请人。

第三十六条 暂扣、吊销交通运输行政执法证件的，省级交通运输主管部门、交通运输部海事局、长江航务管理局、长江口航道管理局应当登记，并将有关信息及时通过执法人员与执法证件管理系统报交通运输部备案。

第五章　附　　则

第三十七条 本规定自 2011 年 3 月 1 日起实施。《交通行政执法证件管理规定》（交通部 1997 年第 16 号令）同时废止。

52. 加强交通行政执法队伍建设的意见

（交体法发〔1999〕549 号）

为了实现党的十五大提出的我国改革开放和现代化建设跨世纪发展的宏伟目标，坚持依法治国、依法治交通的战略方针，促进交通事业在社会主义法制化的轨道上持续快速健康发展，部决定大力加强交通行政执法队伍建设，特提出如下意见。

一、交通行政执法队伍建设面临的形势和任务

依法治国，建设社会主义法治国家，是我国社会主义现代化建设的一项根本任务，是党的十五大确定的基本治国方略。依法行政，是贯彻依法治国方略、建设社会主义法治国家的重要组成部分，是从严治政的根本要求，是改革和发展形势的迫切需要。各级交通管理部门要高度重视依法行政工作。要从巩固党的执政地位、维护社会主义国家政权、保证国家长治久安的高度；从建设廉洁、勤政、务实、高效政府，忠实履行全心全意为人民服务根本宗旨，密切政府同人民群众关系的高度；从建立和完善社会主义市场经济体制，保障改革开放和现代化建设顺利进行的高度，来充分认识贯彻依法治国基本方略、全面推进依法行政的重要性和紧迫性。

交通法制建设作为社会主义法制建设的重要组成部分，是交通行政管理工作的基础，是交通现代化的重要途径和标志，对促进交通事业的发展至关重要。坚持依法行政，依法治交通，就是根据建立社会主义市场经济体制的客观要求，实现交通行业管理工作的法制化和规范化。

新中国成立后，在依法行政、依法治交通方面做了大量的、卓有成效的工作。特别是改革开放以来，交通法制建设步伐明显加快，取得了突破性进展。交通行政管理人员特别是领导干部的法律意识和法制观念逐步增强；交通立法工作取得显著成就；建立健全了路政、运政、稽征、海事、船检、航道、港口、通信和卫生监督等交通行政执法系统；交通行政执法水平不断提高；交通行政执法监督制度逐步完善。交通法制建设的发展，为加强交通行业管理，维护公民、法人和其他组织的合法权益提供了法律保障。

但是从总体看，目前，我国交通法制建设的基础还很薄弱，存在着不少问题：交通立法工作跟不上改革和发展的要求，交通法规还不完善，有些行政法规和规章质量还不高；交通行政执法行为不规范，有法不依、执法不严、违法不究的现象仍然存在；少数交通行政执法人员滥用职权，执法犯法、徇私枉法，严重损害了法制尊严，败坏了党和政府在人民群众中的形象。上述这些问题的存在，主要原因在于交通行政执法队伍总体素质还不高。随着国家的法制化进程，人民群众的法制观念不断增强，敢于抵制违法的行政行为，用法律武器来维护自己的合法权益，而交通行政执法队伍的素质和依法行政的水平跟不上这种发展趋势，障碍了交通行业管理工作，不适应交通进一步改革开放和加速发展的需要。

社会主义道德建设和社会主义法制建设从来就是密切联系、互相促进、相辅相成的。交通行业管理要实现法制化、规范化，就必须要“以德辅法”、“以法彰德”，加强交通行政执法队伍的思想道德建设，促进依法行政工作。当前，在全面贯彻落实党的十五大和十五届四中全会精神，建立和完善社会主义市场经济体制，转变政府职能，推进国有企业改革和发展的关键时期，我们要高度重视交通法制建设，从严治政，培养和造就廉洁、勤政、务实、高效的交通行政执法队伍，全面推进依法行政工作，改善交通经济发展软环境。这是交通系统两个文明建设的一项重要任务，务要引起高度重视，切实抓好落实。

二、加强交通行政执法队伍建设的指导思想和工作目标

加强交通行政执法队伍建设的指导思想是：以马列主义、毛泽东思想和邓小平理论为指导，按照建立社会主义市场经济体制的总体要求，围绕交通改革和发展的中心任务，结合转变政府职能、加强行业管理的实际，坚持以人为本、以德兴政、严格管理、重在建设的方针，依法行政，从严治政，全面提高交通行政执法队伍的整体素质，推动交通行政管理工作走上法制化、规范化、现代化轨道，为交通深化改革、扩大开放、加快发展创造良好的经济环境和外部条件。

加强交通行政执法队伍建设的工作目标是：根据交通行政执法队伍不同门类特点，针对当前队伍建设中存在的有法不依、执法不严、违法不究的突出问题，加强教育，深化改革，严格管理，完善监督，深入开展"学包起帆、学华铜海轮、学青岛港，创建文明行业"的"三学一创"活动，努力建设一支具有促进交通改革和发展的理想信念；具有服务人民、奉献社会的思想道德；具有依法行政、文明管理的业务技能；具有廉洁、勤政、务实、高效的纪律作风的"四有"交通行政执法队伍，实现交通行政执法队伍文明程度明显提高、行业风气明显改善，形成物质文明建设和精神文明建设协调发展的良好局面，把交通行政执法行业率先建成文明行业。

检验交通行政执法队伍建设的成效，主要看交通依法行政的水平是否提高，交通行政执法部门的社会形象是否良好，人民群众对交通行政执法管理是否满意，最终体现在交通行政执法工作是否适应建立社会主义市场经济体制的需要，是否促进了交通的改革和发展。

三、加强交通行政执法队伍建设的主要措施和活动内容

加强交通行政执法队伍建设，必须本着实事求是、标本兼治的原则，采取切实有效的措施，加大工作力度，务求取得明显成效。

（一）加强教育，提高队伍整体素质。交通行政执法工作是一项社会性、涉外性、政策性和导向性很强的工作。交通行政执法部门掌握一定的行政执法权力。这就要求交通行政执法人员应具备较高的综合素质。因此，坚持以人为本的原则，根据社会政治经济生活的变化和社会主义市场经济发展的需要，加强对交通行政执法人员的教育培训，不断提高这支队伍的思想道德、技术业务、作风纪律等方面素质，是加强交通行政执法队伍建设的首要任务。

要进一步在交通行政执法队伍中深入进行建设有中国特色社会主义理论和党的基本路线的教育，坚持用马列主义、毛泽东思想和邓小平理论武装干部职工。教育职工坚定共产主义理想信念，树立正确的世界观、人生观、价值观。引导职工弘扬爱国主义、集体主义、社会主义主旋律，讲学习，讲政治，讲正气，自觉抵制拜金主义、享乐主义和极端个人主义腐朽思想的影响。要教育职工认真学习贯彻党的十五大和十五届四中全会精神，加深对党的基本理论和基本路线的认识，明确建立和完善社会主义市场经济体制、保持国民经济持续快速健康发展的历史任务，增强实现跨世纪奋斗目标的责任心和紧迫感。

要进一步在交通行政执法队伍中进行社会主义民主与法制的教育，提高依法行政意识和执法水平。组织干部职工认真学习邓小平关于社会主义民主与法制的理论和基本法学知识，认真学习《中华人民共和国行政处罚法》、《交通行政处罚程序规定》、《中华人民共和国公路法》、《中华人民共和国海商法》、《海上交通安全法》等法律、行政法规和规章以及《交通行政执法基本法律知识教程》等岗位培训教材，结合学习社会主义市场经济知识、企业管理知识和国家有关交通发展的方针政策以及其他文化、业务知识，提高对依法治国、依法治交通战略意义的认识，树立与社会主义市场经济相适应的法律意识和民主法制观念，清除封建腐朽的以及计划经济体制下遗留的旧思想、旧观念，纠正以权代法、权大于法的旧习惯和旧作风，掌握运用经济手段和法律手段管理交通经济和社会事务的本领，增强依法行政的自觉性。

要进一步在交通行政执法队伍中进行职业责任、职业道德、职业纪律教育和廉政勤政教育，端正交通行政执法队伍行业风气。要坚持"服务人民、奉献社会"的根本宗旨，全面推行和贯彻落实《交通职业道德规范》和《交通行政执法职业道德基本规范》，教育干部职工正确对待党和人民赋予的行政执法权力，认真履行行政执法人员的责任和义务。《交通行政执法职业道德基本规范》包含了对交通行政执法人员的政治素质、法律素质、思想作风、外部形象和廉洁奉公的基本要求和行为规范，是交通行政执法人员应当遵循的职业道德准则。要加强岗位教育培训，使每个执法人员熟知规范内容，坚决贯彻执行，按照规范要求严格约束自己的言行，提高思想道德素质。

（二）深化改革，建立市场运行模式。党的十五大报告明确指出："一切政府机关都要依法行政"。交通行政执法是交通行政执法部门依据法律、法规、规章和规范性文件实施交通行业管理的活动。转变观念，深化改革，完善法制，改变计划经济运行模式，建立社会主义市场机制是加强交通行政执法队伍建设的关键。

各级交通行政执法部门要切实转变职能，理顺交通行政执法运行体制，围绕行业管理宏观调控体系的形成和功能的完善，改革不适应社会主义市场经济要求的传统的行政管理方式和审批制度，严格依法履行市场监管和执法职能，搞好协调、指导和服务。凡是市场机制能够解决的问题，不再进行行政干预，从而建立依法运行的良好的交通市场环境，奠定依法行政的基础，从根本上解决交通行政管理环节多、效率差、推诿扯皮、官僚主义的问题，杜绝人治而不是法制以及随意审批、违规操作、以权谋私等行为，消除因行政管理漏洞而造成的滋生腐败的土壤。

交通行政执法部门行使管理职权，要与经济利益脱钩。要不折不扣地落实政府机关与所办经济实体彻底脱钩、把企业经营自主权和投资决策权交给企业、对行政事业性收费和罚没收入实行"收支两条线"管理、不得设置"小金库"等各项深化改革、加强廉政建设的措施，从管理源头上防止腐败，杜绝公路、水路"三乱"。

要结合机构改革和人事管理制度改革，按照"精简、高效"的原则，合理设置交通行政执法部门，调整和优化执法干部队伍结构，从人员管理和组织建设上加强行风建设。

（三）严格管理，强化行政执法监督。交通行政执法队伍建设既靠教育，又靠管理，要坚持从严治政的方针，从基层抓起，从基础抓起，建立依法行政的工作制度，完善内外监督机制，严格规范交通行政执法队伍和交通行政执法行为。

要建立健全和贯彻落实路政、运政、稽征、海事、船检、航道、港口、通信和卫生监督等交通行政管理的各项责任制度和工作规范制度，完善对规章制度、法律文书和台账档案等基础性工作的管理，加强基层交通行政执法单位的建设，这是促进交通行政执法工作按照统一、公开、公正、规范的标准运作，培养和发展统一、开放、竞争、有序的交通市场，实现交通行业管理法制化、规范化和现代化的重要保证。

要认真贯彻落实《交通行政执法岗位规范》，按照规范中对交通行政执法各个岗位人员规定的有关思想道德素质、法律素质、专业技术素质以及能力、资历和身体条件等方面的规范性资质要求，严格对交通行政执法人员的资格性岗位培训，加强对执法人员的资格、证件和执法标志的管理。凡未按部颁规定参加岗位培训的，不得发给交通行政执法证件；凡不持有全国统一的交通行政执法证件的，不得代表交通主管部门实施行政执法；要尽快统一交通行政执法人员的执法标志，进一步整顿交通行政执法队伍。录用交通行政执法人员要严格标准，公平竞争，择优录用，把住准入关，严肃处理队伍中的腐败分子，合同工、临时工不得从事交通行政执法工作，努力建设素质优良、行为规范、纪律严明、作风过硬的交通行政执法队伍。

要加强交通行政执法监督，严格执行交通部颁发的《交通行政执法检查制度》、《交通行政执法重大行政处罚决定备案审查制度》、《交通法规规章和规范性文件实施情况年度报告制度》、《交通行政执法错案追究制度》、《交通行政执法监督规定》等各项监督制度，积极推行行政执法责任制和评议考核制度，确保有法必依、执法必严、违法必究。

要加强对交通行政执法的社会监督，实施政务公开、执法公示和社会评议制度。从人民群众最关心的问题入手，在交通行政管理和行政执法过程中，将涉及交通管理对象及当事人的权力、义务以及有关交通行政执法的内容、法律依据、操作程序、工作规范、廉政纪律以及监督措施向社会公开，使执法工作置于人民群众的监督之下。在行风社会评议活动中，要通过设立行风举报电话、行风意见箱，聘请行风评议监督员，开展行风问卷调查，召开行风评议座谈会，走访业主、客户，组织明察暗访等形式，广泛征询社会各界和人民群众对交通行政执法工作的意见和建议，查找问题，采取措施，促使执法人员不断提高素质，强化服务意识，改善服务态度，规范执法行为，提高办事效率，纠正随意执法行为，杜绝以权谋私现象，维护公民、法人和其他组织的合法权益。行政执法监督措施要与领导责任制和干部职工的经济利益挂钩，落实激励制约机制。

（四）树立典型，发挥示范导向作用。要大力激发干部职工的积极性，尊重群众的首创精神，根据依法行政、依法治交通、建立和完善社会主义市场经济体制的需要，按照加强交通行政执法队伍建设的工作目标，针对交通行政执法队伍行风建设上存在的问题，不断发现和培养具有时代特点、行业特色和宏观指导意义的先进典型，认真总结具有规律性的典型经验，做好典型经验的宣传推广工作，运用以点代面的工作方法，发挥先进典型的示范导向作用，推动整体工作。

要在全国交通系统大力宣传推广安徽省淮北市运输管理处的经验。淮北市运输管理处是负责道路运输管理的基层交通行政执法单位。多年来，他们以邓小平理论和党的基本路线为指导，坚持“两手抓两手硬”的方针，取得了两个文明建设的显著成效。他们的主要经验：一是加强对精神文明建设的领导。自觉做到思想认识、组织领导、工作措施、物质投入“四到位”；二是坚持以人为本，立足正面教育，十年如一日，持之以恒地开展读书育人活动，实施“岗位读书，岗位成才”战略，做到组织、制度、内容、方法、经费“五落实”，潜移默化、锲而不舍地提高职工队伍的思想政治、道德修养、文化知识和业务水平；三是坚持严格规范，依法行政，自觉按照党和政府制定的方针政策、法律、行政法规和规章，依法解决交通运输市场出现的各种矛盾和问题，建立健全了各项规章制度和标准规范，建立了交通运政管理、驾驶员培训、汽车维修、规范征收和客运管理等计算机管理系统，加强基础工作，强化内部管理，做到职责清晰、纪律严明、监督有力、奖惩兑现，形成了系统完善、卓有成效的管理机制；四是坚持廉政勤政，文明服务，加强行政执法部门行风建设，建立行风建设责任制，实行政务公开和执法公示，落实服务承诺，完善内外监督机制，开展行风社会评议，严格检查考核，兑现奖惩激励措施，对重要岗位实行干部交流，预防以权谋私行为的发生和腐败现象的滋长。

交通系统各单位要认真学习淮北市运输管理处的经验，加强交通行政执法队伍建设，推进创建文明行业活动向纵深发展。

（五）依靠群众，开展文明创建活动。为了贯彻落实党的十四届六中全会精神，我部确定了用10～15年的时间，把交通系统的各个行业建设成为文明行业的奋斗目标，交通行政执法部门是交通系统创建文明行业的重点。各级领导要不断深化对创建文明行业活动的认识，深入开展“三学一创”活动，促进依法行政工作。

“三学一创”活动是具有交通行业特点和时代特色、促进两个文明建设协调发展、共同进步的群众性精神文明创建活动。要在创建活动中抓住工作重点：突出对干部职工进行正确的世界观、人生观、价值观的教育；突出把创建活动融会贯穿于国企改革和发展；突出在创建活动中抓好交通行政执法队伍建设；突出在创建活动中提高“窗口”单位文明程度并增强其辐射作用。要贯彻全心全意为人民服务的宗旨，依靠和发动干部群众，结合依法行政工作，从基础管理入手，采取各种行之有效的形式，开展“为人民服务、树行业新风”、青年文明号、青年岗位能手、“巾帼建功”等活动，向社会公布文明示范“窗口”，公布文明服务标准和监督保证措施，推行社会服务承诺制度，开展规范化服务达标，加大物质投入，改善环境和服务设施，整顿交通市场秩序，按照“巩固、提高、延伸、辐射”的要求，努力建设更多的“优美环境、优良秩序、优质服务”的交通行政执法单位。

创建文明行业活动要讲实效。当前，在创建活动中要着重解决在执法队伍中存在的“门难进，脸难看，事难办”的工作作风和“冷、横、硬”的服务态度；自觉抵制本位主义、地方保护主义等置国家法制于不顾、损害国家和人民整体利益的错误倾向；坚决纠正以权谋私、钱权交易、贪赃枉法等腐败现象和行业不正之风。为社会提供文明、优质、高效的行政执法服务，树立交通行政执法队伍的良好形象。

四、加强交通行政执法队伍建设的领导体制和工作机制

交通行政执法队伍建设是一项系统工程和长期任务，要坚持教育与管理相结合的原则，政工部门和行政部门要协同动作，共同负责。队伍建设能否搞好，关键在领导。要切实加强对这项工作的领导，逐步形成党委统一领导、党政一把手亲自负责，党政工团齐抓共管的领导体制。同时要建立并不断完善行之有效的工作机制：一是有责权明确的领导责任制度；二是有实事求是的活动规划和工作标准体系；三是有切实可行的活动措施、严谨周密的监督保证制度、有生机活力的激励制约机制；四是有必要的物质保证。从而真正使交通行政执法队伍建设落到实处。

领导干部和领导机关的表率作用，对于加强交通行政执法队伍建设尤为重要。领导干部既是加强队伍建设的组织者，又是文明建设的实践者。“其身正，不令而行”。各级领导干部要带头讲学习，讲政治，讲正气，树立公仆意识，提高政治素质和业务能力，廉洁自律，率先垂范，善于团结，联系群众，勇于进取，真抓实干，做端正行业风气的模范。各级领导机关要以思想、作风、效率、纪律为重点开展创建文明机关活动，认真落实加强机关建设的各项措施，带头树立良好的党风、政风和行风，更好地为交通经济服务，为基层服务，为人民群众服务。

53. 交通运输行政复议规定

（根据2015年9月9日交通运输部令2015年第18号修改）

第一条 为防止和纠正违法或者不当的具体行政行为，保护公民、法人和其他组织的合法权益，保障和监督交通运输行政机关依法行使职权，根据《中华人民共和国行政复议法》（以下简称《行政复议法》），制定本规定。

第二条 公民、法人或者其他组织认为具体行政行为侵犯其合法权益，向交通运输行政机关申请交通运输行政复议，交通运输行政机关受理交通运输行政复议申请、作出交通运输行政复议决定，适用《行政复议法》和本规定。

第三条 依照《行政复议法》和本规定履行交通运输行政复议职责的交通运输行政机关是交通运输行政复议机关，交通运输行政复议机关设置的法制工作机构，具体办理交通运输行政复议事项，履行《行政复议法》第三条规定的职责。

第四条 对县级以上地方人民政府交通运输主管部门的具体行政行为不服的，可以向本级人民政府申请行政复议，也可以向其上一级人民政府交通运输主管部门申请行政复议。

第五条 对县级以上地方人民政府交通运输主管部门依法设立的交通运输管理派出机构依照法律、法规或者规章规定，以自己的名义作出的具体行政行为不服的，向设立该派出机构的交通运输主管部门或者该交通运输主管部门的本级地方人民政府申请行政复议。

第六条 对县级以上地方人民政府交通运输主管部门依法设立的交通运输管理机构，依照法律、法规授权，以自己的名义作出的具体行政行为不服的，向设立该管理机构的交通运输主管部门申请行政复议。

第七条 对下列具体行政行为不服的，可以向交通运输部申请行政复议：

（一）省级人民政府交通运输主管部门的具体行政行为；

（二）交通运输部海事局的具体行政行为；

（三）长江航务管理局、珠江航务管理局的具体行政行为；

（四）交通运输部的具体行政行为。

对交通运输部直属海事管理机构的具体行政行为不服的，应当向交通运输部海事局申请行政复议。

第八条 公民、法人或者其他组织向交通运输行政复议机关申请交通运输行政复议，应当自知道该具体行政行为之日起六十日内提出行政复议申请；但是法律规定的申请期限超过六十日的除外。

因不可抗力或者其他正当理由耽误法定申请期限的，申请人应当在交通运输行政复议申请书中注明，或者向交通运输行政复议机关说明，并由交通运输行政复议机关记录在《交通运输行政复议申请笔录》中，经交通运输行政复议机关依法确认的，申请期限自障碍消除之日起继续计算。

第九条 申请人申请交通运输行政复议，可以书面申请，也可以口头申请。

申请人口头申请的，交通运输行政复议机关应当当场记录申请人、被申请人的基本情况，行政复议请求，主要事实、理由和时间；申请人应当在行政复议申请笔录上签名或者署印。

第十条 公民、法人或者其他组织向人民法院提起行政诉讼或者向本级人民政府申请行政复议，人民法院或者人民政府已经受理的，不得再向交通运输行政复议机关申请行政复议。

第十一条 交通运输行政复议机关收到交通运输行政复议申请后，应当在五日内进行审查。对符合《行政复议法》规定的行政复议申请，应当决定予以受理，并制作《交通运输行政复议申请受理通知书》送达申请人、被申请人；对不符合《行政复议法》规定的行政复议申请，决定不予受理，并制作《交通运输行政复议申请不予受理决定书》送达申请人；对符合《行政复议法》规定，但是不属于本机关受理的行政复议申请，应当告知申请人向有关行政复议机关提出。

除前款规定外，交通运输行政复议申请自交通运输行政复议机关设置的法制工作机构收到之日起即为受理。

第十二条 公民、法人或者其他组织依法提出交通运输行政复议申请，交通运输行政复议机关无正当理由不予受理的，上级交通运输行政机关应当制作《责令受理通知书》责令其受理；必要时，上级交通运输行政机关可以直接受理。

第十三条 交通运输行政复议原则上采取书面审查的办法，但是申请人提出要求或者交通运输行政复议机关设置的法制工作机构认为有必要时，可以向有关组织和个人调查情况，听取申请人、被申请人和第三人的意见。

复议人员调查情况、听取意见，应当制作《交通运输行政复议调查笔录》。

第十四条 交通运输行政复议机关设置的法制工作机构应当自行政复议申请受理之日起七日内，将交通运输行政复议申请书副本或者《交通运输行政复议申请笔录》复印件及《交通运输行政复议申请受理通知书》送达被申请人。

被申请人应当自收到前款通知之日起十日内向交通运输行政复议机关提交《交通运输行政复议答复意见书》，并提交作出具体行政行为的证据、依据和其他有关材料。

第十五条 交通运输行政复议决定作出前，申请人要求撤回行政复议申请的，经说明理由并由复议机关记录在案，可以撤回。申请人撤回行政复议申请，应当提交撤回交通运输行政复议的书面申请书或者在《撤回交通运输行政复议申请笔录》上签名或者署印。

撤回行政复议申请的，交通运输行政复议终止，交通运输行政复议机关应当制作《交通运输行政复议终止通知书》送达申请人、被申请人、第三人。

第十六条 申请人在申请交通运输行政复议时，对《行政复议法》第七条所列有关规定提出审查申请的，交通运输行政复议机关对该规定有权处理的，应当在三十日内依法处理；无权处理的，应当在七日内制作《规范性文件转送处理函》，按照法定程序转送有权处理的行政机关依法处理。

交通运输行政复议机关对有关规定进行处理或者转送处理期间，中止对具体行政行为的审查。中止对具体行政行为审查的，应当制作《交通运输行政复议中止审查通知书》及时送达申请人、被申请人、第三人。

第十七条 交通运输行政复议机关在对被申请人作出的具体行政行为审查时，认为其依据不合法，本机关有权处理的，应当在三十日内依法处理；无权处理的，应当在七日内按照法定程序转送有权处理的国家机关依法处理。处理期间，中止对具体行政行为的审查。

交通运输行政复议机关中止对具体行政行为审查的，应当制作《交通运输行政复议中止审查通知书》送达申请人、被申请人、第三人。

第十八条 交通运输行政复议机关设置的法制工作机构应当对被申请人作出的具体行政行为进行审查，提出意见，经交通运输行政复议机关的负责人同意或者集体讨论通过后，按照下列规定作出交通运输行政复议决定：

（一）具体行政行为认定事实清楚，证据确凿，适用依据正确，程序合法，内容适当的，决定维持；

（二）被申请人不履行法定职责的，责令其在一定期限内履行；

（三）具体行政行为有下列情形之一的，决定撤销、变更或者确认该具体行政行为违法；决定撤销或者确认该具体行政行为违法的，可以责令被申请人在一定期限内重新作出具体行政行为：

1. 主要事实不清、证据不足的；

2. 适用依据错误的；

3. 违反法定程序的；

4. 超越或者滥用职权的；

5. 具体行政行为明显不当的。

（四）被申请人不按照《行政复议法》第二十三条的规定提出书面答复、提交当初作出具体行政行为的证据、依据和其他有关材料的，视为该具体行政行为没有证据、依据，决定撤销该具体行政行为。

交通运输行政复议机关责令被申请人重新作出具体行政行为的，被申请人不得以同一的事实和理由作出与原具体行政行为相同或者基本相同的具体行政行为。

第十九条 交通运输行政复议机关作出交通运输行政复议决定，应当制作《交通运输行政复议决定书》，加盖交通运输行政复议机关印章，分别送达申请人、被申请人和第三人；交通运输行政复议决定书一经送达即发生法律效力。

交通运输行政复议机关向当事人送达《交通运输行政复议决定书》及其他交通运输行政复议文书（除邮寄、公告送达外）应当使用《送达回证》，受送达人应当在送达回证上注明收到日期，并签名或者署印。

第二十条 交通运输行政复议机关应当自受理交通运输行政复议申请之日起六十日内作出交通运输行政复议决定；但是法律规定的行政复议期限少于六十日的除外。情况复杂，不能在规定期限内作出交通运输行政复议决定的，经交通运输行政复议机关的负责人批准，可以适当延长，并告知申请人、被申请人、第三人，但是延长期限最多不超过三十日。

交通运输行政复议机关延长复议期限的，应当制作《延长交通运输行政复议期限通知书》送达申请人、被申请人、第三人。

第二十一条 被申请人不履行或者无正当理由拖延履行交通运输行政复议决定的，交通运输行政复议机关或者有关上级交通运输行政机关应当责令其限期履行。

第二十二条 交通运输行政复议机关设置的法制工作机构发现有《行政复议法》第三十八条规定的违法行为的，应当制作《交通运输行政复议违法行为处理建议书》向有关行政机关提出建议，有关行政机关应当依照《行政复议法》和有关法律、行政法规的规定作出处理。

第二十三条 交通运输行政复议机关受理交通运输行政复议申请，不得向申请人收取任何费用。

交通运输行政复议活动所需经费应当在本机关的行政经费中单独列支，不得挪作他用。

第二十四条 本规定由交通运输部负责解释。

第二十五条 本规定自发布之日起施行，1992 年交通部第 39 号令发布的《交通行政复议管理规定》同时废止。

54. 关于印发《公路养护与管理发展纲要（2001—2010年）》的通知

（交公路发〔2001〕328号）

各省、自治区、直辖市、计划单列市交通厅（局、委），上海市市政工程管理局、天津市市政工程局，新疆生产建设兵团交通局：

现将《公路养护管理发展纲要（2001—2010年）》印发给你们，请认真贯彻执行。各地可结合本地的实际情况，研究制定相应的公路养护管理发展规划，并报部公路司备案。

公路养护与管理发展纲要（2001—2010 年）

（2001 年 5 月）

从新世纪开始，我国将进入全面建设小康社会，加快推进社会主义现代化的新的发展阶段。公路基础设施的完好程度、运行效率和服务水平将会对国民经济持续、快速、健康发展和人民生活水平的提高产生重要影响。为此，在新的历史时期，必须要重视和加强公路养护与管理工作，努力构筑科学、高效的现代化公路管理体系，发展公平竞争、规范有序的公路养护工程市场，努力实现公路管理的法制化、信息化，公路养护的科学化、现代化。为了切实提高公路养护与管理水平，保证公路网的完好畅通，更好地发挥公路基础设施在国民经济发展中的作用，特制定本纲要。

一、指导方针与工作原则

（一）指导方针

公路工作的指导方针是：建养并重，强化管理，深化改革，调整结构，依靠科技，提高质量，依法治路，保障畅通。

（二）工作原则

公路养护与管理工作应遵循的主要原则是：

1. 坚持以保障公路完好畅通为基本出发点。牢固树立建设是发展，养护管理也是发展的思想，把公路养护管理工作推向一个新的发展阶段。

2. 坚持“统一领导、分级管理”，进一步深化公路管理体制改革。

3. 坚持依法治路，推进公路管理工作规范化、法制化。

4. 坚持树立“以人为本”的服务观念，切实加强行业管理，着力引导公路养护工作向专业化、机械化、市场化方向发展，提高养护资金使用效益和公路养护质量。

5. 坚持科技兴路，借鉴世界各国养护管理先进技术和现代化管理经验，加强技术创新，提高公路行业的整体技术水平，大力推进公路管理信息化进程。

6. 坚持统筹规划，突出重点。积极帮助和扶持西部地区及贫困、边远地区加强公路养护管理工作。在确保干线公路安全、畅通的基础上，加强县乡公路的养护管理，提高路网整体水平。

7. 坚持实施可持续发展战略，合理使用、节约和保护资源。积极推进绿色通道工程建设，强化安全行车保障，加强环境保护。

8. 坚持加强精神文明建设，大力弘扬“铺路石”精神，努力造就一支思想作风好，业务技术精，具有良好的职业道德和奉献精神的职工队伍。

二、主要工作目标

到 2010 年公路养护与管理发展的总体目标是：公路网总体技术水平显著提高，服务水平明显改善；公路养护技术进步主导作用显著增强，公路管理的信息化程度与发达国家的差距明显缩小；公路管理法规体系基本健全，公平竞争、规范有序的公路养护工程市场体系基本建立。公路养护与管理工作实现跨越式发展。

到 2010 年底，公路养护管理工作的具体目标是：

1. 深化公路管理体制改革工作基本完成。全国基本建立起精简高效、职能明确、权责一致、运转协调、办事规范的新型公路管理体制。

2. 按照社会主义市场经济的要求，公路养护运行机制改革取得突破性进展，初步建立全国统一、公平竞争、规范有序的公路养护工程市场。

3. 建立形成较为完善的公路管理行政法规、养护技术规范体系，适应依法治路、规范管理的需要。

4. 全国国省干线公路总里程中，二级以上（含二级）技术等级的比例不低于 60%。国省干线公路总里程中二级以上（含二级）技术等级公路每年的提高比例，东部省份不得低于 2%；中部省份不低于1.5%；西部省份不低于 1%。

5. 全国国省干线公路中高级、次高级路面铺装率达到 90%以上，其中东、中部省份分别达到100%和 95%；西部省份每年递增的比例不小于 3%。

6. 全国新增 GBM 工程实施里程 10 万公里，创建 10 条部级国道文明样板路，使全国 75%的国省干线公路达到 GBM 工程标准。

7. 全国国省干线公路平均好路率达到 88%，全国公路平均好路率达到 80%。

8. 国省干线公路上的水毁路段年修复率达到 95%以上，水毁路段的灾害重复发生率下降到 5%以下。

9. 加大桥梁养护管理工作力度，逐步改造国省干线公路上的老旧桥梁，到 2005 年基本消灭国省干线公路上的危桥。

10. 国省干线、旅游公路和口岸公路及重要县乡公路交通标志、标线的设置符合国家标准，达到清晰、齐全、醒目，实现标准化、规范化；一般县乡公路应设置必要的警示、指示标志。

11. 到 2005 年全国的高速公路、60%的国道和省道公路用地范围内实现绿化。到 2010 年，力争全国所有可绿化的公路全面绿化，形成带、网、片、点相结合，层次多样、结构合理、功能完备的绿色长廊，使绿色通道与生态环境、城乡绿化美化融为一体。

12. 建立起统一、高效的部、省、地三级公路数据库，并建立起一整套公路信息传输、维护、更新制度，初步实现公路管理信息化、决策科学化。

13. 加大路政管理工作力度，到 2005 年，基本完成全国县级以上（含县级）公路用地的土地确权或登记工作，路政案件结案率达到 95%以上，公路穿越城镇、村屯路段脏、乱、差现象得到根本遏制，基本杜绝超限运输车辆非法使用公路。

14. 在确保国道、省道、绿色通道无“三乱”和畅通的基础上，到 2003 年实现全国所有公路基本无“三乱”；全面清理整顿公路收费站点，所有公路收费站和检查站做到设置规范，管理有序。

15. 改善公路管理职工队伍知识结构，提高干部、职工队伍的政治业务素质。到 2010 年，省、市级公路管理机构中大学以上学历人员的比例不低于 50%，大专以上学历人员的比例不低于 90%；县级公路管理机构中中专以上学历人员的比例不低于 50%。

三、工作措施

（一）正确处理公路建设、养护和管理三者的关系，充分认识加强公路工作的重要性。

各级交通主管部门要牢固树立建设是发展，养护管理也是发展的指导思想。要充分认识加强公路养护管理工作既是保持路网技术状况，发挥公路服务功能的重要保证，又是改善和提高现有公路网技术状况，实现交通运输长远发展战略目标和公路可持续发展的需要。要像抓重点工程建设一样，把它抓紧抓好。要根据今后十年公路养护管理工作发展的总体目标，认真研究制订本辖区的公路养护管理工作中长期发展规划，在资金安排上要合理确定公路建设和养护管理的投资比例，优先保证公路养护管理资金。要及时研究、解决公路养护管理工作中出现的新矛盾、新问题，保证公路养护管理工作的持续健康发展。

（二）加快公路管理体制改革步伐。

科学、高效的公路管理体制是做好公路行业管理工作的重要保证和必要条件。目前，我国高速公路已具一定规模，公路运输网络已初步形成。为此各级交通主管部门要充分认识到现行管理体制的不足与弊端，从公路事业发展的大局出发，加快改革步伐，尽快建立精简高效、职能明确、权责一致、运转协调、办事规范的新型公路管理体制。当前的主要任务：一是要按照“精简、统一、效能”的原则，合理设置公路管理机构，实行“一厅一局”的机构框架。公路管理机构在政府交通主管部门的领导下，根据《公路法》的有关规定，负责本辖区内公路的有关行政管理职责；二是要根据公路行业的自身特点，结合贯彻实施《交通和车辆税费改革实施方案》，按照“分级管理”的原则，从有利于公路事业长远发展的角度出发，科学界定各级交通主管部门对路网管理的职责；三是要按照“统一、高效”的原则，强化公路管理机构对收费公路的行业管理工作。根据《公路法》的规定，严格区分收费经营和收费还贷两种不同性质的收费公路。对经营性收费公路要按照现代企业制度的要求，成立经营公司，实行规模化经营。同时要尽快完善相关法规，强化行业管理，规范投资者的经营行为，提高其服务水平；对还贷性收费公路要按照“合理布局、统一管理、规模运营”的发展思路，转变运营机制和管理模式，实现由省级公路管理机构统一规划、集中管理。

（三）深化公路养护运行机制改革。

公路养护运行机制改革的最终目的是实现投资与效益的统一，提高现有路网的服务水平。当前，由于各地社会经济发展存在差异，公路技术状况也不平衡，因此，各级交通主管部门要按照“态度要积极，措施要坚决，步子要稳妥”的原则，创造条件认真做好以下工作：

1. 加快培育和发展公路养护工程市场。将公路管理部门所属的适宜于企业化运作的工程队、运输队、生产厂站和服务机构等与公路管理机构分离，使其成为自主经营、自负盈亏、自我发展的法人实体，参与市场竞争。对原有的道班、工区进行合并、重组，扩大规模，并配合一定数量的机械设备，将其培育成“规模适度、技术先进”具有一定竞争实力的养护生产企业，逐步推向市场。积极争取必要的税费政策，对公路养护企业进行扶持，为养护运行机制改革创造良好的外部环境。同时要积极鼓励发展股份合作等多种所有制形式的公路养护企业、养护机械租赁中心等进入养护市场。逐步建立养护生产企业的资质评价和认证制度。

2. 改革公路养护投资方式，全面推行定额养护和计量支付。公路管理机构要采取公开招标或内部竞标的方式，选择养护生产企业。新建成的公路原则上要采用市场机制，充分利用现有的养护力量进行养护。公路管理机构对养护单位的管理要逐步实现合同管理。同时要大力推广路面管理系统和桥梁管理系统，实现养护投资决策的科学化，提高投资的使用效益。

3. 改革人事用工制度。公路养护生产企业不再套用事业行政级别，企业可根据生产岗位的不同特点自主决定用工数量、形式和条件，并以合同方式进行管理，形成职工能进能出的择业机制和经营者择优录用的竞争上岗机制。各级公路管理机构要实行定岗定员，全面推行干部聘任制。要强化社会保障体系，积极做好对落聘下岗人员的安置工作，确保社会的稳定。

4. 完善各项管理制度。要建立起一整套公路养护工程管理、评价办法和检查制度，如公路养护工程市场管理办法、公路养护工程招投标办法、养护定额编制办法、养护质量检查制度、评价标准等，使公路管理机构进行工程管理和行业管理时能够有章可循、有法可依、减少管理中的人为因素，提高管理和决策水平。

（四）完善公路管理法规体系，坚持依法治路，增强公路路政管理工作的权威性。

1. 严格执行《公路法》和《公路路政管理规定》等法律法规，并据此依法行政，以法治路。要重视和加强《公路法》配套法规的制订工作，尽快建立起以《公路法》为龙头的公路法规体系。

2. 贯彻执行《公路路政管理规定》，建立一支管理统一，行为规范的路政管理行政执法队伍，并根据国家法律、法规所规定应履行的职责、工作程序等开展工作。

3. 加强对路政管理人员的培训和考核工作。要制定路政执法人员岗位培训规范，提高路政管理人员的业务水平、文化素质和职业道德。加快推行执法责任制、评议考核制，提高路政执法水平，并建立一整套对路政执法人员进行考核和监督检查制度，不称职的坚决予以清退。努力造就一支具有良好职业道德和奉献精神的公路路政管理执法队伍。

4. 强化路政档案管理，建立健全路产、装备、路政处罚、路政复议、路政诉讼等档案，并制定严格的档案更新、保存等管理制度。公路用地、留地及其附属设施用地，由于历史原因尚未确认权属的，各级交通主管部门和公路管理机构要尽快会同土地管理部门做好清理、勘察、登记造册和确权工作，明确用地界线。

（五）合理安排公路养护工程，全面提高公路服务水平。

1. 强化公路标准化、美化和管理规范化建设，继续组织实施 GBM 工程和文明样板路创建工作，以进一步带动公路养护管理工作上一新台阶。各地要根据部的统一规划，制定出本辖区的总体规划和年度实施计划，精心组织，逐年落实。

2. 加强预防性养护、周期性养护，促进公路实现良性循环。要通过路况调查，分析公路技术状况的演变，因地制宜地确定合理的路面使用周期，据此安排周期性养护工程计划。各地每年安排的国省干线公路大修里程应不少于干线公路总里程的 5%～8%，中修里程不低于8%～10%。

3. 加强桥梁养护管理工作，全面贯彻执行《公路桥梁养护管理工作制度》。在调查分析的基础上，全面掌握桥梁的使用状况，并对危险桥梁及时进行改造和加固，消除安全隐患。

4. 加强公路标志标线的设置和维护管理工作。要切实增强服务意识，在认真调查摸底的基础上，制订公路标志、标线设置规划，逐年加以实施。对安排大中修工程和改造工程的路段要同步完成标志标线的完善工作。为社会公众提供安全、便利、可靠的公路交通条件。

5. 增加对公路灾毁防治工程的投入，把公路灾毁降低到最低限度。要力求避免同类灾害在同一路段一再重复发生，并努力做到当年灾毁当年恢复通车。

6. 坚持和完善公路检查制度。逐步建立科学、合理的公路养护质量、服务水平检查评定标准体系，完善各级公路检查评定制度，加大各级交通主管部门和公路管理机构对公路路况的检查、监督力度，促进路况水平的全面提高。

（六）加强公路养护管理技术研究，大力推广应用新技术、新材料、新工艺。

1. 在“九五”推广应用 CBMS 和 CPMS 的基础上，利用信息化管理技术，加强公路信息资源的开发和利用，研究、推广实用性的公路数据库，并实际应用于公路养护管理工作中，实现公路信息化管理的跨越式发展。

2. 通过政府引导、院所参加、企业投入的方式，加大公路养护技术研究力度，积极研究、开发先进、实用的公路养护新技术、新材料、新设备、新工艺，应用现代科技技术，改造传统产业结构，全面提高公路养护技术水平和工作效率。

3. 大力推广科学、实用、技术成熟的研究成果，加快科研成果转化步伐。

4. 按照部确定的《公路养护标准规范体系》的要求，重视和加强公路养护技术标准规范的制订工作，组织各方面的力量，按先急后缓、先主后次的原则，进一步加快建立公路养护技术规范体系。

（七）加强县乡公路、国边防公路的养护管理工作，改善行车条件。

县乡公路和国边防公路占我国公路总里程的 80%以上，对改善路网结构、巩固国防、发展区域经济有着举足轻重的作用。各级交通部门要重视和加强县乡公路、国边防公路的养护管理工作，改变目前“只建不养”的非正常现象。省级交通主管部门和公路管理机构要明确县乡公路的养护管理职责，强化行业管理的手段，从抓规划、标准规范、信息资料、技术指导、监督服务等方面做好对县乡公路的行业管理。要多渠道、多形式筹集县乡公路养护管理资金。同时，要建立一整套切实可行的县乡公路工作制度，明确管理职责，使县乡公路的 养护管理工作逐步实现经常化、规范化。国边防公路的养护管理工作要根据有关规定，切实加强军地双方的协调和配合，依据各自职责，养好、管好公路及其设施。

（八）重视和加强公路绿化工作，全面推进公路绿化工作向纵深发展。

各级交通主管部门要充分认识到公路绿化对于促进国民经济和社会可持续发展的重要意义，认真贯彻落实《国务院关于进一步推进全国绿色通道建设的通知》精神。在做好公路绿色通道建设的总体规划，明确标准的基础上，依靠各级政府，动员全社会的力量，投入到公路绿色通道建设工程中去。对今后新建、改建、扩建的公路，要把绿化工作纳入工程规划，列入工程概算；对已有公路，在公路管理机构增加绿化投入的同时，可采取国家出苗、沿线群众承包造林管护、收益按比例分成的做法，调动各方面的积极性参与公路绿化工作，全面推进公路绿化工作向纵深发展。

（九）因地制宜，大力发展第三产业，为公路养护管理行业的深化改革创造条件。

各级交通主管部门和公路管理机构要充分发挥公路养护部门点多、面广、线长等方面的优势，以公路养护工程项目市场为依托，努力向其他行业扩展，广开门路，大力提倡和发展第三产业。要合理调整人员结构，分流部分冗余人员，为公路养护管理行业的深化改革创造条件。

（十）切实加强公路渡口管理，严格执行《公路渡口管理规定》，实现所有水域上的公路渡口管理规范、秩序井然、安全渡运。

（十一）进一步重视和加强公路交通量观测工作。要将公路交通量的观测工作纳入各级公路管理机构的日常工作范围，从资金、人员、设站规划等方面保证交通量观测工作的正常开展。在年度工作计划中，要充分利用交调工作所取得的数据，做好数据的分析处理工作，提出所辖范围的国、省道交通情况分析报告，满足公路规划、设计、科研、养护和管理等工作的使用要求。

（十二）牢固树立环境保护意识，坚持可持续发展思想。实施可持续发展战略，是关系中华民族生存和发展的长远大计。各级公路管理机构及养护生产单位不仅要在养护施工过程中重视环境保护，加快推广清洁生产技术，减少养护施工对社会环境和自然环境的不利影响，还要采取积极措施，减少公路运营过程中对环境的破坏，如营造防尘、防噪、防眩的公路绿化林带，设置服务区污水排放处理装置，逐步完善公路沿线的大气、噪音、地面水监测系统等，并根据监测结果及时调整完善公路环保措施等。

（十三）巩固成果，防止反弹，将治理公路“三乱”工作向纵深推进。坚持开展以明察暗访为主要形式的监督检查，从严查处违纪案件，有条件的地方可从社会上聘请义务监督员，接受社会、舆论监督。对驾驶员、车主的投诉和社会反映的“三乱”问题，要及时调查核实，依法处理，对社会影响大的事件，要公开曝光，决不护短。确保国道、省道、绿色通道的畅通，巩固公路绿色通道和国省干线公路基本无“三乱”的建设成果。同时各级交通主管部门要按思想不松，组织不散，力度不减，标准不降的要求，将治理公路“三乱”工作向县乡公路推进，努力实现全国公路基本无“三乱”。

各级交通主管部门要按照《公路法》的有关规定，强化收费公路的行业管理。要严格执行收费站点设置的审批制度，健全收费站点管理制度，切实做到主管部门、收费单位、批准文件、收费标准、收费期限和监督电话六公开，接受社会监督。要加强征收队伍建设，实行规范化管理，做到依法征费、文明服务、按章处罚，使公路收费站点真正成为向社会展示交通部门精神文明的窗口。

（十四）加强行业精神文明建设，努力造就一支高素质的干部职工队伍。

1. 要采取积极措施，营造良好环境，吸收有较高素质的专业人才充实干部职工队伍，改善职工队伍的知识结构，带动行业整体素质的提高。特别是要吸收和培养一批有较高素质的管理人才充实领导干部队伍，努力造就一支有较高政治理论素养和开拓精神，掌握现代管理知识和扎实业务功底的高素质领导干部队伍。

2. 通过举办长期的培训班、脱产半脱产进修、业余培训等多种形式，对职工队伍进行科学文化、岗位技能、知识更新的教育，使职工队伍素质跟上现代化建设和科学技术的发展。

3. 加强行业职业道德建设，在职工中大力弘扬无私奉献、顽强拼搏的行业“铺路石”精神，增强行业的凝聚力和战斗力。

今后十年，我国将全面实施现代化建设的第三步战略部署，是我国经济和社会发展的重要时期，也是我国公路养护管理事业走向现代化的起步时期。面对社会主义现代化建设的新形势、新任务，公路交通部门的全体干部职工要进一步解放思想、深化改革，真抓实干，以科学的态度，求实及无私奉献的精神，为实现公路管理法制化、信息化，公路养护现代化而努力奋斗。

55. 交通行政许可实施程序规定

（交通部令2004年第10号）

第一条 为保证交通行政许可依法实施，维护交通行政许可各方当事人的合法权益，保障和规范交通行政机关依法实施行政管理，根据《中华人民共和国行政许可法》（以下简称《行政许可法》），制定本规定。

第二条 实施交通行政许可，应当遵守《行政许可法》和有关法律、法规及本规定规定的程序。

本规定所称交通行政许可，是指依据法律、法规、国务院决定、省级地方人民政府规章的设定，由本规定第三条规定的实施机关实施的行政许可。

第三条 交通行政许可由下列机关实施：

（一）交通部、地方人民政府交通主管部门、地方人民政府港口行政管理部门依据法定职权实施交通行政许可；

（二）海事管理机构、航标管理机关、县级以上道路运输管理机构在法律、法规授权范围内实施交通行政许可；

（三）交通部、地方人民政府交通主管部门、地方人民政府港口行政管理部门在其法定职权范围内，可以依据本规定，委托其他行政机关实施行政许可。

第四条 实施交通行政许可，应当遵循公开、公平、公正、便民、高效的原则。

第五条 实施交通行政许可，实施机关应当按照《行政许可法》的有关规定，将下列内容予以公示：

（一）交通行政许可的事项；

（二）交通行政许可的依据；

（三）交通行政许可的实施主体；

（四）受委托行政机关和受委托实施行政许可的内容；

（五）交通行政许可统一受理的机构；

（六）交通行政许可的条件；

（七）交通行政许可的数量；

（八）交通行政许可的程序和实施期限；

（九）依法需要举行听证的交通行政许可事项；

（十）需要申请人提交材料的目录；

（十一）申请书文本式样；

（十二）作出的准予交通行政许可的决定；

（十三）实施交通行政许可依法应当收费的法定项目和收费标准；

（十四）交通行政许可的监督部门和投诉渠道；

（十五）依法需要公示的其他事项。

已实行电子政务的实施机关应当公布网站地址。

第六条 交通行政许可的公示，可以采取下列方式：

（一）在实施机关的办公场所设置公示栏、电子显示屏或者将公示信息资料集中在实施机关的专门场所供公众查阅；

（二）在联合办理、集中办理行政许可的场所公示；

（三）在实施机关的网站上公示；

（四）法律、法规和规章规定的其他方式。

第七条 公民、法人或者其他组织，依法申请交通行政许可的，应当依法向交通行政许可实施机关提出。

申请人申请交通行政许可，应当如实向实施机关提交有关材料和反映真实情况，并对其申请材料实质内容的真实性负责。

第八条 申请人以书面方式提出交通行政许可申请的，应当填写本规定所规定的《交通行政许可申请书》（见附件1）。但是，法律、法规、规章对申请书格式文本已有规定的，从其规定。

依法使用申请书格式文本的，交通行政机关应当免费提供。

申请人可以通过信函、电报、电传、传真、电子数据交换和电子邮件等方式提交交通行政许可申请。

申请人以书面方式提出交通行政许可申请确有困难的，可以口头方式提出申请，交通行政机关应当记录申请人申请事项，并经申请人确认。

第九条 申请人可以委托代理人代为提出交通行政许可。

申请，但依法应当由申请人到实施机关办公场所提出行政许可申请的除外。

代理人代为提出申请的，应当出具载明委托事项和代理人权限的授权委托书，并出示能证明其身份的证件。

第十条 实施机关收到交通行政许可申请材料后，应当根据下列情况分别作出处理：

（一）申请事项依法不需要取得交通行政许可的，应当即时告知申请人不受理；

（二）申请事项依法不属于本实施机关职权范围的，应当即时作出不予受理的决定，并向申请人出具《交通行政许可申请不予受理决定书》（见附件2），同时告知申请人应当向有关行政机关提出申请；

（三）申请材料可以当场补全或者更正错误的，应当允许申请人当场补全或者更正错误；

（四）申请材料不齐全或者不符合法定形式，申请人当场不能补全或者更正的，应当当场或者在5日内向申请人出具《交通行政许可申请补正通知书》（见附件3），一次性告知申请人需要补正的全部内容；逾期不告知的，自收到申请材料之日起即为受理；

（五）申请事项属于本实施机关职权范围，申请材料齐全，符合法定形式，或者申请人已提交全部补正申请材料的，应当在收到完备的申请材料后受理交通行政许可申请，除当场作出交通行政许可决定的外，应当出具《交通行政许可申请受理通知书》（见附件4）。

《交通行政许可申请不予受理决定书》、《交通行政许可申请补正通知书》、《交通行政许可申请受理通知书》，应当加盖实施机关行政许可专用印章，注明日期。

第十一条 交通行政许可需要实施机关内设的多个机构办理的，该实施机关应当确定一个机构统一受理行政许可申请，并统一送达交通行政许可决定。

实施机关未确定统一受理内设机构的，由最先受理的内设机构作为统一受理内设机构。

第十二条 实施交通行政许可，应当实行责任制度。实施机关应当明确每一项交通行政许可申请的直接负责主管人员和其他直接责任人员。

第十三条 实施机关受理交通行政许可申请后，应当对申请人提交的申请材料进行审查。

申请人提交的申请材料齐全、符合法定形式，实施机关能够当场作出决定的，应当当场作出交通行政许可决定，并向申请人出具《交通行政许可（当场）决定书》（见附件5）。依照法律、法规和规章的规定，需要对申请材料的实质内容进行核实的，应当审查申请材料反映的情况是否与法定的行政许可条件相一致。

实施实质审查，应当指派两名以上工作人员进行。可以采用以下方式：

（一）当面询问申请人及申请材料内容有关的相关人员；

（二）根据申请人提交的材料之间的内容相互进行印证；

（三）根据行政机关掌握的有关信息与申请材料进行印证；
（四）请求其他行政机关协助审查申请材料的真实性；
（五）调取查阅有关材料，核实申请材料的真实性；
（六）对有关设备、设施、工具、场地进行实地核查；
（七）依法进行检验、勘验、监测；
（八）听取利害关系人意见；
（九）举行听证；
（十）召开专家评审会议审查申请材料的真实性。

依照法律、行政法规规定，实施交通行政许可应当通过招标、拍卖等公平竞争的方式作出决定的，从其规定。

第十四条 实施机关对交通行政许可申请进行审查时，发现行政许可事项直接关系他人重大利益的，应当告知利害关系人，向该利害关系人送达《交通行政许可征求意见通知书》（见附件 6）及相关材料（不包括涉及申请人商业秘密的材料）。

利害关系人有权在接到上述通知之日起 5 日内提出意见，逾期未提出意见的视为放弃上述权利。

实施机关应当将利害关系人的意见及时反馈给申请人，申请人有权进行陈述和申辩。

实施机关作出行政许可决定应当听取申请人、利害关系人的意见。

第十五条 除当场作出交通行政许可决定外，实施机关应当自受理申请之日起 20 日内作出交通行政许可决定。20 日内不能作出决定的，经实施机关负责人批准，可以延长 10 日，并应当向申请人送达《延长交通行政许可期限通知书》（见附件 7），将延长期限的理由告知申请人。但是，法律、法规另有规定的，从其规定。

实施机关作出行政许可决定，依照法律、法规和规章的规定需要听证、招标、拍卖、检验、检测、检疫、鉴定和专家评审的，所需时间不计算在本条规定的期限内。实施机关应当向申请人送达《交通行政许可法定除外时间通知书》（见附件 8），将所需时间书面告知申请人。

第十六条 申请人的申请符合法定条件、标准的，实施机关应当依法作出准予行政许可的决定，并出具《交通行政许可决定书》（见附件 9）。依照法律、法规规定实施交通行政许可，应当根据考试成绩、考核结果、检验、检测、检疫结果作出行政许可决定的，从其规定。

第十七条 实施机关依法做出不予行政许可的决定的，应当出具《不予交通行政许可决定书》（见附件 10），说明理由，并告知申请人享有依法申请行政复议或者提起行政诉讼的权利。

第十八条 实施机关在作出准予或者不予许可决定后，应当在 10 日内向申请人送达《交通行政许可决定书》或者《不予交通行政许可决定书》。

《交通行政许可（当场）决定书》、《交通行政许可决定书》、《不予交通行政许可决定书》，应当加盖实施机关印章，注明日期。

第十九条 实施机关作出准予交通行政许可决定的，应当在作出决定之日起 10 日内，向申请人颁发加盖实施机关印章的下列行政许可证件：
（一）交通行政许可批准文件或者证明文件；
（二）许可证、执照或者其他许可证书；
（三）资格证、资质证或者其他合格证书；
（四）法律、法规、规章规定的其他行政许可证件。

第二十条 法律、法规、规章规定实施交通行政许可应当听证的事项，或者交通行政许可实施机关认为需要听证的其他涉及公共利益的行政许可事项，实施机关应当在作出交通行政许可决定之前，向社会发布《交通行政许可听证公告》（见附件 11），公告期限不少于 10 日。

第二十一条 交通行政许可直接涉及申请人与他人之间重大利益冲突的，实施机关在作出交通行政许可决定前，应当告知申请人、利害关系人享有要求听证的权利，并出具《交通行政许可告知听证权利书》（见附件 12）。

申请人、利害关系人在被告知听证权利之日起5日内提出听证申请的，实施机关应当在20日内组织听证。

第二十二条 听证按照《行政许可法》第四十八条规定的程序进行。

听证应当制作听证笔录。听证笔录应当包括下列事项：

（一）事由；

（二）举行听证的时间、地点和方式；

（三）听证主持人、记录人等；

（四）申请人姓名或者名称、法定代理人及其委托代理人；

（五）利害关系人姓名或者名称、法定代理人及其委托代理人；

（六）审查该行政许可申请的工作人员；

（七）审查该行政许可申请的工作人员的审查意见及证据、依据、理由；

（八）申请人、利害关系人的陈述、申辩、质证的内容及提出的证据；

（九）其他需要载明的事项。

听证笔录应当由听证参加人确认无误后签字或者盖章。

第二十三条 交通行政许可实施机关及其工作人员违反本规定的，按照《行政许可法》和《交通行政许可监督检查及责任追究规定》查处。

第二十四条 实施机关应当建立健全交通行政许可档案制度，及时归档，妥善保管交通行政许可档案材料。

第二十五条 实施交通行政许可对交通行政许可文书格式有特殊要求的，其文书格式由交通部另行规定。

第二十六条 本规定自2005年1月1日起施行。

附件（略）

56. 财政部　国家发展改革委　交通运输部　监察部审计署关于公布取消公路养路费等涉及交通和车辆收费项目的通知

（财综〔2008〕84 号）

国务院各部委、各直属机构，各省、自治区、直辖市、计划单列市财政厅（局）、发展改革委、物价局、交通厅（局、委）、监察厅（局、委）、审计厅（局），上海市城乡建设与交通委员会，天津市市政公路管理局，新疆生产建设兵团财务局、发展改革委、物价局、交通局、监察局、审计局：

根据《国务院关于实施成品油价格和税费改革的通知》（国发〔2008〕37 号）规定，现将取消公路养路费等涉及交通和车辆收费项目有关事项通知如下：

一、自 2009 年 1 月 1 日起，在全国范围内统一取消公路养路费、航道养护费、公路运输管理费、公路客货运附加费、水路运输管理费、水运客货运附加费。

海南省征收的燃油附加费改为高等级公路车辆通行附加费，具体征收办法由海南省制定，并报财政部、国家发展改革委、交通运输部备案。

二、交通规费征稽机构已预征的 2009 年度或因政策等原因需要退还的上述交通和车辆收费，要予以全额清退。其中，属于中央收入的收费，由交通运输部所属征稽机构负责清退；属于地方收入的收费，具体清退办法按照各省、自治区、直辖市规定执行。

三、出租汽车企业向出租汽车司机收取的承包费（“份钱”）或管理费中包含上述交通和车辆收费的，要相应核减。

四、交通规费征稽机构要按照现行政策规定，继续做好 2008 年 12 月份交通和车辆收费征收以及欠缴、漏缴交通和车辆收费的清理工作，确保应征不漏。有关征收和清缴收入要按照财政部门规定渠道全额上缴国库或财政专户。交通规费征稽机构在 2009 年及以后年度清理欠缴、漏缴交通和车辆收费时，可继续使用 2008 年度有关财政票据。

五、清缴和清退收费工作结束后，交通规费征稽机构应按规定到原核发《收费许可证》的价格主管部门办理《收费许可证》注销手续，并到原核发财政票据的财政部门办理票据缴销手续。

六、各地要逐步有序取消政府还贷二级公路（含二级公路上的桥梁、隧道，下同）车辆通行费。对确定取消的政府还贷二级公路车辆通行费收费站点，要及时向社会公布具体位置和名称，接受社会监督。

七、今后除国家法律、行政法规和国务院规定外，任何地方、部门和单位均不得设立新的与公路、水路、城市道路维护建设以及机动车辆、船舶管理有关的行政事业性收费和政府性基金项目。各地区、各有关部门违反国家行政事业性收费、政府性基金审批管理规定，越权出台与公路、水路、城市道路维护建设以及机动车辆、船舶管理有关的收费基金项目均一律取消。

八、各地区、各有关部门和单位要严格执行本通知规定，认真落实公布取消的交通和车辆收费项目，不得以任何理由直接或变相拖延甚至拒绝执行。对不按规定取消或继续非法设立收费项目的，一律将其非法所得没收上缴中央国库，并追究有关人员的责任。

57. 财政部　中国人民银行　国家税务总局　交通运输部关于实施成品油价格和税费改革有关预算管理问题的通知

（财预〔2008〕479号）

国务院各部委、各直属机构，总后勤部，高法院，高检院，各省、自治区、直辖市及计划单列市财政厅（局）、国家税务局、地方税务局、交通厅（局、委），新疆生产建设兵团财务局，中国人民银行上海总部、各分行、营业管理部、省会（首府）城市中心支行，大连、青岛、宁波、厦门、深圳中心支行：

根据《国务院关于实施成品油价格和税费改革的通知》（国发〔2008〕37号），为做好成品油消费税的征收入库工作，加强成品油消费税资金分配和使用的管理，提高资金效益，现就提高成品油消费税单位税额后有关预算管理事宜通知如下：

一、预算管理方式

自2009年1月1日起，取消公路养路费、航道养护费、公路运输管理费、公路客货运附加费、水路运输管理费、水运客货运附加费等六项收费，并逐步有序取消政府还贷二级公路收费。原通过上述收费收入安排的人员支出以及公路养护和建设、公路运输和站场建设与养护、航道养护和水路管理及中央本级替代性等方面的支出纳入一般预算管理，由财政部门通过部门预算或经财政部门批准的列支渠道予以保障。

二、收入预算级次和分配原则

（一）成品油消费税和进口成品油消费税为中央收入，全部缴入中央财政。

（二）提高成品油消费税税额后，由此相应增加的地方增值税、城市维护建设税、教育费附加收入由国库部门根据财政部核定的比例自动划转中央财政。

（三）新增成品油消费税连同由此相应增加的增值税、城市维护建设税和教育费附加收入具有专项用途，不作为经常性财政收入，不计入对地方“两税”返还，不计入现有与支出挂钩项目的测算基数。除由中央本级安排的替代航道养护费等支出外，其余由中央财政通过规范的财政转移支付方式分配给地方。

三、政府收支分类科目的修订

（一）收入分类

1. 在101类“税收收入”02款“消费税”01项“国内消费税”下新增07目“成品油消费税”、21目“成品油消费税退税”。在02项“进口消费品消费税”下新增02目“进口成品油消费税”、21目“进口成品油消费税退税”。

2. 在101类“税收收入”01款“增值税”01项“国内增值税”下增设52目“成品油价格和税费改革增值税划出”和53目“成品油价格和税费改革增值税划入”；在09款“城市维护建设税”下增设21项“成品油价格和税费改革城市维护建设税划出”和22项“成品油价格和税费改革城市维护建设税划入”；在103类“非税收入”02款“专项收入”03项“教育费附加收入”下增设02目“成品油价格和税费改革教育费附加收入划出”和03目“成品油价格和税费改革教育费附加收入划入”。

3. 在103类“非税收入”99款“其他收入”下新增60项“成品油价格和税费改革清退补缴收入”。

4. 删除103类“非税收入”01款“政府性基金收入”下10项“养路费收入”、11项“公路客货运附加费收入”及目级科目、12 项“燃油附加费收入”、13 项“水运客货运附加费”。删除 02 款“专项收入”下 07 项“内河航道养护费收入”、08 项“公路运输管理费收入”、09 项“水路运输管理费收入”。删除 04 款“行政事业性收费收入”42 项“交通运输行政事业性收费收入”下 51 目“长江干线航道养护费”。

5. 在 110 类“转移性收入”02 款“财力性转移支付收入”下新增 15 项“成品油价格和税费改革转移支付补助收入”、16 项“成品油价格和税费改革专项上解收入”。

（二）支出功能分类科目

1. 删除 214 类“交通运输”01 款“公路水路运输”下 15 项“养路费支出”、16 项“公路运输管理费支出”、17 项“公路客货运附加费支出”、34 项“水运客货运附加费支出”、35 项“内河航道养护费支出”。将 36 项“水路运输管理费支出”名称修改为“水路运输管理支出”。新增 39 项“取消政府还贷二级公路收费专项支出”，反映专项用于各地逐年有序解决已经取消的政府还贷二级收费公路债务偿还、人员安置、养护管理和公路建设等方面的支出。

2. 在 230 类“转移性支出”02 款“财力性转移支付”下新增 15 项“成品油价格和税费改革转移支付补助支出”、16 项“成品油价格和税费改革专项上解支出”。

四、预算收入缴库和调库

（一）成品油消费税由国家税务局组织征收，进口成品油的消费税由海关系统负责征收。

（二）在国家税务局（海关系统）征收成品油消费税时，应单独开具缴款书缴入中央国库。预算科目栏填写 101020107 目“成品油消费税”（101020202 目“进口成品油消费税”），“级次”栏填写“中央 100%”。

（三）国库部门根据 101020107 目“成品油消费税”入库金额，按财政部核定的比例（增值税为 3.6%、城市维护建设税为 6.9%、教育费附加收入为 3.0%）和省（区、市）以下政府增值税、城市维护建设税、教育费附加收入分享比例，将地方因提高消费税税额增加的增值税、城市维护建设税和教育费附加收入划转入中央国库；根据 101020121 目“成品油消费税退税”金额，按财政部核定的比例（增值税为 3.6%、城市维护建设税为 6.9%、教育费附加收入为 3.0%）和省（区、市）以下政府增值税、城市维护建设税、教育费附加收入分享比例，将划转到中央国库的增值税、城市维护建设税和教育费附加收入退还至地方国库。

（四）101020202 目“进口成品油消费税”、101020221 目“进口成品油消费税退税”不参与划转手续。

五、资金拨付

2009 年 1 月 1 日起，取消公路养路费等六项收费。为解决交通部门在养护管理、人员安置、公路水运建设等方面支出需要，中央财政已通过资金调度方式向地方财政提前拨付了一定额度资金，2009 年起，按月向地方财政拨付资金。地方财政部门要按照财政国库管理制度有关规定将中央财政拨付的资金及时足额拨付给相关部门和单位。

六、以前年度税费超缴、欠缴、漏缴及结余处理

（一）以前年度超缴、欠缴、漏缴的成品油消费税按修订后的科目分别办理清退和补缴手续。

（二）预征 2009 年以及 2008 年 12 月 31 日以前超缴、欠缴、漏缴的公路养路费等六费，通过 1039960 项“成品油价格和税费改革清退补缴收入”办理清退和补缴手续。

（三）以前年度公路养路费、公路客货运附加费、燃油附加费、水运客货运附加费、长江干线航道养护费的滚存结余，全部作为一般预算当年收入，缴入“成品油价格和税费改革清退补缴收入”科目，并按原规定用途安排相关支出。基金预算（财政专户会计）冲减“基金预算结余”（“预算外结余”），同时财政总预算会计记“一般预算收入”。

七、其他

（一）各省（区、市）财政厅（局）要根据本通知要求，按照“资金属性不变、资金用途不变、地方预算程序不变、地方事权不变”的原则，结合本地实际，制定本地区实施成品油价格和税费改革有关预算管理办法，确保改革顺利实施。

（二）地方政府原从公路养路费等收费中安排的水利建设基金、公安机关交通管理经费等支出，按原相关规定由地方财政从中央财政安排的成品油价格和税费改革转移支付资金中安排。

（三）本通知自2009年1月1日起执行。

附件：2009年政府收支分类科目修订情况

附件

2009年政府收支分类科目修订情况

收入分类科目

一、消费税科目修订情况

科目编码				科目名称	说明
类	款	项	目		
101				税收收入	
	02			消费税	反映按《中华人民共和国消费税暂行条例》征收的国内消费税、进口消费品消费税和经审批退库的出口消费品消费税
		01		国内消费税	中央收入科目。反映国家税务局征收的国内消费税和财政部、国家税务局按“先征后退”政策审批退库的国内消费税
			01	国有企业消费税	中央收入科目。反映对国有企业征收的国内消费税，不包括国有企业缴纳的成品油消费税
			02	集体企业消费税	中央收入科目。反映对集体企业（含股份合作企业）征收的国内消费税，不包括集体企业缴纳的成品油消费税
			03	股份制企业消费税	中央收入科目。反映对有限责任公司、股份有限公司征收的国内消费税，不包括股份制企业缴纳的成品油消费税
			04	联营企业消费税	中央收入科目。反映对联营企业征收的国内消费税，不包括联营企业缴纳的成品油消费税
			05	港澳台和外商投资企业消费税	中央收入科目。反映对港澳台商投资企业、外商投资企业征收的国内消费税，不包括港澳台和外商投资企业缴纳的成品油消费税
			06	私营企业消费税	中央收入科目。反映对私营企业征收的国内消费税，不包括私营企业缴纳的成品油消费税
			07	成品油消费税	中央收入科目。反映对成品油征收的消费税
			19	其他消费税	中央收入科目。反映对其他单位和个人征收的国内消费税，不包括其他单位和个人缴纳的成品油消费税
			20	消费税税款滞纳金、罚款收入	中央收入科目。反映消费税滞纳金、罚款收入
			21	成品油消费税退税	中央收入退库科目。反映财政部按“先征后退”政策审批退库的成品油消费税
			29	其他消费税退税	中央收入退库科目。反映财政部按“先征后退”政策审批退库的除成品油外的其他消费税
		02		进口消费品消费税	反映海关征收的进口消费品消费税和财政部按“先征后退”政策审批退库的进口消费品消费税
			02	进口成品油消费税	中央收入科目。反映海关征收的进口成品油消费税
			09	进口其他消费品消费税	中央收入科目。反映海关征收的进口消费品消费税，不包括成品油消费税
			20	进口消费品消费税税款滞纳金、罚款收入	中央收入科目。反映海关征收的进口消费税税款滞纳金、罚款收入
			21	进口成品油消费税退税	中央收入退库科目。反映财政部按“先征后退”政策审批退库的进口成品油消费税

续上表

科目编码				科目名称	说明
类	款	项	目		
			29	进口其他消费品退消费税	中央收入退库科目。反映财政部按“先征后退”政策审批退库的除进口成品油外的其他进口消费品消费税
		03		出口消费品退消费税	中央收入退库科目。反映国家税务局审批退库的出口消费品消费税

二、增值税、城市维护建设税、教育费附加收入等新增科目

科目编码				科目名称	说明
类	款	项	目		
101	01	01	52	成品油价格和税费改革增值税划出	地方收入科目。反映地方国库按财政部给定参数和省以下财政体制分享参数，根据101020107目“成品油消费税”、101020121目“成品油消费税退税”计算出的成品油价格和税费改革增值税划出收入
101	01	01	53	成品油价格和税费改革增值税划入	中央收入科目。反映从地方国库划转至中央国库的成品油价格和税费改革增值税收入
101	09	21		成品油价格和税费改革城市维护建设税划出	地方收入科目。反映地方国库按财政部给定参数和省以下财政体制分享参数，根据101020107目“成品油消费税”、101020121目“成品油消费税退税”计算出的成品油价格和税费改革城建税划出收入
101	09	22		成品油价格和税费改革城市维护建设税划入	中央收入科目。反映从地方国库划转至中央国库的成品油价格和税费改革城建税收入
103	02	03	02	成品油价格和税费改革教育费附加收入划出	地方收入科目。反映地方国库按财政部给定参数和省以下财政体制分享参数，根据101020107目“成品油消费税”、101020121目“成品油消费税退税”计算出的成品油价格和税费改革教育费附加划出收入
103	02	03	03	成品油价格和税费改革教育费附加收入划入	中央收入科目。反映从地方国库划转至中央国库的成品油价格和税费改革教育费附加收入
103	99	60		成品油价格和税费改革清退补缴收入	中央与地方共用收入科目（一般预算收入科目）。反映成品油价格和税费改革后，超缴、欠缴、漏缴的公路养路费等六费清退和补偿收入

三、删除科目情况

科目编码				科目名称	说明
类	款	项	目		
101	02	02	01	进口消费品消费税	中央收入科目。反映海关征收的进口消费品消费税
101	02	02	21	进口消费品退消费税	中央收入退库科目。反映财政部按“先征后退”政策审批退库的进口消费品消费税
103	01	10		养路费收入	地方收入科目。反映交通部门征收的养路费
		11		公路客货运附加费收入	地方收入科目。反映交通部门按《公路客货运附加费征收办法》征收的用于公路建设的资金
			01	客运站场建设费	地方收入科目
			02	公路客运设施建设专用基金	地方收入科目
			03	公路货运发展建设基金	地方收入科目
			04	客货运输设施建设基金	地方收入科目
			05	客票附加费	地方收入科目

续上表

科目编码				科目名称	说明
类	款	项	目		
			06	货物附加费	地方收入科目
			07	公路客运附加费	地方收入科目
			08	公路货运附加费	地方收入科目
			09	客运车辆公路基础设施建设费	地方收入科目
			10	货运车辆公路基础设施建设费	地方收入科目
		12		燃油附加费收入	地方收入科目。反映海南省收取的燃油附加费收入
		13		水运客货运附加费	中央收入科目
103	02	07		内河航道养护费收入	反映交通部门收取的内河航道养护费
		08		公路运输管理费收入	反映交通部门收取的公路运输管理费
		09		水路运输管理费收入	反映交通部门收取的水路运输管理费
103	04	42	51	长江干线航道养护费	中央与地方共用收入科目

四、转移性收入科目修订情况

科目编码				科目名称	说明
类	款	项	目		
110	02	15		成品油价格和税费改革转移支付补助收入	反映下级政府收到的上级政府成品油价格和税费改革转移支付补助收入
110	02	16		成品油价格和税费改革专项上解收入	反映上级政府收到下级政府成品油价格和税费改革后增值税、城建税、教育费附加专项上解收入

支出功能分类科目

一、删除科目情况

科目编码			科目名称	说明
类	款	项		
214	01	15	养路费支出	反映用公路养路费收入安排的支出
		16	公路运输管理费支出	反映用公路运输管理费收入安排的支出
		17	公路客货运附加费支出	反映用公路客货运附加费收入安排的支出
		18	燃油附加费支出	反映用燃油附加费收入安排的支出
		34	水运客货运附加费支出	反映用水运客货运附加费收入安排的支出
		35	内河航道养护费支出	反映用航道养护费收入安排的支出
		36	水路运输管理费支出	反映用水路运输管理费收入安排的支出

二、新增科目情况

科目编码			科目名称	说明
类	款	项		
214	01	36	水路运输管理支出	反映水路运输管理方面的支出
214	01	39	取消政府还贷二级公路收费专项支出	反映按《国务院关于实施成品油价格和税费改革的通知》安排的专项用于各地逐年有序解决已经取消的政府还贷二级收费公路债务偿还、人员安置、养护管理和公路建设等方面的支出
230	02	15	成品油价格和税费改革转移支付补助支出	反映上级政府对下级政府的成品油价格和税费改革转移支付补助支出
		16	成品油价格和税费改革专项上解支出	反映成品油价格和税费改革专项上解支出

58. 财政部关于印发中央对地方成品油价格和税费改革转移支付办法的通知

（财预〔2009〕14 号）

各省、自治区、直辖市、计划单列市财政厅（局）：

经国务院批准，现将《中央对地方成品油价格和税费改革转移支付办法》印发给你们，请遵照执行。

附件：中央对地方成品油价格和税费改革转移支付办法

附件

中央对地方成品油价格和税费改革转移支付办法

根据《国务院关于实施成品油价格和税费改革的通知》（国发〔2008〕37号）的有关规定，制定本办法。

一、基本目标和原则

转移支付的基本目标是：对实施成品油税费改革形成的财政收入，除由中央本级安排的替代性等支出外，其余全部由中央财政通过规范的财政转移支付方式分配给地方，保证地方政府在原公路养路费、公路客货运附加费、公路运输管理费、航道养护费、水运客货运附加费和水路运输管理费（以下简称“六费”）等收费取消后，通过科学规范、公开透明的资金分配获得相应资金来源，保障交通基础设施养护和建设等需要，逐步推进全国交通均衡发展。

转移支付的基本原则是：

（一）保证基数。对地方既得利益格局原则上不做调整，保证地方“六费”基数。

（二）增量调节。增量资金分配既充分考虑各地税收贡献，又适当兼顾全国交通基础设施建设的均衡发展。

（三）统一规范。根据规范的办法，统一确定地方合理的收入基数，并选择影响交通基础设施养护和建设等支出的客观因素进行增量资金分配。

（四）公开透明。分配办法、分配过程与分配结果公开。办法科学简明，易于操作，便于监督。

二、转移支付规模的确定

每年中央财政用于对地方转移支付的规模，根据当年因实施成品油税费改革形成的财政收入总额和改革基期年“六费”收入等占按改革相关因素测算的财政收入的比例确定。

转移支付总额计算公式为：

转移支付总额＝当年成品油税费改革形成的财政收入×改革基期年“六费”收入等占按改革相关因素测算的财政收入的比例

其中，当年成品油税费改革形成的财政收入包括：提高汽柴油等油品单位税额增加的消费税以及由此相应增加的增值税、城市维护建设税和教育费附加。

三、转移支付资金的分配

转移支付采取“基数加因素”的办法，分为替代性返还和增长性补助两部分。计算公式为：

中央对地方转移支付额＝替代性返还＋增长性补助

（一）替代性返还。

指替代地方原有“六费”收入基数给予的返还。即以2007年地方“六费”收入为基础，增加一定的增长率确定。未形成“六费”实际收入、“六费”项目以外的收费一律不作为返还基数。

（二）增长性补助。

从2009年起，如果改革形成的收入能够比原来测算的收入增长超过10％，中央财政将安排增长性补助。增长性补助指当年转移支付总额中扣除替代性返还后的增长量资金的分配，60％按照各地成品油消耗量分配，40％按照改革基期年公路规费和水路规费的比重、影响公路养护和建设以及航道养护的客观因素分配。

影响公路养护和建设的因素为当量公路里程、路网密度、路况指数，权重分别为20％、15％和5％。成品油消耗量体现“多交税、多得益”的原则，主要根据各地批发环节销售量等因素计算。当量公路里程主要反映已建成公路养护所需支出，具体以二级公路为标准计算，对其他等级公路（扣除收费的高速公路和一级公路）根据标准中不同公路路基宽度等因素加以调整。路网密度因素主要反映应建未建道路所需支出，根据机动车拥有量、公路覆盖区人口、可居住面积、县镇个数等因素计算。路况指数是指按照《公路技术状况评定标准》测定的反映公路平整程度等状况的指标。

影响航道养护的因素为当量航道里程。当量航道里程主要反映已有航道养护所需支出，以四级航道为标准计算，对于其他等级航道根据标准中不同航道尺度等因素加以调整。

增长性补助计算公式为：

某地增长性补助＝成品油消耗量分配数＋公路养护和建设分配数＋航道养护分配数

其中：

成品油消耗量分配数＝全国增长性补助总额×60％×（该地上年成品油消耗量÷全国上年成品油消耗量）

公路养护和建设分配数＝全国增长性补助总额×改革基期年公路规费占比×（该地当量公路里程÷全国当量公路里程×20％＋该地路网密度因素×15％＋该地路况指数因素×5％）

航道养护分配数＝全国增长性补助总额×改革基期年水路规费占比×（该地当量航道里程÷全国当量航道里程×40％）

四、转移支付资金的拨付和使用

在年度执行中，财政部根据年初预算和执行情况，按照确定的转移支付数额，及时拨付给地方财政部门。中央拨付的转移支付资金，各地要严格实行专款专用，按照交通资金属性不变、资金用途不变、地方预算程序不变、地方事权不变的原则合理安排用于交通基础设施养护和建设以及原由“六费”安排的其他支出。

各地可参照本办法，结合本地实际情况，制定本地区成品油价格和税费改革转移支付办法，并报送财政部备案。

本办法从 2009 年 1 月 1 日起执行。

59. 财政部　交通运输部关于规范成品油价格和税费改革资金管理有关问题的通知

（财预〔2009〕351号）

各省、自治区、直辖市、计划单列市财政厅（局）、交通运输厅（局），财政部驻各省、自治区、直辖市、计划单列市财政监察专员办事处：

按照国务院统一部署，《中央对地方成品油价格和税费改革转移支付办法》（财预〔2009〕14号）和《财政部关于下达中央对地方成品油价格和税费改革公路养路费等“六费”收入返还基数的通知》（财预〔2009〕15号）下达后，各地财政和交通部门积极开展工作，推进了改革顺利进行。但执行中也有个别地方出现了资金拨付不够及时、管理不尽规范的情况。为保证成品油价格和税费改革顺利实施，将中央对地方成品油价格和税费改革资金及时足额落实到位，现就有关问题通知如下，请予认真落实：

一、省级财政和交通部门要按照国务院有关文件精神，统一认识，顾全大局，密切配合，认真落实《财政部关于做好成品油价格和税费改革资金安排工作的通知》（财预〔2009〕32号）要求，按照财政管理体制和财力与事权相匹配的原则，尽快建立和完善省对下成品油价格和税费改革转移支付管理办法，按期拨付资金，保证市县成品油价格和税费改革后相应资金需求。

二、市县财政和交通部门要加强沟通，认真落实省对下资金管理办法，建立预算指标和资金拨付信息沟通机制，规范资金拨付程序。其中，人员经费、公用经费等基本支出按月拨付，专项资金按照项目进度及时拨付，确保交通基础设施养护建设及人员机构正常运转等资金需要。

三、财政和交通部门要加强成品油价格和税费改革转移支付资金管理，提高资金使用效率。财政部驻各地财政监察专员办事处要加强对中央转移支付资金监管，一旦发现挤占、截留、挪用现象，查实后，将从严处理。

60. 关于进一步完善投融资政策促进普通公路持续健康发展的实施意见

（交规划发〔2011〕393号）

各省、自治区、直辖市、新疆生产建设兵团交通运输厅（局、委），天津市市政公路管理局，上海市城乡建设和交通委员会：

为深入贯彻落实国务院办公厅转发的国家发展改革委、财政部、交通运输部《关于进一点完善投融资政策促进普通公路持续健康发展的若干意见》（国办发〔2011〕22号）（以下简称《若干意见》），有效推进相关工作，现提出如下实施意见：

一、充分认识做好《若干意见》实施工作的重要性

（一）充分认识普通公路的地位与作用。

普通公路是我国覆盖范围最广、服务人品最多、提供服务最普通、公益性最强的交通基础设施，是保障经济社会发展和人民生产生活的重要基础条件。不断完善普通公路网络，充分发挥普通公路的基础性服务作用，对于便利群众出行，推动社会主义新农村建设，促进城镇化和工业化发展，构建社会主义和谐社会，具有十分重要的意义。建设和维护好普通公路，是各级人民政府和交通运输主管部门履行公共服务职能的重要内容。各级交通运输部门要充分认识普通公路的地位和作用，努力促进普通公路持续健康发展。

（二）充分认识《若干意见》的重要意义。

《若干意见》针对现阶段我国普通公路发展所面临的突出矛盾和问题，从促进公路事业可持续发展的战略全局出发，对普通公路发展的总体要求、基本原则、投融资政策以及加强资金监管、规范交通融资平台和妥善处理债务等重大问题抽出了明确的指导意见和政策措施。贯彻落实好《若干意见》，对于有效解决制约普通公路发展的突出矛盾和问题，促进普通公路持续健康发展；对于加快收费和不收费公路两个体系的建设，推动公路事业科学发展；对于转变公路发展方式，提高公共服务能力，具有十分重要的意义。

（三）切实做好《若干意见》的实施工作。

《若干意见》内容全面，涵盖面广，涉及中央和地方不同部门，涉及普通公路的投融资、规划、建设、养护和管理，其中许多政策措施还需要在实施过程中进行深化研究和细化落实。贯彻落实好《若干意见》，需要做大量深入细致的工作，需要有开拓创新的精神，需要持之以恒的长期努力。各级交通运输主管部门要充分做好《若干意见》实施工作的重要性，进一步增强工作的主动性、责任感和紧迫感，努力推进《若干意见》提出的各项重点任务和政策措施的全面落实。

二、总体要求

（一）明确目标，全面推进。以科学发展观为指导，按照建立“以公共财政为基础、各级政府责任清晰、财力和事权相匹配的投融资长效机制”的目标要求，从制约当前普通公路发展的关键环节入手，采取有力措施，全面落实《若干意见》的各项任务。

（二）科学统筹，稳步有序。促进普通公路建设与经济社会协调发展，统筹高速公路和普通公路协调发展，统筹普通公路建设和养护管理全面发展，妥善处理发展与稳定的关系，有序推进各项工作。

（三）突出重点，注重实效。紧紧抓住当前普通公路发展存在的突出问题，重点围绕普通公路投融资机制、规划、建设和养护管理等关键环节，处理好轻重缓急之间的关系，有力、有序、有效地推进《若干意见》各项政策措施的落实。

三、主要任务

（一）扎实做好公路网规划，科学指导普通公路发展。

坚持科学规划，进一点做好国家公路、省级公路和乡村公路三个层次的公路网规划工作。在国家层面，加快编制出台《国家公路网规划》，构建一个连接所有县级及以上行政中心的、为公众出行提供普通运输服务的普通国道网；在省级层面，适时启动省级公路网规划调整工作，在国家公路网规划框架下，深入研究省级公路功能定位，科学把握规划目标及规模，合理构建省级干线公路网；在乡村公路层面，结合国家和省级公路规划调整，按照城乡统筹和公共服务均等化的要求，合理确定发展目标、建设任务和重点，进一步调整完善乡村公路规划。

（二）加快建立以公共财政为基础的投融资长效机制。

积极推动和配合各级政府和财政等相关部门，按照《若干意见》提出的“建立以公共财政为基础、各级政府责任清晰、财力和事权相匹配的投融资长效机制，实现普通公路的持续健康发展”的总体要求，全面促进和加快相关政策的落实。一是要坚持政府主导，提高公共财政保障能力，以财政资金为主解决普通公路投入问题；二是要坚持需求和财务相统筹，综合考虑发展需要和财务状况，实事求是、量力而行，有序推进普通公路发展；三是要坚持财力和事权相匹配，明确各级政府对普通公路的建设和养护管理责任，根据各级政府事权合理配置财力。建立以公共财政为基础的投融资长效机制，是实现普通公路持续健康发展的根本保障，也是一项长期工作，需要不断推进和完善。

（三）调整车购税支出结构，完善中央资金分配调节机制。

进一步加大中央资金对普通国省干线公路的投资力度，提高车购税用于普通干线公路的支出比重，重点支持国道改造，适当兼顾省道改造。力争到“十二五”末，普通国道覆盖范围进一步扩大，连接全国所有县级及以上行政节点，国道二级及以上公路比例达到70%以上，国省道服务水平和保障能力明显提高。同时，稳步加大车购税对农村公路的投资规模，重点推进西部地区建制村通沥青（水泥）路建设、危桥改选、安保工程建设，加强县乡道改造、连通工程、乡镇客运站建设等。完善中央资金分配调节机制，中央车购税资金进一步向西部地区、老少边穷地区以及部分特殊地区倾斜，促进区域交通协调发展。

（四）规范成品油价格和税费改革转移支付资金使用。

积极配合财政等有关部门尽快制定成品油价格和税费改革转移支付资金使用管理办法，规范交通专项资金与中央撤站补助资金的分配使用和监督管理，加大增量资金对普通公路养护和建设转移支付力度。进一步加大与有关部门的沟通黑市力度，研究建立成品油消费税交通运输专项资金征收使用动态跟踪机制，完善专项资金征收分配信息沟通渠道，及时足额拨付成品油价格和税费改革转移支付资金以及中央政府还贷二级收费公路撤站补助专项资金，加强对成品油消费税交通运输专项资金增量部分的管理，做到信息透明、分配合理。

（五）多渠道筹集资金，增加普通公路投入。

积极推动和配合财政部门及地方政府做好扩大地方政府债券发行规模支持普通公路发展的相关工作，建立和完善债券的分配、使用、偿还机制，充分利用地方政府债券支持普通公路发展。会同有关部门，进一步加强中央预算内资金和车购税资金公路交通领域形成收益用于普通公路建设具体办法和途径的研究工作。进一步完善政府措施，将转让政府还贷公路经营权益所得安排一定比例资金用于普通公路建设。积极探索符合普通公路公益性质的市场融资方式，鼓励社会各界支持普通公路发展。

（六）逐步建立高速公路与普通公路统筹发展机制。

积极会同发展改革、财政等有关部门，抓紧研究高速公路与普通公路统筹发展问题，按照《若干意见》的要求，逐步建立高速公路与普通公路统筹发展机制同，新建、改扩建高速公路应将与之密切关联、提供集散服务的普通公路纳入项目范围，统一规划，统一建设。尽快研究制定具体政策措施，确保规定落到实处，促进以普通公路为主的非收费公路体系和以高速公路为主的收费公路体系的统筹协调发展。

（七）加强资金监管，妥善处理债务问题。

紧密配合财政部门，积极推动地方政府将用于普通公路发展的资金纳入预算管理，严格执行国库管理制度有关规定，确保及时拨付资金。成品油价和税费改革形成的交通资金要专款专用，不得挤占、挪用。依法加强对各类资金使用情况的审计监督，切实提高资金使用效益。会同政府、发展改革等部门密切关注普通公路发展的债务问题，适时研究提出防范信贷风险的政策措施，逐步建立举债规模与建设任务、财务可能相适应的动态管理机制，积极推进地方各级政府做好普通公路债务清理工作，严格按有关规定和相关协议偿还普通公路发展形式的历史债务，做好地方政府性交通融资平台清理工作，为普通公路发展创造良好的融资环境。

（八）明晰公路事权，理顺公路管理体制。

积极会同发展改革、财政等有关部门，按照建设公路两个体系的总体要求，研究制定公路管养体制改革方案，进一步明确公路事权归属，分清各级政府责任，逐步理顺公路管理体制机制。继续按照《国务院办公厅关于印发农村公路管理养护体制改革方案的通知》（国办发〔2005〕49号）要求，深化农村公路管理养护体制改革，研究解决目前农村公路管理养护中存在的突出问题，完善相关政策措施，提升农村公路管理养护水平。

（九）适时推进相关法律法规的修订完善工作。

根据公路管理体制改革情况和普通公路投融资政策、收费公路政策调整情况，适时推进《收费公路管理条例》以及部门和地方规章的修订工作，健全和完善公路管理法规体系，为建立公路两个体系，促进普通公路发展提供制度保障。

各级交通运输主管部门要按照本意见的要求，与发展改革、财政等相关部门密切协同配合，切实落实各项任务，强化政策执行和监督，确保各项工作稳妥推进，努力促进普通公路持续健康发展。

61. 交通运输部关于全面建设交通运输法治政府部门的若干意见

（交政法发〔2013〕308号）

各省、自治区、直辖市、新疆生产建设兵团交通运输厅（局、委），天津市市政公路管理局，天津市、上海市交通运输和港口管理局，部属各单位，部内各单位：

为认真落实党的十八大精神，全面建设交通运输法治政府部门，进一步推进依法行政，制定本意见。

一、全面建设交通运输法治政府部门的指导思想、基本原则和总体要求

1. 指导思想。深入贯彻落实党的十八大精神，以科学发展推动交通运输转型升级为主题主线，以破解制约交通运输依法行政的体制机制障碍为突破口，以增强领导干部依法行政意识和能力、提高制度建设质量、促进“三基三化”建设为着力点，培育法治思维，运用法治方法，把法治要求贯穿到交通运输建设、运营、管理、安全生产的各个领域，为交通运输改革发展提供法治引领和保障。

2. 基本原则。

——依法行政。把法治建设贯穿到交通运输改革发展全过程，通过加强制度建设、提高决策水平、规范行业管理、严格依法办事，积极破解发展难题，使交通运输改革发展全面纳入法治的轨道。

——服务为先。把服务人民群众、服务经济社会发展作为交通运输法治政府部门建设的根本出发点和落脚点，强化市场监管和公共服务职能，寓管理于服务，做到管理利民、服务便民、执法为民，使交通运输改革发展成果更多、更公平地惠及全体人民。

——监督制约。建立健全权力运行制约和监督体系、深入推行行政执法责任制，把交通运输部门的各项行政权力“装进制度的笼子”，确保决策权、执行权、监督权既相互制约又相互协调，做到行政权力依法取得，行政程序依法履行，行政行为依法作出，行政责任依法承担。

——夯实基础。完善交通运输部门依法行政的基础管理制度，加强基层执法站所建设，改善基层法治环境，规范基层执法行为，提升基层执法队伍素质和形象。

3. 总体目标。法治意识显著增强，法治理念深入人心，法治精神、法治价值得到普遍认同；综合运输法规体系更加科学完善，促进各种交通运输方式协调发展的法律法规建立健全；交通运输部门各项公权力的行使纳入法治轨道，行政权力运行更加规范透明；执法队伍素质和管理明显提升，执法监督更加有力；交通运输部门的市场监管、社会管理和公共服务职能基本到位，形成诚信规范、竞争有序的交通运输市场环境，依法行政水平全面提高。到2020年，基本建成交通运输法治政府部门。

二、全面建设交通运输法治政府部门的主要任务

（一）切实强化法治思维。

4. 提高交通运输部门各级领导干部的法治意识。要坚持和完善交通运输部门领导干部学法制度，发挥党组（委）会、办公会组织领导干部学习法律的平台作用。将领导干部学法守法用法的能力和水平作为选拔任用干部的重要内容。使交通运输部门各级领导干部牢固树立党的领导、依法治国、执法为民、公平正义、服务大局为基本内容的社会主义法治理念。

5. 树立权为民所用的理念。牢固树立一切权力属于人民这个根本准则，自觉站在社会和广大人民群众的立场审视交通运输事业的发展。科学合理界定交通运输部门职责权限，把通过市场竞争和行业自律能够解决的事务交由市场或中介组织去履行，正确处理好权力与权利、权力与责任的关系，避免权力膨胀和权力滥用，统筹维护好国家利益、行业利益和人民群众的利益。

6. 强化监管职能和服务意识。创新交通运输部门管理方式，充分运用间接管理、动态管理和事后监督管理等手段，彻底改变目前交通运输部门存在的重建设、轻管养，重审批、轻监管，重处罚、轻纠错的现象，切实从注重“管制”转移到“管理与服务并重”上来，为公众提供畅通、安全、经济的交通运输设施体系，营造并维护公开、透明、有序、便利的运输生产经营环境。

7. 树立正确的法律价值观。各级交通运输部门领导干部和工作人员都要牢固树立宪法和法律至上的理念，摒弃法律工具化的思想。准确理解法律，正确实施法律，坚决杜绝借法将行政权力部门化、部门权力利益化、部门利益法制化的倾向，强化权限意识、规则意识、程序意识、责任意识，将一切行政行为纳入法律制度的调整范围，不允许任何单位和个人有超越宪法和法律的特权。

8. 深入开展法制宣传教育。推动普法规划的实施，建立交通运输法律法规全国统一宣传制度，组织策划交通运输法制宣传教育主题活动，定期组织开展法制专题培训交流活动，努力提高交通运输系统领导干部和从业人员的法律素质。

（二）坚持依法科学民主决策。

9. 规范行政决策程序。对涉及交通运输发展全局的重大事项，要广泛征求意见，充分进行协商和协调；对专业性、技术性较强的重大事项，要认真进行专家论证、技术咨询、决策评估；对同群众利益密切相关的重大事项，要实行公示、听证制度，扩大人民群众的参与度。要完善内部民主决策机制，严格执行重大行政决策的会议集体讨论决定制度。

10. 完善行政决策风险评估机制。建立完善专家论证、公众参与、专业组织测评等相结合的风险评估机制，凡重大决策事项，都要进行合法性、合理性、可行性和可控性评估。通过综合评估确定决策事项的风险等级，存在高风险的，要区别情况作出不实施的决策，或者调整决策方案、降低风险等级后再行决策。

11. 严格行政决策后评价和责任追究。对重大行政决策要跟踪执行情况，通过民意反映、抽样检查、跟踪反馈、评估审查，及时发现问题，纠正偏差，必要时作出停止执行的决定。严格执行决策责任追究制度，对超越法定权限、违反法定程序的决策行为以及行政决策失误造成严重后果的行为，都要依法依纪追究有关领导和直接责任人的责任。

（三）继续加强制度建设。

12. 加快完善综合运输法规体系。组织制定综合运输法规体系建设实施意见，统筹考虑铁路、公路、水路、民航和邮政等方面的立法。要统筹立、改、废工作，针对交通运输管理的薄弱环节和突出矛盾，做好现有法律法规的修订完善工作。

13. 着力建设完善统一的制度体系。各级交通运输部门领导干部要全力维护法制的统一，本部门和下级部门印发的文件不得与上位法抵触，确保制定政策、规范性文件和标准规范符合法律法规的规定，严禁违法或者采取变通手段超越法律规定制定政策、文件和标准规范。要统筹考虑地方交通运输立法和国家立法的关系，形成和谐统一高效的交通运输制度体系。

14. 创新制度建设的机制。要加强前瞻性研究，以及对热点、难点问题的研究，制定政策研究规划和工作计划，整体推进、重点突破发展难题，使制度设计能够深刻把握和反映经济社会发展规律。要推进科学立法、民主立法，使专家咨询论证、公众参与交通运输立法常态化、制度化。要继续深入探索开展立法后评估工作，尤其对群众关注度高的、对经济社会发展影响大的立法项目和规章制度，要加强后评估，为交通运输法规的立、改、废提供充分的参考和依据。

（四）改革行政审批制度。

15. 推进行政审批制度改革。根据转变政府职能的要求，对交通运输部门现行的行政审批项目进行清理，加大简政放权的力度，充分发挥市场在资源配置中的基础性作用，逐步减少对投资项目、生产经营活动和资质资格的审批。禁止利用规章、规范性文件以登记、年检、审定等形式，变相设定审批事项。严格规范行政审批中的技术性审查、中介服务行为，避免审查过多过滥和垄断谋利现象。

16. 完善审批工作机制。进一步简化审批程序和环节，下放审批权限，推进审批过程公开透明。

改变以批复文件代替许可决定的习惯，对许可事项实行案件化管理，建立许可事项文书档案。严格按照法律法规规定的条件对许可事项进行审查，需要进行现场检查勘验的，不得单纯通过书面审核作出许可决定，要认真开展实地审核工作，并将实地审核情况制作成文书载入许可案卷。涉及第三人重大利益的，要按照法律规定及时征求当事人意见或组织听证。要明确审批事项的事后监管标准和要求，强化审批的事后监管。

（五）切实改进行政执法。

17. 深化执法模式改革。按照《国务院关于加强法治政府建设的意见》（国发〔2010〕33号）的要求，指导各地结合实际情况推动行政执法模式改革。鼓励各地按照决策权、执行权、监督权相对分开又相互制约的原则，进一步推进综合执法、统一执法、联合执法、路警共建等多种形式的交通运输行政执法模式改革。进一步理顺各门类执法机构的条块管理关系，减少执法层级，从体制机制上解决多头执法、职责交叉、重复处罚、执法扰民等问题。

18. 加强执法信息化建设。开展执法信息化建设顶层设计工作，明确执法信息化建设的整体框架体系。积极推进“十二五”信息化建设规划中交通运输执法信息化建设项目，加强现场电子取证和检测设施建设，积极推广非现场执法方式，用信息手段来制约办“人情案”和滥用裁量权的现象；充分利用和整合各地各系统已有的信息资源，建设跨区域执法信息共享平台，推动各地各系统执法联动和区域协作。

19. 加强执法监督管理。针对调查取证、实施行政强制、行使自由裁量权、收缴罚款等行为，制定更加具体的执法细则和操作流程。进一步加强执法风纪建设，严格执行执法禁令和执法忌语，切实做到公正规范文明执法。加强政务服务体系建设，推行首问负责制、限时办结制、服务承诺制等，推进区域网上申办制，建立区域咨询服务平台，全面提升行政执法效率。完善违规执法举报投诉处理制度，认真查处群众举报、媒体曝光的典型案件。加强对执法文书和执法案卷的监督管理，坚持开展执法评议考核。组建专门的执法监督队伍，切实落实执法人员、执法单位和相关领导的执法责任。

（六）加强执法队伍和站所建设。

20. 加强执法人员的职业化建设。按照提高素质、控制规模、优化结构的要求，严格执法人员的准入和退出管理。组织开展执法人员岗位培训和文化素质达标工程，提高执法人员的整体学历水平，提高法律专业和交通运输专业人员的构成比例。按照《交通运输行政执法人员培训工作方案》和《交通运输行政执法人员培训考试大纲》的要求，用3～5年的时间，完成全系统执法人员的轮训工作，切实提高交通运输执法人员的法律素养、职业道德和职业技能。

21. 加强执法队伍的正规化建设。完善执法队伍建设的机制，解决交通运输执法机构性质不一致、编制管理混乱、装备不齐备、形象不统一的问题。组织开展执法机构定岗定编标准研究，制定执法车（船）和执法装备编制核定标准，推动实现全系统执法形象统一。

22. 加强执法站所的标准化建设。今后一段时期，要把全面加强交通运输基层执法站所的标准化建设作为各级交通运输主管部门建设和管理的重要任务，各级地方交通运输主管部门和部直属系统要统筹规划本地区本系统的执法站所建设，逐步建成布局合理、管理规范、形象统一、保障有力的基层执法体系。部将组织研究基层执法站所有关建设标准，推广一批执法站所的建设和管理经验，全面提升基层执法站所业务管理水平。

（七）严格行政监督与问责。

23. 大力推进政务公开。健全交通运输政府部门信息公开工作机制，深化信息公开内容，拓宽信息公开渠道，重点做好财政预算、公共资源配置、重大建设项目审批和实施等领域的信息公开。完善办事公开制度，逐步扩大网上查询、交费、办证、年检、求助等服务项目的范围，为人民群众提供快捷、方便的优质服务。推进行政权力公开运行机制，梳理行政权力清单，规范行政权力运行流程，探索推行行政权力网上运行和全程电子监察，实现行政权力运行公开化、规范化。

24. 深化行政监督工作。加强绩效管理，开展绩效评估，建立健全绩效管理体系。构建科学合理的交通运输政府部门绩效评估指标体系和评估机制，综合运用听取和审议专项工作报告、执法考评、计划预算审查、规范性文件备案审查、询问和质询等形式，增强监督和管理的针对性和实效性。自觉接受法律监督，加强执法监察、廉政监察和效能监察，保证和支持审计、监察等机关依法行使监督权。更加重视舆论监督，对人民群众检举、新闻媒体反映的问题，应当认真调查、核实，及时依法作出处理，并通报处理结果，促进交通运输部门与社会公众之间的良性互动。

25. 加大行政问责力度。坚决执行《行政监察法》、《公务员法》、《行政机关公务员处分条例》和《关于实行党政领导干部问责的暂行规定》，坚持有错必纠、有责必问。健全问责制度，规范问责程序，推进问责法治化。

（八）依法化解矛盾纠纷。

26. 做好涉及交通运输的矛盾纠纷调解工作。各级交通运输部门要把做好行政调解作为加强社会管理、转变行政管理方式的重要手段和基本职责，进一步强化调解职能。要逐步完善行政调解的制度和机制，明确交通运输行政争议调解事项的范围、责任主体、基本原则和调解程序，对征地拆迁、企事业单位改制、行政审批政策调整等涉及人数较多、影响面较大、可能影响社会稳定的重大事项，要建立群体性事件预防和调处预案，做到提前预防和主动化解。

27. 做好行政复议和应诉工作。畅通行政复议渠道，依法积极受理符合法定条件的行政复议申请，避免行政复议不作为现象的发生。规范行政复议案件的审理工作，坚持依法办案。对于案情复杂、争议较大的案件，要采取书面审理与实地调查相结合的审理方式，提高办理行政复议的公信力和透明度，实现法律效果与社会效果的统一，努力做到案结事了。积极配合司法部门做好交通运输行政诉讼案件的审判工作，按规定向司法部门提交被诉行政行为的依据和证据材料，主动出庭应诉，自觉履行人民法院作出的生效判决、裁定。加强对基层行政复议工作的指导和监督，提高市县交通运输部门和执法机构复议应诉人员的能力和水平。

28. 做好信访工作。各级交通运输部门和执法机构要认真贯彻落实《信访条例》，切实依法处理人民群众通过信访举报反映的问题。要及时办理信访事项，不得以任何理由压制、限制人民群众正当的信访和举报，不得打击信访和举报人员，不得将信访举报材料及有关情况透露或转送给被举报人。对于应当通过复议或诉讼等法律程序解决的信访事项，信访部门应当及时告知信访人、举报人。

三、全面建设交通运输法治政府部门的保障措施

29. 强化组织领导。各级交通运输主管部门的主要领导是建设法治政府部门的第一责任人，要切实履行好第一责任人的职责；分管领导要协助主要领导抓好依法行政工作。各地各系统要根据本意见，结合实际，研究制定实施意见、配套政策制度和年度工作要点，明确目标任务、具体措施、责任主体。各级交通运输部门要将法治政府部门建设与交通运输改革发展任务同部署、同落实、同考核，确保把法治政府部门建设的各项要求落实到交通运输改革发展的各个方面、各个环节。

30. 完善法治政府部门建设的工作机制。研究建立交通运输法治政府部门建设考评指标体系，制定考评办法，把本意见规定的目标、任务细化和量化为具体指标，准确评估交通运输法治政府部门建设的状况和水平，定期组织开展专项督查活动，检查发现工作中存在的问题和薄弱环节，及时总结经验，督促改进工作。建立交通运输法治政府部门建设激励机制，法治政府部门建设考评结果应当纳入交通运输部门重点工作任务目标考核和绩效考核体系，作为领导干部选拔任用、培养管理、激励约束的重要依据。开展交通运输法治政府部门建设示范单位主题创建活动，对法治政府部门建设成绩突出的单位和个人进行表彰和奖励，发挥典型示范作用，营造良好氛围。

31. 落实法治政府部门建设的经费保障。县级以上地方交通运输主管部门要在地方政府的领导下，建立正常的法制工作和执法经费渠道，根据工作需要设置立法、行政复议等专项经费。积极协调财政部门，使执法人员的工资福利、执法工作经费、执法队伍管理经费全额纳入同级财政预算，坚决杜绝执法与单位和个人经济利益挂钩。

32. 加强法制工作机构和队伍建设。研究制定交通运输法制工作规范，对法制工作机构的具体职责、工作规范进行具体规定，对法制工作人员的配备和培训上岗提出具体要求。地方各级交通运输部门要进一步加强法制工作机构和队伍建设，市级以上地方交通运输主管部门和省、设区市交通运输主管部门所属的执法机构应当设置专职的法制工作机构。基层执法单位不具备条件设置法制机构的，应当设置法制工作员岗位。要加大对法制干部的培养、使用和交流力度，充分发挥法制工作机构在交通运输法治政府部门建设中的组织协调和督促指导作用。法制工作机构及其工作人员要不断增强政治素养、业务素质和工作能力，在全面建设交通运输法治政府部门工作中发挥重要作用。

62. 交通运输部关于推进《国家公路网规划（2013 年—2030 年）》实施的若干意见

（交规划发〔2013〕452 号）

各省、自治区、直辖市、新疆生产建设兵团及计划单列市交通运输厅（局、委），天津市市政公路管理局，上海市城乡建设和管理委员会：

《国家公路网规划（2013 年—2030 年）》（以下简称《规划》）业经国务院批准。该《规划》是指导我国普通国道和国家高速公路发展的纲领性文件，是编制公路交通发展五年规划的重要依据。为确保《规划》顺利实施，现提出如下意见：

一、准确把握《规划》神往的总体要求

按照转变交通运输发展方式、加快构建和完善综合交通运输体系的要求，以形成布局合理、功能完善、覆盖广泛、安全可靠的国家干线公路网络为目标，坚持安全发展、绿色发展、协调发展、创新发展，注重质量与效益，统筹安排、有序推进普通国道和国家高速公路建设，切实提高国家公路网的服务能力。到 2030 年，除交通量小、地形困难路段外，普通国道基本建成二级及以上公路；除远期展望路线外，国家高速公路网基本建成。

二、认真遵循《规划》实施的原则

《规划》的实施要遵循“把握节奏、突出重点、因地制宜、协调发展”的原则，增强执行的严肃性。

——把握节奏。科学论证，合理确定建设时机和阶段目标，稳步推进国家高速公路建设，量力而行，避免一哄而上、过于超前。要处理好近期与无期的关系，审慎决策国家高速公路远期展望线的建设，实事求是选用建设方案，2030 年以前原则上不考虑按高速公路标准建设。

——突出重点。着力推进普通国道建设，提升技术等级，消除瓶颈路段，提高交通运输基础公共服务能力和水平；当前和今后一段时期，重点推进国家高速公路断头路建设和重要通道拥堵路段扩容改造，提高路网运行效率。

——因地制宜。按照国家主体功能区战略要求，充分考虑不同区域的地质、地貌、环境等条件和交通需求特点，加强与土地规划、城镇建设规划的协调，合理确定国家公路的技术标准。普通国道建设以既有路线升级改造为主，切实做好新建设路线的多方案比选。

——协调发展。统筹安排国家公路以及其他层次路网建设，注重与铁路、航空、水运等运输方式以及城市道路的衔接，发挥综合运输网络的整体效益。强化公路管理，坚持建养并重，促进国家公路协调发展。

三、组织编制国家公路网线位规划

按照《交通运输部办公厅关于开展国家公路网线位规划的通知》（厅规划字〔2013〕165 号）的要求，从充分利用和有效控制通道线位资源出发，在《规划》确定的国家公路网布局方案基础上，结合本省（区、市）产业布局、城镇化发展、交通需求等特点，组织开展国家公路网线规划，研究确定普通国道、国家高速公路规划路线的具体走向、细化控制点和里程，并报部审定。对近期规划项目，应增加路线方案比选，留有发展空间，控制永久建筑物。

四、着力加强普通国道建设

“十二五”期，重点加快 15 条重点国道建设、瓶颈路段改造和通县二级公路建设，提高二级以上公路比重，大力推进集中连片特困地区普通国道建设，提高区域发展能力。到“十二五”末，普通国道中的瓶颈路段明显减少，二级以上公路比重达到70%以上，整体技术状况显著提升。“十三五”期，继续推进普通国道提级改造，进一步改善普通国道网的技术状况。加强集中连片特困地区普通国道建设，逐步推进新增普通国道需新建路段建设、基本消除断头路，提高通行能力和服务水平。到“十三五”末，普通国道二级及以上公路比重达到80%以上。各省（区、市）要根据本区域经济社会和公路交通发展阶段特点，合理确定建设目标和重点。在国道改造建设的同时，严格落实交通安全设施与公路主体工程“三同时”要求，同步实施危桥改造，全面提升国道的服务水平。

五、有序推进国家高速公路建设

“十二五”期，加快推进原国家高速公路剩余路段建设，着力打通省际“断头路”，确保到“十二五”末基础建成国务院2004年批准的“7918”国家高速路网。有序推进新增国家高速公路网建设，“十二五”期，优选安排纳入部“十二五”规划且综合效益强、路网重要度高、前期工作准备充分、建设需求迫切的新增国家高速公路项目建设。“十三五”期，继续推进新增国家高速公路网建设，严格把握路网通道拥堵路段的扩容改造和复线建设，积极推进国家高速疏港公路建设。

六、建立完善公路建设养护资金长效机制

（一）认真贯彻落实《关于进一步完善投融资政策促进普通公路持续健康发展的若干意见》要求，调整车购税投资结构，提高用于普通国道建设的支出比重和补助标准，加大对普通国道发展的支持力度。严格落实“新增成品油消费税收入基数返还中替代公路养护费支出部分和增量资金中相当于养路费占原基数比例的部分，原则上全额用于普通公路的养护管理”的有关要求，确保普通国道养护资金投入。地方各级人民政府应加大力度安排财政性资金用普通国道建设和养护。

（二）继续利用收费公路政策筹集国家高速公路建设和养护资金，逐步建立高速公路与普通公路统筹发展机制，积极探索符合普通国道公益性质的市场融资方式 ，鼓励包括民间资本在内的社会资本参与国家公路网建设，多渠道筹集资金，逐步完善公路建设养护资金长效机制，促进国家公路持续健康发展。

七、扎实开展建设项目前期工作

各省（区、市）交通运输主管部门要根据《规划》确定的国家公路网布局方案，组织技术力量，系统梳理国家公路建设项目，建立项目库，并扎实推进前期工作，做好项目储备，实现滚动发展。要深入分析论证建设项目的迫切性和技术方案的可行性，客观预测交通需求，切实加强项目的财务评价、国民经济效益评价、社会效益和社会稳定风险评估。对于穿越大型山脉、大江、大河和海湾的重大工程项目，要迟早开展规划研究和技术方案论证工作，破解工程技术难题，加强环境影响分析，合理确定建设方案。

八、统筹协调与其他层次路网的衔接

按照部《关于于印发开展省道网规划调整工作指导意见的通知》的有关要求，统筹考虑区域国省干线公路发展，抓紧完成省道网规划调整和报批工作，并适时组织开展乡村公路发展战略和规划研究。做好按照新的路网行政等级分类进行统计分析的准备工作。

九、努力提高公路养护管理水平

深化养护管理体制改革，建立并完善适合我国公路养护管理的体制机制，落实各级政府在国家公路网建设、养护、运营、管理中的事权和职责，提高国家公路网养护质量和运营管理水平。统筹安排国家公路网路线编号、里程桩和相关标志的调整工作，同步更新公路数据库和相关管理信息系统。

十、切实增强国家公路网的服务能力

加强国家公路网信息化、智能化建设，完善服务体系和应急管理体系，逐步扩大国家高速公路联网收费、不停车收费（ETC）应用范围，构建基本覆盖国家公路网的交通出行信息服务体系，切实提高国家公路网的服务能力和水平。加强国家公路与其他运输方式之间的联程联运，积极推动多式联运的发展，逐步实现交通运输一体化，提高综合运输的组合效率。

各级交通部门，要把《国家公路网规划（2013年—2030年）》实施作为转变交通运输发展方式、加快构建和完善综合交通运输体系的重大战略举措和重要抓手，进一步转变观念，提高认识，强化责任，贯彻落实好相关政策措施，切实推动普通国道和国家高速公路的网络完善，为全面建成小康社会和现代化建设提供强有力的支撑和保障。

63. 财政部　交通运输部　商务部关于印发《车辆购置税收入补助地方资金管理暂行办法》的通知

（财建〔2014〕654号）

各省、自治区、直辖市、计划单列市财政厅（局）、交通运输厅（局、委）、商务主管部门，新疆生产建设兵团财务局、交通局、商务局，天津市市政公路管理局、上海市城乡建设和交通委员会：

为促进交通运输事业健康发展，根据《国务院批转财政部、国家计委等部门〈交通和车辆税费改革实施方案〉的通知》（国发〔2000〕34号）等有关规定，中央财政设立了车辆购置税专项转移支付资金。为加强资金管理，提高资金使用效益，我们将车辆购置税相关转移支付资金整合为车辆购置税收入补助地方资金，并制定了《车辆购置税收入补助地方资金管理暂行办法》。现印发给你们，请遵照执行。

附件：车辆购置税收入补助地方资金管理暂行办法

附件

车辆购置税收入补助地方资金管理暂行办法

第一章　总　　则

第一条　为了加强对车辆购置税收入补助地方资金的使用管理，提高资金使用效益，促进交通运输事业健康发展，根据《国务院批转财政部、国家计委等部门〈交通和车辆税费改革实施方案〉的通知》（国发〔2000〕34号）等规定，制定本办法。

第二条　本办法所称车辆购置税收入补助地方资金（以下简称车购税资金），是指中央财政从车辆购置税收入中安排地方用于交通运输行业发展的资金。

第三条　车购税资金实行财政专项转移支付，不得用于平衡公共财政预算。

第四条　车购税资金的项目管理以交通运输主管部门为主（其中用于老旧汽车报废更新的项目管理以商务主管部门为主），资金管理以财政部门为主。

第二章　支出范围和补助标准

第五条　车购税资金的支出范围包括以下内容：

（一）交通运输重点项目；

（二）一般公路建设项目；

（三）普通国省道灾毁恢复重建项目；

（四）公路灾损抢修保通项目；

（五）农村老旧渡船报废更新项目；

（六）交通运输节能减排项目；

（七）公路甩挂运输试点项目；

（八）内河航道应急抢通项目；

（九）老旧汽车报废更新项目；

（十）国务院批准用于交通运输的其他支出。

第六条　交通运输重点项目支出，是指用于纳入交通运输行业规划范围的地方交通运输重点项目的支出，主要包括公路（含桥梁、隧道）建设、公路客货运枢纽（含物流园区）建设、内河水运建设以及国务院批准的其他支出。

该项支出分配采用项目法，具体各类型项目的投资补助标准按照交通运输发展规划执行。

第七条　一般公路建设项目支出，是指用于国家重点公路建设项目之外的一般公路建设项目的支出，主要包括支持农村公路（含桥梁）建设、农村公路渡口改造、农村客运站建设和普通公路危桥改造、安保工程、灾害防治工程等支出。

该项支出分配采用因素法，切块下达地方。

第八条　普通国省道灾毁恢复重建项目支出，是指补助地方因自然灾害及次生灾害导致普通国道、省道严重损毁而实施恢复重建的支出。支出范围包括：普通国道、省道因暴雨、台风、强震和雨雪冰冻等自然灾害及洪涝、滑坡、泥石流等次生灾害导致公路路基、路面、桥涵及其他交通设施严重受损，以恢复原用功能为主的重建性工程项目。

财政部、交通运输部根据灾损情况，共同商定普通国道、省道灾毁恢复重建资金年度支出的规模。资金年度总规模原则上不超过100亿元。该项支出分配采用项目法，具体项目补助标准按一般不超过重建项目工程造价的50%控制。

第九条 公路灾损抢修保通项目支出，是指补助国省干线公路（不含在建公路和收费公路）及其附属设施，因台风、暴雨、暴风雪、洪水、冰雹、内涝、地壳震动、山体滑坡、泥石流等自然灾害所发生的抢修保通支出。抢修保通工程按应急项目组织实施。

该项支出分配采取项目法，通过事后补助的方式，按每次公路灾损灾情类别分批次给予补助。一类灾情（灾情特别严重）不超过1000万元；二类灾情（灾情严重）不超过800万元；三类灾情（灾情较重）不超过600万元；四类灾情（灾情一般）不超过400万元。对已使用中央财政其他补助资金的项目，原则上不再安排。

公路灾损灾情类别，由交通运输部根据省级交通运输主管部门抢通资金申请报告，结合国家减灾委、国家防总、民政部、国家气象局、中国地震局、交通运输部路网中心等部门（单位）提供的灾情信息综合研究确定。必要时，交通运输部可采取抽样核查等办法对公路灾损情况进行核实。

第十条 农村老旧渡船报废更新项目支出，是指鼓励船龄达到或超过15年且仍在运营的农村渡口旅客渡运船舶（不包括客滚船和车客渡船）更新给予的奖励支出。奖励对象为2012年1月1日至2015年12月31日完成农村老旧渡船拆解并更新的船舶所有人。

该项支出分配采取据实结算的方式，具体补助标准：东部地区、中部地区、西部地区（西藏除外）分别为新造农村渡船造价的50%、60%、70%，单船奖励资金原则上不超过15万元。对西藏自治区给予新造农村渡船全额补助。

第十一条 交通运输节能减排项目支出，是指按国务院规定用于加快推进绿色循环低碳交通运输发展，推广应用节能减排产品和技术，提升行业节能减排监管和服务能力，促进实现国家和行业确定的公路水路节能减排目标等发生的支出。

该项支出分配通过“以奖代补”方式，由交通运输部根据项目性质、节能减排投资额、年节能减排量以及产生的社会效益等综合测算确定奖励额度。节能减排量和节能减排投资额应经第三方机构审核。对节能减排量可以量化的项目，奖励资金原则上与节能减排量挂钩，根据年节能量按每吨标准煤不超过600元或根据年替代燃料量按被替代燃料每吨标准油不超过2000元给予奖励；对于节能减排量难以量化的项目，按节能减排投资额的一定比例核定奖励额度，奖励比例原则上不超过设备购置费或建筑安装费的20%。

第十二条 公路甩挂运输试点项目支出，是指支持甩挂运输试点的运输企业和站场经营企业（以下简称试点企业）实施方案中甩挂作业站场建设或改造、甩挂运输车辆更新购置、甩挂运输管理信息系统建设或改造等支出。

该项支出分配采取项目法，通过“以奖代补”方式，根据项目的不同类别和实际情况，适用定额补助或比例补助。每个项目补助总额原则上不高于1000万元。

项目总投资额超过1亿元（含1亿元）的，采用定额补助。其中甩挂作业站场按照500万元/个的标准进行补助；管理信息系统按照50万元/套的标准进行补助；牵引车和挂车分别按照4万元/台和1.5万元/台的标准进行补助。

项目总投资额小于1亿元的，采用比例补助。甩挂作业站场建设或改造、牵引车购置更新、管理信息系统建设或改造按照投资总额的10%给予补助，挂车购置更新按照投资总额的20%给予补助。

第十三条 内河航道应急抢通项目支出，是指补助《全国内河航道与港口布局规划》中的内河高等级航道（不含长江干线）、国境国际河流航道和其他重要航道，因暴雨、台风、地震、雨雪冰冻等自然灾害所发生的应急抢修保通支出，以及国境国际河流航道因国防、外交或特殊航行需要所发生的应急抢修保通支出。

该项支出分配采取项目法，通过事后补助的方式，按照原则上不超过内河航道应急抢通工作发生的各项合理支出的50%给予补助。

第十四条 老旧汽车报废更新项目支出，是指鼓励按有关规定提前报废老旧汽车，或同时要求换购新车给予的补贴支出。

该项支出分配采取先预拨后清算方式，按照财政部、交通运输部和商务部联合发布的资金申请指南所公布的补贴标准，每年与各地进行清算，同时会同商务部参考各地汽车保有量、上一年度资金发放情况等因素，向省级财政部门预拨资金。

第三章　资金申请和审核

第十五条　交通运输部会同财政部，按照交通运输建设规划及交通运输事业发展的需求，联合向各省、自治区、直辖市、计划单列市（以下简称省级）交通运输主管部门、财政部门布置相关项目申报工作，明确申报要求。

第十六条　交通运输重点项目，由省级交通运输主管部门按照项目申报的有关要求组织项目申报工作，在与同级财政部门协商同意后，将符合条件并履行完基本建设审批程序的项目上报交通运输部，并附同级财政部门同意意见。省级财政部门将意见抄报财政部。交通运输部建立交通运输重点项目库，对地方上报的交通运输重点项目进行审核，将符合条件的项目纳入项目库，项目库实行滚动管理。

省级交通运输主管部门要结合实际情况逐步建立专项资金的省级项目库，并对项目库滚动管理，项目库与同级财政部门及财政部驻当地财政监察专员办事处共享。

第十七条　一般公路建设项目，由交通运输部根据规划建设任务量、补助标准等因素提出资金安排建议，适当向中西部地区、老少边穷地区以及农村公路通畅工程、普通公路危桥改造和安保工程倾斜。

第十八条　普通国道、省道灾毁恢复重建项目，由省级交通运输主管部门按交通运输部要求开展项目甄别，规范审批程序，在与同级财政部门协商同意后，上报交通运输部审核，并附同级财政部门同意意见。省级财政部门将意见抄报财政部。

已纳入规划拟进行改扩建的普通国道、省道项目应结合规划实施纳入国省道改扩建计划，不得申请灾毁恢复重建资金。

第十九条　公路灾损抢修保通项目，由省级交通运输主管部门会同同级财政部门向交通运输部提出应急补助资金申请，抄报财政部，申请材料应包括：灾害类型、影响时间、范围、程度；公路交通基础设施受损情况、公路交通阻断情况、公路抢修保通情况；公路灾损和申请抢通资金额度，以及《公路灾损和抢通情况统计表》（格式详见附表 1）。公路灾损按现值计算，不计修复时提高标准和便桥、便道费用。

交通运输部收到省级交通运输主管部门抢通资金申请报告后，对公路灾损灾情类别进行审核，提出抢通资金补助方案建议。

第二十条　农村老旧渡船报废更新项目，按照地方政府和渡船所有人自愿的原则申请，由地方政府组织实施。市（含省直管县）级交通运输主管部门和财政部门根据上年度本地区农村老旧渡船更新完成情况，填写申请表并在政府公开媒体和主要农村渡口将申请表（申请表式样由交通运输部制定公布）向社会公示 10 天无异议后，上报省级交通运输主管部门和财政部门。省级交通运输主管部门会同同级财政部门在审核汇总后于当年 3 月底前向交通运输部、财政部报送奖励资金申请文件和申请表。

第二十一条　财政部会同交通运输部、商务部，印发年度资金申请指南，对车购税资金用于交通运输节能减排、公路甩挂运输试点及老旧汽车报废更新三项支出相关内容予以明确。具体包括下一年度交通运输节能减排专项资金的支持领域、申请条件、申请与审核程序等；下一批公路甩挂运输试点支持范围、申报条件、申报与审核程序等；下一年度全国老旧汽车报废更新补贴车辆范围、补贴标准和申请程序等。

第二十二条　交通运输节能减排项目，由省级交通运输主管部门根据年度资金申请指南要求，会同财政部门，对申请单位编制的符合条件的项目申请材料进行初审后，联合上报交通运输部、财政部。

第二十三条 公路甩挂运输试点项目，由省级交通运输主管部门根据年度资金申请指南要求，会同财政部门，对申请单位编制的符合条件的项目申请材料进行初审后，报交通运输部、财政部。

第二十四条 内河航道应急抢通项目，由省级交通运输主管部门、财政部门联合向交通运输部、财政部提出应急补助资金申请，申请材料应包括：上一年度应急抢通工作总结及资金使用情况；本年度应急抢通工作情况及相应的文字、图像资料。交通运输部根据各省申报的材料，整理、汇总全国内河航道应急抢通完成情况，组织专家进行审查，并提出本年度应急补助资金分配方案建议。

第二十五条 老旧汽车报废更新补贴项目由商务部会同财政部指导省级商务主管部门、财政部门组织实施。市级商务主管部门应当会同财政部门设立老旧汽车报废更新联合服务窗口（以下简称联合服务窗口），受理、审核补贴资金申请。有条件的县可设立联合服务窗口。商务主管部门应当及时向社会公布联合服务窗口的设置地点、办公时间、负责人、联系方式等信息。

商务主管部门负责审核申请车辆是否属于申领补贴范围，相关申领手续是否真实、齐全、有效等，核对信息管理系统中回收的报废车辆有关信息，录入申请、补贴信息，综合协调、汇总数据等工作。财政部门负责对商务主管部门审核通过的补贴信息进行核对，对符合要求的车主拨付补贴资金。

省级财政部门应当会同商务主管部门于每年 3 月 31 日前将上一年度老旧汽车报废更新补贴工作总结和资金清算表（格式见附表 2）报送财政部、商务部，逾期不予受理。

第四章　资 金 下 达

第二十六条 交通运输部根据财政部下达的车购税资金规模，提出年度各类型项目支出规模建议报财政部审定（老旧汽车报废更新补贴资金按照国务院有关规定每年安排 3 亿元，当年结余结转下年度继续使用）。

第二十七条 交通运输部按照确定的相关项目资金支出规模，结合交通运输建设任务及项目前期工作准备或实施情况，提出各类型年度支出安排建议，于每年 4 月 30 日前报财政部审核，公路灾损抢修保通和内河航道应急抢通根据实际发生情况适时报送安排建议（商务部负责汇总全国老旧汽车报废更新补贴项目资金发放和清算情况，于每年 4 月 30 日前报送财政部并提出当年预拨项目资金建议方案）。

第二十八条 财政部对年度支出预算审核后，根据车辆购置税入库和支出情况，将车购税资金用于各类项目支出下达有关省级财政部门，同时抄送交通运输部（预拨及下达老旧汽车报废更新补贴资金抄送商务部）。

第二十九条 交通运输重点项目、普通国省道灾毁恢复重建项目资金一经下达，各有关单位要严格按照下达项目名称、金额和支出范围执行。在执行中，如确实需要对具体项目进行调整，应由省级交通运输主管部门联合财政部门向交通运输部、财政部提出申请，由交通运输部汇总审核后报财政部审批。

第三十条 车购税资金具体支付按照财政国库管理制度有关规定执行。

第三十一条 交通运输重点项目、一般公路建设项目和普通国省道灾毁恢复重建项目支出，如当年未执行完毕，可结转下年度继续使用。资金结余的具体使用办法，由省级财政部门商交通运输主管部门制定。

第五章　监 督 管 理

第三十二条 各级财政部门、交通运输主管部门要切实加强对车购税资金的监督管理，建立健全相关资金绩效评价制度，保证车购税资金得到科学、合理、安全、有效使用。交通运输部要加强对公路、水路国家重点基本建设项目的绩效监督和管理。

各级财政部门、商务主管部门应在各自职责范围内加强对老旧汽车报废更新补贴实施、资金发放、资料存档、信息统计上报等情况的跟踪检查和监督管理，确保资金安全和及时发放。财政部、商务部指导省级财政部门、商务主管部门对老旧汽车报废更新补贴实施监督管理。

第三十三条 交通运输重点项目资金的使用部门应当按照预算安排级次和决算管理的相关规定编制专项资金年度决算，纳入部门决算报同级财政部门审批。省级交通运输主管部门应当按照交通运输部的要求定期向交通运输部报送交通运输专项资金预算执行情况，并按要求编报资金使用情况统计表。

第三十四条 一般公路建设项目资金切块下达省级财政部门后，由省级交通运输主管部门会同同级财政部门，结合当地公路交通发展规划和本级财政资金安排情况，根据规定的范围和标准，将资金安排到具体项目，并由省级交通运输主管部门于每年 1 月 10 日前将上年具体项目安排情况报交通运输部备案。

第三十五条 对于农村老旧渡船报废更新项目支出，具体负责农村老旧渡船更新工作的单位或部门，应当指派专人到现场监督旧船拆解，拍摄照片，并收回全部报废船舶资料和证件建档留存。新建渡船应达到各地按原交通部、国家安全生产监督管理总局《关于印发渡口渡船安全管理整治实施方案的通知》（交海发〔2005〕412 号）制定的渡船标准。各地交通运输主管部门应组织研究制定适于本地区内河不同水域的农村渡船标准化船型，并推广应用。

第三十六条 财政部门会同交通运输主管部门对车购税资金的安排和使用情况组织不定期重点抽查（老旧汽车报废更新补贴由财政部门会同商务主管部门组织不定期重点抽查）。

对申报情况不真实的地区和单位，中央财政将相应扣减或收回车购税资金。对违反本办法规定，截留、挪用、骗取车购税资金的，依照《财政违法行为处罚处分条例》以及相关法律法规规定处理。

第六章 附 则

第三十七条 本办法由财政部会同交通运输部负责解释（老旧汽车报废更新补贴由财政部会同商务部负责解释）。

第三十八条 本办法自发布之日起施行。

第三十九条 《财政部 交通运输部关于印发〈车辆购置税用于交通运输重点项目专项资金管理暂行办法〉的通知》（财建〔2011〕93 号）、《财政部 交通运输部关于印发〈车辆购置税用于一般公路建设项目交通专项资金管理办法〉的通知》（财建〔2009〕230 号）、《财政部 交通运输部关于印发〈车辆购置税用于普通国省道灾毁恢复重建专项资金管理暂行办法〉的通知》（财建〔2013〕55 号）、《财政部 交通运输部关于印发〈公路甩挂运输试点专项资金管理暂行办法〉的通知》（财建〔2012〕137 号）、《交通运输部关于印发〈车辆购置税用于公路灾损抢修保通专项补助资金管理暂行办法〉的通知》（交财发〔2013〕142 号）、《财政部 交通运输部关于印发〈农村老旧渡船报废更新中央专项奖励资金管理办法〉的通知》（财建〔2013〕121 号）、《财政部 交通运输部关于印发〈交通运输节能减排专项资金管理暂行办法〉的通知》（财建〔2011〕374 号）、《财政部 商务部关于印发〈老旧汽车报废更新补贴资金管理办法〉的通知》（财建〔2013〕183 号）同时废止。

《财政部 交通部关于印发〈车辆购置税交通专项资金管理暂行办法〉的通知》（财建〔2000〕994 号）与此文不符处，以此文为准。

第四十条 除车购税资金外，中央公共财政预算中如有安排用于交通运输节能减排项目的参照本办法办理。

附表：1. 公路灾毁损失和抢通情况统计表

2. 20_年车辆购置税用于老旧汽车报废更新补贴资金清算表

附表 1

公路灾毁损失和抢通情况统计表

填报单位：　　　　　　　　　　　　　　201________年

项目			计量单位	序号	灾毁数量				其中：水毁数量				涉及金额（万元）		其中：水毁涉及金额（万元）	
					合计		其中：国省干线		合计		其中：国省干线		合计	其中：国省干线	合计	其中：国省干线
甲	乙		丙	丁	01	02	03	04	05	06	07	08	09	10	11	12
损失情况	路基		立方米/公里	01												
	路面	沥青路面	平方米/公里	02												
		水泥路面	平方米/公里	03												
		砂石路面	平方米/公里	04												
	桥梁	全毁	延米/座	05												
		局部毁	延米/座	06												
	隧道		延米/道	07												
	涵洞		道	08		—		—		—		—				
	防护工程	护坡	立方米/处	09												
		驳岸、挡墙	立方米/处	10												
	坍塌方		立方米/处	11												
	公路中断		处/条	12									—	—	—	—
	其他灾毁损失		万元	13	—	—	—	—	—	—	—	—				
	损失合计		万元	14	—	—	—	—	—	—	—	—				
抢通情况	已抢通公路		处/条	15									—	—	—	—
	已投入机械		台班	16		—		—		—		—	—	—	—	—
	已投入资金		万元	17	—	—	—	—	—	—	—	—				

单位负责人：　　统计负责人：　　填表人：　　联系电话：　　报出日期：201____年　　月　　日

填表说明：1. 本表填报本行政区域内所有国、省、县、乡、村道及专用公路灾毁损失及公路抢通情况统计数据。

2. 表中所称灾毁情况包含因水毁、气象、地震、地质等各类灾害造成的公路损毁情况。

3. 灾毁损失数量及水毁损失数量等是指当年发生的累计数量。

4. 表内逻辑关系：03 列≤01 列；04 列≤02 列；05 列≤01 列；06 列≤02 列；07 列≤03 列；07 列≤05 列；08 列≤04 列；08 列≤06 列；10 列≤09 列；11 列≤09 列；12 列≤10 列；12 列≤11 列；对于 09 列－12 列，14 行＝01 行＋02 行＋03 行＋04 行＋05 行＋06 行＋07 行＋08 行＋09 行＋10 行＋11 行＋13 行。

附表 2

20 __年车辆购置税用于老旧汽车报废更新补贴资金清算表

填表单位：

地区	上年结余资金（万元）	本年资金发放情况									资金缺口（万元）	结余资金（万元）	备注
		预拨金额（万元）	补贴车辆数（辆）				发放补贴资金（万元）						
			合计	××车型	××车型	……	合计	××车型	××车型	……			
合计													
1. ××地区（市/州）													
2. ××地区（市/州）													
……													

备注：1. 本表要求分市（州）填写并汇总。

2. 本表需加盖填报单位公章。

64. 交通运输部关于贯彻实施《中华人民共和国行政诉讼法》的通知

（交法发〔2015〕79号）

各省、自治区、直辖市、新疆生产建设兵团交通运输厅（局、委），部属各单位，部内各司局、驻部监察局：

新修改的《中华人民共和国行政诉讼法》（以下简称《行政诉讼法》）已于2015年5月1日实施。为做好《行政诉讼法》的贯彻实施工作，加快推进交通运输法治政府部门建设，现将有关事项通知如下：

一、深刻认识贯彻实施《行政诉讼法》的重要意义

（一）贯彻实施《行政诉讼法》是推进依法治国，建设交通运输法治政府部门的重要内容。

行政诉讼是人民法院维护社会公平正义、解决行政争议、监督行政机关依法行使职权的重要法律制度。新修改的《行政诉讼法》着力解决行政诉讼立案难、审理难、执行难等问题，扩大了受案范围，完善了审理程序，创新了执行措施，是加强法治政府建设的重大举措，对加快推进交通运输法治政府部门建设提出了新的更高要求。各级交通运输部门要从全面推进依法治国、建设法治政府的高度，充分认识贯彻实施《行政诉讼法》的重大意义，深刻领会其立法精神，准确掌握其主要内容，加大贯彻实施力度，深入推进交通运输法治政府部门建设。

（二）贯彻实施《行政诉讼法》是维护群众合法权益，构建和谐交通的重要途径。

随着交通运输改革发展进程加快，以及公民权利意识、法律意识的不断增强，近年来交通运输领域行政争议呈现多发态势。依法有效解决行政争议，关系人民群众切身利益，关系社会和谐稳定。各级交通运输部门必须不断加强和改进交通运输管理工作，依据法定权限和程序履行职责，引导和支持当事人通过行政诉讼依法维权，强化法律在维护群众权益、化解社会矛盾中的权威，建设和谐交通。

（三）贯彻实施《行政诉讼法》是规范行政权力，提升交通运输依法行政能力的重要抓手。

强化对行政权力的制约和监督是建设法治政府的必然要求。行政诉讼是监督行政机关依法行使职权的一项重要机制，通过审查行政行为，发现行政管理中的典型问题，纠正违法和不当行政行为，引导和推动行政权力规范运行。当前，交通运输行业正处于全面深化改革、转型升级的关键时期，通过行政诉讼的监督功能，能够有效促进交通运输改革发展在法治的轨道上推进，能够有效确保交通运输管理和服务职责依法履行，不断提升交通运输依法行政能力和水平。

二、严格落实《行政诉讼法》的新要求

（一）准确把握《行政诉讼法》受案范围，严格依法履行法定职责。

新修改的《行政诉讼法》显著扩大了受案范围，将原法中的“具体行政行为”全部改为“行政行为”；受案范围列举条款从原来的8项增加到12项，例如增加了对行政机关征收、征用决定及其补偿决定不服的案件、行政机关滥用行政权力排除或者限制竞争案件、政府特许经营协议案件等，并将保护的权益范围由“人身权、财产权”修改为“人身权、财产权等合法权益”；明确了直接相对人以外的利害关系人也有原告资格。各级交通运输部门要恪守法无授权不可为、法定职责必须为，依法全面正确履行法定职责，严格遵守法定程序，切实保障当事人合法权益，从源头上减少行政争议产生的可能性，有效防范被诉风险，全面推进依法行政。

（二）主动适应对规范性文件的一并请求审查制度，加强规范性文件监督管理。

新修改的《行政诉讼法》确立了原告对规范性文件的一并请求审查制度，对规范性文件的监督管理提出了新的要求。各级交通运输部门一方面要进一步加强对规范性文件的监督管理，严格执行规范性文件合法性审查制度，严禁规范性文件创设行政许可、行政处罚、行政强制、行政收费和违法限制、剥夺公民、法人或者其他组织权利或者增加其义务，确保在权限范围内制定规范性文件，另一方面在收到法院对规范性文件的司法建议时，要认真对待，及时作出处理，并按照法院要求进行反馈。

（三）积极应对复议机关共同被告新要求，充分发挥行政复议制度功能。

为解决目前行政复议维持率高的问题，新修改的《行政诉讼法》确定了复议机关共同被告制度。各级交通运输部门要全面加强行政复议工作，纠正对行政复议工作认识上的偏差，切实解决机构不健全、领导重视程度不够、案件审理干扰多、纠错难、执行难等问题。要严格依法作出行政复议决定，该撤销的坚决撤销，该确认违法的坚决确认违法。要合理划分应诉职责，对于复议机关决定维持原行政行为后产生的共同被告的诉讼案件，原行政行为作出机关负责对行政行为进行应诉答辩，复议机关负责对复议决定进行应诉答辩，相互之间要做好协助配合；复议机关决定改变行政行为产生诉讼的，复议机关负责对复议决定进行应诉，原行政行为作出机关协助办理；当事人直接对行政行为提起行政诉讼的，行政行为作出机关的相关业务机构负责应诉，复议机构协助办理。

（四）认真对待法院生效裁判，依法履行执行义务。

新修改的《行政诉讼法》加大了行政机关不执行人民法院生效裁判的法律责任，一是将行政机关拒绝履行的情况予以公告，二是将原法处罚行政机关修改为处罚行政机关负责人，三是对拒不履行生效裁判，社会影响恶劣的，对直接负责的主管人员和其他直接责任人员予以拘留；情节严重，构成犯罪的，依法追究刑事责任。各级交通运输部门要自觉接受人民法院的司法监督，严格执行人民法院作出的生效判决、裁定和调解书。要认真对待人民法院提出的司法建议，深入分析查找原因，做好相应处理工作，并按照司法建议书的要求反馈人民法院。

（五）高度重视行政机关负责人出庭应诉。

新修改的《行政诉讼法》规定，被诉行政机关负责人应当出庭应诉，确立了在行政诉讼案件中，被诉行政机关负责人应当出庭应诉的原则。各级交通运输部门要抓紧建立负责人出庭应诉制度，明确、细化负责人应当出庭的情形、程序等。对于下列两类案件，各级交通运输部门尤其要高度重视，负责人应当出庭应诉：一是人民法院一审判决交通运输部门败诉，二审开庭审理的行政诉讼案件；二是出庭应诉更有利于化解争议的行政诉讼案件。

三、加强组织领导，确保《行政诉讼法》顺利实施

（一）提高认识，强化领导。

各级交通运输部门要将贯彻实施《行政诉讼法》列入法治政府部门建设重要任务，并纳入年度考核。各级交通运输部门负责人要着力解决对行政诉讼重视不够、行政应诉力量不足、分工不明、职责不清、权责不对等的问题，保障《行政诉讼法》顺利实施。要高度重视被人民法院判决撤销、变更或者确认违法的案件，举一反三，分析问题根源，健全管理制度。要建立行政应诉情况通报机制，不定期通报行政应诉情况。

（二）抓好培训，广泛宣传。

各级交通运输部门要采用多种形式组织开展《行政诉讼法》培训，将其作为尊法学法守法用法的重要内容，增强工作人员尤其是领导干部防范被诉风险的意识，切实提高运用法治思维和法治方式解决问题的能力和水平。要将宣传《行政诉讼法》纳入普法的重要内容，引导群众通过法定途径表达诉求、解决争议，努力推动形成办事依法、遇事找法、解决问题用法、化解矛盾靠法的社会氛围。

（三）加强保障，提升能力。

随着《行政诉讼法》的实施，交通运输行政诉讼案件数量将呈上升态势，各级交通运输部门应当根据行政诉讼案件数量和工作需要，充实行政应诉人员，加强行政应诉业务培训，落实行政应诉经费，保证行政应诉能力与工作任务相适应。要全面建立法律顾问制度，组建由专业律师、知名专家等构成的法律顾问团队，为本部门办理行政复议案件、行政应诉、制定重大行政决策、推进依法行政提供服务和支持。

《行政诉讼法》的贯彻实施，是当前和今后一段时间交通运输法治政府部门建设的一项重要工作。各级交通运输部门要认真组织学习，严格贯彻实施，并以此为契机，推进依法行政工作向更深层次、更高水平迈进。上级交通运输部门要加强对下级交通运输部门的指导和监督，各地贯彻实施情况和实施过程中遇到的新情况、新问题，请及时报交通运输部。

65. 交通运输部　农业农村部　国务院扶贫办关于命名“四好农村路”全国示范县的通知

（交公路发〔2019〕137号）

各省、自治区、直辖市、新疆生产建设兵团交通运输厅（局、委）、农业（农牧、农村经济）厅（局、委）、扶贫办（局）：

为深入贯彻落实习近平总书记关于“四好农村路”建设重要指示精神，按照《交通运输部　农业农村部　国务院扶贫办关于联合开展“四好农村路”全国示范县创建和命名工作的通知》（交公路发〔2018〕76号）部署，经县级申请、对标遴选、省市核查、专家评审、实地复核等程序，交通运输部、农业农村部、国务院扶贫办决定，命名北京市顺义区等83个县（市、区）为“四好农村路”全国示范县，现予以公布。

各“四好农村路”全国示范县要珍惜荣誉，进一步完善体制机制、强化保障措施，加快实现农村公路建管养运协调可持续发展，率先探索出“四好农村路”高质量发展的成功实践之路。各级交通运输主管部门要认真总结、宣传推广全国示范县的好经验和好做法，切实发挥好全国示范县的示范引领作用，推动“四好农村路”各项工作深入开展。各省、市级交通运输、农业农村、扶贫主管部门要有序协调、紧密配合，完善全国示范县的管理机制，确保“树标杆、立模范”的激励引领作用充分发挥，全面推动“四好农村路”高质量发展，为实施乡村振兴战略和实现农业农村现代化提供坚实保障。

附件：“四好农村路”全国示范县名单

附件

“四好农村路”全国示范县名单

北　京：顺义区
天　津：武清区、蓟州区
河　北：香河县、邱县、威县、辛集市
山　西：阳曲县、左权县、沁水县
内蒙古：伊金霍洛旗、赤峰市松山区、达尔罕茂明安联合旗
辽　宁：庄河市、盘山县
吉　林：临江市、梅河口市、磐石市
黑龙江：尚志市、海伦市、虎林市
上　海：崇明区
江　苏：南京市高淳区、盐城市盐都区、宜兴市
浙　江：瑞安市、长兴县、淳安县
安　徽：临泉县、利辛县、岳西县
福　建：上杭县、福安市、松溪县
江　西：德兴市、泰和县、莲花县
山　东：巨野县、五莲县、聊城市东昌府区、无棣县
河　南：孟州市、孟津县、鄢陵县、桐柏县
湖　北：南漳县、江陵县、崇阳县
湖　南：临澧县、安仁县、平江县、永州市冷水滩区
广　东：广州市增城区、乐昌市、陆河县
广　西：平南县、凤山县
海　南：琼中黎族苗族自治县
重　庆：大足区、石柱土家族自治县
四　川：蒲江县、邻水县、高县、苍溪县
贵　州：盘州市、玉屏侗族自治县、贞丰县
云　南：陆良县、鹤庆县、香格里拉市
西　藏：谢通门县、琼结县
陕　西：兴平市、石泉县、西安市鄠邑区、商南县
甘　肃：广河县、合水县
青　海：大通回族土族自治县
宁　夏：吴忠市红寺堡区
新　疆：昌吉市、新和县
兵　团：五家渠市

66. 交通运输部　国家发展改革委　财政部　自然资源部　农业农村部　国务院扶贫办　国家邮政局　中华全国供销合作总社关于推动“四好农村路”高质量发展的指导意见

（交公路发〔2019〕96号）

推动“四好农村路”高质量发展是贯彻落实习近平总书记关于“四好农村路”重要指示精神、满足新时代人民群众对美好生活需要的重要举措，是支撑服务脱贫攻坚、乡村振兴和建设现代化经济体系的客观要求，是推动交通运输高质量发展、建设交通强国的应有之义，现就推动“四好农村路”高质量发展提出如下意见。

一、总体要求

（一）指导思想。

以习近平新时代中国特色社会主义思想为指导，全面贯彻落实党的十九大和十九届二中、三中全会精神，深入贯彻落实党中央、国务院决策部署，坚持以人民为中心的发展思想，坚持新发展理念，以推动“四好农村路”高质量发展为主题，以深化供给侧结构性改革为主线，以实施补短板、促发展、助增收、提服务、强管养、重示范、夯基础、保安全“八大工程”为重点，以改革创新为根本动力，聚焦突出问题，完善政策机制，加快农村公路发展从规模速度型向质量效益型转变，有力支撑交通强国建设，为服务打赢脱贫攻坚战、实施乡村振兴战略和建设现代化经济体系提供坚实的农村交通运输保障。

（二）基本原则。

坚持党的领导，推动完善党委领导、政府主导、行业指导、部门联动的工作机制，进一步夯实地方政府主体责任；坚持农民主体地位，尊重农民意愿，不断增强农民获得感、幸福感、安全感；坚持改革创新，破除制约高质量发展的体制机制障碍；坚持绿色发展，实现路与自然和谐共生；坚持统筹推进，促进农村公路与产业融合发展；坚持因地制宜，结合农村交通运输发展特征和需求差异，分类指导、精准施策。

（三）发展目标。

到2025年，农村交通条件和出行环境得到根本改善，基本建成布局合理、连接城乡、安全畅通、服务优质、绿色经济的农村公路网络，政策体系基本健全，建管养运可持续发展长效机制基本建立，治理能力和水平显著提高，物流体系基本完善，运输服务品质显著提升，服务乡村振兴战略、统筹城乡发展和建设现代经济体系作用明显。

到2035年，城乡公路交通公共服务均等化基本实现，体系完备、治理高效的农村公路管理养护体制机制全面建立，农村公路全面实现品质高、网络畅、服务优、路域美，有效支撑交通强国建设，服务乡村振兴战略、统筹城乡发展和建设现代经济体系作用更加充分。

到2050年，农村交通更加安全便捷、智能高效、绿色低碳，充分满足广大群众对美好出行的需求，保障乡村全面振兴，助力建成社会主义现代化强国。

二、工作重点

（一）实施“脱贫攻坚补短板工程”。加快补齐农村交通供给短板，向深度贫困地区聚焦发力，重点解决通硬化路、通客车等问题。加大农村公路“油返砂”和“畅返不畅”整治力度。加大通客车不达标路段的建设改造力度，因地制宜推动农村公路加宽改造，完善安保设施。加快推进撤并建制村、抵边自然村、云南“直过民族”和沿边地区20户以上自然村通硬化路建设。2019年底前实现具备条件的乡镇和建制村通硬化路，2020 年底前实现具备条件的建制村通客车，为广大农村实现全面建成小康提供有力支撑。

（二）实施“乡村振兴促发展工程”。科学规划、扎实推进农村公路建设，构筑畅通优质路网系统，重点解决农村公路等级低、路网不完善等问题，引领乡村产业发展。统筹考虑城镇和乡村发展，强化国土空间规划、乡村振兴规划指导约束作用，因地制宜构建层次清晰、功能完备的农村公路网络。加快路网提档升级，有序推进低等级公路升级改造。推进“农村公路＋产业”融合发展，与旅游、产业发展规划有效衔接，加快通往主要产业经济节点公路建设，推进国有农林场公路建设。结合村庄布局调整，分类推进自然村组通公路建设，更多地向进村入户倾斜。按职责推进村内道路建设。鼓励将农村公路与产业、园区、乡村旅游等经营性项目实行一体化开发。鼓励农村公路在适宜位置增设服务设施，拓展路域旅游服务功能。强化路域环境治理，结合农村人居环境整治，坚持路域环境治理与村容村貌改善同步实施，持续推进“路田分家”“路宅分家”，打造“畅、安、舒、美”出行环境。到 2025 年，有需求的地区实现乡乡都有产业路或旅游路，全国农村公路等级公路比例平均达到95％以上。

（三）实施“凝聚民心助增收工程”。充分调动各方特别是农民群众的积极性，切实发挥农民群众主体作用，使群众成为农村公路发展的参与者、监督者和受益者。建立和完善村道议事机制，鼓励采取一事一议、以工代赈等方式组织村道管养工作。通过设置多种形式公益性岗位，吸收农民群众特别是贫困户参与农村公路建设、养护。推广将村道日常养护交由农民群众承包，鼓励农民群众参与配套设施的经营维护，帮助农民创收增收。落实“七公开”制度，引导农民群众参与农村公路工程监督和项目验收，推行养护信息公开，将农民群众满意度纳入农村公路考评体系，切实提升农民群众的话语权。

（四）实施“统筹城乡提服务工程”。推进城乡交通运输一体化发展，推动运输服务提质升级，建立优质高效、开放共享的运输服务体系。扩大农村客运覆盖范围，建立农村客运可持续稳定发展长效机制，完善用地、资金、财税扶持等支持政策，实现农村客运“开得通、留得住、有收益”。创新农村客运运营组织模式，因地制宜采取城市公交延伸、农村客运公交化运营、农村客运班线、区域经营、预约响应等客运模式，鼓励农村客运车辆代运邮（快）件。坚持“资源共享、多站合一”，鼓励农村客货统筹、运邮协同、物流配送发展，将管理、养护、客运、货运、物流、邮政、供销网点、快递、电商等多种服务功能整合融为一体，提升站点覆盖率。推进县、乡、村三级物流网络节点建设，改造完善田头市场设施设备，鼓励推广应用新能源、冷藏保温等专业设备和车型，提升农村物流综合服务能力。到 2020 年，基本实现全国建制村直接通邮。到 2022 年，通过邮政、快递渠道基本实现建制村电商配送服务全覆盖。到 2025 年，县、乡、村三级农村物流网络体系进一步完善。

（五）实施“长效机制强管养工程”。加快推进农村公路建设和管养体制改革，建立管养长效机制，重点解决重建轻养、资金不足、机制不健全等问题。推动出台《深化农村公路管理养护体制改革的意见》，加快形成权责清晰、齐抓共管、高效运转的管理机制和以各级公共财政投入为主、多渠道筹措为辅的资金保障机制。强化责任落实，定期开展绩效考核，建立考核结果与财政资金安排相挂钩的考核机制。建立专群结合养护运行机制，分类有序推进农村公路养护工程市场化改革。创新养护运行机制，鼓励将农村公路建设和一定时期的养护进行捆绑招标施工方；鼓励将干线公路建设养护与农村公路捆绑实施；鼓励通过签订长期养护合同、招投标约定等方式引导企业参与，提高养护机械化水平；探索开展农村公路灾毁保险。到 2022 年，县、乡级农村公路管理养护责任落实率达到 100％，农村公路管理机构运行经费及人员支出纳入政府预算安排的比例达到 100％，农村公路列养率达到100％，年均养护工程实施比例不低于 5％；到 2025 年，优良中等路率达 80％以上。

（六）实施“典型带动、示范引领工程”。深化示范县创建，健全发展长效机制，发挥示范引领作用，将“四好农村路”全国示范县打造成推动“三农”工作的金字招牌。结合实际，探索开展示范市创建、“爱路日”活动等示范创建，鼓励地方在推动“四好农村路”高质量发展中建立新机制、出台新政策、尝试新方法，鼓励有条件地区在高质量发展上实现新突破。开展“美丽农村路”建设，结合美丽乡村建设，建设宜居宜业宜游的“美丽农村路”。积极弘扬公路文化，深挖彰显本地特色的公路发展历程和人文底蕴，推动优秀公路文化传承和创新。到2025年，每个地市至少创建一个省级示范县，实现乡乡都有美丽农村路。

（七）实施“现代治理夯基础工程”。重点解决法治保障、基层治理能力不足等问题，提升农村公路治理能力。推进修订公路法，加快《农村公路条例》立法进程，加快推动农村公路地方立法。完善政策体系，强化政策引导和能力建设指导。大力推行“路长制”，进一步完善农村公路治理体系。强化路政管理和执法能力建设，加强路产路权保护，加大农村公路超限运输治理力度，按需依法依规设置乡道、村道限高、限宽设施及警示标志，探索通过民事赔偿保护路产路权，将爱路护路要求纳入乡规民约和村规民约。完善技术指导体系，因地制宜推动地方标准规范建设，加快构建绿色、美丽公路指标体系，加大公路建养技术指导力度，大力推广农村公路科技成果。积极应用卫星遥感等技术，完善统计监测体系。加强新一代信息技术融合应用，推动农村公路智能化升级。到2022年，农村公路法规体系基本健全，形成“有人养路、有钱养路、有人管路”的工作格局，建立“县有路政员、乡有监管员、村有护路员”的路产路权保护队伍，爱路护路乡规民约、村规民约制定率达到100%。

（八）实施“放心路、放心桥、放心车保安全工程”。政府主导、部门联动，切实抓好质量安全保障工作，提升建设质量和服务品质。严格执行农村公路建设质量、安全监督管理相关法规规定，实行建设、勘察、设计、施工、监理、检测六方质量责任终身制。建立健全信用评价制度，构建以质量为核心的信用评价机制。加快完善农村公路防护设施，加强急弯陡坡、临水临崖等高风险路段整治，严格执行安全设施“三同时”制度。加强桥梁管理和重点桥梁定期检测，落实桥梁养管“十项制度”，加大危桥改造力度，实现危桥总数逐年下降。进一步落实农村客运班线通行条件联合审核机制，落实多部门联合审核职责。提升农村客运动态监控能力。到2020年，基本完成县乡道安全隐患治理；到2025年，农村公路工程质量耐久性、抗灾能力得到显著增强，安全保障水平进一步提升，群众安全感、获得感、幸福感进一步增强。

三、保障措施

（一）强化政治担当。切实提高政治站位，增强“四个意识”，坚定“四个自信”，做到“两个维护”，把贯彻落实习近平总书记关于“四好农村路”重要指示精神作为一项重大政治任务，充分认识推动“四好农村路”高质量发展的重要意义，将此项二作摆上重要议事日程，强化任务分解、责任落实。

（二）加强组织领导。发挥党总揽全局、协调各方的领导核心作用，形成上下联动、密切配合、齐抓共管的工作局面，为推动“四好农村路”高质量发展提供政治保证和组织保障。推动省级、地市级人民政府为“四好农村路”高质量发展创造有利政策环境，切实落实县级主体责任，发挥好乡、村主力作用，充分调动农民群众的积极性、主动性，因地制宜制定贯彻措施，确保重点工作落地落实。

（三）强化要素保障。地方各级发展改革、财政、自然资源、交通运输、农业农村、邮政、扶贫、供销等有关部门要制定出台相关支持政策。进一步完善中央对地方转移支付制度，在均衡性转移支付中进一步考虑农村公路管理养护因素，加大中央对贫困地区支持力度。继续通过车购税资金等现有渠道支持农村公路建设。完善成品油税费改革转移支付政策，合理确定转移支付规模，加大对普通公路的支持力度。推动将农村公路建设、管理、养护、运营资金纳入一般公共财政预算统筹安排。努力拓宽筹资渠道，发挥好政府资金的引导和激励作用，采用资金补助、先建（养）后补、以奖代补、一般债券等多种方式保障农村公路资金供给，按规定用好税收返还等相关政策，积极争取金融机构支持，积极引导社会资本参与。实施农村公路分类管理，落实中央有关文件要求，简化一般农村公路建设审批程序。稳定农村公路建设用地政策，合理安排土地利用计划，保障农村公路发展需要。

（四）强化责任落实。推动将“四好农村路”高质量发展纳入地方各级人民政府绩效考核，建立健全激励约束机制，将考核结果与财政补助资金挂钩，对工作推进情况良好的，给予奖励或增量补贴；对工作推进情况较差的，实行约谈、责令整改、扣减补贴等措施，充分发挥激励考核“指挥棒”效应。各级交通运输主管部门要会同有关部门定期开展监督检查，适时调整政策取向。加强宣传和舆论引导，为“四好农村路”高质量发展营造良好的社会舆论氛围。

67. 交通运输部　财政部贯彻落实《国务院办公厅关于深化农村公路管理养护体制改革的意见》的通知

（交公路发〔2020〕26号）

各省、自治区、直辖市、新疆生产建设兵团交通运输厅（局、委）、财政厅（局）：

为深入贯彻落实《国务院办公厅关于深化农村公路管理养护体制改革的意见》（国办发〔2019〕45号，以下简称《意见》），进一步管好、护好农村公路，加快建立农村公路管理养护长效机制，现就有关事项通知如下：

一、充分认识深化农村公路管理养护体制改革的重要意义

深化农村公路管理养护体制改革是贯彻落实习近平总书记等中央领导同志关于“四好农村路”建设重要指示批示精神的重要举措，是适应财税体制、预算体制、中央与地方财政事权改革和事业单位分类改革的迫切要求，是推动“四好农村路”高质量发展、加快建设交通强国的重要内容，是支撑服务脱贫攻坚和乡村振兴、满足新时代人民群众对美好生活需要的重要保障。《意见》聚焦解决“四好农村路”发展中管好、护好的短板问题，对深化农村公路管理养护体制改革进行统筹谋划和顶层设计，是新时期指导农村公路发展的纲领性文件，意义重大，影响深远。

农村公路管理养护工作是一项长期的系统性工程，涉及面广、难度大、政策性强。各级交通运输、财政部门要认真贯彻落实党中央、国务院的决策部署，深刻学习领会《意见》提出的改革精神、改革部署、改革要求，进一步增强责任感和紧迫感，把深入贯彻落实《意见》要求、深化农村公路管理养护体制改革作为当前和今后一段时期农村公路工作的重点，加强领导、周密组织、积极配合、有序推进，确保改革顺利进行。

二、研究制定实施方案

各省级交通运输部门要主动作为，在省级人民政府统一领导下，牵头与财政部门共同建立上下协调、部门联动、层层落实的工作机制，积极推动改革实施。各省级交通运输、财政部门要积极推动各省级人民政府对照《意见》要求，因地制宜研究制定深化农村公路管理养护体制改革实施方案，着力补短板、强弱项、抓重点、求实效，明确改革任务落地的时间表、路线图、成果形式，细化工作举措、责任主体、考核问责等内容，确保各项改革任务落到实处。2020年6月30日前要将实施方案抄送交通运输部、财政部，并按要求向社会公开。

三、坚决落实改革重点任务

（一）落实责任，健全农村公路管理养护体系。

《意见》明确了地方各级人民政府和村民委员会的农村公路管理养护职责，各省级交通运输、财政部门要在省级人民政府的统一领导下，认真履职尽责，推动省级人民政府明确省级相关部门和市、县级人民政府农村公路管理养护权力和责任清单，加强统筹和指导监督，切实落实县级人民政府主体责任，发挥好乡、村主力作用，充分调动农民群众的积极性、主动性。

各省级交通运输、财政部门要积极推动省级人民政府建立健全农村公路管理养护工作机制，加强安全和信用管理，强化法规政策和队伍建设；大力推行县、乡、村三级路长制，因地制宜建立健全路长管理责任体系和运行机制；强化管理养护能力建设，优化机构职责配置，完善人才培养吸引和激励保障制度，落实乡级专职工作人员，开发公益岗位；对市、县级人民政府进行绩效管理，建立农村公路管理养护考核机制并将考核结果与相关投资挂钩。

（二）加大投入，强化农村公路管养资金保障。

地方各级财政、交通运输部门要在各级人民政府的统一领导下，积极做好农村公路管理养护资金的筹措、使用和监管工作，细化实化资金政策措施，加大投入力度。在制定改革实施方案时，要结合管理养护需求和资金投入实际明确以下资金保障政策：

1. 落实养护工程资金补助政策。继续执行省级人民政府对农村公路养护工程的补助政策，其中成品油税费改革新增收入替代原公路养路费部分（包括成品油税费改革转移支付的“替代性返还＋增长性补助”，以下简称“替代养路费部分”）补助农村公路养护工程的方式由原来的按里程定额补助（“7351”补助标准）转变为按比例补助。明确“替代养路费部分”不得低于本省改革基期年（2009年）公路养路费收入占“六费”收入的比例，“替代养路费部分”中用于农村公路养护工程的资金（省级补助资金与切块到市县部分之和）不得低于“替代养路费部分”的15%，实际高于上述比例的不得降低。同时，应满足《意见》提出的“替代养路费部分”用于普通公路养护的比例一般不得低于80%，且不得用于公路新建。

2. 落实日常养护资金补助政策。省、市、县三级公共财政资金（不含“替代养路费部分”）用于农村公路日常养护的总额不得低于以下标准：县道每年每公里10000元，乡道每年每公里5000元，村道每年每公里3000元。要根据区域发展水平，明确省、市、县三级公共财政投入的比例。

3. 优化养护资金支出结构。将农村公路养护资金及管理机构运行经费和人员支出纳入一般公共财政预算。2022年起，成品油税费改革转移支付资金用于普通公路养护部分不再列支管理机构运行经费和人员等其他支出。

4. 建立动态调整机制。农村公路养护工程和日常养护补助政策，应建立与里程、养护成本变化等因素相关联的动态调整机制，原则上调整周期不超过五年。

5. 强化资金使用监管。地方各级财政、交通运输部门要加强资金使用监管，严格防控债务风险，公共财政资金实施全过程预算绩效管理，按规定对社会公开，接受群众监督，不断提升资金配置效率和使用效益。

6. 拓宽投融资渠道。发挥好政府资金的引导作用，采用资金补助、先养后补、以奖代补等多种方式支持农村公路养护。将农村公路发展纳入地方政府一般债券重点支持范围。按规定用好均衡性转移支付、税收返还等相关政策，积极探索将农村公路相关附属设施等有收益的项目与农村公路养护打包运行，创新资金筹措方式，拓宽资金来源渠道。

（三）创新机制，促进农村公路转型发展。

按照《意见》要求分类有序推动农村公路养护市场化改革，逐步建立政府与市场合理分工的养护生产组织模式，通过市场化的手段提高养护专业化、机械化水平。坚持以人民为中心的发展思想，继续把增强人民群众获得感、幸福感、安全感放到突出位置，充分发挥群众主观能动性，激发农村公路管理养护可持续发展的内生动力。

坚持绿色发展，节约集约利用资源，严守生态保护红线，实现路与自然和谐共生。大力开展“美丽农村路”建设，切实提升路域环境，将交通之美融入村容整体环境美当中。

坚持融合发展，推进农村公路与特色产业、乡村旅游等多元融合。积极拓展农村公路服务功能，为农村公路持续发展注入新动力。

坚持智慧发展，推动运用新技术、新手段赋能农村公路管理养护工作。加强5G、北斗、互联网、物联网、大数据、卫星遥感等新技术的应用，不断提升农村公路管理效能和养护水平。

四、加快开展改革试点工作

按照《意见》提出的完善管理养护体制、强化资金保障、建立长效机制等重点改革任务，各省级交通运输、财政部门要结合加快建设交通强国要求，推动省、市、县人民政府围绕试点推荐主题（见附件）积极开展试点创建工作，并遴选部分工作基础较好、典型示范带动性强、推广价值高的试点区（可以省、市、县名义申报，以县为主）向交通运输部和财政部推荐。试点区推荐报告应于2020年4月30日前提交，内容包括试点主题、试点单位、试点内容、预期成效等。交通运输部、财政部将择优遴选部分推荐试点区加强跟踪指导，并将好的经验做法纳入后续“四好农村路”示范创建工作中。

五、建立健全改革保障机制

（一）健全协同联动机制。

地方各级交通运输、财政部门要积极推动地方各级人民政府建立协同联动机制，出台配套政策措施，有序推进《意见》及实施方案落地见效，切实落实主体责任。各级交通运输部门要主动作为，既要做好具体改革举措推进，又要做好牵头改革任务统筹协调；既要抓好本部门改革，又要加大对地方改革的指导。加强宣传和舆论引导，为深化改革营造良好的社会舆论氛围。

（二）完善考核激励机制。

各省级交通运输、财政部门要推动将农村公路管理养护工作纳入地方各级人民政府绩效考核、五级书记抓乡村振兴考核等，建立健全激励约束机制，将考核结果与财政补助资金挂钩，对工作推进情况良好的，给予奖励或增量补助；对工作推进情况较差的，实行约谈、责令整改、扣减补助等措施，充分发挥激励考核“指挥棒”作用。

（三）强化跟踪督导落实。

各省级交通运输部门要会同有关部门定期开展督导和评估，跟踪分析改革进展情况，评估改革推进效果，及时研究解决矛盾问题，适时调整政策措施，抓好改革落实，提升改革实效。各省级交通运输、财政部门每年年底前要分别向交通运输部和财政部报送改革进展情况。

附件：深化农村公路管理养护体制改革试点推荐主题和内容

附件

深化农村公路管理养护体制改革试点推荐主题和内容

序　号	试点主题	试点内容
1	路长制	1. 结合当地实际，出台具有当地特色的“路长制”制度文件，且该制度文件对农村公路管理具有指导意义，可操作性强，实施效果好； 2. 三级“路长制”管理体系完善，县乡级路长办公室挂牌成立； 3. 建立乡村道路专管员制度
2	创新养护生产模式	1. 引导和吸纳当地农民群众参与农村公路质量监督、日常管护； 2. 推进农村公路养护市场化改革； 3. 引入专业养护企业，提高养护专业化、机械化水平
3	信息化管理	1. 利用信息化手段对农村公路养护情况进行监测； 2. 通过信息化平台进行绩效管理和考核评估； 3. 在农村公路管理养护中应用手机 APP
4	美丽农村路	1. “实”：坚持因地制宜； 2. “安”：提升安全水平； 3. “绿”：保护生态环境； 4. “美”：引领人居环境改善； 5. 结合美丽乡村建设、农村人居环境整治，将自然生态、风土人情、传统文化融入农村公路规划、设计、建设，做到公路与沿线周边乡村风貌、田园风光、农业园区充分融合
5	资金保障	1. 落实《意见》对农村公路养护资金的规定； 2. 省、市、县三级一般财政收入加大对农村公路养护的保障力度； 3. 在省、市、县三级日常养护资金分配比例上，统筹考虑各区域经济、自然条件、路况水平等因素，差异化设置省、市、县三级承担比例
6	创新投融资机制	1. 发行一般债券支持农村公路发展； 2. 将农村公路与产业、园区、乡村旅游等实行一体化开发，实现相互促进、互利共赢； 3. 探索新的农村公路投融资机制
7	信用评价机制	1. 省级交通运输部门建立完善农村公路信用评价机制； 2. 县级以上交通运输部门对农村公路项目有关单位进行信用记录，依法依规开展信用评价工作
8	政府考核	1. 建立农村公路管理养护考核机制； 2. 将管养机构建设、日常管养工作和管养资金使用等农村公路工作纳入地方政府实绩考核； 3. 将农民群众满意度纳入考核体系； 4. 考核结果与补助资金或相关投资挂钩

68. 人力资源社会保障部　财政部　自然资源部　交通运输部　水利部　国家林业和草原局　国务院扶贫办　关于进一步用好公益性岗位发挥就业保障作用的通知

（人社部发〔2020〕38 号）

各省、自治区、直辖市及新疆生产建设兵团人力资源社会保障厅（局）、财政厅（局）、自然资源厅（局）、交通运输厅（局）、水利（水务）厅（局）、林业和草原主管部门、扶贫办（局）：

就业事关基本民生、经济发展和社会稳定大局。为落实党中央、国务院决战决胜脱贫攻坚、应对新冠肺炎疫情影响强化稳就业决策部署，进一步用好各类公益性岗位，充分发挥就业保障作用，现就有关事项通知如下：

一、切实提高思想认识

各地要高度重视公益性岗位有关工作，将其作为当前今后一段时期稳定和扩大就业的重要举措，摆在更加突出位置。压实工作责任，加强资金保障，推动政策落实，强化日常调度与集中督查。统筹各方资源，形成工作合力，加强部门间协同配合，切实发挥公益性岗位“兜底线、救急难”作用。

二、做好就业困难人员认定

根据本地区经济社会发展和就业形势变化，动态调整就业困难人员认定标准，及时将受疫情影响失业人员、残疾人员、建档立卡贫困劳动力等各类就业困难人员纳入援助对象范围。推动就业困难人员认定与失业登记协同办理，便捷受理申请，同步开展认定，主动提供援助服务，做到应认尽认、应帮尽帮。

三、多渠道开展就业援助

根据就业援助对象特点和需求，设计服务路径和援助举措，实施分类帮扶。针对性开展职业技能培训，积极推荐企业吸纳，帮助灵活就业，扶持自主创业，落实好税费减免、社会保险补贴、职业培训补贴等政策。对仍然难以通过市场渠道实现就业的，通过公益性岗位予以安置。

四、聚焦城乡公共服务短板把握开发领域

围绕疫情防控等重大突发事件，开发防疫消杀、医护辅助、物资配送、道路管制、卡点值守等应急管理服务岗位。满足城乡基层公共服务需求，开发保洁、保绿、公共设施维护、便民服务、妇幼保健、托老托幼助残、乡村快递收发等便民服务类岗位。弥补“三农”领域基础设施建设、人居环境整治和生态治理不足，开发农村公路建设与管护、村庄公共基础设施建设与管护、水利工程及水利设施建设与管护、河湖巡查与管护、垃圾污水处理、厕所粪污无害化处理、河塘清淤整治、造林绿化等岗位。加强与各类公共服务管理主管部门的沟通联系，掌握相关领域招人用人需求，拓展岗位开发范围。

五、合理利用临时性城镇公益性岗位

2020 年新开发的城镇公益性岗位以短期性、临时性岗位为主，提升资金使用效率，合理安置人员。临时性公益性岗位在岗时间不超过 6 个月，探索实施项目制管理，适当采取非全日制等方式。根据实际工作时间等因素合理确定岗位补贴，全日制岗位补贴不超过当地月最低工资标准，非全日制岗位补贴不超过当地小时最低工资标准，社会保险补贴根据参加社会保险情况按规定发放。

六、协同协力用好乡村公益性岗位助力脱贫攻坚

加强乡村公益性岗位开发管理部门间的协同配合，定期开展信息共享，汇聚各类岗位合力，助力脱贫攻坚。充分考虑当地收入水平和岗位职责内容，合理确定岗位待遇水平。指导乡镇、村结合实际开展岗位招聘，将岗位更多用于安置无法外出、无业可扶、无力脱贫的建档立卡贫困劳动力。通过现有资金渠道，加大对现有各类乡村公益性岗位的支持力度，并结合实际实行动态调整。

七、公开公平公正开展岗位招聘

公开发布岗位招聘信息，在网络或街道（乡镇）、社区（村）公告栏发布张贴招聘公告，注明岗位职责、招聘要求、薪酬待遇、劳动时长、在岗时间等信息。规范开展人员招用，组织好上岗资格认定、人岗匹配和拟招用人员公示等工作，接受社会各方监督。优化服务方式，搭建信息发布平台，开设招聘服务专区，为公益性岗位用人单位和劳动者提供更加优质高效的求职招聘服务。

八、强化岗位规范化管理

严格开展安置人员身份核实认定，确保依法依规安置符合条件人员，强化相关补贴资金监管。加强在岗人员履职情况监管，定期开展考核评价，重点考核工作成效、遵守规章制度和工作纪律情况。及时纠正查处安置不符合条件人员、优亲厚友、轮流坐庄、资金补贴一发了之、变相发钱等违法违规行为，坚决避免一村多岗、一人多岗等岗位设置过多过滥等现象。强化实名制动态管理，建立省级公益性岗位数据库，做好各类公益性岗位统计分析，按季度报送有关情况。

九、加强组织领导

各地要围绕稳定和扩大就业工作目标，立足职责、密切合作。人力资源社会保障部门会同扶贫部门加强各类公益性岗位统计分析，摸清就业困难人员、建档立卡贫困劳动力等困难群体就业状况和就业需求，会同财政部门做好就业相关资金补助公益性岗位相关政策制定。扶贫部门加大光伏收益、扶贫专项资金开发乡村公益性岗位力度，会同人力资源社会保障部门、自然资源部门、交通运输部门、水利部门、林业草原部门做好各类乡村公益性岗位的统筹利用。交通运输部门做好护路员岗位的开发管理，协同做好岗位招聘与安置人员统计分析。水利部门做好水利工程建设与管护岗位管理，协同做好岗位招聘和安置人员统计分析。各地财政部门会同人力资源社会保障部门、自然资源部门、交通运输部门、水利部门、林业草原部门、扶贫部门做好各类公益性岗位资金支出使用情况的监管检查。

69. 交通运输部办公厅关于进一步开发“四好农村路”就业岗位着力稳定和扩大就业的通知

（交办公路函〔2020〕1226号）

各省、自治区、直辖市、新疆生产建设兵团交通运输厅（局、委）：

为深入贯彻落实《人力资源社会保障部　财政部　自然资源部　交通运输部　水利部　国家林业和草原局　国务院扶贫办关于进一步用好公益性岗位发挥就业保障作用的通知》（人社部发〔2020〕38号，以下简称《通知》），进一步开发“四好农村路”各类公益性岗位等就业岗位，拓宽就业困难人员就业渠道，现就有关事项通知如下：

一、深刻认识开发“四好农村路”就业岗位的重要意义

2020年是全面建成小康社会和“十三五”规划收官之年，也是脱贫攻坚决战决胜之年。面对突如其来的新冠肺炎疫情，习近平总书记强调，要扎实做好“六稳”工作，全面落实“六保”任务，努力克服新冠肺炎疫情带来的不利影响，确保完成决战决胜脱贫攻坚目标任务，全面建成小康社会。就业是最大的民生，是做好“六稳”工作、落实“六保”任务的关键，各级交通运输主管部门要充分认识当前和今后一个时期做好就业工作的重要性，在深化农村公路管理养护体制改革、推动“四好农村路”高质量发展的同时，发挥农村公路项目多、分布广的优势，大力开发农村公路建设、管理、养护、运营相关岗位，为当前和今后一段时期稳定和扩大就业作出应有贡献。

二、主要措施

（一）加大就业岗位开发力度。

各级交通运输主管部门要研究建立统筹推进“四好农村路”高质量发展和吸收就业困难人员就业的长效机制，在农村公路建设、管理、养护、运营等领域开发就业岗位。一是促进农民群众参与农村公路建设，积极推广以工代赈方式吸纳农民参与路基整理、路面硬化、简易候车亭等小型交通基础设施建设工作。二是吸纳农民群众参与农村公路管理，鼓励设置专管员岗位招募有一定文化基础的农村群众。三是开发农村公路养护公益性岗位，推广群众性养护，鼓励养护企业招聘沿线群众参与日常养护、路面清扫等工作。四是吸收群众参与农村公路运营，开发农村物流快递收发、物流配送等岗位，鼓励运输企业招聘贫困群众。

（二）加强就业岗位管理。

各级交通运输主管部门要完善相关管理制度，加强在岗人员的日常管理。一是健全岗位招聘制度，各类岗位按照自愿申请、公开报名的原则，优先招收受疫情影响失业人员、残疾人员、建档立卡贫困劳动力，可实行全日制工作、半工半农或劳务承包等工作方式。二是建立岗位信息公开制度，有关信息要及时公布，招用结果要进行公示，要建立吸收就业困难人员台账，做好人员和补助资金等数据的统计，按时足额发放工资或劳务报酬，保障所吸纳就业人员的合法权益。三是加强日常监管，建立各类岗位动态考核与调整机制，明确工作要求，落实岗位职责，及时下达工作任务，制定考核奖惩办法，加强绩效考核与监督检查，主动接受社会监督，及时查处各类违规行为。

（三）加强技能培训。

各级交通运输主管部门要加强对就业人员的技能培训，提高就业人员素质和岗位匹配能力。一是完善有关培训制度，加强对培训工作的资金支持，加强日常督导检查。二是制定培训规程，创新教育培训方式方法，制作学习方便快捷、内容务实管用的“口袋书”等培训教材，使群众能看得明白、记得准确、用得到位。三是加强日常培训，组织参与农村公路建设与养护的群众参加职业技能培训，掌握必备工作技能，提高从业能力，尽快适应农村公路管理养护岗位要求。

（四）加强统计监测。

各级交通运输主管部门要加强和改进统计监测工作，结合交通运输信息化建设工作，将“四好农村路”有关岗位开发与扩大就业情况纳入交通运输行业统计监测指标中，做好就业困难人员管理和信息动态更新。要完善数据信息共享机制，充分利用大数据技术开展岗位开发和劳动就业监测，努力提高就业数据的精准性和就业岗位的稳定性。各省级交通运输主管部门要做好统计工作，每半年向部报送公益性岗位等就业岗位开发情况和吸纳群众就业情况，具体见附件。

三、加强组织领导，做好舆论宣传工作

各级交通运输主管部门要高度重视促进就业因难人员就业工作，强化组织领导、加强部门协同、精心组织实施。要加强与人力资源社会保障部门的协作，促进农村公路有关公益性岗位的开发。加强与财政部门的沟通，完善资金保障政策，落实就业人员有关待遇。加强与扶贫部门的对接，及时掌握贫困人口就业需求，更好地服务脱贫攻坚工作。各级交通运输主管部门要坚持正确导向，加强政策解读，创新宣传方式，大力宣讲政策措施，宣传先进典型，促进稳定和扩大就业工作全面开展。

附件：“四好农村路”就业岗位统计表

附件

“四好农村路”就业岗位统计表

填写单位（省份）：　　　　　　　　　　　　　　　　　联系人及电话：

就业岗位		主要工作内容	岗位数量	吸收建档立卡贫困户数量	平均年龄	平均年收入	主要资金来源	备注
类别	具体名录							
公益性岗位	护路员							
……	……							
非公益性岗位	专管员							
非公益性岗位	质量监督员							
非公益性岗位	护路员							
……	……							
合计	—	—			—	—	—	

填表说明：1. 就业岗位类别分为两类，一是公益性岗位，纳入人社部门公益名录的相关就业岗位；二是非公益性岗位，参与农村公路相关工作的其他就业岗位。

2. 就业岗位具体名录根据本地实际情况填写，包括施工员、协管员、专管员、护路员、质量监督员等。可根据各地区分类标准自行增加行数。

3. 主要工作内容根据实际工作填写，例如：工程建设、日常巡查、日常保洁、工程项目质量监督、小修、应急巡查等。可根据各地区分类标准自行增加行数。

4. 吸收建档立卡贫困户数量是指现阶段在岗贫困户，对于已经到期不在岗的人员，不得计算在内。

5. 资金来源包括省、市、县级公共财政，燃油税转移支付，县乡自筹，公益专项资金等，具体根据实际情况填写。

70. 交通运输部关于全面做好农村公路“路长制”工作的通知

（交公路发〔2020〕111号）

各省、自治区、直辖市、新疆生产建设兵团交通运输厅（局、委）：

为深入贯彻《中共中央 国务院关于坚持农业农村优先发展做好“三农”工作的若干意见》，认真落实《国务院办公厅关于深化农村公路管理养护体制改革的意见》（国办发〔2019〕45号），进一步压实农村公路管理养护责任，现就全面做好农村公路县、乡、村三级“路长制”工作通知如下。

一、充分认识推行农村公路“路长制”的重要意义

实施农村公路“路长制”是贯彻落实习近平总书记关于“四好农村路”重要指示精神的重要举措，是深化农村公路管理养护体制改革、加快补齐农村公路管养短板的重要内容，是夯实地方各级人民政府责任、建立规范化可持续管护机制的重要抓手，也是加快提升农村公路治理能力的重要保障。地方各级交通运输主管部门要坚持以习近平新时代中国特色社会主义思想为指导，全面贯彻党的十九大和十九届二中、三中、四中、五中全会精神，深入贯彻习近平总书记关于“四好农村路”重要指示精神，进一步增强责任感和紧迫感，在地方党委政府的领导下，全面做好“路长制”工作，推动“四好农村路”高质量发展，为加快建设交通强国提供有力支撑，为实现巩固拓展脱贫攻坚成果同乡村振兴有效衔接、加快农业农村现代化提供坚实保障。

二、健全完善“路长制”工作机制

（一）制定“路长制”实施方案。各省级交通运输主管部门要积极向省级人民政府汇报，在推动出台农村公路“路长制”政策措施的基础上，指导市、县抓紧制定具体实施方案，尽快完善“路长制”运行机制，确保到2022年，覆盖县、乡、村道的“路长制”全面建立，政府主导、部门协同、上下联动、运转高效的工作格局基本形成，农村公路治理能力显著提升。

（二）建立“路长制”组织体系。各省级交通运输主管部门要积极推动省、市两级人民政府分别成立农村公路“路长制”领导小组，充分发挥省（自治区、直辖市）、市（地、州、盟）两级人民政府组织领导和统筹协调作用，领导小组日常工作由同级交通运输主管部门承担。推动各县（市、区、旗）设立农村公路总路长，并分级设置县级路长、乡级路长、村级路长，分别由相关负责同志担任，有关工作由同级农村公路管理部门或相应的机构承担。县、乡、村三级路长具体组织形式由各地根据具体情况确定。

（三）明确“路长制”工作职责。省级领导小组负责全省农村公路“路长制”的统筹、指导、考核等工作，不断健全农村公路“路长制”政策体系和保障制度，加强对市、县两级的监督考核。市级领导小组发挥承上启下作用，有效落实省级领导小组的要求，对县级农村公路“路长制”进行指导、监督、考核，进一步完善支持政策。县级总路长是辖区内农村公路管理的第一责任人，负责统筹县域内农村公路的建设、管理、养护、运营及路域环境整治等工作，组织研究确定农村公路发展目标、发展政策，建立保障机制，落实主要任务，协调解决重大问题等。县、乡、村三级路长在总路长的领导下，分别对所辖农村公路的建设、管理、养护、运营及路域环境整治等负直接责任，协调解决突出问题，督促相关部门落实管理职责，完成总路长交办的工作任务。

三、落实保障措施，促进“路长制”工作取得实效

（一）加强组织领导。地方各级交通运输部门要积极推动地方各级人民政府建立协同联动机制，加强对农村公路“路长制”的组织和统筹工作，强化农村公路建设、管理、养护、运营相关部门协同配合，进一步明确有关部门农村公路管理职责，细化县、乡、村三级路长具体职责和责任清单，制定“路长制”具体工作制度，完善“路长制”考核奖惩措施，形成工作合力，确保“路长制”相关政策措施落到实处。

（二）加强技术支撑。各省级交通运输主管部门要因地制宜制定农村公路建设、管理、养护、运营有关标准，加强技术指导和人员培训，进一步提升农村公路管理效能。要加强农村公路信息化建设，支撑“路长制”有效运行。

（三）加强信息公开。将“路长制”有关信息纳入农村公路管理养护公示范围，通过设置公示牌等多种方式向社会公告县、乡、村各级路长名单，标明人员信息、路长职责、管护路段、监督电话等内容，广泛接受社会监督，督促各级路长履职尽责。

（四）加强宣传引导。认真总结农村公路“路长制”实施过程中的经验做法，充分利用各种宣传渠道和媒介，加大对典型案例的宣传力度，营造良好舆论环境和社会氛围。

71. 交通运输部　财政部关于组织开展深化农村公路管理养护体制改革试点工作的通知

（交公路函〔2020〕686号）

各省、自治区、直辖市、新疆生产建设兵团交通运输厅（局、委）、财政厅（局）：

为深入贯彻落实习近平总书记关于“四好农村路”重要指示批示精神，按照《国务院办公厅关于深化农村公路管理养护体制改革的意见》（国办发〔2019〕45号）和《交通运输部 财政部贯彻落实〈国务院办公厅关于深化农村公路管理养护体制改革的意见〉的通知》（交公路发〔2020〕26号）要求，经省级遴选、专家评审等程序，交通运输部、财政部同意河北省等地区开展农村公路管理养护体制改革试点工作。现将有关工作安排和要求通知如下：

一、认真开展试点

改革试点工作周期为3年（2021—2023年）。各改革试点地区要围绕深化农村公路管理养护体制改革有关要求和所选试点主题，明确任务目标、落实责任分工、强化保障措施，确保试点工作扎实有序推进。

二、加强组织领导

各级交通运输、财政部门要加强组织领导，紧密协调配合，加大保障力度，整合各方资源，支持改革试点地区开展深化农村公路管理养护体制改革工作，加快建立农村公路管理养护长效机制，全面推动“四好农村路”高质量发展，为巩固脱贫攻坚成果、服务乡村振兴战略和实现农业农村现代化提供坚实保障。

三、强化过程监管

各省级交通运输、财政主管部门要加强对本省域内改革试点工作的监管和指导，及时了解各试点地区工作进展情况，指导帮助解决遇到的困难和问题，并于每年12月底前形成本省份的试点情况报告，一并报交通运输部和财政部。交通运输部、财政部将密切跟踪各试点地区工作进展，加强工作指导，确保试点落地见效。

四、总结典型经验

各省级交通运输、财政主管部门要认真总结和提炼改革试点地区好的经验做法，通过组织现场会、经验交流等方式予以推广，切实发挥好改革试点地区的典型带动作用，全面落实农村公路管理养护体制改革各项任务。试点周期结束后，各改革试点地区要提交试点工作总结报告，交通运输部、财政部将组织总结评估，对成效显著、示范价值高、推广效果好的试点地区，优先纳入“十四五”“四好农村路”示范创建予以表彰，同时将改革试点工作的进展和成果作为中央车购税资金“以奖代补”支持农村公路建设绩效考核的重要依据。

附件：深化农村公路管理养护体制改革试点地区名单（按行政区划排序）

附件

深化农村公路管理养护体制改革试点地区名单
（按行政区划排序）

省级（10个）：

河北省、江苏省、江西省、山东省、湖北省、湖南省、广东省、海南省、四川省、贵州省。

市级（42个）：

河　北：邯郸市、廊坊市；

内蒙古：鄂尔多斯市、巴彦淖尔市；

江　苏：南京市、苏州市、南通市；

浙　江：湖州市、台州市；

安　徽：芜湖市、马鞍山市、六安市；

福　建：泉州市、平潭综合实验区；

江　西：赣州市、上饶市；

山　东：枣庄市、烟台市、日照市、临沂市；

河　南：平顶山市、焦作市、濮阳市；

湖　南：长沙市；

广　东：佛山市、河源市；

广　西：桂林市、贺州市；

海　南：儋州市；

四　川：成都市；

贵　州：六盘水市、铜仁市、黔东南苗族侗族自治州、黔南布依族苗族自治州；

云　南：昆明市、临沧市、楚雄彝族自治州；

西　藏：昌都市；

陕　西：西安市；

青　海：黄南藏族自治州；

新　疆：喀什地区、阿勒泰地区。

县级（115个）：

天　津：武清区、蓟州区；

河　北：迁安市、广平县、肃宁县、固安县；

山　西：太原市晋源区、长子县、沁水县、右玉县、晋中市榆次区、蒲县；

内蒙古：乌审旗、伊金霍洛旗、巴彦淖尔市临河区、磴口县；

辽　宁：沈阳市沈北新区、大连市普兰店区、庄河市、大连市金普新区、本溪满族自治县、盘锦市大洼区；

吉　林：长春市双阳区、双辽市、东辽县、辉南县、临江市、通榆县；

黑龙江：尚志市、五常市、泰来县、虎林市、密山市、望奎县；

上　海：浦东新区、金山区、崇明区；

江　苏：宜兴市、溧阳市；

浙　江：淳安县、安吉县、嵊州市、温岭市；

安　徽：界首市、泗县、泾县；

福　建：福清市、泰宁县、永安市、福安市；

江　西：安远县、横峰县、婺源县、德兴市；

山　东：青岛市即墨区、邹城市；
河　南：兰考县、孟津县、鄢陵县；
湖　北：潜江市、丹江口市、宜都市、南漳县、钟祥市、红安县；
湖　南：株洲市天元区、平江县、临澧县、安仁县、蓝山县；
广　东：广州市增城区、南雄市、廉江市；
广　西：南宁市兴宁区、柳城县、恭城瑶族自治县、武宣县；
海　南：五指山市、琼海市、文昌市、昌江黎族自治县；
重　庆：永川区、武隆区、奉节县、石柱土家族自治县；
四　川：蒲江县、乐山市市中区、江安县、邻水县、宣汉县；
贵　州：威宁彝族回族苗族自治县；
云　南：昌宁县、鹤庆县、香格里拉市；
西　藏：申扎县、噶尔县；
陕　西：西安市长安区、彬州市、大荔县、神木市、镇安县；
甘　肃：清水县、康县、西和县、广河县；
青　海：大通回族土族自治县、海东市平安区、玉树市、格尔木市；
宁　夏：固原市原州区、西吉县；
新　疆：木垒哈萨克自治县、和静县、库车市、青河县。

72. 农村公路中长期发展纲要

（交规划发〔2021〕21号）

为深入贯彻习近平总书记关于乡村振兴、“四好农村路”建设等重要指示批示精神，落实《交通强国建设纲要》《国家综合立体交通网规划纲要》部署要求，科学指导全面建设社会主义现代化国家新征程阶段农村公路建设与发展，服务支撑乡村振兴战略实施，特编制本纲要。

一、发展基础

乡村振兴，交通先行。农村公路包含县道及以下公路，是我国公路网的重要组成部分，是交通强国建设的重要内容，是农村地区最主要甚至是唯一的交通方式和重要基础设施，是保障和改善农村民生的基础性、先导性条件，对实施乡村振兴战略具有重要的先行引领和服务支撑作用。新世纪特别是党的十八大以来，全国农村公路经历了以适应全面建成小康社会为导向，以乡镇、建制村通畅工程为重点的大规模建设与发展阶段，农村公路覆盖范围、通达深度、通畅水平、服务能力显著提高，农村交通运输条件明显改善，农民群众“出行难”问题得到基本解决，为打赢脱贫攻坚战发挥了巨大作用。到2020年底，具备条件的乡镇和建制村通硬化路、通客车目标全面实现，基本形成了遍布农村、连接城乡的农村公路网络。同时，相对于人民群众日益增长的美好生活需要、农业农村现代化发展需求和交通强国建设要求，农村公路发展还存在一定差距，包括路网通达深度仍然不足、技术等级水平总体偏低、安全防护及桥涵等配套设施建设不足、管理养护存在明显短板、客货运输服务水平不高，以及“四好农村路”发展长效机制有待完善等。

二、发展态势

进入新时代，党中央、国务院作出实施乡村振兴战略、加快建设交通强国等一系列重大决策部署，在乡村振兴和新型城镇化双轮驱动下，我国城乡空间结构、城镇格局、人口分布、产业体系、村庄演变等将发生重大变革，要求农村公路进一步提升服务品质、提高服务效率、拓展服务功能，构建城乡联通的交通网络，营造安全宜人的出行环境，形成多元融合的发展格局。总体判断，全面建设社会主义现代化国家新征程阶段，农村公路发展将由侧重普惠向普惠与效率统筹兼顾转变，由注重规模速度向高质量发展转变，由满足基本出行向提供均等、优质服务转变，由行业自身发展向多元融合发展转变。

三、总体要求

（一）指导思想。

以习近平新时代中国特色社会主义思想为指导，全面贯彻党的十九大和十九届二中、三中、四中、五中全会精神，紧紧围绕统筹推进“五位一体”总体布局和协调推进“四个全面”战略布局，坚持以人民为中心，坚持新发展理念，坚持深化改革开放，坚持系统观念，以推动“四好农村路”高质量发展为主题，着力创新体制机制、完善政策制度，推动农村公路发展质量变革、效率变革、动力变革，提升服务品质、提高服务效率、拓展服务功能，支撑引领农村产业体系和生态宜居美丽乡村建设，更好满足农民群众日益增长的美好生活需要，为交通强国建设夯实基础，为推动形成新型工农城乡关系、加快农业农村现代化当好先行，为巩固拓展脱贫攻坚成果、全面推进乡村振兴提供有力支撑。

（二）基本原则。

坚持统筹融合、因地制宜。注重乡村振兴和新型城镇化双轮驱动，加强城乡公路运输网络有效衔接，促进农村公路与农业产业、文化旅游，以及特色小镇、美丽乡村建设等融合发展，推动农村公路军民融合发展。按照县域城镇和村庄规划，统筹考虑不同区域、不同类型乡村发展阶段和资源禀赋等，因地制宜制定发展目标任务，递次推进，精准施策。

坚持政府主导、群众参与。明确农村公路的公共产品定位，进一步强化政府尤其是地方政府主体责任和公共财政资金投入，完善政府投入机制和管理制度。以满足人民日益增长的美好生活需要为根本目的，充分尊重农民意愿，坚决维护农民根本利益，解决农民群众最关心、最直接的现实问题，发挥农民作为农村公路直接受益主体的作用，引导农民和农村集体经济组织参与农村公路建设、管理和养护，让农民群众有更多、更直接的交通获得感、幸福感和安全感。

坚持改革创新、美丽绿色。持续完善农村公路建设、管理养护、客货运输发展的体制机制和政策制度，推动建管养运协调发展。推进投融资体制机制创新，注重与农村集体产权制度改革等有机结合，推动新技术应用、新业态发展。牢固树立和践行绿色发展理念，强化生态环境保护和节约集约利用资源，注重路域环境洁化、绿化、美化，强化运输装备节能低碳、经济环保，实现农村公路与自然生态和谐共生。

（三）发展目标。

到 2035 年，形成“规模结构合理、设施品质优良、治理规范有效、运输服务优质”的农村公路交通运输体系，“四好农村路”高质量发展格局基本形成。农村公路网络化水平显著提高，总里程稳定在 500 万公里左右，基本实现乡镇通三级路、建制村通等级路、较大人口规模自然村（组）通硬化路；管理养护体制机制完备高效、资金保障政策机制完善有力；基础设施耐久可靠、安全防护到位有效、路域环境整洁优美；运输服务总体实现“人便于行”“货畅其流”，基本实现城乡公路交通公共服务均等化。农村公路对乡村振兴的服务保障和先行引领作用更加充分，人民群众获得感、幸福感、安全感明显增强，总体满足交通强国建设和农业农村现代化发展需要。

展望到本世纪中叶，全面建成与农业农村现代化发展相适应、与生态环境和乡村文化相协调、与现代信息通信技术相融合、安全便捷绿色美丽的农村公路交通运输体系。农村公路通村达组、联通城乡，实现与特色小镇、美丽乡村、田园综合体、农业产业园区等融合发展，满足人们对农村出行的美好期望，有力支撑和促进乡村全面振兴，适应交通强国建设和农业农村现代化发展需要。

四、主要任务

（一）构建便捷高效的农村公路骨干路网。

总体按照三级及以上公路标准，推进以乡镇及主要经济节点为网点，主要服务乡村地区对外沟通交流及产业经济发展的对外快速骨干公路建设，着力加强与国省干线公路、城市道路、其他运输方式衔接，提高通行能力和运行效率，促进城乡互联互通。结合乡村产业布局和特色村镇建设，推动串联乡村主要旅游景区景点、主要产业和资源节点、中小城镇和特色村庄的区域联网骨干公路建设，促进农村公路与乡村产业深度融合发展。

（二）构建普惠公平的农村公路基础网络。

推进农村公路建设项目更多向进村入户倾斜，构建广泛覆盖人口聚居的主要村庄、直接服务农民群众出行和农村生产生活的农村公路基础网络，进一步提高农村公路覆盖范围、通达深度和服务水平，巩固拓展脱贫攻坚成果。结合村庄、经济、产业、人口分布，优化农村公路网络，推进较大人口规模自然村（组）通硬化路建设，对于交通量较小、建养条件困难、高寒高海拔、环境敏感等地区，因地制宜选用合理技术标准和路面形式。有序推进建制村通双车道公路改造、窄路基路面公路拓宽改造或错车道建设。加强通村公路和村内道路连接，统筹规划和实施农村公路的穿村路段，灵活选用技术标准，兼顾村内主干道功能。

（三）营造安全宜人的农村公路交通环境。

打造平安农村路、美丽农村路，夯实农村公路交通安全基础，营造美丽宜人并具有文化氛围的农村交通出行环境。加强农村公路交通安全隐患治理，实施农村公路安全提升工程，及时推进危桥改造，配套建设必要桥梁。加大抢险设备和物资投入，扩大农村公路灾害保险覆盖面，提升农村公路应急保障能力。完善农村公路交通标志、标线，加强农村客、货运营车辆技术维护与安全监管。实施农村公路路域环境洁化、绿化、美化，促进与乡村旅游、生态宜居乡村融合发展，按需完善沿线服务设施和应急设施。

（四）健全运转高效的农村公路治理体系。

健全管理养护制度，进一步夯实县级人民政府农村公路管理养护主体责任。建立以各级公共财政投入为主、多渠道筹措为辅的农村公路养护资金保障机制，建立健全以路况、养护工程里程、养护资金、机构能力建设等为主的农村公路养护绩效考核评价体系。完善县、乡两级农村公路管理机构，大力推广“路长制”，充分调动乡、村两级作用和农民群众积极性，形成权责清晰、齐抓共管、高效运转的农村公路管理养护体制。创新农村公路管理模式，加快应用现代化信息技术，建立农村公路管养智能化、信息化管理平台。加强农村公路路政管理，强化农村公路安全保护能力建设，建立健全路产路权保护队伍，抓好抓实治超工作，规范限高限宽等物防设施设置，鼓励有条件的地区探索非现场执法工作。

（五）完善适用多元的农村公路养护运行机制。

推进农村公路养护市场化改革，建立政府与市场合理分工的养护生产组织模式，提高养护专业化、机械化、规模化水平。推进农村公路养护规范化发展，完善农村公路养护技术标准，推广低成本、高效率、标准化、易操作养护技术。通过设置多种形式的公益性岗位，吸收农民群众参与农村公路日常养护。创新多种养护模式，尝试对不同行政等级道路组成的农村公路骨干路网实行集中统一养护，探索破除传统国省干线公路和农村公路养护界限，合理划分养护区域，对区域内的国省干线公路和农村公路实施一体化养护。

（六）发展便民多元的农村客运服务体系。

加快建立农村客运政府购买服务制度，因地制宜推进农村客运结构调整和资源整合，采用城乡公交、定线班车、区域经营或预约响应等多种客运组织模式，加快实现有条件的地区农村客运网络全覆盖，尽可能提高农村客运公交化运行比重，推进城乡客运一体化发展。加强农村客运运营安全管理，推广应用农村客运运营与安全信息系统，全方位加强农村运输事前、事中、事后监管。有条件地区灵活采用“城乡公交＋镇村公交”“城乡公交＋班线客运公交化改造”等多种模式推动全域公交发展，其他地区重点推动城乡基本公共客运服务均等化，适应城乡融合发展需要，满足基本公共客运服务供给，保障农村群众“行有所乘”。

（七）发展畅通集约的农村物流服务体系。

综合利用交通、邮政、快递、农业、商贸等资源，构建县、乡、村三级农村物流节点体系，补齐农村地区物流基础设施建设短板，提升农村物流网络覆盖率。推动邮政物流、农村客运小件快运、电商快递、冷链物流、货运班车等多种形式农村物流发展，畅通农产品进城、农业生产资料和农民生活消费品下乡的物流服务体系，促进城乡物流网络均衡发展。鼓励交通运输、商贸、供销、电商、邮政、快递等企业开展农村物流统仓共配，提升效率、降低成本。鼓励各地因地制宜打造农村物流服务品牌，集约化发展农村现代物流并加强与上下游产业一体化发展，有条件地区发展智慧物流。

五、保障措施

（一）加强组织领导。

地方各级交通运输主管部门要充分认识农村公路服务支撑乡村振兴战略和加快建设交通强国的重大意义，在同级党委政府领导下，加强与发展改革、财政、农业农村、住建等部门合作，推动将“四好农村路”高质量发展纳入地方党委和政府绩效考核范畴，建立健全激励约束机制。

（二）完善资金政策。

继续通过车购税资金、中央基建投资、成品油税费改革转移支付等现有渠道支持农村公路发展，在中央均衡性转移支付中进一步考虑农村公路管理养护因素，加大省、市、县三级公共财政资金支持力度，落实将农村公路养护资金及管理机构运行经费和人员基本支出纳入一般公共财政预算，加强对农村客运发展的支持力度，推动建立政府购买服务或运营补贴制度。将农村公路发展纳入地方政府一般债券重点支持范围，鼓励地方人民政府将农村公路建设和一定时期的养护进行捆绑招标。鼓励采取投资补助、以奖代补、先建后补、先养后补等灵活方式支持农村公路发展。努力拓宽筹资渠道，积极引导社会资本参与。

（三）强化要素保障。

加强与国土空间规划等相关规划及土地政策的衔接，推动简化农村公路用地、环评手续，提高审批效率。加强人员队伍建设，强化使用与激励机制建设，改善人员保障的基础条件和软硬件环境。加强科技创新，深化研究和推广经济、耐久、可靠、安全的农村公路建设养护技术，逐步完善农村公路信息化、标准化管理手段，推动数字资源赋能农村公路发展，探索新一代信息技术在农村交通运输领域的应用场景，推动农村公路高质量发展。

（四）加强制度建设。

推动农村公路法律法规和规章制度建设，推动修订《中华人民共和国公路法》《中华人民共和国道路运输条例》、制定《农村公路条例》，出台和完善农村公路政策性文件和技术标准。地方各级人民政府结合地区特点组织编制好农村公路中长期发展规划，明确发展方向和目标任务。地方各级交通运输主管部门按照因地制宜、经济适用、生态环保的理念，加强农村公路发展的地方标准和规章制度的制定工作。

（五）发挥示范引领。

推动“四好农村路”示范创建提质扩面，深化城乡交通运输一体化示范县创建，通过现场会、培训讲座交流、专题宣传报道等多种方式，积极推广和传播各示范样板的先进做法和有效经验，营造“四好农村路”和城乡交通运输一体化发展的良好氛围，发挥好示范引领作用，以点带面、全面提升全国农村公路发展水平。

73. 交通运输部关于巩固拓展交通运输脱贫攻坚成果全面推进乡村振兴的实施意见

（交规划发〔2021〕51 号）

各省、自治区、直辖市、新疆生产建设兵团交通运输厅（局、委）：

为深入贯彻中央农村工作会议和全国脱贫攻坚总结表彰大会精神，认真落实《中共中央 国务院关于实现巩固拓展脱贫攻坚成果同乡村振兴有效衔接的意见》《中共中央 国务院关于全面推进乡村振兴加快农业农村现代化的意见》部署要求，进一步巩固拓展交通运输脱贫攻坚成果，全面推进乡村振兴战略实施，加快建设交通强国，提出如下意见。

一、总体要求

（一）指导思想。

以习近平新时代中国特色社会主义思想为指导，深入贯彻党的十九大和十九届二中、三中、四中、五中全会精神，统筹推进“五位一体”总体布局，协调推进“四个全面”战略布局，坚持党的全面领导，坚持稳中求进工作总基调，坚持以人民为中心的发展思想，立足新发展阶段、贯彻新发展理念、构建新发展格局，以推动高质量发展为主题，以深化供给侧结构性改革为主线，以改革创新为根本动力，凝聚中央和地方、政府和市场、行业和社会等多方合力，有效巩固拓展交通运输脱贫攻坚成果，一体推进全国交通运输服务支撑乡村振兴战略，夯实交通强国建设基础，为畅通城乡经济循环，促进农业高质高效、乡村宜居宜业、农民富裕富足，加快农业农村现代化提供有力支撑。

（二）主要原则。

先行引领、融合发展。牢牢把握交通“先行官”定位，突出交通运输在国民经济中的基础性、先导性、战略性和服务性作用，围绕“产业兴旺、生态宜居、乡风文明、治理有效、生活富裕”乡村振兴总要求，进一步提档升级、加强衔接，促进与乡村产业融合发展，为乡村全面振兴当好先行。

一体谋划、有效衔接。将交通运输服务乡村振兴战略作为加快建设交通强国的重点任务，进一步做好农村交通发展规划，加强过渡期内农村地区交通运输领域工作机制、发展任务、政策举措等有效衔接，既要防止区域间政策严重不平衡造成“悬崖效应”，也要统筹考虑发展实际对脱贫地区予以倾斜支持，实现政策平稳过渡。

因地制宜、分类指导。立足国情农情，从不同地区发展基础、经济社会发展方向、交通区位条件、资源禀赋和需求特征出发，科学制定目标任务和政策措施，分类指导、递次推进、精准施策，不搞一刀切。

改革创新、统筹协调。深化农村交通重点领域改革，加强政策创新、机制变革、规制完善，推动新技术应用、新业态发展，统筹推进“四好农村路”高质量发展，提升“建管养运”协调发展能力，为新时期交通运输发展提供新动能。

（三）发展目标。

到 2025 年，交通脱贫攻坚成果进一步巩固拓展，农村地区交通基础设施能力、交通运输服务品质进一步提升，高质量发展体系进一步完善，脱贫攻坚与乡村振兴的工作机制、政策制度平稳过渡、有效衔接，交通运输支撑和保障乡村全面振兴成效显著、作用充分发挥。争取全国乡镇通三级及以上公路比例、较大人口规模自然村（组）通硬化路比例、城乡交通运输一体化发展水平 AAAA 级以上区县比例、农村公路优良中等路率均达到 85%左右，基本实现具备条件的建制村通物流快递，基本完成2020年底存量四、五类危桥改造，农村交通管理体制机制基本健全，农村公路管理机构运行经费及人员基本支出纳入财政预算，县乡级农村公路管理养护责任有效落实。

二、推进农村交通高质量发展，全面支撑乡村振兴战略实施

（一）推动交通提档升级，支撑乡村产业兴旺。

1. 提升农村地区外通内联水平。继续加大对革命老区、民族地区、边疆地区、脱贫地区、垦区林区等交通基础设施建设的支持力度，推动高速公路、铁路、机场、航道等区域性和跨区域重大项目建设，完善综合运输体系。继续开好多站点、低票价的“慢火车”，推进普通国省道瓶颈路段贯通升级，稳步建设支线机场、通用机场和货运机场，加强便民交通码头等农村水路客运基础设施建设，持续推动重要航道碍航设施复航工作。进一步提高农村和边境地区交通通达深度，有序实施乡镇通三级公路建设、老旧公路改造和窄路基路面加宽改造，强化农村公路与干线公路、城市道路以及其他运输方式的衔接。

2. 推进交通与乡村产业融合发展。加强资源路、旅游路、产业路和旅游航道建设，推动串联乡村主要旅游景区景点、主要产业和资源节点、中小城镇和特色村庄等公路、航道建设，支持有条件的地区发展农村水路旅游客运。完善重点旅游景区交通集散体系，推进通用航空与旅游融合发展。以农村公路为依托，探索支持路衍经济发展的路径。继续协同推进百色水利枢纽通航设施建设，打通堵点，改善通航条件。

3. 提高农村交通安全保障能力。加强农村交通安全隐患排查，强化安全监管。开展安全“消危”行动，在基本消除乡道及以上行政等级公路安全隐患的基础上，推进完善村道安全生命防护工程。实施公路危旧桥梁改造行动，配套建设必要桥梁，加大撤渡建桥工作力度。开展船舶碰撞桥梁隐患治理和航运枢纽大坝除险加固专项行动。严格落实交通安全设施与公路建设主体工程“三同时”制度。加大抢险设备和物资投入，扩大农村公路灾害保险覆盖面，及时做好灾后重建和防治工作，提升农村交通安全应急保障和防灾减灾能力。

（二）改善农村交通环境，服务乡村生态宜居。

4. 推动交通项目更多向进村入户倾斜。巩固拓展具备条件的乡镇、建制村通硬化路成果，加强管理养护，对灾毁水毁路段及时修复。因地制宜推进较大人口规模自然村（组）、抵边自然村通硬化路建设。加强通村公路与村内道路连接，统筹规划和实施农村公路的穿村路段，灵活选用技术标准，兼顾村内主干道功能，助力提升农村人居环境水平。结合乡村建设行动，补齐易地搬迁安置区对外交通出行短板。

5. 加强农村路域环境整治。根据服务需求完善交通驿站、停车休息观景点、公共停车场等普通公路沿线服务设施。结合乡村人居环境整治行动，因地制宜实施农村公路路域环境洁化、绿化、美化，继续推进路宅分家、路田分家，深化“美丽农村路”建设，营造美丽宜人并具有文化氛围的农村交通出行环境，助推美丽乡村建设。

6. 促进绿色可持续发展。将资源节约、环境保护理念贯穿到农村交通发展的各领域各环节，最大限度保护重要生态功能区，加强永久基本农田保护，因地制宜选择新技术、新工艺、新材料、新设备，建设与生态环境相适宜的农村交通，推进绿色公路、绿色水运发展。对于环境脆弱、人口流失严重的拟搬迁村庄，统筹生态保护和易地搬迁安置规划等要求，限制新改建交通项目，拓展乡村生态空间。

（三）提升运输服务供给，助推乡村生活富裕。

7. 提高客运服务均等化水平。巩固拓展具备条件的乡镇和建制村通客车成果，改善农村客运安全通行条件，优化服务供给，推动集约化发展。引导各地有序推进城乡公交线路向城区周边重点镇村延伸和农村客运班线公交化改造，提升城乡客运均等化服务水平。因地制宜建设改造农村客运站点，拓展站点客运、货运物流、邮政快递等功能。推动落实县级人民政府主体责任，通过政府购买服务等方式，构建农村客运长效发展机制。

8. 提高物流综合服务水平。统筹利用交通、邮政、快递、农业、商贸等资源，全面推动县、乡、村三级农村物流节点体系建设，支持邮政、快递企业网点下沉，加快推进“快递进村”工程，强化乡镇运输服务站、村级寄递物流综合服务站点建设。推动交邮融合、电商物流、客货同网、货运班线等多种形式农村物流发展，畅通农产品进城、农业生产资料和农民生活消费品下乡的物流服务体系。鼓励各类企业开展业务合作和共享资源，提升物流资源配置效率，降低物流成本。推广农村物流服务品牌，因地制宜推进客货邮融合发展，构建“一点多能、一网多用”的农村运输服务发展模式。

（四）强化管理养护升级，提升高效治理能力。

9. 完善农村公路管理体制。扎实开展农村公路管理养护体制改革试点，全面落实县、乡、村三级“路长制”。健全以路段为基础的农村公路统计管理机制，摸清底数，动态维护，科学决策。加强农村公路路产路权保护。积极推进《中华人民共和国公路法》《农村公路条例》《中华人民共和国道路运输条例》制修订工作，制定出台《农村公路简易铺装路面设计施工技术细则》《农村公路技术状况评定标准》《小交通量农村公路安全设施设计细则》等，完善行业制度标准体系。

10. 健全农村公路养护长效机制。建立以各级公共财政投入为主、多渠道筹措为辅的农村公路养护资金保障机制。推进农村公路养护市场化改革，建立政府与市场合理分工的养护生产组织模式，提高养护专业化、机械化、规模化水平。创新多种养护模式，积极探索对不同行政等级公路组成的农村公路骨干路网实行集中统一养护和周期性养护。

11. 注重科技创新赋能。注重现代信息技术在农村交通运输中的应用，逐步提升农村交通基础设施规划、设计、建造、养护、运行管理等全要素、全周期数字化水平。开展农村公路建设、管理、养护、运行一体的综合性管理服务平台建设，推进农村公路数据共建共享共管。促进交通、旅游等各类信息开放共享、融合发展，倡导“出行即服务（MaaS)”理念。发展“互联网＋”高效物流，创新智慧物流运营模式，推动电子运单跨方式、跨区域共享互认。

（五）加强组织文化建设，促进乡风文明提升。

12. 完善群众参与体系。在小型交通基础设施建设领域积极推广以工代赈，进一步开发“四好农村路”各类公益性岗位，拓宽脱贫人口和农村就业困难人员就业渠道。加强农村公路建设和质量管理，提升基层质量意识和技术水平，落实农村公路建设“七公开”制度，主动接受群众监督。健全群众爱路护路的乡规民约、村规民约，建立共建共治共享的群众参与体系。

13. 加强农村交通人文建设。加强农村地区交通无障碍设施建设，完善无障碍装备设备，健全老年人交通运输服务体系，满足老龄化社会交通需求，提高特殊人群出行便利程度和服务水平。进一步强化古道等历史遗迹保护，开展交通文化内涵研究和传播，注重交通运输与乡村历史文化的结合。加强文明交通绿色出行宣传，强化交通参与者的规则意识、法治素养及社会责任等，推动形成文明乡风。

三、严格落实党中央关于五年过渡期政策要求，做好巩固拓展脱贫攻坚成果同乡村振兴的有效衔接

14. 做好工作体系衔接。调整优化原交通扶贫领导体制，建立统一高效的实现巩固拓展脱贫攻坚成果同乡村振兴有效衔接的决策议事协调工作机制。严格落实党政一把手负责制，把巩固拓展脱贫攻坚成果全面推进乡村振兴摆在突出位置，明确责任部门，保障工作力量。调整现有专项工作机构设置和具体职能，保持工作力量稳定，推动交通扶贫工作力量和组织保障顺利从脱贫攻坚转向全面推进乡村振兴。

15. 做好规划实施衔接。各省级交通运输主管部门要结合实际，制定贯彻落实《中共中央 国务院关于实现巩固拓展脱贫攻坚成果同乡村振兴有效衔接的意见》《中共中央 国务院关于全面推进乡村振兴加快农业农村现代化的意见》的举措，作出具体工作安排。要将巩固拓展交通运输脱贫攻坚成果、全面推进乡村振兴的重大举措、重大项目纳入“十四五”规划，符合条件的纳入交通强国建设试点，进一步强化政策支持，发挥示范引领。

16. 做好投融资政策衔接。按照过渡期“四个不摘”要求，在“十四五”规划及投资政策中统筹考虑脱贫地区和其他地区实际，“一盘棋”、一体化谋划项目和资金政策。对西藏、新疆以及国家乡村振兴重点帮扶县予以倾斜支持，继续支持革命老区、民族地区、边疆地区交通运输发展。制修订车购税资金、成品油税费改革转移支付有关资金补助政策，综合考虑建设、养护、地方财政资金投入等因素采取“以奖代补”方式支持普通省道和农村公路发展。创新筹融资模式，积极探索通过不动产投资信托基金（REITs），与交通沿线土地、资源、产业等一体化开发，以及建设养护总承包、PPP、设计施工总承包等模式吸引社会资本投入。

17. 继续做好东西部协作和对口支援、定点帮扶工作。根据党中央、国务院部署要求以及所在省（区、市）工作安排，及时调整优化工作机制，进一步做好东西部协作和对口支援、定点帮扶等工作，继续加强党建指导、资金支持、干部选派、消费帮扶、产业协作、教育培训等，帮助帮扶地区进一步巩固拓展脱贫攻坚成果、全面推进乡村振兴。

18. 继续加强统计监测和监督管理。加强对国家乡村振兴重点帮扶县等重点地区交通指标的跟踪评估。总结好交通运输脱贫攻坚成效和经验，组织开展第三方评估。配合各级乡村振兴部门开展涉及交通运输的扶贫资产管理和监督工作。

四、工作要求

（一）加强组织领导。强化党建引领保障作用，充分发挥党总揽全局、协调各方的领导核心作用，切实把党的领导落实到交通运输服务乡村振兴战略工作的各方面和全过程。深入学习领会习近平总书记关于乡村振兴和“四好农村路”建设重要论述和指示批示精神，认真贯彻落实党中央、国务院决策部署，提高政治站位，把实现巩固拓展交通脱贫攻坚成果、全面推进乡村振兴、加快建设交通强国作为增强“四个意识”、坚定“四个自信”、做到“两个维护”的具体行动，增强责任意识、担当意识，做到工作不留空档，政策不留空白。坚决反对形式主义、官僚主义，严肃查处交通运输服务乡村振兴领域腐败和作风问题。

（二）强化要素保障。弘扬新时代交通精神，加大时代楷模、交通楷模等先进人物培树力度，强化干部培养、使用与激励机制建设，引导广大交通人为巩固拓展脱贫攻坚成果同乡村振兴有效衔接而奋斗。积极争取地方财政资金、一般债券加大对农村交通发展的投入力度，加强资金保障。加强与国土空间规划等相关规划及土地政策的衔接，推动优化农村公路用地、环评手续，提高审批效率。

（三）注重考核评价。积极推动落实地方人民政府在农村交通发展中的主体责任，将巩固拓展交通运输脱贫攻坚成果、全面推进乡村振兴工作成效纳入地方人民政府及相关部门的绩效考核体系，加强动态监督检查，完善政策制度，强化督导考评，加强政府监督、社会监督、群众监督。

（四）加强宣传引导。以交通强国建设试点以及“四好农村路”示范创建、城乡交通运输一体化示范县创建为载体，推广成功经验，加强宣传引导。组织“最美农村路”评选，擦亮“我家门口那条路”等品牌，推动工作成果更好地转化为社会认可度和群众满意度。

本实施意见有效期为2021—2025年。

(二)养 护 管 理

◇综 合 管 理◇

74. 关于发布《公路养护定员标准》的通知

（交人劳字〔1991〕945号）

各省、自治区、直辖市交通厅（局）、劳动（劳动人事）厅（局）：

根据国家行业标准管理办法，由交通部制定的《公路养护定员标准》，已经全国劳动定额标准化技术委员会审定通过，现予批准、发布，并于一九九二年六月一日起实施。

其代号与名称是：LD/T：1—91（DY）

附件：公路养护定员标准

附件

中华人民共和国劳动和劳动安全行业标准

LD/T：1—91（DY）

公路养护定员标准

Mauning Norm of Highway Maintenance

1　主题内容与适用范围

本标准按照“先进、合理、科学、规范”的原则，规定了公路养护专业机构的生产人员、管理人员和服务人员的定员。

本标准适用于各省、自治区、直辖市交通部门设置的公路养护专业机构的定员管理。

2　引用标准

JTJ 01—88　公路工程技术标准

JTJ 073—85　公路养护技术规范

3　定员

3.1　生产人员，指生产工人、生产技术和安全技术人员，养路费征稽人员，其中生产工人按照中级工人技术水平确定。

3.1.1　养路工人：指在公路上从事经常性的路基、路面、桥涵、隧道和附属构造物、设施等小修保养和公路绿化；养路机具的操作、日常维护；自行采备养护材料等直接生产的工人。

定员：见《养路工人定员表》。

3.1.2　桥梁养护工人：指对特大桥、特殊结构桥进行日常保养的工人。

定员：

a. 桥长在500m以上的永久性桥：每100m为0.4～1.0人；

b. 钢结构桥：桥长在1000m以下的，每100m为1.5～2.5人；桥长在1000m以上的，每100m为1.0～1.5人；

c. 悬吊、斜拉桥：桥长在1000m以下的，每100m为2.0～3.0人；桥长在1000m以上的，每100m为1.0～2.0人。

专设桥梁养护机构的大、中型桥每100m为0.6～1.5人。

3.1.3　隧道养护工人：指对长500m以上的隧道及附属设施进行日常维护的工人。

定员：每100m为0.5～0.7人。

3.1.4　渡口工人：指载运车辆的机动或人力渡船的驾驶、轮机、水手、保养等工人。

定员：每班每渡船7～12人。

3.1.5　机动车辆、养路机械驾驶和维护工人：指由地（市）级和县（区）级公路管理部门，集中使用的汽车驾驶员和养路机械驾驶操作员及维修工人。

定员：

a. 汽车驾驶员：每辆为1.0～1.2人；

b. 养路机械驾驶操作员：每辆（台）0.5～1.0人；

c. 维修工人：每辆（台）为0.3～0.7人。

3.1.6　养护工程施工工人：指从事公路养护大、中修和改善工程的专业施工队伍的工人。

定员：养护里程在 700km 以下的，每 100km 为 10～15 人；养护里程在 700km 以上的，每 100km 为 15～25 人。

3.1.7　沥青储运站（库、池）工人：指在沥青储运站（库、池）从事路面施工、养护用沥青（渣油）的储存、分发、出入库、加温、设备维修的工人。

定员：

a. 储量在 3000t 及其以下：每 1000t 为 8～16 人；

b. 储量在 3000t 以上：每 1000t 为 8～12 人。

3.1.8　沥青混合料拌和场（站）工人：指在沥青混合料拌和场（站）从事机械化操作和日常维护搅拌设备的工人。

定员：每工作日拌和能力 1000t 为 4～6 人。

3.1.9　乳化沥青站工人：指在乳化沥青站从事乳化沥青生产的工人。

定员：年产量每 1000t 为 1～2 人。

3.1.10　苗圃工人：指在苗圃中从事公路绿化用苗木培育的工人。

定员：每 1000m^2 为 0.3～0.6 人。

3.1.11　交通量观测工人：指从事交通流量观测、计数、汇总、统计的工人。

定员：

a. 连续式观测站：每站为 8～12 人；

b. 间隙式观测站：每站为 1 人。

3.1.12　收费工人：指在收费路、桥、隧道、渡口从事收费工作的工人。

定员：每个车道、码头每班岗为 2～3 人。

3.1.13　生产技术人员

3.1.13.1　专职工程技术人员：指在县段级公路养护单位具有技术职务并专职从事土木、机械、绿化技术工作，不兼任行政领导职务的工程技术人员。

定员：每 100km 为 5～8 人。

3.1.13.2　生产安全技术人员：指在县段级公路养护单位从事养路生产安全技术工作的专职人员。

定员：每个县段为 1～2 人。

3.1.14　养路费征稽人员：指直接从事公路养路费征稽工作的人员。

定员：

a. 机动车辆比较集中的大、中城市：每 100 辆车为 0.3～0.5 人；

b. 其他地区：每 100 辆车为 0.6～1.0 人。

3.2　管理人员和服务人员：指地（市）级和县（区）级公路管理部门的管理人员和服务人员。

定员：按本标准定员职工总数的 12%～18%。其中路政管理人员定员：每 100km 为 1～3 人。

其他规定见附录 A。

附　录　A

其他规定

（补充件）

A.1　本标准不包括高速公路定员。

A.2　等外公路养路工人定员可参照四级公路养路工人定员标准。

附加说明：

本标准由交通部提出。

本标准由全国劳动定额标准化技术委员会归口。

本标准由交通部组织云南、辽宁、北京、吉林、江苏、江西、河南、山西、陕西、青海、四川、广东等省（市）交通厅（局）起草。

本标准主要起草人：文俊华、陶培启、史殿英、李江、赵长松。

本标准由交通部负责解释。

75. 关于印发《公路养护职工劳动保护服装式样》的通知

（公养字〔1995〕020号）

各省、自治区交通厅、公路局（处）：

根据交通部《关于颁发〈公路养护职工劳动保护用品标准〉的通知》〔交人劳字（1994）786号〕要求，我司组织有关部门对公路养护职工劳动保护服装进行设计开发，已经有关单位评议审定。现将服装式样（见附件）印发给你们，请遵照执行。在执行中任何单位不得提高服装档次和修改式样。今后有关服装生产、式样修改以及质量考核等具体业务，委托部华建交通经济开发中心归口指导。

公路养护职工劳动保护服装式样

根据安全、经济、实用，充分体现公路养护行业特点的原则制定公路养护职工劳动保护服装式样。主要包括：冬装、春秋装、夏装和安全标志服四类。

一、棉大衣

款式：活里式短大衣

布料：水洗绒、喷胶棉

颜色：棕驼色

二、棉上装

款式：夹克式（活里）

布料：水洗绒

三、春秋装

款式：夹克套装

布料：仿毛华达呢

颜色：米黄色

四、夏装

款式：猎装式套装

布料：水洗麻

颜色：男装：浅驼色；女装：浅灰色

五、T 恤衫

款式：长、短袖

布料：超薄涤盖棉

颜色：荧光橘红色

六、安全标志服

款式：马甲式（有反光标志）

布料：涤纶华达呢

颜色：荧光橘红

附

六种服装式样设计图

图一　棉大衣

图二　棉上装

（正）

（反）

图三　春秋装

（反）

（正）

图四　夏装（女式）

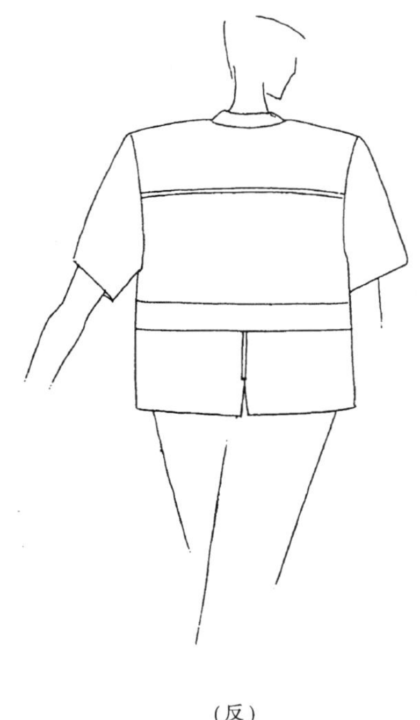

(反)

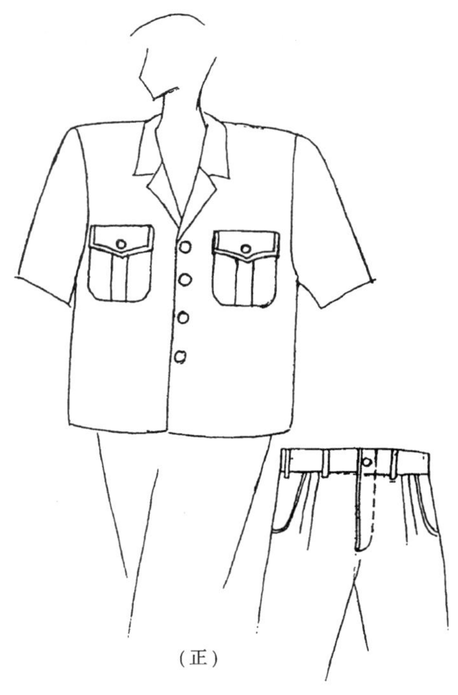

(正)

图五 夏装（男式）

图六 T恤衫

图七 安全标志服

76. 关于印发《公路养护工程市场准入暂行规定》和《公路养护工程施工招标投标管理暂行规定》的通知

（交公路发〔2003〕89号）

各省、自治区、直辖市交通厅（局、委），上海市市政工程管理局，天津市市政工程局：

为培育我国公路养护工程市场，规范养护工程施工招标投标工作，现将《公路养护工程市场准入暂行规定》和《公路养护工程施工招标投标管理暂行规定》印发给你们，望遵照执行。

请将执行过程中发现的问题及时告部（公路司），以便修订时参考。

公路养护工程市场准入暂行规定

第一章　总　　则

第一条　为培育和规范公路养护工程市场，提高公路养护工程投资效益，根据《中华人民共和国公路法》及有关法律、法规的规定，制定本规定。

第二条　本规定适用于中华人民共和国境内国道、省道和县道的养护工程，其他公路的养护工程可参照执行。

改建工程从业单位的管理参照交通部《公路建设市场管理办法》的规定执行。监控、通信、收费设施维修的从业资质另行制定。

第三条　公路养护工程市场管理应当遵循公开、公平、公正、有序竞争的原则。

第四条　凡进入公路养护工程市场的公路养护从业单位应当取得本规定所确定的公路养护工程从业资质，并应遵守本规定。

第二章　职责与权限

第五条　公路养护工程市场实行统一领导、分级负责。

交通部主管全国公路养护工程市场准入的监督管理工作。

省级交通主管部门负责本行政区域内公路养护工程市场准入的管理工作。

省级公路管理机构负责本行政区域内公路养护工程市场准入的具体管理工作。

第六条　交通部的主要职责：

（一）监督执行国家有关公路养护的政策和法规。

（二）制定公路养护工程市场准入管理的有关规章。

（三）监督行业规章和技术规范的执行。

（四）培育和规范全国公路养护工程市场。

（五）依法查处违反本规定的行为。

第七条　省级交通主管部门的主要职责：

（一）监督执行国家有关公路养护政策、法规、规章和技术规范。

（二）制定本行政区域内公路养护工程市场准入管理的有关规定。

（三）负责本行政区域内公路养护工程从业单位资质审定和资质证书的颁发。

（四）维护本行政区域内公路养护工程市场秩序。

（五）依法查处本行政区域内违反本规定的行为。

第八条　省级公路管理机构的主要职责：

（一）监督执行公路养护工程市场准入管理的有关规定。

（二）负责组织本行政区域内公路养护工程从业单位从业资质的评定和复审等具体管理工作。

（三）负责对进入本行政区域内从事公路养护工程作业的外埠从业单位资质的确认。

（四）发布本行政区域内公路养护工程市场信息。

（五）承办省级交通主管部门委托的其他事情。

第三章　资质条件

第九条　公路养护工程市场准入实行资质评定、复审和确认制度。

资质评定是对公路养护工程从业单位的资历、能力和信誉的认定；复审是对已具备资质且已进入公路养护工程市场的从业单位的能力、业绩和信誉进行认定；确认是对外省、自治区、直辖市已具备资质的养护从业单位进入本省、自治区、直辖市承揽公路养护工程时对其能力、业绩和信誉进行认定。

第十条 申报公路养护工程资质的从业单位必须提出书面申请，按要求填写申报表，并提供下列资料：

（一）从业单位企业法人营业执照或者事业单位法人证书。

（二）主要负责人身份确认文件。

（三）所有工程技术、经济管理人员的职称（资格）证书复印件和养护技术工人上岗等级证书复印件。

（四）从事公路养护工程的资历、能力的评价和证明。

（五）从业单位连续三年财务状况的有效证明。

（六）拥有公路养护工程设备的有关证明。

第十一条 公路养护工程从业单位的资质分为三个类别，共五个级别。

一类：可以承担大型、特大型桥梁和长、特长隧道以及特殊复杂结构的桥隧构造物的中修和大修工程。

二类公路养护工程资质分为甲级、乙级。

甲级：可以承担一级公路和高速公路的路基、路面、中小桥、涵洞、中短隧道、绿化及沿线设施（不含监控、通信、收费管理系统）等的中修、大修养护工程。

乙级：可以承担二级及其以下等级公路的路基、路面、中小桥、涵洞、中短隧道、绿化及沿线设施（不含监控、通信、收费管理系统）等的中修、大修养护工程。

三类公路养护工程资质分为甲级、乙级。

甲级：可以承担高速公路和一级或者二级公路的小修保养。

乙级：可以承担二级及其以下等级公路的小修保养作业。

第十二条 各个类、级别的公路养护工程从业单位只允许进行本类、级别规定范围内的公路养护工程，不能跨级别从事其他级别的公路养护工程作业。公路养护工程从业单位可申请一个或一个以上类、级别的从业资质。

第十三条 申请一类公路养护工程从业资质的从业单位应同时具备下列条件：

（一）具有从事大、特大型桥梁、特殊复杂结构桥梁或长、特长隧道中修或者大修养护工程 5 年以上作业经历；

（二）近五年独立承担过 10 座以上的大、特大型桥梁和 2 座长、特长隧道的中修和大修工程，工程质量合格。没有长、特长隧道的省份，可取消隧道养护从业资质的相关条件；

（三）工程技术、经济管理专业技术职称的人员不少于 15 人，其中公路、桥梁专业中级职称以上的人员不少于 10 人；

（四）从事公路桥梁或隧道大中修养护工程施工的工人必须具有相应养护维修操作等级证书，其中高级工不少于 10 人，中级工不少于 20 人；

（五）注册资本金或者固定资产 200 万元以上；

（六）具有与公路大、特大型桥梁、特殊复杂结构桥梁或者长、特长隧道中修以上养护工程施工相适应的专业机具设备。

第十四条 申请二类养护工程从业资质的从业单位应同时具备下列条件：

（一）甲级

1. 具有一级和高速公路的路基、路面、中小桥、中短隧道、涵洞、绿化、渡口及沿线设施（不舍监控、通信、收费系统）等的中修、大修养护工程 5 年以上作业经历。

2. 近五年独立承担过以下工程项目，且工程质量合格：

不少于30公里的一级公路和高速公路的路基、路面大中修工程；

不少于5座桥梁的大中修工程；

不少于20公里的一级公路和高速公路绿化工程。

3. 工程技术、经济管理人员不少于15人，其中公路、桥梁专业中级以上职称的人员不少于10人。

4. 从事一级和高速公路大中修工程施工的工人必须具有相应工种的养护维修操作等级证书，其中高级工不少于15人，中级工不少于30人。

5. 注册资本金或者固定资产200万元以上。

6. 具有与一级和高速公路中修、大修工程施工相适应的专业机具设备。

（二）乙级

1. 具有二级及其以下等级公路的路基、路面、中小桥、中短隧道、涵洞、绿化、渡口及沿线设施（不含监控、通信、收费系统）等的中修、大修养护工程5年以上作业经历。

2. 近五年独立承担过以下工程项目，且工程质量合格：

不少于50公里的二级及以下公路的路基、路面大中修工程；

不少于5座桥梁的大中修工程；

不少于20公里的二级公路绿化工程。

3. 工程技术、经济管理人员不少于12人，其中具有公路、桥梁专业技术职称的人员不少于8人。

4. 从事二级及以下等级公路大中修工程施工的工人必须具有相应工种的养护维修操作等级证书，其中高级工不少于10人，中级工不少于20人。

5. 注册资本金或者固定资产100万元以上。

6. 具有与二级及其以下等级公路中修、大修工程施工相适应的专业机具设备。

第十五条 申请三类养护工程从业资质的从业单位应同时具备下列条件：

（一）甲级

1. 从事高速公路或一级公路小修保养作业5年以上，或者二级公路小修保养作业8年以上。

2. 工程技术、经济管理人员不少于10人，其中具有公路、桥梁专业技术职称的人员不少于3人。

3. 从事小修保养作业的工人必须具有相应工种的养护维修操作等级证书，其中中、高级工不少于20人。

4. 注册资本金或者固定资产100万元以上。

5. 具有与高速公路及一级公路小修保养工程作业相适应的清扫、绿化及其他专业机具设备。

（二）乙级

1. 从事二级及其以下等级公路小修保养作业5年以上。

2. 工程技术、经济管理人员不少于6人。

3. 从事小修保养作业的工人必须具有相应工种的养护维修操作等级证书，其中中、高级工不少于10人。

4. 注册资本金或者固定资产50万元以上。

5. 具有与从事二级及其以下等级公路小修保养作业的机具设备。

第四章　资质评定与管理

第十六条 公路养护工程从业资质应由申报单位向省级公路管理机构提出申请，经省级公路管理机构根据本行政区域公路养护工程施工单位资质管理规定初审后，报省级交通主管部门审定并颁发《公路养护工程从业资质证书》。

第十七条 跨省、自治区、直辖市进行公路养护工程施工的公路养护工程从业单位应向养护工程所在地的省级公路管理机构出示从业资质证书，省级公路管理机构予以确认后备案。

第十八条 省级公路管理机构对公路养护工程从业资质实行三年复审制，复审结果报省级交通主管部门核准。

第十九条 取得从业资质的公路养护工程从业单位，发生下列行为之一的，省级交通主管部门可暂停或者取消其从业资质。

（一）发生质量责任事故的；

（二）隐瞒真实情况、弄虚作假取得从业资质的；

（三）发生安全责任事故的；

（四）无故拖延工期的；

（五）其他违规、违纪行为。

暂停从业资质的整改期一般为六个月。

暂停从业资质的从业单位在整改期内不得承揽相应类别的公路养护工程项目。

被取消从业资质的养护工程从业单位，一年内不得重新申报相应从业资质。

第二十条 公路养护工程从业单位应严格遵守国家有关公路养护的法规和规章，自觉接受县级以上人民政府交通主管部门和县级以上公路管理机构的行业管理。

第二十一条 县级以上人民政府交通主管部门和县级以上公路管理机构的工作人员应当遵守本规定，维护公路养护工程市场的正常秩序，对出现失职、渎职、索贿、受贿行为，损害有关单位合法权益和国家利益的，视其情节由上级交通主管部门会同有关部门依法给予行政处分，构成犯罪的依法追究刑事责任。

第五章 附 则

第二十二条 各省、自治区、直辖市交通主管部门可根据本规定，结合本地区的具体情况，制定实施细则，并报交通部备案。

第二十三条 公路养护工程从业资质证书式样由交通部统一制发。

第二十四条 本规定由交通部负责解释。

第二十五条 本规定自 2003 年 6 月 1 日起施行。

公路养护工程施工招标投标管理暂行规定

第一章　总　　则

第一条　为加强公路养护工程的施工招标投标管理，规范公路养护工程的施工招标投标活动，保护招标人和投标人的合法权益，确保养护工程质量，提高投资效益，根据《中华人民共和国公路法》、《中华人民共和国招标投标法》等有关法律法规，制定本规定。

第二条　公路养护工程的施工招标投标应当坚持公开、公平、公正、诚实守信的原则。

第三条　国道、省道和县道公路的养护工程项目具备招标条件的，应当按本规定实行招标，其他公路可参照执行。

改建公路工程项目，按《公路工程施工招标投标管理办法》的规定执行。

第四条　参加公路养护工程项目投标的公路养护工程施工单位，必须具备相应类、级别的公路养护工程从业资质。

第五条　交通部依法负责监督全国公路养护工程的招标投标活动。

县级以上人民政府交通主管部门依法负责监督本行政区域内公路养护工程的招标投标活动。

第六条　公路养护工程的施工招标投标活动受国家法律的保护和约束，任何单位和个人不得以任何方式干预公路养护工程的施工招标投标活动。

第二章　招　　标

第七条　招标人可自行组织招标或委托具有相应资格的代理机构组织招标。自行组织招标的招标人或招标代理机构应具备下列条件：

（一）具有法人资格；

（二）有组织编制招标文件和标底的能力；

（三）有对投标人进行资格审查和组织评标定标的能力。

第八条　实施招标的公路养护工程项目，应具备以下条件：

（一）项目已列入年度养护维修计划；

（二）资金来源已落实；

（三）有关养护方案或者设计文件已经完成；

（四）招标文件已编制完毕；

（五）其他相关准备工作已完成。

第九条　公路养护工程招标标的应满足下列条件之一：

（一）公路小修保养最小标的为连续 20 公里以上或者小于 20 公里的整条路段，最短养护合同期限为一年；

（二）大中修公路养护工程投资 100 万元以上的项目。

第十条　招标方式

公路养护工程招标可采用公开招标、邀请招标两种形式。

（一）公开招标。招标人通过报刊、广播、电视、信息网络等媒介公开发布招标公告，邀请不特定的法人或者其他组织投标。

（二）邀请招标。招标人以投标邀请书的方式邀请特定的法人或者其他组织投标，邀请的投标人不得少于3个。

第十一条 因突发事件、紧急抢险或战备需要而安排的特殊公路养护工程项目可采取指定养护工程施工单位的方式进行。

第十二条 公开招标按下列程序进行：

（一）组织编制招标文件；

（二）发布招标公告；

（三）发售资格预审文件；

（四）资格预审，并向资格审查合格者发售招标文件；

（五）组织投标人勘察现场，针对投标人的询问，解释招标文件中的疑点；

（六）组织编制标底和制定评标办法；

（七）组织开标并进行标书清算、算术性复核与澄清；

（八）评标并确定推荐中标人；

（九）确定中标人，并履行有关批准程序；

（十）发出中标通知书；

（十一）与中标人签订公路养护工程项目合同。

第十三条 邀请招标按下列程序进行：

（一）发出投标邀请书；

（二）发售招标文件；

（三）组织投标人勘察现场，针对投标人的询问，解释招标文件中的疑点；

（四）组织编制标底和制定评标办法；

（五）组织开标并进行标书清算、算术性复核与澄清；

（六）评标及推荐中标人；

（七）确定中标人，并履行有关批准程序；

（八）发出中标通知书；

（九）与中标人签订公路养护工程项目承包合同。

第十四条 开标后至发出中标通知书为评标阶段。编制标底和评标阶段的有关活动，均应按规定做好保密工作。

第三章　资格审查

第十五条 招标人发售的资格预审文件的主要内容应包括：

（一）资格预审通告（邀请书），包括招标人名称地址，招标项目性质、数量，获取资格预审文件办法、时间和地点等；

（二）资格预审申请人须知，包括资格预审申请的提交地点、截止日期、资质要求、主要证明文件、工程资金来源、工期、是否可联合投标，特别要求等；

（三）资格预审申请表，包括企业名称、组织机构、财务状况、人员、设备、业绩，拟投入本工程的主要管理人员、技术人员及设备；

（四）公路养护工程概况。

第十六条 投标人递交的资格预审文件的主要内容应包括：

（一）投标人有效的证明；

（二）投标人现承包公路养护工程的基本情况；

（三）各类专业技术和管理人员的构成；

（四）试验设备和养护机具设备；

（五）投标人资产情况及负债情况；

（六）公路养护工程质量与同类项目业绩等。

第十七条 资格评审由招标人组织有关专业人员进行评审，重点评审投标人的财务状况、技术力量、设备、业绩、信誉和拟投入本工程的设备、人员，形成资格预审报告。

第四章 招标文件及标底

第十八条 公路小修保养及中修、大修工程投标文件的主要内容：

（一）投标邀请书：公路养护工程项目名称，递交投标文件、开标的时间和地点等。

（二）投标须知：包括公路养护工程项目概况、资金来源、工期要求、报价编制、招标程序和有关规定，评标定标原则等。

（三）合同及合同条款：包括合同文件格式、通用合同条款、特殊合同条款等。承发包合同中明确的各项条款应全面、正确地阐述合同双方相互的权利和义务关系。

合同条款主要内容：承发包形式、付款和结算办法、索赔、工期要求、质量要求、现场交通组织的要求、施工安全措施、解决变更的方式、主要材料供应方式和价格、验收以及违约责任等。

（四）技术文件：包括应采用的技术标准和操作规程的名称、养护技术要求、养护工程项目特殊要求、原路技术状况、计量与支付规则、质量标准与验收等。

（五）投标书格式及附表：投标书应包括投标人投标标段或工程、投标价、工期、投标文件有效期等；附表主要有投标人组织机构及人员表、参加工程任职主要人员简历表、投入工程的主要机械设备表等。

（六）工程量清单。

（七）评标办法：包括对公路小修保养、中修和大修工程项目的评标、定标原则等。

第十九条 招标人如需对招标文件进行补充说明、勘误、澄清等局部修正时，最迟应在投标截止日期前7天，以书面形式通知所有投标人。补充说明、勘误、澄清、局部修正等，与招标文件具有同等的法律效力。

第二十条 标底是审核投标报价、评标、定标的重要依据，应力求正确、合理。每一个招标项目只允许有一个标底。标底在开标前严格保密。

公路养护工程施工的招标鼓励采用无标底方式进行招标。

第二十一条 标底由招标人负责编制，也可由受委托的招标代理机构负责编制。编制标底应以招标文件、图纸、有关养护工程资料及省级交通主管部门颁发的养护工程定额为依据。

第二十二条 受招标人委托的标底编制单位及招标代理机构不得同时承接投标人的标书编制业务，不得泄露应当保密的与招标活动有关的情况与资料。

第五章 投 标

第二十三条 投标人必须严格按照招标文件的要求，编制投标文件，投标文件及任何说明函件应经单位盖章及法人代表或者有效的授权委托人签字，并按规定的时间和要求送达招标人。

第二十四条 投标文件包括下列内容：

（一）投标书及其附表；

（二）有效的授权书；

（三）有报价的工程量清单及总价汇总表；

（四）公路养护工程作业方案：包括进度安排，平面布置，主要养护作业方法，交通疏导方案，技术和安全措施，质量目标，质量保证体系等。

投标人应当按照招标文件的要求提交投标担保。

第二十五条 投标人在投标文件要求提交投标书的截止时间前，可以补充、修改或者撤回已提交的投标书，并书面通知招标人或招标代理机构。补充、修改的内容为投标书的组成部分，应按规定的时间和要求送达招标人。

第二十六条 投标人不得串通作弊，不得哄抬标价，低价抢标，不得采取非法手段竞标。

第六章 开标、评标与定标

第二十七条 发出招标文件到提交投标文件的截止时间，一般不应少于20天。

第二十八条 开标仪式由招标人或委托代理招标机构组织并主持。投标人应出席开标仪式。规模较大的公路养护工程项目，招标人可邀请同级交通主管部门、上一级公路管理机构以及纪检监察等部门的代表参加。

第二十九条 开标时，由招标人及有关各方检查各份标书的完整性；招标人宣布评标、定标办法，并宣读各份投标书主要内容。需要公证的，由公证人员对宣读的标价及相关内容现场复核，并致公证词。

第三十条 属于下列情况之一者，应作为废标处理：

（一）投标书未按招标文件规定的方式密封；

（二）投标书未加盖本单位公章及未经法人代表或者有效的授权委托人签字；

（三）投标书未按招标文件规定的格式、内容和要求编制；

（四）投标书字迹潦草、模糊，无法辨认；

（五）投标人在一份投标书中，对同一个项目报有两个或多个报价；

（六）投标人递交两份或多份内容不同的投标书，未书面声明哪一个有效；

（七）未按要求提交投标担保的；

（八）投标人未经招标人同意，不参加开标仪式。

第三十一条 评标工作由招标人或委托招标代理机构主持。评标工作组由招标人代表和有关技术、经济等方面的专家组成。评标工作组一般由5人以上的单数组成，其中技术、经济等方面的专家不少于成员总数的三分之二。

第三十二条 评标、定标原则：响应招标文件的要求，报价合理、公路养护工程作业方案可行、技术先进、能确保养护工程质量、具有良好的业绩和信誉。

最低报价不能作为中标的唯一条件。

第三十三条 评标过程中，评标小组可分别请投标人就投标书的有关问题进行澄清，投标人应给予书面答复。澄清内容作为投标书的组成部分，但不得改变投标书的实质内容和报价。

第三十四条 评标工作组成员不得索贿受贿，不得泄露应当保密的与招标投标活动有关的情况与资料。在评标、定标工作期间，评标工作组成员不得私下接触投标人。

第三十五条 评标可采用评分、投票或者其他约定方式进行。自开标到定标时间一般不超过7天。

第三十六条 招标人根据评标小组提出的评标结论和中标候选人顺序确定中标人。

第七章 合同签订

第三十七条 招标人和中标人应当自中标人签收中标通知书之日起30日内签订书面承包合同。

公路养护工程项目承包合同应当按照招标文件、中标人的投标文件、中标通知书及有效的补充文件和信函签订。

招标人和中标人不得再行订立背离合同实质性内容的其他协议。

第三十八条 承包合同的承发包人应当按合同约定履行双方的权利和义务，明确公路设施正常维护和保养，保障公路畅通。

第三十九条 省级交通主管部门和省级公路管理机构应当监督公路养护工程项目承包合同的履约，维护合同双方的合法权益。

第八章 罚 则

第四十条 对公路养护工程招标投标活动中下列违规行为需进行处罚：

（一）招标代理机构或标底编制单位违反本规定第二十二条的，按《中华人民共和国招标投标法》第五十条的有关规定给予处罚。

（二）投标人违反本规定第二十六条的，投标视为无效，并无权索还投标保证金，由省级交通主管部门予以通报批评，视情节可取消或暂停其从业资质或者按《中华人民共和国招投标法》第五十四条的规定给予处罚。

（三）评标工作组成员违反本规定第三十四条的，应立即停止其评标资格，并追究当事人的责任。

（四）违反本规定第三十七条的，对中标人拒签合同的，报从业资质主管部门取消其养护从业资质，并无权请求返还投标保证金。招标人拒签合同，应双倍返还投标人的投标费用和投标保证金。

第四十一条 当事人对处罚决定不服的，自接到处罚决定之日起 60 日内可向交通主管部门申请复议，或者直接向人民法院起诉。

第四十二条 对公路养护工程招标投标活动中出现失职、渎职、索贿、行贿行为，损害有关单位合法权益和国家利益的，由交通主管部门会同有关部门给予行政处分，构成犯罪的由司法部门依法追究其刑事责任。

第九章 附 则

第四十三条 各地在遵循《中华人民共和国招标投标法》的原则下，可根据公路养护工程的特点、工期和技术要求等因素，适当简化本规定确定的招标投标文件内容及程序。

第四十四条 各省、自治区、直辖市交通主管部门可根据本规定，结合本地区的具体情况，制定实施细则。

第四十五条 本规定由交通部负责解释。

第四十六条 本规定自 2003 年 6 月 1 日起施行。

77. 关于印发《关于防治高速公路沥青路面早期损坏的指导意见》的通知

（交公路发〔2005〕523号）

各省、自治区、直辖市交通厅（委），上海市市政工程管理局，天津市市政工程局，新疆生产建设兵团交通局：

为防治高速公路沥青路面早期损坏，延长使用寿命，提高服务水平，在总结和分析国内外先进技术和成果的基础上，我部制定了《关于防治高速公路沥青路面早期损坏的指导意见》，现印发你们，请结合当地实际，贯彻执行，并制定具体实施意见。

关于防治高速公路沥青路面早期损坏的指导意见

近年来，我国公路建设迅速发展的同时，一些路段高速公路沥青路面出现了早期损坏现象，不仅造成经济损失，而且影响交通行业的社会形象和可持续发展。为认真贯彻落实科学发展观和建设资源节约型社会的要求，按照“增强质量意识，完善综合设计，严格施工控制，加强养护管理”的原则，对高速公路沥青路面早期损坏防治工作提出如下指导意见：

一、增强质量意识，完善质量管理体系

各级交通主管部门、工程建设勘察设计、施工、监理、质量监督和养护管理单位，要从贯彻落实科学发展观的高度，充分认识高速公路沥青路面早期损坏的危害，采取切实措施，完善工程质量管理体系。要树立全寿命成本理念，避免产生早期损坏的返修成本。

（一）各级交通主管部门和建设单位要切实处理好质量与速度的关系，严格按照部《关于在公路建设中严格控制工期确保工程质量的通知》（交公路发〔2004〕309 号）的规定，保证合理建设工期。当质量和工期发生矛盾时，应当首先保证质量，把工作一环扣一环地做精、做细，按科学规律办事。要进一步完善质量管理体系，落实施工、监理、质量监督等单位的职责和管理权限，充分发挥各自在质量控制中的作用，依靠科学管理，保证工程质量。

各级质量监督机构要加强监督，加大责任追究力度，规范检测市场。要委托具有公路质量检测资质的单位对工程质量进行不定期独立检测，对伪造试验数据的单位和个人，要严肃处理。

（二）设计单位要树立全寿命成本理念，加强调查与材料试验工作，加强路面结构设计方案比选，避免简单地照搬照抄规范和其他项目设计成果。

（三）监理单位要认真履行职责，加强质量动态监控，独立完成各项现场试验检测工作。对原材料、拌和和摊铺碾压等影响质量的重要环节和工序要加强旁站和监控。每道工序完成后，应按规定及时抽检，抽检全部合格后方可批准进入下一道工序。

（四）施工单位要不断提高施工人员的整体素质和质量意识，建立健全施工自检体系，对于原材料质量控制、施工配合比试验、混合料拌和、运输、摊铺、碾压等各道工序均要明确质量目标，并落实到各道工序的施工责任人与自检责任人，做到层层把关，分级负责，精心施工。

（五）鼓励工程建设向设计与施工总承包的模式发展，适当延长质量保证期，促使承包商用心设计、精心施工。

二、总结国内外成功经验，加强综合设计

设计人员要深刻理解规范中有关指标的使用前提和适用条件，因地制宜，就地取材，结合当地行之有效的路面结构设计实践，借鉴国外成熟的设计方法，强化系统综合设计。

（一）做好实际交通荷载调查和预测

对现状实际轴载谱以及变化规律进行深入的调查分析，结合未来区域经济发展、路网情况和车辆载重等情况，科学预测，计算预期的车辆累计标准轴载次数，依此进行路面结构设计和厚度计算。

（二）完善结构和厚度设计

路面结构设计及各层厚度要充分考虑交通量轴次、材料、施工条件、气候等实际情况。要加强路面结构方案比选工作，根据交通量大小、重型车辆构成比例，选定合理的路面厚度。对重车方向、长距离陡坡路段应进行专门设计。

1. 路面结构厚度的确定，要有利于防治路面早期损坏；有利于增强工程的耐久性、减少后期养护费用；有利于延长路面使用寿命和降低全寿命成本。

2. 半刚性基层是目前常用的基层形式，对出现的质量通病要进行认真反思和总结，特别是对防止半刚性基层反射裂缝的措施要给予高度重视。要严格控制半刚性基层及底基层的强度，不仅要控制低限，同样要控制高限，防止走入半刚性基层强度越高越好的误区，减少半刚性基层沥青路面反射裂缝的发生。

3. 柔性基层是许多发达国家常用的路面结构形式，鼓励各地加强柔性基层试验研究，在试验路段铺筑成功的基础上加以推广。

（三）加强材料设计

材料设计是路面设计的重要内容，要认真做好路用材料的调查、试验与筛选工作，针对材料质量及供应情况，提出适合路面结构功能需要和实际情况的各种路用材料的品质要求。

1. 保证路面各层混合料配合比设计的科学性、合理性，是预防沥青路面早期损坏的基础。混合料组成设计除满足规范要求外，更要注重原材料指标、体积指标、混合料性能指标的相互匹配与合理性。要针对当地实际情况对混合料技术性能指标做适当的调整、增加，如现场空隙率和路面渗水系数的检测。

2. 矿料级配组成设计要按照“均匀、嵌挤、密实”的要求进行，不能简单照搬规范规定级配范围的中值，可适当增加中间档次粗集料的用量，调整为骨架密实型结构，提高混合料的抗车辙性能。

3. 对于夏季炎热、交通量大、重载交通多的地区，要适当提高高温性能和水稳定性检验的技术要求，以增强沥青面层的抗车辙能力和抗水损害能力。

（四）重视防排水系统设计

水是造成路面损坏的主要原因之一。要高度重视路基路面防排水设计，尤其挖方路段及中央分隔带、土路肩等部位的排水问题，按照“以防为主，防排结合”的原则，做好路基、基层、面层的防排水综合设计。

1. 对于设置拦水带或路缘石的路段，尤其纵坡平缓、降雨量大的路段，应适当加密开口及边坡排水设施。路基水文状况不良路段，应设置横向盲沟和排水垫层。

2. 对于中央分隔带防排水设施、通信管道设施与绿化美化工程要做到协调统一。中央分隔带需要植树绿化时要认真做好防排水层，对防排水难以做好的路段，可采用表面封闭的中央分隔带形式。为保证防排水设施的有效性，可适当提高设计富余量。对于超高路段宜尽量采用内外半幅单独排水方案。

3. 土路肩宜尽量选用碎石或砂砾等透水性材料填筑，以利路面横向排水。年降雨量较大地区的高速公路，可在结构内部及边缘土路肩内设置排水设施。对于植草的土路肩，其排水设计还要考虑土路肩与硬路肩高程差、横坡及植草的疏稀程度，以保证排水通畅。

三、严格环节控制，完善施工质量管理

施工质量是保证路面质量的关键因素之一，应严格控制，强化管理。

（一）强化路基质量

路基质量直接影响路面质量，其中路基压实不足和不均匀沉降影响最大。首先要严格压实控制，确保压实质量；对于易产生不均匀沉降的部位，如软土等不良地基路段及高填、半挖半填路段及填挖交界处，要采取有效措施，认真进行处理，并加强观测，达到沉降要求后，方可进行路面施工。

（二）严格材料控制

路面材料质量控制的好坏，是路面质量的关键，应根据当地实际，择优选材，严格进场材料控制及场地管理。

1. 沥青的选择应按照公路等级、气候条件、交通组成、路面结构类型及层位、施工方式等，并结合当地使用经验，经技术论证后确定。

2. 沥青混合料所用集料必须专业化集中生产、集中供料。粗集料必须严格控制针片状颗粒含量、压碎值和含泥量；细集料必须严格控制砂当量和棱角性。

3. 沥青路面使用的各种材料运至现场后，各方要根据进货批量取样进行质量检验，检验合格的材料方可使用。不得以供应商提供的检测报告或商检报告代替现场检测。对不合格材料，要限期退货和清理出场。

4. 材料的堆放应予以重视，不得混放，避免雨淋，堆放场地必须硬化。

（三）改进施工组织

施工前必须制订科学、周密的施工组织设计并严格按设计进行施工。应合理确定各结构层的施工周期和施工间隔及机械组合，路面基层应有足够的养生时间，达到强度要求后，方可进行下一层施工。面层必须防止层间污染，特别是中央分隔带、绿化、路肩等的施工不得与沥青面层施工交叉作业，以保证路面的强度、整体性和均匀性。

（四）控制施工工艺

施工工艺方面应注意如下五点：一是要高度重视配合比试验和试验段试铺工作，根据试验段结果，调整确定合理的生产配合比；二是要采用自动化程度高、计量准确、产量大的拌和楼，并在生产过程中加强对拌和楼稳定性的控制；三是在运输、装卸、摊铺、碾压过程中要采取严格措施减少温度离析和材料离析；四是要严格控制摊铺宽度，并加强接缝处的质量控制：五是要高度重视路面压实，配备数量、吨位满足压实要求的压实设备，控制压实工艺。

四、加强预防性、及时性养护，延长路面使用寿命

高速公路养护管理单位要按照《高速公路养护质量检评方法》（交公路发〔2002〕572号）规定的频率，定期对路面结构强度、抗滑性能、平整度和路面破损状况等进行检测，并采用路面管理系统对路面使用状况进行评价，科学制订养护计划，针对路面早期损坏加强预防性、及时性养护工作，延长路面使用寿命。

五、加深技术研究和引进工作

采用新技术、新材料、新方法和新工艺，是防治高速公路沥青路面早期损坏的基础。各地交通主管部门要针对本地区高速公路沥青路面损坏的特点及自然环境条件，组织有关单位和人员结合工程建设进行研究和攻关，提出防治措施和方法，成熟经验要及时总结推广。要积极借鉴、吸收国外，特别是发达国家先进技术经验，高度重视有关技术标准、规范的制定、修订、完善工作，争取在短时间内实现国内技术领域新的跨越，全面提升我国高速公路沥青路面建设水平。

六、加强对从业人员的培训

路面质量最终取决于一线从业人员，要加强对公路设计、施工、监理、管理等各方面从业人员，尤其是一线从业人员的岗位技能培训，有计划、有步骤地开展多种形式的防治沥青路面早期损坏的业务培训，使之掌握正确的技能，增强责任心，不断提高业务素质。

78. 关于印发《更好地为公众服务——“十一五”公路养护管理事业发展纲要》的通知

（交公路发〔2006〕482号）

各省、自治区、直辖市、计划单列市交通厅（局、委），上海市市政工程管理局，天津市市政工程局，新疆生产建设兵团交通局：

现将《更好地为公众服务——“十一五”公路养护管理事业发展纲要》印发给你们，请认真贯彻执行。各地可结合实际，研究制定本地区“十一五”公路养护管理发展规划，并报部备案。

更好地为公众服务

——“十一五”公路养护管理事业发展纲要

未来五年是我国贯彻落实科学发展观，全面建设小康社会承前启后的关键时期，也是交通实现好中求快发展的关键时期。公共需求发生深刻变化，公路养护管理事业面临前所未有的挑战。为了适应新的更高的要求，使公路养护管理事业切实转入全面协调可持续发展的轨道，更好地为公众服务，特制定本纲要。

一、站在新的历史起点上

1.“十五”公路养护管理事业取得显著成绩。过去的5年，各级交通部门认真贯彻“建设是发展，养护管理也是发展”的指导思想，紧扣时代脉搏，着眼服务为民，立足全面发展，公路养护管理事业取得了显著成绩。公路养护投入大幅增加，路网技术状况显著改善，养护质量稳步提升，服务内涵得到拓展。公路管理法治化进程进一步加快，体制和科技创新取得新进展，一些束缚生产力发展的体制性障碍正逐步消除。公路的出行保障能力和公共服务水平显著提升。“十五”主要发展目标提前实现，为“十一五”的发展奠定了良好基础。面向未来，我们站在一个新的历史起点上。

2. 发展中凸显的重大问题。与快速增长的公路交通出行需求相比，公路养护管理事业总体上还处于较低发展水平，主要表现为两个“仍显不足”和两个“依然突出”。

——公路基础设施的有效供给仍显不足。这是当前和今后较长一段时期内需要解决的主要矛盾。路网结构仍需优化，整体技术状况有待提高，区域之间、城乡之间发展还不平衡。公路基础设施的安全水平、通行能力、耐久性、抗灾能力较弱。公路服务水平较低，服务设施不能满足要求，服务和应急机制仍不完善。

——科技的主导作用仍显不足。能够适应现代化管理要求的公路管理与决策信息系统尚未建立，现代信息技术等高新技术的集成与应用较为薄弱。养护工程技术的研发与实际需求还有较大差距，科技自主创新能力、成果转化应用和产业化水平亟待提高，矫正性、被动性、突击性和单纯以路面为中心的粗放型养护还相当普遍。高层次、复合型技术和管理人才缺乏。

——体制性障碍依然突出。路网管理与公路的基础性、网络性、功能层次性特点相适应的管理体制尚未形成。高速公路行业管理不完善，收费公路养护监管不到位，农村公路养护管理体系不健全。收费公路的可持续发展问题日益突出。养护运行机制改革进入攻坚阶段，统一开放、竞争有序的养护市场尚未形成。

——约束性因素依然突出。资金不足仍是制约公路养护管理事业健康发展的重要因素。公路管理法规体系仍不完善，滞后于实际工作需求。土地资源和环境保护的约束与建设需求的矛盾日益凸显。

3. 养护管理事业发展进入新阶段。未来五到十年是我国全面建设小康社会承前启后的关键时期。经济持续快速增长必然带来旺盛的客货运需求，“十一五”期间公路客货运量和交通量将继续保持高增长态势。产业结构优化升级步伐加快，需求模式由数量型向质量型转变的进程加速。汽车消费大众化时代来临，个性化、多样化出行成为新趋势。城镇化进程提速，对城际间公路网络提出了新的更高的要求。农村公路进入历史上最快的发展时期，建立农村公路养护管理长效机制任重道远。建设资源节约和环境友好型社会、发展循环经济日益成为社会共识，增长方式更加注重内涵。公路养护管理事业将迈入“养护转型、管理升级、改革加速、服务提高”的新阶段。

4. 养护管理事业发展的新任务。“十一五”养护管理事业发展面临着新形势新任务。政府重视，群众支持，为发展创造了良好的环境；连续多年的快速建设，为发展奠定了良好的基础；行政管理体制改革和事业单位改革进一步加快，为发展注入了新的活力；公共财政体系建设以及逐步深化的投资体制改革，为发展开辟了新的前景。但是，土地资源和环境保护的硬约束、体制改革和政策调整的软约束、公共需求和评价体系的新变化使行业的发展面临日益复杂的新形势。我们要努力适应新变化，满足新需求，就必须以科学发展观统领全局，必须树立全寿命周期和质量就是节约的理念，必须保证对现有路网的正常养护，必须努力提高路网的管理效率，以更低的社会经济成本，管理和维护一个更安全、更畅通、更和谐、更高效的公路基础设施网络，为公众出行提供更好的服务。

二、准确把握“十一五”养护管理事业发展方向

5．将公众利益作为核心价值取向。各级交通主管部门应全面贯彻落实科学发展观，以保障安全畅通、提升服务品质为主题，以全面创新为动力，以资金、制度、人才、科技为保障，坚持建设与养护并重、增量与挖潜并重、管理与服务并重，在发展的价值取向上突出用户优先，在发展的目标取向上突出服务优先，在发展的模式上突出效率优先，在发展的手段上突出科技优先。实现速度向效益、管理向服务的根本性转变，走出一条将公众利益作为核心价值取向、既快又好的公路养护管理事业发展道路。

6．建立适应新时期公路养护管理需求的评价体系。这个体系应包括以下主要内容：

——更安全。普遍树立“呵护生命，安全第一”的理念。公路安全防护设施齐全，因公路设施破损或不完善引发的交通事故数量和损害程度大幅降低。超限超载车辆行驶公路现象得到有效控制。公路养护作业人员的安全得到可靠保障。公路救援和应急反应体系基本建立。

——更畅通。普遍树立“以人为本，用户至上”的理念。不同层级的公路衔接顺畅，高速公路形成网络，国省干线结构趋向合理，县乡公路技术状况显著改善。干线公路经常保持较高的行驶质量，服务设施较为完备，行车舒适度明显提高。面向公众的信息服务更加人性化，用户可以及时获取可靠的路况信息，保证出行时间。养护施工管理科学规范，作业快速，因养护作业造成的交通中断大为减少。基础设施抗灾能力显著增强，因自然灾害造成的中断交通时间大幅下降。收费站设置合理，通过能力明显增强。

——更和谐。普遍树立“保护自然，节约资源”和“规范执法、文明服务”的观念。具备条件的公路用地全部实现绿化美化。施工对环境造成的影响降到更低程度。谨慎使用自然资源，养护作业的过程中产生的废弃物得到无害化处理，实现循环利用。执法规范、文明，服务更具人性化。具有时代特征与行业特色的公路文化体系基本建立。职工队伍素质稳步提高。行业凝聚力进一步增强。公路管理部门与公众的关系更为融洽。

——更高效。着力构建科学合理、统一高效的公路管理体制。逐步形成统一开放、竞争有序的养护工程市场。基本建立较为完善的法律法规体系。推广应用先进的养护管理技术。通过良好的养护与有效的管理使现有路网发挥更高的效率。

7．公路养护管理事业发展的基本原则。“十一五”公路养护与管理工作应遵循以下基本原则：

——坚持以人为本、用户至上。以公众出行需求为导向，强化公共服务职能，把维护公众利益、使用户满意作为养护管理工作的出发点和落脚点，改变发展理念和管理方式，实现更好地为公众出行服务的根本目标。

——坚持建养并重、协调发展。牢固树立“建设是发展，养护管理也是发展，而且是可持续发展”的观念。强化公路养护的基础性地位，满足合理的养护资金需求，加强养护管理中的薄弱环节，使公路养护实现预防性养护和周期性养护的良性循环。

——坚持统筹规划、分类指导。统筹地区间、城乡间以及不同管理主体间的公路养护与管理工作，维护路网的完整统一。加强高速公路的行业管理，高度重视对经营性高速公路的养护监管与技术指导。建立农村公路养护管理机制，着力提升农村公路养护管理水平。

——坚持深化改革、体制创新。配合国家行政体制与事业单位改革的总体部署，合理确定公路管理部门的职能。以权责一致为原则，正确界定各级公路管理部门间的事权关系。正确处理改革、发展、稳定的关系。综合考虑改革的客观条件和社会可承受的程度，合理把握改革的时机与节奏，平稳推进公路管理体制和养护运行机制改革。兼顾效率与公平，最大限度地保护职工的合法权益。

——坚持科技兴路、环保节约。借鉴先进养护管理技术和经验，加大自主创新力度，提高科技成果对养护管理事业的贡献率。树立环保意识和循环经济理念，发展绿色公路、预防性养护和再生利用技术，建立资源节约、环境友好的公路养护模式。

——坚持依法治路、保障畅通。健全法律法规体系，加大公路保护力度。全面推进依法行政，建设法治公路。把坚持依法行政与积极履行职责统一起来，提高管理效能，降低管理成本，增强管理透明度，确保公路完好畅通。

8. 公路养护管理事业发展的目标。到 2010 年，基本形成畅通、安全、和谐、高效的公路基础设施网络。基本建成以人为本、用户至上的公共服务体系。体制环境有所优化。舆论环境日趋友好。以资金、制度、人才、科技为核心的支持保障系统基本完善。公路养护管理事业可持续发展能力明显提高，公路养护的基础性地位显著增强，在保障公路基础设施有效供给、支撑交通新的跨越式发展中的作用更加突出。

三、维护畅通安全、和谐高效的公路基础设施网络

9. 优化路网结构。加快建成国家高速公路网，提高国省干线公路等级，改善农村公路行车条件，逐步形成干线公路（包括高速公路）、农村公路协调发展。到 2010 年，全国二级以上公路里程达到 45 万公里，国道中二级以上公路所占比例不低于 80%，其中东、中、西部省份分别不低于 95%、87%和 65%。省道中二级以上公路所占比例不低于 65%，其中东、中、西部省份分别不低于 80%、75%和 50%。国省干线路面铺装率达到 97%以上，其中东、中、西部省份分别达到 100%、98%和 90%。通乡公路基本达到简易铺装路面及以上技术标准，乡到行政村公路基本消除无路面状况。全国农村公路的技术状况和服务水平显著提高，为社会主义新农村建设提供基础保障。

10. 加强正常养护。加大养护投入，加强养护资金使用监管。公路养路费应主要用于公路养护，首先保证公路达到规定的养护质量标准，并确保一定比例用于农村公路养护，公路养路费（包括汽车养路费、拖拉机养路费和摩托车养路费）总收入中扣除征收成本和交警费用等支出后，用于公路养护的比例应不低于 80%。所有公路基本实现正常养护，国省干线公路实现预防性和周期性养护，并由单一养护、粗放型养护向全面养护、集约型养护转变。其中，高速公路和交通量大的国省干线公路应实现专业化和机械化养护；农村公路要保持设施完好，安全畅通。各地每年安排的国省干线大中修里程应不低于国省干线公路总里程的 13%。国省干线公路及重要县乡公路交通标志、标线设置符合国家标准，并充分考虑方便公众出行。到 2010 年，全国普通公路平均好路率达到 76%，国省干线公路平均好路率达到 88%，其中高速公路平均优等路率达到 95%。全国所有可绿化公路实现绿化。路况质量显著改善，路网整体服务水平明显提高。

11. 实施路网结构改造工程。大力实施安保工程。对国省干线、公铁立交路段及重要旅游公路的安全隐患加大排查和整治力度，有条件的地区逐步向县乡公路延伸。进一步加大危桥改造工作力度，基本消灭国省干线公路上的已有危桥，有条件的省份启动县乡公路危桥改造。各省（自治区、直辖市，下同）每年安排的安保工程和危桥改造资金（不含地方配套）应不低于部补助资金的 2～3 倍。大力实施公路灾害防治工程，使危害严重的重大灾害点基本得到整治。力争普通国省干线公路上的水毁路段年修复率达到 95%以上，水毁路段的灾害重复发生率降到 5%以下。建立相对完善的公路灾害预警与防治监管体系。以“畅、安、舒、美”为目标，进一步拓展 GBM 工程和文明样板路内涵，在巩固已有文明样板路创建成果的基础上，各省应每年创建 1～2 条省级干线文明样板路。

12. 全面推行预防性养护。牢固树立全寿命周期养护成本理念。以现有高速公路、普通干线和重要旅游公路为重点，围绕路况检测调查、分析评价、养护决策和工程实施四个关键环节，抓紧研究制订预防性养护相关制度措施。积极推广应用预防性养护新设备、新技术和新工艺。

13. 强化桥隧养护监管。建立桥隧养护管理逐级考评体系和责任追究制度，明确相关单位责任和义务。加强人员培训，完成桥隧养护工程师的培训和考核工作。严格市场准入，明确桥梁加固市场准入条件，尽快建立桥梁养护管理从业资格制度。完善相关技术标准，加大资源整合力度。加强特大型桥隧设施的动态监控，加强三、四类桥梁的养护监管，加快五类桥梁的加固改造，强化与铁路靠近及交叉的公路桥梁的安全防护工作。到2010年，建成比较完善的桥隧技术管理体系、行政管理体系和监督检查体系，全面提高桥隧的养护管理水平。

14. 依法保护公路设施。进一步加大车辆超限治理工作力度，建立长效治理机制，力争“十一五”末把超限车辆控制在5%以下。加大公路保护工作力度，分层级开展公路用地确权和登记、路产路权维护、建筑红线控制、清理非法占用公路用地等综合治理活动。切实加强公路渡口和铁路平交道口管理，实现管理规范、秩序井然、通过安全。

四、构建并完善以人为本、用户至上的公共服务体系

15. 构建公共服务型行业。研究制定以用户为评判主体的公路服务质量评价标准体系。进一步提升服务理念，拓展服务内涵，推进服务创新，提高服务水平，打造一批具有特色的公路服务知名品牌。让用户用最小的成本，使用到安全、顺畅的公路设施，感受到出行的便捷与舒适。

16. 提升出行信息服务水平。建设并完善“一库一网一系统”。即，一个标准规范的全国公路数据库；一个提供公众出行信息的人性化公路信息服务网；一套以公路数据库为平台的业务应用系统。构建并完善公路网管理及应急处置中心，以此为基础，逐步实现全国高速公路网视频监控，重要路段、重要节点要实现全程监控，为区域路网调度创造技术条件。大力推进全国公路气象信息服务。加强交通调度指挥体系建设，通过多种媒介为公众提供及时、准确、可靠的出行信息服务。

17. 提升公共突发事件应急处置能力。按照国家突发公共事件总体应急预案的要求，完善部、省、地（市）、县四级公路应急组织机构，建立健全信息搜集及预警、应急处置、应急保障和监督管理机制，提高公路应急处置能力。

18. 加强养护施工路段交通组织工作。严格执行部颁《公路养护维修作业安全规程》，健全养护施工路段交通组织管理工作制度，加大监管力度，减少养护施工对公路交通的影响。加强养护施工中的环境保护工作，降低施工噪声、扬尘和废弃物对环境的影响。

19. 不断拓展公路服务内涵。提高高速公路服务区、加油站以及其他相关附属设施的服务水平。逐步建立一、二级公路的基本服务区（点）。推进公路政务信息公开，完善信息服务制度。增强规章制度和决策程序的透明度，接受社会监督。推广养路费联网征收经验。减少收费站的拥堵现象，建立“五纵二横”鲜活农产品运输“绿色通道”。积极探索公路服务新模式、新机制。鼓励和吸引社会力量参与公路服务工作。

五、建设并完善科学合理、精简高效的体制平台

20. 深化公路管理体制改革。深刻认识公路的网络性、公益性等基本属性，按照“分级管理”和“事权统一”的原则，以行政等级分类与路网功能分类为基础，科学界定各级公路交通主管部门对路网管理的职责。结合国家行政管理体制改革，合理设置公路管理机构，科学划分各级管理机构事权，提高管理效率。

21. 规范收费公路管理。进一步加大省级交通主管部门和公路管理机构对收费公路的行业监管力度。健全收费公路监管机制，充分尊重民意，切实维护公路使用者的合法权益。严格界定收费还贷与收费经营性公路。政府还贷公路的建设和管理应由不以营利为目的的事业法人组织负责，按照“统筹发展、统一管理”的思路，探索新型的公路投融资机制，实现收费还贷公路的良性循环。建立收费公路特许经营制度，规范和扩大利用社会资金。积极争取增加政府财政投入，严格控制收费公路规模，逐步减少二级公路收费里程规模。

22. 强化高速公路管理。着力解决高速公路管理主体多元问题，落实和完善交通主管部门和公路管理机构对高速公路的行业管理，逐步实现以省为单位的高速公路专业化集中管理。围绕建立公路特许经营制度，逐步完善相关法律法规，规范高速公路资产管理和经营权管理。鼓励各省积极探索适合本地区的高速公路特许经营管理模式，有条件的地方可先行试点。

23. 完善农村公路养护管理体系。按照农村公路管理养护体制改革方案的要求，落实农村公路管理和养护责任，强化各级交通主管部门的管理养护职能。建立以政府投入为主的长期、稳定的养护资金来源渠道。建立符合实际的农村公路养护管理体制和运行机制，实现农村公路管理养护的正常化和规范化，做到“有路必养”。在不增加农民负担的前提下，可以采取多种模式，因地制宜地做好农村公路的日常养护。

六、培育并完善公平规范、竞争有序的养护工程市场

24. 稳步推进养护运行机制改革。坚持“管养分离，事企分开”，充分引入竞争激励机制，从有利于维护社会稳定、有利于改善养护质量、有利于提高投资效益出发，围绕改革产权制度和理顺劳动关系两个关键环节，积极稳妥地推进养护运行机制改革。公路管理部门应逐步把工作重点转移到监督养护市场运行、维护养护市场秩序上来，逐步建立起符合社会主义市场经济要求的公路养护新机制。

25. 大力培育养护工程市场。加快培育统一开放、竞争有序的养护工程市场，全面推行定额养护和计量支付，鼓励具备资质的养护公司跨区域参与养护工程竞争。对现有道班进行合并改造，加大养护机械投入，提高养护水平和市场竞争力，使其最终发展成独立参与竞争的市场主体。在养护运行机制改革上，全国不搞一刀切，各地可根据实际情况，采取多种实现形式和途径。新建公路原则上实行社会化、专业化养护，消化、吸纳现有养护队伍，不再增设固定队伍。积极争取优惠税费政策，完善职工养护保险等有关保障体系。

26. 扎实做好各项基础工作。正确处理改革与稳定的关系。妥善解决现有养护职工的社会保障、医疗保险和补偿安置等突出问题，保证职工合法权益。积极争取对养护企业的税费优惠政策。按照养护市场运行的客观规律，抓紧完善公路养护工程市场准入规则和管理办法，建立健全养护监督、检测和评价制度。

七、建立并完善稳定可靠、保障有力的支持系统

27. 构建稳定的资金保障。建立稳定充足的公路养护资金渠道。积极争取通过转移支付、返还基金等方式加大政府财政投入。做好税费改革的准备工作。在国家税费改革政策实施之前，继续加强养路费征稽工作，提高实征率，确保养路费征收额与汽车吨位拥有量同步增长，确保国家规费应征不漏。利用市场机制提高资金使用效率。在新建和改建工程中积极探索吸引社会资金的途径。在特许经营框架下，采用多种形式规范引入社会资金。

28. 构建完善的制度保障。健全公路管理法律法规和标准规范体系。改进公路立法工作方法，扩大公众参与程度，充分反映公路用户的根本利益，提高公路立法的质量和数量。争取尽快出台《公路保护条例》。各地要加大地方性法规立法力度，到 2010 年，争取形成较为完善的公路管理法律法规体系。依法实施行政许可、行政处罚等行政执法行为，强化对执法行为的监督检查，建立公路执法考核监督机制。健全行政规章和技术规范。继续完善公路养护技术政策、技术规范，逐步建立科学合理的公路养护质量和服务水平评价标准体系。

29. 构建强大的科技保障。提高科技投入，加大公路养护新技术、新设备、新材料、新工艺研究力度，加快科研成果转化应用。重点开展养护成套技术、公路防灾、病害快速检测诊断和预防技术研究，积极推广路面材料再生技术、边坡生物防护技术，提高公路设施的使用品质和寿命，降低工程全寿命成本。大力推广信息技术，提高养护管理决策的科学化水平。树立循环发展理念，走资源节约型发展道路。积极推进公路养护机械化进程，全面提高公路养护技术水平和效率。广泛开展国际交流与合作，发挥后发优势，提升公路养护管理科技水平。

30. 构建充足的人才保障。着力培养和造就一支理论素质高、业务功底精、具有全局意识和战略眼光的高水平管理人才队伍；着力培养一支数量充足、结构合理、素质优良、具有创新精神的科技人才队伍；形成一支管理统一、行为规范、具有良好职业道德和奉献精神的公路从业人员队伍。采取有效措施稳定基层队伍，为基层工作人员脱颖而出创造良好环境。努力为基层工作人员创造更多学习交流机会，切实维护好他们的切身利益。

31. 营造宽松和谐的内外部环境。进一步加强公路发展战略研究，使政策制定更具前瞻性、更贴近实际，加强调研和交流，使基层更能理解掌握上级意图，提高政策执行力，形成目标一致、思想统一、政令畅通、上下顺畅的行业内部环境。加强与政府和相关部门的沟通协调，主动引导舆论导向，形成有利于行业发展的政策环境和社会环境。

八、塑造并展现服务人民、奉献社会的行业风貌

32. 建设学习型创新型行业。按照建设学习型和创新型行业的要求，抓好职工教育培训工作，培养正确的人生观、价值观、荣辱观。努力改善职工队伍的文化层次和知识水平，使职工队伍素质符合发展要求。在全行业大力倡导创新精神，激发职工的创新能力。

33. 构建具有时代气息和行业特色的公路文化体系。弘扬以“甘当铺路石、奉献在岗位，爱岗敬业、艰苦奋斗”为代表的实干精神；弘扬以“全国一盘棋、拧成一股绳，团结协作、互相关爱”为代表的团队精神。在全行业营造一种尊重人、信任人、关心人和理解人的文化氛围，以合理使用人的能力、综合开发人的潜能为重心，从文化层面引导职工提高对行业共同价值理念的认同度，培育职工的使命感、归属感和自豪感，最大限度地发挥公路职工的自觉性和创造力。要扩大公路文化的感召力和影响力，让社会公众在享受公路这种公共产品带来的快乐中感受到公路行业是一个负责任的行业，把公路打造成展现公路文化、传承中华文明的纽带。

公路养护管理事业是一项涉及多方面工作的系统工程。任务光荣而艰巨，意义重大而深远。各地要根据本纲要的原则、目标和任务，按照本地区国民经济和社会发展规划以及本地区公路水路交通“十一五”发展规划的要求，科学制定本辖区公路养护管理事业“十一五”发展规划。要按照“统一领导、分级管理”的原则，分解落实本纲要所确定的工作目标，创造性地开展工作，确保纲要顺利实施。

让我们以“更好地为公众服务”作为事业发展的核心价值观，以科学发展观为统领，凝聚共识，振奋精神，扎实工作，管好养好公路网络，为国民经济的健康发展，人民群众安全便捷出行作出我们应有的贡献！

附件

“十一五”计划主要任务指标

指　　标	“十一五”任务
二级以上公路里程（万公里）	45
国道中二级及以上公路所占比例（%）	80
东部（%）	95
中部（%）	87
西部（%）	65
省道中二级以上公路的比例	65
东部（%）	80
中部（%）	75
西部（%）	50
国省干线高级次高级路面铺装率（%）	97
东部达到（%）	100
中部达到（%）	98
西部（%）	90
国省干线平均好路率（%）	88
其中，高速公路平均优等路率（%）	95
全国公路平均好路率（%）	76
国省干线公路水毁路段年修复率（%）	95

79. 关于采取切实措施防止车辆撞入铁路等有关问题的紧急通知

（交公路发明电〔2006〕3号）

各省、自治区交通厅，北京、重庆交通委，天津市市政工程局，上海市市政工程管理局：

2005年7月25日，部与铁道部、公安部、建设部联合印发了《关于贯彻〈铁路运输安全保护条例〉加强铁路桥梁涵洞线路安全保护工作的通知》（铁办〔2005〕134号），对在铁路线路安全保护区内道路以及路堑上道路、或上跨铁路的道路桥梁设置防止车辆及其他物体坠入铁路的安全防护设施等工作进行了部署。2005年12月19日，部又与铁道部联合印发了《关于在公路与铁路并行路段设置防护栏的通知》（铁运函〔2005〕978号），要求各地于2006年1月14日前在公路与铁路等高或公路高于铁路的并行路段，设置防止汽车冲入或坠入铁路的防护设施。近一段时间以来，各地做了大量工作，为保障交通运输安全起到了积极作用。但是，公路与铁路并行及交叉路段的交通安全问题依然突出。2006年2月8日凌晨4时21分，107国道上一辆厢式货车撞断上跨京广铁路的公路桥栏杆后掉在京广铁路湖南段K1813＋300处，导致汽车车毁人亡，京广铁路上行线交通中断。国务院领导同志对此高度重视。为确保交通安全，确保春运畅通，防范汽车撞入铁路、中断运输的事故再次发生，现就有关事项紧急通知如下：

一、全面设置安全防护设施。各级交通主管部门要严格按照铁办〔2005〕134号和铁运函〔2005〕978号文件的要求，配合铁路部门，对公路与铁路等高或公路高于铁路的并行路段，以及在铁路线路安全保护区内道路和路堑上道路或上跨铁路的道路桥梁（以下简称临铁公路和桥梁），要全部按规定设置好防止汽车和其他物体坠入铁路的安全防护设施。各级交通主管部门和公路管理机构要对本辖区内临铁公路和桥梁的交通安全防护设施进行一次全面的调查并登记汇总。凡未按规定设置安全防护设施的，要及时协调铁道部门尽快设置；已经设置的，要加强维护、管理。

二、进一步完善临铁公路和桥梁的交通安全设施。各级交通主管部门和公路管理机构要在认真排查、科学分析的基础上，有针对性地提出完善临铁公路和桥梁的交通安全设施的具体措施。特别是要根据有关标准，设置和完善交通标志、标线，引导车辆减速慢行；必要时，还可适当增加设置防护栏、隔离栅等交通安全设施，为公路行车安全提供保障。

三、加强临铁公路和桥梁的养护管理工作。各级交通主管部门和公路管理机构要加强对本区内与铁路并行和交叉公路的路况巡查力度，发现路面坑槽、隆起等影响公路行车安全的病害，要及时组织维护、修复。一时难以修复的，要按规定设置必要的警示标志，保证行车安全。

四、配合做好临铁公路和桥梁的交通秩序维护工作。对于经常发生交通安全事故的路段，各级交通主管部门和公路管理机构要及时向当地政府报告，并协调有关部门特别是公安交通部门，增派交通警察，加强公路交通秩序的现场巡查与监管，规范驾驶员驾车行驶行为，杜绝交通安全事故的发生。

请各省、自治区、直辖市将本地区贯彻落实铁办〔2005〕134号和铁运函〔2005〕978号两个文件的有关情况，特别是本地区临铁公路和桥梁需要设置、已经设置以及尚未设置交通安全防护设施的路段名称、里程、设施的数量等有关数据于2006年2月28日前报部（公路司）。

80. 关于印发公铁立交安全整治工作方案的通知

（交公路发〔2006〕265号）

各省、自治区、直辖市交通厅（局、委），上海市市政工程管理局，天津市市政工程局，新疆生产建设兵团交通局，各铁路局，青藏铁路公司：

为贯彻落实国务院领导同志的指示精神，保障公路、铁路行车安全，交通部与铁道部决定联合开展公铁立交安全整治工作，对现有公铁立交上的安全隐患进行集中整治。现将《公铁立交安全整治工作方案》印发给你们，请结合本地区实际情况，认真做好组织和实施工作，确保整治工作如期完成。

附件：1. 公铁立交安全整治工作领导组成员名单
2. 桥梁护栏设置形式示意图
3. 全国干线铁路基本情况一览表

公铁立交安全整治工作方案

（交通部　铁道部）

为保证公铁立交（公路上跨铁路立交桥，下同）安全整治工作的顺利进行，根据《公路法》、《铁路运输安全保护条例》、《公路工程技术标准》等法律、法规、标准，制订本方案。

一、工作目标

通过1～2年时间的努力，完成全国交通部门调查确定的现有公铁立交安全防护设施的设置、加固或完善工作，全面提高公路、铁路的安全行车水平，最大限度地减少汽车冲入或坠落铁路事故的发生，保障人民群众的生命财产安全。

二、实施步骤

整治工作计划用二年时间完成，分三个阶段进行。

第一阶段：2006年6月至12月，集中整治现有上跨铁路六大繁忙干线公路桥梁的安全隐患；

第二阶段：2007年1月至2007年6月，集中整治现有上跨68条干线铁路公路桥梁的安全隐患；

第三阶段：2007年7月至2007年年底，完成现有上跨其他铁路线路公路桥梁安全隐患的整治工作。

全国6大繁忙铁路干线与68条干线铁路明细表见附件3。

三、技术规定

“公铁立交安全整治”工作可参照交通部颁布的《公路安全保障工程实施技术指南》进行，并按照“经济、安全、环保、有效”的原则，以交通工程措施为主，其主要技术手段包括增设或完善公路交通标志、标线、防撞护栏、隔离网、减速设施等，或综合运用以上技术措施。

（一）基本要求。

1. 护栏。

根据公铁立交的危险程度、行车速度、交通流构成、设置护栏的可行性等具体情况，并充分考虑与周围环境相协调，合理确定护栏型式及其防撞等级。具备设置条件的，其防撞等级应设置不低于SB级的防撞护栏，并根据情况设置必要的防护网。

2. 交通标志。

进一步完善公铁立交上的警告、限速、禁止超车等交通标志。交通标志的种类、数量，应符合《道路交通标志和标线》（GB 5768）的规定。交通标志应与交通标线配合使用，协调一致。

3. 交通标线。

交通标线应根据路面宽度、交通量和视距等因素划设，做到标准规范、线形流畅、齐全醒目。对公铁立交，应划设中心实线，禁止车辆超车。

4. 减速设施。

对于公铁立交上的长下坡，可根据实际情况，设置必要的减速设施。减速设施形式的选择应充分考虑行车的舒适性、路面排水及养护等因素，慎用坎式等强制性减速装置。

5. 视线诱导设施。

示警桩、示警墩和轮廓标线等视线诱导设施的设置应根据桥梁所在公路线形、路侧危险程度和其他设施的应用情况合理选用。对于公路线性指标较差的路段，可选用线形诱导标。

（二）公铁立交桥护栏设置要求。

公路上跨铁路立交桥的护栏防撞等级一般不得低于SB级。但对于桥梁现有护栏防撞等级不足，需要改造的，可参照以下规定执行。

1. 对于未设人行道的，应通过荷载验算，视情况可将桥梁原有栏杆及安全带拆除，在原位重新设置护栏，其形式可优先选用混凝土护栏。当新设混凝土护栏增加的恒载过大影响桥梁安全时，可选择波形梁钢护栏。

2. 对于已经设置悬臂式人行道的，应对边梁（板）进行检测、验算，根据检测、计算结果可将人行道外移，并设置混凝土护栏或钢波形护栏，下设托梁或斜撑。必要时应对桥梁进行局部加固处理。

3. 对已经设置非悬臂式人行道的，可将原桥梁栏杆、人行道板拆除，通过植筋的方式将混凝土护栏或钢波形护栏与梁（板）连接在一起，并用混凝土找平。但为了保证行人安全，可在桥面用标线或栏杆将人行道和车行道分开。当桥面宽度富余较大时，可不拆除人行道及栏杆，直接在其内侧设置混凝土护栏或钢波形护栏。

桥梁护栏的具体布置形式见附件 2。

四、保证措施

（一）提高认识，加强领导。各地交通、铁路管理部门要从保障人民群众生命财产安全的高度充分认识这项工作的重要意义，切实做到精心组织、周密筹划，抓好落实。为加强对“公铁立交安全整治”工作的组织领导，交通部与铁道部决定联合成立“公铁立交安全整治工作领导组”（组成成员名单见附件 1），督促、指导各地推进整治工作。各地交通、铁路管理部门也应成立相应的组织机构，加强对这项工作的领导和协调，确保整治工作的顺利进行。

（二）保证资金渠道。公铁立交安全整治所需资金应纳入公路安全保障工程实施范围。

（三）加强协调和配合。各级交通、铁路管理部门要紧密配合，加强协调，确保整治工作的顺利开展。交通部门负责对现有公铁立交安全状况进行调查、并负责组织整治工程的设计、施工和验收工作；铁路部门配合做好调查工作，并根据整治工程的安排，及时调整列车运行时间，为施工提供便利，保证施工期铁路运行安全。此外，各级交通、铁路部门今后在对新建铁路跨行公路或新建公路跨行铁路进行行政审批时，必须依法办理，不得附加包括指定工程设计、施工单位等在内的任何前置条件。有关交通、铁路部门在组织实施上述跨行工程时，必须按照有关法律法规的规定，采用招投标方式公开选择设计、施工单位。

（四）加强工程管理，确保质量。整治工程实施前，各级交通部门应根据工程的规模、复杂程度，合理选择具有相应资质的设计单位进行设计。要建立和完善符合整治工程特点的质量监管体系，确保工程质量。

（五）营造良好社会环境。各级交通、铁路部门，应充分利用报纸、电台、电视和网站等媒体进行宣传，扩大社会影响，为整治工作营造良好的社会氛围。

附件1

公铁立交安全整治工作领导组成员名单

组　　　长：交通部副部长冯正霖
副　组　长：铁道部副部长胡亚东
成　　　员：交通部公路司司长张剑飞
　　　　　　铁道部安全监察司司长陈兰华
办 公 室 主 任：交通部公路司副司长李华
办公室副主任：铁道部运输局基础部副主任吴云天
成　　　员：交通部公路司副处长赵怀志
　　　　　　交通部公路司副处长吴春耕
　　　　　　铁道部运输局基础部桥隧处处长傅锋

附件 2

桥梁护栏设置形式示意图

1. 现有上跨公路桥梁未设人行道，且存在安全隐患时，桥梁护栏处理方案（见图 1）。

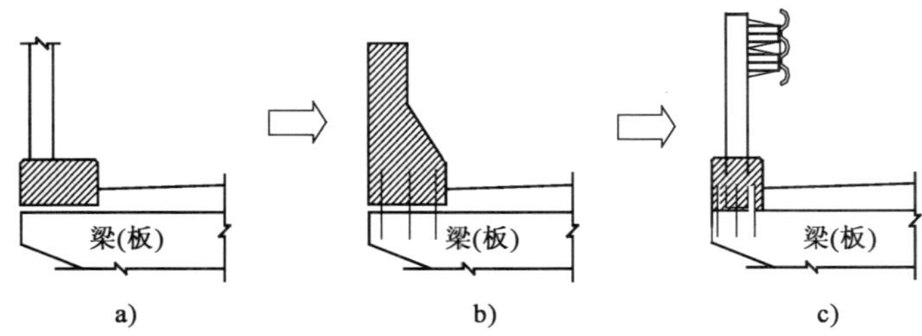

图 1　护栏设置示意

a）原桥栏杆示意；b）混凝土护栏；c）钢波形护栏

2. 现有上跨公路桥梁为悬臂式人行道，且存在安全隐患时，桥梁护栏处理方案（见图 2）。

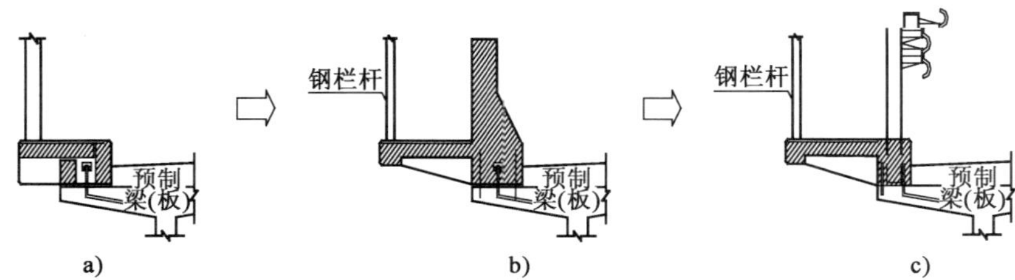

图 2　护栏设置示意

a）原桥栏杆示意；b）混凝土护栏；c）钢波形护栏

3. 现有上跨公路桥梁为非悬臂式人行道，且存在安全隐患时，桥梁护栏处理方案（见图 3）。

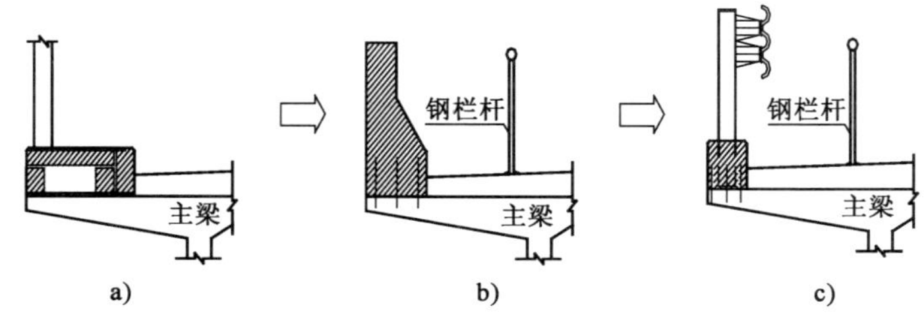

图 3　护栏设置示意

a）原桥栏杆示意；b）混凝土护栏；c）钢波形护栏

4. 现有上跨公路桥梁为非悬臂式人行道，且桥面宽度富余较大时，桥梁护栏处理方案（见图 4）。

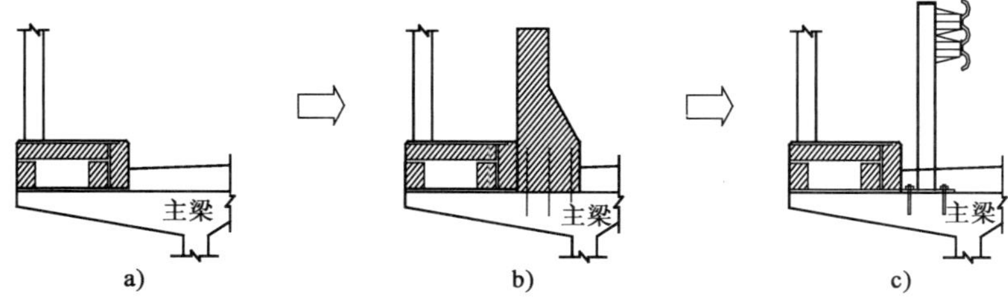

图 4　护栏设置示意

a）原桥栏杆示意；b）混凝土护栏；c）钢波形护栏

附件 3

全国干线铁路基本情况一览表

序号		线名	起点站	终点站	里程（公里）	所经省市、自治区
1	六大繁忙干线铁路	京九线	北京西	深圳	2372	京、冀、鲁、豫、皖、鄂、赣、粤
2		京广线	北京	广州	2300	京、冀、豫、鄂、湘、粤
3		陇海线	连云港	兰州	1759	苏、皖、豫、陕、甘
4		京沪线	北京	上海	1463	京、津、冀、鲁、苏、皖、沪
5		京哈线	北京	哈尔滨	1705	京、冀、津、辽、吉、黑
6		沪杭、浙赣线	上海	株洲	1155	沪、浙、赣、湘
7	六十八条干线铁路	兰新线	兰州	乌西	1912	甘、新
8		焦柳线	月山	柳州	1651	豫、鄂、湘、桂
9		南疆线	吐鲁番	喀什	1445	新
10		宝成线	宝鸡	成都	668	陕、甘、川
11		成渝线	成都	重庆	505	川、渝
12		成昆线	成都	昆明	1100	川、云
13		兰青、青藏线	兰州	格尔木	1046	甘、青
14		湘桂线	衡阳	凭祥	1013	湘、桂
15		包兰线	包头	兰州	979	蒙、宁、甘
16		滨州线	哈尔滨	满洲里	935	黑、蒙
17		湘黔线	株洲	贵阳	905	湘、贵
18		襄渝线	襄樊	重庆	899	鄂、陕、川、渝
19		京通线	北京北	通辽	836	京、冀、蒙
20		京包线	北京	包头	832	京、冀、晋、蒙
21		南昆线	南宁	昆明	828	桂、云、贵
22		鹰厦线	鹰潭	厦门	694	赣、闽
23		贵昆线	贵阳	昆明	639	贵、云
24		黔桂线	柳州	贵阳	610	桂、贵
25		平齐线	四平	齐齐哈尔	571	吉、辽、内蒙古、黑
26		皖赣线	芜湖	贵溪	550	皖、赣
27		滨绥线	哈尔滨	绥芬河	548	黑
28		长图线	长春	图们	529	吉

续上表

序号		线名	起点站	终点站	里程（公里）	所经省市、自治区
29	六十八条干线铁路	南同蒲线	太原	华山	528	晋、陕
30		宝中线	宝鸡	中卫	511	甘、宁、陕
31		川黔线	重庆	贵阳	463	渝、贵
32		沈吉线	沈阳	吉林	446	辽、吉
33		京原线	北京	原平	444	京、冀、晋
34		汉丹线	武昌	丹江	437	鄂
35		锦承线	锦州	承德	437	辽、冀
36		通让线	通辽	让湖路	421	蒙、吉、黑
37		沈大线	沈阳	大连	397	辽
38		胶济线	济南	青岛	393	鲁
39		大郑线	大虎山	郑家屯	370	辽、蒙、吉
40		阳安线	阳平关	安康	357	陕
41		北同蒲线	大同	太原	355	晋
42		集二线	集宁南	二连	333	蒙
43		长白线	长春	白城	333	吉
44		牡佳线	牡丹江	佳木斯	332	黑
45		黎湛线	黎塘	湛江	318	桂、粤
46		兖石线	兖州	日照	316	鲁
47		沈丹线	沈阳	丹东	277	辽
48		武九线	武昌	庐山	275	鄂、赣
49		侯月线	侯马	月山	275	晋、豫
50		淮南线	蚌埠	芜湖	272	皖
51		京承线	北京	承德	256	京、冀
52		宣杭线	宣城	杭州	240	皖、浙
53		石太线	石家庄	太原	231	冀、晋
54		齐北线	齐齐哈尔	北安	231	黑
55		蓝烟线	蓝村	烟台	183	鲁
56		石德线	石家庄	德州	180	冀、鲁
57		干武线	干塘	武威南	172	宁、蒙、甘
58		杭甬线	杭州	宁波	171	浙
59		阜淮线	阜阳	淮南	126	皖

续上表

序号		线名	起点站	终点站	里程（公里）	所经省市、自治区
60	六十八条干线铁路	丰沙线	北京	沙城	121	冀、京
61		滨北线	哈尔滨	北安	314	黑
62		绥佳线	绥化	佳木斯	380	黑
63		大秦线	大同	秦皇岛	643	晋、冀、京、津
64		兖菏线	兖州	菏泽	147	鲁
65		新菏线	新乡	菏泽	166	豫、鲁
66		宁芜线	南京	芜湖	122	皖、苏
67		外福线	外洋	福州	186	闽
68		新焦线	新乡	焦作	77	豫
69		太焦线	修文	月山	373	晋、豫
70		孟宝线	孟庙	宝丰	98	豫
71		遂渝线	遂宁	重庆	144	川、渝
72		宁西线	新丰镇	合肥西	933	陕、豫、鄂、皖
73		渝怀线	重庆	怀化	622	渝、湘
74		内六线	内江	六盘水	501	川、贵、云

81. 关于进一步做好公铁立交安全整治工作的通知

（交公路发〔2007〕214 号）

各省、自治区、直辖市交通厅（委），上海市市政工程管理局、天津市市政公路管理局，新疆生产建设兵团交通局，各铁路局：

2006 年 6 月，为加强公路、铁路行车安全管理，保障人民群众生命财产安全，交通部与铁道部联合部署了公铁立交安全整治工作，对现有公铁立交上的安全隐患进行集中整治。整治工作实施以来，各级交通、铁路部门密切配合，协同努力，取得了阶段性进展。但部分省份在实施工作中还存在工作进度滞后、整治任务不落实等问题，在一定程度上影响了总体工作目标的顺利实现。为了切实落实国务院领导指示，进一步加强公铁立交安全整治工作，按期完成整治任务，现将有关事项通知如下：

一、进一步提高认识，加大实施力度。开展公铁立交安全整治工作，保障人民群众生命财产安全，是一件实实在在的利民工程，也是党中央、国务院交给交通、铁路两部门的一项紧迫任务。各级交通、铁路部门要以对党和人民群众高度负责的精神，深刻认识加强公铁立交安全防护工作的重要意义。要严格按照交通部、铁道部联合下发的《公铁立交安全整治工作方案》的要求，进一步加强组织领导，做好统筹协调、资金筹措、组织实施、监督检查等工作，逐级分解落实各项工作措施，加快实施进度，确保按期完成整治工作任务。

二、明确工作重点和总体目标。根据国务院的要求，以及交通部、铁道部联合下发的《公铁立交安全整治工作方案》确定的目标，今年年底应完成所有存在安全隐患的公铁立交桥梁的安全整治任务。各地应按照这一目标要求，在进一步调查摸清公铁立交安全状况的基础上，作为年度工作重点进行目标考核，倒排工期，合理安排工作计划，严格按照计划组织实施。

三、积极筹措，保障资金投入。公铁立交安全整治工作所需资金应纳入公路安全保障工程实施范围，各级交通部门应在交通部补助资金基础上，积极筹措，落实配套资金。对于未纳入今年整治工作的新增项目，应及时调整计划，增加资金投入，保障整治工作顺利实施。

四、进一步加强协调配合。各级交通、铁路部门应按照职责，分工合作，紧密配合，建立工作联系机制，定期沟通信息，通报整治工作进展情况。特别是在整治项目施工期间，应配合有关部门做好公路交通安全管制和铁路天窗开设，确保施工安全和铁路行车安全。要充分发挥工作领导小组的协调作用，对于工作中出现的问题，应协商处理，共同推进整治工作按时完成。

五、加强监督检查。各级整治工作领导小组应建立监督检查制度，组织人员定期对整治工作的组织领导、资金配套、项目实施等工作进行监督检查，对于检查中发现的问题，应督促实施部门及时采取有效措施解决，确保整治措施落实到位。为及时了解整治工作进展情况，交通部、铁道部决定建立工作信息定期上报制度，请各省级交通部门会同相关铁路局于每季度末月（6、9、12 月）25 日报送《公铁立交安全整治工作实施情况表》（见附表）（含电子版）至交通部公路司并抄送铁道部运输局。

近期，交通部、铁道部将组织有关人员对各地整治工作进展情况，联合开展督促检查。

附件：公铁立交安全整治工作实施情况表

附件

公铁立交安全整治工作实施情况表

填报单位(盖章)　　　　　　　　　　　　　　　　　　填报日期：

序号	桥梁名称	桥长（M）	线路	桩号	铁路线名	铁路行别	线别	铁路里程	整治措施	整治规模	计划投资（万元）	已完投资（万元）	计划完成时间	完成时间	备注
已完成项目															
未完成项目															

项目统计	整治桥梁数(座)				整治桥梁长度(m)				计划投资（万元）	已完投资（万元）	备注
	六大繁忙干线	干线铁路	其他铁路	合计	六大繁忙干线	干线铁路	其他铁路	合计			
已完成项目小计											
未完成项目小计											
总计											

负责人：　　　　　　　　　　　　　　　　　　联系方式：

注：1. 本表由省级交通部门填报；
2. 本表应包括所有整治项目；
3. 线别栏分别填写“繁忙干线”、“干线铁路”、“其他铁路”；
4. 铁路里程栏填写公路桥梁处铁路的对应里程。

82. 关于开展国家高速公路网路线命名和编号调整工作的通知

（交公路发〔2007〕385号）

各省、自治区、直辖市、新疆生产建设兵团交通厅（局、委），上海市市政工程管理局，天津市市政公路管理局：

2004年12月，国务院常务会议研究通过了《国家高速公路网规划》，标志着我国高速公路进入了系统化、网络化发展的新阶段。截至2006年底，全国（不含港、澳、台，下同）高速公路通车里程已达4.5万公里，高速公路网络效益日益显现，并在国民经济和社会发展中发挥着越来越重要的支撑作用。但是，由于缺乏全国统一的命名和编号，国家高速公路网路线命名混乱、编号不统一、标志不清晰等现象普遍存在，一定程度上影响了国家高速公路网功能的充分发挥和服务水平的提高。为了统一和规范国家高速公路网路线命名和编号，为公路使用者便利出行创造条件，提高国家高速公路网的管理和服务水平，经过两年多的研究和广泛征求意见，部制定了《国家高速公路网路线命名和编号规则》（JTG A03—2007），同时，决定在2007年完成国家高速公路网路线命名和编号调整工作，并以G2（京沪高速）作为示范工程。现将有关事宜通知如下：

一、指导思想和原则

（一）指导思想。

以科学发展观为指导，牢固树立“以人为本、以车为本”的服务理念，按照“三个服务”的总体要求，构建统一规范的全国高速公路命名和编号体系，为公路使用者便利出行创造条件，提高国家高速公路网的整体服务能力和管理水平。

（二）基本原则。

——“统一部署、分级负责”。高速公路网路线命名和编号调整工作涉及面广，社会敏感度高，各地交通主管部门要按照部的统一部署，加强领导，统筹安排，逐级分解工作目标、落实工作任务，精心组织各级公路管理机构、高速公路经营管理单位共同推动实施工作有序开展。

——“统一标准、规范设置”。各地交通主管部门要按照部确定的命名编号规则和相关技术要求，对区域内国家高速公路网路线进行统一命名和编号。在此基础上，精心做好国家高速公路和相关公路交通标志的更换和设置工作，并加强与相邻省（区、市）的沟通协调，确保路段之间、地域之间标准一致、衔接顺畅。

——“广泛宣传、平稳过渡”。各级交通主管部门、公路管理机构和高速公路经营管理单位要通过多种宣传手段，让社会公众了解新旧命名编号的区别，同时，采取各种方式深入宣传实施国家高速公路网路线命名和编号调整工作的重大意义，争取群众的理解和支持，不影响公众出行，确保实现平稳过渡。

——“立足长远、建章立制”。以本次实施工作为基础，结合相关标准规范的制修订工作，形成一套较为完善的公路命名编号标准规范体系和管理制度。

二、实施目标

通过国家高速公路网路线命名和编号调整工作的开展，力求实现以下目标：

（一）提升国家高速公路网的服务水平，方便公众出行。将国家高速公路网路线命名和编号通过交通标志、交通地图、信息服务网站等载体向公众发布，为公众出行提供便利。

（二）为进一步加强公路网管理奠定坚实基础。对国家高速公路网络进行梳理，确定具体的路线，统一国家高速公路网路线命名和编号，为进一步加强和规范公路养护、运营、管理工作创造良好的基础条件。

（三）总结、完善适合我国国情的国家高速公路路线命名编号方法和管理制度，指导和规范今后新建高速公路的命名编号工作。

三、主要工作

（一）根据部颁发的统一规则，对国家高速公路网路线进行梳理，确定各条路线具体的命名、编号和里程桩号传递方案（部另行通知）。

（二）完成G2（京沪高速）示范工程路段和2008年1月1日前所有建成通车的国家高速公路沿线命名标志、指路标志、里程牌的规范设置和更换工作。调整其他公路上与国家高速公路相关的指路标志信息。

（三）完成即将通车的国家高速公路沿线命名标志、指路标志和里程牌的变更设计工作。

（四）完成公路数据库、公路信息服务网和公路交通地图的更新工作。

（五）分阶段向社会公众开展宣传工作，保证新、旧标志系统的衔接和平稳过渡。

（六）在保证上述工作任务完成的前提下，各地应根据相关标准规范的原则和要求，对省（区、市）高速公路的命名和编号工作进行研究和部署。同时根据公路使用者的需求，对辖区路网环境下指路标志的合理性进行自查，并认真听取社会公众提出的意见和建议，解决指路标志不合理等相关问题。

（七）对实施工作进行总结和完善，提出一套完整的公路命名和编号标准规范体系。

四、实施步骤

（一）筹备和示范工程实施阶段（2007年9月底前）。

1.制定规章制度。由部组织编制《国家高速公路网相关标志更换工作实施技术指南》（以下简称《技术指南》），确定实施技术要点，针对不同情况提出具体的实施措施。制定《公路交通标志和标线设置规范》、《公路交通标志和标线设置细则》，并对国标《道路交通标志和标线》提出修订建议，确保标志更换工作按照统一标准执行。

2.集中宣传。由部组织，通过中央主要媒体向社会开展第一轮宣传，重点宣传国家高速公路网命名和编号及统一规范的必要性和紧迫性，解读《国家高速公路网路线命名和编号规则》。同时，各地按照部的统一要求，通过地方媒体，重点展示本辖区内国家高速公路网路线规划、现状及其新旧命名编号对比等。

3.制定实施方案。各地结合《国家高速公路网路线命名和编号规则》和本通知要求，根据本省（区、市）实际情况，制定调整工作实施方案。

4.统一部署动员。由部组织召开各省（区、市）交通主管部门和省级公路管理机构、高速公路经营管理单位领导和相关人员参加的调整工作部署会。各地按照部的总体部署，召开会议对本省份实施工作进行动员部署。同时，要组织高速公路经营管理单位，对本辖区所有已经建成的国家高速公路进行实地踏勘和资料收集。

5.示范工程实施。G2（京沪高速）沿线各省（市）交通主管部门要先期组织高速公路管理经营单位对示范工程路段及相关路网进行现场踏勘和资料收集，分别完成设计，并提交部统一审查。经部审查后，集中开展示范工程涉及的交通标志设置和更换工作。

（二）全面实施阶段（2007年10月1日～12月31日）。

1.各高速公路经营管理单位按照本省（区、市）要求，分别完成所辖路段交通标志更换的设计工作，提交省级交通主管部门统一审查后开始实施，并保证按期完成任务。各普通公路管理机构按照相关技术规范的要求，与高速公路同步完成相关指路标志的更换工作。

2.各地交通主管部门组织有关单位完成公路数据库、公路信息服务网和公路交通地图的更新工作。

3.各地交通主管部门按照部的统一要求，向社会公众开展第二轮宣传工作，及时发布交通标志更换进展情况、交通管制措施以及行车路线指引，并在高速公路沿线收费站配发行车地图，确保交通标志统一更换后不影响公众出行。

（三）总结完善阶段（2008年1月1日～3月30日）。

1.各省（区、市）交通主管部门对本地实施工作进行总结完善，并向部提交总结报告。

2.部对全国实施工作进行全面总结。

各省（区、市）要结合本地实际情况，充分考虑制约交通标志施工进程的各种因素，在技术标准符合部统一要求的前提下，工程安排可以适当提前。

五、保障措施

（一）提高思想认识。在全国逐步形成统一规范、标志清晰、视认方便的高速公路命名和编号体系，为公路使用者便利出行创造条件，树立良好的公路交通形象，是公路管理部门的职责和应尽的义务。各级交通主管部门、公路管理（经营）单位要从践行科学发展观，落实“三个服务”的高度，充分认识开展这项工作的重要意义，把国家高速公路网路线命名和编号调整实施纳入今年的工作重点和绩效考核目标，统筹安排，精心组织，确保按期完成实施任务。

（二）加强组织领导。为保障调整工作的顺利进行，部将成立专项工作组，由公路司、综合规划司、体法司等有关部门的领导和人员组成，全面负责实施工作的指导、协调及督查工作。各省（区、市）交通主管部门要加强组织领导，成立专门的工作班子，分解、落实工作责任，并定期检查、落实，及时协调解决实施过程中出现的各种问题。

（三）加强技术支持。部将组织下属公路院、规划院、交科院等科研院所，成立部级技术支持工作组，组织专门力量，在加快相关标准规范制定的同时，根据各地的要求，积极做好人员培训、设计审查等技术服务和支持工作，并做好示范工程实施的技术支持工作。各省（区、市）也要充分发挥下属单位的技术优势，调动各方积极参与，提高技术支撑能力和实施水平。

（四）加强工程管理。各地要按照有关规定，建立健全工程质量监督和管理体系，对前期调查、工程设计、材料选择、施工监管等关键环节，要加大监管力度，注重细节处理，避免出现前后矛盾、混乱不一的现象发生，确保工程质量。

（五）加强安全保障。在实施中，各地交通主管部门，特别是省级交通主管部门要邀请地方公安交管部门共同参与设计审查，共同制定施工安全措施及施工期间的交通组织措施，可根据标志的分布情况采取分时段、分路段集中更换，使对交通流的影响降至最低，并应防止引发交通事故，确保车辆行驶安全和施工作业人员安全。

（六）加大宣传力度。适时利用报纸、广播、电视和网站等媒体对实施工作进行宣传，为实施工作营造良好的社会氛围。各高速公路管理单位可配合工程进度制作行车路线图，在服务区、停车区、收费站等处可配发相关宣传材料。对于因公路交通标志更换可能给驾驶员行车带来的不便问题，可在适当地点通过设置临时辅助标志来加以引导。

83. 关于做好公路技术状况评定标准贯彻实施工作的通知

（厅公路字〔2008〕43号）

各省、自治区、直辖市、新疆生产建设兵团交通厅（委、局），上海市市政工程管理局，天津市市政公路管理局：

部2007年第39号公告公布了《公路技术状况评定标准》（JTG H20—2007，以下简称《标准》），并于2008年2月1日起实施。《标准》统一了高速公路和普通公路的技术状况评定等级，明确了公路技术状况评定数据的采集和计算方法，为客观评定公路技术状况提供了依据，对加快推进我国公路养护科学化、规范化进程具有重要意义。为做好《标准》的贯彻实施工作，现将有关事项通知如下：

一、认真做好培训工作

认真学习和贯彻《标准》是做好公路养护管理工作的基本要求。各级交通主管部门、公路管理机构和收费公路经营管理单位要结合本地实际，切实做好实施《标准》的培训工作。要以学用结合为原则，采用自学和专家集中培训等灵活多样的方式开展培训工作。通过学习和培训，使广大公路养护工作者全面理解、正确把握《标准》，为《标准》顺利实施提供人才和技术保障。

部近期将委托《标准》主编单位组织开展全国培训。各省级交通主管部门今年应至少组织两次本辖区的集中培训。

二、精心组织，稳步推进《标准》实施工作

公路技术状况是衡量公路养护水平的重要指标。为实现原公路技术状况评定标准和新标准的平稳过渡，各省级交通主管部门要分别组织高速公路、国省干线、县乡公路三类公路管养单位，选择不同的路段先期实施，为三季度全面实施新标准积累经验。同时，要根据《标准》相关规定，对现行的公路养护质量检查、养护质量报表制度中的相关内容进行调整和完善，为全面实施《标准》提供制度保障。

三、依法加强公路技术状况监管

公路技术状况水平直接影响社会公众的满意程度，也是做好“三个服务”，加强行业监管的重要内容。各省级交通主管部门或指定的行业管理机构要以贯彻实施《标准》为契机，进一步加强公路技术状况监管工作。

（一）要根据《公路法》和《收费公路管理条例》等法律法规规定，建立和完善收费公路技术状况监管制度，根据公路的技术等级和功能，明确技术状况要求，并报部公路司备案。公路技术状况要求既应包括MQI的总体要求，也应考虑便于快速检测，且对服务水平、行车安全影响较大的分项指标，如平整度、路面损坏、车辙深度、抗滑性能等。部将根据各地情况研究制定统一的公路技术状况要求。

（二）强化养护检查和复核检测工作。各省级交通主管部门和指定的行业管理机构，应每年至少组织一次以公路技术状况评定为重点的公路养护工作检查，并重点对一些路况水平不高、技术评定工作不规范的收费公路进行监管和复核检测。技术状况评定和复核检测资金可在公路养路费中列支。

（三）切实加强行业监管。各地要按照《标准》，督促公路管养单位做好技术状况评定工作，建立和完善公路技术状况评定结果报告制度，并对各管养单位上报的评定结果进行分析、复核，确保评定结果真实可信。对于评定结果不实的单位，要通报批评并予以纠正。同时，逐步建立公路路况水平公示制度，自觉接受社会公众的监督。部将建立和完善主要公路的技术状况上报制度，并向社会公示，以促进全国公路服务水平的不断提高，更好地为公众服务。

2009 年 1 月 31 日前，各省级交通主管部门要向部公路司报送 2008 年《公路技术状况统计表》(附后)。

四、大力推进检测与评定工作的专业化、自动化

采用传统的人工方式对公路技术状况进行评定，势必影响群众出行和交通安全，并易产生病害识别不统一、人为因素影响评定结果等问题。为此，鼓励由省级公路管理机构或高速公路管理单位每年统一组织一次采用自动化快速检测方法对相关技术指标进行检测，并按《标准》规定进行全面评定工作，鼓励使用计算机自动识别路面病害、计算结集评定和养护决策工作，鼓励公路技术状况评定工作实现专业化和社会化。各地应积极研究公路养护资金分配模式，将公路技术状况评定结果作为编制公路养护预算的依据之一，不断提高公路养护工作决策的管理科学化和规范化水平。已经推广使用路面管理系统（CPMS）的，请在 www.CPMS.com.cn 下载最新升级系统；未推广 CPMS 的，也可在该网站下载 MQI 计算程序。

五、实施《标准》中需要注意的几个问题

（一）处理好《标准》与原相关标准规范的关系。《标准》实施后，原《公路养护质量检查评定标准》(JTJ 075—94) 和《高速公路养护质量检评方法（试行)》同时废止。《公路水泥混凝土路面养护技术规范》(JTJ 073.1—2001) 和《公路沥青路面养护技术规范》(JTJ 073.2—2001) 中与《标准》不一致的内容，以《标准》为准。

（二）正确处理公路技术状况评定和日常养护质量检查的关系。《标准》中规定的“最低检测与调查频率”是对公路进行全面技术状况评定所必需数据的最低采集要求，不替代现行的日常养护质量检查工作。不得因《标准》的实施影响各养护管理单位的日常养护检查。日常养护检查仍应按照现行频率（每季度一次）和要求进行，但实际检查的内容应根据《标准》进行调整，并以路面损坏（PCI)、路基损坏（SCI)、桥隧构造物损坏（BCI）和沿线设施损坏（TCI）等主要指标为主。对 MQI 评定所需的路面平整度和车辙数据，在日常养护检查评定时可采用最近一次自动检测设备采集的数据。

（三）按《标准》“最低检测与调查频率”所进行的公路技术指标检测，应在该指标的最不利季节进行。对竣工验收不满三年的公路，其技术状况评定可采用竣工验收时采集的平整度、抗滑性能和结构强度数据。

附件：公路技术状况统计表（略）

84. 关于进一步做好国家高速公路网命名编号实施工作的通知

（厅公路字〔2009〕223号）

各省、自治区、直辖市交通运输厅（局、委），上海市城乡建设和交通委员会，天津市市政公路管理局：

自2007年7月部印发《国家高速公路网命名和编号规则》（JTG A03—2007）、《关于开展国家高速公路网路线命名和编号调整工作的通知》（交公路发〔2007〕385号），并召开电视电话会进行部署以来，部先后印发了《国家高速公路网相关标志更换工作技术指南》（2007年第30号公告）、《国家高速公路网里程桩号传递方案》（交公路发〔2008〕157号）。今年7月1日，新国标《道路交通标志和标线》（GB 5768—2009）公告实施，《公路交通标志和标志标线设置规范》（JTG D82—2009）也于10月1日起施行。其间，部还组织完成了G2（京沪高速）京津塘段的试点，对G2全线示范工程的设计进行了审查，实施工作正在加紧进行。各地按照部的统一部署，精心组织，新通车高速公路已按新标准进行设计和施工。但受新国标发布延迟等因素影响，致使已通车高速公路命名编号及标志更换实施工作滞后，少部分省份尚未启动实施工作。为进一步做好国家高速公路网命名编号实施工作，现将有关事项通知如下：

一、明确完成时限

目前，全面开展国家高速公路网命名编号实施工作的各项条件都已具备，经研究，部决定将这项工作的完成时间延迟到2010年7月底，实施内容和其他工作要求不变。对此，各地要按照新国标、部相关技术规范要求，尽快启动实施工作，确保按期完成所有已建成通车国家高速公路的命名编号标志、指路标志、里程牌等相关标志的更换工作，规范和完善限速标志的设置，更新公路数据库等信息系统。同时，对其他公路上引导进入高速公路的标志也要进行更换和完善，确保车辆顺畅进入高速公路。G2示范工程要在10月底前完成，部将召开现场会，总结推广示范工程的做法和经验，推动国家高速公路网命名编号工作顺利实施。

二、做好技术审查和培训工作

各省级交通运输主管部门要组织好设计方案的统一审查工作，确保路段之间、地域之间标准一致、衔接顺畅。审查过程中，要以指路标志、地点距离标志、信息板标志等为重点，切实提高指路信息的系统性和科学性，努力做到通过指路信息指引即可实现便捷出行，不得因相关标志和命名编号的变更而影响群众出行。此外，对于新国标及部标的宣贯工作除部组织分片区培训外，各地也要组织开展培训，使相关技术和管理人员能够认真领会相关技术规定，不断提升交通标志标线设置水平。

三、加强组织领导

国家高速公路网相关标志的更换工作涉及面广，参与单位多，社会敏感度高，工作难度大，任务繁重。各省级交通运输主管部门要按照部电视电话会精神和有关要求，进一步完善实施方案，加强组织领导，分解落实各相关单位的责任和任务，及时协调解决实施过程中出现的各种问题，确保标志更换工作有序进行，以及新旧标志系统的平稳过渡。同时，要加强与公安交警等部门的沟通和协调，争取各方面的支持共同做好实施工作。在标志更换作业时，高速公路经营管理单位要督促施工单位按照相关规定做好作业区布设和交通引导工作，确保施工和行车安全。

四、做好宣传引导工作

宣传引导是平稳过渡的关键。各省级交通运输主管部门要统一制定宣传方案，积极争取有关媒体的支持，充分利用政府网站和各种媒介广泛宣传实施工作的重要意义和新旧命名编号对照等情况，为标志更换工作创造良好的舆论氛围，帮助群众识别和便捷出行。此外，各高速公路经营管理单位要充分利用收费站、服务区等场所，向司乘人员免费发放新旧命名编号对照地图、编号规则、出行常识等宣传资料，通过多种渠道提供简明实用的出行信息，为群众方便使用新命名编号提供便利，努力实现新旧标志的平稳过渡。

国家高速公路网命名和编号实施工作是高速公路发展过程中的一件大事，也是提高高速公路服务水平的重要举措。各地公路交通部门和高速公路经营管理单位要按照部的统一部署，积极认真、扎实地做好实施工作，为人民群众出行创造更加便利的交通环境和条件。

85. 关于加强公路养护作业组织管理的通知

（交函公路〔2010〕207号）

各省、自治区、直辖市、新疆生产建设兵团交通运输厅（委），天津市市政公路管理局，上海市城乡建设和交通委员会：

近年来，由于交通流量的持续增长，特别是大型货运车辆的快速增加，各地公路养护作业任务越来越重，施工路段多，涉及范围广，保通压力大。尤其是一些地区因养护作业组织不当，导致局部交通拥堵，社会反应较多。为进一步加强公路养护工程施工组织管理，努力营造安全畅通的公路出行环境，维护公路行业良好的社会形象，现将有关事宜通知如下：

一、各地要高度重视公路养护作业的组织管理工作

公路养护作业组织管理工作是否到位直接影响公路通畅水平，关系到社会公众的安全便捷出行。各级交通运输主管部门和公路管理机构要充分认识这项工作的重要性，切实按照“三个服务”的总体要求认真做好公路养护作业的组织管理工作。

二、各地要科学有序组织养护作业

各级交通运输主管部门和公路管理机构在组织养护工程作业时，应全面分析作业路段周边交通状况，制定绕行路线和交通组织疏导方案，合理确定施工路段和施工时段。尽量避免同一公路主线上多个路段同时施工和长距离连续作业。严禁高速公路和与之并行或绕行的普通公路同时施工，以最大程度减少对交通的影响。

三、严格作业现场管理

公路养护作业单位要将作业现场管理，作为养护工程的重要组成部分，严格按照相关法律法规和技术规范做好作业现场的管理工作。一是加强养护作业控制区管理，科学规范设置警告区、上游过渡区、缓冲区、工作区、下游过渡区和终止区，其长度不得小于《公路养护安全作业操作规程》的规定，以引导过往车辆安全有序通行作业现场；二是对于坑槽修补等小修工程应在作业当天完成；三是对于大中修、专项工程及改建工程的养护作业，要严格按规定的工期和时段组织施工，确保人员、设备投入，严禁拖延工期；四是对于需要封闭交通的高速公路养护工程作业，应在封闭路段前一处互通立交设置明显标志。普通国省干线公路应当在绕行路口前设置明显标志。不能绕行的，必须修建临时便道，并尽可能改善路面行驶条件，保证车辆和行人安全通行。

四、加强省际间沟通和协调

相关交通运输主管部门和公路管理机构要高度重视省际出入口路段的养护作业组织协调工作，在养护作业开工前，要主动与相邻省份进行沟通，制定可行的保通方案。必要时，共同采取措施，加强交通组织疏导，避免因不同辖区协调不到位而引发的交通拥堵。

五、加强与公安交通管理部门的协作配合

对边施工边通车的养护作业，施工单位应配合公安交通管理部门做好施工区域的交通秩序维护工作，必要时设专人疏导交通。确需中断交通的，除紧急情况外，应按规定履行相应审批制度。相关交通运输主管部门和公路管理机构也要主动协调当地公安交通管理部门，配合做好施工路段的交通秩序维护工作。

六、加强监督检查

各级交通运输主管部门和公路管理机构要高度重视养护作业现场的监督管理工作，加大监管力度，确保各项规章制度得到有效执行，确保养护作业现场管理规范，以及施工人员安全，努力为过往车辆安全有序通行创造条件。对养护作业现场管理混乱的施工单位，要责令其限期改正。逾期不改的，停工整顿，并按照合同约定予以处罚。情节严重的，终止施工合同。

七、做好信息服务工作

养护作业开工前，应通过多种媒介提前五天向社会公告，包括养护作业路段、施工单位、保通措施、绕行方案、施工工期等主要内容，向公众提供及时、准确、可靠的出行信息服务。同时，要按照《交通部公路交通阻断信息报送制度》的有关规定，向部报送相关信息。

86. 关于开展100个全国模范道班和100名全国模范养路工评选工作的通知

（交公路发〔2010〕646号）

各省、自治区、直辖市交通运输厅（委）、交通（公路运输）工会，新疆生产建设兵团交通局，天津市市政公路管理局：

为进一步加强道班和养路工队伍建设，展现当代公路养护职工新形象，推动公路行业精神文明建设，交通运输部与中国海员建设工会全国委员会决定联合开展100个全国模范道班和100名全国模范养路工（以下简称“双百”）评选活动。现将有关事项通知如下：

一、推荐范围和评选标准

道班是指公路系统最基层养护单位，包括道班、工区、养护站（所、队），以及养护公司下属的基层作业班组。

养路工是指在公路系统基层一线从事养护生产工作的养护工人，不包括相关机关、企事业单位非一线职工。

全国模范道班评选标准和全国模范养路工评选标准分别见附件1、附件2。

二、推荐程序

各省级交通运输主管部门统一组织本辖区“双百”的评选和推荐工作。主要程序如下：

（一）推荐。按照附件1、2的评选标准，由县级交通运输主管部门、公路管理机构或收费公路经营管理单位组织推荐模范道班，基层道班组织推荐模范养路工。

（二）审核。地市级交通运输主管部门、公路管理机构或收费公路经营管理单位按照标准，逐级对“双百”推荐材料进行审核，并到推荐单位核查后，最终确定拟向省级交通运输主管部门推荐的候选名单。

（三）公示。地市级交通运输主管部门、公路管理机构或收费公路经营管理单位将候选名单进行公示。公示期为10天。公示无异议的，向省级交通运输主管部门推荐候选名单。

（四）评选。省级交通运输主管部门对各地推荐的候选名单进行遴选，确定5个（新疆生产建设兵团推荐2个）“双百”候选名单向交通运输部推荐。推荐名单应标注建议优先次序。

（五）评定。交通运输部与中国海员建设工会全国委员会共同对各地推荐的“双百”候选名单进行评审，并经公示后最终确定100个全国模范道班和100名全国模范养路工。

三、表彰形式

对最终入选的单位和个人，交通运输部与中国海员建设工会全国委员会将联合授予“全国模范道班”、“全国模范养路工”称号，颁发荣誉证书，在2011年全国公路养护管理工作会上予以表彰，并请部分模范单位和个人作先进事迹报告。同时，还将推荐部分优秀代表参加2011年“全国五一劳动奖章”评选。

四、工作要求

各省级交通运输主管部门要高度重视，认真组织好“双百”评选工作。要制定“双百”评选工作实施方案，坚持公开、公平、公正的原则，由基层推荐，层层选拔，推荐出群众公认、先进事迹突出、真正具有模范和榜样作用的单位和个人，激发广大基层养路工爱岗敬业、爱路护路热情，增强行业凝聚力。

五、“双百”推荐材料及报送时间要求

各推荐单位应认真填写推荐表（见附件3、附件4），撰写事迹材料。事迹材料要真实，突出重点，模范道班材料控制在3000字以内，模范养路工材料控制在2000字以内，并分别提供两张有代表意义的管养路段、道班房和个人工作彩色照片电子版光盘。

请各省级交通运输主管部门于2011年1月31日前，将推荐材料（2份）分别报交通运输部公路局和中国海员建设工会全国委员会公路工作部，超过截止时间将不予受理。

附件：1. 全国模范道班评选标准

2. 全国模范养路工评选标准

3. 全国模范道班推荐表（略）

4. 全国模范养路工推荐表（略）

附件 1

全国模范道班评选标准

一、认真贯彻执行党的路线、方针、政策，全班人员遵纪守法，无任何违法乱纪行为。

二、全班人员热爱集体，热爱本职工作，团结协作。班务公开透明，组织领导坚强有力，能够出色完成上级布置的各项工作任务。

三、经常组织职工参加各种形式的文化、技术、管理业务学习，业余文化生活丰富多彩，健康向上，全班职工均具有较高的业务技能。

四、道班管理实现规范化，业务学习、安全生产、应急保通等各项管理制度健全，落实到位。

五、管养路段长年保持路基稳定，路面平整，边沟通畅，边坡饱满，无影响行车的病害，桥涵构造物完整无损，绿化抚育管理良好，达到畅安舒美的要求。近三年来平均优良路率95%以上，全年无次、差等路。

六、养护作业机具维护得当，性能良好，并按规范涂标志色。养护施工管理科学规范，各种标志齐全醒目，养路工上路作业着安全标志服。近五年内无安全责任事故。

七、全班人员平均出勤率达95%以上，出工率达到80%以上。

八、发扬自力更生、艰苦奋斗精神，努力改善路容路貌，向社会提供力所能及的便民服务。因地制宜发展道班副业，改善职工生活。

九、近十年来至少有三次被评为市（地）级以上先进单位，至少获得过一次省级先进单位称号。

十、符合上述条件，在下列工作中有突出成绩的优先申报。

1.坚持以人为本、以车为本，落实更好地为公众服务理念。

2.坚持科学养路，扎实做好预防性养护工作，或在小发明、小创新、养护信息化建设等方面有突出成绩。

3.在养护工作中高度重视环境保护，或在推广路面材料循环利用和节能减排技术等方面有突出成绩。

4.在抗灾保通工作中有突出表现。

5.长期在工作和生活环境恶劣地区艰苦奋斗，任劳任怨的基层班组。

附件 2

全国模范养路工评选标准

一、热爱党、热爱祖国、热爱社会主义，热爱养路工作，思想先进，作风正派，遵纪守法，无任何违法乱纪行为，有良好的职业道德，在群众中有较高威信并起到模范带头作用。

二、团结同志，热爱集体和社会公益事业，乐于为同志、集体排忧解难。

三、以“服务人民、奉献社会”为宗旨，有强烈的事业心和奉献精神，见难相助，热情为过往车辆和行人服务。

四、努力学习业务知识，刻苦钻研养护技术，全面熟练掌握本工种的养护知识和技能，出色完成本职工作。达到中级工以上水平或获得省级以上技术能手或标兵称号。

五、模范遵守各项规章制度，自 2006 年以来无安全责任事故发生。

六、全年出勤率达到 98%以上，出工率达到 85%以上，无旷工现象。

七、从事公路一线养护工作五年以上，近十年来至少三次被评为市（地）级以上先进工作者，至少一次被评为省级先进工作者。

八、符合上述条件，在下列工作中有突出成绩的优先申报。

1.努力钻研公路养护技术，应用小发明、小创新提高养护效率和质量。

2.在抗灾保通工作中有突出表现。

3.长期在工作和生活环境恶劣地区艰苦奋斗，任劳任怨。

87. 关于国家高速公路网命名编号工作实施情况的通报

（交公路发〔2011〕87 号）

各省、自治区、直辖市、新疆生产建设兵团交通运输厅（局、委），天津市市政公路管理局：

国家高速公路网命名编号实施工作是部 2010 年的重点工作，对于规范高速公路管理、更好地服务人民群众安全便捷出行具有重要意义。这项工作实施以来，各地按照部统一部署，科学安排，精心组织，圆满完成了既定任务。现将有关情况通报如下：

一、总体情况

2007 年 7 月，部印发了《国家高速公路网命名和编号规则》（JTG A03—2007）和《关于开展国家高速公路网路线命名和编号调整工作的通知》（交公路发〔2007〕385 号），并召开电视电话会议进行部署，全面启动了国高网命名编号实施工作。此后，又先后印发了《国家高速公路网相关标志更换工作技术指南》（2007 年第 30 号公告）、《国家高速公路网里程桩号传递方案》（交公路发〔2008〕157 号）。在 2009 年新国标《道路交通标志和标线》（GB 5768—2009）公告实施后，部出台了《公路交通标志和标志标线设置规范》（JTG D82—2009），并下发了《关于进一步做好国家高速公路网命名编号实施工作的通知》（厅公路字〔2009〕223 号），要求 2010 年 7 月底前完成实施工作。在各地交通运输主管部门的高度重视和精心组织下，这项工作基本按期完成。据初步统计，全国共完成 60264 公里高速公路、37000 公里普通公路和 640 公里城市道路上相关标志更换工作，新增标志牌 24452 块（含电子标志牌 1792 块），改造利用标志牌 165462 块（不含里程牌、百米桩），拆除 23526 块，移位 7341 块。从北京、江苏、浙江等地的随机调查问卷结果显示，绝大多数高速公路使用者认为，在新旧标志平稳过渡方面，各项措施比较到位，总体效果良好。从全国实施过程看，这项工作得到了社会各界和人民群众的理解和支持，实现了平稳过渡。

根据各地完成时限、工作质量以及社会各界综合反映，北京、辽宁、江苏、浙江、安徽、江西、山东、河南、广东、宁夏、新疆等 11 个省（市、区）交通运输厅（局、委）以及作为部技术支持单位的部公路科学研究院工作出色，部决定予以通报表扬。各单位可对工作表现突出的有关单位和人员予以表扬，并按有关规定给予奖励。

二、主要做法

按照部确定的“统一部署、分级负责，广泛宣传、平稳过渡，统一标准、规范设置，立足长远、建章立制”的总体要求，各地在实施过程中根据实际情况，采取了很多卓有成效的做法，主要有：

（一）高度重视，精心组织。

各地对此项工作高度重视，均成立了领导小组，分解落实各部门、各单位的工作职责，按照部相关规定提出了辖区内统一的工作要求，重点抓前期工作和施工两大方面，制定了详细工程实施计划和工程管理方案，圆满完成了组织实施工作，做到了统一组织、职责清晰、步调一致。北京市领导多次听取了该市工程技术方案的汇报并协调部署，成立了以市政府副秘书长为组长的领导小组；江苏、安徽省成立了多部门协调机构，统一指挥本地区高速公路命名编号实施工作；宁夏回族自治区交通运输厅党委多次召开专题会议，成立了以厅长为组长的领导小组，详细编制了总体方案和分解计划，在全国率先完成实施工作。

（二）以人为本，以车为本。

实施工作伊始，部明确了准确把握和妥善处理好“五个关系”，并要求交通标志方案应以不熟悉周围路网体系的公路使用者为设计对象，充分考虑驾驶人员的信息需求和驾驶行为。各地根据实际情况，采用合理的技术措施引导交通参与者的交通行为。北京、上海市针对高速公路城市化明显、短途出行比例高等特点，进一步细化和加密了信息提示板标志的内容，较好地实现新旧标志的平稳过渡；辽宁、安徽、江西等省严格规定高速公路与普通公路交叉入口指引系列标志要与高速公路新标志同步实施，并做到三级预告。这些措施，充分体现了以人为本、以车为本的服务理念，较好地引导了公众出行。

（三）强化宣传，主动告知。

部专门召开了国家高速公路网命名和编号实施工作新闻发布会，并在部网站开设了专栏，以图、文、视频的方式介绍了实施工作背景、实施情况、阶段工作安排和热点问题答疑。各地交通运输主管部门根据实施工作进度，通过多种途径，加大宣传力度，加强公路出行服务，确保新旧标志系统的衔接和平稳过渡。江苏省交通运输厅会同公安厅、交通控股集团公司联合召开了新闻发布会，制作了专题宣传片、高速公路网宣传图和出行须知宣传资料等，在高速公路收费站、服务区等场所免费向社会发放；北京市针对公众可能产生的疑问，组织了200人次“96166”北京公交服务热线接线员和高速公路热线接线员培训，解答公众提出的相关问题；安徽省定期组织新闻媒体采风，利用高速公路客服电话、电子信息板、路况播报和服务区宣传栏、横幅等，开展多形式、多层次的宣传，创造了良好的舆论范围；河南省在交通广播开辟专栏听取司乘人员等社会各界的意见，并将意见整理汇总后组织项目业主进行检查，对存在的问题及时整改；山东、广东等省利用政府网站、信息服务网站等媒介，解读高速公路命名编号新规则，宣传新旧标志对照情况等。

（四）统一标准，规范设置。

部组织制（修）订了国家标准1项、行业标准2项、技术指南（手册）2项，梳理了全国高速公路网路线，确定各条路线的具体走向、里程桩传递方案等；组织完成了G2京津塘路段试点示范工程全线的施工图设计批复，并召开G2示范工程技术方案咨询会。各地按照部统一要求，以设计方案的统一审查为重点，以确保路段之间、地域之间标准一致、衔接顺畅为目标，较好地把握了实施工作的技术要求。浙江省编制完成了《浙江省高速公路网标志更换工程指路体系总体方案》，把完善指路标志体系和调整命名编号两项工作有机结合起来；广东省以指路标志、地点距离标志、信息板标志为重点，切实提高指路信息的系统性和科学性；北京市通过调查驾驶者的实际需要，对涉及的每面指路标志的信息选取及发布均进行了细致的研究；安徽、河南、山东、江西、辽宁等省均由省公路设计院统一负责设计工作，明确设计原则，确保设计标准统一，提高设计质量。

（五）立足长远，建章立制。

各地以国高网命名编号实施工作为契机，建章立制，努力把公路标志管理工作纳入制度化和科学化轨道。安徽省发布了《安徽省高速公路命名和编号规则》（DB34/849—2008）和《公路交通标志和标线设置技术规范》（DB34/T812—2008）等5项地方标准，同时还组织编写了《安徽省高速公路网路线命名和编号相关标志设置指南》；新疆维吾尔自治区委托同济大学，进行深入细致调查，编制了《新疆高速公路相关标志更换工作实施细则》，指导已建、在建和规划高速公路标志设置工作；江苏省制定了《江苏省高速公路里程桩号和出口编号编排规则》，对全省3755公里高速公路里程桩号和出口编号进行了重新编排，并为1500公里在建和规划高速公路预留了桩号区段。据不完全统计，三年来各地共出台地方标准19项、技术指南（细则）40余项，印发规范性文件70多个。

（六）精打细算，力求节约。

为尽量节省标志更换资金，部要求各地在确保符合标准、规范设置的前提下，尽可能利用原标志，通过更换、新增、拆除和移位四种方式开展实施工作，避免过于追求美观，全部拆除重建而造成浪费。各地按照部统一要求，对能够保留基础、立柱的标志采用更换版面和反光膜的做法，尽量利用原有标志；高速公路拆除的标志，版面和立柱按照国家标准能够利用的，在其他普通公路上再次利用；对过渡的信息板辅助标志，待达到标志板使用期限后统一拆除，切实做到了规范设置和力求节约并重。

三、下一步工作

为进一步解读国高网命名编号和引导好群众出行，部组织编印了单张免费发放的《国家高速公路行车指南》，并已经国家测绘局审查，近期将上挂部网站，请各地下载后印刷，免费发放群众。

公路交通标志是引导公路使用者抵达目的地的重要手段。各省级交通运输主管部门要以这次实施工作为契机，总结经验，不断完善公路交通标志设置工作，为人民群众安全便捷出行创造更好的交通条件。

88. 关于印发 G108 和 G205 国道改造示范工程实施方案的通知

（交公路发〔2011〕264 号）

为做好“十二五”干线公路改造工作，部决定将 G108 和 G205 国道作为示范工程，以总结经验，指导全国干线公路改造工作。为保证示范工程顺利实施，在前期调研和广泛征求意见的基础上，我部制定了《G108 和 G205 国道改造示范工程实施方案》，现印发给你们，请结合本地区实际，精心组织实施，认真总结工作经验，确保示范工程取得实效，以便在全国推广。

G108 和 G205 国道改造示范工程实施方案

“十二五”期间，部将组织开展以“五射六纵四横”15 条国道为重点的干线公路改造工程，加快路网结构优化升级，全面提高干线公路综合服务水平。为探索总结干线公路改造经验，更好地指导全国干线公路改造工作，部将 G108 国道和 G205 国道改造作为干线公路改造示范工程，并组织专家组进行了调研，广泛听取了沿线省份的意见。为保证示范工程效果，特制定如下实施方案。

一、基本情况

G108 国道总里程 3272 公里（不含市政管养段 90 公里），途经北京、河北、山西、陕西、四川、云南 6 个省（市）。其中：一级路 745 公里，占 23％；二级路 1712 公里，占 52％；三级路 419 公里，占 13％；四级路 369 公里，占 11％；等外路 27 公里，占 1％。全线除四川省境内有 75 公里的砂石路面外，其余均为沥青或水泥路面，优良路率 60％。

G205 国道总里程 2904 公里（不含市政管养段 19 公里），途经河北、天津、山东、江苏、安徽、浙江、福建、广东 8 个省（市）。其中一级路 968 公里，占 33.3％；二级路 1768 公里，占 61％；三级路 167 公里，占 5.7％；另有 1 公里四级路。全线均为沥青或水泥路面，优良路率 72％。

目前，两条国道部分路段均存在通行能力不足问题，特别是省际交界路段和等级不匹配路段拥堵严重，路况水平偏低。同时，一些路段安全保障设施不完善，地质灾害防治不够，交通标志标线设置不规范，穿越城镇路段脏、乱、差问题突出，路域环境较差，服务设施数量明显不足。

二、指导思想和基本原则

深入贯彻落实科学发展观，围绕“一个中心，三个推进、五个提高”开展干线公路改造示范工程（以下简称示范工程）建设。即：以构建“畅、安、舒、美”的公路交通环境为中心，推进决策科学化、技术进步和管理规范化，提高公路通行能力、路况水平、安全水平、出行服务水平和公路文明水平。通过示范工程实施，引领今后公路养护管理工作发展方向，使公路交通进一步适应经济社会发展新要求和人民群众新期待。

示范工程实施应遵循以下基本原则：

——立足需求，科学决策。注重全线整体改造，突出规模效应。根据实际需求，科学确定大中修和改建等级，重点提高二级及以上公路比例。对改建为一级公路的项目，要严格执行《关于规范和严格控制政府还贷二级公路取消收费后改建为收费一级公路的通知》（交公路发〔2009〕34 号），原则上不新增收费公路项目。

——合理定位，因地制宜。结合不同路段的功能定位和特点，对示范工程进行有针对性的设计。提级改造的，要充分考虑地形、地质和环境特点，严格执行节约用地的有关要求，充分考虑环境保护要求，并做到公路与自然环境有机融合。路面改造的，要大力推广绿色环保技术，积极开展路面材料循环利用，加强节能减排，促进资源节约型、环境友好型公路行业建设。

——存量挖潜，确保质量。要在充分利用现有线路，集约节约利用各类资源的基础上，确保改造后公路的技术状况、技术等级、管理及服务设施适应远期交通和公众出行需求，避免改造不到位而引发的重复建设问题。同时，要着力提高设计质量和工程质量，确保改造工程的经济效益和社会效益。

——综合整治，注重长效。要坚持路内、路外综合治理，主体工程和沿线设施同步开展，硬件和软件服务水平同步提升的原则，全面提高公路的综合服务水平。同时，要紧紧依靠地方政府，下大力气抓好路域环境综合治理工作，重点解决脏乱差问题，并建立长效机制，以全新的路容路貌体现示范工程的效果。

三、主要目标

（一）总体目标

通过对 G108、G205 国道进行改造，打造“畅、安、舒、美”的公路通行环境，为全国干线公路改造工作提供实体示范工程，引领未来全国公路养护管理工作发展方向。

（二）具体指标

1. 通行能力方面：全面消除拥堵路段（V/C≥1.0），省际交界路段公路技术等级基本匹配一致。G108 国道通过改造全部达到三级及以上公路等级标准，并消除 18 处等级严重不匹配路段；G205 国道通过改造基本达到二级及以上公路等级标准，并消除 35 处等级严重不匹配路段。

2. 路况水平方面：全线路面技术状况（PQI）达到 85 以上，优良路率达到 90％以上，无次差等路。经过改造的路段路面技术状况（PQI）达到 90 以上。

3. 安全水平方面：公路安全保障设施齐全、完好率达到 95％以上，消除现有四、五类桥梁及 A 类隧道，基本消除地质灾害隐患。

4. 出行服务方面：增设必要的停车休息区、卫生间，加强养护道班（工区）建设，使之具备应急处置和社会服务功能。对沿线标志标线进行全面清理和规范，建立科学合理的指路标志体系，重要路段增设可变情报板，及时发布公路出行信息，基本满足公众出行对服务设施和出行信息的需求。

5. 路域环境及绿化方面：可绿化路段绿化率达到 100％，使公路与周边环境和景观相协调。路域环境达到“八个无”，即：交通标志前后 500 米无广告，无违法建筑物和地面构筑物，无违法搭接道口和占用挖掘公路，无违法跨越和穿越公路的设施，无违法非公路标志，路基路肩边坡无非法种植物，无摆摊设点和打谷晒场，公路用地范围内无堆积物。

6. 路面材料循环利用方面：路面旧料回收率达到 95％以上，循环利用率达到 50％以上。与 2010 年相比，实现万元养护工程主要资源消耗节约 30％以上。

四、主要任务与要求

（一）推进决策科学化

1. 科学确定升级改造措施。要因地制宜，充分利用老路，合理确定技术指标和升级改造措施。对于山区路段，应考虑地形和地质条件，合理确定改造措施，对技术指标达不到技术等级要求的，应通过限速、增加警示标志等方法，提高安全保障能力。确需进行拓宽改造的，应避免大填大挖。

2. 建立科学养护决策制度。建立包含路况检测与评定、养护标准设定与需求分析、养护方案比选、规划与计划编制 4 个关键环节的养护决策制度，大力推进预防性养护，初步实现在最佳时间，对最需养护的路段，采取最恰当的养护措施，提高公路养护决策的科学化水平和养护资金使用效率。

3. 科学组织大中修养护设计。针对路面大中修养护设计的需求和特点，提出路况详细数据的检测流程、指标、方法和要求，促进路面大中修养护设计数据采集的规范化和制度化。采用全寿命周期费用分析技术，综合考虑路面损坏、平整度、车辙和结构强度等多项指标，设计比选路面大中修养护方案，合理确定路面的结构组合形式，全面提高养护工程质量，实现 10 年不大修。

要统筹考虑整条路线的技术标准和规模效益。对于各地市的示范工程设计，省级交通运输主管部门要统一组织审查，有条件的省份要统一委托设计。加强与相邻省份沟通，确保技术等级、标准的匹配。

（二）推进技术进步

1. 全面提升公路养护技术水平。以经济、环保、实用为衡量标准，转化、应用一批公路养护成熟技术，包括：养护科学决策成套技术、基于全寿命周期费用分析的路面养护设计技术、快速环保的大中修养护技术等，基本实现养护成套技术的集成应用，以此带动和引领公路养护的技术进步。

2. 大力推广绿色养护技术。大力推广符合资源节约、节能减排的绿色养护技术，做好公路隧道节能照明技术推广工作。以沥青路面再生、沥青路面温拌、水泥路面就地利用、废旧轮胎橡胶沥青技术等为重点，解决路面耐久性不足导致的早期损坏、车辙、反射裂缝等常见病害。

（三）推进管理规范化

以精、准、细、严为管理目标，强调目标管理、精细化管理和过程控制，建立健全各类养护工程（日常保养、小修、预防性养护、大中修、应急抢险等）的管理办法、标准或规程，规范和创新公路养护作业市场管理，提高养护工程质量。

（四）提高公路通行能力

1. 拥堵路段升级改造。对 V/C≥1.0 的拥堵路段，原则上全部进行升级改造。G108 的公路技术等级全部达到三级及以上标准，一、二级比例达到 90％左右；G205 的公路技术等级基本达到二级及以上标准，一级比例达到 55％左右。

2. 瓶颈路段改造。G108 国道除山西与陕西省际交界路段按一级标准实施外，其余各省（市）省际交界路段均按照二级及以上标准实施；G205 国道除安徽与浙江、浙江与福建、福建与广东省际交界路段可按二级标准实施外，其余各省（市）省际交界路段均按照一级标准实施。消除 G108 国道全线 18 处和 G205 国道全线 35 处局部瓶颈路段。对穿越重要城市、严重影响通行能力的路段，应充分考虑城市发展规划，合理选辟新线。鼓励通过爬坡车道建设等措施，提高局部路段通行能力。

（五）提高公路路况水平

1. 加强路面大中修改造。对于路面使用性能指数（PQI）小于 70 的路段实施大修；对于路面使用性能指数（PQI）大于等于 70 且小于 80 的路段实施大修或中修；对于单位评定路段内车辙深度超过 15 毫米、抗滑指数（SRI）低于 80、平整度（RQI）低于 80 的路段实施中修。

2. 加强预防性养护。重点对路面使用性能指数（PQI）在 85 以上，实施大修或改建超过 4 年的路段实施预防性养护。要在示范工程中，积极采用经济、适用的预防性养护技术，并注重将经验上升为规范和技术指南，推进预防性养护的技术进步。

（六）提高公路安全水平

1. 行车安全保障。在对全线行车安全性进行评价的基础上，重点改造行车安全隐患路段，全面完成公路安全保障工程，增设或改善行车安全防护设施。要高度重视平交道口渠化问题，对易发生交通事故的隐患道口及易造成交通堵塞的瓶颈路口进行改造。同时，通过自动发光标志和轮廓标的设置，提高夜间行车的可视性。对过深、过大的边沟，鼓励改造为浅碟式或暗埋边沟。

2. 养护作业安全保障。全面分析作业路段周边交通状况，制定绕行路线、交通组织疏导方案和应急疏导预案，严格控制施工工期。尽量避免同一公路主线上多个路段同时施工和长距离连续作业，最大程度减少对交通的影响。省际出入口的改造工程，相邻省份应充分沟通，合理确定施工方案，做好组织协调。

严格按照《中华人民共和国公路法》、《公路养护安全作业规程》（JTJ H30－2004）和交通运输部《关于加强公路养护作业组织管理的通知》（交函公路〔2010〕207 号）的规定，制定详细规范的施工组织设计，在施工路段两端设置明显的施工标志、安全标志，做好作业现场的管理工作，保证施工车辆、人员和过往车辆的安全。

3. 公路自身安全保障。对按照现行规范，技术状况评定为四、五类桥梁、A 类隧道、低荷载等级桥梁，要按照现行《公路工程技术标准》等相关技术标准和规范进行改造，使全线构造物承载能力总体一致。对抗灾能力不足，易因洪水、泥石流、流沙等自然灾害对交通产生重大影响的路段，要完善防护设施，确保公路抗灾能力符合相关设计标准。

（七）提高便民和出行服务水平

1. 完善指路标志体系。按照《道路交通标志和标线》（GB 5768—2009）和部相关技术规范设置公路标志，做到位置适当、准确、完整、醒目、美观。要以与群众出行密切相关的指路标志、地点距离标志、警告标志和路名标志等为重点，由省级交通主管部门统一组织设计，为群众创造更加清晰、科学的指路标志体系。

2. 提供信息服务。积极利用交通广播网络、可变情报板等服务设施，搭建公路沿线信息服务平台。加强与气象部门合作，开展公路气象预报服务。对重要长大桥隧和交通量大、交通构成复杂路段的视频监控和自动化数据采集设施覆盖率达 60%以上，基本实现重点路段可视、可测、可控，实现部省运行监测信息联网。

3. 完善出行服务设施。充分利用沿线公路管理站点、闲置公路用地、共建单位服务站点等现有条件，结合实际需求与客观条件，在公路沿线设置停车休息区、卫生间等服务设施。

4. 完善养护管理设施。结合公路养护改造工程，加强路网运行监测设施建设，形成完善的公路运行信息监测和服务网络。根据治理超限超载工作需要，适当增加治超站点。加强道班建设，公路沿线道班的设置应以专业化、机械化养护大道班（或工区）形式为主，所有公路用房屋的正面或大门正上方应设置公路路徽标记。

（八）提高路域环境综合水平

1. 加强路域综合治理。依靠地方政府，联合公安等部门，形成综合整治合力，多管齐下、齐抓共管，有计划、有步骤地开展路域综合整治。穿越村镇路段，应尽量采取半封闭等措施，消灭脏乱差现象，保障安全畅通。通过路域综合整治，使公路环境达到“八个无”。

2. 加强公路绿化美化。按照因地制宜、因路制宜的原则，在公路用地范围内可绿化路段，以绿色植物合理覆盖公路两侧边坡、分隔带等。坚持栽、管、护相结合，种植存活率要达到 90%以上。坚持人工造景与自然景观相结合，路段两侧有森林、竹林、果园等景观的，要充分利用自然景观，公路两侧有整齐水田和易发生雪阻路段，可栽植灌木或花草。

3. 加强公路文化建设。通过沿线服务管理站点、信息发布设施、公路标志标牌等，大力宣传现代公路管理理念，普及公路基本知识，充分展示区域特色与文化特点，提升现代公路文明水平。

五、工作步骤

（一）方案设计阶段

各省（市）交通运输主管部门对示范工程线路进行调查研究，摸清现状，按照部示范工程实施原则和内容要求，完成示范工程方案设计，于 2011 年 6 月 20 日前上报我部，我部将会同沿线有关单位和技术支持单位共同组织审查。

（二）勘察设计阶段

各省（市）交通运输主管部门按照经我部审查的方案设计，组织设计单位对所辖路段开展勘察设计工作。对于项目内容简单的大中修养护工程的设计应在 2011 年 8 月底完成，提级改造和新建路段的设计及前期工作应在 2011 年 11 月底前完成。

（三）全面实施阶段

按照确定的设计方案和实施计划全面实施示范工程，各省（市）交通运输主管部门要做好各项工程的跟踪管理，及时了解工程进展情况，协调解决存在的困难和问题。我部将适时组织相关专家进行检查指导，召开现场会向全国交流推广工作经验。示范工程所有项目应在 2013 年 9 月底前完成。

（四）验收总结阶段

改造工程完工后，由相关省（市）交通运输主管部门分段验收，总结形成示范工程验收工作报告。我部组织对示范工程进行验收，并全面总结示范工程设计、施工、管理、监理等方面的经验。此阶段工作于 2013 年年底前完成。

六、保障措施

（一）加强组织领导

为确保示范工程顺利实施，取得实效。沿线省（市）交通运输主管部门要加强领导，精心组织，及时协调解决实施工作中的重大问题，要成立由相关单位组成的示范工程实施管理机构，切实做好示范工程的组织协调及督导推进工作。

（二）加强技术支持

我部委托部公路科学研究院作为部的技术支持单位，对各省（市）的示范工程设计方案进行咨询，并在实施过程中进行技术指导。各省（市）交通运输主管部门也要组织相关省级技术支持单位加强对示范工程的技术支持。

（三）争取地方政府支持

各相关省（市）交通运输主管部门要结合示范工程实际，争取沿线市县政府的支持，建立和完善政府主导、部门联动、协调推进的工作机制。要将路域综合治理纳入当地政府的总体工作规划，依靠地方政府力量，联合公安等部门，协同整治，提高治理成效。

（四）保证配套资金

在我部干线公路改造工程补助资金的基础上，各地要积极落实配套资金，争取当地政府给予资金和政策支持；用好燃油税返还资金，多方打造融资平台，确保配套资金到位。同时，加强资金监管，规范资金使用。

（五）加强效果评估

以质量、安全、进度、效益四项主要指标为基础，建立和完善符合本地区实际情况的示范工程改造工作考核指标体系，对示范工程实施效果进行科学全面的考核评估。

（六）营造良好舆论氛围

结合《公路安全保护条例》的实施，大力宣传干线公路改造的重要意义，使各级政府、相关部门及广大群众熟知各自责任、权利和义务，在全社会形成爱护公路、依法保护公路的良好氛围，同时，为示范工程顺利实施创造条件。

89. 关于印发“十二五”公路养护管理发展纲要的通知

（交公路发〔2011〕505号）

各省、自治区、直辖市、新疆生产建设兵团、计划单列市交通运输厅（局、委），天津市市政公路管理局，天津市、上海市交通运输和港口管理局：

现将《“十二五”公路养护管理发展纲要》印发给你们，请认真贯彻执行。各地可结合实际，研究制定本地区“十二五”公路养护管理发展规划，并报部备案。

“十二五”公路养护管理发展纲要

（2011 年 9 月）

“十二五”时期（2011 年至 2015 年），是深入落实科学发展观、促进经济社会全面、协调、可持续发展的关键时期，是全面建设小康社会、积极构建社会主义和谐社会的重要时期，也是公路交通行业转变发展方式，推进“两型”和“低碳”交通发展，促进现代交通运输业发展的战略机遇期。为适应新的形势要求，促进全国公路养护管理事业又好又快发展，更好地服务于国民经济发展，服务于新农村建设，服务于群众安全便捷出行，特制定本纲要。

一、突显服务理念，“十一五”公路养护管理工作得到全面发展

1. 公路养护管理事业取得显著成绩。过去五年来，各级交通运输主管部门和公路管理机构深入贯彻科学发展观，牢固树立服务理念，以“更好地为公众服务”为价值观，在加快公路建设的同时，全面加强公路养护管理工作。

——公路网总体水平明显提高。以高速公路为骨架的干线公路网络基本形成，国省干线公路等级逐步提升，农村公路行车条件不断改善。截止到 2010 年底，全国公路总里程突破 400 万公里，其中高速公路 7.4 万公里，二级及以上公路 44.7 万公里，国省干线公路中二级及以上公路比例达到 72%，国省干线公路水泥、沥青路面铺装率达到 94.9 %，乡镇公路通达率达到 99.9%，通畅率达到 96.6%，建制村通达率达到 99.2%，通畅率达到 81.7%。“十一五”期间，全国公路优良路率平均每年增长 1%。截止到 2010 年底，全国高速公路优良路率达到 99.2%，国道优良路率达到 79%，省道优良路率达到 75%。

——干线公路养护管理更趋规范。“十一五”期间，各地进一步完善养护技术体系，修订了《公路养护技术规范》等规范，颁布实施了《公路桥梁养护管理工作制度》，同时加大养护资金投入，积极实施公路养护工程和路网结构改造工程，实施了桥梁安全隐患排查和治理专项行动。“十一五”期间，全国累计用于公路养护工程的资金约 8011 亿元，完成路网改建工程 55 万公里、公路大修工程 16.7 万公里、公路中修工程 36.4 万公里。同时还完成危桥改造 11296 座/87 万延米，完成了国省干线公路安保工程实施工作并累计整治安全隐患路段 36 万处/12 万公里，处治公路灾害路段 10283 公里。全国国省干线公路的技术状况和安全水平稳步提升。

——农村公路养护管理取得历史性突破。2005 年底国务院办公厅印发了《农村公路管理养护体制改革方案》，各省市相继出台了具体实施意见，明确了农村公路养护主体与责任，建立健全了政府投入为主的农村公路养护资金渠道和以县为主的农村公路养护管理体制，农村公路养护管理工作得到逐步加强。截止到 2010 年底，全国农村公路列养里程已经占农村公路总里程的 94.3%，其中 18 个省市实现“有路必养”的目标。

——公路网公共服务水平稳步提升。“十一五”期间，建立了覆盖全国 40 万公里公路的路况信息报送系统并有效运行；公路与气象部门全面开展合作，共同加强公路气象预测预报和恶劣气象预警等工作；部分省市交通运输主管部门建立了公路公众出行信息服务系统，并通过多种方式向社会发布公路路况以及公路交通气象信息；建立了我国自有产权的电子不停车收费相关标准、规范和技术，进一步推广实施高速公路联网电子不停车收费系统。全国共 27 个省（区、市）实施了高速公路联网收费，组织开展了京津冀和长三角等区域 ETC 系统的应用示范工程。到“十一五”末，全国开通了 2000 多条 ETC 车道，ETC 用户达到 150 万，高速公路通行效率明显提高。此外，修订了《道路交通标志和标线》和《公路交通标志和标线设置规范》等技术规范，组织完成了国家高速公路网命名编号与标志标牌更换工作。

——路网管理与应急保障能力进一步加强。“十一五”期间，有效应对处置南方低温雨雪冰冻灾害、汶川和玉树地震、舟曲泥石流灾害、北京奥运会和上海世博会交通保障，以及汛期防洪与冬季强降雪等一系列重大突发事件。进一步修订完善了《公路交通突发事件应急预案》，初步建立了部省应急会商机制，完善了应急信息报送等制度，探索建立高速公路跨区联动协调等应急运行机制。经国务院、中央军委同意，武警水电、交通部队纳入国家应急救援力量体系，初步建立了专兼结合的公路应急抢险保通队伍，定期组织开展警地联合公路应急演练。此外，部印发《全国公路网管理与应急处置平台体系建设指导意见》，各地启动了部省两级公路网管理与应急处置中心平台建设，现已实现部与17个省区市的公路视频数据接入共享。

——公路法制和路政管理工作得到加强。“十一五”期间，先后出台了《公路保护条例》、《收费公路权益转让办法》、《公路桥梁养护管理工作制度》等法规规章以及地方性的公路管理方面的法规和技术规范，公路法律法规和技术规范体系进一步完善。根据国务院的统一部署，会同公安等部门持续开展集中治超工作，严重违法超载超限运输现象得到有效遏制，建成一批设置规范、标识统一的治超检测站点，逐步推进治超信息系统联网。加强路政管理，完善并执行公路执法评议考核制度、执法责任制度和执法公示监督制度，实现全国所有公路基本无“三乱”目标。

——燃油税费改革平稳实施。2009年年初，国务院正式实施成品油价格与税费改革，提高成品油消费税税率，取消了公路养路费等六项交通规费，基本完成了44万多名改革涉及人员的安置工作。同时，逐步有序取消政府还贷二级公路收费，“十一五”期间全国18个省区市取消了政府还贷二级公路收费，撤销收费站1892个。

总体上，《“十一五”公路养护管理事业发展纲要》确定的主要任务基本完成，目标基本实现，全国公路养护管理事业健康发展，养护管理的基础性地位得到增强，公路服务水平得到改善，公路交通防灾抗灾和应急处置能力得到提高，公路行业的可持续发展能力得到提升，充分发挥了公路基础设施在国民经济中的基础性、服务性、先导性作用，为我国经济社会发展和人民安全便捷出行做出了重要贡献。

2.公路养护管理存在的主要问题。与快速发展的公路建设和日益高涨的公众出行需求相比，我国公路养护管理工作仍然存在一些急需解决的问题，主要体现在以下五个方面。

——公路养护资金缺口进一步扩大。随着我国公路里程的不断增长、交通流量的快速增加以及公众需求的日益提高，公路养护管理任务越来越艰巨、资金需求越来越大。但是一些地方对公路养护的重要性认识依然不足，重建轻养、以建代养问题依然存在，导致公路养护投入不足。燃油税费改革后，普通公路建设、养护面临巨大的资金压力，农村公路养护资金严重短缺。

——路网结构有待完善。高速公路网络尚未形成，断头路依然存在；一些主要高速公路的通行能力不足且可替代路线少，部分重要省际通道相邻省区市的公路技术等级不匹配的问题突出，路网整体服务能力和通行保障水平不高，部分公路交通拥堵较为严重；少数普通国道干线公路技术等级低、通行能力不足、服务水平低。

——公路服务水平亟待提高。公路网尤其是普通公路的监控设施不够完善，公路数据库的动态更新机制和应用支撑体系尚未建立，路况信息采集和发布机制还需进一步完善，公路服务信息量少且更新不及时，特别是普通公路信息服务体系尚未建立，公路交通出行信息服务难以满足公众出行服务多样化和个性化的需求。高速公路服务区、收费站的服务功能与水平还有待提高。

——公路安全形势依然严峻。普通公路特别是农村公路的安全防护设施不够完善，部分公路安全设施标准偏低；重载货车和船舶压垮、撞毁桥梁的安全事件时有发生，桥梁安全形势依然十分严峻。公路基础设施的耐久性和抗灾能力还有待进一步提高。公路应急物资储备和保障能力依然不足，有效的公路跨区联动协调机制尚未建立，公路网管理与应急处置平台体系尚未形成。

——公路养护管理的基础支撑仍然薄弱。地方公路管理体制不适应公路网络化运行管理与应急处置需要的矛盾日益突出，公路养护管理标准规范体系有待完善，公路养护技术力量薄弱，特别是高速公路养护施工技术和工艺难以满足快速、安全、环保的要求。预防性养护技术体系和科学决策体系尚待完善。公路网运行监测与应急处置缺乏有效的技术手段，部分公路安全技术难题尚未得到彻底解决。

二、坚持科学发展，准确把握“十二五”公路养护管理发展方向

3.公路养护管理面临新的形势与挑战。从养护任务角度看，“十二五”期间将迎来周期性的公路养护高峰期，加之公路交通流量特别是重载交通量的持续快速增长，公路将面临集中大修和改造的压力，养护任务极为艰巨；从资金保障角度看，“十二五”期间公路养护资金不足的矛盾更为突出，特别是政府还贷二级公路取消收费后，随着普通公路融资难度加大，公路养护资金缺口进一步加大，而燃油税费改革后，公路养护资金的拨付程序与管理方式发生了变化，这将对公路养护资金的使用规模和养护管理模式产生一定影响。从服务需求和安全保障角度看，随着汽车保有量的快速增长和机动化社会的快速到来，公众对公路交通出行服务的期望和要求不断高涨，交通拥堵和安全问题日益被高度关注并逐步成为社会问题。加之，随着全球气候变暖，极端恶劣天气不断增多，由此引发的重特大自然灾害及突发性事件日益增加，交通运输安全风险持续加大，这对公路交通安全应急保障能力和服务水平提出了更大的挑战。此外，我国已进入资源环境矛盾的凸显期，公路养护管理是建设资源节约、环境友好社会的重要领域。发展绿色养护，促进资源循环利用，有效保护和改善生态环境，日益成为一项紧迫、艰巨而又长期的任务。因此，“十二五”期间，公路养护管理工作，必须立足于“十二五”经济社会发展特别是中央转变经济发展方式的要求，适应新变化，满足新需求，不断提高路网的服务能力和水平，更好地管理和维护好公路基础设施网络，更好地为公众服务。

4.公路养护管理急需转变发展方式，促进科学发展。牢固树立并继续贯彻“更好地为公众服务”的价值观念，和“公路建设是发展，养护管理也是发展，而且是可持续发展”的发展理念，努力转变公路养护管理发展方式，坚持“提升管理水平、推进科学养护、强化应急保障、确保优质服务”的方针，进一步夯实公路养护管理基础，全面加强公路养护管理，切实提高公路基础设施网络使用效率和服务水平，促进公路交通网络“更安全、更畅通、更便捷、更高效、更经济、更和谐”。

5.公路养护管理事业发展的基本原则。“十二五”公路养护与管理工作应遵循以下基本原则：

——以人为本。以公众出行需求为导向，强化公路综合服务体系和服务能力建设，始终把“更好地为公众服务”作为养护管理工作的出发点和落脚点，拓展服务内涵、丰富服务形式、提升服务品质。

——安全第一。把保障公众生命财产安全作为首要任务。健全标准体系，强化安全监管，消除安全隐患。完善应急管理体系，强化运行机制，加快队伍建设，提高公路安全和应急保障能力。

——养护优先。强化公路养护管理的基础性地位，建立稳定的养护资金渠道，加大养护投入，加强公路养护和保护，充分发挥现有公路基础设施的使用效率。

——依法治路。健全法律法规体系，明确公路养护管理的法律地位，提高执法人员素质，推进依法履职、依法行政，加大公路保护力度。创新管理手段，提高管理效能，降低管理成本，增强管理透明度。

——科技支撑。加大自主创新力度，完善技术体系，实现科学决策，推进公路养护管理的技术进步。强化环保意识，推行绿色养护，发展预防性养护、再生利用、安全监测等技术，提高养护管理的信息化、智能化水平，促进人、车、路、自然和谐发展。

——体制创新。本着“层级清晰、事权明确、权责一致、运转高效”的原则，深化公路管理体制改革，理顺事权关系，建立适应燃油税费改革需要和公路网管理特性的公路管理体制。

6.公路养护管理事业发展目标。

力争到2015年，全国公路的技术状况和网络结构明显改善，路网的整体服务水平和安全保障水平明显提高，路网的协调管理能力、通行保障能力、应急处置能力明显增强，公路养护和管理的标准规范体系初步形成，依法治路和管理水平明显提高，公路管理体制改革稳步推进，初步形成高质量工程、高品质服务、高效率监管、高科技支撑、高素质队伍的公路养护管理格局，逐步实现管理决策科学化、养护作业规范化、路网调度智能化、运营服务精细化、应急救援高效化、路政管理法治化的目标，确保公路养护管理工作总体适应经济社会发展和公众安全便捷出行服务的需要。主要发展指标如下：

——国道中二级及以上公路比重达到70%以上，消除国省干线公路中的断头路、等外路，同一省际通道相邻省区市公路技术等级基本匹配；

——国省干线公路水泥、沥青路面铺装率达到95%以上，总体技术状况MQI达到80以上；高速公路平均路面使用性能指数PQI大于90，国省干线公路（高速公路除外）平均PQI大于80，且PQI值小于70的比重下降至12%以内；

——国道平均运行速度达到60公里/小时；

——国省干线公路现有危桥改造率100%，当年新发现危桥处治率100%。基本完成县乡公路中桥及以上现有危桥改造任务。农村公路危桥数量呈逐年下降趋势；

——每年国省干线公路实施大、中修工程（含预防性养护）的里程比重不少于17%；

——全国公路养护废旧沥青路面材料循环利用率达到40%，国省干线公路废旧沥青路面材料循环利用率达到70%，高速公路废旧沥青路面材料循环利用率达到90%；

——基本建立覆盖国家高速公路和主要国省干线公路的路网管理与应急处置中心平台体系，各省级路网管理与应急处置中心平台基本建成并与部级平台联网互通。高速公路重点路段运行实时监测覆盖率达100%，东中部地区普通国省干线公路重要节点实时运行监测覆盖率达60%；

——全国范围内高速公路联网电子不停车收费（ETC）的平均覆盖率达到60%，建成ETC车道6000条以上，ETC用户超过500万个；

——实现一般灾害情况下公路应急救援2小时内到达、公路应急抢通24小时内完成；

——建成具备24小时内预报、6小时内预警的国省干线公路气象监测网络和预报预警服务体系。

三、以加强国省干线公路改造为重点，进一步提高路网通行能力

7. 进一步完善路网结构。推进国家高速公路建设，提高主要通道的通行能力和全国高速公路的网络化程度。全面实施国、省干线公路改造，提升干线公路技术等级、服务能力和水平。继续推进农村公路建设，完善农村公路基础设施，提高农村公路抗灾能力和安全水平，满足农民群众的基本出行需求。到2015年，基本形成路网结构趋于合理、区域差距明显缩小、城乡衔接更加顺畅的公路交通网络。

8. 重点实施国省干线公路改造工程。“十二五”期间每年安排一批国省干线公路重点路段进行综合改造，重点提高国省干线公路中的二级及以上公路的比重，加快拥堵和交通瓶颈路段的升级改造，完善公路指路标志以及交通标志标线，增设必要的爬坡道、休息区、便民服务点、应急救援点、出行信息采集与发布设施以及标准化、规范化的治超检测站点，加强路域环境综合治理、绿化美化和公路文化等建设，着力提升国省干线公路的技术等级、路况水平和服务能力。

9. 继续实施路网结构改造工程。以国省干线公路、重要县道、通客运班线、学生班车和旅游公路为重点，继续实施危桥改造工程和公路安保工程。加大国省干线公路灾害防治工程实施力度，基本完成国道、省道公路中抗灾能力明显不足路段的改造任务，力争同一路段灾害损毁重复发生率控制在5%以内。在自然灾害频发地区按每个县拥有两条抗灾能力较高公路的标准推广和实施“生命线”工程，提高公路网的抗灾能力。

四、以完善养护管理制度和规范体系为基础，进一步加大养护管理力度

10. 加快完善公路养护管理制度和规范体系。研究制定公路养护作业单位市场准入、招投标、公路技术状况监督、长大桥梁安全运营管理和监测等方面的管理制度，制修订公路养护工程管理办法、养护定额和标准规范，规范路况检测、养护施工作业流程，形成一套公路养护科学决策机制、规范化管理标准及技术指南。

11. 加大公路养护工程实施力度。结合国省干线公路改造、文明样板路创建和标准化美化工程（GBM）的实施，在全国组织开展以“畅、安、舒、美”为主题的公路养护示范工程创建活动。加大预防性养护力度，树立全寿命周期养护成本理念，制定适合我国国情的预防性养护指导政策、技术标准，探索形成一系列预防性养护技术，列出一定比例的专项资金，全面实施预防性养护。在保证公路日常养护的基础上，进一步加大公路养护工程资金投入，及时组织实施公路大、中修工程，保持公路设施良好的技术状况，确保路网的通行能力和服务水平。

12.重点加强桥隧养护管理工作。严格执行《公路桥梁养护管理工作制度》，全面落实桥隧养护的技术政策和管理制度；加强长大桥隧安全运营管理，强化健康监测和实时监控系统建设，逐步建立部、省两级桥梁安全监管机制，部将对部分跨越大江大河及跨海通道等特大型桥梁、隧道进行重点监控，对结构状况和养护运营进行抽检。要以特大和大型桥梁、特殊结构桥梁、双曲拱桥、系杆拱桥以及有一定使用年限的老旧桥梁为重点，加强养护、巡查、检测和隐患排查等工作，并及时采取现场监管和交通管制等措施，确保桥梁安全。加大桥梁养护从业人员的培训力度，研究建立桥梁养护从业人员资格制度。

13.全面加强农村公路养护。完善农村公路养护管理工作机制，继续推进农村公路养护管理体制改革，分清事权，分级管理。进一步完善指标体系和考核体系，落实农村公路养护责任主体。加大政府财政投入，建立长期稳定可靠的农村公路养护资金渠道，着力解决农村公路缺桥少涵、安全防护设施不足、危病桥数量多、抗灾能力弱等突出问题，实现农村公路“有路必养”目标。

14.加强公路养护装备与能力建设。推进公路养护大道班建设，逐步为公路养护施工及作业人员配备必要的专业养护机械装备，以及专用的通勤车辆和安全防护设施等，不断改善基层养护单位和人员的生产、生活条件，保障养护施工作业人员的人身安全，同时提升基层养护单位和道班的专业化、机械化养护水平以及应急保障能力和公共服务能力。

15.提高养护施工安全保障水平。严格执行《公路养护安全作业规程》，加强对公路特别是高速公路养护施工作业的现场监管，督促养护施工企业按规定设置明显的施工及安全警示标志，切实做好养护施工路段交通组织管理工作，保障施工作业现场安全和车辆有序通行。相关行业主管部门、公路管理机构及运营单位要加大监督检查和省际沟通协调工作力度，统筹安排省际间相邻路段以及同一通道不同公路的养护施工计划，避免集中进行养护作业施工造成交通堵塞。

五、以构建养护科学决策体系为依托，进一步提高养护科技水平

16.推进公路养护科学决策。大力推进公路养护信息化建设，完善部省两级公路数据库，建立数据动态更新机制。全面推广路况快速检测、分析、决策支持成套技术，促进路面、桥梁、隧道等养护管理系统的普及与集成应用。完善公路养护科学决策制度，研究建立以路况水平、服务水平和资金需求、投资效益评估结果等因素为依据的公路养护决策机制，初步实现在最佳时间对最需要实施养护的路段，采取最恰当的养护措施，提高公路养护决策的科学化水平和养护资金使用效率。

17.积极推进绿色养护。研究推广符合资源节约、节能减排的绿色养护技术。重点推广沥青路面再生和温拌、水泥路面就地利用、废旧轮胎橡胶利用等废旧路面材料的循环利用技术和施工工艺，着力解决路面耐久性不足导致的早期损坏、车辙、反射裂缝等常见病害，在养护施工作业中降低排放，减少对环境的影响。

18.加强养护新技术的研发应用。大力开展养护新设备、新技术、新材料和新工艺的研究和应用，重点研发推广公路养护科学决策成套技术、公路和桥梁隐蔽工程检测技术、全寿命周期养护设计、高速公路快速养护施工技术、应急处置技术等，高度重视灌缝、挖补、水泥路面日常养护等技术和材料、设备的研发应用，着力提高全国公路养护整体技术水平。

六、以完善路网运行监测体系为抓手，进一步提高路网服务水平

19.加快公路网监测与应急处置平台体系建设。基本建成部公路网监测与应急处置中心，全面推进省级公路网监测与应急处置中心示范工程建设和部省平台联网建设，形成信息互通、协同高效的公路网监测与应急处置平台体系，为路网运行监测、协调会商与指挥调度、公众出行服务和应急处置提供支撑。

20.加强公路网运行监测体系建设。编印公路网运行监测和服务相关技术要求，结合公路建设与改造工程，重点加强高速公路和重要干线公路运行监控设施建设，合理设置公路运行监控与信息发布设施，形成完善的公路网运行信息监测网络，基本实现部对国家高速公路、国省干线公路重要路段、长大桥隧、大型互通式立交桥以及区域交通状态等的实时监控和信息发布。力争到“十二五”末初步实现国家高速公路和国省干线公路网络的可视、可测、可控。

21.建立完善路网跨区联动协调机制。结合全国路网平台体系建设，通过推进路警联合办公、跨区定期会商等机制，实现高速公路和重要干线公路跨区域、跨部门的联动协调管理。选择条件成熟的路网区域，研究跨区域路网仿真决策和协调调度辅助支持系统。配合公安交通管理部门，加强对重要易堵路段进行现场监管和交通疏导，并采取措施实行综合治理，避免出现大范围严重堵车现象。

22.全力做好公路出行服务工作。制定并实施公路服务标准规范和等级评定等制度，完善公路休息区、便民服务点等设施，进一步强化和规范高速公路及其收费站和服务区的经营管理行为，力争在“十二五”期间实现高速公路收费站和服务区24小时不间断服务。建立基本覆盖重要国省干线公路的交通广播网络及行业统一的出行信息服务平台，提供多渠道、全方位、立体化的综合出行信息服务，满足人民群众多样化、个性化的出行服务要求。

23.全面开展公路气象预报服务工作。深入推进各地交通与气象部门的合作与会商，完善合作工作机制，促进两个部门的工作信息平台的联网共享，共同做好公路交通气象预测与预警工作。推进公路交通气象观测站建设，实现交通、气象观测站点和公路交通气象信息的集成共享。

七、以强化安全应急能力建设为基础，进一步提高应急处置水平

24.进一步完善公路交通预案体系。按照部修订后的《公路交通突发事件应急预案》的要求，完善地方公路交通应急预案，重点是结合本地实际，制定针对自然灾害、事故灾难、公共卫生事件、社会安全事件的专项处置预案和针对重大桥梁、隧道等现场预案，着力提高预案的针对性和可操作性。力争到2015年，初步形成部、省、市、县四级公路交通应急预案体系。

25.强化应急运行机制建设。进一步建立健全预测预警、应急处置和信息发布等应急运行机制。加强高速公路应急管理的多部门、跨区域协作，推动跨部门、跨区域的沟通与交流，建立预警信息快速通报与联动响应机制。定期组织开展公路交通应急演练，建立公路应急管理培训制度，进一步提高公路应急处置与保障能力。

26.建立公路应急抢险保通队伍。在积极培育公路养护市场的同时，加快组建以地方公路管理机构现有力量为主体的不以盈利为目的的公路应急养护中心以及专业化的公路应急抢险保通队伍。充分发挥武警交通部队作为国家级公路应急抢险保通专业力量的优势，按照有关规定承担部分具有重要意义的国（边）防公路的养护保通以及重大突发事件的应急救援与处置工作。逐步落实重要的公路桥梁和隧道由武警部队守护。长大桥隧还应根据需要组建必要的专业化养护队伍，提高其应急处置与养护保障能力。

27.推进公路交通应急物资储备体系建设。根据国省干线公路分布情况，按照“均衡分布、分片负责、有效衔接”的原则，重点建设国家区域性公路交通应急物资储备中心，配备必要的公路抢通物资和大型交通专用抢险装备、车辆及机械。充分利用公路养护施工企业的装备设施资源，统筹规划建设省级公路应急保障基地，基本建成包括地方公路交通部门和武警交通部队的公路交通应急物资储备体系。

28.构建高速公路应急救助网络。以高速公路服务区为依托，以统一规范高速公路清障救援服务为重点，加快高速公路应急救援装备、队伍建设，会同公安、卫生、消防等相关部门，建立高速公路应急救援联动机制，逐步构建集运力集结、资源补给、医疗救助、车辆维修等功能于一体的高速公路应急救援体系。督促高速公路经营管理单位强化车辆救援服务工作，并根据需要在高速公路沿线统一布点和配置专业清障车辆和设备，依托路网管理与应急平台，建立健全高速公路车辆救援服务调度和指挥系统。

八、以完善收费公路政策为契机，进一步强化收费公路监管

29.完善收费公路发展政策。按照国务院的统一部署，继续逐步取消政府还贷二级公路收费，进一步控制收费公路总规模和收费站点数量。结合收费公路专项清理，全面取消超期及不合理收费等现象，促进现有收费公路全面规范并符合《收费公路管理条例》的规定。同时修订《收费公路管理条例》，进一步完善收费公路发展政策，建立严格的收费公路监管机制，细化并完善收费公路“统贷统还”制度，积极探索高速公路与普通公路统筹发展的新机制，逐步形成以高速公路为主体的收费公路体系和以普通公路为主体的非收费公路体系，建立更加合理的收费年限和通行费标准调整机制，推动收费公路政策的可持续发展。

30. 强化并规范高速公路运营管理。研究制定高速公路服务规范，重点强化行业主管部门对经营性高速公路的政府监管，督促其认真履行公路养护、提供良好服务和相关信息报送等义务。建立实施高速公路服务区服务质量评定制度，确保服务质量与水平。研究实施提升高速公路通行效率、减少交通拥堵的工作机制，进一步强化高速公路综合服务水平和网络化监管与服务能力。

31. 推进高速公路联网电子不停车收费（ETC）。按照国家节能减排等有关要求，通过政府引导、政策优惠、经济补助等方式，在全国范围内推广 ETC 系统，逐步扩大 ETC 车道的覆盖率，培育并扩大 ETC 用户规模，扩大客服网点覆盖面，形成全国统一的 ETC 服务网点体系和分级管理的收费结算体系。力争到 2015 年，全国基本实现省内高速公路联网收费，收费公路非现金支付使用率达到 40%。

32. 继续落实鲜活农产品运输“绿色通道”政策。确保鲜活农产品运输“绿色通道”网络畅通，落实所有收费公路对整车合法装载鲜活农产品运输车辆免收车辆通行费等优惠政策。依法加大检查工作力度，充分利用高科技手段和设备，提高检测效率和鲜活农产品运输车辆的通行效率，严厉打击假冒行为。同时研究并积极争取相关补偿政策，确保鲜活农产品运输“绿色通道”政策长期有序贯彻落实。

九、以贯彻落实公路保护条例为重点，进一步提高路政管理水平

33. 进一步完善公路法规体系。全面贯彻落实《公路安全保护条例》，尽快出台《超限运输车辆行驶公路管理规定》、《公路超限检测站管理办法》等配套规章。推进《收费公路管理条例》修订工作。研究启动《高速公路条例》立法工作。同时加大地方性公路法规的立法工作力度。到“十二五”末，基本形成由国家和行业法律、法规和地方性法规、规章共同构成的相对完善的公路法规体系。

34. 建立和完善治超长效机制。继续坚持部门联动和区域联动，实行路面执法与源头监管并重，继续开展违法超限超载治理工作。深化落实治超工作责任追究制度，强化源头治理力度，综合利用行政、经济、技术等手段，进一步建立健全治超工作长效机制，巩固治超成果，防止反弹。基本完成治超监控网络建设，逐步推广治超信息管理系统和高速公路不停车检测系统，确保治超检测站标识统一、设备完备、管理规范、信息共享。

35. 加强公路路政管理工作。以贯彻《公路安全保护条例》为契机，有针对性地开展路政管理文明创建活动，强化路域环境治理，促进公路与周边环境的和谐与适应。加大公路保护与宣传力度，增强社会公众的爱路护路意识。逐步推行网上办理行政许可、跨省大件运输联合审批、首问负责制、高速公路救援、公路养护作业现场秩序维持和交通疏导等服务措施。逐步提高路政管理设施与装备水平，创新路政管理手段，加快路政管理信息化进程，切实提高路政管理决策科学化水平。同时，推进路政管理与公路养护的有机衔接与工作融合，探索高速公路路政管理和公路超限检测站管理工作由公路管理机构统筹管理的模式。

36. 加强公路路政队伍规范化建设。依法实施行政许可、行政处罚、行政强制等行政执法行为，加强对执法行为的监督检查，建立公路执法考核监督机制。利用科技手段推行非现场执法，并实现罚缴分离。推进文明执法、规范执法，力争在“十二五”期间路政案件查处率达到 90%以上，杜绝公路“三乱”现象。统一规范执法人员外观形象和基层站所标志标识，优化服务环境。到 2015 年，基本建立一支素质高、业务强、纪律严、作风硬、反应快的路政执法队伍。

十、积极争取政策支持，为实现十二五规划目标提供有力保障

37. 体制保障方面。结合国家事业单位改革以及成品油价格与税费改革，加快推进地方公路管理体制改革，研究建立“层级清晰、集中统一、事权明确、权责一致、运转高效”的地方公路管理体制，强化部对国道的监管和投资力度，推进国道、省道由省级交通运输主管部门和公路管理机构统筹管理的格局；本着“多元化投资、一元化管理”的原则和方向，理顺高速公路管理体制，实现各省级辖区内高速公路的网络化运营、收费和管理模式，依法强化省级交通运输主管部门对本辖区高速公路的监管职责。坚持农村公路由县、乡人民政府为主的管理体制，进一步深化落实农村公路管理养护体制改革，全面推进农村公路管理养护责任主体、资金、机构“三落实”。

38.资金保障方面。建立稳定的公路养护资金来源渠道。继续贯彻落实成品油价格与税费改革，出台符合行业发展特点的规范化的地方公路养护经费使用与管理办法，全力保障公路日常养护和大中修工程的资金需求，继续安排专项资金支持危桥改造、安保工程、灾害防治工程等路网改造工程。落实《国务院办公厅转发发展改革委财政部交通运输部关于进一步完善投融资政策促进普通公路持续健康发展若干意见的通知》（国办发〔2011〕22号）中“成品油消费税替代原公路养路费的专项资金原则上全额用于普通公路的养护管理，不得用于收费公路建设；中央取消政府还贷二级收费路专项补助资金在债务偿还完毕后，全额用于普通公路养护管理和建设”的有关政策。同时，加强资金监管，规范资金使用。

39.科技保障方面。进一步加大公路养护新技术的研发应用力度。根据我国实际，推动科技创新，通过开发、引进和消化吸收先进成熟的新技术、新工艺、新材料、新设备、新方法，逐步提高科技进步对公路养护发展的推动作用。充分应用信息技术，结合现有的路面、桥梁管理评价信息平台，科学分析公路及桥梁技术状况，科学制定预防性养护计划，为实现公路养护科学决策提供有力的技术支撑。同时，进一步加强路网管理、收费公路管理、路政管理、治超等业务系统的推广和应用。研究部省路网管理与应急处置的关键技术和跨区域路网仿真决策支持系统，推广路政巡查监控等现代信息技术，进一步提升公路养护、管理与服务的技术水平。

40.人才保障方面。完善教育培训机制，推进公路养护管理、路网运营管理人才培养实训基地建设，通过多种方式引进专业人才。严格职业资格认证，全面实施桥梁养护工程师制度，依托大专院校和科研院所以及重大科研项目与开展国际合作等方式，全面加强公路职工的教育与培训，重点加快公路养护、运营管理、收费服务、监控、路况信息采集与报送等紧缺的技能型人才的培养，造就一支素质高、业务精、风气正的路政执法队伍和养护施工队伍。全面开展公路行业文化建设工作，继续塑造并展现服务人民、奉献社会的行业风貌，形成普遍认同的公路行业核心价值观和行业文明，增强公路职工的行业使命感、责任感和自豪感，展现新的时代精神与行业风采。

90. 关于表彰100个全国模范道班和100名全国模范养路工的决定

（交公路发〔2011〕549号）

各省、自治区、直辖市、新疆生产建设兵团交通运输厅（局、委）、交通（公路运输）工会，天津市市政公路管理局：

为大力弘扬全国公路交通系统养路职工艰苦奋斗、无私奉献的“铺路石”精神，推动公路交通行业两个文明建设，充分展示新时期公路养护道班和养路工的精神风采，激发基层养护管理队伍活力，提升行业凝聚力和战斗力，经交通运输部与中国海员建设工会全国委员会研究，决定授予北京市政路桥瑞通养护中心八处清水路基专养段等100个道班“全国模范道班”荣誉称号，授予张利军等100人“全国模范养路工”荣誉称号。

希望受到表彰的模范道班和模范养路工珍惜荣誉，再接再厉，为我国公路交通事业作出新的贡献。公路交通系统从事养路工作的单位和个人要以受表彰的模范道班和模范养路工为榜样，在全国范围内掀起学先进、赶先进的热潮，进一步推动公路交通行业两个文明建设，提高公路养护管理水平。

附件：1. 全国模范道班名单

2. 全国模范养路工名单

附件 1

全国模范道班名单

1. 北京市政路桥瑞通养护中心八处清水路基专养段
2. 北京首发集团养护公司八达岭项目部西拨子道班
3. 天津市市政公路管理局公路外环所
4. 天津市静海交通局徐庄子道班
5. 河北省沧州市盐山县公路站李窑养护中心
6. 河北省邢台市威县交通局东联养护中心
7. 河北省石家庄市公路管理处直属站新华养护中心
8. 山西省忻州市代县公路管理段雁门关道班
9. 山西省晋中市祁县公路管理段东观道班
10. 山西省长治市襄垣公路管理段夏店道班
11. 内蒙古自治区赤峰市克什克腾旗交通局克什克腾旗公路管理工区
12. 内蒙古自治区呼和浩特市公路管理局武川工区东房子道班
13. 内蒙古自治区乌兰察布市乌赛工区六犋牛管理站
14. 辽宁省朝阳市凌源市公路管理段哈叭气道班
15. 辽宁省丹东市凤城县公路管理段闫家道班
16. 辽宁省庄河市公路管理段尹店道班
17. 吉林省白城市诚信公路工程有限责任公司洮白一级路养护道班
18. 吉林省和龙兴和公司头道道班
19. 吉林省四平双辽市昊天公路养护工程有限责任公司永加道班
20. 黑龙江省宁安市交通局公路养路段兰岗道班
21. 黑龙江省同江市公路管理站同三道班
22. 黑龙江省哈尔滨市延寿县高台道班
23. 上海崇明公路工程养护有限公司向化道班
24. 上海沪宁实业有限公司机械养护道班
25. 江苏省无锡市公路管理站石埠山胡埭养护工区
26. 江苏省南京市江北公路站里桥工区
27. 江苏省徐州市铜山区公路管理站孟庄工区
28. 江苏省常州市通达公路养护工程有限公司小河工区
29. 浙江省温州市文成县交通局百丈际公路站
30. 浙江省湖州市公路管理处宛山公路站
31. 浙江省临海市公路管理段小芝公路管理站
32. 安徽省池州市公路管理局东至分局历山工区
33. 安徽省六安市公路局直属分局汪家行中心道班
34. 安徽省安庆市公路管理局太湖分局刘羊道班
35. 福建省高速公路养护工程有限公司延平养护站
36. 福建省龙岩市公路局上杭分局蛟洋公路站
37. 福建省宁德市高速公路养护工程有限公司下白石养护站
38. 江西梨温高速公路投资集团有限公司梨温公司交通设施维修队
39. 江西省宜春市公路管理局直属分局三阳道班
40. 江西省赣州市公路管理局全南分局陈君华道班

41. 山东省泰安市宁阳县公路局三八女子养护工区
42. 山东省东营市利津县利津公路局北岭公路站
43. 山东省济南市济阳县回河公路管理站
44. 山东省菏泽市东明县公路管理局刘楼公路管理站
45. 河南省洛阳市孟津县公路局 Z002 孟邙线牛步河女子道班
46. 河南省漯河市舞阳县公路管理局何庄女子道班
47. 河南省商丘市虞城县公路管理局机械化养护中心
48. 湖北省潜江市农村公路养护中心直属养护工区
49. 湖北省荆州市公安县公路管理局斗湖堤机械化公路站
50. 湖北省随州市随县公路段洪山道班
51. 湖南省常德市汉寿县公路局太子庙道班
52. 湖南省株洲醴陵市公路局泗汾养护站
53. 湖南省高速公路管理局临长高速公路长沙养护所
54. 广东省佛山市三水区公路局南边公路养护中心
55. 广东省韶关市翁源公路局南龙养护中心
56. 广东省江门市新会区地方公路管理站三牙道班
57. 广西壮族自治区河池金城江公路管理局河池养护站
58. 广西壮族自治区南宁市武鸣公路管理局双桥养护站
59. 广西壮族自治区桂林市全州公路管理局黄沙河养护站
60. 海南省公路管理局三亚公路局亚龙湾道班
61. 海南省琼海市公路分局博鳌道班
62. 重庆市南川区公路局蟹塘女子道班
63. 重庆市梁平县公路养护中心福禄养护站
64. 重庆市潼南县国省道公路段塘坝中心养护站
65. 四川省甘孜州公路管理局德格公路分局雀儿山五道班
66. 四川省南充市南部县建兴公路养护管理站
67. 四川省广元市青川养护段沙洲道班
68. 贵州省铜仁市江口公路管理段德旺道班
69. 贵州省贵阳市息烽公路管理段黑神庙养护站
70. 贵州省安顺公路管理局龙宫养护站
71. 贵州高速公路开发总公司营运管理中心养护中心息烽养护站
72. 云南省德宏公路管理总段瑞丽段姐勒公路管理所
73. 云南省临沧市凤庆县桂寺路道班
74. 云南省楚雄公路管理总段双柏公路管理段下王家公路管理所
75. 云南省文山公路管理总段富宁段新华公路管理所
76. 西藏自治区昌都公路管理分局昌都管理段昌邦二工区
77. 西藏自治区林芝公路管理分局工布江达公路段九工区
78. 西藏自治区昌都地区交通运输局洛隆公路段十四道班
79. 西藏自治区日喀则公路管理分局日喀则公路段十工区
80. 陕西省高速公路建设集团公司西汉分公司秦岭管理所养护股
81. 陕西省宝鸡公路管理局凤翔段八一道班
82. 陕西高速机械化工程有限公司养护维修中心
83. 甘肃省甘南公路总段合作公路管理段王格尔塘养管站
84. 甘肃省定西公路总段通渭公路管理段马营养管站

85. 甘肃省白银公路总段靖远公路管理段三滩养管站
86. 甘肃省天水公路总段秦州公路管理段皂郊养管站
87. 青海省果洛公路总段达日公路段雪山工区
88. 青海省玉树公路总段治多项目部
89. 青海省海东公路总段乐都公路段洪水工区
90. 青海省湟源公路总段青海湖公路段甲乙工区
91. 宁夏回族自治区公路管理局银川分局四十里店养护中心
92. 宁夏回族自治区公路管理局固原分局固原养护中心城郊女子作业站
93. 新疆维吾尔自治区塔城公路总段额敏公路段铁厂沟道班
94. 新疆维吾尔自治区库尔勒公路总段焉耆公路段乌什塔拉养护站
95. 新疆维吾尔自治区伊犁公路总段则克台公路段则克台公路养护站
96. 新疆维吾尔自治区阿泰勒公路总段北屯公路段北屯养护站
97. 新疆生产建设兵团农九师额敏垦区养护站
98. 新疆生产建设兵团农八师石河子莫索湾养护站
99. 武警交通第四支队四中队
100. 武警交通第八支队六中队

附件 2

全国模范养路工名单

1. 张利军　北京首发养护公司京港澳道班
2. 任俊来　北京怀柔区庙城镇公路养护队
3. 赵希望　天津市市政公路管理局西青公路处镇南管理站
4. 张　霞　河北省张家口市怀来县沙城养护中心女子大道班
5. 魏增双　河北省保定市曲阳县崔古庄道班
6. 范景信　河北省衡水深州市城区养护中心
7. 王海生　山西省晋中市昔阳公路段机械化养护中心
8. 孙耀军　山西省运城市临猗公路段北景道班
9. 王志强　山西省大同市左云县交通运输局公路养护站
10. 唐桂芬　内蒙古自治区锡林郭勒盟锡林浩特养路工区水库女子道班
11. 五十三　内蒙古自治区赤峰市巴林右旗工区塔布花道班
12. 井建军　内蒙古自治区巴彦淖尔市公路管理局临河分局坝楞道班
13. 董海萍　内蒙古高等级公路建设开发有限公司巴彦淖尔分公司头道桥高速养护所
14. 葛文斌　辽宁省大连市普兰店公路养护公司长山道班
15. 孙本学　辽宁省抚顺市清原满族自治县公路管理段土口子养护公司向阳楼道班
16. 祝丽华　辽宁省沈阳市东陵区公路养护管理站东陵道班
17. 张存佳　吉林省集安增大公路工程养护有限公司土口道班
18. 曹文衍　吉林省舒兰市民强养护有限责任公司榆江道班
19. 张占兰　吉林省江源区公路养护有限责任公司大阳岔道班
20. 苏万花　黑龙江省农垦局八五三农场公路管理站清河道班
21. 贲广林　黑龙江省交通运输厅直属呼兰养路总段明水养路段德胜道班
22. 徐丽琴　黑龙江省黑河市嫩江县公路管理站嫩黑公路二十七公里道班
23. 杨佰连　上海市青浦区白鹤道班
24. 谢震瑜　上海浦东公路养护建设有限公司环南大道综合养护项目部
25. 仇建华　江苏省苏州市吴淞江养护工区
26. 程学广　江苏省淮安市淮阴区公路站丁集养护工区
27. 张　震　江苏省宿迁市宿豫区三棵树养护工区
28. 陈冬军　江苏省扬州市汇通公路养护工程公司仪扬工区
29. 钟胜阳　浙江省杭州市桐庐县公路段江南管理站
30. 陈志炳　浙江省宁波奉化市公路管理段溪口养护站
31. 徐步珍　浙江省丽水市青田县公路养护工程公司
32. 王明英　安徽省蚌埠市公路管理局固镇分局石湖道班
33. 马坚平　安徽省黄山市公路管理局祁门分局路公桥道班
34. 王汝新　安徽省合肥市公路管理局肥东分局店埠中心道班
35. 曾维森　福建省福州市公路局闽侯分局竹岐公路站
36. 陈基旺　福建省高速公路养护工程有限公司泉州养护站
37. 修连金　福建省龙岩市公路局长汀分局河田公路站
38. 魏祥朝　江西省萍乡市公路管理局芦溪分局上埠道班
39. 陈水发　江西省南昌市公路管理局高坊岭分局南高道班
40. 江新国　江西省景德镇市公路管理局浮梁分局渭水道班

41. 王　娟　山东省泰安市宁阳县公路局三八女子养护工区
42. 付立军　山东省德州市公路管理局陵县公路局城关公路站
43. 韩振峰　山东省东营市利津县公路局养护中心
44. 陈清泉　山东省济南市绕城高速公路东南线管理处养护工区
45. 原小玲　河南省济源市路发公路养护工程处店留道班
46. 王改成　河南省开封市兰考县公路管理局路盛养护公司西关道班
47. 任爱民　河南省新乡辉县市公路管理局百泉道班
48. 王长山　湖北省恩施州鹤峰县公路段下坪公路管理站
49. 叶宗节　湖北省黄石市公路管理局直属分局
50. 韩士发　湖北省荆门市东宝区公路管理局栗溪公路管理站
51. 唐跃刚　湖南省衡阳衡南县公路管理局向阳养护队
52. 文正齐　湖南省张家界桑植县公路局瑞塔铺道班
53. 潘正文　湖南省长沙市望城县公路管理局金洲大道管养站
54. 赖海洋　广东省广州市交通委员会东城分局长平养护中心
55. 林俊能　广东省广佛高速公路养护工程部
56. 江先六　广东省肇庆市广宁县公路局江屯公路养护管理站
57. 黄振文　广西壮族自治区贵港市港北区公路管理所中里站
58. 韦海周　广西壮族自治区河池金城江公路管理局河池养护站
59. 梁国平　广西壮族自治区百色德保公路管理局都安养护站
60. 明逢安　海南省澄迈公路分局老城道班
61. 姜友才　海南省琼海公路分局大路道班
62. 高玉堂　重庆市奉节县公路养护管理一段吐祥养护管理站
63. 杨炳均　重庆市江津区公路养护段珞璜道班
64. 李承伦　重庆市九龙坡区交通局陶家道班
65. 詹　宾　四川省宜宾公路养护管理总段兴文分段硐底养护站
66. 易和平　四川省阿坝州汶川公路管理分局兴文坪公路养护站
67. 邓秀芳　四川省攀枝花市公路养护管理总段米易段柳溪河养护站
68. 李佑文　贵州省安龙公路管理段兴隆养护站
69. 罗　华　贵州省黔西公路管理段机械化养护站
70. 凌贵群　贵州省安顺公路管理局关岭段流昌河养护站
71. 施秀芳　云南省临沧市镇康公路管理段南伞大站所
72. 刘　伟　云南省保山公路总段腾冲段东门所
73. 李家龙　云南省宣威市地方公路管理段青茨沟至务德公路养护队
74. 曾　存　云南省普洱公路管理总段澜沧段勐朗公路管理所
75. 巴　桑　西藏自治区日喀则公路管理分局聂拉木公路段十四工区
76. 次仁平措　西藏自治区林芝地区交通运输局察隅公路段机械班
77. 马少鹏　西藏自治区青藏公路管理分局纳赤台公路段二工区
78. 青旺久　西藏自治区林芝地区交通运输局米林公路段错高工区
79. 王道珍　陕西省安康公路管理局旬阳公路段泥沟道班
80. 张志岐　陕西省咸阳市渭城区公路管理站养护作业队
81. 秦盛才　陕西省西安公路管理局沣峪公路管理段黎元坪道班
82. 梁　荣　甘肃省张掖公路分局高等级公路养护管理中心
83. 吕惠平　甘肃省甘南公路总段扎刹养管站
84. 汪来文　甘肃省天水公路总段武山公路管理段洛门养管站

85. 白建胜　甘肃省白银公路总段景泰公路管理段兴泉养管站

86. 贾晓强　青海省玉树公路总段囊谦公路段下拉秀一工区

87. 申梅兰　青海省海西公路总段德令哈公路段怀头塔拉工区

88. 贺生兰　青海省海东公路总段黄南公路段同仁工区

89. 于爱民　青海省格尔木公路总段都兰公路段都兰工区

90. 薛宜献　宁夏回族自治区石嘴山市公路管理段石嘴山公路站

91. 王立平　宁夏回族自治区公路管理局固原分局固原养护中心城郊女子作业站

92. 李占国　宁夏回族自治区公路管理局石嘴山分局玛莲滩作业站

93. 阿不都热西提·阿塔吾拉　新疆维吾尔自治区和田公路总段墨玉公路段洛浦道班

94. 何汉明　新疆维吾尔自治区塔城公路总段托里公路段老风口风雪抢险基地

95. 肉先古丽·艾买尔　新疆维吾尔自治区阿克苏公路总段阿克苏公路段西大桥道班

96. 韩秋菊　新疆维吾尔自治区阿泰勒公路总段布尔津公路段冲乎尔养护站

97. 张忠林　新疆生产建设兵团农八师石河子公路养护处

98. 梁兆平　新疆生产建设兵团农六师新湖公路养护站

99. 高晓宇　武警交通第四支队八中队

100. 宋金水　武警交通第八支队六中队

91. 关于表彰十一五全国干线公路养护管理工作优秀单位和先进单位的决定

（交公路发〔2011〕578 号）

各省、自治区、直辖市交通运输厅（委），天津市市政公路管理局：

为表彰先进，促进“十二五”全国公路养护管理工作再上新台阶，根据“十一五”全国干线公路养护管理工作检查结果，交通运输部决定授予江苏、山东、北京省（市）交通运输厅（委）等 3 个单位“十一五全国干线公路养护管理工作优秀单位”，授予天津市市政公路管理局，辽宁、山西、陕西、河北、安徽、广东、浙江、重庆、湖北省（市）交通运输厅（委）等 10 个单位“十一五全国干线公路养护管理工作先进单位”，授予福建、江西、甘肃、贵州省交通运输厅等 4 个单位“十一五全国干线公路养护管理工作进步单位”，并分别颁发荣誉证书和奖牌。

希望受到表彰的单位发挥表率作用，再接再厉，开拓创新，扎实工作，努力开创公路养护管理工作新局面。

92. 关于十一五全国干线公路养护管理工作检查情况的通报

（交公路发〔2011〕579 号）

各省、自治区、直辖市交通运输厅（委），天津市市政公路管理局：

为全面总结“十一五”全国公路养护管理工作，进一步推动公路养护管理又好又快发展，2011 年 4～6 月，部组织了“十一五”全国干线公路养护管理检查（以下简称国检）。现将有关情况通报如下：

一、基本情况

本次国检历时 3 个月，采用省（区、市）轮换交叉互检方式，分别对普通干线公路和高速公路进行检查，检查行程约 20.3 万公里。在路况检测方面，共随机抽取 6.3 万公里干线公路（西藏自治区未检测），其中高速公路（均为 2007 年年底前通车）2.7 万公里，占同期总里程的 50%；普通国省干线公路 3.6 万公里，占普通国省干线总里程的 8.5%。在管理规范化检查方面，检查了 31 个省（区、市）省级公路管理机构，122 个地市公路管理机构、129 个高速公路管理单位和 1 个武警交通养护基层部队的管理内业，随机抽检了 217 个养护单位（道班、工区）、220 个路政执法单位、144 个收费站、143 个服务区、158 个超限检查站，242 个大中修项目，172 个路网改造项目，96 个文明样板路段或示范工程，对行业管理、服务保畅、日常养护、大中修工程、桥隧养护、基础管理与养护技术、路政管理及收费管理等八个部分，共 210 项工作进行了检查和评价。

二、“十一五”全国公路养护管理工作取得的主要成绩

检查结果表明，“十一五”是全国公路发展史上养护投资规模最大、干线路况水平最高、管理规范程度最高、经济社会效益最佳、人民群众受益最多的历史时期。总体上，“重建轻养”的状况正在得到扭转，“建养并重”逐步成为公路行业的主流，“更好地为公众服务”理念深入人心，管理规范程度显著提高，人民群众的满意度明显提高，公路服务水平明显提高。“十一五”公路养护管理工作克服各种不利因素，取得的成绩是明显的。

一是路况水平明显改善。从抽检的 6.3 万公里干线公路路况指标来看，全国普通国省干线公路平均平整度和破损率指标分别为 2.3293 米/公里（每公里颠簸累计值）和 0.7974%（破损占总路面面积），高速公路平均平整度和破损率指标分别为 1.4266 米/公里（每公里颠簸累计值）和 0.3124%（破损占总路面面积），均达到了《公路技术状况评定标准》（JTGH20－2007）中的“优秀”水平。与“十五”国检（只抽检平整度）结果相比，高速公路平整度从 1.8023 米/公里提高到 1.4266 米/公里，普通公路从 2.9014 米/公里提高到 2.3293 米/公里，路况水平明显提高。

二是养护投入不断加大。“十一五”期间，全国共投入 4540 亿元用于公路养护，为“十五”时期的 3.2 倍，占同期养路费总收入（2009 年后为替代返还资金收入）的 91.9%，较好地实现了部《“十一五”公路养护管理事业发展纲要》中不低于 80%的要求。其中，北京、江苏、山东、辽宁、天津、浙江、广东、陕西、宁夏等省（区、市）高于全国平均水平。同时，“十一五”期间，全国有 18.98 万公里普通干线公路进行了大中修。其中，上海、北京、山东、安徽、广东、福建、河北、陕西等省（市）大中修比例达 15%以上。

三是路网结构逐步优化。到“十一五”末，全国普通国省干线公路中二级及以上公路里程达到 31 万公里，国道中二级及以上公路所占比例为 89.4%，较“十五”末增加 15.4 个百分点，其中东、中、西部地区分别为 96.6%、91.6%和 80.1%。省道中二级以上公路所占比例为 67.7%，较“十五”末增加 10.0 个百分点，其中东、中、西部地区分别为 83.0%、76.5%和 43.5%。国省干线公路路面铺装率达到95.5％，较“十五”末增加4.5个百分点，其中东、中、西部地区分别为99.8％、96.2％和92.1％。

四是养护管理更趋规范。“十一五”时期，31个省（区、市）均建立了省级日常养护巡查、小修保养管理、大中修工程管理、桥隧养护管理工作等规章制度，出台了省级高速公路路况信息收集、报告和发布制度，颁布了省级高速公路养护作业管理工作制度；28个省（区、市）制定了治超管理配套实施办法；26个省（区、市）制定了省级养护科学决策相关制度或规范；25个省（区、市）制定了推行预防性养护的制度、政策或指导性意见；24个省（区、市）出台了标志标线相关技术指南或规范性文件。

五是路网结构改造工程效果明显。“十一五”公路路网结构改造工程在“十五”危桥改造工程、安保工程基础上，增加了灾害防治工程。从检查情况看，“三项工程”均以“保安全”为核心，努力为人民群众创造“畅、安、舒、美”的公路交通环境，是花钱少、亮点多，人民群众满意，社会舆论广泛赞誉的民心工程。“十一五”时期，全国共改造危桥11296座/87万延米，为“十五”时期的2.5倍；共改造行车安全隐患12万公里/36万处，为“十五”时期的1.9倍；共实施灾害防治试点工程10283公里。路网结构改造工程进一步提高了各地公路交通部门的服务意识，大大提升了路网整体安全保障能力和服务水平。

六是公路法制建设得到加强。“十一五”时期，公路法制建设取得了长足进步。全国各省（区、市）共制定了25项涉及公路管理的地方性法规，修订完善了6项地方性法规，在养护、收费、路政、服务区和治超管理等方面出台了242项规范性文件，颁布实施了340余项地方性标准（指南）。全国基本形成了以法律法规为依托、以规范性文件和地方标准为补充的法律政策体系，基本满足了公路养护管理的发展需要，使养护管理工作有法可依、有章可循。

七是公共服务水平显著提高。部在“十一五”初提出的“更好地为公众服务”理念深入人心。到“十一五”末，全国31个省（区、市）圆满完成了国家高速公路网命名和编号实施工作，24个省（区、市）同步完成了省级高速公路网命名和编号实施工作；31个省（区、市）均建立了路况信息的多种发布渠道，30个省（区、市）开通了24小时救援服务电话，26个省（区、市）建立了公路公众出行信息服务系统，为公众出行提供路况查询、气象预报、绕行信息等全方位服务；全国开通了1100多条不停车收费车道，共27个省（区、市）实现了区域或省内高速公路联网收费，联网收费公路总里程接近6万公里；20个省（区、市）探索设立了普通干线公路综合服务区，拓展收费站、开放式道班、超限检查站的服务功能，为司乘人员提供休息、加水、汽车维修、路况查询等服务。

八是行业发展基础不断夯实。“十一五”时期，各地均及时开展了公路基础数据库与电子地图更新完善工作，基础数据库中路线、桥梁等信息完整准确连续；注重养护实用技术研究并取得相应技术成果，据不完全统计，五年来共完成部省科技联合攻关项目467项，取得专利技术121项；加大对基层养护管理人员和路政执法人员培训教育力度。组织开展各类培训、交流、竞赛活动、公路基层职工素质显著提升；27个省（区、市）制定了省级示范公路工程建设指导性意见，出台了创建标准及验收办法，累计建成省级文明样板路11.59万公里。

三、检查发现的主要问题

一是管理体制问题依然存在。体制问题是多年的老问题，特别是成品油价格和税费改革后，如何适应财税体制改革要求，建立财权与事权相匹配的公路管理体制越来越迫切。从部检查组的评价看，仅有12个单位的管理体制获得了检查组的好评，有19个单位被检查组认为管理体制不顺，14个单位被明确提出亟须加强高速公路行业监管力度。

二是养护投入仍显不足。“十一五”期间，公路养护任务加重、成本提高，养护资金缺口加剧，全国干线公路大中修比例为12.5％，低于“十五”时期的13.6％，不满足《“十一五”公路养护管理事业发展纲要》不低于13％的要求。其中，东、中、西部年平均大中修比例分别为16.3％、12.1％和9.0％，个别省（区）年度大中修比例不到3％。总体上，中西部地区养护工作仍处于“被动养护”阶段，距“预防性养护”的良性循环还有一定差距。

三是服务保畅与安全保障的压力进一步凸显。随着汽车保有量的快速增长和机动化社会的快速到来，公众对公路交通出行服务的期望和要求越来越高，交通拥堵和安全问题日益被高度关注并逐步成为社会问题。加之极端恶劣天气不断增多，由此引发的重特大自然灾害及突发性事件日益增加，公路交通安全保障压力持续加大，迫切需要建立和完善高效集中、协调有力的公路安全监管与应急保障体系。

四是基础管理工作有待进一步加强。检查发现，8个省区桥隧日常、定期检查制度未得到有效落实，11个省区存在四、五类桥监管不力情况，6个省长大桥隧管理、运营存在明显不足，8个省区路政、收费、治超等方面管理制度不健全，10个省区路政行政文书不规范，11个省区电子不停车收费（ETC）推进明显偏慢，11个省区治超监控网络不健全，7个省区未建立省级监控中心或只能对部分高速公路进行监控。

四、检查结果

根据各检查组提交的管理规范化评分表及路况检测结果，部公路局对评分情况进行了汇总，并分别按总评分、普通公路和高速公路评分进行了排名（见附件）。

从检查综合结果看，东部地区仍处于全国领先地位，前十五名中有10个东部省（市），江苏、山东、北京继续保持领先水平，天津、广东、福建明显进步；中部地区总体进步比较明显，山西仍保持全国先进水平，安徽、湖北、江西进步明显，黑龙江、湖南有所进步。西部地区发展呈不平衡状态，西北地区明显好于西南地区，陕西步入全国先进行列，新疆取得了来之不易的好成绩，重庆、甘肃、贵州进步明显，宁夏有所进步。

"十二五"期间，我国将迎来周期性的公路养护高峰期，公路养护任务极为艰巨，养护资金不足的矛盾将更加突出，公众对出行服务的期望和要求越来越高，公路安全应急保障面临着更大的挑战。各级交通运输主管部门一定要认清公路养护面临的新形势与新挑战，不断提高公路服务能力和水平，更好地服务于国民经济和社会发展全局，服务于新农村建设，服务于人民群众的安全便捷出行。

附件："十一五"全国干线公路养护管理工作检查排名表

附件

“十一五”全国干线公路养护管理工作检查排名表

一、省、自治区、直辖市排名（前15名）

总评分		普通公路		高速公路	
名次	省（区、市）	名次	省（区、市）	名次	省（区、市）
1	江苏	1	江苏	1	江苏
2	山东	1（并列）	山东	2	山东
3	北京	3	北京	3	北京
4	天津	4	天津	4	天津
5	辽宁	5	辽宁	5	重庆
6	山西	6	山西	6	河北
7	陕西	7	上海	7	湖北
8	河北	8	浙江	8	陕西
9	安徽	9	福建	9	江西
10	广东	10	广东	10	吉林
11	浙江	11	河北	11	辽宁
12	重庆	12	安徽	12	山西
13	湖北	13	陕西	13	安徽
14	上海	14	新疆	14	广东
15	福建	15	重庆	14（并列）	浙江

二、省、自治区排名（前15名）

总评分		普通公路		高速公路	
名次	省（区）	名次	省（区）	名次	省（区）
1	江苏	1	江苏	1	江苏
2	山东	1（并列）	山东	2	山东
3	辽宁	3	辽宁	3	河北
4	山西	4	山西	4	湖北
5	陕西	5	浙江	5	陕西
6	河北	6	福建	6	江西
7	安徽	7	广东	7	吉林
8	广东	8	河北	8	辽宁
9	浙江	9	安徽	9	山西
10	湖北	10	陕西	10	安徽
11	福建	11	新疆	11	浙江
12	吉林	12	湖北	11（并列）	广东
13	新疆	13	吉林	13	四川
14	江西	14	黑龙江	14	河南
15	黑龙江	15	甘肃	15	福建

93. 关于公铁立交和公铁并行路段护栏建设与维护管理相关问题的通知

（铁运〔2012〕139号）

各省（自治区、直辖市）交通运输厅（局、委），各铁路局，各铁路公司（筹备组）：

为规范公路与铁路立交桥（以下简称公铁立交）和公路与铁路邻近路段（以下简称公铁并行路段）护栏的建设与维护管理，现对相关问题规定如下，自下发之日起施行。铁道部、原交通部联合印发的《关于在公路与铁路并行路段设置防护栏的通知》（铁运函〔2005〕978号）同时废止。

一、公铁立交建设及维护

（一）立交建设原则

新建、改建铁路与既有公路交叉时，优先采用铁路上跨公路的通过方式，原则上不改变既有公路标高并考虑公路规划需求；新建、改建公路与既有铁路交叉时，应对方案进行技术、经济和安全等综合比选后确定，择优采用通过方式。

既有公铁立交，原则上不改变原有交叉方式。当公铁立交产生危及行车安全的病害或难以满足实际需求时，可在现桥位进行加固或改建。改建时，应按所在线路原建设标准或规划线路建设标准修建。紧邻铁路站场的，应通过双方协商确定。

（二）立交条件预留

铁路应在设计和建设阶段，综合考虑公路建设的情况和发展，为规划拟建公路穿（跨）越铁路预留条件，高速铁路必须在设计、建设阶段为公路下穿通过高速铁路预留通道；公路建设要为拟建铁路建设项目跨越预留条件。

（三）设置方案审查

在项目预可研或可研阶段，建设单位（在建设单位未确定时，由设计单位牵头）提出的公铁立交设置方案，应经被穿（跨）越线路主管部门（指铁路建设管理单位、铁路运输企业，省交通运输主管部门或其授权的公路管理机构等，下同）同意，并出具书面意见。相关审查程序执行铁道部、交通运输部有关规定。

建设单位依据审查意见与铁路运输企业、铁路公司、县级及以上交通运输主管单位签订建设和接管协议，明确公铁产权移交、维护管理等问题。公路跨越铁路立交桥按照《公路法》第八条有关规定确定管理和维护单位，铁路跨越公路立交桥由铁路管理单位管理和维护。历史遗留问题由双方协商解决。

（四）设计文件审查

在项目初步设计阶段，项目建设单位提出穿（跨）越工程设计文件，应经被穿（跨）越线路主管部门审查同意，并出具书面意见。

设计单位要依据协议和铁路、公路相关标准、规范进行设计。其中，铁路跨越公路立交桥应设置防护网，并符合《公路交通安全设施设计规范》（JTG D81）有关规定；公路跨越铁路立交桥应设置钢筋混凝土墙式护栏和防护网，并根据不同的设计速度，按照《公路交通安全设施设计规范》（JTG D81）中“车辆驶出桥外有可能造成二次重大事故或二次特大事故”的有关规定提高一个防撞等级设置护栏。新建跨越高速铁路的立交桥，其护栏按不低于最高防撞等级进行特殊设计。

设计审查部门在审查设计文件的同时，应审查建设单位与铁路、交通运输主管单位签署的立交建设和接管协议，没有立交协议或立交协议有关建设、维护等事项不明确的，应责成建设单位补充完善，待协议完善后方可批准初步设计。

（五）施工方案审查

开工前，建设单位应组织编制公铁立交施工方案，制定安全保障措施，以及需要临时停车、停电、停运、封路等施工配合计划和施工申请报告，报经相关线路主管部门审查批准后予以实施。其中，新建、改建铁路与既有公路或在建公路交叉的，应按《公路法》、《公路安全保护条例》等法律法规规定的程序报有关公路管理机构依法许可；新建、改建公路与既有铁路或在建铁路交叉的应按《铁路法》、《铁路运输安全保护条例》等法律、法规规定的程序报有关铁路运输企业、铁路公司审查同意。

被穿（跨）越线路主管部门在收到建设单位提出的公铁立交施工方案、技术评价报告、应急方案、安全保障措施以及施工申请报告后，无特殊情况的应在 20 个工作日内作出行政许可决定或出具书面审查意见。

（六）工程实施

公铁立交工程由相应的建设单位或产权单位按照《招标投标法》和相关法规规定组织工程建设，任何单位和个人不得以任何理由规避招标或要求代建。工程建设应同时满足公路、铁路建设相关规定和技术标准。

公铁立交工程由建设单位按批准的设计文件、施工组织及安全防护措施组织实施。铁路线路安全保护区范围内的立交工程，必须严格执行《铁路营业线施工安全管理办法》等相关铁路安全管理规定，切实做好施工安全保障工作。公路用地、公路建筑控制区内的立交工程，必须符合《公路工程技术标准》、《公路路线设计规范》等有关技术规范及有关公路施工安全规定的要求。

建设单位应组织施工单位按照审定的施工组织设计、安全保障措施，与被穿（跨）越线路产权或管理单位签订施工安全配合协议，明确建设、施工和产权或管理单位的安全责任和义务，并在产权或管理单位派出人员的全程监护下开展立交工程部分的施工，保障通（运）行和施工安全。相关配合费用收取按有关规定执行。

（七）投资划分

公铁立交工程投资按《铁路运输安全保护条例》有关规定执行。

（八）验收及移交

公铁立交工程建成后，由建设单位、双方主管部门、被穿（跨）越线路产权单位共同组织验收。验收合格后，建设单位应按协议要求，履行规定的决策程序后，及时将公铁立交固定资产移交给相应管理部门管理和维护。建设单位提出公铁立交固定资产移交申请报告后，接收单位应在 20 个工作日内组织接收，并出具书面意见。

既有公铁立交改建时可参照上述程序执行。

二、公铁并行路段护栏设置与管理

公铁并行路段是指铁路路堑上的公路路段或位于铁路线路安全保护区内，公路路肩标高高于铁路路肩或与铁路路肩等高，或低于铁路路肩 1.0 米以内的公路路段。

（一）护栏设置原则

对公铁并行路段，应在靠近铁路的公路路侧设置护栏。护栏应位于公路的土路肩内，并符合《公路交通安全设施设计规范》（JTG D81）等公路相关标准、规范要求，其防撞等级应根据不同的设计速度，按照《公路交通安全设施设计规范》（JTG D81）中“车辆驶出路外有可能造成二次特大事故”确定护栏防撞等级。高速铁路的公铁并行路段，应按上述标准提高一个防撞等级设置护栏。

（二）设计方案审查

2005 年 4 月 1 日《铁路运输安全保护条例》施行前的公铁并行路段，应由所在铁路运输企业或铁路公司与公路管理部门共同研究确定护栏设置方案，并签署相关协议，明确护栏产权移交、维护管理等问题。护栏设置费用由所在铁路运输企业或铁路公司承担，护栏的管理和维护由公路管理部门负责。

《铁路运输安全保护条例》施行后，公铁并行路段的护栏应按照“铁路与公路谁后建设谁设置”的原则进行设置。若铁路后建，护栏由铁路部门负责设置，护栏的管理和维护由公路管理部门负责。铁路部门在设置护栏前应将设置方案报公路管理部门或产权单位审查，经公路管理部门或产权单位审查同意后，双方应签署护栏建设协议，明确护栏产权移交、维护管理等问题。若公路后建，护栏设置和维护由公路管理部门负责，但应向相关铁路运输企业备案。

（三）施工审查及验收铁路部门负责设置护栏时，相关施工审查、验收及移交程序按下述规定执行。

护栏建设单位应根据审查通过后的护栏设置方案编制施工方案。方案中应明确施工组织设计、安全保障措施等，报公路管理部门审查批准后予以实施。公路管理部门在收到护栏建设单位提交的施工方案及施工申请报告后，应在20个工作日内组织审查，并出具书面审查意见或正式批复。

公铁并行路段护栏建设工程，一般由护栏建设单位按照批准的设计、施工方案组织实施，公路管理部门做好施工安全监督和施工配合工作，相关配合费用收取按有关规定执行。

护栏竣工后，由铁路和公路部门共同组织验收。验收合格后，铁路部门应按协议要求，履行规定的决策程序后，及时将护栏固定资产移交给相应的公路产权单位管理和维护。铁路部门提交护栏固定资产移交申请报告后，接收单位应在20个工作日内组织接收，并出具书面意见。

（四）铁路以桥梁形式与公路并行

当铁路以高架桥梁的形式与公路近距离并行时，若铁路后建，并行路段铁路桥梁墩台及基础设计应按有关规定考虑汽车撞击力；若公路后建，应对并行路段的铁路桥梁墩台或基础采取护栏防护，护栏设置费用由相应建设单位承担，护栏竣工后由铁路和公路部门共同组织验收，公路部门对护栏进行管理和维护，确保状态良好。

三、其他

公铁立交和公铁并行路段除按规定设置相应的护栏外，还应根据公路、铁路以及影响公路、铁路行车安全的具体情况，按照有关规定和技术规范要求，设置必要的交通标志、标线、减速和引导设施等。交通标志、标线、减速和引导设施等的设置种类、数量和埋设位置，由公路管理部门负责确定，并按有关规定管理和维护。设置所需成本费用按照谁后建设谁承担的原则，由相应建设单位承担。

94. 交通运输部关于加快推进公路路面材料循环利用工作的指导意见

（交公路发〔2012〕48号）

各省、自治区、直辖市、新疆生产建设兵团交通运输厅（局、委），天津市市政公路管理局：

路面材料循环利用是公路交通行业节能减排工作的重点之一，也是转变公路交通发展方式的重要内容。为加快推进公路路面材料循环利用工作，提出如下意见：

一、充分认识公路路面材料循环利用工作的重要性

按照国家发展循环经济和节能减排工作要求，部将建设资源节约型、环境友好型行业作为加快转变交通运输发展方式的重点，公路交通应在“两型”行业建设和节能减排方面发挥积极作用，而公路路面材料循环利用是潜力巨大、效果突出的建设养护环保技术之一。据测算，我国仅干线公路大中修工程，每年产生沥青路面旧料达1.6亿吨，水泥路面旧料达3000万吨。然而，据统计，目前我国公路路面材料循环利用率不到30%，远低于发达国家90%以上利用率的水平。加快推进公路路面材料循环利用工作，对促进公路交通事业可持续发展，节约资源、降低排放及保护环境具有重要意义。

二、指导思想和工作目标

（一）指导思想。

坚持以科学发展观为统领，通过技术创新、制度创新，建立有效的政策激励机制，科学有序推进公路路面材料循环利用工作，全面提升公路路面材料循环利用水平，在政策推进和扶持的基础上，形成公路路面材料循环利用新格局，加快构建资源节约型、环境友好型公路交通行业。

（二）工作目标。

到“十二五”末，全国基本实现公路路面旧料“零废弃”，路面旧料回收率（含回收和就地利用）达到95%以上，循环利用率（含回收后再利用和就地利用）达到50%以上，其中东、中、西部分别达到60%以上、50%以上、40%以上。到2020年，全国公路路面旧料循环利用率达到90%以上。

——高速公路：到“十二五”末，路面旧料回收率达到100%，循环利用率达到90%以上，其中东、中、西部分别达到95%以上、90%以上、85%以上。到2020年，路面旧料循环利用率达到95%以上。

——普通干线公路：到“十二五”末，路面旧料回收率达到95%，循环利用率达到70%以上，其中东、中、西部分别达到80%以上、70%以上、60%以上。到2020年，路面旧料循环利用率达到85%以上。

——农村公路：“十二五”期间，要积极开展路面旧料的回收与循环利用，到2020年，基本实现路面旧料的回收与循环利用。

三、主要任务

（一）科学制定工作方案。

各省（区、市）交通运输主管部门要科学制订公路路面材料循环利用工作方案，明确“十二五”及今后较长时期内公路路面材料循环利用的工作目标、重点任务和保障措施，层层分解任务并落实责任，确保公路路面材料循环利用工作的有序推进和目标的实现。

（二）加强路面旧料回收管理。

各省（区、市）交通运输主管部门要制定公路路面旧料回收管理办法，充分发挥市场机制作用，积极引导和支持路面旧料回收站点的建设。高速公路、普通干线公路大中修和改建工程的路面旧料应尽快实现集中回收与统筹利用。具备条件的农村公路路面旧料可集中回收与统筹利用，不具备条件的应就地利用，避免废弃和污染。

（三）加强路面材料循环利用技术推广。

各省（区、市）交通运输主管部门要积极引导并大力推广公路路面材料循环利用技术，综合考虑公路等级、工程性质及规模、路面旧料类型及质量、施工环境、交通与气候条件等因素，合理选用路面材料循环利用技术，面层材料与基层材料原则上应分别回收与循环利用，确保高价值的路面旧料得以科学高效的循环利用。

（四）加强工程设计源头管理。

公路改建和养护工程设计应优先采用路面材料循环利用技术，加强对路面再生结构组合和再生材料的设计，明确路面旧料预处理要求、再生混合料设计方法及技术标准，细化施工工艺、关键环节控制及质量检评标准，形成可靠耐久、经济合理的设计方案。

（五）加强工程施工管理。

要强化施工过程管理，确保路面材料循环利用工程施工条件、技术力量和管理监督同步到位。同时，要通过铺筑试验路段，验证施工工艺、关键环节控制及质量检评标准，确保路面材料循环利用工程的施工质量，使循环利用路面的使用寿命达到设计年限。

四、保障措施

（一）加强组织领导。

各级交通运输主管部门要切实加强领导，大力推进路面材料循环利用，建立一套管理到位、行之有效的监督运行机制，形成科学合理、便于实施的考核评价体系，做到路面旧料循环利用的科学统筹合理利用。省级公路管理机构和收费公路经营管理单位要根据工作方案与目标，有组织、有计划地推广一批质量稳定、性能优良的路面材料循环利用技术。

（二）加大政策扶持力度。

部将路面材料循环利用作为节能减排工作的重点，并将其纳入交通运输节能减排专项资金支持范围。省级交通运输主管部门要出台相应的补助扶持政策，积极争取地方财政专项资金补助和税费减免的优惠政策。各级交通运输主管部门和收费公路经营管理单位在制定公路建设、养护计划时，要明确提出路面材料循环利用要求，并作为工程设计和审查的重要内容。

（三）加强技术指导。

各地要加大路面材料循环利用技术的科研、应用和推广力度，通过试点引导，及时总结经验，解决技术瓶颈，检验适合本地特点的路面材料循环利用技术，不断完善地方技术标准、规程或指南，加快提高路面材料循环利用的科技含量和技术水平。部将加快制修订《公路沥青路面养护技术规范》、《公路水泥混凝土路面养护技术规范》、《公路沥青路面再生技术规范》、《公路水泥混凝土路面再生技术规范》等行业标准。

（四）加强技术培训与交流。

各单位要注意通过科研成果推广、示范工程建设、国内外交流合作等方式，广泛开展路面材料循环利用技术培训与交流。加强相关专业技术和管理人员培训工作，完善人才培养机制，培养一批技术水平高、创新能力强的专业技术和管理人才，培育一批结构合理、数量充足、素质优良的设计与施工队伍。通过定期组织路面材料循环利用业务培训、专项技能比赛等多种形式，提高工程技术人员业务水平和实操技能。

95. 交通运输部办公厅关于开展交通运输行业“寻找最美养路工”活动的通知

（厅政法字〔2013〕184 号）

各省、自治区、直辖市、新疆生产建设兵团交通运输厅（局、委），天津市市政公路管理局，天津市、上海市交通运输和港口管理局，天津市市政公路管理局，部属各单位，部管各社团，部内各单位，有关中央交通运输企业：

为贯彻党的十八大精神，培育践行社会主义核心价值体系，着力提高交通运输行业文明程度和服务水平，有力推动现代交通运输业发展。按照中央文明办“继续开展我推荐我评议身边好人和广泛开展学雷锋和学习时代楷模、最美人物”活动的精神，部与光明日报社于 7 月—12 月联合组织开展“寻找最美养路工”活动（以下简称“寻找活动”）。现将有关事项通知如下：

一、要把“寻找活动”作为践行行业核心价值体系的有效载体

要充分认识“寻找活动”的重大意义，积极把寻找、宣传和学习“最美养路工”作为行业核心价值体系学习实践活动的有效载体。通过对养路工精神的挖掘，发现身边艰苦奋斗、勇于创新、不畏艰险、默默奉献的先进典型，使行业核心价值体系转化为广大干部职工的生动实践，进一步提高行业从业人员对交通运输行业核心价值体系的认知认同程度，让社会公众更加了解交通。

二、要把“寻找活动”作为一项重要任务来抓

“寻找活动”将历时 5 个月，各单位要高度重视，积极参与，精心组织，认真做好推选工作；要广泛发动、积极推荐、规范筛选，既要把“最美养路工”推选出来，还要把“最美事迹”挖掘出来。每个省（自治区、直辖市）推荐 1—2 人。推荐材料包括被推荐养路工的简历（200 字）、主要事迹材料（1000 字左右）、工作及生活照片 5 张，有条件的可提供视频（5 分钟左右）等材料。推荐截止日期为 9 月 20 日，请各单位在截止日期前分别将纸质和电子版材料报到“寻找活动”组委会秘书组（活动方案及推荐表附后）。

三、要扎实深入地推进“最美养路工”学习宣传活动

光明日报等中央媒体将通过“寻找之旅”、深入采访、体验报道等方式重点宣传“最美养路工”的先进事迹，生动展示广大公路养路工扎根基层、无私奉献的优秀品质和真挚情怀。各地各单位要邀请地方媒体同步策划实施联动宣传，并在本行业、本单位认真组织开展宣传学习活动。要通过宣传学习“最美养路工”，进一步强化典型引领作用，推进核心价值体系建设取得新成效。

附件：1. “寻找最美养路工”活动实施方案

2. “最美养路工”推荐表（略）

附件 1

“寻找最美养路工”活动实施方案

为大力弘扬“艰苦奋斗、勇于创新，不畏艰险、默默奉献”的交通精神，弘扬公路养路工的“铺路石”精神，有效践行社会主义核心价值体系，深入推进交通运输行业核心价值体系建设，交通运输部、光明日报社联合组织开展“寻找最美养路工”活动（以下简称“寻找活动”），特制定实施方案。

一、活动宗旨

随着我国交通运输事业的发展，养路群体发生了巨大变化。一批高技能、有知识、敢创新的养路工正活跃在公路、桥梁养护一线。“寻找活动”将以公路养路工为特定对象，通过寻找“最美”、聚焦“美丽”，生动展示老一辈及新一代养路工的精神风采，宣传他们的爱岗敬业、不计得失；宣传他们的刻苦钻研、不懈创新；宣传他们的人生目标、理想追求。通过此项活动，进一步激发广大交通运输行业干部职工立足岗位、奉献交通的热情，树立交通运输行业的良好形象，为推进现代交通运输事业的蓬勃发展提供强大的精神动力，营造良好的舆论氛围。

二、组织领导

主办单位：交通运输部、光明日报社。

支持单位：徐工集团。

活动组委会：主任由分管精神文明建设工作的交通运输部领导、光明日报社领导担任。其成员由部政法司、公路局、科技司领导及光明日报社等有关部门领导和有关专家组成。组委会负责活动的组织领导工作。

组委会下设秘书组，设在交通运输部政策法规司，负责活动的组织安排协调和邀请行业内外专家评审等工作。

三、线索征集途径及截止时间

活动将通过 3 种途径征集优秀养路工事迹线索，线索征集自“寻找活动”启动仪式开始，截止到 9 月 20 日。

（一）省级交通运输主管部门推荐。由省级交通运输主管部门采取自下而上，层层推荐审核，最终确定 1—2 名优秀养路工候选名单，并将推荐材料报活动秘书组。

（二）媒体推荐。由光明日报驻各地记者站、中国交通报驻各地记者站、中国公路杂志社搜集各地优秀养路工事迹，并将推荐材料报活动秘书组。

上述推荐材料包括：被推荐养路工的简历一份（200 字）、事迹材料（1000 字左右，要求事迹真实可靠、表述准确贴切、条理清晰分明）、工作及生活照片 5 张，有条件的可提供视频（5 分钟左右）。各地推荐材料加盖省级交通运输主管部门公章或记者站（杂志社）公章，一式 3 份，于 9 月 20 日前报送到组委会秘书组，并将该材料及照片电子版发送组委会秘书组电子邮箱 yanglugong@gmw. cn。

（三）社会公众通过网络推荐。社会公众点击交通运输部政府网站（http：//www. moc. gov. cn）和光明网（http：//www. gmw. cn）首页设置的“最美养路工”活动专题，可将推荐的优秀养路工及其事迹简介发至邮箱：zuimeiyanglugong@gmw. cn，并注明联系人、联系电话等信息。（推荐材料要求见交通运输部政府网站和光明网专题页面有关推荐要求）

四、“寻找活动”流程

“寻找活动”分为 3 个阶段，每个阶段均将以不同方式开展宣传报道。宣传报道由光明日报社负责牵头策划，并落实相关媒体。

第一阶段（7 月—9 月）：启动寻找及确定 50 名入围“最美养路工”名单并进行动态报道。

寻找流程：发动全社会寻找，接受省级交通运输主管部门、媒体和社会各界推荐，搜集优秀养路工素材，确定50名入围“最美养路工”名单。秘书组根据3种途径征集的线索，综合网友投票、专家意见及实际情况，对各地和网络提供的线索、材料进行分类、整理、核实。并报经组委会审核，确定50位“最美养路工”入围者。

第二阶段（9月—10月）：确定20名“最美养路工”提名奖名单，并进行动态报道。

寻找流程：将50名入围者事迹在部政府网站、光明网上公示，接受社会公众监督和投票。同时，邀请主要中央媒体有关专家、光明日报热心读者、交通运输行业专家、核心价值体系研究领域专家学者参与评审、投票评选。秘书组根据网友投票情况，组织行业内外专家评审，提出20名“最美养路工”提名奖建议名单，报组委会。组委会对20名获奖候选人进行实际考察和审定。

第三阶段（10月—12月）：确定10名“最美养路工”名单，进行集中广泛宣传报道。

评选流程：根据考察情况，结合媒体报道及社会投票结果，由秘书组组织行业内外专家进行评审，提出10名“最美养路工”建议名单，在部政府网站和光明网进行公示后，报组委会审定，最终确定10名“最美养路工”名单。

五、寻找条件

（一）素质优。拥护中国共产党领导，热爱祖国，热爱公路养护事业，遵纪守法，自尊自律，团结协作，乐于助人。

（二）业务精。熟练掌握公路养护知识和技能，能够出色完成本职工作。达到中级工以上技能水平，或获得省级以上技术能手等称号。

（三）肯奉献。有强烈的事业心和责任感，工作认真负责，勤恳踏实，甘于奉献。从事公路一线养护工作满五年以上。

（四）评价好。得到群众的广泛认可，先进事迹曾被中央媒体宣传报道。

（五）符合上述条件，并在下列方面表现突出者优先考虑：

1. 入选交通运输部和中国海员建设工会全国委员会联合评选的百名“模范养路工”，或为百个“模范道班”成员。

2. 长期在边远山区、民族地区、艰苦地区从事公路养护工作，在平凡的工作生活中有“感动”元素。

3. 刻苦钻研公路养护技术，积极运用科技、发明、创新等提高公路养护效率和质量。

4. 在抗灾救灾、保障公路畅通等急难险重任务中有突出表现。

5. 爱岗敬业，热爱本职工作，在工作中作出了突出成绩。

六、颁奖仪式及表彰

12月，在交通运输部举行颁奖仪式，公布10名“最美养路工”名单，并颁发荣誉证书和奖杯。活动组委会邀请10位“最美养路工”到北京参加颁奖仪式。颁奖仪式后组织“最美养路工”深入徐工集团体验先进养路机械，展望现代交通发展前景。光明日报社将相关文学作品与摄影作品集纳成册，出版发行“寻找最美养路工”画册，号召全国交通运输行业开展学习活动。

七、报道安排

（一）光明日报。

结合光明日报“大文化”特色，光明日报将重点选择养路工中的高技能群体进行报道，宣传他们扎根基层、敢于创新的精神品质，宣传他们不畏困难、勇于突破的时代精神，揭示我国现代交通运输事业取得跨越式发展背后的深层动因。其他媒体则可不限于报道高技能、高学历养路工，重点挖掘养路工身上的感人事迹和时代精神。

1. 围绕“你认识现在的养路工吗”，策划头版头条。集中报道一批高技能的养路工，打破人们的传统理解，展示现代养路工的精神风采，并挖掘他们不畏困难、敢于创新的精神特质。报道一批爱岗敬业、艰苦奋斗、不畏风险、默默奉献的最感动人的养路工事迹，展示“铺路石”精神。

2. 在活动启动当天，刊发1/2版彩色公益广告；在活动颁奖当天，刊发1/2版彩色公益告，公布获奖名单。

3. 活动启动当天，开设“走基层·寻找最美养路工”专栏，用通讯、特写、消息、摄影等形式，结合光明日报报特色对高技能、有创新精神的养路工的事迹进行重点报道，同时刊发活动的动态新闻。

4. 活动启动后的3个寻找阶段分别组织中央媒体报道组，深入基层采访报道，为专栏提供鲜活稿件。

5. 10月初—12月初，集中对10名“最美养路工”以照片、通讯、消息、言论等形式进行集中报道。

6. 光明网在首页开设专题和推荐通道，对活动全程跟踪报道，进行动态维护，进行投票统计和点击量统计。

（二）其他媒体。

邀请新华社、中央人民广播电台、中央电视台等中央媒体，《中国交通报》《中国公路杂志》等行业媒体，以及新华网、人民网、新浪网等重点网站，参与全程活动并跟踪报道本次活动。在“十一”国庆前后形成声势。

宣传报道工作由光明日报社负责组织实施。

“寻找活动”组委会秘书组通讯地址：北京市东城区建国门内大街11号交通运输部852室，邮编：100736。

联系人：方建敏、尤学峰（交通运输部政策法规司宣传处），010-65292607、65293753、65292608（传真），冯蕾（光明日报社）13911794730。

电子邮箱：yanglugong@gmw.cn

96. 交通运输部办公厅关于国道 108 和 205 线改造示范工程实施情况的通报

（交办公路〔2014〕121 号）

各省、自治区、直辖市交通运输厅（局、委），天津市市政公路管理局：

2011 年，交通运输部组织实施了国道 108 和 205 线改造示范工程，沿线大部分省（市）按照部统一部署，科学安排，精心组织，圆满地完成了示范工程实施工作。经交通运输部同意，现将有关情况通报如下：

一、总体情况

2011 年 5 月，部印发了《G108 和 G205 国道改造示范工程实施方案》（交公路发〔2011〕264 号），全面启动两条国道改造示范工程实施工作。2013 年 9 月，部办公厅印发了《关于组织 G108 和 G205 国道改造示范工程验收的通知》（厅公路字〔2013〕251 号），并于 2013 年 10 月至 12 月组织开展国道 108 和 205 线改造示范工程验收工作。在沿线各地交通运输主管部门的高度重视和积极配合下，验收工作按期完成，国道 108 线北京段、河北段、山西段、陕西段、四川段和国道 205 全线顺利通过验收。

据统计，两条国道累计投入资金 367.23 亿元，其中，国道 108 线投入改造资金 135.73 亿元，二级及以上公路比例由 75.1%提高到 84.8%，全线路面使用性能指数（PQI）由 82 提高到 90.9，优良路率由 67.4%提高到 92.9%。国道 205 线投入改造资金 231.50 亿元，二级及以上公路比例由 94.2%提高到 97.9%，全线路面使用性能指数（PQI）由 89 提高到 94.7，优良路率由 88.8%提高到 99.3%。两条国道示范工程共完成升级改造 1209.04 公里，大中修及预防性养护 3386.28 公里，桥隧加固改造 287 座，地质灾害防治 418 公里，改造宽深边沟 1065 公里，增设或改造护栏 301.5 万延米，新增或改造标志牌 34110 块（含新增电子标志牌 143 块），改造平面交叉（道）口 12056 处，改造养护道班（工区）182 处，增设停车区（停车港湾）305 处，增加路网监测设备 436 套，治理穿越村镇路段 604 公里，清理非法公路标志 19663 块，拆除违法建筑 1544 处，清理堆积物 110 万立方米，建设公路文化宣传点 1645 处，公路文化宣传上墙 46136 平方米，种植绿化植物 2504 万株。

目前，两条国道总体运行情况良好，成为展现公路新形象的有效载体，得到沿线各级地方政府和群众的广泛认可和称赞，各地报纸、电视台、网络等主流媒体也纷纷进行宣传报道，有效提升了行业形象。此外，北京、河北、浙江、福建、山东、陕西等地通过现场会以及观摩交流等形式，在辖区内普通国省干线改造上进行了全面推广，示范效应明显。

二、主要做法和成效

按照部确定的“立足需求、科学决策，合理定位、因地制宜，存量挖潜、确保质量，综合整治，注重长效”的基本原则，各地在实施过程中采取了很多卓有成效的做法，主要有：

（一）加强组织领导，部门联动推进。沿线各省（市）对示范工程实施工作高度重视，均成立了领导小组，建立交通运输、发改、财政、公安、国土、林业等多部门协调机制，分解落实各部门、各单位的工作职责，并按照部提出的辖区内统一设计和实施的工作要求，重点抓前期工作和施工两大环节，制定了详细实施计划和工程管理方案，做到统一组织、部门联动，职责清晰、推动有力。山东省成立由分管省领导任组长，省有关部门主要负责同志及沿线各市政府分管负责同志为成员的示范工程创建领导小组，以省政府名义制定下发实施方案，与沿线政府签订责任书。浙江、陕西、四川等省成立省、市、县三级示范工程领导小组和办公室，加强实施过程中指导、协调和管理。

（二）围绕“畅安舒美”，深化工程内涵。示范工程实施过程中，各地普遍认为，“畅安舒美”的理念是GBM工程、文明样板路的传承和提升；是立足于干线公路发展的阶段性特征，更好地实现“四个交通”发展的客观需要；是公路行业转变发展方式，更好地适应经济社会发展和人民群众安全便捷出行的内在要求。“畅安舒美”理念的提出，把地方政府、行业主管部门、从业人员和沿线群众都紧密联系在一起，凝聚起各方共识，更加体现出整体性和协同性。各地围绕“畅安舒美”进一步深化工程内涵。北京市提出“打造信息化交通，建设服务型公路”。河北省把公路文化与社会公德、人文历史、风景名胜、当地特产等结合起来，有效地带动了第三产业发展，使国道108线成为山区群众的“致富路”、“小康路”。安徽省把公路美化绿化与省政府提出的“三线三边”整治活动结合起来，充分调动了地方人民政府的积极性。

（三）坚持“三个推进”，夯实发展基础。实施工作伊始，部就明确提出，大力推进养护决策科学化、技术进步和管理规范化。各地根据实际情况，积极探索适合本地区公路特点的工程和管理措施。一是科学决策全面推进。各地立足需求，因地制宜，充分利用既有老路，合理确定技术指标和改造措施。北京、天津、山西、江苏、浙江、安徽、山东、广东等8省（市）初步建立了以路况水平、服务水平、资金需求、投资效益评估结果等为依据，包含路况检测与评定、养护标准设定与需求分析、养护方案比选、规划与计划编制4个关键环节的养护决策制度，初步实现在最佳时间，对最需养护的路段采取最恰当的养护措施，提高公路养护决策的科学化水平和养护资金使用效率。二是技术进步成果丰硕。各地大力推广养护新技术及绿色养护技术，水泥路面碎石化改造（白改白、白改黑）、SBS改性沥青路面、橡胶沥青、沥青路面就地冷再生、厂拌冷再生、厂拌热再生、温拌改性沥青、泡沫沥青柔性基层、沥青大碎石柔性基层等10项大中修养护技术得到广泛应用。微波热再生修补技术、路基边坡自平衡虹吸排水处治技术、二次沉淀排水沟、桥梁墩柱玻纤套筒加固技术、弯道会车提示系统等新技术在部分省（市）得到有益尝试。三是规范管理成效显著。以“精细准严”为目标，健全完善各类管理制度和技术标准，促进养护管理的规范化和标准化。山东制定出台养护管理标准化手册，北京、江苏出台养护工程实施管理办法，陕西出台工程施工技术指南，福建、广东分别总结形成了8本和15本地方标准。初步统计，沿线省（市）累计出台了52项管理制度和地方标准指南，涵盖养护工程管理、公路设施管理、工程项目管理等方面，包含决策、设计、施工、质量等环节，涉及到路基、路面、桥隧、安全保障、绿化等专业。

（四）落实“五个提高”，提升公路品质。一是国道108和205线技术等级有较大提升，交通瓶颈路段全面消除。两条国道共计34处城市出入口和27处省际通道等交通瓶颈路段得到改造。北京房山、安徽黄山、浙江衢州等山区路段，在不拓宽增加车道的前提下，通过设置紧急停车带、港湾停靠站，完善标志标线等综合措施，实现公路通行能力的进一步提高。二是路况水平大幅提升。沿线省（市）对PQI小于70的路段实施大修，对PQI处于70和80之间的路段实施大修或中修，对PQI在85以上、已实施大修或改建超过4年的路段实施预防性养护，两条国道优良路率分别达到92.9%和94.7%，路况水平明显提升。三是安全保障能力明显改善。采取了完善交通安全设施和等级公路平面交叉口，渠化改造部分危险平面交叉口，更新完善标志标线、诱导设施及安全设施，施划减速防滑新型标线等措施，实施了平交道口改造、危桥加固、隧道整治、地质灾害防治等工程，全面提升公路安全保障能力和抗灾防灾能力。四是服务水平全面提升。各地以指路标志、地点距离标志、警告标志和路名标志等为重点，统一设计，完善指路标志体系，进一步提升路网整体服务功能。充分挖掘和利用沿线业务管理用房和现有社会资源，为过往车辆提供力所能及的停车、加水、维修、卫生等便民服务。通过沿线设置的可变情报板和服务站点的触摸查询一体机等，及时提供公路气象、公路通阻绕行、公路保护相关法律法规等信息，更好地满足公众出行需求。五是路域环境全面改善。充分发挥地方政府的力量，采取“政府牵头、行业主导、部门参与、社会支持”的模式，按照“八个无”要求开展路域环境治理工作。山东省在公路沿线可视范围内绿化体量、层次分明，实现了路与自然环境的和谐统一，城乡环境整体面貌大幅提高；陕西集中开展以“三清、三无、两到”（即清沟亮台、清边亮界、清障亮牌，路面无污染、路产无乱占、标识无缺失，到田间地头、到农房墙脚）为主要内容的公路环境综合整治活动，全面洁化、绿化、美化路域环境。

三、存在的问题

一是部分地区思想认识还不够到位。部分地区“先通后畅”的传统思想还比较严重，与“四个交通”对公路发展的要求还有较大差距，未及时分析研判公众对公路服务的新需求，未充分认识到干线公路改造的重要意义。同时，部分地区在推进力度、保障措施等方面还存在差距和不均衡，导致少部分路段还未完成，尚未形成完整、连续的示范工程效果。

二是部分干线公路改造措施还不尽合理。“重升级，轻养护”、“重路面、轻设施”等现象在部分干线公路改造中仍然存在，部分地方的示范工程还有较大的提升空间。主要表现在：部分山区路段升级改造过于追求线型指标，大填大挖，对稳定山体产生了边坡扰动，并破坏自然环境；部分路段大中修方案基础数据采集不规范，全寿命周期成本分析不到位，采用预防性养护技术的路段总体偏少；部分低荷载等级桥梁未改造，全线构造物承载能力不一致；部分路段与相邻公路的指路标志体系还不够完善；部分穿村镇路段和城乡接合部路段路域环境治理力度较弱。

三是基础工作还有待进一步加强。验收发现，各省（市）之间以及同一省（市）不同市县之间示范工程创建标准差异性较大，最终展现出的效果也不均衡，特别是部分省（市）公路小修保养、大中修工程等制度未得到有效落实，养护规划与实际脱节，养护决策仍然依靠人工经验，科学决策水平不高等问题较为突出。此外，少部分省（市）路政、治超等方面管理制度不健全，路域环境治理未形成长效机制，难以有效巩固示范工程建设成果。

四、验收结果及要求

根据验收专家组提交的各专业验收评分结果及路况检测成绩，部公路局对评分情况进行了汇总，北京市（G108 段）、河北省（G108 段、G205 段）、山西省（G108 段）、陕西省（G108 段）、四川省（G108 段）、天津市（G205 段）、山东省（G205 段）、江苏省（G205 段）、安徽省（G205 段）、浙江省（G205 段）、福建省（G205 段）和广东省（G205 段）等 12 个省（市）的示范工程顺利通过验收。其中，山东、浙江、北京、江苏的示范工程处于领先水平，河北、福建、天津、广东整体上也取得了比较好的成效，陕西、山西、安徽、四川虽基础条件差等原因，在整体实施中还存在一些差距，但部分路段示范工程也取得了比较突出的效果。

根据示范工程完成时限、效果以及验收结果（按验收评分高低排序），部决定对山东、浙江、北京、江苏、福建、天津、河北、广东等 8 个省（市）交通运输主管部门予以通报表扬。各单位可对工作表现突出的有关单位（部门）和人员予以表扬，并按有关规定给予奖励。

国道 108 和 205 线沿线各地交通运输主管部门要加大宣传力度，积极与《中国交通报》等行业媒体沟通，点、线、面结合做好经验总结交流，充分发挥好示范工程的引领作用；要努力巩固示范工程建设成果，进一步营造全社会爱路护路的良好氛围，形成保障长效机制；要结合“十二五”中期规划调整和“十三五”规划，开展普通国省干线公路改造实施规划，确定近期和中远期建设目标，分阶段逐步推进，不断提高公路服务能力和水平，更好地服务于经济社会发展和人民群众出行。

97. 交通运输部关于印发“十二五”全国干线公路养护管理检查方案的通知

（交公路发〔2014〕243号）

各省、自治区、直辖市交通运输厅（委）：

为检查各地《“十二五”公路养护管理事业发展纲要》贯彻落实情况，全面总结“十二五”公路养护管理工作，努力构建更安全、更畅通、更环保、更高效的公路交通网络，交通运输部决定2015年开展“十二五”全国干线公路养护管理检查（以下简称检查）。现将《“十二五”全国干线公路养护管理检查方案》（以下简称《方案》）印发你们，请按照有关要求，认真准备，精心组织，确保检查取得实效。

附件：1. “十二五”全国干线公路养护管理检查相关数据

2. “十二五”全国干线公路养护管理检查抽检路段顺延路段表

3. 全国高速公路运营管理情况表

4. “十二五”全国干线公路养护管理检查评分步骤流程

5. “十二五”全国干线公路养护管理检查路况检查评分标准

6. “十二五”全国干线公路养护管理检查管理规范化检查评分标准（分普通干线公路和高速公路）

“十二五”全国干线公路养护管理检查方案

为检查各地《“十二五”公路养护管理事业发展纲要》贯彻落实情况，全面总结“十二五”期间公路养护管理工作，交通运输部决定开展全国干线公路养护管理检查（以下简称检查），并制定了检查方案。

一、检查时间、范围、对象

检查时间定于2015年9月至12月，原则上先北方，后南方。各地有特殊情况的，可书面向部申请检查时间。

全国所有干线公路均为检查范围，地方各级公路管理机构和收费公路经营管理单位均为受检对象。

二、检查主要内容

检查主要内容由路况检查和管理规范化检查两部分组成。

路况检查占总评分的65%，分别对高速公路和普通干线公路的路况进行检查，对高速公路检测路面平整度、路面破损和路面车辙三项指标，对普通干线公路检测路面平整度和路面损坏两项指标。

管理规范化检查占总评分的35%，重点检查交通运输部相关政策的贯彻落实情况和养护管理工作的规范化程度等，主要内容包括综合评价、养护管理、路政管理、收费管理、路网服务与应急、技术保障等。

三、检查步骤和方法

（一）公路路况检查。

交通运输部负责统一组织，委托交通运输部路网监测与应急处置中心（以下简称部路网中心）具体实施，采用多功能路况快速检测车进行检查。

1. 评分组成。普通干线公路路况检查由平时路况检查和2015年路况检查两部分构成。平时路况检查占60%分值，采用2012－2014年度国家干线公路网监测项目检测数据结果；2015年路况检查占40%分值，采用本次检查期间路况检测数据结果；高速公路路况检查以2015年路况检查数据为准。

2. 组织方式。部路网中心通过公开招投标方式确定路况检测承担单位，并对现场检测和数据处理进行监督。路况检测承担单位主要负责检测设备调配、校验、现场检测、安全保障、数据封存保管和数据处理等。受检单位安排熟悉路况的工作人员负责路线引导、路段检测签字确认等工作。

3. 2015年路况抽检里程和比例。普通干线公路依据2012年全国公路养护统计年报的里程数据，按当时总里程的5%抽检，且不少于500公里，其中对2012－2014年国家干线公路网监测挂牌督办路段原则上按抽检里程的30%抽取（不足30%或无挂牌督办路段的，按实际情况抽取）。国省道抽检比例为7∶3，按50公里为单元划分抽检单元，不足50公里的路线均作为一个抽检单元。高速公路检测路线从2012年12月31日前通车的路线中抽取，按当时高速公路总里程的25%抽检，且不少于300公里，按100公里为单元划分抽检单元，不足100公里的路线均作为一个抽检单元。各省（区、市）检查里程见《“十二五”全国公路养护管理检查相关数据》（见附件1）。

检测车途经路线均进行检测，非抽检路段的检测结果作为参考，用于交通运输部完善全国公路数据库、抽检路容路貌等。

4. 2015年路况抽检路线和行程。抽检路线在现场检测前一周确定。由交通运输部从各省（区、市）所有干线公路明细（2014年全国公路数据库）中随机抽取。检查单位和受检单位派员参加。按检测里程1.0倍抽取检测路段，同时部抽取途经路线。交通运输部按照方便检查的原则，确定抽检行程及检测方向（含途经路线）。

5. 施工路段顺延。抽检路线已剔除了砂石路、城管路段、重复路段以及云南昭通“8.3”地震受影响路段。正在施工的大中修路段、改建路段予以顺延，顺延路段统一在选定的途经路线进行补充。震荡标线、减速带等路段剔除相应局部数据，受其他路线或其他路段施工的影响、计划改扩建或大中修但未实施的路段不得顺延。符合顺延条件的，由部路网中心依据交通运输部路况信息管理系统上报信息情况，提出《2015 年度干线公路路况抽检顺延路段表》（附件 2）交给检测承担单位，经检测承担单位现场核实后，部路网中心进行最终确认。未审核前，检测承担单位不得擅自离开现场，受检单位不得引导检测承担单位检测其他路线。顺延里程超过检测里程 30%，应报交通运输部审定。

6. 现场检测与数据提交。现场检测按照《公路技术状况评定标准》（JTG H20－2007）和相关技术标准进行。任一抽检路段的检测任务结束后，检测承担单位应立即封存检测结果，待完成全部检测任务后，再统一封存，由受检单位指定的工作人员签字确认。交通运输部公路局依据评分标准统一计算评定分数。

（二）管理规范化检查。

管理规范化检查采用各省（区、市）轮换交叉互检方式，原则上与路况检查同步开展，管理规范化检查评分细则（以下简称评分细则）和互检方案另行制定。每个省（区、市）既是受检单位，又是检查其他省（区、市）的组长单位或参检单位，检查组由组长单位、参检单位派员组成，组长全面负责检查工作。

由组长单位按照交通运输部建议的检查时间，与受检单位商定具体检查时间，并于检查前两周将检查组人员名单、分工及有关安排函告交通运输部公路局。检查组人员应熟悉公路养护管理工作，总人数原则上控制在 8 人以内。交通运输部将视情况派员参加检查，主要负责检查纪律的监督和检查标准的执行。检查步骤及要求如下：

1. 资料准备。

——汇报材料。书面材料主要内容包括：一是本辖区“十二五”期间公路养护管理工作开展情况，特别是公路养护资金投入、使用和公路养护管理体制改革等情况；二是“十二五”期间公路养护管理工作的主要成效和经验；三是“十三五”期间面临的形势、存在的问题和有关建议。

——检查材料。根据管理规范化检查评分标准所列项目，准备相关资料，并将省级交通运输主管部门、公路管理机构“十二五”期间出台的制度、办法等规范性文件及其他上报资料（管理规范化检查标准中标注★的）汇编成册，分别报送至交通运输部公路局和组长单位，具体时间另行通知。

——干线公路图。标有路线编号、主要桩号、收费站、服务区、超限检测站、行政许可中心等基本信息的本辖区干线公路图，有关数据应与 2014 年全国公路数据库保持一致，不一致处予以说明。

——典型经验材料。受检省份认为具有本地特点或全国推广意义的专题材料。既可以是专项养护技术材料，也可以是预防性养护、养护机械化、养护管理信息化、科学决策、路网管理、收费公路管理、治超等重点工作的专题材料。

2. 确定现场检查地市（区县）和高速公路路段管理单位。

现场检查各省（区）4 个地级市，其中省会城市和计划单列市为必检对象，受检单位推荐 1 个地市，抽检 1 个地市［无计划单列市的省（区）推荐 1 个地市，抽检 2 个地市］；直辖市检查 4 个设有公路管理机构的区县，其中推荐 2 个区县，抽检 2 个区县。同时在 4 个受检地市（区县）辖区内随机抽取 4－5 个高速公路路段管理单位（有经营性收费公路的，至少包含 1－2 个经营性收费高速公路公司或分公司）。

随机抽取的地市（区县）由交通运输部公路局和部路网中心在抽取检测路线时一并抽取，高速公路路段管理单位在抽取地市（区县）时一并确定。受检单位于抽取前两周将高速公路经营管理情况表（附件 3）提交至交通运输部公路局。

3. 初步评分。组长单位应在检查前对受检省份的报送材料进行集中检查，对相关项目进行初步评分，并依据受检地市（区县）和高速公路管理单位情况，研究提出现场抽查、核实的内容（包括示范路创建、路网结构改造工程项目等）。

4. 检查受检省级交通主管部门或公路管理机构。

（1）听取汇报。

受检省（区、市）向检查组汇报“十二五”期间公路养护管理工作开展情况。

（2）内业检查（省级）。

检查组根据评分细则查阅省级交通主管部门或公路管理机构相关资料（包括普通干线公路和高速公路资料），并向相关人员了解有关情况。检查主要内容：

——地方性法规、规范性文件；

——资金支出决算文件；

——年度养护计划及执行情况；

——省级路网运行管理信息平台；

——年度公路技术状况检测报告。

（3）确定现场检查行程。

检查组根据受检地市（区县）确定检查路线和行程，检查路线原则上各检查地市（区、县）不少于2条国省干线和1条高速，优先选取国道和示范路创建路段。

5. 检查受检地市（区县）和高速公路管理单位。

（1）听取汇报。

受检地市（区县）向检查组汇报本地区“十二五”期间公路养护管理工作开展情况。

（2）普通干线公路现场检查主要内容。

——核实路网结构改造工程计划执行情况，检查路网结构改造工程实施和管理是否符合有关规定；

——检查受检地市公路及途经公路的总体路容路貌和路域环境；

——检查收费站、超限检测站、路政大队（所、分局）和养护道班（工区）、作业区现场（可结合检查线路确定，各1—2个）的规范化管理情况；

——检查本辖区部、省挂牌督办的长大桥梁；

——示范路创建情况；

——路网出行服务设施与通行服务；

——相关规章制度的落实情况。

（3）高速公路现场检查主要内容。

——检查受检地市高速公路及途经高速公路的总体路容路貌和路域环境；

——检查服务区、路政大队（所、分局）和收费站（各1—2个，收费站应以交通流量大的收费站为主）的规范化管理情况；

——检查本辖区部、省挂牌督办的长大桥梁；

——检查途经高速公路出行服务及交通保障情况；

——相关规章制度的落实情况。

6. 检查评分。根据内业、外业检查情况，检查组按评分标准和评分细则，客观公正地进行评分。评分应在检查组内部公开讨论确定，逐项说明评分依据，并逐项收集必要的评定依据资料。交通运输部将对评分情况进行抽查。

7. 检查组与受检省（区、市）交换意见。

四、评分办法

检查总评分为普通干线公路评分和高速公路评分的加权合计值，满分为1000分。其中：普通干线公路评分和高速公路评分满分均为1000分，路况检查和管理规范化检查分别占650分和350分。

（一）总评分计算办法。

总评分＝高速公路评分×0.5＋普通干线公路评分×0.5。

（西藏只计算普通干线公路评分）

（二）普通干线和高速公路评分办法。

普通干线公路评分＝普通干线公路路况检查评分＋普通干线公路管理规范化检查评分；

高速公路评分＝高速公路路况检查评分＋高速公路管理规范化检查评分。

检查评分步骤流程见附件4。

根据检查结果，交通运输部将按评分标准进行评分，并在排名的基础上印发检查通报和表彰决定。

（三）公路路况检查评分标准。

公路路况检查评分标准见附件5。

（四）管理规范化评分标准。

管理规范化检查评分标准见附件6。

五、向部提交的资料要求

（一）路况检查资料。

路况检查结束后，路况检测承担单位应按本方案关于路况检查的有关要求提交相关检测数据及路况检测报告。

（二）管理规范化检查资料。

检查组应在管理规范化检查结束后的四周内提交相关资料及检查情况报告。

1. 相关资料包括以下基本内容：

——管理规范化检查分数评定表；

——受检单位汇报材料；

——逐项评分依据材料和说明。

2. 检查情况报告应包括以下基本内容：

——检查的基本情况（包括检查的省份、受检地市、受检高速公路单位，以及检查里程、收费站、超限检测站、服务区数量等）；

——受检省份近年来公路养护管理工作的好措施、好方法；

——检查中反映出的公路养护管理工作中存在的主要问题；

——对进一步加强公路养护与管理工作的建议；

——改进检查工作的建议。

六、工作要求

各地要以这次检查为契机，对本辖区“十二五”公路养护管理工作进行系统总结，认真查找工作中存在的问题，研究探索“十三五”公路养护管理工作发展思路。同时，对照检查相关要求，认真准备和系统整理相关资料。

路况检测承担单位和检查组要认真按照交通运输部有关规定和本方案的要求，履行好检查的各项工作，路况检测人员和检查组在检查期间的食宿及交通费用自理。要严格遵守“六不准”检查纪律，不准向受检单位透露评分情况；不准向受检单位提出任何个人要求和从事与检查无关的公务活动；不准接受受检单位赠送的礼品；不准参加可能影响公正执行公务的宴请；不准参加受检单位安排的娱乐活动；不准借检查机会游览风景名胜等。

受检省份要严格执行中央八项规定要求，按照“一切从简”的原则做好配合工作。检查期间，各省级交通运输主管部门和公路管理机构要减少陪同，陪同和配合工作人员不超过检查组人数的50%。严格遵守“八不准”检查纪律，即不准在行政区交界处举行迎送仪式；不准设置迎检的标语、横幅或插放彩旗；上路检查车辆以中巴或大巴车为主，随行车辆不准超过2辆；不准警车开道、车队扰民；检查期间全程自助餐，不准安排宴请；不准向检查组成员赠送礼品；不准安排任何娱乐活动和游览参观；不准伪造文件、资料，或私自调整测量设备、篡改检测记录等。

凡违反以上规定的，一经查实，交通运输部将依照有关规定，予以通报并严肃处理。

举报电话：部公路局，010-65292747，驻部纪检组监察局，010-65292957。

附件 1

“十二五”全国干线公路养护管理检查相关数据

编号	省份	公路总里程（km）	干线公路里程（km）			高速公路里程（km）	普通干线公路里程（km）			路况检查里程（km）			检查里程占干线总里程（%）
			合计	国道	省道		合计	国道	省道	小计	高速	普通	
1	总计	4237508	485430	173353	312077	96200	389230	103963	285529	48350	25600	22750	9.9
2	北京	21492	3537	1315	2222	923	2614	668	1946	800	300	500	22.6
3	天津	15391	3671	864	2807	1103	2568	454	2114	800	300	500	21.8
4	河北	163045	22170	7703	14467	5069	17101	4688	12413	2200	1300	900	9.9
5	山西	137771	17103	5215	11888	5011	12092	3227	8865	1950	1300	650	11.4
6	内蒙古	163763	22540	9294	13246	3110	19430	6592	12840	1800	800	1000	8.0
7	辽宁	105562	16237	6925	9312	3912	12325	3662	8663	1650	1000	650	10.2
8	吉林	93208	13572	4648	8924	2252	11320	2849	8471	1200	600	600	8.8
9	黑龙江	159063	16140	6984	9156	4084	12056	4250	7851	1750	1100	650	10.8
10	上海	12541	1651	644	1007	806	845	167	678	800	300	500	48.5
11	江苏	154118	13404	4978	8426	4371	9033	2050	6995	1600	1100	500	11.9
12	浙江	113550	10450	4205	6245	3618	6832	1756	5076	1500	1000	500	14.4
13	安徽	165157	12707	5137	7570	3210	9497	2450	7048	1400	900	500	11.0
14	福建	94661	11503	4753	6750	3372	8131	2133	6036	1400	900	500	12.2
15	江西	150595	15302	6199	9103	4229	11073	3111	7969	1700	1100	600	11.1
16	山东	244586	24984	7750	17234	4975	20009	4226	15783	2350	1300	1050	9.4
17	河南	249649	23760	6848	16912	5830	17930	3671	14259	2400	1500	900	10.1
18	湖北	218151	17969	6556	11413	4006	13963	3591	10480	1800	1100	700	10.0
19	湖南	234040	43993	6657	37336	3957	40036	3991	36045	3050	1000	2050	6.9
20	广东	194943	22767	7179	15588	5524	17243	3739	13504	2300	1400	900	10.1
21	广西	107906	13911	6965	6946	2883	11028	4422	6606	1400	800	600	10.1
22	海南	24265	3436	1652	1784	757	2679	1039	1639	800	300	500	23.3
23	重庆	120728	11310	3157	8153	1909	9401	1319	8091	1000	500	500	8.8

续上表

编号	省份	公路总里程（km）	干线公路里程（km）			高速公路里程（km）	普通干线公路里程（km）			路况检查里程（km）			检查里程占干线总里程（%）
			合计	国道	省道		合计	国道	省道	小计	高速	普通	
24	四川	293499	20947	8505	12442	4334	16613	5314	11337	1950	1100	850	9.3
25	贵州	164542	12506	4436	8070	2630	9876	2615	7262	1200	700	500	9.6
26	云南	219052	28836	8379	20457	2943	25893	5604	20289	2100	800	1300	7.3
27	西藏	65198	11955	5618	6337		11955	5618	6337	1000		1000	8.4
28	陕西	161411	13322	7452	5870	4083	9239	3913	5326	1600	1100	500	12.0
29	甘肃	131201	13225	6973	6252	2549	10676	4591	6084	1250	700	550	9.5
30	青海	65988	13643	4684	8959	1148	12495	3792	8703	950	300	650	7.0
31	宁夏	26522	4584	2101	2483	1324	3260	1018	2242	900	400	500	19.6
32	新疆	165909	24295	9577	14718	2277	22018	7443	14576	1750	600	1150	7.2

说明：1. 本表数据来源于2012年全国公路养护统计年报。

2. 普通干线公路里程＝国道＋省道－高速公路里程，干线公路里程为国道＋省道的合计值。

3. 西藏自治区普通干线公路检测里程按1000公里计。

附件 2

“十二五”全国干线公路养护管理检查抽检路段顺延路段表

省（区、市）

序号	顺延路段			顺延里程（公里）	代替路段			顺延理由	信息备注
	路线编码	起始桩号	终点桩号		路线编码	起始桩号	终点桩号		
1									
2									
3									
4									
5									
6									
合计					—	—	—	—	—

检测承担单位派赴现场人员签字：　　　　部路网中心审核：

（顺延里程超过检测路线里程 30%时）部公路局审核：　　　　时间：　年　月　日

说明：1.“顺延理由”栏内可填写城管、砂石路面、重复路段、大修、改建等。

2.“信息备注”栏内填写“交通运输部路况信息管理系统”相应顺延路段的报送时间、原因等。

附件 3

全国高速公路运营管理情况表

省（区、市）

序号	路线编号	路线名称	省级运营管理单位名称	高速公路运营管理单位名称	高速公路收费性质	收费项目编号	起点桩号	终点桩号	管养里程（公里）	所经地市	公路养护联系电话	管理单位负责人	
												姓名	联系电话
1	2	3	4	5	6	7	8	9	10	11	12	13	14

说明：1. 省级运营管理单位名称按照一级法人名称填写，没有的不填写。高速公路运营管理单位名称按省级以下，具体运营管理单位名称填写。

2. 按照高速公路收费性质划分，分别为经营性公路、政府还贷公路。

3. 路线编号、管养长度采用 2014 年底数据，里程合计数应与 2014 年年底数据一致。

4. 收费项目编号为全国收费公路统计中各省级交通主管部门规定的统一编号，编码共 9 位，第一位为字母“S”后 8 位数字（2 位省代码—4 位通车年份—2 位项目序号）。

5. 所经地市按地级市一级填写。

附件 4

“十二五”全国干线公路养护管理检查评分步骤流程

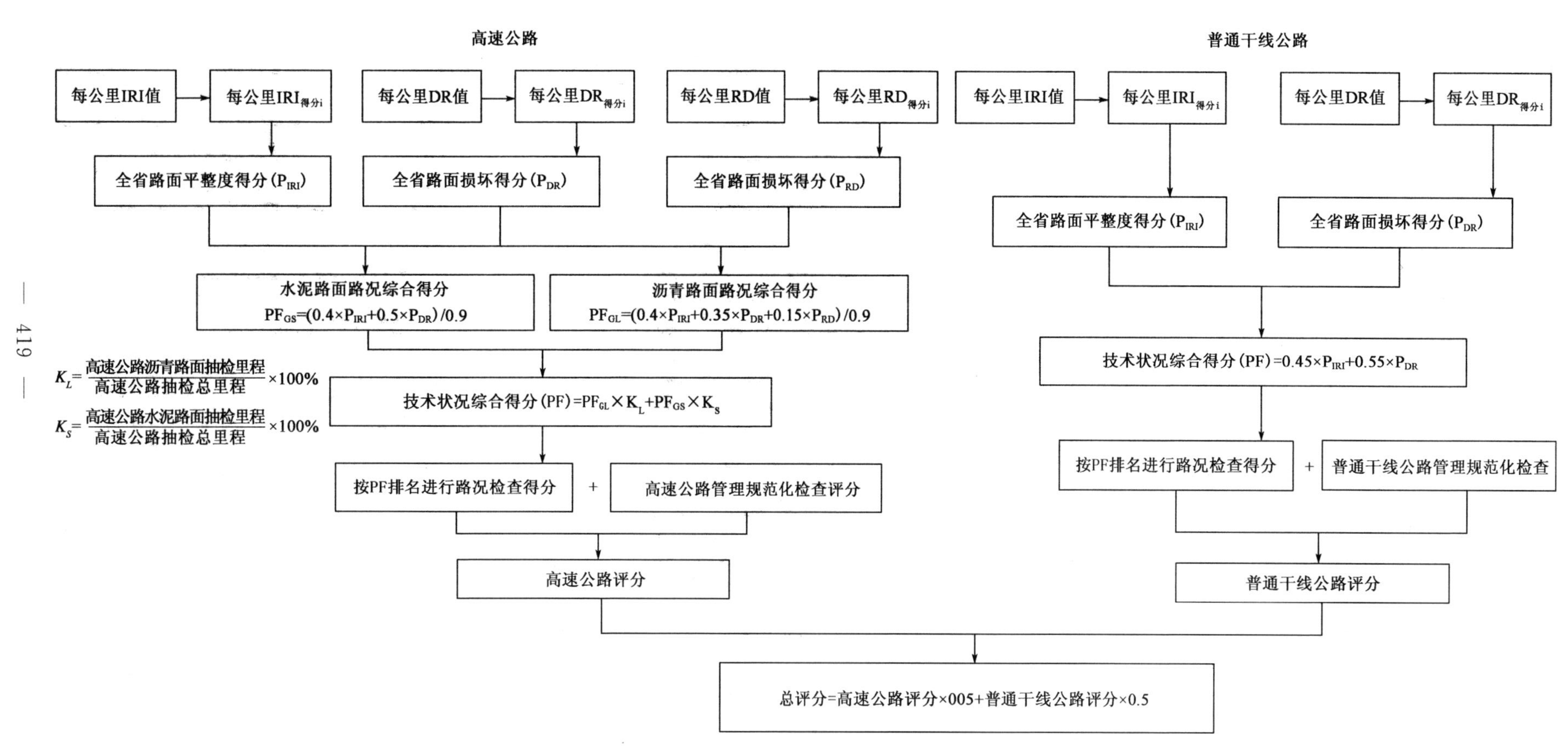

附件 5

“十二五”全国干线公路养护管理检查路况检查评分标准

根据抽检路段国际平整度指数（以下简称 IRI）、路面破损率（以下简称 DR）和路面车辙深度（以下简称 RD），计算得出全省 IRI 得分（以下简称 P_{IRI}）、全省 DR 得分（以下简称 P_{DR}）和全省 RD 得分（以下简称 P_{RD}），并依此分别计算普通公路和高速公路的公路技术状况综合得分（以下简称 PF_P 和 PF_G）。在对 PF 进行全国排名的基础上计算路况检查评分。检查的具体标准和方法如下：

一、抽检单元

普通干线按 50 公里为单元划分抽检单元，不足 50 公里的路线均作为一个抽检单元；高速公路按 100 公里为单元划分抽检单元，不足 100 公里的路线均作为一个抽检单元。

二、国际平整度指数 IRI 检查标准和评分方法

（一）按照《公路技术状况评定标准》的规定，每 20 米计算一个 IRI 值（IRI 检），剔除路面上设有震荡标线、减速带等路段检测值，然后计算得出每公里 IRI 平均值（IRI 值）。

（二）对照下表，按内插法计算沥青路面每公里的平整度指标得分（$IRI_{得分i}$）。

高速、一级公路		普通公路（除一级外）	
IRI 值	$IRI_{得分i}$	IRI 值	$IRI_{得分i}$
IRI≤2.3	1	IRI≤3.0	1
2.3<IRI≤3.5	1～0.8	3.0<IRI≤4.5	1～0.8
3.5<IRI≤4.3	0.8～0.5	4.5<IRI≤5.4	0.8～0.5
4.3<IRI≤5.0	0.5～0.3	5.4<IRI≤6.2	0.5～0.3
5.0<IRI	0.1	6.2<IRI	0.1

（三）对照下表，按内插法计算水泥路面每公里的平整度指标得分（$IRI_{得分i}$）。

高速、一级公路		普通公路（除一级外）	
IRI 值	$IRI_{得分i}$	IRI 值	$IRI_{得分i}$
IRI≤2.9	1	IRI≤3.9	1
2.9<IRI≤3.8	1～0.8	3.9<IRI≤4.7	1～0.8
3.8<IRI≤4.3	0.8～0.5	4.7<IRI≤5.4	0.8～0.5
4.3<IRI≤5.0	0.5～0.3	5.4<IRI≤6.2	0.5～0.3
5.0<IRI	0.1	6.2<IRI	0.1

（四）根据每公里平整度指标得分（$IRI_{得分i}$），分别计算受检单位的高速公路和普通公路的平整度指标得分 P_{IRI}。

$$P_{IRI} = \frac{\sum_{i=1}^{n}(S_i \times IRI_{得分i})}{\sum_{i=1}^{n} S_i} \times 100\% \qquad (式 1)$$

式中：P_{IRI}——全省平整度指标得分；

S_i——每路段长，一般为 1km；

$IRI_{得分i}$——每公里平整度指标得分；

$\sum_{i=1}^{n} S_i$——评定路段里程数之和，n 为评定路段数。

三、路面破损 DR 检查标准和评分方法

（一）按照《公路技术状况评定标准》的规定，每 10 米记录一个 DR 值（DR 检），然后计算得出每公里 DR 平均值（DR 值）。

（二）对照下表，按内插法计算每公里的路面损坏率得分（$DR_{得分i}$）。

沥青路面		水泥路面	
DR 值	$DR_{得分i}$	DR 值	$DR_{得分i}$
DR≤0.4	1	DR≤0.8	1
0.4<DR≤2.0	1～0.8	0.8<DR≤4.0	1～0.8
2.0<DR≤5.5	0.8～0.5	4.0<DR≤9.5	0.8～0.5
5.5<DR≤11.0	0.5～0.3	9.5<DR≤18.0	0.5～0.3
11.0<DR	0.1	18.0<DR	0.1

（三）根据每公里路面破损指标得分（$DR_{得分i}$），分别计算受检单位的高速公路和普通公路的路面破损指标得分 P_{DR}。

$$P_{DR}=\frac{\sum_{i=1}^{n}(S_i\times DR_{得分i})}{\sum_{i=1}^{n}S_i}\times 100\% \qquad (式 2)$$

式中：P_{DR}——全省路面破损指标得分；

S_i——每路段长，一般为 1km；

$DR_{得分i}$——每路段路面破损指标得分；

$\sum_{i=1}^{n}S_i$——评定路段里程数之和，n 为评定路段数。

四、路面车辙 RD 检查标准和评分方法

（一）按照《公路技术状况评定标准》的规定，每 10 米计算一个 RD 值（RD 检），然后计算得出每公里 RD 平均值（RD 值）。

（二）对照下表，按内插法计算每公里的路面车辙指标得分（$RD_{得分i}$）。

RD 值，mm	$RD_{得分i}$
RD≤10	1
10<RD≤15	1～0.8
15<RD≤20	0.8～0.5
20<RD≤35	0.5～0.3
35<RD	0.1

（三）根据每公里车辙指标得分（$RD_{得分i}$），分别计算受检单位的高速公路的车辙指标得分 P_{RD}。

$$P_{RD}=\frac{\sum_{i=1}^{n}(S_i\times RD_{得分i})}{\sum_{i=1}^{n}S_i}\times 100\% \qquad (式 3)$$

式中：P_{RD}——全省车辙指标得分；

S_i——每路段长，一般为 1km；

$RD_{得分i}$——每公里车辙指标得分；

$\sum_{i=1}^{n}S_i$——评定路段里程数之和，n 为评定路段数。

五、计算受检单位的路况综合得分（PF）

（一）普通干线公路路况综合得分。

普通干线公路路况综合得分由平时得分 $PF_{P2012-2014}$ 与 2015 年抽检得分 PF_{P2015} 组成，其中平时得分依据 2012－2014 年累计抽检的普通国道路况结果按式 1、式 2 和式 5 计算。

$$PF_P = 0.6 \times PF_{P2012-2014} + 0.4 \times PF_{P2015} \tag{式 4}$$

$$PF_{Pi} = 0.45 \times P_{IRI} + 0.55 \times P_{DR} \tag{式 5}$$

其中：i＝2012－2014，2015。

（二）高速公路路况综合得分

高速公路路况综合得分（PF_G）为 2015 年沥青路面抽检得分（PF_{GL}）和 2015 年水泥路面抽检得分（PF_{GS}）的里程加权平均。沥青路面路况得分由路面平整度、路面破损、路面车辙三项得分组成，水泥路面路况得分由路面平整度、路面破损等两项得分组成。

1. 高速公路路况综合得分：

$$PF_G = PF_{GL} \times K_L + PF_{GS} \times K_S \tag{式 6}$$

其中：K_L＝高速公路沥青路面抽检里程/高速公路抽检总里程×100%

K_S＝高速公路水泥路面抽检里程/高速公路抽检总里程×100%

2. 高速公路沥青路面路况综合得分：

$$PF_{GL} = (0.4 \times P_{IRI} + 0.35 \times P_{DR} + 0.15 \times P_{RD})/0.9 \tag{式 7}$$

3. 高速公路水泥路面路况综合得分：

$$PF_{GS} = (0.4 \times P_{IRI} + 0.5 \times P_{DR})/0.9 \tag{式 8}$$

六、计算受检单位的路况检查评分

根据受检单位高速公路和普通干线公路技术状况综合得分（PF），分别确定各自路况检查评分在全国的排名，排名第一的为满分 650 分，第二名为 647 分，其余按 3 分的差距依次递减，对 PF 相同的省份，则路况检查评分排名也相同，下一排名省（区、市），按实际排名确定路况检查评分。

$$名省（区、市）排名得分 = 650 - (n-1) \times 3 \tag{式 9}$$

其中：n 为名省（区、市）路况检查评分排名。

附件 6

“十二五”全国干线公路养护管理检查管理规范化检查评分标准（普通干线公路）

检查项目	编　号	检查内容	总评分
			350
1. 综合评价（55）	1.1　行业管理★	①出台了与《公路安全保护条例》等国家法律法规相配套地方性法规或其他专项法规及规范性文件，按数量或类别进行评分，满分3分；②省级交通主管部门或公路管理机构制定了“十二五”省级公路养护发展专项规划或纲要，按数量或类别进行评分，满分3分；③针对部“十二五”重点养护管理工作制定了普通干线公路相关指导意见或实施方案，按数量或类别进行评分，满分3分；④干线公路按照“分级管理”、“事权一致”的原则管理，责任主体明确，行业管理力度大，调控能力强，按优、良、一般进行评分，满分3分；⑤省级交通主管部门对普通干线公路中经营性收费公路实行有效的行业监管和检查，按优、良、一般进行评分，满分3分	15
	1.2　发展指标	①国道（含高速）中二级及以上公路比重达到70%以上，消除普通干线公路中的等外路，按比例进行评分，满分3分；②普通干线公路平均PQI大于80，且PQI值小于70的比重下降至12%以内，按比例进行评分，满分4分；③普通干线公路现有危桥改造率100%，当年新发现危桥处治率100%，按比例进行评分，满分4分；④“十二五”年均普通干线公路实施大、中修工程（含预防性养护）的里程比重不少于17%，按比例进行评分，满分4分	15
	1.3　资金保障	确保成品油消费税替代和增量资金中相当于原公路养路费部分，原则上全额用于普通公路的养护管理，不得用于收费公路建设，该项资金扣除交警和水利基金支出，用于公路养护管理的比例不低于80%，按比例进行评分，满分15分	15
	1.4　路容路貌	普通干线公路路况良好、设施齐全、路容整洁、绿化管护到位，基本实现畅、安、舒、美，按优、良、一般进行评分，满分10分	10
2. 养护管理（100）	2.1　养护装备与能力建设	①推进公路养护大道班（工区）和机械化养护中心建设，规划合理，建设标准，行业标识统一、规范，形象良好，按优、良、一般进行评分，满分5分；②加大养护机械配置力度，提升基层养护单位和道班日常养护的专业化、机械化水平，按优、良、一般进行评分，满分5分；③加强养护从业人员队伍建设，促进人才交流和培养，按培训类型与数量评分，满分5分	15
	2.2　技术状况评定	①按照《公路安全保护条例》和《公路技术状况评定标准》等有关法律法规及技术规范规定的频率对国省干线公路技术状况进行检测和调查，落实了专项的检测经费，按检查情况进行评分，满分4分；②采用自动化检测设备进行检测，各项评定记录准确详实，并有相关检测结果和分析报告，按优、良、一般进行评分，满分4分；③能够对辖区内公路技术状况评定实施有效监管，充分利用公路技术状况评定结果加强养护管理、辅助编制养护计划等工作，按优、良、一般进行评分，满分2分	10
	2.3　小修保养	①日常养护巡查制度得到有效落实，养护事件处置程序规范、措施得当、记录完整，按优、良、一般进行评分，满分3分；②采用有效方式加强监管，实现对辖区内公路小修保养工作的全面考核，按优、良、一般进行评分，满分3分；③病害处置及时，修复时限满足要求，作业规范，技术先进，按优、良、一般进行评分，满分4分	10
	2.4　大中修养护工程	①按照省级养护工程管理办法规定，实现计划安排、设计、质量检测、验收评定等主要环节的规范管理，按检查情况评分，满分8分；②加强养护作业区现场监管，保障施工作业现场安全和车辆有序通行，按检查情况评分，满分6分	14

续上表

检查项目	编　号	检 查 内 容	总评分
			350
2. 养护管理（100）	2.5　路网结构改造工程	①建立省级公路路网结构改造工程项目库，制定出台省级公路路网结构改造工程相关管理办法，按优、良、一般进行评分，满分 4 分；②辖区内公路安保工程、危桥改造、灾害防治建设任务完成情况良好，按检查情况进行评分，满分 6 分；③资金配套足额到位，项目管理规范，实施质量良好，验收及时，总结评估准确全面，按检查情况进行评分，满分 6 分	16
	2.6　示范工程建设★	①开展了以“畅安舒美”为主题的示范路创建活动，制定了相关指导性意见或实施方案，按优、良、一般进行评分，满分 5 分；②创建完成不少于两条示范路，规模效应明显（辖区内整条路线或不小于 100 公里路段），总结评估准确全面，示范效果突出，按优、良、一般进行评分，满分 8 分	13
	2.7　桥隧养护★	①认真落实桥梁工程养护管理办法和安全运行十项制度，按检查情况评分，满分 10 分；②部长大桥梁监测及后续整改情况，按检查情况评分，满分 4 分；③开展了隧道安全隐患专项治理行动，按优、良、一般进行评分，满分 4 分；④及时开展桥隧经常检查、定期检查和特殊检查，检查技术先进合理，检查记录规范完整，评定准确，管理规范，按检查情况评分，满分 4 分	22
3. 路政管理（75）	3.1　基础建设★	①路政执法经费列入年度预算，经费规模与执法人员数量、装备维护更新、路政任务相适应，按优、良、一般进行评分，满分 4 分；②路政队伍规范化建设进一步加强，规范执法、文明执法的能力与水平得到显著提高，健全并落实行政处罚自由裁量权基制度，按检查情况评分，满分 4 分；③建立并应用了路政管理信息化系统，按优、良、一般进行评分，满分 4 分；④开展扎实有效的公路法律法规宣传活动，宣贯工作制度化，并取得明显效果，按优、良、一般进行评分，满分 3 分	15
	3.2　路产保护	①应当按照有关规定对公路进行监督巡查，建立路政与养护联合巡查与协作机制，提高管理效率。按检查情况评分，满分 4 分；②建立公路路政管理档案制度，路产登记规范有序，按检查情况评分，满分 3 分；③路政许可规范，对重大涉路工程许可进行安全技术评价，按检查情况评分，满分 4 分；④加强涉路工程许可监管，按优、良、一般进行评分，满分 3 分	14
	3.3　路域环境	公路用地、建筑控制区、桥梁禁止采砂区等公路安全保护区监管有力，无违章建筑，无未经批准的非公路标志、涉路工程等违反保护区管理制度的行为，路域环境基本达到“八个无”，按检查情况评分，满分 16 分	16
	3.4　治超管理	①建立了政府主导、多部门协作的治超长效机制，坚持部门联动和区域联动，按优、良、一般进行评分，满分 4 分；②治超站规范化建设进一步加强，站点外观形象和站点名称符合规定，检测、执法处理、卸载、停车等基本功能区布局合理，按优、良、一般进行评分，满分 4 分；③流动治超执法行为规范，按优、良、一般进行评分，满分 4 分；④治超执法数据实现部省站三级联网，按优、良、一般进行评分，满分 4 分；⑤积极探索和推广不停车检测和非现场执法，按优、良、一般进行评分，满分 4 分	20
	3.5　执法监督	①公示路政执法信息，主动接受社会监督，按检查情况评分，满分 2 分；②举报渠道畅通，及时核查处理群众投诉问题，按优、良、一般进行评分，满分 3 分；③定期开展执法评议考核，并通报结果，按优、良、一般进行评分，满分 2 分；④督导检查制度健全，实现督查常态化、制度化，按优、良、一般进行评分，满分 3 分	10

续上表

检查项目	编　号	检查内容	总评分 350
4. 收费管理（15）	4.1　基础建设	①收费通道开放管理规范，制定了特殊情况下提高收费通行效率的制度，按检查情况评分，满分2分；②站容站貌整洁卫生、无杂物，工作、生活设施齐全完好，按检查情况评分，满分2分；③建立了与《收费公路统计报表制度》相匹配的统计制度，按部要求及时报送收费公路统计报表等资料，按检查情况评分，满分3分	7
	4.2　专项清理★	结合收费公路专项清理，全面取消超期及不合理收费等现象，现有收费站点设置符合相关规定要求，审批手续齐全，按优、良、一般进行评分，满分8分	8
5. 路网服务与应急（50）	5.1　基础设施	①标志标线设置规范，指路标志体系设置完善，按检查情况评分，满分5分；②平交道口交通渠化合理，安全设施完善，按检查情况评分，满分5分；③重要干线公路合理设置公路运行监控与信息发布设施，基本达到可视、可测、可控，建立了省级公路网管理与应急处置平台，按优、良、一般进行评分，满分5分	15
	5.2　通行服务	①认真执行交通运输部信息报送制度，建立路网出行信息收集报送和发布机制，通过多种方式向公众提供出行信息服务，按检查情况评分，满分4分；②窗口单位服务规范，按检查情况评分，满分4分；③积极拓展公路服务内涵，完善普通干线公路休息区、便民服务点等设施，按优、良、一般进行评分，满分2分	10
	5.3　应急体系★	①应急预案体系完善，专项预案和长大桥梁、隧道现场预案具备针对性和可操作性，建立健全预测预警、应急处置和信息发布等应急运行机制，建立预警信息快速通报与联动响应机制，应急演练正常化、制度化，按检查情况评分，满分10分；②省级公路应急保障基地布局合理，运转有效，保障有力，按检查情况评分，满分5分	15
	5.4　路网保通	①按照保畅优先原则，养护作业路段和时间安排合理，按检查情况评分，满分5分；②一般灾害情况下，普通干线公路应急抢通24小时内完成，按检查情况评分，满分5分	10
6. 技术保障（40）	6.1　信息化管理★	①及时开展公路基础数据库与电子地图更新完善工作，按检查情况评分，满分4分；②交调站点（含具备交调功能收费站）布局合理，交调信息完整准确，按检查情况评分，满分3分；③建立了数据资源共享机制，基于基础数据库，根据管理业务需求建立或整合了各专项管理系统，使用效果良好，按优、良、一般进行评分，满分4分	11
	6.2　科学决策★	①建立了养护科学决策相关制度或规范，形成了较为完善的公路养护科学决策体系，路网级养护计划安排合理并在实践中得到应用，按优、良、一般进行评分，满分5分；②养护工程方案制定科学、合理，道路全寿命周期养护成本控制良好，按检查情况评分，满分4分	9
	6.3　预防性养护★	①制定了预防性养护指导政策、技术标准，按数量及类别进行评分，满分3分；②预防性养护开展及时，年度资金投入稳定，积极开展后期跟踪评估以及技术总结，按检查情况进行评分，满分7分	10
	6.4　路面材料循环利用	①普通国省干线路面旧材料回收率不低于95%，按比例进行评分，满分3分；②普通国省干线路面旧材料循环利用率，东部地区不低于80%，中部地区不低于70%，西部地区不低于60%，按比例进行评分，满分2分	5
	6.5　技术研究与应用	①注重养护管理新技术、新材料、新工艺和新设备研究并取得相应技术成果，按检查情况进行评分，满分2分；②积极推广"四新"技术应用，后期评价及时，效果良好，按检查情况进行评分，满分3分	5

续上表

检查项目	编　　号	检 查 内 容	总评分
			350
7. 其他(15)	7.1　参与检查情况	检查受检时组织、执行纪律等情况，按优、良、一般、差进行评分，满分5分	5
	7.2　完成部交办工作情况	及时完成部交办工作，按优、良、一般进行评分，满分5分	5
	7.3　社会舆论	有无与养护管理相关的社会影响较大的公共安全事件，按数量或严重程度进行评分，满分5分	5

报送资料说明：对于管理规范化检查标准中标注★的，应将相关文件、资料作为重要资料提交。

“十二五”全国干线公路养护管理检查管理规范化检查评分标准（高速公路）

检查项目	编　号	检 查 内 容	总评分 350
1. 综合评价（35）	1.1　行业管理★	①出台了与《公路安全保护条例》等国家法律法规相配套地方性法规或其他专项法规及规范性文件，按数量或类别进行评分，满分 3 分；②省级交通主管部门或高速公路管理机构制定了“十二五”省级高速公路养护发展专项规划或纲要，按数量或类别进行评分，满分 3 分；③针对部“十二五”重点养护管理工作制定了高速公路相关指导意见或实施方案，按数量或类别进行评分，满分 3 分；④高速公路责任主体明确，行业管理力度大，调控能力强，按优、良、一般进行评分，满分 3 分	12
	1.2　发展指标	①高速公路平均 PQI 大于 90，按比例进行评分，满分 5 分；②高速公路现有危桥改造率 100%，当年新发现危桥处治率 100%，按比例进行评分，满分 5 分；③“十二五”年均高速公路实施大、中修工程（含预防性养护）的里程比重不少于 17%，按比例进行评分，满分 5 分	15
	1.3　路容路貌	高速公路路况良好、设施齐全、路容整洁、绿化管护到位，基本实现畅、安、舒、美，按优、良、一般进行评分，满分 8 分	8
2. 养护管理（80）	2.1　技术状况评定	①按照《公路安全保护条例》和《公路技术状况评定标准》等有关法律法规及技术规范规定的频率对高速公路技术状况进行检测和调查，落实了专项的检测经费，按检查情况评分，满分 6 分；②采用自动化检测设备进行检测，各项评定记录准确详实，并有相关检测结果和分析报告，按优、良、一般进行评分，满分 6 分；③能够对辖区内公路技术状况评定实施有效监管，充分利用公路技术状况评定结果加强养护管理、辅助编制养护计划等工作，按优、良、一般进行评分，满分 8 分	20
	2.2　日常养护	①日常养护巡查制度得到有效落实，养护事件处置程序规范、措施得当、记录完整，按优、良、一般进行评分，满分 6 分；②采用有效方式加强监管，实现对辖区内高速公路小修保养工作的全面考核，按优、良、一般进行评分，满分 6 分；③病害处置及时，修复时限满足要求，作业规范，技术先进，按优、良、一般进行评分，满分 8 分	20
	2.3　大中修养护工程	①按照省级养护工程管理办法规定，实现计划安排、设计、质量检测、验收评定等主要环节的规范管理，按检查情况评分，满分 10 分；②加强养护作业区现场监管，保障施工作业现场安全和车辆有序通行，按检查情况评分，满分 8 分	18
	2.4　桥隧养护★	①认真落实桥梁工程养护管理办法和安全运行十项制度，按检查情况评分，满分 10 分；②部长大桥梁监测及后续整改情况，按检查情况评分，满分 4 分；③开展了隧道安全隐患专项治理行动，按优、良、一般进行评分，满分 4 分；④及时开展桥隧经常检查、定期检查和特殊检查，检查技术先进合理，检查记录规范完整，评定准确，管理规范，按检查情况评分，满分 4 分	22
3. 路政管理（60）	3.1　基础建设★	①高速公路路政执法主体符合法规要求，按优、良、一般进行评分，满分 2 分；②路政执法经费列入年度预算，经费规模与执法人员数量、装备维护更新、路政任务相适应，按优、良、一般进行评分，满分 3 分；③路政队伍规范化建设进一步加强，规范执法、文明执法的能力与水平得到显著提高，健全并落实行政处罚自由裁量权基制度，按检查情况评分，满分 3 分；④建立并应用了路政管理信息化系统，按优、良、一般进行评分，满分 5 分；⑤开展扎实有效的公路法律法规宣传活动，宣贯工作制度化，并取得明显效果，按优、良、一般进行评分，满分 2 分	15
	3.2　路产保护★	①按照有关规定对公路进行监督巡查，做好巡查记录，建立路政与养护联合巡查与协作机制，提高管理效率，按检查情况评分，满分 4 分；②建立公路管理档案制度，路产登记规范有序，按优、良、一般进行评分，满分 3 分；③路政许可规范，对重大涉路工程许可进行安全技术评价，按检查情况评分，满分 4 分；④加强涉路工程许可监管，按优、良、一般进行评分，满分 3 分	14

续上表

检查项目	编　号	检 查 内 容	总评分
			350
3. 路政管理（60）	3.3　路域环境	公路用地、建筑控制区、桥梁禁止采砂区等公路安全保护区监管有力，无违章建筑，无未经批准的非公路标志、涉路工程等违反保护区管理制度的行为，按检查情况评分，满分10分	10
	3.4　治超管理★	①建立了政府主导、多部门协作的治超长效机制，坚持部门联动和区域联动，按优、良、一般进行评分，满分3分；②治超站规范化建设进一步加强，站点外观形象和站点名称符合规定，检测、执法处理、卸载、停车等基本功能区布局合理，按优、良、一般进行评分，满分2分；③治超执法与计重收费联动机制健全，加快推广高速公路入口称重阻截管理，按优、良、一般进行评分，满分8分；④实施不停车称重检测，按优、良、一般进行评分，满分2分	15
	3.5　执法监督★	①公示路政执法信息，主动接受社会监督，按检查情况评分，满分2分；②举报渠道畅通，及时核查处理群众投诉问题，按优、良、一般进行评分，满分2分；③定期开展执法评议考核，并通报结果，按优、良、一般进行评分，满分1分；④督导检查制度健全，实现督查常态化、制度化，按优、良、一般进行评分，满分1分	6
4. 收费管理（35）	4.1　联网及不停车收费★	①根据部关于电子不停车收费联网工作要求，制定了电子不停车收费联网实施方案，并按要求推进联网收费工作，按检查情况评分，满分10分。②符合国家行业技术标准，实现省内收费联网，按优、良、一般进行评分，满分5分	15
	4.2　收费服务	①收费通道开放管理规范，制定了特殊情况下提高收费通行效率的制度，按检查情况评分，满分1分；②收费员着整洁制式服装、礼貌待人、用语规范文明，按优、良、一般进行评分，满分2分；③建立投诉与举报管理制度，对客户的投诉与举报进行快速、准确的记录，对客户投诉答复时间不超过48小时，客户投诉回复率达到100%，按优、良、一般进行评分，满分2分	5
	4.3　政策执行	①认真落实绿色通道、重大节假日小型客车免费通行、专项保障任务等相关政策，按优、良、一般进行评分，满分4分；②按部要求及时报送收费高速公路统计报表等资料，按检查情况评分，满分3分；③会同有关部门，大力开展专项整治，依法打击偷逃通行费，冲闯站卡等违法行为，按优、良、一般进行评分，满分3分	10
	4.4　站务管理	①站容站貌整洁卫生、无杂物，工作、生活设施齐全完好，按优、良、一般进行评分，满分2分；②有处置突发事件的应急预案并定期演练，安全保障和监管措施有力，按优、良、一般进行评分，满分3分	5
5. 路网服务与应急（75）	5.1　基础设施	①标志标线设置规范，指路标志体系设置完善，按检查情况评分，满分7分；②合理设置公路运行监控与信息发布设施，基本达到可视、可测、可控，建立了省级公路网管理与应急处置平台，按优、良、一般进行评分，满分8分	15
	5.2　通行服务	①认真执行交通运输部信息报送制度，建立路网出行信息收集报送和发布机制，通过多种方式向公众提供出行信息服务，按检查情况评分，满分6分；②窗口单位服务规范，按检查情况评分，满分4分	10
	5.3　应急体系★	①应急预案体系完善，专项预案和长大桥梁、隧道现场预案具备针对性和可操作性性，建立健全预测预警、应急处置和信息发布等应急运行机制，建立预警信息快速通报与联动响应机制，应急演练正常化、制度化，按检查情况评分，满分10分；②国家区域性公路交通应急物资储备中心共建配合落实到位，按检查情况评分，满分5分	15

续上表

检查项目	编号	检查内容	总评分
			350
5. 路网服务与应急（75）	5.4 路网保通	①按照保畅优先原则，养护作业路段和时间安排合理，按检查情况评分，满分 3 分；②一般灾害情况下，高速公路应急抢通 24 小时内完成，按检查情况评分，满分 2 分	5
	5.5 服务区管理	①制定了服务区建设发展规划，及时调整完善服务区布局，标识齐全清晰，公共卫生间配比合理，按检查情况评分，满分 10 分；②运营管理制度健全，健全服务工作标准体系，明确管理单位和职责，设置服务监督公示，按检查情况评分，满分 5 分；③基本服务功能场所提供全天候服务，积极开展信息化建设，制定应急预案和重大节假日服务工作预案，按检查情况评分，满分 10 分；④服务区环境卫生整洁，按照实际需要配置保安和保洁人员，人流、车流引导有序，按检查情况评分，满分 5 分	30
6. 技术保障（50）	6.1 信息化管理★	①及时开展高速公路基础数据库与电子地图更新完善工作，按检查情况评分，满分 4 分；②建立了数据资源共享机制，基于基础数据库，根据管理业务需求建立或整合了各专项管理系统，使用效果良好，按优、良、一般进行评分，满分 6 分	10
	6.2 科学决策★	①建立了养护科学决策相关制度或规范，形成了较为完善的公路养护科学决策体系，路网级养护计划安排合理并在实践中得到应用，按优、良、一般进行评分，满分 8 分；②养护工程方案制定科学、合理，道路全寿命周期养护成本控制良好，按检查情况评分，满分 7 分	15
	6.3 预防性养护★	①制定了预防性养护指导政策、技术标准，按数量和类别进行评分，满分 5 分；②预防性养护开展及时，年度资金投入稳定，积极开展后期跟踪评估以及技术总结，按检查情况评分，满分 10 分	15
	6.4 路面材料循环利用	①高速公路路面旧材料回收率达到 100%，按比例进行评分，满分 3 分；②高速公路路面旧材料循环利用率，东部地区达到 95%以上，中部地区达到 90%以上，西部地区达到 85%以上，按比例进行评分，满分 2 分	5
	6.5 技术研究与应用★	①注重养护管理新技术、新材料、新工艺和新设备研究并取得相应技术成果，按检查情况评分，满分 2 分；②积极推广“四新”技术应用，后期评价及时，效果良好，按检查情况评分，满分 3 分	5
7. 其他（15）	7.1 参与检查情况	检查受检时组织、执行纪律等情况，按优、良、一般、差进行评分，满分 5 分	5
	7.2 完成部交办工作情况	及时完成部交办工作，按优、良、一般进行评分，满分 5 分	5
	7.3 社会舆论影响	有无与养护管理相关的社会影响较大的公共安全事件，按数量或严重程度进行评分，满分 5 分	5

报送资料说明：对于管理规范化检查标准中标注★的，应将相关文件、资料作为重要资料提交。

98. 交通运输部关于推进“四好农村路”建设的意见

（交公路发〔2015〕73号）

各省、自治区、直辖市、新疆生产建设兵团交通运输厅（局、委）：

为深入贯彻落实党中央、国务院对“三农”工作部署和习近平总书记对农村公路的重要指示精神，加快推进农村公路建管养运协调可持续发展，到2020年实现“建好、管好、护好、运营好”农村公路（以下简称“四好农村路”）的总目标，现提出如下意见。

一、充分认识推进“四好农村路”建设的重大意义

农村公路是保障农民群众生产生活的基本条件，是农业和农村发展的先导性、基础性设施，是社会主义新农村建设的重要支撑。2003年，部根据中央“三农”工作的部署要求，提出了“修好农村路，服务城镇化，让农民走上油路和水泥路”的建设目标。2013年，按照党的十八大全面建成小康社会的战略部署，部进一步提出了“小康路上，绝不让任何一个地方因农村交通而掉队”的新目标。11年来，全国新改建农村公路333万公里，新增通车里程117万公里，通车总里程达到388.2万公里，乡镇和建制村通公路率分别达到99.98%和99.82%，通硬化路率分别达到98.08%和91.76%，通客车率分别达到98.95%和93.32%。农村公路的快速发展和路网状况的显著改善，为农村经济发展和社会进步提供了基础保障，为社会主义新农村建设和全面建成小康社会发挥了重要作用。当前，农村公路发展依然存在着基础不牢固、区域发展不平衡、养护任务重且资金不足、危桥险段多、安全设施少、运输服务水平不高等突出问题，与全面建成小康社会的要求还存在较大差距。

党的十八大以来，习近平总书记多次就农村公路发展作出重要指示，在充分肯定农村公路建设成绩的同时，要求农村公路建设要因地制宜、以人为本，与优化村镇布局、农村经济发展和广大农民安全便捷出行相适应，要进一步把农村公路建好、管好、护好、运营好，逐步消除制约农村发展的交通瓶颈，为广大农民脱贫致富奔小康提供更好的保障。

总书记的重要批示，充分体现了党中央对农村公路工作的高度重视，蕴含了对农村公路发展的最新要求和殷切希望。今年至整个“十三五”期，是全面建成小康社会的攻坚期和决战期，全国交通运输系统要全面落实好总书记重要批示，充分认识“四好农村路”建设的重大意义，加快推进农村公路提质增效、科学发展，为全面建成小康社会当好先行官。

二、工作目标与任务

推进“四好农村路”建设，要着力从“会战式”建设向集中攻坚转变，从注重连通向提升质量安全水平转变，从以建设为主向建管养运协调发展转变，从适应发展向引领发展转变。通过转变发展思路和发展方式，实现农村公路路网结构明显优化，质量明显提升，养护全面加强，真正做到有路必养；路产路权得到有效保护，路域环境优美整洁，农村客运和物流服务体系健全完善，城乡交通一体化格局基本形成，适应全面建成小康社会和新型城镇化要求。

（一）全面建设好农村公路，切实发挥先行官作用。

坚持因地制宜、以人为本，使农村公路建设与优化城镇布局、农村经济社会发展和广大农民安全便捷出行相适应。加快完成中西部地区和集中连片特困地区建制村通硬化路任务，加快溜索改桥和渡口改造进度，加大农村公路安保工程和危桥改造力度。到2020年，乡镇和建制村通硬化路率达到100%。同时，有序推进农村公路改造、延伸和联网工程建设。充分发挥先行官作用，促进新型城镇化和农业现代化进程。

新改建农村公路应满足等级公路技术标准。四级公路宜采用双车道标准，交通量小或困难路段可采用单车道，但应按规定设置错车道。受地形、地质等自然条件限制的村道局部路段，经技术安全论证，可适当降低技术指标，但要完善相关设施，确保安全。按照保障畅通的要求，同步建设交通安全、排水和生命安全防护设施，改造危桥，确保“建成一条、达标一条”。到2020年，县乡道安全隐患治理率基本达到100%，农村公路危桥总数逐年下降。

加强农村公路建设管理。各级交通运输主管部门要强化建设市场监管和质量、安全督导，保障质量监督检测能力和条件。切实落实农村公路建设“七公开”制度，加强行业监管，接受社会监督。建设管理单位要落实建设资金和专业技术管理人员，明确质量和安全责任人，切实落实质量安全责任，确保工程质量和使用寿命，特别要加强对桥隧和高边坡施工的质量安全管理。采取“以奖代补”形式的项目，应纳入行业监管范围，执行基本建设程序。到2020年，新改建农村公路一次交工验收合格率达到98%以上，重大及以上安全责任事故得到有效遏制，较大和一般事故明显下降。

（二）全面管理好农村公路，切实做到权责一致，规范运行。

按照建立事权与支出责任相适应的财税体制改革要求，构建符合农村公路特点的管理体制与机制。完善县级农村公路管理机构、乡镇农村公路管理站和建制村村道管理议事机制。乡镇政府、村委会要落实必要的管养人员和经费。到2020年，县级人民政府主体责任得到全面落实，以公共财政投入为主的资金保障机制全面建立；县、乡级农村公路管理机构设置率达到100%；农村公路管理机构经费纳入财政预算的比例达到100%。

按照依法治路的总要求，加强农村公路法制和执法机构能力建设，规范执法行为，不断提高执法水平。大力推广县统一执法、乡村协助执法的工作方式。完善农村公路保护设施，努力防止、及时制止和查处违法超限运输及其他各类破坏、损坏农村公路设施等行为。到2020年，农村公路管理法规基本健全，爱路护路的乡规民约、村规民约制定率达到100%，基本建立县有路政员、乡有监管员、村有护路员的路产路权保护队伍。

在当地人民政府统一领导下，大力整治农村公路路域环境，加强绿化美化，全面清理路域范围内的草堆、粪堆、垃圾堆和非公路标志。路面常年保持整洁、无杂物，边沟排水通畅，无淤积、堵塞。到2020年，具备条件的农村公路全部实现路田分家、路宅分家，打造畅安舒美的通行环境。

（三）全面养护好农村公路，切实做到专群结合，有路必养。

建立健全“县为主体、行业指导、部门协作、社会参与”的养护工作机制，全面落实县级人民政府的主体责任，充分发挥乡镇人民政府、村委会和村民的作用。将日常养护经费和人员作为“有路必养”的重要考核指标，真正实现有路必养。到2020年，养护经费全部纳入财政预算，并建立稳定的增长机制，基本满足养护需求。农村公路列养率达到100%，优、良、中等路的比例不低于75%，路面技术状况指数（PQI）逐年上升。

平稳有序推进农村公路养护市场化改革，加快推进养护专业化进程。以养护质量为重点，建立养护质量与计量支付相挂钩的工作机制。对于日常保洁、绿化等非专业项目，鼓励通过分段承包、定额包干等办法，吸收沿线群众参与。农村公路大中修等专业性工程，逐步通过政府购买服务的方式交由专业化养护队伍承担。有序推进基层养护作业单位向独立核算、自主经营的企业化方向发展，参与养护市场竞争。

以因地制宜、经济实用、绿色环保、安全耐久为原则，建立健全适应本地特点的农村公路养护技术规范体系。加大预防性养护和大中修工程实施力度。积极推广废旧路面材料、轮胎、建筑垃圾等废物循环利用技术。加快农村公路养护管理信息化步伐，加强路况检测和人员培训，科学确定和实施养护计划，努力提升养护质量和资金使用效益。

（四）全面运营好农村公路，切实服务城乡经济社会发展。

坚持“城乡统筹、以城带乡、城乡一体、客货并举、运邮结合”总体思路，加快完善农村公路运输服务网络。建立农村客运班线通行条件联合审核机制。加快淘汰老旧农村客运车辆，全面提升客车性能。强化司乘人员的安全培训和教育，提高从业人员素质。在城镇化水平较高地区推进农村客运公交化，鼓励有条件的地区在镇域内发展镇村公交。通客车的建制村2公里范围内要建设农村客运站点

（招呼站），选址要因地制宜，充分听取群众意见。农村客运站点（招呼站）应与新改建农村公路项目同步设计、同步建设、同步交付使用。到2020年，具备条件的建制村通客车比例达到100%，城乡道路客运一体化发展水平AAA级以上（含）的县超过60%。

推进县、乡、村三级物流站场设施和信息系统建设，按照“多站合一、资源共享”的模式，推广货运班线、客运班车代运邮件等农村物流组织模式，大力发展适用于农村物流的厢式、冷藏等专业化车型。到2020年，基本建成覆盖县、乡、村三级的农村物流网络。

各省、区、市可结合本地实际，按照本意见，补充完善本辖区工作目标和任务，可适当提高或增加相关指标，一并纳入“四好农村路”建设工作中。

三、措施与要求

推进“四好农村路”建设是今年至“十三五”全国农村公路工作的核心任务。各级交通运输主管部门要高度重视，采取有效措施，精心组织，切实将各项任务和目标落到实处。

一是加强组织领导。部农村公路工作领导小组负责统筹协调和组织指导“四好农村路”建设工作。各省、地市级交通运输主管部门应当成立相应的组织机构，制订工作方案，抓好组织落实。各县级人民政府要成立以政府负责人为组长的领导小组，制定切实可行、符合本地区实际的实施方案，做到任务清晰、责任明确、落实有力。9月底前，各省级交通运输主管部门要将工作方案和工作开展情况报部。同时，各地要高度重视新闻宣传和舆论引导，大力宣传“四好农村路”建设的好经验、好做法以及涌现出的先进集体和先进个人。注重解决好农民群众反映的突出问题，维护好农民群众的合法权益，为农村公路发展创造良好环境。

二是夯实工作责任。各级交通运输主管部门要积极争取以政府名义出台推进农村公路建管养运协调发展的政策措施，争取将“四好农村路”建设工作纳入政府年度考核范围，为工作开展创造良好的政策环境。同时，要落实工作责任，分解工作任务，细化建设目标，充实工作力量，落实资金、机构、人员和保障措施，确保顺利实现“四好农村路”建设各项目标，让百姓看到实效，得到实惠。

三是开展示范县创建活动。各省级交通运输主管部门要高度重视示范引领作用，通过开展“四好农村路”示范县创建活动，充分调动县级人民政府的积极性，落实主体责任，以点带面，全面推进。要制定“四好农村路”示范县标准、申报程序和激励政策。要按照“好中选好、优中选优”和“经验突出、可推广、可复制”的原则，在2016年年底前推出首批“四好农村路”示范县，之后每年推出一批示范县，全面营造比学赶超氛围。示范县由省级交通运输主管部门组织评审，建议以省级人民政府名义授予“四好农村路示范县”荣誉称号。部将及时总结推广各地经验，通报表扬先进集体和先进个人，择时召开“四好农村路”建设现场会，通报各地工作开展情况。

四是加强监督考核。各级交通运输主管部门要加强监督考核工作，重点对责任落实、建设质量、工作进度、资金到位等情况进行检查指导，及时发现和解决存在的问题。要按照“四好农村路”建设的各项工作目标和任务，强化上级交通运输主管部门对下级交通运输主管部门的考核，建立健全考核结果与投资挂钩的奖惩机制。县级交通运输主管部门要加强对乡政府、村委会的督导，充分发挥基层政府和组织在农村公路发展中的作用。

五是加强资金保障。要加快建立以公共财政分级投入为主，多渠道筹措为辅的农村公路建设资金筹措机制。推动各级政府建立根据物价增长、里程和财力增加等因素的养护管理资金投入增长机制。努力争取政府债券、各种扶贫和涉农资金用于农村公路发展。完善“以奖代补”政策，发挥好“一事一议”在农村公路发展中的作用。建立省级补助资金与绩效考核、地方配套等挂钩制度，充分发挥上级补助资金的引导和激励作用。加强资金使用情况监督检查，提高资金使用效益。继续鼓励企业和个人捐款，以及利用道路冠名权、路边资源开发权、绿化权等多种方式筹集社会资金用于农村公路发展。

99. 农村公路养护管理办法

（交通运输部令 2015 年第 22 号）

《农村公路养护管理办法》已于 2015 年 11 月 3 日经第 20 次部务会议通过，现予公布，自 2016 年 1 月 1 日起施行。

第一章　总　　则

第一条　为规范农村公路养护管理，促进农村公路可持续健康发展，根据《公路法》《公路安全保护条例》和国务院相关规定，制定本办法。

第二条　农村公路的养护管理，适用本办法。

本办法所称农村公路是指纳入农村公路规划，并按照公路工程技术标准修建的县道、乡道、村道及其所属设施，包括经省级交通运输主管部门认定并纳入统计年报里程的农村公路。公路包括公路桥梁、隧道和渡口。

县道是指除国道、省道以外的县际间公路以及连接县级人民政府所在地与乡级人民政府所在地和主要商品生产、集散地的公路。

乡道是指除县道及县道以上等级公路以外的乡际间公路以及连接乡级人民政府所在地与建制村的公路。

村道是指除乡道及乡道以上等级公路以外的连接建制村与建制村、建制村与自然村、建制村与外部的公路，但不包括村内街巷和农田间的机耕道。

县道、乡道和村道由县级以上人民政府按照农村公路规划的审批权限在规划中予以确定，其命名和编号由省级交通运输主管部门根据国家有关规定确定。

第三条　农村公路养护管理应当遵循以县为主、分级负责、群众参与、保障畅通的原则，按照相关技术规范和操作规程进行，保持路基、边坡稳定，路面、构造物完好，保证农村公路处于良好的技术状态。

第四条　县级人民政府应当按照国务院的规定履行农村公路养护管理的主体责任，建立符合本地实际的农村公路管理体制，落实县、乡（镇）、建制村农村公路养护工作机构和人员，完善养护管理资金财政预算保障机制。

县级交通运输主管部门及其公路管理机构应当建立健全农村公路养护工作机制，执行和落实各项养护管理任务，指导乡道、村道的养护管理工作。

县级以上地方交通运输主管部门及其公路管理机构应当加强农村公路养护管理的监督管理和技术指导，完善对下级交通运输主管部门的目标考核机制。

第五条　鼓励农村公路养护管理应用新技术、新材料、新工艺、新设备，提高农村公路养护管理水平。

第二章　养护资金

第六条　农村公路养护管理资金的筹集和使用应当坚持“政府主导、多元筹资、统筹安排、专款专用、强化监管、绩效考核”的原则。

第七条 农村公路养护管理资金主要来源包括：

（一）各级地方人民政府安排的财政预算资金。包括：公共财政预算资金；省级安排的成品油消费税改革新增收入补助资金；地市、县安排的成品油消费税改革新增收入资金（替代摩托车、拖拉机养路费的基数和增量部分）。

（二）中央补助的专项资金。

（三）村民委员会通过“一事一议”等方式筹集的用于村道养护的资金。

（四）企业、个人等社会捐助，或者通过其他方式筹集的资金。

第八条 各级地方人民政府应当按照国家规定，根据农村公路养护和管理的实际需要，安排必要的公共财政预算，保证农村公路养护管理需要，并随农村公路里程和地方财力增长逐步增加。鼓励有条件的地方人民政府通过提高补助标准等方式筹集农村公路养护管理资金。

第九条 省级人民政府安排的成品油消费税改革新增收入补助资金应当按照国务院规定专项用于农村公路养护工程，不得用于日常保养和人员开支，且补助标准每年每公里不得低于国务院规定的县道7000元、乡道3500元、村道1000元。

经省级交通运输主管部门认定并纳入统计年报里程的农村公路均应当作为补助基数。

第十条 省级交通运输主管部门应当协调建立成品油消费税改革新增收入替代摩托车、拖拉机养路费转移支付资金增长机制，增幅不低于成品油税费改革新增收入的增量资金增长比例。

第十一条 省级交通运输主管部门应当协调建立省级补助资金“以奖代补”或者其他形式的激励机制，充分调动地市、县人民政府加大养护管理资金投入的积极性。

第十二条 县级交通运输主管部门应当统筹使用好上级补助资金和其他各类资金，努力提高资金使用效益，不断完善资金监管和激励制度。

第十三条 企业和个人捐助的资金，应当在尊重捐助企业和个人意愿的前提下，由接受捐赠单位统筹安排用于农村公路养护。

村民委员会通过“一事一议”筹集养护资金，由村民委员会统筹安排专项用于村道养护。

第十四条 农村公路养护资金应当实行独立核算，专款专用，禁止截留、挤占或者挪用，使用情况接受审计、财政等部门的审计和监督检查。

第三章 养护管理

第十五条 县级交通运输主管部门和公路管理机构应当建立健全农村公路养护质量检查、考核和评定制度，建立健全质量安全保证体系和信用评价体系，加强检查监督，确保工程质量和安全。

第十六条 农村公路养护按其工程性质、技术复杂程度和规模大小，分为小修保养、中修、大修、改建。

养护计划应当结合通行安全和社会需求等因素，按照轻重缓急，统筹安排。

大中修和改建工程应按有关规范和标准进行设计，履行相关管理程序，并按照有关规定进行验收。

第十七条 农村公路养护应当逐步向规范化、专业化、机械化、市场化方向发展。

第十八条 县级交通运输主管部门和公路管理机构要优化现有农村公路养护道班和工区布局，扩大作业覆盖面，提升专业技能，充分发挥其在公共服务、应急抢险和日常养护与管理中的作用。

鼓励将日常保养交由公路沿线村民负责，采取个人、家庭分段承包等方式实施，并按照优胜劣汰的原则，逐步建立相对稳定的群众性养护队伍。

第十九条 农村公路养护应逐步推行市场化，实行合同管理，计量支付，并充分发挥信用评价的作用，择优选定养护作业单位。

鼓励从事公路养护的事业单位和社会力量组建养护企业，参与养护市场竞争。

第二十条 各级地方交通运输主管部门和公路管理机构要完善农村公路养护管理信息系统和公路

技术状况统计更新制度，加快决策科学化和管理信息化进程。

第二十一条 县级交通运输主管部门和公路管理机构应当定期组织开展农村公路技术状况评定，县道和重要乡道评定频率每年不少于一次，其他公路在五年规划期内不少于两次。

路面技术状况评定宜采用自动化快速检测设备。有条件的地区在五年规划期内，县道评定频率应当不低于两次，乡道、村道应当不低于一次。

第二十二条 省级交通运输主管部门要以《公路技术状况评定标准》为基础，制定符合本辖区实际的农村公路技术状况评定标准，省、地市级交通运输主管部门应当定期组织对评定结果进行抽查。

第二十三条 地方各级交通运输主管部门和公路管理机构应当将公路技术状况评定结果作为养护质量考核的重要指标，并建立相应的奖惩机制。

第二十四条 农村公路养护作业单位和人员应当按照《公路安全保护条例》规定和相关技术规范要求开展养护作业，采取有效措施，确保施工安全、交通安全和工程质量。

农村公路养护作业单位应当完善养护质量和安全制度，加强作业人员教育和培训。

第二十五条 负责农村公路日常养护的单位或者个人应当按合同规定定期进行路况巡查，发现突发损坏、交通中断或者路产路权案件等影响公路运行的情况时，及时按有关规定处理和上报。

农村公路发生严重损坏或中断时，县级交通运输主管部门和公路管理机构应当在当地政府的统一领导下，组织及时修复和抢通。难以及时恢复交通的，应当设立醒目的警示标志，并告知绕行路线。

第二十六条 大型建设项目在施工期间需要使用农村公路的，应当按照指定线路行驶，符合荷载标准。对公路造成损坏的应当进行修复或者依法赔偿。

第二十七条 县、乡级人民政府应当依据有关规定对农村公路养护需要的挖砂、采石、取土以及取水给予支持和协助。

第二十八条 县级人民政府应当按照《公路法》《公路安全保护条例》的有关规定组织划定农村公路用地和建筑控制区。

第二十九条 县级交通运输主管部门和公路管理机构应在当地人民政府统一领导下，大力整治农村公路路域环境，加强绿化美化，逐步实现田路分家、路宅分家，努力做到路面整洁无杂物，排水畅通无淤积，打造畅安舒美的农村公路通行环境。

第四章 法律责任

第三十条 违反本办法规定，在筹集或者使用农村公路养护资金过程中，强制向单位和个人集资或者截留、挤占、挪用资金等违规行为的，由有关交通运输主管部门或者由其向地方人民政府建议对责任单位进行通报批评，限期整改；情节严重的，对责任人依法给予行政处分。

第三十一条 违反本办法规定，不按规定对农村公路进行养护的，由有关交通运输主管部门或者由其向地方人民政府建议对责任单位进行通报批评，限期整改；情节严重的，停止补助资金拨付，依法对责任人给予行政处分。

第三十二条 违反本办法其他规定，由县级交通运输主管部门或者公路管理机构按照《公路法》《公路安全保护条例》相关规定进行处罚。

第五章 附 则

第三十三条 本办法自2016年1月1日起施行。交通运输部于2008年4月发布的《农村公路管理养护暂行办法》（交公路发〔2008〕43号）同时废止。

100. 交通运输部关于印发“十三五”公路养护管理发展纲要的通知

（交公路发〔2016〕96 号）

各省、自治区、直辖市、新疆生产建设兵团、计划单列市交通运输厅（局、委），部内各司局：

为全面加强“十三五”期公路养护管理，推动公路转型发展和提质增效，我部编制了《“十三五”公路养护管理发展纲要》。现印发给你们，请认真贯彻执行。各地可结合实际，研究制定本地区“十三五”公路养护管理发展规划，并报部备案。

“十三五”公路养护管理发展纲要

（2016 年 6 月）

“十三五”期是全面建成小康社会的决胜时期，也是全面建设“四个交通”的战略机遇期。加强公路养护管理工作对保持公路基础设施良好技术状况，保障路网整体效能发挥，服务经济社会发展和人民群众安全便捷出行等具有十分重要的意义。为全面加强“十三五”期公路养护管理，推动公路转型发展和提质增效，特制定本纲要。

一、发展基础

经过“十二五”期的努力，全国公路养护管理水平大幅提升。

一是路网结构显著优化。截至 2015 年底，全国公路总里程达到 457.7 万公里，其中高速公路 12.4 万公里，二级及以上公路 57.5 万公里，国省道二级及以上公路比例达到 77%；全国公路养护里程达到 446.6 万公里，养护比例达到 98%；高速公路、普通国道、普通省道、农村公路优良路率，分别达到 99.6%、89%、86%和 60%。

二是养护管理、安全保障能力显著提升。五年改造干线公路 26.4 万公里，实施公路安全防护工程 32.8 万公里，改造危桥 1.7 万座/151 万延米，国省道新增危桥处治率达到 100%，四、五类桥梁总数和比重逐年下降，普通公路交通事故起数、死亡人数和特大道路交通事故分别比“十一五”末下降 18.42%、14.12%和 68%，公路安全水平、通行能力显著提高，公路设施和服务软环境得到较大改善。低碳、循环、环保技术在公路养护工程中得到推广应用，养护管理信息化技术逐年提升。

三是应急保障能力显著增强。路网监测与应急机构及处置体系基本建立，实现对国家公路网 40%的重点路段、特大桥梁、特长隧道运行状况和运行环境的动态监测。五年累计完成路面检测 18 万公里，长大桥隧监测 211 座。全面启动 13 个国家区域性公路交通应急物资储备中心建设，初步建立以武警交通部队为专业力量、养护路政队伍为主体力量、施工企业为后备力量的应急抢险保通队伍，应急保障体系基本形成。

四是依法行政能力显著提高。颁布实施《公路安全保护条例》，出台《关于加强公路路政执法规范化建设的若干意见》等规章，形成较为完善的法规体系。持续开展全国性治超工作，严重违法超限超载运输现象得到有效遏制。

五是行业服务和文明建设成效显著。全国基本实现高速公路电子不停车联网收费（ETC），有序取消 22 个省（区、市）13.4 万公里政府还贷二级公路收费，公路通行效率明显提升；利用高速公路广播、移动终端等新媒体平台为公众提供及时、准确的公路出行信息；选树 100 对全国百佳示范服务区、400 对优秀服务区，带动高速公路服务水平提升。开展了弘扬“两路”精神、“寻找最美养路工”“最美乡村路”等系列文明创建活动，行业凝聚力、感召力、影响力进一步提升，行业管理水平、服务形象显著提升，队伍建设得到加强。

面对经济社会发展的新形势，广大人民群众出行的新需求，公路养护管理还存在一些短板和问题：一是公路出行服务水平有待提升，养护工程市场机制尚不健全；二是公路事权主体责任不清晰、管理主体分散多元等体制性问题有待破解；三是普通国省道、农村公路养护管理资金保障机制尚不健全，资金供需矛盾突出；四是养护精细化程度不高，公路管理信息化、智能化水平偏低，高素质技术型、复合型人才缺乏，等等。这些矛盾和问题，有的是历史遗留的，有的是发展过程中新形成的，制约和影响了公路可持续发展，亟须通过改革创新、转型发展来解决。

二、形势要求

随着国家行政体制改革、财税体制改革进一步深化，“十三五”期公路交通将面临新的发展形势和环境，对公路养护管理工作提出新的更高要求。

（一）适应经济发展新常态，需要加强公路养护管理有效供给。

经济发展新常态下，我国经济将保持6.5%以上的中高速增长，经济结构向中高端迈进。预计到2020年，全社会客货运量将达到2010年的1.5至2倍，交通运输总体需求旺盛，公路交通作为经济社会发展先行官的作用凸显，提高公共服务供给水平的要求更加紧迫。高效畅通、安全便捷、服务周到成为新时期社会公众的新期待，亟待加快推进公路结构性调整和优化重构，增强对公路运输结构变化和公众出行需求的适应性和灵活性，提高出行服务供给品质，更加适应经济社会发展的实际需要。

（二）适应全面深化改革新形势，需要完善公路养护管理顶层设计。

“十三五”是全面深化改革的攻坚期，围绕推进国家治理体系和治理能力现代化的总体发展目标，经济体制、行政管理体制等改革全面展开。公路养护管理应按照全面深化改革的部署和要求，抢抓改革机遇，深化体制机制改革，完善顶层架构，破除管理体制不顺、机制不活、权责不清、资金难保障等障碍，建立事权清晰、权责匹配、运行高效的养护管理体制机制。

（三）适应依法治国新要求，需要提高公路养护管理治理能力和水平。

全面推进依法治国，要求深化行政执法体制改革，深入推进依法行政，健全依法决策机制。适应依法行政和法治管理要求，应将法治思维和法治方法贯穿到公路养护管理各环节，加快制度体系建设立改废工作，完善法律法规、规章、制度及标准规范体系，厘清政府和市场的边界，深化公路行政执法改革，提高行业治理能力，推进依法治路。

（四）适应践行“五大发展”新理念，需要转变公路养护管理发展方式。

公路养护管理必须以“五大发展理念”为引领，推动养护管理从传统模式向现代模式转变。应强化创新驱动，增强发展后劲和动力，提升软实力；推进协调发展，形成不同区域、不同领域协调共进局面；推行绿色养护，实现公路养护与生态环境和谐共促；实施开放包容型管理，形成行业内外开放、交互联动；强化公共服务供给，使公路养护管理发展成果普惠共享。

（五）适应公路发展新趋势，需要突出公路养护管理。

随着布局合理、功能完善的公路网基本形成，公路发展重点应逐步转向加强养护、规范管理、提升服务、完善路网支撑系统等方面。随着经济社会快速发展，我国公路发展的主要矛盾由基础设施供给不足的供需矛盾，转向公共服务能力与社会要求不适应的新矛盾。适应公路发展新趋势，必须由过去以基础设施建设为主向建设、养护、管理、服务并重转变，更加突出养护、管理、服务工作。

三、发展思路

（一）指导思想。

深入贯彻落实党的十八大和十八届三中、四中、五中全会精神以及习近平总书记对交通运输工作的重要指示批示要求，坚持“五大发展理念”，按照“四个交通”发展要求，以构建现代养护管理体系为引领，以专业化、市场化、绿色化养护和人本化、规范化、智能化管理服务为重点，着力改革攻坚、推进养护转型、强化管理升级、促进服务提质，努力构建更加畅通、安全、智慧、绿色的公路交通网络，为全面建成小康社会当好先行。

（二）发展理念。

“十三五”期，公路养护管理必须遵循发展规律，顺应时代要求，把准阶段特征，把牢服务属性，以创新、协调、绿色、开放、共享的发展理念为指引，努力推动公路养护管理工作健康协调发展。

一是创新发展激发养护管理新动力。坚持“理念创新、制度创新、技术创新”，优化要素配置、破除发展障碍，实现关键领域环节的突破性进展，特别要推动“互联网+”与养护管理融合发展，激发公路养护发展的内生动力。

二是协调发展构建养护管理新格局。坚持建管养服并重，促进不同类型、不同区域公路养护管理工作的整体均衡与协调；促进东、中、西部地区养护管理工作的协调性和基本公共服务均等普惠，构建公路养护管理全要素、多领域、高效益的平衡协调发展新格局，全面缩小区域间公路发展差距。

三是绿色发展探索养护管理新模式。厚植资源节约、集约高效、节能减排、生态环保、自然和谐的绿色发展理念，推动公路养护管理实现高效低碳发展，大胆探索养护管理新模式，推动公路养护向资源节约型、环境友好型转变。

四是开放发展拓展养护管理新空间。解放思想，坚持开门办交通，推进公路行业内外和国内外双向开放，着力增进行业管理、养护市场及出行服务信息公开程度，增强养护管理服务供给侧与出行需求侧的互动性和依存度，以开放发展拓宽养护管理新空间。

五是共享发展提升公共服务新水平。认真践行以人为本、让人民满意的公路发展宗旨，提供普惠性、保基本公共服务，让更多群众共享公路发展成果。通过增强服务主动性，创新服务供给模式，拓展服务内涵，延伸服务链条，提高服务品质，努力实现公路养护管理中公共服务均等化。

（三）发展目标。

围绕“改革攻坚、养护转型、管理升级、服务提质”四个方面精准发力，争取到2020年，实现公路养护管理“1＋2”总体目标，即“一张网络”：安全畅通的公路网络；“两个体系”：公众满意的服务体系和高效可靠的保障体系。主要发展目标体现在四个方面：

1．改革攻坚。

——逐步理顺不同层级公路事权和支出责任，基本建立事权清晰、支出责任明确、运转协调的养护管理体制。建立公路养护管理资金可持续保障机制。形成权责明确、收费合理、运营规范、公开透明的收费公路管理体制和运行机制。

——探索建立职能科学、权责清晰、透明高效、保障有力的公路执法体制和运行机制，稳步推进公路综合执法改革。

——基本建立政府与市场合理分工的公路养护运行机制，初步形成公开透明、开放有序的养护市场。

2．养护转型。

——推行养护科学决策。国省道养护科学决策体系基本建立，技术状况检测和路面自动化采集覆盖率达100％，科学决策技术运用普及率达80％。

——实行绿色养护生产。高速公路、普通国省道废旧路面材料回收率分别达到100％、98％，循环利用率分别达到95％、80％以上。

——科学实施养护工程。高速公路预防性养护（单车道里程）平均每年实施里程比重不少于8％，普通国省道不少于5％；普通国省道当年新发现次差路次年实施养护工程比例东部达到95％以上，中部达到85％以上，西部不低于80％。

——推进养护规范化。养护技术标准体系及养护管理制度体系逐步完善，养护作业标准化水平及养护监管水平进一步提升。

——保持良好路况。高速公路总体技术状况（MQI）大于92，MQI优等路率达到90％以上；平均路面使用性能指数（PQI）大于92。普通国省道总体技术状况（MQI）达到80以上，其中东、中、西部分别达到85、80、75以上；MQI优良路率达到80％以上，其中东、中、西部分别达到90％、80％、70％以上；PQI达到80以上，其中东、中、西部分别达到82、80、78以上。农村公路优、良、中等路率不低于75％。

——保障桥隧良好技术状况。国省道一、二类桥梁比例90％以上，现有四、五类桥梁（隧道）改造加固率100％，新发现四、五类桥梁（隧道）当年处治率100％。

3．管理升级。

——高速公路运行实时监测覆盖率东、中部达到100％，西部地区重点路段达到100％；普通国省道重要节点运行实时监测覆盖率东、中、西部分别达到85％、75％和60％以上；高速公路视频监控部省联网覆盖率东、中、西部分别达到80％、50％和20％以上。

——公路交通应急救援体系基本形成，完成13个国家区域性公路交通应急装备物资储备中心建设，国家、省、市三级应急储备体系基本形成。

——全面落实执法规范化，路政案件结案率不低于95%，路损案件追偿率不低于90%；高速公路超限车辆不超过0.5%，普通国省道不超过2%。

4. 服务提质。

——普通国道中二级及以上公路比重达到75%以上，其中，东、中、西部地区分别达到92%、90%、65%以上；普通国道水泥、沥青路面铺装率达到97%以上，其中东、中、西部分别达到100%、98%、95%；具备条件的乡镇和建制村通硬化路率达到100%。

——高速公路收费站ETC覆盖率达到95%以上，出行信息服务覆盖率达到100%，达标服务区比例达到100%，普通国省道服务区（站）布局进一步完善。公路出行信息发布及时准确、服务手段多样。

四、着力改革攻坚，健全公路养护管理治理体系

（一）稳步推进公路体制改革。

一是理顺公路养护管理事权关系。按照国家财税体制改革要求，科学划分国道、省道、农村公路的事权和支出责任，研究明确养护管理职责并承担相应的财政支出责任。二是开展公路管理体制改革。按照“政事分开、事企分开”原则，研究推动出台地方公路管理体制改革的指导意见，整合归并原有分散设置的公路管理机构，不断强化省级公路管理机构对国省道的统筹管理力度。优化公路沿线基层养护道班和工区布局，合并组建大道班或养护中心，加强区域性公路应急养护保畅队伍建设，发挥基本公共服务保障作用。

（二）逐步健全收费公路政策。

修订《收费公路管理条例》，严格控制高速公路以外的收费公路，合理确定收费标准和期限；鼓励和吸引社会资本，采取政府和社会资本合作模式（PPP）参与收费公路建设经营；规范公路权益转让，完善收费公路特许经营、统借统还、合理回报、信息公开等配套规章制度；建立健全收费公路运营工作机制和行业监管制度；建立收费公路债务风险评估制度，确保政府性债务风险可控。

（三）有序推进公路综合执法改革。

一是开展公路综合执法改革。深化行政执法体制改革，以解决多头执法、趋利执法、选择性执法为核心，以整合执法队伍、创新体制机制为重点，建立权责清晰、透明高效、保障有力的公路综合执法体制和运行机制。二是加强执法规范化建设。建立公路行政执法权力清单制度，形成“制度健全、行为规范、监督严密”公路综合执法体系。科学核定执法人员定员标准，落实执法人员资格考试制度和考核奖惩制度；实施上路执法派遣或核准管理，细化处罚行政裁量权基准；建立健全省、市、县分级执法管理制度，细化和完善执法考评内容和指标，建立健全公路执法督导检查制度，全面接受社会监督。

（四）分类推动公路养护市场化改革。

引入市场机制，将公路养护领域适合的事项从“直接提供”转由向社会“购买服务”，实现资源配置最优化。一是积极引导和培育养护市场。研究出台培育和规范养护市场的指导意见，制定养护市场准入和退出条件，养护市场相对完善的地区要积极研究规范养护市场的政策和政府购买服务规则，养护市场有待完善的地区要采取有效措施培育市场，逐步构建多层次、多方式的养护市场供给体系。鼓励通过健全养老保险、身份转换、就业保障等配套政策，采取内部市场化、模拟市场化等过渡方法，引导基层养护作业单位逐步向独立核算、自主经营的企业化方向转企改制；鼓励和引导专业化公路养护企业跨区域参与养护市场竞争，支持大型养护企业参与国际市场竞争。二是建立政府与市场分工合理的养护生产模式。根据各地实际情况，国省道中具备市场提供服务条件的交由市场承担，市场难以承担的小修保养、灾毁抢修、应急保通等基本公共服务，可以由基层养护道班、工区、区域性公路应急养护保通队伍承担；农村公路专业性养护工程，可交由市场承担，日常保养鼓励由沿线村民承包，采取优胜劣汰的办法逐步建立相对稳定的群众性养护队伍。探索建管养一体化、周期性养护总承包等生产组织模式。三是加快养护市场信用体系建设。加强市场培育监管，推进信用记录和从业人员信用档案建设，逐步提高信用评价体系应用深度和广度，引导和培育养护市场健康持续发展。

五、推进养护转型，加快构建现代公路养护体系

（一）推行养护决策科学化。

研究出台公路养护科学决策指导意见，加快建立公路养护科学决策机制和技术要求，基本建成国省道养护科学决策体系，全面建立以技术状况为依据的国省道养护预算申请和决策机制，并逐步向农村公路推广。推动自动化快速检测技术应用，探索建立以公路病害为导向的回溯机制，分析性能衰减规律和病害成因，逐步完善行业监管制度和技术措施。推进养护决策支撑信息系统建设，推广普及科学决策技术，科学制定养护投资计划，合理选用养护技术方案。加强公路养护统计工作，开展养护成效分析。

（二）推进养护管理制度化。

一是健全养护工程管理制度体系。修订《公路养护工程管理办法》，根据养护工程的特点，合理划分养护工程分类，规范管理程序，简化审批环节。二是完善养护预算管理制度。抓紧修订《公路工程养护预算编制导则》，指导各地根据实际情况出台编制办法、指标、定额等。三是建立养护监管与考核制度。制定收费公路服务质量评价标准、服务等级评定制度，对收费经营管理单位进行严格考核；研究出台收费公路运行支出定额，通过严格控制运行成本降本增效；探索收费公路养护质量保证制度，通过定期质量评定，督促经营主体保证养护投入和养护质量；制定《农村公路养护管理考核办法》，落实农村公路养护责任。

（三）实行养护作业标准化。

一是加强统筹研究，进一步匹配公路建设标准与养护标准。二是强化顶层设计，构建养护作业标准化框架体系，围绕养护质量、路网运行服务，建立健全涵盖检测评定、各专项养护工程、施工作业、信息化建设、质量验收等类别的养护技术标准、规程和技术指南。三是推进养护工程标准化建设，构建以技术标准和规范要求为约束的养护检测、实施、评价一体化标准流程和固定行为。四是加强交流与合作，推动标准规范与国际接轨。五是做好示范引导，创建以提升高速公路服务品质为目标的“高速公路养护管理示范路”、以构建畅安舒美交通环境为目标的“普通国省道养护改造示范工程”、以推进农村公路建管养运协调发展为目标的“四好农村公路”，通过开展养护工程示范创建活动，推进养护作业标准化。

（四）促进养护工程精准化。

一是加大普通国省道改造力度。制定《国省干线公路改造技术指南》，加快低等级路段、车流量饱和路段升级改造，提高普通干线公路二级及以上公路比重，实现普通国道网基本贯通，干线公路服务功能进一步拓展。二是全面开展预防性养护。加快制定预防性养护政策和技术标准，明确预防性养护决策依据、技术要求和质量标准，推行桥隧预防性养护，加大桥隧检测投入；安排预防性养护专项资金并纳入公路养护年度支出计划。三是强化干线公路综合养护。定期开展养护巡查，及时修复公路设施病害，保持良好技术状况；科学安排养护工程，建立普通国省道养护工程省级统筹安排制度。四是开展公路安全提升工程。继续实施公路安全生命防护工程、危桥（隧）改造工程和灾害防治工程，加强农村公路临水临崖、坡陡弯急等重点路段整治，基本完成乡道及以上行政等级公路高风险路段治理。五是加强农村公路养护管理。健全“县为主体、行业指导、部门协作、社会参与”的农村公路养护机制；加快推进乡镇和建制村通硬化路建设，逐步推进撤并建制村通硬化路改造；突出交通运输扶贫路建设，重点建好“幸福小康路”“康庄大道路”“特色致富路”“对外开放路”，推进农村旅游路、资源路、产业路、新型村镇出口路等改造，重点实施影响通客运班车安全的3.5米及以下窄路面公路、“油返砂”等老旧油路改造。

（五）倡导养护生产绿色化。

大力提高养护生产效率，合理配备养护机械设备，积极应用快速养护及修复技术，缩短养护作业时间。积极推广废旧路面材料循环利用、公路和桥隧隐蔽工程无损检测、全寿命周期成本养护设计技术和施工工艺，加快淘汰落后工艺。不断加强农村公路低成本养护技术研发，打造适合农村公路发展特点的养护材料和技术。

（六）强化桥隧养护规范化。

强化桥梁隧道养护责任落实和运行监管，合理配置桥隧养护管理专业技术人员，提高桥梁隧道养护管理水平；制定加强隧道养护管理意见，完善隧道运行技术、管理和监管保障措施，推广应用隧道养护自动化巡检装备，推进公路隧道运行管理的制度化、规范化与常态化；加强长大桥隧健康监测和动态运行监管，完善桥梁隧道运行监管制度；积极协调有关部门做好公铁立交、水利等桥梁移交及管理工作。

（七）实现人才队伍专业化。

弘扬“两路”精神，培养既具有顽强拼搏、甘当路石传统，又具有开拓创新、工匠精神的新型专业化公路人才队伍。倡导崇尚技能、精益求精的职业精神，加强优秀拔尖人才、急需紧缺人才、科技创新人才吸收引进；以桥隧养护、运营管理、收费服务、监控、路况信息采集、路政管理等领域为重点，抓好人才培养、交流和使用；建立行业、企事业单位、有关院校协同培养机制，为基层和一线职工创造更多学习、交流和培训机会；改善基层养护工人生产生活条件，保障一线养护职工作业安全和生活稳定。

六、强化管理升级，促进路网运行优质高效

（一）完善路网运行监测体系。

建立全行业纵向贯通、横向衔接、责权清晰的路网运行管理体制，不断加强跨区域、跨部门的路网协调联动机制；加快公路网监测体系建设，充分利用行业内外监测资源，实现部对省级、省级对市县各类路网监测数据的统一接入和按需调用；加快路网运行态势研判与辅助决策能力建设，为交通运输经济运行分析、路网规划、养护管理、应急管理、公共服务等业务提供数据支撑；全面推进部省两级公路网监测管理与服务平台建设，并实现全国联网。

（二）加强应急保障体系建设。

修订《公路交通突发事件应急预案》，形成更为完善的国家、省、市、县四级公路交通应急预案体系；加快国家区域性公路交通应急物资储备中心建设，建立健全运行管理制度体系；各地依托高速公路、公路养护单位或物资储备单位，建设省市两级公路交通应急装备物资储备点，形成国家、省、市三级公路交通应急装备物资储备体系，到“十三五”末力争建成部省联网、资源共享的应急指挥平台；依托基层养护道班、工区建设，建立公路养护与应急中心，作为地方专业公路应急抢险保通队伍；利用武警交通部队作为国家级公路应急抢险保通专业力量，建立警地联合应急机制；深化交通部门与气象、地震、国土、卫生、消防、广播电视等部门间及区域间的应急联动协作，提高公路应急救援效率。

（三）推进“互联网＋”路网管理。

推进“互联网＋”便捷交通行动计划，加快云计算、大数据等现代信息技术的集成创新与应用，有效提升路网管理智能化水平；基于现代通信信息技术建立实时路网运行监测体系，全面实现路网资产、承载对象、管理资源等要素数字化，建立健全跨区域、跨部门的信息共享与交换机制；围绕公路养护决策、日常养护管理、路网运行监测、应急调度指挥、公路综合执法管理、出行信息服务为重点，加强路网管理各项核心业务系统建设和应用，实现部省间应用系统的互联互通、多级联动与共享服务。

（四）严格公路超载超限治理。

按照“政府主导、部门联动、属地管理、社会参与”治理原则，加强源头治超、科技治超，完善路面监控网络，建立健全路政和公安交警的路面治超执法协作机制，推动交通与相关部门治超信息交换与共享。统一货车超限超载认定标准，研究推动严重超限超载违法行为入刑，积极推广重点货运源头执法人员巡查和派驻制度，建立相邻省份治超联动机制，坚决遏制货车超限超载违法运输。积极推进跨省大件运输许可网上办理，并联审批，提高大件运输服务水平。

七、促进服务提质，满足公众出行更高需求

（一）完善公路配套服务设施。

一是完善普通国省道出行服务设施。结合基层道班建设，为驾乘人员提供停车、短暂休息等基本服务；逐步增加和完善普通国省道沿线休息区、停车区或便民服务点等基础设施，让广大群众顺畅出行、舒心出行。二是规范高速公路服务区运营管理。按照“布局合理、经济实用、标识清晰、服务规范、安全有序、生态环保”标准，加大服务区改造力度，推进服务区专业化、连锁化经营管理；完善服务区服务考评和监管机制，健全公路服务区的服务标准和服务质量评价体系。三是提升 ETC 服务品质。继续加快 ETC 基础设施和服务网络建设，提高 ETC 收费车道、服务网点覆盖率；制定完善全国统一的 ETC 安全运营与服务标准、规范和标识；研究推进标准厢式货车使用 ETC 系统；充分利用市场机制，降低 ETC 用户安装使用成本和 ETC 系统运行维护成本，拓展 ETC 应用领域。四是完善公路交通标志设置。完善国家公路网的命名编号系统；制定国家公路网里程桩号传递方案和标志调整工作技术指南，修订公路路线标识规则和国道编号；完成国家公路网公路交通标志的更换完善工作，同步推进省级路网交通标志的规范和完善，实现指路标志指向更清晰、设置更合理。

（二）推进公众出行信息服务体系建设。

构建政府和社会互动的信息采集、共享和应用机制；利用短信平台、门户网站以及微信、微博等新媒体手段，建设多渠道、全方位的公路出行信息服务体系；发挥政府、市场优势，构建普遍性公益服务与个性化定制服务相结合的公路出行信息服务体系；推进高速公路交通广播建设，科学合理设置公路沿线信息发布设施，强化沿途连续式诱导信息发布。

（三）加强沿线路域环境综合治理。

按照“八无”（交通标志前后 500 米基本无广告，无违法建筑物和地面构筑物，无违法搭接道口和占用挖掘公路，无违法跨越和穿越公路的设施，无违法非公路标志，路基路肩边坡无非法种植物，无摆摊设点和打谷晒场，公路用地范围内无堆积物）要求，以普通国省道城镇过境段、平交道口为整治重点，在地方政府统一领导下，联合有关部门有计划、有步骤地开展路域环境综合治理；按照“栽、管、护”相结合原则，以“恢复自然生态”为主，促使公路与周围环境景观相协调；在人文、自然资源丰富区域，结合沿线资源美化路域环境，展示区域特色和文化特色；加快推进农村公路路域环境整治，按照国家《全国城乡环境卫生整洁行动方案（2015—2020 年）》（全爱卫发〔2015〕1 号）要求，力争到 2020 年，具备条件的农村公路实现路田分家、路宅分家。

（四）完善高速公路惠民政策。

将高速公路车辆救援服务纳入高速公路管理体系，建立健全高速公路车辆救援服务指挥和调度系统，完善救援服务标准和规程，提高救援能力和服务水平。继续落实好国家关于鲜活农产品运输“绿色通道”的惠民政策，完善惠民通行保障制度，规范通行管理，做好通行保障，提高通行效率和服务水平。

八、保障措施

（一）落实政府责任。

各级政府和交通运输主管部门要结合本地实际，编制“十三五”期公路养护管理发展规划，并明确权责，抓好重点任务落实。要全面落实县级人民政府农村公路养护管理主体责任，充分发挥乡镇人民政府、村委会和村民作用，落实好资金、机构和人员，实现农村公路养护“三落实”。

（二）明确部门职责。

“十三五”期，是深化公路养护管理体制机制改革的重要时期，公路养护管理工作涉及发展改革、财政、人力社保等多个部门，各级交通运输主管部门应发挥主观能动性，积极向地方政府汇报，明确有关部门职责与分工，主动做好与各部门的协调沟通，争取更多的关心与支持，切实凝聚公路养护发展合力，营造良好的发展氛围。

（三）强化资金保障。

分类完善公路养护管理资金筹措机制，非收费公路养护管理资金主要从成品油税费改革新增收入中列支解决，以财政保障为主；收费公路养护管理资金主要从车辆通行费中解决，以市场机制为主。加快建立以公共财政分级投入为主，多渠道筹措为辅的农村公路发展资金筹措机制。严格规范成品油税费改革新增收入转移支付资金使用，新增收入基数返还中替代公路养路费支出部分和增量资金中相当于养路费占原基数比例的部分，原则上全额用于普通公路的养护管理。积极争取加大成品油税费改革新增收入增量资金对普通公路养护管理的转移支付力度，切实建立统筹考虑物价、里程和财力增加等因素的养护管理资金投入增长机制。鼓励以公路沿线设施收益分成、沿线资源开发收益共享、养护企业税费返还等方式筹措养护资金。

（四）加强绩效考核。

各地要建立普通公路养护管理成效与地方政府考核相结合的机制，将公路养护质量、路网服务和运行安全纳入各级地方政府经济社会发展考核指标体系。健全完善考评问责机制，充分运用“两随机、一公开”（随机抽取检查对象，随机选派检查人员，及时公布查处结果）、第三方评估等手段，定期开展规划实施的跟踪督办和评估，及时准确掌握目标推进情况和出现的新情况、新问题，适时调整政策措施，切实提高重点任务完成时效和质量，保障公路养护事业健康稳步发展。

101. 交通运输部办公厅关于印发《国家公路网交通标志调整工作技术指南》的通知

（交办公路〔2017〕167号）

各省、自治区、直辖市、新疆生产建设兵团交通运输厅（局、委）：

为规范和指导国家公路网命名编号调整专项工作，统一技术要求，更好地发挥国家公路网服务人民群众便捷出行的作用，经交通运输部同意，现印发《国家公路网交通标志调整工作技术指南》，自2017年12月1日起施行。原《国家高速公路网相关标志更换工作实施技术指南》（交通运输部2007年第30号公告）同时废止。

请各有关单位在实践中注意总结经验，及时将发现的问题和意见函告交通运输部公路局（地址：北京市建国门内大街11号，邮编100736，电话：010-65292747）和交通运输部公路科学研究院（地址：北京市海淀区西土城路8号，邮编：100088，电话：010-62062052）。

102. 交通运输部办公厅关于印发国家公路网里程桩号传递方案的通知

（交办公路〔2017〕168号）

各省、自治区、直辖市、新疆生产建设兵团交通运输厅（局、委）：

为做好国家公路网命名编号调整工作，经交通运输部同意，现将《国家公路网里程桩号传递方案》印发给你们，请遵照执行。

《国家公路网里程桩号传递方案》适用于跨省的国家公路。不跨省的国家公路，由其所在省级交通运输主管部门按照有关规定确定里程桩号传递方案。

各省级交通运输主管部门应结合国家公路网命名编号调整工作，按照《国家公路网交通标志调整工作技术指南》（交办公路〔2017〕167号有关要求，做好里程牌的规范设置和更换工作。国家公路网里程桩号传递情况，应在2017年公路养护统计年报和电子地图数据中予以反映。

交通运输部公路局联系人：花蕾，010-65292746。

国家公路网里程桩号传递方案

（国家高速公路）

路线编号	路线名称	序号	单位	桩号传递里程（含预留）	现场确认里程桩传递	
					起点桩号	止点桩号
G1	北京—哈尔滨	1	北京	39.891	0.000	39.891
G1	北京—哈尔滨	2	河北	21.303	41.904	63.207
G1	北京—哈尔滨	3	天津	37.179	64.208	101.387
G1	北京—哈尔滨	4	河北	199.682	102.000	301.682
G1	北京—哈尔滨	5	辽宁	549.386	301.667	851.053
G1	北京—哈尔滨	6	吉林	285.299	851.233	1136.532
G1	北京—哈尔滨	7	黑龙江	69.699	1137.000	1206.699
G0111	秦皇岛—滨州	1	河北	160.586	0.000	160.586
G0111	秦皇岛—滨州	2	天津	91.100	161.000	252.100
G0111	秦皇岛—滨州	3	河北	51.784	253.000	304.784
G0111	秦皇岛—滨州	4	山东	62.000	304.784	366.784
G0121	北京—秦皇岛	1	北京	22.800	0.000	22.800
G0121	北京—秦皇岛	2	河北	45.400	22.800	68.200
G0121	北京—秦皇岛	3	天津	30.309	68.400	98.709
G0121	北京—秦皇岛	4	河北	202.691	98.709	301.400
G2	北京—上海	1	北京	35.000	0.000	35.000
G2	北京—上海	2	河北	6.840	35.000	41.840
G2	北京—上海	3	天津	105.963	41.837	147.800
G2	北京—上海	4	河北	112.555	150.000	262.555
G2	北京—上海	5	山东	453.714	261.000	714.714
G2	北京—上海	6	江苏	480.978	710.000	1190.978
G2	北京—上海	7	上海	24.230	1195.000	1219.230
G0211	天津—石家庄	1	天津	77.503	0.000	77.503
G0211	天津—石家庄	2	河北	219.392	77.503	296.895
G3	北京—台北	1	北京	27.160	0.000	27.160
G3	北京—台北	2	河北	246.821	27.242	274.063
G3	北京—台北	3	山东	360.658	299.000	659.658
G3	北京—台北	4	江苏	75.644	660.000	735.644
G3	北京—台北	5	安徽	646.561	736.000	1382.561
G3	北京—台北	6	浙江	161.005	1383.000	1544.005
G3	北京—台北	7	福建	446.929	1544.000	1990.929
G0321	德州—上饶	1	山东	206.896	0.000	206.896
G0321	德州—上饶	2	河南	19.605	212.000	231.605
G0321	德州—上饶	3	山东	208.128	231.664	439.792
G0321	德州—上饶	4	安徽	39.507	440.000	479.507
G0321	德州—上饶	5	河南	56.159	479.907	536.066
G0321	德州—上饶	6	安徽	545.907	537.000	1082.907
G0321	德州—上饶	7	江西	155.000	1082.907	1237.907

续上表

路线编号	路 线 名 称	序号	单位	桩号传递里程（含预留）	现场确认里程桩传递	
					起点桩号	止点桩号
G4	北京—港澳	1	北京	45.602	0.000	45.602
G4	北京—港澳	2	河北	434.138	45.602	479.740
G4	北京—港澳	3	河南	522.980	484.358	1007.338
G4	北京—港澳	4	湖北	293.664	1016.000	1309.664
G4	北京—港澳	5	湖南	531.768	1310.000	1841.768
G4	北京—港澳	6	广东	443.063	1842.000	2285.063
G0421	许昌—广州	1	河南	199.869	0.000	199.869
G0421	许昌—广州	2	湖北	335.014	200.000	535.014
G0421	许昌—广州	3	湖南	538.273	535.000	1073.273
G0421	许昌—广州	4	广东	309.830	1074.000	1383.830
G0422	武汉—深圳	1	湖北	168.415	0.000	168.415
G0422	武汉—深圳	2	湖南	480.978	169.000	649.978
G0422	武汉—深圳	3	广东	370.691	650.000	1020.691
G5	北京—昆明	1	北京	60.360	0.000	60.360
G5	北京—昆明	2	河北	267.612	64.806	332.418
G5	北京—昆明	3	山西	511.129	335.000	846.129
G5	北京—昆明	4	陕西	621.299	839.000	1460.299
G5	北京—昆明	5	四川	1017.671	1464.000	2481.671
G5	北京—昆明	6	云南	212.059	2503.000	2715.059
G6	北京—拉萨	1	北京	68.374	0.000	68.374
G6	北京—拉萨	2	河北	178.611	69.000	247.611
G6	北京—拉萨	3	内蒙古	821.279	248.000	1069.279
G6	北京—拉萨	4	宁夏	343.222	1069.200	1412.422
G6	北京—拉萨	5	甘肃	269.311	1413.000	1682.311
G6	北京—拉萨	6	青海	1504.736	1682.573	3187.309
G6	北京—拉萨	7	西藏	547.247	3187.309	3734.556
G0611	张掖—汶川	1	甘肃	89.400	0.000	89.400
G0611	张掖—汶川	2	青海	595.021	89.000	684.021
G0611	张掖—汶川	3	甘肃	69.000	685.000	754.000
G0611	张掖—汶川	4	四川	382.000	754.000	1136.000
G0612	西宁—和田	1	青海	1245.946	0.000	1245.946
G0612	西宁—和田	2	新疆	1080.000	1246.000	2326.000
G0613	西宁—丽江	1	青海	1007.085	0.000	1007.085
G0613	西宁—丽江	2	西藏	769.570	1007.085	1776.655
G0613	西宁—丽江	3	云南	257.000	1776.655	2033.655
G0615	德令哈—马尔康	1	青海	721.190	0.000	721.190
G0615	德令哈—马尔康	2	四川	224.000	721.190	945.190
G7	北京—乌鲁木齐	1	北京	98.000	0.000	98.000
G7	北京—乌鲁木齐	2	河北	156.079	98.000	254.079
G7	北京—乌鲁木齐	3	山西	8.885	255.000	263.885

续上表

路线编号	路线名称	序号	单位	桩号传递里程（含预留）	现场确认里程桩传递	
					起点桩号	止点桩号
G7	北京—乌鲁木齐	4	内蒙古	1583.592	264.000	1847.592
G7	北京—乌鲁木齐	5	甘肃	134.407	1848.000	1982.407
G7	北京—乌鲁木齐	6	新疆	835.593	1983.000	2818.593
G11	鹤岗—大连	1	黑龙江	525.874	0.000	525.874
G11	鹤岗—大连	2	吉林	427.593	526.000	953.593
G11	鹤岗—大连	3	辽宁	485.680	954.000	1439.680
G15	沈阳—海口	1	辽宁	399.272	0.000	399.272
G15	沈阳—海口	2	山东	359.079	400.000	759.079
G15	沈阳—海口	3	江苏	489.801	759.644	1249.445
G15	沈阳—海口	4	上海	91.244	1253.000	1344.244
G15	沈阳—海口	5	浙江	484.610	1346.000	1830.610
G15	沈阳—海口	6	福建	649.443	1843.000	2492.443
G15	沈阳—海口	7	广东	1124.360	2493.000	3617.360
G15	沈阳—海口	8	海南	14.000	3617.360	3631.360
G1511	日照—兰考	1	山东	429.280	0.000	429.280
G1511	日照—兰考	2	河南	43.084	430.000	473.084
G1514	宁德—上饶	1	福建	330.478	0.000	330.478
G1514	宁德—上饶	2	江西	52.966	331.000	352.966
G1516	盐城—洛阳	1	江苏	281.980	0.000	281.980
G1516	盐城—洛阳	2	安徽	165.240	282.000	447.240
G1516	盐城—洛阳	3	河南	45.936	448.000	493.936
G1516	盐城—洛阳	4	安徽	39.464	494.000	533.464
G1516	盐城—洛阳	5	河南	321.952	534.000	855.952
G1517	莆田—炎陵	1	福建	400.900	0.000	400.900
G1517	莆田—炎陵	2	江西	297.000	401.000	698.000
G1517	莆田—炎陵	3	湖南	29.949	698.000	727.949
G1521	常熟—嘉善	1	江苏	72.649	0.000	72.649
G1521	常熟—嘉善	2	浙江	28.568	72.649	101.217
G1522	常熟—台州	1	江苏	99.915	0.000	99.915
G1522	常熟—台州	2	浙江	235.779	100.000	335.779
G1523	宁波—东莞	1	浙江	382.089	0.000	382.089
G1523	宁波—东莞	2	福建	695.770	382.089	1077.859
G1523	宁波—东莞	3	广东	391.571	1078.000	1469.571
G25	长春—深圳	1	吉林	156.492	0.000	156.492
G25	长春—深圳	2	内蒙古	44.619	155.000	199.619
G25	长春—深圳	3	辽宁	475.189	200.257	675.446
G25	长春—深圳	4	河北	325.053	676.000	1001.053
G25	长春—深圳	5	天津	131.533	1002.489	1134.022
G25	长春—深圳	6	河北	69.314	1134.022	1203.336
G25	长春—深圳	7	山东	437.404	1204.000	1641.404

续上表

路线编号	路线名称	序号	单位	桩号传递里程（含预留）	现场确认里程桩传递	
					起点桩号	止点桩号
G25	长春—深圳	8	江苏	288.513	1644.016	1932.529
G25	长春—深圳	9	安徽	13.989	1935.000	1948.989
G25	长春—深圳	10	江苏	230.477	1949.000	2179.477
G25	长春—深圳	11	浙江	565.811	2191.000	2756.811
G25	长春—深圳	12	福建	490.198	2754.000	3244.198
G25	长春—深圳	13	广东	386.702	3243.000	3629.702
G2511	新民—鲁北	1	辽宁	103.086	0.000	103.086
G2511	新民—鲁北	2	内蒙古	251.260	104.000	355.260
G2516	东营—吕梁	1	山东	304.644	0.000	304.644
G2516	东营—吕梁	2	河北	191.793	305.000	496.793
G2516	东营—吕梁	3	山西	201.458	497.000	698.458
G2518	深圳—岑溪	1	广东	345.928	0.000	345.928
G2518	深圳—岑溪	2	广西	33.235	346.000	379.235
G35	济南—广州	1	山东	336.205	0.000	336.205
G35	济南—广州	2	河南	57.449	343.000	400.449
G35	济南—广州	3	安徽	538.705	401.000	939.705
G35	济南—广州	4	江西	635.130	940.000	1575.130
G35	济南—广州	5	广东	411.205	1576.000	1987.205
G3511	菏泽—宝鸡	1	山东	57.964	0.000	57.964
G3511	菏泽—宝鸡	2	河南	292.248	58.000	350.248
G3511	菏泽—宝鸡	3	山西	180.675	351.000	531.675
G3511	菏泽—宝鸡	4	陕西	342.955	532.000	874.955
G45	大庆—广州	1	黑龙江	146.806	0.000	146.806
G45	大庆—广州	2	吉林	259.964	148.000	407.964
G45	大庆—广州	3	内蒙古	564.512	408.000	972.512
G45	大庆—广州	4	河北	161.043	973.000	1134.043
G45	大庆—广州	5	北京	218.500	1134.000	1352.500
G45	大庆—广州	6	河北	408.138	1354.000	1762.138
G45	大庆—广州	7	河南	558.128	1762.000	2320.128
G45	大庆—广州	8	湖北	266.185	2320.000	2586.185
G45	大庆—广州	9	江西	614.624	2588.000	3202.624
G45	大庆—广州	10	广东	225.893	3201.000	3426.893
G4511	龙南—河源	1	江西	29.698	0.000	29.698
G4511	龙南—河源	2	广东	100.978	28.000	128.978
G4512	双辽—嫩江	1	吉林	316.579	0.000	316.579
G4512	双辽—嫩江	2	黑龙江	378.910	317.000	695.910
G4513	奈曼旗—营口	1	内蒙古	57.000	0.000	57.000
G4513	奈曼旗—营口	2	辽宁	247.258	57.000	304.258
G4515	赤峰—绥中	1	内蒙古	114.207	0.000	114.207
G4515	赤峰—绥中	2	辽宁	176.000	115.000	291.000

续上表

路线编号	路线名称	序号	单位	桩号传递里程（含预留）	现场确认里程桩传递	
					起点桩号	止点桩号
G55	二连浩特—广州	1	内蒙古	424.018	0.000	424.018
G55	二连浩特—广州	2	山西	659.221	425.000	1084.221
G55	二连浩特—广州	3	河南	372.019	1082.000	1454.019
G55	二连浩特—广州	4	湖北	311.313	1517.000	1828.313
G55	二连浩特—广州	5	湖南	594.106	1828.000	2422.106
G55	二连浩特—广州	6	广东	292.353	2422.000	2714.353
G5512	晋城—新乡	1	山西	32.052	0.000	32.052
G5512	晋城—新乡	2	河南	85.716	33.000	118.716
G5515	张家界—南充	1	湖南	159.100	0.000	159.100
G5515	张家界—南充	2	湖北	64.707	160.000	224.707
G5515	张家界—南充	3	重庆	232.465	222.460	454.925
G5515	张家界—南充	4	四川	142.101	456.000	598.101
G5516	苏尼特右旗—张家口	1	内蒙古	158.836	0.000	158.836
G5516	苏尼特右旗—张家口	2	河北	130.162	159.000	289.162
G59	呼和浩特—北海	1	内蒙古	91.000	0.000	91.000
G59	呼和浩特—北海	2	山西	780.694	91.000	871.694
G59	呼和浩特—北海	3	河南	207.815	871.832	1079.647
G59	呼和浩特—北海	4	湖北	463.530	1080.000	1543.530
G59	呼和浩特—北海	5	湖南	543.991	1544.000	2087.991
G59	呼和浩特—北海	6	广西	710.874	2092.210	2803.084
G65	包头—茂名	1	内蒙古	182.313	26.967	209.280
G65	包头—茂名	2	陕西	980.687	210.000	1190.687
G65	包头—茂名	3	四川	305.014	1190.800	1495.814
G65	包头—茂名	4	重庆	505.160	1495.000	2000.160
G65	包头—茂名	5	湖南	383.000	2001.000	2384.000
G65	包头—茂名	6	广西	499.726	2387.611	2887.337
G65	包头—茂名	7	广东	127.245	2881.000	3008.245
G69	银川—百色	1	宁夏	181.000	0.000	181.000
G69	银川—百色	2	甘肃	296.000	181.000	477.000
G69	银川—百色	3	陕西	467.965	477.000	944.965
G69	银川—百色	4	重庆	469.145	945.000	1414.145
G69	银川—百色	5	贵州	529.263	1430.000	1959.263
G69	银川—百色	6	广西	323.391	1960.000	2283.391
G6911	安康—来凤	1	陕西	85.300	0.000	85.300
G6911	安康—来凤	2	重庆	133.245	86.000	219.245
G6911	安康—来凤	3	湖北	166.643	220.000	386.643
G75	兰州—海口	1	甘肃	535.792	0.000	535.792
G75	兰州—海口	2	四川	339.846	537.241	877.087
G75	兰州—海口	3	重庆	228.403	878.000	1106.403
G75	兰州—海口	4	贵州	522.540	1106.000	1628.540

续上表

路线编号	路线名称	序号	单位	桩号传递里程（含预留）	现场确认里程桩传递	
					起点桩号	止点桩号
G75	兰州—海口	5	广西	589.955	1636.071	2226.026
G75	兰州—海口	6	广东	212.011	2211.000	2423.011
G75	兰州—海口	7	海南	14.000	2423.011	2437.011
G85	银川—昆明	1	宁夏	376.384	0.000	376.384
G85	银川—昆明	2	甘肃	92.850	377.000	469.850
G85	银川—昆明	3	陕西	327.383	470.000	797.383
G85	银川—昆明	4	四川	309.289	798.000	1107.289
G85	银川—昆明	5	重庆	231.842	1108.000	1339.842
G85	银川—昆明	6	四川	188.479	1340.000	1528.479
G85	银川—昆明	7	云南	558.423	1529.000	2087.423
G8513	平凉—绵阳	1	甘肃	544.926	0.000	544.926
G8513	平凉—绵阳	2	四川	241.000	545.000	786.000
G8515	广安—泸州	1	四川	57.595	0.000	57.595
G8515	广安—泸州	2	重庆	186.212	58.000	244.212
G8515	广安—泸州	3	四川	43.000	245.000	288.000
G10	绥芬河—满洲里	1	黑龙江	887.113	0.000	887.113
G10	绥芬河—满洲里	2	内蒙古	561.554	874.500	1436.054
G1013	海拉尔—张家口	1	内蒙古	1302.334	0.000	1302.334
G1013	海拉尔—张家口	2	河北	112.205	1303.000	1415.205
G1015	铁力—科右中旗	1	黑龙江	387.970	0.000	387.970
G1015	铁力—科右中旗	2	吉林	426.539	388.000	814.539
G1015	铁力—科右中旗	3	内蒙古	58.672	815.000	873.672
G12	珲春—乌兰浩特	1	吉林	930.722	0.000	892.722
G12	珲春—乌兰浩特	2	内蒙古	33.755	891.000	924.755
G1211	吉林—黑河	1	吉林	136.923	0.000	136.923
G1211	吉林—黑河	2	黑龙江	717.916	137.000	854.916
G1212	沈阳—吉林	1	辽宁	160.355	0.000	160.355
G1212	沈阳—吉林	2	吉林	225.856	160.000	385.856
G1213	北安—漠河	1	黑龙江	158.560	0.000	158.560
G1213	北安—漠河	2	内蒙古	168.484	159.000	327.484
G1213	北安—漠河	3	黑龙江	524.514	328.000	852.514
G16	丹东—锡林浩特	1	辽宁	502.469	0.000	502.469
G16	丹东—锡林浩特	2	内蒙古	445.613	502.716	948.329
G1611	克什克腾—承德	1	内蒙古	96.200	0.000	96.200
G1611	克什克腾—承德	2	河北	180.316	97.000	277.316
G18	荣成—乌海	1	山东	630.296	0.000	630.296
G18	荣成—乌海	2	河北	69.314	620.000	689.314
G18	荣成—乌海	3	天津	86.978	690.000	776.978
G18	荣成—乌海	4	河北	235.264	776.945	1012.209
G18	荣成—乌海	5	山西	261.618	1012.000	1273.618

续上表

路线编号	路线名称	序号	单位	桩号传递里程（含预留）	现场确认里程桩传递	
					起点桩号	止点桩号
G18	荣成—乌海	6	内蒙古	499.111	1273.152	1772.263
G1812	沧州—榆林	1	河北	267.484	0.000	267.484
G1812	沧州—榆林	2	山西	316.204	268.000	584.204
G1812	沧州—榆林	3	陕西	146.976	585.000	731.976
G1816	乌海—玛沁	1	内蒙古	53.697	0.000	53.697
G1816	乌海—玛沁	2	宁夏	387.856	54.000	441.856
G1816	乌海—玛沁	3	甘肃	530.993	442.000	972.993
G1816	乌海—玛沁	4	青海	186.867	973.000	1159.867
G1817	乌海—银川	1	内蒙古	197.940	0.000	197.940
G1817	乌海—银川	2	宁夏	54.736	198.000	252.736
G20	青岛—银川	1	山东	458.369	0.000	458.369
G20	青岛—银川	2	河北	225.064	459.461	684.525
G20	青岛—银川	3	山西	364.107	685.000	1049.107
G20	青岛—银川	4	陕西	320.724	1051.000	1371.724
G20	青岛—银川	5	宁夏	141.286	1372.714	1514.000
G2012	定边—武威	1	陕西	13.494	0.000	13.494
G2012	定边—武威	2	宁夏	302.492	19.678	322.170
G2012	定边—武威	3	甘肃	157.560	322.000	479.560
G22	青岛—兰州	1	山东	526.029	0.000	526.029
G22	青岛—兰州	2	河北	190.562	527.000	717.562
G22	青岛—兰州	3	山西	332.797	733.000	1065.797
G22	青岛—兰州	4	陕西	192.177	1070.000	1262.177
G22	青岛—兰州	5	甘肃	318.312	1265.688	1584.000
G22	青岛—兰州	6	宁夏	66.807	1582.150	1648.957
G22	青岛—兰州	7	甘肃	224.570	1648.928	1873.498
G2211	长治—延安	1	山西	304.255	0.000	304.255
G2211	长治—延安	2	陕西	115.526	305.000	420.526
G30	连云港—霍尔果斯	1	江苏	236.615	0.000	236.615
G30	连云港—霍尔果斯	2	安徽	53.973	237.000	290.973
G30	连云港—霍尔果斯	3	河南	609.963	291.000	900.963
G30	连云港—霍尔果斯	4	陕西	372.118	902.000	1274.118
G30	连云港—霍尔果斯	5	甘肃	1550.431	1268.000	2818.431
G30	连云港—霍尔果斯	6	新疆	1433.190	2825.000	4258.190
G3011	柳园—格尔木	1	甘肃	392.831	0.000	392.831
G3011	柳园—格尔木	2	青海	407.942	393.487	801.429
G36	南京—洛阳	1	江苏	35.157	0.000	35.157
G36	南京—洛阳	2	安徽	352.597	35.392	387.989
G36	南京—洛阳	3	河南	367.133	388.235	755.368
G40	上海—西安	1	上海	83.743	0.000	83.743
G40	上海—西安	2	江苏	384.399	84.000	468.399

续上表

路线编号	路 线 名 称	序号	单位	桩号传递里程（含预留）	现场确认里程桩传递	
					起点桩号	止点桩号
G40	上海—西安	3	安徽	259.067	505.000	764.067
G40	上海—西安	4	河南	518.821	764.000	1282.821
G40	上海—西安	5	陕西	241.196	1283.000	1524.196
G4012	溧阳—宁德	1	江苏	25.000	0.000	25.000
G4012	溧阳—宁德	2	安徽	210.457	25.000	235.457
G4012	溧阳—宁德	3	浙江	427.346	235.457	662.803
G4012	溧阳—宁德	4	福建	54.759	663.000	717.759
G42	上海—成都	1	上海	35.000	0.000	35.000
G42	上海—成都	2	江苏	307.882	35.619	343.501
G42	上海—成都	3	安徽	333.446	353.000	686.446
G42	上海—成都	4	湖北	594.675	687.000	1281.675
G42	上海—成都	5	重庆	343.600	1282.000	1625.600
G42	上海—成都	6	四川	356.366	1626.000	1982.366
G4211	南京—芜湖	1	江苏	25.830	0.000	25.830
G4211	南京—芜湖	2	安徽	108.217	26.036	134.253
G4213	麻城—安康	1	湖北	584.020	0.000	584.020
G4213	麻城—安康	2	陕西	61.199	584.000	645.199
G4215	成都—遵义	1	四川	296.721	0.000	296.721
G4215	成都—遵义	2	贵州	201.843	294.000	495.843
G4216	成都—丽江	1	四川	723.090	0.000	723.090
G4216	成都—丽江	2	云南	169.000	723.090	892.090
G4217	成都—昌都	1	四川	747.000	0.000	747.000
G4217	成都—昌都	2	西藏	318.200	747.000	1065.200
G4218	雅安—叶城	1	四川	613.000	0.000	613.000
G4218	雅安—叶城	2	西藏	3157.440	613.000	3770.440
G4218	雅安—叶城	3	新疆	658.755	3770.440	4429.195
G4221	上海—武汉	1	上海	25.073	0.000	25.073
G4221	上海—武汉	2	江苏	260.762	26.000	286.762
G4221	上海—武汉	3	安徽	320.150	287.000	607.150
G4221	上海—武汉	4	湖北	158.514	608.000	766.514
G50	上海—重庆	1	上海	60.319	0.000	60.319
G50	上海—重庆	2	江苏	49.947	61.000	110.947
G50	上海—重庆	3	浙江	88.225	111.000	199.225
G50	上海—重庆	4	安徽	437.153	200.000	637.153
G50	上海—重庆	5	湖北	820.554	679.000	1499.554
G50	上海—重庆	6	重庆	273.354	1501.000	1774.354
G5012	恩施—广元	1	湖北	42.109	0.000	42.109
G5012	恩施—广元	2	重庆	124.384	43.000	167.384
G5012	恩施—广元	3	四川	313.109	168.000	481.109
G5013	重庆—成都	1	重庆	78.603	0.000	78.603

续上表

路线编号	路线名称	序号	单位	桩号传递里程（含预留）	现场确认里程桩传递	
					起点桩号	止点桩号
G5013	重庆—成都	2	四川	174.539	80.717	255.256
G56	杭州—瑞丽	1	浙江	122.286	0.000	122.286
G56	杭州—瑞丽	2	安徽	117.627	123.000	240.627
G56	杭州—瑞丽	3	江西	314.927	241.443	556.370
G56	杭州—瑞丽	4	湖北	199.718	560.000	759.718
G56	杭州—瑞丽	5	湖南	543.497	759.718	1303.215
G56	杭州—瑞丽	6	贵州	629.925	1307.000	1936.925
G56	杭州—瑞丽	7	云南	1034.225	1922.000	2956.225
G60	上海—昆明	1	上海	65.000	0.000	65.000
G60	上海—昆明	2	浙江	391.846	65.000	456.846
G60	上海—昆明	3	江西	524.875	458.000	982.875
G60	上海—昆明	4	湖南	540.299	983.000	1523.299
G60	上海—昆明	5	贵州	626.502	1524.000	2150.502
G60	上海—昆明	6	云南	204.075	2149.000	2353.075
G6011	南昌—韶关	1	江西	483.001	0.000	483.001
G6011	南昌—韶关	2	广东	130.092	483.000	613.092
G6021	杭州—长沙	1	浙江	164.952	0.000	164.952
G6021	杭州—长沙	2	江西	471.881	165.000	636.881
G6021	杭州—长沙	3	湖南	129.837	637.000	766.837
G70	福州—银川	1	福建	346.183	0.000	346.183
G70	福州—银川	2	江西	360.675	347.000	707.675
G70	福州—银川	3	湖北	771.681	708.704	1480.385
G70	福州—银川	4	陕西	387.571	1474.000	1861.571
G70	福州—银川	5	甘肃	141.569	1863.133	2004.702
G70	福州—银川	6	宁夏	393.303	2005.700	2399.003
G7011	十堰—天水	1	湖北	58.208	0.000	58.208
G7011	十堰—天水	2	陕西	467.993	73.597	541.590
G7011	十堰—天水	3	甘肃	188.704	542.000	730.704
G72	泉州—南宁	1	福建	328.079	0.000	328.079
G72	泉州—南宁	2	江西	297.244	342.000	639.244
G72	泉州—南宁	3	湖南	331.250	640.000	971.250
G72	泉州—南宁	4	广西	507.353	964.065	1471.418
G76	厦门—成都	1	福建	285.852	0.000	285.852
G76	厦门—成都	2	江西	248.884	285.998	534.882
G76	厦门—成都	3	湖南	308.486	532.000	840.486
G76	厦门—成都	4	广西	280.547	840.487	1121.034
G76	厦门—成都	5	贵州	599.021	1124.000	1723.021
G76	厦门—成都	6	四川	420.470	1723.932	2144.402
G7611	都匀—香格里拉	1	贵州	493.800	0.000	493.800
G7611	都匀—香格里拉	2	云南	70.000	493.800	563.800

续上表

路线编号	路线名称	序号	单位	桩号传递里程（含预留）	现场确认里程桩传递	
					起点桩号	止点桩号
G7611	都匀—香格里拉	3	四川	422.000	563.800	985.800
G7611	都匀—香格里拉	4	云南	118.000	985.800	1103.800
G78	汕头—昆明	1	广东	636.281	0.000	636.281
G78	汕头—昆明	2	广西	857.982	612.073	1470.055
G78	汕头—昆明	3	贵州	128.009	1475.452	1603.461
G78	汕头—昆明	4	云南	263.689	1603.300	1866.989
G80	广州—昆明	1	广东	188.109	0.000	188.109
G80	广州—昆明	2	广西	662.786	189.616	852.402
G80	广州—昆明	3	云南	529.162	858.000	1387.162
G95	首都地区环线	1	河北	109.021	0.000	109.021
G95	首都地区环线	2	北京	44.004	109.021	153.025
G95	首都地区环线	3	河北	27.562	153.025	180.587
G95	首都地区环线	4	北京	39.881	180.587	220.468
G95	首都地区环线	5	河北	693.432	220.468	913.900
G9111	本溪—集安	1	辽宁	205.000	0.000	205.000
G9111	本溪—集安	2	吉林	57.671	205.000	262.671
G92	杭州湾地区环线	1	上海	65.000	0.000	65.000
G92	杭州湾地区环线	2	浙江	238.418	65.000	303.418
G93	成渝地区环线	1	四川	311.232	0.000	311.232
G93	成渝地区环线	2	重庆	205.557	305.000	510.557
G93	成渝地区环线	3	四川	504.194	509.888	1014.082

国家公路网里程桩号传递方案

（普通国道）

路线编号	路线名称	序号	单位	桩号传递里程（含预留）	现场确认里程桩传递	
					起点桩号	止点桩号
G101	北京—沈阳	1	北京	124.043	0.000	124.043
G101	北京—沈阳	2	河北	212.343	125.000	337.343
G101	北京—沈阳	3	辽宁	533.205	337.343	870.548
G102	北京—抚远	1	北京	31.300	0.000	31.300
G102	北京—抚远	2	河北	39.990	31.850	71.840
G102	北京—抚远	3	天津	28.884	71.840	100.724
G102	北京—抚远	4	河北	222.217	100.724	322.941
G102	北京—抚远	5	辽宁	606.563	322.941	929.504
G102	北京—抚远	6	吉林	306.152	929.504	1235.656
G102	北京—抚远	7	黑龙江	972.426	1235.656	2208.082
G103	北京—滨海新区	1	北京	50.090	0.000	50.090
G103	北京—滨海新区	2	河北	3.870	50.400	54.270
G103	北京—滨海新区	3	天津	113.628	54.270	167.898
G104	北京—平潭	1	北京	46.840	0.000	46.840
G104	北京—平潭	2	河北	23.625	46.840	70.465
G104	北京—平潭	3	天津	6.524	70.465	76.989
G104	北京—平潭	4	河北	2.413	76.989	79.402
G104	北京—平潭	5	天津	97.470	79.402	176.872
G104	北京—平潭	6	河北	115.124	176.872	291.996
G104	北京—平潭	7	山东	452.496	291.996	744.492
G104	北京—平潭	8	江苏	138.869	744.492	883.361
G104	北京—平潭	9	安徽	217.490	883.361	1100.851
G104	北京—平潭	10	江苏	216.207	1100.851	1317.058
G104	北京—平潭	11	浙江	694.213	1317.058	2011.271
G104	北京—平潭	12	福建	448.996	2011.271	2460.267
G105	北京—澳门	1	北京	36.155	0.000	36.155
G105	北京—澳门	2	河北	276.848	36.155	313.003
G105	北京—澳门	3	山东	416.020	313.003	729.023
G105	北京—澳门	4	河南	66.045	728.414	794.459
G105	北京—澳门	5	安徽	656.188	794.459	1450.647
G105	北京—澳门	6	湖北	67.034	1451.000	1518.034
G105	北京—澳门	7	江西	791.312	1518.034	2309.346
G105	北京—澳门	8	广东	384.163	2309.346	2693.509
G106	北京—广州	1	北京	44.300	0.000	44.300
G106	北京—广州	2	河北	390.041	44.300	434.341
G106	北京—广州	3	山东	10.704	434.341	445.045
G106	北京—广州	4	河北	2.961	445.045	448.006
G106	北京—广州	5	山东	2.812	448.006	450.818

续上表

路线编号	路 线 名 称	序号	单位	桩号传递里程（含预留）	现场确认里程桩传递	
					起点桩号	止点桩号
G106	北京—广州	6	河北	26.661	450.818	477.479
G106	北京—广州	7	河南	95.550	477.479	573.029
G106	北京—广州	8	山东	56.272	573.029	629.301
G106	北京—广州	9	河南	260.439	629.301	889.740
G106	北京—广州	10	安徽	0.515	889.740	890.255
G106	北京—广州	11	河南	0.800	890.255	891.055
G106	北京—广州	12	安徽	6.347	891.055	897.402
G106	北京—广州	13	河南	162.753	897.402	1060.155
G106	北京—广州	14	湖北	473.612	1060.155	1533.767
G106	北京—广州	15	湖南	578.305	1533.767	2112.072
G106	北京—广州	16	广东	322.706	2112.072	2434.778
G107	北京—香港	1	北京	56.033	0.000	56.033
G107	北京—香港	2	河北	521.516	56.033	577.549
G107	北京—香港	3	河南	591.327	577.549	1168.876
G107	北京—香港	4	湖北	339.432	1168.876	1508.308
G107	北京—香港	5	湖南	595.381	1508.308	2103.689
G107	北京—香港	6	广东	19.296	2103.689	2122.985
G107	北京—香港	7	湖南	37.955	2122.985	2160.940
G107	北京—香港	8	广东	497.116	2160.940	2658.056
G108	北京—昆明	1	北京	130.000	0.000	130.000
G108	北京—昆明	2	河北	150.946	130.500	281.446
G108	北京—昆明	3	山西	781.732	282.000	1063.732
G108	北京—昆明	4	陕西	753.774	1063.732	1817.506
G108	北京—昆明	5	四川	1268.896	1817.510	3086.406
G108	北京—昆明	6	云南	253.148	3087.000	3340.148
G109	北京—拉萨	1	北京	126.150	0.000	126.150
G109	北京—拉萨	2	河北	190.343	126.150	316.493
G109	北京—拉萨	3	山西	220.539	316.336	536.875
G109	北京—拉萨	4	内蒙古	574.247	536.875	1111.122
G109	北京—拉萨	5	宁夏	346.263	1111.122	1457.385
G109	北京—拉萨	6	甘肃	346.421	1457.385	1803.806
G109	北京—拉萨	7	青海	948.739	1804.000	2752.739
G109	北京—拉萨	8	西藏	592.700	2752.739	3345.439
G109	北京—拉萨	9	西藏	547.800	3345.439	3893.239
G110	北京—青铜峡	1	北京	99.150	0.000	99.150
G110	北京—青铜峡	2	河北	179.780	99.150	278.930
G110	北京—青铜峡	3	内蒙古	845.849	278.705	1124.554
G110	北京—青铜峡	4	宁夏	204.950	1124.554	1329.504
G111	北京—漠河	1	北京	155.300	0.000	155.300
G111	北京—漠河	2	河北	264.345	155.300	419.645

续上表

路线编号	路 线 名 称	序号	单位	桩号传递里程（含预留）	现场确认里程桩传递	
					起点桩号	止点桩号
G111	北京—漠河	3	内蒙古	1492.056	419.645	1911.701
G111	北京—漠河	4	黑龙江	648.866	1911.701	2560.567
G112	北京环线	1	天津	22.567	0.000	22.567
G112	北京环线	2	河北	1055.441	22.800	1078.241
G112	北京环线	3	天津	98.850	1078.241	1177.091
G201	鹤岗—大连	1	黑龙江	652.471	0.000	652.471
G201	鹤岗—大连	2	吉林	463.224	652.471	1115.695
G201	鹤岗—大连	3	辽宁	626.194	1115.695	1741.889
G202	黑河—大连	1	黑龙江	701.020	0.000	701.020
G202	黑河—大连	2	吉林	409.915	701.020	1110.935
G202	黑河—大连	3	辽宁	670.247	1110.935	1781.182
G203	绥化—沈阳	1	黑龙江	277.729	0.000	277.729
G203	绥化—沈阳	2	吉林	291.465	277.729	569.194
G203	绥化—沈阳	3	内蒙古	42.804	569.194	611.998
G203	绥化—沈阳	4	辽宁	159.945	611.998	771.943
G204	烟台—上海	1	山东	385.366	0.000	385.366
G204	烟台—上海	2	江苏	546.430	385.366	931.796
G204	烟台—上海	3	上海	25.197	931.796	956.993
G205	山海关—深圳	1	河北	214.450	0.000	214.450
G205	山海关—深圳	2	天津	152.981	214.450	367.431
G205	山海关—深圳	3	河北	98.769	367.431	466.200
G205	山海关—深圳	4	山东	527.629	466.200	993.829
G205	山海关—深圳	5	江苏	223.577	993.829	1217.406
G205	山海关—深圳	6	安徽	29.908	1217.406	1247.314
G205	山海关—深圳	7	江苏	117.020	1247.314	1364.334
G205	山海关—深圳	8	安徽	350.439	1364.334	1714.773
G205	山海关—深圳	9	浙江	162.800	1714.773	1877.573
G205	山海关—深圳	10	福建	644.142	1877.573	2521.715
G205	山海关—深圳	11	广东	454.735	2521.715	2976.450
G206	威海—汕头	1	山东	751.161	0.000	751.161
0206	威海—汕头	2	江苏	67.246	751.161	818.407
G206	威海—汕头	3	安徽	623.328	818.407	1441.735
G206	威海—汕头	4	江西	703.130	1441.735	2144.865
G206	威海—汕头	5	广东	255.624	2144.865	2400.489
G207	乌兰浩特—海安	1	内蒙古	929.713	0.000	929.713
G207	乌兰浩特—海安	2	河北	553.978	929.992	1483.970
G207	乌兰浩特—海安	3	山西	425.880	1483.970	1909.850
G207	乌兰浩特—海安	4	河南	492.035	1909.456	2401.491
G207	乌兰浩特—海安	5	湖北	354.522	2401.491	2756.013
G207	乌兰浩特—海安	6	湖南	762.407	2756.013	3518.420

续上表

路线编号	路 线 名 称	序号	单位	桩号传递里程（含预留）	现场确认里程桩传递	
					起点桩号	止点桩号
G207	乌兰浩特—海安	7	广西	341.439	3518.420	3859.859
G207	乌兰浩特—海安	8	广东	337.829	3859.859	4197.688
G208	二连浩特—淅川	1	内蒙古	420.074	0.000	420.074
G208	二连浩特—淅川	2	山西	723.199	420.074	1143.273
G208	二连浩特—淅川	3	河南	398.401	1143.273	1541.674
G209	苏尼特左旗—北海	1	内蒙古	598.985	0.000	598.985
G209	苏尼特左旗—北海	2	山西	760.936	598.985	1359.921
G209	苏尼特左旗—北海	3	河南	291.190	1359.749	1650.939
G209	苏尼特左旗—北海	4	湖北	829.010	1650.939	2479.949
G209	苏尼特左旗—北海	5	湖南	629.016	2479.949	3108.965
G209	苏尼特左旗—北海	6	广西	592.561	3108.965	3701.526
G210	满都拉—防城港	1	内蒙古	482.975	0.000	482.975
G210	满都拉—防城港	2	陕西	1232.596	482.975	1715.571
G210	满都拉—防城港	3	四川	385.896	1715.571	2101.467
G210	满都拉—防城港	4	重庆	311.336	2101.467	2412.803
G210	满都拉—防城港	5	贵州	629.134	2412.803	3041.937
G210	满都拉—防城港	6	广西	563.873	3041.937	3605.810
G211	银川—榕江	1	宁夏	179.505	0.000	179.505
G211	银川—榕江	2	甘肃	308.787	179.505	488.292
G211	银川—榕江	3	陕西	669.582	488.292	1157.874
G211	银川—榕江	4	重庆	702.843	1157.874	1860.717
G211	银川—榕江	5	贵州	548.823	1860.717	2409.540
G212	兰州—龙邦	1	甘肃	694.572	0.000	694.572
G212	兰州—龙邦	2	四川	449.618	695.150	1144.768
G212	兰州—龙邦	3	重庆	259.403	1144.768	1404.171
G212	兰州—龙邦	4	贵州	655.412	1404.171	2059.583
G212	兰州—龙邦	5	广西	439.404	2059.583	2498.987
G213	策克—磨憨	1	内蒙古	313.164	0.000	313.164
G213	策克—磨憨	2	甘肃	358.504	313.164	671.668
G213	策克—磨憨	3	青海	890.158	671.668	1561.826
G213	策克—磨憨	4	甘肃	124.048	1561.826	1685.874
G213	策克—磨憨	5	四川	894.816	1685.874	2580.690
G213	策克—磨憨	6	云南	1485.166	2581.000	4066.166
G214	西宁—澜沧	1	青海	1083.794	0.000	1083.794
G214	西宁—澜沧	2	西藏	769.570	1083.794	1853.364
G214	西宁—澜沧	3	云南	1111.807	1854.000	2965.807
G215	马鬃山—宁洱	1	甘肃	673.486	0.000	673.486
G215	马鬃山—宁洱	2	青海	1325.214	673.486	1998.700
G215	马鬃山—宁洱	3	四川	893.713	1998.700	2892.413
G215	马鬃山—宁洱	4	云南	1044.986	2892.413	3937.399

续上表

路线编号	路线名称	序号	单位	桩号传递里程（含预留）	现场确认里程桩传递	
					起点桩号	止点桩号
G216	红山嘴—吉隆	1	新疆	2226.815	0.000	2226.815
G216	红山嘴—吉隆	2	西藏	1289.851	2226.815	3516.666
G217	阿勒泰—塔什库尔干	1	新疆	1278.251	0.000	1278.251
G217	阿勒泰—塔什库尔干	2	兵团	334.603	1278.251	1612.854
G217	阿勒泰—塔什库尔干	3	新疆	48.000	1612.854	1660.854
G217	阿勒泰—塔什库尔干	4	兵团	110.000	1660.854	1770.854
G217	阿勒泰—塔什库尔干	5	新疆	365.768	1770.854	2136.622
G219	喀纳斯—东兴	1	新疆	594.054	0.000	594.054
G219	喀纳斯—东兴	2	兵团	79.683	594.054	673.737
G219	喀纳斯—东兴	3	新疆	616.436	673.737	1290.173
G219	喀纳斯—东兴	4	兵团	129.646	1290.173	1419.819
G219	喀纳斯—东兴	5	新疆	70.290	1419.819	1490.109
G219	喀纳斯—东兴	6	兵团	110.000	1490.109	1600.109
G219	喀纳斯—东兴	7	新疆	1647.417	1600.109	3247.526
G219	喀纳斯—东兴	8	西藏	3486.351	3247.526	6733.877
G219	喀纳斯—东兴	9	云南	2624.279	6733.877	9358.156
G219	喀纳斯—东兴	10	广西	710.481	9358.156	10068.637
G220	东营—深圳	1	山东	543.170	0.000	543.170
G220	东营—深圳	2	河南	249.310	543.170	792.480
G220	东营—深圳	3	安徽	115.964	792.480	908.444
G220	东营—深圳	4	河南	143.924	908.444	1052.368
G220	东营—深圳	5	湖北	237.515	1052.368	1289.883
G220	东营—深圳	6	江西	866.877	1289.883	2156.760
G220	东营—深圳	7	广东	427.392	2156.760	2584.152
G222	嘉荫—临江	1	黑龙江	829.044	0.000	829.044
G222	嘉荫—临江	2	吉林	443.051	829.044	1272.095
G227	张掖—孟连	1	甘肃	93.205	0.000	93.205
G227	张掖—孟连	2	青海	1110.624	93.205	1203.829
G227	张掖—孟连	3	四川	1468.807	1203.829	2672.636
G227	张掖—孟连	4	云南	1072.422	2672.636	3745.058
0228	丹东—东兴	1	辽宁	1332.882	0.000	1332.882
G228	丹东—东兴	2	河北	217.575	1332.882	1550.457
G228	丹东—东兴	3	天津	110.820	1550.457	1661.277
G228	丹东—东兴	4	河北	66.108	1661.277	1727.385
G228	丹东—东兴	5	山东	1143.445	1727.385	2870.830
G228	丹东—东兴	6	江苏	548.029	2870.830	3418.859
G228	丹东—东兴	7	上海	159.974	3418.859	3578.833
G228	丹东—东兴	8	浙江	588.922	3578.833	4167.755
G228	丹东—东兴	9	福建	1233.450	4167.755	5401.205
G228	丹东—东兴	10	广东	1189.341	5401.205	6590.546

续上表

路线编号	路线名称	序号	单位	桩号传递里程（含预留）	现场确认里程桩传递	
					起点桩号	止点桩号
G228	丹东—东兴	11	广西	325.510	6590.546	6916.056
G229	饶河—盖州	1	黑龙江	805.881	0.000	805.881
G229	饶河—盖州	2	吉林	362.820	805.881	1168.701
G229	饶河—盖州	3	辽宁	687.372	1168.701	1856.073
G230	通化—武汉	1	吉林	48.087	0.000	48.087
G230	通化—武汉	2	辽宁	694.255	48.087	742.342
G230	通化—武汉	3	河北	222.642	742.342	964.984
G230	通化—武汉	4	天津	37.967	964.984	1002.951
G230	通化—武汉	5	北京	43.455	1002.951	1046.406
G230	通化—武汉	6	河北	60.367	1046.406	1106.773
G230	通化—武汉	7	北京	77.437	1106.773	1184.210
G230	通化—武汉	8	河北	477.866	1184.210	1662.076
G230	通化—武汉	9	河南	691.824	1662.076	2353.900
G230	通化—武汉	10	湖北	117.194	2353.900	2471.094
G231	嫩江—双辽	1	内蒙古	19.352	0.000	19.352
G231	嫩江—双辽	2	黑龙江	400.517	19.352	419.869
G231	嫩江—双辽	3	吉林	347.173	419.869	767.042
G232	牙克石—四平	1	内蒙古	165.667	0.000	165.667
G232	牙克石—四平	2	黑龙江	372.248	165.667	537.915
G232	牙克石—四平	3	吉林	337.610	537.915	875.525
G233	克什克腾—黄山	1	内蒙古	121.773	0.000	121.773
G233	克什克腾—黄山	2	河北	387.876	121.773	509.649
G233	克什克腾—黄山	3	天津	227.194	509.649	736.843
G233	克什克腾—黄山	4	河北	98.769	736.843	835.612
G233	克什克腾—黄山	5	山东	456.986	835.612	1292.598
G233	克什克腾—黄山	6	江苏	499.453	1292.598	1792.051
G233	克什克腾—黄山	7	安徽	238.885	1792.051	2030.936
G234	兴隆—阳江	1	河北	28.107	0.000	28.107
G234	兴隆—阳江	2	北京	215.893	28.107	244.000
G234	兴隆—阳江	3	河北	33.031	244.000	277.031
G234	兴隆—阳江	4	北京	143.336	277.031	420.367
G234	兴隆—阳江	5	河北	559.546	420.367	979.913
G234	兴隆—阳江	6	河南	607.015	979.913	1586.928
G234	兴隆—阳江	7	湖北	397.162	1586.928	1984.090
G234	兴隆—阳江	8	湖南	734.738	1984.090	2718.828
G234	兴隆—阳江	9	广东	605.500	2718.828	3324.328
G235	新沂—海丰	1	江苏	223.071	0.000	223.071
G235	新沂—海丰	2	安徽	18.656	223.071	241.727
G235	新沂—海丰	3	江苏	229.105	241.727	470.832
G235	新沂—海丰	4	安徽	83.837	470.832	554.669

续上表

路线编号	路 线 名 称	序号	单位	桩号传递里程（含预留）	现场确认里程桩传递	
					起点桩号	止点桩号
G235	新沂—海丰	5	浙江	599.848	554.669	1154.517
G235	新沂—海丰	6	福建	726.954	1154.517	1881.471
G235	新沂—海丰	7	广东	322.491	1881.471	2203.962
G236	芜湖—汕尾	1	安徽	289.881	0.000	289.881
G236	芜湖—汕尾	2	江西	718.051	289.881	1007.932
G236	芜湖—汕尾	3	广东	330.483	1007.932	1338.415
G237	济宁—宁德	1	山东	95.591	0.000	95.591
G237	济宁—宁德	2	江苏	53.865	95.591	149.456
G237	济宁—宁德	3	安徽	907.981	149.456	1057.437
G237	济宁—宁德	4	江西	285.297	1057.437	1342.734
G237	济宁—宁德	5	福建	397.960	1342.734	1740.694
G238	南昌—惠来	1	江西	608.769	0.000	608.769
G238	南昌—惠来	2	广东	365.351	608.769	974.120
G239	正蓝旗—阳泉	1	内蒙古	120.906	0.000	120.906
G239	正蓝旗—阳泉	2	河北	364.276	120.906	485.182
G239	正蓝旗—阳泉	3	山西	444.242	485.182	929.424
G240	保定—台山	1	河北	262.890	0.000	262.890
G240	保定—台山	2	山东	197.123	262.890	460.013
G240	保定—台山	3	河南	26.561	460.013	486.574
G240	保定—台山	4	山东	113.481	486.574	600.055
G240	保定—台山	5	河南	451.315	600.055	1051.370
G240	保定—台山	6	湖北	414.985	1051.370	1466.355
G240	保定—台山	7	湖南	724.820	1466.355	2191.175
G240	保定—台山	8	广东	590.271	2191.175	2781.446
G241	呼和浩特—北海	1	内蒙古	62.071	0.000	62.071
G241	呼和浩特—北海	2	山西	875.599	62.071	937.670
G241	呼和浩特—北海	3	河南	443.425	937.670	1381.095
G241	呼和浩特—北海	4	湖北	524.074	1381.095	1905.169
G241	呼和浩特—北海	5	湖南	720.125	1905.169	2625.294
G241	呼和浩特—北海	6	广西	836.919	2625.294	3462.213
G242	甘其毛都—钦州	1	内蒙古	598.162	0.000	598.162
G242	甘其毛都—钦州	2	陕西	931.661	598.162	1529.823
G242	甘其毛都—钦州	3	湖北	371.567	1529.823	1901.390
G242	甘其毛都—钦州	4	重庆	239.678	1901.390	2141.068
G242	甘其毛都—钦州	5	湖北	271.869	2141.068	2412.937
G242	甘其毛都—钦州	6	湖南	204.919	2412.937	2617.856
G242	甘其毛都—钦州	7	重庆	53.871	2617.856	2671.727
G242	甘其毛都—钦州	8	贵州	129.285	2671.727	2801.012
G242	甘其毛都—钦州	9	湖南	62.734	2801.012	2863.746
G242	甘其毛都—钦州	10	贵州	296.732	2863.746	3160.478

续上表

路线编号	路线名称	序号	单位	桩号传递里程（含预留）	现场确认里程桩传递	
					起点桩号	止点桩号
G242	甘其毛都—钦州	11	广西	585.392	3160.478	3745.870
G243	开县—凭祥	1	重庆	455.113	0.000	455.113
G243	开县—凭祥	2	贵州	730.468	455.113	1185.581
G243	开县—凭祥	3	广西	626.372	1185.581	1811.953
G244	乌海—江津	1	内蒙古	21.800	0.000	21.800
G244	乌海—江津	2	宁夏	253.322	21.800	275.122
G244	乌海—江津	3	陕西	194.043	275.122	469.165
G244	乌海—江津	4	甘肃	303.210	469.165	772.375
G244	乌海—江津	5	陕西	357.715	772.375	1130.090
G244	乌海—江津	6	四川	457.236	1130.090	1587.326
G244	乌海—江津	7	重庆	167.133	1587.326	1754.459
G245	巴中—金平	1	四川	1417.532	0.000	1417.532
G245	巴中—金平	2	云南	642.600	1417.532	2060.132
G246	遂宁—麻栗坡	1	四川	57.998	0.000	57.998
G246	遂宁—麻栗坡	2	重庆	180.399	57.998	238.397
G246	遂宁—麻栗坡	3	四川	268.567	238.397	506.964
G246	遂宁—麻栗坡	4	云南	116.226	506.964	623.190
G246	遂宁—麻栗坡	5	贵州	608.474	623.190	1231.664
G246	遂宁—麻栗坡	6	广西	155.681	1231.664	1387.345
G246	遂宁—麻栗坡	7	云南	281.896	1387.345	1669.241
G247	景泰—昭通	1	甘肃	855.504	0.000	855.504
G247	景泰—昭通	2	四川	819.481	855.504	1674.985
G247	景泰—昭通	3	云南	234.641	1674.985	1909.626
G248	兰州—马关	1	甘肃	502.970	0.000	502.970
G248	兰州—马关	2	四川	1398.754	502.970	1901.724
G248	兰州—马关	3	云南	1006.145	1901.724	2907.869
G301	绥芬河—满洲里	1	黑龙江	983.814	0.000	983.814
G301	绥芬河—满洲里	2	内蒙古	589.592	983.814	1573.406
G302	珲春—阿尔山	1	吉林	1054.682	0.000	1054.682
G302	珲春—阿尔山	2	内蒙古	310.256	1054.682	1364.938
G303	集安—阿巴嘎旗	1	吉林	316.595	0.000	316.595
G303	集安—阿巴嘎旗	2	辽宁	18.044	316.595	334.639
G303	集安—阿巴嘎旗	3	吉林	49.462	334.639	384.101
G303	集安—阿巴嘎旗	4	辽宁	60.506	384.101	444.607
G303	集安—阿巴嘎旗	5	吉林	39.854	444.607	484.461
G303	集安—阿巴嘎旗	6	内蒙古	834.715	484.461	1319.176
G304	丹东—霍林河	1	辽宁	447.996	0.000	447.996
G304	丹东—霍林河	2	内蒙古	415.325	447.996	863.321
G305	庄河—西乌珠穆沁旗	1	辽宁	452.043	0.000	452.043
G305	庄河—西乌珠穆沁旗	2	内蒙古	462.531	452.043	914.574

续上表

路线编号	路 线 名 称	序号	单位	桩号传递里程（含预留）	现场确认里程桩传递	
					起点桩号	止点桩号
G306	绥中—珠恩嘎达布其	1	辽宁	184.025	0.000	184.025
G306	绥中—珠恩嘎达布其	2	内蒙古	704.563	184.025	888.588
G307	黄骅—山丹	1	河北	389.162	0.000	389.162
G307	黄骅—山丹	2	山西	402.409	389.374	791.783
G307	黄骅—山丹	3	陕西	373.665	791.783	1165.448
G307	黄骅—山丹	4	宁夏	206.817	1165.448	1372.265
G307	黄骅—山丹	5	内蒙古	629.197	1372.265	2001.462
G307	黄骅—山丹	6	甘肃	38.904	2001.462	2040.366
G308	文登—石家庄	1	山东	638.823	0.000	638.823
G308	文登—石家庄	2	河北	176.067	638.823	814.890
G309	青岛—兰州	1	山东	599.904	0.000	599.904
G309	青岛—兰州	2	河北	182.438	599.904	782.342
G309	青岛—兰州	3	山西	395.267	782.342	1177.609
G309	青岛—兰州	4	陕西	229.001	1177.609	1406.610
G309	青岛—兰州	5	甘肃	222.783	1406.610	1629.393
G309	青岛—兰州	6	宁夏	220.057	1629.393	1849.450
G309	青岛—兰州	7	甘肃	323.136	1849.450	2172.586
G310	连云港—共和	1	江苏	103.191	0.000	103.191
G310	连云港—共和	2	山东	25.485	103.191	128.676
G310	连云港—共和	3	江苏	130.439	128.676	259.115
G310	连云港—共和	4	安徽	82.765	259.115	341.880
G310	连云港—共和	5	河南	643.289	341.224	984.513
G310	连云港—共和	6	陕西	416.850	984.513	1401.363
G310	连云港—共和	7	甘肃	565.635	1401.363	1966.998
G310	连云港—共和	8	青海	356.140	1966.998	2323.138
G311	连云港—栾川	1	江苏	292.187	0.000	292.187
G311	连云港—栾川	2	安徽	62.175	292.187	354.362
G311	连云港—栾川	3	河南	60.484	354.362	414.846
G311	连云港—栾川	4	安徽	40.011	414.846	454.857
G311	连云港—栾川	5	河南	522.266	454.857	977.123
G312	上海—霍尔果斯	1	上海	34.733	0.000	34.733
G312	上海—霍尔果斯	2	江苏	342.537	34.733	377.270
G312	上海—霍尔果斯	3	安徽	309.952	377.270	687.222
G312	上海—霍尔果斯	4	河南	240.864	687.000	927.864
G312	上海—霍尔果斯	5	湖北	19.331	927.864	947.195
G312	上海—霍尔果斯	6	河南	310.248	947.166	1257.414
G312	上海—霍尔果斯	7	陕西	474.000	1257.414	1731.414
G312	上海—霍尔果斯	8	甘肃	149.639	1731.414	1881.053
G312	上海—霍尔果斯	9	宁夏	68.885	1881.053	1949.938
G312	上海—霍尔果斯	10	甘肃	1429.200	1949.938	3379.138

续上表

路线编号	路 线 名 称	序号	单位	桩号传递里程（含预留）	现场确认里程桩传递	
					起点桩号	止点桩号
G312	上海—霍尔果斯	11	新疆	1458.586	3379.138	4837.724
G315	西宁—吐尔尕特	1	青海	1294.292	0.000	1294.292
G315	西宁—吐尔尕特	2	新疆	1844.671	1295.000	3139.671
G316	长乐—同仁	1	福建	469.129	0.000	469.129
G316	长乐—同仁	2	江西	377.692	469.129	846.821
G316	长乐—同仁	3	湖北	874.300	846.821	1721.121
G316	长乐—同仁	4	陕西	569.660	1721.121	2290.781
G316	长乐—同仁	5	甘肃	736.771	2290.781	3027.552
G316	长乐—同仁	6	青海	62.554	3027.552	3090.106
G317	成都—噶尔	1	四川	911.050	0.000	911.050
G317	成都—噶尔	2	西藏	2445.982	911.050	3357.032
G318	上海—聂拉木	1	上海	67.000	0.000	67.000
G318	上海—聂拉木	2	江苏	52.886	67.000	119.886
G318	上海—聂拉木	3	浙江	95.246	119.886	215.132
G318	上海—聂拉木	4	安徽	502.669	215.132	717.801
G318	上海—聂拉木	5	湖北	1062.747	717.801	1780.548
G318	上海—聂拉木	6	重庆	221.624	1780.548	2002.172
G318	上海—聂拉木	7	四川	1318.207	2002.200	3320.407
G318	上海—聂拉木	8	西藏	2029.791	3320.407	5350.198
G319	高雄—成都	1	福建	405.464	350.000	755.464
G319	高雄—成都	2	江西	511.843	755.464	1267.307
G319	高雄—成都	3	湖南	682.876	1267.307	1950.183
G319	高雄—成都	4	重庆	731.945	1950.183	2682.128
G319	高雄—成都	5	四川	189.182	2682.128	2871.310
G320	上海—瑞丽	1	上海	86.000	0.000	86.000
G320	上海—瑞丽	2	浙江	419.523	86.000	505.523
G320	上海—瑞丽	3	江西	615.335	505.523	1120.858
G320	上海—瑞丽	4	湖南	635.263	1120.858	1756.121
G320	上海—瑞丽	5	贵州	761.150	1756.121	2517.271
G320	上海—瑞丽	6	云南	1103.248	2517.271	3620.519
G321	广州—成都	1	广东	247.984	0.000	247.984
G321	广州—成都	2	广西	562.126	247.984	810.110
G321	广州—成都	3	贵州	4.184	810.110	814.294
G321	广州—成都	4	广西	20.897	814.294	835.191
G321	广州—成都	5	贵州	828.265	835.191	1663.456
G321	广州—成都	6	四川	517.668	1663.456	2181.124
G322	瑞安—友谊关	1	浙江	295.555	0.000	295.555
G322	瑞安—友谊关	2	福建	288.899	295.555	584.454
G322	瑞安—友谊关	3	江西	498.958	584.454	1083.412
G322	瑞安—友谊关	4	湖南	405.101	1083.412	1488.513

续上表

路线编号	路线名称	序号	单位	桩号传递里程（含预留）	现场确认里程桩传递	
					起点桩号	止点桩号
G322	瑞安—友谊关	5	广西	860.385	1488.513	2348.898
G323	瑞金—清水河	1	江西	226.563	0.000	226.563
G323	瑞金—清水河	2	广东	395.708	226.563	622.271
G323	瑞金—清水河	3	广西	970.545	622.271	1592.816
G323	瑞金—清水河	4	云南	1449.980	1592.816	3042.796
G324	福州—昆明	1	福建	455.079	0.000	455.079
G324	福州—昆明	2	广东	843.686	455.079	1298.765
G324	福州—昆明	3	广西	805.773	1298.765	2104.538
G324	福州—昆明	4	贵州	143.933	2104.538	2248.471
G324	福州—昆明	5	云南	268.818	2248.471	2517.289
G325	广州—南宁	1	广东	560.791	0.000	560.791
G325	广州—南宁	2	广西	260.105	560.800	820.905
G326	秀山—河口	1	重庆	31.330	0.000	31.330
G326	秀山—河口	2	贵州	33.184	32.000	65.184
G326	秀山—河口	3	重庆	10.484	65.184	75.668
G326	秀山—河口	4	贵州	766.457	75.668	842.125
G326	秀山—河口	5	云南	632.217	842.125	1474.342
G327	连云港—固原	1	江苏	39.199	0.000	39.199
G327	连云港—固原	2	山东	460.909	39.199	500.108
G327	连云港—固原	3	河南	336.819	500.108	836.927
G327	连云港—固原	4	山西	197.011	836.927	1033.938
G327	连云港—固原	5	陕西	314.834	1033.938	1348.772
G327	连云港—固原	6	甘肃	223.317	1348.772	1572.089
G327	连云港—固原	7	宁夏	83.189	1572.089	1655.278
G328	启东—老河口	1	江苏	434.684	0.000	434.684
G328	启东—老河口	2	安徽	328.755	434.684	763.439
G328	启东—老河口	3	河南	510.186	763.439	1273.625
G328	启东—老河口	4	湖北	38.518	1273.625	1312.143
G329	舟山—鲁山	1	浙江	475.988	0.000	475.988
G329	舟山—鲁山	2	安徽	693.705	475.988	1169.693
G329	舟山—鲁山	3	河南	270.933	1169.693	1440.626
G330	洞头—合肥	1	浙江	596.673	0.000	596.673
G330	洞头—合肥	2	安徽	352.323	596.673	948.996
G331	丹东—阿勒泰	1	辽宁	272.069	0.000	272.069
G331	丹东—阿勒泰	2	吉林	1239.559	272.069	1511.628
G331	丹东—阿勒泰	3	黑龙江	2604.447	1511.628	4116.075
G331	丹东—阿勒泰	4	内蒙古	3645.618	4116.075	7761.693
G331	丹东—阿勒泰	5	甘肃	127.917	7761.693	7889.610
G331	丹东—阿勒泰	6	新疆	1450.899	7889.610	9340.509
G332	萝北—额布都格	1	黑龙江	685.811	0.000	685.811

续上表

路线编号	路 线 名 称	序号	单位	桩号传递里程（含预留）	现场确认里程桩传递	
					起点桩号	止点桩号
G332	萝北—额布都格	2	黑龙江	141.802	685.811	827.613
G332	萝北—额布都格	3	黑龙江	46.850	827.613	874.463
G332	萝北—额布都格	4	内蒙古	675.232	874.463	1549.695
G333	三合—莫力达瓦旗	1	吉林	215.649	0.000	215.649
G333	三合—莫力达瓦旗	2	黑龙江	1020.079	215.649	1235.728
G333	三合—莫力达瓦旗	3	内蒙古	20.000	1235.728	1255.728
G334	龙井—东乌珠穆沁旗	1	吉林	770.995	0.000	770.995
G334	龙井—东乌珠穆沁旗	2	内蒙古	71.171	770.995	842.166
G334	龙井—东乌珠穆沁旗	3	吉林	123.935	842.166	966.101
G334	龙井—东乌珠穆沁旗	4	内蒙古	509.087	966.101	1475.188
G335	承德—塔城	1	河北	70.189	0.000	70.189
G335	承德—塔城	2	北京	62.000	70.189	132.189
G335	承德—塔城	3	河北	272.046	132.189	404.235
G335	承德—塔城	4	内蒙古	1828.329	404.235	2232.564
G335	承德—塔城	5	甘肃	127.917	2232.564	2360.481
G335	承德—塔城	6	新疆	796.650	2360.481	3157.131
G335	承德—塔城	7	兵团	340.752	3157.131	3497.883
G335	承德—塔城	8	新疆	293.150	3497.883	3791.033
G336	天津—神木	1	天津	93.867	0.000	93.867
G336	天津—神木	2	河北	291.530	93.867	385.397
G336	天津—神木	3	山西	372.971	385.397	758.368
G336	天津—神木	4	陕西	165.814	758.368	924.182
G337	黄骅—榆林	1	河北	407.262	0.000	407.262
G337	黄骅—榆林	2	山西	377.676	407.262	784.938
G337	黄骅—榆林	3	陕西	145.669	784.938	930.607
G338	海兴—天峻	1	河北	466.199	0.000	466.199
G338	海兴—天峻	2	山西	394.297	466.199	860.496
G338	海兴—天峻	3	陕西	122.380	860.496	982.876
G338	海兴—天峻	4	内蒙古	419.167	982.876	1402.043
G338	海兴—天峻	5	宁夏	346.050	1402.043	1748.093
G338	海兴—天峻	6	甘肃	246.723	1748.093	1994.816
G338	海兴—天峻	7	青海	565.603	1994.816	2560.419
G339	滨州港—榆林	1	山东	171.296	0.000	171.296
G339	滨州港—榆林	2	河北	284.386	171.296	455.682
G339	滨州港—榆林	3	山西	461.811	455.682	917.493
G339	滨州港—榆林	4	陕西	89.883	917.493	1007.376
G340	东营港—子长	1	山东	339.352	0.000	339.352
G340	东营港—子长	2	河北	227.296	339.352	566.648
G340	东营港—子长	3	山西	449.270	566.648	1015.918
G340	东营港—子长	4	陕西	96.567	1015.918	1112.485

续上表

路线编号	路线名称	序号	单位	桩号传递里程（含预留）	现场确认里程桩传递	
					起点桩号	止点桩号
G341	胶南—海晏	1	山东	477.869	0.000	477.869
G341	胶南—海晏	2	河南	193.724	477.869	671.593
G341	胶南—海晏	3	山西	516.996	671.593	1188.589
G341	胶南—海晏	4	陕西	330.402	1188.589	1518.991
G341	胶南—海晏	5	甘肃	200.216	1518.991	1719.207
G341	胶南—海晏	6	宁夏	170.296	1719.207	1889.503
G341	胶南—海晏	7	甘肃	359.067	1889.503	2248.570
G341	胶南—海晏	8	青海	262.402	2248.570	2510.972
G342	日照—凤县	1	山东	432.041	0.000	432.041
G342	日照—凤县	2	河南	275.202	432.041	707.243
G342	日照—凤县	3	山西	413.291	707.243	1120.534
G342	日照—凤县	4	陕西	629.237	1120.534	1749.771
G343	大丰—卢氏	1	江苏	344.708	0.000	344.708
G343	大丰—卢氏	2	安徽	175.486	344.708	520.194
G343	大丰—卢氏	3	河南	644.444	520.194	1164.638
G344	东台—灵武	1	江苏	325.069	0.000	325.069
G344	东台—灵武	2	安徽	301.756	325.069	626.825
G344	东台—灵武	3	河南	601.263	626.825	1228.088
G344	东台—灵武	4	陕西	540.082	1228.088	1768.170
G344	东台—灵武	5	甘肃	61.683	1768.170	1829.853
G344	东台—灵武	6	宁夏	423.503	1829.853	2253.356
G345	启东—那曲	1	江苏	369.894	0.000	369.894
G345	启东—那曲	2	安徽	537.597	369.894	907.491
G345	启东—那曲	3	河南	546.681	907.491	1454.172
G345	启东—那曲	4	陕西	795.570	1454.172	2249.742
G345	启东—那曲	5	甘肃	347.883	2249.742	2597.625
G345	启东—那曲	6	四川	69.048	2597.625	2666.673
G345	启东—那曲	7	甘肃	4.602	2666.673	2671.275
G345	启东—那曲	8	四川	33.540	2671.275	2704.815
G345	启东—那曲	9	甘肃	109.236	2704.815	2814.051
G345	启东—那曲	10	青海	466.822	2814.051	3280.873
G345	启东—那曲	11	四川	196.961	3280.873	3477.834
G345	启东—那曲	12	青海	496.011	3477.834	3973.845
G345	启东—那曲	13	西藏	304.580	3973.845	4278.425
G346	上海—安康	1	上海	41.000	0.000	41.000
G346	上海—安康	2	江苏	336.584	41.000	377.584
G346	上海—安康	3	安徽	405.096	377.584	782.680
G346	上海—安康	4	湖北	829.863	782.680	1612.543
G346	上海—安康	5	陕西	82.900	1612.543	1695.443
G347	南京—德令哈	1	江苏	22.704	0.000	22.704

续上表

路线编号	路 线 名 称	序号	单位	桩号传递里程（含预留）	现场确认里程桩传递	
					起点桩号	止点桩号
G347	南京—德令哈	2	安徽	400.972	22.704	423.676
G347	南京—德令哈	3	湖北	976.095	423.676	1399.771
G347	南京—德令哈	4	重庆	477.328	1399.771	1877.099
G347	南京—德令哈	5	四川	1150.720	1877.099	3027.819
G347	南京—德令哈	6	青海	891.188	3027.819	3919.007
0348	武汉—大理	1	湖北	660.978	0.000	660.978
G348	武汉—大理	2	重庆	876.711	660.978	1537.689
G348	武汉—大理	3	四川	898.727	1537.689	2436.416
G348	武汉—大理	4	云南	363.837	2436.416	2800.253
G350	利川—炉霍	1	湖北	54.804	0.000	54.804
G350	利川—炉霍	2	重庆	224.538	54.804	279.342
G350	利川—炉霍	3	四川	1068.577	279.342	1347.919
G351	台州—小金	1	浙江	506.510	0.000	506.510
G351	台州—小金	2	江西	335.355	506.510	841.865
G351	台州—小金	3	湖北	1242.694	841.865	2084.559
G351	台州—小金	4	重庆	552.006	2084.559	2636.565
G351	台州—小金	5	四川	548.657	2636.565	3185.222
G352	张家界—巧家	1	湖南	212.783	0.000	212.783
G352	张家界—巧家	2	贵州	783.496	212.783	996.279
G352	张家界—巧家	3	四川	129.256	996.279	1125.535
G352	张家界—巧家	4	云南	388.939	1125.535	1514.474
G353	宁德—福贡	1	福建	385.172	0.000	385.172
G353	宁德—福贡	2	江西	622.252	385.172	1007.424
G353	宁德—福贡	3	湖北	52.535	1007.424	1059.959
G353	宁德—福贡	4	湖南	622.288	1059.959	1682.247
G353	宁德—福贡	5	湖北	90.132	1682.247	1772.379
G353	宁德—福贡	6	重庆	537.349	1772.379	2309.728
G353	宁德—福贡	7	四川	1054.252	2309.728	3363.980
G353	宁德—福贡	8	云南	493.369	3363.980	3857.349
G354	南昌—兴义	1	江西	264.982	0.000	264.982
G354	南昌—兴义	2	湖南	715.700	264.982	980.682
G354	南昌—兴义	3	贵州	862.053	980.682	1842.735
G355	福州—巴马	1	福建	474.803	0.000	474.803
G355	福州—巴马	2	广东	823.476	474.803	1298.279
G355	福州—巴马	3	广西	812.536	1298.279	2110.815
G356	湄洲—西昌	1	福建	474.218	0.000	474.218
G356	湄洲—西昌	2	江西	470.049	474.218	944.267
G356	湄洲—西昌	3	湖南	722.365	944.267	1666.632
G356	湄洲—西昌	4	贵州	888.865	1666.632	2555.497
G356	湄洲—西昌	5	云南	143.050	2555.497	2698.547

续上表

路线编号	路线名称	序号	单位	桩号传递里程（含预留）	现场确认里程桩传递	
					起点桩号	止点桩号
G356	湄洲—西昌	6	四川	291.489	2698.547	2990.036
G357	东山—泸水	1	福建	355.550	0.000	355.550
G357	东山—泸水	2	江西	334.355	355.550	689.905
G357	东山—泸水	3	湖南	463.097	689.905	1153.002
G357	东山—泸水	4	广西	1185.958	1153.002	2338.960
G357	东山—泸水	5	云南	1341.223	2338.960	3680.183
G358	石狮—水口	1	福建	470.547	0.000	470.547
G358	石狮—水口	2	广东	43.160	470.547	513.707
G358	石狮—水口	3	江西	147.883	513.707	661.590
G358	石狮—水口	4	广东	514.034	661.590	1175.624
G358	石狮—水口	5	广西	764.817	1175.624	1940.441
G359	佛山—富宁	1	广东	409.008	0.000	409.008
G359	佛山—富宁	2	广西	729.532	409.008	1138.540
G359	佛山—富宁	3	云南	21.654	1138.540	1160.194
G503	五常—通榆	1	黑龙江	11.783	0.000	11.783
G503	五常—通榆	2	吉林	347.781	11.783	359.564
G505	开原—奈曼旗	1	辽宁	278.694	0.000	278.694
G505	开原—奈曼旗	2	内蒙古	161.157	278.694	439.851
G506	集安—本溪	1	吉林	62.819	0.000	62.819
G506	集安—本溪	2	辽宁	263.619	62.819	326.438
G508	赤峰—曹妃甸	1	内蒙古	54.600	0.000	54.600
G508	赤峰—曹妃甸	2	河北	344.027	54.600	398.627
G509	京唐港—通州	1	河北	148.546	0.000	148.546
G509	京唐港—通州	2	天津	44.868	148.546	193.414
G509	京唐港—通州	3	河北	26.731	193.414	220.145
G509	京唐港—通州	4	北京	14.630	220.145	234.775
G510	围场—察哈尔右翼后旗	1	河北	50.435	0.000	50.435
G510	围场—察哈尔右翼后旗	2	内蒙古	244.507	50.435	294.942
G510	围场—察哈尔右翼后旗	3	河北	70.048	294.942	364.990
G510	围场—察哈尔右翼后旗	4	内蒙古	152.047	364.990	517.037
G511	苏尼特右旗—张北	1	内蒙古	161.589	0.000	161.589
G511	苏尼特右旗—张北	2	河北	113.163	161.589	274.752
G512	万全—达拉特旗	1	河北	64.218	0.000	64.218
G512	万全—达拉特旗	2	山西	77.279	64.218	141.497
G512	万全—达拉特旗	3	内蒙古	393.829	141.497	535.326
G514	齐河—邯郸	1	山东	124.934	0.000	124.934
G514	齐河—邯郸	2	河北	123.383	124.934	248.317
G515	定州—浚县	1	河北	332.001	0.000	332.001
G515	定州—浚县	2	河南	63.075	332.001	395.076
G518	日照—定陶	1	山东	296.271	0.000	296.271

续上表

路线编号	路线名称	序号	单位	桩号传递里程（含预留）	现场确认里程桩传递	
					起点桩号	止点桩号
G518	日照—定陶	2	江苏	78.149	296.271	374.420
G518	日照—定陶	3	山东	94.010	374.420	468.430
G520	临汾—延安	1	山西	142.142	0.000	142.142
G520	临汾—延安	2	陕西	108.052	142.142	250.194
G521	运城—潼关	1	山西	96.508	0.000	96.508
G521	运城—潼关	2	陕西	14.979	96.508	111.487
G522	垣曲—潼关	1	山西	286.927	0.000	286.927
G522	垣曲—潼关	2	陕西	14.979	286.927	301.906
G524	常熟—海宁	1	江苏	122.774	0.000	122.774
G524	常熟—海宁	2	浙江	86.637	122.774	209.411
G528	龙游—广昌	1	浙江	271.820	0.000	271.820
G528	龙游—广昌	2	福建	410.670	271.820	682.490
G528	龙游—广昌	3	江西	38.607	682.490	721.097
G530	黄山—湖口	1	安徽	318.994	0.000	318.994
G530	黄山—湖口	2	江西	65.252	318.994	384.246
G535	定南—宜章	1	江西	113.111	0.000	113.111
G535	定南—宜章	2	广东	243.550	113.111	356.661
G535	定南—宜章	3	湖南	28.666	356.661	385.327
G537	宁远—连州	1	湖南	65.970	0.000	65.970
G537	宁远—连州	2	广东	56.608	65.970	122.578
G538	江永—钟山	1	湖南	52.454	0.000	52.454
G538	江永—钟山	2	广西	74.330	52.454	126.784
G541	石泉—巫溪	1	陕西	332.302	0.000	332.302
G541	石泉—巫溪	2	湖北	4.091	332.302	336.393
G541	石泉—巫溪	3	重庆	31.407	336.393	367.800
G542	广元—万州	1	四川	451.986	0.000	451.986
G542	广元—万州	2	重庆	98.736	451.986	550.722
G546	纳溪—习水	1	四川	56.905	0.000	56.905
G546	纳溪—习水	2	贵州	93.799	56.905	150.704
G546	纳溪—习水	3	四川	14.475	150.704	165.179
G548	班玛—色达	1	青海	72.968	0.000	72.968
G548	班玛—色达	2	四川	144.646	72.968	217.614
G566	西吉—天水	1	宁夏	63.738	0.000	63.738
G566	西吉—天水	2	甘肃	202.842	63.738	266.580
G569	曼德拉—大通	1	内蒙古	157.337	0.000	157.337
G569	曼德拉—大通	2	甘肃	301.091	157.337	458.428
G569	曼德拉—大通	3	青海	178.362	458.428	636.790
G576	北屯—石河子	1	新疆	54.050	0.000	54.050
G576	北屯—石河子	2	兵团	374.400	54.050	428.450
G576	北屯—石河子	3	新疆	73.813	428.450	502.263

续上表

路线编号	路 线 名 称	序号	单位	桩号传递里程（含预留）	现场确认里程桩传递	
					起点桩号	止点桩号
G577	精河—昭苏	1	兵团	54.997	0.000	54.997
G577	精河—昭苏	2	新疆	365.576	54.997	420.573
G580	阿克苏—康西瓦	1	新疆	59.017	0.000	59.017
G580	阿克苏—康西瓦	2	兵团	130.158	59.017	189.175
G580	阿克苏—康西瓦	3	新疆	613.050	189.175	802.225

103. 交通运输部关于开展国家公路网命名编号调整工作的通知

（交公路发〔2018〕27 号）

各省、自治区、直辖市、新疆生产建设兵团交通运输厅（局、委）：

根据《国家公路网规划（2013 年—2030 年）》，为统一和规范国家公路路线命名和编号，服务社会公众便捷出行，部决定开展国家公路网命名编号调整工作，现就有关事项通知如下：

一、工作任务和目标要求

（一）工作任务。

命名编号调整工作包括交通标志调整、里程桩号传递、相关数据更新等。

1. 已建成国家公路。命名编号调整工作按照《公路标识规则和国道编号》（GB/T 917—2017）、《国家公路网里程桩号传递方案》（交办公路〔2017〕168 号）、《国家公路网交通标志调整工作技术指南》（交办公路〔2017〕167 号）及其他标准规范的要求，同步推进普通国道和国家高速公路调整，于 2019 年 6 月底前全面完成调整工作。

2. 在建和待建国家公路。应严格按照《公路标识规则和国道编号》等标准规范要求，在建设中同步完成命名编号工作，并与主体工程同步验收、同步投入使用。

3. 省道及以下行政等级公路。由各地结合地方公路网规划统筹调整，并与国家公路网命名编号调整工作紧密衔接，避免重复调整。

（二）工作目标。

通过开展国家公路网命名编号调整工作，达到“四个一”目标，即：构建一个统一规范、清晰完善的公路网标识体系；形成一套技术先进、科学智能的数字化路网管理系统；建成一张满足社会公众出行新需求的公路信息服务立体网络；营造一个安全高效便捷的公路交通出行环境。

（三）工作原则。

——统筹协调。注重国家高速公路与普通国道、国家公路网与地方公路网、公路与城市道路、公路运输与其他运输方式之间交通标志的优化衔接。公路实体标识调整与地图、出行导航和公路数据库调整同步进行，保证调整工作平稳过渡。

——规范高效。严格按照标准要求，规范、科学、系统设置交通标识体系。综合组织好路网调查、方案设计、工程施工、评估完善等工作，合理划分阶段，明确时间节点，深化前期工作，缩短施工时间，保证建设时序，减少交通干扰。

——厉行节约。充分利用原有标志和设施，在符合标准前提下，宜采用标志板更换或重新贴膜的方式调整，拆除的原标志结构要合理回收利用。着眼路网整体衔接，确保一次调整到位，避免反复调整造成浪费。

——便民惠民。贯彻建设人民满意交通的宗旨，通过系统优化和完善，全面规范公路网交通标识体系，方便社会公众识别，方便出行路线选择，提高公路网的服务管理水平，保证人民群众安全便捷出行。

二、实施步骤

国家公路网命名编号调整工作涉及面广、工作量大、社会关注度高，与广大人民群众安全便捷出行密切相关。各级交通运输主管部门要周密部署、统筹安排、精心组织，确保实施工作达到预期目标。具体工作步骤如下：

（一）准备阶段（2018 年 3 月至 5 月）。

1. 制定方案。部印发通知对相关工作进行部署，召开电视电话会议广泛动员；各地按照部总体部署，健全工作机制，分解工作任务，制定具体工作方案，于 2018 年 3 月底前报部。

2. 宣贯培训。部委托部公路科学研究院作为技术支撑单位，对相关技术标准、指南进行宣贯培训。各地要组织公路管理机构、经营管理及设计单位，学习掌握相关技术标准、指南，确保调整工作顺利开展（2018 年 4 月底前）。

3. 排查摸底。全面梳理辖区内国家公路路线和相互指向关联的其他路网，调查和收集有关资料，建立待调整路段和交通标志台账，明确各路线调整方案（2018 年 5 月底前）。

（二）全面实施阶段（2018 年 6 月至 2019 年 6 月）。

1. 工程实施。对新增或命名编号发生变化的路线，开展命名编号调整方案设计和工程施工，同步完成与其他路网相互关联的交通标志调整工作（2019 年 5 月底前）。

2. 评估完善。对实施命名编号调整的路线进行效果评估，结合路网运行情况优化完善相关交通标志（2019 年 6 月底前）。

3. 数据更新。结合国家公路网命名编号调整工作，同步实时完成相应公路数据库、公路出行信息服务网和电子地图等的调整更新工作（2019 年 6 月底前）。

三、保障措施

（一）加强组织领导。部将组建工作组，专项负责国家公路网命名编号调整的指导协调、督导检查工作。各地交通运输主管部门要成立专门工作机构，由分管领导负责，分解落实工作任务，精心组织公路管理机构、公路经营管理单位共同推动实施工作有序开展，及时协调解决实施过程中的各种问题。要根据地方性公路规划调整工作，做好省级及以下行政等级公路的命名编号调整工作，并对全域路网交通标志进行排查，发现有设置不规范、不合理、不准确的交通标志，要及时进行清理整治。

（二）加强资金保障。要积极筹措资金，及时申请预算。国家高速公路的命名编号调整资金，从车辆通行费中解决。普通国道的命名编号调整资金，按照“省负总责、部省共担”原则，地方积极筹措资金，部将积极协调财政部门，争取资金，给予适当的支持。实施过程中，要遵循“技术统一、措施有效，精打细算、保障有力”的要求，合理利用原有设施和资源，严格资金使用管理，充分发挥资金效益。

（三）加强过程管理。各地交通运输主管部门和公路管理机构要建立健全质量管理体系，对前期调查、方案设计、材料选择、施工组织等关键环节，加大监管力度，注重细节处理，确保工程质量。要加强安全保障，可邀请地方公安交管、安监等部门参与方案优化工作，共同研究施工安全措施及施工期间的交通组织措施，根据需要采取分时段、分路段集中实施，降低对路网运行的影响，确保车辆行驶安全和作业人员安全。

（四）加强技术支持。部公路科学研究院作为国家公路网命名编号调整的技术支持单位，要建立与地方的信息交流共享平台，根据各地需求，积极做好技术服务和支撑工作。各地要充分利用技术支持单位的技术优势，调动各方积极参与，提高技术支撑水平和实施能力。同时，加强与相邻省份和地区的沟通协调，确保国家公路网命名编号标准统一、衔接顺畅。

（五）加强社会监督。各地要积极引入社会监督机制，主动与公路交通出行、导航服务企业对接，及时准确提供有关命名编号调整信息，使公路出行导航信息与路网标志调整协调一致、无缝衔接。要通过聘请第三方社会监督员、组织随机问卷调查、开展体验式服务、加强舆情监测等方式，全面了解社会反响，及时调整工作方法，保证工作顺利推动。

（六）加强宣传报道。部将组织中央媒体开展系统性宣传。各地要综合利用各种宣传媒介进行专项宣传，及时向社会公布工作进展情况、交通管制措施以及行车路线指引，随时了解舆情并及时回应社会关切。各级公路管理机构、经营管理单位应充分利用公路沿线收费站、服务区、停车区等，配合开展宣传、配发行车地图，对于实施过程中可能造成的交通不便，要提前发布路况信息和绕行方案，并准备相关预案和应对措施，确保不影响公众出行。

（七）加强信息报送。各省级交通运输主管部门要建立国家公路网命名编号调整信息报送制度，明确专人负责信息报送工作，及时向部报送具体实施方案、工作进展情况等重要信息。部将建立工作调度制度，视情开展督查，通报各地进展情况，并结合每年度国家公路网技术状况监测工作和2020年开展的“十三五”全国干线公路养护管理检查工作，对各地开展情况进行检查评估。

104．公路养护工程管理办法

（交公路发〔2018〕33号）

第一章 总 则

第一条 为加强和规范公路养护工程管理，提高养护质量与效益，根据《中华人民共和国公路法》《公路安全保护条例》《收费公路管理条例》等法律、行政法规，制定本办法。

第二条 本办法所规定的公路养护工程是指在一段时间内集中实施并按照项目进行管理的公路养护作业，不包括日常养护和公路改扩建工作。

第三条 本办法适用于国道、省道的养护工程管理工作。县道、乡道、村道和专用公路的养护工程管理可参照执行。

第四条 养护工程应当遵循决策科学、管理规范、技术先进、优质高效、绿色安全的原则。

第五条 养护工程管理工作实行统一领导、分级负责。

交通运输部负责全国养护工程管理工作的指导和监督。

地方各级交通运输主管部门或公路管理机构，依据省级人民政府确定的对国道和省道的管理职责，主管本行政区域内的养护工程管理工作。

第六条 公路经营管理单位和从事公路养护作业的单位应当根据交通运输主管部门或公路管理机构提出的养护管理目标，按照标准规范、有关规定及本办法要求组织实施养护工程，并接受其指导和监督。

第七条 各级交通运输主管部门、公路管理机构和公路经营管理单位应当筹措必要的资金用于养护工程，确保公路保持良好技术状况。

非收费公路养护工程资金以财政保障为主，主要通过各级财政资金解决。收费公路养护工程资金主要从车辆通行费中解决。

第八条 养护工程资金使用范围包括公路技术状况检测与评定、养护决策咨询、养护设计、养护施工、工程管理及质量控制、工程验收、项目后评估、监理咨询等。

任何单位和个人不得截留、挤占或者挪用养护工程资金。

第九条 各级交通运输主管部门、公路管理机构和公路经营管理单位应加强信息技术在养护工程中的应用。

第二章 养护工程分类

第十条 养护工程按照养护目的和养护对象，分为预防养护、修复养护、专项养护和应急养护。

第十一条 预防养护是指公路整体性能良好但有轻微病害，为延缓性能过快衰减、延长使用寿命而预先采取的主动防护工程。

第十二条 修复养护是指公路出现明显病害或部分丧失服务功能，为恢复技术状况而进行的功能性、结构性修复或定期更换，包括大修、中修、小修。

第十三条 专项养护是指为恢复、保持或提升公路服务功能而集中实施的完善增设、加固改造、拆除重建、灾后恢复等工程。

第十四条 应急养护是指在突发情况下造成公路损毁、中断、产生重大安全隐患等，为较快恢复公路安全通行能力而实施的应急性抢通、保通、抢修。

第十五条 组织实施各类养护工程所涉及的技术服务与工程施工等相关作业，应当依照有关法律、法规、规定，通过公开招标投标、政府采购等方式选择具备相应技术能力和资格条件的单位承担。

应急养护，可以根据应急处置工作需要，直接委托具备相应能力的专业队伍实施。

第十六条 养护工程应当按照前期工作、计划编制、工程设计、工程施工、工程验收等程序组织实施。应急养护除外。

第三章 前期工作

第十七条 公路管理机构或公路经营管理单位应当结合安全运行状况，按照公路技术状况评定、养护需求分析、养护技术方案确定等工作流程进行前期决策，并作为制定养护计划的依据。

第十八条 公路管理机构或公路经营管理单位应当按照标准规范规定的检测指标和频率，定期组织对公路路基、路面、桥梁、隧道、附属设施等进行检测和评定。

鼓励运用自动化快速检测技术开展检测工作。

第十九条 养护需求分析应当根据检测和评定数据，按照相关标准规范、国家或者本地区养护规划，科学设定养护目标，合理筛选需要实施的养护工程。

第二十条 公路管理机构或公路经营管理单位对于需要实施养护工程的路段、构造物或者附属设施等，应当及时开展专项调查，根据公路技术状况、病害情况、发展趋势，综合考虑技术、经济、安全、环保等因素，合理确定养护技术方案。

第二十一条 公路管理机构或公路经营管理单位应当建立养护工程项目库。项目库按照滚动方式实施动态调整，每年定期更新。

第四章 计划编制

第二十二条 地方各级交通运输主管部门、公路管理机构或公路经营管理单位应当根据年度养护资金规模、养护目标要求、项目库的储备更新情况，合理编制养护工程年度计划。

第二十三条 养护工程计划编制应当优先安排以下项目：

（一）严重影响公众安全通行的；

（二）具有重大政治、经济意义的；

（三）技术状况差、明显影响公路整体服务水平的；

（四）预防养护项目。

第二十四条 养护工程计划应当统筹安排，避免集中养护作业造成交通拥堵。省际间养护作业应当做好沟通衔接。

第二十五条 地方各级交通运输主管部门、公路管理机构或公路经营管理单位应当加强养护工程计划的编制、审核和报备工作。

第二十六条 养护工程计划应当及时下达，与养护施工的最佳时间相匹配，保障工程实施效益。

第五章 工程设计

第二十七条 养护工程一般采用一阶段施工图设计。技术特别复杂的，可以采用技术设计和施工图设计两阶段设计。

应急养护和技术简单的养护工程可以按照技术方案组织实施。

第二十八条 养护工程设计应当遵循以下要求：

（一）因地制宜、就地取材、循环利用、绿色环保；

（二）针对不同病害的分布特点进行分段、分类设计；

（三）做好交通保障方案设计，降低养护工程施工对交通影响，保障运行安全；

（四）做好养护安全作业方案设计，保障养护作业安全；

（五）做好配套附属设施的设计。

第二十九条 养护工程设计应当以专项检测或评估为依据，加强结构物承载力和旧路性能评价，强化对显性、隐性病害的诊断分析。

第三十条 养护工程设计文件应当符合法律、法规和强制性标准的要求。

第三十一条 养护工程设计文件应当对施工工艺和验收标准进行详细说明。

鼓励养护工程采用新技术、新材料、新工艺、新设备。对涉及工程质量和安全的新技术、新材料、新工艺、新设备，尚无相关标准可参照的，应当经过试验论证审查后方可规模化使用。

第三十二条 设计单位应当保证养护工程设计文件质量，做好设计交底，及时解决施工中出现的设计问题，并对设计质量负责。

第三十三条 养护工程设计实行动态设计。设计单位应当及时跟踪公路病害发展情况，并根据需要进行设计变更。

第三十四条 养护工程设计文件应当通过审查或审批后方可使用。

第六章　工 程 施 工

第三十五条 养护工程施工前，公路管理机构或公路经营管理单位应当根据设计文件和相关要求，组织对交通保障、养护安全作业方案进行审查，并按规定报有关部门批准。

第三十六条 养护工程施工时，公路管理机构、公路经营管理单位、养护施工单位应当建立、健全养护工程质量检查管理制度，通过抽查、委托专业机构检查、自查等方式确保养护工程质量。

规模较大和技术复杂的养护工程可以根据需要开展监理咨询服务。

第三十七条 养护工程应当按照审查通过的设计文件进行施工，对施工中发现的设计问题，应当书面提出设计变更建议。一般设计变更经公路管理机构或公路经营管理单位同意后实施，重大设计变更须经原设计审查或审批单位同意后实施。

第三十八条 养护工程施工应当严格执行有关技术规范和操作规程，保证安全。

除应急养护外，养护工程施工应当选择交通流量较小的时段，并按照有关规定向社会公告。

鼓励提前将养护施工信息告知相关公路电子导航服务企业，为社会公众出行做好服务。

第三十九条 养护工程应当加强成本控制和管理。项目完工后，按照有关规定及时进行财务决算。

第七章　工 程 验 收

第四十条 养护工程具备验收条件后应当及时组织验收。具体验收办法由各省级交通运输主管部门制定。

第四十一条 技术复杂程度高或投资规模较大的养护工程按交工验收和竣工验收两阶段执行，其他一般养护工程按一阶段验收执行。

第四十二条 适用于一阶段验收的养护工程项目一般在工程完工交付使用后 6 个月之内完成验收；适用于两阶段验收的养护工程项目，在工程完工后应当及时组织交工验收，一般在养护工程质量缺陷责任期满后 12 个月之内完成竣工验收。

养护工程质量缺陷责任期一般为 6 个月，最长不超过 12 个月。

养护工程验收及质量缺陷责任期具体时限应当在养护合同中约定，并符合有关要求。

第四十三条　养护工程完工后未通过验收的，由施工单位承担养护责任，超出验收时限无正当理由未验收的除外。验收不合格的，由施工单位负责返修。

在质量缺陷责任期内，发生施工质量问题的，施工单位应当履行保修义务，并对造成的损失承担赔偿责任。

第四十四条　公路养护工程验收依据主要包括：

（一）养护工程计划文件；

（二）养护工程合同；

（三）设计文件及图纸；

（四）变更设计文件及图纸；

（五）行政主管部门的有关批复文件；

（六）养护工程有关标准、规范及规定。

第四十五条　养护工程验收应当具备下列条件：

（一）完成设计文件和合同约定的各项内容；

（二）完成全部技术档案和施工管理资料整理归档；

（三）施工单位按相关标准、规范和规定对工程质量自检合格；

（四）工程质量缺陷问题已整改完毕；

（五）参与养护工程的相关单位完成工作总结报告；

（六）开展了监理咨询的，监理单位对工程质量评定为合格；

（七）按规定需进行专业检测的，检测机构对工程质量鉴定完毕并出具检测报告；

（八）完成财务决算；

（九）法律、法规、规章规定的其他条件。

第四十六条　公路养护工程通过验收后，验收结果应当及时向交通运输主管部门报告。

第八章　监督检查

第四十七条　各级交通运输主管部门和公路管理机构应当依据职责采取定期检查或抽查等方式，加强养护工程监督检查并督促及时整改。

公路养护作业单位应当接受相关管理部门和机构的监督检查。

第四十八条　养护工程监督检查主要包括以下内容：

（一）养护工程相关法规、制度和标准、规范的执行情况；

（二）养护工程前期、计划、设计、施工、验收等环节工作规范化情况；

（三）养护工程质量和安全；

（四）养护工程资金使用情况；

（五）其他要求的相关事项。

第四十九条　省级交通运输主管部门应当结合本地区实际情况分类细化养护工程管理要求，加强质量监督管理。

第五十条　各级交通运输主管部门应当加强对公路养护从业单位及人员的管理，逐步推行信用管理。

第九章　附　　则

第五十一条　日常养护工作由各省级交通运输主管部门自行制定相关管理办法。公路改扩建工作，执行公路建设管理的相关规定。

第五十二条 公路养护工程分类细目附后，具体内容可由省级交通运输主管部门结合管理需要细化。

第五十三条 省级交通运输主管部门可根据本办法制定实施办法。

第五十四条 本办法自2018年6月1日起施行，有效期5年。原交通部发布的《公路养护工程管理办法》（交公路发〔2001〕327号）同时废止。

附录

公路养护工程分类细目

类别	定义	具体作业内容
预防养护	公路整体性能良好但有轻微病害，为延缓性能过快衰减、延长使用寿命而预先采取的主动防护工程	路基：增设或完善路基防护，如柔性防护网、生态防护、网格防护等；增设或完善排水系统，如边沟、截水沟、排水沟、拦水带、泄水槽等；集中清理路基两侧山体危石等；其他。 路面：针对整段沥青路面面层轻微病害采取的防损、防水、抗滑、抗老化等表面处治；整段水泥混凝土路面防滑处治、防剥落表面处理、板底脱空处治、接缝材料集中清理更换等；其他。 桥梁涵洞：桥梁涵洞周期性预防处治，如防腐、防锈、防侵蚀处理等；桥梁构件的集中维护或更换，如伸缩缝、支座等；其他。 隧道：隧道周期性预防处治，如防腐、防侵蚀处理、防火阻燃处理等；针对隧道渗水、剥落等的预防处治；其他
修复养护	公路出现明显病害或部分丧失服务功能，为恢复技术状况而进行的功能性、结构性修复或定期更换工程	路基：处治路堤路床病害，如沉降、桥头跳车、翻浆、开裂滑移等；增设或修复支挡结构物，如挡土墙、抗滑桩等；维修加固失稳边坡；集中更换安装路缘石、硬化路肩、修复排水设施等；局部路基加高、加宽、裁弯取直等；防雪、防石、防风沙设施的修复养护等；其他。 路面：改善沥青路面结构强度，如直接加铺、铣刨加铺、翻修加铺或其他各类集中修复等；水泥路面结构形式改造、破碎板或其他路面病害修复等；整路段砂石、块石、条石路面的结构修复及改善等；配套路面修复完善相关附属设施，如调整标志标线、护栏、路缘石，路口及分隔带开口等；其他。 桥梁涵洞：桥梁涵洞加固、病害修复，如墩台（基础）、锥坡翼墙、护栏、拉索、调治结构物、径流系统等的维修完善；桥梁加宽、加高，重建、增设、接长涵洞等；其他。 隧道：对隧道结构加固、病害修复，如洞门、衬砌、顶板、斜井、侧墙等的修复；其他。 机电：对通信、监控、通风、照明、消防、收费、供配电设施、健康监测系统等进行增设、维修或更新；其他。 交安设施：集中更换或新设标志标牌、防眩板、隔音屏、隔离栅、中央活动门、限高架等；整段路面标线的施划；集中维修、更换或新设公路护栏、警示桩、道口桩、减速带等；其他。 管理服务设施：公路养护、管理、服务等的房屋、场地和设施设备的维修、改造、扩建或增设；其他。 绿化景观：更换、新植行道树及花草，开辟苗圃等；公路景观提升、路域环境治理等
专项养护	为恢复、保持或提升公路服务功能而集中实施的完善增设、加固改造或拆除重建等工程	针对阶段性重点工作实施的专项公路养护治理项目
应急养护	在突发情况下造成公路损毁、中断、产生重大安全隐患等，为较快恢复公路安全通行能力而实施的应急性抢通、保通、抢修	对自然灾害或其他突发事件造成的障碍物的清理； 公路突发损毁的抢通、保通、抢修； 突发的经判定可能危及公路通行安全的重大风险的处治

注：1. 修复工程大修、中修、小修由各地结合自身管理需要，按照项目规模自行划分。
2. 专项养护具体作业内容由各省结合阶段性重点工作自行确定，如灾害防治工程、灾毁修复工程、畅安舒美创建工程等。

105. 关于开展公路养护作业单位资质管理有关工作的复函

（交办公路函〔2018〕536 号）

你厅《关于授权制定〈广东省交通运输厅关于公路养护市场准入实施细则〉的请示》（粤交基〔2018〕207 号）收悉。经研究，现函复如下：

一、按照国务院审改办公布的中央指定地方实施行政许可事项清单（项目编号 D15046），其中“公路养护作业单位资质审批”项目由交通运输部负责中央业务指导，省级交通运输主管部门为审批层级和部门。你省开展公路养护工程从业资质的评定和审批符合相关规定。

二、目前我部正研究制定公路养护资质管理办法和从业准入规定，考虑全国统一标准，建议你厅在实践中及时总结，为后续管理工作创造条件。

特此函复。

106. 交通运输部关于开展公路交通标线质量控制专项工作的通知

（交公路明电〔2018〕3号）

各省、自治区、直辖市、新疆生产建设兵团交通运输厅（局、委）：

公路交通标线是渠化交通、诱导线形、保障交通安全的重要设施之一。当前，在公路交通标线产品质量、建设施工和养护管理过程中，存在着原材料以次充好、施工质量把控不严、施划养护不到位等问题，为进一步提高公路交通标线质量水平，提升公路交通安全保障能力，更好地满足人民群众出行需求，交通运输部决定开展为期一年的公路交通标线质量控制专项工作。现将有关要求通知如下：

一、工作原则

（一）系统排查，全面整改。以问题为导向，聚焦影响公路交通标线质量控制的突出问题，对现有在建工程和在役等级公路交通标线开展全面排查。对发现的公路交通标线不能满足产品、设计、施工、验收、养护等国家和行业标准强制性要求的，应立即改正，全面提升质量水平。

（二）强化责任，确保实效。落实标线材料生产企业、在建公路工程项目的建设单位、设计单位、施工单位、监理单位、检测单位的质量控制责任，确保标线各项指标符合标准规范要求。

（三）突出重点，持续改进。以确保等级公路交通标线反光性能为重点，强化标线原材料质量控制，提升标线施工质量水平，强化标线施工质量控制长效机制建设，将公路交通标线质量始终保持在较高水平。

二、工作内容

严格落实公路建设与养护相关法律法规、规章制度和标准规范，从设计、施工、验收、运营各阶段做好公路交通标线质量控制专项工作。

（一）严格标线设计。设计单位应严格按照国家和行业标准规范进行标线设计，明确材料要求、设置位置、颜色、形状和尺寸，明确逆反射亮度系数的要求，以确保公路正常使用期内安全使用。

（二）严格原材料和施工管控。严格选取原材料供应厂商，路面标线涂料和路面标线使用玻璃珠的生产单位应提供有效的产品型式检测检验报告。监理、施工等单位要按《路面标线涂料》（JT/T 280）、《路面标线用玻璃珠》（GB/T 24722）相关要求进行检测，检测报告应包括涂料的玻璃珠含量、抗压强度、色度性能和玻璃珠的粒径分布、成圆率等关键技术指标。严格标线施工过程监控，施工过程中严格执行“首件制”，加强施工监理现场巡视、抽查工作，配备逆反射仪等必备检测设备，对标线施工质量进行检测及控制，质量不合格的必须及时返工。

（三）严格交（竣）工验收及信用评价。建设单位应严格标线工程交（竣）工验收前的质量检测，对标线厚度和逆反射亮度系数抽检合格率不满足规范要求的，一律返工处理。质量监督机构应加强工程质量的验证性检测，并将原材料质量、施工质量与信用评价挂钩，对偷工减料的单位纳入信用黑名单。

（四）加强标线的养护管理。按照标准规范关于标线使用期养护的规定开展巡查和定期检查，对于检查中发现的不符合要求的标线及时安排养护施工，保障标线设置水平。

三、工作步骤

专项工作分三个阶段实施：

（一）准备阶段。从通知发布之日起至2018年3月31日止，制定下发本地区专项工作实施方案，分解目标和工作任务，建立工作机制。

（二）全面排查、整治阶段。从2018年4月1日起至2018年12月31日止，全面排查公路交通标线质量控制各环节存在的问题，制定针对性方案，全面实施整改。

（三）总结提高阶段。从2019年1月1日起至2019年2月28日止，全面总结评估专项工作情况，提炼经验、完善制度和标准规范，研究建立长效机制。

四、保障措施

（一）加强组织领导，健全工作机制。各地要高度重视公路交通标线质量管理，加强对公路交通标线质量控制专项工作的组织领导，明确责任主体、分工和任务目标；公路设计、建设、管理单位要完善工作机制和制度措施，抓好专项工作的落实。部将适时开展督查督导。

（二）加强质量管控，强化监督检查。各地要高度重视交通标线质量管控，切实加强标线产品质量监督抽查力度，建立标线质量抽查通报机制。部将公路交通标线纳入 2018 年度交通运输产品质量行业监督检查，加大对不合格企业通报力度，严禁不合格产品进入公路市场，确保公路交通标线满足规范要求。

（三）巩固工作成果，完善长效机制。各地要通过专项工作的实施，结合本地特点，总结管理经验。部将在各地工作基础上，逐步完善标线建设、养护质量相关标准规范，实现公路交通标线质量的整体提升。

联系人：公路局　蔡小秋，联系电话，010-65292747；安质司　翁优灵，联系电话，010-65292702；科技司　董丽丽，联系电话，010-65292803。

107. 交通运输部办公厅关于做好《小交通量农村公路工程技术标准》和《农村公路养护技术规范》实施工作的通知

（交办公路函〔2019〕487号）

各省、自治区、直辖市、新疆生产建设兵团交通运输厅（局、委）：

近期，部发布了交通运输行业标准《小交通量农村公路工程技术标准》（JTG 2111—2019，以下简称《标准》）和《农村公路养护技术规范》（JTG/T 5190—2019，以下简称《规范》），将分别于2019年6月1日、7月1日起正式实施。为做好《标准》和《规范》贯彻实施工作，现将有关事项通知如下：

一、高度重视《标准》和《规范》贯彻实施工作

以习近平同志为核心的党中央高度重视“四好农村路”工作，习近平总书记先后三次对“四好农村路”作出重要指示，指出“农村公路建设要因地制宜、以人为本，与优化村镇布局、农村经济发展和广大农民安全便捷出行相适应”。要深刻学习领会、坚决贯彻落实习近平总书记重要指示精神，完整准确地实施标准规范，切实加强安全管理，规范农村公路建设，助力打赢脱贫攻坚战、服务乡村振兴战略实施。

二、准确把握技术指标及适用范围

各地在实施过程中，应坚持因地制宜、适当超前、注重安全、经济环保的原则，合理选择技术标准和指标。《标准》在《公路工程技术标准》基础上补充了四级公路（Ⅰ类）和四级公路（Ⅱ类）的小交通量技术指标，适用于低交通量、交通组成中无大型和重载型车辆、且受地形地质条件或经济条件限制的农村公路路段。其中，年平均日设计交通量在1000辆小客车及以下的路段，可采用四级公路（Ⅰ类），年平均日设计交通量在400辆小客车及以下的路段，可采用四级公路（Ⅱ类）。具备条件的农村公路宜优先选用较高技术指标。

《规范》是对《公路养护技术规范》（JTG H10—2009）的补充完善，适用于采用群众性养护的农村公路。采用专业化养护的，尚应同时符合其他相关行业标准的规定。

三、切实加强小交通量农村公路安全管理

《标准》全面落实安全发展理念，根据四级公路（Ⅰ类、Ⅱ类）的实际需求，增加了设计洪水频率、路基排水、平交口视距等技术要求，细化了安全设施设置要求，切实加强了小交通量农村公路的安全保障。各地应充分考虑当地条件和工程实际，坚持安全至上，特别对于采用低指标的路段、急弯、连续弯道，以及村镇、学校等路段，要按《标准》要求合理设置交通安全设施，切实做好安全保障工作。对于选用《标准》建设的小交通量农村公路，在运营过程中应限制大型车辆、重载车辆通行。对于有大型车辆、消防车等特殊车辆通行需求的路段，应对该路段的相关技术指标进行验算，对相应技术和管理措施进行论证，维护公路设施良好技术状况，确保交通运营安全。

四、加强“群专结合”养护工作

各地交通运输主管部门和农村公路建设管理单位要加强巡查检测，科学决策，合理确定养护方案，推行“群专结合”的养护方式。农村公路日常巡查及日常保养工作宜以群众性养护为主。小修宜以专业化养护为主，养护工程以及桥梁、隧道和交通安全设施的小修应实行专业化养护。对于参加群众性养护的人员，要加强培训，提高能力，强化监管。

五、精心组织宣传培训和贯彻实施

各省级交通运输主管部门、公路管理机构要结合本地实际，坚持学用结合的原则，切实做好宣贯培训和实施工作。要采取集中培训和自学研讨相结合的方式，强化学习培训，确保广大农村公路建设者和管理者正确理解、准确把握《标准》和《规范》，切实提升农村公路建设管理能力和水平，为顺利完成脱贫攻坚任务提供坚实的人才和智力保障。

部委托《标准》和《规范》的主编单位北京交科公路工程勘察设计研究院有限公司、中公高科养护科技股份有限公司，以及部管理干部学院为支持单位，具体负责《标准》和《规范》的释义和宣贯等工作，请各省级交通运输主管部门予以支持配合。

108. 交通运输部办公厅关于做好《公路技术状况评定标准》贯彻实施工作的通知

（交办公路〔2019〕32 号）

各省、自治区、直辖市、新疆生产建设兵团交通运输厅（局、委）：

交通运输部 2018 年第 88 号公告发布了《公路技术状况评定标准》（JTG 5210—2018，以下简称《标准》），并于 2019 年 5 月 1 日起正式实施。为做好《标准》的贯彻实施工作，经交通运输部同意，现将有关事项通知如下：

一、精心组织，稳步推进《标准》实施工作

（一）加强公路技术状况检测工作。

各级交通运输主管部门、公路管理机构和收费公路经营管理单位要按照《标准》要求，对路基、路面、桥隧构造物及沿线设施开展技术状况检测工作。具备条件的地区，鼓励在《标准》基础上，进一步加大检测频率或开展全车道路面技术状况检测，全面掌握公路技术状况，及时排查和发现各类病害，为日常养护工作和编制养护工程计划提供准确的数据支撑。

（二）做好新指标的应用工作。

为更加科学、全面地反映公路技术状况水平，《标准》新增了路面跳车指数、路面磨耗指数两项技术指标。其中路面跳车指数用于反映由路面异常突起或沉陷等损坏引起的车辆突然颠簸，路面磨耗指数用于反映路面表面构造磨损状况。路面跳车指数为必检指标，路面磨耗指数与路面抗滑性能指数可二选一，两项指标均可通过一体化快速检测装备检测，可有效提升路面自动化检测的效率，降低检测成本。各单位在养护管理工作中，要加强路面跳车指数、路面磨耗指数的应用，丰富公路养护决策指标，提升养护措施的针对性。

（三）做好公路技术状况数据统计报送工作。

各单位要根据《公路养护统计调查制度》要求，组织做好年度公路技术状况统计报送工作。要严把数据质量关，强化公路技术状况检测、监测复核工作，不断提升数据报送质量。部将结合年度国家公路网技术状况监测工作对各省报送数据进行复核，对严重不实数据将进行通报。

（四）加强公路技术状况数据的应用。

各级交通运输主管部门要将公路技术状况水平考核作为加强行业监管的重要手段，不断提升社会公众对公路出行的满意度。根据相关技术规范，各单位应组织有关单位，每年至少对本辖区国省干线公路进行一次公路技术状况评定，并重点对一些路况水平不高、技术评定工作不规范的收费公路进行监管和复核检测。同时，要大力推动公路养护工程科学决策工作，根据《公路养护工程管理办法》的要求，做好养护工程前期工作，按照公路技术状况评定、养护需求分析、养护技术方案确定等工作流程进行前期决策，并作为制定养护计划的依据。

二、加强保障，大力推进公路技术状况评定智能化及标准化

（一）推进检测自动化和智能化。

各单位要进一步完善自动化检测技术，鼓励在既有路况多功能检测装备的基础上，大力推广应用桥隧构造物自动化检测装备，应用可同步检测路面深层次病害、标志标线等指标的一体化检测装备，应用路面及沿线设施等公路病害智能化自动识别技术，不断提升公路技术状况检测专业化和自动化水平。

（二）推进技术状况评定标准化。

为便于各地公路技术状况评定工作的开展，进一步提升公路技术状况评定工作标准化水平，部组织开发了与《标准》配套的公路技术状况评定系统（以下称 MQI 系统），并搭载于 https://yun.roadmaint.com 云平台上。各级交通运输主管部门、公路管理机构和高速公路经营管理单位可免费使用。

三、学用结合，认真做好《标准》培训工作

《标准》系统总结了我国公路技术状况检测评定的经验，吸收了国内外先进成熟的新技术和新方法，在示范应用的基础上，进一步完善了我国公路技术状况检测评定的方法、指标体系、模型、参数及有关规定，对促进公路技术状况检测评定工作精细化、推动公路养护决策科学化和养护工程实施精准化具有重要意义。

各单位要结合本地实际，切实做好《标准》的培训工作，按照学用结合的原则，采用自学和专家集中培训等方式开展培训。2019 年，各单位应至少组织一次本辖区的集中培训。通过学习和培训，使广大公路养护工作者正确理解、把握《标准》，为《标准》顺利实施提供人才和技术保障。

部委托《标准》主编单位公路养护技术国家工程研究中心为技术支持单位，具体负责《标准》培训工作和 MQI 系统应用的技术服务工作。

联系人：交通运输部公路局李健，电话：010-65292746；公路养护技术国家工程研究中心丁京平，电话：010-82364210；张海，电话：010-82364029。

109. 交通运输部办公厅关于进一步提升公路交通标线质量的指导意见

（交办公路〔2019〕34 号）

为提升公路交通标线质量，更好地满足人民群众出行需求，经交通运输部同意，现就进一步提升公路交通标线质量提出以下意见。

一、总体要求

（一）指导思想。

以习近平新时代中国特色社会主义思想为指导，深入贯彻落实党的十九大和十九届二中、三中全会精神，以交通强国和质量强国战略为统领，以建设平安交通为目标，着力解决影响公路交通标线质量的突出问题，将安全发展和高质量发展理念贯穿到标线质量管控各环节，促进标线质量控制长效机制建设，稳步提升标线质量，有效保障公路交通安全和服务水平，确实提高人民群众的获得感、幸福感、安全感。

（二）基本原则。

——强化责任、确保实效。强化项目建设单位、设计单位、施工单位、监理单位、检测单位、养护单位质量控制的主体责任，强化各级交通运输主管部门的监管职责，做到职责清晰、分级负责，加强指导、监督，确保监管实效。

——全程管控、形成合力。切实把好产品质量、设计审查、施工监管、工程验收、养护检查“五个关口”，针对薄弱环节和突出问题重点施策，实现标线质量全过程、全覆盖管控，不留死角。

——长短结合、标本兼治。在短期集中整治的基础上，着力加强标线质量提升长效机制建设，加快完善相关工作制度和规则，加强从业单位和人员信用管理，建立标线质量倒查追溯机制，夯实标线质量技术基础，持续提升标线质量水平。

二、突出关键环节，完善过程管控

（一）严把原材料产品质量关。

建设施工过程中要择优选择路面标线原材料供应厂商，路面标线涂料和路面标线用玻璃珠必须具备有效的产品型式检测检验报告，由施工单位、监理单位进行查验并签认，报建设单位审定。每批次产品进场后，监理、施工等单位共同见证，随机取样、封样，进行原材料入场检测。标线热熔涂料和玻璃珠材料应满足《路面标线涂料》（JT/T 280）和《路面标线用玻璃珠》（GB/T 24722）相关要求。检测报告应包括涂料的玻璃珠含量、抗压强度、色度性能和玻璃珠的粒径分布、成圆率等关键技术指标，对不合格原材料一律清场。施工单位使用不合格材料，一经查实，交通运输主管部门和建设单位按规定对施工单位给予信用惩戒或经济处罚。

（二）严把设计文件审查关。

设计单位要严格遵循《道路交通标志与标线　第 3 部分道路交通标线》（GB 5768.3）和交通运输行业规范《公路交通安全设施设计规范》（JTG D81）的要求，加强公路交通标线的设置位置、颜色、形状和尺寸等设计。设计文件中要明确逆反射亮度系数、标线厚度及检测方法，并对标线黏结性、抗磨耗性等耐久性提出要求。设计审查单位要严格审查，确保设计文件符合强制性标准和招标文件中明确适用标准的要求。

（三）严把施工质量管控关。

建设单位在招标文件和施工合同中要明确包括反光性能在内的标线质量要求、质保期限和检测方法。建设单位应严格审查标线施工单位的资质条件，对施工单位业绩和专用施工机具提出明确要求，定期开展检查，督促施工单位、监理单位严格落实标线施工质量管控责任。施工过程中应严格执行“首件制”，施工单位按照施工工艺在监理单位监理下进行首件制检验，确定合理的施工温度、施工时间等参数，不合格的应查明原因进行改进，确定最佳施工工艺。施工单位、监理单位或第三方检测机构要加强施工现场施工工艺控制和原材料、施工质量抽检。要确保预混玻璃珠掺量和质量达标，严禁通过加大面撒玻璃珠掺量来满足前期反光性能而导致耐久性不足的行为。标线质量应满足《公路工程质量检验评定标准》（JTG F80/1）和设计文件要求，不合格的必须及时返工。质量监督部门要建立标线质量抽查通报机制，对标线质量存在问题的责任单位，要严肃查处。

（四）严把交（竣）工验收关。

项目交竣工验收和接养时，标线质量应满足规范、设计文件和合同要求。建设单位要严格组织开展标线工程交（竣）工验收前的质量检测，交通运输主管部门或质量监督机构要加强工程质量的验证性检测，对标线厚度和逆反射亮度系数抽检合格率不满足规范要求的，一律返工处理。质保期内，要加强标线使用状况检查，跟踪测量逆反射亮度系数，标线涂料、玻璃珠剥落，反光性能不足的，建设单位要及时分析原因，存在质量问题的，要明确责任单位，采取整改措施，相关信息纳入竣工验收和接养资料，情况严重的要报送交通运输主管部门。

（五）严把标线养护检查关。

将公路交通标线纳入国家干线公路网技术状况监测范围，年度定期通报。公路养护管理单位要按照相关标准规范要求开展日常巡查和定期检查，对于检查巡查中发现的不符合要求的标线及时实施日常养护或纳入养护工程计划。以高速公路、普通国省干线为重点，结合公路养护工程、生命安全防护工程等，按照相关标准规范逐步更新不满足国家和行业强制性要求的标线，并采取完善标志设置、增设反光突起路标、护栏加装轮廓标、路侧设置线形诱导标等措施，综合施策，加强夜间交通诱导。规范标线养护工程管理，进一步完善产品质量、施工单位资格、施工质量控制、工程验收检测相关要求，保障标线设置水平。

三、强化监督管理，规范市场秩序

（一）强化招投标监管。

各级交通运输主管部门应按照有关法律法规，加强对招标投标活动的监督管理。建设单位应按照有关法律法规、招标标准文件编制项目招标文件，对标线技术要求、所用材料、投标人资格条件等提出明确要求。严禁化整为零规避招标或直接指定施工单位。合理确定投标控制价，严禁低于成本价中标。建设单位应按照有关法律法规和合同约定，加强对施工分包活动的管理。需要分包的，投标人应在投标文件中明确分包单位、分包价格，对标线质量承担连带责任，分包单位应具有相应资格。未在投标文件中明确的标线工程不得进行分包。承包人要严格执行合同，严禁标线工程转包或非法分包。

（二）健全信用评价体系。

加强从业单位和从业人员信用管理，省级交通运输主管部门要完善施工企业信用评价和失信惩戒规则。根据《建设工程质量管理条例》和住房城乡建设部《建筑业企业资质管理规定》，对违法违规的施工单位处以罚款、没收违法所得等处罚，涉及停业整顿、降低或吊销企业资质证书的将有关情况报送住建部门处理。建立交通工程原材料产品生产企业信用评价体系，对发现的不合格产品生产企业向社会公布，并将有关情况通报市场监督管理部门。

（三）创新监管方式和机制。

建立标线质量联合检测机制，各省级交通运输主管部门要组织公路交通标线建设、设计、施工、监理单位和省级质监机构等相关部门建立联合检测机制，严格按照《公路工程质量检验评定标准》（JTG F80/1）等相关技术标准规定，组织具备相应能力的检测机构，选取关键技术指标进行联合检测。同时，加强社会监督，完善投诉处理制度，及时解决群众反映的标线质量问题，充分发挥社会公众的监督力量。

四、建立长效机制，促进质量提升

（一）建立标线原材料质量提升机制。

各级交通运输主管部门要鼓励有关单位开展公路交通标线长期性能、衰变规律和最低视认性标准与寿命指标研究，联合相关涂料厂家、施工单位研发高性能标线涂料材料和施工技术与装备，公路交通标线破损和光学性能快速评定技术。鼓励加大对路面标线原材料的基础研究，从涂料性能、玻璃珠的粒径分布、施工工艺等各方面，不断优化关键技术指标体系，有效控制和提升标线原材料质量。

（二）建立健全标线原材料产品监督抽查机制。

在部组织的年度交通运输产品质量行业监督抽查基础上，各省级交通运输主管部门要组织对辖区内交通工程产品质量进行监督抽查，将标线原材料产品质量作为抽查的重点内容，科学制定抽查方案和方法，加大抽查频率，强化随机抽查效果。

（三）建立标线质量问题追溯机制。

对发现的标线质量问题，要组织有关专家开展质量倒查追溯，必要时开展司法鉴定，查明原因、认定责任。对追溯的原材料、设计、施工、养护等质量问题与信用评价挂钩，依据相关规定进行信用扣分；对追溯的监管缺失问题，要进行行政约谈、严肃追责。

五、保障措施

（一）加强组织保障。

各级交通运输主管部门要转变观念，提高对交通标线重要性的认识，克服轻视、麻痹思想，高度重视交通标线质量提升工作，明确目标、分级负责，查找漏洞、补齐短板，切实落实标线质量提升工作组织、指导、督促、监管等职责，加强长效机制建设，全面提升标线质量。

（二）加强资金保障。

各级交通运输主管部门在安排养护经费时，要根据标线技术状况，合理制定养护工程计划，充分考虑标线更新需求，加大养护资金投入，及时安排养护施工，保障标线设置水平。

（三）加强技术保障。

各级交通运输主管部门要加大国家和行业标准规范宣贯培训力度，组织辖区内设计、施工、监理、检测、养护单位相关人员参加培训。设计单位要加强包括标线在内的交通工程设计工作，注意培养合格设计人员，加强设计质量内部控制，确保设计水平。监理单位要配备逆反射仪等必要的检测设备，增强质量监控能力。试验检测机构要加强标线原材料产品试验检测能力建设，为原材料质量抽检提供技术保障。

110. 交通运输部办公厅关于做好《公路沥青路面养护设计规范》贯彻实施工作的通知

（交办公路函〔2019〕415号）

各省、自治区、直辖市、新疆生产建设兵团交通运输厅（局、委）：

交通运输部2018年第81号公告发布了《公路沥青路面养护设计规范》（JTG 5421—2018，以下简称《规范》），并于2019年3月1日起正式实施。为做好《规范》的贯彻实施工作，经交通运输部同意，现将有关事项通知如下：

一、大力提升沥青路面养护工程设计水平

（一）规范设计流程及成果形式。各省级交通运输主管部门要组织有关单位依据《规范》相关规定，严格要求设计单位遵循设计流程开展公路沥青路面养护设计并编制设计文件。主要设计流程包括：调查与评价、病害诊断与养护对策选择、技术设计、施工图设计等。

（二）细化路况调查及数据分析。沥青路面养护工程设计应当以专项检测或评估为依据。《规范》根据各设计阶段不同的数据需求，规定了路况调查与数据分析的要求及方法。各省级交通运输主管部门要组织有关单位，严格按照规定的方法开展路况调查与数据分析工作。鼓励具备条件的地区在《规范》要求的基础上，进一步加大检测频率或增加检测指标，夯实数据基础。

（三）强化病害诊断与养护对策分析。各省级交通运输主管部门要组织设计单位，加强旧路性能及结构承载能力的评价，强化对沥青路面结构显性及隐形病害的诊断分析。在审查沥青路面养护设计方案时，应重点关注病害原因诊断的准确性及技术方案的针对性。同时，及时总结沥青路面养护设计经验，适时建立适用于本地区的病害诊断专家知识库及养护对策库，促进养护设计经验的推广及设计水平的提升。

（四）精准化养护方案设计。各省级交通运输主管部门要组织设计单位，遵循“分段设计、分类处理”的原则，综合考虑路况、结构、材料、施工、荷载、环境、经济、安全等方面因素进行精准设计；坚持动态设计理念，及时跟踪路面病害发展情况，并根据需要进行设计变更。同时，各省级交通运输主管部门应依托本地区中长期养护规划，择优选择全寿命周期投资效益最优的路面养护设计方案，切实提高养护工程资金使用效益。

二、积极推广沥青路面养护新技术应用

各省级交通运输主管部门要积极鼓励沥青路面养护工程采用新技术、新材料、新工艺、新设备，积极推广应用预防养护、快速养护、废旧路面材料循环利用、隐蔽工程无损检测等技术；持续开展已实施完成的养护工程跟踪观测，建立长期性能数据库，评估养护方案实施效果，总结路面使用性能衰变规律及各种养护措施的适用条件，不断优化及完善本地区养护决策分析模型，提高养护设计的科学性和准确性。同时，鼓励开展公路养护设计信息化系统平台建设，加快大数据、云平台等现代信息技术的集成及应用，逐步实现养护决策和养护设计的信息化及智能化。

三、认真做好培训及《规范》实施工作

沥青路面是我国公路采用最广泛的路面形式。《规范》在充分总结吸纳国内外先进技术及成熟经验的基础上，建立了符合我国实际情况的公路沥青路面养护设计技术体系，针对专项调查与评价、病害原因诊断、养护对策选择、结构组合设计、方案综合比选等内容，提出了系统的分析及设计方法，有效指导了我国公路沥青路面养护设计工作，对推动公路养护决策科学化、养护作业标准化和养护生产绿色化具有重要意义。

各省级交通运输主管部门要结合本地实际，切实做好《规范》的培训工作，按照学用结合的原则，采用自学和专家集中培训等方式开展培训。2019年，各地应结合《公路技术状况评定标准》宣贯，集中组织本辖区培训。通过学习和培训，使广大公路养护工作者全面理解、正确把握《规范》，为《规范》的顺利实施提供人才和技术保障。同时，鼓励各地结合自身管养特点及实际需求，细化编制地方标准或技术指南，组织开展工程示范，全面推进《规范》落地实施。部委托《标准》主编单位公路养护技术国家工程研究中心为技术支持单位，具体负责《规范》的宣贯和培训工作。

联系人：交通运输部公路局李健，电话：010-65292746；公路养护技术国家工程研究中心丁京平，电话：010-82364210；王闻，电话：010-82364089。

111. 交通运输部关于发布《农村公路养护预算编制办法》的公告

（交通运输部公告 2020 年第 1 号）

现发布《农村公路养护预算编制办法》（JTG/T 5640—2020），作为公路工程行业推荐性标准，自 2020 年 3 月 1 日起施行。

《农村公路养护预算编制办法》（JTG/T 5640—2020）的管理权和解释权归交通运输部，日常解释和管理工作由主编单位交通运输部路网监测与应急处置中心负责。

请各有关单位注意在实践中总结经验，及时将发现的问题和修改建议反馈交通运输部路网监测与应急处置中心（地址：北京市朝阳区安定路 5 号院 8 号楼外运大厦 21 层，邮政编码：100029）。

特此公告。

112. 交通运输部关于做好公路养护工程招标投标工作进一步推动优化营商环境政策落实的通知

（交公路规〔2020〕4号）

各省、自治区、直辖市、新疆生产建设兵团交通运输厅（局、委）：

为全面贯彻落实党中央、国务院关于优化营商环境的决策部署，推动各项政策措施在公路养护工程招投标活动中落地，营造公平竞争公路养护市场环境，现就有关事项通知如下：

一、高度重视优化营商环境

优化营商环境是当前我国全面深化改革、建设开放型经济新体制、促进经济高质量发展的重要举措。公路行业是我国最早全面开放市场、最先实行招标投标制度的行业之一，2003年，原交通部颁布实施《公路养护工程施工招标投标管理暂行规定》，对加强公路养护工程施工招标投标管理，规范公路养护工程施工招投标活动发挥了积极作用。但随着我国经济社会发展，公路养护工程招标投标活动的外部环境和内在要素发生重大变化，市场竞争不充分不平衡的矛盾日益凸显，与市场化、法治化、国际化的营商环境要求存在一定差距。各级交通运输主管部门要高度重视优化营商环境工作，查找公路养护工程招标投标活动中存在的各类不合理限制和市场壁垒，深入分析原因，通过健全制度、完善机制、强化监督等措施，扎实推进公路养护市场化水平，规范公路养护工程招标投标行为，优化养护工程项目管理，推动公路养护高质量发展。

二、进一步规范公路养护工程招标投标活动

（一）促进公路养护市场公平竞争。地方各级交通运输主管部门要督促招标人严格按照《中华人民共和国招标投标法》《中华人民共和国政府采购法》等相关法律法规的要求，有序开展公路养护工程招标投标活动，严禁尚不具备法定招标条件的项目开展招标投标。各级交通运输主管部门要按照《优化营商环境条例》、《工程项目招投标领域营商环境专项整治工作方案》（发改办法规〔2019〕862号）和《财政部关于促进政府采购公平竞争优化营商环境的通知》（财库〔2019〕38号）要求，依法纠正非法限制、排斥潜在投标人等现象，确保各类市场主体平等参与招标投标活动。

（二）简化招标投标流程和证明材料。公路养护工程招标原则上不在招标前对投标人进行资格审查，可以采用资格后审。要合理缩短招标投标周期，便利投标人投标，对于施工技术方案简单、工期较短且季节性较强的公路养护工程项目，可进一步缩短投标截止期限。要进一步简化投标文件的格式和形式要求，不得因装订、纸张、非关键内容的文字错误等否决投标人投标。对营业执照、资质证书等可通过国家企业信用信息公示系统等政府网站进行查询的事项，不得另行要求投标人提供相关证明材料。

（三）全面实施招标投标信息公开。地方各级交通运输主管部门要督促招标人根据公路养护工程项目的具体性质和预算安排，通过发布招标公告的法定媒介和招标监督管理机构网站，按照年度或分阶段或逐个项目提前公布招标计划，并根据项目进展情况进行动态更新，供潜在投标人知悉和进行投标准备。逐个项目发布的招标计划，要包括拟招标项目概况、标段划分、预计招标时间、项目预计投资等内容，并于招标公告发布至少10日前公布。要增加招投标活动透明度，全面公开招标文件的关键内容（投标人资格条件全文和评标办法全文）、中标候选人关键信息、否决投标信息、投诉处理决定、招投标当事人不良行为等信息。对于投标符合招标文件要求但未中标的投标人，要书面告知未中标原因。

（四）合理划分标段。根据公路养护工程项目特点，可采取按整条路线或片、区域捆绑的方式划分标段，也可按年度周期、路段里程和工程类别划分标段。养护工程项目可以实行设计施工总承包招标。鼓励开展公路技术状况评定、设计咨询、养护施工及质量控制一体化招标，增强市场竞争力度，提高养护资金使用效率。

（五）合理分担合同风险。地方各级交通运输主管部门要督促招标人在招标文件中合理划分合同双方风险，不得设置将应由招标人承担的风险转嫁给投标人的不合理条款。要明确约定合同双方的违约责任，对于因招标人原因导致变更、中止或者终止合同的，招标人应当依照合同约定对投标人受到的损失予以赔偿或补偿。

（六）规范保证金收取和退还。地方各级交通运输主管部门要督促招标人严格依法规范各类保证金的收取，对需要收取的保证金，要在招标文件中严格载明收取的形式和金额、返还时间、不予退还的情形以及逾期退还的违约责任；允许投标人自主选择以支票、银行汇票、银行本票、银行保函等非现金形式交纳或提交保证金。

（七）畅通异议和投诉处理渠道。地方各级交通运输主管部门要督促招标人在招标公告、招标文件中公布受理异议的联系人和联系方式，及时答复和处理潜在投标人或者其他利害关系人提出的异议。各级交通运输主管部门要依法及时对投标人提出的投诉进行处理，并公告投诉处理结果。

（八）加速推进电子招标投标。地方各级交通运输主管部门要积极会同发展改革等有关部门，加快建设并运行包括交易平台、公共服务平台和行政监督平台在内的电子招投标系统，积极推行全过程电子招标投标，逐步实现在线发布招标公告、提供招标文件、提供招标答疑、提交投标保证金、提交投标文件、抽取评标专家、电子开标、电子评标、网上异议投诉、公示中标候选人、公告中标结果、发出中标通知书、提交履约保证金、签订合同等全部功能。要加强电子招标投标网络安全保障，注意防控相关风险。

三、进一步加强公路养护工程履约管理

（一）全面披露合同履约信息。地方各级交通运输主管部门要督促招标人在合同签订后10日内，在发布招标公告的法定媒介或招标监督管理机构的网站，公开合同的关键性内容（包括项目名称、合同双方名称、合同价款、签约时间、合同期限），并定期通过招标监督管理机构网站，及时公开包括项目重大变动、合同重大变更、主要人员变更、合同中止和解除、重大违约行为处理结果、交竣工验收、价款结算等在内的履约信息。涉及国家秘密、商业秘密的内容除外。

（二）提高项目开工效率。地方各级交通运输主管部门要根据实际情况，商公安交管等部门简化开工前置条件，对于关系安全确需保留的工作手续，要合理压缩时限，确保合同签订后项目能够及时开工。

（三）加强工程款支付监管。公路养护工程项目合同应当约定合同款（包括月进度款、交工结算款、合同最终结清款等）支付的方式、时间和条件，明确逾期支付合同款的违约责任。地方各级交通运输主管部门要加强对工程款支付的履约监管，督促招标人按照合同约定及时支付合同款。对使用财政性资金的公路养护工程项目，满足合同约定的工程质量、档案管理等支付条件的，招标人必须在收到发票后30日内（其他资金来源的项目参照执行）将资金支付到投标人账户，不得以机构变动、人员更替、政策调整等为由延迟付款，不得将合同中未规定的义务作为向投标人付款的条件。

四、进一步加强招标投标活动监管

（一）加强事中事后监管。各级交通运输主管部门要切实转变监管方式，强化建设单位主体责任，简化或取消事前审核或审批环节，加强事中事后监管。

（二）建立健全信用管理体系。各级交通运输主管部门要积极推进公路养护从业单位及从业人员履约信用评价体系建设，逐步完善信用评价标准，严格信用评价机制，建立电子化信用档案。强化失信联合惩戒，对信用等级高的企业给予减免保证金等优惠措施。

五、工作要求

（一）各省级交通运输主管部门要高度重视公路养护工程招标投标营商环境优化工作，加强组织领导，落实责任机构和人员，明确工作措施和工作时限，周密安排部署，强化监督检查，确保各项要求落实到位。

（二）各省级交通运输主管部门要根据本《通知》要求，结合实际，研究具体落实措施，及时跟进解读，准确传递政策导向，合理引导预期。

（三）各省级交通运输主管部门要在2020年7月底前，向社会公布落实具体措施，完善公路养护工程招标投标营商环境投诉举报和回应制度，接受社会监督，及时纠正发现的问题。各地公路养护工程招标投标营商环境评价情况将纳入“十三五”全国公路养护管理评价工作。

113. 交通运输部办公厅关于做好《公路养护预算编制导则》贯彻实施工作的通知

（交办公路函〔2020〕1138 号）

交通运输部公告 2020 年第 48 号发布的《公路养护预算编制导则》(JTG 5610—2020，以下简称《导则》)，将于 2021 年 1 月 1 日起施行。为做好《导则》的贯彻实施工作，现将有关事项通知如下：

一、充分认识公路养护预算编制工作重要意义

科学编制公路养护预算是贯彻落实国家深化财税体制改革、建立现代财政制度的客观要求，是推进行业治理体系和治理能力现代化的关键内容，是科学确定养护资金需求、申请公路养护资金的重要依据。《导则》是指导公路养护预算编制的行业强制性标准，对统一规范养护预算编制内容、保障公路养护质量、加快建立现代化养护制度、推动优化营商环境政策落实等具有重要作用。各省级交通运输主管部门要高度重视，充分认识《导则》颁布实施的重要意义，科学规范做好公路养护预算编制工作。

二、严格执行《导则》相关规定

《导则》明确了公路养护检查、日常养护、养护工程等费用科目及其计算方法。自 2021 年起，各省级交通运输主管部门要督促指导预算单位（部门）按照《导则》要求编制年度养护预算，切实提高预算执行率，把预算细化到部门，细化到基层单位，细化到具体项目。其中，公路养护检查、日常养护等可以按照定额管理要求编制，养护工程项目预算要提高精细化水平，做好项目科学决策，确保列入年度预算的项目切实可行，对跨年度养护工程项目要根据项目进度分年安排、滚动管理。

三、加快制定费用标准和细化规定

各省级交通运输主管部门要进一步明确工作措施，积极会同有关部门加快制定本地区费用标准和细化规定。在制定费用标准和细化规定时，应坚持“安全第一、质量为本、因地制宜、适度超前”的原则，遵守《导则》规定的费用组成，注重历年实际养护费用的统计与分析，强化资金政策导向，确保费用标准科学合理，并适时动态修订。

四、加强养护预算绩效管理

各省级交通运输主管部门要督促指导预算单位（部门）将绩效理念和方法深度融入预算编制、执行、监督全过程，构建事前事中事后绩效管理闭环。高速公路和普通国省干线公路方面，牵头会同有关部门抓紧健全科学规范的养护预算绩效管理制度，完善绩效目标、绩效评价、结果应用等管理流程，健全绩效指标体系，推动预算绩效管理标准科学、程序规范、方法合理、结果可信。农村公路方面，按照《交通运输部　财政部贯彻落实〈国务院办公厅关于深化农村公路管理养护体制改革的意见〉的通知》(交公路发〔2020〕26 号）要求执行。同时，大力推进预算绩效信息公开透明，按规定对社会公开，主动接受监督，不断提升资金配置效率和使用效益。

五、积极推进公路养护预算编制和管理平台建设

《导则》对养护预算项目设置了统一编码，为养护预算数据共享和交换奠定了基础。各省级交通运输主管部门要加快推进本地区公路养护预算编制和信息化管理平台建设，实现互联互通、信息共享。

六、扎实做好技术服务和宣贯培训

《导则》主编单位交通运输部路网监测与应急处置中心受部委托，作为技术支持服务单位，具体负责《导则》日常解释、管理以及技术服务工作。各省级交通运输主管部门要加强与技术支持服务单位沟通协调，适时开展《导则》的宣贯培训工作，确保贯彻实施工作科学规范。

联系人及电话：部公路局　蔡小秋，010-65292747；部路网监测与应急处置中心　方申，010-65299193。

◇桥隧养护管理◇

114. 关于加强桥梁养护管理工作的通知

（交公路发〔1999〕74号）

各省、自治区、直辖市交通厅（局），上海市市政工程管理局，天津市市政工程局、各计划单列市：

桥梁是公路的重要组成部分，抓好桥梁的养护管理，对于保证公路的行车安全和畅通，发挥公路交通在国民经济发展中的作用，具有十分重要的意义。为进一步加强桥梁的养护管理工作，提高养护管理水平，保障公路完好畅通，杜绝因养护管理不善而造成的垮桥事故，现就有关事宜通知如下：

一、各级交通主管部门要按照“建养并重”的公路发展方针，统一思想，提高认识，把桥梁的养护管理工作作为当前公路管理的一项重要工作抓紧抓好。截至1998年底，我国共有公路桥梁210822座，其中临时性桥梁3053座，危桥4105座，而且位于国、省道上的临时性桥梁和危桥数分别达到405座和1253座，占临时性桥梁和危桥总数的13％和31％。离交通部《公路科学养护与规范化管理纲要》（1991至2000年）中提出的“到本世纪末，基本消灭国省干线公路上的危桥，并初步达到通过国际标准集装箱车辆的标准”的目标还有相当距离。因此，各级交通主管部门应切实加强领导，强化管理，高度重视公路桥梁，特别是国省干线公路上的危桥的养护管理工作，保证资金及时到位。同时，根据各地的实际情况，提出具体可行的公路桥梁养护管理的目标与措施，组织协调好桥梁的检查、维修、加固和改造工作，将公路桥梁安全事故防患于未然。

二、各级公路管理机构要全面贯彻执行《公路桥梁养护管理工作制度》，坚持“预防为主，防治结合”的方针，对公路桥梁的养护管理要做到定期性检查，周期性养护。一是建立健全桥梁管养机构，确保专职桥梁养护技术人员到位，切实纠正“养路不养桥”的倾向；二是结合CBMS（中国桥梁管理系统）项目的推广应用，从节后开始，对本省内的公路桥梁进行一次全面的检查，并按照《公路养护技术规范》（JTJ 073—96）的有关规定，作好桥梁的技术状况分类，完善桥梁技术档案；三是针对不同技术状况的桥梁，要全面系统地掌握其使用情况，合理安排养护生产计划，发现问题及时采取有效防范措施。

三、对现有三级以上公路承载能力不足汽—20、挂—100标准，四级公路上承载能力不足汽—10、挂—50标准的桥梁，特别是经检查属于四类的桥梁，公路管理部门：一是要纳入改建计划，逐步改造提高；二是按照《公路养护技术规范》及有关规定，在两侧桥头醒目处设置必要的限载、限速标志，对损坏程度严重的危桥，在报经省级公路管理机构批准后，停止通车；三是加强超重车辆过桥的管理，严格审批程序，并采取相应的加固措施，组织好超重车辆安全过桥。

115. 关于进一步加强桥梁养护管理工作的通知

（交公路发〔2001〕329号）

各省、自治区、直辖市交通厅（局、委），上海市市政工程管理局，天津市市政工程局，各计划单列市交通局（委），新疆生产建设兵团交通局：

按照部下发的《关于加强桥梁养护管理工作的通知》（交公路发〔1999〕74号）要求，1999年以来，各级交通主管部门和公路管理机构普遍重视和加强了桥梁养护管理工作，加大了资金投入，改造和加固了一批危桥、险桥，提高了桥梁的通行能力和公路的总体服务水平。但随着公路运输的发展，大批始建于六、七十年代的公路桥梁，在日趋增大的车辆荷载的作用下，技术状况快速下降，开始成为危桥、险桥。特别是进入雨季以来，桥梁垮塌事故时有发生，对人民群众的生命财产安全构成了威胁。为杜绝桥梁垮塌、坠车伤人事件的发生，现就进一步加强公路桥梁的养护管理工作，重申如下：

一、各级交通主管部门要进一步提高认识，从贯彻落实"三个代表"重要思想的高度出发，重视现有桥梁的养护管理工作，采取切实有效措施，组织好辖区内公路桥梁的检查、维修、加固和改造工作，确保公路的安全畅通。

二、各级公路管理机构要全面贯彻执行《公路桥梁养护管理工作制度》。一是要建立健全桥梁管理和养护工作制度，确保专职桥梁养护技术人员到位，切实纠正"养路不养桥"的倾向；二是针对不同技术状况的桥梁，要全面系统地掌握其使用情况，并根据CBMS的评价结果，结合路网改造项目的实施，合理安排养护生产计划，加快危桥和险桥的加固、改造步伐。

三、各级交通主管部门和公路管理机构要尽快建立桥梁安全责任制，并将责任落实到具体人员，做到制度严明、职责明确。

四、对无法及时改造、加固的危桥、险桥，一是要通过发布通告、设立限载、绕行标志等措施，提前向驾乘人员发出警示；二是要派专人昼夜看护，严防发生桥垮人亡的恶性事件。

五、进入汛期后，各级公路管理机构要建立健全公路巡查工作制度，加大巡查频率，发现事故隐患，要立即采取有效措施予以处置。对可能因山洪暴发、坍方、泥石流等灾发性自然灾害危及桥梁安全的，要制订和完善抢险应急方案，把事故损失降低到最低限度。

六、要建立事故信息上报制度。今后凡出现桥梁垮塌、公路断交事故的，省级交通主管部门或公路管理机构要在事故发生后24小时内，将有关情况报部（公路司）。

116. 关于印发《公路桥梁养护管理工作制度》的通知

（交公路发〔2007〕336号）

各省、自治区、直辖市、新疆生产建设兵团交通厅（局、委），上海市市政工程管理局，天津市市政公路管理局：

为适应公路桥梁养护发展需要，规范和加强公路桥梁养护管理工作，进一步提高公路桥梁养护水平和公共服务能力，部对1991年颁布的《公路桥梁养护管理工作制度》进行了修订，现印发给你们，请遵照执行。1991年颁布的《公路桥梁养护管理工作制度》同时废止。

公路桥梁养护管理工作制度

第一章　总　　则

第一条　为加强和规范公路桥梁养护管理工作，保证公路畅通和桥梁运行安全，依据《中华人民共和国公路法》、《收费公路管理条例》等法律、法规，制定本制度。

第二条　本制度适用于国道（含国家高速公路网，下同）、省道的桥梁养护管理工作。其他公路桥梁的养护管理参照执行。

第三条　桥梁养护管理应贯彻“预防为主，安全至上”的工作方针，努力提高桥梁结构的耐久性和安全性。

第四条　县级以上（含县级，下同）地方人民政府交通主管部门、公路管理机构（含省级交通主管部门指定的高速公路行业管理机构，下同）、收费公路经营管理单位，应高度重视桥梁养护管理工作，严格执行桥梁养护管理的各项规章制度，采取科学有效的管理手段和技术措施，对所管辖的公路桥梁及时组织实施检查、检测和养护维修，确保公路畅通和桥梁安全。

第五条　桥梁养护管理的技术工作实行桥梁养护工程师制度。

桥梁养护工程师和有关技术人员应按照《公路桥涵养护规范》的要求和规定，及时、全面掌握桥梁技术状况，保障桥梁安全运行。

第六条　公路桥梁养护管理实行“统一领导，分级管理”。

国务院交通主管部门负责全国公路桥梁养护管理工作的行业管理与监督。

县级以上地方人民政府交通主管部门，依据省级人民政府确定的对国道和省道的管理职责，主管本行政区域内的公路桥梁养护管理工作。其设置的公路管理机构负责辖区内公路桥梁养护管理的具体组织工作。

收费公路的桥梁养护管理工作，由收费公路经营管理单位具体负责组织实施。

第七条　各级交通主管部门和收费公路经营管理单位，应安排专项经费用于桥梁养护管理工作，保证桥梁安全运营。

国道、省道的桥梁养护管理经费在公路养路费中列支，其中收费公路桥梁养护管理经费在车辆通行费中列支。县道及其他公路上的桥梁养护管理经费筹集渠道由省级交通主管部门根据实际情况作出明确规定。

第二章　管理责任划分

第八条　省级交通主管部门应根据“事权一致、责任清晰”的原则，明确本辖区公路桥梁养护管理的管养单位和监管单位，并合理确定各自的工作职责。

第九条　公路桥梁养护管理的管养单位是指具体承担公路桥梁养护管理任务的有关公路管理机构、专门的桥梁养护管理单位或收费公路经营管理单位。

第十条　公路桥梁养护管理监管单位是指依照有关规定，主管桥梁养护管理工作的县级以上交通主管部门及受其委托承担监管职责的公路管理机构。

第十一条　公路桥梁管养单位疏于养护管理，不按相关规定准确掌握桥梁技术状况，或未及时采取相关措施，而导致的桥梁安全事故，由管养单位承担主要责任，监管单位承担监管责任。

负责公路桥梁养护经费的投资决策单位未根据桥梁技术状况和管养要求安排相应投资而造成的桥

梁安全事故，由投资决策单位和具体管养单位共同承担主要责任，监管单位承担监管责任。

省级交通主管部门应结合本地实际，制订桥梁安全事故责任追究制度。

第十二条 公路桥梁管养单位和监管单位必须明确负责桥梁养护管理工作的分管行政领导和具体技术人员，保证桥梁养护管理的各项职责得以贯彻落实。

第三章　桥梁养护工程师制度

第十三条 各级公路管理机构、收费公路经营管理单位和桥梁养护管理单位，应设置专职的桥梁养护工程师，并保持其人员的相对稳定。

第十四条 公路桥梁管养单位的桥梁养护工程师履行以下主要职责：

（一）主持桥梁的经常检查与评定，负责组织桥梁的定期检查与评定。并根据检查结果编制并上报养护维修建议计划，提出须进行特殊检查的桥梁的申请报告，组织编制桥梁养护、维修、改建方案和对策措施。

（二）主持桥梁的小修保养和抗灾抢险工作，考核桥梁养护质量，并及时上报辖区的桥梁受自然灾害和其他因素损坏的情况。组织实施超重车辆通过的有关技术工作。

（三）监督、组织桥梁养护大、中修和改建工程；组织并参与桥梁大、中修和改建工程的中间检查和交（竣）工验收。

（四）负责所管辖桥梁技术档案的补充、完善和保密工作，定期对辖区内桥梁技术状况进行综合评价与分析；负责桥梁管理系统的数据更新、系统维护、系统运行以及桥梁养护报告编写等工作。

（五）负责对下级单位桥梁养护工程师的技术业务培训、考核工作。

第十五条 公路桥梁养护管理监管单位的桥梁养护工程师履行以下主要职责：

（一）负责辖区内桥梁养护管理的技术工作，监督检查管养单位桥梁养护工程师职责履行情况。

（二）组织制定辖区内桥梁养护管理工作计划，并监督实施。

（三）按规定负责复核四、五类技术状况桥梁的评定工作。

（四）参与制定重要桥梁的大、中修和改建工程技术方案和对策措施，并组织审验其科学合理性。

（五）组织辖区内桥梁养护工程师及有关技术人员的技术业务培训。

第十六条 公路桥梁管养单位的桥梁养护工程师应具有三年以上从事桥梁养护管理工作经历，具有工程师及以上技术职称。

桥梁养护管理监管单位的桥梁养护工程师应具有五年以上从事桥梁养护管理的工作经历，具有高级工程师及以上技术职称。

桥梁养护工程师的具体资格条件由省级交通主管部门制订。

第十七条 桥梁养护工程师实行定期培训考核制度。

省级交通主管部门应定期对持证桥梁养护工程师进行技术培训，并核发上岗证。桥梁养护管理技术人员经培训并参加考核合格后，才可持证上岗。

第四章　桥梁检查与评定

第十八条 桥梁检查分为经常检查、定期检查和特殊检查。

经常检查主要对桥面设施、上部结构、下部结构和附属构造物的技术状况进行日常巡视检查。

定期检查是指按照规定周期，对桥梁主体结构及其附属构造物的技术状况进行定期跟踪的全面检查，评定桥梁技术状况等级。

特殊检查指在特定情况下对桥梁技术状况进行鉴定，以查清桥梁的病害成因、破损程度、承载能力或抗灾能力等。

经常检查和定期检查应符合《公路桥涵养护规范》的规定。

第十九条　经常检查主要以目测方式配合简单工具进行，检查周期为每月不少于一次，汛期应增加检查频率。对经常检查中发现重要部（构）件明显达到三、四、五类技术状况的桥梁，应立即安排定期检查。

经常检查过程中应填写“桥梁经常检查记录表”，现场登记所检查的项目和缺损类型，估计缺损范围和养护工程量，提出相应的小修保养措施，为编制小修保养计划提供依据。

检查结束后要及时更新桥梁养护管理系统数据。

第二十条　桥梁定期检查主要以目测结合仪器检查方式进行。其检查周期一般不低于每三年一次，特殊结构桥梁应每年一次。

第二十一条　特殊检查应委托有相应资质和能力的单位实施。

特殊检查应采用仪器设备，通过检测或试验的方法，并结合理论分析，对桥梁的缺损状况、病害成因、承载能力或抗灾能力作出科学明确的判定。并根据检测结果提出针对性的维修处治措施建议。

桥梁的特殊检查评定应符合有关标准和技术规范的要求。

第二十二条　依据检查结果，桥梁技术状况等级评定分为一至五类。

一类桥：技术状况处于完好或良好状态，仅需对桥梁进行保养维护。

二类桥：技术状况处于良好或较好状态，仅需对桥梁进行小修或保养。

三类桥：技术状况处于较差状态，个别重要构件有轻微缺损或部分次要构件有较严重缺损，但桥梁尚能维持正常使用功能。

四类桥：技术状况处于差的状态，部分重要构件有较严重缺损或部分次要构件有严重缺损，桥梁正常使用功能明显降低，桥梁承载能力降低但尚未直接危及桥梁安全。

五类桥：技术状况处于危险状态，部分重要构件出现严重缺损，桥梁承载能力明显降低并直接危及桥梁安全。

第二十三条　公路桥梁技术状况由桥梁管养单位负责组织评定。对非收费公路、政府还贷收费公路上评定为四类和五类的桥梁按以下规定进行复核。复核期间，管养单位应采取应急保障措施，保证桥梁运营安全。

技术状况为四类的中、小桥梁以及结构较简单、病害清楚的大桥，由上级公路管理机构的桥梁养护工程师负责组织复核。

技术状况为四类的特大桥、结构或病害较复杂的大桥，以及技术状况为五类的桥梁，由上级公路管理机构桥梁工程师提出初步复核意见后报省级公路管理机构，由省级公路管理机构的桥梁养护工程师负责组织提出最终复核意见。

第二十四条　特大桥、特殊结构桥梁和单孔跨径 60 米及以上大桥的检测评定工作应符合以下规定：

（一）在桥梁上下部结构的必要部位埋设永久性位移观测点，并定期进行观测，一、二类桥每三年至少一次，三类桥每年至少一次，四、五类桥每季度至少一次，特殊情况时应加大观测密度。

（二）应安排专项经费委托有资质的单位进行定期的特殊检查。一、二类桥每五年至少一次，三类桥每三年至少一次，四、五类桥应立即安排进行特殊检测。

（三）对特别重要的特大桥，应建立符合自身特点的养护管理系统和健康监测系统。

第五章　桥梁养护工程管理

第二十五条　桥梁养护工程分为小修保养、中修、大修、改建。

对技术状况为一、二类的桥梁应加强小修保养，防止出现明显病害。对技术状况为三类的桥梁应及时进行中修，防止病害加快扩展，影响桥梁安全运营。

对技术状况为四类和五类的桥梁，应及时采取管理措施，保证安全。并依据桥梁特殊检查结果和技术论证分析，安排大修或改建。省级交通主管部门应制定有关安全管理规定，明确警示标志的设置位置、型式、数量，以及应采取的管理措施等。

对荷载等级、宽度、抗灾能力、安全防护标准等技术指标低于所在公路技术标准的桥梁，应有计划地进行技术改造。

第二十六条 桥梁小修保养、中修工程由管养单位组织实施，大修、改建工程由地市级及以上公路管理机构或收费公路经营管理单位组织实施。

第二十七条 大修、改建工程应通过竞争方式选择施工单位，并视工程具体情况推行招标投标制度。

情况特殊不进行招标投标的项目，应对被委托人的资质、业绩和信誉等有关情况进行审查。

第二十八条 省级交通主管部门应当结合本辖区桥梁养护工作实际情况，制定和完善桥梁养护工程市场管理的规章制度，并对从业单位及人员实行信用管理，加强桥梁检测、加固设计、施工、监理等的市场管理工作，逐步构建统一公开、竞争有序的桥梁养护工程市场。

第二十九条 桥梁大修、中修、改建工程完工后，应按照相关规定进行验收。工程实施后的桥梁技术状况必须恢复至一、二类。

第三十条 各级交通主管部门应采取有效措施，加强桥梁养护工程的施工管理。

对需要封闭交通或长时间占用行车道施工的桥梁养护工程，除紧急情况外应在项目开工前15天，发布相关信息。高速公路、国道上的断交施工信息应及时按规定报交通部备案。

第三十一条 桥梁养护工程施工单位应按照相关规定，合理布设施工作业区，设置标志和安全防护设施，保证施工车辆、人员和过往车辆的安全，必要时还应协助有关部门做好交通疏导工作。

第六章　技术档案管理

第三十二条 桥梁管养单位和监管单位应建立健全公路桥梁技术档案管理制度，大力推广应用公路桥梁管理系统，及时更新桥梁技术数据，保证公路桥梁技术档案真实完整，实现电子化管理。

特别重要的特大型桥梁应建立符合自身特点的电子档案管理系统和养护管理系统。

第三十三条 公路桥梁技术档案应包括桥梁基础资料、管理资料、检查资料、养护维修资料、特殊情况资料等。

第三十四条 桥梁基础资料包括以下内容：

（一）桥梁设计施工图及竣工图，结构计算分析报告。

（二）施工过程中的试验检测及科研资料。

（三）工程事故处理资料。

（四）施工全过程的结构位移或变形测试资料。

（五）观测或监测点（部件）资料。

（六）交（竣）工验收资料。

对新建桥梁，接养单位应参与交（竣）工验收。桥梁建设单位应向接养单位移交桥梁基础资料，并协同做好接养工作。

第三十五条 桥梁管理资料包括桥梁管养单位、监管单位，及其分管领导、桥梁养护工程师等的基本资料。

管理资料中对桥梁养护工程师除应归档个人基本资料外，还应归档其业务考核情况和年度主要工作情况。

第三十六条 桥梁检查资料包括桥梁经常检查、定期检查结果、养护对策建议、特殊检查建议报告、养护建议计划等技术资料，以及检查的时间、实施人员等基本资料。

特殊检查还应包括检测（试验）方案、检测（试验）报告、照片及多媒体材料，检测（试验）方的资质证书（复印件）、业绩证明（复印件）以及主要检测人员的资格证书（复印件）等。

第三十七条 桥梁养护维修资料应包括以下内容：

（一）小修保养工程的实施技术资料和养护质量评定结果，以及工程实施的时间、组织实施人员等。

（二）桥梁的中修、大修、改建工程的设计图纸、竣工图纸、施工资料、监理资料、监控（监测）资料、质量事故处理报告、交（竣）工验收等技术资料，以及设计、施工、监理和监控（监测）等各方的资质证书（复印件）、业绩证明（复印件）及其主要检测人员的资格证书（复印件）等。

第三十八条 桥梁特殊情况资料主要包括地质灾害、气象灾害、超限运输等特殊事件的具体情况、损害程度、处治方案等。

第三十九条 基本资料缺失的桥梁，应根据历年检查、养护资料，逐步建立和完善其技术档案。必要时，可专门安排有针对性的检测、试验或特殊检查，补充、完善桥梁技术资料。

第四十条 收费公路经营管理单位应根据省级交通主管部门的规定，及时向有关交通主管部门或公路管理机构提供桥梁技术档案。

第七章 应急处置管理

第四十一条 桥梁突发事件的处置工作应在各级政府的统一领导下，由各级交通主管部门具体负责，实行条块结合、以块为主。

第四十二条 省级交通主管部门应制定以预防和处置桥梁坍塌事故为重点的突发事件应急预案，明确信息上报、分级响应、交通保障与恢复、事故调查等工作的职责和程序。

具体的桥梁养护管理单位应单独制定针对重要和特大型桥梁的应急预案。对技术状况为四、五类的桥梁，以及超过使用年限的危旧桥梁，除采取相应的管理措施外，还应分别制定应急交通组织方案，确保一旦发生事故，交通组织工作井然有序。

第四十三条 接获公路桥梁突发信息后，桥梁管养单位应立即向上级主管部门报告并启动应急预案，及时、有效地进行处置工作。应急处置过程中，要按相关规定向上级主管部门续报有关情况。

第四十四条 发生以下突发事件，桥梁管养单位和省级交通主管部门应在接获有关信息后立即上报交通部：

（一）桥梁损毁中断交通的。

（二）大型、特大型桥梁出现严重病害危及桥梁安全的。

（三）车辆或船舶与桥梁设施相撞，造成严重后果的。

第四十五条 地方各级交通主管部门、公路管理机构、公路桥梁养护管理单位、收费公路经营管理单位要按照职责分工和相关预案切实做好应对桥梁突发事件的人员、物资、资金保障工作，确保应急工作正常有序进行。

第八章 监 督 检 查

第四十六条 各级交通主管部门、公路管理机构应依据有关法律法规的规定，对辖区内公路桥梁的养护管理工作进行监督检查。

桥梁管养单位、监管单位应自觉接受有关交通主管部门和公路管理机构依法实施的监督检查。不得以任何理由推诿、拒绝。

第四十七条 各级交通主管部门、公路管理机构对公路桥梁养护管理工作实施监督检查时，应当深入桥梁养护管理工作现场，并采取必要的技术检测手段，不得流于形式。监督检查应包括以下主要内容：

（一）各项规章、制度和技术规范的执行情况。

（二）人员、经费的落实情况。

（三）桥梁检查、评定工作的开展情况。

（四）养护计划执行和养护工程管理情况。

（五）桥梁技术档案和管理信息系统的建设维护情况。

（六）各项应急预案的制定和执行情况。

（七）省级交通主管部门规定的其他监督检查项目。

第四十八条 各级交通主管部门和公路管理机构在监督检查过程中，对发现的问题，应当责令有关单位立即改正。监督检查结束后，应向有关单位反馈书面意见。

对桥梁养护管理工作薄弱、技术状况评定不规范、安全隐患突出的单位，应给予通报批评。造成严重后果的，应按规定追究有关人员的责任。

第九章　附　　则

第四十九条 本《制度》由交通部负责解释。

第五十条 本制度自发布之日起实施。1991 年颁布的《公路桥梁养护管理工作制度》同时废止。

《公路桥梁养护管理工作制度》修订工作说明

一、编制背景

1991 年交通部颁布实施的《公路桥梁养护管理工作制度》（工公管字〔1991〕77 号），对规范和指导我国公路桥梁养护管理工作发挥了重要作用。20 世纪 90 年代中后期以来，随着我国公路建设事业快速发展，以及高新科技在公路交通基础设施建设领域的广泛应用，公路桥梁数量显著增加，特别是新建了许多跨度大、技术条件复杂的特大型桥梁。目前，大跨径桥梁的养护管理以及部分老旧桥梁如何适应当前车辆荷载要求等方面的问题日显突出，公路桥梁养护面临着全新的形势，任务极为艰巨。加之，我国公路建设在融资渠道、建设模式、收费及还贷方式、养护管理机构设置等方面呈现出较为复杂的多样性，导致一些桥梁疏于管养，责任主体不清。总体看，1991 年颁布的《公路桥梁养护管理工作制度》已经不适应桥梁养护管理的现实需要，亟待修订完善。鉴此，2004 年我司组织实施了《公路桥梁养护管理工作制度》的修订工作。

二、修订过程

为做好《公路桥梁养护管理工作制度》修订工作，部立题开展研究，并委托部公路科学研究院组织实施。2005 年 4 月在北京召开了编制大纲评审会，形成编制大纲。在广泛调研的基础上，多次召开专题会议，认真听取公路管理机构、行业专家的意见，对初稿进行研究讨论，于 2006 年编制完成征求意见稿，并在 2006 年 5 月全国公路养护管理工作会议上正式印发各省（市、区）再次征求意见。根据各地多次反馈的意见，我们对《公路桥梁养护管理工作制度》多次修改完善，形成了送审稿。

三、修订内容

本次修订，以适应桥梁养护形势需要为目的，以明确责任主体，强化监管责任，完善管理制度为重点，以《中华人民共和国公路法》、《收费公路管理条例》、《公路桥涵养护规范》、《公路养护工程管理办法》等法律法规、技术规范为依据。修订后的《公路桥梁养护管理工作制度》，由原先的四章三十条增加为九章五十条，其中对总则、桥梁养护工程师制度、桥梁检查与评定及技术档案管理等内容做了修改和完善，增加了管理责任划分、桥梁养护工程管理、应急处置、监督检查等章节。修订的主要内容如下：

（一）明确责任主体，强化监管责任

针对现阶段桥梁养护中存在的养护责任主体不清，行业监管不力的情况，在总则和管理责任划分章节中明确了公路桥梁养护管理实行“统一领导，分级管理”的管理体制，根据“事权一致、责任清晰“的原则，按照监管单位和管养单位进行划分，确立了各级交通主管部门、公路管理机构和收费公路经营单位作为行业管理和桥梁养护的责任主体，强化了各部门相应的管理责任和资金保障责任。其中重点明确了收费公路经营单位对收费公路桥梁所应承担的管养职责。

（二）加强专业人员保障，确立桥梁养护工程师制度

公路桥梁养护专业性强，技术含量高，桥梁养护工程师作为桥梁养护措施的制定和实施者，是保障桥梁养护质量优良的关键。本次修订把桥梁养护工程师制度作为技术工作制度在总则中予以了明确。按照监管单位和桥梁管养单位对桥梁养护工程师的职责进行了规定，增加了桥梁养护工程师基本任职条件和定期培训考核的要求。

（三）按照《公路桥涵养护规范》（JTG H11—2004）的要求调整桥梁检查与评定的有关规定

对桥梁经常检查、定期检查、和特殊检查的要求以及桥梁技术状况的评定等进行了调整，使其符合《公路桥涵养护规范》（JTG H11—2004）的规定。原制度中关于桥梁检查的具体项目属于技术要求，在《公路桥涵养护规范》中已有详细规定，此次修订予以删去。此外，增加了特大桥和特殊结构

桥梁的监测和特殊检查的有关要求。特别是强调桥梁的特殊检查要委托具有相应资质和能力的检测机构来实施，以保证检测工作的有效开展。

（四）规范桥梁养护工程管理

随着公路养护运行机制改革的推进，养护工程逐渐市场化，其管理方式也发生新的转变。原制度对桥梁养护工程管理未作出规定，此次修订参照《公路养护工程管理办法》、《公路桥涵养护规范》中的有关要求，按照“管养分离、事企分开”的原则，从桥梁养护工程的组织实施、招投标、规范养护工程市场、施工管理、信息报送等方面，对交通主管部门、桥梁管养单位、养护工程施工单位提出了不同的要求。

（五）技术档案管理

明确桥梁管养单位和监管单位应建立健全技术档案管理制度，将公路桥梁技术档案分为桥梁基础资料、管理资料、检查资料、养护维修资料、特殊情况资料五类，并对每类资料所包括的内容作了详细规定。提倡使用公路桥梁管理系统，实现电子化管理，特大型桥梁建立单独的档案管理系统和养护管理系统。

（六）增加应急处置管理要求

近年来桥梁养护突发事件及灾害性事件不断增多，各级交通部门都建立了应急处置管理系统和相应的应急处置预案。原制度中未对应急处置管理作出相应规定，在本次修订中增加了应急处置管理的有关内容和程序要求。主要是明确了“条块结合、以块为主”的工作原则、交通主管部门及桥梁管养单位的工作职责及有关信息报送要求。

（七）加强行业监管

针对当前桥梁养护工作中存在行业监管不到位的情况，同时考虑到桥梁养护逐渐市场化，亟待加大行业监督检查力度。本次修订的制度中明确要求各级交通主管部门、公路管理机构应切实履行对公路桥梁养护的监督检查职责，并具体规定了监督检查的主要内容和对所发现问题的处理要求。

117. 关于开展以桥梁为重点的交通基础设施安全隐患排查治理专项行动的通知

（交公路发电〔2007〕0802号）

各省、自治区、直辖市、新疆生产建设兵团交通厅（局、委），上海市市政工程管理局，天津市市政公路管理局，各计划单列市交通局（委）：

8月13日，湖南省凤凰县在建的堤溪大桥发生垮塌，造成严重的人员伤亡和经济损失，引起了党中央、国务院领导的高度重视。为坚决贯彻落实中央领导同志的重要批示精神，严防垮桥事件的再次发生，部党组决定，在前一阶段交通基础设施安全隐患排查工作的基础上，集中一段时间，在全国进一步深入开展以桥梁为重点的交通基础设施安全隐患排查治理专项行动。此次专项行动要按照《国务院办公厅关于在重点行业和领域开展安全生产隐患排查治理专项行动的通知》（国办发明电〔2007〕16号）和《国务院安委会办公室关于煤矿、金属非金属矿山、冶金、有色、石油、化工、烟花爆竹、建筑施工、民爆器材、电力等工矿商贸企业安全生产隐患自查自改的指导意见》（安委办明电〔2007〕9号）和《关于印发2007年深化交通建设安全专项整治工作方案的通知》的要求，坚持安全第一、预防为主、综合治理的方针，从勘察设计、施工建设、使用管理等多个环节入手，以桥梁为重点，对交通基础设施的安全隐患逐一进行排查，坚持边查边改边治，排查一处、整治一处，坚持短期整改与长期整治相结合，采取综合措施进行彻底治理，严防垮桥事件的再次发生。现将有关事宜通知如下：

一、排查工作方法、范围和时间安排

（一）排查的重点。

排查工作的范围包括以桥梁为重点的所有在建和投入使用的交通基础设施，其重点是：

1. 长大隧道和跨江跨海特大桥梁；
2. 大跨径圬工砌体桥梁；
3. 地质、地形条件复杂的桥梁和隧道；
4. 交通繁忙特别是超限超载车辆行驶较为集中的桥梁；
5. 高路堤、深路堑、地质复杂路段的桥梁和在建公路工程。

（二）排查的主要内容。

——在建的桥梁及其他交通基础设施：

1. 查基本建设程序。主要是查工程可行性报告、初步设计和施工图设计是否符合有关标准和规范的要求；工程项目批准部门、时间、程序是否符合国家有关规定；建设项目的招标投标行为是否规范等。

2. 查勘察设计。主要是查勘察设计的深度和基础资料的完整性、真实性；是否认真执行公路建设标准强制性条款；水文、气象、地质等勘察设计工作和基础资料是否完整、可靠等。

3. 查项目管理。主要是查业主管理是否规范；制度是否健全；招投标文件是否对施工单位的安全生产提出明确要求；工程有无转包和违法分包；质量和安全责任制是否落实；监理工作是否到位；试验检测数据是否真实、可靠等。

4. 查工程实体质量。主要是查结构物强度，并按规范要求进行现场取样检验；施工便道（桥）以及其他大型临时工程的安全保障措施是否到位；大型机械设备进场是否验收、登记；各类危险性较大的工程的沉降、位移和应力是否监控等。

5. 查工程原材料。主要是查原材料是否合格，试验检测数据是否真实、可靠，特别是砂石、水泥的规格和质量是否符合规范要求等。

6. 查施工工艺。主要是查是否严格按施工工艺操作是否满足工程质量保证和安全生产的要求；施工组织设计是否有针对性和可操作性；施工工艺和工序是否符合施工组织设计；危险性较大的分部分项工程专项施工方案是否经过审查和论证；质量安全技术交底是否到位等。

——已经投入使用的桥梁：

1. 是否明确桥梁养护管理的责任单位和监管单位。

2. 是否对桥梁技术状况和病害定期进行检测，并建立完整的管理档案资料。

3. 是否落实桥梁养护工程师制度并按技术规范要求进行桥梁养护维修。

4. 是否对行驶桥梁的重车实施超限超载监控和治理。

5. 对已确认的危桥是否采取相应的管制及监测措施。

6. 是否按规定建立桥梁突发事件应急预案。

（三）排查的方法与时间安排。

对以桥梁为重点的交通基础设施安全隐患排查工作从2007年8月中旬开始，到10月中旬结束，用两个月的时间，对桥梁等交通基础设施的安全隐患全面进行排查。排查工作采取省内自查、省际互查、专家抽查、领导督查相结合的方式进行。

1. 省内自查。从8月中旬开始，到9月10日结束。自查工作由各省、自治区、直辖市交通主管部门负责，对本辖区内的在建以及投入使用的公路桥梁、隧道等交通基础设施的安全隐患开展自查。各省、自治区、直辖市交通主管部门要将本地区的自查工作的基本情况（包括方式、内容、项目、工作量）、排查出来的主要问题和安全隐患、整改建议与措施等，向部提交书面报告。

2. 省际互查。从9月中旬开始，到10月中旬结束。由部组织各省、自治区、直辖市交通主管部门和公路管理机构，组成检查组，进行省际异地互查。检查工作结束后，各检查组要向部提交检查报告。具体互查工作方案由部将另行制定并印发。

3. 专家抽查。从9月中旬开始，在开展省际互查的同时，由部组织全国桥梁方面的技术专家，对全国各地大江、大河以及跨海的大桥和交通流量大的重要桥梁以及山区地质条件复杂的高墩大跨径桥梁、长大隧道、高边坡等在建工程进行抽查。抽查由专家组向部提交抽查报告。

4. 领导督查。从8月中旬开始，由部领导分别带队，对各省、自治区、直辖市的有关工作情况进行督查和指导。

二、治理措施

各级交通主管部门要在排查隐患的基础上，对排查数据进行汇总分析，对排查出来的隐患和问题，要分轻重缓急，分门别类地采取整改和治理措施，做到边查边改边治。

（一）加强对存在安全隐患危桥的通行管理。

对于经排查已确定存在通行安全隐患的危桥和险桥，各级交通主管部门要立即研究提出具体的车辆通行或交通管制方案。对于安全隐患严重影响正常通行安全的桥梁，要立即报请上级人民政府同意后，协调当地公安交通管理部门，实施交通管制，禁止或限制车辆通行，同时向社会公告，组织车辆绕行，避免交通堵塞。还能继续维持使用的危桥，要在桥头设置明确的限载标志，并通过多种渠道向司乘人员发出警告。必要时，派专人值守，切实防止各类安全事故的发生。

（二）全面停工整顿所有的在建圬工拱桥。

为保证在建圬工拱桥的安全，杜绝重大安全事故的再次发生，各地所有在建的圬工拱桥从即日起要全面停工整顿。待检查核实并确保无安全隐患后，方可允许复工建设。

1. 各级交通主管部门要组织专门的技术力量，严格督促管理单位、项目法人、设计、施工和监理单位，对在建圬工拱桥逐一进行全面的安全隐患排查。对发现的问题和存在的隐患要立即责令整改，并与各相关的责任单位签订安全生产责任状。

2. 设计单位要根据桥梁材料类型，对结构受力、基础承载力的计算以及采用的水文地质、工程地质等基础资料，重新进行认真核查和验算、验证。对施工所用的各种材料，要按设计要求进行试验和检测，确保桥梁的结构安全性和可靠性。

3. 施工单位要对施工组织设计和重要环节的施工方案进行复查，对现场技术人员、施工人员和机械设备的数量和能力，以及施工安全保证体系等进行认真核查，以确保满足工程质量、安全生产的需要和能力。

4. 监理单位要对关键工序、关键部位的监理工作方案和现场监理人员数量配置、监理资料的准确与翔实等情况进行复查。

（三）严把设计、施工关，确保桥梁建设安全。

1. 合理选择桥型和结构。各地在选择桥型时，要把安全作为首要因素予以考虑，尽量选用安全系数大的结构和孔跨布置形式，慎重选用高墩、大跨圬工拱桥等结构形式，以确保桥梁结构的安全和耐久性。

2. 加强施工安全管理。各地在桥梁设计和施工环节，都要对桥梁结构的安全性进行分析，适当加大安全因素权重。桥梁建设施工过程中，要加大施工过程中的安全监控措施，加强质量管理，保证圬工拱桥的石料和水泥砂浆等材料的质量，要严格按设计要求进行施工。

3. 确保合理的工期。各级交通主管部门要严格执行《关于在公路建设中严格控制工期确保工程质量的通知》，正确处理发展速度与工程质量的关系，确保合理的前期工作周期和建设工期，宁可速度慢一些，也要确保工程质量。要坚决杜绝脱离实际的高速度，绝不搞不切实际的政绩工程、献礼工程，绝不搞经不起考验的劣质工程。

（四）进一步加大治超力度，严禁重量超限超载车辆上桥。

1. 在专项行动期间（即8月中旬到10月中旬），各地要在前阶段治超工作的基础上，集中开展主题为“严惩双超、保护桥梁安全”的超限超载整治行动。各级交通主管部门要在省级治超工作领导小组的领导下，会同公安交通管理部门进一步加大路面执法力度，一线治超执法和管理工作人员全员上岗，所有治超检测站点不间断开展工作。各级交通主管部门和公路管理机构的领导要分片区、并亲临一线，督促和指导各地开展治超专项整治工作。

2. 对所有经检测确定的超限超载车辆，要一律先卸载、后处罚，坚持严管重罚，坚决消除违法行为。

3. 各地要充分利用现有的治超检测站点，或购置必要的流动检测设备，对驶入特大桥梁和长大隧道的货车要加强检测，坚决禁止非法超限超载特别是车货总重超过55吨的车辆上桥行驶，严防车辆压垮桥梁事故的再次发生。

（五）建立健全桥梁突发事件应急预案。

1. 各级交通主管部门要制定以预防和处置桥梁事故的突发事件应急预案，明确信息上报、分级响应、交通保障与恢复、事故调查等工作的职责和程序。

2. 桥梁养护管理单位要单独制定针对重要和特大型桥梁的应急预案。对于技术状况为四、五类的桥梁，以及超过使用年限的危旧桥梁，除采取相应的管理措施外，还应分别制定应急交通组织方案，一旦发生事故，确保能够及时救援受困车辆和人员，疏导交通。

3. 各地公路管理机构要以桥梁为重点，加强公路巡查工作力度，增加巡查频率，发现安全隐患，要及时报告，并立即采取措施予以处置。

三、组织保障与工作要求

（一）加强领导。

各级交通主管部门一定要充分认识当前面临的安全形势，进一步增强紧迫感，切实增强忧患意识、防范意识和安全意识，把以桥梁为重点的交通基础设施的建设与使用安全工作，作为当前和今后一段时间交通工作的一项重要任务，高度重视，加强领导，主要领导同志要亲自负责，主管领导要靠前指挥，精心组织，采取切实有效措施，迅速行动起来，组织开展并落实好排查治理专项行动，为党的十七大胜利召开创造良好的交通环境。

（二）明确责任。

各级交通主管部门和公路管理机构要按照职责分工，切实承担起这次排查治理行动的各项任务，建立目标责任制和责任追究制，严格落实责任。上级主管部门要强化监管，督促各基层单位抓好落实。要按照《公路桥梁养护管理工作制度》的要求，逐一明确本辖区内桥梁的养护管理的责任单位和监管单位，并在桥梁明显位置予以公示。一旦出现垮桥事故，要依法严厉追究相关部门和个人的责任。

（三）制定工作方案。

各级交通主管部门要按照部的统一部署和要求，制定符合本地实际的具体工作方案，并对安全隐患排查治理行动进行全面部署。要边查边改边治，在排查隐患的基础上，对排查数据进行汇总分析，对排查出来的隐患和问题，要分轻重缓急，有针对性地制定治理工作方案，并切实抓好落实。要组织专门的技术和管理力量，对辖区内涉及桥梁的技术政策、设计、施工、养护管理和使用等方面的重大问题，进行系统研究和跟踪，及时提出对策，建立确保桥梁等交通基础设施安全建设和使用的长效机制。

118. 关于对特大危桥立即采取管制措施的通知

（交公路发电〔2007〕101号）

内蒙古、黑龙江、江苏、浙江、福建、江西、河南、湖北、重庆、贵州、云南、陕西省（自治区、直辖市）交通厅（委），上海市政工程管理局：

根据各地报部的统计资料，目前全国公路危桥中共有18座特大桥梁。为确保桥梁的安全运营，请你厅（局、委）按照8月17日部电视电话会议精神，及部《关于开展以桥梁为重点的交通基础设施安全隐患排查治理专项行动的通知》（交公路发〔2007〕0802号）明传电报的要求，立即组织专门的技术力量，或委托专业的桥梁检测机构，对附表中你省（区、市）辖区内初步确认的特大危桥，开展技术检测和病害诊断。确属危桥的，会同公安交通管理部门实施交通管制，采取门架等强制性措施限制或禁止车辆通行，必要时，安排人员看守。同时，尽快采取加固或改造措施，严防出现桥梁坍塌事故。有关措施要及时向社会公告，并做好交通疏导，避免交通堵塞。对于其他重要的危桥，也要立即采取相应措施，防止出现桥梁安全事故。

119. 关于印发以桥梁为重点的交通基础设施安全隐患排查治理专项行动省际互查工作方案的通知

（交公路明电〔2007〕0901号）

各省、自治区、直辖市交通厅（委），上海市市政工程管理局，天津市市政公路管理局，相关专家所在单位：

为贯彻落实《国务院办公厅关于开展重大基础设施安全隐患排查工作的通知》（国办发〔2007〕58号），根据部《关于开展以桥梁为重点的交通基础设施安全隐患排查治理专项行动的通知》（交公路发电〔2007〕0802号）的部署，部制定了《以桥梁为重点的交通基础设施安全隐患排查治理专项行动省际互查工作方案》（以下简称《方案》）。现印发给你们，请你们按照《方案》要求，认真做好各项准备工作，检查单位要主动与被检单位联系，确定具体检查时间，尽快开展互查工作。相关专家所在单位应提供必要条件，支持专家开展检查工作。

党的十七大即将召开，"十一"黄金周即将到来，请各地务必落实岗位责任，落实安全责任，在已开展的省内自查工作的基础上，对排查出来的安全隐患要进一步加大整治力度，加强超限超载车辆治理。特别是在假日期间要全面部署，严防死守，切实做好值班和监管工作，确保桥梁等交通基础设施的安全生产和运营。

以桥梁为重点的交通基础设施安全隐患排查治理专项行动省际互查工作方案

按照部对以桥梁为重点的交通基础设施安全隐患排查治理专项行动（以下简称“安全隐患排查治理”）的部署，各地自查工作已于9月10日前完成。为检查自查情况，贯彻落实《国务院办公厅关于开展重大基础设施安全隐患排查工作的通知》（国办发〔2007〕58号），总结和交流各地安全隐患排查治理的工作经验，查找工作中存在的问题，部决定组织各省级交通主管部门和部专家委员会有关专家开展省际互查工作。为保证这项工作顺利进行，制定本方案。

一、检查依据和内容

（一）检查依据

根据部8月17日电视电话会议精神、《关于开展以桥梁为重点的交通基础设施安全隐患排查治理专项行动的通知》（交公路发电〔2007〕0802号）、《关于湖南省凤凰县“813”堤溪大桥垮塌特别重大事故的通报》（交公路发电〔2007〕0801号）和《2007年深化交通建设安全专项整治工作方案》（交质监发〔2007〕145号）的有关要求，以及《公路桥梁养护管理制度》、《公路桥涵养护规范》等相关行政和技术管理规定，开展省际互查和专家抽查工作。

（二）检查的主要内容

1. 在建项目重点对长大隧道、跨江跨海大桥、大跨径圬工砌体桥梁以及地质条件复杂的桥梁、隧道进行检查。检查内容主要包括：基本建设程序、勘察设计、项目管理、实体工程质量、工程原材料和施工工艺等情况。《在建项目检查评价标准》见附件1。每个省份应检查不少于2个包含上述内容的重点建设项目。

2. 在用桥梁重点对桥梁日常养护情况，特别是《2006年公路养护统计年报》中的特大型危桥（见附件3）进行检查。内容主要包括：桥梁养护管理职责划分、桥梁养护工程师制度执行情况、技术状况评定、桥梁养护工程管理、技术档案管理、危桥监控和应急管理等。《在用桥梁养护管理检查评价标准》见附件2。每个省份应检查不少于10座普通公路上的桥梁（以三四五类桥梁、大桥以上为主）、5座高速公路上的桥梁大桥（大桥以上为主）的养护管理工作和2个治超站点。

二、检查工作总体安排

（一）互查组织。各省、自治区、直辖市交通主管部门按照《安全隐患排查治理互检方案》（见附件4）的安排和时间要求，由检查省份组成检查组对受检省份组织开展省际互查工作。检查组组长由检查省份的省级交通主管部门的厅级主管领导担任，检查组成员由本辖区熟悉公路建设、桥梁养护等相关业务的人员组成，其中包括省内桥梁专家和养护工程师。西藏不安排受检，只派负责桥梁养护工作的领导1～2人参加青海省交通厅检查组。检查组总人数原则上控制在8人以内。

（二）专家抽查结合省际互查同步开展。部专家委员会专家将派桥梁方面的专家参与相关省份组成的检查组，一并对有在用特大危桥省份进行检查，并重点对特大危桥的改造方案和桥梁安全开展技术咨询。专家参与检查的省份情况见附件3。

（三）省际互查各检查组的具体检查时间由检查省份与受检省份具体商定。检查时间确定后，请提前三天电告部公路司，以便部专家委员会确定委派的专家。

三、检查步骤和方法

（一）资料准备。

1. 汇报材料。各受检省份交通主管部门应当根据部对隐患排查治理工作的要求，准备汇报材料。汇报材料的主要内容包括：

——本辖区贯彻落实 8 月 17 日电视电话会议的基本情况和主要措施；

——在建项目的自查和整改情况；

——在用桥梁的安全隐患自查和整改情况。说明本辖区不同年代、不同技术状况桥梁分布情况，危桥成因和发展趋势等情况，以及对四、五类桥梁采取的主要安全保障措施；

——治理超限超载方面采取的主要措施和存在的问题；

——本辖区桥梁养护管理方面的主要行政和技术管理措施；

——对加强以桥梁为重点的安全保障工作的建议和意见。

2. 在用特大危桥的有关情况。主要内容包括：

——基本情况和主要病害（附照片）；

——危桥的评定过程以及病害成因分析；

——应急预案建立情况及防范的主要措施；

——近期开工改造工作开展情况，并简要说明改造方案。对于确定要废弃的桥梁，应具体说明替代方案，废桥如何处置；

——附相应的检测资料。

3. 按照检查内容准备相关说明性资料或文件。

4. 根据本方案确定的检查内容，按照行程方便的原则，推荐接受检查的在建重点桥梁、隧道建设项目、普通干线公路和高速公路在用桥梁。

（二）听取受检省份工作汇报。

检查组抵达受检省份后，召开座谈会听取受检省份交通主管部门的工作汇报，并结合受检单位提供的资料对相关检查内容进行评价。

（三）确定受检具体项目。

检查组根据受检省份提供的相关资料，与受检省份商定受检的在建重点项目和在用桥梁。为便于受检省份安排行程，此项工作可在检查前由受检单位与检查单位提前协商确定。

对于附件 3 中有特大危桥的省份，应当将该特大桥作为受检对象，并按照方便行程的原则确定受检的在建项目和其他桥梁。

（四）实地检查。

专家组根据检查行程，分别赶赴现场，听取相关桥梁的管养单位、在建项目的项目法人关于隐患排查治理工作的总体情况汇报。汇报内容参照省级交通主管部门的汇报要求。

检查组上路分别对普通公路上的桥梁（或存在较严重病害的桥梁）、在建项目、高速公路上的桥梁和治超站点进行实地检查，并结合受检单位提供的资料对检查内容进行评价。

有特大危桥的省份，应实地检查该桥梁养护管理情况和安全保障措施，查看桥梁病害等有关情况，并对隐患及排查和整治工作进行技术咨询。

（五）检查组总结。

根据检查情况，检查组和专家按照检查内容和相关要求对受检省份的有关情况进行总结和评价，并填写相关评价表格，收集相关资料。

（六）与受检省份交换意见。

检查组组长代表检查组与受检省份交换意见，肯定工作成绩，指出存在问题，提出整改要求和工作建议。检查结束。

四、检查组向部提交的资料

检查组应在检查结束的两周内，向部公路司提交相关材料和检查情况报告。检查情况报告字数原则上控制在 3000 字以内。

（一）相关资料的主要内容

——在用桥梁养护管理情况检查评价表；

——在建项目检查评价表；

——受检省份的汇报材料（含桥梁管养单位和建设项目）；

——受检省份桥梁养护管理方面的主要规范性文件；

——受检省份桥梁养护管理工作总体情况评价表（附件5）；

——现有特大危桥检查情况、病害情况和改造建议。

（二）检查报告的主要内容

——检查的基本情况（包括检查的具体数据）；

——受检省份隐患排查治理工作的总体评价；

——受检省份桥梁安全工作存在的主要问题；

——对进一步加强桥梁安全工作的建议。

五、工作要求

（一）受检省份交通主管部门要积极配合检查组的工作，并按照检查内容准备相关材料，并根据检查行程，统筹协调相关单位安排检查相关事项。

（二）检查组要按照本方案的相关规定，对受检单位的工作进行评价，并及时将检查总结和相关材料报部。

（三）检查工作要轻车简从，接待工作要严格遵守廉政方面的相关规定，受检单位不得向专家组赠送礼品，安排公款娱乐项目。

附件：1. 在建项目检查评价标准

2. 公路桥梁养护总体情况检查评价标准表（省级）

3. 在用公路桥梁养护管理情况检查评价标准表（具体桥梁及其管养单位）

4. 安全隐患排查治理互检方案

5. ××省公路桥梁养护管理主要经验和存在问题汇总表

附件 1

在建项目检查评价标准

项目名称： 项目法人：

检查项目	检查内容	等级	评分方法	备注
基本建设程序	工可、初步设计、施工图设计、施工许可批复情况以及项目申请报告的核准情况（如为企业投资）	好	手续齐全	
		一般	手续大部分齐全	
		差	手续大部分未办理	
	招投标情况（包括资格审查、招标文件编制、开标、评标、定标）	好	行为规范	
		一般	行为基本规范	
		差	行为不规范	
勘察设计	勘察设计文件是否符合有关标准、规范，深度是否满足要求	好	满足标准、规范，深度要求	3
		一般	基本满足	
		差	不满足	
	水文、气象、地质等基础资料是否完整、真实	好	完整、真实	2
		一般	真实，基本完整	
		差	不真实，不完整	
项目管理	项目法人质量和安全管理等各项制度是否健全，且具有针对性	好	制度健全，针对性强	
		一般	制度健全，针对性不强	
		差	制度不健全	
	项目法人、设计、监理、施工单位落实质量和安全责任制	好	均落实	
		一般	大部分落实	
		差	大部分未落实	
	是否存在转包或违法分包现象	好	无转包或违法分包现象	
		差	有转包或违法分包现象	
	监理单位履约情况（包括主要监理人员、试验检测设备等）	好	无人员变动，试验检测设备全	
		一般	人员变动少，试验检测设备较全	
		差	人员变动大，试验检测设备不全	
	施工单位履约情况（包括主要技术人员、机械设备等）	好	无人员变动，机械设备全	
		一般	人员变动较少，机械设备较全	
		差	人员变动大，机械设备不全	
	试验检测数据真实、完整情况	好	试验检测数据真实、完整	
		一般	试验检测数据真实、较完整	
		差	试验检测数据不真实、不完整	
	工程项目和合同段建立安全应急预案和演练情况	好	有应急预案且经过演练	
		一般	有应急预案，但未经过演练	
		差	无应急预案	
	有无发生重大安全生产事故	好	未发生安全生产事故	
		差	发生安全生产事故	
	合理工期情况	好	工期合理	
		差	工期不合理	
	施工单位项目负责人和专职安全员持培训合格证情况	好	均持证	
		一般	部分持证	
		差	未持证	

续上表

检查项目	检查内容	等级	评分方法	备注
项目管理	“两项达标”（施工人员管理达标、施工现场防护达标）落实情况	好	均达标	
		一般	部分达标	
		差	不达标	
	“四项严禁”（严禁在泥石流区、滑坡体、洪水位下等危险区域设置施工驻地；严禁违规进行挖孔桩作业；严禁长大隧道无超前预报和监控量测措施施工；严禁违规立体交叉作业）落实情况	好	均落实	
		一般	部分落实	
		差	未落实	
	“五项制度”（施工现场危险告知制度、施工安全监理制度、专项施工方案审查制度、设备进场验收登记制度、安全生产费用保障制度）落实情况	好	均落实	
		一般	部分落实	
		差	未落实	
	施工前是否向作业班组、人员进行安全生产技术交底	好	技术交底签字齐全	
		一般	技术交底签字部分齐全	
		差	未进行技术交底	
	施工组织设计是否有针对性和可操作性	好	有针对性和可操作性的	
		一般	有针对性，但操作性不强	
		差	无针对性和可操作性	
	施工工艺和工序是否符合施工组织设计	好	符合	
		一般	基本符合	
		差	不符合	
原材料	工程原材料的规格和质量是否符合要求	好	符合要求	
		一般	基本符合要求	
		差	不符合要求	
现场质量检查	现场施工环境	好	现场整洁有序	
		一般	现场基本整洁有序	
		差	现场不整洁，混乱	
	工程外观质量	好	工程外观质量好	
		一般	工程外观质量一般	
		差	工程外观质量差	
	实体检测	好	检测项目合格率≥90％	
		一般	90％＞检测项目合格率≥75％	
		差	75％＞检测项目合格率	
现场安全检查	施工现场安全警示标志	好	安全警示标志齐全规范	
		一般	安全警示标志基本齐全规范	
		差	安全警示标志不齐全、不规范	
	现场安全隐患	好	无安全隐患	
		一般	基本无安全隐患	
		差	有安全隐患	

注：本表由检查组成员根据检查情况填写。检查组应依据《公路工程竣（交）工验收办法》（交通部令2004年第3号）、《关于贯彻执行公路工程竣（交）工验收办法有关事宜的通知》（交公路发〔2004〕446号）以及《公路工程质量检验评定标准》（JTG F80/1—2004）进行工程实体质量检查。

附件 2

公路桥梁养护总体情况检查评价标准表（省级）

受检单位：　　　　　　　　　　　　　　　　　　　　　　　　　检查日期：

检查项目	分　项	具体内容	等级	评定标准
1. 明确桥梁管理责任	1.1　养护责任划分	是否正式落实所有公路桥梁的责任单位和监管单位	好	已落实，职责明确
			一般	基本落实，职责基本明确
			差	未落实
	1.2　桥梁安全事故责任追究制度	相关制度的建立和落实情况	好	制度明确，并落实到具体单位和人员
			一般	有制度，但不能明确
			差	没有相关制度
2. 桥梁养护工程师制度	2.1　桥梁养护工程师制度执行情况		好	已对各级桥梁养护工程师提出明确要求，职责明确，执行情况好
			一般	已提出明确要求，但覆盖面不够，或存在职责不够明确等问题，基本满足桥梁养护需要
			差	制度和执行情况难以满足桥梁养护的需要
	2.2　桥梁养护工程师培训和考核情况		好	已建立相关制度，执行情况较好，桥梁养护工程师能够经常接受培训和考核
			一般	已建立相关制度，但执行力不够，培训和考核不能持续进行
			差	没有制定相关制度，或基本不开展培训和考核工作
3. 桥梁基本技术资料	3.1　对本辖区不同技术状况桥梁数据的掌握情况（以截至2006年底数据为准，下同）		好	能够掌握所有行政等级公路上不同技术状况桥梁分布情况
			一般	能够掌握干线公路上不同技术状况桥梁分布情况
			差	只掌握部分公路数据，且不完整
	3.2　对本辖区不同年代建设的桥梁数据掌握情况		好	能够掌握所有行政等级公路上不同年代建设的桥梁数据
			一般	能够掌握干线公路上不同年代建设的桥梁数据
			差	只掌握部分公路数据，且不完整
	3.3　对本辖区不同跨径建设的桥梁数据掌握情况		好	能够掌握所有行政等级公路上不同跨径的桥梁数据
			一般	能够掌握部分行政等级公路上不同跨径的桥梁数据
			差	只掌握部分公路数据，且不完整
4. 桥梁检查与评定	4.1　桥梁检查与评定情况		好	能够按制度进行检查和评定，执行情况较好
			一般	不能严格按制度进行检查和评定，执行情况一般
	4.2　危桥复核情况	省级桥梁养护工程师是否对技术状况为四类的特大桥、结构或病害较复杂的大桥及技术状况为五类的桥梁进行复核，抽查复核资料	好	均按程序组织复核，并提出复核意见
			一般	大部分桥梁进行了复核
			差	基本未复核

续上表

检查项目	分　　项	具 体 内 容	等级	评 定 标 准
5. 危桥改造管理	5.1　计划执行情况监督情况	是否有完善的工作制度确保危桥改造计划执行到位，主要包括计划下达后的具体开工、验收两个主要环节是否可控	好	有明确管理制度，执行情况较好
			一般	有制度，执行情况一般
			差	计划下达后省对改造工程进展等情况基本不掌握
	5.2　危桥改造配套资金情况		好	省厅能够落实专项资金，确保改造计划顺利执行
			一般	省厅落实专项资金力度不够，存在难以执行现象
			差	资金缺口较大
6. 应急处置	6.1　桥梁安全应急预案建立	是否制定桥梁坍塌应急预案，明确信息上报、分级响应、交通保障与恢复、事故调查等工作职责和程序	好	已建立，职责明确，程序合理
			一般	已建立，职责基本明确，程序基本合理
			差	未建立
	6.2　重要和特大型桥梁的应急处置	重要和特大型桥梁是否建立单独的应急预案，能否满足需求，抽查预案	好	预案较完善，满足应急工作需要
			一般	基本建立，预案欠完善
			差	大部分未建立

附件 3

在用公路桥梁养护管理情况检查评价标准表

（具体桥梁及其管养单位）

受检单位：　　　　　　　　　　　　　　　　　　　　　　　　　　　　　　检查日期：

检查项目	分项	等级	评价标准
1. 桥梁管养基本情况	1.1 责任主体落实情况	好	已根据行政区划或公路行政等级逐桥落实责任主体
		一般	部分公路上的桥梁明确了责任主体
		差	未明确
	1.2 桥梁养护工程师	好	本单位和下辖各单位梁养护工程师配备符合上级规定，职责清晰
		一般	部分单位尚未设置桥梁养护工程师，或人员资格条件不符合上级规定
		差	基本未执行桥梁养护工程师制度
2. 检查与评定	2.1 经常检查（检查抽检路线上相关桥梁的检查记录，下同）	好	能够按照有关制度和规范进行检查，检查频率、内容符合要求，纪录表格齐全，检查中发现的问题处置得当
		一般	检查频率、内容基本符合规定，纪录表格基本齐全，检查中发现的问题处置得当
		差	经常检查不能正常开展，或检查流于形式、检查记录不齐全完整
	2.2 定期检查	好	能够按照有关制度和规范进行检查，检查频率、内容符合要求，纪录表格齐全，检查中发现的问题处置得当
		一般	检查频率、内容基本符合规定，纪录表格基本齐全，检查中发现的问题处置得当
		差	定期检查不能正常开展，或检查流于形式、检查记录不齐全完整
	2.3 特殊检查	好	每年能够根据四、五类桥梁情况安排特殊检查经费，委托具备相应的资质的单位，按照规范要求开展特殊检查，出具检查报告
		一般	只对部分四、五类桥梁安排特殊检查
		差	基本没有开展过特殊检查，或特殊检查不符合规范规定
	2.4 危桥复核	好	能够按照工作程序对评定为四、五类的桥梁进行复核，文件齐全
		差	不能按照工作程序对评定为四、五类的桥梁进行复核
	2.5 技术状况评定	好	能够根据检查结果开展技术状况评定工作，评定周期、评定单位、评定程序符合有关制度和规范要求
		一般	部分桥梁能够根据检查结果开展技术状况评定工作，评定周期、评定单位、评定程序基本符合有关制度和规范要求，评定结果基本准确
		差	桥梁技术状况评定工作不能正常开展，或评定周期、程序存在问题较多
3. 危桥管理	3.1 组组织实施	好	危桥改造程序清晰、合理，并得以贯彻落实，信息发布及时，交通保畅方案完善
		一般	基本按照规定程序开展改造工作，但部分非关键环节存在问题
		差	不能贯彻落实相关工作程序，或主要环节存在明显问题
	3.2 工程验收	好	按照规定在工程完工后进行验收，工程质量和桥梁技术状况达到设计要求
		差	未按规定在工程完工后进行验收或工程质量和桥梁技术状况达不到设计要求
	3.3 危桥监控及交通管制情况	好	专人专职管理，责任主体清晰，采取强制性措施限制或封闭交通，设置合理绕行线路
		一般	责任主体清晰，但难以确保超重车辆限制过桥
		差	未采取相应措施监控，或未设置限载标志

续上表

检查项目	分项	等级	评价标准
4. 技术档案管理	4.1 基础资料	好	桥梁档案资料完整，内容翔实、准确，能够比较全面地掌握桥梁档案
		一般	主要档案资料基本完整、准确，非关键内容存在问题
		差	关键内容缺失、不准确
	4.2 检查资料	好	能够准确、完整记录每次检查情况，资料完整，内容翔实、准确，主要病害有针对性检查和跟踪记录
		一般	检查记录基本完整，内容基本准确
		差	检查记录不完整，或存在明显不准确现象
	4.3 养护维修资料	好	能够掌握桥梁的维修历史，相关资料完整，内容翔实、准确
		一般	维修历史资料基本完整，内容基本准确
		差	维修档案管理混乱，或维修历史不完整
	4.4 桥梁信息化管理	好	建立了完整的信息系统管理桥梁养护管理相关信息，数据更新与桥梁检查、维修同步
		一般	数据更新基本与桥梁检查、维修同步，关键信息基本完整、准确
		差	数据基本不更新，或关键信息缺失、没有建立信息管理系统等
5. 应急处置	5.1 重要和特大型桥梁，四、五类桥梁，超过使用年限的危旧桥梁	好	均制定了单独应急预案，预案科学合理，交通绕行措施得当
		一般	部分桥梁单独制定了应急预案，预案基本可行，交通绕行措施得当
		差	未制定单独应急预案，或应急预案有明显缺陷，可操作性差

注：1. 评价上述相关检查项目时，应结合实地抽查桥梁的有关情况确定。

2. 检查具体桥梁时，桥梁管养单位应对照检查内容准备抽查桥梁的基础资料。检查组应重点核对基础技术资料、检查记录中的病害描述、技术状况评定等主要技术档案是否准确，应急预案是否科学合理。

3. 抽检桥梁的管养单位应按上述检查内容，向检查组说明相关检查项目的具体做法，并提供相应的规范性文件和资料。

附件 4

安全隐患排查治理互检方案

检查单位	受检单位	部专家委员会委派专家	建议检查日期
北京	黑龙江	2 人（待确定具体检查时间后定）	10 月 15 日前
天津	上海	2 人（待确定具体检查时间后定）	10 月 25 日前
河北	新疆		10 月 15 日前
山西	宁夏		10 月 25 日前
内蒙古	吉林		10 月 25 日前
辽宁	内蒙古		10 月 15 日前
吉林	天津		10 月 15 日前
黑龙江	辽宁		10 月 25 日前
上海	重庆	2 人（待确定具体检查时间后定）	10 月 15 日前
江苏	山东		10 月 15 日前
浙江	湖南		10 月 25 日前
安徽	陕西	2 人（待确定具体检查时间后定）	10 月 25 日前
福建	贵州	2 人（待确定具体检查时间后定）	10 月 25 日前
江西	江苏	2 人（待确定具体检查时间后定）	10 月 25 日前
山东	广东		10 月 25 日前
河南	青海		10 月 15 日前
湖北	河南		10 月 25 日前
湖南	浙江	2 人（待确定具体检查时间后定）	10 月 15 日前
广东	云南	2 人（待确定具体检查时间后定）	10 月 25 日前
广西	福建	2 人（待确定具体检查时间后定）	10 月 15 日前
海南	广西		10 月 25 日前
重庆	北京		10 月 25 日前
四川	安徽		10 月 15 日前
贵州	海南		10 月 15 日前
云南	江西		10 月 15 日前
陕西	湖北	2 人（待确定具体检查时间后定）	10 月 15 日前
甘肃	四川		10 月 25 日前
青海、西藏	河北		10 月 25 日前
宁夏	甘肃		10 月 15 日前
新疆	山西		10 月 25 日前

附件 5

××省公路桥梁养护管理主要经验和存在问题汇总表

项　　目	经验和好的做法	主 要 问 题	改 进 建 议
养护工程师管理制度			
检查与评定			
养护工程管理			
技术档案管理			
应急处置管理			

120. 关于进一步开展桥梁安全隐患排查和治理工作的紧急通知

（交公路明电〔2009〕0717 号）

各省、自治区、直辖市、计划单列市、新疆生产建设兵团交通厅（局、委），上海市城乡建设和交通委员会，天津市市政公路管理局：

6 月 29 日凌晨 2 时 34 分，国道 222 线黑龙江省铁力西大桥发生垮塌。国务院领导同志高度重视并作出重要批示，要求我部高度重视桥梁安全工作，组织各地对桥梁（包括在建桥梁）进行全面安全检查，消除安全隐患。同时，加大对超载车辆的治理力度。为贯彻落实国务院领导同志的重要批示精神，以及《国务院安委会关于集中开展安全生产隐患排查治理和督促检查的通知》（安委明电〔2009〕1 号），部决定，在全国开展一次桥梁安全隐患排查和治理专项行动。各级交通运输主管部门要立即行动起来，采取切实有效措施，严防桥梁垮塌事故再次发生，现就有关事宜通知如下：

一、桥梁安全隐患排查重点

从设计、施工、养护、治超等多个环节入手，对在建和在用公路桥梁安全隐患进行排查，主要工作重点如下：

1. 《2008 年公路养护统计年报》以及今年新增的所有技术状况评定等级为四类和五类的桥梁。
2. 所有双曲拱桥，具体数量见附件一。
3. 使用年限长、设计荷载标准低的桥梁，以及系杆拱桥、带挂梁的桥梁等易突然破坏的桥梁。
4. 跨江跨海特大桥梁和特殊结构的桥梁。
5. 交通繁忙特别是超限超载车辆行驶较为集中的桥梁。
6. 正在建设中的桥梁，以及正在实施的危桥改造项目。
7. 治理超限超载工作开展情况。

二、桥梁安全隐患排查主要内容。

（一）已经投入使用的桥梁。

1. 按照《公路养护统计报表制度》（交公路发〔2006〕631）和相关技术规范的要求，进一步核实相关桥梁的技术状况评定等级，以及桥型、建设年限等主要指标，特别是所有危桥、双曲拱桥。同时，根据排查情况，同步更新公路养护统计数据库，进一步摸清在用桥梁，特别是危桥的基本情况。
2. 是否明确桥梁养护管理的责任单位和监管单位。
3. 桥梁技术状况评定等级认定程序是否符合《公路桥梁养护工作制度》和相关技术规范规定，桥梁基本技术资料、档案资料是否完整、准确。
4. 是否落实桥梁养护工程师制度并按技术规范要求进行桥梁养护维修。
5. 是否对行驶桥梁的重车实施超限超载监控和治理。
6. 对已确认的危桥是否采取相应的管制及监测措施。
7. 是否按规定建立桥梁突发事件应急预案。

（二）在建桥梁和危桥改造项目。

1. 基本建设程序是否符合国家或本辖区有关规定。
2. 勘察设计是否符合相关标准规范。特别是设计荷载是否符合技术规范的要求。
3. 项目管理是否规范。包括制度是否健全，质量责任制和安全生产有关规定是否落实，有无转包和违法分包，监理工作是否到位，试验检测数据是否真实、可靠等。
4. 工程实体质量和原材料是否符合相关标准规范要求。

5. 施工工艺是否满足工程质量和安全生产要求。特别是安全风险较大的专项工程，要重点检查施工方案是否经过审查、论证和执行。

（三）超限超载车辆治理。

1.《国务院办公厅关于加强车辆超限超载治理工作的通知》（国办发〔2005〕30号）贯彻落实情况。

2. 部与公安部等九部委制定印发的关于治超工作的相关规章制度贯彻落实情况。

3. 治超工作长效机制的建立和执行情况。

4. 治超站点的布设能够满足治超工作需要，执行行为是否规范。

三、桥梁安全隐患排查时间安排

从7月1日至7月31日，在全国开展桥梁安全隐患排查专项行动。专项行动由各省、自治区、直辖市交通运输主管部门统一组织。部将从7月中下旬开始，派出督查组对隐患排查情况进行督查。同时，对危桥比例较高的省份及高速公路上危桥治理作为部重点督办的项目跟踪督办。具体名单见附件二。部督查具体安排另行通知。

四、桥梁安全隐患治理工作的主要措施

各级交通运输主管部门要坚持边查边改边治和短期整改与长期整治相结合的工作原则，采取有效措施对桥梁安全隐患进行彻底治理，严防垮桥事件再次发生。

（一）突出重点。根据排查结果，各地要坚持“先干线、后一般”，并结合危桥改造三年集中整治计划，加大危桥改造力度。对高速公路上的危桥，以及特大桥中的危桥，要在今年年底前改造完毕；对国省干线上的危桥，要加大力度，力争在明年年底改造完毕；对农村公路上的危桥，要按桥梁长度、重要性和危险程度合理安排改造计划，及时消除安全隐患，力争危桥数量逐年递减。

（二）强化管理。对于经排查确定为危桥的，要立即研究提出具体的车辆通行或交通管制方案，并落实责任单位和责任人。对严重影响通行安全的，要立即报请上级人民政府同意后，协调当地公安交通管理部门，实施交通管制，禁止或限制车辆通行，并向社会公告，做好车辆绕行组织工作。尚能继续维持使用的危桥，要在桥头设置明显的限载、限速标志，必要时，派专人值守。同时，要以危桥为重点，加强公路巡查工作力度，增加巡查频率，发现安全隐患，要及时报告，并立即采取措施予以处置。

（三）严把设计施工关。要合理选择桥型、结构和改造方案，确保桥梁结构安全和耐久性。同时，加强施工安全和质量管理，按照合理工期安排工程进度，高度重视建设速度与工程质量的关系，严格禁止各类因“献礼”而盲目压缩工期行为，宁可建设速度慢一些，也要确保工程质量和安全。今后，对于已排查为危桥的双曲拱桥，原则上要予以拆除重建，不再进行加固利用。

（四）加强治超工作。要通过排查，切实落实治超各项规章制度，加大联合执法力度。同时，要根据夜间和短途超限超载车辆增多，以及东中部地区逐步有序取消政府还贷二级公路后，普通公路超限超载车辆有所反弹和增加的新情况，要充分利用原有收费站点增设治超站点，由其原收费人员就地转岗从事治超工作，以进一步充实治超力量。专项检查和隐患治理期间，各级交通运输主管部门要会同公安交通等有关管理部门进一步加大路面执法力度。对所有经检测确定的超限超载车辆，要一律先卸载、后处罚，坚持严管重罚，坚决消除违法行为。

（五）建立健全桥梁突发事件应急预案。

1. 各级交通运输主管部门要根据部《公路突发事件应急预案》（交公路发〔2009〕226号），结合本地桥梁养护实际，制定桥梁安全事故应急预案，严格信息上报、分级响应、交通保障与恢复、事故调查等工作的职责和程序。

2. 桥梁养护管理单位要在本地桥梁安全事故应急预案的基础上，制定每座重要桥梁的安全事故应急预案，切实做到一旦发生事故，确保能够及时救援受困车辆和人员，疏导交通。

五、组织保障与工作要求

（一）加强领导。各级交通运输主管部门一定要充分认识当前面临的安全形势，进一步增强紧迫感和责任感，坚持安全第一、预防为主、综合治理的方针，把桥梁的建设与使用安全工作，作为当前和今后一段时间交通工作重中之重，将危桥率作为考核公路养护管理工作的重要指标。各级交通运输主管部门主要领导要切实担负起领导责任，亲自研究部署；分管负责同志要切实履行职责，加强督促指导和监督检查。全行业要迅速行动起来，采取切实有效措施，组织好并落实好这次专项工作，为建国 60 周年创造安全的交通运输环境。

（二）明确责任。各级交通运输主管部门和公路管理机构要按照《公路桥梁养护管理工作制度》和桥梁建设、改造相关的管理规定，明确相关工作的责任单位和责任人，完善责任追究制，强化监督检查，加大行业管理力度。一旦出现桥梁安全事故，要严格按照“四不放过”原则，及时查明事故原因，依法严厉追究有关单位和个人的责任。

（三）周密部署。各级交通运输主管部门要按照部《关于转发国务院安委会集中开展安全生产隐患排查治理和督促检查的通知》（交安委明电〔2009〕5 号）的统一部署，以及本通知要求，结合本地实际，制订具体的工作方案。在排查隐患的基础上，通过对相关数据汇总和分析，认真梳理存在的隐患，有针对性地制定治理工作方案，并认真抓好落实。

（四）向部报送有关资料。

8 月 10 日前，各省、自治区、直辖市交通运输主管部门要向部提交如下资料：

1. 书面总结报告。报告应包括本地区自查工作的基本情况（包括排查的桥梁座数、组织方式等）、强化治超工作的主要措施、排查出的主要安全隐患、下一步整改措施和建议共五部分。

2. 桥梁养护统计资料。按照《公路养护统计年报制度》要求，向部报送所有国、省、县道和所有危桥的《公路桥梁明细表》的汇总统计表（交公路 24 表），要全面核准使用年限、跨径、修建年度、技术状况和桥型等主要指标，并通过公路养护统计数据库向部报送电子文本。

3. 研究提出 2010 年危桥改造建议计划。在截至 2008 年年底各地报部的《公路桥梁明细表》基础上，按照《关于报送 2010 年公路路网结构改造工程项目建议计划有关事项的补充通知》（交公便字〔2009〕87 号）要求，向部提交 2010 年危桥改造建议计划（计划单列市的路网改造计划由省交通运输厅统一审核汇总报送）。部将以这次排查填报的《公路桥梁明细表》为依据确定 2010 年危桥改造计划。

4. 本辖区双曲拱桥养护管理现状、分析和下一步工作措施和建议。

附件一

全国重点排查双曲拱桥数量表

省份	合计		按技术状况评定等级分				按行政等级分					
			一、二、三类		四、五类		国省道		县乡村道		专用公路	
	座数	延米	座数	延米	座数	延米	座数	延米	座数	延米	座数	延米
合计	10957	564641	5090	333048	5866	231569	2665	181286	8238	378957	54	4398
北京	41	2507	39	2376	2	131	25	1556	16	950	0	0
天津	32	612	1	32	31	580	1	22	31	591	0	0
河北	500	18095	46	2961	454	15134	40	2878	460	15217	0	0
山西	191	11811	136	7297	55	4514	76	6636	115	5175	0	0
内蒙	90	6175	32	2573	58	3602	19	2085	71	4090	0	0
辽宁	209	11883	178	9620	31	2264	128	6943	81	4940	0	0
吉林	43	2672	31	1991	12	681	12	1136	31	1535	0	0
黑龙江	251	15160	123	9167	128	5993	104	6264	145	8870	2	26
上海	4	583	2	291	2	292	0	0	4	583	0	0
江苏	989	34812	83	6912	906	27900	24	2207	965	32605	0	0
浙江	1078	54145	625	38151	453	15993	116	5051	960	48895	2	199
安徽	517	20000	283	12081	234	7920	85	3652	430	15983	2	366
福建	113	14284	80	10958	33	3326	26	3278	85	10709	2	297
江西	767	40437	342	23244	425	17194	56	4057	711	36381	0	0
山东	538	25320	183	11014	355	14306	49	4173	485	20560	4	588
河南	1398	40586	111	6917	1287	33668	100	6848	1298	33738	0	0
湖北	677	29883	234	12899	443	16984	162	10787	513	19069	2	27
湖南	677	50998	457	37612	220	13386	219	21919	456	28987	2	92
广东	438	35203	360	29821	78	5382	152	14735	286	20468	0	0
广西	587	41920	444	31114	143	10806	277	20556	308	21099	2	265
海南	32	2085	29	1908	3	177	26	1646	6	439	0	0
重庆	39	5635	31	4604	8	1031	32	4767	7	868	0	0
四川	255	17680	160	11634	95	6047	107	9124	141	8459	7	97
贵州	169	13765	134	10701	34	3040	76	6537	92	7150	1	78
云南	194	9734	124	6232	70	3501	49	2406	143	7150	2	178
西藏	34	1794	12	712	22	1082	34	1794	0	0	0	0
陕西	498	24053	384	17715	114	6338	367	15545	127	8350	4	158
甘肃	401	23575	323	17323	78	6253	200	10601	192	11889	9	1085
青海	25	1315	10	510	15	805	6	266	19	1049	0	0
宁夏	22	1042	14	564	8	478	16	710	5	280	1	52
新疆	140	6598	77	3981	63	2617	81	3108	49	2680	10	810

备注：本表根据公路养护统计数据库整理，数据截至2008年年底。

附件二

危桥比例较高省份排序统计表

序号	省份	按危桥占桥梁总数量排序			序号	省份	按国省县道危桥率排序		
		危桥比例（%）	桥梁总数（座）	危桥总数（座）			危桥比例（%）	桥梁数（座）	危桥数（座）
1	西藏	48.81	4452	2173	1	西藏	33.35	1994	665
2	河南	46.73	38599	18038	2	河南	18.28	15086	2758
3	黑龙江	34.49	17400	6002	3	黑龙江	17.98	4494	808
4	湖北	34.30	23865	8186	4	海南	17.75	2129	378
5	江苏	26.24	60050	15757	5	湖北	15.72	9554	1502
6	宁夏	21.77	3161	688	6	重庆	14.56	4842	705
7	河北	21.34	29025	6193	7	贵州	12.73	4971	633
8	内蒙古	19.68	12082	2378	8	青海	12.00	2550	306
9	安徽	18.47	27719	5121	9	山西	11.80	7849	926
10	青海	18.19	3776	687	10	江西	9.85	9085	895
11	江西	16.69	21845	3646	11	安徽	9.76	12264	1197
12	新疆	14.00	8774	1228	12	内蒙	9.73	8440	821
13	山西	11.92	10767	1283	13	江苏	9.68	18626	1803
14	贵州	11.64	10158	1182	14	湖南	9.66	9350	903
15	重庆	11.07	9021	999	15	甘肃	8.29	5054	419
16	山东	10.68	44288	4731	16	四川	8.11	14459	1172
17	四川	10.47	30400	3182	17	宁夏	7.65	2156	165
18	湖南	10.23	23275	2382	18	云南	7.54	13871	1046

备注：本表根据全国公路养护数据库整理，数据截至2008年年底。

国高网公路危桥明细表

序号	省份	桥梁名称	桥梁中心桩号	所属路线情况		桥梁全长（米）	类型	结构形式	设计荷载	建成通车日期	改造情况			管制措施
				路线编号	路线名称						等级	评定日期	改造完工日期	
甲	乙	1	2	3	4	5	7	8	9	12	13	14	15	21
1	黑龙江	三股线高架桥	208.509	G10	绥芬河—满州里（绥满高速）	287.5	大桥	连续梁桥	公路Ⅰ级	20041020	四类	20081030		封闭交通
2	黑龙江	无名桥 248	11.687	G1001	哈尔滨绕城高速	13	小桥	简支梁桥	汽车—超 20 级	20010926	四类	20070830		正常使用
3	黑龙江	无名桥 253	16.503	G1001	哈尔滨绕城高速	13	小桥	简支梁桥	汽车—超 20 级	20010926	四类	20070830		正常使用
4	黑龙江	瓦盆窑互通匝道桥 1	29.279	G1001	哈尔滨绕城高速	382.5	大桥	简支梁桥	汽车—超 20 级	20040930	四类	20070830		正常使用
5	黑龙江	无名桥 1	30.716	G1001	哈尔滨绕城高速	85.04	中桥	简支梁桥	汽车—超 20 级	20040930	四类	20070830	20070930	正常使用
6	黑龙江	无名分离桥 7	36.661	G1001	哈尔滨绕城高速	104	大桥	简支梁桥	汽车—超 20 级	20040930	四类	20070830		正常使用
7	黑龙江	牡丹江大桥	251.694	G1011	哈尔滨—同江（哈同高速）	507	大桥	钢管混凝土拱	公路Ⅰ级	19970918	五类	20070812	20031026	限制交通
8	上海	漳浦河桥	179.574	G1501	上海绕城高速	54.89	中桥	简支梁桥	汽车—超 20 级	20040904	四类	20080910		限制交通
9	山东	宫家岛夹河大桥	410.562	G15	沈海线	450.4	大桥	其他钢筋混凝土拱桥	汽车—超 20 级	20010201	四类	20080820		正常使用
10	山东	1～6m 通道	484.914	G15	沈海线	16.86	小桥	简支梁桥	汽车—超 20 级	20001218	四类	20081121		正常使用
11	山东	1～13m 通道	485.933	G15	沈海线	27.23	小桥	简支梁桥	汽车—超 20 级	20001218	四类	20081121		正常使用
12	海南	黄竹互通立交桥	64.3	G98	西线高速公路	18.76	小桥	T 型刚构桥	汽车—超 20 级	20030101	五类	20070806		封闭交通
13	海南	波浪河桥	318.992	G98	西线高速公路	64.84	中桥	简支梁桥	汽车—超 20 级	20030101	五类	20080916		限制交通
14	云南	南过境高架桥	2759.001	G56	杭瑞高速	6200	特大桥	简支梁桥	公路—Ⅱ级	1999	四类	20060101		正常使用
15	宁夏	丰庆沟南桥	1172.324	G6	京藏高速	11.5	小桥	其他桥	汽车—超 20 级	199910	四类	20070825		正常使用

121. 关于加强公路桥梁安全和治超管理工作的紧急通知

（交公路明电〔2010〕0621号）

各省、自治区、直辖市、新疆生产建设兵团交通厅（局、委），上海市城乡建设和交通委员会、天津市市政公路管理局：

近期，全国接连发生多起因车辆严重超限超载导致的公路桥梁垮塌事故。6月9日，中央电视台《焦点访谈》还报道了312国道豫鄂交叉处危桥久封不建问题。这些事件暴露出桥梁养护管理工作和治理车辆超限超载工作中存在的不足，也凸显了进一步加强桥梁安全工作的重要性和紧迫性。为切实保障公路畅通，保证人民生命财产安全，现就进一步加强桥梁安全和治超管理工作紧急通知如下：

一、充分认识桥梁安全形势的严峻性，进一步抓好公路桥梁安全工作

桥梁安全管理，责任重于泰山。由于我国桥梁总体规模较大，部分桥梁建设年限较长，设计标准较低，加之近年来交通量，特别是重载车辆的快速增长，许多桥梁长期超负荷运行，安全隐患突出。当前，全国危桥数量居高不下，部分地区超限超载问题仍很突出，严重威胁桥梁安全。各级交通运输主管部门一定要充分认识桥梁安全面临的严峻形势，进一步增强紧迫感和责任感，加强组织领导，加大工作力度，把桥梁安全工作抓实、抓细，不留隐患，努力确保桥梁安全运行。

二、强化管理，分类管制，确保桥梁使用安全

各地公路管理机构要严格执行桥梁检查和管养工作的相关规定，通过建立专门的桥梁技术档案，全面系统掌握桥梁的使用情况，并按照《公路桥涵养护规范》的规定，针对不同技术状况的桥梁分别采取不同的养护措施。对于安全隐患较为严重的四、五类桥梁，要立即报请上级人民政府同意，并协调当地公安交通管理部门，实施交通管制措施，禁止或限制车辆通行，必要时，还应派专人值守，坚决杜绝超限超载车辆压垮桥梁事件的再次发生；对于一时无法改造、加固但仍能维持使用的危桥，要在桥头设置明确的限载标志，提前向司乘人员发出警告，并向社会公告。要创造条件搭建便桥，努力满足人民群众的出行需求；对于不具备搭建便桥条件的，要制订好绕行方案。

三、抓住重点，明确目标，继续加大危桥改造力度

各级交通运输主管部门要高度重视危桥改造工作，继续加大投入，努力实现危桥数量逐年减少，全力确保不再发生桥梁坍塌事故。根据部公路数据库统计，截至2009年底，全国国省干线公路共有2306座危桥采取了限制通行措施，137座危桥采取了封闭交通措施。各地要按照轻重缓急，尽快对辖区内国省干线上的重点危桥进行改造。对于已封闭交通的危桥，要优先安排整治。河北、山西、内蒙古、吉林、黑龙江、河南、湖南、海南、西藏、陕西、新疆等11个省（自治区）均存在国道危桥封闭交通情况，请相关省份交通运输主管部门于6月20日前将改造工作计划报部（公路局），力争于年底前完成改造工作。对于已限制交通的危桥，各地要抓紧制定改造工作计划，并将有关情况及时报部。

四、切实加大执法力度，坚决打击和遏制非法超限超载运输行为

各地交通运输部门要进一步会同公安交通管理等有关部门，加强治超执法力量配置，并尽快优化治超检测站点布局，完善路面监控网络，加大路面治超执法力度。对非法超限超载车辆，要严格按照有关规定，责令其现场卸载或转运，坚决消除违法行为，杜绝其继续行驶公路和桥梁。同时，要切实加强货物运输源头监管和联防联治。各地道路运输管理机构要落实重点货物装载源头运政人员派驻和巡查制度，坚决遏止非法超限超载车辆出场上路上桥；并通过治超信息系统部省站联网管理工作的开展，加强对货物运输的全过程监控，强化对非法超限超载运输的联防联治。

五、建章立制，夯实基础，完善桥梁安全长效机制

各地交通运输部门要按照《公路桥涵养护规范》和《公路桥梁养护管理工作制度》等技术规范和规章制度，建立健全本地区桥梁管理和养护工作制度，将行政管理、技术管理的相关规定落到实处，切实夯实桥梁养护的基础，做到各方责任清晰，规章制度健全，投入满足需求，监督检查到位，从而建立起桥梁等交通基础设施安全使用的长效机制。

六、进一步加强汛期公路保通工作

当前，南方省份已进入主汛期。据有关部门预测，今年汛期降水偏多的范围大于往年同期，公路保通形势严峻。各地要按照部的统一部署，扎实做好汛期公路保通各项工作。要按照防大灾的要求和"预防为主，防治结合"的原则，落实应急抢险队伍和公路抢通资金，储备足够的防汛物资和抢险机具，随时做好公路抢险准备，确保灾情发生时，能够拉得出，顶得上，抢得通。同时，加大汛前和汛期公路巡查工作，一旦发现问题或隐患，立即采取有效措施进行处治，及时排险除患。发生重大公路损毁灾害时，要立即启动应急预案，全力开展公路抢险保通工作，确保公路交通运输畅通，并按有关规定向部（公路局）及时报送信息。

122. 关于进一步做好南水北调工程跨渠桥梁建设与管理工作的通知

（交公路发〔2010〕113号）

河北、江苏、山东、河南、湖北省交通运输厅，北京市交通委员会，天津市市政公路管理局：

南水北调工程跨渠桥梁（以下简称“跨渠桥梁”）是南水北调工程的重要组成部分，自2003年12月开工建设以来，总体进展顺利，但部分跨渠桥梁存在移交不及时、通行车辆超限超载严重等问题。为贯彻落实国务院南水北调工程建设委员会第四次全体会议精神，进一步做好跨渠桥梁建设与管理工作，保证南水北调工程建设顺利进行，现将有关要求通知如下：

一、进一步提高认识，加大跨渠桥梁建设与管理工作的组织领导和协调力度

推进南水北调工程建设，对于合理配置大江大河资源，缓解北方地区水资源短缺现象，推进经济结构调整和转变发展方式具有重大意义。沿线各级交通运输主管部门要从全局出发，提高认识，进一步增强责任感、紧迫感和工作的主动性，加大组织领导和协调力度，进一步推进跨渠桥梁的建设与管理工作，为南水北调工程的顺利实施创造条件。

二、加快前期工作，精心组织跨渠桥梁建设

承担跨渠桥梁建设任务的地方各级交通运输主管部门，要按照南水北调主体工程建设的总体要求，积极主动与南水北调工程项目法人沟通协商，根据公路桥梁技术标准，抓紧组织跨渠桥梁的设计、招投标等前期工作，精心组织实施，确保工程质量和进度，及时会同南水北调工程项目法人做好竣（交）工验收工作。当前，河北、河南省交通运输主管部门要重点抓好南水北调中线一期工程漳河北至石家庄段、沙河南至黄河南段、陶岔渠首至沙河南段跨渠桥梁建设。

三、按有关规定要求，加快已建成跨渠桥梁的验收和移交工作

沿线省级交通运输主管部门要按照《关于南水北调工程跨渠桥梁建设与管理有关意见的函》（国调办建管函〔2008〕31号），积极与南水北调工程验收单位协商确定跨渠公路桥梁竣（交）工验收程序和移交办法。对已建成具备交工验收条件的，应尽快协调相关项目法人委托具备相应桥梁检测资质的机构，按照公路桥梁技术规范等有关规定进行质量检测，并由南水北调工程质量监督机构依法出具质量鉴定意见。对质量鉴定合格并完成合同完工（交工）验收的跨渠桥梁，要按照移交办法，及时移交给相应的公路养护管理单位，进入试运营期。试运营期满后，要及时会同南水北调项目法人进行竣工验收。工程质量鉴定、竣（交）工验收及试运营期内保修所需资金按有关规定由南水北调工程项目法人承担。

四、采取有效措施，确保跨渠桥梁安全运行

对已接收的跨渠桥梁，相关养护管理单位要认真履行职责，加强养护管理，确保跨渠桥梁处于良好的技术状态。同时，根据跨渠桥梁的实际承载能力，设立限载、限高、限宽等警示标志和设施。沿线交通运输主管部门要高度重视跨渠桥梁的治超工作，将其纳入治超工作范围，加强对跨渠桥梁附近的采石场、矿场等货运源头管理，采取设置固定治超检测站点、流动治超等多种有效措施，杜绝非法超限超载车辆以及超过桥梁承载能力的车辆通行，确保跨渠桥梁安全运行。

123. 关于开展长大隧道和钢管拱桥安全隐患排查整治的通知

（交公路明电〔2011〕5号）

各省、自治区、直辖市、新疆生产建设兵团交通厅（局、委），上海市城乡建设和交通委员会，天津市市政公路管理局：

针对近期甘肃兰临高速七道梁隧道的汽车爆炸事故和新疆孔雀河钢管拱桥的吊杆断裂事故，部决定在全国开展长大隧道和钢管拱桥安全隐患排查整治活动，以确保大型桥隧安全运营。现将有关事宜通知如下：

一、安全隐患排查对象和主要内容

安全隐患排查对象：大于1000米的长隧道或隧道群，交通繁忙或危险化学品车辆行驶较为集中的隧道；所有钢管拱桥。

隧道安全隐患排查主要内容：一是隧道运营安全管理制度是否健全；二是是否与公安、消防、卫生等相关部门建立相关的交通违章处理和突发事件处置的联动机制；三是进一步核实相关隧道的技术状况评定等级，以及长度、净高、净距、建设情况等主要指标，同步更新公路数据库；四是核实隧道是否按相应规范开展养护工作，技术状况评定等级是否正确；五是隧道的通风、照明和监控等机电设施运行是否正常；六是特长及长隧道突发事件应急处置预案是否完善。

钢管拱桥安全隐患排查主要内容：一是拱桥养护管理工作制度是否落实；二是进一步核实相关拱桥的技术状况评定等级，以及桥型、拱桥刚度、建设年限等指标，同步更新公路数据库；三是重点检查拱桥吊杆的防腐措施是否到位；四是核查桥梁是否按规定的频率和内容开展检查；五是桥梁突发事件应急处置预案是否完善。

二、隐患排查和整治时间安排

从5月中旬至7月20日，在全国集中开展安全隐患排查和整治活动。活动按照边排查边整改的原则进行，由各省、自治区、直辖市交通运输主管部门统一组织开展。部将从7月开始，派出督查组对隐患排查情况进行督查，具体安排另行通知。

三、工作要求

（一）高度重视，周密部署

省级交通运输主管部门要高度重视本次安全隐患排查活动，坚持安全第一、预防为主、综合治理的方针，把隐患排查作为当前安全工作的重点，周密部署，科学组织，加强督导检查，务求取得实效。一旦发生安全事故，要严格按照“四不放过”原则，组织有关人员查明事故原因，并按组织程序依法追究有关单位和个人的责任，严防类似事故再次发生。

（二）强化管理，落实责任

1. 加强养护管理。桥隧养护管理单位要以本次排查和整治活动为契机，切实担负起桥隧安全和运营管理的责任，要按照相关技术规范认真做好桥隧及其附属设施，特别是通风、照明和监控等机电设施的维护管理工作，保持结构稳定安全，标志标线清晰醒目，机电设施处于良好的技术状况，确保桥隧安全运营。

2. 加强巡查和监控。各级公路管理机构要加强巡查，严格贯彻落实《公路安全保护条例》的有关要求，加强桥隧及其安全保护区的管理；桥隧养护管理单位要配备必要的人员、装备，加强巡查和监控工作，对发现的各类隐患，要及时予以处置。

3. 加强安全运营管理。桥隧养护管理单位要积极配合相关部门，采取有效措施，严禁未经行政许可或现场监管的危险品运输车辆驶入长大桥隧。同时，要根据交通情况和交通事故特点，及时调整、完善禁入、掉头、限速等交通标志，积极创造良好的交通环境，预防交通事故的发生。除遇紧急情况外，严禁在隧道内停车，严禁在隧道内交道超车，严禁在隧道内吸烟或使用明火。对非公路部门职权范围的违法行为，要及时向有关部门报告，并采取果断措施予以处理。

（三）及时向部报送有关资料

8 月 1 日前，各省、自治区、直辖市交通运输主管部门要向部提交如下资料：

1. 本辖区排查整改总结报告。报告应包括本地区自查工作的基本情况（包括排查的隧道和桥梁座数、组织方式等），存在的主要安全隐患和整改措施，以及相关建议。

2. 公路数据库更新数据。按照《公路养护统计年报制度》要求，向部报送排查隧道和拱桥的汇总统计表（交公路 26、24 表），并通过公路数据库向部报送电子数据。

124. 交通运输部关于进一步加强公路桥梁养护管理的若干意见

（交公路发〔2013〕321号）

各省、自治区、直辖市交通运输厅（委），天津市市政公路管理局：

桥梁安全，责任重于泰山，事关公路交通安全畅通，事关人民群众生命财产安全，事关行业形象和政府公信力。近年来，各地交通运输主管部门认真贯彻落实部关于桥梁养护管理工作的规章制度，加大桥梁养护管理和危桥改造力度，有力地促进了公路桥梁安全形势的逐步好转。特别是2001年部组织开展危桥改造工作以来，已累计投入438.8亿元，完成2.2万座危桥改造任务。进入"十二五"期，全国首次实现了危桥总量和比重双下降。但是随着我国经济的持续快速发展，重载交通快速增加，加之严重违法超限超载车辆屡禁不绝，桥梁超负荷运行现象较为普遍。今后一个时期，我国公路桥梁运行安全形势仍比较严峻。为保障公路桥梁运行安全，现就进一步加强公路桥梁养护管理工作，提出以下意见。

一、继续加大危旧桥梁安全隐患改造力度

（一）加强安全隐患排查。各级交通运输主管部门和公路管理机构要结合桥梁例行检查，以及防汛防灾和重载交通路线等实际情况，加大桥梁安全隐患排查力度，按照《公路路网结构改造工程管理办法》（交公路发〔2011〕182号），在逐桥进行技术评定的基础上，建立危旧桥梁安全隐患改造工程项目库。项目库相关基础数据以公路数据库和养护统计数据为基础，实行动态管理，进行年度更新。

（二）加大资金投入。各地要以项目库为基础，以危桥、长使用年限桥梁、低设计荷载桥梁、结构缺陷桥梁等为重点，按照先干线、后支线原则，区分轻重缓急，制定年度改造计划，进一步加大资金投入和改造力度。其中，收费公路桥梁改造资金从通行费中列支；非收费公路桥梁改造除部补助资金以外，各级交通运输主管部门要积极筹措改造资金，确保改造工程顺利实施。

（三）强化桥梁改造监管。危旧桥梁安全隐患改造工程设计一般采用一阶段设计。加固改造类桥梁，设计荷载不得低于原标准，原设计荷载等级低于公路－Ⅱ级的，原则上采用公路－Ⅱ级或以上标准。拆除重建类桥梁，设计荷载应符合《公路工程技术标准》（JTG B01—2003）的规定。设计文件应组织有经验专家进行审定。各级交通运输主管部门要按照《关于加强公路养护作业组织管理的通知》（交函公路〔2010〕207号）和《公路桥梁加固施工技术规范》（JTG/T J23—2008）等要求，严格控制工程质量，保证合理工期，强化安全管理，确保工程质量和安全。

二、加强桥梁安全保护工作

（一）加强车辆违法超限超载治理工作。各地交通运输主管部门和公路管理机构要认真贯彻落实《公路安全保护条例》等相关法规规定，主动争取当地政府的支持，会同相关部门继续抓好治超工作。要进一步优化治超检测站点布局，完善路面治超监控网络，会同公安交通管理等有关部门，切实加大路面联合治超执法力度。要加快推广高速公路入口称重阻截管理模式，坚决杜绝违法超限超载车辆继续在公路上行驶。各级道路运输管理机构要落实重点货物装载源头运政人员派驻和巡查制度，坚决遏止违法超限超载车辆出场上路上桥。对违法超限超载车辆，要严格按照有关规定，责令其采取卸载或分装等改正措施，消除违法状态。同时，要按照《桥梁限载标志和桥面标线设置要求》（见附件1），加快完善桥梁限载标志和桥面标线设置工作。

（二）加强桥梁安全保护区管理。各地交通运输主管部门和公路管理机构要积极协调安全生产监督管理部门、水行政主管部门、流域管理机构、海事管理机构等有关单位，按照各自职责坚决查处特大桥梁跨越的河道上游500米、下游3000米，大桥跨越的河道上游500米、下游2000米，中小桥梁跨越的河道上游500米、下游1000米范围内的采砂活动；坚决查处擅自在中桥及以上公路桥梁跨越的河道上下游各1000米范围内抽取地下水、架设浮桥以及修建其他危及公路桥梁安全的设施；坚决查处在中桥及以上公路桥梁200米周围内从事采矿、采石、取土、爆破作业等危及公路桥梁安全的活动；坚决查处在中桥及以上公路桥梁200米周围内设立生产、储存、销售易燃、易爆、剧毒、放射性等危险物品的场所、设施。

三、认真落实桥梁安全运行十项制度

（一）责任划分制度。要逐桥划分桥梁养护和安全运行的工作责任。具体承担公路桥梁养护和管理任务的有关单位（以下简称“桥梁养管单位”）是桥梁安全运行的责任主体。县级及以上交通运输主管部门及其委托承担监管职责的公路管理机构是桥梁安全运行的监管单位。其他相关单位的责任按法律法规规定执行。

干线公路桥梁安全运行的责任主体由省级交通运输主管部门具体确定；农村公路桥梁安全运行的责任主体按照《农村公路管理养护体制改革方案》（国办发〔2005〕49号）确定，县级交通运输主管部门应提出具体方案，报县级人民政府批准后执行；专用公路养管单位是专用公路桥梁安全运行的责任主体。

对公路上的非公路交通部门养管的桥梁，由所在地交通运输主管部门或公路管理机构向当地人民政府报告，明确养管责任单位。

发生桥梁安全运行责任事故的，应按相关规定追究相关单位和个人责任。

（二）信息公开制度。公路桥梁应统一设置桥梁信息公开牌，中桥及以上桥梁应做到“一桥一牌”。桥梁信息公开内容应包括桥名、路线编号、路线名称、桥型、养护单位、管理单位、监管单位、联系电话等主要信息。桥梁信息公开牌按照《桥梁信息公示牌设置要求》（附件2）设置。新改建公路的桥梁信息公开牌要在桥梁建设时同步设置；已设置信息公开牌的，待标志更新时按统一要求设置；未设置的，应在2014年底前设置完成。

（三）资金保障制度。各地在安排公路养护资金时，要根据桥梁养护工作正常开展和桥梁安全管理需要专项安排桥梁养护资金。桥梁日常养护和检查等经常性支出由项目执行单位统筹安排，专款专用；大中修和改建等项目性支出按照养护工程管理有关规定执行。

对特大、特殊结构和特别重要桥梁，应按单座桥梁和养护作业类别安排专项养护管理资金。省级交通运输主管部门和公路管理机构应当设立专项抽检和巡查资金，组织具备相应资格的桥梁检测单位，监督桥梁养护管理和安全运行管理工作开展情况。

对干线公路其他桥梁，清扫保洁资金可在公路日常养护资金中统筹考虑；经常检查、小修保养和定期检查资金由相关工作责任单位统筹安排，资金总额每年每延米应分别不低于60元、80元和100元。特殊检查资金根据检测内容和桥梁具体情况，按照工作需要专项安排。农村公路桥梁参照执行。同时，加大桥梁预防性养护资金投入，及时处置安全隐患，努力延长桥梁使用寿命。

（四）养护工程师制度。各桥梁养管单位和监管单位应按照《公路桥梁养护管理工作制度》（交公路发〔2007〕336号）的规定，设置桥梁养护工程师，并配备必要的技术人员协助桥梁养护工程师开展工作。桥梁养护工程师团队应按照相关技术规范要求开展工作。省级交通运输主管部门应根据本地区实际情况制定桥梁养护工程师管理办法，建设高素质、专业化桥梁养护工程师队伍，解决责权利不对等、待遇低难以留人等问题。对做出突出贡献的，应建立奖励或表彰机制。鼓励各级桥梁养管单位组建专门从事桥梁养护工作的专业队伍，加快提升桥梁养护专业化水平。

（五）例行检查制度。桥梁检查是确保桥梁安全运行和正常开展桥梁养护工作的基础，是保证桥梁养护得以科学开展的前提。桥梁养管单位应按照《公路桥涵养护技术规范》（JTG H11—2004）和《公路桥梁技术状况评定标准》（JTG T/H21—2011）等相关规定，组织桥梁养护工程师和专业桥梁检测单位对所辖桥梁进行例行检查。

其中：经常检查每月不少于一次，汛期应增加检查频率，及时发现桥梁重要部件异常；定期检查是确定桥梁技术状况的全面检查，应不少于三年一次，鼓励将定期检查打包，委托专业桥梁检测单位实施。特大、特殊结构和特别重要桥梁定期检查不少于一年一次，应委托专业桥梁检测单位实施。桥梁监管单位应按规定组织做好桥梁技术状况的复核工作；特殊检查应按照相关规定委托专业桥梁检测单位及时开展，以查清病害成因、破损程度和承载能力等。

（六）分类处置制度。应根据桥梁技术状况评定结果，分类采取不同的养护管理措施。其中：一类桥梁进行正常保养；二类桥梁进行小修，及时修复轻微病害；三类桥梁进行中修，酌情进行交通管制，及时修复或更换较大损坏构件；四类桥梁应进行大修或改建，及时进行交通管制或封闭交通；五类桥梁应及时封闭交通，进行改建或重建。

公路改扩建时，应同步对危桥进行改造。对近年病害多发的桥型，应加大养护和改造力度。对低荷载、浅基础桥梁和宽路窄桥等，应加强桥梁适应性评价，逐步提高安全运行能力。对高烈度地区桥梁，应逐步有序提升防震能力，力争实现“大震不倒、中震可修，小震不坏”。

同时，桥梁养管单位应针对自然灾害和其他原因可能造成的公路桥梁安全运行事故，制定突发事件应急预案。针对冰冻雨雪天气，要加强桥面防水、排水和除冰雪工作，严禁采取桥面撒盐或卤水等破坏结构耐久性的除冰雪措施。对特大、特殊结构、特别重要桥梁和危旧桥梁，应单独制定应急预案，确保一旦发生事故，应急和交通组织工作井然有序。

（七）技术档案管理制度。桥梁养管单位和监管单位应建立健全桥梁技术档案管理制度，大力推进公路桥梁信息化管理。省级交通运输主管部门和公路管理机构要加快实现省、地、县三级桥梁养护管理信息系统联网工作。桥梁监管单位要以信息化管理系统为基础，加大监督检查力度，重点监管桥梁检查开展情况、重要桥梁和危旧养护管理情况。桥梁养管单位要按照“一桥一档”的要求建立纸质桥梁技术档案，做到内容完整、更新及时、方便实用。特大、特殊结构和特别重要桥梁的养管单位，要利用现代信息技术，建立符合自身特点的养护管理系统和健康监测系统。

（八）年度报告制度。各级桥梁养管单位和监管单位均要建立桥梁养护管理和安全运行年度报告制度，对所辖桥梁技术状况、桥梁检查和桥梁养护管理工作开展等情况进行分析和逐级上报，具体办法由省级交通运输主管部门制定。各省级交通运输主管部门应于每年 3 月 1 日前，按照《省（区、市）国道桥梁养护管理和安全运行情况年度报告主要内容要求》（附件 3）向部（公路局）报送上年度本辖区国道（含国家高速公路）桥梁养护管理和安全运行情况年度报告。

（九）定期培训制度。各级桥梁养管单位和监管单位要高度重视桥梁养护技术人员的培训工作，不断提升桥梁养护技术水平和专业化程度。桥梁监管、养管单位每年应组织不少于一次面向桥梁养护管理技术人员的培训，桥梁养护管理技术人员每年参加培训时间不少于 16 学时。定期培训制度由各省级公路管理机构结合实际制定。

（十）挂牌督办制度。为有效防范和遏制公路桥梁安全事故，各级公路桥梁监管单位要在抽检和例行检查的基础上，根据桥梁安全隐患严重程度和养管状况，建立桥梁安全隐患分级挂牌督办制度。部将结合年度长大桥梁抽检巡查等情况，对存在重大安全隐患的桥梁进行挂牌督办；对存在一般安全隐患的，由省级交通运输主管部门进行挂牌督办。桥梁养管单位要按照挂牌督办要求，及时整治和报告隐患整改情况，严防桥梁安全运行事故发生。桥梁监管单位要强化对整改情况的全过程监督，做到隐患不消除，挂牌不取消，督办不停止。

各级交通运输主管部门要认真按照本意见要求，始终把桥梁养护管理工作摆在交通运输工作重中之重的位置，进一步增强忧患意识、责任意识和防范意识，明确职责，落实资金，加强监管，常抓不懈，警钟长鸣，努力确保桥梁安全运行，为国民经济和社会发展提供安全畅通的交通运输保障。

附件：1. 桥梁限载标志和桥面标线设置要求

2. 桥梁信息公示牌设置要求

3. 省（区、委）国道桥梁养护管理和安全运行情况年度报告主要内容要求

附件 1

桥梁限载标志和桥面标线设置要求

一、设置对象

在经检查、检测和加固后，不能满足桥梁设计规范要求，需要设置限载标志的公路桥梁。

二、设置要求

1. 桥梁两端的相应位置应设置限制质量、限制轴重的标志，标志应做到醒目、完整、美观，使用反光材料，以便夜间安全。标志设置位置、版面尺寸、颜色、形状、字符等应符合《道路交通标志和标线》（GB 5768—2009）的规定。

2. 对于不同荷载等级拼宽组成的上下行公路桥梁，限载标志应按照最低荷载等级标准确定。

3. 限载标志实行动态管理，加强对公路桥梁的检查，根据其技术状况确定其限载值并及时调整。

4. 新改建公路的桥梁限载标志要在桥梁建设时同步设置；已设置的，待标志更新时按统一要求设置；公路桥梁限载标准调整的，要及时变更限载标志。

三、限载上限取值

1. 按《公路桥涵设计通用规范》（JTG D60—2004，以下简称“04 规范”）汽车荷载采用公路Ⅰ、Ⅱ级或《公路桥涵设计通用规范》（JTJ 021—89，以下简称“89 规范”）汽车荷载采用汽车－超20 级设计的桥梁，其限载上限（含总重和轴重）和标志版面设计示例如下。

2. 按 89 规范汽车荷载采用汽车－20 级设计的桥梁，其限载上限（含总重和轴重）和标志版面设计示例如下。

3. 按 89 规范汽车荷载采用汽车—15 级设计的桥梁，其限载上限（含总重和轴重）和标志版面设计示例如下。

4. 按 89 规范汽车荷载采用汽车—10 级设计的桥梁，其限载上限（含总重和轴重）和标志版面设计示例如下。

5. 未按交通行业标准规范设计的桥梁，其限载标志应按照桥梁实际技术状况确定限载值。

四、平面布置

桥梁限载标志及桥面标线平面布置如下图。

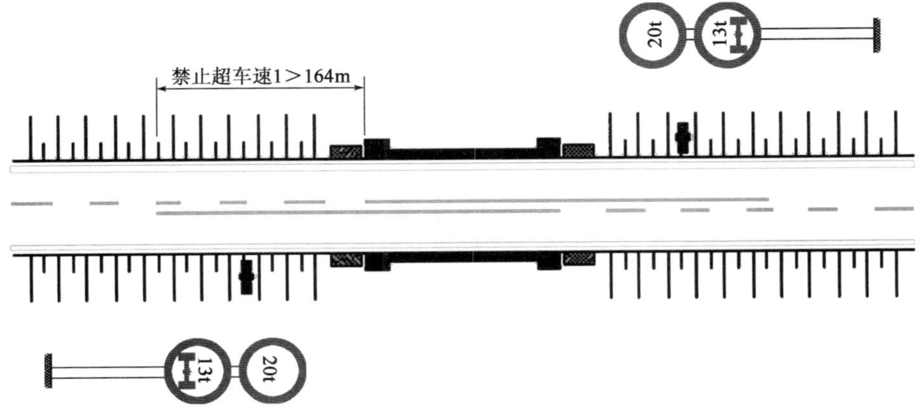

附件 2

桥梁信息公示牌设置要求

一、设置对象

中桥及以上公路桥梁。

二、设置位置

桥梁信息公开牌应分别设置于桥梁两端靠近桥头的行车方向右侧护栏或墩台上。

三、设置式样

按照《道路交通标志和标线》(GB 5768—2009) 规定，桥梁信息公开牌为白底、黑字、黑边框，版面设计示例如下图所示。

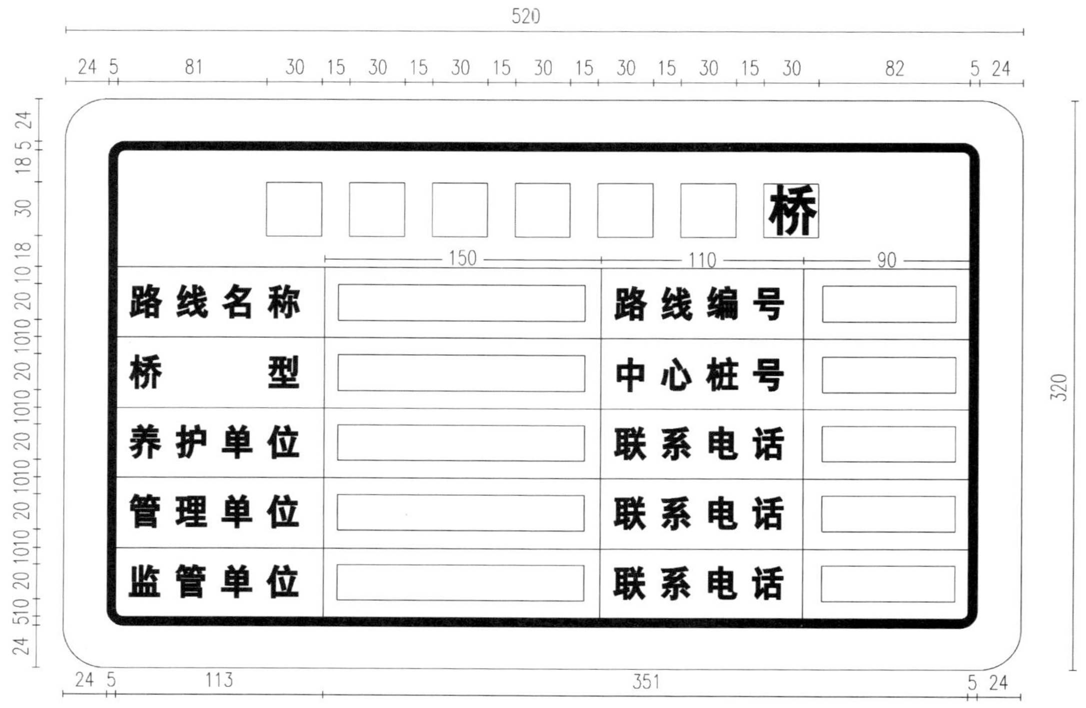

单位：毫米

附件 3

省（区、市）国道桥梁养护管理和安全运行情况年度报告主要内容要求

一、总体情况

（一）本辖区公路桥梁养护管理基本情况。

（二）本辖区公路桥梁总体技术状况分析。

（三）桥梁安全事故情况和事故原因。

（四）重大安全隐患处置情况。

二、国道桥梁安全运行十项制度落实情况

（一）国家高速公路落实情况。

（二）普通国道落实情况。

三、国道桥梁技术状况分析

（一）国家高速公路技术状况分析。

（二）普通国道技术状况分析。

（三）四、五类桥梁采取的措施。

四、下一年度工作重点和计划安排

附表：国道四五类桥梁名单（略）。

125. 交通运输部　公安部关于开展全国公路隧道安全隐患排查治理专项行动的通知

（交公路发〔2014〕99号）

各省、自治区、直辖市交通运输厅（局、委）、公安厅（局）：

为贯彻落实《国务院安委会办公室关于加强危险化学品道路运输和公路隧道安全工作的紧急通知》（安委办明电〔2014〕4号），交通运输部和公安部共同研究，决定集中一年时间，在全国开展公路隧道安全隐患排查治理专项行动。现将有关要求通知如下：

一、指导思想

以党的十八大和十八届二中、三中全会精神为指导，切实强化安全“红线”意识，坚持安全第一、预防为主、综合治理，坚持边查边改边治，坚持短期整改与建立长效机制相结合，对全国公路隧道（以下简称“隧道”）进行拉网式安全隐患排查，全面整改隧道安全隐患，全面加强隧道安全运行管理，全力打造“平安交通”，为群众出行创造更加安全畅通的道路交通环境。

二、工作目标

通过一年的专项行动，排查整改隧道安全隐息，完善隧道基础设施，建立健全隧道交通应急管理联动机制，加快提升隧道安全运行管理水平，有效预防和减少隧道交通事故。

——全面提升土建结构安全水平。对土建结构技术状况为A级的隧道要采取紧急处治或特别措施，对B级的隧道要进行检查检测并采取针对性处治措施，努力确保隧道的结构安全。隧道土建结构技术状况按照《公路隧道养护技术规范》（JTG H12—2003）进行判定。

——全面完善机电和附属设施，严格按建设标准规范完善机电和附属设施；机电设备各主要指标合相应设备的产品说明要求，设备和系统运行符合规范要求。

——全面规范隧道交通秩序。严查严纠隧道内各类严重交通违法行为；严格落实机动车载剧毒化学品审批、通知和监管规定；易造成隧道交通行驶缓慢的各类检查站、收费战、煤检站等，整改措施落实到位。

——全面提升隧道应急处置能力。建立健全各类隧道事故应急处置方案；建立责任明晰、运转高效的应急联动机制；定期开展应急演练。

三、排查治理范围和内容

（一）排查治理范围。

排查治理的范围为所有已投入使用的隧道，重点是：

1. 特长隧道（单洞长度超过3000米），长隧道（单洞长度为1000米至3000米），隧道群（单洞长度超过3000米）；

2. 危险化学品运输车辆通行为集中的隧道；

3. 运行十年及以上的隧道；

4. 地质、地形条件复杂的隧道；

5. 发生一次死亡3人以上交通事故和火灾事故的隧道，以及一年内曾发生3起以上交通事故的隧道。

（二）排查治理主要内容。

1. 交通运输部门排查治理主要内容。

1）内业资料：隧道前期工作、设计、施工、验收、养护和管理等基础资料、档案是否齐全完整。

2）土建结构：隧道建筑限界内，有无任何部件侵入；隧道洞口边（仰）坡有无危石或滑塌隐患；洞口洞门构造有无严重病害；隧道衬砌有无渗漏水、有无结构病害；隧道防排水系统是否完整通畅；隧道路面有无影响交通安全的病害。

3）机电和附属设施：隧道是否按建设期标准堆满设置供配电设施、照明设施、通风设施、消防及救援设施、监控设施和标志标线等；隧道机电设施设备完好率、运行和系统联动是否符合规范要求；隧道入口前方及隧道内交通标志、标线、信号灯、轮廓标是否齐全醒目，提示、警示标志牌是否按规范要求设置。

4）养护管理制度落实：是否逐隧落实隧道养护管理单位；是否落实隧道养护、检测等专项资金；是否按《公路安全保护条例》等规定划定隧道建筑控制区和安全防护保护区；是否落实专业工程师负责隧道检查评定工作；是否按照《公路隧道养护技术规范》（JTG H12—2003）进行检查和技术状况评定，各项检查记录是否齐全；对存在土建结构病害（技术状况判定为A级和B级）和机电设施严重老化的隧道，分类处置措施是否到位。

2．公安部门排查治理主要内容。

是否逐隧落实隧道交通秩序管理单位；是否加强通行秩序管控，严查隧道内超过隧道限速行驶、违法超车、违法停车等严重影响隧道交通安全的违法行为；是否严格按照《道路交通安全法》、《公路安全保护条例》规定，审批剧毒化学品公路运输许可证时避免通过特长隧道，确需通过特长隧道的，是否按要求落实提前通知和现场监管措施。

3．两部门联合排查治理内容。

全面排查、评估公路隧道前后各类检查站、收费站、煤检站等选址对隧道通行的影响，对易造成交通拥堵的，整改措施是否到位；两部门是否建立健全各类隧道事故应急处置预案，是否联合建立责任明晰、运转高效的高速公路交通应急管理预警机制和协作机制，定期开展有针对性的应急演练。

四、时间安排

专项行动从2014年5月1日起至2015年4月30日止，为期一年。具体分四个阶段：

第一阶段，部署准备阶段。从2014年5月1日起至2014年5月31日止，为期1个月。主要任务是按照本通知精神，制定下发本地区专项行动实施方案，分解工作任务，健全工作机制，为专项行动顺利开展奠定基础。

第二阶段，全面排查阶段。从2014年6月1日起至2014年8月31日止，为期3个月。主要任务是按照要求全面排查隧道安全运行隐患，形成安全隐患清单。

第三阶段，重点整治阶段。从2014年9月1日起至2015年3月31日止，为期7个月。主要任务是根据安全隐患清单，分轻重缓急，有针对性地逐隧制定具体整治方案，做到查出一处、整治一处。对于严重影响正常通行的隧道设施隐患，要落实资金，限期整改；一时难以治理的，要采取相应临时措施，并立即开展整治工程前期工作，力争两年内全面完成整治任务；对于隧道通行秩序管理和应急联动机制等方面安全隐患，要立即采取措施加强管理，完善预案，提高管理力度和应急处置水平。

第四阶段，总结完善阶段。从2015年4月1日起至2015年4月30日止，为期1个月。主要任务是系统总结专项行动工作情况，研究建立隧道安全运行的长效机制。

交通运输部和公安部将从2014年6月开始，适时对专项行动开展情况进行专项督查，具体安排另行通知。

五、工作要求

（一）加强组织领导，健全工作机制。

各省、自治区、直辖市交通运输主管部门和公安机关要切实加强对隧道安全隐患排查治理专项行动的组织领导，联合成立专项行动领导小组，完善工作机制和制度措施，分解各项任务牵头部门或单位，明确职责分工和任务目标，周密部署，精心组织，全力抓好专项行动实施，并及时向当地政府报告。

（二）加强技术支持，及时解决问题。

公路隧道安全隐患排查治理涉及土建结构、机电工程、通行秩序、应急管理等多个领域，专业技术要求较高。交通运输部委托交通运输部公路科学研究院作为交通运输部门的技术支持单位，公安部委托公安部交通管理科学研究所为公安部门的技术支持单位，以加强对专项行动的技术指导，及时研究解决专项行动期间的重大技术问题。

（三）加强协作配合，互相提供支持。

交通运输部门和公安部门要共享公路监控隧道监控信息。交通运输部门要为公安部门设置交通技术监控设备提供便利，并定期向公安部门通报发现记录的隧道内违法超车、违法停车、不按规定车道行驶等违法行为及违法证据，由公安部门审刻后依法予以处罚；交通运输部门要加强隧道土建结构、机电和附属设施整治施工现场管理，公安部门要协助做好交通疏导管控，防止发生拥堵和事故。

（四）巩固专项行动成果，完善长效机制。

各地交通运输、公安部门要严格按照有关法律法规和技术标准，结合专项行动成果，建立公路隧道基础台账，逐步推动在单洞长度超过500米且年平均日交通量大于10000辆（折合小客车）的隧道安装交通视频和技术监控设备，进一步健全和完善公路隧道安全运行长效机制，推进公路隧道安全运行管理的制度化、规范化、常态化，逐步完善管理措施和技术标准，进一步提升公路交通服务水平。

（五）加强信息报送，确保政令畅通。

建立专项行动信息报告制度，各地要明确专人免责信息报送工作。对制定下发具体实施方案和建立相关问题长效机制等重大事件，要及时报送，并于每月底向交通运输部和公安部报送专项行动开展情况和进展汇总表（见附表）。各省（区、市）交通运输主管部门要于排查任务完成后（2014年8月底前）和整治工作完成后（2015年3月底前），通过公路养护统计信息系统，向交通运输部报送公路隧道明细表（交公路25表）。

专项结束后，交通运输部和公安部将全面总结，联合对排查整治工作进行通报。

交通运输部联系人：蔡小秋，联系电话：010-65292747，传真：010-65292222，电子邮箱：caixq@mot.gov.cn。

公安部联系人：王敬锋，联系电话：010-66263087，传真010-66263333。

附件：省（区、市）公路隧道安全隐患排查治理专项行动进展汇总表。（略）

126. 交通运输部办公厅关于全国公路隧道安全隐患排查治理专项行动工作情况的通报

（交办公路〔2015〕103号）

各省、自治区、直辖市交通运输厅（委），新疆生产建设兵团交通局：

为贯彻落实国务院部署，打造“平安交通”，交通运输部联合公安部从2014年5月1日起，在全国范围内开展了为期一年的公路隧道安全隐患排查治理专项行动。目前，专项行动已圆满结束，现将有关情况通报如下：

一、总体情况

截至2014年底，全国建成通车的公路隧道共计12404道/10756.7公里。其中，特长隧道626道/2766.2公里，长隧道2623道/4475.4公里，中短隧道9155道/3515.1公里；高速公路隧道8451道/8909.7公里，普通干线公路隧道2029道/1126.8公里，农村公路隧道1872道/696.3公里。

（一）隐患排查发现的问题。

全国各省（区、市）均认真开展了隐患排查工作。根据排查资料分析，高速公路隧道因技术等级高，土建结构、机电及附属设施等结构病害相对较少，存在问题主要在运行方面，如：消防设备老化或缺损；通风、照明等设施未按要求运转；消防主体责任不清晰，应急救援能力较弱；危化品运输车辆管理不到位等。普通干线公路隧道因建设早、标准低，大多运行时间超过15年，主要在结构方面存在问题，如：土建结构衬砌渗漏水、路面破损、排水系统淤塞、标志标线损坏或缺失；机电设备和附属设施缺失或老旧，故障率高；消防设计不合理等。农村公路隧道因受资金影响，大多无衬砌或衬砌薄弱，基本未配备机电及附属设施，存在掉石、渗水、路面破损等病害。

（二）隐患治理情况。

各省（区、市）根据排查的隐患清单制定了治理方案，分类采取了相应整改措施。一是治理了隧道土建结构。高速公路A类隧道已全部整治；普通公路A类隧道大部分整治，其余隧道采取了针对性防护措施。技术状况B类隧道也采取了相应的处置措施。二是完善了隧道机电和附属设施。高速公路隧道机电及附属设施隐患基本整治到位。普通公路隧道因受资金影响，机电及附属设施还未完全按照规范要求完成隐患治理，但大多采取了增设警示标志等临时性措施解决。三是构建了隧道安全应急体系。加大对隧道内行车秩序管理和危化品车辆通行管理，基本消除隧道沿线各类检查站、收费站、煤检站对隧道内车辆通行的影响。

根据部督查情况以及各地上报的总结和隧道隐患整治成效，专项行动开展比较好的省份有北京、河北、内蒙古、辽宁、上海、江苏、安徽、福建、江西、山东、河南、湖北、湖南、海南、重庆、四川、陕西、云南等省（区、市）。

二、主要做法和成效

专项行动启动后，各地按照部统一部署全面开展隐患排查和治理工作，主要做法有：

（一）加强领导，落实责任。制定本辖区实施方案，与公安交管等部门联合成立工作组，建立完善协作机制，明确目标任务，细化工作分工，分类确定牵头部门，做到责任到人，任务到点。贵州、内蒙古等省（区）政府领导专门召开布置会，河北、江西、湖北、四川、陕西等省厅主要领导多次召开专题会；云南省出台责任追究制度；辽宁、福建等省参照桥梁养护工程师制度率先实施了隧道养护工程师制度。

（二）严格标准，排查建档。采取自检、互检、委托专业检测、督导等方式开展拉网式排查，逐隧记录排查情况，形成安全隐患清单，明确隐患类型、级别和治理措施。湖北省对全省隧道进行无缝隙排查并建立“一隧一档”制度；贵州省委托专业检测机构对普通干线所有隧道全面检测；福建、河南等省制定隧道安全隐患排查治理指南；云南省按照“全覆盖、零容忍、重实效”原则6次派出督查组督办。

（三）分类处置，确保整改。各地“查、改、治”同步进行，确认隧道隐患后即安排专项资金，按轻重缓急分类制定治理方案，明确治理措施和时限，迅速处治。北京、辽宁、江苏、山东、海南、重庆等省（市）实行挂牌督办分类治理；山西省政府专拨3亿元资金对全省高速公路隧道的监控、供配电、照明和消防系统进行统一改造。

（四）巩固成果，健全机制。各地结合专项行动加强制度建设，明确专项经费，应用信息化、科技化手段提高养护能力。全国有21个省份落实了隧道养护、检测专项资金，并专款专用。陕西省制订了隧道养护管理办法；辽宁省高速公路隧道委托专业公司管养，普通干线公路隧道由省公路局统一配备养护和检测设备；福建、重庆、云南等省（市）建立隧道定期检查制度。

在一年的专项行动中，各地全面排查治理了隧道安全隐患，建立了应急管理联动机制，专项行动的成效显著。

一是隧道结构安全状况得到改善。通过全面排查，建立隐患清单，逐隧制定治理计划和整治方案，完善了隧道土建结构、机电及附属设施，隧道结构安全状况得到明显改善。

二是隧道养护服务能力普遍增强。提高对隧道安全重要性认识，分类建立隧道基础台账，加强制度建设，明确各方职责，落实专项资金，强化人才队伍建设，隧道服务能力明显增强。

三是隧道应急联动机制基本形成。各地交通运输、公安交管等部门通力协作，基本实现隧道信息共享，规范隧道交通秩序，健全隧道应急预案并联合开展演练，初步建立隧道应急管理联动、预警、协作机制。

四是隧道安全运行水平有效提升。探索和完善隧道安全运行长效机制，推进隧道管理制度化、规范化和常态化，隧道安全运行水平有效提升，基本消除因隧道自身原因导致的交通安全事故。

三、存在问题

通过专项整治，全国公路隧道在结构状况、安全通行、养护管理、应急处置等各方面取得了长足进步，但也存在一些值得重视的问题，需要在下一步工作中认真研究解决。

（一）普通公路隧道治理资金投入不足。普通公路隧道基础差，历史欠账多，需要通过大修或改建方式才能根治隐患，但由于资金投入不足，治理工作整体滞后。

（二）隧道隐患治理“软”“硬”不均。各地均注重结构、机电设备等方面的病害处置，但对影响隧道交通安全的照明、逃生、提示及宣传等服务类设施重视不够，相关制度建设有待加强。

（三）隧道管理基础需要夯实。隧道管理涉及工程地质、结构力学、自动控制等多门学科。我国公路隧道发展历程较短，运行标准和管理制度相对滞后，基层专业人员不足，综合型、复合型人才缺乏，养护、检测经费投入不够，管理水平和服务能力有待提升。

（四）部门联动协调深度和广度不够。各地交通运输和公安部门普遍建立联动协调机制，但应急演练程式化内容较多，普通公路普遍存在应急预案修订不及时、应急队伍力量薄弱、应急设备不足、应急演练不能及时开展、消防主体责任和危化品车辆运输管理不明确等问题。

四、下一步工作要求

（一）继续做好公路隧道隐患治理。加大隐患治理力度，保障隧道安全运行。尚未完成隐患治理任务的省份要在2016年6月1日前完成现有A类隧道的治理；对机电设备、消防、附属设施等方面存在的隐患，要在2017年年底前完成处治。交通运输部将对工作开展好的省份给予资金支持。

（二）开展重点隧道监测。自今年开始，交通运输部将组织开展重点隧道监测工作，监测结果纳入“十三五”养护管理考核内容。各地也要根据实际情况，加强对本区域隧道的监测工作，以及时充分发现隧道运行中存在的问题，保障隧道安全运行。

（三）建立公路隧道安全运行长效机制。各地要巩固专项行动成果，全面梳理隧道运行方面的问题，制定加强养护管理的制度措施，规范隧道养护管理工作。进一步做好与公安交通等部门的联动协调，将应急工作做细做实。加大资金投入和隧道养护人员培养、培训，做好安全使用隧道社会宣传，形成保障隧道安全营运长效机制。

127. 交通运输部办公厅关于转发广东省交通运输厅有关粤赣高速公路河源城南互通立交匝道桥梁事故情况通报的通知

（交办公路〔2015〕101号）

各省、自治区、直辖市、新疆生产建设兵团交通运输厅（局、委）：

经交通运输部领导同意，现将《广东省交通运输厅关于粤赣高速公路河源城南互通立交匝道桥梁事故情况的通报》（粤交明电〔2015〕22号）转发给你们，请深刻吸取事故教训，举一反三，采取有效措施，杜绝类似事故再次发生，保障公路安全运行。现就有关工作要求通知如下：

一、进一步加强公路违法超限超载治理工作

一是按照国务院治理超限超载工作有关要求，进一步加强政府组织领导，重点是强化市、县级政府的治超主体责任，同时加大重点货运源头单位运政人员派驻或巡查管理力度，坚决遏制违法超限超载车辆出厂上路。二是调整优化国省干线超限检测站布局，健全完善交通运输与公安交管部门联合执法机制，坚决查处和纠正违法超限超载行为。学习推广山西、四川等地经验，加快研究推广高速公路入口检测管理，坚决杜绝违法超限超载车辆驶入高速公路。三是加大对各市、县治超工作的检查考核力度，依法追究治超工作不力的相关负责人责任，并责令限期整改；整改到位前，暂停该地区新建公路项目的审批。

二、进一步加强公路桥梁建设管理

一是加强公路桥梁安全性设计和验算。结合近年来公路桥梁实际运行状况，加强桥梁尤其是重载交通量较大路段的公路桥梁横向稳定性验算和抗倾覆设计，严格限制圆形断面独柱墩单支承设计方案。同时，加强防洪论证和防船撞、车撞设计，确保桥梁运行安全。对技术复杂桥梁要按规定开展风险评估，合理安排安全储备，提高结构可靠度。二是加强桥梁施工质量安全管理。大力推进现代工程管理力度，落实从业单位和从业人员的质量安全主体责任，严格执行强制性技术标准，推行质量责任登记制度和工程质量终身负责制；落实安全生产经费投入和施工现场安全措施，加强对施工组织设计和桥梁安全专项方案的审核把关，防止施工期间桥梁垮塌事故；强化建设单位的管理能力，全面开展施工标准化活动，狠抓钢筋加工、构件预制、混凝土拌和等关键工序的质量管理，提高桥梁施工管理整体水平；推广应用信息化手段，加强对桥梁施工关键工序的质量监控。

三、进一步加强公路桥梁养护管理

一是根据《交通运输部关于进一步加强公路桥梁养护管理的若干意见》（交公路发〔2013〕321号），认真落实桥梁安全运行十项制度。二是切实加强独柱墩等公路特殊桥梁的安全管理工作。对于无法通过稳定性验算的桥梁应立即采取加固措施或拆除重建；在独柱墩桥、弯道桥等特殊桥梁上采取合理的管理措施，如增设标志、标线或物理隔离等必要设施，确保车辆正常行驶，不偏载、少偏载。三是加强公路桥梁检查检测与监测，切实做好桥梁日常养护工作。当前，各地已进入主汛期，要加大桥梁巡查和日常检查力度，及时发现和处治安全隐患。四是加大危桥改造力度，确保干线公路已有危桥得到全面处治。对于新发生的危桥，立即采取相应的管护措施并及时改造。

广东省交通运输厅关于粤赣高速公路河源城南互通立交匝道桥梁事故情况的通报

（粤交明电〔2015〕22号）

各地级以上市交通运输局（委）、公路局，顺德区国土城和水利局，省公路管理局，省交通集团有限公司、南粤交通投资建设有限公司：

2015年6月19日凌晨3：40，粤赣高速公路（G25长深高速）河源城南互通立交C匝道CK0＋224.5桥发生垮塌事故，共有4辆大货车掉落，造成1死4伤，现场C匝道交通中断，导致城南互通立交封闭。该匝道桥长130米，总宽8.5米，为两联预应力混凝土连续箱梁桥，跨径组合为2×25＋3×25米，垮塌桥为第二联（3×25米）。目前事故仍在调查处理中。

为贯彻落实交通运输部、省政府领导有关指示精神，深刻核查，举一反三，吸取事故教训，采取有效措施，杜绝类似事故再次发生，保障公路安全运行，现提出以下工作要求，请贯彻落实。

一、务必加强全省公路治理超限超载工作

（一）请各高速公路经营管理单位尽快组织对高速公路出入口超限超载车辆信息进行统计分析，研究提出超限载现象的重点出入口和重点途经路段，按执法部门要求，及时报送超限超载车辆信息报告，为开展后续治超专项整治工作提供依据。

（二）各高速公路经营管理单位要根据相关超限载车辆统计数据分析，确定重点监控路段和出入口中，并采取必要的手段和措施（增设入口称重设备等），落实入口劝返制度。

（三）各级交通综合执法部门要建立超限超载信息报告制度，依法落实处置超载行为。各地要严格落实《公路安全保护条例》第六十六条规定，对1年内违法超限运输超过3次的货运车辆，吊销其车辆营运证；对1年内违法超限运输超过3次的货运车辆驾驶人，责令其停止从事营业性运输；道路运输企业1年内违法超限运输的货运车辆超过本单位货运车辆总数10％的，责令道路运输企业停业整顿；情节严重的，吊销其道路运输经营许可证，并向社会公告。

（四）明确问责考核制度，各高速公路经营管理单位应加快高速公路超限超载检测站建设工作，确保治超工作落实到位。

二、务必加强公路桥梁管养工作

（一）切实加强公路桥梁的管养、监测工作。请各单位根据《交通运输部关于进一步加强公路桥梁养护管理的若干意见》（交公路发〔2013〕321号）及厅转发要求，把公路桥梁养护管理工作摆在重中之重的位置，认真落实桥梁安全运行十项制度，切实加强桥梁日常管养和监测工作，发现问题要及时处置，对危桥要采取立即封桥、维修加固等措施。

（二）切实开展公路桥梁（特别是独柱墩桥）安全隐患的排查、评估工作。我省现有为数不少的公路独柱墩桥梁，特别是高速公路匝道桥的下部结构较多采用独柱墩形式。我省现阶段超限超载车辆现象仍未杜绝，为确保公路桥梁安全运行，各单位要立即组织对所辖公路桥梁，特别是对独柱墩桥梁的技术状况进行再排查、再评估，务必确保承载能力符合规范要求，对无法通过验算的桥梁应立即采取措施，避免出现因桥梁承载力不足导致的安全事故。有关排查评估报告结果应于发文之日起30日内报备省交通运输厅。

（三）切实注重公路独柱墩桥安全管理工作。各单位在确保所辖桥梁技术状况的同时，要立即采取措施，提升公路独柱墩桥梁安全性能。要根据所辖桥梁的实际技术状况和超限载车辆通行情况，在独柱墩桥上增设标志、标线、摄像头、水马物理隔离等必要设施，确保车辆正常行驶不偏载、少偏载。对超限载车辆多的曲线桥，应增设超载禁行标志，应考虑完善桥梁下部结构形式，改善提高偏载作用下桥梁承载力。

（四）切实加强普通国省道干线桥梁管养工作。各级公路管理机构要立即组织对普通国省干线桥梁进行全面的安全隐患排查、统计，对技术状况差的桥梁（特别是早期建设的双曲线、刚架拱桥等）要采取有效措施进行维修加固，确保国省干线安全运行。

三、务必加强公路桥梁安全宣传工作

各地各单位要结合安全生产月、“迎国检”等工作，加强对公路桥梁安全的宣传工作，正面引导舆论和车主，减少超限超载现象，保障公路桥梁安全畅通。

128. 交通运输部办公厅关于切实加强公路桥梁安全运行管理的紧急通知

（交办公路明电〔2016〕12号）

各省、自治区、直辖市、新疆生产建设兵团交通运输厅（局、委）：

3月25日17时许，G2501杭州绕城高速公路西线五常至留下方向（北向南）三隆港桥桥梁梁板下沉断裂，杭州绕城高速公路西线交通一度中断，严重影响了当地路网的安全畅通。经初步查明，该事故原因是地方工程单位土石方施工不当，大量施工废弃渣土堆积，渣土压力造成该桥桥墩发生横向位移变位。为吸取事故教训，举一反三，切实加强公路桥梁安全运行管理工作，现将有关事项通知如下：

一、切实加强公路桥梁安全保护区管理

各地交通运输主管部门和公路路政执法机构要严格按照《公路安全保护条例》等相关法规规定，主动争取当地政府的支持，积极协调安全生产监督管理部门、水行政主管部门、流域管理机构、海事管理机构等有关部门和单位，迅速部署开展专项排查和整治活动，按照各自职责坚决查处在中桥及以上公路桥梁200米周围内从事采矿、采石、取弃土、爆破作业等危及公路桥梁安全的活动；坚决查处特大桥梁跨越的河道上游500米、下游3000米，大桥跨越的河道上游500米、下游2000米，中小桥梁跨越的河道上游500米、下游1000米范围内的采砂活动；坚决查处擅自在中桥及以上公路桥梁跨越的河道上下游各1000米范围内抽取地下水、架设浮桥以及修建其他危及公路桥梁安全设施的活动；坚决查处在中桥及以上公路桥梁200米周围内设立生产、储存、销售易燃、易爆、剧毒、放射性等危险物品的场所、设施。

二、切实加强车辆违法超限超载治理工作

当前，部分地区车辆违法超限超载行为仍较严重，局部地区出现反弹，严重危及桥梁安全运行。各地交通运输主管部门和公路路政执法机构要在地方政府的统一领导下，会同相关部门深入推进超限超载治理工作。要按照“高速公路入口检测阻截，干线公路设站检查执法，重要节点技术设施监控，农村公路限高限宽保护”的总体思路，进一步优化治超检测站点和检测设施布局，完善路面治超监控网络，强化对货运车辆的全程管控，特别要加快推广高速公路入口称重阻截管理模式，坚决杜绝违法超限超载车辆进入高速公路行驶。各地公路路政执法机构要会同公安交通管理部门，切实加大路面联合治超执法力度，对发现的违法超限超载车辆，要严格按照有关规定，责令现场消除违法状态，并给予驾驶人记分等处理。各地运政执法机构要加快落实重点货物装载源头运政人员派驻、巡查和视频监控制度，坚决制止违法超限超载车辆出场上路上桥行驶。

三、切实落实公路桥梁安全运行十项制度

各地交通运输主管部门和公路管理机构要严格按照《交通运输部关于进一步加强公路桥梁养护管理的若干意见》（交公路发〔2013〕321号）的要求，切实落实公路桥梁安全运行十项制度。一是要严格按照相关规定，落实桥梁养护工程师制度，加强桥梁养护技术人员的定期培训，不断提升桥梁养护技术水平和专业化程度。二是要逐桥划分桥梁养护和安全运行的工作责任，统一设置桥梁信息公开牌，中桥及以上桥梁应做到“一桥一牌”。三是要按照桥梁安全管理需要，严格落实专项保障桥梁养护资金。四是要切实组织桥梁养护工程师和专业桥梁检测单位对所辖桥梁进行例行检查，检查频率不得低于规范要求，并根据检查结果，及时分类采取养护管理措施。五是要进一步健全桥梁技术档案管理制度，大力推进公路桥梁信息化管理。六是要严格落实桥梁养护管理和安全运行年度报告制度，对所辖桥梁技术状况、桥梁检查和桥梁养护管理工作开展等情况进行分析和逐级上报。七是要切实履行监管责任，在例行检查和第三方评估的基础上，根据桥梁安全隐患严重程度和养管状况，严格落实桥梁安全隐患分级挂牌督办制度，有效防范和遏制公路桥梁安全事故。

部将结合年度长大桥梁抽检巡查等情况，对各地落实公路桥梁安全保护、治理超限超载、安全运行十项制度等情况进行抽查。因工作不力导致桥梁存在重大安全隐患的，将在全国通报；对造成不良影响的单位及有关人员，将按照有关规定严肃处理。

当前，南方部分地区已提前进入汛期。据有关部门预测，今年汛期降水偏多的概率和范围将明显大于往年同期，公路桥梁安全运行形势严峻。各地交通运输主管部门要充分认识公路桥梁安全运行的重要性和紧迫性，切实把公路桥梁安全运行管理工作摆在交通运输工作的突出位置，进一步增强忧患意识、责任意识和防范意识，明确职责，落实资金，加强监管，确保桥梁安全运行。

129. 国务院南水北调办综合司关于加强南水北调中线工程跨渠公路桥梁管理工作的通知

（交办公路函〔2016〕585号）

南水北调工程是实现我国水资源优化配置的重大战略性基础设施，跨渠公路桥梁作为跨越南水北调干渠的重要构造物，与引水安全关系重大。为切实加强跨渠公路桥梁的管理，现将有关事项通知如下：

一、切实做好跨渠公路桥梁的验收移交工作

据统计，目前南水北调中线工程在河南、河北两省境内共涉及跨渠公路桥梁1043座，包括国道、省道和农村公路。在有关各方的共同努力下，南水北调中线工程跨渠公路桥梁已全部建设完成，既确保了南水北调中线工程的如期供水，又方便了群众出行。但通水一年多来，还有部分跨渠公路桥梁未完成验收和移交，管护责任主体没有得到落实，跨渠公路桥梁的养护管理和营运安全尚未得到有效保障。为尽快落实跨渠公路桥梁的管理责任，请你们建立协调机制，按照国务院南水北调办、交通运输部、国家发展改革委、财政部联合印发的《关于南水北调工程跨渠桥梁建设与管理有关意见的函》（国调办建管函〔2008〕31号）精神，组织对跨渠公路桥梁的验收移交情况进行全面梳理，建立工作台账，逐桥进行排查，明确接养单位，推进验收、移交、接养工作。中线建管局要督促建设管理单位加强跨渠公路桥梁的竣工验收准备工作，提请质量监督机构按照《公路工程质量鉴定办法》对工程质量进行鉴定，对质量鉴定合格并具备验收条件的，及时向交通主管部门提出验收申请；对工程质量鉴定不合格的，要督促建设管理单位及时整改，确保达到技术和质量要求，整改合格后再提出验收申请。省级交通运输主管部门和省南水北调办要加强验收工作指导，加大协调力度，推进跨渠公路桥梁的验收移交，对暂时未能验收及移交的桥梁要逐桥说明原因，提出解决措施和预计验收移交时间表，并将未验收移交桥梁台账于7月30日之前分别报交通运输部和国务院南水北调办。

二、切实加强跨渠公路桥梁治超工作

自全国开展车辆超限超载治理工作以来，超限超载问题虽得到了有效遏制，但导致超限超载行为的源头还没有根除。做好南水北调跨渠公路桥梁治超工作尤为重要，要高度重视并切实做好跨渠公路桥梁的治超工作。

一是完善桥梁限载标志。省级交通运输主管部门和省南水北调办要依据有关规定，督促建设或管养单位完善有关限载标志。对承载能力较低的农村公路跨渠桥梁，应通过设置限高限宽设施等措施限制通行。

二是加强路面治超执法。省级交通运输主管部门要督促沿线交通运输主管部门将跨渠公路桥梁纳入治超工作重点监控范围，结合周边公路网状况，进一步优化超限检测站点布局，并会同公安交通管理等部门，加强路面治超执法，坚决遏制超限车辆通行跨渠公路桥梁。

三是加强监控信息共享。对设有视频监控的跨渠公路桥梁，中线建管局和交通运输主管部门要建立监控信息互联共享机制。有关交通运输主管部门要深入分析跨渠公路桥梁车辆通行的规律和特征，针对超限超载车辆通行较多的点段，开展专项整治，加强针对性检查执法。

三、切实做好跨渠公路桥梁的污染防治工作

跨渠公路桥梁的污染防治工作是保证水渠水质安全的重要一环，桥梁移交前，建设单位要切实保障排水管道完好、通畅。桥梁移交后，管养单位要加强对桥梁排水设施的养护管理，确保桥面污水外排顺畅。

交通运输部和国务院南水北调办将建立联合工作机制，推进桥梁验收移交、治超管理、水质保护等工作。

130. 公路长大桥隧养护管理和安全运行若干规定

（交公路发〔2018〕35 号）

第一章　总　　则

第一条　为加强公路长大桥梁、隧道（以下简称长大桥隧）养护管理工作，提高运行管理水平和运行效率，保障运行安全，根据《中华人民共和国公路法》《公路安全保护条例》等法律、法规和技术标准、规范、规程，制定本规定。

第二条　本规定适用于高速公路及普通国省道上具有重要意义或特殊结构的特大桥、大桥，以及特长隧道、长隧道的养护和运行管理，长大桥隧目录由各省级交通运输主管部门根据管理实际确定，并及时更新。其他公路桥隧可参照执行。

本规定所称长大桥隧经营管理单位，是指负责长大桥隧养护和运行管理的单位。

第三条　长大桥隧养护管理和安全运行工作应当坚持“预防为主、科学养护、安全运行、保障畅通”的原则。

第四条　地方各级交通运输主管部门、长大桥隧经营管理单位应当保障长大桥隧监测、检测、养护、应急和安全运行资金。

第五条　长大桥隧经营管理单位是长大桥隧设施养护管理和安全运行的责任主体。

长大桥隧经营管理单位应当严格落实主体责任，建立健全工作责任制，按照相关法律法规、管理制度和技术标准、规范、规程做好养护、管理、运行工作，保证长大桥隧处于良好技术状况和运行安全。

第六条　各级交通运输主管部门、长大桥隧经营管理单位应当积极向社会公众宣传桥梁、隧道安全运行相关规定、安全和应急避险救助常识，提高桥隧使用者的安全意识。

第七条　省级交通运输主管部门应当建立本辖区桥隧管理信息系统，积极运用信息技术加强桥隧养护管理和安全运行工作。

第八条　相关单位和个人应当自觉维护长大桥隧运行秩序，除依法开展的活动外，不得侵占长大桥隧建筑控制区，不得在法律法规规定的范围内从事采矿、采砂、采石、取土、爆破等危及桥隧设施安全的活动。

车辆通过长大桥隧应当严格遵守交通法规，不得违反交通标志、标线和信号灯指示行驶，除遇紧急情况外，不得在长大桥隧上（内）停车。

第二章　养 护 管 理

第九条　长大桥隧在开通运行前，除满足相关标准规范、管理规定外，还应当具备以下条件。

（一）明确了长大桥隧监管部门、经营管理单位。

（二）经营管理单位明确了安全运行管理人员，配备了专职桥梁、隧道（含机电）养护工程师，制定了突发事件应急预案和相关安全管理制度。

第十条　长大桥隧经营管理单位应当按照技术标准、规范、规程要求加强长大桥隧及附属设施的养护。

公路桥梁跨越航道的，相关责任单位或部门应当按照相关法律法规规定，加强桥区助航、防撞、水域安全监控等设施的养护。

第十一条　长大桥隧经营管理单位应当逐步提升机械化养护和快速维修能力，鼓励采用快速、便捷、耐久的技术，积极实施预防养护。

第十二条　长大桥隧经营管理单位应当加强巡查和检查，对发现的异常情况、重大问题或隐患，及时向负有直接管理职责的地方交通运输主管部门和有关部门报告，并依照有关规定处理。

鼓励采用先进的科技手段对长大桥隧进行巡查和检查。

第十三条　巡查是对长大桥隧可视范围内的桥隧构件及附属设施进行的日常性巡视。巡查由具有桥隧养护工作经验的专业技术人员负责，一般不少于1次/天，并填写巡查日志。

长大桥隧遇地震、地质灾害等自然灾害，长大桥梁遇暴雨、台风等极端气象时，应加大巡查频率。对有特殊照明需求的（照明、航空航道指示灯等）长大桥梁，应适当开展夜间巡查。

第十四条　长大桥隧检查分为经常检查、定期检查和特殊检查。

相应检查的检查频率除应符合有关养护技术规范、规程要求外，可结合长大桥隧自身特点增加检查频率。

第十五条　经常检查是对长大桥隧的结构及其设施的早期缺损、显著病害及其他异常情况进行的检查。经常检查发现重要部件严重缺损或存在明显异常的，应当立即安排定期检查，并视情采取必要的措施。

汛期前应开展有针对性的检查，汛期应加大经常检查频率。

第十六条　定期检查是对长大桥隧及其附属设施的全面检查，以确定长大桥隧的技术状况。

定期检查对缺损状况难以判定原因和程度的，应立即安排特殊检查。

定期检查可委托专业检测机构承担。

第十七条　特殊检查是为查明长大桥隧主要构件的病害原因、损坏程度、结构安全性能以及耐久性开展的针对性检查，包括专项检查和应急检查。

专项检查是根据经常检查和定期检查结果，对需要进一步判明损坏原因、缺损程度而进行的现场试验检测、验算与分析等。应急检查是在遭受灾害性损伤后进行的详细检查和鉴定。

特殊检查应委托专业检测机构承担。

第十八条　检查完成后，长大桥隧经营管理单位应对检查结果进行分析和确认，必要时可组织专家审查，并及时更新养护管理信息系统数据。

第十九条　根据检查结果，长大桥隧存在病害和安全隐患的，长大桥隧经营管理单位应委托专业机构提出维修加固方案或养护对策，通过相关审查后按规定程序组织实施。

第二十条　除应急抢修作业以外，应避免在重大节假日或交通流量高峰期进行养护作业。对于需要封闭交通或长时间占用行车道的养护作业应提前编制交通组织方案，向社会发布信息，并协调公安交通管理、路政管理等单位作好交通组织，减少对车辆通行的影响。

第二十一条　从事长大桥隧检查、维护等作业的单位和人员应当严格遵守《公路养护安全作业规程》等规定，保证养护人员安全和车辆通行安全。

第二十二条　长大桥隧经营管理单位应当科学配置桥隧养护专业技术人员，构建人才培养机制，建立稳定、专业的养护工程师团队。

长大桥隧经营管理单位每年应组织桥隧养护专业技术人员参加不少于一次的专业培训。

第二十三条　长大桥隧经营管理单位应针对长大桥隧自身特点和技术要求编制养护技术手册，建立养护管理信息系统，全面及时记录长大桥隧检查和养护管理等有关情况。

第二十四条　长大桥隧经营管理单位应当按照“一桥一档”“一隧一档”建立长大桥隧技术档案，内容包括长大桥隧基本情况、养护巡查检查记录、技术状况、维修加固等以及其他归档制度要求的资料，做到内容完整、更新及时、方便使用。

第二十五条　长大桥隧经营管理单位应逐步建立长大桥隧结构监测体系，设置专人或委托专业机构对桥隧的结构状态和各类外部荷载作用下的响应情况进行监测，及时掌握长大桥隧的结构运行状况。

第二十六条 长大桥隧经营管理单位应当根据结构监测情况，定期将监测结果与检查结果进行比对和分析，提出监测评估报告，不断完善评估制度。

第二十七条 省级交通运输主管部门应当建立重点桥梁和隧道技术状况监测制度，结合监测结果定期分析长大桥隧养护管理和安全运行情况。

交通运输部结合年度国家公路网技术状况监测工作抽取部分重点桥梁和隧道进行检测。

第三章 安全运行管理

第二十八条 地方各级交通运输主管部门、公路管理机构应当依法开展路政巡查，查处各种侵占、损害长大桥隧及其附属设施的行为，协调相关部门共同做好长大桥隧安全保护工作。路政巡查中发现存在安全隐患的，要及时通知长大桥隧经营管理单位。

长大桥隧经营管理单位对发现有危害长大桥隧安全活动的，应当及时制止，并告知相关部门依法处理。

第二十九条 长大桥隧经营管理单位应当依据职责，根据交通管理情况及相关技术标准、规范，及时调整、完善机电、交通标志、标线、防撞、助航等设施。在重要的长大桥隧入口前，应按规定设置限载、限宽、限高、限速等标志。

第三十条 长大桥隧经营管理单位应当积极配合有关单位加强危险货物运输车辆通行管理。

对特别重要的长大桥隧，交通运输主管部门和公安交通管理部门可按照相关规定在入口前联合设置安全检查站。

第三十一条 省级交通运输主管部门应当将本行政区域内长大桥隧目录及经营管理单位抄告公安交通管理部门。

第三十二条 超限车辆不得擅自驶上（入）长大桥隧。确需通行时，应当按《超限运输车辆行驶公路管理规定》办理有关许可手续，并按照指定的时间、路线、速度通过。

第三十三条 船舶通过长大桥梁所在水域时，应当严格遵守航行法规和有关规定，谨慎操作。

长大桥梁经营管理单位、航道管理等部门应当依照职责加强长大桥梁及通航安全设施的日常巡查，及时发布跨河、跨海桥梁的通航净空尺度、具体位置等数据，防止船撞事故。

第三十四条 禁止利用长大桥隧堆放物品、搭建设施以及铺设高压电线和输送易燃、易爆或者其他有毒有害气体、液体的管道。其他确需利用长大桥隧铺设管线设施的，不得对长大桥隧安全产生影响，并报经交通运输主管部门同意，与长大桥隧经营管理单位签订铺设协议。

管线设施依附在长大桥隧上（内）的，其产权单位应当定期进行检查和维修，避免因设施故障引发安全事故或影响交通。长大桥隧改建、扩建、维修时，管线产权单位应当履行铺设协议的规定。

第三十五条 长大桥隧经营管理单位应当按照有关规定建立健全风险管理和隐患排查工作制度，编制风险辨识手册，建立风险动态监控机制，定期开展隐患排查工作。对发现的隐患应及时采取相应的处治措施，必要时协调相关部门实施交通管制。

第三十六条 各级交通运输主管部门应当建立长大桥隧安全隐患挂牌督办制度。

被挂牌督办的长大桥隧应限期整改。

第四章 应急管理

第三十七条 长大桥隧经营管理单位应当按照交通运输主管部门应急预案要求，针对长大桥隧特点制定专项安全运行应急预案，并与地方人民政府应急预案相衔接。

第三十八条 地方各级交通运输主管部门应当加强对长大桥隧应急工作的指导和协调，为长大桥隧经营管理单位应急工作创造有利环境和条件。

第三十九条 长大桥隧经营管理单位应当根据应急工作需要，配置必要的应急人员和设备，加强应急设备维护和应急救援队伍的业务培训，提高应急处置能力。

第四十条 长大桥隧经营管理单位应当加强与地方公安交通管理、反恐、消防、交通运输、安监和卫生医疗等单位的联动协调，确保应急状况下反应迅速、协调有序。涉及通航的桥梁和水下隧道还应加强与海事、航道等单位的联动协调。

第四十一条 长大桥隧经营管理单位应当每年组织针对火灾、交通事故、自然灾害等突发事件的专项应急演练。

第四十二条 当遇有导致长大桥隧交通中断、重要受力构件损坏或其他易引发重大伤亡的突发事件时，长大桥隧经营管理单位应当立即启动应急预案，采取相应措施，会同有关单位迅速疏散车辆和人员，尽可能保证车辆、人员安全和长大桥隧安全，并为进一步开展应急救援和处置工作创造有利条件。

经营管理单位应将突发事件情况按规定上报，并跟踪事件发展和处置情况，及时续报。

第四十三条 影响长大桥隧安全运行的突发事件处置结束后，长大桥隧经营管理单位应当对应急处置工作进行总结评估，完善应急预案和应对措施。总结评估情况按相关规定报有关部门。

第五章 附 则

第四十四条 省级交通运输主管部门应根据本办法制定实施细则。

第四十五条 本规定自颁布之日起施行，有效期 5 年。

131. 交通运输部　公安部关于开展公路隧道安全风险防控专项行动的通知

（交公路函〔2018〕98号）

各省、自治区、直辖市、新疆生产建设兵团交通运输厅（局、委）、公安厅（局）：

为推进平安交通建设，进一步巩固交通运输部、公安部联合开展的全国公路隧道安全隐患排查治理专项行动成果，提高公路隧道安全运营能力，严防重特大交通安全事故发生，交通运输部、公安部研究决定，联合开展为期一年的公路隧道安全风险防控专项行动。现将有关安排和要求通知如下：

一、工作原则

隧道风险防控工作应坚持安全第一、预防为主、综合治理、全面覆盖，坚持风险防控与隐患治理相结合、近期整治与长效机制相结合，加快提升隧道安全运营能力和管理水平，有效预防和减少隧道交通安全事故。

（一）目标导向，注重实效。以提升隧道安全风险防控能力，降低安全风险，减少隧道安全隐患、降低事故发生率、减轻事故后果和防范群死群伤重特大交通事故为目标，全面加强隧道安全风险评估，全面考虑隧道安全运营需求，全面制定隧道安全风险防控措施。

（二）聚焦问题，管控风险。聚焦影响公路隧道运营和交通安全的突出问题，防控隧道运营、设施、管理等主要安全风险，切实提升隧道安全运营管理水平，实现在役隧道风险防控全覆盖。

（三）落实责任，严格履职。隧道运营管理单位应加强隧道设施维护、运行管理；交通运输部门应加强对隧道安全设施维护、运行管理工作的监督检查指导；公安交管部门应加强对隧道通行秩序的管控和突出违法行为的查处。

（四）立查立改，不留隐患。对发现的隧道安全风险，应采取技术、管理等措施进行有效防控，确保不留隐患。暂时难以根治的，应采取临时防范措施，保障通行安全。

（五）部门联动，持续改进。加强部门协作配合，推进联防联治，实现隧道视频监控、交通事故等信息共享。持续发力、不断提升安全风险防控工作绩效，创新长效机制，提升人员安全管理意识和技能，提高科学管控能力，打好安全风险防控持久战。

二、工作安排

认真分析近年来公路隧道发生的典型交通事故和突发事件形态，深入查找隧道安全运营存在的主要问题，做好隐患排查与消除、风险防控、长效机制建设等工作，建立“远近结合、近期治标、远期治本、久久为功”工作机制，通过开展为期一年的专项行动，在短期内使隧道安全运营水平上一个新台阶；通过持续开展风险防控工作，远期达到“制度健全、高效联动、隐患清零、风险可控、防范有效、运行安全”的目标。

（一）专项行动工作。

1. 全面覆盖、突出重点。

风险防控专项行动覆盖所有现役公路隧道，重点是以下高速公路隧道：

（1）长隧道、特长隧道；连续3座以上、相邻隧道洞口间距不超过500米且单洞累计长度超过3000米的隧道群。

（2）与互通、服务区、停车区、收费站出口间距小于现行标准规范最小净距推荐值的隧道。

（3）“两客一危”车辆和交通流量大的隧道。

（4）发生过一次死亡3人以上交通事故或火灾事故的隧道，以及一年内曾发生3起以上死亡事故的隧道。

（5）单洞双向通行的隧道。

2. 明确目标，抓住关键。

严格落实公路隧道运营相关法律法规、规章制度和标准规范，针对影响隧道设施设备使用、交通安全管理、安全运营等关键问题开展专项行动，达到“三个确保”“三个到位”工作目标。

（1）三个确保。一是确保洞口设施设置规范、防护有效。隧道洞口横断面变化的过渡、诱导、警示有效，设置护栏的应做好与隧道的过渡衔接，无设置护栏条件的应设置防止车辆直接撞击洞门的防护设施；洞口前指示、警告、禁令等标志标牌清晰，位置合理，入口立面反光标记设置高度不小于2.5m，鼓励将入口前一定范围内行车道左右边缘线及硬路肩处斑马线设置为振动型。特长隧道、长隧道和隧道群宜按照现行标准规范在入口前适当位置设置可变信息标志。

二是确保照明设施齐全、功能完备。隧道照明设施应按照标准规范、设计文件和运营手册的要求设置、维护和使用，功能性能及使用管理符合规定，隧道洞口、洞内亮度符合设计要求，满足视觉过渡要求。有条件的可在隧道出入口处设置光过渡设施。

三是确保洞内设施性能合规、运转正常。按标准规范、设计文件排查隧道通风、消防、火灾报警、视频监控、逃生等设施设备，确保系统完备有效；轮廓标、突起路标、标志标线等设施设备应按照现行养护规范要求进行清洁、维护，确保齐全、清晰、达标，隧道路面抗滑性能符合要求。未设置照明设施的隧道应按照标准规范设置视线诱导设施，鼓励因地制宜地采用隧道轮廓带并避免产生眩光。

（2）三个到位。一是运营管理管控到位。运营管理制度健全，确保隧道监测、养护人员能够准确掌握不同情况下工作内容、操作规程和管理要求。隧道巡查工作落实到位，发现影响安全的情况迅速采取应对措施。加强隧道养护作业管理，科学制订和实施交通组织方案，严格按照技术规范和操作规程实施作业。

二是交通秩序管控到位。加强隧道巡逻管控，开展隧道交通违法行为集中整治，充分运用先进技术手段，加大对隧道内车辆超速、违法变更车道、违法停车、危险化学品运输车辆违反禁令通行等行为的查处力度。对重点隧道特别是通行危化品车辆较多、交通流量较大的隧道，可在出入口设置监控卡口、区间测速等执法装备，实施有效管控。隧道养护作业期间，应加强交通安全管理。

三是隧道应急管理到位。在当地政府统一领导下，与应急、安监、消防、医疗等部门建立健全协调联动机制，及时完善应急处置预案，加强应急演练。发生交通事故后，利用可变信息标志、广播系统、信号灯等既有设施提示驾驶人不再驶入隧道，并根据事故情况在现场划定警戒区域或实施交通管制措施，避免发生二次事故或加重事故后果。

3. 注重时效，分段实施。

专项行动分三个阶段实施：

第一阶段：部署准备阶段。2018年3月31日前，由各地制订本地区专项行动方案，明确和分解目标任务，建立工作机制。

第二阶段：风险辨识评估与隐患排查治理阶段。2018年12月31日前，各地按照“三个确保”、“三个到位”目标要求全面辨识评估隧道安全风险，逐座隧道建立风险台账和基础数据库，分类制订防控措施或治理方案，按轻重缓急和危害程度分级管理，科学处治，消除安全隐患，有效防控风险。

第三阶段：总结提高阶段。2019年1月31日前，全面总结评估专项行动工作情况，提炼经验、查漏补缺、完善制度，研究建立长效机制。

（二）风险防控长期工作。

在短期解决突出问题的基础上，总结经验，持续提升，逐步建立隧道安全运营长效机制，做到“四个注重”：

一是注重设施改造，保障通行条件。隧道加固改造、改扩建时，应按照现行标准规范对早期隧道的设施设备进行同步改造，保障通行安全，主要包括：注重特长隧道、长隧道、隧道群视频监控系统建设，有条件的中短隧道鼓励建设视频监控系统；积极推广使用智能化监控技术，实现隧道内停车、拥堵、火灾等事件的自动识别和报警；在隧道入口前设置可变信息标志、信号灯，隧道内增设广播系统，提高预警能力；加强消防设施和逃生通道建设，完善应急设施指引标志，提升隧道防灾减灾能力。鼓励各地结合实际，制订和实施更高要求的升级改造标准。

二是注重效能建设，加强协作联动。健全隧道管理制度，完善相关联合管理措施，落实隧道运营管理单位和地方交通运输、公安交管部门职责，强化区域协作、路警联动机制，共享隧道视频监控信息，提升日常管控效能，提升恶劣天气和突发事件条件下隧道交通组织、管控能力。

三是注重宣传教育，提升人员技能。地方交通运输、公安交管部门和隧道运营管理单位应积极向社会公众宣传隧道行车安全、应急避险救助等知识，不断普及全民安全使用隧道的常识，提高事故防范意识和应急逃生避险、自救互救技能。客货运输企业要加强从业驾驶人教育培训，提升隧道行车安全和应急处置能力。

四是注重技术创新，科学管控风险。持续开展隧道安全风险管控科技研发和新技术应用，通过积极应用主动安全防控、智能识别等新技术加强车辆运行状况、驾驶人行为监控，建立隧道交通事故信息共享机制，深化交通监测、“两客一危”动态监控、机动车缉查布控等大数据的挖掘与应用，依靠科技进步不断提升隧道防控安全风险的能力。

三、保障措施

（一）加强组织保障。交通运输部和公安部将成立工作组，指导全国专项行动工作，适时对各地落实推进情况进行督导检查。各省级交通运输主管部门、公安交管部门要加强组织领导，成立联合工作组，制订实施方案，明确责任主体、分工和目标任务，推进专项行动工作按计划实施；隧道运营管理单位要完善工作机制和制度措施，抓好隧道安全风险防控工作的落实，建立风险防控台账，聚焦问题治理，完善相关设施。

（二）加强技术支持。为加强隧道风险防控工作的技术指导工作，交通运输部委托交通运输部公路科学研究院，公安部委托公安部道路交通安全研究中心、公安部交通管理科学研究所作为技术支持单位，为隧道风险防控工作提供技术支撑。各省也要依托相关技术单位，加强技术指导。技术支持单位应深入现场，积极配合隧道运营管理单位、地方交通运输和公安交管部门，开展技术培训和指导，及时研究解决重大技术问题。

（三）加强信息报送。建立隧道安全风险防控信息报告制度，各地要明确专人负责信息报送工作。对制定下发具体实施方案、建立风险台账和基础数据库、每季度工作进展、建立相关问题长效机制等阶段性重大事项，要及时报送工作情况。

交通运输部（公路局）联系人：李健，联系电话：010-65292746、010-65292222（传真）。

公安部（交管局）联系人：杨鑫，联系电话：010-66262418、010-66263333。

132. 促进公路隧道提质升级行动方案

（交办公路〔2019〕9 号）

为加快推进公路隧道提质升级，更好地为公众安全便捷出行服务，制定如下行动方案。

一、补齐隧道交通工程与附属设施短板

（一）完善公路隧道照明设施。在役隧道要严格按照《公路隧道设计规范　第二册　交通工程与附属设施》（JTG D70/2—2014）、《公路隧道照明设计细则》（JTG/T D70/2-01—2014）等相关标准规范，以及部制定的公路隧道提质升级行动技术指南，全面排查公路隧道照明设施设置情况，满足规范设置要求的隧道均应设置照明设施，确保符合条件的隧道照明设施全覆盖；依据《公路隧道养护技术规范》（JTG H12—2015）进行隧道照明设施维护，按照设计文件和运营手册等要求，详细排查公路隧道照明设施运行状态，对于故障、失效和性能严重衰减的设施及时维护或更换，确保隧道照明设施功能完备、运行可靠。

（二）完善公路隧道通风设施。在役隧道要严格按照《公路隧道设计规范　第二册　交通工程与附属设施》（JTG D70/2—2014）、《公路隧道通风设计细则》（JTG/T D70/2-02—2014）等相关标准规范，以及部制定的公路隧道提质升级行动技术指南，全面排查公路隧道通风设施设置情况，满足规范设置要求的隧道均应设置通风设施；依据《公路隧道养护技术规范》（JTG H12—2015）进行隧道通风设施维护，按照运营规范或手册等要求检查隧道通风设施运行状态，确保通风设施远程/本地可控、运行可靠。

（三）完善公路隧道交通安全设施。在役隧道要严格按照《公路隧道设计规范　第二册　交通工程与附属设施》（JTG D70/2—2014）、《公路交通安全设施设计规范》（JTG D81—2017）等相关标准规范，以及部制定的公路隧道提质升级行动技术指南，全面排查隧道交通安全设施和隧道洞口护栏等安全防护设施配置情况，完善公路隧道交通安全设施，确保隧道洞口横断面变化过渡衔接有效，标志标线清晰、设置合理。同时，结合实际运营情况对包括公路隧道监控、消防等其他交通工程与附属设施进行完善。

二、推进在役公路隧道土建结构改造

（四）立即开展公路隧道土建结构病害普查与评估。结合在役公路隧道实际运营状况，根据《公路隧道养护技术规范》（JTG H12—2015）等相关标准规范，以及部制定的公路隧道提质升级行动技术指南，组织开展隧道土建结构病害检查工作，查清在役公路隧道衬砌、路面、检修道、排水设施等土建结构病害的类型、范围、程度及成因。根据检查结果，评估隧道土建结构技术及安全状况，全面掌握隧道土建结构运营现状，确保安全可控。

（五）分类开展公路隧道病害处治。对公路隧道病害类型及程度进行分类，根据隧道土建结构病害状况，综合考虑隧道地形、地质、生态环境及运营和施工条件，按照安全、经济、快速、合理的原则，制定针对性的隧道病害处治方案，按危害程度分类开展病害处置，消除结构病害，维持结构良好技术状况。

三、强化公路隧道交（竣）工验收

（六）严格在建公路隧道验收。在建隧道验收要按照《交通运输部办公厅关于公路工程验收执行新版公路工程质量检验评定标准有关事宜的通知》（交办公路〔2018〕136 号）要求开展验收工作。2018 年 5 月 1 日起开展公路工程施工招标的项目必须严格按照《公路工程质量检验评定标准　第一册　土建工程》（JTG F80/1—2017）等相关标准进行质量检测评估，不符合要求的，不得通车运行。

（七）督促完成公路隧道交（竣）工验收。对于交通运输部门建设的尚未进行交（竣）工验收的在用隧道，各省级交通运输主管部门要开展建设程序、设施条件、运行风险等专项排查。尚不具备交（竣）工验收条件的，应协调当地政府组织有关部门开展通车安全条件论证，坚决杜绝不具备条件的隧道通车运行。同时，应督促项目法人查明影响交（竣）工验收的原因，本着“严格程序、实事求是”的原则，立即开展整治，尽快完成交（竣）工验收。对于其他部门建设的公路隧道，各省级交通运输主管部门要依据公路工程标准规范，组织产权单位开展隧道安全风险评估和隐患排查。存在安全隐患的，立即下发整改函，督促产权单位进行整改，必要时报请省级人民政府同意，实施约谈、挂牌督办、关闭等措施。整改合格后，督促产权单位尽快完成交（竣）工验收，明确隧道管养单位和相应职责。

四、工作要求

（八）提高思想认识。公路隧道是公路网的控制性工程，安全风险高、通行需求大。按照标准规范，完善公路隧道交通工程与附属设施，分类处治公路隧道病害，为社会公众提供安全、便捷、舒适、高效的公路隧道出行服务，是交通运输部门坚持以人民为中心发展思想的重要体现，也是交通运输部门的重要职责和应尽义务。各级交通运输主管部门和收费公路经营管理单位要提高思想认识，高度重视，站在建设交通强国的高度，把公路隧道提质升级工作纳入工作重点，根据轻重缓急统筹安排，精心组织，确保按期完成专项行动。

（九）加强组织领导。部将成立专项工作组，负责公路隧道升级改造的指导协调、督导检查工作。各省级交通运输主管部门要按照本行动方案要求，成立由分管领导负责的领导小组，分解落实工作任务，细化工作措施，精心组织有关单位共同推动行动方案有序开展，及时协调解决实施过程中的问题。

（十）明确工作重点。准备阶段：部组织有关单位在标准规范基础上，制定公路隧道提质升级行动技术指南，于 2019 年 2 月底前印发；各省级交通运输主管部门要按照行动方案要求，组织有关单位，拟定资金预算和工作计划，根据技术指南要求，开展公路隧道排查，制定本地区行动方案（样例见附件 1），提出本地区公路隧道升级改造清单，于 2019 年 4 月底前报部。实施阶段：各省级交通运输主管部门指导有关单位抓紧完善以照明、通风、交通安全设施等为重点的公路隧道交通工程与附属设施，于 2019 年 12 月底前基本完成（同步开展土建结构病害处治的隧道除外）；推进高速公路和普通国道公路隧道土建结构病害处治、督促公路隧道交（竣）工验收、对其他部门建设的隧道进行排查、评估和整改，于 2020 年 11 月底前完成。普通省道和农村公路隧道土建结构病害处治应结合工程改扩建、养护工程计划逐步开展。总结阶段：各省级交通运输主管部门提交本地区行动方案总结，于 2020 年 12 月底报部。

（十一）强化统筹推进。各省级交通运输主管部门要针对当前公路隧道建设养护管理中突出问题，切实把提质升级行动方案与在建公路隧道质量安全专项整治行动、公路隧道入口段行车安全自查自纠、公路隧道安全风险防控专项行动等工作结合起来，切实把专项治理与系统治理、综合治理、源头治理结合起来，切实把提升公路隧道服务水平与公路交通数字化、网络化、智能化结合起来。

（十二）加强资金保障。各地要积极筹措资金，及时申请预算，收费公路隧道升级改造资金从车辆通行费中列支，各级交通运输主管部门要督促收费经营管理单位将隧道升级改造纳入 2019—2020 年度资金计划。普通公路隧道交通工程与附属设施完善和普通国道隧道土建结构病害处治资金按照“省负总责，部省共担”原则，地方积极筹措资金，部按照有关规定安排补助。普通省道和农村公路隧道土建结构病害处治资金以地方为主，多渠道筹集资金解决。实施过程中，严格资金使用管理，充分发挥资金效益。

（十三）加强技术支持。公路隧道提质升级工作涉及广、专业多、难度大、要求高，是一项系统工程。为保证工作实效，部委托公路科学研究院、招商局重庆交通科研设计院有限公司作为技术支持单位，加强技术指导，提供技术支撑。各省级交通运输主管部门也要委托相关技术单位，加强技术指导。部技术支持单位要深入现场，积极配合各级交通运输主管部门和隧道运营管理单位，及时研究解决重大技术问题。部将进一步完善隧道技术标准体系，加快制修订《公路工程质量检验评定标准　第二册　机电工程》和《公路机电设施养护技术规范》，为公路隧道提质升级工作实施提供支撑。

（十四）强化督导检查。各省级交通运输主管部门要加强对行动方案落实情况的督查督办，建立工作任务台账，注重加强工作进度督查和工作效果评估总结，自 2019 年 3 月起至 2020 年 12 月底前按季度向部报送工作推进情况（附件 2）。同时确定工作联络员，并于 2019 年 1 月 31 日前报部。部将根据各地工作实时进展，适时组织专项工作组和技术支持单位开展督导，强化动态跟踪和技术指导，确保工作任务落实到位。

（十五）确保安全畅通。各省级交通运输主管部门要建立健全质量管理体系，对检测排查、方案设计、施工组织等关键环节，加大监管力度，选择有经验的设计单位，建立完善设计文件审查制度，注重细节处理，确保工程质量。要加强安全保障，深入研究施工安全措施及施工期间的交通组织措施，根据需要采取分时段、分路段集中实施，降低对路网运行的影响，确保车辆行驶安全和作业人员安全。

（十六）加强运营维护。隧道设施升级改造和病害整治工作完成后，运营单位要依据《公路隧道养护技术规范》（JTG H12—2015）、运营规范或手册等要求加强隧道土建结构、交通工程及附属设施检查和日常维护，加大设施后续保养维护资金投入力度，避免出现因维护不足导致设施损坏、闲置的情况，确保设施运行正常、可靠耐久。

部公路局联系人：李健，负责在役公路隧道设施改造，电话：010-65292746，传真：010-65292222;王恒斌，负责公路隧道交（竣）工验收，电话：010-65292738，传真：010-65292734。

部公路科学研究院联系人：李伟，电话：13910102629、010-82019599，传真：010-62370567，邮箱：W. Li@rioh. cn。

招商局重庆交通科研设计院有限公司联系人：潘勇，电话：18008377445。

附件：1. ××省（区、市）公路隧道提质升级行动方案（样例）

2. 工作任务推进情况表

附件 1

××省（区、市）公路隧道提质升级行动方案（样例）

《行动方案》应包含但不限于以下内容：

一、基本情况：在役隧道的土建结构情况、交通安全设施情况，未进行交（竣）工验收的已通车隧道的情况等。并提出公路隧道升级改造清单。

二、工作目标：包含总体工作目标，各阶段各项工作任务的具体工作量和工作目标等。

三、工作机制：包括领导小组，工作组的组成情况以及工作责任分工的情况，并注明联系方式，包括座机手机等。

四、实施步骤：包括各项任务细化分解情况、时间节点、牵头单位、配合单位等。

五、保障措施：包括资金保障、技术保障和人员保障等。

附件 2

工作任务推进情况表

________省（区、市）交通运输厅（局、委）（盖章）　　　　　　　　　　　　　　　　　　　______年______月

序号	项　　目	工 作 进 展	完成百分比	备注（存在问题及建议等）
1	行动方案制定			
2	交通工程与附属设施调查评估			
3	资金落实			
4	设计文件编制			
5	施工招投标			
6	组织施工			
	公路隧道照明设施			
	公路隧道通风设施			
	公路隧道交通安全设施			
	公路隧道其他交通工程与附属设施			
7	公路隧道土建结构病害普查与评估			
8	资金落实			
9	设计文件编制			
10	施工招投标			
11	公路隧道土建结构病害处治			
12	公路隧道交（竣）工验收（交通运输部门建设）			
13	公路隧道交（竣）工验收（其他部门建设）			
14	……			

日常联系人：________联系电话：________

填表说明：

工作月度推进情况请于每季度最后一个月 25 日前上报。有特殊情况的可另页说明。

133. 交通运输部关于进一步提升公路桥梁安全耐久水平的意见

（交公路发〔2020〕127号）

为深入贯彻落实党中央、国务院决策部署，实现更高质量、更有效率、更加公平、更可持续、更为安全的发展，加快建设交通强国，进一步提升公路桥梁安全耐久水平，现提出以下意见。

一、总体要求

（一）指导思想。

以习近平新时代中国特色社会主义思想为指导，认真落实党的十九大和十九届二中、三中、四中、五中全会精神，全面贯彻新发展理念，构建新发展格局，坚持以人民为中心的发展思想，以推动高质量发展为主题，以深化供给侧结构性改革为主线，坚持标准规范，落实管理责任，牢牢守住发展安全底线，着力“抓建设、重管养、防风险、优治理、促创新、强保障”，不断提升我国公路桥梁安全耐久水平，为加快建设交通强国提供有力支撑。

（二）基本原则。

——安全第一、质量第一。始终坚持生命至上、安全第一、质量第一的理念，把安全质量贯穿于公路桥梁规划、勘察、设计、建造、养护、管理、保护的全生命周期，确保质量优良、管养规范、安全耐久。

——目标导向、系统治理。把提升公路桥梁安全耐久水平作为系统工程，近期突出重点补齐短板，健全工作机制，着力防范化解公路桥梁运行重大安全风险；远期立足长远健全体系，完善安全风险防控和长效运行机制，推动公路桥梁高质量发展。

——分级管理、协调联动。推动落实地方各级政府的属地责任，切实加大公共财政的投入保障力度。完善多部门安全保护联动机制，健全交通运输部门统一管理、责权明晰的分级监管机制，落实社会管理协调机制，严格落实公路桥梁运行管理单位主体责任。

——科技引领、创新发展。加强公路桥梁基础理论研究，提升勘察设计理念，完善创新发展体系，重点突破桥梁现代工程关键技术，加快推动新一代信息技术与公路桥梁的深度融合，持续提升公路桥梁系统韧性和服役性能。

（三）工作目标。

到2025年，通过开展危旧桥梁改造行动，提升桥梁安全耐久水平，基本完成2020年底存量四、五类桥梁改造，对部分老旧桥梁实施改造，国省干线公路新发现四、五类桥梁处治率100%，实现全国高速公路一、二类桥梁比例达95%以上，普通国省干线公路一、二类桥梁比例达90%以上，跨江跨海跨峡谷等特殊桥梁结构健康监测系统全面建立，公路桥梁运行安全水平和服务品质明显提升。

到2035年，公路桥梁建设养护管理水平进入世界前列，公路桥梁结构健康监测系统全面建立，安全风险防控体系基本完善，创新发展水平明显提高，标准化、智能化水平全面提升，平均服役寿命明显延长，基本实现并不断完善管理体系和管理能力现代化。

二、着力提高公路桥梁建设质量

（四）提高规划勘察设计质量。坚持规划引领，科学谋划。坚持桥梁全生命周期勘察设计理念，推动公路桥梁勘察方法与设计理论创新。坚持安全、耐久、适用、经济、美观的原则，因地制宜选择桥型，合理确定桥梁跨径和结构方案。加强结构性能、功能和安全可靠性设计，注重桥梁防灾减灾设计，提高桥梁结构安全冗余。全面提升公路桥梁数字化、智能化勘察设计水平，加大建筑信息模型技术应用，推广应用钢结构桥梁，促进高性能材料、高品质制品推广使用。

（五）加强工程建造质量安全。保障合理工期，加强工程质量安全监管，强化建造过程在线监测，推行桥梁质量安全管理信息化。严控建材质量，重点加强影响结构强度和耐久性的钢材、水泥、砂石等原材料进场检验。优化施工工艺，提升技术和装备水平，加强技术人才培养和施工人员培训。完善标准化建造体系，推行精品建造，实现精细化管理、工厂化制造、装配化施工、信息化控制，打造平安百年品质工程。

（六）实行质量终身负责制。健全完善分级负责的质量管理体系，实行公路桥梁建设单位及勘察、设计、施工、监理、第三方质量检测终身负责制，落实质量安全追溯和责任终身追究制。探索建立桥梁建设质量后评估机制，逐步建立桥梁安全耐久水平全生命周期评价机制。

三、着力提升公路桥梁管养水平

（七）完善管养责任体系。推动建立健全“政府主导、行业监管、部门协同、运行单位负责”的公路桥梁管养责任体系。推动地方各级人民政府分级落实属地责任，并将桥梁运行安全纳入安全生产考核目标。各级交通运输主管部门负责行业监管，对公路桥梁运行管理单位和下级交通运输主管部门履责情况进行监督指导。积极协调相关部门按法定职责协同开展公路桥梁安全保护。公路桥梁运行管理单位承担运行安全主体责任，组织开展运行安全风险防控和隐患治理，保障桥梁安全运行。

（八）分类落实管养资金。省级交通运输主管部门要督促收费公路运营管理单位从车辆通行费收入中列支桥梁管理养护资金；积极协调有关部门在确保成品油消费税转移支付资金按规定投入的基础上，根据普通公路桥梁管理养护需要加大投入保障。农村公路桥梁管理养护资金按照《国务院办公厅关于深化农村公路管理养护体制改革的意见》（国办发〔2019〕45号）统筹安排。部通过车购税资金等现有资金渠道对普通公路危旧桥梁改造给予支持。

（九）提高养护资金标准。各地要细化公路桥梁养护预算定额，落实干线公路桥梁经常检查、日常保养和定期检查资金要求，原则上在现有基础上因地制宜、因桥制宜适当提高，每年每延米分别不低于80元、100元和150元，并根据桥梁具体技术状况专项安排特殊检查检测资金。进一步完善农村公路桥梁养护资金动态调整机制。加强资金使用全过程绩效管理。

（十）提升预防性养护水平。贯彻全生命周期理念，建立桥梁运营期预防性养护机制，加强桥梁支座、伸缩缝、缆索防护、阻尼减振等桥梁制品的预防性养护，实施特殊环境作用下桥梁耐久性提升，注重轻微病害的早期处治，强化桥梁保养标准化和常态化，防范四、五类桥梁发生，延长使用寿命。

（十一）强化养护工程管理。完善桥梁养护工程管理制度，健全养护工程咨询、决策、设计、施工、验收和后评价机制，加强养护工程实施监督管理，提升养护工程实施效果和质量。

（十二）推进养护市场化改革。提高桥梁定期检查、特殊检查和加固改造等市场化配置效率，激发市场活力。鼓励以公开招投标、政府购买服务等方式引入专业化养护单位，提高桥梁管护专业化水平。鼓励专业化养护企业做大做强，跨区域长期限承担公路桥梁周期性管护任务。加快构建以信用为基础的新型监管机制，推进公路桥梁养护市场信用分级分类监管，引导专业化企业提高服务品质，激发市场活力。

四、着力完善公路桥梁安全风险防控体系

（十三）完善安全风险识别制度。完善桥梁检查类别和频率规定，重要桥梁单独制定检查制度，强化安全风险辨识和评估。加强桥梁例行检查、专项检查，及时开展特殊检查，健全桥梁安全分级监管机制，完善桥梁信息分级报送机制。

（十四）加强桥梁结构健康监测。健全完善公路桥梁基础数据库，完善、更新桥梁档案，落实分级建设、全面完整、规范管理、动态更新工作要求。统一数据标准和接口标准，推进数字化、信息化、智能化，2025年底前实现跨江跨海跨峡谷等特殊桥梁结构健康监测系统全面覆盖。依托监测系统开展日常管理，健全完善长期运行机制，不断拓展系统功能，持续建设覆盖重要公路桥梁的技术先进、经济适用、精准预警的监测体系，进一步提升监测系统的实效性、可靠性和耐久性。

（十五）加强分级分类处置。根据检查监测情况，及时采取预防性养护、维修加固、拆除重建等分级分类处置措施。“十四五”期集中开展全国公路危旧桥梁改造专项行动，切实化解重大安全风险，确保桥梁安全运行。

（十六）提升应急处置能力。完善公路应急处置预案体系，及时有效处置公路桥梁突发事件。跨江跨海跨峡谷等特殊桥梁按照“一桥一策”完善应急处置预案，并纳入属地应急预案体系。加强桥梁应急抢险装备物资配备及队伍建设，定期开展应急演练，强化应急保障关键技术研发应用。

五、着力强化公路桥梁安全保护

（十七）完善公路桥梁法规标准。研究制定公路桥梁安全保护管理办法。深化大跨公路桥梁风致振动振幅、大跨桥梁体系可靠度、桥梁使用年限和冗余性等关键指标研究，加强桥梁结构安全、标准化设计、装配化施工、耐久性提升、预防性养护、应急保通、健康监测等重点领域技术标准供给。抓紧推进标准规范制修订工作，注重技术标准统筹协调和与时俱进。

（十八）严格车辆超限超载治理。深入推进交通运输和公安部门治理车辆超限超载联合执法。规范完善公路桥梁限载标志设置。加强重点线路、桥梁超限检测站点布设，有条件的地区可在重要节点位置设置具备不停车称重检测、视频监控和自动抓拍等功能的技术监控设施（备），强化路面管控。推动重点货物装载源头单位落实合法装载主体责任，在地方政府统一领导下，强化对货物装载源头的行业监管。

（十九）加强公路桥梁区域保护执法。会同有关部门共同加强公路桥梁桥下空间动态监管，实行封闭管理或者保护性利用管理；规范公路桥梁管理措施，严禁利用桥梁梁体及墩柱、桥台铺设输送易燃易爆、有毒有害气（液）体的管道；严格公路桥梁跨越的河道上下游管理，加大对公路桥梁周围违法采砂、取弃土、爆破等危及桥梁安全行为的打击力度，加大公路桥梁周边地质灾害防治；建立桥区水域安全风险评估和处置联动机制，提高桥区水域安全通行能力。

六、着力提升创新发展能力

（二十）创新发展桥梁工程技术。加强桥梁工程基础理论研究，完善我国桥梁建设养护理论体系。建设全国范围桥梁长期性能观测网，将桥梁例行检查、专项检查与实时监测相结合，开展桥梁服役状态监测分析，开展桥梁设计、施工、检测、监测等领域关键核心技术和装备攻关。加强桥梁结构状况评估、预防性养护、维修加固方法和技术研究，开展桥梁承载能力快速、智能评估技术研究。

（二十一）加快智能公路桥梁发展。加快推动大数据、云计算、物联网、人工智能、北斗导航等新技术与公路建管养深度融合，全面开展公路桥梁智能装备、智能建造、智能检测、智能诊断、智能预警、智能养护研究和推广应用，发挥重大工程科技示范与带动作用，在高性能材料、应用软件、智能装备等方面取得新的突破。

（二十二）完善创新发展体系。加快推进公路桥梁国家级科研平台建设，构建由行业重点实验室、行业研发中心、行业协同创新平台、高新技术企业等组成的“产学研用”有机融合的创新发展机制。加强关键核心技术知识产权创造、保护与应用，积极推动科技成果转化。

（二十三）加强桥梁领域国际合作。提升公路桥梁建设、养护、智能化等方面国际合作的深度和广度，相互交流，相互借鉴，拓展国际合作渠道，选派专家积极参与桥梁国际组织事务框架下规则、标准制定修订，共同推进桥梁高质量发展，提供更多的中国方案。

七、保障措施

（二十四）加强组织领导。各省级交通运输主管部门要高度重视提升公路桥梁安全耐久工作，结合本地实际研究提出具体实施方案，在完善机制、安全保护、资金投入、技术研发等方面加大推进和保障力度。

（二十五）加强队伍建设。加强公路桥梁基础理论、设计检测、施工建造、装备制造等领域专家和一线人才培养，建设适应公路桥梁安全耐久需要的高水平专家团队和专业技术人才队伍。依托高等院校、科研机构、智库单位和重点科研平台，加强交叉学科建设和学术研究，引进高层次人才，打造素质一流、梯次配备的骨干团队。

（二十六）加强宣传推广。结合科普基地，建设一批公路桥梁博物馆，加强桥梁使用知识宣传，弘扬桥梁美学。深入挖掘中华桥梁文化，鼓励现代桥梁设计传承创新，延续桥梁文脉。积极拓展桥梁文化宣传形式，加强桥梁建设养护管理的文学、文艺、影视等作品创作、征集和传播活动，讲好中国桥梁故事。

（二十七）加强督促落实。部对本意见实施情况进行跟踪，适时组织开展督导评价，强化动态跟踪和工作指导。各省级交通运输主管部门要分类分级加快建立督促评估办法，完善社会监督机制，鼓励公众积极参与，共同提升我国公路桥梁安全耐久水平。

134. 公路危旧桥梁改造行动方案

（交办公路〔2020〕71号）

按照《交通运输部关于进一步提升公路桥梁安全耐久水平的意见》（交公路发〔2020〕127号）有关要求，“十四五”期集中开展公路危旧桥梁改造行动。制定具体方案如下。

一、工作目标及实施范围

（一）工作目标。

到2023年底，基本完成国省干线公路2020年底存量四、五类桥梁改造。

到2025年底，基本完成农村公路2020年底存量四、五类桥梁改造。国省干线公路新发现四、五类桥梁处治率100%，对高速公路和普通国省干线公路部分老旧桥梁实施改造，实现全国高速公路一、二类桥梁比例达95%以上，普通国省干线公路一、二类桥梁比例达90%以上。

（二）实施范围。

本方案的实施范围包括：

1. 技术状况较差桥梁：国省干线和农村公路2020年底存量四、五类桥梁，国省干线公路新发现四、五类桥梁；

2. 承载能力适应性不足桥梁：高速公路、普通国省干线一级公路中设计荷载等级为汽车－20级的三类桥梁及汽车－15级及以下的桥梁；二级及以下普通国省干线公路中设计荷载等级为汽车－15级及以下的桥梁；

3. 结构存在缺陷桥梁：轻型少筋拱桥、带挂梁结构的桥梁，无加劲纵梁吊杆拱桥等结构冗余度明显不足的桥梁；

4. 其他适应性不足桥梁：国省干线公路上通行能力、抗洪能力等适应性不足桥梁；

5. 专项行动涉及桥梁：独柱墩桥梁运行安全提升专项行动、提升公路桥梁安全防护能力专项行动、部船舶碰撞桥梁隐患治理三年行动等确定改造的桥梁。

二、工作安排

坚持高标准、严要求，按照“排查、改造、示范、见效”一体化原则，压茬推进，并联推进，全面做好公路危旧桥梁改造工作。

（一）交通运输部按照《公路桥涵养护规范》《公路桥梁技术状况评定标准》等标准规范，制定出台公路危旧桥梁排查和改造技术要求，提出排查、设计、施工、验收、总结与评估等各环节的工作要求，并组织开展宣贯培训。组织召开电视电话会，对全国公路危旧桥梁改造工作进行全面动员部署。

（二）省级交通运输主管部门在已有排查基础上，结合公路桥梁养护检查及有关专项行动工作安排，按照技术要求，组织技术力量对现有公路桥梁基础设施进一步深化排查，摸清符合实施范围要求的公路桥梁底数，建立基础工作台账。并结合动态排查结果，确定分年度改造任务建议，纳入各地“十四五”公路发展规划。同时，制定公路危旧桥梁改造工作实施方案和管理制度，明确时间节点、工作分工和责任主体，健全工作机制，提出实施要求，细化工作措施。工作方案、分年度改造任务建议（附表1格式）应于2021年3月底前报部。

（三）省级交通运输主管部门根据改造工作要求和分年度改造任务建议，按照相关管理办法，做好年度计划的编制工作。优先开展安全风险较大的四、五类桥梁和需提升抗船舶碰撞能力的公路桥梁改造，国省干线公路四、五类桥梁改造过程中应同步提升桥梁抗震能力。鼓励各地对农村公路新发生的五类桥梁实施改造。按照安全、经济、科学的原则，制定针对性的改造方案，组织开展危旧桥梁改造工作。年度计划中除个别施工期较长的拆除重建项目外，均应在当年完成。建立信息报送工作机制，自2021年4月起，省级交通运输主管部门于每月25日前按照附表2格式报送当年度计划完成情况（附表2格式），每年度12月底前对本地区当年度实施工作进行总结、评估和监督检查，并向部提交本地区年度实施情况总结评估报告。

（四）交通运输部汇总各省（区、市）年度改造任务建议，形成全国改造工作任务清单，纳入“十四五”公路发展规划，指导各地做好年度计划编制和项目管理工作。同时，加强示范引领，实施动态监测，总结工作经验。选择东、中、西部典型省份开展实施情况监测，对技术力量薄弱的地区组织专家组进行技术指导，跟踪研究和解决实施过程中的技术问题。根据实施成效，组织全国现场调研交流。2025年底，对全国改造实施工作进行总结评估。

三、工作要求

（一）加强组织领导。省级交通运输主管部门要精心谋划部署，加强统筹协调，牵头研究制定本地区行动方案。其中收费公路由经营管理单位具体组织实施，省级交通运输主管部门加强行业监管；县级交通运输主管部门会同相关部门组织开展农村公路桥梁的排查改造工作。

（二）细化落实责任。严格落实公路桥梁运行管理单位主体责任和部门监管责任，推动落实属地责任，不断健全完善桥梁安全运行体系，切实提升桥梁本质安全水平。省级交通运输主管部门要根据具体项目情况，分类细化责任分工，加大力量投入，有序推进公路危旧桥梁改造工作。

（三）保障资金投入。收费公路危旧桥梁改造资金从车辆通行费中列支，省级交通运输主管部门要督促收费公路经营管理单位将危旧桥梁改造纳入年度资金计划。部按照有关规定安排车购税资金对普通公路危旧桥梁改造予以支持。各地要创新农村公路桥梁改造投融资模式，协调财政部门将其纳入一般债券优先支持范围，统筹使用地方财政资金、一般债券、银行扶贫信贷资金等各类资金用于农村公路桥梁改造。要严格资金使用管理，充分发挥资金效益。

（四）精简优化程序。根据《公路养护工程管理办法》规定，公路危旧桥梁改造工程为专项工程，不需要开展预可和工程可行性研究。省级交通运输主管部门要指导督促相关单位根据公路桥梁技术状况、病害情况、发展趋势，综合考虑技术、经济、安全、环保等因素，合理确定年度计划，列入年度计划的，即可进入设计阶段。公路危旧桥梁改造工程一般采用一阶段施工图设计，并对施工工艺和验收标准进行详细说明，验收按一阶段执行。技术特别复杂或投资规模较大的，可以采用技术设计和施工图设计两阶段设计，并按交工验收和竣工验收两阶段执行。

（五）做好技术支持。公路危旧桥梁改造工作任务重、涉及广、难度大、要求高，是一项系统工程。部依托技术支持单位，加强技术指导，提供技术支撑，及时研究解决重大技术问题，并对各地桥梁排查、改造方案设计审查等重点环节进行抽查监督，根据事权及工作需要对重要桥梁改造设计方案进行审核。改造实施过程中，省级交通运输主管部门要加强技术管理，依托相关技术单位建立技术团队，深入现场加强指导，积极帮助地市、县级交通运输主管部门和公路桥梁运行管理单位，为危旧桥梁改造工作提供强有力的支撑。

（六）强化质量安全。重视过程管理。省级交通运输主管部门要建立健全质量管理体系，强化施工质量控制，加强工程质量检查评定和项目验收。采取信息化手段，加强公路桥梁改造检测、设计、施工、验收等全过程追溯监管。要指导督促相关单位根据改造计划和路网运行状况，合理安排施工计划，加强施工作业安全及施工期间的交通安全通行保障。要督促公路桥梁运行管理单位落实危旧桥梁改造主体责任，规范项目实施管理，明确桥梁特别是“三特”（特殊结构、特大跨径、特别重要）桥梁改造设计方案审查工作要求；按照部制定的改造技术要求，根据工程实施情况加强总体设计和动态设计，注重细节处理，确保改造效果和质量安全。

（七）加强监督评价。部将根据各地工作实施进展，适时组织开展督导评价，强化动态跟踪和工作指导，对进度缓慢、改造质量较差的省（区、市）交通运输主管部门进行约谈或挂牌督办；存在重大风险的，及时通报相应省级人民政府，督促落实属地责任，确保公路桥梁安全运行。各省级交通运输主管部门要结合本地区改造任务总量、年度改造任务及重要桥梁改造复杂程度等，进一步完善监督工作机制，建立工作任务台账，动态掌握改造任务和重大项目实施情况，及时发现问题解决问题，对进度缓慢或改造质量较差的，要立即督促整改，限期予以纠正。

（八）健全长效机制。省级交通运输主管部门要以公路危旧桥梁改造为契机，健全完善分级管理责任体系，夯实公路桥梁养护管理责任，保障桥梁养护资金投入，定期开展桥梁养护检查、预防性养护和危旧桥梁改造工作。专项行动结束后，省级交通运输主管部门要根据危旧桥梁年度动态排查结果，组织有关单位继续实施改造工作，持续消除桥梁运行安全风险隐患。

附表 1

××省（区、市）公路危旧桥梁 5 年改造任务量

填表单位（盖章）： 单位：座数

	合计	高速公路	普通国道	普通省道	农村公路
合计					
2021 年					
2022 年					
2023 年					
2024 年					
2025 年					
预计完成工作目标情况	—	填写 2020 年底存量四、五类桥梁改造情况；一、二类桥梁占比情况	填写 2020 年底存量四、五类桥梁改造情况；一二类桥梁占比情况	填写 2020 年底存量四、五类桥梁改造情况；一二类桥梁占比情况	填写 2020 年底存量四、五类桥梁改造情况；四、五类桥梁占比情况

负责人（签字）： 填表人（签字）： 联系电话：

说明：1. 2021 年数据应填写 2021 年实际计划改造任务数。

2. 预计完成工作目标情况，按照表格内要求，以文字形式描述完成上述任务量后，本地区的桥梁状况。

附表 2

202×年公路危旧桥梁改造进展情况统计表

单位名称（盖章）： 填报日期：

					总计	国省干线	农村公路
总计		完成工程量	座数	1			
			延米数	2			
		完成投资（万元）	总投资	3			
			中央投资	4			
车购税安排项目	202×年计划安排	计划下达工程量	座数	5			
			延米数	6			
		完成工程量	座数	7			
			延米数	8			
		计划下达资金量	总投资	9			
			中央投资	10			
			地方自筹	11			
		完成资金量	总投资	12			
			中央投资	13			
			地方自筹	14			
	202×年完成的其他跨年度计划项目	完成工程量	座数	15			
			延米数	16			
		完成投资（万元）	总投资	17			
			中央投资	18			
省内自行安排项目	其中：202×年投资项目	完成工程量	座数	19			
			延米数	20			
		完成投资（万元）		21			
	202×年完成的跨年度计划项目	完成工程量	座数	22			
			延米数	23			
		完成投资（万元）		24			

负责人（签字）： 填表人（签字）： 联系电话：

135. 交通运输部办公厅关于修订印发《公路桥梁信息公示牌设置要求》和《公路桥梁限载标志设置要求》的通知

（交办公路〔2021〕20号）

为贯彻落实《交通运输部关于进一步提升公路桥梁安全耐久水平的意见》（交公路发〔2020〕127号），进一步加强公路桥梁信息公开，规范公路桥梁限载标志设置，经交通运输部同意，现修订发布《公路桥梁信息公示牌设置要求》和《公路桥梁限载标志设置要求》，原随《交通运输部关于进一步加强公路桥梁养护管理的若干意见》（交公路发〔2013〕321号）印发的《桥梁限载标志和桥面标线设置要求》和《桥梁信息公示牌设置要求》同步废止。

各省级交通运输主管部门要组织有关单位结合公路新改建或养护工程，对未设置桥梁信息公示牌的小桥及调整完善设置的桥梁在2021年8月底前按照本次发布的要求完成信息公示牌和限载标志的设置，并于9月15日前向部报送工作总结。

联系人及电话：部公路局董洋雷特，010-65292735；部公路科学研究院刘汉雷，15689029981。

公路桥梁信息公示牌设置要求

一、设置对象

所有公路桥梁。

二、设置位置

桥梁信息公示牌应分别设置于桥梁两端靠近桥头的行车方向右侧护栏或墩台上。

三、设置要求

1. 新建和改扩建的公路桥梁信息公示牌应在桥梁建设时同步设置。

2. 已按《交通运输部关于进一步加强公路桥梁养护管理的若干意见》(交公路发〔2013〕321号)要求设置的桥梁信息公示牌，结合年度养护工程进行调整完善。

四、版面设计

1. 按照现行《道路交通标志和标线》(GB5768—2009)的规定，桥梁信息公示牌颜色为白底、黑字、黑边框。字体应采用交通标志专用字体。

2. 公示牌右上方可预留设置桥梁信息二维码。二维码的生成及维护由桥梁管理单位负责，除桥梁信息公示牌文字公示的信息外，可根据需要公示其他信息，如定期检查的承担单位、时间、技术状况评定结果等。

版面设计示例如下图所示。

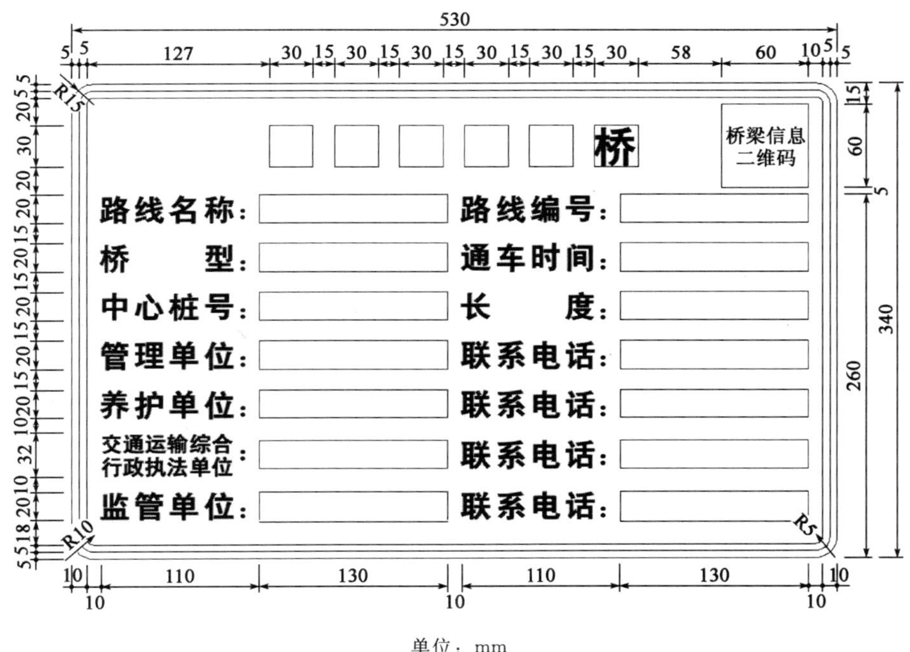

单位：mm

五、其他要求

1. 桥梁信息公示牌底板应选用经济、适用、耐久的材料，如铝合金板、薄钢板、合成树脂类板材或其他板材。板材的相关指标应符合《道路交通标志板及支撑件》(GB/T 23827)及国家相关标准的规定。

2. 桥梁信息公示牌金属构件应进行防腐处理，并符合现行《公路交通工程钢构件防腐技术条件》(GB/T 18226)的要求。

3. 桥梁信息公示牌宜采用逆反射材料制作，其逆反射材料及耐久性宜与其他交通标志保持一致。

公路桥梁限载标志设置要求

一、设置对象

在经检查、检测、评定后，不能满足现行桥梁设计规范车辆荷载要求，需要设置限载标志的公路桥梁。

二、设置位置

根据桥梁所在公路的技术等级，限载标志的设置位置应符合下列规定：

1. 高速公路和具有干线功能的一级公路。在需进行限载的桥梁前适当位置设置限载标志，同时在最近的入口及相邻主线出口处配合指路标志设置限载标志或告示标志。

2. 具有集散功能的一级公路和二、三、四级公路。在需进行限载的桥梁前适当位置设置限载标志，同时在最近可供车辆掉头或绕行的位置前设置限载标志或告示标志。

3. 农村公路。在需进行限载的桥梁前适当位置，及最近的与等级公路平面交叉处设置限载标志。

三、设置要求

1. 满足现行规范设计车辆荷载要求的桥梁，限载标志的设置不作要求。

2. 不满足现行规范设计车辆荷载要求的桥梁，应补充设置。

3. 已设置限载标志且限载值不需要调整的，待标志更新时按统一要求变更限载标志。

4. 对于不同荷载等级拼宽组成的上下行公路桥梁，限载标志应按照最低荷载等级标准确定。

5. 限载标志实行动态管理，加强对公路桥梁的检查，根据其技术状况确定其限载值并及时调整。

6. 对技术状况评定为三类及以下且暂未改造的桥梁应进行降级限载，并设置临时限载标志。

四、限载上限取值

1. 按《公路桥涵设计通用规范》(JTG D60—2004 或 JTG D60—2015) 汽车荷载采用公路Ⅰ、Ⅱ级或《公路桥涵设计通用规范》(JTJ 021—89，以下称 89 规范) 汽车荷载采用汽车—超 20 级设计的桥梁，其限载上限为总重 49t、轴重 14t。

2. 按 89 规范汽车荷载采用汽车—20 级设计的桥梁，其限载上限为总重 30t、轴重 13t。

3. 按 89 规范汽车荷载采用汽车—15 级设计的桥梁，其限载上限为总重 20t、轴重 13t。

4. 按 89 规范汽车荷载采用汽车—10 级设计的桥梁，其限载上限为总重 15t、轴重 10t。

5. 未按交通行业标准规范设计的桥梁，其限载标志应按照桥梁实际技术状况确定限载值。

五、版面设计

1. 限载标志版面尺寸、颜色、形状及字符高度应符合现行《道路交通标志和标线》(GB5768) 的规定，版面中拉丁字母和阿拉伯数字应采用 B 型交通标志专用字体的正体字，版面设计示例如图 1。

图 1　限制质量（左）、限制轴重（右）标志版面示例

2. 限载标志可与著名地点标志合并设置，版面设计示例如图 2。

图 2　与地点标志合并设置示例

六、其他要求

1. 限载标志的材料、支撑方式和支撑结构应符合现行《公路交通安全设施设计规范》（JTG D81）和《公路交通标志和标线设置规范》（JTG D82）的规定。

2. 设置限载标志的桥梁，应按现行《公路交通安全设施设计规范》（JTG D81）和《公路交通标志和标线设置规范》（JTG D82）的规定设置必要的交通标线、护栏等设施。

◇路网结构改造工程◇

136. 关于印发《公路安全保障工程实施方案》的通知

（交公路发〔2004〕81号）

各省、自治区、直辖市交通厅（局、委），上海市市政工程管理局，天津市市政工程局：

为了贯彻落实2004全国交通工作会议精神，做好“公路安全保障工程”的实施工作，全面提高我国公路设施的服务水平，切实保障行车安全，我部制定了《公路安全保障工程实施方案》（以下简称《方案》），现印发给你们。请根据《方案》的总体安排，结合本地区实际情况，做好工程的组织和实施工作。

各地要从保障人民群众生命财产安全的高度充分认识这项工作的重要意义，切实做到精心组织、周密筹划。实际工作时一是要努力保证工程实施所需的资金和技术力量；二是要加强技术管理工作，严格按标准进行设计、施工和验收，确保工程质量；三是要注意规模效益，应按公路线路逐条实施；四是要加大宣传力度，为实施工作营造良好的社会氛围；五是要加强对工程实施效果的评价工作，及时总结经验，为进一步改进技术措施、提高实施水平奠定基础。

各地在实施过程中发现的问题可与部公路司或工程实施技术小组联系。

公路安全保障工程实施方案

关爱生命，尊重生命，是现代文明的重要标志，也是实现经济、社会和人全面协调发展的必然要求。公路基础设施的安全与否直接关系着公路交通参与者——人的生命安全。改革开放以来，我国公路建设取得了举世瞩目的巨大成就。但是，长期以来，受资金、环境、理念等众多因素的制约，公路交通在数量和规模得到快速增长和扩大的同时，在质量和功能、服务和管理等方面还不能全面适应社会和国民经济发展的要求。特别是一些早期建成的山区公路坡陡弯急、傍沟临涧，缺乏必要的安全防护设施，事故频发，无法满足公众的安全期望和全面建设小康社会的要求。为了全面提高我国公路设施的服务水平，保障行车安全。部决定：从 2004 年开始在全国国省干线公路上实施以“消除隐患、珍视生命”为主题的“公路安全保障”工程。为保证这项工程的顺利实施，特制定本方案。

一、指导思想和原则

以“三个代表”重要思想为指导，按照“立党为公，执政为民”的要求，树立全面、协调、可持续的科学发展观。坚持“以人为本，以车为本”，突出功能性、服务性，努力营造一个安全、畅通、便捷的公路交通网络。坚持实事求是，注重实效；坚持统一领导、分级负责，充分发挥各级交通部门的积极性；坚持技术创新，借鉴世界各国的先进经验，不断探索符合中国国情的技术方法和措施。

二、实施目标及工作任务

党的十六届三中全会通过的《中共中央关于完善社会主义市场经济体制若干问题的决定》提出：完善社会主义市场经济体制要贯彻“五个统筹”，做到“五个坚持”，特别提出要“统筹人与自然和谐发展”和“坚持以人为本”。这对新时期的公路交通工作提出了更高、更新的要求，也丰富了公路交通新的跨越式发展的内涵。通过实施“公路安全保障工程”，力求实现以下工作目标：

（一）全面完善公路安全防护设施，提高行车安全水平，让群众走得安心。

（二）提升交通行业的管理理念，加强公路基础设施的通行和服务能力建设，让群众走得舒心。

（三）在全社会树立和维护交通部门是一个负责任行业的良好形象，提高社会公众和其他部门的认同感、信任感，让群众走得放心。

（四）摸索、总结出一套适合我国国情的技术措施，为提升今后新建公路的安全水平提供技术借鉴。

为了顺利实现上述工作目标，实施工作必须完成的具体任务是：

（一）用 3 年时间，完成全国国省干线公路上的 17 万处，5 万公里急弯、陡坡、视距不良、临崖等行车危险路段的处治工作。

（二）统筹“十五”文明样板路创建和“安全保障工程”示范路段建设工作，以此带动实施工作的全面开展。

（三）对公路安全防护工作进行系统研究和总结，提出一套完整的技术手册指导今后的公路建设和维护工作。

（四）以工程实施为载体，加强对广大公路交通职工的培训和教育，切实提升全行业的工作理念和服务意识。

三、工作步骤

“公路安全保障工程”涉及面广、工程量大，而且多数实施路段位于地形条件复杂的山岭重丘区，实施条件差。各级交通主管部门应按以下工作安排，精心组织，周密筹划，确保实施工作的顺利进行。

（一）准备阶段（2004 年 2 月底前）

1. 制定和下发实施方案。

2. 组织各省（自治区、直辖市）交通厅（委）对所辖路段进行安全性调查，摸清待实施“公路安全保障”工程的路段数量和分布情况。

3. 对各地的调查数据进行汇总和整理，估算工程总规模，编制工程实施计划。

4. 组织人员编制《公路安全保障工程实施技术要求》，针对不同缺陷推荐不同的处治措施，供各地选用。

5. 部派出技术小组对 210 国道进行实地考察，并按照统一的标准分省提出 210 国道实施技术方案。

（二）210 国道示范工程实施阶段（2004 年 2 月～2004 年 8 月底）

1. 现场踏勘数据采集阶段（2 月 25 日～3 月 25 日）。部技术组赴现场采集沿线平、纵、横数据，以及现有安全设施设置情况等技术数据。2 月底前应先期完成陕西省一段典型路段的数据采集工作。

2. 技术方案拟定阶段（3 月 28 日～4 月 28 日）。部技术组拟定全线实施技术方案。3 月 10 日前，先期完成陕西省典型路段的技术方案拟定工作。

3. 陕西省典型路段实施阶段（3 月 15 日～4 月 20 日）。

4. 布置和动员阶段（4 月底）。部在陕西省试点路段召开 210 示范工程实施布置会。向沿线各省提供技术方案，布置实施工作。

5. 实施阶段（5 月初～8 月底）。沿线各省组织实施本辖区内 210 国道的安全保障工程。

6. 验收阶段（9 月上旬）。部在 210 沿线召开现场会，同时对示范工程进行验收。

（三）全面实施阶段（2004 年 9 月至 2006 年 9 月）

1. 各地在国省干线公路上组织实施本辖区内的“公路安全保障”工程。

2. 部从 2004 年开始，重点抓好 210、319、202、109、105 五条国道的实施工作。

（四）验收总结阶段（2006 年 10 月～11 月）

各省级交通主管部门负责对本辖区内的工程实施情况进行验收，并向部提交总结报告。部对各地的实施情况进行抽查，并对全国的工程实施情况进行总结。

四、保证措施

（一）提高思想认识。各地交通部门要从“立党为公、执政为民”的高度，按照部党组提出的做一个负责任行业的要求，提高行业服务意识。充分认识这项工作的必要性和重要意义，在行业内形成合力，保证实施工作的顺利完成。

（二）加强技术支持。以部公路交通安全工程研究中心为依托单位，编制实施技术手册。同时对实施工程中的技术问题进行追踪和研究，及时提出解决意见。

（三）保证资金渠道。所需资金主要以地方为主解决。省级交通主管部门要在年度计划中安排公路安全保障工程支出，部给予适当的补助。

（四）营造良好社会环境，利用报纸、电台、电视和网站等各种媒体进行宣传，扩大社会影响，为实施工作营造良好的社会氛围。

五、有关技术规定

（一）定义及判定指标

“公路安全保障”工程是指采用交通工程措施，对已有国省干线公路及其沿线设施中存在的影响行车安全的明显隐患进行整治，以提高公路行车安全性的工程。实施“公路安全保障”工程的路段应符合下列指标之一，且目前未采取有效防护措施：

1. 急弯路段

①小于一定半径 R 的平曲线路段。

二级公路　　$R \leqslant 125$m

三级公路　　$R \leqslant 60$m

四级公路　　$R \leqslant 30$m

②连续有三个或三个以上小于一定半径（R）的反向平曲线相连，且各圆曲线间的距离（L）小

于一定长度的路段。

二级公路　　$R \leqslant 125\text{m}$　　$L \leqslant 50\text{m}$

三级公路　　$R \leqslant 60\text{m}$　　$L \leqslant 35\text{m}$

四级公路　　$R \leqslant 30\text{m}$　　$L \leqslant 25\text{m}$

2. 陡坡路段

纵坡大于一定坡度（$I\%$）的路段。

二级公路　　$I \geqslant 6$

三级公路　　$I \geqslant 7$

四级公路　　$I \geqslant 8$

3. 连续下坡路段

长度大于 3km 的连续下坡平均纵坡大于一定坡度（$I\%$）的路段。

二级公路　　$I \geqslant 4.5$

三级公路　　$I \geqslant 5$

四级公路　　$I \geqslant 5.5$

4. 视距不良路段

指会车视距（L）不满足规定的路段，如小半径曲线内侧有树木、山体、凸形竖曲线桥梁等路段。

二级公路　　$L \leqslant 150\text{m}$

三级公路　　$L \leqslant 80\text{m}$

四级公路　　$L \leqslant 60\text{m}$

5. 路侧险要路段

①沿溪线的路侧陡崖、深沟路段以及高填土、高挡土墙路段，挡土墙、边坡高度 $h \geqslant 4\text{m}$。

②路侧距离土路肩边缘 3.0m 内有江河、湖泊、沟渠、沼泽等。

（二）处治措施

针对不同的安全缺陷类别，实施“公路安全保障”工程时以综合运用交通工程技术为主要处治措施，其技术手段主要包括：增设防撞护栏，加设反光镜，增设标志牌，划设反光标线、设置公路线形诱导标志等，或者综合运用以上技术措施。具体技术措施参见部颁发的《公路安全保障工程实施技术要求》。

137. 关于进一步做好公路安全保障工程实施工作的通知

（交公路发〔2005〕110号）

各省、自治区、直辖市、交通厅（委）、公安厅（局）、安全生产监督管理局，上海市市政工程管理局、天津市市政工程局：

2004年，按照国务院关于“五整顿”“三加强”工作部署，交通部在全国国省干线公路和重要旅游公路上组织开展了以“消除隐患，珍视生命”为主题的“公路安全保障工程”（以下简称“安保工程”）。一年来，在地方政府的统一领导下，交通、公安、安全监管等部门相互配合，共排查整治行车安全隐患路段近7万处，累计里程2.1万公里，增设防撞护栏6013公里，整治视距不良路段9793处，完善交通标志8.5万个、施划标线2.3万公里。经对117个（计4757公里）实施路段的抽样调查，安保工程实施路段的交通事故起数同比降低58%，避免了1162次坠崖等恶性交通事故，取得了明显的社会效益和经济效益。为了切实落实2005年“五整顿”“三加强”工作措施，加强部门配合，进一步实施安保工程，现将有关事项通知如下：

一、按照全国道路交通安全工作部际联席会议《关于深入开展“五整顿”“三加强”活动全面推进道路交通事故预防工作意见》（公交管〔2005〕15号），交通、公安、安全监管部门要加强工作协作配合，共同做好事故多发路段的排查治理工作，消除道路隐患，进一步提高行车安全性。

二、公安部门要加强事故多发路段的交通管理工作，加强事故原因的调查和分析，及时将事故多发路段的相关情况通报交通、安全监管部门。交通部门在确定安保工程实施路段时，要对公安部门通报的事故多发路段情况进行认真分析，对核定的事故多发路段要重点予以安排。

三、在安保工程实施过程中，施工单位要严格按照相关技术规范布设施工作业区，确保施工人员和过往车辆的安全。交通部门要做好督促和检查，保证施工组织规范有序，确保按工期保质保量完成。公安部门要做好施工路段的交通疏导分流工作，保证车辆安全有序通行。

四、根据各地排查上报的交通事故多发路段，交通部、公安部、国家安全生产监督管理总局共同研究确定了30处2005年全国公路安全保障工程重点实施路段（见附表）。各级交通部门要把上述30处路段纳入2005年安保工程实施计划。这些重点路段的整治工作应于2005年9月底前完成，并按相关规定进行验收。2005年10月底前，请各地交通、公安、安全监管部门将治理情况分别报交通部公路司、公安部交通管理局和国家安全生产监督管理总局监管二司。交通部、公安部和国家安全生产监督管理总局将视各地进展情况，进行督促和检查，并定期对全国安保工程重点路段的实施情况进行通报。

附

2005年全国公路安全保障工程重点实施路段

序号	省份	道路名称	路段位置	主要隐患	近年来交通事故情况
1	河北	G308线	K572～K573	急弯	2003年以来发生交通死亡事故9起，造成7人死亡、15人受伤
2		G111线	K371～K377	连续弯坡、路侧险要	发生事故4起，造成5人死亡
3	内蒙古	S205线	K192+890～K193+100	陡坡	2002年以来发生交通事故4起，造成6人死亡、4人受伤
4		G110线	K322+500～K323+300	陡坡	2003年以来发生事故共造成10人死亡、13人受伤
5	辽宁	G102线（京哈线）	K549+800	视距不良	发生重大事故8起，造成10人死亡、4人受伤
6	江苏	G104线	K1233+500～K1234	交叉口事故多发	2002年以来发生交通死亡事故4起，造成4人死亡
7		G104线	K1264+400～K1267	路侧险要	2002年以来发生事故5起，造成6人死亡
8	浙江	G330线	K123+647～K148+948	急弯、陡坡、视距不良、路侧险要	2001年7月以来发生交通事故共造成20人死亡、9人受伤
9		G104线	K1642+800～K1647	连续下坡	2003年发生交通事故16起，造成9人死亡
10	福建	G205线	K2017～K2017+300	路侧险要	2003年以来发生交通事故2起，造成11人死亡
11		G324线	K216（九溪路口）	视距不良	2001年以来发生交通事故85起，造成16人死亡、52人受伤
12	江西	G105线	K2048+700～K2049+670	急弯、视距不良、路侧险要	2003年以来发生交通死亡事故3起，造成4人死亡、2人受伤
13	广西	S316线	K102+600～K102+900	急弯、陡坡、视距不良、路侧险要	2001年以来发生交通死亡事故3起，造成6人死亡、6人受伤
14		S210线	K102～K103	急弯、视距不良	2002年以来发生交通死亡事故5起，造成8人死亡
15	海南	S314线（天新线）	K6～K7（立村岭）	急弯、连续下坡、视距不良	2002年以来发生交通事故4起，造成7人死亡、20人受伤
16	重庆	永（川）铜（梁）公路	K20+600	急弯、路侧险要	2004年7月发生交通死亡事故2起，造成5人死亡、4人受伤
17	四川	G318线	K3027+200～K3027−400	陡坡、路侧险要	1998年～2003年发生特大交通事故5起
18		G321线	K1688～K1695+300	急弯、陡坡	2002年以来发生交通事故105起，造成6人死亡
19		S209线	K106+400～K107+400	急弯、陡坡	2001年以来发生交通事故15起，造成30人死亡

续上表

序号	省份	道路名称	路段位置	主要隐患	近年来交通事故情况
20	贵州	G320线	K2331+196～K2333+300	陡坡、连续下坡	2001年以来发生交通死亡事故19起，造成36人死亡、31人受伤
21		G326线	K374+050～K376+950	路侧险要	发生交通事故7起，造成7人死亡、4人受伤
22		G320线	K1883+600	路侧险要	发生交通事故80起，造成30人死亡、13人受伤
23	云南	G323线	K1796+800～K1796+992	急弯、陡坡、连续下坡，视距不良，路侧险要	2001年9月～2002年10月发生交通死亡事故3起，造成3人死亡、7人受伤
24		G108线	K55+200～K56+200	急弯、陡坡、连续下坡、路侧险要	发生重大以上交通事故4起，造成14人死亡、13人受伤
25		S210线	K36+500～K37+000	急弯、视距不良	发生重大以上交通事故4起，造成5人亡、5人受伤
26	西藏	G318线	K4387+500～K4387+900	急弯、路侧险要	2001年～2003年发生交通死亡事故5起，造成16人死亡、10人受伤
27		S101线	K69+900～K70+300	急弯，视距不良	2002年发生交通事故造成6人死亡、9人受伤
28	陕西	G312线	K1647～K1651	连续下坡，路侧险要	2002年以来发生交通死亡事故10起，造成28人死亡、93人受伤
29		G108线	K1387+101～K1400+100	急弯、陡坡、视距不良、路侧险要	发生交通事故共造成30人亡死、70人受伤
30	甘肃	G312线	K1698～K1705+400	连续下坡	2000年10月～2003年10月发生交通事故147起，造成105人死亡、198人受伤

138. 关于印发《干线公路灾害防治工程试点工作方案》的通知

（交公路发〔2006〕441号）

辽宁、安徽、福建、江西、湖北、湖南、贵州、云南、陕西省、广西壮族自治区交通厅：

为贯彻落实2006年全国交通工作会议精神，做好干线公路灾害防治工程试点工作。部组织制定了《干线公路灾害防治工程试点工作方案》，现印发给你们。请结合本地区实际情况，认真做好组织和实施工作，确保试点工作顺利完成。

干线公路灾害防治工程试点工作方案

为贯彻落实2006年全国交通工作会议精神，做好干线公路灾害防治工程试点工作，制定本方案。

一、工作目标与主要任务

（一）工作目标

完成全国10个省（区）共24个试点路段的公路灾害防治工程实施工作，提高试点路段的抗灾能力、通行能力和行车安全水平。探索总结适合我国国情的公路灾害防治工程技术措施和组织实施方法，为全面实施积累经验。工程实施后的二级公路应能够抵御50年一遇的洪水袭击，三、四级公路应能够经受25年一遇的洪水威胁。

（二）主要任务

结合近年来特别今年以来公路水毁、震毁等的灾害发生情况，依托路面大中修工程、危桥改造、公路灾毁修复工程和安保工程实施工作，以增设和完善试点路段的灾害防护设施为重点，推广科研成果，采用成熟的工程措施，对公路边坡、路基、桥梁构造物和排（防）水设施进行综合处治，全面提高公路防灾能力。具体包括：

1. 全面系统的调查分析试点路段公路灾害的成因，科学拟定合理的防治措施。

2. 加强日常养护管理，完善、修复各类排导设施，及时检修防洪设施，以预防和减小自然灾害对公路设施的损毁。

3. 清理、疏通桥涵的泄洪通道，增设必要的调治导流设施，增强公路桥涵构造物的抗洪能力。

4. 全面修复已损毁的挡墙、护坡、石笼、驳岸等公路防护设施。

5. 整治或加固易发生崩塌、滑坡、滚石、冲蚀、冲刷、泥石流等灾害损毁的公路上、下边坡和路基。

6. 顺应洪水流势，全面整治或完善试点路段的排水系统。

7. 探索公路灾害防治工程的处置技术，总结工程实施经验，完善《干线公路灾害防治试点工程技术指南（试行）》（附后）。

二、工作步骤

干线公路灾害防治试点工程涉及因素多、技术要求高，而且多数实施路段位于地形条件复杂的山岭重丘区，实施难度大。各级交通主管部门应按以下步骤，精心组织，周密筹划，确保今年年底前完成试点工作。

（一）调查摸底。收集、分析试点路段发生灾毁的历史数据，查明灾害发生的具体位置、类型、规模，摸清目前公路设施的抗灾状况。

（二）工程设计。根据调查摸底结果和试点工程的规模、复杂程度等，按照有关标准、规范对试点工程进行详细设计，并对设计方案做充分论证。

（三）组织实施。组织施工单位按设计方案完成试点工程施工。

（四）总结验收。灾害防治试点工程完工后，省级公路管理机构应依据相关规定及时组织验收，并向部提交“灾害防治工程试点工作技术总结报告”。部将根据情况组织抽查。

三、工作要求

（一）高度重视，精心组织，保证试点工作顺利进行。实施干线公路灾害防治工程是交通部门贯彻落实“以人为本”和“可持续”发展理念的重要举措，对于提高我国公路网络的通行保障能力和服务水平具有重要意义。各级交通主管部门要高度重视，切实做到精心组织、周密筹划，确保试点工作的顺利实施。

（二）积极筹措落实配套资金。试点工作所需资金主要由有关地方交通主管部门负责筹集，部给予适当补助。部补资金将纳入安保工程的投资计划下达各地。试点省（区）的交通主管部门应根据工程需要积极筹措落实配套资金，保证及时足额到位，为试点工作提供资金保障。

（三）精心设计，保证工程效果。公路灾害成因复杂、影响因素多，整治工程技术难度大，试点省（区）应针对影响公路设施安全的主要灾害采取“预防为主、防治结合”的综合治理措施，进行专门设计。设计方案应符合有关技术标准、规范的规定，并充分体现“安全、经济、环保、和谐”的勘察设计新理念。

（四）严格管理，确保质量。各级交通主管部门要按照有关法律法规的规定，切实规范和加强工程管理。应采用招投标方式选择施工单位，并建立和完善符合试点工程特点的质量监管体系，确保工程实施质量。

（五）加强技术支持，提高试点工程的技术水平。部已确定由中交第一公路勘察设计研究院作为试点工作的技术依托单位，对试点工作进行跟踪研究，提供技术咨询。试点单位也要组织有关技术单位，结合工程实施和当地灾害特点开展技术研究工作，加强对试点工作的技术支持，提高试点工程技术水平。力争做到完成一项试点工程，锻炼一支队伍，培养一批技术专家，提高和普及公路灾害防治技术。

干线公路灾害防治试点工程技术指南（试行）

1　总　　则

1.1　为提高公路抗灾能力，指导干线公路灾害防治工程试点工作的实施，特制定本技术指南。

1.2　公路灾害防治工程是通过增设和完善公路的灾害防护设施为重点，对公路边坡、路基、桥梁构造物和排（防）水设施进行综合整治，以提高公路抗灾能力的专项工程。

1.3　公路灾害防治试点工程的实施应按照“安全、耐久、节约、和谐”的原则，贯彻“预防为主、防治结合、因地制宜、综合治理”的方针，对公路灾害防治工程采取综合措施进行整治。

鼓励技术创新和采用经过论证的新技术、新材料和新工艺。

1.4　通过实施公路灾害防治试点工程，提高试点路段的抗灾能力、通行能力和行车安全水平，探索总结适合我国国情的公路灾害防治工程技术措施和组织实施方法，为全面实施积累经验。

1.5　本指南适用于干线公路灾害防治试点工程的实施。

1.6　干线公路灾害防治试点工程的实施，除应符合本指南外，还应符合国家有关标准的规定。

2　灾害调查和评估

2.1　泥石流和水毁

2.1.1　水毁调查与评估，必须进行水毁形成条件调查，通过现场勘察认识所在河段的类型及河床变形、地质构造等特点，再结合灾害工程特点，研究水毁的原因。水毁和泥石流都具有冲击、侵蚀、携带、淤积等破坏能力，但形成机理和流体性质完全不同。

2.1.2　洪水与暴雨时空关系密切，以重复发生、夜间多发为特征。其危害的方式包括冲刷、侵蚀、冲击、淤积、淹没、漫流改道为主，具有突发、集中、历程短、成灾快的特点。调查评估的重点是洪水发生的时间、历程、流量、频率等。

2.1.3　洪水调查的内容和方法见表2.1.3。

洪水调查的内容和方法　　表2.1.3

项目		调查内容	调查方法
形成条件	气候水文	调查分析流域的年平均气温和年、季、月降水量，研究最大日降雨量、暴雨强度和引起洪水的天气过程	收集气象台、站观测资料，必要时现场观测并进行相关分析
	流域特征	量测流域面积和形状，调查地形特点、土壤、植被和沟床物质构成，勘测沟道地形和纵横断面	收集既有资料，或实地勘察和测量
洪水特征	行洪时程	洪水暴发的时间、最高水位及其持续时间、涨落过程	访问当地居民、目击者
	洪水痕迹	调查洪水留下的泥痕、水记或人工刻记，以及其他一切可以表明最高洪水位的证据	现场调查和量测
灾情调查		灾害发生的时间和区域、灾害的类型和损失程度，工程修复难易程度	实地勘测

2.1.4　洪水流量计算根据实地条件采用比降法、急滩法或卡口法。河道顺直、沟床稳定、纵坡和糙率一致的河段，可采用满宁公式计算；由稳定流变为急流的沟床纵坡变化的河段，可采用急滩法计算；河道变窄的峡谷河段，可采用卡口法计算。

2.1.5　设防洪峰流量计算，有可靠暴雨和水文资料情况下，根据统计分析确定；没有可靠资料情况下，可利用邻近地区资料移植分析计算。在山区条件下，推算小概率洪水的可靠性较差。对于频繁发生洪水灾害的重灾区，可能的最大洪水推荐采用暴雨放大、移植或叠加的方法预测最大洪水。

2.1.6　泥石流暴发突然，速度快，历时短，破坏力大，能将大量固体物质冲出山外，对路基、桥涵、隧道及其附属构造物堵塞、淤理、冲刷、撞出，造成直接破坏；也可淤塞河道，迫使水流改道，冲毁公路。

2.1.7　泥石流活动以突发性、周期性、群发性和差异性为特征。其危害方式以淤积掩埋、冲击冲毁、阻塞水流淹没、进而溃决冲刷等为主，具有数量多、分布广、频繁发生、重复成灾、类型多、差别大等特点。调查评估的重点是泥石流形成背景、活动规律和冲淤特点。调查的内容和方法见表2.1.7。

泥石流调查的内容和方法　　表2.1.7

项目		调查内容	调查方法
形成条件	沟谷地貌	沟谷位置和形态、流域面积、谷坡坡度、沟谷长度和比降等	收集或实测地形图、量测坡度和面积
	地质背景	地质构造、地层岩性、新构造运动和地震活动、地下水活动	现场调查测绘
	气象水文	主要调查与泥石流形成和防治有关的温度、降水和其他形式的供水条件	主要通过查阅气象资料进行相关推算。必要时进行小流域气象观测
	土壤植被	土壤类型、厚度和适生性，植物种类和层次结构、覆盖率等	实地调查
	侵蚀特征	主要调查沟谷内滑坡、崩塌、坡面冲刷、冲床冲蚀等现象的发育情况及其与泥石流的关系	现场调查
	物质供应	泥石流沟谷中松散物质贮量和供应方式，按活动滑坡体积、坡面松散物质、沟床松散物质、泥石流堆积物四种类型量测计算	调查为主，必要时实地测量和勘探
活动特征	活动历史	调查核实历次泥石流活动时间发生的日期、持续时间、规模、危害，以及当时的降雨和地震等情况	调查访问、堆积形态鉴定、泥石流痕迹勘查
	活动现状	近期活动特点、暴发频率、规模、破坏能力、诱发因素、激发雨量等	查阅灾情记录和有关部门档案
	流体性质	确定泥石流的物质组成和流体性质，即区分泥流、泥石流和水石流	调查访问泥石流发生时情况，或根据泥痕的颜色与稠度、堆积物颗粒组成与水固物质比例反分析
	运动特征	确定泥石流流速、流量、龙头高度	痕迹调查和模拟计算
	堆积特征	堆积扇形态、堆积物组成、淤积速度、停淤坡度、冲淤特征、搬运能力和破坏能力	实地测量和勘探
灾情调查		泥石流危害对象、灾害规模、灾后修复难易程度、成灾规律和发展趋势等	实地勘测

2.1.8　泥石流灾害分析与评估的内容包括：

（1）分析泥石流形成条件和激发因素，确定泥石流暴发的临界条件；

（2）研究泥石流的活动历史、物质补给条件和发展趋势；

（3）分析泥石流物质组成、流动特征、冲淤特征和冲击搬运能力，确定泥石流堆积位置、规模、淤积速度、停淤坡度，以及泥石流危害方式；

（4）确定泥石流的流速、流量、冲击力和重度等计算参数；

（5）提出泥石流防治措施。

2.1.9　泥石流冲击力根据不同对象的建筑物分别按流体整体冲压力和单个块体冲击力测算。测算方法可参照附录。

2.1.10　泥石流流速测算采用附录中经验公式计算。

2.1.11　泥石流流量计算有形态法和配方法。一次泥石流过程总流量可通过实测法和推算法取得。实测法精度高，但不容易做到。推算法只是一个粗略的估算，大约为当次泥石流最大流量与过程历时乘积的1/4。

2.1.12　公路抗灾能力调查和评估的内容和标准如表2.1.12。

公路抗灾能力调查内容和评估标准　表2.1.12

项　目	调查内容和评估标准
路基	坚实、稳定，高度达设计计算高程
边坡	边坡稳定、平顺、无冲沟；边坡坡度符合规定，有良好的防护加固工程
排水设施	边沟、截水沟、排水沟完善，纵坡适度，无淤塞，水流畅通
支挡工程	支挡结构物布设合理、齐全，完整无损坏，泄水孔无堵塞
防冲刷工程	防护结构物布设合理、齐全、完整，无损坏，基础防冲刷符合要求

2.1.13　水毁灾害调查的内容包括：

(1) 水毁形式、位置、规模、数量、发生的时间；

(2) 水毁灾害位置的地形、地质条件；

(3) 水毁灾害的性质、形成原因和工程防护情况；

(4) 水毁危害的历史和现状。

2.1.14　水毁的形式包括：

(1) 路基淹没和淤埋；

(2) 路基冲刷和冲蚀；

(3) 桥涵淤塞；

(4) 桥涵基础冲刷；

(5) 桥涵被毁等。

2.1.15　造成水毁的原因一般可分为：

(1) 公路高程过低、过度压缩河道、排水设施不完善或被淤塞，造成暴雨径流或特大洪水淹没和冲刷；

(2) 河道行洪条件和水情变化导致洪水超过设计流量和水位；

(3) 河湾凹岸冲刷和对岸挑流的顶冲；

(4) 峡谷或压缩河道形成的急流冲刷；

(5) 游荡河槽造成的冲刷和冲击；

(6) 泥石流冲击和淤积；

(7) 淤积造成桥涵阻塞以及由此引起的淹没和冲蚀；

(8) 桥梁壅水高度过高或大量漂浮物摧毁桥梁上部结构。

2.2　路基病害

2.2.1　路基病害调查的目的是判定灾害的性质、规模和危害程度，包括成灾条件调查和灾害调查。

2.2.2　成灾条件调查的内容包括：

(1) 气象和水文资料调查，主要是年降雨量的分配特征、最大降雨量和暴雨强度、相关河流的水文资料，以及与灾害形成有关的水文和降雨特征；

(2) 边坡所处的地形、植被和地表径流情况；

(3) 当地地震烈度和活动频率；

(4) 组成坡体的岩土结构及其工程性质、与地质构造的关系（是否在断裂及其影响带内）、软弱结构面性质及其与坡面的组合关系；

(5) 当地斜坡病害的发育情况。

2.2.3 边坡灾害调查的内容包括：

(1) 灾害类型、位置、规模和数量；

(2) 边坡岩土结构和地下水活动情况；

(3) 灾害形成的原因和危害程度；

(4) 灾害的现状和发展趋势。

2.2.4 边坡的稳定性和变形破坏模式取决于组成坡体的岩土结构和坡率，受地下水活动影响。边坡岩土结构类型可参照表 2.2.4 分类。

边坡坡体结构类型 表 2.2.4

类 型	岩土结构特点	稳定性控制因素
均质黏性土边坡	整个坡体由均质的黏性土构成，没贯通性的结构面	土体强度和坡率
层状松散土边坡	坡体由不同类型的松散土层构成，控制性结构面是沉积层面	土体强度和沉积层面产状与坡面的组合关系
二元结构的边坡	坡体由岩层及其上覆的松散堆积层构成，控制性结构面是岩土分界面和沉积层面	土体强度和沉积层面产状与坡面的组合关系
风化岩石边坡	坡体由风化岩石构成，控制性结构面是构造裂面合风化程度不同的界面。有时没有明显界面	土体强度和沉积层面产状与坡面的组合关系
岩石边坡	坡体由岩石构成，控制性结构面时构造破裂面和沉积层面	结构面产状与坡面的组合关系
破碎岩石边坡	坡体由破碎程度很高的岩石构成，呈镶嵌碎石状散体结构，分不出优势结构面。整体强度，实际上是碎石之间的摩擦系数	

2.2.5 稳定性分析的方法主要有地质条件分析和稳定系数计算。一般的边坡稳定计算可采用传统的静力极限平衡方法，包括库仑土压力计算、朗金土压力计算，以及滑动稳定性计算的圆弧法、传递系数法等。特殊复杂的边坡稳定分析计算可采用有限元方法。无论采用何种计算方法，都必须以地质结构分析为基础，确定分析计算的力学模型和边界条件。

2.2.6 边坡失稳破坏的主要类型包括崩塌、坍塌和滑坡。由于他们的变形破坏机理不同，防治的对策和方法也有区别。表 2.2.6 列出了三者的区别。

边坡失稳破坏类型 表 2.2.6

破坏类型	变形破坏特点	破坏边界
崩塌	以陡坡上部岩土体的拉张破坏为主，表现为倾倒和倒塌变形	一般为陡立的构造或卸荷裂面
滑坡	沿着滑动面的剪切破坏，表现为整体的滑动。剪出口高悬于半坡时会解体，容易与坍塌混淆	有统一的滑动面，有时会因为地形或其他条件改变而变化
坍塌	因自重应力超过岩土体强度而产生张剪性破坏。由坡顶向远处逐渐产生破裂面	自重应力和岩土体强度能够维持平衡的最深裂面

2.2.7 以硬质岩石为主的边坡，注意区别崩塌与滑坡。根据结构面的产状和组合分析是否存在一组足以发育成主滑带的贯通性缓倾结构面。主导性结构面陡于 45°，被结构面切割的岩块呈上大下小的楔形，多数为崩塌破坏。滑坡的主滑面则依附于向临空面缓倾并且与后缘裂缝贯通的结构面。

2.2.8 以松软岩土为主的山坡，则要分辨坍塌与滑坡。松软岩土边坡坍塌时，在坡顶形成密集、直立或向临空面倾倒的裂缝，含水多的部分先塌落。尽管有时成片塌落，但也有先后之分。松软岩土山坡在滑动时，虽然前部也有坍塌现象，但总体上仍是一沿着下伏的滑带滑动。也可能有结构面将滑体分开，但有一组横贯山坡的后缘裂缝。

2.2.9 边坡坡面病害主要是坡面侵蚀、剥落和滚石。坡面侵蚀是指松软岩土因表面径流冲蚀形成冲沟，可发展成坍塌。剥落是坡面岩土因风化、胀缩等原因形成的碎落。滚石是边坡上部的孤立块石、松动的节理化岩块滚落。

2.2.10 除了上边坡失稳之外，路基失稳变形有三种类型：路基随地基变形、路基滑移、路基滑坍。路基失稳变形调查的内容包括：产生的位置、规模、形状和变形痕迹，以及发生时的气候和水文地质条件。

2.2.11 路基的变形破坏是在长时期内逐渐发展，在偶然因素作用下表现为突然滑动或崩坍。引起路基变形破坏成因是多方面的，不同成因的路基变形特征不同（见表2.2.11）。

路基变形破坏的类型 表2.2.11

破坏类型	形成原因	变性特征
随地基变形	滑坡上的路基随滑坡变形发生整体下沉或横向位移，因滑坡活动引起	山坡滑动变形范围不受公路轮廓限制
	陡坡路基的填土重量形成的附加荷载使覆盖层沿基岩顶面滑动	滑动变形范围的上山侧多以路基轮廓为限
	埋藏沟谷中的堆积物因地下水出口被堵塞或者上坡排水不畅发生滑动	山坡变形范围多为长条形，地基中地下水丰富
路基滑移	陡坡上的路基沿原地面滑移，多由于填筑时清表不彻底，或者上山排水不畅所致	路基沉陷和横向位移，与相邻正常路基之间形成截然变形
	半填半挖路基的填方部分发生滑移变形，多因为挖方切断地下含水层，且排水不畅	表现为纵向的开裂和外侧沉降，下侧坡脚隆起
路基滑坍	路基本身发生破坏，破裂面在路基内部，多数路基土中含水率较大	路肩裂缝和滑塌，一般规模较小
	沿河路基因冲刷发生塌方	路基整体流失或者路基外侧的塌方缺口
	涵洞堵塞或排水不畅造成路基被冲毁	路基缺口，多为崩解破坏

3 防治工程设计

3.1 水毁防治工程

3.1.1 水毁防治工程设计按照“顺势、挫锋、调向、稳流”的原则。首先顺应洪水流势，通畅泄洪；然后利用防护工程逐渐消耗洪水动能，改变冲刷水流方向，最终使洪水平稳地流向下游。力求做到尽量保留河流天然状态，既提高了公路抗灾能力，又做到与河流等环境相协调。

3.1.2 山区河流，地形地质多变，水情复杂。要区别具体河段的河势演化特征和水流特点，经过调查、计算分析后制订相应的防治对策和工程设计，切忌盲目套用已有工程设计、盲目加大工程尺寸的办法或单凭经验办事的做法，以免陷入重复水毁的困扰。表3.1.2是主要水毁防治对策，可供参考。

主要公路水毁类型和防治对策 表3.1.2

水毁类型	防治对策
河湾凹岸、游荡水流逼岸和对岸挑流冲刷	峡谷河湾采用挡土墙、砌石护坡配合护坦防护；开阔游荡性河段采用护坡配合护坦、顺坝及漫水短丁坝防护
峡谷和压缩河道的急流冲刷	采用挡土墙、护坡配合护坦等岸坡直接防护为宜，不应用丁坝挤压水流，以免引起对岸垮塌形成挑流加重本岸冲刷。冲刷深度按一般冲刷计算，但要注意对岸挑流或其他水流作用
淹没和冲蚀	提高公路高程或扩大过流断面、完善排水设施。提高公路高程有困难时，要硬化路肩或修建防水墙
桥梁墩台及引道冲刷	设置适当的调治导流和防护工程
壅水过高或漂浮物堵塞、摧毁桥梁	重建桥梁，加大过流净空
行洪条件恶化造成梁基础和路基冲刷	加强河道协调管理，加固地基和基础并采用护坦或沉排等防冲刷措施
涵洞冲毁或堵塞，及由此引起路基冲断	处理好涵洞的位置、进出口与相关排水设施的关系，清除淤积堵塞、加固涵洞或扩大过流净空

3.1.3　公路工程中与水流相关的所有防护工程，都是预防水毁的措施，包括流域治理、排导设施等所谓治理水害的工程。治理水害造成的路基滑塌、桥涵损坏等具体灾害形式，依受害和受损的工程种类，可归于各类修复工程。

3.1.4　加强日常养护管理，清疏各类排水系统、修复加固各类构造物、及时检修防洪设施，是预防水毁的有效措施。

3.1.5　冲刷防护的结构形式很多，根据防护形式的水流结构和机理分为直接防护和间接防护两类。直接防护是直接加固坡脚或基础，提高其抗冲刷的能力，而修建的附着在边坡坡面、坡脚及基础上的工程设施，有护坡（护面墙）、挡土墙、护坦式基础、石笼、抛石、混凝土预制板、土工织物等；间接防护是指以修筑丁坝、顺坝等工程或河道整治（疏浚、理顺、改道），改变河道水流结构，使水流偏离被防护的河岸，墩台或将冲刷段变成淤积段，达到防护目的。

3.1.6　河湾凹岸冲刷防护的范围，可按进口断面凸岸切线与凹岸交点向上游移动一个槽宽为起点；出口断面下游直段还必须有1.5～2.0倍槽宽的防护长度（如图3.1.6所示）。

3.1.7　河湾凹岸防护工程基础冲刷深度按下式计算：

$$h_{\max} = h \cdot \left[1.9 + \frac{B}{R_c}\right]$$

式中：h——平均水深（m）；

B——河湾进口水面宽度（m）；

R_c——河槽中线半径（m）。

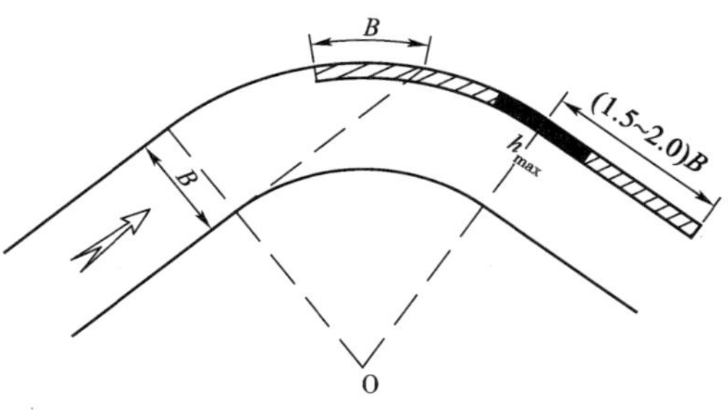

图3.1.6　河湾防护工程布置示意图

3.1.8　河湾堤段洪水淹没线以下的松散堆积土质路基边坡原则上都应该设置防冲刷工程。

3.1.9　陡倾的岩石地基应该凿孔预埋钢筋，使基础与地基连成一体。卵石河床上的护岸工程，应该与护坦相配合。砂质河床上的护岸工程可采用铁丝石笼、预制混凝土沉排等柔性护基工程（如图3.1.9所示）。

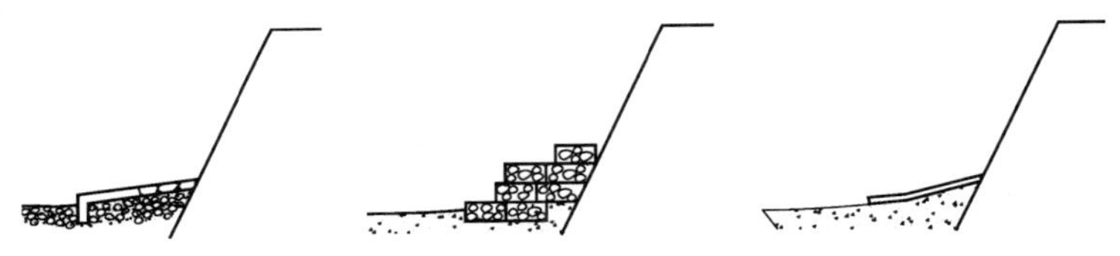

图3.1.9　不同河床的护岸工程护基形式

3.1.10　沿河的浸水挡土墙，不宜采用陡胸坡的断面形式。因为此处水流向下涡旋，陡立坡面会导致严重的基础冲蚀。采用较缓的坡率则可以顺势调导水流，减弱水流对墙脚的冲蚀（如图3.1.10所示）。

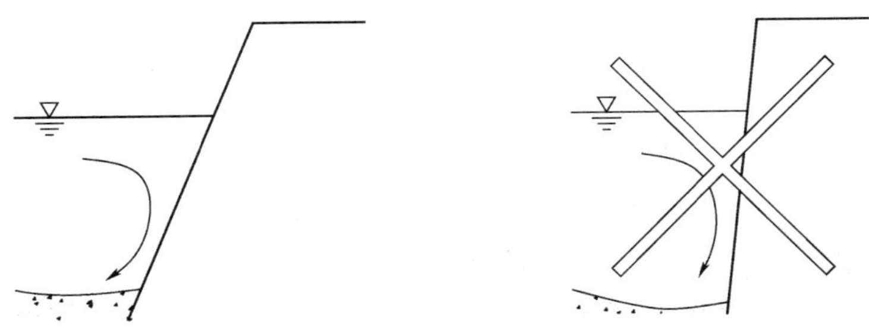

图3.1.10　护岸挡土墙胸坡与冲刷的关系

3.1.11　引起桥梁水毁的原因大致可分三方面：一是设计过流净空不够，除了改扩建或拆除重建外没有全面解决办法；二是水文和河床演变原因造成桥孔偏置引起的水毁，通过研究河床变化的各种因素、正确设置调治构造物，大部分问题可能解决；三是桥梁墩台严重冲刷引起桥梁水毁，桥梁墩台的防护是防御洪水破坏的最后一道防线。

3.1.12　宽阔的河湾凹岸的沿河路基和桥台，以及宽阔的游荡河槽处的桥台和引道路基，应设置调治导流设施引导水流、防止水害恶化。

3.1.13　修筑丁坝的目的是防护路基边坡，特别是边脚，免受洪水冲刷而坍塌，或者固定桥头河岸，调治洪水流向，使洪水顺畅通过桥下。丁坝一般宜成群布置，由丁坝群坝头形成一个圆顺的导治线，顺应洪水流势，引导洪水通畅下泄，才能达到防护的目的。修筑长大丁坝，过分改变流势、影响上下游和对岸，同时，洪水对丁坝的冲击和冲刷也过大，易水毁，应慎用。

3.1.14　调治导流设施对桥梁及其桥头路堤的安全、桥位河段河床稳定至关重要。变迁性河段和游荡性河段上的桥梁的调治构造物（导流堤、丁坝等）对于洪水安全通过桥梁。调治构造物处置不当，将会造成桥梁及公路水毁，危及两岸的安全。

3.1.15　调治构造物和防护工程的布设，要顺应水势，因势利导，因地制宜，结合河段特性，水文，地形和地质等自然条件，通航要求，水利设施等情况，综合考虑高中枯水位对两岸及上下游河床变形影响，合理地拟定导治线。调治构造物基底应埋入总冲刷以下有一定深度，位于河槽内时，取1.2m，位于河滩内时，取0.5m。

3.1.16　导流堤的功能是引导上游水流和河滩水流，逐渐改变方向，形成平行水流平顺地通过桥下断面，流速、水深及输沙等分布都较均匀，使墩台和桥头路堤免受集中冲刷。因此，根据桥位河段水流特征，合理地选定导流堤平面形式、尺寸、提供一个理想的水流几何边界，是导流堤设计的首先问题。

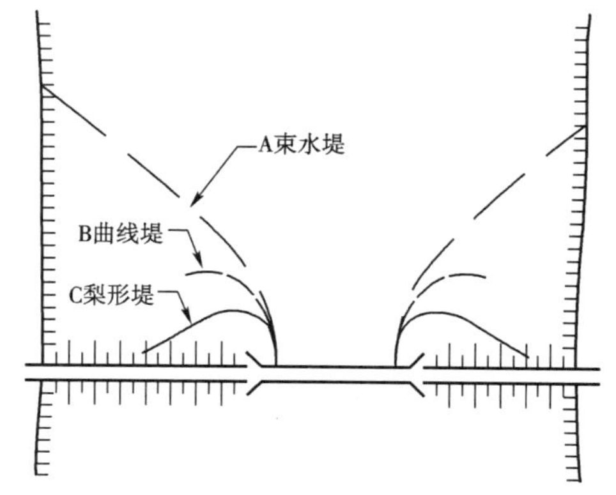

图 3.1.17　导流堤的类型及其布置

3.1.17　导流堤按平面形式可分为三类（图 3.1.17），即封闭式长大导流堤（A）、曲线导流堤（B）和梨形堤（C）。一般河流上的桥梁大都修建曲线导流堤；只有十分宽浅的山前变迁性河段、平原游荡性河段，河宽很大，而桥孔长度较小时才应用封闭式长大导流堤；梨形堤只用于河滩流量不大或桥头引道凹向上游的桥位上；另外在冲积扇修建一河多桥时。用由两个反向曲线堤组成的分水堤将各股流导入桥孔。

3.1.18　导流堤设计洪水频率应与桥梁设计洪水频率相同，其他类型的调治构造物的设计洪水频率视工程重要性而定。

3.1.19　桥墩、桥台平面防护的范围及尺寸根据冲刷水流的结构及其作用范围确定。平面铺砌顶面在应埋在一般冲刷线以下或齐平。加固深度、宽度与边缘垂裙冲刷深度可按桥墩护坦垂直冲刷深度公式计算。

3.1.20　水利工程下游的桥梁墩台，可采用为消除水流剩余过大动能的消力槛、多级跌水、急流槽、消力池等组合的海漫式防护，使水流与下游平顺相接。其主要作用是固定桥孔下游冲刷基准面（见图 3.1.20）。

图 3.1.20　桥下海漫式防护

3.2　泥石流防治工程

3.2.1　泥石流的防治，一般分为防止泥石流发生、控制泥石流流动、防止泥石流危害三种类型。防止泥石流发生一般通过流域综合治理进行方能见效，一般的措施包括种植林草、水土保持等途径。泥石流防治工程，一般包括修建导流工程、桥涵和渡槽工程、停淤工程、拦挡工程和沟道整治工程。大中型泥石流一般频率较小，但防治的难度和代价都较大。试点工程可选择频发的小型泥石流进行治理。

3.2.2　坡面型泥石流汇水面积小、流程短、纵坡大，以淤积危害为主，只有采取综合措施才能根治。一般可在稳定坡面松散物质的前提下栽种林草、防止水土流失，逐步达到治理目的。在泥石流没有消退的情况下，拦挡工程只能起到暂时的防护作用。稳固坡面的工程措施有修建谷坊坝群、锚网体系等，简单的树枝篱笆、桩林有时也能稳固坡面。

3.2.3　沟谷型泥石流有一定长度的流程和较大的汇水流域，纵坡相对较小，危害公路的方式分冲击和淤积。流域综合治理的代价太大，试点工程可根据具体情况采取工程措施。以冲击危害为主的情况下，上游有停淤条件时可修建拦挡坝、停淤场；没有停淤条件时，可修建导流设施、加大过流净空。淤积危害为主的情况下，如果堆积扇坡度接近停淤坡度，可修建排导槽以免泥石流漫流减速淤积，使泥石流快速达到下游；如果堆积扇坡度大于停淤坡度，可修建拦挡坝、导流堤来调导泥石流流向和停淤位置。

3.2.4　如果泥石流通道高出路面或有条件降低路面时，可修建渡槽、防泥走廊等设施；泥石流通道较低、路面有条件抬高时，可修建排导设施以桥涵通过；无前两种条件，则可修建过水路面防止灾害扩大。

3.2.5　排导槽和渡槽断面、桥涵净空设计应以泥石流流量和龙头高度测算为依据。

3.3　路基病害防治工程

3.3.1　道路设计建筑限界内不允许边坡岩土体侵入。为不中断交通，威胁行车安全的路基病害应一次根治、不留后患。

3.3.2　做好水的调治工作是防治各类路基病害的有效措施。调治地表水的措施包括：设置上方的截水沟截排后山坡面汇水、排除坡顶洼地积水、填塞坡面裂缝减少径流进入坡体。调制地下水的措施包括：设置建深切明沟和盲沟、仰斜排水孔截排地下水，地下水供应特别丰富时可修建集水井或泄水洞。

3.3.3　截排水设施必须形成完整的系统，并经过必要的水力计算。应特别注意做好防渗处理，以免形成集中渗水恶化边坡稳定状况。

3.3.4　边坡失稳变形，因岩土结构和地下水条件不同，破坏机理和变形特点不同。边坡加固方案应针对边坡失稳破坏特点确定。各种病害常用的治理措施见表3.3.4。

边坡病害的特点及其治理措施　　表3.3.4

类　型	变形特点	治理措施
坡面侵蚀	松软岩土因表面径流冲蚀形成冲沟，可发展成坍塌	设置坡顶和坡面截水沟，或挂网结合植物防护，特别严重时全封闭
滚石	边坡上部的孤立块石、松动的节理化岩块滚落	清除危石，嵌补坡面，或者挂网锚喷、锚固
崩塌	边坡上部岩土体发生倒塌、崩落，以翻滚、解体为特征	清除危岩或锚固
滑坡	岩土体沿着滑动面整体下滑。下滑后可能解体，但滑动过程是整体的	有条件时进行减重，否则采取支挡加固和截排水工程。不可盲目削坡
坍塌	斜坡岩土体解体塌落。其特点是由外向内逐块塌落，没有统一的滑动面	放缓边坡，或采取柱挡加固措施，截排水工程是必要的

3.3.5　崩塌多发生在边坡上部岩土体存在裂缝的情况下，其块体强度较高。在有条件的情况下，放缓坡率、清除不稳定体是最好的方法。没有清除条件时，只能采取加固措施。崩塌以倾倒的拉张破

坏为主，柔性支护是最有效的方法。防止地面水渗入边坡降低岩体强度的截排水措施是必需的。

3.3.6 坍塌基本上都是岩土体的强度不足以维持自重的原因造成，最好的办法是放缓边坡，改善边坡应力状态。地表水深入边坡会降低岩土体强度，完善截排水设施是防止边坡坍塌的有效方法。

3.3.7 边坡滑坡是沿着滑动面的滑动剪切破坏。防治的措施有减重卸载、抗滑支挡和排水措施三种。在排除诱发更大范围失稳的可能的前提下，减重卸载是首先考虑的措施。排水措施理论上说是有效的，但由于地下水的准确判断并不容易，一般只作为安全贮备的辅助措施。抗滑支挡工程可以起到立竿见影的作用，而且可靠，常作为除了减重卸载之外的主要方法。

3.3.8 软弱面在路面附近的情况下，设置纵向疏干地下水的盲沟和支挡工程。路基开挖切断倾向临空面的软弱层时，首先考虑降低边坡高度；只有在经过检算，放缓坡率能够减小下滑力并且不会引发大面积失稳的情况下才能考虑削缓坡率、增加坡面防护的方案；否则，应该采用坚强的支挡工程。软弱层高悬于半坡时，预应力锚索框架是可靠实用的工程措施。

3.3.9 在排除边坡失稳的可能后，滚石、坡面侵蚀等坡面病害，只采取表面加固或清除措施既可。但要强调的是，有时候坡面滚石、冲蚀的原因是边坡整体失稳变形引起孤石、岩块的重心失稳和坡面裂缝。

3.3.10 路堑边坡的表层一定厚度的岩土会松弛和风化，常在雨季中因受地表水和地下水浸润软化，向下蠕动。其特点是变形体松散并带有塑性蠕动的性质。防治的方案是设置挡土墙，并将基础置于稳定地层上，墙后设置支撑盲沟或者仰斜排水孔。

3.3.11 各种工程措施都有不同适用条件和作用特点（表 3.3.11）。根据边坡变形特点选择适当的工程措施及其组合，是边坡灾害防治的关键。

边坡稳定措施及其适用条件 表 3.3.11

工程措施	作用机理	适用条件	实施顺序
减重卸载	削除上部土体减小自重荷载	确认不会诱发大范围失稳	最早实施
堆载反压	在滑坡出口堆土增加抗滑力	滑动面在路面下而且反翘	尽早实施
地面截排水	减少地表水下渗	各类边坡病害	先临时后永久
盲沟/排水孔	截排地下水增加坡体强度	流动地下水且位置清楚	减重工程之后
护岸工程	防治流水冲刷坡脚	变形荷载不作用且有空间	支挡工程之后
挡土墙	抗滑、支挡增加边坡稳定	荷载小于 200kN/m 且地基良好	减重后
抗滑桩	增加抗滑力稳定滑坡	边坡整体性好且地基良好	减重后
锚固工程	用锚索（杆）加固变形体	有锚固条件，无地基要求	减重后

3.3.12 路基变形破坏防治只有根据不同的成因采取针对性措施方可见效。路基随滑坡变形的情况，只要能够稳定滑坡，路基也就能够稳定；路基沿地面滑动和路基本身的破坏，多数通过设置疏水沟和加固路基可也得到解决；地表径流造成的路基滑塌要通过调制水流的办法来解决。

3.3.13 位于活动滑坡上的路基，彻底解决问题的办法是稳定滑坡（图 3.3.13）。在试点工程中，可以考虑下列两个方案：

（1）路基位于滑坡后缘时，仅稳定路基下面的滑体。此时可在路基外侧设置抗滑挡土墙或抗滑桩。下侧滑体可能会继续滑动，但并不威胁路基安全。

（2）地下水丰富的情况下，可通过调治地表水、疏干地下水、防止坡脚冲刷等措施维持滑坡稳定。

3.3.14 路基沿底面滑动和路基本身破坏应首先考虑在路基内侧设置深切的截水盲沟，其次是下边坡处的兼起支撑作用的疏水盲沟，最后才是挡土墙的使用。

3.3.15 完善排水设施，以免地表水从路面、边沟、山边坡进入路基，避免在下边坡堆放施工和养护废弃土方，都是预防路基失稳变形的有效措施。

图 3.3.13　川藏公路 102 滑坡上的路基外侧锚索挡墙（锚固于稳定滑床）

4　施　　工

4.1.1　开工前，施工单位应在全面熟悉设计文件和设计交底的基础上，进行现场核对和施工调查，发现问题应及时根据有关程序提出修改意见报请变更设计。

4.1.2　施工单位应根据现场收集到的情况、核实的工程数量，按工期要求，编制实施性的施工组织设计，制定施工路段现场管理和保通方案。

4.1.3　路基开工前应做好施工测量工作，保护所有标志，特别是一些原始控制点。

4.1.4　公路灾害防治工程施工应遵循相关工程施工技术规范，严格按照设计规定的施工要求施工。

4.1.5　坡岸防护、导流和工程施工前，应周密调查核对工程位置的情况，如地质情况不符、河道水文条件在核查时或在施工中发生新的变化，应及时修改设计。组织施工前应慎重研究施工方案，避免工期过长而引起沿岸上、下游的冲刷。

4.1.6　各种防护工程必须加强基础处理和圬工质量，防止水流冲刷和淘空，保证路基稳定。坡岸砌体两端及顶部边坡或岩坡衔接应牢固、平顺、密贴。防止水进入墙背。

4.1.7　边坡加固前，应对其加固方法、形式、填挖方边坡加固的适用性，以及边坡坡度是否适当。防护加固工程基础开挖后，应检查基底高程、地质、地下水情况。

4.1.8　边坡加固工程施工，应分析边坡岩土结构和地下水条件，了解边坡破坏原因，采用安全可靠的施工工序和工艺。

4.1.9　边坡加固施工现场应采取临时稳定措施，并造好经常性检查和监测工作。在边坡未稳定之前，不得在变形及其影响范围或休息停放机械，防止造成人员和财产损失。

4.1.10　各类防护与加固应在稳定的基础或坡体上施工。基础底面必须放置在设计高程，基础完成后应及时用稳定性材料回填，并做好施工原始记录。

4.1.11　当每一分项、分部工程完成时，应按设计图纸和技术规范的要求，对施工质量进行中间检查。凡不符合要求的项目不得进行下一工序。

5　工程验收

5.1.1　灾害防治工程竣工验收是对整个工程项目的安全可靠性进行验收，包括勘察设计的合理性和施工质量。

5.1.2 竣工验收应在经过两个雨季考验之后进行。

5.1.3 灾害防治工程竣工验收参照《公路工程竣工验收办法》、《公路工程质量检验评定标准》和《公路路基施工技术规范》、《公路桥涵施工技术规范》中检验标准进行。

5.1.4 水毁防治工程的验收除了按照有关技术规范的规定外，应注意检查防护工程设置的合理性和可靠性。

5.1.5 边坡灾害防治工程的验收包括边坡加固和排水综合措施，除了按照有关技术规范的规定外，应注意检查防治工程方案的合理性和可靠性。

6 效果评估和总结

6.1.1 公路灾害防治工程试点工作完成后，应进行防治效果评估和总结。

6.1.2 公路灾害防治工程试点工作效果评估分完工评估和长期评估。完工评估的目的是总结经验和教训，以便在全面实施防治工程中应用。长期评估是为了跟踪掌握防治工程的长期效果，加强工程管理和养护。

6.1.3 公路灾害防治工程试点工作总结包括技术总结和工作总结。技术总结的内容是灾害概况、勘察设计的思路、对灾害的认识和防治技术方面的经验和教训，以及试验研究项目和成果，下一步需要解决的问题。工作总结的内容包括灾害防治工程试点工作项目实施的经过、组织管理形式、存在的问题和取得经验，以及下一步工作的建议。

附录

泥石流相关计算方法

一、泥石流冲击力计算

1. 泥石流流体整体冲压力与冲压方向和受害建筑物的形状有关：

$$\delta = \lambda \frac{\gamma_c}{g} v_c^2 \sin\alpha$$

式中：δ——泥石流整体冲压力（Pa）；

γ_c——泥石流重度（10kN/m）；

v_c——泥石流流速（m/s）；

g——重力加速度（m/s^2）；

α——建筑物受力面与冲压方向的夹角（°）；

λ——建筑物形状系数，圆形 $\lambda=1.0$，矩形 $\lambda=1.33$，方形 $\lambda=1.47$。

2. 单个块体冲击力与受冲击构件刚度有关，墩、台、柱一般简化为悬臂梁：

$$F = \sqrt{\frac{3EJv_c^2 W}{gL^3}} \sin\alpha$$

式中：F——大块石冲击力（Pa）；

E——构件弹性模量（Pa）；

J——构件截面中心轴的惯性模量（m^4）；

L——构件长度（m）；

W——块石质量（t）；

其余符号意义同前。

坝、闸、栅简化为简支梁：

$$F = \sqrt{\frac{48EJV^2 W}{gL^3}} \sin\alpha$$

式中符号同前。

二、泥石流流速测算采用经验公式

1. 西南地区稀性泥石流流速测算可采用铁二院推荐公式：

$$v_c = \frac{1}{\alpha} \cdot \frac{1}{n} \cdot R_c^{2/3} I^{1/2}$$

式中：v_c——泥石流断面流速（m/s）；

R_c——泥石流流体水力半径（m），可近似取泥位深度；

I——泥石流流面纵坡（‰）；

α——阻力系数，$\alpha=\left[\frac{\gamma_c-\gamma_w}{\gamma_s-\gamma_c}\cdot\gamma_s+1\right]^{1/2}$，其中 γ_c 为泥石流重度，γ_w 为水的重度，γ_s 为固体物质重度。

2. 西南地区黏性泥石流流速测算可采用成都山地所推荐公式：

$$v_c = KH_c^{2/3} I_c^{1/5}$$

式中：K——流速系数；

H_c——计算断面的平均泥深（m）；

I_c——泥石流水力坡度（‰），可用沟床坡度代替。

3. 西北地区稀性泥石流流速测算可采用铁一院推荐的公式：

$$v_c = \frac{1.53}{\alpha} \cdot R_c^{2/3} I^{2/3}$$

式中符号意义同前。

4. 西北地区黏性泥石流流速公式：

$$v_c = M_c H_c^{2/3} I_c^{1/2}$$

式中：M_c——沟床糙率系数，其余符号意义同前。

5. 华北地区稀性泥石流流速测算可采用北京市政设计院推荐公式：

$$v_c = \frac{M_w}{\alpha} \cdot R_1^{2/3\ 1/10}$$

式中：M_w——沟床外阻力系数，其余符号意义同前。

6. 弗莱施曼推荐的泥石流中块体运动速度公式：

$$v = \alpha \sqrt{d_{max}}$$

式中：v——块体运动速度（m/s）；

α——综合系数，在 3.5～4.5 之间；

d_{max}——最大块径（m）。

139. 关于印发公路路网结构改造工程管理办法的通知

（交公路发〔2011〕182号）

各省、自治区、直辖市交通运输厅（局、委），上海市城乡建设和交通委员会，天津市市政公路管理局，新疆生产建设兵团交通局：

为进一步加强公路路网结构改造工程管理，规范项目管理程序，提高资金使用效益，部对《公路路网结构改造工程项目管理办法（试行）》（交公路发〔2006〕410号）进行了修订。现印发给你们，自发布之日起执行。

各省、自治区、直辖市可结合当地实际情况，制定本省管理办法，并报部备案。

公路路网结构改造工程管理办法

第一章　总　　则

第一条　为加强公路路网结构改造工程管理，规范项目管理程序，提高资金使用效益，根据国家相关规定和技术规范，制订本办法。

第二条　本办法适用于中央车辆购置税投资补助的公路路网结构改造工程的管理，其中，改造目标及补助范围、标准适用于“十二五”期的公路路网结构改造工程项目。

第三条　公路路网结构改造工程包括危桥改造、公路安全保障工程（以下简称安保工程）和干线公路灾害防治工程（以下简称灾害防治工程）三项内容。

第四条　公路路网结构改造工程管理应坚持统筹规划、规范有序、地方为主、科学有效的原则。

第二章　目标与前期工作

第五条　危桥改造目标为：“十二五”期间，全面完成国道、省道上现有危桥改造任务，基本完成县道、乡道上的中桥及以上现有危桥改造任务，适时启动村道中桥及以上危桥改造工作，确保农村公路危桥数量呈逐年下降趋势。

安保工程目标为：“十二五”期间，全面完成国省干线的实施任务，完成大部分县道的改造任务。

灾害防治目标为：完成国道、省道中抗灾能力明显不足路段的改造任务。

公路路网结构改造工程应优先安排国省干线公路、重要县道、通客运班线、学生班车和旅游公路上的相关项目并统筹考虑本辖区整条路线的规模效益。危桥改造工程应按照危险程度，优先安排五类桥梁。

第六条　各省级交通运输主管部门或公路管理机构应结合公路的正常养护工作，在技术评估的基础上，结合交通运输部确定的工作目标，提出本辖区（含计划单列市）“十二五”公路路网结构改造工程总体规划和实施规模，并将有关项目汇总，构建省级公路路网结构改造工程项目库，报部备案，作为安排年度投资补助计划的前提和依据。

交通运输部将在审核省级项目库的基础上构建“十二五”全国公路路网结构改造工程项目库。

第七条　公路路网结构改造工程的技术评估按以下方式进行。

桥梁技术评估工作按照《公路桥梁养护管理工作制度》和相关标准规范组织。

安保工程项目技术评估按照《公路安全保障工程实施技术指南》的相关规定进行。

灾害防治工程项目技术评估按照《干线公路灾害防治工程技术指南》等技术标准、规范，结合往年自然灾害造成的损毁情况进行。

第八条　公路路网结构改造工程项目库建成后，除危桥改造项目外，原则上不进行更新。

对于新增危桥改造项目，由省级交通运输主管部门或公路管理机构按年度进行更新。

第九条　各省级交通运输主管部门应在省级项目库的基础上，按照本办法第五条要求，制订分年度项目安排和实施目标。按照项目建设规模和技术复杂程度，相应组织开展方案设计、投资估算、方案审查、设计、概预算编制和设计审查等各项前期工作，并汇总有关信息形成省级公路路网结构改造工程管理信息系统。

第十条　交通运输部在汇总省级公路路网结构改造工程管理信息系统的基础上，构建全国公路路网结构改造工程管理信息系统。

公路路网结构改造工程项目库和管理信息系统相关基础数据应以公路数据库和养护统计数据为基础，填报要求和内容另行制定。

纳入全国公路路网结构改造工程项目库的项目视同立项。

第十一条 公路路网结构改造工程设计一般采用一阶段设计。

第十二条 公路路网结构改造工程设计应符合有关技术标准、规范的规定，充分体现"因地制宜，安全经济"的原则。

危桥改造的设计荷载不得低于原设计荷载等级。原设计荷载等级低于公路—Ⅱ级的，原则上以公路—Ⅱ级或以上荷载等级为标准进行设计。拆除重建桥梁的设计荷载应符合现行《公路工程技术标准》的规定。

第十三条 公路路网结构改造工程项目的方案审查和设计审查程序由省级交通运输主管部门确定。

第十四条 公路路网结构改造工程计划管理按以下程序进行。

（一）各级交通运输主管部门或公路管理机构按照年度项目安排，组织开展项目方案设计和审查工作，并由省级交通运输主管部门于9月份在全国公路路网结构改造工程管理信息系统中集中填报已完成方案审查的项目情况。

（二）交通运输部根据公路路网结构改造工程项目库和完成方案审查的项目情况，以及上年度计划执行和配套资金落实情况等因素，确定对各省、自治区、直辖市的初步补助资金分配方案，并于每年11月底前通知各省级交通运输主管部门。

（三）省级交通运输主管部门以完成方案审查项目和初步补助资金为基础，组织开展设计、编制工程概（预）算和设计审查等工作，并于每年1月31日前在全国公路路网结构改造工程管理信息系统中集中填报，同时向交通运输部上报建议计划正式文件。

（四）交通运输部与财政部商定公路路网结构改造工程专项资金规模后，及时将审批后的年度计划草案下达各省级交通运输主管部门。

（五）计划执行过程中，省级交通运输主管部门或公路管理机构应分别于6月底、10月底、12月底在全国公路路网结构改造工程管理信息系统中填报计划下达、资金到位、资金使用、项目开工和交（竣）工等相关信息。

其中：10月底，应一并报送本年度公路路网结构改造工程计划调整情况；12月底，应一并报送本年度公路路网结构改造工程实施情况总结报告，全面总结计划执行情况、资金使用情况和项目实施效果等。

交通运输部将以全国公路路网结构改造工程管理信息系统相关数据为基础，及时通报公路路网结构改造工程进展情况。

第十五条 除在建议计划编制期间新增的危桥改造项目外，未按规定完成技术评估、相关前期工作和未纳入全国公路路网结构改造工程项目库的，不得列入年度计划。

第十六条 交通运输部年度计划草案下达后，各级交通运输主管部门应严格按照下达的项目名称和计划金额执行。在计划执行过程中，如确实需要对计划进行调整，应报省级交通运输主管部门审核同意，并在每年10月底，汇总报交通运输部备案。

第三章 补助范围与标准

第十七条 中央车辆购置税投资补助的公路路网结构改造工程项目为非收费公路，具体范围如下：

危桥改造为按照现行规范，技术状况评定为四、五类的中桥及以上桥梁。中桥以下（不含中桥）由各地自行安排。

安保工程为需要增设或完善安全防护设施，消除行车安全隐患的路段。

灾害防治工程为抗灾能力弱，易因洪水、泥石流、滑坡等自然灾害对交通产生重大影响，需要增设或完善公路防灾设施的路段。

第十八条 “十二五”期间中央车辆购置税投资采用分区域按定额和投资比例两者取低的办法进行补助，具体为：

东部地区：不超过项目概算的45%，且危桥改造加固改建类平均每平方米不超过800元，拆除重建类平均每平方米不超过1600元；国省干线安保工程平均每公里不超过4万元，农村公路不超过3万元；灾害防治工程平均每公里不超过15万元。

中部地区：不超过项目概算的60%，且危桥改造加固改建类平均每平方米不超过1000元，拆除重建类平均每平方米不超过2000元；安保工程国省干线平均每公里不超过5万元，农村公路平均每公里不超过4万元；灾害防治工程平均每公里不超过20万元。

西部地区：不超过项目概算的75%，且危桥改造加固改建类平均每平方米不超过1300元，拆除重建类平均每平方米不超过2600元；国省干线安保工程平均每公里不超过6万元，农村公路不超过5万元；灾害防治工程平均每公里不超过25万元。西藏自治区所有项目全额补助。

第十九条 总投资额超过500万元的项目可按照项目投资比例进行补助，由省级交通运输主管部门单独提出申请，经交通运输部审核同意后，列入年度补助计划中。

申请所需资料包括：项目具体情况说明，公路（桥梁）现状图片，以及设计文件批复意见。

上述项目需由省级交通运输主管部门或公路管理机构进行设计审查。

第四章　工 程 管 理

第二十条 各地应按照公路养护工程管理的有关规定，组织实施公路路网结构改造工程。

第二十一条 各地交通运输主管部门或公路管理机构应根据实际，制定适合本地区特点的公路路网结构改造工程管理办法，加强施工管理。

公路路网结构改造工程作业单位应按相关规定严格控制工程质量，强化安全管理，确保工程质量和安全。

第二十二条 各级交通运输主管部门和公路管理机构在组织公路路网结构改造工程作业时，应全面分析作业路段周边交通状况，制定绕行路线、交通组织疏导方案和应急疏导预案，严格控制施工工期。尽量避免同一公路主线上多个路段同时施工和长距离连续作业，最大程度减少对交通的影响。

省际出入口的改造工程，相关交通运输主管部门和公路管理机构应主动与相邻省份进行沟通，合理确定施工方案，做好组织协调。

第二十三条 公路路网结构改造工程施工单位应严格按照《中华人民共和国公路法》、《公路养护安全作业规程》（JTJ H30－2004）和交通运输部《关于加强公路养护作业组织管理的通知》（交函公路〔2010〕207号）的规定，制定详细规范的施工组织设计，在施工路段两端设置明显的施工标志、安全标志，做好作业现场的管理工作，保证施工车辆、人员和过往车辆的安全。

第二十四条 公路路网结构改造工程完工后，应组织交（竣）工验收。对于一般性工程（工程量小且结构简单）可由地市级交通运输主管部门或公路管理机构组织验收，并将竣工验收资料报省级交通运输主管部门或公路管理机构备案，省级交通运输主管部门或公路管理机构应组织有关人员对其进行抽查；对于涉及复杂结构工程的项目应采用先交工验收后竣工验收的形式，由省级交通运输主管部门或公路管理机构按照国家有关规定组织。

公路路网结构改造工程通过交工验收后，相关管养单位应及时更新公路数据库相关信息。

第二十五条 省级交通运输主管部门或公路管理机构应建立公路路网结构改造工程效果评价机制，对公路路网结构改造工程取得的经济和社会效益做出评价，并在年度总结中反映。

第二十六条 省级交通运输主管部门及公路管理机构应加强对公路路网结构改造工程实施后的养护和管理，确保改造工程效果的可持续。

第五章　监督检查

第二十七条　各省级交通运输主管部门和公路管理机构应建立有效的监督检查机制，加强质量监督和安全监管，确保公路路网结构改造工程顺利实施。

第二十八条　交通运输部根据各地计划执行情况，组织对各地公路路网结构改造工程配套资金落实、技术方案合理性、项目管理规范化、工程进度、质量、安全等情况进行监督检查，督促各地切实加强公路路网结构改造工程的管理。

第二十九条　交通运输部根据督查情况和各地上报信息，对由于设计深度不足造成重大变更的单位，和因工程管理不到位或偷工减料等原因，引发不良社会影响或重大工程质量和安全事故的相关从业单位，进行通报，并列入不良信用单位名单。

第三十条　对有不良信用的从业单位，各级交通运输主管部门或公路管理机构要严格限制或禁止进入养护作业市场。

第三十一条　有关单位有下列行为之一，交通运输部可以责令限期整改，并视情节轻重，核减或停止下一年度该单位的公路路网结构改造工程补助资金。

（一）擅自改变车购税补助资金使用用途的；

（二）超标准、超范围安排项目的；

（三）年度计划总投资调整超过10％的；

（四）不能按照工程需要足额、及时配套公路路网结构改造工程资金的；

（五）无正当理由，年度实施计划完成70％以下的；

（六）因公路路网结构改造工程施工组织不当引起重大质量、安全事故或长时间交通拥堵，造成严重社会影响的；

（七）未按规定建立公路路网结构改造工程项目库和管理信息系统，并及时填报、更新相关信息的；

（八）在计划执行过程中被交通运输部通报批评的；

（九）其他违反国家法律、法规和本办法相关规定的。

第三十二条　省级交通运输主管部门要结合本辖区公路路网结构改造工程管理实际，根据各地（市）、县组织实施、配套资金落实，以及改造效果等情况，制定与投资规模相挂钩的奖惩办法。

第六章　附　　则

第三十三条　公路路网结构改造工程管理除遵守本办法外，还应遵守国家相关法律、法规和规定。

第三十四条　省级交通运输主管部门应按照本办法及相关规定制定本辖区公路路网结构改造工程管理办法，并报交通运输部备案。

第三十五条　本办法由交通运输部解释。

第三十六条　本办法自印发之日起执行，原《公路路网结构改造工程项目管理办法（试行）》同时废止。

140. 关于做好“十二五”公路路网结构改造工作的通知

（厅公路便〔2011〕13号）

各省、自治区、直辖市、计划单列市交通运输厅（局、委），上海市城乡建设和交通委员会、天津市市政公路管理局，新疆生产建设兵团交通局：

今年4月，部印发了《公路路网结构改造工程管理办法》（交公路发〔2011〕182号，以下简称《办法》），明确了“十二五”期间公路路网结构改造工程（含危桥改造工程、公路安全保障工程和干线公路灾害防治工程）的改造目标、补助范围和标准，规范了前期工作程序，对加强项目管理提出了明确要求。为做好“十二五”公路路网结构改造工作，贯彻落实《办法》的有关规定，现就有关事宜通知如下：

一、加快构建“十二五”公路路网结构改造工程项目库

各省级交通运输主管部门要按照《办法》提出的补助范围，以及“十二五”改造目标和“干线优先、逐条推进”的原则，制定本辖区公路路网结构改造工程规划。根据《办法》，部组织开发了公路路网结构改造工程部省两级项目库及管理信息系统。近期，部将组织系统使用及管理培训，并于6月15日至8月31日进行部级项目库的填报工作。届时，请各地按照规划填报有关项目信息形成项目库。

二、加强“十二五”公路路网结构改造工程项目管理工作

“十二五”期间的公路路网结构改造工程项目管理工作，要严格按照《办法》规定的程序和要求进行。省级交通运输主管部门要组织做好相关工作，认真把好前期工作关、资金配套关和质量安全关。方案审查及设计审查由市、县交通运输主管部门或公路管理机构进行的，省级交通运输主管部门及公路管理机构要加强监督指导；总投资额超过500万元且拟申请按照项目投资比例进行补助的项目，省级交通运输主管部门或公路管理机构应对其进行设计审查。各地要采取有效措施，确保配套资金足额到位，并建立切实可行的资金监管机制，确保中央补助资金专款专用。同时，要做好施工组织工作，认真履行监管职责，督导施工单位加强现场管理，规范施工程序，确保工程质量。

三、做好2011年公路路网结构改造工程实施工作

（一）做好2011年计划实施项目的前期工作。目前，部正在对各省上报的建议计划进行审核，待与财政部商定公路路网结构改造工程专项资金规模后，及时将审批后的年度计划草案下达各省。各省级交通运输主管部门要抓紧组织做好拟列入2011年计划项目的设计（采用一阶段设计的项目应完成施工图设计）及审批工作，在计划草案下达前完成并将设计审查批复文件报部备案。

（二）做好项目的组织实施工作。部计划草案下达后，各省级交通运输主管部门要及时将计划下达各地并做好组织实施工作。要准确掌握各项目的资金到位、资金使用以及工程进展等情况，确保部计划项目保质保量完成，并及时在路网改造工程管理信息系统中填报，部将据此及时通报各地实施情况。

云南、贵州、四川、重庆四省（市）要继续做好列入国家科技支撑计划课题“山区公路网安全保障技术体系研究与示范工程”项目的组织实施工作，并支持部安保工程技术组做好对示范工程效果的评估工作，确保国家科技支撑计划顺利实施。

141. 交通运输部关于贯彻落实《国务院关于加强道路交通安全工作的意见》的通知

（交运发〔2012〕490号）

各省、自治区、直辖市、新疆生产建设兵团交通运输厅（局、委），天津市、上海市交通运输和港口管理局，部属各单位：

为深入贯彻落实《国务院关于加强道路交通安全工作的意见》（国发〔2012〕30号，以下简称《意见》），进一步加强道路交通安全工作，现就有关工作要求通知如下：

一、充分认识加强道路交通安全工作的重要意义，认真贯彻落实《意见》要求

道路交通安全事关人民群众切身利益和经济社会发展大局，加强道路交通安全工作，切实把道路交通安全风险降至最低，是党和政府执政能力的重要体现。《意见》从适应我国道路通车里程、机动车和驾驶员数量、道路交通量大幅增长的新形势出发，进一步明确了道路交通安全工作的指导思想和基本原则，提出了全面加强道路交通安全工作的一系列政策举措，是新时期做好道路交通安全工作的重要指导性文件。各级交通运输部门要认真学习领会《意见》精神，充分认识做好道路交通安全工作的重要意义，抓好《意见》的贯彻落实。切实加强组织领导，结合交通运输实际，制定切实可行的工作方案，明确任务分工，落实各项工作措施。要把贯彻落实《意见》与正在开展的"安全生产年"、"道路客运安全年"、"打非治违"等活动结合起来，统筹安排，统一部署，确保各项工作有序开展，取得实效。在地方政府的统一领导下，积极配合公安部门，加强与其他相关部门的合作，形成齐抓共管、协调高效的工作局面。

二、进一步落实运输企业安全生产主体责任

（一）强化企业安全生产主体责任。运输企业要建立健全安全生产责任制、岗位责任制和安全生产管理各项制度，制定和完善安全管理标准体系和岗位操作规程，健全安全管理机构，配备专兼职安全管理人员，保障安全生产投入，定期召开安全生产分析会、安全生产例会，开展安全生产自查自纠工作，及时发现和消除事故隐患。客运企业要严格落实《道路旅客运输企业安全管理规范（试行）》，夯实安全基础。

（二）严格营运驾驶员管理。要认真做好营运驾驶员从业资格管理工作。运输企业要严格驾驶员录用条件，严格审核相关资质，严把驾驶员聘用关；做好驾驶员的岗前培训，定期组织驾驶员参加安全学习和教育培训，按照规定开展好驾驶员的继续教育；对驾驶员从业行为定期进行考核，根据考核结果严格奖惩；根据公安部门通报的驾驶员违法和事故信息，对驾驶员进行处罚；对交通违法记满分、诚信考核不合格，以及从业资格被吊销的驾驶员，要及时调离驾驶岗位或予以辞退。

（三）防止长途客运驾驶员疲劳驾驶。长途客运企业要合理安排班次，推行长途客运车辆凌晨2时至5时停止运行或实行接驳运输措施。实行接驳运输的，要根据实际情况，实施驾驶员停车换人、落地休息制度；有条件的客运企业要积极推行旅客一票到达目的地，全程分段运营、定点换车换人制度。要做好运输组织和驾驶员调度，保障驾驶员合理休息时间。高速公路服务区、客运站要积极配合，为长途客运车辆中途休息提供便利。

（四）加强营运车辆维修保养。运输企业要使用经检测合格的车辆从事道路运输经营活动，达到规定使用年限的车辆，不得继续从事经营活动。按照规定定期对营运车辆进行维护和检测，认真落实车辆日常检查制度，确保营运车辆处于良好技术状况。

（五）加强车辆和驾驶员动态监控。运输企业要按照交通运输部、公安部、安全监管总局、工业和信息化部《关于加强道路运输车辆动态监管工作的通知》(交运发〔2011〕80号)要求，建立和完善卫星定位装置安装使用制度，落实监控人员，建立监控台账，确保车辆实时在线，及时发现和纠正超速行驶、疲劳驾驶、不按规定路线行驶等违法违规行为。企业调度人员要利用动态监控系统加强对车辆运行过程的管理，将安全监控与运营调度结合起来。

三、进一步加强道路客运安全管理

(一)严格长途客运班线管理。进一步严格长途客运班线审批和管理，合理确定营运线路、车型和时段。严格控制1000公里以上的跨省长途客运班线审批和夜间运行时间，对新增跨省长途客运班线，一律实行招投标制度，优先选择安全服务质量优良的骨干企业承担长途线路运营。

(二)改进旅游包车安全管理。根据本地区旅游客运市场供求状况，加强旅游客运运力投放调控。会同公安、安全监管、旅游等部门深入开展旅游包车客运安全专项整治，强化对旅游包车客运企业的监管，加强对旅游包车违法违规行为的处罚力度，坚决杜绝线路两端均不在车籍所在地的经营行为。推行包车业务网上申请和备案制度，规范旅游包车客运标志牌管理，严禁发放加盖公章的空白包车客运标志牌。

(三)严格客运站源头管理。督促客运站认真履行安全管理职责，建立健全并落实各项安全生产制度，进一步细化和明确客运站关键人员岗位职责、工作内容和流程，积极推行客运站安全监管的标准化作业。严格落实“三不进站、五不出站”规定，并将乘客佩戴安全带情况增加为车辆出站检查内容。

(四)严格落实道路客运安全告知制度。督促客运企业按规定播放安全告知短片，规范驾驶员或乘务员口头告知内容，在车内明显位置处按要求标示车辆核定载客人数、经批准的停靠站点和投诉举报电话等。

四、进一步加强机动车驾驶员培训管理工作

(一)继续强化机动车驾驶员培训与考试的衔接。加强与公安部门的沟通协调，建立信息交换机制，推进驾驶培训机构计时培训管理系统与道路运输管理机构管理系统，以及道路运输管理机构管理系统与公安考试系统的联网对接，实现数据共享；共同对驾驶培训机构培训质量、考试合格率、诚信考核等级等情况进行综合评估，建立驾驶培训机构培训质量排行榜，并对社会公布。

(二)严格监管机动车驾驶培训机构。加大市场调控力度，按照合理布局、有序发展的原则，对驾驶培训机构审批实行规划管理。严格新增驾驶培训机构的许可，采用招投标方式，确定市场准入主体和教学车辆的投放。定期开展驾驶培训机构培训能力评估，根据培训能力及培训、服务质量核定其招生人数。加强执法监督力度，重点整治挂靠经营、乱设报名点等违法违规行为，坚决查处“以包代管”、“只收钱不管理”的空壳驾校以及挂靠教练车、无牌无证教练车。

(三)加强培训质量监管。深入开展素质教育，坚持把学员安全知识的学习和安全意识的养成，作为培训的重中之重，贯穿于培训教学的全过程。推广应用计算机计时培训管理系统，改进教学方式，促进规范化教学，全面落实培训教学大纲和学时要求，坚决杜绝违规发放结业证的行为。

(四)加强大中型客货车辆驾驶员素质培养。积极引导建立集中的培训基地，提高培训场地和设施设备利用效率，切实保障大中型客货车辆驾驶员培训要求。会同相关部门，积极推进将大客车驾驶员的培养纳入国家职业教育体系，依托具备条件的职业院校，培养高素质的大客车驾驶员。鼓励客运企业通过委托培养等形式，参与大客车驾驶员职业教育。

五、进一步加强营运车辆技术管理

(一)严格营运车辆准入。继续做好营运客车类型划分和等级评定，提高营运客车安全配置要求。做好货运车辆推荐车型工作，鼓励营运货车向标准化、轻量化、厢式化发展。认真执行营运车辆准入制度，督促汽车综合性能检测机构严格对准入车辆的技术参数、配置的核查，对经检测不符合营运车辆相关标准和指标的，一律不得进入运输市场。

(二)改进营运车辆综合性能检测。严格执行营运客车综合性能检测制度，检测不合格的车辆，一律不得从事营运。加强营运车辆综合性能检测机构的资格管理，督促检测机构完善设施设备条件，提高检测能力，规范检测活动，坚决杜绝不按规定项目和标准检测、出具虚假检测报告的行为。对出具虚假检测报告的检测机构，要停业整顿直至取消其检测资格。

（三）提高营运客车被动安全性。会同公安部门深入开展“安全带—生命带”专项行动，加强对途经高速公路营运客车乘客座椅安全带的安装、使用、宣传情况的全面督查，督促客运企业、客运站认真落实相关规定要求，积极引导旅客在客车行驶过程中自觉佩戴安全带，减少道路交通事故对乘客造成的伤害。

六、进一步加强营运车辆动态监管

（一）继续推进营运车辆卫星定位装置应用。确保旅游包车、危险品运输车辆、三类以上班线客运车辆安装符合标准的终端产品，并全部接入联网联控系统。农村客运车辆要逐步安装使用卫星定位装置，卧铺客车必须加装车载视频监控装置。推进重型载货汽车和半挂牵引车的出厂前安装卫星定位装置工作，进入运输市场的重型载货汽车和半挂牵引车必须安装符合标准的卫星定位装置，并接入道路货运车辆公共监管与服务平台（www. gghypt. net）。凡未按要求接入公共监管与服务平台的，不予市场准入审批。对在用的重型载货汽车和半挂牵引车，要逐步引导安装卫星定位装置，接入道路货运车辆公共监管与服务平台。

（二）做好平台标准符合性审查。各地交通运输部门要督促在用的政府监管平台和企业监控平台尽快进行升级改造，按照有关要求完成标准符合性审查。对未按时完成标准符合性审查的平台，予以通报并责令整改，整改不合格的，要更换符合标准的平台。

（三）规范卫星定位装置使用行为。部将联合公安部、安全监管总局共同制定《道路运输车辆动态监督管理办法》，规范卫星定位装置安装、使用行为。各地要尽快实现向公安、安全监管等有关部门开放数据传送，充分利用动态监控手段，依法实施联合监管，共同加强对企业动态监控工作的监督，督促运输企业利用好监控平台，切实加强对车辆和驾驶员违法行为的处理力度。

七、进一步加大行业监管力度

（一）完善道路运输安全监管机制。严格运输市场准入，把安全管理制度和安全生产条件作为运输企业准入审核的重要内容。完善道路运输企业服务质量信誉考核，把企业安全生产状况作为考核的重要内容，将考核结果与客运线路招投标、运力投放等挂钩，并作为市场退出的重要依据。鼓励客运企业实行公司化、规模化经营，积极培育集约化、网络化经营的货运龙头企业。鼓励运输企业采用安全统筹、行业互助等形式，提高企业抗风险能力。

（二）加强对运输企业的安全监督检查。各级交通运输部门要联合公安、安全监管等部门，加强对运输企业的安全监督检查，督促运输企业落实安全管理规范，及时整改存在的安全隐患和薄弱环节。对安全管理混乱、存在重大安全隐患的企业，要按照《安全生产法》和《国务院关于特大安全事故行政责任追究的规定》等有关法律法规规定，责令其停业整顿；对整改不达标的，撤销原批准。逐步建立客运、危险品运输企业安全生产评估制度，组织开展安全生产评估活动，实现对运输企业的分类管理和重点监管，促进运输企业安全生产管理的持续改进和不断完善。要配合公安部门，督促运输企业落实驾驶员中途休息制度，防止驾驶员疲劳驾驶。

（三）加大对事故企业的处理力度。各级交通运输部门要会同有关部门依法加大对事故企业的处理力度。对发生重大及以上或者 6 个月内发生两起较大及以上责任事故的运输企业，依法责令其停业整顿，肇事车辆班线停运 6 个月；停业整顿后符合安全生产条件的，准予恢复运营，3 年内不得新增客运班线，旅游客运企业 3 年内不得新增旅游运力；停业整顿仍不具备安全生产条件的，吊销道路运输经营许可证或者吊销相应的经营范围。发生重特大道路交通责任事故的，依法吊销道路客运班线经营许可，并收缴有关证件。

八、完善公路安全标准体系与制度

（一）修订完善相关公路安全标准体系，提升安全标准水平。按照“先进理念、系统管理、经济可靠、有效实施”的总体要求，对公路安全设施设计、施工、安全性评价等行业标准进行修订完善，合理设置安全防护设施，提高公路设施防灾、抗灾及防护能力。

（二）加强公路勘察设计，提高公路设计质量和安全水平。要认真贯彻地形选线、地质选线、安全选线原则，公路线形设计要考虑机动车实际运行速度，避免出现线形突变，保证行车安全；组织开展公路设施安全风险评估工作，针对特殊复杂桥梁和隧道工程，应综合评估工程设计、施工和运营各阶段风险，合理设置安全储备，提高工程安全度；推广标准化结构、标准化施工，从源头消除质量通病和安全隐患，保证结构的安全可靠性；加强防护、排水工程安全设计，在工程位置、尺寸、形式等方面充分考虑交通安全的需要，特别是要评估特殊天气造成的泥石流、洪涝等次生灾害对公路带来的影响，提高公路基础设施的防灾抗灾能力；加强交通安全设施设计，要充分考虑工程具体使用情况，适应交通安全运行需要，提高交通安全设计的针对性。

（三）加强工程建设管理，提高工程耐久性。各地要全面推行现代工程管理，深入开展施工标准化活动，以标准化促进项目规范管理；严格执行基本建设程序和标准规范，不得随意降低标准，对技术标准中可灵活运用的非强制性指标，应在确保安全的基础上经过综合论证后确定；加强设计变更管理，规范变更程序，严禁未批准、先实施，任何变更不得影响工程质量和安全；加强建设材料特别是安全设施材料准入把关，确保公路设施的安全可靠。

（四）加强工程竣（交）工验收工作，全面检验工程质量、安全等指标，把好工程投运前最后一道关口。根据工程竣（交）工验收工作规定，严格工程质量安全指标的检验，核查交通标志、标线、标牌的设置，确保交通安全设施设计、施工、使用“三同步”；加强与相关部门的协同配合，公路工程交工验收工作应当请公安、安全监管等部门人员参加，交通安全设施验收不合格的不得通车运行。

九、全面加强公路养护管理

（一）要保证公路养护管理投入，强化养护责任落实。确保公路养护资金、机构、人员“三到位”，健全养护制度、优化养管措施、落实养管责任，采取预防性养护、日常养护、小修保养、大中修相结合的方式全面提升养护成效，确保公路安全、畅通。各级交通运输主管部门要努力协调和争取地方政府支持，有计划、分步骤地逐年增加和改善公路交通安全设施，安排更多财政性资金用于公路养护；收费公路要在通行费收入中列支足额资金用于公路养护。

（二）要强化管理，加大危桥改造力度，确保桥梁使用安全。各级交通运输主管部门和公路管理机构要严格执行桥梁检查和管养工作的相关规定，通过建立专门的桥梁技术档案，全面系统掌握桥梁的使用情况，对于安全隐患较大的四、五类桥梁，要按规定及时协调当地公安交通管理部门，实施交通管制措施，禁止或限制车辆通行；按照“轻重缓急”原则，组织对辖区内公路上危桥进行改造，努力实现危桥数量逐年减少。

（三）加强公路安保工程建设。加强与公安交管部门合作，重点结合交通事故发生率、事故形态等关键数据和指标，不断完善安保工程实施内容，对于临水临崖、连续下坡、急弯陡坡等事故易发路段，校车途经路线等重要路段的安全隐患，要按照技术标准积极完善交通安全设施。省级交通运输主管部门要根据《交通运输部关于认真做好〈校车安全管理条例〉贯彻实施工作的通知》（交运发〔2012〕327号）要求，将校车途经公路线路的安全隐患排查结果于2012年10月底前报部（公路局）。

（四）抓好公路灾害防治工程建设。贯彻“预防为主、防治结合、因地制宜、综合治理”的原则，结合历史数据，组织对重点路段进行灾害预评估，合理确定公路灾害防治标准和处治方案，采取多种措施进行综合整治，不断提高抗灾能力、通行能力和行车安全水平。

（五）开展公路隐患排查治理。密切与公安交警等部门协作，结合交通事故统计分析，排查确定事故多发路段和存在安全隐患的路段，全面梳理桥涵隧道等风险点，结合公路养护工程进行隐患危险路段工程改造，消除公路设施隐患。

十、进一步推进农村公路交通安全设施建设

县级人民政府要落实农村公路建设和管理养护主体责任，科学制定改善农村公路交通安全设施的计划，落实资金，加大建设、管理和养护力度。对新改建农村公路应根据需要同步安装完善安保等附属设施，对已建成的农村公路应按照“安全、有效、经济、实用”的原则，认真排查安全隐患点，分期分批进行整治。要结合农村公路特点，研究制定符合本地实际的农村公路安全技术标准，规范安全设施建设行为，总结推广既有的安全设施建设经验，鼓励探索既能够节约成本又能有效解决问题的新方法，使有限资金发挥最大效益，提升农村公路安全保障水平。

十一、进一步加强公路货运车辆超限超载治理

（一）加强重点货物运输装载源头监管。建立完善重点货运源头单位名单及治超责任考核管理办法，加大货运源头治超投入力度，强化货运源头派驻、巡查等措施，切实防止违法超限超载运输车辆出厂（站、矿）上路。

（二）加强路面执法工作。会同公安交管部门加大工作力度，完善路面治超执法协作机制，以固定超限检测站为依托，以治理车货总重超过55吨的违法超限超载运输车辆为重点，切实加大检测和执法工作力度，严格卸载措施，及时消除违法行为。有条件的公路桥梁，要根据实际情况和需要配置称重检测设备，及时检测和预警，防止违法超重车辆上桥行驶。

（三）强化信息共享和监管处罚。加快推进治超检测站点的信息系统联网工作，加快推进治超管理信息系统、运政管理系统和公安交通管理信息系统间的数据交换与共享，促进路面执法与源头监管密切配合、联防联治。各地交通运输主管部门要按照有关规定，对违法超限超载运输的货运车辆、驾驶人和道路运输企业，严格实施吊销车辆营运证和道路运输经营许可证等处罚。

十二、进一步加强路网运行监测和应急处置

（一）加强路网运行监测体系建设。重点加强高速公路和重要干线公路沿线监控设施建设，加大路网运行信息自动化采集力度，重点推进部省两级路网管理与应急处置平台建设和联网，逐步形成完善的公路网运行监测网络。

（二）加强公路交通气象灾害监测预报预警。进一步深化与气象部门的合作，及时做好公路交通气象预报预警工作，共同推进公路交通气象观测网络建设，不断提高公路交通气象灾害监测预报预警水平，逐步形成长期、稳定、可靠的公路交通气象信息采集、预测分析与发布机制。

（三）加强应急救援能力建设。加快组建以地方公路管理机构现有力量为主体的公路应急养护中心以及专业化的公路应急抢险保通队伍。加快推进公路交通应急装备物资储备体系建设，重点建设国家区域性公路交通应急装备物资储备中心。加快高速公路应急救援装备、队伍建设，会同公安、卫生、消防等部门，建立高速公路应急救援联动机制，全面提升应急救援能力。

142. 交通运输部关于进一步加强安全生产工作的意见

（交安监发〔2013〕1号）

各省、自治区、直辖市、新疆生产建设兵团及计划单列市交通运输厅（局、委），上海市、天津市交通运输和港口管理局，有关港口管理局，部属各单位、部内各单位：

为认真贯彻党的十八大精神，深入落实国务院关于安全发展的要求，切实加强交通运输安全生产工作，为经济社会持续健康发展、人民群众安全便捷出行创造良好环境，提出以下意见：

一、全面把握安全发展的总体要求

（一）深刻认识交通运输安全工作的长期性、艰巨性和复杂性。随着我国工业化、信息化、城镇化、农业现代化快速发展，对交通运输安全生产提出了更高的要求。交通运输安全生产基层基础工作还比较薄弱，仍处于事故多发高发期，重特大事故频发易发的势头尚未得到根本遏制。交通运输企业受金融危机冲击，生产成本上升，经济效益下降，影响安全生产的问题有所增加。交通运输行业暴露出安全管理理念不适应、法规制度不健全、责任落实不到位、从业人员业务素质有待提高、安全文化建设亟待加强等诸多深层次问题。各种传统和非传统、自然和社会的不确定因素与风险交织并存，推进交通运输安全发展的任务更加繁重、更为紧迫。

（二）切实把交通运输安全生产工作摆在更加突出的位置。牢固树立以人为本、安全发展的理念，坚持“安全第一、预防为主、综合治理”的方针，始终把保障经济社会持续健康发展、维护人民群众生命财产安全放在首位，以“平安交通”创建活动为载体，以事故预防为重点，以责任落实为保障，以科技创新和教育培训为支撑，以能力建设为基础，牢牢把握安全工作主动权，不断提升交通运输安全发展水平，严密防范和坚决遏制重特大事故，为全面建成小康社会提供坚实的交通运输安全服务保障。

二、深化“平安交通”创建活动

（三）深入开展“平安交通”创建活动。各级交通运输管理部门和企业要把“平安交通”创建活动作为抓好当前和今后一个时期安全生产工作的载体，以创建平安公路、平安车船、平安港站、平安渡口、平安工地等为重点，结合实际，因地制宜，深入推进，务求实效。通过创建活动，使安全生产体制机制法制进一步健全，各类应急处置预案进一步完善，安全生产保障能力进一步增强，安全生产文化进一步提升，安全生产队伍素质进一步提高，确保交通运输安全生产形势持续稳定好转。

（四）加强“平安交通”创建活动的组织实施。各级交通运输管理部门和企业要切实加强组织领导，制定实施方案，动员各方力量广泛参与，形成创建活动合力。全面深入开展“平安交通”创建宣传活动，积极营造良好社会氛围。“平安交通”创建活动与安全生产各专项活动相互衔接，不断总结经验，表彰先进，推动创建活动扎实有序有效开展。

三、坚决遏制安全生产重特大事故

（五）严格安全生产准入条件。研究提高并严格执行交通运输企业、车船、从业人员安全准入标准，严把车辆、船舶、设施设备关，严禁非法改装车辆和“三无”船舶进入市场。严格工程建设项目管理，达不到安全生产条件的企业不得进入交通运输工程建设市场。严格执行从业人员资格证制度，从事客运、危险化学品运输、特种设备操作等重点岗位的人员必须持证上岗。

（六）开展隐患排查和专项整治。进一步完善安全隐患排查治理长效机制，加强重大安全隐患动态跟踪管理。督促交通运输企业定期进行安全隐患排查，确保隐患整改落实到位。针对道路水路运输、城市客运、工程建设等重点领域存在的薄弱环节和突出问题，深入开展专项整治行动，对安全生产状况不断恶化的交通运输企业，及时采取措施予以清理整顿，有效遏制重特大事故。

（七）强化道路运输安全管理。加强对道路运输企业和营运车辆的安全管理，严格执行“三不进站、六不出站”安全管理规定。推进“安全带一生命带”工程。积极推行长途客运车辆凌晨2时至5时停止运行或实行接驳运输，达不到安全通行条件的三级以下山区公路严禁营运客车夜间通行。会同相关部门严厉打击客车超员、超速和货车超载、超限营运等违章行为，加强旅游包车和异地营运车辆的安全管理和整治。加强城市公交安全管理。

（八）强化水路运输安全监管。加大对重点水域和重点船舶的日常监管力度，深入开展琼州海峡、渤海湾、三峡库区等区域客滚运输安全专项整治。加强对船舶通航密集区、水上施工区和交通管制区以及台湾海峡客运航线的监管，严防船舶碰撞和泄漏等事故。严厉打击船舶非法营运和超载行为。进一步督促县乡人民政府落实监管主体责任，加大渡口渡船安全监管力度。强化对航运企业安全管理体系审核和跟踪管理。开展船舶救生、消防设备配备等专项检查，确保船舶适航。严格船员培训考试发证，确保船员适任。

（九）强化危险化学品运输安全管理。进一步规范危险化学品运输和安全管理行为，加强对港口码头危险货物罐区的安全管理。加大滚装运输、集装箱夹带危险化学品检查力度，严厉打击非法违法从事危险化学品运输和夹带危险品运输的行为。切实加强内河、封闭水域危险化学品运输的监管，禁止通过内河封闭水域运输剧毒化学品和国家规定禁止通过内河运输的其他危险化学品，强化长江沿线危险化学品运输安全治理，研究建立长江沿线危险化学品运输安全监管长效机制。

（十）强化工程建设施工安全管理。严格执行工程施工安全各项制度、规程，严禁违章指挥、违章操作、违反劳动纪律。全面推行桥梁隧道施工安全风险评估，继续开展防坍塌和防高空坠落专项行动。加强大型桥梁隧道、港口码头等重大工程建设的现场安全管理，切实做好工程施工现场地质灾害预防和应对工作。

四、加强安全生产科技创新和教育培训

（十一）加强安全生产科研和应用。加快交通运输安全生产风险管理体系研究和应用，提高安全风险分析评估和综合防治的技术水平。加强危险化学品运输、海上溢油清除、重点领域监控监管等关键技术和装备设施研究。积极推广应用性能可靠、先进适用的安全生产新技术、新工艺、新设备和新材料。

（十二）加快安全生产管理信息化建设。加快交通运输安全畅通和应急信息系统建设，推进危险化学品和烟花爆竹水路运输动态管理信息系统建设，完善路网监测与应急管理信息系统、重点营运车辆联网联控系统。加强电子海图、电子航道图、地理信息系统（GIS）在交通运输领域推广应用。

（十三）加强从业人员安全教育培训。有计划、分步骤地开展从业人员岗位培训和继续教育。对新录用和转岗人员应开展岗前培训和安全教育，企业负责人、安全管理人员和从事旅客、危险化学品运输等一线从业人员应定期接受在岗培训和继续教育。加强安全应急知识培训和应急演练，提升从业人员安全应急实际操作能力。

五、推进安全生产法规制度和标准化建设

（十四）推进安全生产法规规范和标准建设。加快推进《航道法》、《城市公共交通条例》等法律法规的制定或修订。建立健全交通运输安全生产激励与责任追究、重大隐患挂牌督办、安全生产“黑名单”等制度。加快制定完善道路水路运输、城市公交、工程施工等安全和应急的技术标准规范。推进城市轨道交通、海上溢油等应急预案编制工作。

（十五）加快推进企业安全生产标准化。在交通运输行业普遍开展岗位达标、专业达标和企业达标建设。组织开展考评员培训、考试和考评机构资质认定，加强考评员、考评机构监督管理，积极推进企业达标考评，客运和危险化学品运输企业应在2013年底前达标，其他交通运输企业在2015年底前达标。

（十六）强化安全生产标准化达标等级应用。将企业安全生产标准化与企业营运资质许可、运力调整等相结合，重点支持高等级达标企业，整体提升交通运输企业安全管理水平。对在规定期限内未达标的企业，依据有关规定责令停业整顿；对整改逾期仍未达标的，依法予以取消营运资质。

六、完善和严格落实安全生产责任体系

（十七）严格落实企业安全生产主体责任。督促企业依法依规加强安全生产，严格遵守和执行安全生产相关方针政策、法律法规、标准规范，及时制修订各项安全生产规章制度和操作规程。完善和落实安全生产责任制，企业主要负责人、实际控制人应切实承担安全生产第一责任人责任，逐级签订安全生产责任书，完善层级责任制。强化对车船、设施设备和一线操作员工的安全管理，督促客运、危险品运输驾驶人员、特种作业人员等关键岗位签订安全责任承诺书，确保责任落实。

（十八）严格落实安全生产监管责任。各级交通运输管理部门应建立健全行政首长负总责，领导班子成员“一岗双责”制度。加强安全生产调研，及时了解掌握基层安全生产情况，组织解决安全生产存在的重点难点问题。加大安全生产监管和督促检查工作力度，加强现场和动态执法，秉公执法文明执法，确保监管到位。

（十九）完善安全生产管理体制机制。各级交通运输管理部门和交通运输企业应按有关规定，设置安全管理机构和配置安全管理人员，建立健全安全生产委员会制度。加强交通运输部门与相关部门的沟通协作，强化交通运输综合安全监管部门和业务管理部门的协调配合，进一步完善交通运输安全管理信息报告、督促检查、应急救援等机制，形成齐抓共管的合力。发挥社会组织、行业协会等中介组织在安全生产中的作用。

七、强化安全和应急保障能力

（二十）加大安全生产投入。交通运输企业应按规定足额提取并用好安全生产费用，完善费用管理制度，严禁虚列或挪用。加快淘汰和更新老旧车辆、船舶及设施设备，全面推进内河船型标准化建设，加强工程建设工地防风、防雷、防地质灾害等安全设施的配备。新建、改建、扩建工程项目的安全设施必须与主体工程做到“三同时”（同时设计、同时施工、同时投产和使用）。各级交通运输管理部门应将安全生产的科研开发、宣传教育、督查检查、事故调查处置、绩效奖励等费用纳入预算，提供经费保障。

（二十一）加强安全生产基础设施建设。重点加强农村公路安保、城市轨道交通运营安保、危桥改造、渡改桥等安全生产基础设施建设。全面推进老旧码头结构加固改造，加快重点航道疏浚、整治和锚地的规划建设，加强航运枢纽、通航建筑物等水运工程的助航和安保设施设备建设。完善航标配布，按规定设置通航桥梁防撞设施。加强重点陆岛、岛岛运输配套安全设施建设。

（二十二）提高安全监管装备水平。研究制定安全监管装备器材配备标准，加强公路与水路安全监管装备器材的配置和基地建设，为安全监管部门和人员配齐配强装备和防护器材。进一步完善整合船舶交通管理系统（VTS）、船舶自动识别系统（AIS）、闭路电视监控系统（CCTV）等功能，研究建立大型交通运输基础设施建设和管养安全监测系统，提升动态监管能力。

（二十三）加强应急救援装备设施建设。推进国家和省级公路交通应急保障中心及基地建设。加快应急救助船艇、飞行器、指挥车辆等装备建设。加快船舶溢油应急基地建设，加强水路危险品运输应急物资储备，加快航标、测量船舶及装备建设。依托大型交通运输企业，建立各级道路和水路运输应急保障运力储备。

八、加强安全生产考核和监督

（二十四）推进安全生产绩效考核。建立完善安全生产考核机制，加大领导干部和部门负责人政绩业绩考核中安全生产的权重和考核力度，将安全责任的落实作为单位和人员绩效考核的重要内容，与评优、评先、晋升相结合。建立并完善安全生产激励机制，对成效显著的单位和个人要以适当形式予以表扬和奖励。

（二十五）加大安全生产责任追究力度。严格事故调查处理和责任追究，按照“四不放过”的原则，严格实行安全生产一票否决、引咎辞职等问责制度，严肃查处每一起安全生产事故，依法严肃追究责任单位和相关责任人责任。认真落实事故查处挂牌督办、警示通报、诫勉约谈等制度。畅通安全生产举报渠道，强化社会监督、舆论监督和群众监督，共同推进群防群治和责任落实。

143. 交通运输部关于印发贯彻落实国务院办公厅有关实施公路安全生命防护工程意见的实施方案的通知

（交公路发〔2015〕22号）

各省、自治区、直辖市、新疆生产建设兵团交通运输厅（局、委），部内各单位：

《国务院办公厅关于实施公路安全生命防护工程的意见》（国办发〔2014〕55号，以下简称《意见》）充分体现了党中央、国务院对公路交通安全工作的高度重视，明确提出到2015年、2017年和2020年实施公路安全生命防护工程的工作目标和任务要求。为贯彻落实好《意见》，现提出如下实施方案。

一、全面排查治理现有公路安全隐患

（一）全面总结普通国省干线公路安全保障工程实施经验，吸收近年来相关标准规范和国内外公路安全隐患治理研究成果，进一步提高公路安全隐患防治水平，制定出台《公路安全生命防护工程实施技术指南》。（交通运输部公路局牵头，2015年3月初完成）

（二）制定《现有公路实施安全生命防护工程方案》，成立技术专家组，完善评估和监管机制。（交通运输部公路局牵头，规划司配合，2015年3月初完成）

（三）指导各地组织力量，集中对所有乡道及以上行政等级公路进行全面排查，摸清存在公路安全隐患的路段数量和分布情况，建立并完善公路安全隐患基础数据库。在“十三五”交通运输规划和“十三五”全国公路养护管理发展纲要中纳入现有公路实施安全隐患治理规划目标。（交通运输部公路局牵头，规划司配合，2015年6月底完成）

（四）指导安全隐患排查治理工作。各地对排查出的安全隐患要列入治理计划，将隐患按照严重程度区分轻重缓急，实行省、市、县三级政府挂牌督办制度，逐一落实责任单位和责任人，落实治理资金，确定治理方案，明确治理时限。2015年底前，完成急弯陡坡、临水临崖等重点路段约3万公里农村公路的安全隐患治理；2017年底前，全面完成急弯陡坡、临水临崖等重点路段约6.5万公里农村公路的安全隐患治理；2020年底前，基本完成乡道及以上行政等级公路安全隐患治理。（交通运输部公路局牵头，规划司配合，2015年底、2017年底和2020年底分别取得阶段性成果）

（五）指导农村客运工作。开通农村客运班线应当符合《道路旅客运输及站场管理》规定的条件，并依据《农村道路旅客运输班线通行条件审核规则》开展农村客运班线通行条件审核工作。对于存在重大安全隐患的农村公路，在隐患整治到位前不得开通农村客运班线和校车。已开通的，要优先治理相关重大安全隐患，整治到位前，要合理调整线路途经地。因客观条件无法调整线路途经地且途经的农村公路存在安全隐患的，应当暂停营运。（交通运输部运输司牵头，持续实施）

（六）指导各地根据安全设施的使用年限定期进行维护更新，并加大部门联合整治力度，严厉打击、惩治偷盗公路安全设施的违法行为。（交通运输部公路局牵头，持续实施）

二、严格规范公路工程安全设施建设

（七）整合现有标准规定，建立公路工程技术标准的动态发展工作机制，不断修订完善标准。研究修订低等级公路技术标准，结合农村、山区实际情况，确定线形指标及安全设施设置等相关技术要求。（交通运输部公路局牵头，持续实施）

（八）公路工程建设项目可行性研究和勘察设计应按有关要求充分考虑安全性，认真测算并计列必要的安全设施，合理选用技术标准，避免过多使用指标下限造成安全隐患。各级交通运输部门要按照项目管理权限，加强可行性研究报告和设计文件的审查、审批，监督有关单位按照可行性研究报告

和设计文件做好项目组织实施。(交通运输部综合规划司、公路局牵头，持续实施)

(九) 公路安全设施建设必须符合有关工程技术标准和合同约定的要求，鼓励采用标准化结构、标准化施工，严格执行基本建设程序，不得随意降低标准、更改设计方案，保证公路安全设施齐全有效。进一步健全公路工程交工验收制度，严格按照公路工程管理权限吸收相应层级的公安交通管理、安全监管等部门人员参加验收。公路工程质量监督机构应依据职责对列入质量监督计划的公路项目加强监督抽查力度。相关单位应重点加强安全设施质量检测和验收，验收不合格不得交付使用、通车运行。(交通运输部公路局牵头，安全质量监管司配合，持续实施)

三、大力推进公路安全综合治理

(十) 会同有关部门研究部署开展治理超限超载专项行动，统一治超执法标准，进一步完善工作机制。在货物运输主通道、重要桥梁入口处、高速公路入口处等公路网的重要路段和节点，设立公路超限检测站或设置动 (静) 态监测等技术设备，加强车辆超限超载情况监测。实行货运车辆在高速公路入口称重，全面禁止超限超载违法运输车辆进入高速公路。探索利用计重收费等检测数据加强治超执法管理。(交通运输部公路局牵头，运输司配合，2015 年 12 月底完成)

(十一) 加快修订《超限运输车辆行驶公路管理规定》，规范行政处罚自由裁量权执行标准。(交通运输部公路局牵头，法制司、运输司配合，2015 年底完成)

(十二) 会同有关部门加快建立客货运驾驶人从业信息、交通违法信息、交通事故信息的共享机制，设立驾驶人“黑名单”制度。全面推广重点货运源头运政人员巡查和派驻制度，坚决遏制违法超限超载运输。(交通运输部运输司牵头，安全质量监管司配合，2015 年底取得阶段性成果)

(十三) 研究推动将车辆超限超载违法运输行为列入以危险方法危害公共安全行为，追究有关人员刑事责任。(交通运输部法制司牵头，公路局配合，2015 年底取得阶段性成果)

四、切实强化组织领导和责任落实

(十四) 各省级交通运输主管部门要紧密结合本地实际，在省 (区、市) 人民政府的领导下，加快制定本部门实施方案，细化任务措施，明确重点工作分工和进度安排，落实责任，建立年度监督考核机制，加强监督检查，确保各项工作落到实处。各省级交通运输主管部门应于每年度 12 月底前将落实情况报部。(交通运输部办公厅、公路局牵头，持续实施)

(十五) 配合国务院有关部门建立约谈和问责机制，对没有完成年度目标任务或者安全隐患整治不符合要求，并由此导致重大人员伤亡和财产损失的，要严格开展责任倒查，依法依规严肃追究党政领导和相关责任人的责任。同时，要限期进行整改，整改到位前暂停该地区新建道路项目的审批。(交通运输部规划司、公路局、安全质量监管司牵头)

144. 交通运输部办公厅关于印发《现有公路实施安全生命防护工程方案》的通知

（交办公路〔2015〕42 号）

各省、自治区、直辖市、新疆生产建设兵团交通运输厅（局、委）：

为深入贯彻落实《国务院办公厅关于实施公路安全生命防护工程的意见》（国办发〔2014〕55 号），按照《交通运输部贯彻落实国务院办公厅关于实施公路安全生命防护工程的意见的实施方案》（交公路发〔2015〕22 号）要求，交通运输部制定了《现有公路实施安全生命防护工程方案》（以下简称《方案》），现印发给你们。请根据《方案》的总体安排，结合本地区实际情况，做好工程的组织和实施工作。

各地在实施过程中如发现问题请与部公路局或技术专家组联系，部公路局联系人花蕾，电话：010-65292746；技术专家组联系人侯德藻，电话：010-62076345，13401073739，电子邮箱：dz.hou@rioh.cn。

附件：公路安全生命防护工程技术专家组（略）

现有公路实施安全生命防护工程方案

“十五”以来，交通运输部重点在全国普通国省干线公路上实施了以“消除隐患、珍视生命”为主题的公路安全保障工程，对保障行车安全，提高公路服务水平，保护人民群众生命财产安全发挥了重要作用。目前，受公路点多、线长、面广等客观因素影响，以及资金、环境、理念等众多因素的制约，公路交通在数量快速增长和规模扩大的同时，质量和功能、服务和管理等方面还不能完全适应经济社会发展的要求，特别是部分早期建成的农村公路临水临崖、坡陡弯急，缺乏必要的安全设施，存在较高安全风险。为深入贯彻落实《国务院办公厅关于实施公路安全生命防护工程的意见》（国办发〔2014〕55号），保证现有公路顺利实施安全生命防护工程（简称“公路安防工程”），制定本方案。

一、总体要求

（一）指导思想。

深入贯彻落实党的十八大和十八届三中、四中全会精神，按照国务院决策部署，牢固树立以人为本、安全发展的理念，切实强化安全“红线”意识，立足我国国情、社情和公路交通发展实际情况，全面排查公路安全风险，统筹需求和财力状况，科学有序完善公路安全设施，全力打造“平安交通”，为人民群众出行创造更加安全畅通的公路交通环境。

（二）基本原则。

坚持政府主导、社会参与。强化地方各级人民政府主体责任，提高公共财政保障能力，以财政性资金为主解决普通国省干线公路和农村公路安全设施投入问题。发挥市场机制作用，引导和鼓励汽车制造、公路建设和运输、保险等社会力量参与，形成工作合力。

坚持统筹协调、分步实施。注重顶层设计和统筹规划，加强部门、行业间的协调合作，按照“安全、有效、经济、实用”的原则，增强工程实施的整体性和系统性。充分考虑实际情况和财力可能，区分轻重缓急，先行解决安全风险等级较高、交通量较大的路段。

坚持创新驱动、技术支撑。集成相关技术研究成果，通过技术创新和实践检验不断丰富完善公路交通安全保障技术、措施和标准体系。立足各地实际情况，加强专业技术咨询，以技术咨询支撑科学决策，以科学决策引领科学发展。

坚持规范运作、持续可控。完善涵盖风险排查、方案设计、工程治理等内容的信息管理系统，规范工作流程，形成目标明确和绩效导向的管理制度。构建统一的评估监管体系，避免资源分散配置和“碎片化”，加强事中和事后的监督检查和责任倒查，强化制度的执行力度。

（三）任务目标。

——2015年底前，全面完成现有公路的安全隐患排查和治理规划工作，完成通行客运班线和接送学生车辆集中的农村公路急弯陡坡、临水临崖等重点路段约3万公里的安全隐患治理。

——2017年底前，完成急弯陡坡、临水临崖等重点路段约6.5万公里农村公路的安全隐患治理。

——2020年底前，基本完成乡道及以上行政等级公路安全隐患治理，实现农村公路交通安全基础设施明显改善、安全防护水平显著提高。

二、工作步骤

公路安防工程涉及面广、工程量大、社会关注度高，多数待实施路段位于地形条件复杂的山岭重丘区，实施难度大，各级交通运输主管部门要精心安排，认真组织，周密筹划，确保实施工作的顺利进行。工作步骤如下：

（一）准备阶段（2015年3月底前）。

1. 交通运输部制定下发实施方案和《公路安全生命防护工程实施技术指南》；委托有关技术单位

对《公路安全生命防护工程实施技术指南》、《公路护栏安全性能评价标准》（JTG B05—2013）等技术标准进行宣贯培训；成立技术专家组。

2. 省级交通运输主管部门制定本地区实施方案，健全工作机制，分解工作任务，为工程顺利开展奠定基础。

（二）排查阶段（2015 年 6 月底前）。

1. 省级交通运输主管部门按技术等级对本地区现有公路进行风险评估或安全隐患排查，摸清底数，形成安全隐患清单。交通运输部选定河北、浙江、湖南、广东、贵州、甘肃等六省作为示范点，组织技术专家组对排查工作进行技术指导。

2. 交通运输部组织对“全国公路路网结构改造工程管理信息系统”进行升级改造，完善现有公路安全隐患基础数据库。各省级交通运输主管部门按要求填报排查相关数据。

3. 省级交通运输主管部门研究确定本地区“十三五”公路安全生命防护工程规划目标。交通运输部汇总各地情况，将公路安全生命防护工程规划目标纳入“十三五”全国公路养护管理发展纲要。

（三）实施阶段（2015 年 7 月至 2020 年 12 月底）。

1. 交通运输部研究修订《公路路网结构改造工程管理办法》，建立统一的评估和监管机制。

2. 各地在现有公路开展公路安防工程实施工作。交通运输部组织技术专家组重点对示范的六省实施工作进行技术指导，跟踪研究和解决实施过程中的技术问题，并根据实际需要，适时调整完善《公路安全生命防护工程实施技术指南（试行）》。

3. 交通运输部每年对全国实施工作进行总结、评估和监督检查，根据评估和监督检查结果以及相关部门的建议，发布每年度实施工作情况通报，并提出下一年度实施工作意见。

4. 省级交通运输主管部门分年度对本地区实施工作进行总结、评估和监督检查。

三、工作要求

（一）提高思想认识，加强组织领导。

党中央、国务院高度重视交通安全工作，公路安防工程作为保障行车安全、提升服务水平的一项重要举措，任务重、难度大、要求高，各级交通运输主管部门要充分认识这项工作的重要性和重大意义，按照部党组提出的全力打造“平安交通”要求，在地方各级人民政府领导下，按照职责分工，切实加强组织领导，成立实施工作领导小组，强化顶层设计，打破条块分割，完善工作机制和制度措施，逐项分解任务和牵头单位，明确目标责任，建立考核机制，落实好各项要求。

（二）强化技术支持，及时解决问题。

公路安防工程是一项技术复杂的系统工程，专业技术要求高，涉及风险评估、指标排查、工程设计、施工管理、质量控制、验收评价、效果评估等环节。为保证工作实效，交通运输部委托公路科学研究院作为牵头技术支持单位，并成立技术专家组（名单附后），以加强技术指导，提供技术支撑。各省级交通运输主管部门也要采取类似方法，委托具体技术支持单位，承担技术保障任务，及时解决实施过程中的技术问题。

（三）加大资金投入，加强资金保障。

收费公路的安防工程资金由收费单位承担。各级交通运输主管部门要督促收费单位整治安全隐患，加强对治理计划和实施进度的监督检查。普通公路的安防工程资金以地方为主解决，各级交通运输主管部门要积极协调地方人民政府，将其纳入一般公共预算管理。交通运输部将协调财政部通过一般性转移支付给予适当支持。

（四）高度重视设计，精益求精施工。

设计是工程的灵魂。各级交通运输主管部门要重视设计工作，在安防工程实施前，按照“安全、有效、经济、实用”原则组织设计单位进行方案设计，对处治措施、设施形式、设置位置等要进行多方案比选，以达到综合效果最佳。同时，公路安防工程规模小、数量多、交通条件复杂，施工组织和施工管理难度大，各级交通运输主管部门要督促有关单位注重组织管理，加大对施工单位设备能力、材料质量、工艺技能、施工规程等的监管，确保工程质量。要努力提高技术水平，鼓励采用标准化施工，重视新技术、新工艺和新材料推广运用，通过技术创新着力解决施工中的难点问题。

（五）准确工作定位，统筹协同推进。

交通参与者的安全意识和交通行为改善是提高公路交通安全水平、减少公路交通事故的主要因素，实施安防工程的目的和作用是警醒交通参与者避免发生错误的交通行为，以及降低交通参与者因错误交通行为而造成的损害程度。各级交通运输主管部门要准确定位公路安防工程实施工作，在排查治理公路安全隐患的同时，要及时向当地人民政府报告，坚持综合治理，会同有关部门加强道路交通安全各要素的协同改进。

（六）全面加强养护，巩固实施成果。

各级交通运输主管部门要将公路安全设施纳入养护范围，督促养护单位根据公路安全设施的使用年限定期维护更新，并随时间推移和公路交通情况发展变化，当其安全性能不再适应时，应结合公路安全隐患治理规划进行动态升级改造。要加强公路巡查，安全设施遗失损毁的要及时予以修复，确保安全设施经常处于良好的技术状况。同时，要按照“不添增量”的要求，在公路新建、改建、扩建时同步实施公路安全设施，并严格交（竣）工验收制度，验收不合格的不得交付养护单位。

（七）加强舆论引导，营造良好环境。

要进一步重视宣传工作，为公路安防工程实施创造良好的社会环境。一是加强基础资料的分析对比，注意收集工程实施前后的交通事故数、事故形态、改善状况，以及对比图片等基础资料，以便对工程实施效果做出客观评价，同时展示实施成效。二是主动开展宣传活动，定期通过电视、广播、报纸、网站等媒介，发布有关公路安防工程实施进展情况、实施效果等相关信息，主动组织新闻媒体对公路安防工程进行宣传，为公路交通安全发展、科学发展、可持续发展营造良好的舆论氛围。

（八）注重信息报送，及时总结经验。

省级交通运输主管部门要建立公路安防工程信息报送制度，明确专人负责信息报送工作，畅通信息渠道，对制定的实施方案和建设规划等重大信息要及时报送，并按照要求填报“全国公路路网结构改造工程管理信息系统”。在实施过程中，要及时掌握本地区实施情况，注意从工程实践中总结和吸收经验教训，实事求是地把握标准，解决不同路段、不同事故发生类型的安全防护措施，找出适合普通公路安全防护的技术规律，指导今后的公路新改建工作。

145. 关于做好“十三五”公路路网结构改造工程有关工作的通知

（交公便字〔2015〕148号）

各省、自治区、直辖市、计划单列市、新疆生产建设兵团交通运输厅（局、委）：

根据全国公路发展形势，部研究决定，“十三五”期间继续开展公路路网结构改造工程。其中，原“公路安全保障工程”更名为“公路安全生命防护工程”（以下简称“公路安防工程”），并增加病隧改造工程。为做好“十三五”公路路网结构改造工程规划、项目库构建和2016年建议计划编制工作，现将有关工作通知如下：

一、“十三五”规划编制

（一）规划目标。部初步提出“十三五”公路网结构改造工程规划目标为：公路安防工程基本完成普通国省干线和县、乡道的改造任务；危桥改造工程消除普通国省干线现有危桥，改造县道、乡道、村道中病害严重、难以继续使用的四、五桥梁，力争实现农村公路危桥逐年下降；病隧改造工程主要针对普通国省干线公路A类、B类隧道土建工程，以及机电、安全设施缺乏的隧道；干线公路灾害防治工程（以下简称灾害防治工程）主要针对山岭重丘区二级及以下国省干线公路的重点路段。请各地根据上述规划目标，结合本地区路网结构状况及资金配套能力，科学研究制定不低于部确定的规划目标，增强规划的指导性和可操作性。

（二）科学编制改造方案。各地要加强调查研究，全面掌握国道、省道调整后的技术状况，摸清改造需求，并按照轻重缓急、突出重点的原则，合理安排、科学编制改造方案，确保本地区及部规划目标的实现。公路安防工程要按照今年以来开展的公路安全隐患排查结果，统筹考虑本辖区整条路线的规模效益，按照路线编制改造方案，突出重点，逐条推进，做到改造一条、见效一条；危桥改造工程要综合考虑桥梁所在路线的重要性、交通量以及桥梁技术状况等因素，以此确定改造顺序；病隧改造工程要以A类、B类隧道土建结构改造为重点，并对机电、安全等配套设施缺失而影响通行安全的隧道进行整治；灾害防治工程要集中力量，力争每年完成1—2条国省干线公路整治工程项目。

（三）加强规划之间衔接。加强公路路网结构改造规划与其他规划，特别是“十三五”公路发展规划、国省干线改造工程、农村公路建设规划的衔接、协调，合理确定规划目标、投资安排、改造时间等。公路路网结构改造工程规划不得与部“十三五”国省干线改造工程和农村公路建设规划项目重复计列。

二、“十三五”项目库构建

公路安防工程项目库依托已完成的现有公路安全隐患排查数据库构建。本次项目库构建工作主要针对危桥改造工程、病隧改选工程和灾害防治工程。

（一）项目范围。

危桥改造项目为非收费性质的国、省、县、乡、村道四、五类桥梁；病隧改造项目为非收费性质国道、省道上的A类、B类隧道和机电、安全设施缺失严重的隧道；灾害防治工程项目为二级及以下非收费性质的国道、省道灾害易发路段。

曾使用过车购税补助资金的项目原则上不再列入项目库。若有特殊原因确需列入的，另行研究处理。

（二）填报方式和时间。

“十三五”公路路网结构改造工程项目库更新工作，继续通过交通运输部专网，依托全国公路结构改造工程管理信息系统（以下简称系统）进行。项目库数据填报工作自10月9日开始，11月20日结束。

对于项目库中拟列入2016年部投资计划的项目，在按照上述时间要求填报项目库时，要同时开展方案审查工作，并于12月10日前填报方案审查完成情况。请各地按时完成，确保2016年计划编制工作顺利开展。

（三）填报要求。

1.“十三五”项目库数据按照国道网规划调整后的路网填报。省道网规划已获省级人民政府批复的，按照省道网规划调整后填报；未获批复的，按照原省道网（扣除调整为新国道的路段）填报。鉴于当前国道网里程桩号传递工作尚未开展，各地可暂按辖区内梳理的里程桩号报送项目。

我局将根据国道网里程桩号传递和各地省道网规划调整工作进展情况，适时组织项目库更新工作。

2.做好与2014年公路养护统计年报的衔接。国道、省道各项目要根据系统中添加的“原路线情况”数据项要求，注明其在2014年公路养护统计年报中的路线编号及桩号或桥梁、隧道编号，其他基础属性数据应与公路养护统计年报保持一致。

3.对危桥项目的技术状况在2014年公路养护统计年报中非四、五类，需由省级交通运输主管部门单独提交入库申请，并附桥梁病害具体描述、现场照片，以及桥梁检测报告中有检测单位盖章确认的“桥梁检测结果”。

4.2014年公路养护统计年报未计入的桥梁、隧道项目，不得纳入项目库。

5.计划单列市“十三五”项目，由各计划单列市通过系统自行填报。

三、其他要求

1.鉴于当前正处于国道网规划调整期，项目库构建与养护统计数据库更新工作交织，工作任务重、时间紧、难度大。请各单位高度重视，抓紧组织力量开展规划、建议计划编制、项目方案设计和审查等各项工作，确保填报工作按时完成。

2.辖区内行政区划发生调整的省（区、市），于11月20日前向系统运维单位（部公路院）提供行政区划调整情况对比表。

部公路局联系人：花蕾 （010）65292746。

系统运维单位联系人：黄飞扬 18010163462。

146. 交通运输部办公厅关于印发《现有公路安全生命防护工程示范省建设实施方案》的通知

（交办公路〔2015〕169号）

河北、浙江、湖南、广东、贵州、甘肃省交通运输厅：

为深入贯彻落实《国务院办公厅关于实施公路安全生命防护工程的意见》（国办发〔2014〕55号），根据《现有公路实施安全生命防护工程方案》（交办公路〔2015〕42号）关于开展示范工作的要求，交通运输部组织制定了《现有公路安全生命防护工程示范省建设实施方案》。经部领导同意，现印发给你们。请结合本地区实际情况，认真做好组织和实施工作。

现有公路安全生命防护工程示范省实施方案

根据《现有公路实施安全生命防护工程方案》（交办公路〔2015〕42 号）有关要求，为做好现有公路实施安全生命防护工程示范省实施工作，制定本方案。

一、工作目标与主要任务

根据 6 个示范省份推荐，交通运输部确定了 24 个路段 4100 公里作为示范路段（见附件）。

（一）工作目标。

通过示范路段公路安全生命防护工程实施工作，达到建设一批具有典型示范效果和较大社会影响力的示范点段，研究一批不同区域不同地理环境不同经济条件下的地方安全防护技术手段、措施、指南，建立一套体系完善、监管有力的公路安全生命防护工程管理制度和运行机制，造就一批坚持正确导向、德才兼备、富有创新精神的技术研究和决策咨询专业团队的目标，为全国现有公路安全生命防护工程的实施提供示范和借鉴。

（二）主要任务。

结合示范路段的地形地貌特征、技术指标特征和交通环境特征等，因地制宜地采取灵活有效的安全处置技术，重点对临崖临水、急弯陡坡、视距不良、连续弯道、环境复杂、交叉口不规范、大中修路面标高提升造成安全设施高度不足等问题进行综合处置，全面提高示范路段的安全保障能力。具体包括：

1. 全面应用风险评估方法，针对风险分级与隐患级别，科学确定处置措施。

2. 建立包含公路安全状况评估与隐患排查、投资预期设定与需求分析、实施方案比选、规划与计划编制 4 个关键环节的实施决策制度，推进成本效益分析方法应用，提高资金使用效率。

3. 科学处置并基本消除示范路段中风险水平为Ⅳ级和Ⅴ级的路段。

4. 探索公路安全生命防护工程处治技术，总结实施经验，评估处治方案，完善《公路安全生命防护工程实施技术指南（试行）》，形成贯穿排查、设计、施工到评估的有示范作用的全套技术体系和管理制度体系。

5. 逐步形成省内公路安全生命防护工程技术专家组，打造技术人才团队。

二、工作步骤

公路安全生命防护工程涉及因素多、技术要求高，而且多数实施路段位于地形条件复杂的山岭重丘区，实施难度大。各级交通运输主管部门应按以下步骤，精心组织，周密筹划，确保示范工程顺利实施。

（一）准备阶段（2015 年 11 月底前）。

交通运输部制定和下发示范省实施方案；示范省确定省级技术支持单位，成立技术专家组，并按照交通运输部方案要求细化完善本省的实施方案，于 2015 年 11 月底前报交通运输部。

（二）勘察设计阶段（2015 年 12 月至 2016 年 3 月）。

各示范省按照交通运输部有关要求，对示范工程路段进行调查研究，摸清现状，完成有关评估分析，开展示范工程设计，并于 2016 年 2 月 15 日前将设计文件报交通运输部，由交通运输部技术专家组于 2016 年 3 月 30 日前完成示范工程设计方案咨询。

（三）全面实施阶段（2016 年 4 月至 2016 年 9 月）。

相关交通运输主管部门、公路管理机构和技术支撑单位根据分工，按项目进程组织实施，并做好实施过程中有关资料的收集工作。

（四）验收总结阶段（2016 年 10 月至 2016 年 12 月）。

交通运输部制定下发《现有公路安全生命防护工程专项验收办法（试行）》；相关省交通运输主管

部门对示范路段分段验收，由交通运输部技术专家组给予技术咨询，并全面总结示范工程实施、技术手段、制度体系建设、人才队伍建设等方面的经验，形成示范工程验收工作报告。

（五）效果评估及经验推广阶段（2017 年 7 月至 2017 年 12 月）。

各示范省统一组织开展由交通运输部技术专家组参加的示范项目的效果评估工作，形成下一步在全国可推广、可复制的经验；各省根据效果评估成果进一步丰富完善地方技术指南。

三、工作要求

（一）注重示范工程整体效益。示范省交通运输主管部门要统筹考虑整条示范路线的改造标准和规模效益，按照路线编制改造方案，突出重点，整体推进，做到改造一条、见效一条，充分发挥示范工程的整体示范效应。

（二）根据路段特点合理处治、分类示范。示范省交通运输主管部门要因地制宜、因路制宜地采取安全防护设施设置技术，实现分类示范。国省干线公路要侧重对不同特征组合情况下的综合处置示范；农村公路要侧重灵活有效的安全处置技术、低造价设施开发和应用技术等；通客运班线路段和旅游公路要侧重需求、环境与各类设施的协调融合。对于已有安全设施的路段，要对既有设施充分评估并通过补强、完善、替换等手段加以合理利用；对于新设安全设施的路段，要坚持“安全、有效、经济、实用”的原则，采用符合本地特色、经济适用的隐患处治方法，实现成本、效益的最大化。

（三）加强工程设计。示范省交通运输主管部门要加强示范路段工程设计工作，统一协调，统一开展，确保整条路线的设计标准和技术措施匹配协调。现场设计工作要注重实地踏勘和各项相关数据的收集、分析、评估工作，并根据分析评估结果开展多方案比选，确保设计方案合理、可行，综合效果最佳。

（四）规范施工组织和管理。示范省交通运输主管部门要采取切实措施，精心做好施工组织和管理工作，加大对施工单位的设备能力、材料质量、工艺技能、施工规程等的监管，指导施工单位加强现场管理，努力提高施工技术水平。建立健全各项管理制度，规范工程管理。

四、保障措施

（一）加强组织领导。为确保示范工作顺利实施、取得实效，示范省交通运输主管部门要加强领导，精心组织，及时协调解决工作中的重大问题，要成立由相关单位组成的示范工程实施管理机构，切实做好示范工程的组织协调及督导推进工作。同时，还要积极争取沿线市县政府的支持，建立和完善政府主导、部门联动、协调推进的工作机制。

（二）积极筹措落实资金。示范工程所需资金由中央车购税资金和地方配套资金两部分构成，其中中央车购税资金按照部“十三五”公路安全生命防护工程补助标准安排，地方配套资金由示范省交通运输主管部门负责筹措。示范省交通运输主管部门要积极筹措落实配套资金，保障及时足额到位，为示范工程顺利实施提供资金保障。部对示范工程优先保障、重点支持。

（三）加强技术支持与交流。部技术专家组和牵头技术支持单位要加强对各省示范工作的技术支持和指导。各省交通运输主管部门也要组织省级技术支持单位加强对示范工程的技术支持。部已建立公路安全生命防护工程交流共享平台，加强示范省间的交流，实现信息共享。各省也要建立本省的信息交流共享平台，促进信息交流和经验推广，确保示范工程建设取得实效。

（四）加强实施效果评估。要建立工程实施效果后评估机制，以质量、安全、进度、效益四项主要指标为基础，建立和完善符合本地区实际情况的示范工程建设工作考核指标体系，对示范工程实施效果进行科学全面的考核评估。

（五）营造良好舆论氛围。综合运用各种媒介和宣传平台，大力宣传实施安全生命防护工程的重要意义和实施成效，使各级政府、相关部门及广大群众熟知各自责任、权利和义务，在全社会形成爱护公路、依法保护公路的良好氛围。

附件

公路安全生命防护工程示范路段

省份	县、市、州	路线编号和名称	起止桩号	路段总里程（km）	技术等级	设计速度（km/h）	路面类型	路面宽度（m）	主要隐患类型	主要示范内容
河北省	承德市承德县平泉县	G101	K220＋750～K337＋343	116.593	一级/二级	80/60	沥青混凝土	28—11.4	临水临崖、小半径曲线、视距不良、平交道口、高险边坡	地质不良路段增设拦石墙、主动防护网；增设护栏、诱导标、避险车道、港湾式停靠站，完善标志、标线，清理危石，接高挡墙、平交路口整治等
河北省	承德市承德县隆化县	S253	K0＋000～K62＋620	62.62	二级	60	沥青混凝土	8.5	临水临崖、小半径曲线、视距不良、平交道口、长大纵坡、高险边坡	地质不良路段增设拦石墙、主动防护网；增设护栏、诱导标、港湾式停靠站，完善标志、标线、平交路口整治等
河北省	承德市平泉县	X553	K0＋000～K51＋800	51.8	二级/三级	60/40	沥青混凝土	11.4—6	急弯、连续急弯、视距不良	地质不良路段增设拦石墙、主动防护网；增设护栏、诱导标，完善标志、标线，清理危石，接高挡墙
河北省	承德市平泉县	Y052	K0＋000～K27＋300	27.3	三级	40	水泥混凝土	6	急弯、连续急弯、视距不良	地质不良路段增设拦石墙、主动防护网；增设护栏、诱导标，完善标志、标线，清理危石，接高挡墙
贵州省	遵义市	G243（原 S204）	K0～K95	95	二级	40	沥青混凝土	9	连续急弯、连续下坡、陡坡、视距不良、高边坡、高路提、高档墙、旁山险道、平面交叉、村寨等	标志、标线、防护设施、视线诱导及警示设施、减速丘及减速路面、其他
贵州省	黔东南州	S308	K191～K296	105	二级	40	沥青混凝土	7.5	连续急弯、连续下坡、陡坡、视距不良、高边坡、高路提、高档墙、旁山险道、平面交叉、村寨等	标志、标线、防护设施、视线诱导及警示设施、减速丘及减速路面、其他
贵州省	安顺市镇宁县、关岭县	X409	K63＋400～K145＋200	81.8	四级	20	沥青表处	5.5	单个急弯、连续急弯、连续下坡、陡坡、视距不良、高边坡、高路提、高档墙、旁山险道、平面交叉、村寨等	标志、标线、防护设施、视线诱导及警示设施、减速丘及减速路面、其他
贵州省	黔南州贵定县	X935	K0＋000～K23＋993	23.993	四级	20	沥青表处	6.5/4.5	单个急弯、连续急弯、连续下坡、陡坡、视距不良、高边坡、高路提、高档墙、旁山险道、平面交叉、村寨等	标志、标线、防护设施、视线诱导及警示设施、减速丘及减速路面、其他

续上表

省份	县、市、州	路线编号和名称	起止桩号	路段总里程（km）	技术等级	设计速度（km/h）	路面类型	路面宽度（m）	主要隐患类型	主要示范内容
广东省	河源市 韶关市 广州市 佛山市 中山市 珠海市	G105	K2307+000～K2693+622	386.622	一级/二级	40/60/80/100	水泥混凝土/沥青混凝土	7—42	指路标志不完善；部分路侧险要路段护栏缺失或损坏；急弯陡坡路段线型较差；部分弯道缺少视线诱导设施；两处避险车道存在安全隐患；墟镇、县城及连接路段平交路口多，路况复杂	完善指路标志系统，增补、更新波形护栏；部分急弯陡坡路段内侧加宽；急弯、陡坡、路侧险要路段增设视线诱导及警示设施；对两处避险车道进行改造；完善平交路口交通安全设施和监控设施
	广州市 清远市 清城区、 阳山县、 连州市	S114	K0+000～K329+921	329.921	一级/二级/四级	40/60/80	水泥混凝土/沥青混凝土	7—70	指路标志不完善；缺少公路信息发布设施；连续急弯；沿线村庄多，平交路口多且不规范；部分村镇路段无人行道；临山靠河段护栏、标志、标线不全	完善指路标志系统；增加可变信息牌；急弯改造，局部路段路面加宽；标志标线处置、交叉口综合处置；村镇路段增设人行道；增设防撞护栏与指示性标线标牌
	肇庆市 广宁县	X443	K0+000～K59+189	59.189	四级	30	水泥混凝土	6—6.5	路侧险要及急弯、视距不良	设置安防设施、改善视距
	肇庆市 广宁县	Y510	K0+000～K42+633	42.633	四级	20	水泥混凝土	4.0	路侧险要及急弯、视距不良	设置安防设施、改善视距
湖南省	岳阳市 长沙市 株洲市 郴州市	G106	K1551+954～K2150+153	598.199	一级/二级/四级	20/40/60/80	水泥混凝土/沥青混凝土	7—45	环境复杂、交叉口不规范、长陡坡、路侧险要等	强化全面处置，全面拦防，完善引导、示警设施，重点对临崖临水、急弯陡坡、桥头跳车和事故多发路段进行综合处置
	株洲市 衡阳市 邵阳市	S315	K0+000～K304+153	304.153	一级/二级	40/60/80	水泥混凝土/沥青混凝土	6—38.6	沿线环境复杂、视距不良、路侧险要等	加强预防、引导和示警措施，重点对临崖临水、急弯陡坡、桥头跳车和事故多发路段进行综合处置
	长沙市 宁乡县	X211	K0+000～K13+097	13.097	二级	20	沥青混凝土	9	视距不良、单个急弯较多、路侧险要路段占全线80%以上	体现因地制宜，防护强弱适当，措施方便有效，重点解决集镇路段、平交道口交通混行，农村公路警示与诱导不完善
		S327	K13+097～K36+927	23.83	二级	20	沥青混凝土	9		
	长沙浏阳	Y140	K0+000～K14+049	14.049	四级	20	水泥混凝土	5	平交路口、临水临崖、连续急弯路段较多	体现因地制宜，防护强弱适当，措施方便有效，重点解决集镇路段、平交道口交通混行，农村公路警示与诱导不完善

续上表

省份	县、市、州	路线编号和名称	起止桩号	路段总里程（km）	技术等级	设计速度（km/h）	路面类型	路面宽度（m）	主要隐患类型	主要示范内容
浙江省	温州市 丽水市	G322 （原S330）	K0+000～ K122+326	122.326	一级/二级/三级/四级	20—80	沥青混凝土/水泥混凝土	6.5—18	急弯陡坡、视距不良，部分路段交通安全设施不符合要求，平交口不规范，穿村镇路段路域环境复杂等	路域环境整治，路幅断面优化，急弯陡坡路段、交叉口、穿村镇路段、隧道照明改造，交通安全设施、路面提升完善等
	杭州市 金华市	S210线	K0+000～ K79+402	79.402	二级/三级	40/60	沥青混凝土/水泥混凝土	6.5—22	急弯陡坡、视距不良，部分路段交通安全设施不符合要求，平交口不规范，穿村镇路段路域环境复杂等	路域环境整治，路幅断面优化，急弯陡坡路段、交叉口、穿村镇路段、隧道照明改造，交通安全设施提升完善、增设避险车道等
	丽水市 遂昌县	X603	K0+000～ K109+803	109.803	二级/四级	20/60	水泥混凝土	4.5—12	急弯陡坡、视距不良，部分路段交通安全设施不符合要求，平交口不规范，穿村镇路段路域环境复杂等	路域环境整治，路幅断面优化，急弯陡坡路段、交叉口、穿村镇路段、隧道照明改造，交通安全设施提升完善等
	台州市 仙居县	X703	K0+000～ K36+200	36.2	二级/三级/四级	20/50	沥青混凝土 水泥混凝土	4.5—12	路面较窄不适应大交通量，急弯陡坡、视距不良，部分路段交通安全设施不符合要求，平交口不规范，穿村镇路段路域环境复杂等	路域环境整治，路幅断面优化，急弯陡坡路段、交叉口、穿村镇路段改造，交通安全设施提升完善等
甘肃省	兰州市 定西市 陇南市	G212	K0+000～ K684+584	684.584	二级/三级/四级	60	沥青混凝土/水泥混凝土	7.5	线形不良	山区路段、塬壑区域路段的生命防护工程处置策略，通过设置标志、标线、视线诱导设施诱导驾驶员视线，预先提示前方线形特征，指引驾驶员改变驾驶行为，顺利驶过弯道路段
	天水市 陇南市 定西市 甘南州	S306	K0+000～ K426+606	426.606	二级/三级	80	沥青混凝土	9	路侧险要	黄土路段的生命防护工程处置策略，注重路侧防护，保障结构强度，增加警告标志
	庆阳市 镇原县	X111	K0+000～ K138+000	138	三级/四级	20/30	沥青路面	6	路段沿线普遍存在线形指标低、视距不良、路侧险要等安全隐患	路侧安全防护处置、交通标志标线处置、警示和视线诱导处置、边沟边坡防护处置、交叉口综合处置
	临夏州 东乡县、 临夏县、 积石山县	X053	K0+000～ K168+200	168.2	三级/四级	20/30	沥青路面	6.5	路侧险要	路侧安全防护处置、交通标志标线处置、警示和视线诱导处置、边沟边坡防护处置、交叉口综合处置

147. 关于公路安全生命防护工程示范省建设情况的通报

（交办公路函〔2018〕1645号）

为深入贯彻落实《国务院办公厅关于实施公路安全生命防护工程的意见》（国办发〔2014〕55号）部署，自2015年起，部在全面推进公路安全生命防护工程（以下简称公路安防工程）基础上，组织河北、浙江、山东、湖南、广东、贵州、甘肃开展了公路安防工程示范省建设。各示范省交通运输主管部门高度重视，精心组织、扎实推进，圆满完成了示范省建设工作。经交通运输部同意，现将有关情况通报如下：

一、基本情况

2015年11月，部办公厅印发了《现有公路安全生命防护工程示范省建设实施方案》（以下简称《方案》），全面启动了现有公路实施安全生命防护工程示范省建设工作。2017年1月，部办公厅印发《关于公路安全生命防护工程示范验收工作有关要求的函》（交办公路函〔2017〕106号），指导示范省开展验收工作。2018年6月，示范省验收工作全面完成。

各示范省交通运输主管部门、公路管理机构在省级人民政府统一领导下，在示范项目沿线市县政府的支持下，积极筹措资金，坚持部门联动，加强跟踪督查，强化技术支撑，坚持"统一设计、统一咨询、统一验收、统一评估"，有力保障了示范工程的顺利推进。共完成示范项目27个，累计投入改造资金11.21亿元，完成改造建设里程共计4657公里，其中国道2403公里、省道1452公里、县道414公里、乡道388公里。设置护栏1003公里，新增交通标志26958块，设置视线诱导设施173847个，施划交通标线143.3万平方米，铺设彩色防滑路面39133平方米，安装智能监测预警系统20套，改造边沟82公里。

二、建设成效

通过示范省建设，显著提升了示范路段的公路交通安全水平，获得了一批可推广、可复制的示范经验和技术，实现了预期目标。

（一）建成了一批具有典型示范效果和较大社会影响力的示范路段（点）。

示范工程分布在我国华北、华东、华中、华南、西南、西北不同地理区域，所处地区经济发展水平不同；公路行政等级包含国、省、县、乡，技术等级贯穿一至四级，地形地貌涵盖山岭重丘、平原微丘、高山草甸、黄土塬壑，公路安全基础状态不同；处治内容包含临水临崖、急弯陡坡、连续下坡、连续弯道、视距不良、穿村过镇、平面交叉、立体交叉、隧道洞口等典型路段及其组合，覆盖面广、代表性强、示范推广性好。实施改造后，示范路段中的Ⅳ级、Ⅴ级高风险路段基本消除，Ⅰ级、Ⅱ级低风险路段比例大幅增加。从示范省开展的公众满意度调查情况看，公众对示范工程建设成果处于"满意"的水平，沿线社会公众反响良好，有效提升了行业形象。

（二）形成了一批具有广泛适应性的安全防护技术手段、措施。

示范工程建设遵循"安全、经济、适用、有效"的原则，综合考虑沿线地域条件、公路技术指标和交通环境特征等因素，充分权衡经济性及有效性，从风险评估、宽容设计、速度管理、主动引导、被动防护等方面综合施策，取得了良好的效果。各示范省以《公路安全生命防护工程实施技术指南（试行）》为指导，结合本地实际条件或环境，积极组织技术力量研究开发适用技术与措施，累计编制省级地方标准或技术指南6部，制定市县级建设技术规定或要求30余份，应用公路安全新设施、新产品、新材料超过50种，充分体现了公路安防工程技术因地制宜、因路制宜的特点。

（三）建立了一套体系完善、监管有力的公路安全生命防护工程管理制度和运行机制。

示范工程实施过程中，各示范省着力构建管理制度体系和组织运行机制，初步建立了“政府主导、部门联动、社会参与”的工程建设机制，推动安防工程从部门行为向政府行为转变；出台了公路安防工程建设、管理、验收、效果评估等管理文件，涵盖了排查、立项、设计、审查、施工、验收、评估等各个环节；形成了涵盖制度建设、组织实施、安全效果、技术推广等各方面的后评价机制，有力推动了公路安防工程建设管理的制度化、标准化、规范化水平的提升。

（四）造就了一批公路安全生命防护工程建设、管理、研究、咨询专业化团队。

在部技术专家组的技术支持与指导下，各示范省分别组织省级技术支持单位，成立了专家队伍，形成了本省技术团队，技术力量覆盖基层县市。27 个示范项目涉及 7 省 36 市 80 县，参与人数超过千人。通过示范项目设计、施工、监督及咨询、评审、后评估，锻炼了一批具有专业素养的设计咨询人员，一批具有“工匠精神”的一线施工管理人员，一批懂行负责的行业管理人员，为公路安防工程持续科学实施提供了坚实的人次保障和技术储备。

三、经验做法

（一）坚持政府主导。

各示范省在实施工作中始终坚持“政府主导、部门联动、社会参与”，充分调动行业内外各单位和广大人民群众的积极性，把行业行为变为社会行为，把部门行为上升为政府行为，形成发展合力。一是强化组织领导。山东、湖南、广东、贵州、甘肃省政府印发了实施意见或方案，浙江、河北省交通运输厅联合公安、安监、发改、财政等部门制定了实施意见，落实地方各级政府主体责任和公共财政投入，保障公路安防工程顺利实施。二是落实工作责任。各示范省成立了示范项目建设领导机构，建立了省、市、县三级责任体系，形成了一级抓一级，层层抓落实的工作格局。浙江省将公路安防工程列入省政府对市、县政府年度考核重要指标，将实施情况列入年度安全生产监督检查计划，定期开展监督检查；山东省将公路安防工程纳入政府考核奖惩体系，工程实施情况与年度绩效考核挂钩；甘肃省交通运输厅将示范工程建设纳入对省属公路管理局和市州交通运输局的经济责任目标考核范围，签订了目标责任书。三是深化部门联动。浙江、山东、贵州省建立了公路交通、安监、公安为主，国土、水利、财政、乡镇、村等多部门联动配合的工作机制；河北、湖南省公安部门在交通运输部门实施交通工程措施的同时，采取了相应的交通管理措施。

（二）加大资金保障。

示范工程建设资金除中央车购税资金外，地方各级政府积极筹措，地方财政优先保障。山东省在 2015 年财政预算基础上追加投资，市、县两级政府增加、调整财政预算，列支专项资金用于工程建设补助。贵州省地方政府积极探索多渠道筹措资金，黔南州采用“建养一体化”模式，将全州 2036 公里县乡道安防工程打捆招标，六盘水市采用 PPP 模式实施县乡公路安防工程，由企业筹措资金先行建设，交工验收后分期支付。

（三）强化技术支持。

部、省技术力量联合把关，及时解决实施过程中的问题和困难。部技术专家组对示范项目全程给予技术咨询与指导，组织示范省召开建设座谈会、设计方案咨询会、建设效果评估会共计 17 次，开展调研、技术指导 20 余次。各示范省确定省内设计院或研究中心作为省级技术支持单位，成立省技术专家组，加强对示范项目的技术支持。湖南省组织设计单位编制了《湖南省现有公路安全生命防护工程实施细则》《湖南省现有公路安全生命防护工程后评估指南》《湖南省现有普通公路安全生命防护工程竣（交）工验收办法》，形成了管理、技术、组织保障体系。山东、浙江省结合本地实际编制出台了本省安防工程实施技术指南，进一步提高了技术措施的针对性。山东省还组织各地市到先进示范省实地观摩，取长补短，开阔眼界，提升基层人员技术水平。

（四）加强风险管控。

27 个示范项目全面应用了风险评估方法，对示范路段风险水平进行评估分级，系统分析主要风险因素，科学确定处置措施和管控方案，并开展实施效果评估工作。山东、广东、贵州、甘肃省采用风险评估方法，进一步对省内所有普通国省干线公路进行了全面评估，为共计 5.3 万公里国省干线公路建立了安全风险分级清单，并以基本消除Ⅳ级和Ⅴ级高风险路段为工作目标，制定了公路安全生命防护工程五年实施计划，逐步建立起风险分级管控和隐患排查治理双重预防工作机制。

（五）注重精准施策。

示范项目均采用两阶段设计，以解决问题为导向，注重方案设计的科学性和灵活性，坚持进行多方案比选，遵循“安全、经济、有效、实用”的原则，因路制宜、因地制宜采取安全防护设施设置技术方案，实现效益最大化。弯道路段通过改造路侧边沟形式或结构、增加路侧行车余宽等，提升了道路的宽容性与容错性；视距不良路段通过设置视线诱导设施、开挖视距平台、清理植被、设置凸面镜等方式，解决了视线引导问题；长大下坡路段通过优化改造避险车道，辅以警示、诱导、防护等设施，降低了行车安全风险；路侧危险路段通过对既有防护设施采取补强、完善、替换等措施，提升了防护水平；平面交叉口通过明确路权、交通渠化、设置信号灯等处置措施，穿村镇路段通过多级标志提示、机非分隔及行人过街设施等安全处置措施，减少了交通冲突。

（六）深化技术创新。

各示范省在示范工程建设过程中，强化技术创新，结合本地交通实际和经济条件，采取了许多特色化、本土化的处置措施。浙江省通过现代环岛、优化公路横断面布置等措施，降低冲突风险，规范行车秩序；山东省在具备条件路段实施“2＋1”超车道改造，满足双车道公路交通量增大带来的超车需求；河北省结合土建工程，在交叉路口设置简易互通立交、专用转弯车道等，体现了主动预防和宽容设计的特点；广东省在城镇化路段实施完善标志标线、修缮人行天桥和地下通道等措施，增强了行人过街的安全保障；贵州省在急弯陡坡路段采用堆土夯实后种植花草的生态防护栏，在农村公路采用夜间自发光轮廓标、并辅以速度控制措施，在双向双车道公路隧道的洞口实施洞内视觉诱导等措施，在保障防护效果的前提下，降低成本，发挥了资金的最大作用。此外，部分示范路段还应用了智能监测设施、智能警告标志、新型防护设施、动态监控系统、自融雪路面等一批新技术、新产品，进一步提升了公路安防工程的实施技术水平。

（七）严格质量监管。

各示范省积极采取切实有效措施，严格质量标准，加强细节控制，确保工程质量。河北省健全政府监督、法人管理、社会监理、企业自检的四级质量保证体系，严格把控原材料进场控制、技术和安全交底、不同工序之间的衔接等各个环节。山东省全面落实工程质量终身责任制，规范“首件认可制”，把每一个分项“首件”工程都做成实体样板。浙江省交通运输厅领导带队开展调研、督导和检查 40 余组次，广东省政府督察室会同省交通运输厅、公路管理局对示范工程进行现场督导，及时发现问题，立查立改，保证质量。

（八）充分拓展借力。

示范省紧密结合政府和行业内外重点工作，加大公路安防工程实施力度。浙江、广东省把公路安防工程建设内容列入省政府重要民生工程项目组织建设。浙江省把示范项目与美丽公路建设、“四好农村路”建设、小城镇环境综合整治行动有机结合，湖南省建立了政府主导和部门联动的路域环境整治和公路安防工程建设结合的“路长制”，统筹多方资源，拓展工作格局，提升了公路安防工程的实施成效。

四、工作要求

示范省建设取得了良好的成效，形成了大量可推广、可复制的经验，但在建设过程中也暴露出一些缺陷和不足。主要包括：建设理念仍需进一步提升，设计精细化水平仍显不足，综合治理水平有待提升，地方技术力量相对薄弱，实施效果后评估深度不足等问题。各省级交通运输主管部门要充分借鉴示范省建设取得的经验和做法，发挥典型引领作用，继续深入推进现有公路安全生命防护工程的实施，采取有效措施改进工作中的不足，确保在 2020 年底前基本完成乡道及以上行政等级公路安全隐患治理。

（一）进一步提高思想认识。

要按照国务院和部的总体部署，坚持以人民为中心的发展思想和“安全第一，生命至上”的宗旨，按照“安全、有效、经济、实用”的原则，继续稳步推进公路安防工程建设工作，扎实筑牢公路安全基础，让人民群众实实在在享受到公路安全发展的成果。

（二）进一步强化政府主导。

坚持“政府主导、部门联动、社会参与”的工作机制，持续深入推动公路安防工程实施工作由部门行为向政府行为转变，统筹整合各方资源，形成推进合力。推动将公路安防工程全面纳入地方各级政府的考核范畴，在各级政府的统一领导下，依据有关法律法规以及有关要求，自上而下逐级厘清与公路安全相关的部门责任和边界，推动工作责任层层落实到位。

（三）进一步加大资金保障。

根据部确定的2019—2020年中央车购税资金切块规模和目标任务，提前做好地方资金需求测算并纳入地方财政预算，确保地方资金满足公路安防工程建设需求。规范和加强中央车购税补助资金使用管理，进一步提升资金使用效益。要借鉴经验，开拓思路、创新方法，充分利用社会资源，不断拓宽资金筹措渠道和方式，为全面完成“十三五”公路安防工程建设目标提供资金保障。

（四）进一步提升技术水平。

要注重加强公路交通安全设计咨询专业机构和人才队伍的培养，充分运用行政、经济、信用等手段，调动高水平单位和人才参与的积极性，不断提升公路安防工程整体技术水平。要着力构建风险分级管控和隐患排查治理双重预防工作机制，加强风险评估和分级，以安全问题与安全需求为导向，科学研判风险类别、等级和程度，提高处置措施的针对性。加大平面交叉、城市（镇）化路段等重要节点的综合处置。在单个路段安全改善的基础上，从全路线乃至路网的角度，并结合公路功能定位，积极推进速度管理和交叉口接入管理等措施。逐步开展实施效果后评估工作，及时整改存在问题和不足，不断推进实施技术“系统化、规范化、精准化、精细化”。吸纳示范省及示范项目建设成果，修订完善《公路安全生命防护工程实施技术指南（试行）》。

（五）进一步巩固建设成果。

各示范省要注重对实施效果后评估中提出的问题或不足进行查漏补缺，进一步完善相关细节。对受客观条件制约未能消除高风险的少量示范路段，要在地方政府领导下，采取相应的交通控制、警示等措施加强综合治理，具备条件的结合大中修工程予以改善。加强日常养护，定期维护更新公路交通安全设施，不断巩固公路安防工程实施成果。继续做好实施效果跟踪观测工作，根据设施使用和交通发展变化情况，加强动态评估排查，定期开展“回头看”，对新出现的高风险路段及时再处置、再提升。

148. 交通运输部办公厅关于深入开展“不忘初心、牢记使命”主题教育进一步做好公路安全生命防护和危桥改造工程实施工作的通知

（交办公路明电〔2019〕69号）

各省、自治区、直辖市、新疆生产建设兵团交通运输厅（局、委）：

“十三五”以来，各级交通运输主管部门扎实推进公路安全生命防护和危桥改造工程实施，一批安全隐患路段得到有效整治，桥梁结构安全水平不断提升，公路安全通行环境持续改善，取得明显工作成效。但我国公路基础设施历史欠账较多，各类系统性风险增多，风险联动性增强，公路设施安全形势仍不容乐观。围绕党中央部署开展的“不忘初心、牢记使命”主题教育要求，为确保按期优质完成“十三五”任务目标，推动公路安全保障水平不断提升，助力交通强国建设，努力建设人民满意交通，现将有关事项通知如下：

一、不忘初心、牢记使命，着力抓好公路安全生命防护和危桥改造工程实施

公路安全生命防护和危桥改造工程事关人民群众生命财产安全，要牢牢把握“不忘初心、牢记使命”主题教育“守初心、担使命，找差距、抓落实”的总要求，坚持将学习教育、调查研究、检视问题、整改落实贯穿工作全过程，以“防事故、保安全、保畅通”为目标，针对公路安全生命防护和危桥改造工程实施以来不同程度存在的投入不足、进度滞后、质量不高等问题，强化工作措施，推动公路安全生命防护和危桥改造工程取得成效。

二、坚持目标导向，确保“十三五”既定目标任务顺利完成

按照《国务院办公厅关于实施公路安全生命防护工程的意见》（国办发〔2014〕55号）确定的“2020年底前，基本完成乡道及以上行政等级公路安全隐患治理”的目标要求，以及部“十三五”公路发展规划确定的规划目标，坚持目标导向，加强组织领导，严格按照部分解的年度目标任务，进一步加大实施力度，保障资金投入、细化工作措施、强化责任落实，确保“十三五”目标任务顺利完成，不断增强人民群众获得感、幸福感、安全感。

三、强化问题导向，加大重点公路设施提升改造力度

坚持以安全问题与安全需求为导向，深入开展调查研究，分析存在问题，聚焦工作重点，解决工作难点。一是要结合提升公路桥梁安全防护和连续长陡下坡路段安全通行能力专项行动，加大重点公路桥梁防护设施和连续长陡下坡路段提升改造力度。二是结合“四好农村路”建设，严格落实安全生产“三同时”制度，新建、改建、扩建公路建设项目的安全设施必须与主体工程同时设计、同时施工、同时投入使用。三是结合交通扶贫脱贫攻坚任务，进一步提高深度贫困地区公路安全水平。四是对早期建设的标准低、长期运营后带病工作、整体抗灾能力弱的桥梁，要加大提升改造力度。五是加强汛期桥梁的检查、巡查，对阻水率高、基础冲刷敏感的重力式拱桥，要重点开展排查，加强交通管制，防止重大水毁事故发生。对检查发现的危桥，要及时采取相应管控和处治措施，并加快处治速度。

四、狠抓整改落实，不断完善公路安全长效机制

按照标本兼治的原则，及时总结实施过程中取得的技术、管理经验，在巩固、提升中不断完善公路安全长效机制。要逐步建立公路安全风险分级防控和隐患排查治理机制，加强风险致因辨识与评估，推进处治措施的科学化和精细化。加大《公路桥梁养护管理工作制度》（交公路发〔2007〕336号）、《公路长大桥隧养护管理和安全运行若干规定》（交公路发〔2018〕35号）等十

项桥梁养护管理规章制度的执行力度，特别是要加强危旧桥梁日常养护检查、定期检查工作，及时掌握桥梁技术状况，不断巩固危桥改造工程实施成果。要建立一线从业人员和关键岗位人员的再教育和常态化培训机制，增强其风险意识和责任意识，提升其专业能力和技术水平，夯实公路养护管理工作基础。

◇防灾减灾◇

149. 国土资源部　交通运输部　铁道部关于加强公路和铁路沿线地质灾害防范工作的通知

（国土资发〔2010〕88号）

各省、自治区、直辖市国土资源厅（国土环境资源厅、国土资源局、国土资源和房屋管理局、规划和国土资源管理局），交通运输厅（局、委），各铁路局、各铁路公司（筹备组），中铁工程公司、中铁建筑公司：

近年来，交通运输和铁路部门高度重视地质灾害防治工作，在建设和运营过程中，始终把地质灾害防治作为重要工作内容，最大限度地减少和避免了地质灾害造成的损失。受特大地震、极端天气事件等因素影响，我国部分地区的在建或已建公路、铁路沿线崩塌、滑坡、泥石流等地质灾害仍呈多发频发趋势，严重影响公路和铁路的运营、建设和沿线人民群众生命财产安全的事件时有发生。为贯彻落实国务院领导同志指示，加强对雨季公路、铁路沿线地质灾害隐患的监测预警，保障运输通道和群众生命安全，各级国土资源和交通运输行政主管部门、各铁路单位要切实做好以下工作：

一、加强隐患排查，采取防范措施

各级交通运输行政主管部门和各铁路单位，要会同国土资源行政主管部门，定期对公路和铁路沿线的地质灾害隐患点进行排查、巡查和复查。对于尚未直接影响公路和铁路安全的地质灾害隐患点，要落实责任单位和责任人，设置相应的警示标志，纳入监测体系，落实监测预警等各项措施。对于已直接影响公路和铁路安全的地质灾害隐患点，要迅速采取应急排危除险措施。

对于在建公路和铁路工程，各建设及施工单位，要在临时办公场所、工棚选址及设备安置场地选择时，避让地质灾害危险区，对于确实难以避让的地质灾害隐患点，必须落实严格的监测预警措施。对施工过程中产生的危岩、不稳定斜坡、泥石流等地质灾害隐患点，要责成建设和施工单位，及时采取治理措施消除隐患。

二、完善应急预案，适时启动预案

各级交通运输行政主管部门和各铁路单位要完善地质灾害防治预案，并做好应急抢险物资、装备、人员、资金等各类应急准备，对特别重要的地质灾害隐患，要编制专门应急预案。组织开展应急演练。使相关干部工人了解抢险任务、程序方法等，掌握预警信号、撤离路线和避险措施，确保一旦发生险情，能够快反应、正确处置。各级国土资源行政主管部门要予以积极协助，共同做好工作。

三、加强主动防范，防止人为灾害

对地质灾害易发区内各类公路、铁路在建项目，以及公路、铁路周边建设项目，要按照《地质灾害防治条例》的规定，严格执行地质灾害危险性评估制度，从源头上遏制地质灾害的发生。建设、设计、施工和监理单位，必须按照评估报告提出的防治建议，做到地质灾害治理工程与主体工程的设计、施工、验收工作同步进行。地质灾害治理配套工程未经验收或验收不合格，主体工程不得投入生产或使用。各级国土资源行政主管部门，要严格对照评估报告中明确的防灾措施建议，会同各级交通运输行政主管部门和各铁路单位，检查措施落实情况。发现问题，及时落实整改措施，问题突出的要责令其停工整顿。

四、加强会商沟通，实现部门联动

各级国土资源行政主管部门，要从监测系统、预警手段、避险措施等方面，主动指导和协助交通运输部门和铁路单位，落实好公路、铁路沿线的地质灾害防范工作。各级国土资源和交通运输行政主管部门、各铁路单位之间要建立信息互通机制，加强会商沟通，保证防灾信息共享。交通运输行政主管部门和铁路单位要将地质灾害灾情险情及时通报国土资源行政主管部门。各级国土资源行政主管部门要将涉及公路、铁路的地质灾害隐患点和监测预警信息及时通知有关公路、铁路单位，一旦接到灾情险情报告，第一时间派出工作组，赶赴现场，协助交通运输行政主管部门和铁路单位开展应急处置工作。

五、加强工程治理，彻底消除隐患

各级交通运输行政主管部门和各铁路单位要加大资金投入力度，加强公路和铁路沿线地质灾害隐患的治理。治理工程竣工验收合格后，由负责治理的责任单位负责管理和维护。地质灾害治理工程的勘查、设计、施工和监理应当符合国家有关标准和技术规范，并由具有相应资质的单位承担。

各级国土资源、交通运输行政主管部门、各铁路单位要尽快部署和开展以上各项工作。国土资源部将会同交通运输部和铁道部，对各地公路、铁路沿线的地质灾害防治工作进行检查。

150. 关于贯彻落实国务院常务会议精神认真开展交通运输安全隐患专项排查整治的紧急通知

（交办明电〔2011〕0720号）

各省、自治区、直辖市、新疆生产建设兵团、计划单列市交通运输厅（局、委），中远集团、中海集团、招商局集团、中交集团、中外运长航集团、部属各单位，部内各单位：

进入7月以来，全国接连发生了多起煤矿、非煤矿山、交通运输安全生产事故和建筑物、桥梁垮塌事件，给人民群众生命财产造成严重损失，安全生产形势十分严峻。7月27日，国务院总理温家宝主持召开国务院常务会议，决定采取坚决措施，以交通、煤矿、建筑施工、危险化学品等行业领域为重点，全面加强安全生产。交通运输系统各部门各单位要认真学习、全面贯彻国务院常务会议精神，按照我部"7·24"电视电话会议的部署要求，迅速行动，全力开展交通运输安全隐患排查整治工作，切实遏制重特大事故的发生。现就有关要求通知如下。

一、深化认识，坚决守住安全生产这根红线

交通运输各部门、各单位要不断深化国务院常务会议精神的学习和理解，站在"安全生产事关人民群众生命财产安全，事关改革发展稳定大局，事关党和政府形象和声誉"的高度，深刻领会做好交通运输安全生产的重要意义，牢固树立科学、安全、可持续的理念，时刻将安全放在第一位。开展交通运输安全隐患专项排查整治，是深入贯彻落实科学发展观和构建和谐社会的本质要求，是维护党和政府良好形象的具体行动，是发展现代交通运输业、践行"三个服务"的保障性措施。各部门各单位要通过严谨细致扎实有效的隐患排查整治，坚决守住安全生产这根红线，确保人民群众生命财产安全。

二、突出重点，确保专项排查整治取得实效

各部门、各单位要针对近期交通运输安全生产事故暴露出的突出问题和薄弱环节，立即组织开展安全隐患全面排查检查，加强对以下重点领域、运输环节安全隐患进行排查整治。

（一）加强对道路客运的隐患排查检查。

交通运输各部门、各单位要组织深入排查道路客运各个环节的安全隐患，特别要认真吸取"7·22"卧铺客车燃烧事故的教训，加强卧铺客车的安全隐患排查检查力度。要认真执行国家有关标准和规定，确保投入营运的卧铺客车安全装备、技术等级和消防等符合要求，严禁擅自改装卧铺客车；要严防驾驶员疲劳驾驶，认真落实途中休息制度；卧铺客车必须安装卫星定位装置，由运输企业实行24小时监控，禁止在高速公路上上下客、禁止驾驶员擅自关闭车载卫星定位装置；对已开通线路进行安全检查，不符合安全通行条件的坚决停开。调整卧铺客车运营班次，减少夜间行车时间；积极推进凌晨2至5时停车休息的措施。督促运输企业结合线路情况，选择合适的中途客运站、高速公路服务区等作为中途休息点，相关客运站和高速公路服务区要为乘客提供必要的便利。严禁在公路上随意停车休息；要在车内显著位置公布旅客投诉举报电话，方便监督。

（二）加强对水路客运和危险品运输的隐患排查检查。

各级交通运输主管部门和海事机构要认真吸取俄罗斯"7·10"沉船事故教训，以"四客一危"船舶为重点，加大对客船、客滚船、渡船、旅游船等客运船舶和渡口的安全检查和监管力度，对机电、通信导航、消防、救生器材等进行全面排查，确保船舶技术条件处于良好适航状态；加大危险品港口、码头、场站等和危险品运输船舶的安全隐患排查治理力度，严禁滚装运输船舶非法夹带危险品，彻底消除船舶消防安全隐患，严防重大生命财产损失和水上环境污染的发生。

（三）加强对桥梁的隐患排查检查。

各级交通运输主管部门要对辖区内桥梁状况进行隐患排查，特别要加强对特大型和大型桥梁、达到一定年限的老旧桥梁的隐患排查。对存在重大安全隐患的桥梁要坚决停用。要加快危桥的维修、加固和改造进度，加强对桥梁的日常养护管理工作，落实责任部门和责任人。会同相关部门加强公路超载超限的治理，狠抓源头监管和路面整治，坚决制止严重危及桥梁安全的违法超载超限车辆上路上桥，严防发生桥梁垮塌、断裂事故。

（四）加强对城市轨道交通的隐患排查检查。

各级交通运输主管部门要对城市轨道交通进行全面的隐患排查，加强对轨道车辆安全技术状况的检查，加强对车站和线路设备设施、消防状况和应急装备的安全检查，加强对调度指挥系统运行情况的检查，确保运行调度指挥系统的安全可靠。

三、加强领导，精心组织专项排查

（一）各部门、各单位要加强组织领导，督促企业全面开展自查，组织相关地区、部门开展互查，主要领导要亲自带队，深入一线开展督查，确保安全隐患排查检查工作落在实处。部将组织重点抽查督查。

（二）在排查过程中发现的安全隐患，要立即整改。暂时无法整改的，要挂牌督办，限时完成。对安全工作不力、存在重大安全事故隐患又不及时治理以及发生重大安全生产责任事故或有重大事故教训需要吸取的，有关部门要约谈事故单位和相关管理部门的责任人。

（三）各级交通运输主管部门和相关安全管理部门要建立完善安全生产举报制度，公布举报电话，加强社会监督，对群众反映的安全生产隐患和问题要迅速处理和整改。

（四）各部门、各单位要及时将隐患排查有关情况报部安委办。

151. 交通运输部办公厅关于加强春夏之际公路养护和安全隐患排查治理工作的通知

（厅公路明电〔2013〕6号）

各省、自治区、直辖市、新疆生产建设兵团交通运输厅（局、委），上海市城乡建设和交通委员会，天津市市政公路管理局：

今年以来，我国气候呈现北方偏冷南方偏暖、前冬冷后冬暖等特点，冷暖变化幅度较大。1至3月初东北、西北、华北北部等地雨雪天气明显偏多，3月中下旬以来华南等地连续出现强对流天气，西南地区地质灾害不断，加之去年冬季降雪、降雨量偏大，公路翻浆、裂缝和破损等典型病害多发，安全隐患明显增多，公路养护任务十分繁重。为进一步做好春夏之际公路养护和安全隐患排查整治工作，现将有关事宜通知如下：

一、组织力量，认真做好公路安全隐患排查与治理

针对入春以来公路病害和隐患频出现状，各级交通运输主管部门、公路管理机构和收费公路经营管理单位要组织专门力量，加大公路安全隐患排查治理工作力度，及时消除安全隐患，修复公路病害，努力延长公路使用寿命，有效避免入汛后出现更严重的公路病害具有重要作用。一是加强以临水临崖等路侧险要路段为重点的行车安全隐患路段排查整治，协调相关部门加大隐患路段交通违法行为监管力度，努力保证行车安全；二是加大临江、沿河及地质灾害易发路段汛前检查力度，对于发现的安全隐患，要及时设立警示标志，启动工程治理工作，尽快排险除患；三是重点加大桥隧等结构物检查力度，及时发现和处治突发病害，严防桥隧安全运行事故发生；四是尽快完成灾毁公路修复工程、危桥改造、安保工程和灾害防治工程年度计划的前期工作，加快施工图设计审批和招投标等相关工作。条件已具备的，要加紧组织实施；五是加大违法超限超载治理力度。主动争取当地政府的支持，积极会同公安交通管理等有关部门，加大路面联合治超执法力度，坚决制止违法超限超载车辆上路上桥。六是做好安全隐患和公路病害统计汇总工作，认真落实公路和桥隧例行检查工作制度，加大日常巡查力度，及时发现并消除突发安全隐患。

二、迅速行动，全面加强公路养护工作

各级交通运输主管部门、公路管理机构和收费公路经营管理单位要根据隐患排查情况，切实抓住春夏之际这一有利时机，迅速行动起来，调动一切资源，全面加强公路养护工作，加紧组织实施各项养护工程。一是尽快下达养护工程计划，加大与财政等相关部门的协调，切实落实养护资金，为全面开展养护工程提供强有力的资金保障；二是要针对翻浆、开裂和破损等典型病害开展春季集中整治活动，科学及时采取处治措施，全面提升养护工程质量；三是加强交通设施清洗、维修和更新工作，加大路域环境整治和公路绿化工作力度，为群众出行创造良好的行车环境；四是大力实施预防性养护，采取科学适用的工程措施，有效延长公路使用年限，提升服务品质；五是加强排水系统和边坡养护。汛前，要全面疏通公路排水设施，及时整治边坡不稳定等安全隐患，为安全度汛奠定坚实基础；六是加强养护作业安全管理，认真贯彻落实《公路养护安全作业操作规程》，养护作业人员必须着装上路，加强施工现场组织管理，合理确定施工路段和施工时段，确保养护生产安全和行车安全。

请各地将贯彻落实本通知的主要措施、做法、存在问题和有关建议，于4月30日前报送部（公路局），以便部汇总有关情况。部公路局联系人：杨国峰 杨亮，联系方式：010-65292739，010-65292222（传真）。

152. 交通运输部关于加强汛期公路和桥梁安全工作的通知

（交公路明电〔2013〕26 号）

各省、自治区、直辖市交通运输厅（局、委），天津市市政公路管理局，新疆生产建设兵团交通局：

7 月 8 日以来，四川等地出现大到暴雨，局部地区出现特大暴雨并引发严重洪涝灾害。暴雨洪水造成四川绵阳江油市的盘江大桥、德阳绵竹市的牛鼻子大桥和兴隆绵远河大桥垮塌，造成重大灾害损失。对此，7 月 9 日晚，国务院副总理马凯同志作出重要指示，要求交通运输部门总结经验教训，举一反三，强化防范措施，把工作做在事故的前面，确保人民群众生命安全。

当前全国大部分地区已进入主汛期，山洪、滑坡、泥石流等地质灾害常发，公路和桥梁防汛形势严峻。为落实好马凯副总理重要指示精神，进一步加强汛期公路和桥梁安全工作，现将有关事项通知如下：

一、提高防小组意识，做好污期公路和桥梁安全各项准备工作

地方各级交通运输主管部门和公路管理机构要高度重视汛期公路和桥梁安全工作，进一步完善各部门、各层级协同工作机制，层层落实防污保通工作责任。切实提高防小组意识，按照“预防为主，防治结合”的原则，提前做好各项防灾准备工作。一要认真执行汛期值班制度和信息报送制度，确保汛情、灾情传送及时准确。二要密切关注气象和汛情动态，提前研判灾害天气和次生灾害对公路和桥梁等基础设施可能产生的危害，及时发布公路和桥梁预警信息，尽早采取有效应对措施；三要切实做好防污保通工作，要按照汛期公路和桥梁安全应急预案要求，落实应急抢险队伍，储备足够的防汛物资和抢险机具，随时做好公路抢险准备，确保灾情发生时，能够拉得出，顶得上，抢得通。

二、加强巡查排险，做好公路和桥梁的监测防范工作

各地交通运输主管部门和公路管理机构要加大汛前和汛期巡查工作。在灾害性天气来临之前，要对可能受到影响地区的公路和所有桥梁进行全面检查，一旦发现问题或者隐患，要立即采取有效处治措施，及时排险除患；一时难以整治的，要采取必要的防范措施，设立醒目的警示标志，防患于未然；对存在重大安全隐患的，要立即封闭交通安排专人值守，尽快制定处治方案和绕行方案，配合公安交通部门疏导交通。

公路养护和路政管理人员在巡查排除过程中，对发现的中小学生下水游泳等行为，要及时予以制止，并采取教育、规劝等措施，保护中小学生假期安全。

三、夯实管理基础，严格落实桥梁安全“十项制度”

各地交通运输主管部门和公路管理机构要按照《公路桥梁养护管理工作制度》（交公路发〔2007〕336 号）和《交通运输部关于进一步加强公路桥梁养护管理的若干意见》（交公路发〔2013〕321 号）等规章制度和文件的要求，严格落实桥梁安全“十项制度”，切实夯实桥梁养护的基础，做到各方责任清晰，规章制度健全，投入满足需求，分类处置及时，监督检查到位，建立健全桥梁安全运行的长效机制。

四、全力抢通保通，确保受灾地区公路畅通

发生公路和桥梁损毁、垮塌事故后，各地交通运输主管部门和公路管理机构要立即启动应急预案，向当地人民政府和上级交通运输主管部门报告，并合理调配应急抢险队伍，全力开展公路和桥梁抢险工作，当地公路管理机构和养护单位要按照“先抢通、后修复”的原则，统筹安排，科学调度，集中力量抢修保通，确保公路畅通。

153. 关于进一步做好公路防汛保通工作的紧急通知

（交公路明电〔2014〕19号）

各省、自治区、直辖市、新疆生产建设兵团交通厅（委、局），天津市市政公路管理局，上海市城乡建设和交通委员会：

入汛以来，我国极端天气频发，江南大部、华南中部与东部降水普遍偏多，南方大部地区持续遭受强降雨。特别是近日来，湖南、贵州、四川等省连续遭遇持续暴雨天气，多条高速公路发生边坡塌方险情，部分国省干线公路多次中断交通，农村公路大面积水毁。7月14日14时45分左右，G213四川省茂县境内又发生高位山体垮塌地质灾害，截至当日17点50分，已造成10人死亡，22人重伤。灾毁发生后，各地交通运输部门在当地党委政府的统一领导下，按照部《交通运输部关于做好2014年度防汛抗旱和防台工作的通知》（交函搜救〔2014〕239号）要求，迅速组织抢险队伍、机械和物资，全力以赴组织公路抢修保通，为抗洪救灾工作提供了强有力的交通运输保障。

当前，我国防汛形势仍十分严峻。根据气象部门预测，未来10天，华南沿海、云南南部等地的部分地区将有200～400毫米降雨，局地可达500毫米左右。为进一步做好公路防汛保通工作，现将有关事项通知如下：

一、加强组织领导，进一步落实工作责任

地方各级交通运输主管部门和公路管理机构要充分认识今年汛期公路保通的严峻形势，高度重视公路防汛保通工作，进一步健全各级防汛保通组织机构，建立一把手总负责、分管领导具体抓、各相关部门共同参与的组织体系，层层落实防汛保通工作责任制。要克服麻痹思想和侥幸心理，切实提高防范意识，按照防大灾的要求和"预防为主，防治结合"的原则，继续做好防汛抢险的各项工作，确保灾情发生时，能够拉得出，顶得上，抢得通。

二、加强巡查，全力抢通受阻路段

地方各级交通运输主管部门和公路管理机构要加大汛期巡查和公路抢通保通工作力度。对临江、沿河、山区等地质灾害易发路段，要加强巡查，一旦发现问题，要按照"先抢通、后修复"的原则，立即采取有效措施进行处治，及时排险除患。对一时难以抢通的路段，要采取必要的防范措施，设立醒目的警示标志，并落实人员严密监控，防患于未然。对存在重大安全隐患的，要立即封闭交通或安排专人值守，尽量避免和减少灾害发生的可能性以及灾害对公路通行的危害程度。当发生重大公路中断事件后，要迅速向当地人民政府和上级交通运输主管部门报告，并在当地人民政府和上级主管部门的统一领导下，全力做好公路抢通保通工作。同时，各地要高度重视抢险保通现场的安全防范，防止次生灾害发生，确保抢险保通人员人身安全。

三、加强信息报送，确保信息畅通

主汛期，各级交通运输主管部门要严格执行24小时防汛值班制度，严格按照《交通运输部公路交通阻断信息报送制度》（交公路发〔2011〕183号）要求向部报送阻断信息。遇有台风、持续强降雨等重大灾情时，应于每日上午9时前将最新交通阻断和抢险保通等情况，通过路况信息报送系统报部公路局和部路网中心。遇有高速公路中断交通情况，要在1小时之内上报，普通国省干线中断交通的，要在2小时内上报，并执行日报告制度，直至抢通。每个月末，各地要按照《公路养护统计报表制度》规定的统计格式，向部公路局报送公路水毁损失情况统计表。

四、密切关注气象和地质灾害，及时发布预报预警信息

各地交通运输主管部门和公路管理机构要密切关注气象和灾害的预警信息，进一步加强与当地气象、防汛、国土等部门的联系，及时了解本地区气象变化情况，跟踪掌握汛情动态，分析研判灾害天气和地质灾害对公路设施产生的危害，提出有针对性的措施，并及时发布公路预警信息，指导公路管养单位做好防汛保通工作。同时，通过广播、报纸、短信、信息板、网络等多种方式，告知社会公众合理安排出行线路，为安全出行创造条件。

154. 交通运输部关于进一步加强道路水路交通运输应急管理工作的意见

（交应急发〔2014〕171号）

各省、自治区、直辖市、新疆生产建设兵团交通运输厅（局、委），部属各单位，有关交通运输企业：

为全面加强道路水路交通应急管理工作，提高交通运输保障公共安全和重大突发事件的应急处置能力，促进“四个交通”建设，根据党中央、国务院关于加强应急管理工作的决策部署，提出以下意见，请认真贯彻实施。

一、充分认识加强道路水路交通应急管理工作的重要性

道路、水路交通应急体系是国家应急体系的重要组成部分，主要承担水上搜救、溢油应急、公路和航道抢通保通、交通运输工程建设及城市公共交通运营事故处置、应急运输保障以及特殊的政治、军事和救灾抢险任务等。近年来，各级交通运输主管部门认真贯彻落实党中央、国务院关于加强应急管理工作的决策部署，以“一案三制”建设为核心，不断完善应急预案，健全应急管理机构，大力推进应急管理体制、机制、法制建设，应急救援队伍日趋壮大，应急设施装置逐步完善，应急演习演练逐渐丰富，应急管理综合能力得到大幅提升，在应对重大自然灾害、重特大交通事故、社会公共安全及海外人员保护等各类重特大突发事件中取得了显著成效，在国家应急管理体系中发挥出了越来越重要的作用，为保障人民群众的生命财产安全、维护社会稳定大局和促进经济社会的平衡较快发展作出了积极贡献。

当前，我国正处工业化、城镇化快速发展时期，各种传统和非传统的、自然的和社会的风险、矛盾交织并存，公共安全和应急管理工作面临的形势更加复杂和严峻。特别是近年来极端天气事件频发，中强地震呈活跃趋势，自然灾害及其衍生、次生灾害的突发性和危险性进一步加重加大。安全生产事故总量居高不下，重特大事故时有发生。同时，伴随着改革进入攻坚期和深水区，各种利益关系错综复杂，社会安全面临新的挑战。从整体上看，道路、水路交通应急管理工作面临的各类突发事件概率更高、破坏更大、影响更广。面对复杂严峻的形势，道路、水路交通应急管理工作还存在不少薄弱环节。主要表现在：应急管理体制、机制、法制建设有待加强，应急预案体系尚不完备，应急处置能力仍有不足，指挥信息系统仍需整合，部际联动、信息报送、新闻发布、总结评估、应急保障等工作机制有待完善。

面对新形势新要求，进一步加强道路、水路交通应急管理工作，是全面深化改革，加快发展“四个交通”的必然要求；是坚持科学发展安全发展，保障人民群众生命财产安全的客观需要；是适应公共安全形势变化的新特点，完善交通运输应急保障体系的根本途径。各级交通运输主管部门要积极适应新形势新任务，把保证人民生命财产安全摆在交通运输工作的重要位置，积极推进政府职能转变，提高行政管理水平，在做好常态管理的同时，高度重视应急管理工作，切实提高应对各类重大突发事件的风险防控和应急处置能力。

二、总体要求

（一）指导思想。

以邓小平理论、“三个代表”重要思想、科学发展观为指导，深入贯彻党的十八大、十八届二中、三中全会和习近平总书记系列重要讲话精神，以全面深化改革、加快推进“四个交通”为契机，创新体制机制，完善预案体系，加强应急装备和队伍能力建设，整合指挥信息平台，为全面应对各类突发事件做好交通应急准备。

（二）基本原则。

1. 政府主导、社会参与、依法规范。依照交通运输应急管理体系、构建政府统一领导，专业力量与社会力量相结合，多部门参照，多学科技术支持，全社会参与的交通运输应急管理格局。依照法律法规，明确相关部门、单位、个人的权利和责任，规范各项应急工作行为。

2. 统一指挥、属地为主、分级分类管理。根据突发事件的类型和等级，在属地为主的前提下，实施分类、分级响应。

3. 以人为本、科学施策、快速高效。充分发挥交通运输基础性、先导性作用，将保障人民群众的生命安全放在首位，充分发挥专家咨询和信息化平台的辅助决策作用，快速开展应急响应，提高应急效能和水平。

4. 平战结合、资源共享、团结协作。按照应急预案及其操作手册的要求，完善各项应急准备，做好平时准备，确保战时“拉得出、冲得上、打得赢”。在资源共享机制下，团结合作，与相关部门合力应对各类突发事件。

（三）发展目标。

近期目标：到2015年，建立一个指挥顺畅、结构合理、反应灵敏、保障有力、运转高效的道路、水路交通应急管理体系。

远期目标：到2020年，道路、水路交通应对各类重特大突发事件能力显著提升，体制机制更加完善，管理体系更加科学。

（四）组织保障。

各单位要按照“主要领导亲自抓，分管领导具体抓”的要求，开展任务分工，指定具体部门落实好国家、省、市、县四级交通运输应急管理组织体系建设；就加强应急能力建设、完善应急管理体系开展专题研究，切实提升交通运输系统防范和应对各类突发事件的能力；坚持实施应急目标考核管理机制，将应急管理纳入本单位综合考核评价体系。

三、主要任务

（一）完善道路、水路通突发事件应急预案管理体系。

1. 完善应急预案顶层框架。按照《国务院办公厅关于印发突发事件应急预案管理办法的通知》（国办发〔2013〕101号）要求，修订《国家海上搜救应急预案》，组织编制并上报《国家重大海上溢油应急预案》、《城市轨道交通突发事件应急预案》，不断完善道路、水路交通应急预案框架体系，明确各类、各级预案的编制要求、备案公布程序及预案管理的各项工作内容。（应急办、运输司牵头，各有关单位配合，2014年底前完成。）

2. 明确应急预案工作规范和流程。研究编制《交通运输部突发事件应急工作规范》。部内各相关司局要依据工作职责，建立完善配套的工作程序和操作手册，实现部内应急值班资源整合，明确部内应急值守、信息处理、应急响应、人员培训、支持保障、监督检查等各项工作要求。（应急办牵头，各有关单位配合，2014年底前完成。）

3. 建立上下配套的应急预案体系。地方各级交通运输主管部门要进一步完善预案体系，编制与部级预案相配套的程序性、操作性文件，明确岗位职责、细化应急处置方案，建立与自然灾害类、事故灾难类、公共卫生类、社会安全类应急预案相衔接的应急响应工作程序，切实提高应急预案的针对性和可操作性。（应急办牵头，各有关单位配合，长期推进。）

（二）加强交通运输突发事件应急能力建设。

4. 编制应急体系建设规划。紧扣应急管理实际需求，以提高应急处置能力为核心，加快落实《交通运输安全生产和应急体系十二五发展规划》，着手研究编制“十三五”发展规划。加快推进《国家重大海上溢油能力建设规划》、《国家水上交通安全监管和救助体系布局调整规划》的编制进程。加强大风浪人命求助及大深度抢险打捞、大规模溢油和危险品泄漏处置、深海搜寻扫测、重大自然灾害抢通、重要战略物资抢运和大批量人员疏散等重特大突发事件应急处能力建设。依托卫星通信导航及公路光纤网资源，完善应急通信网络建设，为交通运输应急工作做好基础通信保障。（规划司、安全质量监管司、应急办牵头，公路局、水运局、运输司、海事局、救捞局、通信中心配合，2015 年底前完成。）

5. 提高应急处置科技创新能力。针对应急管理中的重点环节和突出技术需求，集中力量攻克关键技术。在重点项目、重点企业和重点区域，开展科研成果推广应用和示范。加强应急科技创新能力建设，统筹项目、基地和人才，充分发挥科技创新在交通运输应急管理中的支撑保障作用。（科技司牵头，规划司、应急办及各有关单位配合，长期推进。）

6. 加强应急物资和运力储备。积极推进国家和省级公路水路交通应急装备物资储备与救援中心建设，不断创新应急物资储备方式，完善资金投入保障机制，通过政府购买服务的方式加强特殊机械设备储备，强化应急物资档案管理，确保各类易消耗物资和机械设备及时补给、满足应急需要。充分利用市场和社会资源，依托大型交通运输和工程建设企业，充实储备应急运力和大型抢通机械设备。（公路局、水运局、运输司牵头，规划司、财审司、应急办、路网中心配合，长期推进。）

7. 加强基层应急队伍和管理专家队伍建设。建立专业队伍发挥骨干作用、其他救援队伍和社会志愿者共同参与的应急救援体系，逐步提高基层应急救援队伍的专业化水平、快速机动化性能和可持续发展能力。同时，优化专家库组成与专业结构，完善应急专家咨询会商机制，充分发挥专家在突发事件庆对中的技术咨询作用。（应急办牵头，各有关单位配合，长期推进。）

8. 指导志愿者队伍建设。先期以海上搜救领域为试点，逐步加大对志愿者的专业培训力度，提高志愿者参与交通运输突发事件应急响应的业务技能和职业素养。（搜救中心牵头，人事教育司及各有关单位配合，2015 年底前完成）。

（三）不断提高应急管理信息化水平。

9. 加强应急管理基础信息系统建设。按照《国务院办公厅关于国家突发事件应急体系建设十二五规划重点建设项目的实施意见》（国办函〔2013〕3 号）和部《关于印发公路水路交通运输信息化十二五发展规划的通知》（交规划发〔2011〕192 号）的建设要求，加快与安全应急有关的行业基础信息系统建设，确保信息互联共享，为应急处置决策指挥提供支撑。推进各省公路水路安全畅通与应急处置系统工程建设，加快推进“国家重大海上溢油应急信息共享及辅助决策系统”项目建设实施工作。全力推进部“交通运输运行监测与应急指挥系统”建设，尽快建成集搜救及溢油应急指挥、路网调度指挥与抢通保通、应急运输力量与资源调节、应急现场信号传输与通信指挥、水上专业力量指挥一体化的应急管理信息化系统。（规划司、水运局、安全质量监管司、搜救中心牵头，各有关单位配合，长期推进）。

10. 加快国家路网运行监测体系建设。按照路网运行监测体系顶层设计要求，针对关键基础设施、重点车辆荷载、严重阻断事件进行全过程的监测预警与应急处置，加快推进国家路网运行监测体系建设，实现对国家公路网运行态势与环境气象的监测与评估，实现应急状态下部省联动和业务协同，为重大突发事件下路网运行的宏观决策与应急指挥提供立体保障。（公路局牵头，应急办、路网中心配合，长期推进。）

11. 推进现代化应急监管体系建设。各省级交通运输主管部门要加快推进交通运输应急指挥信息平台建设，完善图像信息管理系统、突发事件信息报送系统。各级公路部门要加快实现路网视频监控系统、信息采集与报送系统的全国联网运行，完善重大桥隧、关键路段的路网监测点设施建设，实现路网运行监测覆盖率不小于 70%的目标。各级海事部门积极推进船舶交通管理系统（VTS）、船舶自动识别系统（AIS）、电视监控系统（CCTV）等现代化安全监管系统的建设，完善重点港区、桥区、渡口、危险品码头等重点水域的 VTS 和 CCTV 视频监控站点建设。（规划司、公路局、海事局牵头，水运局、安全质量监管司、应急办、路网中心配合，长期推进。）

（四）健全完善交通运输应急管理制度机制。

12. 完善应急工作机制。调整交通运输部突发事件应急工作领导小组，建立领导小组牵头负责、部应急办组织协调、部内各单位各司其职的应急工作机制。各级交通运输主管部门也要设立相应的应急工作领导小组，确保应急管理工作责任明确、职责清晰。(人事教育司牵头，办公厅、应急办、各有关单位配合。2014 年底前完成。)

13. 提高应急信息报送速度和质量。拓宽突发事件信息收集渠道，多元化获取突发事件信息，严格按照《交通运输突发事件信息报告和处理办法》(交应急发〔2010〕84 号) 规定的时限和程序要求，做好突发事件信息报送工作。建立突发事件信息台账，做好信息统计、分析工作。(应急办牵头，办公厅、路网中心、各有关单位配合，2014 年底前完成。)

14. 加强应急宣传和舆论引导。突发事件发生后，按照应急宣传的要求，分级负责，积极沟通中央和当地主要新闻媒体，通过电视、广播、政府网站、新媒体等多种形式，及时有序地发布信息。重点做好事故现场新闻发布及相关人员的管理，保证信息发布准确、权威、口径一致。加强舆情监控和研判工作，切实增强舆论引导的针对性和实效性。(政研室牵头，办公厅、应急办、各有关单位配合，长期推进)。

15. 开展多种形式的应急演习定练习。组织开展实兵演习、桌面推演等形式的演习演练活动，增强应急队伍的实战能力，检验完善应急预案，磨合应急联动机制，使相关人员进一步熟悉预案及其操作手册规定的应急职责、工作程序、响应机制、处置措施、应急资源等。(应急办牵头，各有关单位配合，长期推进。)

16. 做好应急管理督促检查工作。各省级交通运输主管部门要按照《交通运输突发事件应急管理规定》(交通运输部令 2011 年第 9 号) 要求，对应急管理体制机制、预案制定与实施、应急物资储备、应急队伍建设、危险源监测、信息报送、演习演练习、经费落实、应急后评估等各项工作开展情况开展定期不定期的自查自纠。部应急办适时组织相关单位和部门对各地应急管理工作开展情况和工作成效进行检查。(应急办牵头，各有关单位配合，2015 年底前完成。)

17. 做好重特大突发事件应急后评估工作。针对部组织和参与的重特大突发事件，开展应急后评估工作，总结经验教训，建立重大交通运输突发事件应急处置案例库，并就独立第三方机构开展应急后评估的可行性开展调查研究。(应急办牵头，各有关单位配合，长期推进。)

18. 建立应急资金预算保障。按照《国务院办公厅关于印发突发事件应急预案管理办法的通知》(国办发〔2013〕101 号) 要求，将预案规划、编制、培训、宣传教育、演习演练等各项工作各需经费纳入各级交通运输主管部门财政预算统筹安排。启动应急征用的政策研究工作，建立健全科学的应急征用补偿机制。(财务审计司、应急办牵头，各有关单位配合，2015 年 6 月前完成。)

19. 加强应急国际交通与合作。重点加强与东盟等周边国家在水路交通运输领域的应急合作，建立应急合作机制，落实各项目工作。(国际司牵头的，各有关单位配合，长期推进。)

四、做好当前时期重点领域的应急管理工作

(一) 配合做好境外涉我突发事件应急响应工作。

各级交通运输主管部门要加强与外事主管部门沟通协调，在境外发生重大自然灾害、战乱骚乱、事故灾难、公共疫情等各类突发事件，严重威胁我公民生命财产安全时，要积极履行交通运输系统职责，配合外事主管部门，在各级政府的统一领导下，做好海上搜救、人员撤离、疫情防控等各项工作。

(二) 配合做好行业外各类突发事件应急处置工作。

各级交通运输主管部门要在地方政府的统一领导下，加强与各专业应急指挥机构的协调配合，提升应对自然灾害、事故灾难、公共卫生、社会安全等各类突发事件的应急响应能力。做好暴雨、台风、地震、泥石流等造成交通运输基础设施损毁的应急抢通保通工作；发生社会公共卫生事件时，协助卫生、口岸检疫等部门对乘坐公共交通工具的人员开展检疫、查验、隔离、消毒等工作，防止疫情通过交通运输环节传播；加强对交通运输场站、运输工具以及危险货物港口码头、客运客滚码头、重要桥梁隧道等交通基础设施的安全防范，提高防范和应对暴力恐怖袭击能力，提高应急状态下运输组织及人员疏散能力。

（三）加强交通运输行业重点环节突发事件应急能力。

做好城市公共交通，特别是轨道交通运营情况监测、检查和监督工作，加强设备设施技术保障，确保站内运营秩序平稳，确保突发事件应急处置有序、高效。

督促危险货物运输经营人健全应急处置责任体系，强化安全生产应急管理主体责任，完善危险品运输应急救援体系，强化应急救援队伍的运行保障，确保突发事件的应急反应及时、措施得当。

155. 交通运输部关于加强汛期公路防灾保通工作的通知

（交公路明电〔2015〕11号）

各省、自治区、直辖市、新疆生产建设兵团交通运输厅（委、局），上海市交通委员会：

近日，国家减灾中心对地震、洪涝、台风等主要灾害风险进行综合评估后认为，今年全国自然灾害综合风险处于高水平，全年因洪涝等灾害损失可能比常年偏重。李克强总理、王勇国务委员等国务院领导同志对此作出重要批示，要求针对今年自然灾害可能多发的情况，立足于防大灾、抗大灾，进一步深入分析研判各类灾害风险，加强监测预警和隐患排查，做好预案，科学应对，有效防范，最大限度减轻灾害损失，切实保障人民群众生命财产安全。

当前，全国大部分地区已进入主汛期，山洪、滑坡、泥石流等地质灾害常发易发，特别是近日来，西南、华南、华东大部地区持续遭受强降雨，多条高速公路发生边坡塌方险情，部分国省道多次中断交通，一些农村公路毁损严重，公路防灾保通工作形势严峻。为贯彻国务院领导同志重要批示精神，进一步做好公路防灾保通工作，现将有关事项通知如下：

一、高度重视，落实好工作责任

要充分认识今年汛期公路保通工作的严峻形势，进一步增强忧患意识和责任意识，加强防灾保通工作的组织领导和协调配合，建立一把手总负责、分管领导具体抓、各相关部门共同参与的组织体系，层层落实防灾保通工作责任制，按照防大灾、抗大灾、保畅通要求和“预防为主，防治结合”的原则，持续做好防汛抢险各项工作，确保灾情发生时，能够拉得出、顶得上、抢得通、打得赢。

二、强化预判，全力做好防范应对准备

要密切注意气象和灾害预警信息，加强与气象、防汛、国土等部门的沟通、协作和会商，及时了解本地区气象变化和汛情动态，分析研判极端天气和地质灾害对公路设施产生的危害，把汛期可能多发的极端灾害性天气、暴雨洪涝、山体滑坡、泥石流、台风等灾害作为防范重点，提出有针对性的措施，视情及时启动各类救灾应急预案，并及时发布公路预警信息，指导公路管养单位做好防灾保通工作。同时，通过广播、报纸、短信、信息板、网络等多种方式，告知社会公众合理安排出行线路，为安全出行创造条件。

三、注重监测，全力抢通受阻路段

要按照“重点整治，强保固通”原则加强公路保通工作，注重对临江、沿河、山区等地质灾害易发路段巡查，强化对大型滑坡体和重要桥隧监测，有针对性地开展必要的应急工程或临时性工程措施。对发生灾毁的路段，要按照“先抢通、后修复”的原则进行有效处治，及时排险除患。对暂时难以抢通的要采取必要的防范措施，设立醒目的警示标志，并落实人员严密监控。对存在重大安全隐患的，要立即封闭交通或安排专人值守，尽量降低灾害发生的可能性和对公路通行的危害程度。

四、畅通信息，及时报送灾情

要进一步加强应急值守，尤其要妥善安排好节假日的值班工作，第一时间上报重大灾情。要严格按照《交通运输部公路交通阻断信息报送制度》（交公路发〔2011〕183号）要求，按规定时限向部报送阻断信息。遇有台风、持续强降雨等重大灾情时，应于每日上午9时前将最新交通阻断和抢险保通等情况，通过路况信息报送系统报部公路局和部路网中心。各地交通运输主管部门要及时准确地做好公路灾害损失情况统计，对造成公路灾害损失大、抢修保通任务重的重大灾害，按照《财政部　交通运输部　商务部关于印发〈车辆购置税收入补助地方资金管理暂行办法〉的通知》（财建〔2014〕654号）要求，联合财政主管部门，向交通运输部报送公路灾毁抢修保通资金申请，以便及时下拨应急补助资金。

156. 交通运输部关于贯彻落实习近平总书记等中央领导同志重要批示精神 切实做好公路交通自然灾害防灾工作的紧急通知

（交公路明电〔2015〕33号）

各省、自治区、直辖市、新疆生产建设兵团交通运输厅（委、局）：

2015年12月20日，深圳市光明新区发生滑坡灾害，人民群众生命财产遭受严重损失。习近平总书记、李克强总理、张高丽副总理、王勇国务委员等中央领导同志作出重要批示，要求有关部门进一步采取措施，指导督促地方加强各类灾害和安全生产隐患排查，制定预案，加强预警及应急处置等工作，确保人民群众生命财产安全。为认真贯彻落实习近平总书记、李克强总理等中央领导同志重要批示精神，切实做好公路交通自然灾害隐患排查和应急处置工作，现就有关事项紧急通知如下：

一、切实加强防小组，狠抓责任落实

近段时间，极端天气增多，地壳活动频繁，全国自然灾害综合风险处于高水平。各级交通运输主管部门要充分认识公路灾害防治工作的严峻形势，进一步增强忧患意识、责任意识和防范意识，全面落实公路防灾保通工作责任制。要加强防灾保通工作的组织领导和协调配合，按照防大灾、抗大灾、保畅通要求和“预防为主，防治结合”的原则，提高救灾决策科学性和实效性。确保岁末所初和元旦、春节期间各项工作稳定有序。

二、开展隐患排查，及时化解风险

要针对区域公路交通灾害特点，集中开展全面、系统的灾害风险隐患排查，重点做好大型滑坡体、高边坡防护和长大桥隧等重要设施的排查。对排查出的灾害风险隐患，要立即采取坚决有效的措施抓紧整改处置，及时化解风险，严防各类灾害的发生。

三、加强监测预报，全力做好预警

要密切注意气象和灾害预警信息，加强与气象、防汛、国土等部门的沟通、协作和会商，及时了解本地区气象变化趋势和特点，分析研判极端天气和地质灾害对公路设施安全及运行产生的危害，把可能发生的极端灾害性天气、泥石流、暴雨洪涝、山体滑坡等作为防范重点，提出有针对性的措施，并及时发布公路预警信息，指导公路管养单位做好防灾保通工和。同时，通过广播、电视、短信、信息板、网络等多种方式，告知社会公众合理安排出行路线。

四、及时启动预案，做好应急处置

各地要结合自然灾害分布特点，在春运前开展临江、沿河、山区等地质灾害易发路段巡查，加强重点区域和重要桥隧监测，有针对地采取必要的应急工程或临时性工程措施。要进一步完善各类灾害救灾应急预案，特别是做好春运期间公路防冰冻灾害保通工作，提前做好人员队伍、技术装备、资金物资等的准备，视情及时启动应急预案，做好道路抢修抢通，尽快恢复道路通行。

五、强化应急值守，及时报送灾情

要进一步加强应急值守，尤其是即将进入春运，要严格按照部有关要求，妥善安排好春运期间的值班工作，对重大灾情和阻断情况，必须第一时间上报。遇有重大自然灾情时，应于每日上午9时前将最新交通阻断和抢险保通等情况，通过路况信息报送系统报部公路局和部路网中心。

157. 交通运输部办公厅关于加强公路地质灾害隐患排查治理工作的通知

（交办公路明电〔2016〕5号）

各省、自治区、直辖市、新疆生产建设兵团交通运输厅（局、委）：

3月8日12时许，四川省乐山市马边县境内省道103线K326＋400处突发山体垮塌，灾害造成踏勘小凉山精准扶贫交通项目返回途中的乐山市公路局局长王川、马边县交通运输局副局长李志强等一行7人全部遇难。为吸取教训，举一反三，切实加强公路地质灾害隐患排查治理工作，现将有关事项通知如下：

一、高度重视，落实好工作责任

当前，随着春季气候转暖，南方雨水增多，北方冰雪冻土消融，加之去年冬季降雪、降雨量偏大，山体坍塌和融雪性洪水等灾害多发易发，公路沿线地质灾害防治形势十分严峻。各地要充分认识公路沿线地质灾害防治工作的重要性和紧迫性，切实加强领导，坚决克服麻痹松懈思想，牢固树立底线和红线意识，建立一把手总负责、分管领导具体抓、各相关部门共同参与的组织体系，层层落实防灾保通工作责任制；坚持以人为本，按照“预防为主，防治结合”的原则，集中开展春季排查治理活动，科学及时制定排查方案、处治措施和应急预案，持续做好各项准备工作。

二、组织力量，认真做好公路地质灾害隐患排查治理

针对入春以来公路病害和地质灾害频发状况，各级交通运输主管部门、公路管理机构和收费公路经营管理单位要组织专门力量，加大公路地质灾害隐患排查治理工作力度，及时消除隐患，修复公路病害，努力延长公路使用寿命。一是全面排查辖区山区路段、隧道出入口、临河路段、高危边坡及滑塌等路段，重点对石质上边坡岩体倾斜、滑移、鼓胀、拉裂、错断的路段和土质上边坡坡顶后缘开裂、坡面临空、坡脚滑移的路段进行排查。根据排查结果，对坡面危岩及时进行清理，对失稳土质边坡及时进行清方卸载，对需要采取工程手段进行治理的边坡灾害路段在起终点设置安全警示标志和提醒标志，并安排专人加强观测，有明显变化时及时疏导或封闭交通，确保通行车辆及行人安全。二是全面排查现有公路沿线排水系统，对排水不畅、构造物损害等应及时清理和修复，确保汛期排水畅通。三是全面排查在建工程路段，各级交通运输主管部门、公路管理机构要指导项目管理单位加强施工现场的防灾工作，督促公路施工企业落实相关措施，特别注意避开易发生崩塌、滑坡、泥石流等地质灾害的高陡边坡、不稳定斜坡和沟口低洼处，以避免地质灾害造成人员伤亡和经济财产损失。四是切实加大日常巡查力度，认真落实公路和桥隧养护检查工作制度，及时发现并消除突发安全隐患。同时，要尽快完成灾毁公路修复工程、危桥改造、安保工程和灾害防治工程年度计划的前期工作，加快施工图设计审批和招投标等相关工作；条件已具备的，要加紧组织实施。

158. 交通运输部办公厅关于进一步做好公路灾毁损失和应急抢通情况数据采集报送工作的通知

（交办公路函〔2019〕371 号）

各省、自治区、直辖市及新疆生产建设兵团交通运输厅（局、委）：

为及时掌握公路灾毁损失和应急抢通情况，支撑公路交通应急资源调配和灾后恢复重建工作，经交通运输部同意，现将有关事项通知如下：

一、全面提高信息化水平

灾情发生后，各省级交通运输主管部门要在抓紧组织开展公路灾毁应急抢通保通工作基础上，进一步提高相关数据采集报送信息化水平，确保灾毁损失和应急抢通情况数据的及时性、准确性和有效性。在 2017 年普通国省道干线公路灾毁损失情况卫星遥感数据采集试点基础上，部组织技术单位升级完善了“公路灾毁信息采集系统”（以下简称采集系统），包含 App 及系统网站，采集范围为高速公路和普通国省干线公路，请各省级交通运输主管部门组织有关单位及时升级更新 App 和用户操作手册。

二、加强数据审核和定时报送

各省级交通运输主管部门要抓紧完善数据审核与报送机制，建立公路灾毁损失和应急抢通情况数据月度统计制度。各级交通运输主管部门应及时对公路灾毁电子地图数据进行逐级审核。采集系统每月初将自动汇总上一个月审核通过的公路灾毁电子地图，并自动生成相应的公路灾毁损失和抢通情况月度统计报表。各省级交通运输主管部门应于每月 10 日前通过采集系统对本地区月度统计报表进行复核并报部。遇有重大保障活动或重大突发事件，公路灾毁损失和应急抢通情况数据按日报送。

三、高度重视数据采集报送工作

各级交通运输主管部门要高度重视公路灾毁和应急抢通数据采集报送工作，灾毁损失和抢通情况数据是中央车购税公路灾损抢修保通补助资金分配的重要依据，也是中央车购税普通国省道灾毁恢复重建资金申请审核和资金分配的重要依据。同时，部将继续利用卫星遥感影像抽样核查等办法对公路灾损情况进行核实。

四、强化责任落实

各省级交通运输主管部门要指定专人负责，并认真组织有关单位完善相关工作机制。请于 2019 年 3 月 25 日前将相关联系人信息（见附件）发送至邮箱 glsh@hmrc. net. cn。采集系统具体填报要求，详见用户操作手册。请部路网监测与应急处置中心做好月度统计报表相关分析工作；请中国交通通信信息中心做好采集系统软件应用、电子地图审核、遥感影像抽查等技术支持工作。

部公路局联系人：蔡小秋 010-65292747。

部路网中心联系人：杨峰 010-65299161，13911120686；邮箱 glsh@hmrc. net. cn。

中国交通通信信息中心联系人：洪梓璇 010-65299520，13681288162；李缘廷 010-65299467。

附件（略）

Gonglu Yanghu Guanli Fagui Zhidu Wenjian Huibian

公路养护管理法规制度文件汇编

2021 年版

（中册）

交通运输部公路局

人民交通出版社股份有限公司

北 京

内 容 提 要

本汇编分为上、中、下三册。上、中册汇编了 1978 年～2021 年有关公路养护管理的各种法规、文件共计 303 篇，内容包括两个方面：(1) 国家法律法规、国务院及国务院办公厅文件；(2) 交通运输部及其他部委相关规章、文件。其中交通运输部及其他部委相关规章、文件又分为六类，包括综合类、养护管理类、路政管理类、收费公路管理类、路网应急与服务类及其他类。养护管理类又细分为综合管理、桥隧养护管理、路网结构改造工程以及防灾减灾四小类。下册汇编了各省（自治区、直辖市）有关公路养护管理最新的地方性法规制度文件，共计 125 篇。为便于查阅，各类文件主要依发布时间的先后顺序加以排列，并按序列统一编号。

本书可供各级公路管理部门的领导干部和养护管理人员使用参考。

图书在版编目（CIP）数据

公路养护管理法规制度文件汇编 ：2021 年版 / 交通运输部公路局编．— 北京 ：人民交通出版社股份有限公司，2021.6

ISBN 978-7-114-17352-3

Ⅰ.①公… Ⅱ.①交… Ⅲ.①公路养护—管理—法规—汇编—中国 Ⅳ.①D922.296.9

中国版本图书馆 CIP 数据核字（2021）第 102152 号

书　　名：**公路养护管理法规制度文件汇编　2021 年版**（中册）
著 作 者：交通运输部公路局
责任编辑：吴有铭　王海南　刘永超
责任校对：孙国靖　魏佳宁　宋佳时　扈　婕
责任印制：张　凯
出版发行：人民交通出版社股份有限公司
地　　址：(100011)北京市朝阳区安定门外外馆斜街 3 号
网　　址：http://www.ccpcl.com.cn
销售电话：(010)59757973
总 经 销：人民交通出版社股份有限公司发行部
经　　销：各地新华书店
印　　刷：北京市密东印刷有限公司
开　　本：880×1230　1/16
印　　张：33.25
字　　数：963 千
版　　次：2021 年 6 月　第 1 版
印　　次：2021 年 6 月　第 1 次印刷
书　　号：ISBN 978-7-114-17352-3
总 定 价：480.00 元（上、中、下册）
（有印刷、装订质量问题的图书由本公司负责调换）

总　目　录

上　册

中　册

下　册

目　录

一、国家法律法规、国务院及国务院办公厅文件

二、交通运输部及其他部委相关规章、文件

（一）综　　合

（二）养 护 管 理

◇综 合 管 理◇

◇桥隧养护管理◇

（四）收费公路管理

（五）路网应急与服务

（三）路政管理

159. 关于印发实现国道、省道基本无“三乱”考核标准的通知

（国纠办发〔1996〕7号）

各省、自治区、直辖市交通厅（局）、公安厅（局）、纠风办：

为确保今年国道、省道基本无“三乱”总目标的实现，便于对各省（区、市）治理公路“三乱”工作进行监督检查，量化考核，根据国务院（1994）41号文件等有关规定，制定以下考核标准：

一、未经省、自治区、直辖市政府批准的收费站、检查站撤除率达到100%。经批准设置的收费站、检查站符合国家规定条件。

二、本省（区、市）除交通、公安、林业部门以外，没有其他任何部门、单位在公路上设站、检查、罚款、收费的，偶发上路查车收费、罚款事件，及时得到查处。

三、在本省（区、市）范围内，各级政府及有关部门没有向上路的执收执罚单位和人员下达收费、罚款指标的。

四、各省、自治区、直辖市对发现的交通（收费和稽征）、公安（交警）、林业（木材检查）上路执法人员的乱收费、乱检查、乱罚款问题，查处率达到100%。

五、公路上和城市入口处无强制拦车清洗行为。

六、各省、自治区、直辖市通过对运输企业和驾驶人员的问卷调查，对本考核标准前五项表示满意和比较满意的要达到70%以上。

各省、自治区、直辖市可参照上述标准，结合本地实际，制定具体考核标准和实施办法。

160. 关于印发公路“三乱”出现反弹、取消国道省道基本无“三乱”地区资格检查标准的通知

（国纠办发〔1997〕12号）

各省、自治区、直辖市交通厅（局）、公安厅（局）、纠风办：

为贯彻落实国务院关于今年治理公路“三乱”工作要继续坚持以国发〔1994〕41号文件为基本依据，“巩固成果，防止反弹，反弹摘牌，重点整治”的要求，经国务院领导同意，特就“反弹摘牌”问题制定以下检查标准：

一、违反规定擅开口子，批准交通、公安、林业部门以外的部门和单位在公路上设站、检查、罚款、收费；恢复设置已撤销的不符合国家规定的收费站、检查站；交通、公安、林业部门发生违反规定设置收费站、检查站问题。

二、在所辖范围内，出现了违反规定向上路执收执罚单位和人员下达收费、罚款指标的政府或部门行为。

三、接连发生典型公路“三乱”问题和案件；出现被中央主要新闻单位曝光并查证属实，在全国造成恶劣影响的严重公路“三乱”事件。

四、在公路上和城市入口处连续发生强制拦车清洗行为。

五、群众对公路“三乱”问题举报急剧增多，整改不力；对受理和发现的公路“三乱”问题查处不认真、纠正不及时。

六、通过对运输企业和驾驶人员的问卷调查，对治理公路“三乱”工作不满意率超过30%。

哪个地、市、县出现上述情况之一，先由其所在省（自治区、直辖市）宣布取消其国道、省道基本无“三乱”地区的资格，并予以公布，促其重点整治；情况特别严重者，由交通部、公安部、国务院纠风办报经国务院领导同意后，取消其所在省、自治区、直辖市国道、省道基本无“三乱”的资格。

161. 关于印发实现所有公路基本无“三乱”考核办法的通知

（国纠办发〔1999〕8号）

各省、自治区、直辖市交通厅（局）、公安厅（局）、纠正行业不正之风办公室：

治理公路“三乱”工作，从1995年作为全国纠风专项治理的一项重要任务提出以来，经过连续几年的集中整治，各省、自治区、直辖市已实现了国道、省道基本无“三乱”，有效地保证了主要干线公路和蔬菜运输“绿色通道”的畅通。为加大从国道、省道向县乡道路延伸的治理力度，力争用三年的时间，实现所有公路基本无“三乱”的新目标，根据《国务院关于禁止在公路上乱设站卡乱罚款乱收费的通知》（国发〔1994〕41号）等有关规定，特制定以下考核办法：

一、实现所有公路基本无“三乱”督促检查和量化考核，原则上按照交通部、公安部、国务院纠风办《关于实现国道、省道基本无“三乱”考核标准》（国纠办发〔1996〕7号）执行，同时还应达到以下要求：

1. 经省、自治区、直辖市人民政府批准设置的检查站、收费站，必须公布设站的批准证件、工作范围、主管部门和监督电话；收费站还应同时公布收费单位、收费标准和收费期限；各检查站、收费站的工作人员必须持有省级人民政府核发或省政府授权部门核发的有效证件，证件上应有持证人的姓名、照片、工作单位、证件号码和工作地点，持证人没有超越工作范围和工作地点拦车检查、罚款、收费的行为。

2. 按照国务院有关规定，对本辖区内的公路收费站点进行了彻底地清理整顿，及时撤销了不符合规定和已还清贷款的收费站点，调整了不合理的收费标准，严格执行了新建公路收费站点的设置标准和条件。

3. 本辖区连续两年没有出现因发生严重公路“三乱”问题而被取消公路基本无“三乱”资格的地市县。

二、实现所有公路基本无“三乱”，坚持实事求是、从严要求的原则。各省、自治区、直辖市应从所辖地市县逐级抓起，分期分批地公布实现所有公路基本无“三乱”的地方名单，扎扎实实地向前推进。在经认真自查，确认本省（区、市）已具备所有公路基本无“三乱”条件的基础上，先由省级人民政府向交通部、公安部和国务院纠风办提出申请报告，经“两部一办”会同建设部、国家林业局组织检查认定、并报经国务院领导同意后，再由“两部一办”向社会公布。

三、实现所有公路基本无“三乱”，是一项艰巨复杂的工作。各省、自治区、直辖市应根据新的目标要求和本办法，结合实际，制定具体实施细则。

附件：关于实现国道、省道基本无“三乱”考核标准

附件

关于实现国道、省道基本无“三乱”考核标准

一、未经省、自治区、直辖市政府批准的收费站、检查站撤除率达到100%。经批准设置的收费站、检查站符合国家规定条件。

二、本省（区、市）除交通、公安、林业部门以外，没有其他任何部门、单位在公路上设站、检查、罚款、收费的，偶发上路查车收费、罚款事件，及时得到查处。

三、在本省（区、市）范围内，各级政府及有关部门没有向上路的执收执罚单位和人员下达收费、罚款指标的。

四、各省、自治区、直辖市对发现的交通（收费和稽征）、公安（交警）、林业（木材检查）上路执法人员的乱收费、乱检查、乱罚款问题，查处率达到100%。

五、公路上和城市入口处无强制拦车清洗行为。

六、各省、自治区、直辖市通过对运输企业和驾驶人员的问卷调查，对本考核前五项表示满意和比较满意的要达到70%以上。

162. 关于实施《超限运输车辆行驶公路管理规定》有关问题的通知

（交公路发〔2000〕123号）

各省、自治区、直辖市交通厅（局），上海市政工程管理局，天津市政工程局，各计划单列市交通局（委）：

根据《公路法》的规定，由我部制定的《超限运输车辆行驶公路管理规定》（〔2000〕2号部令，以下简称2号部令）已发布，并将于2000年4月1日起实施，为认真做好2号部令的贯彻实施工作，现就有关问题通知如下：

一、各级交通主管部门要将超限运输管理工作纳入重要议事日程，切实加强领导，层层落实责任制，从组织上保证超限运输管理工作的顺利实施。同时应及时向当地政府领导汇报，争取政府的最大支持。

二、各级交通主管部门和公路管理机构要在2号部令实施前开展超限运输车辆行驶公路管理宣传月活动，利用各种宣传手段，通过多种渠道，面向全社会广泛深入开展宣传工作，让广大群众特别是车主和司机充分认识超限运输的危害性，了解超限运输管理的基本要求。

三、各级交通主管部门和公路管理机构要组织公路路政、运政管理人员学习2号部令，掌握超限运输管理的有关规定和具体要求。

四、各省、自治区、直辖市交通主管部门要根据本地实际，尽快制定切实可行的实施方案，并会同省级物价主管部门制定《超限运输车辆行驶公路赔（补）偿标准》。

五、各级交通主管部门和公路管理机构要以超载车辆为重点，加大治理力度，务必使当前车辆超载普遍及严重的现象得到有效遏制。对违反规定在公路上行驶的超限车辆，情节轻微的，要及时进行现场纠正，给予批评教育；情节严重的，要及时采取责令停驶、卸载等强制性措施，阻止违法行为继续进行。

六、各省、自治区、直辖市公路管理机构要根据本辖区内超限运输车辆的分布情况，配备必要的流动性超限检测设备，也可在主要的干线公路上设置固定的超限自动检测装置，充分利用高、新科技成果，不断强化管理手段。同时，还可根据需要，在超限运输检测站附近设立必要的卸货场。

七、各级交通主管部门和公路管理机构要加强对执法人员的培训，重点抓好形象教育、素质教育、政策法规教育和职业道德教育，坚持先培训发证后上岗执法，努力培养一支高素质的执法队伍，以确保超限运输管理做到行政执法规范、标准，服务语言文明、礼貌，案件处理妥善、及时。

八、各级交通主管部门要不断加强对超限运输管理工作的监督检查，逐步建立有效的激励约束机制，不断规范执法行为，防止出现公路“三乱”。同时，还应及时分析研究管理工作中出现的新情况、新问题，采取切实有效的措施予以解决。

九、各级运输管理部门在抓好运输市场管理的同时，应积极配合做好车辆超限运输管理工作，加强源头管理，制止车辆违章超载。

十、各级交通主管部门和公路管理机构依照2号部令规定，对经国家批准生产并投入市场的奔驰、斯泰尔、红岩、黄河等单轴轴载大于10吨、少于13吨的车辆，只要车货总重符合国家核定的吨位标准，暂不按超限处理，允许其上路行驶。

十一、各级交通主管部门和公路管理机构要在当地政府的领导下，积极与公安、法院等部门协调合作，争取他们的支持与帮助，将超限运输管理工作由部门行为逐步转变成社会行为。

163. 关于印发实现所有公路基本无三乱实施方案及量化考核评分标准的通知

（交公路发〔2000〕501号）

各省、自治区、直辖市交通厅（局、委）、公安厅（局）、纠正行业不正之风办公室：

根据交通部、公安部、国务院纠风办（以下简称“两部一办”）《关于印发实现所有公路基本无“三乱”考核办法的通知》（国纠办发〔1999〕8号）要求，两部一办共同研究制定了《实现所有公路基本无“三乱”实施方案》和《实现所有公路基本无“三乱”量化考核评分标准》，现印发给你们，并就有关问题通知如下：

一、实现所有公路基本无“三乱”，是治理公路“三乱”的既定目标，是巩固治理公路“三乱”成果，防止反弹、扩大战果、上新台阶的重要举措，直接关系到促进改革开放、经济发展和维护社会稳定的大局。各地区和有关部门要认真学习贯彻江泽民总书记关于“三个代表”的重要思想，讲政治，顾大局，充分认识开展这项工作的必要性、重要性、长期性和艰巨性，加强领导，通力协作，齐抓共管，形成合力，积极为实现所有公路基本无“三乱”创建良好的条件，努力把这项工作抓紧抓好抓出成效。

二、各省、自治区、直辖市人民政府及有关部门要继续认真贯彻落实《国务院关于禁止在公路上乱设站卡乱罚款乱收费的通知》（国发〔1994〕41号）和国家现行法律、法规等一系列治理公路“三乱”的文件精神，以实现所有公路基本无“三乱”为契机，努力把治理公路“三乱”工作推向新的阶段。要坚持开展以明察暗访为主要形式的监督检查，切实做到宣传教育不间断、明察暗访不间断、督促指导不间断。对本辖区内的公路“三乱”易发地区、多发路段要进行重点监控和帮促。对于发生严重公路“三乱”问题的地区，要按照两部一办有关规定，坚决摘掉该地区国、省道基本无“三乱”的牌子，公开通报，重点整治，并执行责任追究制度，从严处理直接当事人，对性质严重的公路“三乱”事件还应追究其上级领导的责任。

三、为实现所有公路基本无“三乱”，各地要根据本通知的要求，结合本地实际情况，制定具体工作计划，采取自下而上，逐级达标的方法，集中力量、集中时间进行自查自纠自评，抓紧做好实现所有公路基本无“三乱”争创达标的各项准备工作。一是要确保自查自纠到位。要根据本地区的工作安排，及时组织自检自查自评活动，发现问题，及时整改，打好基础，创造条件；二是确保申报工作及时。要根据两部一办的总体部署，及时按规定内容提交申请报告；三是确保舆论宣传深入扎实。各地要加大宣传力度，多方式、多角度、多层次地进行宣传教育，在全社会营造强大的声势。

四、实现全国所有公路基本无“三乱”时间紧、任务重，要求高。今年是活动的第一年，一定要开好头，打好基础，对于申报第一批实现所有公路基本无“三乱”的省（区、市），要尽快按照要求，于11月底前分别向两部一办提交申请报告，两部一办将会同建设部、国家林业局进行严格考核。

附件：一、实现所有公路基本无“三乱”实施方案

二、实现所有公路基本无“三乱”量化考核评分标准

三、省、自治区、直辖市实现所有公路基本无“三乱”申请表（略）

附件一

实现所有公路基本无“三乱”实施方案

一、总体目标

从 2000 年起，力争用 3 年的时间实现全国所有公路基本无“三乱”的目标。

二、实施原则

按照国务院《关于禁止在公路乱设站卡乱罚款乱收费的通知》(国发〔1994〕41 号）和交通部、公安部、国务院纠风办（以下简称“两部一办”)《关于印发实现所有公路基本无“三乱”考核办法的通知》(国纠办发〔1999〕8 号）的要求，本着“实事求是，从严要求”的原则，分阶段对申请达标的省份，成熟一个，考核一个。考核合格后，分期分批公布名单。

三、实施程序

对于申报实现所有公路基本无“三乱”的省、自治区、直辖市的考核验收工作，由交通部、公安部、国务院纠风办会同建设部、国家林业局共同进行。

考核的程序为：各省、自治区、直辖市首先对本辖区内治理公路“三乱”情况进行检查验收，并公布本辖区内实现所有公路基本无“三乱”的地市名单，在全部地市均已实现所有公路基本无“三乱”考核标准的基础上，由省级人民政府向两部一办提出申请报告（附件三)，并按要求准备好相关资料；两部一办会同建设部、国家林业局等有关单位按照量化考核评分标准（附件二）的要求对申请省份进行检查验收和量化考核；经考核合格的各省、自治区、直辖市，由两部一办、建设部和国家林业局的主管领导共同研究同意后，向社会公布。

四、工作安排

两部一办将分五批公布实现所有公路基本无“三乱”的各省份名单，具体安排如下：

1. 第一批（2000 年）

公布达标各省、自治区、直辖市名单的时间定于 2000 年 12 月底以前，各申请省份应于 11 月底前向两部一办提交申请报告。

2. 第二批（2001 年上半年）

公布达标省份名单的时间定于 2001 年 6 月底以前，各申请省份应于 2001 年 3 月底前向两部一办提交申请报告。

3. 第三批（2001 年下半年）

公布达标省份名单的时间定于 2001 年 12 月底以前，各申请省份应于 2001 年 8 月底前向两部一办提交申请报告。

4. 第四批（2002 年上半年）

公布达标省份名单的时间定于 2002 年 6 月底以前，各申请省份应于 2002 年 3 月底前向两部一办提交申请报告。

5. 第五批（2002 年下半年）

公布达标省份名单的时间定于 2002 年 12 月底以前，各申请省份应于 2002 年 8 月底前向两部一办提交申请报告。

附件二

实现所有公路基本无“三乱”量化考核评分标准

说　明

一、为规范实现所有公路基本无“三乱”检查、验收和考核的工作程序，增强工作效能，提高管理水平，根据国务院国发〔1994〕41号文件、国纠办发〔1999〕8号文件以及有关规定，制定本量化考核评分标准。

二、本评分标准是全国实现所有公路基本无“三乱”考核验收的基本标准，是上级部门考核各地治理公路“三乱”及是否达到所有公路基本无“三乱”的基本依据。

三、本评分标准包括外业检查和内业检查两个方面共五项检查考核内容。外业检查包括现场查访、公路站点、群众反映三个方面；内业检查包括内业检查、自检自查两个方面。

四、本评分标准总分为100分，评定成绩时，各项检查内容按照实际检查的权值计算，扣分项最多扣至0分。获85分以上且满足表一第七项列出的4项否定条件的单位为实现所有公路基本无“三乱”达标单位。

实现所有公路基本无“三乱”综合评定表 表一

序号	项 目	评定规则	100分制得分值	折算后得分值
一	现场查访	根据表二的评定情况核定（该项共计30分）		
二	公路站点	根据表三的评定情况核定（该项共计25分）		
三	群众反映	根据表四的评定情况核定（该项共计25分）		
四	内业检查	根据表五的评定情况核定（该项共计10分）		
五	自检自查	根据各省份的自检报告和情况进行宏观评定（该项共计10分）		
六	综合评定	（合计100分）		
七	等级评定	评定规则： 一、综合评定值在85分以上，符合实现所有公路基本无“三乱”考核标准。 二、有在检查中有下列现象之一的，则不能评为实现所有公路基本无“三乱”省份： 1. 有多家上路情况1次以上的； 2. 发生严重公路“三乱”问题并在社会上造成不良影响的； 3. 公路收费站点的间距不符合国家有关要求的； 4. 公路收费站点的收费（经营）期限不明确的		

公路“三乱”现场登记表 表二

序号	记录内容		扣分
	时间： 地点：		
	时间： 地点：		
	时间： 地点：		
	时间： 地点：		
评分规则	1. 如在路上遇到以下现象，均应记录，且每件次扣3分，严重的可视情多扣： 一是能上路的部门超范围拦车、罚款和收费现象； 二是除三家之外的其他部门上路搞“三乱”现象； 三是强行洗车行为； 四是其他公路“三乱”行为。 2. 综合得分＝100－各项扣分合计	综合得分	

调查单位： 调查人： 调查时间： 年 月 日

公路站点检查情况汇总表 表三

序号	检查站点数（个）		其中（个数）				综合得分评定
			优	良	中	差	
一	交通部门站点						
二	林业部门站点						
三	其他部门站点						
四	合计						
	综合得分评定方法： 按加权平均值进行计算，优的权值为1，良的权值为0.9，中的权值为0.8，差的权值为0.7。 计算公式为： 得分=［（优数×1+良数×0.9+中数×0.8+差数×0.7）/站点总数］×100						

调查单位：　　调查人：　　调查时间：　　年　月　日

第　页　共　页　**公路站（点）现场调查表**　表三-1

站点名称		所在路线及位置	
设站性质	交通（收费　稽查）　公安（　）林业（　）其他（　）		
站点隶属单位			
批准机关（单位）			
批准依据（文号）			
收费标准依据（文号）			
设站（收费、经营）期限			
年收费总额			万元
收费罚款标准	收费、罚款标准：		
	标准是否合理：		
工作人员总数	人	其中持证上岗人员	人
工作人员服务态度		良好（　）　一般（　）　差（　）	
检查目的（收费用途）			
是否有越权检查（搭车收费）		有（　）　无（　）	
是否有超范围或地点进行拦车、罚款或收费现象		有（　）　无（　）	
是否公开监督举报电话		有（　）　无（　）	
票据使用管理情况		票据是否全省统一规范：	
		有无票据存根填写不规范现象：	
有无严重“三乱”现象及其他情况调查			
综合评定	按照国家的有关文件规定，该站点评定等级为		优（　）　良（　） 中（　）　差（　）

调查单位：　　调查人：　　调查时间：　　年　月　日

第 页 共 页

群众满意率采访调查登记表

表四

序号	调查时间	调查地点	调查采访对象	执法服务态度			反映的问题	群众满意率（%）	得分
				交通人员	交警人员	林业人员			
评定方法	调查对象要求每省不得少于50个，综合得分值为各调查对象得分的算术平均值。 得分栏计算：得分＝满意率×100－态度和反映扣分合计。 扣分计算：执法服务态度差的扣2分，反映有重大公路“三乱”问题的，每件扣1分。 综合得分值：为所有调查对象得分值的平均值						综合得分值		

调查单位： 调查人： 调查时间： 年 月 日

内业检查评定表

表五

项目	评定要求	调查内容	扣分
上路自检自查情况	年内厅级领导带队上路明查暗访检查的累计次数： ≥6时，为优，加1分； 4～6（含4）时，为良，不扣分； 2～4（含2）时，为中，扣1分； ＜2时，为差，扣2分	年内上路检查次数：__次 其中：厅级以上领导带队的共__次	
	覆盖率在80%以下，扣1分，以后每降10%，增扣2分	检查公路累计里程：__公里 覆盖全省公路总里程：__%	
信访工作三乱查处情况	对群众来信来访反映和上级部门转（督）办的“三乱”问题查处率： ≥90%，为优，加1分； 70%～90%，为良，不扣分； 60%～70%，为中，扣1分； ＜60%，为差，每降10%增加1分	年收到群众举报：__件 调查处理有结果占：__% 上级部门转（督）办：__件 已查处并反馈的占：__%	
	年内被国家级新闻媒介公开曝光的重大问题，每件次扣5分； 尚未处理的，每件次加扣2分	被国家级新闻媒介公开曝光的重大问题：__件次 其中尚未查处结案的：__件	
评定方法： 按100分计，最后的综合得分值为100减去各项扣分值合计		综合得分值	

调查单位： 调查人： 调查时间： 年 月 日

164. 关于进一步做好治理公路“三乱”工作的通知

（交公路发〔2002〕450 号）

各省、自治区、直辖市、新疆建设兵团交通厅（局、委），上海市市政工程管理局、天津市市政工程局：

今年全国治理公路“三乱”工作，在党中央、国务院的领导下，在各有关部门的密切配合下，目前已有 12 个省（区、市）实现了所有公路基本无“三乱”，取得了一定的成绩。但近一段时间以来，个别地方出现了一些典型“三乱”案件，群众举报也逐渐增多。主要表现在：允许上路部门内部多家上路，超范围执法；收费站过多过密，收费标准过高；在超载、超限检查中部门标准不一，以罚代管，重复处罚；特别是执法人员素质不高、行为不规范等。以上情况引起党中央、国务院领导同志的高度关注，并做出一系列批示。为落实领导批示精神，巩固治理成果，严防反弹，以实际行动为十六大的胜利召开创造良好的环境，现就进一步做好治理公路“三乱”工作提出如下要求：

一、提高认识，加强领导。公路“三乱”加重企业负担，加重农民负担，扰乱经济秩序，影响党和政府的声誉，广大群众深恶痛绝。各级交通主管部门要从维持社会稳定的大局出发，充分认识公路“三乱”的危害性、治理成果的脆弱性以及治理工作的长期性和艰巨性。特别是在当前一段时期，各级交通主管部门要增强紧迫感和责任感，全面贯彻“三个代表”重要思想，把“三个代表”要求贯彻到交通行业管理工作实践中去，加强领导，改进作风，贴近实际，贴近群众，把治理公路“三乱”工作作为维护社会稳定需要解决的问题，作为得人心、暖人心、稳人心的头等大事，抓紧抓实抓好。

二、突出重点，严格要求。各级交通主管部门要本着实事求是的态度，高度重视人民群众反映突出的问题，认真调查分析，抓住典型案件，抓住主要矛盾，采取有力措施，严格要求，严格管理。

各级交通行政执法人员要严格按照法律、法规的规定开展行政执法工作，不得超范围执法，不得随意在公路上拦车检查、收费和罚款。各省（区、市）交通厅（局、委）要对在同一时间、同一路段上的路政、征稽、运政等执法队伍的执法工作统筹兼顾、合理安排；条件成熟的地方应积极探索系统内部联合执法的管理模式，实现一个窗口对外，避免出现同一路段多家交通部门上路的现象。

各级交通主管部门要严格按照《国务院办公厅关于治理向机动车辆乱收费和整顿道路站点有关问题的通知》（国办发〔2002〕31 号）精神，全面清理整顿公路收费站点。坚决撤销已还清贷款、收费期满、收费站间距不符合规定等不合法的收费站点；对保留的收费站点重新办理审批手续，重新核定收费期限和收费标准，收费标准偏高的要坚决降下来。各省（区、市）要积极推进高速公路联网收费，实施政府还贷收费公路的统一管理和“统贷统还”制度，撤并一批收费站点，减少收费站的数量。东部省份要力争在 3～5 年内实现省内高速公路联网收费。

三、注重源头，依法行政。各级交通主管部门在治理公路“三乱”工作中要坚持纠建并举，综合治理，特别是要加强源头管理，从源头上探索解决问题的办法。

路政执法人员在超限运输管理工作中，要严格执行交通部 2 号令、交公路发〔2000〕123 号文件和交公路发〔2001〕591 号文件的要求，按照“源头封阻、综合治理、联合执法、卸载放行”的原则，在经省级人民政府批准的检测站内开展检查工作，坚持科学检测，卸货放行。严禁凭经验和目测检查，严禁以罚代纠、收费放行。交通规费征稽人员上路检查要严格按照部有关规定执行，同时加强与公安车管部门协作，在车辆年审环节加大对规费缴纳情况的稽查力度，减少路面稽查工作。运政管理人员不得上路对车辆超载、超限实施检查和处罚，要把执法地点放在汽车站场、货物集散地等场所。

各级地方交通主管部门开展各项行业管理工作，要严格按照国家的有关法律、法规及规章的要求进行，凡地方法规与国家法律、法规不一致的，应立即停止执行，坚决推进依法行政。交通行政执法、执收人员要树立“以人为本、以车为本”的观念，提高服务意识、坚持秉公执法，文明执法。执行公务时，要佩戴标志，持证上岗。实施行政处罚时，要实行执法公示，严格执行“收支两条线”。

四、加强监督，明确责任。各级交通主管部门要全面落实治理工作责任制，实行“一把手负责制”和“一票否决制”，通过层层签订责任状，建立严格的责任追究制度。各地要定期不定期组织公路“三乱”监督检查。近期，各省（区、市）要组织有效的公路“三乱”暗访活动，主要领导要亲自带队，对发现的公路“三乱”案件，必须认真调查，有一件查一件，有一件处理一件，对当事人要给予纪律处分，并按照《党风廉政责任制》的规定，追究其上级领导责任。对于发生严重公路“三乱”行为的省（区、市），部将会同公安部、国务院纠风办按照有关规定，摘掉其基本无“三乱”的牌子。各地要始终保持对公路“三乱”的高压态势，坚持遏制公路“三乱”反弹，为国家经济建设创造良好的社会环境。

165. 公路监督检查专用车辆管理办法

（交通部令2002年第6号）

第一条 为加强公路监督检查专用车辆的管理，规范公路监督检查专用车辆的车型、标志和示警灯，根据《中华人民共和国公路法》的有关规定，制定本办法。

第二条 公路监督检查专用车辆是县级以上地方人民政府交通主管部门及其所属的管理机构依法进行公路监督检查时使用的专用车辆，其标志包括车辆颜色和文字标识，示警灯包括顶灯和发声器。

第三条 公路监督检查专用车辆的车型、标志和示警灯由交通部统一规范。

公路监督检查专用车辆的管理工作由省、自治区、直辖市人民政府交通主管部门负责。

第四条 任何单位和个人不得违反本办法擅自喷印、安装、使用公路监督检查专用车辆的标志和示警灯。

第五条 公路监督检查专用车辆的车型包括轿车、越野车和轻型客车三类。

第六条 公路监督检查专用车辆的基本色为白色，沿车辆前保险杆水平环绕车身以下部分为橙黄色；车身两侧统一喷印“中国公路”文字标识，字体为黑体，文字颜色为黑色（式样见附件一）。

第七条 公路监督检查专用车辆的示警灯为红、黄、蓝三色固定式排灯，安装在车顶前部。

示警灯排灯中间装备圆形红底白色公路路徽（式样见附件一）；排灯颜色左右两侧对称分布，每侧从里向外依次为黄色、红色和黄色。其中，红色占排灯单侧长度的二分之一，蓝色、黄色各占排灯单侧长度的四分之一。

公路监督检查专用车辆的示警灯采用相同的呼话、音调、灯光、选择自动转换等技术功能的电子发声器。

第八条 凡安装示警灯的公路监督检查专用车辆，必须持有省、自治区、直辖市人民政府交通主管部门颁发的《公路监督检查专用车辆示警灯使用证》，并随车携带。

《公路监督检查专用车辆示警灯使用证》由交通部统一制式（式样见附件二）。

任何单位和个人不得伪造、涂改、转让和转借《公路监督检查专用车辆示警灯使用证》。

第九条 公路监督检查专用车辆在执行以下公务时方可使用示警灯。

（一）查处逃缴交通规费和通行费的车辆；

（二）查处损坏公路的车辆；

（三）依法采取公路行政强制措施；

（四）执行其他紧急任务。

第十条 公路监督检查专用车辆、示警灯不得转借他人，也不得从事与公路监督检查无关的其他活动。

第十一条 省、自治区、直辖市人民政府交通主管部门应当加强对公路监督检查专用车辆使用情况的监督检查。

《公路监督检查专用车辆示警灯使用证》由省、自治区、直辖市人民政府交通主管部门定期审验。

第十二条 公路监督检查专用车辆转让、报废或者改变用途的，原使用单位应当拆除示警灯，清除本办法规定的文字标识，并将《公路监督检查专用车辆示警灯使用证》交回省、自治区、直辖市人民政府交通主管部门。

第十三条 违反本办法喷印、安装、使用公路监督检查专用车辆标志和示警灯的，违反本办法转让、转借《公路监督检查专用车辆示警灯使用证》的，省、自治区、直辖市人民政府交通主管部门应当责令其改正或者收缴公路监督检查专用车辆的示警灯、销毁相关标志和证件，并对车辆所属单位予以通报批评，车辆所属单位应对责任人予以相应行政处分。

第十四条 违反本办法伪造、假冒使用公路监督检查专用车辆、标志、示警灯和《公路监督检查专用车辆示警灯使用证》的，由省、自治区、直辖市人民政府交通主管部门责令其拆除示警灯、销毁相关标志和证件，并处1万元罚款。

第十五条 公路监督检查专用车辆的配备标准与数量由省、自治区、直辖市人民政府交通主管部门会同同级财政部门根据各地实际需要确定。

第十六条 本办法自二〇〇三年一月一日起施行。

附件一

附件二

公路监督检查专用车辆使用证式样

存　根
使用单位：＿＿＿＿＿
编　　号：＿＿＿＿＿
车 牌 号：＿＿＿＿＿
车辆类型：＿＿＿＿＿
使用期限：＿＿＿＿＿
发证日期：＿＿＿＿＿

No. XXXXXX

公路监督检查专用车辆

使　用　证

车辆号牌：＿＿＿＿＿

（正　面）

<table>
<tr><td>使用单位</td><td></td><td>车辆牌号</td><td></td><td>车辆类型</td><td colspan="2"></td></tr>
<tr><td>厂牌型号</td><td></td><td>发动机号</td><td></td><td>车架号码</td><td colspan="2"></td></tr>
<tr><td>使用期限</td><td colspan="6">年　月　日— 年　月　日</td></tr>
<tr><td>发证机关</td><td>（盖章）
年 月 日</td><td>签发人</td><td>年 月 日</td><td>经办人</td><td colspan="2">年 月 日</td></tr>
</table>

（背　面）

166. 关于印发路政管理文书（格式）的通知

（交公路发〔2003〕201号）

各省、自治区、直辖市交通厅（局、委），新疆建设兵团交通局，上海市市政工程管理局，天津市市政工程局：

为提高路政管理水平，规范路政管理行为，根据《路政管理规定》（交通部令2003年第2号）和《交通行政处罚程序规定》（交通部令1996年第7号）的规定，结合目前我国路政管理工作的实际，由部组织有关单位制定的《路政管理文书》（格式）业已完成，现印发给你们，请遵照执行，并将执行过程中发现的问题及时函告部（公路司），以便修订时参考。

路政管理文书（格式）

第一部分　路政处罚管理文书（参见部《交通行政处罚程序规定》的格式）

第二部分　公路赔偿和补偿管理文书

第三部分　路政许可管理文书

第二部分　公路赔偿和补偿管理文书

公路赔（补）偿案件勘验检查笔录

案号（　　）年（　　）号

案由：			
勘验时间：　　年　　月　　日　　时　　分至　　年　　月　　日　　时　　分			
天气情况：		勘验场所：	
勘验人 1		单位及职务	
勘验人 2		单位及职务	
当事人		单位及职务	
当事人代表		单位及职务	
被邀请人		单位及职务	
记录人		单位及职务	
勘验情况及结果：			
勘验人（签名）		记录人（签名）	
被邀请人（签名）		当事人（单位代表签名）	

（本页填写不下的内容，或需绘制勘验图与贴照片的，可另附纸）

公路赔（补）偿案件询问笔录

案号（　　）年（　　）号

时间：		地点：	
询问人：		记录人：	
被询问人：	性别：	年龄：	与案件关系：
工作单位和职务：			电话：
地址：			邮编：
问：			
答：			
被询问人签名并按印：			
询问人签字：		证件号码：	
记录人签字：		证件号码：	
			共　　页第　　页

（本页填写不下的内容，可另附纸）

公路赔（补）偿案件抽样取证凭证

案号（　　）年（　　）号（第　　联）

被取证人姓名（名称）：　　　　性别：　　　　年龄：　　　　联系电话：

单位及地址：　　　　　　　　　　　　　　　　邮编：

抽样取证机关及地址：　　　　　　　　　　　　邮编：

因＿＿＿＿＿＿＿＿＿＿＿＿＿＿＿＿一案，需对你（单位）在＿＿＿＿＿＿＿＿＿＿的下列物品抽样取证

序号	证据物品名称	规　格	数　量

调查人员签名：　　　　　　　　　　证件号码：

调查人员签名：　　　　　　　　　　证件号码：

单位（章）　　年　　月　　日

被取证人（签名）：　　　　　　　　年　　月　　日

（本凭证共两联，第一联取证用，提供给被取证人；第二联存根，备查）

公路赔（补）偿案件证据登记保存清单

案号（　　）年（　　）号（第　　联）

<table>
<tr><td colspan="4">被取证人姓名（名称）：　　　　性别：　　　　年龄：　　　　联系电话：</td></tr>
<tr><td colspan="4">单位及地址：</td></tr>
<tr><td colspan="4">单位电话：</td></tr>
<tr><td colspan="4">因________________________一案，需对你（单位）下列物品登记保存，在7日内你（单位）不得销毁或转移</td></tr>
<tr><td>序号</td><td>证据物品名称</td><td>规　格</td><td>数　量</td></tr>
<tr><td></td><td></td><td></td><td></td></tr>
<tr><td></td><td></td><td></td><td></td></tr>
<tr><td></td><td></td><td></td><td></td></tr>
<tr><td></td><td></td><td></td><td></td></tr>
<tr><td></td><td></td><td></td><td></td></tr>
<tr><td></td><td></td><td></td><td></td></tr>
<tr><td></td><td></td><td></td><td></td></tr>
<tr><td colspan="4">调查人员签名：　　　　　　　　证件号码：</td></tr>
<tr><td colspan="4">调查人员签名：　　　　　　　　证件号码：</td></tr>
<tr><td colspan="4">单位（章）　　年　　月　　日</td></tr>
<tr><td colspan="4">被取证人（签名）：　　　　　　年　　月　　日</td></tr>
</table>

（本凭证共两联，第一联提供给被取证人；第二联存根，备查）

公路赔偿和补偿案件鉴定意见书

案号（　　）年（　　）号

<table>
<tr><td colspan="4">案由：</td></tr>
<tr><td colspan="4">鉴定内容及目的：</td></tr>
<tr><td colspan="4">委托机关：</td></tr>
<tr><td colspan="4">受委托单位或受委托人员：</td></tr>
<tr><td rowspan="3">鉴定人</td><td></td><td rowspan="3">职务与职称</td><td></td></tr>
<tr><td></td><td></td></tr>
<tr><td></td><td></td></tr>
<tr><td colspan="4">鉴定意见：</td></tr>
<tr><td colspan="4">鉴定人（签名）：　　　　鉴定单位（章）　　年　　月　　日</td></tr>
<tr><td colspan="4">备注：</td></tr>
</table>

（本页填写不下的可另附纸）

公路赔（补）偿案件调查报告

案号（　　）年（　　）号

<table>
<tr><td rowspan="3">案由</td><td rowspan="3" colspan="2"></td><td rowspan="3">姓名及证件号
案件调查人员</td><td></td></tr>
<tr><td></td></tr>
<tr><td></td></tr>
<tr><td rowspan="3">基本情况
当事人</td><td colspan="2">姓名：</td><td colspan="2">地址：</td></tr>
<tr><td colspan="2">单位名称：</td><td colspan="2">法定代表人：</td></tr>
<tr><td colspan="2">车辆所在地：</td><td colspan="2">车型、车牌号：</td></tr>
<tr><td>经过及结论
案件调查</td><td colspan="4"></td></tr>
<tr><td>所附证据
材料</td><td colspan="4"></td></tr>
<tr><td>领导意见</td><td colspan="4"></td></tr>
<tr><td>备注</td><td colspan="4">（当事人是否申辩及申辩的内容等）</td></tr>
</table>

（报告一式两份，其中一份用于向上级备案，本页填写不下的可另附纸）

公路赔（补）偿通知书

（　　）年____交赔字第____号

当　事　人：____________

当事人地址：____________

当事人____________________一案，经________市（县）________依法调查核实：

当事人____________于________年______月______日（详述案由、调查和听证经过、证据及认定的事实等内容）____

上述事实，由____（证据名称）予以佐证。本单位认为，当事人____（简述赔、补偿的理由和依据）____

依________之规定，本单位依法做出如下公路赔（补偿）处理决定：

当事人赔（补）偿________（赔、补偿的方式及赔补偿数额）________。

当事人必须在收到本通知书之日起15日内持本决定书到________缴纳路产赔（补）偿费，逾期不缴的，本单位将申请人民法院强制执行或依法强制执行。

当事人对本通知书认定的事实和赔（补）偿费数额有疑义的，可在收到本通知书之日起60日内，向____申请复核或者向人民法院起诉。

公路赔（补）偿执行单位（印章）

年　　月　　日

公路赔（补）偿通知书（存根）

案号（　　）年（　　）号

<table>
<tr><td rowspan="3">当事人基本情况</td><td>姓名：</td><td>地址：</td></tr>
<tr><td>单位名称：</td><td>法定代表人：</td></tr>
<tr><td>车辆所在地：</td><td>车型、车牌号：</td></tr>
<tr><td rowspan="2">事实认定</td><td>时间：</td><td>地点：</td></tr>
<tr><td colspan="2"></td></tr>
<tr><td>法律法规依据</td><td colspan="2">违反了《____》第____条，《____》第____条的规定</td></tr>
<tr><td>赔补偿决定</td><td colspan="2">根据《____》第____条，《____》第____条规定，当事人应当赔（补偿）如下：</td></tr>
<tr><td>告知事项</td><td colspan="2">1. 当事人收到本通知书之日起 3 日内可向本执法单位陈述申辩。逾期则视为当事人放弃其上述权利。
2. 当事人收到本通知书之日起 15 日内，到：____（地址________）缴纳路产损坏赔偿费。如有疑义，可向本单位申请复核。
3. 超过 15 日不予赔（补）偿的，本机关将申请人民法院强制执行或依法强制执行</td></tr>
<tr><td colspan="3">执行人：　　　　　　　　　　　　　　　　年　　月　　日</td></tr>
<tr><td>备注</td><td colspan="2">（是否当场执行等）</td></tr>
</table>

注：在引用法律依据时，如对同一行为在不同的依据中有不同的表述时，则须引用法律效力高的作为依据。

公路赔（补）偿案件管理文书送达回证

案号（　　）年（　　）号

<table>
<tr><td colspan="4">受送达人：</td></tr>
<tr><td colspan="4">案由：</td></tr>
<tr><td colspan="4">送达单位：</td></tr>
<tr><td colspan="4">送达地点：</td></tr>
<tr><td>送达文书名称</td><td>送达人</td><td>收到日期</td><td>收件人签章</td></tr>
<tr><td></td><td></td><td></td><td></td></tr>
<tr><td></td><td></td><td></td><td></td></tr>
<tr><td></td><td></td><td></td><td></td></tr>
<tr><td colspan="4">备注：</td></tr>
</table>

注：1. 如送达人不在场的，可交其同住的成年家属，并在备注栏内写明与受送达人关系；

2. 受送达人已指定代收人的，交代收人签收；

3. 受送达人拒收的，应邀有关基层组织代表或其他人到场，在备注中写明拒收事由及有关情况，并将文书留置，视为已送达。

公路赔（补）偿案件结案报告

案号（　　）年（　　）号

<table>
<tr><td rowspan="3">案由</td><td rowspan="3"></td><td rowspan="3">案件承办人</td><td>姓名</td><td>证件号</td></tr>
<tr><td></td><td></td></tr>
<tr><td></td><td></td></tr>
<tr><td colspan="5">赔（补）偿决定：</td></tr>
<tr><td colspan="5">执行情况：

承办人签字：
年　　月　　日</td></tr>
<tr><td colspan="5">备注：</td></tr>
</table>

本报告一式两份，其中一份用于向上级备案，本页填写不下的可加附纸，并在备注中说明。

责令车辆停驶通知书

No□□□□

（存根）

车主：________　驾驶员：________

地址：________　电话：________

车牌号：________　车型：________

停驶原因：________________

停驶期间：____年____月____日

至____年____月____日

签发人签字：________________

决定单位：________________

____年____月____日

责令车辆停驶通知书

No

____________：

你（单位）____于____年____月____日驾驶牌号为____的车辆，在____公路____K＋____m____侧因____________对公路造成较大损害，根据《中华人民共和国公路法》第八十五条之规定，现责令你（单位）将该车辆临时停于____，并于____年____月____日至____年____月____日期间到________接受处理。

特此通知。

（单位印章）

年　　月　　日

［文书 17］

第三部分　路政许可管理文书

编号：〔　　〕字第　　号

路政管理许可申请表

申请单位（个人签章）：________________

申请时间：________________________

受理单位：________________________

<table>
<tr><td colspan="2">许可申请栏</td></tr>
<tr><td colspan="2">申请人：　　　　地址：　　　　　　　　法人代表：　　　　电话：</td></tr>
<tr><td colspan="2">联系人：　　　　地址：　　　　　　　　电话：</td></tr>
<tr><td colspan="2">申请地点：________道________线（路）________公路＋________米</td></tr>
<tr><td colspan="2">申请事由：</td></tr>
<tr><td colspan="2">申请地点线路示意图（包括公里桩号及左、右侧位置）：
（注：如此栏不能完全满足时可另附图）</td></tr>
<tr><td colspan="2">申请事项具体内容：
（注：包括申请事项涉及公路及公路用地的地点、具体位置、时间、几何尺寸、本身的结构与属性等方面的要求，应以文字作详细具体的描述，此栏不能满足要求时可另附书面材料）</td></tr>
<tr><td>时效：</td><td>申请实施起止时间：</td></tr>
<tr><td colspan="2">安全保障措施：</td></tr>
<tr><td colspan="2">修复、改建公路的措施或者补偿数额：</td></tr>
</table>

<table>
<tr><td colspan="6">许 可 审 批 栏</td></tr>
<tr><td rowspan="8">现场勘验审定项目</td><td>项　　目</td><td>数量</td><td>单位</td><td>时间</td><td>收费标准</td></tr>
<tr><td></td><td></td><td></td><td></td><td></td></tr>
<tr><td></td><td></td><td></td><td></td><td></td></tr>
<tr><td></td><td></td><td></td><td></td><td></td></tr>
<tr><td></td><td></td><td></td><td></td><td></td></tr>
<tr><td></td><td></td><td></td><td></td><td></td></tr>
<tr><td></td><td></td><td></td><td></td><td></td></tr>
<tr><td colspan="5">勘验或经办人：　　　　年　　月　　日</td></tr>
<tr><td colspan="6">县（区）路政管理部门意见：
经办人：
年　　月　　日
负责人：
年　　月　　日</td></tr>
<tr><td colspan="6">上级行业主管部门意见：
负责人：
年　　月　　日</td></tr>
<tr><td colspan="6">备注：</td></tr>
</table>

填表须知：

一、本表许可申请栏部分由申请人逐项如实填写，不得弄虚作假，否则，本表无效。

二、如申请事项涉及公路挖掘、占用或者由此导致公路改造的规模较大时，在填写本表时还须附有专门的设计方案、图纸和相关资料，否则不予审批。

三、本表仅为路政管理许可的立项工作文书。申请事项在实施前，申请方与管理方应根据此表，并视申请事项的需要签订协议，以表达许可的具体内容、双方的承诺及有关的条文约定，在协议的基础上方可发放许可证。

四、本表申请事项涉及的所有挖掘、占用、穿越、跨越公路、公路用地的，均属临时性使用。今后，当建设、改造该公路及其设施时，申请人必须无条件拆除、搬迁，其所产生的费用自理。

五、被批准方必须在批准的路政管理部门的指导下实施，并接受其检查、验收。

六、涉及公路行业以外的其他部门的审批手续，由申请方自行协调办理。

七、填写本表须用蓝色或者黑色钢笔，不得使用圆珠笔填写或复写。

路政管理超限运输申请表

填报日期：

<table>
<tr><td colspan="4">填报单位：</td><td colspan="2">电话：</td></tr>
<tr><td colspan="4">单位地址：</td><td colspan="2">共运车次：</td></tr>
<tr><td colspan="4">运输时间：　　　　起　　　　止</td><td colspan="2">共驶里程：</td></tr>
<tr><td colspan="4">车辆通过地点：</td><td colspan="2">填报人：</td></tr>
<tr><td colspan="6">车辆通过线路：</td></tr>
<tr><td colspan="6"></td></tr>
<tr><td colspan="6">车辆通过桥涵：</td></tr>
<tr><td colspan="6"></td></tr>
<tr><td colspan="2">车辆类型：</td><td colspan="2">车辆型号：</td><td colspan="2">车辆号牌：</td></tr>
<tr><td colspan="2">车辆自载质量：____吨</td><td colspan="2">车辆载质量：____吨</td><td colspan="2">车辆轴数：____轴</td></tr>
<tr><td colspan="6">车辆轴距（米）：前轴→____________←中轴→____________←后轴</td></tr>
<tr><td>轴载</td><td colspan="2">前轴：____轴×____吨</td><td>中轴：____轴×____吨</td><td colspan="2">后轴：____轴×____吨</td></tr>
<tr><td colspan="4">货物名称：</td><td colspan="2">货物自重：____吨</td></tr>
<tr><td colspan="4">车货总括尺寸：长____米×宽____米×高____米</td><td colspan="2">车货总载质量：____吨</td></tr>
<tr><td colspan="3">工程技术部门意见：

年　　月　　日</td><td colspan="3">路政管理部门审批意见：

年　　月　　日</td></tr>
</table>

注：1. 本表一般报地（市）级公路管理机构审批，跨地区超限运输须报省级公路管理机构审批。

2. 超限运输属尺寸超限或者车货总重在40吨（含）以下的，须提前15天申报；车货总重在40吨以上100吨（含）以下的，须提前1个月申报；车货总重在100吨以上的，须提前3个月申报。

3. 本表一式两份。

路政管理许可证

路政许（　　）证字____号

申请单位（个人）____________

发证单位（盖章）____________

发证日期：　　年　　月　　日

年　审　记　录
年审意见： 年　　月　　日
年审意见： 年　　月　　日
年审意见： 年　　月　　日

申请单位（个人）地址：	
许可项目及数量：	
安全保障措施及有关承诺：	
许可地点：____道____路____公里____米	
时效：____起止时间：____________	
许可负责人：	经办人：

注：以上四页均采用标准 A4 纸版式。

地点：线路示意图（包括公里桩号及左、右侧位置）
路政管理部门意见： 年　　月　　日
主管部门意见： 年　　月　　日
使用须知： 1. 此证只限被许可单位（个人）使用。 2. 此证经盖章后生效，须保存备查，不得涂改、伪造、转让。 3. 持证单位（个人）须在规定时间进行年审

167. 关于印发《关于在全国开展车辆超限超载治理工作的实施方案》的通知

（交公路发〔2004〕219号）

各省、自治区、直辖市人民政府及计划单列市、新疆生产建设兵团：

交通部、发展改革委、公安部、质检总局、安全监管局、工商总局、法制办联合制定的《关于在全国开展车辆超限超载治理工作的实施方案》已报经国务院同意，现印发给你们，请结合本地实际，认真组织实施。

关于在全国开展车辆超限超载治理工作的实施方案

按照中共中央《关于完善社会主义市场经济体制若干问题的决定》和党的十六届三中全会提出的树立全面、协调、可持续发展观的要求，根据《中华人民共和国公路法》和《中华人民共和国道路交通安全法》的规定，为维护社会主义市场经济秩序，解决货运机动车辆超限超载运输问题，减少道路交通安全事故的发生，保护人民群众生命和国家、集体、个人财产安全，经国务院同意，决定在全国开展货运机动车辆（以下简称车辆）超限超载治理工作。现提出如下实施方案。

一、治理工作的指导思想

深入贯彻党的十六大和十六届三中全会精神，以“三个代表”重要思想为指导，以“立党为公、执政为民”为宗旨，按照“广泛宣传，统一行动；多方合作，依法严管；把住源头，经济调节；短期治标，长期治本”的要求，对车辆超限超载进行综合治理，坚决打击车辆超限超载、“大吨小标”和非法改装等违法行为，保护并鼓励合法道路运输行为，促进经济社会的全面、协调、可持续发展。

二、治理工作的原则和目标

（一）治理工作的原则

一是路面专项治理与源头长效治理相结合；二是部门协作与区域联动相结合；三是行政手段、经济手段和法律手段相结合；四是治理力度与社会可接受程度相结合；五是依法行政与服务群众相结合；六是宣传先行和稳步推进相结合。

（二）治理工作的目标

总体目标：建立健康、规范、公平、有序的道路运输市场，维持良好的车辆生产、使用秩序和道路交通秩序，确保公路设施的完好和公路交通安全。

阶段性目标：一是用1年时间对车辆的超限超载、“大吨小标”、非法改装问题进行集中治理，力争使车辆超限超载现象得到有效遏制，车辆核定吨位失实的现象得到纠正；二是通过3年左右时间的综合治理，力争使车辆超限超载运输的问题从根本上得到解决，“大吨小标”和非法改装车辆基本杜绝，道路运输行为规范，运价合理，逐步建立起开放、公平、健康的道路运输市场。

三、治理工作的内容与时间要求

在全国开展车辆超限超载治理工作涉及面广，难度大，情况复杂，需各有关部门通力合作，协调行动，采取综合措施，实行标本兼治。

（一）广泛开展宣传活动

从2004年5月中旬起，用1个月时间在全国范围内集中开展车辆超限超载治理宣传活动。围绕超限超载的危害、治理的意义与目的、治理标准与措施和工作安排以及道路交通安全法律法规等主要内容，多形式、多层次地开展宣传工作，使超限超载的危害性家喻户晓，政策措施众所周知，特别是让人民群众知道经过1个月的宣传期后，要在全国范围内对超限超载车辆依法实行治理，从而形成强大舆论氛围。

一是强化新闻媒体宣传。充分利用报纸、电视、广播和互联网等各种新闻媒体进行系列宣传和报道，宣传国家治理车辆超限超载的政策和步骤，车辆装载的有关规定和法律责任；同时，邀请有关专家就超限超载的危害性发表文章，并开展讨论。

二是强化路面宣传。各地区要印刷和发放宣传材料，悬挂宣传横幅，编辑工作简报，特别是各级交通、公安部门要在公路及其附属设施上设置必要的限载交通标志，对超限超载车辆进行警示教育。

三是开展必要的走访宣传。地方各级人民政府及其有关部门要在正式开展治理工作前，走访本地区一些重要的煤、电等厂矿、生产企业和大型运输企业，召开座谈会宣传有关治理政策，并帮助企业做好相关准备工作。

（二）全面清理整顿车辆“大吨小标”和非法改装行为

1. 从2004年5月中旬起，由发展改革委、交通部和公安部在全国集中开展在用“大吨小标”车辆恢复标准吨位工作，并力争在年内完成。各级发展改革、交通、公安部门要互相配合，分别在汽车生产、发牌和使用环节把好关，并为“大吨小标”车辆恢复标准吨位提供便利条件。在《道路车辆外廓尺寸、轴荷及质量限值》国家强制性标准正式实施以前，在用“大吨小标”车辆吨位恢复工作，暂按以下步骤和要求进行：

一是由发展改革委同交通部、公安部研究提出“大吨小标”车辆恢复吨位的要求、具体车型和相关技术参数，并由发展改革委向社会发出公告。

二是由“大吨小标”车辆的车主在规定的时间内，向所在地公安机关交通管理部门申请恢复标准吨位。

三是由公安机关交通管理部门按照发展改革委公布的“大吨小标”车型和相关的技术参数，更正车辆的核定载质量，免费换发车辆行驶证。如机动车档案中收存合格证的，还应当对合格证进行更正。

四是对“大吨小标”恢复标准吨位的车辆，各级交通部门对其以前应缴纳养路费等规费的吨位差额部分不再予以追缴。

五是在集中治理车辆超限超载工作期间，对在公路上行驶的未恢复的“大吨小标”车辆，公安机关交通管理部门的执法人员要责令其限期恢复；在年检时发现未恢复的，强制更正核定载质量。

2. 由质检总局牵头，对2004年4月1日发布的《道路车辆外廓尺寸、轴荷及质量限值》标准进行宣传。各有关部门应采取措施，认真贯彻落实，特别是各汽车生产厂家要严格按照上述国家强制性标准，规范车辆的生产行为，从源头上杜绝车辆“大吨小标”现象。

3. 从2004年5月中旬起，由工商总局会同交通部、发展改革委、公安部、质检总局对车辆非法改装企业进行整顿，特别是对一些重点地区要采取联合行动进行集中整治，以规范车辆改装秩序和行为。各地区也要按本实施方案的要求，对本地区车辆非法改装企业进行整顿。对未经批准擅自从事汽车改装的企业，要按照无证经营的规定，坚决予以取缔；对虽经批准但不按国家规定或者超范围对车辆擅自进行改装的企业，要依法予以处罚直至吊销营业执照；公安机关交通管理部门要对擅自改装的车主依法予以处罚。

（三）对超限超载车辆进行集中治理

从2004年6月20日起，利用1年时间，由各级交通、公安部门按照“统一口径、统一标准、统一行动”的要求，对超限超载车辆进行集中治理。

1. 加强协作与配合。各级交通、公安部门要按照“加强配合、各司其职”的原则，共同开展车辆超限超载治理工作。在集中开展超限超载治理工作期间，在地方各级人民政府的统一领导下，交通、公安部门的执法人员要加强协作与配合，具备条件的路段要尽可能在同一场地对超限超载车辆进行综合治理。不具备共同治理条件的路段，交通、公安部门执法人员要依照各自职责和相关法律、法规，合理安排部署，防止失管失控。要依法设置固定或临时检查站点，选择、配备必要的称重设备、卸载机具和卸载场地，采取固定检查与流动巡查相结合的方式，对超限超载车辆进行检测和卸载。严禁以目测或凭经验对车辆超限超载进行判定。同时，要安排专项经费，以确保治理工作的顺利开展。

2. 严格执行统一的超限超载认定标准。在集中治理超限超载期间，所有车辆在装载时，既不能超过下列第①至⑤种情形规定的超限标准，又不能超过下列第⑥种情形规定的超载标准。

①二轴车辆，其车货总重超过20吨的；

②三轴车辆，其车货总重超过30吨的（双联轴按照二个轴计算，三联轴按照三个轴计算，下同）；

③四轴车辆，其车货总重超过40吨的；

④五轴车辆，其车货总重超过50吨的；

⑤六轴及六轴以上车辆，其车货总重超过55吨的；

⑥虽未超过上述五种标准，但车辆装载质量超过行驶证核定载质量的。

各级交通、公安部门在集中治理超限超载工作期间，要严格按照上述标准认定和纠正超限超载车辆。其中交通部门主要负责第①至⑤种情形，公安部门主要负责第⑥种情形。交通部门在实施卸载、处罚并纠正违法行为后，要在开具给当事人的法律文书上记载卸载车号、时间以及卸载前、后载质量，所载货物的名称及保全价值，当事人应签字确认。

3. 坚持卸载，依法管理，避免重复处罚。各级交通、公安部门在治理超限超载工作中，必须坚持卸载与处罚相结合，对于车辆第1次超限超载且能主动卸载的，要以教育为主，不予罚款、不收取公路补偿费，但应在车主道路运输证的附页上进行超限超载违章登记，并将车辆所属运输企业的情况抄告当地公安机关交通管理部门。对于车辆超限超载超过2次（含2次）的，除实施卸载和登记外，交通部门还可按照《中华人民共和国公路法》的规定，对单车处以每次不超过1000元的罚款；公安机关交通管理部门还应当按《中华人民共和国道路交通安全法》规定，扣留机动车至违法状态消除，对单车每次处200元以上、500元以下罚款，对其中超载30%以上的，处500元以上2000元以下罚款，还可同时对车辆所属运输单位直接负责的主管人员处2000元以上、5000元以下罚款，并将超限超载车辆所属运输企业等情况抄告当地交通部门，按照本方案有关整顿道路运输市场秩序的规定予以处理。

实施卸载一般由交通、公安部门的执法人员告知车主或者司机自行卸载。需要提供协助卸载和保管货物的，相关的收费标准由省级价格主管部门核定。此外，各级交通部门还可根据卸载货物的种类为卸载货物提供不超过3天的免费保管时间，并将货物有关保管事项书面告知当事人。卸载货物超过保管期限经通知仍不运走的，按规定变卖，扣除相关费用后，通知当事人领取。逾期不领取的，按照有关规定上缴财政。

4. 突出重点，统一行动。为确保治理工作的顺利开展，减少其对群众生产和日常生活的影响，各级交通、公安部门在集中治理超限超载期间，一是要分阶段推进治理工作。在集中治理工作全面开展的第1个月，要以车货总重超过20吨的超限超载车辆为重点，各地针对车货总重不超过20吨的车辆暂时不予卸载处罚。从2004年7月20日起，对所有的超限超载车辆进行集中治理。二是要区别对待不同类型的车辆。对重量不超的不可解体物品和冰箱、彩电、汽车等规则尺寸物品的运输车辆，不予卸载；对蔬菜瓜果等鲜活农产品运输车辆、油气等化学危险品专用运输车辆，原则上不实施卸载措施。对上述情况都要实行现场告诫、登记，并将违章情况通报车籍所在地有关部门处理，并加强管理，控制超限超载；对于超限超载登记超过3次的，由车籍所在地交通部门取消其经营性运输从业资格。

（四）采取经济手段，调节车辆超限超载的利益关系

从2004年5月中旬起，力争在1～2年时间内由交通部和发展改革委共同出台相关政策，对车辆通行费和公路养路费的收费标准和征收方式进行调整和完善，并提出具体的政策措施，用经济杠杆调节车辆超限超载的利益关系。

一是尽快研究提出完善和调整车辆通行费征收计量标准的指导意见，制定收费标准的计算方法和收费系数，对多轴大型车辆适当给予收费优惠。同时，各省、自治区、直辖市有关部门也要按照这一要求，合理确定本地区车辆通行费收费标准，适当降低多轴大型车辆收费标准，建立和完善车辆通行费标准确定的听证制度，并推进高速公路联网收费进程，以减少营运性车辆的运输成本。

二是尽快修改公路养路费征收、管理、使用办法。对现行公路养路费征收标准和计量方式进行调整和完善，各省、自治区、直辖市要在解决车辆“大吨小标”的基础上，逐步实现按照车辆行驶证核定吨位收取公路养路费等交通规费，实现车辆出厂标定吨位、行驶证核定吨位、车辆缴费计量吨位的统一。

从2004年6月起，在国家公路养路费征收管理新政策未出台之前，各地区要暂按车辆行驶证核定的吨位计量征收公路养路费等交通规费。“大吨小标”车辆恢复吨位后，按照恢复吨位后的行驶证核定吨位计量征收；对于车货总质量超过55吨的重型车辆，其公路养路费等交通规费的征收计量吨

位暂按照本实施方案确定的车辆超限标准（即车货总质量）扣除车辆自重后的吨位来征费计量。已实行规费包交的车辆，各级交通部门要按要求退还多征部分费用，以确保交通规费征收标准与车辆超限超载认定标准的一致性。

三是指导计重收费试点工作，总结经验，适时在一些重点地区或重点路段逐步推广。已经实行计重收费的路段，在集中治理期间应在本实施方案确定车辆超限超载认定标准的范围内，计重收取车辆通行费。

（五）整顿道路运输市场秩序

从2004年5月中旬起用1～2年左右的时间，由交通、发展改革、公安、工商等部门按照各自职责分工，密切配合，对全国道路运输市场进行全面整顿。

一是各省、自治区、直辖市交通部门要会同有关部门研究提出优化运输结构的措施，鼓励厢式货车、专用罐体货车的发展与更新，通过市场机制提高营运性运输车辆的市场准入条件，促进运输企业规模化发展，调整运力和车型结构。

二是各省、自治区、直辖市价格主管部门要会同有关部门进一步清理整顿本地区的道路运输收费，取消不符合规定的收费项目，降低偏高的收费标准，减轻运输经营者的负担。

三是各省、自治区、直辖市要对本地区的货运代理机构进行全面调查摸底，规范无车承运人的经营行为和收费标准，用现代物流理论，提升道路货运的组织化程度和技术，创新货运组织方式，促进道路货运企业发展现代物流，实现运输供需信息在货主与车主之间的直接、快速交流，减少运输收益在中间环节的流失，提高运输业主的效益。

四是各省、自治区、直辖市要组织力量，集中打击货运“黑车”、“假军车”，规范运输行为，促进公平竞争。同时，出台鼓励道路货运发展的相关政策措施，引导运输业主守法、诚信、规范地从事道路货物运输，发挥市场机制和政府调控两方面的调节作用，确保运输价格处于合理的水平。

五是各省、自治区、直辖市交通部门要建立货运经营企业和营业性货运驾驶员信誉档案，实行违章超限超载运输行为的登记、抄告和公告制度。对于运输车辆超限超载登记，以及执法部门抄送来的车辆超限超载信息，要及时予以公告。同一车辆公告超过2次，或者同一运输企业公告超限超载营运货车超过该企业营运货车总数5％的，要降低该企业的资质等级，取消违法驾驶员的营业性运输从业资格。

四、治理工作的组织实施

（一）组织领导

在全国开展超限超载治理工作是践行“三个代表”重要思想的具体体现，也是保障道路交通安全的一项重要措施。为抓好这项治理工作，在全国道路交通安全工作部际联席会议的框架内，由交通部会同发展改革委、公安部、质检总局、安全监管局、工商总局、法制办等部门组成全国治理车辆超限超载工作领导小组，在全国开展车辆超限超载治理工作，指导并组织各地的治理工作。同时，各省、自治区、直辖市人民政府及其有关部门也要充分认识治理超限超载工作的重要性、紧迫性和艰巨性，把超限超载治理作为一项重点工作进行专题部署，并成立由省级人民政府有关负责人牵头、各有关部门参与的超限超载治理工作领导小组，具体抓好各项治理工作的落实。

（二）进度安排

全国开展车辆超限超载治理工作从2004年5月中旬开始，力争用1年时间完成，治理工作总体上分为三个阶段。

第一阶段从2004年5月中旬至2004年6月20日，为宣传和准备阶段。主要是集中进行宣传，同时启动“大吨小标”车辆恢复吨位工作和经济调节措施的制定，在此期间，各省、自治区、直辖市有关部门要完成治理超限超载站点及称重设备、卸货场地等准备工作。

第二阶段从2004年6月20日至2005年2月28日，为集中治理阶段。从6月10日9时起，各地区交通、公安部门对在公路上行驶的超限超载车辆同时开展集中治理。继续清理整顿车辆“大吨小标”和非法改装，启动经济调节措施，整顿道路运输市场。为确保全国治理工作协调、顺利开展，全国治理超限超载领导小组将定期组织工作组，赴各地进行明察暗访，及时了解和处理治理工作中出现的问题。

第三阶段从 2005 年 3 月 1 日至 2005 年 5 月 31 日，为总结和长效治理阶段。全国治理车辆超限超载工作领导小组将对各省、自治区、直辖市治理工作进行抽查验收，召开会议对全国治理情况进行总结。同时就全国治理工作情况向全国道路交通安全工作部际联席会议和国务院提交总结报告，表彰先进单位和个人。从第三阶段起，路面治理工作由集中治理转为日常治理，由各地区按规定持续开展工作。同时各省、自治区、直辖市还要按照要求，继续抓好经济调节、道路运输市场整顿的后续工作，确保长效治理的成效。此外，国务院有关部门在总结治理工作的基础上，抓紧制订、修改有关公路设施保护的法律、法规，将治理工作纳入法制化轨道，巩固治理成果。

（三）应注意的几个问题

1. 各地区在治理车辆超限超载工作中要正确处理好“四个关系”。一是要处理好治理工作与经济发展的关系。开展超限超载治理的根本目的是规范道路运输市场秩序，创造良好的道路运输环境，促进经济的快速健康发展，不能因为治理而影响和制约经济发展。二是要处理好部门之间的关系。超限超载治理涉及部门多，治理难度大，各有关部门要加强协作，密切配合，互相支持，在政府的统一领导下，共同做好各项工作措施的贯彻和落实。三是要处理好与车主、货主的关系。治理工作要坚持以人为本，增强法制意识和服务意识。通过治理，创造良好的运输环境，使运价趋向合理，运输成本降低，让车主和货主能够获得合理的运输经济效益。四是处理好执法与管理的关系。不能单纯以治代管或者罚款了事，要规范收费行为，严禁在治理工作中违反规定乱收费。要积极探索采取法律的和经济的手段，堵疏结合，防止一治就死、一放就乱。

2. 加强信息通报与沟通工作。各省、自治区、直辖市在车辆超限超载治理期间，要实行值班制度和信息报告制度，各省、自治区、直辖市超限超载治理工作领导小组要指定一名联络员，省、自治区、直辖市内各部门之间也要明确联系人，加强各地区、各部门之间的信息沟通与交流。对治理期间群众反映的问题、运输价格变化情况、干线公路上的货车流量情况、煤粮油等国家重要物资的运输情况和价格波动情况等，要及时收集、分析、研究和解决，并定期向全国治理车辆超限超载工作领导小组报告。对于重大问题，要立即报告全国治理车辆超限超载工作领导小组和省级人民政府，问题涉及其他省、自治区、直辖市的，还应在第一时间向相关省、自治区、直辖市通报，以便及时妥善解决，避免事态扩大。此外，各省、自治区、直辖市还要向社会公开本地区超限超载治理机构的监督和咨询电话，接受群众和舆论的监督。

3. 建立应急机制，及时处理突发性事件。在超限超载集中治理期间，各省、自治区、直辖市要根据各地实际情况，针对可能发生的运输紧张、聚众闹事等突发性事件，制订相应的应急预案，做好充分准备，建立灵活的应急机制。在日常治理期间，各地区、各部门也要采取相应措施，鼓励和引导运输业主按照国家规定合理、规范地从事道路运输，特别是要组织骨干运输企业，合理调度运力，确保治理期间物资的正常运输。各级价格主管部门要依法打击借机哄抬价格等违法行为，加强对有关收费行为的监督检查，维护市场价格秩序。各级公安部门要安排适当警力，维护公路交通、治安秩序，确保社会稳定。

168. 预防道路交通事故“五整顿”“三加强”实施意见

（公通字〔2004〕33号）

预防和减少道路交通事故，保障国家财产和人民群众生命财产安全，是贯彻落实“三个代表”重要思想，坚持以人为本、实现执政为民的具体体现，是改进社会管理、推进经济社会协调发展的一个重要方面。各级人民政府及各有关部门要以求真务实的精神和作风，全面贯彻落实国务院“9.5”、“1.15”电视电话会议精神，坚持从源头抓起，综合治理，把“五整顿”“三加强”作为本地区、本部门当前和今后一个时期预防道路交通事故工作的主要内容，逐项、逐级分解并落实到省、市、县政府及地方各有关部门，形成进一步改善道路交通安全状况的合力，坚决遏制群死群伤特大道路交通事故上升的势头，为实现道路交通事故从高发到基本遏制直至逐年下降的目标奠定良好的工作基础。

一、公安部负责组织驾驶员队伍整顿工作

（一）公安部门解决驾驶员考试把关不严、违规办理驾驶证问题

1. 清理整顿车管所考试员队伍，对考试员一律重新考试，实行资格认证。

（1）5月底前，公安部门统一组织对考试员的培训考试，考试合格的，颁发《机动车驾驶员考试员证书》。

（2）聘请驾校优秀教练员和运输企业安全员担任考试员。年底前，地市公安部门聘请的考试员数量不少于考试员总数的20%。申请从事考试员工作，应当经地市公安部门评审合格后，参加省级公安部门组织的统一考试。

2. 完善驾驶员考试机制，加强监督制约。

（1）对驾龄在3年以下的驾驶员发生交通死亡事故的，对车管所的考试、发证情况进行责任倒查。

（2）使用计算机随机安排考试员，在考场公开考试员名单，组织考试员异地交叉考试；组织考试监督小组，对驾驶员考试质量进行抽查；有条件的地方可建立双考官制度。

（3）理论考试、场地驾驶考试、道路驾驶考试3个科目的考试成绩单实行学员和考试员双签名制度，并存入驾驶员档案。对驾驶员档案考试成绩单不全，或者考试成绩单没有签名的，不得核发驾驶证。

（4）制定《驾驶员考试工作规范》，规范考试员考试行为，严密考试程序，明确考试员责任。

3. 严密考试程序，保证考试质量。

（1）在受理环节要严格确认考试申请人资格，做到“三不受理”，即：不见申请人身份证明原件不受理，未经医院体检合格不受理，申请人情况与所提供的资料不一致不受理。属异地申请驾驶证的，必须进行网上核对。

（2）全国统一驾驶员登记核心软件，6月底前完成软件开发。各地要对现行的驾驶员登记软件修改完善，一是受理、考试、制证环节全部应用计算机控制程序，实行技术保障与业务管理分离；二是通过计算机程序设计，限制考试间隔时间，使不按规定办理的无法打印驾驶证；三是计算机程序必须有台账功能，记录申请受理、科目考试、驾驶证核发等全过程；四是驾驶证信息必须进入全国信息查询系统，工作库信息发生变化的，24小时内必须更新查询系统的信息。

（3）提高考试难度，保证考试质量。强化路考比重，对大型客车、大型货车增加实际道路考试内容，有条件的地方对小型客车也要增加实际道路考试。

（4）严格考试纪律，规范考场秩序。严禁教练员等其他人员在场外指导。发现考场秩序混乱的，要中止考试，进行整顿；有替考、教练员场外指导等舞弊行为的，一律取消考试人的考试资格，建议交通部门对所在驾校进行整顿，并对有关责任人进行处理。

（5）年底前，地市公安部门的驾驶理论考试实行计算机无纸化考试，场地驾驶考试实行桩考仪考试。在此基础上，大力推广计算机路考系统，由计算机自动生成并记录考试成绩。

（6）农业（农机）部门要比照汽车驾驶员的考试办法，严格对拖拉机驾驶员考试、发证和年审工作，会同公安部门完善考试和管理办法，严把考试关，提高考试质量，严格驾驶证核发制度，完善监督管理机制。建立考试员认证制度，实行持证上岗。

4. 对大货、大客车驾驶员的考试、发证和交通违章情况进行一次集中清理。

要集中清理驾驶员档案，检查考试是否符合规定的程序，驾驶证信息是否进入全国驾驶员信息查询系统，发生重大交通事故后处理是否到位，违章记满12分后是否重新考试。对违反法定程序办理的驾驶证要收回、注销，并追究经办人员和主管领导的责任。驾驶员违章记分信息要及时传递到车管所，车管所对违章记分满12分的驾驶员进行重新考试。

通过对驾驶员考试工作的整顿，年内要彻底解决违规办理驾驶证问题；3年以下驾龄的驾驶员交通死亡事故下降5%。

（二）交通、公安部门建立驾驶员培训和考试环节的衔接机制，加强监督制约

5. 交通部门应当核实驾校培训记录，包括培训学时、教练员签名和驾校准考意见等。学员在申请考试时，需提供该驾校培训记录，存入驾驶员档案。

6. 公安部门定期对驾驶员考试情况进行分析，对驾校培训的质量进行评价。对驾校培训中存在严重质量问题，以及发现弄虚作假、买卖驾驶证等问题的，建议交通部门对驾校进行整顿，对有关责任人进行处理。

7. 公安部门应定期向交通部门通报驾校的考试合格率以及驾龄在3年以内驾驶员的交通事故、违章情况。交通部门要据此设立驾校培训质量排行榜，并定期向社会公布。对一年内连续两次排名最后的驾校，应进行整顿，并通报公安部门暂停受理考试。驾校也要根据学员对教练员教学水平的评议和经手培训驾驶员的事故、违章情况，设立教练员培训质量排行榜。

（三）交通、农业（农机）、公安部门清理整顿驾校

8. 交通部、农业部部署开展对驾驶员培训学校的清理整顿。在7月1日前，完成对所有驾校的资格审查，对符合规定的纳入资格管理；对不符合规定的坚决撤销培训资格，并向社会公告。

9. 制定全国统一的驾校准入条件和等级划分标准，对符合培训资格的驾驶员培训学校，颁发《机动车驾驶员培训许可证》。对没有交通、农业（农机）部门授予培训资格的驾驶员培训学校，公安、农业（农机）部门不予受理考试。

10. 制定教练员资格标准，严把教练员从业资格关。对符合条件的，由省级交通、农业（农机）部门颁发机动车驾驶培训教练员证件，并向公安部门备案。对不符合条件的，坚决清理出教练员队伍。

11. 制定颁布全国统一的教学大纲，加强驾校教学管理，督促驾校严格落实教学培训要求。

12. 调整驾校培训内容，改进培训方法。在培训中增加交通安全教育内容。通过播放事故现场录像、发放宣传手册、交通警察讲课、请肇事司机谈体会等方式，提高学员的安全意识。同时，要调整培训课程，增加实际道路培训。

13. 交通、农业（农机）部门对驾校培训情况开展定期检查和不定期抽查。对存在不按规定的学时、内容进行培训，降低培训标准，以及教练员教学质量低等问题的驾校，要进行整顿。整顿期间公安、农业（农机）部门暂停受理考试申请。

14. 公安、交通、农业（农机）部门等行政管理部门不得举办或者参与举办驾校。

通过整顿，年内驾校经营行为进一步规范；教学培训规定得到落实；教练员教学质量进一步提高；3年以下驾龄的驾驶员交通事故明显减少。

（四）保险、公安部门实行保险费率浮动制度

15. 保险部门针对保险车辆类型、使用性质及其在保险年度内交通违章和交通事故发生频率等状况，实行机动车保险费率浮动制度，有效遏制交通违章和交通事故的发生。公安部门与保险部门定期交换驾驶员交通违章、交通事故和机动车理赔等信息。

二、公安部负责组织路面行车秩序整顿工作

（一）完善交通标志、标线和信号灯等设施，为整顿路面行车秩序提供良好道路环境

16. 交通、公安、建设等部门要全面排查城市道路和公路上交通标志、标线和信号灯的设置情况。公路交通标志、标线和信号灯等设置情况的排查完善工作由交通部门牵头，公安部门参加。城市道路交通标志、标线和信号灯等设置情况的排查完善工作由公安部门牵头，建设部门参加。对道路中心线、车道线、禁止和指示等标志、标线缺失的，以及显示的管理信息不明确、不合理的，要制定限期完善、调整的计划，并明确今年内完成的具体任务，为机动车驾驶员提供明确的道路交通管理信息，为规范行车秩序创造良好通行环境。各地排查完善的计划和年内完成情况要由牵头部门汇总并分别报交通部、公安部、建设部备案。

（二）重点治理超速驾驶行为，减少超速导致的死亡事故

17. 要根据道路交通事故统计分析，明确因超速驾驶导致死亡事故突出的道路，确定省、市、县治理的重点路段，制订通过治理超速减少交通死亡事故的具体目标。

18. 交通、公安、建设部门结合道路标志、标线和信号灯等设置情况的排查工作，按照各自职责，完善重点路段及急弯、陡坡、村庄、学校和交叉路口等地点的限速标志。在城市没有信号灯管理的路口，设置让行标志，施划让行标线。在国道、省道干线交叉路口的支路进入主路处，逐步设置停车让行或减速让行标志、减速带等设施。年内完成情况分别报交通部、公安部、建设部备案。

19. 公安部门按照东部地区每辆巡逻执勤车一台、中部地区每个中队一台、西部地区每个大队至少一台的标准，装备测速仪。上述装备要在今年底到位。

主要国道、省道上，按照东部地区每个县际交界处、中部地区每个地市际交界处、西部地区每个省际交界处的标准，逐步安装自动监测超速违章的公路电子监控设备。上述设备要在2005年年底安装到位。

交通流量大的国道、省道、高速公路上的交警大、中队，要逐步装备查处超速驾驶行为的车载移动设备。

对装备有困难的，省、地（市）公安部门要负责协调解决。

20. 公安部门要针对超速驾驶行为发生的规律和特点，有针对性地采取加大巡逻密度、设立固定监测执勤点等措施，有效查纠和遏制超速驾驶行为。要对基层交警队及民警治理超速工作建立严格的责任制和考核制度。要通过制作发放超速驾驶行为导致危害后果的宣传材料、设置事故车辆实物展示等方式广泛宣传超速驾驶的危害性。

（三）坚决制止农用车、拖拉机违章载人，减少农民群死群伤交通事故

21. 公安部门要组织开展专项整顿行动，严格查处农用车、拖拉机违章载人行为。要有针对性地调整基层交警队的勤务部署，在重点乡镇组建公路巡警中队，充实警力，配备急需装备，协调乡镇政府参与交通安全整治，加强对农村公路的管控。

22. 农业（农机）部门要在年底前对拖拉机及其驾驶员进行一次集中清理整顿。对制动、转向和操纵机构有严重隐患的拖拉机，要坚决制止其上路行驶，达到报废标准的要强制报废；对拖拉机驾驶员要组织进行一次交通法规的学习和考试，对多次违章载人的驾驶员进行安全教育和驾驶考试。对发生的违章载人群死群伤事故，要通过倒查追究有关部门和人员的责任。清理整顿情况向部际联席会议报告。

23. 公安、农业（农机）部门要加强信息沟通，互相通报拖拉机交通事故、驾驶员违章和拖拉机、驾驶证登记信息及保有量情况。有条件的地方两部门间可实行联网，提高工作效率。

（四）严禁客运车辆超员，预防客运车辆事故

24. 公安部门要加强路面检查力度，严格查处客运车辆超员行为；对严重超员行驶的，要严格依法处罚，依法扣留机动车至违法状态消除。

25. 交通部门要严格客运班线管理，对途经三级以下（含三级）山区公路达不到夜间安全通行条件路段的夜间客运班线不予审批，并监督客运企业落实客运班车夜间运行的规定。

（五）有效治理严重扰乱行车秩序的交通违章行为

26. 公安部门要组织开展针对突出严重交通违章行为的治理整顿，并确定阶段性治理目标。对疲劳驾驶、无证驾驶、酒后驾驶、强行超车、逆向行驶、不遵守交通信号行驶和高速公路上违章停车、超车及变更车道不开转向灯等严重扰乱行车秩序的重点违章行为，要加大查处力度。开展清理无牌无证车辆工作，入村入户对机动车辆登记造册。如果这几项违章行为减少5%，预计可减少1700人死亡。

（六）交通、公安、发展改革、质检等部门按照国务院统一部署，从汽车生产准入、生产监管、发牌发证、运输市场准入和管理，综合治理货车超载，减少超载导致的道路损坏和交通事故

27. 在全国道路交通安全工作部际联席会议领导下，成立由交通部牵头，公安部、发展改革委、质检总局、安全监管局、工商总局、法制办等部门参加的全国治理超载工作领导小组，制定实施方案。

28. 发展改革委负责对汽车产品《公告》进行一次清理，逐一审查货车产品，清除“大吨小标”车辆。对在用的“大吨小标”车辆技术参数进行更正，公布正确参数和更正范围，监督汽车生产企业落实。组织实施《道路汽车外廓尺寸、总质量与轴荷限值》国家标准。

29. 公安部门在办理新车登记时，严格按照汽车产品《公告》和国家有关技术标准办理牌证，对，对不符合规定的，不予办理。对已经使用的“大吨小标”汽车，按照发展改革委提供的正确的汽车技术参数，重新核定吨位，更正核定载质量。年内解决重点车型和重点地区在用车“大吨小标”更正问题。

30. 交通部门按照重新核定的吨位收取养路费和有关税费，对重新核定前的税费不再补缴。要完善货运市场准入管理，加大运输市场的宏观调控力度。进一步明确相应从业条件，规范运输市场准入制度，规范运输经营行为；加强行业自律管理监督，避免恶性竞争，监督运输企业落实安全责任制；建立超限超载行为通报、公示和登记制度。

31. 交通、公安部门要各司其职，加强协作与配合，共同对车辆超限超载进行治理。交通部门要按照《公路法》的规定，配备称重设备，对超限车辆进行检测、卸载和处罚，同时加强货物装载源头管理。公安部门要按照《道路交通安全法》的规定，对超载车辆依法扣留至违法状态消除，对驾驶员和运输单位主管人员予以处罚。交通、公安部门在治理超限超载工作中要明确政策，统一超限超载车辆的认定标准，不得罚款放行、重复处罚，同时要抓住治理重点，稳步推进治理工作。

（七）保障“绿色通道”畅通，确保大中城市副食品供应

32. 各地政府和交通、公安部门要落实保障“绿色通道”畅通的各项规定和措施，加强蔬菜、水果、蛋禽、水产等农副产品集散地和市场的装载运输管理。适时组织明察暗访，掌握“绿色通道”沿途基本情况，及时解决存在的问题。

（八）加强剧毒、爆炸危险化学品运输安全管理，预防和减少危险化学品运输事故

33. 国家安全生产监督管理局牵头负责，公安部、交通部等11个部门参加，联合制定《深化危险化学品安全整治方案》，部署在全国开展为期两年的危险化学品专项整治工作。

34. 安全监管部门要建立泄漏事故现场施救联动机制，加强对危险化学品生产、经营企业的安全监督。

35. 公安部门要重点加强对剧毒、爆炸危险化学品购买、运输证件审批工作，划定禁行区域，采取抽查方法，加大路面查处力度。配备民警防护装备。

36. 交通部门要从严管理从事危险化学品运输的企业、车辆和从业人员。对存在事故隐患的运输

企业要限期整改，对运输剧毒、爆炸危险化学品的汽车要限定车型、限装数量和明确外观标识，对运输危险化学品发生超载、超速驾驶和违规操作的车辆驾驶员及操作人员，要依法取消从业资格。

（九）加强高速公路管理，预防恶劣气候天气交通事故，确保车辆安全通行

37. 高速公路经营管理单位要加强对公路运行状况的监控，及时掌握路面交通情况，并通过设置可变信息显示屏等方式向驾驶员提供前方公路交通情况和控制速度、保持车距等诱导指示信息，保证紧急电话齐全有效。在监控中心要设置交警值班岗位，提供必要工作条件，提高预警和处置能力。

38. 高速公路经营管理单位要加强与气象部门的联系与合作，加大气象监测工作的投入，及时掌握高速公路能见度等气象信息。遇雾、雪、雨等恶劣天气，及时向驾驶员发布道路恶劣气候情况，向公安部门和公路主管部门提供预警信息，并配合公安部门实施交通管制。要制定和实施高速公路冰雪气候工作方案，在降雪地区配备除雪设备、融雪剂，及时消除事故隐患。

39. 遇自然灾害、恶劣天气或发生重大交通事故，严重影响高速公路安全通行时，公安部门要及时发现、及时出警、及时依法实行交通管制，确保交通安全。

（十）卫生、公安部门完善交通事故紧急抢救机制

40. 卫生、公安部门要建立省、市、县三级交通事故紧急抢救联动机制。市、县卫生部门都要指定有条件、服务好的医院作为专门救治医院。完善交通事故急救通讯系统，建立 110（122）报警服务台与 120 急救电话之间交通事故信息相互通报和反馈制度，实现公安机关与医疗急救单位同步联动机制，最大限度地缩短抢救伤员时间，减少伤员死亡。公安部门要加强对驾驶员、交通警察等人员的紧急救护培训。全国的交通事故伤员救治率提高 20%，可救治 5 万名交通事故伤员，减少 2500 人死亡。

三、交通部负责组织交通运输企业整顿工作

（一）交通部门加强对交通运输行业的安全监督和管理

41. 要严把运输经营者市场准入关，营运车辆技术状况安全关，营运驾驶员从业资格关，加强对汽车客运站的安全监督。研究完善运输企业股份制，实现公司化经营。研究对运输企业实行安全评估及安全认证，指导运输企业、客运站场建立健全安全生产新机制，落实运输企业安全责任，提高道路运输行业安全生产的规范化水平。

（二）交通、公安、安全监管部门加强对运输企业及其驾驶员的交通安全监督

42. 公安部门要将运输企业驾驶员严重交通违章、重特大交通事故情况通报交通、安全监管部门及运输企业，并定期公布发生交通事故、违章多的企业名单。公安部建立机动车驾驶员交通违章、事故信息公共媒体信息发布平台，交通部门规定企业在聘用客车驾驶员时应当查询该驾驶员交通事故和违章记录。

（三）交通、公安部门建立客运交通安全群众监督制度

43. 交通部门应向社会公布监督电话，通过监督电话、安全监督卡等方式请乘客对驾驶员行车中遵守交通法规情况进行监督。公安部门通过乘客了解驾驶员途中遵守安全法规情况，发现驾驶员违章，要通报批评所属客运公司，对多次违章的驾驶员，要责成所在单位进行处理。

（四）发展改革、公安、交通、安全监管部门鼓励运输企业采用先进技术，加强对驾驶员的动态管理

44. 发展改革委、公安部、交通部、安全监管局研究推广使用符合国家标准的汽车行驶记录仪，选择部分车型在部分省市开展汽车行驶记录仪安装使用的试点工作。鼓励运输企业使用 GPS 等先进技术装备，实现对运输企业驾驶员的动态监督和管理。

四、发展改革委负责组织机动车生产、改装企业整顿工作

（一）发展改革和质检部门加强对机动车生产企业的监督和管理

45. 公安与发展改革、质检部门要建立违规生产车辆信息监督机制。发展改革部门对公安部门通报的违规企业及产品，在核实甄别后要从车辆产品公告中撤销。今年年底前实现车辆产品公告内无违规车型。

46. 发展改革委严密车辆产品公告审查制度，加强事前审查，严把车辆生产准入关。建立产品审查工作规范和责任倒查制度；加强车辆产品审查专业队伍建设，确保审查质量和公正性。

47. 质检部门要根据《道路交通安全法》的规定，加强对机动车生产企业的监督检查。对生产和销售不符合国家安全技术标准车辆的企业，要依据国家法律予以查处。

48. 发展改革部门加强机动车出厂合格证管理，查处买卖、伪造国产车整车出厂合格证等违法行为。全国统一国产整车出厂合格证式样、内容，增加防伪措施。

（二）商务、工商、质检、发展改革、公安等部门清理整顿车辆非法改装企业和报废车辆回收拆解企业

49. 按照商务部等 9 部委联合部署的汽车市场专项整治工作，由商务部牵头，会同工商、质检、发展改革、公安等部门排查非法改装企业，向社会发布通告，部署开展整顿工作。对不按规定解体报废车的回收企业依法进行处罚。

（三）公安、农业（农机）部门解决车辆检验、报废把关不严，为不符合规定车辆上牌问题

50. 严把机动车检验关。

（1）严密车辆检验程序。全国实施《机动车安全检验项目和方法》行业标准，统一车辆的检验项目、程序、方法。

（2）清理检验员队伍。对全国车管所负责检验的民警和检测站的检验员重新培训、重新考试，不合格的不能上岗。

（3）加强对检测站的监督。年底前，要实现车管所与检测站联网，对上线检测车辆信息实时录入和监督，一律由计算机打印检测车辆检测报告。对存在只收费不检车、弄虚作假、出具虚假检测报告等问题的检测站，建议质检部门停止其检测业务，并限期整改；整改后发生违规问题的，撤销其检测资格。

（4）强化对重点车型的检验。对大客、大货车档案进行全面清理，排查长期不参加检验的车辆。通过清理，今年内，大客车检验率达到 100%，大货车检验率达到 95%以上。省级公安部门要对每一个地市公安部门车管所的检验率逐一核查，并对已检验过的大客、大货车按 5%的比例进行抽检。

（5）农业（农机）部门要严格按照国家标准《机动车安全运行技术条件》（GB7258）和《农业机械运行安全技术条件（GB16151）》对上道路行驶的拖拉机进行检验，严禁对不符合国家标准的拖拉机发放牌证。

51. 严格车辆报废制度，严密程序，强化解体。

（1）加强对报废车辆管理。公安部门要定期核查机动车查询库中的机动车状态信息，对达到报废标准的车辆，要在计算机登记程序中锁定，禁止转籍，并定期向社会公告。

（2）加大强制报废的力度。对达到报废标准后一年不申请注销登记的车辆，注销档案和牌证。对申请延缓报废的车辆，在一个检验周期内连续 3 次检验不合格的，立即注销车辆档案和牌证，强制报废。

（3）强化监督解体的力度。对报废的大型客、货车及其他营运车辆，应当在公安部门的监督下解体。

（4）与报废汽车回收主管部门建立信息交换制度，定期对回收解体车辆信息与报废注销牌证车辆信息进行比对。

52. 结合交通事故的处理和分析，查检车辆牌证、检验和报废管理中存在的问题。凡交通死亡事故中涉及车辆管理问题的，事故处理部门要及时书面通报车管部门，由车管部门进行倒查。

五、交通部负责组织危险路段整顿工作

（一）加大投入和整治改造力度，为行车安全提供设施保障

53. 各级政府及交通部门要根据交通部组织实施的“公路安全保障工程”的总体安排，结合公路危险路段排查情况，综合运用交通工程措施，对国道、省道干线公路上急弯、陡坡、长下坡和高边坡等危险路段进行整治，提高行车安全水平。今年的工作重点是：在做好 G210 国道示范工程的基础

上，对全国国道、省道干线公路上危险路段进行整治。特别是要结合文明样板路创建工作抓好 G319、G202、G105、G109 四条国道的实施工作。同时，加大对农村公路临水、临崖及急弯、陡坡等危险路段的整治改造力度。对路堤、边坡高度 6 米以上和陡坡、急弯等危险路段，逐步安装波形防撞护栏，改善公路的安全状况。对一时难以治理的，要采取增设防护墙（栏）和安全提示标志等应急措施。交通部会同公安部、安全监管局研究修订公路危险路段的认定和治理标准。

54. 各级交通部门在当地政府的领导下，加强与公安、安全监管部门的协作与配合，对拟确定的危险路段要广泛听取公安、安全监管部门的意见，加大整治力度，同时要定期通报危险路段整治工作的进展情况。对一些重点的危险路段还要向社会公告，并加大督办力度。

（二）从源头上治理事故隐患

55. 在新建、改建和扩建公路时，交通安全设施要与道路建设主体工程，同时设计、同时施工、同时投入使用，对交通安全设施达不到相关标准的，不得进行竣工验收和通车运行，进一步改善道路交通安全状况。

2002 年、2003 年全国危险路段的整治率分别为 59.8％和 78.5％，分别减少交通死亡 4000 人和 6000 人。2004 年要提高治理率，力争通过整治，减少交通死亡 5000 人。

为保障上述五项整顿措施落实到位，各地区、各部门要加强以下三个方面工作：

一、加强责任制

（一）地方各级政府特别是县市政府要切实履行起维护道路交通安全的责任

56. 建立并实行政府牵头、部门联动的道路交通安全工作机制。抓紧制定今后三年预防、减少道路交通事故的具体工作规划，并明确每年的工作任务和重点。今年把农村公路的交通安全和客车、农用车、拖拉机的管理作为工作重点。

57. 贯彻道路交通安全的政策、法规，定期研究、布置、督促、检查本地区的道路交通安全工作，制定预防特大道路交通事故的措施，制定并组织实施本地区特大道路交通事故应急处理及救援预案。

58. 统筹研究城乡公共交通发展规划，加快研究扶持农村客运发展的政策措施，制定乡村客车标准，推广使用适合农村实际的安全、经济、实用型客车，保证农民出行安全。

59. 对存在的道路交通事故隐患，要调查研究，加大投入，及时整改。

60. 不得自行规定生产和销售不符合国家车辆产品公告的车辆，不得强令公安部门为不符合国家规定的车辆办理牌证。

61. 对本辖区内发生的特大道路交通事故负有监督和管理责任的责任人，依照有关规定给予行政处分；构成犯罪的，依法追究刑事责任。

（二）地方各级政府要建立道路交通安全工作专报制度

62. 各省（自治区、直辖市）人民政府定期向国务院报告道路交通安全工作情况，由全国道路交通安全工作部际联席会议对各省（自治区、直辖市）人民政府的报告做出评价，督促地方政府全面落实国务院关于道路交通安全工作的各项要求。

各省（自治区、直辖市）人民政府于每个季度结束后的 10 个工作日内，要向国务院报告本地交通安全情况，包括工作情况、安全形势、存在问题、改进意见以及下步工作安排等；每年 1 月 15 日前要专报上一年工作情况。

市、县人民政府也要定期向省级人民政府报告道路交通安全工作情况。

（三）有关地方政府要落实特大道路交通事故检查制度

63. 发生一次死亡 30 人以上特大道路交通事故的省级人民政府，要在事故发生后 30 个工作日内，向国务院作出书面检查报告；一年内发生 3 次一次死亡 10 人以上特大道路交通事故的省级人民政府，要在第 3 起事故发生后 30 个工作日内，向国务院作出书面检查报告。由全国道路交通安全工作部际联席会议（或联络员工作组）对省级政府上报的检查进行审查。经审查不符合国务院要求的，请事故发生地省级政府分管领导到京向国务院领导作出检查，有关情况要通报全国。

发生一次死亡5人以上特大道路交通事故的县、市人民政府，要向省级人民政府作出书面检查报告。

（四）安全监管、公安、交通部门要研究制定责任追究和行政处罚的相关规定

64. 对发生的一次死亡10人以上特大道路交通事故，从地方到中央实行责任倒查制度。

65. 根据《安全生产法》、《道路交通安全法》等法律、法规，对发生超员、超载等严重交通违章行为，构成重大事故隐患和发生重、特大道路交通事故的运输企业及其负责人进行责任追究及行政处罚。

二、加强宣传教育

各级政府及公安、交通、农业（农机）、司法、教育、宣传等部门要采取多种形式，加强道路交通安全的宣传教育，使道路交通安全宣传进企业、进机关、进学校，尤其要进村、进户，提高广大车主、业主、驾驶员和群众的遵纪守法意识和文明交通素质。

66. 将《道路交通安全法》列入普法教育计划。将交通安全宣传列入全国“安全生产月”、“安全生产万里行”和“世界卫生日”活动的内容。

67. 充分利用各种媒体，做好《道路交通安全法》的宣传，向广大群众广泛、深入宣传道路交通安全的知识。加强新闻媒体对道路交通安全的舆论监督。

68. 深入开展“交通安全村”、“交通安全社区”、“交通安全学校”、“农机安全村”的创建活动。

69. 动员和组织各方面的力量，采取组建义务宣传队、布展交通事故案例、放映宣传教育片等多种形式，大力加强农村地区的交通安全宣传。

70. 汇编印发重特大道路交通事故案例，教育到每个管理部门、每个运输企业、每个从业人员，教育到群众特别是农户和中小学生。

三、加强执法检查

（一）切实加强督促检查

71. 各级政府要认真贯彻落实《安全生产法》、《道路交通安全法》和国务院关于加强安全生产的一系列指示，加强对各执法部门和职能部门的检查，确保各项措施落实到每一个单位、每一个岗位和每一个责任人，不断提高执法、管理的质量和效率，真正做到执政为民、执法为民。

（二）建立健全监督制约机制，加大对执法的监督力度

72. 各级政府要督促各执法和职能管理部门建立执法和管理质量考评体系，把考评结果与领导任免、单位奖惩挂钩。要在驾驶员和运输企业建立社会执法监督员制度，与相关行业或单位建立执法信息反馈制度。要加强社会监督，公布举报电话，受理群众举报投诉，并及时调查核实，反馈查处结果。加强执法部门的内部监督，加强明察暗访，及时发现、纠正和处理执法和管理中出现的问题。

（三）严肃查处违法违纪行为

73. 各级人民政府要组织监察等部门加强对本级人民政府有关执法管理部门和下级人民政府的监督检查，发现违法违纪问题，要一查到底，从严处理。同时，要按照“事故原因不查清不放过，事故责任者得不到处理不放过，整改措施不落实不放过，教训不吸取不放过”的原则，督促有关单位认真整改。通过剖析典型案件，举一反三，进一步规范执法和管理行为。

169. 关于抓紧贯彻落实在全国开展车辆超限超载治理工作有关问题的紧急通知

（交公路明电〔2004〕7号）

各省、自治区、直辖市交通厅（局），天津市政工程局，上海市政工程管理局，新疆生产建设兵团交通局：

经国务院批准，交通部、公安部、国家发改委、国家质检总局、国家安监局、国家工商总局、国务院法制办已向各省级人民政府印发了《关于在全国开展车辆超限超载治理工作的实施方案》（以下简称《实施方案》），并于2004年5月11日召开了全国电视电话会议，进行全面动员和部署。现就全国交通系统贯彻落实《实施方案》和电视电话会议精神的有关事宜紧急通知如下：

一、按照国务院的要求，全国车辆超限超载治理工作由交通部牵头，公安部、国家发改委等六部委配合。地方治理工作请省级人民政府牵头，并成立由交通、公安等部门参加的专门治理机构。为此，各级交通主管部门要切实提高对治理超限超载工作重要意义的认识，要把这项工作作为目前交通行业各项工作的重中之重来抓，义不容辞地履行好行业职责，率先工作，抓紧贯彻实施。各省、自治区、直辖市交通主管部门要立即就此问题向省政府领导汇报，积极协调各有关部门，结合本地实际情况，提出贯彻落实的具体措施和意见，同时要尽快启动并完成设置治理超限超载站点、称重设备、卸货场地等各项准备工作。

二、各级交通主管部门要统一行动，全面开展超限超载治理工作的各项宣传活动，当务之急，一是要组织广大交通干部职工，特别是所有交通执法人员，开展各种形式的学习、教育和培训活动，让他们全面了解中央的有关精神，掌握政策，吃透文件，为各项政策措施的正确执行奠定基础；二是要充分发挥新闻媒体的作用，向社会广泛宣传治理工作的各项政策，走访本地区的一些重要的厂矿、企业，向车主免费发放有关宣传材料，营造强大的声势和良好的氛围。

三、各省、自治区、直辖市交通主管部门要高度重视信息管理工作，及时掌握全国车辆超限超载治理工作的进展情况，并定期向全国治理工作小组报告。同时还向社会公开投诉和咨询电话，接受群众和舆论的监督。各省级交通主管部门要明确一位联络员，以便加强与部以及各相关省市交通主管部门的沟通和联系。按照《实施方案》的要求，全国治理车辆超限超载治理工作领导小组已在我部公路司设立办公室，地点设在交通部办公大楼751房，为方便各省、自治区、直辖市交通部门和社会公众咨询、了解相关政策，反映有关问题，现将全国治超办公室的联系电话公布如下：010－65292751，65292729，65292780，65292781，65292763（传真）。

请你们于2004年5月18日前，将本省、自治区、直辖市交通系统贯彻《实施方案》和全国电视电话会议精神的具体意见，以及本省、自治区、直辖市人民政府成立的专门工作机构、公众投诉和咨询电话、传真、电子信箱、联络员的有关情况函告全国治超办公室。

170. 关于做好治理车辆超限超载有关工作的通知

（公交管〔2004〕96号）

各省、自治区、直辖市公安厅、局交通管理局、处：

为贯彻落实全国治理车辆超限超载工作电视电话会议精神，充分发挥公安交通管理部门职能作用，切实做好治理车辆超限超载工作，根据交通部、发展改革委、公安部、质检总局、安全监管局、工商总局、国务院法制办联合印发的《关于在全国开展车辆超限超载治理工作的实施方案》（交公路发〔2004〕219号，以下简称《实施方案》）的部署和要求，现就公安交通管理部门治理车辆超限超载工作提出以下要求：

一、在各级政府的领导下，充分发挥职能作用，加强与各有关部门的协作配合

各级公安交通管理部门在治理车辆超限超载工作中，要坚持“政府领导、各方努力、多策并举、综合治理”的指导思想，紧紧依靠地方政府的领导，加强与交通、发展改革等部门协作与配合，建立和完善相关工作机制和制度。要在地方政府领导下，针对集中治理初期有可能发生部分货运车辆停驶，带来煤炭、钢材、建筑材料、蔬菜等副食品供应紧张和价格波动等问题，制定应急预案。要主动了解分析社会各界特别是货运企业对治超工作的各种反映，提高敏感性，及时发现停运、堵路等事件的苗头，采取针对性措施，确保社会稳定。要会同交通部门，建立并规范查处超限超载、卸载的岗位设置和具体操作流程。要重点维护治理超限超载场地及周边道路的交通、治安秩序，加强巡逻和指挥疏导，防止出现严重交通拥堵。

二、加强宣传工作，创造良好的舆论氛围

各级公安交通管理部门要充分利用广播电台、电视台、报纸、互联网等媒体，大力宣传《道路交通安全法》及其配套法规对车辆装载和处罚的有关规定，宣传超限超载对交通安全、运输市场秩序和对公路桥梁损害等危害，宣传全国开展治理工作的部署和政策，为治理工作创造良好的舆论氛围。要在国、省道主干线以及高速公路出入口、服务区设置宣传展板，展出因超限超载造成重特大交通事故案例，发放宣传单，张贴警示性宣传标语。要结合对运输企业的整顿，配合交通部门深入运输企业、工矿企业以及煤炭、钢铁、建材等物资生产销售单位，通报将要采取的措施，宣传有关规定。

三、认真做好在用“大吨小标”车辆载质量的更正工作

各级公安交通管理部门要按照国家发改委公布的“大吨小标”车型及范围，认真核对本辖区已登记的机动车，属于应恢复质量参数的“大吨小标”车辆，要向社会和车主告知办理更正所需的手续，通过多种方式通知车主到车管所办理更正，在受理车主的更正申请时，要根据国家发改委公布的《载货类汽车质量参数调整更正表》中的技术参数，更正载质量，免费换发行驶证，在登记证书上签注更正事项。对没有非法改装行为、只需更改行驶证载质量数据的车辆，应当在一个工作日内办结。对非法改装的，应当责令其自行纠正，待纠正后在一个工作日内办结。如机动车档案中收存合格证的，还应当对合格证进行更正。更正后车辆的总质量不得超过《实施方案》第三部分第三条第2项规定的总质量限值。对不主动申请更正的，要在年检时责令恢复，强制更正。各地要为车主恢复车辆载质量参数提供方便，车管所要设置专门窗口受理申请，提高工作效率，减少群众往返。有条件的，可设立咨询电话，方便群众咨询。

对于国家发改委公布的《载货类汽车质量参数调整更正表》中遗漏的“大吨小标”车型，各级公安交通管理部门要及时将该车的车辆型号、生产企业名称、总质量、整备质量、核定载质量和出厂时间报我局。

四、严格规范执勤执法行为

各级公安交通管理部门要严格按照《道路交通安全法》及其配套法规、规章的规定以及《实施方案》的部署，准确把握相关政策，规范治理超限超载执法工作。要明确各个阶段工作重点，区别对待不同类型的车辆。一是在6月份和7月20日之前，对总重不超过20吨的超限超载车辆，暂不卸载、不处罚；对能够按照规定卸载的超限超载车辆，要以教育为主，暂不处罚。二是对运输蔬菜瓜果等鲜活农产品、油气等化学危险品、不可解体物品和冰箱等贵重易损物品的运输车辆，不予卸载，警告并登记后将违法情况通报车辆登记地公安、交通管理部门。三是对非法改装车辆，由车管部门在年检中纠正。四是对同一超限超载违法行为，交通部门已经处罚的，公安交通管理部门不再处罚。五是严格禁止对超限超载车辆只罚款、不消除违法状态的行为。

五、加强区域协作，强化检查督导和路面管控

相邻省、自治区、直辖市公安交通管理部门之间要加强相互协调、配合，及时通报发现的问题，必要时可召开联席会议协调解决。各级公安交通管理部门的领导要深入一线进行指导检查，及时发现和解决治理工作中出现的问题。要重点加强对国省道、城郊接合部以及高速公路出入口的路面控制，确保超限超载车辆不出省、不出市、不出县。要高度重视民警的安全防护工作，合理安排使用警力，在工作任务繁重、情况复杂的地方，要向所属公安机关报告，抽调其他警种的警力给予支援。

六、做好信息统计上报工作

集中治理期间，各级公安交通管理部门要认真做好治理超载信息统计上报工作。6月20日之前，各交警总队要将本地“大吨小标”车辆保有量、已经更正“大吨小标”车辆数和宣传工作情况汇总上报；6月20日至8月20日，要将更正“大吨小标”车辆、出动警力、查处和纠正超载车辆等工作数字，于每周五下午15时之前上报我局。8月20日至集中治理结束，要将更正“大吨小标”车辆，出动警力、查处和纠正超载车辆等工作数字，于每月30日之前上报我局。集中治理结束，各交警总队要提交治理超载工作总结报告。对于集中治理期间出现的超载车辆聚众堵塞公路、集体闯卡、围攻执法人员等事件，要严格按照既有的重大交通信息报告制度，逐级上报。

171. 关于印发全国治理车辆超限超载信息管理工作制度和全国超限超载治理期间突发性事件处理办法的通知

（全国治超〔2004〕1号）

各省、自治区、直辖市治理车辆超限超载工作办公室：

《全国治理车辆超限超载信息管理工作制度》和《全国超限超载治理期间突发性事件处理办法》已经2004年5月28日全国治理车辆超限超载领导小组第一次会议讨论通过。现印发给你们，请遵照执行。并请你们从2004年6月15日起，按照《全国治理车辆超限超载信息管理工作制度》的要求报送有关信息。同时将本省、自治区、直辖市专门负责信息管理工作的联络员的姓名和联系电话函告全国治理车辆超限超载工作领导小组办公室。

全国治理车辆超限超载信息管理工作制度

（全国治理车辆超限超载工作领导小组）

第一章　总　　则

第一条　为加强信息管理工作，全面了解和掌握全国治理车辆超限超载工作（以下简称“治超工作”）的有关情况，及时交流、沟通有关信息，根据《关于在全国开展车辆超限超载治理工作的实施方案》（交公路发〔2004〕219号，以下简称《实施方案》），制定本工作制度。

第二条　信息管理工作是全国治超工作的一个重要组成部分，其内容包括对涉及治超工作的有关信息的收集、整理、审核、汇总、上报、交流等工作。

第三条　本制度所涉及的信息主要有：

1. 路面执法工作情况信息；
2. 超限超载违法车辆处理信息；
3. 干线公路交通流量信息；
4. 车辆报停复驶信息；
5. 应急运输车辆储备信息；
6. “大吨小标”车辆恢复吨位信息；
7. 市场价格和物资供应情况信息；
8. 整顿汽车非法改装企业信息；
9. 新闻媒体报道治超工作的有关信息；
10. 由治超工作引发的突发性事件信息；
11. 其他相关的信息。

第四条　全国治理车辆超限超载领导小组办公室（以下简称“全国治超办”），负责全国治超期间有关信息管理工作。

各省、自治区、直辖市所设立的治超办，负责本行政辖区内治超信息管理工作。

交通部、公安部、国家发改委、国家安监局、国家工商总局、国家质检总局、国务院法制办等全国治理车辆超限超载领导小组成员单位要加强对本系统治超信息管理工作的指导，并具体负责本系统内具有保密或者特殊性质的重要信息的管理工作。同时将系统内与治超工作相关的重要信息及时通报给全国治超办，以便及时掌握有关情况，采取处理对策和措施。

第五条　鼓励社会任何单位和个人向全国治超办和各省治超办提供治超有关信息。

第二章　信息收集的分工与要求

第六条　各地的治超信息一般由各省、自治区、直辖市有关部门按照职责分工，分别收集，并及时送本省（区、市）治超办汇集，同时上报一级主管部门。具体分工如下：

（一）地方各级交通主管部门主要负责收集如下信息：

1. 路面执法检查车辆数量、卸载车辆数量、卸货数量、超限车辆占车流量比例等情况；
2. 跨省市车辆超载超限违章处罚情况；
3. 干线公路日均车流量情况；

4. 运输价格波动情况；

5. 货运车辆报停、复驶情况；

6. 道路运输保障车辆的储备情况；

7. 治超工作中出现的交通堵塞等突发事件及处理情况；

8. 新闻媒体、人民群众对治超工作的反映情况；

9. 其他相关的信息。

（二）地方各级公安部门主要负责收集下列信息：

1. 路面执法检查车辆数量、查处超载车辆数量、卸载车辆数量、卸货数量等情况；

2. 跨省市车辆超载超限违法处罚情况；

3. 各地货运“大吨小标”车辆吨位恢复的车辆数和恢复吨位等基本情况；

4. 应急警力的准备情况；

5. 治超工作中发生的超限超载车辆堵塞公路、聚众冲卡、围攻执法人员等事件及处理情况。

（三）地方各级发改委、物价、经贸、经委等部门按照职责分工，分别负责收集下列信息：

1. 市场动态情况，主要包括煤、油、水泥、钢材等主要工业原材料和粮食、蔬菜等生活必需品的物价波动和供求变化情况；

2. 在用“大吨小标”车辆恢复标准吨位的基本情况；

3. 宏观经济调控有关信息。

（四）地方各级工商管理部门主要负责收集车辆改装企业整顿的有关信息，主要包括取缔的非法改装企业的数量和超范围改装企业的整顿情况。

第七条 各省、自治区、直辖市治超办在收到各有关单位汇交的信息后，要及时进行分析、核实和汇总。

第八条 全国的治超信息以及国家级新闻媒体、互联网报道的有关治超信息，由全国治超办负责收集。

第九条 各省、自治区、直辖市治超办要向社会公开监督和咨询电话，以便于社会单位和个人提供信息或者进行咨询、举报。监督和咨询电话要做到有专人负责，必要时还应 24 小时值守。

第十条 信息收集按照自下而上的原则进行，同时必须做到及时、真实、准确、简练。

第三章 信息交流与报告制度

第十一条 治超工作涉及部门多，信息量大，且持续时间长，各省、自治区、直辖市治超办在全国治超工作期间，要指定专人负责信息管理工作，并实行值班制度和信息报告制度。

第十二条 各省、自治区、直辖市治超办以及全国治超领导小组各成员单位要指定一名联络员，以加强各地、各部门之间的信息交流与沟通，建立畅通的信息交流渠道。

第十三条 各省、自治区、直辖市治超办要在每周五 12 时前，将本地区从上周五 8 时至本周四 8 时的治超信息，按照附表一、二、三、四的格式和要求，向全国治超办报告。

在全国开展集中治超工作的第一个月，即从 6 月 20 日至 7 月 20 日，各省、自治区、直辖市的路面执法工作信息、车辆报停复驶信息、运输价格及市场物资供应情况、干线公路交通流量信息和“大吨小标”车辆恢复吨位等有关信息，要按照附表的格式和要求，每周报两次（每周二、周五 12 时前报送一次）。

第十四条 治超期间出现干线公路交通中断、煤粮油等国家重要物资运输紧张、群体性事件等突发性紧急事件时，各省、自治区、直辖市治超办要立即向全国治超办和本区省级人民政府报告。问题涉及其他省、自治区、直辖市的，还应尽快向相关省、自治区、直辖市通报，以便能够及时解决，避免事态扩大。

第十五条 各省、自治区、直辖市治超办除按照附表的要求上报各地治超信息之外，还要以简报、动态等方式，将本地区的治理工作综述情况，以及突发性事件的处理情况，报送全国治超办。

治超信息如通过正常渠道上报难以满足应急需要的情况下，可通过各地区、各部门的联络员先行沟通，以确保问题能够尽快解决。

第十六条 各省、自治区、直辖市治超办向全国治超办上报治超信息，可通过传真、电子邮件以及利用全国车辆超限超载治理工作网站（交通部政府网 www.moc.gov.cn“治超专栏”上的“内部工作信息”）等方式上报。

全国治超办的传真电话为：010—65292781

全国治超办的电子邮箱为：qgzcb@moc.gov.cn

第十七条 为实现全国信息共享，方便各地开展治超工作，全国治超办将根据各省、自治区、直辖市处理的外籍超限超载车辆的违法违章处理信息，及时在全国车辆超限超载治理工作网站（交通部政府网 www.moc.gov.cn“治超专栏”上的“超限超载违章信息查询”）及时公布。

各省、自治区、直辖市治超办应定期从该网上下载本地区车辆在外地出现的超限超载违法违章信息，并将其与本地区处罚超限超载车辆信息汇总，分别将车辆超限超载违法违章信息抄送有关部门，由有关部门按照职责依法予以处理。

第四章　信息反馈与发布

第十八条 对于各省、自治区、直辖市报送的信息，全国治超办要及时研究分析，整理汇总，一般通过每周印制一期《全国治理车辆超限超载工作简报》的方式，将信息抄告全国治超领导小组成员单位、各省（自治区、直辖市）治超办。

对于各省、自治区、直辖市报送的突发性紧急事件的信息，全国治超办将立即与事发部门联系，并报请有关主管部门协调处理，同时以《治超工作快报》的方式及时将事件处理情况反馈给有关部门。

对于从新闻媒体、互联网上收集的信息，全国治超办将不定期编制《互联网治超动态摘要》，及时向有关领导报告。

第十九条 全国治超办将把有关治超工作信息（按国家规定需保密的除外），通过治超专网向社会公开，以增加工作透明度，接受社会监督。

第二十条 各省、自治区、直辖市治超办可根据本地实际，选择适当的方式，将从各方面得到的信息，及时予以反馈和发布。

第五章　附　　则

第二十一条 对在治超期间不按本制度报送信息、发生瞒报、误报、迟报等问题的省、自治区、直辖市治超办，全国治超办将予以通报批评。

第二十二条 本制度由全国治超办负责解释。

第二十三条 本制度自2004年6月20日起正式施行。各地在执行本制度过程中，如发现有问题，请及时告知全国治超办，以便及时修订。

交通量、物价变化及运输情况统计表

统计时间：　　月　日 8 时至　　月　日 8 时　　　　　　　　上报日期：　　月　日

货车交通量变化情况	公路线路名称	抽样日总交通流量	其中货车（按核定载质量分列）				
			14 吨以上	7～14 吨	2～7 吨	2 吨以下	小计

运输情况	货物种类	运输量（吨）	运价（元/吨）	与上一统计期间比上升或下降（%）	与治理前比上升或下降（%）
	煤				
	粮				
	油				
	蔬菜及鲜活产品				
	社会平均运价	╱			

物价变化情况	物品名称	平均价格（元/公斤）	与上一统计期间比上升或下降（%）	与治理前比上升或下降（%）

说明	
	1. 交通流量统计，各省可选 2～3 条干线公路（国道主干线或国道）作固定统计对象，每条干线公路宜选 1～2 个交通量较大且较稳定的交通量监测站或收费站做该线路平均车流量统计。 "抽样日总交通量"：统计时间内抽样选取日昼夜交通流量。 2. "运价变化情况"：选择几家有代表性的运输企业作为固定调查对象。 3. "物价变化情况"："物品"选择与群众生活密切相关的几种商品作为固定调查对象，如华北的煤，东北的粮食，海南的蔬菜等

联系人：　　　　　　　联系电话：　　　　　　　填报单位：（印章）

路面治理情况统计表

统计时间：　　月　日8时至　　月　日8时　　　　　　　　上报日期：　　月　日

<table>
<tr><td>投入执法人员人次</td><td>交通部门</td><td colspan="2"></td><td>公安部门</td><td colspan="2"></td></tr>
<tr><td rowspan="2">检查车辆情况</td><td>固定检查站数量
（个）</td><td colspan="2"></td><td>流动检查点数量
（个）</td><td colspan="2"></td></tr>
<tr><td>检查车辆数
（辆）</td><td colspan="2"></td><td>其中超限超载车辆</td><td colspan="2"></td></tr>
<tr><td>车辆卸载情况</td><td>卸载车辆数
（辆）</td><td colspan="2"></td><td>卸载质量
（吨）</td><td colspan="2"></td></tr>
<tr><td rowspan="4">罚款情况</td><td rowspan="2">交通部门</td><td colspan="2">被罚款人总数</td><td colspan="3"></td></tr>
<tr><td colspan="2">罚款总额
（万元）</td><td colspan="3"></td></tr>
<tr><td rowspan="2">公安部门</td><td colspan="2">被罚款人总数</td><td colspan="3"></td></tr>
<tr><td colspan="2">罚款总额
（万元）</td><td colspan="3"></td></tr>
<tr><td rowspan="2">车辆报停、复驶情况</td><td colspan="3">报停车辆数量
（辆）</td><td colspan="3">复驶车辆数量
（辆）</td></tr>
<tr><td colspan="3"></td><td colspan="3"></td></tr>
<tr><td rowspan="3">“大吨小标”车辆
恢复吨位情况</td><td rowspan="2">变更车辆数</td><td colspan="2">吨位增减数
（吨）</td><td colspan="3">规费增减数
（万元）</td></tr>
<tr><td>增加</td><td>减少</td><td colspan="2">增加</td><td>减少</td></tr>
<tr><td></td><td></td><td></td><td colspan="2"></td><td></td></tr>
</table>

联系人：　　　　　　　联系电话：　　　　　　　填报单位：（印章）

跨省运输车辆超限超载信息登记表

统计时间：　　月　日8时至　　月　日8时　　　　　　上报日期：　　月　日

序号	车牌号码	违章驾驶员从业资格证号	所属运输企业	检查地点	检查时间年/月/日	处理情况		执法部门
						卸载	罚款	
1								
2								
3								
4								
5								
6								
7								
8								
说明："检查地点"填省/地市，如"广东韶关"、"四川内江"等；"卸载"打"√"表示，"罚款"填整数数额；"处理部门"填"交通"、或"公安"或"联合"								

联系人：　　　　　　　联系电话：　　　　　　　填报单位：（印章）

执行应急运输任务情况表

统计时间： 年 月 日至 月 日 上报日期： 月 日

<table>
<tr><td colspan="3">应急运输车辆储备情况</td><td>辆次</td></tr>
<tr><td colspan="3">投入应急运力数量</td><td>辆次</td></tr>
<tr><td rowspan="6">运输量</td><td colspan="2">总计</td><td>吨</td></tr>
<tr><td rowspan="5">其中</td><td>煤</td><td>吨</td></tr>
<tr><td>粮</td><td>吨</td></tr>
<tr><td>油</td><td>吨</td></tr>
<tr><td>蔬菜及鲜活产品</td><td>吨</td></tr>
<tr><td>其他</td><td>吨</td></tr>
</table>

联系人： 联系电话： 填报单位：（印章）

全国超限超载治理期间突发性事件处理办法

（全国治理车辆超限超载工作领导小组）

为确保全国治理车辆超限超载期间社会经济的正常运行和流通市场的相对稳定，保证人民群众生活必需品的及时供应，有效预防、及时控制和消除治理工作对社会经济生活产生的负面影响，针对治超期间可能发生的突发性事件，制定本办法。

一、突发性事件的范围

本办法所指的突发性事件是指出现下列情形之一的：

（一）生活必需品和国家重要物资运输紧张，供应不足，并严重影响人民群众正常生活，或引发社会经济动荡的；

（二）超限超载车辆堵塞公路，或者强行冲卡、围攻执法人员等事件，影响社会正常秩序的；

（三）市场物价异常波动或者人为哄抬物价，导致国家重要物资和人民群众生活必需品价格大幅上涨的。

二、突发性事件处置的分工与主要措施

（一）对于第一条第一款规定的运输保障问题，由交通部负责制定应急预案，并采取下列主要措施。

1. 由各级交通主管部门提前组织好应急运输保障车辆，保证足够的运力储备。

2. 一旦出现运输紧张突发性事件，立即启动运输保障应急预案，由各级交通主管部门组织应急运输保障车辆，进行批量抢运，确保物资供应。本辖区内应急运输保障车辆不能满足需要时，可报请上一级交通主管部门，协调调动其他辖区的应急运输保障车辆予以支援。

3. 对进行抢运的应急运输保障车辆，由各级交通主管部门免费核发统一的通行证，在行驶收费公路时，免费优先通行，确保快速运输。

（二）对于第一条第二款规定的治安保障问题，由公安部部署各地公安机关制定应急预案，并采取下列主要措施。

1. 由各级公安部门提前组织应急警力，保证足够的应急警力储备。

2. 一旦出现堵塞公路、强行冲卡、围攻执法人员等事件，由事发地公安部门启动治安保障应急预案，并立即组织应急警力赶赴事发现场。

3. 要按照《道路交通安全法》和《治安管理处罚条例》的规定，依法妥善处置，确保公路畅通，确保执法工作顺利开展。

（三）对于第一条第三款规定的物价波动问题，由国家发改委按照《价格法》和《非常时期落实价格干预措施和紧急措施暂行办法》有关规定，采取必要的监管和干预措施。

1. 由各级价格主管部门对市场供求情况和价格进行监测，建立畅通的信息渠道，及时根据市场供求和价格的监测结果，做出预警。

2. 一旦出现第一条第三款规定的哄抬价格、价格欺诈、价格垄断、变相涨价等行为，立即启动应急预案，组织开展价格检查，依法查处不执行政府定价、政府指导价等价格违法行为，严厉打击哄抬价格、价格欺诈、价格垄断、变相涨价等扰乱正常价格秩序的行为；对过高的价格，要按照《非常时期落实价格干预措施和紧急措施暂行办法》，实施价格干预措施或者紧急措施，对不执行价格干预措施和紧急措施的行为，要依法严肃查处，确保价格合理、平衡。

3. 一旦出现第一条第三款规定的国家重要物资供应不足等情况，各级经贸委（经委）、发改委和商务厅局负责落实货源，各级经贸委（经委）、发改委综合协调多种运输方式，增加运力投入，确保物资供应。

三、建立突发性事件处理的值班制度

集中治理期间，一旦出现本规定的突发性事件，全国各级治超办公室和各级交通、公安、经贸委（经委）、发改委等主管部门，以及与突发性事件处置任务相关的部门均要实行值班制度，公开联系电话，值班人员必须24小时在岗，不得擅离职守。

四、突发性事件处理实行责任追究制

对于在执行突发性事件处置中因拒不执行上级命令、玩忽职守或推诿扯皮，造成重大损失和恶劣影响的，要按国家有关规定追究当事人及其单位有关领导的责任。

172. 关于在全国开展车辆超限超载治理工作的公告

（全国治理车辆超限超载工作领导小组公告 2004 年第 1 号）

为认真贯彻落实《公路法》、《道路交通安全法》、《安全生产法》和《道路交通安全法实施条例》、《道路运输条例》，确保公路设施完好，减少道路交通安全事故，整顿道路运输生产秩序，保护和鼓励合法道路运输，维护人民群众生命财产安全，经国务院同意，从 2004 年 6 月 20 日起，由交通部、公安部、国家发展改革委、国家质检总局、国家安全监管局、国家工商总局、国务院法制办组成全国治理车辆超限超载工作领导小组在全国组织开展专项治理工作。各省、自治区、直辖市人民政府及其有关部门具体负责本行政区域内的治理工作。力争通过一年的集中治理，使车辆超限超载现象得到有效遏制；通过三年的综合治理，从根本上解决车辆超限超载问题。现公告如下：

一、集中治理期间，认定车辆超限超载行为执行以下标准：

（一）二轴车辆，其车货总重超过 20 吨的；

（二）三轴车辆，其车货总重超过 30 吨的（双联轴按照二个轴计算，三联轴按照三个轴计算，下同）；

（三）四轴车辆，其车货总重超过 40 吨的；

（四）五轴车辆，其车货总重超过 50 吨的；

（五）六轴及六轴以上车辆，其车货总重超过 55 吨的；

（六）虽未超过上述五种标准，但车辆装载质量超过行驶证核定载质量的。

二、集中治理工作分阶段进行。2004 年第四季度以前，重点治理本公告第一条规定前 5 种情形和未列入国家发展改革委更正公告的超限超载车辆；2004 年第四季度起，全面开展超限超载车辆治理工作。

三、对认定为超限超载的车辆一律实施卸载，消除其违法行为。但对整车运送蔬菜瓜果等鲜活农产品的运输车辆、油气等化学危险品运输车辆、不可解体物品和冰箱、彩电、汽车等贵重易损物品运输车辆的超限超载行为，在运输途中暂不实施强制卸载，由执法人员对其进行告诫和登记，并通报车籍所在地有关部门按照有关法律、法规处罚。

四、实际承载能力与核定载质量不符的在用“大吨小标”车辆，由车主按照国家发展改革委公布的“大吨小标”车型和相关技术参数，向车辆所在地公安机关交通管理部门申请更正核定载质量，公安机关交通管理部门免费换发车辆行驶证，交通部门不再追缴该车辆以前应缴纳的养路费等交通规费的差额部分。

五、同一车辆同一超限超载违法行为，已被有关执法部门查处的，其他执法部门不再重复处罚、卸载。

六、整顿车辆非法改装企业。对未经批准擅自从事汽车改装的企业，要按照无证经营的规定，坚决予以取缔；对虽经批准但不按国家规定或者超范围对车辆擅自进行改装的企业，依法予以处罚直至吊销营业执照；对擅自改装的车主依法予以处罚。

七、汽车生产厂家要严格按照《道路车辆外廓尺寸、轴荷及质量限值》（GB 1589—2004）标准，规范车辆生产行为，从源头上杜绝车辆“大吨小标”现象。

八、从事道路运输的单位和个人应当自觉接受执法部门的监督管理。对阻碍、拒绝执法人员依法执行公务或者围攻、殴打执法人员的，由公安机关按照《中华人民共和国治安管理处罚条例》的规定予以处罚，构成犯罪的，依法追究刑事责任。

九、本公告自 2004 年 6 月 20 日起施行。

特此公告。

173. 关于治超期间采取措施确保交通畅通等有关问题的通知

（交公路明电〔2004〕12 号）

各省、自治区、直辖市、计划单列市、新疆生产建设兵团交通厅（委、局），天津市政工程局，上海市政工程管理局：

自 6 月 20 日全国集中开展车辆超限超载治理工作以来，在各级人民政府的领导下，经过各有关部门的通力合作，治理工作进展顺利，严重超限超载的势头得到有效遏制。但也出现个别地区车辆排队等候检测、检测站交通严重堵塞等情况，群众对此反映强烈，国务院领导同志也高度重视。此外个别地方还出现治超工作人员在上下班途中因交通事故造成人员伤亡等情况。为确保全国治超工作期间公路交通畅通和工作人员人身安全，现就有关问题紧急通知如下：

一、各级交通主管部门要会同有关部门加强对超限超载检测站的管理，增设必要的交通标志，提高检查站内的运转效率和检测速度。对经常出现车辆排队等检的检测站，要及时增设称重检测设备。对于交通流量大、超限超载车辆多的路段，可对检测站附近的公路进行加宽，增设一定长度的辅道，专供超限超载货车分流和停放，以缓解主线公路交通压力，避免交通堵塞和车辆排队等待检测等情况。

二、各检测站的执法人员要严格按照规定开展执法工作，对于客车和持有交通部制发的《全国治理超限超载应急运输保障车辆道路运输特别通行证》的车辆，不得随意拦截和检测，确保合法运输车辆的正常通行。

三、各级交通主管部门要积极会同公安部门，维持超限超载检测站、卸载场地以及周边公路的交通、治安秩序，防止出现严重交通拥堵情况以及集体闯卡等暴力抗法事件。对于工作任务繁重、易出现问题的地方，应及时向当地政府和公安部门反映，适当增加警力，确保治理工作的顺利开展。

四、在全国集中治超工作期间，各级交通主管部门特别是公路管理机构，要加强公路养护管理和巡查力度，发现问题要立即采取措施，确保公路完好并处于良好的技术状况，保障公路交通畅通。特别是当前已经进入汛期，一旦出现公路水毁等自然灾害造成公路交通中断等情况，要立即组织抢修并及时修复；无法修复的，要修筑便道、架设便桥，或制定切实可行的绕行方案，尽可能保证公路交通畅通。

五、各级交通主管部门要结合路网布局，统筹安排实施公路建设和养护工程，不得出现同一方向的几条公路同时施工、人为造成交通堵塞等情况。各地在实施公路建设或公路养护工程施工时，必须修筑施工便道或指定绕行路线，并设置醒目的标志，施工现场还要安排人员疏导交通，有关的信息还要事先向社会公告。同时，各级交通主管部门要加强监督检查，对不按规定和要求进行施工作业的单位和人员，要严肃查处。

六、治超工作点多、线长、量大、持续时间长，工作极为艰辛。各级交通主管部门一定要采取措施，保证广大一线工作人员的身体健康和人身安全。要尽可能改善工作人员的生活、办公条件，做好后勤保障。同时合理制定好治超工作人员的作息制度，避免疲劳作战。特别是对于上下班路途较远的工作人员和偏远的超限超载检测站工作人员，各级交通主管部门要安排专门的车辆和司机，及时接送，确保职工上下班途中的交通安全。

174. 关于进一步加强车辆超限超载集中治理工作的通知

(交公路发〔2004〕455号)

各省、自治区、直辖市、计划单列市交通厅(局、委),公安厅(局),发展改革委,经贸委(经委),天津市政工程局,上海市市政工程管理局:

为进一步做好下一阶段全国集中治超工作,按照经国务院同意的由交通部、公安部、国家发展改革委、安全监管局、工商总局、质检总局、国务院法制办等七部委联合印发的《关于在全国开展车辆超限超载治理工作的实施方案》(交公路发〔2004〕219号,以下简称《实施方案》)的要求,现就有关事项通知如下:

一、统一车辆超限超载认定标准

自2004年9月1日到12月31日,在车辆超限超载执法工作中,各地交通、公安部门一律按照附件所列的标准,认定车辆是否超限超载,并据此进行检查和纠正。

二、进一步规范执法行为

(一)各地对车辆超限超载的认定、卸载和处罚工作必须在经省级人民政府批准的超限超载检测站点内,由交通、公安执法人员共同组织实施。公安部门主要负责指挥引导车辆到检测站点,维持检测站点交通、治安秩序等工作;交通部门主要负责检测站点维护和管理、检测称重、卸载等工作。

(二)车辆是否超限超载,必须经过称重检测后方可认定。对检测后认定为超限超载的车辆,必须在实施卸载、消除违法状态后方可放行,不消除违法状态不得放行,避免连续处罚、重复处罚。

(三)在同一检测站点内,对超限超载车辆的处罚,只能由一个部门执行。对同一车辆的同一超限超载行为,已被交通、公安部门中任何一个部门处罚,并出具处罚决定书和与当前车货总重相一致的卸载记录单的,不得重复处罚;已被一个省(区、市)的执法部门处罚的,另一个省(区、市)不得重复处罚。

(四)交通、公安两个部门对超限超载车辆实施处罚,一律按照一般程序执行。对超限超载车辆处以200元(含)以上的罚款处罚,必须报经科队以上负责人(交警大队长或路政科长、大队长)批准后,方可执行。

(五)严肃工作纪律,加强执法检查。各地要认真落实治超工作“五不准”的规定(即:没有执法资格的人员,不准上路执法;上路执法人员,不准不开收费票据和乱收费、乱罚款;车辆没有称重检测的,不准认定超限超载;车辆没有卸载消除违章行为的,不准放行;同一违章行为已被处理的,不准重复处罚),严厉查处乱罚款、乱收费和内外勾结、徇私枉法等行为。对性质恶劣、执法犯法的人员,一经查出,一律严肃处理,调离执法岗位,并公开曝光,绝不姑息迁就。

三、确保公路交通畅通

(一)在治超工作中,一旦出现车辆排队等待检测超过一定长度,或者一定数量的情形,要减少检测范围。对明显不超限超载的车辆,可先放行。对放行的具体情况和决定权限,由各省级治超领导机构根据当地具体情况,作出明确规定。

(二)对于经常出现交通堵塞或车辆排队等待检测的站点,各地要及时增加检测设备,加快检测速度。必要时应对原有公路加宽改造,加设辅道,扩大停车场所面积,保证交通畅通。

(三)各检测站要及时掌握公路交通堵塞的信息,一旦堵塞,交警、路政人员要采取措施,及时疏导。

四、加快在用“大吨小标”车辆吨位恢复工作

（一）对于发展改革委已经公布的在用“大吨小标”车型，各地有关部门要采取公布需更改车辆牌号、主动登门服务等多种有效措施，加快车辆吨位的恢复和更正工作。

（二）自2004年9月1日至12月31日，凡按国家发展改革委《更正表》申请恢复吨位的车辆，除免费更正核定载质量、换发车辆行驶证、并不再追缴其以前应缴纳公路养路费等规费的吨位差额部分之外，更正后吨位变大的车辆，各地交通部门仍要按恢复前的标准收取公路养路费等规费；更正后吨位变小的车辆，要按更正后的吨位收取公路养路费等规费。

（三）自2004年9月10日起，凡生产企业未提出更正参数，而载货汽车车主和运输业户要求恢复吨位的，经国家发展改革委确认后，责令企业更正产品质量参数，并将企业所涉及车型从《公告》中撤销，同时按照公告管理的有关规定对企业进行处罚。对于企业不按上述要求更正产品质量参数的，由国家发展改革委比照同类车型提出更正的质量参数。国家发展改革委《更正表》的有效日期截止为2005年3月31日。在此期间，各地有关部门要结合《公告》和“大吨小标”车辆吨位恢复情况，加强对汽车生产厂家进行监督检查，发现违反上述规定的，要公开曝光，严肃处理。

（四）自2004年10月1日起，各汽车生产企业要严格执行《道路车辆外廓尺寸、轴荷及质量限值》（GB 1589—2004）国家强制性标准，确保新定型车辆符合国标要求，严禁新车“大吨小标”。自2005年4月1日起，《公告》内的汽车产品必须符合国标要求。凡不符合国标的车辆，各地公安机关交通管理部门不得办理上牌手续，由汽车生产企业收回，自行处理。

（五）在2005年3月31日之前，各地公安部门在办理新车注册登记时，要把《更正表》作为调整更正《公告》质量参数的依据，配合《公告》使用。

五、确保蔬菜等农产品运输

（一）各级交通、公安部门对于整车运输蔬菜等农产品的车辆要严格坚持不扣车、不卸载、不罚款的“三不”政策。

（二）进一步加大宣传力度，重申农产品运输政策，让车主和菜农等充分了解政策，打消疑虑和观望心理，组织车主和菜农，积极开展农产品营销和运输工作。主要农产区和集散地的交通、公安部门要在当地政府的领导下，切实加强装载源头的管理，从源头上解决农产品运输车辆的超限超载问题。

（三）各地治超办要加强与有关部门的联系，及时了解各地农产品运输中出现的问题，并采取措施，协调解决。对于难以解决的问题，要立即报请上一级人民政府协调解决，严禁通过媒体炒作。

（四）各级交通、公安部门要加强对各地确保农产品运输畅通政策和措施执行情况的监督检查，特别是对农产品运输重点地区和重点路段，要加大跟踪和督查力度，确保各项措施得到正确执行。对不执行“三不”政策的执法人员，要按有关规定进行处理，并公开曝光。

六、加强对超限超载检测站的管理

（一）各省、自治区、直辖市要结合公路网的整体布局，合理设置超限超载检测站点，现有的超限超载检测站的数量难以满足治超工作需要的，各地治超办应报请省级人民政府批准增设。

（二）各省、自治区、直辖市要加强对超限超载检测站点的管理，明确检测站点的工作职责和权限，制定检测站点的管理办法和称重、卸载、处罚等治超工作流程图，加强对检测站点工作人员的管理，建立监督约束机制和违纪人员责任追究制。同时，要尽可能改善检测站点工作人员的生活和办公条件，为治超工作提供必要的物质基础。条件具备的地方，应配备遮阳和防雨设备，为过往车辆提供饮水等便民服务。

（三）各超限超载检测站要确保称重设备符合国家产品质量的有关要求，定期对称重设备进行校验，确保检测精度，减少检测误差。对于群众反映误差较大的站点，各级交通主管部门要加强监管，及时纠正，确保检测工作科学、公正。

附件：车辆超限超载认定标准

附件

车辆超限超载认定标准

轴　　数	车辆形式及相关要求	车货总质量（吨）
2	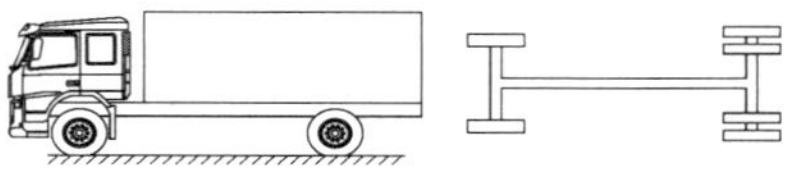	20
3	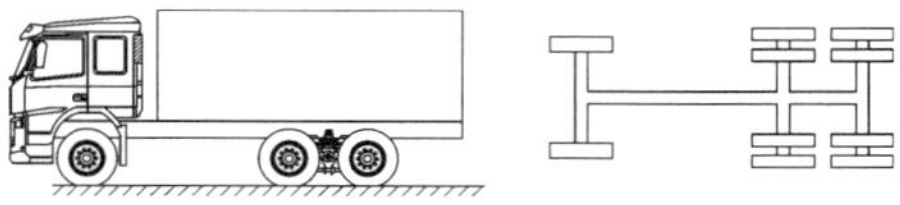	30
3	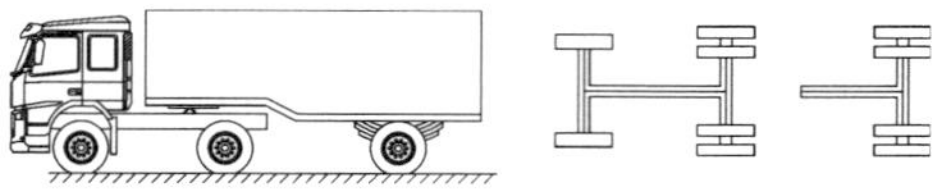	30
4	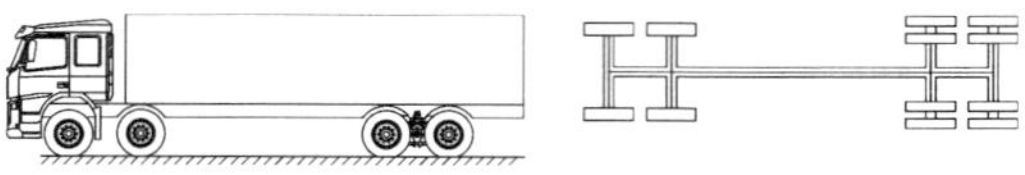	40
4	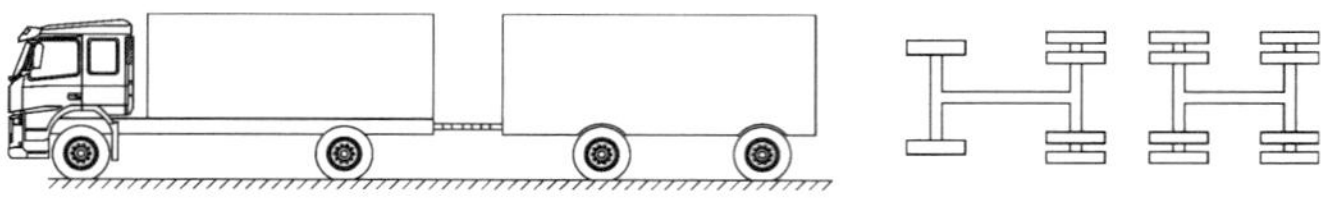	40
4	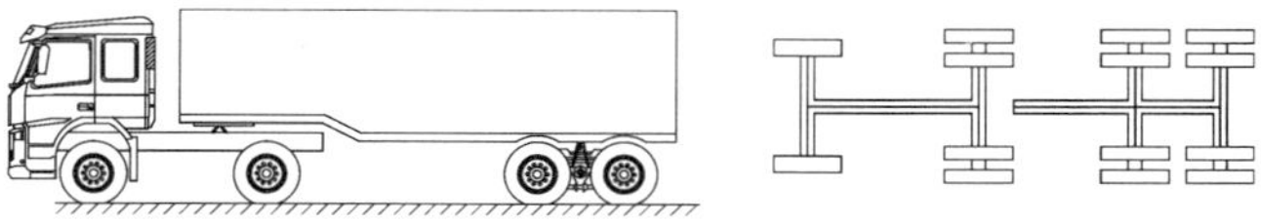	40
5		50
5	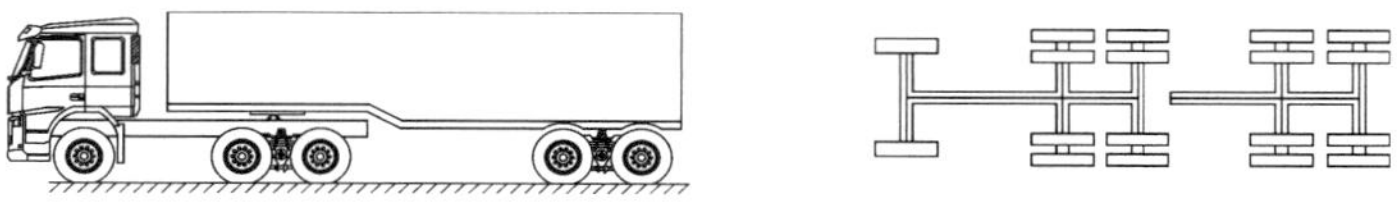	50
5	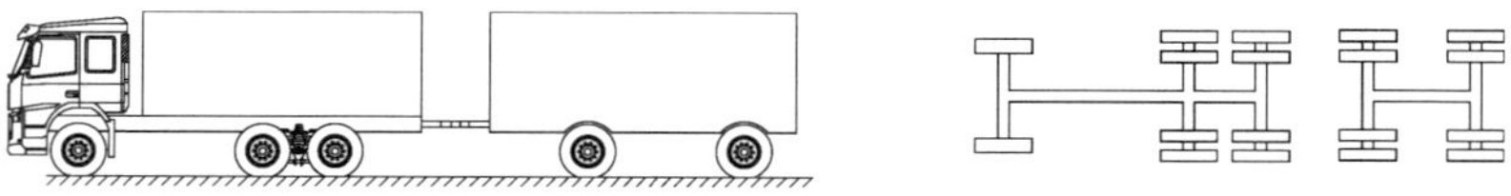	50
≥6	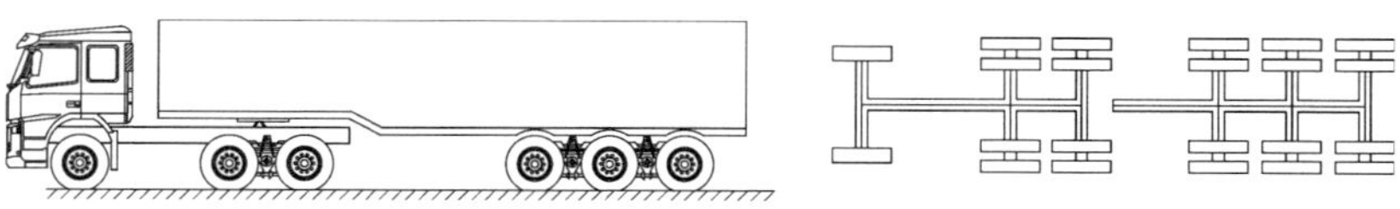	55

备注：1. 由汽车和全挂车组合的汽车列车，被牵引的全挂列车的总质量不得超过主车的总质量。

2. 除驱动轴外，上述图示中的并装双轴、并装三轴以及半挂车和全挂车，每减少两轮胎，其总重限值减少4吨

175. 关于加大治超工作力度防止超限超载反弹等有关问题的通知

（交公路明电〔2004〕22号）

各省、自治区、直辖市、计划单列市、新疆生产建设兵团交通厅（委、局），天津市政工程局，上海市政工程管理局：

自6月20日全国集中开展车辆超限超载治理工作以来，在各级人民政府的领导下，经过各有关部门的通力合作，治理工作进展顺利，严重超限超载的势头得到有效遏制。但最近个别地区治理工作有所放松，车辆超限超载有所反弹。为确保全国治超工作深入开展，巩固目前已经取得的成果，现就有关问题紧急通知如下：

一、各省、自治区、直辖市交通主管部门要继续加强领导，切实抓好治超工作。特别是对于治超工作出现的问题，各级交通主管部门要充分发挥牵头部门的作用，协调、会同有关部门，共同研究，提出有效的应对措施，并向政府领导汇报，争取支持，从组织领导上保证治超工作的顺利开展。

二、各级交通主管部门要加强与公安部门的沟通，保证联合治超工作合力，以确保路面执法工作力度不减，继续保持高压态势。山西、河北、内蒙古等省（区），要进一步加大执法力度，年底前各级交通主管部门的主要领导要亲自上路，加强对路面执法工作的检查和督导，采取切实措施，坚决制止超限超载反弹的现象。

三、目前正值冬季储备物资的运输高峰，各地交通主管部门在加大路面执法力度的同时，一是要采取措施，确保公路处于良好的技术状况。对因自然灾害造成公路中断的，要及时抢通，确保道路交通畅通；二是积极组织运力，保证运力供应，全力保障冬季储备物资运输；三是对于交通流量大的路段，要配合公安交警加强交通疏导。特别是各公路治超检测站点，要密切关注公路交通流量情况，一旦出现交通拥堵，要坚持保畅优先的原则，对明显不超限超载的车辆，可先放行，减少检测范围，减少拥堵时间，防止因治超而造成交通堵塞。

四、进一步规范执法行为。要按照“五不准”的要求，抓好执法队伍建设。要认真对待群众的举报，自觉接受舆论和社会公众的监督，并不定期组织明察暗访活动，对违法乱纪的执法人员，一经发现，坚决予以严肃处理，绝不能姑息迁就。

五、治理车辆超限超载是一项长期的工作，针对目前全国治超工作当中存在的主要问题，全国治超办于11月11日进行了专题研究，初步确定将延长全国集中治超工作时间，并按照“巩固成果、力度不减、突出重点、有效推进”的工作思路，继续深入地做好治超工作。具体意见另发。年内，各级交通主管部门要加强宣传，坚持正确的舆论导向，同时按照上述要求，积极向各级政府汇报，将今后治超工作经费纳入年度正常预算，解决好资金渠道，为执法人员的工作生活提供后勤保障，确保治超工作的正常开展。

176. 关于加强载货类汽车管理有关事项的通知

（发改产业〔2005〕1212号）

各省、自治区、直辖市、计划单列市及新疆生产建设兵团发展改革委（计委）、经贸委（经委），有关中央企业：

为了贯彻《国务院办公厅关于加强车辆超限超载治理工作的通知》（国办发〔2005〕30号，以下简称《通知》）精神，我委在前一阶段治理整顿“大吨小标”车辆产品，恢复“大吨小标”车辆设计质量参数工作的基础上，进一步加强载货类汽车生产、经营管理，妥善解决在用“大吨小标”车辆恢复质量参数工作中的问题，打击违规生产、改装行为，营造公平、公正的竞争环境，促进我国汽车工业健康发展。现将有关事项通知如下：

一、加强组织领导，强化监督管理

各省、自治区、直辖市、计划单列市及新疆生产建设兵团发展改革委（计委）、经贸委（经委）车辆生产企业及产品主管部门和有关中央管理企业（以下统称主管部门），要坚决贯彻国务院《通知》精神，充分认识治理超限超载工作的重要性和紧迫性，重视车辆生产企业及产品管理工作，切实加强对车辆生产企业的监管，督促生产企业按照国家法律法规、国家标准及有关规定生产、销售车辆产品；要重视群众反映的情况，对于群众和用户来信、来电反映的问题，要认真进行调查研究，及时答复处理；要建立责任制，明确负责此项工作的处室，对于违规生产销售“大吨小标”车辆产品的企业，要责令其立即停止“大吨小标”车辆生产并限期整改，有关情况要报送我委。

二、严格执行有关规定和标准，打击违规销售行为

我委发布的《车辆生产企业及产品公告》（以下简称《公告》）是国家对车辆生产企业及产品的行政许可，企业销售的车辆产品必须是《公告》公布的产品，必须与《公告》公布的技术参数相一致，否则为违规产品；产品生产地址也必须与《公告》公布的地址相一致，否则为违规拼装。各生产企业要增强依法生产、经营的意识，遵守国家法律法规及有关规定，加强管理，建立责任制。坚决杜绝未经国家许可的和不符合国家标准及有关规定的产品流入市场。

《公告》撤销的车辆产品，自撤销之日起，即不作为公安机关交通管理部门注册登记的依据，生产企业应收回自行处理，不得再进入市场。

对于载货类汽车产品，要严格执行《道路车辆外廓尺寸、轴荷及质量限值》（CB 1589—2004）、《机动车运行安全技术条件》（CB 7258—2004）等国家标准及治理整顿“大吨小标”车辆的有关规定。罐式运输车辆还需符合国家关于罐式运输车辆的安全技术要求、警示标志等有关规定。各生产企业要对其《公告》内的载货类汽车产品进行全面清理，并将清理结果向国家发展改革委报告，对不符合国家标准及规定的产品，将从《公告》中撤销。

对于销售违规车辆产品的企业，我委将视违规情况，予以严肃处理，直至撤销生产资格。各生产企业要严格执行《通知》的有关规定，经确认销售“大吨小标”车辆产品的企业，应召回违规车辆，同时承担相应的法律责任和经济责任。

三、高度重视群众反映情况，妥善解决用户实际问题

在用“大吨小标”车辆产品恢复设计质量参数工作涉及到广大用户的切身利益，近期一些群众集中反映在用“大吨小标”车辆质量参数更正中的问题。各主管部门要从维护广大人民群众的根本利益出发，要积极稳妥地处理好群众反映的问题。各生产企业的领导要高度重视在用“大吨小标”车辆产品更正质量参数工作中出现的问题，生产企业应指定专人负责处理用户反映的问题以及主管部门转来的群众来信，向社会公布接待电话，对用户提出的问题，企业要认真研究，符合治理整顿“大吨小标”车辆有关规定而更正的质量参数，应向用户解释、答复；属于企业申报更正质量参数有错误的车型或未申报更正质量参数的“大吨小标”车型，企业应妥善给予解决。确需通过我委《公告》更正质量参数解决上述问题的生产企业，应对工作中的错误作出深刻检查，对相关责任人进行处理，企业还要承担用户因更正质量参数所发生的费用。按照国务院办公厅《通知》的规定，更正“大吨小标”质量参数工作到今年年底结束。

为加强工作联系，各地方主管部门和生产企业将负责单位及联系人员名单及电话（见附件）报送我委产业政策司（联系电话：010-68535586；传真电话：010-68535587）。

附件：车辆生产企业及产品管理、“大吨小标”车辆恢复质量参数工作联系人员名单（略）

177. 关于贯彻《铁路运输安全保护条例》，加强铁路桥梁（涵洞）、线路安全保护工作的通知

（铁办〔2005〕134号）

各省（自治区、直辖市、新疆生产建设兵团）交通厅（局）、公安厅（局）、建设厅（建委），各铁路局，青藏铁路公司：

为了促进国民经济发展，保障铁路安全畅通，国务院于2004年12月27日颁布了《铁路运输安全保护条例》（以下简称《条例》），并于2005年4月1日起施行。《条例》实施以来，各地连续发生了多起危及跨道路铁路桥梁安全的事故，造成严重的经济损失和社会负面影响。为贯彻落实《条例》，有效防止事故发生，确保铁路、道路行车安全，各级铁路、交通、公安、建设行政主管部门要共同做好以下工作：

一、根据《条例》第二十五条规定，为保护铁路桥梁不受机动车辆的撞击，下穿铁路桥梁、涵洞的道路，其净空不足5m的，应当按照《道路交通标志标线》（GB 5768—1999）标准的相关要求设置限高、限行及禁令标志，并设置限高防护架。

公安机关交通管理部门或道（公）路管理部门负责确定每座跨线铁路桥梁（含涵洞）的限高、限行、前方提示标志的种类、数量和埋设位置，并按《条例》规定负责其管理和维护。本次设置标志所需成本费用由铁路运输企业承担。

限高防护架由铁路运输企业按“铁路限高防护架通用图”的要求设置并负责维护。限高防护架的设置位置不能影响其他相邻道路的正常通行，设置宽度不得小于道路路面的实际宽度，距桥梁边缘的距离应满足铁路安全保护区距离的规定（因条件限制无法满足规定距离要求时可酌情调整）。

二、根据《条例》第二十六条规定，铁路线路安全保护区内道路以及路堑上道路，或上跨铁路的道路桥梁应设置防止车辆及其他物体坠入铁路线的安全防护设施。防护设施的形式、技术规格等应当符合有关公路技术标准、规范的规定，防护设施的安装设置应确保铁路、道（公）路路基和桥梁的安全，其位置不应影响道（公）路和铁路养护及正常运营。本次设置防护设施所需费用由铁路运输企业一次性支付，防护设施建成后，按《条例》规定，由道路管理或道路经营企业负责管理和维护。

三、铁路部门、各级公安、公路、建设管理部门要紧密配合，共同做好此项工作。

178. 关于加强治超站点管理　规范治超执法行为的通知

（交公路发〔2005〕351号）

各省、自治区、直辖市、新疆建设兵团交通厅（局、委），天津市市政工程局，上海市市政工程管理局：

今年以来，各级交通主管部门严格按照国务院办公厅《关于加强车辆超限超载治理工作的通知》（国办发〔2005〕30号，以下简称《通知》）精神，以及今年6月20日全国治超电视电话会议的有关要求，进一步加大治超工作力度，取得了明显成效。但近一段时间，一些治超站点出现管理松懈，少数执法人员行为不规范的情况，个别地方甚至出现与社会闲散人员内外勾结、收钱放车的严重违法违纪行为，如河南焦作温县黄河大桥治超检查站因执法人员集体违法被新闻媒体曝光，在社会上造成恶劣的影响。为深入贯彻落实《通知》精神，进一步加强对治超站点的管理，规范治超执法行为，确保全国治超工作的持续深入开展，现将有关问题通知如下：

一、加强领导，抓好执法队伍建设

目前全国治超工作已进入巩固成果、依法严管、重点突破、有效推进的新阶段。加强治超执法队伍管理，规范执法行为，真正把各项治超工作的政策和措施不折不扣地执行好、落实好，是当前治超工作的一项紧迫任务，也是决定全国治超工作成败的关键。各级交通主管部门一定要高度重视，采取切实有效措施，真正带好执法队伍，管好执法人员，特别是一线执法人员，严格规范执法行为。

（一）加强组织领导。各级交通主管部门要把加强执法队伍管理、规范执法行为作为一项重要工作，全面加强组织领导。特别是在研究部署治超工作时，要把执法队伍和执法行为的管理作为重点，提出具体的目标和任务，并分级细化，分解到每一个辖区、每一个实施单位、每一个责任人。各有关单位的主要领导要亲自负责，一级抓一级，层层签署责任状，层层抓监督落实，要让每一名执法人员、每一个单位的负责同志都要感到有动力，有压力，从而增强依法治超、规范治超的责任感。

（二）加强培训教育。随着治超工作的不断深入和治理难度的加大，各级交通主管部门要不断加强对执法人员特别是一线执法人员的培训教育工作，要经常性地组织路政、运政、养路费稽征等执法人员进行教育和培训，让广大执法人员真正吃透新的治理政策和措施，从而真正理解好、执行好、落实好。要加强法制教育、业务教育和职业教育，规范工作程序，完善责任制度，切实提高执法队伍的整体素质，不断增加一线治超执法人员的工作责任心和依法办事的自觉性。

（三）加强监督检查。各级交通主管部门要会同有关部门，加强对治超工作的监督检查。特别是对各基层治超责任单位和治超站点，要定期不定期地组织暗访检查和督察指导。要结合本地实际，制定专门的监督检查工作制度，要确保对每个治超站点每月开展至少一次的检查活动；建立上级领导与一线治超负责人定期谈话制度；对于经常出现问题或被新闻媒体曝光的地区和治超站点，要及时开展专项整顿，肃清队伍，严明纪律，举一反三，防微杜渐。要通过制度化的明察暗访和检查督导，进一步推动和指导各基层单位开展治超工作，规范执法行为，同时及时纠正一线执法人员在工作过程中出现的违法违纪行为，严肃查处相关的责任人。

二、依法严管，进一步规范治超执法行为

（一）坚持联合治超。各级交通主管部门要严格按照国办《通知》要求，充实一线执法人员，特别是要积极协调公安部门增加治超警力投入，并在当地政府的统一领导下，会同公安部门，统一标准，统一行动，联合对超限超载车辆进行集中整治。公路路政人员、运政执法人员、征费稽查人员要集中力量，依托经省级人民政府批准的治超站点，按照“以固定检测为主，辅以流动检测”的方式，共同构建超限超载监控网络，联合开展治超执法工作。

（二）严格执法程序。一是实施治超执法处罚工作，必须要求由 2 名以上的执法人员共同参加，并首先向当事人出示《行政执法证》，没有执法资格的，一律不得上岗执行治超执法工作；二是不得在同一路段实行双向拦车检查，开展治超执法工作；三是治超执法必须严格遵守《交通行政处罚程序规定》及其他国家有关程序规定，坚持以事实为依据，以法律为准绳，要严格按照规定制作《询问笔录》和《违法行为通知书》等法律文书，并将有关事项及时告知管理相对人。四是必须通过设置的称重设备对车辆进行科学检测，据此界定车辆是否超限超载，严禁凭经验和目测进行断定。

（三）规范罚款收费行为。对超限超载违法行为主体实施罚款和收费时，要严格使用省、自治区、直辖市财政部门统一制发的罚款和收费票据，不得使用省级以下财政部门的代收罚款收据或者其他代收罚款收据。要实现检测、开票、收款三分离。条件具备的地方，罚款要按照“罚缴分离”的原则，要求相对人到银行缴纳罚款，收费要严格执行“收支两条线”的规定。

（四）确保交通畅通。各地交通主管部门在治超工作中要继续坚持确保交通畅通优先的原则，一是在货车流量特别是超限超载车辆流量特别大的路段，要配置动态称重设备进行预检，凡预检显示车辆未超限超载的车辆，治超检测站可免检放行；二是凡是空载行驶的货车和客车，治超站点不得要求其进站检测；三是一旦出现交通严重堵塞的情况，对明显不超限超载的车辆，可先放行，减小检测范围，缩短拥堵时间，防止因治超而造成交通严重堵塞。

三、建章立制，切实加强治超站点的管理

各级交通主管部门要切实按照国办《通知》的要求，在构建全国超限超载车辆监控网络的同时，要立足长效治理的要求，逐步采取措施，加强和规范治超站点的管理。

（一）对现有治超站点进行全面清理。所有在公路上设置的超限超载检测站点必须经过省级人民政府的批准。未经批准的治超站点，要及时予以撤销合并。同时，要结合公路基础设施建设，经省级人民政府批准，设置一批布局合理、标准规范的超限超载检测站，逐步形成全国超限超载车辆监控网络，对超限超载车辆实行长期、有效的监控管理。

（二）逐步改善治超站点的条件。各级交通主管部门要积极向政府汇报，争取政府财政支持，加大资金投入，改善治超站点的执法工作和生活条件。特别是要确保治超站点的日常运营经费和人员工资补助，防止治超站点出现依靠罚款、收费来养站养人的现象。

（三）建立健全治超站点管理规章制度。各省级交通主管部门要加强对本行政辖区内治超站点的管理。要会同有关部门，结合本地实际情况，就治超站点的作业流程、人员配备和管理、岗位职责、行为规范、财务和票据管理、审计监督等分别制定统一的规章制度。对治超站点要实行站长负责制，同时要加强对站长的选拔和考核管理工作，本辖区内的治超站长要实行定期轮换制度，从而形成良好的治超站点运行机制。

（四）推进治超站点政务公开。各省级交通主管部门要结合治超监控网络建设，加快治超站点信息化进程，尽快在本省级辖区内的治超站点配备统一的治超信息管理系统，确保车辆检测、登记、处罚、执法文书等一线基础性工作信息资料全部实行计算机管理，自动化汇总报送，以减少人为干扰因素，实现治超工作政务公开。同时，各治超站点要公开举报电话，全面接受社会各界和人民群众的监督。

四、明确纪律，严格实行治超违法责任追究制度

（一）交通行政执法人员在治超执法工作中，要严格遵守以下“十条禁令”：

一是严禁刁难、辱骂、殴打驾驶人员；二是严禁在治超工作时间饮酒；三是严禁伙同社会闲散人员通过收费带车放车或以其他约定形式擅自放行超限超载车辆；四是严禁接受与治超执法有关的吃请或馈赠；五是严禁对同一超限超载违法违章行为进行重复罚款；六是严禁利用职权参与或者让其亲属、朋友参与对超限超载车辆实施卸载的经济活动；七是严禁对超限超载车辆不卸载而只实施罚款和收取赔（补）偿费的行政处罚；八是严禁将超限超载车辆长时间扣留而不处理；九是严禁将罚款和收取的公路（补）偿费纳入小金库或者中饱私囊；十是严禁违法扣留运输车辆、车辆行驶证、道路运输证。

（二）对于治超工作中出现的违法乱纪治超站点和工作人员，各级交通主管部门要会同有关部门认真查处，严惩不贷，建立健全并严格执行治超违法责任追究制度。

1. 对于违反规定，不认真执行《通知》以及国家其他有关治超工作的政策措施，或者对超限超载违法行为不制止、不作为的治超站点，要由其上一级主管部门追究治超站点主管单位领导的责任。

2. 对聘用无执法资格人员上岗进行执法的，要立即解聘其所聘用的工作人员；对于交通系统工作人员无执法资格但上岗执法的，要调离执法岗位；对在治超工作中损害道路运输从业者合法权益的，依法给予行政处分，直至追究其相应的法律责任。

3. 持有执法资格证的公路交通执法人员违反本通知规定“十条禁令”，造成恶劣影响的，要一律取消行政执法资格，调离执法岗位，同时按照有关规定给予行政记过、党内警告等党纪政纪处分；情节严重的，还要予以辞退或开除公职；构成犯罪的，移交司法机关处理。

4. 对于各地治超工作中出现的违法违纪案件，由各省、自治区、直辖市交通主管部门在本行政区域内予以通报，并报交通部备案；严重违法违纪或者影响大、性质恶劣的典型案件，交通部将会同有关部门将重点督办查处，公开曝光，并通报全国。

179. 关于提高工作效率　规范超限运输审批许可行为的通知

（厅公路字〔2005〕368 号）

各省、自治区、直辖市、新疆建设兵团交通厅（局、委），天津市市政工程局，上海市市政工程管理局：

近来，一些企业和运输业户反映各地在办理大件运输以及其他确需行驶公路的超限运输许可手续时，许可行为不规范，效率较低，给企业正常生产经营以及国家重点工程项目建设带来一定影响。为进一步增强服务意识，提高工作效率，规范大件运输以及其他确需行驶公路的超限运输审批许可程序，现就有关问题通知如下：

一、高度重视并规范超限运输管理工作。各级交通主管部门和公路管理机构在加强车辆超限超载治理工作的同时，要高度重视确需行驶公路的超限运输许可管理工作，特别是大件运输的管理工作，要严格按照《超限运输车辆行驶公路管理规定》（交通部令 2000 年第 2 号以下简称 2 号部令）和《交通行政许可实施程序规定》（交通部令 2004 年第 10 号）的规定和程序办理许可手续，以确保公路及其附属设施安全，并采取措施，努力提高管理和服务水平。

二、提高超限运输许可管理工作效率。对于大件运输及其他确需行驶公路的超限运输承运人依照有关规定提出申请的，各有关交通主管部门和公路管理机构要尽快组织审查，并提出书面答复意见，最长不得超过 15 日。对于经计算核定确需对所经公路和桥梁等设施采取改造和加固措施的，要严格按规定与承运人签订有关协议，并依照协议对运输路线、桥涵等进行加固和改建，确保超限运输车辆安全行驶公路；对于不需要改造和加固的，要及时为承运人办理相关手续，确保承运人能够尽快开展运输。

三、要进一步树立和增强服务意识。一是在受理超限运输承运人的申请和为其办理相关手续时，要实行“首问负责制”，严禁互相推诿；二是要在行政许可机关的办公场所或政府网站上公示申请许可有关的内容、程序和要求，以方便相对人办理申请手续；三是条件具备的地方，应采取措施，允许超限运输承运人通过信函、电报、电传、传真、电子数据交换和电子邮件等方式提交申请，以进一步简化申请手续，强化服务意识；四是对国家特大重型运输相关企业和国家重点工程项目设备运输，要特事特办，主动联系，提供服务，共同做好运输保障工作。

180. 关于做好治超检测站点规范化建设有关事项的通知

（交公路发〔2006〕46 号）

各省、自治区交通厅，北京、重庆市交通委员会，天津市市政工程局，上海市市政工程管理局，新疆生产建设兵团交通局：

根据国务院办公厅《关于加强车辆超限超载治理工作的通知》的要求和全国治超工作领导小组关于进一步推进治超长效机制建设的工作安排，部于 2005 年开始，列出专项资金支持各省、自治区、直辖市的治超检测站点建设。目前，2005 年治超站点建设调整计划已经下达，2006 年计划也即将下达。为确保各省治超站点建设工作顺利开展，现将有关事项通知如下：

一、高度重视，做好站点建设组织保障工作

加强治超检测站点规范化建设，建立全国性超限超载车辆监控网络，是今年治超工作的重点任务之一，也是建立治超长效机制的重要基础性工作。各省、自治区、直辖市交通主管部门要高度重视，加强领导，主管领导要亲自负责，落实计划和资金，做好组织协调、监督落实等相关工作，做到领导重视、周密组织、资金到位、监管有力，确保治超检测站点规范化建设工作顺利实施。治超检测站点的具体建设实施工作，由各省级交通主管部门确定的具体职能部门与省级治超办负责。

二、严格程序，按照基本建设项目的要求组织建设

治超检测站点规范化建设是治超工作的重要组成部分，各级交通主管部门要把这项工作作为今年的一项重点工作来抓，认真做好项目前期工作和组织实施工作。一是要以本地区省级人民政府有关部门批复文件作为治超检测站点建设的立项依据，按照国家基本建设项目的有关规定，组织设计和施工，加强建设项目管理，所需设备要通过招标的方式进行采购；二是尽快落实地方配套资金，切实加强对建站资金的监督与管理，确保专款专用，严禁截留、挤占、挪用和超范围使用；三是认真履行行业管理职责，加强质量监督管理，确保治超检测站点项目建设质量；四是治超检测站点建设完工后，应通过竣工验收并办理相关移交手续后，方可交付使用。

三、统一要求，确保治超检测站点设置标准、规范

各地在组织治超检测站点建设时，应根据《公路超限超载检测站设计指南（试点工程版）》（附后，下称《设计指南》）和《全国治超信息系统数据交换标准（试行）》（附后，下称《交换标准》）的相关技术规定，统一要求，统一标准，确保硬件与软件同步建设，力争达到“站房标准化、设施永久化、运营制度化、装备精良化以及治超管理信息系统网络一体化、数据标准化、信息共享化、管理规范化”的要求。

在硬件建设方面，要按照《设计指南》的规定，统一站点设置要求、检测工房墙面颜色、站点标识和站牌设置形式，合理布设检测车道和检测工房，增设动态高速预检系统，科学设置站内站外标志、标线及其他安全设施，优化场区交通组织和工作流程，确保站点功能齐全，墙面颜色醒目，标识标牌统一，工作流程规范，交通组织优化。

在软件建设方面，要按照《交换标准》的技术要求，在完成基建投资的同时，在治超检测站点安装统一的治超管理软件和监控系统，建立治超信息管理系统，实现治超工作信息化、网络化和可视化。同时，还应建立省、地（市）级综合管理系统以及省级治超数据库。已经建成治超信息管理系统的，要按照《交换标准》规定的标准调整，统一平台、统一接口，便于全国治超数据互联共享。尚未开发和安装治超信息管理系统的省份，可引进有关省市已开发、使用较为成熟的治超信息管理系统，以减少重复开发造成的资源浪费和系统的不稳定性。

四、加强管理，确保治超检测站点正常运行

为确保治超检测站点建成后能够立即正常运行，各级交通主管部门要在开展站点建设的同时，根据《关于加强治超站点管理规范治超执法行为的通知》（交公路发〔2005〕351号）的要求，认真研究解决站点的人员、日常运行费用等相关问题，特别是要着力建立健全治超检测站点规范化管理规章及工作制度，采取有效措施，加强监督管理，促使治超检测站点能够长期稳定、高效有序地运行，真正构建起全国治超监控网络，推动治超工作长效开展。

附件：1. 公路超限超载检测站设计指南（略）

2. 全国治超信息系统数据交换标准（略）

181. 关于进一步加强道路运输车辆改装管理工作的通知

（交公路发〔2006〕158号）

各省、自治区、直辖市、新疆生产建设兵团交通厅（局、委）：

为加强道路运输车辆技术管理，依法打击非法改装行为，根据《中华人民共和国道路运输条例》及《道路旅客运输及客运站管理规定》、《道路货物运输及站场管理规定》、《道路危险货物运输管理规定》等有关规定，现就进一步加强道路运输车辆改装管理工作通知如下：

一、依法认定非法改装道路运输车辆

非法改装道路运输车辆，是指未经有关部门批准，擅自改变已获得《道路运输证》车辆结构、构造或者特征的车辆。主要包括：

1. 擅自改变车辆类型或用途。指擅自将客车改为货车、货车改为客车、普通货车改为专用货丰、专用货车改为普通货车、卧铺客车改为座位客车、座位客车改为卧铺客车。

2. 擅自改变车辆颜色。指擅自将驾驶室和车身改为与原车辆不同的外观颜色。

3. 擅自改变车辆主要总成部件。指擅自更换与原车型不一致的发动机、变速箱、前桥、后桥或者车架；擅自更换车辆车身或者罐车罐体；擅自改变车辆悬架形式（空气悬架、复合悬架、钢板弹簧式悬架等悬架形式之间的改变）。

对于小型、微型道路客运车辆加装前后防撞装置，道路货运车辆加装防风罩、水箱、工具箱、备胎架等，道路运输车辆增加车内装饰等，在不影响安全和识别号牌的情况下，可由道路运输经营者自行决定，交通主管部门和道路运输管理机构不得将其认定为非法改装道路运输车辆。

4. 擅自改变车辆外廓尺寸或者承载限值。指擅自加高、加宽、加长、拆除货厢拦板或者增加车辆外廓尺寸；擅自增加或者减少轮胎数量；擅自增加或者减少车轴数量；擅自增加客车座位或者卧铺铺位。

非法改装道路运输车辆，将破坏车辆本身的结构和性能，给车辆行驶带来安全隐患，同时会造成道路运输市场的不公平竞争，不利于道路运输市场健康协调发展，危害很大。各级交通主管部门和道路运输管理机构必须按照《中华人民共和国道路运输条例》及相关配套规章的规定，严格道路运输车辆改装管理，对擅自改装车辆的行为，要予以严厉打击。

二、坚决防止非法改装车辆进入道路运输市场

各级交通主管部门和道路运输管理机构必须严把道路运输车辆市场准入关。对非法改装等不符合技术标准的车辆，一律不得允许进入道路运输市场。对准许非法改装等不符合技术标准的车辆进入道路运输市场的单位和个人，要依法追究责任。

三、规范已取得《道路运输证》车辆的改装行为

已获得《道路运输证》的车辆确需改装的，道路运输经营者应当事先获得有关部门的批准，交由合法改装企业实施车辆改装作业。改装完毕后，道路运输经营者应当到有关部门办理车辆行驶证变更手续，并经车辆综合性能检测合格后，到交通主管部门和道路运输管理机构办理《道路运输证》变更手续。

四、规范对非法改装道路运输车辆的执法行为

各级交通主管部门和道路运输管理机构应当严格按照规定认定非法改装道路运输车辆，不得扩大认定范围。对允许或经批准改装的道路运输车辆，不得处罚。对经确认的非法改装道路运输车辆，应当严格按照《中华人民共和国道路运输条例》第七十一条第二款的规定，视情节轻重予以处罚。在执法过程中，应当坚持教育为主、处罚为辅的原则，以消除违法违章行为为目的，督促运输经营者采取措施恢复车辆原状。拒不改正的，发放《道路运输证》的道路运输管理机构应当按照有关规定，注销其《道路运输证》。

各级交通主管部门和道路运输管理机构在认定非法改装道路运输车辆时，应当承担举证责任。

五、实施非法改装道路运输车辆黑名单制度

各级交通主管部门和道路运输管理机构应当结合道路运输车辆年度审验和执法检查，完善非法改装道路运输车辆信息管理制度，定期向社会公布有关信息，并将非法改装较多的车型纳入重点监管车型，实施重点检查和管理。必要时向社会发布预警信息，督促相关车辆生产厂家直接设计生产符合道路运输市场需要的车型，引导道路运输经营业户直接选购符合道路运输车辆技术标准的车型。

六、建立部门间协调配合机制，严厉打击非法改装企业

各级交通主管部门和道路运输管理机构应当主动配合有关部门开展非法改装车辆专项整治活动，查处非法改装企业，并建立信息交换机制，对源头管理和执法检查中发现的非法改装企业信息，定期向公安、工商、发展改革等有关部门通报，力争从源头上消除非法改装道路运输车辆。

各级道路运输管理机构应当加强对机动车维修企业经营行为的监督检查，发现机动车维修企业存在非法改装等违法违规行为的，要严格按照《中华人民共和国道路运输条例》及《机动车维修管理规定》相关条款的规定予以处罚，并将有关情况作为机动车维修质量信誉考核的重要内容。

182. 关于深入开展车辆非法改装整顿工作的通知

（办字〔2006〕28号）

各省、自治区、直辖市工商行政管理局：

2004年6月，国家工商总局办公厅下发了《关于在全国开展车辆非法改装问题整顿工作的通知》（办字〔2004〕第53号），对开展车辆非法改装问题整顿工作进行了部署。到去年底，全国工商行政管理机关共出动执法人员14万多人次，检查车辆改装企业8.6万家，查处违法案件2000余起，取缔非法改装企业728家，有效地打击了车辆非法改装行为。但各地整顿工作开展还不够平衡，与"基本杜绝非法改装"的目标要求还有一定的差距。根据国务院办公厅《关于加强车辆超限超载治理工作的通知》（国办发〔2005〕30号）和全国治理车辆超限超载工作领导小组《2006年全国治超工作要点》的要求，国家工商总局决定在全国继续深入开展车辆非法改装整顿工作。现就有关问题通知如下：

一、各地工商行政管理机关要以建立案件回查制度为重点，进一步加大整顿工作的力度。一是要建立对查办终结的案件实行定期回查和记录制度，防止违法行为死灰复燃，巩固整顿成果。二是要根据国务院办公厅《关于加强车辆超限超载治理工作的通知》的有关要求，会同有关部门采取联合执法行动，对本地区登记在册的车辆改装企业进行一次认真检查，依法规范车辆改装行为。三是要根据《2006年全国治超工作要点》和当地治超工作领导小组的统一部署，积极参加治超站点联合打击车辆非法改装专项行动，深挖案件线索，坚决查处取缔未经登记的车辆非法改装单位和窝点。四是要加强与当地治超工作领导小组成员单位的协调配合，建立健全车辆非法改装信息通报和案件协查移送机制，进一步增强监管合力。

二、各地工商行政管理机关要正确适用法律法规，增强办案的准确性和权威性。对未取得营业执照擅自从事车辆改装的，依据《无照经营查处取缔办法》进行查处；对已取得营业执照擅自改装未经国家机动车产品主管部门许可改装的车辆的，以及销售擅自改装的车辆的，依据《道路交通安全法》进行查处；对已取得营业执照的企业改装经国家机动车产品主管部门许可改装的车型，不执行机动车国家安全技术标准或者不严格进行机动车成品质量检验，致使质量不合格的机动车出厂销售的，依据《道路交通安全法》的规定，移交质量技术监督部门进行查处。

三、各地工商行政管理机关要进一步加大整顿工作的宣传力度。对依法查处取缔的非法车辆改装单位要在当地主流媒体上公开曝光，为整顿工作的深入开展创造良好的舆论氛围。

四、各级工商行政管理机关要切实加强对整顿工作的领导，并做好情况上报工作。一是要明确整顿工作的分管领导和工作机构，落实工作责任。省级工商行政管理机关的分管领导、工作机构及其联系方式要报总局备案（总局的工作机构及其联系方式见附件一）。二是要加强整顿情况的请示报告。需总局明确或协调的问题要及时请示，重要情况和重大案件要及时报告。各地工作机构、贯彻部署情况要在2006年6月10日前报总局，全年的工作总结要在2007年1月15日前报总局。工作总结应附《车辆非法改装整顿工作情况表》（见附件二）。总局将在《工商行政管理网》上公布报送情况。

五、各级工商行政管理机关要在开展车辆非法改装整顿工作的过程中，积极研究专项整顿工作的特点和规律，探索与经济户口、属地和企业信用分类等现行企业监管制度的结合，不断完善创新监管手段，实现各专项整治工作和日常监管工作的有机结合。

为督促各地整顿工作切实、深入开展，总局将适时组织检查，并将检查情况进行通报。

附件：1.《国家工商总局车辆非法改装整顿工作机构及联系方式》（略）

2.《车辆非法改装整顿工作情况表》（略）

183. 关于印发全国车辆超限超载长效治理实施意见的通知

（交公路发〔2007〕596号）

经国务院同意，交通部等九部委自2004年6月起在全国集中开展车辆超限超载治理工作（以下简称“治超工作”）。三年来，在国务院的统一部署下，在地方各级人民政府的高度重视和大力支持下，各地区、各有关部门密切配合，协同作战，坚持依法严管，重点突破，全国治超工作稳步推进，超限超载率大幅下降，道路交通安全形势有所好转，车辆生产、改装行为进一步规范，运输市场秩序明显好转。全国治超工作取得了明显的成绩。但治超是一项长期工作，目前取得的成果只是阶段性的，基础仍然脆弱，治理工作稍有放松就会出现反弹，加之一些深层次原因尚未得到根本解决，超限超载的利益驱动依然存在，今后治理工作的任务仍然十分艰巨。为深入贯彻落实《国务院办公厅关于加强车辆超限超载治理工作的通知》（国办发〔2005〕30号），进一步巩固和扩大治超成果，持续稳定地推进全国治超工作，现就建立治超工作长效机制提出如下实施意见，请各地区结合实际，认真组织落实。

一、指导思想

坚持以“三个代表”重要思想为指导，以全面贯彻落实科学发展观和积极推进社会主义和谐社会建设为统领，以保障人民生命财产安全、规范道路运输市场秩序、保护公路基础设施为目的，按照“依法严管、标本兼治、立足源头、长效治理”的总体要求，将治超工作纳入道路交通安全管理的日常工作内容，继续坚持全国统一领导、地方政府负责、部门指导协调、各方联合行动的工作机制，进一步加强和深化全国治超工作，并在治理中不断完善、在不断完善中深化治理，确保治超工作长期有效和持续稳定地开展。

二、工作目标

在三年集中治理的基础上，从2008年起，再用三年时间，着力构建治超工作的长效机制。要继续贯彻落实《国务院办公厅关于加强车辆超限超载治理工作的通知》，综合运用行政、法律、经济手段和各种技术措施，夯实基础，规范行为，确保治超工作持续长效开展。进一步巩固和扩大治理成果，从根本上规范车辆装载和运输行为，基本杜绝车辆“大吨小标”和非法改装现象，真正建立起规范、公平、有序的道路运输市场，维持良好的车辆生产、使用秩序和道路交通秩序，确保公路设施完好和公路交通安全。

（一）进一步建立健全公路管理法律体系，在现有法律、行政法规的基础上，根据国务院的立法工作计划，抓紧研究制定《公路保护条例》及其配套规章，加大对违法超限超载运输行为的打击力度。各地区也可以根据有关法律法规的规定和本地治理工作的实际需要，制定出台地方性治超工作的相关规定，逐步完善公路管理法律体系。

（二）建立健全路面治超监控网络。加强治超检测站点规范化建设，在全国建设一批标识统一、设施完备、管理规范、信息共享的治超检测站点和治超信息管理系统，完善全国治超路面监控网络。

（三）建立健全路面执法协作和联合治超机制。推进交通、公安部门依托治超检测站点的治超协调机制的制度化，加大路面管理和执法力度，始终保持严管态势。

（四）建立健全舆论监督机制。推进治超工作的舆论宣传工作日常化，实现治理力度与社会可接受程度相结合，依法行政与服务群众相结合，吸引公众自觉参与并监督治超工作。

（五）建立健全治超经费保障机制。将治超工作经费纳入正常的部门预算和公路养路费的支出范围，保证长效治超工作的有序开展。

（六）建立健全规范执法机制。全面加强队伍管理和制度建设，做到执法权限法定化、执法内容标准化、执法程序合法化、执法监督经常化、执法管理制度化。

三、职责分工

根据《国务院办公厅关于加强车辆超限超载治理工作的通知》的精神，全国治超工作要坚持全国统一领导、地方政府负责、部门指导协调、各方联合行动的工作机制。地方各级人民政府要把治超工作列入年度工作重点，实行目标责任制和责任追究制。在地方人民政府的领导下，各相关部门分别履行以下职责：

（一）交通部门

1. 组织路政等公路交通行政执法人员开展路面执法，查处违法超限运输车辆；

2. 派驻运管人员深入货站、码头、配载场及大型工程建材、大型化工产品等货物集散地，在源头进行运输装载行为监管和检查，防止车辆超限超载；

3. 负责治超检测站点及治超信息管理系统的建设和运行管理工作；

4. 建立货运企业及从业人员信息系统及信誉档案，登记、抄告超限超载运输车辆和企业等信息，并结合道路运输企业质量信誉考核制度，进行源头处罚；

5. 调整运力结构，采取措施鼓励道路货物运输实行集约化、网络化经营，鼓励采用集装箱、封闭厢式货车和多轴重型车运输；

6. 将路面执法中发现的非法改装、拼装车辆通报有关部门，配合有关部门开展非法改装、拼装车辆查处工作。

（二）公安部门

1. 加强车辆登记管理，禁止非法和违规车辆登记使用；

2. 配合维护治超检测站点的交通及治安秩序；

3. 组织交警开展路面执法，依法查处超载等交通违法行为；

4. 依法查处阻碍执行职务等违法犯罪行为。

（三）发展改革部门（含经贸部门、物价部门）

1. 加强车辆生产企业及产品公告管理，监督、检查汽车生产企业及产品，查处违规汽车生产企业及产品；

2. 指导和监督超限超载治理相关收费政策的执行，制定超限超载车辆卸载、货物保管、停车管理等收费标准。

（四）工商部门

查处非法拼装、改装汽车及非法买卖拼装、改装汽车行为，依法取缔非法拼装、改装汽车企业。

（五）质监部门

对治超工作所需的检测设备依法实施计量检定；定期公布经整治验收合格的承压类汽车罐车充装站单位名单；实施缺陷汽车召回制度；检查从事改装、拼装车辆生产企业的生产场所及标准执行情况，杜绝无标生产行为；实施车辆强制性产品认证制度，查处不符合认证要求的汽车生产企业及产品。

（六）安全监管部门

加强危险化学品充装单位的安全监管，严禁超载、混装；选择主要公路沿线的大中型化工企业作为危险化学品的超载车辆卸载基地；会同有关部门，对因超限超载发生的特别重大的伤亡事故进行调查处理，依法追究相关单位和人员的责任。

（七）法制部门

配合有关部门研究、起草治理超限超载工作的相关规范性文件，依法裁决相关行政复议案件。

（八）宣传部门

组织协调新闻单位做好超限超载治理工作的宣传报道，提高宣传工作的针对性和实效性。

（九）监察机关（纠风机构）

对相关部门在治理超限超载工作中的执法行为和行业作风进行监督、检查，查处行业不正之风及违纪违规等行为。

四、工作措施

（一）路面治理

1. 各级交通、公安部门要各司其职，密切配合，继续保持路面执法协作和联合治超机制。要以治超检测站点为依托，根据各自职责分工和法律规定，进一步加大路面执法力度，统一标准，共同做好超限超载治理工作。

2. 要按照“高速公路入口阻截劝返、普通公路站点执法监管、农村公路限宽限高保护”的总体要求，逐步建立健全全路网的治超监控网络，全面加强公路保护。同时坚持以治超检测站点为依托、以固定检测和流动稽查相结合的方式，逐步加大对超限超载车辆避站绕行、短途驳载等违法行为的打击力度。

各高速公路入口可依托收费站设立治超站点，也可利用高速公路服务区实施固定或流动稽查。普通干线公路路面治超可采用固定与流动相结合的办法，在重要路段及关键节点设立固定式治超站点，并根据超限超载运输规律开展流动稽查。对农村公路，要鼓励其管理主体，在重要出入口及节点位置，设置限宽限高设施，防止超限超载车辆驶入。

3. 对被查处的违法超限超载运输车辆，要责令停止行驶、责令车主对超限超载部分的货物实施卸载或采取强制卸载等纠正措施，消除违法行为。对公路造成损坏的，还应按赔（补）偿标准及实际损坏程度给予赔（补）偿。

4. 假冒军队、武警车辆超限超载严重的地区，要按照《关于继续深入开展打击盗用、仿造军车号牌专项斗争的通知》（政保发〔2007〕2号）要求，积极协调军警部门组成联合工作组，开展专项整治活动，严厉打击利用假冒军警车辆进行超限超载运输以及逃缴国家相关税费等违法行为。特别是对10吨以上的悬挂军车号牌、运载非军事装备的载货类假冒军车，一律先暂扣车辆，追缴其欠逃规费，依法从重处罚。构成犯罪的，依法追究刑事责任。

5. 各治超检测站点要建立治超信息管理系统，对查处的违法超限超载运输车辆，要建立违法超限超载数据库，实行违法车辆信息登记抄报和处理信息反馈制度，并逐步实现数据库的全国联网。

（二）源头监管

1. 发展改革（经贸）、工商、质监部门应当加强对车辆生产制造、销售企业的检查，并使检查工作制度化。发现机动车不符合国家标准强制性规定或虚假标定车辆技术数据的，由发展改革（经贸）部门逐级报请国家有关部门取消该产品《车辆生产企业及产品公告》资格；违规生产企业应当按照国家有关规定自行召回处理；拒不召回的，由质监部门责令限期召回；对生产、销售上述违规车辆产品的企业，按照相关法律、法规的规定给予处罚。

2. 公安机关交通管理部门应当严格按照《道路交通安全法》、《机动车登记规定》等有关法律、法规的规定，发放机动车登记证书、号牌和行驶证，对不符合机动车安全技术检验标准、《道路车辆外廓尺寸、轴荷及质量限值》强制性国家标准和《车辆生产企业及产品公告》的车辆不予登记和发放车辆号牌，并将相关信息抄告当地经贸和质监部门。

3. 对现场查处的违法超限超载驾驶人，公安机关交通管理部门要给予违法记分处理。对累积记分超过规定限值的驾驶人，应按照《道路交通安全法实施条例》的规定处理。

4. 工商、质监、发展改革（经贸）、公安、交通等有关部门应当加强对非法改装、拼装车辆的检查，对非法改装、拼装车辆的车主按相关法律、法规的规定给予处罚；对从事非法改装、拼装车辆的企业给予吊销经营许可证的处罚；对无经营许可证从事上述违法活动的企业，一律予以取缔。

5. 交通部门应加强道路运输货物装载场（站）检查，条件具备的地方要大力推行对重要货物装卸点、厂矿企业以及蔬菜基地等源头地点的运政管理人员派驻制度，加强对货物装载源头环节的全过程监管。同时，对为非法超限超载车辆配载并放行出场（站）的货物装载场（站）经营者，应责令改正并按相关规定给予处罚。

6. 公安机关交通管理部门、交通部门应加强对从事非法超限运输企业及从业人员的管理，建立运输企业及从业人员信誉档案，实行重点运输企业及从业人员黑名单制度。对一年内超限3次以上（含3次）的车辆或驾驶人，要列入黑名单予以曝光，并由原发证机关撤销其道路运输营运证或从业资格证。

（三）经济调节

1. 各地要进一步贯彻落实对10吨、15吨以上大型货运车辆分别给予20%、30%的通行费优惠政策，切实降低大吨位货车的运输成本。

2. 各地要根据本地实际情况，在确保突出治理效果的前提下，积极研究通过经济手段，消除超限超载车辆的非法利润。实施计重收费的地区，要根据交通部印发的《关于收费公路试行计重收费的指导意见》，统一计重收费模式，规范计重收费行为。同时，要正确处理好计重收费与治超执法的关系，确保计重收费与治超执法工作互相促进，互动互补，通过经济和行政手段对超限超载车辆实施全路网监控。

3. 对经交通部核准公布的道路货运汽车及汽车列车推荐车型，各地在报经省级人民政府同意后，可给予不超过15%的养路费减免优惠，以进一步鼓励多轴大型车辆发展。

4. 继续推进全国鲜活农产品“绿色通道”建设，对整车装载并合法运输鲜活农产品的车辆，各地要严格按照省级人民政府批准的要求，落实通行费减免优惠政策，进一步减轻农产品运输车辆的负担。

（四）保障措施

1. 加强组织领导。地方各级人民政府要从整顿和规范社会主义市场经济秩序和加强安全生产、促进道路运输事业健康发展的角度，按照“力度不减、机构不散、责任不变、措施不松”的原则，继续强化对治超工作的组织领导。各地要把治超工作列入本地政府年度工作的重点，明确各级治超办的人员和职责，其工作经费要纳入部门财政预算和养路费列支的范围。各级交通主管部门要把治超工作作为公路保护和路政管理的重要组成部分，各级公安机关交通管理部门要将治超工作作为道路交通安全管理的重点，确保治超工作长期有效地开展下去。

2. 完善工作机构。各地要继续保持地方政府牵头、各相关部门参与的治超工作联席会议制度，定期分析、研究治超工作形势，针对出现的新情况和新问题制定工作措施。各级交通部门要加强与相关部门的协调配合，不断完善联合治超执法制度，加强工作合力，保持治理工作力度，依法对违法超限运输实施严管重罚，推进治超工作平稳有序进行。各级交通部门和公路管理机构应明确或设立专门的超限运输管理机构，明确人员编制，落实治超管理工作人员。

3. 落实工作责任。各相关部门应将超限超载治理纳入日常管理工作一并布置、一并检查、一并考核，确保治超各项工作落实到位。各省、市、县级人民政府及有关部门要建立健全治超工作目标责任制和责任追究制，层层签订治超责任状，严格落实责任，并按照职责做好各自工作。上级主管部门要强化监管，监督检查各执法部门的职责履行到位情况。

4. 强化宣传工作。各相关部门应建立治超宣传保障机制，加大治超宣传教育工作力度，要把宣传教育始终贯穿到治超工作的全过程。各级宣传部门要支持和配合相关部门做好治超宣传工作。各地新闻媒体应根据超限超载治理要求，积极报道治超工作的进展情况，充分报道相关部门治超工作的做法和经验。

5. 规范治超行为。进一步完善治理超限超载的有关政策，加强监督检查，严禁发生乱收费、乱罚款和重复罚款等有关问题。

184. 关于进一步加强和规范治理车辆非法超限运输工作的通知

（交公路发〔2009〕527号）

各省、自治区、直辖市、新疆生产建设兵团交通运输厅（局、委），天津市市政公路管理局，上海市交通运输和港口管理局：

近年来，各地交通运输主管部门认真贯彻落实《国务院办公厅关于加强车辆超限超载治理工作的通知》（国办发〔2005〕30号）和九部委《关于印发全国车辆超限超载长效治理实施意见的通知》（交公路发〔2007〕596号）等文件规定，积极会同有关部门，深入开展治理车辆非法超限超载运输，取得了明显成效。但最近一段时期，一些地方治超工作出现了松懈苗头，部分路段特别是取消收费的政府还贷二级公路超限超载现象反弹明显。今年5月，中央电视台报道了个别治超执法人员以罚代管、目测认定超限超载等执法行为不规范的问题，此后黑龙江和天津又连续发生非法超限超载运输车辆压垮桥梁的重大事故，在社会上产生了较大影响。为贯彻落实国务院领导同志批示及全国治超工作现场会议精神，进一步规范和加强治超工作，现将有关事项通知如下：

一、进一步健全和巩固治超工作机制

各地交通运输主管部门要严格按照国家有关规定和全国治超工作现场会的要求，积极向地方政府汇报治超工作情况，配合地方政府及有关部门，完善"省级政府主导、市县政府负责、部门协作实施、区域联动治理、责任倒查保障"的治超工作机制，并通过签订责任状等形式，进一步明确治超工作目标及责任。要牵头研究制定治超工作责任追究办法、治超工作绩效考核办法等相关政策措施及工作制度，进一步完善治超法规和制度体系，通过实施治超工作责任追究、定期通报治超工作绩效、实行治超工作绩效与公路建设项目审批联动管理等措施，推动本地区治超工作深入扎实开展。要结合成品油价格和税费改革工作，报请省级人民政府统筹安排，通过调剂等方式解决治超工作机构设置和人员编制等问题，并加强与地方财政等部门的沟通，争取在制定本地区成品油消费税替代公路养路费等六费专项资金转移支付及使用管理办法时，将治超工作经费纳入预算范围。

二、逐步完善路面监控网络

继续按照"高速公路入口阻截劝返、普通公路站点执法监管、农村公路限宽限高保护"的总体要求，加快推进全路网治超监控网络建设。对高速公路，要充分利用其全封闭特点，加强入口处称重检测，并对非法超限运输车辆进行劝返阻截，严格控制非法超限运输车辆进入高速公路行驶。对其他公路，特别是已经取消收费的政府还贷二级公路，要结合本地区路网结构和交通量分布与变化等情况，按照"科学布点、规模适度、总量控制"的原则，研究制定检测站点调整方案，在报经省级人民政府批准后组织实施，确保实现全路网严密监控。要加强超限检测站点规范化建设，加快推进治超信息系统联网管理，实现治超工作联防联治。要及时掌握在用桥梁的技术状况和运行情况，对存在安全隐患的公路桥梁要及时增设或者更新桥梁通行限定标志，并根据需要采取流动治超检测、专人值守等有效手段，防止超过限定标准的车辆非法行驶公路桥梁。

三、坚持强化路面执法力度

继续坚持并不断完善交通、公安联合执法机制，加强执法力量配置，并以超限检测站点为依托，采取固定站点检测与流动巡查相结合的方式，切实加大货运车辆运行监控与治超执法力度。对经静态检测确认为非法超限超载运输的车辆，必须责令停止行驶，并责令相关责任人进行卸载或转运，及时消除违法行为；整车运送鲜活农产品或油气等危险化学品的非法超限超载车辆，按有关规定处理。同时将违法信息抄告所属道路运输管理机构按规定处理。对于货运车辆跨行较为集中的相邻地区，可积极推进区域联动治理，针对性地组织开展联合治超专项行动。

四、执行统一的超限认定标准

在国家颁布新的超限认定标准之前，各地交通运输主管部门及公路管理机构要继续严格执行原交通部、公安部、国家发展改革委《关于进一步加强车辆超限超载集中治理工作的通知》（交公路发〔2004〕455号）的有关规定。其中，对已列入《汽车生产企业及产品公告》（以下简称公告）且符合《道路车辆外廓尺寸、轴荷及质量限值》（GB 1589—2004）（以下简称“GB 1589”），安装名义断面宽度超过400（公制系列）或13.00（英制系列）轮胎的车辆，每侧为单轮胎的单轴最大限值按10000千克计算；每侧为单轮胎且并装轴的，暂以公告核定的总质量为最大限值；对此类车辆实施计重收费时，也应按照上述标准予以认定。对已列入公告且符合GB 1589的配备非转向、重型可举升空气悬架系统的车辆，暂以公告核定的总质量为超限认定标准；对实载车辆在行驶过程中未将悬架浮桥落地使用的，要予以纠正并酌情处罚；对非法改装悬浮轴车辆，其悬浮轴不予认可，并按有关规定予以处理。

五、积极推行违法处罚基准制

各省级交通运输主管部门可在国家有关法律、法规和规章规定的处罚幅度范围内，结合本地区实际，建立和推行违法治超处罚自由裁量权基准制度，进一步细化执法标准，指导一线治超执法工作人员根据违法行为的性质、情节和危害后果实施对应处罚，实现治超执法合法性与合理性的有机统一。同时要积极协调公安交通管理部门，严格执行《中华人民共和国道路交通安全法》及国办发〔2005〕30号、交公路发〔2007〕596号等文件规定，切实落实违法超限超载驾驶人记分制度，进一步提升治超执法工作效力。

六、严肃治超执法纪律

各地治超执法工作人员要牢固树立依法行政、执法为民的意识，不断提高严格执法、规范执法的能力和水平，坚决杜绝粗暴执法和随意执法现象。各地交通运输主管部门要加强监督检查，对违反治超工作“五不准”、“十条禁令”等有关规定的工作人员，要按照《关于加强治超站点管理规范治超执法行为的通知》（交公路发〔2005〕351号）等有关规定严肃处理；情节严重的，要追究有关领导的责任。

七、加强治超安全管理

各地交通运输主管部门要高度重视一线治超工作人员的人身安全，积极完善和落实保障措施。要积极协调公安等部门，大力推广交通与公安联合治超执法模式；条件具备的超限检测站，可在站内专门设置公安民警办公室，进一步加强超限检测站点治安管理，维护治超工作正常秩序。要引导治超工作人员切实增强安全防患意识，加强自我保护，禁止实施正面拦截或者拖拽车辆等危险行为；遇到违法车辆强行闯卡、逃逸的，可通过协调下游有关部门进行阻截处理，原则上不得现场追查。

185. 关于规范交通运输行政处罚自由裁量权的若干意见

（交政法发〔2010〕251号）

各省、自治区、直辖市、新疆生产建设兵团交通运输厅（局、委），天津市、上海市交通运输和港口管理局，天津市市政公路管理局，部海事局，长江航务管理局，长江口航道管理局：

为进一步贯彻落实《全面推进依法行政实施纲要》，不断提升交通运输行政执法水平，促进交通运输行政处罚权合理、合法、公开、公平、公正行使，确保交通运输行政法律、法规和规章的正确实施，维护公民、法人或者其他组织的合法权益，根据相关法律、法规和规章规定，结合交通运输行政执法现状，现就规范交通运输行政处罚自由裁量权工作提出如下意见：

一、充分认识规范交通运输行政处罚自由裁量权的意义

行政处罚自由裁量权是指根据法律、法规和规章所规定的行政处罚种类和幅度，综合考虑违法情节、违法手段、社会危害后果等因素，对拟适用的行政处罚种类和幅度进行综合裁量的权限。规范行政处罚自由裁量权是国务院关于规范行政执法要求的一项重要内容，也是进一步落实行政执法责任制的重要环节。2004年，国务院印发的《全面推进依法行政实施纲要》明确提出："行政机关行使自由裁量权的，应当在行政决定中说明理由"。2008年，《国务院关于加强市县政府依法行政的决定》强调指出：" 要抓紧组织行政执法机关对法律、法规、规章规定的有裁量幅度的行政处罚、行政许可条款进行梳理，根据当地经济社会发展实际对行政自由裁量权予以细化，能够量化的予以量化，并将细化、量化的行政裁量标准予以公布、执行"。交通运输行政执法是交通运输行政管理的重要手段，交通运输行政执法机构及其执法人员能否合理、合法地正确行使行政处罚自由裁量权，直接影响到交通运输法律、法规和规章的有效实施，关系到交通运输部门的形象，也关系到行政相对人的切身利益。全面规范行政处罚自由裁量权，合理限定行政处罚裁量幅度，既是交通运输行政执法机构规范行政权力和行政执法行为，进一步推进依法行政工作的需要，也是构建预防和惩治腐败体系的需要。因此，有必要对交通运输行政处罚自由裁量权进行规范，从制度与机制层面预防权力滥用，提高交通运输行政执法水平，为加快现代交通运输业发展创造良好的法治环境。

二、规范交通运输行政处罚自由裁量权的原则

（一）处罚法定原则。

处罚法定原则也是行政合法性原则，是在行政处罚中的具体体现和要求，指行政处罚必须依法进行。处罚法定原则包含：①实施处罚的主体必须是法定的行政主体；②处罚的依据是法定的；③行政处罚的程序合法；④行政处罚的职权是法定的。处罚法定原则不仅要求实体合法，也要求程序合法，即应遵循法定程序。

（二）过罚相当原则。

对违法事实、性质、情节及社会危害程度等因素基本相同的同类行政违法行为，所采取的措施和手段应当必要、适当，所适用的法律依据、处罚种类和幅度应当基本相同，行政处罚的种类、轻重程度、减免应与违法行为相适应，防止处罚畸轻畸重、重责轻罚、轻责重罚等。

（三）教育与处罚相结合原则。

实施交通运输行政处罚，纠正交通运输违法行为，应当将处罚与教育相结合，通过对违法行为人施加与其违法行为的社会危害程度相当的处罚，教育公民、法人或者其他组织自觉遵守交通运输法律法规，杜绝重处罚轻教育、只处罚不教育现象。

（四）综合考量原则。

规范交通运输行政处罚自由裁量权应当根据法律规定，全面考虑、衡量违法事实、性质、情节及社会危害程度等相关因素，排除不相关因素的干扰。

（五）平等原则。

在同一违法行为或法律事实中，对相对人应一视同仁，不因相对人的身份、地位、财产等不同而在法律适用与处罚上有所区别，做到公平、公正，尊重和保障每个相对人的正当权益。

三、规范交通运输行政处罚自由裁量权的配套制度

（一）陈述、申辩制度。

交通运输行政处罚决定之前，应当告知当事人依法享有陈述、申辩等权利。对基于交通运输行政自由裁量权作出的处罚，应当认真审查当事人陈述、申辩提出的事实、理由和证据，避免行政自由裁量权行使不公正、不合理。

（二）听证制度。

交通运输行政执法机构作出行政处罚决定时，凡法律规定需要举行听证的情形，应告知当事人有权要求举行听证。听证实行告知、回避制度，依法保障当事人陈述、申辩和质证的权利。

（三）集体讨论制度。

在发生下列情况时，交通运输行政执法机构应成立集体讨论组织，在案件调查报告基础上讨论应实施的行政处罚。

一是重大行政处罚案件，指交通运输行政执法机构作出的吊销证照、责令停产停业、五千元以上罚款的行政处罚决定；

二是复杂、争议较大的案件，指认定事实和证据争议较大的，或适用的法律、法规和规章有较大异议的，或违法行为性质较重、危害较大的，或执法管辖区域不明确、存有争议的行政处罚决定；

三是其他重大、复杂案件。

集体讨论会议的记录人员必须全面客观的记录会议讨论意见，形成集体讨论意见书。集体讨论意见书为交通运输行政处罚案件如何处（理）罚的书面凭证。

（四）裁量说理制度。

交通运输行政执法机构应当就违法行为的事实、性质、情节、社会危害程度和当事人主观过错等因素，以及最终选择的处罚种类、幅度等情况作出详细说明，说明应当充分，理由应当与行政处罚结果相关联。其中当场作出行政处罚决定的，应当向当事人当面作出口头说明，并据实记录在案，由当事人签字或者盖章；一般程序作出行政处罚决定的，可以在行政处罚通知书或者决定书中向当事人作出书面说明。

（五）监督、评查和问责制度。

交通运输行政执法机构的法制工作机构负责监督交通运输行政处罚自由裁量权实施的内部监督检查工作，根据工作需要邀请纪检、监察等机构派员组成交通运输行政处罚案卷评查小组进行案件评查工作。对行政自由裁量权的实施要引入执法问责制，因行使行政自由裁量权失当引起显失公平的处罚、错案或者复议、诉讼败诉的，应当追究相关当事人责任。

四、规范交通运输行政处罚自由裁量权的主要内容

（一）制定交通运输行政处罚的裁量标准。

省级交通运输主管部门、部海事局、长江航务管理局应当在法律、法规和规章规定的行政处罚行为、种类、幅度内，研究制定规范本地区、本系统的交通运输行政自由裁量权的具体标准。

一是省级交通运输主管部门、部海事局、长江航务管理局应当根据法律、法规和规章的变更或执法工作中的实际情况，及时补充、修订或废止行政处罚自由裁量权的规范和标准。

二是法律、法规和规章规定可以选择行政处罚幅度的，应当根据涉案标的、过错、违法手段、社会危害等情节划分明确、具体的等级。原则上可将每种违法行为细化为轻微、一般、较重、严重、特别严重五个等级。具体标准可以综合考虑违法行为的事实、性质、情节、危害程度、实际后果等。

三是省级交通运输主管部门、部海事局、长江航务管理局行政执法机构要根据各类违法行为的违法程度，综合考虑当地社会经济发展水平、相对人承受能力和消除社会危害是否及时等因素，确定相应的处罚裁量标准，并及时向社会公布。

（二）严格执行交通运输行政处罚裁量标准。

各级交通运输主管部门和交通运输行政执法机构要按照公布的交通运输行政处罚裁量标准，综合考虑个案违法行为的事实、性质、情节、社会危害程度等，选择适用的处罚种类和法律依据，确定适当的处罚幅度行使行政处罚权。对违法行为调查取证时，要同时收集与确定违法程度和不予、减轻、从轻、从重等量罚情节有关的证据。在告知行政相对人陈述、申辩或者听证权前，要掌握确定违法程度和量罚情节的证据，按照行政处罚裁量标准告知拟给予的处罚内容。

（三）加强对交通运输行政处罚自由裁量权的监督。

各级交通运输主管部门和交通运输行政执法机构发现行政处罚自由裁量权行使不当的，应当及时、主动纠正。

一是要将处罚程序、裁量标准公开。各级交通运输行政执法机构在实施行政处罚裁量行为时，应当依法履行执法程序，明确执法流程与裁量标准，并向社会公开。

二是各级交通运输主管部门要通过行政执法投诉、行政执法检查、制定重大案件备案制度、执法案卷评查等形式，加强对执法机构行使行政处罚自由裁量权情况的监督检查。

三是明确监督的内容。主要包括：是否制定并公布交通运输行政处罚裁量标准；是否按照公布的行政处罚裁量标准行使行政处罚权；是否随意确定处罚种类和罚款数额；是否对同一性质的案件作出不同处（理）罚；执法程序、文书的执行与运用是否符合行政处罚自由裁量权行使的要求；是否及时纠正不当行使行政自由裁量权的行为等。

四是各级交通运输主管部门法制工作机构要加强对执法案件的审核工作，应当将办案机构的行政处罚自由裁量权行使情况作为核审的重要内容之一。审核机构认为办案机构行使自由裁量权不当的，应当责令改正。

五是各级交通运输主管部门审理行政复议案件时，应当将行政处罚裁量执行标准作为审理行政处罚行为适当性的依据之一。

六是各级交通运输主管部门和交通运输行政执法机构应当建立健全行使行政处罚自由裁量权的过错责任追究制度，对因处罚决定违法或不当造成严重后果的，依照有关规定追究执法人员的过错责任。

五、做好规范交通运输行政处罚自由裁量权工作的要求

（一）规范行政处罚自由裁量权工作是推进依法行政的一项系统的基础工程。各地、各单位要高度重视，精心组织，周密部署，加强领导，将规范交通运输行政处罚自由裁量权工作与贯彻落实国务院《全面推进依法行政实施纲要》及推行交通运输行政执法责任制工作相结合，与交通运输行政执法证件管理、交通运输行政执法考核评议和交通运输行政执法监督检查工作相结合，根据本意见的要求抓紧抓实各项工作，确保规范交通运输行政处罚自由裁量权工作取得实效。

（二）省级交通运输主管部门、部海事局、长江航务管理局要组织制定适用本地区、本系统的交通运输行政处罚裁量标准，向社会公开，同时报部备案。制定交通运输行政处罚裁量标准要广泛征求意见，根据本地区、本系统的执法实际，尽量列举与行政处罚阶次相对应的情形，确保行政处罚裁量标准具有可操作性。

（三）上级交通运输主管部门要加强对下级交通运输主管部门和交通运输行政执法机构规范行政处罚自由裁量权工作的指导、协调和督查。下级交通运输主管部门和交通运输行政执法机构要将工作中存在的问题及时向上级交通运输行政主管部门反映，确保规范交通运输行政处罚自由裁量权工作顺利进行。

（四）各级交通运输主管部门和交通运输行政执法机构应建立健全行使行政处罚自由裁量权的信息化系统平台，推动行政处罚自由裁量工作的数字化、程序化、网络化和信息化。借助计算机技术手段，将执法程序、调查和取证的步骤、内容、要求予以强制性规范，使行政处罚简单、快速、规范、统一，增强行政执法的公正性、科学性和准确性。

（五）规范交通运输行政处罚自由裁量权工作既要行动积极又要扎实稳妥，力争做到效率与质量的有机统一。已开展此项工作的福建、浙江等省省级交通运输主管部门要认真总结经验，不断加以完善、深化和提高；尚未开展此项工作的单位应当抓紧推进，稳步实施，务求实效，促进交通运输行政执法水平再上新台阶。

186. 公路超限检测站管理办法

（交通运输部令 2011 年第 7 号）

第一章　总　　则

第一条　为加强和规范公路超限检测站管理，保障车辆超限治理工作依法有效进行，根据《中华人民共和国公路法》和《公路安全保护条例》，制定本办法。

第二条　本办法所称公路超限检测站，是指为保障公路完好、安全和畅通，在公路上设立的，对车辆实施超限检测，认定、查处和纠正违法行为的执法场所和设施。

第三条　公路超限检测站的管理，应当遵循统一领导、分级负责、规范运行、依法监管的原则。

交通运输部主管全国公路超限检测站的监督管理工作。

省、自治区、直辖市人民政府交通运输主管部门主管本行政区域内公路超限检测站的监督管理工作，并负责公路超限检测站的规划、验收等工作。

市、县级人民政府交通运输主管部门根据《中华人民共和国公路法》、《公路安全保护条例》等法律、法规、规章的规定主管本行政区域内公路超限检测站的监督管理工作。

公路超限检测站的建设、运行等具体监督管理工作，由公路管理机构负责。

第四条　公路超限检测站作为公路管理机构的派出机构，其主要职责是：

（一）宣传、贯彻、执行国家有关车辆超限治理的法律、法规、规章和政策；

（二）制定公路超限检测站的各项管理制度；

（三）依法对在公路上行驶的车辆进行超限检测，认定、查处和纠正违法行为；

（四）监督当事人对超限运输车辆采取卸载、分装等消除违法状态的改正措施；

（五）收集、整理、上报有关检测、执法等数据和动态信息；

（六）管理、维护公路超限检测站的设施、设备和信息系统；

（七）法律、法规规定的其他职责。

第五条　县级以上各级人民政府交通运输主管部门应当在经批准的公路管理经费预算中统筹安排公路超限检测站的建设和运行经费，并实行专款专用。任何单位和个人不得截留、挤占或者挪用。

第六条　县级以上地方人民政府交通运输主管部门可以结合本地区实际，在本级人民政府的统一领导下，会同有关部门组织路政管理、交通警察等执法人员依照各自职责，在公路超限检测站内对超限运输车辆实施联合执法。

第二章　规 划 建 设

第七条　公路超限检测站按照布局和作用，分为Ⅰ类检测站和Ⅱ类检测站：

（一）Ⅰ类检测站主要用于监控国道或者省道的省界入口、多条国道或者省道的交汇点、跨省货物运输的主通道等全国性公路网的重要路段和节点；

（二）Ⅱ类检测站主要用于监控港口码头、厂矿等货物集散地、货运站的主要出入路段以及省内货物运输的主通道等区域性公路网的重要路段和节点。

第八条　公路超限检测站的设置，应当按照统一规划、合理布局、总量控制、适时调整的原则，由省、自治区、直辖市人民政府交通运输主管部门提出方案，报请本级人民政府批准；其中，Ⅰ类检测站的设置还应当符合交通运输部有关超限检测站的规划。

经批准设置的公路超限检测站，未经原批准机关同意，不得擅自撤销或者变更用途。

第九条 公路超限检测站的全称按照“公路管理机构名称＋超限检测站所在地名称＋超限检测站”的形式统一命名，其颜色、标识等外观要求应当符合附件1、附件2的规定。

第十条 公路超限检测站的建设，除符合有关技术规范的要求外，还应当遵循下列原则：

（一）选址优先考虑公路网的关键节点；

（二）尽量选择视线开阔，用水、用电方便，生活便利的地点；

（三）以港湾式的建设方式为主，因客观条件限制，确需远离公路主线建设的，应当修建连接公路主线与检测站区的辅道；

（四）统筹考虑公路网运行监测、公路突发事件应急物资储备等因素，充分利用公路沿线现有设施、设备、人力、信息等资源，增强检测站的综合功能，降低运行成本。

第十一条 建设公路超限检测站，应当根据车辆超限检测的需要，合理设置下列功能区域及设施：

（一）检测、执法处理、卸载、停车等车辆超限检测基本功能区；

（二）站区交通安全、交通导流、视频监控、网络通信、照明和其他车辆超限检测辅助设施；

（三）必要的日常办公和生活设施。

对于交通流量较大、治理工作任务较重的公路超限检测站，可以在公路主线上设置不停车预检设施，对超限运输车辆进行预先识别。

第十二条 公路超限检测站应当在入口前方一定距离内按照附件3的规定设置检测站专用标志，对行驶车辆进行提示。

第十三条 公路超限检测站应当加强信息化建设，其信息系统应当符合交通运输部颁发的数据交换标准，并满足远程查询证照和违法记录信息、站内执法信息化以及部、省、站三级联网管理的需要。

第十四条 公路超限检测站建成后，省、自治区、直辖市人民政府交通运输主管部门应当按照国家有关规定和标准组织验收。验收合格后方可投入使用。

第十五条 新建、改建公路时，有经批准设置的公路超限检测站的，应当将其作为公路附属设施的组成部分，一并列入工程预算，与公路同步设计、同步建设、同步运行。

第十六条 省、自治区、直辖市人民政府交通运输主管部门应当组织有关部门定期对辖区内公路超限检测站的整体布局进行后评估，并可以根据交通流量、车辆超限变化情况等因素，适时对超限检测站进行合理调整。

第三章 运 行 管 理

第十七条 公路超限检测站应当建立健全工作制度，参照附件4的规定规范检测、处罚、卸载等工作流程，并在显著位置设置公告栏，公示有关批准文书、工作流程、收费项目与标准、计量检测设备合格证等信息。

第十八条 公路超限检测站实行24小时工作制。因特殊情况确需暂停工作的，应当报经省、自治区、直辖市公路管理机构批准。

省、自治区、直辖市公路管理机构应当制定公路超限检测站运行管理办法，加强对公路超限检测站的组织管理和监督考核。

第十九条 公路超限检测站实行站长负责制。公路管理机构应当加强对站长、副站长的选拔和考核管理工作，实行站长定期轮岗交流制度。

第二十条 公路超限检测站应当根据检测执法工作流程，明确车辆引导、超限检测、行政处罚、卸载分装、流动检测、设备维护等不同岗位的工作职责，并结合当地实际，按照部颁Ⅰ类和Ⅱ类检测站的标准配备相应的路政执法人员。

第二十一条 公路超限检测站应当根据检测路段交通流量、车辆出行结构等因素合理配置下列超限检测执法设备：

（一）经依法定期检定合格的有关车辆计量检测设备；

（二）卸载、分装货物或者清除障碍的相关机械设备；

（三）执行公路监督检查任务的专用车辆；

（四）用于调查取证、执法文书处理、通信对讲、安全防护等与超限检测执法有关的其他设备。

第二十二条 公路超限检测站应当在站区内设置监督意见箱、开水桶、急救箱、卫生间等便民服务设施，并保持站内外环境整洁。

第二十三条 公路超限检测站应当加强对站内设施、设备的保管和维护，确保设施、设备处于良好运行状态。

第二十四条 公路超限检测站应当加强站区交通疏导，引导车辆有序检测，避免造成公路主线车辆拥堵。要结合实际情况制定突发事件应急预案，及时做好应急处置与安全防范等工作。

第四章 执法管理

第二十五条 公路超限检测应当采取固定检测为主的工作方式。

对于检测站附近路网密度较大、故意绕行逃避检测或者短途超限运输情形严重的地区，公路超限检测站可以按照省、自治区、直辖市人民政府交通运输主管部门的有关规定，利用移动检测设备等流动检测方式进行监督检查。经流动检测认定的违法超限运输车辆，应当就近引导至公路超限检测站进行处理。

禁止在高速公路主线上开展流动检测。

第二十六条 车辆违法超限运输的认定，应当经过依法检定合格的有关计量检测设备检测。

禁止通过目测的方式认定车辆违法超限运输。

第二十七条 经检测认定车辆存在违法超限运输情形的，公路超限检测站执法人员应当按照以下要求进行处理：

（一）对运载可分载货物的，应当责令当事人采取卸载、分装等改正措施，消除违法状态；对整车运输鲜活农产品以及易燃、易爆危险品的，按照有关规定处理；

（二）对运载不可解体大件物品且未办理超限运输许可手续的，应当责令当事人停止违法行为，接受调查处理，并告知当事人到有关部门申请办理超限运输许可手续。

第二十八条 对经检测发现不存在违法超限运输情形的车辆，或者经复检确认消除违法状态并依法处理完毕的车辆，应当立即放行。

第二十九条 公路超限检测站执法人员对车辆进行超限检测时，不得收取检测费用；对停放在公路超限检测站内接受调查处理的超限运输车辆，不得收取停车费用。

需要协助卸载、分装超限货物或者保管卸载货物的，相关收费标准应当按照省、自治区、直辖市人民政府物价部门核定的标准执行。卸载货物超过保管期限经通知当事人仍不领取的，可以按照有关规定予以处理。

第三十条 公路超限检测站执法人员依法实施罚款处罚，应当依照有关法律、行政法规的规定，实行罚款决定与罚款收缴分离；收缴的罚款应当全部上缴国库。

公路超限检测站执法人员依法当场收缴罚款的，应当向当事人出具省、自治区、直辖市财政部门统一制发的罚款收据；未出具的，当事人有权拒绝缴纳罚款。

禁止任何单位和个人向公路超限检测站执法人员下达或者变相下达罚款指标。

第三十一条 公路超限检测站执法人员应当按照规定利用车辆超限管理信息系统开展检测、执法工作，并及时将有关数据上报公路管理机构。

省、自治区、直辖市公路管理机构应当定期对超限运输违法信息进行整理和汇总，并抄送相关部门，由其对道路运输企业、货运车辆及其驾驶人依法处理。

第三十二条　公路超限检测站执法人员进行超限检测和执法时应当严格遵守法定程序，实施行政处罚时应当由2名以上执法人员参加，并向当事人出示有效执法证件。

在公路超限检测站从事后勤保障等工作，不具有执法证件的人员不得参与拦截车辆、检查证件、实施行政处罚等执法活动。

第三十三条　路政管理、交通警察等执法人员在公路超限检测站对超限运输车辆实施联合执法时，应当各司其职，密切合作，信息共享，严格执法。

第三十四条　公路超限检测站执法人员应当按照国家有关规定佩戴标志、持证上岗，坚持依法行政、文明执法、行为规范，做到着装规范、风纪严整、举止端庄、热情服务。

第三十五条　公路超限检测站执法人员在工作中，严禁下列行为：

（一）未按照规定佩戴标志或者未持证上岗；

（二）辱骂、殴打当事人；

（三）当场收缴罚款不开具罚款收据或者不如实填写罚款数额；

（四）擅自使用扣留车辆、私自处理卸载货物；

（五）对未消除违法状态的超限运输车辆予以放行；

（六）接受与执法有关的吃请、馈赠；

（七）包庇、袒护和纵容违法行为；

（八）指使或者协助外部人员带车绕行、闯卡；

（九）从事与职权相关的经营活动；

（十）贪污、挪用经费、罚没款。

第三十六条　省、自治区、直辖市公路管理机构应当设立公开电话，及时受理群众的投诉举报。同时通过政府网站、公路超限检测站公告栏等方式公示有关信息，接受社会监督。

第五章　法 律 责 任

第三十七条　公路超限检测站违反本办法有关规定的，由县级以上人民政府交通运输主管部门责令改正，对负有直接责任的主管人员和其他直接责任人员依法给予处分，并由省、自治区、直辖市人民政府交通运输主管部门予以通报；情节严重的，由交通运输部予以通报。

第三十八条　公路超限检测站执法人员违反本办法第三十五条规定的，取消其行政执法资格，调离执法岗位；情节严重的，予以辞退或者开除公职；构成犯罪的，依法追究刑事责任。涉及驻站其他部门执法人员的，由交通运输主管部门向其主管部门予以通报。

第三十九条　公路超限检测站执法人员违法行使职权侵犯当事人的合法权益造成损害的，应当依照《中华人民共和国国家赔偿法》的有关规定给予赔偿。

第四十条　车辆所有人、驾驶人及其他人员采取故意堵塞公路超限检测站通行车道、强行通过公路超限检测站等方式扰乱超限检测秩序，或者采取短途驳载等方式逃避超限检测的，由公路管理机构强制拖离或者扣留车辆，处3万元以下的罚款；构成违反治安管理行为的，依法给予治安管理处罚；构成犯罪的，依法追究刑事责任。

第六章　附　　则

第四十一条　本办法自2011年8月1日起施行。

附件：1. 公路超限检测站外观形象

2. 超限检测专用标识

3. 公路超限检测站专用标志

4. 公路超限检测站检测执法工作流程参考示意图

附件 1

公路超限检测站外观形象

图 1

图 2

说明：

公路超限检测站应当在站区雨棚顶部等显著位置标注站名简称。站名简称分两部分，前部分是“公路超限检测”（字体相对大），后部分是“超限检测站所在地名称＋站”，如“大同站”（字体相对小），字符统一使用白色黑体字型。站名简称前端设置超限检测专用标识。

附件 2

超限检测专用标识

图 1

图 2

说明：

超限检测专用标识是一种专业性形象标识，可以附设于各种与超限检测执法有关的设施、设备、标志上。当背景底色为浅色时，使用深色标识（图 1）；当背景底色为深色时，使用浅色标识（图 2）。

附件 3

公路超限检测站专用标志

图 1

图 2

说明：

高速公路超限检测站专用标志采用绿底白字，设置 2km、1km、500m 预告标志和进口指示标志（图 1）；其他等级公路超限检测站专用标志采用蓝底白字，设置 1km、500m 预告标志和进口指示标志（图 2）。专用标志的字符、图形、尺寸、反光性能以及设置要求，应当符合《道路交通标志和标线》和交通运输部有关规定。

附件 4

公路超限检测站检测执法工作流程参考示意图

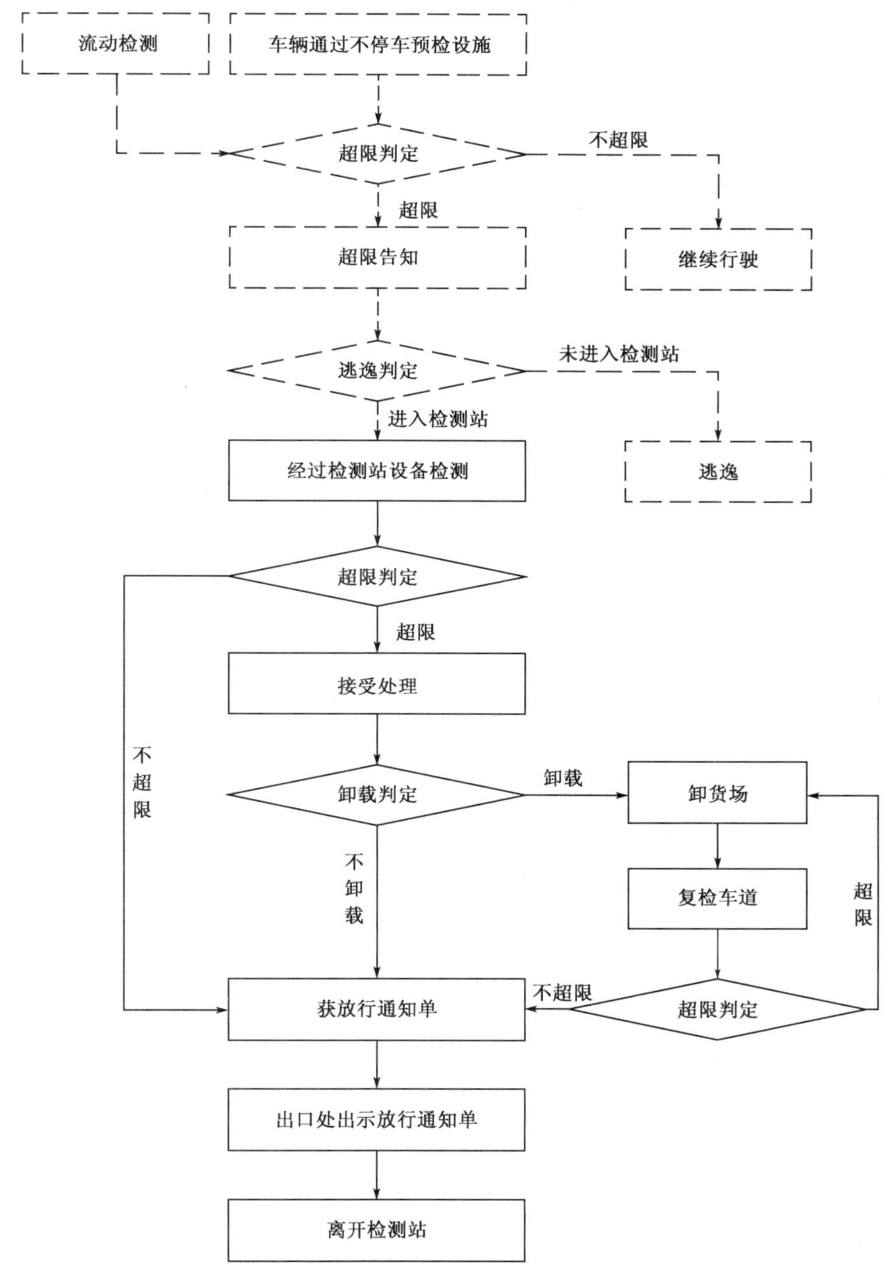

187. 关于印发加强交通运输行政执法形象建设指导方案的通知

（厅政法字〔2011〕160号）

各省、自治区、直辖市、新疆生产建设兵团交通运输厅（局、委），天津市市政公路管理局，天津市、上海市交通运输和港口管理局，长江、珠江航务管理局，长江口航道管理局：

为深入贯彻《国务院关于加强法治政府建设的意见》（国发〔2010〕33号）和全国依法行政工作会议精神，落实部《关于加快推进交通运输法治政府部门建设的意见》（交政法发〔2010〕789号）和部领导在加强交通运输行政执法形象建设座谈会上的讲话要求，大力推进全行业行政执法形象的统一和规范，进一步提高交通运输行政执法的能力和水平，提升交通运输行政执法的社会形象和公信力，部组织制定了《加强交通运输行政执法形象建设指导方案》（以下简称《方案》），现印发给你们，请结合实际，根据《方案》明确的任务和要求，组织开展本地区本系统的执法形象建设工作。请各单位于2011年8月20日前将贯彻学习有关文件和落实会议精神的有关情况，于2011年9月底前将具体实施方案等情况报部政策法规司。今后在实施过程中的有关重要事项、重大进展等情况亦请及时与部沟通。

加强交通运输行政执法形象建设指导方案

为深入贯彻《国务院关于加强法治政府建设的意见》（国发〔2010〕33号）和全国依法行政工作会议精神，落实部《关于加快推进交通运输法治政府部门建设的意见》（交政法发〔2010〕789号）的要求，结合“十二五”时期将要组织开展的执法人员素质提升工程、基层执法站所标准化建设和执法信息化建设工程，尽快解决当前交通运输执法形象混乱、标志不统一的问题，进一步提高交通运输行政执法能力和水平，提升交通运输行政执法的社会形象，在初步试点的基础上，制定本方案。

一、充分认识加强交通运输行政执法形象建设的重要性

（一）加强交通运输行政执法形象建设是加强和创新社会管理，树立党和政府良好形象的客观要求。交通运输行政执法队伍代表党和政府履行交通运输社会管理职责，直接面向人民群众。当前，我国交通运输事业发展进入新阶段，交通运输行政执法形象不统一的问题，已经成为影响交通运输和谐执法的一个重要因素。只有努力树立良好的交通运输行政执法形象，才能得到人民群众的认可和支持，更好地履行社会管理和公共服务的职能，维护党和政府在人民心目中的良好形象。

（二）加强交通运输行政执法形象建设是践行行业核心价值体系，增强交通运输行业凝聚力的重要载体。交通运输行业核心价值体系是交通运输事业科学发展的强大精神动力，是进一步树立共同价值理念、转变经济增长方式的思想基础和重要保证。以交通核心价值体系为指导的执法形象建设，体现了“三个服务”的价值选择和公平、公正、公开的法治精神。加强交通运输行政执法形象建设，有利于提高社会公众对交通运输核心价值、执法理念、执法文化的认同感，有利于建立交通运输行政执法人员的共同价值观，更好地弘扬和践行行业核心价值体系。

（三）加强交通运输行政执法形象建设是做好“三个服务”，提高执法服务水平的客观要求。“三个服务”是新时期交通运输工作的重要指导原则。通过加强交通运输行政执法形象建设，进一步增强行政执法队伍的大局意识、责任意识、服务意识，不断提高“三个服务”的能力和水平。统一的外观形象便于开展外部监督，强化自我约束，规范执法行为，严格执法作风和纪律，增强社会公众对交通运输行政执法工作的认知度和认同感，塑造交通运输服务型行业的新形象。

二、加强交通运输行政执法形象建设的主要任务

（一）总体目标：

1. 统一标准，提升形象。

按照部有关执法形象建设规范的要求，以公路路政、道路运政、港航行政等行政执法领域为重点，对外实现行政执法形象的“四个统一”：统一执法标志，统一执法证件，统一工作服装，统一执法场所外观。做到标志标识一致、醒目，人员服装、场所外观统一。

2. 强化管理，提高素质。

通过加强执法形象建设，进一步加强执法人员准入管理和执法风纪建设，提高执法严肃性和权威性，促进执法队伍的正规化、规范化、专业化、标准化建设，打造一支政治坚定、素质优良、纪律严明、行为规范、廉洁高效的交通运输行政执法队伍，提高新形势下交通运输行政执法服务水平，增强交通运输行业的公信力和凝聚力。

（二）主要内容：

力争用2至3年时间，统一全行业的执法形象，以公路路政、道路运政、港航行政等行政执法领域为重点，逐步覆盖所有门类交通运输行政执法队伍，统一执法标志，统一执法证件，统一工作服装，统一执法场所外观形象。

1. 统一执法标志：包括交通运输行政执法徽标、肩徽、肩杠、肩章、领花、胸章、号牌、执法腰带、武装带、臂章、反光背心等。交通运输行政执法徽标是交通运输行政执法的标志，由国徽、方向盘、锚、缆绳、橄榄枝和绶带六种元素组成，颜色以深蓝绿色、金黄色为主。深蓝绿色是交通运输的标准色，取自江海和公路的自然色；国徽是国家的象征和标志；方向盘代表公路交通和正确的前进方向；锚代表水路交通，寓意交通行政执法公平；缆绳寓意依法行政和服务的本质属性；橄榄枝象征和平、安定和正义；绶带象征神圣和荣誉。其他标志通过各种元素的组合，在整体风格上保持一致，用数字、文字标志表明了公路路政、道路运政、港航行政和综合执法的执法门类和执法区域，便于公众识别监督。

2. 统一执法证件：包括统一尺寸、样式的IC卡式执法证和皮套。IC卡式执法证印有执法人员身份信息，内置芯片，储存有执法人员培训、考核、年审记录等数据，与执法人员信息数据库配合，实现对执法队伍的动态管理。皮套分为折叠皮套、胸卡皮套、胸挂皮套三种，印有交通运输行政执法徽标、“交通运输行政执法证”字样，和IC卡式执法证配套使用。

3. 统一工作服装：包括日常工作服装和应急工作服装两类，主要由不同季节穿着的标志服以及反光背心、帽子等组成。工作服装式样沿用相关标志的基本元素和颜色。同时，根据行业内各执法门类，分别设计了公路路政、道路运政、港航行政（已着海事服装的可维持不变）等不同门类的执法臂章，区别行业内的不同执法门类。应急工作服装为印有“省级行政区划地名＋交通”字样的多功能服、作训服、反光背心等。

4. 统一执法场所外观：包括各类基层交通运输执法场所的门楣、牌匾、竖式灯箱、玻璃防撞条和立面色带，整体沿用深蓝绿色，风格与交通运输行政执法标志相统一。配有黄、白辅助色和交通运输行政执法徽标、执法机构中英文名称，易于识别，方便于服务人民群众。

（三）工作步骤和要求：

1. 组织动员阶段（2011年7—10月）。

各地区、各单位结合各自实际，研究制定加强执法形象建设的工作规划和年度工作计划，明确各单位、各部门职责分工和工作任务，并逐级进行部署。同时，做好加强执法形象建设的宣传、组织和动员工作，调动各方面的资源和积极性，确保政策统一、标准一致、协调联动。

2. 建设实施阶段（2011年11月—2013年6月）。

各地区、各单位要按照规划和年度计划，落实加强执法形象建设的人力、物力和财力，制定工作制度和管理规定，明确阶段性目标，按时保质保量地完成。

3. 督查指导阶段（2012年1月—2013年9月）。

各地区、各单位要把形象建设工作纳入考核评价内容，将建设成果作为衡量法制工作成效的重要内容，边建设，边考核。部将在全国交通运输行政执法监督检查工作中对各地区、各单位建设工作的阶段性成果进行考核。对于没有严格按照统一的标准规范实施的单位要求限期整改，对于不按要求整改的单位进行通报批评。

4. 总结验收阶段（2013年10月—2014年6月）。

各地区、各单位要对本地区、本系统执法形象建设工作进行总结，并将情况总结报部。部将组织验收评比，推广典型经验，表彰执法形象建设示范单位。

三、加强交通运输行政执法形象建设的工作要求

（一）明确责任，加强领导。各级交通运输主管部门和执法机构要从加强和创新社会管理、推进“三个服务”的高度，充分认识加强交通运输行政执法形象建设的重要性、紧迫性，要成立专门组织机构，“一把手”负总责，分管领导具体抓，法制工作部门牵头组织实施。部负责组织制定相关的标准规范，各省级交通运输主管部门要制定具体实施方案和工作计划，力争3年内基本完成。

（二）加大投入，完善保障。各级交通运输主管部门要将加强执法形象建设工作纳入年度工作计划，安排执法形象建设专项资金，列入年度财政预算，明确资金渠道，保障经费落实到位。

（三）强化标准，确保统一。各地区要坚持政令统一，严格按照部确定的各项标准规范组织实施，确保标准统一，形象一致，工作协调。各地区各部门要将加强交通运输行政执法形象建设纳入法制工作规划，做到统一部署、统一配置、统一行动、统一考核。加强执法评议考核，强化监督，要通过执法形象竞赛比武、评选执法形象建设示范单位、组织开展执法形象建设专项检查等形式推动工作进展。

（四）严格制度、规范管理。各地区、各单位要结合各自实际，制定执法标志和工作服装发放使用管理规定，严格控制发放范围，重点装备一线执法人员。执行公务时要做到执法标志使用规范，着装整洁统一。要严格执法风纪，强化装备管理，通过加强执法形象建设，切实加强执法队伍的作风建设，做到规范执法、文明服务，不断提升交通运输行政执法的良好社会形象。

188. 关于印发路政文明执法管理工作规范的通知

（交公路发〔2012〕171号）

各省、自治区、直辖市、新疆生产建设兵团交通运输厅（局、委），天津市市政公路管理局：

为贯彻落实《公路安全保护条例》，进一步规范路政执法管理行为，切实提高文明执法按理水平，更好地为社会公众服务，部组织制定了《路政文明执法管理工作规范》。现印发你们，请结合实际，遵照执行。执行中如有问题，请及时提出建议并反馈部公路局。

路政文明执法管理工作规范

第一章　总　　则

第一条　为规范路政执法管理行为，提高文明执法管理水平，更好地为社会公众服务，根据《中华人民共和国公路法》、《公路安全保护条例》、《路政管理规定》、《交通运输行政执法评议考核规定》、《交通运输行政执法证件管理规定》等法律、法规、规章以及《交通行政执法风纪》、《交通行政执法禁令》等交通运输行政执法行为规范，制定本规范。

第二条　公路管理机构及其路政执法人员从事行政许可、行政检查、行政强制、行政处罚等执法活动，适用本规范。

法律、法规和规章对路政执法另有规定的，从其规定。

第三条　路政执法管理工作应当符合合法行政、合理行政、程序正当、高效便民、诚实守信、权责统一的基本要求，遵循公开、公平、公正的社会主义法治原则。

第四条　公路管理机构及其路政执法人员应当牢固树立以人为本、依法行政、执法为民的思想，不断提高规范执法和文明服务的能力与水平，坚决杜绝粗暴执法和随意执法行为。

公路管理机构应当加强路政执法队伍建设，定期举办业务培训和军事化训练，积极开展文明执法创建活动。路政执法人员从事执法活动，应当遵纪守法，遵守《交通行政执法职业道德基本规范》，增进服务意识，塑造文明形象。

第五条　路政执法人员须具备行政执法资格，持有交通运输部统一制式的交通运输行政执法证。严禁不具备行政执法资格的人员从事路政执法。

公路管理机构应当严格执行交通运输行政执法人员资格制度，加强对路政执法人员的资格、证件和执法风纪管理。

第六条　经营性收费公路的路政管理职责由公路管理机构的派出机构、人员行使。

第七条　公路管理机构应当加强路政管理信息化建设，推行网上办事和网上监督，推进政务信息公开、信息资源共享和公共信息服务，构建路政执法电子政务平台。

第二章　基 本 要 求

第八条　路政执法人员应当着装整齐，保持风纪严整，并遵守下列要求：

（一）执法时佩戴统一规定的标志、胸卡、腰带、手套，上路必须加穿反光背心；

（二）不得在执法服装上挂胸花、胸针等装饰品，不得在外露的腰带上系挂钥匙等与执法无关的物件；

（三）不同季节的执法服装不得混穿；

（四）严禁歪戴帽、卷袖口、敞衣扣、披衣、穿拖鞋、打赤脚、卷裤腿等有损风纪的行为；

（五）非因公务需要严禁着执法服装出入酒店、娱乐场所。

第九条　路政执法人员应当保持仪表整洁，仪容端庄，并遵守下列要求：

（一）男性执法人员不得留长头发、长胡须、长鬓角，不得露光头；

（二）女性执法人员执法时不得头发披肩，不得染指甲、化浓妆、佩戴首饰。

第十条　路政执法人员应当做到举止文明，保持良好形象，并遵守下列要求：

（一）现场执法要保持端正、庄重，指挥车辆手势要明确、利索、规范，手势标准参照公安交通警察现行规定执行；

（二）2名以上路政执法人员着执法服装徒步巡查或者外出时，应当行列整齐、有序；

（三）外出时遵守社会公德、公共秩序和交通规则，维护路政执法人员的良好形象；

（四）遇有当事人情绪激动或者有过激言行的，要冷静处理，以理服人，不得针锋相对，激化矛盾；

（五）遇有暴力抗法的，要沉着应对，及时报警，注意自身安全，防止事态失控。

第十一条 路政执法人员应当做到言语热情诚恳，表述通俗易懂，并遵守下列要求：

（一）使用规范的文明执法用语；

（二）提倡使用普通话；

（三）严格执行《交通行政执法忌语》规定，禁止使用讥讽性、歧视性、羞辱性、训斥性、威胁性语言和讲粗话、讲脏话。

第十二条 路政执法人员应当保持较高的政治、道德、知识、能力和身体素质，并做到：

（一）熟悉有关法律和基本业务知识，注重学习和实践，定期参加业务培训和军事化训练，努力提高文明执法技能。

（二）准确理解和执行法律、法规、规章以及公路管理机构作出的决定、命令，维护法令、政令的畅通和路政执法的公信力。

（三）忠于法律，忠于职守，有强烈的工作责任心，实事求是，公正执法，严格执法，依法保守国家秘密、商业秘密和个人隐私。

（四）不徇私情，勇于坚持原则，敢于抵制当事人利用各种社会关系进行说情；遇到与路政执法事项有利害关系的，应当主动回避。

第十三条 路政执法人员应当尊重当事人权利和人格，维护其合法权益，并遵守下列要求：

（一）查纠公路违法行为时应当先敬礼；

（二）受理行政许可申请、接待群众来访以及与当事人谈话时，应当礼貌待人、语言文明、态度和蔼，及时妥善处理受理事项，不得推诿或者拖延；

（三）严禁使用冷、硬、横、蛮及其他怠慢、蔑视性态度对待当事人。

第十四条 路政执法人员在执法活动中，严禁下列行为：

（一）未按照规定佩戴标志或者未持证上岗；

（二）辱骂、殴打当事人；

（三）酒后上岗执法；

（四）对同一违法行为重复罚款；

（五）当场收缴罚款不开具罚款收据或者不如实填写罚款数额；

（六）违法扣留车辆、物品或者擅自使用扣留车辆、私分扣留物品；

（七）从事与职权相关的经营活动；

（八）包庇、袒护和纵容违法行为；

（九）无法定依据执法或者滥用职权、超越职权执法；

（十）利用职务便利索取、收受他人财物或者谋取其他利益。

第十五条 公路管理机构应当建立健全路政执法信息公示制度，通过政府网站或者在办公场所设置公示栏、电子显示屏、公众查阅室等方式公示下列执法信息：

（一）执法主体，包括机构名称、执法类别、授权依据、执法人员信息（姓名、执法证件号码、照片等）；

（二）执法依据，包括公路管理法律、法规和规章的全文，相关法律、法规和规章的主要条款摘要；

（三）执法程序，包括行政许可的项目、依据、实施程序，行政处罚的简易程序、一般程序、听证程序；

（四）执法监督，包括本级交通运输主管部门或者上级公路管理机构的名称、监督部门、监督电话，聘请社会监督员的姓名、工作单位、联系方式，执法监督的措施与适用范围；

（五）执法结果，包括行政许可、行政检查、行政强制、行政处罚的实施结果与查询办法；

（六）当事人权利，包括当事人享有的陈述权、申辩权和听证权，不服行政许可和处罚决定时享有的提起行政复议和行政诉讼的权利，其合法权益受到损害时取得国家赔偿的权利。

前款规定“六公示”的具体内容和形式，由省、自治区、直辖市公路管理机构确定。

第十六条 路政执法装备，由公路管理机构按照下列种类予以配备，省、自治区、直辖市公路管理机构可以根据实际需要增加，但应当在全省（区、市）范围内做到统一规范：

（一）路政执法人员在公路上执法应当配备多功能反光腰带、反光背心、文书包、对讲机或者移动通信器材，可以选配录音、录像执法装备等；

（二）公路监督检查专用车辆应当配备发光指挥棒、反光锥筒、警示灯、停车示意牌、灭火器、防毒面罩、急救箱、牵引绳、卷尺、照相机或者摄像机等；

（三）公路超限检测站应当按照《公路超限检测站管理办法》的规定配备有关执法装备以及便民服务的必要设施和设备。

第三章 行政许可

第十七条 公路管理机构及其路政执法人员实施行政许可，应当依照法定的权限、范围、条件和程序，遵循平等对待、便民高效、信赖保护的原则，做到不偏私、不歧视，为申请人提供优质服务。

第十八条 行政许可的项目和法律依据，应当按照规范的内容格式予以公示并实施。

第十九条 公路管理机构应当按照下列权限实施行政许可：

（一）超限运输车辆行驶公路的许可权限按照《公路安全保护条例》、《超限运输车辆行驶公路管理规定》等有关规定执行；

（二）其他许可权限按照《公路安全保护条例》、《路政管理规定》等有关规定执行。

第二十条 实施行政许可的程序、文书和期限按照《中华人民共和国行政许可法》、《中华人民共和国公路法》、《公路安全保护条例》、《交通行政许可实施程序规定》、《路政管理规定》等有关规定执行。

第二十一条 公路管理机构应当在法定期限内办结行政许可手续，但依照法律、法规和规章的规定需要听证、检验、检测、鉴定和安全技术评价的，所需时间不计算在法定期限内，并将所需时间书面告知申请人。

公路管理机构应当通过优化工作流程，提高办事效率，使实际办结期限尽可能少于法定斯限。

第二十二条 公路管理机构应当建立和推行行政许可首问负责制。对申请人提出的行政许可申请，应当根据下列情况分别作出处理：

（一）申请事项属于首问人职责范围的，应当按照规定及时办理；申请材料可以当场补全或者更正错误的，应当允许申请人当场补全或者更正错误；申请材料不齐全或者不符合法定形式且申请人当场不能补全或者更正的，应当当场或者在5日内一次告知申请人需要补正的全部内容。

（二）申请事项不属于首问人职责范围但属于本单位职责范围的，应当做好接待记录，向申请人说明情况，并及时移送有关责任部门和人员办理。

（三）申请事项属于上级单位职责范围的，可以代为转交，但应当向申请人说明代转时间不计算在法定期限内。

（四）申请事项不属于本单位职责范围的，应当即时作出不予受理的决定，并告知申请人向有关行政机关申请。

（五）申请事项依法不需要取得行政许可的，应当即时告知申请人不受理。

前款所称首问人，是指接待申请人咨询和办理许可手续的首位工作人员。

第二十三条 公路管理机构实施行政许可，应当提供以下便利或者服务：

（一）接受申请人通过书面、信函、电报、传真和电子邮件等方式提出的申请；

（二）免费提供许可申请书格式文本；

（三）在办公场所设立监督意见箱、办事指南卡，有条件的可以设置电子触摸屏、显示屏等设施提供服务指南，公布办理时间和咨询、监督电话；

（四）根据需要和条件，配备供申请人使用的桌椅、笔纸、饮水设施及其他相应的服务设施；

（五）申请人以书面方式提出申请确有困难的，可以口头方式提出申请，但应当记录申请事项，并经申请人确认无误后签字或者盖章；

（六）认真受理咨询，及时解答，为群众排忧解难。

第四章　行 政 检 查

第一节　一 般 规 定

第二十四条 路政执法人员依法在公路、建筑控制区、安全保护区、服务区、超限检测站点、收费站、车辆停放场所、车辆所属单位等进行检查时，应当做到：

（一）执法人员不得少于2人；

（二）出示执法证件，表明身份，说明来意和执法依据，要求当事人予以配合；

（三）检查物品、场所时应当尊重当事人物权，轻拿轻放物品，不得乱翻乱扔，不得损坏当事人财物；

（四）询问当事人时应当严肃认真，不得询问与检查无关的内容，不得采取诱导、压制、强迫的方式进行；

（五）询问或者检查应当制作笔录，笔录应当书写工整，表述准确，不得篡改；

（六）公正、平等对待所有被检查的当事人，不得有歧视和差别待遇；

（七）坚持整改、指导和服务相结合的原则，注意宣传教育，不得激化矛盾；

（八）检查完毕，应当感谢当事人给予配合，及时反馈检查结果。

第二节　许 可 检 查

第二十五条 公路管理机构应当建立健全监督制度，依法履行对被许可人从事许可事项活动的监督检查职责。

第二十六条 路政执法人员应当对被许可人从事下列许可事项活动进行检查：

（一）由公路管理机构依法实施的行政许可；

（二）由省、自治区、直辖市人民政府交通运输主管部门会同水行政主管部门或者流域管理机构依法实施的在公路桥梁、公路隧道、公路渡口以及公路两侧规定范围内因抢险、防汛需要修筑堤坝、压缩或者拓宽河道的行政许可。

第二十七条 许可检查可以通过下列方式进行：

（一）核查反映被许可人从事许可事项活动的有关材料；

（二）对被许可人从事许可事项活动进行查验、检验、检测，对相关场所进行实地检查；

（三）法律、法规和规章规定的其他方式。

第二十八条 许可检查包括以下主要内容：

（一）行政许可证是否真实有效；

（二）被许可人从事许可事项活动是否符合准予许可时所确定的条件、标准和范围；

（三）被许可人从事许可事项活动是否落实保障公路、公路附属设施安全的防护措施以及应急处置措施；

（四）被许可人是否建立和执行对涉路工程设施的自检制度；

（五）经许可修建的涉路工程设施是否侵入公路建筑限界或者危及交通安全；

（六）法律、法规和规章规定的对被许可人检查的其他事项。

第二十九条 路政执法人员实施许可检查时，应当遵守下列要求：

（一）检查频率要适度合理；

（二）能够书面检查的，要优先通过书面检查的方式进行；

（三）通过书面检查难以达到监督效果，需依法进行查验、检验、检测与实地检查的，应当仅就被许可事项及与之相关的活动场所进行检查；

（四）不得超越检查范围和权限，妨碍被许可人正常的生产经营活动；

（五）不得索取或者收受被许可人的财物、谋取其他不当利益、刁难被许可人；

（六）检查时应当有当事人或者见证人在场；

（七）如实记录检查情况和处理结果，并允许公众查阅。

第三十条 路政执法人员实施许可检查时，应当根据下列情况分别作出处理：

（一）发现未按照许可条件、标准和范围从事许可事项活动的，责令改正；

（二）发现涉路工程设施影响公路完好、安全和畅通的，责令停止修建、使用，并责令有关责任单位立即改正；

（三）发现构成公路违法行为的，依法予以处理；

（四）发现许可事项存在法定撤销情形的，依法撤销相关行政许可；

（五）发现许可事项存在法定注销情形的，依法注销相关行政许可。

第三节　超 限 检 查

第三十一条 路政执法人员实施超限检查时，应当按照规定对车辆进行超限检测，不得以目测情况作为判定依据。

公路管理机构应当建立健全固定检测和巡查检测相关的执法管理制度，建立和完善车辆超限管理信息系统。

第三十二条 对车辆进行超限检测，应当遵守下列程序：

（一）提示或者引导车辆进入检测站点，注意维护好进出站口的交通秩序，尽量减少对交通的影响；

（二）对车辆进行检测，向驾驶员出具检测单；

（三）经检测发现车辆存在违法超限运输情形的，责令当事人采取卸载、分装等改正措施，消除违法状态，依法予以处罚；

（四）对车辆进行复检，合格后放行；

（五）将超限运输违法信息录入车辆超限管理信息系统。

第三十三条 路政执法人员实施超限检查时，应当根据下列情况分别作出处理：

（一）对符合规定未超限，或者运载不可解体大件物品且已办理超限运输许可手续的车辆，应当立即放行。

（二）对超限且构成公路违法行为的，依法予以处理；其中，对擅自运载不可解体大件物品的车辆在处理完毕后需要继续行驶公路的，应当告知当事人到有关部门申请办理超限运输许可手续。

第四节　监 督 巡 查

第三十四条 公路管理机构应当按照有关规定对公路进行监督巡查。省、自治区、直辖市公路管理机构可以根据本地区交通特点、公路等级等因素，确定巡查频率。

公路管理机构可以采取举报奖励、目标责任考核等方式，充分调动和发挥公路沿线乡镇人民政府、村委会和群众的积极性，以弥补巡查力量的不足，共同做好公路保护工作。

第三十五条 公路监督检查专用车辆的使用和管理应当严格按照《公路监督检查专用车辆管理办法》执行，并遵守下列要求：

（一）保持车容整洁，车况良好，装备齐全；

（二）遵守交通法规，安全驾驶，文明行车；

（三）保持联络畅通，服从统一指挥和调度；

（四）严禁将车辆借给其他单位、个人使用以及公车私用；

（五）严禁恶意遮挡或者未悬挂车牌行车；

（六）非因公务需要严禁将车辆停放在酒店、娱乐场所。

第三十六条 车辆警示装置的使用应当以保障工作需要为准，尽量不扰民，并遵守下列要求：

（一）非紧急任务不得使用警示灯、警报器；

（二）确需使用警示装置时，能使用警示灯即可完成任务的，不使用警报器；

（三）确需使用警报器时，应当以断续使用警报器为主；

（四）车队行驶时，前车已使用警报器的，后车无特殊情况不得使用警报器。

第三十七条 路政执法人员实施公路监督巡查时，应当根据下列情况分别作出处理：

（一）发现公路出现坍塌、坑槽、水毁等损毁，尚未设置警示标志的，设置临时警示标志，做好现场保护，同时报告公路管理机构或者通知公路经营企业及时补设警示标志并采取措施修复。

（二）发现公路上有遗洒物并能够自行处理的，在不影响交通情况下，可先自行处理；不能自行处理的，及时通知有关责任单位处理；遗洒物为遗失物的，按照《中华人民共和国物权法》的规定执行。

（三）发现公路进行养护作业的，指导和督促公路养护作业单位按照有关要求在作业现场设置警示标志，并根据需要维持养护作业现场秩序；公路养护作业造成交通堵塞时，及时启动疏导预案，会同公安交通警察依照各自职责，做好分流和疏导工作。

（四）发现群众遇到困难，需要紧急求助公安、消防、医疗等部门的，及时提供有关信息和帮助。

（五）发现属于紧急情况的，按照应急预案及相关处置制度执行。

（六）发现构成公路违法行为的，依法予以处理。

第三十八条 公路监督巡查完毕，路政执法人员应当按照规定制作巡查记录，并做好交接班。巡查记录应当记载巡查时段、巡查路段、巡查人员、巡查车牌号、巡查情况及处理时间和结果等信息。

巡查记录应当每周定期进行总结讲评。巡查记录保存期限不得少于2年。

第三十九条 公路管理机构应当建立路政与养护联合巡查机制，降低巡查成本，提高管理效能。

第五节 拦车规定

第四十条 路政执法人员在执法活动中确需拦车的，应当以确保安全为原则，并遵守下列程序：

（一）上路拦车前应当明确执法的任务、方法、要求和安全防护规定，检查安全防护装备；

（二）根据公路条件和交通状况，选择安全和不妨碍通行的地点进行拦车，避免引发交通堵塞；

（三）在距检查地点至少200米处开始摆放发光或者反光的警示标志，间隔设置减速提示标牌、反光锥筒等安全防护设备；

（四）拦车时使用停车示意牌和规范的指挥手势，严格执行安全防护规定，注意自身安全；

（五）指挥车辆停放在安全地点，再进行检查，并认真做好有关记录。

第四十一条 拦车安全防护规定包括以下主要内容：

（一）不得在同一地点双向同时拦截车辆；

（二）不得在行车道上拦截、检查车辆或者处罚当事人；

（三）遇有拒绝停车接受处理的，不得站在车辆前面强行拦截，或者采取脚踏车辆踏板、强行攀扒车辆等方式，强行责令驾驶人停车；

（四）遇有驾车逃跑的，除可能对公路设施安全有严重威胁以外，不得驾驶机动车追缉，可以采取通知前方收费站、超限检测站点或者执法人员进行截查，或者记下车牌号以便事后追究法律责任等方式予以处理。

第四十二条 公路管理机构应当定期对拦车情况进行总结讲评，及时发现和纠正存在的不足，明确改进措施。

第五章 行政强制

第四十三条 公路管理机构及其路政执法人员实施行政强制，应当依照法定的权限、范围、条件和程序，遵循比例原则，选择适当、必要的方式、强度，避免造成不必要的损失。

公路管理机构及其路政执法人员采用非强制手段可以达到行政管理目的的，不得实施有关行政强制。

第四十四条 实施行政强制的程序、文书和期限按照《中华人民共和国行政强制法》、《中华人民共和国公路法》、《公路安全保护条例》、《路政管理规定》等有关规定执行。

第四十五条 路政执法人员对侵占、损坏公路、公路用地、公路附属设施等违法行为，应当予以检查和制止。检查和制止时，不得损害当事人的合法权益。

第四十六条 有下列情形之一的，路政执法人员可以依法采取下列行政强制措施：

（一）造成公路、公路附属设施损坏，拒不接受现场调查处理的，扣留车辆或者进行违法活动的工具；

（二）经批准进行超限运输的车辆，未按照指定时间、路线和速度行驶且拒不改正，或者未随车携带超限运输车辆通行证的，扣留车辆；

（三）采取故意堵塞超限检测站点通行车道、强行通过超限检测站点等方式扰乱超限检测秩序，或者采取短途驳载等方式逃避超限检测的，强制拖离或者扣留车辆；

（四）法律、法规规定的其他情形。

第四十七条 路政执法人员扣留车辆、工具时，应当遵守下列要求：

（一）当场登记扣留车辆、工具的数量和品质；

（二）依法扣留车辆时，不得扣留车辆所载货物，并提醒当事人妥善处理车辆所载货物；

（三）妥善保管扣留车辆、工具，不得使用或者损毁，未经法定程序不得处置。

因扣留车辆、工具发生的保管费用由有关公路管理机构承担。

第四十八条 有下列情形之一的，路政执法人员可以依法责令限期拆除；逾期不拆除的，强制拆除：

（一）擅自在公路用地范围内设置非公路标志的；

（二）在公路建筑控制区内修建建筑物或者地面构筑物的；

（三）擅自在公路建筑控制区内埋设管道、电缆等设施的；

（四）法律规定的其他情形。

第四十九条 对违法的建筑物、地面构筑物、设施等需要强制拆除的，应当由有关公路管理机构予以公告，限期当事人自行拆除。当事人在法定期限内不申请行政复议或者提起行政诉讼，又不拆除的，有关公路管理机构可以依法强制拆除。

公路管理机构及其路政执法人员不得在夜间或者法定节假日实施强制拆除。但是，情况紧急的除外。

第五十条 公路管理机构向人民法院申请强制执行的，应当按照《中华人民共和国行政强制法》的规定提供相关材料，并注意以下事项：

（一）在法定期限内提出申请；

（二）向有管辖权的人民法院提出申请；

（三）在制作法律文书、立案、调查取证、告知当事人权利、内部审批、送达执行等环节要从严、从细、从实，避免因个别环节上的失误而导致申请中的被动。

第六章 行政处罚

第五十一条 路政执法人员实施行政处罚时，应当做到：

（一）符合法定的职责权限，事实清楚，证据确凿，适用法律准确；

（二）严格履行程序规定，不得违反法定程序；

（三）作出行政处罚决定前，应当告知当事人有关事实、理由、依据和依法享有的权利；

（四）认真、耐心听取当事人的陈述、申辩，吸收采纳合理意见；不予采纳的，应当说明理由；涉及多个当事人的，应当给予当事人各方平等陈述、申辩的机会；不得因当事人申辩而加重处罚；

（五）依法维护当事人享有的合法权利，不得拒绝当事人行使合法权利的请求；

（六）收取费用应当严格按照法定收费项目和标准执行，开具省、自治区、直辖市财政部门统一制发的罚款收据。

第五十二条 公路管理机构及其路政执法人员实施行政处罚时，应当注意预防和化解行政执法争议，并遵守下列要求：

（一）坚持教育与处罚相结合，先教育后处罚的原则；

（二）注重执法效果，既要依法予以处罚，也要纠正违法行为，不得以罚代管、以罚代纠；

（三）违法行为轻微，并能及时纠正，没有造成危害后果的，要以批评教育为主；

（四）案情复杂或者有重大违法行为需要给予较重行政处罚的，应当由公路管理机构负责人集体讨论决定。

第五十三条 实施行政处罚的程序、文书和期限按照《中华人民共和国行政处罚法》、《中华人民共和国公路法》、《公路安全保护条例》、《交通行政处罚程序规定》等有关规定执行。

第五十四条 路政执法人员实施行政处罚，应当按照规范的案由格式认定公路违法行为并制作法律文书。

第五十五条 对于性质相同、情节相近、危害后果相当的公路违法行为，路政执法人员实施行政处罚时，处罚幅度应当基本相近。

省、自治区、直辖市公路管理机构可以结合本地情况，在法律、法规、规章规定的处罚幅度范围内，制定行政处罚自由裁量权基准制度，确保公平、公正、合理。

第五十六条 任何单位和个人不得给路政执法人员下达或者变相下达罚款指标，公路管理机构不得以罚款数额作为考核路政执法人员的标准。

第五十七条 对损坏公路、公路附属设施同时构成民事违法行为的，公路管理机构实施行政处罚时，应当配合民事责任的追究，不得以行政处罚代替对民事责任的追究。

第五十八条 公路管理机构在依法查处违法行为过程中，发现违法事实的情节、违法事实造成的后果等，根据《中华人民共和国刑法》以及相关司法解释的规定，涉嫌构成犯罪，依法需要追究刑事责任的，应当按照《行政执法机关移送涉嫌犯罪案件的规定》及时移送司法机关处理，不得以行政处罚代替刑事处罚。

第七章 奖 惩

第五十九条 交通运输主管部门、公路管理机构应当建立健全行政执法责任、执法过错责任追究、执法行为评议考核等制度，制定和完善执法程序，加强对各项执法行为的监督制约。

行政执法监督工作应当以事实为根据，以法律为准绳，遵循有功必奖、有错必纠、监督与指导相结合、教育与惩处相结合的原则。

第六十条 对模范遵守本规范，为路政文明执法做出突出贡献的公路管理机构及其路政执法人员，由交通运输主管部门予以表彰和奖励。

执行本规范，应当纳入交通运输文明执法创建考核范围。

第六十一条 交通运输主管部门、公路管理机构应当加强对路政执法人员的管理和教育。

对违反本规范有关执法纪律规定的，根据情节轻重给予批评教育、离岗培训、调离执法岗位、取消执法资格等处理；情节严重，造成严重后果的，依法给予行政处分；构成犯罪的，依法追究刑事责任。

第六十二条 交通运输主管部门、公路管理机构应当接受新闻舆论和群众的监督，公布举报电话，认真受理举报，及时查处路政执法人员违法违纪行为。

第八章 附 则

第六十三条 本规范自2012年7月1日起施行。

189. 交通运输部关于加强公路路政执法规范化建设的若干意见

（交公路发〔2014〕106 号）

各省、自治区、直辖市、新疆生产建设兵团交通运输厅（局、委），天津市市政公路管理局：

为深入贯彻党的十八大和十八届三中全会精神，切实加强公路路政执法规范化建设，严格规范公路路政执法行为，做到公正文明执法，不断提升交通运输行业依法行政、执法为民水平，更好地服务人民群众安全便捷出行，提出以下意见。

一、充分认识加强公路路政执法规范化建设的重要意义

长期以来，各地交通运输主管部门和公路管理机构认真贯彻执行《公路法》、《公路安全保护条例》等法律法规和有关规定，不断完善公路路政执法管理体制机制，加大路政执法工作力度，有效地保护了公路完好、安全和畅通，为促进我国经济社会持续健康发展发挥了重要作用。但由于各种因素影响和制约，目前一些地方还不同程度地存在着公路路政执法制度不完善、执法行为不规范、执法监督不到位等问题，乱罚款、乱收费、不文明执法现象还时有发生，严重侵害了人民群众的合法权益，损害了交通运输行业形象和公信力。加强公路路政执法规范化建设，是推进交通运输行业法治部门建设的重要内容，是“除‘四风’、强服务，建设群众满意交通”的重要抓手，对于保障公路事业持续健康发展、提升交通运输行业形象，具有重要意义。

二、总体要求

（一）指导思想。

深入贯彻落实党的十八大和十八届三中全会精神，以“规范执法、提升服务”为主题，以全面提升公路安全保护能力为目标，以解决人民群众最关心、反映最强烈的执法问题为突破口，立足当前，着眼长远，综合施策，标本兼治，全面推进公路路政执法规范化建设，严格规范权力运行，强化权力运行监督，完善执法过错责任追究，努力实现严格规范公正文明执法，为加快推进“四个交通”建设创造良好环境。

（二）工作原则。

——服务导向。通过加强公路路政执法规范化建设，积极推进依法行政，进一步强化公路安全保护工作，不断改进提升公路交通服务经济社会发展和人民群众安全便捷出行的能力和水平。

——创新驱动。坚持以信息技术条件下科学高效管理为方向，完善科技支撑，创新管理手段，提高管理效能，促进公路路政执法规范化发展。

——标本兼治。着力解决路政执法中存在的突出问题，分析问题产生的深层次原因，努力解决体制机制、手段和保障等根本性矛盾和障碍，建立规范路政执法的长效机制。

——稳步推进。在着力巩固公路执法专项整改工作成果的基础上，逐步理顺体制机制，完善保障措施，确保公路路政执法规范化建设积极有序推进。

（三）工作目标。

到 2017 年底，基本建立较为完善的公路路政执法运行机制和工作格局，实现执法制度健全、执法行为规范、执法监督严密、经费保障有力、公路安全保护达到较高水平，基本适应交通运输科学发展的新要求，满足人民群众安全便捷出行的新期待。

——队伍素质进一步提高。依法行政、执法为民意识更加坚定，执法人员综合素质和专业能力明显提高，执法队伍膨胀等遗留问题积极有序解决，队伍结构明显优化。

——管理制度进一步健全。执法人员准入、教育培训、行政许可、上路执法、督导检查、考核奖惩等监管制度基本完善。群众举报投诉及时受理，合法权益得到切实保护。

——保障能力进一步加强。执法工作经费纳入财政预算管理，基层执法人员待遇明显改善，执法装备配置明显加强，基本满足执法工作需要，执法信息化水平明显提高。

——治超力度进一步加大。封闭式收费公路违法超限运输基本杜绝。超限检测站点布局进一步优化完善，部门联合执法进一步加强，非现场执法逐步推广完善，干线公路违法超限运输率持续控制在6％以下。

——群众满意度进一步提升。执法队伍形象明显改观，执法规范化水平明显提升，乱收费、乱罚款、不文明执法现象基本杜绝。社会公众认知度和认同感明显提高。

三、主要任务

（一）加强公路路政执法队伍规范化建设。

1. 规范路政执法主体。各地交通运输主管部门和公路管理机构要结合事业单位分类改革，有效整合公路路政执法队伍，减少路政执法层级，相对集中路政执法权，切实落实公路管理机构的路政执法主体责任。加快落实经营性收费公路路政执法由公路管理机构派驻管理制度。按照“多元化投资、一元化管理”的原则和方向，逐步理顺高速公路管理体制，推行高速公路路政执法由省级交通运输主管部门和公路管理机构统筹管理的模式，解决多元化、分割式管理的问题。

2. 加强执法人员管理。各地交通运输主管部门和公路管理机构要加强与相关部门沟通协调，结合本地区公路里程等实际情况，科学核定公路路政执法人员定员标准，严格按照定编配备人员。按照有关规定，逐步妥善解决超编人员分流安置问题。坚持“凡进必考”，严格落实交通运输行政执法人员资格考试制度。对考试不合格的，一律不得发放交通运输行政执法证件，不得从事公路路政执法工作。完善公路路政执法人员考核奖惩制度。对发生严重违规违纪执法问题的执法人员，坚决调离执法岗位。加强执法协管人员管理，严禁协管人员单独从事公路路政执法工作。

3. 加强执法人员教育培训。各地交通运输主管部门和公路管理机构要健全和完善公路路政执法教育培训制度，分类、分期组织公路路政管理人员和执法人员开展全员培训，不断提升依法行政能力和水平。所有公路路政管理和执法人员每年要至少参加为期不少于 7 天的培训。加强公路路政执法队伍队容风纪管理，大力开展队伍作风整顿，定期组织开展岗位练兵活动，努力建设一支素质高、业务强、纪律严、作风硬、反应快的公路路政执法队伍。

（二）加强公路路政执法行为规范化建设。

4. 加强路面执法管理。各地交通运输主管部门和公路管理机构要健全和完善上路执法派遣或核准管理制度，加强执行监管，坚决禁止公路路政执法人员随意、违规上路执法。严格落实《公路超限检测站管理办法》等相关规定，依托固定超限检测站点，集中开展超限运输治理工作，规范流动治超检测和管理。加快推广入口称重阻截管理模式，杜绝违法超限运输车辆进入高速公路行驶。配合相关部门，定期开展在用检测设备检定，严禁使用未经检定、检定不合格、超过检定周期的检测设备。发现车辆违法超限运输的，必须严格按照有关规定，责令其现场纠正违法行为，不得违规放行。

5. 规范违法行为查处。各地省级交通运输主管部门和公路管理机构要加快研究和细化本地区公路路政处罚行政裁量权基准制度，细化、量化行政裁量权，严格规范裁量权的行使，减少路政执法的随意性。切实落实陈述申辩、听证、裁量说理等相关制度，维护执法相对人的合法权益。对五千元以上罚款以及情况复杂、争议较大的案件，要严格实施集体讨论制度。严格执行罚款收缴分离制度，确保罚款全额及时上缴国库。积极创造条件，全面推广罚款收入非现金收缴制度，禁止执法人员收受现金。严禁制定、下达或者变相下达罚款指标，严禁把罚款数额作为路政执法工作考核内容。

6. 强化路政许可服务。各地交通运输主管部门和公路管理机构要进一步健全和完善行政许可服务制度，优化工作流程，依法实施行政许可。认真推行行政许可首问负责制和限时办结制，尽可能缩短实际办结时间。对不符合规定的申请，要一次性告知相关事项并提供必要的便利服务。按照《公路安全保护条例》的规定，加快落实跨省超限运输许可申请由起运地省级公路管理机构统一受理，并协调沿线省级公路管理机构及时审批的制度，切实提高超限运输许可服务水平。

7. 加强信息化建设。各地交通运输主管部门和公路管理机构要充分利用科技手段，加快构建路政执法电子政务平台，实现执法文书网上填制、执法案件网上办理、案件信息联网共享，实现动态实时的信息化移动执法和对执法行为的实时监控。加快推进治超信息系统站、省、部三级联网管理，加强对货运车辆超限运输的全过程监管和联防联治。争取地方政府及相关部门支持，加快试行和推广公路路政非现场执法，逐步减少路面执法人员，提高执法工作效率。

8. 加强路政交警协作。各地交通运输主管部门和公路管理机构要争取地方政府及相关部门支持，探索和完善公路路政与公安交警联勤联动执法机制，联合开展高速公路巡查、疏堵保畅、救援清障、打击冲闯公路超限检测站点和公路收费站点等相关工作。严格执行交通部、公安部、国家发展改革委《关于进一步加强车辆超限超载集中治理工作的通知》（交公路发〔2004〕455号）等有关规定，切实加大交通、公安联合治超工作力度，统一认定标准，强化违法超限超载车辆卸载和处罚，坚决遏止违法超限超载运输行为。

9. 加强路政运政协作。各地交通运输主管部门应会同公路管理机构和道路运输管理机构，进一步健全和完善路政与运政治超联合执法协作机制，加强路政执法管理与道路运输市场监管的衔接与配合。加强路政超限管理信息系统与道路运政管理信息系统的互联互通与信息共享，加强重点货物运输源头监管，进一步完善并落实非法超限运输车辆信息抄送和跟踪处理制度。对确认的非法超限运输车辆、驾驶人和道路运输企业，由道路运输管理机构严格按照《道路运输条例》、《公路安全保护条例》等相关法规规定依法处理。

（三）加强公路路政执法监督规范化建设。

10. 明晰路政执法责任。各地交通运输主管部门和公路管理机构要按照权利、义务、责任相一致的原则，加快建立健全省、市、县分级公路路政执法管理制度，进一步明确不同层级、不同部门、不同机构、不同岗位执法人员的具体执法责任，细化执法工作流程、执法步骤、执法时限和执法形式，分清职责边界，杜绝多头执法。加快健全和完善公路路政执法过错责任追究制度。

11. 严肃路政执法纪律。各地交通运输主管部门和公路管理机构要结合《路政文明执法管理工作规范》以及“五个严禁”等路政执法工作纪律，进一步细化和完善本地区公路路政执法工作纪律，加强监督检查，坚决查处违规上路执法、无执法资格的人员执法、趋利执法、擅自提高或降低执法标准、乱罚款和乱收费等违规违纪执法行为。

12. 加强执法信息公开。各地省级交通运输主管部门和公路管理机构要进一步健全和完善相关制度，督促所属公路管理机构，通过政府部门网站或者在办公场所设置公示栏、电子显示屏、公众查阅室等方式，对公路路政执法主体、执法依据、执法程序、执法监督、执法结果、当事人权利等相关信息进行全面公示，主动接受社会监督，让公路路政执法在阳光下运行。进一步推进统一公路路政执法形象建设，尽快对外实现路政执法形象的“四个统一”：统一执法标志、统一执法证件、统一执法工作服装、统一执法场所外观。

13. 畅通举报投诉渠道。各省级交通运输主管部门和公路管理机构要统一公布行风投诉举报电话、通信地址和电子邮箱地址，畅通举报投诉渠道，全面接受社会监督。要健全和完善相关制度，确保举报投诉电话24小时有人受理。加强群众举报投诉问题核查处理，及时反馈核实处理情况，确保有效投诉答复率达到100%。

14. 加强执法评议考核。各地交通运输主管部门和公路管理机构要按照《交通运输行政执法评议考核规定》等相关规定，采取定性和定量相结合的方式，进一步细化和完善考评内容和指标，将群众评判作为考评标准的重要组成部分。加强年度和日常考评，实现考评工作常态化和动态化管理。建立执法评议考核结果通报制度，对考核优秀的单位和个人予以通报表彰，对考核不达标的单位和个人予以通报批评。

15. 强化执法督导检查。各地交通运输主管部门和公路管理机构要建立健全公路路政执法督导检查制度，定期或不定期地组织开展督导检查。要明确政风行风建设主体责任和监督责任，发现违法违纪的单位和个人，要严格按照“谁主管谁负责，谁审批谁负责，谁办案谁负责”的原则，坚决追究具体办案人员、单位领导和相关部门的责任。对不正确履行公路路政执法职责，造成严重后果或恶劣影响的，也要启动问责程序，严肃追究相关工作人员和有关领导的责任。交通运输部将加强督导检查，发现违规违纪问题的，将通报全国，并建议地方政府及有关部门，依法依规追究相关人员的责任。

四、保障措施

16. 加强组织领导。加强公路路政执法队伍规范化建设，是巩固公路执法专项整改工作成果，健全和完善公路路政执法管理长效机制的重要举措。各地交通运输主管部门和公路管理机构要高度重视，加强领导，精心组织，明确专人负责，狠抓贯彻落实，尽快形成主要领导负总责、分管领导亲自抓、各相关部门抓落实、全行业共同推进的工作格局，促进路政执法队伍规范化建设工作积极有序推进。

17. 落实执法工作经费。各地交通运输主管部门和公路管理机构要积极协调相关部门，认真贯彻落实《公路安全保护条例》等有关法规和规定，切实落实执法工作经费财政预算管理制度，确保执法人员工资待遇、执法设施装备建设和维护更新等正常工作经费全额纳入财政预算，从源头上消除权力寻租、趋利执法的利益诱因。按照统筹规划、科学配备的原则，加强执法装备配置，确保装备配备与执法任务相适应，不断提高公路路政队伍依法履行职责的能力。

18. 加强路政政策宣传。将每年5月份确定为全国路政宣传月。各地交通运输主管部门和公路管理机构要大力开展公路路政管理法律法规和政策宣传与解读工作，弘扬社会主义核心价值观和交通运输行业核心价值体系，大力宣传严格执法、文明服务的先进典型人物和事例，及时通报违纪违法问题查处情况，积极争取社会公众理解与支持，为进一步加强公路安全保护工作营造良好的社会环境。

190. 交通运输部　国家能源局　国家安全监管总局关于规范公路桥梁与石油天然气管道交叉工程管理的通知

（交公路发〔2015〕36号）

各省、自治区、直辖市交通运输厅（委）、能源局、安全监管局：

公路和石油、天然气输送管道（以下简称“油气管道”）都是国家重要的基础设施，对于保障和改善民生、促进经济社会持续健康发展具有重要的作用。近年来，随着我国公路和油气管道建设的快速发展，公路桥梁与油气管道交叉穿（跨）越的需求日渐增加。为加快公路和油气管道建设，维护公路和油气管道设施安全完好，保护人民群众生命财产安全，根据《公路法》、《石油天然气管道保护法》和《公路安全保护条例》等法律法规和规定，交通运输部、能源局、安全监管总局现就有关事项通知如下：

一、新建或改建油气管道需要穿（跨）越既有公路的，宜选择在非桥梁结构的公路路基地段，采用埋设方式从路基下方穿越通过，或采用架设方式从公路上方跨越通过。受地理条件影响或客观条件限制，必须与公路桥梁交叉的，可采用埋设方式从桥梁自然地面以下空间通过。禁止利用自然地面以上的公路桥下空间铺（架）设油气管道。

二、油气管道从公路桥梁自然地面以下空间穿越时，必须严格遵循《公路工程技术标准》、《公路路线设计规范》、《公路桥涵设计通用规范》、《油气输送管道穿越工程设计规范》等有关标准规范，并同时满足下列条件：

（一）不能影响桥下空间的正常使用功能。

（二）油气管道与两侧桥墩（台）的水平净距不应小于5米。

（三）交叉角度以垂直为宜。必须斜交时，应不小于30°。

（四）油气管道采用开挖埋设方式从公路桥下穿越时，管顶距桥下自然地面不应小于1米，管顶上方应铺设宽度大于管径的钢筋混凝土保护盖板，盖板长度不应小于规划公路用地范围宽度以外3米，并设置地面标识标明管道位置；采用定向钻穿越方式的，钻孔轴线应距桥梁墩台不小于5米，桥梁（投影）下方穿越的最小深度应大于最后一级扩孔直径的4～6倍。

三、新建或改建公路与既有油气管道交叉时，应选择在管道埋地敷设地段，采用涵洞方式跨越管道通过；受地理条件影响或客观条件限制时，可采用桥梁方式跨越管道通过。采用涵洞跨越既有管道时，交叉角度不应小于30°；采用桥梁跨越既有管道时，交叉角度不应小于15°。桥梁下墩台离开管道的净距、对埋地管道的保护措施（钢筋混凝土盖板、地面标识）依照本通知第二条规定执行。

四、油气管道穿（跨）越公路和公路桥梁自然地面以下空间、以及公路跨越油气管道前，各地公路管理机构或油气管道管理机构，应按照有关规定，委托具有相应资质的单位，开展安全技术评价，出具评价报告。

五、其他设施专用管道以及电缆穿越公路桥下空间的问题，可参照本《通知》规定执行。

六、各地执行中发现的问题，请及时报告交通运输部、能源局和安全监管总局。

191. 超限运输车辆行驶公路管理规定

（交通运输部令 2016 年第 62 号）

第一章　总　　则

第一条　为加强超限运输车辆行驶公路管理，保障公路设施和人民生命财产安全，根据《公路法》《公路安全保护条例》等法律、行政法规，制定本规定。

第二条　超限运输车辆通过公路进行货物运输，应当遵守本规定。

第三条　本规定所称超限运输车辆，是指有下列情形之一的货物运输车辆：

（一）车货总高度从地面算起超过 4 米；

（二）车货总宽度超过 2.55 米；

（三）车货总长度超过 18.1 米；

（四）二轴货车，其车货总质量超过 18000 千克；

（五）三轴货车，其车货总质量超过 25000 千克；三轴汽车列车，其车货总质量超过 27000 千克；

（六）四轴货车，其车货总质量超过 31000 千克；四轴汽车列车，其车货总质量超过 36000 千克；

（七）五轴汽车列车，其车货总质量超过 43000 千克；

（八）六轴及六轴以上汽车列车，其车货总质量超过 49000 千克，其中牵引车驱动轴为单轴的，其车货总质量超过 46000 千克。

前款规定的限定标准的认定，还应当遵守下列要求：

（一）二轴组按照二个轴计算，三轴组按照三个轴计算；

（二）除驱动轴外，二轴组、三轴组以及半挂车和全挂车的车轴每侧轮胎按照双轮胎计算，若每轴每侧轮胎为单轮胎，限定标准减少 3000 千克，但安装符合国家有关标准的加宽轮胎的除外；

（三）车辆最大允许总质量不应超过各车轴最大允许轴荷之和；

（四）拖拉机、农用车、低速货车，以行驶证核定的总质量为限定标准；

（五）符合《汽车、挂车及汽车列车外廓尺寸、轴荷及质量限值》（GB 1589）规定的冷藏车、汽车列车、安装空气悬架的车辆，以及专用作业车，不认定为超限运输车辆。

第四条　交通运输部负责全国超限运输车辆行驶公路的管理工作。

县级以上地方人民政府交通运输主管部门负责本行政区域内超限运输车辆行驶公路的管理工作。

公路管理机构具体承担超限运输车辆行驶公路的监督管理。

县级以上人民政府相关主管部门按照职责分工，依法负责或者参与、配合超限运输车辆行驶公路的监督管理。交通运输主管部门应当在本级人民政府统一领导下，与相关主管部门建立治理超限运输联动工作机制。

第五条　各级交通运输主管部门应当组织公路管理机构、道路运输管理机构建立相关管理信息系统，推行车辆超限管理信息系统、道路运政管理信息系统联网，实现数据交换与共享。

第二章　大件运输许可管理

第六条　载运不可解体物品的超限运输（以下称大件运输）车辆，应当依法办理有关许可手续，采取有效措施后，按照指定的时间、路线、速度行驶公路。未经许可，不得擅自行驶公路。

第七条 大件运输的托运人应当委托具有大型物件运输经营资质的道路运输经营者承运，并在运单上如实填写托运货物的名称、规格、重量等相关信息。

第八条 大件运输车辆行驶公路前，承运人应当按下列规定向公路管理机构申请公路超限运输许可：

（一）跨省、自治区、直辖市进行运输的，向起运地省级公路管理机构递交申请书，申请机关需要列明超限运输途经公路沿线各省级公路管理机构，由起运地省级公路管理机构统一受理并组织协调沿线各省级公路管理机构联合审批，必要时可由交通运输部统一组织协调处理；

（二）在省、自治区范围内跨设区的市进行运输，或者在直辖市范围内跨区、县进行运输的，向该省级公路管理机构提出申请，由其受理并审批；

（三）在设区的市范围内跨区、县进行运输的，向该市级公路管理机构提出申请，由其受理并审批；

（四）在区、县范围内进行运输的，向该县级公路管理机构提出申请，由其受理并审批。

第九条 各级交通运输主管部门、公路管理机构应当利用信息化手段，建立公路超限运输许可管理平台，实行网上办理许可手续，并及时公开相关信息。

第十条 申请公路超限运输许可的，承运人应当提交下列材料：

（一）公路超限运输申请表，主要内容包括货物的名称、外廓尺寸和质量，车辆的厂牌型号、整备质量、轴数、轴距和轮胎数，载货时车货总体的外廓尺寸、总质量、各车轴轴荷，拟运输的起讫点、通行路线和行驶时间；

（二）承运人的道路运输经营许可证，经办人的身份证件和授权委托书；

（三）车辆行驶证或者临时行驶车号牌。

车货总高度从地面算起超过 4.5 米，或者总宽度超过 3.75 米，或者总长度超过 28 米，或者总质量超过 100000 千克，以及其他可能严重影响公路完好、安全、畅通情形的，还应当提交记录载货时车货总体外廓尺寸信息的轮廓图和护送方案。

护送方案应当包含护送车辆配置方案、护送人员配备方案、护送路线情况说明、护送操作细则、异常情况处理等相关内容。

第十一条 承运人提出的公路超限运输许可申请有下列情形之一的，公路管理机构不予受理：

（一）货物属于可分载物品的；

（二）承运人所持有的道路运输经营许可证记载的经营资质不包括大件运输的；

（三）承运人被依法限制申请公路超限运输许可未满限制期限的；

（四）法律、行政法规规定的其他情形。

载运单个不可解体物品的大件运输车辆，在不改变原超限情形的前提下，加装多个品种相同的不可解体物品的，视为载运不可解体物品。

第十二条 公路管理机构受理公路超限运输许可申请后，应当对承运人提交的申请材料进行审查。属于第十条第二款规定情形的，公路管理机构应当对车货总体外廓尺寸、总质量、轴荷等数据和护送方案进行核查，并征求同级公安机关交通管理部门意见。

属于统一受理、集中办理跨省、自治区、直辖市进行运输的，由起运地省级公路管理机构负责审查。

第十三条 公路管理机构审批公路超限运输申请，应当根据实际情况组织人员勘测通行路线。需要采取加固、改造措施的，承运人应当按照规定要求采取有效的加固、改造措施。公路管理机构应当对承运人提出的加固、改造措施方案进行审查，并组织验收。

承运人不具备加固、改造措施的条件和能力的，可以通过签订协议的方式，委托公路管理机构制定相应的加固、改造方案，由公路管理机构进行加固、改造，或者由公路管理机构通过市场化方式选择具有相应资质的单位进行加固、改造。

采取加固、改造措施所需的费用由承运人承担。相关收费标准应当公开、透明。

第十四条 采取加固、改造措施应当满足公路设施安全需要，并遵循下列原则：

（一）优先采取临时措施，便于实施、拆除和可回收利用；

（二）采取永久性或者半永久性措施的，可以考虑与公路设施的技术改造同步实施；

（三）对公路设施采取加固、改造措施仍无法满足大件运输车辆通行的，可以考虑采取修建临时便桥或者便道的改造措施；

（四）有多条路线可供选择的，优先选取桥梁技术状况评定等级高和采取加固、改造措施所需费用低的路线通行；

（五）同一时期，不同的超限运输申请，涉及对同一公路设施采取加固、改造措施的，由各承运人按照公平、自愿的原则分担有关费用。

第十五条 公路管理机构应当在下列期限内作出行政许可决定：

（一）车货总高度从地面算起未超过 4.2 米、总宽度未超过 3 米、总长度未超过 20 米且车货总质量、轴荷未超过本规定第三条、第十七条规定标准的，自受理申请之日起 2 个工作日内作出，属于统一受理、集中办理跨省、自治区、直辖市大件运输的，办理的时间最长不得超过 5 个工作日；

（二）车货总高度从地面算起未超过 4.5 米、总宽度未超过 3.75 米、总长度未超过 28 米且总质量未超过 100000 千克的，属于本辖区内大件运输的，自受理申请之日起 5 个工作日内作出，属于统一受理、集中办理跨省、自治区、直辖市大件运输的，办理的时间最长不得超过 10 个工作日；

（三）车货总高度从地面算起超过 4.5 米，或者总宽度超过 3.75 米，或者总长度超过 28 米，或者总质量超过 100000 千克的，属于本辖区内大件运输的，自受理申请之日起 15 个工作日内作出，属于统一受理、集中办理跨省、自治区、直辖市大件运输的，办理的时间最长不得超过 20 个工作日。

采取加固、改造措施所需时间不计算在前款规定的期限内。

第十六条 受理跨省、自治区、直辖市公路超限运输申请后，起运地省级公路管理机构应当在 2 个工作日内向途经公路沿线各省级公路管理机构转送其受理的申请资料。

属于第十五条第一款第二项规定的情形的，途经公路沿线各省级公路管理机构应当在收到转送的申请材料起 5 个工作日内作出行政许可决定；属于第十五条第一款第三项规定的情形的，应当在收到转送的申请材料起 15 个工作日内作出行政许可决定，并向起运地省级公路管理机构反馈。需要采取加固、改造措施的，由相关省级公路管理机构按照本规定第十三条执行；上下游省、自治区、直辖市范围内路线或者行驶时间调整的，应当及时告知承运人和起运地省级公路管理机构，由起运地省级公路管理机构组织协调处理。

第十七条 有下列情形之一的，公路管理机构应当依法作出不予行政许可的决定：

（一）采用普通平板车运输，车辆单轴的平均轴荷超过 10000 千克或者最大轴荷超过 13000 千克的；

（二）采用多轴多轮液压平板车运输，车辆每轴线（一线两轴 8 轮胎）的平均轴荷超过 18000 千克或者最大轴荷超过 20000 千克的；

（三）承运人不履行加固、改造义务的；

（四）法律、行政法规规定的其他情形。

第十八条 公路管理机构批准公路超限运输申请的，根据大件运输的具体情况，指定行驶公路的时间、路线和速度，并颁发《超限运输车辆通行证》。其中，批准跨省、自治区、直辖市运输的，由起运地省级公路管理机构颁发。

《超限运输车辆通行证》的式样由交通运输部统一制定，各省级公路管理机构负责印制和管理。申请人可到许可窗口领取或者通过网上自助方式打印。

第十九条 同一大件运输车辆短期内多次通行固定路线，装载方式、装载物品相同，且不需要采取加固、改造措施的，承运人可以根据运输计划向公路管理机构申请办理行驶期限不超过 6 个月的《超限运输车辆通行证》。运输计划发生变化的，需按原许可机关的有关规定办理变更手续。

第二十条 经批准进行大件运输的车辆，行驶公路时应当遵守下列规定：

（一）采取有效措施固定货物，按照有关要求在车辆上悬挂明显标志，保证运输安全；

（二）按照指定的时间、路线和速度行驶；

（三）车货总质量超限的车辆通行公路桥梁，应当匀速居中行驶，避免在桥上制动、变速或者停驶；

（四）需要在公路上临时停车的，除遵守有关道路交通安全规定外，还应当在车辆周边设置警告标志，并采取相应的安全防范措施；需要较长时间停车或者遇有恶劣天气的，应当驶离公路，就近选择安全区域停靠；

（五）通行采取加固、改造措施的公路设施，承运人应当提前通知该公路设施的养护管理单位，由其加强现场管理和指导；

（六）因自然灾害或者其他不可预见因素而出现公路通行状况异常致使大件运输车辆无法继续行驶的，承运人应当服从现场管理并及时告知作出行政许可决定的公路管理机构，由其协调当地公路管理机构采取相关措施后继续行驶。

第二十一条 大件运输车辆应当随车携带有效的《超限运输车辆通行证》，主动接受公路管理机构的监督检查。

大件运输车辆及装载物品的有关情况应当与《超限运输车辆通行证》记载的内容一致。

任何单位和个人不得租借、转让《超限运输车辆通行证》，不得使用伪造、变造的《超限运输车辆通行证》。

第二十二条 对于本规定第十条第二款规定的大件运输车辆，承运人应当按照护送方案组织护送。

承运人无法采取护送措施的，可以委托作出行政许可决定的公路管理机构协调公路沿线的公路管理机构进行护送，并承担所需费用。护送收费标准由省级交通运输主管部门会同同级财政、价格主管部门按规定制定，并予以公示。

第二十三条 行驶过程中，护送车辆应当与大件运输车辆形成整体车队，并保持实时、畅通的通讯联系。

第二十四条 经批准的大件运输车辆途经实行计重收费的收费公路时，对其按照基本费率标准收取车辆通行费，但车辆及装载物品的有关情况与《超限运输车辆通行证》记载的内容不一致的除外。

第二十五条 公路管理机构应当加强与辖区内重大装备制造、运输企业的联系，了解其制造、运输计划，加强服务，为重大装备运输提供便利条件。

大件运输需求量大的地区，可以统筹考虑建设成本、运输需求等因素，适当提高通行路段的技术条件。

第二十六条 公路管理机构、公路经营企业应当按照有关规定，定期对公路、公路桥梁、公路隧道等设施进行检测和评定，并为社会公众查询其技术状况信息提供便利。

公路收费站应当按照有关要求设置超宽车道。

第三章 违法超限运输管理

第二十七条 载运可分载物品的超限运输（以下称违法超限运输）车辆，禁止行驶公路。

在公路上行驶的车辆，其车货总体的外廓尺寸或者总质量未超过本规定第三条规定的限定标准，但超过相关公路、公路桥梁、公路隧道限载、限高、限宽、限长标准的，不得在该公路、公路桥梁或者公路隧道行驶。

第二十八条 煤炭、钢材、水泥、砂石、商品车等货物集散地以及货运站等场所的经营人、管理人（以下统称货运源头单位），应当在货物装运场（站）安装合格的检测设备，对出场（站）货运车辆进行检测，确保出场（站）货运车辆合法装载。

第二十九条 货运源头单位、道路运输企业应当加强对货运车辆驾驶人的教育和管理，督促其合法运输。

道路运输企业是防止违法超限运输的责任主体，应当按照有关规定加强对车辆装载及运行全过程监控，防止驾驶人违法超限运输。

任何单位和个人不得指使、强令货运车辆驾驶人违法超限运输。

第三十条 货运车辆驾驶人不得驾驶违法超限运输车辆。

第三十一条 道路运输管理机构应当加强对政府公布的重点货运源头单位的监督检查。通过巡查、技术监控等方式督促其落实监督车辆合法装载的责任，制止违法超限运输车辆出场（站）。

第三十二条 公路管理机构、道路运输管理机构应当建立执法联动工作机制，将违法超限运输行为纳入道路运输企业质量信誉考核和驾驶人诚信考核，实行违法超限运输“黑名单”管理制度，依法追究违法超限运输的货运车辆、车辆驾驶人、道路运输企业、货运源头单位的责任。

第三十三条 公路管理机构应当对货运车辆进行超限检测。超限检测可以采取固定站点检测、流动检测、技术监控等方式。

第三十四条 采取固定站点检测的，应当在经省级人民政府批准设置的公路超限检测站进行。

第三十五条 公路管理机构可以利用移动检测设备，开展流动检测。经流动检测认定的违法超限运输车辆，应当就近引导至公路超限检测站进行处理。

流动检测点远离公路超限检测站的，应当就近引导至县级以上地方交通运输主管部门指定并公布的执法站所、停车场、卸载场等具有停放车辆及卸载条件的地点或者场所进行处理。

第三十六条 经检测认定违法超限运输的，公路管理机构应当责令当事人自行采取卸载等措施，消除违法状态；当事人自行消除违法状态确有困难的，可以委托第三人或者公路管理机构协助消除违法状态。

属于载运不可解体物品，在接受调查处理完毕后，需要继续行驶公路的，应当依法申请公路超限运输许可。

第三十七条 公路管理机构对车辆进行超限检测，不得收取检测费用。对依法扣留或者停放接受调查处理的超限运输车辆，不得收取停车保管费用。由公路管理机构协助卸载、分装或者保管卸载货物的，超过保管期限经通知当事人仍不领取的，可以按照有关规定予以处理。

第三十八条 公路管理机构应当使用经国家有关部门检定合格的检测设备对车辆进行超限检测；未定期检定或者检定不合格的，其检测数据不得作为执法依据。

第三十九条 收费高速公路入口应当按照规定设置检测设备，对货运车辆进行检测，不得放行违法超限运输车辆驶入高速公路。其他收费公路实行计重收费的，利用检测设备发现违法超限运输车辆时，有权拒绝其通行。收费公路经营管理者应当将违法超限运输车辆及时报告公路管理机构或者公安机关交通管理部门依法处理。

公路管理机构有权查阅和调取公路收费站车辆称重数据、照片、视频监控等有关资料，经确认后可以作为行政处罚的证据。

第四十条 公路管理机构应当根据保护公路的需要，在货物运输主通道、重要桥梁入口处等普通公路以及开放式高速公路的重要路段和节点，设置车辆检测等技术监控设备，依法查处违法超限运输行为。

第四十一条 新建、改建公路时，应当按照规划，将超限检测站点、车辆检测等技术监控设备作为公路附属设施一并列入工程预算，与公路主体工程同步设计、同步建设、同步验收运行。

第四章 法律责任

第四十二条 违反本规定，依照《公路法》《公路安全保护条例》《道路运输条例》和本规定予以处理。

第四十三条 车辆违法超限运输的，由公路管理机构根据违法行为的性质、情节和危害程度，按下列规定给予处罚：

（一）车货总高度从地面算起未超过4.2米、总宽度未超过3米且总长度未超过20米的，可以处200元以下罚款；车货总高度从地面算起未超过4.5米、总宽度未超过3.75米且总长度未超过28米的，处200元以上1000元以下罚款；车货总高度从地面算起超过4.5米、总宽度超过3.75米或者总长度超过28米的，处1000元以上3000元以下的罚款；

（二）车货总质量超过本规定第三条第一款第四项至第八项规定的限定标准，但未超过1000千克的，予以警告；超过1000千克的，每超1000千克罚款500元，最高不得超过30000元。

有前款所列多项违法行为的，相应违法行为的罚款数额应当累计，但累计罚款数额最高不得超过30000元。

第四十四条 公路管理机构在违法超限运输案件处理完毕后7个工作日内，应当将与案件相关的下列信息通过车辆超限管理信息系统抄告车籍所在地道路运输管理机构：

（一）车辆的号牌号码、车型、车辆所属企业、道路运输证号信息；

（二）驾驶人的姓名、驾驶人从业资格证编号、驾驶人所属企业信息；

（三）货运源头单位、货物装载单信息；

（四）行政处罚决定书信息；

（五）与案件相关的其他资料信息。

第四十五条 公路管理机构在监督检查中发现违法超限运输车辆不符合《汽车、挂车及汽车列车外廓尺寸、轴荷及质量限值》（GB 1589），或者与行驶证记载的登记内容不符的，应当予以记录，定期抄告车籍所在地的公安机关交通管理部门等单位。

第四十六条 对1年内违法超限运输超过3次的货运车辆和驾驶人，以及违法超限运输的货运车辆超过本单位货运车辆总数10%的道路运输企业，由道路运输管理机构依照《公路安全保护条例》第六十六条予以处理。

前款规定的违法超限运输记录累计计算周期，从初次领取《道路运输证》、道路运输从业人员从业资格证、道路运输经营许可证之日算起，可跨自然年度。

第四十七条 大件运输车辆有下列情形之一的，视为违法超限运输：

（一）未经许可擅自行驶公路的；

（二）车辆及装载物品的有关情况与《超限运输车辆通行证》记载的内容不一致的；

（三）未按许可的时间、路线、速度行驶公路的；

（四）未按许可的护送方案采取护送措施的。

第四十八条 承运人隐瞒有关情况或者提供虚假材料申请公路超限运输许可的，除依法给予处理外，并在1年内不准申请公路超限运输许可。

第四十九条 违反本规定，指使、强令车辆驾驶人超限运输货物的，由道路运输管理机构责令改正，处30000元以下罚款。

第五十条 违法行为地或者车籍所在地公路管理机构可以根据技术监控设备记录资料，对违法超限运输车辆依法给予处罚，并提供适当方式，供社会公众查询违法超限运输记录。

第五十一条 公路管理机构、道路运输管理机构工作人员有玩忽职守、徇私舞弊、滥用职权的，依法给予行政处分；涉嫌犯罪的，移送司法机关依法查处。

第五十二条 对违法超限运输车辆行驶公路现象严重，造成公路桥梁垮塌等重大安全事故，或者公路受损严重、通行能力明显下降的，交通运输部、省级交通运输主管部门可以按照职责权限，在1年内停止审批该地区申报的地方性公路工程建设项目。

第五十三条 相关单位和个人拒绝、阻碍公路管理机构、道路运输管理机构工作人员依法执行职务，构成违反治安管理行为的，由公安机关依法给予治安管理处罚；构成犯罪的，依法追究刑事责任。

第五章　附　　则

第五十四条　因军事和国防科研需要，载运保密物品的大件运输车辆确需行驶公路的，参照本规定执行；国家另有规定的，从其规定。

第五十五条　本规定自 2016 年 9 月 21 日起施行。原交通部发布的《超限运输车辆行驶公路管理规定》（交通部令 2000 年第 2 号）同时废止。

192. 路政管理规定

（根据交通运输部令2016年第81号修正）

第一章　总　　则

第一条　为加强公路管理，提高路政管理水平，保障公路的完好、安全和畅通，根据《中华人民共和国公路法》（以下简称《公路法》）及其他有关法律、行政法规，制定本规定。

第二条　本规定适用于中华人民共和国境内的国道、省道、县道、乡道的路政管理。

本规定所称路政管理，是指县级以上人民政府交通主管部门或者其设置的公路管理机构，为维护公路管理者、经营者、使用者的合法权益，根据《公路法》及其他有关法律、法规和规章的规定，实施保护公路、公路用地及公路附属设施（以下统称“路产”）的行政管理。

第三条　路政管理工作应当遵循“统一管理、分级负责、依法行政”的原则。

第四条　交通部根据《公路法》及其他有关法律、行政法规的规定主管全国路政管理工作。

县级以上地方人民政府交通主管部门根据《公路法》及其他有关法律、法规、规章的规定主管本行政区域内路政管理工作。

县级以上地方人民政府交通主管部门设置的公路管理机构根据《公路法》的规定或者根据县级以上地方人民政府交通主管部门的委托负责路政管理的具体工作。

第五条　县级以上地方人民政府交通主管部门或者其设置的公路管理机构的路政管理职责如下：

（一）宣传、贯彻执行公路管理的法律、法规和规章；

（二）保护路产；

（三）实施路政巡查；

（四）管理公路两侧建筑控制区；

（五）维持公路养护作业现场秩序；

（六）参与公路工程交工、竣工验收；

（七）依法查处各种违反路政管理法律、法规、规章的案件；

（八）法律、法规规定的其他职责。

第六条　依照《公路法》的有关规定，受让公路收费权或者由国内外经济组织投资建成的收费公路的路政管理工作，由县级以上地方人民政府交通主管部门或者其设置的公路管理机构的派出机构、人员负责。

第七条　任何单位和个人不得破坏、损坏或者非法占用路产。

任何单位和个人都有爱护路产的义务，有检举破坏、损坏路产和影响公路安全行为的权利。

第二章　路政管理许可

第八条　除公路防护、养护外，占用、利用或者挖掘公路、公路用地、公路两侧建筑控制区，以及更新、砍伐公路用地上的树木，应当根据《公路法》和本规定，事先报经交通主管部门或者其设置的公路管理机构批准、同意。

第九条　因修建铁路、机场、电站、通信设施、水利工程和进行其他建设工程需要占用、挖掘公路或者使公路改线的，建设单位应当按照《公路法》第四十四条第二款的规定，事先向交通主管部门或者其设置的公路管理机构提交申请书和设计图。

本条前款规定的申请书包括以下主要内容：

（一）主要理由；

（二）地点（公路名称、桩号及与公路边坡外缘或者公路界桩的距离）；

（三）安全保障措施；

（四）施工期限；

（五）修复、改建公路的措施或者补偿数额。

第十条 跨越、穿越公路，修建桥梁、渡槽或者架设、埋设管线等设施，以及在公路用地范围内架设、埋设管（杆）线、电缆等设施，应当按照《公路法》第四十五条的规定，事先向交通主管部门或者其设置的公路管理机构提交申请书和设计图。

本条前款规定的申请书包括以下主要内容：

（一）主要理由；

（二）地点（公路名称、桩号及与公路边坡外缘或者公路界桩的距离）；

（三）安全保障措施；

（四）施工期限；

（五）修复、改建公路的措施或者补偿数额。

第十一条 因抢险、防汛需要在大中型公路桥梁和渡口周围二百米范围内修筑堤坝、压缩或者拓宽河床，应当按照《公路法》第四十七条第二款的规定，事先向交通主管部门提交申请书和设计图。

本条前款规定的申请书包括以下主要内容：

（一）主要理由；

（二）地点（公路名称、桩号及与公路边坡外缘或者公路界桩的距离）；

（三）安全保障措施；

（四）施工期限。

第十二条 铁轮车、履带车和其他可能损害公路路面的机具，不得在公路上行驶。

农业机械因当地田间作业需要在公路上短距离行驶或者军用车辆执行任务需要在公路上行驶的，可以不受前款限制，但是应当采取安全保护措施。对公路造成损坏的，应当按照损坏程度给予补偿。

第十三条 超过公路、公路桥梁、公路隧道或者汽车渡船的限载、限高、限宽、限长标准的车辆，确需在公路上行驶的，按照《公路法》第五十条和交通部制定的《超限运输车辆行驶公路管理规定》的规定办理。

第十四条 在公路用地范围内设置公路标志以外的其他标志，应当按照《公路法》第五十四条的规定，事先向交通主管部门或者其设置的公路管理机构提交申请书和设计图。

本条前款规定的申请书包括以下主要内容：

（一）主要理由；

（二）标志的内容；

（三）标志的颜色、外廓尺寸及结构；

（四）标志设置地点（公路名称、桩号）；

（五）标志设置时间及保持期限。

第十五条 在公路上增设平面交叉道口，应当按照《公路法》第五十五条的规定，事先向交通主管部门或者其设置的公路管理机构提交申请书和设计图或者平面布置图。

本条前款规定的申请书包括以下主要内容：

（一）主要理由；

（二）地点（公路名称、桩号）；

（三）施工期限；

（四）安全保障措施。

第十六条 在公路两侧的建筑控制区内埋设管（杆）线、电缆等设施，应当按照《公路法》第五十六条第一款的规定，事先向交通主管部门或者其设置的公路管理机构提交申请书和设计图。

本条前款规定的申请书包括以下主要内容：

（一）主要理由；

（二）地点（公路名称、桩号及与公路边坡外缘或公路界桩的距离）；

（三）安全保障措施；

（四）施工期限。

第十七条 更新砍伐公路用地上的树木，应当依照《公路法》第四十二条第二款的规定，事先向交通主管部门或者其设置的公路管理机构提交申请书。

本条前款规定的申请书包括以下主要内容：

（一）主要理由；

（二）地点（公路名称、桩号）；

（三）树木的种类和数量；

（四）安全保障措施；

（五）时间；

（六）补种措施。

第十八条 除省级人民政府根据《公路法》第八条第二款就国道、省道管理、监督职责作出决定外，路政管理许可的权限如下：

（一）属于国道、省道的，由省级人民政府交通主管部门或者其设置的公路管理机构办理；

（二）属于县道的，由市（设区的市）级人民政府交通主管部门或者其设置的公路管理机构办理；

（三）属于乡道的，由县级人民政府交通主管部门或者其设置的公路管理机构办理。

路政管理许可事项涉及有关部门职责的，应当经交通主管部门或者其设置的公路管理机构批准或者同意后，依照有关法律、法规的规定，办理相关手续。其中，本规定第十一条规定的事项，由省级人民政府交通主管部门会同省级水行政主管部门办理。

第十九条 交通主管部门或者其设置的公路管理机构自接到申请书之日起15日内应当作出决定。作出批准或者同意的决定的，应当签发相应的许可证；作出不批准或者不同意的决定的，应当书面告知，并说明理由。

第三章　路政案件管辖

第二十条 路政案件由案件发生地的县级人民政府交通主管部门或者其设置的公路管理机构管辖。

第二十一条 对管辖发生争议的，报请共同的上一级人民政府交通主管部门或者其设置的公路管理机构指定管辖。

下级人民政府交通主管部门或者其设置的公路管理机构对属于其管辖的案件，认为需要由上级人民政府交通主管部门或者其设置的公路管理机构处理的，可以报请上一级人民政府交通主管部门或者其设置的公路管理机构决定。

上一级人民政府交通主管部门或者其设置的公路管理机构认为必要的，可以直接处理属于下级人民政府交通主管部门或者其设置的公路管理机构管辖的案件。

第二十二条 报请上级人民政府交通主管部门或者其设置的公路管理机构处理的案件以及上级人民政府交通主管部门或者其设置的公路管理机构决定直接处理的案件，案件发生地的县级人民政府交通主管部门或者其设置的公路管理机构应当首先制止违法行为，并做好保护现场等工作，上级人民政府交通主管部门或者其设置的公路管理机构应当及时确定管辖权。

第四章　行政处罚

第二十三条　有下列违法行为之一的，依照《公路法》第七十六条的规定，责令停止违法行为，可处三万元以下的罚款：

（一）违反《公路法》第四十四条第一款规定，擅自占用、挖掘公路的；

（二）违反《公路法》第四十五条规定，未经同意或者未按照公路工程技术标准的要求修建跨越、穿越公路的桥梁、渡槽或者架设、埋设管线、电缆等设施的；

（三）违反《公路法》第四十七条规定，未经批准从事危及公路安全作业的；

（四）违反《公路法》第四十八条规定，铁轮车、履带车和其他可能损害路面的机具擅自在公路上超限行驶的；

（五）违反《公路法》第五十条规定，车辆超限使用汽车渡船或者在公路上擅自超限行驶的；

（六）违反《公路法》第五十二条、第五十六条规定，损坏、移动、涂改公路附属设施或者损坏、挪动建筑控制区的标桩、界桩，可能危及公路安全的。

第二十四条　有下列违法行为之一的，依照《公路法》第七十七条的规定，责令停止违法行为，可处五千元以下罚款：

（一）违反《公路法》第四十六条规定，造成公路路面损坏、污染或者影响公路畅通的；

（二）违反《公路法》第五十一条规定，将公路作为检验机动车辆制动性能的试车场地的。

第二十五条　违反《公路法》第五十三条规定，造成公路损坏，未报告的，依照《公路法》第七十八条的规定，处以一千元以下罚款。

第二十六条　违反《公路法》第五十四条规定，在公路用地范围内设置公路标志以外的其他标志的，依照《公路法》第七十九条的规定，责令限期拆除，可处二万元以下罚款。

第二十七条　违反《公路法》第五十五条规定，未经批准在公路上设置平面交叉道口的，依照《公路法》第八十条的规定，责令恢复原状，处五万元以下罚款。

第二十八条　违反《公路法》第五十六条规定，在公路建筑控制区内修建建筑物、地面构筑物或者擅自埋设管线、电缆等设施的，依照《公路法》第八十一条的规定，责令限期拆除，并可处五万元以下罚款。

第二十九条　《公路法》第八章及本规定规定的行政处罚，由县级以上地方人民政府交通主管部门或者其设置的公路管理机构依照《公路法》有关规定实施。

第三十条　实施路政处罚的程序，按照《交通行政处罚程序规定》办理。

第五章　公路赔偿和补偿

第三十一条　公民、法人或者其他组织造成路产损坏的，应向公路管理机构缴纳路产损坏赔（补）偿费。

第三十二条　根据《公路法》第四十四条第二款，经批准占用、利用、挖掘公路或者使公路改线的，建设单位应当按照不低于该段公路原有技术标准予以修复、改建或者给予相应的补偿。

第三十三条　路产损坏事实清楚，证据确凿充分，赔偿数额较小，且当事人无争议的，可以当场处理。

当场处理公路赔（补）偿案件，应当制作、送达《公路赔（补）偿通知书》收取公路赔（补）偿费，出具收费凭证。

第三十四条　除本规定第三十三条规定可以当场处理的公路赔（补）偿案件外，处理公路赔（补）偿案件应当按照下列程序进行：

（一）立案；

（二）调查取证；

（三）听取当事人陈述和申辩或听证；

（四）制作并送达《公路赔（补）偿通知书》；

（五）收取公路赔（补）偿费；

（六）出具收费凭证；

（七）结案。

调查取证应当询问当事人及证人，制作调查笔录；需要进行现场勘验或者鉴定的，还应当制作现场勘验报告或者鉴定报告。

第三十五条　本规定对公路赔（补）偿案件处理程序的具体事项未作规定的，参照《交通行政处罚程序规定》办理。

办理公路赔（补）偿案件涉及路政处罚的，可以一并进行调查取证，分别进行处理。

第三十六条　当事人对《公路赔（补）偿通知书》认定的事实和赔（补）偿费数额有疑义的，可以向公路管理机构申请复核。

公路管理机构应当自收到公路赔（补）偿复核申请之日起 15 日内完成复核，并将复核结果书面通知当事人。

本条规定不影响当事人依法向人民法院提起民事诉讼的法定权利。

第三十七条　公路赔（补）偿费应当用于受损公路的修复，不得挪作他用。

第六章　行政强制措施

第三十八条　对公路造成较大损害、当场不能处理完毕的车辆，公路管理机构应当依据《公路法》第八十五条第二款的规定，签发《责令车辆停驶通知书》，责令该车辆停驶并停放于指定场所。调查、处理完毕后，应当立即放行车辆，有关费用由车辆所有人或者使用人承担。

第三十九条　违反《公路法》第五十四条规定，在公路用地范围内设置公路标志以外的其他标志，依法责令限期拆除，而设置者逾期不拆除的，依照《公路法》第七十九条的规定强行拆除。

第四十条　违反《公路法》第五十六条规定，在公路建筑控制区内修建建筑物、地面构筑物或者擅自埋设管（杆）线、电缆等设施，依法责令限期拆除，而建筑者、构筑者逾期不拆除的，依照《公路法》第八十一条的规定强行拆除。

第四十一条　依法实施强行拆除所发生的有关费用，由设置者、建筑者、构筑者负担。

第四十二条　依法实施路政强行措施，应当遵守下列程序：

（一）制作并送达路政强制措施告诫书，告知当事人作出拆除非法标志或者设施决定的事实、理由及依据，拆除非法标志或者设施的期限，不拆除非法标志或者设施的法律后果，并告知当事人依法享有的权利；

（二）听取当事人陈述和申辩；

（三）复核当事人提出的事实、理由和依据；

（四）经督促告诫，当事人逾期不拆除非法标志或者设施的，制作并送达路政强制措施决定书；

（五）实施路政强制措施；

（六）制作路政强制措施笔录。

实施强行拆除涉及路政处罚的，可以一并进行调查取证，分别进行处理。

第四十三条　有下列情形之一的，可依法申请人民法院强制执行：

（一）当事人拒不履行公路行政处罚决定；

（二）依法强行拆除受到阻挠。

第四十四条　《公路法》第八章及本规定规定的行政强制措施，由县级以上地方人民政府交通主管部门或者其设置的公路管理机构依照《公路法》有关规定实施。

第七章　监 督 检 查

第四十五条　交通主管部门、公路管理机构应当依法对有关公路管理的法律、法规、规章执行情况进行监督检查。

第四十六条　交通主管部门、公路管理机构应当加强路政巡查，认真查处各种侵占、损坏路产及其他违反公路管理法律、法规和本规定的行为。

第四十七条　路政管理人员依法在公路、建筑控制区、车辆停放场所、车辆所属单位等进行监督检查时，任何单位和个人不得阻挠。

第四十八条　公路养护人员发现破坏、损坏或者非法占用路产和影响公路安全的行为应当予以制止，并及时向公路管理机构报告，协助路政管理人员实施日常路政管理。

第四十九条　公路经营者、使用者和其他有关单位、个人，应当接受路政管理人员依法实施的监督检查，并为其提供方便。

第五十条　对公路造成较大损害的车辆，必须立即停车，保护现场，并向公路管理机构报告。

第五十一条　交通主管部门、公路管理机构应当对路政管理人员的执法行为加强监督检查，对其违法行为应当及时纠正，依法处理。

第八章　人员与装备

第五十二条　公路管理机构应当配备相应的专职路政管理人员，具体负责路政管理工作。

第五十三条　路政管理人员的配备标准由省级人民政府交通主管部门会同有关部门按照“精干高效”的原则，根据本辖区公路的行政等级、技术等级和当地经济发展水平等实际情况综合确定。

第五十四条　路政管理人员录用应具备以下条件：

（一）年龄在20周岁以上，但一线路政执法人员的年龄不得超过45岁；

（二）身体健康；

（三）大专毕业以上文化程度；

（四）持有符合交通部规定的岗位培训考试合格证书。

第五十五条　路政管理人员实行公开录用、竞争上岗，由市（设区的市）级公路管理机构组织实施，省级公路管理机构批准。

第五十六条　路政管理人员执行公务时，必须按规定统一着装，佩戴标志，持证上岗。

第五十七条　路政管理人员必须爱岗敬业，恪尽职守，熟悉业务，清正廉洁，文明服务、秉公执法。

第五十八条　交通主管部门、公路管理机构应当加强路政管理队伍建设，提高路政管理执法水平。

第五十九条　路政管理人员玩忽职守、徇私舞弊、滥用职权，依法给予行政处分；构成犯罪的，依法追究刑事责任。

第六十条　公路管理机构应当配备专门用于路政管理的交通、通信及其他必要的装备。

用于路政管理的交通、通讯及其他装备不得用于非路政管理活动。

第六十一条　用于路政管理的专用车辆，应当按照《公路法》第七十三条和交通部制定的《公路监督检查专用车辆管理办法》的规定，设置统一的标志和示警灯。

第九章　内 务 管 理

第六十二条　公路管理机构应当建立健全路政内务管理制度，加强各项内务管理工作。

第六十三条　路政内务管理制度如下：

（一）路政管理人员岗位职责；

（二）路政管理人员行为规范；

（三）路政管理人员执法考核、评议制度；

（四）路政执法与办案程序；

（五）路政巡查制度；

（六）路政管理统计制度；

（七）路政档案管理制度；

（八）其他路政内务管理制度。

第六十四条　公路管理机构应当公开办事制度，自觉接受社会监督。

第十章　附　　则

第六十五条　公路赔（补）偿费标准，由省、自治区、直辖市人民政府交通主管部门会同同级财政、价格主管部门制定。

第六十六条　路政管理文书的格式，由交通部统一制定。

第六十七条　本规定由交通部负责解释。

第六十八条　本规定自2003年4月1日起施行。1990年9月24日交通部发布的《公路路政管理规定（试行）》同时废止。

193. 交通运输部　工业和信息化部　公安部　工商总局质检总局关于进一步做好货车非法改装和超限超载治理工作的意见

（交公路发〔2016〕124号）

各省、自治区、直辖市、新疆生产建设兵团交通运输厅（局、委）、工业和信息化主管部门、公安厅（局）、工商行政管理局、质量技术监督局：

2004年以来，各地、各有关部门全面贯彻落实国家有关法律法规和国务院决策部署，深入推进车辆超限超载治理工作，取得积极成效。但近期在局部地区，货车超限超载现象还较为突出，造成安全隐患，导致一些重大事故发生；特别是重型货车非法改装未能有效遏止，严重干扰道路运输市场秩序。为进一步加强货车非法改装和超限超载治理工作，切实保护广大人民群众生命财产安全，提高车辆装备技术水平，促进我国经济社会持续健康发展，根据国家有关法律法规和国务院关于加强治理货车超限超载工作的有关要求，提出如下意见：

一、总体要求

深入贯彻党的十八大和十八届三中、四中、五中全会精神，认真落实国务院决策部署，牢固树立“以人为本、安全发展”理念，坚持“依法严管、标本兼治、立足源头、长效治理”原则，健全完善“全国统一领导、地方政府负责、部门指导协调、各方联合行动”工作机制，严格落实地方政府主体责任，综合运用法律、行政、经济、技术等手段，加强对货车生产、改装、销售和道路货物运输的全过程监管，通过深入持续的综合治理，基本杜绝货车非法改装现象，基本消除高速公路和国省干线公路超限超载，农村公路超限超载得到有效遏制，公路网整体安全保障水平进一步提升，初步建立法规完备、权责清晰、运行顺畅、执行有力、科学长效的治超工作体系。

二、加强车辆生产和改装监管

（一）组织开展货车生产改装、销售企业及产品集中清理。对货车生产和改装企业不执行国家安全技术标准或者不严格进行机动车成品质量检验、致使质量不合格机动车出厂销售的，以及未获强制性产品认证出厂、销售、货证不符的，由工业和信息化部门暂停或者撤销所许可的《车辆生产企业及产品公告》，质检部门严格按照《中华人民共和国产品质量法》和《中华人民共和国认证认可条例》的规定予以处罚。对擅自生产、销售未经国家机动车产品主管部门许可生产的机动车型的，生产、销售拼装的机动车或者生产、销售擅自改装的机动车的，依法严厉处理。构成犯罪的，依法追究刑事责任。（工业和信息化、质检、工商部门按照职责分工负责）

（二）健全完善车辆生产监管制度。工业和信息化部门、质检部门应当按照职责完善机动车生产企业及产品许可管理制度和机动车强制性产品认证制度，建立机动车型参数共享机制，督促车辆生产企业落实危险化学品运输罐式车辆出厂检验制度。建立货车整车生产企业厢式车、自卸车等车型委托改装相关制度，规范委托改装业务。完善合格证发放管理制度，对违规生产、销售底盘或买卖合格证的，撤销或暂停产品许可，暂停企业申报新产品或相关产品合格证信息上传。建立货车产品一致性评价与信息反馈机制，加强待售货车检测。建立健全车辆违规生产责任追究制度。加强强制性产品认证的监督管理，严厉打击无证出厂及货证不符行为，暂停或撤销违规车辆的强制性产品认证证书。（工业和信息化、质检部门按照职责分工负责）

（三）加强汽车维修市场监管。落实《关于促进汽车维修业转型升级提升服务质量的指导意见》（交运发〔2014〕186号）要求，依法查处非法经营、无证经营、超范围经营、违法拼装改装和承修

报废车等违法行为。机动车维修企业从事货车非法改装的，由道路运输管理机构会同有关部门依法查处。(交通运输部门牵头负责)

(四) 加强货车登记和检验。各地公安交通管理部门严格执行《机动车运行安全技术条件》(GB 7258) 等标准规定，严把注册登记关，对不符合国家安全技术标准、与《车辆生产企业及产品公告》不一致的车辆，不得予以注册登记。机动车安全技术检验机构严格执行《机动车安全技术检验项目和方法》(GB 21861) 等标准，对检验不合格的车辆，不得出具检验合格报告。对于检验机构不按照机动车国家安全技术标准进行检验，未经检验即出具检验报告等出具虚假检验结果的，由公安交通管理部门依法予以处罚。质量技术监督部门在其职责范围内应加强对检验机构的监督管理工作，并对发现的问题依法进行处理。(公安、质检部门按照职责分工负责)

(五) 加强营运车辆准入管理和综合性能检测。各地道路运输管理机构严格执行《道路运输车辆技术管理规定》，严把营运车辆技术关，对不符合相关标准规定的车辆，不得允许进入道路运输市场。加强在用货车营运资质清理，规范普通货物、大件货物和危险货物营运资质分类许可。禁止大件运输专用车辆从事普通货物运输。建立货车使用环节信息采集、分析与处理机制，为改进车辆设计、提高产品质量及缺陷召回提供信息依据。(交通运输部门负责)

(六) 加强道路查纠。加强对货车的检查，发现非法改装的，由公安交通管理部门责令恢复原状并依法处罚。能够当场恢复的，当场监督整改到位；不能当场整改的，依法处罚后，录入公安交通管理综合应用平台，在办理申领检验合格标志业务时重点审核，同时通报道路运输管理机构，责令货运企业改正并依法处罚，作为运输企业诚信考核的依据。对拼装或者已经达到报废标准的货车上道路行驶的，由公安交通管理部门依法收缴，强制报废。各地公路超限检测站应配备相应的设备和工具，方便当场整改。(公安、交通运输部门按照职责分工负责)

三、加强货物装载源头和路面执法监督

(七) 加强重点货运源头监管。各地道路运输管理机构会同相关部门，加强矿山、水泥厂、港口、物流园区等货物集散地排查，确定重点货运源头单位，报地方政府批准后向社会公布；引导货运源头单位安装使用称重设备，采取执法人员驻点、巡查、视频监控等方式，加强重点货运源头单位货物装载工作的监管，从源头杜绝超限超载车辆上路行驶。清理取缔公路沿线的非法煤场、砂石料场及其他货物分装站场，杜绝货车中途加载。(交通运输部门牵头负责)

(八) 完善道路监控网络。各地交通运输部门结合公路网发展变化等情况，调整优化国省干线公路超限检测站点布局，指导完善农村公路限宽限高保护设施；探索在未设置超限检测站点且绕行货车较多的节点位置，安装技术监测设备，研判超限超载多发高发的点段，开展针对性查纠，加强非现场监管。实行高速公路入口检测管理，禁止超限超载车辆进入高速公路行驶。质检部门应当加强公路计量设备检定。(交通运输、公安、质检部门按照职责分工负责)

(九) 统一执法标准，加强道路联合执法。严格按照《汽车、挂车及汽车列车外廓尺寸、轴荷及质量限值》(GB 1589) 规定的最大允许总质量限值，统一车辆限载标准。取消车货总重超过 55 吨、平均轴载超过 10 吨和载货超过车辆出厂标记载质量的超限超载认定标准，各地交通运输部门应当会同公安部门健全完善道路联合执法协作机制，以超限检测站点为依托，开展联合执法，并推动联合执法常态化。其中，公安交通管理部门负责指挥引导车辆到超限检测站接受检测，公路管理机构负责称重。对经检测确认超限超载的车辆，由公路管理机构监督消除违法行为；公安交通管理部门依据公路管理机构开具的称重和卸载单，依法进行处罚、记分后放行。对堵塞交通、强行冲卡、暴力抗法、破坏相关设施设备等违法行为，由公安机关依法及时处理；构成犯罪的，依法追究刑事责任。(交通运输、公安部门按照职责分工负责)

(十) 严格实施"一超四罚"。建立健全车辆注册登记、市场准入和路面执法等相关信息的共享机制。各地公安交通管理部门和公路管理机构在执法中发现超限超载车辆，除依法责令卸载并处罚外，应将有关信息抄送道路运输管理机构，由道路运输管理机构按照《公路安全保护条例》的规定，对 1 年内违法超限运输超过 3 次的货运车辆和货运车辆驾驶人、1 年内违法超限运输的货运车辆超过本单位货运车辆总数10%的运输企业实施处罚，并按照《道路运输条例》的规定，对货运场所经营者实施处罚。对因超限超载发生事故，致人伤亡或者造成公路桥梁垮塌等公私财产遭受重大损失，构成犯罪的，移送司法机关，依法追究刑事责任。（交通运输、公安部门按照职责分工负责）

四、健全完善道路运输市场发展机制

（十一）强化货运企业安全生产主体责任。货运企业应当按照《中华人民共和国安全生产法》《道路运输条例》等法律法规的要求，全面落实安全生产主体责任，建立健全内部安全管理制度，做到守法经营、合法运输。加强货车安全管理，定期进行车辆维护、保养和检测，及时消除安全隐患，杜绝非法改装、安全技术条件达不到要求的货车投入运营。严格从业人员聘用审核把关和日常管理考核，定期组织从业人员教育培训，增强安全意识，提高应急处置能力。加大安全生产经费投入和隐患排查整治力度，有效提升运输企业安全生产风险防控能力。各地道路运输管理机构应当加强监督检查，督促货运企业落实安全生产主体责任。（交通运输部门负责）

（十二）鼓励货运企业集约化经营。各地交通运输主管部门应当会同有关部门，加快推广甩挂运输、无车承运人、物流企业联盟等运输组织方式，促进货运企业规模化经营、网络化发展，提升产业发展水平。充分发挥行业协会作用，加强道路货物运输成本价格信息监测和发布，引导运输价格合理形成、运力合理配置和利用，维护道路运输市场正常竞争秩序。（交通运输部门牵头负责）

（十三）鼓励先进货运车型发展。各地交通运输主管部门应当会同工业和信息化、公安等部门积极推广使用安全高效、技术先进、绿色环保的货车。鼓励厢式化、轻量化货运车型发展。加强标准化车型推广使用的政策引导，重点加大车辆运输车、液体危险货物运输罐车等标准化车型的推进力度。加大对老旧重型货车报废更新的支持力度，鼓励老旧重型货车提前退出运输市场。按照《国务院关于加强道路交通安全工作的意见》（国发〔2012〕30号）的要求，严格落实重型载货汽车和半挂牵引车安装防抱死制动装置和具有行驶记录功能的卫星定位装置等要求和制度，探索对三轴及三轴以上货车和货运列车安装限载装置，2019年底前全面实行实时动态监管。（交通运输、工业和信息化、公安部门按照职责分工负责）

（十四）加强道路运输行业诚信体系建设。各地交通运输主管部门应当会同有关部门加快推进运输企业、从业人员、营运车辆的数据库建设，加强数据交换与共享；大力推进道路运输企业信用体系建设，对超限超载行为建立信用记录，将运输企业相关信息，通过国家企业信用信息公示系统进行公示，纳入国家统一的信用信息交换平台和“信用中国”网站，实现有机对接和信息共享，对严重违法超限超载运输当事人实施联合惩戒。探索实行超限超载车辆保险费率上浮制度。（交通运输部门牵头负责）

（十五）清理和规范涉企收费。按照中央和省级人民政府的统一部署，落实降低实体经济企业成本的精神，全面清理涉及道路运输企业和驾驶人的各类收费项目，坚决杜绝乱收费、乱摊派、乱罚款行为。（交通运输部门牵头负责）

五、健全完善治超工作机制

（十六）健全完善地方治超工作领导机制。各省（区、市）要按照国务院对超限超载治理工作的有关要求，健全完善由省级人民政府有关负责人牵头，交通运输、公安、工业和信息化、工商、质检等部门参加的本地区治超工作领导小组和日常工作机构，明确工作职责，强化政府治超主体责任，切实组织实施好本地区治超管理工作。（交通运输部门牵头负责）

（十七）保障治超执法经费。积极协调财政部门，按照预算管理相关法律法规，进一步规范健全交通运输、公安交通管理部门的执法经费保障机制。严禁将罚没收入同部门经费保障挂钩。（交通运输、公安部门牵头负责）

（十八）加强治超责任倒查与追究。各地交通运输主管部门应当会同工业和信息化、公安、工商、质检等部门，在省级人民政府的领导下，建立健全治超工作责任倒查与追究制度，加强治超工作检查和考核。发现非法改装和超限超载的车辆，或者因车辆非法改装和超限超载引发事故的，应认真排查车辆生产、改装、注册登记、市场准入、检验检测、货物装载、路面检测执法等全链条中各个环节的失职、渎职行为，依法追究相关单位和人员的责任。(交通运输、工业和信息化、公安、工商、质检部门按照职责分工负责)

194. 交通运输部办公厅　公安部办公厅关于规范治理超限超载专项行动有关执法工作的通知

（交办公路〔2016〕130 号）

各省、自治区、直辖市、新疆生产建设兵团交通运输厅（局、委）、公安厅（局）：

根据《交通运输部办公厅、公安部办公厅关于印发整治公路货车违法超限超载行为专项行动方案的通知》（交办公路〔2016〕109 号）的有关要求，交通运输部、公安部在全国范围内联合组织开展整治货车违法超限超载行为专项行动，为进一步规范专项行动期间有关执法工作，现将有关要求通知如下：

一、密切协作配合，联合开展执法

专项行动期间，各地公路管理机构和公安交通管理部门应依托公路超限检测站联合开展执法。未设置超限检测站的地区，可以依托县级以上地方交通运输主管部门指定并公布的执法站所、停车场、卸载场等具有停放车辆及卸载条件的地点或者场所开展联合执法。其中，公安交通管理部门负责指挥引导车辆到公路超限检测站接受检测，并依据公路管理机构开具的称重和卸载单依法进行处罚、记分。公路管理机构负责实施称重，并监督违法超限超载车辆消除违法行为。公路超限检测站要为公安交通管理部门提供办公、食宿等便利和保障。

公路管理机构经流动检测认定的违法超限运输车辆，公安交通管理部门在巡逻中发现的涉嫌超限超载的运输车辆，要就近引导至公路超限检测站进行处理；距离公路超限检测站较远的，应当就近引导至县级以上地方交通运输主管部门指定并公布的执法站所、停车场、卸载场等具有停放车辆及卸载条件的地点或者场所进行处理。

二、明确工作职责，细化工作流程

公路管理机构和公安交通管理部门要明确职责分工，严格按照以下流程进行执法：

（一）公安交通管理部门在超限检测站入口设立引导岗，指挥引导车辆到超限检测站接受检测。

（二）公路超限检测站执法人员对车辆进行检测。对确认未超过规定限载标准的车辆，直接予以放行；超过规定限载标准 1 吨以内的，予以警告后放行。

（三）对经检测确认超限超载运输的车辆，公路超限检测站执法人员打印检测单（过磅单）两份，由驾驶员签字确认，并暂扣货运车辆道路运输证和从业人员资格证。

（四）公路超限检测站执法人员责令并监督超限超载车辆消除违法状态。

（五）公路超限检测站执法人员引导已卸载的车辆再次进行检测。对经复检确认违法状态已按规定消除的车辆，超限检测站执法人员打印检测单（过磅单）两份，由驾驶员签字确认。对经检测发现违法状态尚未按规定完全消除的车辆，公路超限检测站执法人员应责令并监督其继续消除违法状态，直至完全符合相关规定。

（六）公路超限检测站执法人员填写称重和卸载单，加盖公路超限检测站公章后，将公安交通管理部门留存联交驾驶员。（称重和卸载单式样附后）

（七）交通民警收到驾驶员提供的称重和卸载单后，依据称重和卸载单载明的超载比例，依法作出处罚并制作公安交通管理行政处罚决定书，当场交付被处罚的驾驶员。

（八）公路超限检测站执法人员将驾驶员提供的公安交通管理行政处罚决定书复印留存后，放行已消除违法状态的车辆。

（九）公路管理机构、公安交通管理部门将有关信息抄送车籍所在地道路运输管理机构，严格实施“一超四罚”。

三、突出工作重点，严格规范执法

专项行动中，各地公路管理机构和公安交通管理部门要突出重点，集中查处三轴及以上货运车辆车货总质量超过限载标准的违法行为，确保整治效果，外廓尺寸超过限定标准的，另行部署整治。超限超载的认定，要严格按照交办公路〔2016〕109 号文件所附公路货车最大允许总质量，认定货车是否超限超载，并以货车最大允许总质量计算超载比例，公安交通管理部门依照《道路交通安全法》有关规定处罚。

对部分特殊车辆，专项行动期间按照以下要求处理：

（一）危险化学品运输车辆违法超限超载的，由公安机关依据《危险化学品安全管理条例》第八十八条的有关规定进行处罚。

（二）运输鲜活农产品车辆违法超限超载运输的，通行收费公路时，该运次不得给予免收车辆通行费的优惠政策；通行非收费公路时，以批评教育为主，暂不实施处罚。

（三）载运标准集装箱的挂车列车，重点检查其车货总质量是否超过限载标准的行为，专项行动期间暂不对外廓尺寸进行检查。

（四）车辆运输车治理要严格执行《交通运输部办公厅、国家发展和改革委员会办公厅、工业和信息化部办公厅、公安部办公厅、国家质量监督检验检疫总局办公厅关于印发〈车辆运输车治理工作方案〉的通知》（交办运〔2016〕107 号）要求，按照过渡期政策分期治理、逐步到位，目前重点治理双排装载的车辆运输车，对未到整改期的单排装载车辆运输车，不得以车辆超长、非法改装等理由禁止驶入高速公路或者进行处罚。

（五）低平板半挂车运输普通货物的整治工作另行部署，专项行动期间重点查纠其车货总质量超过限载标准和假牌套牌违法行为。

附件：称重和卸载单

附件：

称重和卸载单

（编号　　）

车牌号：________　驾驶人姓名：

道路运输证号：

从业资格证号：

车辆所属运输企业：

车辆装货场所：

车辆最大允许总质量：________吨

卸载前车货总质量：________吨

卸载后车货总质量：________吨

超限超载比例：________%

超限超载比例＝（卸载前车货总质量－车辆最大允许总质量）/车辆最大允许总质量×100%

（超限检测站盖章）

年　月　日

（公路管理机构留存联）

称重和卸载单

（编号　　）

车牌号：________　驾驶人姓名：

道路运输证号：

从业资格证号：

车辆所属运输企业：

车辆装货场所：

车辆最大允许总质量：________吨

卸载前车货总质量：________吨

卸载后车货总质量：________吨

超限超载比例：________%

超限超载比例＝（卸载前车货总质量－车辆最大允许总质量）/车辆最大允许总质量×100%

（超限检测站盖章）

年　月　日

（公安交通管理部门留存联）

195. 交通运输部办公厅关于界定严重违法失信超限超载运输行为和相关责任主体有关事项的通知

（交办公路〔2017〕8号）

各省、自治区、直辖市、新疆生产建设兵团交通运输厅（局、委）：

为深入贯彻党的十八大和十八届三中、四中、五中、六中全会精神，落实《国务院关于建立并完善守信联合激励和失信联合惩戒制度加快推进社会诚信建设的指导意见》（国发〔2016〕33号），依法依规运用信用约束手段治理公路违法超限超载现象，进一步提升公路超限超载治理成效，经交通运输部同意，决定对严重违法失信超限超载运输行为和相关责任主体予以界定。现将有关事项通知如下：

一、严格界定严重违法失信超限超载运输行为和相关责任主体

有下列情形之一的，应当列入严重违法超限超载运输失信当事人名单：

（一）货运车辆1年内违法超限运输超过3次的；

（二）货运车辆驾驶人1年内违法超限运输超过3次的；

（三）道路运输企业1年内违法超限运输的货运车辆超过本单位货运车辆总数10%，被道路运输管理机构责令停业整顿的；

（四）机动车维修经营者擅自改装机动车，情节严重，被吊销经营许可的；

（五）指使、强令车辆驾驶人超限运输货物，被道路运输管理机构处以2万元以上罚款，或者1年内被给予3次以上行政处罚的；

（六）隐瞒有关情况或者提供虚假材料申请超限运输行政许可，或者以欺骗、贿赂等不正当手段取得行政许可的；

（七）超限超载运输车辆驾驶人、源头单位、大件运输企业无正当理由拒绝有关部门监督检查或者提供虚假情况的；

（八）因堵塞交通、强行冲卡、暴力抗法、破坏相关设施设备，被公安机关依法给予行政处罚的；

（九）因违法超限超载造成重大责任事故且负同等责任以上的；

（十）暴力抗法致人死亡或伤害的。

上述各项中的“超过”“以上”包含本数。“1年”从初次领取道路运输证、道路运输从业人员从业资格证、道路运输经营许可证之日算起，可跨自然年度。

二、切实加强严重失信行为信息统计汇总

（一）各省（区、市）交通运输主管部门要组织所属道路运输管理机构、公路管理机构，严格按照本通知要求界定严重失信情形，并将失信行为涉及的道路运输企业、货运源头单位、道路运输从业人员和货运车辆、失信行为种类、具体情形等相关信息及时录入信息系统，并于每年1月5日、4月5日、7月5日、10月5日前汇总上一季度相关信息后报送至交通运输部公路局（010-65292751）。

（二）各省（区、市）交通运输主管部门要建立并完善严重违法失信行为信息收集报送工作制度，明确工作要求、落实工作责任。在信息录入、汇总和审核时，要确保信息的准确性。要明确专门部门、专门人员负责信息收集、汇总、审核和报送工作，要通过不断完善信息化手段，提高信息收集和报送效率。

（三）各省（区、市）交通运输主管部门要按照国家关于信用体系建设的相关要求，结合全国治理车辆超限超载工作的开展，在政府统一领导下，协调相关单位，进一步完善严重违法失信超限超载运输相关责任主体范围和工作机制，保障超限超载治理工作向纵深推进，并取得扎实成效。

三、认真做好信息公布与结果应用

经初步确认或发生变化拟予公布的严重违法失信超限超载运输当事人名单，在“信用交通”网站进行公示，公示期为10个工作日。公示期内对拟予公布的失信当事人名单无异议的，予以公布。有异议的，可向原作出行政处罚决定、负责超限运输行政许可、进行监督检查的机构进行申诉。申诉经核实后，不改变原认定结论的，予以公布；改变原认定结论，或者有关部门发现原公示信息不实的，不予公布。

有关部门应依法依规加强对失信当事人名单结果的应用，将其作为实施联合惩戒的重要依据。失信当事人名单自公布之日起满2年的，从“信用交通”网站公布栏中撤出，相关信息记录在后台予以保存。对于失信当事人名单中的货运车辆，在联合惩戒期间，不享受“绿色通道”免收车辆通行费的优惠政策。

196. 交通运输部　公安部关于治理车辆超限超载联合执法常态化制度化工作的实施意见（试行）

（交公路发〔2017〕173号）

各省、自治区、直辖市、新疆生产建设兵团交通运输厅（局、委）、公安厅（局）：

为贯彻中央财经领导小组第十六次会议精神，落实《国务院办公厅关于进一步推进物流降本增效促进实体经济发展的意见》（国办发〔2017〕73号），严格规范治超检查和处罚行为，进一步优化营商环境，根据国家有关法律法规，现就推进交通运输和公安部门治超联合执法常态化制度化工作，提出如下意见。

一、指导思想

全面贯彻党的十九大精神，以习近平新时代中国特色社会主义思想为指导，认真落实党中央、国务院的决策部署，以服务交通运输发展、维护社会公共安全和人民群众合法权益为目标，以杜绝多头执法和重复罚款为重点，创新工作机制，规范执法流程，强化科技监管，提高执法效能，促进严格规范公正文明执法，为经济社会发展和人民群众出行提供更加安全高效的服务保障。

二、工作原则

（一）坚持政府领导、部门联动。要在地方各级人民政府的统一领导下，明确职责任务，建立健全协作机制，加强执法队伍建设，强化执法督导检查，推动联合执法工作科学规范高效开展。

（二）坚持依法履职、提升服务。要切实推进依法规范履行法定职责，强化协作配合，严格规范检查和处罚行为。强化执法为民意识，坚持以规范为主、处罚为辅，完善便民服务措施，提升执法服务水平。

（三）坚持统筹部署、分类实施。统筹本区域路网结构、公路超限检测站点分布、执法力量部署等因素，分类规范和强化普通公路、高速公路、货运源头等区域联合执法，提高执法效能，节约行政资源。

（四）坚持科技推动、创新管理。要坚持互联网思维和信用治超，加快推广完善技术监测设备，推进相关信息交换和共享，逐步实现自动识别和精准查纠，减少路面检查频次，从源头环节减少和杜绝不规范执法行为。

三、联合执法工作机制

各地交通运输、公安部门要在普通公路、高速公路、货运源头等区域全面实施联合执法，严格规范查处车货总质量超过《公路货运车辆超限超载认定标准》（见附件1）的违法超限超载运输行为，避免重复罚款。

（一）定点联合执法。对于地处省际、多条国道或省道交汇点、货物运输主通道的超限检测站，各地公路管理机构和公安交通管理部门应当实行驻站联合执法，由公路管理机构负责检测车辆装载情况并监督消除违法行为，公安交通管理部门单独实施处罚和记分（认定标准见附件1，工作流程见附件2）。实行驻站联合执法的超限检测站，由各省级交通运输、公安部门共同确定后，报省级人民政府批准同意。对于未实施驻站联合执法的超限检测站，由公路管理机构负责检测和监督消除违法行为，并通知公安交通管理部门，公安交通管理部门要及时到站实施处罚和记分。超限检测站的设立必须经省级人民政府批准。对于违法超限超载运输车辆较多的超限检测站，交通运输、公安部门要加强执法力量，确保及时查处和纠正违法行为。

（二）流动联合执法。对于未设置超限检测站的普通公路，公路管理机构和公安交通管理部门应建立会商机制，不定期联合开展流动检测。对于故意绕行逃避检测或者短途超限运输情形严重的地区，要加大联合流动检测频次。发现违法超限超载车辆，应就近引导至超限检测站接受检查处罚（工作流程见附件2）；距离超限检测站较远的，应当就近引导至具有停放车辆和卸载条件的超限检测点接受检查处罚。超限检测点的设置应方便及时就近消除违法超限超载车辆的违法行为，并报省级人民政府批准（设置要求见附件3）。流动联合执法人员引导车辆至超限检测站点后，按照驻站联合执法的职责分工和工作流程进行检查处罚。要通过设置车辆检测等技术设备，加强超限超载违法情况监测，对超限超载违法多发高发的路段，联合开展针对性查纠。

（三）高速公路入口联合执法。省级交通运输、公安部门要在省级人民政府统一部署下，组织和指导高速公路经营管理单位，加强高速公路入口检测管理，推进高速公路治超工作。高速公路经营管理单位要加快安装高速公路入口检测设施（设备），加强货运车辆装载情况检测，实行检测数据和收费站入口发卡系统联动管理；发现违法超限超载车辆时，高速公路经营管理单位应当拒绝其进入高速公路行驶，并及时报告当地公路管理机构、公安交通管理部门，由有关部门按流动联合执法程序进行处理。对寻衅滋事、堵塞车道等违法行为，公安机关应依法查处。

（四）货运源头联合执法。各地道路运输管理机构应当加强对政府公布的重点货运源头单位的监督检查，建立重点货运源头单位监管信息系统，引导货运源头单位安装使用称重设备和视频监控设备，加强货车出场（站）装载情况检查，制止违法超限超载车辆出场（站）上路行驶。同时，提请地方人民政府督促相关行业主管部门履行监管职责，监督公路货运源头企业落实安全生产主体责任，从源头遏止违法超限超载运输。各地公路管理机构、公安交通管理部门要加强本地区货运源头单位周边路段的流动联合执法。对于货运源头超限超载严重的地区，省级交通运输、公安部门应通过治超工作领导小组协调机制对该地区进行挂牌督办，督促整改，并向社会公布。

（五）联动管理和失信联合惩戒。各省级公路管理机构要汇总本区域内违法超限超载车辆的检测信息和公安交通管理部门的处罚信息，抄送车籍所在地省级道路运输管理机构。道路运输管理机构要按照《公路安全保护条例》《道路运输条例》等规定，对违法货运车辆、货运车辆驾驶人、道路运输企业和货运场所经营者进行相应处罚。各地交通运输主管部门要组织道路运输管理机构和公路管理机构，加快推进货运源头单位、运输企业、从业人员、营运车辆数据库建设，做好严重违法失信超限超载运输行为和相关责任主体信息汇总和报送工作，依法依规实施失信联合惩戒。相关信息在“信用交通”网站公布。

四、联合执法纪律要求

各地交通运输、公安部门要依法依规履行职责，严格统一超限超载认定标准，严厉打击货车违法超限超载行为。联合执法人员依法进行检查处罚时，应着制式服装，出示执法证件，使用文明规范用语，申明执法检查依据和理由等；要坚持教育与处罚相结合，充分运用说服教育、调节疏导、劝导示范等非强制手段。要配备和使用执法记录仪，实现执法全过程记录。要按照有关规定，保证超限检测站视频监控、网络通信等检测辅助设施正常运行。要严格落实罚款收缴分离制度，公路货运罚款按照国库集中收缴制度的有关规定缴入国库。要抓紧制定公路货运处罚事项清单，明确处罚标准并向社会公布。要严格落实执法信息公开制度，依法公开执法主体、执法依据、执法程序、执法监督、执法结果、当事人权利等相关信息。各地道路运输管理机构不单独上路检查货运车辆。

联合执法要严格执行“十不准”纪律：

（一）不准制定和执行与全国统一超限超载认定标准不一致的地方标准。

（二）不准无执法资格人员实施行政处罚、行政强制措施等执法行为。

（三）不准超出法律法规规章规定的范围实施行政检查和行政处罚。

（四）不准制定和执行罚款收缴合并的制度。

（五）不准利用职务便利，以各种形式收受当事人及其委托人财物。

（六）不准对同一违法行为进行重复罚款。

（七）不准对违法超限超载车辆只罚款不卸载。

（八）不准违规收取超限检测费、停车保管费、通行费等费用。

（九）不准超期扣留违法超限超载车辆不作处理。

（十）不准在公路超限检测站（点）以外现场处罚车辆超限超载违法行为，原则上所有对货车超限超载违法行为的现场检查处罚一律引导至公路超限检测站（点）进行。

五、保障措施

（一）加强组织领导。省级交通运输、公安部门要依托治超工作领导小组协调机制，研究制定联合执法实施方案，报省级人民政府批准后组织实施。要大力宣传治理车辆超限超载的重要意义和成效，及时公布联合执法业务流程、行政处罚和检查清单等重点内容，鼓励社会公众加强对治超执法工作的监督，促进联合执法工作有效开展。

（二）加强站点布局。省级交通运输、公安部门要结合本地区道路货运流量流向、路网结构、车辆超限超载特征、公安交警执法站设置等情况，研究制定超限检测站和超限检测点设置和优化方案，报省级人民政府批准后实施。要按有关规定，及时公开超限检测站（点）相关信息。超限检测站要增设安全防护设施，保护执法人员的人身安全；有条件的，要增设相关服务设施，为驾乘人员提供加水、如厕等便民服务。

（三）加强科技支撑。省级交通运输、公安部门要加快车辆信息、执法信息交换和共享，提高治超执法科技化和信息化水平，实现货运车辆自动检测、车辆轴型和装载标准自动识别、违法超限超载信息自动记录、处罚信息自动转递。各地交通运输部门要完善公路超限检测站设施设备，在超限检测站前方设置货车检测通道和相应的交通标志，引导车辆进站检测，并设置电子抓拍系统，防止货运车辆逃避进站检测。对于交通流量大的，要在货车检测通道内设置预检设施，提高检测效率。对于货运车辆不按规定车道行驶、逃避检测的，公安交通管理部门要依法处罚。有条件的地方可逐步完善技术监测网络，自动检测、拍摄和记录行驶中货运车辆的车货总质量、车辆图像等信息。

（四）加强经费保障。省级交通运输、公安部门要通过治超工作领导小组协调机制，切实落实治超执法经费预算保障，满足实际执法工作需要；公路超限检测站要做好联合执法的办公、住宿等保障。

（五）加强执法监督。省级交通运输、公安部门要组织依托12328、12389服务监督电话系统及政府机构网站邮箱等，受理投诉举报，及时查处和纠正违规执法行为；每季度对所在区域执法处罚情况进行网上公示公开。要强化行政复议、申诉渠道，依法受理、及时处理复议申请和申诉，最大限度保护行政相对人的合法权益。要加强监督检查，建立健全执法工作责任倒查与追究制度。交通运输部、公安部视情对重点地区进行督导，对工作不力、问题突出的，将督促地方按照有关规定严肃处理，并在全国范围内通报。

附件 1

公路货运车辆超限超载认定标准

轴数	车型	图例	总质量限值（吨）
2 轴	载货汽车	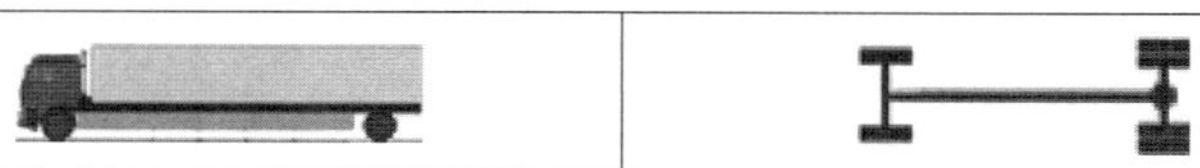	18
3 轴	中置轴挂车列车		27
	铰接列车		
	载货汽车		25

4 轴	中置轴挂车列车		36
			35
	铰接列车		36
	全挂汽车列车		
	载货汽车		31
5 轴	中置轴挂车列车		43

	铰接列车		
	铰接列车		43
			42
	全挂汽车列车		43

6 轴	中置轴挂车列车	 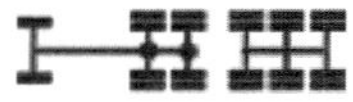	49
			46

续上表

轴数	车型	图例		总质量限值（吨）
6 轴	中置轴挂车列车			49
				46
	铰接列车		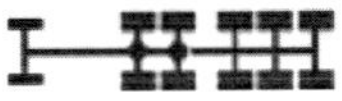	49
			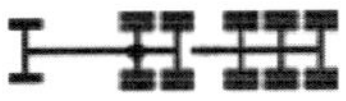	46
			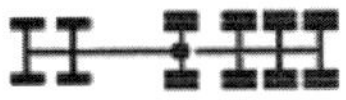	46
	全挂列车			49
				46
备注	1. 二轴货车车货总重还应当不超过行驶证标明的总质量。 2. 除驱动轴外，图例中的二轴组、三轴组以及半挂车和全挂车，每减少两个轮胎，其总质量限值减少 3 吨。 3. 安装名义断面宽度不小于 425mm 轮胎的挂车及其组成的汽车列车，驱动轴安装名义断面宽度不小于 445mm 轮胎的载货汽车及其组成的汽车列车，其总质量限值不予核减。 4. 驱动轴为每轴每侧双轮胎且装备空气悬架时，3 轴和 4 轴货车的总质量限值各增加 1 吨；驱动轴为每轴每侧双轮胎并装备空气悬架、且半挂车的两轴之间的距离 d≥1800mm 的 4 轴铰接列车，总质量限值为 37 吨。 5. 图例中未列车型，根据《汽车、挂车及汽车列车外廓尺寸、轴荷及质量限值》（GB 1589—2016）规定，确定相应的总质量限值。 6. 对于车货外廓尺寸超限行为，按照国家有关部门的统一部署，分阶段有步骤地推进。在部署工作开展前，暂不对外廓尺寸进行检查。 7. 危险化学品运输车辆违法超限超载的，由公安机关依据《危险化学品安全管理条例》第八十八条的有关规定进行处罚。 8. 运输鲜活农产品车辆违法超限超载运输的，通行收费公路时，该运次不得给予免收车辆通行费的优惠政策；通行非收费公路时，以批评教育为主，暂不实施处罚。 9. 载运标准集装箱的挂车列车的整治工作另行部署，在专项整治前，重点检查其车货总质量是否超过限载标准的行为，暂不对外廓尺寸进行检查。 10. 低平板半挂车运输普通货物的整治工作另行部署，在专项整治前，重点查纠其车货总质量超过限载标准和假牌套牌违法行为			

附件 2

超限检测站联合执法工作流程

1. 通过交通标志或执法人员的指挥，引导货运车辆进入超限检测站接受检查。

2. 公路管理机构执法人员对车辆装载情况进行检测，确认未超过超限超载认定标准的车辆，直接予以放行；超过规定标准 1 吨以内的，予以提示警告后放行。

3. 对经检测确认超限超载的车辆，公路管理机构执法人员打印检测单（过磅单）两份，由驾驶员签字确认。

4. 公路管理机构执法人员责令并监督超限超载车辆消除违法状态。对经复检确认违法状态已按规定消除的车辆，公路管理机构执法人员打印检测单（过磅单）两份，由驾驶员签字确认。

5. 公路管理机构执法人员制作称重和卸载单（式样见附件），加盖单位公章后，将公安交通管理部门留存联交现场执勤交通民警。

6. 现场执勤交通民警收到公路管理机构提供的称重和卸载单后，依据称重和卸载单载明的超限超载比例，依法作出处罚并制作公安交通管理行政处罚决定书，或者制作道路交通安全违法行为处理通知书，当场交付被处罚的驾驶员。

7. 公路管理机构执法人员收到公安交通管理部门的行政处罚决定书或道路交通安全违法行为处理通知书后，采取复印等方式留存证据，放行已消除违法状态的车辆，不得以任何理由拖延放行时间，不得以任何名义收取费用。

8. 各省级公路管理机构要汇总本区域内违法超限超载车辆的检测信息、公安交通管理部门的处罚信息，抄送车籍所在地省级道路运输管理机构。

称重和卸载单

（编号　　）

车牌号：　　　　　　　驾驶员姓名：
道路运输证号：
从业资格证号：
车辆所属运输企业：
车辆装货场所：
车辆最大允许总质量：　　　　　吨
卸载前车货总质量：　　　　　吨
卸载后车货总质量：　　　　　吨
超限超载比例：　　　　　%

超限超载比例＝（卸载前车货总质量－车辆最大允许总质量）/车辆最大允许总质量×100%

驾驶员签名：　　　　　（超限检测站盖章）
年　月　日

（公路管理机构留存联）

称重和卸载单

（编号　　）

车牌号：　　　　　　　驾驶员姓名：
道路运输证号：
从业资格证号：
车辆所属运输企业：
车辆装货场所：
车辆最大允许总质量：　　　　　吨
卸载前车货总质量：　　　　　吨
卸载后车货总质量：　　　　　吨
超限超载比例：　　　　　%

超限超载比例＝（卸载前车货总质量－车辆最大允许总质量）/车辆最大允许总质量×100%

驾驶员签名：　　　　　（超限检测站盖章）
年　月　日

（公安交通管理部门留存联）

附件3

超限检测点设置要求

1. 功能定位：作为超限检测站的有效补充，是开展流动联合执法时实施现场检查处罚的重要场所，方便对超限超载车辆及时就近开展检测认定和违法问题整改。

2. 选址要求：位于区域公路网中货物运输的重要路段或节点，尽量靠近公路主线，通行条件较好，与公路主线可通过辅道、匝道等连接。辅道、匝道能满足大型货车通行需求。

3. 标志标线要求：在公路主线上设置醒目的指示标志，在与公路主线连接处应设置减速标志标线和相应反光、防护等设施。

4. 外观要求：设有明显外观标识和标志标牌，标明该超限检测点的名称、主管单位、监督电话等信息。

5. 场地要求：满足大型货运车辆停放、通行，且能存放卸载货物的非开放场所。

6. 称重设备要求：具有经质检部门检验检测合格的静态称重设备。

197. 印发《关于对严重违法失信超限超载运输车辆相关责任主体实施联合惩戒的合作备忘录》的通知

（发改财金〔2017〕274号）

各省、自治区、直辖市和新疆生产建设兵团有关部门、机构：

为深入贯彻党的十八大和十八届三中、四中、五中、六中全会精神，落实《国务院关于促进市场公平竞争维护市场正常秩序的若干意见》（国发〔2014〕20号）、《国务院关于印发社会信用体系建设规划纲要（2014—2020年）的通知》（国发〔2014〕21号）、《国务院关于建立完善守信联合激励和失信联合惩戒制度加快推进社会诚信建设的指导意见》（国发〔2016〕33号）等文件精神及“褒扬诚信、惩戒失信”的总体要求，着眼于弘扬和践行社会主义核心价值观，国家发展改革委、人民银行、交通运输部、中央宣传部、中央编办、中央文明办、中央网信办、最高人民法院、工业和信息化部、公安部、财政部、人力资源社会保障部、国土资源部、环境保护部、住房城乡建设部、水利部、商务部、文化部、国资委、海关总署、税务总局、工商总局、质检总局、安全监管总局、食品药品监管总局、林业局、旅游局、法制办、银监会、保监会、外汇局、全国总工会、共青团中央、全国妇联、全国工商联、铁路总公司等部门联合签署了《关于对严重违法失信超限超载运输车辆相关责任主体实施联合惩戒的合作备忘录》。现印发给你们，请认真贯彻执行。

附件：关于对严重违法失信超限超载运输车辆相关责任主体实施联合惩戒的合作备忘录

附件

关于对严重违法失信超限超载运输车辆相关责任主体实施联合惩戒的合作备忘录

为深入贯彻党的十八大和十八届三中、四中、五中、六中全会精神，落实《国务院关于促进市场公平竞争维护市场正常秩序的若干意见》（国发〔2014〕20号）、《国务院关于印发社会信用体系建设规划纲要（2014—2020年）的通知》（国发〔2014〕21号）、《国务院关于建立完善守信联合激励和失信联合惩戒制度加快推进社会诚信建设的指导意见》（国发〔2016〕33号）等文件精神及“褒扬诚信、惩戒失信”的总体要求，着眼于弘扬和践行社会主义核心价值观，国家发展改革委、人民银行、交通运输部、中央宣传部、中央编办、中央文明办、中央网信办、最高人民法院、工业和信息化部、公安部、财政部、人力资源社会保障部、国土资源部、环境保护部、住房城乡建设部、水利部、商务部、文化部、国资委、海关总署、税务总局、工商总局、质检总局、安全监管总局、食品药品监管总局、林业局、旅游局、法制办、银监会、保监会、外汇局、全国总工会、共青团中央、全国妇联、全国工商联、铁路总公司等部门就针对严重违法失信超限超载运输车辆相关责任主体实施联合惩戒措施达成如下一致意见：

一、联合惩戒对象

联合惩戒对象为交通运输部门根据《交通运输部办公厅关于界定严重违法失信超限超载运输行为和相关责任主体有关事项的通知》（交办公路〔2017〕8号）和相关法律、法规、规章及规范性文件等有关规定，公布的严重违法失信超限超载运输车辆的相关责任主体（以下简称失信当事人）。包括：货运源头单位、道路运输企业及其法定代表人、主要负责人和负有直接责任的有关人员；货运车辆和货运车辆驾驶人。上述联合惩戒对象，由交通运输部定期汇总后提供给签署本备忘录的各部门。

二、联合惩戒措施

各部门依照有关法律、法规、规章及规范性文件的规定，对联合惩戒对象采取下列一种或多种惩戒措施（相关依据和实施部门见附录）。

（一）限制或禁止失信当事人的市场准入、行政许可。

1. 依法严格道路运输市场准入。

对失信当事人进入道路运输市场依法实行限制性管理措施。由交通运输部实施。

2. 限制企业经营的审慎性参考。

对失信当事人依法采取取消交通运输领域相关经营资质或限制性经营等措施。将失信状况作为失信当事人重新从事营业性运输审批的审慎性参考依据。由交通运输部等有关市场监管部门实施。

3. 依法限制取得生产许可。

对失信当事人申请工业产品生产许可依法予以限制。由质检总局实施。

4. 依法限制参与政府采购活动。

协助查询政府采购项目信息，依法限制失信当事人在一定期限内参与政府采购活动。由财政部实施。

5. 限制取得政府供应土地。

对失信当事人申请用地或参与土地竞买进行必要限制。由国土资源部实施。

6. 依法限制参与工程等招投标。

在一定期限内依法限制失信当事人参与投标活动。由国家发展改革委、交通运输部、工业和信息化部、住房城乡建设部、水利部等有关部门按职责分工实施。

7. 限制取得安全生产许可。

对失信当事人申请安全生产许可证予以限制。由安全监管总局、住房城乡建设部等有关部门实施。

8. 供新增项目核准时审慎性参考。

为失信当事人新增项目的核准提供审慎性参考。由国家发展改革委、交通运输部、工业和信息化部、质检总局等有关部门实施。

（二）对失信当事人加强日常监管，限制融资和消费。

9. 加强货车生产和改装监管。

对失信当事人从事货车生产、改装等经营活动加强审查和监督检查，对失信当事人加强道路查纠。由工业和信息化部、质检总局、公安部、交通运输部、国家发展改革委实施。

10. 加强重点货源单位监管。

对煤炭、钢材、水泥、砂石、商品车等货物集散地以及货运站等场所的经营人、管理人进行排查，加强上述重点货运源头单位货物装载工作的监督检查，杜绝超限超载车辆上路行驶。由交通运输部和各有关部门实施。

11. 在重要路段和节点加强对失信当事人的监管。

在货运运输主通道、重要桥梁入口、高速公路入口处等重要路段和节点，加强对失信当事人超限超载情况的重点监测，禁止超限超载违法运输车辆进入高速公路和上桥行驶。由交通运输部、公安部实施。

12. 供驾驶证审验换发时参考。

将失信当事人违法超限超载的记分情况，作为其驾驶证通过审验和换发的重要参考。由公安部实施。

13. 加强安全生产监管。

将失信当事人作为重点监管对象，加大日常监管力度，提高随机抽查的比例和频次。建立常态化暗查暗访机制，不定期开展抽查。每半年至少进行1次抽查，每年至少约谈1次其主要负责人；发现有新的安全生产违法行为的，要依法依规从重处罚。由交通运输部、工业和信息化部、安全监管总局等有关部门实施。

14. 供保险费率厘定时审慎性参考。

将失信当事人的失信记录作为办理超限超载车辆运输保险业务及厘定相关费率的参考，对其采取提高费率、实行最高费率或增加风险费率、附加条款等措施。由保监会实施。

15. 供金融机构融资授信时审慎性参考。

将失信当事人的失信记录作为金融机构对失信当事人融资授信的参考，进行必要限制。由人民银行、银监会实施。

16. 从严审核企业债券发行。

对失信当事人申请发行企业债券，从严予以审核。由国家发展改革委实施。

17. 限制部分高消费行为。

对违反超限超载相关法律法规，被交通运输管理部门给予行政处罚，并被交通运输管理部门申请人民法院强制执行的失信当事人，未按执行通知书指定的期间履行《行政处罚决定书》确定的给付义务的，由人民法院依法将其纳入失信被执行人名单，并向有关部门推送，限制其高消费行为，包括限制乘坐飞机、列车软卧、G字头动车组列车、其他动车组列车一等座等其他非生活和工作必需的消费行为。由最高人民法院、交通运输部、铁路总公司、旅游局、公安部、文化部等有关部门实施。

18. 向社会公布。

失信当事人信息通过“信用中国”网站和国家企业信用信息公示系统向社会公布；通过主要新闻网站向社会公布有关信息。由国家发展改革委、工商总局、中央网信办实施。

（三）限制失信当事人享受优惠政策、评优表彰和相关任职。

19. 依法依规限制获取政府补贴性资金和社会保障资金支持。

依法依规限制失信当事人申请政府补贴性资金和社会保障资金支持。由财政部、国家发展改革委、人力资源社会保障部、国资委等有关部门实施。

20. 限制失信当事人享受优惠性政策的审慎性参考。

在实施投资、运输绿色通道等相关优惠性政策时，将失信状况作为限制失信当事人享受该政策的审慎性参考。由国家发展改革委、税务总局、商务部、交通运输部、质检总局等有关部门实施。

21. 供纳税信用管理时审慎性参考。

在失信当事人纳税信用管理中，将失信状况作为信用信息采集和评价的审慎性参考依据。由税务总局实施。

22. 限制失信当事人成为海关认证企业。

对已经在海关注册并申请适用海关认证企业管理的，不予通过认证；已经成为认证企业的，按照规定下调企业信用等级。由海关总署实施。

23. 禁止参评文明单位、道德模范。

禁止失信当事人参评文明单位。对失信当事人不得授予道德模范、五一劳动奖章等荣誉称号，已获得荣誉称号的予以撤销。由中央宣传部、中央文明办、全国总工会、共青团中央、全国妇联实施。

24. 限制在事业单位的相关任职。

限制失信当事人担任事业单位法定代表人。由中央编办实施。

25. 限制在生产经营单位的相关任职。

依法限制失信当事人担任生产经营单位主要负责人及董事、监事、高级管理人员，已担任相关职务的，按规定程序要求变更。由工商总局、质检总局、安全监管总局等有关部门按职责分工实施。

26. 其他措施。

相关市场监管部门和社会组织在获得荣誉、从业任职资格、资质审核等方面将失信当事人的失信状况作为审慎性参考依据。由各有关部门实施。

三、信息共享和联合惩戒的实施方式

交通运输部通过全国信用信息共享平台向签署本备忘录的有关部门提供失信当事人信息，并按照有关规定动态更新。同时依法在交通运输部政府网站、“信用交通”网站、“信用中国”网站、国家企业信用信息公示系统等向社会公布。

各部门按照本备忘录约定内容，依法依规对失信当事人实施联合惩戒。同时，建立惩戒效果定期通报机制，各部门根据实际情况定期将联合惩戒实施情况通过全国信用信息共享平台联合惩戒子系统反馈至国家发展改革委和交通运输部。

四、联合惩戒的持续管理

失信当事人信息自公布之日起满 2 年的，从交通运输部门公布栏中撤出，相关失信记录在后台予以保存。在规定期限内纠正失信行为、消除不良影响的，不再作为联合惩戒的对象，交通运输部门应及时通知有关部门。有关部门依据各自法定职责，按照法律法规和有关规定实施惩戒或者解除惩戒。

交通运输部执行失信联合惩戒措施时，主动发现、经市场主体提出异议申请或投诉发现信息不实的，应及时核实并反馈。经核实有误的信息应及时更正或撤销。

五、其他事宜

各部门应当密切协作，积极落实本备忘录，制定失信信息的使用、撤销、管理、监督的相关实施细则和操作流程，指导本系统各级单位依法依规实施联合惩戒措施。交通运输部负责失信当事人相关信息的归集和共享。

本合作备忘录实施过程中涉及部门之间协同配合的问题，由各部门协商解决。

本备忘录签署后，各项惩戒措施依据的法律、法规、规章及规范性文件有修改或者调整的，以修改后的法律、法规、规章及规范性文件为准。

严重违法失信超限超载行为联合惩戒措施一览表

惩戒措施	法律及政策依据	实施单位
1. 依法严格道路运输市场准入	(1)《中华人民共和国道路运输条例》(中华人民共和国国务院令第 406 号,2016 年修订) 第二十一条　申请从事货运经营的,应当具备下列条件: (一)有与其经营业务相适应并经检测合格的车辆; (二)有符合本条例第二十二条规定条件的驾驶人员; (三)有健全的安全生产管理制度。 第三十三条　道路运输车辆应当随车携带车辆营运证,不得转让、出租。 第三十四条　道路运输车辆运输旅客的,不得超过核定的人数,不得违反规定载货;运输货物的,不得运输旅客,运输的货物应当符合核定的载重量,严禁超载;载物的长、宽、高不得违反装载要求。 (2)《国务院关于促进市场公平竞争维护市场正常秩序的若干意见》(国发〔2014〕20 号) (十五)建立健全守信激励和失信惩戒机制。 将市场主体的信用信息作为实施行政管理的重要参考。根据市场主体信用状况实行分类分级、动态监管,建立健全经营异常名录制度,对违背市场竞争原则和侵犯消费者、劳动者合法权益的市场主体建立"黑名单"制度。(工商总局牵头负责)对守信主体予以支持和激励,对失信主体在经营、投融资、取得政府供应土地、进出口、出入境、注册新公司、工程招投标、政府采购、获得荣誉、安全许可、生产许可、从业任职资格、资质审核等方面依法予以限制或禁止,对严重违法失信主体实行市场禁入制度。(各相关市场监管部门按职责分工分别负责) (3)《关于进一步做好货车非法改装和超限超载治理工作的意见》(交公路发〔2016〕124 号) (五)加强营运车辆准入管理和综合性能检测。各地道路运输管理机构严格执行《道路运输车辆技术管理规定》,严把营运车辆技术关,对不符合相关标准规定的车辆,不得允许进入道路运输市场。加强在用货车营运资质清理,规范普通货物、大件货物和危险货物营运资质分类许可。禁止大件运输专用车辆从事普通货物运输。建立货车使用环节信息采集、分析与处理机制,为改进车辆设计、提高产品质量及缺陷召回提供信息依据。(交通运输部门负责)	交通运输部
2. 限制企业经营的审慎性参考	(1)《公路安全保护条例》(中华人民共和国国务院令第 593 号) 第六十六条　对 1 年内违法超限运输超过 3 次的货运车辆,由道路运输管理机构吊销其车辆营运证;对 1 年内违法超限运输超过 3 次的货运车辆驾驶人,由道路运输管理机构责令其停止从事营业性运输;道路运输企业 1 年内违法超限运输的货运车辆超过本单位货运车辆总数 10%的,由道路运输管理机构责令道路运输企业停业整顿;情节严重的,吊销其道路运输经营许可证,并向社会公告。 (2)《超限运输车辆行驶公路管理规定》(交通运输部令 2016 年第 62 号) 第四十八条　承运人隐瞒有关情况或者提供虚假材料申请公路超限运输许可的,除依法给予处理外,并在 1 年内不准申请公路超限运输许可。 (3)《国务院关于促进市场公平竞争维护市场正常秩序的若干意见》(国发〔2014〕20 号) (十五)建立健全守信激励和失信惩戒机制。 将市场主体的信用信息作为实施行政管理的重要参考。根据市场主体信用状况实行分类分级、动态监管,建立健全经营异常名录制度,对违背市场竞争原则和侵犯消费者、劳动者合法权益的市场主体建立"黑名单"制度。(工商总局牵头负责)对守信主体予以支持和激励,对失信主体在经营、投融资、取得政府供应土地、进出口、出入境、注册新公司、工程招投标、政府采购、获得荣誉、安全许可、生产许可、从业任职资格、资质审核等方面依法予以限制或禁止,对严重违法失信主体实行市场禁入制度。(各相关市场监管部门按职责分工分别负责)	交通运输部等有关市场监管部门

续上表

惩戒措施	法律及政策依据	实施单位
2. 限制企业经营的审慎性参考	(4)《交通运输企业安全生产诚信体系建设实施方案》(交安委〔2015〕6号) (六)建立企业安全生产诚信激励和惩处机制。部相关业务司局依据国家法律法规等有关要求,指导制定企业安全生产诚信激励约束政策措施,实现企业安全生产信用评价等级结果与相关行政许可、资质审核、工程招投标、优惠政策、监管执法等政策的挂钩。对于诚实守信企业,应给予法律法规及政策允许的优惠和扶持,并鼓励和支持有关单位在采购交通运输服务、招投标等方面优先选择;对于失信企业,根据严重程度,应依法采取取消经营资质或限制性经营、公开曝光、纳入重点监管对象、增加检查执法频次等措施予以惩戒,并建议有关单位在采购交通运输服务、招投标等方面慎重选择。 (5)《国务院关于建立完善守信联合激励和失信联合惩戒制度加快推进社会诚信建设的指导意见》(国发〔2016〕33号) (十)依法依规加强对失信行为的行政性约束和惩戒。对严重失信主体,各地区、各有关部门应将其列为重点监管对象,依法依规采取行政性约束和惩戒措施。从严审核行政许可审批项目,从严控制生产许可证发放,限制新增项目审批、核准,限制股票发行上市融资或发行债券,限制在全国股份转让系统挂牌、融资,限制发起设立或参股金融机构以及小额贷款公司、融资担保公司、创业投资公司、互联网融资平台等机构,限制从事互联网信息服务等。严格限制申请财政性资金项目,限制参与有关公共资源交易活动,限制参与基础设施和公用事业特许经营。对严重失信企业及其法定代表人、主要负责人和对失信行为负有直接责任的注册执业人员等实施市场和行业禁入措施。及时撤销严重失信企业及其法定代表人、负责人、高级管理人员和对失信行为负有直接责任的董事、股东等人员的荣誉称号,取消参加评先评优资格。	交通运输部等有关市场监管部门
3. 依法限制取得生产许可	(1)《中华人民共和国工业产品生产许可证管理条例》(中华人民共和国国务院令第440号) 第九条　企业取得生产许可证,应当符合下列条件: (一)有营业执照; (二)有与所生品相适应的专业技术人员; (三)有与所生产产品相适应的生产条件和检验检疫手段; (四)有与所生产产品相适应的技术文件和工艺文件; (五)有健全有效的质量管理制度和责任制度; (六)产品符合有关国家标准、行业标准以及保障人体健康和人身、财产安全的要求; (七)符合国家产业政策的规定,不存在国家明令淘汰和禁止投资建设的落后工艺、高耗能、污染环境、浪费资源的情况。 法律、行政法规有其他规定的,还应当符合其规定。 (2)《中华人民共和国道路交通安全法》 第一百零三条　国家机动车产品主管部门未按照机动车国家安全技术标准严格审查,许可不合格机动车型投入生产的,对负有责任的主管人员和其他直接责任人员给予降级或者撤职的行政处分。 机动车生产企业经国家机动车产品主管部门许可生产的机动车型,不执行机动车国家安全技术标准或者不严格进行机动车成品质量检验,致使质量不合格的机动车出厂销售的,由质量技术监督部门依照《中华人民共和国产品质量法》的有关规定给予处罚。 擅自生产、销售未经国家机动车产品主管部门许可生产的机动车型的,没收非法生产、销售的机动车成品及配件,可以并处非法产品价值3倍以上5倍以下罚款;有营业执照的,由工商行政管理部门吊销营业执照,没有营业执照的,予以查封。 生产、销售拼装的机动车或者生产、销售擅自改装的机动车的,依照本条第三款的规定处罚。 有本条第二款、第三款、第四款所列违法行为,生产或者销售不符合机动车国家安全技术标准的机动车,构成犯罪的,依法追究刑事责任。	质检总局

续上表

惩戒措施	法律及政策依据	实施单位
3. 依法限制取得生产许可	(3)《国务院关于促进市场公平竞争维护市场正常秩序的若干意见》(国发〔2014〕20号) 第四条　夯实监管信用基础 (十五)建立健全守信激励和失信惩戒机制。对守信主体予以支持和激励,对失信主体在经营、投融资、取得政府供应土地、进出口、出入境、注册新公司、工程招投标、政府采购、获得荣誉、安全许可、生产许可、从业任职资格、资质审核等方面依法予以限制或禁止,对严重违法失信主体实行市场禁入制度。(各相关市场监管部门按职责分工分别负责)	质检总局
4. 依法限制参与政府采购活动	(1)《中华人民共和国政府采购法》 第二十二条　供应商参加政府采购活动应当具备下列条件: (一)具有独立承担民事责任的能力; (二)具有良好的商业信誉和健全的财务会计制度; (三)具有履行合同所必需的设备和专业技术能力; (四)有依法缴纳税收和社会保障资金的良好记录; (五)参加政府采购活动前三年内,在经营活动中没有重大违法记录; (六)法律、行政法规规定的其他条件。 采购人可以根据采购项目的特殊要求,规定供应商的特定条件,但不得以不合理的条件对供应商实行差别待遇或者歧视待遇。 (2)《中华人民共和国招标投标法》 第二十六条　投标人应当具备承担招标项目的能力;国家有关规定对投标人资格条件或者招标文件对投标人资格条件有规定的,投标人应当具备规定的资格条件。 (3)《社会信用体系建设规划纲要(2014—2020年)》(国发〔2014〕21号) 二、推进重点领域诚信建设 (一)加快推进政务诚信建设。 发挥政府诚信建设示范作用。各级人民政府首先要加强自身诚信建设,以政府的诚信施政,带动全社会诚信意识的树立和诚信水平的提高。在行政许可、政府采购、招标投标、劳动就业、社会保障、科研管理、干部选拔任用和管理监督、申请政府资金支持等领域,率先使用信用信息和信用产品,培育信用服务市场发展。	财政部
5. 限制取得政府供应土地	(1)《企业信息公示暂行条例》(中华人民共和国国务院令第654号) 第十八条　县级以上地方人民政府及其有关部门应当建立健全信用约束机制,在政府采购、工程招投标、国有土地出让、授予荣誉称号等工作中,将企业信息作为重要考量因素,对被列入经营异常名录或者严重违法企业名单的企业依法予以限制或者禁入。 (2)《国务院关于促进市场公平竞争维护市场正常秩序的若干意见》(国发〔2014〕20号) 第四条　夯实监管信用基础 (十五)建立健全守信激励和失信惩戒机制。对守信主体予以支持和激励,对失信主体在经营、投融资、取得政府供应土地、进出口、出入境、注册新公司、工程招投标、政府采购、获得荣誉、安全许可、生产许可、从业任职资格、资质审核等方面依法予以限制或禁止,对严重违法失信主体实行市场禁入制度。(各相关市场监管部门按职责分工分别负责) (3)《社会信用体系建设规划纲要(2014—2020年)》(国发〔2014〕21号) 五、完善以奖惩制度为重点的社会信用体系运行机制 (一)构建守信激励和失信惩戒机制。 加强对守信主体的奖励和激励。加大对守信行为的表彰和宣传力度。按规定对诚信企业和模范个人给予表彰,通过新闻媒体广泛宣传,营造守信光荣的舆论氛围。发展改革、财政、金融、环境保护、住房城乡建设、交通运输、商务、工商、税务、质检、安全监管、海关、知识产权等部门,在市场监管和公共服务过程中,要深化信用信息和信用产品的应用,对诚实守信者实行优先办理、简化程序等"绿色通道"支持激励政策。	国土资源部

续上表

惩戒措施	法律及政策依据	实施单位
6. 依法限制参与工程等招投标	(1)《企业信息公示暂行条例》(中华人民共和国国务院令第654号) 第十八条　县级以上地方人民政府及其有关部门应当建立健全信用约束机制，在政府采购、工程招投标、国有土地出让、授予荣誉称号等工作中，将企业信息作为重要考量因素，对被列入经营异常名录或者严重违法企业名单的企业依法予以限制或者禁入。 (2)《工程建设项目施工招标投标办法》(国家发展计划委员会令第30号，国家发展和改革委员会令第23号) 第二十条　资格审查应主要审查潜在投标人或者投标人是否符合下列条件： (一)具有独立订立合同的权利； (二)具有履行合同的能力，包括专业、技术资格和能力，资金、设备和其他物质设施状况，管理能力，经验、信誉和相应的从业人员； (三)没有处于被责令停业，投标资格被取消，财产被接管、冻结，破产状态； (四)在最近三年内没有骗取中标和严重违约及重大工程质量问题； (五)国家规定的其他资格条件。 资格审查时，招标人不得以不合理的条件限制、排斥潜在投标人或者投标人，不得对潜在投标人或者投标人实行歧视待遇。任何单位和个人不得以行政手段或者其他不合理方式限制投标人的数量。 (3)《国务院关于促进市场公平竞争维护市场正常秩序的若干意见》(国发〔2014〕20号) (十五)建立健全守信激励和失信惩戒机制。将市场主体的信用信息作为实施行政管理的重要参考。根据市场主体信用状况实行分类分级、动态监管，建立健全经营异常名录制度，对违背市场竞争原则和侵犯消费者、劳动者合法权益的市场主体建立"黑名单"制度。(工商总局牵头负责)对守信主体予以支持和激励，对失信主体在经营、投融资、取得政府供应土地、进出口、出入境、注册新公司、工程招投标、政府采购、获得荣誉、安全许可、生产许可、从业任职资格、资质审核等方面依法予以限制或禁止，对严重违法失信主体实行市场禁入制度。(各相关市场监管部门按职责分工分别负责) (4)《中华人民共和国招标投标法》 第二十六条　投标人应当具备承担招标项目的能力；国家有关规定对投标人资格条件或者招标文件对投标人资格条件有规定的，投标人应当具备规定的资格条件。 第三十三条　投标人不得以低于成本的报价竞标，也不得以他人名义投标或者以其他方式弄虚作假，骗取中标。 (5)《中华人民共和国招标投标法实施条例》(中华人民共和国国务院令第613号) 第四十二条　使用通过受让或者租借等方式获取的资格、资质证书投标的，属于招标投标法第三十三条规定的以他人名义投标。 投标人有下列情形之一的，属于招标投标法第三十三条规定的以其他方式弄虚作假的行为： (一)使用伪造、变造的许可证件； (二)提供虚假的财务状况或者业绩； (三)提供虚假的项目负责人或者主要技术人员简历、劳动关系证明； (四)提供虚假的信用状况； (五)其他弄虚作假的行为。	国家发展改革委、交通运输部、工业和信息化部、住房城乡建设部、水利部等有关部门

续上表

惩 戒 措 施	法律及政策依据	实 施 单 位
7. 限制取得安全生产许可	(1)《国务院关于促进市场公平竞争维护市场正常秩序的若干意见》(国发〔2014〕20 号) (十五)建立健全守信激励和失信惩戒机制。将市场主体的信用信息作为实施行政管理的重要参考。根据市场主体信用状况实行分类分级、动态监管,建立健全经营异常名录制度,对违背市场竞争原则和侵犯消费者、劳动者合法权益的市场主体建立“黑名单”制度。(工商总局牵头负责)对守信主体予以支持和激励,对失信主体在经营、投融资、取得政府供应土地、进出口、出入境、注册新公司、工程招投标、政府采购、获得荣誉、安全许可、生产许可、从业任职资格、资质审核等方面依法予以限制或禁止,对严重违法失信主体实行市场禁入制度。(各相关市场监管部门按职责分工分别负责) (2)《安全生产许可证条例》 第六条　企业取得安全生产许可证,应当具备下列安全生产条件: (一)建立、健全安全生产责任制,制定完备的安全生产规章制度和操作规程; (二)安全投入符合安全生产要求; (三)设置安全生产管理机构,配备专职安全生产管理人员; (四)主要负责人和安全生产管理人员经考核合格; (五)特种作业人员经有关业务主管部门考核合格,取得特种作业操作资格证书; (六)从业人员经安全生产教育和培训合格; (七)依法参加工伤保险,为从业人员缴纳保险费; (八)厂房、作业场所和安全设施、设备、工艺符合有关安全生产法律、法规、标准和规程的要求; (九)有职业危害防治措施,并为从业人员配备符合国家标准或者行业标准的劳动防护用品; (十)依法进行安全评价; (十一)有重大危险源检测、评估、监控措施和应急预案; (十二)有生产安全事故应急救援预案、应急救援组织或者应急救援人员,配备必要的应急救援器材、设备; (十三)法律、法规规定的其他条件。	安全监管总局、 住房城乡建设部等 有关部门
8. 供新增项目核准时审慎性参考	(1)《生产经营单位安全生产不良记录“黑名单”管理暂行规定》(安委办〔2015〕14 号) 第十条　国家安全监管总局及时向国务院相关部门和单位通报纳入“黑名单”管理的生产经营单位信息。按照国务院及有关部门和单位的相关规定,对纳入“黑名单”管理的生产经营单位采取严格限制或禁止其新增项目的核准、土地使用、采矿权取得、政府采购、证券融资、政策性资金和财税政策扶持等措施,并作为银行决定是否贷款等重要参考依据。 (2)《国务院关于建立完善守信联合激励和失信联合惩戒制度加快推进社会诚信建设的指导意见》(国发〔2016〕33 号) (十)依法依规加强对失信行为的行政性约束和惩戒。对严重失信主体,各地区、各有关部门应将其列为重点监管对象,依法依规采取行政性约束和惩戒措施。从严审核行政许可审批项目,从严控制生产许可证发放,限制新增项目审批、核准,限制股票发行上市融资或发行债券,限制在全国股份转让系统挂牌、融资,限制发起设立或参股金融机构以及小额贷款公司、融资担保公司、创业投资公司、互联网融资平台等机构,限制从事互联网信息服务等。严格限制申请财政性资金项目,限制参与有关公共资源交易活动,限制参与基础设施和公用事业特许经营。对严重失信企业及其法定代表人、主要负责人和对失信行为负有直接责任的注册执业人员等实施市场和行业禁入措施。及时撤销严重失信企业及其法定代表人、负责人、高级管理人员和对失信行为负有直接责任的董事、股东等人员的荣誉称号,取消参加评先评优资格。	国家发展改革委、 交通运输部、 工业和信息化部、 质检总局等有关部门

续上表

惩戒措施	法律及政策依据	实施单位
9. 加强货车生产和改装监管	(1)《关于进一步做好货车非法改装和超限超载治理工作的意见》(交公路发〔2016〕124号) (一)组织开展货车生产改装、销售企业及产品集中清理。对货车生产和改装企业不执行国家安全技术标准或者不严格进行机动车成品质量检验、致使质量不合格机动车出厂销售的,以及未获强制性产品认证出厂、销售、货证不符的,由工业和信息化部门暂停或者撤销所许可的《车辆生产企业及产品公告》,质检部门严格按照《中华人民共和国产品质量法》和《中华人民共和国认证认可条例》的规定予以处罚。对擅自生产、销售未经国家机动车产品主管部门许可生产的机动车型的,生产、销售拼装的机动车或者生产、销售擅自改装的机动车的,依法严厉处理。构成犯罪的,依法追究刑事责任。(工业和信息化、质检、工商部门按照职责分工负责) (二)健全完善车辆生产监管制度。工业和信息化部门、质检部门应当按照职责完善机动车生产企业及产品许可管理制度和机动车强制性产品认证制度,建立机动车型参数共享机制,督促车辆生产企业落实危险化学品运输罐式车辆出厂检验制度。建立货车整车生产企业厢式车、自卸车等车型委托改装相关制度,规范委托改装业务。完善合格证发放管理制度,对违规生产、销售底盘或买卖合格证的,撤销或暂停产品许可,暂停企业申报新产品或相关产品合格证信息上传。建立货车产品一致性评价与信息反馈机制,加强待售货车检测。建立健全车辆违规生产责任追究制度。加强强制性产品认证的监督管理,严厉打击无证出厂及货证不符行为,暂停或撤销违规车辆的强制性产品认证证书。(工业和信息化、质检部门按照职责分工负责) (五)加强营运车辆准入管理和综合性能检测。各地道路运输管理机构严格执行《道路运输车辆技术管理规定》,严把营运车辆技术关,对不符合相关标准规定的车辆,不得允许进入道路运输市场。加强在用货车营运资质清理,规范普通货物、大件货物和危险货物营运资质分类许可。禁止大件运输专用车辆从事普通货物运输。建立货车使用环节信息采集、分析与处理机制,为改进车辆设计、提高产品质量及缺陷召回提供信息依据。(交通运输部门负责) (六)加强道路查纠。加强对货车的检查,发现非法改装的,由公安交通管理部门责令恢复原状并依法处罚。能够当场恢复的,当场监督整改到位;不能当场整改的,依法处罚后,录入公安交通管理综合应用平台,在办理申领检验合格标志业务时重点审核,同时通报道路运输管理机构,责令货运企业改正并依法处罚,作为运输企业诚信考核的依据。对拼装或者已经达到报废标准的货车上道路行驶的,由公安交通管理部门依法收缴,强制报废。各地公路超限检测站应配备相应的设备和工具,方便当场整改。(公安、交通运输部门按照职责分工负责) (2)《车辆运输车治理工作方案》(交办运〔2016〕107号) (四)强化源头管控 各地交通运输主管部门要会同工业和信息化主管部门、公安机关交通管理部门、认证认可监督管理部门督促乘用车制造企业采取有效措施,防止不符合载运标准未获强制性产品认证的车辆运输车出场(厂)上路;对于强迫、指使、暗示汽车整车物流企业违法超限运输的乘用车制造企业,依法追究其法律责任。各地道路运输管理机构要加强对乘用车运输场站的监督检查,严格按照《公路安全保护条例》规范企业运输行为,制止不合载运标准的车辆出场(厂);对违法超限运输的车辆运输车及驾驶人、物流企业等,依照《公路安全保护条例》等法律法规予以处罚。交通运输部、国家发展改革委、公安部、工业和信息化部、国家质量监督检验检疫总局将建立健全信用信息共享交换和联合惩戒机制,对三次以上违法违规的乘用车制造企业、汽车整车物流企业纳入联合惩戒备忘录,予以曝光、约谈,并依法追究法律责任。 (3)《工业和信息化部关于进一步加强汽车生产企业及产品准入管理有关事项的通知》(工信部装〔2016〕95号) 五、健全汽车生产企业失信和违法违规惩戒机制 根据国务院关于深化行政审批制度改革、加快建立企业信用信息系统的要求,工业和信息化部将建立汽车生产企业信用数据库和违法违规企业黑名单库。对于生产一致性不符合要求、不按规定传送合格证信息、虚假开具合格证、倒卖合格证等违法违规失信企业,将列入黑名单,依法进行处罚,并向社会公示。	工业和信息化部、质检总局、公安部、交通运输部、国家发展改革委

续上表

惩戒措施	法律及政策依据	实施单位
9. 加强货车生产和改装监管	(4)《中华人民共和国道路交通安全法》 第一百零三条　国家机动车产品主管部门未按照机动车国家安全技术标准严格审查，许可不合格机动车型投入生产的，对负有责任的主管人员和其他直接责任人员给予降级或者撤职的行政处分。 机动车生产企业经国家机动车产品主管部门许可生产的机动车型，不执行机动车国家安全技术标准或者不严格进行机动车成品质量检验，致使质量不合格的机动车出厂销售的，由质量技术监督部门依照《中华人民共和国产品质量法》的有关规定给予处罚。 擅自生产、销售未经国家机动车产品主管部门许可生产的机动车型的，没收非法生产、销售的机动车成品及配件，可以并处非法产品价值3倍以上5倍以下罚款；有营业执照的，由工商行政管理部门吊销营业执照，没有营业执照的，予以查封。 生产、销售拼装的机动车或者生产、销售擅自改装的机动车的，依照本条第三款的规定处罚。 有本条第二款、第三款、第四款所列违法行为，生产或者销售不符合机动车国家安全技术标准的机动车，构成犯罪的，依法追究刑事责任。	工业和信息化部、质检总局、公安部、交通运输部、国家发展改革委
10. 加强重点货源单位监管	《关于进一步做好货车非法改装和超限超载治理工作的意见》(交公路发〔2016〕124号) (七)加强重点货运源头监管。各地道路运输管理机构会同相关部门，加强矿山、水泥厂、港口、物流园区等货物集散地排查，确定重点货运源头单位，报地方政府批准后向社会公布；引导货运源头单位安装使用称重设备，采取执法人员驻点、巡查、视频监控等方式，加强重点货运源头单位货物装载工作的监管，从源头杜绝超限超载车辆上路行驶。清理取缔公路沿线的非法煤场、砂石料场及其他货物分装站场，杜绝货车中途加载。(交通运输部门牵头负责)	交通运输部和各有关部门
11. 在重要路段和节点加强对失信当事人的监管	(1)《国务院办公厅关于实施公路安全生命防护工程的意见》(国办发〔2014〕55号) (十六)积极推动新技术和信息化手段的应用，不断投入交通技术监控等管理设备，在急弯陡坡、临水临崖等重点路段已完善公路安全防护设施的基础上，进一步完善交通管理设施。在货物运输主通道、重要桥梁入口处、高速公路入口处等公路网的重要路段和节点，设立公路超限检测站或设置动(静)态监测等技术设备，加强车辆超限超载情况监测。实行货运车辆在高速公路入口称重，全面禁止超限超载违法运输车辆进入高速公路，探索利用计重收费等检测数据加强治超执法管理。 (2)《关于进一步做好货车非法改装和超限超载治理工作的意见》(交公路发〔2016〕124号) (八)完善道路监控网络。各地交通运输部门结合公路网发展变化等情况，调整优化国省干线公路超限检测站点布局，指导完善农村公路限宽限高保护设施；探索在未设置超限检测站点且绕行货车较多的节点位置，安装技术监测设备，研判超限超载多发高发的点段，开展针对性查纠，加强非现场监管。实行高速公路入口检测管理，禁止超限超载车辆进入高速公路行驶。质检部门应当加强公路计量设备检定。(交通运输、公安、质检部门按照职责分工负责) (3)《关于进一步加强车辆违法超限超载治理工作的通知》(交公路发〔2011〕577号) 七、全面加强公路桥梁安全监管工作。地方各级交通运输部门要以各类公路桥梁特别是普通公路上的大型以上桥梁为重点，采取多种措施，切实加强安全巡查和车辆通行现场监管。对技术状况为四类、五类的桥梁，要责成桥梁管养单位立即进行安全隐患整治。短期内难以整治的，要及时增置相关提示及警示标志，并按照规定程序采取限载通行或限行、禁行等措施。对实施交通管制的路段和桥梁，公安机关交通管理部门要加强现场监管，维护车辆通行秩序。各地交通运输部门要积极会同公安机关交通管理和安全监管部门，以客、货运交通流量密集的路段为重点，开展道路安全隐患排查治理工作。对于连续下坡、急弯陡坡等特殊路段，要结合公路安全保障工程的实施，完善限载、限速以及提示警示等标志，并通过设置减速带、安全护栏、紧急避险车道、货车爬坡道等措施，改善公路通行条件，预防重特大交通事故的发生。	交通运输部、公安部

续上表

惩戒措施	法律及政策依据	实施单位
12. 供驾驶证审验换发时参考	(1)《中华人民共和国道路交通安全法》(中华人民共和国主席令第47号) 第九十二条　公路客运车辆载客超过额定乘员的，处200元以上500元以下的罚款；超过额定乘员20%或者违反规定载货的，处500元以上2000元以下的罚款。 货运机动车超过核定载质量的，处200元以上500元以下罚款；超过核定载质量30%或者违反规定载客的，处500元以上2000元以下罚款。 有前两款行为的，由公安机关交通管理部门扣留机动车至违法状态消除。 运输单位的车辆有本条第一款、第二款规定的情形，经处罚不改的，对直接负责的主管人员处2000元以上5000元以下罚款。 (2)《中华人民共和国道路交通安全法实施条例》(中华人民共和国国务院令第405号) 第一百零六条　公路客运载客汽车超过核定乘员、载货汽车超过核定载质量的，公安机关交通管理部门依法扣留机动车后，驾驶人应当将超载的乘车人转运、将超载的货物卸载，费用由超载机动车的驾驶人或者所有人承担。 (3)《机动车驾驶证申领和使用规定》(公安部令第139号) 第七十一条　机动车驾驶证审验内容包括： (一)道路交通安全违法行为、交通事故处理情况； (二)身体条件情况； (三)道路交通安全违法行为记分及记满12分后参加学习和考试情况。 持有大型客车、牵引车、城市公交车、中型客车、大型货车驾驶证一个记分周期内有记分的，以及持有其他准驾车型驾驶证发生交通事故造成人员死亡承担同等以上责任未被吊销机动车驾驶证的驾驶人，审验时应当参加不少于三小时的道路交通安全法律法规、交通安全文明驾驶、应急处置等知识学习，并接受交通事故案例警示教育。 对交通违法行为或者交通事故未处理完毕的、身体条件不符合驾驶许可条件的、未按照规定参加学习、教育和考试的，不予通过审验。	公安部
13. 加强安全生产监管	(1)《社会信用体系建设规划纲要(2014—2020年)》(国发〔2014〕21号) 五、完善以奖惩制度为重点的社会信用体系运行机制 (一)构建守信激励和失信惩戒机制。 加强对守信主体的奖励和激励。加大对守信行为的表彰和宣传力度。按规定对诚信企业和模范个人给予表彰，通过新闻媒体广泛宣传，营造守信光荣的舆论氛围。发展改革、财政、金融、环境保护、住房城乡建设、交通运输、商务、工商、税务、质检、安全监管、海关、知识产权等部门，在市场监管和公共服务过程中，要深化信用信息和信用产品的应用，对诚实守信者实行优先办理、简化程序等“绿色通道”支持激励政策。 (2)《生产经营单位安全生产不良记录“黑名单”管理暂行规定》(安委办〔2015〕14号) 第八条　信息采集部门应当把纳入“黑名单”管理的生产经营单位作为重点监管监察对象，建立常态化暗查暗访机制，不定期开展抽查；加大执法检查频次，每半年至少进行1次抽查，每年至少约谈1次其主要负责人；发现有新的安全生产违法行为的，要依法依规从重处罚。	交通运输部、工业和信息化部、安全监管总局等有关部门

续上表

惩戒措施	法律及政策依据	实施单位
14. 供保险费率厘定时审慎性参考	《机动车交通事故责任强制保险条例》(中华人民共和国国务院令第630号) 第八条　被保险机动车没有发生道路交通安全违法行为和道路交通事故的,保险公司应当在下一年度降低其保险费率。在此后的年度内,被保险机动车仍然没有发生道路交通安全违法行为和道路交通事故的,保险公司应当继续降低其保险费率,直至最低标准。被保险机动车发生道路交通安全违法行为或者道路交通事故的,保险公司应当在下一年度提高其保险费率。多次发生道路交通安全违法行为、道路交通事故,或者发生重大道路交通事故的,保险公司应当加大提高其保险费率的幅度。在道路交通事故中被保险人没有过错的,不提高其保险费率。降低或者提高保险费率的标准,由保监会会同国务院公安部门制定。 第九条　保监会、国务院公安部门、国务院交通主管部门以及其他有关部门应当逐步建立有关机动车交通事故责任强制保险、道路交通安全违法行为和道路交通事故的信息共享机制。	保监会
15. 供金融机构融资授信时审慎性参考	(1)《中华人民共和国商业银行法》 第三十五条　商业银行贷款,应当对借款人的借款用途、偿还能力、还款方式等情况进行严格审查。商业银行贷款,应当实行审贷分离、分级审批的制度。 (2)《流动资金贷款管理暂行办法》(中国银行业监督管理委员会令2010年第1号) 第五条　贷款人应完善内部控制机制,实行贷款全流程管理,全面了解客户信息,建立流动资金贷款风险管理制度和有效的岗位制衡机制,将贷款管理各环节的责任落实到具体部门和岗位,并建立各岗位的考核和问责机制。 第三十条　贷款人应加强贷款资金发放后的管理,针对借款人所属行业及经营特点,通过定期与不定期现场检查与非现场监测,分析借款人经营、财务、信用、支付、担保及融资数量和渠道变化等状况,掌握各种影响借款人偿债能力的风险因素。 (3)《个人贷款管理暂行办法》(中国银行业监督管理委员会令2010年第2号) 第十四条　贷款调查包括但不限于以下内容: (一)借款人基本情况; (二)借款人收入情况; (三)借款用途; (四)借款人还款来源、还款能力及还款方式; (五)保证人担保意愿、担保能力或抵(质)押物价值及变现能力。 第十八条　贷款审查应对贷款调查内容的合法性、合理性、准确性进行全面审查,重点关注调查人的尽职情况和借款人的偿还能力、诚信状况、担保情况、抵(质)押比率、风险程度等。 (4)《固定资产贷款管理暂行办法》(中国银行业监督管理委员会令2009年第2号) 第五条　贷款人应完善内部控制机制,实行贷款全流程管理,全面了解客户和项目信息,建立固定资产贷款风险管理制度和有效的岗位制衡机制,将贷款管理各环节的责任落实到具体部门和岗位,并建立各岗位的考核和问责机制。 第三十条　贷款人应定期对借款人和项目发起人的履约情况及信用状况、项目的建设和运营情况、宏观经济变化和市场波动情况、贷款担保的变动情况等内容进行检查与分析,建立贷款质量监控制度和贷款风险预警体系。出现可能影响贷款安全的不利情形时,贷款人应对贷款风险进行重新评价并采取针对性措施。 (5)《征信业管理条例》(中华人民共和国国务院令第631号) 第二十一条　征信机构可以通过信息主体、企业交易对方、行业协会提供信息,政府有关部门依法已公开的信息,人民法院依法公布的判决、裁定等渠道,采集企业信息。征信机构不得采集法律、行政法规禁止采集的企业信息。 (6)《社会信用体系建设规划纲要(2014—2020年)》(国发〔2014〕21号)	人民银行、银监会

续上表

惩 戒 措 施	法律及政策依据	实 施 单 位
15. 供金融机构融资授信时审慎性参考	五、完善以奖惩制度为重点的社会信用体系运行机制 (一)构建守信激励和失信惩戒机制。 加强对守信主体的奖励和激励。加大对守信行为的表彰和宣传力度。按规定对诚信企业和模范个人给予表彰,通过新闻媒体广泛宣传,营造守信光荣的舆论氛围。发展改革、财政、金融、环境保护、住房城乡建设、交通运输、商务、工商、税务、质检、安全监管、海关、知识产权等部门,在市场监管和公共服务过程中,要深化信用信息和信用产品的应用,对诚实守信者实行优先办理、简化程序等"绿色通道"支持激励政策。 (7)《国务院关于促进市场公平竞争维护市场正常秩序的若干意见》(国发〔2014〕20 号) (十五)建立健全守信激励和失信惩戒机制。 将市场主体的信用信息作为实施行政管理的重要参考。根据市场主体信用状况实行分类分级、动态监管,建立健全经营异常名录制度,对违背市场竞争原则和侵犯消费者、劳动者合法权益的市场主体建立"黑名单"制度。(工商总局牵头负责)对守信主体予以支持和激励,对失信主体在经营、投融资、取得政府供应土地、进出口、出入境、注册新公司、工程招投标、政府采购、获得荣誉、安全许可、生产许可、从业任职资格、资质审核等方面依法予以限制或禁止,对严重违法失信主体实行市场禁入制度。(各相关市场监管部门按职责分工分别负责)	人民银行、银监会
16. 从严审核企业债券发行	(1)《国家发展改革委办公厅关于进一步改进企业债券发行审核工作的通知》(发改办财金〔2013〕957 号)对于以下两类发债申请,要从严审核,有效防范市场风险。 (一)募集资金用于产能过剩、高污染、高耗能等国家产业政策限制领域的发债申请。 (二)企业信用等级较低,负债率高,债券余额较大或运作不规范、资产不实、偿债措施较弱的发债申请。 (2)《国家发展改革委人民银行中央编办关于在行政管理事项中使用信用记录和信用报告的若干意见》(发改财金(2013)920 号) 二、切实发挥在行政管理事项中使用信用记录和信用报告的作用 各级政府、各相关部门应将相关市场主体所提供的信用记录或信用报告作为其实施行政管理的重要参考。对守信者应探索实行优先办理、简化程序、"绿色通道"和重点支持等激励政策;对失信者,应结合失信类别和程度,严格落实失信惩戒制度。 三、探索完善在行政管理事项中使用信用记录和信用报告的制度规范 各级政府、各相关部门应结合地方和部门实际,在政府采购、招标投标、行政审批、市场准入、资质审核等行政管理事项中依法要求相关市场主体提供由第三方信用服务机构出具的信用记录或信用报告。 各级政府、各相关部门应根据履职需要,研究明确信用记录或信用报告的主要内容和运用规范。 (3)《国务院关于建立完善守信联合激励和失信联合惩戒制度加快推进社会诚信建设的指导意见》(国发〔2016〕33 号) (十)依法依规加强对失信行为的行政性约束和惩戒。对严重失信主体,各地区、各有关部门应将其列为重点监管对象,依法依规采取行政性约束和惩戒措施。从严审核行政许可审批项目,从严控制生产许可证发放,限制新增项目审批、核准,限制股票发行上市融资或发行债券,限制在全国股份转让系统挂牌、融资,限制发起设立或参股金融机构以及小额贷款公司、融资担保公司、创业投资公司、互联网融资平台等机构,限制从事互联网信息服务等。严格限制申请财政性资金项目,限制参与有关公共资源交易活动,限制参与基础设施和公用事业特许经营。对严重失信企业及其法定代表人、主要负责人和对失信行为负有直接责任的注册执业人员等实施市场和行业禁入措施。及时撤销严重失信企业及其法定代表人、负责人、高级管理人员和对失信行为负有直接责任的董事、股东等人员的荣誉称号,取消参加评先评优资格。	国家发展改革委

续上表

惩戒措施	法律及政策依据	实施单位
17. 限制部分高消费行为	(1)《最高人民法院关于限制被执行人高消费及有关消费的若干规定》(法释〔2015〕17号) 第三条　被执行人为自然人的,被采取限制消费措施后,不得有以下高消费及非生活和工作必需的消费行为: (一)乘坐交通工具时,选择飞机、列车软卧、轮船二等以上舱位; (二)在星级以上宾馆、酒店、夜总会、高尔夫球场等场所进行高消费; (三)购买不动产或者新建、扩建、高档装修房屋; (四)租赁高档写字楼、宾馆、公寓等场所办公; (五)购买非经营必需车辆; (六)旅游、度假; (七)子女就读高收费私立学校; (八)支付高额保费购买保险理财产品; (九)乘坐G字头动车组列车全部座位、其他动车组列车一等以上座位等其他非生活和工作必需的消费行为。 被执行人为单位的,被采取限制消费措施后,被执行人及其法定代表人、主要负责人、影响债务履行的直接责任人员、实际控制人不得实施前款规定的行为。因私消费以个人财产实施前款规定行为的,可以向执行法院提出申请。执行法院审查属实的,应予准许。 第六条　人民法院决定采取限制消费措施的,可以根据案件需要和被执行人的情况向有义务协助调查、执行的单位送达协助执行通知书,也可以在相关媒体上进行公告。 (2)《关于加快推进失信被执行人信用监督、警示和惩戒机制建设的意见》(中办发〔2016〕64号) 二、加强联合惩戒 (七)限制高消费及有关消费 1. 乘坐火车、飞机限制。限制失信被执行人及失信被执行人的法定代表人、主要负责人、实际控制人、影响债务履行的直接责任人员乘坐列车软卧、G字头动车组列车全部座位、其他动车组列车一等以上座位、民航飞机等非生活和工作必需的消费行为。 2. 住宿宾馆饭店限制。限制失信被执行人及失信被执行人的法定代表人、主要负责人、实际控制人、影响债务履行的直接责任人员住宿星级以上宾馆饭店、国家一级以上酒店及其他高消费住宿场所;限制其在夜总会、高尔夫球场等高消费场所消费。 3. 高消费旅游限制。限制失信被执行人及失信被执行人的法定代表人、主要负责人、实际控制人、影响债务履行的直接责任人员参加旅行社组织的团队出境旅游,以及享受旅行社提供的与出境旅游相关的其他服务;对失信被执行人在获得旅游等级评定的度假区内或旅游企业内消费实行限额控制。 4. 子女就读高收费学校限制。限制失信被执行人及失信被执行人的法定代表人、主要负责人、实际控制人、影响债务履行的直接责任人员以其财产支付子女入学就读高收费私立学校。 5. 购买具有现金价值保险限制。限制失信被执行人及失信被执行人的法定代表人、主要负责人、实际控制人、影响债务履行的直接责任人员支付高额保费购买具有现金价值的保险产品。 6. 新建、扩建、高档装修房屋等限制。限制失信被执行人及失信被执行人的法定代表人、主要负责人、实际控制人、影响债务履行的直接责任人员新建、扩建、高档装修房屋,购买非经营必需车辆等非生活和工作必需的消费行为。 三、加强信息公开与共享 (三)信用信息共享 各地区各部门之间要进一步打破信息壁垒,实现信息共享,通过全国信用信息共享平台,加快推进失信被执行人信息与公安、民政、人力资源社会保障、国土资源、住房城乡建设、财政、金融、税务、工商、安全监管、证券、科技等部门信用信息资源共享,推进失信被执行人信息与有关人民团体、社会组织、企事业单位信用信息资源共享。	最高人民法院、交通运输部、铁路总公司、旅游局、公安部、文化部等有关部门

续上表

惩戒措施	法律及政策依据	实施单位
18. 向社会公布	(1)《中华人民共和国政府信息公开条例》(中华人民共和国国务院令第492号) 第九条　行政机关对符合下列基本要求之一的政府信息应当主动公开： (一)涉及公民、法人或者其他组织切身利益的； (二)需要社会公众广泛知晓或者参与的； (三)反映本行政机关机构设置、职能、办事程序等情况的； (四)其他依照法律、法规和国家有关规定应当主动公开的。 (2)《互联网新闻信息服务管理规定》(中华人民共和国国务院新闻办公室、中华人民共和国信息产业部令第37号) 第三条　互联网新闻信息服务单位从事互联网新闻信息服务，应当遵守宪法、法律和法规，坚持为人民服务、为社会主义服务的方向，坚持正确的舆论导向，维护国家利益和公共利益。国家鼓励互联网新闻信息服务单位传播有益于提高民族素质、推动经济发展、促进社会进步的健康、文明的新闻信息。 (3)《国务院办公厅关于运用大数据加强对市场主体服务和监管的若干意见》(国办发〔2015〕51号) (十九)大力推进市场主体信息公示。严格执行《企业信息公示暂行条例》，加快实施经营异常名录制度和严重违法失信企业名单制度。建设国家企业信用信息公示系统，依法对企业注册登记、行政许可、行政处罚等基本信用信息以及企业年度报告、经营异常名录和严重违法失信企业名单进行公示，提高市场透明度，并与国家统一的信用信息共享交换平台实现有机对接和信息共享。支持探索开展社会化的信用信息公示服务。建设"信用中国"网站，归集整合各地区、各部门掌握的应向社会公开的信用信息，实现信用信息一站式查询，方便社会了解市场主体信用状况。各级政府及其部门网站要与"信用中国"网站连接，并将本单位政务公开信息和相关市场主体违法违规信息在"信用中国"网站公开。	国家发展改革委、工商总局、中央网信办
19. 依法依规限制获取政府补贴性资金和社会保障资金支持	《社会信用体系建设规划纲要(2014—2020年)》(国发〔2014〕21号) 第二部分第(一)条　发挥政府诚信建设示范作用。各级人民政府首先要加强自身诚信建设，以政府的诚信施政，带动全社会诚信意识的树立和诚信水平的提高。在行政许可、政府采购、招标投标、劳动就业、社会保障、科研管理、干部选拔任用和管理监督、申请政府资金支持等领域，率先使用信用信息和信用产品，培育信用服务市场发展。	财政部、国家发展改革委、人力资源社会保障部、国资委等有关部门
20. 限制失信当事人享受优惠性政策的审慎性参考	(1)《社会信用体系建设规划纲要(2014—2020年)》(国发〔2014〕21号) 二、推进重点领域诚信建设 (一)加快推进政务诚信建设。 发挥政府诚信建设示范作用。各级人民政府首先要加强自身诚信建设，以政府的诚信施政，带动全社会诚信意识的树立和诚信水平的提高。在行政许可、政府采购、招标投标、劳动就业、社会保障、科研管理、干部选拔任用和管理监督、申请政府资金支持等领域，率先使用信用信息和信用产品，培育信用服务市场发展。 第五部分　第一条　完善以奖惩制度为重点的社会信用体系运行机制 运行机制是保障社会信用体系各系统协调运行的制度基础。其中，守信激励和失信惩戒机制直接作用于各个社会主体信用行为，是社会信用体系运行的核心机制。 (一)构建守信激励和失信惩戒机制。 加强对守信主体的奖励和激励。加大对守信行为的表彰和宣传力度。按规定对诚信企业和模范个人给予表彰，通过新闻媒体广泛宣传，营造守信光荣的舆论氛围。发展改革、财政、金融、环境保护、住房城乡建设、交通运输、商务、工商、税务、质检、安全监管、海关、知识产权等部门，在市场监管和公共服务过程中，要深化信用信息和信用产品的应用，对诚实守信者实行优先办理、简化程序等"绿色通道"支持激励政策。	国家发展改革委、税务总局、商务部、交通运输部、质检总局等有关部门

续上表

惩 戒 措 施	法律及政策依据	实 施 单 位
20. 限制失信当事人享受优惠性政策的审慎性参考	加强对失信主体的约束和惩戒。强化行政监管性约束和惩戒。在现有行政处罚措施的基础上，健全失信惩戒制度，建立各行业黑名单制度和市场退出机制。推动各级人民政府在市场监管和公共服务的市场准入、资质认定、行政审批、政策扶持等方面实施信用分类监管，结合监管对象的失信类别和程度，使失信者受到惩戒。逐步建立行政许可申请人信用承诺制度，并开展申请人信用审查，确保申请人在政府推荐的征信机构中有信用记录，配合征信机构开展信用信息采集工作。推动形成市场性约束和惩戒。制定信用基准性评价指标体系和评价方法，完善失信信息记录和披露制度，使失信者在市场交易中受到制约。推动形成行业性约束和惩戒。通过行业协会制定行业自律规则并监督会员遵守。对违规的失信者，按照情节轻重，对机构会员和个人会员实行警告、行业内通报批评、公开谴责等惩戒措施。推动形成社会性约束和惩戒。完善社会舆论监督机制，加强对失信行为的披露和曝光，发挥群众评议讨论、批评报道等作用，通过社会的道德谴责，形成社会震慑力，约束社会成员的失信行为。建立失信行为有奖举报制度。切实落实对举报人的奖励，保护举报人的合法权益。建立多部门、跨地区信用联合奖惩机制。通过信用信息交换共享，实现多部门、跨地区信用奖惩联动，使守信者处处受益、失信者寸步难行。 (2)《交通运输部国家发展改革委关于进一步完善鲜活农产品运输绿色通道政策的通知》(交公路发〔2009〕784 号) (四)严厉打击假冒鲜活农产品、超限超载运输鲜活农产品等违法行为。对假冒、违法超限超载鲜活农产品的车辆，以及有其他违法行为、拒绝通过指定车道或拒不接受查验的鲜活农产品运输车辆，可不给予"绿色通道"免收车辆通行费的优惠政策。	国家发展改革委、 税务总局、 商务部、交通运输部、 质检总局等有关部门
21. 供纳税信用管理时审慎性参考	《纳税信用管理办法(试行)》(国家税务总局公告 2014 年第 40 号) 第十条　纳税信用信息包括纳税人信用历史信息、税务内部信息、外部信息。 纳税人信用历史信息包括基本信息和评价年度之前的纳税信用记录，以及相关部门评定的优良信用记录和不良信用记录。 税务内部信息包括经常性指标信息和非经常性指标信息。经常性指标信息是指涉税申报信息、税(费)款缴纳信息、发票与税控器具信息、登记与账簿信息等纳税人在评价年度内经常产生的指标信息；非经常性指标信息是指税务检查信息等纳税人在评价年度内不经常产生的指标信息。 外部信息包括外部参考信息和外部评价信息。外部参考信息包括评价年度相关部门评定的优良信用记录和不良信用记录；外部评价信息是指从相关部门取得的影响纳税人纳税信用评价的指标信息。 第十四条　本办法第十条第四款外部信息主要通过税务管理系统、国家统一信用信息平台、相关部门官方网站、新闻媒体或者媒介等渠道采集。通过新闻媒体或者媒介采集的信息应核实后使用。	税务总局
22. 限制失信当事人成为海关认证企业	(1)《海关认证企业标准》(海关总署公告 2014 年第 82 号) 《海关认证企业标准》(高级认证) 第九项(未有不良外部信用)企业或者其法定代表人(负责人)、负责关务的高级管理人员、财务负责人连续 1 年在工商、商务、税务、银行、外汇、检验检疫、公安、检察院、法院等部门未被列入经营异常名录、失信企业或者人员名单、黑名单企业、人员。 《海关认证企业标准》(一般认证) 第九项(未有不良外部信用)企业或者其企业法定代表人(负责人)、负责关务的高级管理人员、财务负责人连续 1 年在工商、商务、税务、银行、外汇、检验检疫、公安、检察院、法院等部门未被列入经营异常名录、失信企业或者人员名单、黑名单企业、人员。 (2)《中华人民共和国海关企业信用管理暂行办法》 第二条　海关注册登记企业信用信息的采集、公示，企业信用状况的认定、管理等适用本办法。 第三条　海关根据企业信用状况将企业认定为认证企业、一般信用企业和失信企业，按照诚信守法便利、失信违法惩戒原则，分别适用相应的管理措施。	海关总署

续上表

惩戒措施	法律及政策依据	实施单位
22. 限制失信当事人成为海关认证企业	第五条　海关根据社会信用体系建设和国际合作需要，与国家有关部门以及其他国家或者地区海关建立合作机制，推进信息互换、监管互认、执法互助。 第七条　海关应当在保护国家秘密、商业秘密和个人隐私的前提下，公示企业下列信用信息： （一）企业在海关注册登记信息； （二）海关对企业信用状况的认定结果； （三）企业行政处罚信息； （四）其他应当公示的企业信息。 第十条　企业有下列情形之一的，海关认定为失信企业： （一）有走私犯罪或者走私行为的； （二）非报关企业1年内违反海关监管规定行为次数超过上年度报关单、进出境备案清单等相关单证总票数千分之一且被海关行政处罚金额超过10万元的违规行为2次以上的，或者被海关行政处罚金额累计超过100万元的； 报关企业1年内违反海关监管规定行为次数超过上年度报关单、进出境备案清单总票数万分之五的，或者被海关行政处罚金额累计超过10万元的； （三）拖欠应缴税款、应缴罚没款项的； （四）上一季度报关差错率高于同期全国平均报关差错率1倍以上的； （五）经过实地查看，确认企业登记的信息失实且无法与企业取得联系的； （六）被海关依法暂停从事报关业务的； （七）涉嫌走私、违反海关监管规定拒不配合海关进行调查的； （八）假借海关或者其他企业名义获取不当利益的； （九）弄虚作假、伪造企业信用信息的； （十）其他海关认定为失信企业的情形。 第十四条　企业有下列情形之一的，海关应当终止认证： （一）发生涉嫌走私或者违反海关监管规定的行为被海关立案侦查或者调查的； （二）主动撤回认证申请的； （三）其他应当终止认证的情形。 （3）《国务院关于促进市场公平竞争维护市场正常秩序的若干意见》（国发〔2014〕20号） （十五）建立健全守信激励和失信惩戒机制。将市场主体的信用信息作为实施行政管理的重要参考。根据市场主体信用状况实行分类分级、动态监管，建立健全经营异常名录制度，对违背市场竞争原则和侵犯消费者、劳动者合法权益的市场主体建立"黑名单"制度。（工商总局牵头负责）对守信主体予以支持和激励，对失信主体在经营、投融资、取得政府供应土地、进出口、出入境、注册新公司、工程招投标、政府采购、获得荣誉、安全许可、生产许可、从业任职资格、资质审核等方面依法予以限制或禁止，对严重违法失信主体实行市场禁入制度。（各相关市场监管部门按职责分工分别负责）	海关总署

续上表

惩戒措施	法律及政策依据	实施单位
23. 禁止参评文明单位、道德模范	(1)《社会信用体系建设规划纲要(2014—2020年)》(国发〔2014〕21号) 五、完善以奖惩制度为重点的社会信用体系运行机制 运行机制是保障社会信用体系各系统协调运行的制度基础。其中,守信激励和失信惩戒机制直接作用于各个社会主体信用行为,是社会信用体系运行的核心机制。 (一)构建守信激励和失信惩戒机制。 加强对守信主体的奖励和激励。加大对守信行为的表彰和宣传力度。按规定对诚信企业和模范个人给予表彰,通过新闻媒体广泛宣传,营造守信光荣的舆论氛围。发展改革、财政、金融、环境保护、住房城乡建设、交通运输、商务、工商、税务、质检、安全监管、海关、知识产权等部门,在市场监管和公共服务过程中,要深化信用信息和信用产品的应用,对诚实守信者实行优先办理、简化程序等"绿色通道"支持激励政策。 加强对失信主体的约束和惩戒。强化行政监管性约束和惩戒。在现有行政处罚措施的基础上,健全失信惩戒制度,建立各行业黑名单制度和市场退出机制。推动各级人民政府在市场监管和公共服务的市场准入、资质认定、行政审批、政策扶持等方面实施信用分类监管,结合监管对象的失信类别和程度,使失信者受到惩戒。逐步建立行政许可申请人信用承诺制度,并开展申请人信用审查,确保申请人在政府推荐的征信机构中有信用记录,配合征信机构开展信用信息采集工作。推动形成市场性约束和惩戒。制定信用基准性评价指标体系和评价方法,完善失信信息记录和披露制度,使失信者在市场交易中受到制约。推动形成行业性约束和惩戒。通过行业协会制定行业自律规则并监督会员遵守。对违规的失信者,按照情节轻重,对机构会员和个人会员实行警告、行业内通报批评、公开谴责等惩戒措施。推动形成社会性约束和惩戒。完善社会舆论监督机制,加强对失信行为的披露和曝光,发挥群众评议讨论、批评报道等作用,通过社会的道德谴责,形成社会震慑力,约束社会成员的失信行为。 建立失信行为有奖举报制度。切实落实对举报人的奖励,保护举报人的合法权益。 建立多部门、跨地区信用联合奖惩机制。通过信用信息交换共享,实现多部门、跨地区信用奖惩联动,使守信者处处受益、失信者寸步难行。 (2)《全国道德模范荣誉称号管理暂行办法》(文明委〔2015〕6号) 第七条　全国道德模范及提名奖获得者产生道德滑坡,有下列情形之一的,所在属地管理责任部门向中央文明办提交调查报告,经中央文明办批准后撤销荣誉称号,收回奖章和证书。 (一)发生第六条所列问题,造成恶劣影响或经诫勉警示仍不改正的; (二)先进事迹造假、隐瞒严重错误的; (三)生产经营活动严重失信的; (四)违反环境保护、计划生育、民族团结和税务、工商、安全生产政策法规的; (五)参与黄赌毒、封建迷信、非法宗教活动的; (六)受到党纪政纪处分的; (七)发生其他违法犯罪行为的; (八)发生其他不宜保留荣誉称号行为的。 (3)《全国五一劳动奖状全国五一劳动奖章全国工人先锋号评选管理工作暂行办法》(总工发(2011)77号) 第七条　评选全国五一劳动奖状、全国五一劳动奖章、全国工人先锋号要面向基层、面向一线职工,坚持公开、公平、公正的原则,严格推荐评选审批程序,接受群众监督。 (一)全国五一劳动奖状、全国五一劳动奖章、全国工人先锋号获得者应自下而上产生,须经所在单位民主推荐、职工(代表)大会或居民(代表)会议讨论通过,上级工会审核同意,中华全国总工会评审表彰工作领导小组审查、书记处审批等程序,并在一定范围内公示。	中央宣传部、中央文明办、全国总工会、共青团中央、全国妇联

续上表

惩戒措施	法律及政策依据	实施单位
23. 禁止参评文明单位、道德模范	（二）申报全国五一劳动奖状的企业和申报全国五一劳动奖章的企业负责人，须经当地县（市）以上工商、税务（国税、地税）、劳动保障、安全监察、环境保护、人口计生等部门审查同意。国有和国有控股企业及其负责人还要经过审计、纪检、监察等部门审查同意。申报全国五一劳动奖章的党政机关和社会团体领导干部，要按照干部管理权限，征得有关部门同意。 （三）党政机关和社会团体中的司局级（含）以上领导干部以及由中央组织部管理的企事业单位负责人，不作为全国五一劳动奖章推荐对象。 （四）有拖欠职工工资，欠缴职工养老、工伤、医疗、失业、生育保险，违反国家计划生育政策，未组建工会，未建立职代会和集体合同制度，劳动关系不和谐，能源消耗超标，环境污染严重等情形之一的企业和企业负责人当年不得申报全国五一劳动奖状、全国五一劳动奖章。发生安全生产事故、严重职业危害或群体性事件的企业和企业负责人自事发起三年内不得申报全国五一劳动奖状、全国五一劳动奖章。	中央宣传部、中央文明办、全国总工会、共青团中央、全国妇联
24. 限制在事业单位的相关任职	（1）《中央编办关于批转〈事业单位、社会团体及企业等组织利用国有资产举办事业单位设立登记办法（试行）的通知〉》（中央编办发〔2015〕132号） 第四条　登记事项要求 （一）名称。事业单位一般只使用一个具有唯一性的名称；经政府或者有关部门批准的教育、卫生等机构，以批复的名称申请登记；未经有关部门批准，事业单位名称不得冠国家机关、政党名称；冠行政区划或举办单位名称的，应当在行政区划或举办单位名称之后有单独字号；符合《实施细则》第十九、二十、二十一、二十二条规定。 （二）住所。申请登记的住所一般不能为住宅；符合《实施细则》第二十五、二十六条规定。 （三）宗旨和业务范围。事业单位宗旨应当简明反映举办事业单位的公益性、非营利性目的；符合《实施细则》第二十七、二十八条规定。 （四）法定代表人。应当是具有完全民事行为能力的中国公民，且为该单位主要行政负责人，年龄一般不超过70周岁，无不良信用记录。担任过其他机构法定代表人的，在任职期间，该机构无不良信用记录。 党政机关领导干部在职或退休后拟担任法定代表人的，应当符合干部管理有关规定。 （五）经费来源。一般为非财政补助，登记为财政补助，应当提供相关证明。除政府批准合作外，一般不得以境外资助作为日常经费来源。 （六）开办资金。实行确认登记制，申请登记时应当有15%以上的举办出资到位。无形资产通过资产评估机构评估计价后可以计入开办资金总额。 （2）《事业单位登记管理暂行条例实施细则》（中央编办发〔2014〕4号） 第三十一条　事业单位法定代表人应当具备下列条件： （一）具有完全民事行为能力的自然人； （二）该事业单位的主要行政负责人。 违反法律、法规和政策规定产生的事业单位主要行政负责人，不得担任事业单位法定代表人。	中央编办
25. 限制在生产经营单位的相关任职	（1）《中华人民共和国安全生产法》（中华人民共和国主席令第13号） 第八十九条　承担安全评价、认证、检测、检验工作的机构，出具虚假证明的，没收违法所得；违法所得在十万元以上的，并处违法所得二倍以上五倍以下的罚款；没有违法所得或者违法所得不足十万元的，单处或者并处十万元以上二十万元以下的罚款；对其直接负责的主管人员和其他直接责任人员处二万元以上五万元以下的罚款；给他人造成损害的，与生产经营单位承担连带赔偿责任；构成犯罪的，依照刑法有关规定追究刑事责任。 对有前款违法行为的机构，吊销其相应资质。 第九十条　生产经营单位的决策机构、主要负责人或者个人经营的投资人不依照本法规定保证安全生产所必需的资金投入，致使生产经营单位不具备安全生产条件的，责令限期改正，提供必需的资金；逾期未改正的，责令生产经营单位停产停业整顿。	工商总局、质检总局、安全监管总局等有关部门

续上表

惩戒措施	法律及政策依据	实施单位
25. 限制在生产经营单位的相关任职	有前款违法行为，导致发生生产安全事故的，对生产经营单位的主要负责人给予撤职处分，对个人经营的投资人处二万元以上二十万元以下的罚款；构成犯罪的，依照刑法有关规定追究刑事责任。 第九十一条　生产经营单位的主要负责人未履行本法规定的安全生产管理职责的，责令限期改正；逾期未改正的，处二万元以上五万元以下的罚款，责令生产经营单位停产停业整顿。 生产经营单位的主要负责人有前款违法行为，导致发生生产安全事故的，给予撤职处分；构成犯罪的，依照刑法有关规定追究刑事责任。 生产经营单位的主要负责人依照前款规定受刑事处罚或者撤职处分的，自刑罚执行完毕或者受处分之日起，五年内不得担任任何生产经营单位的主要负责人；对重大、特别重大生产安全事故负有责任的，终身不得担任本行业生产经营单位的主要负责人。 (2)《安全评价机构管理规定》(国家安全生产监督管理总局令第22号) 第八条　安全评价机构申请甲级资质，应当具备下列条件： (一)具有法人资格，固定资产400万元以上； (二)有与其开展工作相适应的固定工作场所和设施、设备，具有必要的技术支撑条件； (三)取得安全评价机构乙级资质3年以上，且没有违法行为记录。 (3)《中华人民共和国公司法》 第一百四十六条　有下列情形之一的，不得担任公司的董事、监事、高级管理人员： (一)无民事行为能力或者限制民事行为能力； (二)因贪污、贿赂、侵占财产、挪用财产或者破坏社会主义市场经济秩序，被判处刑罚，执行期满未逾五年，或者因犯罪被剥夺政治权利，执行期满未逾五年； (三)担任破产清算的公司、企业的董事或者厂长、经理，对该公司、企业的破产负有个人责任的，自该公司、企业破产清算完结之日起未逾三年； (四)担任因违法被吊销营业执照、责令关闭的公司、企业的法定代表人，并负有个人责任的，自该公司、企业被吊销营业执照之日起未逾三年； (五)个人所负数额较大的债务到期未清偿。 公司违反前款规定选举、委派董事、监事或者聘任高级管理人员的，该选举、委派或者聘任无效。 董事、监事、高级管理人员在任职期间出现本条第一款所列情形的，公司应当解除其职务。 (4)《企业法人法定代表人登记管理规定》 第四条　有下列情形之一的，不得担任企业法定代表人，企业登记机关不予核准登记： (一)无民事行为能力或者限制民事行为能力的。 (二)正在被执行刑罚或者正在被执行刑事强制措施的。 (三)正在被公安机关或者国家安全机关通缉的。 (四)因犯有贪污贿赂罪、侵犯财产罪或者破坏社会主义市场经济秩序罪，被判处刑罚，执行期满未逾五年的；因犯有其他罪，被判处刑罚，执行期满未逾三年的；或者因犯罪被判处剥夺政治权利，执行期满未逾五年的。 (五)担任因经营不善破产清算的企业的法定代表人或者董事、经理，并对该企业的破产负有个人责任，自该企业破产清算完结之日起未逾三年的。 (六)担任因违法被吊销营业执照的企业的法定代表人，并对该企业违法行为负有个人责任，自该企业被吊销营业执照之日起未逾三年的。 (七)个人负债数额较大，到期未清偿的。 (八)法律和国务院规定的其他不能担任企业法定代表人的。	工商总局、质检总局、安全监管总局等有关部门

续上表

惩 戒 措 施	法律及政策依据	实 施 单 位
26. 其他措施	《国务院关于促进市场公平竞争维护市场正常秩序的若干意见》(国发〔2014〕20 号) (十五)建立健全守信激励和失信惩戒机制。 将市场主体的信用信息作为实施行政管理的重要参考。根据市场主体信用状况实行分类分级、动态监管,建立健全经营异常名录制度,对违背市场竞争原则和侵犯消费者、劳动者合法权益的市场主体建立“黑名单”制度。(工商总局牵头负责)对守信主体予以支持和激励,对失信主体在经营、投融资、取得政府供应土地、进出口、出入境、注册新公司、工程招投标、政府采购、获得荣誉、安全许可、生产许可、从业任职资格、资质审核等方面依法予以限制或禁止,对严重违法失信主体实行市场禁入制度。(各相关市场监管部门按职责分工分别负责)	各有关部门

198. 交通运输部办公厅关于进一步规范高速公路入口治超工作的通知

（交办公路〔2019〕29号）

各省、自治区、直辖市、新疆生产建设兵团交通运输厅（局、委）：

为贯彻落实国务院决策部署，进一步规范高速公路入口治超工作，优化营商环境，更好地保护人民群众生命财产安全，根据《中华人民共和国公路法》《公路安全保护条例》《超限运输车辆行驶公路管理规定》等法律法规规定和国务院有关文件要求，经交通运输部同意，现将有关事项通知如下：

一、总体要求

以习近平新时代中国特色社会主义思想为指导，全面贯彻党的十九大和十九届二中、三中全会精神，认真落实中央经济工作会议精神和国务院决策部署，以保护人民群众生命财产和公路基础设施安全为目标，统一执法标准，优化工作机制，强化科技支撑，全面推行高速公路入口检测、出口倒查、责任追究和信用治理，坚决遏止违法超限超载运输，保障高速公路安全、畅通、高效运行，更好地服务我国经济高质量发展。

二、工作原则

（一）政府领导，多方联动。在省级人民政府的统一领导下，全面落实省级交通运输主管部门、高速公路经营管理单位等有关单位的职责，健全协作机制，加强协调配合，推动高速公路入口治超工作规范高效开展。

（二）因地制宜，务求实效。结合在建和已运营高速公路的实际情况，充分利用现有基础条件，积极争取有关部门支持，科学谋划，合理布局，分步分类推进高速公路入口称重检测工作，确保取得实效。

（三）统一标准，有效衔接。严格执行全国统一的超限超载认定标准，建立健全高速公路入口检测、出口倒查和责任追究等治超执法联动工作机制，实现全国高速公路入口治超“一盘棋”。

（四）数据共享，创新管理。加快推进高速公路入口称重检测、出口计重收费、治超执法、大件运输许可和道路运政等数据交换共享，强化分析和应用，实施高速公路信用治超，依法实施联合惩戒。

三、工作目标

到2020年底，全国所有封闭式高速公路收费站入口完成检测设施建设和设备安装，全面实施入口称重检测，各省（区、市）高速公路货车平均违法超限超载率不超过0.5%。

四、主要任务

（一）规范入口称重检测方式。根据收费站场地和货车通行量等因素，合理布设入口称重检测设施（设备），并在前方采取渠化路面、安装标志标识、设置电子抓拍等措施，引导货车进入称重检测车道接受检测，实现“货车必检、超限禁入”（详见附件）。（省级交通运输主管部门牵头，高速公路经营管理单位负责）

（二）规范检测设施（设备）建设安装。按照交通运输部统一要求，称重检测设施（设备）由称重设备、轮轴识别设备、车牌识别及抓拍设备、视频监控设备、电子显示屏和安全引导设施等构成，具备称重检测相关信息自动采集、存储、显示、查询、导出和运行日志记录等功能，人为无法删除、修改称重检测数据和运行日志。选用市场监管部门检验合格的称重检测设备，依法按时检定校验，确保设备质量及精度符合国家规定。具备条件的省份可增设车辆外廓尺寸自动检测设备。（省级交通运

输主管部门牵头，高速公路经营管理单位负责）

（三）强化检测设施（设备）运维管理。建立运维制度，做好检测设施（设备）日常运行维护，保障设备稳定和网络畅通，保证不间断检测，及时上传数据，实现本区域内高速公路入口称重检测和出口计重收费信息的汇集、整合和联动，并与省级治超联网管理信息系统（以下简称治超系统）联网运行，实现数据联通和业务协同。（省级交通运输主管部门牵头，高速公路经营管理单位负责）

（四）提升超限超载精准识别能力。加快推进治超系统、高速公路入口称重检测和出口计重收费系统与省级道路运政管理信息系统全面对接，实现货运企业、从业人员、营运车辆等基础道路运政信息数据交换共享，提升货车超限起载的精确判别能力，为开展失信联合惩戒工作奠定基础。（省级交通运输主管部门牵头，道路运输管理机构、公路管理机构或交通运输综合行政执法机构、高速公路经营管理单位配合）取消高速公路省界收费站的省份，可利用原有计重收费称重检测设施（设备），对入省（区、市）货车实施不停车称重检测，提升货车超限超载的全过程识别能力。（省级交通运输主管部门牵头，高速公路经营管理单位负责）

（五）规范入口车道发卡管理。高速公路入口称重检测数据要与收费站入口发卡协同联动，称重检测数据自动传输至发卡系统。对经入口称重检测为合法装载的货车，系统自动记录称重检测信息，并发卡放行；对经入口称重检测为违法超限超载的货车，系统自动记录称重检测信息，不予发卡，拒绝其驶入高速公路。（省级交通运输主管部门牵头，高速公路经营管理单位负责）

（六）加强违规放行车辆责任倒查。高速公路入口称重检测数据要与出口计重收费数据联动，实现出口倒查和责任追究。对通行高速公路的违法超限超载车辆，除出口收费站按规定收取车辆通行费、报告公路管理机构（或交通运输综合执法机构）和公安交通管理部门外，实施责任倒查。对篡改瞒报称重检测数据、私自放行等违法违规行为导致违法超限超载车辆进入高速公路行驶的，由相关管理部门依法依规追究入口收费站相关单位和人员责任。属于跨省份倒查的，由出口收费站所在区域省级交通运输主管部门通过治超系统，将相关信息抄告入口收费站所在区域省级交通运输主管部门依法处理。（省级交通运输主管部门负责）

（七）加强治超联动管理。建立高速公路称重检测与治超执法联动工作机制。对高速公路入口称重检测、出口计重收费工作中发现的违法超限超载车辆，将相关信息及时推送省级治超系统，并及时报告公路管理机构（或交通运输综合执法机构）和公安交通管理部门，由有关部门依法予以处理。（省级交通运输主管部门牵头，高速公路经营管理单位负责）

（八）加强信用治超建设。将本区域高速公路所有入口称重检测记录、出口计重收费记录和违法超限超载运输车辆处罚信息等记入信用档案，构建高速公路信用治超工作体系。按照严重违法失信超限超载运输行为和相关责任主体界定标准，以及《交通运输守信联合激励和失信联合惩戒对象名单管理办法（试行）》等，组织开展守信联合激励和失信联合惩戒对象名单的认定、发布、奖惩、修复和移除等管理活动。（省级交通运输主管部门负责）

（九）强化治超数据分析及应用。利用高速公路称重检测相关数据，对违法超限超载运输车辆的行驶路线进行回溯，分析超限超载多发高发时空分布规律，开展精准查纠和专项整治。通过分析研判重点区域超限运输变化趋势，量化治超工作评估效果，为强化督导检查提供参考。（省级交通运输主管部门负责）

五、实施步骤

（一）在建（含新、改、扩建）高速公路。入口称重检测设施（设备）要与主体工程同步设计、同步建设，在项目建成通车时同步投入使用，并与省级治超系统实现数据联通和业务协同。（省级交通运输主管部门牵头，高速公路建设单位负责）

（二）已运营高速公路。由省级交通运输主管部门牵头，高速公路经营管理单位负责，突出重点、分步推进：

——2019 年 12 月底前，本区域累计不少于 50％的高速公路收费站，完成入口称重检测设施（设备）建设及数据联通等工作。优先安排重点货运源头区域和超限超载现象严重的收费站。

——2020 年 9 月底前，完成本区域所有收费站入口称重检测设施（设备）建设并投入运行，与省级治超系统联网运行，实现数据联通和业务协同。

六、保障措施

（一）成立工作机构。在省级人民政府统一领导下，成立由省级交通运输主管部门牵头，相关部门和高速公路经营管理单位参加的专门工作机构，制定实施方案，明确目标任务，细化责任分工，健全应急预案，强化工作保障，确保工作目标按期全面完成。（省级交通运输主管部门负责）

（二）落实工作经费。未审批的待建（含新、改、扩建）高速公路，将称重检测设施（设备）建设改造经费列入工程建设费用；已审批但未办理交工的，按照相关政策，通过设计变更等方式进行处理。（省级交通运输主管部门牵头，高速公路建设单位负责）已运营高速公路，由高速公路经营管理单位从公路运营管理费用中列支称重检测设施（设备）建设改造经费。（省级交通运输主管部门牵头，高速公路经营管理单位负责）

（三）加强科技支撑。借鉴先进省份经验，制定高速公路收费站（车道）改造技术方案，规范基础设施和信息系统建设，强化大数据及云平台技术应用，构建信息化条件下的高速公路入口治超新格局。（省级交通运输主管部门负责）

（四）加强宣传引导。加强与媒体沟通联系，广泛利用报纸、广播、电视和网络等传播媒体，深入宣传《中华人民共和国公路法》《公路安全保护条例》等法律法规规定和本区域实施方案，引导货运企业和驾驶人正确理解并支持高速公路入口治超政策，营造良好舆论氛围。加强与公安等部门的协作配合，依法打击聚集堵站、恶意冲卡等违法行为，维护收费站正常通行秩序。（省级交通运输主管部门牵头，公路管理机构或交通运输综合执法机构负责，高速公路经营管理单位配合）

（五）强化督导检查。按照《中共中央办公厅关于统筹规范督查检查考核工作的通知》要求，结合目标任务和时间节点，统筹开展督促检查，及时通报问题，限期组织整改。（省级交通运输主管部门负责）部将会同有关部门密切跟踪各地实施情况，对实施不力、推进缓慢的地区进行通报。各地实施情况将作为“十三五”全国干线公路养护管理检查考核的重要依据。

附件：高速公路收费站入口称重检测设施（设备）推荐布设及禁入方式

附件

高速公路收费站入口称重检测设施（设备）推荐布设及禁入方式

一、在建（含新、改、扩建）高速公路收费站：具备条件的，在入口侧设计专用车道，在收费广场右侧适当位置安装称重检测设施（设备），利用专用车道，对违法超限超载货车实行调头返回。

二、已运营高速公路收费站具备征（租）地条件或拟实施站区改造的：设置专用车道，在收费广场右侧适当位置安装称重检测设施（设备），利用专用车道，对违法超限超载货车实行右转调头返回。

三、已运营高速公路收费站站区广场面积较大（入口四个车道及以上）的：在广场实行物理隔离，设置货车检测专用通道，在通道内安装称重检测设施（设备），对违法超限超载货车实行站区广场左转调头返回。

四、已运营高速公路收费站站区广场面积较小（入口四个车道以下）的：在现有入口货车车道（一般为最右侧）内安装称重检测设施（设备），采用物理隔离方式，引导货车驶入后称重检测，对违法超限超载货车实施车道内倒出，或其他可行有效措施引导返回。

五、个别实施称重检测难度大、货车流量小或城市周边的收费站：结合当地情况，协调有关部门实施货车管控等措施，可不在入口安装称重检测设施（设备）。

199. 交通运输部办公厅关于做好跨省大件运输并联许可系统联网运行工作的通知

（交办公路函〔2017〕1407 号）

各省、自治区、直辖市交通运输厅（委）：

为贯彻落实国务院常务会议精神，全面推进跨省大件运输并联许可全国联网，降低企业运输成本，进一步优化营商环境，交通运输部决定自 2017 年 9 月 30 日起，跨省大件运输并联许可系统（以下简称系统）正式联网运行。为做好系统联网运行工作，现将有关事项通知如下：

一、做好系统联网运行准备工作。请各地于 2017 年 9 月 30 日前，按照跨省大件运输并联许可系统联调联试工作要求，全面完成本区域系统联调联试工作，认真查找漏洞，纠正问题，做好预案，为系统联网运行工作奠定坚实基础。要按照部统一部署，健全省级行政许可管理和跨省协调工作机制，细化业务规则和工作流程，完善大件运输基础信息数据库，主动服务对接大件运输企业。

二、全面受理网上并联许可事项。请各地从 2017 年 9 月 30 日起，全面开展跨省大件运输并联许可系统网上许可受理工作。各省级交通运输主管部门要加强组织领导，细化分解任务，落实责任分工。各地许可归口管理部门和参与部门要严格按照《大件运输许可管理暂行办法》和《跨省大件运输并联许可系统运行管理暂行办法》要求，开展系统联网运行工作；要完善省级客服体系，及时受理和解决系统联网运行过程中的问题；要杜绝逾期不受理、反复退件、虚假录入等违规现象，对于驳回件、挂起件、不予许可件、补齐补正件要认真说明原因，并进行跟踪管理。

三、进一步强化系统培训工作。为确保系统运行正常，请各地继续加强系统操作培训工作。部委托技术支持单位部规划研究院，编写了培训材料和操作手册，可在系统上下载，便于相关人员学习。在联网运行工作期间，部规划研究院将定期对系统进行测试，检查各地使用系统和办理许可业务情况，评估系统联网运行效果（测试时间和方案另行通知）。各地发现系统出现技术故障，请及时向部规划研究院反馈，尽快解决问题。

四、全面清理大件运输涉企收费。各地要按照《交通运输部关于全面清理规范交通运输领域行政处罚、行政检查和涉企收费的通知》（交法函〔2017〕648 号）的要求，对本区域大件运输涉企收费进行全面梳理和排查，清理规范不符合法律法规规定的涉企收费，确保收费依法合规。要严格执行《公路法》《公路安全保护条例》《超限运输车辆行驶公路管理规定》等法律法规规定，在大件运输许可中，不得收取验算费、检测费、未发生实际路产损失的赔补偿费等。要按规定对经批准的大件运输车辆，按照基本费率标准收取车辆通行费。以上工作要在 9 月 30 日前全面完成，有关情况形成报告并及时报部。

五、加强系统联网运行工作监督检查。各地要加快推进涉企收费清理工作，建立系统联网运行工作监督检查制度，及时掌握本区域跨省大件运输网上并联许可开展情况，确保系统联网运行工作正常开展。部将加强对联网运行工作和涉企收费清理工作的监督检查，对不按规定开展许可、违规收取费用的，部将视情约谈相关负责同志，并向全国通报，督促整改。

联系人：公路局　贺志高，010-65292782，65292781（传真），LWGLC@MOT.GOV.CN；部规划研究院　李轶舜，李振宇，章稷修，15801228794，13371693758，13366205392。

200. 2018 年全国治理车辆超限超载工作要点

（交公路明电〔2018〕4 号）

2018 年是全面贯彻落实党的十九大精神的开局之年。全国治理车辆超限超载工作的总体要求是：全面贯彻党的十九大精神，以习近平新时代中国特色社会主义思想为指导，认真落实党中央、国务院的决策部署，按照《交通运输部工业和信息化部公安部工商总局质检总局关于进一步做好货车非法改装和超限超载治理工作的意见》（交公路发〔2016〕124 号）要求，坚持"持之以恒、整风肃纪，健全机制、规范执法，创新理念、提升效能"的基本原则，以遏止违法超限超载运输、促进严格规范公正文明执法为目标，以深入清理整顿公路治超乱执法、乱罚款和不作为为重点，健全长效工作机制，加大工作力度，营造健康有序公路运输环境，切实增强人民群众的获得感、幸福感和安全感，为决胜全面建成小康社会、建设交通强国提供有力保障。

一、坚定不移推进规范执法

1. 持续推进规范治超执法工作。深入推进公路路政、道路运政领域行政检查、行政处罚和涉企收费清理规范工作（省级交通运输主管部门牵头落实）。严格落实公路货车非法改装和超限超载处罚清单制度和治超"十不准"纪律。健全完善治超执法督导考评和明察暗访工作机制，畅通举报投诉渠道，重点排查和整治以罚代管、办理罚款"月票""年票"、与社会人员勾结放行违法超限超载车辆、治超不作为等问题，坚决查处和打击"车托""黄牛"干扰治超执法、冲闯超限检测站点等违法行为（省级交通运输主管部门、公安部门牵头落实）。

2. 深入开展执法服务大走访。按照"分片包干，责任到人"的原则，继续深入本地区重点物流企业、公路运输企业、货运站场、货运驾驶员等公路货运从业单位和人员中，扎实开展治超问政、问需、问计活动，深入宣传公路管理服务特别是治超政策措施。建立受访人意见和建议台账，逐项研究落实，及时反馈进展情况。涉及非本地区、本单位的意见和建议，及时抄告相关地区和部门。（省级交通运输主管部门牵头落实）

二、强化部门联合执法

3. 全面推行联合执法常态化制度化工作。严格落实《交通运输部　公安部关于治理车辆超限超载联合执法常态化制度化工作的实施意见（试行）》（交公路发〔2017〕173 号），进一步优化超限检测站点布局，完善路面监控网络，明确实行驻站联合执法超限检测站数量。加强执法力量，完善保障措施，确保超限检测站 24 小时不间断执法。严格执行超限检测站联合执法工作流程，各司其职、紧密衔接，杜绝重复罚款、只罚款不卸载等行为。（省级交通运输主管部门、公安部门牵头落实）

4. 深入推进重点车型治理工作。继续做好车辆运输车治理工作，督促不合规车辆运输车退出市场。从 2018 年 7 月 1 日起，全面禁止不合规车辆运输车上路行驶（省级交通运输主管部门、公安部门、工业和信息化部门、质检部门依照职责落实）。加强超长平板半挂车和超长集装箱半挂车监管，重点整治低平板半挂车车货总质量超过限载标准和假牌套牌等行为（省级交通运输主管部门、公安部门牵头落实）。尽快出台《危险货物道路运输安全管理办法》，部署开展常压液体危险货物罐车专项治理工作（交通运输部、公安部牵头落实）。

5. 加强货车生产改装监管。对擅自生产、销售未经国家机动车产品主管部门许可生产的机动车型，以及出厂车辆与《道路机动车辆生产企业及产品公告》、强制性产品认证（CCC）、营运货车安全达标车型不符的，责令生产、销售企业限期整改，并严格按照有关规定处理（省级工业和信息化部门、质检部门、交通运输主管部门、工商行政管理部门牵头落实）。加强汽车维修企业监管，严格查处违法拼装改装机动车等行为。严把车辆注册登记和安全技术检验关，从源头环节杜绝非标准货运车辆进入公路运输市场（省级交通运输主管部门、公安部门、质检部门牵头落实）。

三、强化源头和信用治超

6. 加强货物装载源头监管。认真排查重点货运源头单位，建立监管信息系统，引导煤炭、水泥、砂石等货物集散地，以及货运站等重点货运源头单位安装使用称重检测设备和视频监控设备，加强货车装载情况检测，确保车辆合法装载。提请地方人民政府督促相关行业主管部门履行监管职责，监督公路货运源头企业落实安全生产主体责任，从源头遏止违法超限超载运输（省级交通运输主管部门牵头落实）。加强货运源头单位周边路段的流动联合执法（省级交通运输主管部门、公安部门牵头落实）。挂牌督办一批货运源头超限超载严重的地区（省级治超工作领导小组牵头落实）。

7. 加强货运从业者综合监管。建立健全违法超限超载运输“一超四罚”管理工作机制，明确办理流程和时限要求（交通运输部、公安部牵头落实）。做好违法超限超载运输车辆检测和处罚信息的汇总与抄送工作，强化治超执法信息对接和共享（省级交通运输主管部门、公安部门牵头落实）。按照《公路安全保护条例》《道路运输条例》等规定，依法追究违法超限超载运输的货运车辆、驾驶人、道路运输企业和货运源头单位的责任（省级交通运输主管部门牵头落实）。

8. 加强信用治超管理工作。深入组织开展严重违法失信超限超载运输行为和相关责任主体信息汇总和报送工作。加快推进货运源头单位、运输企业、从业人员、营运车辆数据库建设，加强数据交换与共享（省级交通运输主管部门牵头落实）。研究制定信用治超工作管理办法，督促相关部门加强信用结果应用，强化对违法失信当事人的联合惩戒（交通运输部牵头落实）。

四、强化科技治超

9. 加快推广高速公路入口检测工作。在省级人民政府统一部署下，组织和指导高速公路经营管理等单位，加快完善入口检测设施设备，强化检测数据与收费站发卡系统联动管理，实施收费系统自动识别和发卡，杜绝违法超限超载车辆进入高速公路行驶。建立健全入口检测信息通报机制，对检测显示超限超载且未能提供有效超限运输车辆通行证的，收费公路经营管理单位应当及时报告，公路管理机构和公安交管部门应及时派出执法人员赶赴现场，依法处置。（省级交通运输主管部门、公安部门牵头落实）

10. 完善超限检测站设施设备。落实交公路发〔2017〕173号的相关要求，借鉴山西省经验做法，在普通公路超限检测站前方，设置货车检测通道、相应交通标志和电子抓拍系统，引导车辆进站检测，减少执法人员配备，提升执法工作效率，促进规范公正执法。（省级交通运输主管部门、公安部门牵头落实）

11. 强化大件运输许可服务。健全完善省级行政许可和跨省协调工作机制，主动服务对接大件运输企业，做好系统业务受理和推广应用工作。深入开展清理规范大件运输涉企收费工作。探索完善路面技术检测设施设备，对大件运输车辆的外廓尺寸、轴荷及总质量进行自动检测，并与许可信息比对，实现“网上快速许可、路面自动检测、信息并联共享、失信联合惩戒”，不断提升大件运输服务水平。（省级交通运输主管部门牵头落实）

12. 加强治超信息化建设。加快推进治超管理信息系统全国联网。积极推进治超管理信息系统与道路运政管理系统、大件运输许可系统、收费公路计重收费系统的信息共享，逐步实现全过程记录、全业务录入、全路网监控、全链条管理、全方位服务（省级交通运输主管部门牵头落实）。建立交通运输与公安部门的车辆、执法信息交换共享机制。探索治超非现场监管工作机制，在未设固定超限检测站的普通公路的重要路段和节点，设置技术检测设备，对检测显示的超限超载违法多发高发路段，联合开展针对性查纠（省级交通运输主管部门、公安部门牵头落实）。

五、强化保障机制

13. 加强治超执法队伍建设。深入开展公路治超领域“三基三化”建设（省级交通运输主管部门牵头落实）。加强公路执法装备现代化建设，严格落实行政执法公示、执法全过程记录、重大执法决定法制审核制度。协调地方相关部门，将治超执法工作人员工资福利、执法工作经费、执法装备配置经费、执法队伍管理经费全额纳入财政预算；严格落实罚款收缴分离制度，严禁将罚没收入与治超执法机构经费直接或变相挂钩，减少趋利执法诱因（省级交通运输主管部门、公安部门牵头落实）。

14. 深入推进货运行业降本减负。加快落实《交通运输部等十四部门关于印发促进道路货运行业健康稳定发展行动计划（2017—2020年）的通知》（交运发〔2017〕141号），确保降本减负10件实事全面落地并取得切实成效。加强公路货运市场运行动态跟踪和量化分析，定期发布市场供需状况，引导经营业户理性进入市场。（省级交通运输主管部门牵头落实）

201. 交通运输部办公厅关于进一步优化跨省大件运输并联许可服务工作的通知

（交办公路明电〔2018〕65号）

各省、自治区、直辖市交通运输厅（委）：

2017年9月30日跨省大件运输并联许可系统全国联网运行，实现了“起运地省份统一受理，沿线省份限时并联审批，一地办证、全线通行”，极大提高了大件运输许可效率，有效促进了物流降本增效。但据国务院督查组通报，目前，部分地区还存在着政策执行不统一、材料要求不一致、省际协调配合差、许可效率低等问题。为进一步提升大件运输许可效率，助力“中国制造”和重大工程建设，经交通运输部同意，现就进一步优化跨省大件运输并联许可服务工作有关要求通知如下：

一、强化“一扇门”办理。省级交通运输主管部门要切实加强组织领导，明确一个专门机构统一负责本省（区、市）大件运输许可网上申请受理和协调审批工作，实现一个单位负责、一套机制运行、一个窗口管理，确保群众办事“只进一扇门”。此项工作于2018年9月底前完成。

二、推行“首站式”服务。许可管理机构要按照“首问负责”原则，安排专人负责客户服务和业务咨询工作。起运地省份受理大件运输申请后，即为该申请的总协调人，负责材料审查和转送、路线调整、督促反馈、现场核查、许可决定等协调工作，全程为大件运输申请人服务，确保群众办事“只找一个人”。必要时，可申请交通运输部进行协调。

三、加强“手把手”培训。省级许可管理机构要组织有关单位，对本区域重点大件运输企业开展业务培训，深入宣贯大件运输管理政策、涉及收费政策、大件运输许可政策规定，帮助大件运输企业有关人员熟悉网上许可系统和跨省大件运输并联许可系统，高效规范使用，切实提高系统使用率和许可工作效率。

四、鼓励提前办理申请。各地许可管理机构要深入开展公路执法服务大走访活动，与生产企业建立事先告知机制，及时获知生产企业大型货物订单信息。鼓励生产企业提前开展大件运输招标。鼓励运输企业根据大件生产相关指标，提前申请网上许可，争取在大件货物装车前完成形式审查，装车后完成相关手续即可发证，确保大件货物及时启运。

五、完善公路“数据库”。省级交通运输主管部门负责汇聚本区域高速公路、普通国省干线公路、农村公路等基础数据，以及公路技术状况、重要桥隧指标、收费站点和施工阻断等信息，建立公路基础信息数据库，实行统一管理、统一运维、统一更新，确保许可管理机构“只进一个系统”，2019年底前通过多种形式，向大件运输企业开放相关查询功能。

六、推进“主通道”建设。省级交通运输主管部门要根据本区域大件运输通行的历史数据，全面梳理大件运输通行路线信息，明确大件运输主要通道，积极与相邻省份对接，结合公路改扩建等工程建设，实施针对性维修改造，并增设收费站超宽车道，增强大件运输车辆通过能力，满足大件运输需求。各地大件运输主通道规划工作于2018年12月底前完成。部规划研究院统筹汇总，形成全国大件运输主要通道网络。

七、完善许可实施细则。按照部统一部署和要求，进一步规范大件运输的申请受理、审查决定、通行管理、服务保障和监督检查等工作，统一申请而料，统一审批条件，统一许可办结时限，更好地适应和满足大件运输企业的运输需求。此项工作于2018年12月底前完成。

八、加快系统升级改造。按照部统一要求，尽快组织开展省级平台升级改造工作，做好与地方政府行政审批服务系统对接，全面推行“一网通办”，解决大件运输企业反映强烈的办事系统繁杂、业务协同不足等问题，最大限度提升用户体验。此项工作于2019年6月底前完成。

九、完善技术监测设施。省级交通运输主管部门要结合本区域大件运输“主通道”运行情况，组织相关单位完善高速公路称重系统、超限检测站称重系统、路面外廓尺寸自动检测系统建设，对大件运输车辆外廓尺寸和重量实施自动检测，实现“不见面”核查。对弄虚作假、未批先行等违规运输车辆，按照有关规定，纳入信用信息记录，实施联合惩戒。

十、建设高速公路服务点。省级交通运输主管部门结合本区域路网结构、大件运输主通道等情况，科学规划，鼓励具备条件的高速公路服务区建立大件运输服务点，满足驾驶员与管理人员住宿、办公、就餐等基本需要，促进大件运输持续健康发展。此项工作于2019年6月底前完成。

十一、强化监督检查。省级交通运输主管部门要健全完善大件运输许可监管制度，明确考核范围、周期和内容，及时掌握本区域大件运输许可办理、通行管理、服务保障等工作开展情况，对乱作为、慢作为、不作为的单位和个人，依法依规严肃处理。制度制定工作于2018年9月底前完成。部将加强监督检查，定期发布通报，对问题突出的地区和个人实施挂牌督办，责令限期整改。

各省、自治区、直辖市落实工作情况，请于2018年12月10日前报部。

联系人：贺志高，电话：010-65292782、65292781（传真）。

202. 交通运输部办公厅关于严格执行全国超限超载认定标准的通知

（交办公路明电〔2018〕66号）

各省、自治区、直辖市、新疆生产建设兵团交通运输厅（局、委）：

2016年9月21日新一轮货车非法改装和超限超载治理工作开展以来，经过各地、各有关部门的共同努力，全国违法超限超载运输行为得到有效遏制，公路安全保护水平明显提升。但部分地区依然未严格执行全国统一超限超载认定标准，特别是部分高速公路对超限30%的车辆仍然按照基本费率计重收费，导致高速公路与普通公路治超标准不一致，不同省份执法力度不统一等问题。为进一步规范公路治超执法，营造公平有序营商环境，经交通运输部同意，现就严格执行全国超限超载认定标准有关要求通知如下：

一、充分认识统一超限超载认定标准的重要意义。统一全国超限超载认定标准，是依法行政的要求，有利于实现车辆生产和使用标准的统一，有利于公路路政治理超限和公安交警治理超载标准的统一，有利于维护公路运输企业的合法权益。各地交通运输主管部门和公路管理机构、高速公路经营管理单位要充分认识统一超限超载标准的重要意义，严格执行《交通运输部公安部关于治理车辆超限超载联合执法常态化制度化工作的实施意见（试行）》（交公路发〔2017〕173号，以下简称173号文件）明确的超限超载认定标准，确保全国范围内标准统一，坚决杜绝随意提高或降低治超执法标准的行为。要全面组织开展超限超载认定标准执行情况排查，未按上述标准执行的地区，必须于2018年9月底前全面整改。

二、加强高速公路治超执法管理。省级交通运输主管部门要指导高速公路经营管理单位，加快安装入口称重检测设施（设备），严格按照全国统一的超限超载认定标准实施检测；发现违法超限超载车辆，坚决拒绝其驶入高速公路。暂未实施入口称重管理的，要强化执法力量配置，加强入口检查执法，引导货运车辆依法规范装载运输，坚决防止违法超限超载车辆进入高速公路行驶。

三、加强超限检测站执法管理。按照173号文件明确的超限超载认定标准和相关要求，严格规范治超检查和处罚，严厉打击货车违法超限超载行为，坚决禁止以罚代卸、随意调整超限超载认定标准等行为。

四、加强治超信息化建设。省级交通运输主管部门要组织有关单位，加快推动高速公路计重收费系统与运政系统联网，加强与公安部门沟通协调，加快实现车辆信息、执法信息交换和共享，实现对货运车辆轴型和超限超载认定标准的精准识别。结合收费系统和收费车道改造，探索和使用新的技术与设备，提高车辆超限超载精准识别能力。

五、加强监督检查。省级交通运输主管部门要依托12328服务监督电话系统等监督平台，畅通投诉举报渠道，及时受理和查处不严格执行超限超载认定标准的行为。要建立健全执法工作责任倒查与追究制度，加强监督检查，对治超工作不力、不严格执行治超标准的单位和个人，要按照规定严肃处理。部将对超限超载标准执行不到位的地区，实施挂牌督办，责令限期整改。

各省、自治区、直辖市排查和整改工作情况，请于2018年10月10日前报部。

联系人：贺志高，电话：010-65292782、65292781（传真）。

203. 全国治超联网管理信息系统省级工程建设指南

（交办公路〔2018〕77号）

前　言

全国治超联网管理信息系统（以下简称治超系统）是《交通运输信息化“十三五”发展规划》确定的部省共建信息化建设项目。本工程将全面整合全国治超相关业务及信息资源，基本实现对车辆超限运输情况的有效监控，有利于规范治超业务办理，强化治超管理能力，提升治超管理和服务水平。

本项目分为治超系统部级工程（以下简称部级工程）、治超系统省级工程（以下简称省级工程）两个部分。部级工程由交通运输部组织建设，与省级工程进行数据对接和共享，为部省间、省际间治超业务协同提供支撑，并有效监督全国治超工作。省级工程由各省（区、市）交通运输主管部门组织建设，实现辖区内治超业务管理和服务等功能，支撑省市县各级交通运输部门高效开展治超工作，并与部级工程对接。

为更好地指导省级工程建设，明确工程建设思路及总体框架，强化系统的整体性和协同性，满足部省间、省际间信息交换共享及全国联网运行的需要，特编制本指南。省级工程建设应严格遵循相关现行国家和行业标准，所需的治超相关业务规范和技术要求由部另行组织制定。

第一章　总体要求

一、建设目的

深入贯彻落实党中央、国务院关于加强车辆超限超载治理（以下简称治超）工作的部署要求，通过建设治超系统，实现跨区域、跨部门治超信息交换共享和业务协同，形成属地化管理情况下的全国治超监管和服务“一盘棋”，进一步规范治超管理工作，加强超限运输监管和服务，减少违法超限运输行为，保护公路基础设施和人民生命财产安全，推进治超领域的治理体系和治理能力现代化。

二、建设范围

横向上，各省（区、市）治超成员单位包括交通运输、工信、公安、市场监管等部门。本工程建设范围主要涵盖交通运输部门的治超监管、业务协调和对外服务等内容。

纵向上，工程所建系统应支撑省市县站（点）的治超业务开展，为地方各级交通运输部门开展治超业务监管、执法业务办理提供信息化支撑。

三、建设思路、原则和目标

（一）建设思路。

省级工程在“十三五”期间可采用“全面整合、规范业务、重点补充、逐步扩展”的策略，全面整合治超相关信息资源，全面规范治超执法业务，推进治超业务全链条管理，通过超限运输信息的交换共享，促进跨区域、跨部门协同治超，重点补充完善路面治超相关设施，完善超限运输监控网络，拓展治超信息服务。

各省（区、市）交通运输主管部门应当坚持以业务效能目标为导向，加强地方业务特征分析，强化信息资源整合、信息交换共享、业务运行机制优化和重构等，合理确定工程示范试点区域，保证省级工程取得实效。

（二）建设原则。

问题导向。治超系统是业务系统，应当以解决业务问题为根本导向，对各业务环节中执法不规范、监管不到位、治超协同难等问题，有针对性地制定建设方案。

标准统一。部将加强制定业务规范和技术要求，各省（区、市）交通运输主管部门应严格按照要求开展建设，规范治超执法业务办理，并保证部省之间、省际之间、辖区内治超各业务信息高效共享和有效联动。

共享协同。纵向上各省（区、市）交通运输主管部门应当按要求实现治超系统部省共享协同，构建统一的全国治超监控网络；横向上各省（区、市）交通运输主管部门应充分考虑治超系统与交通运输行政执法综合管理信息系统（以下简称执法信息系统）和道路运政管理信息系统（以下简称运政系统）的对接，积极与辖区内相关部门沟通，按照职责分工推进跨部门间信息共享协同。

开放创新。各省（区、市）交通运输主管部门应当根据本地实情，推进信息技术在治超业务管理中的应用，探索在新技术条件下治超业务模式的创新，促进技术和业务的深度融合。

（三）建设目标。

本工程总体目标是实现“全过程记录、全业务上线、全路网监控、全链条管理、全方位服务”。通过治超管理业务过程的全面记录和留痕，保障执法程序规范；通过执法业务的线上办理，提升执法和监督效率；完善路网监控硬件设施并汇集监控信息，实现对违法超限运输行为的全面监控和精确打击；通过业务衔接和信息共享，推进治超管理上下游协同、全链条联动管理；通过推动治超信息服务能力建设，全面提升治超管理和服务的规范化水平。具体如下：

1. 业务办理基本要求。

实现公路超限检测站执法关键环节的记录，实现现场治超执法案件的在线录入和网上办理，规范治超执法。

治超案件数据、文书数据在系统中全部可查。

2. 信息汇集基本要求。

实现全省（区、市）公路超限检测站称重检测信息100%接入，非现场检测点的称重检测信息、取证信息100%实时接入，高速公路入口称重检测信息、出口计重信息100%接入，重点货运源头单位称重检测信息接入，各类站点视频图像实现远程调阅。

站级治超系统（以下简称站级系统）的数据要按照统一的技术要求及指标要求，实时同步传输至省、部级治超系统（以下简称省级系统、部级系统）。

3. 协同治超基本要求。

案件数据在省、部级系统汇集，跨区域案件数据100%抄告，“一超四罚”处理情况有效反馈。交通运输部门内部之间治超相关信息交换共享充分，交通运输与工信、公安、市场监管等治超成员单位间信息交换共享初见成效。

4. 治超监管基本要求。

实现对各类站点实时情况的运行监控。

实现对治超执法多部门业务协同情况的监管。

实现对本辖区货运车辆数量、超限运输货运车辆数量、超限率、超限运输区域分布等情况的监管。

5. 治超信息服务基本要求。

治超执法机构和人员信息、案件数据、非现场取证信息、失信名单、政策法规、大件许可、业务咨询、服务监督等公示信息，按照有关规定主动公开，接受社会监督，畅通投诉举报渠道并及时反馈。

四、建设任务

（一）建设完善业务管理应用。

各省（区、市）交通运输主管部门应建设完善超限运输运行监管系统、违法超限运输执法管理系统，并可根据实际，完善大件运输许可管理系统，建设治超指挥调度管理系统和治超综合分析评价系统，为省、市、县各级治超管理人员和执法人员提供治超日常业务办理、监督指导的工作平台。

（二）建设完善省级治超数据资源。

在省级交通运输数据中心的基础上，全面梳理、整合现有治超相关数据，建设完善省级治超数据资源，实现与省级其他系统、相关部门的数据交换与共享。

（三）建设软硬件支撑系统。

充分利用已有软硬件设备，建设完善支撑软件、主机存储、网络安全等基础支撑环境，保障信息系统建设。

（四）建设完善外场终端。

建设完善公路超限检测站相关设备、非现场检测点等各类外场终端，扩大治超业务的覆盖面，加强对超限运输行为的有效监管。

各省（区、市）交通运输主管部门可根据工程建设目标和建设条件，进一步丰富省级工程建设任务内容。

第二章　总 体 架 构

一、业务架构

本工程包括超限运输运行监管、违法超限运输管理、大件运输许可管理、超限运输信息服务等四大类业务，其中部主要负责指导、监督、协调业务，省市县站（点）主要负责辖区范围内的具体治超业务，以及相应的指导、监督、协调等业务。对于地方各级交通运输部门：

1. 超限运输运行监管：对超限运输情况、各部门治超情况的监督，主要包括治超业务监管、各部门协同监管、监督检查等业务；

2. 违法超限运输管理：对违法超限运输车辆的具体监督和执法，包括公路超限检测站治超、流动治超、高速公路治超、非现场执法、货运源头监管，以及后续的“一超四罚”、信用治超等业务；

3. 大件运输许可管理：对合法超限运输车辆的许可管理业务；

4. 超限运输信息服务：按照相关要求面向行业企业、社会公众的信息服务业务。

工信、公安、市场监管等治超成员单位的业务，主要以跨部门协作的方式体现。

省级工程业务架构总体示意图见图 2-1。

二、应用架构

部级工程将建设超限运输运行监管系统、违法超限运输执法协同管理系统、跨省大件运输并联许可系统、治超综合分析评价系统、超限运输信息服务系统等系统，通过与省级工程对接，实现称重检测数据、案件数据等的汇集，为全国跨区域、跨部门治超协同提供技术支撑，并开展相关数据分析、信息服务。

对于省级工程，一般可划分为超限运输运行监管、违法超限运输执法管理、治超指挥调度管理、大件运输许可、治超综合分析评价 5 个系统，以及站级系统。其中，前 5 个系统推荐采用省级集中部署，省、市、县、站多级应用的方式；站级系统部署在公路超眼检测站和高速公路入口称重检测设备上，实现各类设备的接入、控制以及数据的上传。

已建成执法信息系统的省份，原则上在办理治超执法案件时应对接该系统，使用该系统的文书办理、执法信息服务功能，并在案件办理完成后将治超案件数据、文书数据传输至本系统。

应用系统的部署见图 2-2。

三、数据架构

省级工程数据资源包括业务基础、称重检测、其他监控（视频监控等）、案件和文书、证据、失信名单、大件运输许可、货运源头单位、违法分析、综合分析评价、信息服务等内部数据，以及运政系统人车户、货车卫星定位等外部数据。

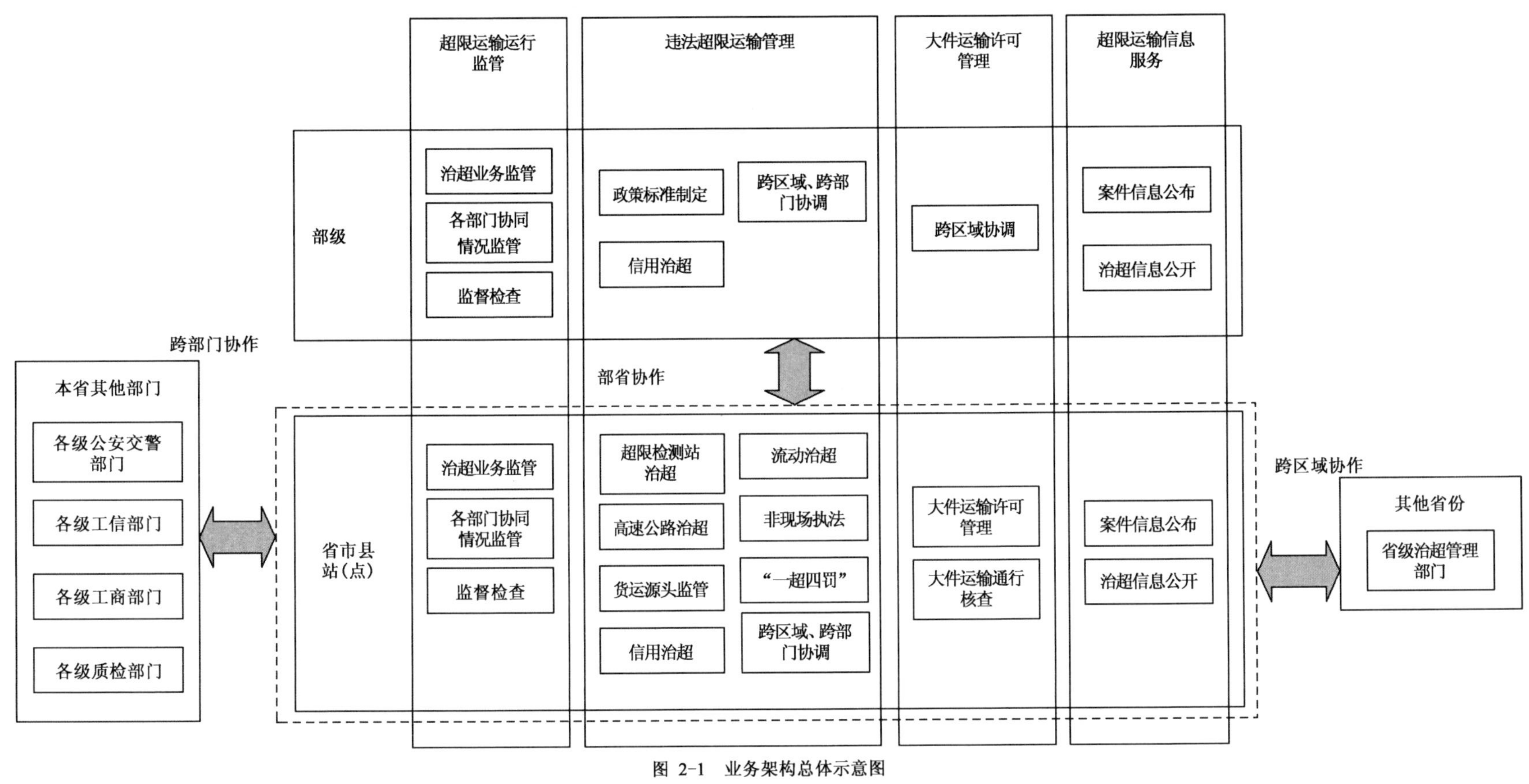

图 2-1　业务架构总体示意图

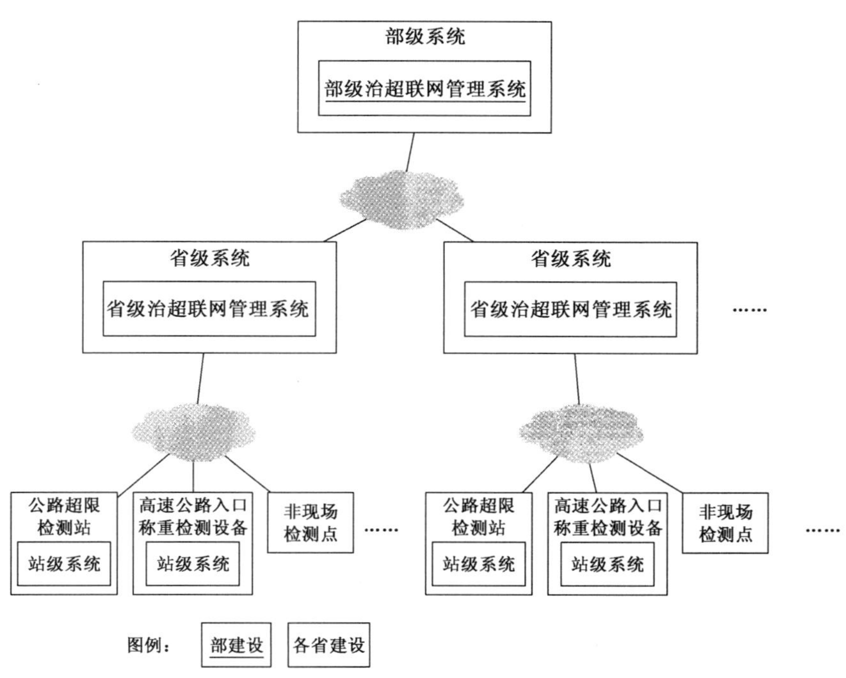

图 2-2　总体应用架构及部署

省级交通运输主管部门应整合行业内治超相关信息资源，建立与部级系统的有效对接，为部省间、省际间的信息交换共享提供有效支撑；积极推进与工信、公安、市场监管等部门的信息交换与共享，建立高效的信息交换共享机制。

四、技术架构

省级工程的技术架构应当在本辖区行业信息化规划的总体要求下统筹考虑，加强与其他信息系统技术架构的协调，促进信息化基础设施集约发展，提高行业信息化的规模效益。

本工程信息系统安全等级保护定级应当不低于二级。

第三章　系 统 功 能

本章提出对省级治超系统主要功能的要求。各省（区、市）交通运输主管部门可以根据本辖区信息化架构重新划分系统功能，在具体功能层面满足本章要求即可。

一、超限运输运行监管

通过汇集全省（区、市）各类站点的称重检测、案件等数据，实现对全省（区、市）超限运输情况的运行监控和治超业务开展情况的监督，并与部级系统对接，实现检测信息的上传。主要包括基础信息管理、检测信息管理、治超运行监控、治超业务监督等功能。

各省（区、市）交通运输主管部门应当建设本系统的相关功能，并实现与部级系统的对接。

（一）基础信息管理。

实现对本辖区治超执法机构和人员、各类站点、源头单位、设施设备等基础信息的管理。

（二）检测信息管理。

对各类站点称重检测数据进行实时接入管理，包括公路超限检测站、高速公路出入口、非现场检测点、货运源头站等。对于具备取证功能的站点，应当接入或支持调用现场采集的图片、视频等证据信息，系统实现站点设备接入状态监控、异常数据分析报警等功能。

（三）治超运行监控。

对公路超限检测站、高速公路出入口、非现场检测点、货运源头站等称重检测数据或案件数据进行监控。各省（区、市）交通运输主管部门应当接入公路超限检测站等重要站点的视频图像，能够实时查看辖区内任一站点的视频图像；建立农村公路限宽限高等物防设施管理档案。

其中，视频图像应当接入本辖区统一的视频管理平台，部将通过相关工程实现部省平台对接，支撑部对站点视频资源的随时调阅。

（四）治超业务监督。

实现对治超工作情况，以及路政、运政、公安、工信等各部门治超监管情况、分工协作情况的监督。

二、违法超限运输执法管理

为辖区内各级治超执法人员办理治超案件、实现跨区域协同提供信息化支撑，并与部级系统对接，提供案件数据跨区域交换共享、运政系统人车户和货车卫星定位信息查询等服务。主要包括现场执法管理、非现场执法管理、案件抄告移送管理、信用治超管理、支持信息管理、违法信息服务等功能。

各省（区、市）交通运输主管部门应当建设本系统功能，并实现与部级系统的对接。

（一）现场执法管理。

为治超执法人员现场执法提供人车户基础信息查询、货车卫星定位信息查询、执法过程记录、案件数据录入、音视频证据采集上传等功能，实现执法过程规范化、执法文书模板化管理。在路警联合执法的情况下，支持公安交通管理部门处罚文书的电子录入和归档管理。系统应提供移动应用。

已建成执法信息系统的省份，办理治超执法案件时原则上应直接对接执法系统，并在案件办理完成后将治超案件数据、文书数据传输至本系统。

（二）非现场执法管理。

对于非现场检测点采集的取证信息，提供证据分拣管理功能，辅助人工进行证据分拣，并支持后续违法行为告知等业务。鼓励探索案件的在线处理、在线缴款，便于违法当事人接受处理。

（三）案件抄告移送。

在省级系统中汇集本辖区治超案件数据。通过与部级系统对接，实现跨区域案件数据抄告、证据数据移送。对于接收的案件数据、证据数据，应当在处理后及时反馈。

（四）“一超四罚”管理。

在运政等系统中实现了“一超四罚”相关功能的，应对接、使用相关系统功能，由道路运输管理机构或交通综合执法机构实施“一超四罚”，并反馈处理结果。未实现“一超四罚”相关功能的，可根据本地实情，在本系统中建设“一超四罚”功能。

（五）信用治超管理。

实现严重违法超限超载运输失信当事人名单（以下简称失信名单）的在线筛选、人工补录、人工审核等功能，并按时报送给部级系统。部级系统汇总失信名单后提交给“信用交通”网站，并获取联合惩戒实施情况信息。实现部级系统下发名单的接收、联合惩戒信息管理等功能。具备条件的省（区、市）可与本辖区信用交通体系对接。

（六）执法信息服务。

整合完善现有服务方式，向社会公众提供治超执法机构和人员信息、案件数据、非现场取证信息、失信名单、政策法规的在线查询，以及咨询互动、投诉举报等服务功能。鼓励通过与企业合作等方式拓展服务渠道、丰富服务方式。

已建成执法信息系统的省份，本功能原则上直接与其对接。

三、治超指挥调度管理

通过汇集本辖区非现场检测、高速出口计重等数据，有条件的地区可以接入公安交通管理部门的高清卡口等数据，实现对严重违法超限运输行为的预警，辅助开展精确打击。主要包括违法线索分析、现场力量调度、移动执法等功能。

各省（区、市）交通运输主管部门可根据实际需要建设本系统功能。

（一）违法线索分析。

接入各类动态数据，建立违法分析模型进行处理，并对疑似违法超限运输行为进行预警。各省

（区、市）交通运输主管部门可以根据实际情况设定预警规则，重点打击“百吨王”、冲站闯卡等严重违法超限运输行为。

（二）现场力量调度。

各省（区、市）交通运输主管部门应对预警信息进行响应处理，调度执法力量打击违法超限运输行为，特别是严重违法超限运输行为。对跨区域的违法超限运输行为，可建立信息共享机制，为跨区域指挥调度提供支撑。

各省（区、市）交通运输主管部门应充分利用现有或在建的相关系统，实现指挥调度功能。

（三）货运源头辅助分析。

通过汇集的非现场检测、货车卫星定位等数据，有条件的地区可以接入公安交通管理部门的高清卡口等数据，对违法超限运输车辆的货运源头进行辅助分析。

（四）移动应用。

实现预警信息和货车信息查询、在线即时通信等功能，辅助执法人员开展重点车辆拦截工作。

四、大件运输许可系统（升级）

根据大件运输许可管理有关规定，对大件运输许可系统进行升级改造，实现与跨省大件运输并联许可系统部级平台的数据对接和业务协同，满足跨省大件运输并联许可企业注册、申请受理、跨省协调、审查决定等许可业务在线办理需求。跨省大件运输并联许可申请人基本信息、许可信用记录、许可决定信息全国互认。辖区内大件运输许可信息应实时上传部级系统。

各省（区、市）交通运输主管部门可根据实际需要升级完善本系统。

五、治超综合分析评价

实现对治超相关综合信息的查询和分析，全面掌握本辖区治超工作开展情况。主要包括综合查询统计、治超业务分析、治超专题分析、大件运输许可服务评价等功能。

各省（区、市）交通运输主管部门可根据实际需要建设本系统功能。

（一）综合查询统计。

实现对各类治超相关信息的查询和统计功能，包括设施设备基础信息查询统计、各类站点检测信息查询统计、治超案件数据查询统计等。

（二）治超业务分析。

通过设定关键指标，实现对治超各项业务开展情况的分析，包括违法线索响应分析、非现场执法业务分析、超限指标分析等。

（三）治超专题分析。

可以根据实际需要，综合利用公路养护、交通事故等多源数据，采用大数据分析技术，开展针对治超工作的专题分析，辅助治超成效评价和政策制定。

六、站级系统

站级系统实现对公路超限检测站设备、高速公路入口称重检测设备的集成、控制，实现相关检测数据的统一接入、存储、查询、传输等功能，为一线治超工作提供支撑。

各省（区、市）交通运输主管部门应建设和部署本系统，同步向省、部级系统实时上传称重检测数据。

第四章　信 息 资 源

一、信息内容

系统的信息内容主要包括系统内部数据和系统外部数据。

系统内部数据包括业务基础数据，称重检测数据，其他监控数据，案件和文书数据，证据数据，失信名单数据，大件运输许可数据，货运源头单位数据，违法分析数据，综合分析评价数据，信息服务数据等。

系统外部数据包括省级相关系统提供的公路基础数据，运政许可（人、车、户）基础数据，卫星定位数据，部省交换的案件数据，外省（区、市）籍车辆数据，以及共享公安、工信等部门的驾驶员和车辆数据、治超相关案件数据等。

二、信息采集

省级工程应在充分利用现有资源的基础上，适当补充完善，并与路网运行管理、运政管理等相关信息系统共建共享。省级工程在业务应用过程中，应重点加强各类站点称重检测数据、案件和文书数据的采集，并为路网运行管理、执法综合管理等其他相关信息系统提供共享服务。

省级工程应做好数据资源规划，明确各项数据的具体来源，保证一数一源。

省级交通运输主管部门应加强对各类站点数据传输情况和数据质量的监管，并加强对执法业务在线办理的管理，构建稳定的数据源；加强与本辖区公安、工信、市场监管等部门的数据交换共享，完善数据交换共享机制，促进跨部门的治超业务协同开展。

三、信息共享

本工程信息共享的主要数据流向如图 4-1。

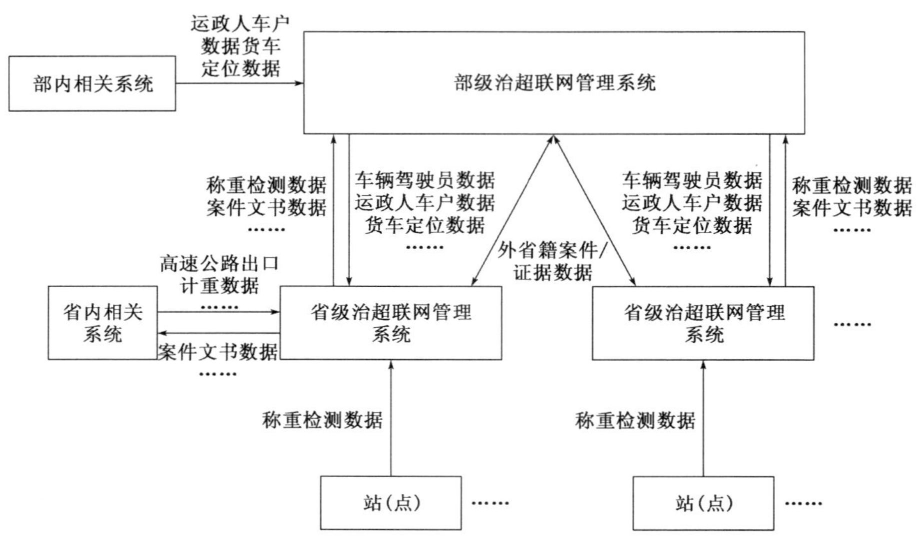

图 4-1　主要数据流向

（一）部省信息共享。

省级工程应按照部制定的统一技术要求，实现与部级系统的互联互通。省级系统应当向部级系统提供治超基础数据、称重检测数据、案件数据等，支撑部级业务的开展。

1. 省向部提供的数据。

（1）业务基础数据。

包括本辖区治超相关的组织机构、业务人员、执法站点、设施设备等基础数据。

（2）称重检测数据。

包括本辖区公路超限检测站、高速公路入口称重检测设备、高速公路出口计重、货运源头站、非现场检测点等采集的称重检测数据。

（3）案件和文书数据。

包括本辖区治超执法已结案案件基础数据，本辖区“一超四罚”案件处理结果信息等。

文书数据应当按照统一标准要求提供调阅接口。

（4）失信名单数据。

包括失信行为涉及的道路运输企业、货运源头单位、道路运输从业人员和货运车辆清单，以及失信行为种类、具体情形等信息。

（5）大件运输许可数据。

按照部出台的跨省大件运输并联许可系统相关技术要求，实现申请信息、许可信息的交互。

（6）货运源头单位数据。

包括货运源头单位名称、类型、位置、基本信息等。

（7）视频图像数据。

包括各类站点的视频图像数据，应当接入本辖区统一的视频管理平台。

（8）部所需的其他数据。

包括部开展治超监管和考核评价时所需要的其他信息。

2. 部向省提供的数据。

（1）道路运输人车户数据。

包括外省（区、市）籍道路运输人、车、户基本信息等。

（2）货车卫星定位数据。

包括外省（区、市）籍 12 吨以上货车的定位信息。

（3）失信名单数据。

包括全国汇总生成的失信名单信息。

（4）大件运输许可数据。

按照部出台的跨省大件运输并联许可系统相关技术要求，实现企业注册信息、许可信息的交互。

3. 互联方式。

部省共享数据应通过高速公路光纤网，并依托部省间统一的数据资源共享交换平台进行传输。省级工程应按照部省数据交换共享的技术要求开发接口，与部级系统进行对接。

部省间交换共享的主要信息见下表。

部省交换共享数据表

数据类别	主要数据内容	交换频率
省为部提供的数据		
业务基础数据	治超相关的组织机构、业务人员、执法站点、设施设备等基础信息	按需交换
称重检测数据	公路超限检测站、高速公路出入口、货运源头站、非现场检测点等称重检测信息，包括车牌号、轴型、车货总重、检测时间等（不含视频、图像信息）	实时交换
案件数据	已结案的治超案件数据，包括当事人信息、车辆信息、违法行为信息、处罚信息等	定期交换
文书数据	执法案件的文书扫描件	接口调阅
失信名单数据	失信行为涉及的道路运输企业、货运源头单位、道路运输从业人员和货运车辆名单，失信行为种类、具体情形等	定期交换
大件运输许可数据	按照部出台的跨省大件运输并联许可系统相关技术要求，实现申请信息、许可信息的交互	实时交换
货运源头单位数据	包括货运场站名称、类型、位置、基本信息等	按需交换
视频图像	各类站点的视频图像数据	接口调阅
部为省提供的数据		
道路运输人车户数据	外省（区、市）籍道路运输人、车、户基本信息	接口查询
货车卫星定位数据	外省（区、市）籍货车卫星定位信息	接口查询
失信名单数据	全国严重违法超限运输失信当事人名单信息	按需交换
大件运输许可数据	按照部出台的跨省大件运输并联许可系统相关技术要求，实现企业注册信息、许可信息的交互	实时交互

（二）跨省信息共享。

省级工程应按照部制定的统一技术要求，通过与部级系统的对接，实现跨区域案件数据抄告、证据数据移送，推进全国跨区域的治超业务协同。

1. 共享内容。

（1）外省（区、市）籍车辆案件数据。

各省（区、市）交通运输主管部门通过部级系统，向其他省份抄告本省籍车辆已结案的案件数据；各省（区、市）交通运输主管部门通过部级系统，从其他省份接收本省籍车辆已结案的案件数据。

各省（区、市）交通运输主管部门应当通过对接本辖区运政等系统，进行“一超四罚”后续处理，并及时将处理结果通过部级系统反馈至抄告案件的省份。

（2）外省（区、市）籍车辆证据数据

各省（区、市）交通运输主管部门可通过部级系统，向其他省份提供该省籍车辆已取证、未处理的证据数据；可通过部级系统，接收本省籍车辆已取证、未处理的证据信息。

各省（区、市）交通运输主管部门应当对接收到的移送证据信息进行处理，并及时将处理结果通过部级系统反馈至移送证据的省份。

2. 互联方式。

各省（区、市）交通运输主管部门跨省信息共享通过与部级平台的互联实现，网络链路上通过高速公路光纤网传输。

（三）本辖区交通系统内部信息共享。

省级工程可以根据本辖区实际情况，实现本辖区交通系统内治超相关信息的交换共享。

1. 共享内容。

（1）与本辖区运政等系统对接，提供路面治超已结案的案件数据，并要求运政系统处理完成后返回处理结果。

（2）可向本辖区“信用交通”网站提供治超案件、严重违法超限运输失信名单等数据。

（3）可向本辖区路网运行管理等系统提供称重检测等数据。

（4）需获取本辖区道路运输人车户数据。

（5）需获取本辖区高速公路出口计重数据。

（6）需获取本辖区公路桥梁基础数据。

（7）需获取本辖区公路桥梁技术状况评定数据。

（8）需获取本辖区重点货运车辆卫星定位数据。

（9）需获取本辖区货车交通流量数据。

2. 互联方式。

根据各省（区、市）交通运输主管部门情况，通过省级交通数据中心、交通行业专网等实现交通系统内部各部门的信息共享。

（四）本辖区跨部门信息共享。

省级工程可以根据实际情况，实现本辖区跨部门信息共享。

1. 共享内容。

（1）可向公安交通管理部门提供违法超限运输线索、违法证据等数据。

（2）可向工信、市场监管等部门提供治超执法中发现的车辆非法改装、非法货运装载点线索等数据。

（3）可从公安交通管理部门获取车辆高清卡口等数据。

（4）可从工信部门获取车辆生产企业及产品公告、机动车型参数等数据。

（5）可从市场监管部门获取货运源头单位信息等数据。

2. 互联方式。

根据各省（区、市）交通运输主管部门情况，通过互联网或省政府电子政务外网进行传输，可通过相关数据交换平台保证数据传输的可靠性。

第五章　终 端 系 统

各省级交通运输主管部门应根据治超业务需要，在充分利用现有数据采集系统及供电、通信配套设施的基础上，针对本辖区高速公路、普通干线、农村公路等路网结构分布情况，结合道路货运流量流向、车辆超限超载特征、公安交通管理部门执法站设置等情况，优化站点布局，逐步构建全路网立体式治超防控体系，消除监管盲点。

公路超限检测站设备、非现场检测点原则上由本工程建设；高速公路出口计重设备、高速公路入口称重检测设备、货运源头站设备原则上分别由高速公路经营管理单位、货运源头单位建设；执法终端设备原则上由执法信息系统建设。上述设备产生的数据由本工程统一接入。

一、公路超限检测站设备

根据公路超限检测站的实际情况和业务开展需要，建设完善公路超限检测站执法办公、视频监控、网络安全等设备，辅助公路超限检测站开展治超工作，实时上传称重检测数据，并实现视频图像的调阅。

公路超限检测站包括称重检测、车牌识别、视频监控、网络通信、执法办公等设备，完成车辆称重检测、执法处理等工作。公路超限检测站应当落实逢车必检，联合公安交通管理部门通过标志标线、安装高清卡口等方式，对不进入站内接受检测的货车按照违法通行禁令处理。称重检测设备应具备称重原始数据和运行日志存储功能。

二、非现场检测点设备

非现场检测点通过技术监控设备对违法超限运输行为进行采集、记录，执法人员可以基于采集的证据信息，在事后对超限运输行为依法进行处理，并支持对重点违法对象的精确打击。

各省（区、市）交通运输主管部门应综合考虑路网结构、货运流量、公路超限检测站设置等因素，统筹考虑已建、新建站点，在未设置超限检测站点且绕行货车较多的节点位置建设非现场检测点。非现场检测点应具有高速动态称重、图片抓拍、车牌识别、视频拍摄、超限信息提醒等功能，其中高速动态称重检测设备应当通过质量技术监督部门检定合格。各省（区、市）交通运输主管部门可通过与公安交通管理部门的协同，通过标志标线、安装高清卡口等方式，限定货车行驶车道，减少高速动态称重检测设备投资。

三、高速公路出口计重数据

对于实行计重收费的高速公路，应当实现计重数据的汇集。各省（区、市）交通运输主管部门应当根据实际条件，汇集本辖区全部高速公路出口计重数据，并尽可能提高数据汇集频率，以更好的支撑治超工作监管、违法超限运输管理等业务的开展。

对于具备条件的省份，可按照非现场取证的证据要求改造计重收费站，上传违法超限运输车辆的称重检测数据、图片等证据信息，实现高速公路治超非现场取证。

四、高速公路入口称重检测设备

各省（区、市）交通运输主管部门应当组织和指导高速公路经营管理单位加快安装高速公路入口称重检测设备，对违法超限运输车辆进行称重检测，拒绝违法超限运输车辆驶入高速公路，并实时上传称重检测数据，实现图片、视频等信息的调阅。

高速公路入口称重检测设备包括称重检测、视频监控、网络通信、照明和其他车辆超限检测辅助设施，实现货车信息、重量等信息识别、显示、储存和传输功能。称重检测设备应当通过质量技术监督部门检定合格。

实现入口称重检测信息、入口发卡和出口计重收费的协同联动。对入口称重检测合法装载的货运车辆，记录称重检测信息，并发卡放行；对于违法超限运输车辆，记录称重检测信息，不予发卡，拒绝其驶入高速公路。

五、货运源头站设备

各省（区、市）交通运输主管部门应落实货运源头单位主体责任，引导重点货运源头单位安装称重检测设备和视频监控设备，加强货车装载情况检查，制止违法超限运输车辆上路行驶，并实时上传称重检测数据，实现视频图像的调阅。

六、执法终端设备

各省（区、市）交通运输主管部门可以根据实际情况为执法人员配置执法终端设备，按照治超业务规范的相关要求，实现查询治超执法相关信息、辅助执法取证、接收预警信息和调度信息等功能。

设备应当具备音视频信息采集、数据传输、卫星定位等功能。

第六章　标 准 规 范

在工程建设过程中，须严格遵循国家和行业现行相关标准。

本工程建设所需的公路超限检测站治超、流动治超、高速公路治超、非现场执法、货运源头监管、“一超四罚”、信用治超、大件运输许可管理等业务规范，各类站点设备配置的功能和技术要求，以及部省互联等相关技术要求，将由部另行组织制定（修订）。

建设单位应按照部有关规定，开展标准符合性检测工作。

第七章　建设运行管理

一、建设管理

（一）交通运输部。

负责组织推进部级工程和省级工程建设，研究确定工程的总体要求、组织实施方式、资金申请审核程序和资金安排等重大事项，审核省级工程资金申请报告，统筹协调工程建设推进过程中的政策、技术、资金问题，督促相关单位按时完成部省联网工作。

（二）省级交通运输主管部门。

省级交通运输主管部门应当明确省级工程建设牵头部门、配合部门和建设单位，落实职责分工和进度安排。按照部总体技术要求，组织开展省级工程项目立项审批的前期工作，按照《交通运输行业信息化建设投资补助项目管理暂行办法》等要求开展部级资金申请相关工作。按照基本建设项目程序要求，组织开展工程实施，统筹协调工程建设推进过程中的政策、技术和资金问题。

各省（区、市）交通运输主管部门应当结合本辖区实际情况，加强与工信、公安、市场监管等部门的沟通和相关信息系统的对接，开展治超业务机制创新。

省级工程验收前，必须由部公路局或部公路局委托的技术支持单位开展部省对接有效性检测，并取得联通性测试报告。

（三）技术支持单位。

委托部规划研究院牵头承担本工程的技术支持工作，并统筹组织部科学研究院、部公路科学研究院等科研单位成立治超技术支持联合工作组。充分考虑与执法信息系统的衔接，负责省级治超系统建设技术要求编制，承担部级工程的建设管理工作，协助部做好省级工程建设、业务开展情况的跟踪和技术支持服务，支撑部省两级系统的互联互通和数据交换共享。

二、运行管理

（一）运行模式。

省级交通运输主管部门在工程立项时，应明确项目的运行管理方案，在落实部制定的相关业务规范基础上，补充完善相关业务活动的责任部门、业务流程及协作关系。加强对人才队伍培养，加强相关业务规范的宣贯、培训，加大对信息化人才的培养力度。

工程建设过程中，省级交通运输主管部门应同步落实项目运行管理机构及相关部门在项目运行中的责任，构建合理的运行责任体系和管理机制，保证所建系统协调、可靠运行。

（二）业务协同。

省级交通运输主管部门应当在落实部制定的相关业务规范的基础上，完善相关部门间的业务协同机制，进一步明确相关部门的职责和具体业务流程，加强对跨部门业务协同（路警联合执法、“一超四罚”等）执行情况、业务效能的监督，并建立相应责任追究机制。

省级交通运输主管部门应当在落实部制定的相关业务规范基础上，完善跨部门信息交换共享机制，对不同部门间信息共享内容、共享方式等做出明确约定，明确相关各方的责任和义务。

（三）维护管理。

本工程信息系统的运维管理应纳入省级交通运输信息化统一的运维和管控体系；应落实对终端设施设备的运维管理，并加强监督考核。

省级交通运输主管部门应根据实际情况，选择合适的系统运维方式，明确日常运维的基本程序，规范运维作业，保证系统可靠运行。

省级交通运输主管部门应按照相关规定，合理配置运维岗位，建立考评制度，落实维护资金，保障系统安全稳定运行。

204. 交通运输部办公厅关于开展公路限高限宽设施和检查卡点专项清理行动的通知

（交办公路明电〔2019〕64号）

各省、自治区、直辖市、新疆生产建设兵团交通运输厅（局、委）：

为进一步提升公路通行能力和服务水平，更好地满足人民群众安全便捷出行需求，经交通运输部同意，决定自2019年7月10日起，在全国范围内开展为期半年的公路限高限宽设施和检查卡点专项清理行动。现就有关要求通知如下：

一、总体要求

以习近平新时代中国特色社会主义思想为指导，认真贯彻落实党中央、国务院决策部署，深化“放管服”改革，大力优化货运营商环境，全面排查公路限高限宽设施和检查卡点，按照“清理存量、严控增量”的原则，对于合法的予以规范，违法的坚决取缔，确需新增的严格审查，全面改善公路通行条件，切实维护人民群众合法权益。

二、工作目标

通过开展专项行动，全面清理规范公路限高限宽设施和检查卡点设置行为，健全完善公路管理制度，提升公路服务水平，切实增强人民群众的获得感、幸福感和安全感。

三、清理内容

对照相关法律法规和标准规范，对公路上设置的所有限高限宽设施和检查卡点进行全面摸底排查，分类有序清理，重点清理以下几方面：

1. 无法律和行政法规依据，擅自在国道、省道上设置限高限宽设施的。

2. 违反《公路安全保护条例》规定，擅自在乡道、村道上设置限高限宽设施的。

3. 限高限宽设施影响卫生急救和消防车辆应急通行或存在安全隐患的。

4. 利用限高限宽设施向通行车辆收费的。

5. 未经省级人民政府批准，擅自在公路设置具有处罚功能的检查卡点的。

四、时间安排

专项清理行动从2019年7月10日起至12月31日止，为期半年。具体分四个阶段：

第一阶段，部署准备阶段（2019年7月10日至7月19日）。各省级交通运输主管部门按照本通知精神，制定印发本区域具体实施方案，分解工作任务，健全工作机制，积极有序开展。

第二阶段，排查评估阶段（2019年7月20日至8月15日）。各省级交通运输主管部门组织有关单位对公路上设置的所有限高限宽设施和检查卡点全面排查，摸清底数，明确位置信息，确定所属情形，提出整治措施，形成排查整治清单。（详见附件1）

第三阶段，规范整治阶段（2019年8月16日至11月30日）。根据排查整治清单，分类予以清理规范：对于合法合规的，要做好养护管理工作；对于合法不合规的，要按规定进行规范；对于不合法的，要坚决予以查处。

第四阶段，总结完善阶段（2019年12月1日起至12月31日）。各省级交通运输主管部门要及时总结本区域专项清理行动工作情况，评估清理规范效果，研究建立规范限高限宽设施和检查卡点设置的长效机制。

五、保障措施

（一）加强组织领导。各省级交通运输主管部门要将本通知要求向省级人民政府报告，在省级人民政府的统一领导下，会同公安、住建、生态环境等部门共同制定实施方案，明确牵头部门，细化职责分工，建立协作机制，扎实做好各阶段工作，共同研究解决行动中遇到的各类问题，确保行动取得实效。

（二）严格政策标准。要严格对照《中华人民共和国公路法》、《公路安全保护条例》、《公路工程技术标准》（JTG B01—2014）、《公路交通安全设施设计规范》（JTG D81—2017）、《公路交通安全设施设计细则》（JTG/T D81—2017）、《国务院关于禁止在公路上乱设站卡乱罚款乱收费的通知》（国发〔1994〕41 号）等规定，组织开展专项清理行动，做到法无授权不可为。

（三）加强督导检查。各省级交通运输主管部门要结合行动目标任务和时间节点，统筹开展督促检查，建立排查整治清单，对账销号管理，及时通报问题，限期清理规范，确保整改到位。部将密切跟踪各地行动开展情况，对实施不力、推进缓慢的地区适时进行专项指导。

（四）完善长效机制。要结合专项清理行动，全面清除影响既有公路建筑限界的设施，新建公路要杜绝不满足建筑限界情况的发生。建立基础台账，依法依规全面规范既有限高限宽设施和检查卡点的设置主体、程序和标准，强化规范养护和日常监管，推进人性化设置，切实处理好保护基础设施与便利群众出行的关系，逐步完善法规制度和标准规范，不断提升公路管理和服务水平。

（五）加强宣传引导。要加强行动宣传与舆论引导，通过上门走访、座谈交流、媒体宣传等方式，主动介绍行动开展的背景和目的，听取群众的诉求和建议，让群众成为行动的见证者、监督站和推动者，为行动开展营造良好氛围。

各省级交通运输主管部门要明确专人负责信息报送工作（详见附件 2）；制定的实施方案、排查定性清单、联络人名单于 2019 年 8 月 30 日前，专项清理行动总结报告、规范整治清单于 2020 年 1 月 20 日前报部，报送形式为电子稿及加盖公章的扫描件。

联系人：贺志高，联系电话：010-65292782，传真：010-65292781，信息报送地址：LWGLC@MOT.GOV.CN。

附件：1. 既有限高限宽设施和检查卡点排查整治清单（略）

2. 专项清理行动联络人名单（略）

交通运输部办公厅

2019 年 7 月 9 日

205. 交通运输部办公厅关于印发《高速公路称重检测业务规范和技术要求》的通知

（交办公路函〔2019〕1182 号）

各省、自治区、直辖市交通运输厅（局、委）：

为贯彻落实《国务院办公厅关于印发深化收费公路制度改革取消高速公路省界收费站实施方案的通知》（国办发〔2019〕23 号）和部相关工作安排，统一各省（区、市）高速公路称重检测设施（设备）建设（改造）工作，规范不停车称重检测运行管理，部组织编制了《高速公路称重检测业务规范和技术要求》，现印发给你们。请结合本地实际，抓紧组织实施。

实施期间如遇有技术问题，请及时反馈。联系人及电话：部公路局，贺志高，010-65292782；部科学研究院，陈宓，010-58278962，18600797358。

高速公路称重检测业务规范和技术要求

第一部分　高速公路称重检测业务规范

1　总则

1.1　为进一步规范高速公路收费站称重检测设施（设备）建设（改造）与运行，根据《中华人民共和国公路法》《公路安全保护条例》《超限运输车辆行驶公路管理规定》等法律法规和规章，制定本业务规范。

1.2　本业务规范适用于高速公路入口检测、出口抽查等工作。

2　工作职责

2.1　省级交通运输主管部门负责本区域高速公路治超工作的组织与协调，负责组织建设省级治超联网管理信息系统（以下简称治超系统），推进与省级道路运政管理信息系统、高速公路联网收费系统（以下简称收费系统）的对接，实现货运企业、营运车辆、大件运输许可、高速公路称重检测等数据交换共享。

2.2　高速公路经营管理单位负责布设入口、出口不停车称重检测设施（设备），保障设备稳定运行和网络畅通，实现与收费系统联动，禁止违法超限超载货车驶入高速公路。按照统一的技术要求，对已安装的称重检测设施（设备）进行升级改造，逐步实现不停车称重检测，并实现与治超系统的数据联通和业务协同。鼓励有条件的地区步设车辆外廓尺寸自动检测设备。

2.3　公路管理机构（或交通运输综合执法机构）负责与公安部门联合开展治超执法工作，依法打击违法超限超载、聚集堵站、恶意冲卡等违法行为。

3　入口检测

3.1　一般规定

3.1.1　根据收费站场地条件和货车通行量等因素，合理布设入口不停车称重检测设施（设备），具体详见第二部分高速公路称重检测技术要求，实现车辆号牌自动识别、重量自动检测及图像自动抓拍。

3.1.2　在称重检测设施（设备）前方，通过渠化路面、设立标志标识、设置电子抓拍等措施，引导货车进入称重检测车道接受检测。对未驶入称重检测车道的，报告公安部门依法处理，拒绝其驶入高速公路。

3.1.3　在收费站入口应对货车进行不停车称重检测，复核大件运输许可数据，对违法超限超载的货车，拒绝其驶入高速公路。核查严重违法失信超限超载运输当事人名单（以下简称黑名单），按规定依法实施联合惩戒。

3.1.4　鼓励在高速公路入省（区、市）的适当位置，结合ETC门架建设，合理布设不停车称重检测设施（设备），提升对货车超限超载运输全过程识别能力。

3.2　业务流程

3.3　入口称重检测

3.3.1　入口检测数据包括入口称重检测数据和入口称重图像数据，其中入口称重检测数据包括检测时间、收费站名称、称重检测设备编号、车辆号牌、车型、车货总质量、最大允许总质量、超限量、超限超载率、车辆轴数、是否为大件运输车辆、是否准予通行等，已选配车辆外廓尺寸自动检测设备的，还应包括车货总长度、总高度、总宽度数据；入口称重图像数据包括车辆正面照、车辆尾部照、车辆侧面照3张检测照片和长度不少于5秒的视频记录等。

3.3.2　入口称重检测数据通过收费专网上传至省（区、市）联网结算管理中心（以下简称省联网中心），同步上传至部收费公路联网结算管理中心（以下简称部联网中心）。各级联网中心将入口称重检测数据及时推送至治超系统。

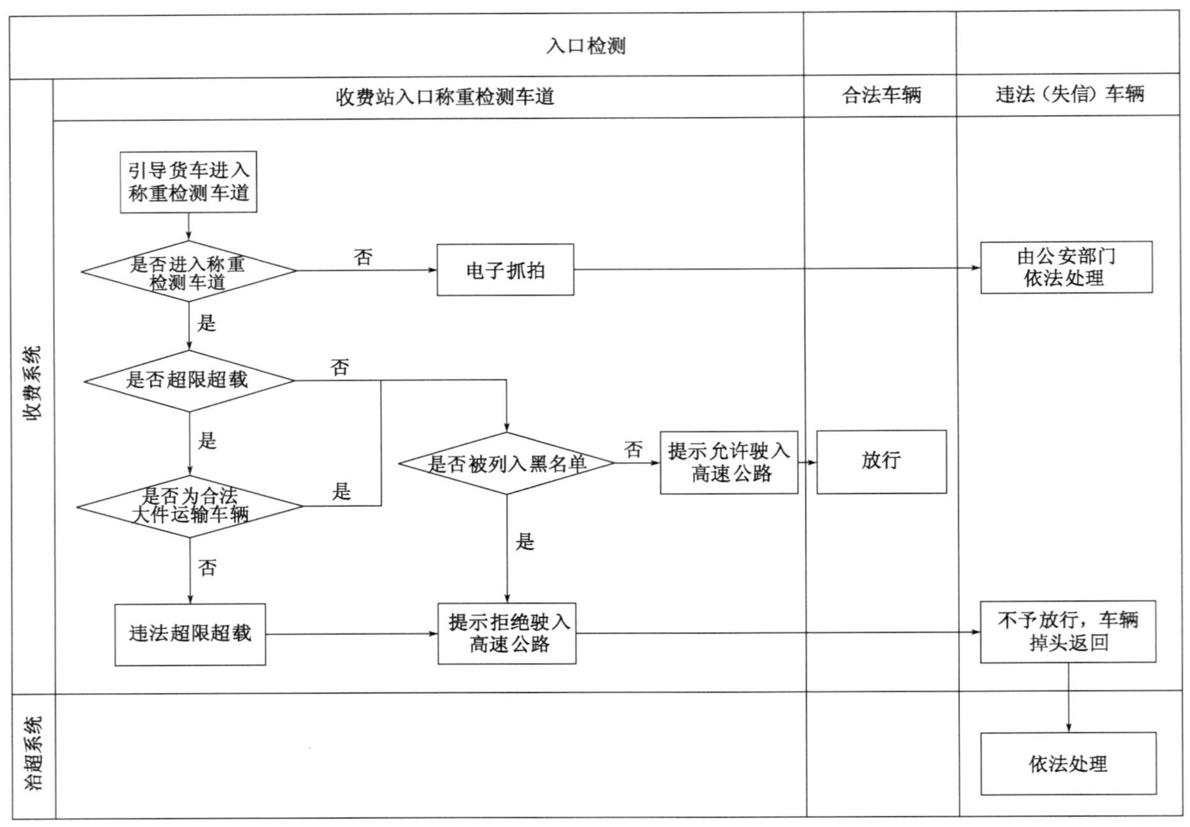

图1　入口检测业务流程

3.3.3　违法超限超载车辆入口称重图像数据通过收费专网上传至省联网中心，并及时推送至治超系统。

3.3.4　发现货车超限超载时，通过收费系统核查该车是否为合法大件运输车辆。对合法装载且未被列入黑名单的货车，提示允许进入高速公路；对违法超限超载运输或被列入黑名单的货车，提示拒绝进入高速公路。

3.3.5　发现货车违法超限超载运输时，采用声光警报通知收费站执勤岗，执勤岗人员应告知当事人相关规定和处理流程。在治超系统中对违法超限超载车辆依法处理。

3.4　特情处置

3.4.1　无法自动核查大件运输许可数据的，人工扫描《超限运输车辆通行证》二维码进行核查。

3.4.2　车辆号牌自动识别错误或与车辆OBU中获取的车辆号牌不一致时，应通过人工获取或复核并在系统中校正。

4　出口抽查

4.1　一般规定

4.1.1　根据收费站货车通行量等因素，合理布设出口称重检测设施（设备），具体详见第二部分高速公路称重检测技术要求。已运营高速公路应充分利用原有出口计重收费设施（设备），实现车辆号牌自动识别、重量自动检测及图像自动抓拍。

4.1.2　通过设立标志标识等措施，实现客货分离，引导被抽查货车进入指定通道接受不停车称重检测。

4.1.3　在收费站出口应复核货车称重检测、黑名单、大件运输许可等信息。

4.2 业务流程

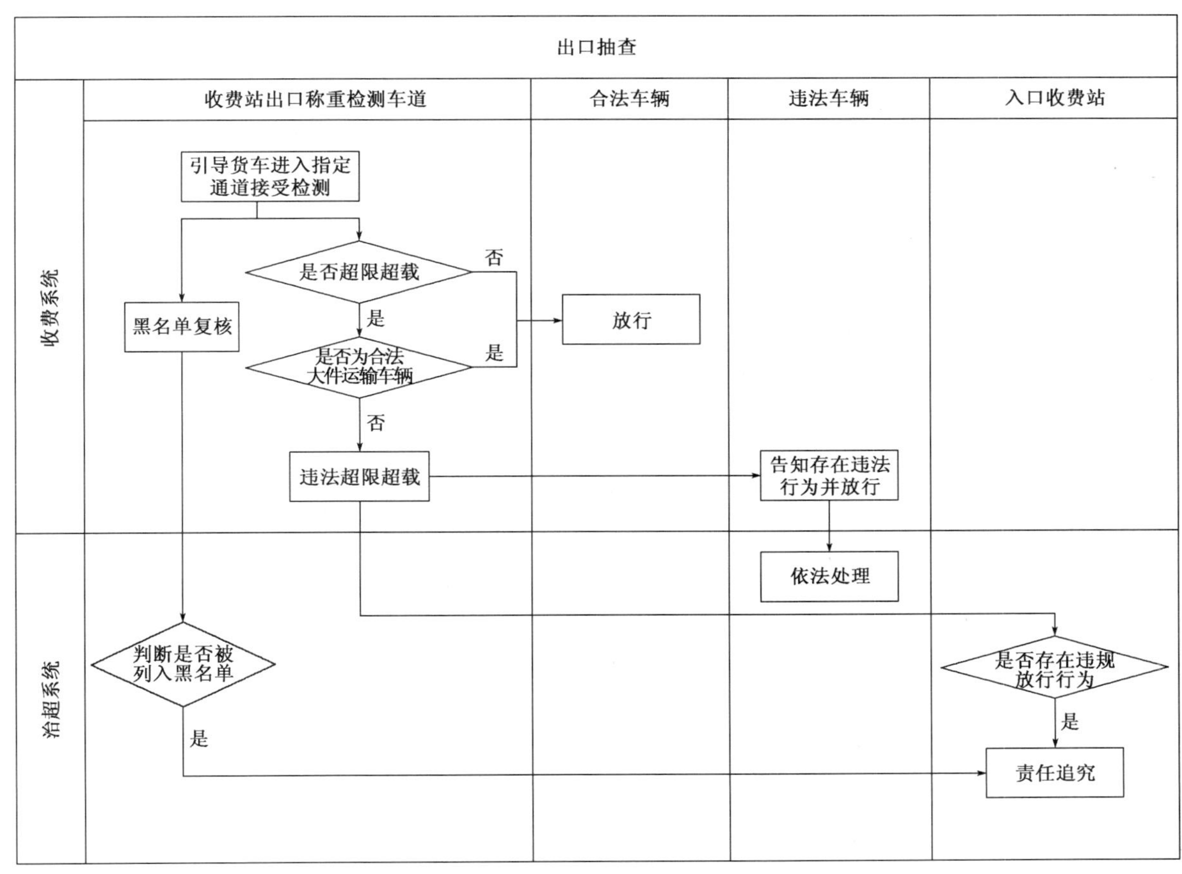

图2 出口抽查业务流程

4.3 出口称重检测

4.3.1 出口检测数据包括出口称重检测数据和出口称重图像数据，其中出口称重检测数据包括出口检测时间、出口收费站名称、出口称重检测设备编号、入口时间、入口收费站名称、车辆号牌、车型、车货总质量、最大允许总质量、超限量、超限超载率、车辆轴数、是否为大件运输车辆等，已选配车辆外廓尺寸自动检测设备的，还应包括车货总长度、总高度、总宽度数据；出口称重图像数据包括车辆正面照、车辆尾部照、车辆侧面照3张检测照片和长度不少于5秒的视频记录等。

4.3.2 出口称重检测数据通过收费专网上传至省联网中心，同步上传至部联网中心，各级联网中心将车辆称重检测数据及时推送至治超系统。

4.3.3 违法超限超载车辆出口称重图像数据通过收费专网上传至省联网中心，并及时推送至治超系统。

4.3.4 发现货车超限超载时，通过收费系统核查该车是否为合法大件运输车辆。如果为违法超限超载车辆，除按规定收取车辆通行费外，还应通过电子显示屏或人工等方式，告知当事人存在违法超限超载行为和处理流程。通过治超系统，对违法超限超载车辆依法进行处理。

4.4 责任追究

4.4.1 省级交通运输主管部门通过治超系统，汇聚、整合出入口称重检测数据、大件运输许可等数据，开展数据关联分析，甄别异常数据。

4.4.2 出口称重检测显示为违法超限超载的车辆，通过治超系统核查，确认入口收费站确实存在篡改、瞒报称重检测数据、私自放行等违法违规行为的，应实施责任追究。

4.4.3 入口收费站在本区域内的，由相关管理部门依法依规追究相关单位和人员责任。

4.4.4 入口收费站不在本区域内的，由出口收费站所在区域省级交通运输主管部门通过治超系统，将违法超限超载车辆的出、入口检测数据抄告入口收费站所在区域省级交通运输主管部门，依法处理。

5 运行维护

5.1 高速公路经营管理单位应选用市场监管部门检验合格的称重检测设施（设备），布设后应经省级交通运输主管部门验收合格，方可投入使用。验收前，须按规定接受设备入网对接有效性检测，取得连通性测试报告。

5.2 高速公路经营管理单位应做好检测设施（设备）的日常运行维护，建立健全设备维护、备用设备管理、应急处置预案等制度方案，保障设备运行稳定。

5.3 高速公路经营管理单位应按照相关计量检定规程，委托计量检定机构定期对称重检测设施（设备）进行检定，建立检定台账。检定工作应在检定有效期截止前1个月内完成。

5.4 收费站因停电、设备故障等非人为原因，造成无法正常开展称重检测时，应按照应急处置预案，及时通过路面可变情报板等方式发布信息，引导货车绕行其他收费站，并尽快恢复称重检测设施（设备）的正常使用。

6 监督考核

6.1 高速公路经营管理单位应建立内部监督检查工作制度，加强称重检测设施（设备）建设（改造）与运行的管理，及时发现并解决建设（改造）与运行过程中遇到的问题，确保收费站称重检测工作正常开展。

6.2 省级交通运输主管部门应当加强对本区域高速公路称重检测建设（改造）与运行工作的检查和考核，及时协调解决过程中遇到的问题。

6.3 对建设推进缓慢、运行工作不力的单位进行通报，督促限期整改；对于存在违法违规行为的单位和人员，按规定严肃处理；涉嫌犯罪的，移送司法机关依法查处。

第二部分　高速公路称重检测技术要求（略）

206. 交通运输部办公厅关于加快推进高速公路入口称重检测工作的通知

（交办公路明电〔2019〕112 号）

各省、自治区、直辖市交通运输厅（局、委）：

为深入贯彻落实党中央、国务院决策部署，更好地保护人民群众生命财产安全和公路基础设施安全，根据深化收费公路制度改革取消高速公路省界收费站工作总体部署和有关规定，部决定于 2019 年 12 月 16 日前，全面启动高速公路入口称重检测工作。现将有关要求通知如下：

一、全面完成外场设备安装工作。充分认识做好高速公路入口称重检测工作的重要性，提高站位，加强领导，组织相关单位严格按照《高速公路称重检测业务规范和技术要求》（以下简称《业务规范》），全力推进称重检测设施（设备）的土建、机电工程建设；复用的称重检测设施（设备）不满足《业务规范》要求的省份，要加快完成软、硬件升级改造，确保 12 月 1 日前全面完成外场设备安装。鼓励有条件的省份全面安装车辆外廓尺寸自动检测设备，为下一步治理车货总体外廓尺寸违法超限运输储备技术条件。

二、加快开展计量检定和联网工作。委托有资质的计量检定机构对称重检测设施（设备）开展检定并取得合格证书。鼓励各地采用标准车等方式，对本区域所有称重检测设施（设备）进行称重准确性监测，解决个别称重检测设施（设备）离散度过高问题，最大限度减少运行纠纷。按要求开展联网工程建设，实现称重检测系统与车道软件数据联动，保障收费站具备与省级联网中心、部联网中心系统联网功能。做好网络安全防护工作，参照三级网络安全保护要求，将称重检测系统纳入站级收费系统网络安全防护体系。上述工作务必于 12 月 5 日前全部完成。

三、尽快启动系统联调联试工作。指导高速公路经营管理单位和省级联网中心做好系统自测，确保本区域收费站入、出口称重检测设施（设备）软、硬件及网络通信稳定、可靠和安全；指导做好部省联网测试，确保本区域收费站所有称重检测数据按附件 1 的要求，及时、稳定传输至省、部联网中心；指导做好收费和治超系统联动，确保大件运输许可数据和严重违法失信超限超载运输当事人名单（即“黑名单”）数据按附件 1 的要求，下发至收费站称重检测系统，检测数据按照《业务规范》要求实现多链路传输，并按指定路径汇聚至治超系统部省平台；确保联调联试阶段，车道软件交易逻辑符合取消高速公路省界收费站切换工作相关要求，切换前后收费数据保持准确、完整和可靠。部规划研究院和路网中心要做好部级系统的联动工作。上述工作务必于 12 月 15 日前全部完成。

四、全面做好正式运行准备工作。采取多种形式，加大宣传力度，引导货运企业和驾驶员正确理解并支持高速公路入口称重检测政策，营造良好舆论氛围。组织高速公路经营管理单位加强称重检测设施（设备）运维管理，确保稳定运行。制定应急预案，及时处置突发事件。加强与公安等部门协作配合，依法打击聚集堵站、恶意冲卡等违法行为，维护收费站正常通行秩序。按要求汇聚省（区、市）内大件运输许可数据，及时上传至跨省大件运输并联许可系统。严格按照《业务规范》进行称重检测和超限判定，确保合法运输车辆快捷通行高速公路，违法超限运输车辆和“黑名单”车辆禁止驶入。

五、建立动态监测和信息报送工作机制。明确专门机构负责高速公路入口称重检测工作，建立动态监测和信息报送工作机制，及时发现和解决系统建设、联调联试和运行过程中出现的问题。从印日起至 2020 年 1 月 23 日，要建立日报告制度，将工作进展情况于每个工作日下午 4 点前报部。为方便日常监测，提高报送效率，请于 2019 年 12 月 2 日前上报联络人名单（详见附件 2）。

联系人：部公路局　杨继俊，010-65292751，65292781（传真），LWGLC@MOT.GOV.CN；部规划研究院张新虎，13811681357；部科学研究院　陈宓，18600797358；部路网中心　李友良，15522515653。

附件：1. 高速公路称重检测及通行名单数据交互规程及接口要求（暂行）
　　　2. 高速公路称重检测工作联络人名单（略）

附件 1

高速公路称重检测及通行名单数据交互规程及接口要求（暂行）

1　一般规定

1.1　根据《高速公路称重检测业务规范和技术要求》（交办公路函〔2019〕1182 号），制定本规程。

1.2　本规程适用于治超系统部级平台（含部大件运输许可系统）、部联网中心系统、省联网中心系统、称重检测系统间高速公路称重检测及通行名单数据的交互。

2　参与方

2.1　治超系统部级平台负责汇聚跨省大件运输许可数据、省内大件运输许可数据及严重违法失信超限超载运输当事车辆数据，生成全国大件运输许可名单、全国黑名单，推送至部联网中心系统，并接收其推送的入、出口称重检测数据。

2.2　部联网中心系统负责汇聚全国高速公路入、出口称重检测数据，并推送至治超系统部级平台；转发治超系统部级平台推送的大件运输许可名单、全国黑名单。

2.3　省联网中心系统负责汇聚省内入、出口称重检测数据，并上传至部联网中心系统；下载部联网中心系统的大件运输许可名单、全国黑名单，并实时下发至本省入、出口称重检测系统。

2.4　称重检测系统接收大件运输许可名单、全国黑名单，根据《高速公路称重检测业务规范和技术要求》对通行货车进行称重检测，生成称重检测数据并上传至省联网中心系统。

3　通行名单数据管理

3.1　治超系统部级平台根据大件运输许可数据和大件运输车辆通行情况，维护大件运输许可名单；根据严重违法失信超限超载运输当事车辆数据，维护全国黑名单。

3.2　治超系统部级平台采用全量传输机制，每 10 分钟生成各省全量大件运输许可名单，每日生成全国黑名单，并推送至部联网中心系统。

3.3　省联网中心系统向部联网中心系统请求下载本省大件运输许可名单和全国黑名单，并下发至入、出口称重检测系统。

3.4　大件运输许可名单和全国黑名单应在生成后 2 小时内下发至入、出口称重检测系统。

3.5　大件运输许可名单和全国黑名单中车牌颜色暂定为“未确定”，称重检测系统暂不判定车牌颜色。

4　称重检测数据交互

4.1　称重检测数据应按接口要求实时上传至省联网中心系统、部联网中心系统，并由部联网中心系统推送至治超系统部级平台。

4.2　省联网中心系统应将称重检测数据和超限超载车辆图像数据传输至治超系统省级平台。

4.3　称重检测数据应在 2 小时内传输至治超系统部级平台。称重检测数据和超限超载车辆图像数据应在 1 小时内传输至治超系统省级平台。

5　特情处理

5.1　治超系统部级平台通过微信公众号提供大件运输许可名单在线查询功能，可供收费站工作人员核实大件运输许可证有效性。

5.2　针对称重检测设施（设备）安装在收费广场的收费站，当称重检测系统未能正确识别大件运输车辆时，现场工作人员通过在线查询功能核实大件运输车辆有效性，对符合要求的，在称重检测系统将称重检测数据标记为大件运输车辆，并更新至车道系统；对不符合要求的，按违法大件运输处理。

5.3　针对称重检测设施（设备）安装在收费车道内的收费站，当称重检测系统未能正确识别大件运输车辆时，现场工作人员通过在线查询功能核实大件运输车辆有效性，对符合要求的，在称重检测系统将称重检测数据标记为大件运输车辆，同时由收费员将入口信息及“大件运输车辆”状态标识写入 ETC 卡或 CPC 卡内。

附件

高速公路称重检测及大件运输车辆通行数据接口

1. 治超系统部级平台与部联网中心数据文件格式

1.1 入口称重检测数据

属　　性	描　　述	类型	规　　则	必填
passId	通行 ID	String	通行 ID＝通行介质 ID＋入口时间	
enStationName	入口收费站名称	String		是
enStationId	入口收费站编号	String		是
enTollLaneId	入口车道编号	String		是
equipCode	称重检测设备编号	String	不超过 32 位	是
checkTime	检测时间	String	YYYY-MM-DDTHH：mm：ss	是
vehicleId	实际车牌号码＋颜色	String	车牌号码＋间隔符＋车牌颜色间隔符：“ _ ” 车牌颜色 2 位数字：0-蓝色，1-黄色， 2-黑色，3-白色， 4-渐变绿色 5-黄绿双拼色 6-蓝白渐变色 9-未确定 11-绿色 12-红色 例：京 A12345 _ 1	是
vehicleType	收费车型	Integer	1-一型客车 2-二型客车 3-三型客车 4-四型客车 11-一型货车 12-二型货车 13-三型货车 14-四型货车 15-五型货车 16-六型货车 21-一型专项作业车 22-二型专项作业车 23-三型专项作业车 24-四型专项作业车 25-五型专项作业车 26-六型专项作业车	是
weight	车货总质量	Integer	单位：千克	是
alexCount	车辆轴数	Integer	不小于 2	是
speed	车速	Integer	单位：km/h	是
limitWeight	最大允许总质量	Integer	单位：千克	是
overWeight	超限量	Integer	单位：千克	是
overRate	超限超载率	Float	精确到小数点后 2 位。单位：%	是
length	车货总体外廓尺寸-长度（车货总长度）	Integer	单位：毫米	否
width	车货总体外廓尺寸-宽度（车货总宽度）	Integer	单位：毫米	否

续上表

属性	描述	类型	规则	必填
height	车货总体外廓尺寸-高度（车货总高度）	Integer	单位：毫米	否
isBulkVehicle	是否为大件运输车辆	Integer	1 是 2 否	是
certNo	大件运输许可证号	String	大件运输车辆必填	否
isBlackvehicle	是否为黑名单车辆	Integer	1 是 2 否	是
obuId	OBU 编号	String	ETC 车辆必填	否
identifyVehic leId	识别车辆车牌号码＋颜色	String	车牌号码＋间隔符＋车牌颜色间隔符：“_” 车牌颜色 2 位数字：0-蓝色，1-黄色， 2-黑色，3-白色， 4-渐变绿色 5-黄绿双拼色 6-蓝白渐变色 9-未确定 11-绿色 12-红色 ETC 车辆必填 例：京 A12345_1	否
identifyVehicleType	识别车辆类型	Integer	1-一型客车 2-二型客车 3-三型客车 4-四型客车 11-一型货车 12-二型货车 13-三型货车 14-四型货车 15-五型货车 16-六型货车 21-一型专项作业车 22-二型专项作业车 23-三型专项作业车 24-四型专项作业车 25-五型专项作业车 26-六型专项作业车 ETC 车辆必填	否
obuUserType	车辆用户类型	Integer	1 个人 2 单位 ETC 车辆必填	否
obuTotalWeight	OBU 车辆总质量	Integer	单位：千克 ETC 车辆必填	否
obuMaintenance Weight	OBU 整备质量	Integer	单位：千克 ETC 车辆必填	否
obuPermittedTow Weight	OBU 车辆准牵引总质量	Integer	单位：千克 ETC 车辆必填	否
obuPermittedWeight	OBU 车辆核定载质量	Integer	单位：千克 ETC 车辆必填	否
obuLength	OBU 车辆长度	Integer	单位：毫米 ETC 车辆必填	否
obuWeight	OBU 车辆宽度	Integer	单位：毫米 ETC 车辆必填	否
obuHeight	OBU 车辆高度	Integer	单位：毫米 ETC 车辆必填	否

1.2 出口称重检测数据

属　性	描　述	类型	规　则	必填
passId	通行 ID	String	通行 ID=通行介质 ID+入口时间	是
enStationName	入口收费站名称	String		是
enStationId	入口收费站编号	String		是
enTollLaneId	入口车道编号	String		是
enTime	入口时间	String	YYYY-MM-DDTHH:mm:ss	
enWeight	入口车货总质量	Integer	单位：千克	是
enAlexCount	入口车辆轴数	Integer	不小于 2	是
vehicleId	实际车牌号码+颜色	String	车牌号码+间隔符+车牌颜色 间隔符："_" 车牌颜色 2 位数字：0-蓝色，1-黄色， 2-黑色，3-白色， 4-渐变绿色 5-黄绿双拼色 6-蓝白渐变色 9-未确定 11-绿色 12-红色 例：京 A12345_1	是
vehicleType	收费车型	Integer	1-一型客车 2-二型客车 3-三型客车 4-四型客车 11-一型货车 12-二型货车 13-三型货车 14-四型货车 15-五型货车 16-六型货车 21-一型专项作业车 22-二型专项作业车 23-三型专项作业车 24-四型专项作业车 25-五型专项作业车 26-六型专项作业车	是
exStationName	出口收费站名称	String		是
exStationId	出口收费站编号	String		是
exTollLaneId	出口车道编号	String		是
equipCode	称重检测设备编号	String	不超过 32 位	是
checkTime	检测时间	String	YYYY-MM-DDTHH:mm:ss	是
weight	车货总质量	Integer	单位：千克	是
alexCount	车辆轴数	Integer	不小于 2	是
speed	车速	Integer	单位：km/h	是
limitWeight	最大允许总质量	Integer	单位：千克	是
overWeight	超限量	Integer	单位：千克	是
overRate	超限超载率	Float	精确到小数点后 2 位。单位：%	是

续上表

属　　性	描　　述	类型	规　　则	必填
isBulkVehicle	是否为大件运输车辆	Integer	1　是 2　否	是
certNo	大件运输许可证号	String	大件运输车辆必填	否
isBlackvehicle	是否为黑名单车辆	Integer	1　是 2　否	是

1.3　大件运输预约信息

属　　性	描　　述	类型	规　　则	必填
certNo	大件运输许可证号	String	20－32 位唯一标识	是
provinces	途经省份编码	String	含起运省，如有多个省份，用"｜"分隔，顺序与大件运输车辆通行各省顺序相同	是
enStationId	入口收费站编号	String	多个站点编号用英文"｜"分隔	否
enStationName	入口收费站名称	String	多个站点名称用英文"｜"分隔，与入口收费站编号对应	否
exStationId	出口收费站编号	String	多个站点编号用英文"｜"分隔	否
exStationName	出口收费站名称	String	多个站点名称用英文"｜"分隔，与出口收费站编号对应	否
tractorVehicleId	牵引车号牌/临时行驶车辆号牌	String	车牌号码＋间隔符＋车牌颜色间隔符："_" 车牌颜色 2 位数字：0-蓝色，1-黄色， 2-黑色，3-白色， 4-渐变绿色 5-黄绿双拼色 6-蓝白渐变色 9-未确定 11-绿色 12-红色 多辆牵引车号牌用"｜"分隔	是
trailerVehicleId	挂车号牌/临时行驶车辆号牌	String	车牌号码＋间隔符＋车牌颜色间隔符："_" 车牌颜色 2 位数字：0-蓝色，1-黄色， 2-黑色，3-白色， 4-渐变绿色 5-黄绿双拼色 6-蓝白渐变色 9-未确定 11-绿色 12-红色 例：京 A12345_1	否
startPassDate	起始通行日期	String	YYYY-MM-DD	是
endPassDate	结束通行日期	String	YYYY-MM-DD	是
carriorUnit	承运单位名称	String	不超过 200 字符	是
goodsInfo	货物名称	String		是
weight	车货总质量	Integer	单位：千克	是
length	车货总体外廓尺寸一长度（车货总长度）	Integer	单位：毫米	是

续上表

属　　性	描　　述	类型	规　　则	必填
width	车货总体外廓尺寸一宽度（车货总宽度）	Integer	单位：毫米	是
height	车货总体外廓尺寸一高度（车货总高度）	Integer	单位：毫米	是
alexCount	轴数	Integer		是
tyleCount	轮胎数	Integer		是
alexsLoad	各车轴轴荷	String	各车轴轴荷应从前往后按顺序填写，以“＋”连接。牵引车和普通平板车每轴轴荷用10表示，若是多轴组的，可以用10的倍数表示。如两轴组用20表示，三轴组用30表示。多轮多轴平板车轴荷用n＊18表示，其中n为多轮多轴平板车轴线数。如三线六轴平板车轴荷用3＊18表示	是
roads	通行路线	String		是
passCount	通行次数	Integer	1-单次　2-多次	是
desc	通行路线说明	String	1-单程　2-往返重车　3-往返空车　4-去程空车返程重车　5-去程重车返程空车	否
orgUnit	发证单位	String		是
certificationDate	发证日期	String	YYYY-MM-DD	是
operation	操作	Integer	新增 变更 删除	是
updatetime	数据更新时间	String	YYYY-MM-DDTHH：mm：ss	是

1.4　全国黑名单信息

属　　性	描　　述	类型	规　　则	必填
vehicleId	牵引车号牌/挂车号牌/临时行驶车辆号牌	String	车牌号码＋间隔符＋车牌颜色 间隔符：“_” 车牌颜色2位数字：0-蓝色，1-黄色，2-黑色，3-白色， 4-渐变绿色 5-黄绿双拼色 6-蓝白渐变色 9-未确定 11-绿色 12-红色 例：京A12345_1	是
vehicleType	车辆类型	String	1-牵引车/单体货车 2-挂车	是
startDate	有效期开始日期	String	YYYY-MM-DD	是
endDate	有效期结束日期	String	YYYY-MM-DD	是
vechicleListType	重点车辆名单类型	String	1-黑名单	是

2. 部省联网中心数据接口

2.1　省联网中心入口称重检测数据上传接口

（1）请求文件名 BULK_ENCU_REQ_SENDER_yyyyMMddHHmmssSSS.json

示例：

BULK_ENCU_REQ_11_20170524182356001.json

(2) 文件内容

属　　性	描　　述	类型	规　　则	必填
passId	通行 ID	String	通行 ID=通行介质 ID+入口时间	
enStationName	入口收费站名称	String		是
enStationId	入口收费站编号	String		是
enTollLaneId	入口车道编号	String		是
equipCode	称重检测设备编号	String	不超过 32 位	是
checkTime	检测时间	String	YYYY-MM-DDTHH:mm:ss	是
vehicleId	实际车牌号码+ 颜色	String	车牌号码+间隔符+车牌颜色间隔符:"_" 车牌颜色 2 位数字:0-蓝色,1-黄色, 2-黑色,3-白色, 4-渐变绿色 5-黄绿双拼色 6-蓝白渐变色 9-未确定 11-绿色 12-红色 例:京 A12345_1	是
vehicleType	收费车型	Integer	1-一型客车 2-二型客车 3-三型客车 4-四型客车 11-一型货车 12-二型货车 13-三型货车 14-四型货车 15-五型货车 16-六型货车 21-一型专项作业车 22-二型专项作业车 23-三型专项作业车 24-四型专项作业车 25-五型专项作业车 26-六型专项作业车	是
weight	车货总质量	Integer	单位:千克	是
alexCount	车辆轴数	Integer	不小于 2	是
speed	车速	Integer	单位:km/h	是
limitWeight	最大允许总质量	Integer	单位:千克	是
overWeight	超限量	Integer	单位:千克	是
overRate	超限超载率	Float	精确到小数点后 2 位。单位:%	是
length	车货总体外廓尺寸一长度(车货总长度)	Integer	单位:毫米	否
width	车货总体外廓尺寸一宽度(车货总宽度)	Integer	单位:毫米	否
height	车货总体外廓尺寸一高度(车货总高度)	Integer	单位:毫米	否
isBulkVehicle	是否为大件运输车辆	Integer	1　是 2　否	是

续上表

属　性	描　述	类型	规　则	必填
certNo	大件运输许可证号	String	大件运输车辆必填	否
isBlackvehicle	是否为黑名单车辆	Integer	1　是 2　否	是
obuId	OBU 编号	String	ETC 车辆必填	否
identifyVehicleId	识别车辆车牌号码+颜色	String	车牌号码+间隔符+车牌颜色间隔符："_" 车牌颜色 2 位数字：0-蓝色，1-黄色， 2-黑色，3-白色， 4-渐变绿色 5-黄绿双拼色 6-蓝白渐变色 9-未确定 11-绿色 12-红色 ETC 车辆必填 例：京 A12345_1	否
identifyVehicleType	识别车辆类型	Integer	1-一型客车 2-二型客车 3-三型客车 4-四型客车 11-一型货车 12-二型货车 13-三型货车 14-四型货车 15-五型货车 16-六型货车 21-一型专项作业车 22-二型专项作业车 23-三型专项作业车 24-四型专项作业车 25-五型专项作业车 26-六型专项作业车 ETC 车辆必填	否
obuUserType	车辆用户类型	Integer	1　个人　2　单位 ETC 车辆必填	否
obuTotalWeight	OBU 车辆总质量	Integer	单位：千克 ETC 车辆必填	否
obuMaintenance Weight	OBU 整备质量	Integer	单位：千克 ETC 车辆必填	否
obuPermittedTow Weight	OBU 车辆准牵引总质量	Integer	单位：千克 ETC 车辆必填	否
obuPermittedWeight	OBU 车辆核定载质量	Integer	单位：千克 ETC 车辆必填	否
obuLength	OBU 车辆长度	Integer	单位：毫米 ETC 车辆必填	否
obuWeight	OBU 车辆宽度	Integer	单位：毫米 ETC 车辆必填	否
obuHeight	OBU 车辆高度	Integer	单位：毫米 ETC 车辆必填	否

入口称重检测数据部分字段说明：若车辆由于违法超限等原因未进入高速公路，则“通行 ID”字段可为空；若车辆由于违法超限等原因未进入高速公路、且称重设备与收费车道分离设置，则“入口车道编号”可为空。

（3）响应文件名

BULK _ ENCU _ RES _ SENDER _ yyyyMMddHHmmssSSS. json

示例：BULK _ ENCU _ RES _ 11 _ 20170524182356001. json

（4）文件内容

属　　性	描　　述	类型	规　　则	必填
info	信息	String		是
receiveTime	接收时间	String	YYYY-MM-DDTHH：mm：ss	是

2.2　省联网中心出口称重检测数据上传接口

（1）请求文件名

BULK _ EXCU _ REQ _ SENDER _ yyyyMMddHHmmssSSS. json

示例：

BULK _ EXCU _ REQ _ 11 _ 20170524182356001. json

（2）文件内容

属　　性	描　　述	类型	规　　则	必填
passId	通行 ID	String	通行 ID＝通行介质 ID＋入口时间	是
enStationName	入口收费站名称	String		是
enStationId	入口收费站编号	String		是
enTollLaneId	入口车道编号	String		是
enTime	入口时间	String	YYYY-MM-DDTHH：mm：ss	
enWeight	入口车货总质量	Integer	单位：千克	是
enAlexCount	入口车辆轴数	Integer	不小于 2	是
vehicleId	实际车牌号码＋颜色	String	车牌号码＋间隔符＋车牌颜色间隔符：“ _ ” 车牌颜色 2 位数字：0-蓝色，1-黄色， 2-黑色，3-白色， 4-渐变绿色 5-黄绿双拼色 6-蓝白渐变色 9-未确定 11-绿色 12-红色 例：京 A12345 _ 1	是
vehicleType	收费车型	Integer	1-一型客车 2-二型客车 3-三型客车 4-四型客车 11-一型货车 12-二型货车 13-三型货车 14-四型货车 15-五型货车 16-六型货车 21-一型专项作业车 22-二型专项作业车 23-三型专项作业车 24-四型专项作业车 25-五型专项作业车 26-六型专项作业车	是

续上表

属　　性	描　　述	类型	规　　则	必填
exStationName	出口收费站名称	String		是
exStationId	出口收费站编号	String		是
exTollLaneId	出口车道编号	String		是
equipCode	称重检测设备编号	String	不超过 32 位	是
checkTime	检测时间	String	YYYY-MM-DDTHH：mm：ss	是
weight	车货总质量	Integer	单位：千克	是
alexCount	车辆轴数	Integer	不小于 2	是
speed	车速	Integer	单位：km/h	是
limitWeight	最大允许总质量	Integer	单位：千克	是
overWeight	超限量	Integer	单位：千克	是
overRate	超限超载率	Float	精确到小数点后 2 位。单位：%	是
isBulkVehicle	是否为大件运输车辆	Integer	1　是 2　否	是
certNo	大件运输许可证号	String	大件运输车辆必填	否
isBlackvehicle	是否为黑名单车辆	Integer	1　是 2　否	是

（3）响应文件名

BULK _ EXCU _ RES _ SENDER _ yyyyMMddHHmmssSSS. json

示例：

BULK _ EXCU _ RES _ 11 _ 20170524182356001. json

（4）文件内容

属　　性	描　　述	类型	规　　则	必填
info	信息	String		是
receiveTime	接收时间	String	YYYY-MM-DDTHH：mm：ss	是

2.3　省联网中心大件运输预约信息下载接口

各省（区、市）中心可调用本接口获取指定版本全网内当前有效的全量预约信息。

（1）请求文件名

BULK _ AMD _ REQ _ SENDER _ yyyyMMddHHmmssSSS. json

示例：

BULK _ AMD _ REQ _ 11 _ 20170524182356001. json

（2）文件内容

属　　性	描　　述	类型	规　　则	必填
version	版本号	String	YYYYMMDDHHMM 每 10 分钟一个版本	是

（3）响应文件名

BULK _ AMD _ RES _ SENDER _ yyyyMMddHHmmssSSS. json

示例：

BULK _ AMD _ RES _ 11 _ 20170524182356001. json

（4）文件内容

属　　性	描　　述	类型	规　　则	必填
certNo	大件运输许可证号	String	20—32 位唯一标识	是

续上表

属　　性	描　　述	类型	规　　则	必填
provinces	途经省份编码	String	含起运省，如有多个省份，用“｜”分隔，顺序与大件运输车辆通行各省顺序相同	是
enStationId	入口收费站编号	String	多个站点编号用英文“｜”分隔	否
enStationName	入口收费站名称	String	多个站点名称用英文“｜”分隔，与入口收费站编号对应	否
exStationId	出口收费站编号	String	多个站点编号用英文“｜”分隔	否
exStationName	出口收费站名称	String	多个站点名称用英文“｜”分隔，与出口收费站编号对应	否
tractorVehicleId	牵引车号牌/临时行驶车辆号牌	String	车牌号码＋间隔符＋车牌颜色间隔符：“_” 车牌颜色 2 位数字：0-蓝色，1-黄色， 2-黑色，3-白色， 4-渐变绿色 5-黄绿双拼色 6-蓝白渐变色 9-未确定 11-绿色 12-红色 例：京 A12345_1	是
trailerVehicleId	挂车号牌/临时行驶车辆号牌	String	车牌号码＋间隔符＋车牌颜色间隔符：“_” 车牌颜色 2 位数字：0-蓝色，1-黄色， 2-黑色，3-白色， 4-渐变绿色 5-黄绿双拼色 6-蓝白渐变色 9-未确定 11-绿色 12-红色 例：京 A12345_1	否
startPassDate	起始通行日期	String	YYYY-MM-DD	是
endPassDate	结束通行日期	String	YYYY-MM-DD	是
carriorUnit	承运单位名称	String	不超过 200 字符	是
goodsInfo	货物名称	String		是
weight	车货总质量	Integer	单位：千克	是
length	车货总体外廓尺寸一长度（车货总长度）	Integer	单位：毫米	是
width	车货总体外廓尺寸一宽度（车货总宽度）	Integer	单位：毫米	是
height	车货总体外廓尺寸一高度（车货总高度）	Integer	单位：毫米	是
alexCount	轴数	Integer		是
tyleCount	轮胎数	Integer		是
alexsLoad	各车轴轴荷	String	各车轴轴荷应从前往后按顺序填写，以“＋”连接。牵引车和普通平板车每轴轴荷用 10 表示，若是多轴组的，可以用 10 的倍数表示。如两轴组用 20 表示，三轴组用 30 表示。多轮多轴平板车轴荷用 n*18 表示，其中 n 为多轮多轴平板车轴线数。如三线六轴平板车轴荷用 3*18 表示	是

续上表

属　　性	描　　述	类型	规　　则	必填
roads	通行路线	String		是
passCount	通行次数	Integer	1-单次　2-多次	是
desc	通行路线说明	String	1-单程　2-往返重车　3-往返空车　4-去程空车返程重车　5-去程重车返程空车	否
orgUnit	发证单位	String		是
certificationDate	发证日期	String	YYYY-MM-DD	是

2.4　省联网中心全国黑名单信息下载接口

各省（区、市）中心可调用本接口获取指定版本全网内当前有效的全国黑名单信息。

（1）请求文件名

BULK _ CIU _ REQ _ SENDER _ yyyyMMddHHmmssSSS. json

示例：

BULK _ CIU _ REQ _ 11 _ 20170524182356001. json

（2）文件内容

属　　性	描　　述	类型	规　　则	必填
version	版本号	String	YYYYMMDD 每天一个版本	是

（3）响应文件名

BULK _ CIU _ RES _ SENDER _ yyyyMMddHHmmssSSS. json

示例：

BULK _ CIU _ RES _ 11 _ 20170524182356001. json

（4）文件内容

属　　性	描　　述	类型	规　　则	必填
vehicleId	牵引车号牌/挂车号牌/临时行驶车辆号牌	String	车牌号码＋间隔符＋车牌颜色 间隔符：“ _ ” 车牌颜色 2 位数字：0-蓝色，1-黄色， 2-黑色，3-白色， 4-渐变绿色 5-黄绿双拼色 6-蓝白渐变色 9-未确定 11-绿色 12-红色 例：京 A12345 _ 1	是
vehicleType	车辆类型	String	1-牵引车/单体货车，2-挂车	是
startDate	有效期开始日期	String	YYYY-MM-DD	是
endDate	有效期结束日期	String	YYYY-MM-DD	是
vechicleListType	重点车辆名单类型	String	1-黑名单	是

207. 交通运输部办公厅关于进一步规范全国高速公路入口称重检测工作的通知

（交办公路明电〔2019〕117 号）

各省、自治区、直辖市交通运输厅（局、委）：

根据深化收费公路制度改革取消高速公路省界收费站工作部署，各地认真组织开展高速公路入口不停车称重检测系统建设改造等相关工作。截至 2019 年 12 月 16 日，29 个联网收费省份全面实施了高速公路入口货车不停车称重检测，坚决拒绝违法超限超载车辆进入高速公路行驶，高速公路安全保护形势进一步好转，公众安全感明显提升。但在部分地区，也出现了治超标准执行不统一等问题。为进一步规范高速公路入口称重检测工作，切实维护公路货运企业合法权益，根据相关法律法规和规定，现将有关事项通知如下：

一、严格执行全国统一的违法超限超载认定标准。严格按照《交通运输部　公安部关于治理车辆超限超载联合执法常态化制度化工作的实施意见（试行）》（交公路发〔2017〕173 号）规定的《公路货运车辆超限超载认定标准》执行，严禁随意提高或者降低认定标准。其中，六轴列车驱动形式为 6×4 的总质量限值为 49 吨，驱动形式为 6×2 的总质量限值为 46 吨。各地不得因驱动形式为 6×4 的列车未办理 ETC 而简单按照 46 吨处理，不得简化宣传，出现如“货车最大总质量限定为 46 吨”宣传标语，造成公众误解。对驱动轴为每轴每侧双轮胎且装备空气悬架的 3 轴、4 轴货车以及 4 轴铰接列车，总质量限值各增加 1 吨。

二、统一合理误差控制标准。考虑到称重检测设施（设备）在使用过程中可能出现一定的误差，对于货车称重检测结果不大于认定标准 105%（即超限部分未超过认定标准 5%）的，暂按未超限超载处理。

三、统一两轴货车的通行管理。鉴于两轴货车数量多、涉及面广、情况复杂。目前，部正在商有关部门研究制定专项治理方案。在相关部门统一部署专项治理之前，各地对于车货总质量不超过 18 吨的两轴货车，不得以超限为由禁止其通行高速公路。同时，要做好相关数据的采集与分析工作，为下一步开展专项治理提供支撑。

四、规范“超限”认定。《交通运输部办公厅关于进一步规范高速公路入口治超工作的通知》（交办公路〔2019〕29 号）中所提的“货车必检，超限禁入”中，“超限”特指车货总质量违法超限行为；对已办理《超限运输车辆通行证》的合法大件运输车辆，应允许其通行高速公路，并做好相关服务保障工作。根据《交通运输部　公安部关于治理车辆超限超载联合执法常态化制度化工作的实施意见（试行）》（交公路发〔2017〕173 号）部署，目前重点对车货总质量进行称重检测。对于车货外廓尺寸超限行为，将按照国家有关部门的统一部署，分阶段、有步骤推进；在部署工作开展前，高速公路入口暂不对车货外廓尺寸进行检测。对车辆运输车超限标准的认定，按照《交通运输部办公厅　公安部办公厅　工业和信息化部办公厅关于深入推进车辆运输车治理工作的通知》（交办运函〔2018〕702 号）有关要求执行，对于合规车辆运输车，凡装载符合要求的，即平头铰接列车装载 6 辆及以下，长头铰接列车装载 7 辆及以下，中置轴车辆运输车装载 9 辆及以下，且装载长度、宽度未超过车辆运输车外廓尺寸限值的，暂不对车辆高度进行检测。

五、强化政策宣传。组织公路执法机构和高速公路经营管理单位，通过媒体宣传、悬挂标语和横幅、散发传单等多种方式，大力宣传高速公路入口称重检测政策，重点宣传此项工作对保护人民群众生命财产安全的重大意义，宣传解读治超政策、治超标准，争取广大货运企业和货车车主了解政策、熟悉政策，支持政策实施。要利用称重检测环节，逐车提醒、提示货车司机，尽快安装使用ETC，充分享受便捷通行、交费打折、加油优惠、停车便利等各种政策红利，促进物流提质增效。

未尽事宜，按照《超限运输车辆行驶公路管理规定》和173号文件等有关规定执行。各地执行过程中出现的问题，要及时报部。联系人：部公路局　杨继俊，010-65292751，65292781（传真）；部科学研究院　陈宓，18600797358；部规划研究院　张新虎，13811681357；部路网中心　李友良，15522515653。

208. 交通运输部关于进一步加强全国治理车辆超限超载工作的通知

（交公路函〔2020〕298号）

各省、自治区、直辖市、新疆生产建设兵团交通运输厅（局、委）：

为贯彻落实党中央、国务院决策部署，进一步规范公路治超执法行为，推进车辆超限超载治理体系和治理能力现代化，更好地保护人民群众生命财产和公路基础设施安全，根据《中华人民共和国公路法》《公路安全保护条例》《交通运输行政执法程序规定》等法律法规和文件规定，现就进一步加强全国治理车辆超限超载工作有关事项通知如下：

一、提升路面治超执法水平

（一）全面落实治超联合执法。会同公安交通管理部门，排查和解决联合执法中政策规定落实不到位、部门协作机制不健全、执法流程不规范、信息技术应用不充分等问题，切实落实联合执法工作要求，实现闭环管理；加强车辆信息和执法信息交换与共享，实现联合执法业务联网管理，推动联合执法工作科学规范高效开展。（2020年12月底前完成）

（二）全面提升联合执法效能。深刻汲取“10·10”江苏无锡桥梁侧翻事故教训，联合公安交通管理部门开展严打“百吨王”专项行动，统筹利用高速公路称重检测、货车卫星定位等资源，开展大数据回溯分析，总结“百吨王”多发高发分布规律，精准查纠，坚决打击严重违法超限超载行为，形成“露头就打”的高压态势。主动对接公安交通管理部门，汇总货车、货车驾驶人1年内违法超限超载运输超过3次等信息，依法落实“一超四罚”，并将结果及时向公安交通管理部门反馈。持续组织开展严重违法失信超限超载名单认定、发布、报送和应用工作，依法依规实施失信联合惩戒。

（三）推动治超执法监督全面覆盖。建立健全省级治超工作数据监测评价机制，对市（县）级治超工作情况进行监督。数据监测评价每半年开展1次，结果报部备案。建立治超工作责任倒查与追究制度，通过政府购买服务、委托第三方专业机构评价等方式，对本地区治超工作开展常态化监督，拓宽投诉举报渠道，收集问题线索，有针对性地开展“解剖麻雀”式暗访，严肃查处治超全链条、各环节中的不作为、乱作为等行为。原则上省级层面暗访每年不少于4次，市（县）级暗访频次由省级指导确定。

二、健全治超基础监控网络

（四）严把高速公路“入口关”。指导高速公路经营管理单位加强高速公路入口称重检测工作，实现货车入口称重检测率达到100%，坚决禁止违法超限超载车辆进入高速公路行驶。做好称重检测数据联网上传工作，确保区域内所有收费站入口、出口称重检测数据实时、全面、准确传输至省联网中心、全网联网中心。（2020年5月底前完成）强化高速公路治超数据分析和应用，严肃查处擅自放行违法超限超载车辆进入高速公路和中途倒货等行为，依法追究相关单位和人员责任。

（五）完善普通公路“进站关”。未完成超限检测站电子抓拍系统建设的省份，抓紧制定实施方案，加快推进建设进度，科学布设电子抓拍系统，准确合法采集证据。推动超限检测站电子抓拍系统接入公安交通集成指挥平台，对于货运车辆不按规定车道行驶、逃避检测的，交由公安交通管理部门依法查处，相关信息抄送交通运输管理部门。（2020年9月底前完成）

（六）规范农村公路“物防关”。巩固“公路限高限宽设施和检查卡点专项清理行动”工作成果，建立农村公路限高限宽设施台账，明确设施设置的点位、主体、程序和标准，实行清单管理，加强日常养护和监管。主动与公安、林业等部门沟通，研究制定公路限高限宽设施设置技术要求，统一点位规划布局，严格新增设施设置标准和程序，推广安装可升降、可监控等限高限宽设施，处理好保护农村公路与便利群众出行的关系。（2020 年 9 月底前完成）

（七）探索重要节点“卡口关”。加快推进治超非现场执法试点工作，借鉴先行先试省份经验，研究制定试点方案，在未设置超限检测站的公路货运通道、重要桥梁、重要路口等节点位置，设置具备不停车称重检测、视频监控和自动抓拍等功能的技术监控设施，解决治超监管盲区问题。北京、浙江、安徽、福建、湖南、新疆等六省（区、市）作为省级试点单位，要探索积累经验，为全国推广提供支撑。（2020 年 12 月底前完成）

（八）补齐货物装载“出门关”。会同相关部门全面梳理本地区货运源头单位情况，公示监管部门和责任人。（2020 年 12 月底前完成）对经地方人民政府批准的重点货运源头单位，实行清单管理，推动矿山、钢铁、水泥、砂石“四类企业”和港口、铁路货场、大型物流园区、大宗物品集散地“四类场站”等重点货运源头单位安装称重检测和视频监控等设备，并接入重点货运源头单位监管信息系统或治超联网管理信息系统（简称治超系统）联网运行，防止违法超限超载车辆出站出场。（2021 年 12 月底前完成）建立违法超限超载常态化倒查工作机制，依法追究货运源头单位、相关监管单位和人员责任。

三、打造治超综合应用平台

（九）加快建设治超系统平台。按照《交通运输部办公厅关于加快推进全国治超联网管理信息系统部省平台建设工作的通知》（交办公路函〔2019〕1851 号，简称《通知》），以治超业务与信息化深度融合为主线，指定专门机构（一般由省级交通运输主管部门治超业务处室牵头）负责，制定实施方案，按照部统一要求，加快推进治超系统省级平台建设。北京、山西、江苏、浙江、安徽、河南等六省（市）作为省级试点单位，于 2020 年 6 月底前完成省级平台系统功能开发、省（市）内数据汇聚和系统联调联试，并启动与部级平台联调联试。其他省份按《通知》既定时限完成。

（十）加快形成全国一张网。以违法货车和执法力量精准定位为实战化检验标准，加快区域内部治超数据汇聚，形成网格化管理。其中，业务基础数据、超限检测站（点）和高速公路出入口的检测数据、案件和文书数据、失信名单数据、大件运输许可数据要全部汇聚，移动执法终端、重点货运源头单位、非现场检测点、农村公路限高限宽设施等数据要“应接尽接、应汇尽汇”，形成数据资源池。加快与公路基础设施、道路运政人车户和货车卫星定位等外部数据对接。按照部统一的接口规范要求，加快与部级平台互联互通，实现部省数据全面、准确、及时交换共享。（2020 年 10 月底前完成）

（十一）强化运行形成全国一盘棋。组建精干高效的省、市、县三级治超管理工作团队（2020 年 6 月底前完成），全面参与治超系统建设、联网运行和治超监管等工作，组织开展基层执法人员业务指导和培训，协调解决系统运行中遇到的各类问题。依托全国“一张网”数据，综合运用物联网、大数据、区块链等新技术，开展常态化数据分析挖掘，构建“智慧治超”治理体系，大幅提升治超现代化水平。建立跨省治超业务协同工作机制，整合、共享全国治超案件、称重检测、投诉举报等信息，稳步开展跨省联网布控稽查、案件抄告移送、“一超四罚”处理反馈、信用信息归集应用等业务协同工作，探索推进治超执法证据异地互认，逐步形成全国治超工作合力。

四、优化大件运输许可服务

（十二）全面推行分类许可。对于一类大件，在拟申请路线无特殊情况下，实现“即刻办”。对于二类大件，要组织开展历史许可大数据分析，不断总结规律，科学细化标准，对于同类大件申请通行相同路线等情形，推进同标准办理，实现“快速办”。对于三类大件，要强化人力物力财力投入，不断优化完善许可系统，可委托专业机构开展大件运输通行安全快速评估服务，推进许可专业化和系统智能化，实现“专业办”。

（十三）强化事中事后监管。研究制定大件运输许可“好差评”制度和企业信用积分制度，对大件运输许可工作和企业申报进行全过程评价，推动构建以大数据“满意度”和“信用度”为准绳的新型监管机制。利用高速公路称重检测系统和门架系统等数据，倒查大件运输车辆实际行驶轨迹，与许可数据进行比对分析，及时发现查处不按许可路线、时间等要求行驶，以及“大车小证”等违法超限超载运输行为，引导大件运输企业诚信办证、合规运输。

五、切实强化治超保障措施

（十四）加强组织保障。在省级人民政府统一领导下，推动完善省级治超工作领导小组工作机制，明确成员单位职责分工，切实组织实施好本地区治超管理工作。推动将治超工作纳入市（县）级政府考核体系和安全生产考核体系，压实各方责任。

（十五）做好工作衔接。省级交通运输主管部门要强化对治超与大件运输许可工作的直接管理。结合交通运输综合行政执法改革推进情况，建立治超执法与大件运输许可协调配合工作机制，确保执法改革前后工作有序衔接。

（十六）加强条件保障。健全完善交通运输管理部门执法经费保障机制，保证治超工作正常开展。多措并举培育治超宣传团队，明确宣传经费和机制，创新宣传方式，构建宣传矩阵，推动治超宣传常态化、正规化，不断营造社会共治的和谐氛围。

本通知部署的相关工作纳入全国干线公路养护管理评价内容。

209. 交通运输部办公厅关于进一步做好总质量4500千克及以下普通货运车辆“放管服”改革有关工作的通知

（交办运〔2020〕65号）

各省、自治区、直辖市、新疆生产建设兵团交通运输厅（局、委）：

为深入贯彻落实《国务院关于修改部分行政法规的决定》（国务院令第709号）有关部署要求，切实做好总质量4500千克及以下普通货运车辆（以下称为轻型货车）“放管服”改革工作，促进道路货运行业安全有序发展，现就有关事项通知如下：

一、切实转变轻型货车运输管理方式。各地交通运输主管部门要深入贯彻落实党中央、国务院关于“放管服”改革决策部署，坚持放管结合，树立底线思维，转变管理方式，加强部门协同，完善轻型货车运输事中事后监管举措，进一步规范轻型货车从事冷链物流运输、危险货物运输、零担货物运输的经营行为，引导创新运输组织模式，促进轻型货车装备升级，不断提升轻型货车运输管理和服务水平。

二、加强重点领域轻型货车运输监管。各地交通运输主管部门要按照《道路货物运输及站场管理规定》（交通运输部令2019年第17号）、《道路危险货物运输管理规定》（交通运输部令2019年第42号）要求，进一步依法规范对使用轻型货车从事冷藏保鲜运输和危险货物运输企业的准入管理，强化对运输企业经营行为的事中事后监管，督促运输企业切实加强车辆技术管理和人员安全教育培训，落实安全生产主体责任。对于在重点货运源头单位发现违法超限超载的，要严格按照《道路运输条例》《公路安全保护条例》等有关规定依法处理；对于在路面联合执法过程中发现违法超限超载的，要按照治超联合执法常态化制度化工作政策依法处理。要配合公安、工业和信息化等部门加大对轻型货车“大吨小标”、非法载人等行为的执法检查力度。

三、严格落实零担运输安全管理制度。各地交通运输主管部门要督促道路货物运输企业按照《零担货物道路运输服务规范》（JT/T 620—2018）要求，严格落实零担货物受理环节抽检抽查、托运人实名制、托运物品登记和信息留存等相关制度，防止在货物中夹带禁止运输的物品。使用轻型货车从事零担货物运输的物流运营单位，应当依法执行零担货物运输相关安全管理制度。对于未实行受理环节抽检抽查、运输禁止运输的物品、未实行托运人身份和物品信息登记制度等行为，要按照相关法律法规依法进行处理。

四、引导提升轻型货车运输服务效能。各地交通运输主管部门要依托城市绿色货运配送示范工程创建工作，在当地人民政府的统一领导下，会同有关部门加快推动城市建成区新增物流配送轻型车辆使用新能源汽车，并结合当地实际，对于符合标准的新能源配送车辆给予通行便利。同时，要引导轻型货车配送企业加快发展共同配送、集中配送、统一配送等先进运输组织模式，推广车用起重尾板、托盘等集装化单元，提升运输装载效率。鼓励网络平台道路货物运输企业利用“互联网＋”信息化手段整合物流资源，不断提升城市货运配送效率，推动降低末端配送成本。

五、做好城乡物流配送市场运行监测分析。各地交通运输主管部门要督促网络平台道路货物运输企业按照《网络平台道路货物运输经营管理暂行办法》（交运规〔2019〕12号）要求，加强对使用轻型货车从事运营的实际承运人管理，充分利用信用评价、激励奖惩等方式，督促其规范运输行为。同时，要鼓励网络平台道路货物运输企业充分利用大数据等信息化手段，加强对城乡物流配送市场的监测分析，指导城乡物流配送经营者科学决策，不断提升服务质量。

210. 交通运输综合行政执法队伍素质能力提升三年行动方案（2021—2023年）

（交办法〔2021〕5号）

为深化交通运输综合行政执法改革，确保严格规范公正文明执法，交通运输部决定组织开展交通运输综合行政执法队伍素质能力提升行动，制定如下方案。

一、工作目标

以习近平新时代中国特色社会主义思想为指导，全面贯彻党的十九大和十九届二中、三中、四中、五中全会精神，深入落实中共中央办公厅、国务院办公厅《关于深化交通运输综合行政执法改革的指导意见》，以建设人民满意交通为出发点和落脚点，以提升交通运输综合行政执法队伍素质能力为主线，力争到2023年，实现执法人员素质明显提升、执法能力和水平明显提高、执法权威和公信力明显增强、执法队伍社会认可度和群众满意度明显上升。

二、主要任务

（一）提升政治素质。

1. 组织开展讲政治、优作风、强服务专题教育工作。落实中央依法治国工作会议关于“推进法治专门队伍革命化、正规化、专业化、职业化”要求，在交通运输行政执法队伍中开展讲政治、优作风、强服务专题教育工作。以讲政治为统领，落实革命化要求，突出专题学习、警示教育环节，引导执法人员把好理想信念总开关，牢固树立执法为民的理念，严守政治纪律和政治规矩，确保做到忠于党、忠于国家、忠于人民、忠于法律。以优作风为关键，突出整治问题、肃清顽疾环节，通过自查自纠、专项巡查、分类处理等方式，全面整治执法不廉、办案不公、担当不力等突出问题，实现执法队伍风清气正。以强服务为落脚点，突出整改提升、建章立制环节，制定优化提升方案，实现专题教育成果长效化。

2. 强化党建引领作用。加强基层党组织建设，具备条件的把党支部建在执法大队上，扩大党的组织覆盖和工作覆盖。严肃党内政治生活，严格落实“三会一课”、民主生活会、组织生活会、民主评议党员等制度。充分发挥基层党组织战斗堡垒和党员先锋模范作用，打造一批党员先锋队、党员示范岗。

（二）提升专业素质。

3. 推进文化素质提升。探索实施大学本科以上学历准入制度，新录用执法人员原则上应达到本科以上学历。提高交通运输、法律、管理类专业执法人员的录用比例，鼓励优先提拔使用大学本科以上学历领导干部。通过与高等院校开展合作共建等方式，积极创造条件支持在岗执法人员参加继续学历教育，到2023年，基本实现执法人员达到大专以上学历。

4. 推进综合业务素质提升。从2021年起，用3年左右时间，部省分工对执法队伍组织业务轮训。交通运输部负责修订执法人员培训考试大纲，编制综合执法人员应知应会手册，完善执法人员培训考试网上平台和执法考试题库，分领域、分专业研发一批培训课程，举办全国交通运输系统综合行政执法局（队）长培训班，统筹开展法律类、专业类知识培训，培训一批师资和执法业务骨干。省级交通运输主管部门负责组织本地区、本系统执法队伍轮训工作，选拔建设培训师资库，分期、分批对执法人员进行全员轮训，并组织对执法人员进行考试。以此次轮训为契机，着力培养跨门类、跨专业综合执法人才，促进各业务门类深度融合，使执法人员逐步全面系统掌握公路路政、道路运政、水路运政、航道行政、港口行政、地方海事行政、工程质量监督管理等综合业务要求。

5. 推进法治素养提升。全面推行综合执法机构领导干部学法用法制度，领导班子成员每季度安排集中专题法律学习一次，深入学习贯彻习近平法治思想。将宪法、执法常用法律法规知识作为执法人员培训考试的重要内容。采取组织执法人员参加法庭旁听、录制法治学习微视频、开展法治征文等形式，切实提升执法人员运用法治思维和法治方法开展工作、维护稳定、化解矛盾的能力和水平。

6. 推进职业道德素质提升。举办“职业道德大讲堂”活动，通过诵经典、讲故事、省自身、谈感悟、作点评等多种形式，引导执法人员模范践行社会主义核心价值观，弘扬中华传统美德和时代精神，树立爱岗敬业、忠于职守、秉公执法、廉洁自律的职业道德精神，切实提升执法人员职业道德素质。

（三）提升执法能力。

7. 加强执法队伍岗位训练。区分年龄、性别和岗位开展执法人员体能达标测试。组织执法全过程现场训练，突出现场检查、调查取证、应急处置、案卷制作等模拟训练以及执法信息系统、新型执法装备应用训练。组织执法能力比赛活动，突出考核现场执法能力和水平。组织执法案卷评查活动，制定案卷评查标准，召开分析通报会，通报优秀和不合格案卷，总结经验、分析问题、提出改进措施。

8. 提升执法规范化水平。制定公布交通运输综合行政执法事项指导目录。落实行政执法“三项制度”，制定重大执法决定法制审核清单，做到执法行为过程信息全程记载、执法全过程可回溯管理、重大执法决定法制审核全覆盖。

（四）提升服务质效。

9. 拓宽群众监督渠道。搭建新媒体监督平台，畅通政务网站、微信公众号、手机应用程序、便民服务热线等公众参与渠道，聘请群众监督员，发放执法评议卡，广泛开展执法效能评议，接受人民群众监督。针对企业、群众反映的突出问题，采取日常检查、专项督查、暗访巡查等多种措施，切实整改、及时处理。

10. 强化层级监督考核。深入推进交通运输行政执法评议考核制度，细化考评内容和指标，采取日常督查与专项督查相结合、明察与暗访相结合，不断提升执法考评质量和水平。落实考评结果反馈机制，对优秀单位和个人予以通报表彰；对不合格单位和个人，通过纠正、约谈、通报批评、调离岗位等方式，及时处理，自我监督、自我净化。

11. 创新为民便民利民执法方式。深入企业、社区、工地、站场，开展大调研、大走访活动，与企业、群众互访交流，帮助企业、群众解决实际困难。组织开展执法体验周、基层站所开放日等活动，邀请群众和媒体参与、观摩、体验执法工作。擦亮执法服务窗口，设立便民服务站，发放便民服务卡，设立公示栏，落实“谁执法谁普法”的普法责任制，加强对交通运输法律法规、相关政策、安全知识的宣传讲解，展示执法队伍良好精神风貌，提升执法公信力。

（五）夯实基层基础。

12. 推进“四基四化”建设。深入推进以“基层执法队伍职业化、基层执法站所标准化、基础管理制度规范化、基层执法工作信息化”为内容的“四基四化”建设，切实发挥基层执法作为行业管理“最后一公里”的重要作用。

13. 着力提升基层站所领导班子素质能力。加强领导班子思想政治建设和纪律作风建设，抓住“关键少数”，切实发挥头雁效应。上级交通运输主管部门要对交通运输基层站所领导进行初任培训。加大实践锻炼力度，提升基层站所领导班子履职能力，重点提高研判决策、指挥调度、现场处置、应急保障、组织协调水平。

三、工作要求

（一）加强组织领导。省级交通运输主管部门要研究制定本地区工作方案，明确目标思路、细化工作任务、实化工作措施、创新活动载体、落实责任分工。市县级交通运输主管部门要结合本单位实际情况，研究制定年度工作计划，明确方式步骤、工作重点，将各项任务措施分解落实到具体的时间节点和责任人，确保取得实效。各级交通运输主管部门要加强组织领导，落实工作责任，及时部署安排工作，研究协调解决重大问题，加强跟踪督导，形成工作合力。

（二）加大保障力度。地方各级交通运输主管部门要加强执法保障，将学习培训、装备配备、宣传教育等经费列入预算。主动向当地党委、政府汇报交通运输综合行政执法队伍素质能力提升行动有关情况，积极争取财政等部门支持，保障各项工作任务落地见效。

（三）强化宣传示范。各级交通运输主管部门、综合执法机构要充分利用报纸、广播、电视等传统媒体和互联网、微信、微博等新媒体，广泛宣传执法队伍素质能力提升行动工作成效，展示交通运输综合行政执法的新作为、新形象，营造良好的社会舆论氛围。要注重发现、培养和宣传执法先进典型，挖掘、总结、推广基层鲜活经验，增强交通运输综合行政执法的凝聚力和影响力。

交通运输部直属海事系统、长江航务管理局、珠江航务管理局要按照本方案，结合工作实际，统筹组织开展直属行政执法队伍素质能力提升行动。

附件

交通运输综合行政执法队伍素质能力提升三年行动方案(2021—2023年)重点任务表

序号	任务名称	主要内容	牵头单位	参加单位	完成时限
一	提升政治素质				
1	组织开展"讲政治、优作风、强服务"专题教育工作	制定专题教育工作方案,组织协调推进	交通运输部法制司、直属机关党委、人事教育司	交通运输部公路局、水运局、运输服务司、安全与质量监督管理司、海事局	2021年
		制定专题教育工作方案,创新活动载体,丰富活动形式,扎实组织实施,确保取得实效	省级交通运输主管部门	—	
2	强化党建引领作用	加强基层党组织建设,具备条件的把党支部建在执法大队上	省级交通运输主管部门	—	2021年
		落实"三会一课"、民主生活会、组织生活会、民主评议党员等制度	省级交通运输主管部门	—	持续开展
		打造一批党员先锋队、党员示范岗,发挥基层党组织战斗堡垒和党员先锋模范作用	省级交通运输主管部门	—	2023年
二	提升专业素质				
3	推进文化素质提升	探索实施大学本科以上学历准入,提高交通运输、法律、管理类专业执法人员录用比例,创造条件支持在岗执法人员参加继续学历教育	省级交通运输主管部门	—	2023年
4	推进综合业务素质提升	制定执法队伍轮训工作方案,修订执法人员培训考试大纲	交通运输部法制司	交通运输部公路局、水运局、运输服务司、安全与质量监督管理司、海事局	2021年
		编制综合执法人员应知应会手册(综合篇、公路路政篇、道路运政篇、水运篇、海事篇、工程质量监督篇等)	交通运输部法制司、公路局、水运局、运输服务司、安全与质量监督管理司、海事局分工负责	—	2021年
		完善执法人员培训考试网上平台和执法考试题库	交通运输部法制司	—	2021年
		分领域、分专业研发一批业务培训课程	交通运输部法制司、公路局、水运局、运输服务司、安全与质量监督管理司、海事局分工负责	—	2021年
		开办"全国交通运输系统综合行政执法局(队)长培训班",统筹开展法律类、专业类知识培训,培训一批师资和执法业务骨干	交通运输部法制司、人事教育司	公路局、水运局、运输服务司、安全与质量监督管理司、海事局	2023年
		制定本地区、本系统执法人员轮训工作方案,选拔成立培训师资库,分期、分批对本地区、本系统执法人员进行全员轮训	省级交通运输主管部门	—	2023年

续上表

序号	任务名称	主要内容	牵头单位	参加单位	完成时限
5	推进法治素养提升	推行综合执法机构领导干部学法用法制度	省级交通运输主管部门	—	持续开展
		组织执法人员参加法庭旁听、录制法治学习微视频、开展法治征文	省级交通运输主管部门	—	2022 年
6	推进职业道德素质提升	举办“职业道德大讲堂”活动，制定活动方案，创新活动形式，组织推进实施	省级交通运输主管部门	—	2022 年
三	提升执法能力				
7	加强执法队伍岗位训练	制定本地区执法能力比赛活动方案，并组织推进实施	省级交通运输主管部门	—	2022 年
		组织全国范围执法能力比赛活动，对各地执法队伍素质能力提升行动成果进行验收	交通运输部法制司、公路局、水运局、运输服务司、安全与质量监督管理司、海事局	—	2023 年
8	提升执法规范化水平	制定公布交通运输综合行政执法事项指导目录	交通运输部法制司	交通运输部公路局、水运局、运输服务司、安全与质量监督管理司、海事局	2021 年
		制定本地区、本系统交通运输综合行政执法事项指导目录，制定重大执法决定法制审核清单	省级交通运输主管部门	—	2022 年
四	提升服务质效				
9	拓宽群众监督渠道	搭建新媒体监督平台，聘请群众监督员，发放执法评议卡，开展执法效能评议。针对企业、群众反映的突出问题，采取日常检查、专项督查、暗访巡查等多种措施，切实整改、及时处理	省级交通运输主管部门	—	持续开展
10	强化层级监督考核	组织开展全国交通运输行政执法评议考核	交通运输部法制司	交通运输部公路局、水运局、运输服务司、安全与质量监督管理司、海事局	2023 年
		组织开展本地区交通运输行政执法评议考核	省级交通运输主管部门	—	2023 年
11	创新为民便民利民执法方式	深入企业、社区、工地、站场，开展大调研、大走访活动	省级交通运输主管部门	—	2021 年
		组织开展执法体验周、基层站所开放日等活动	省级交通运输主管部门	—	2022 年
		设立便民服务站，发放便民服务卡，设立公示栏，落实“谁执法谁普法”的普法责任制	省级交通运输主管部门	—	2022 年
五	夯实基层基础				
12	推进“四基四化”建设	深入推进以“基层执法队伍职业化、基层执法站所标准化、基础管理制度规范化、基层执法工作信息化”为内容的“四基四化”建设	省级交通运输主管部门	—	持续开展
13	着力提升基层站所领导班子素质能力	上级交通运输主管部门要对交通运输基层站所领导进行初任培训	省级交通运输主管部门	—	2021 年

（四）收费公路管理

211. 关于发布《贷款修建高等级公路和大型公路桥梁、隧道收取车辆通行费规定》的通知

（交公路字〔1988〕28号）

近几年，随着商品经济的发展，公路现状不适应国民经济发展需要的矛盾日益突出，在国家投资有限的情况下，部分省（自治区、直辖市）相继出现了利用贷款、集资、外资等多渠道筹集资金建设公路、大桥和隧道，建成后，收取合理的通行费用以偿还贷款，对加快公路建设起到了积极作用。但由于全国尚无统一规定，各地自行确定的收费条件和收费标准又不尽相同，不利于今后全国的统一管理。为进一步调动社会各方面修桥筑路的积极性，加强宏观控制，统一收费条件和收费标准，根据一九八四年国务院第五十四次常务会议精神和《中华人民共和国公路管理条例》及国务院领导同志的指示，交通部于去年初拟定了《集资、贷款修建公路和大桥收取车辆通行费规定》（初稿）下发各省征求意见，并于六月份组织部分省的专家进行了讨论修订。现将《贷款修建高等级公路和大型公路桥梁、隧道收取车辆通行费规定》发给你们，请本着既要放开搞活、多形式多渠道筹集公路建设资金，又要防止乱设卡、乱收费的原则，结合本省（自治区、直辖市、计划单列市）的实际情况，认真贯彻执行。

贷款修建高等级公路和大型公路桥梁、隧道收取车辆通行费规定

第一条 为调动各方面修路建桥的积极性，促进公路交通事业的发展，适应经济建设的需要，特制定本规定。

第二条 凡利用贷款（包括需归还的集资，以下同）新建、改建（不包括局部改造）的高等级公路（即二级和二级以上的公路）或大型公路桥梁、隧道，需要偿还贷款并符合下列条件之一的工程项目，建成后由省级公路主管部门归口，报经省级人民政府批准，可对过往车辆收取通行费。

（一）桥梁三百米以上，隧道五百米以上。改渡为桥的，其收费条件可适当放宽到桥长的二百米。

（二）高速公路、里程在十公里以上的一级公路及里程在二十公里以上的二级公路。

第三条 收费公路建设项目应按基本建设程序实施管理，并事先报经批准。工程应符合《公路工程技术标准》，并增建相应的封闭设施和站卡，通过正式竣工验收后，方准收取通行费。

第四条 收费工作由省级公路管理部门统一管理，印制全省统一票证。票证上应标有“偿还贷款”字样。

第五条 应按桥梁、隧道、公路长度，还款额度，收费期限，交通量大小，车辆负担能力和便利通行等因素综合考虑，定出合适的收费标准。具体标准由省级公路主管部门会同省级财政部门、物价部门，按上述原则提出方案，报省级人民政府批准。

第六条 中外合资建设的公路项目，其收费管理，按批准的协议或合作条款办理。

第七条 除正在执行紧急任务的设有固定装置的消防车、医院救护车、公安部门的警备车外，对其他任何机动车均应一律收取通行费。

第八条 凡由国家投资、养路费投资、民工建勤、民办公助、以工代赈办法及个人和社会捐资修建的公路、桥梁、隧道，一律不得征收车辆通行费。

第九条 通行费由公路管理部门在银行按收费公路或公路构造物名称设立专户存储，其收支计划应报上级公路管理部门批准。

第十条 收取的通行费只许用于偿还贷款和收费公路、公路构造物的养护及收费机构、设施等正常开支，绝不允许挪作他用。贷款还清后即停止收费。个别项目有特殊情况须继续收费的，须报交通部、财政部核定。

第十一条 收费公路或公路构造物由公路管理部门养护、管理。其经费在收费期间由收取的“通行费”列支；收费结束后，由养路费支出。

第十二条 本规定自一九八八年二月一日起执行。各省、自治区、直辖市、公路主管部门可会同财政部门、物价部门根据本规定制定实施细则，报经省、自治区、直辖市人民政府批准后实施。

第十三条 本规定由交通部、财政部负责解释。

212. 关于发布《关于在公路上设置通行费收费站（点）的规定》的通知

（交公路发〔1994〕686号）

各省、自治区、直辖市及计划单列市交通厅（局）、物价局、财政厅（局）、计委（计经委），天津市市政工程局，上海市市政工程管理局：

"贷款修路、收费还贷"是国家为加快公路建设作出的一项重要决策。1988年1月5日交通部、财政部、国家物价局以（88）交公路字28号文件联合发布了《贷款修建高等级公路和大型公路桥梁、隧道收取车辆通行费规定》。近年来，这一规定对我国公路、特别是高等级公路的建设与发展起到了重要作用。

但是，收费公路在发展过程中也出现了一些问题。主要表现在，收费站（点）设置审批管理不严，甚至失控，造成公路沿线设置的收费站（点）过多过密，严重影响车辆的正常运行，社会反映强烈。为此，我们在交通部、财政部、国家物价局（88）交公路字28号文件基础上，制定了《关于在公路上设置通行费收费站（点）的规定》。现予下发，请遵照执行。

关于在公路上设置通行费收费站（点）的规定

第一条 为加快公路交通事业发展，确保国家“贷款修路、收费还贷”政策得以长期、稳定、健康、规范地执行，防止乱设卡、乱收费、乱罚款，特制定本规定。

第二条 凡利用贷款（包括需偿还的集资和实行股份制经营，以下同）建成的公路（包括桥梁、隧道，以下同），并符合下列条件之一的工程项目，按交通部、财政部、国家物价局〔88〕交公路字28号文件规定的程序报批后，可设置站（点）收取车辆通行费：

（一）封闭（包括部分封闭）型的汽车专用公路。平原微丘区超过40km和山岭重丘区超过20km的一般二级公路。

（二）长度超过300m的公路桥梁。改渡为桥的，可适当放宽到桥长超过200m。长度超过500m的公路隧道。

上述公路收费的具体标准由省级物价部门会同财政部门制定。

收取车辆通费，应使用省级以上财政部门监制的专用收费票据。

拟定批准的收费公路项目，严禁先收费后修建。

第三条 公路收费站（点）的设置，由省级交通部门统一布局，为车辆创造良好的运行条件。实行“开放式”收费的公路，在同一条公路主线上，相邻收费站（点）的间距，平原微丘区不得小于40km，山岭重丘区不得小于20km。对采用“封闭式”收费的汽车专用公路，除两端出入口外，禁止在主线上设置收费站（点）。省际间交界处收费站（点）的设置，须由相邻两省的省级交通部门相互协调，联合设置，对通行车辆一次完成通行费的收缴和票证发放工作。

不准设立旨在实行内部票据监督的停车验票站（点）。

在国道上设置收费站（点），须报交通部备案，并向社会公布。

第四条 公路收费站（点）的设施应与该路的交通量大小相适应。交通量大的，提倡设置自动收费和检票系统，以减少停车交费时间，保证车辆顺利通行。

第五条 凡符合规定设立的公路通行费收费站（点），需醒目悬挂由省级交通部门统一制发的“收费站”标牌。标牌尺寸为60cm×40cm（长×宽）。

第六条 公路通行费收费站（点）的设置，必须做到审批机关公开、收费用途公开、收费标准公开、收费单位公开。收费人员要做到挂牌上岗、文明执勤、依法收费、礼貌服务、按章处罚，不断提高工作质量，自觉接受社会监督。

第七条 在经批准的收费公路上，对不按规定交纳公路通行费的车辆，收费站（点）稽查工作人员有权责令其停车，补交通行费，并视情节轻重处以不超过应交费额5倍以下的罚款。对违反治安管理条例的，应交由公安机关处理。

第八条 凡在本规定发布之日前，已按交通部、财政部、国家物价局〔88〕交公路字28号文件规定确定的车辆通行费收费站（点），由各省级交通部门按本规定进行调整规范，并于1995年6月底前与本规定接轨。因特殊情况，难于按期接轨的，报经省级人民政府批准，限期撤并。对不符合上述规定设置的收费站（点）由省级交通部门授权的公路路政管理机构予以查处和纠正。

第九条 本规定所述收费公路项目管理及其收费站（点）设置的有关规定，同样适用于中外合资、合作和外资独资建设或经营管理的收费公路。

第十条 本规定由交通部、国家计委、财政部负责解释。

本规定与交通部、财政部、国家物价局〔88〕交公路字28号文规定不符的，以本规定为准。

第十一条 本规定自发布之日起施行。

213. 关于确保大中城市蔬菜运输“绿色通道”畅通的通知

（交体法发〔1995〕834号）

各省、自治区、直辖市交通厅（局、委、办），天津市市政工程局，上海市市政工程管理局：

党中央、国务院对搞好城市居民的“菜篮子”工作非常重视。城市居民的蔬菜供应影响到城市居民的日常生活，直接关系群众的切身利益。抓好“菜篮子”工作是各级人民政府和有关部门的重要责任。

为确保蔬菜运输“绿色通道”的畅通，进一步解决公路上乱设站、乱罚款、乱收费的问题，根据“交通部保障蔬菜运输‘绿色通道’畅通工作座谈会”提出的要求，现将有关问题通知如下：

一、各级交通部门要提高对确保蔬菜供应“绿色通道”畅通重要意义的认识。要从坚持全心全意为人民服务的宗旨的高度、坚持同党中央保持一致的高度、维护社会稳定的高度和树立交通部门的良好形象的高度，来认识做好这项工作的重要意义。要把这项工作作为一项政治任务和治理公路“三乱”的重要工作，切实抓出成效。要在交通系统普遍进行一次教育，使广大干部职工了解党中央、国务院的部署和我部的要求，并坚决贯彻执行。

二、各级交通部门要继续认真贯彻国务院国发〔1994〕41号文件精神，坚决遏制公路上的“三乱”行为；要对大中城市运菜车辆经过的收费站进行一次检查，对收费站的收费标准和项目进行清理。凡不符合国家有关规定的站点，要坚决撤除，不合理的收费要坚决停止。

三、各级交通部门要对水上设卡、收费项目再进行一次检查清理。对运输蔬菜的船舶，除了危及航行安全的，一律不得随意拦截和罚款，以保证水上蔬菜运输的畅通。

四、各级交通部门要强化源头管理，加强与蔬菜生产基地、批发市场、货主、承运单位的联系，主动办理有关手续。同时，要开展宣传工作，使承运单位和有关人员了解和遵守国家的各项规定，按章缴纳规费，按规定装载货物。

五、今后，对向大中城市运送蔬菜的车辆，除省级人民政府批准的收费站可以收费外，交通部门不再在公路上对向城市运送蔬菜的车辆进行检查、收费和罚款。发现有违反管理规定的运菜车辆，要先放行后处理。

对运管、稽征人员，要规范执法行为。

六、各级交通部门要加强蔬菜运输通道公路的建设、养护和管理，保证道路完好，保障蔬菜运输“绿色通道”的畅通。

七、各级交通部门及其工作人员，不准代替其他部门在公路上拦车、检查、收费和罚款，不准参与强制冲洗车辆的活动。

八、各级交通部门要加强组织领导和监督检查。保障蔬菜运输“绿色通道”的畅通，由各级交通部门的主要领导同志负责。要经常对辖区内的公路及水路进行检查，制定责任制，把责任落实到人。对不执行国务院国发〔1994〕41号文件、顶风搞“三乱”，阻碍蔬菜运输“绿色通道”畅通的单位和人员，要严格依法查处，对主管领导和当事人，要给予必要的处分。今后，发现哪个地区交通部门仍然发生“三乱”问题，部将扣减该省车辆购置附加费分成资金。

214. 贷款修路、收费还贷审计办法

（交审计发〔1996〕996号）

第一章　总　　则

第一条　为加强对贷款修路、收费还贷的审计监督，根据《审计法》和《交通行业内部审计工作规定》，制定本办法。

第二条　本办法所称贷款修路、收费还贷审计是指利用贷款、集资修建高等级公路（即二级和二级以上的公路，含大型公路桥梁、隧道项目，下同），并经省级人民政府批准，通过收取通行费偿还贷款、集资的全过程审计。

第三条　贷款修路、收费还贷审计实行统一领导，分级管理。

（一）国道主干线项目和国家、部重点公路工程项目的审计，由交通部和各省、自治区、直辖市交通厅（局）负责实施。

（二）其他公路工程项目的审计，由各省、自治区、直辖市交通厅（局）和市县交通局负责实施。

（三）上级审计机构负责指导、监督和检查下级审计机构的工作，下级审计机构应接受上级审计机构的指导、监督和检查。

第四条　贷款修路、收费还贷的审计，依照国家和各省、自治区、直辖市的有关政策、法规进行。

第二章　建设前期审计

第五条　审查拟建项目是否符合国家产业政策，是否符合交通建设规划和地区经济发展需要。

第六条　审查拟建项目有无可行性研究报告，对预期车辆通行量、通行费收取标准、投资回报率和回收期是否进行科学地论证，有无还本付息能力。

第七条　审查项目建议书、初步设计方案和投资计划等，是否经规定的机关立项批准；收费站（点）建设是否符合国家的有关规定；是否经过开工前审计。

第八条　审查拟建项目资金来源的构成是否合规、合法。资金来源总额与项目投资总额是否吻合，有无资金缺口；贷款或集资是否经规定的机关批准，是否符合国家规定的金融政策。

第三章　建设期审计

第九条　对执行基本建设程序的有关情况进行审计，主要内容：

（一）该公路项目是否符合国家规定的审批程序和手续，是否列入公路建设计划。

（二）贷款合同（协议）是否真实、有效，合同（协议）条款是否合理，贷款利率是否符合国家规定，建设资金是否落实到位。

（三）概预算的编制是否合规，设计内容是否完整、准确。

第十条　对建设资金使用情况进行审计，主要内容：

（一）建设资金的使用是否合规合法，有无借占、转移、挪用建设资金现象。

（二）各项支出是否真实，合规，有无挤占、虚列工程成本现象。

（三）工程价款结算是否符合工程进度和招投标协议，有无虚报投资完成额现象。

第十一条 对概预算的执行情况进行审计，主要内容：

（一）是否按照批准的概预算安排工程建设，有无擅自扩大建设规模和建设标准，以及搞计划外工程现象。

（二）收费站（点）建设是否符合设计要求，有无增设不符合国家规定的收费站（点）。

第十二条 对竣工决算进行审计，主要内容：

（一）竣工项目工程支出是否符合批准的投资计划及概、预算，分析投资节、超原因。

（二）交付使用财产是否真实、完整，移交手续是否齐全。

（三）会计决算是否按期报出，会计处理是否合规、合法。

（四）结余资金及材料、物资的处理是否合规。

第四章　通行费征收审计

第十三条 对通行费政策、规定的执行情况进行审计，主要内容：

（一）收费项目是否符合国家有关规定，是否报经省级人民政府批准。

（二）收费标准是否由当地省级物价、财政部门制订，收费标准、收费期限等是否符合还贷需要。

（三）收费期满已还清贷款、集资的公路项目，是否停止收费。(国家另有规定者除外)

（四）收费期满未还清贷款、集资且须继续收费的，是否报请原批准机关批准。

第十四条 对通行费征收、管理单位的内部控制制度进行评审，主要内容：

（一）是否建立完善的职责分工制度，开票、收款与记账三者是否实行职务分离，各有关部门在业务上是否互相制约。

（二）是否建立完善的财务管理制度、会计核算制度和票证管理制度。各项管理措施是否积极、有效，会计账册、报表、凭证等资料是否齐全、真实。

（三）是否建立完善的收费稽查制度。

（四）是否建立完善的内部审计监督制度。

第十五条 对收取通行费的票据进行审计，主要内容：

（一）票据是否经省级财政部门监制，是否使用全省统一票据，票据上是否标有“偿还贷款”字样，有无使用假票、废票等不合规票据收费现象。

（二）票据是否由专人、专库保管，其保管、领发制度是否健全，手续是否完善，日常保管是否安全、有效。

（三）票据是否按顺序连号使用，核销是否及时，是否符合规定手续，核销的票据票面收入与账面收入是否一致。

（四）票据是否及时盘点，票据账实、账卡、账表是否一致。

第十六条 对通行费征收管理情况进行审计，主要内容：

（一）收费工作是否由省级公路管理部门统一管理。

（二）有无乱收费、乱罚款现象，是否认真执行规定的收费范围、收费标准。

（三）通行费收入是否按规定设立专户存储，通行费收入（含利息收入）是否及时入账，是否按时、足额解缴，有无截留、隐瞒、转移收入现象。

（四）是否编制征收计划，实行收支两条线原则，有无坐支现象。

第五章　通行费使用审计

第十七条 审查通行费使用范围是否符合国家有关规定。

第十八条 审查通行费使用是否实行计划管理。还贷计划和经费计划的比例是否合规、合理，并报经上级主管部门批准；有无超计划支出或计划外项目支出的情况。

第十九条 审查通行费的开支标准是否符合规定，有无擅自提高开支标准、铺张浪费和滥发钱物的行为。

第二十条 审查有无挪用、挤占和虚列通行费支出等违纪行为。

第六章 审计程序

第二十一条 审计工作计划。各省、自治区、直辖市交通主管部门应根据审计机关和上级主管部门的审计工作计划，结合实际，编制本单位工作计划。

第二十二条 审计组。审计组成员应适应审计任务的需要，并在组长领导下分工负责。

第二十三条 审计实施方案。审计实施方案的内容包括：审计的依据、方式、内容及重点，审计的步骤、方法、进度安排和人员分工等。

第二十四条 审计通知书。实施审计前，应向被审计单位发送审计通知书。审计通知书的内容包括：审计的依据、内容、时间、范围和方式，要求被审计单位提供的资料和工作条件、审计组长及审计组成员名单等。

第二十五条 实施审计。

（一）向被审计单位阐明审计的目的和要求，听取汇报，了解和掌握被审计单位的有关情况。

（二）搜集被审计单位的有关管理制度和计划、财会等文件资料。

（三）查阅有关制度、文件和资料，并按照分工对会计凭证、会计账簿、会计报表及有关业务报表进行审查、核对，对财产物资和货币资金进行清查、盘点。对审计事项，认真做好审计工作记录，对查出的问题应调查取证。审计工作记录和取证材料应由被审计单位或有关责任人签字确认。

（四）审计组对审计工作记录和取证材料进行分类整理，编制审计工作底稿，根据有关规定，对审计事项进行初步评价，对查出的问题提出定性及处理的意见，为撰写审计报告提供依据和参考。

第二十六条 审计报告。审计终结，审计组应提出审计报告。审计报告的内容主要有：

（一）审计的依据、内容、范围和时间；

（二）被审计单位的基本情况；

（三）审计事项的有关事实；

（四）处理意见及所依据的法律、法规和行政规章制度；

（五）评价和建议等。

审计组应将审计报告送被审计单位征求意见，并要求被审计单位在限期内提出书面意见；被审计单位的书面意见连同审计报告一并报送派出审计组的单位领导审批。

第二十七条 审计意见书和审计决定。派出审计组的单位对审计报告进行研究，审定审计报告，并对审计事项作出评价，出具审计意见书，送达被审计单位和有关单位。审计意见书主要包括下列内容：

（一）审计的内容、范围和时间；

（二）审计认定的事实；

（三）对审计事项的评价及依据；

（四）改进建议。

对被审单位违反财经法规和贷款修路、收费还贷政策规定，需要依法给予处理、处罚的，在规定的职权范围内，还应作出审计决定，送达被审计单位和有关单位。审计决定主要包括下列内容：

（一）依据审计意见书所列被审单位违反国家规定的事实；

（二）作出的审计决定及所依据的法律、法规及规章制度；

（三）审计决定执行的期限。

被审计单位必须执行审计决定。

第二十八条 被审计单位对审计意见书和审计决定如有异议，可以向出具审计意见书和作出审计决定的单位负责人提出，该负责人应当及时处理。

第二十九条 审计档案管理。每项审计事项终结后，应按审计档案管理制度要求，对审计资料进行档案管理。

第七章 附 则

第三十条 本办法由交通部负责解释。

第三十一条 本办法自 1997 年 1 月 1 日起施行。

215. 关于在全国范围内大力开展绿色通道工程建设的通知

（全绿字〔1998〕1 号）

各省、自治区、直辖市绿化委员会、林业厅（局）、交通厅（局），天津市政工程局，上海市政工程管理局，各铁路局、广铁（集团）公司，各有关部门绿化委员会，中国人民解放军绿化委员会，中国人民武装警察部队绿化委员会：

公路、铁路、江河沿线绿化是国土绿化的重要组成部分。搞好公路、铁路、江河沿线绿化，对于构建和完善我国总体绿化格局，改善和优化社会生产生活环境，实现祖国山川秀美，促进国民经济发展，具有重大而深远的意义。改革开放以来，我国公路、铁路和江河沿线的绿化取得了长足进步，但发展不平衡，绿化的空间和潜力还很大。

当前，正值世纪之交，党和国家高度重视生态环境建设。党的十五大作出了改善生态环境的战略部署，江泽民总书记、李鹏总理对生态环境建设作出了重要批示，这是面向新世纪生态环境建设的动员令。抓住当前机遇，深入组织发动群众，把我国公路、铁路、江河沿线绿化从总体上大大向前推进一步，已是摆在我们面前的一项十分重要的任务。为此，全国绿化委员会、林业部、交通部、铁道部决定，从 1998 年开始，在全国范围内，以公路、铁路和江河沿线绿化为主要内容，掀起绿色通道工程建设高潮。力争用3～5 年时间，构建起我国国土绿化的新格局。现提出如下要求：

一、加强宣传，提高认识。建设绿色通道工程，是我国从总体上构建以重点林业生态工程为骨架，以城镇、村屯绿化为依托，以公路、铁路、江河沿线绿化为网络的国土绿化大格局的战略需要，是贯彻落实十五大精神和江泽民总书记、李鹏总理关于生态环境建设重要批示，推进“两个文明”建设的一项重大举措。实施绿色通道工程，既能使公路、铁路、江河得到保护，沿线环境得到优化，又能发挥纽带作用，促进整个城乡绿化美化向纵深发展。纵横交错、遍布祖国大地的公路、铁路、江河绿化，并以此带动整个城乡绿化美化，将使我国国土绿化发生质的变化，祖国山川更加秀美。各地各部门要深刻认识绿色通道工程建设的重大意义，充分利用各种宣传媒体，广泛深入宣传发动，在全社会尽快形成一个建设绿色通道工程的舆论高潮，做到家喻户晓，人人皆知，动员全社会各方面力量，积极投入工程建设。

二、从实际出发，制订好建设规划。绿色通道工程建设，就是以公路、铁路、江河为主线，国道、省道、县道、乡道统一规划，路基（堤面）绿化和两侧造林绿化统一布局，沿线的城镇、乡村绿化美化统一推进，乔、灌、花、草结合，绿化、美化、香化结合，生态、社会、经济效益结合，努力实现通道沿线林木连线（岭）成网（片），花果飘香，空气清新，环境优美，力争使每一条绿色通道都建成绿化线、风景线、致富线。根据这一总体目标，各地要从实际出发，因地制宜，分类指导，依据线路等级，确定不同建设档次和标准。主要干线经过的平原地区，要在沿线两侧一定范围内，在现有平原绿化的基础上，按照高标准平原绿化的要求，建骨架、配网格、调结构，建成高标准平原绿化示范区；丘岗浅山区在沿线一定范围内，在不造成水土流失的前提下，以丘岗开发为重点，建立一批各具特色、规模不等的果园、茶园、桑园、竹园、药园以及速生丰产用材林等高效林业基地，形成一条经济林果带；山区要在道路、河流迎面坡可视范围内，采取以封为主，封、改、造并举，抓好造林灭荒，提高林分质量。路堤坡面按照有关部门的规定，宜林则林，宜草则草，保护路基、堤面，实现绿化美化；沿线车站、港口，要因地制宜，突出特色，绿化美化，为旅客创造一个舒适的候乘环境。有条件的路站、港口，还可建设一批精品工程。沿线经过的城镇和乡村，要大力植树造林，养花种草，努力为城乡居民创造一个良好的生产、生活环境，促进社会主义精神文明建设。绿色通道工程的规划，要处理好土地利用的关系，搞好与现有造林绿化规划的衔接，严格执行公路、铁路、水利设施保护管理的有关技术规定。

各省规划的主要指标，于1998年6月前报全国绿化委员会办公室，并分类报有关部门。

三、多渠道筹集资金，加大投入力度。要坚持全社会办林业、全民搞绿化的方针，实行国家、部门、集体、个人一起上，多渠道、多层次、多形式筹措工程建设资金，走有中国特色造林绿化的路子。沿线农村地区的绿化美化，要按有关规定，用好、用活农村劳动义务工和积累工，广泛动员和组织农民群众增加对工程建设的投入，充分发挥他们在工程建设中的主体作用。各级绿化委员会，要把绿色通道工程作为开展全民义务植树的主战场，在沿线相对集中地安排好义务植树基地。林业、交通、铁道等部门，要按照各自辖区的任务，安排相应的建设资金用于工程建设。新建、改建、扩建的道路、水利设施等工程建设的绿化，应同步规划，同步实施，同步验收。地方各级政府要把本辖区的绿色通道工程作为当地重点生态建设项目，在投入上予以重点支持。在工程建设区内的重点林业生态工程建设、农业综合开发、以工代赈、扶贫开发、水土保持等工程项目，应优先安排一定份额用于"绿色通道"工程建设。有条件的地方，还可利用信贷、外资、捐助等形式加快工程建设。

四、抓好种苗基础，提高科技含量。种苗是绿化工程建设的物质基础。各地要根据工程建设规划确定的任务，超前做好种苗准备，保证工程建设需要。当前，要尽快组织力量，对近两年可供绿化的苗木（包括树苗、草皮、花卉等）进行一次调查摸底，及时做好留床苗木的培育和管护工作，确保近期绿化苗木的需要。要充分发挥国有苗圃的优势，加大科技含量，提高种苗质量。要特别注意培育大苗、壮苗和珍贵绿化树种、风景树种苗木。要积极推广应用先进适用技术和科学管理方式，动员和组织科技人员深入工程建设第一线，广泛开展技术下乡、技术服务活动。要抓好多形式、多层次的技术培训，提高施工管理队伍素质，保证工程建设的质量。

五、加强领导，狠抓落实。绿色通道工程建设是一项跨部门、跨行业、跨区域的系统工程，群众性和社会性很强，因此，必须纳入各级政府的重要议事日程，加强领导，精心组织，确保工程顺利实施。要实行工程建设领导目标责任制，层层签订责任状，建立严格的检查奖惩制度。各有关部门要按照职责分工和规划安排，积极主动做好工作。各级绿化委员会要在同级政府的统一领导下，牵头搞好规划编制、组织协调和督促检查工作。各级林业部门要搞好行业指导，在规划设计、种苗供应、技术咨询等方面搞好服务。交通、铁道、水利等部门按照规划要求，要积极搞好辖区内各自的绿化工程建设。当地所有机关、单位、厂矿企业、驻守部队等，都要为本地绿色通道工程建设做出贡献。各级领导要带头抓好示范样板，以点带面，并适时督促检查，评比表彰，全面推进绿色通道工程建设。

各地接此通知后，要立即行动起来，认真研究，狠抓落实。要把绿色通道工程建设作为本地的生态建设重点，纳入工作计划，统筹安排，认真实施。京九铁路沿线各省、市在全面规划部署本地绿色通道工程建设的同时，要把"京九绿色长廊"工程作为"龙头"工程，加大力度，全面推进，为全国绿色通道工程建设树立榜样，做出贡献。

全国绿化委
林业部
交通部
铁道部

216. 关于认真做好公路收费站点清理整顿的通知

（交公路发〔1999〕9号）

各省、市、自治区、交通厅（局）、上海市市政工程管理局、天津市市政工程局、计划单列市交通局（委）：

为了加强和规范收费公路的管理，制止公路“三乱”现象，规范公路收费站点设置，促进公路事业持续健康发展，现将《关于清理整顿公路收费站（点）的实施方案（试行）》稿印发给你们，请按《试行》要求对公路收费站逐个进行清理。执行中有什么意见请报部。

关于清理整顿公路收费站（点）的实施方案（试行）

为加强收费公路的管理，制止公路“三乱”现象，规范公路收费站（点）设置，促进公路事业持续健康发展，根据《中华人民共和国公路法》（以下简称《公路法》）的有关规定，对公路收费站（点）制定如下清理整顿实施方案。

一、清理整顿的指导思想和原则

“贷款修路，收费还贷”是国家为加快公路建设发展作出的一项重要决策。这项政策实施以来，我国建设的高速公路，约50%的一、二级公路，三分之二的千米以上大桥和隧道基本上是使用国内外贷款建设的，较好地缓解了公路建设资金短缺的矛盾，加快了公路建设步伐。这些公路的建成，对促进我国公路交通事业的发展，提高路网整体水平，缓解交通拥挤状况起到了重要的作用。

但是，近几年收费公路在发展过程中出现了一些不容忽视的问题，一是收费站（点）设置，审批管理不严，有些失控，造成公路沿线收费站（点）过密，影响了车辆的正常行驶，公路使用者反应强烈；二是有的地方违背国家有关规定，出现了边修建边收费，未修建先收费的情况，严重影响了“贷款修路，收费还贷”政策的正确执行；三是转让公路收费权未能按规定程序审批，造成部分国有资产流失；四是费收管理、核算、使用等环节监管不力，致使“收费还贷”功能无法保障；五是收费机构设置庞大，以费养人现象普遍存在，造成收费成本过高，影响还贷能力。因此，清理、整顿收费公路项目和收费站（点）已势在必行。

（一）清理整顿的指导思想：按照建立社会主义市场经济体制的要求，转变政府职能，理顺费收关系，规范公路收费行为，制止公路“三乱”现象，促进公路事业发展。依法对收费公路和收费站（点）进行清理整顿。

（二）清理整顿的主要原则：一是规范收费公路站（点）管理，依法界定收费还贷公路和收费经营公路。收费还贷公路还清贷款即停止收费，逐步减少收费还贷公路设置的收费站（点）；收费经营公路由公路经营公司依法收费经营，照章纳税；二是取消不合理，不合法收费站（点），调整不合理收费标准；三是建立健全收费公路站（点）设置管理制度，依法治路；四是重点对一般收费还贷公路站（点）进行清理整顿，并对收费公路总量进行控制。

二、收费公路和收费站（点）的设置条件

（一）收费还贷公路

收费还贷公路是指由县级以上地方人民政府交通主管部门使用贷款或集资建成的公路。其收费站（点）设置必须符合下列公路技术等级和规模之一，并经省级人民政府批准后方可设置。

1. 一级公路新建连续里程20公里以上或改建连续里程40公里以上；

2. 二级公路新建连续里程40公里以上或改建连续里程80公里以上；

3. 独立桥梁、隧道长度超过500米。

（二）收费经营公路

收费经营公路是指由国内外经济组织依法投资建成的或有偿受让收费还贷公路收费权的公路。其收费站（点）设置必须符合下列公路技术等级和规模之一，并经省级人民政府批准后方可设置。

1. 高速公路连续里程15公里以上；

2. 一级公路连续里程60公里以上；

3. 独立桥梁、隧道长度超过500米，四车道以上；

4. 二车道独立桥梁、隧道长度超过1000米以上。

（三）收费站（点）设置的基本要求

收费公路站（点）设置应为车辆创造良好的通行条件，在同一条公路主线上，每个收费站（点）

覆盖的收费距离不得小于40公里，相邻收费站（点）的间距不得小于40公里；同一条国道主线上，每个收费站覆盖的收费距离不得小于60公里，相邻收费站（点）的间距不得小于60公里；高速公路和基本具备控制出入的一级公路，除两端出入口外，不得在主线上设置收费站（点）；省际交界处收费站（点）应联合设置，对通行车辆一次完成通行费收缴和票证发放工作，不准设立旨在进行内部监督验票的检查站；对同一条收费经营公路，由多家经营公司分段经营时，应实行联合设站，联合收费，按比例分成。

三、清理整顿的主要内容

省级交通主管部门要会同财政、物价部门认真做好收费公路站（点）的清理整顿工作，并按有关规定对收费公路站（点）逐个进行清理整顿，有下列情况之一者的收费站（点），应坚决予以撤消。

（一）未经省级人民政府批准的收费公路项目。

（二）1994年8月31日前建成，但标准不符合1988年交通部、财政部、国家物价局发布的《贷款修建高等级公路和大型公路桥梁、隧道收取车辆通行费规定》（〔88〕交公路字28号）的收费项目。

（三）1998年底以前建成，但标准不符合1994年交通部、国家计委、财政部联合发布的《关于在公路上设置通行费收费站（点）的规定》（交公路发〔1994〕686号）的收费公路项目。

（四）对符合〔88〕交公路字28号和交公路发〔1994〕686号文件规定设置标准的收费公路站（点），年收费扣除养护、管理费用不足以支付贷款本息5%的收费站（点）。对未还清贷款，而有还款能力的，应按以上站（点）设置的标准和审批程序批准后，对收费站（点）予以合并。

（五）已还清贷款的收费公路项目。

（六）未使用贷款、集资款的收费公路项目。

（七）违反规定设立的收费公路项目。

（八）其他应该撤消的收费站（点）。

（九）对已转让公路收费权的收费经营公路的收费站（点）除进行调查登记外，其清理整顿办法另行制定。

以上收费还贷公路项目经清理整顿后，立即撤消或按规定标准撤并，对建设贷款（集资）余额，由交通主管部门筹集资金偿还。

四、实施步骤

（一）调查登记。1999年一季度，由省级交通主管部门负责对本辖区截至1998年12月31日已设立或拟设立的收费公路项目和设置的站（点）状况，进行全面调查，通过审计后按附表要求逐项进行登记，建立统计汇总资料，并将填好的附表于2月20日前报部。

（二）清理核定。1999年二季度，按照上述规定要求由省级交通主管部门对各收费公路站（点）逐一审查核定，按收费还贷公路和收费经营公路严格分类审定并提出撤消、合并、保留等意见，报省级人民政府批准。同时，提出全辖区收费还贷公路设置布局和收费站（点）总量控制指标，于1999年6月底前报部。

（三）组织验收。1999年第三季度，按分级管理的原则进行验收发牌工作。由交通部对国道收费公路站（点）组织验收；由省级交通主管部门对省道以下收费公路站（点）组织验收。验收合格后，对收费公路站（点）分别核发统一制式的收费站牌，并建立收费公路站（点）数据库，纳入计算机管理。

（四）认真总结。第四季度由省级交通主管部门对清理整顿工作进行全面总结，并将清理整顿情况报部。

（五）在清理整顿期间，不得审批新的收费还贷公路的收费站（点）。

附表一

高速公路收费站点情况统计表

填报单位：

路线名称及编号	收费路段	收费站数（个）	收费人员数（人）	年平均日交通量（辆/日）	批准收费起止年限	贷款或投资金额（万元）	收费标准（元/车公里）				还贷余额（万元）	年收费额（万元）	年管理经费支出（万元）	经营性质	备　注
							特大型车	大型车	中型车	小型车					

单位负责人：　　　　填报人：　　　　联系电话：　　　　填报日期：　　年　月　日

说明：1. 本表填报范围为本辖区内不管利用何种投资形式建成的所有收费高速公路。

2. 在收费路段栏内填起讫点桩号或起讫点名称。

3. 在贷款或投资金额栏中，非经营性收费公路填写贷款金额，经营性收费公路填写转让或投资金额。

4. 管理经费支出是指收费人员工资、收费站点事业经费支出及养护成本。

5. 以其他车型或其他收费标准（元/吨，公里）计收通行费时，按实际情况填报并在备注栏中给予说明。

6. 经营性质栏内填写经营性或非经营性，经营性收费公路是指由国内外经济组织依法投资建成的或有偿受让收费还贷公路收费权的公路，非经营性收费公路是指由县级以上地方人民政府交通主管部门使用贷款或集资建成的公路。

附表二

一般公路及其桥梁、隧道收费站点情况统计表

填报单位：

路线名称及编号	收费路段	公路里程（公里）	技术等级	桥、隧长（米）	站名	收费站数（个）	收费人员数（人）	年平均日交通量（辆/日）	批准收费起止年限	贷款或投资金额（万元）	收费标准（元/车公里）				还贷余额（万元）	年收费额（万元）	年管理经费支出（万元）	经营性质	备　注
											特大型车	大型车	中型车	小型车					

单位负责人：　　填报人：　　联系电话：　　填报日期：　年　月　日

说明：1. 本表填报范围是本辖区内不管利用何种投资形式建成的所有一般收费公路、桥梁、隧道、一般收费公路是指除高速公路以外的收费公路。

2. 每条收费公路除填报总计外，还应分站填报，一站多点各站点的年收费额全部填入该收费站的年收费额栏内，在备注栏中给予说明。

3. 收费桥、隧道在收费路段栏内填起讫点中心桩号、桥隧长填写独立收费桥隧的长度。收费公路在收费路段栏内填起讫点桩号或起讫点名称。

4. 在贷款或投资金额栏中，非经营性收费公路填写贷款金额，经营性经费公路填写转让或投资金额。

5. 管理经费支出是指收费人员工资和收费站点事业经费支出及养护成本。

6. 以其他车型或其他收费标准（元/吨，公里）计收通行费时，按实际情况填报并在备注栏中给予说明。

7. 经营性质栏内填写经营性或非经营性。经营性收费公路是指由国内外经济组织依法投资建成的或有偿受让收费还贷公路收费权的公路。非经营性收费公路是指由县级以上地方人民政府交通主管部门使用贷款或集资建成的公路。

217. 关于进一步认真做好公路收费站点清理整顿工作的通知

（公管理字〔1999〕77号）

各省、自治区、直辖市交通厅（局），上海市市政工程管理局，天津市市政工程局，计划单列市交通局（委）：

自1999年1月7日我部印发《关于认真做好公路收费站点清理整顿的通知》（交公路发〔1999〕9号）（以下简称《通知》）以来，存在以下问题：一是部分省市没有按《通知》和交通系统治理公路水路三乱暨清理整顿收费站点工作会议的要求向部填报收费站点；二是没有按《通知》要求准确填报收费站点情况统计表。为此，现将清理整顿公路收费站点工作有关事项通知如下：

一、公路收费站点必须按路线分站填报并予以汇总。

二、没有按照《通知》要求填报收费站点情况统计表的，希望有关单位领导同志严格按照《通知》要求，认真组织，尽快抽调精干人员，务必于5月15日之前将统计汇总资料传真或特快专递报交通部公路司（公路管理处）。

三、为掌握、了解全社会在公路上设置的收费站点情况，请你们对城建、林业、水利等其他部门设立的公路收费站点予以摸底、汇总。此类收费站点，如按部9号文件的要求填报确有困难，请至少填报收费站名称、里程、桥隧长和技术等级。

这项工作自今年一月开展以来，进展缓慢，请各单位采取有效措施，狠抓落实，使清理工作真正落到实处。

218. 关于清理整顿有偿转让公路收费权工作的实施方案（试行）的通知

（交财发〔1999〕579号）

近年来，各地交通部门为拓宽公路（含公路桥梁、隧道，下同）建设资金渠道，加快公路建设步伐，通过有偿转让公路经营权（以下称公路收费权）的方式筹集了不少公路建设资金，这对盘活存量公路资产，缓解公路建设资金短缺矛盾，利用市场机制吸收社会资金和外资参与公路建设，提高路网整体水平，发挥了一定的积极作用。但是在有偿转让公路收费权的工作中，也存在审批部门混乱、未按规定程序审批、评估工作不规范等现象，有些问题还比较严重。这些问题造成了部分国有资产流失，助长了公路“三乱”，社会反映强烈，必须进行清理整顿。为配合制止公路“三乱”工作，规范公路收费权转让行为，防止国有资产流失，根据《中华人民共和国公路法》（以下简称《公路法》）等法律、法规、规章，现对有偿转让公路收费权工作制定如下清理整顿实施方案：

一、清理整顿工作的指导思想和基本原则

（一）指导思想。按照建立社会主义市场经济体制的要求，加强对公路收费权转让工作的管理，依法规范公路收费权有偿转让行为，保护投资者的合法权益，切实维护国有资产权益，有利于公路事业健康发展。

（二）基本原则。

1. 依法清理，分级负责。以《公路法》等相关的法律、法规、规章为依据，分级负责清理整顿工作。部负责工作的布置、协调和监督、检查，省级交通主管部门负责组织实施。

2. 统一政策，妥善处理。按照全国统一的政策规定进行清理，对存在的问题分别情况，妥善处理。对达不到本《方案》规定的条件而停止经营的项目的善后工作，由原审批部门负责协调处理（包括转让金的处理）。

3. 措施配套，规范管理。通过清理整顿，建立和完善有关法规和规章，使有偿转让公路收费权工作实现规范管理。

二、清理整顿的主要内容和具体措施

（一）清理整顿的范围

本方案公布前已建成的公路并已完成有偿转让公路收费权手续的项目。

（二）清理整顿的主要内容和措施：

1. 转让公路收费权项目的技术等级和规模是否符合规定的条件。

（1）部1996年第9号令（以下简称9号令）之前的项目，原则上予以保留，清理整顿后尽可能符合规定的条件，并报部备案。

（2）9号令之后的项目，不符合9号令规定条件的要达到规定条件，逾期达不到规定条件的要停止经营。

2. 是否按规定的程序和权限进行审批。

（1）地方审批的国道项目，9号令之前的，清理整顿后报部备案；9号令之后的，报部审批或补办手续。

（2）国道之外的其他公路项目，清理整顿后均应报部备案，其中市县审批的项目，9号令之前的报省备案，9号令之后的报省审批。

（3）擅自审批中外合资、合作和外商独资限上项目，以及将限上项目化整为零后擅自审批的，由原批准部门负责按国家有关规定处理。

（4）受让方经批准获得公路收费权后再行转让的，发生于9号令之前的不予追究；发生于9号令之后的，除将公路收费权质押后因出质人违约质权人按约定实现质权、收费公路项目经批准注入上市公司、以及受让方因发生不可抗力、破产不能继续履行公路收费权转让合同外，再转让行为与法不符，这次清理整顿时有权审批部门不得补办批准手续；已经做出的批准，应予撤消。

3. 转让合同（协议）是否符合法律、法规规定。

若合同（协议）内容中含有承诺给受让方固定回报的，转让收费权年限不符合有关规定的，对受让方投资或贷款提供担保或抵押的，外方不承担汇率风险等问题的，由转让方与受让方谈判修改有关合同（协议）条款，在规定的期限内将谈判结果报省级交通主管部门。对于未按规定的程序和权限获得批准又逾期未改正上述问题的转让公路收费权项目，这次清理整顿时有权审批部门不予补办批准手续。

4. 转让项目是否按规定程序评估，转让价是否低于规定的评估价。

（1）没有经过资产评估或评估机构不符合规定要求的项目，9号令之前的项目不再追究；之后的项目必须按规定由有资格的资产评估机构重新评估。评估结果，其中9号令之后的国道和有中央投资的公路项目报部审核，其他公路项目由省审核。

（2）评估的审批程序不符合规定要求的，9号令之前的项目不予追究；之后的国道和有中央投资的公路项目报部审核，其他公路项目报省审核。

（3）转让价低于规定的评估价的，受让方应予补足；对于未按规定的程序和权限获得批准、受让方又逾期未将受让价补足到规定的评估价的转让公路收费权项目，这次清理整顿时有权审批部门不予补办批准手续。

5. 转让收入是否按规定用途使用。

（1）转让收入应按规定归还贷款、集资本息后，用于公路建设。若有挪作他用的，应限期追回并用于规定用途。

（2）转让收入中属于中央的权益数额应予明确，并将使用去向报部。

6. 转让合同（协议）的执行情况。

对符合法律、法规的合同（协议）条款执行情况进行检查。如受让方至今未按合同（协议）规定的期限缴付转让金的，应按合同约定解除转让合同；未按合同规定的期限缴足转让金的，应按合同约定降低受让方所占的股比。合同对此未约定的，对于未按规定的程序和权限获得批准的转让公路收费权项目，这次清理整顿时有权审批部门不予补办批准手续。

三、清理整顿的工作要求

（一）提高认识。由于清理整顿转让公路收费权工作政策性强，涉及面广，难度大，各级交通部门必须高度重视此项工作，要从局部服从全局的政治高度看待此项工作，充分认识搞好这次清理整顿工作对今后利用转让公路收费权方式筹集公路建设资金的重要意义和作用、为促进公路事业的健康发展奠定基础。

（二）加强领导。各级交通部门要在各级人民政府的领导下，会同有关部门按照国家有关法律、法规、规章，实施清理整顿工作，并要成立清理整顿工作领导小组，抽调精干力量组成办事机构，主要领导同志要亲自挂帅，经常过问有关情况，对一些重大问题要亲自处理。特别是要做好善后处理工作，确保社会稳定。

（三）制定措施。各地交通部门要根据本方案的要求，结合本地的实际情况，制定切实可行的实施措施，建立清理整顿工作目标责任制，做到人员到位、措施到位、责任到位，对清理整顿工作要严格细致，对出现的问题要慎重处理，遇有重大问题要及时请示上报，确保清理整顿工作有序进行，按时完成。

（四）严肃认真。对在清理整顿工作中弄虚作假的，一经查出，要从严处理。

四、清理整顿工作的实施步骤

有偿转让公路收费权清理整顿工作原则上分为以下四个阶段：

1. 调查核实阶段。

主要内容：由省级交通主管部门对辖区内的公路收费权有偿转让项目情况进行调查核实，并按照部的要求认真、如实填报调查表（报表格式附后），附上有关材料，于2000年3月15日前将调查表报部。

时间安排：2000年3月底前完成。

2. 自查清理整顿阶段。

主要内容：由省级交通主管部门对辖区内的每一个公路收费权有偿转让项目，按照本方案要求的清理整顿内容认真复核清理，并按照本方案的原则和措施对有问题的项目进行整顿，该停止经营的停止经营，该补办手续的补办手续，该修改转让合同（协议）的修改合同（协议）。将自查清理整顿情况报省人民政府批准，并于2000年8月底前书面报部。

时间安排：2000年8月底前完成。

3. 重点检查阶段。

主要内容：根据各单位的自查清理整顿情况，按照本方案确定的分级负责原则，由部组织力量对部分省（区、市）的清理整顿公路收费权转让工作进行重点检查。对工作不认真、自查情况不实、未按要求整顿的单位，部将严肃处理。

时间安排：2000年10月底前完成。

4. 验收总结阶段。

主要内容：各单位要对辖区内的全部公路收费权转让项目进行验收和总结，并将验收情况和工作总结于2000年12月10日前书面报部。

时间安排：2000年12月底前完成。

219. 关于禁止对政府投资建设和偿还完贷款的公路、桥梁、隧道收取车辆通行费的通知

（计价检〔1999〕2109号）

各省、自治区、直辖市及计划单列市、副省级省会城市人民政府：

今年上半年，国家计委和交通部组织开展了全国交通收费专项检查。在检查中发现，一些地方政府和有关部门以缩短还贷期限或便于车辆分流的名义，对由政府投资建设或者偿还完贷款的公路、桥梁、隧道收取通行费，有的还对改革开放前甚至解放前建成的收取车辆通行费，加重了企业和群众的负担，社会反映十分强烈。为坚决制止乱收费，整顿收费秩序，现将有关事项通知如下：

一、严格执行国家规定，坚决做到令行禁止。对于贷款、集资建设的公路、桥梁、隧道，收取车辆通行费要严格按照《公路法》、《国务院关于禁止在公路上乱设站卡乱罚款乱收费的通知》（国发〔1994〕41号）及《交通部、国家计委、财政部关于发布〈关于在公路上设置通行费收费站（点）的规定〉的通知》（交公路发〔1994〕686号）的有关规定执行。在市区内建设的桥梁、隧道收取车辆通行费必须严格按照《城市道路管理条例》规定的条件执行。严禁对政府投资建设的公路、桥梁、隧道收取车辆通行费，也不得以捆绑的方式变相收费，即不得将贷款、集资建设的公路、桥梁、隧道收费平摊到政府投资建设的公路、桥梁和隧道；严禁对已偿还完贷款的公路、桥梁和隧道收取车辆通行费；收费还贷期满的公路、桥梁、隧道应及时拆除收费站，停止收取车辆通行费；严禁在还贷期满转让经营权（收费权）继续收费；严禁对收费还贷的公路、桥梁、隧道收取预算外调控资金等。对符合收取车辆通行费条件，经批准收费的，要实行明码标价，公开收费标准、收费时限，接受群众和社会的监督。要坚持量力而行和勤俭办事的原则，用好“贷款修路，收费还贷”政策。

二、限期改正，加强公路、桥梁、隧道收费的监督检查。各地应立即组织力量，对公路、桥梁、隧道收费中存在的问题进行认真清理检查，已对政府投资建设的公路、桥梁、隧道收取车辆通行费的，违反规定擅自设站收费的，已偿还完贷款仍继续收费以及未将收费用于还贷而挪作他用的行为，要在今年12月底之前纠正，并区别情况给予经济处罚。同时，将纠正处理情况报国家计委、国务院纠风办。届时，国家计委、国务院纠风办将对各地清理整顿情况进行检查验收，对有令不行，有禁不止的地区和单位，将直接予以查处，除没收违法收入外，还要处以罚款并通过新闻媒体公开曝光；对于性质恶劣，情节严重的，要追究有关领导和直接责任人员的行政责任。

国家发展计划委员会

国务院纠风办

220. 关于印发《关于鼓励对国际标准集装箱运输车辆通行费实行优惠　促进公路集装箱运输业发展的意见》的通知

（交公路发〔2001〕601号）

各省（自治区、直辖市）交通厅（局、委、办）、计委、物价局：

为鼓励发展国际标准集装箱运输，推动道路运输结构调整，以适应我国经济发展的需要和加入WTO的要求，我们在充分调研论证，并广泛征求各地意见的基础上，研究制定了《关于鼓励对国际标准集装箱运输车辆通行费实行优惠促进公路集装箱运输业发展的意见》，现印发给你们，请结合本地实际情况贯彻实施。

关于鼓励对国际标准集装箱运输车辆通行费实行优惠促进公路集装箱运输业发展的意见

为鼓励发展国际标准集装箱运输（以下简称集装箱运输），推动道路运输结构调整，适应我国经济发展和加入 WTO 的需要，现就对集装箱运输车辆通行费实行优惠促进集装箱运输业发展提出以下意见：

一、集装箱运输是一种新型的运输方式，具有安全、高效、保质、快捷和节省等优点。鼓励和发展公路集装箱运输是实现我国公路交通运输现代化的必然趋势。改革开放以来，我国的集装箱运输业发展迅速，已成为世界集装箱运输的最大潜在市场，但当前我国公路集装箱运输在发展过程中也存在一些急需解决的问题，特别是收费公路对集装箱车辆通行费收费标准偏高，集装箱车辆通行费标准的定位没有有效地体现国家宏观调控、指导运输业结构调整的政策，因此，制定鼓励对集装箱运输车辆通行费优惠政策，对加快交通运输结构调整，提高现有公路特别是高速公路的使用效率，促进集装箱运输的发展，推进交通运输的现代化建设，具有积极的现实意义。

二、根据《公路法》有关规定，并考虑各地在收费公路及集装箱运输发展、车型分类、通行费标准核定等方面差异较大的实际情况，各省、自治区、直辖市可根据本《意见》精神，按照有利于减轻集装箱运输车辆通行费负担、促进集装箱运输和公路业发展、互惠互利的原则，研究制定本辖区内对集装箱运输车辆通行费实行优惠的具体方案，重点降低 40 英尺国际标准集装箱运输车辆通行费标准。鉴于通过调整车型分类来降低集装箱运输车辆通行费标准的办法简便易行，建议各地在研究具体方案时可优先采取此种方式。目前已经对集装箱运输车辆通行费实行优惠的省份，可结合本《意见》的精神，进一步研究降低集装箱运输车辆通行费的具体措施。

三、对集装箱运输车辆通行费实行优惠涉及面广，政策性强。为保证此项政策顺利实施，促进我国集装箱运输业发展，各省、自治区、直辖市对此要高度重视。各地可按照本《意见》要求，结合本地实际，于 2001 年 12 月 1 日前研究制定出对本辖区内集装箱运输车辆通行费优惠的具体方案，并公布实施，同时将有关文件抄报交通部、国家计委备案。此外，还要加强对此项工作的领导和协调，及时解决政策实施过程中存在的各种问题，真正把集装箱运输车辆通行费优惠政策落到实处。

221. 关于“转让政府还贷公路收费权收入”管理和使用的意见

（交公便字〔2002〕324号）

财政部综合司：

你司在贯彻国办31号文件及其《实施意见》的文件中，关于“转让政府还贷公路收费权收入”管理和使用的规定，专项征求我部意见，经过认真研究，根据《中华人民共和国公路法》及国办31号文件的《实施意见》的规定，意见如下：

建议将转让公路收费权收入使用规定“专项用于偿还政府还贷公路和城市道路建设贷款本息，以及政府还贷公路和城市道路建设，不得挪作他用。”修改为“专项用于偿还政府还贷公路和城市道路建设贷款本息，以及公路和城市道路建设，不得挪作他用”。

222. 关于印发公路收费站点清理整顿指导意见的通知

（交公路发〔2003〕10号）

各省、自治区、直辖市交通厅（局），上海市政工程局，天津市政工程管理局，新疆生产建设兵团交通局：

为贯彻落实《国务院办公厅关于治理向机动车辆乱收费和整顿道路站点有关问题的通知》（国办发〔2002〕31号）以及《国务院减轻企业负担部际联席会议关于贯彻落实〈国务院办公厅关于治理向机动车辆乱收费和整顿道路站点有关问题的通知〉的实施意见》（国减负〔2002〕11号）精神，加强收费公路管理，规范收费站（点）设置，促进公路持续健康发展，根据国家有关法律和政策，部制定了公路收费站（点）清理整顿指导意见，现印发给你们，并就有关事项通知如下：

一、各省、自治区、直辖市交通主管部门要根据本指导意见要求，结合当地实际，制定具体的公路收费站（点）清理整顿实施方案，报省级人民政府批准后实施。

二、公路收费站（点）的清理整顿工作，要按照“政府领导、部门分工、联合行动”的原则组织开展。各地交通主管部门要在当地人民政府的领导下，加强与有关部门的配合，切实履行好行业管理职责，加大行业管理力度，采取有效措施，认真完成好清理整顿公路收费站（点）的各项工作任务。

三、公路收费站（点）清理整顿工作，要按照重点突破、全面推进的原则稳步开展，清理整顿工作要在2003年6月底前完成。

公路收费站点清理整顿指导意见

为加强收费公路管理，规范收费站（点）设置，促进公路事业持续健康发展，根据《公路法》、《国务院办公厅关于治理向机动车辆乱收费和整顿道路站点有关问题的通知》（国办发〔2002〕31号）以及《国务院减轻企业负担部际联席会议关于贯彻落实〈国务院办公厅关于治理向机动车辆乱收费和整顿道路站点有关问题的通知〉的实施意见》（国减负〔2002〕11号）的有关规定，现就公路收费站（点）清理整顿工作制定如下指导意见。

一、清理整顿的指导思想和原则

“贷款修路，收费还贷”是国家为加快公路建设而做出的一项重要决策。这项政策的实施，大大加快了我国公路建设的步伐。目前，我国所有的高速公路、约50%的一、二级公路和三分之二的千米以上大桥、隧道基本上是使用国内外贷款建设的，较好地缓解了公路建设资金短缺的矛盾，对于加快公路建设步伐，提高路网整体水平，缓解交通拥挤状况，促进公路交通事业发展起到了重要的作用。

但近几年来收费公路在发展过程中出现了一些问题，一是收费站（点）设置、审批管理不严，造成部分地区收费站（点）过多，收费标准过高，群众反应强烈；二是转让公路收费权未能按规定程序审批，违规、越权审批现象时有发生，造成部分经营收费公路的收费期限过长，增加社会负担；三是收费资金管理、核算、使用等环节监管不力，致使“收费还贷”功能无法保障。因此，清理整顿收费公路项目和收费站（点）已势在必行。

（一）清理整顿的指导思想

按照十六大精神和“三个代表”重要思想，以及完善社会主义市场经济体制的要求，加强收费公路的行业管理，规范收费行为，遏制公路“三乱”现象，提高公路通行效率，降低收费成本，减轻社会和人民群众负担，促进公路交通事业健康发展。

（二）清理整顿的主要原则

——责任到人、集中突破原则。各地要成立公路收费站（点）清理整顿领导小组，明确主管领导，集中精力开展收费站（点）的清理整顿工作，同时建立责任制度，根据职责分工层层落实责任制。

——从严要求、与时俱进原则。要严格执行收费公路审批、管理的有关政策和文件，对不符合要求应撤销的收费站（点），态度要坚决，不徇私情，不走过场。用发展的办法解决前进中的问题，妥善解决各种矛盾和困难。

——尊重历史、区别对待原则。正视现实存在问题，坚持“老站老办法、新站新办法”，执行国家现行有效政策，保持政策的连续性和稳定性。

——促进发展、鼓励创新原则。开展收费站（点）清理整顿工作，要以促进收费公路健康发展为目的，不断改进管理方法，鼓励采取新技术、新措施，提高收费公路的使用效率。

二、清理整顿的范围与内容

（一）清理整顿的范围

截至2002年12月31日，各地在公路上已设置的公路（含桥梁、隧道，下同）收费站（点），均应纳入清理整顿的范围。具体包括：经省、自治区、直辖市人民政府批准的交通部门为归还贷款或有偿集资而设置的收费站（点），国内外经济组织在依法投资建成或者受让公路收费权的公路上设置的收费站（点）。

（二）清理整顿的政策界限

凡有下列情况之一的公路收费站（点），必须坚决予以撤销，并限期拆除相应的收费设施，保障公路完好畅通：

1. 未经省、自治区、直辖市人民政府批准的收费站（点），或者虽经批准但擅自变更位置的收费站（点）；

2. 不属于利用国内外贷款或集资建设的公路收费站（点）；

3. 已偿还完贷款和集资款，或者经营期限届满的公路收费站（点）；

4. 将未利用国内外贷款或集资建设的公路与收费公路捆绑，违规增设的收费站（点）；

5. 虽属于贷款或集资建设的公路，但目前尚未建成即先收费的收费站（点）；

6. 不符合 1994 年交通部、国家计委、财政部联合发布的《关于在公路上设置通行费收费站（点）的规定》（交公路发〔1994〕686 号，以下简称“三部委 686 号文”）的公路收费站（点）；

7. 其他违反国家规定应当撤销的收费站（点）。

三、清理整顿的实施步骤

根据国务院规定，公路收费站（点）清理整顿工作由各省、自治区、直辖市人民政府组织开展，各地交通主管部门要在当地政府的领导下，加大行业管理力度，按照如下工作阶段，认真做好各项工作。

（一）清理登记阶段

2003 年 1 月 1 日至 3 月 31 日，由各省、自治区、直辖市交通主管部门，对本辖区范围内的公路收费站（点）进行全面清理登记，并按附表及示例（附表一、二、三、四）的要求登记汇总。

（二）审查核定阶段

2003 年 4 月 1 日至 5 月 31 日，由各省、自治区、直辖市交通主管部门分别会同同级财政、物价主管部门，对本辖区范围内已登记的公路收费站（点），逐一进行审查核定，按收费还贷、收费经营分别提出撤销或保留的建议意见，同时提出本辖区内收费公路总量控制指标，报省级人民政府批准，并分别报交通部和国务院减轻企业负担部际联席会议备案。

对经批准保留的公路收费站（点），其收费期限和车辆通行费收费标准由省、自治区、直辖市交通主管部门会同同级物价主管部门重新核定，并报省、自治区、直辖市人民政府批准。属于政府还贷收费公路的，收费标准重新核定时还应征求同级财政主管部门的意见。

经清理和重新批准后予以保留的收费站点，由省、自治区、直辖市人民政府集中向社会公示。

（三）组织验收阶段

2003 年 6 月份，各省、自治区、直辖市交通主管部门会同有关部门对公路收费站（点）清理整顿工作情况进行检查验收和全面总结。对验收合格的公路收费站（点），由省、自治区、直辖市交通主管部门分别核发统一制式的收费站牌。交通部将会同有关部门对各省、自治区、直辖市的工作情况进行重点抽查。

清理整顿期间原则上应停止审批新的公路收费站（点）。

四、加强收费站（点）的管理

（一）严格审批

1. 收费公路及其收费站（点）的审批必须严格执行《公路法》以及国家现行有关文件的规定。收费公路的建设要严格按照国家基本建设程序进行。收费站（点）的设置及其收费期限的确定，必须分别经省、自治区、直辖市交通主管部门会同同级财政、物价主管部门审核后，报省、自治区、直辖市人民政府批准，并报交通部备案。

2. 经省、自治区、直辖市人民政府批准设置的收费公路车辆通行费标准，必须经省、自治区、直辖市交通主管部门会同同级物价主管部门审查批准，并报交通部备案。其中，属于政府还贷收费公路的，省、自治区、直辖市交通主管部门在会同同级物价主管部门审查批准前，还应当征求同级财政部门的意见。

3. 严格收费权转让的审批程序。转让政府还贷收费公路中的国道收费权，必须经交通部批准；转让国道以外的其他政府还贷收费公路收费权，必须经省、自治区、直辖市人民政府批准，并报交通部备案。

4. 公路收费站（点）的设置审批必须符合各省、自治区、直辖市人民政府批准的公路收费站（点）总量控制指标。

（二）加强收费管理

1. 企业经营收费公路要成立公路经营公司，并按程序办理审批手续，签订相关的经营协议或合同文件，由公路经营公司在规定期限内，依法收费、照章纳税，并使用由省、自治区、直辖市税务部门统一印制的税务发票。

2. 政府还贷收费公路的收费为政府行政事业性收费，使用省、自治区、直辖市财政主管部门统一印制的车辆通行费专用票据，收费部门还须向当地省、自治区、直辖市物价主管部门申请收费许可证。收费资金要实行收支两条线管理，除严格核定的正常养护管理支出外，主要用于偿还贷款本息。

3. 对政府还贷收费公路及其设置的收费站（点），今后各省、自治区、直辖市人民政府交通主管部门要积极研究并逐步实行统一管理、统一贷款、统一还款制度，以降低收费公路的收费及管理成本，提高还贷能力。

（三）提高收费站点的通行效率

1. 高速公路要按照部有关文件要求，尽快开展联网收费。东部地区各省、自治区、直辖市要力争在2005年底前实现高速公路联网收费，以减少高速公路主线收费站（点）数量，提高路网的整体运行效率。中、西部地区各省、自治区、直辖市也要制定联网收费工作方案，根据本地路网建设进程，逐步实施联网收费。

2. 条件成熟的地区还要积极采用先进的技术手段，逐步采用不停车收费系统，以提高收费公路的通行能力，提高征收效率。

（四）健全收费站（点）管理制度

要建立、健全收费站（点）管理制度，并对其实行规范化管理。公路收费站（点）必须做到收费单位、批准文件、收费标准、收费期限和监督电话五公开，以接受社会的监督。要建立、健全收费站（点）财务管理制度，确保收费资金按照规定用途使用。

（五）加强收费队伍建设

对收费队伍要不断加强培训和教育，提高队伍综合素质。在公路上执行通行费征收的收费人员，必须着装整齐，持证上岗，文明服务，依法收费，按章处罚。

（六）加强收费公路的养护与维修

要加强收费公路的行业管理，做好养护、维护工作，确保设施完好和道路交通功能的发挥。凡未按规定进行养护、维护的，省级交通主管部门要采取暂停收费或者罚款的措施，责令有关单位和企业按照国家有关规定，做好收费公路的养护、维护工作。

认真贯彻执行“贷款修路，收费还贷”政策，事关公路交通事业的发展大局，各级交通主管部门要以贯彻落实党的十六大精神为契机，抓住机遇，顾全大局，在当地政府的领导下，与有关部门密切协调，真正做好公路收费站（点）清理整顿工作。

223. 关于统一车型分类后合理调整车辆通行费工作的通知

（发改价格〔2003〕518号）

各省、自治区、直辖市计委、物价局：

为规范全国机动车车型分类，解决各省、自治区、直辖市由于车型分类不统一带来的车辆通行费标准差异大、车主反映强烈等问题，并为收费公路联网收费创造条件，交通部于2003年4月23日发布了《收费公路车辆通行费车型分类》（交通行业标准JT/T 489—2003）。为配合车型分类调整，做好车辆通行费标准重新核定工作，现就有关问题通知如下：

一、根据《公路法》有关规定，收费公路车辆通行费收费标准，由各省、自治区、直辖市交通主管部门会同同级价格主管部门制定和调整。各地价格、交通部门要按照上述规定，严格审批程序，切实履行职责，保证车型分类和车辆通行费标准调整工作的顺利进行。

二、为减轻车主和社会负担，各地在调整车型分类过程中需要重新核定车辆通行费标准的，应按照车主和社会总体负担不增加的原则从严掌握。调整后的车辆通行费标准不得高于调整前的标准，已经偿还完贷款和按照合同经营期满的收费公路，要及时停止收费。严禁借调整车型分类之机，提高车辆通行费标准，延长收费年限，增加车主和社会负担。调整后的车辆通行费标准和年限要通过新闻媒体对外公布，接受广大车主和社会监督。

三、各级价格主管部门要加强对收费公路车辆通行费政策执行情况的监督检查，对于违反本通知规定，借调整车型分类之机，擅自提高车辆通行费标准，延长收费年限的，要按照《价格法》和《价格违法行为行政处罚规定》坚决查处；对越权审批的，由上一级价格、交通部门责令改正。

四、鉴于近期全国一些地区发生了“非典”疫情，并已对运输业产生了不利影响，为避免车型分类和车辆通行费调整可能带来的负面影响，维护社会稳定，各地要结合本地情况，选择好车型分类和通行费调整政策的具体出台时间。如果认为有必要，经报请省（区、市）政府同意后，可适当推迟出台时间。

224. 关于进一步保障蔬菜运输绿色通道畅通的通知

（交公路发〔2003〕315 号）

“绿色通道”是保障大中城市蔬菜供应，丰富人民群众“菜篮子”的重要保证。确保蔬菜运输“绿色通道”的畅通，是近几年来治理公路“三乱”工作的重要任务之一。1995 年以来，交通部、公安部、国务院纠风办先后开通了山东寿光至北京、海南至北京、海南至上海、山东寿光至哈尔滨等 4 条蔬菜运输“绿色通道”。“绿色通道”的开通，对于丰富城市居民的菜篮子，增加农民收入，促进农村产业调整和经济发展，密切党和群众的关系起到了重要作用，取得了良好的经济效益和社会效益。但近一段时期以来，在“绿色通道”的部分路段上，由于个别执法人员未能严格执行治理超载超限工作的有关规定，乱扣车、乱罚款的现象时有发生，部分地区收费站点过多，影响“绿色通道”的畅通，群众的举报明显增加，引起了国务院领导的高度重视。为巩固治理公路“三乱”的成果，进一步保障蔬菜运输“绿色通道”的畅通，现就有关问题通知如下：

一、巩固治理成果，严防“三乱”反弹

“绿色通道”沿线各级政府和有关部门要从实践“三个代表”重要思想，促进经济发展、维护社会稳定的大局出发，充分认识治理工作面临的严峻形势和“三乱”反弹所造成的严重危害性，牢固树立长期抓、反复抓、抓反复的思想，以强烈的责任感和紧迫感，把确保“绿色通道”畅通始终作为治理公路“三乱”工作的一项重要任务常抓不懈。要继续贯彻执行《国务院关于禁止在公路上乱设站卡乱罚款乱收费的通知》（国发〔1994〕41 号文件），严禁任何部门和单位违反规定上路设站、收费和罚款，严禁下达收费、罚款指标。“两部一办”将继续保持治理公路“三乱”的工作力度，不定期地组织对重点地区和重点路段的明查暗访，对出现严重公路“三乱”问题的地方，不但要严肃处理，还要摘掉其基本无“三乱”的牌子，以确保“绿色通道”的畅通，巩固来之不易的治理成果。

二、重申“绿色通道”的政策要求，严格规范执法行为

1. 沿线各级交通部门要严格按照《国务院办公厅关于治理向机动车辆乱收费和整顿道路站点有关问题的通知》精神及其实施意见的要求，认真做好公路收费站的清理整顿工作，坚决撤销不符合国家有关规定的站卡，降低过高的收费标准，取消不合理的收费。对于通过收费站的运输蔬菜等鲜活物品的车辆，要优先安排通行，有条件的收费站可开辟绿色通道专用收费道口，以确保收费道口的畅通；对于运菜车辆，除省级人民政府批准的收费站可以收取车辆通行费外，交通部门在公路上一律不得检查和罚款。要加强“绿色通道”公路的养护管理，提高路况和服务水平，确保“绿色通道”畅通。

2. 沿线各级公安部门要维护好治安和交通秩序，坚决打击“车匪路霸”，保障运输车辆的安全和道路畅通。对于运输蔬菜等鲜活物品的车辆，不得随意拦车检查和罚款。发现轻微交通违章的，应依法纠正后放行；对严重违章和严重超载的，应责令其立即纠正，并根据法律、法规处以罚款，记下车号和驾驶员的姓名和单位，通知车辆所在地公安交通管理部门处理，不准扣车、扣证，更不得指令运菜车辆到停车场滞留。对同一超载违章行为，当日不得给予两次（含两次）以上罚款。

3. 沿线各级纠风部门要认真履行好自己职责，积极做好协调和督促检查工作。把保障蔬菜运输绿色通道的畅通作为当前治理公路“三乱”工作的重要内容认真抓好。要加大监督检查的力度，特别是对节、假日前后运输高峰期以及“三乱”多发路段，要采取强硬措施重点监控。对顶风违纪搞“三乱”的，要发现一起严查一起，对当事人该处分的处分，该追究领导责任的追究领导责任，该曝光的要公开曝光。

三、狠抓源头治理，建立“绿色通道”属地责任制

海南和山东寿光等蔬菜装车地的各级政府及有关部门要履行好“绿色通道”属地责任制。加强对运菜车辆超载问题的综合治理，对现有运菜车辆进行全面检查，核实轴载质量并重新进行标记，制定严格的管理措施，加强“绿色通道”的源头管理，认真负责地组织好蔬菜运输车辆的配载、起运和过渡工作。公安交通管理部门要与蔬菜销售、运输部门签订按规定装载的责任书，把住车辆装载关。要在蔬菜集散地就近加强值勤检查，确保超载车辆不出省、不出市、不出运菜车站。

沿线各级政府和有关部门要严格执行《关于保障海南省蔬菜运输绿色通道畅通的通知》（交体法〔1996〕934号）的有关要求和本通知的规定，加强对上路执法人员的职业道德教育和法制教育，采取有效措施，确保“绿色通道”的畅通。

225. 关于保障蔬菜水果等主要农产品道路运输安全畅通有关工作的通知

（公传发〔2004〕184号）

各省、自治区、直辖市公安厅、局，交通厅（局、委），新疆生产建设兵团公安局：

蔬菜、水果等农产品与广大城乡人民群众日常生活密切相关，保障上述主要农产品道路运输的安全与畅通，对于保障城乡日常生活物资供应，维护社会稳定具有十分重要的意义。为切实保障主要农产品道路运输安全与畅通，现就有关要求通知如下：

一、牢固树立执法为民思想，增强服务意识。各地公安、交通部门要从践行“三个代表”重要思想的高度，增强执法为民意识和服务意识，认真学习和落实党中央、国务院一系列有关保障主要农产品运输的有关规定精神，把保障主要农产品运输安全与畅通当作为农业生产服务和为城乡人民群众生活服务的一项重要任务抓实抓好，坚决防止在治理车辆超限超载工作中随意拦截和处罚运输主要农产品车辆，影响主要农产品的运输安全与畅通。

二、改进执勤执法方式，规范路面管理。各地公安、交通部门在路面执勤执法中，对运输主要农产品的车辆没有明显交通违法行为的，不得随意拦车检查；对有超限超载违法行为的，要记录驾驶人、车辆和违法行为等情况，教育或者警告后尽快放行，不得滞留车辆、卸载和罚款，记录的交通违法行为等信息，由省级公安、交通部门汇总。对属于本省（自治区、直辖市）的车辆和驾驶人，在30日内通知车辆登记所在地或始发地公安、交通部门依法处罚；对属于外省（自治区、直辖市）的车辆和驾驶人，在40日内集中转递到所属省级公安、交通部门，由车辆登记所在地公安、交通部门依法处罚和教育；对有超速行驶等其他严重危及交通安全违法行为的，要按照简易程序规定当场处罚，及时放行。各地（市）级公安、交通部门收到转递的交通违法信息后，要依法予以处罚和教育，并定期向省级公安、交通部门反馈有关处理情况。

三、加强主要农产品装载源头管理。各地公安、交通部门要深入主要农产品的主产区、集散地，在当地政府领导下，对主要农产品种类、销往地区、运输路线和长期从事主要农产品运输的承运车主和驾驶人的情况进行调查摸底，登记造册，切实加强装载源头的管控，努力从源头上解决超限超载问题。要对农户、车主和装载配货单位、承运驾驶人每月进行一次登门教育，增强农户和承运驾驶人的守法意识，减少源头超限超载，尽量避免在路面处罚。

四、不断加大宣传力度。各地公安、交通部门要通过电视台、电台、报纸等新闻媒体，广泛宣传国家有关保障主要农产品运输安全畅通的政策，做到家喻户晓，人人皆知。同时，要印制宣传材料，在公路收费站口、服务区、货运场站、主要农产品生产基地和批发市场，向车主、货主、司机、农户和农产品经销商免费发放。

五、加强执法检查，加大监督力度。各级公安、交通部门要会同纪检、监察和纠风部门，加强和完善对保障主要农产品运输安全和畅通工作的执勤执法监督机制，进一步健全规章制度。公安、交通部门要密切配合，定期或不定期地进行明察暗访。对检查发现的随意拦截、乱扣乱罚问题，要给予批评教育，及时纠正，问题严重的，要予以党纪和政纪处分。

226. 关于对三轮汽车免收有关收费等问题的通知

（财综〔2004〕67号）

各省、自治区、直辖市财政厅（局）、发展改革委、物价局、交通厅（局、委）：

目前，涉及三轮汽车（原三轮农用运输车，包括从事农业生产和营业性运输的三轮汽车，下同）的各种收费过多过滥，影响了农民从事农业生产的积极性。为鼓励农业生产现代化，促进农业生产发展，切实减轻农民负担，经商农业部，现就三轮汽车免收有关收费等问题通知如下：

一、从2005年1月1日起，对三轮汽车免予收取公路客货运附加费、公路运输管理费，对从事田间作业和非营业运输的三轮汽车免予收取公路养路费。其中：对农民使用三轮汽车免收公路运输管理费，按照《财政部、国家发展改革委关于全国性及中央部门涉及农民负担的行政事业性收费项目审核处理意见的通知》（财综〔2003〕89号）规定从2004年1月1日起执行。财政部、国家发展改革委（含原国家计委、原国家物价局）以及省、自治区、直辖市财政、价格主管部门过去发布的有关文件规定与上述政策不一致的，一律以本通知规定为准。

二、凡不属于法律法规规定或未经国务院和省、自治区、直辖市人民政府及其财政、价格主管部门批准的行政事业性收费项目，以及不属于法律、行政法规规定或未经国务院和财政部批准的政府性基金项目，均属于乱收费，三轮汽车用户可以拒绝缴纳，并向财政、价格主管部门举报。各地要结合减轻农民负担专项检查工作，坚决纠正和查处涉及三轮汽车的乱收费行为。

三、有关部门和单位在对三轮汽车实施行政事业性收费时，应严格按照规定到指定的价格主管部门办理《收费许可证》，并使用省、自治区、直辖市财政部门统一印制的票据。同时，应在收费场所公示涉及三轮汽车的收费项目、收费标准、收费依据和举报电话等内容，自觉接受社会监督。

四、各地区和有关部门要认真落实本通知规定，并将落实情况以书面形式于2005年2月1日报财政部、国家发展改革委和交通部。

227. 关于做好《收费公路管理条例》贯彻实施工作的通知

（厅公路字〔2004〕400 号）

各省、自治区、直辖市、新疆生产建设兵团交通厅（局、委），上海市市政工程管理局，天津市市政工程局：

国务院第 417 号令公布了《收费公路管理条例》（以下简称《条例》），《条例》将于 2004 年 11 月 1 日起施行。为做好《条例》的贯彻实施工作，现将有关事项通知如下：

一、充分认识《收费公路管理条例》颁布实施的重要意义

《条例》是我国第一部规范收费公路管理的行政法规，为各级政府及交通主管部门加强收费公路的管理，解决人民群众普遍关注的收费站点过多、过密等问题，提供了法律依据。《条例》总结了近 20 年来我国收费公路发展的成功经验，有利于拓宽公路建设融资渠道、促进公路事业发展；规范了收费公路的经营管理行为，有利于提高公路管理水平、改善公路服务状况；充分体现了执政为民的宗旨，兼顾了社会公众的合理需求，有利于为广大群众出行提供安全、便捷、畅通的公路交通环境。这部法规的颁布实施，对于贯彻依法治国方略，规范我国收费公路建设、运营和管理，促进公路事业的健康持续发展，为经济社会发展和人民群众生产生活提供运输保障具有十分重要的意义。

各级交通主管部门的干部职工，一定要从实践“三个代表”重要思想的高度，充分认识《收费公路管理条例》颁布施行的重要意义，把思想认识和行政行为统一到《条例》的各项规定上来，积极推进依法行政。

二、认真做好《条例》的学习和培训工作

认真学习、全面贯彻、正确实施《条例》是当前交通工作的一项重要任务。各级交通主管部门和公路管理机构要结合本地区、本部门的实际情况，切实做好《条例》的学习和培训工作，把学习《条例》作为“四五”普法的重点，认真组织落实。要按照学用结合的原则，采取自学与集中培训相结合等灵活多样的方式，分期分批对干部、职工进行培训。要通过学习，全面理解和正确把握《条例》的基本原则和各项具体规定，保证在今年 11 月 1 日条例实施前，使从事收费公路管理的工作人员都能熟知和掌握条例的基本原则和主要内容；要通过学习，查找存在的问题和不足，切实转变管理理念和管理职能，不断改进管理方式，进一步规范公路收费行为。

三、广泛深入地开展宣传工作

收费公路与人民群众的生活、出行息息相关。《条例》不仅规定了政府管理部门的职责和义务，还明确了收费公路经营管理者和社会公众的权利和义务，是一部专业性、社会性很强的行政法规。各级交通主管部门和公路管理机构要充分利用电视、报刊、广播、互联网等各种舆论宣传工具，采取宣讲、解读、制作录像带和挂图等多种生动活泼的形式，广泛深入地进行宣传。宣传内容既要包括条例施行的重要意义，又要包括条例的具体规定。特别是涉及社会公众切身权益的内容，要进行重点宣传。通过宣传，为条例的贯彻实施营造良好的社会环境，使社会各界特别是收费公路经营管理者和公路使用者知法、懂法、守法，熟知自己的权利、责任和义务，有效维护自身合法权益。

四、抓紧做好现有收费公路管理规章的清理整顿工作

《条例》颁布实施前，部及各地制定了一系列涉及收费公路管理的规章及地方性法规，促进了收费公路的健康发展。《条例》根据收费公路事业发展的需要，确立和重新规范了一系列法律制度。各级交通主管部门要对不符合条例规定的文件抓紧清理，尽快修改或废止；对由地方人大和政府颁布的交通管理方面的地方性法规和政府规章，要积极主动地配合地方人大和政府抓紧清理，提出立、改、废的建议，使其与《条例》的规定保持一致。同时，部将抓紧研究制定有关配套实施的规章，逐步建立协调、完善的收费公路管理法规体系。

五、依法加强收费公路行业管理工作

《条例》对收费公路建设和收费站的设置、收费公路权益的转让和收费公路的经营管理等都作出了明确规定。各级交通主管部门和公路管理机构要按照《条例》的要求，依法履行收费公路的行业监管职能。

一是坚持“非收费公路为主，适当发展收费公路”的基本原则，严把收费公路建设和收费站点设置关，对新设收费站点要从严控制，凡不符合《条例》规定的，一律不准设站收费；对《条例》施行前设置的收费站点不符合现行规定条件的，要加大清理整顿力度，逐步予以规范。

二是加强对已有的合法收费公路的监管，彻底改变重审批、轻监督的现象。要依法督促收费公路经营管理者做好日常养护和管理工作，强化服务意识，努力提高收费公路的使用效率和管理水平，做到“以人为本，以车为本”，确保收费公路完好畅通。

三是结合本地区的实际情况，抓紧研究制定联网收费制度、统贷统还制度、收费公路信息公开和收费公路权益转让等制度措施，切实减少收费站点、降低运输成本。

四是按照《条例》的规定，严格界定政府还贷公路和经营性公路，实行分类管理，逐步理顺收费公路，特别是高速公路的管理体制。

五是以贯彻实施《条例》为契机，进一步加强公路执法队伍建设，规范收费行为，严厉打击公路“三乱”，促进收费公路健康、有序发展。

228. 关于印发《关于降低车辆通行费收费标准的意见》的通知

（交公路发〔2004〕622号）

各省、自治区、直辖市及计划单列市人民政府，新疆生产建设兵团：

现将报经国务院同意的《关于降低车辆通行费收费标准的意见》印发给你们，请结合本地实际，认真组织实施。

关于降低车辆通行费收费标准的意见

近年来，在国家“贷款修路、收费还贷”政策的引导和推动下，我国收费公路发展很快，有力地促进了经济和社会的发展。但是，收费公路在发展过程中也存在一些问题。尤其是各地对多轴大型车辆的收费普遍偏高，导致车辆“大吨小标”和超限超载运输日益严重，影响了道路运输的竞争力，使道路运输的效益难以得到充分发挥。按照交通部、发展改革委、公安部、质检总局、安全监管局、工商总局、法制办等七部委联合印发的《关于在全国开展车辆超限超载治理工作的实施方案》的要求，经国务院同意，现就降低车辆通行费收费标准提出以下意见：

一、调整收费标准的原则

调整车辆通行费收费标准，目的是规范公路收费行为，鼓励发展高效运力，降低运输成本，减轻企业负担，推动道路运输结构调整，缓解当前运输紧张状况，促进道路运输健康快速发展。调整通行费收费标准要与治理车辆超限超载结合起来，充分运用价格、法律、综合管理等手段，鼓励使用多轴大型运输车辆，依法增加运量，提高运输质量和效益；要让合法道路运输企业和运输业户真正得到实惠，同时充分考虑各地收费公路还贷的压力，兼顾广大经营性收费公路企业的利益；要把降低通行费收费标准与统一车辆通行费车型分类标准、合理设置不同车型之间的收费系数以及各地的实际情况结合起来，统筹考虑。

二、调整收费标准的措施

（一）对第5类货车（载重15吨以上，下同）收费标准的调整，以第3类货车（载重10吨及10吨以下，5吨以上，下同）现行收费标准的1.4倍为基准，低于或等于基准数的可不调整；高于基准数的在现行收费标准基础上降低30%，如调整后低于或等于基准数的，则按基准数收取。

（二）对第4类货车（载重15吨及15吨以下，10吨以上，下同）收费标准的调整，以第3类货车现行收费标准的1.2倍为基准，低于或等于基准数的可不调整；高于基准数的在现行收费标准基础上降低20%，如调整后低于或等于基准数的，则按基准数收取。

（三）2004年内已经降低第5类、第4类货车通行费收费标准、且降幅大于或等于上述幅度的地区，可不再降低收费标准。

（四）已经实施计重收费的路段，也要参照上述要求，同幅度降低大吨位货车的通行费收费标准。

（五）此次调整收费标准后，在全国集中治理车辆超限超载工作期间，各省、自治区、直辖市不得提高车辆通行费收费标准。

（六）在降低车辆通行费收费标准的同时，要继续加大对“大吨小标”车辆、非法改装车辆等的治理力度，切实做好车辆超限超载治理工作。

三、组织实施

各省、自治区、直辖市人民政府要认真做好宣传解释工作，按照本意见要求组织实施，加强督促检查，及时研究解决出现的问题。各地区交通、价格主管部门要抓紧研究制定适合本地区的具体实施方案，报省（自治区、直辖市）人民政府批准后，于2005年1月1日起实施。实施方案及落实情况要及时报交通部和发展改革委备案。

229. 关于印发全国高效率鲜活农产品流通“绿色通道”建设实施方案的通知

（交公路发〔2005〕20号）

各省、自治区、直辖市交通厅、公安厅、农业厅、商务主管部门、发展改革委、物价局、经委（经贸委）、财政厅、纠风办：

为了贯彻落实中共中央、国务院《关于促进农民增加收入若干政策的意见》，根据国务院的要求，交通部、公安部、农业部、国家发展改革委、财政部、国务院纠风办联合制定了《全国高效率鲜活农产品流通“绿色通道”建设实施方案》，现印发给你们，请结合本地实际，认真组织实施。

全国高效率鲜活农产品流通“绿色通道”建设实施方案

建立顺畅、便捷的鲜活农产品流通网络对促进农产品流通和农民增收具有重要意义。从1995年起，全国先后建成了山东寿光至北京、海南至北京、海南至上海、山东寿光至哈尔滨等四条蔬菜运输“绿色通道”，穿越全国18个省（市、区），总里程达到1.1万公里。除此之外，一些省（市）也相继建立了具有区域特点的鲜活农产品公路运输“绿色通道”。这些“绿色通道”的开通，对提高农产品流通效率、促进农民增收起到了积极作用，为农村经济的发展注入了新的生机和活力。为了贯彻落实中共中央、国务院《关于促进农民增加收入若干政策的意见》，在全国建立高效率的鲜活农产品流通“绿色通道”，支持鲜活农产品运销，为农民增收创造条件，制定本实施方案。

一、建立全国鲜活农产品流通“绿色通道”的指导思想和原则

（一）指导思想

以“三个代表”重要思想为指导，树立和落实以人为本和全面、协调、可持续的发展观，统筹城乡发展，积极支持鲜活农产品合法运输，以快捷、顺畅、低成本的流通促进农村经济发展和农民增收。至2005年底，基本建成全国鲜活农产品流通“五纵二横”的“绿色通道”网络，提高鲜活农产品的运输效率。

（二）工作原则

1. 合理布局，完善网络。以现有国道网为基础，对全国鲜活农产品流通“绿色通道”进行合理布局，构建连接全国主要产销区的“绿色通道”网络，实现鲜活农产品全程顺畅流通，充分发挥市场在资源配置中的基础性作用。

2. 突出重点，稳步推进。根据《公路法》、《道路交通安全法》、《收费公路管理条例》等法律法规的有关规定，以提高鲜活农产品跨区域流通效率为重点，完善各项配套政策，精心组织，积极稳妥地推进全国鲜活农产品流通“绿色通道”建设工作，切实改善鲜活农产品流通环境。

二、建立全国鲜活农产品流通“绿色通道”的主要内容

（一）构建全国鲜活农产品主要产销区之间“绿色通道”网络

以现有国道网为基础，结合主要鲜活农产品的流量和流向，在全国建立布局为“五纵二横”的“绿色通道”网络。

具体走向和控制点如下：

“五纵二横”鲜活农产品“绿色通道”网布局表

五纵：

路　　线	里程 km	主　控　点	涉 及 国 道
银川—昆明	2700	银川—成都—昆明	G109/G213
呼和浩特—南宁	3000	呼和浩特—西安—重庆—贵阳—南宁	G209/G307/G210
北京—海口 长沙—南宁连接线	4345	北京—石家庄—郑州—武汉—长沙—广州—海口；长沙—南宁	G107/G325/G207/G322
哈尔滨—海口 天津—北京连接线	5500	哈尔滨—长春—沈阳—天津—济南—合肥—南昌—广州—海口；天津—北京	G102/G205/G309/G104/G206/G320/G105/G325/G207/GL03
上海—海口 鹰潭—常山连接线	2500	上海—梅州—深圳—广州—海口	G320/G205/G325/G207
合计	18045	—	—

二横：

路 线	里程 km	主 控 点	涉及国道
连云港—乌鲁木齐 西宁—兰州连接线	4140	连云港—徐州—郑州—西安—兰州—乌鲁木齐； 西宁—兰州	G310/G312
上海—拉萨	4800	上海—南京—合肥—安庆—武汉—成都—拉萨	G312/G206/G318
合计	8940	—	—

在“绿色通道”线路上逐步设置样式统一的标识标志（样式见下图），方便鲜活农产品运输车辆选择出行。

绿色通道
银川—昆明

（注：标识牌为绿底白字，形状为长方形，尺寸参照《道路交通标志和标线》（GB 5768—1999）中关于指路标志的规定执行。）

（二）统一界定鲜活农产品的范围

“绿色通道”网络内运输的鲜活农产品是指新鲜蔬菜、水果，鲜活水产品，活的畜禽，新鲜的肉、蛋、奶。

不属于鲜活农产品范围，不适用全国“绿色通道”运输政策的产品包括：畜禽、水产品、瓜果、蔬菜、肉、蛋、奶等的深加工产品及花、草、苗木、粮食等。

（三）制定切实措施，确保“绿色通道”通畅

1. 加强公路养护，确保网络畅通。对于国家规定的“绿色通道”，各级公路管理机构要切实加强管理，做好公路养护工作，保证路面质量，提高通行效率。

2. 规范路面执法行为，保证鲜活农产品的及时运销。绿色通道上整车运输鲜活农产品的车辆，必须自觉遵守《公路法》、《道路交通安全法》、《道路交通安全法实施条例》、《道路运输管理条例》、《收费公路管理条例》等有关法律法规的规定。各地公安、交通部门在路面执勤执法中，对整车运输鲜活农产品的车辆没有违反道路通行规则的交通违法行为的，不得随意拦车检查；有超限超载等违法行为的，公安、交通部门要严格按相关规定及时予以处理，不得长时间滞留车辆；对有超速行驶等其他严重危及交通安全行为的，公安部门要按照简易程序规定当场处罚，及时放行。

3. 继续加大“绿色通道”网络内公路收费站点的清理整顿力度。各级交通部门要严格按照《收费公路管理条例》和《国务院办公厅关于治理向机动车辆乱收费和整顿道路站点有关问题的通知（国办发（2002）31号）》的要求，加大对公路收费站的清理整顿工作力度，坚决撤销不符合国家规定的站卡，接受社会监督。

4. 为整车并合法装载运输鲜活农产品的车辆提供便利。在国家规定的“绿色通道”上，各省级人民政府根据《收费公路管理条例》的规定，可对整车并合法装载运输鲜活农产品的车辆予以降低或免收通行费，并将通行费的收费标准向社会公示，不得实行省内外差别政策，具体办法由省级人民政府制定。有条件的收费站要开辟“绿色通道”专用道口，以确保畅通。非整车或违法装载的鲜活农产品运输车辆不得通过专用道口，一经发现，要予以严肃查处。

5. 加快农村公路网建设，为鲜活农产品运销提供基础性支持。通过完善农村公路网络，增加农村公路的通达性和通畅性，为鲜活农产品的运销提供基础性条件，实现农产品生产基地和产地批发市场的快速连接，加快鲜活农产品的流通。

6. 加强源头管理，确保鲜活农产品运输业户守法经营。各级道路运输管理机构要深入主要农产

品的主产区、集散地，在当地政府领导下，对主要农产品种类、销往地区、运输路线和长期从事鲜活农产品运输的业户情况进行调查摸底，登记造册，建立信誉档案。要加强对农户、车主和装载配货单位以及承运驾驶人员的教育，增强农户和承运驾驶人员的守法意识，杜绝超载、超限和其他违规运输行为，确保鲜活农产品运输车辆合理装载和运输业户守法经营。

7. 采取综合措施，促进鲜活农产品顺畅流通。培育和发展规模化、大型化的鲜活农产品交易批发市场，逐步建成覆盖全国、具有保障食品卫生质量、符合环保要求的鲜活农产品销售网络体系。以鲜活农产品生产基地、批发市场为依托，加快农业信息化建设。通过网络、媒体、公告牌等形式及时为农民提供鲜活农产品的市场供需信息，以市场为导向对农民生产的农产品品种和规模进行合理指导，保证产品适销对路。

8. 引导和培育规模化的鲜活农产品流通中介组织。利用中介组织积极开拓市场，促进营销，并为农户提供技术、品种、供需信息服务。逐步实现农业生产的规模化和集约化，提高农业生产的组织化程度。建立健全鲜活农产品质量安全检验检测体系，加强对产地批发市场的鲜活农产品源头卫生检疫和有害物残留检测，杜绝不符合食品卫生安全标准的鲜活农产品进入绿色通道。加强对鲜活农产品市场流通体系的监管，构建合理的流通市场机制和结构，对鲜活农产品营销企业和营销户进行合理引导和管理，为鲜活农产品流通创造健康的流通环境。

三、组织实施

（一）时间安排

建立全国鲜活农产品流通“绿色通道”工作从2005年开始，具体分为两个工作阶段。

1. 准备阶段（2005年3月31日前）

对“绿色通道”建设工作进行调查摸底。各省（区、市）交通、公安、农业、商务、发展改革（经贸）、价格、财政、纠风等部门要依据各自职责，在省级人民政府的统一领导下，根据实际情况，研究制订本地区“绿色通道”建设方案。

2. 组织实施阶段（2005年4月至12月）

广泛宣传，积极推进全国“绿色通道”建设工作，认真抓好各项措施的具体落实。交通部、公安部、农业部、商务部、发展改革委、财政部、国务院纠风办七部门联合成立全国鲜活农产品“绿色通道”工作小组，负责全国鲜活农产品流通“绿色通道”建设的组织和协调工作。各省（区、市）要在省级人民政府的统一领导下，建立相应的协调工作机制，负责本省（区、市）所辖“绿色通道”的组织实施工作。至2005年底，基本建成“五纵二横”的“绿色通道”网络，并组织进行检查验收。

（二）职责分工

1. 交通部、公安部和国务院纠风办根据政策实施要求，以保证鲜活农产品运输通道的便捷、高效、通畅为主要目的，结合治理公路“三乱”工作，加强对路面执法的有效监督，保证“绿色通道”网络的通畅。

2. 交通部会同发展改革委、财政部，继续加快农村公路建设，为鲜活农产品的运销提供基础性条件，实现农产品生产基地和产地批发市场的快速连接，加快鲜活农产品的流通。

3. 各省（区、市）的交通、公安、农业、商务、发展改革（经贸）、价格、财政、纠风等相关部门在省级人民政府的统一领导下，制定本辖区的实施方案，并按照各自的职能抓好各项政策的具体落实。

（三）监督检查

1. 交通部、公安部、农业部、商务部、发展改革委、财政部、国务院纠风办等部门按照各自的职能，对政策执行情况进行跟踪和监督，保证各项政策落到实处。

2. 各省（区、市）交通、公安、农业、商务、发展改革（经贸）、价格、财政、纠风等部门在省级人民政府的统一领导下，按各自的职能负责监督本地区建设鲜活农产品流通“绿色通道”各项政策的贯彻和执行情况，制止和查处各种影响“绿色通道”畅通的行为。

附：全国鲜活农产品“绿色通道”布局图（略）

230. 关于开展全国鲜活农产品流通“绿色通道”示范通道建设工作的通知

（交公路发〔2005〕407号）

今年1月，我部会同公安部、国务院纠风办等7部门联合下发了《全国高效率鲜活农产品流通‘绿色通道’建设实施方案》。为推进全国鲜活农产品流通绿色通道建设工作，加快全国“五纵二横绿色通道”网络建设的进程，经7部门共同研究，决定将“五纵二横绿色通道”网络中的第四纵“哈尔滨—海口线”作为部级示范通道组织实施，以此带动和促进全国“绿色通道”建设。为进一步做好示范通道的组织实施工作，现将有关事宜通知如下：

一、示范通道的线路

“哈尔滨—海口线”途经黑龙江、吉林、辽宁、河北、天津、山东、江苏、安徽、江西、广东、海南等11个省（市），涉及G102、205、309、104、206、320、105、325、207等9条国道，全长约5500公里。示范通道为两条路线同步建设（具体走向见附件），一是以原普通国道为主线路（简称“原国道线路”）；二是以高速公路为主线路（简称“高速线路”）。各地在确定线路时，应充分考虑鲜活农产品运输车辆的实际需求，体现示范通道“快捷、顺畅”的建设原则。

二、示范通道的建设时间

（一）动员和部署（8月下旬）。统一思想，明确和部署示范通道建设任务。各地研究制订具体的实施方案。

（二）组织和实施（9月上旬至10月中旬）。各地在前一阶段工作的基础上，按要求组织、落实示范通道建设的各项工作。其间，我部将会同有关部门适时对示范通道的建设情况进行督查，确保按时完成建设任务。

（三）验收和开通（10月下旬）。我部将会同有关部门对示范通道建设工作进行抽查和验收，并举办开通仪式。

三、示范通道的建设要求

（一）加强养护，保障畅通。各级交通主管部门要按照文明样板路的标准，做好通道管护工作，做到路况良好、路容整齐、标志明显、绿化美化，保障行车畅通。同时，积极创造条件，为鲜活农产品运输车辆通行提供优质服务。

（二）规范执法，杜绝“三乱”。绿色通道上整车运输鲜活农产品的车辆，必须自觉遵守《公路法》、《道路交通安全法》、《道路交通安全法实施条例》、《道路运输管理条例》、《收费公路管理条例》等有关法律法规的规定。交通部门在公路管理执法中，要切实贯彻优先通行的政策。要按照两部一办关于治理公路“三乱”工作的各项要求，严格规范执法人员行为，杜绝公路“三乱”现象。对运输鲜活农产品的车辆没有明显违反法规的，不得随意拦车检查。

（三）统一标识，方便使用。示范通道沿线的省际、公路名称发生变化，以及沿线主要出入口或交叉口处设置样式统一的“绿色通道”标识标志（样式见下图）。

公路收费站要设置明显的“绿色通道”指示标志，引导鲜活农产品车辆通行指定车道。

（四）公开政策，便利通行。在示范通道沿线的醒目位置设置公示牌。公示内容包括：鲜活农产品的种类、地方政府出台的“绿色通道”优惠政策、规范执法的规定、咨询与举报电话等。示范通道线路上对鲜活农产品运输车辆的通行费优惠政策由沿线省级人民政府根据《收费公路管理条例》的有关规定制定。

绿色通道

哈尔滨—海口

（沈阳—山海关段）

（注：标识牌为绿底白字，形状为长方形，尺寸参照《道路交通标志和标线》（GB 5768—1999）中关于指路标志的规定执行。）

（五）消除省内外车辆的政策差别。对不同省（市、区）运送鲜活农产品的车辆应同等享受通行费减免政策，在“五纵二横绿色通道”网络上不得实行省内外差别政策。享受鲜活农产品运输“绿色通道”政策的货运车辆在经过公路收费站（点）时必须按指定车道通过，并积极配合公路收费站（点）做好运输产品的核验工作。对鲜活农产品运输车辆，全国不发放统一的通行（标识）证，各地已发放的通行（标识）证只在本辖区有效。凡拒绝通过指定车道，或拒不接受核查的车辆，不得享受“绿色通道”优惠政策。对假冒鲜活农产品运输车辆骗取优惠政策的，一经发现，要依据有关法律、法规给予严肃处理。

（六）加大宣传和教育力度。一是要通过电视、广播、报刊等媒体宣传及悬挂标语、横幅，张贴海报、制作板报等形式进行宣传。在各乡镇、村屯，公路、桥梁、渡口、隧道收费站，以及水果、蔬菜、畜禽产品、水产品集贸市场、果园的显著位置张贴海报，宣传“绿色通道”的各项政策措施，使鲜活农产品运输“绿色通道”建设工作家喻户晓。二是按照开通“绿色通道”的要求，对执法人员进行一次再教育，进一步提高上路执法人员的业务综合素质和为民的服务意识，为鲜活农产品运输创造便利条件。三是加强对运送鲜活农产品车辆的源头管理。主动与货主单位、承运单位和批发市场建立联系，向承运单位和人员宣传有关政策规定，使他们自觉遵守交通法规，依法装载、合法运营。对于违规装运、超载运输的车辆，要采取措施在源头纠正。

（七）加强对超限超载车辆的管理。运送鲜活农产品的车辆，应当合法装载。有超限超载违法行为的鲜活农产品运输车辆，不应享受通行费优惠政策。各级交通主管部门在执法过程中，发现鲜活农产品车辆超限超载的，要记录驾驶人、车辆和违法行为等情况，教育或者警告后尽快放行，不得滞留车辆、卸载和罚款。记录的交通违法行为等信息，由省级交通主管部门汇总。对属于本省（自治区、直辖市）的车辆和驾驶人，在30日内通知车辆登记所在地或始发地交通主管部门依法处罚，并将违章记录载入车辆档案；对属于外省（自治区、直辖市）的车辆和驾驶人，在40日内集中转递到所属省级交通主管部门，由车辆登记所在地交通部门依法处罚和教育，并将违章记录载入车辆档案。对于超限超载违法记录次数超过3次的营运驾驶员，有关道路运输管理机构要责令其参加不少于一周的货运法律法规、货物装载等基本知识的培训，并给予考核。

开通鲜活农产品运输“绿色通道”，对于搞活鲜活农产品流通，促进农业发展、农民增收、农村稳定具有十分重要的意义。各级交通主管部门必须高度重视，要把开通鲜活农产品运输“绿色通道”作为实践“三个代表”重要思想、坚持执政为民的具体行动，切实抓紧抓好。要加强督促检查，对不认真贯彻执行“绿色通道”有关政策的单位和个人，要严肃批评；对拒不贯彻执行的，要严肃查处。对开通鲜活农产品运输“绿色通道”工作中出现的问题，要本着及时、有效的原则妥善处理，以确保鲜活农产品运输“绿色通道”顺畅。

附

哈尔滨—海口线示范通道的线路走向

1. 原国道线路走向：从黑龙江省哈尔滨市出发，沿国道102，经过吉林省长春市、辽宁省沈阳市，到达河北省秦皇岛市，后转国道205，经过天津到达山东省滨洲市庆云县，至滨洲市转省道803到达淄博市，再转国道309到达山东省济南市，后转国道104经枣庄市到达江苏省徐州市，转国道206经过安徽省合肥、安庆，到达江西鹰潭，后转国道320到达江西南昌，再转国道105，到达广州市，后转国道325，到达广东湛江，转国道207，到达海安，跨琼州海峡到达海口。

2. 高速线路走向：从哈尔滨出发，沿G010（长哈高速），经双城、德惠，进入吉林，沿G010到达吉林长春、四平，进入辽宁，经铁岭，到达沈阳，转G025（京沈高速），到达河北秦皇岛，经过抚宁、卢龙、唐山，在唐津市转G025A（津唐高速），到达天津，转国道205，经过黄骅、庆云、滨州，后转滨博高速到达淄博，再转G035（济青高速），到达济南北绕城高速，后转G020（京福线），经山东泰安、枣庄、江苏徐州、安徽宿州、蚌埠、合肥，到达安庆，在怀宁转入国道206，经江西景德镇，到达江西鹰潭，后转G065（沪瑞线），到达江西南昌，在新余昌傅出口，转入赣粤高速公路，经江西吉安、赣州，在龙南转入国道105，经连平、新丰、从化到达广州，后转入G010（同三线），经佛山、江门、阳江、茂名，到达湛江，后转国道207，到达海安，跨琼州海峡到达海口。

231. 关于开通全国“五纵二横”鲜活农产品流通“绿色通道”的公告

（交通部公告2006年第1号）

为切实改善鲜活农产品流通环境，支持农业发展，促进农民增收，根据交通部、公安部、农业部、商务部、国家发展和改革委员会、财政部、国务院纠风办等七部门印发的《全国高效率鲜活农产品流通“绿色通道”建设实施方案》，在各级人民政府的统一领导下和有关部门的支持配合下，全国“五纵二横”鲜活农产品流通“绿色通道”网络按期建成，并于2006年1月15日起全部开通。现公告如下：

一、绿色通道网络的路线走向。

按照七部委制定的《全国高效率鲜活农产品流通“绿色通道”建设实施方案》的布局规划，全国鲜活农产品流通“绿色通道”由5条纵向通道、2条横向通道和3条连接线组成，具体走向附后。

二、适用于“绿色通道”运输政策的鲜活农产品为：新鲜蔬菜、新鲜水果、鲜活水产品、活的畜禽和新鲜的肉、蛋、奶。

三、适用于“绿色通道”运输政策的运输车辆为：整车装载、无超限超载现象、且证照齐全有效的鲜活农产品运输车辆。

四、整车合法运输鲜活农产品的车辆在“绿色通道”上行驶时，各级交通主管部门应按以下规定给予通行便利：

（一）认真执行沿线省（自治区、直辖市）级人民政府为鲜活农产品运输制定的通行费收费标准，不得实行辖区内外差别政策。

（二）确保收费站开辟的“绿色通道”专用道口安全、畅通，切实提高通行效率。

（三）规范执法行为。对于没有违反《公路法》、《道路运输条例》、《收费公路管理条例》等法律法规的整车合法运输鲜活农产品的车辆，交通行政执法人员不得随意拦车检查、滞留和罚款；对有超限超载等违法行为的，交通行政执法人员要严格按规定及时予以处理，不得长时间滞留车辆。

五、鲜活农产品运输车辆的驾驶人员，应自觉遵守公路交通法律法规，不得超限超载或违法运输。当公路收费站（点）监督检查人员对其运输货物进行核验时，应给予积极配合，不得阻挠或拒绝。

六、未通过专用道口，拒不接受核查，或超限超载运输鲜活农产品的车辆，不享受鲜活农产品流通绿色通道的有关政策规定；非整车或违法装载鲜活农产品运输车辆不得通过专用道口，一经发现，应按有关规定给予严肃查处。

特此公告。

附件

一纵：银川—昆明“绿色通道”路线走向

二纵：呼和浩特—南宁“绿色通道”路线走向

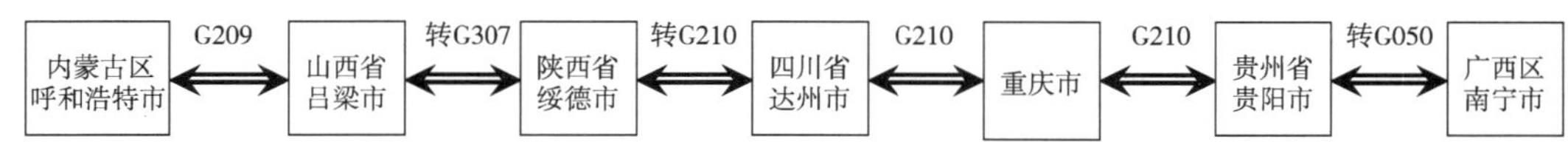

三纵：北京—海口“绿色通道”路线走向

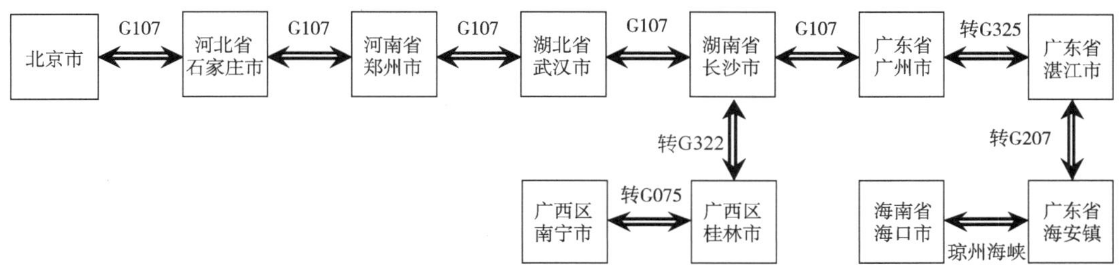

四纵：哈尔滨—海口“绿色通道”路线走向

1. 普通路线路线走向：

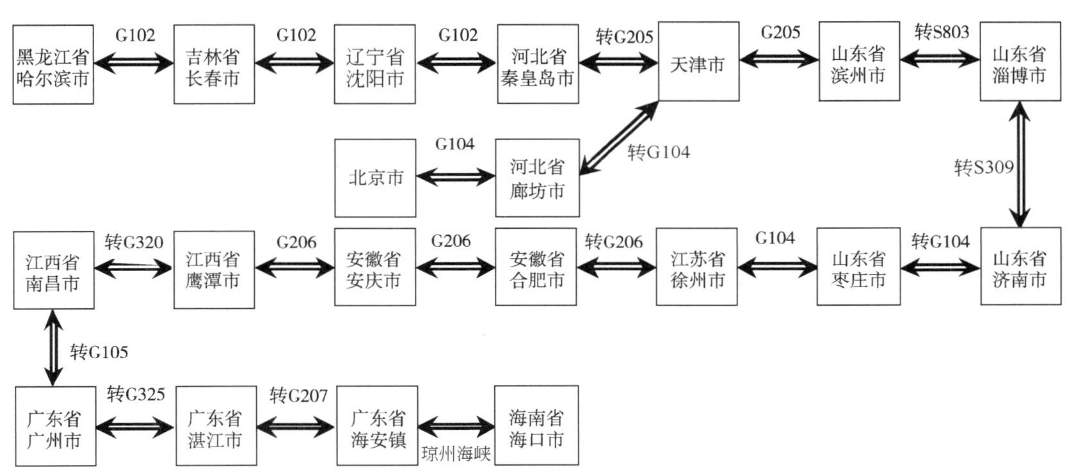

2. 高速公路路线走向：

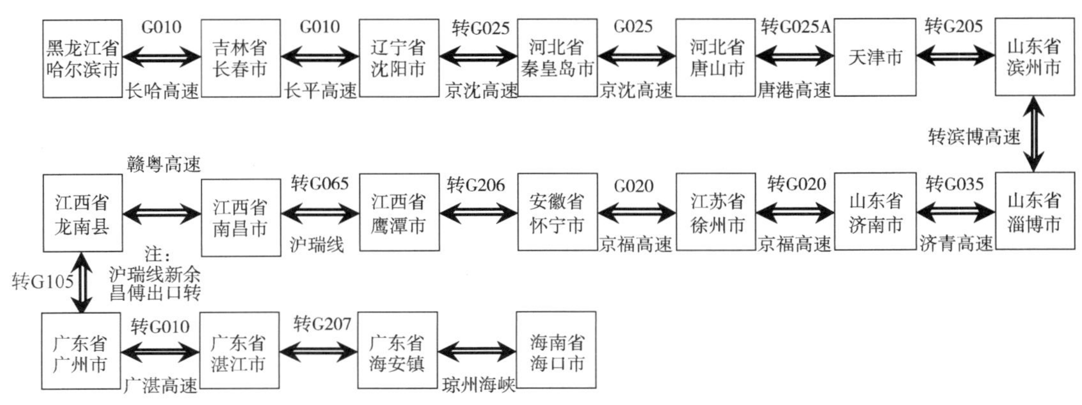

五纵：上海—海口“绿色通道”路线走向

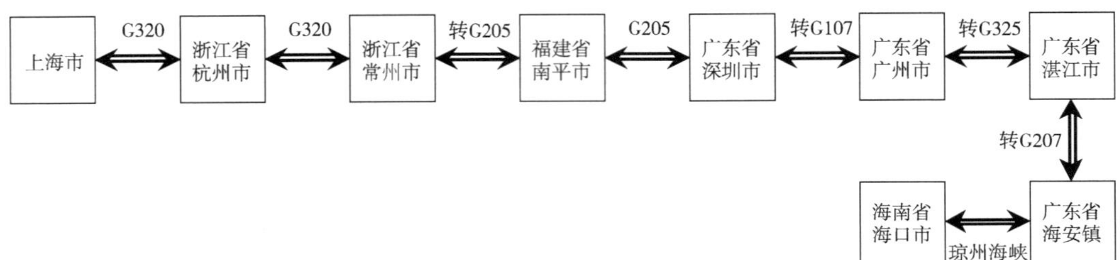

一横：连云港—乌鲁木齐“绿色通道”路线走向

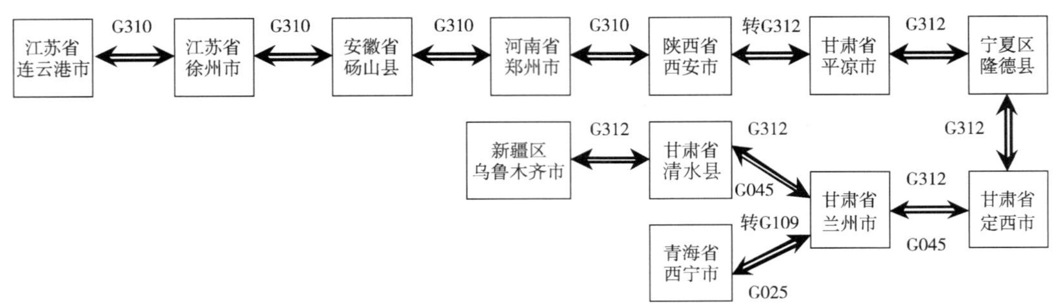

二横：上海—拉萨“绿色通道”路线走向

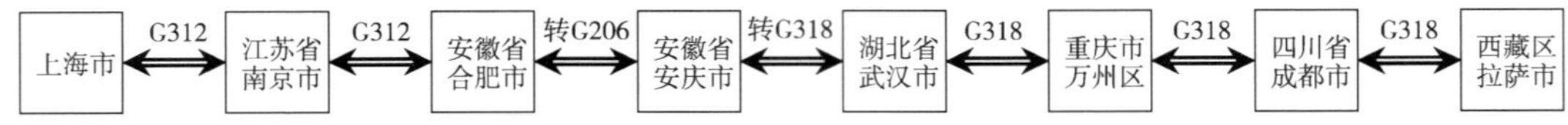

232. 关于进一步完善“五纵二横”鲜活农产品流通绿色通道网络实现省际互通的通知

（交公路发〔2006〕373 号）

2005 年以来，各地交通、公安、纠风、农业、商务、发展改革、价格、经贸、财政等部门在当地党委、政府的统一领导下，认真贯彻落实国务院七部委《全国高效率鲜活农产品流通‘绿色通道’建设实施方案》（交公路发〔2005〕20 号，以下简称《方案》），按期建成了全国“五纵二横”鲜活农产品流通绿色通道网络。今年 1 月，党中央、国务院印发了《关于推进社会主义新农村建设的若干意见》，明确要求“2006 年要完善全国鲜活农产品‘绿色通道’网络，实现省际互通”。为贯彻落实中央一号文件精神，进一步做好全国鲜活农产品流通绿色通道网络建设工作，现将有关要求通知如下：

一、充分认识建立和完善全国鲜活农产品流通“绿色通道”网络的重要意义

在全国建立顺畅、便捷、低成本的鲜活农产品流通网络，实现省际互通，对于提高农产品流通效率、促进农民增收和发展现代农业具有重要作用。进一步完善全国鲜活农产品流通“绿色通道”网络，实现省际互通，是党中央、国务院确定的推进社会主义新农村建设的重要举措之一，各地交通、公安、纠风、农业、商务、发展改革、价格、经贸、财政部门要从推进社会主义新农村建设的战略高度，深刻认识建立和完善全国鲜活农产品流通“绿色通道”网络的重要意义，增强责任感和使命感，把这项工作组织好、实施好、落实好。

二、加快推进高速公路“绿色通道”线路建设，提高网络运行效率

高速公路作为公路运输的主通道，在运输能力、通行速度和安全性方面具有突出优势。为提高“绿色通道”网络的运行效率，各地交通、公安、纠风、农业、商务、发展改革、价格、经贸、财政部门，要在确保“五纵二横”绿色通道网络正常运行的基础上，进一步加大工作力度，力争在今年年底前，将与“五纵二横”绿色通道线路平行的已建成高速公路纳入网络。线路的具体走向见附件。

三、加强维护管理，保证网络畅通

各级交通主管部门要继续加强现有通道网络的日常养护管理，及时修复路面病害，做到路况良好、路容整齐、标志明显、绿化美化、安全畅通。要加强通道网络的交通管理，特别是对施工、易堵路段，要加大疏导力度，方便车辆通行，减少交通延误。要通过完善“绿色通道”建设的工作机制，落实工作措施，把“绿色通道”建设成为路况良好、通行有序、安全高效、依法运输的安全路、文明路。对超限违法行为车辆和驾驶人，要将有关信息及时转递给有关部门，对于属于本省（区、市）的车辆和驾驶人，转递时限不得超过 30 日；对于属于外省（区、市）的车辆和驾驶人，转递时限不得超过 40 日。对于超限超载违法记录次数超过 3 次的营运驾驶员，所在地道路运输管理机构要责令其参加不少于一周的货运法规、货物装载等基本知识的培训，并给予考核。

四、加强交通安全管理，依法查处违法行为，确保鲜活农产品运输车辆的通行安全

各地要把维护鲜活农产品运输车辆的交通安全，作为“绿色通道”建设的一项重要工作，完善“五纵二横”绿色通道标志、标线等交通安全设施，确保交通安全。各地交通、公安等部门要高度重视“绿色通道”恶劣天气的交通安全工作，建立、完善恶劣天气预警机制，及时发现和掌握天气、公路通行条件等情况。要按照雾天能见度和冰雪路面的实际通行条件，规范工作程序，实行限速、限车型通行、间断放行、封闭道路等分级交通管制办法，提高恶劣天气下公路的疏堵保畅能力，确保“绿色通道”交通安全。

各级公安部门要按照《交通警察道路执勤执法工作规范》的规定，规范民警执法行为，严格查处超速、客车超员等严重危及交通安全的违法行为，依法处罚、依法记分。要严厉打击“车匪路霸”等违法犯罪行为，维护“绿色通道”良好的交通秩序。

五、确保线路连续，消除政策差别，实现省际互通

各地要加强与相邻省份的沟通和协调，保证省际间通道线路互通，不得出现断续现象。在通道沿线的省际交界和公路名称发生变化处以及沿线主要出入口或交叉口处，要设置样式统一的“绿色通道”标识标志，以方便驾驶人员识认。

同时，要切实消除对过境车辆的政策差别。在国家规定的“五纵二横”全国绿色通道网络线路上，对不同省（市、区）运送鲜活农产品的车辆应当坚持同等对待，享受同样的通行费政策优惠，不得实行省内外差别政策。目前省内外政策差别尚未消除的省份，今年年底前必须调整到位，实现省际互通。

六、严厉打击伪造和假冒“绿色通道”通行证的行为

近年来，使用伪造“绿色通道”通行证或假冒鲜活农产品运输车辆现象十分严重，给绿色通道政策带来了极大的负面影响。为此，各地要严格按照七部委联合发布的《方案》的要求，统一政策，对鲜活农产品运输车辆，全国从未发放统一的“绿色通道”通行证，各地目前制发的“绿色通道”通行证要取消。凡享受鲜活农产品运输“绿色通道”政策的货运车辆，不以“绿色通道”通行证作为鲜活农产品运输车辆的证明，必须凭装载货物或货单享受优惠政策，并按指定车道通过收费站，同时积极配合公路收费站（点）做好运输产品的核验工作。凡明显违法装载、拒绝通过指定车道，或拒不接受查验的车辆，不享受“绿色通道”优惠政策。对于使用伪造“绿色通道”通行证的，执法人员要当场收缴。

七、广泛宣传教育，加强源头管理

广泛开展保障“绿色通道”畅通的宣传和教育工作。各地要通过电视、电台、报刊、杂志，或发放宣传单、设置公告牌等方式，加强对广大群众和驾驶人员进行政策法规方面的宣传和教育，做到家喻户晓，人人皆知，努力营造良好的“绿色通道”建设氛围。特别是要让驾驶人员知道，只有合法运输业户才能享受“绿色通道”的便利畅通和优良服务，超限超载等违法运输业户不仅不能享受优惠政策，而且将受到严厉处罚。

各级公安、交通、农业、商务等部门要按职责分工，加强对鲜活农产品运输源头管理。在蔬菜生产基地、批发市场、货运集散地，要主动与货主单位、承运单位和批发市场建立联系，向承运单位和人员宣传有关政策规定，使他们自觉遵守交通法规，依法装载、合法运营。同时，要加强路面执法人员的教育和培训，进一步提高上路执法人员的政治素质和业务水平，提高他们执法为民的服务意识，保证“绿色通道”有关政策落到实处。

八、强化监督管理，建立长效机制

各级公安、交通和纠风部门，要坚持组织明察暗访活动，发现问题及时解决。有条件的省份可从社会上聘请义务监督员，接受社会监督、舆论监督。对司机、车主的投诉和社会反映的“三乱”问题，要及时调查核实，依法处理。对不执行“绿色通道”政策，妨碍鲜活农产品流通“绿色通道”畅通的单位和人员，要严格依法查处，并要追究直接领导的责任。

附件：全国“五纵二横”绿色通道网络路线走向

附件

全国“五纵二横”绿色通道网络路线走向

一纵：银川—昆明“绿色通道”路线走向

1. 普通公路路线走向：

2. 高速公路路线走向：

二纵：呼和浩特—南宁“绿色通道”路线走向

1. 普通公路路线走向：

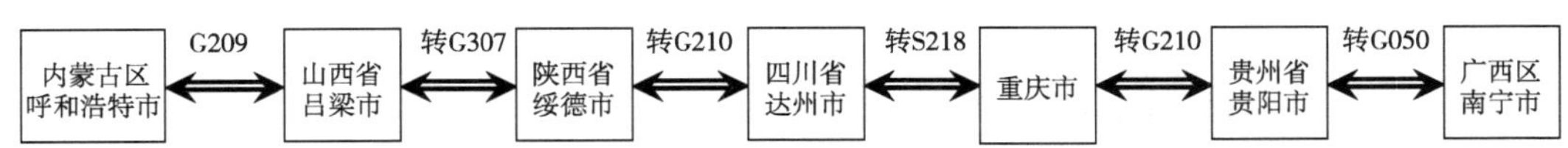

2. 高速路线走向：

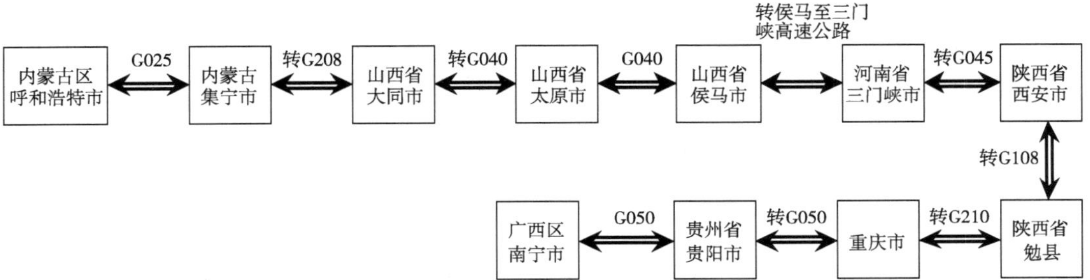

三纵：北京—海口“绿色通道”路线走向

1. 普通公路路线走向：

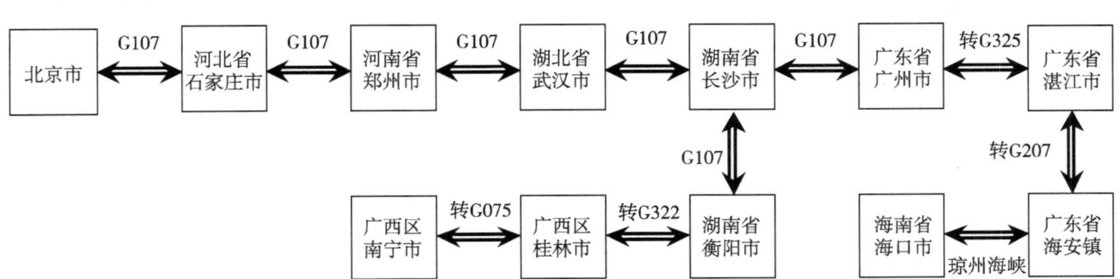

2. 高速公路路线走向：

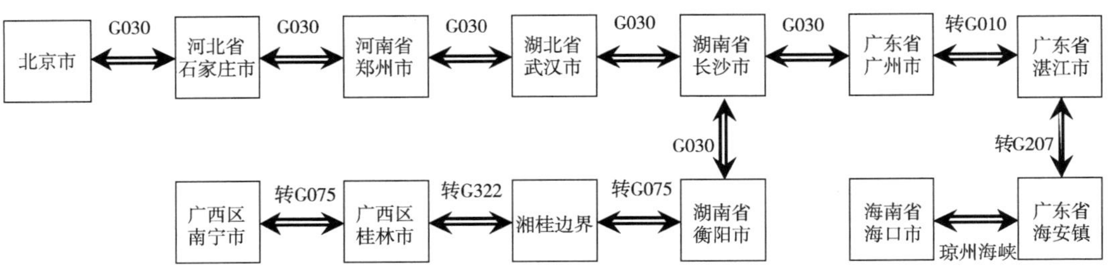

四纵：哈尔滨—海口“绿色通道”路线走向

1. 普通公路路线走向：

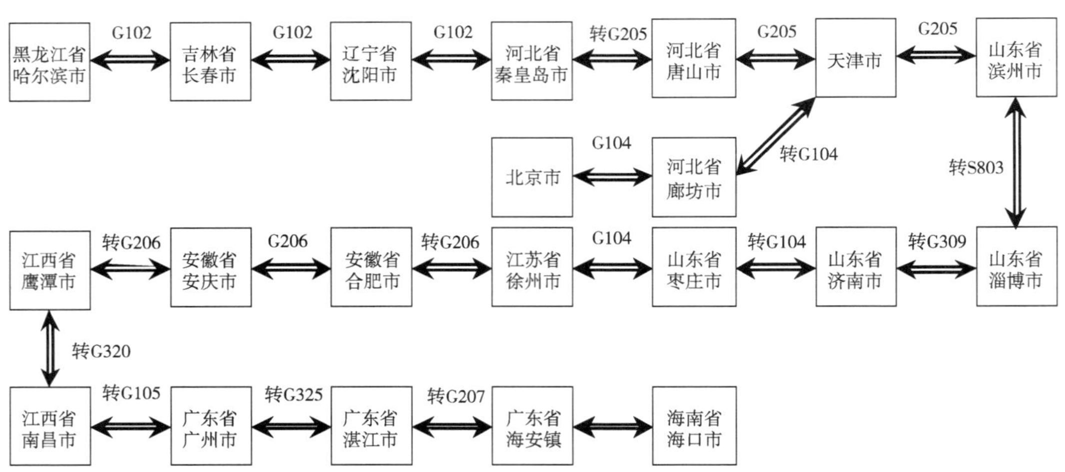

2. 高速公路路线走向：

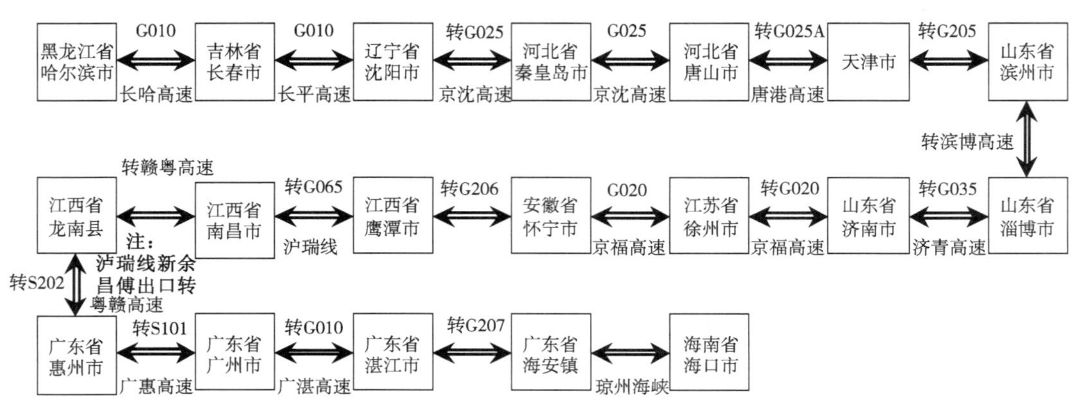

五纵：上海—海口“绿色通道”路线走向

1. 普通公路路线走向：

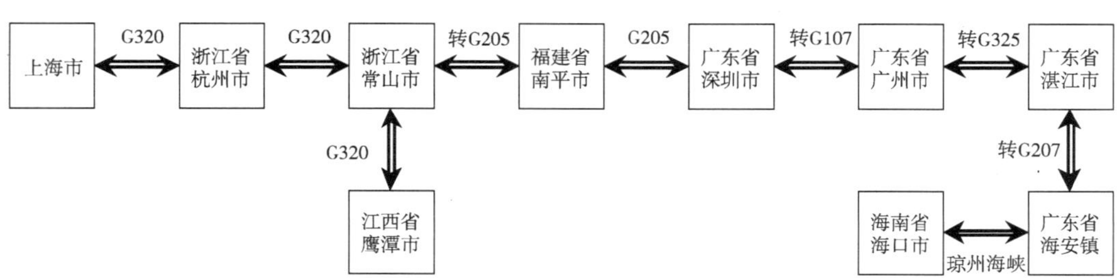

2. 高速公路路线走向：

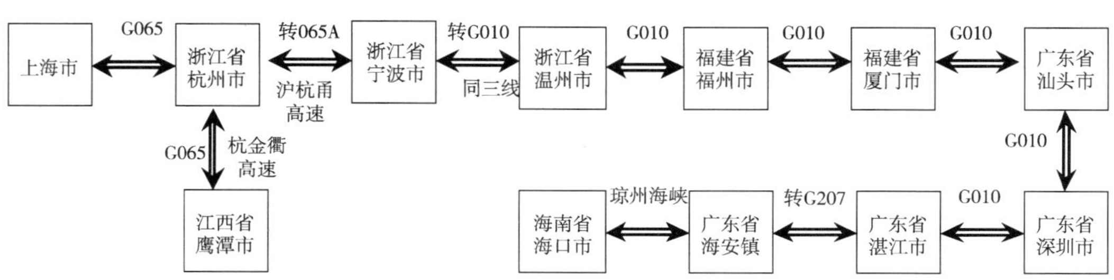

一横：连云港—乌鲁木齐“绿色通道”路线走向

1. 普通公路路线走向：

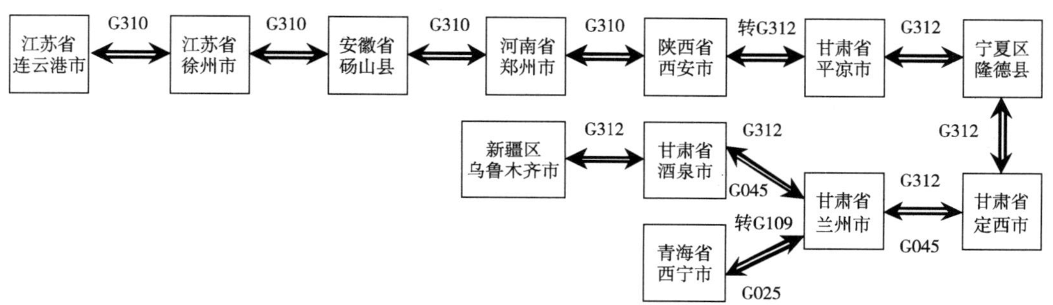

2. 高速公路路线走向：

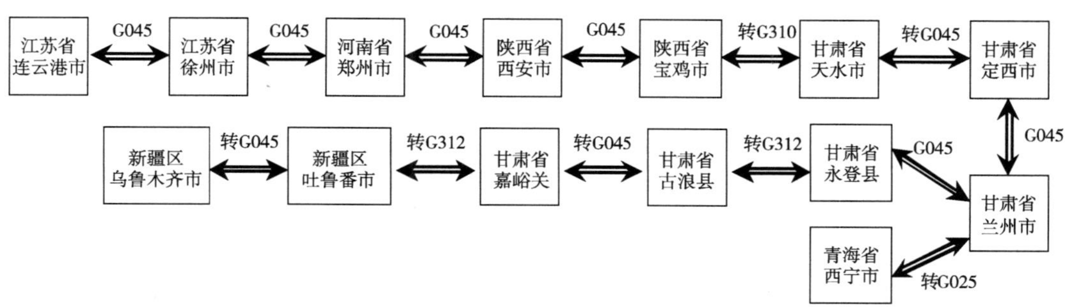

二横：上海—拉萨“绿色通道”路线走向

1. 普通公路路线走向：

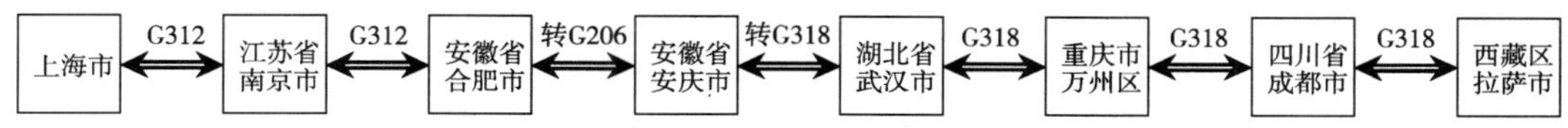

2. 高速公路路线走向：

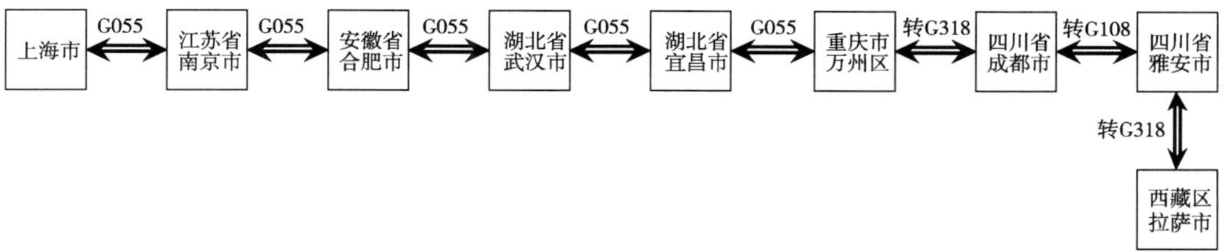

233. 关于进一步保障鲜活农产品流通绿色通道畅通的通知

（厅公路明电〔2006〕701号）

各省、自治区、直辖市交通厅（委），上海市政工程管理局，天津市政工程局：

目前，瓜果蔬菜等鲜活农产品运输正处于高峰季节，全力保障绿色通道网络畅通，支持鲜活农产品运销，是当前交通部门的一项重要任务。为进一步保障全国鲜活农产品流通绿色通道畅通，现将有关事项通知如下：

一、认真贯彻落实七部委373号文件要求，进一步做好绿色通道网络建设工作

绿色通道网络建设是党中央、国务院确定的推进社会主义新农村建设的重要举措之一。今年中央一号文件明确要求“2006年要完善全国鲜活农产品‘绿色通道’网络，实现省际互通”。为贯彻落实中央一号文件精神，交通部、公安部、农业部、商务部、国家发展和改革委员会、财政部、国务院纠风办等七部委于7月25日印发了《关于进一步完善“五纵二横”鲜活农产品流通绿色通道网络实现省际互通的通知》（交公路发〔2006〕373号）。各地交通部门要深刻认识进一步完善全国鲜活农产品流通‘绿色通道’网络的重要意义，主动与相关部门沟通协调，进一步做好全国鲜活农产品流通绿色通道网络的建设工作，把《通知》中规定的完善绿色通道网络、消除政策差别、提高服务质量等政策措施落到实处，为鲜活农产品快捷、安全运输提供有力的支持和保障。

二、密切关注鲜活农产品运输情况，提前做好运输保障的准备工作

各地交通部门要关注瓜果蔬菜生产基地、批发市场、货运集散地的鲜活农产品运销情况，及时掌握鲜活农产品的运输需求。一旦出现运输困难、运力紧张情况，要及时组织运力，安排好运输线路，为鲜活农产品生产经营单位提供便利。

三、加强维护管理，全力保障绿色通道畅通

各级交通主管部门要加强公路的养护管理，保证路面质量，提高通行效率。尤其是要高度重视恶劣天气下的绿色通道保畅工作，当发生水毁等灾害导致公路损毁、交通中断时，要组织人员及时抢通，难以立即抢通的，要修筑便道，或制定绕行方案，确保鲜活农产品及时、安全运输。

为及时掌握各地绿色通道运行情况，各省级交通主管部门要将通道建设情况、通行费减免情况、《通知》落实情况等信息于9月底前报部。

234. 关于进一步规范收费公路管理工作的通知

（交公路发〔2006〕654号）

为贯彻落实建设创新型交通行业工作会议精神以及《国务院办公厅关于转发发展改革委等部门关于加强固定资产投资调控从严控制新开项目意见的通知》（国办发〔2006〕44号）的要求，根据《收费公路管理条例》（国务院第417号令，以下简称《条例》）的有关规定，现就规范和加强收费公路管理等有关问题通知如下：

一、加强收费公路建设项目的审批管理

（一）各地要严格按照《条例》的规定，按照“以非收费公路为主，适当发展收费公路”的原则，加大各级政府对公路建设的财政投入力度，同时各省级交通主管部门还要研究本地的收费公路总量控制指标，控制收费公路建设规模，特别是要严格控制二级收费公路的规模。

（二）各地要从严控制收费公路建设项目审批。新立项的收费公路建设项目，必须在国家和本省级人民政府批准的公路发展规划之内，必须符合《条例》第十八条规定的技术等级和里程规模要求。东部地区要严格落实《条例》要求，一律不得批准二级收费公路建设项目。自本通知发布之日起，中、西部地区要从严控制二级收费公路新增建设项目审批，特别是对于在现有二级公路上进行路面改造、大中修等工程项目，一律不得批准设立为收费公路建设项目，其改造维修费用应按规定在养护工程费中列支。

（三）对于拟建的收费公路建设项目，各级交通主管部门要严格按照《条例》以及国家相关法律、法规的规定，严格执行项目立项、初步设计等审批手续和项目核准、备案等程序。对于不符合建设立项条件、未履行完相关审批程序、没有取得土地审查和环境影响评价许可的收费公路建设项目，一律不得开工建设。部将会同有关部门，对各地收费公路建设项目审核管理工作加强监督检查，对执行不力的地区将予以通报批评。

（四）对于目前在建的收费公路建设项目，各省、自治区、直辖市要严格按照《条例》以及本通知的要求，开展自查，进行全面清理。凡不符合国家规定的收费公路建设项目，要认真进行整改。

二、进一步规范收费站点的设置与管理

（一）在对收费公路建设项目严格审批的同时，各地还要加强对公路收费站点设置的审批把关，合理规划与统一布局收费站，严格控制本辖区内公路收费站点的数量。批准设立的公路收费站必须符合《条例》第十二条的间距规定要求。高速公路以及其他封闭式的收费公路，除两端出入口以及必要的省际之间外，一律不得批准在主线上设置收费站。其他收费公路同一主线上与相邻收费站间距少于50公里的收费站，也不予批准设立。

（二）自本通知发布之日起，中、西部地区要严格控制增设新的二级公路收费站点。对于符合规定的新增二级收费公路也应按以下原则设置收费站点：政府还贷公路要按照《公路法》和《条例》的有关规定实施“统贷统还”管理，要充分利用现有的收费站点，合理布局，进行撤并或调整，努力做到保持总量不增并持续减少；经营性公路要严格按照项目的规模和经营特点，本着既保护投资者的合法权益，又考虑路网运行完整性和效率的原则，按规定从严控制收费站点的设置。

（三）对于《条例》正式颁布实施之前已经建成通车并投入运行的收费公路，其收费站点必须经过省级人民政府批准，收费站间距达不到《条例》规定标准的，各地应逐步进行调整，直至满足《条例》规定要求或撤并相关的收费站。

（四）收费站的设置要符合车辆安全、快速通行的要求。除因车道分离、省际间联合设置以及地形等因素确需将收费站设成分离式外，其他实行开放式收费的收费站，均应设置为一站一址，一次性完成车辆通行费的收缴和票证发放工作。同时，一律不得设立专门的停车验票站（点）。

（五）收费站设置应规范统一。应在收费站悬挂由省级交通主管部门统一制发的“收费站”标牌。同时，应在收费站进站的醒目位置统一设置公示牌，向社会公示站点名称、收费单位、审批机关、收费标准、收费起讫时间、举报电话等相关信息。

三、严格界定政府还贷收费公路和经营性收费公路

（一）县级以上地方人民政府交通主管部门以政府财政性资金投入并利用贷款或者向企业、个人有偿集资建设的收费公路，为政府还贷公路。政府还贷公路的建设和管理由县级以上人民政府交通主管部门依法设立的不以营利为目的的法人组织负责。省级人民政府交通主管部门对本行政区域内的政府还贷公路可以实行“统一管理、统一贷款、统一还款”的模式进行管理。

（二）国内外经济组织投资建设或者依法受让政府还贷公路收费权的公路，为经营性公路。经营性公路由依法成立的公路企业法人依据相关法律、法规和规章履行建设、经营和管理职责，并接受国务院交通主管部门和省级人民政府交通主管部门的监督检查。

（三）任何单位不得以任何方式非法设立经营性公路或人为改变政府还贷公路性质。对未依法转让收费权，将政府还贷公路按经营性收费公路进行建设管理的，要进行清理和属性复位。

（四）在国家新的《收费公路权益转让办法》颁布实施之前，暂停政府还贷公路收费权益转让。国家新的转让办法出台后，收费公路收费权益转让要严格按照国家新的规定执行。

四、依法对收费公路实施监管

（一）收费公路是重要的公益性基础设施，省级交通主管部门要根据《条例》规定，依法加强对收费公路的监督检查力度。必须建立健全收费公路监督检查制度，积极研究收费公路养护预备金或质量保证金制度，定期向收费公路经营管理者下达收费公路养护质量和服务水平指标，严格依法督促收费公路经营管理者履行公路养护、绿化和公路用地范围内的水土保持义务，并可将其纳入年度考核的范围，确保收费公路的服务水平和公路使用者的合法权益。

（二）收费公路经营管理者应按照国家法律法规的规定，进一步规范通行费征收、公路养护、设施维护、交通服务等经营管理行为，严格履行法定义务。要按照国家规定的标准和规范做好收费公路及其设施的养护工作，为通行车辆及人员提供优质服务。同时自觉接受政府交通主管部门的行业监管，按要求及时提供路况、收费、交通流量、养护和管理情况等有关信息资料。

（三）严格政府还贷收费公路车辆通行费支出管理，加强资金使用监管，严禁违反规定乱支挪用。政府还贷公路的通行费收入，应当存入财政专户，严格实行收支两条线管理。要按照计划、预算和规定用途专款专用，除必要的管理、养护费用从财政部门批准的车辆通行费预算中列支外，其余部分必须全部用于偿还贷款和有偿集资款。各级交通主管部门要加强对收费站收支情况的监管力度，严格资金使用的审批程序，定期公开收支使用情况，提高透明度。严禁将通行费挪作他用，严禁将资金转交非财务机构管理，严禁账外设账、私设小金库和公款私存，严禁将通行费收入用于非公路行业的计划外投资以及各种形式的高消费。各级交通主管部门要结合收费公路审计工作，加强监督检查，对于违反上述规定的，要严肃处理。同时，对经营性公路车辆通行费的收支情况也要进行实施过程监管。

（四）对违反《条例》规定，未履行养护、绿化和水土保持义务或养护质量、服务水平达不到规定要求的收费公路经营管理者，各省级交通主管部门应根据《条例》第五十、五十四、五十五条的规定，予以处罚。

（五）对违反《条例》规定，未依法转让收费权，将政府还贷公路按经营性公路进行建设管理的，应根据《条例》第四十七条的规定，予以处罚。

235. 关于印发《关于集中清理违规减免特权车人情车车辆通行费的实施方案》的通知

（交公路发〔2006〕691号）

各省、自治区、直辖市、计划单列市交通厅（局、委），天津市市政工程局、上海市市政工程管理局：

为贯彻落实国务院领导的重要批示精神，根据《收费公路管理条例》的有关规定，部制定了《关于集中清理违规减免特权车人情车车辆通行费的实施方案》。现印发你们，请结合本地实际，认真组织实施。

关于集中清理违规减免特权车人情车车辆通行费的实施方案

近年来，各地区、各有关部门严格按照《收费公路管理条例》的规定，认真做好收费公路车辆通行费的征收管理工作。尤其是各级地方政府领导以身作则，带头主动交纳车辆通行费，为依法足额征收车辆通行费创造了良好的社会环境，有力促进了我国交通事业的健康发展。但最近一段时期，特别是国家审计署在今年收费公路审计调查中发现，有些地方擅自扩大范围，违规减免“特权车”和“人情车”车辆通行费，少数地方还以减免通行费作为交易，谋取小团体利益，严重扰乱收费秩序。为严肃法纪，根据国务院领导同志的批示要求，按照《收费公路管理条例》的规定，部决定在全国范围内集中开展违规减免“特权车”、“人情车”车辆通行费的专项清理整顿工作，以进一步规范收费公路车辆通行费收费秩序，维护公众利益和社会公平。

一、指导思想与工作目标

以《公路法》和《收费公路管理条例》为依据，在各级人民政府的统一领导下，按照“政府统一领导、部门依法监管、单位全面负责、群众积极参与”的总体要求，坚持重点清理和分类整顿相结合，专项清理与建立长效机制相结合，认真组织各地区、各有关部门，对收费公路车辆通行费减免情况进行全面检查和清理，力争从2007年2月1日起全面杜绝“特权车”、“人情车”违规减免通行费现象，真正做到依法、规范征收公路车辆通行费。

二、工作任务与重点

（一）各省、自治区、直辖市交通主管部门要严格按照《公路法》、《收费公路管理条例》以及交通部和省级人民政府有关文件的规定，逐项列出依法享受收费公路车辆通行费减免车辆的范围，在报经省级人民政府同意后，统一印制明细表，分发各收费站，作为收费工作人员执行车辆通行费减免政策的操作依据。凡是在公布明细表范围之外的车辆行驶收费公路时，均应按规定交纳车辆通行费。

（二）集中查处各地违规减免“特权车”、“人情车”车辆通行费的行为，全面清理并集中收缴各地方交通部门及收费管理单位违规发放的车辆通行费“免费卡”、“减缴卡”、“公务卡”、“零折优惠卡”等。

（三）坚决纠正个别地方收费公路车辆通行费管理机构以收费减免作为交易谋取小团体利益等违纪行为。情节严重、违反党纪国法的，要按照国家有关规定，严肃追究有关人员应承担的责任。

（四）辽宁、吉林、黑龙江、江苏、安徽、山东、河南、湖北、广东、重庆、陕西等省（市）除全面进行清理整顿外，对审计调查中所反映的问题，要逐一调查核实，认真纠正。

（五）加强对收费公路一线工作人员的教育和管理。各地要结合治理商业贿赂工作的开展，在收费公路管理机构和收费站中认真开展专题教育活动，提高一线工作人员的依法征费、严守职责的责任意识，规范收费行为，自觉抵制各种违规减免通行费的行为。

三、工作要求与保障措施

（一）在全国集中开展清理违规减免“特权车”、“人情车”车辆通行费工作，是贯彻“三个代表”重要思想、落实科学发展观、构建社会主义和谐社会的具体体现，是规范收费公路管理，保障交通事业又好又快发展的重要举措。各省级交通主管部门要根据部的统一部署，认真贯彻落实国务院领导同志的重要批示，在省级人民政府的领导下，制定具体的实施方案，明确责任，落实任务和工作目标，确保清理工作抓出成效。

（二）各级交通主管部门要首先对系统内部违规减免通行费的车辆进行清理和纠正。同时，要积极会同纪检监察、宣传等部门，做好全面清理整顿工作，把各项措施落到实处。

（三）清理工作中要加大宣传力度，坚持政务公开。要通过电视、报纸等新闻媒介，广泛宣传国家收费公路有关政策和车辆通行费减免范围，确保国家政策家喻户晓，促进公路收费阳光操作。要通过宣传和舆论引导，营造自觉按章交费的社会氛围。同时，对拒不纠正、仍然违规减免、或拒绝缴纳车辆通行费的“特权车”、“人情车”，也要借助媒体公开曝光，予以查处。

（四）加强领导，加大监督检查力度。开展集中清理违规减免“特权车”、“人情车”车辆通行费工作，涉及面广，政策性强，各级交通主管部门要高度重视，加强领导，组织专门力量，认真开展清理工作，及时研究、协调工作出现的问题。对于清理工作中难以解决的实际困难，要及时向政府报告。同时，加大监督检查的工作力度，要以收费站为重点，组织开展专项检查和督导工作，狠抓各项措施的落实。

四、工作步骤与时间安排

清理工作分三个阶段进行：

（一）调查摸底和动员部署阶段（2006 年 12 月）。各省、自治区、直辖市交通主管部门要对本地区的“特权车”、“人情车”违规减免车辆通行费的情况进行一次全面的排查摸底，特别是对审计调查中提出的问题进行核实，要按照附件的格式要求进行总结、汇总。在调查摸底的基础上，各地还要按照本方案制定具体实施方案，并于 2006 年 12 月 30 日前报部备案。

（二）组织实施阶段（2007 年 1 月）。各级交通主管部门会同有关部门按照本方案和各地制定的具体实施方案，积极开展清理工作。各省、自治区、直辖市交通主管部门要会同有关部门加强监督检查，对本地的工作情况进行抽查。部也将对各地清理情况开展重点检查。

（三）总结阶段（2007 年 2 月）。各省、自治区、直辖市交通主管部门要对清理工作认真总结，并将有关情况汇总报部。部将在分析、总结各地情况的基础上，将清理工作情况向全国通报，并报国务院。

附件

“特权车”、“人情车”减免车辆通行费情况调查表

填报单位（盖章）： 填表时间：

类　　别	减免车辆的范围明细	估计车辆数（辆）	批准依据	发放各种免费卡（张）	年均减免费额（万元）	占应收费额比例	2003—2005年累计减免费额（万元）	占同期费额比例	备　　注
	累计								
收费公路管理条例规定的									
国务院及部委规定的									
省级人民政府行文规定的									
市县政府行文规定的									
擅自违规减免的									
其他临时性减免的									

填表人： 联系电话

236. 关于规范鲜活农产品流通绿色通道标识设置工作的通知

（交公路发〔2007〕24 号）

各省、自治区、直辖市交通厅（委）、天津市市政工程局、上海市市政工程管理局：

为切实改善鲜活农产品流通环境，支持农业发展，促进农民增收，2005 年以来，各级交通主管部门根据《全国高效率鲜活农产品流通“绿色通道”建设实施方案》（交公路发〔2005〕20 号）的要求，在各级人民政府的统一领导下，积极推进“绿色通道”网络建设工作，取得了明显成效。近期，部对部分省（市）“绿色通道”的建设、运营情况进行了调查。调查发现，“绿色通道”沿线标识存在样式不统一，位置不合理，数量少、密度低，不够醒目等问题，给运输车辆出行带来了不便，并在一定程度上影响了“绿色通道”建设效果。为统一、规范“绿色通道”标识设置工作，进一步方便鲜活农产品运输车辆出行，部制定了《鲜活农产品流通“绿色通道”标识设置暂行技术要求》（下简称《技术要求》），现印发给你们，请认真遵照执行。

一、高度重视和加强“绿色通道”标识设置工作。

样式统一、设置规范的“绿色通道”标识，可以极大方便驾驶人员正确选择行驶路线，广泛宣传“绿色通道”政策，便于社会监督。各地交通主管部门要从落实国家“绿色通道”政策、支持农村发展的高度，进一步重视和加强“绿色通道”标识设置工作，将其作为考核“绿色通道”建设成效的重要内容，及时进行检查、考核。

二、认真排查，尽快开展增补撤换工作。

各地应根据实际行车需要，按照《技术要求》的规定，对辖区内的“绿色通道”标识进行一次全面排查。对国家“五纵二横”“绿色通道”网络、地方“绿色通道”线路及其周边公路沿线上，尚未设置、设置数量不足或尺寸样式不符合规定的标识，应在 2007 年 4 月 1 日前完成增补撤换工作。

三、加强组织领导，确保实施工作的顺利进行。

各地交通主管部门要进一步加强“绿色通道”建设工作的组织和领导，尽快把“绿色通道”标识的排查和增补撤换任务分解、落实到具体单位和人员。同时，对实施工作进度和质量提出明确要求，并加强过程监督，确保按期完成工作任务。增补撤换工作完成后，省级交通主管部门要对标识规范工作进行认真总结，并于 2007 年 4 月 15 日前，将有关工作情况汇总报部（公路司公路管理处）。

附件：鲜活农产品流通“绿色通道”标识设置暂行技术要求

附件

鲜活农产品流通“绿色通道”标识设置暂行技术要求

1　目的

为统一、规范“绿色通道”标识的设置工作，进一步方便鲜活农产品运输车辆出行，提高农产品流通效率，特制订本技术要求。

2　适用范围

本技术要求适用于国家“五纵二横绿色通道”网络，地方“绿色通道”线路及“绿色通道”周边公路沿线的标识设置工作。

3　一般规定

3.1　“绿色通道”标识颜色统一设置为绿底白字，形状统一为长方形。

3.2　“绿色通道”标识的文字、图形应清晰、完整。

3.3　“绿色通道”标识上的汉字、拉丁字和阿拉伯数字应采用GB5768标准规定的字体。“政策公示牌”的尺寸可参照公路收费站公示牌的尺寸确定。

3.4　“绿色通道”标识的安设，在满足功能和安全的前提下，可选用路侧柱式结构型式。

4　标识分类

4.1　沿线指路标志：传递“绿色通道”行驶方向信息的标志。

4.2　专用道口指示牌：指示鲜活农产品运输车辆通过“绿色通道”专用道口的标志。

4.3　周边公路沿线指路标志：传递“绿色通道”所在位置、距离等信息的标志。

4.4　入口预告标志：引导鲜活农产品运输车辆顺利驶入“绿色通道”的标志。

4.5　政策公示牌：公示“绿色通道”属性、走向、优惠政策、享受范围、操作方法、监督电话等信息的标识。

5　沿线指路标志

5.1　沿线指路标志设置在“绿色通道”沿线，每隔30km至少设置一块。

5.2　沿线指路标志形状为长方形，尺寸根据所属公路的计算行车速度选用。

5.2.1　计算行车速度为70～120km/h的“绿色通道”，沿线指路标志版面尺寸参见图1a，版面效果参见图1b。

5.2.2　计算行车速度为40～70km/h的“绿色通道”，沿线指路标志版面尺寸参见图1c，版面效果参见图1d。

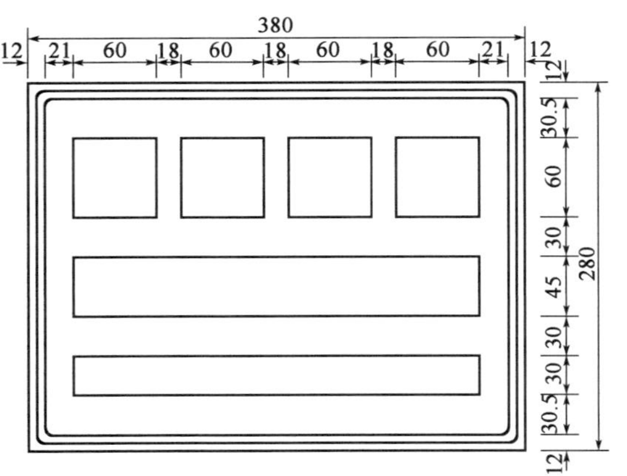

图1a　（单位：cm）

绿色通道
哈尔滨—海口
（沈阳－山海关段）

图　1b

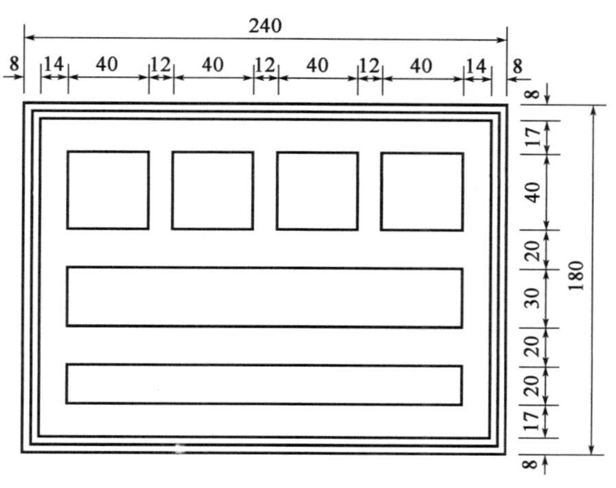

图 1c (单位：cm)

图 1d

6 专用道口指示牌

6.1 专用道口指示牌设置在“绿色通道”沿线收费站开辟的鲜活农产品运输车辆专用道口的上方。

6.2 “绿色通道”专用道口指示牌版面尺寸参见图 2a，版面效果参见图 2b。

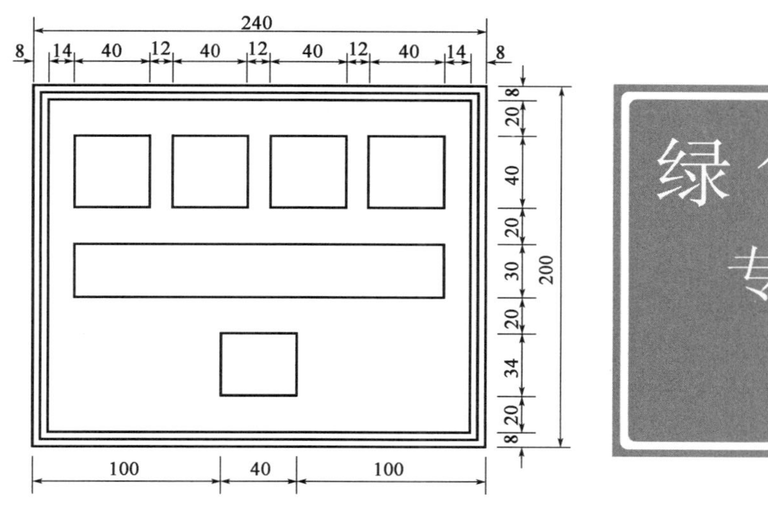

图 2a (单位：cm)

图 2b

7 周边公路沿线指路标志

7.1 设置在“绿色通道”周边公路沿线通往“绿色通道”线路的主要交叉路口前方。

7.2 周边公路沿线指路标志形状为长方形，尺寸根据周边公路的计算行车速度选用。

7.2.1 “绿色通道”周边公路计算行车速度为 70～120km/h，沿线指路标志版面尺寸参见图 3a，版面效果参见图 3b。

7.2.2 “绿色通道”周边公路计算行车速度为 40～70km/h，沿线指路标志版面尺寸参见图 3c，版面效果参见图 3d。

8 入口预告标志

8.1 在进入“绿色通道”前适当位置，设置“绿色通道”入口预告标志。

8.2 预告距离根据需要可为 1km、500m、200m。

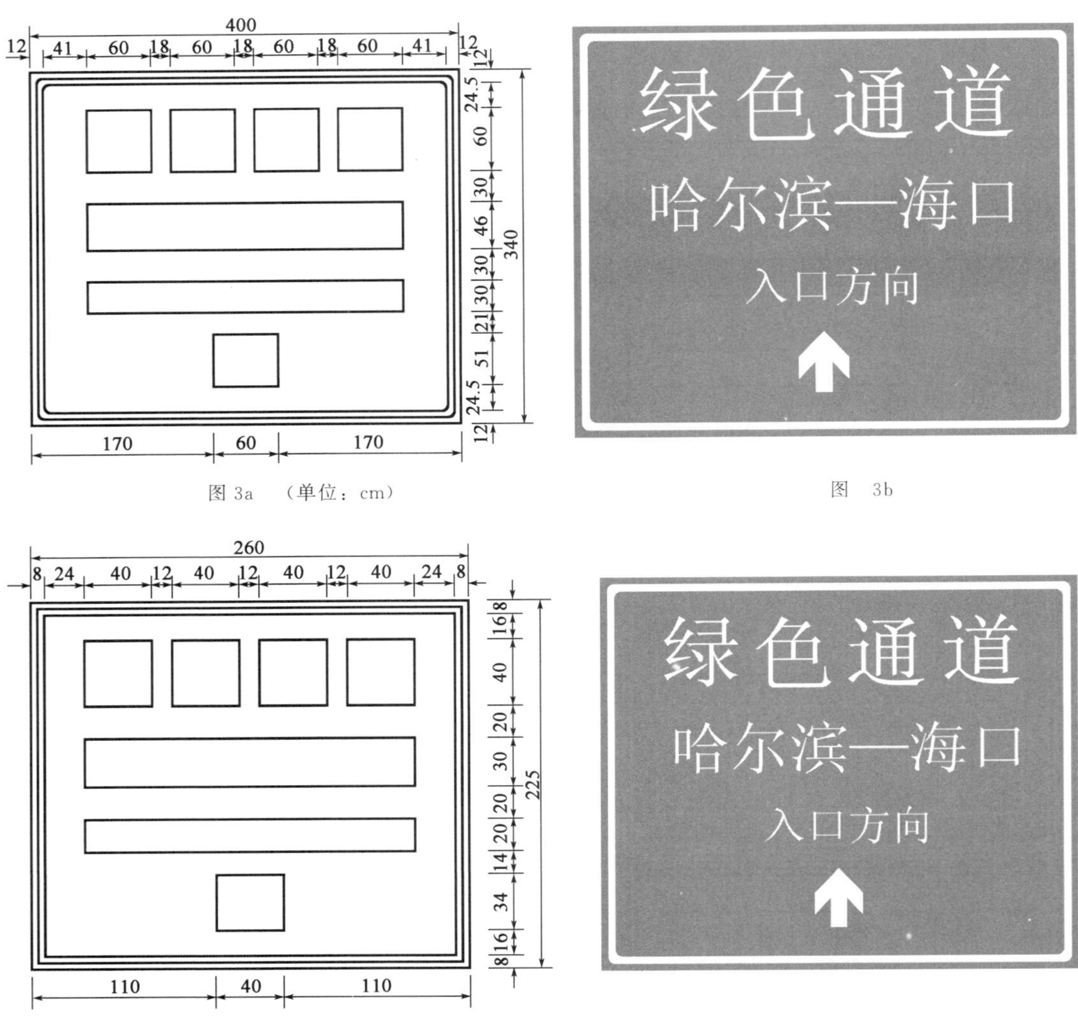

图 3a （单位：cm）

图 3b

图 3c （单位：cm）

图 3d

8.3 入口预告标志形状为长方形，尺寸根据所属公路的计算行车速度选用。

8.3.1 计算行车速度 70～120km/h 的周边公路，进入“绿色通道”入口预告牌版面尺寸参见图 4a，版面效果参见图 4b。

8.3.2 计算行车速度 40～70km/h 的周边公路，进入“绿色通道”入口预告牌版面尺寸参见图 4c，版面效果参见图 4d。

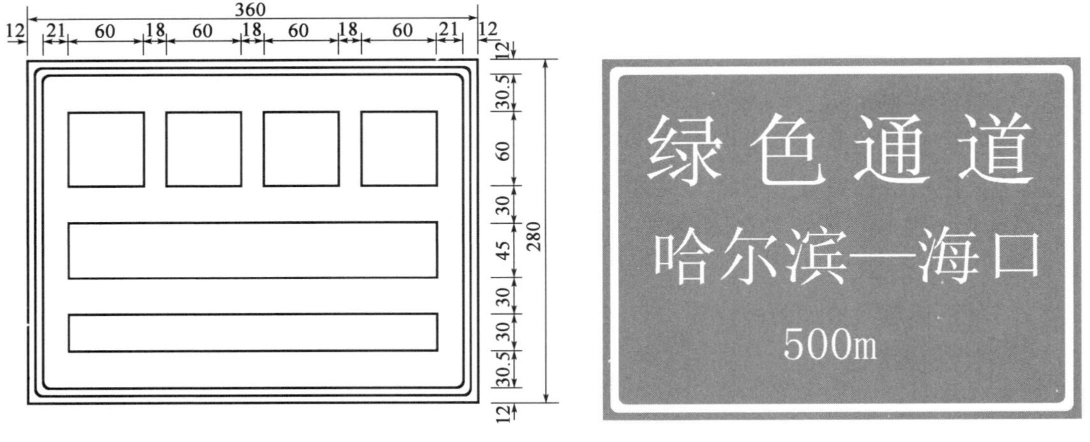

图 4a （单位：cm）

图 4b

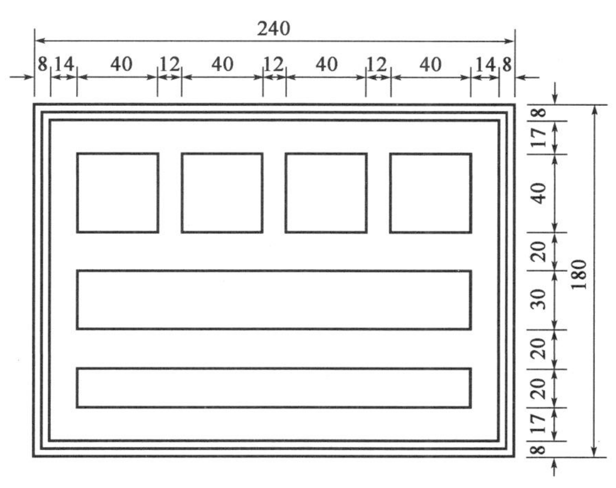

图 4c （单位：cm）

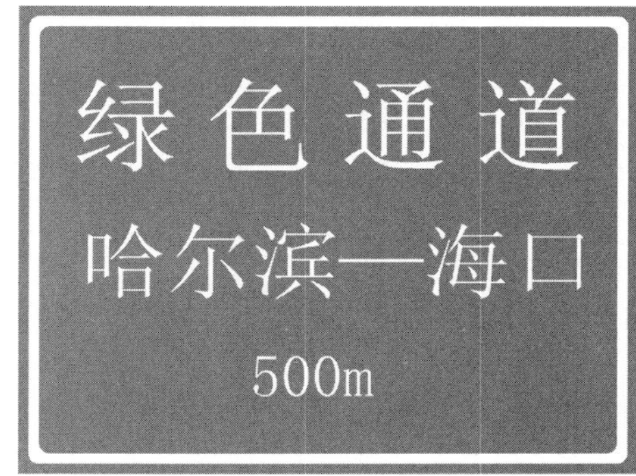

图 4d

9 政策公示牌

9.1 政策公示牌设置在收费站公示牌旁，以及通道沿线的醒目位置，向驾驶人员公布“绿色通道”的有关政策规定。

9.2 政策公示牌主要公示内容包括：“绿色通道”属性（全国“五纵二横”“绿色通道”或省级“绿色通道”）、“绿色通道”走向（如银川—昆明）、优惠政策、享受范围、操作方法（确定是否享受优惠政策的依据等）、监督电话等内容。

237. 农业部　国家发展和改革委员会　公安部　交通部　中国石油化工股份有限公司　中国石油天然气集团公司关于做好农机跨区作业工作的意见

（农机发〔2007〕13号）

各省、自治区、直辖市发改委、公安、交通、农机厅（局），中国石油天集团公司各企事业单位、中国石油化工股份有限公司各省区市石油分公司：

1997年以来，各级发展改革、价格、公安、交通、石油、石化和农业等相关部门紧密配合，加强管理，强化服务，共同组织开展跨区机收小麦工作，取得了显著成效。联合收割机的保有量由1997年的14.1万台增加到2006年的56.7万台，小麦机收水平由1997年的54.8%增加到2006年的78.3%，基本实现了小麦生产机械化，带动了全国农业机械化的发展。"十五"以来，全国参加跨区作业的联合收割机数量累计达到110多万台，完成作业面积6.5万千公顷，增加作业收入和减少农民支出累计达到800多亿元，大幅提升了我国农业机械化水平，促进了粮食增产、农业增效、农民增收和农业综合生产能力的提高。以小麦跨区机收为代表的农机跨区作业，受到了农民的广泛欢迎，得到了党中央、国务院的充分肯定。2007年中央1号文件要求提高农业机械化水平，加快粮食生产机械化进程，因地制宜地拓展农业机械化的作业和服务领域，在重点农时季节组织开展跨区域的机耕、机播、机收作业服务，对农机跨区作业提出了新的更高的要求。为贯彻落实中央1号文件精神，做好今后一个时期的农机跨区作业工作，现提出如下意见：

一、深化认识

发展现代农业是建设社会主义新农村的首要任务，农业机械化是建设现代农业的重要物质基础。广大农民在生产实践中探索出了以农机跨区作业为代表的农机社会化服务模式。通过农机跨区作业，提高农业机械的利用率，把分散的农业机械与分散的农户紧密地联系起来，把机械化生产与家庭承包经营有机地结合起来，实现农业机械的共同利用，有效地配置农机资源，解决了千家万户小规模经营实现机械化的难题，加速了农业机械化的发展，对促进粮食丰产丰收和发展现代农业起到了巨大的推动作用。实践证明，以跨区作业为代表的农机社会化服务为我国找到了符合国情的农业机械化实现途径，探索出了一条有中国特色的农业机械化发展道路。推进农机跨区作业，是提高农业机械化水平、发展现代农业、推进社会主义新农村建设的必然要求。农机跨区作业涉及面广，部门联动是重要保证。各地要深化对农机跨区作业重要意义的认识，增强做好农机跨区作业工作的责任感、使命感，进一步密切部门配合，强化工作力度，部署好、组织好、服务好农机跨区作业，推动农机跨区作业由夏季向春秋两季扩展，由小麦向水稻、玉米等作物延伸，由机收向机耕、机插、机播等领域拓展，为发展现代农业、建设社会主义新农村，夺取全面建设小康社会新胜利做出贡献。

二、完善管理

坚持免费发放跨区作业证。进行跨区作业的联合收割机、运输联合收割机（包括插秧机）的车辆，凭跨区作业证免交车辆通行费。联合收割机、拖拉机可在除高速公路以外的道路上行驶。跨区作业证由农业部统一印制并编号，省农机、交通部门加盖公章，县级农机管理部门免费发放，一机一证，登记事项真实，一年内有效。申领跨区作业证的农业机械应具备合法有效的号牌、行驶证、年度检验合格标志（插秧机等凭拓印的"机器号"领取），技术状态完好。积极发挥农机专业合作组织、农机协会和农机大户等农机社会化服务组织的作用，组织联合收割机、拖拉机、插秧机等农业机械组队进行跨区作业，提高农机跨区作业的组织化程度。加强对中介组织和中介人的管理，严格从业资质，强化教育监督，提高从业水平，打击只收费不服务、多收费少服务的行为。做好部门间沟通协调，密切注意作业期间天气变化和作业市场供求状况，加强机具调度，强化作业市场的宏观引导与调控，推动机具合理有序流动。

三、优化服务

各地要切实做好服务工作，不断推动农机跨区作业健康发展。一是开展信息服务。充分发挥中国农机化信息网“跨区作业服务直通车”的作用，搭建供需交流平台。继续开展手机短信息服务，免费为机手提供有关的天气、供求、价格、交通等信息，促进农业机械有序流动，提高机手效益。重要农时季节期间，各地农机管理部门要公布 24 小时值班电话，随时为机手和农户提供咨询并解决问题。二是组织好检修服务。各地在作业前要组织农机专业技术人员指导农机手对机械进行检修和保养，对农机手和操作人员进行培训，确保农业机械以良好的技术状态投入生产。三是做好接待服务。主要作业季节，基层农机、交通、石油、石化等有关部门要协调配合，建立农机跨区作业接待服务站，做好机手接待、机具调度、作业安排、维修、供油以及后勤服务等工作，及时向机手发放当地跨区作业工作资料，介绍作业价格、作业常识、维修供油服务网点、政策法规等相关资讯。四是开展技术服务。要加强农机维修和零配件供应网点的监管，组织做好农机维修、零配件供应等工作。农机管理部门、农机销售企业、生产厂家要适时抽调技术、工作人员，开展技术巡回指导、售后和“三包”服务，构筑技术服务保障线，保障农机跨区作业的顺利进行。五是做好作业信息统计。及时统计作业进度和了解工作动态，供各级领导和有关部门掌握农机跨区作业动态，快速有效的指导农机跨区作业工作。

四、保证供应

要充分认识保证农业用油供应对农业生产的重要性，切实做好农机作业期间的成品油供应工作。各地农机、发展改革部门和石油、石化销售企业要加强沟通协作，把握农业用油的需求特点，结合市场供需形势及经营计划安排，及时组织成品油资源，增加重要农时季节和用油集中地区的资源投放，保证农忙季节农机用油。要建立成品油快速调度和沟通机制，充分发挥石油、石化集团成品油供应主渠道的作用，积极主动开展支农、惠农、便农服务。有条件的地方要出台农忙时节农机加油优惠政策，支持农机跨区作业的发展。各级价格主管部门要强化价格监督检查，加强对农用燃油市场的监管力度，打击超出国家规定价格水平销售成品油，囤积居奇、哄抬成品油价格，以及短缺数量、抬级抬价、变相涨价等违法行为，维护农业用油市场稳定和价格秩序。

五、保障安全

农机跨区作业期间是农机事故的多发期。农机、公安等部门要制定应急预案，提高预防、控制农机跨区作业突发性事件的应急处理能力。各级农机管理部门要加强农机驾驶员和辅助作业人员的技术培训和安全生产教育，提高驾驶操作技术水平和安全生产意识。加强对农机跨区作业的安全生产督察，预防重特大事故发生。公安交通管理部门要对农机跨区作业期间的重点地区、重点路段加强管理，维护道路交通秩序，及时处理农机发生的道路交通事故。交通部门要加强公路养护巡查，保证路况良好、畅通。各地公安、农机部门对辖区内发生的作业纠纷、事故，接到报告后，要按照各自职责，及时赶赴现场协调处理。

六、加强领导

国家发改委、公安部、交通部、农业部和中国石油化工集团公司、中国石油天然气股份有限公司等“全国跨区机收小麦工作领导小组”成员单位，要紧密配合，通力协作，各司其职，加强对全国农机跨区作业的组织、实施和管理等工作。各级发展改革、价格、公安、交通、农机、石油、石化等部门要从促进农业生产、农村经济发展和维护农民利益出发，加强对农机跨区作业工作的领导。要紧紧围绕重要农时、重点作物和关键生产环节，建立沟通协调机制，定期召开联席会议，努力做好组织、协调、服务等各项保障工作。要在当地政府的领导下，制止随意上路拦机、截机行为，依法打击敲诈、抢劫机手等行为，维护好农机跨区作业市场秩序，协调解决好农机跨区作业中出现的问题，推进农机跨区作业组织管理工作上一个新的台阶。对跨区作业中好的经验和做法，要及时总结，做好宣传表彰工作。

238. 关于畅通“绿色通道”限期落实省内外无差别政策的紧急通知

（交公路发明电〔2008〕1号）

各省、自治区、直辖市交通厅（委），天津市市政公路管理局，上海市市政工程管理局，新疆生产建设兵团交通局：

2005年以来，各级交通主管部门根据《全国高效率鲜活农产品流通“绿色通道”建设实施方案》（交公路发〔2005〕20号）的要求，在各级人民政府的统一领导下，积极推进“绿色通道”网络建设，并结合地区实际，出台了一系列鲜活农产品运输“绿色通道”优惠政策，为加快农产品流通、促进农村经济发展和农民增收做出了重要的贡献。从政策执行情况来看，目前存在的主要问题是部分地方对省内、省外鲜活农产品运输车辆实行不同的通行费减免政策，严重影响了“绿色通道”政策实施的效果。为此，今年中央一号文件明确提出，要畅通“绿色通道”，消除省内外差别政策。国务院在1月14日召开的全国保障市场供应加强价格监管电视电话会议，对此也提出了明确的要求。为贯彻中央1号文件和国务院电视电话会议精神，进一步畅通“绿色通道”、规范和落实通行费减免优惠政策，确保鲜活农产品的运输，现就有关问题紧急通知如下：

一、限期消除鲜活农产品运输“绿色通道”通行费减免优惠省内外差别政策。据初步统计，目前尚有四川、新疆2省（区）的普通公路和高速公路，以及山西、湖南、浙江等3省的高速公路，还存在对不同省（区、市）车辆实行不同的通行费减免政策。甘肃、广西等2省（区）的普通公路和高速公路，以及福建省的高速公路对运输不同产地鲜活农产品的运输车辆实行不同的通行费减免政策。请以上省（区、市）交通主管部门按照中央1号文件的要求，尽快向省级人民政府报告，按规定程序调整“绿色通道”通行费减免优惠政策，务必在2008年1月20日前全部实现对省内外车辆实施无差别减免通行费政策，并将政策调整情况报部（公路司）。

二、采取措施，确保鲜活农产品运输“绿色通道”网络畅通。各级交通主管部门和公路管理机构在春节前要进一步加大“绿色通道”网络沿线公路的养护管理，加强路况检查和设施维护，确保沿线路况良好和网络畅通。一线交通执法人员要坚决执行“不扣车、不罚款、不卸载”的“三不”政策，减少鲜活农产品运输车辆在行驶途中不必要的滞留时间。针对春运期间鲜活农产品运量明显增加的实际，各地要在“绿色通道”专用收费道口适当增加辅助工作人员，并尽可能利用科技手段提高检验工作效率，提高鲜活农产品“绿色通道”的通行能力和通行效率。

三、推广成熟工作经验，加大推进鲜活农产品运输“绿色通道”的政策实施力度。从各地反映的情况看，目前云南、陕西等17个省（区、市）对鲜活农产品运输车辆实行了通行费全免的“绿色通道”政策，对于进一步繁荣鲜活农产品市场、保障鲜活农产品市场供应，降低鲜活农产品流通环节费用等方面，起到了明显的促进作用，得到了鲜活农产品产地、批发市场和运输流通环节从业人员的充分肯定，产生了良好的经济和社会效益。但目前还有江苏、河南、广东等3省尚未出台高速公路通行费减免政策，宁夏尚未开通高速公路绿色通道网络。上述省份要报经省级人民政府批准，加快开通高速公路“绿色通道”网络。对尚未全部减免鲜活农产品运输车辆通行费的省份，也要创造条件，积极借鉴已经实施通行费全免政策省份的成熟经验，报经省级人民政府批准，更大幅度地降低直至全部免除符合规定的鲜活农产品运输车辆通行费。根据收费公路的不同类型，要率先在政府还贷收费公路上推广通行费全免的“绿色通道”政策，尽最大努力、以更大力度进一步降低鲜活农产品运输成本，为保障市场供应，稳定物价作出交通部门应有的贡献，使交通工作服务于国家经济社会发展大局，服务于社会主义新农村建设，服务于人民群众安全便捷出行的要求体现到“绿色通道”的建设工作中。

四、加大监督检查力度。各级交通主管部门要加大监督检查工作力度，特别在春节前要对本辖区已开通的绿色通道进行一次全面的检查，严肃查处不规范行为。国务院近期将派出督查组，对“绿色通道，工作有关情况进行检查。在检查中，凡发现各地出现不严格执行“绿色通道”通行费减免优惠政策的、在规定时限内仍未消除省内外车辆通行费减免优惠政策差别的，以及未能落实“三不”政策妨碍鲜活农产品流通“绿色通道”畅通的，将按有关规定予以纠正。

239. 关于延长鲜活农产品运输“绿色通道”应急机制时限的紧急通知

（交公路明电发〔2008〕9号）

各省、自治区、直辖市交通厅（委），天津市市政公路管理局，上海市市政工程管理局，新疆生产建设兵团交通局：

1月25日，部印发了《关于在春节前启动鲜活农产品运输应急机制的紧急通知》（交公路明电发〔2008〕4号），决定从1月26日至2月5日，启动鲜活农产品运输应急机制，对在“绿色通道”上行驶的整车合法装载的鲜活农产品运输车辆，一律免缴车辆通行费。鉴于近期暴雨雪天气对公路交通运输产生了较大的影响，根据目前各地救灾工作以及大中城市市场供应和稳定农产品价格的需要，部决定将鲜活农产品运输应急机制时限延长至2008年3月31日。各地要按照4号明电及本通知的要求，不折不扣地落实好“绿色通道”对鲜活农产品运输车辆免收通行费的应急措施。同时，将截至2月5日前政策执行情况于2月6日上午12时前报部。

240. 关于做好电煤公路运输有关问题的通知

（交公路明电发〔2008〕10号）

各省、自治区、直辖市交通厅（委），天津市市政公路管理局，上海市市政工程管理局，新疆生产建设兵团交通局：

今年以来我国大部分地区出现罕见的持续低温雨雪冰冻的极端天气，对于交通运输、重点物资和能源的供应带来极大的影响。特别是南方受灾地区电煤频频告急，电煤库存下降较快，近百座电厂的库存煤低于警戒线。随着部分受灾地区电网恢复正常运行，电煤供应压力进一步加大。根据国务院电煤煤运输和抗灾救灾应急指挥中心的统一部署，现就公路电煤运输有关事宜通知如下：

一、各省、自治区、直辖市交通主管部门要按照中央的部署，高度重视电煤运输工作，积极主动地与有关方面沟通联系，及时了解本地区的电煤产运需求，在铁路运输能力有限的情况下，要充分发挥公路运输的优势，要根据有关方面的实际需求，组织动力开展电煤公路抢运工作，努力缓解大范围雨雪冰冻灾害对煤电油运造成的影响。

二、对于各省、自治区、直辖市本辖区内出现电煤运输告急的情况，由各省级交通主管部门报经省级人民政府同意后，启动省城内电煤运输应急机制，组织电煤公路抢运工作，明确电煤公路抢运专线，并对合法装载电煤的公路运输车辆（空车除外）免收车辆通行费。

三、对于各省、自治区、直辖市出现电煤运输告急、需要跨省城抢运电煤的情况，由所在地省级交通主管部门向部提出申请，部将协调有关省份，适时启动跨省城公路电煤运输应急机制。

特此通知。

241. 关于为电力抢修救灾物资运输以及施工提供便利的紧急通知

（交公路明电发〔2008〕24 号）

各省、自治区、直辖市交通厅（委），天津市市政公路管理局，上海市市政工程管理局，新疆生产建设兵团交通局：

近日，中国南方电网公司和国家电网公司先后来函请部协调解决抗冰抢险保电救灾物资运输车辆通行以及电力抢修施工涉路许可等问题。就此，国务院煤电油运和抢险救灾应急指挥中心、电监会召集有关单位专题进行了研究。此前，都已于 2 月 10 日发出《关于给予抗冰抢险保电救灾物资运输车辆免费通行的紧急通知》（交公路明电发〔2008〕22 号），就国家电网公司电力抢修救灾物资运输车辆启动了应急预案，提出明确要求。为贯彻落实国务院常务会议精神，继续支持有关部门和地方尽快组织灾区电网抢修和重建工作，现就有关事项紧急通知如下：

一、关于电力抢修救灾物资运输问题。

对于南方电网公司提出的电力抢修救灾物资运输车辆的通行问题，仍然按照部已经启动的抢险救灾物资运输紧急预案执行。

（一）启动紧急预案时限：2 月 16 日至 4 月 10 日。

（二）运输车辆行驶路线：由北京、上海、辽宁、江苏、浙江、四川、安徽、贵州、广东、广西、云南等地运往贵州、广东、广西、云南。

（三）运输范围：铁塔、线材、绝缘子、水泥杆、光缆等设备物资。

（四）车辆通行证明：承担抗冰抢险保电救灾物资运输的车辆持统一配备中国南方电网公司专用标志“抗冰抢险特别通行证”原件（A4 纸张大小，橙底白字，样式附后），每张通行证原件上分别加盖南方电网所属五个分公司（超高压输电公司、广东电网公司、广西电网公司、云南电网公司、贵州电网公司）公章，通行证由各公司统一编号（各公司编号应保存对应运输车辆车号，以便各经营管理单位通过通行证背面电话及时验证真伪）。

请各相关省级交通主管部门迅速通知本辖区内各有关高速公路经营管理单位，对持上述有效合法通行证原件、批量运输救灾物资的运输车辆在启动紧急预案时限内，经过境内高速公路收费站，予以免费通行，并提供必要的通行便利。为确保运输和交通安全，运输车辆原则上不得超限超载，确实无法解体的，相关运输单位提前提出申请，并按指定路线由路政车辆护送行驶。

二、关于电力抢修施工涉路许可问题

根据国家电网公司、华润电力控股有限公司对受损线路的调查，广东、湖南两省部分路段的电网抢修施工需跨越京珠高速公路，根据《公路法》的有关规定，需要提前向广东、湖南两省交通主管部门提出涉路施工许多申请。请上述两省交通厅按照“特事特办”的原则，高度重视，并积极为电力抢修跨越京珠高速公路施工许可提供便利和服务，按照简易程序的要求，积极做好涉路施工行政许可审批手续办理工作。国家电网公司、华润电力控股有限公司将会提前与两省交通厅联系接洽。

特此通知。

附件：中国南方电网公司专用标志（正面和背面图）（略）

242. 收费公路权益转让办法

（交通运输部、国家发展和改革委员会、财政部令2008年第11号）

第一章　总　　则

第一条　为了规范收费公路权益转让行为，维护转让方、受让方以及使用者的合法权益，促进公路事业发展，根据《中华人民共和国公路法》（以下简称《公路法》）、《收费公路管理条例》（以下简称《收费条例》）制定本办法。

第二条　在中华人民共和国境内转让收费公路权益，应当遵守本办法。

第三条　本办法下列用语的含义是：

（一）收费公路，是指按照《公路法》和《收费条例》规定，经批准依法收取车辆通行费的公路（含桥梁和隧道）。收费公路包括政府还贷公路和经营性公路。

政府还贷公路，是指县级以上地方人民政府交通运输主管部门利用贷款或者向企业、个人有偿集资建成的收费公路。

经营性公路，是指国内外经济组织依法投资建设或者依法受让政府还贷公路收费权的收费公路。

（二）收费公路权益，是指收费公路的收费权、广告经营权、服务设施经营权。

（三）收费公路权益转让，是指收费公路建成通车后，转让方将其合法取得的收费公路权益有偿转让给受让方的交易活动。

转让方是指将合法取得的收费公路权益依法有偿转让给受让方的国内外经济组织，包括不以营利为目的的专门建设和管理政府还贷公路的法人组织和投资建设经营经营性公路的国内外经济组织。

受让方是指依法从转让方有偿取得收费公路权益的国内外经济组织。

第四条　国家允许依法转让收费公路权益，同时对收费公路权益的转让进行严格控制。

国家在综合考虑转让必要性、合理性、社会承受力等因素的基础上，严格限制政府还贷公路转让为经营性公路。

收费公路权益转让活动，应当遵守相关法律、法规、规章的规定，应当遵循公开、公平、公正和诚实信用的原则。

第五条　国务院交通运输主管部门主管全国收费公路权益的转让工作。国务院发展改革部门和财政主管部门依据各自职责，负责收费公路权益转让的相关管理工作。

第二章　收费公路权益转让条件

第六条　转让收费权的公路，应当符合《收费条例》第十八条规定的技术等级和规模。

第七条　有下列情形之一的，收费公路权益中的收费权不得转让：

（一）长度小于1000米的二车道独立桥梁和隧道；

（二）二级公路；

（三）收费时间已超过批准收费期限2/3。

第八条　同一个收费公路项目的收费权、广告经营权、服务设施经营权，可以合并转让，也可以单独转让。

第九条 转让收费公路权益，不得有下列行为：

（一）将一个依法批准的收费公路项目分成若干段转让收费权；

（二）将收费公路权益项目与非收费公路权益项目捆绑转让；

（三）受让方没有全部承继转让方原对政府和社会公众承担的责任、义务；

（四）将政府还贷公路权益无偿划转给企业法人。

第十条 转让尚未偿清国际金融组织或者外国政府贷款的收费公路权益的，应当按照国家相关规定在申请转让审批前经原利用国外贷款审批部门同意。

收费公路权益转让的受让方应当按照国家有关投资管理的相关规定，在申请转让审批前将投资项目申请报告报有相应管理权限的投资主管部门核准。申请核准时应当同时提交收费公路权益转让合同。

第十一条 转让公路收费权，应当征得下列利害关系人同意：

（一）该公路的债权人；

（二）该公路收费权的质权人；

（三）该公路的所有投资人；

（四）公路的投资建设合同和转让公路收费权合同中约定转让及再转让时要征得其同意的人。

第十二条 公路收费权的受让方应当具备下列条件：

（一）财务状况良好，企业所有者权益不低于受让项目实际造价的35%；

（二）商业信誉良好，在经济活动中无重大违法违规行为；

（三）法律、法规规定的其他条件。

单独转让公路广告经营权、服务设施经营权时，其受让方应当具备的条件，按照地方性法规和省级人民政府规章执行。

第十三条 转让政府还贷公路收费权，可以向省级人民政府申请延长收费期限，但延长的期限不得超过5年，且累计收费期限的总和最长不得超过20年。国家确定的中西部省、自治区、直辖市政府还贷公路累计收费期限的总和，最长不得超过25年。

转让经营性公路收费权，不得延长收费期限，且累计收费期限的总和最长不得超过25年。国家确定的中西部省、自治区、直辖市经营性公路累计收费期限的总和，最长不得超过30年。

不得以转让公路收费权为由提高车辆通行费标准。

第三章　收费公路权益转让程序

第十四条 转让公路收费权，在办理转让审批前，转让方可以先向审批机关提出转让立项申请。

提出转让立项申请的，需要提交以下材料：

（一）转让收费权的公路概况，包括公路建设年限、技术等级和规模、投资来源和投资额、通车收费时间、近三年该收费公路的收支情况等；

（二）转让的原因和目的；

（三）转让政府还贷公路所得收入的投向；

（四）本办法第十一条规定的利害关系人同意转让的书面意见；

（五）转让尚未偿清国际金融组织或者外国政府贷款的收费公路权益的，出具原利用国外贷款审批部门的书面同意意见；

（六）省级人民政府批准收取车辆通行费的文件；

（七）经审计机关或者有资格的会计师事务所审计的上一年度会计报告；

（八）首次转让公路收费权的，提供该收费公路竣工财务决算和竣工审计报告；

（九）转让经营性公路收费权的，提供公司章程；

（十）再次转让公路收费权的，提供原转让协议；

（十一）审批机关认为需要提供的其他文件。

第十五条 审批机关收到转让立项申请后，应当对申请转让的收费权是否符合转让条件进行初步审查，并出具转让立项审查意见。

转让立项审查意见可以作为转让方在作转让前期准备工作时证明拟转让的公路收费权符合转让条件的依据。

转让立项审查意见自出具之日起一年内有效。

第十六条 转让下列收费公路的收费权，转让方应当委托符合条件的资产评估机构，对收费权价值进行评估：

（一）政府还贷公路；

（二）有财政性资金投入的经营性公路；

（三）使用国有资本金投资的公路。

资产评估机构出具的评估报告，是确定前款规定收费公路的收费权转让最低成交价的依据。

转让方对资产评估机构出具的资产评估报告，应当按照国家有关资产评估的规定，报有关部门核准或者备案。

第十七条 转让方按照第十六条规定进行收费权价值评估的，应当委托符合下列条件的资产评估机构：

（一）具有法律、行政法规规定的资产评估资质；

（二）评估机构的人员具备与公路收费权价值评估相适应的专业知识和经验；

（三）评估机构和人员近三年未发生违规行为，未有违规不良记录。

第十八条 转让收费公路权益进行收费权价值评估，评估方法应当采用收益现值法，所涉及的收益期限由转让方与资产评估机构在批准的收费期限内约定。

第十九条 转让政府还贷公路收费权益和有财政性资金投入的经营性公路收费权益，应当采用公开招标的方式，公平、公正、公开选择受让方。

第二十条 收费公路权益转让的招标投标活动，应当严格执行《中华人民共和国招标投标法》等有关规定。

省级人民政府交通运输主管部门负责对收费公路权益转让招标投标全过程的监督管理。省级人民政府发展改革部门、财政主管部门依据各自职责，负责招标投标活动的监督。

第二十一条 进行收费公路权益转让招标的，转让方应当通过国家指定的报刊、信息网络或者其他媒介，发布招标公告。公告期不得少于20日。

第二十二条 转让政府还贷公路权益和有财政性资金投入以及使用国有资本金投资的经营性公路权益进行招标的，应当实行有底价招标。其中转让收费权的招标底价不得低于有关部门核准或者确认的收费权价值评估价。

第二十三条 转让方应当依法编制招标文件。招标文件应当包括下列内容：

（一）招标项目的基本情况，包括项目建设年限、通车时间、技术等级和规模、投资来源和投资额、近年收支情况等；

（二）受让方应当具备的条件及有关资格和资信要求。转让政府还贷公路权益和有财政性资金投入的经营性公路权益的，应当要求受让方承诺所成立的公路经营企业不对外提供担保，包括为受让方债务提供任何形式的担保，不承担受让方的债务；

（三）受让方的权利和义务；

（四）转让金的支付形式、期限（最长不超过合同生效后6个月）及担保要求；

（五）经营期间公路养护、绿化及水土保持要求；

（六）经营终结后解散和清算的程序，公路权益移交时公路及公路附属设施、服务设施的标准；

（七）受让方或其设立的公路经营企业破产，终止、解除转让协议的条件；

（八）政府终止收费公路权益转让协议的条件；

（九）投标文件的编制要求及其送达方式、地点和截止时间；

（十）开标地点及开标和评标的时间安排；

（十一）评标标准、评标办法、评标程序、确定废标的因素；

（十二）签订的转让合同的主要条款；

（十三）职工安置方案；

（十四）债权债务处理方案；

（十五）其他需要说明的问题。

第二十四条 受让方确定后，转让方和受让方应当依法订立收费公路权益转让合同。

转让合同应当包括下列条款：

（一）转让方与受让方的名称与住所；

（二）项目名称和经营内容；

（三）经营范围和转让期限；

（四）转让价格及支付价款的时间（最长不超过合同生效后 6 个月）和方式；

（五）有关资产交割事项；

（六）转让方涉及的职工安置方案；

（七）转让方的权利和义务；

（八）受让方的权利和义务；

（九）公路养护和服务质量保障措施（包括建立养护维修保证金等）；

（十）经营风险的承担责任；

（十一）公路养护责任；

（十二）公路移交的方式和时间；

（十三）争议的解决方式；

（十四）各方的违约责任；

（十五）合同变更和解除的条件；

（十六）转让合同期满后公路收费权的归属和移交事项；

（十七）转让和受让双方认为必要的其他条款。

第二十五条 公路收费权益转让合同自公路收费权转让批准之日起生效。

第二十六条 转让国道（包括国道主干线和国家高速公路网项目，下同）收费权，应当经国务院交通运输主管部门批准。转让国道以外的其他公路收费权，应当经省级交通运输主管部门审核同意，报省级人民政府批准。

将公路广告经营权、服务设施经营权与公路收费权合并转让的，由具有审批公路收费权权限的审批机关批准。

单独转让公路广告经营权、服务设施经营权的审批，按照地方性法规和省级人民政府规章执行。

第二十七条 申请转让公路收费权的，转让方应当向审批机关提交申请文件，内容应当包括：

（一）提出过立项申请的，需提交转让立项审查意见；未提出过立项申请的，需提交第十四条规定的相关材料；

（二）转让前期按照规定进行收费权价值评估的有关材料和资产评估报告的核准或者备案文件等；

（三）转让前期招标投标情况和受让方的确定情况；

（四）审计部门或者会计师事务所出具的受让方上年度会计报告和受让方的法人营业执照副本；

（五）按照第十条规定办理的相关手续和书面同意意见；

（六）转让收入的具体投向；

（七）公路收费权益管理情况；

（八）转让方、受让方签订的公路收费权益转让合同；

（九）审批机关认为需要提供的其他文件。

第二十八条　审批机关应当按照《行政许可法》和相关规定的要求，办理公路收费权转让审批。

审批机关在审查收费公路权益转让申请时，应当综合考虑维护国家利益、社会公共利益的因素。

同意转让公路收费权的，审批机关应当出具公路收费权转让批准文件。

第二十九条　由省级人民政府批准转让公路收费权的，转让方自批准之日起30日内，应当将省级交通运输主管部门审核意见、省级人民政府批准文件和转让合同报国务院交通运输主管部门备案。

第三十条　国务院交通运输主管部门应当自批准公路收费权转让之日起30日内，将批准文件抄送国务院发展改革主管部门和财政主管部门。

第三十一条　转让方应当对所提交申请材料的真实性、合法性负责。

第四章　转让收入使用管理

第三十二条　转让政府还贷公路权益的收入，除用于偿还公路建设贷款和有偿集资款外，应当全部用于公路建设。任何单位不得将转让政府还贷公路权益的收入用于公路建设以外的其他项目。

转让有财政性资金投入的经营性公路权益取得的收入中与财政性资金投入份额相应的收入部分，除用于偿还公路建设贷款外，主要用于公路建设。

第三十三条　转让全部由社会资金投入的经营性公路权益取得的收入，由投资者自行决定转让收入使用方向。

国家有关部门应当鼓励投资者将这部分收入继续投入公路建设项目。

第三十四条　转让政府还贷公路权益和转让有财政性资金投入的经营性公路权益取得的收入中与财政性资金投入份额相应的收入部分，纳入预算管理。转让方应当在取得上述转让收入的3个工作日内，按照规定的预算级次上缴财政。实行非税收入收缴管理制度改革的，按照改革的相关规定执行。财政主管部门应当将转让收入纳入当年财政收支预算，资金拨付按照财政国库管理制度有关规定执行。

第五章　收费公路权益转让后续管理及收回

第三十五条　受让方依法拥有转让期限内的公路收费权益，转让收费公路权益的公路、公路附属设施的所有权仍归国家所有。

第三十六条　收费公路权益转让合同约定的转让期限届满，转让收费公路权益的公路、公路附属设施以及服务设施应当处于良好的技术状态，由国家无偿收回，由交通运输主管部门管理。

收费公路权益转让期限未满，因社会公共利益需要等原因国家提前收回转让的收费公路权益的，接收收费公路权益的交通运输主管部门依法给予受让方补偿。最高补偿额按照原转让价格和提前收回的期限占原批准转让期限的比例计算确定。

第三十七条　收费公路权益转让后，该公路路政管理的职责仍然由县级以上地方人民政府交通运输主管部门或者公路管理机构的派出机构、人员行使。

第三十八条　受让方在依法取得收费公路权益后，依法成立的公路经营企业应当按照国家规定的标准和规范要求，做好公路养护管理、绿化以及公路用地范围内的水土保持工作，并对收费公路及沿线设施进行日常检查、检测、维护，保证收费公路处于良好的技术状态。

公路经营企业应当根据交通运输主管部门要求，定期提供公路技术状况检测报告。

第三十九条 公路经营企业应当接受国务院交通运输主管部门和省、自治区、直辖市人民政府交通运输主管部门的行业管理，按要求实行联网收费，并遵守路网的其他统一要求，及时提供统计资料和有关经营情况。

第四十条 收费公路权益转让后，省、自治区、直辖市交通运输主管部门应当对该收费公路的收费管理和养护情况实施监督检查。

收费公路权益转让合同约定的转让期限届满前6个月，省、自治区、直辖市人民政府交通运输主管部门应当对转让权益的收费公路进行鉴定和验收。经鉴定和验收，公路符合收费公路权益转让时核定的技术等级和标准的，公路经营企业方可按照国家有关规定，在转让期限届满时向交通运输主管部门办理公路移交手续；不符合转让收费公路权益时核定的技术等级和标准的，公路经营企业应当在交通运输主管部门确定的期限内进行养护，达到要求后，方可按照规定办理公路移交手续。转让期限届满仍未达到要求的，交通运输主管部门应当收回公路收费权，办理公路移交手续，指定其他单位进行养护，养护费用由原公路经营企业承担。

第六章　法 律 责 任

第四十一条 违反本办法的规定，擅自批准收费公路权益转让的，按《收费条例》第四十七条的规定查处。

第四十二条 违反本办法第九条的规定，由国务院交通运输主管部门或者省级交通运输主管部门依据职权，责令改正；对负有责任的主管人员和其他直接责任人员依法给予行政处分；构成犯罪的，依法追究刑事责任。

第四十三条 违反本办法的规定，转让方应当通过招标选择受让方而未进行招标，或者招标的程序、内容不符合本办法的规定，按照《中华人民共和国招标投标法》的有关规定查处。

第四十四条 违反本办法的规定，社会中介机构在对收费公路权益转让项目进行审计或者评估时弄虚作假，或者出具的会计报告和评估报告严重失实的，根据其情节轻重，由有关机构按照国家有关法律、法规的规定处罚。

第四十五条 违反本办法的规定，有下列行为之一的，按照《收费条例》第五十二条的规定查处：

（一）转让方未将转让政府还贷公路权益的收入和转让有财政性资金投入的经营性公路权益取得的收入中与财政性资金投入份额相应的收入部分全额缴入国库的；

（二）交通运输主管部门、财政主管部门将转让政府还贷公路权益的收入和转让有财政性资金投入的经营性公路权益取得的收入中与财政性资金投入份额相应的收入部分，未用于偿还贷款或者偿还有偿集资款及未用于公路建设，将转让收入挪作他用的。

第四十六条 违反本办法的规定，受让方未履行公路养护、绿化和公路用地范围内的水土保持义务，按照《收费条例》第五十四条和第五十五条的规定查处。

第四十七条 违反本办法的规定，审批机关及其工作人员有下列情形之一的，按照《中华人民共和国行政许可法》第七十二条和第七十四条的规定查处：

（一）不在本办法规定的期限内出具审批意见的；

（二）对不符合法定条件和程序的收费公路权益转让申请予以批准，或者超越法定职权予以审批的；

（三）在受理、审查过程中，未向转让方一次告知必须补正的全部内容的。

第四十八条 审批机关工作人员在办理收费公路权益转让审批过程中，索取或者收受他人财物或者谋取其他利益，按照《中华人民共和国行政许可法》第七十三条的规定查处。

第七章　附　　则

第四十九条　本办法规定的时限以工作日计算，不含法定节假日。

第五十条　本办法自 2008 年 10 月 1 日起施行。交通部于 1996 年 10 月 9 日以交通部第 9 号令发布的《公路经营权有偿转让管理办法》同时废止。

243. 关于继续做好鲜活农产品运输“绿色通道”工作的通知

（交公路明电〔2008〕1231号）

各省、自治区交通厅、北京、重庆市交通委员会、天津市市政公路管理局、上海市城乡建设和交通委员会：

根据党的十七届三中全会《关于推进农村改革发展若干重大问题的决定》提出的“发展农产品现代流通方式，减免运销环节收费，长期实行绿色通道政策，加快形成流通成本低、运行效率高的农产品营销网络”要求，部正会同有关部门研究调整“绿色通道”政策。为做好岁末年初“绿色通道”政策的衔接工作，在新政策出台之前，对在国家确定的“五纵二横”“绿色通道”上行驶的整车合法装载鲜活农产品运输车辆，要按照现有政策继续免收车辆通行费。各级交通主管部门要加强监督检查，确保“绿色通道”畅通，相关措施落实到位。

244. 财政部　国家发展改革委　交通运输部　监察部　国务院纠风办　审计署关于全面清理涉及交通和车辆收费的通知

（财综〔2009〕6 号）

各省、自治区、直辖市财政厅（局）、发展改革委、物价局、交通厅（局、委）、监察厅（局、委）、纠风办、审计厅（局），上海市城乡建设与交通委员会，天津市市政公路管理局，新疆生产建设兵团财务局、发展改革委、物价局、交通局、监察局、纠风办、审计局：

为规范交通和车辆收费管理，防止乱收费，根据《国务院关于实施成品油价格和税费改革的通知》（国发〔2008〕37 号）精神，决定对涉及交通和车辆的行政事业性收费进行全面清理。现将有关事项通知如下：

一、各省、自治区、直辖市要对本行政区域出台的涉及交通和车辆的行政事业性收费进行逐项重新审核，凡没有法律、法规依据或者未经国务院和省、自治区、直辖市人民政府及其财政、价格部门批准的行政事业性收费项目，均属于乱收费，要一律取消；属于重复设置或不能适应经济社会发展要求的不合理收费，也应清理取消；对收费标准过高的，要本着切实减轻社会负担的原则，重新核定收费标准。

二、对按照国家规定收取的机动车牌证工本费、机动车安全技术检验费、机动车驾驶许可考试费、机动车抵押登记费、公路和城市道路（含桥梁、隧道）车辆通行费等涉及交通和车辆的收费，要采取有效措施进一步规范管理，严格按照国家规定的收费政策执行，不得擅自扩大收费范围、提高收费标准或另行加收任何费用。

三、各省、自治区、直辖市财政、价格部门会同同级交通运输、监察、纠风、审计部门负责组织本地区的清理工作。按照清理规范的原则和政策界限，对本地区所有涉及交通和车辆的收费进行认真审核，确定取消的收费项目、降低的收费标准和规范管理的措施。对确需保留的涉及交通和车辆的行政事业性收费项目和标准，应报省级人民政府批准后执行。

四、各级财政、价格、监察、纠风、审计部门要加强对涉及交通和车辆收费的监督检查，确保各部门、单位和个人不得继续收取明令取消的收费项目或非法设立收费项目。要发挥社会监督作用，建立和畅通举报渠道，接受公民、法人和其他组织对乱收费的举报。对违反规定的乱收费行为，要严肃查处，并追究相关责任人的行政责任。

五、各地区、各有关部门要高度重视清理涉及交通和车辆收费工作，切实履行职责，认真组织实施，确保清理工作取得实效。各省、自治区、直辖市要于 2009 年 3 月 20 日前将清理情况，包括取消的收费项目、降低的收费标准、涉及收费金额以及保留的收费项目和标准等，分别报财政部、国家发展改革委、交通运输部、监察部、国务院纠风办、审计署。

245. 关于规范和严格控制政府还贷二级公路取消收费后改建为收费一级公路的通知

（交公路发〔2009〕34号）

各省、自治区、直辖市交通厅（委）、天津市市政公路管理局，新疆生产建设兵团交通局：

根据国务院《关于实施成品油价格和燃油税费改革的通知》（国发〔2008〕37号）精神，为做好逐步有序取消政府还贷二级公路收费工作，巩固调整和完善收费公路发展政策成果，规范和严格控制将取消政府还贷收费后的二级公路改建升级为一级公路继续收费，现就有关事宜通知如下：

一、科学发展，严格控制新建一级公路的规模。“贷款修路、收费还贷”政策是针对现阶段我国公共财政能力不足，采取多渠道发展公路交通的投融资手段，而不是公路建设的目的。地方各级交通运输主管部门要结合本地区经济社会发展实际需要，严格按照本辖区公路网规划，以及交通量需求和拟建项目在公路网中承担的功能，科学合理地确定公路技术等级，严格控制一级公路的新建规模，特别是要防止收费一级公路的无序发展。

二、规范程序，加强二级公路改建升级为一级公路的管理。地方各级交通运输主管部门要加强监管，严把审核关。在科学论证公路改造项目可行性的基础上，对取消政府还贷的二级公路，有必要升级为一级公路的，要严格执行基本建设程序。改造建设项目非由政府组织贷款融资或非由国内外经济组织投资建设的，不得申报设置公路收费站点和申请收费许可证。

三、严格审批，从严控制新增收费一级公路项目。对于新增收费一级公路项目，必须按照《收费公路管理条例》的规定进行立项和审批。未经审批立项、不符合公路网规划、连续里程不足50公里和技术指标不符合《公路工程技术标准》的，不得进行项目建设。同时不得将非因交通量增长需求、未按基本建设审批程序批准的政府还贷二级公路，改建升级为一级公路继续收费。

246. 交通运输部　发展改革委　财政部关于锁定政府还贷二级收费公路债务及里程有关事宜的通知

（交公路发〔2009〕213号）

根据《国务院关于实施成品油价格和税费改革的通知》（国发〔2008〕37号）和《国务院办公厅关于转发发展改革委 交通运输部 财政部 逐步有序取消政府还贷二级公路收费实施方案的通知》（国办发〔2009〕10号，以下简称《实施方案》）有关规定，为有序推进取消政府还贷二级公路收费工作，锁定政府收费还贷二级公路债务及里程，现将有关事项通知如下：

一、关于政府收费还贷二级公路的认定

此次债务及里程认定工作的对象是政府收费还贷二级公路（含二级公路上的收费桥隧和在建二级收费公路项目，包括纳入"统贷统还"范围的二级公路，下同），以及截至2008年年底前已由政府回购并确已改变收费公路性质的收费经营二级公路。不包括城市道路以及非政府收费还贷二级公路。

政府收费还贷二级公路是指由县级以上地方人民政府交通主管部门利用贷款或者向企业、个人依法有偿集资建设的二级公路。

政府收费还贷二级公路里程是指实际建成或在建的符合国家设置收费公路有关规定和《公路工程技术标准》规定的二级公路里程。与取消收费的政府还贷二级公路同属于一个收费项目以及共设收费站的收费一级公路，纳入审计认定的取消收费政府还贷二级公路的里程。

二、关于债务余额的认定

（一）对已由省级人民政府批准收费的政府还贷二级公路，其债务余额是指在建设期内为建设该项目形成的，以及运营期间因该项目实施公路养护、改造工程而形成的，截至2008年年底尚未偿还金融机构的贷款余额（本金和利息，下同），和向企业、个人依法有偿集资款的余额；对在建项目，其债务余额是指为建设该项目形成的，截至2008年底有关金融机构向该项目建设单位发放的以及已经签订的贷款合同所确定的贷款本金或项目建设单位已向个人、企业依法有偿集资的款项。

（二）实行"统贷统还"的，其贷款用于二级公路建设和改造部分的债务纳入锁定的债务余额。

（三）北京、天津、上海和海南四省（市）政府还贷二级公路债务余额的认定办法，考虑其特殊情况，可由四省（市）有关部门参照本办法确定的原则，在充分考虑本地实际的基础上提出意见，并商交通运输部、财政部、发展改革委确定。

三、关于认定依据

政府收费还贷二级公路及其债务余额和里程认定的主要依据如下：

（一）省级人民政府批准设立收费站或收费项目的文件；

（二）县级以上地方人民政府交通运输主管部门及其授权机构与金融机构的贷款合同、向企业或个人的有偿集资合同，以及在建项目建设单位与金融机构的贷款合同；

（三）县级以上地方人民政府交通运输主管部门及其授权机构分年度接收和偿还金融机构贷款以及企业或个人依法有偿集资款的相关证明材料；在建项目建设单位分年度接收金融机构贷款的相关证明材料；

（四）收费公路项目的立项可研批复、初步设计批复、竣（交）工验收报告和竣工决算；

（五）相关财务会计资料；

（六）与债务和里程认定有关的其他材料。

四、工作要求

（一）按照《实施方案》规定，逐步有序取消政府还贷二级公路收费工作，由各省（区、市）人民政府负总责。债务余额和里程认定工作由各省（区、市）审计厅（局）会同发展改革、财政、交通运输等部门对本省（区、市）政府收费还贷二级公路全面进行审计、核实后，向省（区、市）人民政府提出专项审计报告。经省级人民政府确认后，由省（区、市）人民政府办公厅函送交通运输部、发展改革委和财政部，并附《政府还贷二级公路锁定债务和里程汇总统计表》、《项目债务形成和偿还情况明细表》（见附件1-1～附件1-5）和各项目锁定债务和里程相关证明材料（式样见附件2），以便开展后续相关工作。

（二）债务余额和里程认定工作要按照本通知精神，依据《公路法》、《审计法》、《收费公路管理条例》、《审计法实施条例》、《国务院关于实施成品油价格和税费改革的通知》、《实施方案》、《关于在公路设置通行费收费站（点）的规定》（交公路发〔1994〕686号）等有关法律、法规和规定开展。

（三）政府还贷二级公路债务余额和里程认定工作要以省（区、市）为单位统一开展。对2009年2月份取消或逐步取消收费的省份，要在2009年7月30日前完成；其他省份原则上在2009年9月30日前完成。对2009年以后逐步有序取消政府还贷二级公路收费的省份，2008年底以后新增债务原则上在决定取消收费后另行审计核定。

五、各省（区、市）审计认定工作结束后，财政部驻各地财政监察专员办事处对各地锁定政府收费还贷二级公路债务及里程认定等相关数据进行核查。国家有关部门将组织专门力量对各地锁定债务余额和里程情况进行抽查和确认。对弄虚作假的，将按照《中华人民共和国审计法》、《财政违法行为处罚处分条例》（国务院令第427号）及其他有关法规予以处理，并予以通报批评；同时，视情节轻重，扣减或暂停拨付中央补助资金。

247. 财政部　交通运输部　国家发展改革委关于印发《取消政府还贷二级公路收费中央补助资金管理办法》的通知

（财建〔2009〕490号）

各省、自治区、直辖市财政厅（局）、交通厅（局）、发展改革委，天津市市政公路管理局、上海市城乡建设和交通委员会：

为做好逐步有序取消政府还贷二级公路收费工作，根据《国务院关于实施成品油价格和税费改革的通知》（国发〔2008〕37号）和《国务院办公厅关于转发发展改革委交通运输部财政部逐步有序取消政府还贷二级公路收费实施方案的通知》（国办发〔2009〕10号）等有关规定，特制定《取消政府还贷二级公路收费中央补助资金管理办法》。现印发给你们，请遵照执行。

附件：取消政府还贷二级公路收费中央补助资金管理办法

取消政府还贷二级公路收费中央补助资金管理办法

第一章　总　　则

第一条　为做好逐步有序取消政府还贷二级公路收费工作，根据《国务院关于实施成品油价格和税费改革的通知》（国发〔2008〕37号）和《国务院办公厅关于转发发展改革委 交通运输部 财政部 逐步有序取消政府还贷二级公路收费实施方案的通知》（国办发〔2009〕10号）等有关规定，制定本办法。

第二条　本办法所称取消政府还贷二级公路收费中央补助资金（以下简称补助资金）是指中央财政从成品油价格和税费改革后新增的成品油消费税收入中安排的，用于补助地方开展取消政府还贷二级公路（含在二级公路上的隧道、桥梁，下同）收费工作的专项资金。补助资金每年定额安排260亿元。

第三条　补助资金应当专款专用，实行专项转移支付。按照“先撤先补、多撤多补、不撤不补”的原则，补助资金每年全额分配各地，实行包干补助。未取消收费的省（自治区、直辖市）不予补助，其补助资金在取消收费的省份间分配。

第四条　中央按照各省（自治区、直辖市）逐步有序取消政府还贷二级公路收费的实施情况和相应的补助标准对各地进行补助。各地应相应建立取消政府还贷二级公路收费配套资金，与中央核拨的补助资金统筹安排使用，按照与银行签订的协议及时偿还债务，确保取消政府还贷二级公路收费工作稳步、有序开展。

第二章　补助资金的分配办法和支出范围

第五条　准备下一年度取消收费的省份，其省级交通运输、财政主管部门于当年9月30日前，将本省（自治区、直辖市）取消政府还贷二级公路收费实施方案、债务余额及专项审计报告、还贷协议等有关材料报交通运输部、财政部，同时抄报国家发展改革委。

第六条　交通运输部会同财政部、国家发展改革委根据各省（自治区、直辖市）逐步有序取消政府还贷二级公路收费的实施情况以及其提交的债务余额及专项审计报告、还贷协议等有关材料，制订补助资金年度分配方案，并由财政部会同交通运输部通知相关省级财政、交通运输主管部门。

第七条　根据资金分配办法不同，补助资金可分为“偿还债务阶段”和“未来发展阶段”，具体分配办法如下：

（一）偿还债务阶段。

中央财政对各地安排的补助资金实行封顶控制。

1. 补助资金封顶总额＝锁定的债务余额×补助比例，其中：

“锁定的债务余额”指各地经审计锁定的政府还贷二级公路债务余额。

“补助比例”：东部地区为40%，中部地区为50%，西部地区为60%。

2. 某省份当年补助资金＝当年全国补助资金总额（不含特殊地区）×该省份当年综合分配系数÷当年分配补助资金的所有省份综合分配系数之和。

某省份当年综合分配系数＝（该省份收费金额占比×50%＋该省份取消收费里程占比×20%＋该省份所在地区系数占比×30%）×该省份累计取消收费里程比例×该省份取消收费时间调整系数，

其中：

“收费金额”指《2007年收费公路情况汇总表》中反映的该省份2007年政府还贷二级公路的收费金额。

“收费里程”指各地经审计确定的政府还贷二级公路收费里程。

“地区系数”：东部地区为3，中部地区为4，西部地区为5。

某省份累计取消收费里程比例＝该省份累计取消收费里程÷该省份应取消的收费公路里程合计；若该省份是一次性全部取消政府还贷二级公路收费，该系数为1。

某省份取消收费时间调整系数：若该省份于1月1日起取消收费，该系数为1；若该省份于年度中间取消收费，则根据实际取消收费时间进行调整。

（二）未来发展阶段。

对补助偿债资金安排达到封顶总额的省份，中央财政从次年起从补助资金中安排一定的公路养护和建设发展资金。具体资金的分配和使用管理办法由财政部会同有关部门另行制定。

第八条 补助资金支出范围包括：

（一）偿还债务补助支出：用于补助偿还政府还贷二级公路承担的银行贷款本息等债务支出。

（二）人员安置经费补助支出：用于补助取消政府还贷二级公路收费涉及的人员（含退休人员）工资、保险和部分解除劳动合同人员的安置补偿经费等。

（三）公路养护补助支出：用于补助地方普通公路的日常维护、小修保养、大中修等养护支出。

（四）公路建设发展支出：专项用于补助地方普通公路新建、改造工程等支出。

第三章 补助资金的下达和使用

第九条 财政部按照交通运输部、财政部、国家发展改革委共同制订的补助资金年度分配方案对取消收费的省份拨付资金。年初预拨资金，年终进行清算。

第十条 省级以下补助资金的预算管理方式由省级财政主管部门会同交通运输主管部门确定。资金支付管理按照财政国库管理制度有关规定执行。

第十一条 补助资金要按照规定的支出范围使用，当年如有结余，可结转下年继续使用。

第十二条 有关省级财政主管部门应会同交通运输主管部门汇总上一年度补助资金收支和结余情况，于每年4月底前报财政部、交通运输部备案。

第四章 监督检查

第十三条 各有关省级财政、交通运输主管部门要加强对补助资金使用的管理和监督，确保专款专用，防止补助资金被截留、挤占和挪用。

第十四条 补助资金的使用单位应自觉接受财政、审计和交通运输管理部门的监督检查。

第十五条 财政部将会同交通运输部、国家发展改革委等相关部门对各地取消政府还贷二级公路收费情况和专项资金的安排和使用情况进行不定期或重点监督检查。对于违反规定，虚报数据、截留挪用补助资金或其他违规行为，将相应扣减或取消其下一年度补助资金，并严格按照《中华人民共和国预算法》和《财政违法行为处罚处分条例》（国务院令第427号）等有关法规予以处理。涉嫌犯罪的，移送司法机关处理。

第五章 附　　则

第十六条 各地可根据本办法的规定，结合各地实际情况，制定本地区的补助资金管理办法，并报财政部、交通运输部和国家发展改革委备案。

第十七条 考虑到北京市、天津市、上海市、海南省和西藏自治区的特殊情况，中央从补助资金中对上述五省（区、市）适当安排补助，具体分配原则由交通运输部、国家发展改革委和财政部另行确定，资金拨付及使用管理参照本办法执行。

第十八条 本办法由财政部商交通运输部、国家发展改革委负责解释。

第十九条 本办法自发布之日起执行。

248. 关于进一步完善和落实鲜活农产品运输绿色通道政策的通知

（交公路发〔2009〕784 号）

各省、自治区、直辖市、新疆生产建设兵团交通运输厅（局、委）、发展改革委、物价局，天津市市政公路管理局：

为贯彻落实《中共中央国务院关于 2009 年促进农业稳定发展农民持续增收的若干意见》（中发〔2009〕1 号）确定的“长期实行并逐步完善鲜活农产品运销绿色通道政策，推进在全国范围内免收整车合法装载鲜活农产品车辆的通行费”政策，为农村改革发展创造良好的政策环境，经研究，现就鲜活农产品运输“绿色通道”政策有关问题通知如下：

一、进一步优化和完善鲜活农产品运输“绿色通道”网络

对《全国高效率鲜活农产品流通“绿色通道”建设实施方案》（交公路发〔2005〕20 号）中确定的国家“五纵二横”鲜活农产品运输“绿色通道”，各地要坚决落实各项相关政策，免收整车合法装载运输鲜活农产品车辆的车辆通行费。同时，各省、自治区、直辖市要按照中央一号文件精神，结合本地实际，加快构建区域性“绿色通道”，建立由国家和区域性“绿色通道”共同组成的、覆盖全国的鲜活农产品运输“绿色通道”网络，并在全国范围内对整车合法装载运输鲜活农产品的车辆免收车辆通行费。

二、明确界定“绿色通道”政策中鲜活农产品的范围

按照交公路发〔2005〕20 号文件的有关规定，享受“绿色通道”政策的鲜活农产品是指新鲜蔬菜、水果，鲜活水产品，活的畜禽，新鲜的肉、蛋、奶。为统一政策、便于操作，交通运输部、国家发展改革委经商有关部门，对鲜活农产品具体品种进行了进一步界定，制定了《鲜活农产品品种目录》（附后）。各地应严格按照《鲜活农产品品种目录》，落实“绿色通道”车辆通行费减免政策。

畜禽、水产品、瓜果、蔬菜、肉、蛋、奶等的深加工产品，以及花、草、苗木、粮食等不属于鲜活农产品范围，不适用“绿色通道”运输政策。

三、落实配套措施，强化监管手段

（一）整车装载的含义。整车装载，是指享受“绿色通道”政策的车辆，装载鲜活农产品应占车辆核定载质量或车厢容积的 80%以上，且没有与非鲜活农产品混装等行为。未达到上述装载标准，或与其他货物混装的运输车辆，不享受“绿色通道”政策。

（二）规范操作程序，提高通行效率。各地交通运输主管部门要加强收费人员特别是新增“绿色通道”收费站人员的培训，进一步提高一线收费人员对“绿色通道”政策的认知和执行能力。要积极探索研究快速鉴别鲜活农产品运输车辆的方法，充分利用高科技手段，或者综合利用配货单以及农业等有关部门出具的农产品检验检疫证作为鲜活农产品运输车辆的辅助查验手段，尽量缩短鲜活农产品运输车辆查验和通过收费站的时间。

（三）规范路面执法管理，保障鲜活农产品运输车辆的通行安全。路面执法人员在执法中，对鲜活农产品运输车辆轻微违法的，应以教育为主；对严重违法的，要严格依法处罚，努力为鲜活农产品运输创造安全畅通的道路交通环境。

（四）严厉打击假冒鲜活农产品、超限超载运输鲜活农产品等违法行为。对假冒、违法超限超载运输鲜活农产品的车辆，以及有其他违法行为、拒绝通过指定车道或拒不接受查验的鲜活农产品运输车辆，可不给予“绿色通道”免收车辆通行费的优惠政策；对有故意堵塞收费道口等扰乱收费秩序行为的车辆，应按照《收费公路管理条例》等有关规定依法予以处罚。

（五）对经营性收费公路企业的影响进行研究。各地交通运输、价格等部门要对“绿色通道”政策调整对收费公路带来的影响进行认真研究和评估。对于影响较大的经营性收费公路企业，视情给予补偿。新批收费公路项目时，要充分考虑鲜活农产品运输车辆的影响，合理确定其交通流量。

四、做好相关服务工作

（一）加强养护管理，保证道路畅通。各地交通运输主管部门和公路管理机构要切实加强公路日常养护管理，及时修复路面病害，做到路况良好、路容整齐、标志明显、绿化美化、安全畅通。要着力提高公路出行信息服务水平和应急保障能力，保障公路畅通，减少交通延误，提高鲜活农产品运输效率。

（二）规范标志设置，方便驾驶人员识认。为确保鲜活农产品运输车辆能够方便快捷地通过收费站，各收费站点应尽可能开辟“绿色通道”专用道口，并按照《关于规范鲜活农产品流通“绿色通道”标识设置工作的通知》（交公路发〔2007〕24号）的有关要求，在专用道口上方设置统一的“绿色通道”专用道口指路标志，引导鲜活农产品运输车辆迅速通过专用收费道口；同时，在收费站公示牌旁以及通道沿线的醒目位置，设置政策公示牌，向驾驶人员公布“绿色通道”的有关政策规定及监督电话。

（三）广泛开展宣传，营造良好氛围。各地要通过电视、电台、网络、报刊、杂志，以及发放宣传资料、设置公告牌等多种方式进行广泛宣传，力争使“绿色通道”政策的基本内容家喻户晓、深入人心；要深入鲜活农产品生产基地、批发市场、货运集散地，加强对货主单位、承运单位和人员进行政策法规方面的宣传和教育，进一步增强从业人员依法装载、合法运营的意识，为“绿色通道”政策的实施营造良好的社会氛围。

以上，自2010年1月1日起实行。

附件：鲜活农产品品种目录

附件

鲜活农产品品种目录

类别		常见品种示例
新鲜蔬菜	白菜类	大白菜、普通白菜（油菜、小青菜）、菜薹
	甘蓝类	菜花、芥蓝、西兰花、结球甘蓝
	根菜类	萝卜、胡萝卜、芜菁
	绿叶菜类	芹菜、菠菜、莴笋、生菜、空心菜、香菜、茼蒿、茴香、苋菜、木耳菜
	葱蒜类	洋葱、大葱、香葱、蒜苗、蒜苔、韭菜、大蒜、生姜
	茄果类	茄子、青椒、辣椒、西红柿
	豆类	扁豆、荚豆、豇豆、豌豆、四季豆、毛豆、蚕豆、豆芽、豌豆苗、四棱豆
	瓜类	黄瓜、丝瓜、冬瓜、西葫芦、苦瓜、南瓜、佛手瓜、蛇瓜、节瓜、瓠瓜
	水生蔬菜	莲藕、荸荠、水芹、茭白
	新鲜食用菌	平菇、原菇、金针菇、滑菇、蘑菇、木耳（不含干木耳）
	多年生和杂类蔬菜	竹笋、芦笋、金针菜（黄花菜）、香椿
新鲜水果	仁果类	苹果、梨、海棠、山楂
	核果类	桃、李、杏、杨梅、樱桃
	浆果类	葡萄、提子、草莓、猕猴桃、石榴、桑葚
	柑橘类	橙、桔、柑、柚、柠檬
	热带及亚热带水果	香蕉、菠萝、龙眼、荔枝、橄榄、枇杷、椰子、芒果、杨桃、木瓜、火龙果、番石榴、莲雾
	什果类	枣、柿子、无花果
	瓜果类	西瓜、甜瓜、哈密瓜、香瓜、伊丽莎白瓜、华莱士瓜
鲜活水产品（仅指活的、新鲜的）		鱼类、虾类、贝类、蟹类
	其他水产品	海带、紫菜、海蜇、海参
活的畜禽	家畜	猪、牛、羊、马、驴（骡）
	家禽	鸡、鸭、鹅、家兔、食用蛙类其他蜜蜂（转地放蜂）
新鲜的肉、蛋、奶		新鲜的鸡蛋、鸭蛋、鹅蛋、鹌鹑蛋、新鲜的家畜肉和家禽肉、新鲜奶
备注		

249. 关于进一步畅通鲜活农产品运输“绿色通道”优先保障农产品运输的紧急通知

（交公路明电〔2010〕1号）

各省、自治区、直辖市、新疆生产建设兵团交通运输厅（局、委），上海市城乡建设和交通委员会，天津市市政公路管理局：

近期，部分省市遭遇强降雪、降雨和大风降温等恶劣天气，蔬菜等部分鲜活农产品价格出现较大幅度上涨，少数地区出现供应紧张的情况。按照国务院的统一部署，为做好市场保障与供应工作，稳定市场价格，缓解鲜活农产品涨价对群众生活的影响，现就进一步畅通鲜活农产品运输“绿色通道”、优先保障农产品运输等有关问题通知如下：

一、高度重视，精心组织。目前已经进入春节前的鲜活农产品运输的繁忙季节，各地交通运输主管部门要高度重视当前恶劣天气对农产品运输带来的影响，充分认识畅通鲜活农产品运输“绿色通道”、优先保障农产品运输的重要性，要把保障鲜活农产品运输作为当前工作的重点，精心组织，周密部署。同时密切关注粮、油、肉、蛋、菜、奶等居民生活必需品的市场供应和价格变化，密切关注和监控全国“绿色通道”网络的运行情况，及时掌握鲜活农产品公路运输的有关情况，并在当地人民政府的统一领导下，积极主动地配合有关部门，做好当前保障市场供应和稳定物价等相关工作。

二、严格要求，确保鲜活农产品运输“绿色通道”畅通。各地交通运输主管部门要严格按照部与发展改革委联合印发的《关于进一步完善和落实鲜活农产品运输绿色通道政策的通知》（交公路发〔2009〕784号）文件的要求，确保鲜活农产品运输“绿色通道”网络畅通。对于国家确定的“绿色通道”，要坚决落实各项政策，免收整车合法装载运输鲜活农产品车辆的通行费。当前一段时期，各地要在各“绿色通道”收费道口视情增派工作人员，以提高鲜活农产品运输车辆通过收费站点的通行效率。同时，各级交通运输主管部门要结合即将开展的春运工作，加强监督检查，对重要的“绿色通道”路段还应组织明查暗访，确保网络畅通和相关政策的落实。

三、加强冬季公路管理与养护工作，为农产品运输提供良好的通行环境。各地交通运输主管部门和公路管理机构要按照《公路养护技术规范》的要求，加大资金及人员投入，切实做好冬季公路养护与维修工作，确保公路应有的路况水平。各级交通运输主管部门和公路管理部门要加强路网运行实时监测，充分利用咨询电话以及网站、电视、广播、移动通信等媒体和公路沿线可变信息板，及时发布公路气象以及路况信息，向社会公众提供出行信息服务，方便运输企业和车主合理制订运输、出行计划和行驶路线。对交通流量较大的公路特别是鲜活农产品运输任务较重的主要路段，要加强交通流量监控和日常巡查工作。对于经常发生堵车的路段，还要适当增加路面执法执勤人员，积极配合公安交管部门采取科学的交通管理和疏导措施，确保路网有序运行和高效运行。

四、密切关注雨雪等恶劣天气，随时做好应急响应准备。各地交通运输主管部门要对各地的应急预案和应急运力准备情况开展一次全面检查，加强对运输市场的动态监测，一旦出现运输紧张状况，适时启动应急预案，及时组织农产品应急抢运工作。同时，加强与气象部门的沟通、合作，及时发布公路气象预报和公路通阻信息，一旦发生雨、雪、雾等恶劣天气，要及时发布预警并按程序启动应急预案，全力组织抢通受阻受损公路，把恶劣天气对公路交通的影响降到最低限度，确保突发事件情况下农产品运输基本不受影响。各地交通运输主管部门要坚持不间断值班制度，并确保信息畅通。出现重大问题要立即向部报告。

五、全力保障重要物资和人民生活必需品运输。各地交通运输主管部门和道路运输管理机构要加强对货运市场的监测，当前要把煤、油、粮等重要物资和肉、禽、菜等生活必需品，作为运输保障的重点，优先安排运力，储备充足运力保障，满足春运期间，特别是恶劣天气期间的重要物资和人们生活必需品的道路运输需求，确保正常供应。

六、千方百计稳定农产品运输的运价。各地交通运输主管部门和道路运输管理机构要积极配合价格主管部门，以维护粮、油、肉、蛋、菜、奶等群众生活必需品的运输价格秩序为重点，加强道路运输价格市场巡查与监管，防止各地及有关运输企业借机提高农产品运输价格，严厉打击串通涨价等违法行为。

250. 财政部办公厅　交通运输部办公厅　国家发展改革委办公厅关于开展政府还贷二级公路债务余额和里程认定数据核查工作的通知

（财办建〔2010〕15号）

各省、自治区、直辖市人民政府办公厅，各省、自治区、直辖市财政厅（局）、交通运输厅（委）、发展改革委、物价局：

按照《国务院关于实施成品油价格和税费改革的通知》（国发〔2008〕37号）和《国务院办公厅转发发展改革委 交通运输部 财政部 逐步有序取消政府还贷二级公路收费实施方案的通知》（国办发〔2009〕10号）的有关要求，为做好逐步有序取消政府还贷二级公路收费工作，锁定政府还贷二级公路债务余额和里程，财政部、国家发展改革委、交通运输部（以下简称三部委）共同委托财政部驻各地财政监察专员办事处（以下简称专员办）对各省（区、市）上报的审计认定数据进行核查。现就有关事项通知如下：

一、核查时间从2010年3月10日开始，核查范围是各省（区、市）的政府还贷二级公路债务余额和里程等情况。核查由当地专员办就地组织实施。

二、目前已完成本地区政府还贷二级公路债务余额和里程审计认定工作，但省（区、市）政府尚未确认的，应当于3月20日前将经省（区、市）政府确认的专项审计报告函送交通运输部、国家发展改革委、财政部，同时提供给当地专员办；目前尚未完成审计认定工作的省（区、市），应当抓紧完成审计认定工作，超过3月20日未完成审计认定工作并报送专项审计报告的，不纳入本次核查范围。

三、核查涉及的地方各级审计、财政、交通运输、发展改革、金融机构、会计师事务所等部门要积极配合专员办开展核查工作，及时全面提供有关材料及相关数据，就核查中发现的问题与专员办充分交换意见，并为核查工作提供必要的办公场所和设备等。

对政府还贷二级公路债务余额和里程进行审计认定和核查，是逐步有序取消政府还贷二级公路收费工作的重要环节。本次审计核查的结果将作为三部委最终认定各省（区、市）政府还贷二级公路债务余额和里程的重要依据，并为中央安排取消收费补助资金和研究今后普通公路发展的投融资政策提供重要参考。请各地高度重视、精心安排，及时提交专项审计报告并组织相关部门认真配合专员办做好核查工作。

251. 交通运输部　国家发展改革委　财政部关于促进高速公路应用联网电子不停车收费技术的若干意见

（交公路发〔2010〕726号）

各省、自治区、直辖市新疆交通厅（委）、发展改革委、财政厅（局），天津市市政公路管理局：

为进一步利用信息技术提升高速公路通行效率和服务水平，促进节能减排，加快高速公路联网电子不停车收费（简称ETC）的推广应用，根据国务院《关于印发物流业调整和振兴规划的通知》（国发〔2009〕8号）和《关于进一步加强节油节电工作的通知》（国发〔2008〕23号）以及交通运输部《公路水路交通节能中长期规划纲要》的有关要求，现就促进高速公路应用ETC提出如下意见：

一、总体要求

（一）充分认识高速公路实行ETC收费的重要意义。近年来，我国高速公路发展迅速，国家高速公路网络逐步形成，为我国经济社会发展和人民群众安全便捷出行作出了重要贡献。随着社会进步和机动车辆的快速增加，公路网交通流量急剧增加，部分公路因停车收费造成交通拥堵的现象时有发生。在交通运输部组织的“京津冀和长三角区域高速公路联网电子不停车收费示范工程”的带动下，我国已经拥有自主知识产权ETC技术、系列标准和相关设备，并在东中部的部分地区得到推广应用。实践证明，实施高速公路ETC，是通过技术手段解决公路收费站拥堵、提高高速公路通行效率的有效措施；是促进交通运输节能减排、节约用地以及节约管理成本的重要举措；是适应公路网络化管理趋势、发挥公路网整体效益和提升服务水平的现实需要；也是推广应用高科技成果、发展现代交通运输业的重要载体。

（二）基本思路。贯彻交通运输行业做好“三个服务”的要求，坚持以人为本的理念，充分发挥科技成果的支撑作用，在总结示范工程经验的基础上，按照需求引领、政策指导、稳步推进的基本思路，在基本具备条件的省、自治区、直辖市和区域加快推广应用高速公路ETC，逐步形成跨省区联网的收费格局，并加快形成高速公路ETC的规模化应用和产业链，充分发挥高速公路ETC应用的规模效益，在大幅提升高速公路服务水平的同时，实现节能减排、节约土地和节省费用的目标，为广大人民群众提供畅通、便捷、安全、高效、绿色的公路交通运输服务体系。

（三）基本原则。

——落实主体、分级推进。交通运输部负责全国高速公路ETC总体规划、技术标准的制定、指导协调和推广应用工作。各省级交通运输主管部门负责区域内高速公路ETC的组织实施和协调指导。各级财政、发展改革（物价）部门分别从资金保障、项目审批、价格管理等方面给予支持和指导。

——统筹规划、分步实施。要依据各地实际需求和建设条件，合理确定高速公路ETC推广的目标和任务，并按照“统一规划、统一设计、统一管理、统一组织”的原则逐步推进。要以京津冀和长三角两个片区为基础，优先推进东中部地区高速公路ETC的普及使用，同时鼓励在西部确有需求的区域积极推广高速公路ETC。

——发挥市场机制优势，充分利用社会资源。在高速公路ETC推广过程中，要充分发挥市场作用，利用现有社会资源，节省系统建设费用、运营成本和使用者负担。

——坚持自主创新，严格执行标准规范。大力推进我国拥有自主知识产权和核心技术的ETC技术和相关标准规范的应用，并严格按照已经发布的标准规范进行高速公路ETC建设、运营服务和管理，实现不同路段、不同省（区、市）之间系统的互联互通。

（四）工作目标。

总体目标：扩大我国高速公路 ETC 车道的覆盖率，实现高速公路主要出入口均建有专用的 ETC 车道；加快形成全国统一的 ETC 服务体系，向用户提供优质、高效、便捷的服务；建立分级管理、运转有效的 ETC 结算体系，提高结算效率，促进省际互联；通过政府引导、政策优惠、资金支持等措施，不断培育和扩大 ETC 用户规模；对尚不具备大规模实施 ETC 的地区，可先行在高速公路实施符合国家标准和行业规范的储值卡（含记账卡）付费方式。

具体指标：

——力争到 2011 年末，全国高速公路 ETC 平均覆盖率（设置 ETC 车道收费站数量占高速公路收费站点总数量的比例，下同）达到 30%，ETC 车道数达到 2500 条，ETC 用户量达到 200 万个，非现金支付使用率（非现金交易笔数与总交易笔数之比，下同）达到 10%。

——力争到“十二五”期末，全国高速公路 ETC 平均覆盖率达到 60%，ETC 车道数达到 6000 条，ETC 用户量达到 500 万个，非现金支付使用率达到 40%。

二、主要任务与实施要求

（五）全面推进收费公路联网收费。根据《收费公路管理条例》和《收费公路联网收费技术要求》（交通部 2007 年第 35 号公告）的有关规定，高速公路以及其他封闭式的收费公路应按照“统一规划、统一管理、分期实施、逐步完善”的原则，实行计算机联网收费。未实现辖区内高速公路统一联网收费的省、自治区、直辖市应在“十二五”期内实现本省（区、市）内高速公路统一联网收费。经济关系密切、具备条件的区域内的各省级交通运输主管部门要加强协调，积极推进区域联网收费。

（六）大力推进重点地区实施高速公路 ETC。京津冀、长三角、珠三角地区的所有收费高速公路，以及其他区域内交通流量大、主要省际运输通道的收费高速公路以及大中城市周边的收费高速公路，在现有人工半自动收费系统的基础上，都应设置或预留 ETC 收费车道，逐步实施电子不停车收费系统。现阶段，要严格按照国家和行业的标准规范，首先实现省级区域内 ETC 联网。在此基础上，大力推进区域 ETC 联网。当前重点要推进珠三角地区的跨省区 ETC 联网。对于京津冀、长三角、珠三角地区的周边省份，可根据本地实际和需求，逐步并入上述三个区域 ETC 联网范围。西南、东北等其他经济联系密切的区域，也应根据未来发展需求，推进区域 ETC 联网。

（七）加大高速公路 ETC 车道建设力度。对于新建高速公路应严格按照《电子收费专用短程通信》(GB/T 20851) 和《收费公路联网收费技术要求》等相关标准规范的要求，同步建设 ETC，并在收费站设置或者预留必要的 ETC 车道，相关费用纳入高速公路建设总概算中。对于已经运营的高速公路，各省级交通运输主管部门、高速公路经营管理单位应安排改建计划，逐步在收费站设置 ETC 车道。所有 ETC 车道均应在来车方向提前设置醒目、统一的 ETC 车道标识。

（八）积极推进收费公路车辆通行费非现金付费方式。在积极推进 ETC 的同时，在现有人工收费车道以及现阶段尚不具备实施 ETC 的收费公路上，要积极推进实施以非现金付费为主的收费方式，以满足公路用户特别是货车车主的现实需要。

（九）进一步完善高速公路 ETC 相关标准规范和制度。根据示范工程实践，进一步完善高速公路 ETC 相关技术标准和规范，以及具有 ETC 储值和银行卡应用功能的 IC 卡相关技术规范，建立统一的服务监督、考核、投诉和管理制度。

（十）建立完善的 ETC 客户服务体系。由交通运输部组织制定全国统一的 ETC 车道及客服网点的标准、规范及标识，明确对用户的服务水平与要求。各地要加快建设并逐步扩展 ETC 客户服务网点，建立数据共享、代理充值、代理服务等合作机制，为 ETC 用户提供跨省（区、市）的服务功能。此外，ETC 客户服务网点也可充分依托现有高速公路服务区或基层窗口单位建立，还可充分发挥各商业银行的积极性，通过与多家商业银行合作，利用合作银行的服务网点，不断拓展 ETC 客户服务网点的覆盖范围，提高网点覆盖密度，为 ETC 客户充值、查询、车载设备维护等提供便利条件。

（十一）继续开展 ETC 相关新技术的研发。在对现有 ETC 技术进一步研究完善的基础上，可对卫星定位、3G、RFID 等技术在 ETC 领域的应用进行研究，不断提升 ETC 系统的安全性、便捷性、开放性与兼容性。各地在推广 ETC 的同时，还应研究并处理好高速公路 ETC 与城市道路收费的衔接问题。

三、保障措施与鼓励政策

（十二）加强组织管理，切实抓好落实。各省级交通运输主管部门要会同同级发展改革（价格）、财政部门，把促进高速公路应用 ETC 作为提升高速公路服务水平、促进节能减排的重要任务，加强组织领导，科学有序推进。同时，根据本意见要求，抓紧研究制定具体实施办法，加大资金投入和实施力度，强化宣传引导，切实抓好相关工作的落实，促进高速公路持续健康发展。

（十三）加大 ETC 车道和客服网点建设投资力度。各地要加大投入，加快 ETC 车道、客服网点和省级联网结算中心建设。从 2011 年起，交通运输部将根据国家有关政策，对 ETC 车道改造等，在政策、管理等方面给予一定支持。

（十四）采取多种措施，降低 ETC 用户安装车载设备的成本，发挥 ETC 规模化效益。为提高广大用户使用 ETC 的积极性，发挥 ETC 规模化运行效益，各地在推进 ETC 建设时，要加强与商业银行的合作，通过采取政府支持、银行合作、企业投入、市场开发等多种途径，降低用户安装 ETC 车载设备成本，鼓励具备条件的地区为用户免费安装 ETC 车载设备。鼓励频繁行驶高速公路的政府机关公务车辆和实行全额财政拨款事业单位的公务用车以及交通运输系统的国有运输企业车辆安装 ETC 车载设备。

（十五）实施高速公路车辆通行费优惠政策。鉴于实行高速公路不停车收费后，能够降低收费车道的建设费用及收费运营成本，对于已经实行联网不停车收费的省、自治区、直辖市，收费公路经营管理者要对 ETC 用户（包括记账卡等非现金支付方式用户）给予通行费优惠，优惠幅度原则上不少于 5%。具体由各省、自治区、直辖市按照有关规定，并结合本地实际予以落实。

（十六）加强 ETC 关键设备的检测工作。各地要把 ETC 相关设备、产品纳入年度交通产品质量行业抽查的范围，定期对关键产品开展抽查，确保不停车收费设备和系统的标准符合性、互联互通和可靠性。具体的检测标准与办法由交通运输部组织制定。

252. 关于开展收费公路专项清理工作的通知

（交公路发〔2011〕283号）

各省、自治区、直辖市人民政府：

为贯彻落实十七届中央纪委第六次全体会议和国务院第四次廉政工作会议精神，切实解决收费公路超期收费、违规设站（点）等突出问题，经国务院同意，现就开展收费公路违规及不合理收费专项清理工作通知如下：

一、总体要求

深入贯彻落实科学发展观，按照“政府负责，部门实施，依法清理，标本兼治，全面规范”的原则，在省级人民政府组织领导下，通过一年左右时间的专项清理工作，全面清理公路超期收费、通行费收费标准偏高等违规及不合理收费，坚决撤销收费期满的收费项目，取消间距不符合规定的收费站（点），纠正各种违规收费行为。在此基础上，研究制定加强收费公路管理、降低收费标准、促进收费公路健康发展的长效机制和政策措施，确保公路交通事业更好地服务经济社会发展。

二、政策依据

专项清理工作的主要政策法规依据：

（一）《中华人民共和国公路法》；

（二）《收费公路管理条例》（国务院令第417号）；

（三）《收费公路权益转让办法》（交通运输部、国家发展改革委、财政部令2008年第11号）；

（四）《国务院办公厅关于转发发展改革委交通运输部财政部逐步有序取消政府还贷二级公路收费实施方案的通知》（国办发〔2009〕10号）；

（五）交通部、国家计划委员会、财政部《关于发布〈关于在公路上设置通行费收费站（点）的规定〉的通知》（交公路发〔1994〕686号）；

（六）财政部、国家发展改革委《关于发布〈行政事业性收费项目审批管理暂行办法〉的通知》（财综〔2004〕100号）。

三、清理内容

（一）对下列违规设置或违规收费的收费公路（含独立的公路桥梁、公路隧道，下同）项目，要立即停止收费，坚决撤销收费站（点），拆除路面收费设施，保障公路完好畅通。

1. 未经省级人民政府批准设置的收费公路及收费站（点）。

2. 超过省级人民政府批准期限收取通行费的收费公路及收费站（点）。

3. 已还清建设贷款（含有偿集资款，下同）的政府还贷收费公路，以及既不属于县级以上地方人民政府交通运输主管部门利用贷款建设，也不属于国内外经济组织投资建设或依法受让政府还贷公路收费权的收费公路。

4. 东部地区省份从2004年11月1日、中部地区省份从2009年1月1日起批准立项的二级收费公路。

5. 2004年11月1日后批准立项，但技术等级和里程规模不符合下列要求的收费公路：高速公路（不含城市市区至本地机场的高速公路）连续里程30公里以上，一级公路连续里程50公里以上，国家确定的中西部地区省份二级公路连续里程60公里以上，双车道的独立公路桥梁和隧道长度800米以上，四车道的独立公路桥梁和隧道长度500米以上。

6. 1994年9月1日至2004年10月31日之间批准立项，但技术等级和里程规模不符合下列要求的收费公路：平原微丘区二级公路连续里程40公里以上，山岭重丘区二级公路连续里程20公里以上，一般公路桥梁长度300米以上，改渡为桥的公路桥梁长度200米以上，公路隧道长度500米以上。

7.1994年8月31日前批准立项，但不符合当时有关文件规定的收费公路。

8.高速公路以及其他封闭式收费公路上除省界及两端出入口外，在主线上设置的公路收费站（点）。

（二）对存在下列违规行为的收费公路及收费站（点），要立即纠正并停止违规行为。

1.收费公路项目边施工边通车收取通行费、未交工验收或交工验收不合格收取通行费的，要立即停止收费，并按照相关规定进行清理整顿。待项目交工验收合格并按规定程序获得批准后方可实施收费。

2.对公路收费站（点）加收或代收城市道路通行费等非公路收费项目，以及收费公路与非公路收费项目实行捆绑收费的，要立即停止加收或代收，取消捆绑收费行为。

3.对擅自变更公路收费站（点）位置的，要限期更正；限期内未能更正的，责令停止收费。

4.对违规挤占、挪用以及超范围使用政府还贷公路通行费收入的，要严格依法追缴，确保其全额用于偿还建设贷款和养护管理。追缴资金后，凡具备还清建设贷款条件的收费公路，应立即停止收费。

（三）对下列《收费公路管理条例》正式实施前已经依法批准实施收费或完成收费权转让，但站（点）间距或收费期限不符合《收费公路管理条例》规定的收费公路及收费站（点），要制定并落实具体措施进行规范，确保在2011年12月31日前符合《收费公路管理条例》的规定。

1.非封闭式收费公路的同一主线上，相邻收费站（点）的间距少于50公里。

2.经省级人民政府依法批准实施收费，但收费期限不符合下列规定的收费公路：国家确定的东部地区省份政府还贷公路收费期限不超过15年、经营性公路收费期限不超过25年，国家确定的中西部地区省份政府还贷公路收费期限不超过20年、经营性公路收费期限不超过30年。实行统贷统还的政府还贷收费公路，其收费年限按照偿还完贷款即停止收费的原则执行。

3.经省级人民政府依法批准，转让政府还贷公路收费权延长收费期限超过5年，或累计收费期限的总和超过20年（国家确定的中西部地区省份超过25年）；转让经营性公路收费权延长收费期限，或累计收费期限的总和超过25年（国家确定的中西部地区省份超过30年）。

上述情况中，属于第1种情况的，要限期调整站（点）位置或撤并部分站（点），使站（点）间距符合《收费公路管理条例》的规定。属于第2种和第3种情况的，要调整已批准的收费期限，使累计的收费期限总和符合《收费公路管理条例》及《收费公路权益转让办法》的规定；对因特殊情况难以按期调整的，由省级人民政府提出明确处理意见和时限要求，报交通运输部会同有关部门研究。

（四）降低偏高的通行费收费标准。对通行费标准偏高、经营收益过高、社会反映集中的收费公路，由省级人民政府组织有关部门，按照经营性公路收回投资并有合理回报、政府还贷公路按期还贷并满足养护管理资金需求的原则降低通行费收费标准。同时，完善公路计重收费办法，确保合法装载车辆通行费负担有所减轻。

（五）对未按照有关法律、法规规定的权限和程序，将政府还贷公路改为经营性公路进行建设和经营管理的，要立即纠正，实现属性归位。

（六）对违反国家有关法律、法规规定，擅自在公路上设卡实施检查或收费的行为，要坚决予以取缔并严格追究相关人员的法律和行政责任。

（七）对各地出台的有关收费公路方面的地方性法规和规范性文件进行清理，全面解决现行法规制度中明显不适应实际需要、前后规定不一致或不衔接、文件过期等问题，确保在2012年4月底前完成相关地方性规章和规范性文件的修订或废除工作，同时提出修改完善相关行政法规的建议。

四、实施步骤

专项清理工作分四个阶段进行：

第一阶段，调查摸底阶段（2011年6月20日～8月31日），各省级人民政府组织交通运输、发展改革（价格）、财政等部门，按照工作职责及本通知要求，全面清查和核实截至2011年4月30日仍在运行的所有收费公路项目的里程规模、站点设置、收费期限、收费标准等有关情况，按照附表要求填报收费公路专项摸底调查表并同时提供批复文件等相关证明材料，确保填报内容真实、全面，数据准确、翔实。各省、自治区、直辖市收费公路专项摸底调查表务必于2011年9月5日前报送交通运输部（公路局）、发展改革委（价格司）、财政部（综合司）。

第二阶段，自查自纠阶段（2011年9月1日～12月31日），各省、自治区、直辖市人民政府组织交通运输、发展改革（价格）、财政等部门，在调查摸底的基础上，按照相关政策法规和本通知的要求，对现有收费公路、收费期限、收费标准、收费站（点）和收费行为逐一进行审核。对审核发现的各类违规及不合理收费行为、收费项目及收费站（点），提出具体的整改措施，并在省级人民政府统一组织下抓好整改落实。

第三阶段，检查复核阶段（2012年1月1日～2月29日），交通运输部、发展改革委、财政部、监察部和国务院纠风办将对各地调查摸底、自查自纠以及整改措施落实等有关情况进行督导和检查，必要时组织省际互查。对清理工作不到位或存在弄虚作假、敷衍塞责等行为的地区和单位，将予以通报批评，并责令限期整改；情节严重的，依法追究相关人员的责任。

第四阶段，总结完善阶段（2012年3月1日～5月31日），各省、自治区、直辖市要认真总结本地区专项清理工作情况，并于2012年4月10日前将本地区专项清理工作总结等有关情况报送交通运输部、发展改革委、财政部、监察部和国务院纠风办。交通运输部会同有关部门全面总结各地专项清理工作情况，并上报国务院。有关部门要按照职责分工研究提出规范收费公路发展的长效措施，进一步完善收费公路通行费标准形成机制，科学确定经营性公路合理回报率，建立健全政府还贷公路收支情况定期审计制度、收费公路统计制度和监测制度，制定收费公路信息公开办法，强化收费公路服务质量监管力度，完善收费公路相关法规，通过完善制度、理顺体制、优化机制、强化监管等措施，从根本上确保收费公路科学发展、规范管理。

五、相关要求

（一）加强领导，提高认识。清理公路超期收费等违规及不合理收费是今年国务院部署全国治乱减负的重要内容，也是促进公路交通事业健康持续发展的重要措施。各省、自治区、直辖市人民政府及交通运输、发展改革（价格）、财政、监察和纠风部门要充分认识专项清理工作的重要性和紧迫性，从服务经济社会发展大局，保障和改善民生，促进和谐社会建设的高度出发，高度重视，精心策划，密切配合，齐抓共管，高质量、高效率地组织好此次专项清理工作。

（二）精心组织，落实责任。根据《中央纪委关于中央和国家机关贯彻落实2011年反腐倡廉工作任务的分工意见》及有关规定，交通运输部、发展改革委、财政部、监察部和国务院纠风办负责统一组织、指导和协调各地专项清理工作。各省、自治区、直辖市要成立由省级人民政府主管领导牵头，省级交通运输、发展改革（价格）、财政、监察和纠风部门主管领导参加的专门工作机构，制订具体实施方案，按照各自职责分工，加强协调配合，共同组织开展本地区专项清理工作。各省、自治区、直辖市制定的具体实施方案、组织机构及联系方式请于2011年6月25日前报送交通运输部、发展改革委、财政部、监察部和国务院纠风办。

（三）依法清理，稳步推进。收费公路涉及面广、政策性强、时间跨度大、情况较为复杂，各省级人民政府及有关部门要充分认识专项清理工作的复杂性和艰巨性，严格按照《收费公路管理条例》等现有政策法规和本通知要求，依法依规组织开展专项清理工作。同时，要把做好专项清理工作与维护正常公路收费秩序结合起来，精心组织，周密部署，按照“谁主管、谁负责”的原则，督促相关部门和管理单位妥善处理清理工作中出现的问题，确保专项清理工作平稳顺利实施并取得实际成效。

（四）完善制度，强化监管。各省级人民政府及有关部门要认真梳理专项清理中发现的问题，组织人员深入研究，妥善解决。同时，要结合本地区实际，研究出台相关措施和地方性规章，加强和规范收费公路的政府监管，并向国家有关部门提出进一步完善收费公路政策的建议和意见。

为确保并巩固清理成果，在专项清理工作期间，各省、自治区、直辖市要从严审批新的一级及以下普通公路收费项目，暂停审批收费公路资产上市融资和境外企业收购国有收费公路资产。对一级及以下普通公路改扩建的，不得延长收费期限。禁止新增经营性普通公路。国家确定的西部地区省份要按照逐步有序的原则，加快推进取消政府还贷二级公路收费工作进度。

（五）加强信息公开，强化社会监督。各省级人民政府及有关部门要结合本次专项清理工作，通过政府及部门网站、新闻媒体等多种渠道，及时公布本地区收费公路的有关情况，特别是专项清理工作的政策依据、进展情况以及整改措施和实际效果，正面引导舆论。对经省级人民政府批准撤销或合并的收费站（点），要及时向社会公布；对经清理依法保留的收费站（点），要按规定公布站点名称及位置、审批机关及批准文号、收费用途、收费标准、收费期限、收费单位、政府还贷公路的还贷情况等相关信息，自觉接受社会监督。

附件：收费公路专项摸底调查表（略）

253. 关于认真做好收费公路专项清理自查自纠工作的通知

（交公路发〔2011〕13号）

各省、自治区、直辖市人民政府：

根据《关于开展收费公路专项清理工作的通知》（交公路发〔2011〕283号，以下简称《通知》）的安排和要求，将于2011年12月31日完成全国收费公路专项清理的自查自纠工作。为进一步推进专项清理工作深入开展，及时了解各地在清理工作中发现的问题和整改情况，确保专项清理工作取得实效，经五部（委、办）协商研究，现就有关事宜通知如下：

一、自查自纠阶段是收费公路专项清理工作的关键阶段，各地各有关部门要严格按照相关政策法规和《通知》的要求，在调查摸底的基础上，对现有每条收费公路的收费里程、收费站（点）间距、收费期限、收费标准等收费行为逐一进行审核，对发现的问题和群众反映集中的问题提出具体整改措施及时限要求，并抓好落实，确保收费公路专项清理工作取得实效。

二、请各省（区、市）人民政府于2012年1月16日前，将本辖区收费公路专项清理工作自查自纠结果上报五部（委、办）。上报材料应按照《通知》规定的七项清理内容，逐项梳理汇总自查自纠发现的问题、具体整改意见和进展情况，并按照附表1-表7内容和格式要求认真填报。

三、对于各地在专项清理工作中遇到的特殊情况和疑难问题，请各省（区、市）人民政府结合自查自纠结果一并提出意见建议，以便五部（委、办）制定相关政策和修订完善有关法规时研究和统筹考虑。

交通运输部联系人：吴春耕，010-65292752，65292781（传真）

国家发展改革委联系人：吕立新，010-68501891

财政部联系人：崔林，010-68551887

监察部和国务院纠风办联系人：宋光林，010-59598360

附件：表1～表7（略）

254. 关于进一步做好收费公路专项清理自查自纠工作的紧急通知

（交公路明电〔2012〕0207号）

各省、自治区、直辖市人民政府：

去年12月23日，交通运输部、国家发展改革委、财政部、监察部、国务院纠风办（以下简称“五部委办”）联合印发通知，请各地在今年1月16日前将本省（区、市）收费公路专项清理自查自纠工作情报送五部委办。截至2月16日，内蒙古、上海、江苏、浙江、江西、广东、宁夏等7省（区、市）尚未提交书面报告。与此同时，五部委办在梳理各省（区、市）报送材料时，对照群众举报和投诉、新闻跟踪报道的有关项目和问题以及五部委办掌握的相关情况，发现已提交的部分报告还存在着一些漏报、错报等问题。为全面反映各省（区、市）自查自纠工作情况，依法协调解决清理工作中发现的各类问题，确保专项清理工作深入推进并取得实效，现就抓紧和准确报送收费公路专项清理自查自纠工作情况报告等有关事项紧急通知如下：

一、目前尚未报送自查自纠工作情况报告的省（区、市）要按照五部委办《关于认真做好收费公路专项清理自查自纠工作的通知》（交公路明电〔2011〕13号）明确的内容、格式及相关要求，抓紧完成本地区自查自纠工作情况的梳理和汇总，并于2月29日前将书面报告报送五部委办。

二、已报送自查自纠工作情况报告的省（区、市）要结合新闻媒体曝光和人民群众举报的有关项目和问题，对本地区所有收费公路项目和在调查摸底、自查自纠工作中排查出的项目和问题，再进行一次认真复核；对确实存在漏报、错报等情况的，要在2月29日前予以补报。

三、在自查自纠报告中，尚未就排查出来的项目和问题提出明确整改意见，特别是拟不进行整改的，请按照国家有关法律、法规以及五部委《关于开展收费公路专项清理工作的通知》（交公路发〔2011〕283号）的要求，尽快研究提出具体整改意见并督促落实，相关材料请于2月29日前报送五部委。

四、要进一步提高思想认识，加强组织领导，认真按照五部委办的要求，及时、准确地报送自查自纠工作情况。对隐情不报或因工作失职导致错报、漏报的，一经发现，将严格实行责任追究。

交通运输部联系人：吴春耕，010-65292752，65292781（传真）。

国家发展改革委联系人：吕立新，010-68501891。

财政部联系人：崔林，010-68551887。

监察部和国务院纠风办联系人：宋光林，010-59598360。

255. 关于禁止将政府还贷公路违规转让或划转成经营性公路的通知

（交公路发〔2012〕149号）

各省、自治区、直辖市人民政府：

经国务院同意，交通运输部、国家发展改革委、财政部、监察部和国务院纠风办于2011年6月10日联合印发《关于开展收费公路专项清理工作的通知》（交公路发〔2011〕283号），在全国集中开展清理公路违规及不合理收费工作。近期五部委办在清理工作中发现，一些地方对将政府还贷公路违规转让或采取行政措施转成经营性公路进行建设和管理的问题未提出整改意见，个别地方还以搭建公路建设融资平台为由，继续进行违规转让或变更收费权属。为切实维护公路基础设施的公益属性，促进公路交通事业科学发展，进一步加强和规范政府还贷公路管理，根据全国收费公路专项清理工作的目标要求，现就有关事项通知如下：

一、禁止以体制调整、资产重组、有利融资等名义，违反《收费公路管理条例》有关规定，将政府还贷公路（包括在建或已批复可研但尚未开工建设的政府还贷公路，下同）转为经营性公路，随意变更政府还贷公路属性。经营性公路是由国内外经济组织经依法批准投资建设或者依照《公路法》的规定受让政府还贷公路收费权的收费公路。根据交通运输部、国家发展改革委、财政部联合颁布的《收费公路权益转让办法》，政府还贷公路收费权转让必须严格按照规定程序报批并采用招标投标方式，及时向社会公布。

二、凡未按有关法律、法规规定的权限和程序，已将政府还贷公路转为经营性公路进行建设和管理的，所在地省级人民政府要结合收费公路专项清理工作，尽快研究制定整改方案并限期组织实施，确保政府还贷公路属性归位。政府还贷公路违规转为经营性公路后，已提高收费标准或延长收费期限的，要恢复原收费标准和收费期限；对已批准的政府还贷公路，在建设过程中转为经营性公路并确由国内外经济组织投资建设的，应按规定程序报原批准单位重新批准。

三、根据《收费公路管理条例》等有关规定，建设和管理政府还贷公路，应当按照政事分开的原则，依法设立专门的不以营利为目的的法人组织。各省、自治区、直辖市交通运输主管部门可利用贷款或者向企业、个人有偿集资等多种渠道筹集资金，对本行政区域内的政府还贷公路实行统一管理、统一贷款、统一还款。但要统筹安排公路建设资金，严格控制债务规模，防范金融风险。

四、本通知下发后，各地要对本地区所有经营性公路进行全面排查，涉及违规转让或变更政府还贷公路收费权属的，要按照收费公路专项清理工作及本通知的相关要求，抓紧实施整改。整改不到位或者继续违规的，将按照有关规定，追究有关人员的责任。

256. 交通运输部关于切实做好重大节假日免收小型客车通行费有关工作的通知

（交公路发〔2012〕376号）

各省、自治区、直辖市、新疆生产建设兵团交通运输厅（局、委），天津市市政公路管理局：

为贯彻落实《国务院关于批转交通运输部等部门重大节假日免收小型客车通行费实施方案的通知》（国发〔2012〕37号）（以下简称《通知》）要求，切实做好重大节假日免收小型客车通行费的实施工作，进一步提升重大节假日收费公路通行效率和服务水平，现就有关事项通知如下：

一、充分认识做好重大节假日免收小型客车通行费工作的重要意义

收费公路政策的实施，拓宽了公路建设投融资渠道，对加快我国公路交通基础设施建设，促进国土资源开发，优化产业布局，保障人民群众安全便捷出行，推动经济社会健康持续发展发挥了重要作用。但在实施过程中也出现了一些问题。特别是近年来随着我国汽车保有量的快速增长，公路交通拥堵现象逐步加剧。重大节假日期间，部分公路收费站因车流量大、排队缴费而导致拥堵的现象时有发生，直接影响人民群众假日出行、度假旅游的通行效率，已成为社会关注的焦点。落实国务院《通知》要求，在重大节假日期间免收7座及以下小型客车通行费，是调整和完善收费公路政策的重要举措，也是收费公路专项清理工作的重要成果，对于适应人民群众出行的新要求，发挥公路交通的比较优势，提高重大节假日收费公路通行能力和服务水平，降低公众节假日出行成本，进一步加快发展城镇郊区游、农家乐等旅游业，刺激消费，拉动内需，促进社会和谐进步等都具有十分重要的意义。各省（区、市）交通运输主管部门和收费公路经营管理单位要统一思想，树立全局观念，站在事关更好地服务民生、更好地推动公路交通科学发展、更好地健全和完善收费公路政策的高度，认真办好这件顺民心、促发展的好事，严格按照省（区、市）人民政府的统一部署，切实抓好贯彻落实工作。

二、全面做好重大节假日免收小型客车通行费的实施工作

根据《通知》规定，今后每年国务院办公厅文件确定的春节、清明节、劳动节、国庆节及其连休日期间，在收费公路上行驶的7座及以下小型客车将免费通行。部决定，从今年国庆节假日起开始实施《通知》要求。作为第一个实施小型客车免费通行的国庆节假日，各地交通运输主管部门和收费公路经营管理单位要认真做好准备工作，严格按照国务院批准的实施方案，在省级人民政府的统一领导和组织下，会同发展改革、财政、监察、纠风等部门制定具体工作方案，落实责任，密切配合，精心组织，统筹安排，加强路网运行监测，确保假日期间公路交通安全畅通。

（一）切实加强收费站管理。

各地交通运输主管部门和收费公路经营管理单位要对公路收费站现有收费车道进行一次全面排查。在重大节假日期间，要按照7座及以下小型客车免费通行的要求，在适当地点提前设立明确清晰的引导标识，合理布置、统筹安排和利用现有收费车道和免费专用通道。特别是交通流量较大的收费站，要设置专门的重大节假日小型客车免费通道，避免收费车辆与免费车辆混合通行。实施联网电子不停车收费的省（区、市），要抓紧调整完善ETC收费系统，确保7座及以下小型客车免费快速通行。出现交通拥堵和通行高峰时段时，收费公路管理机构要有专人负责，靠前指挥；各收费站要增派人员，采取有效措施，加强现场管理和交通疏导，及时处置拥堵问题。对收费道口严重不足的收费站，要抓紧调查论证，研究制定扩宽改造方案，增加收费道口，满足车辆通行需求，确保车辆分类分车道有序通行，切实提高收费站通行能力和效率。

（二）切实加强收费公路出行信息服务。

各地交通运输主管部门和收费公路经营管理单位要进一步加强公共服务能力建设。重大节假日期间要通过高速公路信息情报板、交通广播、电视、网站、手机短信等多种媒体，及时发布重大节假日期间公路交通出行信息，提前告知并引导公众合理选择出行时间和路线，避免车辆过度集中，导致收费公路拥堵或行驶缓慢。

（三）切实加强收费公路服务设施运行管理。

各地交通运输主管部门和收费公路经营管理单位要认真贯彻落实部《关于加强高速公路服务设施建设管理工作的指导意见》（交公路发〔2009〕31号）的相关要求，认真开展行业文明示范窗口创建活动。要把加强重大节假日期间高速公路服务区以及其他服务设施的运行管理，作为提升行业服务能力、体现精细化管理水平、展示交通发展成就的重要载体，进一步弘扬爱岗敬业、奉献社会的良好行业道德风尚。要坚持以人为本，规范工作程序，切实保障公路服务区及其设施干净卫生、安全有序，服务温馨、方便实用。要加强重点区域和部位如餐饮食品，卫生场所，加油站点等的监管力度，确保设施功能完好、油料供应充足、车辆维修便捷、应急措施有力、环境整洁有序，让人民群众高兴而来，满意而去。

（四）切实加强宣传引导工作。

重大节假日免收小型客车通行费是国家规范收费公路管理，促进公路交通科学发展的重要政策措施，充分体现了以人为本、执政为民的理念，体现了服务为本、畅通主导的要求，但也会对现有收费公路经营管理单位的正常收益产生一定的影响。因此，各地交通运输主管部门要通过深入走访、座谈交流等方式解疑释惑。要通过政府网站、新闻媒体等多种渠道，加强政策宣传和舆论引导，强化收费公路经营管理者的社会责任意识，使社会各界能够及时、全面了解重大节假日免收小型客车通行费政策的重要意义和实施内容，全力支持和保障实施工作的平稳顺利推进。要通过该项政策的实施与宣传，使广大人民群众充分认识现阶段我国坚持收费公路政策的必要性，为公路交通科学发展、安全发展创造更好的环境与条件。

各地在实施过程中出现的问题，请各省级交通运输主管部门及时与部公路局沟通。部将会同有关部门加强对各地实施工作的指导、协调和督查，确保实施工作顺利推进。

257. 交通运输部关于开展全国高速公路电子不停车收费联网工作的通知

（交公路发〔2014〕64号）

各省、自治区、直辖市、新疆生产建设兵团交通运输厅（局、委），天津市市政公路管理局：

2007年，原交通部组织开展了京津冀和长三角区域高速公路电子不停车收费（以下简称ETC）示范工程，并于2010年顺利完成。在示范工程的引领下，ETC技术在全国各地得到了广泛应用，社会效益和经济效益初步显现。实践证明，实施ETC是解决公路收费站拥堵、提高公路通行效率的有效途径；是促进交通运输节能减排、节约土地和管理成本的重要举措；是适应公路网络化管理、发挥路网整体效益的现实需要；也是大力推进“四个交通”发展的重要载体。为充分发挥ETC的规模效益，交通运输部决定组织开展全国ETC联网工作。现就有关事宜通知如下：

一、指导思想及原则

以科学发展观为指导，全面贯彻落实2014年全国交通运输工作会议部署和要求，加快实现全国ETC联网，全面提升高速公路通行效率和服务水平，方便群众出行，促进经济发展。坚持“统筹规划、分步实施”原则，立足路网建设和管理的长远发展，做好全国高速公路联网收费的顶层设计，并结合各地ETC联网发展情况及特点，分期分批、有步骤地推进全国ETC联网工程实施。坚持“统一标准、严格检测”原则，依据国家、行业统一的标准和技术要求，对工程实施的关键设备和关键环节进行严格检测评价，确保联网系统兼容互通和稳定可靠。坚持“创新机制、提升服务”原则，以用户需求为导向，创新服务模式，发挥市场作用，形成规模效益，构建高效、优质、便捷的服务体系。坚持“全国联动、合力推进”原则，建立紧密配合、相互协作的联动工作机制，明确分工、各负其责、攻坚克难、共同推进。

二、实施目标

到2015年底，力争实现以下目标：

（一）基本实现全国ETC联网，建立全国ETC联网运营管理机制。客车ETC使用率不低于25%，非现金支付使用率达到20%。

（二）建成较为完善的ETC基础设施网络，主线收费站ETC覆盖率达到100%，ETC专用车道数原则上不少于两入两出；匝道收费站ETC覆盖率不低于90%。

（三）建立统一规范的ETC客服体系，客服网点覆盖到县（区）级行政区，用户服务更加便捷。

（四）建立多元化的用户发展模式，全国ETC用户数量达到2000万（含非现金支付卡用户）。

（五）实现军车、武警车辆使用ETC全国联网运行。

（六）建立完善的全国ETC联网运行标准及检测体系，规范和带动相关产业发展。

（七）初步建立全国收费公路联网数据服务系统，为国家公路网运行管理及政府行业监管提供决策支持。

三、主要任务

（一）成立全国高速公路电子不停车收费联网管理委员会（以下简称管委会），负责协调全国ETC联网运营管理工作。

（二）依托京津冀区域ETC清分结算系统建设全国ETC清分结算中心系统；依托中国邮政集团建设全国ETC清分结算数据容灾备份系统；开展省级收费结算系统联网改造；搭建部省数据传输通信链路；在不影响各省（区、市）原有联网收费主体结算账户的基础上，依托中国邮政储蓄银行，设立统一的跨省结算账户。

（三）已通车高速公路通过增设或改建增加 ETC 专用车道，新建高速公路同步建设 ETC 专用车道，统一 ETC 专用车道标识。

（四）制订《公路电子收费联网运营与服务规范》，建设和完善自营与代理相结合的客户服务网络，建设全国统一的 ETC 门户网站，探索建立异地充值、网上充值等服务模式。

（五）制定 ETC 关键设备、系统入网与运行检测规程，开展相应的测试和联网调试工作。

（六）研究制定灵活的通行费优惠政策和车载单元购买补助等 ETC 用户发展策略，组织开展 ETC 使用宣传推广工作。

四、实施步骤

（一）第一阶段（2014 年 6 月底前）

1. 由交通运输部路网监测与应急处置中心（以下简称部路网中心）会同参与全国 ETC 联网的省级交通运输主管部门及相关单位，成立管委会，并制订管委会章程。

2. 颁布实施《公路电子收费联网运营与服务规范》、《军车使用电子不停车收费通行暂行办法》。由部路网中心牵头制定完成全国 ETC 联网技术实施方案。

3. 启动全国 ETC 联网结算中心系统建设，具备完成年度联网任务技术条件；启动数据容灾备份系统建设。

4. 各省（区、市）制定完成本地实施方案，明确建设目标和计划。其中：北京、天津、河北、山西、辽宁、上海、江苏、浙江、安徽、江西、福建、山东、陕西于 2014 年底前完成联网，其余省份于 2015 年基本完成联网。

5. 未按照行业标准实施车型分类的省份按照行业标准启动车型分类调整工作，未按照国家标准建设 ETC 系统的省份按照国家标准对所用系统实施改造。

（二）第二阶段（2014 年 12 月底前）

1. 各地按照制定的实施方案开展 ETC 专用车道、服务网点、联网收费系统建设和改造。

2. 北京、天津、河北、山西、辽宁、上海、江苏、浙江、安徽、江西、福建、山东、陕西开展联合测试并于 9 月底前完成，11 月底前完成系统的部署和调试，12 月底前联网开通。

3. 交通运输部对各省实施情况开展督导检查。

4. 全国 ETC 门户网站开通运行。

（三）第三阶段（2015 年 9 月底前）

1. 充分利用各种媒体渠道，统一组织 ETC 宣传推介活动；在高速公路服务区等车辆密集场所统一组织开展 ETC 业务咨询、车载单元一站式安装活动。

2. 尚未实现联网的其他省份开展联合测试并于 6 月底前完成，8 月底前完成系统的部署和调试，9 月底前联网开通。

（四）第四阶段（2015 年 12 月底前）

制定全国 ETC 联网运营与服务评价体系，对全国 ETC 联网实施工作进行总结评估，制定下一阶段 ETC 发展规划。

五、保障措施

（一）加强组织领导。交通运输部成立由分管部领导牵头的领导小组，负责指导全国 ETC 联网工作。成立由部路网中心和京津冀、长三角区域示范省份等单位有关专家组成的工作组，具体负责全国联网的技术指导、组织协调等推进工作。各省（区、市）交通运输主管部门成立由主要领导牵头的领导小组，负责组织开展本省（区、市）ETC 联网具体实施工作，定期检查工作进展情况，及时协调解决实施过程中出现的各种问题。充分发挥管委会的组织协调作用，共商解决全国 ETC 联网运营相关事宜。

（二）保障资金投入。各省（区、市）应将 ETC 专用车道建设、联网收费系统改造、客服体系建设、配套设施建设及 ETC 运营管理费用纳入通行费支出范围或财政预算给予保障。新建高速公路应将ETC基础设施建设纳入项目概算。对各地ETC基础设施、客服体系建设，交通运输部将积极争取国家财政支持。

（三）严格标准执行。ETC工程建设应遵循国家标准和行业技术要求，车载单元和用户卡中自定义文件和数据格式应符合联网统一规定；ETC联网运营应遵循统一规则，服务及配套设施建设应符合统一规范；ETC客车车型分类应严格执行《收费公路车辆通行费车型分类》（JT/T489－2003）标准。

（四）强化联网检测。强化产品检测，由部路网中心组织具有资质的检测机构，对ETC路侧单元、车载单元、IC卡及读写器等关键设备开展准入检测；强化入网检测，各省（区、市）接入全国联网系统以及省级联网收费系统进行影响全国联网运营的升级改造时，由部路网中心组织开展入网检测；强化运行检测，各省（区、市）要定期对本区域内运行的ETC系统关键指标进行检测和评价。

（五）拓展ETC应用。在具备条件的普通公路收费站推广应用ETC；积极推动ETC在高速公路服务区等场所的消费应用；积极推进ETC在城市停车管理、拥堵收费等领域的应用；鼓励并推动ETC发行工作与第三方服务机构开展合作，灵活运用市场机制，提供复合型服务。

（六）加大宣传力度。广泛利用各种媒体渠道对全国ETC联网工作进行宣传，在高速公路服务区等车辆密集场所开展ETC整体形象宣传与推广，让社会公众充分了解实施ETC的意义和使用ETC的便利，提高公众认知度、扩大社会影响，为全国ETC联网工作营造良好的社会氛围。

258. 关于深入推进收费公路专项清理工作的通知

（交公路发〔2012〕185号）

各省、自治区、直辖市人民政府：

经国务院同意，交通运输部、国家发展改革委、财政部、监察部、国务院纠风办（以下简称五部委办）从2011年6月20日起，在全国集中组织开展了收费公路专项清理工作。截至目前，已取得了明显的阶段性成效。但也有少数省（区、市）对部分收费公路项目和问题还没有制定具体的整改措施；有的虽已完成整改，但整改措施并不符合国家有关政策规定。为进一步加大工作力度，全面解决现有各类违规及不合理收费等问题，五部委办近期对各地排查发现的问题以及提出的整改措施，多次进行研究讨论。根据有关规定，现就深入推进全国收费公路专项清理工作的有关事项通知如下：

一、提高认识，深入推进专项清理工作

严格按照国家现有政策法规和相关要求，坚决清理各类违规及不合理收费，是进一步提升公路服务水平、优化公路运输发展环境的迫切要求，也是回应社会关切、维护广大人民群众合法权益的重要举措。各省（区、市）人民政府要高度重视，迅速组织有关部门，进一步加强现有收费公路项目和收费行为的审核与排查，抓紧推进对发现问题的整改落实工作，确保现有问题依法妥善解决。特别是已发现问题但还未制定具体整改措施，以及有关整改措施不符合本通知精神的，要严格按照五部委办《关于开展收费公路专项清理工作的通知》（交公路发〔2011〕283号）和本通知的要求，抓紧制订或完善整改方案并组织好落实工作。各省（区、市）在自查自纠中发现的问题，应在2012年5月31日前全部完成整改。因特殊情况确实难以按期完成整改的，由省级人民政府根据实际情况提出适当顺延整改时限的意见，报五部委办研究。

二、严格要求，坚决取缔各类违规及不合理收费行为

对在调查摸底和自查自纠工作中发现的有关问题，特别是已经排查确认但提出需要进一步研究或者维持不变的项目和问题，各相关省（区、市）要在前期工作的基础上，严格按照五部委办相关文件和本通知的要求，进一步研究完善整改措施，坚决抓好整改落实工作，确保现有问题得到全面有效解决。各地应重点抓好六个方面的整改工作：

（一）坚决取缔违反当时国家法规政策批准或实施的收费项目。其中，属于技术等级和里程规模不符合当时国家政策标准，同一公路主线上相邻收费站间距不符合当时国家相关规定，批复立项时间违反国家相关法规规定，未经省级人民政府批准实施收费，未交工验收及交工验收不合格即收取通行费等情况的，必须立即停止收费，并按照五部委办相关文件规定的期限妥善处理相关问题，确保按期完成整改任务，不得以任何理由拒绝或拖延整改并继续收费。

（二）坚决撤销除省界及两端出入口外在高速公路主线上设置的收费站。各有关省（区、市）要严格按照《收费公路管理条例》（以下简称《条例》）以及交通运输部、国家发展改革委、财政部《关于促进高速公路应用联网电子不停车收费技术的若干意见》（交公路发〔2010〕726号）的要求，加快实施省（区、市）内高速公路联网收费，积极推进高速公路跨省（区、市）联网电子不停车收费，力争在2012年12月31日前，全面撤销在本辖区内高速公路上设置的不符合规定的主线收费站。对因实施联网电子收费而在高速公路主线上设置的标识站，也要进一步完善相关技术，确保不收费、不停车、不检查，不影响过往车辆的正常通行。

（三）从严规范开放式收费公路同一主线上相邻收费站间距不足50公里的问题。存在上述问题的省（区、市），要结合本地实际，通过取消收费项目、撤并部分收费站点、迁移部分站址、实施单向收费等措施，确保相邻收费站的间距不少于50公里。同一公路主线上相邻收费站间距少于50公里且分属两省（区、市）管辖的，相邻省（区、市）要加强沟通与协商，共同完成整改任务；相邻省（区、市）难以协商解决的，要分别说明相关情况，报五部委办协调解决。

（四）从严规范收费期限总和超过《条例》规定最长期限的问题。存在上述问题的省（区、市），省级人民政府及有关部门要加强与相关经营管理单位的沟通与协商，妥善处理相关问题，严格按照五部委办相关文件和本通知的规定规范相关收费公路的收费期限。其中，对于在《条例》实施前已按照当时政策规定批准收费或完成收费权转让且政府已经与投资经营者依法签订合同或协议，在短期内难以协商规范其收费期限的经营性高速公路，可先采取降低通行费收费标准的办法进行整改，其收费期限的调整待国家完善相关政策法规后统筹考虑，降低收费标准的幅度不低于超出《条例》规定最长期限的收费时间占原批准收费期限的比例。对于实际收费时间总和已经超过《条例》规定最长收费期限的普通公路，要立即取消收费。

（五）坚决纠正违规转让公路收费权以及违规变更收费公路属性行为。各省级人民政府及有关部门要按照五部委办相关文件及《关于禁止将政府还贷公路违规转让或划转成经营性公路的通知》（交公路发〔2012〕149号）的要求，进一步加强对本地区经营性公路的逐项审核与排查。对确属未按国家有关法律、法规规定的权限和程序，违规转让公路收费权或将政府还贷公路转为经营性公路的，要严格按照相关要求，于今年5月底前研究制定具体整改方案，明确整改时限并协调有关部门抓好整改落实，确保按期完成属性归位。其中，对将政府还贷公路违规转为经营性公路后，已提高收费标准或延长收费期限的，要坚决恢复原收费标准和收费期限；对已批复可研的政府还贷公路，在建设过程中转为经营性公路并确定由国内外经济组织投资建设的，要按规定程序报原批准单位重新批准。

（六）坚决取消公路收费站代收或加收非公路项目收费。各省（区、市）要进一步加强公路收费项目和收费行为的排查。对公路收费站加收或代收城市道路（路桥）通行费、收费公路与非收费公路项目实行捆绑收费、利用公路收费设施收取非公路项目收费的，必须立即停止收费。同时，禁止在公路上设站收取除公路项目车辆通行费外的各类收费。

三、加强监管与督查，确保清理工作取得实效

（一）加强取消收费路段的养护监管。对此次专项清理工作期间取消收费的公路，各省（区、市）要严格按照有关规定，明确养护管理单位，落实养护管理经费，督促相关部门强化养护管理工作，确保公路处于良好技术状态，坚决杜绝因管养缺位而导致路况下降。经营性收费公路依法批准的收费期限届满后，由省级交通运输主管部门按照有关规定无偿收回并统一管理。

（二）组织开展督导监督工作。各省级人民政府要组织力量，加强对本地区专项清理工作，特别是对社会关注的重点地区和重点项目清理工作的督导和检查，督促相关地区和单位严格按照相关规定和要求，坚决落实整改措施，依法及时妥善解决存在的问题，确保专项清理工作按期完成，确保清理成果经得起政策法规检验，经得起人民群众检验。各地专项清理工作进展情况，要通过适当方式，及时向社会发布，接受公众监督；同时，要通过专题简报等形式，及时报送五部委办。五部委办近期将组织力量分片进行督导和检查。发现瞒报、漏报、弄虚作假、敷衍塞责、拖延或拒绝整改等行为的地区和单位，五部委办将通报全国，并责令限期整改；情节严重的，依法追究相关人员的责任。

259. 交通运输部办公厅关于开展高速公路分时段差异化收费试点工作的通知

（交办公路〔2017〕108 号）

山西、浙江、河南、湖南省交通运输厅：

为深入贯彻落实党中央、国务院关于推进供给侧结构性改革和降低实体经济企业成本的决策部署，依法科学完善收费公路政策，进一步提升高速公路通行效率和服务水平，经交通运输部同意，在你省开展高速公路分时段差异化收费试点工作。现将有关事项通知如下：

一、总体要求

（一）指导思想。

全面贯彻落实党的十八大和十八届三中、四中、五中、六中全会精神，深入贯彻习近平总书记系列重要讲话精神和治国理政新理念新思想新战略，适应和引领经济发展新常态，以更好地服务经济社会发展和公众安全便捷出行为目标，以优化和完善收费公路政策为抓手，积极探索高速公路分时段差异化收费试点工作，为推进收费公路供给侧结构性改革和降低实体经济企业成本提供有力支撑。

（二）工作原则。

——坚持政府主导、因地制宜。强化顶层设计，在省级人民政府的统一领导下，充分发挥主观能动性，探索适合省情的试点工作方向，务求实效。

——坚持需求导向、统筹兼顾。充分听取行业、有关企业、社会等各方面的意见，科学合理制定试点方案，力求实现多方共赢。

——坚持依法依规、公开公平。严格依据《公路法》《收费公路管理条例》等法律法规，开展试点工作，保障各方知情权、参与权与监督权，切实维护各方合法权益。

——坚持多方联动、安全运行。加强与发展改革（物价）、财政、公安等有关部门沟通协调，及时解决发现的问题。高度重视对通行环境的影响，确保高速公路道路交通安全。

（三）工作任务。

2017 年下半年，报省级人民政府同意后，组织开展高速公路分时段差异化收费试点工作。2018 年 6 月底前，组织开展试点总结评估工作，提出完善高速公路通行费收费政策的建议方案。

二、试点方向

（一）高速公路交通量分时段差异明显的试点政策。

选取交通量分时段差异明显的高速公路（按每天 24 小时划分时段，交通量存在明显波峰、波谷），调整重点时段的收费政策，实现错峰调流，提高公路通行能力和效率。

（二）高速公路交通量分路段差异较大的试点政策。

选取与相邻平行路段（走向基本一致的高速公路或普通公路）流量差异较大的高速公路，调整不同路段、不同车型的收费政策，均衡路网交通量，提高路网的整体运行效率和安全水平。

（三）高速公路交通量未达到设计能力的试点政策。

选取实际交通量未达到设计通行能力的高速公路，调整收费政策，吸引周边路网的交通量，培育新的用户群体，在缓解周边路网交通压力的同时，以降费促征收，提高债务偿还能力。

（四）区域高速公路网分车型的试点政策。

选取整体运行效率不高的区域高速公路网，调整不同车型（如国际标准集装箱、重载货车等）的收费政策，提升区域路网运行效率。

请你单位会同有关部门，结合本省实际，选择适当方向，开展试点工作。

三、工作安排

试点工作自2017年8月起至2018年6月止，分三个阶段：

（一）试点启动阶段（2017年8月）。

请你单位会同相关部门综合考虑本省实际，在充分征求各有关方面意见的基础上，科学合理地制定试点方案，报省级人民政府审批，并于8月底前，将试点方案报部。

（二）组织实施阶段（2017年9月—2018年3月）。

请你单位按照省级人民政府批准的试点方案，认真组织实施和推进试点工作。对试点过程中发现的重大问题，及时向省级人民政府和部报告。

（三）总结评估阶段（2018年4—6月）。

请你单位组织力量，对试点工作进行全面总结评估，形成试点评估报告，并于2018年4月底前报部。部将在各地自评基础上，统一组织总结评估，为相关政策出台做好储备。

四、工作要求

（一）加强组织领导。

高速公路分时段差异化收费试点工作，是落实供给侧结构性改革的重要举措。请你单位高度重视，成立由主要领导牵头的专项工作小组，建立健全部门协同工作机制，加强组织协调和监督指导，积极有序地推进落实。

（二）完善试点配套政策措施。

请你单位积极协调相关部门，逐步完善高速公路分时段差异化收费政策的配套政策措施，探索政府购买服务等多种形式的实施模式，努力破解政策和技术难题，推进试点工作稳步有序开展。特别是对于经营性高速公路，要积极沟通协商，完善并落实相关配套制度，引导鼓励其参与试点工作。

（三）科学制定试点实施方案。

高速公路分时段差异化收费试点工作涉及面广、社会高度关注，政策研究要求较高。部委托部规划研究院为技术支持单位。请你单位确定本地区技术支持单位，深入调研，精准测算，量化预期效果和考核目标，科学制定操作性强、符合政策导向和省情实际的试点方案。

（四）加强运行监测动态评估。

请你单位认真做好试点工作的动态分析和评估工作，密切监测试点过程中出现的新情况、新问题，积极研究解决方法，确保试点工作稳步推进。部公路局将会同有关司局，加强对试点工作的跟踪指导，及时总结经验，适时研究部署后续试点和政策推广工作。

联系人：交通运输部公路局王燕弓；交通运输部规划院徐园、张男。

联系方式：010-65292729，010-65292781（传真）；010-59629425，010-59629446。

260. 交通运输部办公厅关于扩大高速公路差异化收费试点工作的指导意见

（交办公路〔2018〕47号）

各省、自治区、直辖市交通运输厅（委）：

2017年8月以来，山西、浙江、河南、湖南等省按照供给侧结构性改革的要求，积极有序开展高速公路差异化收费试点工作，取得明显成效。试点区域和路段交通量分布趋于均衡，路网运行效率明显提升，货车运输成本有效降低，公路投资者合法权益得到保障，实现了多方共利共赢。为进一步深化供给侧结构性改革，不断提升公路交通服务水平，经交通运输部同意，现就扩大高速公路差异化收费试点工作提出如下意见。

一、总体要求

（一）指导思想。

以习近平新时代中国特色社会主义思想为指导，全面贯彻党的十九大和十九届二中、三中全会精神，落实党中央、国务院决策部署，坚持新发展理念，以深入推进供给侧结构性改革为主线，借鉴试点省份经验，创新工作思路，完善政策措施，优化服务模式，积极有序扩大高速公路差异化收费试点范围，更好地服务公众出行和实体企业发展，为决胜全面建成小康社会，实现中华民族伟大复兴的中国梦当好先行。

（二）基本原则。

——政府主导，协同联动。由省级人民政府主导，统筹本地区公路网资源，加强顶层设计，鼓励相关部门及高速公路经营管理单位积极参与、共同推进。

——因地制宜，注重实效。尊重不同地区的实际情况，鼓励各地充分调研论证，探索适合本地特点的试点模式，确保试点工作扎实开展并取得实效。

——分类施策，有序推进。兼顾各方面合理需求，选准突破口，科学制定工作方案，简化审批流程，完善保障措施，稳步有序推进。

——以点促面，逐步扩大。选择具备条件的路段开展试点。在总结评估基础上，完善相关政策措施，逐步扩大试点范围，拓展试点内容，让群众更多获益，让路网高效运行。

（三）主要目标。

各省、自治区、直辖市从2018年起，结合本地区实际，探索实施一批具有典型引领作用的试点项目，通过以点促面的方式，逐步扩大试点工作范围。力争到2020年底前，形成一套依法规范、科学合理的差异化收费模式，初步建立差异化收费可持续发展机制，为进一步完善收费公路管理政策，促进公路交通健康持续发展做好探索和实践。

二、工作措施

（一）深化交通量分时段差异明显路段的试点工作。调整完善重点时段的收费政策，实施错峰调流，提高公路通行效率。鼓励交通量较大、波峰波谷明显、公众出行集中的路段先行先试。重点在京津冀、长三角、珠三角、成渝等地区的大城市周边高速公路、其他地区的省会城市绕城高速公路、承担较多通勤功能的高速公路开展试点，缓解潮汐流量造成的拥堵。

（二）深化交通量差异较大相邻平行路段的试点工作。调整完善不同路段、不同车型的收费政策，利用价格杠杆，引导车辆出行，提高路网运行效率。重点在国省干线公路拥堵严重但平行高速公路交通量较小的路段、平行高速公路之间交通量差异较大的路段，开展试点工作。鼓励各地结合政府财力状况，通过政府购买服务等方式，减免绕城高速公路等特定路段的车辆通行费，缓解城市交通拥堵。

（三）深化交通量明显低于设计能力路段的试点工作。调整高速公路的收费政策，吸引周边路网特别是普通公路的交通量，缓解周边路网交通压力，同时培育高速公路新的用户群体，保障债务偿还能力。鼓励各地结合实际，对贫困地区特别是深度贫困地区的车辆，加大优惠力度，助力脱贫攻坚。重点在中西部地区的相关高速公路开展试点，提升高速公路使用效率。

（四）深化重点高速公路分车型的试点工作。针对交通量较少的高速公路，调整不同车型的收费政策，提升高速公路的使用效率。鼓励针对往返港口和重点货物集散地的国际标准集装箱运输车和合法运输货车，加大优惠力度，支持运输企业转型升级，促进实体经济发展。

（五）探索省际区域联动差异化收费。建立健全省际联动协作机制，加强收费政策和措施衔接，协调试点行动，提高区域高速公路服务水平。鼓励相邻省份根据路网运行特点，对同一通道的路段，按照“递远递减”的原则，联合制定实施优惠政策，提高运行效率。

（六）探索路况服务质量与收费标准挂钩的试点工作。健全完善收费公路路况服务评价体系。鼓励具备条件的地区，将高速公路收费标准与路况服务质量挂钩，在省级人民政府批准的范围内，实行收费标准浮动管理，促进经营管理单位不断强化养护和运营管理，提升公路服务水平。

三、实施要求

（一）科学制定方案。省级交通运输主管部门要高度重视，会同相关部门，深入研究论证，在充分考虑本地区公路网结构和交通量，高速公路建设、运营成本和收支状况，预期社会效益等情况的基础上，科学制定方案，报省级人民政府批准后组织实施。除个别确实不具备相应条件的省份外，原则上有收费高速公路的省份，都应从2018年起开展试点工作，具体试点范围由各地结合实际情况自行确定。

（二）精心组织实施。省级交通运输主管部门要明确专门单位和人员负责试点协调工作，及时掌握工作进度，加强基础数据库建设，强化对试点公路的收费里程、交通量结构及变化、通行费收入、养护和运营管理支出等相关情况的监测和分析，及时总结评估，调整完善相关政策措施，双向调节需求和流量，确保试点工作扎实开展并取得实效。试点工作方案和进展情况，要及时报部。

（三）加强督导宣传。省级交通运输主管部门要组织相关单位，多措并举，切实加大试点政策宣传解读力度，引导社会公众正确理解和支持试点工作。加强督导检查，指导相关单位及时妥善解决试点过程中出现的矛盾和问题。重大问题，及时向省级人民政府和部报告。部将加强指导，及时通报交流各地试点工作情况。

本意见实施时间暂定截至2020年底。

261. 交通运输部办公厅关于贯彻《收费公路车辆通行费车型分类》行业标准（JT/T489—2019）有关问题的通知

（交办公路〔2019〕65号）

各省、自治区、直辖市交通运输厅（局、委），各有关单位：

中华人民共和国交通运输行业标准《收费公路车辆通行费车型分类》（JT/T 489—2019）已发布。为做好新旧标准衔接工作，经交通运输部同意，现将有关事项及要求通知如下：

一、重新核定车型分类。严格按照《收费公路管理条例》和《收费公路车辆通行费车型分类》（JT/T 489—2019），落实本行政区域内收费公路车型分类调整工作，并会同发展改革（价格）、财政部门重新核定车辆通行费收费标准，报省级人民政府批准后，统一从2020年1月1日起执行。

二、加快ETC车载装置安装。组织有关单位，按照新的车型分类标准，免费安装ETC车载装置。对车型分类发生变化的既有ETC用户，要通过定向通知、预约安装等方式，开展针对性服务，更换ETC车载装置或者调整车型分类。

对货车和专项作业车，可按照新分类标准安装、更换ETC车载装置或者调整车型分类，启用非现金支付功能，并继续按照现行收费标准和计费方式收费；从2020年1月1日起，启用电子不停车收费功能，ETC单卡用户（未安装车载装置的ETC用户）不再享受原则上不小于5%的车辆通行费基本优惠政策。

对车长小于6米的8座和9座小型客车，继续按照现有车型分类标准收取车辆通行费；从2020年1月1日起，统一按照1类客车收取车辆通行费，并安装、更换ETC车载装置或者调整车型分类。

三、加强政策宣传解读工作。广泛宣传车型分类标准修订对规范收费公路运营管理、优化提升公路服务水平的重要意义，重点解读专项作业车和货车车型分类标准及有关规定，引导公众正确理解和支持车型分类调整工作，为取消高速公路省界收费站创造良好的舆论环境。

262. 交通运输部　国家发展改革委　财政部关于切实做好货车通行费计费方式调整有关工作的通知

（交公路发〔2019〕93号）

各省、自治区、直辖市交通运输厅（局、委）、发展改革委、财政厅（局）：

为贯彻落实《国务院办公厅关于印发深化收费公路制度改革取消高速公路省界收费站实施方案的通知》（国办发〔2019〕23号），做好货车计费方式调整工作，促进物流业提速增效，根据《收费公路管理条例》相关规定，现就有关工作通知如下：

一、加快货车车型分类调整工作。严格按照《收费公路车辆通行费车型分类》（JT/T 489—2019），对本行政区域内收费公路的货车车型分类统一调整；按照《收费公路管理条例》的规定，重新核定车辆通行费收费标准，报省级人民政府批准后发布，并报交通运输部备案。要确保在相同交通流量条件下，不增加货车通行费总体负担，确保每一类收费车型在标准装载状态下的应交通行费额均不大于原计重收费的应交通行费额。此项工作2019年10月底前完成。

二、科学测算大件运输车辆收费系数。结合本地区实际，对六轴以上货车，在六轴货车收费系数的基础上，按每增加一轴增加一定收费系数的方法，制定合理的收费系数，确保标准装载的大件运输车辆不因计费方式调整而增加通行费费用。此项工作2019年10月底前完成。

三、加强收费标准调整监管。为确保不增加货车通行费总体负担，在今年调整货车通行费费率过程中，各省级交通运输主管部门会同价格、财政部门完成收费标准初步审核之后，填写《货运车辆通行费收费标准调整对照表》（详见附件），及时报送交通运输部。交通运输部将会同国家发展改革委、财政部加强分析研究，强化对各地相关工作的指导。此项工作2019年8月底前完成。

四、全面推广高速公路差异化收费。鼓励货车运输流量流向等特征明显、差异较大的省份，探索分路段、分时段、分行驶方向、分特定出入口等差异化收费，进一步提高高速公路路网通行效率。

五、加快货车ETC车载装置安装。各省级交通运输主管部门组织发行机构，按照新的车型分类标准，为货车免费安装ETC车载装置；对收费车型类别发生变化的既有ETC用户，组织开展定向通知、预约安装等服务措施，更换ETC车载装置或者调整车型分类。

六、加强政策宣传解读工作。重点宣传解读货车计费方式调整对于提高收费公路通行效率、促进物流业提速增效和节能减排等的重大意义，引导货运车辆安装ETC车载装置，实现不停车快捷通行，及时回应社会公众关切，为确保货车计费方式调整工作顺利实施创造良好的舆论氛围。

附件：货运车辆通行费收费标准调整对照表

附件

货运车辆通行费收费标准调整对照表

（收费项目名称及编号）

填报单位： 省（区、市）交通运输厅（章）

<table>
<tr><td rowspan="2">车型</td><td rowspan="2">分类</td><td>总质量限值</td><td>现行收费标准（元/公里）</td><td>按成本测算的收费标准（元/公里）</td><td>收费标准调整方案（元/公里）</td><td>收费标准变化情况（%）</td><td>货车平均总质量（吨）</td></tr>
<tr><td>A</td><td>B</td><td>C</td><td>D</td><td>E=（D−B）/B</td><td>F</td></tr>
<tr><td rowspan="6">货车</td><td>1类</td><td>4．5吨</td><td></td><td></td><td></td><td></td><td></td></tr>
<tr><td>2类</td><td>18吨</td><td></td><td></td><td></td><td></td><td></td></tr>
<tr><td>3类</td><td>27吨</td><td></td><td></td><td></td><td></td><td></td></tr>
<tr><td>4类</td><td>36吨</td><td></td><td></td><td></td><td></td><td></td></tr>
<tr><td>5类</td><td>43吨</td><td></td><td></td><td></td><td></td><td></td></tr>
<tr><td>6类</td><td>49吨</td><td></td><td></td><td></td><td></td><td></td></tr>
<tr><td>备注</td><td colspan="7">1. 现行收费标准（B）：对应轴型货车，按照总质量限值，将计重收费费率（元/吨·公里）换算为按车（轴）型收费费率（元/车·公里）。
2. 按成本测算的收费标准（C）：根据收费公路的投资总额、当地物价指数、偿还贷款或者有偿集资款的期限和收回投资的期限、交通量、运营成本等因素计算确定的理想收费标准。
3. 收费标准变化情况（E）应当小于0。
4. 执行相同收费标准的收费公路项目可合并填报，涉及的项目清单（含收费项目名称和编号）需备注说明。</td></tr>
</table>

填报人： 联系电话：

263. 交通运输部　国家发展改革委　财政部关于全面清理规范地方性车辆通行费减免政策的通知

（交公路法〔2019〕98 号）

各省、自治区、直辖市交通运输厅（局、委）、发展改革委、财政厅（局）：

为贯彻《国务院办公厅关于印发深化收费公路制度改革取消高速公路省界收费站实施方案的通知》（国办发〔2019〕23 号），确保取消全国高速公路省界收费站顺利实施，实现不停车快捷收费，维护公平规范的公路收费秩序，减少拥堵，便利群众，结合相关法律法规和规定，现就全面清理规范地方性通行费减免政策有关事项通知如下：

一、清理规范内容

（一）违反《中华人民共和国反垄断法》关于不得设定歧视性收费项目、实行歧视性收费标准、规定歧视性价格，不得排除、限制竞争等相关规定，针对本地企业、本地货物等特定市场主体出台的、妨碍全国统一市场和公平竞争的地方性车辆通行费减免政策。

（二）需要停车接受人工查验、无法实现不停车快捷通行的地方性车辆通行费减免政策。

（三）影响对跨省车辆正常收费的地方性车辆通行费减免政策。

二、实施步骤

（一）准备阶段（2019 年 7 月 18 日—8 月 31 日）：按照清理内容，全面梳理汇总本省（区、市）自行出台实施的车辆通行费减免政策。

（二）报批阶段（2019 年 9 月 1 日—9 月 30 日）：结合本通知的要求，提出清理或者规范意见，报省级人民政府审核批准。

（三）实施阶段（2019 年 10 月 1 日—12 月 31 日）：按照省级人民政府批准意见，全面清理规范本行政区域的地方性车辆通行费减免政策。

（四）总结阶段（2020 年 1 月 1 日—1 月 31 日）：各地全面总结清理规范工作，形成书面报告，报交通运输部、国家发展改革委、财政部。

三、保障措施

（一）加强领导，落实责任。省级交通运输、发展改革和财政主管部门在省级人民政府统一领导下，制定实施方案，细化分工，落实责任，共同抓好实施工作。

（二）深入排查，全面清理。严格按照本通知要求，全面梳理和规范。对不符合本通知要求的地方性减免政策，要按期完成清理；现有地方性减免政策符合法律、行政法规规定且不需要人工查验的，可继续实施。除《收费公路管理条例》以及国务院另有规定外，今后各省（区、市）不得以任何形式制定出台车辆通行费减免政策。

（三）强化督导，及时整改。各地要督促相关地区和单位按期完成清理规范，对未按要求完成的地区和单位，依法依规追究相关负责人的责任。交通运输部、国家发展改革委和财政部将加强督促指导，对拖延不改、弄虚作假的，予以通报。

（四）及时评估，完善措施。深入评估政策的效果及影响，及时完善相关措施，妥善解决出现的问题。根据高速公路网运行状况，可通过 ETC 系统，选择分区域、分路段、分时段、分车型等差异化收费，引导路网车辆合理分布，进一步提升路网通行效率，促进物流提速增效。

（五）加强宣传，正面引导。要通过政府网站、新闻媒体、深入企业走访等多种渠道和方式，大力宣传解读清理规范地方性通行费减免政策的重要意义、法规依据和具体内容，争取公众理解与支持，为深化收费公路制度改革取消高速公路省界收费站创造良好的舆论氛围。

264. 交通运输部　国家发展改革委　财政部关于进一步优化鲜活农产品运输“绿色通道”政策的通知

（交公路发〔2019〕99号）

各省、自治区、直辖市交通运输厅（局、委）、发展改革委、财政厅（局）：

为贯彻《国务院办公厅关于印发深化收费公路制度改革取消高速公路省界收费站实施方案的通知》（国办发〔2019〕23号），确保取消全国高速公路省界收费站顺利实施，实现不停车快捷收费，提高鲜活农产品运输车辆通行效率，减少拥堵，便利群众，现就优化鲜活农产品运输“绿色通道”政策有关事项通知如下：

一、严格免收车辆通行费范围

整车合法装载运输全国统一的《鲜活农产品品种目录》内的产品的车辆，免收车辆通行费。

本通知规定的“整车合法装载运输”是指车货总重和外廓尺寸均未超过国家规定的最大限值，且所载鲜活农产品应占车辆核定载质量或者车厢容积的80%以上、没有与非鲜活农产品混装等行为。

二、优化鲜活农产品运输车辆通行服务

（一）鲜活农产品运输车辆通过安装ETC车载装置，在高速公路出、入口使用ETC专用通道，实现不停车快捷通行。

（二）鲜活农产品运输车辆驶出高速公路出口收费站后，在指定位置申请查验。经查验符合政策规定的，免收车辆通行费；未申请查验的，按规定收取车辆通行费；经查验属于混装、假冒等不符合政策规定的，按规定处理。出口收费站外广场暂不具备查验条件的，可继续在收费车道内实施查验。

（三）建立全国统一的鲜活农产品运输“绿色通道”预约服务制度。鲜活农产品运输车辆通过网络或客服电话系统提前预约通行。

（四）建立鲜活农产品运输信用体系。对一年内混装不符合规定品种（或物品）超过3次或者经查验属于假冒的鲜活农产品运输车辆，记入“黑名单”，在一年内不得享受任何车辆通行费减免政策，并将有关失信记录纳入全国信用信息共享平台，并对外公开；对信用记录良好的车辆，逐步降低查验频次。

三、保障措施

（一）加强领导，落实责任。省级交通运输、发展改革、财政等主管部门要在省级人民政府统一领导下，严格按照《收费公路管理条例》和本通知要求，制定实施方案，明确责任分工，共同抓好实施工作。

（二）认真清理，全面规范。严格按照全国统一的《鲜活农产品品种目录》，清理规范本地区享受“绿色通道”政策的鲜活农产品品种目录，确保鲜活农产品运输“绿色通道”政策在全国范围的一致性和规范性。除法律、行政法规和国务院另有规定外，各地不得在路面环节增加针对鲜活农产品运输车辆的检查和验证，影响鲜活农产品车辆通行效率。

（三）及时评估，完善措施。深入评估政策实施效果及影响，不断完善配套措施，妥善解决出现的问题；对因优化政策造成收费公路经营单位合法收益损失的，应按照相关法律法规的规定，制定具体方案，予以补偿。

（四）加强宣传，正面引导。通过政府网站、新闻媒体等多种渠道，加强政策宣传解读，使社会公众及时、全面了解优化“绿色通道”政策的必要性、重要性和具体内容，为促进政策顺利实施营造良好的环境。

265. 加快推进高速公路电子不停车快捷收费应用服务实施方案

（发改基础〔2019〕935号）

2015年9月，全国高速公路电子不停车快捷收费（ETC）系统实现联网运营，有力推进了交通运输转型升级、提质增效，取得了明显的社会和经济效益。但部分地区ETC发展系统功能和应用领域相对单一，车载终端安装不便利，货车无法实现不停车收费，市场化进程缓慢，服务质量和服务水平有待提高，制约了ETC的加快推广。为进一步深化交通运输领域供给侧结构性改革，提高高速公路通行效率，实现不停车快捷收费，减少拥堵、便利群众，经国务院同意，现就加快推进ETC应用服务提出如下实施方案。

一、总体要求

（一）指导思想。

以习近平新时代中国特色社会主义思想为指导，全面贯彻党的十九大和十九届二中、三中全会精神，牢固树立新发展理念，按照高质量发展要求，坚持以供给侧结构性改革为主线，以满足人民群众安全便捷经济出行需求为导向，创新ETC发展模式，强化ETC应用与服务，提升ETC使用率，加快推进多种电子收费方式融合协同发展，提高高速公路通行效率，更好地服务经济社会发展。

（二）基本原则。

——政府引导、市场主导。加强政府统筹协调和政策扶持，突出高速公路公共属性，落实高速公路使用者的社会责任，优化发展环境；充分发挥市场在资源配置中的决定性作用和企业的主体作用，激发市场需求和企业发展的内生动力。

——统筹规划、协同推进。加强提升ETC应用与服务的统筹规划，聚焦优质服务，明确发展路径，强化电子收费应用的需求拉动作用，实现技术、产业、网络、应用的协同推进。

——创新发展、示范引领。坚持服务创新、技术创新和管理创新，大力促进高速公路电子收费与经济社会各领域的融合创新，鼓励先行先试，充分发挥示范引领作用。

——注重实效、惠及民生。坚持以人民为中心的发展思想，紧紧围绕人民群众的期待和需求，不断提升收费服务水平，便捷高速公路通行，丰富服务内容，让人民群众共享高速公路发展成果。

（三）发展目标。

到2019年12月底，全国ETC用户数量突破1.8亿，高速公路收费站ETC全覆盖，ETC车道成为主要收费车道，货车实现不停车收费，高速公路不停车快捷收费率达到90%以上，所有人工收费车道支持移动支付等电子收费方式，显著提升高速公路不停车收费服务水平。到2025年，全国ETC用户数量进一步提升，建成技术先进、制度完善、服务优质、运行稳定的高速公路电子不停车快捷收费体系。

二、夯实工作基础

（一）加强基础服务设施建设维护。加大ETC基础服务设施建设投入力度，提升收费站ETC专用车道比例。高速公路新建、改扩建及大修时，应根据通行需要，提前规划并适度超前增设ETC专用车道。2019年10月底前，所有车道均具备ETC服务功能，其中大中城市、新建城镇、旅游景区周边收费站ETC专用车道占比不低于70%。加强ETC车道检测和维护力度。（交通运输部，各省级人民政府）

（二）推进货车不停车收费。调整货车通行费计费方式，从2020年1月1日起，统一按车（轴）

型收费，并确保不增加货车通行费总体负担。封闭式高速公路收费站入口同步实施不停车称重检测，提高货车通行效率。（各省级人民政府，交通运输部、发展改革委、市场监管总局）

（三）强化 ETC 车道运行保障。按照标准规范，设置统一醒目的 ETC 车道标识。优化 ETC 车道布局。严格执行《公路电子不停车收费联网运营和服务规范》，强化车道运行监测能力，保障 ETC 车道 24 小时不间断服务。除下坡等特殊路段的收费站外，2019 年 7 月底前，拆除 ETC 车道减速带等非必要设施。加强对 ETC 门架和车道系统的运行状态监测和维护，保证系统运行指标满足相关要求。（各省级人民政府，交通运输部）

（四）提升网络安全防护能力。按照国家网络安全等级保护制度以及《联网收费系统省域系统并网接入网络安全基本技术要求》等有关要求，定期开展测评评估，不断强化系统安全防护能力。制定完善网络安全事件应急预案，建立健全应急处置机制。将高速公路收费清分结算系统纳入国家信息安全专项计划。2019 年 10 月底前，完成 ETC 系统国产密码算法迁移工程。（交通运输部、公安部、发展改革委，各省级人民政府）

（五）提高高速公路进城路段通行效率。优化高速公路出口与城市道路交织路段布设，保证主线交通安全顺畅。对于布置在高速公路出入口附近并易造成交通拥堵的货运枢纽、物流园区或商贸市场，结合城市总体规划有序外迁。（各省级人民政府，交通运输部、发展改革委）

三、健全服务体系

（一）拓宽 ETC 发行服务渠道。推动建立全网协同服务模式，完善服务规则，鼓励银行业金融机构、非银行支付机构和互联网企业等服务机构紧密合作。允许 ETC 绑定既有银行账户和支付账户。支持商业银行推广发行加载交通行业应用的联名卡，停止 ETC 储值卡发行、逐步减少 ETC 储值卡使用。（各省级人民政府，交通运输部、人民银行、银保监会）

（二）推动 ETC 便捷安装。结合商业银行网点以及汽车主机厂、4S 店、高速公路服务区和收费站出入口广场等车辆集中场所，增加安装网点，方便公众就近便捷安装，并实现 ETC 业务办理一站式服务。组织发行单位，开展互联网发行、预约安装、集中上门安装等服务，便利车辆安装 ETC 车载装置。（各省级人民政府，交通运输部、人民银行、银保监会）

（三）推广移动支付应用。鼓励通过市场化手段，扩大移动支付车道覆盖范围，2019 年 12 月底前基本实现所有人工收费车道全覆盖。鼓励结合信用体系建设，推动“后台账户”应用，将移动支付纳入联网收费结算体系。（各省级人民政府，交通运输部、人民银行）

（四）加大 ETC 使用优惠力度。实现车载装置免费安装全覆盖，非人为损坏的，由发行方免费更换。2019 年 12 月底前，发行方完成与新修订的《收费公路车辆通行费车型分类》不符的 ETC 车载装置换发工作。鼓励社会资本参与发行，通过积分、打折、返利、红包等形式优惠用户通行。（交通运输部，各省级人民政府）

（五）完善基本优惠政策。给予 ETC 车辆不少于 5%的通行费优惠，对通行本区域的 ETC 车辆实行无差别基本优惠政策。自 2020 年 1 月 1 日起，除国务院另有规定外，各类通行费减免等优惠政策均依托 ETC 系统实现。（交通运输部，各省级人民政府）

（六）拓展服务场景。鼓励 ETC 在停车场等涉车领域应用，2020 年 12 月底前，基本实现机场、火车站、客运站、港口码头等大型交通场站停车场景 ETC 服务全覆盖。推广 ETC 在居民小区、旅游景区等停车场景的应用。（省级人民政府，交通运输部）

（七）规范发行管理。修订《公路电子不停车收费联网运营和服务规范》，规范发行服务流程，完善内部发行监督检查和责任追究机制。加强发行监管，促进市场公平有序竞争。鼓励有服务能力的发行方按照统一规则开展异地发行。合作发行的，应通过协议明确合作发行机构的责任和义务，严格遵守相关标准规范及合作协议。（各省级人民政府，交通运输部、人民银行、银保监会）

四、完善系统配套

（一）加快推进车载装置产品创新和汽车前装。鼓励车载装置产品形态及服务功能多样化发展，研发与行车记录仪、智能后视镜等车载电子产品结合的多功能一体化终端，满足不同用户应用和消费需求。支持开展车载装置汽车前装，鼓励汽车生产企业与ETC设备制造商、发行方开展合作，加强车载装置汽车前装技术研究、试点和推广应用。2019年12月底前完成ETC车载装置技术标准制定工作。自2020年7月1日起，新申请批准的车型应在选装配置中增加ETC车载装置，供用户自主选装。（工业和信息化部、交通运输部、市场监管总局，各省级人民政府）

（二）加快公务、特种车辆车载装置安装。2019年7月底前，完成机关事业单位公务用车、国有企业车辆，以及救护车、消防车、警车、工程抢险车辆、城市管理执法执勤用车等特种车辆安装使用ETC。自2019年8月1日起，行政事业单位、国有企业等对所属车辆实行高速公路通行费电子发票报销。（交通运输部、住房城乡建设部、财政部、税务总局，各省级人民政府）

（三）推动营运车辆车载装置安装。2019年12月底前，完成客运车辆、租赁汽车、公路货运车辆等营运车辆安装使用ETC。修改完善出租车计价器相关标准，准许ETC设备与出租车计价器之间通信，不断提高乘客获取ETC通行费发票、出租车费发票的便利性。（交通运输部、财政部、税务总局，各省级人民政府）

（四）加强车载装置质量监督。兼顾各种产品形态和多种销售渠道，进一步完善检测标准和质量监督体系，加强ETC产品和关键设备的质量监督，鼓励开展ETC设备自愿性产品认证。继续加大ETC产品质量行业抽查力度，完善抽查指标，有关结果及时向社会公众和相关单位通报。（市场监管总局、交通运输部，各省级人民政府）

（五）开展ETC无卡化应用研究。开展ETC无卡化应用研究，推广单片式车载装置，推动从离线“电子钱包”向“后台账户”应用发展，实现车道前端识别、账户后端扣费，简化车道系统处理流程，提高运行效率。（交通运输部、人民银行，各省级人民政府）

五、创新体制机制

（一）完善联网收费管理体系。建立健全交通运输部门与公安部门间有关交通管理信息共享机制，从源头杜绝“大车小标、大车小签”等行为。依托北斗卫星定位、视频识别、大数据分析等技术手段，开展联网收费稽查体系建设，加强对恶意偷逃通行费的车辆监管与稽查。（交通运输部、公安部、人民银行）

（二）构建高速公路信用体系。2019年12月底前，制定信用评价机制和评价标准，建立以信用承诺、信用公示为特点的新型监管机制，通过全国信用信息共享平台，利用收费公路联网收费、绿色通道、交通执法等基础数据，加快建立车辆信用记录，集成车辆登记信息、交通管理信息、通行交费信息等信息，并通过“信用中国”网站公示。对恶意闯关、倒卡、逃费等严重失信行为实施联合惩戒。（交通运输部、发展改革委、公安部、人民银行、银保监会）

（三）建立市场化服务体系。推进ETC发行方从政府部门或事业单位剥离，实现独立企业化运行。逐步实现政府通过公平竞争确定服务主体。鼓励ETC发行方及合作机构采用市场化手段开展商业优惠活动，促进ETC应用推广。（各省级人民政府，交通运输部、人民银行）

（四）完善清分结算机制。依据国家相关法律法规，建立健全清分结算工作制度，兼顾各方利益诉求，维护用户和收费公路经营管理者合法权益。推动清分结算机制逐步向市场化运作机制过渡，车载装置发行方、道路运营方、清分结算方等各主体之间，通过运营协议约定权利义务和清分结算服务费标准。（交通运输部、发展改革委、财政部、人民银行，各省级人民政府）

（五）拓宽投融资渠道。强化资金支持，各地ETC车载装置安装、系统和设施建设改造资金由省级人民政府统筹负责，采用通行费收入列支、财政补助等方式解决，鼓励各地通过市场机制筹集资金。健全完善资金监管机制，保障市场机制下资金流转的规范性和合理性。（各省级人民政府，交通运输部、发展改革委、人民银行）

六、加强组织保障

（一）细化工作方案。各地区、各有关部门要充分认识推动高速公路电子不停车收费的重要意义，强化组织领导，细化工作方案，明确时间表、路线图。加强工作指导和监督检查，确保各项工作落实到位。（各省级人民政府，相关部门）

（二）加强技术创新。充分发挥我国自主北斗导航技术在高速公路收费站快速通行、智能驾驶等方面的技术优势，依托基于北斗卫星定位、现代通信技术的前沿收费技术和车路协同技术等开发成果，加快推进成果转化，鼓励地方先行先试，促进系统优化升级，推动管理服务创新发展。（交通运输部，各省级人民政府）

（三）加强分析通报。建立全国高速公路电子不停车快捷收费应用服务质量评价指标体系，定期组织分析评价，对各省（区、市）不停车快捷收费率、ETC 安装率、ETC 车道占比、用户满意度调查结果等主要指标进行通报。（交通运输部）

（四）做好人员安置。各级地方政府要按照“谁主管、谁负责”的原则，严格落实相关法律法规规定，妥善做好高速公路收费站工作人员转岗安置工作，保障收费人员合法权益，确保社会稳定。（各省级人民政府，交通运输部）

（五）加强宣传引导。高速公路不停车收费工作涉及面广、影响大，要加强舆论引导，充分宣传 ETC 在便捷交通、节能减排、提高公路通行效率等方面的重要意义，树立 ETC 服务品牌，扩大社会影响力，及时回应公众关切，切实提高人民群众的获得感、幸福感，为高速公路持续健康发展营造良好氛围。（交通运输部，各省级人民政府）

266. 交通运输部办公厅　农业农村部办公厅关于对仔猪及冷鲜猪肉恢复执行鲜活农产品运输“绿色通道”政策的通知

（交办公路明电〔2019〕77 号）

各省、自治区、直辖市交通运输厅（局、委）、农业农村（农牧）厅（委、局）：

为稳定生猪生产，保障猪肉供应，满足人民群众生活需要，根据国务院部署，现就仔猪及冷鲜猪肉恢复执行鲜活农产品运输“绿色通道”政策等有关事项通知如下：

一、从 2019 年 9 月 1 日起，对整车合法运输仔猪及冷鲜猪肉的车辆，恢复执行鲜活农产品运输“绿色通道”政策。

二、在 2019 年 9 月 1 日至 2020 年 6 月 30 日期间，对整车合法运输种猪及冷冻猪肉的车辆，免收车辆通行费。

三、各地交通运输主管部门要督促指导收费公路经营管理单位严格落实上述政策，规范车辆查验管理，确保整车合法运输车辆免费通行。各地畜牧兽医部门要为公路收费站准确辨别种猪、冷冻猪肉提供必要的支持与帮助。

四、各地交通运输主管部门和农业农村主管部门要鼓励相关车辆安装使用 ETC 车载装置，尽快实现不停车快捷通行，进一步提高鲜活农产品运输效率。

各地执行中出现的新情况，请及时报告。

267. 交通运输部办公厅关于对转地放蜂车辆恢复执行鲜活农产品运输“绿色通道”政策的通知

（交办公路明电〔2019〕20号）

各省、自治区、直辖市交通运输厅（局、委）：

近段时间以来，各地交通运输部门认真贯彻落实《国务院办公厅关于进一步做好非洲猪瘟等动物疫病防控工作的通知》（国办发明电〔2018〕12号），严格执行运输生猪等活畜禽的车辆不再享受鲜活农产品运输“绿色通道”政策等措施，为加强畜禽调运监管、防止疫情扩散作出了积极贡献。考虑到转地放蜂是提高蜂产品质量和产量的重要途径，且只能以活体移动方式进行。经交通运输部同意，并商农业农村部，决定对转地放蜂车辆（含混装放蜂用具），恢复执行鲜活农产品运输车辆“绿色通道”政策，免收其车辆通行费。

各地执行中出现的新情况，请及时报部。

（五）路网应急与服务

268. 关于印发《公路交通出行信息服务工作规定》（试行）和《交通部公路交通阻断信息报送制度》（试行）的通知

（交公路发〔2006〕451号）

各省、自治区、直辖市交通厅（委），新疆生产建设兵团交通局，上海市市政工程管理局，天津市市政工程局：

为更好地满足人民群众的出行需求，进一步提高公路交通应急保障和公共服务能力，部制定了《公路交通出行信息服务工作规定》（试行）和《交通部公路交通阻断信息报送制度》（试行），现印发给你们，请遵照执行。并请于9月20日前将填写后的《公路交通阻断信息报送任务分配表》（见《交通部公路交通阻断信息报送制度》）报部备案。

执行过程中发现的问题或建议，请及时函告部公路司。

公路交通出行信息服务工作规定（试行）

第一章 总 则

第一条 为加强公路交通出行信息服务工作，根据《中华人民共和国公路法》等相关法律、法规，以及《公路水路交通信息化“十一五”发展规划》，制定本规定。

第二条 公路交通出行信息服务工作应当遵循“统筹规划、资源共享、信息适用、分级发布”的原则。

第三条 交通部主管全国公路交通出行信息服务工作，包括：组织制定相关政策、标准和规范，对各省（区、市）的公路交通出行信息服务工作进行指导和检查，负责国家高速公路网、国道网等跨省域的公路交通出行信息的集成和发布工作。

第四条 县级以上人民政府交通主管部门负责统一组织、协调或实施所管辖区域的公路交通出行信息服务工作；公路管理机构、收费公路经营管理单位根据交通主管部门的有关要求，具体负责实施所管辖路段的公路交通出行信息服务工作。

第五条 公路交通出行信息服务应与公路业务管理工作紧密结合，按照“以管理推动服务，以服务促进管理”的总体思路，逐步建立长效工作机制。

第二章 信息的采集和管理

第六条 现阶段，公路交通出行信息主要包括：公路基础信息、公路气象信息、公路养护施工信息、突发事件信息等四大类。各级交通主管部门和公路管理机构、收费公路经营管理单位可根据公众实际需求不断拓展信息的种类和内容。

公路基础信息内容主要包括：公路路线编号、路线名称、公路里程、主要技术指标，以及公路沿线主要城市与旅游景点的出入位置或编号、安全服务设施与服务项目、公路收费站与收费标准信息等。

公路气象信息内容主要包括：当日及未来48小时的公路交通气象信息，特别是雾、雨、雪等直接关系到公路交通安全的重大气象信息。

公路养护施工信息内容主要包括：近期计划实施养护或改造路段的路线编号、路线名称、施工路段起止点、预计工期，以及交通组织措施、安全措施等。

突发事件信息是指影响公路交通正常运行的自然灾害、事故灾难、公共卫生事件、社会安全事件等突发公共事件。其内容主要包括：事件原因、影响路段、公路受损情况，以及交通组织措施、安全措施等。

第七条 公路基础信息的采集应依托“公路数据库”的维护和管理工作完成，确保公路基础信息的准确性和唯一性。

“公路数据库”的建设和维护、管理工作应按照《关于加强公路数据库建设与管理工作的若干意见》（交公路发〔2003〕228号）执行。

第八条 公路管理机构、收费公路经营管理单位应通过不断加强动态路况信息自动采集系统建设，加大公路巡查力度，建立公路交通信息员制度等多种信息采集方式，畅通渠道，保证突发事件信息及时、准确。

第九条 各级交通主管部门和公路管理机构、收费公路经营管理单位应结合公路交通应急管理工作，积极与当地气象部门开展合作，逐步建立和完善公路气象信息采集、分析、发布和处置机制。

第十条 各级交通主管部门或受其委托的公路管理机构应对所管辖区域的公路交通信息实行统一管理，建立健全信息报送、发布和交换工作制度，逐步形成信息共享、反应迅速、指挥协调、调度灵活的公路交通出行信息服务和应急管理工作体系。

第十一条 各省（区、市）应充分利用交通政务专网、公网和高速公路通信设施资源，大力推进信息采集、上传、交换所需要的通信网络建设。

第三章 信息发布方式

第十二条 公路交通出行信息的发布，可借助互联网站、呼叫中心、广播电视、车载终端、移动终端、公路沿线信息发布设施等多种手段，信息内容应满足社会公众对“出行前”和“出行中”不同阶段的需求。

第十三条 公路信息服务网站是社会公众“出行前”了解交通信息的主要窗口，是交通主管部门展示辖区公路交通资源、提供信息服务的主要平台。

“中国公路信息服务网”（www.chinahighway.gov.cn）是交通部政府网站的子站，是交通部向社会提供国家高速公路、国道等跨省域范围公路交通出行信息服务的信息平台。

各省（区、市）交通主管部门，要建设适应本辖区公路交通特点的公路信息服务栏目或网站，并与“中国公路信息服务网”建立链接。

第十四条 公路信息服务网站的信息查询应简单、快捷，信息服务内容应准确、实用，信息表达方式应形象、直观。

网站服务栏目应提供以下基本功能：

（一）辖区公路电子地图展示；

（二）“出发点、目的地”方式的路径查询；

（三）公路交通出行合理化建议。

第十五条 公路沿线信息发布设施是道路使用者在“出行中”了解交通实时信息的主要窗口。是公路管理机构、收费公路经营管理单位为道路使用者提供服务的重要手段。

公路沿线信息发布设施的建设与信息发布的原则，应遵循以下要求：

（一）固定标志、标线的布设应当符合交通行业的技术标准和规范要求，特别是在标志设置的具体位置、布设密度、提示内容等方面，要充分考虑道路使用者的心理需求；

（二）在交通流量大的路段或交通事故易发、多发路段布设可变信息标志，及时向道路使用者发布道路状况、警示及诱导信息；

可变信息标志不得随意关闭，或发布商业广告及其它与出行信息无关的内容。

（三）按照相关规定和标准、规范要求，在公路交通异常路段设置临时警示或绕行标志；

（四）在公路沿线的服务区或停车区醒目位置，设立路线所经区域平面交通地图，标注沿线主要城镇、旅游景点以及通达路线；

有条件的服务区，可采取适用技术，提供出行信息查询服务。

（五）充分利用收费站的便利条件，向出行者提供信息服务，并在道路通行中断、封闭或拥堵时，向等候车辆及时通报原因及预测时长等信息。

第十六条 各级交通主管部门和公路管理机构、收费公路经营管理单位要切实改善公路交通出行环境，积极探索与实践其它形式多样的信息发布形式和服务内容。

第十七条 积极鼓励和引导社会力量，在政府提供公益性公路交通出行信息服务的基础上，为社会公众和客货运输企业提供更实用、便捷的公路交通出行增值信息服务。

第四章　监督和奖惩

第十八条　各级交通主管部门和公路管理机构、收费公路经营管理单位应将公路交通出行信息服务工作纳入公路管理的日常业务范围，并作为年度考核评定的目标内容之一。

第十九条　各级交通主管部门应当依照本规定，对辖区内公路交通出行信息服务工作的开展情况进行监督检查，并定期公布检查结果。

第二十条　对在公路交通出行信息服务工作中成绩突出的单位和个人，有关交通主管部门或公路管理机构应给予表彰和奖励；对不按照交通主管部门的规定及时报送、发布有关信息，或提供虚假错误信息导致不良社会影响的单位和个人，有关交通主管部门应当依据有关法律法规给予处罚。

第五章　附　　则

第二十一条　本规定所称公路交通出行信息服务工作是指各级交通主管部门和公路管理机构、收费公路经营管理单位，为了满足社会公众和客货运输企业日益增长的公路交通出行需求，提高公路网的运行效率和服务水平，将所掌握或实地采集的公路交通数据和信息整理、加工后，通过各种有效方式向社会发布的活动。

第二十二条　各省、自治区、直辖市交通主管部门，结合实际情况，制定具体实施办法，并报交通部备案。

第二十三条　本规定由交通部负责解释。

第二十四条　本规定自发布之日起试行。

交通部公路交通阻断信息报送制度（试行）

一、总　　则

第一条　为规范公路交通阻断信息报送工作，提高公路交通应急保障和公共服务能力，根据《中华人民共和国公路法》等相关法律、法规，制定本制度。

第二条　本制度适用于各级地方交通主管部门和公路管理机构、收费公路经营管理单位向交通部报送公路交通阻断信息。

第三条　本制度所指的公路交通阻断信息包括：

（一）由于公路养护施工、重大社会活动等计划性事件或自然灾害、事故灾难、公共卫生事件、社会安全事件等突发性公共事件引起的高速公路预计出现超过6小时的交通中断或阻塞，以及国道、省道等干线公路预计出现超过12小时的交通中断或阻塞。

（二）虽未引起长时交通中断或阻塞，但出现重大人员伤亡或社会影响恶劣的公路交通事件。

第四条　公路交通阻断信息报送工作应该遵循“属地负责，统一审核、准确高效”的原则。

二、报送的内容和方式

第五条　报送内容应包括：基本情况、阻断原因、处置措施和统计数据等。

基本情况主要包括：路线名称、路线编号、发生时间、阻断位置、管养单位、行政区划等。

阻断原因主要为：计划性的公路养护施工、重大社会活动或突发性的自然灾害、事故灾难、公共卫生事件、社会安全事件等。

处置措施主要包括：抢通方案、疏散方案、绕行方案等。

统计数据主要包括：路产损失、人员伤亡等。

第六条　报送的格式应符合《公路交通阻断（事件）信息表》（附件一）的要求。

第七条　公路交通阻断信息主要采取网络方式报送，报送人员通过登陆“中国公路信息服务网”（www.chinahighway.gov.cn）的路况信息管理系统，按照有关要求逐项填报。

第八条　突发事件现场不具备上网条件或网络通信出现故障的，应在第一时间通过电话［010-62079332，夜间（17：00—次日8：00）：13911072189］或传真（010-62079005）将事件发生的时间、地点、概况等主要信息及时上报，然后按照时限要求由具备条件的办公人员上网填报。

第九条　各省、自治区、直辖市交通主管部门或受其委托的公路管理机构，负责所管辖区域公路交通阻断信息的管理和审核工作。

公路管理机构、收费公路经营管理单位具体负责所管辖路段的交通阻断信息填报工作。

第十条　各省、自治区、直辖市交通主管部门应将本辖区内负责审核和填报公路交通阻断信息的单位信息，按照《公路交通阻断信息报送任务分配表》（附件二）的格式报交通部备案，由交通部统一分配系统用户名、初始密码和使用权限。

辖区内负责填报公路交通阻断信息的单位如有新增或调整的，应在变动后三日内，重新填写《公路交通阻断信息报送任务分配表》报交通部备案。

三、报送的时限和要求

第十一条　由于计划性公路养护施工、重大社会活动等原因，需要实施路段封闭通行的，应在路段封闭前三日上网填报相关内容。

第十二条 由于突发性自然灾害、事故灾难、公共卫生事件、社会安全事件等原因，引发的高速公路交通中断或阻塞，应在事件发现后1小时内上网填报；引发的国道、省道等干线公路交通中断或阻塞，应在事件发现后3小时内上网填报。

第十三条 《公路交通阻断（事件）信息表》可分两次填报：

第一次填报应按照时限要求，填写（一）基本情况、（二）阻断原因、（三）处置措施三项内容；如果出现人员伤亡，必须填写（四）统计数据部分相关内容；

第二次填报应在交通恢复正常运行3小时内，在第一次填报内容的基础上继续填写（四）统计数据。

第十四条 在报送交通阻断信息内容的同时，应尽可能附带能够反映现场情况的数字图片。

第十五条 对报送时限的审核，由路况信息管理系统根据填报人所填报的事件“发现时间”、“实际恢复通车（事件结束）时间”以及数据录入数据库完毕时间自动判别。

四、附　　则

第十六条 交通部将汇总各地上报的公路交通阻断信息，并通过路况信息管理系统，及时向可能受影响的相邻省（区、市）发布有关信息。

第十七条 各省、自治区、直辖市交通主管部门可借助“中国公路信息服务网”（www. chinahighway. gov. cn）的路况信息管理系统，汇总所管辖区域公路交通阻断信息，并及时向可能受影响的相邻路段管理单位发布有关信息。

第十八条 各省、自治区、直辖市交通主管部门和公路管理机构、收费公路经营管理单位应将公路交通阻断信息报送工作纳入公路管理的日常业务范围，并作为年度考核评定的目标内容之一。

第十九条 交通部将对公路交通阻断信息报送工作中成绩突出的单位给予表彰和奖励；对因报送虚假信息或延误报送时限，造成不良社会影响或严重后果的单位，依据有关法律法规追究其责任。

第二十条 本制度由交通部负责解释。

第二十一条 本制度自发布之日起试行。

附件：1. 公路交通阻断（事件）信息表（略）

2. 公路交通阻断信息报送任务分配表（略）

269. 关于积极应对雪雾等恶劣天气切实加强公路保畅工作的紧急通知

（交公路明电发〔2008〕2号）

各省、自治区、直辖市交通厅（局、委），上海市市政工程管理局，天津市市政公路管理局：

根据中国气象局的重大气象预报，未来三天我国自西向东将出现大范围的雨雪天气。公路交通保畅工作将面临更大的压力。春运在即，为保障人民群众顺畅出行，保障国家重点物资和人民群众生活必需品的正常运输，切实加强公路交通保畅工作，现就有关事宜紧急通知如下：

一、各级交通主管部门要从讲政治、保稳定、确保市场供应和稳定物价的高度，充分认识当前应对雪雾恶劣天气做好公路交通保畅工作的重要性，主要领导要亲自抓，明确职责，精心组织，严密部署，对于因雪雾恶劣天气出现的重大交通拥堵，各省级交通主管部门要及时向省级人民政府和部报告，迅速启动应急预案，在当地政府的领导下，会同有关部门，保安全、保畅通、保重点物资运输、保春运旅客顺利返乡，积极主动有效应对雪雾等恶劣天气保障交通畅通。

二、从19日到21日，西北地区东部、华北南部、黄淮、江淮、江汉地区以及江南北部等地的部分地区雨雪较大，其中，青海东南部、甘肃中南部、宁夏、陕西中南部、山西南部、河南大部、湖北大部、山东南部、苏皖中北部等地有大雪，局部地区有暴雪。上述省份的交通主管部门要立即行动，按照预案要求启动应急响应。从19日至22日，上述省份的各级交通主管部门要成立由主管领导牵头的专门工作班子，明确专人负责，严格执行24小时值班制度，值班人员要坚守岗位，并向社会公布值班电话。要加强对本省区路网特别是干线公路运行的监控，随时了解公路交通中断疏通等有关情况，每天16：30前将本地公路通断及采取相关措施情况报部值班室。此外，各路段的阻断信息还应及时通过部公路出行信息服务网更新发布。

三、采取综合措施，积极防范和减少强降雪和大雾对公路交通造成的不利影响。

1. 加强对大雾大雪天气的监测和预警。继续加强和气象部门的联系，密切关注和了解部与气象部门发布的天气信息，切实做好日常公路气象预报和重大公路气象预警工作。遇有强降雪和大雾时，及时发布预警信息，提醒受影响区域交通部门做好应对准备，并配合公安交管部门采取交通管制措施。要加强对渡口、渡船的安全监管，做好防冻防滑工作，不具备通航条件的，要立即停航。同时，要切实做好水上应急准备。

2. 密切关注路网运行情况。对交通流量较大的高速公路、重要干线公路、城市出入口、旅游景区公路以及省际交界处的主要路段，交通主管部门要督促公路经营管理单位提前制订交通保通预案，加强交通流量监控和日常巡查工作，发现出现车辆拥堵现象，应提前告知相关部门采取分流车辆等措施。

3. 进一步做好公路出行信息服务。各省级交通主管部门和公路管理机构、高速公路经营管理单位要充分利用电视、广播、移动通信等媒体和公路沿线可变信息板，及时发布雪雾等公路气象以及路况信息，引导社会公众及时调整出行路线。

4. 加强省际协调。凡国家高速公路网的重要路段以及各省境内的重要省际通道出现强降雪和大雾等恶劣天气，造成重大交通堵塞事件，要立即向部报告，部将加大对重要干线公路的跨省调度，必要时派工作组赴现场检查督办。此外，要及时将有关情况通报相邻路段的省级交通主管部门，加强协调配合，协同采取措施，确保管制措施一致，并提前分流，防止出现大范围的车辆拥堵。

5. 切实做好应急救援工作。遇因强降雪和大雾等原因，出现严重交通堵塞，大量车辆和行人在公路上滞留等情况，各级交通主管部门的领导同志要在第一时间赶赴现场，及时开展疏导和救援工作。对于滞留的车辆要及时护送、引导至绕行路线，或安置在就近服务区等候，并尽最大努力提供食品和水等生活必需品。

270. 关于切实做好汛期交通运输行业防范强降雨有关工作的紧急通知

（厅公路明电〔2008〕0604号）

各省、自治区、直辖市、新疆生产建设兵团交通厅（局、委），天津市市政公路管理局，上海市市政工程管理局，长江航务管理局，珠江航务管理局，上海市港口管理局：

5月下旬，我国自北向南出现了今年入汛以来最强的一次降雨过程，这次降雨持续时间长、影响范围广、降雨强度大，致使南方十多个省份遭受了不同程度的洪涝灾害，部分省份国省干线公路发生水毁，公路、水路、桥梁等交通基础设施受到不同程度的损坏。据气象部门预报，江淮、江南、华南等地今年汛期降雨将明显多于历年平均水平。近日，部分地区仍将有暴雨和大暴雨。国务院办公厅6月11日下发了《关于做好强降雨防范工作的通知》（国办发明电〔2008〕32号），要求各级政府部门切实做好强降雨和汛期灾害防范工作，保障人民群众生命财产安全。为贯彻落实通知精神，切实做好汛期交通运输行业防范强降雨和灾害有关工作，现就有关事项紧急通知如下：

一、高度重视，认真落实防汛抗洪工作措施

当前，防汛抗洪工作进入关键时期，各级交通运输主管部门要把防汛抗灾作为当前的一项重要工作来抓，主管领导要负总责，分管领导要亲自抓。要及时完善防汛抗洪工作制度，健全各级工作组织机构，建立汛期快速反应机制，做到职能明确，责任到人，不留死角。要进一步加强汛期值班和信息通报工作，建立畅通的信息联络渠道，指定专人负责。灾情严重的省份要建立24小时值班制度，建立畅通的信息渠道，实现信息定期通报和紧急通报相结合，确保信息联络及时、准确。一旦出现洪涝汛情，各有关单位和责任人要迅速到位，并在当地政府和防汛指挥部的统一领导下，全面落实各项工作措施。

二、密切关注气象和汛情动态，及时发布预警预报信息

各地交通运输主管部门及其公路、水路管理机构要加强与当地气象、水文、国土等部门的联系，及时了解气象变化情况，跟踪汛情动态。汛期部将每天定时通过政府网站和相关媒体发布交通气象预报，重大气象变化前将发出预警。各级交通运输主管部门要密切关注气象和灾害的预报预警信息，及时研究、分析对辖区内交通基础设施和交通运输的影响时间、程度和范围，并采取有效的防范措施。同时还要严格执行灾情信息发布的有关规定，有关信息要通过广播、电视、短信、网络、报纸、公路沿线可变信息板等方式在第一时间公布预报预警、公路出行和抢险抗灾工作进展等信息。

三、进一步加大巡查力度，及时排患除险

各地交通运输主管部门及其公路、水路管理机构要进一步加大巡查工作力度，结合交通行业安全隐患排查治理工作，加强对交通基础设施及在建交通项目的排患除险，建立风险源数据库并及时更新。特别是对震灾地区、临江、沿河、傍山等易发滑坡、崩塌等路段，要重点加强监控，加大巡查频度，逐一排查风险源。对发现的问题或隐患应及时处治。一时难以处理的，要根据对公路、水路交通安全和运输通行可能产生的影响，及时采取相应防范措施。同时，安排专人观测险情变化，设置醒目的警示标志，提醒过往行人、车辆和船只。对在建公路、水路工程项目，要切实加强安全管理并进行安全评估，不具备安全条件的项目应立即停工。同时，采取必要的防范保护措施，防止在建工程设施出现滑坡、塌陷等安全事故，确保人员、材料和设备的安全。

四、全面完善和落实各级应急预案体系，加强应急演练，提高应急反应能力

地方各级交通主管部门、相关管理机构要按照交通行业公共突发事件总体预案的要求，建立完善防汛抗灾各级专项预案，严格按照预案要求，安排专项资金，组建应急抢险救灾专业队伍和技术，配备抢险救灾机械设备。同时，必要时还要充分运用社会力量，建立合理的应急补偿机制，鼓励和指导相关企业建立应急抢险后备队伍，作为专业队伍的有益补充。此外，各地要根据本地防汛抗洪的实际情况，定期开展多形式的训练和演练，锻炼和提高应急反应、部门协调、抢险抗灾能力，真正做到平时如战时，战时如平时。

五、充分做好防汛抗洪物资储备，切实保障交通运输畅通

各级交通运输主管部门要加大投入力度，安排年度防汛抗灾专项资金，根据本辖区内防汛抗洪工作的需要及时下拨救灾资金，全力以赴帮助各地开展防汛抗洪工作。同时，注意加强技术指导，及时组织专家组赴各地帮助做好防汛抗灾工作。各级交通运输主管部门及相关管理机构和管养单位要提前储备充足的防汛救洪物资、抢险机械设备，并及时充实到一线，同时做好应急运输工具组织和联系工作，确保满足防汛抗洪和公路保通工作的需要。必要时，可向上级交通运输主管部门申请开展跨区域调配防汛抗洪人员、物资、设备及运输工具，充分发挥交通行业的整体力量和奉献精神，共同做好防汛抗灾工作。

271. 交通运输部关于将武警交通部队纳入国家交通应急救援力量体系的意见

（交公路发〔2008〕203号）

国务院：

温家宝总理6月17日在武警部队报告上作出重要批示，我部党组高度重视，学习领会温家宝总理批示精神，立即与武警交通部队沟通，并就如何将武警交通部队纳入国家交通应急救援力量体系等有关问题进行了专题研究。7月16日我部与武警部队司令部、武警交通指挥部有关负责同志进行研究协商，形成了初步意见。有关情况报告如下：

一、武警交通部队基本情况

武警交通指挥部的前身为交通部基建工程兵办公室，组建于1966年8月。1985年1月划归武警序列，受原交通部、公安部双重领导，以原交通部为主；1999年2月正式转为武警总部统一领导管理。目前，该部队编制15000人，实有官兵12000人，设2个总队（分设于四川、新疆）8个支队、1个直属工程部（设于北京）4个工程处和1个教导大队。目前，武警交通部队拥有国家公路工程总承包特级和工程设计、监理、地质灾害治理工程甲级资质及房建一级资质。

武警交通部队组建40多年来，一直从事国（边）防工程、国家重点公路、高等级公路建设。计划经济时期，部队立足高原边疆，先后承担了天山、中巴、青藏、川藏、新藏、中尼等多条国（边）防干线公路的建设任务；改革开放以来，又积极投身国家"五纵七横"国道主干线、"7918"国家高速公路网建设，并参与了大窑湾港、秦皇岛港、黄骅港、盐田港和新疆乌鲁木齐国际机场、伊宁机场、西藏邦达机场，以及北京204、205，福建218、1207、1301等军事工程建设任务。累计建设公路1万多公里，开掘大中型隧道68条，建设大型、特大型桥梁1250座，勘察设计等级公路2000多公里。经中央军委、国务院批准，从1996年起，该部队组建两支专门的养护队伍，承担了川藏公路、新藏公路等国（边）防公路累计约2100公里路段的养护保通任务，并得到国家有关部委以及沿线党政军民的普遍好评，也磨砺和锻造了特别能吃苦、特别能战斗、特别能奉献的光荣传统和战斗精神。

在完成施工生产任务的同时，武警交通部队还在多次大灾大险中承担了应急救援任务。如1998年抗洪、2000年西藏易贡堰塞湖和冷曲河公路抢险、2001年川藏公路海通沟大塌方抢险、今年年初抗击低温雨雪冰冻灾害等。特别是在"5·12"四川汶川地震的抗震救灾中，该部队按照党中央、中央军委和国务院的统一部署，在第一时间冲到第一线，累计完成20多条公路400多公里路段的抢通保通任务，为抗震救灾取得阶段性胜利作出了重要贡献。胡锦涛总书记勉励武警交通部队"要发挥专业特长，在公路抢通中发挥好作用"，温家宝总理在批示中肯定武警交通部队"在这次抗震救灾中发挥了专业化部队的体制优势，作出了重要贡献"。李克强副总理表扬该部队在抢通汶川"生命线"中起到了"关键性作用"，回良玉副总理称赞该部队为"钢军"。

二、将武警交通部队纳入国家应急救援力量体系的建议

根据温家宝总理的批示精神以及武警部队报告的有关建议意见，我部赞同并建议：按照"全面纳入、重点建设、专兼结合、优化布局"的总体要求，将武警交通部队12个支队级单位约12000人作为国家交通应急抢险救灾专业队伍，整体纳入国家应急救援力量体系。其主要职能定位为国家交通应急抢险救援的专业与突击力量，平时承担国家重大交通建设中的急难险重任务，以养兵练兵，提高能力。如国务院、中央军委同意，我部将会同有关方面，就武警交通部队的职能定位、任务范围、兵力布局、组织指挥及协调机制、能力建设与经费保障等深入研究后，形成意见报国务院审定。

与此同时，我部主要拟从以下几方面逐步推进武警交通部队纳入国家应急救援力量体系的相关工作。

一是研究建立有效的组织协调机制。武警交通部队纳入国家应急救援力量体系后，首先要研究建立行业主管部门与武警交通部队之间的沟通协调机制，明确行业主管部门对武警交通部队的业务指导关系，确保武警交通部队能够按照国家的统一部署及行业主管部门的要求，及时执行国家及交通运输应急抢险救灾救援任务。特别是通过建立有效的组织协调机制，确保武警交通部队在执行应急救援任务时实行武警总部和交通运输部的统一指挥，以加强组织领导；在平时能够定期参与行业主管部门组织开展的技术交流、沟通协调、应急演练等。

二是在承建工程任务时予以协调支持。武警交通部队纳入国家应急救援力量体系后，其经费来源除中央财政继续给予军事性补助外，仍主要依靠承建工程建设的收入解决。为此，根据交通建设项目特点，对适合武警交通部队承建的项目，明确在项目招标投标技术评标阶段给予适当支持，以进一步增强武警交通部队的竞争力，同时通过以工代训的形式，提高其应急抢险专业技能。特别是西部和西南部等重点地区、自然灾害多发地区、国防战略要地等地区的具有战略意义的、法律法规规定可以不招标或可以邀标的交通建设项目，优先考虑由武警交通部队承建。此外，结合今年抗冰救灾和抗震救灾的实际，借鉴川藏公路、新藏公路武警交通部队养护的模式，对于一些具有重要意义的国（边）防公路，今后仍可继续采取由武警交通部队养护保通的做法。通过这一长效机制，武警交通部队可适当充实和改善其抢通保通装备能力。

三是在应急救援工作中建立经费保障机制。武警交通部队纳入国家紧急救援力量体系后，除按国家规定紧急救援力量建设需要由国家财政安排必要的日常运行保障经费外，在执行国家组织的交通应急救援任务时，由国家财政安排一定的补偿资金；执行地方政府或国有企业组织的应急救援任务时，由地方政府或国有企业给予相应的经济补偿。同时，为更好地发挥武警交通部队在抢险救灾应急救援工作中的专业优势和作用，建议中央财政安排一次性补助资金，专项用于部队装备改善、信息化建设以及部队兵力布局优化调整等相关建设，以确保武警交通部队能够满足纳入国家应急救援力量体系的需求。

四是建立并逐步落实重要桥隧武警守卫机制。根据国务院2008年立法计划和统一部署，《公路保护条例》已经列入一类立法计划。在目前的送审稿中已经明确，重要的公路桥梁和隧道，按国家有关规定由武警部队负责守卫管护。如条例获得通过，我部将会同有关部门就这一问题专题研究，提出具体意见予以贯彻落实。同时建议由武警总部研究，适当调整和优化现有武警交通部队的兵力布局，在灾害频发地区以及公路路网中的重点路段和节点，部署专门力量，在执行重要桥隧守卫工作的同时，一旦遇有突发事件，能够就近调兵，迅速开展抢险救灾应急救援工作。

272. 关于印发全国公路网管理与应急处置平台建设指导意见的通知

（交公路发〔2009〕713号）

各省、自治区、直辖市、新疆生产建设兵团交通（运输）厅（局、委），天津市市政公路管理局，上海市城乡建设和交通委员会：

为建立健全公路网运行监测、协调管理和应急处置平台，保障国家高速公路、重点干线公路以及重要站点的稳定运行，提高公路网安全性能和服务水平以及应急能力，为人民群众提供安全、便捷的出行服务，现将部制定的《全国公路网管理与应急处置平台建设指导意见》印发给你们，请结合实际，贯彻执行。

附件：全国公路网管理与应急处置平台建设指导意见

附件

全国公路网管理与应急处置平台建设指导意见

1 总　　则

1.1 编制目的

目前，我国以高速公路为骨架、国省干线公路为主体、县乡村公路为基础的公路交通网络已经基本形成，加快建立健全公路网运行监测、协调管理和应急处置平台，保障国家高速公路和重点干线公路以及重要站点的稳定运行，提高公路网安全性能和服务水平以及应急处置能力，为人民群众提供安全、便捷的出行服务，是当前以及今后各级公路管理部门面临的一项主要工作任务。为指导省级交通运输主管部门及公路管理部门加快路网管理和应急处置平台建设，为公路网管理和应急处置提供支撑，特制定本意见。

1.2 编制依据

依据《中华人民共和国突发事件应对法》、《中华人民共和国公路法》、《中华人民共和国公路管理条例》、《中华人民共和国收费公路管理条例》、《国家突发公共事件总体应急预案》、《国务院办公厅关于印发交通运输部主要职责内设机构和人员编制规定的通知》、《交通运输部公路交通突发事件应急预案》等相关法规和文件，并参考《国家应急平台体系技术要求》制定本指导意见。

1.3 适用范围

本指导意见适用于部省两级公路网管理与应急处置平台（以下简称“路网管理平台”）的建设和完善，省级向下延伸的路网管理平台建设要求，由省级交通运输主管部门参照本指导意见制定。

2 指 导 思 想

全面落实科学发展观，贯彻交通行业做好“三个服务”的新要求，在充分整合和利用现有资源的基础上，补充和完善公路网运行状态监测、协调管理和信息服务手段，建立高效的公路网管理和应急处置工作机制，推动部省两级“网络完善、监管到位、协调联动、响应迅速、处置有效”的路网管理平台体系的形成和发展，全面提高公路网运行监管和服务水平，以及应对突发事件的处置能力，为人民群众安全便捷出行提供保障。

3 基 本 原 则

3.1 落实主体，明确需求

交通运输部负责建设部级路网管理平台，省级交通运输主管部门负责建设省级路网管理平台。路网管理平台应满足日常路网运行监测与协调管理、公路出行信息服务和应急状态下的值班接警、信息处理、路网指挥调度等功能需求。

3.2 统筹规划，分步实施

路网管理平台建设要结合本地区实际情况和现有条件，统筹规划、总体设计、分步实施。在对高速公路进行重点监管的同时，兼顾国省干线公路。逐步完善路网运行监测监控设施设备的布局，扩大覆盖范围，丰富数据采集内容，并实现跨部门、跨地区路网管理平台间的互联互通与信息共享。

3.3 因地制宜，整合资源

路网管理平台建设要充分利用现有省级路网指挥调度中心、高速公路联网监控和收费中心，整合利用已有信息采集和通信网络设施设备资源，补充必要的路网运行状态监测手段，并加强与养护管理、收费管理、路政管理、交通情况调查等系统的集成应用。

3.4 平急结合，注重实效

坚持日常路网运行监测与应急处置相结合、管理与服务相结合，构建集日常路网监测、协调管理与应急处置于一体的路网管理平台，逐步实现国家高速公路、干线公路重要路段及关键节点运行状况的日常监管，异常路况的及时发现和报告，以及公路交通突发事件的快速响应与应急处置。在此基础上构建和完善公路出行信息服务体系，充分发挥路网管理与应急处置平台效益。

3.5 制度为本，规范运行

抓紧制定相关制度和规范，建立日常路网监测和协调管理的规范流程，以及程序化、标准化的应急处置运作机制。逐步实现公路管理机构与公路运营管理单位间、不同地区间路网管理和应急保障力量的联动协作与共同应对。

4 建设目标

力争利用2～3年的时间，通过完善公路网运行监测、协调管理和信息服务手段，开展相关数据资源的集成与系统建设，基本建成信息互通、协同高效的部省两级路网管理平台，实现对国家高速公路、国省干线公路重要路段、大型桥梁、长大隧道、大型互通式立交桥、收费站、治超站、服务区等重点监控目标的日常监测与监控，并集成公路交通安全信息，为路网协调管理、应急处置和出行服务提供支撑。力争在“十二五”初期，全国所有省（区、市）能够提供出行者满意的国家高速公路网出行信息服务，50%以上的省（区、市）能够提供较全面的国省干线公路出行信息服务，并在“十二五”末，建立较完善的路网监管、服务和应急处置体系。

5 平台体系

部级路网管理平台与省级路网管理平台互联互通，遇有公路突发事件时，按照交通运输部《公路交通突发事件应急预案》规定的运行方式为应急处置提供服务，并与国务院应急平台进行信息交换和协调联动，实时接报特别重大、重大突发事件信息和现场图像。

省级路网管理平台除满足向部级平台提供数据、视频信号以及与公路运行有关的信息外，还应实现与省级人民政府应急平台以及公安、气象、地震等其他部门应急平台间的信息互通与共享。

6 主要建设任务

6.1 识别与确定路网运行重点监测目标

对本地区高速公路、国省干线公路重要路段、大型桥梁、长大隧道、大型互通式立交桥、收费站、治超站、服务区等重点监控目标进行摸底排查，识别重大风险源及危险点段，提出危险源日常普查和监测网络工作机制，制定警情识别、监测、分级与报告制度。

6.2 规划建设路网运行监测体系

根据路网运行监测和协调管理的需求，按照满足基本需求、经济适用、可持续发展的原则，结合实际情况制订本地区路网运行监测系统的布局和建设规划，并将现有的交通量检测、气象检测、视频监控、交通事件检测等设施设备资源纳入路网运行监测体系。

6.3 建立长效运行机制

制订完善路网管理与应急处置联动响应、协同管理的工作机制；明确与现有公路养护、路政、收费、交调等系统间的接口规范要求；建立完善公路数据库、交通阻断、交通流量、公路气象、视频图像、应急资源等信息的采集、更新、交换与共享机制。

6.4 开发建设路网管理与应急处置平台

加快完善公路网管理与应急处置指挥场所、移动指挥平台、计算机网络、视频会议、图像接入等支撑系统建设；规划建设具有监测监控、预测预警、信息报送与发布、综合研判、辅助决策、异地会商、路网协调、辅助调度、新闻宣传、总结评估和模拟演练等功能的路网管理和应急处置平台。

6.5 完善平台保障体系建设

统一规划和设计安全保障体系，并充分利用已有设备和适用技术，合理配置安全加密、容灾备份、安全管理等设施；遵循国家或行业通信、网络、数据交换等方面的相关标准，加快制定数据共享与交换标准、共享机制和管理办法。

7 功能总体要求

各级路网管理平台主要由路网管理综合业务应用系统、数据库系统、基础支撑系统、管理与应急指挥场所、移动指挥平台等组成。平台功能总体要求如下：

7.1 路网管理综合业务应用系统

7.1.1 路网管理

（1）信息接报管理

包括值班、通讯录、文电公文、电话录音和传真管理；记录信息接收、汇总审核、接收续报、领导指示、信息反馈等；实现对接发信息的查询、汇总统计等功能，并生成和管理各类报表；向相关机构和人员报送经过审批的信息等。

（2）路网运行监测

通过路网运行监测设施设备，采集重点监控目标的交通流量、平均车速、车道占有率、气象状况、交通事件、施工占道、交通管制等信息，或通过人工报告交通事件信息，并基于 GIS 地图显示和标绘，及时发现重点监控目标运行的异常情况。

（3）路网综合管理

融合公路路政、养护、治理超限超载、通行费征收等路网管理业务数据，实现对公路网日常管理业务的综合查询和处理。通过对多种业务数据关联性挖掘分析，从不同角度反映路网运行的综合状态。

（4）信息编审与发布

路网管理平台值班人员根据路网运行日常情况报告，按照相应的工作流程与规范，编写调度指令，并经审核后向有关部门和单位发布。

（5）查询与分析

基于公路数据库对公路基本属性和空间属性数据进行查询和统计，并通过对路网运行状况历史数据的挖掘分析，基于时空分布特征，建立路网服务水平、安全评价等分析主题，并能够以GIS、图表等方式予以展现。

7.1.2 出行信息服务

利用出行信息服务网站、服务热线、短信、广播、电视以及公路沿线可变信息标志、服务区查询终端等多种方式，及时向出行者发布路况、气象、施工占道、交通管制等出行相关信息。

7.1.3 应急管理与处置

（1）综合预测预警

具备信息获取和汇总、预测分析与报告、预警信息管理等功能。

（2）指挥调度

根据应急流程，实现情况接收、处理、综合显示、信息分发；实现应急队伍、物资装备等应急资源的辅助调度和部署；实现指令跟踪、执行反馈、过程监督、效果评估等功能。

（3）应急保障

实现对应急管理机构、应急队伍、物资设备、通信保障等人力、物力、财力资源的信息管理，包括资源监控（应急资源跟踪反馈、应急资源分布、应急资源状态等），以及资源储备、配置、调度和编码管理等。

（4）新闻宣传

为主要媒体预留信息传输接口，具有现场直播的网络与办公条件。

（5）应急评估

包括应急过程再现、事件评估、统计分析、综合报告。

7.2 数据库系统

数据库系统包括：公路基础信息数据库、公路地理信息数据库、路网管理业务数据库、突发事件信息数据库、预案库、案例库和文档库等。

7.3 基础支撑系统

7.3.1 信息网络

主要依托现有高速公路通信专网、交通运输行业信息专网资源和公网资源统筹规划建设，满足路网管理平台数据交换、共享和传输的需要。

7.3.2 应急通信

支持路网日常管理与突发事件应急处置时语音、数据、视频等传输。充分利用已建成和规划建设的公网和专用通信资源，实现与各级路网管理平台间以及现场移动平台间的信息传输。

7.3.3 视频会议

依托现有网络资源统筹规划建设，能够同时召开多个分组会议，会议中具有多路混音功能，能够接入计算机信号，具有混速功能、分屏显示功能，设备可以通过级联或模拟转接方式实现会议延伸。

7.3.4 图像接入

依托各地区和各有关部门的现有图像监控系统接入省级路网管理平台，并按规定的格式上传部级路网管理平台，实现部省两级平台间图像资源的共享。

7.3.5 数据共享与交换

各级路网管理平台应遵循统一的数据共享与交换标准，共享和交换的数据应及时更新，保证数据的完整性和一致性。交换数据统一封装、统一表示，实现不同系统间的数据共享与交换。

7.4 管理与应急指挥场所

具备指挥、值班、会商功能。主要建设显示系统、供电系统、综合布线系统、灯光照明系统、音响系统、智能控制和安全保障系统。

7.5 移动指挥平台

满足移动现场音视频采集、现场通信和指挥调度等应急处置需要，包括移动数据库、移动应用软件及通信设备，能够与各级交通应急平台互联互通。

8 保障措施

8.1 加强组织领导与协调

省级交通运输主管部门应结合本地区实际情况尽快落实路网管理平台所需的编制、职能和人员；积极协调高速公路与普通公路的行业管理部门对收费公路经营企业的统筹管理；落实与公安、气象、安监、卫生、水利、国土资源等部门间的应急联动与协作机制。部将统一组织研究制定部与省、省与省路网管理平台间的应急联动与协调管理机制。

8.2 落实建设与运营资金

省级交通运输主管部门应高度重视，认真研究，积极筹措和落实路网管理和应急处置平台建设与运维经费。对于新增高速公路网运行监测设施设备以及平台建设与运营维护的投入资金可在高速公路通行费中列支；对于涉及普通国省干线公路的可在公路养护事业发展费中列支。

8.3 制定相关标准与规范

部将统一组织制定平台建设技术要求，并将通过开展“公路网管理与应急处置平台部省联网示范工程”建设，总结完善平台建设所需数据和视频图像采集、传输、交换、共享标准，以及与相关系统间的接口规范。制订完善跨地区、跨部门平台间应急联动与协调管理机制，以及数据共享机制和管理办法，确保各级平台间的互联互通。

8.4 加强人才队伍建设

根据路网管理平台的实际工作需要，培养熟悉公路管理、应急管理、路网运行监测设备管理、通信和网络系统管理维护、软件开发等方面人员，通过培训、交流等手段，加强人才队伍建设。

273. 关于进一步加强公路交通气象服务工作的通知

（交公路发〔2010〕456号）

各省、自治区、直辖市交通运输厅（委）、气象局，国家气象中心，国家气象信息中心，中国气象局气象探测中心，中国气象局公共气象服务中心，交通运输部公路科学研究院：

为进一步落实《交通部与中国气象局共同开展公路交通气象监测预报预警工作备忘录》和《交通运输部与中国气象局深化交通气象合作会谈纪要》的有关精神，促进全国公路交通气象服务的健康发展，现就有关事宜通知如下：

一、共同推进公路交通气象观测站点网络建设

各地公路交通、气象部门要根据各地实际，围绕公路交通气象服务需求，以雾、雨、雪、低温冰冻、沙尘暴等影响公路交通安全的灾害性天气监测为重点，按职责分工，在高速公路、国省干线公路以及由公路部门管养的重点旅游公路沿线，积极推动建立专门的交通气象观测站网和视频实景观测系统。

各地气象部门要加快对公路沿线附近气象站的升级改造，特别是要加强能见度的观测，以满足交通气象服务的需要。各地公路交通部门要加强对已建成公路气象设施的维护，使气象监测设施处于良好运行状态，并逐步实现与气象部门观测系统的联网。对于新建高速公路、国省干线公路项目，建设单位要根据公路沿线气象状况及对交通安全的影响程度，将交通气象观测设施建设纳入工程设计与项目概算中，同步建设。气象部门要为公路交通气象观测系统的建设、运行维护提供技术保障。对于已建公路需增加气象观测设施的，由两部门共同协商，采用多种方式，争取多方支持，共同建设。

二、认真做好公路交通气象预报预警服务工作

各地公路交通、气象部门要加强沟通和交流，共同分析和把握不同用户、地域、时段对公路交通气象服务的需求。气象部门要根据服务需求，进一步加强公路沿线灾害性天气的监测、预报和预警服务工作，努力提高对影响公路交通的雾、雨、雪、低温冰冻、沙尘暴等灾害性天气的预报预警水平。同时，应大力引进和发展公路交通气象专业预报模式，逐步提供针对性更强的公路交通气象专业预报预警产品。

公路交通、气象部门以京港澳高速公路、京津塘高速公路、江苏省联网高速公路为试点，在交通气象监测站网建设、数据共享、精细化预报预警服务等方面联合开展研究与示范应用，在总结试点经验的基础上逐步推广应用。各地公路交通、气象部门应联合通过电视、广播、网络、手机短信、公路电子显示屏等，及时向社会公众提供公路交通气象监测预警信息和出行安全提示，为社会公众提供准确、便捷的公路交通气象服务。

三、建立健全有效的公路交通气象应急工作联动机制

各地公路交通部门要与气象部门建立应对恶劣天气和不利气象条件的应急联动工作机制。公路交通部门应根据气象部门提供的交通气象预警信息，加强应急值守，一旦发生影响公路交通的灾害性天气，要及时启动相关应急预案，切实做好灾害性天气应对防范工作。气象部门应加强交通灾害性天气的监测、预报与预警服务保障工作，根据公路灾害情况，组织开展加密观测和有针对性的预报会商，及时提供气象服务信息，并提出相关防范意见和措施建议。各地公路交通、气象部门要进一步加强应急联动能力建设，完善双方的信息互通制度，拓展灾害应急联动方式渠道，丰富应急联动的技术手段。双方要明确各自的责任部门、联络人员及联系方式，做到责任到人。

四、促进公路交通气象服务的信息共享和集约化发展

进一步建立健全公路交通、气象部门的信息共享机制，结合公路交通气象监测设施的建设，推动双方在部、省级信息共享渠道与平台的建设，并将其内容分别纳入公路网管理与应急处置中心和交通气象服务业务系统的建设范围。公路交通部门与气象部门要联合制定信息交互与共享方案及相关技术要求，建立信息共享流程和渠道，明确信息共享的具体内容、传输时间和传输方式等。各地公路交通部门应向气象部门提供公路交通气象观测、公路视频监测、路况等信息；气象部门应及时将公路交通气象观测信息、预报预警产品提供给公路交通部门。

五、加强交通气象服务标准化建设

要大力推进公路交通气象业务标准体系建设。双方要联合制定公路交通气象站设置安装、检测校准、通信协议、信息交换共享、预报服务产品制作、信息发布等方面的规范和标准。要充分利用各自的资源和技术优势，形成合力，共同加快相关标准和规范的编制工作，促进公路交通气象业务的规范化发展。

六、研究探索建立多样化的公路交通气象合作模式

各地公路交通、气象部门要根据各地特点和需求，探索建立符合本地实际的公路交通气象业务发展长效合作机制，建立多方参与、权责明晰的公路交通气象监测系统建设、运营维护与服务提供模式。对于面向公众的灾害性天气预报预警、实况监测信息等服务，属气象部门公益服务范畴的，由各级气象部门无偿提供。对于相关部门和单位提出的个性化公路气象服务需求，由气象部门按照有关规定通过协议方式予以提供。

274. 国家发展改革委　交通运输部关于规范高速公路车辆救援服务收费有关问题的通知

（发改价格〔2010〕2204 号）

各省、自治区、直辖市发展改革委、物价局、交通运输厅（局、委）、天津市市政公路管理局、上海市交通运输和港口管理局、新疆生产建设兵团发展改革委、交通局：

高速公路车辆救援对于保障高速公路的安全畅通具有重要作用。近年来，部分地区的高速公路车辆救援主体不明确，救援服务与收费行为不规范，一些执法单位违规将高速公路车辆救援指定给社会救援机构实施并收取高额费用，加重了车主负担，社会反应强烈。为规范高速公路车辆救援服务和收费行为，维护当事人合法权益，确保高速公路安全畅通，现就有关问题通知如下：

一、明确高速公路车辆救援服务主体。高速公路车辆救援服务是指有关单位受当事人委托将发生故障或事故的机动车拖移至指定地点并收取相关费用的行为。考虑到高速公路封闭运行等特点，今后高速公路车辆救援服务工作由高速公路经营管理单位统筹组织实施，具体工作主要由其建立的专职救援队伍承担。公安交通管理部门依法拖移违章停放车辆，属于行政执法行为，不得向当事人收取费用，也不得指定社会救援机构实施并收取费用。

二、健全高速公路车辆救援服务体系。各级交通运输部门和高速公路经营管理单位要将高速公路车辆救援服务纳入公路突发事件应急管理体系，在高速公路沿线统一布局施救站点，根据需要配置救援车辆和设备，并以路网管理与应急处置平台为依托，按照“快速准确、合理高效、信息服务”的原则，建立健全高速公路车辆救援服务指挥和调度系统，提高车辆救援服务效率。

三、规范高速公路车辆救援服务行为。高速公路经营管理单位应制定车辆救援服务标准和规程，并定期组织专职救援队伍培训和演练，提高救援能力和服务水平。要将车辆救援服务收费标准及救援电话等服务信息通过门户网站、收费站及服务区公示牌、电子信息板向社会公示。接到车辆求助信息后，高速公路经营管理单位应调度指挥就近的救援车辆和人员及时赶赴现场。事故车辆拖移至公安交通管理部门指定的地点停放。故障车辆原则上拖移至最近的高速公路出口处或服务区，也可以拖移至当事人选择的其他停放地点，但不得强行拖移车辆到指定的场所进行维修。在不影响高速公路正常运行的情况下，当事人也可以选择社会救援机构实施救助，任何单位和个人不得强制指定救援机构，也不得妨碍和阻止当事人委托的救援机构进场服务。

四、完善高速公路车辆救援服务收费政策。各省、自治区、直辖市价格主管部门应根据本地实际情况，会同交通运输部门对高速公路车辆救援服务实行政府指导价或政府定价。要在充分调研和成本监审的基础上，统一规范收费项目，并按照适当弥补成本原则合理制定收费标准。停放拖移车辆的地点属于专用停车场地，需要收取停车费的，停车收费标准按照当地价格主管部门的统一规定执行。其中，对在交通事故处理期间的车辆，应减免停车收费。各地高速公路经营管理单位应根据当地经济发展水平，适当增加对高速公路车辆救援的投入，确保车辆救援服务的公益性和健康发展。

五、强化车辆救援服务及收费的监督检查。高速公路经营管理单位在组织实施车辆救援时，救援人员应主动向当事人出示价格主管部门规定的收费项目和标准，不得自行增加收费项目、扩大收费范围或提高收费标准。各级价格、交通运输部门应加强对高速公路车辆救援服务和收费的监督检查。对于违反车辆救援服务有关规定的，各级交通运输部门应根据职责依法予以处理。对于违反有关规定乱收费的，各级价格主管部门应当严格按照《价格法》和《价格违法行为行政处罚规定》实施行政处罚。

六、全面清理规范车辆救援服务收费。各省、自治区、直辖市价格主管部门应会同交通运输等部门根据本通知精神对高速公路车辆救援服务收费进行清理规范，重新制定高速公路车辆救援服务收费办法，并于12月31日前向社会公布。对城市道路和开放式公路的车辆救援服务收费，由省、自治区、直辖市价格主管部门按照“职责明确、行为规范、收费透明”的原则，根据本地实际情况进行清理规范。各地高速公路及其他公路救援服务收费清理规范情况，请于12月31日前报国家发展改革委、交通运输部。

275. 关于交通运输部路况信息管理系统升级改版的通知

（厅公路字〔2011〕106号）

自2006年9月27日“交通部路况信息管理系统”启用以来，路况信息报送工作得到了各地交通运输主管部门的高度重视和大力支持，“交通部路况信息管理系统”成为公路网管理与应急处置平台的重要组成部分，在全国干线公路网运行监测、突发事件应急处置和公路出行服务等方面发挥了重要作用。近日，部修订印发了《交通运输部公路交通阻断信息报送制度》（交公路发〔2011〕183号），进一步规范了公路交通阻断信息报送的内容和要求。为配合该制度的实施，部定于2011年6月19日对“交通运输部路况信息管理系统”进行升级改版。现就有关事宜通知如下：

一、2011年6月19日8时至17时原系统2.0版终止使用，开始进行升级切换工作，升级结束后正式启用3.0版。对于升级期间发生的公路交通阻断或其他重大公路突发事件，各地可通过电话、传真等方式上报信息。

二、系统新增功能。

（一）全新系统界面。

新版系统全面改版了系统界面，统一按照公路网管理与应急处置平台的界面风格进行布局。系统丰富了填报、审核及发布工作界面的首页内容，增加了快速填报与审核的登录窗口。

（二）增加GIS地图查询和路况定位功能。

新版系统与中国公路信息服务网的GIS地图实现同步，各级用户可通过地图功能实现路况信息的准确定位功能，并在信息填报、审核及发布过程中对定位信息进行确认。

（三）改进信息填报内容和方式，优化信息报送流程。

为配合《交通运输部公路交通阻断信息报送制度》（交公路发〔2011〕183号）实施，新版系统改进了路况信息填报内容和方式，对信息的基本内容、现场描述、处置措施及阻断原因等进行了调整。此外，为提高路况信息报送效率，对一次上报、二次上报、信息补报及修改等信息报送流程进行了梳理与优化。

（四）开放填报与审核用户的部分权限。

新版系统面向审核层和填报层用户开放了数据统计、信息修改、用户管理等方面权限，方便了路段填报单位和省级审核单位的使用与查询。

（五）增强数据统计分析功能。

新版系统新增一系列的数据统计表格，各填报、审核单位可以查看本单位或本省（区、市）范围内已填报路况信息的数据统计分析报告。

新版系统新增功能及具体操作方法可从系统下载使用说明。

三、新版路况信息报送系统的公路基础数据（包括路线和路段相关信息）将与全国公路数据库实现同步，路况填报与审核单位信息将与原系统实行同步转换，原系统报送的全部路况数据将实现平稳迁移。

四、为保证原系统中公路基础数据与填报、审核单位信息的准确性，部按照各省（区、市）情况，分别整理了《公路路段基础数据信息表》、《公路交通阻断信息填报单位信息表》、《公路交通阻断信息审核单位信息表》等信息，现随通知下发给你们（如需表格电子版请联系部路网中心）。请你单位按照通知要求，组织相关单位和人员认真核实，并于2011年6月10日前完成确认与反馈工作（反馈信息以纸质文件盖章为准，同时发送电子版至部路网中心电子邮箱）。上述表格的具体填报要求，请参见表格下方的“填表注意事项”。

五、在核实上述表格内容的过程中，如本辖区内有新增阻断信息填报单位与审核单位的，由省级交通运输部门统一向部路网中心申请账号，由部路网中心统一分配用户名和密码。

在升级或使用新版系统过程中遇到问题时，请及时与部路网中心或负责技术支持的部公路科学研究院联系，提出意见或建议。部拟于近期组织开展《交通运输部公路交通阻断信息报送制度》宣贯及新版路况信息管理系统使用培训工作，相关事宜将另行通知。

附件：1. 公路交通阻断信息审核单位信息表（分省）（略）
2. 公路交通阻断信息填报单位信息表（分省）（略）
3. 公路路段基础数据信息表（分省）（略）

276. 关于印发交通运输部干线公路通车信息报送制度的通知

（交公路发〔2011〕401号）

各省、自治区、直辖市、新疆生产建设兵团交通运输厅（局、委），天津市市政公路管理局：

为进一步加强公路网运行监测和管理，及时向社会发布公路网新（改）建公路通车等信息，提高公路交通出行信息服务水平，部制定了《交通运输部干线公路通车信息报送制度》，现予印发，自2011年9月1日起施行。执行过程中发现的问题或建议，请及时函告部公路局。

干线公路通车信息主要通过网络报送，具体方式为：登录中国公路信息服务网“公路通车信息管理系统”（已开通），按相关要求和程序填报。系统将默认各省（区、市）开设通车信息审核和填报用户名和密码（具体用户名和密码另行告知）。请你单位明确审核和填报单位，认真组织落实，于2011年8月15日前完成确认与反馈工作（反馈信息以盖章的纸质文件为准，同时发送电子版至部路网中心电子邮箱）。

请各单位将2011年1月1日至8月31日期间符合本制度报送要求的干线公路通车信息，于2011年9月30日之前通过该系统补报。

交通运输部干线公路通车信息报送制度

第一章　总　　则

第一条　为规范干线公路通车信息报送工作，提高公路交通出行信息服务水平，及时向社会公众告知干线公路通车信息，扩大通车公路服务效益宣传和影响，加强干线公路运行监测和管理，依据《中华人民共和国公路法》、《收费公路管理条例》、《公路安全保护条例》等有关规定，制定本制度。

第二条　本制度所指干线公路通车信息包括：高速公路和二级以上普通国省干线公路（含二级，以及独立开通的桥梁或隧道）在新（改）建工程交工验收后通车的相关信息。

第三条　干线公路通车信息报送工作应该遵循统一、及时、准确的原则。

第二章　报送内容和要求

第四条　干线公路通车信息主要包括基本信息、管理信息和效益信息等。

基本信息主要包括：建设性质、路线名称、路线编号、路段名称、起止桩号、起止地点、里程、行政区划、技术等级（含车道数）、路面类型、设计时速和交通量、相邻路段连接信息等。

管理信息主要包括：建设单位、管养单位、主管部门、联系方式、通车时间、收费情况等。

效益信息主要包括直接效益和间接效益。其中：直接效益主要为新通车路段对完善路网、节约运输成本、节省时间、减少事故等方面产生的直接经济效益。间接效益主要为新通车路段对吸引投资、促进区域经济发展、产业升级、增加就业等经济社会发展方面所产生的间接效益。

第五条　公路通车效益信息应采用通车前后的效益对比进行说明，可以进行定性描述，也可以进行定量分析。

第六条　公路通车信息的具体填报内容详见《干线公路通车信息表》（附件 1），填报时可补充附件。

第七条　公路通车信息应在公路正式通车一周前完成报送工作。报送信息如有变更或补充，应在变更或补充后一周内重新上报。

第八条　公路通车基本信息中的路线编号应符合全国公路命名编号规则，起止桩号应符合全国公路桩号传递规则。

第九条　多路段同时或短时期内集中通车的，可根据新通车路段的关联性和互通性，联合报送效益信息。

第三章　报送工作流程和方式

第十条　各省、自治区、直辖市交通运输主管部门或其委托的省级公路管理机构是干线公路通车信息报送的审核单位。

各省、自治区、直辖市交通运输主管部门根据本辖区公路管理体制，指定具体填报单位。

通车信息报送按照时限与内容要求填报后，由审核单位负责校核填报信息的真实性与准确性，之后报至交通运输部。

第十一条　公路通车信息主要采取网络方式报送，报送人员通过登录“中国公路信息服务网”（网址：www.chinahighway.gov.cn）的“公路通车信息管理系统”，按照有关报送内容和要求逐项填报与审核，并可查询报送信息结果和统计情况。

第十二条　干线公路通车信息将作为公路数据库动态更新及公路交通阻断信息新增填报路段的主要信息来源。通车路段的管养单位应按照《公路交通阻断信息报送制度》的要求，从通车之日起，通过“路况信息管理系统”按要求及时填报公路交通阻断信息。

第十三条　报送干线公路通车信息的系统用户名和密码，由交通运输部统一配发，如有变更可填写《省（区、市）干线公路通车信息报审单位分配表》（附件2），由交通运输部负责更新。

第十四条　交通运输部将汇总各地上报的干线公路通车信息，通过中国公路信息服务网等媒体向社会公众发布。

第四章　附　　则

第十五条　各省、自治区、直辖市交通运输主管部门要对信息报送工作进行监督，并定期组织检查与培训，确保公路通车信息的准确性和及时性，杜绝少报、迟报、不报现象。

第十六条　本制度由交通运输部负责解释。

第十七条　本制度自2011年9月1日起施行。

附件：1. 干线公路通车信息表（略）

2. ____省（区、市）干线公路通车信息报审单位分配表（略）

277. 关于印发《国家区域性公路交通应急装备物资储备中心布局方案》的通知

（交公路发〔2012〕163号）

河北、吉林、黑龙江、浙江、山东、河南、湖南、广东、四川、贵州、云南、陕西、甘肃、西藏、新疆、青海省（区）交通运输厅：

为加强区域性公路交通应急装备物资储备中心建设，切实提高公路交通应急保障能力，经过广泛调研和深入论证，部制定了《国家区域性公路交通应急装备物资储备中心布局方案》（以下简称《方案》），拟于“十二五”期间，在河北保定、吉林长春、黑龙江齐齐哈尔、浙江湖州、山东临沂、河南郑州、湖南湘潭、广东肇庆、四川成都、贵州贵阳、云南昆明、陕西西安、甘肃兰州等地建立国家区域性公路交通应急装备物资储备中心，同时支持西藏、青海、新疆三省区加快建立本区域的公路交通应急装备物资储备中心，并纳入国家区域性公路交通应急装备物资储备中心体系。

现将《方案》印发你们，请按照《方案》的有关要求，抓紧研究具体建设内容，落实相关配套设施，组织编制工程可行性研究报告并报部审批后分期分批启动建设实施工作。

国家区域性公路交通应急装备物资储备中心布局方案（略）

278. 交通运输部　中国气象局关于印发《公路交通气象观测站网建设暂行技术要求》的通知

（交公路发〔2012〕747号）

各省、自治区、直辖市、新疆生产建设兵团及计划单列市交通运输厅（局、委）、气象局，天津市市政公路管理局，交通运输部路网监测与应急处置中心，交通运输部公路科学研究院，国家气象中心，国家气象信息中心，中国气象局气象探测中心，中国气象局公共气象服务中心：

为进一步指导和规范全国公路交通气象观测站网的建设、运行和管理，加强全国干线公路网运行监测与科学管理，提高应急处置能力和公共服务水平，实现覆盖全国干线公路的气象监测网络和预报预警服务体系发展目标，国家交通运输和气象部门共同编制了《公路交通气象观测站网建设暂行技术要求》，现印发给你们，请遵照执行。

公路交通气象观测站网建设暂行技术要求（略）

279. 交通运输部关于开展中国高速公路交通广播示范工程建设的通知

（交公路发〔2013〕449号）

北京、重庆、河北、湖南省（市）交通运输厅（委），天津市市政公路管理局，交通运输部路网监测与应急处置中心，交通运输部公路科学研究院：

中国高速公路交通广播是交通运输部和中央人民广播电台共同主办的广播节目，是全国应急广播体系建设的重要组成部分，日常状态下主要为高速公路出行人群提供路况、气象、新闻、旅游等专题资讯，出现突发事件时，根据应急需要和相关宣传要求，及时播发权威信息，部署应急措施，起到预警疏导、联络沟通和信息通报作用。2012年6月，中国高速公路交通广播在京沪高速北京至天津段试点开播，一年来，相关部门在节目内容策划、服务百姓出行、路况连线播报、合作方式模式等方面进行了有益尝试，社会反响良好。为了进一步探索和实践，给人民群众提供更高效率、更高水平、更优品质的公路出行信息服务，部决定组织开展中国高速公路交通广播示范工程建设。现将有关事宜通知如下：

一、指导思想和原则

以更好地为公众服务，提升应急处置能力为出发点和落脚点，以建设全国统一的中国高速公路应急服务广播信息发布管理系统为总目标，以“统一规划，整体设计，分步实施”为基本原则，结合《国家公路网规划（2013年—2030年）》和路网建设与管理的长远发展，对中国高速公路交通广播的建设规模、管理模式等进行统筹规划，合理确定示范工程的实施规模。按照“政府引导、社会参与、市场运作、群众受益”的基本思路，开展示范工程建设，建立可持续发展的采编播体系，确定全国统一、地方差异的运营管理模式。按照“平时服务，突发应急”的原则，建设与国家应急广播体系相结合的中国高速公路交通广播体系，实现日常广播与应急广播相结合，并逐步提供交通信息推送服务，全面提升公路交通部门运营管理和服务水平、交通运输行业面对突发事件的应急处置水平。建设成为交通运输行业的广播媒体、公路交通的宣传载体和公众出行的服务平台。

二、实施目标

通过实施示范工程，力求实现以下目标：

（一）建设京、津、冀、湘、渝不少于5000公里高速公路及其相邻干线公路的应急服务交通广播覆盖系统。

（二）建设中央人民广播电台、交通运输部路网监测与应急处置中心（以下简称“部路网中心”）和北京、天津、河北、湖南、重庆高速公路交通应急服务信息发布管理系统，建立国家级播控平台具有直播功能、省级路网中心具有分控功能和插播功能的信息服务体系。

（三）完善公路交通信息的采编播体系，丰富适合公众出行的节目内容，逐步提升广播节目品牌影响力。

（四）建立公路交通专用广播的相关标准规范体系，为全面推广中国高速公路交通广播奠定基础。

三、主要任务

（一）制定总体方案，确定示范工程组织形式以及技术路线、具体实施规模、计划安排等。

（二）完成示范区域频率覆盖工作，制定中国高速公路交通广播在其他推广地区的频率方案。

（三）充分利用高速公路沿线服务区和收费站的杆架、房建、电力和通信设施，建设沿高速公路覆盖的公路交通广播基站。

（四）充分利用交通行业通信专网、运营商的通信公网以及广电部门的国家应急广播网络，建设中央人民广播电台、部路网中心和示范区域信息发布端口之间的通信链路。

（五）建设高速公路交通应急服务广播信息发布管理系统，建立交通运输部具有直播功能、省级路网中心具有分控功能和插播功能的信息发布管理体系。

（六）建立国家级和省级公路交通广播直播间，完成国家级、省级交通广播日常和应急节目的制作和播出。

（七）结合部、省两级路网中心信息采集方式，建立广播信息采集制度，完善可支持广播发布内容的公路交通信息采集手段。

四、实施步骤

（一）准备阶段（2013 年 7 月至 2013 年 9 月）。

1. 成立中国高速公路交通广播推广工程组织机构，建立交通运输部与中央人民广播电台、交通运输部与各省级公路主管部门之间的组织协调机制和运行机制，落实相关工程推进工作，保障公路交通广播示范工程顺利进行。

2. 在示范区域现场踏勘，进一步修改完善中国高速公路交通广播项目示范区域系统建设实施方案，包括：频率方案、公路沿线建设方案、隧道区域覆盖方案、通信网络建设方案、高速公路交通应急服务广播信息发布管理系统建设方案以及总体运行方案等。编制中国高速公路交通广播在其他推广地区的频率方案。

3. 完成各省立项工作，并在实施方案基础上完成工程设计和发射基站等相关设备采购等工作。

4. 制定公路交通专用广播暂行技术要求。

（二）实施阶段（2013 年 10 月至 2014 年 7 月）。

1. 在京津冀区域落实 FM99.6 频率覆盖工作，在湖南和重庆示范区域确定 FM99.6 频率落地的可行性，并完成中国高速公路交通广播在其他推广地区的频率方案。

2. 建设京、津、冀、湘、渝示范区域高速公路广播基站，于 2013 年底前实现语音广播开播。

3. 建设部、省两级中国高速公路交通广播平台，并实现互联互通；建立中央人民广播电台与部路网中心 2M 带宽的通信链路。

4. 建设高速公路交通应急服务广播信息发布管理系统，建立涵盖部、省两级的广播信息发布管理体系，实现与现有公路交通信息采集及相关业务系统对接，实现跨行业、跨部门信息的互通。

5. 建设国家级、省级直播间，为应急信息和日常服务信息的实时播出提供基础平台。

6. 完善可支持广播发布内容的公路交通信息采集手段，丰富广播栏目的内容，增加受众人数。

（三）验收总结阶段（2014 年 8 月至 2014 年 10 月）。

京、津、冀、湘、渝示范区域省（市）交通运输主管部门联合向部提交示范工程建设报告。部将对中国高速公路交通广播示范工程进行统一验收，对示范实施进行总结，并在此基础上开展中国高速公路交通广播全国推广工作。

五、保障措施

（一）进一步提高认识。京、津、冀、湘、渝各级交通运输主管部门、公路管理（经营）单位要坚持以科学发展为主题，提升管理与服务的创新能力，加快转变发展方式，提高服务质量服务水平，切实保障人民群众出行方便、安全、舒适，把示范工程的组织实施纳入今明两年的工作重点和绩效考核目标，统筹安排，精心组织，确保按期完成示范工程实施任务。

（二）加强组织协调。示范工程涉及交通和广电两个行业、多个地区、多家单位，时间紧、任务重，组织协调难度大，交通运输部建立由公路局牵头、部路网中心具体负责的领导机构，各省（市）交通运输主管部门成立专门的工作班子，分解、落实工作责任，并定期检查、落实示范工作建设情况，及时协调解决实施过程中出现的各种问题。对于示范工程建设过程中出现的重大问题，部将召开专题会议协商解决。

（三）加强技术支持。交通运输部公路科学研究院作为中国高速公路交通广播项目的技术支持单位，应组织专门力量，在加快相关标准规范制定和科研工作的同时，要根据各地的要求，积极做好人员培训、工程咨询、系统测试等技术服务和支持工作；中央人民广播电台落实全国频率规划方案。

（四）保证资金投入。资金保障是做好示范工程实施工作的必要前提，资金投入以各地为主。各级交通运输主管部门和公路管理（经营）单位，要把示范工程建设资金纳入财政预算或经营支出范围给予保障；省（市）际间共建部分所需资金由相关省（市）交通运输主管部门按照“公平分担”的原则协商解决。交通运输部将积极争取国家财政给予示范工程一定的资金补助。

（五）加强工程管理。各地要按照有关规定，建立健全示范工程质量监督和管理体系，对工程设计、设备选型、施工监管等关键环节，要加大监管力度，确保质量。在项目实施中，要充分依托现有高速公路机电系统进行示范工程建设。原则上在建项目在概算允许范围内进行机电系统的补充设计；新建项目应纳入机电系统预算；已通车项目可通过机电系统的升级改造完成。

（六）加强跨行业人才队伍建设。中国高速公路交通广播为跨行业建设，与以往行业内独立的建设、运营、维护、服务模式区别很大，需要尽快培养形成一支能够提供跨行业支持的管理与技术队伍。系统设备的维护、保养可以与其他交通设施的养护相结合，共用养护人员。系统设备的日常运行维护，由高速公路机电系统维护人员负责。广播设备检修、故障排查等专业性较强的工作，由广播电台的技术人员负责，或由其向高速公路维护人员提供专业培训和指导后，使其具备相应专业能力。

（七）强化数据采编播管理机制。目前交通信息资源高度分散、来源不一、数据格式多样，很难满足差异化、推送式的出行服务需求。中央人民广播电台以及各省（区、市）高速公路主管部门要积极整合交通信息资源，在信息采集、路况播报、节目策划等方面紧密配合，提高节目质量和服务的针对性，增加节目的受众面。

（八）加大宣传和服务力度。加大对中国高速公路交通广播路况信息播报、节目内容和品牌宣传的推广工作。适时利用各类媒体对中国高速公路交通广播进行宣传，让社会公众充分了解实施示范工程的意义和为公众提供的便利服务，为示范工程的顺利实施和今后受众的增长奠定基础。

280. 交通运输部关于印发交通移动应急通信指挥平台管理办法的通知

（交公路发〔2014〕136号）

各省、自治区、直辖市、新疆生产建设兵团交通运输厅（局、委），天津市市政公路管理局：

为加强交通移动应急通信指挥平台的管理，提高公路交通突发事件应急通信保障能力，根据《中华人民共和国突发事件应对法》、《中华人民共和国公路法》、《公路安全保护条例》等规定，交通运输部组织制定了《交通移动应急通信指挥平台管理办法》，现予以印发，请遵照执行。

交通移动应急通信指挥平台管理办法

第一章　总　　则

第一条　为加强交通移动应急通信指挥平台的管理，提高公路交通突发事件应急通信保障能力，根据《中华人民共和国突发事件应对法》、《中华人民共和国公路法》、《公路安全保护条例》等规定，制定本办法。

第二条　本办法所称交通移动应急通信指挥平台（以下简称移动应急平台），由联网指挥系统、通信网络系统和应急通信车系统构成，具备联网运行、通信传输、指挥调度、综合保障等功能，为公路交通突发事件应对工作提供通信保障，并实现部省两级交通运输应急处置平台的互联互通。

移动应急平台为水路等其他交通突发事件应对工作以及交通战备工作提供通信保障的，参照本办法的规定执行。

第三条　本办法适用于移动应急平台的联网运行、应急指挥、运维保障、培训演练、监督检查等工作。

第四条　移动应急平台的管理，应当遵循部省共管、联网运行、平急结合、协调联动的原则。

移动应急平台的建设、运行和管理工作由交通运输部公路局负责归口管理。交通运输部路网监测与应急处置中心（以下简称部路网中心）负责移动应急平台的联网运行、指挥调度、监督检查等工作，中国交通通信信息中心（以下简称部通信信息中心）负责移动应急平台的集中运维、技术支持等工作。

省级交通运输主管部门负责应急通信车系统的管理工作。应急通信车系统的自检维护、系统维护、培训演练、技术支持等具体工作，可委托省级公路管理机构、路网中心或者交通通信信息中心（以下统称应急通信车系统管理部门和技术支持单位）负责。

第五条　省级交通运输主管部门应当统筹安排移动应急平台的联网运行、运维保障、培训演练和通信传输所需专项经费，为移动应急平台有效运行提供保障。

第六条　应急通信车系统使用统一代号，代号为“天鹰”，具体编号规则由部通信信息中心负责编制。

应急通信车系统包括大、中、小三种型号，有效使用年限原则上为8年。应急通信车系统应当通过联网指挥系统统一在线运行，新交付使用的应急通信车系统经并网后方可投入运行。

第七条　省级交通运输主管部门可以根据本地区的实际情况，将应急救援、路政巡查、路况检测等移动指挥车辆纳入移动应急平台联网运行管理范畴。

第八条　省级以上交通运输主管部门应当采取定期检查、不定期抽查等方式加强对移动应急平台管理工作的监督检查，并将检查结果予以通报。

第二章　联 网 运 行

第九条　部路网中心、部通信信息中心、应急通信车系统管理部门和技术支持单位应当建立联网运行工作机制，并通过联网指挥系统建立例会点名和呼叫测试制度，定期通报其运行和工作情况。

例会点名和呼叫测试由部路网中心会同部通信信息中心组织实施，每月不少于1次。

第十条　应急通信车系统管理部门和技术支持单位负责应急通信车系统联网运行的执行工作，主要包括日常联络呼叫、任务执行、台账管理、车辆存放等，并于每年2月底前将年度运行计划报部路网中心备案。

第十一条 应急通信车系统管理部门可以将应急通信车日常使用与路政巡查、高速公路车辆救援等工作相结合，使其经常保持出勤运行状态。

应急通信车系统管理部门和技术支持单位应当根据年度运行计划开展相关工作，并按照统一的台账管理制度和信息报送机制，定期上报应急通信车系统的使用、维护和更新情况。

第十二条 联网指挥系统应当符合下列要求：

（一）车辆位置报送频率达到15分钟/每次，车辆轨迹保存期限不少于30日；

（二）视频传输具备同时接入8路高清或者标清视频会议画面，或者4套应急通信车现场视频画面功能；

（三）语音通信具备公网移动、固定电话、对空通信、海事卫星电话、VOIP网络电话、短波和超短波电台等传输模式及语音综合指挥调度功能；

（四）北斗导航卫星报文传输具备3套以上应急通信车系统之间的位置信息、报文信息的实时交互共享功能；

（五）预案管理具备公路突发事件应急预案电子化功能以及应急物资统一调度功能；

（六）台账管理具备车辆出勤、维修、保养等运行与维护记录管理功能。

第十三条 通信网络系统包括交通应急VSAT（国内甚小口径终端地球站）宽带卫星通信网、国际海事卫星通信网、有线和无线语音通信网、第三代（3G）和第四代（4G）移动通信网等，并具备以下，支持多套应急通信车系统信息的同时接入能力：

（一）交通应急VSAT宽带卫星通信网，支持3路双向2MHz带宽的卫星通信链路同时接入；

（二）国际海事卫星通信网，支持4路以上双向256kbps带宽的卫星通信链路同时接入；

（三）交通运输部行业信息专网，支持4套以上应急通信车系统信息同时接入。

第十四条 应急通信车系统应当具备海事卫星、VSAT卫星和公网移动通信等远程通信功能，以及超短波、微波和WiFi网络等应急现场通信功能，并符合下列要求：

（一）海事卫星终端的共享通信最高速率达到432kbps且保障通信速率达到256kbps，VSAT终端的带宽传输能力达到2MHz（双向），北斗导航卫星的短报文传输时效小于5分钟，VOIP网络电话具备语音和传真的传输能力；

（二）超短波通信覆盖范围达到5000米，微波通信覆盖范围达到2000米，WiFi网络覆盖范围达到300米；

（三）具备与其他相同标准化接口和通信协议通信网络间的互联互通功能；

（四）具备在环境恶劣、资源短缺情况下短报文、语音的基本通信功能。

第十五条 应急通信车系统应当具备现场音频、视频等信息的采集、接入、存储等功能，并符合下列要求：

（一）具备固定式和移动式音频、视频采集手段，支持标清视频图像采集、存储，现场视频最高记录时间不少于12小时；

（二）具备和部省两级公路网监测与应急处置平台信息交互能力，获取相关行业信息功能；

（三）具备接收电视、广播、互联网等公众信息功能。

（四）具备现场指挥协同与决策支持能力；

（五）具备高清视频会商、语音综合调度、报文处理、现场广播等功能；

（六）满足五组以上应急救援队伍与应急通信指挥间的位置、文字信息交互能力；

（七）具备应急救援力量位置服务、专家会商、应急预案管理和现场资源调配等功能。

第十六条 应急通信车系统应当具备自主供电、现场照明，以及会商、办公和休息场所等综合保障功能，并符合下列要求：

（一）外部工作温度在－20℃～55℃之间，储存温度在－40℃～65℃之间，相对湿度在40%～98%之间；

（二）车内工作温度在0℃～40℃之间，储存温度在－20℃～65℃之间，相对湿度在40％～85％之间；

（三）供配电方式包括市电接入、发电机发电、UPS不间断电源续航等；其中，市电接入和发电机发电具备自动切换功能，发电机连续发电时间不少于8小时，UPS不间断电源续航持续运行时间不少于30分钟。

第三章　应急指挥

第十七条　移动应急平台应急指挥按照《公路交通突发事件应急预案》等规定采取分级分类管理。

Ⅰ级、Ⅱ级公路交通突发事件预警、响应的应急通信保障按照本办法的规定执行。Ⅱ级以下公路交通突发事件预警、响应的应急通信保障参照本办法的规定执行。

第十八条　交通运输部负责Ⅰ级公路交通突发事件应急预警、响应的启动和实施，统一调配和使用各地应急通信车系统。部路网中心负责移动应急平台的应急指挥调度工作，部通信信息中心负责应急指挥调度的技术保障工作。应急通信车系统管理部门和技术支持单位应当按照交通运输部的统一指令开展应急通信保障工作。

省级交通运输主管部门负责Ⅱ级公路交通突发事件应急预警、响应的启动和实施，统一调配和使用辖区内应急通信车系统，并向部路网中心备案。需要通信保障或者跨省域联动支持的，向部路网中心提出请求，由部路网中心负责协调相邻地区应急通信车系统提供跨省域联动支持，部通信信息中心负责跨省域应急通信保障与技术支持工作。

第十九条　移动应急平台应急指挥的预警、响应级别和工作模式应当根据公路交通突发事件的预警、响应级别变化等因素，及时调整，确保应急指挥科学有效。

除Ⅰ级公路交通突发事件应急预警、响应外，交通运输部可以根据需要，对已启动的Ⅱ级公路交通突发事件应急预警、响应进行重点跟踪；有下列情形之一的，按照Ⅰ级公路交通突发事件应急预警、响应程序启动移动应急平台的应急指挥程序：

（一）对可能发展为Ⅰ级公路交通突发事件应急预警、响应的；

（二）引起公众和媒体特别关注的；

（三）国务院部署由交通运输部负责协助处置的。

第二十条　Ⅰ级公路交通突发事件应急预警、响应启动后，在交通运输部应急领导小组的领导下，按照下列程序开展移动应急平台应急指挥工作：

（一）部路网中心、部通信信息中心以及突发事件相关应急通信车系统管理部门和技术支持单位应当立即启动统一应急指挥工作模式，执行24小时值班制度，按照有关预案开展应急通信保障工作；

（二）突发事件相关省域内所有应急通信车系统应当在1小时内完成应急启动工作，工作人员进入待命工作状态，并向部路网中心、通信中心报告地理位置和技术准备情况；

（三）部通信信息中心应当在1小时内启动应急通信保障工作，技术保障人员进入待命工作状态，并向部路网中心报告通信保障与技术准备情况；

（四）待命工作期间，移动应急平台各系统之间应当保持通信实时畅通，必要时开启视频会议系统，随时开展应急会商和信息传输工作；

（五）应急通信车应当按照部路网中心的指令要求，前往突发事件现场，并根据需要将沿途实时视频画面传输至部路网中心，在无公网状态下应当适时启动卫星通信系统，确保沿途通信传输正常；

（六）到达指定地点后，应急通信车应当立即将现场视频画面和救援抢险信息传输至部路网中心和相关省级路网中心，并按照指令要求开启视频会议系统；

（七）移动应急平台各系统应当处于24小时待命状态，不得擅自关闭系统。

第二十一条　Ⅱ级应急预警、响应启动后，省级交通运输主管部门在本级人民政府应急领导小组的领导下，开展移动应急平台应急指挥工作。

第二十二条 Ⅰ级或者Ⅱ级应急预警、响应终止后，部路网中心、部通信信息中心、应急通信车系统管理部门和技术支持单位应当分别按照交通运输部或者省级交通运输主管部门统一指令要求，恢复移动应急平台日常运行模式，并做好总结与评估工作。

第四章 运维保障

第二十三条 应急通信车系统管理部门和技术支持单位应当认真做好应急通信车系统的自检维护和系统维护工作，配合部通信信息中心开展移动应急平台的集中运维工作并提供必要的运维条件。

应急通信车系统的自检维护工作主要包括车辆底盘及供配电系统的检测、保养和维修，车辆油料供应等，系统维护工作主要包括应急通信车系统的定期维护、升级与更新、故障处理等。

移动应急平台的集中运维工作主要包括联网指挥系统的定期维护、升级与更新，通信网络系统设备维护，卫星通信资源维护与管理，以及全国备品备件库管理等。

第二十四条 移动应急平台运行维护工作应当符合以下要求：

（一）联网指挥系统的软件升级和更新由部通信信息中心按季度巡检计划进行，升级和更新内容包括地理信息数据、数据库基础数据以及软件功能等；

（二）应急通信车系统的自检维护和系统维护由应急通信车系统管理部门和技术支持单位按照工作计划执行，故障排除由应急通信车系统技术支持单位按照实际情况进行；

（三）应急通信车系统车辆底盘保养由应急通信车系统技术支持单位按照各类车型厂家的要求定期完成；

（四）应急通信车系统所缴纳的交强险、车辆保险和财产险等保险由应急通信车系统管理部门按照车辆、系统资产估值足额按时缴纳。

第二十五条 应急通信车系统管理部门和技术支持单位应当根据应急通信车系统的型号规格，安排相应的存放车库，并配备下列设施和物资：

（一）存放车库设施包括库内外照明、防雨、防尘、防冻、防火、高低温温度调节等设施设备；

（二）存放车库接入至少1路市电电路以及公网、交通专网的有线和无线网络；

（三）按照车辆类型常年储备足量的油料，以及车辆轮胎、防滑链、电气工具、吊装工具、车辆维修工具等；

（四）按照车辆类型常年储备食品、饮用水、衣物和救援药品等。

第二十六条 移动应急平台的集中运维、通信传输费用由各移动应急通信车系统管理部门按照合理分摊原则承担。

第二十七条 应急通信车系统管理部门和技术支持单位应当明确车辆驾驶、系统操作、通信保障、网络维护、后勤保障等不同工作岗位的职责，并结合当地实际，按照不同车型的标准配备相应的专业人员。

第五章 培训演练

第二十八条 部路网中心、部通信信息中心、应急通信车系统管理部门和技术支持单位应当将培训演练工作纳入年度运行计划，并将实施情况列入台账管理，汇总备案。

第二十九条 移动应急平台的培训由部通信信息中心定期组织。公路交通突发事件多发地区，可适当增加培训次数。

培训内容包括软硬件系统操作、通信网络接入、日常维护等。

第三十条 移动应急平台的跨省域应急演练活动由部路网中心、部通信信息中心联合组织实施，每年演练不少于1次。移动应急平台的省域内应急演练活动由应急通信车系统管理部门和技术支持单位组织实施。

演练内容包括突发事件的预报预警、现场指挥、辅助决策和统一调度，应急通信车的机动测试、装备保障，以及通信网络系统的快速响应、互联互通等。

第六章　附　　则

第三十一条　应急通信车系统整体报废与更新的具体管理办法，由交通运输部另行制定。

第三十二条　本办法自 2014 年 7 月 9 日起施行。

281. 公路交通突发事件应急预案

（交应急发〔2017〕135 号）

1 总　　则

1.1 编制目的

为规范和加强公路交通突发事件的应急管理工作，指导、协调各地建立和完善应急预案体系，有效应对公路交通突发事件，及时保障、恢复公路交通正常运行，制定本预案。

1.2 编制依据

依据《中华人民共和国突发事件应对法》《中华人民共和国公路法》《公路安全保护条例》《突发事件应急预案管理办法》《国家突发公共事件总体应急预案》《交通运输突发事件应急管理规定》《交通运输部突发事件应急工作暂行规范》等相关规定。

1.3 事件分级

本预案所称公路交通突发事件，是指由于自然灾害、事故等原因引发，造成或者可能造成公路交通运行中断，需要及时进行抢修保通、恢复通行能力的，以及由于重要物资、人员运输特殊要求，需要提供公路应急通行保障的紧急事件。

公路交通突发事件按照性质类型、严重程度、可控性和影响范围等因素，分为四个等级：Ⅰ级（特别重大）、Ⅱ级（重大）、Ⅲ级（较大）和Ⅳ级（一般）。

（1）Ⅰ级事件。事态非常复杂，已经或可能造成特别重大人员伤亡、特别重大财产损失，需交通运输部组织协调系统内多方面力量和资源进行应急处置的公路交通突发事件。

（2）Ⅱ级事件。事态复杂，已经或可能造成重大人员伤亡、重大财产损失，需省级交通运输主管部门组织协调系统内多方面力量和资源进行应急处置的公路交通突发事件。

（3）Ⅲ级事件。事态较为复杂，已经或可能造成较大人员伤亡、较大财产损失，需市级交通运输主管部门组织协调系统内多方面力量和资源进行应急处置的公路交通突发事件。

（4）Ⅳ级事件。事态比较简单，已经或可能造成人员伤亡、财产损失，需县级交通运输主管部门组织协调系统内多方面力量和资源进行应急处置的公路交通突发事件。

公路交通突发事件等级确定标准见附件 1。自然灾害等对公路交通的影响尚不明确，而国家专项应急预案或相关主管部门已明确事件等级标准的，可参照执行。详见附件 2～附件 4。

省级交通运输主管部门可以结合本地区实际情况，对Ⅱ级、Ⅲ级和Ⅳ级公路交通突发事件分级情形进行细化补充。

1.4 适用范围

本预案适用于Ⅰ级公路交通突发事件的应对工作，以及需要由交通运输部指导、支持处置的Ⅰ级以下公路交通突发事件或者其他紧急事件的应对工作。

本预案指导地方公路交通突发事件应急预案的编制和地方交通运输主管部门对公路交通突发事件的应对工作。

1.5 工作原则

（1）依法应对，预防为主。公路交通突发事件应对要坚持以人民为中心的发展思想，严格按照国家相关法律法规要求，不断提高应急科技水平，增强预警预防、应急处置与保障能力，坚持预防与应急相结合，常态与非常态相结合，提高防范意识，做好预案演练、宣传和培训等各项保障工作。

（2）统一领导，分级负责。公路交通突发事件应对以属地管理为主，在人民政府的统一领导下，由交通运输主管部门牵头，结合各地公路管理体制，充分发挥公路管理机构的作用，建立健全责任明确、分级响应、条块结合、保障有力的应急管理体系。

（3）规范有序，协调联动。建立统一指挥、分工明确、反应灵敏、协调有序、运转高效的应急响应程序，加强与其他相关部门的协作，形成优势互补、资源共享的公路交通突发事件应急处置机制，提高应对突发事件的科学决策和指挥能力。

1.6 应急预案体系

（1）国家公路交通突发事件应急预案。交通运输部应对公路交通突发事件和指导地方公路交通突发事件应急预案编制的政策性文件，由交通运输部公布实施。

（2）地方公路交通突发事件应急预案。省、市、县级交通运输主管部门按照交通运输部制定的公路交通突发事件应急预案，在本级人民政府的领导和上级交通运输主管部门的指导下，为及时应对本行政区域内发生的公路交通突发事件而制定的应急预案，由地方交通运输主管部门公布实施。

（3）公路交通企事业单位突发事件应急预案。公路管理机构、公路交通企业等根据国家及地方公路交通突发事件应急预案的要求，结合自身实际，为及时应对可能发生的各类突发事件而制定的应急预案，由各公路交通企事业单位实施。

（4）应急预案操作手册。各级交通运输主管部门、公路交通企事业单位可根据有关应急预案要求，制定与应急预案相配套的工作程序文件。

2　组织体系及职责

公路交通应急组织体系由国家、省、市和县四级组成。

2.1 国家应急组织机构

交通运输部负责全国公路交通突发事件应急处置工作的协调、指导和监督。

2.1.1 应急领导小组

交通运输部在启动公路交通突发事件应急响应时，同步成立交通运输部应对××事件应急工作领导小组（以下简称领导小组）。领导小组是公路交通突发事件的指挥机构，由交通运输部部长或者经部长授权的分管部领导任组长，分管部领导、部总师或者公路局及办公厅、应急办主要负责人任副组长，交通运输部相关司局及路网监测与应急处置中心（以下简称部路网中心）负责人为成员。领导小组主要职责如下：

（1）负责组织协调公路交通突发事件的应急处置工作，发布指挥调度命令，并督促检查执行情况。

（2）根据国务院要求或者根据应急处置需要，成立现场工作组，并派往突发事件现场开展应急处置工作。

（3）根据需要，会同国务院有关部门，制定应对突发事件的联合行动方案，并监督实施。

（4）当突发事件由国务院统一指挥时，领导小组按照国务院的指令，执行相应的应急行动。

（5）决定公路交通突发事件应急响应终止。

（6）其他相关重大事项。

领导小组下设综合协调组、抢通保通组、运输保障组、新闻宣传组、通信保障组、后勤保障组等应急工作组。应急工作组由部相关司局和单位组成，在领导小组统一领导下具体承担应急处置工作，并在终止应急响应时宣布取消。应急工作组组成人员，由各应急工作组组长根据应急工作需要提出，报领导小组批准。视情成立专家组、现场工作组和灾情评估组，在领导小组统一协调下开展工作。

2.1.2 应急工作组

（1）综合协调组。由部应急办或办公厅负责人任组长，视情由部相关司局和单位人员组成。负责起草领导小组工作会议纪要、明传电报、重要报告、综合类文件，向中办信息综合室、国务院总值班室和相关部门报送信息，协助领导小组落实党中央和国务院领导同志以及部领导的有关要求，承办领导小组交办的其他工作。

（2）抢通保通组。由部公路局负责人任组长，视情由部相关司局和单位人员组成。负责组织协调公路抢修保通、跨省应急通行保障工作，组织协调跨省应急队伍调度和应急装备物资调配，拟定跨省公路绕行方案并组织实施，协调武警交通部队和社会力量参与公路抢通工作，拟定抢险救灾资金补助方案。

（3）运输保障组。由部运输服务司负责人任组长，视情由部相关司局和单位人员组成。负责组织协调人员、物资的应急运输保障工作，协调与其他运输方式的联运工作，拟定应急运输征用补偿资金补助方案。

（4）新闻宣传组。由部政策研究室负责人任组长，视情由部相关司局和单位人员组成。负责突发事件的新闻宣传工作。

（5）通信保障组。由部通信信息中心负责人任组长，部通信信息中心相关处室负责人任成员。负责应急处置过程中网络、视频、通信等保障工作。

（6）后勤保障组。由部机关服务中心负责人任组长，部机关服务中心相关处室人员任成员。负责应急响应期间 24 小时后勤服务保障工作；承办领导小组交办的其他工作。

2.1.3 专家组

专家组由领导小组在专家库中选择与事件处置有关的专家组成。负责对应急准备以及应急行动方案提供专业咨询和建议，根据需要参加公路交通突发事件的应急处置工作。

2.1.4 现场工作组

现场工作组由部公路局带队，相关司局和单位人员组成。现场工作组按照统一部署，在突发事件现场指导开展应急处置工作，并及时向领导小组报告现场有关情况。必要时，现场工作组可由部领导带队。

2.1.5 灾情评估组

灾情评估组由部总师任组长，根据需要由部相关司局和单位人员组成。负责组织灾后调查工作，指导拟定公路灾后恢复重建方案，对突发事件情况、应急处置措施、取得成效、存在的主要问题等进行总结和评估。

2.1.6 日常机构

部路网中心作为国家公路交通应急日常机构，在交通运输部领导下开展工作。

日常状态时，主要承担国家高速公路网、重要干线公路及特大桥梁、长大隧道的运行监测及有关信息的接收、分析、处理和发布，承担全国公路网运行监测、应急处置技术支持等相关政策、规章制度、标准规范的研究、起草工作，承担全国公路网运行监测、重大突发事件预警与应急处置等信息平台的管理和维护，组织公路交通应急培训，参与组织部省联合应急演练，承担应急咨询专家库的建设与管理，承担国家区域性公路交通应急装备物资储备运行管理有关工作等。

应急状态时，在领导小组统一领导下，主要承担全国公路网运行统筹调度、跨省公路绕行、应急抢修保通等事项的组织与协调的有关业务支撑工作，承担与地方公路交通相关机构的联络和全国公路交通突发事件应急信息的内部报送等。

2.2 地方应急组织机构

地方交通运输主管部门负责本行政区域内相应级别公路交通突发事件应急处置工作的组织、协调、指导和监督。

省、市、县级交通运输主管部门可参照国家应急组织机构组建模式，根据本地区实际情况成立应急组织机构，明确相关职责。

3 预防与预警

3.1 预警机制

各级交通运输主管部门应在日常工作中开展预警预防工作，重点做好对气象、国土等部门的预警信息以及公路交通突发事件相关信息的搜集、接收、整理和风险分析工作，完善预测预警联动机制，建立完善预测预警及出行信息发布系统。针对各种可能对公路交通运行产生影响的情况，按照相关程序转发或者联合发布预警信息，做好预防与应对准备工作，并及时向公众发布出行服务信息和提示信息。

3.2 预警信息收集

预警信息及出行服务信息来源包括：

（1）气象、地震、国土资源、水利、公安、安监等有关部门的监测和灾害预报预警信息以及国家重点或者紧急物资运输通行保障需求信息。

（2）各级交通运输主管部门及相关管理机构有关公路交通中断、阻塞的监测信息。

（3）其他需要交通运输主管部门提供应急保障的紧急事件信息。

信息收集内容包括预计发生事件的类型、出现的时间、地点、规模、可能引发的影响及发展趋势等。

3.3 预警信息发布

部路网中心接到可能引发重大公路交通突发事件的相关信息后，及时核实有关情况，确需发布预警信息的，报请公路局，转发预警信息或与气象部门联合发布重大公路气象预警，提示地方交通运输主管部门做好相应防范和准备工作。省级交通运输主管部门接到预警信息后，应当加强应急监测，及时向部路网中心报送路网运行信息，并研究确定应对方案。

地方各级交通运输主管部门或公路管理机构，可根据所在行政区域有关部门发布的预警信息，及其对公路交通影响情况，转发或联合发布预警信息。预警信息发布程序可结合当地实际确定。

3.4 防御响应

3.4.1 防御响应范围

防御响应是根据预警信息，在突发事件发生前采取的应对措施，是预警预防机制的重要内容。根据实际工作需要，本预案主要规定低温雨雪冰冻、强降水等天气下，部本级的防御响应工作。

3.4.2 防御响应程序

（1）部路网中心接到预计全国将出现大范围低温雨雪冰冻天气、区域性强降水，且对公路交通可能造成严重影响的信息时，及时核实有关情况，报部公路局、应急办。

（2）部公路局商部应急办提出启动防御响应建议。

（3）拟启动Ⅰ级防御响应的，经分管部领导同意，报请部长核准后启动；拟启动Ⅱ级防御响应的，经分管部领导同意后启动。启动防御响应时，同步成立领导小组，并将启动防御响应有关信息按规定报中办信息综合室、国务院总值班室，抄送应急协作部门，通知相关省级交通运输主管部门。有关信息需及时向社会公布。

（4）根据事件发展态势，防御响应可转入应急响应，按照应急响应程序处置。

（5）当预计的天气情况未对公路交通造成影响，或天气预警降低为蓝色（一般）级别或解除时，防御响应自动结束。

3.4.3 防御措施

由部领导组织召开会议，部相关司局负责人参加，立即部署防御响应工作，明确工作重点；指导地方各级交通运输主管部门和应急队伍做好装备、物资、人员等各项准备工作；做好和相关部门信息共享和协调联动工作。

部路网中心立即开展应急监测和预警信息专项报送工作，掌握并报告事态进展情况，根据领导小组要求增加报告频率，形成事件动态报告机制。

4 应急处置

4.1 分级响应

公路交通突发事件应急响应分为部、省、市、县四级部门响应。交通运输部应急响应分Ⅰ级和Ⅱ级，省、市、县级部门应急响应一般可分为Ⅰ级、Ⅱ级、Ⅲ级和Ⅳ级四个等级。

4.1.1 Ⅰ级公路交通突发事件分级响应

发生Ⅰ级公路交通突发事件时，由交通运输部启动并实施Ⅰ级应急响应，相关省、市、县级交通运输主管部门分别启动并实施本级部门Ⅰ级应急响应。

4.1.2 Ⅱ级公路交通突发事件分级响应

发生Ⅱ级公路交通突发事件时，由省级交通运输主管部门启动并实施省级部门应急响应，相关市、县级交通运输主管部门分别启动并实施本级部门应急响应且响应级别不应低于省级部门应急响应级别。

4.1.3 Ⅲ级公路交通突发事件分级响应

发生Ⅲ级公路交通突发事件时，由市级交通运输主管部门启动并实施市级部门应急响应，相关县级交通运输主管部门启动并实施县级部门应急响应且响应级别不应低于市级部门应急响应级别。

4.1.4 Ⅳ级公路交通突发事件分级响应

发生Ⅳ级公路交通突发事件时，由县级交通运输主管部门启动并实施县级部门应急响应。

4.1.5 专项响应

发生Ⅱ、Ⅲ、Ⅳ级公路交通突发事件时，按照国务院部署，或者根据省级交通运输主管部门请求，或者根据对省、市、县级部门应急响应工作的重点跟踪，交通运输部可视情启动Ⅱ级应急响应，指导、支持地方交通运输主管部门开展应急处置工作。

指导、支持措施主要包括：

（1）派出现场工作组或者有关专业技术人员给予指导。

（2）协调事发地周边省份交通运输主管部门、武警交通部队给予支持。

（3）调用国家区域性公路交通应急装备物资储备给予支持。

（4）在资金等方面给予支持。

4.2 响应启动程序

4.2.1 交通运输部应急响应启动程序

（1）部路网中心接到突发事件信息报告后，及时核实有关情况，报部公路局、应急办。

（2）由部公路局商应急办提出启动Ⅰ、Ⅱ级应急响应建议。

（3）拟启动Ⅰ级应急响应的，经分管部领导同意，报请部长核准后启动，同步成立领导小组，各应急工作组、部路网中心等按照职责开展应急工作，并将启动Ⅰ级应急响应有关信息按规定报中办信息综合室、国务院总值班室，抄送应急协作部门，通知相关省级交通运输主管部门。

（4）拟启动Ⅱ级应急响应的，经分管部领导同意后启动，同步成立领导小组，并按照需要成立相应应急工作组。领导小组组成人员报部长核准。

（5）Ⅱ级应急响应启动后，发现事态扩大并符合Ⅰ级应急响应条件的，按照前款规定及时启动Ⅰ级应急响应。

（6）应急响应启动后，应及时向社会公布。

4.2.2 省、市、县级部门应急响应启动程序

省、市、县级交通运输主管部门根据本地区实际情况，制定本级部门应急响应等级、响应措施及启动程序。省级交通运输主管部门启动Ⅲ级及以上公路交通突发事件应急响应的，应报部路网中心。

4.3 信息报告与处理

交通运输部按有关规定向中办信息综合室、国务院总值班室及时报送突发事件信息。

交通运输部和应急协作部门建立部际信息快速通报与联动响应机制，明确各相关部门的应急日常管理机构名称和联络方式，确定不同类别预警与应急信息的通报部门，建立信息快速沟通渠道，规定各类信息的通报与反馈时限，形成较为完善的突发事件信息快速沟通机制。

交通运输部和省级交通运输主管部门建立完善部省公路交通应急信息报送与联动机制，部路网中心汇总上报的公路交通突发事件信息，及时向可能受影响的省（区、市）发布。

交通运输部应急响应启动后，事件所涉及省份的相关机构应将应急处置工作进展情况及时报部路网中心，并按照“零报告”制度，形成定时情况简报，直到应急响应终止。具体报送程序、报送方式按照《交通运输突发事件信息报告和处理办法》《交通运输部公路交通阻断信息报送制度》等相关规定执行。部路网中心应及时将进展信息汇总形成每日公路交通突发事件情况简报，上报领导小组。省、市、县级部门应急响应的信息报送与处理，参照交通运输部应急响应执行。信息报告内容包括事件的类型、发生时间、地点、发生原因、影响范围和程度、发展势态、受损情况、已采取的应急处置措施和成效、联系人及联系方式等。

省级交通运输主管部门制定本地信息报送内容要求与处理流程。

4.4 响应终止

4.4.1 应急响应终止程序

（1）部路网中心根据掌握的事件信息，并向事发地省级交通运输主管部门核实公路交通基本恢复运行或者公路交通突发事件得到控制后，报领导小组。

（2）由抢通保通组商综合协调组提出终止Ⅰ、Ⅱ级应急响应建议和后续处理意见。

（3）拟终止Ⅰ级应急响应的，经领导小组组长同意后终止，或者降低为Ⅱ级应急响应，转入相应等级的应急响应工作程序，同步调整领导小组及下设工作组。

（4）拟终止Ⅱ级应急响应的，经领导小组组长同意后终止。

（5）终止应急响应或降低响应等级的有关信息，按规定报中办信息综合室、国务院总值班室，抄送应急协作部门，通知相关省级交通运输主管部门。

4.4.2 省、市、县级部门应急响应终止程序

省、市、县级交通运输主管部门根据本地区实际情况，制定本级部门应急响应终止程序。

4.5 总结评估

事发地交通运输主管部门应当按照有关要求，及时开展灾后总结评估工作，准确统计公路基础设施损毁情况，客观评估应急处置工作成效，深入总结存在问题和下一步改进措施，并按规定向本级人民政府和上级交通运输主管部门上报总结评估材料。交通运输部应急响应终止后，部公路局及时组织参与单位开展总结评估工作，并报部领导。

5 应急保障

5.1 队伍保障

各级交通运输主管部门按照“统一指挥、分级负责，平急结合、协调运转”的原则建立公路交通突发事件应急队伍。

5.1.1 国家公路交通应急队伍

武警交通部队纳入国家应急救援力量体系，作为国家公路交通应急抢险救援、抢通保通队伍，兵力调动使用按照有关规定执行。

5.1.2 地方公路交通应急队伍

地方交通运输主管部门应当根据路网规模、结构和易发突发事件特点，负责本地应急抢险救援、抢通保通队伍的组建和日常管理。应急队伍可以专兼结合，充分吸收社会力量参与。

5.1.3 社会力量动员与参与

地方交通运输主管部门应根据本地区实际情况和突发事件特点，制定社会动员方案，明确动员的范围、组织程序、决策程序。在公路交通自有应急力量不能满足应急处置需求时，向本级人民政府提出请求，动员社会力量或协调其他专业应急力量参与应急处置工作。

5.2 装备物资保障

5.2.1 公路交通应急装备物资储备原则

建立实物储备与商业储备相结合、生产能力储备与技术储备相结合、政府采购与政府补贴相结合的应急装备物资储备方式，强化应急装备物资储备能力。储备装备物资时，应统筹考虑交通战备物资储备情况。

5.2.2 公路交通应急装备物资储备体系

公路交通应急装备物资储备体系由国家、省、市三级公路交通应急装备物资储备中心（点）构成。

（1）国家区域性公路交通应急装备物资储备中心。按照“统一规划、部省共建、布局合理、规模适当”的原则，建立国家区域性公路交通应急装备物资储备中心，由交通运输部负责总体规划，其所在地省级交通运输主管部门负责建设和管理。交通运输部应当定期对国家区域性公路交通应急装备物资储备中心的整体布局进行后评估，对布点和规模及时调整完善。

（2）省、市级公路交通应急装备物资储备中心（点）。省、市级交通运输主管部门应当根据本地区易发公路交通突发事件的类型特点及分布规律，结合公路抢通和应急运输保障队伍的分布，依托公路管理机构、公路经营企业和公路养护施工企业的各类设施资源，合理布局、统筹规划建设省、市级公路交通应急装备物资储备中心（点）。

5.2.3 应急装备物资管理

公路交通应急装备物资储备中心（点）应当建立完善的各项应急物资管理规章制度，制定采购、储存、更新、调拨、回收各个工作环节的程序和规范，加强装备物资储备过程中的监管，防止储备装备物资被盗用、挪用、流失和失效，对各类物资及时予以补充和更新。

当本级应急装备物资储备在数量、种类及时间、地理条件等受限制的情况下，需要调用上一级应急装备物资储备中心（点）装备物资储备时，由上一级交通运输主管部门下达调用指令；需要调用国家区域性公路交通应急装备物资储备中心装备物资储备时，由交通运输部下达调用指令。

5.3 通信保障

在充分整合现有交通通信信息资源的基础上，加快建立和完善“统一管理、多网联动、快速响应、处理有效”的公路交通应急通信系统，确保公路交通突发事件应对工作的通信畅通。

5.4 技术保障

5.4.1 科技支撑

各级交通运输主管部门应当建立健全公路交通突发事件技术支撑体系，加强突发事件管理技术的开发和储备，重点加强智能化的应急指挥通信、预测预警、辅助决策、特种应急抢险等技术装备的应用，建立突发事件预警、分析、评估、决策支持系统，提高防范和处置公路交通突发事件的决策水平。

5.4.2 应急数据库

建立包括专家咨询、知识储备、应急预案、应急队伍与装备物资资源等数据库。

公路交通应急抢险保通和应急运输保障队伍，以及装备物资的数据资料应当定期更新。

公路数据库、农村公路数据库、交通移动应急通信指挥平台数据库、交通量调查数据库等交通运输各业务数据库应当为公路交通突发事件处置工作提供数据支持。在部启动防御响应或应急响应后，相关数据库维护管理单位应当为应急处置工作提供必要的技术支撑，并安排专职应急值班人员。

5.5 资金保障

公路交通应急保障所需的各项经费，应当按照事权、财权划分原则，分级负担，并按规定程序列入各级交通运输主管部门年度预算。

鼓励自然人、法人或者其他组织按照有关法律法规的规定进行捐赠和援助。

各级交通运输主管部门应当建立有效的监管和评估体系，对公路交通突发事件应急保障资金的使用及效果进行监管和评估。

5.6 应急演练

交通运输部会同有关单位制定部省联合应急演练计划并组织开展实地演练与模拟演练相结合的多形式应急演练活动。

地方交通运输主管部门要结合所辖区域实际，有计划、有重点地组织应急演练。地方公路交通突发事件应急演练至少每年进行一次，突发事件易发地应当经常组织开展应急演练。应急演练结束后，演练组织单位应当及时组织演练评估。鼓励委托第三方进行演练评估。

5.7 应急培训

各级交通运输主管部门应当将应急教育培训纳入日常管理工作，应急保障相关人员至少每 2 年接受一次培训，并依据培训记录，对应急人员实行动态管理。

5.8 责任与奖惩

对公路交通突发事件应对工作中做出突出贡献的先进集体和个人要及时地给予宣传、表彰和奖励。

对迟报、谎报、瞒报和漏报重要信息或者应急管理工作有其他失职、渎职行为的，按照有关规定处理。

6 附 则

6.1 预案管理与更新

出现下列情形之一时，交通运输部将组织修改完善本预案，更新后报国务院：

(1) 预案依据的有关法律、行政法规、规章、标准、上位预案中的有关规定发生变化的；

(2) 公路交通突发事件应急机构及其职责发生重大变化或调整的；

(3) 预案中的其他重要信息发生变化的；

(4) 在突发事件实际应对和应急演练中发现问题需要进行重大调整的；

(5) 预案制定单位认为应当修订的其他情况。

地方公路交通突发事件应急预案于印发后 20 个工作日内报本级人民政府和上级交通运输主管部门备案。公路交通企事业单位突发事件应急预案于印发后 20 个工作日内报所属地交通运输主管部门备案。

6.2 预案监督与检查

上级交通运输主管部门应根据职责，定期组织对下级交通运输主管部门、公路交通企事业单位应急预案编制与执行情况进行监督检查，并予以通报。

监督检查内容主要包括应急预案编制、组织机构及队伍建设、装备物资储备、信息报送与发布、应急培训与演练、应急资金落实、应急评估等情况。

6.3 预案制定与解释

本预案由交通运输部负责制定、组织实施和解释。

6.4 预案实施时间

本预案自印发之日起实施。

7 附　　件

附件：1. 公路交通突发事件等级标准

2. 公路交通地震灾害应急处置操作指南

3. 公路交通泥石流灾害应急处置操作指南

4. 公路交通低温雨雪冰冻灾害应急处置操作指南

附件 1

公路交通突发事件等级标准

等级	突发事件的严重程度及影响范围
Ⅰ级 （特别重大）	有下列情形之一的，为Ⅰ级公路交通突发事件： ●造成高速公路、普通国道交通中断，出现大量车辆积压，并影响到周边省域高速公路、普通国道正常运行，且抢修、处置时间预计在 48 小时以上的。 ●造成国道、省道特大桥梁、特长隧道垮塌，或者造成公路桥梁、隧道、边坡等构造物垮塌并导致 30 人以上死亡或者失踪的。 ●因重要物资缺乏等原因可能严重影响全国或者大片区经济整体运行和人民正常生活，需要紧急安排跨省域公路应急通行保障的。 ●其他需要由交通运输部提供公路交通应急保障的
Ⅱ级 （重大）	有下列情形之一的，为Ⅱ级公路交通突发事件： ●造成国道、省道交通中断，出现大量车辆积压，且抢修、处置时间预计在 24 小时以上的。 ●造成国道、省道大桥、中长隧道发生垮塌，或者造成公路桥梁、隧道、边坡等构造物垮塌并导致 10 人以上 30 人以下死亡或者失踪的。 ●因重要物资缺乏等原因可能严重影响省域内经济整体运行和人民正常生活，需要紧急安排跨市域公路应急通行保障的。 ●其他需要由省级交通运输主管部门提供公路交通应急保障的
Ⅲ级 （较大）	有下列情形之一的，为Ⅲ级公路交通突发事件： ●造成国道、省道交通中断，出现车辆积压，且抢修、处置时间预计在 6 小时以上的。 ●造成县道、乡道交通中断，出现车辆积压，且抢修、处置时间预计在 24 小时以上的。 ●造成国道、省道中桥、短隧道或者县道、乡道中型以上桥梁、隧道发生垮塌，或者造成公路桥梁、隧道、边坡等构造物垮塌并导致 3 人以上 10 人以下死亡或者失踪的。 ●因重要物资缺乏等原因可能严重影响市域内经济整体运行和人民正常生活，需要紧急安排跨县域公路应急通行保障的。 ●其他需要由地方交通运输主管部门提供公路交通应急保障的
Ⅳ级 （一般）	有下列情形之一的，为Ⅳ级公路交通突发事件： ●造成县道、乡道交通中断，出现车辆积压，且抢修、处置时间预计在 12 小时以上的。 ●造成国道、省道、县道、乡道桥梁、隧道发生垮塌，或者造成公路桥梁、隧道、边坡等构造物垮塌并导致 3 人以下死亡或者失踪的。 ●因重要物资缺乏等原因可能严重影响县域内经济整体运行和人民正常生活，需要在县域内紧急安排公路应急通行保障的。 ●其他需要由地方交通运输主管部门提供公路交通应急保障的

注：表中所称以上包括本数，以下不包括本数。公路交通突发事件同时符合表中所列多个分级情形的，按照最高级别认定。

附件 2

公路交通地震灾害应急处置操作指南

1 地震灾害分级

根据《国家地震应急预案》规定，地震灾害分为特别重大、重大、较大和一般四个级别。

（1）特别重大地震灾害是指造成300人以上死亡（含失踪），或者直接经济损失占地震发生地省（区、市）上年国内生产总值1%以上的地震灾害。当人口较密集地区发生7.0级以上地震，人口密集地区发生6.0级以上地震，初判为特别重大地震灾害。

（2）重大地震灾害是指造成50人以上、300人以下死亡（含失踪）或者造成严重经济损失的地震灾害。当人口较密集地区发生6.0级以上、7.0级以下地震，人口密集地区发生，5.0级以上、6.0级以下地震，初判为重大地震灾害。

（3）较大地震灾害是指造成10人以上、50人以下死亡（含失踪）或者造成较重经济损失的地震灾害。当人口较密集地区发生5.0级以上、6.0级以下地震，人口密集地区发生4.0级以上、5.0级以下地震，初判为较大地震灾害。

（4）一般地震灾害是指造成10人以下死亡（含失踪）或者造成一定经济损失的地震灾害。当人口较密集地区发生4.0级以上、5.0级以下地震，初判为一般地震灾害。

2 分级响应

应对特别重大地震灾害，或者应对符合Ⅰ级公路交通突发事件情形的地震灾害时，由交通运输部启动并实施Ⅰ级应急响应，相关省、市、县级交通运输主管部门分别启动并实施本级部门Ⅰ级应急响应。

应对重大地震灾害，或者应对符合Ⅱ级公路交通突发事件情形的地震灾害时，由省级交通运输主管部门启动并实施省级部门应急响应，相关市、县级交通运输主管部门分别启动并实施本级部门应急响应。交通运输部视情启动本级应急响应，指导、支持开展应急处置工作。

应对较大地震灾害，或者应对符合Ⅲ级公路交通突发事件情形的地震灾害时，由市级交通运输主管部门启动并实施市级部门应急响应，相关县级交通运输主管部门启动并实施县级部门应急响应。部、省级交通运输主管部门视情启动本级应急响应，指导、支持开展应急处置工作。

应对一般地震灾害，或者应对符合Ⅳ级公路交通突发事件情形的地震灾害时，由县级交通运输主管部门启动并实施县级部门应急响应。部、省、市级交通运输主管部门视情启动本级应急响应，指导、支持开展应急处置工作。

地震灾害发生在边疆地区、少数民族聚居地区和其他特殊地区，可根据需要适当提高响应级别。

3 指挥与协调

3.1 Ⅰ级公路交通突发事件

（1）领导小组、灾区各级交通运输主管部门启动24小时应急值班，相关责任人立即上岗到位，应急队伍立即集结，应急装备物资就近调集，根据统一安排投入抢通工作。

（2）领导小组组长主持召集成员单位和专家进行会商，并召开紧急专题会议，协调指挥抢通，同时立即派出工作组，组织或指导现场处置工作，并抽调技术专家提供技术支持。与国务院有关部门建立协调机制，按照职责分工，加强协作，共同开展应急处置工作。

（3）省级交通运输主管部门组织灾区各级交通运输主管部门评估灾害对公路设施的破坏、对交通通行、运营及运输组织的影响，并了解掌握救灾需求，汇总后及时向领导小组报告。

（4）根据灾情程度，必要时，领导小组组织协调跨省应急队伍调度和应急装备物资调配，拟定跨省公路绕行方案并组织实施，协调武警交通部队和社会力量参与公路抢通工作。地方交通运输主管部门可根据需要，报请当地政府救灾指挥机构协调驻地部队、武警或其他系统相关单位支援，或向社会公众紧急征用抢通急需的装备物资。

（5）灾害发生后及救灾期间，各级交通运输主管部门应定期逐级上报灾情发展、抢通进展情况，由省级交通运输主管部门汇总后报领导小组。

3.2 Ⅱ、Ⅲ、Ⅳ级公路交通突发事件

发生Ⅱ、Ⅲ、Ⅳ级公路交通突发事件时，省、市、县级交通运输主管部门的指挥与协调可参考应对Ⅰ级公路交通突发事件有关要求制定。

4　应急响应通用措施

灾害发生后，相关交通运输主管部门在本级人民政府的统一领导下，组织公路管理机构、公路经营企业等单位，根据灾害程度，采用相应的应急抢通、应急通行保障等处置措施。

（1）迅速组织人员对灾区公路设施受损情况进行排查，研究制定公路交通抢通工作方案。

（2）迅速调集应急队伍，在本级人民政府领导及上级交通运输主管部门指导、协调下，对受损公路设施进行抢修，尽快恢复交通通行。

（3）坚持抢修与保通并重的原则，根据灾区天气变化和地质灾害情况，提前研判可能造成公路交通中断的影响因素，统筹规划、设置保通点，合理安排人员和机械设备。

（4）组织抢通时，密切关注天气变化和作业环境，加强安全防范，尽可能避免发生抢通人员伤亡事故。在沿线地质破碎的路段，可采取设置“观察哨”、“安全员”等措施，加强对抢通作业现场及驻扎营地的安全管理。

（5）抢通工作按照“先重点后一般、先干线后支线、先抢通后修复”原则，优先抢通灾民疏散、救灾物资、救灾人员运输的通行路线，重点确保高速公路、国道和主要省道干线及灾区进出口的交通通畅。

（6）实时评估灾区应急救援力量配备，及时补充人员、物资，确保抢通工作顺利开展。充分调动受灾沿线乡镇政府、村民群众等社会力量参与，必要时协调武警交通部队参与抢通工作。

（7）采取引导措施，优先保障运输抢险救灾队伍、转移疏散人员、抢险救灾物资的车辆通行，必要时对经批准执行抢险救灾任务的车辆，按照国家有关规定做好通行保障工作。组织或者协调沿线收费站、服务区等做好相关服务保障工作。

（8）配合公安部门对进出灾区的车辆、人员进行管制、疏导，充分发挥路网协同作用，对影响灾区抢险救灾工作的社会车辆，科学制定远程绕行方案并组织实施，及时发布通行信息。

（9）组织抢通时，依照相关技术规范，对灾区公路桥梁、隧道等公路设施重点部位、薄弱环节或隐患易发路段开展一次全面检查，摸清运行或技术状况，排查病害或隐患，并采取相应措施，尽可能减少出现危及通行安全和人员生命的险情。

（10）对已中断交通或危及通行安全的公路、桥梁、隧道等设施，设立警示标志，并配合公安部门采取限载、限速、封闭通行等措施。对严重受损的公路、桥梁、隧道等设施，安排专人看守。

（11）根据灾区公路设施技术状况，对进出灾区的运输车辆，提出车货总重限制要求，保障桥梁运行安全。

（12）组织对受损公路设施进行统计分析和评估，科学确定重建方案并推进实施。

附件 3

公路交通泥石流灾害应急处置操作指南

1. 泥石流灾害分级

根据《国家突发地质灾害应急预案》规定，泥石流灾害分为特大型、大型、中型和小型四个级别。

（1）特大型泥石流灾害是指受灾害威胁，需搬迁转移人数在 1000 人以上或潜在可能造成的经济损失 1 亿元以上的灾害险情；因灾死亡 30 人以上或因灾造成直接经济损失 1000 万元以上的灾害灾情。

（2）大型泥石流灾害是指受灾害威胁，需搬迁转移人数在 500 人以上、1000 人以下，或潜在经济损失 5000 万元以上、1 亿元以下的灾害险情；因灾死亡 10 人以上、30 人以下，或因灾造成直接经济损失 500 万元以上、1000 万元以下的灾害灾情。

（3）中型泥石流灾害是指受灾害威胁，需搬迁转移人数在 100 人以上、500 人以下，或潜在经济损失 500 万元以上、5000 万元以下的灾害险情；因灾死亡 3 人以上、10 人以下，或因灾造成直接经济损失 100 万元以上、500 万元以下的灾害灾情。

（4）小型泥石流灾害是指受灾害威胁，需搬迁转移人数在 100 人以下，或潜在经济损失 500 万元以下的灾害险情；因灾死亡 3 人以下，或因灾造成直接经济损失 100 万元以下的灾害灾情。

2. 防御响应通用措施

防御响应启动后，相关交通运输主管部门在本级人民政府的统一领导下，组织公路管理机构、公路经营企业等单位，采取相应的防御措施，避免或尽可能减少泥石流等地质灾害对公路交通的影响。

（1）进行全面的水毁隐患调查，对桥涵、边沟进行全面清理，加强路面的纵横向排水，保障排水系统畅通。

（2）加强对灾害易发路段的巡查力度，及时排查隐患。

（3）加强与当地气象、国土等部门联系，及时掌握雨情及发展趋势。

（4）对划定的灾害危险区，加强危桥、险路的监测，设立必要的安全警示标志，根据需要确定绕行路线。

3. 分级响应

应对符合Ⅰ级公路交通突发事件情形的泥石流灾害时，由交通运输部启动并实施Ⅰ级应急响应，相关省、市、县级交通运输主管部门分别启动并实施本级部门Ⅰ级应急响应。

应对符合Ⅱ级公路交通突发事件情形的泥石流灾害，或者发生特大型、大型泥石流灾害，但其对公路交通影响尚不明确时，由省级交通运输主管部门启动并实施省级部门应急响应，相关市、县级交通运输主管部门分别启动并实施本级部门应急响应。交通运输部视情启动本级应急响应，指导、支持开展应急处置工作。

应对中型泥石流灾害，或者应对符合Ⅲ级公路交通突发事件情形的泥石流灾害时，由市级交通运输主管部门启动并实施市级部门应急响应，相关县级交通运输主管部门启动并实施县级部门应急响应。部、省级交通运输主管部门视情启动本级应急响应，指导、支持开展应急处置工作。

应对小型泥石流灾害，或者应对符合Ⅳ级公路交通突发事件情形的泥石流灾害时，由县级交通运输主管部门启动并实施县级部门应急响应。部、省、市级交通运输主管部门视情启动本级部门应急响应，指导、支持开展应急处置工作。

4. 指挥与协调

参照《公路交通地震灾害应急处置操作指南》有关指挥与协调的规定。

5. 应急响应通用措施

参照《公路交通地震灾害应急处置操作指南》有关应急响应通用措施的规定。

山体崩塌、滑坡等地质灾害的公路交通应急处置可参照本指南。

附件 4

公路交通低温雨雪冰冻灾害应急处置操作指南

1. 低温雨雪冰冻灾害预警分级

根据《国家气象灾害应急预案》规定，低温雨雪冰冻灾害主要包括暴雪、冰冻、低温、寒潮等气象灾害事件。气象部门根据对各类气象灾害的发展态势，综合评估分析确定预警级别。预警级别分为Ⅰ级（特别重大）、Ⅱ级（重大）、Ⅲ级（较大）、Ⅳ级（一般），分别用红、橙、黄、蓝四种颜色标示，Ⅰ级为最高级别。公路交通低温雨雪冰冻灾害预警信息由交通运输主管部门会同气象部门按照有关规定联合发布。

2. 防御响应通用措施

防御响应启动后，相关交通运输主管部门在本级人民政府的统一领导下，组织公路管理机构、公路经营企业等单位，采取相应的防御措施，避免或尽可能减少低温雨雪冰冻灾害对公路交通的影响。

（1）针对低温雨雪冰冻天气特点，结合本地区实际情况，加强与气象、公安等部门的沟通协调，密切关注天气变化趋势。

（2）加强预报、预警、预防工作，科学合理利用传统方法和现代化手段，多渠道及时发布公路路网运行信息，会同气象部门联合发布公路交通气象预报信息。

（3）准备好应急装备物资，必要时摆放到桥梁、坡道等重要节点。

（4）通过广播、互联网、电子显示屏，及时发布恶劣天气信息和公路路网运行信息，提示、引导社会公众合理选择出行方式。

3. 分级响应

应对符合Ⅰ级公路交通突发事件情形的低温雨雪冰冻灾害时，由交通运输部启动并实施Ⅰ级应急响应，相关省、市、县级交通运输主管部门分别启动并实施本级Ⅰ级应急响应。

应对符合Ⅱ级公路交通突发事件情形的低温雨雪冰冻灾害时，由省级交通运输主管部门启动并实施省级部门应急响应，相关市、县级交通运输主管部门分别启动并实施本级部门应急响应。交通运输部视情启动本级应急响应，指导、支持开展应急处置工作。

应对符合Ⅲ级公路交通突发事件情形的低温雨雪冰冻灾害时，由市级交通运输主管部门启动并实施市级部门应急响应，相关县级交通运输主管部门启动并实施县级部门应急响应。部、省级交通运输主管部门视情启动本级应急响应，指导、支持开展应急处置工作。

应对符合Ⅳ级公路交通突发事件情形的低温雨雪冰冻灾害时，由县级交通运输主管部门启动并实施县级部门应急响应。部、省、市级交通运输主管部门视情启动本级应急响应，指导、支持开展应急处置工作。

4. 指挥与协调

参照《公路交通地震灾害应急处置操作指南》有关指挥与协调的规定。

5. 应急响应通用措施

低温雨雪冰冻灾害发生后，相关交通运输主管部门在本级人民政府的统一领导下，组织公路管理机构、公路经营企业等单位，根据灾情程度，采用相应的应急抢修保通、应急通行保障等处置措施。

（1）加强与公安部门的沟通协作，采取警车带道、间断放行、车辆分流等措施，保障高速公路和国省道畅通。

（2）配合公安部门做好交通管制、交通事故现场快速勘查处理工作，尽量避免或减轻公路阻塞。

（3）组织力量及时清除路面积雪、碎冰，对可能或已经结冰的路段，特别是桥梁、坡道、弯道，及时采取撒盐、撒沙等融雪措施。

（4）加强桥梁、坡道、弯道等重要节点的巡查，及时与公安等部门互通信息，发布公路路网运行信息。

（5）组织力量对高速公路故障或者事故车辆实施救援，协助公安部门维持交通秩序。

（6）对于难以在短期内铲除冰冻的公路，报请当地政府救灾指挥机构协调政府部门工作人员、驻地部队、武警部队等社会力量进行除冰。

（7）对受损公路设施的抢修措施可参考《公路交通地震灾害应急处置操作指南》。

282. 交通运输部办公厅关于印发《公路交通阻断信息报送制度》的通知

（交办公路〔2018〕16号）

各省、自治区、直辖市、新疆生产建设兵团交通运输厅（局、委）：

根据《交通运输部关于印发〈交通运输综合应急预案〉等7项突发事件应急预案的通知》（交应急发〔2017〕135号）要求，《公路交通突发事件应急预案》（2017年版）已修订实施。为进一步规范公路交通阻断信息报送工作，加强路网运行监测与管理，提高公路交通应急保障和公共服务能力，部修订了《公路交通阻断信息报送制度》，现印发给你们，自2018年2月1日起施行。原《交通运输部公路交通阻断信息报送制度》（交公路发〔2011〕183号）同时废止。执行过程中发现的问题或建议，请及时报部。

为配合该制度的实施，部对原路况信息管理系统进行了升级，将适时组织开展培训工作。具体工作由交通运输部路网监测与应急处置中心实施，相关事宜另行通知。

联系人：交通运输部公路局　刘淞男，电话：010-65292777，传真：010-65292781；交通运输部路网监测与应急处置中心　郑宗杰，电话：010-65293705，传真：010-65292992。

公路交通阻断信息报送制度

第一章　总　　则

第一条　为规范公路交通阻断信息报送工作，加强公路网运行监测与管理，提高公路交通公共服务和应急保障能力，依据《中华人民共和国公路法》《中华人民共和国突发事件应对法》《收费公路管理条例》《公路安全保护条例》《交通运输综合应急预案》《公路交通突发事件应急预案》等有关规定，制定本制度。

第二条　本制度适用于各级地方交通运输主管部门和公路管理机构、收费公路经营管理单位报送高速公路和普通国省干线公路交通阻断信息。农村公路交通阻断信息参照执行。

第三条　本制度所称公路交通阻断包括公路交通阻塞和公路交通中断两种状态：

（一）公路交通阻塞是指因某种原因导致公路网运行受到影响但未达到交通中断的状态；行驶公路的车辆因某种原因处于低速行驶状态。

（二）公路交通中断是指因某种原因导致公路无法通行或被迫封闭的状态；行驶公路的车辆因某种原因处于滞留状态。

公路交通阻塞和公路交通中断分类详细内容见附件1。

第四条　本制度所称公路交通阻断信息分为计划类阻断信息与突发类阻断信息，其中计划类阻断信息分为计划类阻塞信息与计划类中断信息，突发类阻断信息分为突发类阻塞信息与突发类中断信息：

（一）计划类阻断信息。

计划类阻塞信息是指由于公路养护施工、改扩建施工、重大社会活动等计划性事件，导致高速公路（含收费站、服务区）和普通国省干线公路处于公路交通阻塞状态的事件信息。

计划类中断信息是指由于公路养护施工、改扩建施工、重大社会活动等计划性事件，导致高速公路（含收费站、服务区）和普通国省干线公路处于公路交通中断状态的事件信息。

（二）突发类阻断信息。

突发类阻塞信息是指由于自然灾害（包括地质灾害、地震灾害、气象灾害等）、事故灾难（交通事故、危化品泄漏、车辆故障、涉桥事故、涉隧事故等）、社会安全事件、临时性抢修施工以及其他原因引发的突发性事件，导致高速公路（含收费站、服务区）和普通国省干线公路处于公路交通阻塞状态的事件信息。

突发类中断信息是指由于自然灾害（包括地质灾害、地震灾害、气象灾害等）、事故灾难（交通事故、危化品泄漏、车辆故障、涉桥事故、涉隧事故等）、社会安全事件、临时性抢修施工以及其他原因引发的突发性事件，导致高速公路（含收费站）和普通国省干线公路处于公路交通中断状态的事件信息，或在公路网范围内发生严重影响路网运行与公众出行的突发类阻塞信息。

（三）突发类阻断信息内容包含但不限于前款规定的信息。

（四）突发类阻塞信息和突发类中断信息根据事件发展和恢复，信息类型可以转换。

第五条　公路交通阻断信息报送应当做到信息准确全面、内容及时更新。地方各级交通运输主管部门应按照工作职责，组织区域内公路管理机构、收费公路经营管理单位加强日常公路巡查、基础设施检查，及时发现公路交通阻断事件，上报公路交通阻断信息。

第二章　工作职责

第六条　交通运输部公路局负责全国公路交通阻断信息报送工作的归口管理与监督考核。

第七条　交通运输部路网监测与应急处置中心（以下简称“部路网中心”）受部委托，承办全国公路交通阻断信息收集、汇总、发布的组织实施等工作。

第八条 各省级交通运输主管部门负责本行政区域内公路交通阻断信息报送工作的归口管理和监督管理，明确承担路网运行管理职能的机构或部门为省级公路交通阻断信息牵头负责单位（部门）。牵头负责单位（部门）承办本行政区域内公路交通阻断信息的采集、汇总、审核、报送及发布等具体实施工作。

第九条 地方各级公路管理机构、收费公路经营管理单位具体负责所管辖路段的公路交通阻断信息采集、填报与审核工作。

第三章 信息采集与报送

第十条 公路交通阻断信息采集主要包括基本情况、阻断原因、处置措施、恢复时间等内容。

（一）基本情况，包括路线名称、路线编号、阻断位置（起讫桩号、阻断方向）、路况类型、发生（发现）时间、预计恢复时间、现场情况、管养单位、行政区域及影响邻省情况等，其中现场情况应尽可能包括人员伤亡及车辆损失情况、滞留人员和车辆情况、拥堵距离和时间、现场通行状况、路产损失（或路产数量）等；涉及桥梁、隧道的事件应提供桥梁、隧道基本信息；报送基本情况应尽可能报送反映现场情况的图片或视频信息。

（二）阻断原因，包括计划性的公路以及桥隧养护施工、改扩建施工、重大活动或突发性的地质灾害、地震灾害、气象灾害、事故灾害以及其他突发性事件等。

（三）处置措施，包括交通管制措施、抢通方案、疏导方案、绕行方案、抢通力量、抢通投入、信息发布、联系人与联系方式等；处置措施应尽可能翔实，具备条件的，应包含详细的图表资料。

（四）恢复时间，包括应急处置结束时间，公路交通阻断事件解除的实际恢复时间。

第十一条 公路交通阻断信息采集应符合《公路交通阻断信息表》（见附件 2）的要求。

第十二条 公路交通阻断信息应当按下列程序报送：

地方各级公路管理机构、收费公路经营管理单位对填报内容的真实性与准确性进行审核后，根据阻断信息不同类别进行处置与上报。

（一）计划类阻断信息、突发类阻塞信息由填报单位自行填报、审核后，统一逐级上报。

（二）突发类中断信息由填报单位自行填报、审核后，同时上报至省级公路交通阻断信息牵头负责单位（部门）和部路网中心；省级公路交通阻断信息牵头负责单位（部门）经审核确认后，再次上报至部路网中心。

（三）突发类中断信息转为突发类阻塞信息或突发类阻塞信息转为突发类中断信息，按转换后信息类型进行处置与上报。

第十三条 公路交通阻断信息应当按下列要求报送：

（一）计划类阻断信息。

根据《公路养护工程管理办法》规定，在发生 3 日前，按照“谁管养、谁负责”“审批后即发布”的原则，应及时上报。施工起止时间、影响范围、处置措施等信息发生变更的，应及时上报。涉及重大节假日、重大活动及前后范围内的计划类阻断信息上报时应附具体工作方案。

（二）突发类阻塞信息。

引发高速公路（含收费站、服务区）处于阻塞状态拥堵超过 2 公里、主线收费站排队长度超过 500 米且持续时间较长的突发类阻塞信息，应及时上报并附具体处置措施，最晚不迟于事件发现后 30 分钟内完成上报；引发普通国省干线公路处于阻塞状态拥堵超过 5 公里、主线收费站排队长度超过 1 公里且持续时间较长的突发类阻塞信息，应及时上报并附具体处置措施，最晚不迟于事件发现后 1 小时内完成上报。

引发高速公路（含收费站、服务区）处于阻塞状态拥堵未超过 2 公里但对路网运行造成较大影响的突发类阻塞信息，应及时上报，最晚不迟于事件发现后 30 分钟内完成上报；引发普通国省干线公路处于阻塞状态拥堵未超过 5 公里但对路网运行造成较大影响的突发类阻塞信息，应及时上报，最晚不迟于事件发现后 1 小时内完成上报。

（三）突发类中断信息。

引发高速公路（含收费站）处于中断状态或严重阻塞状态的突发类中断信息，应及时上报并附具体处置措施，最晚不迟于事件发现后30分钟内完成上报；引发普通国省干线公路处于中断状态或严重阻塞状态的突发类中断信息，应及时上报并附具体处置措施，最晚不迟于事件发现后1小时内完成上报。

（四）因抢修作业、临时性施工养护等需要临时实施交通管制或封闭的，应及时上报，最晚不迟于实施交通管制或封闭30分钟内完成上报。

（五）公路交通恢复信息应在交通恢复正常运行30分钟内完成上报。

（六）事件现场不具备网络条件的，应当通过其他方式将事件发生的时间、地点、概况等主要信息上报，并及时补报。因其他原因未能及时上报的，应及时补报。

（七）公路交通阻断信息因信息掌握不全面或无法及时获取全部信息，可在规定时限内将事件发生时间、地点、概况等主要信息先行上报，并及时更新。

（八）公路交通阻断信息在某路段内间断式发生或恢复、或事件基本情况发生变化（影响范围、里程桩号、路产损失等调整）、或阻断原因发生变化（引发原因、事件类型发生变更等）、或处置措施发生变化（管制措施和疏导方案等更改）以及恢复情况变化（抢通便道、部分恢复通行、全部恢复通行等），应按照时序逐段逐次报送并最终报送恢复信息。

（九）各级交通运输管理部门在接报公路交通阻断信息后应及时研判，制定处置措施，开展应急处置工作。涉及邻省的公路交通阻断信息，要及时进行省际协调；必要时，报部路网中心开展部省协调。

第十四条 部路网中心和各省级公路交通阻断信息牵头负责单位（部门）要加强公路交通阻断信息监测、采集、整理、报送工作的规范化建设，健全公路交通阻断信息的质量审核制度，以确保信息处理快速、准确、高效。

第十五条 部路网中心和各省级公路交通阻断信息牵头负责单位（部门）应加强公路交通阻断信息日常数据的分析研判，提高预报预警能力。应根据信息公开有关规定，及时向社会发布。

第十六条 公路交通阻断信息报送和审核工作应通过移动终端或计算机方式实现，鼓励各地依托移动终端方式开展报送和审核工作。

第十七条 公路交通阻断信息采集与报送应与公路交通各部门相关业务相融合，汇总路政、路产、养护、收费等相关业务信息；加强交通运输行业内不同部门间信息融合。

充分利用云计算、大数据、物联网、移动互联网等技术，以及社会化力量和市场化手段加强公路交通阻断信息采集；积极获取电视、广播、报刊等新闻媒体报道的相关信息和互联网信息作为公路交通阻断信息采集的重要补充。

第十八条 各级交通运输主管部门和公路管理机构应加强与国防、公安、民政、国土、水利、旅游、地震、气象等部门的沟通与协作，建立合作与联动机制，逐步实现公路交通阻断信息与下列信息的对接：

（一）公安交通管理部门的交通事故、道路管制等信息；

（二）气象、地震、国土、水利等部门灾害预警预报信息；

（三）各级政府应急管理机构或公安机关发布的突发事件应急处置信息；

（四）其他可能影响公路网正常运行的相关信息。

第四章　信息管理系统使用和管理

第十九条 公路交通阻断信息采集与报送应依托“交通运输部路况信息管理系统”实现，鼓励通过系统对接方式完成报送工作。

第二十条 部公路局负责“交通运输部路况信息管理系统”监督管理。部路网中心负责“交通运输部路况信息管理系统”使用和运维，统一分配系统省级用户名、初始密码和使用权限。省级公路交通阻断信息牵头负责单位（部门）经授权后，统一分配系统省内用户名、初始密码和使用权限。“交通运输部路况信息管理系统”维护期间，按照部路网中心要求，通过其他方式上报信息。

第二十一条 省级公路交通阻断信息牵头负责单位（部门）负责填写省内公路交通阻断信息报送与审核具体单位和负责人等相关信息，并负责校核信息的一致性与对应关系。负责报送或审核公路交通阻断信息的单位和负责人有新增或调整的，及时调整用户名、初始密码和使用权限，并在3个工作日内，由省级公路交通阻断信息牵头负责单位（部门）报部路网中心。

第二十二条 “交通运输部路况信息管理系统”中有关公路基础数据由部公路局统一组织更新，与全国公路数据库相对应，各省级交通运输主管部门负责组织更新辖区内公路基础数据。

第二十三条 “交通运输部路况信息管理系统”具备部省两级报送信息统计分析功能，定期对各地阻断信息报送和审核工作进行智能化自动评价，以填报人所填报事件的“发现（发生）时间”、“实际恢复通车（事件结束）时间”以及相应数据录入数据库完毕时间作为评价指标，自动判断阻断信息报送和审核时间与规定时限的符合性，评价工作实效。

第二十四条 部路网中心及各省级公路交通阻断信息牵头负责单位（部门）负责汇总和分析研判各地上报的公路交通阻断信息，通过“交通运输部路况信息管理系统”及时向可能受影响的相邻省级公路交通阻断信息牵头负责单位（部门）通报有关信息。

第二十五条 部路网中心及各省级公路交通阻断信息牵头负责单位（部门）通过“中国公路信息服务网”或省级公路出行信息服务平台向社会公众发布路况信息，所发布的信息应按照“谁发布、谁审核”的原则，先审核，后发布。

第五章 监督考核

第二十六条 地方各级公路管理机构、收费公路经营管理单位应加强公路交通阻断信息采集与报送工作的管理，建立健全考核评价机制，不断提升公路交通阻断信息报送工作水平。

第二十七条 各省级交通运输主管部门应严格对信息报送准确性和时效性进行监督管理，建立公路交通阻断信息报送工作责任制度，明确数据采集与信息报送责任分工，加强专业队伍建设，健全考评与通报机制，并将报送信息的数量和质量纳入对责任单位和责任人工作考核内容。

第二十八条 交通运输部负责组织对各省级交通运输主管部门落实本制度的情况进行检查督导，按季度对各地信息报送的准确性和时效性等进行通报，对信息收集、分析、发布等工作成绩突出的单位和个人予以通报表扬；对报送虚假信息或瞒报行为造成不良社会影响或严重后果的单位和人员予以通报批评，情节严重的，依据有关法律法规追究其责任。同时，将各省级公路交通阻断信息报送情况纳入“公路灾损抢修保通专项补助资金”补助依据和干线公路养护管理检查工作。

第二十九条 各级交通运输主管部门应定期组织开展行业培训，提升公路交通阻断信息报送工作水平。

第六章 附　　则

第三十条 各省级交通运输主管部门应根据本制度，制定本省（区、市）公路交通阻断信息报送的实施细则，并报部公路局备案。

第三十一条 本制度由交通运输部公路局负责解释。

第三十二条 本制度自2018年2月1日起施行。原《交通运输部公路交通阻断信息报送制度》（交公路发〔2011〕183号）同时废止。

附件：1. 公路交通阻断分类表
　　　2. 公路交通阻断信息表（略）

附件 1

公路交通阻断分类表

<table>
<tr><th>类别</th><th colspan="2">状态和采取措施</th><th>判　定</th></tr>
<tr><td rowspan="5">路</td><td colspan="2">双向封闭</td><td>中断</td></tr>
<tr><td rowspan="2">半幅封闭</td><td>某方向车辆无法通行</td><td>中断</td></tr>
<tr><td>某方向车辆可以通行，包括半幅双向通行，半幅双向交替通行等</td><td>阻塞</td></tr>
<tr><td colspan="2">半幅部分车道封闭</td><td>阻塞</td></tr>
<tr><td colspan="2">主线（枢纽互通）分流</td><td>阻塞</td></tr>
<tr><td rowspan="11">服务设施</td><td rowspan="4">主线收费站</td><td>全部封闭</td><td>中断</td></tr>
<tr><td>部分车道封闭</td><td>阻塞</td></tr>
<tr><td>间断放行</td><td>阻塞</td></tr>
<tr><td>限车型放行</td><td>阻塞</td></tr>
<tr><td rowspan="5">匝道收费站</td><td>一个路段或管理单位全部匝道收费站封闭</td><td>中断</td></tr>
<tr><td>连续多个匝道收费站封闭</td><td>阻塞</td></tr>
<tr><td>封闭</td><td>阻塞</td></tr>
<tr><td>间断放行</td><td>阻塞</td></tr>
<tr><td>限车型放行</td><td>阻塞</td></tr>
<tr><td rowspan="2">服务区</td><td>封闭</td><td>阻塞</td></tr>
<tr><td>达到接待容量限制</td><td>阻塞</td></tr>
<tr><td rowspan="4">车</td><td colspan="2">车辆停驶滞留</td><td>中断</td></tr>
<tr><td colspan="2">车辆低速行驶（拥堵）</td><td>阻塞</td></tr>
<tr><td colspan="2">公路、收费站对车辆间断放行</td><td>阻塞</td></tr>
<tr><td colspan="2">公路、收费站对车辆限车型放行</td><td>阻塞</td></tr>
</table>

备注：公路交通阻塞是包括但不限于上述公路网运行受到影响但未达到交通中断的状态。

283. 交通运输部办公厅关于印发《全国高速公路视频联网监测工作实施方案》和《全国高速公路视频云联网技术要求》的通知

（交办公路函〔2019〕1659号）

各省、自治区、直辖市、新疆生产建设兵团交通运输厅（局、委）：

为加快推进“可视、可测、可控、可服务”的高速公路运行监测体系建设，不断提升服务能力和监管水平，更好地满足人民群众高品质出行需求，经交通运输部同意，现将《全国高速公路视频联网监测工作实施方案》和《全国高速公路视频云联网技术要求》印发给你们，请结合工作实际，认真组织实施。

联系人：部路网中心　董雷宏，电话：010-65299176，传真：010-65292992，电子邮箱：lwgl@vip.163.com；王虎，电话：010-65299152。部公路局　乔正，电话：010-65292772。

附件：1. 全国高速公路视频联网监测工作实施方案

2. 全国高速公路视频云联网技术要求

附件1

全国高速公路视频联网监测工作实施方案

近年来，各地交通运输主管部门积极推进高速公路运行监测体系建设，高速公路可视化管理功能持续完善，服务水平不断提高。但由于各地在视频设施建设时间、联网范围、系统功能等方面差异较大，尚未实现视频监测全联网、全覆盖与智能化，难以满足路网高效运行、及时处置突发事件和提供优质出行服务的需要。根据《交通强国建设纲要》关于"强化交通基础设施养护，加强基础设施运行监测检测"的要求，为全面建设"可视、可测、可控、可服务"的高速公路运行监测体系，更好地满足人民群众出行需求，部决定开展全国高速公路视频联网监测工作，特制定本方案。

一、总体要求

（一）指导思想。以习近平新时代中国特色社会主义思想为指导，全面贯彻落实党的十九大和十九届二中、三中、四中全会精神，坚持以人民为中心的发展理念，充分利用新一代云计算和人工智能技术，建设科学先进、高效统一的视频云联网监测体系，提升高速公路信息化、智能化水平，提高出行服务保障能力，切实增强人民群众的获得感、幸福感和安全感。

（二）工作目标。到2020年底，基本建立全国高速公路视频联网监测管理机制和制度标准体系，建设部级视频云平台并全国联网运行，推动省级视频云平台建设并发挥路网协同调度功能，基本实现全国高速公路视频监测设施全网联通和视频资源实时在线共享。到2021年6月，初步建成高速公路视频云联网智慧监测与管控体系，高速公路运行管理能力与信息化、智能化水平明显提升，为实现交通强国战略、更好地满足人民群众出行需求提供有力支撑。

（三）主要任务。

1. 部省联网。建设部级视频云平台，鼓励各地建设省级视频云平台，接入高速公路全部视频监测设施并实现部省联网，共享视频资源，打造全国高速公路"一张网"运行监测体系。

2. 应用升级。统筹推进视频联网监测制度及标准制定、视频客户端整改升级、视频云平台建设、部省视频联网、视频监测智能化研发等工作，确保应用效果。

3. 智慧监测。利用先进技术手段，发挥云平台在路网运行视频监测中"海量融合、自动识别、应急分析、智能管控"的功能，有效支撑路网状态感知与应急处置等工作。

4. 提质增效。积极推进高速公路视频监测设施升级与加密工作，提高视频监测设施的覆盖率和数字化、高清化、智能化水平，有效提升高速公路运行效率和服务效能。

二、实施步骤

（一）排查整改现有设施。（2020年1月底完成）

1. 排查视频设施。全面排查高速公路沿线视频监测设施技术参数、功能性能、运维状态以及应急通信车、巡查车、单兵装备、无人机（以下统称移动视频）等基本情况，建立清单，及时维修故障设备，更换不合格及老旧设备，提高设备完好率和在线率。

2. 整改现有视频监测客户端。按照《交通运输部办公厅关于做好部省视频监测系统（客户端）整改升级工作的通知》（交办公路函〔2019〕676号）要求，做好视频客户端整改升级工作，确保视频客户端长期稳定运行。

3. 畅通传输网络。对高速公路通信光纤网和部省互联网传输系统进行排查，优化网络支撑条件，提升视频传输质量，保障网络安全运行。

（二）建设云平台及示范联网。（2020年6月底完成）

1. 建设部级视频云平台及联网示范。研发"公路网运行监测管理与服务平台"，完成部级视频云平台软硬件建设，基本实现全国高速公路视频资源接入及实时在线调取功能，支撑部省、省际间视频交换共享及智能化应用。推动国家高速公路7条放射线（G1—G7）中具备联网条件的视频资源与部级平台实现联网共享。（2020年1月底完成）

2. 推进省级云平台建设及联网。推动北京、辽宁、江苏、河南、湖南、广东、重庆、贵州、陕西等省份率先开展视频云平台建设并与部级平台联网。(2020 年 6 月底完成)

(三) 部省全面联网及设施升级。(2020 年 12 月底完成)

1. 全面推进视频联网。高速公路沿线视频系统(包括桥隧、服务区、收费广场、超限检测站点、ETC 门架以及移动视频等)实现上云接入,并保障高效可靠传输。积极引入行业外视频资源,有条件的地区可共享公安交管部门视频卡口系统、“雪亮工程”系统相关视频资源。建有省级视频云平台的,汇聚辖区全部视频资源后与部级平台实现联网共享。

2. 提高视频监测设施覆盖率。对存在交通安全风险、事故高发区、灾害集中区、易拥堵路段等重点监测点位的视频设施进行加密,实现监测全覆盖。新建、扩建高速公路的视频监测设施按每 2 公里 1 对的标准一次性建设并联网运行。加快公路移动视频监测体系建设,完善普通公路视频监测设施。增设视频监测设施时应采用符合要求的视频终端设备。

3. 加快视频监测设施升级。提升视频监测设施数字化、高清化水平,新增设视频监测设施鼓励采用具备智能化分析功能的设备与系统,逐步改造现有老旧设施,支撑视频云联网监测智慧管控体系建设。

(四) 实现智慧监测。(2021 年 6 月底完成)

开展视频智能分析研究工作。深入研究人工智能等先进技术在视频联网监测领域应用,利用视频监测大数据支撑路网状态感知、事件识别与应急响应等工作,开展视频智能化拓展应用服务,初步建成视频云联网智慧监测与管控体系。

三、工作要求

(一) 加强组织领导。推进全国高速公路视频联网监测工作是充分运用先进科技手段实现路网智慧监测、高效运行,为广大出行者提供科学、全面、精准服务的重要载体,是实现交通强国战略的有效支撑和建设人民满意交通的具体行动。各省级交通运输主管部门要高度重视,成立由厅领导担任组长、相关部门参与的高速公路视频联网工作组,明确责任分工,细化工作方案,加强督促指导,统筹推进部省视频联网各项工作。

(二) 加强资金保障。要统筹解决视频监测设施建设、通信传输、系统改造、平台联网、运维保障等费用,新建、扩建高速公路应将视频监测设施纳入项目概算。积极引入社会资金和资源,探索视频监测设施建设与网络传输的市场化机制,通过政企合作,拓展视频监测规模、平台联网功能与运维保障服务,形成机制灵活、协调互补的视频联网发展局面。

(三) 加强安全保障。部路网中心和各省级交通运输主管部门要采取必要措施保障视频监测设施、云平台及传输网络安全、稳定运行,视频数据应完整、保密、可用,相关系统平台应进行等保定级、测评与备案,确保全国高速公路视频联网监测工作安全可靠。部路网中心应完善部省信息交流共享平台,根据各地需求,积极做好技术服务和支撑工作,确保视频联网监测工作高质量、高标准完成。

(四) 加强信息报送。各省级交通运输主管部门要建立工作信息报送制度,及时报送具体实施方案、进展情况等重要信息。各地视频联网及终端升级工作方案、计划安排、责任人和联系方式请于 2019 年 11 月 30 日前报部公路局和路网中心。部将定期对各地开展情况进行分析,并结合“十三五”全国干线公路养护管理检查工作进行检查评估。

全国高速公路视频联网监测技术路线示意图

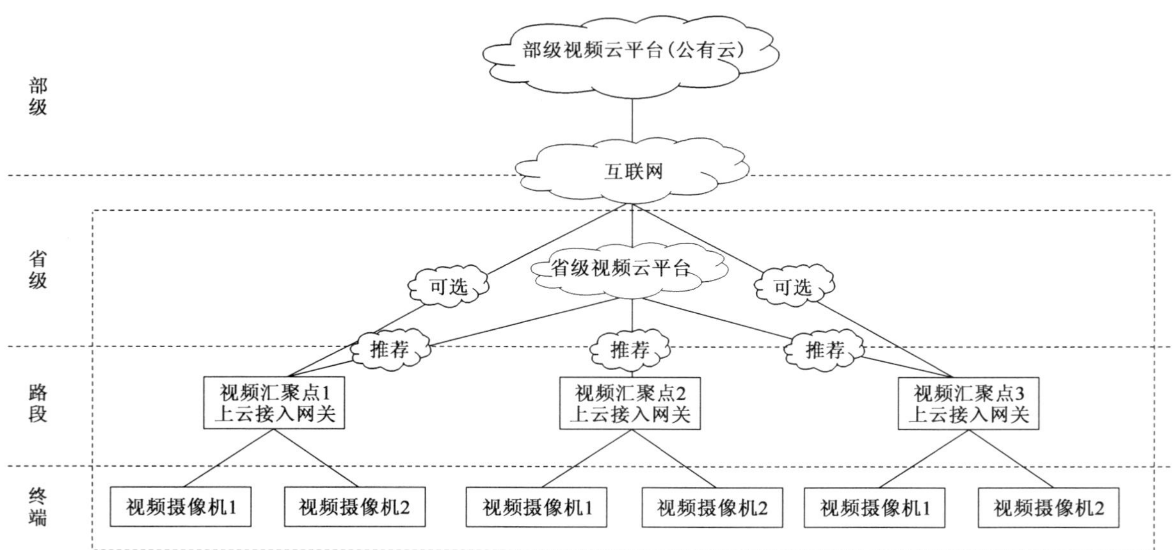

附件 2

全国高速公路视频云联网技术要求

1 适用说明

本技术要求适用于全国高速公路部省间基于云服务的视频联网监测和共享。

2 规范性引用文件

下列文件中的条款通过引用而成为本技术要求的条款。凡是注日期的引用文件，仅注日期的版本适用于本技术要求。凡是不注日期的引用文件，其最新版本（包括所有的修改单）适用于本技术要求。

GB/T 22239—2019 信息安全技术　网络安全等级保护基本要求

GB 35114—2017 公共安全视频监控联网信息安全技术要求

GB 37300—2018 公共安全重点区域视频图像信息采集规范

GB/T 28181—2016 公共安全视频监控联网系统信息传输、交换、控制技术要求

GB/T 28059—2011 公路网图像信息管理系统平台互联技术规范

ISO/IE C14496.2 信息技术音频—视频对象编码　第 2 部分：视频（Information technology—Coding of audio—visual objects—Part2：Visual）

ISO/IEC14496.10 信息技术　音频—视频对象编码　第 10 部分：先进视频编码（Information technology—Coding of audio—visual objects—Part10：Advanced Video Coding）

高速公路监控技术要求中华人民共和国交通运输部 2012 年第 3 号公告

公路网运行监测与服务暂行技术要求中华人民共和国交通运输部 2012 年第 3 号公告

3 术语、定义和缩略语

3.1 术语、定义

3.1.1 部级视频联网云平台

为满足部级视频联网监测应用需求，通过云服务实现全国高速公路沿线视频监测设备资源汇聚并联网应用的云平台。部级云平台应支持向各省级视频云平台和路段视频系统提供视频共享服务。本文件中统一简称为“部级云平台”。

3.1.2 省级视频联网云平台

为满足省级视频联网应用需求，通过云服务实现省级公路沿线视频监测设备资源和移动视频图像资源汇聚并联网应用的平台。省级云平台应支持向部级云平台提供视频调用、控制服务。本文件中统一简称为“省级云平台”。

3.1.3 视频上云网关

对接不同厂家、不同型号的摄像机设备，获取摄像机视频流后，以统一、标准的视频压缩格式和传输协议，将视频流推送至省级云平台或部级云平台，该设备主要部署在路段。

3.1.4 云端 VPN 隧道

基于互联网的虚拟专用网通讯，主要用于保证在互联网网络上传输摄像机的点位信息和控制视频流传输指令的信息安全。

3.1.5 公有云内容分发网络（公有云 CDN）

部署在公有云网络之上的内容分发网络，依托全国各地的边缘服务器，通过中心平台的负载均衡、内容分发、调度等功能模块，使用户就近获取所需内容，降低网络拥塞，提高用户访问响应速度和命中率。

3.2 缩略语

下列缩略语适用于本文件。

VPN：虚拟专用网（Virtual Private Network）

CDN：内容分发网络（Content Delivery Network）

CIF：常用标准化图像格式（Common Intermediate Format）

bps；比特率（Bits Per Second）

RTMP：实时消息传输协议（Real Time Messaging Protocol）

HTTP-FLV：基于 FLV 封装的 HTTP 视频流协议

HLS：基于 HTTP 的实时流协议（HTTP Live Streaming）

JPEG：常见的一种图像格式（Joint Photographic Experts Group）

HTTPS：超文本传输安全协议（Hyper Text Transfer Protocolover Secure Socket Layer 或 Hypertext Transfer Protocol Secure）

OAuth2.0：一种用户验证和授权标准（Open Authorization 的简写）

JSON：一种轻量级的数据交换格式（Java Script ObjectNotation 的简写）

4 联网方式与技术要求

全国高速公路视频联网监测工作按照“部省联动、科学实施、智慧监测、提质增效”的建设原则，采用“视频云联网”技术，构建“云、管、端”一体化的部、省两级视频云平台并实现联网，如图 1 所示。

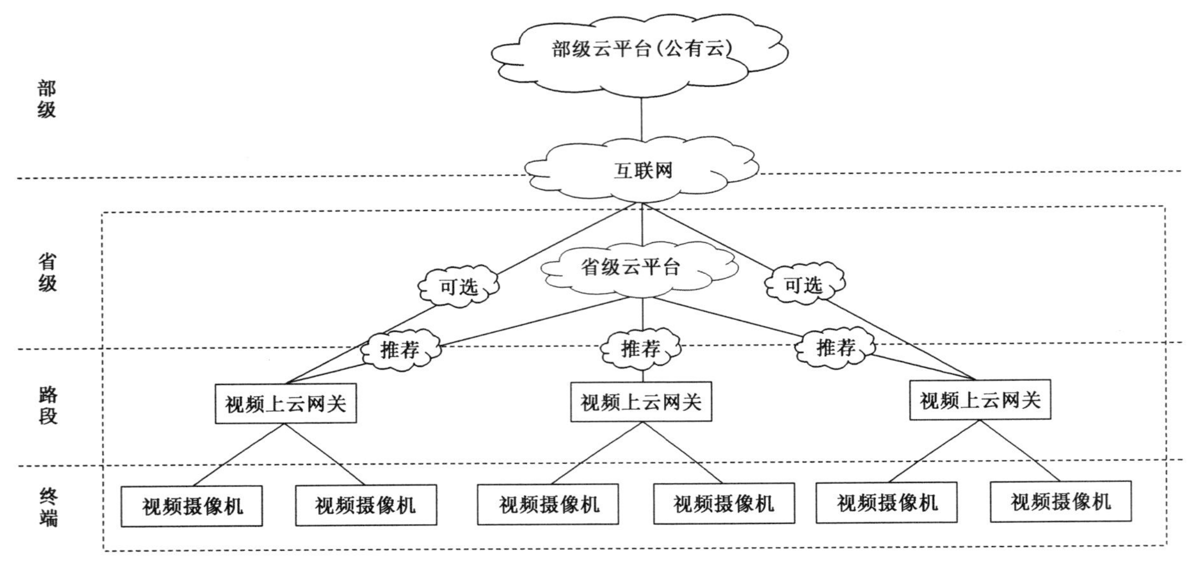

图 1 全国高速公路视频云联网系统总体架构图

部省两级视频云平台除个性化功能外，都应具有用户权限管理、摄像机设备管理、视频上云管控、视频云端分发、视频调看、视频截图、云台控制、视频质量检测、智能分析、用户行为日志等主要功能，部级视频云平台还应具备跨省共享功能。

4.1 “路段—省级云平台—部级云平台”方式（推荐）

在对路段（即上云汇聚点）的视频系统进行上云接入条件改造的基础上，经省级云平台统一汇聚后与部级云平台对接。省级云平台应满足本省（区、市）高速公路视频资源 100％汇聚和分发要求，并向部级云平台提供视频调用服务。部省两级视频云平台间控制信令通过云端 VPN 隧道传输。具体架构如图 2 所示。

选择该方式实现联网，应满足以下三项要求：

1. 硬件和上云要求

a. 省级云平台应接入高速公路全部监控摄像机（收费站车道、收费亭监控设施除外）并进行数字化改造，满足上云汇聚要求。

b. 省级云平台互联网出口带宽应不少于 300M/1000 路视频，不可与其他业务共用。

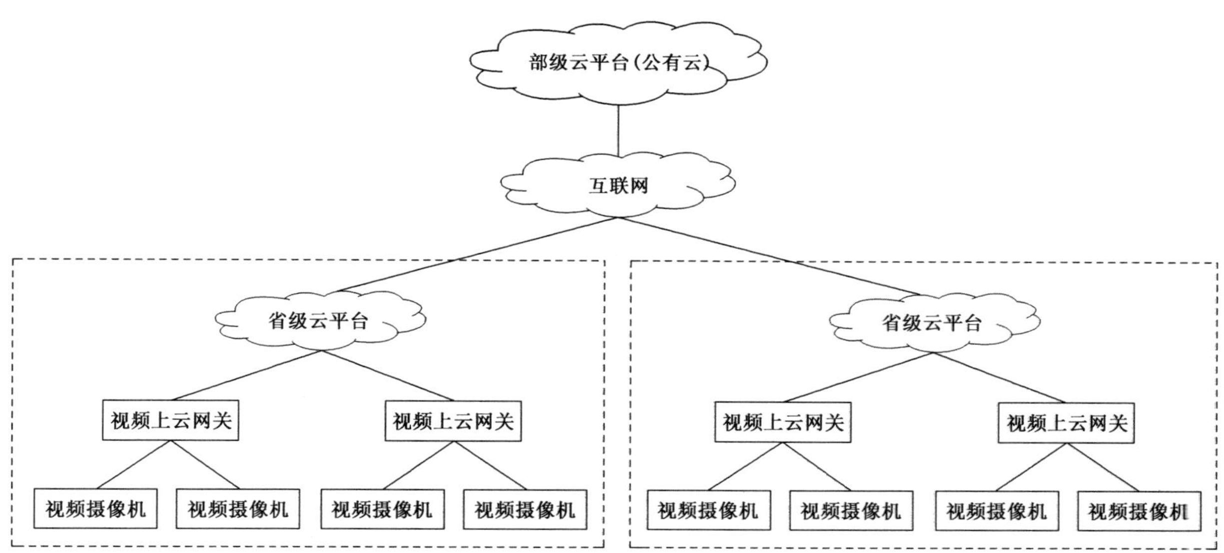

图 2 “路段—省级云平台—部级云平台”方式架构图

2. 视频资源要求

a. 视频资源编号命名、字符叠加及时钟同步规则应符合《交通运输部办公厅关于做好部省视频监测系统（客户端）整改升级工作的通知》（交办公路函〔2019〕676 号）要求。

b. 省级云平台具备摄像机云台控制能力，并向部级云平台提供重要点位视频的云台控制服务，双方对云台控制的操作要进行日志记录。

c. 省级云平台具备提供高速公路沿线视频监控设备资源每隔 5 分钟截图及查询调阅截图能力，并向部级云平台提供服务。省级云平台截图要求 CIF 及以上的分辨率的 JPG 文件，每次截图保留时间不少于 7 天。

3. 视频传输和数据上报要求

a. 省级云平台应具备与部级云平台无缝对接能力，使得通过部级云平台具有调看省域范围内不低于 32Kbps 低码流（25 帧、CIF 分辨率）视频秒级（小于 1 秒）准实时播放能力，部级云平台调用不低于 1Mbps 高码流（25 帧）视频首屏所耗时间小于 4 秒。

b. 省级云平台应向部级云平台提供全部视频资源的播放地址，支持 HTTP-FLV、HLS 等协议调看，视频流应采用标准 H.264 编码。

c. 省级云平台应充分利用公有云 CDN 技术，提供至少十万级并发能力，保证部级云平台能够同时获得全部摄像机的低码流视频流数据。

d. 省级云平台应向部级云平台提供本省域内全部公路沿线摄像机的设备信息、点位信息、在线状态等信息。如信息发生变更应自动同步更新至部级云平台。

e. 省级云平台具备智能分析应用服务，能够根据摄像机视频对拥堵事件、交通事故、平均速度、公路流量、公路气象等开展监测分析，并将分析的结构化数据上传至部级云平台，或路段向省级云平台提供上述智能分析结果，再由省级云平台将结构化数据上传至部级云平台。

f. 省级云平台应具备摄像机图像质量检测服务（丢失检测、清晰度检测、噪声检测、冻结检测、遮挡检测等），并将检测结果上报至部级云平台，或路段向省级云平台提供摄像机图像质量检测结果，省级云平台将检测结果上报至部级云平台。

4.2 “路段—部级云平台”方式

对路段（即上云汇聚点）的视频系统开展上云接入条件改造后与部级云平台直接对接，具备控制信令通过由云服务提供的云端 VPN 隧道传输、视频流由互联网通道传输等功能，并由部级云平台向各地提供统一的“在线调取、共享分发、智能分析”等服务，同时具备调整为“路段—省级云平台—部级云平台”方式的能力。具体架构如图 3 所示。

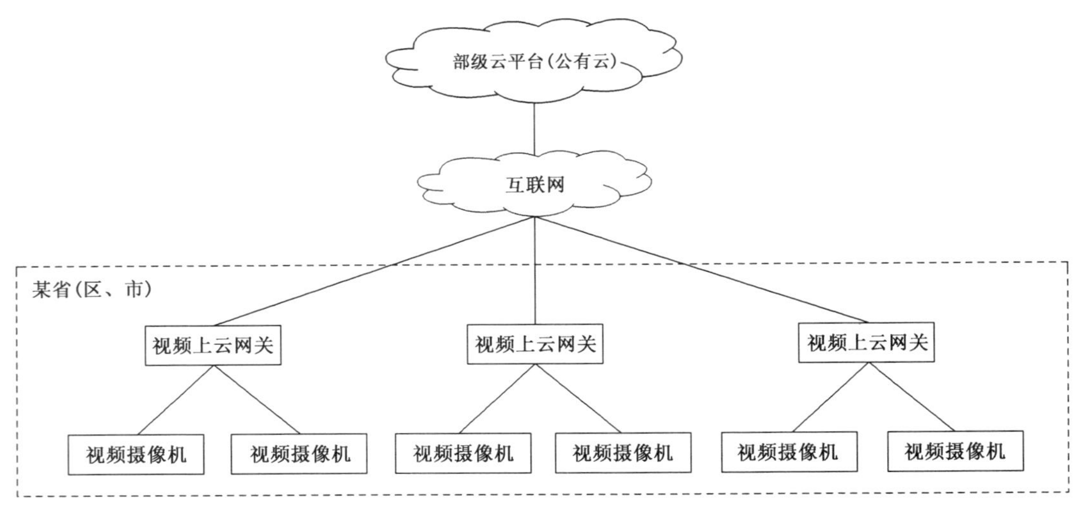

图3 “路段—部级云平台”方式架构图

选择该方式实现联网，应满足以下三项要求：

1. 硬件和上云要求

a. 路段的视频系统内全部监控摄像机图像均应进行数字化改造，满足上云汇聚要求。

b. 路段上云汇聚点需开通专用的运营商宽带，专用带宽应满足每100路视频不低于50M的标准，且具备一个及以上独立互联公网固定IP地址。

c. 路段应按需部署视频上云网关及交换机、路由器等相关设备。

d. 路段的视频系统既有网络和视频上云网关间应部署有安全防火墙。

2. 视频资源要求

a. 视频资源命名、字符叠加及时钟同步规则应符合《交通运输部办公厅关于做好部省视频监测系统（客户端）整改升级工作的通知》（交办公路函〔2019〕676号）要求。

b. 路段的视频系统应能将全部摄像机同时接入，确保所有视频资源同时在线和可控。

c. 向部级云平台提供重要点位视频的云台控制服务，双方对云台控制的操作要进行日志记录。

3. 视频传输和数据上报要求

a. 将全部视频资源转换为不低于32Kbps低码流（25帧、CIF分辨率）和不低于1Mbps高码流（25帧）两种符合H.264标准的码流。其中，低码流视频以RTMP协议长连接方式实时推送到部级云平台，部级云平台可按需调用不低于1Mbps高码流（25帧）视频。

b. 应提供路段辖区内所有公路沿线视频资源摄像机的设备信息、点位信息、在线运行状态等信息。如信息发生变更应自动同步更新至部级云平台。

c. 路段应具备智能分析应用服务，能够根据摄像机视频对拥堵事件、交通事件、平均速度、公路流量、公路气象等开展监测分析，并将分析的结构化数据上传至上级云平台。

5 接入软硬件技术要求

5.1 通用性要求

各省（自治区、直辖市）应将辖区内所有摄像机的点位信息提供给部级云平台。省级云平台、路段的视频上云网关能够调用部级云平台提供的接口进行数据上传。

接口的数据传输采用JSON数据格式；传输过程符合请求/响应模式，有请求须有响应返回。

接口和VPN隧道支持国家密码管理局认可的密码算法，优先使用国密算法加解密。

各级视频平台同步采用北斗授时时间。

5.2 部级云平台软件要求

部级云平台提供摄像机点位信息的注册、修改及删除接口，由省级云平台或路段将辖区内所有摄像机的点位信息经该接口同步至部视频云平台；部级云平台提供摄像机在线状态、图像质量检测、智能分析上报接口，由省级云平台或路段实时地将在线情况、图像质量检测、智能分析的结果经该接口上报至部级云平台。

部级云平台的接口详见附录1第一节。

5.3 省级云平台软件要求

省级云平台按部视频云平台统一要求，提供摄像机的获取视频流播放地址接口，部级云平台利用此接口返回的播放地址获取摄像机的视频流；省级云平台提供基于HTTPS协议的云台控制接口；省级云平台提供视频截图的查询和调看接口；省级云平台可参考部级云平台定义的智能分析上报接口，接收前端智能化分析结果。

省级云平台的接口详见附录1第二节。

5.4 路段软硬件要求

路段应部署专用的视频上云网关设备，该设备应能够对接主流厂商的摄像机或平台的视频码流，且优先按GB/T 28181或GB/T 28059方式对接，具备将摄像机视频以标准的H.264编码成不低于32Kbps（25帧、CIF分辨率）或不低于1Mbps（25帧）码流，通过RTMP协议推送至部级云平台，并最少达到可同时推送100路不低于32Kbps（25帧、CIF分辨率）或30路不低于1Mbps（25 帔）码流视频的能力。按部级云平台统一要求，视频上云网关提供推送和中止摄像机视频流的接口以及云台控制接口。

视频上云网关的接口详见附录1的第三节。

6 联网安全要求

部省视频云联网应符合国家网络安全规范有关要求，构建完整、有效、可信的视频云平台安全保障体系。部级云平台建设应符合网络安全等级保护三级要求，省级云平台建设应符合网络安全等级保护不低于二级要求，路段视频汇聚点应参照网络安全等级保护二级要求进行安全防护，其中安全通信网络、安全计算环境、安全区域边界三项不低于网络安全等级保护二级要求，确保全国高速公路视频云联网安全。各省在后续新建或更新视频终端时鼓励采用支持国标的产品。

具体安全要求如下：

1. 视频上云安全要求：在视频上云网关和路段监控网络间部署防火墙，实现系统与外网的访问控制和安全隔离。

2. 视频传输安全要求：视频上云网关和部/省级云平台间开通云端VPN隧道，云端VPN隧道由云厂商提供VPN服务，和互联网宽带设备间建立通讯链路，该链路使用隧道、加解密、密钥管理、使用者与设备身份认证四项技术保证安全。视频上云网关和部/省级云平台间控制信令全部通过VPN隧道传输。部省视频码流对接时应当采用URL鉴权功能，提高视频资源防盗能力，URL由播放地址、验证串组成，验证串包含失效时间，视频流数据在传输过程中要用SSL加密。

3. 接口安全要求：对接接口协议采用HTTPS协议，降低交互复杂性、减少通信过程交互环节；支持OAuth2.0认证，保证接口安全调用。

4. 灾备要求：与部平台对接的视频云平台应构建容灾备份机制。增强视频应用系统可用性，保证数据安全，遭到损害后，具有能够较快恢复正常运行状态的能力。

附录1

接口技术要求

接口采用HTTPS协议通讯，HTTP头参数需指定Content-Type值为application/json，并且新增HTTP头参数TAuth，其值为令牌环token，token遵循OAuth2.0授权机制。

1 部级云平台接口

1.1 摄像机点位信息上报接口

a. 摄像机信息注册/修改接口

接口描述：接收数据上报方提供的摄像机列表信息，如果摄像机存在则对信息进行修改，否则新增。该接口可以一次上报多条摄像机信息。

接口和访问形式：

https：// [ip：port] /service/video. VideoInfbrmation? user＝xx，方括号内为可变参数。

接口请求方式：POST

接口入参说明：

编号	数据元名称	定　义	类　型	长　度	值　域
1	user	用户名	字符型	64	平台提供

数据入参格式：


```
{
    " cameras"：[
  {
    " department":" video",
    " cameraNum":" sjxgl _ njcjdedq _ 104",
    " cameraName":" 104 * 雍庄互通入口",
    " longAndLati":" 118.7741/32.247",
    " road":" G42",
    " classify":" 0",
    " cameraOrientation":" 上行",
    " pileNum":" 23K＋82",
    " others":""
  }
  ]
}
```


编号	数据元名称	参数名	定　义	类型	值　域	必填
1	摄像机所属单位名称	department	路公司单位名	字符型		√
2	摄像机编号	cameraNum	唯一标识	数字型		√
3	摄像机名称	cameraName		字符型		√
4	摄像机经度、纬度	longAndLati	摄像机所在地的经纬度信息	浮点型	格式：经度/纬度；如：130.34567/29.346587	
5	摄像机所在路段	Road	摄像机所在路段	字符型	G42、S38	√
6	摄像机所属类别	classify	公路沿线	数字型	0：公路	
7	摄像机方向	cameraOrientation	上下行	数字型	上行（桩号数字由小到大方向）、下行（桩号数字由大到小方向）、上下行（双向）	
8	摄像机桩号	pileNum	千米桩号＋百米桩号	数字型	格式：100K＋100	√
9	行政区划代码	area	行政区划代码	数字型	采用最新的民政部行政区划代码标准	
10	其他参数	others	其他参数	字符型		

接口出参说明：

编号	数据元名称	参数名称	定　　义	类型	值　　域
1	摄像机名称	cameraName		字符型	
2	结果编号	code		数字型	0 表示成功；1 表示失败
3	结果内容	info		字符型	文字描述

接口出参格式：

```
{
  " code": 200,
  " msg":" 成功",
  " backResult": [
    {
      " cameraName":" 104 * 雍庄互通入口",
      " code":" 0",
      " info":" 注册成功"
    }
  ]
}
```

b. 摄像机信息删除接口

接口描述：接收数据上报方提供的删除摄像机编号，删除摄像机信息。该接口支持一次性删除多个摄像机信息。

接口和访问形式：

https：//［ip：port］/service/video. VideoInfdrmationDel? cameraName＝xx，xx&user＝xx

接口请求方式：GET

接口入参说明：

编号	数据元名称	定　　义	类　　型	值　　域	补 充 说 明
1	cameraName	摄像机名称	字符型	该值和摄像机信息注册/修改接口的 cameraName 相同，多个摄像机之间用半角逗号分割	
2	user	用户名	字符型	平台提供	

接口出参说明

编号	数据元名称	参数名称	定　　义	类　　型	值　　域
1	摄像机名称	cameraName		字符型	
2	结果编号	code		数字型	0 表示成功；1 表示失败
3	结果内容	info		字符型	文字描述

接口出参格式

```
{
  " code": 200,
  " msg":" 成功",
  " backResult": [
    {
      " cameraName":" 104 * 雍庄互通入口",
      " code":" 0",
      " info":" 删除成功"
```

```
    }
  ]
}
```

1.2　上报摄像机状态接口

接口描述：每一个小时上报一次全部摄像机的当前状态服务，或当摄像机状态改变时，实时上报。

接口和访问形式：

https：// [ip：port] /service/video. ReportCameraStatus？ department＝xx&user＝xx

接口请求方式：POST

接口入参说明：

编号	数据元名称	定　　义	类　　型	值　　域	补充说明
1	department	摄像机所属单位名称	字符型	该值和摄像机信息注册/修改接口的 department 相同	
2	user	用户名	字符型	平台提供	
3	token	令牌	字符型	采用 OAuth2.0	

数据入参格式：

```
{
  " cameraNameList"：[
    {
      " id"：" sxjgl _ sdsdgs _ 37000001101100100l024",
      " name"：" 104 * 雍庄互通入口 1",
      " online"：" 0"
    },
    {
      " id"：" sxjgl _ sdsdgs _ 37000001101100100l025",
      " name"：" 104 * 雍庄互通入口 2",
      " online"：" 1"
    }
  ]
}
```

编号	数据元名称	参数名称	定　　义	类　　型	值　　域
1	摄像机 id	id		数字型	该值和摄像机信息注册/修改接口的 cameraNum 相同
2	摄像机名	name		字符型	该值和摄像机信息注册/修改接口的 cameraName 相同
3	摄像机状态	online		数字型	0 表示不在线；1 表示在线；2 表示故障

接口出参说明

编号	数据元名称	参数名称	定　　义	类　　型	值　　域
1	结果编号	code		数字型	0 表示成功；1 表示失败
2	结果内容	msg		字符型	文字描述

接口出参格式

```
{
  " code"：200,
```

" msg":" 成功"
}

1.3 上报图像质量检测接口

接口描述：每一个小时上报全部摄像机的当前图像质量状态服务，或当摄像机图像有异常时，实时上报。

接口和访问形式：

https：// [ip：port] /service/video. ReportCameraQuality？ department＝xx&user＝xx

接口请求方式：POST

接口入参说明：

编号	数据元名称	定　义	类　型	值　域	补充说明
1	department	摄像机所属单位名称	字符型	该值和摄像机信息注册/修改接口的 department 相同	
2	user	用户名	字符型	平台提供	

接口入参格式：

```
{
  " cameraNameLisf：[
    {
      " id":" sxjgl _ sdsdgs _ 37000001101100100l024",
      " name":" 104 * 雍庄互通入口 1",
      " status":" 1000000000"
    },
    {
      " id":" sxjgl _ sdsdgs _ 370000011011001001025",
      " name":" 104 * 雍庄互通入口 2",
      " status":" l000000001"
    }
  ]
}
```

编号	数据元名称	参数名称	定　义	类　型	值　域
1	摄像机 id	id		数字型	该值和摄像机信息注册/修改接口的 cameraNum 相同
2	摄像机名	name		字符型	该值和摄像机信息注册/修改接口的 cameraName 相同
3	摄像机状态	status		字符型	从左至右每个字符代表一种状态。第一位 1：摄像机不在线网络不通 第一位 0：摄像机在线网络正常 第二位 1：信号丢失，黑屏 第二位 0：信号正常，不黑屏 第三位 1：图像被遮挡 第三位 0：图像没被遮挡 第四位 1：图像模糊 第四位 0：图像不模糊 第五位 1：图像亮度异常 第五位 0：图像亮度正常 第六位 1：图像冻结 第六位 0：图像没被冻结 第七位 1：图像有噪声 第七位 0：图像没有噪声 第八位 1：图像有闪烁 第八位 0：图像没有闪烁 第九位 1：图像有滚动条纹 第九位 0：图像没有滚动条纹

接口出参说明：

编号	数据元名称	参数名称	定　　义	类　　型	值　　域
1	结果编号	code		数字型	0 表示成功；1 表示失败
2	结果内容	msg		字符型	文字描述

接口出参格式

```
{
  "code": 200,
  "msg":"成功"
}
```

1.4　智能分析上报接口

接口描述：上报智能分析的结构化数据，可实时上报。接口和访问形式：

https：//［ip：port］/service/video. ReporIAnalyse？department＝xx&user＝xx

接口请求方式：POST

接口入参说明：

编号	数据元名称	定　　义	类　　型	值　　域	补充说明
1	department	摄像机所属单位名称	字符型	该值和摄像机信息注册/修改接口的 department 相同	
2	user	用户名	字符型	平台提供	

接口入参格式：

```
{
  "cameraNameList":[
    {
      "id":"sxjgl_sdsdgs_370000011011001001024",
      "name":"104 * 雍庄互通入口 1",
      "data":""
    },
    {
      "id":"sxjgl_sdsdgs_370000011011001001025",
      "name":"104 * 雍庄互通入口 2",
      "data":""
    }
  ]
}
```

编号	数据元名称	参数名称	定　　义	类　　型	值　　域
1	摄像机 id	id		数字型	该值和摄像机信息注册/修改接口的 cameraNum 相同
2	摄像机名	name		字符型	该值和摄像机信息注册/修改接口的 cameraName 相同
3	分析结果	data		字符型	分析结果以 JSON 格式给出

接口出参说明：

编号	数据元名称	参数名称	定　　义	类　　型	值　　域
1	结果编号	code		数字型	0 表不成功；1 表不失败
2	结果内容	msg		字符型	文字描述

接口出参格式

{
  " code"：200，
  " msg"：" 成功"
}

2　省级云平台接口

2.1　摄像机播放地址接口

接口描述：部平台通过此接口获取摄像机播放的实际地址信息。播放地址要求携带鉴权信息，鉴权含有失效时间，一般情况下，失效时间为服务端生成链接地址后的 5 秒后，即用户在拿到服务器给的链接地址后，超过 5 秒再访问，此地址已经失效。

接口和访问形式：

https：//［ip：port］/service/video. GetCameraPlayURL? department ＝ xx&cameraName ＝ xx&videotype＝x&user＝xx

接口请求方式：GET

接口入参说明：

编号	数据元名称	定　　义	类　　型	值　　域	补 充 说 明
1	department	摄像机所属单位名称	字符型	该值和摄像机信息注册/修改接口的 department 相同	
2	cameraName	摄像机名称	字符型	该值和摄像机信息注册/修改接口的 cameraName 相同，如该值为空，表示获取单位下所有摄像机的播放地址	如果该值不规定，需给出 department 所有的摄像机播放地址
3	videotype	视频类型	数字型	0：低码流；1：高码流	
4	user	用户名	字符型	平台提供	

接口出参说明：

编号	数据元名称	参数名称	定　　义	类　　型	值　　域
1	摄像机名称	cameraName		字符型	
2	HTTP-FLV 播放地址	flv _ url		字符型	
3	HLS 播放地址	hls _ url		字符型	
4	摄像机是否可控	isCamerControl		数字型	0：不可控；1：可控
5	是否在线	online		数字型	0 表示不在线；1 表示在线
6	描述信息	message		字符型	可以填写地点名等

接口出参格式：

{
  " code"：200，
  " msg"：" 成功"，
  " videoRequestUrl"：［

{
" cameraName":" 104 * 雍庄互通入口 1",
" flv _ url":
" https://live2. jchc. cn/live _ sdjilgs/sxjgl _ sdjilgs _ 370000011011001001046. flv? auth _ key =1538982230-0-0-8ff21a60ce4abac52d25411e80cec552",
" hls _ url":
" https://live2. jchc. cn/live _ sdjilgs/sxjgl _ sdjilgs _ 370000011011001001046. flv? auth _ key =1538982230-0-0-8ff21a60ce4abac52d25411e80cec552",
" isCameraControl": 0,
" online": 1,
" message":" 空闲通道 _ 济南市玉皇庙镇 G2 上行 G2 _ K334+500"
},
}
" cameraName":" 104 * 雍庄互通入口 2",
" flv _ url"
" https://live2. jchc. cn/live _ sdjilgs/sxjgl _ sdjilgs _ 370000011011001001046. flv? auth _ key =1538982230-0-0-8ff21a60ce4abac52d25411e80cec552",
" hls _ url":
" isCameraContror": 0,
" online": 1,
" message":" 空闲通道 _ 南京市二桥"
}
]
}

2.2 云台控制接口

接口描述：部平台通过此接口对摄像机进行云台控制。

接口和访问形式：

https://[ip: port]/service/video. YTControl? &cameraName = xx&action = x&step = 1&user=xx

接口请求方式：GET

接口入参说明：

编号	数据元名称	定　义	类　型	值　域	补充说明
1	cameraName	摄像机名称	字符型	该值和摄像机信息注册/修改接口的 cameraName 相同，如该值为空，表示获取单位下所有摄像机的播放地址	
2	action	云台动作	数字型	1：向左 2：向右 3：向上 4：向下 5：变倍短 6：变倍长 7：聚焦近 8：聚焦远 9：光圈小 10：光圈大 11：灯光关 12：灯光开	
3	step	步长	数字型	步长主要用于控制云台转动方向的操作，1-8 为步长值，1 为最小步长，8 为最大步长	
4	user	用户名	字符型	平台提供	

接口出参说明：

编号	数据元名称	参数名称	定　　义	类　　型	值　　域
1	摄像机名称	cameraName		字符型	该值和摄像机信息注册/修改接口的 cameraName 相同
2	结果	code	接口返回	字符型	0：控制成功 1：控制失败
3	信息	message	结果的文字描述	字符型	

接口出参格式：

```
{
  " code"：200，
  " msg"：" 成功"，
  " YTControl"：{
    " cameraName"：" 104 * 雍庄互通入口 1"，
    " code"：0，
    " message"：" 通过云台成功聚焦"
  }
}
```

2.3　视频截图接口

接口描述：部平台通过此接口获取摄像机的截图地址，一般每路摄像机每 5 分钟截一次图。

接口和访问形式：

https：//［ip：port］/service/video. SnapShot？ department = xx&cameraName = xx&&user =xx

接口请求方式：GET

接口入参说明：

编号	数据元名称	定　　义	类　　型	值　　域	补充说明
1	department	摄像机所属单位名称	字符型	该值和摄像机信息注册/修改接口的 department 相同	
2	cameraName	摄像机名称	字符型	该值和摄像机信息注册/修改接口的 cameraName 相同，如该值为空，表示获取单位下所有摄像机的截图地址	
3	user	用户名	字符型	平台提供	

接口出参说明：

编号	数据元名称	参数名称	定　　义	类　　型	值　　域
1	截图地址	url		字符型	
2	描述信息	message		字符型	可以填写截图时间等

接口出参格式：

```
{
  " code"：200，
  " msg"：" 成功"，
  " snapshots"：［
    {
      " cameraName"：" 104 * 雍庄互通入口 1"，
      " url"：" https：//live2. jchc. cn/live _ sdjilgs/sxjgl _ sdjilgs _ 370000011011001001046. jpg"，
      " message"：“2019/3/112：00：00"
```

},
{
"cameraName":"104 * 雍庄互通入口 2",
"url":"https://live2.jchc.cn/live_sdjilgs/sxjgl_sdjilgs_370000011011001001046.jpg",
"message":"2019/3/113:00:00"
}
]
}

3 路段接口

视频接口是在部署的视频上云网关上实现。

3.1 视频推送开始接口

接口描述：平台通知视频上云网关设备开始启动指定的摄像机视频推送，视频上云网关设备处理后，向平台返回处理结果。

接口和访问形式：

https://[ip:port]/service/video.VideoTransBegin?cameraName=xx&user=xx&videotype=1

接口请求方式：POST

接口入参说明：

编号	数据元名称	定 义	类 型	值 域	补充说明
1	cameraName	摄像机编号	字符型	该值和摄像机信息注册/修改接口的 cameraName 相同	
2	user	用户名	字符型	平台提供	
3	videotype	视频类型	数字型	videotype=1 表示点播，videotype=2 表示直播	

数据入参格式：

{
"command":{
"serverip":"248.114.14.114",
"serverport":"533",
"pubName":"live/pub1",
"authlnfo":"",
"video":{
"width":352,
"height":288,
"bitrate":200,
"iframe":50,
"framerate":15
}
}
}

编号	数据元名称	参 数 名	定 义	类型	值域	必 填
1	流媒体服务地址	serverip	云服务器的域名或 IP 地址	字符型		√
2	流媒体服务端口	Serverport		字符型		√
3	发布名	PubName	指在流媒体服务器上流名称	字符型		√
4	鉴权信息	authlnfb	防止恶意推送视频	字符型		

续上表

编号	数据元名称	参 数 名	定 义	类型	值域	必 填
5	视频宽度	width	指推送的视频宽度，非摄像机采集视频原始宽度	字符型		√
6	视频高度	height	指推送的视频高度，非摄像机采集视频原始高度	字符型		√
7	码率	bitrate	指推送的视频码率，非摄像机采集视频原始码率	字符型	单位(kb/s)	√
8	帧率	framerate	指推送的视频帧率，非摄像机采集视频原始帧率	字符型		√
9	关键率	iframe	指推送的视频关键帧间隔，非摄像机采集视频原始关键帧间隔	字符型		√

接口出参说明：

编号	数据元名称	参 数 名 称	定 义	类 型	值 域
1	摄像机名称	cameraName		字符型	该值和摄像机信息注册/修改接口的 cameraName 相同
2	结果编号	code	接口返回结果编号	字符型	详见附录 3
3	结果内容	info	接口返回结果内容	字符型	文字描述

接口出参格式：

```
{
  " code"：200，
  " msg"：" 成功"，
  " backResult"：{
      "cameraNam"：" 104 * 雍庄互通入口 1"，
     " code"：" 201"，
     " info"：" 推送成功"
  }
}
```

3.2 视频推送停止接口

接口描述：平台通知视频上云网关设备停止指定的摄像机视频推送，视频上云网关设备处理后，向平台返回处理结果。

接口和访问形式：

https：// [ip：port] /service/video. VideoTransFinish？ cameraName = xxxx&user = xx&video-type =1

接口请求方式：GET

接口入参说明：

编号	数据元名称	定 义	类 型	值 域	补 充 说 明
1	cameraName	摄像机名称	字符型	该值和摄像机信息注册/修改接口的 cameraName 相同	
2	user	用户名	字符型	平台提供	
3	videotype	视频类型	字符型	videotype=1 表示点播，videotype=2 表示直播	

接口出参指标：

编号	数据元名称	参数名称	定　　义	类　　型	值　　域
1	摄像机名称	cameraName		字符型	该值和摄像机信息注册/修改接口的 cameraName 相同
2	结果编号	code	接口返回结果编号	字符型	附录 3
3	结果内容	info	接口返回结果内容	字符型	文字描述

接口出参格式：

```
{{
"code"：200，
"msg"："成功"，
"backResult"：{
  "cameraName"："104＊雍庄互通入口 1"，
  "code"："202"，
  "info"："停止成功"
 }
}
```

3.3　云台控制接口

接口描述：部平台通过此接口对摄像机进行云台控制。

接口和访问形式：

https：//［ip：port］/service/video. YTControl？ &cameraName = xx&action = x&step = 1&user=xx

接口请求方式：GET

接口入参说明：

编号	数据元名称	定　　义	类　　型	值　　域	补充说明
1	cameraName	摄像机名称	字符型	该值和摄像机信息注册/修改接口的 cameraName 相同，如该值为空，表示获取单位下所有摄像机的播放地址	
2	action	云台动作	数字型	1：向左 2：向右 3：向上 4：向下 5：变倍短 6：变倍长 7：聚焦近 8：聚焦远 9：光圈小 10：光圈大 11：灯光关 12：灯光开	
3	step	步长	数字型	步长主要用于控制云台转动方向的操作，1-8 为步长值，1 为最小步长，8 为最大步长	
4	user	用户名	字符型	平台提供	

接口出参说明：

编号	数据元名称	参数名称	定　　义	类　　型	值　　域
1	摄像机名称	cameraName		字符型	该值和摄像机信息注册/修改接口的 cameraName 相同
2	结果	code	接口返回	字符型	0：控制成功 1：控制失败
3	信息	message	结果的文字描述	字符型	

接口出参格式：

```
{
 "code"：200，
```

" msg":" 成功",
" backResult": {
" cameraName":" 104 * 雍庄互通入口 1",
" code":" 203",
" info":" 变焦成功"
}
}

附录 2

OAuth2.0 认证

此接口协议约定采用 OAuth2.0 的客户端模式，第一次初始令牌环通过线下方式获得，视频上云网关设备向平台发起获取令牌环申请，申请时带上视频上云网关设备编号的 BASE64 值、用户名、初始令牌环，平台返回新令牌环，视频上云网关和部平台在接口通讯过程中，需携带此令牌环，当此令牌环失效后，视频上云网关设备需向平台重新发起令牌环刷新指令，获取新的有效令牌环。部、省对接接口认证参照此方式进行，并设置部或省级平台编号，遵循"谁开发接口，谁分配平台编号"的原则。

令牌获取的接口和访问形式：

https：// [ip：port] /service/video. TokenInfo? deviceCode=xxx&user=xxx&token=xxxx，方括号内为可变参数。

HTTP 头参数要求：需指定 Content-Type 值为 application/json

接口请求方式：GET

接口入参说明：

编号	数据元名称	定　　义	类　　型	值　　域
1	deviceCode	编号	字符型	平台提供编号，该值为编号的 BASE64 值
2	user	用户名	字符型	平台提供
3	token	令牌	字符型	第一次线下获取，后面通过此接口不断更新
4	sign	数字签名	字符型	

数字签名 sign 生成方法为：

使用平台分配的私钥对 deviceCode=deviceCode&user=user&token=token 进行国密 SM2 算法加密得到，私钥为线下发放。

接口出参说明：

编号	数据元名称	参数名称	定　　义	类　　型	值　　域
1	用户名	user		字符型	
2	编号	deviceCode		数字型	编号的 BASE64 值
3	访问令牌环	token		字符型	

接口出参格式：

{
" code": 200,
" msg":" 成功",
" token": {
" user":" 接入方 A",

"deviceCode":"xxxxxx",
"token":"xxx-xxx-xxx-xxx"
}
}

附录 3

转码服务状态表

状态码	状态码说明	Message 内容
200	正常返回或执行	
201	正在推流	
400	下发格式存在异常	异常位置信息
403	权限出错	
404	1. 查询时表示该路视频不存在 2. 切换时表示该路视频故障 3. 停止时表示该路视频不存在	
500	操作时转码程序内部出现异常	上传异常信息

284. 交通运输部关于进一步做好今冬明春恶劣天气影响下公路网运行服务保障工作的通知

（交公路明电〔2020〕317号）

各省、自治区、直辖市、新疆生产建设兵团交通运输厅（局、委）：

2020年12月28日，中央气象台发布寒潮橙色预警，受强冷空气影响，未来几日，我国大部分地区气温下降明显，西北、华北、西南、黄淮、江淮、江汉等地将有雨雪天气，局地有中雨或大到暴雪。同时，据预测，今冬明春全国大部分地区冷空气活动明显偏强，北方地区可能出现大范围低温雨雪天气，西南地区东部和江南部分地区可能发生阶段性低温雨雪冰冻天气，公路网保通保畅压力增大。为进一步做好今冬明春恶劣天气影响下公路网运行服务保障工作，确保人民群众安全便捷出行，现将有关要求通知如下：

一、提高思想认识。认真贯彻落实习近平总书记关于防灾减灾工作的重要指示批示精神，提高政治站位，充分认识做好公路网运行服务保障工作的重要意义，自觉增强工作责任感和使命感，认真总结分析近年工作开展情况和经验教训，根据当前实际情况，坚持问题导向，加强组织领导，细化责任分工，周密部署实施，确保各项措施落实到位。

二、提前分析研判。完善区域协调联动机制，加强与相邻省份交通运输主管部门以及本区域内公安、气象、应急等部门的沟通协调，及时获取恶劣天气预报信息，密切跟踪天气变化动态，结合公路沿线灾害隐患点位排查情况，全面分析研判恶劣天气可能对公路网运行、公路工程建设以及道路运输等产生的影响。在相关路段、收费站和建设工地，提前做好应对准备，配合相关部门制定落实交通管控措施，确保社会公众、工地人员和设备安全。

三、强化应急处置。加强公路网特别是交通流量较大的高速公路、重要干线、城市出入口、景区公路等重点路段的运行监测。出现雨雪冰冻等恶劣天气影响时，及时启动应急预案，第一时间发布预警信息，加大装备和物资投入，落实“边降雪、边处置”要求，按照“先省际、后省内”“先坡道桥梁、后平直路段”的顺序，及时开展铲雪除冰，迅速恢复公路通行条件。

四、加强养护巡查。结合自然灾害综合风险公路承灾体普查工作，全面加强公路尤其是干线公路日常巡查工作，认真排查风险，全力消除隐患。依托国家区域性及地方应急物资储备库，统筹各类保通保畅力量，加大冬季公路通行保障应急物资储备，特别是提前做好除雪车、装载车、平地机等铲冰除雪设备配备和融雪剂、防滑料等材料补充工作。

五、强化运输保障。督促道路客运经营者密切关注途经路线天气及道路通行状况，依托重点营运车辆联网联控系统，加强动态监控和安全提示，对达不到车辆安全通行条件的，按照相关规定及时暂停或者调整客运线路。客运线路临时停运的，督促客运站做好滞留旅客服务和疏运工作。在保障公众正常出行需求的同时，统筹做好疫情防控、煤电油等重点物资以及粮食、肉禽、蛋奶、蔬菜等生活物资的运输保障，有力支撑经济社会稳定运行。

六、加强出行服务。加强信息发布体系建设，利用可变信息板、广播、电视、微信、微博和手机短信等多种方式，及时发布公路交通气象预警、实时路况和出行提示等信息，引导公众合理安排出行。加强服务区运营管理，提前做好油品、热水、食品等物资储备，确保发生雨雪冰冻等恶劣天气时，能够保障公众休息需求。严格落实疫情防控有关工作要求。加强值班值守，严格执行部路况信息报送制度，遇有突发情况，及时上报公路阻断信息。

285. 交通运输部关于进一步提升高速公路服务区服务质量的意见

（交公路发〔2014〕198号）

各省、自治区、直辖市、新疆生产建设兵团交通运输厅（委、局）：

高速公路服务区（含停车区，以下简称“服务区”）是交通运输行业服务群众的重要“窗口”，也是社会公众驾乘车辆出行的重要休息场所，对于满足驾乘人员生理和心理需求、预防疲劳驾驶、为车辆提供加油和维修服务、消除行车安全隐患具有十分重要的作用。近年来，随着我国经济社会的快速发展，社会公众对提升服务区服务质量的期盼更加迫切，对解决部分服务区在重大节假日期间车辆进出难、加油难、旅客如厕难、环境卫生差等问题的愿望更加强烈。根据党的群众路线教育实践活动整改工作要求，现就进一步规范服务区运营管理，提升服务质量提出如以下意见。

一、总体要求

深入贯彻落实党的十八大和十八届三中全会精神，以科学发展观为指导，以提升公众出行服务质量为主线，规范运营管理，强化服务功能，创新体制机制，优化设施配置，完善服务工作管理体系，力争用3—5年的时间，打造“布局合理，经济实用，标识清晰，服务规范，安全有序，生态环保”的现代化服务区，满足公众高品质、多样化服务需求。

——政府指导，部门协作。积极争取地方政府支持，加强与相关部门的协调配合，充分发挥政府和部门指导作用、运营单位主体作用以及行业学会协调自律作用，引导社会公众参与，尽快形成政府、行业、企业和公众共同参与的协作推进机制。

——科学定位，强化功能。以保障基本服务功能为主，不断强化为驾乘人员提供停车、短暂休息、如厕以及餐饮、加油、车辆维修、公路出行信息播报等基本服务；在此基础上，因地制宜开展客运接驳、客货运输节点、旅游服务等延伸服务，提升综合服务能力，满足公众多样化需求。

——分类管理、协同发展。构建车辆通行费投入为主，服务区经营所得补贴为辅的服务区公共设施管养投入保障机制，不断优化驾乘人员停车、如厕等免费服务。充分发挥市场在资源配置中的调节作用，鼓励社会资本投入餐饮、便利店、车辆加油和维修等经营性项目，公平竞争，提供高品质、多样化服务。

——规范运营、优质服务。建立健全服务工作标准化管理体系，不断提高服务区服务工作规范化水平。营造公平竞争的市场环境，依法经营，为驾乘人员和通行车辆提供符合相关质量技术标准的服务保障。

二、加强服务区建设和改造，不断强化基础保障

（一）加强服务区规划与设计。按照交通运输部《关于加强高速公路服务设施建设管理工作的指导意见》（交公路发〔2009〕31号）等相关规定，以满足驾乘人员与车辆服务需求为目标，科学预测交通量增长和车型构成情况，综合考虑环境、运行成本等约束条件，按照“统筹规划，因地制宜，适度超前，经济实用”的原则，统筹各类使用者需求，科学确定服务区间距、位置、规模，优化服务区内设施布置，合理分配各功能区位置和建筑面积，强化人性化服务水平，提高土地利用率。有条件的地区，在设计风格上要体现当地自然和人文特点。新建服务区，应提前征求运营单位或其主管部门意见，确保设计符合实际运营需求。

（二）加强服务区建设和改造。服务区应与公路主体工程同步规划、同步设计、同步施工。停车场、公共卫生间等基本服务设施必须同步投入使用；餐厅、加油站、便利店等其他服务设施可结合交通量增长状况，分期建设，逐步投入使用。设置危险货物运输车辆专门停放区域，禁止与其他车辆混合停放。结合新能源汽车用户规模和发展需求，增设加气、充电设施。完善母婴喂养室、残疾人专用通道等人性化服务设施。有条件的服务区，要增设第三卫生间，方便旅客照顾异性家人如厕。服务设施老化或不足的，要加快实施改造，重点解决停车场容量不足、公共卫生间配比不合理等突出问题，确保满足实际需求并预留适度扩充空间。重大节假日期间，还应结合实际，适当增设简易卫生间，满足驾乘人员如厕需要。交通量已经或趋于饱和的，要积极争取地方政府及相关部门支持，加快实施扩容改造，或在上、下游路段增设停车区，科学分流，满足不同服务需求。

（三）加强绿色服务区建设。积极推广应用各类节能、环保、循环利用技术。推进太阳能、风能等洁净能源与可再生能源利用。实施节能减排技术改造。实现污水处理、中水利用，生活垃圾集中无害化处理。有条件的服务区，应采用绿色建筑的建设标准。

三、规范服务区运营管理，不断提升服务质量

（四）加强服务设施日常管养。服务区日常管养由服务区所属高速公路运营管理单位负总责。各地交通运输主管部门要结合本地区实际，健全和完善服务设施运营管理制度，定期开展检测和服务功能评价。服务区运营管理单位要根据已确定的管养目标和标准规范，加强服务设施日常管养，确保各类设施设备齐全，维护维修及时，功能完好，正常运行。严禁对服务区服务项目以包代管，放任自流。

（五）加强全天候基本服务保障。停车场、公共卫生间、加油站、汽车修理、便利店、开水供应等基本服务功能场所应为驾乘人员和车辆提供全天候服务。在正常供餐时间外，能够提供简单餐饮服务。有条件的服务区，要提供全天候的客房服务，满足长途旅客和接驳运输驾驶员等人员住宿需要。在高峰时段，可利用服务区内部的连接通道，实行小客车错峰调配使用服务设施，最大限度地提高服务接待能力。

（六）加强服务区运行秩序维护。结合场地条件及车型构成情况，优化停车区域设置，确保交通标识齐全清晰。加强监控设施以及保安和保洁人员配置，配合相关部门，积极疏导运行秩序，确保车辆分区停放、有序进出。督促驾乘人员做好安全防护工作，不得随意禁止危险货物运输车辆进入服务区。重大节假日等客流高峰时段，要加派人员，引导驾乘人员有序就餐、购物、如厕，维护良好秩序。加强保洁管理，确保公共卫生间、停车场等公共场所始终保持卫生整洁。

（七）加强公路出行信息服务。加强服务区信息化建设，提高服务设施的自动化程度和动态监控能力，实现公路运行状况和信息发布联网管理，确保公路路况、公路气象等公众出行信息实时滚动播报。开通微博、微信等公共网络平台，实时发布公路出行相关信息，多渠道提供出行信息服务。建立服务区停车位剩余接待容量提示制度，通过高速公路交通广播、沿途可变情报板等多种载体，及时发布前方服务区相关信息，提示驾乘人员合理调整出行方案。临近重点旅游景区的服务区，要加强与景区管理单位协作，实时发布景区道路使用情况，避免进入景区的道路拥堵。

（八）加强专业化经营管理。构建合法经营、公平竞争的服务区市场秩序，探索并完善特许经营等相关制度，鼓励社会资本投资餐饮、便利店、客房、汽车维修和加油站等经营性服务项目。推广重点商品和服务“同城同价”制度，为驾乘人员提供质价相当的商品和服务。择优引进社会知名品牌，推进专业化、连锁化经营管理，统筹相邻服务区资源配置，促进资源节约与高效利用。鼓励创建具有市场竞争力的管理品牌、服务品牌或产品品牌。配合相关部门，加强商品质量和价格监管，坚决查处制售假冒伪劣产品、垄断经营以及非法摆摊设点、强买强卖、强行设立加水点有偿加水等违法行为。

（九）加强安全生产管理。坚持“安全第一、预防为主、综合治理”的方针，完善安全服务管理标准，协调公安、消防、卫生等相关部门，建立健全安全管理规章制度和安全生产隐患排查治理联动机制，加强停车场、食品卫生、饮用水、油品、消防等重点领域安全防范，强化从业人员安全生产教育培训和职业健康防护。加强安全生产责任追究，坚决遏制安全生产事故发生。试行并逐步推广服务区餐厅禁止销售酒类饮品制度，遏止酒驾违法行为。

（十）加强应急保障能力建设。按照突发事件应急体系建设的要求，制定完善应急预案，强化应急处置管理，提高应对处置突发事件能力，在抢险救灾、交通战备和突发事件中，提供驾乘人员临时安置等协作服务。制定重大节假日服务工作预案，完善服务能力预警机制，建立健全相邻服务区联动机制。加强应急物资储备，组织实施突发事件和重大节假日应急服务演练，全面提升服务保障水平。

（十一）加强客运接驳运输服务。加强与道路旅客运输企业沟通协作，结合长途客运发展需要和接驳运输规划，按照“市场主导，因地制宜，双向选择，共建共赢”的原则，加强停车场和客房等重点设施改造，满足接驳驾驶员和管理人员住宿、办公、就餐等基本需要，促进长途客运接驳运输持续健康发展。具备条件的地方，应为接驳运输车辆划定专用停车区域，规范客运接驳管理。

（十二）提升综合服务能力。在保障基本服务功能的基础上，根据本地区经济社会发展需求以及公路运输发展的新变化，为驾乘人员提供地方特色商品选购、客货运输节点、高速公路救援、旅游服务等延伸服务，满足驾乘人员多层次需求。具备条件的服务区，可结合区域节点位置的优势，打造旅游服务区；与医疗机构合作，由专业医疗机构设立救助站，为驾乘人员提供医疗救助服务。

（十三）畅通公众投诉渠道。各地交通运输主管部门和服务区运营管理单位要不断完善公众举报投诉处置机制。在服务区显著位置，统一设立监督公示栏，公示运营管理单位和上级主管部门监督电话，接受社会监督。及时受理驾乘人员举报和投诉，认真开展核查和处理工作，及时反馈核处情况，确保有效投诉反馈率达到100%。有条件的地区，应在服务区设置投诉受理服务台，快捷受理举报投诉，及时回应公众诉求。

（十四）加强服务考核评定。健全和完善服务工作标准体系，实现规章制度健全、岗位设置合理、责任分工明确、工作内容具体、工作标准清晰、过程控制严格、监督检查到位。省级交通运输主管部门要组织相关单位，加强检查考核，督促运营单位不断规范管理、提升服务。发挥行业学会作用，建立健全全国统一的服务质量等级评价体系，加强服务达标和等级评定，完善外部监督机制，鼓励社会公众参与评定工作，共同促进服务水平不断提升。

四、完善监督保障措施，加强行业文明创建

（十五）完善监督管理机制。各省、自治区、直辖市交通运输主管部门负责本行政区域内服务区的管理工作，要明确具体的管理部门和职责，加强对服务区运营工作的指导和检查，督促服务区运营管理单位充分发挥主体作用，不断完善服务措施，规范服务管理，提升服务质量。对服务区运营管理单位因维护和服务责任缺失、造成严重后果或影响的，按照相关规定严肃处理。

（十六）提高资金保障水平。服务区公共服务设施的改善和维护经费纳入高速公路养护经费支出范围给予保障。采用BOT模式建设运营或采取专业化经营方式的服务区，按照合同约定的途径，保障相关改善和维护经费。政府还贷高速公路服务区自主经营或出租经营设施的所得收益，优先用于公共服务设施改善和维护。

（十七）加强服务区队伍建设。建立健全从业人员准入制度。通过多种方式引进专业人才。完善教育培训机制，推进服务人才培养实训基地建设。依托大专院校、专业培训机构以及与相关企业合作等方式，分时段、分层次开展员工教育与培训，重点加强物业管理、餐饮、汽车修理、加油站、商品营销等服务管理人员的培养，健全劳动保障机制和薪酬激励机制，建设素质高、业务精、服务好、肯奉献的服务区工作团队。

（十八）加强服务区文化建设。践行社会主义核心价值观和交通运输行业核心价值体系，坚持深化主题与彰显特色相结合，加快培育以“以人为本、倾情服务、舒难解困、携手同行”为主题的行业文化，全面提升服务区行业文明程度，为促进服务区科学发展提供坚强的思想保证和精神动力。结合地域特点，加强主题服务区和特色服务区建设，创建具有浓郁地方特色、文化特色的文明服务区。

286. 交通运输部关于开展全国高速公路服务区文明服务创建工作的通知

（交公路函〔2015〕79号）

各省、自治区、直辖市交通运输厅（委）：

为贯彻落实全国交通运输工作会议精神，不断提升高速公路服务区服务工作质量，满足社会公众出行需求，促进经济社会持续健康发展，交通运输部决定2015年在全国集中开展高速公路服务区文明服务创建工作。现将有关事项通知如下：

一、总体要求

深入贯彻落实党的十八大和十八届三中、四中全会精神，以提升社会公众出行服务质量为主线，以服务质量等级评定为抓手，以环境卫生和文明服务为重点，遵循“政府主导，部门协作，综合治理，突出实效，示范引领，全面推进”的原则，立足基本服务和日常管理，进一步健全完善工作机制，加强服务设施维修改造，强化标准化服务措施，促进全国高速公路服务区基本实现公共设施完善、环境卫生整洁、秩序规范良好、服务温馨文明、文化积极向上的目标，更好地满足社会公众服务需求。

二、主要内容

（一）完善公共服务设施，实现硬件优化升级。对停车广场、公共卫生间、开水供应间、残疾人专用通道等服务设施设备进行全方位检查，按照“安全实用、节能环保、整洁美观”的要求，实施升级改造，加强日常管养，确保各类设施设备齐全、维护维修及时、功能完好、正常运行。运营时间长、功能不完备、硬件设施破损严重的服务区，要下大力气进行维护改造。重点是要依据相关标准和规范，在优化设计的基础上，加强公共卫生间的维修改造，切实解决通风差、气味重、污渍多、私密性差、女厕厕位不足等突出问题，基本满足日常需求。重大节假日期间，要适当增设简易卫生间等服务设施，满足公众需求。在停车广场适当增设简易休息设施，为公众提供便捷服务。

（二）加强环境卫生监管，提高清洁服务水平。进一步健全和完善环境卫生管理制度，细化工作任务，明确岗位职责，加强监督考核。按照“24小时监管，及时清理”的原则，配置保洁用具，配备保洁人员，实施标准化作业，确保停车广场、公共卫生间等公共区域处于干净整洁状态。加强灭蝇工作，定期对服务区周边及垃圾房、垃圾桶（果皮箱）、化粪池、下水道等喷洒灭蝇药物，灭杀蚊蝇幼虫，确保服务区各功能场所无蝇虫。停车广场等客流密集区域，要适当增设垃圾桶等卫生设施，方便旅客就近处置垃圾。明确卫生管理监管机构和监管人员，加强定期检查和不定期抽查，发现卫生制度落实不到位的，要责令立即纠正。

（三）加强公共秩序维护，营造良好运行环境。结合服务区场地条件及进出车型构成情况，优化停车区域设置，确保交通标识标线齐全清晰，小型客车、大型客车、大型货车分区合理停放，危险化学品、畜产品车辆专区停放。完善停车广场照明设施和公共场所的监控设施，确保停车区域夜间照明无盲点，监控设施设备完好、监控图像清晰完整。健全完善安全管理制度和安全生产隐患排查联动机制，加强停车广场、食品、饮用水、油品、消防等区域安全防范。结合实际需要，配备保安人员，实行24小时值守，加强夜间巡逻。重大节假日及客流高峰时段，要加派人员，引导驾乘人员有序停车、如厕、加油、就餐，维护良好运行秩序。

（四）加强文明优质服务，提升综合服务水平。加快健全和完善服务工作标准体系，实施标准化服务。积极创造条件，加快推广重要商品和服务“同城同价”制度。加强经营性项目的专业化、品牌化经营管理，提供多样化的高品质服务。高速公路服务区要在显著位置设置咨询服务台和监督公示栏，公开服务承诺、服务内容和监督电话，及时受理举报和投诉。公开加油、餐饮、便利店、客房、汽修等经营性项目的内容、标准和价格。配合有关部门，坚决查处制售假冒伪劣产品、非法摆摊设点等违法行为。结合本地区域特色，加强主题和特色服务区建设，促进服务工作与当地经济社会发展的深度融合。

（五）加强行业文化建设，营造文明出行氛围。充分利用高速公路服务区的有效空间以及视频广播等多种载体，采用图文并茂、生动有趣的方式，大力宣传社会主义核心价值观、交通运输行业核心价值体系以及安全驾驶、文明出行、保护环境等法规政策，营造文明服务、文明出行的良好氛围。加强以“以人为本、倾情服务、舒难解困、携手同行”为主题的服务区行业文化建设，携手社会公众，共同营造“温馨驿站”。加强服务区队伍建设，各岗位从业人员应着统一工装、仪容仪表整洁，接待顾客主动热情，规范使用服务用语，做到文明服务、温馨服务、便捷服务。

三、时间安排

全国高速公路服务区文明服务创建工作，从2015年2月1日开始到10月31日结束，分三个阶段推进。

第一阶段：制定方案阶段。从2月1日开始到2月15日结束。省级交通运输主管部门要组织本地区高速公路服务区运营管理单位，对照本通知要求以及《交通运输部关于进一步提升高速公路服务区服务质量的意见》（交公路发〔2014〕198号）等相关规定，认真调查分析公众需求，查找薄弱环节，研究制定实施方案，明确工作任务、责任主体、具体措施和时间要求，迅速部署开展实施工作。

第二阶段：集中实施阶段。从2月16日开始到7月31日结束。省级交通运输主管部门组织本地区高速公路服务区运营管理单位，按照既定工作方案，认真组织实施，确保按期、高质量地完成各项工作任务。

第三阶段：总结完善阶段。从8月1日开始到10月31日结束。省级交通运输主管部门组织力量进行检查验收，配合中国公路学会开展服务质量等级评定。在此基础上，认真开展总结工作，进一步健全完善长效工作机制，强化服务工作管理。

四、相关措施

（一）加强组织领导。全国高速公路服务区文明服务创建工作由部公路局牵头指导和协调。各省、自治区、直辖市文明服务创建工作由省级交通运输主管部门牵头组织。省级交通运输主管部门要协调本地区相关部门和单位，成立专门工作机构，抓紧研究制定实施方案，明确工作职责和任务分工，迅速部署开展实施工作。服务区运营管理单位要结合各自职责，采取切实有效措施，认真抓好落实，坚决杜绝搞形式、走过场，要用实实在在的成效，回应社会公众的期待。

（二）完善保障机制。各地交通运输主管部门和高速公路运营管理单位要积极协调相关部门和单位，按照有关规定，切实落实服务区公共服务设施改善和维护经费保障制度，保证必要经费投入，满足公共服务设施设备维护更新需要。要坚持“事业留人、感情留人，待遇留人”兼顾，结合当地经济社会发展水平，建立健全服务区工作人员的工资福利和社会保障机制，激发其从事服务区工作的活力和创造力。

（三）加强监督检查。省级交通运输主管部门要协调相关部门和单位，加强督导检查，督促相关单位认真落实各项措施，按期完成工作任务，切实提升服务质量。结合文明服务创建活动，进一步完善服务质量考核机制，大力推广第三方评价制度，鼓励社会公众参与监督，共同促进服务区服务能力与水平的持续改善和提升。

（四）加强服务质量等级评定。在服务质量全面达标的基础上，鼓励具备条件的服务区，创建全国百佳示范服务区和优秀服务区，通过示范引领作用，带动全国服务区服务质量全面提升。按照服务达标且好中选优的原则，评定全国百佳示范服务区100对，优秀服务区400对。省级交通运输主管部门要配合中国公路学会，按照《全国高速公路服务区服务质量等级评定办法（试行）》（另行印发），认真组织开展评定工作。部将统一汇总公布评定结果，接受社会监督。

（五）加强宣传报道。省级交通运输主管部门和高速公路服务区运营管理单位要明确专人，具体负责文明服务创建工作信息的宣传和报送工作。各省（区、市）每月报部（公路局）工作信息原则上不少于2篇。各地总结报告请于2015年11月10日前报部（公路局）。

联系人：闫卫坡

联系电话：(010) 65292751　65292781（传真）

邮箱号码：LWGLC@MOT. GOV. CN

287. 交通运输部关于印发全国高速公路服务区服务质量等级评定办法（试行）的通知

（交公路发〔2015〕29号）

各省、自治区、直辖市交通运输厅（委）：

为进一步加强全国高速公路服务区服务工作考核，不断提升服务质量，满足公众安全便捷出行需求，现将《全国高速公路服务区服务质量等级评定办法（试行）》印发给你们，请认真贯彻执行。

全国高速公路服务区服务质量等级评定办法
（试行）

第一章 总　　则

第一条 为进一步加强全国高速公路服务区服务工作考核，不断提升服务质量，满足公众出行需求，根据《交通运输部关于进一步提升高速公路服务区服务质量的意见》（交公路发〔2014〕198号）等有关规定，制定本办法。

第二条 本办法适用于全国所有开通运营一年以上的高速公路服务区（含停车区，下同）。

第二章 评定原则和标准

第三条 全国高速公路服务区服务质量等级评定工作坚持公开、公平、公正和服务导向、统一标准、分级评定、动态管理的原则。

第四条 全国高速公路服务区服务质量等级由高到低分为百佳示范、优秀、达标和不达标四个等级。其中：停车区的服务质量等级分为达标和不达标两个等级。

第五条 达标服务区按照规定的服务标准评定，无名额限制。百佳示范和优秀服务区在达到规定服务标准的基础上，按照好中选优的原则评定。为鼓励争先创优，各省、自治区、直辖市的百佳示范和优秀服务区的评定名额，原则上不得超过已开通运营一年以上服务区总数的5%和20%。

第六条 全国高速公路服务区服务质量等级评定内容主要包括公共卫生间、公共场区、餐饮、便利店、加油（加气、充电）站、车辆维修站、客房、综合服务和基础管理的服务质量。其中：停车区评定内容主要包括公共卫生间、公共场区的服务质量。具体记分标准按照《全国高速公路服务区服务质量等级评定记分标准》（附件1）和《全国高速公路停车区服务质量等级评定记分标准》（附件2）执行。

第七条 全国达标服务区的记分标准满分为800分。单项考核得分率大于70%且总得分大于700分的，评定为达标服务区；单项考核得分率小于或等于70%以及总得分小于700分的，评定为不达标服务区。其中，达标停车区的记分标准为200分。考核得分大于或等于160分的，评定为达标停车区；考核得分小于160分的，评定为不达标停车区。

第八条 全国优秀服务区的记分标准满分为900分。单项考核得分率大于70%且总得分大于8C0分的，根据本省、自治区、直辖市的评定名额并按照得分由高到低的顺序，评定为优秀服务区。得分符合前述条件但按序排名超出评定名额的，评定为达标服务区。

第九条 全国百佳示范服务区的记分标准满分为1000分。单项考核得分率大于70%且总得分大于900分的，根据本省、自治区、直辖市的评定名额并按照得分由高到低的顺序，确定为候选百佳示范服务区。得分符合前述条件但按序排名超出评定名额的，评定为优秀服务区。

第三章 组织和管理

第十条 全国高速公路服务区服务质量等级评定工作归口交通运输部公路局管理。具体组织实施工作由中国公路学会会同各省、自治区、直辖市交通运输主管部门负责。

第十一条 中国公路学会组织各省、自治区、直辖市交通运输主管部门与相关行业专家，成立全国高速公路服务区服务质量等级评定委员会（以下简称全国评定委员会），负责全国评定的部署、协调和监督工作。各省、自治区、直辖市交通运输主管部门组织本行政区域内的高速公路运营管理单位与相关行业专家，成立省级高速公路服务区服务质量等级评定委员会（以下简称省级评定委员会），负责本行政区域内评定的组织和实施工作。

第十二条 全国达标和优秀服务区评定工作由省级评定委员会组织实施。全国百佳示范服务区经省级评定委员会审核同意后，报全国评定委员会核查评定。

第十三条 全国高速公路服务区服务质量等级评定工作每两年开展一次，不收取评定费用。

第四章 评定程序及方法

第十四条 高速公路服务区运营管理单位于评定年份的 7 月 31 日前开展自评，并将自评结果以及定级申请报送省级评定委员会。

第十五条 省级评定委员会于评定年份的 8 月 31 日前，开展考核或检查，并结合日常明查暗访和公众满意度调查情况，评定优秀、达标和不达标服务区，并将评定结果报送全国评定委员会备案。对申报全国百佳示范服务区的，省级评定委员会审核同意后，报全国评定委员会核查评定。

第十六条 全国评定委员会于评定年份的 9 月 30 日前，组织考核检查，结合日常明查暗访等相关情况，对各地申报的全国候选百佳示范服务区进行初步评定。

第十七条 服务质量等级初步评定结果全部产生后，由全国评定委员会统一汇总，并通过交通运输部网站集中公示，接受社会监督。公示期为一个月。对公示期满无异议或经核查异议不成立的服务区，由全国评定委员会组织命名和授牌，并通过媒体公布。

第十八条 全国高速公路服务区服务质量等级标识和证书式样由全国评定委员会统一设计。百佳示范服务区的标识和证书，由全国评定委员会制作与核发。优秀和达标服务区的标识和证书，由省级评定委员会按照规定式样和要求制作与核发。服务质量等级标识须置于服务区最明显位置。

第十九条 全国高速公路服务区服务质量等级评定结果有效期为两年。已评定为达标以上等级的服务区两年后未继续参加等级评定的，原评定等级废止，相关标识和证书由原核发单位收回。

第二十条 对评定为不达标的服务区，省级交通运输主管部门要挂牌督办，责令限期整改。限期内未按规定要求完成整改的，按照未履行公路养护义务的情形，严肃处理，在本省、自治区、直辖市范围内公开通报，并将有关情况报告全国评定委员会。

第二十一条 全国和省级评定委员会应健全和完善工作制度，结合公众举报投诉情况，加强定期检查或不定期抽查；对服务质量明显下降，已达不到规定标准的服务区，要责令限期整改；限期内未按规定要求完成整改的，相应降低评定等级。

第二十二条 发生群体性中毒事件、重大安全生产责任事故的，即为不达标服务区；已被评定为达标以上等级服务区发生前述情况的，撤销其评定等级，降为不达标服务区。

第二十三条 已评定等级的服务区因改扩建等原因停止运营的，暂时中止其等级；待恢复运营后，按照原申请等级重新评定。

第二十四条 被撤销评定等级的服务区，应严格按照省级交通运输主管部门的整改意见实施整改。整改验收合格并保持一年时间后，可重新申请等级评定。

第五章 附 则

第二十五条 全国高速公路服务区服务质量等级评定实施方案和记分细则由全国评定委员会制定并组织实施。

第二十六条 各省、自治区、直辖市百佳示范服务区和优秀服务区评定名额，由全国评定委员会结合高速公路服务区数量变化和服务质量等情况综合研究确定。

第二十七条 本办法由交通运输部公路局负责解释。

第二十八条 本办法从 2015 年 2 月 28 日起施行。

附件 1

全国高速公路服务区服务质量等级评定记分标准

评比内容		服务质量标准	评价分值	考核项目		
				达标服务区	优秀服务区	示范服务区
			1000	800	900	1000
1. 公共卫生间	1.1 基础设施	（1）便器数量与日常旅客峰值相匹配，满足非重大节假日驾乘人员需要	25	√	√	√
		（2）重大节假日期间遇有排队如厕现象，能及时开启简易或临时卫生间等辅助设施	15	√	√	√
		（3）公共卫生间为水冲式。不具有完整上下水道和粪便处理设施的地区，应设置具有前端处理设施的独立式无害化卫生间	5	√	√	√
		（4）有完好可用的残疾人专用卫生设施	5	√	√	√
		（5）私密性强，厕位之间有隔断板和门，男厕小便位间设有隔板	10	√	√	√
		（6）大、小便间和盥洗室分室设置	5	√	√	√
		（7）各类便器、洁具、水龙头、灯具、换气设备完好可用，无缺失、破损、锈蚀现象	5	√	√	√
		（8）上下水设施能正常使用，无滴漏、锈蚀现象，排污通畅	5	√	√	√
		（9）地面、墙体、顶棚、门窗无缺失、破损、锈蚀现象	5	√	√	√
		（10）设置文明用厕宣传标识、标牌	5		√	√
		（11）提供洗手液和干手设施	5		√	√
		（12）有完好可用的第三卫生间、老年人和儿童卫生洁具	10			√
		（13）冬季为驾乘人员提供温度适宜的洗漱用水	5			√
	1.2 环境卫生	（14）光线良好、空气清新、无异味	10	√	√	√
		（15）地面洁净，无垃圾、杂物、积水、痰迹、污渍	10	√	√	√
		（16）棚面、墙面、柱面、门窗、台面、镜面等洁净无灰尘、无污物	5	√	√	√
		（17）各类设施设备干净整洁	5	√	√	√
		（18）便池挡板干净清洁	10	√	√	√
		（19）便池无水锈、污渍、积便现象	10	√	√	√
		（20）垃圾纸篓统一套袋，纸篓内纸不超过 2/3	10	√	√	√
		（21）无蚊蝇	10	√	√	√
		（22）适当摆放盆景、盆花等装饰品，播放背景音乐	5		√	√
	1.3 文明服务	（23）24 小时免费开放	5	√	√	√
		（24）保洁人员着统一工装、佩戴工牌，仪容仪表整洁、姿态端正，无聚众聊天、玩手机等与工作无关的行为	5	√	√	√
		（25）实行专业化物业管理和标准化作业	10			√
	公共卫生间部分合计		200	160	175	200

续上表

评比内容		服务质量标准	评价分值	考核项目		
				达标服务区	优秀服务区	示范服务区
			1000	800	900	1000
2. 公共场区	2.1 基础设施	(26) 交通标志标线符合相关标准，齐全清晰	10	√	√	√
		(27) 综合楼、停车场、公共卫生间、加油站、维修站进行交通流线设计，合理布设人流、车流路线明确、简捷、安全	10	√	√	√
		(28) 停车位数量与交通量、车辆构成相适应，且充分利用场地，方便车辆安全停放、进出方便	10	√	√	√
		(29) 停车位实行划区设置。小型客车、大型客车、大型货车分区停放，危险化学品车、牲畜运输车专区停放	10	√	√	√
		(30) 根据驾乘人员数量和车辆流量配备安保人员，加强疏导，车辆分区按序停放，公共场区秩序良好	10	√	√	√
		(31) 照明设施齐全完好，停车区域夜间照明良好、无盲点	10	√	√	√
		(32) 监控设施设备完好、监控图像清晰完整，监控范围覆盖停车广场和加油站，无盲点	10	√	√	√
		(33) 地面无明显坑槽和病害	5	√	√	√
		(34) 危险化学品、牲畜运输车专用停车位选址合理安全，根据需求设置长途客运接驳车辆专用停车位	10			√
		(35) 设置室外休息区或简易休息设施，方便驾乘人员临时休息	5		√	√
		(36) 利用有效空间，宣传交通政策法规，倡导文明驾驶、安全出行	5		√	√
	2.2 环境卫生	(37) 地面、草坪内干净，无垃圾、无杂物、积水。	10	√	√	√
		(38) 垃圾箱外表整洁，分布均匀合理，美观适用，能实现分类回收，箱内垃圾不超过 2/3	10	√	√	√
		(39) 各类灯箱、牌匾、指示牌等悬挂物内容规范、整洁、无破损	5	√	√	√
		(40) 绿化效果好。绿化区域无黄土裸露、无杂草杂物	5	√	√	√
		(41) 无非法摆摊设点现象	5	√	√	√
	2.3 文明服务	(42) 24 小时免费开放	10	√	√	√
		(43) 工作人员着统一工装、佩戴工牌，仪容仪表整洁、姿态端正，无聚众聊天、玩手机等与工作无关的行为	5	√	√	√
		(44) 重大节假日期间加派人员，疏导车辆，维护秩序	10		√	√
		(45) 实行专业化物业管理和标准化作业	10			√
	2.4 安全管理	(46) 配有符合消防部门要求的消防器材。各类消防器材完好可用。灭火器有托架，与地面距离符合标准	10	√	√	√
		(47) 自备水源和二次供水水质符合国家标准。二次供水蓄水池设施符合卫生要求，定期进行清洗消毒	10	√	√	√
		(48) 保安全天候值守，严格执行巡检制度，巡检记录内容完整可查	5		√	√
	公共场区部分合计		190	145	170	190

续上表

评比内容		服务质量标准	评价分值	考核项目		
				达标服务区	优秀服务区	示范服务区
			1000	800	900	1000
3.餐饮	3.1 基础设施	（49）证照齐全，经营许可证等证照在明显位置公开悬挂	5	√	√	√
		（50）用餐位与日常旅客峰值相适应，满足非重大节假日驾乘人员就餐需要	5	√	√	√
		（51）餐桌椅完好，无破损残缺，色感清洁温暖	5	√	√	√
	3.2 环境卫生	（52）餐厅光线良好，温度适宜，空气清新、无异味，无蚊蝇	10	√	√	√
		（53）餐厅地面洁净，无垃圾、杂物、积水、痰迹、污渍，桌椅和餐具干净、卫生、整洁	10	√	√	√
	3.3 文明服务	（54）员工着统一工装、佩戴工牌，仪容仪表整洁、姿态端正。接待顾客主动热情，规范使用服务用语。上岗期间无聚众聊天、玩手机等与工作无关的行为	10	√	√	√
		（55）明码标价，一货一签，公平交易，无强卖现象	10	√	√	√
		（56）能够按规定开具发票	5	√	√	√
		（57）正常供餐时间外，能提供简单餐饮服务	5	√	√	√
		（58）餐饮特色化，提供具有地方特色的食品	5		√	√
		（59）餐饮多样化。中餐、快餐菜品数量达到20种以上	5		√	√
		（60）引进知名品牌，创建自主品牌，实行品牌化经营管理	5			√
	3.4 安全管理	（61）配有符合消防部门要求的消防器材，各类消防器材完好可用。灭火器有托架，与地面距离符合标准	10	√	√	√
		（62）食材进货渠道符合餐饮业相关法规，实行索证和台账管理制度。无假冒伪劣商品	10	√	√	√
		（63）各种食品、调料、配料质量合格，无发霉、污染、变质、过期等现象，产品外包装符合相关规定	10	√	√	√
		（64）食品生产经营从业人员定期体检并获得健康检查合格证明，保持良好的个人卫生习惯，健康合格证在餐厅明显位置公示	5	√	√	√
		（65）餐具按照规定消毒；后厨案板、储藏按生、熟、荤、素分区管理	5	√	√	√
		（66）餐厅设置警示标志，提醒驾驶人员不要购买和饮用酒类饮品	10			√
	餐饮部分合计		130	105	115	130
4.便利店	4.1 基础设施	（67）证照齐全，经营许可证在明显位置公开悬挂	5	√	√	√
		（68）设有便利店，且便利店总使用面积达到100m² 以上	5	√	√	√
	4.2 环境卫生	（69）空气清新、无异味、无蚊蝇、光线良好，温度适宜	5	√	√	√
		（70）地面洁净，无垃圾、杂物、痰迹、污渍	5	√	√	√

续上表

评比内容		服务质量标准	评价分值	考核项目		
				达标服务区	优秀服务区	示范服务区
			1000	800	900	1000
4. 便利店	4.3 文明服务	(71) 为驾乘人员提供全天候服务	10	√	√	√
		(72) 经销的各类商品符合法律法规要求，无假冒伪劣商品	10	√	√	√
		(73) 明码标价，一货一签，公平交易，无强卖现象	10	√	√	√
		(74) 按规定开具发票	5	√	√	√
		(75) 员工着统一工装、佩戴工牌，仪容仪表整洁、姿态端正。接待顾客主动热情，规范使用服务用语。上岗期间无聚众聊天、玩手机等与工作无关的行为	10	√	√	√
		(76) 商品种类丰富，包括食品类、日用品类以及烟酒类达到 300 种以上	10		√	√
		(77) 结合地域与文化特色，配置有地方特色商品专柜	5		√	√
		(78) 瓶装水和方便面等大众化商品实行“同城同价”	5			√
	4.4 安全管理	(79) 配有符合消防部门要求的消防器材。各类消防器材完好可用。灭火器有托架，与地面距离符合标准	10	√	√	√
		(80) 各种商品生产厂家、地址、商标、生产许可证编码、生产日期、有效期齐全。食品类商品带有“QS”标识，符合《食品安全法》规定要求	10	√	√	√
		(81) 各种食品、调料、配料质量合格，无发霉、污染、变质、过期等现象	10	√	√	√
		(82) 食品生产经营从业人员定期体检并获得健康检查合格证明。健康合格证在明显位置公示	5	√	√	√
	便利店部分合计		120	100	115	120
5. 加油（气）站、充电站	5.1 基础设施	(83) 证照齐全，经营许可证在明显位置公开悬挂	5	√	√	√
		(84) 加油枪数量按照路段交通流量配置，能够满足日常加油需要	5	√	√	√
		(85) 加油机、加油枪设备完好，能够正常工作	5	√	√	√
		(86) 设有加气站或充电站并正常运行	5			√
	5.2 环境卫生	(87) 地面洁净，无垃圾、杂物、积水、痰迹、污渍	5	√	√	√
		(88) 各类设施设备干净整洁	5	√	√	√
	5.3 文明服务	(89) 能够提供全天候加油服务	10	√	√	√
		(90) 经销的油、气、电符合国家质量标准	5	√	√	√
		(91) 公平交易，能够按规定开具发票	10	√	√	√
		(92) 公示油品和天然气的标号和价格，实行“同城同价”	10	√	√	√
		(93) 员工着统一工装、佩戴工牌，仪容仪表整洁、姿态端正。接待顾客主动热情，规范使用服务用语。上岗期间无聚众聊天、玩手机等与工作无关的行为	10	√	√	√

续上表

评比内容		服务质量标准	评价分值	考核项目		
				达标服务区	优秀服务区	示范服务区
			1000	800	900	1000
5. 加油（气）站、充电站	5.4 安全管理	(94) 配有符合消防部门要求的消防器材。各类消防器材完好可用，灭火器有托架，与地面距离符合标准	10	√	√	√
		(95) 加油站、加气站设有防火墙、安全岛、护栏杆，且符合消防标准，消防铁锹、桶、钩及石棉毯配置齐全	5	√	√	√
		(96) 罐区、卸口配备符合地方管理标准的消防物品	5	√	√	√
		(97) 设置明显的禁火、防辐射标志、安全警示标志	5	√	√	√
		(98) 室内外无吸烟及存放易燃易爆等危险品的现象	10	√	√	√
	加油（加气、充电）站部分合计		110	105	105	110
6. 车辆维修站	6.1 基础设施	(99) 证照齐全，经营许可证在明显位置公开悬挂	5	√	√	√
		(100) 能提供一般的零件更换、维护维修、充气补胎、更换轮胎、更换机油等服务	10	√	√	√
	6.2 环境卫生	(101) 地面洁净，无垃圾、杂物、积水、痰迹、污渍	5	√	√	√
		(102) 各类设施设备表面干净整洁	5	√	√	√
	6.3 文明服务	(103) 能够按规定开具发票	5	√	√	√
		(104) 公示工时定额及价格，销售配件做到明码标价，一货一签，维修常用配件实行“同城同价”	5	√	√	√
		(105) 员工着统一工装、佩戴工牌，仪容仪表整洁、姿态端正。接待顾客主动热情，规范使用服务用语。上岗期间无聚众聊天、玩手机等与工作无关的行为	5	√	√	√
		(106) 中修以上签订维修协议，严格执行保修条款和质量检验标准，无偷工减料、坑蒙拐骗现象	5	√	√	√
	6.4 安全管理	(107) 配有符合消防部门要求的消防器材。各类消防器材完好可用。灭火器有托架，与地面距离符合标准	10	√	√	√
		(108) 有防止高压胎充气过程中钢圈飞出的安全控制措施	5	√	√	√
	车辆维修站部分合计		60	60	60	60
7. 客房	7.1 基础设施	(109) 配有适应日常实际消费需求的客房或应急用房	5	√	√	√
		(110) 房间配有彩色电视机。标准间有独立卫生间，多人间有专用卫生间和浴室，24 小时免费供应热水	5	√	√	√
		(111) 证照齐全。经营许可证在明显位置公开悬挂	5	√	√	√
	7.2 环境卫生	(112) 房间空气清新、无异味、无蚊蝇，床铺桌椅和照明设施完好，光线良好	5	√	√	√
		(113) 房间每天全面整理一次，并做到“一客一换一消毒”	5	√	√	√
	7.3 文明服务	(114) 设置价格公示板，明码标价。按规定开具发票	5	√	√	√
		(115) 员工着统一工装、佩戴工牌，仪容整洁、姿态端正。接待顾客主动热情，规范使用服务用语。无聚众聊天、玩手机等与工作无关的行为	5	√	√	√

续上表

评比内容		服务质量标准	评价分值	考核项目		
				达标服务区	优秀服务区	示范服务区
			1000	800	900	1000
7.客房	7.4安全管理	(116)配有符合消防部门要求的消防器材。各类消防器材完好可用。灭火器有托架，与地面距离符合标准	5	√	√	√
		(117)安全通道畅通，火灾逃生路线指示图清晰准确	5	√	√	√
		(118)实行顾客入住实名登记制度	5	√	√	√
	客房部分合计		50	50	50	50
8.综合服务	8.1信息化	(119)提供高速公路线路查询服务	5	√	√	√
		(120)在显著位置设置咨询服务台，并有广播呼叫系统设施	5		√	√
		(121)提供高速公路路况查询服务	5		√	√
		(122)提供天气查询服务	5		√	√
		(123)提供免费wifi网络服务	5			√
		(124)提供停车位剩余接待容量信息	5			√
		(125)提供周边旅游及美食信息查询服务	5			√
		(126)有官方网站，信息更新及时，随时受理顾客查询或提问	5			√
	8.2人性化	(127)24小时提供免费饮用开水	15	√	√	√
		(128)有残疾人专用通道	5	√	√	√
		(129)提供简单的非处方类药品	5			√
		(130)设置母婴室	5		√	√
	8.3监督与投诉	(131)设立监督公示栏，公示服务区、管理单位和上级主管部门的监督电话。服务区的监督电话24小时有人接听，有效投诉反馈率达到100%	10	√	√	√
	综合服务部分合计		80	35	55	80
9.基础管理	9.1制度建设	(132)建立完善的服务区行业管理标准	5	√	√	√
		(133)制定科学有效的监督检查机制，高速公路经营管理单位按期开展服务区日常管理及服务质量考核	5	√	√	√
		(134)完善突发事件(反恐、消防、危险化学品泄漏、抢险救灾等)应急预案，提高突发事件应对能力，定期组织演练	5	√	√	√
		(135)引进专业化团队或知名品牌企业参与经营，开放服务区市场，完善竞争机制	5		√	√
	9.2员工保障	(136)满足员工的住宿和洗浴需求	5	√	√	√
		(137)满足员工的就餐需求	5	√	√	√
		(138)同员工依法签订劳动合同	5	√	√	√
		(139)员工工资不低于当地最低工资标准	5	√	√	√
	9.3生态环境建设	(140)污水排放达标	5	√	√	√
		(141)生活垃圾集中无害化处理	10		√	√
		(142)积极推广应用各类节能、环保和循环利用技术	5			√
	基础管理部分合计		60	40	55	60
备注	考虑到各省(区、市)特点和公众出行需求方面的现实差异，车辆维修站和客房的服务质量是否作为考核项目，由各省级交通运输主管部门结合本地区实际情况统一确定。如确因无相关需求而暂不作为考核项目，其考核得分可暂按相应考核项目的70%的分值记入考核总得分					

附件 2

全国高速公路停车区服务质量等级评定记分标准

<table>
<tr><td colspan="2" rowspan="2">评 比 内 容</td><td rowspan="2">服务质量标准</td><td>评价分值</td></tr>
<tr><td>200</td></tr>
<tr><td rowspan="16">1. 公共卫生间</td><td rowspan="6">1.1 基础设施</td><td>（1）公共卫生间为水冲式。不具有完整上下水道和粪便处理设施的地区，应设置具有前端处理设施的独立式无害化卫生间</td><td>10</td></tr>
<tr><td>（2）私密性强，厕位之间有隔断板和门，男厕小便位间设有隔板</td><td>5</td></tr>
<tr><td>（3）各类便器、洁具、水龙头、灯具、换气设备完好可用，无缺失、破损、锈蚀现象</td><td>5</td></tr>
<tr><td>（4）上下水设施能正常使用，无滴漏、锈蚀现象，排污通畅</td><td>5</td></tr>
<tr><td>（5）地面、墙体、顶棚、门窗无缺失、破损、锈蚀现象</td><td>5</td></tr>
<tr><td>（6）设置文明用厕宣传标识、标牌</td><td>5</td></tr>
<tr><td rowspan="9">1.2 环境卫生</td><td>（7）光线良好、空气清新、无异味</td><td>10</td></tr>
<tr><td>（8）地面洁净，无垃圾、杂物、积水、痰迹、污渍</td><td>10</td></tr>
<tr><td>（9）棚面、墙面、柱面、门窗、台面、镜面等洁净无灰尘、无污物</td><td>5</td></tr>
<tr><td>（10）各类设施设备干净整洁</td><td>10</td></tr>
<tr><td>（11）便池挡板和门清洁</td><td>10</td></tr>
<tr><td>（12）便池无水锈、污渍、积便现象</td><td>10</td></tr>
<tr><td>（13）垃圾纸篓统一套袋，纸篓内纸不超过 2/3</td><td>10</td></tr>
<tr><td>（14）无蚊蝇</td><td>10</td></tr>
<tr><td>（15）24 小时免费开放</td><td>10</td></tr>
<tr><td colspan="2">公共卫生间部分合计</td><td>120</td></tr>
<tr><td rowspan="11">2. 公共场区</td><td rowspan="5">2.1 基础设施</td><td>（16）交通标志标线齐全清晰</td><td>10</td></tr>
<tr><td>（17）对停车位、公共卫生间进行交通流线设计。路线明确、简捷、安全</td><td>10</td></tr>
<tr><td>（18）停车位充分利用场地，分区停放、进出方便</td><td>10</td></tr>
<tr><td>（19）照明设施齐全完好，夜间照明良好</td><td>10</td></tr>
<tr><td>（20）地面无明显坑槽和病害</td><td>5</td></tr>
<tr><td rowspan="5">2.2 环境卫生</td><td>（21）地面、草坪内干净、无垃圾、杂物、积水</td><td>10</td></tr>
<tr><td>（22）垃圾箱外表干净整洁，分布均匀合理，美观适用，箱内垃圾不超过2/3。垃圾分类回收</td><td>10</td></tr>
<tr><td>（23）各类灯箱、牌匾、指示牌等悬挂物内容规范、整洁、无破损</td><td>5</td></tr>
<tr><td>（24）绿化效果好。绿化区域无黄土裸露、无杂草杂物现象</td><td>5</td></tr>
<tr><td>（25）利用有效空间，宣传交通政策法规，倡导文明驾驶、安全出行</td><td>5</td></tr>
<tr><td colspan="2">公共场区部分合计</td><td>80</td></tr>
</table>

288. 交通运输部关于印发全国高速公路服务区服务质量等级标识式样的通知

（交公路发〔2015〕189 号）

各省、自治区、直辖市交通运输厅（居、委）：

根据《交通运输部关于印发全国高速公路服务区服务质量等级评定办法（试行）的通知》（交公路发〔2015〕29 号），现将全国百佳示范服务区和优秀服务区标识式样印发给你们，请按照规定制作和核发。

附件：1. 全国百佳示范服务区标识式样
　　　2. 全国优秀服务区标识式样

附件 1

全国百佳示范服务区标识式样

附件 2

全国优秀服务区标识式样

Vision Identify for
National Highway Demonstration Service Area
全国百佳示范服务区
视觉识别系统设计方案

A3-2 标志应用

标准金属铭牌

本铜质奖牌采用拉丝不锈钢腐蚀填色工艺，后衬密度板饰以胡桃木纹贴皮。

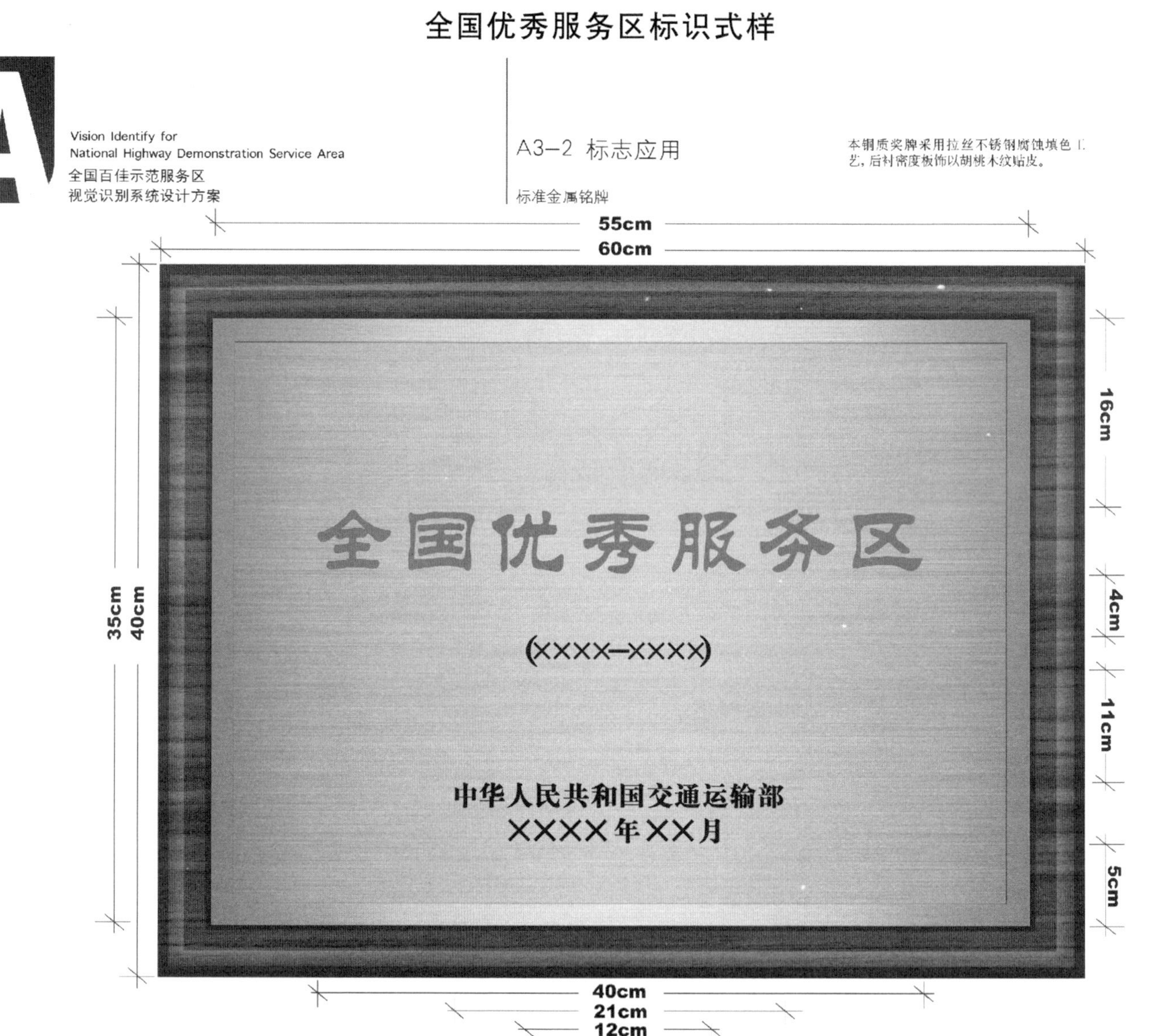

289. 2016年全国公路服务区工作要点

（交办公路函〔2016〕411号）

为深入推进全国高速公路服务区文明服务创建，加强普通国省干线公路服务区建设和运营管理，更好地满足社会公众出行需求，根据有关规定，制定本工作要点。

一、总体要求

贯彻落实党的十八大和十八届三中、四中、五中全会精神，牢固树立和贯彻落实“创新、协调、绿色、开放、共享”的发展理念，以服务社会公众安全便捷出行为主线，以解决社会公众反映最迫切、最突出的问题为导向，深入推进高速公路服务区文明服务创建工作，积极探索和加强普通国省干线公路服务区建设与运营管理，推动公路交通服务全面提质增效升级，为全面建成小康社会作出新的贡献。

二、工作目标

（一）高速公路服务区服务质量进一步提升，不达标服务区经过整改全部达标，未启用的服务区基本投入运营，各地达到百佳示范推荐标准的服务区数量比2015年增长50%以上。

（二）规划建设400处普通国省干线公路服务区（两年内建成）。

（三）健全和落实日常监管机制，监管覆盖率达到100%，确保服务质量持续向好、稳步提高。

三、深入推进高速公路服务区文明服务创建

（四）进一步强化公共卫生间服务管理。加强公共卫生设施改造和配置，进一步提高服务能力。根据实际需求，配备总量满足使用需求的应急卫生间，切实解决顾客长时间排队如厕的问题。加强保洁人员配置，更新完善通风换气、除臭及地面吹干等设施设备，保持卫生间清洁卫生；同时要防止熏香过度、风干设施噪音过大等新问题。

（五）继续加强公共场区秩序管理。进一步规范交通标识，加强保安及保洁人员配置，保持公共场区清洁卫生、停车秩序规范。会同有关部门，结合区域公路网和服务区运行情况，科学规划设置长途接驳客运车辆、房车、危险化学品运输车辆专用停车位，明确监管主体和监管责任，强化安全管理和服务。加强户外简易休息设施布设，满足顾客基本休息需求。完善垃圾桶分类与布设，方便旅客就近处置垃圾。

（六）组织开展经营环境专项整治。会同有关部门，加强餐饮和商品质量监管，坚决查处和清理非法摆摊设点、无证经营、制售假冒伪劣产品、售卖过期食品等违法行为。加强餐饮多业态建设，为社会公众提供高品质、多样化餐饮服务。落实《公路工程技术标准》的规定，加强车辆维修站建设和服务管理，逐步拓展维修服务内容。加大便利店瓶装水和方便面等大众化商品“同城同价”推广力度，积极培育消费市场，创建具有市场竞争力的服务区营销品牌。

（七）进一步夯实完善人性化服务。结合顾客体验与有关标准，进一步完善母婴室、第三卫生间、残疾人通道、残疾人卫生间（可以和第三卫生间合并设置）、老人和儿童洁具、冬季温水洗手等人性化服务设施，确保旅客使用安全、方便、有尊严。鼓励有条件的地方，探索设置残疾人专用停车位、女性停车位和儿童休息区。

（八）进一步加强服务区信息化建设。加强服务区信息化建设，全面提升公路路况、公路气象等公众出行信息服务水平。探索提供地方美食及特色商品、周边旅游等信息服务，并向快捷支付、ETC充值等服务延伸。提供免费wifi网络服务。建立完善智能监控系统，将服务区公共场区安全运行情况纳入高速公路路网监控范围，实现远程视频监管。

（九）做好未启用服务区开通运营工作。积极协调有关部门，完善手续，加快落实资金，推进未启用的高速公路服务区尽快投入运营，实现全国已建成高速公路服务区 2016 年 9 月底前全部投入运营（或试运营）服务。暂时难以运营的，经省级交通运输主管部门审核同意，可适当延迟，但应保证运营的相邻服务区距离原则上不超过 100 公里、特殊偏远路段不超过 150 公里。新开通且交通量较小路段的服务区，可优先保障停车休息、加油站、公共卫生间、免费开水供应、便利店等基本服务设施投运；餐饮、汽修、客房等服务，根据顾客实际需要逐步完善投运。

（十）加强充电和加气设施建设。配合有关部门，研究高速公路服务区充电、加气等设施规划和建设，积极为电动汽车、天然气汽车提供有关服务，促进节能减排。

（十一）倡导开展“文明出行”活动。组织开展以“车辆停入位，垃圾投桶中，人多请排队，便后随手冲”为主要内容的服务区文明出行活动，通过张贴宣传海报、广播播放、微信微博、志愿者现场宣传等多种方式，引导顾客关注和支持服务区服务工作，积极开展文明服务随手拍活动，实现服务区建设人人关注、人人参与、文明成果人人分享。

（十二）加强服务质量日常监督检查。省级交通运输主管部门要组织高速公路管理机构，结合本地区实际，进一步制定或修改完善制度，积极引入“神秘顾客”、第三方评价、顾客满意度调查等方式，加强对服务区日常服务质量的监管。每年对每个服务区的督导检查或者暗访，原则上不得少于 2 次，其中 1 次应为重大节假日。对督导检查中发现的问题，应按照有关规定，责令限期整改并予以相应处理。部公路局将组织中国公路学会和各地交通运输主管部门，适时进行异地暗访。暗访结果将通报全国，并作为服务质量等级评定的重要依据。

（十三）修订完善服务质量等级评定办法。由部公路局牵头，组织中国公路学会和各地交通运输主管部门及高速公路管理机构，系统总结 2015 年服务质量等级评定工作经验，按照适当加大日常检查考核得分权重、加大社会公众满意度调查权重的基本思路，修订完善评定制度和记分标准，研究制定《2017 年全国高速公路服务区服务质量等级评定工作实施方案》，于 2016 年 9 月底前印发各地。

四、开展普通公路服务区建设试点工作

（十四）科学制定发展规划。各省（区、市）交通运输主管部门要根据本地区公众出行和旅游发展等需求，按照“科学定位、保障功能、规模适宜、经济实用、生态环保、安全卫生”的原则，充分利用现有普通国省干线公路养护工区、公路收费站、超限检测站、公路两侧加油站、废弃和闲置场地等场所或设施，或者结合国省干线公路改造，统筹规划并试点建设一批普通国省干线公路服务区，为公众提供停车休息、如厕、加油等基本公共服务，促进地方旅游和经济社会发展，同时提升公路养护管理和应急服务保障水平。2016 年开始试点，先期规划建设 400 处普通公路服务区，2017 年底建成。力争到 2020 年，全国普通公路服务区达到 2000 处。

（十五）健全落实保障政策。普通公路服务区是服务群众安全便捷出行的重要公益性服务设施，是公路基础设施的重要组成部分。各地要积极协调地方财政部门，将普通国省干线公路服务区公共服务设施建设改造和运营管理资金，纳入普通国省干线公路养护经费支出范围给予保障。研究探索针对性的政策措施，鼓励公路沿线具备条件的单位和企业，采用自由连锁等方式加盟，为公众提供标准化的出行服务；鼓励具备条件的服务区，加强经营项目开发，增强造血功能，提升综合服务能力和基本公共服务保障能力。改扩建公路要按照规划，同步建设和启用公路服务区，实现土地资源节约和高效利用。

（十六）加强服务质量监管。各省（区、市）交通运输主管部门要借鉴高速公路服务区运营管理和文明服务创建工作经验，研究制定本地区普通国省干线公路服务区服务管理工作制度，加强服务质量监督检查和考核，及时协调解决运行工作中发现的问题，确保服务质量，促进普通国省干线公路服务区健康持续发展。

290. 交通运输部办公厅关于开展2017年全国高速公路服务区服务质量等级评定工作的通知

（交办公路函〔2017〕499号）

各省、自治区、直辖市交通运输厅（委）：

为贯彻落实2017年全国交通运输工作会议精神，持续推进全国高速公路服务区文明服务创建工作，不断提升高速公路服务区服务质量，为社会公众出行提供更加优质的服务，根据《交通运输部关于印发全国高速公路服务区服务质量等级评定办法（试行）的通知》（交公路发〔2015〕29号）的有关要求，交通运输部决定2017年继续开展全国高速公路服务区服务质量等级评定工作。现将有关事项通知如下：

一、总体要求

深入贯彻落实党的十八大和十八届三中、四中、五中、六中全会精神，以服务社会公众安全便捷出行为主线，以解决社会公众反映最迫切、最突出的问题为导向，以环境卫生和文明服务为重点，强化基本服务功能，提升综合服务能力，关注日常、关注服务、关注细节，扎实有序开展服务质量等级评定工作，推动高速公路服务提质增效、转型升级，为全面建成小康社会作出新贡献。

二、工作目标

按照“统一领导、分级实施、严格标准、加强监管”的原则，在全国范围内评选出100对全国百佳示范服务区和400对全国优秀服务区；进一步通过发挥百佳示范和优秀服务区的示范引领作用，带动全国高速公路服务区提质升级，更好地服务社会公众安全便捷出行。

三、主要内容

（一）组织实施。

全国高速公路服务区服务质量等级评定工作由交通运输部公路局牵头，组织中国公路学会等有关单位成立全国评定委员会，具体负责等级评定工作，实施方案和记分细则由全国评定委员会制定并印发。各省级交通运输主管部门组织成立省级评定委员会，做好本行政区域内的组织和实施工作。

（二）评定范围。

2016年7月31日前开通运营的所有高速公路服务区（含停车区），均应参加此次服务质量等级评定。其中，截至2017年7月31日前因维修改造或其他原因暂停运营的服务区，不参加此次等级评定。

（三）评定方式。

包括现场检查考核和日常检查考核两部分。日常检查考核部分增加公众满意度评价考核，由省级评定委员会组织开展相关评价工作，主要采取第三方评价或公众满意度调查的方式进行。

（四）评定程序。

各有关部门要按照规定的时间节点完成自评、考评工作。其中，高速公路服务区运营管理单位于2017年7月31日前将自评结果和等级评定申请表报送省级评定委员会；省级评定委员会于2017年8月31日前，将评定结果及百佳示范服务区申报情况报送全国评定委员会备案；全国评定委员会于2017年9月30日前，对各地申报的全国候选百佳示范服务区进行考核评定，并将初步评定结果通过交通运输部网站集中公示，接受社会监督，最终确定高速公路服务区服务质量等级。

四、工作要求

（一）加强组织领导。各省级交通运输主管部门要积极组织协调本地区相关单位，成立专门组织机构，研究制定实施方案，明确工作职责和目标任务，迅速部署开展实施工作。服务区运营管理单位要采取切实有效措施，认真抓好落实，坚决杜绝搞形式、走过场，要以实实在在的成效，满足社会公众的期待。

（二）加强监督检查。各省级交通运输主管部门要协调相关部门和单位，加强督导检查，督促相关单位认真落实各项措施，按期完成工作任务，切实提升服务质量。结合文明服务创建活动，进一步完善服务质量考核机制，大力推广第三方评价制度，在服务区显著位置公布投诉举报方式，接受社会公众监督，共同促进服务区服务能力与水平的持续改善和提升。

（三）完善保障机制。各地交通运输主管部门和高速公路运营管理单位要积极协调相关部门，切实落实公共服务设施改善和维护经费保障制度，保证必要经费投入，科学有序推动老旧服务区改扩建工作，加强服务设施维修和改造。

（四）科学开展评定。各省级交通运输主管部门和中国公路学会要密切配合，严格按照规定的标准和程序，组织开展好评定工作，真正选树一批服务质量好、示范作用强、群众认可度高的示范服务区。对不达标的服务区，省级交通运输主管部门要认真实行挂牌督办，责令限期整改；在限期内未按规定要求完成整改的，要严格按照有关规定处理，同时要将有关情况报部，由部视情在全国范围内予以通报。

（五）加强跟踪督导。各地交通运输主管部门和全国评定委员会要加强日常监督检查，建立健全日常监督检查制度。对服务质量明显下降、达不到评定标准的服务区，要及时印发警告通知书，责令限期整改；对在规定期限内未按要求完成整改任务的，相应降低评定等级。对发生严重损害消费者权益、群体性中毒、重大安全生产责任事故或严重违法违纪行为等事件的服务区，直接降为不达标服务区，并予以通报。

联系人：闫卫坡

联系电话：010-65292751，65292781（传真）。

电子邮箱：LWGLC@mot.gov.cn。

291. 2018 年全国公路服务区工作要点

（交办公路函〔2018〕593 号）

为进一步提升全国公路服务区的服务质量，更好地满足人民群众日益增长的美好生活需要，根据部 2018 年重点目标任务安排以及有关规定，制定本要点。

一、总体要求

以习近平新时代中国特色社会主义思想为指导，全面贯彻落实党的十九大和十九届二中、三中全会精神，坚持新发展理念，按照高质量发展的要求，以服务社会公众安全便捷出行为主线，以解决公众反映最迫切、最突出的问题为导向，创新工作思路，完善服务设施，拓展服务内容，优化服务模式，加快推动公路服务区质量变革、效率变革、动力变革，为决胜全面建成小康社会、开启建设交通强国新征程作出新的贡献。

二、深入推进高速公路服务区文明服务创建

（一）全面深化“厕所革命”。按照高峰时段客流要求，加强公共卫生间建设改造，切实解决设施不完善、厕位不足、男女厕位配比不合理等问题，消除排队如厕现象。时段性客流特征明显、负荷大的公共卫生间，男女厕位比例宜为 1∶2.5，或者设置应急卫生间、通用卫生间（无性别限制的独立单间）。根据实际需要，增加保洁人员数量，加强日常特别是夜间保洁，保持 24 小时清洁卫生。北方地区应完善冬季温水洗手设施。加强第三卫生间、残疾人卫生间建设改造，完善残疾人、老年人、儿童使用的卫生洁具，保障安全便捷使用。鼓励在条件允许的情况下，免费提供厕纸。（省级交通运输主管部门负责）

（二）加强老年人残疾人出行服务。落实交通运输部等部门《关于进一步加强和改善老年人残疾人出行服务的实施意见》（交运发〔2018〕8 号），加强残疾人通道等无障碍服务设施建设和改造，实现全覆盖。建立无障碍设施安全检查制度，定期排查无障碍通道和设施安全情况，消除安全和通行隐患。设置老年人、残疾人等服务标志，提供服务车、轮椅等便民辅助设备，保障行动不便的老年人和残疾人安全便捷出行。（省级交通运输主管部门负责）

（三）加强母婴设施建设和维护。落实国家卫生计生委等部门《关于加快推进母婴设施建设的指导意见》（国卫指导发〔2016〕63 号），完善标准化母婴室的建设和维护，加强对母婴设施的提示和引导。鼓励有条件的服务区，设置儿童娱乐休息区，针对孕期、哺乳期妇女以及携带婴幼儿的顾客，提供专门便利服务。（省级交通运输主管部门负责）

（四）加强公共场区管理。根据车流、客流分布情况，进一步优化公共场区布局，合理设计交通流向，规范交通标志标线，引导客车、货车、危险化学品运输车、牲畜运输车分区按序停放。加强安保人员配置，强化秩序管理。适当增加人行横道线，引导顾客安全通行。完善垃圾箱配置，实现布局均匀合理、分类回收、及时清理。加大卫生巡查清扫力度，始终保持干净卫生。加强照明设施配置，确保夜间照明全覆盖。（省级交通运输主管部门负责）

（五）打造“明厨亮灶”放心工程。鼓励具备条件的服务区打造透明厨房和视频厨房。在食品加工区和就餐区之间，采取透明玻璃橱窗或视频监控等方式，实现后厨“阳光操作”，让消费者吃得放心。加强食品安全信息公开，通过电子屏或公示栏及时公示经营许可证、食品原料检验检疫单、从业人员健康体检证明和食品安全宣传知识等信息，主动接受顾客监督。（省级交通运输主管部门负责）

（六）开展“服务区＋”行动。在保障基本服务功能的基础上，探索服务区与旅游、物流、文化、新能源等产业的融合发展，推进“服务区＋旅游”“服务区＋地方特色”“服务区＋扶贫”等建设。因地制宜设置物流园区、地方特色产品专柜、汽车维修连锁经营店、连锁客房、文化产品展销区等设施，推进品牌化、专业化、连锁化经营管理，促进消费升级，服务地方经济发展。（省级交通运输主管部门负责）

（七）推进智慧服务区建设。加强“互联网+”“云计算”“大数据”等技术在服务区的应用。将公共场区纳入高速公路网视频监控范围。鼓励有条件的服务区，开展运营管理和监督检查信息系统试点工程建设，实现运营管理和监督检查的在线化、常态化、智能化，推进顾客和第三方实时化评价工作，提升监管效率。推进服务区信息平台建设，加强信息统计与发布工作，服务公众出行选择。服务区暂停运营、无法提供加油、充电等服务的，要通过信息平台提前公示。（省级交通运输主管部门负责）

（八）加强绿色服务区建设。研究建立绿色服务区标准体系（部公路局、中国公路学会牵头负责）。加强绿色服务区和房车营地规划研究，积极推广应用各类节能、环保、循环利用技术，推进截污纳管改造和生活垃圾集中无害化处理，加强水资源循环利用。配合相关部门，加强加气、充电、房车营地等设施建设。（省级交通运输主管部门负责）

（九）开展“司机之家”试点建设。鼓励具备条件的服务区，加强与运输企业协作，建设“司机之家”，设置专门的空间，为道路长途客运、货运驾驶人员提供价格适宜的停车、洗漱、住宿、车辆维修保养、无线上网等服务。鼓励各地因地制宜，建立长途客运接驳点和大件运输服务点，满足驾驶员与管理人员住宿、办公、就餐等基本需要，促进长途客运接驳和大件运输持续健康发展。（省级交通运输主管部门负责）

（十）加强服务区开通运营管理。对未与主体工程同步启用的服务区，要按照经济实用、保障基本需求的原则，统筹调配资源，合理配置服务设施，确保 2018 年内提供停车、加油、如厕、免费开水供应等基本服务。在此基础上，根据实际需要，逐步完善服务功能。新开通的路段，要确保服务区与主体工程同步开通、同步运营。西部省份确因特殊困难难以如期开通运营的服务区，要合理控制服务区间距，完善上游路段标志标牌，通过多种方式提醒驾驶人做好相关准备。（省级交通运输主管部门负责）

（十一）修订服务质量等级评定办法。总结 2014 年以来全国高速公路服务区文明服务创建工作经验，修订完善全国高速公路服务区服务质量等级评定办法和计分标准。探索建立省级服务质量整体评定办法，促进各地服务区全面提升服务质量。（部公路局牵头，中国公路学会配合）

三、加强普通国省干线公路服务设施建设改造

（十二）加快普通公路服务设施建设改造。按照《普通国省干线公路服务设施建设实施暂行技术要求》和年度建设任务，加快落实前期工作，推进项目建设和改造，确保年底前全面完成建设改造任务。按照“因地制宜、统筹规划，合理布局、功能匹配，经济实用、可持续发展”的原则，优先利用现有公路管理和服务设施、公路边角用地和社会资源进行建设改造，合理控制单个服务区的规模，避免贪大求洋，确保后期运营和养护管理得到有效保障，为公众持续提供优质服务。（省级交通运输主管部门负责）

（十三）加强运营服务管理。结合本地区实际，建立健全普通国省干线公路服务设施运营管理制度和服务标准体系，实施标准化运营、规范化管理。鼓励引入社会资本，开展连锁、合资、承包、租赁等多种方式经营，在保证基本服务的基础上，适度拓展服务功能，增强造血功能，不断提高综合服务能力。（省级交通运输主管部门负责）

（十四）优化调整项目库。结合本地区需求变化等有关情况，进一步做好已入库规划项目的摸底排查工作。对建设条件发生变化的项目，要逐一核实，按照部相关要求，及时调整项目库，提前开展前期工作，确保“十三五”期建设任务目标按期顺利完成。具体调整情况及时报部备案。（省级交通运输主管部门负责）

（十五）探索共建共享服务设施。鼓励有条件的地区，加强与高速公路服务区的衔接，利用高速公路服务区服务设施齐全的优势，试点普通国省干线公路服务设施与高速公路服务区共建共享，形成资源集约、开放共享的服务设施网络，提高普通公路服务水平。（省级交通运输主管部门负责）

四、加强综合管理服务

（十六）强化安全生产管理。协调相关部门，建立健全安全管理制度和安全生产隐患排查治理联动机制，进一步加强对公共场区、停车场、加油站、食品卫生、饮用水等重点领域的安全防范。加强反恐防范工作。按照突发事件应急体系建设的要求，制定完善应急预案，强化应急处置管理，提高应对处置突发事件能力。（省级交通运输主管部门负责）

（十七）规范经营考核管理。坚持基本公共服务功能优先的原则，建立健全公路服务区商业价值评定机制，科学合理确定经营指标，依法依规开展经营项目招商，杜绝因经营指标过快增长，导致商品价格过高、公益服务投入下降等问题。（省级交通运输主管部门负责）

（十八）加强队伍和文化建设。完善人才工作机制，加强专业化人才培养和培训，组织开展专业技能比武。加强专家智库建设，吸引专业人才投身服务区建设。加强服务区行业文化建设。结合本地特点，打造一批具有浓郁地方特色和文化特色的主题服务区和特色服务区，满足公众多样化、高品质服务需求。（省级交通运输主管部门负责）

（十九）加强服务质量监管。建立健全服务区服务质量监管制度，强化日常检查督导（省级交通运输主管部门负责）。组织开展公路服务区建设、运营和服务情况省际互查以及明察暗访活动。对服务质量不符合规定标准的，责令限期整改，在全国范围内通报。检查和暗访结果作为下次服务质量等级评定的依据。（部公路局牵头，中国公路学会、部规划研究院和各省级交通运输主管部门配合）

请各省、自治区、直辖市交通运输主管部门将本地区贯彻落实情况，于2018年12月10日前书面报部。

292. 交通运输部办公厅关于推进交通运输“厕所革命”的通知

（交办运〔2019〕96号）

各省、自治区、直辖市、新疆生产建设兵团交通运输厅（局、委）：

为深入贯彻落实习近平总书记关于“厕所革命”的重要指示批示精神，巩固和扩大交通运输“厕所革命”成果，进一步提升人民群众对交通运输服务质量的满意度，经交通运输部同意，现就推进交通运输“厕所革命”有关事项通知如下。

一、深刻认识推进交通运输“厕所革命”的重大意义

厕所是基本的民生问题，关系人民群众生活品质的改善，关系国民素质提升、社会文明进步。党中央、国务院高度重视“厕所革命”，习近平总书记多次就推进“厕所革命”作出重要指示批示。2015年以来，各地区交通运输部门积极推进“厕所革命”，有效提升了交通运输公共厕所服务水平。但同时，全国交通运输“厕所革命”开展不平衡不充分、如厕环境不佳、人性化服务设施配套不完善等问题依然突出，推进工作任重道远。各地区交通运输部门要树立“小厕所、大民生”的理念，将推进“厕所革命”作为交通运输“优服务、惠民生、补短板、树形象”的重要抓手，切实提高思想认识，精准施策，务求实效，切实保障好交通运输公共厕所民生需求。

二、加快交通运输公共厕所建设和改造

各地区交通运输主管部门要抓紧摸清本辖区内公路服务区、汽车客运站、水路客运站点、城市公交枢纽、轨道交通站点等公共厕所现状，明确交通运输公共厕所规划建设目标，合理优化交通运输公共厕所布局，制定交通运输公共厕所新建、改建工作计划。要按照厕位充足、比例合理、方便实用的要求，高标准做好新增厕所的建设，积极推进现有厕所的改扩建，完善通风、照明、用水等设施配备，推进节能环保改造。积极推进无障碍卫生间、第三卫生间、坐便器等人性化设施建设与改造。

三、加强交通运输公共厕所服务管理

各地区交通运输主管部门要督促指导公路服务区、汽车客运站、水路客运站点、城市公共汽电车和轨道交通运营管理单位将厕所服务作为运营服务的重要内容，完善厕所管理制度，明确厕所管理责任主体，公示厕所管理信息。要完善厕所引导牌配置，清晰标识方向和指引距离，进一步提升服务的精细化水平。要落实除臭净味、“四害”消杀等要求，保持厕所环境卫生，确保厕所内无积水积便、乱堆乱放、乱涂乱画等现象。鼓励有效整合和利用市场化、社会化资源，因地制宜探索厕所运营可持续发展模式。鼓励在农村地区提供乡镇客运站保洁公益性岗位，保障厕所服务设施可持续长效运维。

四、完善交通运输“厕所革命”保障机制

各地区交通运输主管部门要进一步健全工作机制，强化组织领导，加强统筹协调，明确责任分工，持续推进交通运输“厕所革命”工作。要完善资金投入机制，对新建和改造厕位、厕所管网规划、运营维护方面给予必要的投入。要加强督促指导，采用与安全检查等工作结合、委托第三方明察暗访等方式，对交通运输“厕所革命”推进情况进行监督。要把交通运输“厕所革命”作为推进交通文明和社会文明的重要抓手，选取“厕所革命”典型案例广泛宣传报道，努力营造人人参与交通运输“厕所革命”、共建共享优美环境的良好氛围。

293. 2020年全国公路服务区工作要点

（交办公路函〔2020〕575号）

2020年是决胜全面建成小康社会和“十三五”规划收官之年，是加快建设交通强国的紧要之年。全国公路服务区工作的总体要求是：以习近平新时代中国特色社会主义思想为指导，全面贯彻党的十九大和十九届二中、三中、四中全会精神，坚持以人民为中心的发展思想，聚焦打造“四个一流”，深化供给侧改革，固根基、强弱项、补短板，完善服务设施，优化服务方式，提升服务质量，确保更好地满足人民群众美好出行需求。

一、聚焦打造“一流设施”，强化设施建设改造

（一）推进卫生间建设改造民生实事落实。深化服务区“厕所革命”，推动建设改造200个高速公路服务区公共卫生间、500个普通国省干线公路服务设施公共卫生间，合理增加厕位总量，优化男女厕位比例，完善人性化服务设施，改善公众如厕体验，更好地服务人民群众高质量出行。（省级交通运输主管部门负责）

（二）加快推进普通国省干线公路服务设施建设改造。按照“建得宜、养得起、管得到、用得好”的原则，优先利用现有公路管理和服务设施、公路边角用地等社会资源进行建设改造，合理控制单个服务区建设规模，确保取得建设实效。层层压实责任，强化要素保障，科学统筹推进，全面完成“十三五”建设改造任务。开展“十三五”建设改造总结评估工作。（省级交通运输主管部门负责）

二、聚焦打造“一流技术”，推进智慧和绿色服务区建设

（三）推进智慧服务区建设。开展信息化建设研究，编制建设工作指南，强化服务区信息化建设指导。加强“互联网+”“云计算”“大数据”“5G”等在服务区的推广应用，加快推进全国公路服务区视频联网，推动服务区管理系统建设，实现信息统计、运营管理、监督检查的在线化、常态化和智能化。依托信息化手段，开展服务质量满意度评价工作，畅通公众反馈渠道，完善服务监督机制和评价体系。（部公路局牵头，部规划院、路网中心、中国公路学会配合，省级交通运输主管部门负责）

（四）推进绿色服务区建设。践行绿色发展理念，加强太阳能。风能等可再生能源及节能电器在服务区的推广应用。配合发展改革、电力等部门，加快推进服务区充电和加气设施建设，更好地满足新能源汽车补给需求。积极引进先进技术和污水处理设施，加强污水处理和回收利用，不断提升水资源循环利用率，推广使用节水卫生器具。完善服务区垃圾分类管理体系，持续提升分类管理能力，有效节约资源，减少环境污染。（省级交通运输主管部门负责）

三、聚焦打造“一流管理”，提升综合管理能力

（五）完善服务区标准规范体系。争取相关部门支持，在前期调研基础上，对服务区用地指标予以修订调整，缓解用地紧张问题，保障提供更加多样、更加优质服务。印发《公路服务设施设计规范》，对服务区选址、间距、用地、场区布设等指标予以明确，指导各地科学开展服务区设计工作。加快推进《公路服务设施运营服务规范》编制工作，规范服务区运营管理，持续提高服务质量。（部公路局牵头，部规划院、公路院、中国公路学会配合）

（六）探索开展高速服务区分类管理。优化现有高速服务区管理模式，由重点鼓励典型创建转为推动全面提升，对服务质量等级评定工作进行优化，基于用地面积、车流量、驶入率等，开展服务区分类管理研究，明确分类办法，完善分类层级，确定服务功能与标准。（部公路局牵头，中国公路学会配合）根据分类办法，对现有服务区进行类别划分，对照服务功能与标准，采取针对性措施，促进服务质量全面提升。（省级交通运输主管部门负责）

（七）加强普通国省干线公路服务设施运营管理。印发《关于加强普通国省干线公路服务设施运营管理和服务保障工作的通知》，加强对已开通服务设施运营管理和服务保障工作的指导。（部公路局牵头，规划院配合）建立健全管理制度、服务和考核标准，鼓励引入社会资本，合理设置增值服务，开展跨区域经营，采取合资、承包等多种方式，实施规范化管理。充分利用网络、媒体等多种渠道，加大宣传推广力度，合理设置指引标识，方便司乘人员使用。（省级交通运输主管部门负责）

（八）加强服务质量日常监督。依托电子巡更、满意度评价、视频联网等系统，完善服务质量在线监管手段，结合明察暗访、第三方评价等其他方式，逐步推动建立"服务区日查、公司巡查、行业抽查、公众监督、政府监管"五位一体的服务质量监管体系，及时发现并督促解决存在问题，推动服务质量持续提升。（部公路局牵头，路网中心、中国公路学会、省级交通运输主管部门配合）

（九）加强专业人才队伍建设。开展服务区专业人才能力建设研究。（中国公路学会负责）完善工作机制，加大培训力度，加强人才培养，组织开展专业技能比武。推进专家智库建设，关注和维护员工合法权益，吸引更多专业人才投身公路服务区建设。（省级交通运输主管部门负责）

四、聚焦打造"一流服务"，深化文明服务创建

（十）统筹做好新冠肺炎疫情防控与出行服务保障。贯彻落实党中央、国务院决策部署，坚持底线思维，加强风险应对，切实把好服务区疫情防控关。积极协调卫生健康、公安等部门，加强专业指导，加大防疫力量部署，形成防控合力。根据疫情形势发展，科学调整服务区开放经营业态，加强人流密集区域消毒、通风管理，做好一线员工自身防护。加强工作评估，及时总结经验，系统梳理问题，细化完善方案，确保打一仗进一步，不断提升服务区应急处置与服务保障能力。（省级交通运输主管部门负责）

（十一）推进"服务区＋旅游"融合发展。开展旅游主题服务区建设研究，总结推广先进服务区成功经验。（中国公路学会负责）鼓励有条件的服务区结合当地资源情况，因地制宜打造具有浓郁地方特色的旅游主题服务区。鼓励根据公众旅游需求，科学增设票务、问询、导游、休息娱乐、房车营地等服务功能，丰富服务区旅游经营业态，为游客提供更加多样、更高品质的服务。（省级交通运输主管部门负责）

（十二）助力打赢脱贫攻坚战。落实《国务院办公厅关于深入开展消费扶贫助力打赢脱贫攻坚战的指导意见》，在具备条件的服务区因地制宜采取产品助销、定向采购、吸纳就业、产业扶持等多样化扶贫方式，积极发挥服务区区位优势和"窗口"作用，助力打赢脱贫攻坚战。（省级交通运输主管部门负责）

294. 全国普通国省干线公路服务设施[①]“十三五”建设专项规划

（交办公路〔2017〕12号）

为进一步提升普通国省干线公路服务水平，满足公众出行服务需求，促进经济社会持续健康发展，构建布局合理、功能适当、供需和谐的普通国省干线公路服务设施网络，特编制本规划。规划期限为2016—2020年。

一、规划基础

（一）发展现状。

截至2015年底，我国公路总里程457.7万公里，其中高速公路通车里程12.4万公里，普通国省干线公路通车里程27.3万公里，全国96%的县城实现了二级及以上公路连通。

目前，我国普通国省干线公路服务设施主要有利用公路管养设施扩展功能和独立提供服务两种类型。截至2015年底，全国共有各类服务设施3155个，其中，利用管养设施扩展功能的服务设施2574个，占总数的82%；相对独立的公路服务设施581个，占总数的18%。服务设施建设虽已取得初步成果，但与全面建成小康社会的新要求，以及满足驾乘人员和车辆的需求相比，仍存在不足，主要表现在：服务设施总量不够，布局不优。按照50公里间距的设置要求，现有服务设施数量还存在很大缺口，同时服务设施布局缺乏规划，间距设置不合理，影响公路通行安全，降低服务体验；标准规范不完善，服务质量不高。当前，我国关于普通国省干线公路服务设施规划、建设、管理和服务等制度性规范较为欠缺，缺少具体的建设要求，造成部分服务设施功能不全、服务质量不高、存在安全隐患；资金供需矛盾突出，管理缺乏指导。普通国省干线公路服务设施的建设涉及到资金筹集、土地征用、运营管理等环节，建设成本高，服务设施后期运营还需要持续资金投入，地方财政难以满足建设需求。同时服务设施运营模式尚不明确，服务设施的健康可持续发展存在障碍。

（二）发展要求。

更好满足公众安全出行的要求，满足驾乘人员基本生理、心理需求，预防司机疲劳驾驶，及时提供加油（加水、充电）、维修、应急救援等服务；更好满足公众文明出行的要求，减少公路沿线乱摆摊、乱停车、乱扔垃圾等不文明现象，培养文明的出行习惯；更好服务地方经济发展的需要，整合闲置资源、搭建服务平台、整合沿线旅游、产业等多种资源，带动地方经济发展。

二、总体思路

（一）指导思想。

全面贯彻党的十八大和十八届三中、四中、五中、六中全会精神，坚持以“四个全面”战略布局为统领，牢固树立创新、协调、开放、绿色、共享发展理念，深入落实“四个交通”发展要求，以更好地为公众服务为出发点和落脚点，以解决普通国省干线公路服务设施总量不够、布局不优和服务质量不高等问题为导向，完善普通国省干线服务设施，着力拓展服务内涵、提升服务品质、延伸服务链条、扩大服务覆盖，为满足人民群众日益增长的公路服务新需求提供有力保障。

（二）规划原则。

1. 合理布局。

以路网等级、建设条件、交通量水平等要素为基础，与沿线城镇分布、出行需求相适应，综合考

---

① 本规划中的服务设施仅包括服务区和停车区。

虑与现有相关服务设施的相互关系，统筹经济欠发达和特殊地区的建设需要，合理确定普通国省干线公路服务设施的总量规模和空间布局。

2. 优化功能。

以保障基本公共服务为核心，兼顾为公众提供多样化出行服务的需要，以人为本、科学设置普通国省干线公路服务设施定位，提升干线公路的总体服务水平。

3. 因地制宜。

以普通国省干线公路的客观服务需求为依据，充分利用现有公路管养设施、闲置设施和用地等资源，合理设计服务设施的功能组合，形成资源集约、开放共享的服务设施网络。

4. 协同推进。

以实现环境、安全、资金的可持续发展为方针，把生态文明理念和技术融入公路服务设施发展全过程，建设符合绿色低碳要求的公路服务设施，严守安全卫生底线，加强服务设施的管理和维护，保障公路服务设施建设与环境发展协同推进。

（三）规划目标。

到 2020 年，普通国省干线公路服务设施规模由 3155 个增加至 5460 个，基本形成布局合理、功能适当、覆盖广泛、可持续发展的普通国省干线公路服务设施体系。

三、规划方案

（一）规划范围。

规划的对象原则上为“十二五”期末已建和在建的普通国省干线公路，同时兼顾其他功能和技术等级公路的实际需要；规划的功能以基本服务功能为主，延伸服务功能为辅；规划的主体是服务区和停车区，服务区提供相对全面服务，停车区提供基本服务。

（二）建设方案。

按照“优化现状、服务升级，全面覆盖、完善网络”的思路，调整和拓展全国普通国省干线公路服务设施网络。改造现有服务设施 3155 个，包括服务区 2863 个、停车区 292 个，分别占 91%和 9%；依托现有管养设施或闲置设施新建 2305 个，包括服务区 1007 个、停车区 1298 个，分别占 44%和 56%。

四、规划实施

（一）实施安排。

2016—2020 年期间，加快推进普通国省干线公路服务设施建设，在既有 27.3 万公里普通国省干线公路网络上实现公路基本服务全覆盖，年均新建 400～450 个服务设施。有序推进原有公路服务设施标准化、规范化改造，进一步提高服务水平，年均改造 600～650 个现有服务设施。

（二）实施效果。

1. 提升公路安全和服务水平。健全完善停车场、公共厕所和室外休息点等基本服务设施，为车辆和驾乘人员提供服务，消除安全隐患，让公众充分感受和共享公路交通发展的成果，切实增加获得感。

2. 促进沿线经济社会发展。搭建普通国省干线公路沿线供给服务平台，更好地发挥公路基础设施对稳增长的促进作用，带动公路与旅游、环保和地方特色产业的融合发展。

（三）保障措施。

1. 有序组织规划实施。

加强与财政、发展改革、国土、环保、旅游等部门的沟通协调，加强信息共享，消除项目落实中的障碍，提高项目推进效率。省级交通运输主管部门负责辖区内普通国省干线公路服务设施规划的组织实施、建设管理、国家补助资金的安排及运营监管，提供基本服务功能的服务设施，可与养护工区、道班的管养有机结合、统筹兼顾。服务设施的增值服务功能应以专业化运营为主，鼓励采用公司化经营、承包经营、租赁经营等市场化经营模式。

2. 加快制定标准规范。

制定服务设施设计规范。制定包括服务设施的功能要求、建设用地、单体规划布局、视觉识别系统（VIS）等方面的设计规范。建立服务设施运营管理规范，包括建立服务质量标准，建立各项管理规章制度（经营者准入退出机制、监督检查制度、绩效考核制度）等。

3. 加强多渠道资金保障。

各省级交通运输主管部门应积极协调地方财政部门，将普通国省干线公路服务设施的建设改造和维护管理经费纳入该类公路养护经费的支出范围。鼓励投资主体多元化，通过政府和社会资本合作（PPP）等方式引入社会资本参与普通公路服务设施的建设运营。合理设置增值服务功能设施，增强造血功能，提升综合服务能力。有条件的地区可有效整合公路服务设施与旅游景区、物流平台及其他商业资源，大力推动“互联网＋公路服务设施”发展，推进商业模式创新。

4. 强化建设项目管理。

按照全国统一规划，建立普通国省干线公路服务设施项目库，需申请中央财政支出预算的项目应当按照轻重缓急，择优遴选进行合理排序。项目支出预算一经批复，项目单位不得自行调整。项目库中的延续项目和当年预算未安排的项目实行滚动管理。普通国省干线公路服务设施的管理机构应依法依规对服务设施的运营状况和服务质量实施监管，督促服务设施的经营者严格执行相关标准规范。

附件：全国普通国省干线公路服务设施“十三五”建设专项规划附表

附件

全国普通国省干线公路服务设施“十三五”建设专项规划附表

普通国省干线公路服务功能类型表　　表1

类型	基本服务	延伸服务
功能	停车、如厕、休息、信息服务和无障碍服务	观景、餐饮、热水、零售、住宿、旅游、应急救护、加油(加气、充换电)、车辆加水、维修等其他服务

普通国省干线公路服务设施类型表　　表2

类型		功能
服务区	必选	停车、如厕、休息、信息服务、无障碍服务热水、购物、车辆加水、应急救护
	可选	观景、餐饮、旅游、住宿、加油(加气、充换电)、维修等其他服务
停车区	必选	停车、如厕、休息、信息服务、无障碍服务
	可选	应急救护、热水、购物、观景、车辆加水

295. 交通运输部办公厅关于加强普通国省干线公路服务设施建设管理的通知

（交办公路函〔2017〕978号）

各省、自治区、直辖市、新疆生产建设兵团交通运输厅（局、委）：

根据《全国普通国省干线公路服务设施“十三五”建设专项规划》（交办公路〔2017〕12号）要求，结合部2017年目标任务分解落实，经交通运输部同意，现就加强普通国省干线公路服务设施建设管理有关要求通知如下：

一、把握关键环节，全面提升建设管理水平

各级交通运输主管部门要深刻理解坚持以人民为中心的发展思想，按照“政府主导、行业推进、因地制宜、分类实施”的原则，坚持新建与改造相结合，充分利用现有公路管养设施、闲置设施和用地等，形成资源集约、开放共享的服务设施网络。在设计阶段，鼓励组织设计单位统一设计，并在本辖区普通国省干线公路服务设施建设规划基础上，逐个确定服务设施的功能定位，精心设计、合理布局；在建设阶段，应严格按照批准的标准和规模建设，确保服务设施规范建设，未经批准不得变更；在验收阶段，应对服务设施的建设规模和标准进行认真核验，审核维护与管理方案，建设规模未完成以及方案不完善的，一律不得投入使用。

二、规范技术要求，高标准高质量开展设计工作

应切实加强服务设施设计工作。为确保设计质量，部组织技术单位制定了《普通国省干线公路服务设施建设实施暂行技术要求》（以下简称《暂行技术要求》，附件1），请各地按照《暂行技术要求》和相关规范规定，组织设计单位扎实开展普通国省干线公路服务设施勘察设计工作。同时，各地要充分考虑不同功能、不同区域、不同发展水平的普通国省干线公路，其服务设施的设置应体现特色，要结合长远发展需要，远近兼顾，经济适用，避免贪大求洋，盲目建设。

三、明确建设计划，稳步推进建设任务

（一）加强组织领导，做好目标任务分解。结合2017年全国交通建设目标任务，在部省多次对接的基础上，部对今年普通国省干线公路服务设施建设任务目标进行了分解，请各单位按照《2017年各省（区、市）普通国省干线公路服务设施建设任务分解表》（附件2）认真执行。

按时完成2017年各项目标任务是促投资、稳增长的迫切需要，各省级交通运输主管部门要高度重视，加强组织领导，根据今年建设任务分解表和普通国省道公路服务区建设改造项目库，组织编制年度建设计划，落实到具体项目，逐级落实责任主体和责任人，做到层层传导压力、层层压实责任，统筹推进各项工作。各级交通运输主管部门要加强与各相关单位沟通协调，积极协调做好各项工作，争取地方政府政策支持，为项目建设创造良好环境。

（二）加强监督检查，确保建设任务稳步推进。各省级交通运输主管部门要进一步建立和完善监督检查机制，加强事中事后管理，及时发现和解决存在的问题，确保完成今年建设任务。各省级交通运输主管部门要会同同级财政部门在部下达计划后一个月内，将具体项目计划报部进行备案。

对于不符合车购税投资补助政策、未在项目库范围内、重复建设等项目情况，部将反馈各省级交通运输主管部门，各省级交通运输主管部门应在执行过程中根据反馈意见及时将项目调整至符合要求。

（三）加强统计汇总，做好任务完成情况上报。严格执行统计相关规定，保证数据质量，请按季度分别在7月25日、9月25日前按《2017年普通国省干线公路服务设施建设目标任务进展情况统计表》（附件 3）要求，将截至本季度末的相关情况报送部，在 12 月 15 日前报送预计全年数据。

联系人及联系方式：

部公路局　刘淞男（010）65292777，65292781（传真）；

部规划院　张　男（010）59629446，59629255（传真）。

附件：1. 普通国省干线公路服务设施建设实施暂行技术要求

2.2017 年各省（区、市）普通国省干线公路服务设施建设任务分解表

3.2017 年普通国省干线公路服务设施建设目标任务进展情况统计表（略）

附件 1

普通国省干线公路服务设施建设实施暂行技术要求

1 总则

1.1 目的

为贯彻落实《全国普通公路国省干线公路服务设施“十三五”建设专项规划》要求，进一步提升普通国省干线公路的服务水平，满足公众出行基本服务需求，指导普通国省干线公路服务设施建设工作，特制定本技术要求。

1.2 适用范围

本技术要求适用于普通国省干线公路服务设施的新建和改造。

1.3 实施目标

通过实施普通国省干线公路服务区、停车区的建设，构建布局合理、功能适当、覆盖广泛、可持续发展的公路服务设施网络，以更好地满足公众安全文明出行的需求，更好地服务地方经济发展的需求，促进地方经济发展。

1.4 实施原则

普通国省干线公路服务设施应按照“政府主导、行业推进、因地制宜、分类实施”的原则，建设安全便捷、服务温馨、绿色低碳的服务设施。

——政府主导。强化地方政府在普通国省干线公路服务设施建设中的主体地位和导向作用，健全工作运行机制和监督检查体系，加大公共财政投入。

——行业推进。各级交通运输主管部门合理制定发展目标，既立足实际，避免资源浪费，又适度超前，满足社会公众出行服务的发展需要；统筹现有公路管养设施及社会服务资源，鼓励引导社会参与，激发市场活力。

——因地制宜。普通国省干线公路服务设施建设应综合考虑沿线城镇布局、公路功能、用路者需求、自然环境，并结合安全性、经济性等因素，合理确定技术指标。

——分类实施。普通国省干线公路服务设施新建应以保障基本公共服务为核心，兼顾为公众提供多样化出行服务的需要，建设规模适度、功能合理、环境整洁、可持续发展的公路服务设施。普通国省干线公路服务设施改造应充分利用原有设施，健全完善停车场、公共厕所和室外休息点等基本服务设施，持续提升服务品质。

1.5 相关标准规范

普通国省干线公路服务设施应符合国家和行业现行有关标准规范的规定。

2 术语

2.0.1 服务区 service area

为车辆提供停车、加油（或加气）和为用路者提供饮水、如厕、休息等基本服务的公路服务设施。

非封闭运营的公路服务区可以不提供加油（或加气）服务。

2.0.2 停车区 parking area

为车辆提供短时停车和为用路者提供如厕、短暂休息等基本服务的公路服务设施。

2.0.3 第三卫生间 family restroom

为行动障碍者或协助行动不能自理的亲人（尤其是异性）使用的厕所。如女儿协助老父亲，儿子协助老母亲，母亲协助小男孩，父亲协助小女孩，配偶间互助。

3 总体设计

3.1 一般规定

3.1.1 公路服务设施的空间布局和规模应以路网等级、建设条件、交通量水平等要素为基础，与沿线城镇分布、出行需求相适应，并应综合考虑与现有相关服务设施和沿线社会服务的相互关系，统筹经济欠发达和特殊地区的建设需求。

3.1.2 公路服务设施建设应充分利用现有公路管养设施、闲置设施和用地等资源。

3.1.3 公路服务设施应保障基本公共服务，兼顾为公众提供多样化出行服务的需要。

3.2 设置条件与间距

3.2.1 公路服务设施平均间距宜为50km。

3.2.2 对于西部沙漠、草原地区或山区公路，针对交通量较小，供水、供电困难的特点，其服务设施间距可适当加大，且应结合日常巡逻，采取有效措施，保证公路的基本服务。

3.2.3 位于山区的连续下坡路段，载重货车比例超过40%时，应在连续下坡的顶部或上半段设置停车区，以满足载重汽车停车休息与自检的需求。

3.3 选址

3.3.1 公路服务设施应综合考虑公路现有的服务设施和管养设施及其他社会服务资源的分布，合理设置公路服务区、停车区。鼓励利用加油站、饭店、小卖部、公共厕所等现有社会服务场所改造建设公路服务设施。

3.3.2 服务区宜设置在交通流量较大的路段，如干线公路与其他干线公路共线路段、城市出入口和物流园区附近等。

3.3.3 鼓励结合公路沿线河流、湖泊、水库和山川等自然景观、人文景观、地方特产等资源，建设特色主题服务区。

3.3.4 新建服务设施应设置在视野开阔、道路线形平直的路段，尽量避开高填深挖路段。主线设计速度大于等于60km/h时，服务区、停车区范围内的主线线形应符合表3.3.4的规定。

主线线形指标最小值 表3.3.4

主线设计速度（km/h）		100	80	60
平曲线半径（m）	一般值	1500	1100	500
	极限值	1000	700	350
凸型竖曲线半径（m）	一般值	25000	12000	6000
	极限值	15000	6000	3000
凹形竖曲线半径（m）	一般值	12000	8000	4000
	极限值	8000	4000	2000
纵坡（%）	一般值	2	3	4.5
	最大值	3	4	5.5

注：由于地形、地貌、经济、技术等条件限制，在对安全性进行论证后，可采用表中极限值。

3.3.5 新建服务设施出入口视距应符合以下要求：

1. 主线设计速度大于等于60km/h时，停车区以及出入口分别设置的服务区入口的识别视距应符合表3.3.5-1的规定，条件受限时，识别视距应大于1.25倍的主线停车视距。

识别视距 表3.3.5-1

主线设计速度（km/h）	100	80	60
识别视距（m）	290～380	230～300	170～240

注：当驾驶员需接收的信息较多时，宜采用较大（接近高限）值。

2. 主线设计速度小于等于40km/h时，停车区以及出入口分别设置的服务区入口的识别视距应不小于1.25倍的主线停车视距。

3. 停车区、出入口分别设置的服务区出口以及出入口合并设置的服务区出入口，应保证图3.3.5所示的通视三角区。图中安全交叉停车视距规定如表3.3.5-2。

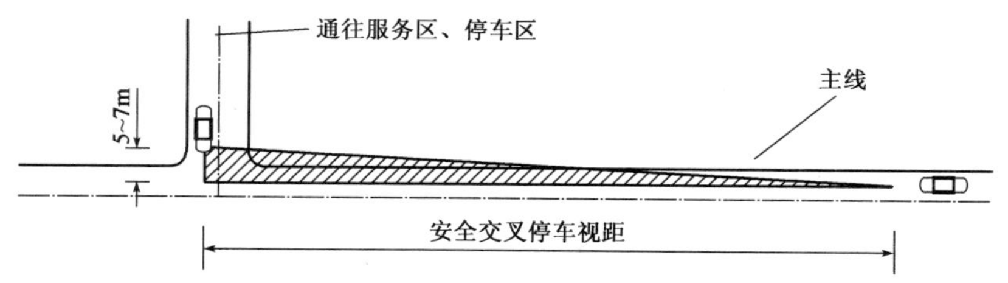

图 3.3.5 通视三角区

识 别 视 距 表 3.3.5-2

主线设计速度（km/h）	100	80	60	40	30	20
安全交叉停车视距（m）	250	175	115	70	55	35

3.4 功能设施配置

3.4.1 应根据公路功能和沿途社会服务获取的便利性，并结合车辆及用路者的实际需求，合理确定服务区、停车区功能设施配置。

3.4.2 服务区、停车区功能配置应符合以下要求：

1. 服务区应设置停车场、公共厕所、室外休息区、免费热水点、路网图、垃圾收集设施；宜设置充电站、第三卫生间、室内休息室、便利店、公共餐厅、无线 wifi 等。

2. 停车区应设置停车场、公共厕所、室外休息区、路网图等。

普通国省干线公路服务设施类型表 表 3.4.2

类型	功能设施	
服务区	必选	停车场、公共厕所、室外休息区、免费热水点、路网图、垃圾收集设施
	宜选	充电站、第三卫生间、室内休息室、便利店、公共餐厅、无线 wifi
停车区	必选	停车场、公共厕所、室外休息区、路网图

4 服务区

4.1 一般规定

4.1.1 一级公路服务需求较大路段，新建服务区宜采用双侧设置的布局方式。

4.1.2 服务区出入口形式应符合下列规定：

1. 单侧设置的服务区出入口分开设置时，如图 4.1.2-1 所示，主线应进行交通组织，防止车辆逆行出入服务区；与公路管理设施合并设置时，出入口宜合并，如图 4.1.2-2 所示，出入车辆应分道行驶。

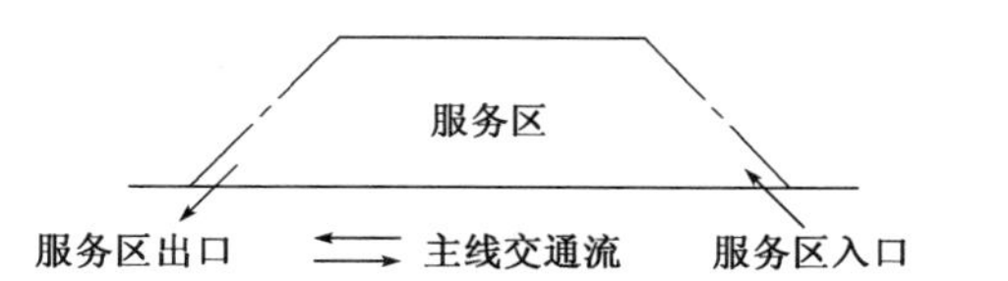

图 4.1.2-1 单侧设置的服务区出入口分开设置示例

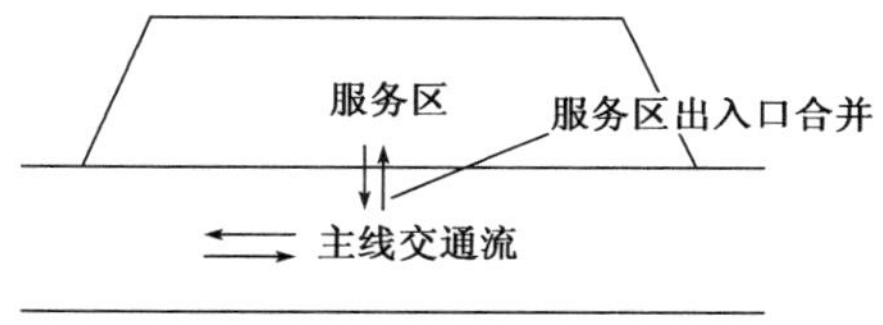

图 4.1.2-2 单侧设置的服务区出入口合并设置示例

2. 双侧设置的服务区出入口应分开设置，如图 4.1.2-3 所示。

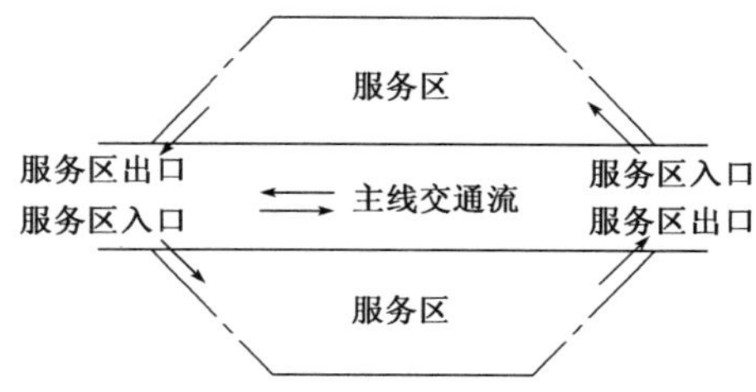

图 4.1.2-3 双侧设置的服务区出入口分开设置示例

3. 主线设计速度大于等于 60km/h 时，服务区出入口宜设置变速车道。变速车道的设置应符合互通立交变速车道的相关规定。

4.1.3 在保证表 3.4.2 中服务区必选功能的基础上，应统筹考虑周边可利用的社会服务资源及其服务水平，确定服务区场内功能设施配置，鼓励结合当地旅游、产业等多种资源，建设特色服务区，带动地方经济发展。

4.1.4 服务区应因地制宜，场内设施合理布局，确保场区整洁有序。与现有公路管理设施合建时，宜统筹考虑管理养护与社会服务的功能分区，实行分区管理；条件受限时，停车场、公共厕所可与现有公路管理设施共用，但不应妨碍公路管理设施办公秩序和设施正常使用。

4.2 规模

4.2.1 服务区的规模应根据其在路网中的定位、所在路段社会服务提供能力、建成后的运营模式及运营效益预期，合理预测服务需求而确定。

4.2.2 服务区应尽量利用现有公路管养设施的闲置场地或闲置设施，用地不足时应根据实际需要合理征地，避免贪大求全而造成的浪费。

4.2.3 经主管部门批准，服务区可与客运汽车停靠站、物流中心、联合执法站等设施合建，与服务区合建的设施的用地面积应单独计列。

4.2.4 当服务区需要承担公路交通应急保障功能时，其用地面积应根据实际需要增加。

4.3 功能设施

4.3.1 实际服务需求较大的服务区可设置综合楼，将各种功能设施集中设置于综合楼内。

4.3.2 除充电停车位以外，各类停车位总数不宜小于 20 个。大型车和小型车应分区停放。根据实际情况确定是否设置危险化学品运输车辆专用车位，危险化学品运输车辆专用车位应单独设置。

4.3.3 公共厕所宜设置于便于通风和采光的位置，地面采用防滑效果好的材料。应设置洗手盆。

4.3.4 室外休息设施可采用长廊、长凳、凉亭、步行道、花园等形式，鼓励结合周边自然景观和场区绿化设置。

4.3.5 充电桩宜不少于 2 根，其中慢充桩至少 1 根。

4.3.6 服务区宜提供路况信息，可采用广播、路网图、人工咨询、互联网查询等方式。

4.3.7 无障碍服务设计应符合现行《无障碍设计规范》(GB 50763) 的相关要求。

4.4 标志、标线、标识

4.4.1 服务区相关标志和标线应符合现行《道路交通标志和标线》(GB 5768) 相关部分的规定。主线上标志尺寸应按照主线设计速度确定，场内标志尺寸宜按照设计速度 15km/h 选取。

4.4.2 公路服务区标志应符合下列规定：

1. 服务区入口上游 300～500m 处及入口前适当位置应设置服务区预告标志，可根据实际情况在入口上游 1km 处重复设置一处服务区预告标志。

a)设置于服务区入口前1km处

b)设置于服务区入口前500m处

c)设置于服务区入口处

图 4.4.2 服务区预告标志示例

2. 服务区场区内应根据实际情况设置停车场、公共厕所的指引标志。

4.4.3 公路服务区标线应符合下列规定：

1. 单侧设置的服务区出入口分开设置且未进行中央分隔的路段，服务区出入口位置主线标线应进行渠化设计。

2. 服务区停车场应划停车位标线。

4.4.4 公路服务区视觉识别系统应符合下列规定：

1. 应在服务区场区易识别的位置设置标有服务区全称的招牌。

2. 公共厕所、餐厅、购物场所、热水提供处、信息服务处、车辆维修处应设置明显的标识牌。

3. 同一路段的服务设施视觉识别系统宜风格统一。

4.5 环境保护措施

4.5.1 服务区生活污水、含油餐饮废水等应进行集中处理，并符合下列规定：

1. 若周边有市政污水管道，则污水经隔油池、化粪池处理后接入市政污水管道，最终排至城镇污水处理厂；

2. 若周边无市政污水管道，则污水经隔油池、化粪池初步处理后接入地埋式污水一体化处理设备，保证处理后出水水质满足《污水综合排放标准》（GB 8978—1996）一级标准及当地环境保护局提出项目运营对污水处理的要求，达标后排放。

4.5.2 污水管道及其附属构筑物需符合标准，防止污水渗漏等情况，避免污染地下水。

4.5.3 服务区室外地表雨水宜对初期径流处理后进行下渗、滞蓄、收集回用及排放。

4.5.4 服务区的生活垃圾应集中收集并压缩，定期清运至附近县城垃圾处理厂集中处理，严禁随意丢弃。

5 停车区

5.1 一般规定

5.1.1 停车区宜采用单侧设置的布局方式。

5.1.2 单侧设置的停车区出入口分开设置时，如图 5.1.2-1 所示，主线应进行交通组织，防止车辆逆行出入停车区；与公路管养设施合并设置时，出入口宜合并，如图 5.1.2-2 所示，出入车辆应分道行驶。

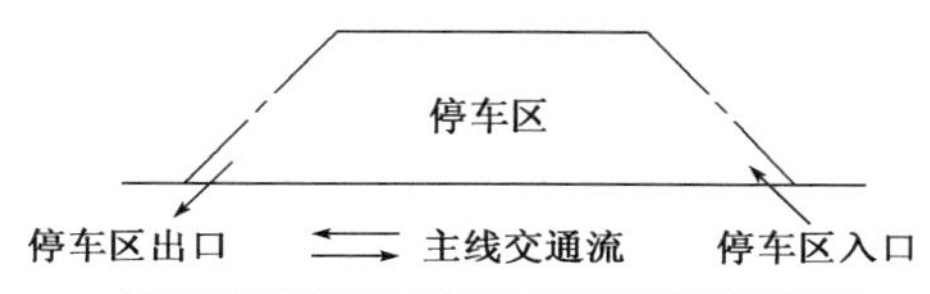

图 5.1.2-1 单侧设置的停车区出入口分开设置示例

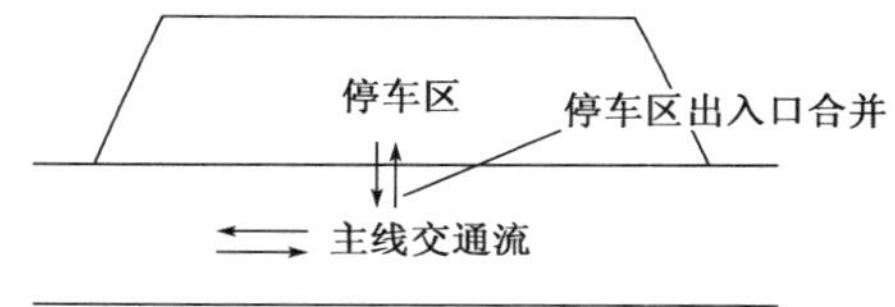

图 5.1.2-2 单侧设置的停车区出入口合并设置示例

5.1.3 主线设计速度大于等于 60km/h 时，停车区出入口宜设置变速车道。变速车道的设置应符合互通立交变速车道的相关规定。

5.1.4 停车区应保证表 3.4.2 中必选功能，鼓励结合沿线自然景观建设观景型停车区。

5.1.5 与现有公路管养设施合建时，宜统筹考虑管理养护与社会服务的功能分区，实行分区管理；条件受限时，停车场、公共厕所可与现有公路管养设施共用，但不应妨碍公路管养设施办公秩序和设施正常使用。

5.1.6 停车区应因地制宜，场内设施合理布局，确保场区整洁有序。

5.2 规模

5.2.1 停车区的规模应根据所在路段社会服务提供能力及建成后的运营模式，合理预测服务需求而确定。

5.2.2 停车区应尽量利用现有公路管养设施的闲置场地或闲置设施，用地不足时应根据实际需要适度征地。

5.2.3 当停车区需要承担公路交通应急保障功能时，其用地面积应根据实际需要增加。

5.3 功能设施

5.3.1 停车区各类停车位总数不宜小于 5 个。根据实际情况确定是否设置危险化学品运输车辆专用车位，危险化学品运输车辆专用车位应单独设置。

5.3.2　公共厕所宜设置于便于通风和采光的位置，地面采用防滑效果好的材料。在偏远地区没有水电条件时可选用旱厕。

5.3.3　室外休息设施可采用长凳、凉亭、长廊、步行道、花园、眺望台等形式，鼓励结合周边自然景观和场区绿化设置。

5.3.4　停车区应设置路网图。

5.3.5　无障碍服务设计应符合现行《无障碍设计规范》(GB 50763)的相关要求。

5.4　标志、标线、标识

5.4.1　停车区相关标志和标线应符合现行《道路交通标志和标线》(GB 5768)相关部分的规定。主线上标志尺寸应按照主线设计速度确定，场内标志尺寸宜按照设计速度 15km/h 选取。

5.4.2　停车区入口上游 300～500m 处及入口前适当位置应设置停车区预告标志，可根据实际情况在入口上游 1km 处重复设置一处停车区预告标志。

a)设置于停车区入口前1km处

b)设置于停车区入口前500m处

c)设置于停车区入口处

图 5.4.1　停车区预告标志示例

5.4.3　公路停车区标线应符合下列规定：

1. 未进行中央分隔的路段，停车区出入口位置主线标线应进行渠化设计。

2. 停车区停车场应划停车位标线。

5.4.4　公路停车区视觉识别系统应符合下列规定：

1. 应在停车区场区易识别的位置设置标有停车区全称的招牌。

2. 公共厕所、热水提供处应设置明显的标识牌。

3. 同一路段的服务设施视觉识别系统宜风格统一。

5.5　环境保护措施

5.5.1　停车区生活污水等应进行集中处理，并符合下列规定：

1. 若周边有市政污水管道，则污水经隔油池、化粪池处理后接入市政污水管道，最终排至城镇污水处理厂；

2. 若周边无市政污水管道，则污水经隔油池、化粪池初步处理后接入地埋式污水一体化处理设备，保证处理后出水水质满足《污水综合排放标准》(GB 8978—1996)一级标准及当地环境保护局提出项目运营对污水处理的要求，达标后排放。

5.5.2　污水管道及其附属构筑物需符合标准，防止污水渗漏等情况，避免污染地下水。

附件 2

2017 年各省（区、市）普通国省干线公路服务设施建设任务分解表

序号	省　　份	改造现有服务设施（个）	新建服务区（个）	新建停车区（个）
1	北京	9	1	0
2	天津	7	1	3
3	河北	28	18	0
4	山西	30	3	11
5	内蒙古	30	10	15
6	辽宁	13	12	0
7	吉林	8	6	0
8	黑龙江	28	0	8
9	上海	0	0	0
10	江苏	18	3	7
11	浙江	10	2	17
12	安徽	20	9	12
13	福建	26	10	6
14	江西	6	15	9
15	山东	34	5	5
16	河南	6	8	0
17	湖北	73	10	10
18	湖南	27	20	6
19	广东	23	10	9
20	广西	5	4	14
21	海南	9	1	7
22	重庆	35	7	15
23	四川	21	9	15
24	云南	33	14	21
25	贵州	7	8	11
26	西藏	2	4	18
27	陕西	22	4	20
28	甘肃	10	3	15
29	青海	5	11	0
30	宁夏	9	1	5
31	新疆	8	3	10
合计		562	212	269

296. 交通运输部办公厅关于加强普通国省干线公路服务设施运营管理和服务保障工作的通知

（交办公路函〔2020〕574 号）

各省、自治区、直辖市、新疆生产建设兵团交通运输厅（局、委）：

近年来，全国普通国省干线公路服务设施数量不断增加，站点布局不断优化，服务体系不断完善。为规范已建成服务设施运营管理，持续提升服务质量，更好满足人民群众高品质出行需求，经交通运输部同意，现将加强普通国省干线公路服务设施运营管理和服务保障工作有关要求通知如下：

一、完善设施设备，强化基本服务保障

（一）全面深化“厕所革命”。科学设置厕位总量，合理分配男女厕位比例。固定厕位总量无法满足使用需求的，及时设置临时卫生间等辅助设施进行补充。规范设施设备设置，不断提升设施配置实用化、便利化、智能化和节约化水平。健全管理体系，压实主体责任，合理配备管理和保洁人员。加强运营监管，配齐保洁工具器械，加大清扫及检查频次，保持卫生清洁。

（二）加强公共场区管理。根据车流、客流分布情况，优化公共场区布局，合理布设场区停车位和室外休息区，完善无障碍通道、夜间照明、视频监控等设施设备。科学组织交通流向，规范交通标志标线。有条件的，应引导客车、货车、危险化学品运输车、牲畜运输车等分区有序停放。加强公共场区卫生管理，加大卫生巡查清扫力度，推广垃圾分类，结合垃圾属性完善场区垃圾箱配置，明确相应投放、收集、运输、处理等措施，持续改善服务环境并有效节约资源。

（三）完善指引标识标牌。规范服务设施站牌标识名称、字体、外观效果等，完善指引标识标牌，方便途经车辆提前发现和顺利驶入。加大宣传力度，充分利用电视、广播、双微平台、地图导航等多种渠道，及时、准确告知社会公众服务设施开放运营情况，提高社会知晓度和关注度，吸引更多社会公众进入和使用，更好地服务公众安全、舒适出行。

二、丰富服务内容，提升综合服务能力

（四）积极拓展延伸服务。在保障基本服务功能的基础上，鼓励根据本地区经济社会发展需要以及公众出行需求，创新服务理念，因地制宜提供加油（加气、充电）、购物、餐饮、住宿、车辆维修、旅游休闲等延伸服务，逐步完善母婴室等人性化设施，应用各类节能环保、循环利用技术，不断提升综合服务能力，为社会公众提供更加多样化、更高品质的出行服务，更好地满足人民群众美好出行需求。

（五）推动实现融合发展。坚持共享发展理念，调动地方政府、部门及社会力量的积极性，开展“服务设施＋”行动，整合各类资源，推进服务设施与休闲旅游、物流、文化等产业的融合，打造地区特色产业品牌，探索服务与经济新增长点，实现服务提质升级，助力地方经济发展。充分发挥服务设施区位优势和窗口效应，采取特色产品助销、农副产品定向采购、吸纳贫困人员就业、扶持培育特色产业等多种扶贫形式，开展“服务设施＋扶贫”活动，打造扶贫新载体，助力脱贫攻坚，推动公路服务设施实现高质量发展。

三、创新工作思路，强化运营管理

（六）探索多样化运营模式。根据服务设施所在区位、类别、规模等，强化公路部门自管自养，因地制宜探索运营管理新模式，与所在地区旅游和城管部门、乡镇政府、村委会、农户等加强合作，采取共同管理或委托管理等方式，明确各自职责，发挥各方优势，共同解决运维问题。积极引入市场化运作机制，依托市场资源，采取连锁、合资、承包、租赁等多种方式，扩展经营项目，明确市场运营与公共服务边界，强化公共服务供给，增强造血功能，实现服务设施可持续发展。

（七）提升专业化管理水平。建立健全服务设施运营管理规章制度及日常管理办法，完善标准体系，明确岗位职责，规范操作流程，强化人员培训，逐步形成标准化管理模式。完善长效合作机制，创新管理方式，吸引高速公路经营管理单位等专业机构开展品牌化、规模化连锁运营。树立品牌发展理念，开展品牌研究与建设，积极打造具有地方特色的服务品牌，不断提升专业化、连锁化经营管理水平，为公众出行提供更加专业、更高品质的服务。

（八）强化安全和应急管理。建立健全安全生产管理机制，完善规章制度，落实管理责任，强化人员教育培训，加强与公安、消防、食药监等部门的协同联动，加大安全隐患排查力度，扎实做好停车场、加油（加气、充电）站、食品卫生、饮用水等重点领域的安全管理工作。强化服务设施应急管理，纳入所在区域公路整体应急救援体系，完善应急预案，加强人员配备，加大物资和器材储备，不断提升突发事件预警防范与快速处置能力。

四、加强组织领导，强化要素保障

（九）强化组织保障。充分认识做好普通国省干线公路服务设施运营管理和服务保障的重要意义，加强组织领导，完善管理规章制度，逐级明确责任主体和责任人，层层压实责任，做到组织有落实、责任有落实、任务有落实、措施有落实。将服务设施运营管理和服务保障工作纳入年度工作目标考核范围，通过定期检查、不定期暗访、公众监督等方式开展全面考核，强化考核结果应用，督促管理单位不断规范运营管理，提升服务质量。

（十）强化资金保障。加大服务设施后期运维资金保障。对依托养护道班、超限检测站等建设改造的纯公益性服务设施，应纳入公路养护经费保障范畴，并争取地方人民政府支持，加大财政资金投入，保障公益性服务可持续开展。鼓励社会资本以合作共建、长期租赁等多种方式，参与服务设施后期运营管理，保障服务功能可持续供给，依法依规取得合理收益。

（十一）强化技术保障。积极推进普通国省干线公路服务设施信息化建设，加强“互联网＋”“云计算”“大数据”“5G”等技术在普通服务设施中的推广应用，完善视频监控设施，加快推进视频监测系统联网工作，实现运营管理、信息统计、日常监管等在线化和常态化。研究推进服务设施信息采集与发布系统建设，完善信息发布渠道，及时发布气象、路况、旅游、导航等服务信息，引导公众合理安排出行。探索开展无人值守和自助服务，增加服务内容，降低运营成本，提升服务效率，更好地满足公众出行需求。

（六）其　　他

297. 关于印发《关于加强公路数据库建设与管理工作的若干意见》的通知

（交公路发〔2003〕228号）

各省、自治区、直辖市交通厅（委），上海市市政工程管理局、天津市市政工程局，新疆生产建设兵团交通局：

现将部《关于加强公路数据库建设与管理工作的若干意见》印发给你们，请认真贯彻执行。各省级交通主管部门可结合本地实际，研究制定本辖区公路数据库建设的规划和具体的实施意见，并报部（公路司）备案。

附件：一、公路数据库总体结构图

二、公路数据库数据更新管理暂行规定

关于加强公路数据库建设与管理工作的若干意见

建国以来，尤其是20世纪80年代以来，我国公路建设事业发展迅猛。到2002年年底，全国公路通车里程已经达到176.5万公里，居世界第3位；高速公路通车里程达到了2.5万公里，位居世界第2位。一个干支衔接、布局合理、连接城乡的全国公路交通网络已初步形成。从新世纪开始，按照党的十六大的部署要求，我国将进入全面建设小康社会的新的发展阶段。全面建设小康社会，公路交通还要实现新的跨越式发展，特别是随着社会的不断发展，生活水平的不断提高，人民群众对出行条件、服务水平的要求也将越来越高，这些都对公路管理工作提出了新的、更高的要求。如何利用现代科学技术，充分发挥现有路网的运行效率，提高其服务水平，已成为全国各级公路交通部门需要认真研究解决的重要课题。建设公路数据库，提高公路管理信息化水平，正是适应这种发展要求的一项重要手段和措施。为统一和规范全国公路数据库的建设和管理工作，加快公路管理信息化进程，避免重复建设，特提出如下意见：

一、建立公路数据库的重要意义

（一）建立公路数据库是实现公路交通跨越式发展的需要

公路交通是国民经济的基础产业，也是促进社会发展和提高人民生活水平的基础条件。公路交通的发展与人民群众的生产、生活密切相关。采用现代通信和计算机技术，尽快建立规范实用的公路数据库，利用信息化加强现有路网的养护和管理，充分发挥已有路网的整体功能，提高其服务水平，适应国民经济发展要求，满足人民群众生产、生活和出行的需要，既是公路交通实现跨越式发展的根本保证，也是贯彻落实党中央、国务院提出的“以信息化带动工业化，实现社会生产跨越式发展”战略目标的重要措施。

（二）建立公路数据库是提高公路管理和服务水平的需要

公路数据库是公路管理与现代科技相结合的产物，发达国家从上世纪60年代开始公路数据库系统的建设工作，现在已全面建立了功能适用、技术先进、标准统一的公路数据库系统，并在管理工作中发挥了巨大的作用。我国从20世纪80年代开始进行公路数据库的研究和开发工作，至今已历时十余年。但由于种种原因，一直未能建立起统一规范的部、省、地三级公路数据库系统，更未建立起规范高效的数据传输体系，严重影响了公路管理工作的信息化进程，已远远落后于发达国家。此外，作为国家公共资源库的一部分，公路数据库也是为社会提供服务的有效工具。因此，借鉴发达国家经验，利用现代化信息技术，加快公路数据库的建设步伐，是提高我国公路管理和服务水平的需要。

（三）建立公路数据库是适应国家财税体制改革的客观需要

实施交通和车辆税费改革，是进一步深化和完善财税体制改革的重要内容。这项改革实施后，我国公路建设、养护和管理资金的筹措渠道、管理方式将发生重大改变。传统的管理手段和决策方式已无法适应改革的需要。同时，这项改革也对各级公路管理部门的管理水平、工作效率、投资依据、决策方式等提出了更高、更新的要求。如何适应这项改革，关键是提高管理水平和决策科学化水平。而公路数据库正是实现公路管理信息化、决策科学化的有效工具。因此，充分利用现代信息技术，结合公路管理业务，尽快建立公路数据库，是提高公路管理水平，实现决策科学化的需要。

二、实施原则

公路管理信息化建设是一项庞大的系统工程，涉及面宽、业务性强，特别是需要其他方面的专业知识和技术作支撑。为此，各级公路交通部门要按照“统筹规划，统一标准，分级负责，注重实效，分步实施，不断完善”的原则，有领导、有组织、有计划地做好公路数据库的建设工作，以避免信息资源不能共享，标准不一致，系统相互独立等问题。

（一）统筹规划、统一标准、分级负责

公路数据库建设要按照“规划自上而下，实施自下而上”的工作思路，由部结合交通信息化建设的要求，编制全国公路数据库的总体规划和实施步骤，制定并提出全国统一的公路数据库建设所需的技术标准和规范。各省级公路交通主管部门应根据部的总体规划，实施步骤，结合本省的实际，在充分研究、科学论证的基础上，提出本辖区公路数据库建设的规划和具体的实施意见，按照“分级负责、自下而上”进行建设的原则和要求，理清工作思路，明确工作步骤，认真做好本辖区公路数据库建设的前期准备工作。要充分利用已有技术成果，对信息资源进行整合，避免各自为政、重复开发等问题，最大限度地降低公路数据库的建设成本，切忌盲目、仓促上马。

（二）注重实效，分步实施，不断完善

采用统一的标准规范进行公路数据库建设，既是实现数据顺利交换的基础，又是公路数据库建设能否取得成功的前提。为此，各级公路交通部门在公路数据库建设过程中，必须严格按照部制定的公路数据库建设技术标准、规范，以及数据格式，自下而上、扎实有序地认真做好本辖区公路数据库的建设工作：要以业务需求分析为基础，牢固树立为生产服务，为决策服务，为社会服务的指导思想，使公路数据库真正成为公路管理工作的有效工具。要注重实效，在应用中不断改进、更新、完善，以应用促发展。

三、总体目标与结构

（一）总体目标

我国公路数据库建设和应用的总体目标是：基本建成技术先进、功能适用的基于 GIS 技术的部、省、地三级公路数据库系统；三级公路数据库间初步实现网络互联，数据共享；以公路数据库为基础的各类应用系统基本开发完成，使公路管理信息化、决策科学化程度明显提高。

（二）总体结构

我国公路数据库的总体结构可分为：数据库、数据库管理及应用工具、各类专题应用系统三大部分。其中数据库部分包括：公路属性数据库、空间地理信息数据库等；数据库管理及应用工具部分主要包括：体系结构管理、数据管理、基础应用工具等；各类专题系统是以公路数据库为平台的业务应用管理系统，如：建设项目管理系统、路面管理系统、桥梁管理系统、公路统计管理系统、公路电子地图系统等。公路数据库三大组成部分之间的关系见附件一。

四、实施步骤与相关要求

按照“先简后繁、分步实施”的原则，结合我国公路信息化工作的实际情况，当前公路数据库的建设可按以下四个步骤组织实施：

（一）建立部、省、地三级公路属性数据库

2003 年，各省份交通主管部门应在第二次全国公路路况普查的基础上，按照“自下而上”的原则，尽快完成公路属性数据库的建设工作。已完成的，要进一步的完善提高。

（二）建立公路地理信息系统

2004—2005 年，采用 GIS 技术对全国公路网空间数据进行编辑和加工，实现路网大地坐标与公路里程桩系统的一一对应，完成空间地理信息库与公路属性数据库的整合，为路网管理和数据分析提供可视工作平台。

（三）建立部、省、地三级公路数据库的互联网络

2006 年，结合交通行业信息网络建设工作，采用网络技术，实现部、省、地三级公路数据库的网络传输和即时更新。

（四）各类专题应用系统的开发与挂接

以公路数据库为基础的各类专题应用系统是实现公路管理信息化、决策科学化的重要工具。因此，公路属性数据库和空间数据库基本建成后，各省公路交通主管部门应当根据业务管理的需要，组织力量，利用公路数据库中的数据，适时开发先进、实用的各类专题应用系统，最大限度地发挥公路数据库的功能和作用。

（五）相关技术要求

公路数据库的硬件配制必须满足系统正常运行的实际需要，并可适当超前。软件开发平台必须使用标准规范的关系数据库基础平台，数据库应用程序应做到结构合理、功能适用，易于不同系统的数据交换，以及后期的维护与升级，确保公路数据库的科学性、先进性和适用性。

五、明确职责，完善制度，加强公路数据库的应用和管理

（一）健全公路数据库的日常管理单位

公路数据库的建设和管理工作是一项长期性的工作，必须要有固定的管理单位，才能确保公路数据库的正常运行。因此，省级公路交通主管部门要加强对本辖区内省、地两级公路数据库建设和管理工作的组织和领导。要对目前分散管理的状况进行整合，确定本辖区公路数据库的日常管理单位，并明确其职责。同时，要将其所需经费纳入公路养护管理支出计划，以确保数据库的正常运转。

（二）加强人才培训，建立健全管理制度

人才是实现公路信息化建设的基础，只有公路系统广大技术人员共同参与，才能实现公路数据信息的采集、传输与共享。因此，各省级公路交通主管部门和公路数据库日常管理单位要切实做好广大技术人员公路信息化知识，特别是公路数据库管理人员的培训工作，保证数据的实效性和准确性，以提高公路系统公路管理信息化水平。同时，必须建立健全各项管理工作制度，包括：岗位责任制度、安全保密制度、数据更新维护制度等，做到工作职责明确、管理制度健全，确保公路数据库的安全运行。

（三）认真做好公路数据库的数据更新和上报工作

公路数据库的日常管理应根据部制定的有关规定，对数据库的数据进行及时调整和更新，以保证数据库信息的准确性和全面性。同时，要根据上级交通主管部门的要求，及时上报公路数据信息。数据更新和上报的具体频率应按附件二的规定执行。

（四）加强公路数据库的推广应用工作

公路数据库是科学决策和提高管理水平的重要手段。为此，各级公路交通主管部门应切实重视和加强公路数据库的推广应用工作。今后，编制公路建设、养护计划、制定行业政策时应当充分利用数据库的信息以及各类专题应用系统的评价结果，以提高工作效率和决策水平。同时，要利用数据库资源，逐步建立方便实用的公众信息服务系统，为社会公众提供详实可靠的路网信息，提高公路行业的服务水平。

新世纪，特别是新世纪的前十年，是我国公路事业走向现代化的关键时期。建立公路数据库是实现公路管理现代化的一项基础性工作，这项工作涉及面广，实施难度大，技术要求高，同时还需要一定的资金投入。为此，各级公路交通部门要统一思想，提高认识，按照部的统一要求和部署，精心组织，密切配合，扎实工作，开拓进取，切实做好公路数据库的建设工作。同时，要根据实际情况，结合现代信息技术的发展趋势，对公路数据库进行不断完善和提高，为加快实现我国公路管理信息化而努力奋斗。

附件一

公路数据库总体结构图

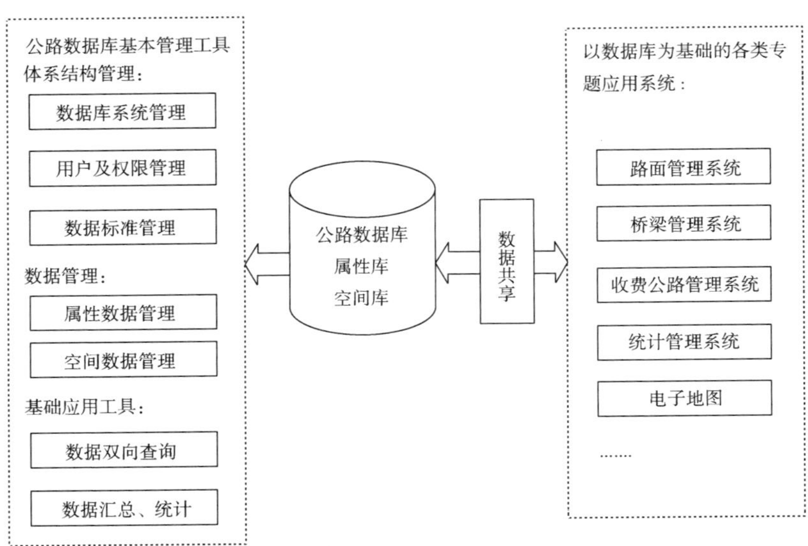

注：1. 公路数据库基本管理工具的作用主要是实现公路数据库的数据维护、管理服务。如批量数据修改、更新数据录入、属性代码转换等。同时，还有提供数据查询、统计和汇总等基本功能。

2. 以公路数据库为基础的各类专题应用系统是业务管理信息化的重要工具，其评价和分析结果是编制公路建养计划、实施行业管理、提供信息服务等工作的依据。这些应用系统的开发应当以公路数据库的属性数据为平台，最大限度地应用基础数据。

附件二

公路数据库数据更新管理暂行规定

第一条 公路数据库的数据采集和更新应按照公路养护的有关技术规范、《公路工程数据采集规范》及各应用系统的要求进行。

第二条 公路数据库的数据项可根据公路管理和信息化需要不断扩展，并根据养护与管理二作的需要适时进行更新，以保证数据库数据能够准确、全面地反映公路的基本技术状况。

第三条 公路数据库管理单位应结合本辖区公路路网调整情况，及时对数据库的数据进行调整和更新。

第四条 新建工程、改建工程、大中修工程、GBM 工程、文明样板路建设工程、危桥改造工程和较大规模的绿化工程，在各工程完工验收后，各项目管理单位应在 30 个工作日内向本辖区（地市级）公路数据库管理单位报送数据采集表。数据库管理单位检查验收后，应当及时将数据录入数据库，完成数据更新工作。

第五条 国道、省道的好路率和交通量数据应每年进行更新；其他公路的好路率和交通量数据的更新频率由省级公路交通主管部门根据养护工作的需要确定。其中好路率应以年底到达数为准，交通量应以年度平均数为准。

第六条 路面现状数据的更新频率应结合路面养护、数据库、路面管理系统的有关技术规范和公路技术等级按下表确定。

路面现状数据更新频率

公路等级	评价指标			
	破损	平整度	强度	抗滑
高速公路、一级公路	每 3 个月 1 次	每年 1 次	每 2 年 1 次	
二级公路	每年 1 次		每 3 年 1 次	
三级、四级公路	每年 1 次	每 2 年 1 次	每 5 年 1 次	

第七条 桥梁、隧道动态数据的更新频率应按照桥梁、隧道养护、数据库及桥梁管理系统的有关技术规范的规定和要求。对于行驶超限运输车辆（总重超过规定的大件设备运输）的桥梁，运输结束后，应及时组织人员对桥梁进行检测并更新数据。

第八条 防护工程、沿线设施、绿化等动态数据的更新，每年进行一次。

第九条 第五、六、七、八条所规定的数据更新周期为最低要求，有条件的地区及技术状况较差的项目，应根据养护工作的实际情况缩短更新周期。

第十条 全国公路数据库未实现联网之前，暂实行年度上报与汇总制度。

第十一条 每年 1 月 31 日前，地市级公路数据库管理单位应完成汇总并上报省级公路数据库管理单位。

每年 2 月 20 日前，省级公路数据库管理单位应完成全省汇总并上报交通部（公路司）。

每年 2 月底前，省级数据库管理单位应根据公路数据库有关数据情况，向省级交通主管部门和公路管理机构上报路况分析报告，并报备交通部（公路司）。

第十二条 全国公路数据库逐步联网之后，部、省、地三级公路数据库的数据应当实现同步更新。

298. 关于做好铁路与道路平交道口警示标志移交工作的通知

（铁办函〔2005〕347号）

各省、自治区、直辖市交通厅（委）、公安厅（局）、地方铁路局，天津市政工程局，上海市市政工程管理局，各铁路局、青藏铁路公司，各合资铁路公司，地方铁路协会：

长期以来，按照《铁路道口管理暂行规定》，部分道路与铁路交叉的平交道口（以下简称“铁路平交道口”）交通标志由铁路产权单位代为设置、维修。2004年12月27日公布的《铁路运输安全保护条例》对铁路与道路平交道口安全设施的设置工作做了调整，规定：“铁路与道路平交道口的警示灯、安全防护设施由铁路运输企业设置、维护；警示标志、铁路平交道口路段标线由铁路道口所在地的道路管理部门设置、维护”。为贯彻落实《道路交通安全法》、《道路交通安全法实施条例》和《铁路运输安全保护条例》，切实维护铁路平交道口的交通安全，现就铁路平交道口警示标志移交工作提出如下要求。

一、严格执行《铁路运输安全保护条例》，做好铁路平交道口标志、标线设置管理工作

（一）从2005年4月1日起，新增的铁路平交道口，其警示灯、安全防护设施由铁路运输企业设置和维护；其警示标志和路段标线由铁路平交道口所在地的道路管理部门（其中平交道口所在地的道路属城市道路的，由公安机关交通管理部门负责；属城市道路以外由交通部门建设和管理的公路，由其所管辖的公路管理部门负责，下同）设置和维护。

（二）对于现有的铁路与道路平交道口，其警示标志（《道路交通标志和标线》GB 5768—1999规定的警33、警34、禁40，下同）原由铁路道口所在地道路管理部门设置的，仍然由道路管理部门负责维护管理；原由铁路道口所在地铁路产权单位代为设置的，应按照本通知的要求，移交铁路道口所在地道路管理部门维护管理。

（三）为确保铁路、道路交通安全和铁路道口警示标志管理工作的连续性，原由铁路产权单位代为设置、维修的铁路道口警示标志在尚未办理移交手续之前，仍然由铁路产权单位暂时维护管理，避免铁路道口警示标志管理工作因移交而出现失管失控。

二、移交工作的具体实施方案

（一）组织领导。铁路道口警示标志移交工作由铁道部、交通部和公安部共同监督指导，具体移交工作由各铁路局，广州铁路（集团）公司、青藏铁路公司（简称各铁路局）、省级交通主管部门和省级公安机关交通管理部门负责。各铁路局与各省级交通主管部门和省级公安交通管理部门负责建立联系、协调机制，下设专门办公室，共同组织实施。

（二）移交原则。铁路道口警示标志移交工作要本着以下原则进行：一是现状移交、现状接管；二是资产无偿移交，不得收取任何费用；三是监管职责与资产产权同步移交。

（三）移交范围。原由铁路产权单位（含合资、地方铁路）代为设置、维修的铁路道口警示标志。

（四）移交步骤。移交工作分三个阶段进行。

第一阶段：调查摸底，整理资料。各铁路局要对其辖区内（含授权安全监管的合资、地方铁路）的铁路平交道口进行全面调查摸底和汇总，并就平交道口的类型（包括有人看守和无人看守）、具体位置、警示标志设置和资产情况，整理相关资料，形成正式的移交文件。

第二阶段：协商部署。各铁路局要会同各省级交通主管部门、公安机关交通管理部门按照本通知的要求，共同对需要移交的铁路道口标志等有关资料进行确认和审核，同时协商明确移交工作的具体要求和时间进度，对本省内的移交工作进行部署。

第三阶段：正式移交。待上述工作完成之后，由各铁路局与各省级交通主管部门、各设区市公安机关交通管理部门共同签署移交协议书，铁路局同时应将有关资料正式移交省级交通主管部门、设区市公安机关交通管理部门。自移交协议书签署之日起，原由铁路产权单位代为设置、维修的铁路道口警示标志，正式移交所在地交通主管部门和公安机关交通管理部门管理。各级交通主管部门和公安机关交通管理部门要将接管的铁路道口警示标志纳入日常管理范围，并建立、完善有关档案。

（五）原由非铁路运输企业管理的铁路，产权单位代为设置的道口警示标志，其移交工作由其主管部门按照上述实施要求组织移交。

（六）时间要求。各地移交工作应于 2005 年 7 月 1 日前完成。各地铁路、交通、公安部门要分别向铁道部、交通部、公安部报告移交工作情况。

做好铁路平交道口警示标志和路段标志移交工作，是一项涉及广大人民群众生命、财产安全，以及维护铁路交通运输安全的重要工作，各地铁路、交通、公安部门要从大局出发，高度重视，精心组织，主动协调，密切配合，确保移交工作的顺利完成。

299. 关于做好亚洲公路网有关工作的通知

（交公路发〔2012〕186号）

北京、河北、内蒙古、辽宁、吉林、黑龙江、河南、湖北、湖南、广东、广西、云南、西藏、新疆省（区、市）交通运输厅（委）、天津市市政公路管理局：

亚洲公路网是联合国亚洲及太平洋经济和社会委员会（以下简称为亚太经社会）倡议的连接亚洲地区各国首都、工业中心、重要港口、旅游及商业重镇的交通运输网。2004年，经国务院批准，我国正式签署了《亚洲公路网政府间协定》。为履行我国作为《亚洲公路网政府间协定》缔约方的义务，做好亚洲公路网相关工作，现将有关事项通知如下：

一、亚洲公路网路线和调整要求

根据《中国加入亚洲公路网路线方案》（见附件1），我国规划加入亚洲公路网路线总里程约2.6万公里，主要分布在西北、西南、东北和中部地区，每个边境省（区、市）至少有一条路线与周边国家的入网公路相连。经国务院批准，目前我国已有9469公里的路线正式加入亚洲公路网。经与相关省（区、市）核实，部确定了已加入亚洲公路网的具体路线（以下简称入网路线，见附件2）。

根据《亚洲公路网政府间协定》，亚洲公路网应尽可能选择区域连接路线中技术等级较高的路线。因此，当附件2中所涉路线旁建成一条并行的更高等级路线时，该路线所在省（区、市）交通运输主管部门应在新路线正式通车后，及时更新路线并在2个月内将调整情况报部备案。同时按照附件3表格形式，提供新路线的路线名称、路线编号、接入亚洲公路网的起止点桩号、涉及里程，以及途经的地市名称等相关基础信息。

二、做好亚洲公路网数据库建设与维护工作

向亚太经社会提交我国境内亚洲公路网相关数据，是《亚洲公路网政府间协定》缔约方应履行的义务。为此，部决定把亚洲公路网数据的收集、统计纳入公路养护统计工作中。入网路线涉及省（区、市）交通运输主管部门要按照《公路养护统计报表制度》的有关要求按时报送相关数据。当亚洲公路网路线发生调整时，要在当年度公路养护统计年报中对相关数据予以及时更新。同时，在报送年度公路养护统计分析报告时，要对亚洲公路网相关工作开展情况以及亚洲公路网具体路线调整情况进行专门说明。为做好2011年亚洲公路网数据更新工作，请各省（区、市）交通运输主管部门按照附件4的格式，将数据于2012年5月30日前报送至部公路局。

三、设置亚洲公路网路线识别标志

《亚洲公路网政府间协定》对亚洲公路网路线标志的设置提出了明确要求。为统一亚洲公路网路线标志，方便国际运输车辆通行，根据《亚洲公路网政府间协定》对亚洲公路网路线标志设置的相关要求，以及《道路交通标志和标线》（GB 5768）和《公路交通标志和标线设置规范》（JTG D82—2009），部制定了《亚洲公路网路线识别标志设置技术要求》（附件5，以下简称《技术要求》）。

入网路线涉及的省（区、市）交通运输主管部门应根据《技术要求》，在已签署了双边或多边汽车运输协定的开放路线上统一增设路线识别标志，并于2012年12月31日前完成。标志增设工作完成后，要进行认真总结，并于2013年1月31日前，将有关工作情况汇总报部公路局。对入网路线发生调整或后续签署双边或多边汽车运输协定的，应分别在新路线正式通车及协定正式生效之日前，完成亚洲公路网标志设置，并在完成标志设置后的两个月内将有关工作情况报部公路局。因路线调整的标志设置情况可与报部备案调整情况一并报送。

部公路局联系人：花蕾；联系电话：010-65292746，65292222（传真）。

附件：1. 中国加入亚洲公路网路线布局方案（略）
2. 已纳入亚洲公路网路线走向（略）
3. 亚洲公路网路线调整表（略）
4. 2011 年亚洲公路网路线明细表（略）
5. 亚洲公路网路线识别标志设置技术要求（略）

300. 交通运输统计管理规定

（交通运输部令 2018 年第 20 号）

《交通运输统计管理规定》已于 2018 年 4 月 11 日经第 5 次部务会议通过，现予公布，自 2018 年 10 月 1 日起施行。经国家统计局同意，1992 年 10 月 1 日起实施的《公路、水路运输全行业统计工作规定》（交通部、国家统计局令 1992 年第 36 号）同时废止。

交通运输部部长　李小鹏

2018 年 7 月 23 日

交通运输统计管理规定

第一章　总　　则

第一条　为加强交通运输统计管理，规范交通运输统计活动，按照党中央、国务院关于完善统计体制、提高统计数据质量的有关要求，根据《中华人民共和国统计法》《中华人民共和国统计法实施条例》，制定本规定。

第二条　交通运输主管部门在中华人民共和国境内开展交通运输统计活动，应当遵守本规定。

交通运输统计活动包括：铁路、公路、水路、民航、邮政及城市客运领域和综合交通运输统计活动。

第三条　交通运输部负责综合交通运输和公路、水路及城市客运领域统计活动的组织实施。

国家铁路局、中国民用航空局、国家邮政局按照各自职责分别负责铁路、民航、邮政领域统计活动的组织实施。

交通运输部统计工作部门负责综合交通运输和公路、水路及城市客运领域统计归口管理工作。交通运输部其他各职能部门按照各自职责负责公路、水路及城市客运领域相关统计工作。

地方各级人民政府交通运输主管部门负责本行政区域内的公路、水路及城市客运领域统计活动的组织实施，按照职责和规定开展综合交通运输统计工作。

第四条　交通运输统计机构和统计人员依法独立行使交通运输统计调查、统计报告、统计监督等职权，不受侵犯。

第五条　交通运输统计调查对象，应当依法真实、准确、完整、及时提供统计资料，不得提供不真实或者不完整的统计资料，不得迟报、拒报统计资料。

前款所称交通运输统计调查对象是指在中华人民共和国境内从事交通运输活动的行政机关、企业事业单位、其他组织、个体工商户和个人等。

第六条　各级人民政府交通运输主管部门主要负责人对本级交通运输统计数据质量负主要领导责任，分管负责人负直接领导责任。

交通运输统计机构负责人对下一级报送的统计数据质量负监管责任，对本机构生产的统计数据质量负直接责任。

交通运输统计机构工作人员对职责范围内生产的统计数据质量负直接责任，对下一级报送的统计数据质量负监管责任。

前款所称统计数据质量是指统计资料的真实性、准确性、完整性和及时性。

第二章　统计机构和统计人员职责

第七条　各级人民政府交通运输主管部门应当加强对统计工作的组织领导，加强统计机构及队伍建设，根据工作需要配备专职或者兼职统计人员，确保统计人员按照要求参加业务培训，为统计工作顺利开展提供必要条件。日常统计和专项工作经费在部门预算中予以保障。鼓励通过政府购买服务的方式开展统计调查和分析监测工作。

第八条　交通运输部统计工作部门履行下列职责：

（一）组织起草综合交通运输和公路、水路及城市客运领域统计工作管理制度并组织实施，开展统计监督和检查；

（二）组织开展综合交通运输和公路、水路及城市客运领域普查及专项调查工作，参与国家有关统计调查工作；

（三）拟定综合交通运输统计调查项目，归口管理公路、水路及城市客运领域统计调查项目，组织起草相应统计调查制度并组织实施；

（四）组织开展综合交通运输运行监测分析工作，参与国家经济运行分析相关工作；

（五）负责综合交通运输统计资料汇总、管理、公布等工作，归口管理公路、水路及城市客运领域统计资料及公布工作；

（六）组织开展综合交通运输和公路、水路及城市客运领域统计科学研究、信息化建设，归口管理统计指标体系、统计标准和统计数据库资源；

（七）组织开展统计考核和培训。

第九条 交通运输部其他各职能部门，按照职责分工履行下列职责：

（一）拟定公路、水路及城市客运领域统计调查项目和统计调查制度并组织实施，及时向交通运输部统计工作部门报送有关统计资料；

（二）配合交通运输部统计工作部门开展公路、水路及城市客运领域普查及专项调查工作；

（三）承担公路、水路及城市客运领域统计资料的管理和运行监测分析等工作，参与综合交通运输运行监测分析工作，按照规定公布有关统计信息；

（四）开展有关统计监督检查和培训工作。

第十条 地方各级人民政府交通运输主管部门统计工作部门按照规定履行下列职责：

（一）贯彻执行综合交通运输和公路、水路及城市客运领域统计的法律、法规及工作规范，起草本行政区域内的统计工作制度并组织实施；

（二）组织开展本行政区域内的专项调查工作，拟定统计调查项目、起草相应统计调查制度并组织实施，依法完成统计调查任务；

（三）负责本行政区域内统计资料的搜集、审核、汇总、报送、公布等工作；

（四）开展交通运输运行监测分析和统计信息化建设，组织统计检查、考核和培训。

第十一条 交通运输统计人员应当具备完成交通运输统计工作所需要的专业知识，并按照规定参加统计业务培训。

第十二条 交通运输统计机构和统计人员应当依法履行职责，如实搜集、报送统计资料，不得伪造、篡改统计资料，不得以任何方式要求任何单位和个人提供不真实的统计资料。对在统计工作中知悉的国家秘密、商业秘密和个人信息应当予以保密。

统计人员进行统计调查时，有权就与统计有关的问题询问有关人员，要求其如实提供有关情况、资料和改正不真实、不准确的资料。

第三章 统计调查项目

第十三条 交通运输统计调查项目应当依法审批或者备案。

任何单位不得擅自实施未经审批或者备案的交通运输统计调查项目，不得擅自以开展统计调查的名义搜集统计资料。未经审批备案的统计调查项目，统计调查对象有权拒绝提供统计资料。

第十四条 综合交通运输统计调查主要内容，包括涉及货物多式联运、旅客联程运输的基础设施和运输生产等方面状况。

公路、水路及城市客运领域统计调查主要内容，包括基础设施、运输装备、运输生产与服务、环保与安全、市场价格、企业效益、科技和人力资源、固定资产投资（不含城市客运）等方面状况。

第十五条 综合交通运输统计调查项目涉及铁路、民航、邮政领域的，由交通运输部统计工作部门会同国家铁路局、中国民用航空局、国家邮政局统计工作部门共同拟定，由交通运输部报国家统计局审批或者备案。

公路、水路及城市客运领域统计调查项目由交通运输部统计工作部门拟定，或者由其他各职能部门商统计工作部门同意后拟定，由交通运输部报国家统计局审批或者备案。

地方各级人民政府交通运输主管部门按照职责和规定，根据工作需要拟定统计调查项目，报同级人民政府统计机构审批，并报上一级人民政府交通运输主管部门备案。

以上统计调查项目，调查对象属于本部门管辖系统的，应当依法办理备案；调查对象超出本部门管辖系统的，应当依法办理审批。

第十六条 设立交通运输统计调查项目应当必要、可行，其内容和统计范围应当符合项目拟定单位的职责分工。

新设立的统计调查项目不得与正在执行的统计调查项目重复。

第十七条 交通运输统计调查项目履行审批或者备案手续时，应当同时报送该项目的统计调查制度、制修订说明、经费保障等材料。统计调查制度应当对调查目的、调查内容、调查方法、调查对象、调查组织方式、调查表式、统计资料的报送和公布等作出规定。

第十八条 交通运输统计调查表应当在报表的右上角标明表号、制定机关、批准机关或者备案机关、批准文号或者备案文号、有效期限等标志。

第十九条 超过有效期限的交通运输统计调查项目自动废止，统计调查对象有权拒绝填报。如需继续执行，在有效期截止日期前重新办理审批或者备案手续。

第四章　统计调查实施

第二十条 交通运输统计调查由项目拟定单位负责组织实施。

第二十一条 交通运输统计调查应当严格按照批准的统计调查制度组织实施，不得擅自变更或者调整。变更或者调整统计调查制度，统计调查项目拟定单位应当重新履行审批或者备案程序。

第二十二条 交通运输统计调查应当以周期性专项调查为基础，以经常性抽样调查为主体，综合运用全面调查、重点调查等方法，并充分利用行政记录等资料。

第二十三条 公路、水路及城市客运领域统计调查资料实行逐级报送或者直接报送。

前款所称逐级报送由统计调查对象按照统计调查制度要求，向所在地人民政府交通运输主管部门报送统计资料，所在地人民政府交通运输主管部门审核、汇总后，逐级上报至省级人民政府交通运输主管部门；省级人民政府交通运输主管部门审核、汇总后，报送交通运输部统计工作部门或者其他各职能部门。地方各级交通运输主管部门报送上级交通运输主管部门的统计资料，抄送同级人民政府统计机构。

前款所称直接报送由统计调查对象按照统计调查制度要求，向交通运输部统计工作部门或者其他各职能部门报送统计资料。

交通运输部海事局、救捞局、长江航务管理局根据职责及管理体制，结合工作需要确定统计调查资料的报送方式。

第二十四条 各级人民政府交通运输主管部门应当建立健全交通运输统计数据质量评估和核查制度，并组织开展评估和核查工作。

第二十五条 交通运输部应当建立信息完整、统一、准确的公路、水路及城市客运领域统计调查单位名录库，实施维护、更新。统计调查对象应当取自名录库。

地方各级人民政府交通运输主管部门应当建立本行政区域内的公路、水路及城市客运领域统计调查单位名录库，并与交通运输部建立的公路、水路及城市客运领域统计调查单位名录库衔接。

第二十六条 综合交通运输统计调查和公路、水路及城市客运领域统计调查使用国家统计标准和交通运输统计标准，保证统计调查指标含义、计算方法、分类目录、调查表式和统计编码等标准化和规范化。

交通运输部统计工作部门会同国家铁路局、中国民用航空局、国家邮政局统计工作部门拟定综合交通运输统计标准，会同交通运输部其他各职能部门拟定公路、水路及城市客运领域统计标准，报国家统计局审批后实施。

第二十七条 各级人民政府交通运输主管部门应当加强统计科学研究和统计信息化建设，提高统计调查的科学性和智能化水平。

第五章 统计分析与监测

第二十八条 各级人民政府交通运输主管部门、企业事业单位、其他组织的统计机构和统计人员应当加强统计分析与监测，促进统计成果及时转化。

第二十九条 交通运输运行分析应当研判交通运输行业发展特点与趋势，把握阶段性特征，揭示交通运输与国民经济、关联产业的相关关系，并提出措施建议。

第三十条 交通运输部会同国家铁路局、中国民用航空局、国家邮政局开展综合交通运输运行分析工作，实行统一组织、分工协作、定期会商的工作机制。

国家铁路局、中国民用航空局、国家邮政局统计工作部门和交通运输部其他各职能部门按照任务分工与要求，定期向交通运输部统计工作部门提供有关资料。

第三十一条 地方各级人民政府交通运输主管部门应当建立健全与管理职责相适应的统计分析与监测工作制度，开展运行分析工作。

第六章 统计资料的管理和公布

第三十二条 交通运输统计调查项目获取的统计资料由统计调查实施单位负责具体管理。统计调查中取得的统计调查对象的原始统计资料，应当至少保存 2 年。汇总性统计资料应当至少保存 10 年，重要汇总性统计资料应当永久保存。

前款所称交通运输统计资料是指在统计工作中取得的反映交通运输行业发展状况的数据、文字、图表等纸质、电子数据资料的总称。

第三十三条 交通运输统计调查对象应当按照国家有关规定设置原始统计记录和统计台账，建立健全统计资料的搜集、审核、签署、报送、归档等管理制度。

交通运输统计调查对象应当妥善保存统计资料和原始记录、统计台账等，原始记录和统计台账至少保存 2 年。

第三十四条 交通运输部统计工作部门应当通过建立数据库资源管理平台等方式，对综合交通运输和公路、水路及城市客运领域统计调查项目获取的统计调查数据实施集中管理，根据职责和工作需要实行统计数据共享。

地方各级人民政府交通运输主管部门统计工作部门对统计调查项目获取的统计调查数据实施归口管理，推进统计数据共享。

第三十五条 各级人民政府交通运输主管部门通过统计调查取得的统计资料，除应当保密的外，按照《中华人民共和国统计法》《中华人民共和国统计法实施条例》和相关规定及时予以公布。

第三十六条 交通运输部按照统计调查制度公布本部门调查取得的全国综合交通运输和公路、水路及城市客运领域统计资料。

地方各级人民政府交通运输主管部门按照职责和规定，归口管理、协调本部门调查取得的本行政区域内综合交通运输和公路、水路及城市客运领域统计资料的公布工作。

第三十七条 交通运输统计调查中获得的能够识别或者推断单个统计调查对象身份的资料应当依法严格管理，任何单位和个人不得对外提供、泄露，除作为统计执法依据外，不得直接作为对统计调查对象实施行政许可、行政处罚等具体行政行为的依据，不得用于统计以外的目的。

第七章　监督检查

第三十八条　交通运输部定期对省级人民政府交通运输主管部门统计工作的组织和保障情况开展检查和考核。

省级人民政府交通运输主管部门按照职责和规定对本行政区域内的统计工作组织和保障情况进行检查。

第三十九条　各级人民政府交通运输主管部门协助同级人民政府统计机构依法查处统计违法行为，按照规定及时移送有关材料。

第四十条　交通运输统计调查对象有下列行为之一的，由所在地人民政府交通运输主管部门责令改正，并记入行业信用信息系统：

（一）拒绝提供统计资料，经催报后仍未按时提供统计资料，或者屡次迟报统计资料的；

（二）提供不真实或者不完整的统计资料的；

（三）拒绝、阻碍统计调查、统计检查的；

（四）未按照规定设置原始记录、统计台账的；

（五）转移、隐匿、篡改、毁弃或者拒绝提供原始记录和凭证、统计台账、统计调查表及其他相关证明和资料的。

第四十一条　各级人民政府交通运输主管部门、企业事业单位、其他组织的负责人不得自行修改统计机构和统计人员依法搜集、整理的统计资料，不得以任何方式要求统计机构和统计人员伪造、篡改统计资料，不得对依法履行职责或者拒绝、抵制统计违法行为的统计人员打击报复。

第四十二条　各级人民政府交通运输主管部门负责人、统计机构负责人和统计人员有违反《中华人民共和国统计法》《中华人民共和国统计法实施条例》和党中央、国务院有关规定的行为的，应当依法依规处理。

第八章　附　　则

第四十三条　铁路、民航、邮政领域的统计活动，按照有关规定执行。

第四十四条　本规定自 2018 年 10 月 1 日起施行。2005 年 12 月 30 日以交通部令 2005 年第 13 号发布的《港口统计规则》同时废止。

301. 交通运输统计数据质量责任划分与清单

（交办规划〔2019〕38号）

第一条 为深入贯彻落实党中央、国务院关于深化统计体制改革提高统计数据真实性的意见和防范惩治统计造假弄虚作假等有关要求，建立健全交通运输统计数据质量责任制，根据《中华人民共和国统计法》《中华人民共和国统计法实施条例》《统计违纪违法责任人处分处理建议办法》《关于统计机构负责人防范和惩治统计造假弄虚作假责任制规定（试行）》和《交通运输统计管理规定》，制定本清单。

第二条 本清单适用于执行交通运输部统计调查制度的各级交通运输主管部门和部属单位。

前款所称交通运输部统计调查制度是指交通运输部制定并经国家统计局批准或备案的统计调查制度。

第三条 交通运输统计数据质量责任划分为领导责任、直接责任和监管责任。

第四条 各级交通运输主管部门和部属单位负责人按照职责对本级统计数据质量负领导责任。其中，主要负责人负主要领导责任，执行统计调查制度的业务领域分管负责人对相关统计数据质量负直接领导责任。

第五条 按照“谁生产数据、谁对本级统计数据质量负直接责任”的原则，交通运输部执行统计调查制度的司局和部属单位的主要负责人、分管负责人、处室负责人及具体工作人员对职责范围内生产的本级统计数据质量负直接责任。

地方各级交通运输主管部门执行统计调查制度的机构负责人及具体工作人员对职责范围内生产的本级统计数据质量负直接责任。

第六条 按照“谁汇总数据、谁对下一级统计数据质量负监管责任”的原则，交通运输部执行统计调查制度的司局和部属单位的主要负责人、分管负责人、处室负责人及具体工作人员按照职责范围，对下一级报送的统计数据质量负监管责任。

地方各级交通运输主管部门执行统计调查制度的机构负责人及具体工作人员按照职责范围，对下一级报送的统计数据质量负监管责任。

第七条 各级交通运输主管部门和部属单位应按照“责任到岗”的要求，明确本级交通运输统计数据质量责任人并适时更新。

第八条 交通运输统计数据质量出现以下情形之一的，应当依法依规追究相关责任人的责任，或视情形进行批评教育和通报：

（一）统计数据造假、弄虚作假；

（二）统计数据失实，失实数额超过应报数额30%；

（三）明知统计数据失实而未采取措施予以制止的；

（四）其他造成统计数据失实的行为。

第九条 地方各级交通运输主管部门参照本清单，明确本部门统计数据质量责任清单。

铁路、民航、邮政领域的统计数据质量责任按有关规定执行。

第十条 本清单自2019年4月10日起施行。

部内司局及部属单位交通运输统计数据质量责任人

序号	统计调查制度	直接责任和监管责任人		
1	交通档案工作基本情况统计报表制度	办公厅主任	分管厅领导	档案馆指导处处领导及具体工作人员
2	交通运输综合统计调查制度	综合规划司司长	分管司领导	统计处处领导及具体工作人员
3	交通固定资产投资统计调查制度			
4	水上交通情况调查统计调查制度			
5	交通运输行业公路、水路环境统计调查制度			
6	公路水路交通运输企业一套表统计调查制度			
7	公路交通情况调查统计报表制度			
8	交通运输扶贫统计调查制度			
9	交通审计统计报表制度	财务审计司司长	分管司领导	审计处处领导及具体工作人员
10	交通运输劳动工资统计调查制度	人事教育司司长	分管司领导	干部监督管理处处领导及具体工作人员
11	收费公路统计报表制度	公路局局长	分管局领导	路网管理处处领导及具体工作人员
12	公路养护统计调查制度			养护保通处处领导及具体工作人员
13	两岸海上直航运量统计调查制度	水运局局长	分管局领导	经济运行处处领导及具体工作人员
14	水运生产快速统计调查制度			经济运行处处领导及具体工作人员
15	国内航运统计调查制度			国内航运管理处处领导及具体工作人员
16	海上国际运输业统计调查制度			国际航运管理处处领导及具体工作人员
17	水运及交通运输支持系统建设项目统计调查制度			工程管理处处领导及具体工作人员
18	邮轮运营统计报表制度			法规处处领导及具体工作人员
19	航道管理与养护年报统计制度			航道处处领导及具体工作人员
20	道路运输统计调查制度	运输服务司司长	分管司领导	综合处处领导及具体工作人员
21	道路运输行业行车事故统计调查制度			车辆管理处处领导及具体工作人员
22	港口生产安全事故统计调查制度	安全与质量监督管理司司长	分管司领导	调查统计处处领导及具体工作人员
23	交通运输行业建设工程生产安全事故统计调查制度			公路处处领导及具体工作人员
24	公路水运工程质量状况及质量监督信息统计报表制度			公路处处领导及具体工作人员 水运处处领导及具体工作人员
25	交通运输科技统计调查制度	科技司司长	分管司领导	综合处处领导及具体工作人员
26	海事统计调查制度	海事局局长	分管局领导	计划装备处和相关业务处室领导及具体工作人员
27	交通专用通信网统计报表制度	部无线电管理领导小组办公室主任	分管副主任	中国交通通信信息中心 通信导航管理处处领导及具体工作人员
28	交通救捞统计调查制度	救捞局局长	分管局领导	规划处处领导及具体工作人员
29	长江航务管理局固定资产投资统计调查制度	长江航务管理局局长	分管局领导	计划基建处处领导及具体工作人员

302. 交通运输部关于推进交通运输统计改革全面提高统计数据真实性的实施意见

（交规划发〔2017〕170号）

各省、自治区、直辖市、新疆生产建设兵团交通运输厅（局、委），部属各单位，部内各司局：

党的十九大作出建设交通强国和完善统计体制的战略部署，近期党中央、国务院对深化统计体制改革、提高统计数据真实性、实施地区生产总值统一核算和严格统计违纪违法责任人处分处理等提出了明确要求。为深入推进交通运输统计改革，全力打造现代综合交通运输统计体系，全面提高统计数据真实性和准确性，更好适应国家统计改革要求，为建设交通强国提供坚实统计保障，特制定本实施意见。

一、重要意义

统计是经济社会发展重要的基础性、综合性工作，统计数据是宏观调控和科学决策的重要依据。交通运输统计是国家统计体系的重要组成部分，也是行业治理能力的重要内容。一直以来，交通运输统计工作认真贯彻落实党中央、国务院决策部署，紧紧围绕部党组中心工作和行业发展要求，坚持实事求是，坚持依法统计，坚持改革创新，统计工作水平与数据质量不断提升，为行业持续发展和科学决策提供了有力支撑。但也应看到，现有统计数据质量管理制度尚不健全，统计理念与方法亟须创新，统计基础与保障还需进一步加强，统计数据失真特别是公路货物运输量虚高现象在少数地区仍有发生。对服务国家宏观调控和行业发展决策产生不利影响，损害了政府公信力。为此，交通运输统计工作必须按照建设交通强国和统计改革总体部署，牢牢守住统计数据质量生命线，全力打造权威数据、权威统计，更好支撑行业治理体系和治理能力现代化。

二、指导思想与基本原则

（一）指导思想。

深入贯彻党的十九大精神，以习近平新时代中国特色社会主义思想为指导，准确把握为决胜全面建成小康社会和建设社会主义现代化强国当好先行的交通运输定位，遵循统计发展规律，解放思想，创新驱动，深入推进统计改革，以完善制度、压实责任、变革方法、做好保障为抓手，全面提高统计数据真实性和准确性，着力增强统计工作科学性、权威性，努力构建现代综合交通运输统计体系，为国家统计改革和交通强国建设作出新贡献。

（二）基本原则。

——坚持党对统计工作的领导。切实把纪律和规矩挺在前面，确保党的路线方针政策在交通运输统计工作中得到全面贯彻，以全面从严治党为推进交通运输统计改革和提高数据质量提供有力政治保障。

——坚持改革创新。运用新理念，新技术，新方法深入推进交通运输统计改革发展，依托现代信息技术变革统计生产方式，提高统计数据质量，实现统计数据共享共用。

——坚持依法统计、依法治统。以国家统计法律法规为准绳，以部门职责为依据，健全交通运输统计规章制度，依法组织实施统计调查活动，严肃查处统计违法违规行为。

——坚持协调联动。按照统一部署，明确部与国家局、部与地方各级交通运输主管部门、部内司局工作分工，建立协调联动机制，共同做好全国与分省（自治区、直辖市）统计数据质量管控。

三、压实统计数据质量责任

（三）加快完善统计管理制度体系。

尽快出台《交通运输统计管理规定》，确保国家统计法律法规和政策在行业内全面落地，增强统计法律意识，实现依法治统。建立健全统计数据质量监管与评估制度，明确交通运输统计调查项目的数据质量责任清单，起草制定《公路水路运输量统计数据质量评估细则（内部）》。强化统计调查项目管理，明确交通运输统计调查项目审核要求与流程。（部法制司、综合规划司负责）

（四）逐级压实数据质量责任。

全面落实各级交通运输主管部门执行统计法和维护统计独立真实调查、防范统计数据造假的领导责任，各级交通运输主管部门主要负责人对本级交通运输统计数据质量负主要领导责任，分管负责人负直接领导责任。按照“谁生产数据、谁负直接责任；谁汇总数据、谁负监管责任”的要求，部内有关司局主要负责人和地方各级交通运输主管部门有关机构主要负责人对本单位组织实施统计调查项目的数据质量负直接责任和监管责任。（部综合规划司牵头，部内有关司局、省级交通运输主管部门配合）

（五）强化统计监督检查和数据质量责任追究。

切实强化统计监督检查职能，综合运用实地督查、第三方评估等多种方式，实现统计监督检查常态化。加强部与国家统计局的协同联动，及时移交统计违法线索，共同做好交通运输统计违法行为查处工作。对存在数据质量失真问题尚不构成违法行为的，及时采取约谈、行业内通报等方式，强化责任追究。（部综合规划司牵头，部内有关司局、省级交通运输主管部门配合）

四、改革统计生产方式

（六）重构统计数据生产流程。

加快推进公路水路交通运输企业统计一套表联网直报，推动现行数据生产方式由层层上报、逐级汇总的传统模式改变为一数到顶、同步监管、全程留痕、共用共享的新模式，确保数据生产各个环节公开透明、可查询、可追溯，最大限度减少人为干预。2018年先期在公路客运站、城市客运，港口、海洋运输四个领域试点推进联网直报，率先取得突破。（部综合规划司牵头，公路局、水运局、运输服务司等部内有关司局、省级交通运输主管部门配合）

（七）大力推广新型统计生产方式。

以高速公路联网收费系统、物流信息平台、海事船舶进出港报告等为重点，加快推进交通运输行政业务和交易记录向统计数据转化。今后可通过行政业务和交易记录转化获取统计数据的，原则上不得另行开展统计调查。以“互联网＋交通运输统计”思维，逐步拓展统计调查资料来源，不断丰富原始资料和基础数据的获取渠道。（部综合规划司牵头，公路局、运输服务司、海事局等部内有关司局和部属单位配合）

（八）创新运输量统计工作机制与方法。

适应地区生产总值统一核算改革要求，完善公路水路运输量统计工作机制，组建运输量统计调查方法与数据咨询评估专家组。按照“统一组织、分级负责，共同审定、部为主导”的原则，建立公路水路运输量部省联合会审工作机制。依托专项调查，合理确定运输量统计基数。优化运输量日常统计方法，充分利用高速公路运输量、重点营运车辆联网联控平台数据和相关宏观经济数据等，对运输量数据开展多角度评估。（部综合规划司牵头，运输服务司等部内有关司局、省级交通运输主管部门配合）

五、强化统计对业务管理的支撑作用

（九）努力拓展统计新领域。

研究建立与建设交通强国相适应的统计调查内容和指标体系，强化重点建设任务实施进度和建设成效的跟踪与评价。研究提出交通运输新产业、新业态、新模式统计思路与实施路径，及时反映行业新领域的发展状况和发展规律。以铁水联运为重点，建立和完善综合交通运输统计指标与标准。（部综合规划司牵头，水运局、运输服务司等部内有关司局配合）

（十）充分发挥统计决策服务与监督作用。

建立健全用数据说话、用数据决策、用数据管理、用数据创新、用数据监督的行业治理机制，着力提升行业科学化、精细化管理水平。加快建设综合交通发展决策服务信息系统（“一张图”），创新建立规划编制、组织实施、项目管理和事中事后监管等全要素、全周期、全领域业务链。加强行业经济运行分析，编制中国交通运输生产指数，发挥好引导和预警作用。（部综合规划司，科技司负责）

六、加强统计队伍建设

（十一）打造部级权威统计机构。

按照“建设权威统计机构”的要求，充分依托现有部属科研单位技术力量，研究组建交通运输部统计工作专门承担机构，开展行业统计，实施专项调查。（部人教司牵头，综合规划司配合）

（十二）充实基层统计力量。

地方各级交通运输主管部门要指定部门统计负责人。省级交通运输主管部门按要求配备专职统计人员，地市级交通运输主管部门应配备专职或兼职统计人员。鼓励通过政府购买服务的方式委托专业化社会力量开展或参与统计工作。（省级交通运输主管部门负责）

（十三）加强统计队伍人员素质建设。

努力培养统计领军人物和学科带头人，培育一批有权威、有影响力的统计专家，打造政治素质高、业务素质好、综合能力强的统计创新团队。加强统计人员政治理论和法律法规学习，强化依法统计的政治责任意识。加大统计业务培训力度，部每年对省级交通运输主管部门统计人员开展集中培训，省级交通运输主管部门应加强对基层统计人员的业务培训。（部综合规划司牵头，部内有关司局、省级交通运输主管部门配合）

七、强化统计保障

（十四）加强组织领导。

各级交通运输主管部门要按照本实施意见，细化工作方案，明确责任人，做好督查落实。地方各级交通运输主管部门主要负责人要切实承担起本地区交通运输统计工作的领导责任，充分发挥积极性和创造性，结合实际，扎实稳妥推进各项措施。（部综合规划司牵头，部内有关司局、省级交通运输主管部门配合）

（十五）强化科技应用。

加强统计信息化建设，全面提高统计调查、数据管理和统计分析的智能化水平，不断强化行业信息化系统数据采集能力，从源头上保障数据质量。继续推进互联网、大数据、云计算、空间地理信息技术等在交通运输统计中的应用。（部综合规划司、科技司负责，部内有关司局、省级交通运输主管部门配合）

（十六）落实统计经费。

按照事权与支出责任相统一的原则，各级交通运输主管部门要合理测算日常统计、周期性专项调查、经济运行分析等费用支出，将统计工作经费纳入本级财政预算。（部财审司、省级交通运输主管部门负责）

国家铁路局、中国民用航空局、国家邮政局应按照建设交通强国和国家统计改革发展各项要求，结合本实施意见，做好本领域的贯彻落实工作。

303. 交通运输部办公厅关于公路养护巡查有关职责内涵的复函

(交办公路函〔2019〕397号)

你厅《关于明确公路养护巡查有关职责内涵的请示》(鲁交政法〔2018〕13号)收悉。经交通运输部同意，函复如下：

一、公路养护巡查职责要求

《中华人民共和国公路法》第三十五条规定，“公路管理机构应当按照国务院交通主管部门规定的技术规范和操作规程对公路进行养护，保证公路经常处于良好的技术状态”《公路安全保护条例》第四十七条第一款规定，“公路管理机构、公路经营企业应当按照国务院交通运输主管部门的规定对公路进行巡查，并制作巡查记录；发现公路坍塌、坑槽、隆起等损毁的，应当及时设置警示标志，并采取措施修复”。

二、公路养护巡查职责范围

根据我部2009年第45号公告颁布的《公路养护技术规范》(JTG H10—2009)相关规定，公路养护巡查的职责范围包括发现公路坍塌、坑槽、隆起等损毁情况，以及发现路基、路面、桥梁、隧道等设施的病害情况等。鉴此，公路养护巡查的职责范围不包括对《中华人民共和国道路交通安全法》规定的违法行为进行巡查。

三、公路养护巡查时间安排

根据公路养护巡查的职责范围，公路养护巡查以车行为主，采用观察、目测、摄影摄像等工作方式，并制作巡查记录。因夜间视认性较差，养护巡查难以开展，不能准确发现公路设施存在的病害、损毁等问题，鉴此，通常情况下，公路养护巡查一般安排在日间进行，确保及时准确发现公路设施存在的病害、损毁等情况。

Gonglu Yanghu Guanli Fagui Zhidu Wenjian Huibian

公路养护管理法规制度文件汇编

2021 年版

（下册）

交通运输部公路局

人民交通出版社股份有限公司

北 京

内 容 提 要

本汇编分为上、中、下三册。上、中册汇编了1978年～2021年有关公路养护管理的各种法规、文件共计303篇，内容包括两个方面：(1)国家法律法规、国务院及国务院办公厅文件；(2)交通运输部及其他部委相关规章、文件。其中交通运输部及其他部委相关规章、文件又分为六类，包括综合类、养护管理类、路政管理类、收费公路管理类、路网应急与服务类及其他类。养护管理类又细分为综合管理、桥隧养护管理、路网结构改造工程以及防灾减灾四小类。下册汇编了各省(自治区、直辖市)有关公路养护管理最新的地方性法规制度文件，共计125篇。为便于查阅，各类文件主要依发布时间的先后顺序加以排列，并按序列统一编号。

本书可供各级公路管理部门的领导干部和养护管理人员使用参考。

图书在版编目(CIP)数据

公路养护管理法规制度文件汇编：2021年版/交通运输部公路局编.—北京：人民交通出版社股份有限公司，2021.6

ISBN 978-7-114-17352-3

Ⅰ.①公… Ⅱ.①交… Ⅲ.①公路养护—管理—法规—汇编—中国 Ⅳ.①D922.296.9

中国版本图书馆CIP数据核字(2021)第102152号

书　　名：公路养护管理法规制度文件汇编　**2021年版**(下册)
著 作 者：交通运输部公路局
责任编辑：吴有铭　王海南　刘永超
责任校对：孙国靖　魏佳宁　宋佳时　扈　婕
责任印制：张　凯
出版发行：人民交通出版社股份有限公司
地　　址：(100011)北京市朝阳区安定门外外馆斜街3号
网　　址：http://www.ccpcl.com.cn
销售电话：(010)59757973
总 经 销：人民交通出版社股份有限公司发行部
经　　销：各地新华书店
印　　刷：北京市密东印刷有限公司
开　　本：880×1230　1/16
印　　张：40.75
字　　数：1181千
版　　次：2021年6月　第1版
印　　次：2021年6月　第1次印刷
书　　号：ISBN 978-7-114-17352-3
总 定 价：480.00元(上、中、下册)

总 目 录

上 册

中 册

下 册

目　　录

一、国家法律法规、国务院及国务院办公厅文件

二、交通运输部及其他部委相关规章、文件

（一）综　　合

（二）养 护 管 理

◇综 合 管 理◇

◇ 路网结构改造工程 ◇

（四）收费公路管理

（五）路网应急与服务

(六) 其　　他

三、各省（自治区、直辖市）公路养护管理法规制度文件

三、

各省（自治区、直辖市）公路养护管理法规制度文件

304. 北京市公路条例

（2010年12月23日北京市第十三届人民代表大会常务委员会第二十二次会议修订）

第一章　总　　则

第一条　为加强本市公路的建设和管理，促进公路事业发展，根据《中华人民共和国公路法》、《收费公路管理条例》及有关法律、法规，结合本市实际情况，制定本条例。

第二条　本条例适用于本市行政区域内公路的规划、建设、养护、收费、使用以及其他相关管理活动。

本条例所称公路，包括公路桥梁、隧道和涵洞。按其在公路路网中的地位分为国道、市道、县道、乡道和村道。

第三条　本市公路的发展应当遵循全面规划、城乡统筹、节约资源、安全环保、科学管理和保障畅通的原则。

第四条　市交通行政管理部门主管本市公路工作。

市公路管理机构负责国道、市道、县道的管理工作。区、县人民政府负责本行政区域内乡道、村道的管理工作。市公路管理机构的派出机构按照规定负责监督、检查和指导管辖区域内乡道、村道的建设、养护工作。

乡镇人民政府负责本行政区域内乡道、村道的建设、养护工作。

发展改革、财政、国土资源、规划、建设、环境保护、公安交通等行政管理部门按照各自职责，依法负责公路的相关管理工作。

第五条　公路作为公益性基础设施受国家保护。任何单位和个人都有爱护公路、公路用地及公路附属设施的义务，有权检举损毁或者非法占用公路、公路用地及公路附属设施的行为。

第二章　公路规划与建设

第六条　本市公路规划是城乡规划体系的组成部分，应当依据本市城市总体规划、国民经济和社会发展规划、土地利用总体规划编制，并与国家公路网规划、区域公路网规划、本市城市道路网规划和综合交通运输发展规划相协调。公路规划与建设应当坚持节约用地、保护环境的原则。

第七条　市道、县道、乡道、村道规划由市交通行政管理部门会同市规划、发展改革等行政管理部门商相关区、县人民政府，按照城乡统一规划的原则组织编制，依法报市人民政府批准后实施。市道规划同时报国务院交通主管部门备案。

第八条　市道、县道、乡道的命名和编号，按照《中华人民共和国公路法》的规定执行。村道的命名和编号的确定办法，由市公路管理机构制定。

第九条　公路年度建设计划由市公路管理机构根据本市公路规划组织编制，报市交通行政管理部门批准后实施。公路年度建设计划应当在上一年度结束前编制完成。

公路建设项目应当按照国家和本市固定资产投资程序履行相关批准手续。

第十条　地下管线年度建设计划应当与公路年度建设计划衔接。

新建公路时，地下管线应当与公路同步规划、同步设计，并按照先地下、后地上的施工原则，与公路同步建设。

第十一条 公路建设项目实行代建制的，应当通过招标方式选择代建单位并依法签订合同。交通、发展改革、财政、审计等相关行政管理部门，应当依法加强对公路代建项目和代建单位的监管。

第十二条 公路建设项目应当按照国家和本市有关规定进行验收。未经验收或者验收不合格的，不得交付使用。

第十三条 新建公路时，公路附属设施、公路客运站点应当与公路同步规划、同步设计、同步建设。

前款公路附属设施，是指为保护、养护公路和保障公路安全畅通所设置的公路防护、排水、养护、管理、服务、交通安全、监控、检测、通信、收费等设施、设备以及专用建筑物、构筑物等。

交通标志、标线等公路交通安全设施，应当按照国家和本市有关标准设置，保持清晰、醒目、准确、完好、方便使用。

第十四条 市公路管理机构对失去使用功能的市道、县道，区、县人民政府对失去使用功能的乡道、村道，应当宣布废弃，及时向社会公告，并设立明显标志。废弃公路由相关部门按照国家和本市的有关规定及时进行处理。

第三章　公 路 养 护

第十五条 公路养护计划由市公路管理机构按照公路等级、里程、路况、养护定额及养护规范评定标准组织编制，报市交通行政管理部门批准后实施。资金安排按照财政预算管理规定执行。

公路养护资金应当专项用于公路养护，不得挪作他用。

第十六条 公路养护大修工程、中修工程应当通过招标方式确定养护作业单位；小修保养可以引入竞争机制，逐步推行招标制度。

第十七条 公路养护作业单位应当按照国家和本市有关标准规范，建立公路养护巡查制度，定时进行养护巡查；建立公路养护维修信息档案，记录养护作业、巡查、检测以及其他相关信息；设立公示牌，公示单位名称、养护路段以及报修和投诉电话。

第十八条 公路养护作业单位应当按照批准的工期、时段进行养护大修、中修工程作业。

公路养护作业单位进行养护作业时，应当按照规定在养护作业现场和养护车辆设置安全警示标志和警示灯光信号，采取相应的安全防护措施。养护作业人员进行养护作业时，应当穿着统一的安全标志服。

市公路管理机构应当向社会公示公路养护大修、中修工程作业信息。对交通有较大影响的养护大修、中修工程作业，市公安交通管理部门应当依法加强交通安全监督检查。

第十九条 公路养护车辆进行养护作业时，在不影响过往车辆通行的前提下，其行驶路线和方向不受公路标志、标线限制。过往车辆和行人对公路养护车辆和人员应当注意避让。

第二十条 市公路管理机构应当制定公路养护技术规范和管理考核标准，加强对公路养护作业单位的指导，定期对公路养护作业单位进行检查。

第二十一条 附设于公路的地下管线的检查井及其井盖等设施，应当符合公路养护技术规范，产权单位应当加强巡查。对因井盖等设施缺损、移位、下沉等影响公路通行安全的，产权单位应当及时补缺或者修复。

第四章　路 政 管 理

第二十二条 公路用地范围按照以下标准确定：

（一）公路两侧有边沟的，其用地范围为公路两侧边沟外缘起 1 米的区域；

（二）公路两侧无边沟的，其用地范围为公路路缘石外缘起 5 米的区域；

（三）封闭公路用地范围为公路两侧隔离栅起 1 米的区域。

本条例实施前公路的用地范围与上述规定不一致的，按照现状范围确定。

第二十三条　公路建筑控制区的范围从公路用地外缘起按照以下标准划定：

（一）国道 20 米，市道 15 米，县道 10 米，乡道 5 米；

（二）公路弯道内侧及平交道口，以行车视距或改作立体交叉的需要为准。

除公路防护、养护需要外，禁止在公路建筑控制区内建设建筑物和地面构筑物。公路建筑控制区内已有建筑物、构筑物和埋设的管线、电缆等设施，危及公路安全的，市公路管理机构及其派出机构应当协助其所有人采取必要的安全防护措施。

市公路管理机构和区、县人民政府应当按照各自职责，依照本市规定加强公路建筑控制区内的公路绿化建设和养护的管理工作。

第二十四条　有下列行为之一的，应当经过市公路管理机构许可：

（一）占用、挖掘公路或者使公路改线的；

（二）跨越、穿越公路修建桥梁、渡槽或者架设、埋设管线等设施，以及在公路用地范围内架设、埋设管线、电缆等设施的；

（三）在公路建筑控制区内埋设管线、电缆等设施的；

（四）铁轮车、履带车和其他可能损害公路路面的机具在公路上行驶的；

（五）在公路用地范围内设置非公路标志的；

（六）在公路上增设平面交叉道口的；

（七）超过公路限载、限高、限宽、限长标准的车辆确需在公路上行驶的。

从事前款第（一）、（二）项活动，影响交通安全的，还应当征得公安交通管理部门同意；运载不可解体的超限物品，影响交通安全的，应当按照公安交通管理部门指定的时间、路线、速度行驶，并悬挂明显标志。

第二十五条　申请从事本条例第二十七条规定的行为的，应当符合下列条件：

（一）有保障公路及其附属设施安全和通行安全的防护和监测措施；

（二）有降低对交通影响的交通组织和作业方案；

（三）有应急准备措施；

（四）法律、法规和规章规定的其他条件。

第二十六条　经许可跨越、穿越公路修建桥梁、渡槽或者架设、埋设管线等设施，以及在公路用地范围内架设、埋设管线、电缆等设施的，所修建的桥梁、渡槽或者架设、埋设的设施应当与路面保持规定的安全距离。

第二十七条　经许可在公路用地范围内设置非公路标志的，非公路标志应当符合国家和本市有关标准和规定，其所有人或者维护管理人应当加强维护和管理。

第二十八条　经许可在公路上增设平面交叉道口的，被许可人应当委托该公路的养护作业单位修建。

增设平面交叉道口，应当符合国家规定的技术标准，并修建自公路路面边缘起不少于 30 米的沥青或者混凝土路面；影响公路排水畅通的，应当修建相应的排水设施。

被许可人关闭平面交叉道口的，应当向市公路管理机构备案。

第二十九条　在公路及公路用地范围内不得从事下列行为：

（一）破坏、损坏、污染公路及公路附属设施；

（二）擅自移动、涂改、遮挡公路附属设施；

（三）设置障碍、打场晒粮、堆放物品、倾倒垃圾、抛撒遗撒或焚烧物品、放养牲畜；

（四）挖沟引水或利用边沟排放污物；

（五）在公路上试刹车；

（六）从事修车、洗车、摆摊设点等服务；

（七）在市公路管理机构设定的场所以外从事加水降温等活动；

（八）法律、法规和规章禁止的其他行为。

第三十条 市公安交通管理部门、市公路管理机构、市道路运输管理机构等部门对车辆进行超载超限检测时，被检测车辆应当予以配合；经检测超载超限且未经许可的，责令承运人自行卸载超限物品；拒不卸载的，强制卸载，所需费用由承运人承担。

第三十一条 造成公路及其附属设施损坏的，责任人应当保护现场，采取安全防护措施，报告市公路管理机构或者其派出机构并接受调查、处理后，方可离开。

因交通事故造成公路及其附属设施损坏的，公安交通管理部门应当及时通知市公路管理机构或者其派出机构；市公路管理机构应当及时组织建设、养护作业单位修复。

第三十二条 经许可挖掘公路的，挖掘单位应当在批准期限届满前委托该公路的养护作业单位及时修复完毕，并按照标准向养护作业单位交纳挖掘修复费。养护作业单位应当对修复质量负责。

第三十三条 造成公路、公路附属设施损坏依法应当补偿或赔偿的，责任人应当向市公路管理机构或者收费公路经营管理者交纳补偿或赔偿费。公路补偿费标准由市交通行政管理部门会同市发展改革、财政等行政管理部门根据公路工程造价定额标准制定和调整，并向社会公布。公路赔偿费参照公路补偿费标准执行。

第三十四条 公路监督检查人员进行监督检查时，应当遵守下列规定：

（一）佩戴标志；

（二）持证上岗；

（三）按照规定着装；

（四）严格执行法定程序。

公路监督检查的专用车辆，应当按照国家有关规定设置标志和示警灯。

第五章　收费公路的特别规定

第三十五条 收费公路的管理，适用本章规定；本章未作规定的，适用本条例其他有关规定。

第三十六条 本市收费公路的设立，应当符合本市公路规划，由市人民政府依据国家规定的技术等级、规模审查批准。

市公路管理机构应当依法加强对收费公路经营管理的监督检查，督促收费公路经营管理者履行公路养护和服务义务。

第三十七条 政府还贷收费公路应当由依法设立的不以营利为目的的专门组织进行建设和管理。

经营性收费公路应当由依法成立的公路企业法人建设、经营和管理。经营性收费公路的投资、建设、运营和经营者确定方式等由市交通行政管理部门会同市发展改革等相关部门提出，报市人民政府批准。

第三十八条 收费公路的车辆通行费收费标准、收费期限和收费站设置应当按照国家规定的程序、标准进行审查批准。经批准设置的收费站确需进行调整的，应当重新办理审查批准手续。收费公路收费期满应当按照规定拆除收费设施停止收费，并由市人民政府向社会公告。

市交通行政管理部门对验收合格的收费站应当统一制发收费站标牌，制定公示规范和服务标准并加强监管。

第三十九条 收费公路经营管理者应当遵守下列规定：

（一）按照规定的收费标准和收费方式收取车辆通行费；

（二）按照规定开具收费票据；

（三）按照公示规范设置公示牌；

（四）及时提示路况、通行和预警信息；

（五）按照标准规范，加强服务区的建设和管理。

遇有交通流量过大影响车辆通行的情形时，收费公路经营管理者应当及时采取提高车辆通行效率的措施。

第四十条 收费公路经营管理者应当提高科技服务水平，推行联网收费和不停车收费。新建收费公路应当同步建设不停车收费系统。

第四十一条 在收费公路上行驶的车辆，应当按照规定交纳车辆通行费。

收费公路经营管理者对依法应当交纳而拒交、逃交、少交车辆通行费的车辆，有权拒绝其通行，并要求其补交应当交纳的车辆通行费。收费公路经营管理者对不能提供通行卡或者通行卡毁损导致无法识别驶入站的车辆，对从不停车收费车道驶入的无电子标签的车辆，有权按照最远端的驶入站到本站的距离收取车辆通行费。

第四十二条 政府还贷收费公路的车辆通行费，除必要的管理、养护费用从财政部门批准的车辆通行费预算中列支外，应当全部用于偿还贷款，不得挪作他用。

经营性收费公路的通行费收入应当按照国家和本市规定的标准，保证收费公路的养护费用。

收费公路经营管理者应当按照规定及时向市公路管理机构提供收费、还贷、路况、交通流量、养护和管理等有关信息资料。信息资料涉及商业秘密的，市公路管理机构应当予以保密。

第四十三条 收费公路的年度养护计划由收费公路经营管理者按照相关标准规范编制，并报市公路管理机构备案。

第四十四条 市公路管理机构依法负责收费公路的路政管理。对申请占用、挖掘收费公路或者在收费公路进行管线施工等活动的，市公路管理机构在许可前应当征求收费公路经营管理者的意见。

收费公路经营管理者应当建立、健全公路保护的巡查制度，发现损坏收费公路路产路权的行为，应当及时制止并向市公路管理机构报告。

第六章 乡道、村道的特别规定

第四十五条 乡道、村道的管理，适用本章规定；本章未作规定的，适用本条例其他有关规定。

第四十六条 乡道、村道的建设按照国家和本市有关规定执行。

新建乡道、村道的技术等级不得低于国家规定的四级标准。已建成的乡道、村道达不到四级标准的，应当逐步提级改造。

第四十七条 区、县人民政府负责编制、下达乡道、村道的年度养护计划，市公路管理机构的派出机构可以接受区、县人民政府委托具体组织编制；乡道、村道的年度养护计划应当报市公路管理机构备案。

第四十八条 乡道、村道建设资金应当按照本市有关规定列入政府的财政预算。

鼓励沿线受益单位捐助、企业和个人捐款用于乡道、村道建设；鼓励多渠道筹集社会资金投资乡道、村道建设。

第四十九条 市和区、县人民政府应当保证乡道、村道养护资金。乡道、村道养护资金应当专款专用、专项专用，并接受财政、审计、发展改革、交通等行政管理部门的监督。

第五十条 乡道、村道的大修工程可以采取招标方式确定养护作业单位，小修保养可以招聘沿线村民组建养路队进行。

第七章 公路突发事件应急管理

第五十一条 本市公路突发事件应急管理纳入全市突发事件应急管理体系。市交通行政管理部门负责组织制定本市公路突发事件应急预案，经市人民政府批准后实施。

市公路管理机构及其派出机构负责公路突发事件应急处理的组织工作；市政府相关部门、区、县和乡镇人民政府按照各自职责负责公路突发事件的应急处理工作。

公路建设、养护和经营管理单位应当根据国家和本市有关应急预案的规定，制定公路先期应急处置方案，组织应急处置队伍。

第五十二条 市公路管理机构及其派出机构应当定期组织公路建设、养护和经营管理单位进行公路应急预案演练。

公路建设、养护和经营管理单位应当定期组织应急处置队伍进行先期应急处置方案演练。

发生公路突发事件时，市公路管理机构和政府有关部门以及公路建设、养护和经营管理单位应当按照规定启动应急预案。

第五十三条 因自然灾害致使公路交通中断，市公路管理机构应当组织养护作业单位及时修复，维护现场秩序，并依法向所在地区、县人民政府和公安交通管理部门通报。损坏严重难以及时修复的，所在地区、县人民政府应当及时组织抢修。

第五十四条 发生公路严重损毁、重大交通事故或者遇有恶劣气象等严重影响车辆安全通行的情形时，公安交通管理部门应当及时采取限速通行、关闭公路等交通管制措施，并向社会发布交通管制信息。公路建设、养护和经营管理单位应当积极配合，并采取相应的应急处置措施。

第八章　法 律 责 任

第五十五条 市交通行政管理部门、市公路管理机构不依法或者不正当履行公路管理职责的，由其上级行政机关或者监察机关责令改正，对直接负责的主管人员和其他直接责任人员依法给予行政处分；构成犯罪的，依法追究刑事责任。

市交通行政管理部门、市公路管理机构的工作人员玩忽职守、徇私舞弊、滥用职权，尚不构成犯罪的，依法给予行政处分；构成犯罪的，依法追究刑事责任。

第五十六条 违反本条例第十七条、第十八条第一款规定，公路养护作业单位未按规定进行养护作业的，由市公路管理机构责令限期改正，予以警告；逾期不改的，处5000元以上2万元以下罚款。

第五十七条 违反本条例第五十四条第三款、第五十五条第二款的规定，公路建设、养护和经营管理单位未按照规定制定公路先期应急处置方案或者进行先期应急处置方案演练的，由市公路管理机构责令限期改正，并可处2万元以上5万元以下罚款。

第五十八条 违反本条例规定的其他行为，按照相关法律、法规应当予以处理的，由有关部门依法处理。

第九章　附　　则

第五十九条 本条例自2007年10月1日起施行。

305. 北京市收费（高速）公路养护监督管理办法

（京交路高速发〔2014〕377 号）

第一章　总　　则

第一条　为规范收费（高速）公路养护工作行为，加强对收费（高速）公路养护工作的监督管理，切实提高收费（高速）公路养护工作质量和服务水平，根据《中华人民共和国公路法》、《收费公路管理条例》、《公路安全保护条例》、《北京市公路条例》及《公路养护工程管理办法》等法律、法规的规定，结合本市收费（高速）公路养护工作实际，制定本办法。

第二条　本办法适用于本市行政区域内已运营收费（高速）公路的养护工作和监督管理活动。

第三条　市交通运输主管部门负责本市收费（高速）公路养护行业的监督管理工作，具体工作由市公路管理机构承担。市公路管理机构应建立收费（高速）公路养护行业监督管理机制和制度，对收费（高速）公路实施行业监督指导检查，督促收费（高速）公路经营管理单位履行收费（高速）公路养护、绿化等职责，并履行公路用地范围内的水土保持和灾害防治义务，不断促进收费（高速）公路养护管理水平的完善和提高。

第四条　收费（高速）公路经营管理单位应当按照有关法律法规以及国家和交通运输主管部门制定的养护技术规范、操作规程和标准，做好收费（高速）公路及沿线附属设施的各项养护工作。

收费（高速）公路经营管理单位应积极采用先进、环保的养护技术、材料和科学的管理方法，重视新技术、新材料、新设备和新工艺在养护工作中的应用，提升养护科技含量，推广快速养护施工技术，大力推进机械化养护，不断提高养护效率和养护质量。

第五条　收费（高速）公路经营管理单位应在通行费中列支足额资金用于公路养护，确保路况处于优等水平。

第二章　一 般 规 定

第六条　收费（高速）公路经营管理单位应根据收费（高速）公路技术状况评定结果，结合收费（高速）公路养护管理目标，征求市公路管理机构意见，科学编制年度养护计划，并于每年的 2 月底前报市公路管理机构备案。

第七条　收费（高速）公路经营管理单位应每年评定一次收费（高速）公路技术状况，其收费（高速）公路技术状况指数（MQI）应达到《公路技术状况评定标准》规定的优以上等级。收费（高速）公路路面技术状况评定采用自动化检测手段，收费（高速）公路路面技术状况指数（PQI）每年达到 90 以上，无中、次、差路段，且五年规划期末年收费（高速）公路单公里路面技术状况指数（PQI）达到 90 以上。

各收费（高速）公路经营管理单位应建立收费（高速）公路桥梁养护管理和安全运行年度报告制度，分析所管辖桥梁技术状况、桥梁检查和桥梁养护管理工作开展等情况。

收费（高速）公路上的一、二类桥梁数量占桥梁总数的比例应大于 95%，当收费（高速）公路出现三、四、五类桥及 B、A 级隧道和危险涵洞时，应当及时消除安全隐患。

公路技术状况评定结果和桥梁安全运行年度报告于当年 12 月底报市公路管理机构备案。

第八条　市公路管理机构应明确收费（高速）公路养护与检查标准，建立收费（高速）公路路面、桥梁技术状况定期评价制度，每年对收费（高速）公路路面、桥梁技术状况进行评定。

每年对全市收费（高速）公路路面技术状况（PQI）进行随机抽检，抽检比例不少于列养里程的30%；对特大、特殊结构和特别重要的桥梁按不少于桥梁总数10%的比例进行抽检巡查，抽检巡查结果反馈给收费（高速）公路经营管理单位并提出养护意见。

第九条 收费（高速）公路经营管理单位应当积极推进收费（高速）公路养护科学决策体系建设，建立收费（高速）公路技术状况评定、养护计划管理、养护工程管理、日常巡查与检查、桥涵与隧道专项检查、病害处治、养护作业现场管理、科技推广应用、技术档案管理与数据报送、突发事件应急处置等工作制度，并规范相应的工作程序，形成一套完整的公路养护科学决策机制、规范化管理标准。

第十条 收费（高速）公路经营管理单位应结合经营管理需要，建立包括收费（高速）公路养护数据库、路面管理和桥梁管理等在内的收费（高速）公路管理系统，并及时做好相关数据的更新和维护工作。

市公路管理机构应当统筹协调，逐步实现全市收费（高速）公路养护管理系统联网管理，实现信息共享。

第十一条 收费（高速）公路应当实行经常性、及时性、预防性和周期性养护，保障收费（高速）公路经常处于良好的技术状态，达到路面平整，路肩、边坡平顺，桥涵、隧道构造物及沿线设施完好，标志、标线齐全、规范等。

第十二条 收费（高速）公路机电系统、服务设施、交通安全设施维护，应当遵循“保障安全、优化服务”的原则，按照国家相关技术规范要求进行维护，及时维修和更换损坏部件，保持系统、设施经常处于良好的技术状态。

第十三条 收费（高速）公路养护工作应严格执行国家规定的收费（高速）公路养护管理制度及工作程序，并按规定办理养护作业手续。

从事收费（高速）公路养护作业的单位应具有与收费（高速）公路养护相适应的施工、维修、检测、清扫、防汛、铲冰除雪、巡查等机械设备，获得相关部门颁发的安全生产许可证。从事养护作业人员必须经过培训后上岗。

市公路管理机构应逐步建立收费（高速）公路养护作业单位信誉考核制度，定期进行考核。

第十四条 收费（高速）公路经营管理单位应当根据抢险和应急养护的需要，落实必要的抢险和应急养护材料、设备，及时组织防汛、铲冰除雪等自然灾害造成的通行障碍，修复损毁的收费（高速）公路，并做好突发性事件的其他相关应急处置工作。

收费（高速）公路上重要、特殊结构型式桥梁以及互通立交、隧道应当作为保障畅通的重点部位单独制定安全应急预案。

市公路管理机构根据职责，做好收费（高速）公路重大自然灾害等突发性事件的路网信息发布、抢险协调、技术支持等应急处置工作。

第十五条 收费（高速）公路经营管理单位应当按照行业管理需求，设置完善的交通量调查站点，配备自动化监测设施，做好有关数据上传、分析应用和设施维护工作。

第十六条 收费（高速）公路养护管理文件、台账、巡查记录、检查记录、交通情况调查、路况基础数据、年度养护计划、养护工程设计、施工和验收文件、图纸等养护管理的内业文件资料应当真实、齐全、有效，并按照规定分类、归档。

第十七条 收费（高速）公路经营管理单位严格执行报表制度，按照国家、本市有关规定，及时更新、报送收费（高速）公路养护基础数据和统计、检测评定、交通量调查等资料。

收费（高速）公路经营管理单位每月25日前向市公路管理机构报送养护工程统计数据月报，年底按要求向市公路管理机构报送收费（高速）公路的各类统计数据。

第十八条 市公路管理机构应当加强收费（高速）公路养护技术指导，推进养护工作技术进步，建立收费（高速）公路养护管理工作交流平台，促进收费（高速）公路养护水平的提高。

第十九条 市公路管理机构应当加强收费（高速）公路养护管理法律法规、标准规范的宣传贯彻，并做好收费（高速）公路养护技术管理人员的培训工作。

第三章 养护巡查及处置

第二十条 收费（高速）公路经营管理单位应制定养护巡查制度，并按照养护技术规范要求进行养护巡查。

养护巡查分为日间巡查和夜间巡查，日间巡查每天不少于一次；夜间巡查每周不少于一次。遇有重大政治活动或设施存在安全隐患等情况时，收费（高速）公路经营管理单位应加大巡视频率，采取相应措施，确保运营安全。

第二十一条 收费（高速）公路经营管理单位应结合各自管辖的收费（高速）公路养护特点，制定并执行收费（高速）公路设施损坏修复时限制度，在巡查和检查时应按照养护技术规范要求做好记录，对巡查和检查中发现的病害等问题应及时处理并在24小时内修复病害，难以在24小时内修复的，应当采取相应防护措施。

第二十二条 收费（高速）公路经营管理单位应制定小修保养考核管理办法，每半年组织一次小修养护工作检查，并将检查及整改情况报送市公路管理机构。

第二十三条 收费（高速）公路经营管理单位应当按照《公路桥梁养护管理工作制度》和《公路桥涵养护规范》规定，对桥梁进行经常检查、定期检查、特殊检查，对发现的问题及时采取措施。特殊检查结束后，检查单位或者检查人员应当及时提交专题检查报告。

对特大、特殊结构和特别重要桥梁，应按单座桥梁和养护作业类别安排专项养护检查管理资金。

第二十四条 收费（高速）公路经营管理单位应当建立重要、特殊结构型式桥梁和隧道的结构安全、耐久性监测、健康监测和实时监控等检查制度和维护机制，并专门制定养护技术手册。

第二十五条 收费（高速）公路经营管理单位应当配备专职的桥梁养护工程师，负责桥梁养护技术管理工作，主持桥梁的经常检查，负责组织桥梁的定期检查与评定；并按要求组织桥梁养护管理技术人员的培训。

第二十六条 收费（高速）公路经营管理单位在养护巡查、检查以及应急处置时，发现影响交通安全的情况，需要采取交通管制措施的，应当及时报告公安交通管理部门和市公路管理机构。

第四章 养护专项和大中修工程管理

第二十七条 收费（高速）公路经营管理单位应当按照《公路养护安全作业规程》、《公路养护技术规范》和其他技术规范规定，组织养护作业、实施养护专项和大中修工程。

第二十八条 收费（高速）公路专项养护和大中修工程应当按照国家和市有关规定进行合同管理、招投标、监理、质量监督、交竣工验收和工程决算评审。

第二十九条 收费（高速）公路专项养护和大中修工程应严格按照有关的施工规范、标准和操作规程进行施工，建立质量管理控制体系，健全检查验收制度，确保养护工程质量，大修等养护工程应接受公路工程质量监督部门的监督。

第三十条 收费（高速）公路经营单位应依据规范及市道路养护平安工地标准等相关规定，详细制定本单位养护工程安全施工的各项制度。收费（高速）公路养护维修施工时，应当按照收费（高速）公路作业标准，在施工路段设置警示及安全标志；作业人员穿着统一的安全标志服；作业现场应安排专人进行管理和指挥；夜间施工应设置红色警示信号等。

施工控制区内的工程材料应当分类堆放整齐，不得将工程材料、工具、建筑垃圾等置于施工控制区以外。

第三十一条 收费（高速）公路养护作业，应当兼顾养护作业的内容与要求、时间与周期、交通量等因素合理布置施工控制区。

养护作业需要占用行车道的，应当选择在车流量较少的时段进行，避开交通高峰时段，减少交通阻塞。

养护作业需要半幅封闭或者中断交通的，收费（高速）公路经营管理单位应当编制施工路段现场管理方案，报公安交通管理部门批准，同时报市公路管理机构备案，并在施工前 5 日通过新闻媒体、收费（高速）公路可变情报板等不同形式发布养护作业路段、时间等信息。

第三十二条 收费（高速）公路经营单位进行具有较大危险性养护作业前，应当编制专项施工技术方案，进行安全论证，必要时应当组织专家论证。

第三十三条 大修等工程完工后，由收费（高速）公路经营管理单位按行业有关规定组织交工验收工作，配合市公路管理机构做好工程竣工验收工作。

第五章 监督管理

第三十四条 市公路管理机构应加强对收费（高速）公路经营管理单位贯彻法律法规以及国家、行业、地方制定的规范、规程和标准情况进行监督检查，并将发现的问题和改进完善的意见，通知收费（高速）公路经营管理单位。高速公路经营管理单位应当在规定期限内整改，影响车辆正常安全通行的要立即整改，并将整改情况报送市公路管理机构。

第三十五条 收费（高速）公路经营管理单位未按国家规定的技术规范和操作规程进行养护的，由市公路管理机构依据《收费公路管理条例》的规定责令改正；拒不改正的，责令停止收费。责令停止收费后 30 日内仍未履行公路养护义务的，由市公路管理机构指定其他单位进行养护，养护费用由原收费（高速）公路经营管理者承担。拒不承担的，由市公路管理机构申请人民法院强制执行。

已签订收费（高速）公路特许经营协议的收费（高速）公路经营管理单位，按照协议约定每月 5 日前向市公路管理机构指定的账户缴纳上一月度通行费收入的 5%作为运营维护履约保证金。如未按国家规定的技术规范和操作规程进行养护的，或者虽已按规定进行养护但不能达到本办法规定目标的，并在规定期限未整改的，市公路管理机构可以直接委托或通过招标形式选择第三方进行养护和维修，养护和维修的费用经结算后从运营维护履约保证金中支出。市公路管理机构于每年 2 月底前完成对收费（高速）年度养护运营行业检查，检查结果达到本办法规定内容，在考核完毕后的三十（30）天内，一次性将上一年度运营维护履约保证金或剩余部分及利息返还收费（高速）公路经营管理单位。

第三十六条 收费（高速）公路年度养护运营行业检查由市公路管理机构按照《收费（高速）公路检查评定标准》组织实施，并将检查评定结果进行通报并上报市交通运输主管部门。

第六章 附 则

第三十七条 本办法自发布之日起执行。

第三十八条 本办法由北京市交通委员会路政局负责解释。

306. 北京市公路养护工程管理实施办法

（京交公管发〔2020〕2号）

第一章　总　　则

第一条　为规范我市公路养护工程管理，提高工程质量与投资效益，根据《公路法》《公路安全保护条例》《建设工程质量管理条例》《北京市公路条例》《公路养护工程管理办法》等有关规定，结合北京市公路养护工程管理实际，制定本办法。

第二条　本办法所规定的公路养护工程是指在一段时间内集中实施并按照项目进行管理的工程，不涉及拆迁和征地等工作。不包括日常养护、小修工程和公路改扩建工程。

从业单位是指从事公路养护工程的勘察、检测、设计、咨询、监理及施工等相关单位。

第三条　本办法适用于本市辖区内普通国道、市道和县级公路养护工程管理工作。

第四条　公路养护工程应当遵循决策科学，管理规范、技术先进、优质高效、绿色安全的原则。

第二章　一般规定

第五条　公路养护工程按照养护目的和养护对象，分为预防养护、修复养护、专项养护和应急养护。

预防养护是指公路整体性能良好但有轻微病害，为延缓性能过快衰减、延长使用寿命而预先采取的主动预防工程。

修复养护是指公路出现明显病害或部分丧失服务功能，为恢复技术状况而进行的功能性、结构性修复或定期更换工程。修复养护分为包括大修工程、中修工程。其中，大修工程是对公路及其沿线设施（含桥梁、隧道）的较大损坏进行周期性的综合修理，以全面恢复到原技术标准的工程；中修工程是对公路及其沿线设施（含桥梁、隧道）的一般性损坏部分进行定期的修理加固，以恢复公路原有的技术状况的工程。

专项养护是指为恢复、保持或提升公路服务功能而集中实施的完善增设、加固改造或拆除重建（按原规模）等工程，按中修工程进行管理。

应急养护是指在突发情况下造成公路损毁、中断、产生重大安全隐患等，为较快恢复公路安全通行能力而实施的应急抢险保通和恢复重建工程。

第六条　公路养护工程管理实行统一领导，分级负责。市交通委主管本市公路养护工程管理和监督工作，制定本市公路养护工程发展规划，提出养护总体目标。

各公路分局负责各自管养公路的养护工程管理工作，根据市交通委的养护规划和总体目标，制定本辖区内养护管理年度目标和实施计划，并组织实施。

第七条　公路养护工程资金由财政资金解决，其中大修、预防性养护工程按项目单独申报资金，中修工程使用日常养护切块资金。

公路养护工程资金使用范围包括设施技术状况检测与评定、养护决策咨询、养护设计、养护施工、施工管理及质量控制、工程验收、监督检查等。任何单位和个人不得截留、挤占或者挪用养护工程资金。

第八条　北京市交通委员会公路养护管理的主要职责：

（一）贯彻执行国家有关公路养护管理的法律法规、规章及标准、规范。组织制定本市公路养护管理的相关规定与办法，拟定年度公路养护工作任务和养护工作目标，负责对全市公路养护管理工作进行指导、监督和考核。负责组织公路养护工程的竣工验收工作。

（二）拟定市级公路养护年度计划，负责年度计划内公路养护大修及预防性养护工程的方案审查和概算批复。负责组织养护新技术、新工艺、新材料、新成果的推广应用和经验交流等工作。负责指导信息化技术（养护管理系统等）在养护工程中的推广和经验交流工作。

（三）负责公路养护工程的质量监督管理工作。负责公路养护工程安全生产监督管理和应急管理工作。

第九条 各公路分局公路养护管理的主要职责如下：

（一）贯彻执行国家和市有关公路养护管理法律、法规、规章及标准、规范；制定管养公路养护工程管理的相关制度。

（二）负责编制年度公路养护工程建议计划，按要求及时上报至市交通委审查。负责依据交通委下达的公路养护目标，制定落实计划并组织实施。负责公路大修、预防性养护工程初步设计文件编制和施工图设计文件及预算的审批工作，负责中修及专项工程设计文件审批工作。

（三）负责公路养护工程组织协调、过程管理以及工程验收等工作。负责公路养护工程新技术、新工艺、新材料、新成果的组织实施和应用的总结工作。负责信息化技术在养护工程中的具体实施和应用工作。

（四）依据相关公路养护工程管理制度，开展管养公路养护从业单位的检查、监督和考核工作。按照《公路水运工程质量监督管理规定》的相关规定落实公路养护工程的质量管理工作。按照《公路水运工程安全生产监督管理办法》要求落实公路养护工程安全生产管理和应急管理工作。

第十条 政府采购非招标采购项目管理，应按照《政府采购法》《政府采购非招标采购方式管理办法》及财政相关规定执行。

第十一条 单位负责人为同一人或者存在直接控股、管理关系的不同从业单位，不得参加同一合同项下的公路养护工程。

除单一来源采购项目外，为公路养护工程提供整体设计、规范编制或者项目管理、监理、检测等服务的从业单位，不得再参加该项目内其他公路养护工程的相关服务工作。

第三章　前期工作

第十二条 各公路分局应当建立科学决策机制和工作体系，编制前期工作管理制度和审查程序，并报市交通委备案。

公路养护工程的项目立项研究阶段，应结合设施安全运行状况，按照公路技术状况评定、养护需求分析、养护技术方案等工作流程进行前期决策，作为制定养护计划的依据。

第十三条 各公路分局依据公路路基、路面、桥梁、隧道、附属设施等技术状况的检测和评定结果，开展公路设施性能评价分析，于当年1月底前向交通委上报上一年度的设施运行报告。

第十四条 养护需求分析应当根据检测和评定数据，按照有关标准规范和本市养护规划，科学设定养护目标，合理筛选需要实施的养护工程。

第十五条 对拟实施养护工程的路段、构造物及附属设施等，应当开展专项检查或检测工作，根据检测评定数据、破损状态、病害类型、结构承载能力，病害发展趋势，综合考虑等技术、经济、安全、环保等因素，按照相关规范标准，制定具有针对性的维修设计方案。

第十六条 各公路分局应当组建技术委员会，按照相关规定组织对设计文件的审查。公路养护工程的初步设计审查意见和施工图设计批复文件应报市交通委备案。

第十七条 公路养护工程实行项目储备库制度。各公路分局应当以检测评定结果为依据，综合考虑使用年限、交通量及轴载数据、重要程度、路网作用、养护时机等因素，建立养护工程项目库，项目库按照滚动方式实施动态调整，并每年定期更新，入库项目应满足以下条件：

（一）达到使用年限的公路；

（二）PQI 评定低于养护目标道路和 PQI 值评定为中次差等级路段；

（三）路况数据下降较快的路段；

（四）设计荷载等级、抗灾能力及安全防护标准等技术指标与所在道路不匹配，且承载重要交通功能的桥梁设施；

（五）技术状况评定为三类及以下的桥隧。

第十八条 公路养护工程设立项目前期工作专项经费。已列入养护工程计划的项目，前期设计费包含在批复及设计概算内；未列入计划（已通过市交通委方案审查）的工程项目作为储备项目由公路分局保存，设计费经交通委核准后，在前期工作专项经费中列支。

第四章 计划编制

第十九条 按照《北京市交通委员会计划管理办法》的有关规定，公路养护工程计划执行编制、审批和下达的工作程序。

第二十条 公路养护工程建议计划应依据“先重点、后一般，先干线、后县级”的原则。并遵循“优供、控需、强治”理念，优先解决“中、次、差”路段路况问题，重点考虑符合以下要求的项目：

（一）严重影响公众安全通行的项目，如灾后恢复、桥隧加固等项目；

（二）具有重大政治、经济、国防意义的项目，包括重点旅游线路、产业园区道路等对区域经济发展起重要支撑作用的公路；

（三）路况水平较差、明显影响公路整体服务水平的项目；

（四）可依据行政等级（国道、市道、县道）顺序，其中国道和市道以拥挤度（V/C）排序，县道按照重要程度排序；

（五）适宜实施预防养护工程的项目。

第二十一条 公路大修、预防性养护工程计划执行以下工作程序：

（一）1～3 月，项目建议计划编报阶段：

各公路分局按时间上报下一年度养护工程建议计划后，市交通委组织对项目建议书和编制说明进行审核，并筛选项目，确定大修工程的维修方案和投资估算，同时下达前期工作通知，由各公路分局继续开展前期工作。

项目建议书主要包括：项目实施的依据和意义，实施的必要性，拟初步实施方案、投资估算及经济社会效益等内容。

编制说明主要包括：编制原则，拟达到的养护目标，项目筛选方式、投资估算依据等内容。

（二）4～7 月，初步设计及概算编制和审批阶段：

各公路分局收到市交通委下达的前期工作通知后 2 个月内完成养护工程建议项目的初步设计文件及概算编制工作，并同时上报审查意见。

市交通委组织对初步设计方案及概算的审查，并完成初步设计文件及概算的批复工作。

（三）8～9 月，下达批复计划并组织招标等工作：

市交通委下达《××年度北京市交通委公路建设养护计划》后，各公路分局据此委托施工图设计，完成预算批复，并组织养护工程的招标工作。

第二十二条 市交通委依据路网运行水平，分批次下达本年度中修工程计划编制通知。重点解决临时性保障工作任务、局部中次差路段、桥隧设施构件评分低、附属设施安全性能不达标以及水毁和突发性应急类工程等。

各公路分局应结合设施运行状况编制中修计划，并按要求上报至市交通委。市交通委对中修计划的方案进行审核，视项目的重要程度和复杂程度，组织对方案进行研究论证，完成审核后分批下达中修（专项）工程计划。

第二十三条 各公路分局在编制养护工程计划时，应统筹考虑项目实施对周边环境、社会交通以及市民出行的影响，对拟定的维修措施及交通导改方案应进行研究论证。避免集中作业造成交通拥堵。

市交通委负责省际通道公路养护工程施工作业信息共享和协调工作，各公路分局按要求做好养护工程具体信息的对接和通报等具体实施工作。

第二十四条 公路养护大修、预防性养护工程调整建议计划应于第二季度上报至市交通委。上报时需说明计划调整原则、原因及资金变化情况，并附相关材料或批复文件等资料。市交通委按规定程序组织审查，并于7月下达本年度调整计划。中修工程原则上不调整。

第二十五条 各公路分局应当按照本办法的相关计划编制要求，及时完成养护工程计划编报工作。并接受市交通委对计划执行情况的检查和监督。

第五章 工程设计

第二十六条 公路养护工程设计应依据规范和指南要求，按照"分段设计、分类处理、分期实施、合理决策"基本原则，综合考虑设施状况、结构、材料、荷载、环境、经济等因素，选择最优养护对策。并应当遵循以下要求：

（一）因地制宜、就地取材、循环利用、绿色环保。

（二）做好交通保障方案设计，降低养护工程施工对交通影响，保障运行安全。

（三）做好养护安全作业方案设计，保障养护作业安全。

（四）做好配套附属设施的设计

第二十七条 公路养护工程设计采取以下方式：

（一）中修工程采用一阶段施工图设计。

（二）公路大修工程、预防养护工程采用初步设计和施工图设计两阶段设计。

（三）应急养护工程应根据工程性质采取不同的方式进行设计。

第二十八条 公路养护工程的概预算编制应依据交通运输部《公路工程概算定额》、《公路工程预算定额》、《公路工程建设项目概算预算编制办法》、《财政部税务总局海关总署关于深化增值税改革有关政策的公告》等相关规定执行。在编制过程中应参照公路工程造价信息网发布的最新市场价格，综合考虑往年类似养护工程造价，合理编制养护工程概预算。

第二十九条 公路养护工程的设计文件按照下列规定审批：

（一）普通公路采用一阶段设计的养护工程，施工图设计文件由公路分局审批。

（二）普通公路采用两阶段设计的养护工程，初步设计文件及概算由市交通委审批，施工图设计文件及预算由各公路分局审批。

（三）普通公路应急工程设计审批：

恢复重建工程：道路工程投资额大于500万元、桥梁恢复重建和泵站改造等构造物工程投资大于200万元的项目，初步设计文件由交通委审批。

低于上述投资额的项目，执行中修工程管理程序，设计文件由各公路分局审批，审批文件需报市交通委备案。

上述工程中规模较大或提高原有设计标准的项目，报交通委审定。

第三十条 公路养护工程的设计应以专项检测和评定结果为依据，加强结构物承载力和旧路性能评价，强化对显性、隐性病害的诊断分析，采用必要的检测设备开展结构参数、结构强度及材料性能检测，合理编制养护工程设计方案。

当检测内容和检测结果不足以准确判断设施状况，影响设施性能评价和判定时，设计单位和检测单位应根据需要按规范补充开展针对性的专项检测和特殊检测，提出检测成果和评定意见。

第三十一条 养护工程设计文件应当符合法律、法规及强制性标准的要求，并对施工工艺和验收标准进行详细说明。

鼓励养护工程采用通过鉴定的新技术、新材料、新工艺、新设备。尚未制定国家或者行业标准的，应当由依法取得资质认定的检测机构进行试验、论证，出具检测报告，公路养护工程采用上述新工艺等四新技术时需经市交通委审定后，方可使用。

第三十二条 设计单位应当保证养护工程设计文件质量。做好设计交底，及时解决施工中出现的设计问题，并对设计质量负责。在对初步设计文件审查时，发现有违背强制性规范和标准行为的设计单位及设计人员，按照《建设工程质量管理条例》有关规定进行处理。

第三十三条 养护工程设计实行动态设计，设计单位应当及时跟踪病害发展情况，并根据需要做好设计变更工作。公路养护工程在完工时，设计单位应开展设计文件与现场实际情况对比分析报告。在全面总结设计工作时，重点对病害诊断、处置措施、方案合理性及有效性进行说明。

第三十四条 各类养护工程的设计文件，须严格履行审查或审批管理程序，通过审查或审批方可使用。

第三十五条 公路养护工程执行设计后评价制度。对于初步设计概算批复大于3000万元或有需要评估实施效果的公路养护工程项目应进行质量后评价工作。

质量后评价工作分为交工验收阶段评价和缺陷责任期阶段评价两阶段，评价分值为100分。

市交通委负责养护工程设计质量后评价实施中的组织、监督、检查工作，并发布评价结果。各公路分局负责本辖区内公路路面大修工程设计质量后评价的具体组织实施工作。并及时将评价结果报市交通委。

第六章　工程施工

第三十六条 各公路分局应严格执行批准的公路养护工程计划及设计批复文件，未经批准，不得擅自修改设计文件的内容。

工程开工前应当依据设计文件和《公路养护安全作业规程》(JTG－H30)的规定，组织对养护工程交通导改方案的审查，并报交通管理部门批准后开工。

第三十七条 各公路分局、养护工程的从业单位应当建立、健全养护工程项目管理制度，根据各自职责开展工程的进度、质量、安全环保的检查，确保养护工程满足合同要求。

第三十八条 当年下达计划的公路养护工程原则上当年完成验收；对于计划下达较晚、技术复杂或者其他特殊原因当年不能完工的项目，由各公路分局提出申请，经市交通委同意后，转为跨年工程。

第三十九条 公路养护工程执行公路养护工程月报制度和计量支付制度，预付款及工程款的支付按照合同的约定执行。

月报主要内容包括：

(一) 按工程量清单内容列出本月实际完成工程量和累计完成工程量，以及累计完成工程量和总体进度计划的对比；

(二) 工程质量及施工安全管理情况；

(三) 对滞后工程项目分析出滞后原因和将要采取的弥补措施；

(四) 设计、施工、监理单位主要管理人员及机械履约检查情况。

第四十条 公路养护工程设计变更符合下列规定的，应由各公路分局初审后，报市交通委审批。其他情况由各公路分局负责审批，并上报市交通委备案。

(一) 凡涉及技术标准、建设规模、使用功能、结构型式等内容的工程变更；

(二) 同类性质工程累计变更额超过50万元或单项工程变更额超过50万元的工程变更；

(三) 超过概算审批额度的工程变更；

（四）极特殊情况下，如果发生重大设计变更或超过原概算的增项工程，经上级审批机关批准后，按照有关变更程序执行。

设计变更文件的审批应当在20日内完成。无正当理由，超过审批时间未对设计变更文件的审查予以答复的，视为同意。需要专家评审的，所需时间不计算在上述期限内。审批机关应当将所需时间书面告知申请人。

第四十一条 公路养护工程变更估价按下列规定执行：

（一）取消某项工作，该项工作总额价不予支付。

（二）已标价工程量清单中有适用于变更工作子目的，采用该子目的单价。

（三）已标价工程量清单中无适用于变更工作子目的，但有类似子目的，可在合理范围内参照类似子目的单价，由监理人确定变更工作的单价。

（四）已标价工程量清单中无适用或类似子目的单价，可在综合考虑承包人在投标时提供的单价分析表基础上，由监理人确定变更工作的单价。

（五）如果本工程的变更指示是因承包人过错、承包人违反合同或承包人责任造成的，则这种违约引起的任何额外费用应由承包人承担。

第四十二条 公路应急养护工程，按下列规定组织实施：

（一）抢险保通工程

发生地震、水毁、塌方、山体滑坡等突发事件后，各公路分局应立即组织作业单位采取紧急控制和处置措施，及时组织抢险保通工程恢复公路正常通行条件，同时按应急预案中突发事件的工作程序进行上报。过程文件应予以留存。

（二）恢复重建工程

根据工程规模性质，按照规定程序完成审批工程，并组织实施完成设施的修复。

应急养护工程实施结束后，作业单位应将应急养护工程有关材料（影像资料、施工方案、工程量、费用清单等）编制成应急养护工程实施报告，在30天内上报应急养护工程费用。由各公路分局负责审定。

第四十三条 公路养护工程施工中应充分利用智能交通引导设施定位施工作业区，采取移动网络导航技术实现施工作业路段信息的实时上传及发布，为公众出行提供便捷服务。

第四十四条 各公路分局应加强公路养护工程成本控制和管理，严格执行廉政建设的相关规定。施工结束后，应当及时按照有关规定进行工程及财务决算，配合有关单位做好工程审计。

第四十五条 市交通委可结合实际情况，对公路养护工程的设计变更、计量支付、工程决算、合同管理等开展随机审核、审计。

第七章 质量安全管理

第四十六条 公路养护工程质量管理实行“政府监督、法人管理、社会监理，企业自检”的质保体系。市交通委委托市道路工程质量监督站负责公路大修及预防性养护工程的质量监督工作。

道路大修及预防性养护工程建安费在500万元以上的由质监站负责监督，500万元以下的由分局监督；桥梁大修工程建安费在200万元以上的由质监站负责监督，200万元以下的由分局监督。

市道路质量监督站应落实职责，制定监督规划，提出工程质量监督工作重点，指导分局监督工作，及时向交通委报送监督月报。

第四十七条 公路养护工程参照执行《公路水运工程质量监督管理规定》和《公路水运工程安全生产监督管理办法》的相关规定。各公路分局及养护工程从业单位应严格遵照执行。

第四十八条 各公路分局对工程质量负管理责任和安全管理责任，养护工程设计、监理、咨询、检测及施工等从业单位和人员承担相应的养护工程质量责任和安全管理责任。

各公路分局积极开展质量、安全等检查，确保养护工程实现管理规范、质量合格、工期及时、安全有效。

第四十九条 对用于养护工程的材料、构配件和设备，施工、监理单位应当按照规定频率和要求加强检验和抽查；经检验不合格的，不得使用。公路养护工程严禁试验数据造假行为，一经发现将按《建设工程质量管理条例》规定处理。

第五十条 市交通委负责组织公路养护工程质量事故调查，并指导质量事故报告工作。市道路质量监督站负责质量事故调查、处理等具体实施工作。各公路分局、施工单位负责按照等级划分和报告制度报告事故情况。

接到事故报告后，市交通委或其委托的道路质量监督站按照规定及时组织和参与事故调查，并出具质量事故调查报告。

其中：大修工程由公路分局负责上报至交通委。预养工程、中修工程由公路分局负责调查处理并报交通委备案。

第五十一条 公路养护工程安全事故应按照市交通委安全事故管理程序规定流程进行处理和报送。

第八章　工程验收

第五十二条 公路养护工程由各公路分局负责验收，采用一阶段验收，自收到验收申请后7日内完成验收工作。

养护工程管理实行质量缺陷责任期制度和质量保证金制度。公路养护工程验收和缺陷责任期时限应在合同中约定，并符合有关要求。养护工程质量缺陷责任期为12个月。质量保证金推行银行保函形式，数额不少于养护工程合同总额的3%。从业单位如存在有不免责的问题，视情况予以扣除。

第五十三条 养护工程完工后未通过验收的，由施工单位承担养护责任，超出验收时限无正当理由未验收的除外。验收不合格的，由施工单位负责返修。在质量缺陷责任期内，发生施工质量问题的，施工单位应当履行保修义务，并对造成的损失承担赔偿责任。

第五十四条 养护工程验收的依据：

（一）养护工程计划文件；

（二）养护工程合同；

（三）设计文件及图纸；

（四）变更设计文件及图纸；

（五）行政主管部门的有关批复文件；

（六）养护工程有关标准、规范及规定。

第五十五条 养护工程验收应当具备下列条件：

（一）完成设计文件和合同约定的各项内容。

（二）完成全部技术档案和施工管理资料整理归档。

（三）施工单位按相关标准、规范和规定对工程质量自检合格。

（四）工程质量缺陷问题已整改完毕。

（五）参与养护工程的相关单位完成工作总结报告。

（六）开展监理或咨询的，监理单位对工程质量评定为合格。

（七）按规定需进行专业检测的，检测机构对工程质量鉴定完毕并出具检测报告。

（八）法律、法规、规章规定的其他条件。

第五十六条 公路养护工程的工程决算由各公路分局组织编制，报交通委审定。

第五十七条 公路养护工程通过验收后，应当自验收结束一个月内及时向交通委报告。

第五十八条 养护工程自竣工验收之日起，各公路分局应按照规定在3个月内收集项目实施过程的相关资料进行存档。并做好档案资料的电子化工作。

第五十九条 养护工程完成验收后，各公路分局应在设计使用年限内，应注重收集项目路段运行过程中的相关资料，包括交通量资料、路面病害情况、公路技术状况资料等，并对养护工程的工程施工质量及技术应用效果进行跟踪评估，并将评估结果纳入年度养护运行报告。

第九章 监督管理

第六十条 市交通委负责建立公路养护工程管理的目标考核机制，加强对公路养护工程路况水平、养护质量、养护资金使用等进行考核，检查采取打分制，检查形式分为定期检查和抽查，检查结果及时予以通报。

合同签订后，各公路分局将第一次履约检查、工程实施计划报市交通委，市交通委视情况参加。

对于日常抽查中发现的问题和社会投诉事件，视严重程度采取下发专项整改通知和通报的形式予以处理。

市交通委对养护工程监督检查主要包括下列内容：

（一）养护工程管理机构人员的配置及工作实施情况；

（二）养护工程相关法规制度、标准规范的执行情况；

（三）养护工程前期工作、计划编制、养护设计、施工管理及验收工作情况；

（四）养护工程的质量、安全、环保等管理情况；

（五）养护工程预算执行情况；

（六）其他相关事项。

第六十一条 各公路分局应当依据合同约定定期对从业单位的履约情况进行检查，对存在问题的养护工程项目应明确整改要求和处罚措施，形成检查记录，并接受市交通委的检查和监督。

第六十二条 各公路分局对养护工程检查的内容包括：

（一）养护工程项目从业单位的履约情况；

（二）养护工程项目实施规范化及管理标准化情况；

（三）养护工程项目进度、质量、安全等情况；

（四）从业单位质量保证体系运行情况和安全生产保证体系运行情况；

（五）养护工程文明施工及环保措施等情况。

第六十三条 市交通委负责公路养护市场信用信息的管理工作。建立信息管理制度和实施细则，建立和完善信息管理系统，定期发布从业单位奖惩记录和信用评价结果。

各公路分局应当按照信用管理制度，加强对公路养护工程从业单位的检查，及时将从业单位的履约情况上报至交通委。

第十章 附则

第六十四条 政府投资（还贷）高速公路的养护工程按照公路养护管理的相关要求执行。

第六十五条 本办法由北京市交通委员会负责解释。

第六十六条 本办法自发布之日起执行。

307. 北京市公路养护工程项目招标投标管理办法

（京交公管发〔2020〕3号）

第一章　总　　则

第一条　为规范我市公路养护工程项目招标投标活动，进一步优化我市公路养护市场营商环境，依据《中华人民共和国招标投标法》、《中华人民共和国招标投标法实施条例》、《中华人民共和国公路法》、交通运输部《公路工程建设项目招标投标管理办法》等制定本办法。

第二条　本办法适用于《必须招标的工程项目规定》（国家发展和改革委员会第16号令）和《必须招标的基础设施和公用事业项目范围规定》（国家发展和改革委员会发改法规〔2018〕843号）明确招标限额以上的本市辖区普通国道、市道、县道公路养护工程项目的勘察、设计、施工、监理等的招标投标活动。除法律、法规规定可采取非招标方式外，均应采用公开招标方式。

第三条　任何单位和个人不得将依法必须招标的公路养护工程项目化整为零或者以其他方式规避招标。进行公开招标的公路养护工程项目，其招标投标活动不受地区或者部门的限制。任何单位和个人不得违法限制或者排斥任何法人或者非法人组织参加投标，不得以任何方式非法干涉招标投标活动。

第四条　公路养护工程项目招标投标工作，应遵循"减成本、减环节、减时限"原则，增加市场开放度和公开透明度，实现市场开放最大化、招标投标电子化、投标成本最低化、流程环节简捷化、投诉处理程序化。

第五条　北京市交通委员会负责公路养护工程项目招标投标活动的监督管理工作。

（一）对招标文件和招标投标情况报告等招标资料进行备案管理；

（二）按照规定的职责分工，对评标委员会成员的确定方式、评标专家的抽取和评标活动进行监督；

（三）依法查处招标投标活动中的违法违规行为。

第六条　公路养护工程项目实行全过程电子招标投标方式。在招标公告、获取招标文件、投标、投标担保、专家抽取、开标、评标、中标候选人公示、中标结果公示等环节实现全流程电子化。

第七条　公路养护工程项目招标投标活动，均应进入北京市公共资源交易服务平台统一管理。公告、公示等相关信息按照规定同步在北京市交通委员会网站公开。

第八条　招标人及其他参加评标活动的工作人员应遵守基本道德规范与职业道德，严格按照法律法规相关规定开展招标活动，不得与任何投标人或者与投标人有利害关系的人员进行私下非正式接触，招标人代表及其相关工作人员应熟悉招标业务，参加业务培训。

第二章　招　　标

第九条　公路养护工程项目按照相关规定取得相关批复文件且已经落实相关资金来源后，方可组织开展招标活动。

第十条　公路养护工程项目招标人是指提出招标项目、进行招标的项目法人，可委托招标代理机构办理招标事宜。

招标人委托招标代理机构办理招标事宜的，双方应当签订书面委托合同。任何单位和个人不得以任何方式为招标人指定招标代理机构，或者限定招标人选择招标代理机构的方式。选择的招标代理机构，应当具备策划招标方案、编制招标文件、组织资格审查和组织评标相应专业能力。

招标代理机构应当在招标人委托的范围内开展招标代理业务。未经招标人书面同意，招标代理机构不得转让代理业务。招标代理机构代理招标业务，应当遵守国家法律法规和本办法关于招标人的规定。

第十一条 招标人应发布未来一定时期内的拟招标项目信息，供潜在投标人知悉和进行投标准备。依法必须进行招标的项目，招标人应当编制包括拟招标项目概况、标段划分、预计招标时间等在内的招标计划，于首次招标的招标公告发布至少 10 日前在国家规定的媒介公布，同时在北京市交通委员会网站公开；招标计划应当根据项目进展情况进行更新。

第十二条 公路养护工程项目招标原则上应采用资格后审方法对投标人进行资格审查。

第十三条 公路养护工程项目招标应按照下列程序进行：

（一）编制招标文件；

（二）发布招标公告；

（三）发出招标文件，公开招标文件的关键内容；

（四）接收投标文件，公开开标；

（五）组建评标委员会评标，评标委员会编写评标报告、推荐中标候选人；

（六）公示中标候选人相关信息；

（七）确定中标人；

（八）向中标人发出中标通知书，同时将中标结果（含未中标原因）通知所有未中标的投标人；

（九）编制招标投标情况的报告；

（十）与中标人订立合同；

（十一）进行合同公告。

第十四条 公路养护工程项目招标人应当根据交通运输部或北京市交通委员会制定的标准文本，结合招标项目具体特点和实际需要，编制招标文件。

招标文件应当载明详细的评审程序、标准和方法，招标人不得另行制定评审细则。

招标文件中应当明确允许分包的或者不得分包的工程和服务，分包人应当满足的资格条件以及对分包实施的管理要求，不得设置对分包的歧视性条款，分包应当符合国家和北京市关于分包的规定。

第十五条 已发出的公路养护工程招标文件，原则上不进行修改。若遇特殊情况，招标人可发布澄清公告，澄清公告应同步在北京市交通委员会网站公开。

第十六条 招标人应当合理划分标段、确定工期，提出质量、安全、扬尘污染综合管控、农民工工资保障等目标要求，并在招标文件中载明。标段的划分应当有利于项目组织和施工管理、各专业的衔接与配合，不得利用划分标段规避招标、限制或者排斥潜在投标人。

第十七条 招标人应当结合招标项目的具体特点和实际需要，合理设定投标人的资质、业绩、主要人员、财务能力、履约信誉等资格条件，不得以不合理的条件限制、排斥潜在投标人或者投标人。

除《中华人民共和国招标投标法实施条例》规定的情形外，招标人有下列行为之一的，属于以不合理的条件限制、排斥潜在投标人或者投标人：

（一）设定的资质、业绩、主要人员、财务能力、履约信誉等资格、技术、商务条件与招标项目的具体特点和实际需要不相适应或者与合同履行无关；

（二）强制要求潜在投标人或者投标人的法定代表人、企业负责人、技术负责人等特定人员亲自参与开标活动；

（三）通过设置备案、登记、注册、设立分支机构等无法律、法规依据的不合理条件，限制潜在投标人或者投标人进入项目所在地进行投标；

（四）除被行政监督管理部门限制在本市行政区域内进行投标活动和被认定为严重失信主体外，招标人以其他任何处罚通报为依据在招标文件中设置取消潜在投标人或者投标人通过资格审查的条件。

第十八条 招标人应当根据国家有关规定，结合公路养护工程项目的具体特点和实际需要，合理确定对投标人主要人员以及其他管理和技术人员的数量和资格要求。

对于工程规模较小、技术含量较低的公路养护工程项目，招标人可结合实际情况，适当降低对投标人主要人员的个人业绩要求。

本办法称主要人员是指设计负责人、总监理工程师、项目经理和项目总工程师等项目管理和技术负责人。

第十九条 招标人应严格遵守有关法律、法规关于各类保证金收取的规定，在招标文件中载明保证金收取的形式、金额以及返还时间。

公路养护工程项目中标人需缴纳的保证金包括：投标保证金、履约保证金、工程质量保证金、农民工工资保证金。其中，农民工工资保证金按北京市相关规定执行。

推行保证金通过北京市公共资源交易服务平台递交。

招标人不得以任何名义增设或者变相增设保证金或者随意更改招标文件载明的保证金收取形式、金额以及返还时间。

第二十条 公路养护工程项目投标保证金不得超过招标标段估算价的2%。投标保证金有效期应当与投标有效期一致。

依法必须进行招标的公路养护工程项目投标保证金推行银行保函制度，但招标人不得指定或者变相指定保证金支付形式，由投标人自主选择银行保函或者现金、支票等支付形式。投标人提交的投标保证金不符合招标文件要求的，应当否决其投标。招标人不得挪用投标保证金。

第二十一条 招标人应设置最高投标限价，但不得设置最低投标限价。

编制最高投标限价的中介机构不得参加该项目的投标，也不得为该项目的投标人编制投标文件或者提供咨询。

公路养护工程项目最高投标限价不得高于初步设计批准概算相对应部分的金额。

第二十二条 公路养护工程项目招标文件（含招标图纸），可在北京市公共资源交易服务平台线上免费获取或线下免费获取，也可提供邮寄服务。

第三章 投 标

第二十三条 投标人是响应招标、参加投标竞争的法人或者其他组织。

投标人应当具备招标文件规定的资格条件，具有承担所投标项目的相应能力。

与招标人存在利害关系可能影响招标公正性的法人、其他组织或者个人，不得参加投标。

单位负责人为同一人或者存在控股、管理关系的不同单位，不得参加同一标段投标或者未划分标段的同一招标项目投标。

违反前两款规定的，相关投标均无效。

第二十四条 投标人在投标文件中填报的资质、业绩、主要人员资历和目前在岗情况、信用等级等信息，应当与其在交通运输主管部门公路建设市场信用信息管理系统上填报并发布的相关信息一致，系统中可查询的信息，招标人不得另行要求提交其他证明材料。

投标人应当及时核查并更新上述公开的相关信息，并承担由于信息填报不完整或者不准确等问题所导致的可能被否决其投标的后果。

第二十五条 投标人应当按照招标文件的要求编制投标文件，并在招标文件规定的投标截止日期前，将投标文件提交北京市公共资源交易服务平台。

投标文件按照要求提交后，在招标文件规定的投标截止日期前，投标人可修改或者撤回投标文件。

公路养护工程项目投标文件应当以双信封形式加密，第一信封为商务文件和技术文件，第二信封为报价文件。

第二十六条 投标人根据招标文件有关分包的规定，拟在中标后将中标项目的部分工作进行分包的，应当在投标文件中载明。分包计划中无须填报具体分包单位，中标人应当在实施分包工作前，将分包单位名称、资质等级、人员、设备等资格能力证明材料和分包合同报发包人同意。

投标人在投标文件中未列入分包计划的工程或服务，中标后不得分包，法律法规或招标文件另有规定的除外。

第二十七条 投标人不得以可能影响合同履行的异常低价竞标，也不得以他人名义投标或者以其他方式弄虚作假，骗取中标。

第四章 开标、评标和中标

第二十八条 开标应当在招标文件确定的提交投标文件截止时间的同一时间公开进行；开标地点应当在北京市公共资源交易服务平台预约的开标场所，并在招标文件中予以明确。

投标人少于三个的，不得开标，招标人应当重新招标。

第二十九条 公路养护工程项目通过北京市公共资源交易服务平台实行电子开标，开标由招标人主持，所有投标人应当参加或者在线参加，具备解密投标文件条件。

第三十条 开标分两个步骤公开进行：

第一步骤对第一信封（商务文件和技术文件）解密进行开标，对第二信封（报价文件）不予解密并由招标人在北京市公共资源交易服务平台予以封存；

第二步骤对第二信封（报价文件）进行解密，并宣布通过第一信封（商务文件和技术文件）评审的投标人名单，对其第二信封（报价文件）进行开标，宣读其投标报价。

第三十一条 评标由招标人依法组建的评标委员会负责，通过北京市公共资源交易服务平台实行电子评标。

评标委员会由招标人代表和有关技术、经济等方面的专家共同组成，成员人数为五人以上单数，并应当满足专业分工需求，其中，技术、经济等方面的专家不得少于成员总数的三分之二。招标人代表可以是本单位熟悉招标项目需求的专业人员并熟悉招标业务。

评标委员会专家应当从北京市公路工程建设项目评标专家库相关专业中随机抽取，按照有关规定实行回避、保密制度。

第三十二条 招标人应当向评标委员会提供评标所必需的信息，但不得明示或者暗示其倾向或者排斥特定投标人。

招标人不得对投标文件作出任何评价，不得故意遗漏或者片面摘录，不得在评标委员会对所有偏差定性之前透露存有偏差的投标人名称。

评标委员会应当根据招标文件规定，全面、独立评审所有投标文件，并对招标人提供的上述相关信息进行核查，发现错误或者遗漏的，应当进行修正。

第三十三条 评标委员会应当按照招标文件确定的评标标准和方法进行评标，对于招标文件没有规定的评标标准和方法不得作为评标的依据。

对于投标文件存在的偏差，评标委员会应依法判定其属于重大偏差还是细微偏差。投标文件中非关键内容的文字错误、遗漏等，不得作为重大偏差并因此否决其投标。

第三十四条 评标委员会可以要求投标人对投标文件中含义不明确的内容作必要的澄清或者说明，但是澄清或者说明不得超过投标文件的范围或者改变投标文件的实质性内容。

评标委员会发现投标人的报价为异常低价，有可能影响合同履行的，应当要求投标人在规定时限内作澄清或者说明，并提供必要的证明材料。投标人不能证明可以按照其报价以及招标文件规定的质量标准和履行期限完成招标项目的，评标委员会应当否决其投标。

第三十五条 公路养护工程项目勘察设计、监理招标，应当采用综合评估法进行评标，对投标人的商务文件、技术文件和报价文件进行评分，按照综合得分由高到低排序，推荐中标候选人。评标价的评分权重不宜超过10%，评标价得分应当根据评标价与评标基准价的偏离程度进行计算。

第三十六条 公路养护工程项目施工招标，评标一般采用合理低价法或者技术评分最低标价法，技术特别复杂的特大桥梁和特长隧道项目主体工程，可以采用综合评分法。

第三十七条 招标人应当根据项目规模、技术复杂程度、投标文件数量等因素合理确定评标时间。超过三分之一的评标委员会成员认为评标时间不够的，招标人应当适当延长。

第三十八条 评标完成后，评标委员会应当通过北京市公共资源交易服务平台向招标人提交评标报告。评标报告中推荐的中标候选人应当不超过三个，并标明排序。

第三十九条 招标人应当自收到评标报告之日起3日内，在北京市公共资源交易服务平台和北京市交通委员会网站上公示中标候选人，公示期不得少于3日，且最后一天为工作日，公示内容包括：

（一）中标候选人排序、名称、投标报价；

（二）中标候选人在投标文件中承诺的主要人员姓名、个人业绩、相关证书编号；

（三）中标候选人在投标文件中填报的项目业绩；

（四）被否决投标的投标人名称、否决依据和原因；

（五）招标文件规定公示的其他内容。

第四十条 除招标人授权评标委员会直接确定中标人外，招标人应当按照规定根据评标委员会提出的评标报告和推荐的中标候选人确定中标人。

第四十一条 招标人应当及时向中标人发出中标通知书，并将中标结果（含未中标原因）通知所有未中标的投标人。

招标人应当在确定中标人之日起，及时在北京市公共资源交易服务平台和北京市交通委员会网站上公告中标结果。公告内容包括中标人名称、中标价等。

第四十二条 招标人和中标人应当自中标通知书发出之日起10日内，按照招标文件和中标人的投标文件订立合同，合同的标的、价格、质量、安全、环保、农民工工资、履行期限、主要人员等主要条款应当与上述文件的内容一致。招标人和中标人不得再行订立背离合同实质性内容的其他协议。

招标人最迟应当在中标通知书发出后5日内向中标候选人以外的其他投标人退还投标保证金，与中标人签订合同后5日内向中标人和其他中标候选人退还投标保证金。以现金或者支票形式提交的投标保证金，招标人应当同时退还投标保证金的银行同期活期存款利息。

第四十三条 招标文件要求中标人提交履约保证金的，中标人应当按照招标文件的要求提交。履约保证金不得超过中标合同金额的10%。履约保证金的提交推行银行保函制度，但招标人不得指定或者变相指定保证金支付形式，由中标人自主选择银行保函或者现金、支票等支付形式。

第四十四条 招标人应当加强对合同履行的管理，建立对中标人主要人员的到位率考核制度。

除不可抗力原因外，中标人在投标文件中承诺的总监理工程师、项目经理和项目总工程师等主要人员不得更换。

北京市交通委员会定期组织开展合同履约评价工作的监督检查，将检查情况向社会公示，同时将检查结果记入中标人单位以及主要人员个人的信用档案。

第五章　监督管理

第四十五条 北京市交通委员会应当按照《中华人民共和国招标投标法》《中华人民共和国招标投标法实施条例》等法律法规、规章以及招标投标活动行政监督职责分工，加强对公路养护工程项目招标投标活动的监督管理。

第四十六条 北京市交通委员会负责公路养护工程项目招标投标信用体系建设，加强信用评价工作的监督管理，维护公平公正的市场竞争秩序。

招标人应当将信用评价结果应用于公路养护工程项目招标。鼓励和支持招标人优先选择信用等级高的从业企业。

招标人对信用等级高的投标人或者中标人，减免投标保证金，减少履约保证金、质量保证金等优惠措施。优惠措施以及信用评价结果的认定条件应当在招标文件中载明。

第四十七条 招标人应当按照规定及时编制招标投标情况报告。

第四十八条 公路养护工程招投标投诉管理按照《北京市公路工程招标投标活动投诉处理管理办法》执行。

第四十九条 招标人、招标代理机构、投标人、评标委员会成员等招标投标当事人违反《中华人民共和国招标投标法》、《中华人民共和国招标投标法实施条例》及交通运输部、北京市相关招标投标规定的，北京市交通委员会将依法依规进行严格处罚。

第五十条 监督部门工作人员利用职权，非法干涉或者侵犯招标人自主权的，对直接负责的主管人员和其他责任人员给予行政处分。

第六章　附　　则

第五十一条 其他类似养护工程项目招标投标活动管理可参照本办法执行。

第五十二条 本办法自发布之日起执行。《北京市公路养护工程项目招标投标管理办法（试行）》（京交公管发〔2019〕5号）同时废止。

308. 天津市公路管理条例

（2017 年 12 月 22 日天津市第十六届人民代表大会常务委员会第四十次会议修订）

第一章　总　　则

第一条　为了加强公路管理，保障公路完好畅通，促进公路事业发展，发挥公路在经济社会发展中的作用，根据《中华人民共和国公路法》等法律、行政法规，结合本市实际情况，制定本条例。

第二条　本条例适用于本市行政区域内公路的规划、建设、养护、经营、使用和管理。

公路按照其在公路路网中的地位分为国道、省道、县道、乡道；按照技术等级分为高速公路、一级公路、二级公路、三级公路和四级公路。

本条例对村道和专用公路有规定的，按照本条例的有关规定执行。

第三条　公路的发展应当遵循全面规划、合理布局、确保质量、保障畅通、保护环境、建设改造与养护并重的原则。

第四条　本市各级人民政府应当统筹规划，把公路建设与发展纳入国民经济和社会发展规划和计划。

第五条　市交通运输主管部门主管全市公路管理工作。

市交通运输主管部门和区公路管理部门（以下统称公路管理部门）按照职责分工，负责国道、省道、县道、乡道、村道的公路管理工作。

发展改革、规划、建设、市容园林、公安、财政、国土资源、环境保护、水务、林业、安全监管等部门应当在各自职责范围内，共同做好公路管理的相关工作。

公路管理部门可以决定由公路管理机构具体负责有关公路管理工作。

第六条　本市应当落实京津冀协同发展重大国家战略，与北京市、河北省以及周边地区建立区域公路规划、建设、管理协作机制，加强工作协同，促进京津冀交通一体化发展。

第七条　本市鼓励加强公路科学技术研究，积极开发和引进先进公路技术和设备，提高公路管理的科学技术水平。

第二章　公路规划建设

第八条　公路规划应当依据本市城市总体规划、国民经济和社会发展规划、土地利用总体规划编制，并与国家公路网规划、区域公路网规划、本市城市道路网规划和综合交通运输发展规划相协调。

公路规划编制应当坚持科学、规范的原则，组织有关部门、专家对规划的科学性、合规性、经济性等进行论证。

第九条　本市省道规划由市交通运输主管部门会同同级相关部门并商省道沿线区人民政府共同编制，报市人民政府审批，并报国务院交通主管部门备案。

县道规划由区公路管理部门会同同级相关部门编制，征求市交通运输主管部门的意见，经区人民政府审定后，报市人民政府审批，并报国务院交通主管部门备案。

乡道规划、村道规划由区公路管理部门会同相关部门、乡镇人民政府编制，报区人民政府审批，并报市交通运输主管部门备案。

公路规划的调整和修改，应当经原审批机关批准。

第十条 专用公路规划由专用公路主管单位编制，经其上级主管部门审定后，征求公路所在区人民政府的意见，并报市交通运输主管部门会同市规划、国土资源等相关部门审核。

专用公路需要与公路相连接的，应当依法办理相关手续。

第十一条 公路建设应当依据公路规划和计划，结合公路功能和地质情况，按照国家基本建设程序、质量标准和有关规定进行。

第十二条 公路建设应当节约使用土地。公路建设中的土地、房屋征收补偿安置工作，由公路沿线区人民政府负责组织实施。

第十三条 公路建设项目应当按照公路工程技术标准以及合同约定进行设计、施工。

新建、改建公路建设项目，其公路交通标志、标线、隔离栅、防眩设施、视线诱导设施等交通安全设施应当与主体工程同时设计、同时施工、同时投入使用。

设置公路交通标志、标线，应当符合国家规定的标准，指向清晰、易于识别。

新建、改建公路需要安装道路交通智能管理设施的，相关行政主管部门应当按照有关标准和规范，统筹规划并组织安装。

第十四条 任何单位和个人不得在公路上擅自设置、变更公路交通标志、标线。

第十五条 公路地下管线的年度建设计划应当与公路年度建设计划衔接。

新建、改建公路时，地下管线应当与公路同步规划、同步设计，并按照先地下、后地上的施工原则，与公路协调建设。

第十六条 公路建设项目完工后，建设单位应当组织交工验收，交工验收合格后方可投入试运营。

公路建设项目试运营两年后，符合竣工验收条件的，公路管理部门应当按照国家有关规定组织竣工验收。未经验收或者验收不合格的，不得交付使用。

竣工验收合格后，建设单位应当与公路管理部门办理设施移交接管手续。移交接管手续办理完毕前，由建设单位对公路进行养护管理。

第十七条 公路与城市道路分界的调整，应当结合公路网规划和城市道路网规划，由市交通运输主管部门、区人民政府确定。

按照城市道路网规划同时承担城市道路功能的公路路段，公路管理部门可以按照城市道路管理。

第十八条 根据城乡规划需要拆除、废弃公路的，承接单位应当到公路管理部门办理交接手续。公路管理部门应当及时将拆除、废弃的公路向社会公告，并设立明显标志。

第三章 公路养护

第十九条 公路管理部门应当按照公路等级、里程、养护定额、养护规范、路况及检测评定结果等组织编制公路养护计划。

收费公路养护计划由收费公路经营企业参照前款规定编制，并报市交通运输主管部门备案。

第二十条 公路管理机构、收费公路经营企业是公路养护责任单位。

公路养护责任单位应当按照国家有关技术规范和操作规程进行公路养护作业，保证公路经常处于良好技术状态。

公路养护应当推行养护管理和养护作业分离，选择具有养护资质的单位承担公路养护作业。

第二十一条 公路养护责任单位应当按照规定加强对公路的日常巡视和检查，发现问题及时处理，并制作巡查记录。

巡视检查与铁路、河道相互重叠或者交叉的公路，有关单位应当予以配合。

公路管理部门应当在公路明显位置公示养护责任单位名称、养护路段以及联系电话。

第二十二条 公路养护作业施工单位应当在施工路段设置明显的安全标志。需封闭公路中断交通时，除紧急情况外，公安交通管理部门和公路养护责任单位应当提前五日向社会公告，并设置车辆绕行标志。

第二十三条 公路养护作业人员作业时，应当穿着统一的安全标志服。公路养护车辆作业时，应当设置明显的作业标志，开启危险报警闪光灯，在不影响过往车辆通行的前提下，其行驶路线和方向不受公路交通标志、标线限制；过往车辆对公路养护人员和车辆应当注意避让。

第二十四条 因公路养护、施工需要确定料场和取土、取水处时，沿线区、乡镇人民政府应当给予协助。

第二十五条 发生公路突发事件影响通行的，公路养护责任单位应当及时修复公路、恢复通行。

因严重自然灾害致使公路交通中断的，公路养护责任单位应当及时修复；公路养护责任单位难以及时修复的，由沿线区人民政府组织当地机关、团体、企业事业单位、居民进行抢修，尽快恢复交通。

第二十六条 公路养护责任单位应当在公路养护范围内实施绿化工程，做好林木花草的抚育、更新、补植、病虫害防治等养护管理工作。

公路两侧以及中间隔离带种植的树木或者其他植物，应当符合有关规范，不得遮挡路灯、交通信号灯、交通标志，不得妨碍安全视距。

第二十七条 设在公路上的管线井及井盖等设施，应当符合相关技术规范。管线井产权单位应当加强管线井设施的日常巡查、维护和管理，发生井体塌陷、井盖缺损等情况，应当及时修复或者补缺。

公路管理部门发现管线井及井盖影响公路通行安全的，应当通知相关产权单位及时处理。

管线井无产权单位认领的，按照其功能由公路管理部门通知相关行政主管部门指定维护管理责任单位。相关行政主管部门应当按照通知要求，将指定结果反馈公路管理部门。

第四章 公路路政管理

第二十八条 公路管理部门负责管理和保护公路、公路用地和公路附属设施，依法检查、制止、处理各种非法利用、侵占、污染、损坏公路、公路用地和公路附属设施的行为。

公路路政管理车辆应当设置统一标志和标志灯。

第二十九条 在大中型公路桥梁和渡口周围二百米、公路隧道上方和洞口外一百米范围内，以及在公路建筑控制区内，不得挖砂、采石、取土、倾倒废弃物，不得进行爆破作业和其他危及公路、公路桥梁、公路隧道、公路渡口安全的活动。法律、法规另有规定的，从其规定。

第三十条 建设单位实施涉路施工活动，应当按照国家规定向公路管理部门提出申请。

公路管理部门应当自受理申请之日起十个工作日内作出许可或者不予许可的决定；影响交通安全的，应当征得公安交通管理部门的同意；涉及收费公路的，应当征求收费公路经营企业的意见；不予许可的，公路管理部门应当书面通知申请人并说明理由。

第三十一条 超过公路、公路桥梁、公路隧道限载、限高、限宽、限长标准的车辆，不得在公路、公路桥梁、公路隧道行驶。

载运不可解体物品的超限运输车辆确需在公路、公路桥梁、公路隧道行驶的，从事运输的单位和个人应当向公路管理部门提交下列材料，申请公路超限运输许可：

（一）行驶时间和路线；

（二）车辆和运载货物的相关技术资料；

（三）车辆的行驶证；

（四）公路及其附属设施的保护方案。

经许可进行超限运输的车辆，应当按照公路管理部门指定的时间、路线和速度行驶，并悬挂明显标志；需要加固、改造公路及其附属设施或者委托护送的，应当承担相关费用。

第三十二条 经市人民政府批准，公路管理部门可以在公路上设置超限检测站，对运输车辆进行检测，认定、查处和纠正违法超限运输行为。

公路管理部门可以在公路的重要路段，设置车辆检测等技术监控设备，依法查处违法超限运输行为。

公路管理部门和公安交通管理部门应当健全治理超限超载联合执法协作机制，开展联合执法。

第三十三条 超限运输对公路及其附属设施造成损坏的，应当按照损坏程度给予相应的经济补偿。

第三十四条 地下管线发生紧急故障确需掘路抢修的，管线产权单位应当通知公路管理部门，并在二十四小时内提出补办审批手续申请。

因占用、挖掘公路需要砍伐公路林木、占用绿地的，应当符合树木、绿地保护规定，并到公路管理部门办理相关手续。

第三十五条 经许可占用、挖掘公路的，建设单位应当按照不低于该段公路原有的技术标准予以修复或者给予相应的经济补偿。

第三十六条 车辆在公路上发生交通事故造成公路及其附属设施损坏的，公路管理部门应当及时勘验损失，相关管理部门应当给予协助。

公安交通管理部门在处理交通事故时，发现因交通事故造成公路及其附属设施损坏或者有安全隐患的，应当及时通知公路管理部门。

第五章　收费公路

第三十七条 经市人民政府批准，收费公路可以收取车辆通行费。

收费公路收费站的设置，应当符合国家有关规定，并经市人民政府批准。

收费公路车辆通行费的收费标准和收费期限及其调整，应当符合国家有关规定。

未经市人民政府批准，任何单位和个人不得在公路上设置收费站点。

第三十八条 新建收费公路应当同步配套建设全程监控、治超检测监控、路面桥梁安全检测、不停车收费系统等智能化管理系统。

在建或者已经投入运营的收费公路，应当按照统一标准，逐步配置相应的智能化管理系统。

第三十九条 开通运营的收费公路，应当保证二十四小时不间断开通运营，但实行交通管制的除外。

收费公路收费站应当根据车流量开通足够的收费道口，保障车辆正常通行，避免车辆拥挤、堵塞；收费设施发生故障的，应当及时提示并尽快修复。

未经市交通运输主管部门同意，收费公路经营企业不得停止收费公路收费站、服务区运营，不得封闭互通立交匝道。

第四十条 收费公路实行计算机联网收费。市交通运输主管部门应当建立收费公路联网收费结算和协调管理机制，实施联网收费监督管理。

收费公路经营企业的相关收费信息、安全管理信息应当与市交通运输主管部门联网。

第四十一条 收费公路服务区应当按照国家有关标准统筹规划、合理布局，与收费公路同步设计、同步建设、同步投入使用。

第四十二条 收费公路服务区应当设置停车、临时休息、饮用水供应、公共卫生间等免费使用的公益性服务设施，以及加油、充电、餐饮等经营性服务设施，提供二十四小时连续服务。

第四十三条 收费公路服务区应当符合国家及本市规定的经营管理标准和规范。收费公路经营企业对收费公路服务区内的安全、服务质量负责。

公路管理部门应当对收费公路服务区执行经营管理标准和规范的情况进行监督检查。收费公路服务区所在地的区人民政府公安、卫生、环境保护、价格、市场监管等部门应当依照各自职责，加强对收费公路服务区的监督管理。

第四十四条 车辆通行收费公路，不得有下列行为：

（一）无通行卡、倒卡、使用伪造通行卡；

（二）假冒法定减免通行费车辆；

（三）干扰联网收费系统正常运行；

（四）其他偷逃车辆通行费的行为。

违反前款规定，通行车辆应当按照车辆出站点距联网内入市最远端的最短路径距离交纳车辆通行费。

第六章 乡道、村道的特别规定

第四十五条 乡道、村道发展应当遵循建设好、管理好、养护好、运营好的要求，保障乡村公路可持续发展。

第四十六条 乡镇人民政府、街道办事处在区人民政府确定的职责范围内，负责乡道、村道的建设、养护。

村民委员会、居民委员会在乡镇人民政府、街道办事处的指导下，协助做好本村村道的建设、养护和管理相关工作。

第四十七条 市人民政府应当根据乡道、村道的建设、养护、管理等实际情况，给予财政补贴。

区人民政府应当将乡道、村道的建设、养护、管理所需经费纳入本级预算。

第四十八条 区公路管理部门负责制定乡道、村道的建设、养护年度计划，由乡镇人民政府、街道办事处组织实施。年度计划由区公路管理部门报市交通运输主管部门备案。

乡道、村道应当按照国家和本市有关技术规范和操作规程进行建设、养护。

第七章 区域公路管理协作

第四十九条 本市公路规划应当符合京津冀协同发展重大国家战略要求，与区域公路网统筹衔接、同图规划。

第五十条 本市省际公路建设项目应当统筹北京市、河北省的公路建设计划安排，协同组织实施。

第五十一条 在省际交界区域进行公路养护作业，应当统筹安排养护作业计划。可能造成交通堵塞的，有关公路管理部门、公安交通管理部门应当事先相互通报，共同制定疏导预案，确定分流路线。

第五十二条 在省际交界区域发生公路突发事件影响通行的，有关公路管理部门应当启动区域协同机制，下达路网调度统一指令，统筹安排作业计划、组织抢修，尽快恢复通行。

第五十三条 市交通运输主管部门应当加强与北京市、河北省等省市公路管理部门的沟通协作，建立公路治理超限联防联动工作机制，组织开展联合执法，依法查处违法超限运输行为。

第五十四条 本市与北京市、河北省建立公路协同发展数据共享机制，实现省际公路建设项目的立项、初步设计、施工图等阶段基本资料共享，实时共享省际交界区域公路养护作业、重大公路突发事件等信息。

第八章 法律责任

第五十五条 违反本条例第二十九条规定，从事危及公路、公路桥梁、公路隧道、公路渡口安全活动的，由公路管理部门责令停止违法行为、恢复原状、限期修复，可处三万元以下罚款；造成损失的，依法承担赔偿责任。

第五十六条 违反本条例第三十九条第二款规定，造成车辆严重堵塞的，由市交通运输主管部门责令改正，可处二千元以上一万元以下罚款。

违反本条例第三十九条第三款规定，收费公路经营企业擅自停止收费公路收费站、服务区运营或者封闭互通立交匝道的，由市交通运输主管部门责令改正，并处三万元以上十万元以下罚款。

第五十七条 违反本条例规定，法律、行政法规对行政强制、行政处罚已有规定的，依照其规定处理。

第五十八条 公路管理部门根据交通技术监控记录资料，可以对违反本条例的行为依法予以处罚。当事人对监控记录资料有争议的，可以申请复核。

第九章 附 则

第五十九条 本条例所称公路是指按照公路规划建设经公路管理部门验收认定，主要供机动车行驶的公共道路，包括公路的路基、路面、桥梁、涵洞、隧道。

公路用地是指公路两侧边沟（坡顶截水沟）和边沟（坡顶截水沟）以外不少于一米的区域，公路两侧无边沟（坡顶截水沟）的，为公路缘石外不少于五米的区域，有征地界线的，从其界线；已征收的公路建设用地；为修建、养护公路建于公路沿线的有关设施用地。

公路附属设施是指为保护、养护公路和保障公路畅通所设置的公路防护、排水、养护、管理、服务、交通安全、渡运、监控、通信、收费等设施、设备以及专用建筑物、构筑物等。

专用公路是指专供或者主要供厂矿、油田、农场、林区、旅游区、军事要地等内部联络的公路。

第六十条 本条例自 2018 年 2 月 1 日起施行。

309. 天津市关于深化农村公路管理养护体制改革实施方案

（津政办函〔2019〕97号）

为深入贯彻落实党中央、国务院对“四好农村路”建设的重要部署，加快建立本市农村公路管理养护长效机制，按照《国务院办公厅关于深化农村公路管理养护体制改革的意见》（国办发〔2019〕45号）要求，结合本市实际，制定农村公路管理养护体制改革实施方案。

一、总体要求

以习近平新时代中国特色社会主义思想为指导，全面贯彻党的十九大和十九届二中、三中、四中全会精神，认真落实习近平总书记关于“四好农村路”的重要指示精神和党中央、国务院决策部署，坚持以人民为中心，深化农村公路管理养护体制改革，建立权责清晰、齐抓共管、运转高效的农村公路管理养护运行机制，形成质量可靠、安全畅通、智慧绿色、群众满意的现代化农村公路网络，推动“四好农村路”高质量发展，加快全面建成高质量小康社会，为实施乡村振兴战略和加快推进农业农村现代化提供强有力的交通运输保障。

二、工作目标

到2022年，按照“市级统筹、区级负责、镇村协同、社会参与”的原则建立权责清晰、齐抓共管的农村公路管理养护体制机制和资金保障体系。农村公路治理能力明显提高，治理体系初步形成。农村公路路域环境优美整洁，交通保障能力显著增强。农村公路管理机构运行经费及人员支出纳入区人民政府公共财政预算安排的比例达到100%，市、区、镇、村四级农村公路管理养护权力和责任清单建立及责任落实率100%，农村公路列养率100%，年均养护工程比例不低于5%，中等及以上农村公路占比不低于80%，道路安全隐患和危桥处置率100%。

到2035年，建成体制顺畅、结构合理、组织高效、能力适应、技术先进、安全有力、环境优美的农村公路交通服务体系。“四好农村路”发展的协调性、系统性和可持续性全面提升，全面建成体系完备、运转高效的农村公路管理养护体制机制。基本实现城乡公路交通基本公共服务均等化，农村公路治理能力全面提高、治理体系全面完善。

三、主要工作

（一）完善农村公路管理养护体制

1. 市人民政府加强统筹和指导监督。市交通运输委负责具体指导和监督有农业的区农村公路管理养护工作，指导有农业的区加强养护管理机构能力建设；制定农村公路管理养护制度和技术标准，编制农村公路管理养护市级年度补助计划；监督农村公路养护计划执行情况，对有农业的区农村公路管理养护工作进行评估。市财政局负责市级补助资金的筹措，办理资金拨付、实施监督检查和重点绩效评价。市农业农村委负责组织推动以镇（乡、街）为单位全面清理农村公路沿线两侧可视范围内的垃圾、杂物等，改善农村公路路域环境。市公安局、市应急局负责指导推动有农业的区公安、应急部门参与农村公路竣（交）工验收工作。市审计局负责指导推动有农业的区审计机关定期组织开展农村公路养护资金使用情况审计工作。市政务服务办、市规划和自然资源局、市生态环境局、市水务局等负责指导推动有农业的区简化农村公路工程项目审批程序。

2. 区级人民政府履行主体责任。区级人民政府是农村公路管理养护的责任主体，要按照“县道县管、乡村道乡村管”的原则，建立“精干高效、专兼结合、以专为主”的管理体系；负责落实农村公路管理养护的体制保障、政策保障和资金保障；建立健全符合本区实际的农村公路管理养护制度体系，建立明确的区相关部门、乡镇人民政府（街道办事处）农村公路管理养护权力和责任清单。按照

"有路必养、养必到位"的要求，将农村公路养护资金及各级管理机构运行经费和人员支出纳入一般公共财政预算，保障农村公路管理养护履职能力建设和资金投入。

3. 落实镇村责任和发挥农民群众积极性。乡镇人民政府（街道办事处）要按照区级人民政府制定的权力和责任清单开展农村公路管理养护工作，建立"分工明确、运转高效、保障有力"的镇级农村公路管理养护保障机制，确定分管负责同志、责任部门和专职人员，制定农村公路管理养护相关制度，建立稳定且增长的财政资金投入保障机制，指导村（居）民委员会组织好村道管理养护工作。加强宣传引导，将爱路护路要求纳入乡规民约、村规民约。

村（居）民委员会要按照"农民自愿、民主决策"的原则，采取一事一议、以工代赈等办法组织村道的管理养护工作。推广将日常养护与应急抢通捆绑实施并交由农民承包；鼓励农村集体经济组织和社会力量自主筹资筹劳参与农村公路管理养护工作，通过将农村公路管理养护纳入公益岗位等方式，为贫困户提供就业机会。

（二）强化农村公路管理养护资金保障

1. 落实成品油税费改革资金。完善成品油税费改革转移支付政策，合理确定转移支付规模，加大对普通公路养护的支持力度。成品油税费改革新增收入替代原公路养路费部分，不低于改革基期年（2009 年）公路养路费收入占"六费"（公路养路费、航道养护费、公路运输管理费、公路客货运附加费、水路运输管理费、水运客货运附加费）收入的比例。成品油税费改革转移支付用于普通公路养护的比例一般不低于 80%且不得用于公路新建。2022 年起，该项资金不再列支管理机构运行经费和人员等其他支出。继续执行本市对农村公路养护工程的补助政策，市级补助资金与切块到区级部分之和占成品油税费改革新增收入替代原公路养路费部分的比例不低于 15%，实际高于上述比例的不再降低。

2. 加大财政支持力度。农村公路养护属于区级事权，资金原则上由各区通过自有财力安排，对区级人民政府落实支出责任存在的收支缺口，市级财政可根据不同时期的发展目标给予一定的资金支持，区财政资金投入标准不得低于市级补助标准。中央安排本市用于农村公路改造的车辆购置税等资金，不得截留挪用，必须专款专用。各级财政部门要确保财政支出责任落实到位，将相关税收返还用于农村公路养护。市、区相关部门应根据实际情况，建立与农村公路养护成本变化因素相关联的农村公路养护投入标准的动态调整机制。

3. 强化养护资金使用监督管理。市财政局、市交通运输委要建立对有农业的区人民政府的农村公路管理养护评估和奖补机制，结合实际，将评估结果与市级补助资金等相关投资挂钩，对各级公共财政用于农村公路养护的资金实施全过程预算绩效管理，确保及时足额拨付到位。市、区财政和交通运输主管部门要加强农村公路养护资金使用监管，严禁农村公路建设采用施工方带资的建设—移交（BT）模式，严禁各区以"建养一体化"名义新增隐性债务，公共资金使用情况要按规定对社会公开，接受群众监督。村务监督委员会要将村道养护资金使用和养护质量等情况纳入监督范围。市、区审计机关要定期对农村公路养护资金投入和使用情况进行审计。

4. 创新农村公路发展投融资机制。坚持把农村公路管理养护作为财政支出的优先保障领域，发挥政府资金的撬动引导作用，采取资金补助，先养后补，以奖代补，无偿提供材料和料场，出让公路冠名权、广告权和相关资源开发权等多种方式支持农村公路养护。将农村公路发展纳入区级人民政府一般债券支持范围。鼓励区级人民政府将农村公路建设和一定时期的养护进行捆绑招标，将农村公路与产业、园区、乡村旅游等经营性项目实行一体化开发，运营收益用于农村公路养护。鼓励保险资金通过购买地方政府一般债券方式合法合规参与农村公路发展。

（三）建立农村公路管理养护长效机制

1. 全面建立区、镇、村三级"路长制"。各区要全面建立区、镇、村三级农村公路"路长制"，各区人民政府主要负责同志任本行政区内总路长，乡镇人民政府（街道办事处）和村（居）民委员会主要负责同志分别担任辖区内路长。建立覆盖区、镇、村的路长组织体系，构建起责任明确、协调有序、监管有力的路长管理模式。

2. 简化农村公路审批程序。简化农村公路建设项目前期程序，路面宽度不超过 8 米的农村公路用地，仍按农用地管理。公路养护工程、不涉及环境敏感区的四级公路项目无须办理建设项目环境影响评价审批。

3. 加快推进农村公路养护市场化改革。建立专群结合的养护运行机制，分类有序地推进农村公路养护市场化改革，逐步建立政府与市场合理分工的养护生产组织模式；引导符合市场属性的事业单位转制为现代企业，鼓励将干线公路建设养护与农村公路捆绑招标，支持养护企业跨区域参与市场竞争，鼓励通过签订长期养护合同、招投标约定等方式，引导专业养护企业加大投入，提高养护机械化水平。

4. 加强安全和信用管理。公路安全设施要与主体工程同时设计、同时施工、同时投入使用，区级人民政府要组织公安、应急等部门参与农村公路竣（交）工验收，已建成但未配套安全设施的农村公路要逐步完善。加强农村公路养护市场监管，着力建立以质量为核心的信用评价机制，逐步推动评级结果应用、实施守信联合激励和失信联合惩戒，强化信息归集，并将信用记录按照相关规定纳入全国信用信息共享平台（天津），依法向社会公开。

5. 强化政策和队伍建设。坚持经济实用、绿色环保理念，全面开展“美丽农村公路”创建工作，提高农村公路养护技术，完善路政管理指导体系，建立区有路政员、乡有监管员、村有护路员的路产路权保护队伍。

四、保障措施

（一）加强组织领导。各区人民政府要切实负起主体责任，按照改革的总体要求和工作目标，深化本区农村公路管理养护体制改革，督促镇村压实责任，认真抓好各项任务落实。各相关部门要各负其责、密切配合，做好对有农业的区工作的指导推动。市交通运输委要加强工作指导和督促检查，重大情况及时报告市人民政府。

（二）强化考核监督。按照《天津市人民政府办公厅关于深入推进我市“四好农村路”建设工作的实施意见》（津政办函〔2018〕49 号），各区人民政府、各相关部门要加强对农村公路工作的考核，考核结果作为党政领导干部综合考核评价的重要内容，建立健全激励和责任追究制度。

（三）健全制度保障。各区人民政府要制定本区的农村公路管理养护改革实施方案，指导镇村建立健全农村公路管理养护制度。各相关部门要强化市级政策引导，建立健全制度保障体系。

（四）做好宣传引导。各区人民政府、各相关部门要大力做好农村公路管理养护体制改革的宣传工作，让广大人民群众了解政策制度，有效发挥乡规民约、村规民约在农村公路管理养护中的积极作用，增强人民群众爱路护路的责任意识，引导人民群众参与到农村公路管理养护工作中来，营造全社会广泛关心支持农村公路管理养护工作的良好氛围。

本实施方案自印发之日起施行。《转发市财政局市发展改革委关于乡村公路管理养护体制改革实施意见的通知》（津政办发〔2006〕27 号）同时废止。

310. 河北省公路条例

（1995年4月22日河北省第八届人民代表大会常务委员会第十三次会议通过）

第一章　总　　则

第一条　为加强公路建设、养护、规费征稽和管理，促进经济发展，根据国家有关法律、法规的规定，结合本省实际，制定本条例。

第二条　本条例适用于本省行政区域内的公路、公路用地和公路附属设施。

第三条　公路按照行政等级分为国道、省道、县道和乡道。

第四条　各级人民政府应当加强对公路事业的领导，将公路事业纳入国民经济和社会发展规划，制定经济扶持措施，动员全社会力量，多渠道筹集资金，促进公路事业发展。

第五条　公路的建设、养护和管理，遵循全面规划、合理布局、确保质量、保障畅通、保护环境、建设与养护并重的原则。

第六条　公路建设、养护和管理，实行统一领导，分级负责。

国道、省道中的高速公路由省人民政府交通行政主管部门负责；其他国道、省道由省、市人民政府（地区行政公署）交通行政主管部门负责。

县道由县级人民政府交通行政主管部门负责。

乡道由乡级人民政府负责。

第七条　公路、公路用地和公路附属设施的所有权归国家，受法律保护，任何单位和个人不得非法占用或者破坏。

第八条　省人民政府交通行政主管部门主管全省的公路事业。

辖区市、县级人民政府交通行政主管部门按照法定职责主管本行政区域内的公路事业，依法行使公路行政管理职能，检查、制止和处理违反有关法律、法规的行为。

公安、城建、工商、土地、农机等部门应当按照法定职责，协助交通行政主管部门搞好公路管理工作。

第二章　公 路 规 划

第九条　公路规划应当根据国民经济发展、人民生活和国防建设的需要编制，并与其他有关行业的发展规划相协调，与城市建设发展规划相衔接。

第十条　省道规划由省人民政府交通行政主管部门会同同级有关部门和省道沿线市人民政府（地区行政公署）编制，报省人民政府批准，并向国务院交通行政主管部门备案。

县道规划由市人民政府（地区行政公署）交通行政主管部门会同同级有关部门和县道沿线县级人民政府编制，报市人民政府（地区行政公署）批准，并向省人民政府交通行政主管部门备案。

乡道规划由县级人民政府交通行政主管部门会同同级有关部门和乡级人民政府编制，报县级人民政府批准，并向市人民政府（地区行政公署）交通行政主管部门备案。

第十一条　编制省道、县道、乡道规划，应当与上一行政等级的公路规划相衔接。

第十二条　编制省道规划，应当使公路规划线位避开城市市区。因特殊情况不能避开的，由省人民政府交通行政主管部门会同同级城市建设行政主管部门协商确定。协商不成的，由省人民政府确定。

公路与城市道路的划分，以近期城市发展规划区域或者城市市区扩大后公路形成街道为界线，由市人民政府（地区行政公署）交通行政主管部门与当地人民政府城市建设行政主管部门协商后，报省人民政府交通行政主管部门确定。公路确定为城市道路的，自确定之日起，移交当地人民政府城市建设行政主管部门养护、管理。

第十三条 公路规划需要修改的，由公路规划的编制部门征求同级有关部门意见后提出方案，报原批准机关审批。

第三章 公路建设

第十四条 公路建设应当遵守国家和本省规定的基本建设程序。

第十五条 大、中型公路建设项目的设计、施工和监理，实行招标投标。

第十六条 公路建设项目的设计、施工和监理单位，必须依照有关法律、法规、规章以及公路工程技术标准、规范和合同的规定，进行设计、施工和监理，并对工程的质量、进度和造价负责。

第十七条 公路建设用地的征用、划拨、出让以及拆迁和安置工作应当依法进行，由当地人民政府负责组织实施。

因进行公路建设和养护，需要占用未确定使用权的国有荒山、荒地时，按照规定程序报批后无偿划拨；需要在国有荒山、荒地、河滩和滩涂上挖砂、采石、取土时，经依法办理审批手续后，任何单位和个人不得非法阻挠或者收取费用。

公路建设用地依照国家和本省有关规定予以减免税。

第十八条 根据公路发展规划，需要新建、改建公路、公路附属设施的，当地人民政府应当纳入土地利用总体规划，预留土地。

第十九条 因修建公路影响铁路、水利、电力、邮电和其他设施正常使用时，建设单位应当事先征得有关部门同意，并签订协议，明确双方的责任。有关部门应当予以配合。

第二十条 因改建公路需要中断交通时，由县级以上人民政府交通行政主管部门与同级公安部门协商，共同采取维护交通畅通的措施后再行施工。施工单位应当在施工路段设置明显的施工标志、安全标志。需要车辆绕行的，应当在绕行路口设置标志，不能绕行的，应当修建临时道路，保证车辆和行人通行。

第二十一条 公路建设项目竣工后，按照国家和本省的有关规定进行验收。验收不合格的，不得交付使用。

第二十二条 农村的成年劳动力和拥有运输工具的单位和个人，应当依照国家规定履行公路建勤义务。建勤工日由县级人民政府确定。因故不能履行建勤义务时，经县级人民政府批准，允许缴纳相应款项以资代劳。

以资代劳所收款项，应当严格管理，专款专用。

第四章 公路养护

第二十三条 公路养护应当坚持预防为主、防治结合，保证公路经常处于良好的技术状态，提高公路的使用质量和抗御自然灾害的能力。

第二十四条 公路养护采取下列组织形式：

（一）国道、省道中的高速公路由高速公路的经营、管理单位负责养护，其他国道、省道由专业养护组织养护；

（二）县道由专业养路工人和建勤民工组成的养护组织养护；

（三）乡道由乡级人民政府组织公路沿线的单位和个人自行养护，并接受县级人民政府交通行政主管部门的业务技术指导。

第二十五条 因公路养护需要，在荒地、荒山、河滩、滩涂挖沙、采石、取土、取水，应当报经县级人民政府批准。

在县级人民政府批准的公路料场挖沙、采石、取土、取水时，任何单位和个人不得借故阻挠和索取价款。

第二十六条 公路养护作业人员进行养护作业时，应当穿着安全标志服。

公路养护组织利用车辆进行养护作业时，应当在作业路段和作业车辆上设置明显的作业标志。

第二十七条 公路养护组织应当按照公路养护技术规范的要求，利用公路用地种植花草树木，绿化、美化公路。

公路两侧的树木不得任意砍伐。因树木更新和其他需要必须砍伐的，应当依法办理审批手续，领取林木采伐许可证。

乡道绿化工作由乡级人民政府统一组织实施。谁造谁有，合造共有，收益分成。

第二十八条 因自然灾害致使公路交通中断，公路养护组织难以及时修复时，当地人民政府应当组织附近的驻军和机关、团体、企事业单位以及居民无偿抢修。

第五章 路政管理

第二十九条 在公路两侧建筑控制线范围内，禁止建设除公路附属设施外的其他永久性建筑物、构筑物和设施。

需要在公路两侧建筑控制线范围内修建临时性建筑设施的，应当事先征得县级以上人民政府交通行政主管部门同意。

公路两侧建筑控制线范围为公路边沟或者坡脚护坡道、坡顶截水沟外缘向外延伸，国道、省道中的高速公路不少于30米，其他国道包括复线和支线不少于20米，其他省道包括复线和支线不少于15米，县道不少于10米，乡道不少于5米。

公路弯道内侧以及平交道口附近的公路两侧建筑控制线范围，除按前款的规定确定外，还应当符合公路发展规划标准对行车视距和立体交叉的要求。

第三十条 在公路桥梁和渡口周围200米、公路隧道上方和洞口外100米范围内，不得挖沙、采石、取土、倾倒垃圾和其他废弃物，或者进行爆破作业。

在上述范围内修筑堤坝，压缩或者拓宽河床，必须报经省人民政府交通行政主管部门会同同级水利行政主管部门批准。

第三十一条 在前条规定的范围外以及公路两侧进行爆破、开山、采矿、伐木和建筑施工等项作业，可能危及公路、公路附属设施安全的，应当事先征得县级以上人民政府交通行政主管部门同意，并采取安全防护措施。

第三十二条 因进行建设需要挖掘、占用、利用公路、公路用地和公路附属设施的，建设单位应当报经县级以上人民政府交通行政主管部门同意。工程竣工后，建设单位应当按照公路原有的技术标准修复或者恢复原状，并报原批准部门验收。

因进行建设造成公路改线的，建设单位必须报经县级以上人民政府交通行政主管部门批准，按照公路原有的技术标准建设新路，并报原批准部门验收合格后，方可占用原路。

第三十三条 建设跨越公路的桥梁、渡槽和管线等设施，必须符合公路发展规划和公路工程技术标准的要求，不得影响公路畅通，并事先征得县级以上人民政府交通行政主管部门同意。因施工造成公路、公路用地和公路附属设施损坏的，必须予以修复或者赔偿。

第三十四条 有下列情形之一的，必须报经县级以上人民政府交通行政主管部门批准，并分别情况予以补偿或者承担修复、加固公路所支出的费用：

（一）埋设横穿公路的地下管线的；

（二）增设公路交叉道口的；

（三）从事车辆制造、改装、修理、检验而需要在划定的路段上试刹车的；

（四）履带车、铁轮车行驶公路的；

（五）超过公路限载、限高、限宽和限长标准的车辆行驶公路的；

（六）其他造成公路、公路用地和公路附属设施损坏的。

第三十五条 除进行公路建设、养护和设置交通安全设施外，禁止在公路、公路用地范围内从事下列行为：

（一）设置线杆、铁塔、变压器，沿公路埋设地下管线等永久性设施；

（二）进行集市贸易或者设置棚屋、摊点和其他临时性设施；

（三）倾倒垃圾、堆放物料、打场、晒粮；

（四）引水、排水、烧窑、制坯、沤肥，种植农、林作物；

（五）其他影响公路、公路用地正常使用的行为。

第三十六条 发生公路交通事故并给公路造成损失的，公安部门应当及时通知县级以上人民政府交通行政主管部门或者高速公路管理机构查验损失。公路交通事故的处理工作，应当在公路路产损失清偿工作结束后结案。

第三十七条 公路路政管理人员依法执行职务时，按照国家规定着装，并出示国家和本省颁发的执法证件。公路路政管理专用车辆应当装置示警灯和警报器。

公路路政管理人员依法执行职务时，违反前款规定的，被检查者有权拒绝接受检查。

第六章 收费公路和公路经营

第三十八条 经省人民政府批准，县级以上人民政府交通行政主管部门可以利用国家许可的方式筹集资金，建设收费公路，并按规定收取车辆通行费。

第三十九条 鼓励省内外包括台湾、香港、澳门和外国的政府、经济组织、其他组织或者个人，按照国家有关规定，在本省投资建设收费公路，从事公路经营。

第四十条 从事公路经营，应当依法成立公路开发经营公司。公路开发经营公司按国家和本省有关规定办理审批和注册手续后，可以从事下列经营活动：

（一）发行债券或者采用国家许可的其他形式，筹集公路建设资金；

（二）投资新建、改建的公路符合国家规定的，可以按照规定收取车辆通行费；

（三）在经营公路的沿线和出入口周围开发经营房地产，建设、经营加油站、宾馆、饭店、停车场和汽车修理场等服务设施；

（四）经营客货运输业务；

（五）法律、法规许可的其他经营活动。

第四十一条 公路开发经营公司的经营期限依法确定或者在合同中约定。经营期满后，公路开发经营公司应当将公路、公路用地和公路附属设施无偿移交给当地县级以上人民政府交通行政主管部门。

公路开发经营公司在经营期限内必须加强对公路的养护、管理，保证公路处于良好的技术状态。

第四十二条 公路、公路用地和公路附属设施的经营权可以依法有偿转让。交通行政主管部门转让收费公路经营权所获取的转让费必须专项用于公路建设。

第四十三条 台湾、香港、澳门和外国的政府、经济组织、其他组织或者个人，在本省行政区域内开发经营收费公路的，依照国家和本省的有关规定予以优惠。

第四十四条 公路开发经营公司在投资回收期内依照国家和本省有关规定减免地方税。

第四十五条 除国家和本省另有规定外，在收费公路上行驶的机动车辆必须缴纳车辆通行费。

第七章　公路建设和养护资金

第四十六条　国道和省道的建设、养护资金，由省人民政府和国道、省道沿线市人民政府（地区行政公署）和县级人民政府共同筹集。

县道的建设、养护资金，由市人民政府（地区行政公署）和县道沿线县级和乡级人民政府共同筹集。

乡道的建设、养护资金，由县级人民政府和乡道沿线乡级人民政府共同筹集。

第四十七条　公路建设、养护资金采用下列方式和渠道筹集：

（一）由各级人民政府财政拨款；

（二）依法征收车辆购置附加费和公路养路费；

（三）经按规定程序批准后，征收重点公路建设资金；

（四）向国内外经济组织和外国政府贷款；

（五）依法发行公路建设债券；

（六）吸引国内外的经济组织或者个人投资、捐款；

（七）采用民办公助等国家和本省许可的其他方式。

第四十八条　拥有车辆以及机动车辆挂车的单位和个人，必须依法缴纳车辆购置附加费和公路养路费。

车辆购置附加费、公路养路费和车辆通行费缴讫凭证由交通行政主管部门统一制发，任何单位和个人不得伪造、涂改、倒卖。

第四十九条　除国家和本省另有规定外，任何单位和个人不得擅自减、免车辆购置附加费、公路养路费和收费公路的车辆通行费。

除县级以上人民政府交通行政主管部门外，任何单位和个人不得征收车辆购置附加费和公路养路费。

未经省人民政府批准，任何单位和个人不得征收车辆通行费。

第五十条　县级以上人民政府交通行政主管部门的车辆购置附加费和公路养路费征稽人员对客货集散地、车辆存放处等场所和公路上行驶的车辆，有权依照省人民政府有关规定进行稽查。

征稽人员及其专用车辆依法执行职务时，按照本条例第三十七条的规定办理。

第五十一条　县级以上人民政府公安部门应当协助同级交通行政主管部门实施车辆购置附加费和公路养路费的征收工作，向交通行政主管部门提供车辆统计资料，并在核发车辆牌证，办理车辆的年检、转籍和过户手续时，查验交通行政主管部门签发的车辆购置附加费和公路养路费缴讫凭证。对未持有以上凭证的，不予办理核发车辆牌证和车辆的年检、转籍、过户手续。

第五十二条　公路养路费必须专项用于公路的建设、养护和管理，任何单位和个人不得截留、平调或者挪用。

第八章　法 律 责 任

第五十三条　违反本条例第十六条、第二十一条、第二十六条、第三十七条第一款、第五十条第二款规定的，由县级以上人民政府交通行政主管部门责令限期改正，拒不改正的，给予行政处分。

第五十四条　违反本条例第二十九条至第三十五条规定的，由县级以上人民政府交通行政主管部门分别情况，予以警告，责令改正、停止施工、停止行驶，补办审批手续，限期拆除、恢复原状、赔偿损失，没收非法所得，可以按照国家有关规定并处罚款。

第五十五条　违反本条例第四十八条、第四十九条规定的，由县级以上人民政府交通行政主管部门责令限期改正、按规定补缴车辆购置附加费、公路养路费和车辆通行费，没收非法所得以及伪造、涂改、倒卖的凭证，并按照国家和本省有关规定处以滞纳金、罚款；构成犯罪的，依法追究刑事责任。

对不能按时缴纳车辆购置附加费、公路养路费、滞纳金和罚款的，可以暂时扣留其道路运输证、驾驶证、行车执照或者车辆，待其补缴费款和接受处罚后，立即放行车辆，归还证件。因扣留其证件或者车辆造成的经济损失，由责任方承担。

第五十六条 损毁、破坏公路路产的，可以依照国家和本省的有关规定予以处罚，构成犯罪的，依法追究刑事责任。

第五十七条 没收非法所得和处以罚款，应当出具财政部门统一制发的票据。罚没款全额上缴同级财政部门。任何单位和个人不得截留或者分成。

第五十八条 拒绝、阻碍从事公路管理的国家工作人员依法执行职务的，由公安机关依照《中华人民共和国治安管理处罚条例》的规定处罚；构成犯罪的，依法追究刑事责任。

第五十九条 当事人对行政处罚决定不服的，在接到行政处罚决定书之日起15日内，向作出行政处罚决定机关的上一级机关申请复议。复议机关应当在接到复议申请之日起60日内作出复议决定。当事人对复议决定不服的，可以在接到复议决定书之日起15日内向人民法院起诉。复议机关逾期不作出复议决定的，当事人可以在复议期满之日起15日内向人民法院起诉。

当事人逾期不申请复议，也不向人民法院起诉，又不履行处罚决定的，由作出行政处罚决定或者复议决定的机关申请人民法院强制执行。

第六十条 从事公路管理的国家工作人员滥用职权、玩忽职守、贪污受贿、徇私舞弊，情节轻微的，由其所在单位或者上级主管机关给予行政处分；构成犯罪的，依法追究刑事责任。

第九章 附 则

第六十一条 工矿企业、军队等单位建设的专用公路的管理办法，由省人民政府交通行政主管部门会同有关部门另行制定。

第六十二条 本条例凡涉及公安交通安全管理法规规定的，应同时执行其有关规定。

第六十三条 省人民政府可以根据本条例制定实施办法。

第六十四条 本条例自公布之日起施行。1986年5月7日河北省第六届人民代表大会常务委员会第二十次会议通过的《河北省公路管理条例》同时废止。

311. 河北省深化农村公路管理养护体制改革实施方案

（冀政办字〔2019〕70号）

为贯彻落实《国务院办公厅关于深化农村公路管理养护体制改革的意见》（国办发〔2019〕45号）精神，加快建立农村公路管理养护长效机制，结合我省实际，制定本实施方案。

一、总体要求

（一）指导思想。以习近平新时代中国特色社会主义思想为指导，全面贯彻党的十九大和十九届二中、三中、四中全会精神，认真落实习近平总书记关于“四好农村路”的重要指示精神，按照党中央、国务院和省委、省政府安排部署，践行以人民为中心的发展思想，紧紧围绕打赢脱贫攻坚战、实施乡村振兴战略和统筹城乡发展，深化农村公路管理养护体制改革，加快构建适应经济社会发展阶段、符合农村特点的农村公路管理养护体系，推动“四好农村路”高质量发展，为全省广大农民群众致富奔小康、加快推进农业农村现代化提供更好保障。

（二）基本原则。

改革驱动，补齐短板。通过改革，消除制约“四好农村路”高质量发展的体制机制障碍，切实解决管好、护好的短板问题，建立农村公路管理养护长效机制。

上下联动，落实责任。通过构建“省市统筹、县级负责、乡村齐抓、社会参与”的农村公路管理养护责任体系，推动落实县级政府的主体责任。

政府主导，多方支持。加大各级财政投入，拓宽投融资渠道，建立财政投入为主、多渠道融资的农村公路资金保障体系。

创新机制，转型发展。分类有序推进养护市场化改革，坚持绿色发展、融合发展，推进农村公路高质量发展。

（三）工作目标。

到2022年，基本建立权责清晰、齐抓共管的农村公路管理养护体制机制，形成财政投入职责明确、社会力量积极参与的格局。农村公路路长制高效运行，农村公路治理能力明显提高，治理体系初步形成。农村公路通行条件和路域环境明显提升，交通保障能力显著增强。农村公路列养率达到100%，年均养护工程比例不低于5%，中等及以上农村公路占比不低于75%。

到2035年，全面建成体系完备、运转高效的农村公路管理养护体制机制，基本实现城乡公路交通基本公共服务均等化，路况水平和路域环境根本性好转，农村公路治理能力全面提高，治理体系全面完善。

二、主要任务

（一）完善农村公路管理养护体制。

1. 加强省级统筹和政策引导。省交通运输厅加强农村公路管理养护工作的指导、监督，拟订有关农村公路政策，提出农村公路发展指导意见，加强政策引导和业务指导。省财政厅加强省级资金统筹，安排省级养护补助资金。省发展改革、农业农村、扶贫、地方金融监管等部门通过制定和实施相关政策，引导、支持和促进农村公路事业发展。省政府对各市政府的农村公路管理养护工作进行绩效管理。（责任部门：省交通运输厅、省财政厅、省发展改革委、省农业农村厅、省扶贫办、省地方金融监管局）

2. 市级政府加强政策支持和指导监督。各市政府和雄安新区管委会要发挥好承上启下作用，加强组织领导和监督管理，建立农村公路资金补助机制，完善支持政策，筹集市级农村公路养护补助资

金，加强地方农村公路管理机构能力建设，支持、督促县级政府履行主体责任。（责任单位：各市政府，雄安新区管委会）

3. 县级政府履行好主体责任。县级政府要将农村公路管理养护工作纳入“三农”工作统筹谋划，按照“县道县管、乡村道乡村管”的原则，建立健全农村公路管理养护责任制，明确相关部门和乡级政府的管理养护权力和责任清单，实行农村公路工作目标责任制和绩效管理，指导监督相关部门和乡级政府履职尽责。全面推行农村公路路长制，县、乡级政府主要负责同志和村委会主要负责人为县、乡、村三级路长，负责相应农村公路管理养护工作及路域环境整治，县、乡政府明确相应机构承担路长制运行的日常工作，建立“精干高效、专兼结合、以专为主”的管理体系。按照“有路必养、养必到位”的要求，将农村公路养护资金及管理机构运行经费和人员支出纳入一般公共财政预算，加大履职能力建设和管理养护投入力度。[责任单位：各县（市、区）政府]

4. 发挥好乡村两级作用和农民群众积极性。乡级政府在县级政府确定的职责范围内，具体负责本行政区域内乡道、村道的管理养护工作，指导村民委员会组织好村道的管理养护工作，确定专职工作人员，按照“一支管养队伍、一个办公场所、一笔管养经费、一个运行机制、一套内业台账”的要求，推进乡（镇）农村公路管理体系建设。村民委员会按照“村民自愿、民主决策”的原则，采取一事一议等办法组织村道的管理养护工作。加强宣传引导，将爱路护路要求纳入乡规民约、村规民约；鼓励采用以奖代补等方式，将日常养护与应急抢通捆绑实施交由村民承包；鼓励农村集体经济组织和社会力量自主筹资筹劳参与农村公路管理养护工作，通过将管理养护纳入公益岗位等方式，为贫困人口提供就业机会。[责任单位：各县（市、区）政府]

（二）强化农村公路管理养护资金保障。

5. 落实成品油税费改革资金。完善成品油税费改革转移支付政策，加大对普通公路养护的支持力度。成品油税费改革新增收入替代原公路养路费部分不得低于85%，其中用于普通公路养护的比例一般不得低于80%，可用于公路改建，不得用于公路新建。自2022年起，该项资金不再列支管理机构运行经费和人员等其他支出。继续执行省政府对农村公路养护工程的补助政策，省级补助资金占成品油税费改革新增收入替代原公路养路费部分的比例不低于15%；自2021年起，采取定额补助方式按照每年每公里县道10000元、乡道5000元、村道2000元的标准切块到市县；采取先养后补方式支持农村公路升级改造、安全生命防护工程、危桥（隧）改造、重大灾毁恢复；采取以奖代补方式引导地方开展示范县、示范乡、示范路创建等，并根据不同时期的养护发展目标和工作重点调整奖励支持方向。（责任单位：省交通运输厅、省财政厅，各市、县政府，雄安新区管委会）

6. 加大财政资金保障力度。农村公路养护属于市、县财政事权，资金原则上由市、县政府通过自有财力安排，市级政府要同时将对行政区域内财政直管县的资金支持纳入市级财政支出责任，确保所承担的支出责任落实到位。2021年起，省、市、县三级公共财政资金用于农村公路日常养护的总额不得低于以下标准：县道每年每公里10000元、乡道每年每公里5000元、村道每年每公里3000元，桥梁（隧道）每年每延米100元。其中，省级投入比例不低于10%，市、县两级投入比例分别不低于45%。省、市、县三级公共财政投入农村公路日常养护的资金结合农村公路里程、养护成本变化、市县自有财力等因素原则上每三年调整一次。市、县两级公共财政根据农村公路养护工作需要保障养护工程资金投入。（责任单位：省财政厅、省交通运输厅，各市、县政府，雄安新区管委会）

7. 强化养护资金使用监督管理。省财政厅、省交通运输厅要建立对市级政府的农村公路管理养护考核机制，将考核结果与相关投资挂钩。对各级公共财政用于农村公路养护的资金实施全过程预算绩效管理，确保及时足额拨付到位。市、县级财政和交通运输主管部门要加强农村公路养护资金使用监管，严禁农村公路建设采用施工方带资的建设—移交（BT）模式，严禁地方以“建养一体化”名义新增隐性债务，公共资金使用情况要按有关规定对社会公开，接受群众监督。村务监督委员会要将村道养护资金使用和养护质量等情况纳入监督范围。各级审计部门根据工作需要列入审计计划，对农村公路养护资金使用情况进行审计。（责任单位：省交通运输厅、省审计厅、省财政厅，各市、县政府，雄安新区管委会）

8. 创新农村公路发展投融资机制。充分发挥政府资金的引导作用，采取资金补助、先养后补、以奖代补、无偿提供料场等多种方式支持农村公路养护。将农村公路发展纳入地方政府一般债券支持范围。鼓励将农村公路建设和一定时期的养护进行捆绑招标，将农村公路与产业、园区、乡村旅游等经营性项目实行一体化开发，运营收益用于农村公路养护。鼓励保险资金通过购买地方政府一般债券方式依法依规参与农村公路发展，探索开展农村公路灾毁保险。（责任单位：省交通运输厅、省财政厅、省农业农村厅、省扶贫办、省地方金融监管局，各市、县政府，雄安新区管委会）

（三）建立农村公路管理养护长效机制。

9. 加快推进农村公路养护市场化改革。将群众满意度和受益程度、养护质量和资金使用效率作为衡量标准，分类有序推进农村公路养护市场化改革。大中修等专业性工程，逐步通过市场化运作交由专业化队伍承担；日常保养、绿化等非专业项目，鼓励通过分段承包、定额包干、“以路育树、以树养路”等模式，吸收沿线群众参与；鼓励通过政府购买服务将农村公路日常养护交由第三方公司实施，逐步建立政府与市场合理分工的养护生产组织模式。引导符合市场属性的公路事业单位转制为现代企业，通过投标方式获得公路养护权。鼓励将干线公路建设养护与农村公路捆绑招标，支持养护企业跨区域参与市场竞争。通过签订长期养护合同、招投标约定等方式，引导专业养护企业加大投入，提高机械化水平。（责任单位：省交通运输厅，各市、县政府，雄安新区管委会）

10. 加强安全和信用管理。县级政府要保障农村公路安全设施建设投资，安全设施要与主体工程同时设计、同时施工、同时投入使用，组织公安、交通运输、应急管理等部门参加农村公路竣（交）工验收。已建成但未配套安全设施的农村公路要逐步完善，及时排查治理安全隐患。加强农村公路养护市场监管，着力建设以质量为核心的信用评价机制，实施守信联合激励和失信联合惩戒，并将信用记录按照国家有关规定纳入全国信用信息共享平台（河北），依法向社会公开。（责任单位：省交通运输厅、省政务服务管理办公室，各市、县政府，雄安新区管委会）

11. 强化法规政策和队伍建设。严格执行国家有关农村公路的法律、法规和技术规范，进一步健全各级农村公路政策法规和制度体系。坚持经济实用、绿色环保、科技创新理念，大力实施预防性养护，积极推行路面再生利用，加强信息化建设，不断提高农村公路养护技术和管理水平。按照“公路基础好、路域环境美、服务效果优”的标准，全面开展“美丽农村路”创建工作。确定负责农村公路保护的行政执法单位，完善路政管理体系，建立县有路政员、乡有监管员、村有护路员的路产路权保护队伍。（责任单位：省交通运输厅，各市、县政府，雄安新区管委会）

三、保障措施

（一）加强组织实施。各地各部门要将深化农村公路管理养护体制改革作为打赢脱贫攻坚战、实施乡村振兴战略、推进农业农村现代化的一项先行工程，同步部署落实。各市、县政府要深入分析本地农村公路发展实际，因地制宜研究制定深化农村公路管理养护体制改革具体方案并组织实施。方案要明确改革任务落地的时间表、路线图、成果形式，细化工作举措、责任主体、考核问责等内容，确保改革任务落到实处。

（二）确保改革平稳有序。省交通运输厅、省财政厅要做好成品油税费改革转移支付资金的统筹安排，根据列入“十三五”普通干线公路建设计划项目的进度要求和资金需求，可适当降低用于普通公路养护的比例，继续给予新建和改建项目资金补助。省财政厅、省交通运输厅要研究制定农村公路建设养护发展专项资金管理办法，各地按照办法组织实施。省交通运输厅，各市、县政府要对燃油税列支的管理机构和人员等其他支出进行摸底，省财政厅配合做好上述机构及人员经费的支出渠道摸底工作，合理确定相关资金渠道，确保改革平稳和社会稳定。

（三）广泛开展改革试点工作。市级政府要围绕路长制、资金保障、创新投融资机制、美丽农村路、养护市场化、群众参与、政府考核、信用评价机制等主题，广泛开展试点工作。省交通运输厅会同有关部门加强跟踪和督查，并遴选示范带动作用强的试点项目进行全省推广，成熟一批，推广一批，积极稳妥推进改革工作。

（四）强化政府督导考核。市、县政府要建立改革进展情况反馈机制，及时掌握改革进程，及时发现并协调解决改革过程中出现的问题，确保改革顺利进行。各市、县政府要将深化农村公路改革纳入本地重点改革事项，加强工作考核，将考核结果与干部绩效、财政补助资金等挂钩，充分发挥改革激励作用。

（五）加大改革宣传力度。紧紧围绕改革主要工作，大力宣传改革的新进展、新成效，准确解读改革政策举措，积极宣传改革中的先进典型，充分调动广大群众参与、监督改革工作的积极性，为改革工作营造浓厚氛围。

本实施方案自印发之日起施行。《河北省政府办公厅关于贯彻国务院办公厅农村公路管理养护体制改革方案的意见》（冀政办〔2006〕61号）同时废止。我省有关农村公路管理养护体制改革相关规定与本实施方案不一致的，以本实施方案为准。

312. 山西省公路条例

（2012年11月29日山西省第十一届人民代表大会常务委员会第三十二次会议通过）

第一章　总　　则

第一条　为了加强公路建设、养护和管理，保障公路完好、安全和畅通，促进经济社会发展，根据《中华人民共和国公路法》《公路安全保护条例》和有关法律、行政法规的规定，结合本省实际，制定本条例。

第二条　本条例适用于本省行政区域内公路的规划、建设、养护、管理、经营和使用。

公路按其在公路路网中的地位分为国道、省道、县道、乡道和村道。

第三条　县级以上人民政府应当加强对公路工作的组织领导，将公路事业的发展纳入国民经济和社会发展规划，将公路（收费公路除外）的建设、养护和公路管理机构工作经费列入财政预算，并随着本级财政收入的增长逐步增加。

第四条　省人民政府交通运输主管部门负责全省公路工作。省公路管理机构负责国道、省道的建设、养护和管理工作，并对县道、乡道和村道工作进行指导。

设区的市、县（市、区）人民政府交通运输主管部门及其所属的公路管理机构按照其职责负责本行政区域内县道的建设、养护、管理和乡道的管理工作。

乡（镇）人民政府负责本行政区域内乡道的建设、养护和村道的组织建设、养护、管理工作；经县（市、区）人民政府批准，乡（镇）人民政府可以委托县（市、区）人民政府交通运输主管部门所属的公路管理机构行使村道的管理职责。

第五条　县级以上人民政府发展和改革、财政、公安、国土资源、住房和城乡建设（城乡规划）、水利、林业、环保、安监、工商、文物、物价等部门，在各自的职责范围内做好与公路相关的工作。

第二章　公路规划和建设

第六条　县级以上人民政府交通运输主管部门、乡（镇）人民政府应当依照《中华人民共和国公路法》规定的职权和程序，编制公路规划。

编制公路规划应当遵循科学合理、注重效益、适度超前、节约资源、保护生态环境的原则，并与国家公路规划和其他方式的交通运输发展规划及城乡规划、土地利用总体规划等专项规划相衔接。

公路规划批准后，除涉及国防的内容外，应当向社会公布。

第七条　公路规划需要调整的应当经公路规划原审批机关批准。

公路建设应当符合公路规划，未纳入规划的项目不得建设。

第八条　公路建设应当按照国家和省规定的基本建设程序、技术标准和建设工程有关规定执行。

第九条　公路建设实行项目法人负责制度、工程招标投标制度、工程监理制度、工程合同管理制度和工程质量责任追究制度。

承担公路建设项目的设计、施工和工程监理单位，应当建立质量和安全保证体系，对工程设计使用年限内的质量负责。

第十条　新建和改建公路的安全设施应当与主体工程同时设计、同时施工、同时投入使用，安全设施未经验收的公路不得投入使用。

第十一条　县级以上人民政府应当将公路建设质量和安全纳入绩效考评范围。

第十二条　省道、县道和乡道报废的，分别由省、设区的市、县（市、区）人民政府交通运输主管部门核准，并向社会公告；村道报废的，乡（镇）人民政府应当向所在地县（市、区）人民政府交通运输主管部门备案，并向村民公告。

公路报废后，原公路管理机构应当设置必要的标志和隔离设施。

报废公路的处置和利用按照国家和省有关规定执行。

第十三条　公路行政等级调整或者公路调整为城市道路的，应当按照国家和省有关规定办理审批手续。交接双方自批准之日起三十日内办理交接手续。

公路调整为城市道路的，接收的设区的市或者县（市、区）人民政府应当自办理交接手续之日起履行相关职责。

第十四条　任何单位和个人在公路用地范围内设置照明、通信、标志、管线、信号灯等设施的，应当依法经公路管理机构批准。经批准设置的，其所有权人或者管理人对所设置的设施负责维护和管理。

第三章　公路养护

第十五条　省公路管理机构所属的驻县（市、区）的公路管理机构负责国道、省道的养护；县（市、区）人民政府交通运输主管部门所属的公路管理机构负责县道的养护；收费公路的养护由公路经营者负责。

第十六条　省人民政府交通运输主管部门负责制定并适时调整全省公路养护维修工程费和小修保养费的定额标准。

公路管理机构按照公路等级、里程、路况、交通量、养护定额及养护规范组织编制公路养护计划，并报有管辖权的交通运输主管部门和投资主管部门批准后实施，财政部门应当按照批准的公路养护计划及时足额拨付公路养护资金。

第十七条　公路管理机构应当按照国家和省有关标准和规范实施公路养护管理，建立公路养护检查、巡查制度和养护档案。

公路管理机构负责对公路养护作业单位的指导和监督，督促其依法履行养护作业义务。公路养护作业单位应当按照有关技术规范进行养护巡查，并将巡查、检测、养护作业以及其他相关信息记录归档。

第十八条　除收费公路外，在公路用地范围内申请设置非公路标志的，公路管理机构可以通过招标、拍卖等方式实施许可。所得款项实行收支两条线管理，专项用于公路的养护和管理。

非公路标志的设置不得影响公路的安全和运行，设置单位负责对其进行维护和管理。

第十九条　公安机关交通管理部门发现已经投入使用的公路存在交通事故频发路段，或者配套设施存在交通安全隐患的，应当向当地人民政府提出防范交通事故、消除隐患的建议。公路管理机构接到人民政府的处理意见后，应当按照公路工程技术标准进行排查和处置。

第二十条　县级以上人民政府交通运输主管部门应当制定公路突发事件应急预案，报本级人民政府批准后实施。

公路管理机构、公路经营者应当根据国家和省有关规定制定应急预案，组建应急队伍，并定期组织应急演练。

第二十一条　发生公路突发事件时，当地人民政府及有关部门、公路管理机构和公路经营者应当按照规定启动公路突发事件应急预案。

第四章 路 政 管 理

第二十二条 公路管理机构负责公路、公路用地和公路附属设施的调查核实，登记造册，建立公路管理档案，并逐级上报省人民政府交通运输主管部门备案。

第二十三条 未经公路管理机构许可，任何单位和个人不得在公路（村道除外）上增设平面交叉道口。

经许可在公路上增设平面交叉道口与公路搭接的路段，应当符合《公路养护技术规范》的有关规定，并按照公路工程技术标准设置交通标志。

第二十四条 禁止履带车、铁轮车或者其他可能损害公路路面的机具行驶公路，确需行驶公路的，应当采取保护措施并向有管辖权的公路管理机构办理审批手续。履带、铁轮式农业机械在当地田间作业需要在公路上短距离行驶并采取保护措施的除外。

第二十五条 经许可跨越、穿越公路修建桥梁、渡槽或者架设、埋设管线等设施的，应当符合公路工程技术标准。

在公路、公路用地范围内及公路建筑控制区内设置的非公路设施，其所有权人或者管理人应当巡查维护。

公路管理机构发现前款规定的设施有缺损、移位、变形等情形影响公路安全畅通的，应当设置警示标志，并责令其所有权人或者管理人限期整改；影响交通安全的，应当通知公安机关交通管理部门。

第二十六条 禁止在公路建筑控制区内设立为车辆补充燃料的场所、设施等建筑物和构筑物。

第二十七条 在公路及公路用地范围内，禁止任何单位和个人从事下列活动：

（一）设置路障、摆摊设点、堆放物品、打场晒粮、挖沟引水、种植作物、放养牲畜、经营性修车洗车及其他影响公路畅通的；

（二）倾倒垃圾杂物，向公路或者利用公路排水设施排污的；

（三）将公路作为检验机动车辆制动性能试验场的；

（四）擅自设置、损毁、移动、涂改、遮挡公路标志或者擅自损毁、移动公路其他附属设施的；

（五）堵塞公路排水系统，利用桥梁、涵洞或者公路排水设施设闸、筑坝蓄水的；

（六）擅自挖掘公路、修建桥梁、渡槽或者架设、埋设管线、电缆等设施的；

（七）法律、法规禁止的其他活动。

任何单位和个人不得损坏、擅自移动公路建筑控制区内由县级以上人民政府交通运输主管部门设置的标桩、界桩。

第二十八条 矿产采掘企业应当依法在批准的范围内实施采掘作业，不得在《公路安全保护条例》规定的范围内采矿。

第二十九条 公路管理机构在巡查中发现交通事故时，应当及时向公安机关交通管理部门通报。公安机关交通管理部门发现交通事故造成损坏公路及其附属设施或者污染公路时，应当及时向公路管理机构通报。

第三十条 任何单位和个人都有爱护公路及其附属设施的义务，发现违法占用公路和损害公路及其附属设施情形的，有权向公路管理机构举报。

造成公路损坏的责任人应当报告公路管理机构，并接受公路管理机构的调查处理。

第三十一条 专用公路用于社会公共运输的，经专用公路主管部门申请，省公路管理机构可以决定向该专用公路派驻公路管理人员，实施路政管理。

第三十二条 县级以上人民政府应当加强路政执法队伍建设，配备的路政执法人员应当与公路的技术等级、通车里程相适应。

第三十三条 公路管理机构应当在办公场所和相关网站，公开公路管理工作的执法主体、执法依据、办事程序、举报电话等，并接受社会公众的监督。

公路管理机构执法人员在执行公务时，应当统一着装，佩戴统一标志，出示合法有效的执法证件，不得擅自超越管辖区域、超越职权实施监督检查。

用于公路监督检查的专用车辆应当经省人民政府交通运输主管部门批准，并设置统一的标志和示警灯，公安机关交通管理部门应当为其办理登记手续。

省人民政府交通运输主管部门可以委托其所属的交通运输执法监督机构对交通运输执法活动实施监督检查。

第五章　超限运输管理

第三十四条　县级以上人民政府负责本行政区域内治理非法超限、超载工作，并将工作经费列入本级财政预算，其所属的治超机构按照其职责做好治理非法超限、超载的相关工作。

第三十五条　未经许可，超过公路、公路桥梁、公路隧道的限载、限高、限宽、限长标准的车辆，不得在公路、公路桥梁和公路隧道行驶。

禁止超过核定载质量运输危险化学品的车辆行驶公路。

第三十六条　车辆运载不可解体物品，车货总体外廓尺寸或者总质量超过公路、公路桥梁、公路隧道的限载、限高、限宽、限长标准，确需在公路、公路桥梁、公路隧道行驶的，承运人应当向公路管理机构申请公路超限运输许可，并提供下列材料：

（一）超限运输车辆行驶公路申请书；

（二）货物名称、重量、外廓尺寸以及必要的总体轮廓图；

（三）运输车辆的厂牌型号、自载质量、轴载质量、轴距、轮数、轮胎单位压力、载货时总的外廓尺寸等有关资料；

（四）货物运输的起讫点、拟经过的路线和运输时间；

（五）车辆行驶证原件及复印件。

公路管理机构在实施超限运输许可时，需要勘测、方案论证、加固、改造、护送及修复损坏部分的，其所需费用由承运人承担。

第三十七条　公路管理机构作出超限运输许可决定，需要进行勘测、方案论证的，应当将所需时间书面告知申请人，所需时间不计算在作出许可决定的时限内。

第三十八条　经许可进行超限运输的车辆，应当随车携带超限运输车辆通行证。超限运输车辆的型号及运输的物品应当与通行证记载的内容保持一致。

第三十九条　公路超限检测站的设置，由省人民政府交通运输主管部门提出方案，报省人民政府批准。

公路管理机构、公安机关交通管理部门应当在公路超限检测站内派驻路政管理、交通警察等执法人员，对超限运输车辆实施联合执法。

第四十条　公路管理机构经检测发现非法超限运输的，应当按照以下程序处理：

（一）出具公路超限检测站及其检测人员盖章、签字的检测文书；

（二）对运载可分载货物的，责令当事人采取卸载、分装等改正措施，消除违法状态；

（三）对运载不可解体物品的，责令当事人停止违法行为，并告知当事人到相关公路管理机构办理超限运输许可。

公路管理机构经检测发现非法超限运输易燃、易爆危险化学品的，应当通知当地公安、安监部门和道路运输管理机构处理。

第四十一条　超限车辆未经许可擅自在公路上行驶的，公路管理机构应当收取公路损害赔偿费，具体收取办法和标准由省人民政府交通运输主管部门提出意见，报物价、财政部门核定。

公路损害赔偿费专项用于受损公路的修复。

第四十二条 公路管理机构在查处非法超限行为时，应当将运输车辆、运输企业及从业人员等相关信息抄送同级人民政府所属的治超机构，治超机构应当督促有关部门依法做出处理。

第六章 收费公路

第四十三条 收费公路经营者应当建立健全公路经营管理制度，并遵守下列规定：

（一）按照国家和省规定的标准和方式收取车辆通行费，出具符合规定的票据；

（二）设置规范的公示牌；

（三）提示路况、通行和预警信息；

（四）设置、开通与交通量相适应的收费道口；

（五）履行公路的养护义务；

（六）接受行业管理，报送相关资料；

（七）法律、法规的其他规定。

收费公路经营者发现损坏公路的行为，应当及时制止并向公路管理机构报告；对影响公路运行安全的隐患应当及时处理。

第四十四条 收费公路经营者应当向省人民政府交通运输主管部门缴纳公路养护质量保证金，保证金及其利息属于收费公路经营者所有。收费公路经营期届满，省人民政府交通运输主管部门验收合格的，应当在二十日内全额退还公路养护质量保证金及其利息。

公路养护质量保证金缴纳标准、使用和管理办法由省人民政府制定。

第四十五条 公路管理机构应当定期对收费公路及其附属设施进行检查，对不达公路良好技术状态的，应当责成经营者限期整改；对逾期不整改或者经整改仍不达良好技术状态的，经省人民政府交通运输主管部门批准，可以使用公路养护质量保证金用于公路养护，不足部分由收费公路经营者承担。

第四十六条 收费公路经营者单独转让收费公路广告经营权、服务设施经营权的，应当按照国家和省有关规定执行。

第七章 乡道村道特别规定

第四十七条 各级人民政府应当建立政府投资为主、多渠道筹措为辅、鼓励社会各界共同参与的乡道、村道建设和养护资金筹措机制。

第四十八条 省、设区的市人民政府对列入乡道、村道建设、养护计划的项目实行定额补助。

县级以上人民政府应当逐步增加对乡道、村道建设的资金投入，并对贫困地区、偏远山区给予倾斜。

第四十九条 县（市、区）人民政府应当将乡道、村道的养护资金纳入本级财政预算，并随着财政收入的增长逐步增加。

乡（镇）人民政府应当安排相应的财政资金，用于乡道、村道的日常养护。

第五十条 村民委员会应当遵循村民自愿、量力而行的原则，采取筹资筹劳和政府奖补相结合的方式筹集村道的建设、养护资金。

第五十一条 鼓励单位和个人捐助资金，用于乡道、村道的建设和养护。鼓励利用冠名权、绿化经营权、广告经营权、路边资源开发经营权等方式筹集社会资金，用于乡道、村道的建设和养护。

第五十二条 乡道、村道的建设和养护资金，应当实行专户管理、专项核算、专款专用，任何单位和个人不得截留、挤占、挪用。

第五十三条 村道的建设可以根据当地实际情况和经济条件确定技术等级。

乡（镇）人民政府应当对村道建设质量进行监督，将村道设计单位、建设单位、施工单位、监理单位、通车时间等内容予以公示。

乡（镇）人民政府可以聘请技术人员和村民代表参与村道建设质量的监督。

第五十四条 乡（镇）人民政府应当根据本地实际，编制和实施乡道、村道的大中修养护工程计划，县（市、区）人民政府交通运输主管部门所属的公路管理机构应当给予技术指导。

乡（镇）人民政府可以采取建立群众性、专业性养护组织或者由个人分段承包等方式，对乡道、村道实施日常养护。

乡（镇）人民政府应当适时组织开展乡道、村道集中养护。

村民委员会协助乡（镇）人民政府做好村道的养护工作。

第五十五条 跨越、穿越村道修建设施的，应当符合相应的技术标准，并不得低于公路工程技术标准规定的最低值。

第五十六条 村道受国家保护，未经乡（镇）人民政府批准，禁止任何单位和个人从事下列活动：

（一）占用、挖掘村道；

（二）跨越、穿越村道修建桥梁、渡槽或者架设、埋设管线、电缆等设施；

（三）履带车、铁轮车或者其他可能损害路面的机具行驶村道，但是履带、铁轮式农业机械在当地田间作业需要在村道上短距离行驶并采取保护措施的除外；

（四）设置、移动村道附属设施和标志；

（五）超限运输车辆行驶村道；

（六）法律、法规禁止的其他活动。

乡（镇）人民政府可以确定养护组织或者养护人员协助做好村道及其附属设施的管理工作。

第八章　法律责任

第五十七条 违反本条例第九条第二款规定，造成公路工程质量安全事故的，对直接负责的主管人员和其他直接责任人员依法给予处分；构成犯罪的，依法追究刑事责任。

第五十八条 违反本条例第二十三条第一款规定的，由公路管理机构责令恢复原状，属于国道、省道的，处以一万元以上五万元以下罚款；属于县道、乡道的，处以两千元以上一万元以下罚款。

第五十九条 违反本条例第二十四条规定的，由公路管理机构责令停止违法行为；造成公路损害的，处以两千元以上一万元以下罚款。

第六十条 违反本条例规定，未按照公路工程技术标准的要求修建桥梁、渡槽或者架设、埋设管线等设施的，由公路管理机构责令停止违法行为，处以一万元以上三万元以下的罚款。

第六十一条 违反本条例第二十七条第一款第一项、第二项规定，造成公路污染或者影响公路畅通的，由公路管理机构责令停止违法行为，处以二百元以上一千元以下罚款；情节严重的，处以一千元以上五千元以下罚款。

违反本条例第二十七条第一款第三项规定的，由公路管理机构处以一千元以上五千元以下罚款。

违反本条例第二十七条第一款第四项、第五项、第六项规定或者第二款规定，可能危及公路安全的，由公路管理机构责令停止违法行为，处以五千元以上三万元以下罚款。

第六十二条 违反本条例第三十条第二款规定，造成公路损坏的责任人未履行报告义务的，由公路管理机构处以一百元以上五百元以下罚款；有逃逸或者拒绝接受公路管理机构调查处理等情形的，处以五百元以上一千元以下罚款。

第六十三条 违反本条例规定，在公路上擅自超限行驶的，由公路管理机构责令停止违法行为，车货总质量未超过限定标准百分之一，且能够及时纠正，没有造成危害后果的，不予处罚；每超过限定标准百分之一（含百分之一），处以二百元罚款；超过百分之百，加倍处罚，但最高不超过三万元。

违反本条例规定，超过核定载质量运输危险化学品的车辆行驶公路的，由公安机关依照《危险化学品安全管理条例》有关规定处理。

第六十四条 违反本条例规定，超限运输车辆的型号及运输的物品与超限运输车辆通行证记载的内容不一致的，由公路管理机构依据本条例第六十三条第一款的规定处理。

第六十五条 违反本条例第五十六条第一款规定的，由乡（镇）人民政府责令限期改正；逾期未改正的，处以二百元以上一千元以下罚款。

第六十六条 违反本条例规定，交通运输主管部门、公路管理机构工作人员以及其他行政机关工作人员玩忽职守、滥用职权、徇私舞弊的，依法给予处分；构成犯罪的，依法追究刑事责任。

第九章　附　　则

第六十七条 高速公路的养护、使用和管理适用《山西省高速公路管理条例》。

第六十八条 本条例自2013年1月1日起施行。1994年9月29日山西省第八届人民代表大会常务委员会第十一次会议通过，1997年12月4日山西省第八届人民代表大会常务委员会第三十一次会议修正的《山西省公路管理条例》同时废止。

313. 山西省高速公路管理条例

（2013年9月29日山西省第十二届人民代表大会常务委员会第五次会议第二次修订）

第一章 总 则

第一条 为了规范高速公路管理，保障高速公路完好、安全和畅通，维护高速公路使用者和经营者的合法权益，根据《中华人民共和国公路法》、《公路安全保护条例》和有关法律、行政法规的规定，结合本省实际，制定本条例。

第二条 在本省行政区域内从事高速公路的养护、经营、服务、使用和管理，适用本条例。

第三条 高速公路管理应当遵循集中统一、安全高效、畅通便民、依法管理的原则。

第四条 省人民政府交通运输主管部门主管全省高速公路工作，其所属的省高速公路管理机构具体负责全省高速公路路政、养护、经营服务活动的监督管理工作，所需经费纳入省级财政预算。

省人民政府其他有关部门和高速公路沿线各级人民政府，应当在各自的职责范围内，做好高速公路相关的监督、管理和服务工作。

第五条 高速公路经营者应当保障高速公路的完好、安全和畅通，为通行车辆和人员提供优质服务。

高速公路经营者从事高速公路收费、养护、清障等活动，其合法权益受法律保护。

第六条 任何单位和个人不得破坏、损坏、非法占（利）用高速公路、高速公路用地及其附属设施，不得有影响高速公路安全的行为。

第二章 养护管理

第七条 高速公路管理机构、高速公路经营者应当加强高速公路养护，保证高速公路及其附属设施处于良好技术状态。

高速公路收费期限内的养护由其经营者负责；收费期限届满后，由高速公路管理机构负责。

第八条 高速公路养护作业应当科学调度、统筹安排，减少对车辆通行的影响。

高速公路养护作业路段长度超过二公里并且作业期限超过三十日的，高速公路经营者应当编制施工路段现场管理方案，报省高速公路管理机构备案，并在养护作业开始五日前向社会公告。

高速公路养护作业车辆应当安装示警灯，喷涂明显标志图案。进行作业时，养护作业车辆应当开启示警灯和危险报警闪光灯，养护人员应当穿着统一的安全标志服。

施工路段应当设置明显的导向标志，过往车辆应当按照导向标志减速行驶，注意避让高速公路养护人员和养护作业车辆，并服从现场交通警察、工作人员指挥。

第九条 高速公路经营者应当按照养护规范进行日常养护巡查，制作巡查记录；发现坍塌、坑槽、隆起等损毁或者有影响交通安全的障碍物，应当及时进行修复或者排除险情，并设置警示标志。

第十条 经营性高速公路实行公路养护质量保证金制度。公路养护质量保证金缴纳标准、使用和管理办法由省人民政府制定。

公路养护质量保证金及其利息属于高速公路经营者所有。

第十一条 除高速公路及其附属设施外，上跨高速公路的桥梁、下穿高速公路的道路以及连接线，应当在建成后移交当地公路管理机构养护和管理。

第三章 经营与服务

第十二条 高速公路经营者应当在收费站显著位置设置统一样式的公告牌，主要内容包括收费站名称、审批机关、收费单位、收费标准、收费起止年限和监督电话等，并接受社会监督。

第十三条 高速公路经营者应当根据车流量开通收费道口，并按照国家和本省统一规划和要求建设高速公路联网电子不停车收费等智能收费系统，提高通行效率。

第十四条 高速公路实行全省联网收费。高速公路经营者收取的通行费应当全部上解省高速公路管理机构，省高速公路管理机构应当按照规定拆分结算，定期公布收费结算信息。

高速公路联网收费和拆分结算的具体办法由省人民政府制定。

第十五条 进入高速公路的车辆应当在入口领取通行凭证，驶出时在出口交回通行凭证，并依法交纳车辆通行费，国家另有规定的除外。

对损坏、调换、不能出示通行凭证，违法折返，难以确定驶入站或者通行里程的，驾驶人应当按照从驶出站到联网收费区域内最远端收费站的通行里程交纳车辆通行费。

因高速公路经营者的原因无法核实车辆驾驶人所提供信息的，应当按照驾驶人提供的驶入站信息收取车辆通行费。

通行凭证损坏、遗失的，应当按照省人民政府价格、财政主管部门核定的通行凭证工本费予以赔偿。

第十六条 高速公路经营者及其收费人员，在收费活动中不得有下列行为：

（一）擅自设立收费项目、减免车辆通行费、提高收费标准和扩大收费范围；

（二）代收车辆通行费以外的其他费用；

（三）出具不合法或者无效的票据；

（四）擅离职守，影响车辆正常通行；

（五）法律、法规禁止的其他行为。

第十七条 驾驶人行驶高速公路，在交费活动中不得有下列妨碍通行秩序的行为：

（一）假冒绿色通道优惠车辆；

（二）调换通行凭证、使用伪造的通行凭证；

（三）妨碍计重器具正常计重；

（四）冲闯收费站；

（五）故意堵塞收费道口；

（六）其他故意妨碍通行秩序的行为。

第十八条 高速公路经营者发现拒交、逃交通行费的，要求其补交通行费，对拒不补交并造成收费通道拥堵的，可以将其车辆强行移离；对两次以上拒交、逃交的车辆，高速公路管理机构应当向社会公布，高速公路经营者在补交通行费前有权拒绝其通行。

第十九条 高速公路经营者应当建立和完善电子信息平台，及时发布交通状况、气象信息、安全注意事项、施工作业、收费标准等有关服务信息。

高速公路经营者应当及时向省高速公路管理机构提供路网运行、收费、养护和管理等有关信息资料。

第二十条 高速公路经营者应当保证高速公路隧道照明、通风、监控、国防和人民防空等设施的正常运转，不得随意停止使用。

第四章 服务区管理

第二十一条 省人民政府交通运输主管部门应当制定全省统一的高速公路服务区经营管理标准和

规范，高速公路管理机构负责对服务区经营者执行标准和规范的情况进行监督检查。

高速公路服务区所在地的县（市、区）人民政府公安、卫生、环保、工商、价格等部门应当依照各自职责加强对服务区的监督管理。

第二十二条 高速公路服务区经营者应当提供下列服务设施：

（一）休息区、停车场、饮用水供应、无障碍设施、路况信息服务、公共厕所等免费使用的公益性基本设施；

（二）加油、购物、餐饮以及汽车维修等经营性基本设施；

（三）绿化、环保、照明、供暖、供水等功能性基本设施。

第二十三条 高速公路服务区经营者应当依法经营、文明服务，公开服务内容、标准、价格，保持服务区的安全、清洁、卫生。

第二十四条 高速公路服务区应当向社会公众提供连续服务；确需关闭的，应当报省高速公路管理机构批准，并及时向社会发布公告。

第五章 路政管理

第二十五条 省人民政府交通运输主管部门应当加强路政执法队伍建设，配备的路政执法人员和装备应当与高速公路的车流量、通行里程相适应。

省高速公路管理机构应当向经营性高速公路派出路政管理机构和人员，依法做好高速公路保护工作。

第二十六条 经高速公路管理机构许可，在高速公路用地范围内可以从事涉路施工活动、设置非公路标志、更新采伐护路林。

第二十七条 在高速公路及高速公路用地范围内设置的非公路设施，其所有权人或者管理人应当巡查维护。

高速公路管理机构发现前款规定的设施有缺损、移位、变形影响高速公路安全畅通的，责令其所有权人或者管理人限期整改，必要时可以设置警示标志；影响交通安全的，应当及时通知公安机关交通管理部门。

第二十八条 建设单位从事涉路施工活动应当符合公路工程技术标准，对高速公路造成损坏的，应当按照不低于该公路原有的技术标准予以修复、改建或者按照损坏程度给予补偿。

造成高速公路路产损坏的单位和个人，有义务报告高速公路管理机构并接受调查处理。

第二十九条 在高速公路及高速公路用地范围内，禁止下列行为：

（一）摆摊设点、兜售商品；

（二）擅自设置、移动、涂改、遮挡高速公路标志及其他附属设施；

（三）排放污染物、倾倒垃圾；

（四）设置障碍、放养牲畜；

（五）除故障、交通事故等情况外，在高速公路装卸货物；

（六）其他侵占、损坏、污染高速公路和影响高速公路畅通的行为。

第三十条 任何单位和个人不得损坏、擅自移动在高速公路建筑控制区内依法设置的标桩、界桩；不得焚烧秸秆、垃圾等。

第三十一条 高速公路经营者应当按照国家规定的标准设置高速公路标志、标线，任何单位和个人不得随意变更。

第三十二条 高速公路路政执法人员在执行公务时，应当统一着装、佩戴标志、持证上岗、文明执法。

高速公路路政执法人员在依法调查取证时，被检查单位和个人应当予以配合。

第三十三条 用于高速公路监督检查的专用车辆应当经省人民政府交通运输主管部门批准，并设置统一的标志和示警灯，公安机关交通管理部门应当为其办理登记手续。

省人民政府交通运输主管部门可以委托其所属的交通运输执法监督机构对高速公路执法活动实施监督检查。

第六章　超限运输管理

第三十四条　车辆运载不可解体物品，车货总体外廓尺寸或者总质量超过高速公路、桥梁、隧道的限载、限高、限宽、限长标准，确需在高速公路、桥梁、隧道行驶的，承运人应当向高速公路管理机构申请高速公路超限运输许可，并提供下列材料：

（一）超限运输车辆行驶高速公路申请书；

（二）货物名称、重量、外廓尺寸以及必要的总体轮廓图；

（三）运输车辆的厂牌型号、自载质量、轴载质量、轴距、轮数、轮胎单位压力、载货时总的外廓尺寸等有关资料；

（四）货物运输的起讫点、拟经过的路线和运输时间；

（五）车辆行驶证原件及复印件。

高速公路管理机构在实施超限运输许可时，需要勘测、方案论证、加固、改造、护送及修复损坏部分的，其所需费用由承运人承担。

第三十五条　经许可从事超限运输的，应当随车携带超限运输车辆通行证。超限运输车辆的型号及运输的物品应当与通行证记载的内容一致。

未经许可，超过高速公路、桥梁、隧道的限载、限高、限宽、限长标准的车辆，不得在高速公路、桥梁和隧道行驶。

第三十六条　高速公路管理机构应当在高速公路入口处设置超限检测装置，派驻路政执法人员对货运车辆进行检测。

高速公路管理机构、公安机关交通管理部门应当建立联合执法机制，对超限运输车辆实施执法检查。

省界公路超限检测站的设置，由省人民政府交通运输主管部门提出方案，报省人民政府批准。

第七章　应急管理与交通安全

第三十七条　高速公路沿线县级以上人民政府应当制定高速公路突发事件应急预案。

省人民政府交通运输、公安等部门应当制定高速公路突发事件应急预案，加强应急演练，提高处置突发事件综合能力。

第三十八条　高速公路经营者应当根据高速公路突发事件应急预案和有关规定制定应急方案，根据实际需要组建应急救援队伍，配备必要的设备，协助和配合当地人民政府及其公安消防、环保、安监等部门处置高速公路火灾、危险品泄漏和其他事故。

第三十九条　高速公路出现损毁、恶劣气象条件或者重大交通事故等严重影响车辆安全通行情形时，高速公路管理机构和公安机关交通管理部门应当及时相互通报，发布有关路况信息；公安机关交通管理部门可以依法采取限速通行、间断放行、关闭高速公路等交通管制措施，并派交通警察现场指挥，及时发布交通管制信息。

交通管制措施解除后，公安机关交通管理部门应当及时恢复交通，并通知高速公路经营者。

第四十条　高速公路发生交通堵塞无法正常通行时，机动车应当依次停车排队等候，开启危险报警闪光灯，不得占用应急通道，影响高速公路救援车辆行驶。

禁止在高速公路行车道、桥梁、匝道和隧道内停放、检修车辆。

除遇有障碍、发生故障等必须停车的情况外，禁止在高速公路停车、上下人员。驾乘人员休息、检查车辆应当进入服务区。

第四十一条 除高速公路路政、公安机关交通管理部门执行任务和养护人员养护作业外，任何人不得在高速公路隔离栅以内行走和逗留，不得开启中央分隔带活动护栏。

高速公路管理机构或者公安机关交通管理部门因处置交通事故、突发事件或者抢险救灾，确需临时开启中央分隔带的，应当设置安全警示标志和防护设施。

第二款规定情形消除后，高速公路管理机构或者公安机关交通管理部门应当及时恢复中央分隔带。

第四十二条 车辆通过收费站安全岛通道时，应当按照标志、标线行驶，减速慢行，不得随意变更行驶路线。

禁止在收费站安全岛通道前后各一百米区域内从事与高速公路管理、服务和交纳车辆通行费无关的活动。

第四十三条 高速公路管理机构、公安机关交通管理部门、高速公路经营者应当建立交通安全隐患排查机制，发现高速公路及其附属设施存在交通安全隐患的，经评估论证需要整改的，由高速公路经营者按照公路工程技术标准和国家有关技术规范进行处置。

第四十四条 在高速公路上发生交通事故时，公安机关交通管理部门、高速公路管理机构和高速公路经营者接到报告后应当立即互相通报，并派员赶赴现场，组织抢救伤员。

公安机关交通管理部门负责组织交通事故的调查处理、维持事故现场交通秩序直至恢复交通；高速公路管理机构负责路产损失的调查处理；高速公路经营者负责事故车辆的清障救援、受损设施的恢复和路面污染物以及障碍物的清除。

公安机关交通管理部门处理交通事故涉及路产损失的，应当告知高速公路管理机构；高速公路管理机构处理涉路案件涉及交通事故的，应当告知公安机关交通管理部门。

第四十五条 高速公路经营者应当建立快速清障救援机制，车辆清障救援遵循就近、安全和便捷的原则。

省高速公路管理机构应当向社会公布清障施救服务单位、项目和价格等信息，并对清障救援服务进行监督。

清障救援收费项目包括转运货物、拖车和吊装，其收费标准按照省人民政府财政、价格主管部门规定执行。

第八章　法 律 责 任

第四十六条 违反本条例规定，法律、行政法规已经规定法律责任的，从其规定。

第四十七条 违反本条例规定，高速公路经营者未按照规定上解通行费，影响全省高速公路联网收费统一结算的，由省高速公路管理机构责令限期上解；逾期不上解的，依法承担民事责任。

第四十八条 违反本条例规定，损坏、擅自移动高速公路建筑控制区内标桩、界桩的，由高速公路管理机构责令停止违法行为，处以二百元以上一千元以下的罚款。

第四十九条 违反本条例规定，从事涉路施工不符合公路工程技术标准的，由高速公路管理机构责令改正，处以一万元以上三万元以下的罚款；在高速公路用地范围内未经许可，擅自设置非公路标志的，由高速公路管理机构责令改正，处以五千元以上二万元以下的罚款。

第五十条 违反本条例规定，造成高速公路损坏的责任人未履行报告义务或者拒绝接受高速公路管理机构调查处理的，由高速公路管理机构处以二百元以上一千元以下的罚款。

第五十一条 违反本条例第二十九条规定的，由高速公路管理机构责令停止违法行为，处以五百元以上五千元以下的罚款。

第五十二条 违反本条例规定，有下列行为之一的，由高速公路管理机构责令停止违法行为，车货总质量、外廓尺寸每超过限定标准百分之一（含百分之一）的，处以二百元罚款；超过百分之百的，加倍处罚，但最高不超过三万元：

（一）未经许可在高速公路擅自超限行驶的；

（二）车货总质量、外廓尺寸超过超限运输车辆通行证记载内容的。

第五十三条 违反本条例规定，交通运输主管部门、高速公路管理机构工作人员以及其他行政机关工作人员玩忽职守、徇私舞弊、滥用职权的，依法给予处分；构成犯罪的，依法追究刑事责任。

第九章 附 则

第五十四条 本条例所称高速公路经营者，是指依法取得政府还贷高速公路收费权的事业单位和依法取得经营性高速公路收费权的企业。

第五十五条 本条例自 2014 年 1 月 1 日起施行。

314. 山西省国省干线公路养护工程管理办法（试行）

（晋交路网发〔2020〕258号）

第一章　总　　则

第一条　为规范全省干线公路养护工程管理，提高养护质量与效益，根据《中华人民共和国公路法》《公路安全保护条例》《收费公路管理条例》《山西省公路条例》《山西省高速公路管理条例》和交通运输部《公路养护工程管理办法》等法律法规和规章制度，结合山西省国省干线公路运营管理实际，制定本办法。

第二条　本办法适用于山西省高速公路和普通国省道的养护工程（以下简称“养护工程”）管理工作。养护工程是指在一段时间内集中实施并按照项目进行管理的公路养护作业，包括机电设施和管理用房，不包括日常养护和公路改扩建工作。

第三条　养护工程应当遵循“决策科学、管理规范、技术先进、优质高效、绿色安全”的原则。

第四条　养护工程管理工作实行统一领导，分级负责。

省交通运输厅（以下简称“省厅”）负责全省干线公路养护工程指导和监管工作，省公路局配合省厅开展全省干线公路养护工程指导和监管的辅助性工作。

市级公路局、县级公路段和公路经营企业具体组织实施所辖路段的养护工程管理工作。

第五条　各级公路局、公路经营企业和从事公路养护作业的单位应当根据省厅提出的养护管理目标，按照标准规范、有关规定及本办法要求组织实施养护工程，并接受其指导和监督。

第六条　省厅、各级公路局和公路经营企业应当筹措必要的资金用于养护工程，确保公路保持良好技术状况。

非收费公路养护工程资金以财政保障为主，实行国库集中支付；收费公路养护工程资金主要从车辆通行费中解决。

第七条　养护工程资金使用范围包括公路技术状况检测与评定、养护决策咨询、养护设计、养护施工、工程管理及质量控制、工程验收、项目后评估、监理咨询等。

任何单位和个人不得截留、挤占或者挪用养护工程资金。

第八条　养护工程应加强信息技术的应用，坚持绿色环保理念，鼓励推广应用成熟的“四新技术”。

第二章　养护工程分类

第九条　养护工程按照养护目的和养护对象，分为预防养护、修复养护、专项养护和应急养护。

第十条　预防养护是指公路整体性能良好但有轻微病害，为延缓性能过快衰减、延长使用寿命而预先采取的主动防护工程。

第十一条　修复养护是指公路出现明显病害或部分丧失服务功能，为恢复技术状况而进行的功能性、结构性修复或定期更换，包括大修、中修。高速公路大修工程投资规模一般在3000万元以上，普通国省道大修工程投资规模一般在400万元以上。

第十二条　专项养护是指为恢复、保持或提升公路服务功能而集中实施的完善增设、加固改造、拆除重建、灾后恢复等工程。

第十三条 应急养护是指在突发情况下造成公路损毁中断、产生重大安全隐患等，为较快恢复公路安全通行能力而实施的应急性抢通、保通、抢修。

第十四条 实施养护工程所涉及的设计、技术服务与工程施工等相关作业，应当依照有关法律、法规、规定，选择具备相应技术能力和资格条件的单位承担。

应急养护可以根据应急处置工作需要，直接委托具备相应能力的专业队伍实施。

第十五条 养护工程应当按照前期工作、计划编制、工程设计、工程施工、工程验收等程序组织实施。应急养护除外。

第三章 前期工作

第十六条 公路局、公路经营企业应当结合安全运行状况，按照公路技术状况评定、养护需求分析、养护技术方案确定等工作流程进行前期决策，并作为制定养护计划的依据。

第十七条 省厅应按照标准规范规定的检测指标和频率，鼓励采用自动化快速检测技术，定期组织对非收费公路的路基、路面、桥梁、隧道、附属设施等进行检测和评定，对经营性路公路定期进行抽检评定。

市级公路局应按照标准规范规定的检测指标和频率，定期组织基层养护单位对公路及其附属设施等进行调查评定。

公路经营企业应按照标准规范规定的检测指标和频率，定期组织对公路及其附属设施进行检测和评定，对比分析性能变化情况，并于每年 1 月底前向省厅上报上一年度公路技术状况评价报告，同时报送省公路局。

第十八条 养护需求分析应当根据检测、调查和评定数据，按照相关标准规范、国家或者本地区养护规划，科学设定养护目标，合理筛选需要实施的养护工程项目。

第十九条 公路局、公路经营企业对于需要实施养护工程的路段、构造物或者附属设施等，应当及时开展专项调查，根据公路技术状况、病害情况、发展趋势，综合考虑技术、经济、安全、环保等因素，提出养护技术方案。

第二十条 公路养护工程实行科学决策。省公路局应组织对非收费公路养护技术方案进行评审，对技术复杂或投资大于 1000 万元的项目组织现场踏勘。

收费公路经营单位应筛选养护工程项目，合理确定技术方案。

第二十一条 公路养护工程实行项目储备库制度。省公路局和公路经营企业应当以技术状况检测与评定结果为基础，结合国家、省养护规划和养护需求，综合考虑使用年限、交通量及轴载数据、路网功能等因素建立项目库。公路经营单位应于每年 1 月底前向省公路局报送项目库。

项目库按照滚动方式实施动态调整。根据年度公路技术状况、库内项目实施情况和专项摸底调查情况，每年定期更新。

第二十二条 项目库中入库项目应满足以下条件：

（一）达到使用年限、社会关注度高、对区域经济带动作用强、交通量大的路段；

（二）PQI 值评定低于养护目标，特别是评定为次差等级的路段；

（三）路况数据下降较快、较大的路段；

（四）设计荷载等级、抗灾能力及安全防护标准等技术指标与所在公路不匹配，且承担重要交通功能的桥梁；

（五）在桥梁定期检查中评定等级为三类及以下的桥梁；

（六）在隧道定期检查中评定等级为三类及以下的隧道；

（七）影响公路运营安全畅通的交安等沿线设施、机电设施和管理用房等。

第四章　计 划 编 制

第二十三条　省公路局在省厅的指导下，根据中期财政规划和年度养护资金规模，结合养护目标要求，选取项目库中完成评审论证、事前绩效评估的普通国省非收费公路养护工程项目，编制形成下一年度建议计划，并于每年 7 月底前报省厅。省厅对上报的年度建议计划进行审核后，编制完成养护工程下一年度计划。

收费公路经营单位每年 12 月底前将下一年度公路养护工程计划报省厅备案。

第二十四条　养护工程计划编制应当优先安排以下项目：

（一）严重影响公众安全通行的；

（二）具有重大政治、经济、国防意义的；

（三）技术状况差、明显影响公路整体服务水平的；

（四）预防性养护项目。

第二十五条　养护工程计划应当统筹安排，避免集中养护作业造成交通拥堵。省际间养护作业应当做好沟通衔接。

第二十六条　养护工程计划应在下一年度预算编制前及时下达，并与养护施工的最佳时间相匹配，保障工程实施效益。

第五章　预 算 管 理

第二十七条　普通国省非收费公路养护工程下一年度计划下达后，应按照财政部门有关规定，及时纳入年度中期财政规划和财政部门项目库管理，编制项目预算绩效目标，完善省级财政预算资金支出事前绩效评估工作。

第二十八条　结合中期财政规划项目库的项目和事前绩效评估结果，按照年度预算“两上两下”程序，逐级编制、申请预算资金。

第二十九条　预算资金批复后，各级公路局应按照批复预算，积极开展实施政府采购工作；根据养护工程实施情况，按照财政支付有关要求，及时拨付预算资金，做好资金绩效评价，保障预算资金使用效益。

第六章　工 程 设 计

第三十条　养护工程一般采用一阶段施工图设计。技术特别复杂的，可以采用技术设计和施工图设计两阶段设计。

应急养护和技术简单的养护工程可以按照通过论证的技术方案组织实施。

第三十一条　养护工程设计文件应当符合法律、法规和强制性标准的要求，并遵循以下要求：

（一）因地制宜、就地取材、循环利用、绿色环保。设计文件中应明确回收利用率、循环利用率等指标；

（二）针对不同病害的分布特点进行分段设计、分类处理；

（三）做好交通保障方案设计，降低养护工程施工对交通影响，保障路网运行安全；

（四）做好养护安全作业方案设计，保障公路养护作业安全；

（五）做好配套附属设施的设计；

（六）注重过村镇路段治理、绿化景观设计。

第三十二条　养护工程设计文件应当通过审查或审批后方可使用。

普通国省非收费公路养护工程应向省厅提出设计文件及概预算批复申请，由省厅予以审批。

收费（高速）公路养护工程设计文件由各公路经营企业自行审查。

第三十三条　养护工程设计应以专项检测和评定结果为依据，加强结构物承载力和旧路性能评价，强化对显性、隐性病害的诊断分析，必要时可补充开展特殊检测。

第三十四条　养护工程设计文件应当对施工工艺和验收标准进行详细说明。

鼓励养护工程采用新技术、新材料、新工艺、新设备，充分利用路面废旧材料，提高路面废旧材料回收及循环利用率。对涉及工程质量和安全的新技术、新材料、新工艺、新设备，尚无相关标准可参照的，应当经过试验论证审查后方可规模化使用，试验论证审查资料须留档备查。

第三十五条　设计单位应当保证养护工程设计文件质量，做好设计交底，及时解决施工中出现的设计问题，并对设计质量负责。

第三十六条　养护工程设计实行动态设计。设计单位应当及时跟踪公路病害发展情况，结合施工过程中的条件变化，及时进行设计变更。设计变更管理执行省厅有关规定。

第七章　工 程 施 工

第三十七条　养护工程施工前，公路局、公路经营企业应当根据设计文件和相关要求，组织对交通保障、养护安全作业方案进行审查，并按规定报有关部门批准。

第三十八条　养护工程施工时，公路局、公路经营企业、养护施工单位应当建立、健全养护工程质量检查管理制度，通过抽查、委托专业机构检查、自查等方式确保养护工程质量。

第三十九条　养护工程应当按照审查通过的设计文件进行施工，对施工中发现的设计问题，应当书面提出设计变更建议。设计变更应按照省厅有关规定，经有关单位同意后实施。

第四十条　养护工程施工应当严格执行有关技术规范和操作规程，按照交通运输部《公路交通阻断信息报送制度》和我省有关规定及时报送相关信息，正确使用安全生产费，保证安全。

除应急养护外，养护工程施工应当选择交通流量较小的时段，按照有关规定向社会公告，做好交通组织保障，确保路网正常运行。鼓励利用智能交通引导设施定位施工作业区，采取移动网络导航技术提前将养护施工作业信息上传告知相关公路电子导航服务企业，为社会公众出行做好服务。

第四十一条　养护工程施工应严格执行环境保护的各项规定，完善环保手续。环境保护工程须与主体工程同时设计、同时施工、同时投入使用。

第四十二条　养护工程应当加强成本控制和管理。项目完工后，按照有关规定及时进行财务决算。

第八章　应 急 养 护

第四十三条　普通国省非收费公路应急保通资金纳入年度预算预留保障，具体额度结合本省近三年应急保通资金保障情况进行测算。需要应急养护资金保障解决的，应急处治后，由省公路局审核后报省厅核定。

第四十四条　普通国省非收费公路应急事件发现后，应及时留存现场影像资料，按规定程序上报；应急事件处置过程影像资料及施工记录应完整留存。

收费（高速）公路应急养护由公路经营企业自行组织实施。

第四十五条　公路局、公路经营企业应当根据应急工程性质，依照“就近快速”原则选调应急养护队伍和施工设备装备。

第四十六条　普通国省非收费公路应急养护应及时制定技术方案，明确工作量或工程量，报省公路局审核或备案。

收费（高速）公路应急养护技术方案由公路经营企业审核。

第四十七条　普通国省非收费公路应急养护结束后，由市级公路局组织竣（交）工验收，并向省公路局上报竣（交）工验收资料，由省公路局审查后报省厅。资料包括：

（一）应急养护实施报告：含灾害类型、影响时间、范围、程度；当地气象、民政等部门发布的灾情信息；公路设施受损情况（含灾毁情况图片、影像资料）、公路交通阻断情况、公路抢修保通情况及相应的影像资料。

（二）应急养护资金申请报告：含工程量、费用清单、申请资金使用计划等。

收费（高速）公路应急养护竣（交）工验收由公路经营企业自行组织实施。

第四十八条 鼓励公路局、公路经营企业探索运用保险机制应对公路灾毁。

第九章 工程验收

第四十九条 养护工程具备验收条件后应当及时组织验收。技术复杂程度高或投资规模大的养护工程，可根据实际情况按交工验收和竣工验收两阶段执行，其他一般养护工程按一阶段验收执行。

第五十条 适用于一阶段验收的养护工程项目一般在工程完工交付使用后6个月内完成验收；适用于两阶段验收的养护工程项目，在工程完工后应当及时组织交工验收，一般在养护工程质量缺陷责任期满后12个月之内完成竣工验收。

养护工程质量缺陷责任期一般为6个月，最长不超过12个月。

养护工程验收及质量缺陷责任期具体时限应当在养护合同中约定，并符合有关要求。

第五十一条 养护工程完工后未通过验收的，由施工单位承担养护责任，超出验收时限无正当理由未验收的除外。验收不合格的，由施工单位负责返修。

在质量缺陷责任期内，发生施工质量问题的，施工单位应当履行保修义务，并对造成的损失承担赔偿责任。

第五十二条 公路养护工程验收依据主要包括：

（一）养护工程计划文件；

（二）养护工程合同；

（三）设计文件及图纸；

（四）变更设计文件及图纸；

（五）行政主管部门的有关批复文件；

（六）养护工程有关标准、规范及规定。

第五十三条 养护工程验收应当具备下列条件：

（一）完成设计文件和合同约定的各项内容；

（二）完成全部技术档案和施工管理资料整理归档；

（三）施工单位按相关标准、规范和规定对工程质量自检合格；

（四）工程质量缺陷问题已整改完毕；

（五）参与养护工程的相关单位完成工作总结报告；

（六）开展了监理咨询的，监理单位对工程质量评定为合格；

（七）按规定需进行专业检测的，检测机构对工程质量鉴定完毕并出具检测报告；

（八）完成财务决算；

（九）法律、法规、规章规定的其他条件。

第五十四条 普通国省非收费公路养护工程公开招标项目应向省厅提出申请，由省厅组织验收；非公开招标养护工程项目由公路局负责验收，验收结果应向省厅报告。

收费（高速）公路养护工程竣（交）工验收，由公路经营企业组织实施。部省挂牌督办项目报省厅备案。

第十章　监督检查

第五十五条　省厅采取定期检查或抽查等方式，加强养护工程监督检查并督促及时整改。

国省干线公路养护工程应向省厅提出质量监督申请，由省、市级交通运输综合行政执法机构组织开展质量监督工作。

公路养护作业单位应当接受相关管理部门和机构的监督检查。

第五十六条　养护工程监督检查主要包括以下内容：

（一）养护工程相关法规、制度和标准、规范的执行情况；

（二）养护工程前期、计划、设计、施工、验收等环节工作规范化情况；

（三）养护工程质量、安全、绿色、环保；

（四）养护工程资金使用情况；

（五）其他要求的相关事项。

第五十七条　全省干线公路养护工程市场要推进公路养护从业单位及从业人员信用评价体系建设，建立健全信用管理制度，严格推行信用评价管理。强化守信激励和失信惩戒，对信用等级高的企业给予激励措施，对失信企业依法依规采取惩戒措施。

第十一章　附　　则

第五十八条　日常养护工作由省厅另行制定管理办法。公路改扩建工程，执行公路建设管理的相关规定。

第五十九条　本办法由省厅负责解释。

第六十条　本办法自发布之日起试行，待事业单位机构改革后，根据事权变化情况，再进行修订。

315. 山西省人民政府办公厅关于深化农村公路管理养护体制改革的实施意见

（晋政办发〔2020〕64号）

各市、县人民政府，省人民政府各委、办、厅、局：

为贯彻落实《国务院办公厅关于深化农村公路管理养护体制改革的意见》（国办发〔2019〕45号）精神，加快建立农村公路管理养护长效机制，经省政府同意，结合我省实际，提出以下实施意见。

一、总体要求

（一）指导思想

以习近平新时代中国特色社会主义思想为指导，认真落实习近平总书记关于“四好农村路”的重要指示，按照省委“四为四高两同步”的总体思路和要求，聚焦打赢脱贫攻坚战、实施乡村振兴战略和统筹城乡发展，以夯实县级政府主体责任为基础，以强化资金保障为重点，以推进管养分离为抓手，深化农村公路管理养护体制改革，形成政府主导、部门联动、社会参与、齐抓共管的工作局面，推动“四好农村路”高质量发展，为全面建成小康社会、推动农业农村现代化提供更安全、更便捷、更高效、更绿色、更经济的交通运输保障。

（二）工作目标

到2022年，基本建立权责清晰、上下联动、运转高效、齐抓共管的农村公路管理养护体制机制，形成财政投入职责明确、社会力量积极参与、多方监督有效、政府激励考核的格局。农村公路治理能力明显提高，治理体系初步形成。农村公路通行条件和路域环境明显提升，通客车路段安全性保障到位，交通保障能力显著增强，实现旅游公路专用性。农村公路列养率达到100%，年均养护工程比例不低于5%，中等及以上农村公路占比不低于80%，超限超载率控制在0.2%以内，农村公路养护机构设置率达到100%，机构运营经费纳入财政预算比例达100%。

到2025年，全省农村公路治理体系基本健全，治理能力明显提升，可持续发展长效机制基本建立。中等及以上农村公路占比不低于80%。

到2035年，全面建成体系完备、运转高效的农村公路管理养护体制机制，基本实现城乡公路交通公共服务均等化，路况水平和路域环境根本性好转，治理能力全面提高，治理体系全面完善，服务乡村振兴战略能力明显提升，形成品质高、网络畅、服务优、路域美的农村公路交通运输体系和高质量发展格局。

二、完善农村公路管理养护体制

（一）省政府有关部门加强统筹和政策引导。省政府对各市政府农村公路管理养护工作进行绩效考核。省交通厅加强农村公路管理养护工作的指导、监督，拟订有关农村公路政策，强化业务指导和政策引导。省财政厅强化资金保障，安排省级养护补助资金。省发展改革等部门通过制定和实施相关政策，引导、支持和促进农村公路事业发展。（责任单位：省交通厅、省财政厅、省发展改革委、省农业农村厅、省扶贫办、省地方金融监管局）

（二）市级政府加强政策支持和指导监督。市级政府发挥承上启下作用，加强组织领导和监督管理，建立养护资金补助机制，完善支持政策，制定农村公路管理养护绩效考核办法，健全市级农村公路管理机构，将机构运行经费和人员支出列入一般公共财政预算。依据国家、省有关农村公路管理养护的法律、法规和政策，制定本市的配套政策和落实措施，加强对行政区内县级农村公路管理养护工

作的监督和指导。（责任单位：各市政府）

（三）县级政府履行主体责任。县级政府将农村公路管理养护工作纳入“三农”工作统筹谋划，按照“县道县管、乡村道乡村管”的原则，全面建立农村公路管理养护责任制，制定养护计划，明确相关部门、乡级政府农村公路管理养护权力和责任清单，制定绩效考核办法，实行目标责任制和绩效管理，并指导监督相关部门和乡级政府履职尽责。全面实施县、乡、村三级路长制，建立“精干高效、专兼结合、以专为主”的管理体系。按照“有路必养、养必到位”的要求，将农村公路养护资金及管理机构运行经费和人员支出纳入一般公共财政预算，加大履职能力建设和管理养护投入力度。（责任单位：各县级政府）

（四）落实乡村两级责任和调动农民群众积极性。乡级政府在县级政府确定的职责范围内，负责本行政区域内乡道、村道的管理养护工作，确定专职工作人员指导村民委员会组织村道管理养护工作。村民委员会按照“农民自愿、民主决策”的原则，采取一事一议、以工代赈等办法组织对村道进行管理养护。加强宣传引导，将爱路护路要求纳入乡规民约、村规民约；采用以奖代补等方式，推广将日常养护与应急抢通捆绑实施并交由农民承包；鼓励农村集体经济组织和社会力量自主筹资筹劳参与农村公路管理养护工作，采取将农村公路日常养护纳入公益岗位等方式，为贫困人口提供就地就业机会。（责任单位：各县级政府）

三、强化农村公路管理养护资金保障

（五）落实成品油税费改革资金。成品油税费改革新增收入替代原公路养路费部分，不得低于2009年公路养路费收入占“六费”（公路养路费、航道养护费、公路运输管理费、公路客货运附加费、水路运输管理费、水运客货运附加费）收入的比例。成品油税费改革转移支付用于普通公路养护的比例一般不得低于80%且不得用于公路新建。2022年起，该项资金不再列支管理机构运行经费和人员等其他支出。继续按照县道每年每公里7000元、乡道每年每公里3500元、村道每年每公里1000元标准，执行省政府对农村公路养护工程的补助政策，省级补助资金与切块到市县部分之和占成品油税费改革新增收入替代原公路养路费部分的比例不得低于15%，实际高于上述比例的不得再降低。（责任单位：省财政厅、省交通厅，各市、县政府）

（六）加大财政资金支持力度。2021年起，省、市、县三级公共财政资金（不含“替代养路费部分”）用于农村公路日常养护的总额不得低于以下标准：县道每年每公里10000元、乡道每年每公里6000元、村道每年每公里4000元，实际高于上述标准的不得再降低，省级投入比例为20%，市级政府要统筹考虑县级财政能力，合理确定市、县投入比例，襄垣县等6个财政直管县（市）的市级资金投入部分由省级财政承担。省、市、县三级公共财政投入农村公路日常养护资金结合养护成本变化、农村公路里程、市县自有财力等因素建立动态调整机制，原则上调整周期不超过5年。（责任单位：省财政厅、省交通厅，各市、县政府）

（七）强化养护资金使用监督管理。建立农村公路管理养护考核机制，提高资金配置效率和使用效益。省财政厅、省交通厅对各级公共财政用于农村公路养护的资金实施全过程预算绩效管理，确保及时足额拨付到位，市、县级财政和交通运输主管部门要加强农村公路养护资金使用监管，严禁农村公路建设采用施工方带资的建设—移交（BT）模式，严禁地方以“建养一体化”名义新增隐性债务，严格防控债务风险，公共资金使用情况要按有关规定对社会公开，接受群众监督，村务监督委员会要将村道养护资金使用和养护质量等情况纳入监督范围。各级审计部门要定期对农村公路养护资金使用情况进行审计。（责任单位：省财政厅、省交通厅、省审计厅，各市、县政府）

（八）创新农村公路发展投融资机制。市、县政府要发挥政府资金的引导和激励作用，采取资金补助、先养后补、以奖代补、一般债券、无偿提供料场等多种方式支持农村公路养护。鼓励将农村公路建设和一定时期的养护进行捆绑招标，将农村公路与产业、园区、乡村旅游、特色古镇等经营性项目实行一体化开发，运营收益用于农村公路养护；创新资金筹措方式，拓展资金来源渠道，为农村公路持续发展注入新动力。鼓励保险资金通过购买地方一般债券方式依法依规参与农村公路发展，探索

开展农村公路灾毁保险。（责任单位：省交通厅、省财政厅、省农业农村厅、省文旅厅、省地方金融监管局，各市、县政府）

四、建立农村公路管理养护长效机制

（九）加快推进农村公路养护市场化改革。将群众满意度和受益程度、养护质量和资金使用效率作为衡量标准，分类有序推进农村公路养护市场化改革。充分发挥群众主观能动性，鼓励通过分段承包、定额包干等模式吸收沿线群众参与日常巡查、日常保养，激发农村公路管理养护可持续发展的内生动力；小修保养、养护工程、专项养护等专业性较强的养护工程，通过市场运作交由专业化队伍承担；逐步建立政府与市场合理分工的养护生产组织模式。鼓励符合市场属性的公路事业单位转制为现代管理养护企业，支持养护企业跨区域参与市场竞争，通过签订长期合同、招投标约定等方式，引导专业养护企业加大投入，提高养护机械化水平。（责任单位：省交通厅，各市、县政府）

（十）加快推动旅游公路专用性管理。在具备条件的地区，对旅游公路特别是直通景区的主线、支线、连接线，按旅游专用公路管理。县级公安、交管部门可根据公路交通状况，在旅游公路重要节点设置交通运行监测，采取必要的限行、禁行等交通管制措施，未经依法批准禁止危险化学物品运输车辆在旅游公路通行，提高旅游公路交通安全运行和公共服务能力，打造“畅安舒美绿”的智慧旅游公路。在旅游公路管养过程中坚持生态优先、绿色环保理念，采取有效防控措施，保护好文物古迹、自然景观、水体、野生动植物资源等。制定我省旅游公路管理办法，实现旅游公路专用性管理。（责任单位：各市、县政府，省交通厅、省司法厅、省公安厅）

（十一）加强安全和信用管理。坚持农村公路安全设施与主体工程同时设计、同时施工、同时投入使用，建设项目完工后，县级政府要组织审批服务管理、公安、应急等职能部门参与农村公路竣（交）工验收。强化安全隐患治理，逐步完善已建成农村公路交通安全设施，持续推进安全生命防护工程、危（病）桥隧改造、“千灯万带”示范工程，有效治理超载超限运输，保障群众出行安全。加强农村公路养护市场监管，着力建立以质量为核心的信用评价机制，实施守信联合激励和失信联合惩戒，并将信用记录按照国家有关规定纳入全国信用信息共享平台，依法向社会公开。（责任单位：省交通厅、省公安厅、省应急厅、省审批服务管理局，各市、县政府）

（十二）强化制度和队伍建设。严格执行国家有关法律、法规和行业相关技术规范，进一步健全各级农村公路政策法规和制度体系，推动通过民事赔偿保护路产路权。坚持绿色环保发展理念，节约集约利用资源，严守生态保护红线，开展“百乡千村万里美丽农村路”创建工作，实现路与自然和谐相融。完善路政管理体系，全面建立县有路政员、乡有监管员、村有护路员的路产路权保护队伍。（责任单位：省交通厅，各市、县政府）

五、保障措施

（一）加强组织领导。各地、各部门要将深化农村公路管理养护改革作为打赢脱贫攻坚战、实施乡村振兴战略、推进农业农村现代化的先行工程，同步部署落实。各市、县政府要深入分析本地农村公路发展实际，制定深化农村公路管理养护体制改革的具体方案，并于2020年10月31日前将方案抄送省交通厅、省财政厅。各级交通运输主管部门要加大工作推动力度，重大情况及时报告本级政府和上级交通运输主管部门。

（二）强化督导考核。各级政府及相关部门要将农村公路管理养护工作纳入政府绩效考核和五级书记抓乡村振兴考核内容，考核结果与干部绩效、财政补助资金挂钩。各市政府要实事求是地开展自查自评，自评结果由省交通厅、省财政厅采取实地抽查等方式进行复核后向各市反馈。

（三）注重示范引领。各市、县政府要围绕路长制、养护生产模式创新、信息化管理、美丽农村路、资金保障、投融资机制创新、信用评价机制、政府考核等主题积极开展试点创建工作。省交通厅、省财政厅择优遴选部分试点加强跟踪指导，将示范性强、可复制的试点经验推广全省。继续推动

“四好农村路”示范市县创建，以试点、示范为引领，全面提升我省农村公路服务能力和品质。

（四）营造良好氛围。各级政府要围绕改革主要工作，综合运用多种媒介载体，准确解读政策举措，大力宣传改革的新进展、新成效，充分调动广大群众参与、监督改革的积极性，深入发掘和宣传改革中的先进典型，营造全社会广泛关心、支持农村公路管理养护工作的良好氛围，确保改革顺利进行。

本方案自印发之日起施行。2007 年 1 月 24 日印发的《山西省人民政府办公厅关于农村公路管理养护体制改革的实施意见》（晋政办发〔2007〕5 号）同时废止。

316. 内蒙古自治区公路条例

（2010年12月2日内蒙古自治区第十一届人民代表大会常务委员会第十九次会议修订）

第一章　总　　则

第一条　为了加快自治区公路建设，促进自治区经济社会发展，根据《中华人民共和国公路法》和国家有关法律、法规，结合自治区实际，制定本条例。

第二条　自治区行政区域内公路的规划、建设、养护、经营、使用和管理适用本条例。

第三条　自治区人民政府交通行政主管部门主管全区公路工作。

国道、省道由自治区人民政府交通行政主管部门组织盟行政公署、设区的市人民政府交通行政主管部门建设和管理；县道由旗县级人民政府交通行政主管部门建设和管理；乡道、村道由苏木乡镇人民政府负责建设和管理。

发展改革、财政、国土资源、水利、林业、建设、环境保护、公安等行政主管部门按照各自职责，做好公路管理工作。

第四条　旗县级以上人民政府应当将公路建设纳入本地区国民经济和社会发展规划，积极采取措施扶持、促进公路建设，鼓励、引导国内外经济组织依法建设、经营公路。

第五条　旗县级以上人民政府对少数民族聚居区、贫困地区、边境偏远地区和老区的公路建设，应当在资金、物资等方面予以优先安排。

第二章　公路规划和建设

第六条　公路规划应当根据国民经济和社会发展规划、国防建设的需要和自治区实际编制，并与城乡建设发展规划以及铁路、水路、航空、管道运输等其他有关行业发展规划相协调。

第七条　规划和新建村镇、开发区、学校、厂矿、集市贸易场所等建筑群，应当避免在公路两侧对应进行，防止造成公路街道化，影响公路的运行安全与畅通。建筑群的边缘与公路边沟（截水沟、坡脚护坡道）外缘的最小间距为：国道、省道不少于100米；县道不少于60米；乡道、村道不少于30米。

第八条　公路与城市道路的划分，以城市发展规划区域或者城市市区扩大后的实际范围为界限，由公路管理机构或者城市道路行政主管部门提出申请，按照公路等级，报公路规划原审批部门确定。

第九条　自治区人民政府交通行政主管部门对失去使用功能的省道、县道，旗县级人民政府交通行政主管部门对失去使用功能的乡道、村道，在征得本级人民政府规划行政主管部门同意后应当及时向社会公告，并在废弃公路上设立明显标志。

第十条　公路建设资金除各级人民政府的财政拨款，包括依法征税筹集的公路建设专项资金转为的财政拨款外，可采取贷款、集资、收费权转让、专用单位投资等方式筹集。

第十一条　国家、自治区高速公路网公路建设资金除国家投资补贴外，由自治区人民政府交通行政主管部门负责筹集。

一般国省干线公路、重要县级公路建设资金除国家、自治区投资补贴外，由盟行政公署、设区的市人民政府负责筹集。

一般县道、乡道、村道公路建设资金除国家、自治区投资补贴外，由旗县级人民政府负责筹集。

专用公路建设资金由专用单位负责筹集。

自治区鼓励国内外经济组织投资建设国家和自治区高速公路网规划之外的一级以上公路。

第十二条 旗县级以上人民政府财政部门应当每年从本级财政收入中提取一定比例的资金用于本地区公路建设。农村牧区公路建设养护资金应当随着盟市、旗县本级地方财政收入的增长逐步增加。

第十三条 公路建设资金由旗县级以上人民政府交通行政主管部门根据公路建设投资计划和年度预算，综合平衡，统筹安排，专款专用。

第十四条 国家征收公路建设用地的，依照法定程序批准后，由旗县级以上人民政府予以公告并组织实施。

第十五条 旗县级以上人民政府交通行政主管部门应当切实履行公路工程质量监督管理职责。对经交工验收合格批准试运行的公路或者竣工验收合格批准运营的公路发生工程质量事故的，自治区交通行政主管部门应当及时调查处理。

第十六条 承担公路建设项目勘查设计、施工、工程监理和试验检测的单位，应当按照国家有关规定建立健全质量保证体系，实行公路工程质量责任制和保修制度。

保修期内发现公路有质量问题的，施工单位应当先行维修、返工；施工单位未在规定期限内维修、返工的，由建设单位组织维修、返工，所需费用由责任方承担。

第十七条 因新建、改建公路与铁路、水利、管道运输、电力、邮电、通讯设施和其他设施相交叉时，公路建设单位应当事先征得有关部门的同意。上述有关部门提出预留规划位置，其超出既有标准而增加的工程投资，由提出预留方承担。

因公路建设对有关设施造成损坏的，公路建设单位应当按照不低于该设施原有技术标准予以修复，或者给予相应的经济补偿。

第三章　公 路 养 护

第十八条 公路管理机构应当按照国家规定的技术规范和操作规程对公路进行养护，保证公路经常处于良好的技术状态。

国道、省道、边防公路的养护由盟市公路管理机构负责；县道的养护由旗县（市、区）公路管理机构负责；乡道的养护由苏木乡镇人民政府负责；村道的养护由嘎查村民委员会负责。

经营性公路的养护由公路经营企业负责。

专用公路的养护由专用单位负责。

第十九条 旗县级人民政府可以引导沿线农牧民投工投劳养护县道、乡道、村道等农村牧区公路。

第二十条 公路管理机构应当按照国家和自治区有关标准规范，建立公路养护巡查制度，定期进行养护巡查；建立公路养护维修信息档案，记录养护作业、巡查、检测以及其他相关信息；设立公示牌，公示单位名称、养护路段以及报修和投诉电话。

第二十一条 公路及其他构造物发生毁坏，承载力不足或者出现险情导致交通中断，公路管理机构应当及时设置明显的指示标志，及时抢修，尽快恢复交通；临时不能通行的，由公路管理机构和公安机关交通管理部门联合发布通告。

在经营性公路上出现第一款所列情形时，由经营企业负责抢修。经营企业拒不抢修或者拖延抢修的，由公路管理机构进行抢修，所需费用由经营企业承担。

第四章　路政管理

第二十二条　旗县级以上人民政府交通行政主管部门所属的公路管理机构负责路政管理，其主要职责包括：

（一）许可挖掘、占用、利用公路的申请事项，制止和查处破坏、损坏或者非法占用公路的行为；

（二）许可超限运输申请事项，制止和查处违法超限运输行为；

（三）设置和维护公路附属设施；

（四）管理公路两侧建筑控制区；

（五）管理公路施工秩序；

（六）参与公路工程中涉及路政管理事项的设计审查、竣工验收；

（七）实施公路路政巡查；

（八）法律、法规规定的其他职责。

第二十三条　公路用地范围按照以下标准确定：

（一）公路两侧有边沟（截水沟、坡脚护坡道）的，其用地范围为边沟（截水沟、坡脚护坡道）外侧不少于1米的区域；

（二）公路两侧无边沟（截水沟、坡脚护坡道）的，其用地范围为公路路缘石或者坡脚线外侧不少于5米的区域；

（三）实际征收土地超过上述规定的，其用地范围以实际征收土地范围为准。

本条例实施前公路的用地范围与上述规定不一致的，按照现状范围确定。

第二十四条　公路建筑控制区的范围，自公路两侧边沟（截水沟、坡脚护坡道）外缘起，国道不少于20米，省道不少于15米，县道、乡道、专用公路不少于10米。

新建高速公路和一级公路两侧建筑控制区不少于50米，二级公路不少于20米。

第二十五条　任何单位和个人不得在公路上、公路两侧建筑控制区内和公路附属设施上实施下列行为：

（一）利用公路、公路边沟（截水沟、坡脚护坡道）进行灌溉或者排放污水（物）、填埋、堵塞、损坏公路排水设施，利用桥涵、边沟筑坝蓄水、设置闸门；

（二）打场晒粮、堆放物料、倾倒垃圾、废料、放养牲畜、积肥、制坯、种植作物、燃烧物品；

（三）摆摊设点、占道经营、乱停乱放车辆；

（四）载货机动车的运件拖地行驶；

（五）利用公路附属设施晾晒衣物、架设管线、悬挂牌匾、拉钢筋、拴牲畜等；

（六）损坏公路界碑、护栏等公路附属设施；

（七）其他违法利用、侵占以及危及公路安全畅通的行为。

第二十六条　未经旗县级以上人民政府交通行政主管部门所属的公路管理机构批准，任何单位和个人不得在公路上、公路两侧建筑控制区内和公路附属设施上实施下列行为：

（一）挖沟、挖沙、截水、取土、采石、采矿；

（二）设置电杆、铁塔、变压器等设施；

（三）涂改、移动公路界碑、护栏等公路附属设施；

（四）在公路桥梁、隧道内铺设易燃、易爆和有毒液体、气体管道。

第二十七条　在公路上行驶的机动车的车货总质量，轴载质量，车货总长度、总宽度和总高度，不得超过国家和自治区规定的最高限值。

对运输自治区经济社会发展需要的特殊设备的超限车辆，公路管理机构应当按照有关规定，保障其安全顺利通行。

第二十八条　公路管理机构可以根据需要，在公路上设置固定或者临时超限运输检测站（点），对机动车的车货总质量，轴载质量，车货总长度、总宽度和总高度进行检测。

公路管理机构工作人员在固定或者临时超限运输检测站（点）实施检测时，应当保障公路的安全、畅通，因检测造成公路堵塞的，应当及时采取提高机动车通行效率的措施。

经检测认定为超限且未经许可的，应当责令承运人自行卸载超限物品；拒不卸载的强制卸载，所需费用由承运人承担。

第二十九条 固定超限运输检测站（点）的设置应当经自治区人民政府批准，临时超限运输检测站（点）的设置应当经自治区人民政府治理超限运输工作的主管机构批准。

第三十条 旗县级以上人民政府应当组织交通、公安、发展改革、工商、质量技术监督、安全生产监督、煤炭、监察等部门共同治理货运机动车非法超限运输行为。

第三十一条 在公路上增设平面交叉道口，应当符合国家规定的工程技术标准，并修建自公路路面边缘起不少于30米的沥青或者混凝土路面；影响公路排水畅通的应当修建相应的排水设施。

被许可人关闭平面交叉道口的，应当向公路管理机构备案。

第三十二条 任何单位和个人不得擅自在公路用地上或者利用公路交通安全设施、交通标志和行道树等公路附属设施设置标牌、广告牌、宣传标语、匾幌等非公路标志。在不影响交通安全的情况下，确需设置的，需经公路管理机构批准。

第三十三条 造成公路及其附属设施损坏依法应当补偿或者赔偿的，责任人应当向公路管理机构缴纳补偿或者赔偿费。公路补偿、赔偿费标准由自治区交通行政主管部门会同发展改革、财政等行政主管部门根据公路工程造价定额标准制定和调整，并向社会公布。

第三十四条 公路经营管理者、使用者和其他有关单位、个人，应当接受公路监督检查人员依法实施的监督检查，并为其提供方便。

公路监督检查人员执行公务应当佩戴标志，持证上岗，严格执行法定程序。用于公路监督检查的专用机动车，应当设置统一的标志和示警灯。

第五章 收费公路

第三十五条 自治区人民政府交通行政主管部门应当根据国家和自治区公路发展规划，提出拟建收费公路项目方案，报自治区人民政府批准。

拟建收费公路项目方案包括收费公路的建设规模、技术等级、投资估算、经营性质、收费标准、收费期限、收费站点设置等内容。

第三十六条 收费公路收费站的设置除符合国家规定外，还应当符合下列规定：

（一）互联的高速公路应当实行计算机联网收费，统一结算，不得在互联处设置收费站。

（二）在同一条收费公路上延伸改（扩）建公路建设项目的收费，经自治区人民政府批准，可以纳入已设的收费站收费，并按照各投资方的投入进行收益分配。

（三）收费站的车道上不得设立停车验票站。

（四）新批准设立的收费站必须设超宽车道，以方便超宽或者特种机动车通过。

第三十七条 收费公路的收费期限届满，必须终止收费。

政府还贷公路在批准的收费期限届满前已经还清贷款、还清集资款的，必须终止收费。

收费公路终止收费的，自治区人民政府应当向社会公告，明确终止收费的日期，接受社会监督。

第三十八条 收费公路终止收费后，收费公路经营管理者应当自终止之日起十五日内拆除收费设施。

第三十九条 自治区人民政府应当将本行政区域内收费公路及收费站名称、收费单位、收费标准、收费期限等信息向社会公布，接受社会监督。

第四十条 收费公路经营管理者应当遵守下列规定：

（一）按照规定的收费标准和收费方式收取机动车通行费；

（二）按照规定开具收费票据；

（三）按照公示规范设置公示牌；

（四）及时提供路况、通行和预警信息；

（五）按照标准规范加强服务区的建设和管理。

遇到交通流量过大影响机动车通行的情形时，收费公路经营管理者应当及时采取提高机动车通行效率的措施。

第四十一条 在收费公路上行驶的机动车，应当按照规定交纳通行费。

收费公路经营管理者对依法应当交纳而拒交、逃交、少交通行费的机动车，有权拒绝其通行，并要求其补交应当交纳的通行费。收费公路经营管理者对不能提供通行卡或者通行卡毁损导致无法识别驶入站的机动车，对从不停车收费车道驶入的无电子标签的机动车，有权按照最远端的驶入站到本站的距离收取通行费。

第四十二条 政府还贷公路机动车通行费收入应当纳入自治区财政专户，严格实行收支两条线管理，除必要的收费公路管理、养护费用从财政部门批准的机动车通行费预算中列支外，全部用于偿还贷款和集资款本息，不得挪作他用。

第六章 法律责任

第四十三条 违反本条例规定，法律、行政法规已经规定处罚的，从其规定。

第四十四条 违反本条例第二十五条规定的，由公路管理机构责令停止违法行为，并可处5000元以下罚款。

第四十五条 违反本条例第三十一条的规定，未按照工程技术标准修建平面交叉道口的，由公路管理机构责令限期拆除或者重建，逾期不拆除也不重建的，由公路管理机构拆除，所需费用由设置者承担。

第四十六条 在公路上行驶的机动车对公路造成较大损害的，责任人必须立即停车，保护现场，及时报告公路管理机构，接受公路管理机构的调查。公路管理机构在调查处理时，可以要求责任人将其机动车停放在指定地点；调查处理完毕后，方得驶离。

第四十七条 旗县级以上人民政府交通行政主管部门、公路管理机构工作人员违反本条例有下列行为之一，尚不构成犯罪的，依法给予行政处分；构成犯罪的，依法追究刑事责任：

（一）违法实施行政许可的；

（二）违法实施行政处罚的；

（三）因监督不力，造成公路较大损害或者人身损害、财产损害的；

（四）未经批准，擅自设立固定或者临时超限运输检测站的；

（五）其他玩忽职守、徇私舞弊、滥用职权行为的。

第七章 附 则

第四十八条 国防、边防公路的建设、养护和管理除按照本条例实施外，还应当按照国家其他有关规定执行。

第四十九条 自治区人民政府可以根据本条例制定实施细则。

第五十条 本条例自2009年1月1日起施行。1994年3月4日内蒙古自治区第八届人民代表大会常务委员会第6次会议通过的《内蒙古自治区公路管理条例》同时废止。

317. 内蒙古自治区高速公路条例

（2015 年 3 月 27 日内蒙古自治区第十二届人民代表大会常务委员会第十五次会议通过）

第一章　总　　则

第一条　为了促进高速公路事业的发展，保障高速公路完好、安全和畅通，根据《中华人民共和国公路法》和国家有关法律、法规，结合自治区实际，制定本条例。

第二条　自治区行政区域内高速公路的规划、建设、养护、经营、使用和管理，适用本条例。

第三条　高速公路的发展应当遵循科学规划、安全畅通、高效便民、保护环境、建设改造与养护并重的原则。

第四条　自治区人民政府交通运输主管部门主管全区的高速公路工作，其所属的高速公路管理机构具体负责高速公路的路政、养护、经营服务、收费等监督管理工作。

自治区人民政府公安机关主管全区高速公路的交通安全和治安管理工作。公安机关交通管理部门具体负责高速公路的交通安全管理工作。

自治区人民政府交通运输主管部门、公安机关应当密切配合，建立高速公路管理协作工作机制。

自治区发展和改革、住房和城乡建设、国土、审计、工商行政管理、质量技术监督等部门和高速公路沿线所在地人民政府，应当在各自职责范围内，做好高速公路相关的监督、管理和服务工作。

第五条　高速公路管理机构行使高速公路行政管理职能所需经费纳入自治区本级财政预算。

第六条　从事高速公路经营管理活动的企业或者其他组织（以下简称“高速公路经营者”），依法取得的高速公路收费权、广告经营权、服务设施经营权受法律保护。

第七条　高速公路属于公共交通基础设施，任何单位和个人不得破坏、损坏或者非法占用高速公路、高速公路用地以及高速公路附属设施；不得非法在高速公路及其附属道路上设卡、收费、罚款和拦截检查车辆；不得非法在高速公路上随意设置出入口或者附属设施。

任何单位和个人都有保护高速公路的义务，有权检举和控告破坏、损坏高速公路、高速公路用地、高速公路附属设施和影响高速公路安全、畅通的行为；有权对高速公路收费、养护、经营进行监督。

第二章　规划与建设

第八条　自治区人民政府交通运输主管部门应当根据国民经济和社会发展规划、国防建设的需要，按照国家高速公路总体规划要求，会同同级发展和改革、公安、国土、住房和城乡建设、环境保护、水利、文物等有关部门并商沿线盟行政公署、设区的市人民政府编制自治区高速公路规划，依法报批后组织实施。

自治区高速公路规划应当与城乡规划相协调，建设用地规划应当符合土地利用总体规划。

第九条　规划和新建村镇、开发区、货物集散地等公共场所，应当与高速公路保持规定的距离，并避免在高速公路两侧对应进行。

第十条　高速公路建设资金，除政府财政拨款外，应当按照国家有关规定筹集。

自治区鼓励、引导国内外经济组织以特许经营的方式，采取独资、合资、合作、联营等形式，依法投资、建设、经营高速公路。

高速公路经营权的取得和经营期限，按照国家和自治区有关规定执行。

第十一条 高速公路建设项目实行法人负责制度、招标投标制度和工程监理制度。

高速公路建设项目法人应当按照国家规定的基本建设程序和有关规定进行，并对建设项目的投资、招标投标、质量、安全、工期和环境保护负责。

第十二条 投资经营性高速公路的建设项目法人应当在约定的期限内开工建设和建成投入运营。不能如期开工、完工的，依照合同约定或者有关法律、法规处理。

第十三条 自治区实行高速公路工程质量监督管理制度。

勘察、设计、施工、监理等高速公路从业单位依法承担高速公路工程质量责任，接受、配合交通运输主管部门及其所属的质量监督机构的监督检查；建设单位在领取施工许可证前，应当按照国家有关规定办理工程质量监督手续。

第十四条 勘察、设计、施工、监理等高速公路从业单位应当具备承揽高速公路建设项目的相应资质，并在其资质等级许可的范围内承揽工程。勘察、设计、施工单位不得将所承包的工程转包或者违法分包。监理单位不得转让工程监理业务。

第十五条 高速公路的设计和建设单位应当按照国家高速公路设计规范设计、安装交通标志、交通标线、交通技术监控设备、报警电话和可变信息板等交通安全设施。

高速公路服务区、路政管理、交通安全管理、道路救援等所必需的场所和设施应当与高速公路建设项目主体工程同步设计、建设、验收和投入使用。

已投入使用的高速公路的相关场所和设施未建设或者不完善的，应当限期予以建设或者完善。

第十六条 受让高速公路经营权或者由国内外经济组织投资建成经营的高速公路经营者，应当在经营期限内接受高速公路管理机构的监督管理；受让经营权的期限届满或者经营期限届满时，应当保持高速公路处于良好的技术状态，并由自治区人民政府交通运输主管部门组织验收。

第十七条 高速公路管理机构应当建立健全高速公路管理档案，对高速公路、高速公路用地、高速公路附属设施进行调查核实、登记造册。

高速公路建设项目竣工验收后，高速公路建设项目法人应当依法向高速公路管理机构移交建设项目档案资料。

第三章　养　　护

第十八条 高速公路管理机构、高速公路经营者应当按照国家规定的技术规范和操作规程对高速公路进行养护，保证高速公路经常处于良好技术状态。

第十九条 高速公路管理机构、高速公路经营者应当按照国家和自治区人民政府交通运输主管部门的规定，编制高速公路年度养护计划，报自治区人民政府交通运输主管部门备案。

第二十条 养护作业单位组织实施列入高速公路年度养护计划的高速公路大中修工程或者改建工程项目的，应当提前十五日将高速公路保畅方案报交通运输主管部门和公安机关交通管理部门备案，并在工程项目开工五日前通过新闻媒体、高速公路可变信息板向社会公告。

遇有严重影响车辆安全通行的应急抢通抢险大中修工程，养护作业单位应当立即安排抢修，同时将高速公路保畅方案报交通运输主管部门和公安机关交通管理部门备案，并及时向社会公告。

第二十一条 因进行养护作业，需要对高速公路双向全幅封闭、单向全幅封闭借用对向车道分流车辆或者占用单向一个车道作业的路段在两公里以上且作业期限超过三十日的，养护作业单位应当将养护施工组织方案和高速公路保畅方案报自治区人民政府交通运输主管部门、公安机关交通管理部门，由公安机关交通管理部门、交通运输主管部门及养护作业单位共同制定疏导方案。

第二十二条 高速公路管理机构、公安机关交通管理部门应当加强对养护作业施工现场和交通组织情况的监督管理。

因高速公路养护作业造成交通堵塞的，公安机关交通管理部门应当及时采取措施疏导交通，养护作业单位应当予以协助、配合。

第二十三条 高速公路的养护作业应当遵守下列规定：

（一）养护作业单位应当按照国家有关规定设置养护作业区，实行作业交通控制；

（二）养护作业现场应当设置安全作业设施和标志，养护作业人员应当穿着统一的安全标志服；

（三）养护作业专用车辆和专用机械设备，由养护作业单位报所在地盟行政公署、设区的市人民政府公安机关交通管理部门备案；养护作业专用车辆和专用机械设备作业时，应当设置明显的作业标志，并开启危险报警闪光灯；

（四）养护车辆作业时，应当避开车流高峰时段，在不影响过往车辆通行的前提下，其行驶路线和方向不受高速公路交通标志、标线限制。过往车辆应当注意避让养护作业车辆和人员，服从现场人员的指挥；

（五）养护作业完毕，养护作业单位应当立即清除作业现场或者道路上的障碍物。消除安全隐患后，方可恢复通行。

第二十四条 高速公路管理机构、高速公路经营者应当加强养护巡查，并定期对高速公路及其附属设施技术状况进行检测和评定，对技术状况达不到养护规范要求或者发现路基、路面、桥涵、隧道、附属安全设施受损以及其他危及高速公路安全运行的，应当及时设置警示标志、安全防护设施，并组织抢修或者采取措施排除险情。

第二十五条 高速公路路面存有积冰、积雪、积水、流沙，影响高速公路运行安全，尚未达到关闭程度时，高速公路管理机构、高速公路经营者应当提示过往车辆，并及时清理或者采取防滑措施。

第二十六条 高速公路绿化工作，由高速公路管理机构按照公路工程技术标准组织实施。

第四章 路 政 管 理

第二十七条 高速公路建设项目法人或者高速公路经营者应当在高速公路入口处及隧道等相关设施的显著位置，设置车辆限载、限高、限宽、限长标志。

第二十八条 高速公路管理机构可以在高速公路出入口、服务区以及经批准设置的超限运输检测站等场所，对过往载货车辆进行超限运输检查。对于在监督检查中发现的违法超限运输车辆，应当按照有关规定进行处理。对于需要在高速公路出入口、服务区现场处理的，不得影响交通安全通行。禁止在高速公路主线上开展流动检测。

高速公路收费站发现非法超限运输车辆应当及时告知高速公路管理机构处理。

第二十九条 高速公路管理机构、高速公路经营者应当在高速公路重要路口设立依法检定合格的车辆载重检测装置。禁止通过目测的方式认定车辆违法超限运输。

高速公路管理机构、公安机关交通管理部门有权在实行计重收费的高速公路收费站对超限超载货物运输车辆进行处理。

第三十条 经检测认定为超限的货物运输车辆，运输可解体物品的，高速公路管理机构应当责令承运人采取卸载、分装等改正措施，复检合格后放行。

经检测认定为超限的货物运输车辆，运输不可解体物品且未办理超限运输许可手续的，高速公路管理机构应当告知承运人依法办理超限运输许可手续；超限运输影响交通安全的，高速公路管理机构在审批超限运输申请时，应当征求公安机关交通管理部门意见，承运人应当按照公安机关交通管理部门指定的时间、路线和速度行驶，并悬挂明显标志。

经检测未超限的货物运输车辆，高速公路管理机构应当立即放行。

第三十一条 高速公路建设项目法人设置、变更交通标志、标线，应当符合国家标准和技术规范，并符合道路交通安全畅通的要求和有关管理规定。已建成的高速公路的交通标志、标线确需变更的，高速公路经营者应当报高速公路管理机构批准。

高速公路管理机构可以根据路网运行、交通安全等状况，提出交通标志、标线变更方案，由高速公路经营者组织实施。交通标志、标线变更方案涉及交通安全的，应当征求公安机关交通管理部门的意见。

第三十二条 在高速公路收费站、互通区、服务区设置广告设施的，应当经高速公路管理机构批准，并依法办理其他审批手续。

在高速公路建筑控制区外五十米范围内设置广告设施的，应当符合高速公路沿线户外广告设置规划。

第三十三条 造成高速公路及其附属设施损坏的单位和个人应当立即报告高速公路管理机构，接受高速公路管理机构的现场调查处理；危及交通安全的，还应当设置警示标志或者采取其他安全防护措施，并迅速报告公安机关交通管理部门。

发生交通事故造成高速公路及其附属设施损坏的，公安机关交通管理部门在处理交通事故时应当及时通知高速公路管理机构到场调查处理。

第三十四条 造成高速公路及其附属设施损坏，拒不接受高速公路管理机构现场调查处理的，高速公路管理机构可以扣留车辆、工具。

高速公路管理机构扣留车辆、工具的，应当当场出具凭证，并告知当事人在规定期限内到高速公路管理机构接受处理。逾期不接受处理，并且经公告三个月仍不来接受处理的，对扣留的车辆、工具，由高速公路管理机构依法处理。

高速公路管理机构对被扣留的车辆、工具应当妥善保管，不得使用。

第五章 经营服务

第三十五条 高速公路收费实行全区联网、统一结算和管理。自治区人民政府交通运输主管部门应当组织高速公路管理机构和高速公路经营者共同制定联网方案、收费流程和结算管理等规范，并组织实施和监督。

第三十六条 新建高速公路项目应当根据自治区高速公路联网运行和管理的需要，建设高速公路通信、监控、收费等管理系统和设施。

已建成通车的高速公路不具备前款规定设施条件的，由高速公路经营者负责建设。

高速公路经营者应当按照规定统一解缴车辆通行费，并承担联网收费、通信、监控等系统的运行维护和升级改造费用。

第三十七条 高速公路经营者应当按照国家和自治区的统一规划和要求，建设高速公路联网电子不停车收费等智能收费系统。

第三十八条 高速公路经营者应当在收费站显著位置设置统一样式的公告牌，公告内容包括收费站名称、审批机关、收费单位、收费标准、收费起止年限和监督电话等，接受社会监督。

第三十九条 政府举债融资建设的高速公路收费票据，由自治区人民政府财政部门统一印制，自治区人民政府交通运输主管部门统一发放、管理。

经营性高速公路收费票据，由自治区税务机关统一印制，自治区人民政府交通运输主管部门统一发放、管理。

第四十条 高速公路经营者应当根据车流量开通足够数量的收费道口，待交费车辆排队超过二百米时，应当采取调整进出收费道口、启用便携式收费机等应急措施对车辆进行疏导。

因处置突发事件、抢险救援和缓解收费道口拥堵，确需快速疏导、分流车辆的，自治区人民政府交通运输主管部门可以决定临时免费放行车辆。

高速公路经营者应当公布投诉举报电话，接受社会监督。

第四十一条 进入高速公路的车辆应当在入口领取通行凭证，驶出时在出口交回通行凭证，法律、行政法规另有规定的除外。

通行凭证损坏、遗失的，应当按照自治区人民政府价格主管部门核定的通行凭证工本费予以赔偿。

第四十二条 高速公路经营者对依法应当交纳而拒交、逃交、少交车辆通行费的车辆，有权拒绝其通行，并要求其补交应交纳的车辆通行费；对里程难以确定的车辆，高速公路经营者可以要求其按照待交费收费站与经营网内最远站点间收费里程补交车辆通行费。对拒不补交车辆通行费而故意堵塞收费道口，影响交通秩序的车辆，由公安机关依法处理。

对两次以上拒交、逃交车辆通行费的车辆，高速公路管理机构应当进行诚信记录，并可以向社会公布。

第四十三条 高速公路经营者应当建立健全各项规章制度，依法经营、文明服务，公开服务内容、标准、价格。

高速公路经营者应当提供下列服务设施：

（一）短暂休息、饮用水供应、停车场、无障碍设施、公共厕所等免费使用的公益性基础设施；

（二）加油、加气、充电、购物、餐饮以及汽车维修等经营性基础设施；

（三）绿化、环保、照明、供暖、供水等功能性基础设施。

第四十四条 高速公路服务区应当向社会公众提供连续服务；因故中断部分服务的，应当报高速公路管理机构备案，并通过可变信息板等方式及时发布信息。

相邻两个服务区同时中断部分服务的，应当增加应急服务设施。

第四十五条 高速公路经营者及其工作人员不得有下列行为：

（一）擅自设立收费项目、减免车辆通行费、提高收费标准和扩大收费范围；

（二）在车辆通行费收费标准之外加收或者代收任何其他费用；

（三）强行收取或者以其他不正当手段按车辆收取某一期间的车辆通行费；

（四）不开具收费票据或者不开具合法、有效、足额票据；

（五）刁难、勒索驾乘人员；

（六）擅离职守，影响车辆正常通行；

（七）法律法规禁止的其他行为。

第四十六条 驾驶人及同乘人员在高速公路行驶不得有下列行为：

（一）假冒减免通行费车辆；

（二）调换或者使用伪造的高速公路通行凭证、高速公路联网电子不停车收费专用卡；

（三）以跳磅、垫磅、绕磅等方式妨碍计重器具正常计重；

（四）强行冲闯或者故意滞留、堵塞收费道口；

（五）侮辱、威胁、殴打高速公路收费人员；

（六）法律法规规定的其他故意扰乱高速公路收费以及通行秩序的行为。

第四十七条 高速公路经营者应当收集、汇总所辖高速公路交通流量、施工作业等与路网运行有关的信息，按照规定报高速公路管理机构和公安机关交通管理部门，并及时向社会发布影响正常通行的信息。

第六章　交通安全与应急管理

第四十八条 运输爆炸物品、易燃易爆化学物品以及剧毒放射性等危险物品，经公安机关批准后，按照指定的时间、路线、速度行驶，必须悬挂警示标志并采取必要的安全措施。暴风雨、雷电、冰雪、雾天、沙尘等恶劣天气和重大节日、重要活动期间，禁止剧毒化学品、爆炸物品运输车辆通行高速公路。严禁运载危险物品的车辆在高速公路桥梁、隧道、高速公路出入口等危及公共安全的区域聚集、滞留。运输危险物品车辆发生事故，当事人应当立即报告公安机关或者有关部门。安全监督管理、公安、交通运输、卫生、环境保护、质量技术监督等部门以及高速公路经营者，应当在发生事故所在地旗县级以上人民政府的统一指挥下，协作配合开展事故抢险救援工作。

第四十九条 车辆遇到障碍、发生故障等原因停车的，驾驶人应当立即开启危险报警闪光灯，在行驶方向的后方一百五十米以外设置故障车警告标志，夜间、雨、雪、雾天还应当同时开启示廓灯、前后位灯和雾灯，并采取安全措施，组织车上人员迅速疏散至安全地点。

第五十条 高速公路上的清障救援服务，由高速公路经营者统筹组织实施。

当车辆发生故障或者事故时，当事人可以向高速公路经营者求助。接到车辆求助信息后，高速公路经营者应当调度指挥就近的救援车辆和人员及时赶赴现场施救。

在不影响高速公路正常运行的情况下，当事人也可以选择社会救援机构实施救助，任何单位和个人不得强制指定救援机构，也不得妨碍和阻止当事人委托的救援机构进场服务。

第五十一条 高速公路经营者对事故车辆实施清障救援时，应当将车辆拖至与当事人商定的地点；协商不成的，应当从最近的出口处将车辆拖离高速公路。清障救援收费应当执行自治区人民政府价格主管部门核定的标准。法律、行政法规对事故车辆的清障救援另有规定的，从其规定。

第五十二条 因高速公路严重损毁、自然灾害、恶劣气象条件或者重大交通事故、道路施工作业、突发事件等严重影响行车安全的，高速公路管理机构、高速公路经营者和公安机关交通管理部门应当及时互相通报情况。采取其他措施难以保证交通安全时，公安机关交通管理部门可以采取限速通行、间断放行、调换车道、关闭道路等交通管制措施，并及时向社会发布信息。

确需关闭高速公路的，由公安机关交通管理部门、交通运输主管部门共同商定，并及时发布信息；关闭高速公路的情况消除后，有关部门应当及时开通高速公路，恢复交通。

第七章 法律责任

第五十三条 违反本条例规定的行为，《中华人民共和国公路法》等国家有关法律、法规已经作出具体处罚规定的，从其规定。

第五十四条 违反本条例第三十二条第一款规定，未经批准擅自在高速公路收费站、互通区、服务区设置广告设施的，由高速公路管理机构责令限期拆除，并可处以2万元以下罚款；逾期不拆除的，由高速公路管理机构拆除，有关费用由设置者负担。

第五十五条 违反本条例规定，高速公路经营者有下列行为之一的，由高速公路管理机构责令限期改正，并处以1万元以上3万元以下罚款：

（一）违反本条例第四十三条规定，提供的服务设施不符合经营管理规范的；

（二）违反本条例第四十四条规定，未提供连续服务或者擅自中断部分服务的。

第五十六条 交通运输主管部门、公安机关交通管理部门、高速公路管理机构以及其他有关部门的工作人员有下列情形之一的，由其所在单位或者上级主管部门对直接负责的主管人员和其他直接责任人员依法给予行政处分；构成犯罪的，依法追究刑事责任：

（一）违法实施行政许可的；

（二）违反规定拦截、检查正常行驶的车辆的；

（三）违法扣留车辆、工具或者使用依法扣留的车辆、工具的；

（四）违反规定强制指定救援机构进行车辆清障救援的；

（五）发现违法行为不依法查处的；

（六）利用职务之便索取、收受他人财物或者其他利益的；

（七）其他玩忽职守、徇私舞弊、滥用职权的行为。

第八章 附则

第五十七条 本条例下列用语的含义是：

高速公路，是指符合国家《公路工程技术标准》，专供汽车分向分车道行驶并应全部控制出入的多车道公路。

高速公路用地，是指高速公路两侧边沟（截水沟、坡脚护坡道）外缘起依法征用的土地，包括依法征用的专用于高速公路收费所（站）、服务区等设施的用地。

高速公路附属设施，是指为保护、养护高速公路和保障高速公路安全畅通所设置的公路的防护、排水、绿化、养护、管理、服务、交通安全、监控、通信、收费、供电、供水、照明等设施、设备和专用建筑物、构筑物等。

高速公路建筑控制区，是指高速公路用地外缘起向外各五十米以及立交桥匝道、高速公路连接线两侧、收费站周围各一百米范围内的区域。

第五十八条 本条例自 2015 年 6 月 1 日起施行。

318. 内蒙古自治区农村牧区公路条例

（2020 年 11 月 26 日内蒙古自治区第十三届人民代表大会常务委员会第二十三次会议通过）

第一章　总　　则

第一条　为了建设好、管理好、养护好、运营好农村牧区公路，促进农村牧区公路事业高质量发展，适应农村牧区经济社会发展和人民生活需要，服务和支撑乡村振兴，根据《中华人民共和国公路法》、国务院《公路安全保护条例》等国家有关法律、法规，结合自治区实际，制定本条例。

第二条　自治区行政区域内农村牧区公路的规划、建设、管理、养护、运营及其相关工作，适用本条例。法律、行政法规已有规定的，从其规定。

第三条　本条例所称农村牧区公路，是指纳入农村牧区公路规划并按照公路工程技术标准修建的县道、乡道、村道及其附属设施，包括公路桥梁、隧道和渡口。

县道是指除国道、省道以外的县际间公路，以及连接旗县级人民政府所在地与苏木乡镇人民政府所在地和主要商品生产、集散地的公路。

乡道是指除县道及县道以上等级公路以外的乡际间公路，以及连接苏木乡镇人民政府所在地与嘎查村的公路。

村道是指除乡道及乡道以上等级公路以外的连接嘎查村与嘎查村、嘎查村与自然村、嘎查村与外部的公路，但不包括村内街巷和农田间的机耕道。

附属设施是指为保护、养护农村牧区公路和保障农村牧区公路安全畅通所设置的公路防护、排水、养护、管理、运营、服务、交通安全、监控、通信等设施、设备以及专用建筑物、构筑物等。

第四条　农村牧区公路的发展应当遵循统筹规划、因地制宜、安全适用、生态环保和建设、管理、养护、运营并重的原则，实行政府主导、分级负责、行业监管、部门协作、社会参与的管理体制。

第五条　旗县级以上人民政府应当加强农村牧区公路工作的领导，将农村牧区公路发展纳入本地区国民经济和社会发展规划，把农村牧区公路工作纳入政府绩效考核范围，促进农村牧区公路持续健康发展。

第六条　旗县级人民政府是农村牧区公路工作的责任主体。苏木乡镇人民政府在旗县级人民政府确定的职责范围内，明确相应的机构或者专职工作人员负责本行政区域内的乡道、村道的相关工作。嘎查村民委员会在苏木乡镇人民政府的指导下组织村道的管理养护工作。

第七条　旗县级以上人民政府交通运输主管部门主管本行政区域内农村牧区公路工作。旗县级人民政府交通运输主管部门具体负责指导、监督乡道、村道的相关工作。

旗县级以上人民政府发展和改革、财政、公安、自然资源、生态环境、住房和城乡建设、应急管理、农牧、林业和草原、扶贫、水行政等有关部门按照各自职责，依法做好农村牧区公路相关工作。

第八条　旗县级以上人民政府应当在政策、资金、物资等方面，帮助和扶持贫困地区、少数民族地区、边远地区和革命老区推进农村牧区公路事业发展。

鼓励采取以工代赈等方式组织农牧民参与农村牧区公路建设和养护。

第九条　鼓励在农村牧区公路建设和养护中应用新技术、新材料、新工艺、新设备，提高建设和养护质量。

在保证农村牧区公路建设和养护质量的前提下，鼓励整合旧路资源、加工适于筑路的废旧材料等用于农村牧区公路建设和养护，推动资源循环利用。

第二章　规　　划

第十条　农村牧区公路规划应当与区域经济发展、农村牧区居民生产生活需要相适应，与国道、省道以及铁路、民航、水运等交通运输发展规划相协调，符合国土空间规划和生态环境保护规划，并满足乡村振兴和国防建设的要求。

农村牧区客运站、管理养护站等设施应当与农村牧区公路统一规划，并按照国家和自治区的有关标准进行建设。

第十一条　农村牧区公路规划包括县道规划、乡道规划和村道规划。

县道规划由旗县级人民政府交通运输主管部门会同同级有关部门编制，经本级人民政府审定后，报盟行政公署、设区的市人民政府批准，并报自治区人民政府交通运输主管部门备案。

乡道规划和村道规划由旗县级人民政府交通运输主管部门协助苏木乡镇人民政府编制，报旗县级人民政府批准，并报盟行政公署、设区的市人民政府交通运输主管部门备案。

经批准的农村牧区公路规划需要修改的，由原编制单位提出修改方案，并按原审批程序批准、备案。

第十二条　编制农村牧区公路规划应当与优化村镇布局、建立现代农牧业产业园、便捷群众安全出行相适应，构建布局合理、衔接顺畅的农村牧区公路网络。

第十三条　编制农村牧区公路规划应当同步建立农村牧区公路建设规划项目库，一并履行批准和备案手续。

农村牧区公路建设规划项目库实行动态管理，根据需要定期调整。项目库调整应当报原批准机关批准，并报批准机关的上一级人民政府交通运输主管部门备案。

第十四条　旗县级以上人民政府交通运输主管部门应当根据农村牧区公路建设规划项目库，统筹考虑财政投入、年度建设重点、养护能力等因素，会同同级有关部门编制本级农村牧区公路建设项目年度计划。

纳入农村牧区公路建设规划项目库的建设项目，作为已批准立项的项目，不再单独办理立项手续，建设项目信息应当向社会公开。

未纳入农村牧区公路建设规划项目库的建设项目，不得列入年度计划。

第三章　建　　设

第十五条　农村牧区公路建设应当根据经济社会发展、自然地理条件、草原湿地保护和公路功能需求等实际情况，合理确定技术等级。

第十六条　农村牧区公路建设项目按照规模、功能、技术复杂程度等因素，分为重要农村牧区公路建设项目和一般农村牧区公路建设项目。技术等级二级以上农村牧区公路建设项目和隧道、大型桥梁建设项目为重要农村牧区公路建设项目，其他项目为一般农村牧区公路建设项目。

重要农村牧区公路建设项目应当按照国家规定的基本建设程序和有关规定进行。一般农村牧区公路建设项目可以简化建设程序实施。

第十七条　农村牧区公路建设应当坚持节约用地的原则，严格保护耕地、林地、草地和湿地，充分利用现有公路进行改建或者扩建。

第十八条　农村牧区公路建设项目实行工程质量保证金制度和农民工工资保证金制度。

第十九条　农村牧区公路建设实行项目业主责任制、安全生产责任制和质量责任终身制。

项目业主对农村牧区公路质量负总责，应当具备建设项目相应的管理和技术能力。

项目业主、勘察、设计、施工、监理、试验检测等单位承担相应的质量安全责任。

第二十条 农村牧区公路建设项目实行招标投标制度。

勘察、设计、施工、监理以及与工程建设有关的重要设备、材料的采购等符合法定招标标准的，应当依法进行招标。

达到法定招标标准的一般农村牧区公路建设项目可以多个项目一并招标。

社会捐资、群众投工投劳为主的村道建设项目，可以不进行招标，由嘎查村民会议或者嘎查村民代表会议自主决定。

第二十一条 农村牧区公路建设项目设计应当由具备相应资质的设计单位承担。

重要农村牧区公路建设项目应当进行初步设计和施工图设计。一般农村牧区公路建设项目可以直接进行施工图设计，并可以多个项目一并进行。

社会捐资、群众投工投劳为主的村道建设项目，可以由旗县级人民政府交通运输主管部门提供施工图设计文件。

第二十二条 重要农村牧区公路建设项目施工图设计文件由盟行政公署、设区的市人民政府交通运输主管部门批准，一般农村牧区公路建设项目施工图设计文件由旗县级人民政府交通运输主管部门批准。

农村牧区公路重大或者较大设计变更应当报原批准机关批准。

第二十三条 农村牧区公路建设项目应当选择具备相应资质的单位施工。在保证工程质量的条件下，可以在专业技术人员指导下组织沿线嘎查村民参与村道建设中技术难度低的路基和附属设施建设。

第二十四条 农村牧区公路建设项目应当由具备相应资质的监理单位依照法律、法规和有关技术标准、设计文件等实施监理。

第二十五条 农村牧区公路建设项目应当按照国家和自治区有关规定进行验收。未经验收或者验收不合格的，不得交付使用。一般农村牧区公路建设项目的交工、竣工验收可以合并进行，并可以多个项目一并验收。

第二十六条 农村牧区公路建设项目应当按照有关标准设置交通安全、防护、排水、标志、标线、候车亭、管理养护站等附属设施，并纳入项目建设成本，与主体工程同时设计、同时施工、同时投入使用。已建成的县道、乡道和通客运的村道，应当逐步完善。

第二十七条 农村牧区公路应当按照规定命名和编号。

县道和乡道的命名和编号，由自治区人民政府交通运输主管部门按照国务院交通运输主管部门的有关规定确定。

村道的命名和编号，由盟行政公署、设区的市人民政府交通运输主管部门按照自治区人民政府交通运输主管部门的规定确定。

第二十八条 项目业主应当按照档案管理有关规定，收集、整理、保存工程资料，建立工程档案，验收合格后移交旗县级人民政府交通运输主管部门保存。

旗县级以上人民政府交通运输主管部门应当按照规定核查、更新本行政区域内农村牧区公路基础数据库、电子地图等信息，确保数据真实准确。

第二十九条 自治区人民政府交通运输主管部门应当建立农村牧区公路建设信用评价体系，将建设、管理、养护、运营主体履约情况纳入社会信用信息共享平台，并实施守信联合激励和失信联合惩戒。

盟行政公署、设区的市和旗县级人民政府交通运输主管部门负责农村牧区公路建设信用评价工作，对信用评价情况进行记录，并由有关部门向社会公布。

第四章 管 理

第三十条 旗县级以上人民政府应当建立健全农村牧区公路管理责任体系和运行机制，加强对农村牧区公路的监督管理。

第三十一条 农村牧区公路管理实行路长制。各级路长根据职责，负责组织领导相应的农村牧区公路管理养护工作。

旗县级人民政府主要负责人担任本行政区域内农村牧区公路总路长。

旗县级人民政府交通运输主管部门主要负责人担任本行政区域内县道路长。

苏木乡镇人民政府主要负责人担任本行政区域内乡道路长。

嘎查村民委员会主要负责人担任村道路长。

第三十二条 旗县级人民政府交通运输主管部门应当加强农村牧区公路行政执法工作的指导和监督。

农村牧区公路行政执法机构可以聘任当地农牧民作为协管员，协助开展农村牧区公路保护工作。

农村牧区公路行政执法机构应当配合苏木乡镇人民政府对损坏乡道、村道的行为进行索赔。

第三十三条 农村牧区公路两侧自边沟（截水沟、坡脚护坡道）外缘起不少于 1 米的范围为公路用地；自公路用地外缘起，按照县道不少于 10 米、乡道不少于 5 米、村道不少于 3 米的标准划定公路建筑控制区。

第三十四条 进行下列施工活动涉及村道的，建设单位应当事先征求相关苏木乡镇人民政府和嘎查村民委员会的意见，并经旗县级人民政府交通运输主管部门同意：

（一）因修建铁路、机场、供电、水利、燃气、通信等建设工程需要占用、挖掘村道及其用地或者使村道改线；

（二）跨越、穿越村道修建桥梁、渡槽或者架设、埋设管道、电缆等设施；

（三）在村道用地范围内架设、埋设管道、电缆等设施；

（四）利用村道桥梁、隧道、涵洞铺设电缆等设施；

（五）利用跨越村道的设施悬挂非公路标志；

（六）在村道建筑控制区内埋设管道、电缆等设施；

（七）改造平面交叉道口。

前款规定活动影响道路交通安全的，应当征得公安机关交通管理部门的同意。

第三十五条 在村道及其用地范围内不得实施下列行为：

（一）设置障碍，损坏或者擅自移动、涂改附属设施；

（二）设置加水站、加油站、停车场、洗车场、修车厂和广告牌等设施；

（三）收费、非法设卡；

（四）擅自砍伐沿线绿化树木；

（五）铁轮车、履带车和其他可能损害公路路面的机具在村道上行驶；

（六）在村道的公路用地外缘起向外 50 米范围内挖砂、采矿、采石、取土、倾倒废弃物，进行爆破作业和其他危害公路安全的活动；

（七）摆摊设点、堆放物品、倾倒垃圾、挖沟引水、打场晒粮、种植作物、放养牲畜、焚烧物品、利用公路边沟排放污物；

（八）将村道作为检验车辆制动性能的试车场地；

（九）其他侵占、破坏、损坏村道，危及村道安全的行为。

农业机械因当地田间作业需要在村道上短距离行驶或者军用车辆执行任务需要在村道上行驶的，可以不受前款第五项限制，但应当采取安全保护措施。对村道造成损坏的，应当按照损坏程度给予补偿，相关补偿费用应当用于村道的恢复。

第三十六条 违法超限运输车辆和超过农村牧区公路限载、限高、限宽、限长标准的车辆，不得在农村牧区公路上行驶。

建设工程重载车辆确需通过农村牧区公路的，建设单位应当合理规划行车线路，控制车辆荷载，减少对农村牧区公路质量安全的影响，在工程施工前与通行路段农村牧区公路养护责任主体签订修复、补偿等协议。

第三十七条 旗县级人民政府应当加强农村牧区公路的货物运输源头超限超载治理工作，组织交通运输、公安、工业和信息化、住房和城乡建设、自然资源、水行政、市场监督管理等有关部门对货运源头单位货物装载环节进行监督检查。

第三十八条 旗县级人民政府交通运输主管部门、苏木乡镇人民政府可以根据保护乡道、村道的需要，在保障通行安全和消防、卫生急救等应急通行需要的前提下，在乡道、村道的出入口依法设置必要的限高、限宽设施。限高、限宽设施应当有明显标志和夜间反光标志。

鼓励设置智能限高、限宽设施。

第五章 养　　护

第三十九条 旗县级人民政府应当按照“县道县管、乡村道乡村管”的原则，建立健全农村牧区公路养护责任制。

第四十条 农村牧区公路养护应当按照相关技术规范和操作规程进行，保持路基、边坡稳定，路面、构造物完好，保持农村牧区公路处于良好技术状态。

第四十一条 农村牧区公路养护应当坚持日常养护与集中养护、群众养护与专业养护相结合，推进农村牧区公路养护专业化、市场化。

鼓励开展农村牧区公路养护专业技能培训，通过设置公益性岗位、个人或者家庭分段承包等多种方式吸纳当地农牧民从事农村牧区公路养护。

第四十二条 旗县级人民政府交通运输主管部门应当定期对农村牧区公路、桥梁和隧道进行检测和评定，并结合检测和评定结果，提出养护计划和养护方案。

对经检测发现未达到安全技术要求的农村牧区公路桥梁和隧道，旗县级人民政府应当组织相关部门采取限制通行或者封闭交通等措施，按照程序及时维修加固或者重建，并向社会公告。

第四十三条 县道养护由旗县级人民政府交通运输主管部门或者其委托的相关公路养护机构负责组织实施。

乡道、村道养护由苏木乡镇人民政府负责组织实施。乡道、村道的养护工程，苏木乡镇人民政府可以委托具备相应条件的机构组织实施。

第四十四条 农村牧区公路养护需要挖砂、采石、取土、取水的，旗县级人民政府、苏木乡镇人民政府应当给予支持和协助。

养护工程实施过程中，应当加强水土保持和临时防护措施。需要临时移植护路树木的，工程完工后应当及时恢复；需要更新采伐护路树木的，按照有关法律、法规的规定执行。

第四十五条 因自然灾害等原因造成农村牧区公路交通受阻或者中断的，旗县级人民政府、苏木乡镇人民政府应当及时将灾害情况逐级上报，并立即组织抢修，视情况动员和组织附近机关、团体、企业事业单位以及沿线群众共同参与。

短时间内难以修复的，应当修建临时便道、便桥或者指明绕行路线，设置醒目的警示、警告标志牌。

第四十六条 旗县级人民政府应当组织有关部门按照国家和自治区有关规定，对农村牧区公路路域环境实施综合治理，推进农村牧区公路绿化、美化，促进农村牧区公路与生态环境自然和谐。

第六章 运　　营

第四十七条 农村牧区公路运营应当坚持城乡统筹、以城带乡、城乡一体、客货并举、运邮结合的原则，与本地区经济社会发展、交通需求相适应，提升农村牧区客运和物流水平。

第四十八条 旗县级人民政府应当建立健全农村牧区客运网络体系，根据当地群众生产生活出行需求、公路通行条件等因素，采取城乡公交、定线班车、区域经营、预约响应等运营方式开展农村牧区客运服务。

第四十九条 鼓励依托城乡客运网络，推行货运班线、客运班车代运邮件等农村牧区物流组织模式。鼓励农村牧区客运站拓展货物运输服务功能，建设农村牧区综合运输服务站，满足农畜产品运输、快递、物流配送等需求。

第五十条 旗县级人民政府应当建立公安、交通运输、应急管理等有关部门参与的农村牧区公路客运安全监管机制，督促苏木乡镇人民政府落实安全监管责任；相关部门按照职责分工加强对农村牧区客运经营者的安全监管，督促其落实安全生产主体责任。

农村牧区客运经营者应当建立健全安全生产责任制，完善相关应急预案，加强对农村牧区客运车辆的动态监管。

第七章 资 金

第五十一条 旗县级以上人民政府应当将农村牧区公路建设、管理、养护和运营所需经费纳入本级财政预算，投入农村牧区公路养护资金不得少于国家规定的标准，并建立与本地区经济社会发展水平和农村牧区公路规模相适应，与养护成本变化等因素相关联的动态调整机制。

旗县级以上人民政府应当根据有关财政事权划分落实支出责任，保障农村牧区公路建设和养护所需资金。

自治区人民政府根据全区农村牧区公路发展情况，统筹安排一定数量的专项补助资金用于农村牧区公路工作。

第五十二条 农村牧区公路建设、管理、养护和运营资金主要来源：

（一）各级人民政府安排的财政预算资金；

（二）上级人民政府补助资金；

（三）地方政府债券资金；

（四）通过以奖代补等方式筹集的资金；

（五）整合各类扶贫、涉农、涉牧项目中按照规定可用于交通发展的资金；

（六）通过拍卖、转让农村牧区公路冠名权、路域资源开发权等方式筹集的资金；

（七）嘎查村民委员会按照国家有关规定通过“一事一议”等方式筹集的村道建设和养护资金；

（八）社会力量捐助的资金；

（九）通过其他方式筹集的资金。

第五十三条 鼓励保险业参与农村牧区公路事业；鼓励单位、社会团体和个人捐赠财产，捐助农村牧区公路事业发展；鼓励将农村牧区公路与产业、园区、乡村旅游等经营性项目实行一体化开发。

第五十四条 农村牧区公路建设、管理、养护和运营资金实行专款专用，任何单位和个人不得截留、挤占和挪用。

财政、审计等部门应当依法对农村牧区公路建设、管理、养护和运营资金使用情况进行监督检查。

第五十五条 嘎查村民委员会自行筹集村道建设、养护资金的，应当遵循个体自愿、量力而行的原则，并对资金的使用情况进行公示，接受农牧民监督。

第八章 法律责任

第五十六条 违反本条例第三十四条第一款第一项至第五项规定，未经同意擅自进行涉及村道施工活动的，由旗县级人民政府交通运输主管部门责令改正，可以处3万元以下的罚款。

违反本条例第三十四条第一款第六项规定，未经同意擅自进行涉及村道施工活动的，由旗县级人民政府交通运输主管部门责令限期拆除，可以处5万元以下的罚款。

违反本条例第三十四条第一款第七项规定，未经同意擅自进行涉及村道施工活动的，由旗县级人民政府交通运输主管部门责令改正，并处5万元以下的罚款。

第五十七条 违反本条例第三十五条第一款规定，有下列情形之一的，由旗县级人民政府交通运输主管部门予以处罚，造成村道及其附属设施损坏的，依法承担赔偿责任：

（一）设置加水站、加油站、停车场、洗车场、修车厂和广告牌等设施的，责令改正，可以处2000元以下的罚款；

（二）在村道的公路用地外缘起向外50米范围内挖砂、采矿、采石、取土、倾倒废弃物，进行爆破作业和其他危害公路安全活动的，责令停止违法行为，可以处3万元以下的罚款。

第五十八条 违反本条例规定，造成农村牧区公路及其附属设施损坏的，应当按照不低于原技术标准予以修复，或者按照损毁程度予以赔偿。

第五十九条 各级人民政府和负有农村牧区公路监督管理职责的部门、机构有下列行为之一的，对直接负责的主管人员和其他直接责任人员依法给予处分；构成犯罪的，依法追究刑事责任：

（一）农村牧区公路建设项目应当招标而未招标的；

（二）未依法履行农村牧区公路建设项目质量和安全监督管理职责，造成重大质量问题的；

（三）未依法履行农村牧区公路养护管理职责，造成严重后果的；

（四）截留、挤占、挪用农村牧区公路建设、管理、养护和运营资金的；

（五）其他玩忽职守、滥用职权、徇私舞弊的行为。

第九章　附　　则

第六十条 本条例自2021年1月1日起施行。

319. 内蒙古自治区人民政府办公厅关于深化农村牧区公路管理养护体制改革的实施意见

（内政办发〔2020〕14 号）

各盟行政公署、市人民政府，各旗县人民政府，自治区各委、办、厅、局，各大企业、事业单位：

为贯彻落实《国务院办公厅关于深化农村公路管理养护体制改革的意见》（国办发〔2019〕45号）精神，加快建立全区农村牧区公路管理养护长效机制，推进“四好农村路”建设高质量发展，经自治区人民政府同意，现就深化农村牧区公路管理养护体制改革提出如下意见。

一、总体要求

以习近平新时代中国特色社会主义思想为指导，全面贯彻党的十九大和十九届二中、三中、四中全会精神，认真落实习近平总书记关于“四好农村路”的重要指示批示精神和党中央、国务院决策部署，以满足人民群众对美好生活向往为目标，以完善组织体系、强化资金供给和建立长效机制为重点，坚持质量为本、安全至上、自然和谐、绿色发展的原则和因地制宜、差异管理的理念，深化农村牧区公路领域供给侧结构性改革，着力健全政府主导、部门协同、群众参与、市场配置的农村牧区公路管理养护体制，为推动实施乡村振兴战略、全面建成小康社会，打造祖国北部边疆亮丽风景线提供有力支撑和保障。

二、工作目标

到 2022 年，基本建立权责清晰、齐抓共管的农村牧区公路管理养护体制机制，形成财政投入职责明确、社会力量积极参与的格局。农村牧区公路治理能力明显提高，治理体系初步形成，通行条件和路域环境明显提升，交通保障能力显著增强。农村牧区公路列养率达到 100%，年均养护工程比例不低于 5%，中等及以上农村牧区公路占比不低于 75%。

到 2035 年，全面建成体系完备、结构科学、运行顺畅、保障有力的农村牧区公路管理养护体制机制，基本实现城乡公路交通基本公共服务均等化，路况水平和路域环境根本性好转，农村牧区公路治理能力全面提高，治理体系全面完善。

三、建立健全农村牧区公路管理养护组织体系

（一）自治区各相关部门加强行业管理和协同配合。自治区各相关部门要进一步明确职能职责，强化行业管理，加强协同配合，形成工作合力，扎实有序推进深化农村牧区公路管理养护体制改革各项工作。自治区交通运输厅负责审批下达自治区本级年度农村牧区公路养护计划，监督检查养护计划执行情况和养护质量，指导、监督农村牧区公路管理养护工作，并对自治区公共财政用于农村牧区公路养护的资金进行全过程预算绩效管理。自治区发展改革委、自然资源厅、生态环境厅、水利厅、林草局等部门负责保障农村牧区公路用地、料场，以及指导推动各地区简化农村牧区公路工程项目审批程序。自治区公安厅、应急厅负责指导推动各地区公安、应急管理部门参与农村牧区公路竣（交）工验收工作。自治区财政厅负责自治区本级农村牧区公路养护补助资金的筹集，并适时对自治区公共财政用于农村牧区公路养护的资金开展绩效评价。自治区农牧厅负责配合推动农村牧区公路路域环境整治工作。自治区其他相关部门要在各自职责范围内，做好农村牧区公路管理养护有关工作。

（二）盟行政公署、市人民政府加强统筹和指导监督。各盟行政公署、市人民政府要强化盟市统筹和政策引导，制定相关部门和旗县（市、区）人民政府农村牧区公路管理养护权力和责任清单，建立健全规章制度，筹集盟市级农村牧区公路养护补助资金，加强养护管理机构能力建设指导，对旗县（市、区）人民政府进行绩效管理。可结合本地区实际，以路长制、资金保障、美丽农村路、养护市场化、创新投融资机制、群众参与、政府考核等为示范主题，选择1～2个旗县（市、区）开展改革试点工作，认真总结提炼好经验好做法，把复制推广典型经验与推动全面深化农村公路管理养护体制改革有机结合，引导改革顺利推进。

（三）旗县（市、区）人民政府切实履行主体责任。各旗县（市、区）人民政府要按照“县道县管、乡村道乡村管”的原则，建立健全符合本地区实际的农村牧区公路管理养护责任制，明确交通运输、发展改革、财政、公安等相关部门以及苏木乡镇人民政府农村牧区公路管理养护权力和责任清单，并指导监督相关部门和苏木乡镇人民政府履职尽责。要结合本地区实际，全面推行路长制，建立“精干高效、专兼结合、以专为主”的管理体系，制定路长制实施方案和管理办法，并利用信息化手段实现农村牧区公路信息化管理。要通过政府购买服务、开发公益性岗位等方式设立乡村道专管员，专管员的选任可与脱贫攻坚相结合，为贫困户提供就业机会。要按照“有路必养、养必到位”的要求，将农村牧区公路养护资金及管理机构运行经费和人员支出纳入一般公共财政预算，加大履职能力建设和管理养护投入力度。

（四）发挥乡村两级作用和农牧民积极性。各苏木乡镇人民政府要按照集约高效的原则，具体负责本行政区域内公路管理养护的协调工作，并指导嘎查村民委员会组织好村道管理养护及交通安全管理等相关工作。加快推进苏木乡镇公路管理机构规范化、标准化建设。嘎查村民委员会要按照“群众自愿、民主决策”的原则，建立村道议事机制，采取一事一议、以工代赈等办法组织村道管理养护相关工作。苏木乡镇人民政府和嘎查村民委员会具体职责由旗县（市、区）人民政府结合本地区实际确定。要加强宣传引导，将爱路护路要求纳入乡规民约、村规民约。鼓励采用以奖代补等方式，推广将日常养护与应急抢通捆绑实施并交由农牧民承包。鼓励农村牧区集体经济组织和社会力量自主筹资筹劳，参与农村牧区公路管理养护和交通安全管理工作。

四、稳定农村牧区公路养护资金渠道

（一）落实成品油税费改革资金。完善成品油税费改革转移支付分配管理，合理确定转移支付规模，加大对普通公路养护的支持力度。成品油税费改革新增收入替代原公路养路费部分，不得低于改革基期年（2009年）公路养路费收入占“六费”（公路养路费、航道养护费、公路运输管理费、公路客货运附加费、水路运输管理费、水运客货运附加费）收入的比例。成品油税费改革转移支付用于普通公路养护的比例一般不得低于80%且不得用于公路新建。2022年起，该项资金不再列支管理机构运行经费和人员等其他支出。继续执行自治区人民政府对农村牧区公路养护工程的补助政策，自治区本级补助资金与切块到盟市、旗县（市、区）部分之和占成品油税费改革新增收入替代原公路养路费部分的比例不得低于15%，实际高于上述比例的不得降低。

（二）加大财政资金支持力度。农村牧区公路养护属于旗县（市、区）财政事权，资金原则上由旗县（市、区）通过自有财力安排，对旗县（市、区）人民政府落实支出责任存在的收支缺口，上级人民政府可根据不同时期发展目标给予一定的资金支持。各级人民政府要确保财政支出责任落实到位，将相关税收返还用于农村牧区公路养护。自治区、盟市、旗县（市、区）三级公共财政资金投入农村牧区公路养护的比例为25%、25%、50%，并要探索建立与养护成本变化等因素相关联的动态调整机制；用于农村牧区公路每年每公里日常养护的总额不得低于以下标准：县道每年每公里10000元，乡道每年每公里5000元，村道每年每公里3000元。各旗县（市、区）在具体下达养护资金计划和编制实施计划时，应根据公路路况、交通流量、路面类型、路面宽度等要素统筹安排。

（三）强化养护资金使用监督管理。自治区建立对盟行政公署、市人民政府农村牧区公路管理养护考核机制，将考核结果与相关投资挂钩。对各级公共财政用于农村牧区公路养护的资金实施全过程预算绩效管理，确保及时足额拨付到位。地方各级财政、交通运输主管部门要加强农村牧区公路养护资金使用监管，严禁农村牧区公路建设采用建设—移交（BT）模式，严禁地方以“建养一体化”名义新增隐性债务。农村牧区公路养护资金必须专款专用，接受财政、交通运输等相关部门的监督检查，审计部门要定期对农村牧区公路养护资金使用情况进行审计。

（四）创新投融资机制。各盟市、旗县（市、区）要发挥政府资金的引导作用，采取资金补助、先养后补、以奖代补、无偿提供料场等多种方式支持农村牧区公路养护。将农村牧区公路发展纳入地方人民政府一般债券支持范围。鼓励地方人民政府将农村牧区公路建设和一定时期的养护进行捆绑招标，将农村牧区公路与产业、园区、乡村旅游等经营性项目实行一体化开发，运营收益用于农村牧区公路养护。鼓励采取出让公路冠名权、广告权、企业和社会捐资等方式筹集农村牧区公路养护资金。鼓励保险资金通过购买地方政府一般债券方式合法合规参与农村牧区公路发展，探索开展农村牧区公路灾毁保险。

五、建立健全农村牧区公路管理养护长效机制

（一）分类有序推进农村公路养护市场化改革。逐步建立政府与市场合理分工的养护生产组织模式。农村牧区公路的养护工程，特别是一些专业性较强、技术复杂的专项工程，可按照市场化原则选择具有养护资质的养护生产企业组织实施，实行计量支付、合同管理。乡道及村道的日常保洁可通过沿线群众承包养护、“公路养护＋精准扶贫”的养护模式，以建档立卡的贫困户为主体，交由公路沿线农牧民负责，采取个人、家庭分段承包等方式实施，并按照优胜劣汰的原则，逐步建立相对稳定的群众性养护队伍。对路线较长、沿线居民较少的砂石乡村道，苏木乡镇和嘎查村可通过春秋两季组织附近群众投工投劳形式进行集中养护。引导符合市场属性的事业单位转制为现代企业，鼓励将干线公路建设养护与农村牧区公路捆绑招标，支持养护企业跨区域参与市场竞争。鼓励通过签订长期养护合同、招投标约定等方式，引导专业养护企业加大投入，提高养护机械化水平。探索通过综合打捆购买服务等方式，选择具有较强综合实力的养护咨询、施工一体化企业，提供路况检测、养护规划、设计、施工等全链条服务，实现公路全寿命周期内养护效益最大化。

（二）加强安全和信用管理。公路安全设施要与主体工程同时设计、同时施工、同时投入使用，旗县（市、区）人民政府要组织公安、应急管理等职能部门参与农村牧区公路竣（交）工验收。已建成但未配套安全设施的农村牧区公路要逐步完善。加强农村牧区公路养护市场监管，着力建立以质量为核心的信用评价机制，实施守信联合激励和失信联合惩戒，并将信用记录按照国家有关规定纳入全国和自治区信用信息共享平台，依法向社会公开。

（三）强化法规政策和队伍建设。推动制定出台自治区农村牧区公路条例。坚持因地制宜、经济实用、绿色环保理念，按照农区、牧区、半农半牧区的不同特点，分类推进“美丽公路”创建工作。制定农村牧区公路养护技术规范、养护管理办法等，促进养护规范化、标准化发展。建立健全农村牧区公路路政管理指导体系，实现路政管理全覆盖。旗县（市、区）人民政府是农村牧区公路工作的责任主体，要加强路政执法队伍建设和农村牧区公路路政管理，构建“横向到边、纵向到底”的网络化管理格局。结合路长制及乡村道专管员制度，充分发挥苏木乡镇、嘎查村及农牧民的积极性，建立旗县（市、区）有路政队、苏木乡镇有监管员、嘎查村有护路员的路产路权保护队伍。

各地区、各相关部门要切实提高思想认识，把深化农村牧区公路管理养护体制改革工作作为实施乡村振兴战略、加快推进农业农村现代化的重要抓手，狠抓工作落实。相关责任部门要认真履行主体责任，强化统筹协调，完善工作机制，细化工作节点，全力推进各项改革任务尽快落地见效。自治区交通运输厅要加强工作指导和督促检查，重大情况及时报告自治区人民政府。

320. 辽宁省公路条例

（2013 年 5 月 30 日辽宁省第十二届人民代表大会常务委员会第二次会议第二次修订）

第一章　总　　则

第一条　为了加强公路的建设和管理，促进公路事业的发展，适应社会主义现代化建设和人民生活的需要，根据《中华人民共和国公路法》（以下简称《公路法》）和有关法律、法规的规定，结合本省实际，制定本条例。

第二条　本条例适用于本省行政区域内从事国道、省道、县道、乡道和村道（高速公路除外），包括公路桥梁、公路隧道和公路渡口的规划、建设、养护、经营、使用和管理活动。

第三条　省、市、县（含县级市、区，下同）交通行政主管部门主管本行政区域内的公路工作，其所属的公路管理机构依照《公路法》和本条例规定行使公路行政管理职责。

第四条　公路受国家保护，任何单位和个人不得破坏、损坏或者非法占用公路、公路用地及公路附属设施。

县以上交通行政主管部门及其公路管理机构应当认真履行职责，依法做好公路的建设、养护和管理工作，保障公路的完好、安全和畅通。

第五条　在公路上设立收费站（卡）收取车辆通行费的，应当严格执行国务院《收费公路管理条例》的规定。

禁止任何单位和个人在公路上非法设卡、收费、罚款和拦截车辆。

第二章　公 路 规 划

第六条　公路规划应当根据国民经济和社会发展以及国防建设的需要编制，与城乡建设发展规划和水路、铁路、航空、管道运输等发展规划相协调。

公路建设用地规划应当符合土地利用总体规划，贯彻切实保护耕地、节约用地的原则。

第七条　规划和新建村镇、开发区等建筑群，应当避免在公路两侧对应进行，其边缘与公路边沟（截水沟、坡脚护坡道）外缘的最小间距为：国道、省道不少于 100 米；县道不少于 60 米；乡道、村道不少于 30 米。

第八条　省道、县道、乡道、村道永久性停止使用的，应当按照国务院交通运输主管部门规定的程序核准后作报废处理，并向社会公告。

交通行政主管部门对废弃的公路应当设立标志。

规划行政主管部门应当重新确定废弃公路的土地使用性质。

第三章　公 路 建 设

第九条　公路建设应当按照国家规定的基本建设程序和国家、省有关规定进行，其中县道、乡道、村道建设由县人民政府负责，乡（镇）人民政府和村民委员会在乡道、村道建设中的具体责任由县人民政府确定。

第十条　公路用地由县以上人民政府按照下列标准确定：公路两侧边沟（截水沟、坡脚护坡道）

外缘起不少于1米范围内的土地，具体用地范围按公路工程技术标准执行。

第十一条 公路建筑控制区范围，由省、市、县人民政府根据保障公路运行安全和节约用地的原则以及公路发展的需要，组织交通运输、国土资源等部门按照下列标准划定：

（一）从公路用地外缘起向外的距离，国道不少于20米，省道不少于15米，县道不少于10米，乡道不少于5米，村道不少于3米。法律、行政法规另有规定的，从其规定；

（二）公路弯道内侧、互通立交以及平面交叉道口的建筑控制区范围，根据改作立体交叉、安全视距等要求确定。

公路建筑控制区范围划定后，省、市、县人民政府应当依法向社会公告。

第十二条 新建公路应当符合国家规定的技术等级的要求。原有不符合最低技术等级要求的等外公路和不符合国家规定技术等级要求的等级公路应当逐步改造为符合国家规定技术等级要求的公路。

第十三条 公路建设项目依法实行施工许可制度。公路建设项目施工，除国家和国务院交通行政主管部门确定的重点公路建设项目施工外，按照下列规定报请批准：

（一）国道和省道的建设项目施工，由省交通行政主管部门批准；

（二）县道的建设项目施工，由市交通行政主管部门批准；

（三）乡道、村道的建设项目施工，由县交通行政主管部门批准。

第十四条 公路建设项目施工应当具备下列条件：

（一）项目已列入公路建设年度计划；

（二）施工图设计文件已经审批同意；

（三）建设资金已到位，并经交通行政主管部门确认；

（四）征用地、环保等手续已经审批，拆迁基本完成；

（五）施工、工程监理单位已依法确定；

（六）质量监督手续已经审批，保证质量和安全的措施已落实。

第十五条 承担公路建设项目的设计、施工和工程监理单位，应当按照国家有关规定建立健全质量保证体系，实行质量责任制和保修制度。保修期限法律、法规有规定的，按规定执行，没有规定的，由合同约定。

保修期内发现公路有质量问题的，施工单位应当先行维修、返工；施工单位未在规定期限内维修、返工的，由建设单位组织维修、返工，所需费用由责任方承担。

第十六条 公路建设必须符合公路工程技术标准。县以上交通行政主管部门应当切实履行公路工程质量管理职责。对经交工验收合格批准试运营的公路或竣工验收合格批准运营的公路发生工程质量事故的，省交通行政主管部门应当及时调查处理，必要时，行政监察部门应当参与调查处理。

第十七条 改建、维修公路时，施工单位应当按照规定在距离施工地点来车方向安全距离外设置明显、规范的安全警示标志和安全防护设施。

需要车辆绕行的，应当在绕行路口设置标志；不能绕行的，必须修建临时道路，保证车辆和行人正常通行。需要封闭公路中断交通的，除紧急情况外，应当提前5日向社会公告。

对未中断交通的施工作业公路，公安机关交通管理部门应当加强交通安全监督检查，维护道路交通秩序。

第四章 公路养护

第十八条 公路养护工作应当按照国家和省交通行政主管部门规定的技术规范和操作规程进行，保证公路、公路桥涵及各类公路附属设施经常处于良好的技术状态。

第十九条 国道、省道的管理养护工作由省、市交通行政主管部门所属的公路管理机构负责。县人民政府是本地区县道、乡道、村道管理养护的责任主体。县道的养护和乡道、村道的专业化养护由县交通行政主管部门所属的公路管理机构组织实施。乡（镇）人民政府和村民委员会负责乡道、村道的非专业化养护。

第二十条 通过省辖市市区的公路路段，由当地人民政府建设行政主管部门负责管理养护；穿越县人民政府所在地城市市区的公路路段和建制镇的公路路段的管理养护部门，由市人民政府确定。

第二十一条 公路管理机构应当定期对养护的公路桥梁进行检查。需要进行检测的，应当委托具有国家规定资质条件的机构进行检测。

公路桥梁经检测荷载等级达不到原标准的，应当设置明显的限载标志，并及时进行维修和加固；经检测发现公路桥梁严重损坏影响通行安全的，应当设置禁止通行和绕行标志，并及时采取修复措施。

第五章 路 政 管 理

第二十二条 除《公路法》第四十七条第二款和本条例第二十八条第一款规定外，国道、省道的路政管理工作由省交通行政主管部门所属的公路管理机构负责。县交通行政主管部门所属的公路管理机构依法负责本行政区域内县道、乡道、村道路政管理工作，接受省、市交通行政主管部门和路政管理部门的行业管理和业务指导。

乡（镇）人民政府和村民委员会应当配合公路管理机构做好路政管理工作。

第二十三条 建设单位从事下列活动，其设计方案应当符合公路工程技术标准，施工方案符合保障公路安全、畅通的要求，并事先征得公路管理机构的同意；影响交通安全的，还须征得有关公安机关的同意：

（一）因修建铁路、机场、电站、通信设施、水利工程和进行其他建设工程需要占用、挖掘公路或者使公路改线的；

（二）跨越、穿越公路修建桥梁、渡槽或者架设、埋设管线、电缆等设施的，以及在公路用地范围内架设、埋设管线、电缆等设施的。

因地下管线设施发生故障需要挖掘公路及公路用地进行紧急抢修的，抢修单位在挖掘公路及公路用地的同时，应当立即通知有关公路管理机构和公安机关交通管理部门，并且在2日内补办紧急挖掘手续。

第二十四条 施工作业单位因工程建设需要占用、挖掘公路，或者跨越、穿越公路架设、增设管线设施的，应当遵守下列规定：

（一）在公路管理机构批准的路段和时间内施工作业；影响交通安全的，还应当征得公安机关交通主管部门的同意；

（二）在距离施工作业地点来车方向安全距离处设置明显的安全警示标志，采取防护措施；

（三）施工作业完毕，应当迅速清除公路上的障碍物，消除安全隐患，经公路管理机构和公安机关交通管理部门验收合格后，及时恢复通行。

第二十五条 除农业机械因当地田间作业需要在公路上短距离行驶外，铁轮车、履带车和其他可能损害公路路面的机具，确需在公路上行驶的，申请人应当向公路管理机构提交行驶车辆或者机具行驶证件，书面说明行驶路线、时间及公路保护方案，经公路管理机构同意，并采取有效的防护措施后，按照公安机关指定的时间、路线行驶。对公路造成损坏的，应当按照损坏程度给予补偿。

第二十六条 超过公路、公路桥梁、公路隧道或者汽车渡船的限载、限高、限宽、限长标准的车辆，不得在有限定标准的公路、公路桥梁上或者公路隧道内行驶，不得使用汽车渡船。

超过公路或者公路桥梁限载标准的车辆确需行驶的，承运人应当持说明运输货物名称、重量、外廓尺寸和运输的起止地点、运输线路的书面材料和运输车辆的技术档案材料，向公路管理机构提出书面申请，公路管理机构按照下列规定核发《超限运输车辆通行证》：

（一）跨省、设区的市行政区域运输的，由省公路管理机构核发；

（二）跨县、区行政区域运输的，由设区的市公路管理机构核发。

第二十七条 经批准进行超载运输的单位应当按照要求采取有效防护措施，车辆驾驶人员应当随车携带《超限运输车辆通行证》。运载不可解体的超限物品的，应当按照公路管理机构指定的时间、路线、时速行驶，并悬挂明显标志。影响交通安全的，应当按照公安机关交通管理部门指定的时间、路线、速度行驶，悬挂明显标志。

不得涂改、伪造、租借、转让、超期限使用《超限运输车辆通行证》。

第二十八条 经省人民政府批准，省交通行政主管部门可以在公路上设置超限运输检测装置，对运输车辆进行超限检测。

公路管理机构对超高、超宽、超长以及未经批准超载的车辆应当按照有关规定消除超限行为后方可准许继续行驶。公路管理机构应当为超限车辆提供消除超限行为的场地。

公安机关交通管理部门应当支持、配合公路管理机构做好消除超限行为的工作。

公路路政监督检查人员检测超限运输车辆不得影响其他车辆正常通行。

第二十九条 在公路、公路用地范围内设置广告、标牌等非公路标志的，应当经公路管理机构批准，并按照设置广告、标牌的有关规定办理审批手续。不得利用公路交通安全设施、交通标志和行道树设置广告。

第三十条 在公路上增设平面交叉道口，应当事先向县以上公路管理机构提交申请书和设计图纸或者平面布置图，经批准，按照国家有关规定办理相应手续后方可建设。

第三十一条 公路、公路用地范围内禁止下列行为：

（一）设置路障、棚屋、摊点、加油站以及维修、清洗、停放车辆场点；

（二）填塞、挖掘排水沟，在公路桥（涵）或者排水沟筑坝、设置闸门；

（三）在公路桥梁设置输送易燃、易爆、有毒气体和液体的管道；

（四）采石、取土、挖砂、烧窑、制坯；

（五）沤肥、打场、晒物、养殖、种植农产品；

（六）排放污水、倾倒堆放垃圾、淤泥、杂物或者其他非公路养护施工材料；

（七）其他损坏、污染公路和影响公路畅通的行为。

第三十二条 除公路防护、养护需要的以外，禁止在公路两侧的建筑控制区内修建建筑物和地面构筑物；在公路建筑控制区内先于公路建成的建筑物和地面构筑物，不得扩建；需要在建筑控制区内埋设管线、电缆等设施的，应当事先经公路管理机构批准。

第六章　资 金 管 理

第三十三条 公路建设资金通过下列渠道和方式筹集：

（一）财政拨款，包括依法征税筹集的公路建设专项资金转为的财政拨款；

（二）依法向国内外金融机构或者外国政府贷款；

（三）国内外经济组织的投资；

（四）开发、经营公路的公司依法发行股票、公司债券；

（五）依法出让公路收费权的收入；

（六）企业和个人自愿集资；

（七）法律或者国务院规定的其他方式。

第三十四条 公路养护资金按照国家有关规定筹集。

第三十五条 省人民政府筹集和省财政拨款的公路建设、养护资金由省交通行政主管部门根据公路建设、养护项目投资计划和年度预算，综合平衡，统筹安排，专款专用。

第三十六条 列入省年度预算的国道、省道的建设、管理养护资金，统一由省财政部门经省交通行政主管部门拨付公路管理机构。

县道、乡道、村道建设和管理养护资金的筹集和拨付，按照省人民政府有关规定执行。

第三十七条 各级人民政府筹集的和财政拨款的公路建设、养护资金的使用，应当接受财政部门的监督。审计部门要定期对公路建设、养护资金使用情况进行审计。

第七章 法律责任

第三十八条 违反本条例第十三条规定，未经批准擅自施工的，交通行政主管部门可以责令停止施工，并可以处5000元以上5万元以下罚款。

第三十九条 违反本条例第二十三条规定，有下列行为之一的，由公路管理机构责令停止违法行为，并按照下列规定予以罚款：

（一）擅自占用、挖掘公路的，可以处3000元以上3万元以下罚款；

（二）擅自修建桥梁、渡槽或者架设、埋设管线、电缆等设施的，可以处1000元以上3万元以下罚款。

第四十条 有下列违法行为之一的，由公路管理机构责令停止违法行为，并按照下列规定予以罚款：

（一）违反本条例第二十五条规定，铁轮车、履带车和其他可能损害路面的机具擅自在公路上行驶的，可以处500元以上3万元以下罚款；

（二）违反本条例第二十六条规定，在公路上擅自超限行驶的，可以处1000元以上3万元以下罚款。

第四十一条 违反本条例第二十九条规定，擅自在公路、公路用地范围内设置广告、标牌等非公路标志的，由公路管理机构责令限期拆除，可以处2000元以上2万元以下罚款。

第四十二条 违反本条例第三十条规定，擅自增设道口的，由公路管理机构责令恢复原状，并按照下列规定予以罚款：

（一）在国道上增设平面交叉道口的，处1万元以上5万元以下罚款；

（二）在省道上增设平面交叉道口的，处5000元以上4万元以下罚款；

（三）在县道上增设平面交叉道口的，处3000元以上3万元以下罚款；

（四）在乡道上增设平面交叉道口的，处1000元以上2万元以下罚款；

（五）在村道上增设平面交叉道口的，处500元以上1万元以下罚款。

第四十三条 违反本条例第三十一条规定，造成路面损坏、污染或者影响公路畅通的，由公路管理机构责令停止违法行为，可以处200元以上5000元以下罚款。

第四十四条 违反本条例第三十二条规定，有下列行为之一的，由公路管理机构责令限期拆除，并按照下列规定予以罚款：

（一）在公路建筑控制区内修建建筑物、地面构筑物的，可以处1万元以上5万元以下罚款；

（二）擅自在公路建筑控制区内埋设管线、电缆等设施的，可以处5000元以上5万元以下罚款。

第四十五条 对公路造成损害的，当事人应当向公路管理机构缴纳赔（补）偿费。赔（补）偿费标准由省交通行政主管部门会同省财政、物价部门制定。赔（补）偿程序及管理依照交通部《路政管理规定》实施。

第四十六条 在公路上行驶的车辆对公路造成较大损害的，责任人必须立即停车，保护现场，及时报告公路管理机构，接受公路管理机构的调查、处理后方得驶离。

责任人在履行处理决定前，应当将其车辆停放在公路管理机构指定的地点。责任人拒绝将车辆停放在指定地点，公路管理机构可以暂扣其车辆。暂扣车辆的，应当签发由省交通行政主管部门统一制发的专用通知书；公路管理机构应当妥善保管停放在其指定地点的车辆和暂扣车辆，并不得使用。调查、处理完毕后，应当立即放行车辆。

第四十七条 承担公路建设项目的设计、施工和工程监理单位，未依照有关法律、法规、规章以及公路工程技术标准的要求和合同约定进行设计、施工和监理，造成公路工程质量事故的，依法追究相关单位和人员的责任。

第四十八条 因交通行政主管部门和公路管理机构及其工作人员的责任，致使在公路上通行的人员、车辆及其他财产遭受损失的，负有相关责任的部门、机构应当依法予以赔偿。

第四十九条 交通行政主管部门、公路管理机构的工作人员有下列行为之一的，由所在单位或者上级主管部门依法给予行政处分；构成犯罪的，依法追究刑事责任：

（一）在监督管理工程质量和工程安全中不依法履行职责的；

（二）截留、挤占、挪用公路专项资金的；

（三）擅自使用停放和暂扣车辆或者由于管理不善致使停放和暂扣车辆严重受损或者灭失的；

（四）打击、陷害、报复控告人或者检举人的；

（五）其他徇私舞弊、滥用职权、玩忽职守的。

第八章　附　　则

第五十条 本条例自2006年10月1日起施行。1986年9月20日辽宁省第六届人民代表大会常务委员会第二十二次会议通过的《辽宁省公路管理条例》同时废止。

321. 辽宁省高速公路管理条例

（2015 年 7 月 30 日辽宁省第十二届人民代表大会常务委员会第二十次会议第三次修订）

第一章　总　　则

第一条　为了加强高速公路管理，保障高速公路安全、畅通和高效运营，发挥高速公路的经济效益和社会效益，制定本条例。

第二条　本条例适用于在我省高速公路上通行的车辆、乘车人以及在高速公路管理范围内从事其他活动的单位和个人。

第三条　全省高速公路的管理，必须坚持集中、统一、高效、特管的原则。

第四条　省人民政府交通行政管理部门是全省高速公路管理的主管部门，其所属的省高速公路管理部门具体负责全省高速公路的养护、路政、收费、通讯监控和综合服务的监督管理工作。

省公安机关是全省高速公路交通安全的主管部门，对全省高速公路交通安全工作实施统一管理，其所属的公安交通管理部门负责全省高速公路交通安全管理工作的协调和指导。高速公路沿线各级公安交通管理部门负责本辖区高速公路交通安全的监督管理工作。

高速公路沿线各级人民政府和省人民政府有关部门应当协助做好高速公路的管理工作。

第五条　省交通行政管理部门应当制定全省地震、泥石流、雨雪冰冻灾害等损毁高速公路的突发事件应急预案，报省人民政府批准后组织实施。其所属的省高速公路管理部门应当根据应急预案，制定全省高速公路突发事件应急方案，根据实际需要组建高速公路应急救援队伍，配备适应抢险救援需要的设备及物资，提高应急救援能力。

第二章　养 护 管 理

第六条　高速公路管理部门应当依据高速公路的养护标准，加强对高速公路及其设施的养护和维修，保持高速公路及其设施处于良好状态。

第七条　高速公路养护作业人员作业时，应当穿着统一的安全标志服。作业现场应当按照有关规定设置施工警告标志、限速标志、导向标志和安全防护设施。夜间和雨、雪、雾天气作业，现场应当设置红色警示信号。养护车辆、机械设备作业时，应当设置明显的作业标志，开启危险报警闪光灯。

通过作业现场的车辆，应当按设置的标志通行，过往车辆和人员应当注意避让，不得侵扰作业。公安交通管理部门应当协助维护作业现场的交通秩序。

第八条　高速公路因自然灾害遭受破坏，交通严重受阻时，高速公路管理部门应当采取紧急措施尽快恢复交通。设区的市以上人民政府交通运输主管部门应当及时调集抢修力量，统筹安排有关作业计划，下达路网调度指令，配合有关部门组织绕行、分流。

第九条　省高速公路管理部门应当加强对高速公路养护的监督管理，制定高速公路养护维修计划，定期分析高速公路、桥梁技术状况等路况数据，并对高速公路及其附属设施的完好情况和养护质量进行检查；对达不到高速公路技术规范要求的，应当责成高速公路养护作业单位限期采取措施，及时修复道路，保障安全畅通。

第三章　路 政 管 理

第十条　禁止下列危及高速公路行车安全的行为：

（一）设置破坏物、障碍物阻碍车辆行驶；

（二）车辆装载物易掉落、遗洒或者飘散，未采取厢式密闭等有效防护措施在高速公路上行驶；

（三）除发生交通事故、车辆故障外，载客车辆在高速公路服务区、加油站、停车场以外上下乘客；

（四）除发生交通事故、车辆故障外，载货车辆在高速公路路面上装卸货物；

（五）在高速公路用地两侧500米范围内焚烧物品；

（六）擅自在高速公路防护栏开口和开启中央分隔带活动护栏；

（七）除发生交通事故、车辆故障外，在隧道内以及桥梁等构造物上停车；

（八）其他危及高速公路行车安全的行为。

第十一条　除养护和维修高速公路作业外，涉路施工活动依法需要办理行政许可的，应当按照国务院《公路安全保护条例》的规定，到省高速公路管理部门办理行政许可手续；影响交通安全的，应当征得公安交通管理部门的同意。

利用高速公路用地和设施的，应当按照国家有关规定给予相应的经济补偿，造成高速公路及其设施损坏的，应当按照不低于原有技术标准给予修复。

第十二条　高速公路建筑控制区的范围从公路用地外缘起向外的距离标准为50米。

禁止在高速公路建筑控制区内构筑永久性工程设施。

在高速公路建筑控制区外修建的建筑物、地面构筑物以及其他设施不得遮挡高速公路标志，不得妨碍安全视距。

第十三条　未经省高速公路管理部门批准，任何单位和个人不得在高速公路用地及收费站等设施上设置标志牌、广告牌、张贴标语和宣传物品。

第十四条　超过高速公路桥梁限载标准的车辆不得擅自通过高速公路桥梁，特殊情况确需通过高速公路桥梁的，必须经省高速公路管理部门批准，采取有效保护措施后方可行驶。

第十五条　遇有自然灾害、恶劣气象条件或者重大交通事故等严重影响高速公路交通安全的情形，采取其他措施难以保证交通安全时，公安机关交通管理部门可以实行交通管制。

第四章　交 通 管 理

第十六条　在高速公路上行驶的车辆，必须符合国家规定的机动车运行安全技术标准，并须配备故障警告标志牌和灭火器。

第十七条　行人、非机动车、拖拉机、轮式专用机械车、铰接式客车、全挂拖斗车以及其他设计最高时速低于70公里的机动车，不得进入高速公路，但执行高速公路管理任务和养护作业的人员和机械、车辆除外。

第十八条　车辆从匝道进入高速公路后，必须在加速车道上提高速度，驶入主车道时，不得妨碍其他车辆的正常行驶。车辆驶离高速公路时，必须按照出口预告标志，进入指定车道减速行驶。经匝道驶离高速公路时，必须提前开启转向灯，驶入减速车道后再进入匝道。

第十九条　在高速公路上行驶的车辆，不得骑、压车道分道标线。当前方有障碍或者需要超车时，必须转换到超车道行驶，通过障碍或者超过前车后应当驶回行车道。

车辆行驶中需要变更车道时，必须提前开启转向灯。夜间超车前还必须变换使用远、近光灯，确认安全后再变更车道。

第二十条　在高速公路上行驶的车辆，不准超员、超载；货运车辆除驾驶室乘坐人员外，其他任何部位不准载人；乘车人不得站立，不准向车外抛扔物品。安装有安全带的机动车的驾驶员和前排乘车人必须系安全带。

第二十一条 机动车载运爆炸物品、易燃易爆化学物品以及剧毒、放射性等危险物品，应当经公安机关批准后，按指定的时间、路线、速度行驶，悬挂警示标志并采取必要的安全措施。

机动车运载超限的不可解体的物品，影响交通安全的，应当按照公安机关交通管理部门指定的时间、路线、速度行驶，悬挂明显标志。在高速公路上运载超限的不可解体的物品，应当遵守《中华人民共和国公路法》的规定。

第二十二条 禁止在行车道上修车。因故障在路肩停车检修的车辆，修复后返回行车道时，应先在路肩提高车速并开启转向灯。进入行车道时，不得妨碍其他车辆的正常行驶。

第二十三条 车辆在高速公路上发生交通事故，应当立即报告公安交通管理部门或者高速公路管理部门，公安交通管理部门和高速公路管理部门在接到报告后应当相互通告，并及时赶到肇事地点。公安交通管理部门负责勘查现场、疏导交通，高速公路管理部门负责勘查路产损失。公安交通管理部门处理交通事故涉及路产损害的，应当及时通知高速公路管理部门。

车辆在高速公路上发生故障或者交通事故，无法正常行驶的，应当由救援车、清障车拖曳、牵引，具体办法由省交通行政管理部门会同省有关部门另行制定。

第二十四条 遇有雨、雪、雾天影响车辆正常行驶时，公安交通管理部门应当限制车速。遇有道路严重损坏或者施工作业，以及处理重大交通事故，疏导交通阻塞等情况，公安交通管理部门可以调整车道，并事先予以公告。

第二十五条 执行交通治安管理、抢险救援等任务的警车、消防车、抢险救援车以及其他从事高速公路管理、养护活动的车辆和设备，可以使用应急车道；其他车辆除因故障、事故等紧急情况外，禁止在应急车道内违法行驶、停靠。正常通行车辆遇前方交通堵塞等情形时，应当在行车道内依次排队等候，排在最后的车辆应当开启危险报警闪光灯，夜间还应当同时开启示廓灯、后位灯，禁止在应急车道内排队等候。

第五章 收费管理

第二十六条 通行高速公路的所有车辆必须按国家和省有关规定交纳车辆通行费。

车辆通行费的收取标准，由省物价部门会同省财政部门、省交通行政管理部门拟定，报省人民政府批准后实施。

第二十七条 高速公路车辆通行费由省高速公路管理部门设立的收费站负责计收，其他任何单位和个人无权计收。

第二十八条 收取高速公路车辆通行费，必须使用财政部门统一的票据。收取的车辆通行费实行专款专用，任何单位和个人不得截留、挪用和平调。

第二十九条 禁止在收费站随意拦截车辆和从事其他与高速公路管理无关的活动。

第三十条 车辆通过高速公路收费站时，不得有下列妨碍高速公路交费通行秩序的行为：

（一）拒交、逃交、少交车辆通行费；

（二）调换或者使用伪造的高速公路通行凭证；

（三）强行冲闯高速公路收费站；

（四）故意堵塞收费道口；

（五）辱骂、威胁、殴打高速公路收费人员；

（六）以各种非法方式妨碍计量器具正常计重或者干扰联网收费系统正常运行；

（七）破坏收费设施；

（八）其他妨碍高速公路交费通行秩序的行为。

第六章　奖励与处罚

第三十一条　对贯彻执行本条例有下列情形之一的单位和个人，由省人民政府或者省交通行政管理部门给予表彰或者奖励：

（一）发现高速公路及其设施隐患及时排除或者报告，避免重大损失的；

（二）在高速公路抢险救援工作中成绩突出的；

（三）检举、揭发或者查处盗窃、破坏高速公路及其设施、伪造高速公路车辆通行费票据、严重偷漏缴高速公路车辆通行费行为有功的。

第三十二条　违反本条例规定，有下列行为之一的，由高速公路管理部门责令限期拆除，可以按照下列规定处以罚款；逾期不拆除的，由高速公路管理部门拆除，有关费用由违法行为人承担：

（一）在公路建筑控制区内构筑永久性工程设施的，处5万元罚款；

（二）在公路建筑控制区外修建的建筑物、地面构筑物以及其他设施遮挡公路标志或者妨碍安全视距的，处3万元罚款。

第三十三条　违反本条例规定，有下列行为之一的，由高速公路管理部门责令限期清除，可以按照下列规定处以罚款；逾期不清除的，由高速公路管理部门清除，有关费用由设置者负担：

（一）擅自在高速公路用地及收费站等设施上张贴标语和宣传物品的，处3000元罚款；

（二）擅自在高速公路用地及收费站等设施上设置标志牌、广告牌的，处1万元罚款。

第三十四条　违反本条例第十七条规定，行人、非机动车驾驶员及其他人员造成自身伤害和财产损失的交通事故，正常行驶的机动车一方不负交通事故责任。

第三十五条　违反本条例规定的其他行为，由高速公路管理部门或者公安交通管理部门按照《中华人民共和国公路法》、《中华人民共和国道路交通安全法》、国务院《公路安全保护条例》等法律、行政法规规定处罚。

第三十六条　当事人对行政处罚决定不服的，可以依法申请复议、提起诉讼。逾期不申请复议、也不向人民法院起诉、又不履行处罚决定的，作出处罚决定的机关可以申请人民法院强制执行。

第三十七条　高速公路管理部门和公安交通管理部门的工作人员在执行职务时滥用职权，玩忽职守、徇私舞弊，未构成犯罪的，由其主管部门给予行政处分；构成犯罪的，依法追究刑事责任。

第七章　附　　则

第三十八条　本条例下列用语的含义是：

“高速公路”是指按照国家《公路工程技术标准》修建，设有高速公路标志和有关设施，专供汽车分道高速行驶，并全部控制出入的道路。

“高速公路用地”是指高速公路两侧边沟及边沟以外依法征用的土地。

“高速公路设施”是指高速公路的排水设施、防护构造物、交通工程设施、安全设施、照明设施、通讯设施、养护设施、服务设施、监控设施、检测设施、界桩、测桩、里程牌、标志牌、花草树木及专用房屋等。

第三十九条　本条例自发布之日起施行。

322. 辽宁省公路路政管理办法（试行）

（辽交行审规〔2020〕14号）

第一章 总 则

第一条 为了规范辽宁省公路路政管理，加强对公路的保护，保障公路完好、安全和畅通，根据《中华人民共和国公路法》《公路安全保护条例》《路政管理规定》等有关法律、法规和规章，制定本办法。

第二条 辽宁省行政区域内国省干线公路（包括高速公路）、农村公路的路政管理，适用本办法。

第三条 辽宁省各级交通运输主管部门负责本行政区划内路政管理工作，其所属的综合执法机构具体负责路政执法相关工作。

第四条 公路路政管理工作应当遵循统一管理、分级负责、依法行政的原则。

第二章 职 责 划 分

第五条 省级交通运输主管部门主管全省公路路政管理工作。主要职责：

（一）贯彻落实国家法律法规，监督、指导全省公路路政管理工作；

（二）负责省级权限路政行政许可事项审批工作；

（三）组织全省货运车辆超限超载治理工作；

（四）受上级指派或直接查处有重大影响的路政案件；

（五）负责组织调度跨区域路政执法工作；

（六）负责全省路政工作年度考核及国省干线公路路政执法专项经费预算审核工作；

（七）负责履行法律、法规规定的其他职责。

第六条 市级交通运输主管部门负责本行政区域内路政管理工作。主要职责：

（一）负责本行政区域内国省干线公路路政管理工作和市辖区的农村公路路政管理工作；

（二）负责监督、指导监督所属县（市）农村公路路政管理工作；

（三）宣传、贯彻执行公路管理的法律、法规、规章和落实上级的文件、方案等；

（四）负责市级权限路政许可事项审批工作及事中监管、事后验收工作；

（五）负责组织本行政区域内国省干线、市辖区农村公路货运车辆超限运输违法行为路面整治工作，与公安机关交通管理部门配合开展路警联合执法工作；

（六）负责本行政区域路政年度考核及国省干线公路路政执法经费收支预算编制管理工作；

（七）负责履行法律、法规规定的其他职责。

第七条 县级交通运输主管部门负责本行政区域内的农村公路路政管理工作，接受省、市交通运输主管部门和交通运输综合行政执法机构的行业管理和业务指导。主要职责：

（一）依法负责本行政区域内农村公路路政管理工作；

（二）负责农村公路行政许可事项审批工作及事中监管、事后验收工作；

（三）负责组织本行政区域内农村公路货运车辆超限运输违法行为路面整治工作，与公安机关交通管理部门配合开展路警联合执法工作；

（四）负责协调农村基层组织配备监管员、护路员，共同维护农村公路路产、路权；

（五）负责农村公路路政执法经费收支预算编制管理工作；

（六）负责履行法律、法规规定的其他职责。

第三章　路 产 保 护

第八条　各市、县（区）级交通运输部门应当建立健全公路管理档案，对公路路产调查核实、登记造册。新建公路竣工验收时，应当同时建立公路管理档案。

第九条　各级交通运输主管部门在各自权限内审批以下许可事项：

（一）涉路施工；

（二）载运不可解体物品的超限运输；

（三）公路用地范围内设置公路标志以外的其他标志；

（四）其他路政审批事项。

第十条　市、县级交通运输主管部门应当建立路政巡查制度，定期开展路政巡查，做好巡查记录。

第十一条　市、县级交通运输主管部门对侵占、损坏路产及其他违反公路管理法律、法规的行为，要依照法定程序进行处罚，需要进行路产赔（补）偿的，参照省政府相关部门发布的规定进行收缴。高速公路路产赔（补）偿费由高速公路经营企业按照有关规定进行收取。

第十二条　各级交通运输主管部门应当开展路政宣传工作，及时向人民群众宣传路政法律、法规知识，营造保护路产的社会氛围。

第四章　超限运输管理

第十三条　各级交通运输主管部门要在本级人民政府领导下，履职尽责，建立监督考核机制，开展货运车辆超限超载治理工作。

第十四条　交通运输综合执法机构要与公安机关交通管理部门密切配合，落实路警联合执法常态化制度化相关要求，在Ⅰ类超限检测站会同公安交警开展24小时“肩并肩”定点联合执法，依托Ⅱ类超限检测站和超限检测点按计划有重点地开展“肩并肩”或“前后协同”流动联合执法，依托高速公路收费站入口、出口称重检测设备，与公安机关交通管理部门联合开展高速公路联合治超执法工作。

第十五条　超限检测站、超限检测点须经省政府批准后设置。经检测认定的超限超载车辆停放、卸载分装应在检测站、点内进行，不得放行未消除违法行为的超限运输车辆。

第十六条　市、县级交通运输综合执法机构开展治超工作要依托治超管理信息平台进行，对驾驶员询问制作的询问笔录、称重和卸载单、证据登记保存清单和证据登记保存处理决定书等执法文书应在治超管理信息平台中进行。

第十七条　交通运输综合执法机构开展治超执法工作时，要采集收集车辆的号牌号码、车型、车辆所属企业、道路运输证号、驾驶人的姓名、驾驶人从业资格证编号、货运源头单位、货物装载单、行政处罚决定书以及与案件相关的其他资料等信息，录入治超管理信息平台。

第十八条　各级交通运输主管部门要大力推广公路桥梁安全非现场执法等科技创新治理方式，加快公路桥梁通行安全从人防物防向技防转变，提升治超工作科技化、智能化、信息化水平。

第五章　高速公路管理

第十九条　市级交通运输部门按照行政区划加强对辖区内高速公路的路政管理，与高速公路公安机关交通管理部门、高速公路经营企业密切配合，做好维护高速公路路产路权的工作。

第二十条　高速公路经营企业配合市级交通运输综合执法机构开展路政管理工作，并为高速公路交通运输行政执法机构提供办公场所及工作保障。

第二十一条　在高速公路用地及收费站等设施设置非公路标志的，应由辽宁省人民政府确认享有高速公路广告经营权的法人向市级交通运输主管部门提出申请，市级交通运输主管部门按照法律、法规以及有关规范性文件办理。

第二十二条　市级交通运输主管部门应当加强对高速公路经营企业落实高速公路入口称重检测工作的监督和指导，要求高速公路经营企业强化检测设施（设备）运维管理工作，保障设备稳定和网络畅通，实现高速公路入口和出口称重信息的汇集，并将数据及时传输部、省治超信息平台。高速公路收费站出现拥堵时，市级交通运输主管部门应联合公安机关交通管理部门及时派出执法人员维持车辆通行秩序。

第二十三条　高速公路经营企业在入口称重检测时发现违法超限超载货车的，拒绝其驶入高速公路，并及时向当地交通运输主管部门、公安机关交通管理部门报告。

第六章　农村公路管理

第二十四条　县级交通运输主管部门负责农村公路路政管理工作，其所属的交通运输综合行政执法机构具体负责农村公路路政执法工作，构建并完善“县有路政员、乡有监管员、村有护路员”的农村公路路产路权保护队伍。乡（镇）配备专职或兼职监管员，村配备兼职护路员，负责开展护路巡查、宣传农村公路相关法律法规、规范用路行为、提供涉路违法信息及配合查处各类违法行为等工作。

第二十五条　县级交通运输综合行政执法队伍要认真履行路政管理职责，加强与乡（镇）监管员、村护路员的业务联系，建立顺畅的信息沟通渠道，组建上下联动、覆盖乡村的农村公路路政管理网络，依法查处各类涉路违法行为，指导公路沿线村镇制定爱路护路乡规民约、村规民约，切实做好路产路权维护和路域环境治理工作。

第二十六条　县级交通运输主管部门或者乡级人民政府可以根据保护乡道、村道的需要，经批准，在乡道、村道的出入口设置必要的限高、限宽设施，但是不得影响消防和卫生急救等应急通行需要，不得向通行车辆收费。县（区）交通运输主管部门应建立限高、限宽设施相关档案。

第二十七条　县级交通运输综合行政执法队伍应出台符合本地实际的农村公路路政管理政策、制度，规范行政执法行为，定期组织针对乡（镇）监管员和村护路员的业务培训。

第七章　执 法 监 督

第二十八条　各级交通运输主管部门应当加强对公路路政管理工作的监督指导，对所属交通综合执法机构贯彻国家和省有关路政法律、法规情况进行监督检查。

第二十九条　各级交通运输主管部门应该建立执法公示制度，执法主体、执法程序、执法标准、执法结果必须对社会公开。

第三十条　各级交通运输主管部门应当建立行政执法全过程记录制度，为执法人员配备必要的执法记录装备，对执法全部过程进行跟踪记录，做到执法全过程留痕和可回溯管理。

第三十一条　各级交通运输主管部门应当建立重大行政执法决定法制审核制度，行政处罚、行政强制等执法行为必须经过法制机构审核。

第三十二条　各级交通运输主管部门应当建立公路路政管理举报制度，公开举报电话、通信地址、电子邮件信箱。各级交通运输主管部门收到举报后，应当依法处理。

第八章　附　　则

第三十三条　省、市路政审批权限按《辽宁省人民政府关于取消下放调整一批行政职权事项的决定》（辽政发〔2019〕16号）等文件执行。

第三十四条　本办法由辽宁省交通运输厅负责解释。

第三十五条　本办法自印发之日起施行。

323. 辽宁省国省干线公路路政巡查管理规定（试行）

（辽交行审规〔2020〕14号）

第一章　总　　则

第一条　为规范全省交通运输综合执法机构及其负责公路路政行政执法人员（以下简称路政执法人员）开展国省干线公路（含高速公路）路政巡查工作，依法履行保护路产、维护路权、保障公路完好、安全和畅通职责，依据《中华人民共和国公路法》、《公路安全保护条例》、《路政管理规定》、《交通运输行政执法程序规定》等法律、法规、规章，结合我省实际情况，制定本规定。

第二条　本规定所称国省干线公路路政巡查（以下简称"路政巡查"）是指市级交通运输综合执法机构依照国家有关法律、法规和规章要求，为保护国省干线公路、公路用地、公路附属设施（以下统称路产），管理公路两侧建筑控制区，维护公路合法权益，及时发现、制止、纠正和查处各种公路路政违法行为的行政监督检查行为。

路政巡查是市级交通运输综合执法机构依法实施路政管理的基本方法和重要手段。

第三条　本规定所称的路政执法人员需具备行政执法资格，持有交通运输部统一制式的交通运输行政执法证件。

第二章　路政巡查职责

第四条　路政巡查的实施范围为国省干线公路（含高速公路）、公路用地、公路附属设施、公路两侧建筑控制区、依法实施涉路工程行政许可的作业现场及养护施工作业现场。该实施范围不包括公路部门或者公路经营企业不具有产权、停止养护管理和由政府及其他部门进行管辖的路段。

第五条　路政执法人员实施路政巡查，应当履行下列职责：

（一）宣传、贯彻和执行国家有关公路管理法律、法规和规章，及时解答有关路政管理政策规定、办事流程的咨询；

（二）及时了解和掌握路政巡查责任区或责任路段的路产以及公路两侧建筑控制区情况，收集、整理和反馈有关路政管理动态和信息，提出加强路政管理的意见和建议；

（三）发现、制止、纠正和查处各种损坏、污染、擅自占（利）用公路路产，损害公路两侧建筑控制区权益及影响公路安全等违法行为；

（四）对依法实施的涉路工程行政许可事项进行监督检查；

（五）协助公安交管部门监督、检查公路养护作业现场秩序；

（六）对发生自然灾害、交通肇事等危及行车安全，影响公路通行的突发事件现场，设置必要的临时警示标志，并及时通报有关部门；

（七）发现并按照相关规定对涉嫌超限超载运输车辆进行处理；

（八）接受并查处公民、法人及其他组织对各种损坏、污染、擅自占（利）用公路路产等违法案件的举报，受理咨询、投诉并接受监督；

（九）上级交办的其他相关职责。

第六条　路政巡查工作应当符合文明执法基本要求，遵循公开、公平、公正的社会主义法治原则，努力做到职责、任务清楚，路产、路况清楚，重点、难点清楚，实现案发现场及时到位，违法行为制止到位，法制宣传教育到位，安全隐患消除到位，责令整改监督到位，执法文书送达到位，路产案件查处到位，突发事件处置到位，规章制度执行到位，保障畅通服务到位。

第三章 路政巡查计划与组织

第七条 全省公路路政巡查工作实行计划制管理，各级负责路政巡查的部门按照以下要求制定工作计划：

（一）市级交通运输综合执法机构依据工作安排和本地区实际，每月 25 日前下达下月《市级路政巡查工作计划（方案）表》（附件 1）。

（二）市级交通运输综合执法机构所属的基层路政执法部门根据市级下月《市级路政巡查工作计划（方案）表》，结合本辖区实际在每月 28 日前编制下月《路政巡查月计划（方案）表》（附件 2），在每周五前编制《路政巡查周计划（方案）表》（附件 3），报市级交通运输综合执法机构备案。

（三）基层路政执法部门应根据工作需要不定期计划开展路政与养护联合巡查工作，加强与公路养护部门（公路经营企业）协作与配合，联合巡查工作每月开展不得少于一次。

第八条 基层路政执法部门应根据管辖区域公路分布情况和里程划分执法责任区或责任路段并配备相应路政执法人员。

第九条 基层路政执法部门应根据路政巡查计划（方案）实施路政巡查，高速公路全线巡查每天不少于 1 次，普通公路全线巡查每周不少于 3 次。桥下空间、涵洞等路段的巡查每月不应少于 1 次，城镇化地区宜增加巡查频率。

第十条 基层路政执法部门应对高速公路实行 24 小时为一个班次的倒班制，对普通公路应合理安排人员进行值班备勤并公开联系渠道和方法，确保全天候受理路产案件报案、举报，及时响应、处置重大事件和突发事件。值班备勤工作实行领导带班制。

第四章 路政巡查的实施

第十一条 基层路政执法部门应对路政巡查工作实行巡查前请示和巡查后报告制度，严格落实路政巡查计划（方案），科学调整巡查工作任务。

第十二条 实施路政巡查时，路政执法人员不得少于两人，采取乘坐交通执法专用车辆（以下简称“巡查车辆”）巡查为主、步行巡查为辅的方式。

驾驶巡查车辆应遵守交通法规，安全驾驶，文明行车，实施路政巡查时原则上应沿行进方向最外侧行车道行驶，正常情况下在高速公路实施路政巡查时车速控制在 60～80 公里/小时，在普通公路实施路政巡查时车速控制在 40～60 公里/小时。

第十三条 路政执法人员实施路政巡查，应当按下列要求做好准备工作：

（一）按规定统一着制式服装，佩戴标志，根据需要加穿多功能反光腰带、反光背心、救生衣。

（二）携带行政执法证件。

（三）根据工作需要携带执法记录仪、手持（车载）对讲机、照相机（摄像机）、数码录音笔，配备发光指挥棒、反光锥筒、停车示意牌、警戒带、反光警告标志、减速提示标牌、测量工具和照明灯等执法装备、器材。

（四）根据工作情况携带行政执法和工作中可能使用的文书、表格、记录等材料。

（五）携带路政管理有关的行政执法法规、规定等文件及宣传材料。

（六）巡查车辆符合《公路监督检查专用车辆管理办法》，且车容车貌和安全技术状况良好，标志清晰醒目。

第十四条 实施路政巡查时，路政执法人员应系好安全带，全程开启示警灯、卫星定位系统、执法记录仪等执法设备。

第十五条 实施路政巡查，应当遵守下列规定：

（一）根据道路条件和交通状况，选择不妨碍通行的地点进行，在来车方向设置分流或者避让标志，避免引发交通堵塞；

（二）依照有关规定，距离检查现场安全距离范围摆放发光或者反光的示警灯、减速提示标牌、反光锥筒等警示标志；

（三）驾驶执法车辆巡查时，在普通公路上发现涉嫌违法车辆，待其行驶至视线良好、路面开阔地段时，发出停车检查信号，实施检查；

（四）对拒绝接受检查、恶意闯关冲卡（含收费站）逃逸、暴力抗法的涉嫌违法车辆，及时固定、保存现场证据，或者记录车号依法交由相关部门予以处理；

（五）在实施高速公路路政巡查时严禁路政执法人员或呼唤现场人员横穿高速公路，不得拦截检查正在高速公路上行驶的车辆。

第十六条 实施路政巡查主要包括以下内容：

（一）巡查沿途路面：是否有人为破损、挖掘、烧蚀，是否有影响车辆通行的障碍物或者其他物品堆放、占道，是否有较大面积的污垢和化学试剂污染侵害等。

（二）巡查过往车辆：是否有铁轮车行驶，是否有车辆进行制动性能实验，是否有掉落物品或散落污染物的车辆行驶，是否存在超限超载违法行为。

（三）巡查公路两侧：公路用地内是否有摆摊设点、堆放物品、倾倒垃圾、设置障碍、挖沟引水、打场晒粮、种植作物、放养牲畜、采石、取土、采空作业、焚烧物品、破坏绿植、利用公路边沟排放污物或者进行其他损坏、污染公路和影响公路畅通等行为。

（四）巡查桥梁、隧道：桥涵、隧道两端、桥面、隧道内及桥下是否有违法堆占、设置障碍物、擅自利用公路桥梁、公路隧道、涵洞铺设电缆等设施的行为，是否有在公路桥梁和渡口周围200米、公路隧道上方和洞口外100米范围内，在公路用地外缘起向外100米范围内，从事挖砂、采矿、采石、取土、倾倒废弃物、爆破作业及其他危及公路、公路桥梁、公路隧道、公路渡口安全的活动。

（五）巡查涉路工程：是否存在违法上跨下穿公路修建桥梁、渡槽或者架设、埋设管线等设施；是否有违法新建、翻建建筑物和地面构筑物；是否出现违法新增非交通标志或新增、改造平面交叉道口。

（六）巡视公路交通状况：是否有因自然灾害、交通肇事等造成交通中断、危及行车安全的事件。

（七）检查、监督其他违法、损害、侵占路产路权的行为。

第十七条 路政执法人员实施路政巡查时，应当根据下列情况分别作出处理：

（一）发现公路出现坍塌、坑槽、水毁等损毁，尚未设置警示标志的，设置临时警示标志，做好现场保护，同时报告公路养护部门或者通知公路经营企业及时补设警示标志并采取措施修复；

（二）发现公路上有遗洒物，国省干线公路能够自行处理的在不影响交通情况下，可先自行处理；高速公路及其他不能自行处理的，及时通知有关责任单位处理；

（三）发现公路进行养护作业的，指导和督促公路养护作业单位按照有关要求在作业现场设置警示标志，并根据需要维持养护作业现场秩序；公路养护作业造成交通堵塞时，及时启动疏导预案，会同公安交管部门依照各自职责，做好分流和疏导工作；

（四）发现公路两侧建筑控制区范围内堆放建筑材料及其他备用材料的，应当认真了解其所有权和用途，主动防范违法新建、翻建建筑、地面构筑物或其他设施；

（五）发现群众遇到困难，需要紧急求助公安、消防、医疗等部门的，及时提供有关信息和帮助；

（六）发现属于其他紧急情况的，应及时向上级报告并按照应急预案、相关处置制度或上级指示执行；

（七）发现构成公路违法行为的，依法予以处理。

第十八条 路政执法人员在实施路政巡查时应对当日巡查路段内依法实施的涉路工程行政许可事项进行一次监督检查，监督检查主要包括以下内容：

（一）行政许可证是否真实有效；

（二）是否符合准予许可时所确定的条件、标准和范围；

（三）是否落实保障公路、公路附属设施安全的防护措施以及应急处置措施；

（四）是否建立和执行对涉路工程设施的自检制度；

（五）是否侵入公路建筑限界或者危及交通安全。

第十九条 路政执法人员对依法实施的涉路工程行政许可事项实施监督检查时，应当根据下列情况分别作出处理：

（一）发现未按照许可条件、标准和范围从事许可事项活动的，责令改正；

（二）发现涉路工程设施影响公路完好、安全和畅通的，责令停止修建、使用，并责令有关责任单位立即改正；

（三）发现构成公路违法行为的，依法予以处理。

第二十条 实施路政巡查时，因处理路产案件、天气恶劣影响行车安全等原因中断巡查工作的，在中断巡查原因消除后应继续开展路政巡查工作。

路政巡查工作的中断、恢复、调整等情况均应在《路政巡查日志》（附件4）中详细注明。

第五章　路政巡查总结

第二十一条 路政巡查结束后，路政巡查人员应填写《路政巡查日志》，详细记载巡查单位、巡查人员、巡查时间、巡查线路、巡查情况等内容，以及路政巡查中发现问题及整改情况的文字、照片等资料。

第二十二条 《路政巡查日志》填写完成后，基层路政执法部门分管负责人应在36小时内进行审阅并签字。

有特殊原因不能在规定时间内填写《路政巡查日志》的，补填时需在特定栏目填写原因，并在填写当天完成审阅及签字工作。

《路政巡查日志》要求内容真实完整，简明扼要。签字应使用黑色钢笔、碳素笔填写。

第二十三条 基层路政执法部门每月应将《路政巡查日志》封皮（封面与封底均为浅蓝色硬质纸）、《路政业务工作计划（方案）表》、《路政巡查月计划（方案）表》、《路政巡查周计划（方案）表》与《路政巡查日志》按照先后顺序装订成册并存档。

第二十四条 路政巡查档案应妥善保管，保存期限不得少于5年。

第六章　路政巡查管理与考核

第二十五条 基层路政执法部门每周应定期召开会议对路政巡查日志进行总结讲评并形成讲评会议记录。

第二十六条 市级交通运输主管部门负责路政巡查工作的指导监督和检查考核，市级交通运输综合执法机构负责具体组织实施考核与督导检查。

第二十七条 市级交通运输综合执法机构分管路政工作的负责人为全市路政巡查工作第一责任人，对路政巡查工作负领导责任；

基层路政执法部门负责人为本部门路政巡查工作的具体负责人。

第二十八条 市级交通运输综合执法机构对路政执法人员在路政巡查以及相关工作中的失职失察和违法违纪等问题，实行倒查和责任追究，并依照有关规定予以严肃查处。

第七章　附　　则

第二十九条　本规定由辽宁省省交通运输厅负责解释。

第三十条　本规定自印发之日起施行。

附件：1. 市级路政巡查工作计划（方案）表（略）

2. 路政巡查月计划（方案）表（略）

3. 路政巡查周计划（方案）表（略）

4. 路政巡查日志（略）

324. 辽宁省深化农村公路管理养护体制改革实施方案

（辽政办发〔2020〕24号）

为贯彻落实《国务院办公厅关于深化农村公路管理养护体制改革的意见》（国办发〔2019〕45号）精神，进一步管好、护好农村公路，加快建立农村公路管理养护长效机制，推进农村公路可持续高质量发展，结合我省实际，制定本实施方案。

一、指导思想

坚持以习近平新时代中国特色社会主义思想为指导，全面贯彻党的十九大和十九届二中、三中、四中全会精神，认真落实习近平总书记关于“四好农村路”的重要指示批示精神，按照党中央、国务院决策部署和省委、省政府工作要求，践行以人民为中心的发展思想，牢固树立新发展理念，全面深化农村公路管理养护体制改革，加强农村公路与农村经济社会发展统筹协调，推动“四好农村路”高质量发展，充分发挥农村公路在脱贫攻坚和乡村振兴的先导先行作用，助力交通强国建设，服务农业农村现代化。

二、工作目标

到2022年，基本建立权责清晰、齐抓共管的农村公路管理养护体制机制，形成财政投入职责明确、社会力量积极参与的格局。农村公路治理能力明显提高，治理体系初步形成。农村公路通行条件和路域环境明显提升，交通保障能力显著增强。农村公路列养率达到100%，年均养护工程比例县级公路不低于8%、乡村级公路不低于5%，技术状况中等及以上农村公路占比不低于80%。

到2035年，全面建成体系完备、运转高效的农村公路管理养护体制机制，基本实现城乡公路交通基本公共服务均等化，路况水平和路域环境根本性好转，农村公路治理能力全面提高，治理体系全面完善。

三、工作任务

（一）建立健全以县为主体的农村公路管理养护体制

1. 强化省级统筹和政策引导。省交通运输厅负责制定全省农村公路发展规划和政策制度；编制农村公路管理养护省级补助资金分配方案；指导监督全省农村公路养护质量、路政管理等工作；建立全省农村公路管理养护绩效管理机制，具体承担省政府对市、县级政府绩效管理工作。省财政厅会同省交通运输厅下达农村公路管理养护省级补助资金预算；加强农村公路资金管理和使用的监督检查工作。省自然资源、农业农村、文化和旅游、应急、金融监管、扶贫等部门加强政策引导，支持和促进农村公路事业发展。（责任单位：省交通运输厅、省财政厅、省自然资源厅、省农业农村厅、省文化和旅游厅、省应急厅、省金融监管局、省扶贫办）

2. 加强政策支持和监督指导。各市政府和沈抚示范区管委会要发挥承上启下作用，指导监督本行政区域内农村公路管理养护工作，建立和完善农村公路支持政策和资金补助机制，筹集农村公路管理养护市级补助资金。支持、督促县级政府履行主体责任，对县级政府农村公路工作进行绩效管理。（责任单位：各市政府、沈抚示范区管委会）

3. 落实县级政府主体责任。县级政府是农村公路管理养护责任主体。负责制定本行政区域内农村公路管理养护制度；筹措农村公路管理养护资金，并将农村公路养护资金及管理机构运行经费和人员支出纳入一般公共财政预算，监管资金使用；协调、解决涉及农村公路管理的重大问题，组织做好农村公路养护质量、安全管理及路产路权保护等工作，及时处置自然灾害等突发事件，保证农村公路畅通。

县级政府要将农村公路管理养护工作纳入乡村振兴战略和农村人居环境整治统筹谋划，按照“县道县管，乡村道乡村管”原则，建立健全农村公路管理养护责任制，落实农村公路管理养护职责，明确相关部门、乡级政府农村公路管理养护权力和责任清单，实行农村公路工作目标责任制和绩效管理。全面推行农村公路“路长制”，建立“党委领导、政府主导、部门协调、各方参与、运转高效”的管理体系，指导监督相关部门和乡级政府履职尽责，加大农村公路管理队伍建设和管理养护资金投入。[责任单位：各县（市、区）政府]

4. 发挥乡村两级主力作用和群众积极性。乡级政府按照县级政府确定的农村公路管理养护权力和责任，落实本行政区域内农村公路管理工作。明确农村公路乡级管理部门，确定至少 2 名专职管理人员，指导村民委员会做好农村公路管理养护。村民委员会按照“农民自愿，民主决策”原则，采取一事一议、以工代赈等办法组织村道管理养护工作。加强宣传引导，将爱路护路要求纳入乡规民约、村规民约；鼓励将农村公路日常养护与农村人居环境整治相结合，支持群众参与农村公路路域环境整治；鼓励采用以奖代补等方式，将日常养护与应急抢通捆绑实施并交由农民承包；鼓励农村集体经济组织和社会力量自主筹资筹劳参与管理养护工作；鼓励开发多种形式的农村公路养护公益性岗位，就近吸纳农民参与农村公路养护，为贫困户提供就业机会。[责任单位：各县（市、区）政府]

（二）强化农村公路管理养护资金保障

5. 落实成品油税费改革资金。成品油税费改革转移支付资金交通属性不变、资金用途不变。完善成品油税费改革转移支付政策，合理确定转移支付规模，加大对普通公路养护支持力度。成品油税费改革新增收入替代原公路养路费部分（包括成品油税费改革转移支付的“替代性返还＋增长性补助”，以下简称“替代养路费部分”），不低于改革基期年（2009 年）公路养路费收入占“六费”（公路养路费、航道养护费、公路运输管理费、公路客货运附加费、水路运输管理费、水运客货运附加费）收入的比例。（责任单位：省财政厅、省交通运输厅）

6. 优化资金支出结构。替代养路费部分用于普通公路养护的比例不低于 80%。替代养路费部分不得用于公路新建。2022 年起，成品油税费改革转移支付资金用于普通公路养护资金不再列支管理机构运行经费和人员等其他支出。地方各级政府要加大资金投入，整合使用各类涉及农村道路建设资金，将农村公路发展纳入一般债券支持范围。[责任单位：各市、县（市、区）政府，沈抚示范区管委会，省交通运输厅、省财政厅]

7. 落实养护工程资金补助政策。继续执行省政府对农村公路养护工程补助政策，替代养路费部分补助农村公路养护工程的方式由原来的按里程定额补助转变为按比例补助，且省级补助与切块到市县部分资金之和不低于替代养路费部分的 15%。替代养路费部分补助农村公路养护工程资金按照各县农村公路管养里程、桥隧比例、养护质量、绩效考核等因素统筹分配。[责任单位：各市、县（市、区）政府，沈抚示范区管委会，省交通运输厅、省财政厅]

8. 加大财政资金支持力度。按照财政事权与支出责任相统一的原则，农村公路管理养护属于县级财政事权，资金原则上由地方通过自有财力安排，对县级政府落实支出责任存在的收支缺口，省、市级政府根据不同时期的发展目标给予一定资金支持。

省、市、县三级公共财政资金用于农村公路日常养护的总额不得低于以下标准：县道每年每公里 10000 元，其中，省级公共财政投入 1000 元，市级公共财政投入 4000 元，县级公共财政投入不低于 5000 元；乡道每年每公里 5000 元，其中，省级公共财政投入 500 元，市级公共财政投入 2000 元，县级公共财政投入不低于 2500 元；村道每年每公里 3000 元，其中，省级公共财政投入 300 元，市级公共财政投入 1200 元，县级公共财政投入不低于 1500 元。省、市级公共财政支持农村公路日常养护的资金标准，每五年根据养护成本变化等因素进行一次调整。[责任单位：各市、县（市、区）政府，沈抚示范区管委会，省交通运输厅、省财政厅]

9. 强化资金使用监督管理。各级财政、交通运输部门要各司其职、各负其责，强化农村公路资金绩效管理主体责任。科学合理设定预算资金绩效目标，实行全过程绩效监控跟踪，切实加强预算绩效结果运用。各级财政、交通运输部门要加强农村公路资金拨付和使用监管，严禁农村公路建设采用施工方带资的建设—移交（BT）模式，严禁以“建养一体化”名义新增隐性债务。各级审计部门要加强农村公路资金使用情况审计监督，公共财政资金使用情况要按有关规定向社会公开，接受群众监督。[责任单位：各市、县（市、区）政府，沈抚示范区管委会，省财政厅、省交通运输厅、省审计厅]

10. 拓宽农村公路发展投融资机制。积极争取中央均衡性转移支付和交通运输部车购税资金用于农村公路。发挥好政府资金引导作用，采取资金补助、先养后补、以奖代补、无偿提供料场等多种方式支持农村公路养护。农村公路养护分成性切块资金必须用于农村公路养护。鼓励多渠道筹集资金，积极吸引社会资本投资农村公路管理养护。鼓励将农村公路建设和一定时期的养护进行捆绑招标，将农村公路与产业、园区、乡村旅游等经营性项目实行一体化开发，运营收益用于农村公路养护。鼓励保险资金通过购买地方政府一般债券方式合法合规参与农村公路发展，探索开展农村公路灾毁保险。[责任单位：各市、县（市、区）政府，沈抚示范区管委会，省交通运输厅、省财政厅、省农业农村厅、省文化和旅游厅、省金融监管局、省扶贫办]

（三）建立农村公路管理养护长效机制

11. 分类有序推进农村公路养护市场化改革。加快农村公路管养分离，建立专群结合养护运行机制。鼓励符合资质条件的养护企业跨地区参与农村公路养护市场竞争，通过市场化运作选择专业队伍实施养护。鼓励将干线公路建设养护与农村公路工程捆绑招标，鼓励农村公路建设改造和养护一体化招标，通过签订长期合同、招投标约定等方式引导专业养护企业加大投入，提高养护机械化水平。日常养护鼓励通过分段承包、定额包干等模式，调动群众积极性，吸纳沿线群众主动参与农村公路养护，鼓励与农村人居环境整治结合实施。[责任单位：各市、县（市、区）政府，沈抚示范区管委会，省交通运输厅]

12. 加强安全和信用管理。公路安全设施与主体工程要同时设计、同时施工、同时投入使用。县级政府要组织相关部门加强农村公路隐患排查，完善安全设施，加大农村公路危桥改造和安全生命防护工程资金投入，消除农村公路运营安全隐患。建立健全农村公路灾害防治应急保障体系，提高抗灾能力和应急处置能力。加强全省农村公路养护市场监管，建立信用评价机制，实施联合守信激励和失信惩戒，按照国家有关规定将信用记录纳入全国信用信息共享平台，依法向社会公开。[责任单位：各市、县（市、区）政府，沈抚示范区管委会，省交通运输厅]

13. 强化法规政策和队伍建设。研究制定《辽宁省农村公路条例》，认真贯彻落实《辽宁省农村公路管理办法》，强化路政管理和执法能力建设，加强路产路权保护。县级政府要结合本地实际制定相关配套政策，切实做好农村公路保护路产、维护路权工作。完善路政管理体系，按照“权责清晰，精简高效”原则，发挥综合行政执法队伍作用，健全路政管理体系，建立县有综合执法员、乡有监管员、村有护路员的路产路权保护队伍，健全乡级政府与执法部门的协作机制。[责任单位：各市、县（市、区）政府，沈抚示范区管委会，省交通运输厅]

（四）促进农村公路转型发展

14. 坚持绿色发展，节约集约利用资源，严守生态保护红线，实现路与自然和谐共生。大力开展“美丽农村路”建设，切实提升路域环境，将交通之美融入村容整体环境美。坚持融合发展，推进农村公路与乡村文化、特色产业、乡村旅游等多元融合。积极拓展农村公路服务功能，为农村公路持续发展注入新动力。坚持智慧发展，推动运用新技术、新手段赋能农村公路管理养护工作。加强5G、北斗、互联网、物联网、大数据、卫星遥感等新技术的应用，不断提升农村公路管理效能和养护水平。[责任单位：各市、县（市、区）政府，沈抚示范区管委会，省交通运输厅]

四、保障措施

（一）加强组织领导。各级政府要加强农村公路管理养护体制改革工作领导，按照改革总体要求，结合当地实际，抓紧制定具体实施方案，精心组织实施。各级交通运输、财政等部门要加强改革政策引导，建立改革协作机制，明确责任，确保改革任务落到实处。

（二）加快开展改革试点工作。各级政府要围绕路长制、创新养护生产模式、信息化管理、美丽农村路、资金保障、创新投融资机制、信用评价机制等主题，积极开展改革试点创建工作。按照“好中选好、优中选优”和“经验突出、可推广、可复制”的原则，遴选工作基础好、典型示范带动强、推广价值高的试点主题进行全省推广，逐步建立符合我省农村公路实际的管养模式。

（三）强化监督考评。市、县级政府要将农村公路管理养护工作纳入政府绩效考核、乡村振兴考核等，建立健全激励约束机制，将考核结果与干部绩效、财政补助资金挂钩。定期开展督导评估，跟踪分析改革进展，评估改革推进效果，及时研究解决矛盾问题，适时调整政策措施，抓好改革落实，提升改革时效。

（四）加强宣传和舆论引导。围绕改革工作开展形式多样的宣传活动，利用报刊、广播、电视、网络等媒体，大力宣传改革新进展、新成效，突出典型事例、经验和人物事迹宣传，为深化改革营造良好的社会舆论氛围。

325. 吉林省高速公路路政管理条例

（2005 年 3 月 31 日吉林省第十届人民代表大会常务委员会十九次会议通过）

第一章　总　　则

第一条　为加强高速公路路政管理，保障高速公路安全畅通，根据《中华人民共和国公路法》等有关法律、法规，结合本省实际，制定本条例。

第二条　本省行政区域内的高速公路路政管理适用本条例。

本条例所称高速公路路政管理是指高速公路养护、保护、通讯、收费和服务方面的管理。

第三条　省人民政府交通行政主管部门主管高速公路路政管理工作，其所属的高速公路管理机构负责高速公路路政管理的具体工作。

各级人民政府有关部门，应当按照各自的职责做好高速公路路政管理工作。

第四条　高速公路受国家保护，任何单位和个人不得破坏、损坏或者非法占用高速公路、高速公路用地及高速公路附属设施。

任何单位和个人都有爱护高速公路、高速公路用地及高速公路附属设施的义务，有权检举和控告破坏、损坏高速公路、高速公路用地、高速公路附属设施和影响高速公路安全的行为。

第五条　禁止任何单位和个人非法在高速公路上设卡、收费、罚款和拦截车辆。

第二章　养 护 管 理

第六条　高速公路经营管理单位应当按照国家规定的高速公路养护质量标准、技术规范和操作规程，对高速公路实行预防性、周期性养护，保障高速公路及其附属设施处于良好的状态。

高速公路经营管理单位应当按照省人民政府交通行政主管部门的规定，报送路况数据。

第七条　高速公路经营管理单位应当执行省人民政府交通行政主管部门制定的高速公路大修、中修和养护专项工程计划及方案。

第八条　高速公路大修、中修和养护专项工程实行招标投标制度、法人负责制度、合同管理制度和工程监理制度。

第九条　高速公路大修、中修和养护专项工程项目施工结束后，省人民政府交通行政主管部门应当依法组织验收。未经验收或者经验收不合格的，不得使用。

第十条　高速公路经营管理单位应当按照国家标准和省人民政府交通行政主管部门制定的规范，设置和维护标志、标线，保持标志、标线清晰、醒目、完好。

第十一条　高速公路经营管理单位应当按照养护技术规范加强养护、巡查，并对高速公路及其附属设施进行检查。对达不到技术规范要求影响高速公路安全运行的，应当及时组织抢修或者采取措施排除险情。

第十二条　当高速公路存有积水或者积雪，影响高速公路运行安全，尚未达到关闭程度时，高速公路经营管理单位应当对过往车辆进行提示，并及时清除积水或者积雪。

第十三条　高速公路养护作业应当选择在车流量较小的时段进行。

高速公路养护作业需要部分封闭路面或者中断交通的，应当编制施工路段现场管理方案，依法办理相关手续，在施工前一日，通过公众媒体和高速公路可变信息板发布养护路段、作业时间等信息，并在施工路段相关入口处设置公告牌。

第十四条 省人民政府交通行政主管部门应当加强对高速公路养护的监督管理，对高速公路及其附属设施的完好状况和养护质量进行监督检查，对达不到高速公路技术规范要求的，应当责成负责养护的单位限期采取措施。

第三章 公 路 保 护

第十五条 高速公路上禁止下列行为：

（一）擅自安装、拆除、改动高速公路附属设施；

（二）丢弃、抛撒、擅自堆放物品，摆摊设点、打场晒粮，倾倒垃圾；

（三）练车、试刹车；

（四）非机动车、行人进入，赶放家畜；

（五）在紧急停车道以外停车、上下人员、装卸货物；

（六）驾驶易损害路面的车辆；

（七）不按有关规定拖拽事故车辆、故障车辆；

（八）其他影响高速公路正常使用的行为。

第十六条 超限运输车辆不得上高速公路行驶。但是，经依法批准运载不可解体物品的超限运输车辆除外。

高速公路管理机构应当对进入高速公路的载货车辆进行超限检测，载货车辆应当接受检测，不得强行通过。经检测发现超限的车辆，应当卸载。卸载发生的费用由车主承担。

第十七条 高速公路建筑控制区应当按照保障高速公路运行安全和节约用地的原则划定。已有高速公路建筑控制区的具体范围由省人民政府交通行政主管部门根据不同路段的实际报省人民政府划定；新建高速公路建筑控制区应当在高速公路建设征地时由省人民政府交通行政主管部门报省人民政府划定。

第十八条 利用高速公路附属设施、高速公路用地、高速公路建筑控制区设置广告设施，应当符合有关规定。

省人民政府交通行政主管部门应当按照总量控制、合理布局、规范设置的原则，制定高速公路广告设施设置规划，并向社会公布。

第十九条 滞留在高速公路上的车辆或者货物影响高速公路安全畅通的，高速公路管理机构可以进行转移处理，费用由车主承担。

第二十条 在高速公路上运输易燃、易爆、有毒和放射性等危险物品发生险情时，高速公路管理机构及有关部门应当依法启动应急预案，及时排除险情，保障高速公路安全畅通。

第四章 收 费 管 理

第二十一条 高速公路收费站应当按照统一标准设置公告牌，公布收费站名称、审批机关、收费单位、收费标准、收费期限和监督电话。

第二十二条 高速公路管理机构应当对高速公路收费工作实施统一管理，实行微机联网收费。

收费单位必须加入高速公路收费网络，并遵守国家有关规定和收费业务规范，执行有关部门批准的收费标准。

第二十三条 在高速公路上行驶的车辆必须按照规定足额交纳车辆通行费；不交纳车辆通行费的，收费单位可以拒绝通行。但是，国家另有规定的除外。

高速公路收费单位必须向交付车辆通行费的车辆出具合法的收费票据。

第五章　服务管理

第二十四条　高速公路收费及其他网络系统由高速公路管理机构统一规划，收费单位应当按照国家规定的标准和技术规范负责建设和维护，并提供服务。

收费单位未按照国家规定的标准和技术规范建设和维护网络的，由高速公路管理机构代为建设和维护，费用由收费单位承担。

第二十五条　省人民政府交通行政主管部门应当制定高速公路经营服务规范，对高速公路经营管理单位进行规范化管理。

高速公路经营管理单位应当健全规章制度，坚持守法、诚信、规范运营，提供安全、便捷、文明的服务。

第二十六条　高速公路经营管理单位应当根据高速公路运营和服务的需要设置服务区或者服务设施。

第二十七条　高速公路经营管理单位应当收集、汇总所经营高速公路的交通流量、路况、施工作业、气象与路网运行有关的信息，及时报高速公路管理机构向社会发布。

第二十八条　高速公路管理机构应当及时研究、分析有关信息，下达调度指令，有关单位应当服从统一指挥、调度。不服从高速公路管理机构统一指挥、调度的，高速公路管理机构可以直接采取措施妥善处理。涉及交通安全的，应当通报公安机关交通管理部门。

第二十九条　高速公路管理机构应当制订高速公路应急预案，建立应急预案体系，确保高速公路安全畅通。

第三十条　因恶劣气象条件、自然灾害、交通事故、突发事件以及其他原因致使高速公路不能正常通行时，高速公路经营管理单位应当采取有效措施及时处理并报告高速公路管理机构。紧急情况下，管理人员可以先行处理，同时报告指挥调度中心，组织调度交通和区域分流。

需要关闭高速公路的，由高速公路管理机构、公安机关交通管理部门共同商定，通过公共媒体和高速公路可变信息板等发布信息，关闭收费站入口，设置必要的交通分流疏导设施。

关闭高速公路的原因消除后，有关部门应当及时开通高速公路，并向社会公告。

第三十一条　发生重、特大交通事故以及其他重大、突发事件，需要通行高速公路时，收费站应当为执行现场抢险、救护任务的车辆开辟紧急通行车道。

第三十二条　高速公路管理机构应当建立快速清障救援机制，接到清障救援信息后，应当立即赶赴现场采取措施进行紧急处理。

第六章　监督检查

第三十三条　高速公路监督检查人员执行任务时，应当佩戴标志，持证上岗。

用于高速公路监督检查的专用车辆，应当按照国家规定设置统一的标志和示警灯。高速公路执行监督检查任务的专用车辆，在不影响交通安全的情况下，可以于就近的活动隔离栅进行掉头。

第三十四条　高速公路管理机构在监督检查时，行使以下职权：

（一）调阅有关资料，调查了解情况；

（二）对检查中发现的违反高速公路管理规定的行为，当场及时纠正或者要求限期改正，并依法处理；

（三）对检查中发现的高速公路安全隐患责令立即排除，无法立即排除的，设置警示标志并通知负责养护的单位采取措施及时处理；

（四）督促高速公路经营管理单位依法履行高速公路养护义务。

第三十五条　高速公路监督检查人员进行监督检查时，应当将监督检查的情况和处理结果予以记录，由监督检查人员签字后归档。公众有权查阅监督检查记录。

第三十六条 省人民政府交通行政主管部门以及高速公路管理机构应当建立举报、投诉制度，公开举报、投诉电话和电子邮箱，受理社会投诉、举报，并及时调查处理。

第三十七条 省人民政府交通行政主管部门、高速公路管理机构应当加强对所属高速公路监督检查人员的管理、教育和监督；发现高速公路监督检查人员违法行为应当及时纠正，并依法处理。

高速公路监督检查人员应当熟悉有关法律、法规，热情服务，依法履行职责。

第七章 法律责任

第三十八条 违反本条例第六条第一款、第七条、第十一条规定，高速公路经营管理单位未按国家规定的技术规范和操作规程养护高速公路，或者不执行高速公路的大修、中修和养护专项工程计划和方案，或者发生影响高速公路安全运行情况，不及时组织抢修或者采取措施排除险情的，由省人民政府交通行政主管部门责令改正；拒不改正的，责令停止收费；责令停止收费后30日内仍未履行高速公路养护义务的，由省人民政府交通行政主管部门指定其他单位进行养护，养护费用由原经营管理单位承担。

高速公路经营管理单位因未依法履行养护义务，造成他人人身、财产损害的，应当予以赔偿。因受害人自身过错造成损害的，受害人分担相应的责任。

第三十九条 违反本条例第六条第二款和第二十七条规定，未按规定报送路况数据、路网信息的，由省人民政府交通行政主管部门责令补报并给予警告。

第四十条 违反本条例第九条规定，高速公路大修、中修和养护专项工程项目未经验收或者经验收不合格即投入使用的，由省人民政府交通行政主管部门责令停止使用。

第四十一条 违反本条例第十五条规定，影响高速公路正常使用的，由高速公路管理机构责令停止违法行为；对情节较轻的可以处50元以上500元以下的罚款；对情节严重的可以处500元以上2000元以下的罚款；对情节特别严重的，可以处2000元以上5000元以下的罚款；造成他人人身、财产损害的，依法承担民事责任。

第四十二条 违反本条例第十六条第二款规定，载货车辆拒绝接受检测强行通过的，高速公路管理机构可以滞留车辆。

第四十三条 违反本条例第二十二条第二款规定，收费单位拒绝加入高速公路收费网络或者严重违反收费业务规范的，由省人民政府交通行政主管部门责令改正并给予警告。

第四十四条 违反本条例第三十条第一款规定，高速公路不能正常通行时，未及时采取有效措施的，由省人民政府交通行政主管部门责令改正，并可以处2000元以上1万元以下的罚款。

第四十五条 高速公路收费单位对采用强行通过或欺骗手段逃交车辆通行费的，除补收车辆通行费外，可以加收一倍的车辆通行费。

第四十六条 省人民政府交通行政主管部门、高速公路管理机构违法行使职权，造成公民、法人或者其他组织人身、财产损害的，依法承担行政赔偿责任。

第四十七条 省人民政府交通行政主管部门、高速公路管理机构工作人员在执行公务时，滥用职权、玩忽职守、徇私舞弊的，由主管部门依法给予行政处分；构成犯罪的，由司法机关依法追究刑事责任。

第八章 附 则

第四十八条 本条例自2005年7月1日起施行。

326. 吉林省公路条例

（2011年11月23日吉林省第十一届人民代表大会常务委员会第二十九次会议通过）

第一章　总　　则

第一条　为了加强公路的建设和管理，促进公路事业的发展，保障公路的完好、安全和畅通，适应经济社会发展的需要，根据《中华人民共和国公路法》、《公路安全保护条例》和有关法律、行政法规，结合本省实际，制定本条例。

第二条　在本省行政区域内，从事公路的规划、建设、养护、路政管理和监督，以及其他与公路有关的活动，均须遵守本条例。

第三条　本条例所称公路包括国道、省道、县道、乡道和村道。

第四条　公路发展应当遵循全面规划、合理布局、确保质量、保障畅通、保护环境、建设改造与养护管理并重的原则。

第五条　省人民政府交通运输主管部门主管全省的公路管理工作。省公路管理机构负责国道、省道的建设、养护和路政管理。

县级人民政府负责县道建设和养护，可以根据实际情况决定乡道、村道的建设和养护。县级公路管理机构负责县道、乡道、村道的路政管理工作。乡级人民政府可以根据县级公路管理机构委托设立专职人员负责乡道、村道的路政管理工作。

县级以上人民政府发展和改革、公安、财政、规划、建设、国土资源、铁路、林业、水利、环境保护、工商行政管理、档案、地震等有关部门，按照各自职责，依法负责公路的相关工作。

第六条　任何单位和个人均有权依法使用、利用公路及其设施，有权检举、控告、依法制止违反公路法律、法规的行为。

县级以上人民政府及其交通运输主管部门对公路的建设、养护和路政管理做出突出贡献的单位和个人，应当给予表彰、奖励。

第二章　公 路 规 划

第七条　公路规划应当根据国民经济和社会发展以及国防建设等需要编制，与城乡规划和其他方式的交通运输发展规划相协调。

第八条　编制国民经济和社会发展规划、城乡规划、土地利用总体规划，涉及公路规划的内容，应当征求同级交通运输主管部门的意见。

第九条　编制公路规划应当经过专家论证，按照国家和省有关规定征求有关部门的意见，并向社会公众征求意见。

公路规划批准后，应当及时向社会公布。但是涉及国防的内容除外。

第十条　县级人民政府交通运输主管部门应当协助乡级人民政府编制乡道、村道规划。乡道、村道规划应当与乡（镇）、村庄规划相衔接。

第十一条　实施公路规划应当遵循先重点、后一般的原则，优先安排具有重大经济、社会、国防意义以及交通闭塞、急需畅通地区的公路建设项目。

第十二条　公路在公路网中的等级与实际作用明显不相适应时，由原规划编制机关提出变更申请，按照国家规定的程序变更。

第十三条 县级以上人民政府交通运输主管部门，应当统筹规划现有公路的客货运站点、服务区、加油站、标志牌等附属设施的设置，并在危险路段设置警示标志，提高公路的服务功能。

新建公路设置客货运站点、服务区、加油站、标志牌等附属设施应当征求相关部门和社会公众意见，与公路同时规划、同时设计、同时建设。

第三章　公 路 建 设

第十四条 公路建设应当按照保护耕地、林地和湿地，节约用地的原则，充分利用现有道路，依法保护环境、保护文物古迹，防止水土流失。

第十五条 公路建设应当按照国家规定的基本建设程序、建设工程有关规定和技术规范进行。公路建设实行项目法人负责制度、工程招标投标制度、工程监理制度和工程质量责任追究等制度。

公路建设、勘察设计、施工和监理单位应当依法对公路工程质量负责。

各级人民政府应当将公路建设质量纳入绩效管理考评工作。县级以上人民政府交通运输主管部门应当监督公路建设项目执行基本建设程序，建立公路建设项目公示制度，接受社会公众监督。

第十六条 县级人民政府交通运输主管部门和乡级人民政府，可以聘请技术人员和村民代表参与县道、乡道和村道建设质量的监督。

第十七条 公路建设用地由县级以上人民政府提供，涉及的征地、补偿、安置工作，由公路沿线县级以上人民政府负责。公路建设用地的土地补偿费、安置补助费、森林植被恢复费、地上附着物和青苗补偿费等费用标准，按照国家和省有关规定执行。

自县级以上人民政府发出拟征地通知书之日起，当地人民政府及其有关部门，在拟建公路的建筑控制区内不得再批准建设建筑物、构筑物。

第十八条 县级以上人民政府应当确定公路两侧边沟（截水沟、坡脚护坡道）外缘起不少于一米的公路用地。

划定公路用地，公路建设单位应当依法办理用地审批手续。

第十九条 新建公路时，公路和相关行业的地下管线及相关设施，应当同时规划、同时设计，并按照先地下、后地上的施工原则，进行建设。

第二十条 必要的公路附属设施应当按照国家和省的规划、标准、技术规范，与公路同时设计、同时建设、同时验收。

县级以上人民政府交通运输主管部门应当按照国家标准设置交通标志、标线，并保证交通标志、标线完好、清晰。

第二十一条 县级以上人民政府交通运输主管部门应当加强公路工程造价管理，公路工程造价管理机构应当依法履行职责，合理确定工程造价。

第二十二条 公路建设单位应当按照档案管理有关规定，及时收集、整理、保存工程资料，建立健全工程档案。

第二十三条 因城镇发展需要将公路改为城镇道路时，由交通运输主管部门和市政主管部门提出意见后，按照公路规划和城乡规划的审批程序审批。

第二十四条 因改线等原因停用的公路路段，由公路管理机构设置禁止使用标志，并依法处理。

第四章　公 路 养 护

第二十五条 非经营性公路养护由公路管理机构自行组织养护，也可以委托他人代为养护，其中大中修和改建工程养护应当按照交通运输主管部门有关规定进行招标。

经营性公路养护方式由公路经营企业自行确定。

第二十六条　公路养护作业单位应当具备下列资质条件：

（一）有一定数量的符合要求的技术人员；

（二）有与公路养护作业相适应的技术设备；

（三）有与公路养护作业相适应的作业经历；

（四）符合国务院交通运输主管部门规定的其他条件。

第二十七条　乡级人民政府可以采取建立群众性和专业性养护相结合的方式，对乡道、村道进行养护。

第二十八条　公路管理机构、公路经营企业应当按照国家和省有关技术规范和操作规程养护公路及其附属设施，及时清除路面积雪，保证公路及其附属设施经常处于良好的技术状态。

第二十九条　乡级以上公路养护计划由公路管理机构、公路经营企业按照公路的等级、里程、路况、养护定额及养护规范编制，报交通运输主管部门审查。使用财政资金养护的，应当由交通运输主管部门会同财政部门审查。

第三十条　公路管理机构应当统筹安排公路养护工程施工，科学确定养护计划，避免由于同一线路或者相邻线路集中施工，造成区域路段交通堵塞。对于重要交通路段，应当集中力量尽快修复，确保畅通。

第三十一条　在省或者设区的市交界区域进行公路养护作业，可能造成交通堵塞的，有关公路管理机构、公安机关交通管理部门应当事先书面通报相邻的省或者设区的市公路管理机构、公安机关交通管理部门，共同制定疏导预案，确定分流线路。

第三十二条　公路管理机构、公路经营企业应当设立养护公告牌，公示养护单位、养护作业单位的名称、养护路段、养护类别和联系方式。

第三十三条　进行公路养护施工，作业单位应当按照技术规范和有关规定，在规定位置设置交通安全设施与警示标志，隔离车流、人流与工作区；必要时，应当安排专人引导车辆、行人通过。

第三十四条　任何单位和个人不得擅自移动公路养护施工安全警示标志和防护设施。非施工作业人员不得进入公路施工作业区域。

第三十五条　进行公路养护施工时，作业人员应当穿着统一的安全标志服装，养护作业的车辆、机械设备应当设置明显的作业标志，开启危险报警闪光灯。在不影响过往车辆通行的前提下，养护作业车辆行驶方向、路线不受交通标志、标线限制，过往车辆应当避让。

第三十六条　养护公路临时使用的作业用地以及所需要的砂石、土料、用水，由县级和乡级人民政府负责落实，养护作业单位应当依法办理相关手续。

第三十七条　公路管理机构、公路经营企业应当按照国家和省的公路规划和技术规范，逐步完善和维护公路的机电、监控、收费、信息系统，使其保持良好的技术状态。

第三十八条　公路管理机构、公路经营企业应当按照国家和省的有关规定对公路实施绿化，公路路肩、边坡和公路用地上的植被影响通行安全时，应当及时修剪，需要采伐时，应当依法办理审批手续，并按规定更新补种。

第三十九条　公路管理机构、公路经营企业应当按照国家和省规定的标准，定期检测公路桥梁。公路养护作业单位发现公路桥梁存在安全隐患的，应当及时维修和加固，同时通知同级公安机关交通管理部门、公路管理机构以及河道管理部门，根据实际情况采取限速行驶、单向行驶或者封闭绕行等措施，并按照养护技术规范要求，在作业区的起点和终点设置交通安全设施和警示标志，确保行车安全和畅通。其中影响船舶航行安全的，应当及时通知海事机构，采取设置警示标志、发布航行通（警）告、实施航行管制等措施，保证航行安全。

在公路桥梁下通过的船舶和漂浮物，可能危及公路桥梁安全的，公路管理机构应当进行监控，及时排除安全隐患。

第四十条　县级以上人民政府应当建立公路抢险应急制度并制定应急预案。各级公路管理机构应当组建应急抢险队伍，完善应急物资储备、调配体系，确保在恶劣天气、地质灾害、突发事件等紧急情况发生时的抢修救援需要。

第四十一条 公路管理机构、公路经营企业应当按照省人民政府交通运输主管部门的规定巡查公路，并作巡查记录。

公路管理机构、公路经营企业接到举报或者在巡查中发现损坏公路及其设施和影响公路正常使用的行为，应当制止。

公路管理机构、公路经营企业对损坏的公路及其设施，应当及时修复。对不能正常使用的公路，应当按照养护技术规范要求，在养护作业区的起点和终点设置警示标志，及时采取措施，方便车辆通行。

第五章 路政管理

第四十二条 公路建筑控制区的范围，从公路用地外缘起向外的距离标准为：

（一）国道不少于二十米；

（二）省道不少十五米；

（三）县道不少于十米；

（四）乡道不少于五米；

（五）村道不少于二米。

第四十三条 除公路防护、养护需要外，禁止在公路建筑控制区内修建永久性建筑物和构筑物；需要建设临时性建筑物和构筑物的，必须事先征得有关公路管理机构同意，并依法办理相关手续。

在公路建筑控制区内先于公路建成的永久性建筑物和构筑物，不得扩建。

公路建筑控制区内建设临时性建筑物、构筑物和堆放物品，在公路拓宽、改造需要拆除或者搬迁时，应当无条件拆除或者搬迁。

第四十四条 新建村镇、开发区、学校、住宅区、娱乐场所、商业街以及农贸市场等建筑群或者货物集散地尽可能在公路一侧进行。

确因自然环境、地理位置等原因不能按照本条前款规定建设的，应当按照交通运输主管部门和建设主管部门的要求，修建必要的隔离和跨越、穿越公路的设施。

第四十五条 在下列范围内禁止从事采矿、采石、取土、爆破作业等危及公路及其设施安全的活动：

（一）国道、省道、县道的公路用地外缘起向外一百米，乡道、村道的公路用地外缘起向外五十米；

（二）公路渡口和中型以上公路桥梁周围二百米；

（三）公路隧道上方和洞口外一百米。

第四十六条 拟建设铁路、河道、渡槽、管（杆）线等设施，需要跨越、穿越现有公路或者在建公路时，应当事先征求交通运输主管部门的意见。交通运输主管部门发现拟建设施的设计和施工方案不符合技术要求的，应当提出修改意见，建设单位应当采纳。

第四十七条 建设工程施工，确需占用、挖掘、跨越、穿越公路、公路用地及公路建筑控制区的，应当遵守下列规定：

（一）与公路管理机构协商一致，涉及交通安全的，还须征得公安机关交通管理部门同意；

（二）拟建设施与公路建设规划和计划相协调，符合公路工程技术标准和规范，不妨碍安全通行视距，不遮挡公路标志、信号灯；

（三）新建跨越公路电讯、广播、电力线路时，导线距离路面的垂直高度不低于七米；

（四）按照批准的施工方案施工，确保施工安全。

在公路、公路用地、公路建筑控制区范围内设置非公路设施的，应当按省有关规定缴纳公路占用费。

第四十八条 根据《公路安全保护条例》规定扣留车辆时，违法行为人拒不配合的，公路管理机构可以先行采用技术性措施限制车辆行驶。

第四十九条 公路、公路用地及公路建筑控制区范围内的非公路设施，由其产权人或者管理人负责维护和管理。

公路管理机构发现非公路设施损坏，影响公路安全畅通的，应当通知其产权人或者管理人处理；危及公路正常使用的，可以采取临时安全措施，并通知其产权人或者管理人限期修复、处理；逾期未予修复、处理的或者设施的产权人、管理人难以找到的，公路管理机构应当采取修复、拆除、清除等消除危险的措施，费用由其产权人或者管理人承担。

第五十条 在公路用地和公路建筑控制区内，提供加油、维修、餐饮、购物、休息、广告经营服务的单位和个人，应当遵守公路经营服务规范。

第五十一条 公路管理机构对涉嫌违反公路法律法规的行为，应当及时检查，就地处理；不能就地处理的，应当就近处理。

第六章 资 金 保 障

第五十二条 县级以上人民政府应当根据当年公路建设任务及养护和管理需要，将公路建设、养护和管理资金纳入本级财政预算。

第五十三条 县级以上人民政府可以通过出让县道、乡道、村道的冠名权、绿化经营权、广告经营权、路边资源开发经营权等方式筹集社会资金，用于县道、乡道、村道的建设、养护。

第五十四条 非经营性公路的养护资金，由财政部门按照审定的公路养护计划及时足额拨付。经营性公路的养护资金，除省另有规定外，由管理机构按照交通运输主管部门审定的公路养护计划，在银行开设专户预留，用于公路养护。交通运输主管部门负责养护资金支出的监督。

第五十五条 路产赔偿费、公路占用费应当用于公路路产的养护和管理。

第五十六条 公路建设、养护资金，应当专款专用，任何单位和个人不得截留、挤占和挪用，并接受审计、财政部门的监督检查。

第七章 监 督 管 理

第五十七条 县级以上人民政府交通运输主管部门、公路管理机构应当加强公路管理行政执法队伍建设，完善执法工作制度，监督执法工作，依法查处违法行为。

第五十八条 县级以上人民政府交通运输主管部门及其公路管理机构应当收集公路上的交通流量、养护作业、交通阻断等与公路运行有关的信息，按照国家和省的规定，及时公布公路运行信息。

第五十九条 县级以上人民政府交通运输主管部门及其公路管理机构应当按照国家和省的有关规定，对涉嫌超过规定限制标准的车辆进行检查。

第六十条 县级以上人民政府交通运输主管部门及其公路管理机构应当在办公场所和相关网站，公示公路管理工作的执法主体、执法依据、执法程序、监督办法等，自觉接受社会公众的监督。

交通行政执法人员在执法过程中应当统一着装，办公场所应当统一执法标识和外观形象。

第六十一条 社会公众对交通运输主管部门、公路管理机构及其监督检查人员的违法违纪行为有权检举、控告，有关部门应当依据职责及时查处。

第六十二条 实施公路建设时，在征地完成后，公路管理机构可以按照建成后的公路行使行政管理权。

第八章　法 律 责 任

第六十三条　违反本条例第二十八条规定，公路养护作业单位未按照国家规定的技术规范和操作规程进行公路养护作业的，由公路管理机构责令改正，处以一万元以上三万元以下罚款；拒不改正的，处以三万元以上五万元以下罚款，并吊销其资质证书。

第六十四条　违反本条例第四十一条第一款规定，公路管理机构、公路经营企业未按规定巡查公路、制作巡查记录的，由交通运输主管部门责令改正。

第六十五条　违反本条例第四十三条规定，在公路建筑控制区内修建建筑物、地面构筑物的，由公路管理机构责令限期拆除，可以处以一万元以上三万元以下罚款；逾期不拆除的，可以处以三万元以上五万元以下罚款，并由公路管理机构拆除，拆除费用由建筑者、构筑者承担。

第六十六条　有下列违法行为之一的，由公路管理机构责令停止违法行为，限期改正，可以处以五千元以下罚款；对情节严重的，可以处以五千元以上三万元以下罚款：

（一）违反本条例第三十四条规定，擅自移动公路养护施工安全警示标志和防护设施，可能危及公路安全的；

（二）违反本条例第四十五条规定，在禁止范围内从事危及公路安全活动的；

（三）违反本条例第四十七条第一项规定，未经批准擅自占用、挖掘、跨越、穿越公路、公路用地、公路建筑控制区的；

（四）违反本条例第四十七条第二项规定，拟建设施不符合公路工程技术标准和规范，妨碍安全通行视距或者遮挡公路标志、信号灯的；

（五）违反本条例第四十七条第三项规定，新建跨越公路电讯、广播、电力线路时，导线距离路面的垂直高度不符合要求的；

（六）违反本条例第四十七条第四项规定，未按照批准的施工方案施工的。

第六十七条　因超限运输造成公路损害的，应当依法缴纳路产赔偿费。赔偿标准由省交通运输主管部门征求同级物价、财政部门意见后制定。超限运输的单位和个人不能提供有效证据证明其车辆行驶公路里程的，按照发现其违法行为的行驶路线在本省内的最大行驶里程计算赔偿数额。如果能够确定实际损失的，按照实际损失赔偿。

第六十八条　未经许可超限行驶的车辆，公路管理机构应当责令其承运人自行卸载超限物品；拒不卸载的，不得驶离，并可以对其强制卸载。

第六十九条　公路管理机构、公路经营企业未按本条例规定履行巡查、维护、管理义务，或者其他组织、个人违反本条例，造成他人人身财产损失的，应当依法承担民事责任。

第七十条　对违反公路法律、法规的行为，交通运输主管部门、公路管理机构应当予以制止；危及公路安全、畅通的，可对危及公路安全、畅通的堆放物、散落物、建筑物和构筑物采取必要的强制清理、拆除、暂扣措施。

采取上述措施时，应当出具省人民政府交通运输主管部门统一制发的行政执法文书。暂扣的物品，应当妥善保管，并在当事人接受处理或者提供相应的经济担保后归还。

第七十一条　违反本条例规定，造成公路及其设施损害的，应当依法承担民事责任。公路管理机构与公路使用人、利用人之间因公路设施管理与使用、利用而产生的民事纠纷，由双方协商解决；协商不成的，应当通过仲裁或者民事诉讼解决。

第七十二条　县级以上人民政府交通运输主管部门及其公路管理机构、公路经营企业和其他有关部门的工作人员，在土地征收、招标投标、建设质量监管等公路管理工作中滥用职权、玩忽职守、徇私舞弊的，由其所在单位、上级机关或者有关主管部门依法给予行政处分；构成犯罪的，依法追究刑事责任。

第九章 附　　则

第七十三条 本条例所称公路附属设施，是指公路、公路用地范围内为公路及通行车辆提供安全、通讯、检测、养护、机电、监控、收费、信息系统的设施；排水系统（边沟、截水沟、盲沟等）、桥梁附属设施、隧道附属设施；道班房、收费站、检测站、公路建设和养护料场、公路客货运站点、服务区、路线指示牌等设施。

第七十四条 本条例自 2012 年 1 月 1 日起施行。《吉林省公路管理条例》同时废止。

327. 吉林省农村公路条例

（2015年9月16日吉林省第十二届人民代表大会常务委员会第二十次会议通过）

第一章 总 则

第一条 为了加强农村公路的建设、养护和管理，保障农村公路的安全畅通，根据《中华人民共和国公路法》、《公路安全保护条例》等法律、法规，结合本省实际，制定本条例。

第二条 本省行政区域内农村公路的规划、建设、使用、养护、管理以及其他与农村公路有关的活动，适用本条例。

本条例所称农村公路，是指包括县道、乡道和纳入农村公路规划的村道及其附属设施。

第三条 县级以上人民政府应当将农村公路的发展纳入国民经济和社会发展规划，保证农村公路的正常建设、养护和管理，并将农村公路工作纳入对下级政府的绩效考核范围。

县级人民政府是本行政区域内农村公路建设、养护和管理的责任主体，应当加强对农村公路工作的组织领导和监督管理，建立健全农村公路建设、养护和管理的县、乡、村三级组织管理体系，并将农村公路工作纳入本级人民政府年度工作目标考核范围，建立并落实责任追究制度。

乡（镇）人民政府在本条例规定和县级人民政府确定的职责范围内，负责农村公路的建设、养护和管理工作，指导和帮助村民委员会建立村道管护群众组织。

第四条 省人民政府交通运输主管部门会同同级财政部门编制全省农村公路建设、养护工程项目省级补助资金计划，安排使用和监督管理农村公路养护省级补助资金。

设区的市级人民政府交通运输主管部门负责本行政区域内农村公路建设、养护计划执行情况的监督，安排使用和监督管理农村公路养护市级补助资金。

县级人民政府交通运输主管部门负责提出本行政区域内农村公路建设、养护计划建议，农村公路养护资金的安排使用，农村公路建设市场、工程质量与安全生产监管。

第五条 任何单位和个人不得破坏、损坏或者非法占用农村公路、公路用地及公路附属设施。

任何单位和个人都有保护农村公路、公路用地及公路附属设施的义务，有权依法制止、检举和控告破坏、损坏或者侵占农村公路、公路用地、公路附属设施以及其他影响公路安全的违法行为。

第二章 规划和建设

第六条 农村公路规划应当依据国民经济和社会发展规划，符合土地利用总体规划，按照有利于群众生产生活和保护农村生态环境的要求，结合农村建设和城镇化建设的需要进行编制，并与城乡规划、国道和省道规划以及其他方式的交通运输发展规划相协调。

农村公路建设应当按照国家和省的有关规定，对贫困、边远以及少数民族地区增加投资比例。

第七条 县道规划由县级人民政府交通运输主管部门会同有关部门编制，经本级人民政府审定后，报上一级人民政府批准，并报省人民政府交通运输主管部门备案。

乡道、村道规划由县级人民政府交通运输主管部门协助乡（镇）人民政府编制，报县级人民政府批准，并报上一级人民政府交通运输主管部门备案。

经批准的县道、乡道、村道规划应当公布，不得擅自变更。确需变更的，应当按照原程序批准和备案。

第八条 农村公路建设应当充分利用现有道路进行改建和扩建。县道按照不低于三级公路技术标准建设，乡道按照不低于四级公路技术标准建设。村道建设标准应当根据当地实际需要和经济条件确定，一般不低于四级公路技术标准。

对不符合规定标准的农村公路，县级人民政府应当采取措施逐步改造。

第九条 技术标准为四级以上的农村公路和桥梁、隧道工程的设计，应当由具有相应资质的设计单位承担。其他农村公路工程的设计，可以由县级交通运输主管部门或者乡（镇）人民政府组织公路工程技术人员承担。

第十条 二级以上公路或中型以上桥梁、隧道工程项目应当依法办理施工许可；其他列入年度建设计划的农村公路建设项目，完成相应准备工作并经县级以上人民政府交通运输主管部门同意的，即可开工建设。

沥青（水泥）混凝土路面、桥梁、隧道等建设项目，应当选择具有相应资质的专业队伍施工。

第十一条 县道或者二级以上乡道、村道及中型以上桥梁、隧道建设项目，应当招标选择具有相应资质的工程监理单位。其他农村公路建设项目，可以由县级公路管理机构组织监理。

第十二条 县级人民政府交通运输主管部门、乡（镇）人民政府应当聘请专业技术人员和群众代表参与农村公路建设质量与安全生产监督工作。

农村公路建设施工现场应当设立质量责任公告牌，公告有关责任单位、责任人、主要质量控制指标和质量举报电话。

第十三条 农村公路建设项目实行安全生产责任制和质量责任追究制。

农村公路建设项目的建设、设计、施工和监理单位应当明确安全和质量管理责任，落实安全和质量保证措施。

农村公路建设项目实行质量缺陷责任期和质量保证金制度。质量缺陷责任期至少为二年，质量保证金制度按照国家有关规定执行。

第十四条 农村公路建设项目中的县道、大桥、特大桥、隧道工程完工后，由设区的市级人民政府交通运输主管部门组织验收；其他农村公路建设项目由县级人民政府交通运输主管部门组织验收。

省级人民政府交通运输主管部门应当对农村公路工程验收工作进行抽查。

第十五条 农村公路建设应当按照档案管理有关规定，收集、整理、保存工程资料，建立工程档案。

第三章　养护和管理

第十六条 县级公路管理机构具体负责县道的养护工作，并对乡道、村道的养护进行技术指导。

乡（镇）人民政府具体负责乡道、村道的养护工作，并协助县级公路管理机构做好本行政区域内县道的养护工作。

村民委员会应当引导村民自觉护路，维护农村公路的路容、路貌。

第十七条 农村公路日常养护方式逐步由群众性养护和季节性养护向专业性和经常性养护转变。

第十八条 农村公路养护作业时，作业单位应当设置必要的交通安全设施与安全警示标志。确需中断交通的，应当遵守相关法律、法规规定。

第十九条 县级公路管理机构、乡（镇）人民政府应当按照规定的频次进行农村公路养护巡查，并制作巡查记录。发现公路损坏和危险情况时，应当及时组织修复和排除。难以及时修复和排除的，应当在危险路段按照规定设置警示或者限行限载标志，必要时应当采取措施中断公路使用。

第二十条 因严重自然灾害致使农村公路中断或者严重损坏时，县级人民政府、乡（镇）人民政府和村民委员会应当及时组织修复。

第二十一条 县级人民政府、乡（镇）人民政府和村民委员会应当按照绿化规划和谁种植、谁管理、谁受益的原则，组织和动员农村公路沿线的单位和个人实施公路绿化。

需要更新采伐农村公路护路林的，应当依照有关法律法规规定办理。

第二十二条 任何单位和个人不得在农村公路上及公路用地范围内非法挖砂、采石、取土、放牧、堆放物料、设置障碍、挖沟引水或者从事种植农作物、打场晒粮、倾倒垃圾、排放污物等损坏、污染公路，占道经营以及其他影响公路安全畅通的行为；不得损毁、擅自移动、涂改农村公路标志或者擅自设置其他标志。

除公路防护、养护需要外，禁止在农村公路建筑控制区内新建、扩建永久性建筑物和地面构筑物。

第二十三条 超限车辆不得在农村公路上行驶。

运载不可解体物品的超限车辆确需行驶的，应当按照《公路安全保护条例》的有关规定办理许可手续，并采取有效的防护措施，所需费用由运输单位或者个人承担。

因工程建设确需重载车辆反复通过特定农村公路路段的，建设单位应当与养护责任主体签订公路修复协议，缴纳相应数额的公路修复保证金，按照不低于原有公路技术标准及时修复、改建或者给予相应的经济补偿。

第二十四条 县级公路管理机构或者乡（镇）人民政府根据保护农村公路的需要，可以在农村公路的出入口设置必要的限高、限宽设施，但不得影响消防、工程抢险和卫生急救等应急通行需要，不得向通行车辆收费。限高、限宽设施必须有明显标志和夜间反光标志。

第二十五条 县级公路管理机构在监督检查中通过现场检测、受理举报等方式发现车辆有超限行为的，应当就地处理；不能就地处理的，应当就近处理。

任何单位和个人不得阻挠、干扰县级公路管理机构依法对农村公路超限运输违法行为的查处。

第四章 资金筹集和使用

第二十六条 各级人民政府应当建立政府投资为主、农村集体经济组织投资为辅、社会力量参与的农村公路建设、养护和管理资金筹集机制。其资金来源包括：

（一）国家补助的专项资金和中央财政转移支付资金；

（二）各级人民政府安排的财政性资金；

（三）村民委员会依照国家有关规定采取“一事一议”和政府奖补相结合方式筹集的用于村道建设、养护的资金；

（四）单位、个人等社会捐助或者利用农村公路冠名权、绿化经营权等方式筹集的资金；

（五）通过其他合法方式筹集的资金。

第二十七条 县级以上人民政府应当根据当年农村公路建设任务及养护和管理需要，将农村公路建设、养护和管理资金纳入本级财政预算。

第二十八条 农村公路省级补助资金的标准及拨付比例，由省人民政府财政、交通运输主管部门制定。

第二十九条 鼓励单位、个人采取自愿捐资等方式建设和养护农村公路。

第三十条 农村公路建设、养护、管理资金实行统一管理、专款专用。任何单位和个人不得挤占、挪用和截留。

县级以上人民政府交通运输主管部门和公路管理机构应当加强农村公路建设、养护、管理资金的管理，提高资金的使用效益。

财政、审计等部门应当依法对农村公路建设、养护、管理资金的使用情况进行监督和检查。

第五章 法律责任

第三十一条 县级以上交通运输主管部门、公路管理机构或者乡（镇）人民政府及其工作人员违反本条例规定，有下列行为之一的，由上级交通运输主管部门、本级或者上级人民政府对责任单位予以通报批评，责令限期改正；情节严重的，由其主管部门或者监察机关对直接负责的主管人员或者其他直接责任人员依法给予行政处分；构成犯罪的，依法追究刑事责任：

（一）未依法履行农村公路养护和管理职责的；

（二）农村公路建设项目应当依法招标而未招标的；

（三）在农村公路建设中监管失职，造成重大质量问题的；

（四）农村公路未经验收或者验收不合格交付使用的；

（五）截留、侵占和挪用农村公路建设、养护和管理资金的；

（六）在农村公路建设和养护中，采用强制手段向单位、个人集资的；

（七）其他玩忽职守、徇私舞弊、滥用职权的行为。

第三十二条　违反本条例第十条规定，未经批准擅自施工的，由县级以上人民政府交通运输主管部门责令停止施工，可以处五万元以下罚款。

第三十三条　违反本条例第二十一条规定，擅自采伐农村公路护路林的，由县级公路管理机构责令补种，没收违法所得，并处采伐树木价值三倍以上五倍以下罚款。

第三十四条　违反本条例第二十二条规定，造成农村公路路面损坏、污染或者影响农村公路安全畅通的，由县级公路管理机构责令停止违法行为，可以处五千元以下罚款。

第三十五条　违反本条例第二十二条规定，损毁、擅自移动、涂改农村公路标志或者擅自设置其他标志的，由县级公路管理机构责令停止违法行为，可以处一万五千元以下罚款。

第三十六条　违反本条例第二十三条规定，超限车辆擅自在农村公路上行驶的，由县级公路管理机构责令停止违法行为，并处三万元以下罚款。

第三十七条　对农村公路及其附属设施造成损害的，应当按照不低于农村公路原有的技术标准予以修复、改建或者按照损害程度给予相应的赔偿或者补偿；构成犯罪的，依法追究刑事责任。

第六章　附　　则

第三十八条　本条例自 2016 年 1 月 1 日起施行。

328. 吉林省进一步深化农村公路管理养护体制改革推动“四好农村路”高质量发展实施方案

（吉政办发〔2020〕18号）

为贯彻落实《国务院办公厅关于深化农村公路管理养护体制改革的意见》（国办发〔2019〕45号）、《交通运输部、财政部贯彻落实〈国务院办公厅关于深化农村公路管理养护体制改革的意见〉的通知》（交公路发〔2020〕26号）、《交通运输部、国家发展改革委、财政部、自然资源部、农业农村部、国务院扶贫办、国家邮政局、中华全国供销合作总社关于推动“四好农村路”高质量发展的指导意见》（交公路发〔2019〕96号），进一步深化全省农村公路管理养护体制改革，全面推动“四好农村路”高质量发展，现制定实施方案如下：

一、总体要求

认真贯彻落实习近平总书记关于“四好农村路”的重要指示批示精神及党中央、国务院和省委、省政府的决策部署，落实深化农村公路管理养护体制改革重点任务，践行以人民为中心的发展思想，紧紧围绕打赢脱贫攻坚战、实施乡村振兴战略和统筹城乡发展、交通强国建设，统筹协调推进“四好农村路”与经济社会发展。完善农村公路管理养护体制机制，形成党委领导、政府主导，行业指导、上下联动，县级主体、部门协同，专群结合、齐抓共管的工作格局，按照“质量为本、安全第一、自然和谐、绿色发展”的原则，全面推动“四好农村路”高质量发展，保持农村公路安全畅通和良好技术状态，不断提升农民群众的获得感、幸福感、安全感，为广大农民群众致富奔小康、加快推进农业农村现代化、实现吉林全面振兴全方位振兴提供坚实的交通运输保障。

二、工作目标

到2020年，贫困地区重点自然村（100户以上自然村）全部通硬化路；建立健全县、乡、村三级农村公路管理体制机制，权责清晰的“路长制”覆盖率达到100%，爱路护路乡（村）规民约制定率达到100%；农村公路养护资金及管理机构经费和人员支出纳入同级一般公共财政预算比例达到100%；农村公路列养率达到100%，优、良、中等路总比例不低于75%，基本完成县乡道安全隐患治理；全省建制村通客车率保持100%，县、乡、村三级农村物流网络建设初见成效，基本实现建制村直接通邮。

到2022年，农村公路管理法规体系基本健全，基本建立农村公路治理体系，市辖区和乡级专门管理机构设置率达到100%，建立“县有路政员、乡有监管员、村有护路员”的路产路权保护队伍，县、乡、村三级农村公路管理养护责任落实率达到100%；形成政府财政投入为主、各级财政投入职责明确，社会力量积极参与的投入保障格局；农村公路向进村入户延伸，自然村通硬化路率达到90%，年均养护工程实施比例不低于5%；全省建制村通客车率保持100%，县、乡、村三级农村物流网络体系进一步完善，通过邮政、快递渠道基本实现建制村电商配送服务全覆盖。农村公路通行条件和路域环境明显提升，每个市州至少创建一个省级示范县，每个乡镇都有“美丽农村路”。

到2025年，基本建立体系完备、运转高效的农村公路管理养护体制机制；基本实现城乡公路交通基本公共服务均等化；基本形成农村公路网络，具备条件的自然村全部通硬化路，具备条件的乡镇都有产业路或旅游路，农村公路耐久性、抗灾能力得到显著增强，安全保障水平进一步提升；农村公路等级公路比例达到95%，各县（市区）农村公路优、良、中等路总比例达到80%以上；全省建制村通客车率保持100%，县、乡、村三级农村物流网络体系基本完善。

三、重点任务

各级政府及有关部门要把深化农村公路管理养护体制改革作为农村公路工作的突出重点，加强领导、周密组织、积极配合、有序推进，确保改革顺利进行。

（一）明确权责清单，健全农村公路管理养护体系

省级人民政府及其有关部门对全省农村公路负有监督指导责任，负责指导全省农村公路管理养护体制改革，精简优化农村公路建设审批程序，稳定农村公路建设用地政策，保证农村公路发展需要。省交通运输厅负责指导并推动地方政府及其交通运输部门落实"路长制"、建立健全路长管理责任体系和运行机制、落实乡级专职工作人员；积极争取中央车购税补助支持；构筑有关农村公路的法规制度体系；建立并应用信用评价体系，会同农业农村厅、扶贫办等省直有关部门进行"四好农村路"督导考核，对市、县实施绩效管理，将考核结果与相关投资挂钩；有序开展省级示范县创建和改革试点工作。省财政厅、省交通运输厅负责落实省级人民政府对农村公路养护工程和日常养护的补助政策。（省发展改革委、财政厅、自然资源厅、交通运输厅、农业农村厅、水利厅、扶贫办按照职责分工落实）

市级人民政府及其有关部门对本区域农村公路负有监督指导责任，负责推动所辖县（市区）落实农村公路管理养护体制改革任务。负责推动所辖县（市区）贯彻落实"路长制"并建立健全路长管理责任体系和运行机制、落实乡级专职工作人员；落实市级人民政府对农村公路养护工程和日常养护的补助政策、落实农村公路养护市级补助资金；加强农村公路督导检查，推动"四好农村路"统筹协调发展；加强信用考核评价，对县（市区）人民政府实施绩效管理，组织开展市级示范县、"美丽农村路"创建工作。（市级人民政府）

县级人民政府是农村公路发展的责任主体，具体负责落实农村公路管理养护体制改革任务、县域农村公路的全面管理。按照"县道县管、乡村道乡村管"的原则，建立"精干高效、专兼结合、以专为主"的管理体系，统一规范农村公路管理机构和职能，完善县级管理机构、乡镇农村公路管理站和建制村管理议事机制，组织制定相关部门、乡级人民政府和村级组织的农村公路工作权力和责任清单；建立完善县、乡、村三级"路长制"和路长管理责任体系及运行机制，落实乡级专职工作人员；建立农村公路应急保障机制；落实农村公路养护工程投资政策和养护工程资金，落实农村公路日常养护公共财政资金，将农村公路养护资金和管理机构经费及人员支出足额纳入本级公共财政预算；全面提升农村公路管养信息化应用水平；加强信用考核评价，对有关部门、乡级人民政府实施绩效管理；围绕路长制、养护生产模式、信息化管理、美丽农村路、资金保障、信用评价、绩效考核等开展改革试点，按照"四好农村路""美丽农村路"要求，开展"示范县""示范乡镇""示范村"和"示范路"等示范试点创建活动，充分调动并发挥好乡村主力作用和农民群众的积极性、主动性。（县级人民政府）

（二）强化资金保障，促进农村公路持续健康发展

1. 落实养护工程资金。农村公路养护工程资金以县级为主进行筹集，省财政厅、省交通运输厅对农村公路养护工程采取"先建后补、先修后补"的方式给予一定补助，其中成品油税费改革"替代养路费部分"（替代性返还＋增长性补助），不得低于我省改革基期年（2009 年）公路养路费收入占"六费"收入的比例，用于普通公路（普通国省干线和农村公路）养护的比例一般不低于 80%，用于农村公路养护工程资金（省级补助资金与切块到市县部分之和）不得低于"替代养路费部分"的 15%，实际高于上述比例的不得降低。市级人民政府可根据不同时期发展目标给予一定的资金支持，安排一定比例的养护工程资金用于奖补。县级人民政府要做好多元筹资和资金统筹，按规定用好均衡性转移支付、税收返还等政策；发挥政府资金的引导作用，将农村公路发展纳入地方政府一般债券支持范围。鼓励市县政府发挥政府资金引导作用，相关资金向农村公路旧路改造倾斜，采取无偿提供料场等方式支持农村公路养护。鼓励将农村公路建设、大中修和日常养护进行"捆绑招标"，出让资源开发权、公路冠名权、广告权，将农村公路与其他经营性项目实行"一体化开发"，鼓励保险资金通过购买一般债券等方式参与农村公路发展。（省财政厅、省交通运输厅，市、县政府按照职责分工落实）

2. 落实日常养护资金。农村公路日常养护资金筹集主体是县级人民政府，省市根据不同时期的发展目标、养护成本等因素适当予以补助资金支持。县级政府要足额保障农村公路日常养护资金，按照县、乡、村级公路每年分别不低于10000元/公里、5000元/公里、3000元/公里标准安排小修保养资金。省按照各县（市、区）实际投入的30%给予奖补，省交通运输厅、省财政厅要根据全省农村公路养护成本变化等因素适时调整补助政策。各市（州）也要根据财力给予适当补助，具体标准由各市（州）另行制定。（省财政厅、省交通运输厅，市、县政府按照职责分工落实）

3. 规范资金使用管理。将农村公路养护资金、管理机构运行经费和人员支出纳入地方一般公共财政预算。2022年起，成品油税费改革转移支付资金用于普通公路养护部分不再列支管理机构运行经费和人员支出。各级财政和交通运输主管部门要加强资金使用监管，严禁地方以建养一体化名义新增隐性债务，严格防控债务风险，公共财政资金实施全过程预算绩效管理，按规定对社会公开，接受群众监督，不断提升资金配置效率和使用效益。审计部门要定期对农村公路养护资金使用情况进行审计。（各级财政、交通、审计部门按照职责分工落实）

（三）构建长效机制，推动“四好农村路”高质量发展

深入贯彻新发展理念，把增强人民群众获得感、幸福感、安全感作为“四好农村路”的发展指向，强化政治担当，加强组织领导，强化要素保障，切实落实责任，进一步完善建、管、护、运工作机制，统筹推进“四好农村路”高质量发展。

1. 加快完善农村公路建设协同推进工作机制。进一步夯实县级政府主体责任，形成省交通运输部门指导、市级交通运输部门督导、县级具体组织和监管的农村公路建设工作格局。鼓励将干线公路建设与农村公路建设“打捆招标”，选择有实力的大型施工企业进行规模化、标准化施工，集约化、规范化管理。一是加快补齐短板，不断巩固农村公路建设成果。按时完成抵边自然村、沿边地区20户以上自然村及通往林场林区道路通硬化路建设，确保完成旅游路资源路产业路建设、危险桥梁维修建设改造、安全生命防护工程和乡镇综合服务站建设等脱贫攻坚目标任务。加快破损路维修改造、窄路面加宽，逐步推进农村公路向进村入户延伸，加强国、省、县、乡道路和村道的路网衔接。二是严格落实公路建设质量和安全法规政策，加快提升农村公路技术质量和安全服务保障能力。必须落实“七公开”制度，主动接受社会监督，实行建设、勘察、设计、施工、监理、检测六方质量责任终身制。公路安全和排水设施要与主体工程同时设计、同时施工、同时投入使用。县级人民政府要组织公安、应急等职能部门参与农村公路竣（交）工验收。三是坚持绿色发展，大力开展“美丽农村路”建设，打造“畅、安、舒、美”出行环境。结合美丽乡村建设、农村人居环境整治，将自然生态、风土人情、传统文化融入农村公路，持续推进“路田分离”“路宅分离”。（省、市、县交通运输部门按职责分工落实）

2. 加快建立农村公路管理智慧监管工作机制。坚持智慧发展，加强5G、北斗、互联网、物联网、大数据、卫星遥感及区块链等新技术的应用，实现全要素管理数字化、业务管理智能化、行业监管信息化。一是加快普及农村公路日常养护管理信息化。在农村公路养护管理中全面应用手机App，在急弯陡坡、临水临崖、重要桥隧设置安全监控感知设施，建立完善农村公路统计监测体系和综合数据平台，完善“一路一档、一桥一档”空间及属性数据库，通过信息化平台进行绩效管理和考核评估，不断提升农村公路养护管理效能和水平。二是加快建立农村公路市场监管信息化。建立以质量为核心的信用信息评价体系，将信用记录纳入信用信息共享平台，依法向社会公开，全面实施守信联合激励和失信联合惩戒。三是加快实现路产路权保护监管信息化。推行县统一执法、乡村协助执法模式，建立县有路政员、乡（镇）有监管员、村有护路员的路政管理体系，不断提高农村公路路产路权信息化管理水平。（省、市、县交通运输部门按职责分工落实）

3. 全面实行农村公路养护专群结合运行机制。加快推进农村公路养护市场化改革，支持养护企业跨区域参与市场竞争，通过招标约定、签订长期合同等市场化的手段，引导专业企业加大投入，提高养护专业化、机械化水平。一是建立健全政府与市场合理分工的养护生产组织形式。按照“专业养护和群众养护”相结合的原则，分别选择养护方式，对大中修养护工程、处理路面灌缝和坑槽等病

害、桥梁涵洞隧道养护等交通专业性强的工作，选择具备相应资质的公路专业化队伍进行养护；对整理路肩（路肩排水和路肩填土）、疏通边沟等路基保养和小修，以及路面保洁、排除路面积水、除雪防滑、公路绿化美化等公路专业性不强的工作，可通过政府购买服务方式选择非公路专业队伍养护，或者采取“分段承包、定额包干”方式组织沿线群众进行养护。在安排公路养护用工时，要充分考虑就近安排贫困群众、国有林场待岗职工从事养护工作，增加群众收入。二是保障硬化路路况水平。全面落实路况巡查和桥梁养管“十项制度”，及时发现问题，及时修补完善。以通乡镇和建制村的硬化路为重点，确保裂缝及时清灌，坑槽、网裂和断板及时修补、桥梁隧道病害及时处置，并积极推行预防性养护措施，避免小病害变成大病害、小投入变为大投入，达到“低投入、高效能”的养护效果，对于路况较差路段要及时安排养护工程。三是加强农村公路安全隐患排查和治理。加快完善农村公路安全设施，及时消除安全隐患，确保公路安全畅通。（县级人民政府）

4. 加快完善农村公路运营深度融合发展机制。紧扣发展战略和空间布局，推进“农村公路＋产业”融合发展，构建农村公路与特色产业、乡村旅游、乡村物流等等产业多元融合发展格局。一是保持乡镇和建制村通客车能力，稳定农村客运“开得通、留得住、有收益”。创新运营组织模式，持续推行城乡客运服务一体化，扩大农村客运覆盖范围，完善扶持政策，因地制宜采取城市公交延伸、农村客运公交化运营。探索区域经营，将农村客运预约响应、客运车辆代运邮（快）件等融为一体的综合经营模式。二是加强“乡村驿站”、“综合服务站”建设。坚持“资源共享、多站合一”，推进县、乡、村三级物流网络节点建设，支持将管理、养护、客运、货运、物流、邮政、供销网点、快递、电商等多种服务功能整合融为一体。三是努力构建“一点多能、一网多用、深度融合”的农村物流发展格局。鼓励乡镇客运站向综合运输服务站转型，主动加强与现有物流、快递等企业对接合作，整合邮政快递、供销、农业、交通运输等农村物流资源，推动乡村客货统筹、运邮协同、物流配送发展。（市、县人民政府）

四、保障措施

（一）强化组织领导。切实提高政治站位，增强“四个意识”，坚定“四个自信”，做到“两个维护”，把贯彻落实习近平总书记关于“四好农村路”重要指示及党的十九大和十九届二中、三中、四中全会精神作为一项重大政治任务，充分认识推动“四好农村路”高质量发展的重要意义。发挥党总揽全局、协调各方的领导核心作用，形成上下联动、密切配合、齐抓共管的工作局面。各级政府及有关部门要将深化农村公路管理养护体制改革、推动“四好农村路”高质量发展作为打赢脱贫攻坚战、实施乡村振兴战略、推进农业农村现代化的一项先行工程，同步部署、同步落实，建立协调联动机制，出台配套政策措施，有序推进实施方案落地见效。各级交通运输部门要主动作为，既要抓好具体改革举措推进，又要做好牵头改革任务统筹协调。

（二）强化试点示范。省交通运输厅、财政厅将按照交通运输部、财政部推荐的试点主题及要求，遴选部分工作基础较好、典型示范带动性强、推广价值高的试点区（以县为主）申报国家试点、并跟踪指导。试点区推荐报告内容包括试点主题、试点单位、试点内容及预期成效等。各市（州）、县（市、区）人民政府要围绕交通强国建设要求抢下先手棋，积极开展试点创建工作，抓出水平、抓出成效。继续开展“四好农村路”示范县创建活动，在此基础上，组织开展“美丽农村路”示范创建、“爱路日”等活动，制定“美丽农村路”考评指标及办法，并纳入“四好农村路”督导考评体系，对年度评定为“美丽农村路”所在的县（市、区），采取“以奖代补”方式给予资金奖补。

（三）强化监督考核。各级政府要将深化农村公路管理养护体制改革和推动“四好农村路”高质量发展纳入对下级政府的绩效考核、纳入五级书记抓乡村振兴考核，建立健全激励约束机制，将考核结果与财政补助资金挂钩，对工作推进情况良好的，给予奖励或增量补贴；对工作推进情况较差的，实行约谈、责令整改、扣减补贴等措施，充分发挥激励考核“指挥棒”效应。市级人民政府要加强统筹和督导，制定本辖区具体落实方案，协调解决重大问题。县级人民政府要压实责任，认真抓好任务落实。各部门要按照职责，加强工作指导、协同配合，确保全面完成深化农村公路管理养护体制改革、推动“四好农村路”发展任务。各级交通运输、财政部门要定期开展督导和评估，形成“每月调度通报、半年小结分析、年底总结报告”的督导考评工作机制。

（四）强化宣传引导。各级政府要通过现场会、典型经验交流、培训讲座、专题宣传报道等方式，大力宣传农村公路管理养护体制改革政策及“四好农村路”发展成绩。同时，还要总结好、宣传好“四好农村路”在服务脱贫攻坚、服务全面小康、服务乡村振兴和服务农业农村现代化等方面的作用和典型事迹，为“四好农村路”健康可持续发展营造良好环境。

329. 黑龙江省公路条例

（2020 年 6 月 18 日黑龙江省第十三届人民代表大会常务委员会第十九次会议第三次修正）

第一章　总　　则

第一条　为加强对公路建设、养护和管理，加快公路事业发展，适应经济建设和人民生活需要，根据《中华人民共和国公路法》及有关法律、法规，结合本省实际，制定本条例。

第二条　在本省行政区域内从事公路的规划、建设、养护、经营、使用和管理，适用本条例。

本条例所称公路是指本省行政区域内的国道、省道、县道、乡道，包括公路桥梁、公路隧道和公路渡口。

本条例对专用公路有规定的，适用于专用公路。

第三条　公路的发展应遵循全面规划、合理布局、确保质量、保障畅通、保护环境、建设改造与养护并重的原则。

第四条　各级人民政府应采取有力措施，加大资金投入，调动各方面积极性，扶持、促进公路建设。

第五条　县级以上人民政府交通主管部门是本行政区域内的公路主管部门，其所属的公路管理机构行使公路行政管理职责。

专用公路由其主管单位建设、养护和管理，省人民政府交通主管部门（以下简称省交通主管部门）负责对专用公路建设、养护和管理的监督指导。

第六条　禁止任何单位和个人在公路上非法设卡、收费、罚款和拦截车辆。

第二章　公 路 规 划

第七条　公路规划的编制与审批：

（一）国道规划按国家有关规定编制和审批；

（二）省道规划由省交通主管部门会同同级有关部门并商省道沿线市人民政府（行署）编制，报省人民政府批准，并报国务院交通主管部门备案；

（三）县道规划由县级人民政府交通主管部门会同同级有关部门编制，经本级人民政府审定后，报上一级人民政府批准，并报省人民政府交通主管部门备案；

（四）乡道规划由县级人民政府交通主管部门协助乡、镇人民政府编制，经县级人民政府批准，并报市人民政府（行署）交通主管部门备案。

专用公路规划由专用公路的主管单位编制，经其上级主管部门审定后，报县级以上人民政府交通主管部门审核。

第八条　经批准的公路规划，需要调整或修改的，由原编制机关提出调整或修改方案，报原批准机关批准。

第九条　规划和新建村镇、开发区、学校和货物集散地、大型商业网点、农贸市场等公共场所，与公路建筑控制区边界外缘的距离应符合下列标准，并尽可能在公路一侧建设：

（一）国道、省道不少于五十米；

（二）县道、乡道不少于二十米。

第三章　公路建设

第十条　公路建设应统筹规划、条块结合、分级负责、联合建设。

国道、省道的建设由省人民政府统筹负责，建设资金按财政事权和支出责任划分有关规定执行。

县道以下公路建设由县（市）人民政府负责，建设资金由县（市）人民政府承担。

公路建设、改造所使用的国有土地，县级以上人民政府应依法予以划拨，任何单位和个人不得非法收取费用。

征地、拆迁、安置工作由市、县级人民政府负责，并承担相关费用。

第十一条　公路建设项目的设计和施工应符合依法保护环境、保护文物和防止水土流失的要求。公路建设项目应按国家有关规定编制水土保持方案，并与公路建设项目同时设计、同时施工、同时验收。

第十二条　公路建设应实行国家投资、地方筹资、社会配资和利用外资，多渠道筹融资体制。

公路建设资金应专款专用，不得挪用。

第十三条　公路建设项目应按照国家有关法律、法规和规定实行项目法人负责制度、招投标制度、工程监理制度、合同管理制度和工程质量终身负责制度。

公路建设的设计、施工和监理单位，不得转包业务。

第十四条　公路建设工程实行全面质量监督管理制度。

交通主管部门和建设行政主管部门应依法对工程质量实行监督和管理。

公路建设工程项目的建设单位和勘察设计、施工、监理单位，应接受监督和管理。

第十五条　公路工程施工时，施工单位应在施工路段两端设置明显的施工标志、安全标志。需要车辆绕行的，应在绕行路口设置标志；不能绕行的，应按保证通行和安全的要求修建临时便道。

第十六条　省交通主管部门负责本行政区域内公路建设工程造价的监督管理。未经批准，不得擅自提高或降低工程造价定额。

第十七条　公路建设必须符合公路工程技术标准。公路设计文件内容不得擅自变更。项目竣工后，应按国家有关规定进行验收。未经验收或验收不合格的项目，不得交付使用。

第四章　公路养护

第十八条　国道、省道养护由省公路管理机构负责；县道养护由县（市）公路管理机构负责；乡道养护由乡、镇人民政府负责。

公路应坚持常年养护、保证公路经常处于良好状态。

公路发生翻浆、水毁、雪阻等自然灾害时，公路管理机构要立即组织力量抢修，当公路管理机构抢修力量不足时，沿线各级人民政府应组织社会力量及时修复。

第十九条　公路养护需要封路时，施工单位应提前发布公告，标明绕行路线，设置安全标志，并采取措施保证通行。

第二十条　各级人民政府对公路修建、养护需要使用国有荒山、荒地或者需要在国有荒山、荒地、河滩、滩涂上挖砂、采石、取土的，依照有关法律、行政法规的规定办理，任何单位和个人不得阻挠或者非法收取费用。

废弃的公路养护料场由公路管理机构负责采取水土保持措施。

第五章　路政管理

第二十一条　县级以上人民政府应根据保障公路运行安全和节约用地的原则以及公路发展的需

要，组织有关部门划定公路建筑控制区的范围。

公路建筑控制区的范围，从公路用地外缘起向外的距离标准为：

（一）国道不少于二十米；

（二）省道不少于十五米；

（三）县道不少于十米；

（四）乡道不少于五米。

属于高速公路的，公路建筑控制区的范围从公路用地外缘起向外的距离标准不少于三十米。

公路弯道内侧、互通立交以及平面交叉道口的建筑控制区范围根据安全视距等要求确定。

第二十二条 公路建筑控制区禁止修建建筑物和地面构筑物。

因公路新建、改建或公路建筑控制区调整，被划入公路控制区内的建筑物和地面构筑物，不得扩建、改建。当公路建设需要时，由所在区域内的人民政府负责动迁安置。

第二十三条 任何单位和个人不得擅自在公路用地范围内设置标牌、广告牌、宣传标语、匾幌等非公路标志。在公路零公里以外的公路用地范围内确需设置的，应经公路管理机构批准。

第二十四条 禁止在下列范围内从事采矿、采石、挖砂、取土、倾倒废弃物、爆破作业等危及公路、公路桥梁、公路隧道、公路渡口安全的活动：

（一）国道、省道、县道的公路用地外缘起向外一百米，乡道的公路用地外缘起向外五十米；

（二）公路渡口和中型以上公路桥梁周围二百米；

（三）公路隧道上方和洞口外一百米。

在前款规定的范围内，因抢险、防汛需要修筑堤坝、压缩或拓宽河床的，应经省人民政府交通主管部门会同水行政主管部门或流域管理机构批准，并采取安全防护措施方可进行。

第二十五条 禁止将公路作为检验车辆制动性能的试车场地。

禁止在公路、公路用地范围内摆摊设点、堆放物品、倾倒垃圾、设置障碍、挖沟引水、打场晒粮、种植作物、放养牲畜、采石、取土、采空作业、焚烧物品、利用公路边沟排放污物或进行其他损坏、污染公路和影响公路畅通的行为。

第二十六条 在高速公路和公路封闭路段上禁止下列行为：

（一）拦截或检查车辆；

（二）停车乘降旅客；

（三）非机动车、行人和牲畜进入。

第二十七条 各级公路管理机构，应在无人看守的公铁平交道口的公路两端，除设置缓行标志外，还应按标准设置安全路坎。

第二十八条 对已列入公路发展规划拟新建、改建的公路，交通主管部门应当事先通知有关部门，有关部门在建筑控制区内，不得再行审批建筑物、地面构筑物的建设。

第二十九条 对已立项即将开工和正在建设的公路，公路管理机构应依法实施路政管理。

第三十条 在公路和专用公路上不得擅自增设或改造平面交叉道口，确需增设或改造的，须经公路管理机构审批。经批准新增设或改造的平面交叉道口，应按照国家规定的公路工程技术标准修建。因公路改造拓宽需要时使用者必须无条件拆除。

第三十一条 对轴载质量超过公路工程技术标准要求确需通过的车辆，须经公路管理机构批准，并承担公路管理机构为此采取的技术保护措施和修复损坏部分所需的费用。

第三十二条 任何单位和个人不得擅自占用、挖掘公路、公路用地或使公路改线。

因修建铁路、机场、电站、通信设施、水利工程和进行其他建设工程需要占用、挖掘公路、公路用地或使公路改线的，建设单位应事先征得有关交通主管部门的同意；影响交通安全的，还须征得有关公安机关的同意。占用、挖掘公路、公路用地或使公路改线的，建设单位应按照不低于该段公路原有的技术标准予以修复、改建或给予相应的经济补偿。

占用、挖掘公路、公路用地或使公路改线的有关经济补偿标准由省人民政府制定。

第三十三条 公路发生交通事故时，属地内的有关部门应在最短时间内赶赴现场，疏导交通，完成现场勘查后，由公安交通管理部门或公路管理机构负责清障。

第六章 收费公路

第三十四条 符合国家收费规定的公路，经省人民政府批准，可以设置车辆通行费收费站。

车辆通行费收费标准按省人民政府批准的标准执行。

军队车辆、武警部队车辆，公安机关在辖区内收费公路上处理交通事故、执行正常巡逻任务和处置突发事件的统一标志的制式警车，悬挂应急救援专用号牌的国家综合性消防救援车辆，以及经国务院交通主管部门或省人民政府批准执行抢险救灾任务的车辆，免交车辆通行费。

进行跨区作业的联合收割机、运输联合收割机（包括插秧机）的车辆，免交车辆通行费。联合收割机不得在高速公路上通行。

第三十五条 收费公路的收费站应实行统筹规划、合理布局、总量控制、规范建设、文明服务。

第三十六条 省交通主管部门应加强对收费公路的管理。收费公路经营管理者应在收费站的显著位置，设置载有收费站名称、审批机关、收费单位、收费标准、收费起止年限和监督电话等内容的公告牌，接受社会监督。

第三十七条 公路管理机构对收费公路实施统一的路政管理。经营性公路路政管理职责由公路管理机构派出的机构、人员行使。

第七章 法律责任

第三十八条 违反本条例规定，有下列行为之一的，由交通主管部门责令停止违法行为，限期改正并给予下列处罚：

（一）承包单位将承包的工程转包或违法分包的，责令改正，没收违法所得，对勘察、设计单位处合同约定的勘察费、设计费百分之二十五以上百分之五十以下的罚款；对施工单位处工程合同价款百分之零点五以上百分之一以下的罚款；可责令停业整顿，降低资质等级；情节严重的，吊销资质证书；

（二）工程监理单位转让工程监理业务的，责令改正，没收违法所得，处合同约定的监理酬金百分之二十五以上百分之五十以下的罚款；可责令停业整顿，降低资质等级；情节严重的，吊销资质证书；

（三）施工单位不服从监理，违章作业，偷工减料或采用不合格的材料，造成工程质量和人身伤亡事故的，除按国家有关规定处罚外，应依照法律规定赔偿建设单位的经济损失；

（四）违反法律或国务院有关规定，擅自在公路上设卡、收费的，由交通主管部门责令停止违法行为，没收违法所得，可处违法所得三倍以下的罚款，没有违法所得的，可处二万元以下的罚款；对负有直接责任的主管人员和其他直接责任人员，依法给予处分。

第三十九条 违反本条例规定，有下列行为之一的，由公路管理机构责令停止违法行为，限期改正，并给予下列处罚：

（一）公路养护作业单位未按照国务院交通主管部门规定的技术规范和操作规程进行公路养护作业的，由公路管理机构责令改正，处一万元以上五万元以下的罚款；拒不改正的，吊销其资质证书；

（二）在公路建筑控制区内修建建筑物或地面构筑物的，责令限期拆除，可处五万元以下罚款，逾期不拆除的，由公路管理机构拆除，有关费用由建筑或构筑者承担；

（三）擅自在公路用地范围内设置标牌、广告牌、宣传标语、匾幌等非公路标志的，可处二万元以下的罚款，逾期不拆除的，由公路管理机构拆除，有关费用由设置者承担；

（四）违反本条例规定，从事采矿、采石、挖砂、取土、倾倒废弃物、爆破作业等危及公路、公路桥梁、公路隧道、公路渡口安全活动的，可处三万元以下的罚款；

（五）违反本条例规定，造成公路路面损坏、污染或影响公路畅通的，或将公路作为试车场地的，可处五千元以下的罚款；

（六）未经批准在公路上增设或改造平面交叉道口的，由交通主管部门责令恢复原状，处五万元以下的罚款；

（七）拒交、逃交、少交通行费的车辆和假冒鲜活农产品运输蓄意逃交通行费的车辆，应补交通行费，并加付五倍的应交票款。逃交车辆通行费无法确定收费里程的，应按照待交收费站与高速公路网内最远站点收费里程补交并加付车辆通行费；

（八）在高速公路或公路封闭路段上停车乘降旅客的，处以车辆定员全程往返票价总金额的罚款；非机动车、行人和牲畜进入高速公路和公路封闭路段的，对非机动车当事人、行人和牲畜物主处以五十元以上一百元以下的罚款。

第四十条 交通主管部门、公路管理机构的管理人员玩忽职守、滥用职权、徇私舞弊，构成犯罪的，依法追究刑事责任。

第八章 附 则

第四十一条 法律、行政法规另有规定的，从其规定。

第四十二条 本条例自1999年7月1日起施行。1993年5月16日黑龙江省第八届人大常委会第三次会议通过的《黑龙江省公路管理条例》同时废止。

330. 黑龙江省农村公路条例

（2018年6月28日黑龙江省第十三届人民代表大会常务委员会第四次会议第二次修正）

第一章 总 则

第一条 为加强农村公路的规划、建设、养护和管理，适应农村经济社会发展和人民生活的需要，促进社会主义新农村建设，根据《中华人民共和国公路法》和有关法律、法规的规定，结合本省实际，制定本条例。

第二条 本省行政区域内农村公路的规划、建设、养护和管理，适用本条例。

本条例所称农村公路，是指纳入农村公路规划，并按照公路建设技术标准修建的县道、乡道和村道，包括桥涵和渡口。

第三条 农村公路的发展应当遵循全面规划、科学管理、建管并重的原则，实行政府主导、分级负责、社会参与。

第四条 县级以上人民政府应当将农村公路的发展纳入当地国民经济和社会发展规划，保证对农村公路的资金投入。

第五条 县级人民政府是本行政区域内农村公路规划、建设、养护和管理的责任主体。乡（镇）人民政府在县级人民政府确定的职责范围内负责乡道、村道的建设、养护工作。

村民委员会应当在乡（镇）人民政府的指导下，协助做好本村村道的建设、养护和保护的相关工作。

第六条 县级以上交通运输主管部门主管本行政区域内的农村公路工作。经批准设立的农村公路管理机构依照本条例履行农村公路的日常管理职责。

县级以上人民政府有关部门应当按照职责分工，做好农村公路的相关工作。

厂（场）矿系统经省交通运输主管部门确认规划的农村公路，由其主管部门负责规划、建设、养护和管理，业务上接受省交通运输主管部门的监督和指导。

第二章 规划和建设

第七条 编制农村公路规划应当根据国民经济和社会发展规划、土地利用总体规划，符合人民群众生产生活、生态环境以及国防建设的实际需要，与国道、省道发展规划和其他方式的交通运输发展规划相协调，与城乡规划相衔接，形成不同等级的农村公路网络。

第八条 县道规划由县级交通运输主管部门会同同级有关部门编制，经本级人民政府审定后，报上一级人民政府批准，并报省交通运输主管部门备案。

乡道、村道规划由县级交通运输主管部门会同乡（镇）人民政府编制，报县级人民政府批准，并逐级上报至省交通运输主管部门备案。

经批准的县道、乡道、村道公路规划需要修改的，由原编制机关提出修改方案，报原批准机关批准，报原备案机关备案。

村道规划编制和修改在报送批准前，应当经村民会议或者村民代表会议讨论通过。

第九条 农村公路管理机构应当根据县道、乡道、村道规划提出年度建设和养护建议计划，并按规定程序报本级人民政府批准。

经批准的农村公路年度计划需要修改的，由原编制机关提出修改方案，报原批准机关批准。

第十条 农村公路建设项目应当按照国家有关法律、法规和规定实行项目法人负责制度、招投标制度、工程监理制度、合同管理制度和工程质量终身负责制度。

农村公路的设计、施工和监理单位，不得转包或者违法分包业务。

第十一条 县道建设不得低于三级公路技术标准，乡道建设不得低于四级公路技术标准，村道建设应当根据当地实际情况和经济条件确定技术标准。

农村公路应当按标准设置防护、排水以及交通标志等交通安全和其他附属设施，并应当与主体工程同步建设。

第十二条 四级以上的农村公路工程设计，应当由具有相应资质的设计单位承担；其他农村公路工程设计，可以由县级以上交通运输主管部门组织具有相关工程技术资格的技术人员承担。

第十三条 农村公路建设项目符合法定招标条件的，应当进行公开招标。

农村公路建设单位具有编制招标文件和组织评标能力的，可以自行办理招标事宜。任何单位和个人不得强制其委托招标代理机构办理招标事宜。

对于规模较大、技术复杂的农村公路建设项目以及大桥、特大桥应当单独招标，其他农村公路建设项目可以在同一乡（镇）范围内多项目一并招标。

农村公路建设项目工程监理达不到招标条件的，由建设单位直接委托具备相应资质的工程监理机构或者聘请具备相应资格的技术人员组成监理组进行监理。

第十四条 农村公路建设项目的施工，应当报请县级以上地方人民政府交通运输主管部门批准。二级以上农村公路和中型以上桥梁建设项目的施工应当报请市级交通运输主管部门审批。其他农村公路建设项目的施工应当报请县级交通运输主管部门审批。

第十五条 县级以上交通运输主管部门应当加强对农村公路建设质量和施工安全的监督工作。

县级交通运输主管部门和乡（镇）人民政府应当组织农民代表参与村道建设质量和施工安全的监督工作。

农村公路建设施工单位在施工现场应当设立安全警示标志和质量责任公告牌，公告有关责任单位、责任人、主要质量控制指标和质量举报电话。

第十六条 农村公路建设、设计、施工和监理单位应当明确安全和质量管理责任，落实安全和质量保证措施。

农村公路建设项目实行质量缺陷责任期和质量保证金制度。

第十七条 农村公路的水泥（沥青）混凝土路面、桥涵等专项工程，应当选择具有相应资质的专业队伍施工。路基改建和公路附属工程在保证工程质量的条件下，可以在专业技术人员的指导下由乡（镇）人民政府组织当地人员实施。

第十八条 农村公路建设项目中的县道、大型以上桥梁建设项目完工后，由市级交通运输主管部门组织相关部门和单位验收；其他农村公路建设项目由县级交通运输主管部门组织相关部门和单位验收。

按照国家和省有关规定需省交通运输主管部门验收的农村公路建设项目完工后，由省交通运输主管部门组织验收。

第十九条 农村公路建设项目应当按照规定进行交工、竣工验收。未经验收或者验收不合格的，不得开放交通、交付使用。非施工车辆和工程管理人员不得进入未交付使用的农村公路。

除县道或者二级以上农村公路和大型以上桥梁建设项目外，其他农村公路建设项目交工、竣工验收可以合并进行。

县级以上交通运输主管部门应当将验收结果向社会公示。

第二十条 农村公路建设应当按照档案管理有关规定，及时收集、整理、保存工程资料，建立工程档案，竣工验收合格后，移交县级农村公路管理机构保存。

第三章　养护和管理

第二十一条　农村公路养护应当按照技术规范和操作规程进行，做到路基稳定，路面、路肩整洁，构造物完好，排水畅通，并采取综合治理措施保证公路正常、安全使用。

第二十二条　农村公路养护实行专业养护与群众养护、常年养护与季节养护相结合，逐步实现专业化养护。

鼓励面向社会公开招标，择优选定具备资质条件的养护单位，推进农村公路养护市场化。

第二十三条　县道的日常养护由县级农村公路管理机构组织实施；乡道、村道的日常养护由乡（镇）人民政府组织实施。

乡道、村道的日常养护，可以根据交通量、路面类型、地形特点等实际情况，采取建立群众性、专业性养护组织或者由个人分段承包方式进行。

第二十四条　农村公路养护工程和改建工程，应当由农村公路管理机构按照规范和标准进行设计，履行建设程序，并按照有关规定进行验收。

农村公路养护工程，应当按照路段或者区域通过招标或者其他竞争方式，择优选择专业化施工单位。

农村公路养护工程，应当实行工程监理制度和质量保修制度，保修期限不少于一年。

第二十五条　因自然灾害或者其他突发事件致使农村公路中断或者严重损坏时，县级和乡（镇）人民政府应当及时组织修复。必要时，可以动员和组织沿线机关、团体、企业事业单位和当地群众进行抢修，尽快恢复交通。

第二十六条　各级人民政府对公路修建、养护需要使用国有荒山、荒地或者需要在国有荒山、荒地、河滩、滩涂上挖砂、采石、取土的，依照有关法律、行政法规的规定办理，任何单位和个人不得阻挠或者非法收取费用。

农村公路养护需要挖砂、采石、取土、取水的，应当按照有关法律、法规的相关规定，恢复生态，保护环境。

第二十七条　县级人民政府应当每年至少组织一次农村公路桥涵安全检查，对达不到原设计标准的，应当设置明显的限载标志，并及时组织维修和加固；经检测发现公路桥涵严重损坏影响通行安全的，应当及时采取修复措施，并设置禁止通行和绕行标志。

第二十八条　县级以上人民政府应当确定农村公路两侧边沟（截水沟）外缘起不少于1米的农村公路用地，无边沟（截水沟）的路肩外缘起不少于4.5米的农村公路用地。

第二十九条　村道两侧自公路用地外缘起按照不少于5米划定农村公路建筑控制区，具体范围由县级人民政府依法划定并公告。

第三十条　农村公路管理机构和乡（镇）人民政府应当按照农村公路绿化规划，实行谁种植、谁管理、谁受益的原则，组织实施公路绿化，美化公路通行环境。

农村公路用地上的树木不得擅自砍伐。确需砍伐的，应当经县农村公路管理机构同意后，按照林木权属，依照《中华人民共和国森林法》办理审批手续。采伐后要及时整修树床，按要求完成补种任务。

第三十一条　农村公路管理机构负责县道、乡道、村道的路政管理工作。

村民委员会应当将村道的管理纳入村规民约，在乡（镇）人民政府指导下负责村道的日常管理工作。村规民约中有关村道管理的内容不得违反法律、法规的规定。

第三十二条　在村道上禁止下列行为：

（一）非法设卡、收费、罚款和拦截车辆；

（二）在村道建筑控制区范围内修建建筑物和地面构筑物；

（三）损坏村道附属设施；

（四）在村道及村道用地范围内进行损坏、污染和影响村道畅通的活动。

第三十三条 在村道上进行下列行为，应当经县级农村公路管理机构批准：

（一）占用、挖掘村道或者使村道改线；

（二）设置公路标志以外的其他标志；

（三）在村道上增设平面交叉道口。

前款事项应当向县级农村公路管理机构申请，并提交申请书、设计图纸、协议书。县级农村公路管理机构应当自受理申请之日起十五日内作出决定，并书面通知申请人。

第三十四条 县级以上人民政府应当加强对农村公路上超限运输行为的治理，保护农村公路、桥涵安全。

经县级人民政府同意，在农村公路上设置限高、限宽设施的，同时应当设立明显的警示标志并在设施上涂刷反光警示色。

车辆在村道上行驶的限高、限长、限宽及限重标准，由县级人民政府根据村道技术标准和当地实际确定。

第三十五条 农村公路管理机构可以聘任农村公路义务协管员，协助开展农村公路路政管理工作。

第三十六条 每年的6月19日为全省公路养护宣传日。

第四章 资金管理

第三十七条 各级人民政府应当建立政府投资为主、多渠道筹措为辅、社会各界共同参与的农村公路建设、养护和管理资金筹措机制；根据当年农村公路建设、养护和管理任务统筹本级财政预算，安排必要的财政资金，并确保及时到位。

第三十八条 农村公路建设、养护和管理资金来源主要包括：

（一）国家和省补助的专项资金；

（二）市、县人民政府安排的资金；

（三）企业、个人等社会捐助，或者通过拍卖、转让农村公路（桥涵）冠名权、路域资源开发权、绿化权等运作方式筹集的资金；

（四）通过一事一议等其他方式筹集的资金。

第三十九条 国家和省补助的农村公路养护资金应当用于养护工程，实行合同管理，计量支付。具体管理办法由省财政主管部门和省交通运输主管部门制定。

市、县人民政府应当按照国家和省的规定安排农村公路养护资金。

第四十条 县级以上人民政府财政、发展和改革、审计和交通运输主管部门应当按照各自的职权范围，履行监督职责，加强对农村公路资金使用的监督和检查，任何单位和个人不得截留、侵占、挪用。

第五章 法律责任

第四十一条 违反本条例规定的行为，法律、行政法规有行政处罚规定的，从其规定。

造成农村公路损害的，依法承担民事责任并按照省人民政府制定的标准予以赔偿。

第四十二条 违反本条例规定，有下列行为之一的，由交通运输主管部门责令限期改正，并给予下列处罚：

（一）未经批准擅自修改建设标准的，处以三万元以上五万元以下罚款；

（二）转包或者违法分包公路设计、施工和监理业务的，没收违法所得，三年内不得进入公路设计、施工和监理市场，并处以公路设计、施工和监理费用的百分之十至百分之二十的罚款；造成工程质量责任事故的单位，依法承担建设单位的经济损失，并处事故造成全部损失费用的百分之五至百分之十罚款；

（三）未按规定办理施工许可擅自施工的，处以五千元以上一万元以下罚款；

（四）未组织项目交工验收或者验收不合格擅自投入使用的，处以二万元以上三万元以下罚款；

（五）在村道上非法设卡、收费、罚款和拦截车辆的，由县级交通运输主管部门责令改正，没收违法所得，并处违法所得三倍以下罚款；没有违法所得的，处以一万元以下罚款。对直接负责的主管人员和其他直接责任人员，依法给予行政处分。

第四十三条 违反本条例规定，有下列行为之一的，由农村公路管理机构责令限期拆除，处以一万元以下罚款；逾期不拆除的，由农村公路管理机构拆除，有关费用由建筑者、构筑者承担：

（一）在村道建筑控制区内修建建筑物或者地面构筑物的；

（二）擅自在村道用地范围内设置公路标志以外的其他标志的。

第四十四条 违反本条例规定，有下列行为之一的，由农村公路管理机构责令限期改正，并处五千元以下罚款：

（一）擅自占用、挖掘村道的；

（二）损坏村道附属设施的；

（三）在村道及村道用地范围内进行损坏、污染和影响村道畅通活动的；

（四）擅自在村道上增设平面交叉道口的；

（五）车辆超过限高、限长、限宽及限重规定标准擅自在村道上行驶的。

第四十五条 违反本条例规定，有下列行为之一的，由其上级主管部门或者本级人民政府对责任单位予以通报批评，责令限期整改；情节严重的，由其主管部门或者监察机关对责任人依法给予行政处分：

（一）截留、侵占、挪用农村公路建设、养护和管理资金的；

（二）在农村公路建设和养护中，采取强制手段向单位、个人集资的；

（三）在农村公路建设和养护中，发生质量事故，造成恶劣影响的；

（四）未及时组织农村公路养护、桥涵检查及修复，影响安全通行，造成恶劣影响的；

（五）其他玩忽职守、徇私舞弊、滥用职权的行为。

第六章　附　　则

第四十六条 本条例自 2011 年 3 月 1 日起施行。

331. 黑龙江省高速公路管理条例

（2018 年 4 月 26 日黑龙江省第十三届人民代表大会常务委员会第三次会议修正）

第一章 总 则

第一条 为了加强高速公路管理，促进高速公路事业发展，保障高速公路完好、安全和畅通，根据《中华人民共和国公路法》和其他有关法律、行政法规，结合本省实际，制定本条例。

第二条 本省行政区域内高速公路的管理、养护、收费、服务、经营和使用，适用本条例。

第三条 高速公路管理应当坚持依法管理、统一规范、安全畅通、高效便民的原则。

第四条 省交通运输行政主管部门负责全省高速公路的管理，并组织实施本条例。

省、市交通运输行政主管部门高速公路管理机构依法履行高速公路行政管理的具体工作职责。

第五条 已建成的高速公路，高速公路管理机构、高速公路经营企业应当为公安机关交通管理部门提供必要的业务用房；新建高速公路，公安机关交通管理部门的业务用房建设应当与高速公路建设同步实施，其办公设备和办公经费由当地人民政府负责。

第六条 政府还贷高速公路由交通运输行政主管部门确定的高速公路管理机构负责高速公路的收费、养护、管理；企业建设经营的高速公路由高速公路经营企业负责高速公路的收费、养护、经营。

第七条 高速公路受国家保护，任何单位和个人都有爱护高速公路、高速公路用地、高速公路附属设施的义务，有权检举和控告破坏、损坏、非法占用或者利用高速公路、高速公路用地、高速公路附属设施和影响高速公路安全、畅通的行为；有权对高速公路的收费、养护和经营进行监督。

省交通运输行政主管部门应当设置并公布服务、监督电话。

第二章 养 护

第八条 政府还贷高速公路年度养护计划应当报有关部门批准，企业经营高速公路年度养护计划报省交通运输行政主管部门确定的高速公路管理机构备案。

第九条 高速公路大中修工程的实施应当履行基本建设管理程序。

第十条 高速公路管理机构、高速公路经营企业组织实施高速公路大中修工程或者改建工程项目的，应当提前十五日将高速公路保畅方案报送交通运输行政主管部门和公安机关交通管理部门备案，并在工程项目开工五日前向社会公告。

因进行养护作业，需要对高速公路双向全幅封闭、单向全幅封闭借用对向车道分流车辆或者占用单向一个车道作业的路段在两公里以上并且作业期限超过三十日的，除紧急情况外，在养护作业开始五日前将施工路段、施工时间、车辆分流路线等信息通过公共媒体向社会公告。

高速公路维修养护应当保证工程质量，保障行车安全、畅通，并采取措施以最短的时间完成。小修工程应当避开车流高峰。

第十一条 高速公路养护作业应当遵守下列规定：

（一）按照国家有关规定实行作业交通控制；

（二）作业现场应当按照养护安全作业规程设置安全作业设施和标志，作业人员应当穿着统一的安全标志服。高速公路管理机构、高速公路经营企业负责维持高速公路养护作业现场秩序；

（三）在高速公路上进行养护作业的专用车辆和专用机械应当经省交通运输行政主管部门核准，

并报所在市（地）公安机关交通管理部门备案。养护专用车辆和专用机械作业时，应当设置明显的作业标志，并开启危险报警闪光灯；

（四）养护专用车辆和专用机械作业时，应当避开车流高峰时段，在不影响过往车辆通行的前提下，其行驶路线和方向不受高速公路标志和标线限制；过往车辆应当注意避让作业专用车辆、专用机械和人员，服从现场人员的指挥；

（五）养护作业完毕，养护单位应当迅速清除作业现场或者公路上的障碍物。消除安全隐患后，方可恢复通行。

第十二条 高速公路标志、标线应当规范、清晰、统一、准确，易于识别。不同限速标志之间应当设置合理的提示性标志。

第十三条 高速公路管理机构、高速公路经营企业，对高速公路养护巡查每日不少于一次。

第十四条 高速公路管理机构、高速公路经营企业应当及时修剪影响交通安全和遮挡公路标志的树木。

第十五条 当高速公路路面存有积雪或者积冰，影响高速公路运行安全，尚未达到关闭程度时，高速公路管理机构和高速公路经营企业应当对过往车辆进行提示，并及时清理冰雪或者采取防滑措施。

第三章　收　　费

第十六条 高速公路管理机构、高速公路经营企业应当在收费站的显著位置，设置载有收费站名称、收费单位、收费标准、收费起止年限、审批机关和监督电话等内容的公示牌，接受社会监督。

第十七条 高速公路应当实行计算机联网收费。对驶入高速公路的货运车辆，按照计重方式收费，对客运车辆，按照车型方式收费。具体办法由省交通运输行政主管部门会同省财政、价格主管部门制定。

第十八条 通行高速公路的车辆应当按照设定的交费方式交纳车辆通行费。收费人员需要识别车辆收费类型时，车辆驾驶人应当出示相应的有效证件。

第十九条 高速公路管理机构、高速公路经营企业应当制定计划，建设高速公路联网电子不停车等智能收费系统，提高高速公路通行效率。

已建高速公路收费道口数量不能满足车辆安全、快速通行的，应当采取措施增设收费车道或者采取调整进出收费车道、启用便携式收费机等应急措施对车辆进行疏导。

第二十条 车辆通过高速公路收费站时，不得有下列妨碍高速公路交费通行秩序的行为：

（一）逃交、少交、拒交车辆通行费；

（二）调换或者使用伪造的高速公路通行凭证；

（三）强行冲闯高速公路收费站；

（四）故意堵塞高速公路收费道口；

（五）侮辱、威胁、殴打高速公路收费人员；

（六）以各种非法方式妨碍计量器具正常计重或者干扰联网收费系统正常运行；

（七）其他妨碍高速公路交费通行秩序的行为。

第二十一条 高速公路、高速公路用地、高速公路建筑控制区广告经营权归高速公路管理机构、高速公路经营企业。

高速公路广告设置不得影响安全视距，具体办法由省交通运输行政主管部门依据国家规定和标准制定。

第四章　服　　务

第二十二条　高速公路管理机构、高速公路经营企业应当在收费站入口、服务区、重点路段等区域设立电子信息显示屏，及时发布通行状况、施工作业、收费标准、气象预报等服务信息。

第二十三条　高速公路上的清障救援服务由高速公路管理机构、高速公路经营企业统筹组织实施。

当车辆发生故障或者事故时，当事人可以向高速公路管理机构、高速公路经营企业求助，也可以选择社会救援机构实施救助。接到车辆求助信息后，高速公路管理机构、高速公路经营企业应当调度指挥就近的救援车辆和人员及时赶赴现场施救。除救援、清障专用车辆外，禁止其他车辆在高速公路上拖曳故障车辆、肇事车辆。

社会救援机构实施救助的，应当及时通知高速公路管理机构，高速公路管理机构应当派人到现场协助。

第二十四条　省交通运输行政主管部门应当制定清障救援服务办法。

第二十五条　省交通运输行政主管部门应当制定全省统一的高速公路服务区经营管理规范，加强对全省高速公路服务区的监督管理。

高速公路管理机构、高速公路经营企业负责高速公路服务区或者停车区的经营管理，服务区设施应当处于良好状态，保证安全，保持清洁、卫生。

高速公路服务区或者停车区可以由高速公路管理机构、高速公路经营企业自主经营、合作经营以及对外承包经营。对外承包经营的，应当采取招投标或者经营权拍卖的方式确定经营者。

第二十六条　高速公路服务区应当与高速公路同时投入使用，并且提供下列服务设施：

（一）符合卫生标准的饮用水和水冲式公共厕所以及停车场、供司乘人员临时休息场所等免费使用的公益性设施；

（二）加油、维修、餐饮、住宿和超市等经营性设施；

（三）绿化、夜间照明以及给排水、污水处理、备用电设备等功能性设施。

需要临时关闭高速公路服务区的，应当报请省交通运输行政主管部门批准，并在电子信息显示屏公示。

第二十七条　高速公路服务区经营者应当公开服务内容、标准、价格，依法经营，诚实守信，文明服务，禁止下列行为：

（一）擅自扩大服务收费范围、提高服务收费标准；

（二）强制他人接受有偿服务；

（三）刁难、勒索和敲诈司乘人员；

（四）收费不开具合法有效的票据；

（五）其他违法、违规行为。

高速公路服务区所在地有关行政主管部门应当依法加强对服务区治安、食品安全、环保、经营和服务的监督管理。

第五章　路　　政

第二十八条　高速公路与其他等级公路或者城市道路管理范围的分界，由省交通运输行政主管部门会同有关部门和单位划定，并且在分界点设置分界标志。

第二十九条　高速公路管理机构、高速公路经营企业应当在高速公路入口、相关跨越高速公路的设施，设置车辆限速、限载、限高、限宽、限长标志。

第三十条　高速公路用地范围为高速公路两侧隔离栅外缘起一米内的区域。

第三十一条　高速公路用地两侧外缘起五十米，高速公路弯道内侧、互通立交、大型桥梁外侧一百米为高速公路建筑控制区。

第三十二条 车辆通过高速公路收费站安全岛通道时，在安全岛通道前后应当按照标线、道口指示灯行驶。除领取通行凭证、交费和高速公路管理人员及执行紧急公务的人员外，禁止在高速公路安全岛前后各一百米内停车、行走、滞留及上下人员。

第三十三条 对高速公路、高速公路附属设施造成损害的单位和个人，应当及时报告高速公路管理机构，接受现场调查，处理后方可驶离。对拒不接受调查处理的，高速公路管理机构可以扣留车辆、工具。

公安机关交通管理部门在处理高速公路交通事故涉及路产污染、损失的，应当及时通知高速公路管理机构；交通事故结案后，对路产污染、损失的赔偿由高速公路管理机构处理。

第三十四条 任何单位和个人占用、利用、污染、损坏高速公路路产的，应当按照省人民政府制定的标准，向高速公路管理机构、高速公路经营企业缴纳公路赔（补）偿费。

第六章　交通安全

第三十五条 公安机关交通管理部门应当加强高速公路交通安全管理，通过日常巡查和技术监控措施，对高速公路上车辆超载、违法变线、违法停车、长期占用超车道行驶、遮挡号牌等违法行为进行查处。

第三十六条 高速公路的限速值不得超过120公里。限速值低于120公里的，在保证高速公路通行安全的前提下，应当经过科学论证，合理确定。

第三十七条 禁止行人、非机动车、拖拉机、轮式专用机械车、铰接式客车、全挂拖斗车以及其他设计最高时速低于70公里的机动车进入高速公路。

第三十八条 高速公路中央分隔带活动护栏开口处，是养护、抢险、救援专用车道，禁止其他车辆擅自通行。

第三十九条 对已建成的高速公路的标志、标线，公安机关交通管理部门根据道路交通安全需要提出变更的，高速公路管理机构、高速公路经营企业应当及时予以变更。

第四十条 禁止在高速公路行车道、桥梁、匝道、匝道桥上和隧道内停放、检修车辆，因车辆发生故障需要停车排除故障的，驾驶人应当开启危险报警闪光灯，将车辆移入紧急停车带，设置警示标志；难以移动的，车辆驾驶人应当在来车方向150米外设置警示标志，持续开启危险报警闪光灯并且迅速报警。

第四十一条 交通运输行政主管部门和公安机关交通管理部门应当互相配合，依据各自的法定权限，在经省人民政府批准的高速公路入口、服务区设置的超限、超载运输检测站，对过往载货、载客车辆进行超限、超载运输检测、检查。载货、载客车辆应当按照引导标志行驶到指定地点接受检查，不得强行通过。

禁止遮挡号牌、无号牌、超载和未经批准超限的车辆驶入高速公路。

第四十二条 因高速公路严重损毁、自然灾害、恶劣气象条件或者重大交通事故、道路施工作业、突发事件等严重影响行车安全的，高速公路管理机构、高速公路经营企业和公安机关交通管理部门应当及时互相通报情况，采取其他措施难以保证交通安全时，公安机关交通管理部门可以采取限速通行、间断放行、调换车道、关闭道路等交通管制措施，并及时向社会发布信息。

第七章　法律责任

第四十三条 违反本条例规定的行为，按照本条例的规定处罚。法律、法规有处罚规定的，从其规定。

第四十四条 高速公路经营企业未按照国家技术规范和操作规程进行高速公路养护，未按照规定清理积冰、积雪，未修复高速公路坍塌、坑槽、隆起等损毁的，由高速公路管理机构责令改正，并处五万元以上十万元以下的罚款。

第四十五条 拒交、逃交、少交通行费的车辆和假冒鲜活农产品运输蓄意逃交通行费的车辆，应当补交通行费，并加付五倍的应交票款。逃交车辆通行费无法确定收费里程的，应当按照待交收费站与高速公路网内最远站点收费里程补交并加付车辆通行费。

拒不补交车辆通行费的，高速公路管理机构、高速公路经营企业可以将车辆拖移到指定地点处理，由此造成的损失和发生的费用由当事人承担。

第四十六条 强行冲闯高速公路收费站，高速公路管理机构、高速公路经营企业可以采取措施阻止其驶离，高速公路管理机构对车辆驾驶人处以五千元罚款。造成损失的，由车辆驾驶人赔偿。

第四十七条 驾驶车辆故意堵塞收费道口的，高速公路管理机构、高速公路经营企业应当及时将车辆拖移，由此造成的损失和产生的相关费用由当事人承担。

第四十八条 侮辱、威胁、殴打高速公路收费人员或者有其他妨碍高速公路交费通行秩序的，高速公路管理机构、高速公路经营企业应当及时移交公安机关处理。

第四十九条 高速公路经营企业有下列行为之一的，由高速公路管理机构责令限期改正，逾期未改正的给予下列处罚：

（一）未按照规定开通或者擅自关闭服务区的，处以一万元罚款；

（二）高速公路服务区提供的服务设施不符合经营管理规范的，处以五千元罚款。

第五十条 高速公路管理机构相关负责人和属于国家工作人员的其他责任人，有下列行为之一的，由交通运输行政主管部门依法给予行政处分，对非国家工作人员依据有关规定给予处分：

（一）未按规定进行高速公路养护和清理积冰、积雪的；

（二）违法实施行政许可的；

（三）发现违法行为未依法查处的；

（四）违法扣留、扣押车辆、工具或者使用扣留、扣押的车辆、工具的；

（五）高速公路收费道口不能满足车辆安全、快速通行时，未按规定及时采取应急措施对车辆进行疏导的；

（六）违反规定故意放行遮挡号牌、无号牌、超载和未经批准超限的车辆进入高速公路的；

（七）刁难、勒索和敲诈司乘人员的；

（八）收费未开具合法有效票据的；

（九）擅自关闭服务区或者服务区提供的设施不符合本条例规定的；

（十）玩忽职守、徇私舞弊、滥用职权等其他违法行为。

第五十一条 违反交通安全管理规定的，由公安机关交通管理部门依照道路交通安全的法律、法规规定处罚。

第八章　附　　则

第五十二条 一级公路的收费、养护和路政管理依照本条例的规定执行。

第五十三条 本条例下列用语的含义是：

（一）高速公路是指按照国家公路工程技术标准建设，经验收合格向社会公告，专供汽车分方向、分车道高速行驶并全部控制出入的公路，包括高速公路桥梁、高速公路匝道、匝道桥、高速公路隧道和高速公路渡口；

（二）高速公路附属设施是指为保护、养护高速公路和保障高速公路安全、畅通所设置的公路防护、排水、养护、环保、绿化、管理、交通安全、通信、收费、监控、服务等设施、设备，以及专用建筑物和构筑物等。

第五十四条 本条例自 2014 年 1 月 1 日起施行。

332. 黑龙江省深化农村公路管理养护体制改革实施方案

（黑政办规〔2020〕14号）

为贯彻落实《国务院办公厅关于深化农村公路管理养护体制改革的意见》（国办发〔2019〕45号），加快建立农村公路管理养护长效机制，结合我省实际，制定本方案。

一、总体要求

以习近平新时代中国特色社会主义思想为指导，全面贯彻党的十九大和十九届二中、三中、四中全会精神，深入贯彻落实习近平总书记关于“四好农村路”重要指示批示精神和党中央、国务院决策部署，践行以人民为中心的发展思想，按照“质量为本、安全至上、自然和谐、绿色发展”的原则，深化农村公路管理养护体制改革，形成上下联动、密切配合、齐抓共管的工作局面，全面推动“四好农村路”高质量发展，不断提升农民群众的获得感、幸福感、安全感，为实施乡村振兴战略、服务农业强省建设和实现黑龙江全面振兴全方位振兴提供坚实的交通运输保障。

二、工作目标

到2022年，基本建立权责清晰、建养并重、齐抓共管的农村公路管理养护体制机制，形成财政投入职责明确、社会力量积极参与的格局。农村公路“路长制”全面建成，农村公路治理能力明显提高，治理体系初步形成。农村公路通行条件和路域环境明显提升，交通保障能力显著增强，农民群众的满意度明显提高。农村公路列养率达到100%，年均养护工程比例不低于5%，中等及以上农村公路占比不低于75%。

到2035年，全面建成体系完备、运转高效的农村公路管理养护体制机制，基本实现城乡公路交通基本公共服务均等化，路况水平和路域环境根本性好转，农村公路治理能力全面提高，治理体系全面完善。

三、主要任务

（一）明晰职责，完善农村公路管理养护体系。

1. 省级部门强化统筹引导和监督考核。在省政府统一领导下，省交通运输厅要加强对农村公路管理养护工作的指导、监督，加强政策引导和业务指导，建立健全规章制度，完善监督机制，建立信用评价体系，会同有关部门开展对市、县两级政府的监督考核，做好农村公路管理养护体制改革统筹协调和推进落实。省财政厅会同省交通运输厅强化省级资金统筹，研究安排省级养护补助资金，加强资金监管。省发改、自然资源、农业农村、扶贫、水利、审计等部门通过制定和实施相关政策，引导、支持和促进农村公路事业发展。（责任部门：省交通运输厅、省财政厅、省发改委、省自然资源厅、省农业农村厅、省扶贫办、省水利厅、省审计厅）

2. 市级政府加强政策支持和指导监督。各市（地）政府（行署）要发挥好承上启下作用，完善支持政策，建立农村公路养护资金补助机制，按规定落实管理养护补助资金，加强对所辖县（市、区）农村公路管理养护的组织指导和监督，开展信用考核评价，督促县级政府履行主体责任。[责任单位：各市（地）政府（行署）]

3. 县级政府切实履行主体责任。县级政府要按照“县道县管、乡村道乡村管”的原则，建立健全农村公路管理养护责任制，明确相关部门和乡级政府的管理养护权力和责任清单，实行农村公路工作目标责任制和绩效管理，指导监督相关部门和乡级政府履职尽责。全面推行农村公路路长制，建立“总路长＋三级路长”责任体系。由县级政府主要负责人担任总路长，县级政府有关负责人、乡级政府主要负责人和村民委员会主要负责人为县、乡、村三级路长，负责相应农村公路管理养护工作，县

（市、区）、乡（镇）政府明确相应机构承担路长制运行的日常工作，建立“精干高效、专兼结合、以专为主”的组织管理体系。按照“有路必养、养必到位”的要求，将农村公路养护资金及管理机构运行经费和人员支出纳入一般公共财政预算，加大履职能力建设和管理养护投入力度。通过将管理养护纳入公益岗位等方式，为贫困户提供就业机会。[责任单位：各县（市、区）政府]

4. 发挥好乡村两级作用和农民群众积极性。乡级政府在县级政府确定的职责范围内，具体负责本行政区域内乡道、村道的管理养护工作，指导村民委员会组织好村道的管理养护工作，确定专职工作人员，推进乡（镇）农村公路管理体系建设。村民委员会按照“村民自愿、民主决策”的原则，采取一事一议、以工代赈等办法组织村道的管理养护工作。充分调动农民群众积极性，吸纳农民群众主动参与农村公路相关工作。鼓励农村集体经济组织和社会力量自主筹资筹劳参与农村公路管理养护工作。[责任单位：各县（市、区）政府]

（二）加大投入，强化农村公路管理养护资金保障。

1. 落实成品油税费改革资金。完善成品油税费改革转移支付政策，加大对普通公路养护的支持力度。成品油税费改革新增收入替代原公路养路费部分用于普通公路养护的比例一般不低于80%，不得用于公路新建。自2022年起，该项资金不再列支管理机构运行经费和人员等其他支出。继续执行省政府对农村公路养护工程的补助政策，省级补助资金与切块到市县部分之和占成品油税费改革新增收入替代原公路养路费部分的比例不低于15%。市、县级政府根据不同时期发展目标落实农村公路养护工程资金。[责任单位：省财政厅、省交通运输厅，各市（地）、县（市、区）政府（行署）]

2. 加大财政资金支持力度。农村公路养护属于市、县级政府财政事权，资金原则上由市、县级政府通过自有财力安排，对县级政府落实支出责任存在的收支缺口，上级政府根据不同时期发展目标给予一定的资金支持。市、县级政府要确保财政支出责任落实到位，将相关税收返还用于农村公路养护。2021年起，省、市、县三级公共财政用于农村公路日常养护资金的总额不低于以下标准：县道每年每公里1万元、乡道每年每公里5000元、村道每年每公里3000元。其中：省级投入比例为40%，县级投入比例为60%，市级可根据不同时期农村公路发展目标给予一定的资金支持，具体标准由各市级政府自行制定。省、市、县三级公共财政投入农村公路日常养护的资金要建立与农村公路里程、养护成本变化等因素相关联的动态调整机制。[责任单位：省财政厅、省交通运输厅，各市（地）、县（市、区）政府（行署）]

3. 强化养护资金使用监督管理。各级财政、交通运输部门要加强对农村公路养护资金使用监管，确保资金专款专用，严禁截留、挤占和挪用。要对农村公路养护资金实施全过程预算绩效管理，确保及时足额拨付到位，按有关规定对社会公开，接受群众监督。严禁以“建养一体化”名义新增隐性债务，严控债务风险。村务监督委员会要将村道养护资金使用和养护质量等情况纳入监督范围。各级审计部门要定期对农村公路养护资金使用情况进行审计。[责任单位：省财政厅、省交通运输厅、省审计厅，各市（地）、县（市、区）政府（行署）]

4. 创新农村公路发展投融资机制。充分发挥政府资金的引导作用，采取资金补助、先养后补、以奖代补、无偿提供料场等多种方式支持农村公路养护。将农村公路发展纳入地方政府一般债券支持范围。鼓励保险资金通过购买地方政府一般债券方式依法依规参与农村公路发展，探索开展农村公路灾毁保险。鼓励将农村公路建设和一定时期的养护进行捆绑招标，将农村公路与产业、园区、乡村旅游等经营性项目实行一体化开发，运营收益用于农村公路养护。[责任单位：省财政厅、省交通运输厅，各市（地）、县（市、区）政府（行署）]

（三）统筹推进，建立农村公路管理养护长效机制。

1. 加快推进农村公路养护市场化改革。将群众满意度和受益程度、养护质量和资金使用效率作为衡量标准，分类有序推进农村公路养护市场化改革。大中修等专业性工程，逐步通过市场化运作交由专业化队伍承担；日常保养、绿化等非专业项目，鼓励通过分段承包、定额包干等模式，吸收沿线群众参与，逐步建立政府与市场合理分工的养护生产组织模式。整合公路管理养护机构，引导符合市场属性的公路事业单位转制为现代企业，通过招投标方式获得公路养护权。鼓励将干线公路建设养护与农村公路捆绑招标，支持养护企业跨区域参与市场竞争。通过签订长期养护合同、招投标约定等方式，引导专业养护企业加大投入，提高机械化水平。［责任单位：省交通运输厅，各市（地）、县（市、区）政府（行署）］

2. 加强农村公路安全和信用管理。县级政府要保障农村公路安全设施建设投资，安全设施要与主体工程同时设计、同时施工、同时投入使用，组织公安、交通运输、应急管理等部门参加农村公路竣（交）工验收。已建成但未配套安全设施的农村公路要逐步完善，及时排查治理安全隐患。加强农村公路养护市场监管，着力建设以质量和安全为核心的信用评价机制，实施守信联合激励和失信联合惩戒，并将信用记录按照国家有关规定纳入省信用评价系统，依法向社会公开。［责任单位：省交通运输厅、省公安厅、省应急管理厅，各市（地）、县（市、区）政府（行署）］

3. 加强农村公路路产路权保护。完善农村公路路政管理体系，建立县有路政员、乡有监管员、村有护路员的路产路权保护队伍。建立日常监管巡查制度及协调配合机制。严厉打击超限超载、非法侵占、破坏农村公路设施等违法行为。加强宣传引导，将爱路护路要求纳入乡规民约、村规民约，发挥群众力量参与路产路权保护。［责任单位：各市（地）、县（市、区）政府（行署）］

4. 推动农村公路转型发展。坚持绿色发展，节约集约利用资源，严守生态保护红线，结合农村人居环境整治，大力开展“美丽农村路”建设。坚持融合发展，推进农村公路与特色产业、乡村旅游、林区转型发展等多元融合，积极拓展农村公路服务功能。坚持智慧发展，推动运用新技术、新手段不断提升农村公路管理效能和养护水平。［责任单位：省交通运输厅、省农业农村厅、省文化和旅游厅，各市（地）、县（市、区）政府（行署）］

5. 推进林区、垦区农村公路管养职责移交。在完成林区、垦区行政职能移交基础上，将龙江森工集团农村公路管养职责按照行政区划移交至对应的县（市、区）政府承担，支持和鼓励原森工养护企业继续参与农村公路养护；北大荒农垦集团（省农垦总局）现行财政管理体制隶属中央，其农村公路管理养护体制暂不调整，待其财政管理体制调整后再行调整。［责任单位：省交通运输厅、省财政厅、龙江森工集团、北大荒农垦集团（省农垦总局），各有关市（地）、县（市、区）政府（行署）］

四、保障措施

（一）加强组织领导。省政府各有关直属单位要按照职责分工，密切配合，协调联动，确保农村公路管理养护体制改革落地见效。各市、县级政府要根据本方案，于2020年12月底前出台本辖区深化农村公路管理养护体制改革具体方案，明确改革目标任务落地的时间表、路线图、权责清单、考核问责等内容，做好具体改革政策措施的推进落实工作。［责任单位：省政府各有关直属单位，各市（地）、县（市、区）政府（行署）］

（二）加强督导考核。省交通运输厅、省财政厅要建立对市、县级政府农村公路管理养护考核机制，建立健全激励约束机制，并将考核结果与财政补助资金挂钩。［责任单位：省交通运输厅、省财政厅、省审计厅，各市（地）、县（市、区）政府（行署）］

（三）加强宣传引导。紧紧围绕改革重点任务，准确解读改革政策举措，大力宣传改革的新进展、新成效和先进典型、典型经验，充分调动广大群众参与、监督改革工作的积极性，为改革顺利推进营造浓厚氛围。［责任单位：省交通运输厅，各市（地）、县（市、区）政府（行署）］

本实施方案自印发之日起施行。《黑龙江省人民政府办公厅关于印发黑龙江省农村公路管理养护体制改革实施意见的通知》（黑政办发〔2007〕51号）同时废止。

333. 上海市公路管理条例

（2020 年 9 月 25 日上海市第十五届人民代表大会常务委员会第二十五次会议第三次修正）

第一章　总　　则

第一条　为了加强本市公路的建设和管理，促进公路事业的发展，发挥公路在经济建设、国防建设和人民生活中的作用，根据《中华人民共和国公路法》等法律、行政法规的规定，结合本市实际情况，制定本条例。

第二条　本条例所称的公路，是指本市行政区域内的国道、省道、县道、乡道和纳入公路规划的村道，包括公路桥梁、公路涵洞和公路隧道。县道、乡道和村道统称农村公路。

本条例所称的公路附属设施，是指公路的防护、排水、通风、照明、养护、管理、服务、交通安全、监控、通信、收费、绿化等设施、设备以及专用建筑物、构筑物等。

第三条　本条例适用于本市行政区域内公路的规划、建设、养护、经营和使用以及公路、公路用地、公路附属设施和公路建筑控制区的管理。

第四条　本市加强公路管理工作，持续提升公路安全通行条件，增强交通保障能力。

各级人民政府应当聚焦突出问题，完善政策机制，把农村公路建好、管好、护好、运营好，为加快推进农业农村现代化提供更好保障。

第五条　市交通行政管理部门按照职责分工负责本市公路的规划、建设、经营等管理工作，并依法实施行政处罚；市道路运输行政管理部门按照职责分工履行公路养护、使用等管理职责。

区交通行政管理部门按照其职责权限，负责所辖区域内公路的具体管理。

乡（镇）人民政府负责本行政区域内乡道、村道的相关工作。

本市有关行政管理部门按照各自的职责，协同实施本条例。

村（居）民委员会在乡（镇）人民政府的指导下，协助做好村道相关工作。

第六条　本市公路的建设和发展应当遵循全面规划、合理布局、确保质量、保障畅通、保护环境、保护耕地、发展绿化、建设改造与管理并重的原则。

本市公路的管理实行统一管理与分级负责相结合的原则。

第七条　本市交通、道路运输行政管理部门应当会同公安、住房城乡建设等行政管理部门依托“一网通办”平台，加强业务协同办理，优化政务服务流程，为行政相对人提供便捷高效的服务。

本市公路管理纳入“一网统管”城市运行管理体系，实现集成、协同、闭环管理，确保公路安全畅通。

第八条　本市公路规划、建设、养护和管理应当贯彻绿色发展理念，推行生态防护技术，优先使用绿色环保材料和清洁能源。

本市运用物联网、云计算、大数据等现代信息技术，在公路信息采集、出行引导服务、路车协同、安全监测和风险预警等方面，提升智能化水平。

第九条　市交通、道路运输行政管理部门应当与长江三角洲区域相关省、市有关部门建立沟通协调机制，加强公路规划、建设、养护和管理的协同，提高省际公路通达能力，推进形成便捷高效的区域公路网络。

第十条　任何单位和个人不得破坏、损坏或者非法占用公路、公路用地以及公路附属设施。

第二章　规划和建设管理

第十一条　公路专项规划按照下列规定编制：

（一）省道规划，由市交通行政管理部门根据国道规划和本市国民经济、社会发展以及国防建设的需要，听取公路沿线的区人民政府和市有关行政管理部门的意见后编制，经市规划资源部门综合平衡后报市人民政府批准，纳入城市总体规划，并报国务院交通主管部门备案。

（二）县道（含乡道、村道）规划，由区交通行政管理部门根据省道规划和区城市规划，并听取区有关行政管理部门和有关乡（镇）人民政府的意见后编制，经区人民政府和市交通行政管理部门初审后，报市人民政府批准，并报国务院交通主管部门备案。

（三）专用公路规划，由专用公路的主管单位编制，报市交通行政管理部门审核。专用公路规划应当与省道规划、县道（含乡道、村道）规划相协调。

公路专项规划主要包括公路发展的指导原则和目标，路网规模和总体建设安排，公路等级、选线、重型车辆通行等功能布局以及保障措施等内容。公路规划应当与城市道路规划有效衔接，农村公路规划应当与特色产业、乡村旅游等发展相协调。

第十二条　经批准的省道规划、县道（含乡道、村道）规划和专用公路规划需要修改的，应当由原编制单位提出修改方案，经原审批机关审查批准。

第十三条　规划村镇、开发区等建筑群，应当与公路保持规定的距离。不得在公路两侧对应建设村镇、开发区等建筑群。

规划和新建省道、县道应当合理避让已建成的村镇和开发区等建筑群。

第十四条　公路建设确需征收房屋、土地的，可以依法征收。征收应当给予被征收人公平合理的补偿，被征收人应当及时搬迁、交地。

公路用地按照以下要求划定：

（一）公路两侧有边沟、截水沟、坡脚护坡道的，其用地范围为边沟、截水沟、坡脚护坡道外侧一米的区域；

（二）公路两侧无边沟、截水沟、坡脚护坡道的，其用地范围为公路路缘石或者坡脚线外侧五米的区域；

（三）实际征收的土地超过上述规定的，其用地范围以实际征收的土地范围为准。

第十五条　公路的名称，应当在公路建设项目立项时确定。

本市公路按照国家标准以起讫点地名简称命名，同时推行以北南纵线、东西横线分别顺序编号。

第十六条　市和区交通行政管理部门应当按照公路专项规划编制省道、县道、乡道和村道的建设计划，并按照国家和本市规定的建设程序，报经批准后组织实施。

县道的新建、改建、扩建计划，应当经市交通行政管理部门审核；跨区的县道建设计划，市交通行政管理部门应当负责协调。

乡道、村道的新建、改建、扩建计划，应当经区交通行政管理部门审核；跨乡（镇）的乡道、村道建设计划，区交通行政管理部门应当负责协调。

第十七条　新建、改建农村公路，应当符合以下技术标准：

（一）县道不得低于二级公路的技术标准；

（二）乡道不得低于三级公路的技术标准；

（三）村道不得低于四级公路的技术标准。

新建、改建县道、乡道，部分路段确因地形、地质等自然条件限制，无法达到前款规定的技术标准的，应当经市道路运输行政管理部门或者区交通行政管理部门组织论证。

第十八条　公路建设资金通过下列渠道和方式筹集：

（一）财政拨款；

（二）向国内外金融机构或者外国政府贷款；

（三）国内外经济组织的投资；

（四）依法出让公路收费权的收入；

（五）开发、经营公路的公司依法发行股票、公司债券；

（六）企业和个人自愿集资；

（七）法律或者国务院规定的其他方式。

第十九条 公路建设使用土地，建设单位应当依照国家和本市有关法律、法规的规定办理用地手续。

第二十条 承担公路建设项目的勘察、设计、施工和监理等单位，除依法经市场监督管理部门登记注册外，还应当取得国家规定的资质证书。公路建设单位应当与具有相应资质的勘察、设计、施工、监理单位签订合同，明确双方的权利义务。

承担公路建设项目的勘察、设计、施工、监理单位，应当依照法律、法规、规章以及国家、本市的公路工程技术标准、规范的要求和合同的约定进行勘察、设计、施工、监理活动，保证公路工程质量。

法律或者国务院规定需要进行招标投标的公路建设项目，应当按照规定进行招标投标。

第二十一条 公路建设单位应当按照公路工程技术标准、规范的要求，根据不同的公路等级，相应设置必要的公路附属设施；高速公路、一级公路应当设置监控、通信等有关附属设施。

城镇化地区的公路路段应当按照国家和本市有关规定，设置人行道、照明、排水等设施。

公路应当按照标准设置完善的交通标志和标线，对易受积水影响的地下通道等路段，应当设置防汛警示标志。

前款所指的公路附属设施，应当与公路主体工程同时设计、同时建设。

第二十二条 公路服务区应当根据公路规划要求合理布局，与公路同时规划、同时设计、同时建设、同时投入使用。

公路服务区应当设置停车、饮用水供应、公共卫生间、生活垃圾分类投放等服务设施，高速公路服务区还应当设置加油、充电、商品零售、餐饮等服务设施；鼓励具备条件的公路服务区拓展服务功能。现有公路服务区未达到规定标准的，应当逐步改造。

公路服务区的设置位置和服务功能，应当向社会公布。

第二十三条 公路工程应当按照规定进行交工、竣工验收；未经验收或者验收不合格的，不得交付使用。

分段完成的具有独立使用价值的路段或者单项工程，可以分段验收，经验收合格的，可以先行交付使用。

公路的附属设施应当与主体工程同步进行交工、竣工验收。

公路建设项目竣工验收后，建设单位应当在规定的时限内，向城市建设档案机构报送竣工档案。

第二十四条 公路建设项目实行质量保修制度。保修期由合同约定，但不得少于一年。

保修期内发现公路有质量问题的，施工单位应当先行维修、返工；施工单位在规定期限内不予维修、返工的，由建设单位组织维修、返工。维修、返工所需费用由责任方承担。

第二十五条 因建设公路影响铁路、水利、电力、邮电设施和其他公用设施正常使用的，公路建设单位应当事先征得有关部门的同意；因公路建设对有关设施造成损坏或者需要搬迁的，公路建设单位应当按照不低于该设施原有的技术标准予以修复，或者给予相应的经济补偿。

第二十六条 改建、扩建公路时，施工单位应当在施工路段两端设置明显施工标志、安全标志。需要车辆绕行的，施工单位应当在绕行路口设置标志；不能绕行的，建设单位必须组织修建临时通行道路。

第二十七条 市道路运输行政管理部门对失去使用功能的省道、县道，区交通行政管理部门对失去使用功能的乡道、村道，在征得同级规划资源部门的同意后应当宣布废弃。

市道路运输行政管理部门、区交通行政管理部门以及乡（镇）人民政府应当将废弃公路及时向社会公告，并设立明显标志。

规划资源部门应当按照土地利用规划的要求重新确定废弃公路的土地使用性质。

国务院交通运输主管部门对公路废弃程序有规定的，按照其规定执行。

第三章　养 护 管 理

第二十八条　市道路运输行政管理部门、区交通行政管理部门负责公路及其附属设施的养护管理，保持公路及其附属设施的完好。

市人民政府应当完善农村公路养护资金补助机制，区人民政府应当将农村公路养护资金及管理机构和人员支出纳入一般公共财政预算。

第二十九条　本市实行公路养护管理和公路养护作业分离制度，加快推进公路养护作业市场化，引导养护作业单位分类分级发展，健全与公路养护作业规模、内容和专业要求相适应的公路养护市场。

公路养护作业单位应当符合规定的条件。

市道路运输行政管理部门、区交通行政管理部门应当根据养护工程类型，选择相适应的养护作业单位。公路养护作业需要进行招标投标的，应当按照法律、法规的规定进行招标投标。

第三十条　承担公路养护作业的单位应当按照国家和本市规定的技术规范、操作规程和合同的约定对公路及其附属设施进行养护，保证公路经常处于良好的技术状态。

公路进行大修的，应当按照本条例第二十三条、第二十四条的规定实行竣工验收和质量保修。

第三十一条　市道路运输行政管理部门、区交通行政管理部门应当按照公路养护技术规范，定期对管辖的公路全面进行技术状况评定，技术状况评定每年不少于一次。技术状况评定结果，作为养护工程计划安排的重要依据。

市道路运输行政管理部门、区交通行政管理部门应当统筹编制养护工程计划，合理确定施工期限，保障养护工程按照计划实施，减少对公路通行的影响；进行省际间养护作业的，还应当与相邻省市做好沟通衔接。

市道路运输行政管理部门、区交通行政管理部门与公安交通管理部门应当加强管理协同。公安交通管理部门应当做好交通安全审批、现场交通秩序管理等工作。

第三十二条　公路养护作业单位按照下列安全规定进行养护作业：

（一）根据公路的技术等级采取相应的安全保护措施，设置必要的交通安全设施；

（二）公路养护人员应当穿着统一的安全标志服；

（三）使用车辆、机械设备进行养护作业时，应当在公路作业车辆、机械设备上设置明显的作业标志，开启危险报警闪光灯；

（四）在夜间和雨、雪、雾等恶劣天气进行养护作业时，现场必须设置警示灯光信号；

（五）公路养护作业应当避让交通高峰时段。

公路养护作业车辆进行作业时，在不影响过往车辆通行的前提下，其行驶路线和方向不受公路标志、标线限制，但在高速公路上进行养护作业的车辆除外。

对高速公路的清扫保洁和绿化养护作业，应当以机械作业为主；确实需要人工养护作业的，养护作业单位应当采取切实有效的安全防护措施。

因公路养护作业影响车辆、行人通行或者通行安全的，养护作业单位应当依照本条例第二十六条的规定办理。

第三十三条　市道路运输行政管理部门、区交通行政管理部门应当采取定期检查或者抽查等方式，加强养护工程质量监督，并督促及时整改。

发现公路损坏，任何单位和个人都有权向市道路运输行政管理部门、区交通行政管理部门反映。

市道路运输行政管理部门、区交通行政管理部门应当及时处理，并反馈处理情况。

第三十四条 市道路运输行政管理部门、区交通行政管理部门、乡（镇）人民政府应当按照公路养护技术规范，定期对管辖的公路桥梁进行检查。需要进行检测的，市道路运输行政管理部门、区交通行政管理部门、乡（镇）人民政府应当委托符合资质条件的机构进行检测。

公路桥梁经检测负载达不到原标准的，市道路运输行政管理部门、区交通行政管理部门、乡（镇）人民政府应当及时采取维修和加固等有效措施，维修和加固期间应当设立明显的限载标志；经检测发现公路桥梁严重损坏影响通行安全的，市道路运输行政管理部门、区交通行政管理部门、乡（镇）人民政府应当先行设置禁止通行的标志，并及时采取修复措施，同时将相关信息报送公安交通管理部门。

第三十五条 公路及公路用地范围内的树木不得任意砍伐、迁移。确实需要更新砍伐的，应当经市道路运输行政管理部门或者区交通行政管理部门同意后，按照有关法律、法规的规定办理审批手续，并更新补种。

第四章 路政管理

第三十六条 公路两侧应当按照国家规定划定公路建筑控制区。

公路建筑控制区的范围，由市、区人民政府组织交通、规划资源等行政管理部门划定。

公路建筑控制区的范围经划定后，市道路运输行政管理部门、区交通行政管理部门应当设置明显的标桩、界桩。

除公路防护和养护需要以外，禁止在公路两侧的建筑控制区内修建建筑物或者地面构筑物；需要在建筑控制区内埋设管线、电缆等设施的，应当事先征得市道路运输行政管理部门或者区交通行政管理部门的同意。

公路建筑控制区内划定前已经合法修建的建筑物、构筑物，不得扩建；因公路建设或者保障公路运行安全等原因需要拆除的，应当依法给予补偿。

第三十七条 禁止在公路及公路用地范围内摆摊设点、堆放物品、倾倒垃圾、设置障碍、挖沟引水、打场晒粮、种植作物、放养牲畜、采石、取土、采空作业、焚烧物品、利用公路边沟排放污物、堵塞公路排水沟渠、填埋公路边沟或者进行其他损坏、污染公路和影响公路畅通的活动。

法律、行政法规对危及公路安全的行为有禁止性规定的，从其规定。

第三十八条 任何单位和个人不得擅自占用或者挖掘公路及公路用地。

因基础设施和其他重要工程建设确实需要临时占用和挖掘公路及公路用地的，必须向市道路运输行政管理部门或者区交通行政管理部门提出申请，经审批同意后方可临时占用或者挖掘；影响交通安全的，还应当经公安交通管理部门批准。

挖掘公路及公路用地的单位或者个人应当按照公路的原有标准，负责修复或者承担相应的费用。

本市加强对挖掘公路及公路用地施工的统筹管理。挖掘公路及公路用地的，应当按照规定将掘路施工计划报市道路运输行政管理部门或者区交通行政管理部门，由市道路运输行政管理部门或者区交通行政管理部门会同住房城乡建设管理部门进行综合平衡，并优先安排综合掘路施工。

挖掘公路及公路用地应当在施工现场醒目位置设置施工铭牌，标明许可情况、施工单位、施工时间、监督电话等内容。

第三十九条 新建、扩建、改建的公路竣工后五年内或者大修的公路竣工后三年内，不得挖掘。因特殊情况需要挖掘的，应当按照规定向市道路运输行政管理部门或者区交通行政管理部门交纳掘路修复费一至五倍的费用；影响交通安全的，还应当经公安交通管理部门批准。

因地下管线设施发生故障需要挖掘公路及公路用地进行紧急抢修的，抢修单位可以先行掘路，但应当立即通知市道路运输行政管理部门或者区交通行政管理部门和公安交通管理部门，并且在二十四小时内补办紧急掘路手续。

第四十条 跨越、穿越公路修建桥梁或者架设、埋设管线等设施的，以及在公路用地范围内架设、埋设管线、电缆等设施的，应当事先经市道路运输行政管理部门或者区交通行政管理部门同意；影响交通安全的，还须征得公安交通管理部门的同意。

因公路改建、扩建需要拆除或者移动前款所述管线的，管线单位应当及时予以拆除、迁移。

第四十一条 在公路上增设、改造平面交叉道口的，应当经市道路运输行政管理部门或者区交通行政管理部门以及公安交通管理部门批准。

第四十二条 经批准在公路及公路用地范围内架设、埋设管线或者设置道口的，应当符合公路工程技术标准的要求。对公路以及公路附属设施造成损坏的，应当予以相应的补偿。

第四十三条 任何单位和个人不得擅自在公路及公路用地范围内设置标牌、广告牌等非公路标志。需要设置的，应当符合相关设置规划、技术规范的要求，经市道路运输行政管理部门或者区交通行政管理部门同意，并按照设置标牌、广告牌的有关规定办理手续。

任何单位和个人不得利用公路交通安全设施、交通标志和行道树设置广告。

因公路改建、扩建需要拆除广告牌，致使设置广告牌的合同无法继续履行的，应当给予设置单位相应的补偿。

第四十四条 超过公路、公路桥梁、公路隧道限载、限高、限宽、限长标准的车辆，不得在公路、公路桥梁或者公路隧道行驶。

公路、公路桥梁、公路隧道限载、限高、限宽、限长标准调整的，应当及时变更限载、限高、限宽、限长标志；需要绕行的，还应当标明绕行路线。

第四十五条 车辆载运不可解体物品，车货总体的外廓尺寸或者总质量超过公路、公路桥梁、公路隧道的限载、限高、限宽、限长标准，确需在公路、公路桥梁、公路隧道行驶的，从事运输的单位和个人应当按照国家规定向市道路运输行政管理部门或者区交通行政管理部门申请公路超限运输许可。公路超限运输影响交通安全的，市道路运输行政管理部门或者区交通行政管理部门在审批超限运输申请时，应当征求公安交通管理部门意见。

市道路运输行政管理部门或者区交通行政管理部门批准超限运输申请的，应当告知公安交通管理部门，并加强对超限运输沿线公路设施的安全监测和通行安全管理。

跨省、自治区、直辖市进行超限运输的，按照《中华人民共和国公路法》《公路安全保护条例》的规定办理超限运输许可相关手续。

第四十六条 本市通过货物运输源头监管等方式，加强对违法超限运输行为的监管。

对违法超限运输的，市、区交通行政管理部门有权要求当事人提供超限运输货物源头信息；当事人应当按照要求提供。

第四十七条 公交车辆和其他固定线路客运车辆的站点设置或者移位，除征得公安交通管理部门的同意外，还应当符合国家有关公路管理的规定。

因站点设置影响公路以及公路附属设施使用功能的，设置单位应当负责恢复原状或者承担相应的费用。

第四十八条 市道路运输行政管理部门、区交通行政管理部门按照本条例规定受理有关申请的，应当自受理之日起十五日内作出书面审批决定。

第四十九条 高速公路上的故障车、肇事车、抛撒物等障碍物的清除由市道路运输行政管理部门、区交通行政管理部门负责。进行清除障碍物作业的车辆必须安装标志灯具并喷涂明显的标志，执行清除障碍物作业任务时，必须开启标志灯具和危险报警闪光灯。

除清除障碍物作业的车辆外，禁止其他车辆在高速公路上拖拽故障车、肇事车。

第五十条 因施工作业和养护作业确需封路、封桥的，市道路运输行政管理部门或者区交通行政管理部门和公安交通管理部门应当在正式实施封路、封桥措施三日前，通过新闻媒体联合发布封路、封桥通告。

因灾害性天气或者突发性事故影响高速公路行车安全时，市道路运输行政管理部门可以先行对部分路段或者全路实行限速或者限时封闭，并及时通报公安交通管理部门。

第五十一条 市、区交通行政管理部门应当编制突发事件应急预案，报本级人民政府批准后实施。

应急预案应当根据自然灾害、事故灾难、公共卫生事件等突发事件类型和响应等级，明确交通管制、关闭公路、疫情防控检测等应急措施；需要跨区域统一实施的，应当同时明确联动机制。

市、区交通行政管理部门应当根据应急预案，储备应急物资，组建应急队伍，定期组织演练。应急预案应当进行动态评估，并根据评估结果及时调整完善。

第五十二条 为应对突发事件以及其他应急管理需要，确有必要在公路上设置综合检查、公共卫生检疫等站点的，由市交通行政管理部门会同有关行政管理部门按照相关规定，报市人民政府批准后设置。

综合检查、公共卫生检疫等站点的设置和运行，应当在满足应急管理需要的同时，减少对公路通行的影响。

第五十三条 本市根据国家规定推行农村公路路长制，建立区、乡（镇）、村三级路长体系，设立相应的总路长、路长，分级分段组织本行政区域内的公路管理等工作。

区、乡（镇）人民政府应当按照规定，建立农村公路专管员制度，农村公路专管员负责日常路况巡查、隐患排查、灾毁信息上报等工作。农村公路专管员制度应当与城市网格化管理制度相衔接。

第五十四条 本市推进农村客运和物流服务体系建设，促进城乡交通运输一体化发展。

农村公路的技术条件应当与国家和本市对农村客运、物流发展的要求相匹配。

第五十五条 市交通、道路运输行政管理部门应当与长江三角洲区域相关省、市有关部门建立跨区域治理公路超限运输联防联动机制，统筹布局公路超限运输检测站点网络，加强执法信息共享，对严重违法的超限运输行为依法实施信用联合惩戒。

第五章 收费公路管理

第五十六条 本市按照统筹规划、合理布局、严格控制的原则和法律、行政法规的规定设立收费公路。

收费公路的设立由市人民政府批准。

第五十七条 收费公路的车辆通行费收费标准，由市交通行政管理部门会同市财政、物价部门根据国家和本市有关规定确定。

第五十八条 本市收费公路实行联网收费，按照国家和本市相关规定建设、运行、维护电子不停车收费系统，保证系统处于良好的技术状态，为通行车辆及人员提供优质服务。

第五十九条 在收费公路上设置车辆通行费收费站，应当经市交通行政管理部门审核后报市人民政府批准。

收费期限届满的收费公路，市道路运输行政管理部门应当组织收费单位及时拆除收费站设施。

第六十条 在收费公路上行驶的机动车辆，应当按照规定交纳车辆通行费，但国家规定免费通行的除外。

第六十一条 国内外经济组织投资经营的收费公路和受让收费权经营的收费公路养护工作，由该公路经营企业负责。

各公路经营企业应当按照国家和本市规定的技术规范和操作规程，对公路进行养护，或者委托符合条件的公路养护作业单位进行养护。

市道路运输行政管理部门、区交通行政管理部门应当加强对收费公路养护的监督与检查。

第六十二条 国内外经济组织投资经营的收费公路和受让收费权经营的收费公路的路政执法，由市交通行政管理部门负责。

在收费公路上临时占路、掘路或者进行管线施工以及设置道口等活动的，除经市道路运输行政管理部门审批同意外，还应当事先征求公路经营企业的意见。造成公路经营企业损失的，应当给予相应的补偿。

第六十三条 收费公路的收费期限，由市人民政府批准，但不得超过国家规定的年限。

国内外经济组织投资经营的收费公路经营期限届满的，由市人民政府无偿收回。

第六章 法律责任

第六十四条 违反本条例第三十条第一款规定，未按照规定从事养护作业的，由市或者区交通行政管理部门责令改正，处以一万元以上五万元以下的罚款；拒不改正的，吊销其资质证书。

第六十五条 违反本条例第三十六条第四款规定，在公路建筑控制区内修建建筑物、地面构筑物或者擅自实施管线工程的，由市或者区交通行政管理部门责令其限期拆除，可处以五万元以下的罚款；逾期不拆除的，由市或者区交通行政管理部门予以强制拆除，有关费用由责任方承担。

第六十六条 违反本条例第三十七条第一款规定，造成公路路面损坏、污染或者影响公路畅通的，由市或者区交通行政管理部门责令其停止违法行为，可处以五千元以下的罚款。

第六十七条 违反本条例第三十八条第一款、第三十九条第二款、第四十条第一款、第四十五条第一款、第四十九条第二款规定，有下列行为之一的，由市或者区交通行政管理部门责令其停止违法行为，可处以三万元以下的罚款：

（一）擅自占用或者挖掘公路和公路用地的；

（二）擅自在公路和公路用地范围内架设或者埋设管线的；

（三）擅自驾驶超重车辆通过公路桥梁的；

（四）除清除障碍物作业的车辆外的其他车辆在高速公路上拖拽故障车、肇事车的。

第六十八条 违反本条例第四十一条规定，擅自在公路上增设、改造平面交叉道口的，由市或者区交通行政管理部门责令其恢复原状，处以五万元以下的罚款。

第六十九条 违反本条例第四十三条第一款、第二款规定，擅自在公路及公路用地范围内设置标牌、广告牌等非公路标志或者利用公路交通安全设施、交通标志和行道树设置广告的，由市或者区交通行政管理部门责令其限期拆除，可处以二万元以下的罚款；逾期不拆除的，由市或者区交通行政管理部门强制拆除，有关费用由设置者承担。

第七十条 违反本条例第五十六条第二款、第五十九条第一款规定，未经批准设立收费公路或者设置车辆通行费收费站的，由市交通行政管理部门责令其停止违法行为，没收违法所得，可处以违法所得三倍以下的罚款；没有违法所得的，可处以二万元以下的罚款。

第七十一条 违反本条例第六十条规定，不按规定交纳车辆通行费的，公路经营企业有权拒绝其通行，并要求其补交应交纳的车辆通行费。

第七十二条 市交通行政管理部门、市道路运输行政管理部门、区交通行政管理部门的工作人员玩忽职守、滥用职权、徇私舞弊的，由其所在单位或者上级行政管理部门给予行政处分；构成犯罪的，依法追究刑事责任。

第七十三条 造成公路较大损害的车辆，当事人必须立即停车，保护现场，报告市道路运输行政管理部门或者区交通行政管理部门，接受调查，经处理后方可驶离。

因公路养护不当造成通行车辆或者行人损害的，公路养护单位应当承担相应的赔偿责任。

第七十四条 市道路运输行政管理部门、区交通行政管理部门未履行本条例规定的职责，违法审批或者作出其他错误决定的，市交通行政管理部门或者区人民政府有权责令其纠正，或者予以撤销；造成当事人直接经济损失的，作出违法审批或者其他错误决定的市道路运输行政管理部门、区交通行政管理部门应当依法予以赔偿。

第七十五条 当事人对行政管理部门的行政行为不服的，可以依照《中华人民共和国行政复议法》或者《中华人民共和国行政诉讼法》的规定，申请行政复议或者提起行政诉讼。

当事人对具体行政行为逾期不申请复议，不提起诉讼，又不履行的，作出具体行政行为的部门可以申请人民法院强制执行。

第七章　附　　则

第七十六条　在公路上开展智能网联汽车道路测试等活动的，按照国家和本市有关规定执行。

第七十七条　本条例自 2000 年 5 月 1 日起施行。

334. 上海市高速公路管理办法

（2016年6月21日上海市人民政府令第42号修正）

第一章　总　　则

第一条　（目的和依据）

为了加强本市高速公路管理，保障高速公路完好、安全和畅通，根据《中华人民共和国公路法》、《公路安全保护条例》、《收费公路管理条例》、《上海市公路管理条例》等法律、法规的有关规定，结合本市实际，制定本办法。

第二条　（适用范围）

本办法适用于本市行政区域内高速公路的建设、养护、经营、使用和管理。

本办法所称高速公路，包括收费高速公路（含政府还贷高速公路、经营性高速公路）和免费高速公路。

第三条　（监管部门）

市交通行政管理部门是本市高速公路的主管部门，其所属的市公路管理机构具体行使高速公路行政管理职责。

相关区（县）人民政府和市发展改革、公安、财政、规划国土、绿化市容和水务等部门按照各自的职责，协同实施本办法。

第四条　（信息公开）

市交通行政管理部门应当按照国家规定，向社会公布收费高速公路及收费站名称、收费单位、收费标准、收费期限等信息。

收费高速公路经营管理者应当按照国家规定，定期向社会公布通行费收支情况。

第二章　建设和养护管理

第五条　（建设管理制度）

新建、改建、扩建高速公路应当按照国家规定的建设程序和相关强制性技术标准进行，并保证合理的建设周期和施工工期。

对政府投资的高速公路建设项目，市财政部门应当会同市交通行政管理部门对建设资金使用情况实施监管。

对国内外经济组织投资的高速公路建设项目，市交通行政管理部门应当对建设资金到位和使用情况进行监督检查。

第六条　（工程质量和安全管理）

高速公路项目建设单位和养护单位应当建立健全工程质量和安全生产管理制度，落实工程质量和安全管理责任。

第七条　（建设项目前期管理）

高速公路建设项目建议书和工程可行性研究报告由市交通行政管理部门组织编制，报市发展改革部门批准；高速公路建设项目初步设计文件和施工图设计文件由高速公路项目建设单位组织编制，报市交通行政管理部门批准。

高速公路建设需要依法征收土地和房屋、填埋沟渠、调整地面通道的，沿线区（县）人民政府应当给予支持和协助。

第八条 （附属设施建设）

高速公路项目建设单位应当按照国家和本市有关技术标准建设监控、收费、通信、超限检测、交通量观测、电子不停车收费车道等附属设施。本市高速公路附属设施建设标准由市交通行政管理部门制定。

高速公路附属设施应当与高速公路主体工程同步设计、同步施工、同步验收、同步交付使用。

第九条 （路网信息系统建设）

市公路管理机构应当建立全市高速公路路网管理信息系统。

高速公路试运行前，高速公路项目建设单位应当将通信、监控、收费系统接入路网管理信息系统，并通过市公路管理机构组织的联网测试。

新建、改建、扩建高速公路，按照国家和本市有关技术标准铺设的通信管道，其冗余管道容量应当留作路网管理信息系统扩容、升级之用。高速公路经营管理者将上述管道容量用于其他用途的，应当承担重新铺设通信管道的费用。

第十条 （非高速公路设施的移交接管）

高速公路交工验收合格后，高速公路项目建设单位应当及时向所在地区（县）交通行政管理部门移交下列设施，所在地区（县）交通行政管理部门应当及时接管、养护：

（一）上跨高速公路的桥梁；

（二）下穿高速公路的通道及其泵站；

（三）连接收费站与其他道路的通道等设施。

第十一条 （养护管理要求）

高速公路经营管理者应当按照国家和本市有关高速公路养护的技术规范和操作规程，对高速公路实行预防性、经常性养护，使高速公路处于良好的技术状态。

鼓励采用新技术、新材料、新工艺、新设备实施养护作业，提高高速公路及其附属设施的养护水平。

第十二条 （年度养护运行计划）

高速公路经营管理者应当根据高速公路及其附属设施的技术状况和使用情况，按照国家和本市规定的养护标准和定额，落实养护所需经费，编制高速公路年度养护运行计划。

政府还贷高速公路和免费高速公路的年度养护运行计划，应当经市交通行政管理部门同意后组织实施。经营性高速公路的年度养护运行计划，应当书面征求市公路管理机构的意见后组织实施。

市交通行政管理部门应当会同有关部门对高速公路养护资金的落实和使用情况进行监督检查。

第十三条 （日常巡查）

高速公路经营管理者应当按照国家和本市的有关规定，对高速公路进行巡查，并制作巡查记录。发现高速公路坍塌、坑槽、隆起等损毁，或者发现隔离栏、防眩板、声屏障等附属设施损坏，危及交通安全的，应当及时设置警示标志，并采取措施修复。

第十四条 （公路检查、检测）

高速公路经营管理者应当按照有关技术标准，定期对高速公路进行检测和评定，对技术状况达不到国家和本市有关公路技术标准的，应当进行维修；对其中不符合车辆通行安全要求的，还应当通知公安交通管理部门，并及时发布相关信息。

市公路管理机构应当定期对高速公路进行检查、检测。对技术状况达不到有关技术标准的高速公路，应当责成高速公路经营管理者限期采取相应措施。

第十五条 （桥梁、隧道管理）

高速公路经营管理者应当按照国家和本市的相关要求，配置桥梁、隧道养护专业技术人员对桥梁、隧道进行检查、检测。

高速公路桥梁、隧道特殊检测应当委托具有相应资质的专业检测单位实施。

高速公路桥梁、隧道经检测承载能力达不到原设计标准的，高速公路经营管理者应当及时采取限载、加固等措施；桥梁、隧道严重损坏，影响车辆通行安全的，应当通知公安交通管理部门，并配合其采取相应的交通管制措施。

第十六条 （小修保养）

高速公路经营管理者应当按照国家和本市的公路养护技术规范，加强对高速公路及其附属设施的日常养护，及时修补轻微损坏部分。

第十七条 （中修和大修工程管理）

对高速公路及其附属设施的中修项目，高速公路经营管理者应当按照初步设计文件深度编制工程可行性研究报告，经市公路管理机构组织技术审核通过后，方可组织实施。

对高速公路及其附属设施的大修项目，高速公路经营管理者应当分别编制工程可行性研究报告和初步设计文件，报市交通行政管理部门审批。

第十八条 （中修和大修工程验收）

高速公路中修和大修工程应当按照国家和本市的有关规定组织验收。

监控、通信和收费系统大修工程在验收前，应当通过市公路管理机构组织的联网测试。

第十九条 （紧急维修工程）

因自然灾害、交通事故等突发事件造成高速公路及其附属设施损坏，影响正常通行和行车安全的，高速公路经营管理者应当立即组织有相应资质的养护作业单位实施紧急维修。

第二十条 （养护作业安全要求）

高速公路养护作业人员作业时，应当穿着统一的安全标志服。公路养护车辆、机械设备作业时，应当设置明显的作业标志，开启危险报警闪光灯。

养护作业影响车辆安全行驶的，高速公路经营管理者应当在作业现场设置安全防护设施，并通过电子显示屏等设施进行限速、警示提示；严重影响车辆安全行驶的，应当编制养护作业路段交通组织方案，并报市公路管理机构和公安交通管理部门备案后实施。

第三章　收费、服务和使用管理

第二十一条 （收费标准）

收费高速公路经营管理者应当按照经依法批准的收费标准和收费期限，向通行收费高速公路的车辆收取车辆通行费，但依法可以免交车辆通行费的车辆除外。

对在出口不能提供有效的通行凭证且无法提供进入入口证明，或者经查实互换通行凭证的，收费高速公路经营管理者可以按照路网内离该出口最远路径收取车辆通行费，并对不能提供通行凭证的车辆用户收取通行凭证的工本费。车辆用户事后提供进入入口证明的，收费高速公路经营管理者应当按照实际行驶里程收取通行费。

第二十二条 （车辆快速通行保障）

收费高速公路经营管理者应当根据车流量，开通足够数量的收费道口，保障车辆正常通行。

除公安交通管理部门采取通行管理措施外，当收费道口待交费车辆排队长度超过市交通行政管理部门规定的距离时，收费高速公路经营管理者应当在不妨碍前方道路通畅的情况下，在收费道口采取部分或者全部车道免费放行措施。收费高速公路经营管理者应当在规定距离处设置免费放行标志及监控设施。

节假日、重大活动等特定时段依照国家规定实行免费通行的，市交通行政管理部门应当会同相关部门和收费高速公路经营管理者采取相应的措施，确保高速公路安全、畅通运行。

第二十三条 （电子不停车收费管理）

收费高速公路经营管理者应当按照国家和本市相关技术标准，设置和运行电子不停车收费专用车道。

电子不停车收费具体管理办法，由市交通行政管理部门另行制定。

第二十四条　（联网收费）

本市收费高速公路实行联网收费。

收费高速公路经营管理者共同认可的单位负责本市收费高速公路联网收费资金的结算和清分等管理工作，产生的相应费用由收费高速公路经营管理者共同承担。

第二十五条　（信息服务）

市公路管理机构应当会同高速公路经营管理者建立高速公路信息发布制度，通过网站、服务热线、电子诱导系统等向社会提供高速公路交通路况、气象预警等出行信息服务。

第二十六条　（服务区管理）

收费高速公路经营管理者应当按照规划配置服务区，设置停车场、公共厕所、车辆维修点、加油站、餐饮部等服务设施，并使其保持良好的运行状态。当停车场、公共厕所不能满足公众需求时，应当及时改建或者扩建。

收费高速公路经营管理者因养护维修等原因确需临时关闭服务区的，应当经市公路管理机构同意。

第二十七条　（清障施救牵引服务）

高速公路经营管理者可以自行配置符合技术规范的清障施救牵引车辆或者委托符合条件的清障施救牵引服务企业，提供高速公路清障施救牵引服务。市公路管理机构应当加强对高速公路清障施救牵引工作的指导。

高速公路经营管理者接到清障救援信息后，应当立即派出清障施救牵引车辆和人员赶赴现场进行紧急处理。根据就近、安全、便捷的原则，将障碍物或故障车辆拖移至距事发地最近的出口处或者与当事人商定的地点。

高速公路经营管理者或者其委托的清障施救牵引服务企业应当按照市价格主管部门制定的高速公路清障施救牵引服务收费标准收取费用，不得擅自增加收费项目、提高收费标准。

禁止其他单位和个人在高速公路上实施清障施救牵引活动。

第二十八条　（服务要求）

收费高速公路经营管理者应当加强对收费人员的业务培训和职业道德教育。收费人员应当做到文明礼貌，规范服务。

收费高速公路经营管理者应当建立投诉受理机制，向社会公开投诉方式，及时反馈处理意见。

第二十九条　（资料报送）

高速公路经营管理者应当按照国家和本市有关规定，向市公路管理机构及时提供收费、还贷、路况、交通流量、养护和管理等有关信息资料。

第三十条　（车辆通行要求）

车辆进入高速公路和高速公路服务区，不得有下列行为：

（一）拒交、逃交、少交车辆通行费；

（二）违反规定驶入电子不停车收费专用车道；

（三）在高速公路上和高速公路服务区内转运货物。

第四章　路政管理

第三十一条　（巡查制度）

市公路管理机构应当建立高速公路路政巡查制度，依法做好高速公路保护工作。

高速公路经营管理者在日常巡查过程中发现侵害高速公路设施的违法行为时，应当及时制止，保护现场，并报告市公路管理机构依法处理。

第三十二条 （建筑控制区管理）

高速公路建筑控制区的范围为公路用地外缘起算向外30米的距离；弯道内侧、互通立交以及平面交叉道口的建筑控制区范围根据安全视距等要求确定。

在建高速公路按照前款规定确定建筑控制区时，市公路管理机构应当设置建筑控制区分界标志，并按照国家和本市有关建筑控制区管理规定进行管理。

第三十三条 （超限运输检查）

高速公路经营管理者应当在高速公路入口处及隧道等相关设施的显著位置，设置车辆限载、限高、限宽标志。

除经批准运载不可解体物品的超限运输车辆外，其他超限运输车辆不得上高速公路行驶。

市公路管理机构可以在高速公路出入口、服务区及其他不影响主线通行的场所进行超限运输检查，发现超限运输车辆的，应当就近引导至固定超限检测站点进行处理。

第三十四条 （禁止行为）

除遵守《上海市公路管理条例》第二十九条的规定外，任何单位和个人不得在高速公路及高速公路用地范围内从事下列行为：

（一）利用隧道、涵洞堆放物品，搭建设施以及铺设高压电线和输送易燃、易爆或者其他有毒有害气体、液体的管道；

（二）利用高速公路附属设施架设管道、悬挂物品。

第三十五条 （设施损坏的赔偿、补偿）

任何单位和个人对高速公路及其附属设施造成损坏、污染的，应当按照本市财政、价格主管部门核准的赔偿、补偿标准进行赔偿、补偿。

高速公路经营管理者收取设施损坏的赔偿、补偿款时，应当向当事人开具符合规定的收费凭证，并对损坏设施按原技术标准进行修复。

第三十六条 （非高速公路设施的安全管理）

上跨高速公路的桥梁、下穿高速公路的通道、高速公路沿线户外广告设施等设施可能危害高速公路交通安全的，设施管理单位应当立即采取措施加以修复或者清除。

高速公路经营管理者发现前款规定的设施可能危害高速公路交通安全的，应当及时设置警示标志，并立即通知相关设施管理单位进行处置。情况紧急，需要当场清除障碍物的，高速公路经营管理者应当立即进行处置。

在高速公路建筑控制区外修建的建筑物、地面构筑物以及其他设施不得遮挡公路标志，不得妨碍安全视距。

第三十七条 （突发事件应急管理）

市交通行政管理部门应当组织制定本市高速公路突发事件应急预案，报市人民政府批准后实施。

高速公路经营管理者应当根据市高速公路突发事件应急预案制定具体应急预案，并报市公路管理机构备案。

高速公路经营管理者应当根据应急预案组织应急队伍，储备抢险物资和设备，定期组织应急演练。发生突发事件时，应当协助和配合市交通行政管理部门做好应急处置工作。

第五章　法律责任

第三十八条 （违反养护规定的处理）

违反本办法第十一条第一款规定，收费高速公路经营管理者未按照国家和本市规定的技术规范和操作规程进行高速公路养护的，由市建设行政管理部门责令限期改正；逾期不履行，经催告仍不履行，其后果已经或者将危害交通安全的，市交通行政管理部门可以委托符合条件的单位代为养护，养护费用由该收费高速公路经营管理者承担。拒不承担的，由市建设行政管理部门申请人民法院强制执行。

第三十九条 （违反快速通行规定的处罚）

违反本办法第二十二条规定，收费高速公路经营管理者有下列情形之一的，由市交通行政管理部门责令改正，处3000元以上3万元以下罚款：

（一）未开通足够数量的收费道口，造成车辆堵塞的；

（二）待交费车辆排队长度已超过规定距离，免费放行车辆不会妨碍前方道路畅通时，未实施免费放行措施的；

（三）未依照国家规定在特定时段实施免费放行措施的。

第四十条 （违反服务区管理的处罚）

违反本办法第二十六条第一款规定，未按照规定在高速公路服务区设置服务设施，或者未按照规定及时改建、扩建停车场、公共厕所的，由市交通行政管理部门责令限期改正；逾期不改正的，处5000元以上5万元以下罚款。

第四十一条 （违反清障施救牵引规定的处理）

违反本办法第二十七条第二款规定，高速公路经营管理者接到清障救援信息后不履行清障施救牵引义务的，由市交通行政管理部门处3000元以上1万元以下的罚款；情节严重的，处1万元以上5万元以下的罚款。

违反本办法第二十七条第四款规定，其他单位和个人在高速公路上实施清障施救牵引活动的，由市交通行政管理部门处1000元以上5000元以下的罚款。

第四十二条 （违反专用车道通行规定的处罚）

违反本办法第三十条第二项规定，车辆违反规定进入电子不停车收费专用车道的，由市交通行政管理部门予以警告；情节严重的，处100元罚款。

第四十三条 （委托处罚）

市交通行政管理部门可以委托市交通执法机构实施本办法规定的行政处罚。

第四十四条 （行政责任）

违反本办法规定，市交通行政管理部门和市公路管理机构以及其他相关行政管理部门及其工作人员有下列行为之一的，由所在单位或者上级主管部门依法对直接负责的主管人员和其他直接责任人员给予记过或者记大过处分；情节严重的，给予降级或者撤职处分：

（一）未依法履行高速公路检查、检测职责的；

（二）发现超限运输车辆不依法进行查处，造成后果的；

（三）无法定依据或者违反法定程序执法的。

第六章　附　　则

第四十五条 （实施日期）

本办法自2013年11月1日起施行。

335. 上海市深化农村公路管理养护体制改革实施方案

（沪府办发〔2020〕3号）

为深入贯彻《国务院办公厅关于深化农村公路管理养护体制改革的意见》（国办发〔2019〕45号，以下简称《意见》），全面推进农村公路高质量发展，加快交通强国建设，切实“管好、护好”农村公路，加快建立完善农村公路管理养护长效机制，结合本市实际，制定本实施方案。

一、总体要求

以习近平新时代中国特色社会主义思想为指导，坚持以人民为中心，全面贯彻落实习近平总书记关于“四好农村路”建设的重要指示精神，紧紧围绕党中央、国务院实施乡村振兴战略和统筹城乡发展，牢固树立绿色、融合、智慧发展理念，深化农村公路管理养护体制改革，加强农村公路与农村经济社会发展统筹协调，构建“安全、通达、优质、美观”的农村公路发展新格局，形成上下协调、密切配合、齐抓共管的管理养护工作新局面，为农民群众致富奔小康、加快推进农业农村现代化提供更好保障。

二、基本原则

（一）完善制度，力求实效。深化农村公路管理养护体制，完善资金投入保障、交通行政执法、养护长效管理机制，健全绩效考核、路长制等制度，细化实化各项工作举措，突出重点，补齐短板，力求实效。

（二）落实责任，协同推进。形成农村公路“市级指导、区级负责、镇级落实、社会参与”管理养护责任体系，加强市级统筹指导，压实区级主体责任，建立协同联动机制，有序推进本实施方案落地，切实落实各方责任。

（三）创新机制，转型发展。坚持绿色发展，节约集约利用资源；坚持融合发展，推进“农村公路＋”多元融合；坚持智慧发展，运用新技术、新手段赋能管理养护，促进农村公路转型发展。

三、工作目标

到2022年，基本建立市、区、镇各级权责明晰、齐抓共管的农村公路管理养护体制机制，形成市、区、镇三级财政投入、职责明确、部门联动、社会力量参与的格局。农村公路路长制全面落实，管理站规范设置，农村公路治理能力明显提高，治理体系基本形成。农村公路通行条件和路域环境显著提升，交通保障能力进一步增强。农村公路列养率保持100%，县道和乡村道年均养护工程比例分别不低于13%和8%，路面技术状况指数（PQI）中等及以上农村公路占比不低于90%。

到2035年，全面建成体系完备、运转高效的农村公路管理养护体制机制，基本实现农村公路管理科学化，全面实现城乡公路交通基本公共服务均等化，路况水平和路域环境全面提升，农村公路治理能力全面提高，治理体系全面完善。

四、主要任务

（一）完善农村公路管理养护体制

1. 加强市级统筹和指导监督。制定市相关部门和区政府农村公路管理养护权力和责任清单，明确区政府的主体责任。强化市级统筹和政策引导，建立健全管理法规政策、技术规范标准、养护管理制度，加强养护管理机构能力建设指导，对区政府进行绩效管理，强化对农村公路管理养护工作的指导、监督。加强市级资金统筹，制定完善市级养护资金的补助、激励政策和相关管理办法。（责任单位：市交通委、市财政局）

2. 强化区政府主体责任。区政府根据“县道区管，乡村道镇管”的原则，建立健全农村公路责任制，制定相关部门、镇政府农村公路管理养护权力和责任清单。细化落实农村公路管理养护体制改革实施方案，加强对镇政府的工作和绩效考核，指导监督相关部门和镇政府履职尽责。全面推行农村公路路长制，设立区、镇、村三级路长组织体系，确保农村公路管理养护及路域环境整治责任到人。按照“有路必养、养必到位”的要求，将农村公路养护资金及管理机构运行经费和人员支出纳入一般公共财政预算，加大履职能力建设和管理养护投入力度。（责任单位：相关区政府）

3. 落实镇政府管养职责。镇政府配合做好农村公路管理养护体制改革工作，负责做好乡道、村道的管理养护工作，落实村民委员会加强“爱路护路”宣传引导。要充分发挥镇级农村公路管理站作用，农村公路管理站可单独设置，也可与相关机构部门合署办公；强化管理站人员和职责配置，每25～30公里乡道、村道配备不少于一名农村公路专管员，做到乡道、村道管理养护全覆盖；农村公路管理站主要管理人员纳入正式编制，相关运行经费和人员支出纳入一般公共财政预算。（责任单位：相关区政府）

4. 发挥农民群众积极性。充分发挥农民群众主观能动性，激发农村公路管理养护可持续发展的内在动力。村民委员会应将爱路护路要求纳入村规民约，增强农民群众对农村公路管理养护的责任意识、参与意识与监督意识。通过组织开展公路养护公益活动、开发公益岗位等形式，调动农民群众爱路护路的积极性。（责任单位：相关区政府）

（二）强化农村公路管理养护资金保障

1. 完善公路养护经费分配机制。成品油税费改革转移支付政策应符合《意见》要求，并按照公路设施量，综合考虑道路等级、养护定额、绩效考核等因素，合理确定补助资金规模和使用范围；自2022年起，该项资金不再列支管理机构运行经费和人员等其他支出。各类资金保障规模应结合农村公路设施量、养护定额及使用状况变化等因素，建立动态调整机制，原则上调整周期不超过五年。（责任单位：市交通委、市财政局，相关区政府）

2. 加大区级财政资金保障力度。农村公路养护属于区级财政事权，资金原则上由区政府统筹安排。区政府要加大农村公路养护投入力度，细化落实农村公路养护资金保障政策，制定相关管理办法，确保农村公路养护资金投入满足相关养护规范、标准和规定要求。除市下达的成品油税费改革资金外，区级公共财政资金用于乡道、村道养护应不低于区和镇政府投入资金总额的50%，其中用于农村公路日常养护的总额不得低于县道每年每公里1万元，乡道每年每公里5000元，村道每年每公里3000元。（责任单位：相关区政府）

3. 强化养护资金使用监督管理。市、区财政部门和交通主管部门要加强农村公路管理养护资金的使用监管，确保农村公路养护资金全部用于公路养护。对各级公共财政用于农村公路养护的资金实施全过程预算绩效管理，并按照规定对社会公开，接受群众监督。审计部门要定期对农村公路养护资金使用情况进行审计，不断提升资金配置效率和使用效益。（责任单位：市财政局、市交通委、市审计局，相关区政府）

4. 探索农村公路发展投融资机制。发挥好市级资金的引导激励作用，推动市级建设财力支持“四好农村路”建设政策实施，采取资金补助、以奖代补等方式，支持农村公路养护。积极推进农村公路建设养护更多向进村入户倾斜，鼓励将农村公路相关附属设施等有收益的项目与农村公路养护打包运行；鼓励将农村公路建设和一定时期的养护进行捆绑招标，将农村公路与特色产业、乡村旅游等经营性项目实行一体化开发，运营收益用于农村公路养护，创新资金筹措方式，拓宽资金来源渠道。（责任单位：相关区政府，市发展改革委、市交通委、市财政局）

（三）创新农村公路管理养护长效机制

1. 深化农村公路养护市场化。将社会满意度、养护质量和资金使用效率作为衡量标准，全面推动农村公路养护市场化改革，建立政府与市场合理分工的养护生产组织模式。完善市场准入，积极培育符合农村公路特点的养护队伍，形成市场有序竞争格局；完善规范标准，促进养护市场管理规范化、透明化。支持养护企业跨区域参与市场竞争，引导养护企业加强自身能力建设，提高养护专业化、机械化水平。（责任部门：市交通委，相关区政府）

2. 加强安全质量和信用管理。加强农村公路安全管理，公路安全设施要与主体工程同时设计、同时施工、同时投入使用，并加强农村公路安全隐患整治，逐步完善现有农村公路安全设施。各区要委托专业单位开展农村公路路况检测，加强养护质量全过程管理，提高农村公路养护运行服务水平。建立以安全、质量为核心的信用评价体系，探索实施守信联合激励和失信联合惩戒，并将信用记录按照国家有关规定纳入全国信用信息共享平台，依法向社会公开。（责任单位：市交通委，相关区政府）

3. 强化政策制订和队伍建设。推动农村公路政策修订，加强农村公路行政执法和路产路权保护。各区要增强农村公路行政执法和路产路权保护责任意识和执法力度，加强交通行政执法力量建设，完善人才培养吸引和激励保障制度，建立"区有路政员、镇有监管员、村有护路员"的路产路权保护队伍，并加强对各镇路产路权保护工作的指导、监督和考核，依法保障农村公路的安全、完好和畅通。（责任单位：市交通委，相关区政府）

4. 促进农村公路转型发展。推进农村公路养护绿色、节能、环保技术应用，严守生态保护红线，实现路与自然和谐共生；大力开展"美丽农村路"建设，切实提升路域环境。推动5G、北斗、互联网、物联网、大数据、卫星遥感等信息化手段的应用，不断提高管养水平。推进农村公路可持续发展，科学分析公路运行状况发展变化规律，积极推广应用各类预防性养护技术。（责任单位：市交通委，相关区政府）

五、保障措施

（一）加强组织领导

相关区政府要加强统筹和指导，落实主体责任，出台配套政策措施，有序推进本实施方案落地见效。各级交通主管部门要主动作为，既做好具体改革举措推进，又做好牵头改革任务统筹协调；既抓好本部门改革，又加强对地方改革的指导。

（二）开展改革试点

各区政府要结合加快交通强国建设要求，围绕完善管理养护体制、强化资金投入保障、创新养护长效机制等重点改革任务，积极开展改革试点工作。市交通委要会同有关部门加强跟踪督查，建立评估、反馈机制，及时发现并协调解决问题，稳步推进改革。

（三）强化绩效考核

各级政府要将农村公路管理养护工作纳入对下一级政府绩效考核、乡村振兴考核等，建立健全激励约束机制，以进一步提高各类资金的使用效益。将考核结果与补助资金挂钩，对工作推进良好的，给予奖励；对工作推进情况较差的，实行约谈、扣减补助等措施。

（四）加大宣传力度

充分发挥传统媒体和新媒体作用，围绕改革重点任务加强政策解读，加强信息发布，正确引导社会预期，及时回应社会关注。积极宣传改革中的先进人物和典型案例，充分调动广大群众参与、监督改革工作的积极性，不断加强宣传和舆论引导，为深化改革营造良好的舆论氛围。

本实施方案自2020年9月1日起施行。《上海市农村（郊区）公路管理养护体制改革实施方案》（沪府办〔2007〕50号）同时废止。

336. 江苏省公路条例

（2012年1月12日江苏省第十一届人民代表大会常务委员会第二十六次会议第四次修订）

第一章　总　　则

第一条　为了加强公路建设和管理，促进公路事业发展，适应经济建设和人民生活需要，根据《中华人民共和国公路法》、国务院《公路安全保护条例》和有关法律、行政法规，结合本省实际，制定本条例。

第二条　在本省行政区域内从事公路的规划、建设、养护、经营、使用和管理，适用本条例。

本条例所称的公路，是指本省行政区域内的国道、省道、县道、乡道，包括公路桥梁、公路隧道和公路渡口。

第三条　公路发展应当遵循全面规划、合理布局、确保质量、保障畅通、保护环境、节约用地、建设改造与养护并重的原则。

地方各级人民政府应当将公路发展纳入本地区国民经济和社会发展计划，并采取有力措施，扶持和促进公路事业的发展。

第四条　省人民政府交通运输主管部门主管全省公路工作，设区的市、县（市、区）人民政府交通运输主管部门主管本行政区域内的公路工作。

县级以上地方人民政府交通运输主管部门（以下简称"交通运输主管部门"）的公路管理机构依照本条例规定，具体负责公路监督管理工作。

国道、省道由省和设区的市公路管理机构履行监督管理职责，具体划分由省人民政府确定。高速公路由省公路管理机构具体履行监督管理职责。

县道由县（市、区）公路管理机构履行监督管理职责。

乡道的路政管理由县（市、区）公路管理机构具体负责。

第五条　交通运输主管部门应当根据长江三角洲区域经济一体化发展需要，建立公路管理一体化的工作机制，推进公路规划、养护、管理和服务一体化，实现区域间相互联动、资源共享、协调发展。

第六条　任何单位和个人不得破坏、损坏或者非法占用公路、公路用地以及公路附属设施。

禁止任何单位和个人在公路上非法设卡、收费、罚款和拦截车辆。

第二章　公路规划

第七条　公路规划应当符合国家公路总体规划要求，根据本省国民经济和社会发展、长江三角洲区域经济一体化发展以及国防建设需要编制，并与城市建设发展规划和其他方式的交通运输发展规划相协调。

第八条　公路规划分长远规划、中长期规划、近期规划。规划确定的公路建设项目，应当有计划地分步组织实施。

新建、改建、扩建公路项目应当符合公路规划，对未纳入公路规划或者与公路规划不一致的公路建设项目，不予批准。

经批准的公路规划需要修改的，经科学论证后，由原编制机关提出修改方案，报原批准机关批准。

第九条　编制公路建设用地计划应当符合土地利用总体规划，保证公路用地需要，符合公路技术等级标准，切实保护耕地，节约用地，合理使用土地。对已经纳入土地利用总体规划的公路建设用地，依法进行用途管制。

第十条　规划和新建村镇、开发区、厂矿、学校、集市贸易场所等建筑群，其外缘与公路用地界外最小间距：国道、省道不少于二百米，县道不少于一百米，乡道不少于五十米，并应当避免在公路两侧对应进行，以防止造成公路街道化，保障公路的运行安全与畅通。

规划和新建公路应当合理避让已建成的前款所列的建筑群。

第十一条　规划建设铁路、河道、渡槽、管线等各类设施涉及上跨、下穿或者并行于规划公路的，应当征求交通运输主管部门的意见，符合公路工程技术标准和相关规定的几何尺寸和净空要求。

第三章　公路建设

第十二条　交通运输主管部门应当依据职责维护公路建设秩序，加强对公路建设的程序和投资、质量、进度、安全的监督管理。

第十三条　新建公路应当符合技术等级的要求。现有国道、省道应当逐步改造为二级以上技术等级的公路，县道应当逐步改造为三级以上技术等级的公路，乡道应当逐步改造为四级以上技术等级的公路。

第十四条　公路建设资金应当多渠道、多方式地筹集，努力增加财政投入，积极运用市场机制，具体可以通过下列渠道和方式筹集：

（一）财政拨款，包括依法征集的公路建设专项资金转为的财政拨款；

（二）国内外金融机构或者外国政府贷款、赠款；

（三）国内外企业或者其他组织、个人的投资、捐款；

（四）依法出让公路收费权的收入；

（五）开发、经营公路的公司依法发行股票、公司债券；

（六）法律、法规或者国家、省人民政府规定的其他方式。

筹集公路建设资金不得强行摊派。

公路建设资金应当依法加强管理，专款专用，不得挪作他用。

第十五条　公路建设项目经交通运输主管部门审查后，按照国家规定报有关主管部门批准。法律、法规规定需要事先办理有关审批手续的，从其规定。

公路建设项目必须符合公路工程技术标准。未经原设计单位同意，不得擅自变更设计；未经原批准机关批准，不得改变原审批文件中项目的工程规模、线路走向、技术标准等。

第十六条　公路建设项目应当依照法律、法规的规定，实行项目法人负责制度、招标投标制度、工程监理制度、合同管理制度。

第十七条　政府投资建设公路的，应当依法组建或者明确公路建设项目法人，根据交通运输主管部门批准的权限，负责建设项目的筹划、资金筹措、建设实施、债务偿还等。

国内外经济组织投资建设公路的，应当依法组建公路建设项目法人，负责建设项目的筹划、资金筹措、建设实施、经营、养护、债务偿还等。

第十八条　从事公路勘察设计、施工、监理的单位，应当具备相应的资格。

公路建设项目的勘察设计、施工、监理和重要设备、材料采购应当依法招标投标，任何单位和个人不得将应当招标的公路建设项目化整为零或者以其他方式规避招标。公路建设项目的勘察设计、施工和监理业务不得转包、违法分包。

第十九条　公路建设单位进行公路建设，应当与承担公路勘察设计、施工、监理、咨询等单位依法分别签订合同，明确双方的权利和义务。

第二十条 公路工程监理单位应当依照法律、法规以及有关公路技术规范、设计文件和公路工程承包合同、监理合同，代表公路建设单位对施工质量、进度、费用等实施监理，并承担相应的监理责任。

第二十一条 公路建设、勘察设计、施工和工程监理单位应当依法对公路工程质量负责。交通运输主管部门应当加强对有关公路工程质量的法律、法规和强制性标准执行情况的监督检查。

第二十二条 公路建设项目立项时，应当确定公路的命名和编号。

公路建设项目竣工后，公路建设单位应当组织设计、施工、监理、接管等单位，按照国家规定进行验收。经验收合格的，方可交付使用。

第二十三条 新建公路取代原有公路的，县级以上地方人民政府应当在新建公路项目立项时，确定原有公路的管理养护主体，并组织有关部门在新建公路交付使用之日起三个月内，办理原有公路的管理养护移交手续。原有公路永久性停止使用的，应当按照有关规定作报废处理，并向社会公告。

第二十四条 公路工程保修期和保修范围由合同约定，在保修期和保修范围内发生因施工原因造成的质量问题的，施工单位应当履行保修义务，并对造成的损失依法承担赔偿责任。

第四章　公 路 养 护

第二十五条 公路养护应当按照国家和省交通运输主管部门规定的技术规范和操作规程进行，逐步改善公路技术状况，使公路经常处于路面平整，路肩、边坡平顺，桥涵、构造物及公路附属设施完好，标志、标线齐全、规范等良好的技术状态。

国道、省道、县道的养护由公路管理机构负责，乡道的养护由乡镇人民政府负责，国内外经济组织依法受让公路收费权或者投资建成经营的公路的养护，由公路经营企业负责。

各级交通运输主管部门应当加强对公路养护的指导、监督与检查。

第二十六条 依法征集的公路养护资金，应当专项用于公路的小修保养、中修、大修，以及必要的公路标准化、美化和改善、改建工程。

第二十七条 公路养护应当逐步实行公路养护管理和养护作业分离制度。公路养护作业单位应当具有与其承担的养护工程项目相适应的人员、设备和技术。

公路管理机构应当积极采用招标投标的方式，选择符合条件的养护作业单位承担公路养护作业。

第二十八条 公路养护应当改善手段，加强管理，提高效率，确保质量。

公路养护作业应当采取相应的安全防护措施，设置明显的作业标志，影响公路畅通的，应当避开交通高峰时段。进行公路大修和改善、改建施工的，应当事先在绕行路口予以公告。

公路大修和改善、改建工程，应当按照国家规定实行竣工验收和质量保修。

第二十九条 公路交通标志、标线应当清晰、准确、易于识别。

省际公路交通标志、标线的设置、变更，应当做好与相邻省、直辖市公路交通标志、标线的衔接。

第三十条 公路管理机构、乡镇人民政府或者公路经营企业应当定期对养护的公路桥梁进行检查。需要进行检测的，应当委托符合资质条件的机构进行检测。

公路桥梁经检测荷载等级达不到原标准的，应当设置明显的限载标志，并及时采取维修和加固等有效措施；经检测发现公路桥梁严重损坏影响通行安全的，应当先行设置禁止通行和绕行标志，并及时采取修复措施。

对特大型公路桥梁，应当采取措施，及时做好雨、雾、雪等恶劣天气和突发事故情况下的养护管理工作，保持清障、救援等设备齐全完好。

第三十一条 发生自然灾害公路受损时，公路管理机构、乡镇人民政府或者公路经营企业应当立即组织抢修；因严重自然灾害致使公路交通中断难以及时修复时，沿线地方人民政府应当及时组织力量进行抢修，并给予抗灾资金支持，及时修复被损坏的公路。

第三十二条 公路管理机构、乡镇人民政府或者公路经营企业应当按照绿化规划和公路养护技术规范的要求，因地制宜地种植花草树木，绿化、美化公路。

公路两侧的树木不得任意砍伐。因树木更新和其他需要必须砍伐的，应当依法办理审批手续，并更新补植。

第五章 路政管理

第三十三条 各级交通运输主管部门、公路管理机构应当认真履行职责，依法做好公路保护工作，并努力采用科学的管理方法和先进的技术手段，提高公路管理水平，逐步完善公路服务设施，保障公路的完好、安全和畅通。

第三十四条 从公路用地外缘起，国道不少于二十米、省道不少于十五米、县道不少于十米、乡道不少于五米的区域为公路建筑控制区范围。新建、改建、扩建公路的建筑控制区范围，应当自公路初步设计批准之日起三十日内，由公路沿线县级以上地方人民政府依照本条例划定并公告。

在上述范围内，除公路防护、养护需要和必要的农田水利设施建设外，禁止修建建筑物和构筑物；需要埋设管线、电缆等设施的，应当事先经公路管理机构批准。公路建筑控制区划定前已经合法修建的建筑物、构筑物不得扩建，因公路建设或者保障公路运行安全等原因需要拆除、迁移的，应当依法给予补偿。

第三十五条 公路渡口和中型以上公路桥梁周围二百米，高路堤等特殊路段两侧二百米，公路隧道上方和洞口外一百米，国道、省道、县道的公路用地外缘起向外一百米，乡道的公路用地外缘起向外五十米范围内，禁止挖砂、取土、采石、采矿、倾倒废弃物、进行爆破作业及其他危及公路、公路桥梁、公路隧道、公路渡口安全的活动。

第三十六条 公路及公路用地范围内禁止下列行为：

（一）利用公路桥梁进行带缆、牵拉、吊装等施工作业，铺设高压电力线和易燃易爆的管线；

（二）在公路桥梁桥孔内堆放物品、明火作业、搭建各类设施；

（三）倾倒渣土、垃圾，焚烧物品；

（四）摆摊设点、堆放物品、打谷晒场、设置障碍、种植作物、放养牲畜；

（五）挖沟引水、利用公路边沟排放污物，堵塞公路排水沟渠、填埋公路边沟；

（六）损坏、污染公路或者影响公路畅通的其他行为。

任何单位和个人未经公路管理机构批准，不得在公路用地范围内设置公路标志以外的其他标志。

第三十七条 在公路、公路桥梁上或者公路隧道内行驶以及使用汽车渡船的车辆，应当遵守国家制定的公路限载、限高、限宽、限长标准的规定；公路交通标志有特别限制的，应当按照特别限制标准行驶。载运不可解体物品的车辆，确需超限行驶的，应当向公路管理机构申请公路超限运输许可。因超限运输对公路造成损害的，应当依法承担赔偿责任。

公路管理机构根据需要可以在公路上设置载货车辆轴载质量、车货总质量以及车货外廓尺寸的检测设施，对载货车辆进行免费检测。载货车辆应当接受检查。

新建、改建、扩建公路的，应当按照国家和省有关规划的要求同步建设超限检测站（点）。

第三十八条 县级以上地方人民政府应当组织交通运输、公安、工商等部门完善治理超限运输工作机制，加强超限运输的综合治理。

省交通运输主管部门、公路管理机构应当根据省际公路路网的实际情况，加强与相邻省、直辖市交通运输主管部门、公路管理机构的协调，建立联动治理公路超限运输的工作机制。

第三十九条 在公路上增设平交道口应当严格控制。确需增设或者改造平交道口的，应当按照管理权限报经相应的公路管理机构和公安机关批准。属于经营性公路的，还应当征求公路经营企业的意见。

增设或者改造平交道口，应当满足行车视距要求，按照批准的设计图纸和公路工程技术标准修建。平交道口与公路搭接不少于一百米长路段的路面应当采取硬化措施。

第四十条 对与公路连接的连片房屋，当地人民政府和交通运输主管部门应当采取必要的隔离措施，并在两端设置出入道口；公路建成后新建的连片房屋与公路之间的场地，房屋所有人或者房屋使用人应当采取硬化措施。

任何单位和个人不得擅自移动或者破坏前款规定的隔离设施。

第四十一条 占用、挖掘公路，跨越、穿越公路修建桥梁、渡槽，架设、埋设管线等设施或者增设平交道口的，施工单位应当编制施工路段现场管理方案，设置规范、清晰、齐全的施工标志和安全标志，加强现场管理。公路管理机构应当加强对施工路段现场的监督管理。

前款规定的施工需要分流或者中断交通的，应当报经公路管理机构和公安机关批准并发布公告。

第四十二条 禁止车辆在运输货物着地的情况下行驶。

车辆运输易抛洒、滴漏、飞扬、散落、污染等物品时，应当采取有效的防护或者密封措施。

第四十三条 通过公路渡口的车辆和人员，应当遵守渡口管理的规定，服从渡口管理人员的调度和指挥。

公路渡口营运管理单位应当合理安排运力，提高渡运效率，严禁超载，确保渡运安全。

第四十四条 各级交通运输主管部门和公安机关应当依照各自职责，加强监督检查，及时督促和组织公路的清障工作，保障公路安全、畅通。

公路管理机构应当在公路沿线公布路政投诉、举报监督电话。

第四十五条 省交通运输主管部门应当加强全省公路路网调度管理，建立与相邻省、直辖市的路网信息共享制度，实现联合采集、联合发布。

第六章　收 费 公 路

第四十六条 交通运输主管部门利用贷款或者其他有偿筹资建成的公路（以下称还贷性收费公路）、国内外经济组织依法受让还贷性收费公路收费权或者依法投资建成的公路（以下称经营性收费公路）可以依法收取车辆通行费，其他公路禁止收取车辆通行费。

设立收费公路应当符合法律、行政法规的规定。收费公路设置车辆通行费收费站，由省人民政府批准。收费公路车辆通行费的收费标准，由公路收费单位提出方案，报省交通运输、价格、财政、发展改革部门审查批准。收费站的设置及其收费标准、收费期限、监督电话等应当向社会公示。交通运输主管部门应当加强对收费站的管理和对车辆通行费的审计监督。

第四十七条 公路经营企业投资建设公路取得公路收费权或者依法受让公路收费权，应当与有关交通运输主管部门签订协议，并由省交通运输主管部门依法报请办理有关审批手续。协议中不得承诺投资收益回报率，交通运输主管部门或者其授权的机构不得为投资者融资提供担保。

第四十八条 还贷性收费公路的收费期限，由省人民政府依照国务院交通运输主管部门的规定，按照收费还清贷款和有偿筹资本息的原则确定，最长不超过十五年，收费期限内利用贷款和有偿筹资提高原路段技术等级，需要延长收费期限的，应当重新报批；经营性收费公路的收费经营期限，应当以投资预测回收期加合理年限盈利期确定，最长不超过二十五年。

收费公路收费期满或者因收费站点撤并，公路收费单位应当及时拆除收费站及其附属设施，不得继续收取车辆通行费。

第四十九条 公路经营企业每年应当从通行费收入中提取相应比例的费用专项用于公路的养护，使公路在经营期间符合本条例第二十五条第一款规定的要求。

省交通运输主管部门应当在经营性收费公路的经营期满前六个月，对公路组织鉴定和验收。经验收不符合前款规定要求的，公路经营企业应当在限期内采取养护措施，使其达到规定要求，或者由公路管理机构代为养护，养护费用由公路经营企业承担。

第五十条 收费道口的设置应当满足交通流量的需要，便利车辆通行。收费站应当开足收费道口，保障公路畅通。收费道口不得擅自关闭。

收费站工作人员应当持证上岗，统一标志，依法收费，文明高效服务。

第五十一条 车辆进入收费站区，应当服从管理，主动缴纳车辆通行费，不得拒绝缴费，强行通过；不得故意堵塞收费车道，影响收费公路畅通。

对非封闭式收费公路收费站所在地一定范围内的单位、个人所属的车辆，通过该收费站时，给予通行费优惠，具体办法由省交通运输主管部门会同省价格、财政部门制定。

任何单位和个人不得擅自移动或者损坏收费站及其附属设施。

第五十二条 省交通运输主管部门应当制定本省收费公路联网收费规划，实现联网收费的统一管理和统一结算，并做好与其他省、自治区、直辖市联网收费的衔接。

第七章 法律责任

第五十三条 公路建设单位和勘察设计、施工、监理单位违反本条例第十八条、第二十条、第二十二条规定的，由交通运输主管部门或者其他有关部门依照有关法律、行政法规的规定给予处罚。

第五十四条 违反本条例第三十四条第二款规定，修建或者扩建建筑物和构筑物的，由公路管理机构责令限期拆除；逾期不拆除的，由公路管理机构拆除，有关损失和费用由责任者承担。

第五十五条 损坏、占用、利用公路、公路附属设施或者公路用地的，应当按照省财政、价格、交通运输主管部门制定的标准给予赔偿或者补偿。

公路管理机构发现损坏公路及其附属设施的行为或者接到损坏公路及其附属设施的报告后，应当及时进行调查处理。

第五十六条 有下列违法行为之一的，由公路管理机构责令停止违法行为，限期改正，并可以给予以下处罚：

（一）违反本条例第三十五条规定，从事危及公路、公路桥梁、公路隧道、公路渡口安全作业的，可以处以一千元以上三万元以下的罚款。

（二）违反本条例第三十六条第一款第（一）项规定，从事危及公路桥梁安全作业的，可以处以二万元以上十万元以下的罚款。

（三）违反本条例第三十六条第一款第（二）、（三）、（四）、（五）、（六）项规定，明火作业、造成公路损坏、污染或者影响公路畅通的，可以处以五百元以上五千元以下的罚款；逾期不改正的，由公路管理机构采取措施恢复原状，有关费用由责任者承担。

（四）违反本条例第三十六条第二款规定，在公路用地范围内设置公路标志以外的其他标志的，可以处以二万元以下的罚款，逾期不改正的，由公路管理机构强制拆除，有关费用由设置者承担。

（五）违反本条例第四十一条规定，未设置施工标志和安全标志的，可以处以三百元以上三千元以下的罚款。

第五十七条 违反本条例第三十七条规定，扰乱超限检测秩序的，由公路管理机构强制拖离或者扣押车辆，处以三千元以上三万元以下罚款；车辆超限使用汽车渡船或者在公路上擅自超限行驶的，可以处以五百元以上五千元以下的罚款，情节严重的处以五千元以上三万元以下的罚款。

车辆超限使用公路渡船或者在公路上擅自超限行驶的，公路管理机构应当责令承运人自行卸（驳）载超限物品；拒不卸（驳）载的，由公路管理机构卸（驳）载，所需费用由承运人承担。

违反本条例第四十二条规定，货物着地行驶或者车辆未采取有效的防护或者密封措施的，由公路管理机构责令改正；对公路造成污染或者损坏的，应当依法承担赔偿责任，并可以处以五百元以上五千元以下的罚款。

第五十八条 违反本条例第五十一条第一款规定，不按规定缴纳车辆通行费的，可以责令其缴纳；强行通过的，责令其补缴通行费，并加收五倍至十倍的应缴票款；故意堵塞收费车道，影响收费站正常收费、管理秩序，或者违反本条例第四十三条规定，过渡车辆不服从渡口管理人员调度和指挥且影响渡区秩序的，公路管理机构可以处以二百元以上二千元以下罚款；情节严重的，处以二千元以上一万元以下罚款；构成违反治安管理行为的，由公安机关依法给予治安管理处罚。

第五十九条 在依法制止、查处违法行为过程中，对拒绝缴纳交通规费，超载车辆拒绝卸载、驳载，或者严重损坏公路拒绝赔偿的，必要时公路管理机构可以责令其暂停行驶，到指定的公路管理机构接受处理。

第六十条 违反本条例第四十八条第二款规定，不及时拆除收费站，继续收取车辆通行费的，由省交通运输主管部门按照国家规定予以查处。

违反本条例第四十三条第二款、第五十条第一款规定，超载渡运、擅自关闭收费道口的，由公路管理机构责令限期改正，给予警告，并可以根据情节轻重，对直接负责的主管人员和其他直接责任人员处以五百元以上二千元以下的罚款；造成损失的，依法承担赔偿责任；构成犯罪的，依法追究刑事责任。

第六十一条 违反本条例其他规定，法律、行政法规有处罚规定的，从其规定。

第六十二条 当事人对行政处罚决定不服的，可以依法申请行政复议或者向人民法院提起行政诉讼。

第六十三条 交通运输主管部门、公路管理机构的工作人员应当依法履行职责，秉公执法，公正廉洁。对玩忽职守、徇私舞弊、滥用职权的，依法给予行政处分；构成犯罪的，依法追究刑事责任。

第八章 附 则

第六十四条 法律、法规对高速公路有特别规定的，从其规定。

村道的管理和养护工作，由乡级人民政府参照本条例的规定执行。

利用水利工程设施修建的公路的管理，按照有关法律、法规的规定执行。

第六十五条 本条例自2000年11月1日起施行。

337. 江苏省收费公路管理条例

（2012年1月12日江苏省第十一届人民代表大会常务委员会第二十六次会议修订）

第一章　总　则

第一条　为了规范收费公路的管理和收费行为，维护收费公路使用者和经营管理者的合法权益，促进公路事业的发展，根据《中华人民共和国公路法》、国务院《收费公路管理条例》等法律、行政法规，结合本省实际，制定本条例。

第二条　本省行政区域内收费公路的管理，适用本条例。

本条例所称收费公路，是指符合《中华人民共和国公路法》、国务院《收费公路管理条例》规定，经批准依法收取车辆通行费的公路（含桥梁和隧道），包括政府还贷公路和经营性公路。

政府还贷公路是指县级以上地方人民政府交通运输主管部门利用贷款，或者向企业、个人有偿集资建成的收费公路。

经营性公路是指国内外经济组织投资建成，或者依法受让政府还贷公路收费权的收费公路。

第三条　县级以上地方人民政府应当将公路建设纳入国民经济和社会发展规划，加大公共财政投入，支持、促进公路事业的发展。公路发展应当坚持非收费公路为主，适当发展收费公路。

收费公路应当合理布局，总量控制。

第四条　省人民政府交通运输主管部门主管全省收费公路管理工作，设区的市、县（市、区）人民政府交通运输主管部门按照有关规定履行收费公路行政管理职责。

交通运输主管部门的公路管理机构具体履行收费公路行政管理职责。

第五条　县级以上地方人民政府发展和改革、财政、公安、价格、审计、税务、工商等部门应当按照法律、法规规定的职责，做好收费公路的相关行政管理工作。

第六条　收费公路经营管理者应当按照国家规定的标准和规范，对收费公路及沿线设施进行日常检查、维护，保证收费公路处于良好的技术状态。

收费公路经营管理者应当采取措施，不断改进管理和服务方式，降低经营管理成本，提供公平、优质服务，提高收费公路的社会效益。

第二章　收费公路建设和收费站的设置

第七条　投资建设收费公路，应当符合国家和省公路发展规划，符合法律、法规规定的收费公路的技术等级和规模，具备相应的投资建设能力。投资建设政府还贷公路，还应当具备在规定期限内偿还贷款本息和有偿集资款的能力。

对不符合前款规定的收费公路建设项目，省发展和改革部门不予批准其可行性研究报告或者不予核准其项目申请报告。

国内外经济组织获准投资建设经营性公路的，应当与交通运输主管部门签订投资经营协议。投资经营协议示范文本由省交通运输主管部门制定并公布。

第八条　县级以上地方人民政府交通运输主管部门利用贷款或者向企业、个人有偿集资建设的公路，国内外经济组织投资建设或者受让政府还贷公路收费权的公路，经依法批准后，方可收取车辆通行费。

第九条 收费公路收费站的设置，应当统筹规划、合理布局，并根据经济社会发展情况适时调整。收费公路收费站的设置、变更，应当按照规定报省人民政府批准。

第十条 收费公路建设项目投资人应当在项目交工验收六个月前，向省交通运输主管部门申报收取车辆通行费，并提交下列材料：

（一）政府还贷公路建设项目的可行性研究报告、初步设计与概算的批准文件，或者经营性公路建设项目的项目申请报告核准文件；

（二）收费标准、期限测算方案；

（三）法人登记证明，属于中外合资（作）经营企业的还应当提交有关批准文件；

（四）省人民政府批准设置收费站的文件。

政府还贷公路的收费标准、期限由省交通运输主管部门会同省价格、财政部门审核，经营性公路的收费标准、期限由省交通运输主管部门会同省价格部门审核，并依照价格法律、行政法规的规定进行听证后，报省人民政府批准。

因收费公路里程、规模发生变化，需要调整收费期限、标准的，应当按照前款规定办理批准手续。

第十一条 省交通运输主管部门可以决定对全省或者特定区域内的政府还贷公路，实行统一管理、统一贷款、统一还款，其收费期限、标准可以采取综合测算的方式核定，并报省人民政府批准。

第十二条 政府还贷公路的收费期限，最长不得超过十五年。经营性公路的收费期限，最长不得超过二十五年。

第十三条 省人民政府应当将本省行政区域内收费公路及收费站名称、收费单位、收费标准、收费期限等信息向社会公布，接受社会监督。

第十四条 收费公路的收费期限届满，应当终止收费。

政府还贷公路在批准的收费期限届满前已经还清贷款、有偿集资款的，应当终止收费。

依照本条前两款的规定，收费公路终止收费的，省人民政府应当向社会公告终止收费的日期，接受社会监督。

第十五条 设区的市、县（市、区）人民政府对收费公路提出提前终止收费的，应当制定撤站方案，报省人民政府批准。撤站方案应当对人员安置、债务化解等作出具体安排。

第十六条 收费公路终止收费的，应当按照国家规定办理有关移交手续。

交通运输主管部门应当负责对接收的公路进行养护和管理，保证公路处于良好的技术状态。养护和管理经费由公共财政予以保障。

第三章　收费公路收费权的转让

第十七条 收费公路的收费权可以转让，但有下列情形之一的不得转让：

（一）长度小于一千米的二车道独立桥梁和隧道；

（二）收费时间已超过批准收费期限三分之二；

（三）国防收费公路。

严格限制转让政府还贷公路的收费权。

第十八条 转让国道（包括国道主干线和国家高速公路网项目）收费权，应当报国务院交通运输主管部门批准。转让国道以外的其他公路收费权，应当经省交通运输主管部门审核同意，报省人民政府批准。

转让政府还贷公路和国有独资或者国有控股企业经营的收费公路收费权，应当采用招标投标的方式。交通运输主管部门应当与受让方签订转让协议。

转让经营性公路收费权的，转让方应当征得签订原投资经营协议或者转让协议的交通运输主管部门同意。

转让协议示范文本由省交通运输主管部门制定并公布。

第十九条 收费公路的收费权在其收费期限内依法可以向国内金融机构申请质押贷款。收费公路收费权的质押合同应当在信贷征信机构登记，并向省交通运输主管部门备案。

政府还贷公路的质押贷款只能用于公路建设。

第四章 运营管理

第二十条 收费公路经营管理者在实施收费前，应当依法领取收费许可证、收费票据，并在收费公路及相关收费设施交工验收合格后，按照批准的收费标准和收费期限，收取车辆通行费。

第二十一条 收费公路经营管理者应当在收费公路收费站前方不少于五百米处设立标志，标明收费站的方位。

收费公路经营管理者应当在收费站醒目位置设置由省交通运输主管部门规定的统一式样的收费公示牌，公示收费站名称、审批机关、收费单位、收费标准、收费起止年限和监督电话等相关信息，接受社会监督。未设置收费公示牌的，通行车辆可以拒绝交纳车辆通行费。

第二十二条 在收费公路沿线设立平交道口的，应当征求收费公路经营管理者的意见，并经交通运输主管部门批准。

在收费站区域内禁止搭接平交道口。

第二十三条 车辆通过收费站时应当按照交通标志和有关规定减速行驶，主动交纳车辆通行费。

军队车辆、武警部队车辆，公安机关在辖区内收费公路上处理交通事故、执行正常巡逻任务和处置突发事件的统一标志的制式警车，公路管理机构在辖区内收费公路上查处公路违法行为、执行日常巡查任务和处置突发事件的监督检查专用车辆，以及经国务院交通运输主管部门或者省人民政府批准执行抢险救灾任务的车辆，免交车辆通行费。

进行跨区作业的联合收割机（包括插秧机）、经省农业机械管理和交通运输主管部门认定的从事农田作业的其他农业机械以及运输上述农业机械的车辆，在国家规定的绿色通道上整车装载鲜活农产品的运输车辆，免交车辆通行费。具体办法由省交通运输主管部门会同农业、价格、财政部门制定。

减免车辆通行费的车辆通过收费站时应当按照规定出示有效证件或者证明手续，不得强行冲卡。

禁止伪造、借用、涂改减免车辆通行费凭证。

第二十四条 收费公路经营管理者收取车辆通行费时，应当向通行车辆出具收费票据。

政府还贷公路的收费票据，由省财政部门统一印（监）制。经营性公路的收费票据，由省地方税务部门统一印（监）制。

第二十五条 发生公路严重损毁、重大交通事故或者遇有恶劣天气等情形，严重影响车辆安全通行，需要快速疏导、分流交通的，省交通运输主管部门可以决定收费公路临时免费放行车辆。

第二十六条 收费公路经营管理者对依法应当交纳而拒交、逃交、少交车辆通行费的车辆，有权要求其补交；拒不补交的，有权拒绝其通行。

任何单位和个人不得故意堵塞收费道口、强行冲卡、殴打收费公路管理人员，不得破坏、擅自移动收费公路设施或者从事其他扰乱收费公路经营管理秩序的活动。

发生前款规定的扰乱收费公路经营管理秩序行为时，收费公路经营管理者应当及时报告公安机关、交通运输主管部门，由公安机关、交通运输主管部门依法及时予以处理。

第二十七条 高速公路以及其他封闭式收费公路，应当实行全省联网收费、统一结算和管理。

省交通运输主管部门应当制定全省联网收费规划，并对实施情况进行监督检查。

第二十八条 在收费公路上行驶的车辆不得超载。超过收费公路限载标准的车辆不得擅自在收费公路上行驶；确需行驶的，应当依法办理审批手续。

对于进入收费公路的货运车辆，可以采用计重收费方式收取车辆通行费。具体办法由省交通运输、财政、价格部门制定，报省人民政府批准后实施。

第二十九条 政府还贷公路所收取的车辆通行费应当全部存入财政专户，严格实行收支两条线管理。

第三十条 政府还贷公路收取的车辆通行费，除必要的管理、养护等费用从省财政部门批准的车辆通行费预算中列支外，应当全部用于偿还贷款和有偿集资款，不得挪作他用。

经营性公路收取的车辆通行费应当按照企业章程、投资经营协议和转让协议使用。

第三十一条 审计机关应当依法对收费公路车辆通行费的收取、使用和管理情况定期进行审计监督，对违反法律、法规和国家其他有关规定的行为进行查处。

第三十二条 经常通过非封闭式收费公路收费站的车辆或者收费站所在地一定范围内的车辆，可以向收费公路经营管理者申请按照月度、季度、半年度、年度一次性优惠交纳车辆通行费。符合规定条件的，收费公路经营管理者应当给予办理。具体办法由省交通运输主管部门会同省价格、财政部门制定。

第三十三条 交通运输主管部门或者公路管理机构向收费公路派驻路政管理机构后，建设单位或者收费公路经营管理者应当在三个月内向路政管理机构提交路政管理需要的有关路产资料。

第五章 服务保障

第三十四条 收费道口的设置，应当符合车辆行驶安全的要求。收费道口的数量，应当符合车辆快速通过的需要；不能满足车辆快速通过要求的，应当及时增设收费道口。

第三十五条 收费站应当开足收费道口，保障车辆正常通行，避免车辆拥挤、堵塞。

对实施抢险救灾、救护和执行紧急公务的车辆，收费站应当优先放行。

第三十六条 收费公路经营管理者应当逐步应用现代信息技术，使用不停车收费系统，改进收费服务，提高收费效率。

第三十七条 收费公路经营管理者对收费公路进行大修、改建等，影响车辆正常通行时，应当将工程施工信息提前五日向社会公布，并按期施工、竣工。

收费公路经营管理者进行收费公路的养护作业，应当按照有关规定设置道路交通标志和安全设施，加强养护作业人员和现场的安全管理，不得影响车辆通行安全。

第三十八条 收费公路的交通标志、标线、隔离栅等交通安全设施的设置应当符合国家标准和技术规范，与公路同时建设、验收、使用。收费公路经营管理者应当按照国家有关标准，做好交通安全设施的维护工作，发现其损毁、灭失的，应当及时修复；影响交通安全的，还应当设置警示标志。

公安机关交通管理部门发现交通安全设施损毁、灭失，危及交通安全，尚未设置警示标志的，应当及时采取安全措施，疏导交通，并通知收费公路经营管理者。收费公路经营管理者接到通知后应当及时整改。

交通运输主管部门应当结合标志、标线现状和公路通行、路网、沿线设施状况等，提出调整、完善交通标志、标线的要求，并由收费公路经营管理者组织实施。

由收费公路经营管理者提出调整、变更交通标志、标线方案的，应当报交通运输主管部门批准。

第三十九条 收费公路经营管理者应当按照国家和省交通运输主管部门的规定，收集、汇总所辖收费公路施工作业、交通事故、恶劣天气等影响路网正常运行的信息和交通流量、养护质量等路况数据，并及时报送省交通运输主管部门。

收费公路经营管理者拥有的收费公路监控等信息资源应当与公安机关、交通运输主管部门共享。

第四十条 收费公路经营管理者应当在适当地点发布路况信息和交通管制信息；具备条件的，可以利用可变情报板、可变交通标志等进行发布。

第四十一条 公安、交通运输等部门应当根据各自职责，做好收费公路重大自然灾害和重特大交通事故等突发事件的应急处置。

收费公路经营管理者应当根据抢险救援的需要，配备必要的应急抢险救援设备，及时修复损毁的公路，清除自然灾害等造成的通行障碍，并做好突发事件的其他相关应急处置工作。

第四十二条 高速公路和其他封闭式收费公路遇有恶劣天气、重特大交通事故和其他重大灾害，影响车辆安全通行时，公安机关应当根据情况，依法采取间断放行、限量限速、限制车种、警车带道、关闭公路等交通管制措施。收费公路经营管理者应当配合公安机关，及时将有关交通管制的信息向通行车辆进行提示。

需要关闭公路的情形消除后，公安机关应当及时开通高速公路和其他封闭式收费公路，恢复交通。

第四十三条 封闭式收费公路应当建设服务区，非封闭式收费公路根据需要建设服务区，为通行车辆提供服务。

收费公路经营管理者应当按照相关行业管理部门的要求，对服务区的各种设施进行维护，使其保持良好的运行状态。

服务区内的停车场、公共厕所、供电、供水、加油、汽车维修等应当昼夜提供服务。停车场、公共厕所、供水服务应当免费。

第四十四条 收费公路经营管理者应当在服务区公布报警求助电话号码，提供便民服务。

因发生公路严重损毁、重大交通事故或者重大自然灾害等导致车辆在封闭式收费公路上滞留四小时以上的，沿线人民政府及其相关部门和收费公路经营管理者应当采取应急措施，创造条件向滞留人员提供饮水、食品等服务。

第四十五条 收费公路经营管理者应当制定服务区管理规范，并向社会公示，接受服务对象的监督。具备条件的收费公路服务区应当提供路况信息查询服务。

工商、公安、交通运输等部门应当加强监督，保障服务区依法经营、规范服务。

第四十六条 进入收费公路服务区的车辆应当按照设置的标志、标线行驶，并有序停靠。载有易燃、易爆、剧毒化学物品的车辆确需在停车场内临时停放的，应当停放在指定区域。

收费公路经营管理者应当安排人员负责服务区的秩序和安全生产管理。

第四十七条 交通运输主管部门应当认真履行职责，加强管理，依法检查和制止各种侵占、损坏、污染公路、公路用地、公路附属设施及其他违反公路法律、法规的行为，保护收费公路及其附属设施。

公安机关应当依法维护收费公路交通秩序，提高收费公路的通行效率，并加强收费公路收费站区、服务区等的治安管理，保障人身安全，保护公民、法人和其他组织的财产安全及其他合法权益。

第四十八条 公安、交通运输等部门应当按照法定权限和程序履行监督检查职责，在监督检查时不得收取任何费用。

公安、交通运输等部门应当公开办事制度、办事程序，自觉接受社会和群众的监督。任何单位和个人有权对公安、交通运输等部门及其工作人员不严格执法以及违法违纪行为进行检举、控告。收到检举、控告的部门，应当依据职责及时查处。

第六章　法 律 责 任

第四十九条 违反本条例第九条规定，未经批准设置、变更收费站，或者未按照批准的方案设置、变更收费站的，由省交通运输主管部门责令改正，并根据情节轻重处以五万元以上二十万元以下罚款。

第五十条 违反本条例第八条、第九条、第十条、第十四条规定，未经批准擅自收取车辆通行费或者应当终止收费而不终止的，由省交通运输主管部门责令其停止收费，强制拆除收费设施；有违法所得的，没收违法所得，并处以违法所得二倍以上五倍以下的罚款；没有违法所得的，处以一万元以上五万元以下的罚款；负有责任的主管人员和其他直接责任人员属于国家工作人员的，依法给予记大过直至开除的行政处分。

第五十一条 违反本条例第十七条第一款规定，转让收费公路收费权的，由省人民政府责令改正；对负有责任的主管人员和其他直接责任人员依法给予记大过直至开除的行政处分；构成犯罪的，依法追究刑事责任。

第五十二条 违反本条例第二十三条第五款规定，借用或者使用伪造、涂改的减免车辆通行费凭证通过收费道口的，除按照本条例第五十三条第一款规定补交车辆通行费外，由交通运输主管部门没收凭证，并可以处以五百元以上五千元以下罚款。

第五十三条 违反本条例第二十六条第一款规定，通行非封闭式收费公路的车辆拒交、逃交、少交车辆通行费，强行通过收费道口的，收费公路经营管理者可以加收五倍至十倍的应交车辆通行费；通行联网收费公路的车辆采取换卡、调换车辆等方式逃交、少交车辆通行费，难以确定里程的，按照待交费收费站与网内最远站点间收费里程交纳车辆通行费。

拒交、逃交、少交车辆通行费的，收费公路经营管理者可以在该车辆再次进入收费公路时行使前款规定的权利。

违反本条例第二十六条第二款规定的，由交通运输主管部门处以二百元以上二千元以下罚款；情节严重的，处以二千元以上一万元以下罚款；构成违反治安管理行为的，由公安机关依法给予治安管理处罚；构成犯罪的，依法追究刑事责任；造成收费公路经营管理者财产损失或者收费公路管理人员人身损害的，依法承担民事赔偿责任。

第五十四条 违反本条例第三十三条规定，不提交有关资料，或者违反第三十九条第一款规定，不报送有关信息、数据的，由交通运输主管部门责令限期提交、报送；逾期不提交、报送的，给予警告。

第五十五条 违反本条例第四十一条第二款规定，未及时修复损毁的公路或者清除自然灾害等造成的通行障碍的，由交通运输主管部门责令改正，处以一万元以上五万元以下罚款；拒不改正的，由交通运输主管部门责令停止收费，并指定其他单位予以修复或者清除，费用由收费公路经营管理者承担。

第五十六条 违反本条例规定，有下列行为之一的，对负有责任的主管人员和其他直接责任人员依法给予行政处分；构成犯罪的，依法追究刑事责任：

（一）违法批准收费公路建设、收费公路收费权转让或者收费站设置、变更的；

（二）违法批准收费期限、车辆通行费收费标准的；

（三）不依法履行收费公路监督管理职责的；

（四）其他玩忽职守、徇私舞弊、滥用职权的行为。

第七章　附　　则

第五十七条 本条例所称收费公路经营管理者，是指经营性公路收费权、广告经营权、服务设施经营权的享有者及其相关义务的承担者，以及政府还贷公路收费、管理等职责的承担者。

第五十八条 高速公路和其他封闭式收费公路的收费站区分为主线收费站区和匝道收费站区。

主线收费站区的范围：高速公路和其他封闭式收费公路建筑控制区以内，主线收费站收费亭中心线位置向公路纵向延伸各不超过三百米的范围。

匝道收费站区的范围：高速公路和其他封闭式收费公路建筑控制区以内，匝道收费站收费亭中心线位置向公路纵向延伸各不超过一百五十米的范围。

非封闭式收费公路的收费站区：收费公路建筑控制区以内，收费站收费亭中心线位置向公路纵向延伸各不超过一百五十米的范围。

高速公路服务区的范围：高速公路隔离栅以内，单侧驶入服务区的减速车道起点至驶离服务区的加速车道终点之间的区域。

第五十九条 本条例自2010年4月1日起施行。

338. 江苏省高速公路条例

（2014 年 3 月 28 日江苏省第十二届人民代表大会常务委员会第九次会议第四次修订）

第一章　总　　则

第一条　为了促进高速公路事业的发展，保障高速公路完好、安全、畅通，根据《中华人民共和国公路法》、《中华人民共和国道路交通安全法》和国务院《公路安全保护条例》等有关法律、行政法规，结合本省实际，制定本条例。

第二条　在本省行政区域内规划、建设、养护、经营、使用和管理高速公路的单位和个人，应当遵守本条例。

第三条　本条例所称高速公路，是指符合国家高速公路工程技术标准，经验收合格并向社会公告，专供汽车通行的公路。

第四条　省人民政府交通运输主管部门（以下简称省交通运输部门）主管全省高速公路工作。省交通运输部门高速公路管理机构（以下简称省高速公路管理机构）具体负责全省高速公路的路政管理和养护、经营服务、收费等监督管理工作。

省人民政府公安机关主管全省高速公路的交通安全和治安管理工作。公安机关高速公路交通警察机构（以下简称高速交警机构）具体负责高速公路的交通安全、交通秩序管理和交通事故处理工作。

省人民政府其他有关部门和高速公路沿线地方人民政府应当按照各自的职责做好高速公路相关工作。

第五条　在高速公路服务区、收费站区对未经许可从事道路运输经营，违反旅客运输、机动车维修经营管理规定，以及使用非法改装车辆从事营运等违法行为的监督检查，由省高速公路管理机构负责实施，其具体职权范围由省交通运输部门依法确定。

高速公路治安管理，由高速交警机构负责实施，其治安管理职权由省公安机关依照国家有关规定决定。

第六条　取得高速公路收费权的经营企业以及利用贷款、集资建成高速公路经批准收取车辆通行费的事业单位（以下统称高速公路经营管理单位），依法从事高速公路投资建设以及收费、经营、养护、清障等活动，其合法权益受法律保护。

第七条　省高速公路管理机构、高速交警机构应当加强巡查，保障高速公路的安全畅通。

除公安机关人民警察依法执行紧急公务外，任何单位和个人不得在高速公路上拦截检查行驶的车辆。

第二章　建设与养护

第八条　省交通运输部门应当根据本省国民经济、社会发展和国防建设需要，按照国家高速公路总体规划要求，会同省人民政府有关部门并商设区的市人民政府编制全省高速公路规划，依法报批后组织实施。

高速公路建设程序按照有关法律、行政法规和《江苏省公路条例》的规定执行，其建设标准应当符合国家规定的技术等级要求。

第九条　对高速公路建设使用土地，高速公路沿线设区的市、县（市）人民政府应当给予支持和协助。

建设高速公路征收土地、房屋的补偿、安置，按照法律、法规的规定执行。应当支付的安置补偿费用，任何部门和单位不得截留、挪用。

第十条 高速公路建设项目法人应当根据高速公路规划，按照联网运行和现代化管理的要求以及国家和省有关规定，组织建设高速公路通信、监控监测、收费系统，以及限载检测、交通量观测和管理等设施。

已建成通车的高速公路不具备前款规定的设施条件的，由高速公路经营管理单位负责组织建设。

高速公路应当根据国家有关规定建设气象灾害监测与预警设施。

第十一条 在高速公路通车前，建设单位应当将上跨高速公路的与高速公路分离的桥梁、下穿高速公路的道路、收费站连接线等设施及时移交给原道路管理单位管理；没有道路管理单位的，由高速公路经营管理单位负责管理。

第十二条 高速公路改建、扩建工程和高速公路互通出入口、服务区增设的建设管理应当按照新建高速公路的建设要求和管理规定实施。

高速公路经营管理单位增设、关停收费站或者变更收费站名称，应当经省人民政府批准；关停收费站以外的互通出入口、服务区或者变更服务区名称，应当经省交通运输部门批准。

第十三条 高速公路经营管理单位应当按照国家和省交通运输部门规定的技术规范、操作规程和养护规定加强高速公路养护，编制养护计划，安排相应的养护资金，对高速公路实行预防性、周期性养护，保障高速公路经常处于良好的技术状况。

高速公路经营管理单位应当按照省交通运输部门的规定，定期报送路况数据。

第十四条 高速公路经营管理单位应当按照养护规范加强养护巡查，并对高速公路及其附属设施技术状况进行检测，对技术状况达不到养护规范要求的，或者发现路基、路面、桥涵、交通安全设施损坏等影响高速公路安全通行的，应当及时设置警示标志、安全防护设施，并组织抢修或者采取措施排除险情。

高速公路桥梁的桥下空间和涵洞内有堆积物、搭建设施的，高速公路经营管理单位应当及时组织清除；当事人阻挠清除或者涉及路产损失的，高速公路经营管理单位应当报告省高速公路管理机构处理。

第十五条 省高速公路管理机构应当加强对高速公路养护的监督管理，定期分析公路、桥梁技术状况等路况数据，并对高速公路及其附属设施的完好情况和养护质量进行检查；对达不到高速公路技术规范要求的，应当责成高速公路经营管理单位限期采取相应措施。

第十六条 高速公路养护作业单位应当具有与其承担的养护工程项目相适应的人员、设备和技术。

高速公路养护应当实行机械化、专业化和社会化，并实行招标投标制度。

第十七条 高速公路需要进行养护作业的，养护单位应当选择在车流量较小的时段进行，避开交通高峰时段。

高速公路养护作业需要占用行车道的，应当事先通报高速交警机构、省高速公路管理机构。

高速公路养护作业需要半幅封闭或者中断交通的，高速公路经营管理单位应当编制施工路段现场管理和交通组织方案，报省高速公路管理机构、省公安机关交通管理部门批准，在施工前五日通过新闻媒体和高速公路可变情报板发布养护作业路段、时间等信息，并在施工路段前方相关入口处设置公告牌。

第十八条 在高速公路上进行养护作业，应当按照国家和省有关标准和规定，设置施工标志和安全标志。省高速公路管理机构和高速交警机构应当加强对施工现场和交通组织情况的监督管理。

因高速公路养护作业造成交通堵塞的，省高速公路管理机构和高速交警机构应当要求高速公路经营管理单位及时调整施工路段现场管理和交通组织方案，高速公路经营管理单位和养护作业单位应当予以执行。

第三章　路 政 管 理

第十九条　高速公路与其他等级公路或者城市道路管理范围的分界，由省交通运输部门会同有关部门和单位划定，并在分界点设置分界标志。

第二十条　高速公路隔离栅外缘起三十米，互通立交、特大型桥梁隔离栅外缘起五十米范围为高速公路建筑控制区。没有隔离栅的，建筑控制区范围从公路用地外缘起算。

在建高速公路按照前款规定确定建筑控制区，并按照建筑控制区管理规定进行管理。

高速公路两侧建筑物、构筑物的垂直投影不得在高速公路建筑控制区范围内。

第二十一条　省高速公路管理机构在路政巡查中发现高速公路桥梁的桥下空间和涵洞内有堆积物、搭建设施的，应当责令当事人清除；当事人拒不清除或者查找不到当事人的，省高速公路管理机构可以组织高速公路经营管理单位代为清除。

第二十二条　除高速公路收费站区、互通区和服务区外，禁止在高速公路、公路用地、建筑控制区范围内设置广告设施。

在高速公路收费站区、互通区和服务区内设置广告设施的，应当经省高速公路管理机构批准，并依法办理其他审批手续。在高速公路用地外缘起一百米范围内的区域（不含高速公路建筑控制区）设置广告设施的，应当符合高速公路沿线广告设施设置规划，并依照户外广告管理等法律、法规的规定办理审批手续。

本条规定的广告设施设置许可有效期为三年；期满需要延续且符合设置条件的，应当在有效期届满三十日前向作出许可决定的行政机关办理延期手续。

第二十三条　高速公路改建、扩建，需要移动、拆除在高速公路、公路用地、建筑控制区范围内的桥梁、渡槽、管线、电缆等设施的，高速公路建设单位应当按照不低于该设施原有的技术标准予以修复，或者给予相应的经济补偿。

第二十四条　高速公路建设项目法人或者高速公路经营管理单位设置、变更标志、标线，应当符合国家标准和技术规范，并符合道路交通安全畅通的要求和有关管理规定。已建成的高速公路的标志、标线确需变更的，应当报省高速公路管理机构批准。

省高速公路管理机构可以根据路网运行、交通安全等状况，提出标志、标线变更方案，由高速公路经营管理单位组织实施。标志、标线变更方案涉及交通安全的，应当征求高速交警机构的意见。

除本条例第四十条第一款规定的情形外，高速公路经营管理单位和高速交警机构不得变更高速公路的限速标准。

第二十五条　高速公路建设项目法人或者高速公路经营管理单位应当在高速公路入口处、相关跨越高速公路的设施，设置车辆限载、限高、限宽、限长标志。

除经批准运载不可解体物品的超限运输车辆外，其他超限运输车辆不得上高速公路行驶。高速公路经营管理单位有权拒绝其通行。

第二十六条　省高速公路管理机构可以在高速公路出入口、称重站、服务区对过往载货车辆进行超限运输检查。载货车辆应当按照引导标志行驶到指定地点接受检查，不得强行通过。

第二十七条　交通事故涉及高速公路路产损害的，高速交警机构应当及时通知省高速公路管理机构对路产损失赔偿部分依法进行处理。

第二十八条　海事管理机构应当加强高速公路越江桥梁附近水域的巡查；发现桥梁及其防碰撞设施受损的，应当及时通知高速公路经营管理单位，并根据情况发布航行通告。

第四章　交通安全管理

第二十九条　行人、非机动车、摩托车、残疾人专用车、拖拉机、履带车、低速载货汽车、三轮汽车、轮式专用机械车、全挂列车、悬挂试车号牌和教练车号牌的车辆，以及其他设计最高时速低于七十公里的车辆，禁止进入高速公路。

对禁止进入高速公路的车辆，高速公路经营管理单位有权拒绝其通行。

第三十条 进入高速公路的车辆应当配备故障车警告标志牌和灭火器。

乘坐在安装安全带的座位上的驾驶人、乘车人应当系安全带。

机动车行驶过程中，乘车人不准站立。

第三十一条 车辆在高速公路上正常行驶时，最低时速不得低于六十公里；最高时速小型客车不得高于一百二十公里，大型客车、货运汽车不得高于一百公里，但遇有限速交通标志或者路面限速标记时，应当遵守标志或者标记的规定。

第三十二条 机动车进入高速公路起点后，应当尽快将车速提高到每小时六十公里以上。从匝道入口进入高速公路的车辆，必须在加速车道内提高车速，并开启左转向灯。驶入行车道时，不得妨碍其他车辆的正常行驶。

机动车驶离高速公路时，应当按出口预告标志进入与出口相接的车道，减速行驶；从匝道驶离高速公路时，必须提前开启右转向灯，驶入减速车道，然后经匝道驶离。

第三十三条 遇雨、雾、路面结冰或者其他有碍正常行驶情况时，车辆应当减速行驶并加大行车间距。

已进入高速公路的车辆，能见度低于二百米时，应当开启雾灯和防眩目近光灯、示廓灯、前后位灯，时速不得超过六十公里，与同一车道内前车保持一百米以上的行车间距，能见度低于五十米时，还应当开启危险报警闪光灯，以不超过二十公里的时速就近驶离高速公路或者进入服务区。

第三十四条 行车道应当标明允许通行的车型及最高、最低行驶速度。车辆应当根据自身车型及行驶速度使用相应的行车道。

同方向有二条行车道的，左侧行车道只允许客车通行，货运汽车可临时借用左侧行车道超越前车。同方向有三条行车道的，左侧第一条行车道只允许小型客车通行，中间行车道和右侧行车道允许客货车通行。同方向有四条行车道的，左侧第一条行车道只允许小型客车通行，左侧第二条行车道允许大、小客车通行，第三条、第四条行车道允许客货车通行。

第三十五条 执行交通治安管理、抢险救援等任务的警车、消防车、抢险救援车以及其他从事高速公路管理、养护活动的车辆和设备，可以使用应急车道；其他车辆除因故障、事故等紧急情况外，禁止在应急车道内违法行驶、停靠。正常通行车辆遇前方交通堵塞等情形时，须在行车道内依次排队等候，排在最后的车辆应当开启危险报警闪光灯，夜间还应当同时开启示廓灯、后位灯，禁止在应急车道内排队等候。

第三十六条 车辆驶入收费站区应当按照交通标志、标线和信号指示减速行驶；除道口关闭或者收费设备故障等情况外，不得变更车道。

除领卡、缴费和其他特殊情况外，禁止在安全岛通道及其前后各二百米内停车及上下人员。除高速公路管理工作人员以及有关执法人员和执行应急救援任务的工作人员外，禁止任何人在上述范围内行走、滞留。

进入服务区的车辆应当按照标志在规定的区域内停放。禁止在服务区内转运货物或者擅自转运旅客。

第三十七条 除遇有障碍、发生故障等必须停车的情况外，高速公路上禁止停车、上下人员或者装卸货物。驾乘人员休息、检查车辆应当进入服务区。

车辆因遇故障需要临时停车检修的，必须提前开启右转向灯驶离行车道，停在应急车道内。禁止占用行车道修车。故障难以及时排除的，应当向高速公路经营管理单位请求援助。

机动车修复后需返回行车道时，应当先开启左转向灯，并在应急车道内提高车速，进入行车道时，不准妨碍其他车辆的正常行驶。

禁止在高速公路越江桥梁上和高速公路隧道内检修车辆，确因故障不能行驶的，应当立即向高速公路经营管理单位请求援助。

第三十八条 车辆遇障碍、发生故障等原因停车的，驾驶人应当立即开启危险报警闪光灯，并在行驶方向的后方一百五十米以外设置故障车警告标志，夜间、雨、雪、雾天驾驶人应当同时开启示廓灯、尾灯和后雾灯。

车辆遇障碍、发生故障等原因停车的，驾驶人还应当采取安全措施，组织车上人员迅速疏散至护栏以外的安全地点。

第三十九条 除清障救援车辆外，禁止其他车辆拖曳故障车、事故车在高速公路上行驶。高速公路清障救援车辆应当安装标志灯具并喷涂明显的标志，执行清障救援任务时，应当开启标志灯具和危险报警闪光灯，并设置必要的安全警戒区。

禁止任何单位和个人在高速公路上从事经营性修车活动。

第四十条 因雨、雪、雾、路面结冰、道路施工作业、交通事故、突发事件以及其他情况，影响车辆正常行驶的，高速交警机构可以采取交通管制措施。需要关闭高速公路的，由省公安机关、交通运输部门共同商定，并及时发布信息。紧急情况下，现场执法人员可以先行处置，同时分别报告省公安机关、交通运输部门组织路网调度和区域交通分流。

需要关闭高速公路的情况消除后，有关部门应当及时开通高速公路，恢复交通。

发现高速公路有事故频发路段的，高速交警机构应当会同省高速公路管理机构、高速公路经营管理单位研究分析，制定相应措施。

第四十一条 关闭高速公路由高速交警机构和高速公路经营管理单位负责实施。高速交警机构负责现场指挥疏导车辆。高速公路经营管理单位负责关闭收费站入口、服务区出口，设置必要的交通分流引导设施，并通过公众媒体和沿线的可变情报板等发布信息。

第四十二条 运输易燃、易爆、剧毒、放射性等危险物品的车辆通行高速公路应当悬挂明显标志，在最右侧行车道行驶；通过高速公路跨越长江的桥梁、隧道，应当符合国务院《公路安全保护条例》的有关规定，并按照指定的时间和速度行驶。暴风雨、雷电、冰雪、雾天和重大节日、重要活动期间，禁止剧毒化学品、爆炸物品运输车辆通行高速公路。

公安机关、交通运输部门依法对危险物品运输车辆通行高速公路进行监督检查时，高速公路经营管理单位应当予以配合。

运输危险物品车辆发生事故，当事人应当立即报告公安机关或者有关部门。安监、公安、交通运输、卫生、环保、质监等部门以及高速公路经营管理单位，应当在当地县级以上人民政府的统一指挥下，协作配合开展事故抢险救援工作。

第五章　收费与服务

第四十三条 高速公路经营管理单位应当健全规章制度，坚持守法、诚信，公开服务标准，接受社会监督，为通行车辆和驾乘人员提供安全、便捷、文明服务。

省交通运输部门及其高速公路管理机构以及省价格、财政等有关部门应当加强对高速公路收费与清障救援、服务区经营等服务的监督管理。具体办法由省交通运输部门会同有关部门制定。

第四十四条 高速公路经营管理单位，经依法批准，有权向通行收费高速公路的车辆收取车辆通行费。

军队车辆、武警部队车辆，公安机关、高速公路管理机构在辖区内收费高速公路上处理交通事故、执行正常巡逻任务、实施监督检查和处置突发事件的统一标志的制式车辆，运输跨区作业的联合收割机（包括插秧机）的车辆，整车合法装载运输鲜活农产品的车辆，以及经国务院交通运输主管部门或者省人民政府批准执行抢险救灾任务的车辆，免交车辆通行费。

对于强行冲闯收费道口、交换通行卡、假冒减免通行费车辆等逃交、拒交通行费的车辆，高速公路经营管理单位有权拒绝其通行，并要求其补交应当交纳的车辆通行费；对里程难以确定的车辆，高速公路经营管理单位可以要求其按照待交费收费站与网内最远站点间收费里程交纳车辆通行费。

对进入高速公路的货运车辆，其通行费收取可以采用计重收费的方式，具体办法由省人民政府制定。

高速公路上发生重、特大交通事故以及其他重大突发事件时，高速公路经营管理单位应当为执行现场抢险、救护任务的车辆开辟免费紧急通道。

第四十五条 收费高速公路具备条件的应当实行联网收费。省有关部门应当对联网收费和使用的统一收费票据加强管理和监督。收费标准应在收费站区醒目位置予以公示。

第四十六条 收费站应当开足收费道口，保障车辆正常通行，避免车辆拥挤、堵塞。

因未开足收费道口而造成平均十台以上车辆待交费，或者开足收费道口待交费车辆排队均超过二百米的，高速公路经营管理单位应当免费放行，待交费车辆有权拒绝交费。

高速公路经营管理单位应当在距离收费道口二百米处设置免费放行标志。

第四十七条 高速公路经营管理单位应当收集、汇总所辖高速公路交通流量、施工作业等与路网运行有关的信息，按照规定报送省高速公路管理机构，并及时向社会发布影响正常通行的信息。

省交通运输部门应当对接受的路网信息及时研究分析，需要组织路网调度和区域交通分流的，由省高速公路管理机构、高速交警机构、高速公路经营管理单位共同商定，分别下达路网调度指令，并做好信息发布工作。

高速公路经营管理单位收集的高速公路交通监控等信息资源应当与交通运输、公安、气象等部门共享。

遇有高速公路损坏、施工或者发生交通事故等影响车辆正常安全行驶的情形时，高速公路经营管理单位应当在高速公路入口处或者利用高速公路沿线可变情报板等发布相关信息。

第四十八条 高速交警机构、省高速公路管理机构、高速公路经营管理单位应当制定雨、雪、雾、冰冻等恶劣天气、突发事件等影响道路通行时的处置预案，共同确保高速公路安全畅通。

高速公路经营管理单位应当根据高速公路消防工作和抢险救援的需要，配备必要的消防和应急抢险救援器材设备，协助和配合公安机关消防机构及时处置高速公路火灾、危险品泄漏和其他事故。

第四十九条 高速公路经营管理单位应当建立快速清障救援机制，接到清障救援信息后，应当立即派出救援车辆和人员赶赴现场进行紧急处理，保障车辆正常通行。遇有人员受伤的，应当立即送往医院救治。

高速公路因重特大交通事故、重大自然灾害等造成严重交通堵塞，难以及时恢复交通的，以及装载危险物品车辆发生故障或者事故可能造成严重后果的，当地县级以上人民政府应当组织应急救援和处置工作，尽快恢复高速公路正常运行。

第五十条 高速公路经营管理单位对车辆实施清障救援时，应当将车辆拖至与当事人商定的地点；协商不成的，应当从最近的出口处将车辆拖离高速公路。国家对事故车辆的清障救援另有规定的，从其规定。清障救援收费应当执行省价格主管部门核定的标准。

任何单位和个人不得强行拖曳车辆到指定的场所进行维修。

第五十一条 高速公路经营管理单位应当加强服务区、停车区日常管理，保持秩序良好和环境整洁，保证服务设施正常运行。

服务区、停车区内的停车场、公共厕所、供电、供水、加油、汽车维修等应当昼夜提供服务。停车场、公共厕所、供水服务应当免费。

服务区、停车区因故无法提供部分服务的，高速公路经营管理单位应当通过可变情报板等设施及时发布信息，并采取措施尽快恢复服务。

第五十二条 在高速公路服务区内提供商品或者服务，应当明码标价，价格不得明显高于本地区同类商品和服务的市场价格。

高速公路服务区所在地工商、价格、环保、卫生、食品药品等行政主管部门应当依法加强服务区经营活动的监督管理。

第六章　法 律 责 任

第五十三条　违反本条例第十二条第二款规定，擅自增设、关停互通出入口、服务区，或者变更收费站、服务区名称的，由省交通运输部门责令停止违法行为，可以处以二万元以下罚款。

违反本条例第十三条第二款、第四十七条第一款规定，未按照规定报送路况数据、路网信息或者未按照要求发布路网信息的，由省高速公路管理机构责令改正，并给予警告。

第五十四条　违反本条例第十七条第三款规定，未经批准或者未按照许可方案进行高速公路半幅封闭或者中断交通养护作业的，由省高速公路管理机构责令改正，并可以处以一万元以上二万元以下罚款。

第五十五条　违反本条例第十八条第一款规定，未按照规定设置施工、安全标志的，由省高速公路管理机构责令改正，并可以处以三百元以上三千元以下罚款。

第五十六条　违反本条例第二十条第三款规定，建筑物、构筑物的垂直投影在高速公路建筑控制区范围内的，由省高速公路管理机构责令限期拆除，并可以处以五万元以下罚款；逾期不拆除的，由省高速公路管理机构拆除，有关费用由设置者承担。

第五十七条　违反本条例第二十二条规定，在高速公路收费站区、互通区和服务区以外的高速公路、公路用地、建筑控制区范围内，或者未经许可在高速公路收费站区、互通区和服务区设置广告设施的，由省高速公路管理机构责令限期拆除，并可以处以五万元以下罚款；逾期不拆除的，由省高速公路管理机构拆除，有关费用由设置者承担。

第五十八条　违反本条例第二十五条第二款规定，超限运输车辆擅自行驶高速公路的，由省高速公路管理机构责令当事人自行卸去超限部分的物品，并依照有关法律、法规的规定予以处罚。超限运输车辆行驶高速公路造成高速公路损害的，应当依法承担赔偿责任。

第五十九条　机动车驾驶人有下列行为之一的，由高速交警机构处以二百元罚款：

（一）违反本条例第三十二条第二款规定，从匝道驶离高速公路时，不提前开启右转向灯或者不经减速车道减速直接进入匝道的；

（二）违反本条例第三十三条第二款规定，低能见度气象条件下，不按规定使用灯光、控制车速的；

（三）违反本条例第三十六条第一款规定，在收费站区不按规定减速行驶或者变更车道的；

（四）违反本条例第三十六条第二款规定，在收费站区停车及上下人员的；

（五）违反本条例第三十六条第三款、第三十七条第一款规定，在服务区内未按照规定区域停车或者在高速公路上停车的；

（六）违反本条例第三十七条第二款规定，占用行车道修车的；

（七）违反本条例第三十七条第四款规定，在高速公路越江桥梁上和高速公路隧道内检修车辆的；

（八）违反本条例第三十八条第一款规定，车辆遇障碍或者发生故障停车后，不按照规定使用灯光和设置警告标志的；

（九）违反本条例第三十九条第一款规定，驾驶非清障救援车辆拖曳故障车、事故车的，或者驾驶清障救援车辆执行任务时不按照规定使用标志灯具和危险报警闪光灯的。

第六十条　违反本条例第二十九条第一款、第三十条第二款和第三款、第三十六条第二款规定，在高速公路上候车、行走或者乘车不按规定系安全带、在车辆行驶过程中站立，以及在收费站区行走、滞留的人员，由高速交警机构责令改正，并可以处以二十元罚款。

第六十一条　违反本条例第三十七条第一款规定，在高速公路上上下人员或者装卸货物的，由高速交警机构对驾驶人处以五百元以上二千元以下罚款。

第六十二条　违反本条例第三十九条第二款规定，在高速公路上从事经营性修车活动的，由高速交警机构没收其违法所得，并处以五百元以上二千元以下罚款。

第六十三条　交通运输部门、公安机关的工作人员玩忽职守、徇私舞弊、滥用职权，构成犯罪的，依法追究刑事责任；尚不构成犯罪的，依法给予处分。

第七章　附　　则

第六十四条　省交通运输部门应当按照国家有关规定对高速公路给予省道以上的命名和编号。

非收费高速公路，由其管养单位按照公路法律法规和本条例的规定进行养护。

第六十五条　本条例所指高速公路的公路用地，包括高速公路两侧边沟（截水沟、坡脚护坡道或者桥梁滴水线）至隔离栅或者公路用地界桩的区域；无隔离栅或者公路用地界桩的，高速公路两侧边沟（截水沟、坡脚护坡道或者桥梁滴水线）外缘起一米以内的区域属于高速公路的公路用地。

第六十六条　本条例自2014年8月1日起施行。

339. 江苏省农村公路条例

（2020 年 3 月 3 日江苏省第十三届人民代表大会常务委员会第十五次会议通过）

第一章　总　　则

第一条　为了建好、管好、护好、运营好农村公路，促进农村公路事业发展，适应人民群众生产生活需要，服务和支撑乡村振兴，推进和保障农业农村现代化，根据《中华人民共和国公路法》和国务院《公路安全保护条例》等法律、行政法规，结合本省实际，制定本条例。

第二条　本条例适用于本省行政区域内农村公路的规划、建设、管理、养护和运营及其相关活动。

本条例所称农村公路，是指纳入农村公路规划，按照国家和省有关公路工程技术标准修建的县道、乡道、村道及其附属设施。

第三条　农村公路是社会公共基础设施。农村公路发展实行政府主导、社会参与、分级负责、分类管理，遵循统筹规划、因地制宜、合理布局、确保质量、安全适用、绿色发展、建管养运并重的原则。

第四条　县级以上地方人民政府应当加强对农村公路工作的领导，将农村公路发展纳入本地区国民经济和社会发展规划，建立健全农村公路建设、管理、养护、运营和考核工作机制，促进农村公路事业协调可持续发展。

县（市、区）人民政府是本行政区域内农村公路工作的责任主体，应当将农村公路工作纳入政府工作目标，组织协调乡镇人民政府和有关部门做好农村公路工作，建立健全农村公路管理养护责任制，加强养护管理能力建设。省、设区的市人民政府应当监督县（市、区）人民政府履行主体责任。

乡镇人民政府负责本行政区域内农村公路有关工作，并组织协调村民委员会配合做好农村公路的相关工作。村民委员会在乡镇人民政府的指导下，将村道的保护纳入村规民约，并协助做好乡道、村道的建设、管理和养护等相关工作。

推行县、乡、村三级路长制。各级路长根据职责，负责组织领导相应的农村公路管理养护工作。

第五条　县级以上地方人民政府交通运输主管部门主管本行政区域内的农村公路工作。

县级以上地方人民政府有关部门按照各自职责做好农村公路相关工作。

第六条　县道的建设、管理、养护和乡道的管理以及农村公路的相关运营工作，由县（市、区）交通运输主管部门具体负责；乡道、村道的建设和养护以及村道的管理，由乡镇人民政府负责。

本条例规定的涉及村道的行政处罚，由县（市、区）交通运输主管部门实施。

第七条　农村公路建设、管理、养护、运营应当建立以财政投入为主、多渠道筹集为辅的资金保障机制。

县（市、区）人民政府应当按照有关规定将农村公路建设、管理、养护的资金和农村公路运营中政府所承担的资金纳入预算管理。乡镇人民政府应当根据职责，按照有关规定安排、筹集资金，用于乡道、村道的建设和养护。

县级以上地方人民政府应当发挥财政资金的引导作用，采取先养后补、以奖代补等多种资金补助方式支持农村公路建设、养护。鼓励单位和个人捐助资金用于农村公路建设、养护。支持利用农村公路冠名权、绿化经营权、广告经营权等方式，多渠道筹集社会资金，用于农村公路建设、养护和运营。

第八条 省、设区的市人民政府应当加大对农村公路建设与养护资金的投入，根据经济发展水平和财政承受能力，建立符合绩效评价要求的农村公路建设与养护资金补助机制，并根据农村公路建设进度以及养护状况适时调整资金补助政策。

县级以上地方人民政府应当对革命老区、经济薄弱地区、交通欠发达地区农村公路建设、养护资金予以重点支持。

第九条 县级以上地方人民政府交通运输主管部门应当加强农村公路信息化建设。省交通运输主管部门建立全省标准统一、衔接配套的农村公路数字化信息管理和服务体系，设区的市、县（市、区）交通运输主管部门按照省农村公路信息化建设要求做好相关工作。

第十条 农村公路受国家保护。任何单位和个人不得破坏、损坏农村公路或者非法占用农村公路、农村公路用地，不得非法干涉农村公路建设、管理、养护和运营工作。

任何单位和个人都有权举报破坏、损坏农村公路、非法占用农村公路、农村公路用地和影响农村公路安全的行为。

第二章　规划与建设

第十一条 农村公路规划应当以建好、管好、护好、运营好农村公路为目标，与优化村镇布局、农村经济发展和广大农民安全便捷出行相适应，构建布局合理、衔接顺畅的农村公路网络。

农村公路规划应当符合国土空间规划，与产业布局、旅游发展、生态保护等规划和国道、省道以及其他交通运输方式的发展规划相衔接，与农村客运、农村物流等规划相协调。

农村公路建设，应当根据人民群众生产生活需要和农村经济社会发展实际，按照农村公路规划合理有序安排。

第十二条 农村公路规划包括县道规划、乡道规划、村道规划。村道规划和乡道规划可以合并编制。

县道规划、乡道规划的编制和批准，按照有关法律、法规规定执行。

村道规划由乡镇人民政府编制，县（市、区）交通运输主管部门提供技术指导，报县（市、区）人民政府批准，并报设区的市交通运输主管部门备案。编制村道规划，应当征求村民委员会和村民意见。

经批准的村道规划需要修改的，由原编制机关提出修改方案，并按照原程序批准和备案。

第十三条 农村公路应当按照规定命名和编号。

县道、乡道的命名和编号，由省交通运输主管部门按照国务院交通运输主管部门的有关规定确定。

村道的命名和编号办法，由省交通运输主管部门按照国家有关规定另行制定。

第十四条 农村公路建设应当节约用地、保护耕地、充分利用旧路等资源。

县道、乡道建设用地纳入用地计划，由县级以上地方人民政府依法统筹安排。村道建设使用集体所有土地的，由乡镇人民政府协调农村集体经济组织或者村民委员会依法安排。

第十五条 县（市、区）人民政府应当确定农村公路两侧自边沟（截水沟、坡脚护坡道、隔离栅，下同）外缘起向外不少于一米范围的公路用地，并向社会公告。

村道的用地范围因客观原因不能符合前款规定标准的，由乡镇人民政府提出方案报县（市、区）人民政府确定，并向社会公告。

第十六条 农村公路建设应当因地制宜，合理确定建设标准。

县道的建设不低于三级公路技术标准。乡道、村道的建设不低于四级公路技术标准。

对受地形、地质等条件限制的村道局部路段，经过技术安全论证，可以适当降低技术指标，但应当完善相关设施，确保安全和畅通。

第十七条 农村公路建设项目按照规模、功能、技术复杂程度等因素，分为重要农村公路建设项目和一般农村公路建设项目。一般农村公路建设项目可以结合实际情况简化建设程序，具体确定标准和建设程序由省人民政府另行制定。

农村公路建设项目的勘察、设计、施工、监理等单位应当具有相应的资质。

建设跨行政区域农村公路桥梁、隧道的，其建设主体由有关县（市、区）人民政府、乡镇人民政府协商确定。

第十八条 农村公路应当按照有关技术标准，设置交通安全、防护工程、排水设施，以及必要的交通运行监测、公交站（亭）、停车区等服务和管理设施，并与农村公路建设项目主体工程同时设计、同时施工、同时投入使用。

第十九条 鼓励在农村公路建设中应用新技术、新材料、新工艺、新设备，推动资源循环利用，提高建设质量。

鼓励农村公路的设计、施工和验收后一定时期养护任务采用整体发包等模式。

第二十条 县级以上地方人民政府交通运输主管部门应当建立健全农村公路建设工程质量管理体系。

县（市、区）交通运输主管部门负责农村公路建设工程质量监督管理，可以聘请专业技术人员和群众代表参与农村公路建设工程质量监督管理工作。

农村公路建设工程实行质量责任终身制、安全生产责任制，建设单位和勘察设计、施工、监理等单位应当明确相应责任人，依法承担相应的质量安全责任。

第二十一条 农村公路建成后，应当按照有关规定进行验收；涉及到交通安全设施的，公安等有关部门应当参加验收；未经验收或者验收不合格的，不得交付使用。

第二十二条 农村公路与城市道路共线的，城市道路管理部门应当按照城市道路标准，配套建设市政公用设施。

经过学校、农贸市场等混合交通量较大区域的农村公路应当参照城市道路标准设置人行道；具备条件的，可以配套建设路边停车位、公共卫生间等设施。

农村公路与村内街巷、农田间的机耕道应当相互衔接，方便村民生产生活。

第二十三条 农村公路建设不得损害农民合法权益，不得强行要求单位和个人出资或者出工、备料。

第三章　管　　理

第二十四条 县（市、区）人民政府应当组织公安、交通运输等部门和乡镇人民政府，采用科学的管理方法和先进的技术手段，加强交通安全、公路通行、公路线路等监管，保障农村公路安全畅通。

县（市、区）人民政府应当组织有关部门以及乡镇人民政府加强农村公路相关法律、法规宣传教育，提高全社会交通安全意识和爱路护路意识。

第二十五条 县（市、区）人民政府应当确定从公路用地外缘起向外不少于三米范围的村道建筑控制区，并向社会公告。

受地形、地质等自然条件限制的村道局部路段建筑控制区范围不能符合前款规定标准的，可以由乡镇人民政府提出划定方案，报县（市、区）人民政府同意后向社会公告。

在村道建筑控制区内，除公路防护、养护需要和必要的农田水利设施建设外，禁止新建、扩建建筑物和地面构筑物。

在村道建筑控制区外修建的建筑物、地面构筑物以及其他设施，不得遮挡公路标志，不得妨碍安全视距。

第二十六条 进行下列涉及村道的施工活动，应当符合国土空间规划，保障公路安全，建设单位应当征求村民委员会意见，并与乡镇人民政府签订协议：

（一）在村道上增设或者改造平面交叉道口；

（二）跨越、穿越村道修建桥梁、渡槽或者架设、埋设管线等设施；

（三）在村道用地范围内架设、埋设管线、电缆等设施，设置非公路标志；

（四）在村道建筑控制区内埋设管线、电缆等设施；

（五）利用村道桥梁、隧道、涵洞铺设电缆等设施；

（六）其他需要占用、挖掘村道、村道用地的活动。

影响道路交通安全的，应当依法征得公安机关交通管理部门同意。

修建、架设或者埋设的设施应当符合公路工程技术标准，对村道造成损坏的，应当按照不低于该路段原有的技术标准予以修复、改建。

第二十七条　在村道及其用地范围内禁止下列行为：

（一）收费、非法设卡；

（二）摆摊设点、堆放物品、设置障碍、挖沟引水、放养牲畜、采石、取土、采空作业、焚烧物品；

（三）打谷晒场、漫路灌溉、作业种植、焚烧秸秆等废弃物、堆粪沤肥、撒漏污物；

（四）利用公路桥梁进行带缆、牵拉、吊装等施工作业或者设置高压电力线和易燃易爆的管线；

（五）在公路桥梁桥孔、通道内堆放易燃易爆物品、明火作业、搭建各类设施；

（六）铁轮车、履带车和其他可能损害公路路面的机具在村道上行驶；

（七）车辆在运输货物着地的情况下行驶；

（八）损坏或者擅自移动、涂改附属设施；

（九）倾倒垃圾、利用公路边沟排放污物；

（十）其他损坏、污染村道和严重影响村道畅通、危及村道安全的行为。

农业机械因作业需要在村道上短距离行驶或者军用车辆执行任务需要在村道上行驶的，可以不受前款第六项限制，但应当采取安全保护措施；对村道造成损坏的，应当按照损坏程度给予相应的经济补偿，用于村道的修复。

第二十八条　违法超限运输以及载物超过核定载质量的车辆，不得在农村公路上行驶。

县（市、区）交通运输主管部门或者乡镇人民政府可以根据保护农村公路和保障交通安全的需要以及有关技术规范的要求，在乡道、村道的出入口设置必要的限高、限宽设施，但是不得影响消防和卫生急救等应急车辆通行，不得向通行车辆收费。任何单位和个人不得损坏、擅自移动限高、限宽设施。

设置限高、限宽设施的，县（市、区）交通运输主管部门、乡镇人民政府应当进行会商、论证，并征求公安机关的意见。

乡道、村道出入口可以按照国家有关技术标准和规范，设置限行、禁行、限载等交通标志。

第二十九条　设区的市、县（市、区）人民政府应当加强本行政区域内农村公路的货物运输源头超限超载治理工作，组织交通运输、公安、工业和信息化、住房和城乡建设、自然资源、水利、市场监管等有关部门，加强对货运源头单位货物装载环节的监督检查。

第三十条　县（市、区）人民政府应当组织公安、交通运输等部门，加强对货运车辆的监督检查，防止超载、违法超限运输车辆在农村公路上行驶。

运输车辆应当接受监督检查，不得逃避超限检测，不得故意堵塞、强行通过超限检测站点、限高限宽设施，或者以其他方式妨碍监督检查工作。

县（市、区）交通运输主管部门可以根据公路保护的需要，在农村公路的重要节点设置货运车辆超限运输动态检测监控设施。

检测监控设施收集的违法行为记录资料，可以作为认定违法行为的证据。证据应当查证属实，交通运输主管部门应当对证据材料进行审核。

第三十一条　交通、水利等大型基础设施建设项目需要利用农村公路作为施工便道使用的，建设单位应当与有关县（市、区）交通运输主管部门、乡镇人民政府签订协议，并征求有关村民委员会的意见，落实公路安全保护、环境保护措施；施工车辆应当按照县（市、区）交通运输主管部门指定的线路行驶；建设单位应当根据协议对农村公路及时予以修复、改建。

第三十二条 乡镇人民政府应当加强村道管理，组织村民委员会指定专人对村道进行定期巡查。

村道巡查人员应当及时劝阻侵害村道路产路权的行为，发现擅自进行涉及村道的施工活动和本条例第二十七条、第二十八条规定行为的，应当及时向乡镇人民政府报告，由乡镇人民政府依法处理。村道巡查人员发现村道及其附属设施损坏、存在安全隐患的，应当按照规定及时处理，并告知村道养护管理单位。

涉及违反本条例有关规定需要实施行政处罚的，乡镇人民政府应当及时移交县（市、区）交通运输主管部门依法处理。

第三十三条 因国土空间规划调整或者城市建设造成农村城市化、公路街道化的，由有关县（市、区）交通运输主管部门、乡镇人民政府与城市道路管理部门协商后，将相应路段整体或者行车道以外部分移交城市道路管理部门管理。

第三十四条 县（市、区）交通运输主管部门应当按照国家、省有关规划、技术规范和管理要求，加强农村公路交通运行监测，合理设置相应的交通运行监测设施，提高农村公路交通安全运行和公共服务能力。

第三十五条 因自然灾害等突发事件造成农村公路交通中断或者严重损害的，县（市、区）人民政府应当组织有关部门和乡镇人民政府，立即采取措施排除险情、抢修保通；无法及时恢复的，应当设置警示标志等安全设施，必要时可以采取封闭措施，并公告路况信息。

第四章 养　　护

第三十六条 农村公路养护应当按照国家和省有关技术规范、标准和要求实施，保持路基、路面、桥梁、隧道、涵洞和附属设施处于良好的技术状态，保证农村公路正常使用。

第三十七条 县（市、区）人民政府应当组织交通运输、财政等部门编制农村公路养护发展规划，健全养护评价机制，保障农村公路养护质量。

第三十八条 县（市、区）交通运输主管部门应当定期开展农村公路路况检查、检测和评定，并根据检查、检测和评定结果，提出养护方案。

县（市、区）交通运输主管部门应当会同相关部门编制县道养护计划，报县（市、区）人民政府批准后组织实施，并报设区的市交通运输主管部门备案；乡镇人民政府应当按照养护方案编制乡道、村道养护计划，报县（市、区）人民政府批准后组织实施。

第三十九条 农村公路养护应当按照防治结合、全面养护、保障畅通的要求，坚持专业养护与群众养护、日常养护与集中养护相结合，推进农村公路养护专业化、机械化、市场化。鼓励创新农村公路养护方式，提高农村公路养护质量。

乡镇人民政府应当指导沿线村民委员会有序组织村民参与乡道、村道的保洁、绿化维护等日常养护工作，可以通过购买服务、设置公益性岗位，以及采取个人、家庭分段承包等方式逐步建立相对稳定的村民养护队伍。

第四十条 县（市、区）人民政府应当组织有关部门、乡镇人民政府定期排查农村公路急弯、陡坡、临崖、临水等危险路段、事故多发路段，以及农村公路桥梁、交叉口、学校门口等重要路段的安全隐患，按照国家和省有关规定实施安全生命防护工程，并根据需要合理设置照明、信号灯、警示标志、限速标志、反光镜、减速装置等设施。

第四十一条 县（市、区）人民政府应当组织有关部门、乡镇人民政府对经检测评定达不到安全技术要求的农村公路桥梁和隧道，及时采取限载、限行、禁行等措施，设置警示、绕行标志，并组织维修和加固、改建或者拆除重建。

第四十二条 县（市、区）人民政府应当组织有关部门按照国家和省有关规定，统筹城乡绿化、特色田园乡村、旅游乡村建设，实施农村公路路域环境综合治理，推进农村公路沿线洁化、绿化、美化，促进农村公路与生态环境自然和谐。

第五章 运　营

第四十三条 县（市、区）人民政府应当组织有关部门和乡镇人民政府，利用农村公路开展农村客运、物流、旅游以及路况信息发布等运营服务。

农村公路运营应当满足城乡一体、客货并举、运邮结合、乡村旅游等需要，提升农村客运和物流服务水平，促进农村地区经济社会发展。

县级以上地方人民政府应当制定相关政策措施，扶持农村公路运营。

第四十四条 县级以上地方人民政府应当根据农村地区经济社会发展需要，编制农村客运专项规划，完善城乡客运线网布局，按照国家和省有关要求开通农村客运班线，鼓励农村客运班线实行公司化经营和公交化营运。

县（市、区）人民政府应当保障行政村开通镇村公交，为村民出行提供普遍服务；结合实际和村民出行习惯，优化镇村公交发展模式，拓展镇村公交服务功能，促进镇村公交与城市公交衔接融合。

第四十五条 农村公路的技术条件、交通安全设施应当与农村客运发展要求相匹配。

县（市、区）人民政府应当组织交通运输、公安等部门，依据国务院交通运输主管部门有关规定，确定农村客运班线通行条件，经审核达不到通行条件的，不予开通农村客运班线。

第四十六条 县（市、区）交通运输主管部门会同农业农村、商务、供销、邮政等单位建立完善县域农村物流网络节点体系，推进县级农村物流中心、乡镇物流服务站、村物流服务点建设，整合农村物流资源，促进客货运输、商贸、供销、快递等融合发展。

鼓励依托城乡客运网络，推行货运班线、客运班车代运邮件等农村物流组织模式。鼓励农村客运站拓展货物运输服务功能，建设农村综合运输服务站，满足农产品运输、快递、物流配送等需求。

第四十七条 县（市、区）交通运输、文化和旅游、农业农村、体育等有关部门以及乡镇人民政府，应当结合农村公路实际，整合农村公路沿线服务设施和服务资源，实现乡村旅游融合发展。

鼓励沿农村公路设置提供休憩、观景、农产品展示、文化交流等服务设施，建设农村公路绿道、步道和自行车专用道等慢行交通体系。

第四十八条 县级以上地方人民政府交通运输、文化和旅游、气象等部门应当将农村公路名称、编号以及桥梁限载等信息、中断交通的养护施工信息、景区景点信息、气象信息等依法向社会公开。

鼓励取得导航电子地图资质的单位向社会提供农村公路导航服务。

第六章 法律责任

第四十九条 违反本条例第二十五条第三款、第四款规定，在村道建筑控制区内擅自新建、扩建建筑物、地面构筑物，或者在村道建筑控制区外修建的建筑物、地面构筑物以及其他设施遮挡公路标志、妨碍安全视距的，由县（市、区）交通运输主管部门责令限期拆除，可以处一千元以上五千元以下罚款；情节严重的，处五千元以上二万元以下罚款。

第五十条 违反本条例第二十六条第一款第一项规定，擅自在村道上增设或者改造平面交叉道口的，由县（市、区）交通运输主管部门责令改正，可以处三千元以上三万元以下罚款。

违反本条例第二十六条第一款第二项至第五项规定，擅自进行涉及村道有关施工活动的，由县（市、区）交通运输主管部门责令限期改正，可以处二千元以上二万元以下罚款。

第五十一条 违反本条例第二十七条第一款规定，由县（市、区）交通运输主管部门按照下列规定予以处罚：

（一）违反第一项规定，收费、非法设卡的，责令停止违法行为并依法拆除非法设置的关卡设施，没收违法所得，可以处违法所得一倍以上三倍以下罚款；没有违法所得的，可以处二千元以上二万元以下罚款。

（二）违反第二项、第三项、第七项、第九项规定，造成村道路面损坏、污染或者影响公路畅通的，责令停止违法行为，可以处五百元以上五千元以下罚款。

（三）违反第四项、第五项、第八项规定，侵害村道及其附属设施的，责令停止违法行为，可以处三千元以上三万元以下罚款。

（四）违反第六项规定，铁轮车、履带车或者其他可能损害公路路面的机具擅自在村道上行驶的，责令停止违法行为，可以处五百元以上五千元以下罚款；造成公路损坏的，责令恢复原状，可以处五千元以上三万元以下罚款，并依法承担赔偿责任。

第五十二条 违反本条例第二十八条第一款规定，车辆在村道上超限运输的，由县（市、区）交通运输主管部门责令改正，可以处二千元以上二万元以下罚款。

违反本条例第二十八条第二款规定，损坏、擅自移动农村公路限高、限宽设施的，由县（市、区）交通运输主管部门责令限期改正、恢复原状，可以处五百元以上五千元以下罚款。

第五十三条 地方各级人民政府以及交通运输等有关部门工作人员在农村公路工作中玩忽职守、徇私舞弊、滥用职权的，依法给予处分；构成犯罪的，依法追究刑事责任。

第七章 附　　则

第五十四条 本条例下列用语的含义：

（一）县道是指连接县城和县（市、区）内乡镇、主要商品生产和集散地的公路，以及不属于国道、省道的县际间的公路。

（二）乡道是指不属于县道以上公路的乡镇与乡镇之间、乡镇与行政村之间的公路。

（三）村道是指除乡道以及乡道以上等级公路以外的连接行政村与行政村、行政村与自然村等行政村与外部联络的公路，不包括村内街巷和农田间的机耕道。

第五十五条 涉及县道、乡道的规划、建设、管理、养护和运营活动，《中华人民共和国公路法》和国务院《公路安全保护条例》等法律、法规已有规定的，从其规定。

第五十六条 开发区管理机构按照本级人民政府规定的职责做好本区域内的农村公路相关工作。

街道办事处履行农村公路相关职责、居民委员会承担农村公路相关工作的，适用本条例关于乡镇人民政府、村民委员会的规定。

第五十七条 农村地区未纳入公路规划的道路、桥梁、隧道，以及与城市道路共线的农村公路，由县（市、区）人民政府按照有关法律、法规的规定确定管理主体，履行管理职责。

第五十八条 本条例自2020年6月1日起施行。

340. 江苏省普通国省道管理办法

（2020年12月30日　江苏省政府令第144号）

第一条　为了加强普通国省道的建设、养护和管理，促进公路事业发展，满足经济社会发展和人民生活需要，根据《中华人民共和国公路法》《公路安全保护条例》和《江苏省公路条例》等法律、法规，结合本省实际，制定本办法。

第二条　在本省行政区域内从事普通国省道（以下简称国省道）建设、养护和管理，适用本办法。

本办法所称国省道，是指本省行政区域内除高速公路以外的国道和省道。

国省道属于收费公路的，按照收费公路相关法律、法规执行。

第三条　县级以上地方人民政府应当将国省道发展纳入国民经济和社会发展规划、国土空间规划，促进国省道发展与城市道路、农村公路发展相协调，与其他交通运输方式相衔接。

设区的市、县（市、区）人民政府为本行政区域内国省道建设主体，负责落实工程建设、资金筹集、征收补偿等责任。

部分重要国省道以及国省道跨越长江的桥梁、隧道和连接设区的市之间的桥梁、隧道等建设项目，省人民政府可以另行确定建设主体。

第四条　省人民政府交通运输主管部门（以下简称省交通运输主管部门）主管全省国省道建设、养护和管理工作。

设区的市人民政府交通运输主管部门（以下简称市交通运输主管部门）按照规定负责本行政区域内国省道的养护和管理。部分重要国省道建设、养护项目由省交通运输主管部门组织实施。

第五条　省交通运输主管部门应当会同省发展改革、财政、自然资源、生态环境、水利等部门制定促进国省道发展的政策措施，建立会商、联动机制，协调解决建设过程中的重大问题。

第六条　省交通运输主管部门会同省发展改革等部门，根据国道、省道规划，结合全省经济社会发展年度计划和财政预算安排，制定国省道年度建设计划，并纳入全省交通建设年度投资计划。新建、改建、扩建国省道应当按照年度建设计划组织实施。

第七条　设区的市、县（市、区）人民政府投资建设国省道的，应当明确或者组建国省道建设项目法人。国内外经济组织投资建设国省道的，由国内外经济组织依法组建项目法人。

第八条　新建、改建、扩建国省道应当依法办理相关手续。

国省道建设项目施工图设计文件由省交通运输主管部门负责审批。

国省道建设项目施工许可和质量监督手续由项目所在地市交通运输主管部门负责实施；省人民政府另行确定建设主体的建设项目施工许可和质量监督手续，由省交通运输主管部门负责实施。

第九条　新建、改建、扩建国省道应当按照公路工程技术标准同步建设路网监测工程、安全生命防护工程等公路附属设施。桥梁下部陆地空间应当按照规定同步采取绿化、防护等措施。

第十条　国省道建设项目建成后，应当按照有关规定进行交工验收和竣工验收。竣工验收合格后，项目法人方可将国省道移交所在地市交通运输主管部门养护。

第十一条　涉及改线的国省道建设项目，所在地设区的市人民政府或者其授权部门，应当在建设项目工程可行性研究报告批复前，向省交通运输主管部门出具原国省道有关路段管理养护权移交承诺书。承诺书应当明确移交后原国省道有关路段管理养护主体。

设区的市人民政府应当在涉及改线的建设项目竣工验收后交付使用之日起三个月内，组织将原国省道有关路段管理养护权移交城市道路管理部门或者县（市、区）人民政府、乡镇人民政府、街道办事处。

第十二条 省交通运输主管部门应当制定全省国省道养护规划和养护标准。

省交通运输主管部门应当根据全省国省道技术状况、养护目标和国家承担国道养护的支出情况，编制年度养护计划。

第十三条 设区的市、县（市、区）人民政府应当组织自然资源、交通运输等部门确定国省道的公路用地、划定建筑控制区，并向社会公告。

国省道确定公路用地、划定建筑控制区之前，有关交通运输主管部门可以按照法律、法规规定的最低控制标准实施管理。

第十四条 设区的市、县（市、区）人民政府应当组织做好国省道两侧公路用地范围外的绿化及其养护工作，满足国省道绿化、美化要求，但不得妨碍安全视距。

第十五条 利用国省道跨省超限运输，或者进行下列涉及国省道施工活动，应当经省交通运输主管部门许可。影响交通安全的，还须征得有关公安机关的同意。

（一）因修建铁路、机场、供电、水利、通信等建设工程需要使国省道改线的；

（二）跨越、穿越国省道修建桥梁、渡槽或者架设、埋设管线等设施，在国省道公路用地范围内架设、埋设管线、电缆等设施，需要中断交通或者需要半幅封闭国省道涉及两个以上设区的市的；

（三）国省道中的一级公路增设或者改造中间带开口的平面交叉道口的。

第十六条 国省道公路用地外缘起向外100米、公路渡口和中型以上公路桥梁周围200米、公路隧道上方和洞口外100米范围内，因抢险、防汛需要修筑堤坝、压缩或者拓宽河床的，由省交通运输主管部门会同省水行政主管部门或者流域管理机构批准，并采取安全防护措施方可进行。

第十七条 国省道路产赔偿、补偿收入应当按照省财政、交通运输等部门的相关规定收取，纳入同级财政一般公共预算管理，统筹用于路产恢复和保护。

第十八条 县（市、区）人民政府应当组织国省道沿线乡镇人民政府、街道办事处以及交通运输、城市管理、公安、生态环境、农业农村、市场监管等部门，对在国省道及其公路用地、公路建筑控制区和公路安全保护区范围内搭建设施、倾倒废弃物、摆摊设点、堆放物品、打谷晒场、采石取土、焚烧物品等影响公路安全、畅通的违法行为进行联合整治，保障公路安全畅通、路域环境优美。

第十九条 省、市交通运输主管部门应当采取有效措施，推动绿色、智能技术在国省道建设、养护和管理中的运用，建立统一高效信息管理系统，建立健全国省道重要节点、路段和重大桥梁、隧道监测系统，实施国省道品质工程。

第二十条 涉及国省道的违法行为，法律、法规规定由地方交通运输主管部门负责实施处罚或者处理，但未明确交通运输主管部门具体层级的，由市交通运输主管部门负责实施。

第二十一条 采用政府与社会资本合作模式建设国省道的，其建设、养护应当按照有关法律、法规以及合同约定进行。

第二十二条 本办法自2021年3月1日起施行。

341. 江苏省深化农村公路管理养护体制改革实施方案

（苏政办发〔2020〕48号）

为深入贯彻落实《国务院办公厅关于深化农村公路管理养护体制改革的意见》（国办发〔2019〕45号），进一步管好、护好农村公路，加快建立农村公路管理养护可持续长效机制，结合我省实际，制定本实施方案。

一、总体要求

以习近平新时代中国特色社会主义思想为指导，全面贯彻党的十九大精神，认真落实习近平总书记关于“四好农村路”的重要指示精神和党中央、国务院决策部署，践行以人民为中心的发展思想，紧紧围绕打赢脱贫攻坚战、实施乡村振兴战略和统筹城乡发展，以质量为本、安全至上、自然和谐、绿色发展为原则，以完善管养体制、强化资金保障、健全长效机制为重点，深化农村公路管理养护体制改革，加强农村公路与农村经济社会发展统筹协调，服务苏北地区群众住房条件改善，形成上下联动、密切配合、齐抓共管的工作局面，推动“四好农村路”高质量发展，全力支撑“强富美高”新江苏建设，为广大农民群众致富奔小康、加快推进农业农村现代化提供更好保障。

二、工作目标

到2022年，基本建立权责清晰、齐抓共管的农村公路管理养护体制机制，形成财政投入职责明确、社会力量积极参与的格局。农村公路治理体系基本形成，治理能力明显提高。农村公路通行条件和路域环境明显提升，交通保障能力显著增强。农村公路列养率达到100%，县道、乡村道年均养护工程比例不低于6%、5%，中等及以上农村公路占比不低于85%。农村公路三类及以上桥梁占比96%以上。农村公路上的公交站（亭）、公交停车场等公共服务设施维护管理基本到位。

到2035年，全面建成体系完备、运转高效的农村公路管理养护体制机制，基本实现城乡公路交通基本公共服务均等化，路况水平和路域环境根本性好转，农村公路治理能力全面提高，治理体系全面完善。

三、进一步完善农村公路管理养护体制

（一）加强省级统筹和政策引导。省委编办牵头指导相关部门根据农村公路管理养护法律法规规定，调整完善省、市、县政府部门权力和责任清单。省交通运输厅、财政厅牵头对各设区市人民政府（以下简称市人民政府）、县（市、区）人民政府（以下简称县人民政府）的农村公路管理养护工作进行绩效管理。省交通运输厅拟定有关农村公路政策，提出农村公路发展指导意见，加强政策引导和业务指导。省财政厅加强省级资金统筹，筹集省级养护补助资金。省发展改革委、自然资源厅、水利厅、农业农村厅、文化和旅游厅、扶贫办通过制定和实施相关政策，支持和促进农村公路事业发展。（责任单位：省委编办、省交通运输厅、省财政厅、省发展改革委、省自然资源厅、省水利厅、省农业农村厅、省文化和旅游厅、省扶贫办）

（二）加强市级政策支持和指导监督。各市人民政府要发挥好承上启下作用，加强组织领导和监督管理，组织做好对县人民政府农村公路管理养护工作的绩效管理，建立完善农村公路支持政策和资金补助机制，加大市级农村公路养护补助资金筹集力度。加强地方农村公路养护管理机构能力建设，支持、督促县人民政府履行主体责任。（责任单位：各市人民政府）

（三）落实县级人民政府主体责任。县人民政府要将农村公路管理养护工作纳入“乡村振兴”工作统筹谋划，按照“县道县管、乡村道乡村管”的原则，建立健全农村公路管理养护责任制，按照省有关规定明确相关部门、乡镇人民政府农村公路管理养护责任分工，实行农村公路工作目标责任制和绩效管理，指导监督相关部门和乡镇人民政府履职尽责。大力推行县、乡、村三级路长制，因地制宜建立健全路长管理责任体系和运行机制，明确各级路长负责相应农村公路管理养护工作，建立“精干高效、专兼结合、以专为主”的管理体系。按照“有路必养、养必到位”的要求，将农村公路养护资金及管理机构运行经费和人员支出纳入一般公共财政预算，加大履职能力建设和管理养护投入力度。（责任单位：各县人民政府）

（四）发挥乡村两级作用和农民群众积极、主动性。乡镇人民政府在县人民政府确定的职责范围内，负责本行政区域内乡道、村道的管理养护工作，并落实专职工作人员，组织协调村民委员会做好农村公路的相关工作。村民委员会要按照“农民自愿、民主决策”的原则，采取一事一议、以工代赈等办法做好村道管理养护的相关工作。乡镇人民政府要加强宣传引导，将爱路护路要求纳入乡规民约、村规民约，积极引导、激发农民群众爱路护路热情。鼓励采用以奖代补等方式，推广将村道日常养护通过分段承包、定额包干等方式交由农民承包；鼓励农村集体经济组织和社会力量自主筹资筹劳参与农村公路管理养护工作，通过将农村公路管理养护纳入公益岗位等方式，为低收入户提供就业机会。（责任单位：各县人民政府）

四、全面强化农村公路管理养护资金保障

（一）落实成品油税费改革资金。落实成品油税费改革转移支付政策，合理确定转移支付规模，加大对普通公路养护的支持力度。全省成品油税费改革新增收入中替代原公路养路费部分（包括成品油税费改革转移支付的“替代性返还＋增长性补助”，以下简称“替代养路费部分”），不得低于改革基期年（2009 年）公路养路费收入占“六费”收入的比例。“替代养路费部分”用于普通公路养护的比例一般不得低于 80％，且不得用于公路新建。继续执行省人民政府对农村公路养护工程的补助政策，“替代养路费部分”中用于农村公路养护工程的资金（省级补助资金与切块到市县部分之和）不得低于“替代养路费部分”的 15％。自 2022 年起，成品油税费改革转移支付资金用于普通公路养护部分不再列支管理机构运行经费和人员等其他支出。（责任单位：省财政厅、省交通运输厅，各市、县人民政府）

（二）加大财政资金支持力度。农村公路养护属于市、县财政事权，资金原则上由市、县人民政府通过自有财力安排，确保所承担的支出责任落实到位。省级可根据不同时期发展目标给予一定的资金支持。省级在均衡性转移支付中将进一步考虑农村公路管理养护因素，加大对经济薄弱地区支持力度，继续申请车购税资金支持农村公路升级改造、路网完善、安全生命防护工程建设和危桥改造等。各级人民政府要确保财政支出责任落实到位，将相关税收返还用于农村公路养护。省、市、县三级公共财政资金用于农村公路日常养护的总额不得低于以下标准：县道每年每公里 12000 元，乡道每年每公里 5500 元，村道每年每公里 3500 元。日常养护省级补助标准为县道每年每公里苏锡常三市 2500 元、沿江五市 3800 元、苏北五市 5000 元，乡道每年每公里苏锡常三市 1000 元、沿江五市 2000 元、苏北五市 2500 元，村道每年每公里苏锡常三市 600 元、沿江五市 1200 元、苏北五市 1600 元。其余部分由市、县共同筹集，各市应明确市、县公共财政资金用于农村公路日常养护的分担比例。县、乡镇人民政府应不断加大管理养护力度，保障农村公路日常养护及时到位。（责任单位：各市、县人民政府，省财政厅、省交通运输厅）

（三）加大农村公路养护工程资金投入。各级人民政府要对照养护标准和发展目标加大养护工程投入。2009 年成品油税费改革返还市县的原“五小”养路费基数和 2015 年下划农村公路养护补助经费支出基数应全额用于农村公路养护工程，省级采取项目法方式对农村公路危桥改造和安防工程进行支持，省级补助农村公路养护工程资金由原来的按里程定额补助方式转变为按比例补助。省级补助标准区分不同地区，执行差异化补助政策。各市应明确养护工程市级资金安排标准。（责任单位：各市、县人民政府，省财政厅、省交通运输厅）

（四）强化养护资金使用监督管理。农村公路养护工程和日常养护补助政策，应建立与里程、养护成本变化等因素相关联的动态调整机制，原则上调整周期不超过五年。全省各级公共财政用于农村公路养护资金应当实施全过程预算绩效管理，绩效评价结果与补助资金或相关投资挂钩，并确保及时足额拨付到位。省、市、县财政和交通运输主管部门要加强农村公路养护资金使用监管，严禁农村公路建设采用施工方带资的建设—移交（BT）模式，严禁地方以“建养一体化”名义新增隐性债务，严格防控债务风险。公共资金使用情况按有关规定对社会公开，接受群众监督，不断提升资金配置效率和使用效益。村务监督委员会应将村道养护资金使用和养护质量等情况纳入监督范围，并将监督结果上报乡镇人民政府。审计部门应定期对农村公路养护资金到位与使用情况进行审计。（责任单位：各市、县人民政府，省交通运输厅、省审计厅、省财政厅）

（五）创新农村公路发展投融资机制。各级人民政府要发挥政府资金的引导作用，采取资金补助、先养后补、以奖代补、无偿提供料场等多种方式支持农村公路养护。将农村公路发展纳入一般债券重点支持范围。鼓励将农村公路建设和一定时期的养护进行捆绑招标，在农村公路“一县一品牌”创建基础上，实施品牌提升计划，大力推行“农村公路＋”发展模式，鼓励将农村公路与产业、园区、乡村旅游等经营性项目实行一体化开发，运营收益用于农村公路养护，促进农村公路与地方经济、社会、生态、文明融合发展。支持利用农村公路冠名权、绿化经营权、广告经营权等方式，多渠道筹集社会资金，用于农村公路养护。鼓励保险资金通过购买地方政府一般债券方式合法合规参与农村公路发展，探索开展农村公路灾毁保险。（责任单位：各市、县人民政府，省交通运输厅、省财政厅、省农业农村厅、省文化和旅游厅、省扶贫办、省地方金融监管局、江苏银保监局）

五、建立健全农村公路管理养护长效机制

（一）加快推进农村公路养护市场化改革。将人民群众满意度和受益程度、养护质量和资金使用效率作为衡量标准，因地制宜、分类有序推进农村公路养护市场化改革。县人民政府要出台促进农村公路养护市场化改革的实施意见，拓展农村公路养护向社会购买服务的广度和深度，积极探索各种综合养护承包方式，逐步建立政府与市场合理分工的养护生产组织模式。引导符合市场属性的事业单位转制为现代企业，鼓励将干线公路建设养护与农村公路捆绑招标，支持养护企业跨区域参与市场竞争。鼓励通过签订长期养护合同、招投标约定等方式，引导专业养护企业加大投入，鼓励养护机械生产企业研发通用型、小型化养护机械，提高养护机械化水平。（责任单位：各市、县人民政府，省交通运输厅）

（二）加强安全和信用管理。公路安全设施要与主体工程同时设计、同时施工、同时投入使用，县人民政府要组织交通运输、公安、应急等职能部门参与农村公路竣（交）工验收。已建成但未配套安全设施的农村公路要及时完善，根据需要合理设置照明、信号灯、警示标志、限速标志、限载标志、反光镜、减速装置、临水临崖道路护栏等设施，并优先安排完善农村客运线路和校车线路上的路段。加强农村公路养护市场监管，着力建立以质量为核心的信用评价机制，实施守信联合激励和失信联合惩戒，并将信用记录按照国家有关规定纳入全国信用信息共享平台，依法向社会公开，并与农村公路建设、养护等工作挂钩。（责任单位：各市、县人民政府，省交通运输厅、省发展改革委、省公安厅、省应急厅）

（三）完善技术指导体系。贯彻落实国家标准规范，积极构建具有江苏特色的农村公路养护管理规范体系，推动农村公路养护标准指南建设，加快形成农村公路绿色公路指标体系。大力推广农村公路管理养护科技成果，积极运用卫星遥感等技术，完善统计监测体系。加强新一代信息技术融合应用，提升农村公路建管养运信息化管理和服务水平，推动农村公路智能化建设。（责任单位：各市、县人民政府，省交通运输厅）

（四）提升农村公路治理能力建设。进一步健全各级农村公路政策法规和制度体系，贯彻落实《江苏省农村公路条例》。完善路政管理体系，建立县有路政员、乡有监管员、村有护路员的路产路权保护队伍。完善人才培养吸引和激励保障制度，提高管理养护人员工作水平。探索通过民事赔偿保护路产路权。市、县人民政府应当加强本行政区域内农村公路的货物运输源头超限超载治理工作。各地可根据需要在农村公路上的重要节点，设置货运车辆超限运输动态检测监控设施。县人民政府应统筹城乡绿化、特色田园乡村、旅游乡村建设，实施农村公路路域环境综合治理，推进农村公路沿线洁化、绿化、美化，促进农村公路与生态环境自然和谐。坚持经济实用、绿色环保理念，全面开展“美丽公路”创建工作，力争实现乡乡有美丽农村路。（责任单位：各市、县人民政府，省人力资源社会保障厅、省交通运输厅、省公安厅、省住房城乡建设厅、省农业农村厅、省文化和旅游厅）

六、保障措施

（一）加强组织实施。各地各有关部门要将深化农村公路管理养护体制改革作为实施乡村振兴战略、推进农业农村现代化的一项先行工程，健全协同联动机制，同步部署落实。各市、县人民政府要深入分析本地农村公路发展实际，因地制宜研究制定深化农村公路管理养护体制改革具体方案并组织实施。方案要明确改革任务落地的时间表、路线图、成果形式，细化工作举措、责任主体等内容，确保各项改革任务落到实处。各地要在2020年底前将实施方案抄送省交通运输厅、省财政厅，并按要求向社会公开。

（二）确保改革平稳有序。各市、县人民政府要统筹推进农村公路管理养护体制改革工作，要对成品油税费改革资金列支的管理机构和人员等其他支出进行摸底，明确相关资金渠道，确保改革平稳和社会稳定。省财政厅、省交通运输厅要做好成品油税费改革资金的统筹安排，各地要按照办法组织实施。

（三）加快开展改革试点工作。各地要结合加快建设交通强国要求，围绕路长制、创新养护生产模式、信息化管理、美丽农村路、资金保障、创新投融资机制、信用评价机制等主题，结合本地特色有针对性的选取主题开展试点创建工作。省交通运输厅会同省财政厅加强指导和督查，并遴选部分工作基础较好、典型示范带动性强、推广价值高的试点市、县向全省推广，成熟一批，推广一批，积极稳妥推进改革工作。

（四）强化政府督导。各地要建立改革进展情况反馈机制，及时发现并协调解决改革过程中出现的问题，确保改革顺利进行。省交通运输厅要会同有关部门定期开展督导和评估，跟踪分析改革进展情况，提升改革实效。省交通运输厅、省财政厅每年年底前要分别向交通运输部和财政部报备改革进展和落实情况。

（五）加大改革宣传力度。各地要紧紧围绕改革主要工作，大力宣传改革的新进展、新成效，准确解读改革政策举措，积极宣传改革中的先进典型，充分调动广大群众参与、监督改革工作的积极性。加强宣传舆论引导，为深化改革营造良好的社会舆论氛围。

本方案自印发之日起施行。《省政府办公厅关于印发加强农村公路管理养护意见的通知》（苏政办发〔2007〕58号）同时废止。

342. 浙江省公路路政管理条例

（2014 年 11 月 28 日浙江省第十二届人民代表大会常务委员会第十四次会议第四次修订）

第一章　总　　则

第一条　为加强公路路政管理，保障公路完好、安全和畅通，根据《中华人民共和国公路法》及有关法律、法规，结合本省实际，制定本条例。

第二条　本省行政区域内的国道、省道、县道和乡道（包括高速公路）的公路路政管理适用本条例。

本条例所称公路路政管理，是指为保障公路完好、安全和畅通，依法保护公路、公路用地及公路附属设施，管理公路两侧建筑控制区的行政行为。

第三条　县级以上人民政府应当加强对公路路政管理工作的领导。

县级以上交通行政主管部门主管本行政区域内的公路路政管理工作。县级以上交通行政主管部门所属公路管理机构负责具体实施本行政区域内的公路路政管理工作。

各级公安、建设、规划、国土资源、水利、工商、环境保护等有关行政管理部门以及公路沿线乡镇人民政府在各自职责范围内，依法做好公路路政管理的相关工作。

第四条　交通行政主管部门、公路管理机构应当认真履行职责，依法做好公路保护工作，逐步完善公路服务设施，提高公路服务和管理水平，保证公路经常处于良好的技术状态。

公路的建设和养护应当符合公路工程技术标准和公路养护技术规范。

第五条　公路路政管理经费应当列入政府财政预算。

国家采用依法征税的办法筹集公路养护资金后，路政管理经费应当列入政府财政预算。

第二章　管理职责及执法监督

第六条　公路管理机构依法行使下列公路路政管理职责：

（一）许可挖掘、占用、利用公路的申请事项，制止和查处破坏、损坏或者非法占用公路的行为；

（二）许可超限运输申请事项，制止和查处违法超限运输行为；

（三）管理公路附属设施的设置和维护；

（四）管理公路两侧建筑控制区；

（五）管理公路施工秩序；

（六）参与公路工程中涉及路政管理事项的设计审查、竣工验收；

（七）实施公路路政巡查；

（八）法律、法规规定的其他职责。

第七条　交通行政主管部门、公路管理机构应当加强执法队伍建设，提高执法人员的业务素质和执法水平。

第八条　交通行政主管部门、公路管理机构应当建立路政管理举报制度，公开举报电话、通信地址或者电子邮件信箱。

交通行政主管部门、公路管理机构等有关部门收到举报后，应当依法及时处理，对检举属实的举报单位和个人可予奖励。

第九条 公路路政管理人员依法实施监督检查时，应当有两名以上人员参加，佩戴标志，持证上岗。

公路路政管理专用车辆应当设置统一的标志和示警灯。

公路路政管理专用车辆执行职务进入本辖区内收费公路的，免费通行。

第十条 公路路政管理人员依法实施监督检查时，有权向有关单位和个人了解情况，查阅、复制有关资料。

被监督检查的单位和个人，应当接受公路路政管理人员依法实施的监督检查，如实提供有关资料或者说明情况。

第三章 公路保护管理

第一节 一般规定

第十一条 公路管理机构应当建立公路路产登记制度，按规定对公路路产调查核实，并登记造册。

第十二条 非收费公路的公路养护应当逐步推行市场化，通过招投标方式确定养护单位。

第十三条 鼓励使用厢式、多轴、大型、专业货物运输车辆从事公路货物运输。

第十四条 因工程建设需要占用、挖掘公路，或者跨越、穿越公路架设、增设管线设施的，施工作业单位应当在公路管理机构批准的路段和时间内施工作业，并在距离施工作业地点来车方向安全距离处设置明显的安全警示标志，采取防护措施；施工作业完毕，应当迅速清除公路上的障碍物，消除安全隐患，经公路管理机构和公安机关交通管理部门验收合格，符合通行要求后，及时恢复通行。

对未中断交通的施工作业公路，公安机关交通管理部门应当加强交通安全监督检查，维护公路交通秩序。

第十五条 公路出现坍塌、坑槽、水毁、隆起等损毁或者交通信号灯、交通标志、标线等交通设施损毁、灭失的，公路管理机构、收费公路经营管理者应当设置警示标志并及时修复。

公安机关交通管理部门发现前款情形，危及交通安全，尚未设置警示标志的，应当及时采取安全措施，疏导交通，并通知公路管理机构或者收费公路经营管理者。

第十六条 公安机关交通管理部门在处理交通事故时，涉及路产损坏、公路污染的，应当及时通知公路管理机构或者收费公路经营管理者。

第二节 公路及公路用地保护管理

第十七条 公路及公路用地范围内禁止从事下列活动：

（一）倾倒或者堆放废土、垃圾等固体废弃物，排放污水、污物；

（二）堵塞水道，挖沟引水；

（三）取石、取土；

（四）设置电线杆、变压器、维修场、停车场、洗车点或者加水点；

（五）集市贸易、摆摊设点、搭建棚屋或者砖窑、堆放或者摊晒物品；

（六）利用公路桥梁、隧道铺设输送易燃易爆和有毒物品的管道，利用公路桥涵堆放物品、搭建设施，在公路桥涵附近焚烧物品；

（七）法律、法规规定的其他损坏、污染公路或者影响公路畅通的活动。

第十八条 运输散装货物车辆应当规范装载，装载货物不得触地拖行、抛撒或者滴漏。

第十九条 任何单位和个人不得将公路作为检验机动车制动性能的试车场地。

高速公路、国道不得作为机动车驾驶培训场地。在其他公路上进行机动车驾驶培训的，应当遵守公安机关交通管理部门对于行驶时间和路段的规定。

第二十条 车辆需要在公路上进行临时检修等作业的，应当采取保护公路的措施，不得损坏、污染公路。

第二十一条 任何单位和个人不得擅自占用、挖掘公路。因修建铁路、机场、电站、电信设施、水利工程和进行其他建设工程需要占用、挖掘公路或者使公路改线的，建设单位应当事先征得公路管理机构同意；影响交通安全的，还须征得公安机关交通管理部门同意。

占用、挖掘公路或者使公路改线的，建设单位应当按照不低于该段公路原有的技术标准予以修复、改建或者给予相应的经济补偿。

第二十二条 跨越、穿越公路修建桥梁、渡槽、渠道或者架设、埋设管线、电缆等设施，以及在公路用地范围内架设、埋设管线、电缆等设施的，应当事先经公路管理机构同意；影响交通安全的，还须征得公安机关交通管理部门同意。

所修建、架设或者埋设的设施应当符合公路工程技术标准的要求。对公路造成损坏的，应当按照损坏程度给予补偿。

第二十三条 在大中型公路桥梁和渡口周围二百米、公路隧道上方和洞口外一百米范围内，以及在公路两侧一定距离内，不得挖砂、采石、取土、倾倒废弃物，不得进行爆破作业及其他危及公路、公路桥梁、公路隧道、公路渡口安全的活动。

在前款规定范围内因防险、防汛需要修筑堤坝、缩窄或者拓宽河床的，应当事先报省交通行政主管部门会同省水行政主管部门批准，并采取有效的保护公路、公路桥梁、公路隧道、公路渡口安全的措施。

第二十四条 严格控制公路平面交叉道口的设置。确需设置的，应当符合保障畅通和合理布局的原则，事先经公路管理机构批准，并按照公路工程技术标准建设。

本条例施行前的平面交叉道口不符合公路工程技术标准的，应当在公路管理机构规定的限期内达到标准或者封闭。

第二十五条 申请本条例第二十一条、第二十二条、第二十三条、第二十四条规定事项的，应当符合下列条件：

（一）书面说明申请理由、施工期限；

（二）设计方案符合公路工程技术标准；

（三）施工方案符合保障公路安全、畅通要求；

（四）涉及收费公路的，申请人应当事先征求收费公路经营管理者的意见；

（五）法律、法规规定的其他条件。

第二十六条 除农业机械因当地田间作业需要在公路上短距离行驶外，铁轮车、履带车和其他可能损害公路路面的机具，不得在公路上行驶。确需行驶的，应当经公路管理机构同意，并按照公安机关交通管理部门指定的时间、路线行驶。对公路造成损坏的，应当按照损坏程度给予补偿。

申请前款规定事项的，申请人应当提交行驶车辆或者机具行驶证件，书面说明行驶路线、时间及有效的公路保护方案；涉及收费公路的，申请人应当事先征求收费公路经营管理者的意见。

第二十七条 任何单位和个人未经公路管理机构批准不得在公路用地范围内设置公路标志以外的其他标志。

申请前款规定事项的，申请人申请设置的非公路标志的材料、颜色、外廓尺寸、结构安装、灯光亮度、设置地点、间隔距离等应当符合规范要求；涉及收费公路的，申请人应当事先征求收费公路经营管理者的意见。

省交通行政主管部门应当制定非公路标志的设置和维护规范，向社会公布。

第二十八条 本节规定的公路管理机构的许可权限按照下列规定执行：

（一）修建铁路、城市轨道交通、油气管道或者道路穿跨越高速公路的许可，由省公路管理机构审批；

（二）其他涉及高速公路和国道、省道的许可，由设区的市公路管理机构审批；

（三）涉及县道、乡道的许可，由县级公路管理机构审批。

省公路管理机构对涉及高速公路的申请事项的许可，可以根据需要委托设区的市公路管理机构实施。

第三节　超限运输管理

第二十九条　在公路上行驶的车辆的车货总质量，轴载质量，车货总长度、总宽度和总高度，不得超过以下最高限值：

（一）车货总质量为四十吨，其中集装箱半挂列车为四十六吨；

（二）轴载质量：双轮组单轴的标准轴载为十吨；

（三）车货总长度为十八米；车货总宽度为二点五米；车货总高度为从地面算起四米，其中集装箱车货总高度为从地面算起四点二米。

第三十条　因运输不可解体的物品，确需超过规定最高限值行驶的，应当事先经公路管理机构批准。经批准的超限运输车辆应当按照指定的时间、路线、速度行驶，并悬挂明显标志。

申请前款规定事项的，应当符合下列条件：

（一）书面说明运输货物名称、重量、外廓尺寸及必要的总体轮廓图，货物运输的起止点、拟经路线和运输时间；

（二）运输车辆的技术条件符合所运载货物的要求；

（三）拟经路线经加固、改造后可以满足超限运输要求；

（四）涉及收费公路的，申请人应当事先征求收费公路经营管理者的意见；

（五）法律、法规规定的其他条件。

第三十一条　公路管理机构接到申请后，应当对拟经路线进行勘测，计算公路、桥梁承载能力，制定通行与加固、改造方案。公路加固、改造、护送以及修复损坏公路所需的费用，由申请人承担。

公路管理机构批准超限运输的，应当核发超限运输通行证。

第三十二条　本节规定的公路管理机构的许可权限如下：

（一）跨省、设区的市运输的，由省公路管理机构审批；

（二）跨县、区运输的，由设区的市公路管理机构审批；

（三）县、区内运输的，由县级公路管理机构审批。

第三十三条　超限运输通行证应当随车携带。

超限运输通行证不得涂改、伪造、租借、转让，不得超期限使用；超限运输车辆的实际型号、运载货物应当与超限运输通行证载明内容相一致。

第三十四条　高速公路经营管理者对未持有超限运输通行证的超限运输车辆，不得放行进入高速公路。强行进入高速公路的，由公安机关依法处理。

高速公路经营管理者可以在各收费站入口设置超限检测仪。

第三十五条　公路管理机构应当加强超限运输管理。

公路管理机构可以根据需要，在公路上设置固定式或者流动式超限运输检测站（点），对车辆的车货总质量，轴载质量，车货总长度、总宽度和总高度进行检测。

固定式超限运输检测站的设置应当经省人民政府批准。

第三十六条　公路路政管理人员依法对在公路上行驶的车辆进行超限运输检查时，应当确保公路安全和畅通。被检查人员应当配合，接受检查，不得强行通过。不接受检查，堵塞超限运输检测站通行车道的，由公路管理机构强制拖移。

无超限运输通行证的超限车辆，公路路政管理人员应当责令其在不影响公路畅通的地点自行卸载至符合轴载质量及其他限值，按有关规定补交已行驶里程的公路赔偿费，并依法予以处罚。未按要求卸载的，不得上路行驶。拒绝补交已行驶里程的公路赔偿费的，由公路管理机构依照本条例第五十三条规定处理。

第四节　公路附属设施保护管理

第三十七条　新建公路附属设施的设置由公路建设项目业主负责。新建、改建公路和公路大修时，与公路交通安全有关的公路附属设施应当与工程同时设计，同时施工，同时验收，所需经费纳入工程概算。

公路附属设施的设置，应当符合公路工程技术标准。

第三十八条　非收费公路附属设施的增设、日常维护、修复及公路绿化由公路管理机构负责。

收费公路附属设施的增设、日常维护、修复及公路绿化由收费公路经营管理者负责。

第三十九条　任何单位和个人不得侵占、损坏、涂改或者擅自移动、拆除公路附属设施。

第四十条　公路标志、标线应当保持清晰、醒目、准确、完好，符合公路工程技术标准。对损坏的公路标志，维护管理单位应当在发现后二十四小时内予以修复、更换；因技术等原因无法按时修复、更换的，应当设置临时公路标志。

公路交通禁令标志需要增设或者变更的，县级公安机关交通管理部门与同级公路管理机构应当在听取各方意见和科学论证后，提出书面意见，报设区的市公路管理机构同意，并报设区的市公安机关交通管理部门备案。

第四十一条　在公路和公路两侧种植的树木或者其他植物、设置的非公路标志、管线等，应当与交通安全设施保持必要的距离，不得遮挡灯光信号、交通标志，不得妨碍安全视距，不得影响通行。

第四十二条　公路用地上的树木，不得任意砍伐；需要更新、砍伐的，应当经公路管理机构同意后，依照《中华人民共和国森林法》的规定办理审批手续。

申请前款规定事项的，应当符合下列条件：

（一）书面说明砍伐理由、砍伐树木的位置、种类和蓄积量；

（二）补种方案符合公路绿化工程技术标准；

（三）作业方案符合保障公路安全、畅通要求；

（四）涉及收费公路的，申请人应当事先征求收费公路经营管理者的意见。

本条规定的公路管理机构的许可权限，按本条例第二十八条规定执行。

第四十三条　公路附属设施是指为保护、养护公路和保障公路安全畅通所设置的公路防护、排水、养护、管理、服务、交通安全、渡运、监控、通信、收费等设施、设备以及专用建筑物、构筑物等。

第四章　公路两侧建筑控制区管理

第四十四条　公路两侧建筑控制区是指公路两侧边沟外缘（高速公路隔离栅栏）向外一定距离内，除公路防护、养护需要外，禁止修建建筑物和地面构筑物的范围。

建筑控制区的具体范围：国道不少于二十米、省道不少于十五米、县道不少于十米、乡道不少于五米，其中高速公路不少于三十米、互通立交和特大型桥梁不少于五十米；公路弯道内侧及平交道口附近的建筑控制区还须依照国家规定满足行车视距或者改作立体交叉的需要。

新建、改建的公路两侧建筑控制区范围自公路建设项目开工建设之日起三十日内，由公路沿线县级以上人民政府按前款规定划定，公路管理机构应当在划定的公路两侧建筑控制区外缘设置标桩、界桩。

任何单位和个人不得损坏、擅自挪动标桩、界桩。

第四十五条　国土资源、规划等行政主管部门审批临近公路建筑控制区的建设用地和建设项目，应当按照本条例规定注明建筑物、构筑物与公路的控制距离，并告知公路管理机构。建设单位开工时，公路管理机构应当派员进行现场监督。

第四十六条　在建筑控制区内埋设管线、电缆等设施的，应当事先经公路管理机构批准。

申请前款规定事项的，应当符合本条例第二十五条规定的条件。

本条规定的公路管理机构的许可权限，按本条例第二十八条规定执行。

第四十七条 建筑控制区内的违章建筑，依照有关法律、法规规定拆除，不予补偿。

建筑控制区划定前已依法修建的建筑物和地面构筑物，因公路建设或者交通安全等原因需要拆除的，建设单位应当在依法补偿后予以拆除；对公路建设及交通安全无影响的，可以保留，但不得扩大占地面积和建筑面积。

第四十八条 在公路沿线规划新建、扩建村镇、开发区等，应当与公路保持规定的距离并避免在公路两侧对应进行，防止公路街道化，影响公路的运行安全与畅通。

第五章 法 律 责 任

第四十九条 违反本条例规定，法律、行政法规已有处罚规定的，依照法律、行政法规的规定处罚。其中《中华人民共和国公路法》规定由交通行政主管部门行使的行政处罚权和行政措施，由公路管理机构行使。

第五十条 违反本条例第十七条、第十八条、第十九条第二款规定的，由县级以上公路管理机构责令停止违法行为、限期清除障碍、恢复原状；情节严重的，处五千元以下罚款；责任人逾期未清除障碍或者未恢复原状的，由县级以上公路管理机构清除障碍、恢复原状，所需费用由责任人承担。

第五十一条 违反本条例第三十三条第一款规定的，由县级以上公路管理机构核实后放行，并可处五百元以下罚款。

违反本条例第三十三条第二款规定的，由县级以上公路管理机构按照擅自超限运输处罚。

第五十二条 违反本条例规定，对公路、公路用地及公路附属设施造成损害或者造成他人人身损害、财产损失的，应当依法承担民事责任。

第五十三条 在公路上行驶的车辆对公路造成较大损害的，责任人必须立即停车，保护现场，及时报告公路管理机构，接受公路管理机构的调查、处理后方得驶离。公路管理机构应当在七个工作日内进行调查，作出处理决定。

责任人拒不接受公路管理机构现场调查处理的，公路管理机构可以依法扣留其车辆。扣留车辆的，应当出具由省交通行政主管部门统一制发的扣留凭证；对扣留的车辆，应当妥善保管，不得使用。

责任人在法定期限内既不申请复议、不提起诉讼，又不履行处理决定的，公路管理机构可以依法申请人民法院强制执行。

第五十四条 公路管理机构及其工作人员有下列行为之一的，按照管理权限由有关部门对负有直接责任的主管人员以及直接责任人员给予行政处分；构成犯罪的，依法追究刑事责任：

（一）执行职务未按规定佩戴标志或者未持证上岗的；

（二）对公路施工作业未按规定及时验收并恢复公路通行的；

（三）未按规定实施行政许可的；

（四）未按规定实施行政处罚的；

（五）未按规定实施强制措施的；

（六）因监督管理不力，造成公路较大损害或者他人人身损害、财产损失的；

（七）其他玩忽职守、徇私舞弊、滥用职权的。

第五十五条 有下列行为之一，尚未构成犯罪的，由公安机关依照治安管理处罚的法律规定处理；构成犯罪的，依法追究刑事责任：

（一）为拒交、逃交、少交车辆通行费或者为逃避超限运输检测而故意堵塞收费道口、强行冲卡、殴打收费公路管理人员、破坏收费设施或者从事其他扰乱收费公路经营管理秩序，构成违反治安管理行为的；

（二）损毁公路或者擅自移动公路标志，可能影响交通安全的；

（三）拒绝、阻碍公安机关、公路路政管理人员依法执行职务的。

第六章　附　　则

第五十六条　公路路产赔偿或者补偿的具体标准，由省交通行政主管部门会同省物价、财政部门根据公路工程造价定额标准制定。收取赔偿费、补偿费的，应当出具由省财政部门统一印制的专用票据。

收取的赔偿费、补偿费，应当专项用于公路路产的恢复和公路养护，任何单位和个人不得平调、挪用或者截留。

第五十七条　公路与城市道路的划分，由相关城市人民政府提出，按照规定程序报经批准。

因公路改道，原公路丧失通行功能报废的，交通行政主管部门应当及时将公路所占用土地移交国土资源行政主管部门。

第五十八条　土地所有权属于农民集体所有并符合公路技术标准的村道的路政管理，其行政许可、行政处罚及相关的监督检查，按照本条例对乡道的规定执行。

村集体经济组织或者村民委员会应当协助做好相关村道的路政管理工作。

第五十九条　本条例自 2008 年 4 月 1 日起施行。浙江省人民政府 1996 年 11 月 12 日发布的《浙江省公路路政管理办法》同时废止。

343. 浙江省公路条例

（2020年5月15日浙江省第十三届人民代表大会常务委员会第二十一次会议通过）

第一章　总　　则

第一条　为了加强公路建设和管理，保障公路安全、畅通、完好，促进公路事业发展，推进高水平交通强省建设，满足人民群众生产、生活需要，根据《中华人民共和国公路法》《公路安全保护条例》《收费公路管理条例》和其他有关法律、行政法规，结合本省实际，制定本条例。

第二条　本省行政区域内公路的规划、建设、养护、经营、使用、服务和管理，适用本条例。

本条例所称公路，包括国道、省道、县道、乡道、村道。其中，县道、乡道和村道统称为农村公路。

第三条　县级以上人民政府应当加强对公路工作的领导，将公路发展纳入国民经济和社会发展规划，保障和改善公路运行条件。

第四条　县级以上人民政府交通运输主管部门主管本行政区域内的公路工作；高速公路的监督管理职责由省、设区的市交通运输主管部门承担。

交通运输主管部门所属的公路管理机构按照规定职责承担公路规划、建设、养护、保护和运营管理等具体工作。

乡（镇）人民政府（包括街道办事处，下同）应当按照县（市、区）人民政府规定的职责做好乡道和村道的建设、养护、管理有关工作。

县级以上人民政府其他有关部门按照各自职责做好公路相关工作。

村民委员会在县（市、区）交通运输主管部门和乡（镇）人民政府指导下，做好村道的建设、养护和管理相关工作。

第五条　各级人民政府应当根据财政事权和支出责任划分，将公路规划、建设、养护、管理等所需资金纳入本级人民政府财政预算。

县级以上人民政府可以按照国家和省有关规定，通过申请发行地方政府债券、与社会资本合作以及其他投融资方式筹集公路建设资金。

第六条　县级以上人民政府应当根据长江三角洲区域一体化发展需要，建立公路规划、建设、养护、管理一体化协作工作机制，推进长江三角洲区域综合交通运输服务互联互通，提升省际公路通达能力。

第七条　县级以上人民政府及其有关部门应当建立健全公路行业科学技术创新机制，鼓励公路行业科学技术创新和先进专利、专有技术的应用；鼓励运用互联网技术和信息化手段，推动公路数字化建设，构建安全、便捷、高效的现代智慧公路网。

第二章　公路发展规划和建设

第八条　县级以上人民政府交通运输主管部门应当根据公路规划和综合交通运输规划，编制本行政区域内公路发展规划。公路发展规划期限一般为五年。

公路发展规划应当包括公路建设、养护和改造提升的任务安排，公路运行保障的标准和要求，规划实施的保障措施等内容。

编制公路发展规划应当注重公路路网的完善和公路等级提升，充分利用既有公路线位资源，并与城市发展、水利、生态环境保护等规划相衔接。

第九条 省交通运输主管部门负责编制、发布全省公路发展规划。

设区的市交通运输主管部门负责编制本行政区域内国道、省道发展规划，经省交通运输主管部门同意后发布。

县（市、区）交通运输主管部门负责编制本行政区域内农村公路发展规划，报县（市、区）人民政府批准后发布，并报设区的市交通运输主管部门备案。

公路发展规划需要修改的，由原编制机关提出修改方案，按照原批准程序报批。

第十条 国道、省道、县道、乡道建设用地依照有关法律、行政法规的规定办理。

村道建设用地由村集体经济组织按照公平分担、合理补偿的原则自行落实。

第十一条 公路建设应当符合公路发展规划要求和公路工程技术标准，并按照国家规定的基本建设程序组织实施。

公路建设应当充分考虑沿线地形、地貌、地质特征以及环境条件，严格执行节约用地、耕地保护和生态环境保护有关要求，加强公路与沿线生态、景观的一体化设计，注重两侧边坡以及桥下空间等区域的美化绿化建设。

公路建设工程的质量和安全生产管理，依照《浙江省交通建设工程质量和安全生产管理条例》的规定执行。

第十二条 除高速公路以外的国道、省道应当严格控制平面交叉数量。

属于国道、省道的一级公路与其他道路交叉的，除受地形和其他特殊条件限制外，应当选用主辅路、高架桥、地下通道等方式交叉。

国道、省道平面交叉数量控制的具体办法，由省交通运输主管部门制定。

第十三条 公路建设项目兼有城市道路功能的，应当结合城市道路的功能、标准和非机动车、行人的通行等需求，合理确定路基标高、路幅布置等。

第十四条 农村公路的技术等级不得低于四级公路，其建设应当符合公路工程技术标准。鼓励在路基外侧设置骑行道、游步道等设施，推进美丽乡村建设。

农村公路应当同步建设相应的交通安全、防护工程、排水等设施；已运行的农村公路应当按照国家和省规定完善相关设施。

第十五条 新建、改建、扩建公路应当统筹规划建设服务区（站）、执法管理用房及设施、路网运行监控设施、交通安全设施、养护作业生产与应急保障基地、港湾式客运停靠站等公路附属设施。

公路附属设施应当符合相关技术标准，与公路主体工程同步设计、同步建设，所需经费纳入建设项目概算；其中，交通安全设施应当与公路主体工程同步验收、同步投入使用。

已运行公路的附属设施应当按照国家和省规定改造完善。

第十六条 新建、改建、扩建公路时需要利用公路用地、公路建筑控制区的地下空间埋设市政基础设施管线的，应当遵循统筹安排、综合利用、保障安全的原则，与公路建设项目同步规划、同步设计、同步建设。

改建、扩建公路需要拆除、迁移市政基础设施管线的，管线业主单位应当按照要求予以拆除、迁移。

第十七条 县级以上人民政府交通运输主管部门应当建立健全公路管理档案，对公路、公路用地及公路附属设施（以下统称公路路产）调查核实、登记造册。

公路建设项目应当同步开展数字化建设和数字档案移交；已运行的公路应当逐步实现数字化。

第三章 公路养护

第十八条 公路管理机构、收费公路经营管理者应当定期对公路的技术状态开展检测和评定，制定日常养护和养护工程年度计划，按照国家和省的相关规定及标准进行养护，保证公路经常处于良好技术状态。高速公路养护年度计划应当报省交通运输主管部门备案。

经省交通运输主管部门确定并公布的特别重要的公路桥梁和隧道，应当设置安全监测设施，记录、保存监测数据，按照规定要求进行技术状况年度监测评定，建立技术档案。

第十九条 公路管理机构、收费公路经营管理者委托养护作业单位进行公路养护的，应当依法采用招标投标的方式，选择符合条件的养护作业单位并签订养护作业合同。公路发生坍塌、隆起、损毁等严重影响公路通行、交通安全需要应急养护的情形，公路管理机构、收费公路经营管理者可以直接委托符合条件的养护作业单位实施应急养护。

养护作业单位应当制定公路养护作业方案，同步制定相应的交通组织方案，养护作业应当避免或者减少在交通高峰期封闭车道作业。养护作业涉及占用公路路面的，其交通组织方案应当征求公安机关交通管理部门的意见，并按照规定提前向社会公告。

养护作业单位实施养护作业的，应当按照规定设置规范的安全警示标志和警示灯光信号，采取相应的安全防护措施。实施公路养护工程、高速公路日常养护的，应当在实施养护作业前告知公安机关交通管理部门。

养护作业产生的垃圾、废弃材料等应当按照规定处理。

第二十条 省、设区的市交通运输主管部门应当加强对高速公路养护工作的监督检查，每年至少一次向社会公布高速公路路况水平。

高速公路连接线的养护和管理工作由连接线所在县（市、区）人民政府负责。

第二十一条 县道养护，由公路管理机构组织实施；乡道、村道养护，由公路管理机构或者乡（镇）人民政府按照县（市、区）人民政府确定的职责组织实施。

村民委员会在公路管理机构、乡（镇）人民政府的指导下，做好村道的路面、上下边坡、排水和结构物等设施的日常养护工作，保持路面整洁、排水通畅、防护稳固。

农村公路养护资金筹集和使用、具体养护要求等，按照国家和省有关规定执行。县级以上人民政府应当加大对农村公路养护资金的投入。

第二十二条 公路管理机构、收费公路经营管理者应当联合相关部门开展公路沿线气象、水文和建筑控制区范围内地质灾害多发点调查和检测工作，维护和完善公路防护工程和排水设施系统，提高公路的防灾抗灾能力。

鼓励公路管理机构、收费公路经营管理者投保公路公众责任保险、公路灾毁财产保险等险种。

第四章　公路保护

第二十三条 任何单位和个人不得破坏、损坏或者非法占用公路路产。

第二十四条 县级以上人民政府交通运输主管部门应当会同公安、气象等部门和收费公路经营管理者，建立公路路网监测监控体系和路网管理联动机制，实现路上车辆、视频监控和交通管理等信息的数据交换和共享。高速公路应当逐步实现全程监测。

第二十五条 县级以上人民政府交通运输主管部门应当加强对公路的监督检查。

乡（镇）人民政府应当加强对乡道、村道的巡查，劝阻、制止各种破坏、损坏或者非法占用乡道、村道的行为，并及时报告设区的市、县（市、区）交通运输主管部门。

第二十六条 国道、省道、县道、乡道建筑控制区的范围，由县级以上人民政府依法划定。

村道按照从公路用地外缘起向外不少于三米的范围确定建筑控制区，受地形、地质等自然条件限制的局部路段可以少于三米。村道建筑控制区由县（市、区）人民政府组织交通运输主管部门和当地乡（镇）人民政府划定，并向社会公告。

第二十七条 涉及跨越、穿越高速公路的建设项目，项目初步设计方案应当征求省交通运输主管部门、收费公路经营管理者的意见。

涉及跨越、穿越除高速公路以外的国道、省道的建设项目，项目初步设计方案应当征求设区的市交通运输主管部门的意见。

第二十八条 需要占用、挖掘、跨越、穿越公路、公路用地、公路建筑控制区的涉路施工活动的许可，涉及国道、省道的，由设区的市交通运输主管部门审批；涉及县道、乡道的，由县（市、区）交通运输主管部门审批。

需要占用、挖掘、跨越、穿越村道的涉路施工活动，建设单位或者个人应当与乡（镇）人民政府签订协议。协议应当明确设计和施工方案、施工时间、村道恢复要求、安全防护措施、违约责任等内容。乡（镇）人民政府在签订协议前，应当征求有关村民委员会的意见。

涉路施工活动影响交通安全的，应当同时征得公安机关交通管理部门的同意，并按照规定提前向社会公告。

第二十九条 任何单位和个人不得在公路桥梁上和桥下空间从事可能危害桥梁结构、影响桥下空间管理秩序的活动。

禁止在软土地基区域的公路桥梁外侧堆放可能导致地基位移、沉降的重载物品。县级以上人民政府应当划定桥梁保护范围并设置警示标志。

第三十条 公路桥梁桥下空间可以用于群众休闲娱乐、体育健身、小型车辆停放等公益用途。

设区的市、县（市、区）交通运输主管部门可以会同相关部门、收费公路经营管理者编制公路桥梁桥下空间的利用方案，报本级人民政府批准后实施。

新建、改建、扩建公路以及公路检测、养护等需要利用公路桥梁桥下空间的，桥下空间使用人应当按照要求腾退和撤出。

第三十一条 高速公路、国道不得作为机动车驾驶培训场地。在其他公路上进行机动车驾驶培训的，应当遵守公安机关交通管理部门对于行驶时间和路段的规定。

第三十二条 设置公路标志、标线，应当符合公路工程技术标准，保持清晰、醒目、准确、完好。维护管理单位发现公路标志、标线损毁或者灭失的，应当在发现后及时予以修复、更换；无法及时修复、更换的，应当设置临时公路标志。

公路交通禁令标志需要增设或者变更的，由设区的市、县（市、区）交通运输主管部门按照管理权限在征求公安机关交通管理部门等各方意见和科学论证后组织实施。

国道、省道的限速值一般不得低于公路设计速度，农村公路的限速值一般不得高于公路设计速度。

第五章　公路超限运输管理

第三十三条 县级以上人民政府应当加强对货运车辆超限运输治理工作的领导，建立由交通运输、公安、市场监督管理、经济信息化、商务、综合行政执法等部门组成的货运车辆超限运输联合治理工作机制，并对有关部门履职情况予以监督检查和考核。

第三十四条 在公路上行驶的车辆的车货总质量、总长度、总宽度和总高度不得超过国家规定的最高限值。

载运不可解体的物品，确需超过最高限值行驶的，应当依法经县级以上人民政府交通运输主管部门批准。起运地在本省范围内的跨省的超限运输以及本省范围内跨设区的市的超限运输，省交通运输主管部门可以委托起运地设区的市交通运输主管部门受理并审批。

申请超限运输的车货总质量、总长度、总宽度和总高度超过规定限值的，负责审批的交通运输主管部门应当征求相关收费公路经营管理者的意见。

第三十五条 煤炭、钢材、水泥、砂石等货物集散地以及货运站等场所（以下统称货运源头）的货物装载单位，不得为车辆违法超限装载。

县级以上人民政府应当向社会公布重点货运源头名录。重点货运源头的经营人、管理人应当安装计量称重检测设备，对出场（站）货运车辆进行检测。计量称重设备检测的数据应当按照规定接入超限运输治理监管平台。

第三十六条 县级以上人民政府交通运输主管部门可以在公路上设置固定超限运输检测站点，对货运车辆的车货总质量、总长度、总宽度和总高度进行检测。设置固定超限运输检测站点应当依法经省人民政府批准。

县级以上人民政府交通运输主管部门和公安机关交通管理部门，根据需要联合开展超限运输流动检测。

第三十七条 县级以上人民政府交通运输主管部门、公安机关交通管理部门应当建立联合执法工作机制，对现场检查中发现的违法超限运输车辆，由交通运输主管部门和公安机关交通管理部门按照各自职责依法予以处理；但是，对同一违法行为不得作出两次以上的罚款处罚。

第三十八条 县级以上人民政府交通运输主管部门可以根据管理需要，在货物运输主通道、重要桥梁入口处等重要路段设置车辆超限运输检测技术监控设备，对货运车辆进行超限运输检测。启用超限运输检测技术监控设备应当至少提前十五日向社会公告。

高速公路经营管理者应当在高速公路入口处安装车辆超限运输检测技术监控设备，并确保正常使用。高速公路经营管理者不得放行违法超限运输车辆。

省交通运输主管部门应当建立全省统一的公路超限运输治理监管平台，并与公安机关交通管理部门实现超限运输车辆所有人、联系方式和超限许可等信息的共享。

第三十九条 货运车辆行经超限运输检测技术监控区域时，应当按照交通标志、标线行驶，不得故意采取超低速行驶、急刹车、多车辆并排、首尾紧随等方式逃避检测。

第四十条 经计量检定合格的车辆超限运输检测技术监控设备，按照规范记录收集的车辆称重数据、照片、视频监控等有关资料，经确认可以作为行政处罚的证据。

通过技术监控记录资料发现货运车辆涉嫌存在违法超限运输行为的，交通运输主管部门可以通过移动互联网应用程序、手机信息、邮寄等方式告知货运车辆所有人接受处理；无法通过上述方式告知的，可以通过浙江政务服务网依法公告的方式告知。

货运车辆所有人应当自收到通知之日起或者公告期满后十五日内，到本省范围内已联网的超限运输检测站点或者交通运输主管部门指定并公布的其他地点接受处理。

货运车辆所有人或者违法行为人逾期不按照规定接受处理的，交通运输主管部门根据技术监控记录资料，可以对违法超限运输车辆所有人作出处罚。

车辆超限运输检测技术监控设备记录收集的不按照规定车道行驶等违反道路交通安全规定行为的信息及证据，由公安机关交通管理部门依法处理。

第四十一条 县级以上人民政府交通运输主管部门依照《浙江省公共信用信息管理条例》以及国家和省有关规定，记录违法超限运输车辆相关单位和人员的信用信息，并依照有关规定对违法超限运输车辆采取重点监管、联合惩戒等措施。

第六章 收费公路管理

第四十二条 收费公路车辆通行费应当按照国家和省有关规定计收。收费公路可以根据不同路段、时段、车型等情形，经依法审批后实行差异化收费标准。

车辆实际行驶路径的确定，应当以通行卡、门架或者电子标签记载的路径识别信息为准。

第四十三条 高速公路车辆通行费的结算和管理，按照国家和省有关规定实行联网收费、解缴和清分。

高速公路经营管理者应当及时足额解缴收取的通行费，如实上传收费、监控等运行信息，不得截留、拖延、少缴通行费。

第四十四条 负责高速公路收费统一结算的单位应当定期向高速公路经营管理者公布收费结算信

息。高速公路经营管理者有权查询自身收费结算信息。

第四十五条 收费公路需要新增采用经营性收费模式的车道的，应当通过招标投标方式选择新增车道的业主单位。

招标文件应当载明现有车道剩余经营年限、当前车流状况、投资估算、建设施工配合、通行费收入分成原则和养护责任等内容。其中，建设施工配合、通行费收入分成原则等事项，应当事先征求现有车道业主单位的意见。投标人的投资回报率、经营年限应当作为评标的重要组成事项。

省人民政府或者其授权的管理机构应当和依法确定的新增车道业主单位签订特许经营协议。

第四十六条 新增车道业主单位和现有车道业主单位为不同主体的，省人民政府授权的管理机构应当组织双方业主单位就新增车道建设施工配合、通行费收入分成、养护责任以及管理要求等事项在施工前达成协议。

新增车道后，通行费标准不得因车道增加而提高。

第四十七条 原有车道的经营期限届满后，省人民政府应当降低通行费标准。通行费标准根据新增车道的工程决算、已分享通行费收入、剩余经营年限、车流状况、原有车道养护管理费用和投资回报率等因素确定。

第四十八条 车辆进入收费站应当有序通行，按照规定交纳通行费，不得有下列行为：

（一）拒绝交费强行通过；

（二）以伪造、调换通行卡、屏蔽电子标签或者通行卡、更换或者遮挡车牌等方式逃交、少交通行费；

（三）故意堵塞收费车道；

（四）拒绝或者妨碍超限运输技术检测；

（五）其他扰乱收费公路收费管理秩序的行为。

第四十九条 公路服务区设施及服务应当符合国家和省规定的标准，保持卫生、安全、有序，不得擅自关闭。

高速公路服务区应当免费提供停车场所、公共卫生间和临时休息场所，并提供必要的加油（加气、充电）、餐饮、购物、车辆维修等服务。

第五十条 高速公路上的清障、救援工作由高速公路经营管理者负责实施，接受公安机关交通管理部门和交通运输主管部门的组织和调度。

对停留在主线上的故障车辆、事故车辆，高速公路经营管理者应当及时免费拖曳、牵引至最近出口外的临时停放处，司乘人员应当予以配合。高速公路经营管理者承担拖曳、牵引费用的事项，应当在高速公路特许经营协议中予以明确。

公安机关交通管理部门、交通运输主管部门以及高速公路经营管理者不得限定故障车辆、事故车辆当事人到其指定单位修理车辆。

第七章　法律责任

第五十一条 违反本条例规定的行为，法律、行政法规已有法律责任规定的，从其规定。

第五十二条 高速公路经营管理者违反本条例第十八条第一款规定，未按照要求将养护年度计划报送备案的，由省交通运输主管部门责令限期改正；逾期不改正的，处二万元以上五万元以下罚款。

第五十三条 货运车辆违反本条例第三十四条第一款规定超限运输的，由设区的市、县（市、区）交通运输主管部门按照下列规定处理：

（一）车货总质量未超过最高限值百分之二十的，给予批评教育，可以不予处罚；

（二）车货总质量超过最高限值百分之二十以上百分之五十以下的，对百分之二十以上百分之五十以下的部分，处每吨三百元罚款；

（三）车货总质量超过最高限值百分之五十的，对百分之二十以上百分之五十以下的部分，处每吨三百元罚款；对超过百分之五十的部分，处每吨五百元罚款。最高不得超过三万元。

对卸载在固定超限运输检测站点的超限货物，当事人应当自卸载之日起十日内领取。逾期不领取的，经再次通知限期领取后仍不领取的，设区的市、县（市、区）交通运输主管部门可以采取依法拍卖、变卖、清理等方式予以处置。拍卖、变卖所得扣除合理支出后上缴国库。

第五十四条 货运源头的装载单位违反本条例第三十五条第一款规定，为车辆违法超限装载的，由设区的市、县（市、区）交通运输主管部门责令改正；情节严重的，处五千元以下罚款。

第五十五条 高速公路经营管理者违反本条例第三十八条第二款规定，放行违法超限运输车辆进入高速公路的，由设区的市交通运输主管部门处二万元以上十万元以下罚款。

违法超限运输车辆强行驶入、堵塞车道等行为违反治安管理规定的，由公安机关依法处理。

第五十六条 违反本条例第三十九条规定，故意采取超低速行驶、急刹车、多车辆并排、首尾紧随等方式逃避检测的，由设区的市、县（市、区）交通运输主管部门责令改正，可以处五千元以下罚款。

第五十七条 高速公路经营管理者违反本条例第四十三条第二款规定，不如实上传收费、监控等运行信息，或者截留、拖延、少缴通行费的，由省交通运输主管部门责令改正，处一万元以上五万元以下罚款；情节严重的，处五万元以上十万元以下罚款。

第五十八条 高速公路经营管理者违反本条例第四十九条第一款规定，公路服务区设施及服务不符合标准的，由设区的市交通运输主管部门责令限期改正；逾期不改正的，处二万元以上五万元以下罚款；擅自关闭高速公路服务区的，责令改正，处五万元以上十万元以下罚款。

第五十九条 违反本条例规定破坏、损坏或者非法占用村道，情节严重的，由设区的市、县（市、区）交通运输主管部门责令改正，并依照法律、法规对乡道的规定予以处罚。

第六十条 违法超限运输、违法涉路施工活动、交通事故等造成公路路产损坏或者他人人身、财产损害的，应当依法承担赔偿责任。

公路路产赔偿的具体标准，由省交通运输主管部门会同省财政、发展改革等部门根据公路工程造价定额标准制定。

经批准的涉路施工活动、超限运输等造成公路路产损坏的，应当依法补偿。公路路产补偿的具体标准按照路产赔偿标准执行。

第八章　附　　则

第六十一条 本条例自 2020 年 9 月 1 日起施行。《浙江省公路路政管理条例》和浙江省人民政府发布的《浙江省高速公路运行管理办法》同时废止。

344. 浙江省人民政府办公厅关于深化农村公路管理养护体制改革实施意见

（浙政办发〔2020〕61号）

各市、县（市、区）人民政府，省政府直属各单位：

为深入贯彻落实《国务院办公厅关于深化农村公路管理养护体制改革的意见》（国办发〔2019〕45号），加快建立农村公路管理养护长效机制，进一步推动我省高质量建设“四好农村路”，经省政府同意，现提出如下实施意见。

一、总体要求

以习近平新时代中国特色社会主义思想为指导，全面贯彻党的十九大精神，认真落实习近平总书记关于“四好农村路”的重要指示精神，按照党中央、国务院决策部署，践行以人民为中心的发展思想，紧紧围绕实施乡村振兴战略、推进交通强省建设和促进城乡融合发展，以完善管理养护体制、强化资金保障、健全长效机制为重点，深化农村公路管理养护体制改革，加快构建符合我省特点的农村公路管理养护体系，全面提升管理养护质量，推动高质量建设“四好农村路”，为我省“重要窗口”建设提供坚强支撑。

二、工作目标

到2022年，基本建立权责清晰、齐抓共管的农村公路管理养护体制机制，形成财政投入职责明确、社会力量积极参与的格局。农村公路治理能力明显提高，治理体系基本形成。农村公路通行条件和路域环境明显提升，交通保障能力显著增强，管理养护水平全国领先。农村公路列养率达到100%，年均养护工程实施比例县乡道不低于6%、村道不低于5%，中等以上农村公路占比不低于85%。

到2035年，全面建成体系完备、运转高效的农村公路管理养护体制机制，基本实现城乡公路交通基本公共服务均等化，路况水平和路域环境根本好转，农村公路治理能力全面提高，治理体系全面完善。

三、完善农村公路管理养护体制

（一）加强省级统筹和政策引导。省交通运输厅要加强指导监督全省农村公路管理养护工作，制定有关农村公路政策，提出农村公路发展指导意见，强化政策引导和行业指导，会同省财政厅开展资金绩效管理和评估。省财政厅、省交通运输厅要加强省级资金统筹，安排省级养护补助资金。省发展改革、公安、自然资源、生态环境、农业农村、地方金融监管等部门要根据各自职责做好相关工作，引导、支持和促进农村公路事业发展。

（二）市级政府加强指导监督。各设区市政府要加强组织领导和监督管理，将农村公路管理养护工作纳入年度目标考核，强化责任传导，支持、督促县级政府履行主体责任。加强统筹协调，以示范创建为抓手，推进辖区农村公路管理养护均衡发展，加大市级财政对农村公路资金补助投入。切实落实市级交通运输主管部门行业管理职责，加大对农村公路管理养护工作的技术指导和支持，承担部省补助资金项目审核职责。其他相关部门按职责落实工作责任。

（三）县级政府履行主体责任。县级政府要提出本辖区农村公路管理养护操作办法，原则上按照“县道县管、乡村道乡镇管”要求，明确和落实交通运输等部门、乡级政府的农村公路管理养护职责和责任清单，实行农村公路管理养护目标责任制考核和绩效管理，指导监督相关部门和乡级政府履职尽责。深入推进县乡村三级路长制，各级路长负责相应农村公路管理养护工作，建立精干高效、专兼结合、以专为主的管理体系。按照有路必养、养必到位的要求，将农村公路养护资金及管理机构运行经费和人员支出纳入一般公共财政预算，加大履职能力建设和管理养护投入力度。

（四）夯实乡级政府管理职责。乡级政府要根据县级政府确定的农村公路管理养护工作职责，具体负责本行政区域内乡道、村道的管理养护工作，明确农村公路管理养护机构和分管负责人，确定稳定的专职工作人员，按照所承担的任务落实管理养护力量。组织协调村民委员会做好村道管理养护工作。

（五）发挥村级组织和农民群众积极性。支持村民委员会按照“农民自愿、民主决策”的原则，采取一事一议、以工代赈等办法做好村道的管理养护工作。加强宣传引导，将爱路护路要求纳入村规民约。鼓励农村集体经济组织和社会力量自主筹资筹劳参与农村公路管理养护工作，将农村公路管理养护纳入公益岗位，为低收入农户提供就业机会。

（六）实行分级绩效管理。省政府对各设区市政府的农村公路管理养护工作进行绩效管理。设区市政府对下辖各县（市、区）的农村公路管理养护工作进行绩效管理。主要内容为管理养护责任落实情况、资金投入情况、路况水平等；其中路况指标以省交通运输厅自动化检测结果为依据，检测比例为每年 40%。

四、强化农村公路管理养护资金保障

（一）落实成品油税费改革资金。完善成品油税费改革转移支付政策，加大对普通公路管理养护的支持力度。全省成品油税费改革新增收入中替代原公路养路费部分，用于普通公路养护的比例不得低于 80%，且不得用于新建公路。继续执行省政府对农村公路养护工程的补助政策，省级补助资金与切块到市县部分之和占成品油税费改革新增收入替代原公路养路费部分的比例不得低于 15%。从 2022 年起，成品油税费改革转移支付资金用于普通公路养护部分，不再列支管理机构运行经费和人员等其他支出，相应支出由各级政府纳入财政预算，确保各级公路管理机构职能有效运转。

（二）加大农村公路养护工程投入。各级政府要对照养护标准加大养护工程投入。从 2022 年起，原切块下达市县公路管理机构基本支出的资金，由省级统筹用于农村公路养护工程，省级按照 26 个加快发展县及 5 个海岛县每年每公里县道 35000 元、乡道 22000 元、村道 10000 元的标准，其他地区每年每公里县道 30000 元、乡道 18000 元、村道 8000 元的标准切块到县（市、区）。农村公路养护工程资金不足部分，由县（市、区）负责筹措落实。

（三）加大农村公路日常养护投入。从 2022 年起，省市县公共财政资金用于农村公路日常养护的总额不得低于以下标准：县道每年每公里 15000 元，乡道每年每公里 7500 元，村道每年每公里 4500 元；其中省级切块到县（市、区）的计算标准为 26 个加快发展县每年每公里县道 4500 元、乡道 2500 元、村道 2000 元，其他地区每年每公里县道 4000 元、乡道 2000 元、村道 2000 元。各地现行实际用于农村公路日常养护的资金标准高于上述规定的不得降低。

（四）建立资金动态调整机制。省级对农村公路养护工程的补助标准及省市县公共财政投入农村公路日常养护的标准，根据农村公路养护成本变化、物价变动等因素进行调整，原则上 5 年内至少调整一次。

省级对农村公路养护工程和日常养护的补助标准和总额，仅作为各县（市、区）的补助安排分配数。各县（市、区）在具体下达养护资金计划和编制实施计划时，应根据公路路况、交通流量、路面类型、路面宽度等要素统筹安排。

（五）创新农村公路发展投融资机制。各级政府要发挥政府资金的引导作用，采取资金补助、先养后补、无偿提供料场等多种方式支持农村公路养护。各级政府预算中安排的必需的农村公路建设投资的部分资金，可以在中央下达的一般债务限额内，通过申请发行地方政府一般债券方式筹措。积极创新“项目＋”等投融资运作方式，鼓励不同经济成分和各类投资主体参与农村公路设施管理养护。鼓励保险资金通过购买地方政府一般债券方式合法合规参与农村公路发展。鼓励将农村公路建设和一定时期的养护进行捆绑招标，将农村公路与产业、园区、乡村旅游等经营性项目实行一体化开发，运营收益用于农村公路养护。在全省范围内积极推行农村公路灾毁保险。

（六）强化养护资金使用监督管理。省财政厅、省交通运输厅要建立对市县政府的农村公路管理养护考核机制。省财政每年安排一定资金，采取以奖代补方式，对各县（市、区）实施绩效考核奖励。对各级公共财政用于农村公路养护的资金实施全过程预算绩效管理，确保及时足额拨付到位。市县级财政和交通运输主管部门加强农村公路养护资金使用监管，公共资金使用情况要按有关规定对社会公开，接受群众监督。村务监督委员会将村道养护资金使用和养护质量等情况纳入监督范围。各级审计部门定期对农村公路养护资金使用等情况进行审计。

五、建立农村公路管理养护长效机制

（一）加快推进农村公路养护市场化改革。农村公路养护逐步向规范化、专业化、机械化、智慧化、市场化方向发展。县级政府要提出促进农村公路养护市场化改革的举措，拓展农村公路养护向社会购买服务的广度和深度，积极探索各种综合养护承包方式，逐步建立政府与市场合理分工的养护生产组织模式。农村公路养护工程按规定实行招投标，鼓励干线公路建设养护与农村公路捆绑招标、农村公路养护实行分片捆绑招标，鼓励通过签订长期养护合同、招投标约定等方式，引导专业养护企业加大投入，提高养护机械化水平。

（二）加强安全和信用管理。公路安全设施要与主体工程同步设计、同步施工、同步投入使用，县级政府组织公安、交通运输、应急管理等部门参与农村公路设计审查、竣（交）工验收。加强现有农村公路安全隐患排查，并及时完善。加强农村公路养护市场监管，着力建立以质量为核心的信用评价机制，实施守信联合激励和失信联合惩戒，并将信用记录按照国家有关规定纳入全国信用信息共享平台，依法向社会公开，并与农村公路建设养护等工作挂钩。

（三）完善农村公路路产路权管理机制。按照《浙江省公路条例》规定，坚持交通运输主管部门专业管理和乡级政府、村级组织协助管理相结合的原则，建立健全农村公路路产路权管理体制和运行机制，建立县有路政员、乡有监管员、村有护路员的路产路权保护队伍。市县交通运输主管部门切实做好县乡道路政管理和村道路政处罚工作。乡级政府加强对村道涉路施工活动的管理，需要实施行政处罚的，应及时报告县级交通运输主管部门依法处理。

六、保障措施

（一）加强组织领导。各地要充分认识深化农村公路管理养护体制改革的重要意义，深入分析本地农村公路发展实际，因地制宜细化配套措施，加强跟踪评估，确保改革任务落到实处。各有关部门按照职责分工，支持和指导各地做好改革工作。

（二）抓好试点示范。各地要结合实际积极探索深化农村公路管理养护体制改革的有效形式，围绕路长制、养护生产组织模式、智慧化管理、投融资机制、信用评价机制等主题，选择本区域内具备条件的地区开展改革试点，不断积累经验，发挥示范效应，以点带面推进改革。

（三）注重宣传引导。充分发挥传统媒体和新媒体作用，加强法律宣传和政策解读，充分调动广大农民群众参与、监督改革工作的积极性，为改革工作营造浓厚氛围。

本实施意见自 2021 年 1 月 1 日起施行。《浙江省人民政府办公厅关于印发浙江省农村公路管理养护体制改革方案的通知》（浙政办发〔2008〕4 号）同时废止。

345. 安徽省高速公路管理条例

（2004年10月19日安徽省第十届人民代表大会常务委员会第十二次会议第二次修订）

第一章　总　　则

第一条　为了适应社会主义经济建设需要，加强高速公路管理，保障高速公路安全畅通和高效运营，根据有关法律、法规，结合本省实际，制定本条例。

第二条　本条例适用于在本省行政区域内高速公路上通行的车辆、乘车人以及在高速公路管理范围内从事其他活动的单位和个人。

第三条　省人民政府交通行政主管部门主管本省高速公路工作，其所属的公路管理机构具体负责高速公路路政管理工作。

公安机关主管本省高速公路交通秩序、交通安全管理、交通事故处理以及治安管理工作。

高速公路经营单位具体负责高速公路养护和车辆通行费征收工作。

高速公路沿线各级人民政府以及规划、建设、国土资源、工商等部门应当按照各自职责，做好高速公路的管理工作。

第四条　各级人民政府应当广泛宣传高速公路管理的法律、法规，教育群众自觉维护高速公路的完好和畅通。

第二章　养 护 管 理

第五条　高速公路经营单位依据高速公路养护标准，负责高速公路及其设施的养护、维修、绿化以及高速公路用地范围内的水土保持工作，保持高速公路及其设施的整洁和完好。

受让高速公路收费权或者由境内外经济组织投资建成经营的高速公路经营单位，在受让收费权的期限届满或者经营期限届满时，应保持高速公路处于良好的技术状态，并由省交通行政主管部门按照国务院交通行政主管部门的规定组织验收。

第六条　高速公路养护人员在高速公路上作业，应当在设置的安全防护范围内进行，穿着统一的安全标志服装。

高速公路养护作业现场，应当按规定设置施工警告标志、限速标志、导向标志和安全防护设施；夜间和雨、雪、雾天气作业，应当在作业现场设置警示信号。

养护、维修作业的车辆、机械，应当喷涂统一的标志颜色，在行驶和作业时，应当开启示警灯和设置明显的作业标志。

高速公路维修应当规定修复期限。施工期间，应当采取措施，保证车辆通行。

第七条　高速公路及其设施因遭受自然灾害或者交通事故而损毁时，高速公路经营单位应当采取措施及时修复；因严重自然灾害致使高速公路交通中断时，高速公路沿线各级人民政府应当组织力量协助抢修，尽快恢复交通。

第三章　路 政 管 理

第八条　公路管理机构依法管理和保护高速公路及其用地和设施，有权依法检查、制止、处理各种修占、破坏高速公路及其用地和设施的行为。

第九条 修建跨（穿）越高速公路的桥梁、渡槽、管线等设施，或者在高速公路上临时作业的，应当经公路管理机构同意；影响交通安全的，还须经公安机关交通管理部门同意。造成高速公路及其设施损毁的，建设单位应负责修复或者赔偿经济损失。

第十条 除高速公路防护、养护需要外，禁止在高速公路两侧隔离栅外缘各30米范围内修建建筑物或者地面构筑物。需要在高速公路两侧隔离栅外缘各30米范围内埋设管线、电缆等设施的，应当事先经公路管理机构批准。

第十一条 在高速公路用地范围内设置广告牌、宣传牌等非公路标志，应报经公路管理机构批准后，按照设置文告牌、宣传牌的有关规定办理审批手续，并不得妨碍高速公路畅通和运行安全。

经公路管理机构批准设置的广告牌、宣传牌等非公路标志，由公路管理机构统一规划、统一制作标准。

第十二条 超过高速公路及其桥梁、隧道限载、限高、限宽、限长标准的车辆，不得在限定标准的高速公路及其桥梁、隧道行驶。运载不可解体的超限物品确需行驶的，应当经公路管理机构批准，并采取有效保护措施后，方可行驶。

禁止履带车、铁轮车以及其他可能损害公路路面的运输机具在高速公路上行驶。

第十三条 禁止下列危及高速公路及其设施安全的行为：

（一）占用、拆除、移动、涂抹、污染、损毁高速公路及其设施；

（二）在高速公路上试刹车；

（三）在高速公路用地范围内取土、堆放杂物、倾倒垃圾、开沟引水；

（四）在高速公路大中型桥梁200米范围内从事开山、采矿、爆破等各种影响公路、桥梁安全的作业；

（五）在高速公路隧道上方、隧道洞口两侧各100米范围内从事爆破、采石、伐木和取土；

（六）在高速公路上行驶的车辆，向车外滴漏、流淌、抛撒物品；

（七）其他危及高速公路安全的行为。

第四章 交通管理

第十四条 在高速公路上行驶的车辆，应当符合国家规定的机动车运行安全技术标准。

第十五条 车辆进入高速公路后，应当将时速提高到60公里以上；从匝道进入高速公路后，应当在加速车道上提高时速；驶入行车道时，不得妨碍其他车辆的正常行驶。车辆驶离高速公路时，应当按出口预告标志进入指定车道减速行驶。

第十六条 车辆进入高速公路后，应当在行车道上行驶。当前方有障碍或者需要超车时，应当开启转向灯，确认安全后再变更车道。通过障碍或者超过前车后，应当驶回原车道，不得骑、压车道分界线行驶。

禁止在高速公路起点、终点、硬路肩、匝道和匝道出入口处超车。

第十七条 车辆在高速公路上正常行驶，最低时速不得低于60公里，最高时速不得高于120公里。有限速交通标志的，应当按照限速交通标志所示时速行驶。

第十八条 车辆在同一车道上行驶，后车与前车必须按下列规定保持行车间距：

（一）时速100公里以上，行车间距不得少于100米；

（二）时速100公里以下，行车间距不得少于50米。

车辆在雨、雪、雾天和夜间或者冰雪路面上行驶时，应当按照《中华人民共和国道路交通安全法实施条例》的有关规定，保持相应的行车间距。

第十九条 车辆在高速公路上行驶，不准超员、超载。货运车辆除驾驶室乘坐人员外，其他任何部位不准载人；乘车人不准站立、不准向车外抛弃物品；安装有安全带的车辆，其驾驶员和乘车人必须系安全带。

第二十条 车辆载运危险物品的，须经公安交通管理部门批准，按指定的时间、路线、车道、时速行驶，并悬挂明显标志。

第二十一条 车辆因故障不能离开行（超）车道，或者发生交通事故，驾驶员和乘车人必须迅速转移到右侧安全地带。

第二十二条 车辆在高速公路上发生故障，需临时停车检修的，应当驶离行车道，停在右侧路肩，并开启车上危险信号，夜间还须同时开启示宽灯和尾灯。

第二十三条 车辆在高速公路上发生交通事故，应当立即就近报告公安机关交通管理部门，并开启车上危险信号灯，在车后150米以外设置警告标志，夜间还须同时开启示宽灯和尾灯。

公安机关交通管理部门接到报告后，应当迅速赶到事故地点，组织抢救伤员，及时处理交通事故，通知并协助公路管理机构处理路产损坏赔偿。

第二十四条 除救援、清障车外，禁止其他车辆拖曳故障车、肇事车在高速公路上行驶。

救援、清障车必须安装标志灯具并喷涂明显的标志，执行救援、清障任务时，须开启标志灯具和危险报警闪光灯。

第二十五条 禁止车辆在高速公路上掉头、倒车、逆行和穿越中央分隔带以及在高速公路上上、下乘客或者装卸货物。试车或者学习驾驶车辆不得进入高速公路。

除公安机关的人民警察依法执行紧急公务外，任何单位和个人不得在高速公路上拦截检查行驶的车辆。

第二十六条 遇有雨、雪、雾天和冰雪路面影响车辆正常行驶时，公安机关交通管理部门应当采取措施限制车速，并由高速公路经营单位设置限速标志。遇有道路严重损坏或者施工作业，以及处理重大交通事故、疏导交通阻塞时，公安机关交通管理部门可以调整车道，但应当事先发布公告，并在车道入口处设立明显提醒标志。当非正常状态消失后，应当及时拆除标志物。

第二十七条 因不可抗力或者重大交通事故致使车辆通行安全难以保障或者交通严重受阻时，经公安机关交通管理部门会同公路管理机构批准，可以对部分路段或者全路交通实行限时封闭。封闭高速公路时，应当及时发布公告，并在车道入口处设立明显提醒标志。

第二十八条 禁止行人、非机动车、拖拉机、轮式专用机械车、铰接式客车、全挂拖斗车及其他设计最高时速低于70公里的机动车进入高速公路，但执行高速公路养护作业的人员与机械、车辆除外。

第五章 收费管理

第二十九条 进入高速公路行驶的车辆，均应当缴纳车辆通行费。法律、法规另有规定的除外。

车辆通行费由省人民政府批准设立的收费站按照规定的标准和办法计收，其他单位和个人无权计收。

对进入高速公路的货运车辆，其通行费收取可以采用计重收费的方式，具体办法由省人民政府规定。

第三十条 收费站应当根据车流量，设置并开足相应的收费站道口，保障车辆正常通行，避免车辆拥挤、堵塞。

车辆通行费收费人员在履行职责时，应当佩戴标志，坚持文明收费，方便行车，不得随意关闭收费站道口。

第三十一条 禁止在收费站区从事与高速公路收费及交通安全管理无关的活动。

第六章 服务与监督

第三十二条 高速公路经营单位应当按照公路工程技术标准，完善高速公路的通讯、监控、收费、照明等现代化管理系统，提高管理水平。

高速公路经营单位应当完善高速公路隧道的配套设施，提高通行能力。

高速公路服务区应当按照规定设置，加强管理，为司乘人员提供车辆维修、加油、餐饮和公益性服务，提高综合服务能力。

高速公路交通事故车辆的清障施救，由公安机关交通管理部门负责承担；一般性的车辆故障救援，由高速公路经营单位或者车主自行选择具有相应资质的施救单位承担。

第三十三条 交通行政主管部门及其公路管理机构应当加强对高速公路经营单位的监督管理，并自觉接受社会监督。

公路管理机构、公安机关交通管理部门应建立、健全巡逻制度，保障高速公路的畅通和司乘人员的人身财产安全。

第三十四条 高速公路的服务收费，应当明码标价，遵循保本微利的原则，其收费范围和标准由省人民政府交通行政主管部门会同省人民政府物价、财政行政主管部门制定。遇有特殊情况或者当事人有特殊困难的，可酌情减免部分费用。

第三十五条 高速公路的经营、服务人员，应当做到合法经营，文明服务，禁止下列行为：

（一）擅自提高服务收费标准；

（二）擅自扩大服务收费范围；

（三）拒绝提供合理服务；

（四）强制提供服务；

（五）刁难或勒索司乘人员。

第三十六条 因公路管理机构和公安机关交通管理部门管理人员过错，造成正常行驶车辆损毁的，由其所在单位按有关规定向车主赔偿损失。

第三十七条 公路管理机构和公安机关交通管理部门管理人员违反本条例的，任何单位和个人有权投诉或检举、揭发。主管部门应当及时调查处理，并将处理结果于受理之日起 15 日内答复投诉人。

第七章 法律责任

第三十八条 违反本条例规定，造成高速公路及其设施损毁的，应当承担赔偿责任；情节严重的，由公路管理机构处以 1000 元至 5000 元的罚款。

第三十九条 违反本条例第二十九条规定，逃缴车辆通行费的，由公路管理机构责令补缴车辆通行费，可由公路管理机构处以 500 元至 2000 元的罚款。

第四十条 违反本条例第三十五条规定之一的，由所在单位给予处分；情节严重的，依法追究单位和有关主管人员的法律责任。

第四十一条 高速公路经营单位不依法履行高速公路养护、绿化和高速公路用地范围内水土保持义务的，公路管理机构应当责令其限期履行；逾期不履行的，由公路管理机构组织实施高速公路养护、绿化和高速公路用地范围内的水土保持，所需费用由高速公路经营单位承担。

第四十二条 违反本条例有关交通安全管理规定的，由公安机关交通管理部门依照有关法律、法规处理。

第四十三条 当事人对行政处罚决定不服的，可以依法申请复议或者提起诉讼。逾期不申请复议、也不向人民法院起诉、又不履行处罚决定的，作出处罚决定的机关可以申请人民法院强制执行。

第四十四条 交通行政主管部门及其公路管理机构和公安机关交通管理部门管理人员，必须秉公办事，严格执法。对滥用职权、徇私舞弊、玩忽职守的，由所在单位或者上级主管部门给予主要负责人和直接责任人行政处分；构成犯罪的，依法追究刑事责任。

第八章　附　　则

第四十五条　本条例下列用语的含义是："高速公路"是指按国家《公路工程技术标准》修建的，设有高速公路标志和有关设施，专供车辆分道高速行驶，并全部控制出入的道路。

"高速公路用地"是指高速公路及其两侧依法征用的土地。

"高速公路设施"是指高速公路排水设施、防护构造物、交通工程设施、安全设施、照明设施、通讯设施、养护设施、服务设施、监控设施、检测设施、界桩、测桩、里程碑、标志牌、花草树木及专用房屋等。

第四十六条　本条例有关高速公路养护、路政和车辆通行费征收条款在具体应用中的问题，由省人民政府交通行政主管部门负责解释。

本条例有关高速公路交通秩序、交通安全管理和交通事故处理条款在具体应用中的问题，由省人民政府公安机关负责解释。

第四十七条　本条例自 1997 年 5 月 1 日起施行。

346. 安徽省公路路政管理条例

（2011年12月28日安徽省第十一届人民代表大会常务委员会第三十次会议第三次修订）

第一章　总　　则

第一条　为了加强公路路政管理，维护公路完好，保障公路安全、畅通，适应社会主义现代化建设和人民生活的需要，根据《中华人民共和国公路法》（以下简称《公路法》）和有关法律、行政法规，结合本省实际，制定本条例。

第二条　本省行政区域内国道、省道、县道（上述公路含高速公路）的路政管理，适用本条例。

本条例所称公路路政管理，是指交通行政主管部门或者其设置的公路管理机构，为维护公路管理者、经营者、使用者的合法权益，依法保护公路、公路用地及公路附属设施（以下简称公路路产）的行政管理。

第三条　县级以上地方人民政府交通行政主管部门是本行政区域内公路路政的主管部门，其所属的公路管理机构具体负责公路路政管理工作。

公安、国土资源、建设、规划、工商、水、环境保护、林业等行政主管部门，应当依照各自职责，协助交通行政主管部门和公路管理机构做好公路路政管理工作。

第四条　县级以上地方人民政府应当加强对公路路政管理工作的领导，并采取措施加强对公路的保护。

公路沿线的乡镇人民政府应当支持公路路政管理工作。

第五条　禁止任何单位和个人在公路上非法设卡、收费、罚款和拦截车辆。

第二章　公路路产管理

第六条　县级以上地方人民政府应当确定公路两侧边沟（包括截水沟、坡脚护坡道，下同）外缘起不少于一米的公路用地。

第七条　在公路、公路用地范围内，禁止下列行为：

（一）摆摊设点、堆放物品、倾倒废弃物、设置障碍；

（二）打场、晒粮、种植作物、放养牲畜或者积肥；

（三）挖砂、采石、取土、挖沟引水、制坯；

（四）堵塞、损坏公路排水设施；

（五）擅自埋设输送易燃、易爆和有毒物品的管线；

（六）损坏、擅自移动、涂改公路标志、标线、标桩、护栏等公路附属设施；

（七）设置集贸市场；

（八）运输车辆泄露、抛撒物品损坏、污染公路或者载物拖地行驶损坏公路及公路附属设施；

（九）损坏、污染公路或者影响公路畅通的其他行为。

第八条　在大中型公路桥梁和公路渡口周围200米、公路隧道上方和洞口外100米范围内，禁止下列行为：

（一）挖砂、采石、取土、倾倒废弃物；

（二）进行爆破、焚烧秸秆等作业；

（三）停放装载危险物品的车辆；

（四）危及公路桥梁、公路隧道、公路渡口安全的其他行为。

第九条 公路两侧边沟应当保持畅通。确需占用公路两侧边沟的，应当报经公路管理机构批准，并按照公路工程技术标准负责重建排水设施；造成公路路产损失的，应当给予相应的补偿。

在公路两侧设置的加油站、饭店、旅店等营业场所，经营者应当按照公路工程技术标准修建排水设施，并在设施出入口处设置明显的警示标志。

第十条 任何单位和个人不得将公路作为检验机动车制动性能的试车场地。

第十一条 在公路用地范围内设置广告牌、宣传牌等非公路标志，不得影响公路的安全和畅通，并报公路管理机构批准后，按照设置广告牌、宣传牌的有关规定办理审批手续。

因公路改建、扩建需要拆除广告牌、宣传牌等非公路标志的，设置者应当无条件拆除。

第十二条 在公路上增设交叉道口，必须经公路主管部门和公安交通管理机关批准。经批准增设的交叉道口，应当按照公路工程技术标准修建；对公路及公路附属设施造成损坏的，应当予以修复或者给予相应的经济补偿。

第十三条 任何单位和个人不得擅自占用、挖掘公路。

因修建铁路、机场、电站、通信设施、水利工程和进行其他建设工程需要占用、挖掘公路或者使公路改线的，建设单位应当事先征得公路管理机构同意；影响交通安全的，还须征得有关公安机关同意；占用、挖掘公路或者使公路改线的，建设单位应当按照不低于该段公路原有的技术标准予以修复、改建或者给予相应的经济补偿。

第十四条 公路绿化工作，由公路管理机构按照公路工程技术标准组织实施。

未经批准，任何单位和个人不得砍伐或者损坏公路用地上的树木。因公路改建、扩建或者树木更新等确需砍伐的，应当按照《中华人民共和国森林法》的规定向公路管理机构申请核发林木采伐许可证。

第十五条 公安机关在处理交通事故时，凡涉及损坏公路路产的，应当及时通知公路管理机构处理。

第三章 超限运输车辆行驶管理

第十六条 在公路上行驶的车辆的轴载质量，应当符合公路工程技术标准的要求和国务院交通行政主管部门的有关规定。

第十七条 公路管理机构应当在公路、公路桥梁、公路隧道及公路渡口设置统一的限载、限高、限宽、限长标志。超限运输车辆不得在有限定标准的公路、公路桥梁上或者公路隧道内行驶，不得使用汽车渡船。

第十八条 超过公路或者公路桥梁限载标准确需行驶的，承运人应当持有关资料提出书面申请，公路管理机构按照下列规定审批：

（一）跨设区的市行政区域超限运输的，由货物运输始发地设区的市公路管理机构审批，并报省公路管理机构备案；

（二）跨县（市）行政区域超限运输的，由设区的市公路管理机构负责审批；

（三）在县（市）行政区域内超限运输的，由县（市）公路管理机构负责审批。

第十九条 公路管理机构应当自接到承运人书面申请之日起3日内进行审查，并提出书面答复意见。特殊情况，经上一级公路管理机构批准，可以适当延期，但是最长不得超过15日。

公路管理机构在审批超限运输时，应当对超限运输车辆行驶的路线进行勘测，计算公路、桥梁承载能力，制定通行与加固方案，并与承运人签订有关协议。

第二十条 公路管理机构对批准超限运输的，应当发给超限运输通行证。

第二十一条 经批准行驶的超限运输车辆应当按要求采取有效防护措施。不能按要求采取防护措施的，由公路管理机构帮助其采取防护措施，所需费用由运输单位承担。

第二十二条 经省人民政府批准，公路管理机构可根据需要在公路上设置运输车辆轴载质量及车货总质量的检测装置，对超限运输车辆进行检测。

超限运输车辆行驶公路，对公路造成损害的，应予赔（补）偿。赔（补）偿费标准由省人民政府交通行政主管部门会同同级财政、物价行政主管部门制定。

第二十三条 经批准进行超限运输的，承运人应当在超限运输车辆上悬挂明显标志，并按照公路管理机构核定的时间、路线和时速行驶。

第四章 公路两侧建筑控制区管理

第二十四条 县级以上地方人民政府应当按照下列规定划定公路两侧建筑控制区的范围：从公路两侧边沟外缘起，国道不少于20米、省道不少于15米、县道不少于10米；从高速公路两侧隔离栅外缘起不少于30米；从互通立交和特大型桥梁两侧隔离栅外缘起不少于50米。

公路管理机构应当在依法划定的公路两侧建筑控制区外缘设置标桩、界桩。

第二十五条 除公路防护、养护需要外，禁止在公路两侧建筑控制区内修建建筑物和地面构筑物。因公路新建、改建和公路两侧建筑控制区范围调整，被划入公路两侧建筑控制区范围内的建筑物和地面构筑物，不得扩建；因公路建设需要拆迁时，由市、县人民政府依法组织拆迁，并按照国家和省有关规定给予补偿。

需要在公路两侧建筑控制区内埋设管线、电缆等设施的，应当事先经公路管理机构批准。

第二十六条 临近公路规划和新建村镇、开发区以及农贸市场等，应当与公路保持规定的距离，并在公路一侧与公路垂直布局，不得在公路两侧对应建设，防止造成公路街道化，保证公路的运行安全与畅通。

本条例实施以前已经在公路两侧建设的村镇、开发区、住宅区以及农贸市场等，不得再沿公路平行扩建，并由市、县人民政府组织有关部门沿公路两侧设置有效的隔离设施。

第二十七条 规划、国土资源行政主管部门审批临近公路建筑控制区的建设项目和建设用地，应当按照本条例规定注明建筑物与公路的控制距离。

第五章 服务与监督

第二十八条 公路管理机构应当在公路两侧按国家规定的标准设立规范的交通标志，并保持其完好。

在公路上施工作业，施工单位应当采取措施维持交通；影响车辆通行的，应在作业处或施工路段两端设置明显的施工标志。

新建、改建公路时，公路管理机构应当对仍在使用的公路加强管理，保持其畅通。

第二十九条 公路管理机构应当加强公路服务设施建设，并保持服务设施的完好、卫生。沿公路两侧每五十公里左右设一座标志明显的公厕。公路养护机构驻地和加油站应当设立供司乘人员免费使用的清洁的卫生设施。

第三十条 公路路政监督检查人员执行公务时，应当着装整齐，佩戴标志，持证上岗。用于公路路政监督检查的专用车辆，应当设置统一的标志和示警灯。

公路经营者、使用者和其他有关单位、个人，应当接受公路路政监督检查人员依法实施的监督检查。

第三十一条 交通行政主管部门和公路管理机构应当加强对所属公路路政监督检查人员的管理和教育，对其违法行为应当及时纠正，依法处理。

第三十二条 公路路政监督检查人员应当依法行政、公正文明执法，并不得有下列行为：

（一）违反规定设站卡、收费、罚款；

（二）不履行法定职责，玩忽职守；

（三）擅自提高路产损坏赔偿标准；

（四）强行要求司乘人员买卖商品；

（五）强行要求过往车辆带货带人；

（六）刁难或者勒索司乘人员。

第三十三条 公路管理机构和公路路政监督检查人员违反本条例，任何单位和个人都有权投诉、检举、揭发，主管部门应当及时调查处理，并将处理结果于受理之日起15日内答复当事人。

第六章 法律责任

第三十四条 违反本条例规定，有下列行为之一的，由公路管理机构按照下列规定给予处罚：

（一）违反本条例第七条第（一）、（二）、（三）、（四）项规定之一的，责令改正或者限期改正；违反本条例第七条第（五）、（六）、（七）、（八）、（九）项规定之一的，责令停止违法行为，可处以1000元以下的罚款；

（二）违反本条例第八条规定，有其中之一项违法行为的，责令停止违法行为，可处以1000元以上5000元以下的罚款；

（三）违反本条例第十条规定，将公路作为试车场地的，责令停止违法行为，可处以1000元以上5000元以下的罚款；

（四）违反本条例第十七条、第二十条规定，超限运输车辆未经批准在公路上行驶的，责令停止违法行为，可处以200元以上5000元以下罚款；情节严重的，处以5000元以上30000元以下罚款。

第三十五条 违反本条例有关规定，对公路及公路附属设施造成损害的，应当依法承担民事责任。

除法律、行政法规另有规定外，对公路及公路附属设施造成较大损害、当场不能处理完毕的车辆，公路管理机构，应当签发《责令车辆停驶通知书》，责令该车辆停驶。调查、处理完毕后，应当立即放行车辆。

第三十六条 交通行政主管部门和公路管理机构工作人员在公路路政管理工作中，违反本条例第三十二条规定，有其中之一项违法行为的，应当调离行政执法岗位，并由上级主管部门对其负责人和直接责任人员给予行政处分；构成犯罪的，依法追究刑事责任。

因交通行政主管部门和公路管理机构及其工作人员过错，造成管理相对人经济损失的，应当依法予以相应赔偿。

违反本条例第二十七条规定进行审批的，遵循谁批准、谁负责的原则，由批准者负责取缔并恢复原状。

第七章 附 则

第三十七条 乡道和用于社会公共运输的矿区道路等专用公路的路政管理，参照本条例的规定执行。

第三十八条 本条例应用中的具体问题，由省人民政府交通行政主管部门负责解释。

第三十九条 本条例自2001年2月1日起施行。

347. 安徽省农村公路条例

（2018年3月30日安徽省第十三届人民代表大会常务委员会第二次会议修正）

第一章　总　　则

第一条　为了加强农村公路的建设、养护和管理，促进农村公路事业发展，推进社会主义新农村建设，根据《中华人民共和国公路法》和有关法律、行政法规，结合本省实际，制定本条例。

第二条　本条例适用于本省行政区域内农村公路的规划、建设、养护、使用和管理。

本条例所称农村公路，是指纳入农村公路规划，并按照国家和省公路工程技术标准修建的县道、乡道和村道，包括农村公路的桥梁、隧道和渡口。

第三条　农村公路的发展应当遵循全面规划、合理布局、确保质量、保障畅通、保护环境、建设和养护并重的原则，实行政府主导、社会参与、多方筹资、分级负责。

第四条　县级以上人民政府应当将农村公路的发展纳入国民经济和社会发展规划，逐步加大对农村公路的资金投入，促进农村公路事业持续健康发展。

第五条　县级人民政府是本行政区域内农村公路规划、建设、养护和管理的责任主体，应当组织有关部门做好农村公路工作。

乡（镇）人民政府按照县级人民政府规定的职责，明确相应的人员或者机构具体负责本行政区域内乡道、村道的建设、养护以及村道管理工作。

村民委员会在乡（镇）人民政府的指导下，协助做好村道的建设、养护等相关工作。

第六条　省和设区的市人民政府交通运输行政主管部门主管本行政区域内农村公路工作，其所属的农村公路管理机构具体负责指导、监督农村公路规划、建设、养护和管理工作。

县级人民政府交通运输行政主管部门负责本行政区域内的农村公路工作，其所属的农村公路管理机构（以下称县级农村公路管理机构）具体负责农村公路的相关工作。

县级以上人民政府发展改革、财政、公安、国土资源、环境保护、农业、林业、水行政、城乡规划、建设等部门应当按照各自职责，做好农村公路的相关工作。

第七条　任何单位和个人都有爱护农村公路、公路用地以及公路附属设施的义务，有权制止、检举和控告破坏、损坏或者非法占用农村公路、公路用地、公路附属设施以及其他影响农村公路安全的违法行为。

对建设、养护、管理和保护农村公路做出突出贡献的单位和个人，县级以上人民政府及其交通运输行政主管部门应当给予表彰。

第二章　规划与建设

第八条　农村公路规划应当依据国民经济和社会发展规划，符合土地利用总体规划，按照有利于群众生产生活和保护农村生态环境的要求，结合社会主义新农村建设的需要进行编制，并与城乡规划、国道和省道规划以及其他方式的交通运输发展规划相协调。

第九条　县道规划由县级人民政府交通运输行政主管部门会同有关部门编制，经本级人民政府审定后，报上一级人民政府批准，并报省人民政府交通运输行政主管部门备案。

乡道、村道规划由县级人民政府交通运输行政主管部门协助乡（镇）人民政府编制，报县级人民政府批准，并报设区的市人民政府交通运输行政主管部门备案。

经批准的县道、乡道、村道规划不得擅自变更。确需修改的，由原编制机关提出修改方案，报原批准机关批准，并报上一级人民政府交通运输行政主管部门备案。

第十条 县道、乡道的命名和编号，由省人民政府交通运输行政主管部门按照国务院交通运输行政主管部门的规定确定。

村道的命名和编号，由设区的市人民政府交通运输行政主管部门按照省人民政府交通运输行政主管部门的规定确定。

第十一条 县级人民政府交通运输行政主管部门依据农村公路规划，会同本级人民政府发展改革、财政部门提出农村公路年度建设计划，按照规定程序报经批准后组织实施。

第十二条 农村公路建设应当优先利用现有道路改建和扩建，并按照国家和省规定的基本建设程序进行建设。

县道按照一般不低于三级公路技术标准建设，乡道、村道按照不低于四级公路技术标准建设。现有农村公路不符合上述规定要求的，应当逐步改造。

除自然条件不具备外，单车道的农村公路应当实施路肩硬化，并设置会车道。

第十三条 农村公路防护、排水等必要的附属设施应当与主体工程同步建设。

新建、改建和扩建农村公路，应当按照国务院交通运输行政主管部门的规定在县道、乡道上设置交通标志、标线等交通安全设施，在村道的急弯、陡坡等危险路段设置交通警示标志。

第十四条 农村公路及其桥梁、隧道、渡口工程的设计，应当由具有相应资质的设计单位承担。

二级以上农村公路和中型以上农村公路桥梁、隧道、渡口工程项目的设计，分初步设计和施工图设计两个阶段进行，其设计方案由设区的市人民政府交通运输行政主管部门审批；其他农村公路工程项目可以直接采用施工图一阶段设计，其设计方案由县级以上人民政府交通运输行政主管部门审批。

第十五条 农村公路建设项目应当按照国家有关规定，实行招标投标制度和工程监理制度。

第十六条 农村公路建设项目实行施工许可制度。

二级以上农村公路和中型以上农村公路桥梁、隧道、渡口工程项目的施工许可，由设区的市人民政府交通运输行政主管部门实施；其他农村公路建设项目的施工许可，由县级人民政府交通运输行政主管部门按照国家有关规定实施。

第十七条 农村公路建设项目实行安全生产责任制和质量责任追究制。

农村公路建设项目的建设、设计、施工和监理单位应当明确安全和质量管理责任，落实安全和质量保证措施。

农村公路建设项目实行质量缺陷责任期和质量保证金制度。质量缺陷责任期不得少于交工验收后一年，质量保证金按照国家有关规定执行。

第十八条 县级以上人民政府交通运输行政主管部门应当加强对农村公路建设质量和施工安全的监督管理，可以委托质量监督机构或者按照规定成立专门小组负责农村公路建设质量和施工安全的监督工作。

县级人民政府交通运输行政主管部门和乡（镇）人民政府可以聘请群众代表参与农村公路建设质量和施工安全的监督工作。

农村公路建设施工现场应当设立质量责任公告牌，公告有关责任单位、责任人、主要质量控制指标和举报电话。

第十九条 农村公路建设项目应当按照国家和省有关规定交工、竣工验收；未经验收或者验收不合格的，不得交付使用。

农村公路建设项目的交工验收，由项目建设单位负责。二级以上农村公路和中型以上农村公路桥梁、隧道、渡口工程项目竣工验收，由设区的市人民政府交通运输行政主管部门组织实施；其他农村公路建设项目竣工验收，由县级人民政府交通运输行政主管部门组织实施。

第三章　养　　护

第二十条　县级农村公路管理机构具体负责县道的养护工作，并对乡道、村道的养护进行技术指导和质量监督。

乡（镇）人民政府具体负责乡道、村道的养护工作，并协助县级农村公路管理机构做好本行政区域内县道的养护工作。

村民委员会应当教育、引导村民自觉爱路、护路，维护农村公路的路容、路貌。

第二十一条　农村公路养护作业应当按照国家和省规定的技术规范和操作规程实施，保证农村公路正常使用。

农村公路养护作业实行专业化养护与个人承包养护等多种方式，逐步实现养护作业市场化。鼓励面向社会公开招标，择优选择具备资质的养护作业单位。

第二十二条　农村公路的养护作业，分为养护工程和日常养护。养护工程按照工程性质、规模大小、技术难易程度，分为大修、中修、小修。

第二十三条　农村公路大修、中修养护工程应当按照规范和标准进行设计，履行基本建设程序，并按照国家和省有关规定进行验收。

农村公路大修、中修养护工程实行质量保修制度，保修期限不得少于一年。

第二十四条　乡（镇）人民政府应当发挥村民委员会和村民对农村公路养护的作用，可以采取建立群众性、专业性养护组织或者个人分段承包等方式，对乡道、村道实施日常养护。

第二十五条　农村公路养护单位或者个人进行养护作业时，应当按照有关规定设置安全警示标志，养护作业人员应当穿着安全标志服。利用车辆作业时，应当在车辆上设置明显作业标志，过往车辆应当注意避让。

县道、乡道因养护作业确需中断交通的，或者占用半幅公路进行作业，作业路段长度在二公里以上，并且作业期限超过三十日的，除紧急情况外，公路养护作业单位应当在作业开始之日前五日向社会公告，明确绕行路线，并在绕行处设置标志；不能绕行的，应当修建临时道路。村道因养护作业确需中断交通的，由乡（镇）人民政府告知沿线单位和村民。

第二十六条　因自然灾害或者其他突发事件致使县道、乡道严重损坏或者交通中断时，农村公路管理机构应当及时修复公路、恢复通行。设区的市以上人民政府交通运输行政主管部门应当根据修复公路、恢复通行的需要，及时调集抢修力量，统筹安排有关作业计划，下达路网调度指令，配合有关部门组织绕行、分流。村道的修复由乡（镇）人民政府负责。

第二十七条　县级农村公路管理机构和乡（镇）人民政府应当按照公路养护技术规范，组织农村公路沿线单位和个人实施公路绿化，实行谁种植、谁受益。

禁止破坏公路、公路用地范围内的绿化物。需要更新采伐县道、乡道上的护路林的，应当向县级农村公路管理机构提出申请，经批准方可更新采伐，并及时补种；不能及时补种的，由县级农村公路管理机构代为补种，所需费用由当事人承担。

第四章　资金筹集与管理

第二十八条　农村公路的建设、养护应当建立政府投入为主、多渠道筹资为辅的资金筹集机制。其资金来源：

（一）国家补助的专项资金和中央财政转移支付资金；

（二）各级人民政府安排的财政性资金；

（三）村民委员会依照国家有关规定采取“一事一议”和政府奖补相结合方式筹集的用于村道建设、养护的资金；

（四）企业、个人等社会捐助或者利用农村公路冠名权、绿化经营权等方式筹集的资金；

（五）通过其他方式筹集的资金。

第二十九条 县级人民政府负责筹集农村公路建设和养护资金，专项用于农村公路的建设和养护。

省、设区的市人民政府除拨付本条例第二十八条第一项规定的资金外，应当安排财政性资金用于农村公路养护工程的补助，具体办法由省人民政府另行制定。

鼓励单位、个人和农村公路沿线受益单位采取自愿捐资等方式建设和养护农村公路。

第三十条 县级以上人民政府应当将政府及其有关部门从事农村公路管理、养护所需经费以及农村公路管理机构行使农村公路行政管理职能所需经费纳入本级人民政府财政预算。

第三十一条 农村公路建设、养护资金实行统一管理、专款专用，任何单位和个人不得挤占、挪用和截留。

县级以上人民政府交通运输行政主管部门和农村公路管理机构应当加强农村公路建设和养护资金的管理，提高资金的使用效益。

财政、审计等部门应当依法对农村公路建设、养护资金的使用情况进行监督和检查。

第五章　路政管理

第三十二条 县级人民政府应当确定县道、乡道两侧自边沟（截水沟、坡脚护坡道）外缘起不少于一米的范围为公路用地，自公路用地外缘起县道不少于十米、乡道不少于五米的范围为建筑控制区，并向社会公告。

村道的公路用地范围由村民委员会通过村民会议或者村民代表会议确定。乡（镇）人民政府应当根据具体情况，确定村道自公路用地外缘起一般不少于三米的范围为建筑控制区，并向村民公告。

第三十三条 任何单位和个人不得擅自占用、挖掘农村公路，不得损坏或者擅自移动、涂改农村公路附属设施。

第三十四条 进行下列施工活动，涉及县道、乡道的，建设单位应当经县级农村公路管理机构许可：

（一）因修建铁路、机场、供电、水利、通信等建设工程需要占用、挖掘农村公路、公路用地或者使农村公路改线；

（二）跨越、穿越农村公路修建桥梁、渡槽或者架设、埋设管道、电缆等设施；

（三）在公路用地范围内架设、埋设管道、电缆等设施；

（四）利用农村公路桥梁、公路隧道、涵洞铺设电缆等设施；

（五）利用跨越农村公路的设施悬挂非公路标志；

（六）在农村公路上增设或者改造平面交叉道口；

（七）在农村公路建筑控制区内埋设管道、电缆等设施。

前款所列施工活动涉及村道的，应当事先征得相关村民委员会的意见并经乡（镇）人民政府同意。

以上施工活动影响交通安全的，还应当征得有关公安机关交通管理部门的同意。

第三十五条 禁止在农村公路及公路用地范围内从事下列活动：

（一）设置集贸市场；

（二）堆放物料和其他障碍物；

（三）挖砂、采石、挖沟引水；

（四）非法设卡、收费、罚款和拦截车辆；

（五）其他损坏、污染和影响农村公路畅通的行为。

除农村公路防护、养护需要外，不得在农村公路两侧建筑控制区内新建、改建、扩建建筑物和地面构筑物。

第三十六条 超限车辆不得在农村公路上行驶。

运载不可解体物品的超限车辆确需行驶的，应当按照《公路安全保护条例》的有关规定办理许可手续，并采取有效的防护措施，所需费用由运输单位或者个人承担。

第三十七条 铁轮车、履带车和其他可能损害农村公路路面的机具，不得在农村公路上行驶。

农业机械因当地田间作业需要在农村公路上短距离行驶或者军用车辆执行任务需要在农村公路上行驶的，可以不受前款限制，但是应当采取安全保护措施。对农村公路造成损坏的，应当按照损坏程度给予补偿。

第三十八条 县级农村公路管理机构或者乡（镇）人民政府可以根据保护乡道、村道的需要，在乡道、村道的出入口设置必要的限高、限宽设施，但是不得影响消防和卫生急救等应急通行需要，不得向通行车辆收费。

第三十九条 县级农村公路管理机构在监督检查中通过流动检测等方式发现车辆有超限行为的，应当就近引导至固定超限检测站点进行处理。

第四十条 乡（镇）人民政府应当组织村民委员会以及村道沿线的单位和个人做好本行政区域内农村公路路产路权的保护；对侵害农村公路路产路权的行为，应当予以制止，并及时向县级农村公路管理机构报告，由县级农村公路管理机构依法处理。

第六章　法律责任

第四十一条 违反本条例规定的行为，涉及县道、乡道的，由县级农村公路管理机构依据权限，按照《中华人民共和国公路法》和《公路安全保护条例》等法律法规的规定处理。

第四十二条 违反本条例规定的行为，涉及村道的，由县级农村公路管理机构按照下列规定给予处罚：

（一）违反本条例第三十三条规定，擅自占用、挖掘村道的，责令改正，可以处二百元以上五千元以下的罚款，情节严重的，可以处五千元以上三万元以下的罚款；损坏或者擅自移动、涂改村道附属设施的，责令停止违法行为，可以处二百元以下的罚款；

（二）违反本条例第三十四条第一款规定，未经许可进行相关涉路施工活动的，责令停止违法行为，可以处五千元以上一万元以下的罚款；

（三）违反本条例第三十五条第二款规定，在村道两侧建筑控制区内新建、改建、扩建建筑物和地面构筑物的，责令限期拆除，可以处五千元以上二万元以下的罚款；

（四）违反本条例第三十六条第一款规定，超限车辆在村道上行驶的，责令停止违法行为，可以处二百元以上五千元以下的罚款，情节严重的，可以处五千元以上三万元以下的罚款；

（五）违反本条例第三十七条第一款规定，铁轮车、履带车以及其他可能损害村道路面的机具在村道上行驶的，责令停止违法行为，可以处一千元以上五千元以下的罚款。

第四十三条 县级以上人民政府交通运输行政主管部门、农村公路管理机构以及乡（镇）人民政府有下列行为之一，尚未构成犯罪的，由本级或者上一级人民政府、上级人民政府交通运输行政主管部门责令限期改正，予以通报批评；对直接负责的主管人员和其他直接责任人员依法给予处分：

（一）违法组织农村公路建设项目招标的；

（二）违法实施农村公路建设项目和路政管理行政审批的；

（三）未依法履行农村公路建设项目安全生产和工程质量监督管理职责的；

（四）农村公路建设项目未经验收或者验收不合格即交付使用的；

（五）未依法履行农村公路养护与管理职责，造成人身伤害和财产损失的；

（六）侵占、挪用和截留农村公路建设、养护资金的；

（七）其他滥用职权、玩忽职守、徇私舞弊的。

第四十四条　对农村公路及其附属设施造成破坏、损坏的，应当按照不低于农村公路原有的技术标准予以修复、改建或者按照破坏、损坏程度给予相应的赔偿或者补偿。

第七章　附　　则

第四十五条　本条例下列用语的含义是：

（一）县道，是指连接县级人民政府所在地与主要乡（镇）人民政府所在地、主要商品生产和集散地的公路，以及不属于国道、省道的县际间、县与外部连接的公路；

（二）乡道，是指不属于国道、省道、县道的乡际间、乡与外部连接的公路；

（三）村道，是指纳入农村公路规划，连接乡镇与建制村或者建制村与建制村的公路；

（四）农村公路附属设施，是指为保护、养护农村公路和保障农村公路安全畅通所设置的农村公路防护、排水、养护、管理、服务、交通安全、限高和限宽等设施、设备以及专用建筑物、构筑物等。

第四十六条　本条例自 2013 年 3 月 1 日起施行。

348. 安徽省深化农村公路管理养护体制改革实施方案

（皖政办秘〔2020〕29号）

为深入贯彻《国务院办公厅关于深化农村公路管理养护体制改革的意见》（国办发〔2019〕45号）及《国家发展改革委、财政部关于印发〈关于深化农村公共基础设施管护体制改革的指导意见〉的通知》（发改农经〔2019〕1645号）精神，进一步管好、护好农村公路，加快建立并完善农村公路管理养护长效机制，制定本实施方案。

一、总体要求

以习近平新时代中国特色社会主义思想为指导，全面贯彻党的十九大和十九届二中、三中、四中全会精神，认真落实习近平总书记关于“四好农村路”的重要指示和党中央、国务院决策部署，坚持以新发展理念为引领，践行以人民为中心的发展思想，聚焦脱贫攻坚和乡村振兴重点任务，聚焦解决农村公路发展不平衡不充分的突出问题，着力深化农村公路管理养护体制改革，着力提升农村公路管养水平，切实解决“四好农村路”工作中管好、护好的短板问题，推动“四好农村路”高质量发展，为加快推进农业农村现代化、决胜全面建成小康社会、全面建设现代化五大发展美好安徽提供坚实的交通运输基础保障。

二、工作目标

到2022年，基本建立“统筹督导、分级管理、以县为主、乡村尽责”的农村公路管理养护体制机制，形成财政投入职责明确、社会力量积极参与的格局。农村公路治理能力明显提高，治理体系初步形成。农村公路通行条件和路域环境明显提升，交通保障能力显著增强。全省农村公路列养率达到100%，年均养护工程比例不低于5%，中等及以上农村公路占比不低于85%。

到2035年，全面建成体系完备、运转高效的农村公路管理养护体制机制，基本实现城乡公路交通基本公共服务均等化，路况水平和路域环境根本性好转，农村公路治理能力全面提高，治理体系全面完善。

三、建立健全以县为主的农村公路管理养护体制

省有关部门和地方各级人民政府按照以下权责清单，做好相应工作。

（一）省级加强指导统筹，制定政策引导发展。省交通运输厅负责指导、监督全省农村公路管理养护工作，拟订有关农村公路政策，编制农村公路发展规划。省财政厅、省交通运输厅负责安排农村公路养护省级补助资金，省发展改革委、省农业农村厅、省扶贫办等部门积极支持配合，引导和促进农村公路事业发展。

（二）市级加强指导监督，完善落实政策机制。市级人民政府负责指导本辖区内各县（市、区）人民政府的农村公路管理养护工作，落实农村公路养护补助资金并对养护资金进行监管，明确市级相关部门农村公路管理养护权力和责任清单，发挥好承上启下作用，完善支持政策和养护资金补助机制，支持、督促县级人民政府履行主体责任，监督落实县、乡、村三级路长制体系。

（三）县级落实主体责任，建立健全管养机制。县级人民政府是本辖区农村公路管理养护工作的责任主体，负责筹集和管理农村公路养护资金，监督农村公路管理养护工作；全面推行农村公路路长制，由县级人民政府主要负责同志担任县级总路长，设立县级路长办公室；按照“县道县管、乡村道乡村管”的原则，建立健全农村公路管理养护责任制，明确相关部门、乡级人民政府农村公路管理养护权力和责任清单，并指导监督相关部门和乡级人民政府履职尽责。

（四）乡村两级履行职责，组织开展管养工作。乡级人民政府要认真履行乡道、村道公路管理养护职责，由乡级人民政府主要负责同志担任乡级总路长，设立乡镇路长办公室，落实责任单位和人员，保障必要的工作条件，组织好乡道的日常养护，指导并监督村（居）民委员会组织好村道管理养护工作。村（居）民委员会由其主要负责人担任村级路长，按照“农民自愿、民主决策”的原则，采取“一事一议”、以工代赈等办法组织村道的管理养护工作，并加强宣传引导，将爱路护路要求纳入乡规民约、村规民约。

四、强化农村公路管理养护资金保障

（五）建立稳定的农村公路养护资金筹集渠道。

农村公路的养护应当建立政府投入为主、多渠道筹资为辅的资金筹集机制。其资金来源：

1. 国家补助的专项资金和中央财政转移支付资金；

2. 各级人民政府安排的财政性资金；

3. 村（居）民委员会依照国家有关规定采取“一事一议”和政府奖补相结合方式筹集的用于村道养护的资金；

4. 企业、个人等社会捐助或者利用农村公路绿化经营权等方式筹集的资金；

5. 通过其他方式筹集的资金。

（六）强化养护资金保障。地方各级人民政府要加大对农村公路养护的支持力度，确保财政支出责任落实到位，按规定用好均衡性转移支付、税收返还等相关政策，将农村公路发展纳入地方政府一般债券重点支持范围，保证农村公路正常养护。地方各级人民政府要建立与农村公路里程、地方财政、养护成本变化等因素相关联的农村公路养护资金动态调整机制，原则上调整年限不超过5年。县级人民政府按照“有路必养、养必到位”的要求，将农村公路养护资金及管理机构运行经费和人员支出纳入一般公共财政预算，对县级人民政府落实支出责任存在的收支缺口，上级人民政府可根据不同时期发展目标给予一定的资金支持。2022年起，成品油税费改革转移支付资金用于普通公路养护部分不再列支管理机构运行经费和人员等其他支出。

继续执行省级对农村公路养护工程的补助政策。成品油税费改革新增收入替代原公路养路费部分（包括成品油税费改革转移支付的“替代性返还＋增长性补助”，以下简称“替代养路费部分”）中用于农村公路养护工程的资金（省级补助资金与切块到市县部分之和）不得低于“替代养路费部分”的15%，实际高于上述比例的不得再降低。各地要有计划地安排养护工程，逐步改善农村公路路况。

市、县级财政合计应按照不低于县道每年10000元/公里、乡道每年5000元/公里、村道每年3000元/公里的标准安排资金，用于县、乡、村道的日常养护，省级财政给予一定的补助，市、县两级公共财政投入比例由各市根据本地区实际情况确定。

（七）加强养护资金使用监管。

1. 省级补助资金依照规定安排使用，专项用于农村公路大中修工程、预防性养护工程和日常养护。

2. 日常养护资金由市、县人民政府安排，专项用于农村公路日常养护及管理工作。

3. 地方各级人民政府要对公共财政用于农村公路养护的资金实施全过程预算绩效管理，确保及时足额拨付、安全有效使用。地方各级财政和交通运输主管部门要加强农村公路养护资金使用监管，严禁农村公路建设采用施工方带资的建设—移交（BT）模式，严禁地方以“建养一体化”名义新增隐性债务，公共资金使用情况要按有关规定对社会公开，接受群众监督。村（居）务监督委员会要将村道养护资金使用和养护质量等情况纳入监督范围。审计部门要定期对农村公路养护资金使用情况进行审计。对企业、个人等社会捐助或者利用农村公路绿化经营权等方式筹集的农村公路养护资金，须接受社会监督，并将资金使用管理情况向社会公布。

4. 农村公路养护资金实行独立核算、专款专用，并接受各级财政、审计、交通运输主管部门的监督检查。

（八）创新农村公路发展投融资机制。地方各级人民政府要发挥政府资金的引导作用，采取资金补助、先养后补、以奖代补、无偿提供料场等多种方式支持农村公路养护。鼓励地方人民政府将农村公路建设和一定时期的养护进行捆绑招标，将农村公路与产业、园区、乡村旅游等经营性项目实行一体化开发，运营收益用于农村公路养护。鼓励保险资金通过购买地方政府一般债券方式合法合规参与农村公路发展。鼓励各地积极开展农村公路灾毁保险工作，提升农村公路抗灾抢修能力。

五、建立农村公路管理养护长效机制

（九）加快推进农村公路养护市场化改革。将人民群众满意度和受益程度、养护质量和资金使用效率作为衡量标准，分类有序推进农村公路养护市场化改革，逐步建立政府与市场合理分工的养护生产组织模式。各等级公路的大中修等养护工程向社会开放，依法采取公开招投标方式选定养护作业单位。引导符合市场属性的事业单位转制为现代企业，鼓励将干线公路建设养护与农村公路捆绑招标，支持养护企业跨区域参与市场竞争。推行零星小修与日常保养划片区捆绑招标。鼓励通过签订长期养护合同、招投标约定等方式，引导专业养护企业加大投入，提高养护机械化水平。鼓励采用以奖代补等方式，推广将日常养护与应急抢通捆绑实施并交由农民承包；鼓励农村集体经济组织和社会力量自主筹资筹劳参与农村公路管理养护工作，通过将农村公路管理养护纳入公益岗位等方式，为贫困户提供就业机会。对等级较低、自然条件特殊等难以通过市场化运作进行养护作业的农村公路，可采取个人（农户）分段承包等方式进行养护。

（十）加强安全和信用管理。公路安全设施要与主体工程同时设计、同时施工、同时投入使用，县级人民政府要组织公安、应急等职能部门参与农村公路竣（交）工验收；已建成但未配套安全设施的农村公路要制定专项方案，尽快补充完善。各级公安机关要积极探索加强农村道路交通安全管理工作。加强农村公路养护市场监管，着力建立以质量为核心的信用评价机制，实施守信联合激励和失信联合惩戒，并将信用记录按照国家有关规定纳入全国信用信息共享平台，依法向社会公开。

（十一）强化法规政策和队伍建设。农村公路路政管理由县级人民政府交通运输主管部门负责。各地要结合实际，建立健全农村公路路政管理的有关规章制度，探索通过民事赔偿保护路产路权，建立适合本地情况的农村公路路政管理模式。完善路政管理指导体系，建立县有路政员、乡有监管员、村有护路员的路产路权保护队伍。

按“县统筹、乡管理、村监督”的模式，建立健全乡村道路专管员管理体系。县级人民政府可通过政府购买服务的方式招募专职乡村道路专管员，负责一定范围内的农村公路管理巡查、安全隐患排查、养护监督工作等，所需资金列入本级部门预算经费或经批准的专项资金等既有预算中统筹安排。乡村道路专管员可优先选用有公路建设养护经验的企业改制分流人员、建档立卡贫困人口等本地户籍人员。

（十二）开展农村公路品质示范路创建。坚持“因地制宜、经济适用、绿色生态、创新驱动”原则，充分利用旧路资源，强化公路养护资源集约节约利用；加强质量监管，延长公路使用寿命，降低运营养护成本；积极构建农村公路沿线和谐生态，加强公路两侧造林绿化和原生植被保护。坚持经济实用、绿色环保理念，全面开展“美丽公路”创建工作，提高农村公路养护技术水平。

六、保障措施

（十三）加强统筹领导，落实相关责任。全省农村公路管理养护体制改革工作，由省、市人民政府加强统筹和指导监督，由县级人民政府负责组织实施。地方各级人民政府要加强领导，结合本地实际，完善农村公路养护体制改革的配套措施，制定具体的实施方案。要按照农村公路管理养护权力和责任清单落实责任，大力推进农村公路管理养护体制改革。

（十四）加强监督考核，强化结果运用。省政府将农村公路管理养护工作纳入对各市政府目标管理绩效考核。省交通运输厅、省财政厅要建立健全对市级人民政府农村公路管理养护考核机制，明确各市年度考核目标任务，严格实行目标考核，重点监督考核责任落实、资金到位、工程质量等情况，并将考核结果运用到养护工程资金分配等方面。市级人民政府要加强对县级人民政府的考核，县级人民政府要加强对乡级人民政府、村（居）民委员会的督导，充分发挥基层政府和组织在农村公路发展中的作用。

（十五）加强政策宣传，确保改革到位。各地要明确改革时间节点，细化政策措施，注重政策宣传解读，正确引导社会预期，及时回应社会关切，保障公众知情权、参与权、表达权、监督权，确保改革顺利进行。省交通运输厅要加强工作指导和督促检查，重大情况及时报告省政府。

本方案自印发之日起施行。《安徽省人民政府办公厅关于推进农村公路管理养护体制改革的意见》（皖政办〔2007〕76号）同时废止。

349. 福建省公路路政管理条例

（2001 年 5 月 30 日福建省第九届人民代表大会常务委员会第二十六次会议通过）

第一章　总　　则

第一条　为加强公路路政管理，保障公路完好、安全、畅通，根据《中华人民共和国公路法》及有关法律、法规的规定，结合本省实际，制定本条例。

第二条　本省行政区域内的国道、省道、县道、乡道的路政管理适用本条例。

第三条　公路路产受国家保护，任何单位和个人都有爱护、保护公路路产的义务，不得破坏、损坏或者非法占用，不得在公路两侧建筑控制区内违法修建建筑物和地面构筑物。

第四条　省人民政府交通主管部门负责全省公路路政管理工作；县级以上人民政府交通主管部门负责本行政区域内的公路路政管理工作，但其对国道、省道的路政管理、监督职责，由省人民政府确定。

县级以上人民政府交通主管部门可以决定由公路路政管理机构依照本条例规定行使公路路政管理职责。

第五条　各级人民政府应当加强对公路路政管理工作的领导。各级公安、林业、土地、建设、规划、工商、价格等行政主管部门应当按各自职责，积极配合交通主管部门做好公路路政管理工作。

第二章　公路路产管理

第六条　原有公路改变使用性质的，由有关单位申请，国道按国家规定，经省人民政府审定，报国务院或者原公路规划编制机关批准；省道经省人民政府交通主管部门会同有关部门审定，报省人民政府批准；县道经设区的市人民政府交通主管部门会同有关部门审定，报同级人民政府批准；乡道经县级人民政府交通主管部门会同有关部门审定，报同级人民政府批准。

公路划定为城市道路的，依照国家有关规定实施城市道路的路政管理。

第七条　任何单位或者个人不得损坏公路路产。凡损坏公路路产的，应当恢复原状或者按照损坏程度给予补偿。

公路路产损坏的补偿标准，由省人民政府交通主管部门会同财政、价格、建设主管部门制定。

第八条　在下列范围内，不得进行挖砂、采石、取土、倾倒废弃物、实施爆破作业等活动：

（一）大中型公路桥梁和渡口周围二百米；

（二）小型公路桥梁周围一百米；

（三）公路隧道上方和洞口外一百米；

（四）公路两侧危及公路安全的距离。

第九条　在公路上行驶的车辆，其轴载质量应当符合公路工程技术标准要求。

经省人民政府批准，交通主管部门可以在重要路段设置车辆轴载自动检测装置。设置检测装置不得收取检测费用，不得妨碍公路畅通。

第十条　县级以上人民政府交通主管部门应当根据管理权限按照国家规定的标准在公路沿线设置公路标示、标线；对经鉴定达不到设计荷载的公路、公路桥梁等，应当设置明显的限荷载等标志；对损坏的公路、公路桥梁、隧道、公路标志及交通安全设施，应当及时修复；妨碍车辆安全通行的，在修复前应当设置明显的警示标志。

公路建设、养护应当按照工程设计的指定地点倾倒土石等杂物。

第十一条 在公路、公路用地范围内进行施工作业的，应当在施工现场两端设置规范的施工标志，采取有效的安全措施，保证车辆安全通行。

通过施工现场的车辆不遵守施工现场交通秩序，造成施工路面和设施损坏的，应当恢复原状，或者承担修复费用。

第十二条 公安机关交通管理部门在处理车辆违章或者交通事故时，对涉及公路路产损坏的，应当及时通知交通主管部门协同处理。

第三章 公路两侧建筑控制区管理

第十三条 公路两侧建筑控制区是指公路两侧边沟、高速公路两侧隔离栏外缘以外，国道不少于二十米、省道不少于十五米、县道不少于十米、乡道不少于五米、高速公路不少于三十米、互通立交不少于一百米的区域。

新建、改建的公路两侧建筑控制区自公路规划批准之日起十个工作日内，由规划内的公路沿线县级以上人民政府依照前款规定划定并予公告。

第十四条 原穿越城镇的公路路段两侧建筑控制区，由县级以上人民政府交通主管部门会同同级规划部门，依据《中华人民共和国公路法》和《中华人民共和国城市规划法》确定，经同级人民政府批准后，予以公告。

第十五条 规划和新建村镇、开发区，应当在公路两侧建筑控制区外，禁止在公路两侧对应布局建设，防止公路街道化，影响公路畅通和交通安全。

第十六条 除公路防护、养护需要外，禁止在公路两侧建筑控制区内修建建筑物和地面构筑物。需要在建筑控制区内埋设管线、电缆等设施，以及修建公路服务设施的，应当事先经县级以上人民政府交通主管部门批准。

在公路两侧建筑控制区划定前建成的建筑物和地面构筑物，以及依法设置的公路服务设施，不得改建、扩建。

因公路建设需要拆迁前款规定的建筑物、构筑物和设施的，应当依法对被拆迁人予以安置或者补偿。

高速公路服务设施的规划、建设，应当与高速公路的规划、建设同步进行。

第十七条 在公路两侧建筑控制区内设置广告牌，必须征得县级以上人民政府交通主管部门同意，并向有关部门办理法定手续。

在公路及公路两侧建筑控制区内种植树木、设置广告牌和横跨公路的管线等设施，不得遮挡灯光信号、交通标志，不得影响安全视距。

第四章 公路路容路貌管理

第十八条 国道、省道、县道两侧已征用土地的绿化工作由县级以上人民政府交通主管部门负责规划，经同级人民政府批准后实施。

不得任意砍伐、采摘、践踏公路绿化带的树木、花草。

第十九条 国道、省道、县道两侧建筑控制区内依法设置的广告牌、路名牌、地名牌等设施，应当规范、整洁、完好。

第二十条 任何单位和个人都有维护公路路面整洁的义务，不得向公路抛撒、排放杂物或者污水。来往车辆应当采取防护措施，防止抛撒滴漏。污染公路的，应当及时清理或者承担清理费用。

第五章　监 督 检 查

第二十一条　县级以上人民政府交通主管部门依法对公路路政情况进行监督检查。

公路监督检查人员执行公务时，不得影响车辆正常通行，并应当着装整齐，佩戴标志，持证上岗。

第二十二条　公路监督检查人员对各种侵占、损坏公路路产以及在公路两侧建筑控制区内违法修建建筑物和地面构筑物的行为，应当责令当事人立即停止违法行为；对不改正的，可暂扣施工作业的工具；情节严重的，经县级以上人民政府交通主管部门批准，可对违法堆放的物品和违法修建的建筑物、构筑物等采取必要的清理、拆除措施，由此发生的费用由违法当事人承担。

第二十三条　对损坏公路路产拒不接受处理而驾车逃逸的，交通主管部门可以会同公安机关或者单独进行拦截，并责令其车辆停放在指定地点接受调查、处理后方得驶离，由此发生的费用由违法当事人承担。情节严重的，可以暂扣由交通主管部门发放的证件。

第二十四条　被依法暂扣物品、证件的当事人，应当在十个工作日内到交通主管部门接受处理。对当事人前来接受处理的，交通主管部门必须在二十四小时内作出处理决定；对逾期一个月仍不前来接受处理的，交通主管部门有权对暂扣物品依法进行处理。

交通主管部门暂扣物品、证件，必须向当事人出具统一的暂扣凭证，在当事人接受处理后，必须立即将暂扣的物品、证件归还；因保管不善给当事人造成损失的，应当依法给予赔偿。

第六章　法 律 责 任

第二十五条　违反本条例规定，《中华人民共和国公路法》已有处罚规定的，从其规定。

第二十六条　未经批准擅自改变原有公路使用性质的，由县级以上人民政府交通主管部门责令停止违法行为，恢复原状，或者承担由此发生的费用。

第二十七条　车辆超过轴载质量擅自上路行驶的，由县级以上人民政府交通主管部门责令承运人按指定地点自行卸去超过的部分物品。

第二十八条　公路施工单位未采取有效安全措施，影响公路畅通的，由县级以上人民政府交通主管部门责令改正；造成公路损害的，应当承担赔偿责任。

在建设、养护公路过程中，不按照指定地点倾倒土石等杂物的，由县级以上人民政府交通主管部门责令限期清除；逾期未清除的，由县级以上人民政府交通主管部门清除或委托他人清除，所需费用由责任者承担。向河道倾倒土石等杂物的，按照国家有关法律、法规处罚。

第二十九条　违反本条例规定，有下列情形之一的，由县级以上人民政府交通主管部门按照下列规定予以处罚：

（一）占用公路、公路用地从事经营性车辆加水或者填塞公路边沟的，责令限期改正；逾期未改正的，处以一千元以上五千元以下罚款；

（二）在小型公路桥梁周围一百米内挖砂、采石、取土、倾倒废弃物、实施爆破作业等危及公路桥梁安全的，责令停止违法行为；情节严重的，处以一千元以上二万元以下罚款；

（三）未经批准在公路两侧建筑控制区内改建、扩建建筑物、地面构筑物和公路服务设施的，责令限期拆除新增的部分；逾期仍未拆除的，由交通主管部门拆除，所需费用由责任者承担；情节严重的，可处以五万元以下罚款；

（四）在公路两侧建筑控制区内擅自设置广告牌的，责令限期拆除；逾期未拆除的，由交通主管部门拆除，所需费用由责任者承担。

第三十条　违反本条例规定，违法审批在公路两侧建筑控制区内修建建筑物和地面构筑物的，由其所在单位或上级主管机关对负有直接责任的主管人员和其他直接责任人员进行行政处分；造成损失的，由审批机关承担赔偿责任。

第三十一条 交通主管部门、公路路政管理机构工作人员玩忽职守、徇私舞弊、滥用职权，依法给予行政处分；构成犯罪的，依法追究刑事责任。交通主管部门、公路路政管理机构在实施具体行政行为中侵害管理相对人合法权益的，依照《中华人民共和国国家赔偿法》承担赔偿责任。

第七章 附 则

第三十二条 高速公路及收费公路的路政管理适用本条例；林业公路的路政管理可参照本条例执行。

第三十三条 本条例所称公路路产是指公路、已征用的公路用地及公路附属设施。

第三十四条 本条例自 2001 年 9 月 1 日起施行。

350. 福建省公路养护工程管理实施细则

（闽交建〔2020〕11号）

第一章　总　　则

第一条　为切实提升我省公路养护管理水平、质量和效益，根据《中华人民共和国公路法》、《公路安全保护条例》《收费公路管理条例》、国务院办公厅《交通运输领域中央与地方财政事权和支出责任划分改革方案》（国办发〔2019〕33号）和交通运输部《公路养护工程管理办法》等有关规定，结合我省公路养护工程管理实际，制定本细则。

第二条　本细则所规定的公路养护工程是指在一段时间内集中实施并按照项目进行管理的公路养护作业，不包括日常养护和公路改扩建工作。

第三条　本细则适用于福建省境内高速公路（含独立特大桥、特长隧道）与普通国省道的养护工程管理工作。县道、乡道、村道和专用公路的养护工程管理可参照执行或由市、县级交通运输主管部门参照制定。

第四条　养护工程管理工作实行统一领导、分级负责。

省交通运输厅负责全省公路养护工程管理的指导和监督。

省高速公路集团有限公司（下称“省高速集团”）具体负责全省高速公路养护工程的管理工作，细化制定全省高速公路养护工程管理目标和业务管理要求，并组织实施。

省公路事业发展中心（下称“省公路中心”）具体承担全省普通国省道养护工程行业管理的事务性工作，细化制定全省普通国省道养护工程管理目标和业务管理要求，并组织实施。

设区市（区）交通运输主管部门、公路机构依据国家或省级相关规定，负责本行政区域的普通国省道养护工程管理工作。

高速公路经营管理单位具体负责所管养高速公路路段的养护工程组织实施。

第五条　高速公路养护工程资金主要从车辆通行费中安排。

普通公路养护工程资金以财政保障为主，主要通过各级财政资金解决；除中央或省级资金外，其余由市、县级财政筹措安排。

第二章　养护工程分类

第六条　养护工程依据交通运输部《公路养护工程管理办法》，按照养护目的和养护对象分为预防养护、修复养护、专项养护和应急养护，具体分类细目见附录。

第七条　设区市（区）交通运输主管部门、公路机构、高速公路经营管理单位或受委托负责管养的养护管理单位（以下简称“养护管理单位”）应建立预防养护制度并开展预防养护，根据养护需求和决策组织实施修复养护、专项养护、应急养护。

第八条　公路养护工程积极推行养护市场化，养护工程原则上应当通过招投标等方式选择具备相应技术能力和资格条件的单位承担。

应急养护，可以根据应急处置工作需求，直接委托具备相应能力的专业队伍实施，或在全省交通建设养护市场信用考核AA级、A级从业单位中随机确定。

第九条　按照省政府关于投资工程包实施有关要求，鼓励普通公路养护工程实行工程包管理，加快前期工作推进，提升养护管理成效。鼓励法定招标限额以下且技术简单的养护工程采取材料招标、直接组织施工的方式开展。

第三章　计划编制

第十条　高速公路、普通国省道养护工作应当编制养护规划和年度实施计划，确定阶段性养护管理目标。省高速集团、省公路中心要结合公路安全运行状况、养护需求分析等，做好省级养护规划和养护工程年度实施计划编报汇总、审核或审定工作，并报备省交通运输厅。

第十一条　养护管理单位应当按照省级确定的养护管理目标，加强养护前期决策，并建立养护工程项目库或年度计划。养护工程可以项目库或计划直接开展项目推进工作。

法律、法规或其他规定未明确要求办理施工许可程序的，可不办理施工许可。

第十二条　养护工程计划应当统筹安排，省际、市际、县际间及高速公路与普通公路际间养护作业应当做好对接，避免集中养护作业造成交通拥堵。

第四章　工程设计

第十三条　养护工程一般采用一阶段施工图设计。技术特别复杂的，可以采用技术设计和施工图设计两阶段设计。

应急养护和技术简单的养护工程可以按照技术方案组织实施。

第十四条　养护工程设计文件应当符合法律、法规和强制性标准的要求。设计文件应内容完整、符合规定，并详细说明施工工艺、材料技术要求和验收标准。

第十五条　设计单位应当加强养护工程动态设计，并做好设计交底，及时解决施工中出现的设计问题。

第十六条　养护工程设计文件应当通过审查或审批后方可使用，具体审查审批方式和流程按现行有关规定和要求执行。

第五章　工程施工

第十七条　养护工程施工前，养护管理单位应当根据设计文件和相关要求，组织对交通保障、养护安全作业方案进行审查，并按规定报有关部门批准。

第十八条　养护工程施工资质实行评定制度。具备相应资格的从业企业，可申报相应类、级别养护资质，并在资质核定范围内开展养护作业。养护资质有效期届满前，应及时申请延续。

第十九条　养护工程施工时应当明确项目法人，实行项目法人负责制。项目法人、养护作业单位应当建立、健全养护工程质量检查管理制度和质量安全保证体系，通过抽查、委托专业机构检查、自查等方式确保养护工程质量。

第二十条　规模较大或有技术难度的公路养护工程，结合实际由具备相应资质能力的监理单位承担监理，其余养护工程可以根据需要开展监理咨询服务。

鼓励以设区市、县为单位打包开展监理咨询服务。

第二十一条　养护工程应当按照审查或审批通过的设计文件进行施工，对施工中发现的设计问题，应当书面提出设计变更申请。设计变更具体实施要求，由省高速集团、省公路中心根据变更管理有关要求结合本系统实际明确。

第二十二条　养护工程施工应当严格执行有关技术规范和《公路养护安全作业规程》等操作规程，保障安全。

除应急养护外，养护工程施工应当选择交通流量较小的时段，并按照有关规定向社会公告。

第二十三条　养护工程应当加强成本控制和管理，严格按照合同的约定进行计量支付，原则上在工程完成后6个月内应当及时完成工程结算，在竣（交）工验收前按照有关规定及时进行财务决算。

第二十四条　养护工程项目法人、养护作业单位应建立健全养护工程档案管理制度，按规定做好养护档案归集、整理和归档。项目法人应当组织对养护工程施工、监理、试验检测档案进行验收并归档，确保全过程档案资料完整、闭合。

第六章　工 程 验 收

第二十五条　养护工程具备验收条件后应当及时组织验收。养护工程项目验收工作参照部颁《公路工程竣（交）工验收办法》有关规定执行，验收分为交工、竣工两阶段和交工、竣工合并的一阶段验收。

验收依据及验收条件按照交通运输部《公路养护工程管理办法》第四十四条、第四十五条规定执行。

第二十六条　高速公路规模较大或有技术难度的养护工程，按交工验收和竣工验收两阶段执行；其他高速公路养护工程按一阶段验收执行。

普通国省道养护工程原则上按一阶段验收执行。

第二十七条　适用于一阶段验收的养护工程项目一般在工程完工交付使用后6个月内完成验收；适用于两阶段验收的养护工程项目，在工程完工后应当及时组织交工验收，一般在养护工程质量缺陷责任期满后12个月内完成竣工验收。

养护工程质量缺陷责任期一般为6个月，最长不超过12个月。

养护工程验收及质量缺陷责任期具体时限应当在养护合同中约定，并符合有关要求。

第二十八条　养护工程完工后未通过验收的，由施工（作业）单位承担养护责任，超出验收时限无正当理由未验收的除外。验收不合格的，由施工（作业）单位负责返修。

在质量缺陷责任期内，发生施工质量问题的，施工（作业）单位应当履行缺陷责任义务，并对造成的损失承担赔偿责任。

第二十九条　已竣（交）工验收的养护工程项目档案应参照部颁《公路工程竣（交）工验收办法》、《交通档案管理办法》、《福建省高速公路养护档案管理办法》等有关规定及时装订成册归档。

第七章　监 督 管 理

第三十条　公路养护作业单位应当自觉接受相关管理部门和机构的监督检查。

第三十一条　养护管理单位应当认真履行公路养护管理工作职责，建立完善养护管理工作机制，采取定期检查或抽查等方式，加强公路养护工程监督，对存在的问题要及时督促整改，确保养护生产质量和安全。

省高速集团、省公路中心应结合行业管理实际，细化养护工程管理要求，加强公路网技术状况的监测、分析以及公路养护工程阶段性考核评估等，保证公路及沿线设施处于良好技术状况。路网监测报告和养护管理情况考核评估结果应及时报送省厅。

第三十二条　各级交通运输主管部门、公路机构、省高速集团或高速公路经营管理单位应当加强对公路养护市场监管，强化从业单位及人员的管理，积极推进高速公路、完善普通公路养护市场信用考核工作，营造规范、诚信的公路养护市场环境。

第八章　附　　则

第三十三条　高速公路列入建设成本的养护工程项目，应按照本细则要求实施管理。高速公路服务区范围内列入土建养护的工程也要按照本办法要求实施管理。

第三十四条 前述技术特别复杂、技术简单、规模较大或有技术难度的高速公路养护工程认定标准，由省高速集团另文明确。日常养护工作由省高速集团、省公路中心按系统分别制定相关管理要求。公路改扩建工作，执行公路建设管理的相关规定。

第三十五条 本细则由省交通运输厅负责解释。其他公路养护相关管理办法（规定）与本细则不一致的，按本细则执行。

第三十六条 本细则自2020年6月1日起施行，有效期5年。

附录

公路养护工程分类细目

类　　别	定　　义	具体作业内容
预防养护	公路整体性能良好但有轻微病害，为延缓性能过快衰减、延长使用寿命而预先采取的主动防护工程	路基：增设或完善路基防护，如柔性防护网、生态防护、网格防护等；增设或完善排水系统，如边沟、截水沟、排水沟、拦水带、泄水槽等；集中清理路基两侧山体危石等；其他。 路面：针对整段沥青路面面层轻微病害采取的防损、防水、抗滑、抗老化等表面处治；整段水泥混凝土路面防滑处治、防剥落表面处理、板底脱空处治、接缝材料集中清理更换等；其他。 桥梁涵洞：桥梁涵洞周期性预防处治，如防腐、防锈、防侵蚀处理等；桥梁构件的集中维护或更换，如伸缩缝、支座等；其他。 隧道：隧道周期性预防处治，如防腐、防侵蚀处理、防火阻燃处理等；针对隧道渗水、剥落等的预防处治；其他
修复养护	公路出现明显病害或部分丧失服务功能，为恢复技术状况而进行的功能性、结构性修复或定期更换工程	路基：处治路堤路床病害，如沉降、桥头跳车、翻浆、开裂滑移等；增设或修复支挡结构物，如挡土墙、抗滑桩等；维修加固失稳边坡；集中更换安装路缘石、硬化路肩、修复排水设施等；局部路基加高、加宽、裁弯取直等；防雪、防石、防风沙设施的修复养护等；其他。 路面：改善沥青路面结构强度，如直接加铺、铣刨加铺、翻修加铺或其他各类集中修复等；水泥路面结构形式改造、破碎板或其他路面病害修复等；整路段砂石、块石、条石路面的结构修复及改善等；配套路面修复完善相关附属设施，如调整标志标线、护栏、路缘石，路口及分隔带开口等；其他。 桥梁涵洞：桥梁涵洞加固、病害修复，如墩台（基础）、锥坡翼墙、护栏、拉索、调治结构物、径流系统等的维修完善；桥梁加宽、加高，重建、增设、接长涵洞等；其他。 隧道：对隧道结构加固、病害修复，如洞门、衬砌、顶板、斜井、侧墙等的修复；其他。 机电：对通信、监控、通风、照明、消防、收费、供配电设施、健康监测系统等进行增设、维修或更新；其他。 交安设施：集中更换或新设标志标牌、防眩板、隔音屏、隔离栅、中央活动门、限高架等；整段路面标线的施划；集中维修、更换或新设公路护栏、警示桩、道口桩、减速带等；其他。 管理服务设施：公路养护、管理、服务等的房屋、场地（如公共厕所、公路站、服务区、停车区、便民服务点等）和设施设备的维修、改造、扩建或增设；其他。 绿化景观：更换、新植行道树及花草，开辟苗圃等；公路景观提升、路域环境治理等
专项养护	为恢复、保持或提升公路服务功能而集中实施的完善增设、加固改造或拆除重建等工程	针对阶段性重点工作实施的专项公路养护治理项目。如灾毁修复工程、示范创建工程、桥隧结构安全检查、路况评定检测、路面督查管理及核验等
应急养护	在突发情况下造成公路损毁、中断、产生重大安全隐患等，为较快恢复公路安全通行能力而实施的应急性抢通、保通、抢修	对自然灾害或其他突发事件造成的障碍物的清理； 公路突发损毁的抢通、保通、抢修； 突发的经判定可能危及公路通行安全的重大风险的处治

351. 福建省普通国省道日常养护管理实施细则（试行）

第一章　总　　则

第一条　为加强和规范我省普通国省道日常养护管理工作，提升养护管理水平，根据部《公路养护技术规范》(JTG H10—2009)、《福建省公路养护工程管理实施细则》（闽交建〔2020〕11号）等有关规定，结合我省实际，制定本细则。

第二条　本细则适用于我省公路部门管养的普通国省道日常养护管理。其他单位管养的普通国省道可参照执行。

第三条　按照“预防为主，防治结合”的方针，通过提高日常养护管理水平，保持公路及沿线设施经常处于良好的技术状况，有效延长公路使用年限，降低公路全寿命周期成本，实现日常养护管理规范化、专业化、机械化、信息化和市场化。

第四条　本细则所称的日常养护管理是指对公路及其沿线设施进行日常养护检查和保养维护的内、外业工作。

第五条　积极推广应用日常养护新技术、新材料、新工艺和新设备，及时开展“四新”技术应用总结，推行日常养护机械化作业，提高养护现代化水平。

第六条　积极推行病害发现、上报、下达、处治、计量的信息化闭环管理。

第七条　鼓励各地采用打包捆绑招标等方式推进普通国省道日常养护市场化，打造良好营商环境和养护市场，加快实现日常养护专业化、精细化。

第二章　工作职责

第八条　日常养护管理工作实行“省级指导，分级负责”的制度。

第九条　省公路事业发展中心（下称“省公路中心”）负责全省普通国省道日常养护行业管理事务性工作和技术指导、服务。

第十条　根据省交通运输厅印发的《福建省公路养护工程管理实施细则》相关规定，设区市（区）交通运输主管部门负责本行政区域内普通国省道日常养护管理的监督检查工作。

设区市（区）公路机构（下称“市级公路机构”）负责本行政区域内普通国省道日常养护的检查、指导、评估等管理工作，分解、下达本行政区域内日常养护的年度计划，安排拨付日常养护资金。

第十一条　县（区、市）公路机构（下称“县级公路机构”）负责本行政区域内普通国省道日常养护工作计划编报、日常考评，组织公路站实施日常养护工作等，具体职责由市级公路机构制定。

第三章　养护检查

第十二条　日常养护检查包括公路日常巡查、路况检查、桥涵隧经常性检查等，通过检查及时掌握和收集公路路况信息、发现公路损坏情况、评定公路技术状况等，并采取相应措施，确保公路安全畅通。

第十三条　日常巡查指对路基、路面、桥涵隧构造物、沿线设施、绿化等公路设施的整洁、完好及安全性的巡查（具体内容见附表），日常巡查应做到：

公路站每日应对其管养的路段至少进行一次巡查，每次巡查形成记录，包括：巡查时间、巡查人员、巡查发现的问题及后续处治情况等。县级公路机构每月对其管养路段的路况、路面保洁、排水系统、桥涵隧构造物及附属设施等的日常养护情况至少组织一次巡查。鼓励各级公路机构通过信息化手段，逐步实现巡查自动化、智能化。

第十四条 路况检查由县级公路机构负责组织开展，每月至少开展一次路况数据采集与评定。公路技术状况数据采集与评定包括：路基、桥涵、隧道、路面和安全设施等沿线设施技术状况，具体要求详见《公路技术状况评定标准》。

第十五条 桥涵隧经常性检查由县级公路机构按照《公路桥涵养护规范》、《公路隧道养护技术规范》和《福建省普通国省道桥梁养护管理办法》有关要求组织实施；市级公路机构每季度应至少组织一次对辖区内管养的公路桥涵隧的日常养护情况检查。

第四章 保养维护

第十六条 公路日常保养维护指对路基、路面、桥涵、隧道、交通安全设施、基础设施、绿化、交调设施等的日常保养维护，使其经常保持良好技术状态，具体内容见附表。

第十七条 路基保养维护要求：路肩无病害，边坡稳定，排水设施无淤塞、无损坏，排水畅通；挡土墙等路基防护设施完好；及时清理路基范围内的丢弃物。

第十八条 路面保养维护要求：路面整洁、排水顺畅，路面以及防护栏边、平交岔口硬化段、边沟盖板的杂物、积土等清扫及时，路面范围内无泥石、无杂物、无积水。

第十九条 桥梁保养维护要求：桥梁外观整洁，桥面铺装完好，排水设施畅通，桥下空间维护到位，支座及伸缩缝整洁、完好，人行道、栏杆完整牢固，标志标线等附属设施齐全完整；涵洞保持整洁，进出口完好，涵底铺砌完整、排水通畅；隧道内及洞口清洁，照明、通风、消防设施运行正常，隧道内排水设施通畅。

第二十条 交通安全设施保养维护要求：交通安全设施经常保持完整、齐全、整洁和良好的状态，及时维修和更换损坏部件，清洁受污染的标志。

第二十一条 绿化保养维护要求：及时做好浇水、除草、松土、施肥、修剪、防治病虫害和路树刷白等。

第二十二条 服务设施保养维护要求：场地内道路应保持完好、整洁、安全、畅通；公厕等各类设施完好、各类标志标线有效。垃圾分类投放、集中收集处理；公厕应定期清洗、喷洒消毒药物，总体达到“四净三无两通一明”，即：地面净、墙壁净、厕位净、周边净，无溢流、无蚊蝇、无臭味，水通、电通，灯明。场地内绿化美观，花木、草坪修剪整齐，定期清除杂草，防治病虫害。

第二十三条 公路机电设施保养维护要求：公路机电设施包括监控系统、通信系统、供配电系统及机电设施设备房等，重点对机电系统工作环境、状态和性能进行检查、检测和维护。

第二十四条 路网运行监测外场设施保养维护要求：路网运行监测外场设施包括道路视频监控点、交通情况调查站、气象监测站、可变情报板等，重点对路网运行监测设施性能、状态和工作环境进行检查、监测和维护。

第二十五条 日常保养维护作业应按照《公路养护安全作业规程》有关要求加强安全管理，保障养护作业人员及过往车辆安全，强化日常养护人员岗前、班前安全教育和安全作业规程培训。

第五章 内业管理

第二十六条 日常养护内业资料主要包括市级、县级公路机构及公路站的日常养护管理、机械设备管理等所涉及的相关图、表、薄、档案资料。

第二十七条 按照《福建省普通公路养护标准化指南系列》有关要求，内业资料应做到规范、完整、齐全；上墙图、表、簿规范、整齐、美观；及时、规范填写公路技术状况评定记录、公路桥涵隧检查记录、机械车辆使用记录以及公路日常养护作业记录，积极推行内业管理系统，提高工作效率、规范内业管理。

第六章 考核评估

第二十八条 日常养护管理工作纳入省级年度养护管理综合评估范畴，省级按年度评估抽查路线的路基、路面、桥涵、隧道、排水设施、交通安全设施、公路绿化以及养护基础设施日常养护情况。

第二十九条 市级公路机构每季度组织一次全市日常养护管理评估，评估结果抄送省公路中心。

第三十条 县级公路机构每月组织一次辖区普通国省道日常养护管理情况评估，评估结果抄送市级公路机构。

第七章 附 则

第三十一条 本细则由省公路中心负责解释。

第三十二条 本细则自 2021 年 1 月 1 日起施行。各设区市（区）公路机构可根据实际，制定本行政区域普通国省道日常养护管理工作制度。

附表

福建省普通国省道日常养护作业分类内容及标准

项目名称		工作内容及标准
一、日常巡查		
1	路基	路肩边缘是否顺适；路肩、暗沟盖板是否整洁；路缘带是否缺损、歪斜、下沉或拱起；护肩是否破碎、下沉；排水设施是否淤积、积水、渗漏、长草，沟底是否冲刷或淘空，有无裂缝、断裂及勾缝损坏情况；边沟墙加高部分是否损坏，盖板是否损坏；挡土墙、护坡等防护设施有无裂缝、沉降、鼓肚、变形，挡土墙与路面交接处是否开裂；沿河挡墙基础是否冲刷、掏空；边坡是否稳定，有无高草、松土、堆积、坍塌、冲沟；零星小溜方、塌方清理是否修复及时；垃圾堆放是否规范等；路基是否缺口、溜方等。暴雨期间巡查应特别注意地表水是否往路基低洼处集中冲刷，可能造成路基缺口；以及巡查上边坡截水沟及平台排水是否通畅
2	路面	路面是否平整、洁净、不积水，路面是否断角、断板、错台、坑槽、沉陷、开裂、拥包等；检查并清除路面污染、抛弃物和路障；突发交通事故或水毁溜方造成路面溜方、堆物、污染，是否及时清理、上报或设置标志；是否存在突发性路面病害
3	桥梁	桥面是否完好，有无裂缝、局部坑槽、碎边；桥头有无跳车；桥面泄水管是否堵塞和破损；桥栏杆是否损坏；伸缩缝是否淤土或损坏或渗漏水；支座是否完好；信息牌是否完好；桥检查通道是否整洁、防抛网和防眩板是否完好；桥梁基础是否有明显冲刷，河道是否畅通；桥梁锥坡是否损坏、长草；桥下空间是否被占用
4	涵洞、通道	涵洞、通道路面有无明显沉降，水流是否畅通，涵洞是否渗漏水；洞身、涵底、进出水口、护坡和填土是否完好；进口窨井是否淤积堵塞，出口跌水槽、涵帽是否损坏，强降雨或暴雨期间重点检查涵洞排水是否顺畅，有无杂物堵塞；涵洞检查通道是否整洁、防护网是否完好；涵洞出口急流槽、截水墙是否损坏等
5	隧道	隧道的洞口、洞门、衬砌、路面、检修道、排水设施、防撞桶、信息牌、照明及安全结构外观状况检查；消防设备是否完好、消防水池是否有水、消防管道是否完好、消防水池检查通道是否畅通；通风系统是否正常，是否有积烟现象；风机是否摇晃，转动；隧道反光块、猫眼是否污染、是否失去反光作用；隧道消防设施是否完好，灭火器是否过期

续上表

项目名称		工作内容及标准
6	交通安全设施	检查护栏、隔离栅、防落网、标志、标线、减速设施等沿线及交通工程的缺损、变形、污染、锈蚀等情况，公里牌、百米桩、轮廓桩是否有缺损污染，混凝土防撞护栏墙脚是否积水，护栏是否变形、位移，泄水孔是否畅通以及是否集中冲刷路基，可能造成路基掏空
7	基础设施	公路站检查（包括安全、周末巡查等）、服务区检查、停车区检查（卫生是否达标、厕所设备、标志等是否完好、各项设施是否完好）等；交调设备及公路视频监控点是否运转正常，可变情报板是否正常
8	绿化工程	绿化病虫害日常巡查；是否影响行车视距；绿地（含枯枝修剪）、保洁、修剪、移补植是否到位、行道树是否爬藤缠绕；路树是否遮挡标志牌，路树倾倒是否及时清理、扶植
二、路况检查		
1	路况评定	根据公路技术状况评定标准评定相应技术指标，主要包括对公路路基、路面、桥涵隧以及其他沿线设施的技术状况评定
2	桥涵经常检查	以目测为主，检查外表可见到的病害和缺陷等，并现场填写或录入经常性检查记录，具体按照《公路桥涵养护规范》和《福建省普通国省道桥梁养护管理办法》有关要求执行
3	隧道经常检查	对土建结构的外观状况进行一般性定性检查；通过步行目测或使用简单工具，对风机悬挂设施仪表读数、运转状态或损坏情况进行的检查。具体按照《公路隧道养护技术规范》等有关要求执行
三、保养维护		
1	路基维护	(1) 局部整修路肩、边坡，修剪路肩草、分隔带草木，清除杂物，保持路容整洁。(2) 疏通边沟、截水沟、上下边坡平台水沟、跌水槽、集水井，保持排水系统畅通。(3) 清除挡土墙、边坡、排水系统的杂物及小溜方、清理及修复沉降缝，清理SNS挂网内的危石浮石及网片修补、疏通泄水孔，处理松动石块，清理碎落台等。(4) 路基构造物、排水系统等小面积损坏应及时修复完成
2	路面维护	(1) 清扫路面泥土、杂物，保持路面整洁。(2) 处治泛油、松散、路面坑槽、裂缝、车辙拥包等轻微病害。(3) 处治路面积水、积雪、积冰、积沙；撒防滑料、融雪剂，维持交通。(4) 水泥混凝土路面接缝养护。(5) 水泥混凝土路面断角修补等。(6) 及时处治车辆滴、撒、漏造成路面污染及安全隐患
3	桥梁维护	(1) 清除桥面污泥、积雪、杂物，保持桥面清洁，疏通泄水孔。(2) 疏导桥下河槽。(3) 支座清洁、加润滑油、栏杆清洁、刷新。(4) 桥涵伸缩缝的清洁与维护。(5) 桥头锥坡、护坡以及截水坝的维护和修复。(6) 清理桥下占用空间，定期清除杂草、清除储藏堆物等。(7) 检查通道保持畅通整洁。(8) 桥面铺装层及桥头搭板出现损坏及时修复，桥头跳车及时处治
4	涵洞维护	(1) 涵洞通道、窨井、出口跌水槽等的清理、维修。(2) 涵帽刷漆、清洗。(3) 检查通道维护
5	隧道维护	(1) 清除隧道内污泥、杂物、冰雪，保持清洁。(2) 疏通泄水孔、排水沟、截水沟，保持排水畅通。(3) 隧道衬砌污渍、水渍的粉刷。(4) 隧道洞口及时刷新，锥坡、护坡的维护。(5) 清除隧道口碎落岩石。(6) 清除消防水池淤泥、保证水池正常蓄水、水管维护；消防设施的维护、消防液定期更换。(7) 灯具、通风设施及机电线路检查保养。(8) 隧道路面清扫、反光块、猫眼清洗，检查通道侧壁清洗，标线刷新。(9) 隧道洞口检查通道、机房检查保养、隧道内检修通道维护
6	交通安全设施维护	(1) 对混凝土护栏、轮廓标、界牌、百米桩、里程牌、活动栅栏、示警标柱等的清洗、刷新或维护。(2) 标志牌清洗、维护，标线的清洁。(3) 标志牌遮挡物的清除。(4) 清理泄水孔堵塞。
7	基础设施维护	公路站、服务区、停车区及公厕的卫生日常保洁、外墙刷新、垃圾处理、设施维护等
8	绿化维护	对成形绿化路段进行浇水、施肥、治虫、培土、修剪、抚育和枯枝处理；乔木抹芽；清除路树爬藤；树木扶正。冬季乔、灌木及地被御寒、路树刷白等

352. 福建省深化农村公路管理体制改革推动“四好农村路”高质量发展实施方案

（闽政办〔2020〕1号）

为进一步贯彻落实习近平总书记关于“四好农村路”和福建老区苏区工作重要指示精神，根据国务院办公厅《关于深化农村公路管理养护体制改革的意见》（国办发〔2019〕45号）、交通运输部等八部委《关于推动“四好农村路”高质量发展的指导意见》（交公路发〔2019〕96号），结合我省实际，制定本实施方案。

一、总体要求

以习近平新时代中国特色社会主义思想为指导，全面贯彻党的十九大和十九届二中、三中、四中全会精神，落实党中央、国务院决策部署，践行以人民为中心的发展思想，坚持新发展理念，聚焦突出问题，完善政策机制，加快建立农村公路管理养护长效机制，形成上下联动、齐抓共管的工作局面，推动“四好农村路”高质量发展，构筑广覆盖的农村交通基础设施网，推进公路交通行业治理体系和治理能力现代化，为实施乡村振兴战略、农业农村现代化和交通强国福建先行区建设提供更好保障。

二、工作目标

到2022年，基本建立以各级公共财政投入为主、多渠道筹措为辅的资金保障机制，形成权责清晰、建养并重、齐抓共管的农村公路管理体制机制。农村公路年均养护工程比例达5%以上，优良中等路率达75%以上。

到2025年，基本形成外通内联、安全舒适、路域洁美、服务优质的农村交通运输网络，实施农村路网提档升级10000公里以上，改造县道三级路1000公里、通达双车道建制村1000个；85%县（市、区）城乡道路客运一体化评价达到4A及以上等级，农村物流实现“县县有中心、镇镇有站点、村村通快递”。

到2035年，城乡公路交通公共服务均等化基本实现，体系完备、治理高效的农村公路管理养护体制机制全面建立，农村公路全面实现品质高、网络畅、服务优、路域美，有效支撑交通强国先行区建设。

三、完善管理体制机制

（一）落实分级管理职责。落实“省级指导、市级监督、县为主体”的分级管理体系。省发展改革、财政、公安、自然资源、住建、生态环境、水利、交通运输、农业农村（扶贫）、林业、海洋渔业、邮政管理、供销等有关部门加强本行业涉及“四好农村路”工作的统筹指导、政策支持和督促落实。设区市人民政府负责完善市级支持政策，对县级人民政府进行绩效管理，加强指导监督。县级人民政府要完善本级财政支持政策，明确县级相关部门、乡镇人民政府的管理权责清单，监督考核履职尽责情况。市、县两级要加强农村公路管理机构和队伍建设，将管理机构运行经费及人员支出纳入一般公共财政预算。

（二）健全长效管养机制。坚持“党委领导、政府主导、行业指导、部门联动”的工作机制，深化落实路长制、乡村道专管员制度，完善灾毁保险、养护资金考核挂钩机制。建立健全乡镇政府与县公安交管、交通执法等部门的协作机制，加强违法超限运输、乡村非法营运和路域环境治理，保护路产路权。

四、夯实交通设施保障

（三）加快路网提档升级。加强农村公路与高速路网、普通国省干线的衔接，推进高速公路沿线乡镇增设互通或出入口，重点推进县道“四晋三”、乡道“单改双”工程，有序推进通较大自然村公路建设。

（四）提升质量安全水平。因地制宜推进农村公路建设，尽量利用旧路资源，保护生态环境。严格落实质量责任终身制、新改建项目安防设施“三同时”制度，强化安全隐患整治，持续推进安全生命防护工程、危（病）桥隧改造，保障群众出行安全。

五、健全养护运行机制

（五）推进公路养护市场化改革。强化养护市场化考核和监管，加快养护市场主体培育，分类有序推进公路养护市场化改革，逐步建立政府与市场合理分工的养护生产组织模式。引导符合市场属性的事业单位转制为现代企业，鼓励将干线公路与农村公路捆绑管养，提升农村公路养护专业化、机械化水平。

（六）推进养护常态化制度化。落实“县道县管、乡道乡管、村道村管”的养护责任体系，完善养护管理制度，推进常态化管护，统筹实施美丽生态农村路建设，实现“有路必养、养必到位”。

六、提升运输服务品质

（七）推进城乡客运一体化发展。推进城乡客运基础设施、信息服务一体化发展，提升客运服务品质。设区市、县级人民政府要制定发展农村客运扶持政策，重点支持偏远山区农村网约车公益化运营，加快推进农村客运公交化运营，因地施策确保村村通客车“开得通、留得住”。

（八）完善农村物流网络。加快县、乡、村三级农村物流网络和普惠城乡的邮政快递服务体系建设，整合邮政快递、供销、农业、交通运输等农村物流资源，予以资金和政策支持，推进“多站合一”提升农村物流节点覆盖率。推进“互联网＋农村物流”，提升农村邮件快件货运服务水平。

七、强化资金保障

（九）落实成品油税费改革资金。加大对普通公路养护的支持力度，成品油税费改革新增收入替代原公路养路费部分，不低于改革基期年（2009 年）公路养路费收入占“六费”收入的比例。成品油税费改革转移支付用于普通公路养护的比例不低于 80%且不得用于公路新建。省级养护补助资金与切块到市县的成品油税费改革转移支付资金之和，占成品油税费改革新增收入替代原公路养路费部分的比例不低于 15%。2022 年起，成品油税费改革转移支付资金不再列支管理机构运行经费和人员等其他支出。

（十）加大财政资金支持力度。省级继续加大农村公路建设资金投入，倾斜支持省级扶贫开发重点县、中等发展水平县和苏区老区县农村交通发展。从 2020 年起下达年度计划的省级扶贫开发重点县、中等发展水平县、经济较发达县的县道晋级三级建设分别按 160 万元/公里、120 万元/公里、80 万元/公里补助，县乡道公路“单改双”建设分别按 80 万元/公里、60 万元/公里、40 万元/公里补助；对原中央苏区县、革命老区县在定额补助标准的基础上，分别上浮 20%和 10%的倾斜补助。省、市、县建立与养护成本变化等因素相关联的动态调整机制；继续落实农村公路养护、灾毁保险、灾后重建等政策，相关税收返还用于农村公路养护。加强同级财政预算对农村客运车辆购置及运营补助、管理养护机构运行经费和人员等支出的保障。

（十一）拓展筹融资渠道。地方各级人民政府要发挥政府资金的引导作用，采取先建（养）后补、以奖代补、无偿提供料场等方式支持农村公路建设养护。加大地方政府一般债券资金对“四好农村路”建设的支持力度，鼓励保险资金通过购买地方政府一般债券方式合法合规参与农村公路发展，严禁农村公路建设新增隐性债务。发挥农民作为农村公路直接受益主体的作用，利用好“一事一议”机制，发动村民投工投劳积极参与农村公路建养管理。

八、深化“放管服”改革

（十二）简化农村公路项目审批。农村公路项目应精简审批程序，简化招标流程。各地应引导本辖区公共资源交易中心开展农村公路小型项目设计、监理、招标代理、环评、水保论证等政府采购网上超市服务类业务，缩短服务承担单位的选择时间。四级公路建设、农村公路安全生命防护工程、危桥改造及公路养护等工程以规划代立项，或者以项目库代立项（项目库由县级及以上交通部门建立），视同工可审批，并以一阶段施工图设计批复为依据给予投资赋码。符合土地利用总体规划的农村公路建设项目按规定直接办理用地预审。仅在公路用地范围内实施的改建和养护工程，对水保等评估审批事项实行告知承诺制。

（十三）强化资金监管。各级财政、交通运输部门要加强农村公路养护资金使用监管，建立考核机制并将考核结果与相关投资挂钩。对地方各级公共财政用于农村公路养护的资金实施全过程预算绩效管理，确保及时足额拨付到位。公共资金使用情况按有关规定对社会公开，各级审计部门要加强对农村公路养护资金使用情况的审计监督。

各级各部门要将深化农村公路管理养护体制改革、推进“四好农村路”高质量发展作为实施乡村振兴战略、推进农业农村现代化的一项先行工程，同步部署落实。各设区市人民政府要于2020年3月底前制定本辖区相关部门和县级人民政府对农村公路的权责清单，压实责任，抓好任务落实。省级有关部门要密切配合，按照职责推进各项工作。省级交通运输部门要加强工作指导和督促落实，重大情况及时报告省政府。

353. 江西省公路路政管理条例

（2008年8月1日江西省第十一届人民代表大会常务委员会第四次会议通过）

第一章　总　　则

第一条　为了加强公路路政管理，保障公路完好、安全和畅通，根据《中华人民共和国公路法》（以下简称公路法）等有关法律、行政法规的规定，结合本省实际，制定本条例。

第二条　本省行政区域内国道、省道、县道、乡道的路政管理，适用本条例。

《江西省高速公路管理条例》对高速公路路政管理另有规定的，从其规定。

第三条　公路路政管理应当遵循统一管理、分级负责的原则。

第四条　县级以上人民政府应当加强对公路路政管理工作的领导。

省人民政府交通主管部门主管全省公路路政管理工作，负责本条例的组织实施和监督执行。省公路管理机构具体负责监督、指导全省公路路政管理工作。

设区的市、县（市、区）人民政府交通主管部门（以下简称交通主管部门）按照职责主管本行政区域内所辖路段的公路路政管理工作。设区的市公路管理局、县（市、区）公路管理分局（站）（以下简称公路管理机构）按照职责负责实施所辖路段的公路路政管理工作。

第五条　县级以上人民政府公安、规划、建设、国土资源、工商行政管理、质量技术监督、环境保护、农业、水利、林业等有关部门，应当按照各自职责依法做好公路路政管理的相关工作。

乡镇人民政府应当协助做好本行政区域内的公路路政管理工作。

第六条　县级以上人民政府应当采取措施，加强对公路的保护。交通主管部门、公路管理机构应当认真履行职责，依法做好公路保护工作，并努力采用科学的管理方法和先进的技术手段，提高公路管理水平，保障公路的完好、安全和畅通。

第七条　负责公路建设、养护、管理的单位应当按照国务院交通主管部门规定的技术规范和操作规程对公路进行养护，发现公路损坏的，及时组织修复，保证公路经常处于良好的技术状态。

第八条　公路作为公益性基础设施受国家保护。任何单位和个人不得破坏、损坏或者非法占用公路、公路用地及公路附属设施。

任何单位和个人都有爱护公路、公路用地及公路附属设施的义务，有权检举和控告破坏、损坏公路、公路用地、公路附属设施以及影响公路安全的行为。

第二章　管 理 职 责

第九条　交通主管部门、公路管理机构依法行使下列公路路政管理职责：

（一）宣传、贯彻执行公路路政管理的法律、法规和规章；

（二）管理和保护公路、公路用地及公路附属设施；

（三）实施公路路政监督检查，维护公路安全、畅通；

（四）审查批准挖掘、占用、利用公路或者公路用地，以及超限运输等申请事项；

（五）管理公路两侧建筑控制区；

（六）法律、法规、规章规定的其他职责。

第十条　交通主管部门、公路管理机构、公安交通管理部门应当建立健全为民服务制度，逐步完善服务设施，为司乘人员提供服务。

交通主管部门、公路管理机构、公安交通管理部门应当加强对公路的巡查，发现公路路障的，按照职责及时排除。

第十一条 交通主管部门、公路管理机构应当加强对所属公路路政监督检查人员的教育和管理，提高公路路政监督检查人员的素质和行政执法水平。

第十二条 公路路政监督检查人员执行公务，应当着装整齐，佩戴标志，持证上岗。

用于公路监督检查的专用车辆，应当设置统一的标志和示警灯。

第十三条 公路路政监督检查人员执行公务，应当恪尽职守、公正廉洁、文明执法、热情服务，不得有下列行为：

（一）擅自设置收费、罚款项目，改变收费、罚款范围和标准；

（二）收费、罚款不出具有效票据；

（三）强制提供有偿服务；

（四）刁难、勒索管理相对人；

（五）其他违法行为。

第十四条 公路路政监督检查人员在公路、公路用地、公路两侧建筑控制区依法实施监督检查时，有关单位和个人应当予以配合，接受检查。

第三章 公路路产管理

第十五条 交通主管部门、公路管理机构应当建立公路路产登记制度，对公路路产登记造册。

交通主管部门、公路管理机构应当按照技术规范划定公路标线，设置公路标志等附属设施。

第十六条 在公路、公路用地范围内禁止下列行为：

（一）挖砂、采石、取土；

（二）堵塞、填埋公路排水设施；

（三）损坏公路标志、标桩等设施；

（四）挖沟引水、利用公路边沟排放污物；

（五）摆摊设点、堆放或者摊晒物品、倾倒垃圾、设置障碍；

（六）搭棚建屋，设置集贸市场、停车场、洗车点；

（七）拌料、拉钢筋等占道作业；

（八）其他损坏、污染公路、公路附属设施和影响公路畅通的行为。

第十七条 在大中型公路桥梁和渡口周围200米、公路隧道上方和洞口外100米范围内，以及在公路两侧一定距离内禁止下列行为：

（一）挖砂、采石、取土；

（二）倾倒废弃物；

（三）爆破作业；

（四）其他危及公路、公路桥梁、公路隧道、公路渡口安全的行为。

第十八条 在公路上行驶的货运车辆应当规范装载，装载物不得触地拖行、遗洒。

第十九条 车辆在公路上需要进行临时检修等作业的，应当先设置规范的标志，保证交通安全，并采取保护措施，防止损坏、污染公路或者公路附属设施。检修结束后，应当及时清理路面。

第二十条 机动车制造厂和其他单位不得将公路作为检验机动车制动性能的试车场地。

国道不得作为机动车驾驶员培训场地。在其他公路上进行机动车驾驶员培训的，应当遵守公安交通管理部门对行驶时间、路段的规定。

第二十一条 在公路、公路用地范围内进行下列活动，应当依照公路法的有关规定，事先经交通主管部门或者公路管理机构审批，并采取相应的保护措施：

（一）修建铁路、机场、电站、通信设施、水利工程以及进行其他建设工程需要占用、挖掘公路或者使公路改线的；

（二）跨越、穿越公路修建桥梁、渡槽或者架设、埋设管线、电缆等设施的；

（三）设置公路平面交叉道口的；

（四）除法律另有规定外，铁轮车、履带车和其他可能损害公路路面的机具确需在公路上行驶的；

（五）更新砍伐树木的；

（六）设置广告牌、标牌等非公路标志的。

第二十二条 申请办理第二十一条第一项至第三项规定的审批事项，申请人应当提交下列材料：

（一）载明施工的理由、地点、期限等内容的申请书；

（二）符合公路工程技术标准的设计方案；

（三）符合保障公路安全、畅通要求的施工方案；

（四）法律、法规、规章规定应当提交的其他材料。

第二十三条 申请办理第二十一条第四项规定的审批事项，申请人应当提交下列材料：

（一）载明车辆或者机具确需行驶的理由、保护措施等内容的申请书；

（二）车辆或者机具行驶证件；

（三）法律、法规、规章规定应当提交的其他材料。

第二十四条 申请办理第二十一条第五项规定的审批事项，申请人应当提交下列材料：

（一）载明砍伐树木的理由、位置、种类、数量等内容的申请书；

（二）符合公路绿化工程技术标准的补种方案；

（三）符合保障公路安全、畅通要求的作业方案；

（四）法律、法规、规章规定应当提交的其他材料。

第二十五条 申请办理第二十一条第六项规定的审批事项，申请人应当提交下列材料：

（一）载明设置广告牌、标牌等非公路标志的理由、地点、时间及保持期限的申请书；

（二）广告牌、标牌等非公路标志的外廓尺寸、结构及安全性能的说明；

（三）法律、法规、规章规定应当提交的其他材料。

第二十六条 本章规定的审批权限涉及国道、省道的，由设区的市公路管理机构行使；涉及县道、乡道的，由县（市、区）交通主管部门或者公路管理机构行使。

前款规定的审批机关应当自受理申请之日起15个工作日内作出是否审批的决定。涉及收费公路的，应当征求收费公路经营管理者的意见。予以审批的，办理审批手续；不予以审批的，书面告知申请人并说明理由。

第二十七条 经依法审批进行本条例第二十一条所列活动的单位和个人，占用、挖掘公路，使公路改线或者对公路造成损坏的，应当根据公路法的有关规定，按照不低于该段公路原有的技术标准予以修复、改建或者给予补偿。

第二十八条 驾驶车辆对公路及公路附属设施造成较大损害的，必须立即停车，保护现场，报告交通主管部门或者公路管理机构，接受调查处理；情节严重又拒不接受调查处理的，交通主管部门或者公路管理机构可以指定地点强制其停车，接受调查处理后方可驶离。

第二十九条 公安交通管理部门在处理交通事故时，涉及损坏公路路产的，应当及时通知交通主管部门或者公路管理机构参与处理。

第四章　超限运输车辆行驶管理

第三十条 在公路上行驶车辆的车货总高度、总长度、总宽度和轴载质量以及总质量，应当符合国家道路车辆外廓尺寸、轴荷以及质量限值的规定。

在有限定要求的公路、公路桥梁、公路隧道以及公路渡口，交通主管部门、公路管理机构应当设置限载、限高、限宽、限长标志。

第三十一条 超过公路、公路桥梁、公路隧道或者汽车渡船的限载、限高、限宽、限长标准的车辆，不得在有限定标准的公路、公路桥梁上或者公路隧道内行驶，不得使用汽车渡船。车辆超过公路或者公路桥梁限载标准确需行驶的，必须经有关交通主管部门或者公路管理机构批准，并按照要求采取有效的防护措施；运载不可解体的超限物品的，应当按照指定的时间、路线、时速行驶，并悬挂明显标志。

申请办理前款规定的批准事项，申请人应当提交下列材料：

（一）载明货物运输的起讫点、拟经过的路线和运输时间的申请书；

（二）货物名称、重量、外廓尺寸及必要的总体轮廓图；

（三）运输车辆的厂牌型号、自载质量、轴载质量、轴距、轮数、轮胎单位压力、载货时总的外廓尺寸等有关资料；

（四）车辆行驶证；

（五）法律、法规、规章规定应当提交的其他材料。

第三十二条 前条规定的批准权限，按照下列规定执行：

（一）跨省（自治区、直辖市）行政区域进行超限运输的，由省公路管理机构行使，必要时可转报国务院交通主管部门统一进行协调；

（二）跨设区的市行政区域进行超限运输的，由省公路管理机构行使；

（三）跨县（市、区）行政区域进行超限运输的，由设区的市公路管理机构行使；

（四）在县（市、区）行政区域内进行超限运输的，由县（市、区）交通主管部门或者公路管理机构行使。

前款规定的批准机关应当自受理申请之日起15个工作日内作出是否批准的决定。予以批准的，向申请人颁发《超限运输通行证》；不予以批准的，书面告知申请人并说明理由。

第三十三条 交通主管部门、公路管理机构在审查超限运输申请时，应当根据实际情况，对需经路线进行勘测，选定运输路线，制定通行与加固方案，并与申请人签订有关协议。申请人应当根据通行与加固方案，对需要加固的运输路线、桥梁等进行加固，保障超限运输车辆安全行驶，或者由交通主管部门、公路管理机构帮助其采取加固措施，所需费用由申请人承担。

第三十四条 超限运输的承运人应当随车携带有效《超限运输通行证》。

超限运输车辆的实际型号、运载物品应当与《超限运输通行证》载明内容相一致。

禁止涂改、伪造、租借、转让或者超期使用《超限运输通行证》。

第三十五条 经省人民政府批准，交通主管部门或者公路管理机构可以在公路上设置运输车辆轴载质量及车货总质量的检测装置，对超限运输车辆进行检测。

经省人民政府批准，收费公路经营管理者可以在收费公路出口处设置计重收费装置，实行计重收费。

第三十六条 交通主管部门、公路管理机构应当规范检测行为，进行科学检测；对超限运输车辆进行检测时，不得影响其他车辆通行。

未办理《超限运输通行证》的超限运输车辆，承运人应当卸去超限的部分物品，未按照要求卸载的，不得继续上路行驶。运输不可解体的超限物品的运输车辆，未办理《超限运输通行证》的，承运人应当按照本章的规定补办《超限运输通行证》。

第三十七条 交通主管部门或者公路管理机构依法对在公路上行驶的超限运输车辆进行检查时，被检查人员应当配合，接受检查，不得强行通过。对不接受检查，堵塞超限运输检测装置通行车道的，可以强制拖移。

第五章　公路两侧建筑控制区管理

第三十八条　公路两侧建筑控制区的范围按照下列规定划定：

（一）国道不少于 20 米；

（二）省道不少于 15 米；

（三）县道不少于 10 米；

（四）乡道不少于 5 米。

第三十九条　国道、省道两侧建筑控制区，由沿线设区的市人民政府划定；县道、乡道两侧建筑控制区，由沿线县（市、区）人民政府划定。

交通主管部门、公路管理机构应当在依法划定的公路两侧建筑控制区外缘设置标桩、界桩。任何单位和个人不得损坏、擅自挪动标桩、界桩。

第四十条　除公路防护、养护需要外，禁止在公路两侧建筑控制区内修建建筑物和地面构筑物；需要在公路两侧建筑控制区内埋设管线、电缆等设施，应当事先经有关交通主管部门或者公路管理机构批准。

申请办理前款规定的审批事项，申请人应当提交本条例第二十二条规定的材料。

本条规定的批准权限，按照本条例第二十六条的规定执行。

第四十一条　在公路两侧建筑控制区填土或者在公路两侧房屋门前铺筑地面的，其标高应当低于公路路肩外缘标高 30 厘米，并且应当按照公路工程技术标准修建排水设施。

第四十二条　公路两侧建筑控制区内的违法建筑，应当依照有关法律、法规的规定予以拆除。

在公路两侧建筑控制区划定前，已依法在公路两侧建筑控制区内修建的建筑物和地面构筑物，不影响交通安全及公路建设的，可以保留，但不得在原地扩建或者重建；因影响交通安全或者公路建设等原因需要实施拆迁的，应当依法予以补偿。

第四十三条　规划、建设、国土资源等主管部门，在实施有关行政许可或者建设用地审批时，涉及公路两侧建筑控制区的，应当严格按照本条例第三十八条的规定办理，并在批准文件中注明建筑物与公路的控制距离。

第四十四条　规划和新建村镇、开发区以及集贸市场等，应当与公路保持规定的距离，避免在公路两侧对应建设，防止造成公路街道化，保证公路的运行安全与畅通。

本条例施行前已经在公路两侧建设的村镇、开发区以及集贸市场等，不得再沿公路平行扩建。

第六章　法 律 责 任

第四十五条　违反本条例的规定，有关法律、行政法规有法律责任规定的，从其规定。

第四十六条　违反本条例第十八条规定的，由交通主管部门或者公路管理机构责令停止违法行为，限期清除障碍或者恢复路面；对公路造成污染或者损坏的，可以处 500 元以上 2000 元以下罚款；情节严重的，可以处 2000 元以上 5000 元以下罚款。

第四十七条　违反本条例第三十一条规定的，车辆超限使用汽车渡船或者未经批准在公路上擅自超限行驶的，由交通主管部门或者公路管理机构责令承运人停止违法行为，接受调查、处理，并可以处 1000 元以上 5000 元以下罚款；情节严重的，可以处 5000 元以上 1 万元以下罚款。

第四十八条　违反本条例第三十四条第一款规定的，由交通主管部门或者公路管理机构核实后放行，并可以处 100 元以上 500 元以下罚款。

违反本条例第三十四条第二款、第三款规定的，由交通主管部门或者公路管理机构按照擅自超限运输处罚。

第四十九条　违反本条例规定，对公路、公路用地及公路附属设施造成损害的，须缴纳公路路产赔（补）偿费；对公路、公路用地及公路附属设施造成污染的，应当负责清除或者承担清除费用。

第五十条 交通主管部门、公路管理机构及其公路路政监督检查人员有下列行为之一的，对直接负责的主管人员和其他直接责任人员依法给予处分；造成损失的，依法承担赔偿责任；构成犯罪的，依法追究刑事责任：

（一）擅自设置收费、罚款项目，改变收费、罚款范围和标准；

（二）收费、罚款不出具有效票据；

（三）强制提供有偿服务；

（四）刁难、勒索管理相对人；

（五）其他玩忽职守、徇私舞弊、滥用职权的行为。

第五十一条 违反本条例第四十三条规定办理有关行政许可或者建设用地审批的，该行政许可或者审批无效，对行政许可实施机关和审批单位直接负责的主管人员和其他直接责任人员，依法给予处分；造成损失的，依法承担赔偿责任。

第七章 附 则

第五十二条 本条例下列用语的含义：

（一）公路路政管理，是指为保障公路完好、安全和畅通，依法保护公路、公路用地及公路附属设施，管理公路两侧建筑控制区的行政管理行为；

（二）公路路产，是指公路、公路用地和公路附属设施；

（三）公路用地，是指公路两侧边沟（截水沟、坡脚护坡道）外缘起不少于1米范围内的土地；

（四）公路附属设施，是指为保护、养护公路和保障公路安全畅通所设置的公路防护、排水、养护、管理、服务、交通安全、渡运、监控、通信、收费等设施、设备以及专用建筑物、构筑物等；

（五）超限运输，是指在公路、公路桥梁上、公路隧道内行驶或者通过公路渡口的车辆，超过公路、公路桥梁、公路隧道或者汽车渡船对其轴载质量、高度、宽度或者长度的限制；

（六）收费公路，是指符合公路法和收费公路管理条例规定，经批准依法收取车辆通行费的公路（含桥梁、隧道）；

（七）公路两侧建筑控制区，是指以公路两侧边沟外缘为界，向外延伸一定距离的区域。

第五十三条 公路路产赔（补）偿费标准，由省人民政府交通主管部门会同省人民政府财政、价格主管部门根据公路工程造价定额标准制定。收取赔（补）偿费，必须使用省人民政府财政部门统一印制的专用票据。

收取的赔（补）偿费，应当专项用于公路路产的恢复和公路养护，任何单位和个人不得平调、挪用或者截留。

第五十四条 村道和林区公路的路政管理参照本条例执行。

第五十五条 本条例自2008年9月1日起施行。省人民政府1993年11月6日发布、1998年2月10日修正的《江西省公路路政管理办法》同时废止。

354. 江西省公路条例

（2015年9月24日江西省第十二届人民代表大会常务委员会第二十次会议通过）

第一章 总 则

第一条 为了加强公路建设和管理，促进公路事业发展，适应经济建设和人民生活需要，根据《中华人民共和国公路法》《公路安全保护条例》《收费公路管理条例》等有关法律、行政法规的规定，结合本省实际，制定本条例。

第二条 在本省行政区域内从事公路的规划、建设、养护、经营、使用和管理，适用本条例。

本条例所称公路，按其在公路路网中的地位分为国道、省道、县道、乡道和村道，按技术等级分为高速公路、一级公路、二级公路、三级公路和四级公路。公路包括公路桥梁、公路隧道和公路渡口。

专用公路的管理按照有关法律法规执行。

第三条 县级以上人民政府应当加强对公路工作的领导，将公路发展纳入国民经济和社会发展规划，将公路建设、养护和管理所需经费纳入本级财政预算。

第四条 省人民政府交通运输主管部门主管全省公路工作，并负责全省高速公路的监督、管理工作。省公路管理机构具体负责除高速公路外其他公路的监督、管理和指导工作。

设区的市、县（市、区）人民政府交通运输主管部门按照职责主管本行政区域内所辖路段的公路的监督、管理工作。设区的市、县（市、区）公路管理机构按照职责具体负责所辖路段的公路的监督、管理工作。

本省行政区域内国道、省道、县道的建设、养护管理体制由省人民政府确定。

乡（镇）人民政府负责本行政区域内乡道的建设、养护和管理以及村道的组织建设、养护和管理。

第五条 县级以上人民政府发展改革、财政、公安、建设、城乡规划、国土资源、工商、水利、林业、环境保护等部门应当在各自职责范围内做好与公路相关的工作。

第六条 任何单位和个人不得破坏或者非法占用公路、公路用地及公路附属设施。

禁止任何单位和个人在公路上非法设卡、收费和拦截车辆。

第二章 公路规划和建设

第七条 公路规划应当符合国家公路网规划要求，根据国民经济和社会发展以及国防建设需要编制，并与城乡规划、土地利用总体规划、林地保护利用规划、旅游发展规划、环境保护规划和其他方式的交通运输发展规划等相协调。

第八条 公路规划依照《中华人民共和国公路法》规定的职权和程序编制。

公路规划编制应当坚持科学、规范的原则，并进行专家论证。

公路规划批准后，除涉及国防的内容外，应当向社会公布。

经批准的公路规划应当严格执行。确需修改的，由原编制机关提出修改方案，报原批准机关批准。

第九条 新建、改建公路项目应当符合公路规划，对未纳入公路规划或者与公路规划不一致的公路建设项目，不予批准。

公路建设应当按照国家和省规定的基本建设程序、技术规范和标准以及建设工程有关规定执行。公路建设项目按照国家有关规定实行法人负责制度、招标投标制度、工程监理制度、工程合同管理制度和工程质量责任追究制度。

第十条 公路建设资金可以采取下列方式筹集：

（一）财政拨款，包括依法征税筹集的公路建设专项资金转为的财政拨款；

（二）国内外金融机构或者外国政府贷款、赠款；

（三）国内外企业或者其他组织、个人的投资、捐款；

（四）依法出让公路收费权的收入；

（五）开发、经营公路的公司依法发行股票、公司债券；

（六）法律、法规或者国家、省人民政府规定的其他方式。

第十一条 公路建设用地，应当依法办理用地手续。公路建设用地的征收、补偿和拆迁安置等，由公路沿线县（市、区）人民政府负责组织实施。

公路建设用地的征地补偿费、安置补助费、地上附着物和青苗的补偿费等标准，按照国家和省人民政府有关规定执行。

自县级以上人民政府发出拟征地公告之日起，当地人民政府及其有关部门，在拟建公路的建筑控制区内不得再批准建设建筑物、构筑物。

第十二条 新建、改建公路应当统筹规划客货运站（点）、服务区（停车区）、养护中心、超限检测站、路政执法站、交通流量观测站等公路附属设施，并与公路主体工程同步设计、同步建设。

新建、改建公路应当按照公路工程技术规范的要求设置安全设施，并与公路主体工程同时设计、同时施工、同时投入使用。已建成的公路应当按照安全、经济、实用的原则，逐步完善安全设施。

第十三条 新建、改建公路施工期间，施工单位应当按照规定设置明显的施工标志、安全标志和相应的防护设施。

禁止非施工车辆和人员擅自进入施工现场以及施工完毕尚未投入试运营的路段。

第十四条 公路建设项目完工后，建设单位应当组织交工验收，验收合格后投入试运营。试运营之前，应当明确试运营期间的管理和养护单位。

公路建设项目试运营期满，并符合竣工验收条件的，交通运输主管部门、公路管理机构应当组织竣工验收。未经验收或者验收不合格的，不得交付使用。

第十五条 改建公路涉及对原有公路改线的，县级以上人民政府应当在改建公路立项时，确定改建后未并入新公路的原有公路的管理和养护单位，并在改建公路建成交付使用之日起三个月内，组织有关部门办理管理和养护移交手续。原有公路永久性停止使用的，应当按照国家有关规定作报废处理，并向社会公告。

第十六条 公路调整为城市道路的，应当由所在地设区的市或者县（市、区）人民政府提出调整意见，按照国家和省有关规定办理。

公路调整为城市道路的，应当自调整之日起三十日内办理交接手续，由设区的市或者县（市、区）人民政府指定有关部门接收并履行管理和养护职责。

第十七条 公路工程保修期和保修范围由合同约定，在保修期和保修范围内发生因施工原因造成质量问题的，施工单位应当履行保修义务，并对造成的损失依法承担赔偿责任。

第十八条 公路工程建设单位应当按照国家和省有关档案管理的规定，及时收集、整理公路建设项目各环节的文件资料，建立健全公路建设项目档案，并在公路建设工程竣工验收后，及时向档案管理部门和其他有关部门移交建设项目档案。

第三章　公路养护

第十九条 公路管理机构应当按照国家和省有关标准和规范，实施公路养护管理，建立公路养护检查、巡查制度和养护档案。

公路管理机构应当公示公路养护作业单位名称、养护路段以及联系电话。公路养护作业单位应当定时进行养护巡查，按照规定的技术规范和操作规程实施养护作业，并建立公路养护台账，记录养护巡查、检测、作业以及其他相关信息。

第二十条 省人民政府交通运输主管部门应当根据路网运行情况，提出全省公路养护资金分配方案，报省人民政府批准，并根据国家有关规定，适时调整全省公路养护工程费和小修保养费的定额标准。

县级以上人民政府交通运输主管部门、公路管理机构应当按照公路等级、里程、路况、交通量、养护定额及养护规范，编制公路养护计划，统筹安排公路养护工程施工。

第二十一条 公路养护应当推行养护管理和养护作业分离，选择具有养护资质的单位承担公路养护作业，实行合同管理。

鼓励通过向社会公开招标投标等方式，择优选择养护作业单位。

第二十二条 公路管理机构应当提前向社会公示公路养护大修、中修等工程作业及路况信息。

公路养护作业单位应当按照维修合同约定的工期、时段进行大修、中修等工程作业。

第二十三条 公路养护作业单位需要临时占用公路路面进行日常养护作业的，应当保证通行和养护作业的安全。

公路养护作业人员应当遵守公路安全作业规程，穿着统一的安全标志服；公路养护车辆、机械设备作业时，应当设置明显的作业标志，开启危险报警闪光灯。

因公路养护影响公路正常通行的，公路管理机构应当及时告知公安机关交通管理部门，公安机关交通管理部门应当依法加强交通安全管理，维护道路交通秩序，公路养护作业单位应当配合维护道路交通秩序。

第二十四条 公路管理机构应当定期对公路桥梁进行检查。需要进行检测的，应当委托具有相应资质的机构进行检测。

公路桥梁经检测荷载等级达不到原标准的，应当设置明显的限载标志，并及时采取维修和加固等养护措施；经检测发现公路桥梁严重损坏影响通行安全的，应当先行设置禁止通行和绕行标志，并及时采取修复措施。

第二十五条 公路突发事件的应急管理应当纳入县级以上人民政府突发事件应急管理体系，由县级以上人民政府统一领导，交通运输主管部门、公路管理机构具体负责组织实施，其他相关部门按照各自职责负责公路突发事件的应急处置工作。

公路管理机构、公路经营管理者应当根据国家和省有关规定制定应急预案，组建应急队伍，定期组织应急培训与演练，储备必要的应急救援物资，确保恶劣天气、地质灾害、重大交通事故等紧急情况发生时抢修救援需要。

第四章 公路线路和通行

第二十六条 公路管理机构应当建立公路管理档案，对公路、公路用地和公路附属设施调查核实、登记造册，并逐级上报省人民政府交通运输主管部门。

第二十七条 新建村镇、开发区、学校及货物集散地、商业网点、农贸市场等公共场所，与公路建筑控制区边界外缘的距离，国道、省道不少于五十米，县道、乡道不少于二十米，村道不少于十米，并尽可能在公路一侧建设。

第二十八条 规划铁路、水利、供电、给排水、通信、油气管线等设施时，需要上跨、下穿或者并行于既有或者规划公路的，应当征求有管辖权的人民政府交通运输主管部门或者公路管理机构的意见，保证既有公路的安全畅通和规划的相互协调。

第二十九条 因修建铁路、机场、水利、供电、给排水、通信等建设工程需要占用、挖掘公路，跨越、穿越公路修建桥梁、渡槽，架设、埋设管线等设施或者增设平交道口的，应当依照《中华人民共和国公路法》《公路安全保护条例》的有关规定办理批准手续。施工单位应当编制施工路段现场管理方案，设置规范、清晰、齐全的施工标志和安全标志，加强现场管理。公路管理机构应当加强对施工路段现场的监督管理。

前款规定的施工需要分流或者中断交通的，应当报经公安机关交通管理部门、有管辖权的人民政府交通运输主管部门或者公路管理机构批准并发布公告。

第三十条 在公路、公路用地和公路建筑控制区范围内设置照明、通信、标志、管线、信号灯等设施，由其所有权人或者管理人负责维护和管理，不得遮挡公路标志，不得妨碍安全视距，不得影响交通安全及公路建设。

公路管理机构发现前款规定的设施有缺损、移位、变形等情形，影响公路安全畅通的，应当及时通知其所有权人或者管理人修复、处理；影响交通安全的，应当及时通知公安机关交通管理部门处理。

第三十一条 超过公路、公路桥梁、公路隧道限载、限高、限宽、限长标准的车辆，不得在公路、公路桥梁和公路隧道行驶。载运不可解体物品的车辆确需超限行驶的，应当依照《公路安全保护条例》的有关规定向有管辖权的公路管理机构申请办理超限运输许可。

第三十二条 县级以上人民政府应当将货运车辆超限超载治理工作纳入本级政府年度工作目标考核，建立健全治理工作协调机构，加强货运车辆超限超载运输综合治理。

县级以上人民政府应当组织建设货运车辆超限超载运输治理信息平台，完善监控网络。交通运输主管部门、公路管理机构、公安机关交通管理部门等有关部门应当利用超限超载运输治理信息平台，及时登记、抄告、公示货运车辆超限超载违法行为及处罚情况。

第三十三条 设区的市和县（市、区）人民政府交通运输主管部门、公路管理机构对货运源头单位比较集中的区域，可以采取巡查和派驻行政执法人员等方式，加强货运车辆检查，从源头减少超限超载违法运输行为的发生。

货运源头单位所在地乡（镇）人民政府应当支持、配合做好货运源头治理工作。

第三十四条 省人民政府交通运输主管部门应当编制全省公路超限检测站建设规划，报省人民政府批准后实施。

公路超限检测站应当配置符合国家规定的设施、设备，并在站内显著位置公示监督电话、超限认定标准和超限检测程序。

第三十五条 公路管理机构和公安机关交通管理部门应当依托公路超限检测站，对货运车辆进行超限超载检测、检查；对货运车辆故意避站绕行、短途驳载等行为，可以利用移动检测设备等流动检测方式进行检查。

经流动检测认定的超限超载车辆，应当就近引导至公路超限检测站或者交通运输主管部门、公路管理机构指定的场所进行处理。

第三十六条 公路管理机构可以在公路的重要路段和节点，设置货运车辆超限超载动态检测技术监控设备。

对经动态检测技术监控设备检测显示超限超载的货运车辆，公路管理机构应当责令货运车辆驾驶人在规定的时限内到指定的地点接受处理。逾期不接受处理的，公路管理机构可以将有关技术监控记录资料移交公安机关交通管理部门，由公安机关交通管理部门对其超载行为依法处理。

第三十七条 公安机关交通管理部门发现已经投入使用的公路存在交通安全隐患，需要对公路限速进行调整的，或者配套设施存在交通安全隐患，需要完善安全设施的，由公安机关交通管理部门向当地人民政府提出书面建议，当地人民政府应当及时作出处理决定。公路管理机构接到处理决定后，应当按照公路工程技术标准进行排查和处置。

第三十八条 禁止车辆在装载物着地的情况下行驶。

车辆装载物易抛洒、滴漏、飞扬、散落、污染的，应当采取厢式密闭等有效防护措施。

第三十九条 通过公路渡口的车辆和人员，应当遵守渡口管理的规定，服从渡口管理人员的调度和指挥。

公路渡口营运管理单位应当合理安排运力，提高渡运效率，严禁超载，确保渡运安全。

第五章 高速公路特别规定

第四十条 国内外经济组织投资建设高速公路按照国家有关规定实行特许经营。

特许经营高速公路建设项目应当依法采取招标投标方式选定投资者，并由交通运输主管部门与投资者签订特许经营协议。

第四十一条 高速公路防护、排水、安全设施，监控、通信、收费系统，养护管理、路政管理、交通安全管理、超限运输检测、交通量观测等专用场所、设施，以及经营服务设施，应当与高速公路主体工程同步设计、同步建设、同步验收使用。

已建成的高速公路未按照国家和省有关规定建设前款规定的系统、场所和设施的，由交通运输主管部门督促高速公路经营管理者限期补建。

第四十二条 高速公路经营管理者应当按照国家规定的技术规范和操作规程，对高速公路进行养护，使其经常处于良好的技术状态。

第四十三条 高速公路大修、中修和专项工程养护应当采用招标方式选定养护作业单位。

对高速公路进行大修、中修和实施专项工程改造，应当考虑工程实施对交通的影响。确需封闭一条以上车道时，应当采取安全管理措施，避免发生阻塞，保证安全通行。

对高速公路的日常养护作业，应当避开车流高峰时段。

第四十四条 上跨高速公路的公路桥梁、下穿高速公路的道路、收费站连接线，应当在高速公路建成后移交给所在地县（市、区）人民政府指定的有关部门养护、管理。

第四十五条 高速公路经营管理者经依法批准后可以收取车辆通行费。通行高速公路的货运车辆，其车辆通行费按照省人民政府有关规定，采取计重收费的方式收取。

车辆通行费的收费标准，应当依照价格法律、行政法规的规定进行听证，并按照法定程序审查批准。

第四十六条 高速公路经营管理者应当在收费站显著位置公布收费站名称、审批机关、收费标准、收费单位、收费起止年限、监督电话等内容，文明收费，接受监督。

通行高速公路的车辆应当足额交纳车辆通行费。车辆通行费的减免按照国家有关规定执行，任何单位和个人不得随意减免。符合减免规定的车辆，在通行高速公路收费站时，应当主动出示相关证件，经查验后方可通行。

第四十七条 高速公路经营管理者应当根据车流量开通足够的收费道口，保证车辆畅通。

第四十八条 车辆通行高速公路，不得有下列拒交、逃交、少交车辆通行费的行为：

（一）调换或者使用伪造的通行卡或者凭证；

（二）假冒法定减免费车辆；

（三）采取冲磅、跳磅、刹磅等非法方式妨碍正常计重；

（四）干扰联网收费系统正常运行；

（五）其他拒交、逃交、少交车辆通行费的行为。

高速公路经营管理者对依法应当交纳而拒交、逃交、少交车辆通行费的车辆，有权拒绝其通行，并要求其补交应交纳的车辆通行费。

第四十九条 车辆通行高速公路收费站，应当减速慢行，不得有下列扰乱高速公路经营管理秩序的行为：

（一）强行冲卡；

（二）故意堵塞高速公路收费道口；

（三）侮辱、威胁、殴打收费人员；

（四）其他扰乱高速公路经营管理秩序的行为。

第五十条 自高速公路两侧用地外缘起向外八十米范围内广告设施的设置，应当由省人民政府交通运输主管部门统一规划，并加强管理。

设置高速公路广告设施应当符合规划要求，不得影响高速公路通行安全，并依法办理相关手续。

第五十一条 省人民政府交通运输主管部门应当统一规范全省高速公路服务区、停车区的经营管理。

高速公路经营管理者负责高速公路服务区、停车区的经营管理，服务区设施应当处于良好状态，保证安全，保持清洁、卫生。

高速公路服务区、停车区内的停车场、公共厕所、供电、供水、加油、汽车维修等应当昼夜提供服务。停车场、公共厕所、饮用水服务应当免费。

高速公路服务区、停车区因故无法提供部分服务的，高速公路经营管理者应当通过可变信息板等设施及时发布信息，并采取措施尽快恢复服务。

第五十二条 在高速公路服务区内提供商品或者服务，应当明码标价。

高速公路服务区所在地工商、价格、环保、卫生、公安、食品药品等有关部门应当依法加强服务区经营活动的监督管理。

第五十三条 在高速公路上发生交通事故的，公安机关交通管理部门、交通运输主管部门应当立即派员赶赴现场，组织抢救伤者和保护财产。公安机关交通管理部门负责调查事故现场，处理交通事故，维持事故现场的交通秩序，并通知清障施救单位进行清障施救；交通运输主管部门负责调查处理路产损失。

第五十四条 遇有高速公路严重损毁、恶劣气象条件或者重大交通事故等严重影响车辆安全通行的情形时，交通运输主管部门和公安机关交通管理部门应当及时相互通报路况信息。公安机关交通管理部门应当视情况依法采取交通分流、限速通行、间断放行等交通管制措施，及时发布交通管制信息，并根据实际情况派交通警察现场指挥。

高速公路恢复通行条件后，公安机关交通管理部门应当及时解除交通管制措施，并通知高速公路经营管理者。

第六章　乡道村道特别规定

第五十五条 县（市、区）人民政府负责本行政区域内乡道、村道事业发展，组织协调交通运输、国土资源等部门做好乡道、村道的规划、建设、养护和管理工作。

村民委员会在县级人民政府交通运输主管部门、乡（镇）人民政府的指导帮助下，负责做好本村村道建设和日常养护的组织实施工作。

第五十六条 县级以上人民政府应当加大对乡道、村道建设的投入，安排资金对乡道、村道建设和养护实行定额补助。乡（镇）人民政府应当采取措施筹措资金用于乡道、村道的建设和日常养护。

村民委员会应当遵循村民自愿、量力而行的原则，筹集村道的建设、养护资金。

鼓励单位和个人捐助资金，用于乡道、村道的建设和养护。鼓励利用冠名权、绿化经营权、广告经营权、路边资源开发经营权等方式筹集社会资金，用于乡道、村道的建设和养护。

第五十七条 乡道、村道建设应当尽量利用现有道路进行改建和扩建。

乡道应当按照四级以上公路技术标准建设，路面宽度应当不低于双车道标准。村道建设标准应当根据当地实际需要和经济条件确定，一般不低于四级公路技术标准。

第五十八条 乡道、村道建设应当重视排水和防护工程的设置，提高公路抗灾能力。在陡坡、急弯、沿河、村庄和人群聚集地路段应当设置必要的安全、防护设施和警示标志，保持行车安全。

乡道、村道建设应当根据需要，将农村客运候车亭与主体工程同步设计、同步建设。

第五十九条 乡（镇）人民政府可以聘请技术人员和村民代表参与乡道、村道建设质量的监督工作。

乡道、村道建设项目由县级人民政府交通运输主管部门组织验收，合格后方可交付使用。

第六十条 乡道、村道的养护，应当做到路基稳定、路面路肩整洁、构筑物完好、排水畅通，保证正常、安全使用。

乡道、村道的养护，可以采取建立群众性、专业性养护组织，或者由个人分段承包等方式进行。

鼓励采用公开招标投标等方式，择优选择养护作业单位。

第六十一条 县（市、区）、乡（镇）人民政府应当加强对乡道、村道上超限超载运输行为的治理，保持乡道、村道处于良好的技术状态。

县（市、区）人民政府交通运输主管部门或者乡（镇）人民政府可以在乡道、村道的出入口设置必要的限高、限宽设施，但不得影响消防和卫生急救等应急通行需要，不得向通行车辆收费。

第六十二条 村民委员会应当将村道的管理纳入村规民约，村规民约中有关村道管理的内容不得违反法律、法规的规定。

第六十三条 乡（镇）人民政府应当根据本地实际，编制和实施乡道、村道的大修、中修养护工程计划，县级人民政府交通运输主管部门应当给予技术指导。

第七章 监督管理

第六十四条 县级以上人民政府交通运输主管部门、公路管理机构应当履行监督管理职责，依法检查和制止侵占、损坏、污染公路、公路用地、公路附属设施及其他违反公路法律、法规的行为。

第六十五条 县级以上人民政府交通运输主管部门、公路管理机构应当加强行政执法队伍建设，配备与公路技术等级、通车里程相适应的执法人员和装备。

公路行政执法人员应当具备相应的专业知识和业务能力，按照规定参加行政执法岗位培训，取得行政执法证件，方可从事公路监督检查工作。

第六十六条 公路行政执法人员依法进行监督检查时，有权向公路经营管理者、使用者和其他有关单位、个人了解情况，查阅、复制有关资料，必要时可以录音、录像。有关单位和个人应当配合，不得拒绝、阻碍。

公路行政执法人员依法进行监督检查时，应当有两名以上人员参加，统一着装，佩戴统一标志，并向当事人主动出示行政执法证件。

用于公路监督检查的专用车辆，应当设置统一标志和示警灯。

第六十七条 县级以上人民政府交通运输主管部门、公路管理机构应当建立健全公路监督检查工作制度，在办公场所和相关网站公开执法主体、执法依据、执法程序等，接受社会公众的监督。

第六十八条 县级以上人民政府交通运输主管部门、公路管理机构应当建立投诉举报制度，公开投诉举报电话、通信地址或者电子邮件信箱，在收到投诉举报后，应当在三十日内依法处理，并答复投诉举报者。

第八章 法律责任

第六十九条 违反本条例第十九条第二款规定，公路养护作业单位未按规定的技术规范和操作规程进行养护作业的，由县级以上人民政府交通运输主管部门、公路管理机构责令限期改正，处一万元以上五万元以下的罚款；拒不改正的，由省人民政府交通运输主管部门吊销其资质证书。

第七十条 违反本条例第三十一条规定，超过公路、公路桥梁、公路隧道限载、限高、限宽、限长标准的车辆在公路上行驶的，由县级以上人民政府交通运输主管部门、公路管理机构责令改正，可以处五百元以上五千元以下的罚款；情节严重的，可以处五千元以上三万元以下的罚款；对公路造成损害的，应当依法承担赔偿责任。

第七十一条 违反本条例第三十八条第二款规定，造成公路路面损坏、污染的，由县级以上人民政府交通运输主管部门、公路管理机构责令改正，可以处五百元以上五千元以下的罚款。

第七十二条 违反本条例第四十八条第一款规定，拒交、逃交、少交车辆通行费的，由省人民政府交通运输主管部门处应交通行费五倍的罚款。

第七十三条 违反本条例第四十九条、第六十六条第一款规定，扰乱高速公路经营管理秩序，或者拒绝、阻碍公路行政执法人员依法执行职务，构成违反治安管理行为的，由公安机关依照《中华人民共和国治安管理处罚法》处罚；构成犯罪的，依法追究刑事责任。

对高速公路经营管理者造成损失或者造成人身损害的，依法承担民事赔偿责任。

第七十四条 县级以上人民政府交通运输主管部门、公路管理机构、有关部门及其工作人员，违反本条例规定，有下列行为之一的，对直接负责的主管人员和其他直接责任人员依法给予处分；构成犯罪的，依法追究刑事责任：

（一）对未消除违法状态的超限超载运输车辆予以放行的；

（二）收缴的罚款不按规定上缴国库的；

（三）违法扣留车辆及其他有效证件的；

（四）发现违法行为或者接到对违法行为的投诉举报后不依法查处的；

（五）其他玩忽职守、徇私舞弊、滥用职权的行为。

第九章　附　　则

第七十五条 本条例自2015年12月1日起施行。1998年10月23日江西省第九届人民代表大会常务委员会第五次会议通过，2008年9月27日江西省第十一届人民代表大会常务委员会第五次会议第一次修正，2010年9月17日江西省第十一届人民代表大会常务委员会第十八次会议第二次修正的《江西省高速公路管理条例》同时废止。

355. 江西省深化农村公路管理养护体制改革实施方案

（赣府厅字〔2020〕41号）

为贯彻落实《国务院办公厅关于深化农村公路管理养护体制改革的意见》（国办发〔2019〕45号）和《交通运输部财政部贯彻落实〈国务院办公厅关于深化农村公路管理养护体制改革的意见〉的通知》（交公路发〔2020〕26号），深入推进我省农村公路管理养护体制改革，加快建立农村公路管理养护长效机制，现结合我省实际，制定本实施方案。

一、总体要求

认真贯彻落实习近平总书记关于“四好农村路”的重要指示精神和党中央、国务院决策部署，践行以人民为中心的发展思想，紧紧围绕打赢脱贫攻坚战、实施乡村振兴战略和统筹城乡发展，按照“质量为本、安全至上、自然和谐、绿色发展”的原则，深化农村公路管理养护体制改革，加强农村公路与农村经济社会发展统筹协调，形成上下联动、密切配合、齐抓共管的工作局面，推动“四好农村路”高质量发展，为广大农民群众致富奔小康、加快推进农业农村现代化提供坚实的交通运输保障。

二、工作目标

到2022年，基本建立权责清晰、齐抓共管的农村公路管理养护体制机制，形成财政投入职责明确、社会力量积极参与的格局。农村公路治理能力明显提高，治理体系初步形成。农村公路通行条件和路域环境明显提升，交通保障能力显著增强。农村公路列养率达到100%，年均养护工程比例不低于5%，中等及以上农村公路占比不低于75%。

到2035年，全面建成体系完备、运转高效的农村公路管理养护体制机制，基本实现城乡公路交通基本公共服务均等化，路况水平和路域环境根本性好转，农村公路治理能力全面提高，治理体系基本健全。

三、主要任务

（一）完善农村公路管理养护体制。

1. 加强省级统筹和政策引导。省政府要明确相关部门和市县政府农村公路管理养护权力和责任清单，对市县政府进行绩效管理。省交通运输厅负责指导和监督全省农村公路管理养护工作；制定全省农村公路管理养护规划（计划）、规章制度和有关政策；核定全省农村公路管理养护基数，提出全省农村公路养护省级补助资金计划；指导和监督全省农村公路养护规划（计划）执行、资金使用、养护质量、养护市场和路政管理，健全和完善全省农村公路养护信用评价体系，指导和督促全省农村公路管理养护体制改革。省财政厅负责筹集和落实农村公路养护省级补助资金，会同省交通运输厅指导和监管养护资金的使用。省公安厅、省自然资源厅、省农业农村厅、省审计厅、省林业局、省扶贫办等部门通过制定和实施相关政策，引导、支持和促进农村公路事业发展。（责任单位：省交通运输厅、省财政厅、省公安厅、省自然资源厅、省农业农村厅、省审计厅、省林业局、省扶贫办）

2. 市级政府加强政策支持和指导监督。设区市政府、赣江新区管委会要充分发挥承上启下作用，建立健全本地区农村公路管理养护支持政策、规章制度和养护资金补助机制，筹集农村公路养护市本级补助资金，指导、监督和考核县级政府农村公路管理养护工作。（责任单位：各设区市政府、赣江新区管委会）

3. 县级政府履行好主体责任。县（市、区）政府是农村公路管理养护责任主体，统一领导本行政区域内农村公路管理养护工作。要按照“县道县管、乡村道乡村管”的原则，建立健全农村公路管理养护责任制，明确相关部门、乡（镇）政府农村公路管理养护权力和责任清单，并指导监督相关部门和乡（镇）政府履职尽责。制定本行政区域内农村公路管理养护政策和制度，建立“精干高效、专兼结合、以专为主”的管理体系。按照“有路必养、养必到位”的要求，将农村公路养护资金及管理机构运行经费和人员支出纳入一般公共财政预算，把农村公路管理养护纳入乡村振兴和“三农”工作统筹安排，强化履职能力建设，加大管理养护投入力度。鼓励县（市、区）政府将重要乡道的管理养护工作纳入县（市、区）管范围。[责任单位：各县（市、区）政府]

4. 发挥好乡村两级作用和农民群众积极性。乡（镇）政府要确定农村公路管理养护专职工作人员，在县（市、区）政府明确的职责范围内，负责乡道管理养护工作，组织和指导村民委员会做好村道管理养护工作。村民委员会要按照“农民自愿、民主决策”的原则，采取整合资源、一事一议、以工代赈等办法组织村道的管理养护工作。要加强宣传引导，将爱路护路要求纳入乡规民约、村规民约；鼓励采用以奖代补等方式，推广将日常养护与应急抢通捆绑实施并交由农民承包；鼓励农村集体经济组织和社会力量自主筹资筹劳参与农村公路管理养护工作，通过将农村公路管理养护纳入公益岗位等方式，优先聘用贫困户，为贫困户提供就业机会。[责任单位：各县（市、区）政府]

（二）强化农村公路管理养护资金保障。

1. 落实成品油税费改革资金。落实国家成品油税费改革转移支付政策，加大对普通公路养护的支持力度。成品油税费改革新增收入替代原公路养路费部分（包括成品油税费改革转移支付的“替代性返还＋增长性补助”，以下简称“替代养路费部分”），不得低于改革基期年（2009年）公路养路费收入占“六费”收入的比例。2022年起，该项资金不得列支管理机构运行经费和人员等其他支出。明确农村公路养护工程省级补助资金按照“县道每年每公里15000元、乡道每年每公里7000元、村道每年每公里2000元”的标准统筹安排，且省级补助资金与切块到市县部分之和占“替代养路费部分”的比例不得低于15%，实际高于上述比例的不得再降低。同时，“替代养路费部分”用于普通公路养护的比例一般不得低于80%，且不得用于公路新改建。[责任单位：省交通运输厅、省财政厅，各市、县（区）政府，赣江新区管委会]

2. 加大财政资金支持力度。农村公路养护实行“以县为主、省市支持”的筹资模式，对县级政府落实支出责任存在的收支缺口，上级政府应根据不同时期发展目标给予一定的资金支持。加大对重点贫困地区支持力度，继续使用车购税资金支持农村公路升级改造、安全生命防护工程建设和危桥改造等。各市、县（区）政府要确保财政支出责任落实到位，将相关税收返还用于农村公路养护。2021年起，省、市、县三级公共财政资金用于农村公路日常养护的总额不得低于以下标准：县道每年每公里10000元，乡道每年每公里5000元，村道每年每公里3000元；其中，省、市、县按照1∶1∶8比例承担，省直管县（市）的市级日常养护资金由省级公共财政统一安排；各地可根据实际情况，在此基础上适当提高本级标准，已高于上述标准的不得再降低。各市、县（区）政府应建立与养护成本变化、农村公路里程增加、地方财政增长等因素相关联的日常养护资金动态调整机制，原则上调整周期不超过5年。[责任单位：省财政厅、省交通运输厅，各市、县（区）政府，赣江新区管委会]

3. 强化养护资金使用监督管理。省财政厅、省交通运输厅要建立对各设区市政府、赣江新区管委会的农村公路管理养护预算绩效考核机制，将考核结果与相关投资挂钩。对各市、县（区）用于农村公路管理养护的公共财政资金实施全过程预算绩效管理，确保及时足额拨付到位，对考核不合格的地区核减或取消安排下一年度省级农村公路养护补助资金。市、县两级财政和交通运输主管部门要加强农村公路养护资金使用监管，严禁农村公路建设采用施工方带资的建设—移交（BT）模式，严禁地方以“建养一体化”名义新增隐性债务，公共资金使用情况要按有关规定对社会公开，接受群众监督。村务监督委员会要将村道养护资金使用和养护质量等情况纳入监督范围。审计部门要定期对农村公路养护资金使用情况进行审计。[责任单位：省交通运输厅、省审计厅、省财政厅，各市、县（区）政府，赣江新区管委会]

4. 创新农村公路发展投融资机制。各市、县（区）政府要发挥政府资金的引导作用，采取资金补助、先养后补、以奖代补、无偿提供料场等多种方式支持农村公路养护。将农村公路发展纳入地方政府一般债券支持范围；依托市场化融资方式，增强农村公路养护工程资金保障能力。鼓励县级政府将农村公路建设和一定时期的养护进行捆绑招标，将农村公路与产业、园区、乡村旅游等经营性项目实行一体化开发，运营收益用于农村公路养护。鼓励保险资金通过购买地方政府一般债券方式合法合规参与农村公路发展，探索开展农村公路灾毁保险试点工作。[责任单位：省交通运输厅、省财政厅、省农业农村厅、省金融监管局、江西银保监局，各市、县（区）政府，赣江新区管委会]

（三）建立农村公路管理养护长效机制。

1. 着力改进农村公路管理养护体系。各市、县（区）政府要灵活运用有关政策，积极整合涉农资金用于农村公路发展，重点完善农村公路管理体制，落实激励保障机制。积极开展农村公路养护服务中心试点建设，省交通运输厅对建设达标的试点项目给予一定的资金补助。全面推行由党委领导、政府主导的农村公路“路长制”管理模式，省政府进行统筹领导，设区市政府发挥承上启下作用，县级政府全面推进“路长制”施行，将单一的部门管理转变为“路长”负责的综合管理，加强“路长制”常态化运行体系建设，不断推进农村公路治理体系和治理能力现代化。[责任单位：省交通运输厅、省财政厅，各市、县（区）政府，赣江新区管委会]

2. 加快推进农村公路养护市场化改革。将人民群众满意度和受益程度、养护质量和资金使用效率作为衡量标准，分类有序推进农村公路养护市场化改革，逐步建立政府与市场合理分工的养护生产组织模式。积极推行农村公路养护工程电子化招投标，鼓励农村公路养护工程采取公开招投标的方式选择专业施工队伍实施，县道（重要乡道）日常养护可通过政府购买服务的方式交由具有养护资质的第三方承担；乡、村道日常养护可结合乡村人居环境治理、秀美乡村建设，交由专业保洁队伍养护，或通过开发公益性岗位，分区域、分路段聘请贫困户劳动力进行养护。引导符合市场属性的事业单位转制为现代企业，鼓励将干线公路建设养护与农村公路捆绑招标，支持养护企业跨区域参与市场竞争。鼓励通过签订长期养护合同、招投标约定等方式，引导专业养护企业加大投入，提高养护专业化、机械化水平。[责任单位：省交通运输厅，各市、县（区）政府，赣江新区管委会]

3. 促进农村公路转型发展。坚持绿色发展，推广再生利用，节约集约利用资源，严守生态保护红线，实现路与自然和谐共生。支持农村公路项目建设，路宽不超过8米的农村道路用地按规定不纳入建设用地范畴，按相关规定办理。大力开展“美丽生态文明农村路”建设，切实提升路域环境，将交通之美融入村容整体环境美当中。坚持融合发展，推进农村公路与特色产业、乡村旅游等多元融合。积极拓宽农村公路服务功能，为农村公路持续发展注入新动力。坚持智慧发展，积极推进信息化技术在农村公路养护领域中的应用示范，推广应用全省公路行业“公路养护综合管理系统”和“E路通App系统”。加强5G、北斗、互联网、物联网、大数据、卫星遥感、快速检测等技术应用，不断提升农村公路管理效能和养护科学决策水平。省交通运输厅应对县道路面技术状况评定采用自动化快速检测设备进行抽检，5年规划期内检测频率不低于两次。[责任单位：省交通运输厅、省自然资源厅，各市、县（区）政府，赣江新区管委会]

4. 加强农村公路养护工程质量监督。遵循“属地管理，分级负责”的原则，严格落实农村公路养护工程质量安全责任制，加强农村公路养护工程质量监管，延长公路使用寿命。按照省指导检查、市监督管理、县组织监督的模式，建立健全农村公路养护工程质量监督、检查和考核制度，完善农村公路质量安全保证体系，到2022年实现农村公路养护工程质量监督覆盖率达100%。[责任单位：省交通运输厅，各市、县（区）政府，赣江新区管委会]

5. 加强安全和信用管理。农村公路安全设施要与主体工程同时设计、同时施工、同时投入使用，县级政府要组织公安、应急等职能部门参与农村公路安全生命防护工程验收。已建成但未配套安全设施的农村公路要逐步完善。加强农村公路养护市场监管，在农村公路养护工程领域引入以质量为核心的信用评价机制，健全农村公路养护信用评价体系，实施守信联合激励和失信联合惩戒，并将信用记录按照国家有关规定纳入省交通运输信用信息共享平台，依法向社会公开。[责任单位：省交通运输厅，各市、县（区）政府，赣江新区管委会]

6. 强化制度和队伍建设。制定出台《江西省农村公路设置限高限宽设施指导意见》等农村公路管理制度，省交通运输厅应会同省自然资源厅指导各地开展农村公路路产路权确权登记工作，探索通过民事赔偿保护路产路权。提高农村公路养护技术，加强养护技术和路政执法人员培训，完善路政管理指导体系，保障路政执法装备，建立县有路政员、乡有监管员、村有护路员的路产路权保护队伍。［责任单位：省交通运输厅，省自然资源厅，各市、县（区）政府，赣江新区管委会］

四、保障措施

（一）加强组织领导。各地、各部门要将深化农村公路管理养护体制改革作为打赢脱贫攻坚战、实施乡村振兴战略、推进农业农村现代化的一项先行工程，同步部署落实。各设区市、省直管县（市）政府要制定本辖区深化农村公路管理养护体制改革具体方案，协调解决重大问题，层层压实责任，认真抓好落实；方案应于 2020 年 12 月 31 日前完成，抄送省交通运输厅、省财政厅，并向社会公布。各有关部门要密切配合，按照职责完成各项任务。省交通运输厅要加强工作指导和督促检查，重大情况及时报告省政府。

（二）完善考核体系。省交通运输厅要及时出台《江西省农村公路养护管理办法》，制定养护绩效评价标准和评价方法，实行考核评价结果与养护经费拨付挂钩，重点考核农村公路养护实施质量、资金落实、路面技术状况等方面，进一步规范和细化农村公路管理养护工作。

（三）稳步推进改革。各市、县（区）政府要将深化农村公路管理养护体制改革纳入本地重点改革事项，以深化农村公路管理养护体制改革试点为突破口，以点带面，大力推广示范典型经验。到 2021 年实现全省至少 50％的县（市、区）基本完成改革任务，2022 年全省所有县（市、区）基本完成改革任务。对按时按质完成改革任务并通过省级评估的市、县（区），将适当加大农村公路建设、养护省级补助力度；对未按时按质完成改革任务的市、县（区）政府进行约谈和通报，并扣除政府绩效考核中交通运输类所有评分。

（四）加大宣传引导。农村公路管理养护工作是一项意义重大、影响深远的系统性工程，直接关系群众日常出行和民生福祉。各地、各部门要紧扣改革重点工作，大力宣传改革举措、进展以及取得的成效，积极宣传改革中的先进典型，充分调动广大干部群众参与改革的积极性，为深化农村公路管理养护体制改革营造良好氛围。

本方案自印发之日起施行。《江西省人民政府办公厅转发省交通厅关于江西省农村公路管理养护体制改革实施意见的通知》（赣府厅发〔2007〕48 号）同时废止。

356. 山东省高速公路条例

（2000年10月26日山东省第九届人民代表大会常务委员会第十七次会议通过）

第一章　总　　则

第一条　为了加强高速公路建设和管理，保障高速公路的高效运营和畅通，根据《中华人民共和国公路法》和国家有关规定，结合本省实际，制定本条例。

第二条　本条例所称高速公路，是指经国家或者省政府交通主管部门验收认定，依照公路工程技术标准建设的专供汽车分向分车道高速行驶并全部控制出入的公路。

第三条　本省行政区域内高速公路的规划、建设、养护、经营、开发、使用和管理，适用本条例。

第四条　省政府交通主管部门统一管理全省高速公路工作，可以依法决定由公路管理机构依照本条例行使高速公路行政管理职责。

高速公路交通安全和事故处理，由公安交通管理机关依照国家和省有关规定办理。

省人民政府有关部门和高速公路沿线人民政府应当协助做好高速公路管理工作。

第五条　取得高速公路经营权的企业（以下简称高速公路经营企业），依法建设、养护、经营、开发高速公路。高速公路收费经营权的取得和经营期限，按照国家和省有关规定执行。高速公路经营企业应当接受省政府交通主管部门的监督管理，其合法权益受法律保护。

第六条　各级人民政府应当采取有力措施，扶持、促进高速公路建设，加强对高速公路的保护。高速公路的管理，应当坚持集中、统一、高效、特管的原则。

第七条　任何单位和个人不得非法在高速公路上设卡、收费、罚款。除人民警察追击、堵截犯罪嫌疑人等紧急勤务外，禁止任何单位和个人在高速公路上拦截检查车辆。

第八条　省政府交通主管部门依法对有关高速公路的法律、法规、规章执行情况进行监督检查。监督检查人员执行公务时，应当着装整齐，佩戴标志，持证上岗，秉公执法，热情服务。

第二章　规划与建设

第九条　高速公路发展规划应当依据国家路网规划，按照本省国民经济和社会发展规划以及国防建设的需要编制，并与城市总体规划和其他交通运输发展规划相协调。

第十条　国道高速公路规划的编制，按照国家规定执行。

省道高速公路规划，由省政府交通主管部门会同同级有关部门并商沿线设区的市人民政府编制，报省人民政府批准。

第十一条　高速公路建设用地规划应当符合土地利用总体规划，当年的建设用地应当纳入年度建设用地计划。

高速公路建设占用耕地的，应当按照规定在本省行政区域内开垦同等数量和质量的耕地；没有条件开垦或者开垦耕地不符合要求的，应当按照省政府有关规定交纳耕地开垦费。

第十二条　高速公路建设需要使用国有荒山、荒地或者需要在国有荒山、荒地、河滩上挖沙、采石、取土的，依照有关法律、法规和省政府规定办理，任何单位和个人不得阻挠或者非法收取费用。压覆矿产资源的，按照矿产资源法的有关规定办理。

高速公路建设单位应当采取措施，保护环境、水土资源和文物古迹。

鼓励在高速公路建设中使用煤矸石、粉煤灰等工业固体废弃物。

第十三条 高速公路沿线各级人民政府对高速公路建设依法征用土地和搬迁居民，应当给予支持和协助。

第十四条 省政府交通主管部门应当依照职责维护高速公路建设市场秩序，加强对公路建设资金和工程质量的监督管理。

第十五条 高速公路建设资金，除政府投资外，可以依法向国内外金融机构或者外国政府贷款。鼓励国内外经济组织对高速公路建设进行投资。高速公路经营企业可以依照法律、行政法规的规定发行股票、公司债券筹集资金。

出让高速公路经营权的收入应当纳入政府财政，专项用于公路还贷和建设。

第十六条 高速公路建设项目，必须实行法人负责制度、合同管理制度和工程监理制度。

高速公路建设项目，应当按照有关招标投标的法律、法规规定实行公开招标，接受社会监督。

第十七条 凡在本省从事高速公路工程建设的单位，必须取得国家和省有关部门核发的资格证书后，方可从事高速公路的勘察设计、施工、监理、咨询、试验检测等活动。

第十八条 高速公路建设项目应当按照国家有关规定进行验收；未经验收或者验收不合格的，不得交付使用。

第三章　公 路 养 护

第十九条 高速公路经营企业，应当按照国务院交通主管部门规定的技术规范和操作规程对高速公路进行正常的养护和维修，使其经常处于良好的技术状态。

第二十条 高速公路养护人员实施养护作业，应当着统一的安全标志服，养护作业的车辆、机械必须设置明显的标志。高速公路养护车辆进行作业时，在不影响过往车辆通行的前提下，其行驶路线和方向不受高速公路标志、标线限制；过往车辆对高速公路养护车辆和人员应当注意避让。

高速公路养护、维修施工时，应当按照国务院交通主管部门有关规定，实行作业交通控制，并按规定设置明显标志，通过施工现场的车辆，必须减速并按设置标志行驶，服从现场人员的指挥。

第二十一条 因严重自然灾害致使高速公路交通中断时，高速公路经营

企业应当先行关闭交通，设置明显的绕行标志，及时组织力量抢修，同时报告省政府交通主管部门和公安交通管理机关；高速公路经营企业难以及时修复时，沿线人民政府应当及时组织抢修。

第二十二条 高速公路绿化和高速公路用地范围内的水土保持工作，由高速公路经营企业统一规划、组织实施。

高速公路用地内的树木，不得任意砍伐；需要更新砍伐的，应当按照有关规定办理审批手续，完成更新补种任务。

第二十三条 高速公路经营企业应当积极采用科学的管理方法、先进的技术装备，提高高速公路的养护管理水平，逐步完善高速公路的收费、通讯、监控及服务设施，保障高速公路的完好畅通。

第四章　路 政 管 理

第二十四条 高速公路路政管理职责，由省政府交通主管部门行使，除本条例第二十九条第二款的规定外，可以决定由公路管理机构行使。

第二十五条 任何单位和个人不得擅自占用、挖掘高速公路及其附属设施，也不得擅自占用高速公路用地。

因修建铁路、机场、电站、通信设施、水利工程及其他建设工程和采矿作业等，确需占用、挖掘高速公路的，建设单位应当商高速公路经营企业，报经省政府交通主管部门同意；影响交通安全的，

须征得公安交通管理机关的同意。占用、挖掘后，建设单位应当按照不低于原公路工程技术标准予以修复或者给予相应的经济补偿。

第二十六条 跨越、穿越高速公路修建桥梁、架（埋）设管线及修建地下构筑物，以及在高速公路用地范围内埋设管线、电缆及修建地下构筑物等设施，应当商高速公路经营企业，报经省政府交通主管部门同意，影响交通安全的，须征得公安交通管理机关同意；所修建、架（埋）设的设施，应当符合公路工程技术标准要求；造成高速公路损坏的，应当按照不低于原公路工程技术标准进行修复或者给予相应的经济补偿。

第二十七条 高速公路用地两侧外各五十米，立交桥匝道、高速公路连接线两侧、收费站周围各一百米范围内为高速公路建筑控制区。

禁止在高速公路建筑控制区内修建任何建筑物或者地面构筑物；需要在高速公路建筑控制区内埋设管线、电缆等设施的，应当商高速公路经营企业后，报经省政府交通主管部门批准。

第二十八条 任何单位和个人不得在高速公路、高速公路出入口通道、立交桥匝道、连接线、服务区停车场内及通道上摆摊设点、堆放物品、设置障碍；不得在高速公路用地范围内挖沟引水、倾倒垃圾、排放污物或者进行其他损坏、污染高速公路和影响高速公路畅通的活动。

第二十九条 高速公路大中型桥梁周围二百米，隧道洞口上方或者洞口外一百米，公路两侧隔离栅、立交桥匝道、连接线边沟外五十米范围内，不得挖沙、采石、取土、倾倒废弃物、进行爆破、地下开采作业及其他危及高速公路安全的活动。

在前款规定的范围内因抢险、防汛需要修筑堤坝、压缩或者拓宽河床的，应当事先报经省政府交通主管部门会同省水行政主管部门批准，并采取有效措施保护高速公路。

在高速公路两侧进行地下开采作业除遵守第一款的规定外，还应当按照开采深度、沉陷角和爆破的影响再预留符合要求的安全保护带。

第三十条 在高速公路上行驶的车辆的外廓尺寸及轴载质量必须符合公路工程技术标准。

省政府交通主管部门可以在高速公路入口处设立车辆轴载检测装置；超过标准的车辆，必须卸载后方可通行，卸载所需费用由车主承担。

运载不可解体超限物品的车辆确需行驶高速公路的，应当经省政府交通主管部门批准，按照指定的时间、路线、时速行驶，并按照要求采取有效的保护措施；影响交通安全的，应当经公安交通管理机关批准。

运输单位不能按照前款规定采取措施的，由高速公路经营企业采取防护措施，所需费用由运输单位承担。

第三十一条 任何单位和个人不得损坏、擅自移动、涂改高速公路标志、标线、标桩、界桩及其他公路附属设施；不得填充高速公路边沟、开设平面交叉道口。

第三十二条 任何单位和个人未经省政府交通主管部门批准，不得在高速公路用地范围内和建筑控制区内设置公路标志以外的其他标志。

第三十三条 在高速公路上行驶的车辆，不得滴漏、流淌、抛洒任何物品；不得在高速公路上装卸货物、上下乘客。

第三十四条 任何单位和个人不得将高速公路作为车辆的试车场地和教练场地。

第三十五条 在高速公路上发生故障需临时检修的车辆，必须停靠紧急停车带，并开启车上危险信号灯，在车后一百米处放置警告标志，夜间还须同时开启示宽灯和尾灯；不能立即修复的，由高速公路经营企业拖入就近的停车场或者服务区，所需费用由车主承担。

第三十六条 车辆在高速公路上发生交通事故，有关人员应当立即向公安交通管理机关和公路管理机构报告，开启危险信号灯，设置警告标志；公安交通管理机关和公路管理机构应当按照各自职责在规定的时限内及时处理。公安交通管理机关和公路管理机构现场勘查收集证据完毕后，由高速公路经营企业负责及时清除事故现场的路障，并按照规定收取清障费。

除高速公路经营企业救援、清障车辆外，禁止其他车辆在高速公路上拖曳车辆。

第三十七条 高速公路监督检查车辆和清障救援的车辆，应当按照规定设置统一的标志和示警灯。

第五章 经营管理

第三十八条 高速公路经营企业应当加强管理，完善规章制度，公开办事程序，接受社会监督，保证高速公路及其附属设施的正常运行，为通行车辆和司乘人员提供安全、快捷、文明服务。

第三十九条 禁止行人、非机动车、摩托车、三轮车、拖拉机、铁轮车、履带式车、全挂车、轮式专用机械以及设计时速低于七十公里的机动车进入高速公路。

第四十条 进入高速公路的车辆应当交纳车辆通行费。法律法规另有规定的按照规定执行。

车辆通行费的收费标准，由高速公路经营企业提出方案，报省政府交通主管部门会同省物价部门审查批准。确定车辆通行费的收费标准，应当举行听证会或者征求各方面的意见。收费标准应当向社会公布。

第四十一条 高速公路车辆通行费由省政府批准的收费站收取，其他任何单位和个人无权收取。高速公路经营企业车辆通行费票据，由省地方税务部门监制管理。

第四十二条 高速公路经营企业对拒缴、逃缴高速公路通行费的车辆有权采取必要措施限制其通行，并责令其补交应交通行费；拒不补交的，可责令车辆停放指定地点接受处理，由此造成的损失和产生的费用，由车主承担。

第四十三条 高速公路经营企业应当按照高速公路工程技术标准，设置车辆限速等各种标志标线。

雨、雪、雾等天气影响车辆正常行驶时，高速公路经营企业应当在高速公路出入口设置明显限制时速标志；遇有道路严重损坏或者出现重大交通事故造成交通阻塞的，可以临时调整车道，设置指示标志；严重影响车辆通行的，可以由高速公路经营企业提出，公路管理机构和公安交通管理机关共同发布公告实施关闭高速公路；也可以由公路管理机构和公安交通管理机关共同直接发布公告实施关闭高速公路。

公路管理机构或者公安交通管理机关不得擅自关闭高速公路及高速公路附属道路。

第四十四条 高速公路经营企业应当按照规定统一向税务机关申报纳税。

高速公路经营企业的经营收入，任何单位和个人不得违法截留、占用或者挪用。

第六章 法律责任

第四十五条 违反本条例规定，擅自在高速公路或者高速公路附属道路上设卡、收费的，由省政府交通主管部门责令停止违法行为，没收违法所得，可以处违法所得三倍以下的罚款，没有违法所得的，可以处二万元以下罚款；对负有直接责任的主管人员和其他直接责任人员，依法给予行政处分。

第四十六条 违反本条例规定，有下列行为之一的，由省政府交通主管部门责令停止违法行为、限期拆除或者恢复原状，并可处三万元以下罚款：

（一）未经批准擅自占用、挖掘高速公路或者擅自占用高速公路用地的；

（二）未经批准或者未按照公路工程技术标准要求修建跨越、穿越高速公路桥梁、架（埋）设管线、电缆等设施的；

（三）从事危及高速公路安全作业的；

（四）车辆擅自在高速公路上超限行驶的；

（五）铁轮车、履带车和其他可能损害路面的机具擅自在高速公路及其附属道路上行驶的；

（六）损坏、擅自移动、涂改高速公路标志、标桩、界桩及其他高速公路附属设施的。

第四十七条 违反本条例规定，在高速公路建筑控制区内修建建筑物、地面构筑物或者擅自埋设管线、电缆等设施的，由省政府交通主管部门责令限期拆除，并可以处五万元以下的罚款；逾期不拆除的，由省政府交通主管部门强制拆除，拆除费用由建筑者、构筑者承担。

第四十八条 违反本条例规定，未经批准在高速公路、公路用地范围内和建筑控制区内设置公路标志以外的其他标志的，由省政府交通主管部门责令限期拆（清）除，并可处二万元以下罚款；逾期不能拆（清）除的，由省政府交通主管部门拆（清）除，有关费用由设置者承担。

第四十九条 违反本条例规定，开设平面交叉交通道口的，由省政府交通主管部门责令恢复原状，并处五万元以下的罚款。

第五十条 违反本条例规定，在高速公路用地范围内挖沟引水、倾倒垃圾、排放污物等活动，造成高速公路及设施损坏、污染或者影响高速公路畅通的，由省政府交通主管部门处五千元以下罚款。

第五十一条 除本条例第四十五条的规定外，本章规定由省政府交通主管部门行使的行政处罚权和行政措施，可以依照本条例第四条规定由公路管理机构行使。

第五十二条 违反本条例规定对高速公路及其附属设施造成损害的，应当依法承担民事责任。对高速公路造成损害的车辆，必须立即停车，保护现场，报告公路管理机构，接受调查处理。对当场不能处理的，公路管理机构可责令车辆停放指定地点，待调查处理后车辆方可驶离。

第五十三条 交通主管部门、公路管理机构和公安交通管理机关的工作人员玩忽职守、徇私舞弊、滥用职权，构成犯罪的，依法追究刑事责任；尚不构成犯罪的，依法给予行政处分。

第七章 附 则

第五十四条 本条例所称高速公路附属设施，是指为保护、养护高速公路和保障高速公路安全畅通所设置的公路防护、排水、养护、管理、交通安全、通讯、收费、监控、服务等设施、设备，以及专用建筑物、构筑物等。

本条例所称高速公路附属道路，是指专用于连接高速公路与其他道路的公路。

第五十五条 本条例自2001年1月1日起施行。山东省人民政府令第46号发布，山东省人民政府令第90号修订的《山东省济青高速公路管理办法》同时废止。

357. 山东省农村公路条例

（2018年9月21日山东省第十三届人民代表大会常务委员会第五次会议修改）

第一章 总 则

第一条 为了加强农村公路的规划、建设、养护和管理，促进农村公路事业发展，服务乡村振兴战略实施，根据《中华人民共和国公路法》等有关法律、行政法规，结合本省实际，制定本条例。

第二条 本省行政区域内农村公路的规划、建设、养护、管理等活动，适用本条例。

本条例所称农村公路，是指纳入农村公路规划并按照国家和省技术标准修建的县道、乡道、村道及其附属设施。

第三条 农村公路的发展应当遵循统筹规划、因地制宜、保护环境、建管养运并重的原则，坚持政府主导、社会参与和分级负责、分类管理。

第四条 县级以上人民政府应当加强对农村公路工作的领导，将农村公路的发展纳入当地国民经济和社会发展规划，建立健全农村公路建设、养护和管理体制，完善农村公路工作机制，促进农村公路事业协调可持续发展。

县级人民政府是本行政区域内农村公路建设、养护、管理的责任主体，应当将农村公路工作纳入政府工作目标，组织协调有关部门做好农村公路工作。

乡镇人民政府在县级人民政府确定的职责范围内做好农村公路工作，明确相应的机构和人员具体负责本行政区域内乡道、村道的相关工作。

第五条 省和设区的市人民政府交通运输主管部门负责本行政区域内农村公路建设、养护、管理工作的监督和指导。

县级人民政府交通运输主管部门按照职责负责本行政区域内的农村公路工作。

县级以上人民政府发展改革、公安、财政、国土资源、环境保护、住房城乡建设、农业和水利等有关部门应当按照职责分工，负责做好农村公路的相关工作。

第六条 农村公路、公路用地以及公路附属设施受国家保护，任何单位和个人不得破坏、损坏或者非法占用。

任何单位和个人都有权制止、检举和控告破坏、损坏或者非法占用农村公路、公路用地、公路附属设施以及其他影响公路安全的违法行为。

第二章 规划建设

第七条 农村公路规划应当符合土地利用总体规划、城乡规划和生态环境保护规划，与交通运输发展规划相协调，构建比例适当、衔接顺畅、布局合理、安全便捷的农村公路网络，并满足乡村振兴和国防建设的要求。

第八条 农村公路规划包括县道规划、乡道规划和村道规划。

县道规划由县级人民政府交通运输主管部门会同同级有关部门编制，经本级人民政府审定后，报设区的市人民政府批准，并报省人民政府交通运输主管部门备案。

乡道规划、村道规划由县级人民政府交通运输主管部门协助乡镇人民政府组织编制，报县级人民政府批准，并报设区的市人民政府交通运输主管部门备案。

第九条 经批准的农村公路规划需要修改的，由原编制机关提出修改方案，并按照原程序报经批准和备案。

第十条 农村公路建设应当根据当地实际需要和经济条件确定技术标准。县道、乡道建设一般不低于三级公路技术标准；村道建设一般不低于四级公路技术标准，新（扩）建村道的路面宽度一般不低于六米。有条件的地方在农村公路设计时可以结合旅游等需求设置休息区、观景台等设施。

农村公路客运站点和物流网点应当与农村公路统一规划、统筹建设并符合规定标准。

农村公路安全设施和排水设施应当按照国家和省有关技术标准和规范进行设计，并与主体工程同步建设。

第十一条 农村公路建设应当坚持严格保护耕地、节约用地的原则，充分利用现有道路进行改建或者扩建。

第十二条 农村公路用地范围由县级人民政府按照下列标准确定并向社会公布：

（一）公路两侧有边沟（坡顶截水沟、坡脚护坡道、隔离栅）的，其用地范围为边沟外缘起不少于一米的区域；

（二）公路两侧无边沟（坡顶截水沟、坡脚护坡道、隔离栅）的，其用地范围为公路路缘石外缘或者坡脚线向外不少于三米的区域。

实际征收土地超过前款规定标准的，其公路用地范围以实际征收土地的范围为准。

村道的用地范围因客观原因不能符合第一款规定标准的，由乡镇人民政府提出方案报县级人民政府确定。

第十三条 农村公路建设项目分为重要建设项目和一般建设项目，具体划分标准由省人民政府交通运输主管部门会同有关部门根据规模、功能、技术复杂程度等因素制定。建设项目的具体类型由设区的市人民政府交通运输主管部门根据标准确定。

第十四条 农村公路建设项目实行安全生产责任制和工程质量责任追究制度。

农村公路建设、设计、施工和监理单位应当明确安全和质量管理责任，落实安全和质量保证措施。

第十五条 农村公路设计应当由具有相应资质的设计单位承担。重要农村公路建设项目应当进行初步设计和施工图设计；一般农村公路建设项目可以直接进行施工图设计，并可以多个项目一并进行。

第十六条 农村公路建设项目的勘察、设计、施工和监理，符合法定招标条件的，应当依法进行招标。

农村公路的沥青（水泥混凝土）路面、桥梁、隧道等专项工程，应当选择具有相应资质的专业队伍施工。

第十七条 农村公路建设应当根据工程特点和技术要求进行施工，并按照国家有关规定实行工程监理制度；鼓励在农村公路建设中应用新技术、新材料、新工艺、新设备，保证农村公路工程质量。

农村公路建设施工现场应当设立质量责任公告牌，公告有关责任单位、责任人、主要质量控制指标和质量举报电话。

第十八条 农村公路建设项目完工后，交工验收由项目业主负责，未经交工验收或者交工验收不合格的，不得交付使用。

农村公路建设项目竣工验收由县级以上人民政府交通运输主管部门按照项目管理权限会同公安等有关部门组织进行。

农村公路建设项目交工、竣工验收根据有关规定和实际情况可以合并进行。

第十九条 农村公路建设项目应当设定保修期限和质量保证金。重要农村公路建设项目保修期限不低于二年，一般农村公路建设项目保修期限不低于一年，具体期限由项目业主和施工单位在合同中约定，自项目交工验收合格之日起计算。

在保修期限内发生的质量问题，由施工单位负责修复。施工单位不能进行修复的，由项目业主负责组织修复，修复所产生的相关费用从质量保证金中扣除，不足部分由施工单位承担。

第二十条 县级以上人民政府交通运输主管部门应当加强对农村公路建设质量和施工安全的监督工作，建立健全信用评价体系，对农村公路建设项目有关单位进行评价，并实施守信联合激励和失信联合惩戒。

县级人民政府交通运输主管部门和乡镇人民政府可以聘请技术人员或者群众代表参与农村公路建设质量和施工安全的监督工作。

第二十一条 农村公路建设项目应当按照国家和省有关档案管理的规定，及时收集、整理、保存工程资料，建立工程档案。

第三章 养护管理

第二十二条 县级人民政府应当组织交通运输、财政等部门编制农村公路养护发展规划，健全养护评价机制，保障农村公路养护质量。

第二十三条 农村公路养护应当坚持政府主导、社会参与、市场运作的原则，实行专业养护与群众养护、日常养护与集中养护相结合的方式，逐步实现专业化养护，推进农村公路养护市场化。

第二十四条 农村公路养护应当按照技术规范和操作规程进行，保持路基、路面、桥梁涵洞、隧道和附属设施处于良好技术状态，保证农村公路正常使用。

第二十五条 县道大中修养护工程计划由县级人民政府交通运输主管部门会同相关部门编制，经县级人民政府同意后组织实施，并报上一级人民政府交通运输主管部门备案；乡道、村道大中修养护工程计划由县级人民政府交通运输主管部门会同相关部门协助乡镇人民政府编制，并由乡镇人民政府报县级人民政府同意后组织实施。

第二十六条 县级人民政府交通运输主管部门负责县道的小修和日常养护工作。

乡镇人民政府负责乡道、村道的小修和日常养护工作。村民委员会在乡镇人民政府指导下，协助做好村道的日常养护工作。

第二十七条 农村公路大中修养护工程，应当按照规范和标准进行设计，履行相关管理程序，并按照有关规定进行验收。

农村公路大中修养护工程，应当实行工程监理制度和质量缺陷责任期制度，质量缺陷责任期一般为六个月，最长不超过十二个月。在质量缺陷责任期内，发生施工质量问题的，施工单位应当履行修复义务，并对造成的损失承担赔偿责任。

第二十八条 因自然灾害或者其他突发事件致使农村公路中断或者严重损坏时，县（市、区）和乡镇人民政府应当及时组织修复。

第二十九条 农村公路养护单位进行养护作业时，应当按照有关规定设置安全警示标志，养护作业人员应当穿着统一的安全标志服。

农村公路因养护作业需要中断交通的，应当按照规定设置绕行标志，并向社会公告。

第三十条 农村公路养护作业临时用地、砂石料场以及因养护需要挖砂、采石、取土、取水的，由县（市、区）和乡镇人民政府统筹解决，并依法办理相关手续。

第三十一条 县（市、区）和乡镇人民政府应当按照农村公路绿化规划，组织实施公路绿化。

县道、乡道用地上的树木不得擅自砍伐，确需更新砍伐的，应当经县级人民政府交通运输主管部门同意后，依法办理审批手续，并完成更新补种任务。

第四章 资金保障

第三十二条 县级以上人民政府应当按照交通运输事权和支出责任划分原则，建立健全以省市奖补为引导、县级投入为主体、社会资金参与为补充的农村公路建设养护资金投入机制。

第三十三条　农村公路建设和养护资金主要包括：

（一）各级人民政府安排的财政资金，包括土地出让收益、地方政府债券等资金；

（二）村民委员会通过“一事一议”等方式筹集的资金；

（三）企业投资和社会各界捐助；

（四）利用农村公路冠名权和路域资源开发经营权等市场化方式筹集的资金；

（五）通过其他方式筹集的资金。

第三十四条　省和设区的市人民政府应当安排财政资金用于农村公路建设、养护的补助，并逐步增加对经济欠发达地区、偏远山区和革命老区农村公路建设、养护的支持力度。

第三十五条　县级人民政府应当建立以政府公共财政投入为主的资金保障机制，将农村公路建设和养护资金纳入本级财政预算。

乡镇人民政府应当根据当地财力情况，安排相应的资金，用于乡道、村道的建设和日常养护。

有上级补助资金来源的农村公路建设项目，在上级补助资金到位前，地方政府可以先行垫付资金启动实施，上级补助资金到位后拨付归垫。

第三十六条　设区的市和县级人民政府应当将政府及其有关部门从事农村公路管理工作所需经费纳入同级人民政府财政预算。

第三十七条　鼓励社会力量捐助资金用于农村公路建设和养护工作。

鼓励利用农村公路冠名权、绿化经营权、广告经营权和路域资源开发经营权等方式筹集社会资金，用于农村公路建设、养护。

第三十八条　农村公路建设、养护资金，应当实行独立核算、专款专用，任何单位和个人不得截留、侵占和挪用。

财政、审计等部门应当依法对农村公路建设、养护资金的使用情况进行监督检查。

第五章　公路保护

第三十九条　县级人民政府交通运输主管部门负责县道、乡道的保护工作，并对本行政区域内村道的保护工作进行指导和监督。

乡镇人民政府负责做好本行政区域内村道的保护工作，协助县级人民政府交通运输主管部门做好县道、乡道的保护工作。

村民委员会可以将村道的保护纳入村规民约，加强对村道保护的宣传，增强村民护路意识。

第四十条　县道、乡道的保护管理依照《公路安全保护条例》《山东省公路路政条例》的规定执行。

乡镇人民政府应当加强对辖区内村道的保护，发现危害村道安全行为的，应当当场予以制止或者要求限期改正，可以采取必要的应急措施，并及时报告县级人民政府交通运输主管部门依法处理。

第四十一条　乡镇人民政府应当根据具体情况，确定村道自公路用地外缘起一般不少于三米的范围为建筑控制区，并向村民公告。

禁止在村道建筑控制区内新建、扩建建筑物和构筑物；确需在建筑控制区内埋设管线、电缆等设施的，应当征求村民委员会和乡镇人民政府的意见。在建筑控制区外修建的建筑物、地面构筑物以及其他设施不得遮挡公路标志，不得妨碍安全视距。

第四十二条　任何单位和个人不得擅自占用、挖掘、损坏村道。

建设工程需要占用、挖掘村道的，应当征求村民委员会和乡镇人民政府的意见，并按照不低于该路段原有的技术标准予以修复、改建，或者给予相应的经济补偿。

第四十三条　禁止在村道的公路用地外缘起向外五十米、大中型桥梁和渡口周围二百米、隧道上方和洞口外一百米范围内从事采石、爆破等危及村道安全的活动。

第四十四条　禁止在村道以及村道用地范围内从事下列行为：

（一）堆放物料及设置其他障碍物；

（二）挖沟引水、漫路灌溉；

（三）堆粪沤肥、倾倒垃圾及撒漏污物；

（四）其他损坏、污染村道和影响村道使用的行为。

第四十五条 铁轮车、履带车和其他可能损害公路路面的机具，不得在村道上行驶。

农业机械因当地田间作业需要在村道上短距离行驶的，可以不受前款限制，但是应当采取安全保护措施。对村道造成损坏的，应当按照损坏程度给予赔偿。

第四十六条 超过村道限载、限高、限宽、限长标准的车辆，不得在村道上行驶。

乡镇人民政府可以根据保护村道的需要，在村道的出入口设置必要的限高、限宽设施，但是不得影响消防和卫生急救等应急通行需要。限高、限宽设施应当有明显标志和夜间反光标志。

第四十七条 任何单位和个人不得损坏或者擅自移动、涂改村道附属设施。

禁止任何单位和个人在村道上非法设卡、收费。

第四十八条 县级人民政府应当建立农村公路安全隐患排查制度，组织有关部门结合公路等级、交通流量、交通安全配套设施、交通事故特点等具体情况，对农村公路安全隐患进行动态排查，并及时进行处理，提高农村公路通行安全保障水平。

第四十九条 县级人民政府交通运输主管部门可以在农村公路上设置超限技术监控设施设备，自动检测、拍摄和记录行驶中货运车辆的车货总质量、几何尺寸、车辆图像等信息。

在超限技术监控设施设备投入使用三十日前，县级人民政府交通运输主管部门应当将设置超限技术监控设施设备的位置向社会公告，并在醒目处设置超限技术监控告知标志。

第六章　法 律 责 任

第五十条 违反本条例规定的行为，法律、行政法规已规定法律责任的，从其规定；法律、行政法规未规定法律责任的，依照本条例规定执行。

第五十一条 违反本条例规定，在村道建筑控制区内新建、扩建建筑物和构筑物，或者在村道建筑控制区外修建的建筑物、地面构筑物以及其他设施遮挡公路安全标志、妨碍安全视距的，由县级人民政府交通运输主管部门责令限期拆除，处五百元以上二千元以下的罚款；情节严重的，处二千元以上五千元以下的罚款。

第五十二条 违反本条例规定，擅自占用、挖掘、损坏村道的，由县级人民政府交通运输主管部门责令限期改正，处五百元以上二千元以下的罚款；情节严重的，处三千元以上一万元以下的罚款。

第五十三条 违反本条例规定，在村道的公路用地外缘起向外五十米、大中型桥梁和渡口周围二百米、隧道上方和洞口外一百米范围内从事采石、爆破等危及村道安全活动的，由县级人民政府交通运输主管部门责令停止违法行为，处五千元以上三万元以下的罚款。

第五十四条 违反本条例规定，在村道以及村道用地范围内有下列行为的，由县级人民政府交通运输主管部门责令限期改正；逾期不改正的，处二百元以上一千元以下的罚款；情节严重的，处一千元以上三千元以下的罚款：

（一）堆放物料或者设置其他障碍物的；

（二）挖沟引水、漫路灌溉的；

（三）堆粪沤肥、倾倒垃圾或者撒漏污物的；

（四）其他损坏、污染村道或者影响村道使用的行为。

第五十五条 违反本条例规定，铁轮车、履带车和其他可能损害公路路面的机具在村道上行驶的，由县级人民政府交通运输主管部门责令停止违法行为，处五百元以上二千元以下的罚款；情节严重的，处五千元以上三万元以下的罚款。

第五十六条 违反本条例规定，超过村道限载、限高、限宽、限长标准的车辆在村道上行驶的，由县级人民政府交通运输主管部门责令停止违法行为，处五百元以上二千元以下的罚款；情节严重的，处五千元以上三万元以下的罚款。

第五十七条 违反本条例规定，损坏或者擅自移动、涂改村道附属设施的，由县级人民政府交通运输主管部门责令停止违法行为，处二百元以上一千元以下的罚款；情节严重的，处二千元以上一万元以下的罚款。

违反本条例规定，擅自在村道上设卡、收费的，由县级人民政府交通运输主管部门责令停止违法行为，没收违法所得，并处违法所得三倍以下的罚款；没有违法所得的，处一万元以下的罚款。

第五十八条 各级人民政府和负有农村公路监管职责的部门及其工作人员有下列行为之一的，对直接负责的主管人员和其他直接责任人员依法给予处分；构成犯罪的，依法追究刑事责任：

（一）农村公路建设项目应当依法招标而未招标的；

（二）在农村公路建设中监管失职造成重大质量问题的；

（三）截留、侵占和挪用农村公路建设、养护资金的；

（四）其他滥用职权、玩忽职守、徇私舞弊的行为。

第七章　附　　则

第五十九条 本条例下列用语的含义是：

（一）县道，是指除国道、省道以外的县际间公路以及连接县级人民政府所在地与乡镇人民政府所在地和主要商品生产、集散地的公路；

（二）乡道，是指除县道以上等级公路以外的乡际间公路以及连接乡镇人民政府所在地与建制村的公路；

（三）村道，是指除乡道以上等级公路以外的连接建制村与建制村、建制村与自然村等建制村与外部的公路，但不包括村内街巷和农田间的机耕道；

（四）农村公路附属设施，是指专用于农村公路安全防护、排水、养护、绿化、管理和服务等设施设备以及相关建筑物、构筑物等。

第六十条 本条例自 2018 年 12 月 1 日起施行。2008 年 9 月 25 日山东省第十一届人民代表大会常务委员会第六次会议通过的《山东省农村公路条例》同时废止。

358. 山东省公路路政条例

（2020 年 7 月 24 日山东省第十三届人民代表大会常务委员会第二十二次会议修正）

第一章　总　　则

第一条　为了加强公路路政管理，保障公路完好、安全和畅通，根据《中华人民共和国公路法》等法律、行政法规，结合本省实际，制定本条例。

第二条　本省行政区域内国道、省道、县道、乡道的公路路政管理及其相关活动，适用本条例。

本条例所称公路路政管理，是指依法保护和管理公路、公路用地及公路附属设施，并对公路路域环境依法实施保护的行政管理活动。

第三条　县级以上人民政府应当加强对公路路政管理工作的领导，建立健全工作协调机制，提高公路综合管理水平。公路路政管理所需经费应当纳入本级人民政府财政预算。

乡镇人民政府应当协助做好本行政区域内的公路路政管理工作。

第四条　县级以上交通运输主管部门主管本行政区域内的公路路政管理工作。

县级以上人民政府发展改革、工业和信息化、公安、财政、自然资源、住房城乡建设等部门，应当按照职责分工做好公路路政管理的相关工作。

第五条　公路受法律保护。任何单位和个人不得破坏、损坏、非法占用或者非法利用公路、公路用地和公路附属设施。

任何单位和个人有权检举和控告损害公路、公路用地和公路附属设施以及影响公路安全畅通的行为。

第六条　对保护公路做出突出贡献的单位和个人，县级以上人民政府应当按照规定给予表彰奖励。

第二章　公路保护与管理

第七条　交通运输主管部门应当对公路、公路用地及公路附属设施等路产进行调查核实，建立健全路产档案资料。新建公路竣工时，应当同时建立路产档案资料。

公路报废的，交通运输主管部门应当及时将核准报废的有关资料送交自然资源主管部门，依法办理相关手续，并由县级人民政府向社会公告。

第八条　公路用地范围由县级以上人民政府按照下列标准确定：

（一）公路两侧有边沟（坡顶截水沟、坡脚护坡道、隔离栅，下同）的，其用地范围为边沟外缘起不少于一米的区域；

（二）公路两侧无边沟的，其用地范围为公路路缘石外缘或者坡脚线向外不少于三米的区域。

实际征收土地超过前款规定标准的，其公路用地范围以实际征收土地的范围为准。

第九条　进行下列涉路工程建设，建设单位应当向交通运输主管部门提出许可申请：

（一）因修建铁路、机场、供电、水利、通信等建设工程需要占用、挖掘公路、公路用地或者使公路改线；

（二）跨越、穿越公路修建桥梁、渡槽或者架设、埋设管道、电缆等设施；

（三）在公路用地范围内架设、埋设管线、电缆等设施；

（四）利用公路桥梁、公路隧道、涵洞铺设电缆等设施；

（五）在公路上增设或者改造平面交叉道口。

第十条 建设单位申请进行涉路工程建设，应当提交下列材料：

（一）符合有关技术标准、规范要求的设计方案、施工图设计和施工方案；

（二）保障公路、公路附属设施质量和安全的技术评价报告；

（三）处置施工险情和意外事故的应急方案；

（四）法律、法规规定应当提交的其他材料。

第十一条 利用跨越公路桥梁等设施悬挂或者在公路用地范围内设置非公路标志的，应当依法向交通运输主管部门申请许可，并提交施工图设计、施工方案及相应的技术评价报告。

设置非公路标志，应当符合非公路标志设置规划、技术标准和公路安全畅通的要求。

第十二条 交通运输主管部门根据保护公路的需要，可以组织专家对申请人提交的设计文件和施工方案进行评审。涉及经营性公路的，应当征求公路经营企业的意见。施工活动影响交通安全的，建设单位应当采取必要措施并征得公安机关交通管理部门的同意。

第十三条 涉路工程建设单位应当按照许可的设计和施工方案组织建设。穿越公路修建的公路桥梁，应当设置必要的检修通道和设施；因基础设施建设确需穿（跨）越高速公路互通立交区的，应当进行专项论证，并落实必要的安全保障措施。

第十四条 涉路工程建设需要占用、挖掘公路、使公路改线或者对公路、公路附属设施造成损坏的，建设单位应当按照不低于原有的技术标准予以修复、改建或者按规定给予相应补偿。

涉路工程施工单位应当与交通运输主管部门签订协议，并按照协议进行施工作业，落实施工安全和交通保障措施。

第十五条 涉路工程设施、非公路标志建成后，交通运输主管部门应当按规定会同公安机关交通管理等部门验收。未经验收或者验收不合格的，涉路工程设施、非公路标志不得交付使用。

涉路工程设施和非公路标志的所有人、管理人应当加强维护和管理，确保设施、标志不影响公路的完好、安全和畅通。

第十六条 需要更新采伐公路用地范围内的护路林的，应当向交通运输主管部门提出申请，经批准后方可更新采伐，并及时补种；不能及时补种的，应当交纳补种所需费用，由交通运输主管部门代为补种。

第十七条 禁止在公路、公路用地范围内从事下列活动：

（一）破坏、损坏公路、公路用地和公路附属设施；

（二）摆摊设点、进行集市贸易、堆放物品、修车洗车、设置障碍、种植作物、放养牲畜、采石、取土、采空作业；

（三）倾倒垃圾、焚烧物品、挖沟引水、堵塞边沟或者利用边沟排放污物；

（四）车辆装载物触地拖行、掉落、遗洒或者飘散；

（五）擅自移动、涂改、遮挡公路附属设施或者利用公路交通标志、护路林、护栏、隔离栅、防护网等公路附属设施架设管线、悬挂物品；

（六）将公路作为检验车辆制动性能的试车场地；

（七）除国家另有规定外，在公路桥梁下、公路隧道、涵洞内埋设高压电线和输送易燃、易爆或者其他有毒有害气体、液体的管道；

（八）擅自在公路和桥梁两端设置限高、限宽设施；

（九）其他破坏、损坏、污染、非法占用或者非法利用公路、公路用地和公路附属设施以及影响公路完好、安全、畅通的行为。

第十八条 公路桥梁经检测评定不符合有关技术标准、影响安全通行的，交通运输主管部门或者公路经营企业应当在桥梁两端设置必要的限高、限宽设施和限载等标志，并及时进行维修。

第十九条 在公路上行驶的车辆的外廓尺寸、轴荷和总质量，应当符合国家有关车辆外廓尺寸、轴荷、质量限值等机动车安全技术标准。

第二十条 超过公路、公路桥梁、公路隧道的限载、限高、限宽、限长标准的车辆，不得在公路、公路桥梁上或者公路隧道内行驶。具体管理由交通运输主管部门按照国家和省有关治理超限和超载运输管理的规定执行。

在高速公路上设置的超限检测站，可以采取货物运输车辆和其他车辆分道行驶等措施，对货物运输车辆实施检查，但不得影响高速公路的安全、畅通。

第二十一条 造成公路、公路用地和公路附属设施损坏的单位和个人，应当依法予以赔偿。

交通运输主管部门发现损坏公路、公路用地和公路附属设施行为的，应当对损坏现场进行勘验、调查、收集证据，并及时制作责任认定书。

第三章 公路路域环境保护

第二十二条 县级以上人民政府应当根据保障公路运行安全和节约用地的原则以及公路发展的需要，组织交通运输、自然资源等部门划定公路建筑控制区的范围，加强公路路域环境整治，优化和改善公路通行环境。

第二十三条 新建、改建公路的建筑控制区范围，应当自公路初步设计批准之日起三十日内，由公路沿线县级以上人民政府划定并公告。

公路建筑控制区与铁路线路安全保护区、航道保护范围、河道管理范围或者水工程管理和保护范围重叠的，经交通运输主管部门和铁路管理机构、水行政主管部门或者流域管理机构协商后划定。

交通运输主管部门应当在已划定范围的公路两侧建筑控制区外缘设置标桩、界桩。任何单位和个人不得损坏、擅自挪动标桩、界桩。

第二十四条 在公路建筑控制区内埋设管线、电缆等设施，建设单位应当向交通运输主管部门申请许可，并提交施工图设计、施工方案和相应的技术评价报告。

埋设的管线、电缆等设施应当与公路保持规定的安全距离，并符合公路发展规划要求。

第二十五条 在公路建筑控制区内，除公路保护需要和经许可的涉路工程设施、非公路标志外，禁止修建、扩建建筑物和地面构筑物。对公路建筑控制区划定前已经合法修建的建筑物和地面构筑物，因公路建设或者保障公路运行安全等原因需要拆除的，应当依法给予补偿。

在公路建筑控制区外修建的建筑物、地面构筑物以及其他设施不得遮挡公路标志，不得妨碍安全视距。

第二十六条 新建学校、货物集散地、大型商业网点、农贸市场等公共场所，应当在公路一侧进行，不得在两侧对应建设，并应当与公路建筑控制区保持规定的距离。

前款规定的公共场所，本条例施行前已经在公路两侧建设的，不得再沿公路平行扩建；影响公路运行安全的，公路沿线人民政府应当采取措施，予以改造或者迁移。

第二十七条 编制城市、村镇规划涉及公路建筑控制区的，应当征求交通运输主管部门的意见，并依法注明建筑物、地面构筑物与公路的控制距离。

第二十八条 公安机关交通管理部门应当加强公路巡逻检查，依法查处车辆违法行为，及时处理交通事故，疏导交通，维护良好的公路通行秩序。

涉路工程施工影响公路通行的，公安机关交通管理部门应当加强施工现场的交通安全监督检查，及时处置交通拥堵等突发情况。

发生交通事故造成公路、公路附属设施损坏的，公安机关交通管理部门在处理交通事故时应当及时通知交通运输主管部门到场调查处理。

第二十九条 县级以上人民政府应当组织公安、交通运输等部门，依法取缔占用公路的集市贸易、占道经营等违法行为，保障公路安全、畅通。

第三十条 县级以上人民政府应当组织水利、自然资源等部门，对公路沿线可视范围内的河道、湖泊、荒山、荒坡、破损山体等进行整治，绿化美化公路通行环境。

第四章　服务与监督

第三十一条　交通运输主管部门应当依法履行职责，完善规章制度，公开办事程序，加强对交通运输行政执法人员的管理和教育，公正执法，热情服务，接受社会监督。

交通运输主管部门应当建立健全路政管理信息系统并保证其正常运行，实现公众查询、许可办理等功能，提高服务效率和水平。

第三十二条　交通运输主管部门、公路经营企业应当收集、汇总公路交通流量、养护施工作业、公路交通阻断等与路网运行有关的信息，并通过媒体、可变情报板等形式及时播发。

第三十三条　交通运输主管部门、公路经营企业应当加强公路服务设施建设，并保持服务设施的完好。公路养护机构驻地和服务区应当修建供司乘人员免费使用的卫生设施。

第三十四条　交通运输主管部门应当加强对涉路工程建设、非公路标志设置、护路林更新采伐等许可事项的监督检查，发现未按许可要求实施的，应当责令被许可人限期整改。

第三十五条　交通运输主管部门应当按照规定的标准配备行政执法人员和必要的装备，实施路政执法检查。

交通运输行政执法人员依法进行监督检查时，有权向公路经营者、使用者和其他有关单位、个人了解情况，查阅、复制有关资料，必要时可以录音、录像。有关单位和个人应当配合，不得阻挠。

第三十六条　交通运输行政执法人员执行公务时，应当规范着装，佩戴标志，持证上岗。

公路监督检查专用车辆应当按照国务院交通运输主管部门的规定设置统一的标志和示警灯，在辖区内收费公路上执行公务时免费通行。

第三十七条　交通运输主管部门应当建立公路保护举报制度，公开举报电话、通信地址或者电子邮件信箱。

交通运输主管部门收到举报后，应当依法及时处理，对检举属实的单位和个人可以给予奖励。

第三十八条　交通运输主管部门、公路经营企业应当根据公路突发事件应急预案，组建应急队伍，储备应急物资，提高应急处置能力，保障公路安全畅通。

第五章　法 律 责 任

第三十九条　违反本条例规定的行为，法律、行政法规已规定法律责任的，依照其规定执行；法律、行政法规未规定法律责任的，按照本条例规定执行。

第四十条　违反本条例规定，穿越公路修建公路桥梁未设置必要的检修通道，或者未经专项论证并落实必要的安全保障措施，擅自修建穿（跨）越高速公路互通立交区的设施的，由交通运输主管部门责令改正，可以处一万元以上三万元以下的罚款。

第四十一条　违反本条例规定，涉路工程建设单位未按照许可要求组织建设的，由交通运输主管部门责令限期改正，可以处三千元以上三万元以下的罚款；逾期未改正的，交通运输主管部门可以依法吊销其许可证。

涉路工程施工单位未按照协议进行施工作业或者未落实施工安全和交通保障措施的，由交通运输主管部门责令改正，可以处三千元以上三万元以下的罚款。

第四十二条　违反本条例规定，擅自在公路和桥梁两端设置限高、限宽设施的，由交通运输主管部门责令改正，可以处一千元以上五千元以下的罚款。

第四十三条　违反本条例规定，在公路桥梁下、公路隧道、涵洞内埋设高压电线和输送易燃、易爆或者其他有毒有害气体、液体管道的，由交通运输主管部门责令改正，处二万元以上十万元以下的罚款。

第四十四条 阻碍交通运输行政执法人员依法执行公务，尚未构成犯罪的，由公安机关依照《中华人民共和国治安管理处罚法》进行处罚；构成犯罪的，依法追究刑事责任。

第四十五条 县级以上人民政府交通运输主管部门和其他有关部门、单位及其工作人员，有下列行为之一的，由上级主管部门或者监察机关责令改正；情节严重的，对直接负责的主管人员和其他直接责任人员依法给予处分；构成犯罪的，依法追究刑事责任：

（一）未按规定划定公路建筑控制区范围，影响公路运行安全和公路发展规划实施的；

（二）编制城市、村镇规划涉及公路建筑控制区，未征求交通运输主管部门意见，致使新批建筑物占用公路建筑控制区的；

（三）未及时处理交通事故，采取措施疏导交通，导致公路长时间堵塞的；

（四）未按规定的权限、条件和程序实施行政许可的；

（五）未按规定对许可事项实施监督检查，导致涉路工程设施、非公路标志影响公路完好、安全和畅通的；

（六）其他玩忽职守、滥用职权、徇私舞弊的行为。

第六章　附　　则

第四十六条 村道的路政管理，按照《山东省农村公路条例》的规定执行。

第四十七条 本条例自2013年12月1日起施行。

359. 山东省公路养护工程管理办法（试行稿）

（鲁交公路〔2019〕107 号）

第一章　总　　则

第一条　为加强我省公路养护工程管理，提高养护质量与效益，降低养护施工作业对车辆通行的影响，根据《中华人民共和国公路法》《公路安全保护条例》交通运输部《公路养护工程管理办法》（交公路发〔2018〕33 号）《山东省高速公路条例》等法律、行政法规，遵循“决策科学、管理规范、技术先进、优质高效、绿色安全”的原则，制定本办法。

第二条　本办法所规定的公路养护工程指按照项目进行管理的养护工程，不包括日常养护及国省道改扩建工程。

第三条　本办法适用于我省国道、省道的养护工程管理工作。县道、乡道、村道和专用公路的养护工程管理可参照执行。

第四条　我省公路养护工程全面实现市场化管理，实行项目法人责任制、招标投标制、合同管理制以及工程监理制。

第五条　我省高速公路养护工程资金主要从车辆通行费中解决；普通国省道养护工程资金以省财政保障为主，各市、县（区）财政配套资金为辅。

第二章　养护工程分类

第六条　养护工程按照养护目的和养护对象，分为预防养护、修复养护、专项养护和应急养护。

第七条　预防养护是指国省道整体性能良好但有轻微病害，为延缓性能过快衰减、延长使用寿命而预先采取的主动防护工程。

第八条　修复养护是指国省道出现明显病害或部分丧失服务功能，为恢复技术状况而进行的功能性、结构性修复或定期更换，包括大修、中修、小修。

修复养护的具体分类见附件。

第九条　专项养护是指为恢复、保持或提升国省道服务功能而集中实施的完善增设、加固改造、拆除重建、灾后恢复等工程。

专项养护主要包括上级有关部门组织的各项阶段性活动中需要专项整治标志、护栏、隧道、桥梁等国省道局部设施而专门设立的养护工程项目。比如桥梁维修改造、穿村路段安全整治、隧道安全整治、灾害防治工程、灾毁修复工程等。具体分类见附件。

第十条　应急养护是指在突发情况下造成国省道损毁、中断、产生重大安全隐患时，为较快恢复国省道安全通行能力而实施的应急性抢通、保通、抢修。

具体分类见附件。

应急养护，可以根据应急处置工作需要，直接委托具备相应能力的专业队伍实施。

第三章　管 理 职 责

第十一条　养护工程遵循统一领导、分级管理的原则。

省交通运输厅（以下简称“省厅”）负责全省公路养护工程的指导和监督。负责下达普通国省道养护工程前期计划、投资计划；负责组织专家或委托第三方对普通国省道养护工程设计文件进行审查；负责普通国省道养护工程设计审批及重大设计变更的审批；负责高速公路养护工程行业监管，负责高速公路路面技术状况抽检和重点桥隧技术状况监测。

第十二条 省交通运输事业服务中心（以下简称“省中心”）配合省交通运输厅做好全省养护工程的监督和指导工作。负责普通国省道养护工程设计文件技术把关，负责普通国省道养护工程较大设计变更审批，负责普通国省道养护工程招投标审核以及实施过程中的质量、环保、安全生产、防汛、应急、计量等工作的监督管理。

第十三条 省厅定额站负责普通国省道养护工程概、预算审核把关；负责养护工程定额文件的编制、更新工作。

第十四条 市交通运输局（以下简称“市局”）负责辖区内的公路养护工程监督管理工作。负责普通国省道养护工程设计请示文件上报工作；负责组织普通国省道竣工验收；组织开展科技交流和人才培训。

第十五条 市交通工程质量监督机构负责辖区内养护工程的质量、安全监督管理工作。

第十六条 市公路事业服务机构（以下简称“市服务机构”）负责辖区内普通国省道养护工程的具体组织实施及管理工作；负责普通国省道养护工程交工验收，协助做好竣工验收；推广应用养护新材料、新技术、新工艺、新设备，积极组织或参加科技交流、人才培训。

第十七条 高速公路运营管理单位负责保证高速公路养护资金的投入，保证高速公路中长期路况质量稳定，其中每公里高速公路路面损坏状况指数（PCI）不低于92，路面行驶质量指数（RQI）不低于90，病险桥隧及时修复；负责对管养路段定期进行技术状况评定，并向省厅报备；负责编制年度养护计划，并向省厅报备；负责养护工程具体实施及监督管理；负责组织开展高速公路养护新技术、新工艺、新材料、新成果推广应用及养护管理人员业务技能培训工作。

第四章　前期工作计划

第十八条 省、市逐级建立和更新养护工程五年滚动项目库。普通国省道养护工程项目库由市服务机构结合路网运行情况，根据路况评定结果及养护需求更新建立，市局审核后报省厅。高速公路养护工程项目库由高速公路运营管理单位建立并更新。

第十九条 普通国省道养护工程年度前期建议计划项目由各市通过“山东省公路规划计划系统”上报，同时将前期建议工作计划文件报送至省厅。前期建议工作计划文件应包括：工程估算、项目路线、维修里程、现状技术标准、维修路段起终点以及建设规模。

高速公路运营管理单位根据技术状况水平制定前期工作计划。

第二十条 省厅按照“统筹兼顾、均衡发展，规模控制、滚动实施，精细管理、整体提升”的原则，以各市符合养护维修时限规定的存量需求为基础，综合考虑路况水平等因素，测算各市年度资金分配权重，合理确定各市前期工作规模，下达前期工作计划。

第二十一条 前期计划确定的项目规模，原则上不进行调整，如确有特殊情况，需由中修调整为大中修或者大修的，需要向省厅报送请示，省厅审核通过后予以调整。

第二十二条 在设计审查过程中，如现场与前期计划报送规模不一致，达不到大修规模的，经专家确认后，可在设计审批过程中将全线或者部分路段调整为中修工程。

第五章　工程设计管理

第二十三条 养护工程设计工作根据工程的复杂程度等因素分两类组织实施：预防养护、专项养护、应急养护、修复养护中的中修工程采用施工图一阶段设计，修复养护中的大修工程以及技术复杂的危桥改造工程采用建设方案和施工图两阶段设计。

应急养护工程设计在设区的市级政府批准后可直接委托具有相应国省道设计资质，且具备相应业绩、设计经验和能力的设计单位开展设计。

第二十四条 养护工程设计应当以专项检测或评估为依据，加强结构物承载力和旧路性能评价，强化对显性、隐性病害的诊断分析。

第二十五条 养护工程设计文件应当符合法律、法规和强制性标准的要求，应当对施工工艺和验收标准进行详细说明。

第二十六条 养护工程设计应重视公路安全、环境保护、旧路材料循环利用，加强旧路调查和检测，对路面、大中桥等维修改造方案，应从技术、经济、施工、保通、安全、环保等方面进行综合比选，同时对材料循环利用、环保施工等做详细说明；积极采用旧料再生等新技术、新材料、新设备、新工艺，但对涉及工程质量和安全的新技术、新材料、新工艺、新设备，尚无相关标准可参照的，应当经过试验论证审查后方可规模化使用。要特别注意检测报告数据的准确性，设计方案和检测数据的匹配性。

第二十七条 报送至省厅的养护工程设计资料包括勘察设计合同、请示文件、设计文件、造价文件、地方政府配套资金承诺函以及其他需要提供的文件资料等。

第二十八条 省厅组织专家或者委托第三方对普通国省道设计文件进行审查，出具审查意见。各市将修改后的设计文件报送至省中心进行技术性把关，把关的主要内容为：

1. 是否符合该路段建设时期执行的工程强制性标准、有关技术规范和规程的要求；
2. 是否符合上阶段批复文件相关要求；
3. 设计文件是否齐全，是否达到深度要求；
4. 检测报告是否与实际路况相匹配；维修方案是否与检测报告相匹配；
5. 专家或第三方审查提出的意见是否已经进行了相应的修改；
6. 需要审查的其他内容。

第二十九条 普通国省道设计文件批复后，有以下情况之一的，应重新报批：

1. 养护性质变化的（如中修调整为大修）；
2. 项目两年内未实施且基础依据发生重大变化的。

第三十条 普通国省道养护工程设计变更分为重大变更、较大变更和一般变更。

有下列情形之一的，属于重大设计变更：

1. 路面维修方案累计 2 公里以上路段，工程规模、维修标准等发生变化的；
2. 变更后工程总投资超出批复预算的。

有下列情形之一的，属于较大设计变更：

1. 路面维修方案累计小于 2 公里以内，在工程规模、维修标准等发生变化的；
2. 单项变更投资超过 50 万元或合同段变更投资超过 300 万元的。

一般设计变更是指除重大设计变更和较大设计变更以外，且工程总投资控制在合同签约金额范围内的变更。

第三十一条 普通国省道养护工程重大设计变更由省厅予以批复；较大设计变更由市服务机构编制完成后报省中心，省中心予以批复；一般设计变更由省中心现场核实确认后，各市服务机构予以批复。

第三十二条 高速公路养护工程设计文件以及设计变更由高速公路运营管理单位负责审批，具体批复流程、管理模式可自行细化。

第六章　工程施工管理

第三十三条 市服务机构和高速公路运营管理单位要严格按照国家规定，依法组织开展国省道公路养护工程的施工、监理招标工作，择优选取具有相应资质的施工、监理企业。

应急养护工程在得到设区的市级政府批准后可直接委托有相应施工资质、信誉良好的施工、监理单位组织实施。

第三十四条 养护工程开工前，建设单位应办理质量监督、安全监督备案手续和施工许可。

第三十五条 所有养护工程设计必须编制交通保障方案和安全作业方案，交通保障方案要科学合理，充分考虑工序衔接，减少因养护施工造成的交通拥堵。

第三十六条 普通国省道养护项目交通组织方案应经公安交警、交通执法等部门审查后，向市局报备。高速公路养护项目交通组织方案由高速公路运营管理单位自行负责。

第三十七条 养护工程应该严格按照审查通过的设计文件进行施工，对施工中发现的设计问题，应当按照设计变更程序经审批后实施。

第三十八条 市局、市服务机构、高速公路运营管理单位要建立、健全养护工程质量检查管理制度，通过抽查、委托专业机构检查、自查等方式确保养护工程质量。

第三十九条 市服务机构和高速公路运营管理单位具体负责养护工程施工管理，并协助施工单位做好外部环境协调工作，创造良好施工作业条件。

第七章　工程验收及缺陷责任期管理

第四十条 公路养护工程完工后应及时组织交工验收。一阶段设计的养护工程项目交工验收和竣工验收可合并进行，两阶段设计的养护工程应按照交工验收、竣工验收分阶段组织。普通国省道养护工程交工验收由市服务机构组织，竣工验收由市局组织。高速公路养护工程交、竣工验收由高速公路运营管理单位组织。

第四十一条 对若干合同段完工时间相近的，可合并组织交工验收。对分段通车的项目，可按合同约定分段组织交工验收。

第四十二条 养护工程质量缺陷责任期一般为 6 个月，最长不超过 12 个月。缺陷责任期结束后，及时下发缺陷责任期终止证书，对未完工程及遗留问题的完成情况进行检查确认。

第八章　附　　则

第四十三条 公路养护工程分类标准附后。

第四十四条 市局、市服务机构、高速公路运营管理单位可根据本办法进一步细化制定指导手册。

第四十五条 本办法自印发之日起执行，有效期两年。

附录：公路养护工程分类标准

附录

公路养护工程分类标准

类别	定　　义	具体作业内容
预防养护	公路整体性能良好但有轻微病害，为延缓性能过快衰减、延长使用寿命而预先采取的主动性养护工程	路基：增设或完善路基防护，如柔性防护网、生态防护、网格防护等；增设或完善排水系统，如边沟、截水沟、排水沟、拦水带、泄水槽等；集中清理路基两侧山体危石等；其他。 路面：针对整段沥青路面面层轻微病害采取的防损、防水、抗滑、抗老化等表面处治，如砂雾封层、稀浆封层、微表处、碎石封层、纤维封层、复合封层、超薄罩面、薄层罩面等；整段水泥混凝土路面防滑处治、防剥落表面处理、板底脱空处治、接缝材料集中清理更换等；其他。 桥梁涵洞：桥梁涵洞周期性预防处治，如防腐、防锈、防侵蚀处理等；桥梁构件的集中维护或更换，如伸缩缝、支座等；其他。 隧道：隧道周期性预防处治，如防腐、防侵蚀处理、防火阻燃处理等；针对隧道渗水、剥落等的预防处治；其他
修复养护	公路出现明显病害或部分丧失服务功能，为恢复技术状况而进行的功能性、结构性修复或定期更换工程	大修工程指对国省道及其沿线设施的较大损坏进行综合处治，全面恢复原设计标准和使用功能。中修工程指对国省道及其沿线设施的一般性损坏部分进行定期的修理加固，以恢复国省道原有技术状况的工程。小修工程指国省道及其沿线设施经常进行维护保养和修补其轻微损坏部分的作业。主要对原路面坑槽、裂缝等病害进行少量、局部维修。 大修路段里程达到或超过项目维修里程的70%的，该项目为大修工程，大修路段里程占项目维修里程的10%以下的，可列为中修工程。大修路段里程在10%～70%之间的列为大中修工程。 路基：处治路堤路床病害，如沉降、桥头跳车、翻浆、开裂滑移等，属于大修工程；局部路基加高、加宽、裁弯取直等，属于大修工程；防雪、防石、防风沙设施的修复养护等，属于中修工程；增设或修复支挡结构物，如挡土墙、抗滑桩等，属于中修工程；维修加固失稳边坡，属于中修工程；集中更换安装路缘石、硬化路肩、修复排水设施等，属于中修工程；其他。 路面：改善沥青路面结构强度，如直接加铺、铣刨加铺、翻修加铺或其他各类集中修复等。全幅或半幅挖除原路面层、基层及以下路面结构，对下承层病害进行维修处理后，重新做路面结构层属于大修工程。挖除原路面层，对基层病害维修后，重新铺筑面层，或直接对原路面病害集中处治后，加铺面层属于中修工程；水泥路面结构形式改造、破碎板或其他路面病害修复等，属于中修工程。全幅或半幅水泥路面挖除新建、碎石化后加铺结构层整体改造为沥青路面结构的为大修工程；整路段砂石、块石、条石路面的结构修复及改善等，属于大修工程；配套路面修复完善相关附属设施，如调整标志标线、护栏、路缘石，路口及分隔带开口等，属于中修工程；其他。 桥梁涵洞：桥梁涵洞加固、病害修复，如墩台（基础）、锥坡翼墙、护栏、拉索、调治结构物、径流系统等的维修完善，属于中修工程；桥梁加宽、加高，重建、增设、接长涵洞等，属于大修工程；其他。 隧道：对隧道结构加固、病害修复，如洞门、衬砌、顶板、斜井、侧墙等的修复，属于中修工程；其他。 机电：对通信、监控、通风、照明、消防、收费、供配电设施、健康监测系统等进行增设、维修或更新，属于中修工程；其他。 交安设施：集中更换或新设标志标牌、防眩板、隔音屏、隔离栅、中央活动门、限高架等，属于中修工程；整段路面标线的施划，属于小修工程；集中维修、更换或新设公路护栏、警示桩、道口桩、减速带等，属于中修工程；其他。 管理服务设施：公路养护、管理、服务等的房屋、场地和设施设备的维修、改造、扩建或增设，维修类属于中修工程，改造、扩建或增设属于大修工程；其他。 绿化景观：更换、新植行道树及花草，开辟苗圃等，属于中修工程；公路景观提升、路域环境治理等，属于中修工程

续上表

类别	定　　义	具体作业内容
专项养护	为恢复、保持或提升公路服务功能而集中实施的完善增设、加固改造或拆除重建（专项处治、灾后恢复）等工程	针对阶段性重点工作实施的专项公路养护治理项目。上级有关部门组织的各项阶段性活动中需要专项整治标志、护栏、隧道、桥梁等普通国省道局部设施而专门设立的养护工程项目。比如桥梁维修改造（针对四、五类桥梁有计划的维修改造，经设区市政府批准后可列入应急养护工程）、穿村路段安全整治、隧道安全整治、灾害防治工程、灾毁修复工程、畅安舒美路创建工程等
应急养护	在突发情况下造成公路损毁、中断、产生重大安全隐患等，为较快恢复公路安全通行能力而实施的应急性抢通、保通、抢修	对自然灾害或其他突发事件造成的障碍物的清理； 公路突发损毁的抢通、保通、抢修； 突发的经判定可能危及公路通行安全的重大风险的处治

360. 山东省深化农村公路管理养护体制改革实施方案

（鲁政办发〔2020〕16号）

为贯彻落实《国务院办公厅关于深化农村公路管理养护体制改革的意见》（国办发〔2019〕45号）精神，加快交通强国“四好农村路”试点建设，推动“四好农村路”高质量发展，全面提升农村公路管理养护水平和通行能力，制定本实施方案。

一、工作目标

到2022年，全省农村公路列养率达到100%，年均养护工程比例不低于7%，中等及以上农村公路占比不低于80%，通行条件和路域环境明显提升，为打造乡村振兴齐鲁样板提供坚实交通保障，确保按期完成国办发〔2019〕45号文件确定的工作目标。

二、主要任务

（一）健全管理养护体制。

1. 省政府有关部门负责制订全省农村公路管护政策；积极争取和统筹安排中央和省奖补资金；推动农村公路路长制实施，按照“县道县管、乡村道乡村管”的原则，指导建立“县级指导、乡级负责、市场养护、环卫保洁”乡村道管护新机制，补齐乡村道管护短板；组织全省农村公路管护绩效管理工作。（省交通运输厅、省财政厅）

2. 各市政府对辖区内农村公路管理养护工作负总责，细化政策措施，明确农村公路管理机构，建立养护资金补助机制，加大资金投入；监督辖区内县（市、区）人民政府落实农村公路管护主体责任；推动路长制和管护新机制实施；组织全市农村公路管护绩效管理工作。（省交通运输厅）

3. 县级政府履行农村公路管护主体责任，制定相关部门、乡镇政府农村公路管护职责任务清单和职责边界清单，纳入政府工作目标，明确农村公路管护机构，建立“精干高效、专兼结合、以专为主”的管理体系，将养护资金、机构运行经费和人员支出纳入一般公共财政预算。（省交通运输厅）

4. 乡镇政府负责辖区内乡村道管护工作，指导和组织村民委员会做好村道管护工作。村民委员会按照“农民自愿、民主决策”的原则，采取一事一议、以工代赈等方式组织村道管理养护工作；鼓励集体经济组织和社会力量自主筹资参与农村公路管理养护工作。将爱路护路要求纳入乡规民约、村规民约，鼓励采用“门前三包”、党员责任区、设置公益岗位等形式，引导村民参与农村公路管护工作。（省交通运输厅）

（二）强化资金保障。

1. 加大财政资金保障力度。各级政府严格执行国办发〔2019〕45号文件明确的成品油税费改革资金政策。县级政府承担农村公路管护资金筹措主体责任。市、县级政府每年将政府土地出让金收益的2%～3%、整合使用的涉农资金和“一事一议”资金统筹用于农村公路建设养护。通过整合省、市级涉农资金及相关资金渠道，支持农村公路管护、提档升级、路面改善、危桥改造等，支持建设美丽乡村、“农村公路＋”等部级示范路，加大支持革命老区、黄河滩区和经济欠发达地区力度。省、市、县三级公共财政资金用于农村公路日常养护的总额按照每年每公里“县道10000元，乡道5000元，村道3000元”标准执行，并建立动态调整机制，其中，省级财政资金对县道养护给予重点支持，市、县级财政结合实际自行确定分担比例。用于农村公路养护的资金实施全过程预算绩效管理，确保及时足额到位并按规定对社会公开，接受监督审计。（省财政厅、省交通运输厅）

2. 创新投融资机制。建立“政府主导、社会支持、群众参与”的投资长效机制。发挥财政资金引导作用，鼓励将公路建设和一定时期的养护进行捆绑招标，将农村公路与其他经营性项目一体化开发，运营收益用于公路养护。鼓励采用社会力量捐助，利用公路冠名权、绿化、广告和路域资源开发经营权等方式筹集资金用于农村公路养护。鼓励保险资金通过购买地方政府一般债券方式合法合规参与农村公路发展，探索农村公路灾毁保险。（省交通运输厅、省财政厅、省农业农村厅、山东银保监局、省地方金融监管局）

（三）推行农村公路路长制。

1. 全面推行以县（市、区）政府负责同志为总路长的农村公路路长制，县级政府负责统筹全县农村公路工作。设立县、乡、村道路长，由县（市、区）、乡镇相关负责同志担任，其中村道鼓励由所属集体经济组织负责人担任。各级路长具体负责相应农村公路管理和涉及问题的协调治理工作。（省交通运输厅）

2. 各县（市、区）政府明确相关机构负责农村公路路长制组织实施、协调推动工作，落实总路长的相关部署，对各级路长履职尽责情况监督评估，协调、指导有关部门对各级路长提报管理问题的办理落实。乡镇政府负责推动落实乡道、村道管理任务，做好与县级有关部门的协调沟通工作。（省交通运输厅）

3. 省政府成立农村公路路长制工作专班，负责全省农村公路路长制统筹、指导、评估工作，健全政策体系，完善保障制度，加强市、县的指导监督；各市政府参照省级模式监督、推进县级农村公路路长制实施。（省交通运输厅）

4. 建立政府部门高效协作机制，落实成员单位责任。排查整治农村公路日常养护管理及安全隐患，依法查处损坏路产、侵犯路权的行为。（省交通运输厅）。打击破坏公路基础设施违法犯罪行为，持续整治超速、超载等违法行为。（省公安厅）。加大政府资金对农村公路养护的投入，严格使用成品油税费改革资金，落实省、市、县各级对日常养护资金的投入比例，将路长制工作经费纳入年度财政预算保障。（省财政厅）开展绿色生态廊道建设，充分利用公路用地范围外两侧宜绿化地块进行绿化。（省自然资源厅）。开展公路沿线以生活垃圾、建筑垃圾为主要成分的规模以上非正规垃圾堆放点的整治。（省住房城乡建设厅）。查处公路沿线工业企业污染物乱排放等违法行为。（省生态环境厅）。按职责对公路横跨的河道上下游采砂进行管理。（省交通运输厅、省水利厅、省自然资源厅和有关执法部门）

5. 到 2021 年底，初步构建覆盖县、乡、村道的路长制管理运行机制，建立完备的政府责任体系、高效的部门协同体系、科学的监督评估体系、有力的资金保障体系，形成政府主导、多部门分工负责的农村公路管理养护机制。（省交通运输厅）

（四）建立管护长效机制。

1. 推进市场化改革。建立“县为主体、行业指导、部门协作、社会参与”的养护工作机制。大力推进农村公路养护工程市场化，择优选取专业化队伍；小修及日常养护鼓励实行片区捆绑、条块打包。通过签订长期养护合同、招投标约定等方式，引导专业养护企业加大投入，提高养护机械化水平。（省交通运输厅）

2. 加强安全和信用管理。开展危险路段和桥梁集中整治，完善安保设施。加强路域环境整治，净化通行环境；构建以质量为核心的养护信用评价机制，实施守信联合激励和失信联合惩戒，将信用记录纳入相关平台并依法向社会公开。（省交通运输厅、省公安厅、省应急管理厅）

3. 强化法制和信息化建设。探索通过民事赔偿保护路产路权。完善路政管理指导体系，建立县有路政员、乡有监管员、村有护路员的路产路权保护队伍。坚持绿色集约、融合发展、智慧创新等理念，探索废旧材料循环利用，推进“农村公路＋”等多元融合，利用“互联网＋”等现代化手段，提升农村公路信息化、智能化管护水平。（省交通运输厅、省大数据局）

三、保障措施

（一）加强组织领导。各市要高度重视管理养护体制改革工作，于 11 月 30 日前结合实际制定改革实施方案，同时抄送省交通运输厅，并按要求向社会公开。

（二）强化监督评估。建立农村公路管护工作评估机制，省、市有关部门利用第三方机构评估、不定期明察暗访等方式实施指导监督，强化评估结果运用。

（三）加大宣传力度。加强相关法律和政策宣传，引导社会各界支持、参与农村公路管护工作，提高社会公众爱路护路意识，营造全社会关心支持农村公路发展的良好氛围。

361. 河南省公路管理条例

（1995年9月6日河南省第八届人民代表大会常务委员会第十五次会议通过）

第一章　总　　则

第一条　为了加强公路建设、养护和管理，发展公路事业，促进社会主义现代化建设，根据国家有关规定，结合本省实际情况，制定本条例。

第二条　在本省行政区域内进行的公路建设、公路养护和管理，适用本条例。

第三条　公路分为国家干线公路（以下简称国道），省级干线公路（以下简称省道），县公路（以下简称县道），乡（镇）公路（以下简称乡道）。

第四条　公路、公路用地和公路设施受法律保护，任何单位和个人不得侵占或破坏。

任何单位和个人都有依法使用公路的权利，有爱护公路、公路用地、公路设施的义务。

第五条　各级人民政府应加强对公路事业的领导，把公路事业纳入国民经济和社会发展计划，并采取扶持政策，鼓励和支持发展公路事业。

第六条　公路管理工作实行统一领导，分级管理。

县级以上交通行政主管部门主管本行政区域内的公路事业。

县级以上交通行政主管部门的公路管理机构，具体负责本行政区域内的公路建设、养护和管理工作。

第七条　公安、城建、农机、土地、工商等部门应当按照各自职责，配合交通行政主管部门做好公路管理工作。

第二章　公 路 建 设

第八条　公路规划应当根据国民经济发展、人民生活和国防建设的需要编制，并与其他有关行业的发展规划相协调，与城市规划相衔接。

编制公路规划应当符合国家和省环境保护、文物保护等法律、法规的规定。

第九条　省道规划由省交通行政主管部门会同有关部门和沿线市人民政府（地区行政公署）编制，报省人民政府批准，并向国务院交通行政主管部门备案。

县道规划由市（地）交通行政主管部门会同有关部门和沿线县（市）人民政府编制，报市人民政府（地区行政公署）批准，并向省交通行政主管部门备案。

乡道规划由县（市）交通行政主管部门会同有关部门和乡（镇）人民政府编制，报县（市）人民政府批准，并向市（地）交通行政主管部门备案。

编制省道、县道、乡道规划，应当与上一级的公路规划相衔接。

第十条　公路建设应当根据规划的等级线路，按照国家规定的技术标准和基本建设程序修建。

第十一条　国道建设，按国家有关规定筹集资金。

省道建设，由省人民政府和沿线各级人民政府共同组织筹集资金。

县道建设，由市人民政府（地区行政公署）和县（市）人民政府共同组织筹集资金。

乡道建设，由县（市）人民政府和乡（镇）人民政府共同组织筹集资金。

专用公路，由专用部门和单位筹集资金。

第十二条 公路建设资金可采取下列方式筹集：

（一）各级人民政府财政拨款；

（二）公路养路费和车辆购置附加费；

（三）国内外金融机构或外国政府的贷款、赠款；

（四）国内外企业或其他组织、个人的投资、捐款；

（五）国家和省人民政府批准的其他筹集资金方式。

第十三条 公路建设的征地、拆迁、安置工作，由公路沿线各级人民政府组织实施。

公路建设使用国有荒山、荒地，按规定程序经批准后划拨；使用其他单位使用的国有土地，原使用单位受到损失的，建设单位应给予补偿。

第十四条 公路建设项目应当实行招标投标制度和工程监理制度。未经发包方同意，中标承包方不得将公路建设工程转包给其他单位。不得通过转包从中渔利。

承担公路建设项目的设计、施工、监理单位，必须持有国家规定的资格证书。

第十五条 公路建设项目应当按照法律、法规以及公路工程技术标准和合同的规定进行设计、施工和监理。

第十六条 交通行政主管部门应加强公路建设的监督管理；建设单位对公路建设质量全面负责；施工单位必须按设计要求保证公路施工质量；监理单位对工程建设质量、投资、工期进行全面监督。

公路建设项目竣工后，由交通行政主管部门或建设单位依照有关规定进行验收。验收不合格的，施工单位应无偿返工。

公路建设项目实行质量包修制度，施工单位应按规定的期限或合同约定的期限承担质量包修责任。

第十七条 省、市（地）交通行政主管部门应当统筹安排公路改建，保持正常通行。

公路改建、维修应当边修路、边通行，不得中断交通。公路改建确需中断交通时，国道、省道由省交通行政主管部门会同省公安交通管理部门批准，并事先在省级主要报纸上发布通告；县道、乡道由市（地）交通行政主管部门会同市（地）公安交通管理部门批准，并事先在市（地）级报纸上发布通告；施工单位均应在改建路段两端设置绕行路线标志。

第十八条 县、乡公路建设可使用民工建勤，从农民每年法定义务工中统筹安排。

第三章 公路养护

第十九条 交通行政主管部门应按公路养护技术规范，加强对公路养护的监督管理，保证公路畅通。

公路养护应当坚持以防为主，防治结合，保持路面平整，路拱适度，路肩整洁，边坡稳定，水沟畅通，桥涵构造物维护完好，标号志完善鲜明，符合绿化要求。

第二十条 国道、省道和重要县道由公路管理机构负责养护。县道养护可使用民工建勤。

乡道由乡（镇）人民政府组织养护。

专用公路由专用部门和单位养护。

第二十一条 公路因积雪、塌方、水毁、地震等自然灾害致使交通受阻时，交通行政主管部门应及时组织抢修；当地人民政府应动员和组织附近驻军、沿线人民群众支援抢修，尽快通车。

任何单位和个人不得以任何借口阻挠、破坏公路抢修。

第二十二条 公路养护车辆进行养护作业时应当统一标志，在保证交通安全的情况下，不受行驶路线、行驶方向和禁令标志的限制。

公路养护人员进行养护作业时，应着安全标志服，并在作业路段两端设置明显的施工标志。

任何单位和个人不得干扰养护作业。

第二十三条 公路沿线县级人民政府应当按照国家有关法律、法规规定为公路养护划定料场和取水处。

在县级人民政府划定的料场和取水处挖砂、采石、取土、取水时，任何单位和个人不得借故阻挠和非法收费。

第二十四条 公路宜林路段应当进行绿化。公路绿化由交通行政主管部门统筹规划并组织实施。实行国造国有、村造村有，合造共有、收益分成。

公路行道树属于防护林，任何单位和个人不得乱砍滥伐。需要更新路林的，由交通行政主管部门按照林业行政主管部门确定的采伐限额审核发放采伐许可证。采伐后要及时整修路基，按要求栽植新树。

第四章 路政管理

第二十五条 交通行政主管部门负责管理和保护公路、公路用地和公路设施，有权依法检查、制止、处理各种侵占、破坏公路、公路用地及公路设施的行为。

第二十六条 在公路、公路用地范围内禁止下列行为：

（一）设置电杆、变压器及其他类似设施；

（二）擅自设置棚屋、摆摊设点、搭建临时设施；

（三）堆放垃圾、建筑材料、堆积物料及其他物品；

（四）打场、晒粮、焚烧物品；

（五）采矿、取土，制坯、积肥、任意引水灌溉、排放污水；

（六）违章利用、侵占、损坏公路、公路用地及公路设施的其他行为。

在公路、公路用地范围内埋设管线，应经县级以上交通行政主管部门批准。

第二十七条 大中型桥梁上下游各二百米范围内，不得采挖砂石、筑堤拦水、压缩河床、炸鱼、烧荒、倾倒垃圾；隧道顶上及洞口两侧各一百米内不准挖土，二百米内不准开山采石；不得利用桥涵加设闸门、渡槽、管道。

第二十八条 不得移动、涂改和损坏公路标志、测桩、界碑、护栏及其他设施；不得损坏公路上的树木花草。

第二十九条 各种履带车和铁轮车不得在铺有路面的公路上行驶。因特殊情况必须行驶时，须经县级以上交通行政主管部门同意，并应采取保护措施，按县级以上公安交通管理部门批准的时间和线路行驶。造成公路损失的，由使用车辆单位或个人负责修复或赔偿。

第三十条 通行公路车辆的轴载质量限定为：单轴（每侧双轮胎）轴重限十吨，双联轴（每侧双轮胎）轴重限十八吨。

超过上述限度和公路及公路桥梁的限载标准的车辆，禁止通行。运输不可解体的物资、设备确需在公路、公路桥梁上行驶的，应当事先报经交通行政主管部门批准并采取安全技术保护措施。采取安全技术保护措施的费用，由承运单位或个人承担。

第三十一条 运输易遗漏抛撒物资的车辆，应采取防护措施，不得污染公路。污染公路的，应负责清除或承担清理费用。

第三十二条 禁止在公路及公路用地范围内进行集市贸易。已有集市贸易的，当地人民政府应当组织限期迁移，并采取措施，保证公路畅通。

第三十三条 因修建铁路、机场、电站、水利等工程设施必须临时占用、利用公路及公路用地时，建设单位应当事先经交通行政主管部门批准。施工期间，建设单位必须保证公路畅通。施工完成后，建设单位应当按照不低于原有的技术标准立即修复。

修建跨越公路的铁路、渡槽、管线和其他设施，其建筑高度和宽度，应符合国家公路工程技术标准的规定。

第三十四条 公路两侧建筑控制线范围为公路边沟或走坡脚护坡道、坡顶截水沟外缘向外延伸，国道不少于二十米，省道不少于十五米，县道不少于十米，乡道有少于五米。

公路弯道内侧以及平交道口附近的公路两侧建筑控制线范围，除按前款的规定确定外，还应当符合公路发展规划标准对行车视距和立体交叉的要求。

在公路两侧建筑控制线范围内，禁止建设永久性建筑物、构筑物和设施。1988 年 1 月 1 日《中华人民共和国公路管理条例》施行以前已经建成的合法建筑物、构筑物需要拆迁的，应依法给予补偿。

需要在公路两侧建筑控制线范围内修建临时性建筑设施的，应当事先征得县级以上交通行政主管部门同意。

第三十五条 在公路上设置交叉道口，必须经交通行政主管部门和公安交通管理部门批准。

设计修建交叉道口，必须符合国家规定的技术标准。

第三十六条 公路标号志由交通行政主管部门按照规定设置和管理；公路安全标志由公安交通管理部门按照规定设置和管理。

在公路及公路用地范围内设置广告牌（架）、宣传牌（架）及其他非公路标号志和公路安全标志的，应当事先报经当地交通行政主管部门同意。对擅自设置的，应在五日内拆除。

第三十七条 发生公路交通事故时，公安机关应在接到报案后，立即派员赶赴现场，按国家规定采取措施，迅速恢复交通。交通行政主管部门应积极予以协助。

发生公路交通事故并给公路造成损失的，公安机关应当及时通知县级以上交通行政主管部门查验损失。公安机关处理给公路路产造成损失的交通事故时，应当通知当地交通行政主管部门，由交通行政主管部门追索路产损失。

第三十八条 公路路政管理人员应当依法行政。公路路政管理人员依法执行职务，任何单位和个人不得阻挠。

公路路政管理人员执行职务时，应持国务院交通行政主管部门或省人民政府制发的执法证件。不依法出示证件的，被检查者有权拒绝接受检查。

第五章　公路养路费

第三十九条 公路养路费是交通行政主管部门按照国家规定向有车单位和个人征收的用于公路养护、修建、技术改造、改善和管理的专项事业费。其他任何单位和个人不得征收。有车单位或个人应按规定及时、足额缴纳养路费，不得拖欠、拒缴。

第四十条 公路养路费的征收、管理和使用按国家和省人民政府规定执行。

第六章　公路收费管理

第四十一条 利用贷款或国家许可的其他筹集资金方式，新建、改建的二级以上公路、大型公路桥梁和隧道，符合国家规定的标准和要求，经省人民政府批准，可对过往车辆收取通行费。

第四十二条 对公路收费应从严控制，加强管理。

拟收取通行费的公路建设项目按基本建设程序实施管理。建设项目的立项，须经省交通行政主管部门审核同意，报省人民政府批准。

收费站的设置，由省人民政府实行总量控制，省交通行政主管部门合理布局，按照国家和省规定的条件和程序严格审批。未经省人民政府批准，任何单位和个人不得在公路上设置收费站（点）。

第四十三条 鼓励省内外、境内外经济组织、企业及其他组织或个人，采用独资、合资、合作和股份制形式投资建设拟收取通行费的公路。

第四十四条 拟收取通行费的公路应在竣工验收合格后，经省交通行政主管部门审核同意，报省人民政府批准，方可设站收费。禁止先收费后修路或边修路边收费。

收费站应在批准的站址设置。收费站的设施应与该路的交通量相适应，为车辆运行创造良好的条件，保证公路畅通。

车辆通行费的收费标准和收费期限，由省交通行政主管部门会同省物价、财政部门制定。

第四十五条 收费站应设置固定公告牌，公布其收费标准、期限、对象、区间等，接受社会监督。

收费站应在收费期限届满之日起终止收费，其设施应在二个月内拆除。

第四十六条 收取通行费的公路不得中止通行。收费单位应当负责对公路的养护、管理，确保公路在收费期间和收费届满时处于良好的技术状态。

第四十七条 交通行政主管部门应加强对公路收费站的监督、检查，依法查处公路收费中的违法行为。

收费单位应当接受交通行政主管部门的管理和物价、财政部门的监督。

第四十八条 境内外企业、经济组织、其他组织和个人投资的收取通行费的公路经营期满时，应当将公路、公路用地和公路设施无偿移交给当地县级以上交通行政主管部门。

第四十九条 除国家和省人民政府另有规定外，通过收取通行费的公路的机动车辆必须缴纳车辆通行费。

第七章 法律责任

第五十条 违反本条例路政管理规定，有下列行为之一的，由交通行政主管部门按照下列规定处罚：

（一）违反本条例第二十六条、第二十七条、第二十八条规定的，责令限期改正，恢复原状，没收非法所得，可并处以五十元以上五百元以下的罚款；

（二）违反本条例第二十九条、第三十条规定的，责令立即停驶、改正，补办有关手续，并处以二百元以上一千元以下的罚款；

（三）违反本条例第三十四条规定的，责令限期拆除，恢复原状，可并处以二百元以上一千元以下的罚款；

（四）违反本条例第三十六条第二款规定不在限期内拆除的，可并处以五百元以上二千元以下的罚款。

违反前款规定，造成公路路产损失的，应承担赔偿责任。

第五十一条 施工单位在改建、维修公路时未在施工路段设置明显的施工标志和安全标志，致使有关单位和个人受到财产损失和个人人身伤害的，应当依法赔偿。

第五十二条 公路建设工程质量不合格的，对责任单位负责人和有关责任人员，由监察机关、主管机关给予记大过以上行政处分；构成犯罪的，依法追究刑事责任。

因监理单位失职和其他过错造成公路建设质量不合格的，由主管机关给予警告、降低资质等级、责令停业整顿、吊销监理资格证书的处罚；监理单位还应向建设单位退还监理费用或依照合同约定赔偿损失。

第五十三条 违反公路养路费征收管理规定的，按照省人民政府的规定给予处罚。

不按规定缴纳或逃缴、拒缴公路养路费的，交通行政主管部门可以暂扣车辆，待其接受处理后，立即放行车辆。

第五十四条 违反本条例第四十四条规定，擅自设立公路收费站的，由省交通行政主管部门、省物价、财政部门或县级以上人民政府予以取缔，没收非法所得和收费设施，处以非法所得五倍的罚款，并在十日内撤除；对主要负责人和直接责任人员，由监察机关、主管机关给予行政处分。

第五十五条 违反本条例第四十五条规定，收费期限届满不终止收费的，由省交通行政主管部门、省物价、财政部门或市人民政府（地区行政公署）责令立即停止收费，没收非法所得，处以非法所得五倍的罚款，拆除收费设施；对主要负责人和直接责任人员，由监察机关、主管机关给予行政处分。

第五十六条 收取通行费的单位擅自中止通行的，由交通行政主管部门责令立即恢复通行，处以二万元以上五万元以下的罚款。构成犯罪的，依法追究刑事责任。

第五十七条 违反本条例第四十九规定，拒不缴纳车辆通行费的，收费单位可以加收应缴通行费五倍的费用。

第五十八条 违反本条例的行为，同时又违反其他法律、法规的，有关主管部门还应当按照有关法律、法规的规定处罚。但不得重复罚款和没收非法所得。

罚没收入一律缴同级财政。

第五十九条 拒绝、阻碍交通行政主管部门的工作人员依法执行职务的，由公安机关依照《治安管理处罚条例》的规定处罚；构成犯罪的，依法追究刑事责任。

第六十条 交通行政主管部门的工作人员玩忽职守、滥用职权、敲诈勒索、徇私舞弊的，由监察部门、主管机关给予行政处分；给当事人造成损失的，应依法进行赔偿；构成犯罪的，依法追究刑事责任。

第六十一条 当事人对交通行政主管部门作出的具体行政行为不服的，可以依照《行政复议条例》的规定申请复议，也可以依照《中华人民共和国行政诉讼法》的规定向人民法院提起行政诉讼。

第八章 附 则

第六十二条 高速公路的管理办法，另行规定。

第六十三条 本条例的具体应用问题，由省交通行政主管部门负责解释。

第六十四条 本条例自1995年11月1日起施行。1984年4月3日河南省第六届人民代表大会常务委员会第六次会议通过的《河南省公路管理条例（试行）》同时废止。

362. 河南省高速公路条例

（2004年11月26日河南省第十届人民代表大会常务委员会第十二次会议通过）

第一章　总　　则

第一条　为了加强高速公路建设和管理，保障高速公路的质量、安全、畅通和正常运营，根据《中华人民共和国公路法》、《中华人民共和国道路交通安全法》和国家有关法律、法规，结合本省实际，制定本条例。

第二条　本条例所称高速公路，是指依照公路工程技术标准建设的专供汽车分向分车道高速行驶并全部控制出入的公路。

第三条　高速公路的发展应当遵循科学规划、质量第一、节约用地、保护环境、保障安全畅通、建设改造与养护并重的原则。

第四条　本省行政区域内高速公路的规划、建设、养护、经营、使用和管理，适用本条例。

第五条　省交通主管部门主管全省高速公路工作，省辖市交通主管部门负责相关的高速公路工作。省、省辖市交通主管部门可以委托其所属的高速公路路政管理机构依照本条例规定行使高速公路路政管理职责。

省公安机关主管全省高速公路的交通安全管理工作。公安机关的高速公路交通管理部门依照规定的职责具体负责高速公路的交通秩序管理、交通事故处理和治安管理等工作。

交通、公安部门应当密切配合，共同做好高速公路管理工作。

省人民政府有关部门和高速公路沿线各级人民政府应当采取措施，在投资主体进入、招标投标、征地拆迁和施工等方面创造良好的环境，支持、促进高速公路建设。

第六条　高速公路建设的投资形式包括政府投资、社会投资和社会捐资。

省、省辖市交通主管部门可以利用贷款建设高速公路。

鼓励、引导国内外经济组织以特许经营的方式，采取独资、合资、合作、联营等形式，依法投资、建设、经营高速公路。高速公路经营权的取得和经营期限，按照国家、省有关规定和合同约定执行。

政府还贷高速公路管理单位和高速公路经营企业（以下统称高速公路经营管理单位）的合法权益受法律保护。

第七条　任何单位和个人不得破坏、损坏或者非法占用高速公路、高速公路用地及高速公路附属设施。

任何单位和个人都有权制止、检举和控告破坏、损坏高速公路、高速公路用地、高速公路附属设施和影响高速公路安全、畅通的行为。

第八条　任何单位和个人不得非法在高速公路及其附属道路上设卡、收费、罚款和拦截检查车辆。

第二章　规划与建设

第九条　高速公路建设应当科学规划，协调发展。

高速公路规划应当依据国家路网规划，按照本省国民经济和社会发展以及国防建设的需要编制，并与城市总体规划和其他交通运输发展规划相协调。

第十条 国家重点高速公路规划的编制，按照国家规定执行。其他高速公路规划，由省交通主管部门会同同级计划、土地等有关部门并商沿线省辖市人民政府编制，报省人民政府批准。

第十一条 高速公路建设用地规划应当符合土地利用总体规划，当年的建设用地应当纳入年度建设用地计划。

第十二条 高速公路建设项目实行项目法人责任制。项目法人的选择和确定，按照国家和省人民政府的有关规定执行。项目法人应当严格履行国家规定的基本建设程序，对建设项目的质量、投资和工期负责。

第十三条 高速公路建设项目必须按照国家有关规定实行项目资本金制度、招标投标制度、合同管理制度、工程监理制度和工程质量责任追究制度。

第十四条 投资建设经营性高速公路的项目法人投入项目的资本金不得低于国家规定的数额。

投资建设经营性高速公路的项目法人应当在约定的期限内开工建设和建成投入运营，非因不可抗力不能如期开工的，批准机关可以收回高速公路的建设经营权；不能如期完工的，依照合同处理。

第十五条 高速公路建设项目应当在批准建设前依法进行环境影响评价。

高速公路建设单位和施工单位应当采取措施，保护环境，防止水土流失，保护文物古迹。高速公路项目建设确需压覆矿产资源的，按照《中华人民共和国矿产资源法》有关规定执行。

第十六条 勘察、设计、施工、监理单位必须具有承揽高速公路建设项目的资质，并在其资质等级许可的范围内承揽工程，不得将所承包的工程转包或者违法分包。

勘察、设计、施工、监理单位必须严格履行工程合同，承担合同中明确的质量责任和义务，接受公路工程质量监督机构的监督检查。

高速公路建设项目的勘察、设计、施工、监理以及与建设项目有关的重要设备、材料，应当按照《中华人民共和国招标投标法》和有关法规、规章实行招标。招标应当坚持公开、公平、公正和诚实信用的原则。

第十七条 项目法人和勘察、设计、施工、监理单位必须严格执行《中华人民共和国建筑法》、国务院《建设工程质量管理条例》、《建设工程勘察设计管理条例》等法律、法规规定，建立健全质量保证体系、质量管理制度和质量责任制度，保证高速公路建设工程的质量。

第十八条 高速公路勘察设计、施工工期的合同约定应当符合国务院交通主管部门的规定，合同约定的工期不得随意变更。

第十九条 高速公路的设计和建设单位应当按照规定设计、安装报警电话、可变信息板等交通安全设施。

交通行政执法和交通安全执法所必需的场所、设施应当与高速公路同时设计建设。

第二十条 设计单位在设计高速公路时，应当踏勘现场，听取当地水利等有关部门和村民委员会的意见，按照保持水流通畅，便利生产、生活的原则，依照有关规定设计桥涵、排水、隔音墙等设施。

施工单位应当严格依照前款规定的设计施工。

已经建成通车的高速公路，供村（居）民穿越高速公路的通道因积水等原因无法通行的，高速公路经营管理单位应当采取补救措施，保证正常通行。

第二十一条 高速公路沿线各级人民政府对高速公路建设依法征收、征用土地和迁移居民，应当给予支持和帮助。

建设高速公路征收、征用农民集体所有的土地，应当支付土地补偿费、安置补助费、青苗补偿费、地上附着物补偿费，支付标准依照《中华人民共和国土地管理法》和《河南省实施〈土地管理法〉办法》的有关规定执行。具体补偿标准由征地所在地县级人民政府向农民公示。

依照前款规定应当支付给农民的费用，项目法人应当在土地丈量后及时缴纳给当地县级人民政府，当地县级人民政府应当在高速公路开始施工前支付给农民。安置补助费的支付和使用，依照国务院《土地管理法实施条例》第二十六条的规定执行。任何部门、单位和个人不得截留、挪用、拖欠。

省人民政府规定的地上附着物补偿费标准应当根据情况变化及时修订。

第二十二条 高速公路建设损坏乡村道路的，施工单位应当在撤离前予以修复或者给予相应的经济补偿。

建设高速公路取土，应当利用荒丘、荒坡、荒废地和高岗薄地，并与土地开发、整理、复垦相结合。确需在耕地上取土的，建设单位或者施工单位应当依法承担复垦责任。

第二十三条 省、省辖市交通主管部门应当依据职责维护高速公路建设秩序，加强对高速公路建设的监督管理。

第二十四条 高速公路建设项目建成后，应当按照国家有关规定进行验收；未经验收或者验收不合格的，不得交付使用。

第三章 路政管理

第二十五条 省、省辖市交通主管部门应当认真履行职责，依法做好高速公路路政管理工作，督促高速公路经营管理单位完善高速公路服务设施，保障高速公路完好、畅通。

省、省辖市交通主管部门及其所属的高速公路路政管理机构检查、制止各种侵占、损坏高速公路、高速公路用地、高速公路附属设施的行为时，任何单位和个人不得非法阻挠。高速公路监督检查人员在执行职务时，应当公正廉洁、热情服务、秉公执法。

第二十六条 修建铁路、机场、电站、通讯设施、水利工程及其他建设工程等，确需占用高速公路用地、挖掘高速公路的，跨越、穿越高速公路修建桥梁、架（埋）设管线及修建地下构筑物，以及在高速公路用地范围内埋设管线、电缆及修建地下构筑物等设施的，建设单位应当商高速公路经营管理单位，报经有管辖权的交通主管部门同意；影响交通安全的，须征得公安机关高速公路交通管理部门同意，并采取安全防范措施。

占用、挖掘高速公路的，建设单位应当按照原公路的工程技术标准予以修复或者给予经济补偿。所修建、架（埋）设的设施，应当符合公路工程技术标准要求；造成高速公路损坏的，应当修复或者给予相应的经济补偿。

第二十七条 任何单位和个人不得在高速公路、高速公路用地、高速公路出入口通道、立交桥、匝道、连接线、服务区停车场内及通道上摆摊设点、堆放物品、设置障碍、挖沟引水、倾倒垃圾、排放污物或者进行其他损坏、污染高速公路和影响高速公路畅通的活动。

第二十八条 国家重点高速公路用地两侧外各 50 米、其他高速公路用地两侧外各 30 米、高速公路立交桥、匝道、收费站外侧各 100 米范围内为高速公路建筑控制区。除公路防护、养护需要的以外，禁止在高速公路建筑控制区内新建、扩建建筑物或者地面构筑物。控制区内原有的合法建筑物、构筑物需要拆迁的，高速公路经营管理单位应当依法给予补偿。

第二十九条 高速公路特大型桥梁周围 300 米，大中型桥梁周围 200 米，隧道洞口上方或者洞口外一百米范围内，不得挖砂、采石、取土、倾倒废弃物、进行爆破、地下开采作业及其他危及高速公路安全的活动。

在前款规定的范围内因抢险、防汛需要修筑堤坝、压缩或者拓宽河床的，应当事先报经省交通主管部门会同省水利行政主管部门批准，并采取有效措施保护高速公路。

第三十条 在高速公路上行驶的车辆的外廓尺寸及轴载质量必须符合公路工程技术标准。

省交通主管部门可以在高速公路入口处设立超载运输监控室或者监控装置，实施超载运输检查。超载的车辆必须卸载后方可通行，卸载所需费用由运输人支付。

运载不可解体超限物品的车辆确需行驶高速公路的，应当经省、省辖市交通主管部门批准；影响交通安全的，还应当按照公安机关高速公路交通管理部门指定的时间、路线、车道、速度行驶，并采取有效的保护措施。运输人不能按规定采取措施的，由高速公路经营管理单位采取防护措施，所需费用由运输人承担。

第三十一条 高速公路经营管理单位应当按照国家有关规定和技术规范的要求在高速公路上设置明显的标志、标线。

任何单位和个人不得损坏、擅自移动、涂改高速公路标志、标线、标桩、界桩以及其他附属设施；不得填充高速公路边沟、开设平面交叉道口。

第三十二条 除高速公路收费站区、立交区、服务区和过路天桥区外，禁止在高速公路、高速公路用地范围内、高速公路建筑控制区内设置广告设施。

在高速公路收费站区、立交区、服务区和过路天桥区设置广告设施的，应当经省、省辖市交通主管部门依法批准。

第三十三条 对高速公路及其附属设施造成损坏的，相关责任人应当立即报告高速公路路政管理机构，接受调查处理，并承担赔偿责任。

因交通事故造成高速公路及其附属设施损坏的，相关责任人应当保护现场，报告公安机关高速公路交通管理部门和高速公路路政管理机构。公安机关高速公路交通管理部门和高速公路路政管理机构在处理案件时，应当及时通知高速公路经营管理单位，相关责任人应当向高速公路经营管理单位承担赔偿责任。

第四章　经 营 管 理

第三十四条 高速公路经营管理单位应当保证高速公路、高速公路附属设施处于良好的技术状态，完善通讯、监控、收费、路政、交通安全等设施。

第三十五条 高速公路经营管理单位应当在收费站入口处及高速公路上设置电子信息牌及时发布交通管制信息和交通运行信息。

第三十六条 进入高速公路的车辆应当缴纳车辆通行费。车辆通行费的收费标准和年限依照国务院《收费公路管理条例》的规定确定。收费标准和年限应当向社会公布。

高速公路应当实行计算机联网收费。高速公路经营管理单位应当加强收费管理，提高工作效率，减少车辆缴费滞留等待时间；其收费设施、开启的车辆通道和上岗收费人员的配备应当满足车辆快速安全通过的需要，不得造成车辆堵塞。

按照国务院《收费公路管理条例》的规定免收通行费的车辆进入高速公路时，驾驶员应当主动向收费人员出示有效证件。

第三十七条 高速公路经营管理单位应当加强服务区规范化管理，为司乘人员餐饮、休息、住宿、加油、修理等提供符合卫生和有关质量技术标准的服务。收费服务应当做到质价相当。

第三十八条 高速公路经营管理单位依法享有收费权、广告经营权和服务设施经营权。

第三十九条 高速公路经营管理单位，对拒交、逃交高速公路通行费的车辆，有权采取必要措施限制其通行，要求其补交应交纳的通行费，并可以依照省人民政府的规定加收费款。拒不补交的，由高速公路路政管理机构责令车辆停放在指定地点接受处理。由此造成的损失和产生的费用，由责任人承担。

第四十条 高速公路收费权益的转让依照国务院《收费公路管理条例》的规定执行。

由国内外经济组织投资建成并经营的高速公路，约定的经营期限届满的，依法办理移交手续。

第五章　交通安全管理

第四十一条 公安机关高速公路交通管理部门应当严格履行法定职责，建立并执行严格的巡查制度和快速反应制度，保障高速公路的安全畅通。

第四十二条 进入高速公路的车辆应当配备故障车辆警告标志牌和灭火器。

第四十三条 行人、非机动车、拖拉机、轮式专用机械车、履带车、铰接式客车、全挂拖斗车、摩托车、三轮机动车、悬挂试车号牌和教练车号牌的车辆以及其他设计最高时速低于70公里的机动车，不得进入高速公路。

第四十四条 禁止在高速公路上停车上下乘客或者装卸货物。装载容易散落、飞扬、泄漏的物品，必须封盖严密。

安装安全带的车辆，其驾驶员和乘车人必须系好安全带。

第四十五条 车辆在高速公路上行驶时，不准倒车、逆行，不准穿越中央隔离带掉头或者转弯。

同方向只有两条车道的，左侧第一条车道为超车道。不超车时严禁占用超车道。占用超车道后，应当及时驶回原车道。

同方向有三条或者三条以上车道的，车辆应当按照规定的各车道的最低车速要求行驶。

第四十六条 车辆因遇障碍、发生故障、事故等停车后，驾驶员应当立即开启危险报警闪光灯，并在行驶方向后方的150米以外设置故障车警告标志牌；夜间、雨、雪、雾天还应当同时开启示宽灯、尾灯和后雾灯。

第四十七条 在高速公路上行驶的车辆因前方发生事故、堵塞等情况必须停车时，应当依次停在行车道内，除事故救援车辆外，禁止占用应急车道停车、行车。

第四十八条 载运爆炸物品、易燃易爆化学物品以及剧毒、放射性等危险物品的车辆，不得进入高速公路。确需进入高速公路行驶的，必须经公安机关批准，按照指定的时间、路线、车道、速度行驶，悬挂明显的标志，并采取必要的安全措施。

第四十九条 因雨、雪、雾、路面结冰、道路施工作业、交通事故、突发事件以及其他情况，影响车辆正常行驶的，公安机关高速公路交通管理部门可以采取限制车速、调换车道等交通管制措施。当出现能见度低于50米或者路面大面积结冰等情况，采取其他交通管制措施仍难以保证交通安全，确需关闭高速公路时，由公安机关高速公路交通管理部门商高速公路路政管理机构发布公告实施，并通过媒体、收费站入口及沿线信息板等发布信息。

关闭高速公路的情况消除后应当及时开通高速公路，并发布开通信息。

第五十条 公安机关高速公路交通管理部门发现高速公路养护维修作业施工存在交通安全隐患的，应当责令其改正；拒不改正的，高速公路路政管理机构和公安机关高速公路交通管理部门应当采取补救措施，所需费用由施工单位承担。

第六章 养护管理

第五十一条 省、省辖市交通主管部门应当加强对高速公路养护的监督管理。

高速公路经营管理单位或者高速公路养护企业应当按照国务院交通主管部门规定的技术规范和操作规程对高速公路进行养护和维修，使其经常处于良好的技术状态。

第五十二条 高速公路大修、中修和专项工程养护业务应当采用招标方式选定养护企业。

对高速公路进行大修、中修和实施专项工程改造，应当科学安排、周密计划，充分考虑工程实施对交通的影响。确需封闭一侧车道时，应当采取措施，避免发生阻塞，保证安全通行。

对高速公路的日常养护作业，应当避开车流高峰时段。

第五十三条 高速公路养护人员实施养护作业，应当着统一的安全标志服，养护作业的车辆、机械必须设置明显的标志和示警灯。

高速公路养护、维修施工时，施工单位应当按照规定设置规范的施工标志、安全标志和安全防范设施。通过施工现场的车辆，必须减速并按设置标志行驶，服从现场指挥人员的指挥。

高速公路养护专用车辆和专用机械进行作业时，在不影响过往车辆通行的前提下，其行驶路线和方向不受高速公路标志、标线限制；过往车辆和高速公路养护车辆应当注意相互避让。

第五十四条 因塌方、山体滑坡、水毁等严重自然灾害或者其他紧急情况，致使高速公路交通局部中断时，高速公路路政管理机构可以临时变更车道，设置明显的标志，并迅速报告省交通主管部门和公安机关高速公路交通管理部门。高速公路经营管理单位应当立即组织力量抢修，难以及时修复的，沿线人民政府应当组织协助抢修。

第五十五条 高速公路绿化和高速公路用地范围内的水土保持工作，由高速公路经营管理单位组织实施。

高速公路用地范围内的树木不得任意砍伐；需要更新砍伐的，应当按照有关规定办理审批手续，完成更新补种任务。

第七章 法律责任

第五十六条 违反公路法、道路交通安全法以及其他法律、行政法规和本条例规定的行为，法律、行政法规有处罚规定的，从其规定。

第五十七条 高速公路项目法人、勘察、设计、施工、监理单位有违反国务院《建设工程质量管理条例》规定的行为，发生严重工程质量问题的，由省、省辖市交通主管部门按照国务院《建设工程质量管理条例》规定的处罚标准从重处罚，并对其直接负责的主管人员和其他直接责任人员处单位罚款数额百分之十的罚款。

高速公路项目法人、勘察、设计、施工、监理单位违反国家规定和本条例，降低工程质量标准，造成工程质量责任事故，构成犯罪的，对直接责任人员依法追究刑事责任；尚不构成犯罪的，除按照国家法律、法规给予行政处罚外，在设计使用年限内承担赔偿责任。

第五十八条 勘察、设计、施工、监理单位将承包的工程转包或者违法分包的，由省、省辖市交通主管部门责令改正，没收违法所得，对勘察、设计单位处合同约定的勘察费、设计费25%以上50%以下罚款；对施工单位处工程合同价款0.5%以上1%以下罚款；对监理单位处合同约定的监理酬金25%以上50%以下罚款。情节严重的，除分别给予上述处罚外，并限制其进入河南省公路建设市场，由此造成工程质量责任事故的，依照本条例第五十七条第二款的规定承担相应的责任。

第五十九条 在高速公路上停车上下乘客、装卸货物的，由公安机关高速公路交通管理部门对驾驶员处以500元以上2000元以下罚款；情节严重的，可以并处暂扣3个月以下驾驶证，并由运输管理机构吊销其营运证。

第六十条 高速公路出现严重质量问题，或者高速公路经营管理单位未履行管理、养护义务，致使车辆不能正常行驶的，省交通主管部门应当责令其限期修复，严重影响车辆正常通行的，省交通主管部门应当责令其暂停收取车辆通行费，并向社会公告。

第六十一条 围堵收费站、服务区，聚众闹事，拒不交费，闯卡通行，打骂、侮辱收费、服务人员，妨碍正常工作、经营秩序，依法应当受到治安处罚的，由公安机关依法处理；构成犯罪的，依法追究刑事责任。

第六十二条 侵占、挪用、拖欠被征地单位和个人的征地补偿费用的，由上一级人民政府或者有关主管部门责令限期退还或者支付。对主管人员和直接责任人员，给予行政处分；构成犯罪的，依法追究刑事责任。

第六十三条 交通主管部门、高速公路路政管理机构及其工作人员有下列行为之一的，依法给予行政处分；构成犯罪的，依法追究刑事责任：

（一）干涉高速公路建设项目招标投标活动；

（二）违反规定在高速公路上拦截车辆；

（三）收缴的罚款不按照规定上缴国库；

（四）违法扣留车辆及其他有效证件；

（五）非法收取他人财物；

（六）不履行法定职责。

第六十四条 公安机关高速公路交通管理部门的工作人员滥用职权或者不履行法定职责，造成高速公路交通责任事故的，依法给予行政处分；构成犯罪的，依法追究刑事责任。

第八章 附 则

第六十五条 本条例所称高速公路附属设施，是指为保护、养护高速公路和保障高速公路安全畅通所设置的公路防护、排水、养护、管理、交通安全、通信、收费、监控、服务等设施、设备，以及专用建筑物、构筑物等。

第六十六条 本条例自2005年3月1日起施行。

363. 河南省农村公路条例

（2010 年 7 月 30 日河南省第十一届人民代表大会常务委员会第十六次会议通过）

第一章　总　　则

第一条　为了加强农村公路的规划、建设、养护和管理，保障农村公路安全畅通，促进农村经济社会发展，根据《中华人民共和国公路法》和有关法律、法规的规定，结合本省实际，制定本条例。

第二条　本省行政区域内农村公路的规划、建设、养护、使用和管理适用本条例。

本条例所称农村公路，是指纳入农村公路规划并按照国家或者省制定的公路建设技术标准修建的县道、乡道和村道及其附属的桥梁、隧道和渡口。

第三条　农村公路的发展应当遵循全面规划、合理布局、确保质量、保障畅通、保护环境、建设养护并重的原则。

第四条　县级以上人民政府应当将农村公路的发展纳入当地国民经济和社会发展规划，逐步加大政府对农村公路的资金投入，加强对农村公路工作的组织领导和监督检查，促进农村公路持续健康发展。

县级人民政府是本行政区域内农村公路规划、建设、养护和管理的责任主体，应当组织协调有关部门做好农村公路工作。

乡（镇）人民政府在县级人民政府确定的职责范围内负责乡道、村道的建设、养护和管理工作。

第五条　县级以上交通运输行政主管部门负责本行政区域内的农村公路工作，具体工作由其所属的农村公路管理机构承担。

县级以上人民政府有关部门，按照各自的职责做好农村公路的相关工作。

第六条　村民委员会在当地人民政府指导下，按照村民自愿、民主决策原则，组织村民配合做好本行政村区域内农村公路的建设、养护和管理工作。

第七条　农村公路及其附属设施受法律保护。任何单位和个人都有爱护农村公路、公路用地及公路附属设施的义务，对破坏、损坏或者非法占用农村公路、公路用地、公路附属设施以及其他影响农村公路安全的违法行为，有权制止、举报和控告。

第八条　禁止任何单位和个人在农村公路上非法设卡、收费、罚款和拦截车辆。

第二章　规划和建设

第九条　农村公路规划应当根据国民经济和社会发展规划、城乡规划、土地利用总体规划和当地经济社会发展需要编制，与国道、省道规划和其他方式的交通运输发展规划相衔接，形成不同等级农村公路比例适当、有效衔接、布局合理的农村公路网络。

第十条　县道规划由县级交通运输行政主管部门会同同级有关部门编制，经本级人民政府审定后，报省辖市人民政府批准，并报省交通运输行政主管部门备案。

乡道、村道规划由县级交通运输行政主管部门会同乡（镇）人民政府编制，报县级人民政府批准，并逐级报省交通运输行政主管部门备案。

第十一条　经批准的农村公路规划需要修改的，由原编制机关提出修改方案，报原批准机关批准，并逐级报省交通运输行政主管部门备案。

第十二条 县级交通运输行政主管部门应当根据农村公路规划和当地经济社会发展情况编制年度农村公路建设计划，并按照规定程序报经批准后组织实施。

第十三条 县道和乡道一般按照不低于三级公路技术标准建设；村道的建设标准应当根据当地实际需要和经济条件，一般按照不低于四级公路技术标准建设。

农村公路应当按照国家有关标准设置交通标志、标线、防护等安全设施。

第十四条 县道和乡道建设项目应当由具有相应资质的设计单位按照国家和省有关规定进行设计。村道建设项目可以由县级交通运输行政主管部门组织具有相应工程技术资格的技术人员进行设计。

农村公路建设项目设计，按照管理权限，由县级以上交通运输行政主管部门负责审批。

村道建设应当免除行政性收费。

第十五条 农村公路建设项目符合法定招标条件的，应当依法进行公开招标。

农村公路建设项目可以在同一乡（镇）范围内多项目一并招标，规模较大、技术复杂的农村公路建设项目以及大桥、特大桥和隧道建设项目应当单独招标。

招标结果应当在当地进行公示。

第十六条 农村公路建设项目实行施工许可制度。县道、单独的桥梁和隧道建设项目的施工许可由省辖市交通运输行政主管部门审批。乡道和村道建设项目的施工许可由县级交通运输行政主管部门审批。

第十七条 县级以上交通运输行政主管部门应当加强对农村公路建设质量的技术指导和监督检查，建立健全质量监督管理机制。

第十八条 农村公路建设项目应当建立安全生产责任制和工程质量责任追究制。农村公路建设、设计、施工和监理单位应当按照职责，明确安全、质量管理责任，落实安全、质量保证措施，加强安全和质量管理。

农村公路建设项目实行质量缺陷责任期和质量保证金制度。质量缺陷责任期不得少于交工验收合格后一年。

第十九条 农村公路建设项目应当由县级以上交通运输行政主管部门按照规定进行验收；未经验收或者验收不合格的，不得交付使用。

第二十条 农村公路建设项目法人应当按照档案管理有关规定，收集、整理、保存工程资料，建立工程档案，竣工验收合格后移交县级农村公路管理机构保存。

第三章　养　　护

第二十一条 农村公路应当按照国家和省有关技术规范和操作规程进行养护，做到路基稳定，路面、构造物完好，排水畅通，沿线设施齐全，保证农村公路处于良好的技术状态。

第二十二条 县级以上交通运输行政主管部门应当根据农村公路养护类别和实际技术状况编制农村公路年度养护计划并组织实施。

第二十三条 县道的日常养护由县级农村公路管理机构组织实施；乡道、村道的日常养护由乡（镇）人民政府组织实施。

乡道、村道的日常养护，可以采取建立群众性、专业性养护组织或者由个人（农户）分段承包等方式进行。鼓励通过向社会公开招标等竞争方式，择优选定养护作业单位。

农村公路管理机构或乡（镇）人民政府应当与养护作业单位或者个人签订养护合同，明确双方的权利义务和责任。

第二十四条 因严重自然灾害等致使农村公路交通中断或者严重损坏时，县级人民政府和乡（镇）人民政府应当及时组织修复。

第二十五条 县级交通运输行政主管部门和乡（镇）人民政府应当根据农村公路养护特点，建立养护安全生产管理制度，督促养护作业单位和养护人员严格执行养护作业安全操作规程。

第二十六条 农村公路养护作业时，应当按照有关规定设置安全警示标志；养护作业人员应当穿着安全标志服；利用车辆作业时，应当在车辆上设置明显作业标志。过往车辆应当注意避让，确保养护作业安全。

县道和乡道因养护作业需要中断交通的，应当报县级交通运输行政主管部门同意，并按照规定设置绕行标志；必要时由公安机关提前向社会公告。

第二十七条 农村公路因养护需要用地、挖砂、采石、取土、取水的，由县级人民政府统筹协调解决，保证养护需要，乡（镇）人民政府应当给予支持和协助。

第二十八条 县级人民政府应当按照绿化规划和公路工程技术标准的要求，结合农村公路实际情况，因地制宜做好农村公路绿化工作。

农村公路两侧的绿化，实行谁种植、谁管理、谁受益。

第四章 资金筹措和管理

第二十九条 各级人民政府应当建立政府投资为主、多渠道筹措为辅、社会各界共同参与的农村公路建设、养护和管理资金筹措机制。

第三十条 农村公路建设、养护和管理资金主要来源：

（一）国家补助的专项资金；

（二）成品油价格及税费改革后中央财政转移支付资金；

（三）各级人民政府安排的财政性资金；

（四）村民委员会通过“一事一议”等方式筹集的用于村道建设、养护的资金；

（五）企业、个人等社会捐助，或者通过拍卖、转让农村公路冠名权、路域资源开发权等运作方式筹集的资金；

（六）通过其他方式筹集的资金。

第三十一条 各级人民政府应当根据当年农村公路建设任务及养护和管理需要，将农村公路建设、养护和管理资金纳入本级财政预算，并在支出时对贫困地区给予倾斜。

省、省辖市人民政府除拨付本条例第三十条第（一）项、第（二）项所列的资金外，应当列支一定比例的财政性资金用于农村公路大中修养护工程及完善附属设施。其中省本级不低于本年度财政一般预算收入的1%，省辖市不低于市本级本年度财政一般预算收入的1.5%。

县级人民政府应当将农村公路日常养护资金纳入本级年度财政预算，并随着地方财力的增长，逐年加大资金投入。

乡（镇）人民政府应当安排一定的财政资金，用于村道的日常养护。

第三十二条 各级人民政府安排的农村公路建设、养护财政性资金应当按照财政预算管理程序加强管理，并按照国库支付制度及时拨付。

第三十三条 鼓励单位、个人和农村公路沿线受益单位采取捐资等方式投资农村公路建设和养护。

村民委员会可以利用绿化权、路域资源开发等运作方式，吸引社会力量投资村道的建设和养护。

村民委员会筹集村道建设和养护资金，应当遵循村民自愿、公平负担、量力而行的原则，并按照有关法律、法规的规定办理。

农村公路建设不得损害农民利益，不得采取强制手段向单位和个人集资。

第三十四条 农村公路建设、养护和管理资金应当按照国家规定，由省辖市、县级农村公路管理机构实行专账管理、专账核算、专款专用，任何单位和个人不得截留、侵占、挪用。

第三十五条 县级以上交通运输、财政和审计部门应当按照各自的职责范围，认真履行监督职责，加强对农村公路建设、养护、管理资金使用的监督和检查，确保其合理使用和安全。

第五章 管理和保护

第三十六条 县级以上交通运输行政主管部门及其农村公路管理机构负责做好本行政区域内农村公路管理和保护工作。

乡（镇）人民政府、村民委员会及其确定的养护组织和养护人员应当协助做好农村公路及其附属设施的保护工作。

第三十七条 县道、乡道两侧边沟（截水沟、坡脚护坡道）外缘起1.5米的土地为县道、乡道用地范围。村道用地范围由村民委员会通过村民会议或者村民代表会议确定。

农村公路用地范围内的土地按照公路用地管理。

第三十八条 农村公路建筑控制区为：边沟（截水沟、坡脚护坡道）外缘和建筑物边缘间距县道不少于10米、乡道不少于5米、村道不少于3米，具体范围由县级以上人民政府依法划定并公告。

第三十九条 任何单位和个人不得擅自占用、挖掘农村公路。

因工程建设，确需占用、挖掘农村公路或者使农村公路改线的，建设单位应当事先征得县级交通运输行政主管部门的同意，并按照不低于该路段原有的技术标准予以修复、改建或者给予相应的经济补偿；影响交通安全的，还应当征得公安机关的同意。

第四十条 跨越、穿越农村公路修建桥梁、渡槽或者架设、埋设管线等设施，以及在公路用地范围内架设、埋设管线、电缆等设施，应当事先经县级交通运输行政主管部门同意；影响交通安全的，还须征得公安机关的同意。所修建、架设或者埋设的设施应当符合公路工程技术标准的要求。对农村公路造成损坏的，应当按照损坏程度给予赔偿。

第四十一条 在农村公路及其用地范围内禁止下列行为：

（一）设置障碍、挖沟引水、打场晒粮；

（二）从事修车洗车、摆摊设点、集市贸易等经营活动；

（三）堆放物料、倾倒垃圾；

（四）采石取土、焚烧物品、堵塞边沟；

（五）其他损坏、污染公路和影响公路畅通的行为。

第四十二条 在农村公路大中型桥梁和渡口周围200米、农村公路隧道上方和洞口外100米范围内，以及在县道的公路用地范围外缘向外100米、乡道的公路用地范围外缘向外50米、村道边沟（截水沟、坡脚护坡道）外缘向外20米范围内不得挖砂、采石、取土、倾倒废弃物，不得进行爆破作业及其他危及公路、公路桥梁、公路隧道、公路渡口安全的活动。

第四十三条 除公路防护、养护需要外，禁止在农村公路建筑控制区范围内新建、改建、扩建建筑物、构筑物。

在建筑控制区内架设、埋设管线、电缆等设施的，应当经县级交通运输行政主管部门批准。

第四十四条 任何单位和个人不得擅自砍伐、损毁农村公路用地范围内的绿化林木。确需更新砍伐的，应当经县级交通运输行政主管部门同意后，依照《中华人民共和国森林法》的有关规定办理审批手续，并完成更新补种任务。

第四十五条 除农业机械因当地田间作业需要外，铁轮车、履带车和其他可能损害公路路面的机具或者车辆不得擅自在农村公路上行驶。确需行驶县道和乡道的，应当经县级交通运输行政主管部门同意；确需行驶村道的，应当经乡（镇）人民政府同意。车辆使用人应当采取有效的防护措施，所需费用由车辆使用人承担。

第四十六条 任何单位和个人不得损坏或者擅自移动、涂改农村公路附属设施和标志。

未经县级交通运输行政主管部门批准，任何单位和个人不得在农村公路及其用地范围内设置公路标志以外的其他标志。

第四十七条 禁止超限车辆在农村公路上行驶。确需行驶的，应当经县级交通运输行政主管部门批准，并按照要求采取有效的防护措施，所需费用由运输单位承担。

第四十八条 县级以上人民政府应当加强对超限车辆行驶农村公路的治理，组织相关部门做好有关工作。

县级交通运输行政主管部门可以根据农村公路技术等级设置必要的标志和设施，禁止超限车辆行驶。

第四十九条 经省人民政府批准，县级以上交通运输行政主管部门可以在县道和乡道上设置超限车辆检测站（点）。

经省辖市人民政府批准，县级交通运输行政主管部门可以采用流动检测方式在农村公路上对车辆进行超限治理。

第五十条 县级交通运输行政主管部门可以聘任农村公路协管员，协助交通运输行政主管部门、农村公路管理机构开展农村公路管理和保护工作。

第六章 法律责任

第五十一条 违反本条例规定的行为，法律、法规有行政处罚规定的，从其规定。

第五十二条 县级以上交通运输行政主管部门、农村公路管理机构或者乡（镇）人民政府及其工作人员违反本条例规定，有下列行为之一的，由上级交通运输行政主管部门、本级或者上级人民政府对责任单位予以通报批评，责令限期改正；情节严重的，由其主管部门或者监察机关对直接负责的主管人员或者其他直接责任人员依法给予行政处分；构成犯罪的，依法追究刑事责任。

（一）不依法实施行政许可、行政处罚等行政行为的；

（二）未依法履行农村公路养护和管理职责的；

（三）农村公路建设项目应当依法招标而未招标的；

（四）在农村公路建设中监管失职，造成重大质量问题的；

（五）农村公路未经验收或者验收不合格交付使用的；

（六）截留、侵占和挪用农村公路建设、养护和管理资金的；

（七）在农村公路建设和养护中，采用强制手段向单位、个人集资的；

（八）其他玩忽职守、徇私舞弊、滥用职权的行为。

第五十三条 违反本条例规定，有下列行为之一的，由县级交通运输行政主管部门责令停止违法行为，处500元以上5000元以下的罚款；造成村道损害的，应当限期修复或者予以赔偿：

（一）擅自占用、挖掘村道的；

（二）从事爆破等危害村道安全作业的；

（三）未经同意或者未按照公路工程技术标准的要求跨越、穿越村道修建桥梁、渡槽或者架设、埋设管线、电缆等设施的；

（四）铁轮车、履带车和其他可能损害公路路面的机具或者车辆擅自在村道上行驶的；

（五）超过限载、限高、限宽标准的车辆擅自在村道上行驶的；

（六）损坏或者擅自移动、涂改村道附属设施和标志的。

第五十四条 违反本条例规定，在村道公路建筑控制区内修建建筑物、构筑物或者擅自架设、埋设管线、电缆等设施的，由县级交通运输行政主管部门责令限期拆除，并处5000元以上3万元以下的罚款。

逾期不拆除的，县级交通运输行政主管部门可以委托乡（镇）人民政府组织拆除；因拆除所产生的有关费用由建筑物、构筑物所有人承担。

对本条例第五十三条和本条规定的违法行为，有关乡（镇）人民政府应当及时制止，并报告县级交通运输行政主管部门。

第五十五条 违反本条例规定，有第四十一条规定行为之一的，由县级交通运输行政主管部门责令停止违法行为，限期改正；逾期不改正的，处200元以上2000元以下的罚款；给他人造成损害的，应当依法予以赔偿。

第五十六条 违反本条例规定，阻碍农村公路建设、紧急抢修、正常养护作业，尚不构成犯罪的，依照《中华人民共和国治安管理处罚法》的规定予以处罚；构成犯罪的，依法追究刑事责任。

第七章 附 则

第五十七条 本条例自2010年10月1日起施行。

364. 河南省深化农村公路管理养护体制改革实施方案

（豫政办〔2020〕52号）

为贯彻落实《国务院办公厅关于深化农村公路管理养护体制改革的意见》（国办发〔2019〕45号），加快建立农村公路管理养护长效机制，结合我省实际，制定本实施方案。

一、总体要求

以习近平新时代中国特色社会主义思想为指导，全面贯彻党的十九大和十九届二中、三中、四中、五中全会精神，认真落实习近平总书记关于"四好农村路"的重要指示精神和党中央、国务院决策部署，践行以人民为中心的发展思想，紧紧围绕实施乡村振兴战略和统筹城乡发展，按照"质量为本、安全至上、自然和谐、绿色发展"的原则，全面深化农村公路管理养护体制改革，加强农村公路与农村经济社会发展统筹协调，加快构建权责清晰、上下联动、运转高效、多方参与的农村公路管理养护体系，推动"四好农村路"高质量发展，为加快推进农业农村现代化提供更好的交通运输保障。

二、工作目标

到2022年，基本建立权责清晰、齐抓共管的农村公路管理养护体制机制，形成财政投入职责明确、社会力量积极参与的格局。农村公路路长制高效运行，治理能力明显提高，治理体系初步形成。农村公路通行条件和路域环境明显改善，交通保障能力显著增强。农村公路列养率达到100%，年均养护工程比例不低于5%，中等及以上农村公路占比不低于75%。

到2035年，全面建成体系完备、运转高效的农村公路管理养护体制机制，基本实现城乡公路交通基本公共服务均等化，路况水平和路域环境根本性好转，农村公路治理能力全面提高，治理体系全面完善。

三、主要任务

（一）完善农村公路管理养护体制。

1. 加强省级统筹和政策引导。制定省政府相关部门和市、县级政府农村公路管理养护权力和责任清单，对市、县级政府农村公路管理养护工作实施绩效管理。省交通运输厅要加强对农村公路管理养护工作的指导、监督，制定有关制度，加强政策引导和业务指导。省财政厅要加强省级资金统筹，筹集省级养护补助资金。省发展改革、农业农村、扶贫等部门要制定实施相关政策，支持和促进农村公路事业发展。（省交通运输厅、财政厅、发展改革委、农业农村厅、扶贫办负责）

2. 强化市级政策支持和指导监督。各省辖市政府、济源示范区管委会要发挥承上启下作用，完善支持政策，加强指导监督。支持、督促县级政府履行主体责任；筹集养护补助资金，建立完善农村公路养护资金保障机制。（各省辖市政府、济源示范区管委会负责）

3. 落实县级政府主体责任。县级政府要按照"县道县管、乡村道乡村管"的原则，建立健全农村公路管理养护责任制。全面建立县、乡、村三级路长制。建立相关部门、乡级政府农村公路管理养护权力和责任清单，指导监督相关部门和乡级政府履职尽责。将农村公路养护资金和管理机构运行经费、人员支出纳入一般公共财政预算。[各县（市、区）政府负责]

4. 发挥乡、村两级作用和调动农民群众积极性。乡级政府在县级政府确定的职责范围内，具体负责本行政区域内乡道、村道管理养护工作。加强乡镇管理养护机构建设，落实管养责任，指导村民委员会因地制宜开展村道管理养护工作。村民委员会要按照"农民自愿、民主决策"的原则，采取一事一议、以工代赈等办法开展村道管理养护工作。加强宣传引导，推动将爱路护路要求纳入乡规民约、村规民约。鼓励农村集体经济组织和社会力量自主筹资筹劳参与农村公路管理养护工作。鼓励将

农村公路管理养护纳入公益岗位范围，为困难群众提供就业机会。[各县（市、区）政府负责]

（二）保障农村公路管理养护资金。

1. 落实成品油税费改革资金。完善成品油税费改革转移支付政策，加大对普通公路养护的支持力度。成品油税费改革新增收入替代原公路养路费部分不得低于改革基期年（2009 年）公路养路费收入占“六费”（公路养路费、航道养护费、公路运输管理费、公路客货运附加费、水路运输管理费、水运客货运附加费）收入的比例。成品油税费改革转移支付替代原公路养路费部分用于普通公路养护的比例一般不得低于 80%且不得用于新建公路。从 2022 年起，该项资金不再列支管理机构运行经费和人员等其他支出。（省交通运输厅、财政厅和各市、县级政府负责）

2. 完善养护工程资金补助政策。继续执行省级农村公路养护工程补助政策，省级补助资金与切块到市县部分之和占成品油税费改革新增收入替代原公路养路费部分的比例不得低于 15%，实际高于上述比例的不得再降低。（省交通运输厅、财政厅和各市、县级政府负责）

3. 落实日常养护资金保障政策。省、市、县三级公共财政资金（不含替代养路费部分）用于农村公路日常养护的总额不得低于以下标准：县道每年每公里 10000 元、乡道每年每公里 5000 元、村道每年每公里 3000 元。省、市、县三级按照 2∶2∶6 的比例分担（省与济源示范区、郑州航空港经济综合实验区、财政直管县按 4∶6 的比例分担），实际高于上述比例的不得降低。（省交通运输厅、财政厅和各市、县级政府负责）

4. 建立动态调整机制。对农村公路养护工程和日常养护补助政策，建立与里程、养护成本变化等因素相关联的动态调整机制，原则上调整周期不超过五年。（省交通运输厅、财政厅和各市、县级政府负责）

5. 强化养护资金使用监督管理。对各级公共财政用于农村公路养护的资金实施全过程预算绩效管理，确保及时足额拨付到位。市、县级财政和交通运输部门要加强农村公路养护资金监管。严禁农村公路建设采用施工方带资的建设—移交（BT）模式，严禁以“建养一体化”名义新增隐性债务。公共资金使用情况要按有关规定对社会公开，接受群众监督。村务监督委员会要将村道养护资金使用和养护质量等情况纳入监督范围。审计部门要定期对农村公路养护资金使用情况进行审计。（省交通运输厅、财政厅、审计厅和各市、县级政府负责）

6. 创新农村公路发展投融资机制。各市、县级政府要充分发挥政府资金的引导作用，采取资金补助、先养后补、以奖代补、无偿提供料场等多种方式支持农村公路养护。将农村公路发展纳入地方政府一般债券支持范围。鼓励各地政府将农村公路建设和一定时期的养护进行捆绑招标，将农村公路与产业、园区、乡村旅游等经营性项目实行一体化开发，运营收益用于农村公路养护。积极探索将农村公路相关附属设施等有收益的项目与农村公路养护打包运行，创新资金筹措方式，拓宽资金来源渠道。鼓励保险资金通过购买地方政府一般债券的方式合法合规参与农村公路发展，探索发展农村公路灾毁保险。（省交通运输厅、财政厅、农业农村厅、地方金融监管局和各市、县级政府负责）

（三）建立农村公路管理养护长效机制。

1. 加快推进农村公路养护市场化改革。将群众满意度和受益程度、养护质量和资金使用效率作为衡量标准，分类有序推进农村公路养护市场化改革。通过市场化运作将养护工程交由专业化队伍实施，逐步建立政府与市场合理分工的养护生产组织模式。引导符合市场属性的公路事业单位转制为现代企业，通过投标方式获得公路养护权。鼓励将干线公路建设养护与农村公路管理养护捆绑招标，支持养护企业跨区域参与市场竞争。鼓励通过签订长期养护合同、招投标约定等方式，引导专业养护企业加大投入，提高机械化水平。（省交通运输厅和各市、县级政府负责）

2. 进一步完善农村公路日常养护机制。充分发挥县级中心养护站在管理、指导农村公路日常养护工作中的作用。乡镇管养站按照管养职责，负责乡村公路日常管理养护工作，指导基层养护人员做好日常养护工作，确保乡村公路日常养护工作正常开展。鼓励通过分段承包、定额包干等方式，吸收农村公路沿线群众参与日常养护、保洁等工作，并设置公益岗位，优先安排困难群众就业。鼓励通过政府购买服务方式将农村公路日常养护交由第三方实施。（各市、县级政府负责）

3. 加强安全和信用管理。公路安全设施要与主体工程同时设计、同时施工、同时投入使用，县级政府要组织公安、应急等部门参与农村公路竣（交）工验收。逐步完善已建成农村公路的安全设施，及时排查治理安全隐患。加强农村公路养护市场监管，着力建立以质量为核心的信用评价机制，实施守信联合激励和失信联合惩戒，并将信用记录按照国家有关规定纳入全国信用信息共享平台，依法向社会公开。（省交通运输厅和各市、县级政府负责）

4. 强化执法能力建设。严格执行有关农村公路的法律、法规和技术规范。县级政府要建立"县有路政员、乡有监管员、村有护路员"的路产路权保护队伍。强化路政管理和执法能力建设，落实超限超载治理政策。探索通过民事赔偿保护路产路权。（省交通运输厅和各市、县级政府负责）

5. 促进农村公路高质量发展。坚持绿色发展，节约集约利用资源，实现路与自然和谐共生。在农村公路养护生产中要防止扬尘污染。大力推进"美丽农村路"建设，切实提升路域环境，将交通之美融入村容整体环境美。坚持融合发展，推进农村公路与特色产业、乡村旅游等多元融合。坚持智慧发展，推动运用新技术、新手段开展农村公路管理养护工作。加强5G、北斗、互联网、物联网、大数据、卫星遥感等新技术应用，不断提升农村公路管理效能和养护水平。（省交通运输厅和各市、县级政府负责）

四、保障措施

（一）切实加强组织领导。各级、各有关部门要将深化农村公路管理养护体制改革作为实施乡村振兴战略、推进农业农村现代化的一项重要工作，密切配合，扎实推进。各市、县级政府要结合实际，因地制宜研究制定深化农村公路管理养护体制改革具体方案，明确时间表、路线图和责任主体，细化工作举措，确保改革任务落到实处。

（二）建立激励约束机制。省交通运输厅、财政厅要研究制定全省农村公路管理养护绩效管理办法，建立健全激励约束机制，将绩效评价结果与财政补助资金挂钩。对农村公路管理养护工作推进情况良好的，给予奖励或增量补助；对工作推进情况较差的，实行约谈、责令整改、扣减补助等措施。

（三）持续强化督促指导。各市、县级政府要将深化农村公路管理养护体制改革列为重点改革事项，确保改革平稳有序推进。省交通运输厅、财政厅要定期开展督导评估，跟踪分析改革进展情况，及时研究解决问题，抓好工作落实。

本实施方案自印发之日起实施。《河南省人民政府办公厅关于印发河南省农村公路管理养护体制改革实施方案的通知》（豫政办〔2006〕100号）同时废止。

365. 湖北省公路路政管理条例

（2017 年 5 月 24 日湖北省第十二届人民代表大会常务委员会第二十八次会议修订）

第一章　总　　则

第一条　为了规范路政管理和服务，保障公路完好、安全和畅通，服务经济社会发展，根据《中华人民共和国公路法》、《中华人民共和国道路交通安全法》、《公路安全保护条例》等法律、行政法规，结合本省实际，制定本条例。

第二条　本条例适用于本省行政区域内国道、省道、县道、乡道和村道的路政管理及相关活动。

本条例所称路政管理是指依法对公路、公路用地及公路附属设施（以下统称公路路产）和公路建筑控制区及其周边区域等公路路域实施保护和管理的行政活动。《湖北省高速公路管理条例》和《湖北省农村公路条例》对高速公路、农村公路路政管理另有规定的，从其规定。

第三条　县级以上人民政府应当将公路事业纳入国民经济和社会发展规划，加强对公路路政管理工作的领导，建立工作协调机制，推进交通综合执法体制改革，健全执法机构和队伍，将公路路政管理所需经费纳入本级财政预算。

第四条　县级以上人民政府交通运输主管部门主管本行政区域内的公路路政管理工作，其所属的公路管理机构依据法律法规具体负责公路路政管理工作。

县级以上人民政府其他有关部门按照各自职责，依法做好公路路政管理的相关工作。

乡镇人民政府、街道办事处根据法律法规的规定和上级人民政府的要求，开展有关公路路政管理工作。

村（居）民委员会协助公路管理机构做好有关公路路政管理工作。

第五条　任何单位和个人都有保护公路路产的义务，有权对破坏、损坏、违法占（利）用公路路产和影响公路安全畅通的行为进行举报。

第二章　公路路产管理

第六条　县级以上人民政府应当根据公路建设规划和公路用地范围的规定，对公路使用土地范围及其周边区域依法进行规划控制和管理。

第七条　新建、改建公路使用土地的范围由县级以上人民政府按照国家规定的标准划定，依法办理土地使用手续并公告。

交通运输主管部门应当在公路用地外缘设置标桩、界桩。任何单位和个人不得损坏、擅自移动该标桩、界桩。

第八条　公路管理机构应当对公路路产进行调查核实、登记，建立健全公路路产档案资料。新建公路竣工时，应当同时建立公路路产档案资料。

第九条　公路建设、养护、管理和服务所需砂石场、土料场、生产用地等，由县级以上人民政府组织有关部门依法划定并办理土地使用、矿产开采、规划建设等有关手续。

因公路建设、养护需要，依法在划定的砂石场、土料场内采石、挖砂、取土，以及在生产用地内建设公路管理站所和服务设施的，任何单位和个人不得阻挠或者非法收取费用。

养护中心、服务区、安全防护和技术监控设施设备、路政执法站点等公路附属设施应当纳入公路建设计划，由公路建设单位负责建设，并与公路主体工程同步规划、同步设计、同步建设、同步投入使用；收费公路附属设施的建设费用纳入收费公路建设运营成本。

第十条 改建公路涉及改变公路线路的，县级以上人民政府应当在改建公路立项时，确定原有公路的管理和养护单位，并在改建公路建成交付使用之日起十日内，组织有关部门办理管理和养护移交手续。

公路永久性停止使用的，县级以上人民政府应当向社会公告。交通运输主管部门和公安机关交通管理部门应当采取安全防护措施，设置必要的警示标志和隔离设施；城乡规划主管部门和国土资源主管部门应当依法调整公路报废后土地的用途。

第十一条 公路调整为城市道路的，应当由所在地市（县）人民政府提出调整意见，按照国家和省规定办理，并自调整之日起十日内办理移交手续。所在地市（县）人民政府应当确定有关部门接收并履行管理和养护职责。

第十二条 在公路及公路用地范围内，禁止下列行为：（一）擅自挖掘公路；（二）损坏、涂改、擅自移动公路附属设施；（三）将公路作为检验车辆制动性能的试车场地；（四）摆摊设点、打场晒粮、堆放物品、违规停车、设置障碍、倾倒垃圾、焚烧物品、破坏绿化物、采石、取土、采空作业、挖沟引水、种植作物、放养牲畜；（五）车辆装载物触地拖行、掉落、遗洒或者飘散；（六）未经批准在公路用地范围内架设、埋设管线、电缆等设施或者设置公路标志以外的其他标志；（七）利用公路桥梁进行牵拉、吊装等危及公路桥梁安全的施工作业；（八）利用公路桥梁（含桥下空间）、公路隧道、涵洞堆放物品，搭建设施以及铺设高压电线和输送易燃、易爆或者其他有毒有害气体、液体的管道；（九）利用公路边沟排放污物；（十）其他破坏、损坏公路路产和影响公路畅通的行为。

第十三条 公路管理机构依法审批涉路施工活动时，应当征求利益相关方的意见。

建设单位应当按照许可的设计和施工方案组织作业，并采取保障公路、公路附属设施质量和安全的防护措施。

建设单位应当科学安排施工时间和周期，确保公路安全和畅通；除紧急情况外，应当提前三日向社会公告。

第十四条 公路管理机构、公安机关交通管理部门、收费公路经营管理者应当建立日常巡查制度，制作巡查记录，并共享巡查信息。

公安机关交通管理部门在调查处理道路交通安全违法行为或者交通事故时，发现公路路产损坏或者存在安全隐患的，应当及时告知并协助公路管理机构依法处理。

第十五条 公路管理机构、收费公路经营管理者应当按照公路等级、里程、路况、养护定额、养护规范、检测评定结果和隐患评估报告等编制公路养护计划，并按照技术规范和操作规程加强公路养护，保证公路处于良好技术状态。

第十六条 公路管理机构应当统筹安排公路养护作业时间和周期，加强公路养护通行秩序管理；可能造成交通拥堵的，应当会同公安机关交通管理部门制定疏导预案。

第三章 公路路域管理

第十七条 县级以上人民政府应当组织交通运输、国土资源、城乡规划等部门依法划定公路建筑控制区的范围，加强公路路域环境整治，优化和改善公路通行环境。

第十八条 新建、改建公路的建筑控制区范围，应当自公路初步设计批准之日起三十日内，由县级以上人民政府依法划定并公告。

已建公路的建筑控制区范围，由县级以上人民政府根据当地实际依法划定并公告。

交通运输主管部门应当在已划定的公路建筑控制区外缘设置标桩、界桩。任何单位和个人不得损坏、擅自移动该标桩、界桩。

第十九条 在公路建筑控制区内，除公路保护需要外，禁止修建建筑物和构筑物；公路建筑控制区划定前已经合法建设的不得扩建，因公路建设或者保障公路通行安全等原因需要拆除的应当依法给予补偿。

需要在建筑控制区内埋设管线、电缆等设施或者设置广告牌、宣传牌等非公路标志的，应当经公路管理机构批准。

第二十条 规划和新建村镇、开发区、学校和货物集散地、大型商业网点、农贸市场等公共场所，与公路建筑控制区边界外缘的距离应当符合法律法规的规定，并在公路一侧建设。

第二十一条 编制城乡规划或者审批建设用地涉及公路建筑控制区边界外缘邻近区域的，应当征求公路管理机构的意见，并注明建筑物、构筑物与公路的控制距离。

第二十二条 县级以上人民政府应当组织国土资源、林业、水行政等部门对公路沿线的江河、湖泊、荒山、荒坡、破损山体等进行整治，优化公路通行环境。乡镇人民政府、街道办事处应当做好配合工作。

公路建设、养护工程竣工后，建设单位、养护作业施工单位应当按照规定采取平整场地、恢复植被等措施，对施工作业场地及其周边生态环境实施修复和治理。

第四章　公路超限运输管理

第二十三条 县级以上人民政府负责本行政区域的公路超限运输治理工作，实行公路超限运输治理问责制。

县级以上人民政府应当建立健全政府主导，交通运输、公安、经济和信息化、国土资源、工商行政管理、质量技术监督、安全生产监督、城市管理等部门按照各自职责负责实施的公路超限运输联合治理工作机制。

第二十四条 县级以上人民政府应当组织交通运输主管部门及其公路管理机构、道路运输管理机构和公安机关交通管理部门等单位，建立公路超限运输治理信息平台，实现数据交换和信息共享。

交通运输主管部门、公安机关和其他有关部门应当及时将公路超限运输违法行为及其处罚情况归集至省社会信用信息服务平台，依法实行联合惩戒。

第二十五条 省人民政府交通运输主管部门及其公路管理机构应当根据省际公路路网的实际，加强与相邻省（市）交通运输主管部门、公路管理机构的协调，建立公路超限运输治理协作机制。

第二十六条 公路管理机构、收费公路经营管理者应当在公路明显位置设置限载、限高、限宽、限长标志或者设施。

超过公路、公路桥梁和公路隧道限载、限高、限宽、限长标准的车辆，不得在公路、公路桥梁和公路隧道行驶。

车辆载运不可解体物品，车货总体的外廓尺寸或者总质量超过公路、公路桥梁和公路隧道限载、限高、限宽、限长标准，确需在公路、公路桥梁和公路隧道行驶的，从事运输的单位和个人应当向公路管理机构申请超限运输车辆通行证。

第二十七条 禁止生产、销售拼装或者擅自改装的货运车辆。

禁止拼装或者擅自改装的货运车辆上路行驶。公路管理机构、道路运输管理机构发现拼装或者擅自改装的货运车辆，应当及时告知公安机关交通管理部门，由公安机关交通管理部门依法处理。

第二十八条 煤炭、钢材、水泥、矿石、砂石、商品车集散地以及货运站等场所的经营者、管理者，应当在货物装运场（站）安装符合标准的超限检测设备，对出场（站）货运车辆进行检测并建立货物装载台账，防止超限货运车辆出场（站）。

第二十九条 从事货物装载活动的经营者不得超限装载货物，不得为无号牌或者无车辆行驶证、营运证的货运车辆装载货物。

第三十条 货运经营者应当对所属货运车辆驾驶人进行依法装载和安全知识的培训，不得指使、强令货运车辆驾驶人违法超限运输货物。

货运车辆驾驶人不得驾驶违法超限货运车辆。

第三十一条　公路管理机构可以采取固定站点检测、技术监控等方式，对货运车辆进行超限检测。

货运车辆途经超限检测站点和收费公路入口处时，应当按照执法人员的引导接受检测。

公路管理机构可以在公路的重要路段和节点，设置货运车辆超限检测技术监控设备，收集超限车辆的称重数据、照片、视频监控等有关资料，经确认可以作为行政处罚、行政强制的证据。

第三十二条　新建收费公路的，建设单位应当在入口处安装超限检测设备。已建收费公路的经营管理者应当对收费公路入口进行改造，加装超限检测设备。

经检测超限的货运车辆，未能提供超限运输车辆通行证的，收费公路经营管理者应当拒绝其通行，并及时报告公路管理机构。

第三十三条　经检测认定超限的货运车辆，应当接受公路管理机构的调查、处理：（一）对运载可解体物品的，责令当事人卸载；（二）对未经批准、超限运输不可解体物品的，依法进行调查处理后，需要继续上路行驶的，责令当事人办理超限运输车辆通行证。

拒不接受调查、处理，故意堵塞固定超限检测站点通行车道、强行通过固定超限检测站点或者以其他方式扰乱超限检测秩序的，公路管理机构可以强制拖离或者扣留车辆。

第五章　服务与监督

第三十四条　交通运输主管部门和公安机关交通管理部门应当依法履行职责，公开办事程序，加强对公路路政监督检查人员和道路交通安全执法人员的管理和教育，采用科学的管理方法和先进的技术手段，提高管理效率和服务水平。

第三十五条　公路管理机构、公路建设单位、收费公路经营管理者应当按照规定加强服务区、休息区、停车区、观景台等服务设施建设，并保持服务设施完好，为司乘人员提供便捷服务。

第三十六条　县级以上人民政府及其交通运输主管部门、公安机关应当建立公路路政管理信息公开制度，完善公众参与程序，为公众参与和监督公路路政管理工作提供便利。

交通运输主管部门应当建立健全公路管理信息系统，及时收集、汇总、发布公路基础设施、养护施工作业、公路交通阻断等与公路通行有关的信息，实现公众查询、网上办理路政业务、路网运行信息发布等功能。

收费公路经营管理者应当按照交通运输主管部门的要求，收集、报送和发布公路养护、通行等信息。

第三十七条　县级以上人民政府统一领导本行政区域内的公路突发事件应对工作，将公路突发事件应急管理纳入本行政区域突发事件应急管理体系，建立健全公路突发事件应急物资储备保障制度，确保满足公路突发事件应急处置工作的需要。

第三十八条　县级以上人民政府交通运输主管部门应当依法编制地震、泥石流、雨雪冰冻灾害以及其他影响、破坏公路的突发事件应急预案，报本级人民政府批准后实施。

公路管理机构、收费公路经营管理者应当根据公路突发事件应急预案，制定现场应急处置方案，组建应急队伍，并定期组织演练。

因严重自然灾害、恶劣天气或者重特大交通事故等特殊情形影响车辆正常通行的，公安机关交通管理部门应当及时发布路况信息，采取限制车速、间断放行、引导车辆泊停服务区等措施对车辆进行疏导。

第三十九条　公路建设和养护单位应当做好公路交通标志、标线和安全警示标志的设置、维护更新工作。标志、标线应当规范、准确、易于识别和理解。

第四十条　县级人民政府应当组织公安机关交通管理部门、公路管理机构、乡镇人民政府、街道办事处等部门和单位做好摆摊设点、打场晒粮等擅自占用公路的联合治理工作，建立共同治理的联动机制。

公安机关交通管理部门、公路管理机构应当加强日常监管，依法检查和制止各种破坏、损坏、违法占（利）用公路路产及其他违反公路法律法规的行为，建立公路安全隐患排查机制，及时消除安全隐患，保障公路完好、安全和畅通。

第四十一条 公路路政监督检查人员在执行公务时，应当佩戴标志、持证上岗、公正廉洁、文明执法，并接受社会监督。

用于公路路政监督检查的专用车辆，应当按照规定设置统一的车身标志、示警灯。

公路监督检查专用车辆执行紧急救援任务、处理公路突发事件时，在确保安全的前提下，不受标志、标线的限制。

第四十二条 公路路政监督检查人员依法进行监督检查时，有权向收费公路经营管理者和其他有关单位、个人了解情况，查阅、复制有关资料，必要时可以录音、录像。有关单位和个人应当配合，不得阻挠。

第四十三条 公路管理机构应当完善公路保护举报制度，公开举报电话、通信地址或者电子邮件信箱，依法调查处理举报事项，将调查处理结果向举报人反馈，并为其保密；对查证属实的，给予奖励。

第六章 法律责任

第四十四条 违反本条例，法律法规有规定的，从其规定。

第四十五条 违反本条例第十九条第二款，未经批准在公路建筑控制区内设置广告牌、宣传牌等非公路标志的，由公路管理机构责令限期拆除；逾期不拆除的，处5千元以上2万元以下罚款，并由依法确定的第三方代为拆除，所需费用由违法行为人承担。

第四十六条 违反本条例第二十八条，未安装符合标准的超限检测设备或者未按照规定对出场（站）货运车辆进行检测的，由道路运输管理机构责令限期改正；逾期不改正的，处1万元以上3万元以下罚款；情节严重的，责令停产停业。

第四十七条 违反本条例第二十九条，从事货物装载活动的经营者超限装载货物，为无号牌或者无车辆行驶证、营运证的货运车辆装载货物的，由道路运输管理机构责令改正，没收违法所得，并处1万元以上3万元以下罚款；情节严重的，依法吊销道路运输经营许可证。

第四十八条 违反本条例第三十条第一款，货运经营者指使、强令货运车辆驾驶人违法超限运输货物的，由道路运输管理机构责令改正，处1万元以上3万元以下罚款。

第四十九条 国家机关及其工作人员，有下列行为之一的，由上级主管部门或者监察机关责令改正；情节严重的，对直接负责的主管人员和其他直接责任人员依法给予处分；构成犯罪的，依法追究刑事责任：（一）未按照规定划定公路建筑控制区，影响公路通行安全和公路发展规划实施的；（二）编制城乡规划或者审批建设用地，致使新批建筑物、构筑物占用公路建筑控制区或者与公路建筑控制区边界外缘的距离不符合国家规定的；（三）未按照规定的权限、条件和程序实施涉路施工许可的；（四）未按照规定对许可事项实施监督检查，导致涉路施工活动、非公路标志影响公路完好、安全和畅通的；（五）未依法履行公路超限运输联合治理职责的；（六）其他玩忽职守、滥用职权、徇私舞弊的行为。

第七章 附 则

第五十条 本条例自2017年9月1日起施行。

366. 湖北省农村公路条例

（2007年3月29日湖北省第十届人民代表大会常务委员会第二十六次会议通过）

第一章　总　　则

第一条　为了加强农村公路的建设、养护和管理，适应社会主义新农村建设需要，根据《中华人民共和国公路法》和有关法律、行政法规的规定，结合本省实际，制定本条例。

第二条　本省行政区域内农村公路的规划、建设、养护和管理，适用本条例。

本条例所称农村公路，是指按照国家技术标准修建的县道、乡道和村道。

第三条　农村公路的发展应当遵循政府主导、各方参与、全面规划、节约土地、保护环境、建养并重、保障畅通的原则。

第四条　县级人民政府是农村公路建设、养护和管理的责任主体，其交通主管部门具体负责农村公路建设、养护和管理工作。

乡（镇）人民政府在县级人民政府确定的职责范围内，并在交通主管部门的组织指导下，负责乡道的建设和养护工作；村民委员会在县级人民政府及交通主管部门、乡（镇）人民政府指导帮助下，做好本村村道建设和日常养护的组织实施工作。

第五条　县级以上人民政府应当把农村公路的建设和发展纳入本行政区域国民经济和社会发展规划和计划，逐步加大政府对农村公路的资金投入，促进农村公路持续健康发展。

县级以上人民政府发展改革、财政、建设、国土资源、环境保护、水利、林业、审计、公安等部门，按照各自的职责做好农村公路工作。

第六条　任何单位和个人都有爱护公路、公路用地及公路附属设施的义务，对破坏、损坏或者非法占用农村公路、公路用地、公路附属设施以及其他影响公路安全的违法行为，有权制止、检举和控告。

第七条　禁止任何单位和个人在农村公路上非法设卡收费、罚款和拦截车辆。

第二章　规划和建设

第八条　农村公路规划应当根据国民经济和社会发展以及人民群众生产生活、农业生态环境的实际编制，与国道、省道发展规划和其他方式的交通运输发展规划相协调，与社会主义新农村建设规划相结合。

第九条　县级以上人民政府交通主管部门会同同级有关部门，根据国家和省制定的农村公路规划，编制本行政区域的农村公路规划。

县道规划由县级人民政府交通主管部门会同同级有关部门编制，经同级人民政府审定后，报上一级人民政府批准，并报省人民政府交通主管部门备案；乡道、村道规划由县级人民政府交通主管部门协助乡（镇）人民政府编制，报县级人民政府批准，并报上一级人民政府交通主管部门备案。

经批准的农村公路规划需要修改的，由原编制机关提出修改方案，报原批准机关批准。

农村公路渡口以及客运站场设施应当与农村公路统一规划、统一标准、同步建设。

第十条　农村公路建设应当充分利用现有道路进行改建和扩建。县道按照不低于三级公路技术标准建设，乡道按照不低于四级公路技术标准建设。村道建设标准应当根据当地实际需要和经济条件确定，一般不低于四级公路技术标准。

农村公路建设涉及土地征收、征用补偿的，依照有关法律法规的规定执行。

第十一条 二级以上农村公路及中型以上桥梁、隧道建设项目和其他符合招标条件的农村公路建设项目，应当明确项目法人，并依法进行招标。依照国家有关规定可以不进行招标并采用“一事一议”的方式筹资筹劳的村道建设项目，经村民会议或者村民代表会议同意，可以不进行招标。

县道建设项目的招标由县级人民政府交通主管部门负责组织。乡道、村道建设项目的招标，在县级人民政府交通主管部门的指导下，由乡（镇）人民政府组织或者委托有相应资质的招标代理机构办理。

第十二条 村道建设项目的设计可以由县级以上人民政府交通主管部门组织有相关工程设计经验的技术人员承担，但中型以上桥梁、隧道建设项目的设计，应当由具有相应资质的设计单位承担。

第十三条 县道建设项目的施工许可由市（州）人民政府交通主管部门实施。乡道建设项目的施工许可由县级人民政府交通主管部门实施。村道建设项目的施工应当报乡（镇）人民政府备案。

第十四条 沥青（水泥混凝土）路面、桥梁、隧道等建设项目，应当选择具有相应资质的专业队伍施工。

第十五条 二级以上农村公路及中型以上桥梁、隧道建设项目，应当通过招标选择具有相应资质的监理单位进行监理。其他农村公路建设项目，可以由县级人民政府交通主管部门组织进行监理。

第十六条 县级以上人民政府交通主管部门、乡（镇）人民政府具体负责本行政区域内农村公路建设质量监督管理工作。县级人民政府交通主管部门、乡（镇）人民政府应当聘请技术专家和群众代表参与监督工作。

农村公路建设施工现场应当设立质量责任公告牌，公告有关责任单位、责任人、主要质量控制指标和质量举报电话。

第十七条 农村公路建设项目应当建立安全生产责任制和工程质量责任追究制。农村公路建设、施工和监理单位应当依据职责，明确安全、质量管理责任，落实安全、质量保证措施，加强安全与质量管理。

铺筑沥青（水泥混凝土）路面的农村公路及中型以上桥梁、隧道建设项目，应当设定质量缺陷责任期和质量保证金。质量缺陷责任期为验收合格后1年，建设单位预留施工合同工程款总额的5%作为质量保证金。质量缺陷责任期满、无质量缺陷或者质量缺陷得到有效处置后，质量保证金应当返还施工单位。

第十八条 农村公路建设项目应当进行交工、竣工验收；未经验收或者验收不合格的，不得交付使用。交工验收由项目法人负责。县道、乡道的竣工验收，按照本条例第十三条规定的施工许可权限，由县级以上人民政府交通主管部门负责；村道的竣工验收，由乡（镇）人民政府在县级人民政府交通主管部门的指导下组织进行。

除二级以上农村公路及大型以上桥梁、隧道建设项目外，其他农村公路建设项目交工、竣工验收可以合并进行。

建成的农村公路，应当按照国家有关规定设置必要的交通标志。

第十九条 农村公路建设应当按照档案管理有关规定，收集、整理、保存工程资料，建立工程档案。

第三章 养护和管理

第二十条 农村公路养护应当按照技术规范和操作规程进行，做到路基、边坡稳定，路面、构造物完好，排水畅通，保证公路处于良好的技术状态。

第二十一条 农村公路养护实行专业养护与群众养护、常年养护与季节性养护相结合的方式，并逐步实行以专业养护为主。

四级以上农村公路大中修养护工程，逐步采取向社会公开招标的方式，择优选定养护作业单位；对等级较低、自然条件特殊、养护困难的农村公路，可以委托国道、省道养护单位养护，也可以采取建设、改造和养护一体化招标等方式进行养护。

乡道、村道的日常养护由沿线乡（镇）人民政府、村民委员会采取群众性养护组织或者其他养护组织形式进行，也可以采取个人（农户）分段承包等方式进行。

第二十二条 农村公路养护单位、组织或者个人在进行养护作业时，应当设置必要的交通安全设施与安全警示标志。县道、乡道因养护确需中断交通的，应当报县级以上人民政府交通主管部门同意，并采取必要形式提前向社会公告；村道养护确需中断交通的，应当报告村民委员会并告知村民。

第二十三条 因严重自然灾害致使农村公路中断或者严重损坏时，县级、乡（镇）人民政府和村民委员会应当及时组织修复。必要时可以动员和组织沿线机关、团体、企业事业单位、当地群众进行抢修，尽快恢复交通。

第二十四条 县级、乡（镇）人民政府和村民委员会应当按照绿化规划和谁种植、谁管理、谁受益的原则，组织和发动农村公路沿线的单位和个人实施公路绿化。属村民委员会集体种植的公路树木归集体所有，其收益主要用于村道养护。

公路用地上的树木不得擅自砍伐，确需更新砍伐的，依照《中华人民共和国森林法》和有关法律法规的规定办理审批手续，并完成更新补种任务。

第二十五条 村道两侧边缘起向外延伸不少于 1 米的范围为公路用地；村道两侧边缘起向外延伸不少于 3 米的范围为建筑控制区。村道公路用地和建筑控制区由县级人民政府划定并向社会公告。

任何单位和个人不得在公路上及公路用地范围内非法挖砂、采石、取土、堆放物品、设置障碍、挖沟引水或者从事种植农作物、打场晒粮、倾倒垃圾、排放污物等损坏、污染公路以及影响公路安全畅通的行为，不得损毁、擅自移动、涂改公路标志或者擅自设置其他标志。除公路防护、养护需要外，禁止在村道建筑控制区内新建、扩建建筑物和地面构筑物。

第二十六条 超过农村公路限定荷载标准的车辆不得擅自在农村公路上行驶。确需行驶的，必须经县级人民政府交通主管部门批准，并按照要求采取有效的防护措施；运载不可解体的超限物品的，应当按照指定的时间、路线、时速行驶，并悬挂明显标志。

第四章 资金筹集与使用

第二十七条 各级人民政府应当建立政府投资为主、农村村组为辅、鼓励社会各界共同参与的农村公路建设、养护和管理资金筹集机制。

第二十八条 省人民政府对列入省级农村公路建设计划的建设项目实行定额补助。县级人民政府应当相应安排配套补助资金，并与省安排的定额补助资金同步到位。

第二十九条 省人民政府交通主管部门应当按照国家规定并结合县（市）经济发展状况，统筹安排农村公路养护工程管理资金。县级人民政府应当根据省人民政府的规定，按照每年每公里一定数额的标准，安排乡道、村道的日常养护管理资金，并列入本级财政预算。

第三十条 村民委员会采取“一事一议”筹资筹劳的方式筹集村道建设、养护资金，应当遵循村民自愿、量力而行的原则，并按照有关法律法规的规定办理。

农村公路建设不得损害农民利益，不得采用强制手段向单位和个人集资。

第三十一条 鼓励社会、企业事业单位和个人捐资用于农村公路建设、养护和管理；对做出突出贡献的，由县级以上人民政府予以表彰。

第三十二条 农村公路建设、养护和管理资金应当严格管理、专款专用，实行年度审计制度，任何单位和个人不得侵占、挪用和截留。

未完工项目的建设资金以及当年节余的养护和管理资金，可以结转下年度使用。

第五章　法 律 责 任

第三十三条　违反本条例规定的行为，法律、行政法规有行政处罚规定的，从其规定；构成犯罪的，依法追究刑事责任；造成农村公路损害的，依法承担民事责任。

第三十四条　违反本条例规定，有下列行为之一的，对责任单位予以通报批评，责令限期整改；情节严重的，对责任人依法给予行政处分：

（一）农村公路建设、养护资金未按时到位的；

（二）侵占、挪用和截留农村公路建设、养护资金的；

（三）农村公路未经验收或者验收不合格即交付使用的；

（四）在农村公路建设中采用强制手段向单位、个人集资的。

违反本条例规定，在农村公路建设中发生质量违法行为的，依法对相关责任单位和责任人予以处罚。

第三十五条　违反本条例规定，损坏、污染村道或者影响村道安全畅通的，或者损毁、擅自移动、涂改村道标志、擅自设置其他标志的，责令停止违法行为，限期改正。

第三十六条　违反本条例规定，在村道建筑控制区内新建、扩建建筑物和地面构筑物的，责令限期拆除；逾期不拆除的，可以依法强制拆除，有关费用由违法者承担。

第三十七条　违反本条例规定，超过限定的荷载标准擅自在村道上行驶的，责令停止违法行为，并处 500 元以上 5000 元以下罚款。

第三十八条　国家工作人员在农村公路建设、养护和管理等工作中玩忽职守、滥用职权、徇私舞弊的，依法给予行政处分。

第六章　附　　则

第三十九条　本条例自 2007 年 6 月 1 日起施行。

367. 湖北省高速公路管理条例

（2011年12月1日湖北省第十一届人民代表大会常务委员会第二十七次会议修订）

第一章　总　　则

第一条　为规范高速公路管理，保障高速公路安全畅通，维护高速公路投资者、经营者和使用者的合法权益，充分发挥其经济效益和社会效益，根据《中华人民共和国公路法》和其他有关法律法规的规定，结合本省实际，制定本条例。

第二条　本条例适用于本省行政区域内高速公路的规划、投资、建设、养护、经营、使用和管理。

第三条　高速公路管理应当遵循集中统一、安全高效、生态环保、以人为本、便民利民的原则。

第四条　省交通主管部门主管全省高速公路工作。

省交通主管部门所属的省高速公路管理机构依照本条例规定统一行使高速公路行政管理职责。

省公安机关高速公路交通安全管理机构负责全省高速公路交通安全管理工作。

省人民政府其他有关部门和高速公路沿线所在地人民政府应当积极配合，共同做好高速公路相关管理工作。

第五条　省人民政府应当将全省高速公路的发展纳入国民经济和社会发展规划；省交通主管部门在广泛征询社会各界意见的基础上，根据国民经济和社会发展以及国防建设的需要，会同有关部门并商高速公路沿线所在地人民政府编制全省高速公路发展规划，报省人民政府批准后实施，并向社会公布。

第六条　省人民政府应当制定本省高速公路突发事件应急预案。省人民政府有关部门和高速公路沿线所在地人民政府应当按照各自职责负责高速公路突发事件的应急处理工作。

第七条　任何单位和个人不得破坏、损坏或者非法占用高速公路、高速公路用地及高速公路附属设施，不得在高速公路上及服务区内非法设卡、收费、罚款和拦截检查车辆。

任何单位和个人都有爱护高速公路、高速公路用地及高速公路附属设施的义务，有权检举和控告破坏、损坏高速公路、高速公路用地、高速公路附属设施和影响高速公路安全的行为。

第八条　因自然灾害致使高速公路交通中断，高速公路经营管理者应当维持现场秩序，组织养护作业单位及时修复，并依法向省高速公路管理机构和所在地人民政府报告；损坏严重难以及时修复的，所在地人民政府应当及时组织抢修。

第二章　建设和养护

第九条　高速公路建设应当遵循基本建设程序，严格执行国家规定的工程设计、施工和监理规范及技术标准，保证合理设计施工周期，确保工程质量。

高速公路建设项目应当按照国家有关规定实行招投标制度、项目法人及资本金制度、合同管理制度、工程监理制度和工程质量责任追究制度。

第十条　高速公路建设需要移动或者拆迁桥梁、渡槽、管道、杆线、电力和通讯设施等以及对其他道路设施造成损害的，高速公路建设单位应当按照不低于该设施原有的技术标准予以修复，或者给予相应的经济补偿。

第十一条 国内外经济组织依法投资建设高速公路的应当实行特许经营。投资经营者的合法权益受法律保护。

特许经营项目应当采取招投标方式选定投资经营者。

省人民政府授权省交通主管部门或者市州人民政府与依法成立的高速公路企业项目法人，签订特许经营协议。特许经营协议规范文本由省交通主管部门制定。

高速公路企业项目法人因自身原因，无法继续投资、建设或者经营特许经营项目的，可以请求解除特许经营协议。未经省人民政府批准，高速公路企业项目法人不得以任何形式转让高速公路特许经营权。

第十二条 国内外经济组织投资建设的高速公路可以采用委托方式经营管理。省高速公路管理机构应当制定和完善委托管理规范，加强指导和监督。

第十三条 在高速公路规划、建设和经营管理过程中，应当采取措施，保护生态环境和文物古迹，防止水土流失，减少污水排放，降低交通噪声，恢复山体植被，做好公路绿化，保持路容路貌整洁美观。

第十四条 省高速公路管理机构应当做好高速公路路网标志、标线的规划，并根据实际情况及时提出变更调整方案，科学合理地引导交通。高速公路经营管理者应当按照国家、省有关规范，清晰、准确设置高速公路标志、标线。

高速公路经营管理者应当按照国家规定的高速公路养护质量标准、技术规范和操作规程，对高速公路进行养护，保障高速公路及其附属设施处于良好的技术状态。

高速公路经营管理者应当加强高速公路养护巡查，高速公路及其附属设施遭受损坏的，应当及时组织力量修复；遭受重大损毁，交通严重受阻时，应当采取紧急措施，并报请省高速公路管理机构或者当地人民政府及时组织抢修，尽快恢复交通。

第十五条 上跨高速公路的公路桥梁、下穿高速公路的道路、收费站连接线，应当在高速公路建成后移交给当地公路部门养护管理。

第十六条 除日常维护外，高速公路经营管理者应当依法通过招投标方式，确定具有相应资质的单位对高速公路进行养护，并报省高速公路管理机构备案。

省高速公路管理机构应当对高速公路及其附属设施的养护情况进行检查，对达不到高速公路养护规范要求的，应当责成高速公路经营管理者限期采取相应措施。

第十七条 高速公路养护作业应当科学调度、统筹安排，确定合理的施工时间和工期，减少对车辆通行的影响。高速公路养护作业需要半幅封闭或者中断交通的，高速公路经营管理者应当报省高速公路管理机构和省公安机关高速公路交通安全管理机构同意，除紧急情况外，提前五天向社会公告，并在高速公路入口处设置公告牌，公告应当包含封闭或者中断交通的原因和施工的具体期限以及交通分流的线路。

高速公路养护作业，应当在作业地点设置规范的施工、限速和导向等交通标志，作业人员应当穿着统一的安全标志服，其车辆、机械应当安装示警灯，喷涂明显的标志图案，作业时应当开启示警灯和危险报警闪光灯。过往车辆应当按照设置的导向标志行驶，注意避让作业车辆、机械和人员。

第三章　经 营 服 务

第十八条 高速公路经营管理者经依法批准后可以收取车辆通行费。通行高速公路的货运车辆，其车辆通行费按照省人民政府的规定，采取计重收费的方式收取。

车辆通行费的收费标准，应当依照价格法律、行政法规的规定进行听证，并按照法定程序审查批准。

第十九条 高速公路收费站应当在显著位置公布收费标准、收费单位、收费起止年限、监督电话等内容，文明收费，接受监督。

通行高速公路的车辆应当足额交纳车辆通行费。车辆通行费的减免按照国家有关规定执行。符合减免规定的车辆，在通行高速公路收费站时，应当主动出示相关证件，经查验后方可通行。任何单位和个人不得随意减免。

第二十条 高速公路收费实行全省联网，统一结算和管理。联网方案、收费流程和结算规范，由省高速公路管理机构制定并组织实施和监督。

新建高速公路项目应当根据全省高速公路联网运行和管理的需要，按照规定标准建设高速公路通信、监控、收费等管理系统和设施，经省高速公路管理机构组织检测合格后方可收取车辆通行费。

已建成通车的高速公路不具备前款设施条件的，由高速公路经营管理者负责建设。

省高速公路管理机构应当定期向高速公路经营管理者公布收费结算信息。高速公路经营管理者有权查询本单位的收费结算信息。

第二十一条 高速公路经营管理者应当按照全省统一规划和要求，不断提高联网收费技术和管理水平。逐步推广高速公路全程监控、智能收费等系统，提高车辆通行能力。

联网收费系统的升级改造和维护管理费用从高速公路车辆通行费中计提，专款专用，具体计提标准由省财政、价格主管部门确定。

第二十二条 高速公路经营管理者应当根据车流量开通足够的收费道口，保证车辆畅通。

高速公路经营管理者应当在收费站口、服务区、重要路段等区域逐步建立和完善电子信息平台，及时发布交通状况、施工作业等有关服务信息，由省高速公路管理机构监督实施。

高速公路经营管理者应当及时向省高速公路管理机构提供收费、还贷、路况、交通流量、养护和管理等有关信息资料。

第二十三条 高速公路经营管理者应当建立健全各项规章制度，依法经营，规范收费，提供优质服务。

高速公路经营管理者应当加强对收费站工作人员的业务培训和职业道德教育，收费人员应当持证上岗，做到文明礼貌、规范服务。

第四章 服务区管理

第二十四条 高速公路服务区的设置应当遵循统筹规划、合理布局、功能完善、适度超前的原则。

高速公路服务区应当与高速公路同步设计、同步建设、同步运营。省高速公路路网内服务区最大间距不得大于60公里。

因养护维修等原因确需关闭服务区的，应当报省高速公路管理机构批准。

第二十五条 省高速公路管理机构应当制定全省统一的服务区经营管理规范，加强监督管理工作。高速公路经营管理者负责所属高速公路服务区的建设、经营管理工作。

高速公路服务区可以由高速公路经营管理者自主经营，也可以对外承包经营，对外承包经营的，应当采取服务质量招投标的方式确定经营者，经营者应当按照承诺的服务内容、标准提供服务。

第二十六条 高速公路服务区应当提供下列服务设施：

（一）短暂休息、停车场、饮用水供应、公共厕所等免费使用的公益性基本设施；

（二）加油、购物、餐饮以及汽车维修等经营性基本设施；

（三）绿化、水土保持、夜间照明及给排水、污水处理、备用电设备等功能性基本设施。

服务区经营者应当保证服务区设施处于良好状态，保持服务区的安全、清洁、卫生。

第二十七条 高速公路服务区经营者应当公开服务内容、标准、价格，依法经营，诚实守信，文明服务。禁止下列行为：

（一）擅自扩大收费范围、提高服务收费标准；

（二）强制他人接受有偿服务；

（三）刁难、勒索和敲诈司乘人员；
（四）收费不开具合法有效的票据；
（五）其他违法违规行为。

省高速公路管理机构应当对高速公路服务区承包经营者的承包经营行为是否符合经营服务规范进行监督检查。

高速公路服务区所在地公安、卫生、环保、工商、价格等部门应当依据各自职责加强对服务区治安、食品卫生、经营和服务的监督管理。

第五章　路 政 管 理

第二十八条　省高速公路管理机构应当向各高速公路（含在建）派驻路政管理机构。

高速公路路政执法经费从高速公路通行费中列支，纳入省级财政预算，具体办法由省交通主管部门会同财政主管部门制定。

第二十九条　省高速公路管理机构应当加强对高速公路的监督管理，检查、制止各种非法侵占、损坏高速公路、高速公路用地、高速公路附属设施及其他违反本条例规定的行为。

省高速公路管理机构及有关部门应当建立投诉、举报、奖励制度，公布举报电话、通讯地址、电子邮件地址，为举报者保密，并对举报属实者给予奖励。

高速公路路政执法人员执行公务，应当公正廉洁、热情服务、着装整齐、佩戴标志、持证上岗、文明执法。

第三十条　高速公路监督检查车辆应当按照国家有关规定设置统一的标志和示警灯。

任何单位和个人不得擅自喷印、安装、使用与高速公路监督检查车辆相同或者相似的标志和示警灯。

高速公路监督检查车辆在高速公路上依法执行抢险、救灾等紧急公务时，需要采取紧急通行措施的，应当确保交通安全。

第三十一条　高速公路用地范围按照以下标准确定：
（一）高速公路边沟（隔离栅）外缘起1米的区域；
（二）无高速公路边沟（隔离栅）的，为公路路沿石外缘起5米的区域；
（三）高速公路桥梁为桥梁垂直投影面外缘起1米的区域。

第三十二条　在高速公路及其用地范围内，禁止从事下列活动：
（一）抛洒、堆放物品，倾倒垃圾，排放污水；
（二）设置棚屋、摊点、维修场及其他临时设施；
（三）取土采石，挖损路面，堵塞通道、涵洞、填充边沟；
（四）种植作物，放养牲畜；
（五）擅自安装、拆除、涂改、移动高速公路附属设施、公路标志；
（六）随意上下乘客、装卸货物、载物拖地行驶；
（七）利用高速公路边沟排水、蓄水灌溉、养殖；
（八）其他侵占、污染等损害性活动。

第三十三条　在高速公路及其用地范围内从事下列活动，应当报省高速公路管理机构批准：
（一）设置广告等非公路标志标牌；
（二）修建跨（穿）越公路的建（构）筑物，架设杆线，埋设管道、缆线；
（三）修建出入高速公路的交叉道口；
（四）占（利）用、挖掘高速公路及其公路用地；
（五）更新、砍伐公路树木。

第三十四条　从高速公路用地外缘起50米的区域为高速公路建筑控制区。

除公路防护、养护需要外，禁止在高速公路建筑控制区新建、扩建建筑物和地面构筑物，或者从事爆破、采空作业、取土、挖砂、挖沟、排污等可能危及高速公路安全的行为。控制区内原有的合法的建筑物、构筑物需要拆迁的，高速公路经营管理者应当依法给予补偿。

在高速公路建筑控制区内需埋（架）设管（杆）线、电缆等设施或者设置非公路标志标牌的，应当事先经省高速公路管理机构批准。

第三十五条 高速公路经营管理者应当保证高速公路隧道照明、通风、消防、监控等设施的正常使用，不得随意停止使用，不得影响车辆安全通行。

高速公路消防安全工作由所在地公安消防机构负责。

第三十六条 省高速公路管理机构应当在高速公路出入口、服务区、检测站进行超限运输检查，过往车辆应当按照引导标志行驶到指定地点接受检查，不得强行通过。

高速公路经营管理者应当在高速公路入口、相关跨越高速公路的设施，设置车辆限载、限高、限宽、限长标志。

第三十七条 在高速公路行车道、桥梁、匝道上和隧道内不得检修车辆，因突发故障临时检修的，应当将车辆移入紧急停车带，并对高速公路及其附属设施采取保护措施。

第三十八条 任何单位和个人造成高速公路路产损坏的，应当按照省财政、价格主管部门确定的标准，向省高速公路管理机构交纳路产损坏赔（补）偿费。

第三十九条 车辆在高速公路上发生交通事故时，省公安机关高速公路交通安全管理机构、省高速公路管理机构应当立即派员赶赴现场，组织抢救伤者和保护财产。

省公安机关高速公路交通安全管理机构负责调查事故现场，处理交通事故，维持事故现场的交通秩序并根据需要及时通知清障施救单位进行清障施救。

省高速公路管理机构负责调查处理路产损失情况和相关索赔事宜。省公安机关高速公路交通安全管理机构在处理交通事故涉及路产损失的，应当及时通知省高速公路管理机构；交通事故结案后路产损失赔偿工作仍未处理完毕的，应当将事故车辆交由高速公路管理机构处理。

第四十条 省高速公路管理机构应当统一监督管理和规范高速公路清障施救服务，并向社会公布清障施救服务单位、项目和价格等信息。

清障施救服务应当遵循就近、安全、便捷的原则，清障施救服务标准和规程由省高速公路管理机构会同省公安机关高速公路交通安全管理机构制定。

省价格主管部门按照保本微利的原则核定清障施救服务收费标准。

清障施救服务单位应当遵守清障施救服务标准和规程，严格按照省价格主管部门核定的标准收费，不得擅自增加收费项目、扩大收费范围、提高收费标准。

第四十一条 省公安机关高速公路交通安全管理机构和省高速公路管理机构在交通安全和路政管理工作中，应当加强配合，实现信息资源共享。

因严重自然灾害、恶劣气候或者重特大交通事故等特殊情形影响车辆正常通行的，省公安机关高速公路交通安全管理机构和省高速公路管理机构应当及时相互通报路况信息，采取限制车速、间断放行等措施对车辆进行疏导。

采取措施后仍难以保证交通安全确需封闭高速公路的，省公安机关高速公路交通安全管理机构应当征求省高速公路管理机构意见后实施，并及时向社会公告。

高速公路经营管理者应当根据国家和本省有关应急规定，制定高速公路应急处置方案，组织应急处置队伍并定期开展应急处置方案演练。

因重特大交通事故造成高速公路严重堵塞，难以及时恢复交通的，以及装载危险物品车辆发生故障可能造成严重后果的，高速公路所在地人民政府应当组织调集清障施救力量，协助清障施救，排除危险。

第六章　法 律 责 任

第四十二条　违反本条例规定的行为，法律、行政法规有行政处罚规定的，从其规定；造成损害的，依法承担民事责任；构成犯罪的，依法追究刑事责任。

第四十三条　高速公路企业项目法人违反特许经营协议以及其他双方约定，造成高速公路项目不能满足开工条件、资金不能及时足额到位、工程不能按期进展、高速公路不能如期投入使用等严重后果又不请求解除特许经营协议的，省人民政府有权撤回特许经营权。

第四十四条　违反本条例规定，高速公路经营管理者未按照国家技术规范和操作规程进行公路养护，影响高速公路安全运行的，由省高速公路管理机构责令限期改正；逾期未改正的，由省高速公路管理机构指定其他单位进行养护，所需养护费用由高速公路经营管理者承担；拒不承担的，由省高速公路管理机构申请人民法院强制执行。

第四十五条　违反本条例规定，少交、逃交、拒交高速公路车辆通行费的，高速公路经营管理者有权拒绝其通行，并要求其补交应交车辆通行费，省高速公路管理机构可处以本省路网最远站至本站全程通行费 2 倍的罚款；故意堵塞收费车道的，实行强制牵移，由此造成的损失和产生的相关费用由当事人承担。

第四十六条　违反本条例规定，高速公路未建立联网收费系统或者联网收费系统未经检测合格就收取车辆通行费的，由省高速公路管理机构责令高速公路经营管理者限期改正；逾期未改正的，没收其通行费收入，并可处以通行费收入所得 1 倍的罚款。

高速公路经营管理者未按规定上缴通行费，影响全省高速公路联网收费统一结算的，由省高速公路管理机构责令限期上缴；逾期不上缴的，按日收取千分之一的滞纳金。

第四十七条　高速公路经营管理者违反本条例规定，有下列情形之一的，由省高速公路管理机构责令限期改正；逾期未改正或者有其他严重情节的，可处 5000 元以上 2 万元以下的罚款：

（一）未开通足够数量的收费道口，造成车辆堵塞的；

（二）擅自减免车辆通行费的；

（三）随意停止使用照明、通风等设施，影响车辆安全通行的；

（四）未按照规定设置电子信息设备，及时向社会发布交通状况、施工作业等相关服务信息的；

（五）养护作业擅自半幅封闭道路或者中断交通的。

第四十八条　违反本条例，未按规定开通或者擅自关闭服务区，影响高速公路运营管理的，由省高速公路管理机构责令限期改正；逾期不改正的，处 1 万元以上 5 万元以下的罚款；仍不改正的，由省高速公路管理机构指定其他专业机构代为开通，有关费用由高速公路经营管理者承担。

第四十九条　违反本条例规定，未经批准在高速公路建筑控制区内架设杆线等设施、设置非公路标志标牌的，由省高速公路管理机构责令停止违法行为、限期拆除，并可处以 5000 元以上 2 万元以下的罚款；逾期不拆除的，由省高速公路管理机构强制拆除，拆除费用由违法者承担，并可处 2 万元以上 5 万元以下的罚款。

第五十条　违反本条例规定，在高速公路上检修车辆未对高速公路及其附属设施采取保护措施的，由省高速公路管理机构责令改正；拒不改正的，可处 100 元以上 300 元以下的罚款。

第五十一条　清障施救服务单位违反清障施救服务标准和规程的，由省高速公路管理机构责令改正，并可处 1000 元以上 5000 元以下的罚款；情节严重的，取消清障施救服务资格。

第五十二条　国家工作人员有下列行为之一的，由有权机关给予行政处分：

（一）不依法实施行政许可的；

（二）扩大罚款范围、变更罚款标准的；

（三）收取高速公路路产损坏赔（补）偿费或者罚款不开具合法票据的；

（四）利用职务上的便利收受他人财物或者谋取其他利益的；

（五）滥用职权、徇私舞弊、故意刁难管理相对人或者强制他人接受有偿服务的；

（六）玩忽职守使国家、集体财产遭受重大损失的；

（七）发现违法行为不依法查处的；

（八）其他违规违法行为。

第七章　附　　则

第五十三条　本条例有关用语含义如下：

（一）“高速公路”是指按照国家公路工程技术标准建设的专供汽车分向、分车道行驶并应全部控制出入的多车道公路（含桥梁和隧道）。

（二）“高速公路附属设施”包括高速公路的防护、安全、排水、养护、绿化、服务、监控、通信、收费、供电、供水、照明和交通标志、标线及管理等设施、设备和专用的建筑物、构筑物。

（三）“非公路标志标牌”包括除国家标准规定公路标志以外的指路牌、地名牌、厂（店）名牌、宣传牌、广告牌、龙门架、霓虹灯、电子显示屏、橱窗、灯箱和其他标牌设施等。

第五十四条　本条例自2009年6月1日起施行。1997年8月5日湖北省第八届人民代表大会常务委员会第二十九次会议通过的《湖北省高等级公路管理条例》同时废止。

368. 湖北省深化农村公路管理养护体制改革实施方案

（鄂交发〔2020〕187号）

为深入贯彻落实《国务院办公厅关于深化农村公路管理养护体制改革的意见》（国办发〔2019〕45号）精神，进一步管好、护好农村公路，加快建立完善农村公路管理养护长效机制，结合我省实际，制定本实施方案。

一、指导思想

以习近平新时代中国特色社会主义思想为指导，认真贯彻落实习近平总书记关于“四好农村路”的重要指示精神和党中央、国务院的决策部署，践行以人民为中心的发展理念，以质量为本、安全至上、自然和谐、绿色发展为原则，聚焦突出问题，完善政策机制，深化农村公路管理养护体制改革，加快形成党委领导、政府主导、行业指导、部门配合、上下联动、群众参与的工作格局，推动“四好农村路”高质量发展，为广大农民群众致富奔小康、加快实施乡村振兴战略和服务农业农村现代化提供坚实的交通运输保障。

二、工作目标

到2022年，基本建立权责清晰、保障有力、齐抓共管的农村公路管理养护体制机制，形成财政投入职责明确、社会力量积极参与的格局。农村公路“路长制”全面推行，农村公路治理能力明显提高，治理体系初步形成。农村公路通行条件和路域环境明显改善，交通保障能力明显增强。农村公路列养率达到100%，安防工程实施率、现有危桥处治率100%，年均养护工程比例不低于5%，中等及以上农村公路占比不低于75%。

到2035年，全面建成体系完备、运转高效的农村公路管理养护体制机制，基本实现城乡公路交通基本公共服务均等化，农村公路品质高、路网畅、服务优、路域美，有效支撑交通强省建设。

三、主要任务

（一）完善农村公路管理养护体制

1. 加强省级统筹和政策引导。省人民政府成立“四好农村路”建设领导小组，将农村公路管理养护工作纳入对市州、县市人民政府年度目标考核。省交通运输厅负责指导、监督全省农村公路管理养护工作，拟订有关农村公路政策，提出农村公路发展指导意见，加强政策引导和业务指导。省财政厅负责落实农村公路养护省级补助资金，省直其他相关部门积极支持配合，引导和促进农村公路事业发展。

2. 强化市级政策支持和监督指导。市州人民政府负责指导本辖区内各县（市、区）人民政府的农村公路管理养护工作，制定完善市级农村公路管理养护资金补助政策，明确市级相关部门农村公路管理养护权力和责任清单，督促县级人民政府履行主体责任，将农村公路管理养护工作纳入对县级人民政府年度绩效考核，切实发挥好承上启下作用。

3. 落实县级主体责任。县级人民政府是本辖区农村公路管理养护工作的责任主体，按照“县道县管、乡村道乡村管”的原则，建立健全农村公路管理养护责任制，明确县级相关部门、乡级人民政府、村民委员会的农村公路管理养护权力和责任清单，实行农村公路工作目标责任制和绩效管理。按照“有路必养、养必到位”的要求，将农村公路养护资金、管理机构运行经费和人员支出纳入一般公共财政预算，加大履职能力建设和管理养护投入力度。

4. 发挥乡村两级作用。乡级政府在县级政府确定的职责范围内，具体负责本行政区域内乡道、村道的管理养护工作。要确定专职工作人员，指导并监督村民委员会组织好村道管理养护工作。村民委员会要按照“农民自愿、民主决策”的原则，采取一事一议、以工代赈等办法组织村道的管理养护工作。要加强宣传引导，将爱路护路要求纳入乡规民约、村规民约。

5. 发动群众积极参与。鼓励农村集体经济组织和社会力量自主筹资筹劳参与农村公路管理养护工作，可通过将农村公路管理养护纳入公益岗位等方式，为贫困劳动力提供就业机会；鼓励采用以奖代补等方式，推广将日常养护与应急抢通捆绑实施并交由农民承包；推行养护公示制度，组织实施满意度调查，充分保障农民群众的参与权、知情权和监督权。

（二）强化农村公路管理养护资金保障

1. 落实养护工程资金补助政策。继续执行省政府对农村公路养护工程的补助政策，省级补助资金占全省成品油税费改革新增收入替代原公路养路费部分（包括成品油税费改革转移支付的“替代性返还＋增长型补助”，以下简称“替代养路费部分”）的比例不得低于15％，且不得用于公路新建。各市州政府可根据本地实际，安排一定的养护工程资金用于奖补。各县市政府要做好资金统筹，兜底保障本辖区养护工程资金。各地要有计划地安排养护工程，逐步改善农村公路路况。2022年起，“替代养路费部分”不再列支管理机构运行经费和人员等其他支出。

2. 落实日常养护资金补助政策。农村公路养护属于县级财政事权，资金原则上由县级人民政府通过自有财力安排，对县级人民政府落实支出责任存在的收支缺口，省、市级人民政府可根据不同时期的发展目标给予一定的资金支持。从2021年起，省、市、县三级公共财政资金用于农村公路日常养护的总额不得低于以下标准：县道每年每公里10000元、乡道每年每公里5000元、村道每年每公里3000元。建立与农村公路养护里程、养护成本变化等因素相关联的养护资金动态调整机制，原则上每五年调整一次。

3. 加强养护资金使用监管。对各级公共财政用于农村公路养护的资金实施全过程预算绩效管理，确保及时足额拨付和使用到位。各级财政和交通运输主管部门要加强农村公路管理养护资金的监管，省财政厅、省交通运输厅要建立农村公路养护资金使用和考核机制，并将考核结果与资金的拨付挂钩。严禁农村公路建设采用施工方带资的建设—移交（BT）模式，严禁地方以“建养一体化”名义新增隐性债务，公共资金使用情况要按有关规定对社会公开，接受群众监督。村务监督委员会要将村道养护资金使用和养护质量等情况纳入监督范围。审计机关依法依规对农村公路管理养护相关政策落实及资金使用情况进行审计监督。

4. 创新农村公路发展投融资机制。地方各级人民政府要发挥政府资金的引导作用，采取资金补助、先养后补、以奖代补、无偿提供料场、出让公路冠名权、广告权和相关资源开发权等多种方式支持农村公路养护。将农村公路发展纳入地方政府一般债券重点支持范围。按规定用好均衡性转移支付、税收返还等相关政策，积极探索将农村公路相关附属设施等有收益的项目与农村公路养护打包运行，创新资金筹措方式，积极引导社会资本参与农村公路养护。鼓励地方人民政府将农村公路建设和一定时期的养护进行捆绑招标，将农村公路与产业、园区、乡村旅游等经营性项目实行一体化开发，运营收益用于农村公路养护。鼓励保险资金通过购买地方政府一般债券方式合法合规参与农村公路发展，探索开展农村公路灾毁保险。

（三）建立农村公路管理养护长效机制

1. 全面推行农村公路“路长制”。落实县、乡、村三级“路长制”。县级人民政府主要负责同志为县域农村公路总路长，乡级人民政府和村民委员会主要负责人分别担任乡道和村道的路长，负责所辖区域内农村公路管理养护和路域环境整治工作。县、乡政府要明确相应机构承担路长制运行的日常工作，建立责任明确、协调有序、监管有力的路长管理体系。

2. 推进养护市场化改革。将人民群众满意度和受益程度、养护质量和资金使用效率作为衡量标准，分类有序推进农村公路养护市场化改革，逐步建立专群结合的养护运行机制和政府与市场合理分工的养护生产组织模式。大中修等专业性工程逐步通过市场化运作交由专业队伍承担，择优选定养护作业单位；日常养护、绿化等非专业项目，鼓励通过分段承包、定额包干等模式，吸收沿线群众参与。鼓励通过政府购买服务将农村公路日常养护交由第三方公司承担，引导符合市场属性的事业单位转制为现代企业，鼓励将干线公路建设养护与农村公路捆绑招标，支持养护企业跨区域参与市场竞争。鼓励通过签订长期养护合同、招投标约定等方式，引导专业养护企业加大投入，提高养护机械化水平。

3. 加强质量、安全和信用管理。全面落实农村公路质量责任终身制，建设质量耐久、工程耐用、安全可靠的农村公路品质工程。新改建农村公路要按照有关标准设置安全、防护、排水等附属设施，并与主体工程同时设计、同时施工、同时投入使用。加强农村公路安全隐患排查，逐步完善农村公路安全防护设施。开展公路桥梁“三年消危行动”，加固改造现有农村公路危桥。县级人民政府要组织公安、应急等职能部门参与农村公路竣（交）工验收。加强农村公路养护市场监管，着力构建以质量为核心的信用评价机制，实施守信联合激励和失信联合惩戒，并将信用记录按照国家有关规定纳入全国信用信息共享平台，依法向社会公开。

4. 提升农村公路治理能力。建立多部门联合执法机制，强化协调配合，严厉打击超限超载、非法侵占破坏沿线设施等各类违法行为，完善县有交通运输综合执法员、乡有监管员、村有护路员的路产路权保护队伍。持续推进农村公路路宅分家、路田分家。坚持经济适用，绿色环保理念，全面开展美丽农村路建设，切实提升路域环境。坚持科技创新、智慧发展，加快建立全省统一的农村公路信息化管理平台，提高管理养护效率。坚持预防为主的方针，大力实施预防性养护，提高农村公路使用寿命。

四、保障措施

（一）强化组织领导。各级人民政府和有关部门要充分认识农村公路管理养护体制改革的重要意义，将之作为巩固脱贫攻坚成果、实施乡村振兴战略、推动农业农村现代化的一项先行工程，同步部署落实。各市、县政府要深入分析本地农村公路发展实际，因地制宜研究制定深化农村公路管理养护体制改革具体方案并组织实施。各有关部门要密切配合，按照职责完成有关任务。省交通运输厅和省财政厅要加强工作指导和督促检查，确保改革落地见效。

（二）强化政策平稳实施。省财政厅、省交通运输厅要做好成品油税费改革转移支付资金的统筹安排，研究制定农村公路养护资金管理办法，各地按照办法组织实施。各市、县政府要对燃油税列支的管理机构和人员等其他支出进行摸底，省财政厅指导做好上述机构及人员经费的支出渠道摸底工作，合理确定相关资金渠道，确保改革平稳和社会稳定。

（三）强化试点示范。各级政府要围绕路长制、创新养护生产模式、信息化管理、美丽农村路、资金保障、创新投融资机制、信用评价机制、政府考核等主题，广泛开展试点工作。省交通运输厅，省财政厅要加强跟踪指导，遴选示范带动作用强的县市开展试点工作，并在全省推广。持续开展“四好农村路”示范县、示范乡镇和美丽农村路创建活动，推动农村公路高质量发展。

（四）强化督导考核。各级人民政府要将深化农村公路管理体制改革和推动“四好农村路”高质量发展纳入对下级政府的绩效考核，纳入五级书记抓乡村振兴考核，建立健全激励约束机制，将考核结果与财政补助资金挂钩，对推动工作情况良好的，给予奖励或增量补助，对工作推进情况较差的，实行约谈、责令整改、扣减补助等政策，充分发挥激励考核“指挥棒”作用。省交通运输厅、省财政厅要定期开展督导和评估，跟踪分析改革进展情况，评估改革推进效果，及时研究解决矛盾问题，适时调整政策措施，抓好改革落实，提升改革实效。

369. 湖南省实施《中华人民共和国公路法》办法

（2002年7月31日湖南省第九届人民代表大会常务委员会第三十次会议通过）

第一条 根据《中华人民共和国公路法》（以下简称《公路法》）和有关法律、法规，结合本省实际，制定本办法。

第二条 在本省行政区域内从事公路规划、建设、养护、经营、使用和管理，必须遵守本办法。

第三条 县级以上人民政府交通行政主管部门主管本行政区域内的公路工作。

国道、省道的管理、监督工作由省、设区的市、自治州人民政府交通行政主管部门负责；县道的管理、监督工作和乡道的路政管理工作由县级人民政府交通行政主管部门负责；乡道的建设、养护工作由乡（镇）人民政府负责。

公路管理机构（含高速公路管理机构，下同）依照职责权限和本办法规定，具体负责公路的建设、养护和管理工作。

有关法规对高速公路的管理另有规定的，从其规定。

第四条 各级人民政府应当按照《公路法》的规定编制公路规划。公路规划应当纳入国民经济和社会发展计划，并与城市建设发展规划相衔接。公路建设用地规划应当符合土地利用总体规划。

县级以上人民政府应当安排一定的资金帮助和扶持少数民族地区、边远地区和贫困地区发展公路事业。

第五条 公路建设征用土地以及征地补偿、安置方案应当依照法定程序办理申报和批准手续。对依法批准的公路建设用地，县级以上人民政府应当及时核发土地使用权证书。

第六条 公路及其附属设施用地，由公路管理机构提出申请，由县级以上人民政府组织有关部门勘测登记、绘制地图、造册立档、埋设界桩。

1987年1月1日《中华人民共和国土地管理法》实施以前未办理土地征用手续的国道、省道、县道及其道班房等公路附属设施用地属国家所有，由县级以上人民政府核发土地使用权证书；改变用途从事经营活动的，可以不办理划拨土地使用权出让手续，但应经批准并依法缴纳土地收益。

第七条 公路建设项目的设计和施工，应当符合依法保护环境、保护文物古迹和防止水土流失的要求。

经批准的公路建设工程施工图设计公告后，任何单位和个人不得在公路征地红线内及建筑控制区新建、改建、扩建建筑物或者构筑物。公路管理机构应当加强对设计的公路征地红线内及建筑控制区的管理。

第八条 公路建设项目应当按照国家有关规定实行法人负责制度、招标投标制度和工程监理制度。

承担公路建设项目的有关单位应当按照国家规定建立健全质量保证体系，落实岗位责任制度，确保工程质量。

县级以上人民政府交通行政主管部门应当依法加强公路建设项目质量的监督管理。公路建设项目应当按照国家有关规定进行验收，未经验收或者验收不合格的，不得交付使用。建成的公路，应当按照国务院交通主管部门的规定设置明显的标志、标线。

第九条 从事公路建设项目的勘察、设计、施工、监理单位，必须依法取得相应的资格，并严格按照行业技术标准和操作规程作业。

第十条 县级以上人民政府交通行政主管部门应当会同财政、审计部门对公路建设工程概算、预算、决算进行监督。任何单位和个人不得擅自提高工程造价或者以降低工程质量来降低工程造价。

第十一条 公路管理机构应当编制公路养护计划，做好除经营性收费公路以外的国道、省道和县道的养护工作，并对经营性收费公路的养护予以指导和监督检查。

公路管理机构应当对乡道的养护予以必要的扶持。

第十二条 乡道的养护工作应当有专职或者兼职人员负责。

经营性收费公路的养护工作由该收费公路的经营者负责。

专用公路的养护和日常管理工作由专用公路建设单位负责。鼓励专用公路用于社会公共运输。

防洪堤兼作公路的，防洪堤所在地的县级以上人民政府应当组织有关部门制定防洪堤和公路保护、养护的具体办法。

第十三条 经过设区的市、自治州人民政府所在地城市市区的公路路段，由交通行政主管部门和建设行政主管部门按照管理权限报人民政府批准改划为城市道路；经过县级人民政府所在地城市市区的公路路段是否改划为城市道路，由交通行政主管部门与建设行政主管部门商定后按照管理权限报人民政府批准。

前款规定的城市市区的公路路段改划为城市道路的，由当地人民政府建设行政主管部门负责养护和管理；未改划为城市道路的，仍由公路管理机构负责养护和管理。

第十四条 改建公路和公路养护施工作业，施工单位应当按照规定设置明显的施工标志和安全标志，采取相应的安全措施，保障公路畅通；影响公路畅通的，应当尽量避开交通高峰时段。进行公路大修或者改造、改建施工不能通行的，施工单位应当事先在绕行路口予以公告。

通过公路施工路段的车辆和行人应当遵守施工现场秩序，服从现场管理人员指挥，不得损坏施工现场及其设施。禁止非施工车辆和人员擅自进入施工现场。

第十五条 因自然灾害致使公路及其桥梁毁损、影响公路畅通的，公路管理机构应当在毁损的公路及其桥梁两端设置明显的标志，必要时应当在新闻媒体上予以公告；对毁损的公路及其桥梁，公路管理机构应当及时组织抢修，尽快恢复通行。

第十六条 禁止下列损坏公路、危害公路安全或者影响公路畅通的行为：

（一）在公路桥梁孔内堆放易燃易爆物品、进行明火作业、搭建设施；

（二）将公路作为检验机动车制动性能的试车场地；

（三）未经批准在公路用地范围内挖砂、采石、取土；

（四）在公路上或者公路用地范围内焚烧废弃物、抛洒或堆放物品、倾倒渣土垃圾或者设置其他障碍；

（五）在公路上洗车、设点修车、打场晒粮、圈养牲畜；

（六）在公路上或者公路用地范围内开沟引水，利用公路边沟排放污物，堵塞公路排水沟渠，填埋公路边沟；

（七）损坏公路、危害公路安全或者影响公路畅通的其他行为。

有前款行为的，由公路管理机构依照《公路法》的有关规定处理。

第十七条 公路两侧边沟（截水沟、坡脚护坡道，下同）外缘起的下列范围以内为公路建筑控制区：

（一）国道不少于 20 米；

（二）省道不少于 15 米；

（三）县道不少于 10 米；

（四）乡道不少于 5 米；

（五）高速公路（含匝道）不少于 30 米，高速公路的连接道不少于 20 米。

在公路建筑控制区内，除公路防护、养护需要以外，不得新建、改建、扩建建筑物或者构筑物。

第十八条 规划和新建城镇、开发区以及医院、学校、集贸市场，其边缘与国道、省道边沟外缘的距离不得少于 50 米，与县道、乡道边沟外缘的距离不得少于 20 米，并避免在公路两侧对应进行。

在公路上不得占道经营、以路为市。对占道经营、以路为市的，由公路管理机构提请当地县级人民政府予以取缔。

第十九条 进行下列作业，必须事先经公路管理机构同意；影响交通安全的，应当依据法律、行政法规的规定征得有关公安机关的同意：

（一）占用、挖掘公路；

（二）利用公路及公路附属设施进行牵拉等施工作业；

（三）在公路建筑控制区或者公路用地范围内架设、埋设管线或者电缆等设施；

（四）跨越、穿越公路修建桥梁、渡槽；

（五）在公路、公路用地范围内及公路附属设施上设置广告、标牌等非公路标志；

（六）除农业机械因当地田间作业需要在公路上短距离行驶外，履带车、铁轮车和其他可能损害公路路面的机具确需在公路上行驶；

（七）更新砍伐公路护路林木；

（八）在公路上设置交叉道口。

第二十条 超过公路及其桥梁、隧道或者汽车渡船的限高、限长、限宽、限载标准的车辆，不得在有限定标准的公路及其桥梁上或者隧道内行驶，不得使用汽车渡船。运载不可解体的物品等超过限定标准的车辆确需在公路及其桥梁上行驶的，承运人应当在运输前，按照下列规定经公路管理机构批准；影响交通安全的，还须经同级公安机关批准：

（一）跨省运输的，由省公路管理机构审批，必要时报国务院交通行政主管部门审批；

（二）跨设区的市、自治州运输的，由省公路管理机构审批；

（三）在设区的市、自治州内运输的，由市（州）公路管理机构审批。

超限运输经批准后，承运人应当在行驶前按照要求采取有效防护措施；不能采取有效防护措施的，由公路管理机构帮助其采取有效防护措施，所需费用由承运人承担。

第二十一条 公路管理机构应当在公路及其桥梁、隧道、渡口设置限高、限长、限宽、限载标志，并可以根据需要在公路上设置运输车辆轴载质量及车货总质量的检测装置，对超限运输车辆进行检测。

第二十二条 严格按照国家规定设立车辆通行收费站。设立车辆通行收费站应当遵循统筹规划、合理布局、方便群众的原则，并须经省人民政府批准。

经批准设立的车辆通行收费站，应当由批准机关规定收费年限；需延长收费年限的，应当报原批准机关批准。任何单位和个人不得擅自延长车辆通行收费站收费年限。

车辆通行费收费标准的制订和调整，由省人民政府交通行政主管部门会同价格主管部门、财政部门进行成本核算，并采取听证等形式征求社会各方面的意见。

第二十三条 车辆通行收费站应当在站区醒目处公布收费批准机关、主管部门、收费单位、收费标准、收费年限、收费用途、监督电话和监督信箱，并依法接受监督。

省人民政府交通、价格、财政部门应当按照管理权限加强对车辆通行收费站收费行为的监督管理。

第二十四条 车辆通行收费站收费道口的设置应当满足车辆通行流量的需要，便于车辆通行。车辆通行收费站应当开足收费道口，保障公路畅通。

第二十五条 还贷性收费公路的收费应当使用省人民政府财政部门印（监）制的收费票据；经营性收费公路的收费应当使用省地方税务部门印（监）制的税务发票。车辆通行收费站不使用省人民政府财政或者税务部门印（监）制的票据的，驾驶员有权拒绝缴费，并可以向有关主管部门举报。

第二十六条 还贷性收费公路收取的车辆通行费应当专户储存，及时全额上解到省财政专户，实行收支两条线管理，保证用于还贷，并接受审计部门的监督。

经营性收费公路收取的车辆通行费应当按照国家和省的有关规定以及企业章程、合同的约定使用和管理。

第二十七条 经营性收费公路，包括受让收费权公路的路政管理职责，由公路管理机构行使，所需经费由经营性收费公路经营者按照省人民政府交通行政主管部门和财政部门的规定拨付。

第二十八条 车辆进入车辆通行收费站站区，驾驶员应当主动缴纳车辆通行费或者接受查验。

禁止强行通过或者故意堵塞车辆通行收费站车道；禁止在车辆通行收费站站区上下旅客或者装卸货物。

第二十九条 公路管理机构应当坚持日常路政巡查，保护公路和公路设施完好，保障公路安全、畅通。

第三十条 在高速公路上阻碍交通的滞留车辆、抛洒物或者公路设施、路面构造物毁损等障碍，高速公路管理机构应当组织清除，保障高速公路运行安全和畅通。发生交通安全事故的，由公安交通管理部门按照国家法律、行政法规的规定处理。

第三十一条 公路监督检查人员执行公务时，应当佩戴标志，出示行政执法证件，文明执法。

公路监督检查专用车辆应当设置统一的标志和示警灯。

第三十二条 违反本办法第七条第二款、第十七条和第十九条第（三）项规定，新建、改建、扩建建筑物或者构筑物，擅自架设、埋设管线或者电缆等设施的，依照《公路法》第八十一条的规定处理。

违法批准建设的，其批准文件无效；给当事人造成损失的，由批准机关依法承担责任。

第三十三条 违反本办法第二十条规定，在公路上擅自超限运输的，由公路管理机构责令承运人停止违法行为，并依照《公路法》第七十六条的规定处理。

对公路造成损害的，还应当按照公路赔偿标准予以赔偿。

第三十四条 除《公路法》第七十四条、第七十五条的规定外，《公路法》和本办法规定的行政处罚和行政强制措施，由公路管理机构行使。

第三十五条 违反本办法规定，对公路及附属设施造成损害的，应当依法承担民事责任。对公路及附属设施造成较大损害的车辆的当事人，必须立即停车，接受公路管理机构的调查、处理后方得驶离；不能当场处理的，公路管理机构有权责令其停驶，并下达由省人民政府交通行政主管部门统一印制的《责令停驶通知书》，就近指定安全地点停放，当事人应当在30日内到指定的地点接受处理，公路管理机构应当及时处理，并在处理完毕后立即放行车辆；当事人逾期不接受处理的，公路管理机构可以依法予以处理。在依法处理之前车辆由公路管理机构负责妥善管理，人为造成损坏的，公路管理机构应当依法赔偿。

公安交通管理部门应当协助公路管理机构处理损害公路及附属设施的行为。

第三十六条 违反本办法规定，拒缴、逃缴车辆通行费的，由公路管理机构责令补缴车辆通行费，并处应缴车辆通行费五至十倍的罚款；对故意堵塞车道妨碍车辆正常通行的，公路管理机构可以将车辆强制停放至指定地点依法进行处理。

第三十七条 交通行政主管部门、公路管理机构的工作人员玩忽职守、徇私舞弊、滥用职权或者挪用、侵占公路建设和养护资金、车辆通行费，尚不构成犯罪的，依法给予行政处分。

第三十八条 本办法自2002年10月1日起施行。

370. 湖南省高速公路条例

（2020 年 9 月 25 日湖南省第十三届人民代表大会常务委员会第二十次会议修改）

第一章　总　　则

第一条　为加强高速公路建设和管理，保障高速公路的建设质量、高效运营和安全畅通，根据《中华人民共和国公路法》和其他有关法律、行政法规，结合本省实际，制定本条例。

第二条　在本省行政区域内从事高速公路的规划、建设、养护、使用、经营和管理，适用本条例。

第三条　省人民政府交通运输主管部门主管全省高速公路工作。

省人民政府公安、自然资源、财政、税务、发展和改革、审计、国资、应急管理等主管部门和其他有关部门以及高速公路沿线各级人民政府依照各自职责，做好高速公路的相关工作。

第四条　任何单位和个人都有爱护高速公路及高速公路附属设施的义务，不得破坏、损坏或者非法占用高速公路、高速公路用地及高速公路附属设施，不得在高速公路上非法设卡、收费、罚款和拦截、检查车辆。

第五条　高速公路管理机构、公安机关高速公路交通管理机构和高速公路沿线所在地县级以上人民政府应当制定高速公路突发事件应急预案。高速公路经营管理者应当根据相关的应急预案，组建应急队伍，并定期组织应急演练。

第二章　规划与建设

第六条　高速公路规划与建设应当遵守相关法律法规，节约用地，保护耕地、文物古迹和生态环境。

第七条　本省高速公路规划应当根据国家高速公路网规划以及本省国民经济和社会发展的需要科学编制，符合土地利用总体规划和城乡规划，并与其他方式的交通运输发展规划相协调。

本省高速公路规划由省人民政府交通运输主管部门会同有关部门并商高速公路沿线设区的市、自治州人民政府编制，经省人民政府批准后报国务院交通运输主管部门备案，并向社会公布。高速公路规划的修改，应当按照编制程序报批。

第八条　编制高速公路建设计划、确定高速公路建设项目应当以高速公路规划为依据。

第九条　高速公路建设应当遵循基本建设程序，执行国家规定的工程设计、施工和监理规范以及技术标准，保证合理设计施工周期，确保工程质量。本省高速公路初步设计应当经省人民政府交通运输主管部门审查批准后实施。

高速公路建设项目应当按照国家有关规定实行招标投标制度、项目法人负责制度、工程监理制度。

第十条　高速公路建设可以采取政府投资、社会投资等方式筹集资金。

鼓励、引导国内外经济组织按照特许经营的方式，依法投资建设高速公路。投资者的合法权益受法律保护。

高速公路特许经营项目应当依法采取招标投标方式选定投资经营者；需要转让高速公路特许经营权的，应当经省人民政府批准。

第十一条 高速公路服务区应当按照国家有关标准统筹规划、合理布局和建设。

高速公路服务区应当建设下列基本设施：

（一）短暂休息区、停车场、饮用水供应点、厕所等公共设施；

（二）加油、购物、住宿、饮食、汽车维修等设施；

（三）绿化、水土保持、夜间照明、给排水、污水处理、备用电源等设施。

第十二条 高速公路通信、监控、收费系统和超限运输检测、交通量观测、路政管理、交通安全管理等设施应当与高速公路建设项目同步设计、同步建设、同步验收使用。

本条例实施前已通车的高速公路未建设前款规定的系统和设施的，由高速公路经营管理者负责补建。

高速公路通过居民聚居区的，应当按照国家相关规定设置隔音设施。

第十三条 高速公路沿线县级以上人民政府及其有关主管部门应当按照各自职责，依法做好高速公路建设征地补偿安置和协调工作。

高速公路征地补偿安置费用支付标准和方式依照法律法规和省人民政府的规定执行。任何部门和单位不得截留、挪用征地补偿安置费用。

第十四条 高速公路建设需要临时用地的，应当依照土地管理法律法规的规定进行审批；能够利用其他土地的，不得占用耕地；临时用地期限届满，应当恢复原状。

第十五条 高速公路建设应当避免损坏其他公路和设施；确实无法避免的，高速公路建设单位应当按照不低于该公路和设施原有的技术标准予以修复，或者给予相应的经济补偿。

第十六条 省人民政府交通运输主管部门及其高速公路管理机构应当加强对高速公路项目建设工程质量的监督检查，督促高速公路建设单位及时采取措施处理建设过程中的工程质量问题。

第十七条 高速公路建设项目未按照国家有关规定进行交工验收或者交工验收不合格的，不得交付使用。

高速公路项目竣工验收后，高速公路建设单位应当依照档案管理法律法规和国务院交通运输主管部门的规定，向档案馆和高速公路管理机构移交建设项目档案资料。

第三章　养　　护

第十八条 高速公路的养护由高速公路经营管理者组织实施。高速公路经营管理者应当按照国务院交通运输主管部门规定的技术规范和操作规程编制高速公路中长期养护计划和年度养护计划，报省人民政府交通运输主管部门备案。

高速公路经营管理者应当科学调度、统筹安排，确定合理的施工时间和工期，减少对车辆运行的影响，保证高速公路及其附属设施处于良好的技术状态。

第十九条 从事高速公路养护的单位应当具有相应的资质。

高速公路养护单位进行养护时，应当遵守下列规定：

（一）按照国家规定合理设置施工区域，在养护施工现场设置施工标志及安全防护设施；

（二）公路养护作业需要占用半幅公路进行作业、作业路段长度超过两公里且作业期限超过三十日的，应当通过媒体和沿线可变信息板等设施予以公告；

（三）配合公安机关高速公路交通管理机构采取限速通行、变更车道等交通安全管理措施；

（四）及时清理并按照有关规定处理养护废弃物；

（五）作业人员穿着统一的安全标志服，作业车辆喷涂明显的标志图案，作业时开启示警灯；

（六）法律法规对高速公路养护的其他规定。

第二十条 高速公路养护作业时，过往车辆应当按照设置的导向标志减速行驶，注意避让作业车辆、设备和人员。

第二十一条 因突发事件致使高速公路损坏的，高速公路经营管理者应当及时修复；损坏严重难以及时修复的，应当向省高速公路管理机构和省公安机关高速公路交通管理机构以及所在地县级以上人民政府报告，并及时向社会公告。

第四章　经营与服务

第二十二条　省高速公路管理机构应当制定全省高速公路经营与服务的整体规划和管理规范，加强对高速公路经营与服务活动的监督管理。

第二十三条　高速公路经营管理者应当健全制度，加强管理，提高公共服务和运营管理水平，保障服务设施完好，公开服务项目、收费标准、监督电话等事项，接受社会监督。

第二十四条　高速公路收费期限由省人民政府按照国家相关规定审查批准。高速公路收费标准应当由收费单位提出方案，报省人民政府交通运输主管部门会同同级发展和改革等主管部门审查批准。车辆通行费的收费标准，应当依照价格法律、行政法规的规定进行听证。

高速公路经营管理者应当按照省人民政府批准的收费标准和收费期限收费，并在收费站显著位置公布收费站名称、审批机关、收费标准、收费单位、收费起止年限等内容。

高速公路通行费稽查由高速公路管理机构负责。

第二十五条　收费站收费车道的设置应当与车辆流量相适应。

收费站应当根据车辆流量等实际情况开启足够的收费车道或者采取其他措施，保证收费车道畅通。

因未开启足够收费车道导致高速公路堵塞的，驾驶人可以向高速公路管理机构投诉；高速公路管理机构应当及时督促收费站开启收费车道，并追究有关人员的责任。

第二十六条　高速公路应当实行联网收费，统一结算和管理。

省高速公路管理机构应当定期向高速公路经营管理者公布收费结算信息。高速公路经营管理者有权查询本单位的收费结算信息。

第二十七条　高速公路经营管理者应当依法收费，出具经省人民政府财政或者税务主管部门统一印（监）制的有效收费票据，不得有下列行为：

（一）擅自扩大车辆通行费收费范围或者提高收费标准；

（二）在车辆通行费外加收或者代收其他费用；

（三）擅自减免车辆通行费。

第二十八条　机动车通过高速公路收费站时，驾驶员应当主动交纳车辆通行费；符合国家和省人民政府规定的减免条件的，驾驶员应当主动出示相关证件，交付查验。

禁止车辆强行通过或者故意堵塞收费车道。

第二十九条　高速公路服务区经营者应当守法经营，诚实守信，文明服务，公开服务内容、标准、价格，不得欺诈他人，不得强制他人接受有偿服务。

第三十条　高速公路服务区机动车维修经营者应当按照国家有关技术规范对机动车进行维修，保证维修质量，并在实施维修前向车主明示维修收费标准。

第三十一条　高速公路管理机构和高速公路服务区所在地县级以上人民政府发展和改革、市场监督管理、生态环境、卫生健康等主管部门应当加强对高速公路服务区经营活动的监督检查。

第三十二条　对高速公路通信管网、广告资源应当实行统筹规划、合理开发利用，具体办法由省人民政府另行制定。

第三十三条　高速公路经营管理者应当在特许经营期限届满之日，将所经营的高速公路及其附属设施无偿移交给省人民政府交通运输主管部门；省人民政府交通运输主管部门应当按照国家规定做好相关移交验收工作，并确定养护和管理单位。

第五章　路政管理与交通安全管理

第三十四条　高速公路经营管理者应当按照有关规定组织交通流量、运输量和路况质量调查统计，如实向省高速公路管理机构报送统计数据。

第三十五条　高速公路沿线县级以上人民政府应当根据保障高速公路运行安全和节约用地的原则以及高速公路规划，组织交通运输、自然资源等主管部门划定高速公路建筑控制区的范围。

高速公路建筑控制区的范围从高速公路用地外缘起向外的距离标准不少于三十米。

在高速公路建筑控制区域内，除公路养护、防护需要以外，不得新建、扩建建筑物或者构筑物。

第三十六条　在高速公路、高速公路用地范围以及建筑控制区从事下列活动，应当报省高速公路管理机构批准；影响交通安全的，还应当报省公安机关高速公路交通管理机构同意；涉及经营性高速公路的，应当征求高速公路经营管理者的意见：

（一）占用、挖掘高速公路；

（二）跨越、穿越高速公路修建桥梁、渡槽或者架设、埋设管线等设施；

（三）在高速公路建筑控制区或者用地范围内架设、埋设管线等设施；

（四）超限运输车和其他可能损害高速公路路面的机具在高速公路上行驶；

（五）设置非公路标志及非交通工程设施；

（六）在高速公路上增设、改建平面交接道口；

（七）更新砍伐公路用地范围内的护路树木；

（八）法律法规规定的其他事项。

第三十七条　禁止下列损坏、污染高速公路，危及高速公路安全，影响高速公路畅通的行为：

（一）在高速公路路面、高速公路用地范围内设点洗车、焚烧、堆放物品、倾倒垃圾、设置障碍、挖沟引水，在高速公路路面及边沟排放废水；

（二）在高速公路大中型桥梁周围二百米、隧道上方和洞口外一百米范围内，以及在高速公路两侧一百米范围内挖砂、采石（矿）、倾倒废弃物；

（三）在高速公路桥孔、涵洞内堆放易燃易爆物品，进行明火作业，搭建设施；

（四）进行危及高速公路安全的爆破作业；

（五）损坏或者擅自移动、涂改高速公路附属设施；

（六）向车外抛撒物品；

（七）车辆洒漏物品或者其装载物触地拖曳；

（八）运输危险物品车辆驶入禁止通行区域；

（九）法律法规禁止的其他行为。

第三十八条　行人、非机动车、拖拉机、轮式专用机械车、铰接式客车、全挂拖斗车以及其他设计最高时速低于七十公里的机动车，不得进入高速公路。

禁止在高速公路上上下乘客、装卸货物。

第三十九条　车辆在高速公路上正常行驶时，最高时速小型客车不得高于一百二十公里，大型客车、货运汽车不得高于一百公里；最低时速不得低于六十公里，但遇有限速交通标志或者路面限速标记时，不得超过或者低于标志、标记标明的速度行驶；限速标志、标记和测速监控设施应当按照国家有关规定合理设置。

第四十条　高速公路隧道应当具有排水、通风、照明、监控、报警、消防、救助等设施，高速公路经营管理者应当保持设施处于完好状态。

第四十一条　载运易燃、易爆、剧毒、放射性等危险物品的车辆，应当避免通过特长高速公路隧道和桥梁；确需通过的，负责审批的机关应当通知有关单位进行监管。

第四十二条　超高、超宽、超长等超限车辆不得在高速公路上行驶；车辆载运超限的不可解体物品确需在高速公路上行驶的，运输单位或者个人应当向公安机关高速公路交通管理机构和高速公路管理机构申请公路超限运输许可后方可上路。

高速公路经营管理者应当在高速公路入口处设置车辆限载、限高、限宽、限长标志和禁行车辆的标志。高速公路经营管理者发现超限车辆的，应当予以劝阻；劝阻不成的，应当及时向高速公路管理机构或者公安机关高速公路交通管理机构报告。

第四十三条 高速公路沿车辆行驶方向最右侧车道与护栏之间部分为应急通道。

除执行指挥疏导交通、抢险救援等紧急任务的警车、消防车、救援车以及其他从事高速公路管理、养护活动的车辆和设备外，其他车辆不得在应急通道内行驶，不得在非紧急情况下停车。

第四十四条 机动车在高速公路发生交通事故的，驾驶人应当及时报警；公安机关高速公路交通管理机构接到报警后，应当立即采取措施，组织抢救受伤人员，尽快恢复交通，并及时通知高速公路管理机构进行路损理赔处理。

第四十五条 高速公路管理机构和公安机关高速公路交通管理机构应当加强高速公路日常巡查，发现危及高速公路安全、影响高速公路畅通情形的，及时采取措施，确保畅通和安全。

第四十六条 高速公路上行驶车辆的装载物掉落、遗洒或者飘散的，车辆驾驶人应当及时采取措施处理；无法处理的，应当在来车方向适当距离外设置警示标志，并及时向高速公路管理机构或者公安机关高速公路交通管理机构报告；高速公路经营管理者应当及时进行清理。

高速公路车辆救援服务按照国家有关规定执行。

第四十七条 因严重自然灾害、恶劣天气或者重特大交通事故等特殊情形影响车辆正常通行时，高速公路管理机构和公安机关高速公路交通管理机构应当及时通报路况信息，采取措施，疏导车辆；采取措施仍难以保证交通安全确需关闭高速公路的，公安机关高速公路交通管理机构应当及时通报高速公路管理机构，并向社会公告。影响车辆正常通行的情况消除后，公安机关高速公路交通管理机构应当及时开通高速公路，并向社会公告。

过往车辆在特长高速公路隧道内发生重大事故的，隧道管理者应当及时向公安机关高速公路交通管理机构报告；需要封闭隧道的，及时封闭隧道，并相应采取临时处置措施，利用高速公路沿线可变信息板等设施将信息告知过往车辆驾驶人。

第六章　法律责任

第四十八条 违反本条例第九条第一款规定，高速公路建设未执行国家规定的工程设计、施工、监理规范以及技术标准，影响工程质量的，由交通运输主管部门依照《建设工程质量管理条例》予以处罚。

第四十九条 违反本条例第十七条第一款规定，高速公路建设项目未进行交工验收或者交工验收不合格，擅自交付使用的，由交通运输主管部门责令改正，处工程合同价款百分之二以上百分之四以下罚款。

第五十条 违反本条例第十八条规定，高速公路经营管理者未按照国务院交通运输主管部门规定的技术规范和操作规程进行养护的，由省高速公路管理机构责令限期改正；拒不改正的，由省高速公路管理机构指定其他具有相应资质的单位进行养护，养护费用由原高速公路经营管理者承担。

第五十一条 违反本条例第二十八条规定，拒交、逃交车辆通行费的，高速公路经营管理者有权要求其补交应当交纳的车辆通行费；对为拒交、逃交车辆通行费而故意堵塞收费道口妨碍车辆正常通行的，高速公路管理机构可以将车辆强制停放至指定地点依法进行处理；对强行冲卡、破坏收费设施或者从事其他扰乱高速公路经营管理秩序活动，违反《中华人民共和国治安管理处罚法》的，由公安机关依法予以处罚。

第五十二条 违反本条例第三十条规定，高速公路服务区机动车维修经营者使用假冒伪劣配件维修机动车的，由道路运输管理机构责令改正，没收违法所得，处违法所得二倍以上十倍以下罚款；没有违法所得或者违法所得不足一万元的，处二万元以上五万元以下罚款。

第五十三条 违反本条例第三十九条第二款规定，在高速公路上上下乘客或者装卸货物的，由公安机关高速公路交通管理机构责令改正，处五百元以上二千元以下罚款。

第五十四条 违反本条例第四十四条第二款规定，机动车占用高速公路应急通道行驶或者在非紧急情况下停车的，由公安机关高速公路交通管理机构责令改正，处二百元罚款；造成高速公路堵塞，阻碍执行紧急任务的车辆通行的，处二百元以上五百元以下罚款。

第五十五条 违反本条例规定，有关行政主管部门及其工作人员滥用职权、玩忽职守、徇私舞弊的，依法给予处分；触犯刑法构成犯罪的，依法追究刑事责任。

第五十六条 违反本条例规定，造成高速公路或者他人损害的，应当依法承担赔偿责任。

第七章 附 则

第五十七条 本条例中下列用语的含义：

（一）高速公路附属设施是指为保护、养护高速公路和保障高速公路畅通所设置的公路防护、排水、养护、绿化、管理、通讯、收费、监控、服务等设施、设备，以及专用建筑物和构筑物等；

（二）高速公路经营管理者是指合法取得收费公路权益的经济组织，包括不以营利为目的管理政府还贷公路的法人组织；

（三）高速公路用地是指高速公路（含匝道）两侧边缘以外已经依法征收的土地。

第五十八条 本条例自 2011 年 10 月 1 日起施行。

371. 湖南省乡村公路条例

（2013年11月29日湖南省第十二届人民代表大会常务委员会第五次会议通过）

第一条 为了加强乡村公路的建设、养护和管理，根据《中华人民共和国公路法》和其他有关法律、行政法规，结合本省实际，制定本条例。

第二条 本省行政区域内乡村公路的规划、建设、养护和管理，适用本条例。

本条例所称乡村公路，包括乡道和村道及其桥梁、隧道和渡口。具体范围由省人民政府根据国家有关规定划定。

第三条 县级以上人民政府应当把乡村公路的发展纳入本行政区域国民经济和社会发展规划，将乡村公路建设、养护资金纳入本级财政预算，逐步加大对乡村公路的投入，及时协调解决乡村公路工作中的重大问题，促进乡村公路事业健康、持续发展。

县级人民政府是本行政区域内乡村公路工作的责任主体，应当对筹措乡村公路建设、养护资金，建立健全乡村公路建设、养护工作机制负主要责任。

第四条 县级以上人民政府交通运输主管部门主管本行政区域内的乡村公路工作。县级人民政府交通运输主管部门负责指导和协助乡级人民政府编制本行政区域内乡道、村道规划及年度建设、养护计划，并对规划、计划的执行情况和乡村公路的建设、养护质量进行监督检查。

县级以上人民政府发展和改革、财政、国土资源、农业、林业、水利、公安等有关部门按照各自职责，做好乡村公路的相关工作。

第五条 乡级人民政府负责编制本行政区域内乡道、村道规划及年度建设、养护计划，建立由乡级人民政府主要负责人为召集人、各村民委员会主任参加的乡村公路建设、养护协调机构，明确相应的负责人和工作人员具体组织本行政区域内乡道的建设、养护工作，并指导、督促村民委员会做好村道建设、养护工作。

第六条 村民委员会在县级人民政府交通运输主管部门和乡级人民政府的指导下，按照村民自愿、民主决策原则，组织本村村民做好村道的建设、养护工作。

第七条 乡道、村道规划由县级人民政府交通运输主管部门指导和协助乡级人民政府编制，报县级人民政府批准，并报上一级人民政府交通运输主管部门备案。编制乡道、村道规划，还应当征求当地村民委员会的意见。

乡道、村道规划应当依据国民经济和社会发展规划，符合土地利用总体规划，按照有利于群众生产生活、提高路网连通率和保护农村生态环境的要求进行编制，并与城乡规划、国道规划、省道规划、县道规划以及其他交通运输发展规划相衔接。

经批准的乡道、村道规划不得擅自变更。确需变更的，由原编制机关提出修改方案，按原批准程序办理。

第八条 乡村公路建设应当切实保护耕地、节约用地，充分利用现有道路及设施进行改建和扩建，并按照国家和省规定的技术标准和基本建设程序进行。

在乡村公路设置的公路防护、排水、交通安全和公路绿化等附属设施，应当按照相应公路技术标准设计，并与主体工程同步施工、同步验收。

第九条 乡村公路建设项目实行质量缺陷责任期和质量保证金制度。质量缺陷责任期不得少于交工验收后一年，质量保证金按照国家有关规定执行。

第十条 乡村公路养护作业应当按照国家和省规定的技术规范和操作规程实施，做到路基稳定，路面、路肩整洁，构造物完好，排水畅通，保证乡村公路正常、安全使用。

乡村公路养护作业实行专业化养护或者群众性养护等多种方式，鼓励面向社会公开招标，择优选择具备相关资质的养护作业单位。

负责乡村公路养护的单位和个人，应当加强日常巡查，发现问题及时处理，重大问题应当及时向乡级人民政府和县级人民政府交通运输主管部门报告。

乡村公路沿线的单位和个人，应当增强爱路、护路意识，维护乡村公路的路容路貌，配合做好乡村公路的日常养护工作。

第十一条 县级以上人民政府交通运输主管部门应当加强对乡村公路建设、养护的监督工作，落实安全和质量保证措施。

县级人民政府交通运输主管部门和乡级人民政府可以聘请技术人员、村民代表参与村道建设、养护的监督工作。

第十二条 乡村公路因严重自然灾害或者其他突发事件中断或者严重损坏，县级人民政府、乡级人民政府应当及时组织修复。

第十三条 县级人民政府应当每年至少组织一次乡村公路桥梁、隧道和渡口安全检查。经检查发现公路桥梁、隧道和渡口存在交通安全隐患、影响通行安全或者达不到原设计标准的，应当及时组织进行技术检测，并采取修复措施；在修复之前，应当采取限制通行或者禁止通行的措施。

第十四条 乡村公路建设、养护资金的来源：

（一）中央补助的专项资金和财政转移支付资金；

（二）县级以上地方人民政府安排的财政性资金；

（三）村民委员会通过“一事一议”等方式筹集的用于村道建设、养护的资金；

（四）企业、个人等社会捐助，或者通过拍卖、转让乡村公路冠名权、广告经营权等运作方式筹集的资金；

（五）通过其他方式筹集的资金。

村民委员会采取“一事一议”筹资筹劳方式筹集村道建设、养护资金，应当遵循村民自愿的原则，并按照有关法律法规的规定办理。

第十五条 县级以上人民政府安排的乡村公路养护资金应当按照国家和省有关规定及时足额拨付至乡级人民政府、村民委员会，并实行统一管理，专款专用。任何单位和个人不得截留、侵占和挪用。

县级以上人民政府财政、审计和交通运输主管部门应当加强对乡村公路建设、养护资金的监督，确保资金的有效使用和安全。

第十六条 县级人民政府、乡级人民政府和村民委员会应当采取多种方式，分别将乡村公路建设、养护资金年度使用情况向社会公开。

第十七条 县级人民政府应当确定乡道两侧自边沟（截水沟、坡脚护坡道）外缘起不少于一米的范围为公路用地，自公路用地外缘起乡道不少于五米的范围为建筑控制区，并向社会公告。

乡级人民政府应当根据具体情况，确定村道两侧自边沟（截水沟、坡脚护坡道）外缘起一般不少于一米的范围为公路保护用地，自公路保护用地外缘起一般不少于三米的范围为建筑控制区，并向村民公告。

第十八条 县级人民政府交通运输主管部门和公安机关交通管理部门应当根据乡村公路的具体情况设置道路交通标志。

第十九条 乡级人民政府可以根据保护乡村公路安全和车辆通行安全的需要，在乡村公路上设置限载、限高、限宽、限长通行标志。经乡村公路行驶的车辆，应当符合限载、限高、限宽、限长的通行标准；超过通行标准的，不得行驶。确需在乡道上行驶的应当经县级人民政府交通运输主管部门批准，确需在村道上行驶的应当经乡级人民政府批准，并按照要求采取有效的防护措施。

第二十条 在乡村公路上禁止下列行为：

（一）设卡、收费；

（二）擅自占用、挖掘乡村公路；

（三）摆摊设点、堆放物品、倾倒渣土垃圾、焚烧废弃物；

（四）其他损坏乡村公路、危害乡村公路安全和影响乡村公路畅通的行为。

第二十一条 村民委员会在乡级人民政府的指导下负责村道的日常管理工作，可以将村道的管理纳入村规民约，村规民约中有关村道管理的内容不得违反法律法规的规定。

第二十二条 违反本条例第十七条、第十九条、第二十条规定的，应当承担相应的法律责任。法律法规没有规定法律责任的，按照村规民约的规定进行处理。

第二十三条 任何单位和个人造成乡村公路损坏的，应当恢复原状；不能恢复原状的，应当视损坏程度予以赔偿。

第二十四条 违反本条例规定，各级人民政府和县级以上人民政府交通运输主管部门直接负责的主管人员和其他直接责任人员有下列行为之一的，给予行政处分；构成犯罪的，依法追究刑事责任：

（一）未依法履行乡村公路建设、养护和管理职责的；

（二）截留、侵占、挪用乡村公路建设、养护资金的；

（三）其他玩忽职守、徇私舞弊、滥用职权的。

第二十五条 本条例自 2014 年 1 月 1 日起施行。

372. 湖南省高速公路路政管理协作实施办法（试行）

（湘交养管规〔2020〕15 号）

第一章　总　则

第一条　为深化我省高速公路体制改革，建立健全高速公路路政管理协作机制，根据国家相关法律法规和《湖南省人民政府办公厅关于调整下放交通运输行政执法职责的通知》（湘政办函〔2019〕30 号）等有关文件精神，制定本实施办法。

第二条　本实施办法旨在按照政、事、企分开的改革方向和精简、统一、高效的总体要求，明晰高速公路路政执法与路产管理职责，建立各司其职、协调有力、密切协作、齐抓共管的高速公路路政管理协作机制，充分发挥一路多方的职能作用。

第三条　省交通运输厅及所属省公路事务中心，市州交通运输局及所属交通运输综合行政执法机构，省高速公路集团有限公司等相关高速公路经营企业应当积极履职、密切协作，保障高速公路完好、安全和畅通，确保高速公路事业持续健康稳定发展。

第四条　高速公路路政执法管理职责由市州交通运输主管部门（交通运输综合行政执法机构）承担。

第二章　职 责 划 分

第五条　省交通运输厅：

（一）宣传、贯彻执行公路管理的法律、法规、规章和相关政策、制度及技术性标准；

（二）负责指导监督全省高速公路路政执法和队伍建设，负责高速公路路政执法资格管理工作，负责高速公路路政执法重大案件查处和跨市州行政区域执法的组织协调，按程序调用市州交通运输综合行政执法力量；

（三）组织拟定全省高速公路路政管理相关政策、规章制度和技术标准并监督实施；

（四）指导与协调全省高速公路路政执法、治理货物运输车辆超限工作；

（五）负责全省高速公路涉路施工许可、超限运输车辆行驶公路审批；

（六）负责全省高速公路路况服务质量考评和高速公路服务区（含停车区）的服务质量等级评定工作；

（七）负责指导、监督全省高速公路车辆救援服务管理工作；

（八）指导、协调市州交通运输局（交通运输综合行政执法机构）和高速公路经营企业之间的路政管理协作较大争议问题的解决。

第六条　省公路事务中心：

（一）宣传、贯彻执行公路管理的法律、法规、规章和相关政策、制度及技术性标准；

（二）协助省交通运输厅组织拟定全省高速公路路政管理相关政策、规章制度和技术标准；

（三）协助省交通运输厅开展高速公路路政执法、治理货物运输车辆超限的指导与协调工作；

（四）负责高速公路重大案件和跨市州行政区域执法的组织协调、路政许可相关事务性工作，为高速公路路政管理提供技术支持和服务保障；

（五）协助省交通运输厅开展高速公路路况服务质量考评和高速公路服务区（含停车区）的服务

质量等级评定工作；

（六）协助省交通运输厅开展高速公路车辆救援服务指导、监督工作；

（七）承办省交通运输厅交办的其他工作。

第七条 市州交通运输局（交通运输综合行政执法机构）：

（一）宣传、贯彻执行涉及辖区公路管理的法律、法规、规章和相关政策、制度及技术性标准；

（二）负责辖区高速公路路政行政处罚以及与行政处罚相关的行政强制、行政检查等路政执法工作；

（三）承担经合法审批的超限运输车辆行驶辖区高速公路的监督管理工作，依法查处违法超限运输行为；

（四）管理高速公路两侧建筑控制区；

（五）指导、监督辖区高速公路经营企业实施路产理赔、车辆救援服务、服务区（停车区）运营管理、路产巡查、路产保护、高速公路两侧建筑控制区监控、高速公路养护作业现场秩序维持和路政违法案件线索移送等工作；

（六）负责处理辖区高速公路路产理赔、车辆救援服务、服务区（停车区）运营管理等工作的投诉举报；

（七）负责组织协调辖区高速公路重要路政工作任务的开展；

（八）承办省交通运输厅交办的其他工作。

第八条 高速公路经营企业：

（一）宣传、贯彻执行公路管理的法律、法规、规章和相关政策、制度及技术性标准；

（二）负责所辖高速公路路产保护及理赔，建立健全路产档案；

（三）负责所辖高速公路路产巡查、监控高速公路两侧建筑控制区、维持高速公路养护作业现场秩序等日常工作；

（四）负责所辖高速公路入口收费站对货物运输车辆称重检测和违法超限运输劝返工作；

（五）负责所辖高速公路车辆救援服务和高速公路服务区（停车区）运营管理工作；

（六）负责向市州交通运输局（交通运输综合行政执法机构）及时移送所辖高速公路路政违法案件线索；

（七）负责所辖高速公路路网运行监测及相关统计数据收集报送工作；

（八）承担所辖高速公路收费站称重检测相关数据汇总、报送及相关对接工作；

（九）协助配合市州交通运输局（交通运输综合行政执法机构）开展高速公路路政执法和货物运输车辆超限治理等相关工作；

（十）协助省交通运输厅办理所辖高速公路涉路施工许可现场勘察技术服务工作；

（十一）承办省交通运输厅交办的其他路政协作相关工作。

第九条 省高速公路集团有限公司除承担本实施办法第八条职责外，还承担以下职责：

（一）承担全省高速公路路网运行监测及相关统计数据收集、汇总报送等具体工作；

（二）承担全省高速公路收费站称重检测数据收集、汇总报送及与部、省、市治超信息平台联网的对接协调工作；

（三）根据需要承担或组织全省高速公路大件运输、应急救援物资运输护送服务以及国防交通运输服务保障工作。

第十条 市州交通运输局（交通运输综合行政执法机构）应科学合理配置高速公路路政执法力量、工作经费及相关执法设备等，确保满足辖区内高速公路路政执法工作需要，切实防范重特大安全责任事故。

第十一条 高速公路经营企业应依法组建路产管理机构，科学合理配置人员、经费及设施设备等，履行所辖高速公路路产巡查、路产理赔、车辆救援服务、服务区（停车区）运营管理等工作，协同配合市州交通运输局（交通运输综合行政执法机构）开展高速公路路政执法工作。

第十二条 高速公路路政执法队伍应于本办法发布之日起一个月内全面进驻辖区高速公路。高速公路经营企业应于2021年3月31日前完成专职路产管理队伍组建工作。原高速公路路政总队派驻其他高速公路经营企业路政队伍应与相关企业新组建路产管理队伍做好工作交接，确保工作不断档。

第十三条 高速公路经营企业应当为市州交通运输综合行政执法机构提供满足高速公路路政执法需要的办公、生活等备勤场所，并为路政执法工作提供便利。

第三章 协调机制

第十四条 市州交通运输局（交通运输综合行政执法机构）与辖区高速公路经营企业应当建立高速公路路政管理协作联席会议制度（以下简称联席会议）。联席会议由市州交通运输局分管负责人担任召集人，联席会议办公室设在市州交通运输综合行政执法机构，负责辖区高速公路路政管理协作的日常工作。联席会议根据需要可邀请公安交警等部门负责人参加。

联席会议主要研究部署高速公路路政管理重点工作、重要任务，解决路政管理中的重大难题、重大案件，指导、督促、总结辖区高速公路路政管理协作工作的开展。

联席会议原则上每半年召开一次，遇重大、紧急情况或上级部署开展联合执法及专项整治行动等情况，可决定召开临时会议，由联席会议办公室负责召集相关单位参加。

辖区高速公路经营企业有涉及路政管理协作问题需联席会议协调的，可提请市州交通运输局组织召开联席会议。

第十五条 市州交通运输综合行政执法机构与辖区高速公路经营企业应当建立辖区高速公路路政管理协作工作例会制度，每季度召开一次，由联席会议办公室负责召集相关单位。

工作例会内容主要包括：

（一）研究高速公路保通保畅协作工作；

（二）通报整体工作情况，包括移交案件数量、立案数、不予立案数、案件办结数、案件反馈数等情况；

（三）总结业务协作情况，研究和协调新问题；

（四）研究重大、疑难案件的处理措施；

（五）督办未能及时处理的案件和事项；

（六）部署联合行动相关工作；

（七）组织相关的执法经验交流和其他活动。

第十六条 市州交通运输局（交通运输综合行政执法机构）和辖区高速公路经营企业应分别指定专人担任路政管理协作工作联系人，具体负责路政管理协作的联络、协调工作。联系人如有调整，应及时做好工作交接，并通报联席会议成员单位。

联席会议和工作例会议定事项应当形成会议纪要，印发参会单位贯彻执行。

第四章 日常监管协作

第十七条 市州交通运输局（交通运输综合行政执法机构）和高速公路经营企业应按照各自职能，发挥各自优势条件，密切协作，制定科学合理的公路巡查计划，切实加强对公路、公路用地、公路附属设施及公路建筑控制区等的监督检查和公路巡查。

第十八条 市州交通运输局（交通运输综合行政执法机构）和高速公路经营企业应当建立路政和路产管理业务协作联合检查制度，促进业务协作的有效运转。

联席会议办公室拟定联合检查实施方案，报联席会议议定，并由交通运输综合行政执法机构具体负责组织实施。

联合检查时间结合年度工作计划和上级工作部署情况确定。

第十九条 市州交通运输局（交通运输综合行政执法机构）和高速公路经营企业要积极协助配合高速交警处理高速公路交通事故和故障车辆。涉及车辆救援的，由高速公路经营企业按照有关规定安排车辆施救；涉及破坏、损坏公路的赔（补）偿事宜的，由高速公路经营企业按照相关标准核定赔（补）偿费用并追偿，市州交通运输局（交通运输综合行政执法机构）予以指导协助，并进行监督。

第二十条 高速公路经营企业发现公路存在损毁、影响交通安全的障碍物等情况，应当及时设置警示标志，及时处置，保障公路安全畅通；发现涉嫌违法的线索，移送市州交通运输局（交通运输综合行政执法机构）依法作出处罚，高速公路经营企业予以配合。

第二十一条 市州交通运输局（交通运输综合行政执法机构）在监督检查中发现公路养护作业单位未按照国、省相关标准和规范进行公路养护作业现场管理的，在依法查处的同时，应及时抄告高速公路经营企业进行后续处理。

第二十二条 市州交通运输局（交通运输综合行政执法机构）、高速公路经营企业要加强对服务区（停车区）的监督和管理，努力提高服务区服务水平，加强节假日和车流高峰期的秩序维护和卫生保洁，避免造成主线拥堵。对不服从监督和管理的服务区（停车区），市州交通运输局（交通运输综合行政执法机构）应采取相应措施处理，高速公路经营企业应积极配合。

第二十三条 高速公路经营企业应当在所辖高速公路入口按照规定设置监控和称重检测设备，对货运车辆进行检测，对违法超限运输车辆驶进行劝阻，并及时将违法超限运输车辆信息抄告市州交通运输局（交通运输综合行政执法机构）和公安机关交通管理部门依法处理。

第二十四条 市州交通运输局（交通运输综合行政执法机构）开展路政执法，整治辖区高速公路建筑控制区内违法建筑物、地面构筑物、其他设施和高速公路用地范围内未经许可设置的非公路标志及违法超限运输等重难点突出问题时，应积极争取市州人民政府支持，会同相关职能部门及高速公路经营企业开展联合专项整治行动。

第五章 案件协作

第二十五条 市州交通运输局（交通运输综合行政执法机构）应当加强路政巡查，制作巡查记录，认真查处各种侵占和损坏高速公路路产、违法超限运输及其他违反公路管理法律法规和规章的违法行为。对公路巡查过程中发现存在安全隐患、情况紧急的违法案件，应当采取必要措施防止安全隐患扩大，并立即向相关单位通报情况。涉及高速公路经营企业的，高速公路经营企业应当及时派员赶赴现场共同处理。

第二十六条 高速公路经营企业应当积极开展路产巡查，制作巡查记录，对巡查中发现的高速公路两侧建筑控制区内违法建筑物或构筑物，以及破坏、损坏或者非法占用路产和影响公路安全的路政违法行为，应当及时予以劝阻和制止，并及时向市州交通运输局（交通运输综合行政执法机构）移送相关违法行为线索，配合路政执法人员开展执法工作。

第二十七条 市州交通运输局（交通运输综合行政执法机构）对高速公路经营企业移送的高速公路违法行为线索，应立即接受，自接受之日起 7 个工作日内决定是否立案。经审查后决定不予立案的，应在决定之日起 3 个工作日内进行反馈，并注明理由。

在公路巡查或案件办理过程中发现重大疑难案件和跨市州案件需省厅协调的，应当及时报告省交通运输厅。

第二十八条 符合以下情形的，市州交通运输局（交通运输综合行政执法机构）可以不予立案：

（一）本机关没有管辖权的；

（二）违法行为被发现时超过行政处罚时效的；

（三）违反“一事不再罚”原则的；

（四）违法事实不存在的；

（五）违法行为轻微并及时纠正、没有造成危害后果，依法可以不予行政处罚的；

（六）没有法律依据或者其他不满足行政处罚和行政强制条件的；

（七）其他可以不予处罚的情形。

第二十九条 市州交通运输局（交通运输综合行政执法机构）在案件办理中，发现对公路路产造成损失的，可以告知和指导高速公路经营企业进行路产理赔。

第三十条 高速公路路政违法案件办结后，市州交通运输局（交通运输综合行政执法机构）加强事中事后监督，采取有效措施防止类似的违法行为反复发生。高速公路经营企业应予协助。

第三十一条 高速公路路政执法应根据实际情况和高速公路执法工作的具体需求联合高速交警、高速公路经营企业和属地政府建立多方协作机制。

第三十二条 市州交通运输局（市州交通运输综合执法机构）在案件办理过程中应严格按照国家和湖南省有关法律法规和规章规定的程序和标准办理。

第六章　信 息 共 享

第三十三条 市州交通运输局（交通运输综合行政执法机构）与高速公路经营企业应当建立健全信息化管理体系，通过省交通综合行政执法信息系统与省治超联网管理信息系统、省高速公路路网运行监测指挥中心等平台实现信息互联互通，实现协作业务的信息查询案件移交、办理反馈、协助联动、统计分析、监督管理等功能。在相关信息系统尚未启用的情况下，采用纸质函的形式实行信息相互抄告。

第三十四条 市州交通运输局（交通运输综合行政执法机构）应提供如下共享信息：

（一）省交通运输厅转交案件的立案、处理情况；

（二）高速公路经营企业移交案件的立案、处理情况；

（三）监督检查过程中，发现当事人损坏公路路产、未经许可擅自进行涉路施工等案件的信息。

第三十五条 高速公路经营企业应提供如下共享信息：

（一）路产巡查过程中发现的路政违法行为线索；

（二）高速公路路产理赔、服务区（停车区）运营管理、车辆救援服务（含服务次数和收取费用情况）等开展情况；

（三）高速公路实时路况服务信息和高速公路收费站称重检测的车辆实时数据；

（四）所辖区域内高速公路桩号、路产路权等相关信息及其调整情况；

（五）其他应当与市州交通运输局（交通运输综合行政执法机构）共享的信息。

第三十六条 市州交通运输局（交通运输综合行政执法机构）和高速公路经营企业排查出的安全隐患信息、公路阻断信息，应当及时相互抄告。

第七章　监 督 保 障

第三十七条 高速公路经营企业应当接受市州交通运输局（交通运输综合行政执法机构）依法实施的监督检查，并为其提供工作便利。

第三十八条 市州交通运输局应当对路政执法人员的执法行为加强监督检查，对其违法行为应当及时纠正，依法处理。

第三十九条 市州交通运输局（交通运输综合行政执法机构）和高速公路经营企业在案件（线索）移送、配合执法、办理进度和监督检查等方面产生较大争议的，由市州联席会议进行协商。多次协商，仍不能达成一致意见的，可以报请省交通运输厅进行协调。

第四十条 对于高速公路路政执法跨区域的重大疑难案件，省交通运输厅可以采取个案监督、专项调研、挂牌督办等方式推进案件的协作办理。

第四十一条 省交通运输厅每年应当组织相关单位采取普查或抽查方式对本办法执行情况进行监

督检查，并以省厅名义通报监督检查结果。监督检查结果分别纳入省对市考核评价重要指标和交通运输主管部门内设机构及所属行业发展机构绩效评价、高速公路路况服务质量与收费标准挂钩、省高速公路集团有限公司负责人功能任务绩效考评的重要内容。

第八章　附　　则

第四十二条　本实施办法其他未尽事宜，按照《湖南省交通运输综合行政执法协作办法（试行）》执行。

第四十三条　本办法自 2021 年 1 月 1 日起实施。

373. 湖南省高速公路养护管理监管与考核办法（试行）

（湘交计统规〔2020〕7号）

第一章 总 则

第一条 【制定依据】为加强和规范我省高速公路养护管理工作，依据《中华人民共和国公路法》《公路安全保护条例》《中华人民共和国收费公路管理条例》《公路养护工程管理办法》《湖南省高速公路路况服务质量与收费标准挂钩管理暂行办法》《〈湖南省高速公路路况服务质量与收费标准挂钩管理暂行办法〉考评细则（试行）》及相关政策法规和技术规范等，结合高速公路养护管理实际，制定本办法。

第二条 【适用范围】本办法适用于本省行政区域内符合公路网规划且已完成交工验收并投入运营的高速公路养护管理工作。

第三条 【管理内容】本办法旨在依法对高速公路养护管理工作进行管理、检查与考核。主要包括：技术状况评定、日常养护（含机电）、养护工程（含机电）、桥隧养护、安全生产、应急管理、基础管理、信息报送、养护市场管理、人员培训、资金管理、问题整改等。

第四条 【管理原则】高速公路养护监管应当坚持“依法监管、决策科学、公平公正、优质高效”的原则。

第五条 【管理目标】高速公路养护监管应以构建“畅、安、舒、美”公路交通环境为目标，推进决策科学化、管理规范化、工作标准化，提升高速公路整体通行能力、技术状况水平、安全保障能力、综合服务水平和路域环境综合水平，推动高速公路养护质量和服务水平高质量发展。

第六条 【监管定义】本办法所称监管是指依法对高速公路养护管理工作进行的监督、检查与考核。

第二章 职 责 分 工

第七条 【省交通运输厅职责】省交通运输厅负责全省高速公路养护管理工作的指导与监督；负责研究制定全省高速公路养护发展规划和相关管理制度；负责全省高速公路养护管理的监督与考核；负责全省高速公路技术状况（路况和长大桥隧）重点监测工作；负责全省高速公路养护年度计划的备案管理工作；负责督查落实部省养护管理相关规定和要求。

第八条 【省公路事务中心职责】省公路事务中心受省交通运输厅委托，承担高速公路养护管理政策宣贯、指导督查、组织协调和行业管理相关事务性工作；参与制定全省高速公路养护发展规划、草拟相关管理制度等具体工作；具体承担全省高速公路养护管理行业标准、管理细则的宣贯与组织实施；具体承担全省高速公路检查考核和技术状况（路况和长大桥隧）监测工作；具体承担全省高速公路养护基础数据库管理工作；具体承担全省高速公路养护工程行业管理事务与相关服务工作；具体负责落实部省养护管理相关规定和要求。

第九条 【省交通建设质量安全监督管理机构职责】省交通建设质量安全监督管理机构承担全省高速公路养护工程质量与安全生产监督检查工作；对高速公路养护工程勘察、设计、施工、监理等单位及其从业人员的资质资格情况和从业行为进行监督。

第十条 【经营管理者职责】省高速公路集团有限公司和经营性高速公路管理单位（以下统称高

速公路经营管理者）为高速公路养护管理责任主体，具体负责高速公路养护管理政策宣贯和落实。参与所辖高速公路养护发展规划制定相关工作，负责所辖高速公路年度计划的制定和组织实施，并向省交通运输厅报备；负责所辖高速公路技术状况和服务能力检查考核工作，并配合做好全省高速公路检查考核和技术状况（路况和长大桥隧）监测工作；负责所辖高速公路日常养护、预防养护、修复养护、专项养护、应急养护和安全管理工作；负责组织实施高速公路养护工程进度、质量、安全和资金管理，组织项目验收工作；负责建立所辖高速公路养护数据库，并及时更新和报送；负责落实部省关于养护管理的其他专项工作任务。

第三章　养 管 标 准

第十一条　【检测评定】高速公路经营管理者应按交通运输部、省交通运输厅相关规定组织做好路基、路面、桥隧构造物、沿线设施的日常巡查、月度检查、季度和年度考核与技术状况评定工作；配合部省相关部门做好年度路、桥、隧技术状况监测工作；根据检测评定结果开展需求分析、养护科学决策以及养护处治工作。高速公路经营管理者每年11月底前应将经专家评定后的检测报告报省交通运输厅备案，并抄送省公路事务中心。

第十二条　【日常养护】高速公路经营管理者按照技术规范、年度计划和养护目标要求，做好高速公路日常养护和养护巡查工作，巡查频率合格、问题处置程序规范、措施及时得当；路基、路面、桥涵隧和交通安全设施日常养护到位，病害处治与修补及时；路面、路肩、分隔带、港湾及收费广场干净整洁；绿化苗木及时修剪、补植，杂草及时清除，苗木不遮挡标志标牌；机电设备养护到位，机电设备运行正常；日常养护工作计划、巡查记录、施工资料和计量支付资料等应及时收集完善汇总归档；预防性养护里程占养护里程比例应符合部省相关要求。

第十三条　【养护工程】高速公路经营管理者根据《公路养护工程管理办法》规定，按照年度养护目标要求，做好养护工程科学决策、计划编制、工程设计、评审与批复、造价审查、施工组织与安全保畅、工程管理、工程验收、工程审计、从业单位从业行为评价等工作，各项资料齐全。

第十四条　【桥隧养护】高速公路经营管理者应建立健全桥隧养护管理工作制度，建立“管理责任人、技术责任人”双岗负责制，确保各项制度有效贯彻落实；按部省相关要求确定“四个一”责任人（每座桥隧一名主管领导，一名桥隧养护工程师、一名养护人员和一名路政员）到位；实行桥梁分类养护，桥隧日常养护、预防性养护、应急保通、灾毁抢修和安全管理工作到位；做好桥梁养护工程、危桥改造工程和其他桥梁专项养护工程的进度、质量、安全、资金和验收管理工作；做好桥隧经常巡查、定期检查和特殊检查，确保异常情况、重大问题和风险点得以及时发现和有效处置；建立健全桥梁养护管理系统，稳步推进智能化养护。

第十五条　【安全生产】高速公路经营管理者应按照《公路养护安全作业规程》（JTG H30—2015）要求，完善养护安全生产制度，落实安全管理责任人，组织编制和审查养护工程施工组织方案和安全保畅方案，做好安全生产各项管理工作，确保养护生产安全。按照部省有关规定，完成省交通运输厅交办的公路隐患处治、事故多发路段处治、安全风险防控、风险路段提质改造等安全生产任务。

第十六条　【应急管理】高速公路经营管理者应针对自然灾害和其他原因可能造成的路桥隧安全运行事故，制定突发事件应急预案，配备与处置突发事件相适应的应急人员、物资和装（设）备，加强应急物资保管、装（设）备维护和应急救援队伍的业务培训，每年组织针对自然灾害、交通事故、安全生产事故、火灾等突发事件的专项应急演练，做到应急管理制度落实、突发事件信息报送及时准确完整、应急处置快捷高效，各项资料齐全。

第十七条　【基础管理】高速公路经营管理者应做好养护基础管理工作，建立健全高速公路基础数据库；建立完善养护档案管理制度，完整保存高速公路养护管理资料，并能提供养护管理有关文件和资料；实现养护管理系统普及率100%，科学决策技术运用普及率达80%。

第十八条 【信息报送】高速公路经营管理者应建立健全养护管理工作信息报送机制，及时报送高速公路年度养护计划，做好巡查通报、工程验收、养护统计、检测评定、交通量调查等资料收集及相关资料报送工作；及时报送部省相关部门专项任务和督办事项相关资料。

第十九条 【市场管理】高速公路经营管理者应按照部省有关政策，积极推进高速公路养护市场化改革；按照《湖南省公路养护作业单位资质认定办法》相关规定招标，选择具有相应养护资质的技术服务单位和施工从业单位开展养护作业；协助省交通运输厅做好养护从业单位年度信用评价相关工作。

第二十条 【人员培训】高速公路经营管理者应加强对从业人员的培训工作，内容包括政策、制度和规范宣贯、养护技术培训、安全生产与应急培训等。高速公路经营管理者应按要求参加省交通运输厅组织的桥隧工程师培训、养护管理制度与养护技术培训等。

第二十一条 【资金管理】高速公路经营管理者必须足额安排养护资金。养护资金使用范围包括技术状况评定、日常养护、养护工程、专项任务及其他各项养护管理工作等。

第四章 考核标准

第二十二条 考核标准总分值100分，对应为《湖南省高速公路路况服务质量与收费标准挂钩管理暂行办法考评细则（试行）》（湘交路政〔2019〕15号）考评细则表1.5养护规范化管理6分，按照（评分/100分）×6分计算得分。

考核标准对照高速公路养护监管内容逐项进行考核，包括检测评定（10分）、日常养护（17分）、养护工程（17分）、桥隧养护（17分）、安全生产（10分）、应急管理（5分）、基础管理（5分）、信息报送（5分）、养护市场管理（5分）、人员培训（4分）、资金管理（5分）。同时，检查上年度问题整改落实情况，上年度考核通报问题整改落实情况未按期完成的，从总得分中扣5分；上年度部省路网监测挂牌督办事项未按期完成的，从总得分中扣10分。具体考核评分标准详见附件。

第五章 结果应用

第二十三条 【结果应用】考核评分标准总分值100分，对应为《湖南省高速公路路况服务质量与收费标准挂钩管理暂行办法考评细则（试行）》（湘交路政〔2019〕15号）考评细则表1.5养护规范化管理6分，按照（评分/100分）×6分计算得分。各路段考评折算分值纳入《湖南省高速公路路况服务质量与收费标准挂钩管理暂行办法》考评总分。

第二十四条 【督办通报】省交通运输厅委托省公路事务中心进行考核并对考核中发现的风险点或路段、路况不达标等问题进行挂牌督办。高速公路经营管理者应在通报后20日内将整改措施正式行文上报省交通运输厅，并抄送省公路事务中心。整改完成后应向省交通运输厅申请摘牌销号。整改落实情况纳入下年度考核。

第六章 附 则

第二十五条 本办法由省交通运输厅负责解释。

第二十六条 本办法自发文之日起实施。

附件：湖南省高速公路养护规范化管理考核评分标准

附件

湖南省高速公路养护规范化管理考核评分标准（100分）

序号	考评项目	主要检查内容	评分标准	分值	备注
	合计			100	
1	检测评定（10分）	高速公路经营管理者应按交通运输部、省厅相关规定组织做好路基、路面、桥隧构造物、沿线设施的日常巡查、月度检查、季度和年度考核与技术状况评定工作；配合国、省相关部门做好年度路、桥、隧技术状况监测工作；根据检测评定结果开展需求分析、养护科学决策以及养护处治工作。高速公路经营管理者每年11月底前应将经专家评定后的检测报告报省厅备案，同步抄送省公路事务中心	1. 检测项目缺一项扣3分；每项指标未完成规定检测量的，每项扣2分；年度专项检测经费未落实，每项扣0.2分；检测报告未组织评审，每项扣1分。 2. 检测报告未按时报厅的，每项扣0.2分。 3. 未积极配合做好部、省路网运行监测工作的，每项扣0.5分。 4. 技术状况检测和路面自动化采集覆盖率达不到100%的，扣0.5分	10	
2	日常养护（17分）	公路高速公路经营管理者按照技术规范、年度计划和养护目标要求，做好高速公路日常养护和养护巡查工作，巡查频率合格、问题处置程序规范、措施及时得当；路基、路面、桥涵隧和交通安全设施日常养护到位，病害处治与修补及时；路面、路肩、分隔带、港湾及收费广场干净整洁；绿化苗木及时修剪、补植，杂草及时清除，苗木不遮挡标志标牌；日常养护工作计划、巡查记录、施工资料和计量支付资料等应及时收集完善汇总归档；预防性养护里程占养护里程比例≥8%	1. 对日常小修保养工作计划、巡查记录、施工任务单、施工记录、验收记录和统计上报资料、计量支付文件等进行检查，发现巡查工作（含巡查频率）不到位、病害处理及时性不满足时限要求、事件处置程序不规范、记录不完整、数据不真实、资料不闭合等问题每项扣1分。 2. 资料不完善、不规范每发现一项扣0.5分，共计可扣5分，扣完为止	15	
		机电：机电设备故障响应及时、维修程序规范、措施及时得当，维修记录规范、完整	对日常机电小修保养工作计划、制度规范、故障报修单、施工任务单、施工记录、验收记录和统计上报资料、计量支付文件等进行检查，发现程序不规范、记录不完整、数据不真实、资料不闭合等问题每项扣0.1分	2	
3	养护工程（17分）	公路：高速公路经营管理者根据《公路养护工程管理办法》规定，按照年度养护目标要求，做好养护工程科学决策、计划编制、工程设计、评审与批复、造价审查、施工组织与安全保畅、工程管理、工程验收、工程审计、从业单位信用评价等工作，各项资料齐全	1. 根据高速公路经营管理单位对养护工程项目的督查报告进行评分，督查不合格的，每个项目扣0.3分。 2. 抽查养护工程项目，基本建设程序不完善、内业资料不齐全的，每项扣0.1分。 3. 废旧路面材料回收率100%，废旧路面材料循环利用率达95%，每项不满足扣0.3分	15	
		机电：流程有序、监管到位、计划编制符合要求，计量支付文件完备、验收资料齐全	1. 机电养护中修项目超过2年未完工的，每个项目扣0.2分，资料不规范、不齐全的，每个项目扣0.1分。 2. 抽查机电中修工程项目，工程实施与设计或者计量不符的，每项扣0.2分	2	

续上表

序号	考 评 项 目	主要检查内容	评 分 标 准	分值	备注
4	桥隧养护（17 分）	高速公路经营管理者应建立健全桥隧养护管理工作制度，建立“管理责任人、技术责任人”双岗负责制，确保各项制度有效贯彻落实；按国省相关要求确定“四个一”责任人（每座桥隧一名主管领导，一名桥隧养护工程师、一名养护人员和一名路政员）到位；实行桥梁分类养护，桥隧日常养护、预防性养护、应急保通、灾毁抢修和安全管理工作到位；做好桥梁养护工程、危桥改造工程和其他桥梁专项养护工程的进度、质量、安全、资金和验收管理工作；做好桥隧经常巡查、定期检查和特殊检查，确保异常情况、重大问题和风险点得以及时发现和有效处置；建立健全桥梁养护管理系统，稳步推进智能化养护	1.“四个一”责任人未落实、桥隧养护工程师设置不满足相关规定或未参加相应培训，每项扣 0.2 分。 2. 设计、施工、监理、竣工文件等建设期资料及运营期检查维修资料不齐全、桥梁养护管理系统数据不完善，每项扣 0.2 分。 3. 未按要求开展日常巡查、经常性检查、定期检查（含大桥、特大桥永久性观测点）、特殊检查，每项扣 2 分；检查记录不规范的，每项扣 0.1 分。 4. 桥隧经常性检查、小修保养、定期检查等养护专项资金落实不到位的每项扣 0.2 分，专项养护资金不满足部省有关规定的每项扣 0.1 分。 5. 桥隧日常养护不到位、病害处治不及时，养护工程管理不规范、资料不齐全的，每项扣 0.2 分。 6. 其他未落实桥梁养护管理办法、桥梁运行十项制度、长大桥隧养护管理和安全运行规定的，每项扣 0.2 分	15	
		隧道机电：确保隧道机电系统（含照明、通风、监控、火灾报警系统等）正常运行	对隧道机电系统的巡查记录、检修记录等进行检查，发现巡查检查工作不到位、故障处置不及时等问题每项扣 0.2 分	2	
5	专项任务	根据每年部、省养护管理重点工作部署，针对如隧道隐患处治、国省道命名编号调整、事故多发路段优化整治、养护智能化试点工程等专项任务，及时编制专项实施方案，落实组织机构和资金，规范完成设计、造价审查与批复等前期工作，按期完成部、省下达的任务，确保工程质量优良	按照《湖南省高速公路路况服务质量与收费标准挂钩管理暂行办法考评细则（试行）》（湘交路政〔2019〕15 号）考评细则 1.3 项专项任务（5 分）进行评分，本办法不再重复评分	—	
6	安全生产（10 分）	高速公路经营管理者应按照《公路养护安全作业规程》（JTG H30—2015）要求，完善养护安全生产制度，落实安全管理责任人，组织编制和审查养护工程施工组织方案和安全保畅方案，做好安全生产各项管理工作，确保养护生产安全。按照部省有关规定，完成省厅交办的公路隐患处治、事故多发路段处治、安全风险防控、风险路段提质改造等安全生产专项任务	1. 未建立安全生产制度或制度不完善的，扣 0.3 分。 2. 未组织编制和审查施工组织与安全保畅方案，每个项目扣 0.2 分。 3. 未开展风险排查和隐患专项治理的，扣 1 分。 4. 安全专项任务未按时完成的，扣 1 分。 5. 发生养护安全生产事故，造成人员伤亡的，本项计 0 分	10	
7	应急管理（5 分）	高速公路经营管理者应针对自然灾害和其他原因可能造成的路桥隧安全运行事故，制定突发事件应急预案，配备与处置突发事件相适应的应急人员、物资和装（设）备，加强应急物资保管、装（设）备维护和应急救援队伍的业务培训，每年组织针对自然灾害、交通事故、安全生产事故、火灾等突发事件的专项应急演练，做到应急管理制度落实、突发事件信息报送及时准确完整、应急处置快捷高效，各项资料齐全	1. 应急预案不齐全的，每项扣 2 分。 2. 人员、物资、装（设）备配备不齐或数额不足，每项扣 2 分。 3. 未开展应急演练，扣 2 分。 4. 突发事件信息报送不及时、准确、完整，扣 4 分。 5. 应急处置不及时，造成严重后果，本项不得分	5	

续上表

序号	考评项目	主要检查内容	评分标准	分值	备注
8	基础管理（5分）	建立健全高速公路基础数据库；建立完善养护档案管理制度，完整保存高速公路养护管理资料，并能提供养护管理有关文件和资料。实现养护管理系统普及率100%，科学决策技术运用普及率达100%	1. 未建立路、桥、隧养护管理系统，系统普及率达不到100%的，扣0.5分。 2. 科学决策技术普及率达不到100%的，扣0.3分。 3. 各类档案管理不完善，资料缺失的，发现一项扣0.1分	5	
9	信息报送（5分）	高速公路经营管理者应建立健全养护管理工作信息报送机制，及时报送高速公路年度养护计划、巡查通报、工程验收、养护统计、检测评定、交通量调查等资料；及时报送国、省相关部门专项任务和督办事项相关资料	1. 部、省要求及时上报的各项资料，如未报、延迟上报或质量不达标的，每次扣0.2分。 2. 养护计划，季度、半年度、年度检查和考核结果未按时报厅的，或未按时向社会公布的，每次扣0.2分。 3. 未及时报送及发布路况、养护施工和交通阻断信息的，每项扣0.1分	5	
10	养护市场（5分）	高速公路经营管理者应按照国、省有关政策，积极推进高速公路养护市场化改革；按照《湖南省公路养护作业单位资质认定办法》，按规定招标选择具有相应养护资质的技术服务单位和施工从业单位开展养护作业；协助省厅做好养护从业单位年度信用评价相关工作	1. 未按省养护资质认定办法选择具备养护资质单位开展养护作业的，每个项目扣0.2分。 2. 为及时向省厅报送养护从业单位信用评价情况的，扣0.2分	5	
11	人员培训（4分）	高速公路经营管理者应加强对从业人员的培训工作，内容包括政策、制度和规范宣贯、养护技术培训、安全生产与应急培训等。高速公路经营管理者应按要求参加省厅组织的桥隧工程师培训、养护管理制度与养护技术培训等	1. 未安排专人参加省厅相关培训的，每次扣0.2分。 2. 全年未按规定组织开展从业人员培训的，扣0.3分	4	
12	资金管理（5分）	高速公路经营管理者必须足额安排养护资金。养护资金使用范围包括技术状况评定、日常养护、养护工程、专项任务及其他各项养护管理工作等	1. 各运营管理单位年度资金计划未向省厅报备的，扣0.3分；未及时报备的，扣0.1分。 2. 坐支截留或挤占挪用养护资金的每项扣5分，未开展造价审查，每个项目扣0.2分。 3. 无计量支付文件进行支付的，每个项目扣0.3分。 4. 未执行政府采购相关规定的，扣0.2分	5	
13	问题整改（倒扣分）	上年度养护管理考核问题的整改落实情况	1. 针对上年度养护管理考核通报提出的问题，未在规定时间内上报整改措施方案的，从总得分中扣5分。 2. 未按期完成上年度省厅挂牌督办事项的，从总得分中扣10分	—	

374. 湖南省深化农村公路管理养护体制改革实施方案

（湘政办发〔2020〕29号）

为深化我省农村公路管理养护体制改革，根据《交通强国建设纲要》、《国务院办公厅关于深化农村公路管理养护体制改革的意见》（国办发〔2019〕45号）、《湖南省人民政府关于高质量推进“四好农村路”建设工作的实施意见》（湘政发〔2019〕9号）等文件精神，结合我省实际，制定本方案。

一、总体要求

（一）指导思想。

以习近平新时代中国特色社会主义思想为指导，深入贯彻党的十九大和十九届二中、三中、四中全会精神，认真落实习近平总书记关于“四好农村路”重要指示批示精神和党中央、国务院决策部署，坚持以人民为中心，牢固树立新发展理念，紧紧围绕实施乡村振兴战略、加快推进农业农村现代化，补短板、强弱项、抓重点、求实效，切实解决“四好农村路”工作中管好、护好的短板问题，压实各级政府及部门对农村公路管理养护的责任，加快建立农村公路管理养护长效机制，推动农村交通治理体系和治理能力现代化，高质量推进“四好农村路”建设，为建设富饶美丽幸福新湖南提供坚实的交通运输保障。

（二）工作目标。

——明职责，构建责任体系。切实落实县级人民政府主体责任，进一步明确省市县各级相关部门农村公路建管护职责，建立健全政府统筹、行业指导、部门联动、市县落实、齐抓共管的责任体系。

——抓重点，强化资金保障。建立以政府投入为主的稳定的农村公路管理养护资金渠道，完善成品油税费改革转移支付政策，合理确定转移支付规模，拓宽投融资渠道，加大对农村公路养护的支持力度。

——强弱项，建立健全长效机制。完善农村公路管理养护监督考核机制，推进农村公路路长制，推进养护市场化改革，加强路政管理，建立全省农村公路智能化养护综合管理体系，全面提高农村公路治理能力。

到2022年，基本建立权责清晰、齐抓共管的农村公路管理养护体制机制，形成财政投入职责明确、社会力量积极参与的格局。农村公路治理能力明显提高，治理体系初步形成。农村公路通行条件和路域环境明显提升，交通保障能力显著增强。农村公路列养率达到100%，年均养护工程比例不低于5%，中等及以上农村公路占比不低于75%；农村公路路长制基本建立，农村公路绿化率不低于88%，爱路护路相关要求100%列入乡规民约、村规民约，建制村村道管理议事机制逐步形成。

到2035年，全面建成体系完备、运转高效的农村公路管理养护体制机制，基本实现城乡公路交通基本公共服务均等化，路况水平和路域环境根本性好转，农村公路治理能力全面提高，治理体系全面完善，在“有路必养，养必到位”的基础上，实现“美丽农村路”。

二、政策举措

（一）完善管理养护体制。

1. 省级加强统筹和政策引导。省综合交通运输工作领导小组统筹全省农村公路管理养护工作。省交通运输厅加强指导和监督，牵头拟订有关农村公路管理养护政策，督促各项任务落实。省财政厅加强省级资金统筹，加大资金投入，安排省级养护补助资金，督促市县财政部门落实农村公路管养资金。各相关部门要落实部门职责，加强协调配合，强化工作推进，确保责任落实。省政府对各市州、县市区人民政府的农村公路管理养护工作进行绩效管理。

2. 市州人民政府要加强对本地区农村公路管理养护工作的指导和监督，对县级人民政府农村公路管理养护工作进行绩效管理。负责制订本地区农村公路管理养护制度，明确财政、交通运输等相关部门职责；负责筹集农村公路管理养护的市级补助资金，完善支持政策和养护资金补助机制；负责督促所辖各县级人民政府足额筹集农村公路管理养护资金。

3. 县级人民政府要按照“县道县管，乡村道乡村管”的原则履行农村公路管理养护的主体责任。负责深化县级农村公路管养体制机制改革，对农村公路管理养护工作进行绩效管理，制订农村公路管理养护具体措施，明确相关部门、乡级人民政府和村民（居民）委员会有关农村公路管理、养护方面的具体职责，督促乡、村两级落实农村公路管理养护责任；保障农村公路管理养护资金投入，在省、市州补助资金的基础上，负责筹集本行政区域内农村公路管理养护资金的不足部分，按照“有路必养、养必到位”的要求，将农村公路养护资金及管理机构运行经费和人员支出纳入一般公共财政预算；负责组织本行政区域内农村公路路政管理工作。

4. 乡级人民政府要确定专职工作人员，组织好本行政区域内乡村道管理养护工作；指导村民（居民）委员会按照“农民自愿、民主决策”的原则，采取一事一议、以工代赈等办法组织村道的管理养护工作。乡村两级要加强宣传引导，将爱路护路要求纳入乡规民约、村规民约；鼓励采用以奖代补等方式，推广将日常养护与应急抢通捆绑实施并交由农民承包；鼓励农村集体经济组织和社会力量自主筹资筹劳参与农村公路管理养护工作，通过将农村公路管理养护纳入公益岗位等方式，积极吸收贫困群众参与农村公路日常养护，为贫困群众提供就业机会。

（二）强化资金保障。

各级政府统筹安排财政资金加大投入力度，确保财政支出责任落实到位。各级财政、交通运输部门要积极做好农村公路管理养护资金的筹措、使用和监管工作，细化实化资金政策措施。

1. 落实成品油税费改革资金。完善成品油税费改革转移支付政策，合理确定转移支付规模，加大对普通公路养护的支持力度。成品油税费改革新增收入替代原公路养路费部分（包括成品油税费改革转移支付的“替代性返还＋增长性补助”，以下简称“替代养路费部分”），不得低于改革基期年（2009 年）公路养路费收入占“六费”（公路养路费、航道养护费、公路运输管理费、公路客货运附加费、水路运输管理费、水运客货运附加费）收入的比例。“替代养路费部分”用于普通公路养护的比例一般不得低于 80％，且不得用于公路新建。该项资金不得列支管理机构运行经费和人员等其他支出。继续执行省级人民政府对农村公路养护工程的补助政策，省级补助资金与切块到市县部分之和（即省级农村公路养护工程补助资金）占“替代养路费部分”的比例不得低于 15％，优先用于农村公路路面大中修。

2. 落实日常养护资金。农村公路养护属于市、县财政事权，省、市、县三级公共财政资金（不含“替代养路费部分”）用于农村公路日常养护的总额不低于“1053”标准：县道每年每公里 10000 元、乡道每年每公里 5000 元、村道每年每公里 3000 元。各级政府必须确保投入到位，按照省级 20％、市级不低于 20％、县级 60％的分摊比例列入三级公共财政预算。省、市、县三级分摊比例实行与养护成本变化、各级自有财力等因素相关联的动态调整机制，原则上调整年限不超过五年。

3. 拓宽投融资渠道。要发挥政府资金的引导作用，采取资金补助、先养后补、以奖代补、无偿提供料场等多种方式支持农村公路养护。将农村公路发展纳入地方政府一般债券支持范围。各级人民政府要确保财政支出责任落实到位，将相关税收返还用于农村公路养护。鼓励将农村公路建设和一定时期的养护进行捆绑招标，将农村公路与产业、园区、乡村旅游等经营性项目实行一体化开发，运营收益用于农村公路养护。鼓励保险资金通过购买地方政府一般债券方式合法合规参与农村公路发展，探索开展农村公路灾毁保险。

（三）建立健全长效机制。

1. 完善监督考核激励机制。“以考明责、以评促养”，推动农村公路管养常态化、长效化。省交通运输厅会同有关部门建立健全农村公路养护工作制度，完善对县级农村公路管理养护考核评价机制，全面加强农村公路日常养护和养护工程管理；按照实施真抓实干激励措施要求，将农村公路路况检测评定结果、养护工程实施情况等作为农村公路养护年度考核的主要依据，将各县市区的考核结果进行通报，建立考核结果、养护工程实施成效与省级农村公路日常养护和养护工程补助资金挂钩的分配机制；对工作推进情况良好的，给予激励或增量补助，对工作推进情况较差的，实行约谈、责令整改、扣减补助等措施，奖优罚劣。县级建立农村公路养护工程项目清单，按年组织实施，并向省交通运输厅报备。

财政、交通运输部门要制定资金管理办法，加强农村公路养护资金使用监督管理，实施公共财政资金全过程预算绩效管理，确保及时足额拨付到位，按规定对社会公开，接受群众监督，不断提升资金配置效率和使用效益。村务监督委员会要将村道养护资金使用和养护质量等情况纳入监督范围。审计部门要定期对农村公路养护资金使用情况进行审计。

2. 推行农村公路路长制。因地制宜建立健全路长管理责任体系和运行机制，大力推行县、乡、村三级农村公路路长制。县、乡级政府主要负责人和村委会主要负责人为县、乡、村三级路长，负责督促各有关单位按照职责分工，密切配合、协调联动，共同推进农村公路管理养护工作。结合省农村人居环境综合整治全省域覆盖工作、美丽乡村建设，大力整治农村公路路域环境，坚持经济实用、绿色环保理念，打造“畅安舒美”的农村交通环境。县、乡级人民政府应明确相应机构承担路长制运行的日常工作，落实专职工作人员和经费；在各路段显著位置设置“路长制”公示牌，公告人员信息、路长职责、监督电话等内容，广泛接受社会监督。县级交通运输部门要加强业务指导，组织开展本辖区内农村公路的管理养护工作，对乡级专职工作人员和村民委员会中负责农村公路养护的相关管理人员进行培训和指导。

3. 推进养护市场化改革。加快推进农村公路养护市场化改革，将人民群众满意度、受益程度、养护质量和资金使用效率作为衡量标准，分类有序推进农村公路养护市场化改革，逐步建立政府与市场合理分工、专群结合的养护生产组织模式。引导符合市场属性的公路管养事业单位逐步转制为现代企业；鼓励将干线公路建设养护与农村公路捆绑招标，支持养护企业跨区域参与市场竞争；鼓励通过签订长期养护合同、招投标约定等方式，引导专业养护企业加大投入，提高养护机械化水平。对农村公路大中修工程，推行专业化养护模式，按照公路养护工程的有关规定，采用招标投标、合同管理和施工监理等办法进行管理；对农村公路小修和日常保养，推行群众性养护模式，择优委托承包人实施。加强农村公路建设、养护市场监管，着力建立以质量为核心的信用评价机制，实施守信联合激励和失信联合惩戒。省交通运输厅要将农村公路建设、养护的严重失信行为和成效突出的情况纳入省级信用评价进行处罚和奖励，并指导、督促市州交通运输局建立本地区农村公路建设、养护从业单位和人员信用评价制度，组织开展信用评价工作。农村公路新、改、扩建工程要严格落实公路交通安全设施与主体工程同时设计、同时施工、同时投入使用的要求，县级人民政府应当组织公安、应急等职能部门参与农村公路竣（交）工验收。已建成但未配套安全设施的农村公路要逐步完善。

4. 加强农村公路路政管理。县级人民政府要将农村公路路政管理作为交通运输综合执法重要内容，在农村公路重要出入口及节点位置科学合理设置不停车超限检测设备，强化农村公路治超执法，彻底整治农村公路超限超载顽疾。建立健全县有路政员、乡有监管员、村有护路员的路产路权保护队伍；根据保护乡道、村道的需要，县级人民政府交通运输主管部门或者乡级人民政府可以在乡道、村道的出入口设置龙门架等必要的限高、限宽设施，切实保护好农村公路，但是不得影响卫生急救和消防等应急通行需要，不得向通行车辆收费。开展交通运输与公安联合执法，依法严肃查处各类破坏、损坏农村公路设施设备的行为。

5. 建立全省农村公路智能化养护综合管理体系。通过信息化手段规范农村公路管理业务流程，推动农村养护管理信息化、智慧化、精准化、高效化，大力提升全省农村公路养护管理水平。利用GIS、大数据、云计算、物联网、移动互联网等技术，按照市县试点示范引领联网成片的建设思路，逐步构建涵盖省、市、县、乡、村五级，“上下联通、因地制宜、数据共享、业务协同”的全省农村公路智能化养护综合管理体系。

三、保障措施

（一）加强组织领导。各市州、县市区人民政府要提高认识，切实加强对本地区深化农村公路管理养护体制改革工作的领导，因地制宜，持续推动深化改革进程，确保改革成效。

（二）强化制度保障。各级各相关部门要根据本实施方案制定具体措施，加快相关法律法规的清理并提请有权机关及时修订，进一步细化责任分工，同步积极部署落实，密切配合，形成合力，确保务实、有序、高效推进深化农村公路管理养护体制改革工作。

（三）加强督导激励。要充分发挥督导激励作用，加强对各级各相关部门深化改革相关工作推进情况的督导，压实责任，抓好任务落实，确保改革顺利进行。

（四）加快改革试点。交通运输、财政部门要结合重点改革任务和加快建设交通强国要求，推动各地积极开展改革试点工作，并遴选部分工作成效明显、典型示范带动性强的试点成果进行全省推广，加快推进改革工作。

（五）加强宣传引导。各级新闻宣传部门要协助做好宣传发动工作，广泛开展政策宣传，充分调动农民群众积极性，为改革创造有利的工作和舆论环境。各级各有关部门要密切关注改革过程中出现的新情况、新问题，做好应对预案，及时化解矛盾。

本实施方案自印发之日起施行。

375. 广东省公路条例

（2014年11月26日广东省第十二届人民代表大会常务委员会第十二次会议第三次修订）

第一章　总　　则

第一条　为加强公路的建设、养护和管理，促进公路事业发展，根据《中华人民共和国公路法》（以下简称公路法）及有关法律法规，结合本省实际，制定本条例。

第二条　本省行政区域内公路（包括公路桥梁、公路隧道和公路渡口）的规划、建设、养护、经营、使用和管理，适用本条例。

第三条　省人民政府交通主管部门主管全省公路工作，负责本条例的组织实施；市、县（区）人民政府交通主管部门主管本行政区域内的公路工作。

省公路管理机构按照省人民政府的规定，对国道、省道行使公路行政管理职责。

市、县公路管理机构依照法律法规的规定，对所管辖的公路行使公路行政管理职责。

乡、民族乡、镇人民政府负责本行政区域内乡道、村道的建设和养护工作。

第四条　各级人民政府规划、建设、国土、工商、公安、水利、环保等部门应当在各自职责范围内协助交通主管部门、公路管理机构做好公路的建设和管理工作。

第二章　公 路 规 划

第五条　公路规划的编制和审批，按照公路法执行。

公路穿越城镇规划区的，其穿越路段的选线定位等应当与当地城镇规划相协调，并征求当地人民政府规划主管部门意见。

第六条　规划和新建村镇、开发区、厂矿、学校、集市贸易场所等建筑群，应当与公路用地边界外缘保持以下间距：高速公路、国道、省道不少于二百米，县道不少于一百米，乡道不少于五十米；并避免在公路两侧对应进行。

第七条　规划建设铁路、管线等各类设施涉及跨越、穿越或者与规划公路并行的，应当征得地级以上市人民政府交通主管部门同意。涉及的规划公路属国道、省道、高速公路的，应当征得省人民政府交通主管部门同意。

第三章　建设与养护

第八条　公路建设应当执行国家有关环境保护和水土保持的法律、法规，按照国家规定的基本建设程序和省的有关规定进行。公路建设项目应当按照国家有关规定实行法人负责制度、招标投标制度、工程监理制度、合同管理制度、市场准入管理制度和工程质量、工程造价监督管理制度。

第九条　公路建设使用土地应当按照有关法律、行政法规的规定办理。

公路建设用地的土地补偿费、安置补助费、地上附着物和青苗的补偿费等费用标准，按照省人民政府的有关规定执行，具体实施由工程项目所在地人民政府负责。各级人民政府应当按照有关规定按时足额发放各项补偿费用，不得截留或者挪作他用，并向被征用单位或者村民委员会张榜公布各项补偿费标准、总额等事项。

不收费公路建设需要使用国有土地的，由县级以上人民政府依法予以划拨。

第十条 具备施工条件的公路建设项目，由公路建设项目法人按照国家和省的有关规定向有管辖权的交通主管部门提出施工申请，经批准后方可施工。

第十一条 公路的安全设施、标志、标线和绿化工程，养护配套设施及其用地，按照国家公路工程技术标准实施，并与公路工程同期建设。超出技术标准或者要求增加项目的，由提出单位提供土地和建设、养护资金。

第十二条 收费公路交通标志、标线的设置、维护，由收费公路经营管理者负责。

不收费公路交通标志、标线的设置，由建设单位负责；其维护和更新由该公路的养护单位负责。

公路标志、标线必须清晰、准确、易于识别。通行信息应当提前提示，重要的通行信息应当重复提示。

第十三条 公路建设项目验收分为交工验收和竣工验收两个阶段。

公路建设项目完工后，项目法人应当按照国家和省有关规定组织交工验收；交工验收合格的，报省人民政府交通主管部门或者其授权的交通主管部门备案，交通主管部门在十五天内未提出异议的，项目法人可以试运营，试运营期不得超过三年；试运营期计入收费期限。

试运营期满前，项目法人应当按照规定办理竣工决算申报审批工作。政府审计、环保等部门应当及时组织审计和环保等单项验收。单项验收合格后，项目法人应当按照管理权限及有关规定申请竣工验收，竣工验收合格的，方可正式运营。

公路建设项目竣（交）工验收必须符合国家规定的公路工程竣（交）工验收标准。

第十四条 各级人民政府交通主管部门和有关监督管理部门应当加强公路建设的监督管理，维护公路建设市场秩序，依法查处公路建设中的违法、违规行为。

任何单位和个人对公路建设中违反法律、法规的行为以及工程质量问题，有权向有关部门投诉、检举、控告。

第十五条 公路养护应当执行国家和省人民政府交通主管部门规定的技术规范和操作规程，保持公路良好的技术状态。公路养护应当积极推向市场，实行管理和养护相分离。

公路路面养护及有关交通设施维修时，需要封闭半幅路面的，公路养护单位或者经营管理者应当按照有关规定报公路管理机构批准后实施，公路管理机构和公安部门应当共同做好施工现场的车辆疏导工作；需要全封闭路面的，由公路管理机构和公安部门共同发布通告后实施。

第四章 路 政 管 理

第十六条 各级人民政府交通主管部门、公路管理机构应当认真履行职责，依法管理和保护公路，保障公路的完好、安全和畅通。

第十七条 各级人民政府交通主管部门、公路管理机构有权检查、制止侵占或者损坏公路、公路用地和公路附属设施（以下统称路产）等违反公路法和本条例的行为。

公路监督检查人员依法在公路、建筑控制区、车辆停放场所、车辆所属单位等进行监督检查时，被检查的单位和个人应当配合检查，并为其提供方便。任何单位和个人不得阻挠。

公路监督检查人员执行公务，应当出示有效的行政执法证件，佩戴统一标志。

公路监督检查的执法专用车辆，应当设置统一的标志和示警灯。

第十八条 在公路及公路用地范围内禁止下列行为：

（一）非法设置路障，摆摊设点，设点修车、洗车，堆放物品，打谷晒粮，积肥制坯及其他影响公路畅通的行为；

（二）倾倒垃圾余泥，向公路或者利用公路排水设施排污，车辆装载泥砂石、杂物散落路面及其他污染公路的行为；

（三）擅自设置广告、标牌，毁坏、擅自移动或者涂改公路附属设施；

（四）堵塞公路排水系统，擅自利用桥梁、涵洞或者公路排水设施设闸、筑坝蓄水；

（五）利用公路桥梁、隧道铺设输送易燃、易爆、有毒的气体或者液体的管道；

（六）其他侵占、破坏、损坏公路路产，危及公路安全的行为。

第十九条 超过公路、公路桥梁、公路隧道或者汽车渡船的限载、限高、限宽、限长标准的车辆，不得在有限定标准的公路、公路桥梁和公路隧道行驶，不得使用汽车渡船。

超过公路或者公路桥梁限载标准确需行驶的，应当经公路管理机构按照有关规定批准，并按要求采取有效的防护措施。运载不可解体的超限物品的，应当按照指定的时间、路线、时速行驶，并悬挂明显标志。

第二十条 公路监督检查人员应当依法对在公路上行驶的车辆进行超限检测，对未经批准的超限车辆可以指定其在县级以上人民政府交通主管部门或者公路管理机构确定的地点停放，卸载至符合轴载质量及其他限值，按照有关规定补交已行驶里程的补偿费。

公路监督检查人员进行超限运输检查时，应当确保公路安全和畅通。被检查人员应当配合，接受检查，不得强行通过。

第二十一条 利用、占用公路和公路用地的下列行为，应当经公路管理机构批准：

（一）公路接线设置道口；

（二）拆除分隔带；

（三）埋设管线、设置电杆、变压器和类似设施；

（四）修建跨（穿）越公路的各种桥梁、牌楼、涵洞、渡槽、隧道、管线等设施；

（五）履带车、铁轮车及其他有损公路路面的车辆上路行驶；

（六）其他利用、占用公路和公路用地的行为。

从事前款第（三）项、第（四）项行为，影响交通安全的，还须征得有关公安机关的同意。

第二十二条 在国道、省道上增设的平面交叉道口与公路搭接的路段，应当铺设长度不少于五十米的次高级以上路面。

第二十三条 损坏路产、污染公路应当依法承担赔偿责任；占用、利用公路路产或者超限运输的，应当承担经济补偿责任。赔偿、补偿费标准由省人民政府交通主管部门会同省财政、价格部门制定。

交通事故造成损坏路产或者污染公路的，公安部门应当及时通知公路管理机构处理。

第二十四条 公路建筑控制区的范围，从公路用地外缘起向外的距离标准为：国道不少于 20 米；省道不少于 15 米；县道不少于 10 米；乡道不少于 5 米。属于高速公路的，公路建筑控制区的范围从公路用地外缘起向外的距离标准不少于 30 米。公路弯道内侧、互通立交以及平面交叉道口的建筑控制区范围根据安全视距等要求确定。

建筑控制区的具体范围经县级以上人民政府确定并予公告后，由公路管理机构设置标桩、界桩。禁止在公路建筑控制区内修建建筑物和地面构筑物，但公路防护、养护需要的除外。

第二十五条 自公路两侧边沟外缘起算，高速公路八十米范围内广告标牌设施的位置，应当由省人民政府交通主管部门统一规划，并按照有关规定批准。

国道五十米、省道三十米范围内广告标牌设施的位置，应当由地级以上市人民政府交通主管部门统一规划，并按照有关规定批准。

县道二十米、乡道十米范围内广告标牌设施的位置，应当由县级人民政府交通主管部门统一规划，并按照有关规定批准。

第二十六条 新建、改建公路线路确定后，县级以上人民政府交通主管部门应当知会当地人民政府规划、建设、国土等有关部门，在建筑控制区内不再审批建筑物、构筑物的建设。

对已经立项即将开工或者正在建设的公路，公路管理机构应当予以公告并依法实施路政管理。任何单位和个人自公告之日起不得在公路建设用地范围内抢建、抢种。

第二十七条 根据城市规划或者其他建设工程需要。国道、省道和收费公路需改线的，报省人民政府交通主管部门批准；不收费县道需改线的，报市人民政府交通主管部门批准；影响交通安全的，还须征得有关公安机关的同意。当地人民政府或者建设单位应当按照不低于该段公路原等级标准负责改线工程的投资。改线工程竣工验收后一年内办理新旧路产移交手续。

穿城（镇）公路需转为城市道路的，应当按照公路管理权限审批并办理有关手续。

第二十八条 公路竣工验收前，建设单位或者项目法人应当办理公路和公路用地土地使用权的登记，并按照规定取得土地使用权证。

第二十九条 公路改建及渡口改桥后处于建筑控制区内的原路产，继续作为公路规划建设用地管理；在建筑控制区外的原路产，可依法换取新建路桥需用的土地；改变用途和报废的，依法办理变更或者报废手续，手续办妥前，任何单位和个人不得占用。

第三十条 公路改建、扩建和养护大修、中修，施工单位应当按照公路施工、养护规范堆放材料，施工人员应当穿着统一安全标志，作业车辆、机械必须设置明显作业标志，并在施工路段按照规定设置施工标志、安全标志或者绕道行驶标志，采取措施疏导交通。完工后应当及时清理施工现场，保证车辆和行人的安全通行。

因恶劣天气、自然灾害、工程施工等原因需关闭公路的厂公路管理机构和公安部门应当提前发布通告，并采取措施疏导交通。

第三十一条 公路管理机构应当按照路产管理权限加强对公路标志、标线的监督管理，发现设置错误、不完善或者损坏的，应当责令公路经营者、管理者限期改正、修复或者更换。

第三十二条 公路绿化工作，由公路管理机构按照公路工程技术标准组织实施。

公路用地上的树木不得任意砍伐；确需更新砍伐的，必须经公路管理机构同意，按照《中华人民共和国森林法》的规定办理审批手续，并完成更新补种任务。

第五章 收费公路

第三十三条 收费公路，是指符合公路法和《收费公路管理条例》规定，经批准依法收取车辆通行费的公路（含桥梁、隧道和渡口）。

收费公路包括政府还贷公路和经营性公路。

第三十四条 省人民政府交通主管部门对本行政区域内的政府还贷公路，可以实行统一管理、统一贷款、统一还款。

经省人民政府批准，可在一定区域内实行车辆通行费年票制。

第三十五条 收费公路的设立应当符合国家和省的有关规定，由省人民政府交通主管部门会同省有关部门审核后，报省人民政府审批。省人民政府应当对收费公路的数量进行控制。

设立经营性收费公路应当依法采用招标投标的方式选定投资者。

转让收费公路收费权，属国道的，应当报国务院交通主管部门批准；属国道以外其他公路的，应当报省人民政府批准，并报国务院交通主管部门备案。

第三十六条 收费公路收费站的设置，由省人民政府按照《收费公路管理条例》的有关规定审查批准。

收费站站址的变更由县级以上人民政府交通主管部门审核逐级报省人民政府交通主管部门批准；站名变更的还需到价格部门换领收费许可证。

收费公路单向收费改为双向收费的，由省人民政府交通主管部门会同省人民政府价格主管部门审核后报省人民政府批准。

第三十七条 收费公路交工验收合格方可收费；收费公路终止收费后，收费公路经营管理者应当自终止收费之日起十五日内拆除收费设施。

第三十八条 车辆通行费的收费标准，按照《收费公路管理条例》的有关规定审查批准。

车辆通行费的收费标准，应当根据公路的技术等级、投资总额、当地物价指数、偿还贷款或者有偿集资款的期限和收回投资的期限以及交通量等因素计算确定。

公路建设项目试运营申请核定收费标准的，其建设项目投资总额按照省人民政府交通主管部门审批的设计概算计算；收费公路建设项目竣工验收后申请核定收费标准，其建设项目的投资总额按照省人民政府交通主管部门审批的竣工决算计算。涉及财政性资金的投资项目的投资总额按照财政部门审批的竣工决算计算。

修建与收费公路经营管理无关的设施、超标准修建的公路经营管理设施和服务设施的费用，在核定收费标准时，应当从投资总额中扣除。

第三十九条 收费公路的收费期限，由省人民政府按照《收费公路管理条例》的有关规定审查批准。收费期限届满，必须终止收费。

政府还贷公路在批准的收费期限届满前已经还清贷款、还清有偿集资款的，必须终止收费。

依照本条前两款的规定，收费公路终止收费的，省人民政府应当向社会公告，接受社会监督。

第四十条 省人民政府交通主管部门负责对全省公路联网收费的规划、设计、建设和运营实施管理。

第四十一条 收费站必须悬挂省人民政府交通主管部门统一监制的收费站站牌、标牌和省人民政府价格主管部门统一制发的收费许可证；并公布审批机关、收费单位、收费标准、收费起止年限、监督电话等内容。

第四十二条 收费公路经营管理者应当加强对收费站工作人员的业务培训和职业道德教育，收费人员应当做到文明礼貌，规范服务。

第四十三条 收费公路经营管理者应当建立健全财务、审计、统计、票据管理制度和报表制度。省人民政府财政、交通、税务、审计、价格、监察主管部门应当加强监督检查。

第四十四条 收费公路路政管理职责由公路管理机构行使，具体管理办法由省人民政府交通主管部门制定，报省人民政府批准。收费公路的养护、绿化由该公路的经营者负责，公路管理机构应当加强监督、检查。

交通、公安机关根据执法需要，可以查阅公路收费监控系统信息。

第四十五条 政府还贷公路收费站的管理费提取办法由省人民政府交通主管部门会同省人民政府财政、价格部门提出意见后报省人民政府批准。

不得将政府还贷公路收费站发包给任何单位或者个人承包收费。

第四十六条 经营性收费公路经营期间，等级公路技术状况指数（MQI）应当保持七十以上、高速公路技术状况指数（MQI）应当保持八十以上。

第四十七条 收费公路有下列情形之一的，由省人民政府交通主管部门责令经营管理者限期改正；逾期不改的，报省人民政府批准停止其收费：

（一）收费公路路面严重残损，连续三个月达不到规定的等级公路或者高速公路技术状况指数（MQI）的；

（二）不按照规定上报财务报表达六个月或者瞒报、虚报财务收支情况的；

（三）试运营期满仍未申请竣工验收或者验收不合格的；

（四）经营和管理违反相关法律法规，造成严重社会影响的。

收费公路经整改后符合收费要求，申请恢复收费的，应当经省人民政府批准。

第四十八条 收费公路经营管理者应当加强对收费站的管理，按照规定合理设置收费通道，具备条件的应当设置复式收费。

公路收费站应当根据车流量及时开足通道，保障收费通道的畅通；因未开足通道而造成在用通道平均五台以上车辆堵塞的，应当免费放行并开足通道。

第四十九条 省人民政府交通主管部门应当在公路收费站公布投诉电话。

公路收费站违反第四十八条第二款规定的，群众有权进行投诉、举报，县级以上人民政府交通主管部门应当认真调查，并按照第五十八条的规定追究有关人员的法律责任，并把处理结果告知投诉举报人。

第六章　法律责任

第五十条　违反本条例第十八条规定的，由县级以上人民政府交通主管部门责令其停止违法行为，限期采取补救措施，并可以按照下列规定处罚：

（一）违反第（一）项、第（二）项规定，尚未造成路产损坏的，处以五百元以下罚款；造成路产损坏的，处以五百元以上五千元以下罚款；

（二）违反第（三）项规定的，处以五千元以下罚款；危及行车或者公路安全，情节严重的，处以五千元以上三万元以下罚款；

（三）违反第（四）项、第（五）项规定的，责令限期拆除，处以一万元以上三万元以下罚款；逾期不拆除的，由县级以上人民政府交通主管部门拆除，费用由构筑者承担。

第五十一条　违反本条例第十九条规定，车辆在公路上擅自超限行驶的，由县级以上人民政府交通主管部门责令停止违法行为，可以处一千元以下罚款；情节严重的，强制卸载，可以处一千元以上三万元以下罚款。

第五十二条　违反本条例第二十一条第一款第（一）项规定，擅自与公路接线设置道口的，由县级以上人民政府交通主管部门责令停止违法行为，恢复原状，并处以五万元以下罚款。

违反本条例第二十一条第一款第（二）项、第（三）项、第（四）项、第（五）项规定的，由县级以上人民政府交通主管部门责令停止违法行为，可以处五千元以下罚款；造成公路损坏的，责令恢复原状，可以处五千元以上三万元以下罚款，并应当依法承担赔偿责任。

第五十三条　违反本条例第二十四条第二款规定，在公路建筑控制区内修建建筑物或者地面构筑物的，由县级以上人民政府交通主管部门责令限期拆除，并可以处五万元以下罚款；逾期不拆除的，由县级以上人民政府交通主管部门拆除，有关费用由建筑者、构筑者承担。

第五十四条　违反本条例第二十五条规定未经批准设置广告标牌设施的，由县级以上人民政府交通主管部门责令停止违法行为，限期拆除，可以处一千元以上五千元以下罚款；情节严重的，可以处五千元以上二万元以下罚款；逾期不拆除的，由县级以上人民政府交通主管部门拆除，有关费用由设置者承担。

第五十五条　违反本条例第三十条第一款规定的，由县级以上人民政府交通主管部门责令停止违法行为，影响公路畅通或者危及行车安全的，可以处五千元以下罚款；造成损失的，由施工单位承担民事责任。

第五十六条　违反本条例第三十二条第二款规定，擅自砍伐公路树木的，由县级以上人民政府交通主管部门责令赔偿损失。

第五十七条　有下列情形之一的，由省人民政府交通主管部门责令其限期改正，没收已收取的车辆通行费，上缴国库，用于公路建设：

（一）违反本条例第三十五条第三款规定，未经批准擅自转让收费公路收费权的；

（二）违反本条例第三十七条规定，未经交工验收合格开始收费的；

（三）违反本条例第四十五条第二款规定，将政府还贷公路收费站发包给单位或者个人承包收费的。

第五十八条　违反本条例第四十八条第二款规定，因未开足通道造成车辆堵塞的，由县级以上人民政府交通主管部门对收费公路经营管理者处以五千元以上一万元以下罚款；负有责任的主管人员和其他直接责任人员属于国家工作人员的，依法给予处分。

第五十九条　违反本条例规定，擅自在公路上设卡、收费或者应当终止收费而不终止的，由省人民政府交通主管部门责令停止违法行为，没收违法所得，并处以违法所得三倍以下的罚款；没有违法所得的，处以二万元以下罚款；负有责任的主管人员和其他直接责任人员属于国家工作人员的，依法给予处分。

第六十条 交通主管部门、公路管理机构的工作人员玩忽职守、徇私舞弊、滥用职权的，依法给予处分；构成犯罪的，依法追究刑事责任。

第七章 附 则

第六十一条 本条例规定的公路养护和收费公路等事项，需要制定具体办法的，由省人民政府另行制定。

第六十二条 本条例自2009年1月1日起施行。

376. 广东省农村公路条例

（2019 年 5 月 21 日广东省第十三届人民代表大会常务委员会第十二次会议通过）

第一章 总 则

第一条 为了加强农村公路的规划、建设、养护、管理和运营，促进农村公路事业发展，推进乡村振兴战略实施，根据《中华人民共和国公路法》《公路安全保护条例》等有关法律法规，结合本省实际，制定本条例。

第二条 本条例适用于本省行政区域内农村公路的规划、建设、养护、管理和运营及其相关工作。

第三条 本条例所称农村公路是指纳入农村公路规划并按照公路工程技术标准修建的县道、乡道和村道及其附属设施，以及经省人民政府交通运输主管部门认定并纳入统计年报里程的公路，包括公路桥梁、隧道和渡口。

县道是指除国道、省道以外的县际间公路，以及连接县级人民政府所在地与乡镇人民政府所在地和主要商品、农产品生产、集散地的公路。

乡道是指除县道及县道以上等级公路以外的乡际间公路以及连接乡镇人民政府所在地与建制村的公路。

村道是指除乡道及乡道以上等级公路以外的连接建制村与建制村、建制村与自然村、建制村与外部、自然村与自然村的公路，不包括村内街巷和农田间的机耕道。

附属设施是指为了保护农村公路和保障农村公路安全畅通所设置的农村公路安全防护、排水、养护、管理、运营服务等设施、设备以及专用建筑物、构筑物等。

第四条 农村公路的发展应当遵循政府主导、分级负责、各方参与、统筹规划、建管养运并重、保障安全畅通和保护环境的原则。

第五条 县级以上人民政府应当加强对农村公路工作的领导，把农村公路发展纳入本行政区域的国民经济和社会发展规划，建立健全农村公路规划、建设、养护、管理和运营体制，建立激励考核机制，促进本行政区域内农村公路持续发展。

县级人民政府负责本行政区域内农村公路工作，应当将农村公路工作纳入政府工作目标，组织协调有关部门做好农村公路工作。

乡镇人民政府负责本行政区域内乡道、村道的规划、建设、养护和日常管理工作，并保障与工作任务相适应的工作力量和其他必要的工作条件。

第六条 县级以上人民政府交通运输主管部门负责本行政区域内的农村公路建设、养护和管理工作。

县级以上人民政府发展改革、公安、财政、自然资源、生态环境、住房城乡建设、农业农村等有关主管部门应当按照各自职责，做好农村公路的相关工作，并加强信息共享。

第七条 村民委员会在乡镇人民政府的指导下，协助做好乡道、村道的建设和养护等相关工作，将村道的保护纳入村规民约，增强村民爱路、养路、护路意识。

第八条 县级以上人民政府应当加强农村公路规划、建设、养护、管理和运营经费保障，提高财政资金的使用效益。

农村公路建设和养护实行公共财政分级投入为主、多渠道筹资为辅、鼓励社会各界共同参与的资金筹措机制。

第九条 县级以上人民政府交通运输主管部门应当按照标准统一、内容完备、结构合理、数据准确、上下衔接的要求，建立健全农村公路数据库。

第二章 规划建设

第十条 农村公路规划的编制应当以国民经济和社会发展规划、综合交通运输体系规划为依据，与优化村镇布局、重要农产品生产园区、农村经济社会发展和群众安全便捷出行相适应，构建比例适当、衔接顺畅、布局合理、安全便捷的农村公路网络，满足乡村振兴、防灾减灾和国防建设的要求。

农村公路规划应当与国土空间规划以及环境保护、生态、林业、水利、旅游、绿道等规划相衔接，与国道、省道规划以及其他方式的交通运输发展规划相协调。

第十一条 县道规划由县级人民政府交通运输主管部门会同同级规划、发展改革等有关主管部门编制，经县级人民政府审定后报地级以上市人民政府批准，并由地级以上市人民政府交通运输主管部门向省人民政府交通运输主管部门备案。

乡道、村道规划由县级人民政府交通运输主管部门协助乡镇人民政府编制，报县级人民政府批准，并由县级人民政府交通运输主管部门向上一级人民政府交通运输主管部门备案。

乡镇人民政府编制村道规划，应当征求沿线村民委员会和村民的意见。

经批准的农村公路规划应当公布，不得擅自变更。确需变更的，由原编制机关提出修改方案，并按照原程序报批、备案。涉及村道规划变更的，还应当征求沿线村民委员会和村民的意见。

第十二条 编制国民经济和社会发展规划、国土空间规划等，涉及农村公路规划内容的，应当征求同级人民政府交通运输主管部门的意见。

国土空间规划和环境保护规划应当综合考虑资源环境承载能力，统筹利用国土空间资源，协调安排农村公路建设用地。

第十三条 县级人民政府交通运输主管部门应当会同同级发展改革部门，按照农村公路规划编制建设项目库，报本级人民政府批准。

列入项目库的农村公路建设项目作为已批准立项的项目，不再单独办理立项手续。

第十四条 农村公路建设项目涉及使用农用地的，应当依法办理用地手续。

农村公路建设项目涉及使用林地或者采伐林木的，应当依法办理林地使用或者林木采伐许可手续。

第十五条 农村公路两侧边沟（截水沟、坡脚护坡道）外缘起不少于一米的土地为农村公路用地。

农村公路建筑控制区的范围，从农村公路用地外缘起向外的距离标准为：

（一）县道不少于十米；

（二）乡道不少于五米；

（三）村道不少于三米。

村道的公路用地和建筑控制区因客观原因不能符合前两款规定标准的，由乡镇人民政府提出方案报县级人民政府确定。

县道、乡道的建筑控制区范围，由县级人民政府确定并予以公告。村道的建筑控制区范围，由乡镇人民政府确定并予以公告。

第十六条 规划和新建村镇、开发区、学校、厂矿、货物集散地、大型商业网点和农贸市场等，与村道建筑控制区边界外缘的距离应当不少于十米，并避免在公路两侧对应进行。

第十七条 农村公路建设应当因地制宜，按照以人为本、保护环境、节约土地资源等原则，合理确定建设标准。

县道的建设应当不低于三级公路的技术标准；乡道的建设应当不低于四级公路的技术标准；村道

的建设根据当地实际需要确定技术标准。

对受地形、地质、现有房屋建筑等条件限制的村道局部路段，经过技术安全论证，可以适当降低技术指标，但应当完善相关设施，确保安全。

第十八条 农村公路的建设应当按照相关公路工程技术标准设置交通安全、防护、排水、运营等交通工程及沿线设施，并与公路主体工程同步设计、同步施工、同步投入使用，纳入项目建设成本。

经过学校、农贸市场等混合交通量较大区域的农村公路应当参照城市道路标准设置人行道；具备条件的农村公路可以参照城市道路标准设置人行道并预留适当数量的路边停车位，设置休息区、停车场、公共卫生间、旅游观景台等设施。

第十九条 农村公路建设项目分为重要农村公路建设项目和一般农村公路建设项目。省人民政府交通运输主管部门可以依法结合实际情况简化一般农村公路建设项目的建设程序。

重要农村公路建设项目的设计分初步设计和施工图设计两个阶段进行，一般农村公路建设项目可以直接进行施工图设计，并可以多个项目一并进行。

县级以上人民政府交通运输主管部门按照职责对农村公路建设项目设计文件进行审批，涉及农业基地、产业园区、名村名镇、旅游景点等交通标志，应当征求同级农业农村、工业和信息化、文化和旅游等部门的意见。

农村公路建设项目建设规模、技术标准、路线走向等重要设计变更的，应当报原审批部门批准。

第二十条 县道、乡道建设项目应当依法办理施工许可，村道建设项目开工建设的同时应当报县级人民政府交通运输主管部门备案。

农村公路施工应当加强饮用水水源周边环境保护，防止水源污染事故发生。

第二十一条 农村公路建设项目应当选择具有相应资质的单位施工。在保证工程质量和人员安全的条件下，可以由专业技术人员指导组织沿线村民参与村道建设中技术难度低的路基和附属设施建设。

第二十二条 县级人民政府交通运输主管部门应当建立健全农村公路建设质量管理体系，对工程质量和安全生产进行指导、监督和管理。

县级人民政府交通运输主管部门可以聘请专业技术人员和群众代表参与农村公路工程质量和安全生产的监督工作。

第二十三条 农村公路建设项目实行安全生产责任制和工程质量责任追究制。

农村公路建设项目的建设、施工和监理单位应当明确安全和质量管理责任，落实安全和质量保证措施。

农村公路建设单位在施工现场应当设立安全警示标志和质量责任公告牌，公告有关责任单位、责任人、主要质量控制指标和质量举报电话。

第二十四条 农村公路建设项目竣工验收由县级人民政府交通运输主管部门组织实施，邀请同级公安、应急管理等相关单位参加。跨行政区域的项目由上一级人民政府交通运输主管部门组织实施。

一般农村公路建设项目交工、竣工验收可以合并进行，并可以多个项目一并验收。乡道、村道可以分批组织验收。

第二十五条 县级人民政府、乡镇人民政府应当支持交通、水利等大型基础设施建设项目利用农村公路作为施工便道使用，建设单位在工程交工验收后应当对被损坏的农村公路及时予以恢复、改建或者赔偿。

建设单位可以组织设计、施工单位将符合农村公路规划的施工便道按照公路工程技术标准进行建设，纳入项目设计概算，在项目交工验收后及时恢复路面技术状况，移交由当地政府改造完善为农村公路，县级人民政府、乡镇人民政府应当配合建设单位做好相关工作。

第三章　养　　护

第二十六条　农村公路养护坚持政府主导、社会参与、管养分离的原则，实行专业养护与群众养护、日常养护与集中养护相结合的方式，推进农村公路养护市场化。

第二十七条　农村公路养护应当按照国家和省规定的技术规范和操作规程实施，保持路基、路面、桥梁、涵洞、隧道和附属设施处于良好的技术状态，保证农村公路正常使用。

第二十八条　农村公路中修、大修和改建工程应当履行相关管理程序。

县道的小修保养应当采用专业化养护方式；乡道、村道的小修保养由乡镇人民政府采用专业化养护、群众性养护等多种方式进行，可以委托村民委员会组织实施。

农村公路保洁、绿化等日常养护项目，可以通过个人、家庭分段承包等方式交由沿线村民实施。当地政府可以通过购买服务、设置公益性岗位等方式逐步建立相对稳定的群众性养护队伍。

第二十九条　负责农村公路日常养护的单位或者个人应当按照规定进行农村公路路况巡查，发现公路坍塌、坑槽、隆起或者附属设施损毁、灭失等影响农村公路运行的情况，应当及时按规定处理和上报。

第三十条　农村公路发生严重损坏或者交通中断难以及时排除时，县级人民政府交通运输主管部门应当在当地政府的统一领导下，及时采取措施疏导交通、组织抢通和修复，有关村民委员会应当给予协助。

紧急抢修的农村公路养护工程可以采取指定施工单位的方式实施。

第三十一条　农村公路养护作业用地、砂石料场以及因养护需要挖砂、采石、取土、取水的，应当依法办理相关手续，县级人民政府、乡镇人民政府、村民委员会和有关单位应当给予支持和协助。

第三十二条　县级人民政府交通运输主管部门、乡镇人民政府应当建立桥梁养护工程师制度，定期组织桥梁安全检查、检测，加强危桥动态监控，落实危桥改造工作。

第三十三条　县级人民政府、乡镇人民政府应当按照农村公路绿化规划，组织实施农村公路绿化工作。

村民委员会应当协助和发动农村公路沿线村民参与农村公路绿化工作。

第三十四条　省人民政府交通运输主管部门应当制定符合本行政区域实际的农村公路技术状况评定标准。

县级人民政府交通运输主管部门应当按照国家和省的规定定期组织开展农村公路技术状况评定，相关评定结果应当作为养护质量考核的重要指标。地级以上市人民政府交通运输主管部门应当定期组织对评定结果进行抽查，并建立相应的奖惩机制。

农村公路桥梁技术状况评定根据桥梁养护规范确定，最长不得超过三年。

第四章　保 护 管 理

第三十五条　县级人民政府应当加强农村公路路政执法和日常监督管理，统筹有关力量，负责农村公路管理和执法工作。

乡镇人民政府配备的农村公路协管人员、村民委员会配备的护路员，负责协助开展农村公路保护和管理工作，制止危害农村公路的违法行为，并及时上报县级人民政府交通运输主管部门依法处理。

第三十六条　县道、乡道的保护与管理活动，《中华人民共和国公路法》《公路安全保护条例》等相关法律、法规、规章已有规定的，按照其规定执行。

在村道及其用地范围内禁止下列行为：

（一）设置障碍，损坏或者擅自移动、涂改附属设施；

（二）擅自设置加水站、加油站、停车场、洗车场、修车厂和广告牌；

（三）非法设卡、收费；

（四）擅自砍伐沿线绿化树木；

（五）铁轮车、履带车和其他可能损害公路路面的机具在村道上行驶；

（六）在村道桥梁和渡口周围二百米、隧道上方和洞口外一百米范围内挖砂、采石、取土、倾倒废弃物，进行爆破作业和其他危害公路安全的活动；

（七）擅自摆摊设点、堆放物品、倾倒垃圾、挖沟引水、打场晒粮、种植作物、放养牲畜、焚烧物品、利用公路边沟排放污物导致影响通行安全；

（八）其他侵占、破坏、损坏村道路产，危及村道安全的行为。

农业机械因当地田间作业需要在村道上短距离行驶或者军用车辆执行任务需要在村道上行驶的，可以不受前款第五项限制，但应当采取安全保护措施。对村道造成损坏的，应当按照损坏程度给予补偿，相关补偿费用应当用于村道的恢复。

第三十七条　任何单位和个人不得擅自占用、挖掘、损坏农村公路，不得在农村公路建筑控制区内新建、扩建建筑物和构筑物。

确需在村道建筑控制区内埋设管线、电缆等设施的，或者因建设工程需要占用、挖掘村道的，应当征求村民委员会和乡镇人民政府的意见，并按照不低于该路段原有的技术标准予以修复、改建或者给予相应的经济补偿。

第三十八条　违法超限运输车辆和超过农村公路限载、限高、限宽、限长标准的车辆，不得在农村公路上行驶。

县级人民政府交通运输主管部门、乡镇人民政府可以根据保护村道的需要，自行或者委托村民委员会在保障通行安全和消防、卫生急救等应急通行需要的前提下，在村道的出入口设置必要的限高、限宽设施。限高、限宽设施应当有明显标志和夜间反光标志。

第三十九条　县级以上人民政府应当加强本行政区域内农村公路的货物运输源头超限超载治理工作，组织交通运输、公安、工业和信息化、住房城乡建设、自然资源、水利、市场监管等有关部门加强对货运源头单位货物装载环节的监督检查。

货运源头单位不得为货运车辆超标准配载、装载。

第四十条　县级人民政府交通运输主管部门、公安机关交通管理部门应当加强对运输车辆的监督检查，防止超载和违法超限车辆在农村公路上行驶。

承运人应当接受监督检查，不得采取短途驳载、绕行等方式逃避超限检测，不得故意堵塞、强行通过超限检测站点、限高、限宽设施或者以其他方式扰乱监督检查工作。

第四十一条　县级人民政府交通运输主管部门可以在农村公路上设置超限技术监控设施设备，自动检测、拍摄和记录行驶中货运车辆的车货总质量、几何尺寸、车辆图像等信息。

在超限技术监控设施设备投入使用三十日前，县级人民政府交通运输主管部门应当将设置超限技术监控设施设备的位置向社会公告，并在醒目处设置超限技术监控告知标志。

任何单位和个人不得故意损毁、擅自移动或者拆除超限技术监控设施设备。

第五章　运营服务

第四十二条　农村公路的运营应当坚持城乡统筹、以城带乡、城乡一体、客货并举、运邮结合的原则，与地区经济社会发展、交通需求相适应，提升农村客运和物流服务水平。

第四十三条　县级以上人民政府应当发展农村客运，参照城市公交政策制定农村客运优惠政策和政府补贴政策，提高建制村的通客车率，建立健全农村客运网络体系。

第四十四条　省人民政府交通运输主管部门应当制定农村客运服务规范，明确各种农村客运运营组织模式的服务标准。

市、县级人民政府交通运输主管部门应当完善城乡客运线网布局，创新农村客运经营组织模式，鼓励客运经营者采取灵活方式运营，提供多样化的农村客运服务。

第四十五条 农村公路客运站点的建设应当科学规划、安全实用，并有明确的标识标志，标明客运线路起讫点、发班时间、发车班次以及投诉咨询电话等有关信息。

鼓励建设集农村客运、物流、电商、旅游、餐饮购物、养护等多功能为一体的综合服务站。

第四十六条 省人民政府交通运输主管部门应当会同农业农村、商务、供销、邮政等部门制定农村物流网络节点建设标准。

县级人民政府交通运输主管部门应当会同同级农业农村、商务、供销、邮政等部门编制县域农村物流三级网络节点体系发展规划。

鼓励商贸、邮政、快递、供销、运输等企业加大在农村地区的设施网络布局，建设面向农村地区的共同配送中心。

第四十七条 农村客运经营者应当落实安全生产主体责任，建立健全安全生产责任制，完善相关应急预案，加强对农村客运车辆的动态监管，强化司乘人员教育，确保车辆技术状况良好。

县级人民政府应当建立公安、交通运输、应急管理等主管部门参与的农村公路客运安全监管机制，督促乡镇人民政府落实安全监管责任；相关部门按照职责分工加强对农村客运经营者的安全监管，督促其落实安全生产主体责任。

第六章　资金保障

第四十八条 农村公路建设和养护资金的来源包括下列形式：

（一）各级人民政府安排的财政资金；

（二）村民委员会通过“一事一议”等方式筹集的资金；

（三）企业、个人等社会捐助资金；

（四）通过拍卖、转让农村公路冠名权、路域资源开发权等方式筹集的资金；

（五）通过其他方式安排或者筹集的资金。

鼓励单位、个人采取自愿捐资等方式支持农村公路建设、养护和管理。

第四十九条 省、地级以上市人民政府应当安排财政资金用于农村公路建设、养护的补助，并逐步增加对经济欠发达地区、偏远山区、少数民族地区、革命老区及原中央苏区农村公路建设、养护的支持力度。

县级人民政府应当建立以政府公共财政投入为主的资金保障机制，将农村公路建设和养护资金纳入本级财政预算。

乡镇人民政府应当根据当地财力情况，安排相应的资金，用于乡道、村道的建设和日常养护。

有上级补助资金来源的农村公路建设项目，在上级补助资金到位前，当地政府可以先行垫付资金启动实施，上级补助资金到位后拨付归垫。

第五十条 各级人民政府应当加强对农村公路养护资金的支持保障，保证农村公路养护工作的正常进行。

第五十一条 农村公路建设和养护资金实行专项核算、专款专用，任何单位和个人不得截留、挤占或者挪用。

县级以上人民政府财政和交通运输主管部门应当建立农村公路建设、养护资金的绩效评价机制。

县级以上人民政府审计、财政部门应当依法对农村公路建设、养护资金的使用情况进行监督检查。

第七章　法律责任

第五十二条 违反本条例第三十六条第二款规定，有下列情形之一的，由县级人民政府交通运输主管部门予以处理，造成村道及其附属设施损坏的，依法承担赔偿责任：

（一）违反第一项规定，设置障碍，损坏或者擅自移动、涂改附属设施的，责令停止违法行为，恢复原状，可以处二千元以下的罚款；

（二）违反第二项规定，擅自设置加水站、加油站、停车场、洗车场、修车厂和广告牌的，责令停止违法行为，可以处二千元以下的罚款；

（三）违反第三项规定，非法设卡、收费的，责令停止违法行为并依法拆除非法设置的关卡设施，没收违法所得，可以处违法所得三倍以下的罚款；没有违法所得的，可以处二万元以下的罚款；

（四）违反第四项规定，擅自砍伐沿线绿化树木的，责令赔偿损失；

（五）违反第五项规定，铁轮车、履带车和其他可能损害公路路面的机具擅自在村道上行驶的，责令停止违法行为，可以处五千元以下的罚款；造成公路损坏的，责令恢复原状，可以处五千元以上三万元以下的罚款，并应当依法承担赔偿责任；

（六）违反第六项规定，在村道桥梁和渡口周围二百米、隧道上方和洞口外一百米范围内挖砂、采石、取土、倾倒废弃物，进行爆破作业和其他危害村道及其附属设施安全行为的，责令限期改正；逾期不改正的，可以处三万元以下的罚款。

第五十三条　违反本条例第三十七条规定，擅自占用、挖掘、损坏村道，或者在村道建筑控制区内新建、扩建建筑物、构筑物的，由县级人民政府交通运输主管部门责令停止违法行为，恢复原状，可以处五千元以下的罚款。造成村道及其附属设施损坏的，依法承担赔偿责任。

第五十四条　违反本条例第三十八条规定，违法超限运输车辆和超过村道限载、限高、限宽、限长标准的车辆在村道上行驶的，由县级人民政府交通运输主管部门责令停止违法行为，可以处三万元以下的罚款。

第五十五条　违反本条例第四十一条规定，故意损毁、擅自移动或者拆除超限技术监控设施设备的，由县级人民政府交通运输主管部门责令赔偿损失，可以处三万元以下的罚款。

第五十六条　县级以上人民政府交通运输主管部门、乡镇人民政府的工作人员违反本条例规定，玩忽职守、徇私舞弊、滥用职权的，依法给予处分；构成犯罪的，依法追究刑事责任。

第八章　附　　则

第五十七条　本条例自 2019 年 9 月 1 日起施行。

377. 广西壮族自治区实施《中华人民共和国公路法》办法

（2016年11月30日广西壮族自治区第十二届人民代表大会常务委员会第二十六次会议第二次修正）

第一条 根据《中华人民共和国公路法》，结合本自治区实际，制定本办法。

第二条 县级以上人民政府交通主管部门主管本行政区域内的公路工作，负责本办法的组织实施。

公路管理机构对所管辖的公路依照本办法规定行使行政管理职责。

第三条 规划建设铁路、管线等各类设施，跨越、穿越或者在公路建筑控制区内并行于已立项建设或者在建的高速公路、国道、省道的，应当征得自治区人民政府交通主管部门的同意；跨越、穿越或者在公路建筑控制区内并行于县道、乡道的，应当征得设区的市人民政府交通主管部门同意。

第四条 公路建设用地需要征收农民集体所有的土地的，由工程项目所在地县级以上人民政府负责，其土地补偿费、安置补助费、地上附着物和青苗补偿费等费用标准，按照国家和自治区的有关规定执行。有关部门或者建设单位应当按照有关规定按时足额支付各项补偿费用，不得截留或者挪用。

第五条 已有的公路及其附属设施用地，由公路管理机构提出申请，县级以上人民政府组织有关部门勘测登记、绘制地图、造册立档、埋设界桩。对依法批准的公路建设用地，县级以上人民政府应当在公路建设开工前核发建设用地批准书，竣工验收合格后核发土地使用权证书。

第六条 县级以上人民政府交通主管部门应当依法加强公路建设项目质量的监督管理。公路建设项目应当按照国家有关规定进行验收。分段完成的具有独立使用价值的路段或者单项工程，可以分段验收。经验收合格的，可以先行交付使用。

第七条 县级以上人民政府财政、审计部门应当对公路建设工程概算、预算、决算进行监督。

任何单位和个人不得擅自提高工程造价或者以降低工程质量来降低工程造价。

第八条 城市规划区内经过市区的公路路段，可以由当地县级以上人民政府交通主管部门和建设主管部门商定后，报自治区人民政府交通主管部门批准改划为城市道路。改划为城市道路的，由当地人民政府建设主管部门负责管理。未改划为城市道路的其他公路，仍由公路管理机构按其职责进行管理。

第九条 改建公路和公路养护施工作业，应当尽量避开交通高峰时段；在施工时，交通主管部门或者公路管理机构、施工单位应当按照有关规定设置警示或者引导标志。施工路段不能通行的，施工单位应当事先在绕行路口予以公告。通过公路施工路段的车辆和行人应当遵守施工现场秩序，服从现场管理人员指挥，不得损坏施工现场及其设施。禁止非施工车辆和人员擅自进入施工现场和尚未开通的公路。

第十条 公路改建后原有线路的旧桥和旧公路，符合下列条件之一，并经自治区公路管理机构核准废弃的，不再进行养护和管理：

（一）路线较短且无车辆通行的路段；

（二）已中断交通且作为弃土场、养护站料场或者已种植农作物的路段；

（三）危桥及危涵路段；

（四）已不能通行的旧桥；

（五）公路改建后已不通行的急弯、陡坡、临崖、临水等危险路段。前款规定的旧桥和旧公路经核准废弃后，由所管辖的县级公路管理机构在显著位置设立禁止通行的标志，并移交所在地的县级人民政府管理。

第十一条　公路建筑控制区的范围，从公路用地外缘起向外的距离标准为：

（一）国道不少于 20 米；

（二）省道不少于 15 米；

（三）县道不少于 10 米；

（四）乡道不少于 5 米。

属于高速公路的，公路建筑控制区的范围从公路用地外缘起向外的距离标准不少于 30 米。

公路弯道内侧、互通立交以及平面交叉道口的建筑控制区范围根据安全视距等要求确定。

禁止在公路建筑控制区内修建建筑物和地面构筑物，但属于公路附属设施的除外。

新建、改建公路线路确定后，交通主管部门应当告知建设、规划、国土资源等有关部门，有关部门不得在公路建筑控制区内审批建筑物、构筑物的建设项目。

第十二条　禁止在公路两侧边沟外缘起的下列范围以内，规划和新建镇、开发区、住宅区以及医院、学校、厂矿、集贸市场等建筑群或者集散地：

（一）国道、省道不少于 50 米；

（二）县道、乡道不少于 20 米；

（三）高速公路不少于 80 米。

本办法施行以前已经在公路两侧建设的上述建筑群和集散地，不得在前款规定的范围内，沿公路平行扩建；上述建筑群和集散地影响交通安全或者干扰车辆通行的，由设区的市、县级人民政府组织上述开发经营者沿公路两侧设置有效的隔离设施。

第十三条　正在建设或者已立项即将开工的公路，公路管理机构应当予以公告，依法实施路政管理。

第十四条　在新建、改建公路建筑控制区内，原有建筑物、构筑物对交通安全和公路畅通无严重影响的，可维持原状，不得重建、扩建和改建；原有建筑物属于危房确需重建的，由当地县级以上人民政府组织迁出公路建筑控制区，另行安置。拆迁安置办法依照国家、自治区有关规定执行。

第十五条　在公路上及公路用地范围内，禁止下列行为：

（一）在公路桥梁、地下通道、管涵内堆放物品、进行明火作业、搭建设施；

（二）打场、晒粮、种植作物、放养牲畜、积肥或者焚烧物品；

（三）堵塞、损坏公路排水设施；

（四）涂改公路标志、标线；

（五）砍伐、损坏公路用地上的树木、花草等绿化种植物；

（六）泄漏、抛撒、散落物品损坏、污染公路或者载物拖地行驶损坏公路及公路附属设施；

（七）污染、损坏公路和影响公路畅通的其他行为。

属于未征收的公路用地，交通主管部门或者公路管理机构实施路政管理时，应当尊重土地使用权人的合法权益。

第十六条　禁止将公路渡口码头作为横水渡、圩渡或者其他用途码头。

第十七条　禁止不符合国家有关客、货运输装载技术规范的车辆进入高速公路。

禁止在高速公路上上下客、装卸货物、留置物品、向车外丢弃物品、从路外向高速公路投掷物品。

第十八条　建设单位或者个人进行下列作业，应当事先征得公路管理机构同意；涉及交通安全的，还须征得公安机关同意：

（一）在公路、公路用地、公路建筑控制区内设置塔、杆、变压器等设施的；

（二）跨越、穿越公路修建桥梁、渡槽、涵洞、隧道或者设置管线、电缆、龙门架等设施的；

（三）在公路上设置立体交叉道口的；

（四）占用、挖掘公路和公路用地的其他行为。

第十九条　依法应当经公路管理机构同意的作业，当事人必须按照国家的有关规定提交申请材料，公路管理机构按照下列权限审批：

（一）涉及国道、省道的，由设区的市公路管理机构审批，报自治区公路管理机构备案；

（二）涉及县道、乡道的，由县级公路管理机构审批，报设区的市公路管理机构备案；

（三）涉及高速公路的，由自治区高速公路管理机构审批。

第二十条 超限运输车辆行驶公路，按照下列权限审批：

（一）跨自治区、设区的市运输的，由自治区公路管理机构审批；

（二）设区的市内、跨县级行政区域运输的，由设区的市公路管理机构审批；

（三）在县级行政区域内运输的，由县级公路管理机构审批；

（四）超限运输车辆行驶高速公路的，由自治区高速公路管理机构审批。

第二十一条 公路管理机构应当在公路及其桥梁、隧道、渡口设置限高、限宽、限长、限载标志，并根据需要在公路上设置运输车辆轴载质量及车货总质量的检测装置，对超限运输车辆进行检测、稽查和卸载。

第二十二条 交通事故造成损坏或者污染公路的，公安机关交通管理部门在处理事故时，应当及时通知公路管理机构处理。

因交通事故或者维修需要，公路管理机构应当及时调整公路车道，并设置警示或者引导标志。

第二十三条 高速公路的道路清障、救援由交通主管部门负责。因交通事故引起的路障清理和救援工作，由公安机关交通管理部门和交通主管部门相互配合，共同负责。

第二十四条 货运车辆进入收费公路，应当按照核定吨位或者计重的方式收取车辆通行费。收取车辆通行费的车辆分类标准，按照国家和自治区规定执行。车辆行驶证上标注的吨位与国家公告的车辆吨位标准不一致的，按照国家公告的车辆吨位标准计量收费。

任何单位和个人不得拒缴、逃缴收费公路车辆通行费。

第二十五条 车辆通行费缴费义务人对收费标准有异议的，应当按照收费员认定的数额预缴车辆通行费，及时将车辆驶离收费车道，并就异议事项向所在地的交通主管部门或者公路管理机构申请复核，或者向所在地的价格主管部门投诉。经依法复核确有差错的，收费单位应当予以清退。

第二十六条 联网收费的公路，实行“统一收费，收入清算分配”的方式。既有政府还贷公路又有经营性公路的，应当统一使用自治区人民政府财政主管部门印制或者监制的车辆通行费专用票据。

第二十七条 收费公路在收费期间的小修、中修、大修、改善工程等公路养护所发生的费用，应当在收取的车辆通行费中列支。

收费公路改建或者扩建的投资贷款，经自治区人民政府批准，可以纳入还贷基数。

第二十八条 试运营的收费公路必须在国家规定的期限内申请竣工验收。

第二十九条 进入高速公路以及其他封闭式收费公路的车辆，应当凭通行卡（券）入出。有下列情形之一的，由收费单位按照自治区人民政府交通主管部门和价格主管部门的有关规定计费：

（一）无通行卡（券）的；

（二）持无效通行卡（券）的；

（三）逆向行驶或者 U 形行驶的；

（四）出入口车牌号与车辆不一致的。

第三十条 对公路及其附属设施造成较大损害的车辆及擅自超限运输的车辆，必须立即停车，接受公路管理机构的调查、处理后方得驶离；不能当场处理的，公路管理机构有权责令其停驶，就近指定安全地点停放。当事人应当在 15 日内到指定的地点接受处理，公路管理机构应当及时处理，并在当事人履行行政处罚决定后立即放行车辆。当事人逾期不接受处理的，公路管理机构应当依法采取处理措施。

在依法处理前车辆由公路管理机构负责妥善保管，所需费用由当事人承担；在前款规定的 15 日内，对停放的车辆造成损坏的，公路管理机构应当依法赔偿。

第三十一条 违反本办法第十一条第五款、第十二条规定，违法批准建设项目的，其批准文件无效，给当事人造成损失的，由批准机关依法承担赔偿责任，并对直接负责的主管人员和其他直接责任人员依法给予行政处分。

第三十二条 违反本办法第十四条规定，在新建、改建公路建筑控制区内擅自重建、扩建、改建原有建筑物或者构筑物的，由交通主管部门或者公路管理机构责令限期拆除，并可以处 2000 元以上 5 万元以下的罚款。逾期不拆除的，由交通主管部门或者公路管理机构拆除，所需费用由建筑物或者构筑物的所有人承担。

第三十三条 有下列违法行为之一造成公路污染、损坏和影响公路畅通的，由交通主管部门或者公路管理机构责令停止违法行为，可以处 1000 元以上 5000 元以下的罚款，并依法承担赔偿责任：

（一）违反本办法第十五条第一款第一项规定，在公路桥梁、地下通道、管涵内堆放物品、进行明火作业、搭建设施的；

（二）违反本办法第十五条第一款第二项规定，在公路上及公路用地范围内打场、晒粮、种植作物、放养牲畜、积肥或者焚烧物品的；

（三）违反本办法第十五条第一款第三项规定，堵塞、损坏公路排水设施的；

（四）违反本办法第十五条第一款第五项规定，砍伐、损坏公路用地上的树木、花草等绿化种植物的；

（五）违反本办法第十五条第一款第六项规定，泄漏、抛撒、散落物品损坏、污染公路或者载物拖地行驶损坏公路及公路附属设施的；

（六）违反本办法第十五条第一款第七项规定，其他污染、损坏公路和影响公路畅通的行为。

第三十四条 有下列违法行为之一的，由交通主管部门或者公路管理机构责令停止违法行为，可以处 1000 元以上 2 万元以下的罚款，并依法承担赔偿责任：

（一）违反本办法第十五条第一款第四项规定，涂改公路标志、标线的；

（二）违反本办法第十六条规定，将公路渡口码头作为横水渡、圩渡或者其他用途码头的。

第三十五条 有下列违法行为之一的，由交通主管部门或者公路管理机构责令停止违法行为，可以处 5000 元以上 3 万元以下的罚款，并依法承担赔偿责任：

（一）违反本办法第十八条第一项规定，在公路、公路用地、公路建筑控制区内设置塔、杆、变压器等设施的；

（二）违反本办法第十八条第二项规定，跨越、穿越公路修建桥梁、渡槽、涵洞、隧道或者设置管线、电缆、龙门架等设施的；

（三）违反本办法第十八条第三项规定，在公路上设置立体交叉道口的；

（四）违反本办法第十八条第四项规定，其他占用、挖掘公路和公路用地的行为。

第三十六条 违反本办法第二十四条第二款规定，拒缴、逃缴收费公路车辆通行费的，由收费站工作人员责令补缴；经劝说仍不补缴或者堵塞收费车道，影响其他车辆正常通行的，由交通主管部门或者公路管理机构将堵塞收费车道的车辆拖离，所需费用由当事人承担；强行冲卡，造成收费设施损毁的，依法承担赔偿责任。

第三十七条 本办法所称公路用地包括：公路两侧边沟以外不少于 1 米的用地；公路两侧无边沟的，为公路缘石外不少于 5 米的用地，有征地界线的，从其界线；已征收的公路建设用地；为修建、养护公路建于公路沿线的有关公路附属设施用地。

第三十八条 本办法自 2005 年 12 月 1 日起施行。

378. 广西壮族自治区高速公路管理办法

（2014 年 1 月 26 日　广西壮族自治区人民政府令第 101 号）

第一章　总　　则

第一条　为了加强高速公路建设和管理，促进高速公路事业的发展，保障高速公路完好、安全、畅通，维护高速公路投资者、经营管理者和使用者的合法权益，根据《中华人民共和国公路法》及有关法规，结合本自治区实际，制定本办法。

第二条　在本自治区行政区域内从事高速公路的规划、建设、养护、经营、使用和管理，适用本办法。

第三条　高速公路的发展应当遵循科学规划、合理布局、确保质量、保障畅通、保护环境、建设改造与养护并重的原则。

第四条　自治区从政策、资金、土地利用等方面支持高速公路发展。

第五条　鼓励国内外经济组织依法投资、建设、经营高速公路，其合法权益受法律保护。

第六条　自治区交通运输主管部门主管全区高速公路工作，其所属的高速公路管理机构依照本办法规定行使高速公路行政管理职能。高速公路管理机构依法行使行政管理职能所需经费纳入财政预算。

第七条　自治区发展和改革、工业和信息化、公安、工商行政管理、质量技术监督等部门和高速公路沿线人民政府以及有关单位，应当按照职责分工，做好高速公路规划、建设、养护、经营、管理和保护等相关工作。

第二章　规 划 建 设

第八条　高速公路规划由自治区交通运输主管部门依据国家公路路网规划和本自治区经济社会发展的需要会同有关部门统一编制，报自治区人民政府批准后公布实施。

第九条　国内外经济组织投资建设高速公路按照规定实行特许经营。

高速公路特许经营项目应当依法采取招标投标方式选定投资者，并由交通运输主管部门与投资者签订特许经营协议。

第十条　高速公路建设按照规定实行项目法人负责制度、招标投标制度、工程监理制度、项目资本金制度、合同管理制度、建设工程环境影响评价制度和工程质量责任追究制度。

第十一条　高速公路建设应当遵循基本建设程序，执行国家规定的工程设计、施工和监理规范以及技术标准，保证合理的设计和施工周期，确保工程质量。

第十二条　高速公路建设项目应当按照规定开展建设项目安全生产条件论证和安全预评价。

高速公路建设项目初步设计时，应当对高速公路建设项目安全设施进行设计，并编制安全专篇。

高速公路建设项目安全设施竣工或者试运行完成后应当进行验收评价。

第十三条　高速公路防护、排水、安全设施，监控、通信、收费系统，养护管理、路政管理、交通安全管理执勤执法营房、超限运输检测、交通量观测等专用场所、设施，以及经营服务设施，应当与高速公路建设项目主体工程同步设计、同步建设、同步验收使用。

已建成的高速公路未按照国家和自治区有关规定建设前款规定的系统、场所和设施的，由高速公路经营管理者负责补建。

第十四条 高速公路建设应当避免损坏其他公路和设施；确实无法避免的，应当按照不低于该公路和设施原有的技术标准予以修复，或者给予相应的经济补偿。

高速公路建设需要使用其他公路用地的，其他公路的经营管理者应当配合。

第十五条 高速公路管理机构应当建立健全高速公路管理档案，对高速公路、高速公路用地、高速公路附属设施调查核实、登记造册。

高速公路建设项目竣工验收后，建设单位应当依照档案管理法律法规和国务院交通运输主管部门的规定，向高速公路管理机构移交建设项目相关档案资料。

第三章　经 营 服 务

第十六条 经营管理者应当依法从事高速公路经营、服务、收费活动，完善服务区功能以及交通安全、环保、监控、收费等设施。

第十七条 经营管理者依法享有高速公路收费权、广告经营权和服务设施经营权。

高速公路权益的转让应当遵守有关法律、法规、规章的规定。

单独转让高速公路广告经营权、服务设施经营权或者采取委托的方式进行经营管理的，应当报高速公路管理机构备案。

第十八条 经营管理者应当按照自治区人民政府批准的收费标准和收费期限收取车辆通行费。

载货类汽车应当按照自治区人民政府有关计重收费的规定交纳车辆通行费。经营管理者用于计重收费的计量衡器应当按照有关规定经检定合格，定期维护、校核，保证其计量符合规定要求。

第十九条 收费高速公路实行全区联网收费，推广使用电子不停车等智能收费系统。不联网不得收费。

高速公路联网收费具体办法由自治区交通运输主管部门组织制定并监督实施。

第二十条 自治区高速公路管理机构负责制定全区高速公路联网收费方案，报自治区交通运输主管部门批准后组织实施。

高速公路建设单位、经营管理者应当按照联网收费方案的要求建设和完善高速公路收费、通信、监控等设施，经自治区高速公路管理机构测试合格后并入全区高速公路联网收费系统。高速公路管理机构按照国家和自治区有关规定对联网收费系统进行管理。

第二十一条 自治区高速公路管理机构统一组织调度联网系统中的路网通信资源。高速公路联网收费、路况监测、突发事件应急处置、行政执法管理以及有关公共服务平台建设等需要调度使用路网通信资源的，经营管理者应当无偿提供。

第二十二条 自治区高速公路管理机构负责对全区联网收费的高速公路通行费进行清分结算。

通行费清分结算所需经费由经营管理者共同承担，按照当年通行费清分收入的一定比例计提，计提比例由自治区交通运输主管部门组织高速公路经营管理者协商确定，并由经营管理者拨付自治区高速公路管理机构。经费按规定纳入预算管理，专款专用。

自治区高速公路管理机构应当定期向经营管理者公开前款规定的经费收支和使用情况，接受监督。

第二十三条 车辆通行高速公路收费站时不得有妨碍高速公路交费通行秩序的下列行为：

（一）强行冲卡；

（二）故意堵塞收费道口；

（三）刁难、侮辱、威胁、殴打收费人员；

（四）其他妨碍高速公路交费通行秩序的行为。

第二十四条 车辆通行高速公路应当按照规定交纳车辆通行费，不得有下列行为：

（一）调换通行凭证或者使用伪造的通行凭证；

（二）以跳磅、冲磅、垫磅、绕磅等方式妨碍计量器具正常计重；

（三）使用伪造、变造、盗窃的车辆交费优惠证明；

（四）假冒法定免费通行车辆；

（五）假冒鲜活农产品绿色通道免费通行车辆；

（六）采用其他手段拒交、逃交、少交车辆通行费。

第二十五条 经营管理者应当根据车流量的需要开通足够数量的收费道口，必要时采取调整进出收费道口、启用便携式收费机等应急措施，对车辆进行疏导。

第二十六条 经营管理者应当建立健全规章制度，坚持守法经营、诚实服务，公开服务标准和收费价格，接受社会监督。

第二十七条 经营管理者应当加强服务区、停车区等服务场所、设施的规范化管理，为司乘人员提供安全、便捷、文明的服务。

第二十八条 经营管理者不得随意关、停服务区、停车区等经营服务设施。因维修作业需要关闭服务区、停车区的，应当报告高速公路管理机构，并提前5日向社会公告。

第二十九条 经营管理者应当在高速公路收费站入口处、服务区以及重要路段设置电子信息牌、公告栏或者以其他方式及时发布交通管制信息和交通运行信息。

第三十条 经营管理者应当对高速公路养护、收费等从业人员进行职业道德教育和业务培训，保证从业人员具备必要的从业知识，熟悉有关法规和操作规程，掌握岗位操作技能。

第三十一条 交通运输、公安、消防、商务、食品药品监督、质量技术监督、工商行政管理、税务、环保等部门应当加强高速公路经营服务活动的监督检查。

第三十二条 自高速公路两侧用地外缘起向外80米范围内广告设施的设置，应当由自治区交通运输主管部门统一规划。

设置高速公路广告设施应当符合规划要求，不得影响高速公路通行安全，并依法办理相关手续。

第四章　公路养护

第三十三条 经营管理者应当按照国务院交通运输主管部门规定的技术规范和操作规程，对高速公路进行养护，并做好高速公路绿化、美化和高速公路用地范围内的水土保持工作，保证高速公路经常处于良好技术状态。

高速公路管理机构应当按照国家和自治区有关规定对高速公路养护状况实施监督检查，督促经营管理者依法履行养护职责。

第三十四条 经营管理者应当按照国家和自治区有关规定对高速公路及其附属设施进行养护巡查，并制作巡查记录；发现高速公路及其附属设施有坍塌、坑槽、水毁、隆起等影响车辆安全通行的情形，应当及时设置警示标志，并组织力量修复；对三类以上桥梁、A类隧道、危涵，应当及时采取维修加固、大修等措施排除险情，并报告自治区高速公路管理机构。

经营管理者应当按照规范的要求，及时清理路面杂物等交通障碍，排除积水等行车不安全因素，保持高速公路路面整洁和畅通。

第三十五条 经营管理者应当按照国家和自治区有关规定设置和维护交通标志、标线，保持交通标志和标线清晰、准确、完好。因高速公路路网结构变化或者交通管理需要，经营管理者对标志、标线进行调整的，应当报告高速公路管理机构。

第三十六条 经营管理者应当按照国家和自治区有关规定编制高速公路年度养护计划，并将养护计划报自治区高速公路管理机构备案。

第三十七条 经营管理者应当加强养护施工作业现场管理，及时处理因养护施工作业造成的交通堵塞；高速公路管理机构和公安机关交通管理部门应当根据各自职责对高速公路养护作业路段加强监督检查，维护高速公路正常的养护施工秩序和交通安全。

养护施工作业应当注意保护环境，施工产生的垃圾、杂物等废弃物应当在路面以外统一堆置，并做好弃置场所的环保工作。

第三十八条 高速公路管理机构和经营管理者应当按照国家和自治区有关规定，建立公路损毁、交通流量等互联互通养护信息系统，并及时向社会公布高速公路运行养护信息。

第三十九条 已建成通车的高速公路实行养护保证金制度，具体办法由自治区交通运输主管部门另行制定。

第五章 路政管理

第四十条 高速公路管理机构应当加强对高速公路的监督检查，依法查处侵占、损坏高速公路、高速公路用地及附属设施等行为，管理高速公路建筑控制区，保障高速公路正常通行，依法维护高速公路经营管理者和使用者的合法权益。

第四十一条 高速公路管理机构执行监督检查任务的专用车辆应当按照规定设置统一的标志和示警灯。

高速公路管理机构在辖区高速公路上执行监督检查任务的统一标志车辆免交车辆通行费。

第四十二条 高速公路用地的范围，以征地界线为准。高速公路沿线人民政府应当对高速公路建设依法使用土地给予支持和协助，在高速公路建设项目开工前核发建设用地批准书，竣工验收合格后核发土地使用证书。

高速公路用地范围征地标准为：高速公路两侧边沟（截水沟、坡脚护坡道）外缘以外不少于1米；高速公路两侧无边沟的，为高速公路缘石或者无截水沟上边坡坡顶以外不少于5米；高速公路桥梁垂直投影面外缘起不少于1米。

第四十三条 高速公路建筑控制区范围按照水平方向进行测算，其划定标准为高速公路用地外缘起向外30米，属于互通立交或者特大型桥梁的，为其用地外缘起向外50米。

高速公路弯道内侧的建筑控制区范围根据满足行车视距的要求确定。

第四十四条 新建、改建高速公路的建筑控制区范围，由高速公路沿线县级以上人民政府依照《公路安全保护条例》规定划定并公告。高速公路经营者和高速公路管理机构应当根据划定的建筑控制区范围设置界桩、标桩。

第四十五条 在高速公路建筑控制区内，除公路保护需要外，禁止修建建筑物和地面构筑物；在高速公路建筑控制区外修建建筑物、构筑物或者设置其他设施，不得侵入高速公路建筑控制区地面、上空或者地下的范围。

第四十六条 经营管理者应当按照规定在高速公路及其桥梁、隧道的入口以及相关跨越高速公路的设施设置车辆限载、限高、限宽、限长标志。超过标准的车辆，不得在高速公路及其桥梁、隧道内行驶。

第四十七条 自治区交通运输主管部门应当对本自治区内高速公路的超限检测站点进行统一规划和设置。设置和撤销固定超限检测站点应当经自治区人民政府批准。

高速公路管理机构可以在前款规定的固定治超检测站点实施车辆超限检测和处理。在不影响过往车辆通行的情况下，也可以在高速公路收费站出入口、服务区、停车区使用移动检测设备对车辆进行超限检测和处理。

高速公路管理机构根据计重仪器、监控系统记录资料，可以对违法的超限超载行为依法予以处罚。

第六章 应急管理

第四十八条 高速公路管理机构、经营管理者应当按照各自职责建立健全高速公路突发事件应急方案和应急管理工作体系，完善监控、预警、救援和应急处置等工作机制，组建应急救援队伍，配备必需的设备及物资，提高应急救援能力。

第四十九条 自治区交通运输主管部门应当制定全区高速公路车辆救援站点布局规划，指导高速公路经营者按照规划要求设置施救站点，并向社会公布救援服务站点、项目和价格等信息。

当事人可以选择经营管理者设置的施救站点实施救助，也可以选择其他社会救援机构实施救助。任何单位和个人不得强制指定救援机构，也不得妨碍和阻止当事人委托的救援机构进场服务。

车辆救援服务应当符合和遵守相关规定，按照核定的标准收费，不得擅自增加收费项目、扩大收费范围、提高收费标准。

第五十条 遇有高速公路严重损毁、恶劣气象条件或者重大交通事故等严重影响车辆安全通行的情形时，公安机关交通管理部门应当根据情况，依法采取限速通行、关闭高速公路等交通管制措施。自治区公安机关交通管理部门决定关闭高速公路的，应当征求自治区高速公路管理机构意见，经营管理者应当积极配合，及时将有关交通管制信息向社会公告，对通行车辆进行提示。关闭高速公路的情形消除后，应当及时恢复高速公路正常通行。

第七章 法律责任

第五十一条 违反本办法规定的行为，法律、法规已有处罚规定的，从其规定。

第五十二条 违反本办法第三十二条规定，设置的广告设施不符合规划要求的，由高速公路管理机构责令改正，并可以处3万元以下的罚款。

第五十三条 违反本办法第四十五条规定，在高速公路建筑控制区外修建建筑物、构筑物或者设置其他设施，侵入高速公路建筑控制区地面、上空或者地下范围的，由高速公路管理机构责令改正，并可以处3万元以下的罚款。

第八章 附 则

第五十四条 全封闭、全立交、全部控制出入的一级公路的管理参照本办法执行。

第五十五条 本办法自2014年3月1日起施行。2009年10月15日自治区人民政府发布的《广西壮族自治区高速公路管理办法》同时废止。

379. 广西壮族自治区农村公路管理办法

（2016 年 11 月 30 日　广西壮族自治区人民政府令第 115 号）

第一章　总　　则

第一条　为了加强农村公路的规划、建设、养护和管理，保障农村公路安全畅通，促进农村经济社会发展，根据《中华人民共和国公路法》、《公路安全保护条例》等有关法律法规，结合本自治区实际，制定本办法。

第二条　本行政区域内农村公路的规划、建设、养护和管理，适用本办法。

本办法所称农村公路是指纳入农村公路规划，按照公路工程技术标准修建的县道、乡道、村道及其附属设施，包括经自治区人民政府交通运输主管部门认定并纳入统计年报里程的农村公路。公路包括公路桥梁、隧道和渡口。

第三条　农村公路发展应当遵循政府主导、社会参与，分级负责、以县为主，全面规划、合理布局，建养并重、确保质量，保护环境、保障畅通的原则。

第四条　县级以上人民政府应当将农村公路发展纳入当地国民经济和社会发展规划，逐步加大对农村公路的资金投入，加强对农村公路工作的组织领导和监督检查，促进农村公路持续健康发展。

县级人民政府是本行政区域内农村公路工作的责任主体。乡镇人民政府、街道办事处按照本办法的规定负责乡道、村道的建设、养护工作以及县级人民政府确定的农村公路管理、保护工作。

第五条　县级以上人民政府交通运输主管部门负责本行政区域内农村公路规划、建设、管理、养护工作，具体工作由交通运输主管部门公路管理机构承担。

县级以上人民政府发展改革、财政、国土资源、城乡规划等有关部门应当按照职责分工，做好农村公路的相关工作。

第六条　村民委员会按照村民自愿、民主决策原则，组织村民配合做好本村区域内农村公路的建设、养护和管理工作。

第七条　农村公路及其附属设施受法律保护。任何单位和个人都有爱护农村公路、公路用地及公路附属设施的义务。

禁止任何单位和个人在农村公路上非法设卡、收费、罚款和拦截车辆。

第八条　任何单位和个人都有权举报和控告破坏、损坏农村公路或者非法占用农村公路、公路用地以及在农村公路上非法设卡、收费、罚款、拦截车辆等影响农村公路安全的违法行为。

第九条　鼓励社会资金参与农村公路建设和养护。

第二章　规 划 建 设

第十条　农村公路规划应当根据国民经济和社会发展规划、城乡规划、土地利用总体规划和当地经济社会发展需要编制，与国道、省道规划和其他交通运输发展规划相衔接，形成布局合理的农村公路网络。

第十一条　县道和乡道规划的编制按《中华人民共和国公路法》的规定办理。

村道规划由乡镇人民政府、街道办事处编制，报县级人民政府批准，并报上一级人民政府交通运输主管部门备案。

经批准的农村公路规划需要修改的，由原编制机关提出修改方案，报原批准机关批准，并报上一级人民政府交通运输主管部门备案。

第十二条 农村公路命名和编号按照国家相关标准确定。

第十三条 规划和新建村镇、开发区，应当与农村公路保持规定的距离并避免在农村公路两侧对应进行，防止造成农村公路街道化，影响农村公路的运行安全与畅通。

第十四条 县级人民政府交通运输主管部门依据农村公路规划，结合本地实际，会同本级人民政府发展改革、财政等部门提出农村公路年度建设计划，按照规定程序报经批准后组织实施。

第十五条 农村公路建设应当优先利用现有公路改建和扩建，并按照国家规定的相关基本建设程序进行建设。

县道按照不低于三级公路技术等级建设，乡道、村道按照不低于四级公路技术等级建设。现有不符合技术等级要求的农村公路，应当逐步改造。

第十六条 新建、改建农村公路时，建设项目中的防护、排水、安全保护、交通标志标线以及便民候车亭或者港湾站等附属工程，应当与主体工程同步设计、同步建设、同步交付使用，并纳入项目建设成本。

第十七条 技术等级为四级及以上农村公路的设计，应当由具有相应资质的勘察、设计单位承担。

农村公路建设项目的施工图设计文件应当按照国家规定报县级以上人民政府交通运输主管部门审查。施工图设计文件未经审查批准的，不得使用。

第十八条 农村公路建设应当按照有关规定实行招标投标制度和政府采购制度。

第十九条 二级以上公路或者中型以上桥梁、隧道工程项目应当依法办理施工许可；其他农村公路建设项目应当报项目所在地设区的市或者县级人民政府交通运输主管部门备案。

第二十条 农村公路建设项目实行安全生产责任制度和质量责任追究制度。农村公路建设项目的建设、勘察、设计、施工和监理单位应当明确安全生产和质量管理责任，落实安全生产和质量保证措施。

农村公路建设项目实行合同管理制度。建设单位应当分别与勘察、设计、施工和监理等单位签订合同，明确权利和义务。

第二十一条 农村公路建设项目实行工程监理制度。建设技术等级为四级及以上的农村公路，应当选择具有相应资质的工程监理单位进行监理。

第二十二条 农村公路建设项目实行质量缺陷责任期制度。质量缺陷责任期一般为一年。

第二十三条 县级以上人民政府交通运输主管部门应当加强农村公路建设质量的监督管理，可以委托交通工程质量监督机构或者按照规定成立专门小组负责农村公路建设质量的监督工作。

鼓励当地群众或者群众代表有序参与农村公路建设质量的监督工作。

第二十四条 农村公路建设项目完工后应当按照规定及时进行交工、竣工验收。交工、竣工验收可以根据实际情况合并进行。未经验收或者验收不合格的，不得交付使用。

交工验收由建设单位负责组织；竣工验收由设区的市或者县级人民政府交通运输主管部门负责组织。

农村公路建设项目的工程档案资料应当按照档案管理规定完整、及时立卷归档，并在建设项目竣工验收合格后移交相应的交通运输主管部门保存。

第二十五条 农村公路建设应当公开建设计划、补助政策、招标投标、施工管理、质量管理、资金使用、工程验收等信息。

第三章 公路养护

第二十六条 县级人民政府应当建立健全符合农村公路养护实际的组织体系和运行机制。

第二十七条 县级人民政府交通运输主管部门负责农村公路养护的指导、监督工作，交通运输主管部门公路管理机构负责农村公路养护中的大修、中修和县道的小修保养工作；乡道、村道的小修保养工作由乡镇人民政府、街道办事处负责。

第二十八条 农村公路养护中的大修、中修和改建工程参照本办法第二章第十七条、第十八条、第二十条、第二十一条、第二十二条、第二十三条、第二十四条、第二十五条的规定执行。

农村公路的小修保养可以采取建立群众性、专业性养护组织或者由个人（农户）分段承包等方式进行。具备条件的，应当通过公开招标、政府购买服务等方式，择优选择养护作业单位或者个人。

第二十九条 农村公路的养护单位应当加强农村公路的养护，保证农村公路路面平整、路肩和边坡平顺、有关设施完好。

第三十条 县级人民政府交通运输主管部门应当按照有关规定定期对农村公路桥梁进行检查。需要检测的，应当委托具有国家规定资质条件的机构进行。

检测发现农村公路桥梁荷载等级达不到设计要求的，应当在显著位置设置限载标志，并及时进行维修和加固；检测发现公路桥梁损坏严重，影响通行安全的，应当及时采取修复措施，并在显著位置设置禁止通行和绕行标志。

县级人民政府交通运输主管部门应当加强对农村公路安全设施的维护和管理，在急弯、陡坡、临水、临崖等容易发生危险的路段设置明显的交通标志和安全防护设施。

第三十一条 县级和乡镇人民政府、街道办事处应当按照公路养护技术规范的要求，结合农村公路实际情况，因地制宜做好农村公路绿化工作。

第三十二条 因自然灾害或者其他突发事件致使农村公路中断或者严重损坏时，县级人民政府应当及时向社会公告并组织修复；必要时，可以组织机关、团体、企业事业单位、城乡居民进行抢修，并可以请求当地驻军、武警支援，尽快恢复通行。

第三十三条 县级人民政府交通运输主管部门应当根据农村公路养护特点，建立健全养护安全生产管理制度，督促养护作业单位和养护作业人员严格执行养护作业操作规程。

第三十四条 农村公路养护作业用地、砂石料场以及因养护作业需要挖砂、采石、取土、取水的，应当依法办理相关手续。

第四章　路 政 管 理

第三十五条 县级以上人民政府交通运输主管部门负责本行政区域内县道、乡道的路政管理工作。

乡镇人民政府、街道办事处按照县级人民政府确定的职责范围负责村道的路政管理工作。

第三十六条 在农村公路上以及公路用地范围内禁止下列行为：

（一）设置障碍、挖沟引水、摆摊设点、堆放物品、倾倒垃圾和利用边沟排放污物；

（二）打谷晒场、漫路灌溉、种植作物、焚烧物品、堆粪沤肥、撒漏污物；

（三）车辆在运输货物着地的情况下行驶；

（四）损坏、擅自移动、涂改农村公路附属设施；

（五）损坏、占用便民候车亭和港湾站；

（六）其他损坏和影响农村公路畅通的行为。

第三十七条 禁止利用农村公路桥梁进行带缆、牵拉、吊装等施工作业；

禁止在农村公路桥梁上架设不符合标准的高压电线和易燃易爆管线；

禁止在农村公路桥梁桥孔内堆放易燃易爆物品或者明火作业和搭建其他设施。

第三十八条 农村公路建筑控制区的范围从公路用地外缘起向外的距离标准为：

（一）县道不少于10米；

（二）乡道不少于5米；

在农村公路建筑控制区内，不得修建除公路防护、养护等设施外的建筑物或者构筑物。

第三十九条 进行下列涉路施工活动，建设单位应当依照国务院《公路安全保护条例》的规定取得公路管理机构批准：

（一）因修建铁路、机场、供电、水利、通信等建设工程需要占用、挖掘农村公路、公路用地或者使农村公路改线；

（二）跨越、穿越农村公路修建桥梁、渡槽或者架设、埋设管道、电缆等设施；

（三）在农村公路用地范围内架设、埋设管道、电缆等设施；

（四）利用农村公路桥梁、隧道、涵洞铺设电缆等设施；

（五）在农村公路用地范围内设置非公路标志或利用跨越农村公路的设施悬挂非公路标志；

（六）在农村公路上增设或者改造平面交叉道口；

（七）在农村公路建筑控制区内埋设管道、电缆等设施。

第四十条 乡镇人民政府、街道办事处应当安排专人对乡道、村道进行定期巡查；巡查发现违反本办法第三十六条、第三十七条、第三十八条、第三十九条规定的，应当及时制止。不能制止的，应当及时报告县级人民政府交通运输主管部门，由县级人民政府交通运输主管部门依法处理。

第五章 资 金 管 理

第四十一条 县级人民政府应当将农村公路建设、养护和管理资金纳入本级财政预算，确保农村公路建设工程项目前期工作经费及建设资金的足额到位。

县级以上人民政府可以按照国家和自治区有关规定，采取政府购买服务和引导社会资金参与等方式，统筹推进农村公路建设、养护和管理工作。

第四十二条 各级人民政府应当加强对农村公路建设、管理、养护资金的管理，严格执行预算，专款专用，防止挪作他用。

第四十三条 农村公路建设单位应当及时对已完工的农村公路工程项目进行竣工决算，并按规定进行审计。

第四十四条 农村公路资金实行年度审计制度。审计、财政及上级交通运输主管等部门应当加强对农村公路资金使用情况的监督检查。

第六章 法 律 责 任

第四十五条 违反本办法规定，法律法规已有处罚规定的，从其规定。

第四十六条 违反本办法第三十六条规定的，由县级以上人民政府交通运输主管部门责令停止违法行为，处5000元以下罚款，造成农村公路损坏的，依法承担赔偿责任。

第四十七条 违反本办法规定，有下列行为之一的，县级以上人民政府应当对责任单位进行通报批评，限期整改；情节严重的，对责任人依法给予行政处分。

（一）交付使用的农村公路未经验收或者验收不合格；

（二）摊派或者违法筹集农村公路建设资金。

第七章 附　　则

第四十八条 本办法自2017年3月1日起施行。

380. 广西深化农村公路管理养护体制改革推进“四好农村路”高质量发展实施方案

（桂政办发〔2020〕25号）

为贯彻落实《国务院办公厅关于深化农村公路管理养护体制改革的意见》（国办发〔2019〕45号）精神，进一步管理好、养护好农村公路，加快建立我区农村公路管理养护长效机制，推进“四好农村路”高质量发展，结合我区实际，制定本方案。

一、总体要求

以习近平新时代中国特色社会主义思想为指导，全面贯彻党的十九大和十九届二中、三中、四中全会精神，认真落实习近平总书记关于“四好农村路”的重要指示精神，践行以人民为中心的发展思想，以质量为本、安全至上、自然和谐、绿色发展为原则，深化农村公路管理养护体制改革，充分发挥我区作为交通强国建设试点的先行先试和示范引领作用，加强农村公路与农村经济社会发展统筹协调，形成上下联动、密切配合、齐抓共管的工作局面，推进我区“四好农村路”高质量发展，为实施乡村振兴战略、打赢脱贫攻坚战、加快推进农业农村现代化提供交通运输保障和支撑。

二、主要目标

到2022年，基本建立权责清晰、齐抓共管的农村公路管理养护体制机制，形成财政投入职责明确、社会力量积极参与的格局。农村公路治理能力明显提高，治理体系初步形成。农村公路通行条件和路域环境明显提升，交通保障能力显著增强。农村公路年均养护工程（指路面大中修工程，下同）比例不低于5%，中等及以上等级农村公路占比不低于80%，管理养护实现“五个100%”（农村公路列养率达到100%，“路长制”覆盖率达到100%，乡级人民政府落实农村公路管理养护人员达到100%，爱路护路乡规民约、村规民约制定率达到100%，农村公路养护资金及管理养护机构运行经费和人员支出纳入政府预算安排比例达到100%）。

到2035年，城乡公路交通公共服务均等化基本实现，全面建成体系完备、运转高效的农村公路管理养护体制机制，农村公路治理能力全面提高，治理体系全面完善；农村公路实现品质高、网络畅、服务优、路域美，充分满足广大群众对美好出行的需求。

三、重点任务

（一）实施农村公路提升工程。

1. 路面提升工程。2021—2022年全区实施农村公路路面大中修工程1万公里，自治区对县、乡、村道路面大中修工程按三档定额标准进行补助：第一档补助标准为县道42万元/公里、乡道35万元/公里、村道28万元/公里；第二档补助标准为县道36万元/公里、乡道30万元/公里、村道24万元/公里；第三档补助标准为县道18万元/公里、乡道15万元/公里、村道12万元/公里。［责任单位：自治区交通运输厅、财政厅，各市、县（市、区）人民政府］

2. 等外路改造提升工程。鼓励市县开展农村公路等外路改造提升工程，自治区今后视情况给予适当补助。［责任单位：各市、县（市、区）人民政府］

（二）常态化农村公路养护。

常态化农村公路养护包括日常养护和养护工程。农村公路养护补助政策应建立与里程、养护成本变化等因素相关联的动态调整机制，根据社会发展及财力情况适时调整，各级财政用于农村公路养护的资金应逐步增加。

自2021年起，农村公路列养率要达到100%。纳入全区交通运输综合统计年报内的农村公路要实现全面列养，自治区、市、县三级公共财政资金（不含成品油价格和税费改革新增收入替代原公路养路费部分）用于县、乡、村道日常养护的定额标准每年每公里分别不低于1万元、5000元、3000元。自治区采取定额补助的方式，按每年每公里县道3000元、乡道1500元、村道900元的补助标准切块到市县，其余部分由市县共同承担。

自2023年起，自治区、市、县三级公共财政资金用于县、乡、村道养护工程的定额标准每年每公里分别不低于3万元、2.5万元、2万元。自治区采取定额补助的方式，按每年每公里县道9000元、乡道7500元、村道6000元的补助标准切块到市县，其余部分由市县共同承担。[责任单位：自治区交通运输厅、财政厅，各市、县（市、区）人民政府]

（三）落实管理养护资金。

1. 落实养护工程资金保障政策。完善成品油价格和税费改革转移支付政策，合理确定转移支付规模，加大对普通公路养护的支持力度。自2022年起，成品油价格和税费改革新增收入替代原公路养路费部分（以下简称替代养路费部分）不得低于改革基期年（2009年）公路养路费收入占“六费”（公路养路费、航道养护费、公路运输管理费、公路客货运附加费、水路运输管理费、水运客货运附加费）收入的79%。替代养路费部分原则上用于普通公路（指普通国道、普通省道和农村公路）养护比例不得低于80%，且不得用于新建公路。同时，该项资金不再列支管理机构运行经费和人员等其他支出。除自治区按基数比例切块到市县的成品油价格和税费改革新增收入资金外，继续执行自治区关于农村公路养护工程的补助政策，从自治区本级替代养路费部分每年切块安排补助资金用于农村公路养护工程。当替代养路费部分不能满足普通公路养护资金需求时，全区各级人民政府应从本级一般公共财政预算列支养护工程经费。[责任部门：自治区财政厅、交通运输厅，各市、县（市、区）人民政府]

2. 创新农村公路发展投融资机制。各市、县（市、区）人民政府要发挥政府资金的引导作用，采取资金补助、先养后补、以奖代补、无偿提供料场等多种方式支持农村公路养护。全区各级人民政府要确保财政事权支出责任落实到位，通过优先安排均衡性转移支付、税费返还等方式倾斜投入农村公路养护，将农村公路发展纳入地方政府一般债券支持范围。鼓励各市、县（市、区）人民政府将农村公路建设和一定时期的养护进行捆绑招标，将农村公路与产业、园区、乡村旅游等经营性项目实行一体化开发，运营收益用于农村公路养护。鼓励保险资金通过购买地方政府一般债券等方式合法合规参与农村公路建设发展。探索开展农村公路灾毁保险，依法依规选取农村公路灾毁保险的承保机构，统一规范承保合同、保费缴纳和赔付标准，建立事前防灾减损机制，平滑降低市县财政应对灾损的资金压力，充分发挥保险以丰补歉的补偿功能。具体的农村公路灾毁保险制度由自治区交通运输厅牵头拟订，按程序报自治区人民政府审定后实施。[责任部门：自治区交通运输厅，各市、县（市、区）人民政府]

（四）建立健全农村公路管理养护长效机制。

1. 推行农村公路“路长制”。各市人民政府要大力推行县、乡、村三级农村公路“路长制”，在2021年6月底前制定出台辖区内县、乡、村三级农村公路“路长制”方案。到2021年底，县、乡、村道“路长制”组织管理体系覆盖率达到50%，其中“四好农村路”自治区示范县覆盖率达到100%。到2022年底，建立全面覆盖县、乡、村道的“路长制”组织管理体系。[责任单位：各市、县（市、区）人民政府]

2. 推行多元化的农村公路管理养护模式。开展农村公路养护市场化改革工作，培育成熟的养护市场，以点带面，逐步推动全区农村公路养护市场化改革。引导符合市场属性的普通公路养护事业单位转制为现代企业，2022年前将直接从事公路养护的人员和相关资产进行重组，成立公路养护企业。鼓励通过签订长期养护合同、招投标约定等方式，引导专业养护企业加大投入，提高养护机械化水平。鼓励采取沿线农户个人或组建养护班组的方式承包乡道、村道的管理养护，促进农民就业和增收。鼓励村民委员会采取一事一议的方式组织群众养护村道。积极引导沿线受益企业认养农村公路，鼓励社会力量筹资筹劳参与农村公路管理养护。推广将日常养护与应急抢通捆绑承包。鼓励通过将农

村公路管理养护纳入公益岗位等方式，为贫困户提供就业机会。[责任单位：各县（市、区）人民政府]

3. 全面开展改革试点工作。各市、县（市、区）人民政府要围绕“路长制”、资金保障、创新投融资机制、美丽农村路、养护市场化、群众参与、政府考核、信用评价机制等主题，广泛开展试点工作，形成一批先进经验和典型成果。自治区交通运输厅要会同有关部门加强跟踪和督导检查，并遴选示范带动作用较强的试点项目进行推广，成熟一批推广一批，积极稳妥推进改革工作。自治区交通运输厅要会同自治区财政厅制定奖励考核机制。[责任单位：各市、县（市、区）人民政府，自治区交通运输厅、财政厅]

4. 强化养护资金使用监督管理。自治区交通运输厅、财政厅要建立对市级人民政府农村公路管理养护考核机制，将考核结果与相关投资挂钩。对全区各级公共财政用于农村公路养护的资金实施全过程预算绩效管理，确保及时足额拨付到位。全区各级人民政府要加强对农村公路管理养护资金的管理，严格执行预算，专款专用，防止挪作他用。全区各级交通运输主管部门和财政部门要加强农村公路养护资金使用监管，严禁农村公路建设采用施工方带资的建设—移交（BT）模式，严禁地方以“建养一体化”名义新增政府隐性债务，公共资金使用情况要按有关规定对社会公开，接受群众监督。村务监督委员会要将村道养护资金使用和养护质量等情况纳入监督范围。审计部门要高度重视，定期对农村公路养护资金使用情况进行审计。[责任单位：各市、县（市、区）人民政府，自治区交通运输厅、财政厅、审计厅]

5. 加强安全和信用管理。加强农村公路建设质量、安全监督管理，严格执行安全设施“三同时”制度，公路安全设施要与主体工程同时设计、同时施工、同时投入使用，县级人民政府要组织公安、应急等职能部门参与农村公路竣（交）工验收。已建成但未配套建设安全设施的农村公路要逐步完善。建立健全农村公路养护安全生产管理制度，督促养护作业单位和养护作业人员严格执行养护作业操作规程。加强农村公路养护市场监管，自2021年起，全区各级交通运输主管部门要建立以质量为核心的信用评价机制，实施守信联合激励和失信联合惩戒，并将信用记录按照国家有关规定纳入信用信息共享平台，依法向社会公开。[责任单位：自治区交通运输厅，各市、县（市、区）人民政府]

6. 强化政策法规和队伍建设。推动出台《广西壮族自治区农村公路条例》，探索通过民事赔偿保护路产路权。完善路政管理体系，建立县有路政员、乡有监管员、村有护路员的路产路权保护队伍。[责任单位：自治区交通运输厅、司法厅，各市、县（市、区）人民政府]

7. 加强通自然村（屯）道路的养护。农村公路应更多向进村入户倾斜，打通交通服务群众“最后一公里”，建立起布局完善合理、标准适宜、出入顺畅的农村道路体系。县级人民政府可以参照村道养护定额标准，结合养护实际需求，安排通自然村（屯）道路养护经费。[责任单位：各县（市、区）人民政府]

四、保障措施

（一）加强组织领导和责任落实。

1. 自治区加强统筹和政策引导。自治区制定深化农村公路管理养护体制改革责任清单，强化统筹和政策引导，对市级人民政府农村公路管理养护工作实行绩效管理。自治区相关部门按照职责分工，做好农村公路管理养护的相关工作。

2. 市级人民政府加强指导监督。各市人民政府要制定市级相关部门及县级人民政府农村公路管理养护责任清单，发挥承上启下作用，完善支持政策和管理养护资金补助机制。落实本级管理养护补助资金，监督辖区内农村公路管理养护资金的使用情况，对县级人民政府农村公路管理养护工作实行绩效管理。

3. 县级人民政府履行主体责任。县级人民政府要按照“县道县管、乡村道乡村管”的原则，建立健全农村公路管理养护责任制，明确相关部门、乡级人民政府农村公路管理养护责任清单，并指导监督县级相关部门和乡级人民政府履职尽责。县级人民政府要将农村公路养护资金及管理机构运行经费和人员支出纳入一般公共财政预算，自2022年起全部落实到位。按照“有路必养、养必到位”的要求，加大履职能力建设和管理养护投入力度，监督农村公路管理机构的管理养护工作。县级交通运输主管部门要指导乡镇开展农村公路管理养护工作，并进行考核，实行绩效管理。

4. 发挥乡村两级作用和农民群众积极性。自2021年起，所有乡级人民政府均要落实农村公路管理养护人员。乡级人民政府负责乡、村道管理养护工作，筹集乡、村道管理养护资金，可将村道的日常养护工作交由村民委员会负责。乡级人民政府要确定至少2名专职工作人员，具体负责辖区内乡、村道的管理养护工作，指导村民委员会组织好村道管理养护工作。村民委员会要按照“村民自愿、民主决策”的原则，采取一事一议、以工代赈等办法组织村道的管理养护工作。要加强宣传引导，将爱路护路要求纳入乡规民约、村规民约。[责任单位：自治区交通运输厅、财政厅，各县（市、区）人民政府]

（二）强化制度保障。

各市、县（市、区）人民政府要制定本辖区的农村公路管理养护体制改革实施方案，县级人民政府指导乡、村建立健全农村公路管理养护制度。自治区各相关部门要强化政策引导，建立健全制度保障体系。[责任单位：自治区交通运输厅、财政厅，各市、县（市、区）人民政府]

（三）强化督导考核。

自治区、市、县三级人民政府要加强对下一级人民政府农村公路管理养护工作的绩效考核，市、县两级人民政府要建立改革进展情况反馈机制，及时掌握改革进程，及时发现并协调解决改革过程中出现的问题，确保改革顺利推进。市、县两级人民政府要将深化农村公路管理养护体制改革工作纳入本地重点改革事项清单，加强工作考核，将考核结果与干部绩效、财政补助资金等挂钩，建立健全激励和责任追究制度。[责任单位：自治区交通运输厅、绩效办，各市、县（市、区）人民政府]

（四）加大宣传力度。

全区各级人民政府、各相关部门要认真做好农村公路管理养护体制改革的宣传工作，大力宣传改革的新进展、新成效，准确解读改革政策举措，积极宣传改革中的先进典型，充分调动广大群众参与、监督改革工作的积极性，有效发挥乡规民约、村规民约在农村公路管理养护中的积极作用，增强人民群众爱路护路的责任意识，营造全社会广泛关心、支持农村公路管理养护工作的良好氛围。[责任单位：自治区交通运输厅，各市、县（市、区）人民政府]

本方案自印发之日起施行。《广西壮族自治区人民政府办公厅关于印发广西壮族自治区农村公路管理养护体制改革实施细则的通知》（桂政办发〔2006〕148号）同时废止。

附件：1. 广西深化农村公路管理养护体制改革责任清单（略）

2. 广西农村公路提升工程补助分档名录（略）

381. 海南省公路条例

（2013 年 11 月 29 日海南省第五届人民代表大会常务委员会第 5 次会议通过）

第一章　总　　则

第一条　为了加强公路的建设和管理，促进公路事业的发展，根据《中华人民共和国公路法》、《公路安全保护条例》等有关法律、法规的规定，结合本省实际，制定本条例。

第二条　在本省行政区域内从事公路的规划、建设、养护、经营、使用和管理，适用本条例。

本条例所称公路，包括国道、省道、县道、乡道和村道。

农垦公路分别纳入省道、县道、乡道、村道进行规划、建设、养护和管理。

第三条　省人民政府交通运输主管部门主管全省公路工作。市、县、自治县人民政府交通运输主管部门主管本行政区域内的县道、乡道、村道工作。

省公路管理机构对国道、省道行使管理、养护职责。

市、县、自治县公路管理机构对县道行使管理、养护职责和对乡道行使管理职责。

乡镇人民政府负责本行政区域内乡道、村道的建设和养护工作。

村（居）民委员会应当协助人民政府和有关部门做好本村村道建设、养护的相关工作。

第四条　经省人民政府决定，城市建成区内的公路可以由所在市、县、自治县按照城市道路进行管理、养护。

省公路管理机构负责管理和养护的县道应当移交所在市、县、自治县管理和养护。具体办法由省人民政府另行规定。

第五条　各级人民政府应当按照国际旅游岛建设和绿色崛起的要求，结合绿化宝岛行动，加快推进旅游公路和绿色公路建设。

第二章　规划与建设

第六条　公路规划和建设应当坚持节约集约用地、保护环境的原则，防止水土流失，注重保护自然水系和生态环境，加强公路景观绿化，推进绿色公路建设。

第七条　本省公路规划应当符合国民经济和社会发展规划，并与城乡规划、土地利用总体规划和水利、电力、电信、旅游等发展规划相衔接。

第八条　省道规划由省人民政府交通运输主管部门会同同级有关部门并商省道沿线市、县、自治县人民政府编制，报省人民政府批准，并报国务院交通运输主管部门备案。

县道规划由市、县、自治县人民政府交通运输主管部门会同同级有关部门编制，经本级人民政府审定后，报省人民政府批准后实施。

乡道、村道规划由市、县、自治县人民政府交通运输主管部门会同有关部门协助乡镇人民政府组织编制，报市、县、自治县人民政府批准后实施，并报省人民政府交通运输主管部门备案。

第九条　旅游公路规划由省人民政府交通运输主管部门会同有关部门和市、县、自治县人民政府编制，报省人民政府批准后实施；其中同时属于国道、省道规划的，报国务院交通运输主管部门备案。

规划和建设旅游公路，应当充分利用海南热带滨海和热带雨林的资源优势，突出自然、景观、历史、文化、娱乐等特色，将公路交通和旅游休闲相融合，打通主干道通往旅游景区的连接通道以及景区和景区之间的连接通道。

有关部门在对旅游公路两侧新建、改建建筑进行规划、审批时，应当保持新建、改建建筑与旅游公路周边环境景观的协调性，不得破坏旅游公路周边环境景观特色。

第十条 经批准的公路规划需要修改的，由原编制机关提出修改方案，按本条例第八条规定的程序办理。

第十一条 新建、改建公路时，公路附属设施、公路客运站点应当与公路同步规划，逐步实现同步设计、同步建设。

第十二条 新建、改建公路的绿化工程，应当与公路工程同步设计、同步建设、同步验收。

国道、省道、县道用地范围内的绿化由公路管理机构负责实施，乡道用地范围内的绿化由乡镇人民政府负责实施。

公路用地范围外的绿化，由市、县、自治县人民政府负责组织林业、交通运输、国土资源、农业等有关部门及沿途乡镇人民政府实施。公路绿化区域的具体范围由省人民政府确定。

鼓励单位和个人投资公路绿化建设，实行谁投资、谁经营、谁收益原则。

第十三条 公路绿化应当突出当地植物生态与景观特色，实行带、网、片、点相结合，因地制宜、科学配置，建成多树种、多层次、多功能、多色彩、多效益的具有本省地域特色的绿色长廊。

公路绿化植物不得遮挡公路标志，不得妨碍安全视距，不得影响公路通行安全。

第十四条 县级以上人民政府应当组织水务、林业、国土资源等部门，对公路沿线的河道、湖泊、荒山、荒坡、破损山体等进行整治，绿化美化公路通行环境。

第十五条 新建公路地下空间的开发、利用以及电力、通信等基础设施管线的铺设，应当遵循统筹安排、综合开发、合理利用的原则，与公路同步规划、同步设计、同步建设。建设地下综合管廊的，应当同时容纳多条管线，避免重复开挖建设。

第十六条 公路建设资金可以通过下列渠道和方式筹集：

（一）各级财政拨款；

（二）征收机动车辆通行附加费；

（三）国内外金融机构或者外国政府贷款、赠款；

（四）国内外企业或者其他组织、个人的投资、捐款；

（五）开发、经营公路的公司依法发行股票、债券；

（六）利用公路服务设施经营权或者公路冠名权、广告经营权等方式筹集的社会资金；

（七）法律、法规或者国家、省人民政府规定和允许的其他方式。

筹集公路建设资金不得强行摊派。

第十七条 县级以上人民政府应当将公路建设和养护资金纳入财政预算。省人民政府应当加大对困难市、县、自治县财政的一般性转移支付力度，补助公路建设和养护资金。

公路建设和养护资金应当专款专用，不得挪作他用。

县级以上人民政府筹集和财政拨款的公路建设、养护资金的使用，应当接受财政部门的监督。审计部门应当定期对公路建设、养护资金使用情况进行审计。

第十八条 公路建设应当按照国家规定的基本建设程序进行。列入公路建设规划和计划的项目，不再进行立项审批。

公路建设项目的勘察设计、施工、监理和重要设备、材料采购应当依法招标投标，任何单位和个人不得将应当招标的公路建设项目化整为零或者以其他方式规避招标。公路建设项目的勘察设计、施工和监理业务不得转包、违法分包。

公路建设项目应当按照国家规定实行项目法人负责制度、招标投标制度、工程监理制度、合同管理制度、市场准入制度、工程质量监督制度、工程安全生产监督制度、工程造价监督管理制度。

第十九条 新建省道、县道、乡道应当符合技术等级和通行安全要求。现有国道、省道应当逐步改造为二级以上技术等级的公路，县道应当逐步改造为三级以上技术等级的公路，乡道应当逐步改造为四级以上技术等级的公路。

村道建设标准应当根据当地实际需要和经济条件确定。

在自然条件特殊的海岛上新建公路的建设标准，应当根据当地实际需要和经济条件并参照国家标准确定。

第二十条 县级以上人民政府交通运输主管部门应当加强对公路建设的监督管理，维护公路建设秩序。

县级以上人民政府交通运输主管部门的公路工程质量监督机构，具体负责对公路工程质量进行监督检查。

第三章 公路养护

第二十一条 公路管理机构应当加强公路养护，保证公路处于良好技术状态，路面平整，路肩、边坡平顺，有关设施完好，公路容貌整洁美观。

公路养护大修、中修工程应当由公路管理机构根据有关规定采取公开招标投标的方式，择优选定养护作业单位。但等级较低、自然条件特殊等难以通过市场化运作进行养护作业的公路除外。

第二十二条 乡镇人民政府可以采取建立群众性养护组织、个人分段承包、委托具有相应资质的养护作业单位等方式，对乡道、村道实施日常养护。

市、县、自治县公路管理机构应当对乡道、村道的养护给予技术指导。

第二十三条 公路管理机构应当按照国家、省有关标准和规范实施公路养护管理，建立公路养护检查、巡查制度和养护档案，加强对公路养护作业单位的指导、监督和检查。

公路养护作业单位应当公示单位名称、养护路段以及报修和投诉电话，定时进行养护巡查，建立公路养护维修信息档案，记录养护作业、巡查、检测以及其他相关信息。

第二十四条 公路管理机构发现公路坍塌、坑槽、隆起等损毁的，应当及时设置警示标志，并采取措施修复。

公安机关交通管理部门发现公路坍塌、坑槽、隆起等损毁，危及交通安全的，应当及时采取措施，疏导交通，并通知公路管理机构。

其他人员发现公路坍塌、坑槽、隆起等损毁的，应当及时向公路管理机构、公安机关交通管理部门报告。

第二十五条 公路管理机构应当统筹安排公路养护作业计划，根据工程规模、技术复杂程度、建设条件、气候情况等合理确定并公示大修、中修和改建工程的施工时间和工期，限时分段施工，避免由于同一线路或者相邻线路集中施工，造成区域路段交通堵塞。对于重要交通路段，应当集中力量限期修复，确保畅通。

公路养护作业应当严格控制封闭公路施工。确需封闭公路的，或者占用半幅公路进行作业并且作业路段长度在2公里以上、作业期限超过30日的，除紧急情况外，公路养护作业单位应当在作业开始之日前5日通过媒体向社会公告施工路段、施工时间、绕行路线等信息，并在施工路段前方及绕行处设置公告牌；不能绕行的，应当修建临时道路。

公路养护作业单位应当按照国家规定的技术规范和操作规程实施作业，在规定的期限内完成施工，不得无故拖延；未在规定的期限内完成施工的，依照养护施工合同的约定追究违约责任。

第二十六条 公路养护车辆和公路救险、检测等工程作业车辆进行作业时，在不影响过往车辆通行的前提下，其行驶路线和方向不受交通标志、标线限制，过往车辆和人员应当注意避让。

公路养护车辆和公路救险、检测等工程作业车辆应当严格按照规定的用途和条件使用。

施工作业单位应当严格按照相关规定和标准设置安全警示标志，采取防护措施，文明施工。完工后，应当及时清理施工现场，保证车辆和行人的安全通行。

第四章 路 政 管 理

第二十七条 公路管理机构应当建立健全公路管理档案，对公路、公路用地和公路附属设施调查核实、登记造册。

省公路管理机构负责对国道、省道的公路、公路用地和公路附属设施调查核实、登记造册。

市、县、自治县公路管理机构负责对县道、乡道、村道的公路、公路用地和公路附属设施调查核实、登记造册。

第二十八条 县级以上人民政府应当根据保障公路运行安全和节约用地的原则以及公路发展的需要，组织交通运输、国土资源等部门划定公路建筑控制区的范围。

公路建筑控制区的范围，从公路用地外缘起向外的距离标准为：

（一）国道不少于 20 米；

（二）省道不少于 15 米；

（三）县道不少于 10 米；

（四）乡道不少于 5 米。

属于高速公路的，公路建筑控制区的范围从公路用地外缘起向外的距离标准不少于 30 米。

公路弯道内侧、互通立交以及平面交叉道口的建筑控制区范围根据安全视距等要求确定。

第二十九条 新建、改建公路的建筑控制区范围，应当自公路初步设计批准之日起 30 日内，由公路沿线县级以上人民政府划定并公告。

公路建筑控制区划定后，由公路管理机构负责设置标桩、界桩。任何单位和个人不得损坏或者擅自挪动公路建筑控制区标桩、界桩。

第三十条 公路建筑控制区划定后，县级以上人民政府应当通知规划、建设、国土资源等有关部门和乡镇人民政府，在公路建筑控制区内不再审批建筑物、构筑物的建设，但公路保护需要除外。

公路管理机构自公路建筑控制区划定公告之日起依法实施路政管理。

任何单位和个人不得在公路建筑控制区范围内修建建筑物和地面构筑物。

第三十一条 规划和新建村镇、开发区、厂矿、学校和货物集散地、大型商业网点、农贸市场等公共场所与公路用地边界外缘的距离应当符合下列标准，并避免在公路两侧对应进行，防止造成公路街道化，影响公路的运行安全与畅通：

（一）国道、省道不少于 200 米；

（二）县道不少于 100 米；

（三）乡道不少于 50 米。

第三十二条 公路标志、标线应当保持清晰、醒目、准确、完好，符合公路工程技术标准。对损坏的公路标志，养护作业单位应当及时予以修复、更换；因技术等原因无法按时修复、更换的，应当设置临时公路标志。

第三十三条 在公路用地、公路建筑控制区及利用公路设施设置广告等非公路标志牌，不得损害公路或者公路附属设施，不得遮挡公路标志，不得妨碍安全视距，不得影响车辆通行。

非公路标志牌应当保证安全、整洁和美观。所有者或管理者对破损、污浊的非公路标志牌，应当及时整修、清洗和更换；对有安全隐患的，应当及时加固或者拆除。

第三十四条 禁止在公路、公路用地范围内摆摊设点、堆放物品、倾倒垃圾、设置障碍、挖沟引水、打场晒粮、种植作物、放养牲畜、采石、取土、采矿作业、焚烧物品、利用公路边沟排放污物或者进行其他损坏、污染公路和影响公路畅通的行为。

第三十五条 禁止在下列范围内从事采矿、采石、取土、爆破作业等危及公路、公路桥梁、公路隧道、公路渡口安全的活动：

（一）国道、省道、县道的公路用地外缘起向外100米，乡道的公路用地外缘起向外50米；

（二）公路渡口和中型以上公路桥梁周围200米；

（三）公路隧道上方和洞口外100米。

在前款规定的范围内，因抢险、防汛需要修筑堤坝、压缩或者拓宽河床的，应当经省人民政府交通运输主管部门会同水行政主管部门批准，并采取安全防护措施方可进行。

第三十六条 超过公路、公路桥梁、公路隧道限载、限高、限宽、限长标准的车辆，不得在公路、公路桥梁和公路隧道行驶。载运不可解体物品的车辆确需超限行驶的，应当向公路管理机构申请办理超限运输许可。

车辆超限载运可分载货物的，公路管理机构应当责令当事人采取卸载、分装等改正措施，消除违法状态；车辆未经批准超限载运不可解体物品的，公路管理机构应当责令当事人停止违法行为，接受调查处理，并告知当事人补办超限运输许可。

第三十七条 水泥、沙石等货物集散地、建筑工地以及货运站等场所的经营管理者应当采取有效措施，防止不符合国家有关载运标准的车辆出场（站）。

道路运输管理机构应当加强对水泥、沙石等货物集散地、建筑工地以及货运站等场所的监督检查，制止不符合国家有关载运标准的车辆出场（站）。

任何单位和个人不得指使、强令车辆驾驶人超限运输货物，不得阻碍道路运输管理机构依法进行监督检查。

第三十八条 车辆应当规范装载，装载物不得触地拖行。车辆装载物易掉落、遗洒或者飘散的，应当采取厢式密闭等有效防护措施方可在公路上行驶。

公路上行驶车辆的装载物掉落、遗洒或者飘散的，车辆驾驶人、押运人员应当及时采取措施处理；无法处理的，应当在掉落、遗洒或者飘散物来车方向适当距离外设置警示标志，并迅速报告公路管理机构或者公安机关交通管理部门。其他人员发现公路上有影响交通安全的障碍物的，也应当及时报告公路管理机构或者公安机关交通管理部门。公安机关交通管理部门应当责令改正车辆装载物掉落、遗洒、飘散等违法行为；公路管理机构、公路养护作业单位应当及时清除掉落、遗洒、飘散在公路上的障碍物。

车辆装载物掉落、遗洒、飘散后，车辆驾驶人、押运人员未及时采取措施处理，造成他人人身、财产损害的，道路运输企业、车辆驾驶人应当依法承担赔偿责任。

第三十九条 县级以上人民政府应当组织交通运输、公安、工商等部门完善联合治理车辆超限超载超速运输和路面执法协作工作机制，制定治超工作考核和责任追究办法，建立健全路面治超监控网络，加大路面执法力度，定期组织专项检查，加强车辆超限超载超速运输的综合治理。

第四十条 公路管理机构在巡查中发现交通事故时，应当及时向公安机关交通管理部门通报。公安机关交通管理部门发现交通事故造成损坏公路及其附属设施或者污染公路时，应当及时向公路管理机构通报。

第四十一条 县级以上人民政府交通运输主管部门应当根据国家有关规定，制定台风、暴雨、地震、泥石流等损毁公路的突发事件应急预案，报本级人民政府批准后实施。

公路管理机构应当根据交通运输主管部门制定的公路突发事件应急预案，组建应急队伍，并定期组织应急演练。

第四十二条 县级以上公路管理机构应当按照国家有关规定收集和汇总公路损毁、公路交通流量等信息，开展公路突发事件的监测、预报和预警工作，并利用多种方式及时向社会发布有关公路运行信息。

第四十三条 发生公路突发事件影响通行的，公路管理机构应当及时修复公路、恢复通行。县级以上人民政府交通运输主管部门应当按照各自管理职责，根据修复公路、恢复通行的需要，及时调集抢修力量，统筹安排有关作业计划，下达路网调度指令，配合公安机关交通管理部门等有关部门组织绕行、分流。

第四十四条 公路管理机构应当在办公场所和相关网站公开公路管理工作的执法主体、执法依据、办事程序等，并接受社会公众的监督。

公路管理机构执法人员在执行公务时，应当佩戴统一标志，出示合法有效的执法证件，不得擅自超越管辖区域、超越职权实施监督检查。

用于公路监督检查的专用车辆，应当设置统一的标志和示警灯。

第四十五条 县级以上人民政府交通运输主管部门、公路管理机构应当建立举报制度，在公路沿线、办公场所及相关网站公布举报电话号码、通信地址或者电子邮件信箱，及时受理公民、法人和其他组织对公路违法行为的检举，并依法查处违法行为。

第五章 法律责任

第四十六条 种植公路绿化植物或者设置广告等非公路标志牌，遮挡公路标志、妨碍安全视距、影响公路通行安全的，由公路管理机构责令排除妨碍；拒不执行的，处二百元以上二千元以下罚款，并强制排除妨碍，所需费用由违法行为人承担。

第四十七条 未及时整修、清洗、更换破损、污浊的非公路标志牌，或者未及时加固、拆除有安全隐患的非公路标志牌的，由公路管理机构责令改正，处二百元以上二千元以下罚款。

第四十八条 在公路建筑控制区范围内修建建筑物和地面构筑物的，由公路管理机构责令限期拆除，可以处五千元以上五万元以下罚款。逾期不拆除的，由公路管理机构拆除，有关费用由违法行为人承担。

第四十九条 超过公路、公路桥梁、公路隧道限载、限高、限宽、限长标准的车辆在公路上行驶的，由公路管理机构责令改正，处五百元以上五千元以下的罚款；情节严重的，处五千元以上三万元以下的罚款；对公路造成损害的，应当依法承担赔偿责任。

对1年内违法超限运输超过3次的货运车辆，由道路运输管理机构吊销其车辆营运证；对1年内违法超限运输超过3次的货运车辆驾驶人，由道路运输管理机构责令其停止从事营业性运输；道路运输企业1年内违法超限运输的货运车辆超过本单位货运车辆总数10%的，由道路运输管理机构责令道路运输企业停业整顿；情节严重的，依法吊销其道路运输经营许可证，并向社会公告。

超限车辆驾驶人违反《中华人民共和国道路交通安全法》的，由公安机关通管理部门依法给予记分。

第五十条 水泥、沙石等货物集散地、建筑工地以及货运站经营管理者允许超限车辆出场（站）的，由道路运输管理机构责令改正，处一万元以上三万元以下的罚款。

违反本条例的规定，指使、强令车辆驾驶人超限运输货物的，由道路运输管理机构责令改正，处三千元以上三万元以下的罚款。

第五十一条 车辆装载物触地拖行、掉落、遗洒或者飘散，造成公路路面损坏、污染的，由公路管理机构责令改正，处五百元以上五千元以下的罚款。

第五十二条 损坏公路、公路用地、公路附属设施或者污染公路的，责任人应当保护现场，采取安全防护措施，报告公路管理机构，并接受调查、认定和处理。

第五十三条 交通运输主管部门、公路管理机构、有关部门及其工作人员，违反本条例规定，有下列行为之一的，由上级主管部门或者监察机关对直接负责的主管人员和其他直接责任人员依法给予处分；构成犯罪的，依法追究刑事责任；造成损失的，依法承担赔偿责任：

（一）违法实施行政许可、行政处罚或者行政强制措施的；

（二）对未消除违法状态的超限运输车辆予以放行的；

（三）未依法及时处理公路突发事件的；

（四）不依法履行公路管理监督职责的；

（五）发现违法行为或者接到对违法行为的举报后不依法查处的；

（六）其他玩忽职守、徇私舞弊、滥用职权行为的。

第五十四条 违反本条例规定的行为，本条例未设定处罚但有关法律、法规已有处罚规定的，依照有关法律、法规的规定处罚。

第六章 附 则

第五十五条 本条例具体应用的问题由省人民政府负责解释。

第五十六条 本条例自2014年1月1日起施行。

382. 海南省公路养护工程管理办法

（琼交规字〔2020〕381号）

第一章 总 则

第一条 为加强和规范全省公路养护工程管理，提高养护质量与效益，根据《中华人民共和国公路法》《公路安全保护条例》《公路养护工程管理办法》等法律、行政法规，结合我省公路养护实际，制定本办法。

第二条 本办法所规定的公路养护工程是指在一段时间内集中实施并按照项目首次明确进行管理的公路养护作业，不包括小修保养和公路改扩建工作。

第三条 本办法适用于省养公路和地养需申请中央、省级专项补助资金公路养护工程管理工作。其他公路养护工程管理可参照执行。

第四条 养护工程应当遵循决策科学、管理规范、技术先进、优质高效、绿色安全的原则。

第五条 养护工程管理工作实行统一领导、分级负责。

省级交通运输主管部门负责全省养护工程管理工作的指导和监督。

省级公路管理机构负责全省公路养护工程的行业管理工作，并按职责分工与直属公路管理机构负责省养公路养护工程的组织实施工作。地方交通运输主管部门负责地养公路养护工程的行业管理和组织实施工作。

第六条 省养公路概（预）算投资1000万元以上（含1000万元）的养护工程项目，由省级公路管理机构组织实施；省养普通公路概（预）算投资1000万元以下的养护工程项目，由项目所在市县的省级公路管理机构直属公路管理机构（以下简称"直属公路管理机构"）组织实施。但技术特别复杂或工期特别紧急的，可由省级公路管理机构组织实施。高速公路概（预）算投资1000万元以下的养护工程项目，由省级高速公路管理养护机构组织实施。

地养公路养护工程项目的实施主体由地方交通运输主管部门确定。

第七条 公路养护工程资金以财政投入为主，社会资金投入为辅。各级交通运输主管部门、公路管理机构应当根据养护工程年度计划，将养护工程资金列入年度预算，并积极争取社会资金投入，保障养护工程顺利实施，确保公路处于良好技术状况。

第八条 养护工程资金使用范围包括公路技术状况检测与评定、养护决策咨询、养护设计、养护施工、工程管理及质量控制、工程验收、项目后评估、监理咨询等。

第九条 任何单位和个人不得截留、挤占或者挪用养护工程资金。

第十条 各级交通运输主管部门、公路管理机构和公路管养单位应加强信息技术在养护工程中的应用。

第二章 养护工程分类

第十一条 养护工程按照养护目的和养护对象，分为预防养护、修复养护、专项养护和应急养护。

第十二条 预防养护是指公路整体性能良好但有轻微病害，为延缓性能过快衰减、延长使用寿命而预先采取的主动防护工程。

第十三条 修复养护是指公路出现明显病害或部分丧失服务功能，为恢复技术状况而进行的功能性、结构性修复或定期更换，包括大修、中修。

第十四条 专项养护是指为恢复、保持或提升公路服务功能而集中实施的完善增设、加固改造、拆除重建、灾后恢复等工程。

第十五条 应急养护是指在突发情况下造成公路损毁、中断、产生重大安全隐患等，为较快恢复公路安全通行能力而实施的应急性抢通、保通、抢修。

第三章 计划及资金管理

第十六条 公路管理机构、地方交通运输主管部门应当按照标准规范规定的检测指标和频率，定期组织对公路路基、路面、桥梁、隧道、附属设施等进行检测和评定。

鼓励运用自动化快速检测技术开展检测工作。

第十七条 公路管理机构、地方交通运输主管部门应当根据检测和评定数据，按照相关标准规范、国家或者本地区养护规划计划开展养护需求分析，科学设定养护目标，合理筛选需要实施的养护工程。

国省干线公路和具有重大政治、经济、国防意义的公路养护工程、抗灾抢险工程优先安排建设。

第十八条 公路管理机构、地方交通运输主管部门应当结合公路安全运行状况，按照技术状况评定、养护需求分析等工作流程进行科学决策，建立养护工程五年规划项目库并报省级交通主管部门备案。项目库按照滚动方式实施动态调整，每年定期更新。

第十九条 养护工程年度计划由项目库产生。

省级交通运输主管部门负责审批下达省级公路养护工程年度计划，含省养公路养护工程年度计划和地养需申请中央、省级专项补助资金的公路养护工程年度计划。

省养公路养护工程年度计划由省级公路管理机构负责编制，报省级交通运输主管部门审批；地养需申请中央、省级专项补助资金的公路养护工程年度计划由地方交通运输主管部门负责编制，报省级交通运输主管部门审批。

列入养护工程年度计划项目不得擅自调整。因特殊原因确需调整的，应报省级交通运输主管部门批准同意。

第二十条 除突发事件、抗灾抢险或战备需要等特殊情况外，未列入省级公路养护工程年度计划的养护工程项目，省级交通运输主管部门原则上不安排资金实施。

第二十一条 列入省级公路养护工程年度计划的养护工程项目视同立项。

第二十二条 省养公路养护工程资金由省级财政统筹安排。地养公路养护工程项目，中央、省级补助资金根据项目库情况和当年省级财政财力按年度切块下达。

第二十三条 养护工程不得以虚冒领、重复申请、报大建小等手段套取中央及省级补助资金、不得截留、挤占、挪用中央及省级补助资金。

第四章 前期工作

第二十四条 公路管理机构、地方交通运输主管部门对于需要实施养护工程的路段、构造物或者附属设施等，应当及时开展专项调查，根据公路技术状况、病害情况、发展趋势，综合考虑技术、经济、安全、环保等因素，合理确定养护技术方案，并估算工程造价。

第二十五条 养护工程一般采用一阶段施工图设计。技术特别复杂的，可以采用技术设计和施工图设计两阶段设计。

应急养护和技术简单的养护工程可以按照技术方案组织实施。

第二十六条 养护工程设计应当遵循以下要求：

（一）因地制宜、就地取材、循环利用、绿色环保；

（二）做好涉及生态红线、用地、用林、水源保护等专项调查和论证，确保顺利实施；

（三）针对不同病害的分布特点进行分段、分类设计；

（四）做好交通保障方案设计，降低养护工程施工对交通影响，保障运行安全；

（五）做好养护安全作业方案设计，保障养护作业安全；

（六）做好配套附属设施的设计。

第二十七条 养护工程设计应当以专项检测或评估为依据，加强结构物承载力和旧路性能评价，强化对显性、隐性病害的诊断分析。

第二十八条 养护工程设计文件应当符合法律、法规和强制性标准的要求。

第二十九条 养护工程设计文件应当对施工工艺和验收标准进行详细说明。

鼓励养护工程采用新技术、新材料、新工艺、新设备。对涉及工程质量和安全的新技术、新材料、新工艺、新设备，尚无相关标准可参照的，应当经过试验论证审查后方可规模化使用。

第三十条 项目组织实施单位应规范设计审查流程，加强设计审查管理，确保设计符合规范要求并合理可行。

第三十一条 设计单位应当保证养护工程设计文件质量，做好设计交底，及时解决施工中出现的设计问题，并对设计质量负责。

第三十二条 养护工程设计加强动态管理。设计单位应当及时跟踪公路病害发展情况，并根据需要进行设计变更。

第三十三条 公路养护工程项目设计实行分级管理审批制度。省级公路管理机构组织开展的设计，报省级交通运输主管部门审批；省级高速公路管理养护机构、直属公路管理机构组织开展的设计，报省级公路管理机构审批；地养公路养护工程项目的设计审批由地方人民政府授权的职能部门负责。

第五章　招投标管理

第三十四条 组织实施各类养护工程所涉及的技术服务与工程施工等相关作业，应当依照有关法律、法规、规定，通过公开招标投标、政府采购、直接委托等方式选择具备相应技术能力和资格条件的单位承担。

应急养护工程可以根据应急处置工作需要，直接委托具备相应能力的专业队伍实施。

第三十五条 公路养护工程项目采用公开招标方式的，应参照《公路工程建设项目招标投标管理办法》及我省有关细则实施。

施工招标一般采用合理低价法。技术特别复杂的特大桥梁和特长隧道的养护工程可采用综合评分法。

第三十六条 省级公路管理机构组织实施的依法必须进行招标的养护工程项目，应将资格预审文件（包含澄清、修改）、招标文件（包含澄清、修改）、招标投标情况的书面报告按照有关规定报省级交通运输主管部门备案，招标投标活动监督工作由省级交通运输主管部门负责；省级高速公路管理养护机构、直属公路管理机构组织实施的依法必须进行招标的养护工程项目，应将资格预审文件（包含澄清、修改）、招标文件（包含澄清、修改）、招标投标情况的书面报告按照有关规定报省级公路管理机构备案，招标投标活动监督工作由省级公路管理机构负责。

第三十七条 地养公路养护工程项目的招投标备案和监督工作由地方人民政府授权的职能部门负责。

第六章　工　程　管　理

第三十八条　养护工程施工前，项目实施单位应当根据设计文件和相关要求，组织对交通保障、养护安全作业方案进行审查，并按规定报有关部门批准。

第三十九条　省级公路管理机构组织实施的养护工程项目，由省级交通工程质量监督机构对工程质量和安全进行监督管理；省级高速公路管理养护机构、直属公路管理机构组织实施的养护工程项目，由省级公路管理机构对工程质量和安全进行监督管理；地养公路养护工程项目的质量安全监督管理机构和施工许可由地方人民政府确定。

第四十条　养护工程施工时，项目实施单位应当建立、健全养护工程质量检查管理制度，通过抽查、委托专业机构检查、自查等方式确保养护工程质量。

规模较大和技术复杂的养护工程可以根据需要开展监理咨询服务。

未开展监理咨询服务的，应建立相应的管理制度。

第四十一条　养护工程应当按照批复通过的设计文件进行施工，承包人对施工中发现的设计问题，应当书面提出设计变更建议。设计变更参照《海南省公路工程设计变更管理办法》执行。省级公路管理机构、地方交通运输主管部门应制定养护工程设计变更管理细则。

第四十二条　养护工程施工应当严格执行有关技术规范和操作规程，保证安全。

除应急养护外，养护工程施工应当选择交通流量较小的时段，并按照有关规定向社会公告。

鼓励提前将养护施工信息告知相关公路电子导航服务企业，为社会公众出行做好服务。

第四十三条　公路养护工程完工后应及时组织编制完成工程决算和财务决算，并按照有关规定申报竣工决算审计。

第四十四条　技术复杂程度高或概（预）算投资1000万元（含）以上的公路养护工程按交工验收和竣工验收两阶段执行，其他一般养护工程按一阶段验收执行。

第四十五条　省级公路管理机构组织实施的养护工程项目，由省级交通运输主管部门对竣工决算进行审计和认定，并组织竣工验收；省级高速公路管理养护机构、直属公路管理机构组织实施的养护工程项目，由省级公路管理机构对竣工决算进行审计和认定，并组织竣工验收。

第四十六条　适用于一阶段验收的养护工程项目一般在工程完工后应立即办理交付使用手续，交付使用后6个月之内完成；适用于两阶段验收的养护工程项目，在工程完工后应当及时组织交工验收，一般在养护工程质量缺陷责任期满后12个月之内完成竣工验收。

养护工程质量缺陷责任期一般为6个月，最长不超过12个月。

养护工程验收及质量缺陷责任期具体时限应当在养护合同中约定，并符合有关要求。

第四十七条　养护工程完工后未通过验收的，由施工单位承担养护责任，超出验收时限无正当理由未组织验收的除外。验收不合格的，由施工单位负责返修。

在质量缺陷责任期内，发生施工质量问题的，施工单位应当履行保修义务，并对造成的损失承担赔偿责任。

第四十八条　公路养护工程验收依据主要包括：

（一）养护工程计划文件；

（二）养护工程合同；

（三）设计文件及图纸；

（四）变更设计文件及图纸；

（五）行政主管部门的有关批复文件；

（六）养护工程有关标准、规范及规定。

第四十九条　适用于一阶段验收的养护工程验收应当具备下列条件：

（一）完成设计文件和合同约定的各项内容；

（二）完成全部技术档案和施工管理资料整理归档；

（三）施工单位按相关标准、规范和规定对工程质量自检合格；

（四）工程质量缺陷问题已整改完毕；

（五）参与养护工程的相关单位完成工作总结报告；

（六）开展了监理咨询的，监理单位对工程质量评定为合格；

（七）按规定需进行专业检测的，检测机构对工程质量鉴定完毕并出具检测报告；

（八）质量监督机构出具工程质量鉴定报告；

（九）完成财务决算并上报审批部门。

一阶段验收的养护工程应于验收通过后的6个月内完成工程决算审计工作。

第五十条 适用于一阶段验收的养护工程验收的工作程序、工作内容、组织方式、鉴定办法等参照《公路工程竣（交）工验收办法》执行。

第五十一条 适用于两阶段验收的养护工程验收，除通车试运营期为12个月以上，其余的验收条件、工作程序、工作内容、组织方式、鉴定办法等参照《公路工程竣（交）工验收办法》执行。

第五十二条 地养公路养护工程项目的质量安全监督管理、施工许可、竣（交）工验收由地方人民政府授权的职能部门负责。

第五十三条 公路养护工程通过验收后，验收结果应当及时向上一级交通主管部门报告。

第七章 监督检查

第五十四条 省级公路管理机构和地方交通运输主管部门应建立有效的监督检查机制，加强公路养护工程质量监督和安全监管，确保公路养护工程顺利实施。

第五十五条 省级交通运输主管部门和公路管理机构组织对列入省级养护工程计划的项目配套资金落实、技术方案合理性、项目管理规范化、工程进度、质量、安全、合同履约等情况进行监督检查。

省级公路管理机构和地方交通运输主管部门应及时总结年度计划实施情况，并于每年十一月底报送省级交通运输主管部门。

第五十六条 公路养护工程从企业和人员的从业行为纳入全省公路建设市场信用评价。省级公路管理机构和地方交通运输主管部门应加强对公路养护工程从业单位及人员的动态管理，做好信用评价并报送评价信息。

省级交通主管部门将根据信用评价有关规定，对存在信用评价严重不良行为的从业单位和个人纳入全省公路建设市场实行联合惩戒。

第五十七条 有下列情形之一的，省级交通运输主管部门责令限期整改，并视情节轻重，核减下一年度公路养护工程计划资金。

（一）擅自改变资金使用用途的；

（二）不能按照工程需要足额、及时配套公路养护工程资金的；

（三）无正当理由，年度实施计划完成85%以下的；

（四）因公路养护工程施工组织不当引起重大质量、安全事故或长时间交通拥堵，造成严重社会影响的；

（五）未按规定建立公路养护工程项目库和管理信息系统，并及时填报、更新相关信息的；

（六）在计划执行过程中被通报批评的；

（七）其他违反国家法律、法规和本办法相关规定的。

第八章　附　　则

第五十八条　省级公路管理机构、地方交通运输主管部门可根据本办法制定实施细则。

第五十九条　本办法由省级交通运输主管部门负责解释。

第六十条　此前相关规定与本办法不一致的，以本办法为准。

第六十一条　本办法自 2020 年 10 月 1 日起施行，原《海南省公路养护工程管理办法（试行）》（琼交运建〔2016〕413 号）同时废止。

383. 海南省公路长大桥隧养护管理和安全运行实施细则（试行）

（琼交规字〔2020〕382号）

第一章 总 则

第一条 为加强和规范我省公路长大桥梁、隧道（以下简称长大桥隧）养护管理工作，提高公路长大桥隧的安全保障水平，根据《中华人民共和国公路法》《公路桥涵养护规范》《公路隧道养护技术规范》以及交通运输部《关于进一步加强公路桥梁养护管理的若干意见》《公路长大桥隧养护管理和安全运行若干规定》等有关规定，制定本实施细则。

第二条 本细则适用于我省高速公路及普通国省道上具有重要意义或特殊结构（如钢箱梁、斜拉、悬索等结构桥梁）的特大桥、大桥，以及特长隧道、长隧道的养护管理和安全运营管理。海南省长大桥隧目录见附录表1、2，并根据管理实际适时更新。其他公路桥隧可参照执行。

本实施细则所称长大桥隧具体管理单位，是指负责长大桥隧养护和运行管理的单位。

第三条 长大桥隧养护管理和安全运行工作应当按照“预防为主、科学养护、安全运行、保障畅通”的原则开展。

第四条 各级桥隧主管部门、公路管理机构和长大桥隧具体管理单位要保障长大桥隧监测、检测、养护、应急和安全运行资金，所需费用列入年度部门预算中。

第五条 长大桥隧具体管理单位是长大桥隧养护管理和安全运行的责任主体，应当履行以下主要职责。

（一）严格落实主体责任，建立健全长大桥隧安全运营管理规章制度，按照法律、法规以及相关技术标准、规范、规程，做好桥隧养护、管理和运行工作，确保桥隧处于良好技术状况和运行安全。

（二）负责收集、整理和保存长大桥隧勘测、设计、维护、运营、安全监测和其他有关安全运营管理的资料或数据，建立、维护长大桥隧安全技术档案和运营管理数据库。

（三）建立健全符合管养长大桥隧特点的技术安全保障体系；开展长大桥隧巡查、检查和日常维护、安全状况监测等安全管理工作；定期对桥隧安全监测仪器和设备进行检查，保证监测仪器和设备可靠运行。

（四）建立应对恶劣天气、自然灾害、突发事件特点的应急预案，与地方人民政府及相关部门建立密切的合作机制，定期与相关部门联合开展应急演练。

（五）遇有紧急事件，及时收集信息并向有关部门报告，并及时启动本单位应急预案，为相关专业救助队伍施救创造有利条件，并全力协助救助受困车辆和人员。

（六）积极配合相关执法机构打击长大桥隧上（内）的违法行为。

第六条 省级交通运输主管部门、省级公路管理机构和长大桥隧具体管理单位应当积极向社会公众宣传桥梁、隧道安全运行相关规定、安全和应急避险救助常识，提高桥隧使用者的安全意识。

第二章 养 护 管 理

第七条 长大桥隧在开通运行前，应当具备以下条件：

（一）按照有关规定进行交工验收，并向有关监管部门和具体管理单位移交相关技术资料。未经验收或者验收不合格的，不得交付使用。

（二）设置必要的检修通道、消防、通风、照明、救援等安全附属设施，安全警示标志和交通（通航）标志齐全、醒目并符合国家标准规定。

（三）长大桥隧具体管理单位明确安全运行管理人员，专职桥梁养护工程师、隧道（含机电）养护工程师已配备到岗，制定了突发事件应急预案和各项安全管理制度，应急抢险救灾设备和物资落实到位。

第八条 长大桥隧具体管理单位应当按照有关技术标准、规范、规程要求，加强对长大桥隧及其附属设施的检查、检测、养护和维修工作，确保其处于良好技术状态。

公路桥梁跨越航道的，相关责任单位或部门应当按照相关法律法规规定，加强桥区助航、防撞、水域安全监控等设施的养护。

第九条 长大桥隧具体管理单位应当逐步提升机械化养护和快速维修能力，鼓励采用快速、便捷、耐久的技术，积极实施预防养护。

第十条 长大桥隧具体管理单位应当针对长大桥隧自身特点和技术要求编制养护技术手册。

第十一条 巡查是对长大桥隧可视范围内的桥隧构件及附属设施进行的日常性巡视。巡查由具有桥隧养护工作经验的专业技术人员负责，一般不少于1次/1天，并填写巡查日志。

长大桥隧遇地震、地质灾害等自然灾害，长大桥梁遇暴雨、台风等极端天气时，应加大巡查频率。对有特殊照明需求的（照明、航空航道指示灯等）长大桥梁，应适当开展夜间巡查。

第十二条 长大桥隧检查分为经常检查、定期检查和特殊检查。

相应检查的检查频率除应符合有关养护技术规范、规程要求外，可结合长大桥隧自身特点增加检查频率。

第十三条 经常检查是对长大桥隧的结构及其设施的早期缺损、显著病害及其他异常情况进行的检查。经常检查发现重要部件严重缺损或存在明显异常的，应当立即安排定期检查，并视情采取必要的措施。

汛期前应开展有针对性的检查，汛期应加大经常检查频率。

第十四条 定期检查是对长大桥隧及其附属设施的全面检查，以确定长大桥隧的技术状况。

定期检查对缺损状况难以判定原因和程度的，应立即安排特殊检查。

定期检查可委托专业检测机构承担。

第十五条 特殊检查是为查明长大桥隧主要构件的病害原因、损坏程度、结构安全性能以及耐久性而开展的针对性检查，包括专项检查和应急检查。

专项检查是根据经常检查和定期检查结果，对需要进一步判明损坏原因、缺损程度而进行的现场试验检测、验算与分析等。应急检查是在遭受灾害性损伤后进行的详细检查和鉴定。

特殊检查应委托专业检测机构承担。

第十六条 定期检查和特殊检查完成后，长大桥隧具体管理单位应对检查结果进行分析和确认，必要时可组织专家审查，并及时更新养护管理信息系统数据。

第十七条 根据检查结果，长大桥隧存在较严重病害和安全隐患的，长大桥隧具体管理单位应委托具有相应资质的专业机构提出维修加固方案或养护对策，通过相关审查后按规定程序组织实施。

发现4类或5类桥隧时应向交通运输主管部门和有关部门报告，并依照养护规范规定处理。

第十八条 从事长大桥隧检查、维护等作业的单位和人员应当严格遵守《公路养护安全作业规程》等规定，保证作业人员安全和车辆通行安全。

第十九条 除应急抢修作业外，应避免在重大节假日或交通流量高峰期进行养护作业。对于需要封闭交通或长时间占用行车道的养护作业应提前编制交通组织方案，应提前向社会发布占道作业信息，并协调公安交通管理、路政管理等单位做好交通组织，减少对车辆通行的影响。

第二十条 长大桥隧具体管理单位应当按照“一桥一档”“一隧一档”建立长大桥隧技术档案，内容包括长大桥隧基本情况、养护巡查检查记录、技术状况、维修加固等以及其他归档制度要求的资料，做到内容完整、更新及时、方便使用。

第二十一条 长大桥隧具体管理单位应逐步建立长大桥隧结构监测体系，设置专人或委托专业机构对桥隧的结构状态和各类外部荷载作用下的响应情况进行监测，及时掌握长大桥隧的结构运行状况。

第二十二条 长大桥隧具体管理单位应当根据结构监测情况，定期将监测结果与检查结果进行比对和分析，提出监测评估报告，不断完善评估制度。

第二十三条 省级交通运输主管部门建立重点桥梁和隧道技术状况监测制度，建立长大桥隧管理信息系统，积极运用信息技术分析长大桥隧养护管理和安全运行情况。

第三章　安全运行管理

第二十四条 各级交通运输执法部门应当依法开展路政巡查，查处各种侵占、损害长大桥隧及其附属设施的行为，协调相关部门共同做好长大桥隧安全保护工作。路政巡查中发现存在安全隐患的，要及时通知长大桥隧具体管理单位。

长大桥隧具体管理单位对发现有危害长大桥隧安全活动的，应当及时制止，并告知相关部门依法处理。

第二十五条 长大桥隧具体管理单位应当依据职责，根据交通管理情况及相关技术标准、规范，及时调整和完善机电、交通标志、标线、防撞、助航等设施。在重要的长大桥隧入口前，应按规定设置限载、限宽、限高、限速等标志。

第二十六条 长大桥隧具体管理单位应当积极配合有关单位加强危险货物运输车辆通行管理，装载、携带易燃易爆以及其他危险物品的车辆通过长大桥隧时，应当严格执行国家有关危险物品运输的规定，确保运行安全。

第二十七条 除依法开展的活动外，任何单位和个人不得侵占长大桥隧建筑控制区，不得在法律法规规定的范围内从事采矿、采砂、采石、取土、爆破、建房等危及桥隧设施安全的活动。

第二十八条 超限车辆、其他可能会危及桥隧设施安全车辆不得擅自驶上（入）长大桥隧。确需通行时，应当按《超限运输车辆管理制度》办理有关许可手续，并按要求采取必要的安全防护措施，根据指定的时间、路线、速度和方式通过，影响交通安全的，还应当经同公安交警部门同意。超限车辆、其他可能会危及桥隧设施安全车辆经批准通行长大桥隧时，具体管理单位应做好技术审核、通行引导，以及车辆通行前和通行期间桥隧结构状况的检查、检测等相关工作。

第二十九条 船舶通过长大桥梁所在水域时，应当严格遵守航行法规和有关规定，谨慎操作。

第三十条 禁止利用长大桥隧堆放物品、搭建设施以及铺设高压电线和输送易燃、易爆或者其他有毒有害气体、液体的管道。确需利用长大桥隧铺设管线设施的，不得对长大桥隧安全产生影响。管线设施产权单位应按规定办理相关手续。

管线设施依附在长大桥隧上（内）的，其产权单位应当定期进行检查和维修，避免因设施故障引发安全事故或影响交通。长大桥隧改建、扩建、维修时，管线设施产权单位应当履行铺设协议规定，积极配合长大桥隧具体管理单位开展相关工作。

第三十一条 长大桥隧具体管理单位应当按照有关规定建立健全风险管理和隐患排查工作制度，编制风险辨识手册，建立风险动态监控机制，定期开展隐患排查工作。对发现的隐患应及时采取相应的处治措施，必要时协调相关部门实施交通管制。

第三十二条 交通运输主管部门建立长大桥隧安全隐患挂牌督办制度。被挂牌督办的长大桥隧具体管理单位应限期整改。

第四章　应 急 管 理

第三十三条 长大桥隧具体管理单位应按照交通运输主管部门应急预案要求，针对长大桥隧特点制定专项安全运行应急预案，并与桥隧所在地市县人民政府应急预案相衔接。

第三十四条 长大桥隧具体管理单位应当根据应急工作需要，配置必要的应急人员和设备，加强应急设备维护和应急救援队伍的业务培训，提高应急处置能力。

第三十五条 长大桥隧具体管理单位应加强与桥隧所在地市县公安交通、安监等单位的联动协调，确保应急状况下反应迅速、协调有序。

第三十六条 长大桥隧具体管理单位应每年组织针对火灾、交通事故、自然灾害等突发事件的专项应急演练。

第三十七条 当遇有导致长大桥隧交通中断、重要受力构件损坏或其他易引发重大伤亡的突发事件时，长大桥隧具体管理单位应当立即启动应急预案，采取相应措施，会同有关单位迅速疏散车辆和人员，尽可能保证车辆、人员安全和长大桥隧安全，并为进一步开展应急救援和处置工作创造有利条件。

长大桥隧具体管理单位应将突发事件情况按规定上报，并跟踪事件发展和处置情况，及时续报。

第三十八条 影响长大桥隧安全运营的突发事件应急处置工作结束，或者相关危险因素消除后，长大桥隧具体管理单位应积极做好善后处置工作，配合有关部门对突发事件的原因、性质、影响、责任和恢复重建等问题进行调查评估。同时对应急处置工作进行总结评估，完善应急预案和应对措施。总结评估情况按相关规定报有关部门。

第五章　附　　则

第三十九条 本实施细则由海南省交通运输厅负责解释。

第四十条 本实施细则自 2020 年 10 月 1 日起施行。

附录：表 1 国省干线长大桥梁目录（略）

表 2 国省干线长大隧道目录（略）

384. 海南省普通国省道管养移交办法

（琼交规字〔2020〕394 号）

第一章　总　　则

第一条　为规范和理顺全省普通国省道养护管理，明确管养职责，有序推进普通国省道公路管养移交工作，保障《国家公路网规划（2013－2030 年）》、《海南省普通省道路网布局规划（2020－2030 年）》顺利实施，根据《中华人民共和国公路法》、《海南省公路条例》等法律法规，结合本省实际，制定本办法。

第二条　本办法适用于海南省普通国省道公路的公路管养移交及其监督管理工作。

第三条　本办法所指普通国省道管养移交包括以下两种情形：

（一）国省道网规划中由农村公路或者专用公路提升为国省道的；因国省道网规划调整、改线、城市发展等原因已不具备普通国省道功能，调整为农村公路或者城（镇）区道路、专用公路的（以下简称原路移交）。

（二）新建、改建或改线的国省道，需要办理公路管养移交的（以下简称新建路移交）。

第四条　省级交通运输主管部门主管全省普通国省道公路管养移交工作。

省级公路养护管理机构具体负责全省普通国省道公路管养移交管理工作。

省级公路养护管理机构直属公路养护管理机构（以下简称"直属公路养护管理机构"）负责会同市县交通运输主管部门、城（镇）区道路管理单位办理本辖区内普通国省道公路管养移交工作。

第五条　办理公路管养移交手续时，公路（含公路桥梁、隧道及其附属设施，下同）以及有关的公路基础资料应当一并移交，并按有关规定进行固定资产账务处理。公路基础资料应当包括建设、养护、管理等相关基础数据资料。

第六条　国省道网规划中由农村公路或者专用公路提升为国省道，或者新建、改建或改线后的国省道，按有关程序移交直属公路养护管理机构管养。

原有的普通国省道调整为县道、乡道的，按照有关程序移交公路所在地交通主管部门确定的农村公路管养机构管养；调整为城（镇）区道路的，移交公路所在地人民政府确定的城（镇）区道路管理部门管养；调整为专用公路的，移交给公路使用单位管养。

第二章　公路管养移交

第七条　原路移交应当符合以下条件：

（一）每公里路面使用性能指数（PQI）在 70（含 70）以上；

（二）沿线中桥及以上桥梁、隧道技术状况评定等级为三类及以上，公路沿线设施处于完好状态；

（三）基础资料基本齐全。

第八条　新建路移交应当符合以下条件：

（一）每公里路面使用性能指数（PQI）均在 85（含 85）以上，其中：一级公路 PCI、RQI 平均值不低于 85，二级及以下公路 PCI、RQI 平均值不低于 80；

（二）沿线桥隧技术状况评定等级均为二类及以上，桥头无明显跳车，公路沿线安全设施处于完好状态；

（三）公路沿线附属设施按照国家及省有关规范要求设置到位；

（四）施工设计图、竣工图齐全，建设管理、施工和监理工程资料完整。

第九条 原路移交按以下程序办理：

（一）由农村公路或者专用公路调整为国省道，或由国省道调整为农村公路或专用公路的，由原管养单位提出动议，接养单位报经主管部门同意后办理移交手续。

由国省道调整为城（镇）区道路的，由原管养单位或其主管部门或道路所在地政府一方提出或共同提出动议，由道路所在地政府明确接养单位后，办理移交手续。

（二）接养单位对照移交资料和路况进行验收确认，必要时对移交公路技术状况进行检测评定。评定达不到移交条件的，由原管养单位及时整改。经整改符合移交条件的，办理移交手续。

（三）移交完成后，接养单位根据有关规定，将道路管养经费列入部门年度预算。

第十条 新建路移交按以下程序实施：

（一）符合国省道网规划的新改建公路，建设单位可在通过项目交工验收后，申请公路养护管理机构提前介入养护，负责公路的保洁和路容路貌的日常养护，相关费用由建设单位负责支付。

（二）在项目竣工验收前一个月，建设单位向公路养护管理机构提交普通国省道新建路移交申请。公路养护管理机构对照移交资料和路况进行验收确认，必要时对移交公路技术状况进行检测评定。评定达不到移交条件的，由建设单位及时整改。

（三）经确认符合管养移交条件的，在项目竣工验收时，建设单位与公路养护管理机构办理移交手续。

第十一条 按照公路管养权限，应办理移交手续而未办理的，由原管养单位继续管养，并适时开展移交工作。

第三章 监督管理

第十二条 市县交通运输主管部门、直属公路养护管理机构应加强本行政区域内普通国省道公路管养移交工作的监督管理。

第十三条 省级公路养护管理机构应加强全省国省道公路管养移交工作的监督管理，并将当年公路管养移交公路的相关情况上报省级交通运输主管部门备案。

第四章 附则

第十四条 国省道的路政执法按我省有关规定执行。

第十五条 本办法由省级交通运输主管部门负责解释。

第十六条 本办法自2020年10月14日起执行。

385. 海南省深化农村公路管理养护体制改革实施方案

（琼府办〔2020〕35号）

为贯彻落实《国务院办公厅关于深化农村公路管理养护体制改革的意见》（国办发〔2019〕45号），加快建立农村公路管理养护长效机制，切实管好、护好农村公路，结合我省实际，制定本实施方案。

一、总体要求

以习近平新时代中国特色社会主义思想为指导，全面贯彻党的十九大精神，认真落实习近平总书记关于“四好农村路”的重要指示精神和党中央、国务院决策部署，以人民群众对美好出行的向往为出发点和落脚点，对标中国特色自由贸易港，紧紧围绕脱贫攻坚、乡村振兴和统筹城乡战略，坚持服务为先、安全至上、自然和谐，深化农村公路管理养护体制改革，加强农村公路与农村经济社会发展统筹协调，形成上下联动、密切配合、齐抓共管的工作局面，推动“四好农村路”高质量发展，为广大农民群众致富奔小康、加快推进农业农村现代化提供更好保障。

二、工作目标

到2022年，基本建立权责清晰、齐抓共管的农村公路管理养护体制机制，形成财政投入职责明确、社会力量积极参与的格局。农村公路治理能力明显提高，治理体系初步形成。农村公路通行条件和路域环境明显提升，交通保障能力显著增强。农村公路列养率达到100%，县乡村道常养率分别达到100%、70%、60%，年均养护工程比例不低于5%，中等及以上农村公路占比不低于80%。

到2035年，全面建成体系完备、运转高效的农村公路管理养护体制机制，基本实现城乡公路交通基本公共服务均等化，农村公路列养率和常养率全部达到100%，安全隐患全面消除，公路路况平整舒适，路域环境优美和谐，农村公路治理能力和治理体系实现现代化。

三、建立完善的管理体制

（一）省级加强统筹和政策引导。省政府强化省级统筹和政策引导，建立健全规章制度，将农村公路管理养护情况纳入省政府对市县发展综合考核评价指标。省交通运输厅加强农村公路管理养护工作的指导、监督，制定有关农村公路政策，提出农村公路发展指导意见，完善管理制度，加强业务指导。省财政厅加强省级资金统筹，足额安排省级养护补助资金。省林业局加强省管林场、自然保护区（以下统称省管林场）公路管理和养护。省直各部门通过制定和实施相关政策，为农村公路发展提供良好的政策环境，促进农村公路与相关领域的联动发展。

（二）市县政府切实履行主体责任。市县政府统筹做好本辖区农村公路管理养护工作，建立健全明确的权力和责任体系，指导监督相关部门和乡镇（区）政府履职尽责。加强县级农村公路管理队伍和机构建设，突出农村公路养护管理的公益性，严格按事业单位分类参考目录和分类条件科学划分机构类别。深入贯彻落实《海南省农村公路管理养护实施路长制的指导意见》（琼交运建〔2019〕246号），全面实施县、乡、村三级路长制，强化农村公路管理养护的组织领导，加强路长考核，促进社会监督，促进管理体系高效运行，建立“精干高效、专兼结合、以专为主”的管理体系。按照“有路必养、养必到位”的要求，将农村公路养护资金及管理机构运行经费和人员支出纳入一般公共财政预算，加大履职能力建设和管理养护投入力度。

（三）乡镇政府根据市县政府明确的权力和责任，因地制宜选取养护模式，统筹做好辖区内农村公路管理养护的组织实施，指导村委会组织好村道的管理养护工作。采用县级公路养护机构统一聘任或乡镇政府自行聘任的方式，落实乡镇政府公路养护管理机构专职工作人员，加强机构办公设施标准化建设，促进乡镇政府公路养护管理机构切实发挥职责作用。广泛调动人民群众参与公路管护的积极性，将爱路护路要求纳入乡规民约和村规民约，将养路员（护路员）纳入公益性岗位，优先为建档立卡贫困户和边缘户提供就业机会。鼓励人民群众积极开展公路美化绿化净化工作，提升人居环境。村委会结合各自实际，做好所负责公路的管理和养护工作。

（四）建立健全农村公路综合执法体制机制。深化交通运输综合行政执法改革，制定市县交通运输行政执法事项清单，建立县有路政员、乡有监管员、村有护路员的路产路权保护队伍，将专业要求适宜、在基层发生频率较高、与人民群众日常生产生活关系密切、执法程序相对简易的农村公路行政执法事项，交由乡镇和街道执法队伍以相应名义开展执法。建立健全市县综合行政执法机构与交通运输等相关部门和乡镇政府的联动协作机制，充分发挥各自优势，形成工作合力。完善涉路行政许可审批体制机制，加强路产路权保护，依法加强行政处罚、行政强制事项的源头治理。推进农村公路立法。

四、强化资金保障

（一）加大养护工程资金投入力度。合理确定成品油税费改革转移支付规模，加大对普通公路养护的支持力度。成品油税费改革新增收入替代原公路养路费部分（以下简称"替代养路费部分"），不得低于改革基期年（2009年）公路养路费收入占"六费"（公路养路费、航道养护费、公路运输管理费、公路客货运附加费、水路运输管理费、水运客货运附加费）收入的比例。"替代养路费部分"用于普通公路养护的比例不得低于80%，且不得用于公路新建。2022年起，该项资金不再列支管理机构运行经费和人员等其他支出。

继续执行省级财政对农村公路养护工程的补助政策，省级补助资金与切块到市县部分之和占"替代养路费部分"的比例不低于15%。其中1/3部分按里程和县、乡、村道2∶3∶5的比例切块到市县和省管林场，2/3部分与中央车购税农村公路补助资金统筹使用，实行项目年度计划管理，补助标准上限为养护工程项目预算总投资的60%（五指山市、琼中黎族苗族自治县、保亭黎族苗族自治县、白沙黎族自治县为70%），具体补助标准按当年养护工程需求总量统筹确定，省级财政根据财力情况逐步增加补助资金。市县政府要确保省级补助农村公路养护工程项目建设资金足额到位。

省级财政采取以奖代补方式引导地方开展示范县、示范路创建，并根据不同时期的养护发展目标和工作重点调整奖励支持方向。"十四五"期支持开展"美丽农村路"建设，每年评选10条"美丽农村路"示范路，每条给予50万元一次性投资补助。

（二）落实日常养护资金。农村公路养护属于市县财政事权，资金原则上由市县通过自有财力安排，省级财政根据不同时期发展目标给予一定的资金补助，并根据财力情况逐步提高补助标准。省级和市县财政对农村公路日常养护的投入（不含"替代养路费部分"）不低于国家标准，其中省级财政投入不低于国家标准的20%，市县财政投入不低于国家标准的80%，同时建立与养护成本变化等因素相关联的动态调整机制。日常养护资金由市县根据公路使用年限、路况水平、自然条件等情况统筹安排使用，不得用于编内人员工资福利及养护机构运行经费。

（三）强化养护资金使用监督管理。农村公路养护不得以虚报冒领、重复申报、多头申报、报大建小等手段套取省级补助资金，不得截留、挤占、挪用省级补助资金。农村公路建设不得采用施工方带资的建设—移交（BT）模式，不得以"建养一体化"名义新增隐性债务，严格防控债务风险，公共财政资金实施全过程绩效管理，按有关规定对社会公开，接受群众监督。村务监督委员会要将村道养护资金使用和养护质量等情况纳入监督范围。审计部门组织开展农村公路养护资金使用情况审计。省财政厅和省交通运输厅建立对市县政府的农村公路管理养护成效和资金投入考核机制，并将考核结果与省级补助挂钩。

（四）拓宽投融资渠道。发挥好政府资金的引导作用，采用资金补助、先养后补、以奖代补等多种方式支持农村公路养护。将农村公路发展纳入地方政府一般债券重点支持范围。按规定用好均衡性转移支付、税收返还等相关政策，积极探索将农村公路相关附属设施等有收益的项目与农村公路养护打包运行，创新资金筹措方式，拓宽资金来源渠道。

五、形成高效的长效机制

（一）提升管理养护能力。探索适合本地的农村公路养护模式，逐步建立政府与市场、社会合理分工的养护生产组织模式，提高机械化水平，提高常养率，全面提升通行服务水平。加强公路检测和路况评定，逐步建立以技术状况为依据的养护决策机制。加强危桥改造和路面维护，逐步推进漫水桥改造，积极推进完善公路安全设施和防排水设施，加大养护工程实施力度。

（二）全面提高规范化水平。编制农村公路养护管理手册，完善相关制度，加强基层人员培训，促进养护管理规范化、养护作业标准化，全面提升农村公路养护管理水平。采用全省统建共用方式开发基于海南省交通运输综合业务平台的农村公路管理信息系统，固化管理网络和机制，规范管理流程，确保“路长制”有效运行，提高决策水平和管理效率。建立农村公路养护工程信用评价机制，并将信用记录按照有关规定纳入海南省信用信息共享平台。

（三）全面提升路域环境。以实现人民群众对美好出行的向往为目标，推进农村公路与全域旅游、现代农业、美丽乡村等产业融合发展，出台美丽农村路建设指导意见，加快实施美丽农村路建设，开展“美丽农村路”示范创建工作。大力整治路域环境，加快实现“路田分家”和“路宅分家”，努力提升农村公路净化、美化、绿化、彩化、亮化水平，全面发挥农村公路对农村人居环境改善的引领作用。

（四）营造良好发展环境。完善农村公路路网规划并适时进行调整，提高路网服务经济社会发展能力。依托基层养护道班和工区，加强应急抢险保通队伍建设，完善应急设备物资储备，提高公路应急救援能力。依托路侧墙板和媒体等广泛开展“四好农村路”政策和典型成效宣传，营造良好的社会氛围。积极争创“四好农村路”全国示范省，积极开展示范县、示范镇、示范路等示范创建工作，以点带面促进管理养护水平提升。加大督导考核力度，并建立以奖代补机制，将考核结果纳入市县对乡镇的绩效考核指标体系。

各市县、各部门要将深化农村公路管理养护体制改革作为打赢脱贫攻坚战、实施乡村振兴战略、推进农业农村现代化的一项先行工程，与农业农村工作同步部署落实。各市县政府要深入分析本地农村公路发展实际，因地制宜制定本辖区改革实施方案，并督促相关部门和各级责任主体抓好任务落实。

本方案自印发之日起施行，《海南省人民政府办公厅关于印发海南省农村公路建设管理与养护体制改革实施意见的通知》（琼府办〔2006〕11号）同时废止。省级财政对农村公路养护补助政策与此前规定不一致的，以本方案为准。

386. 重庆市公路管理条例

（2018 年 7 月 26 日重庆市第五届人民代表大会常务委员会第四次会议第五次修正）

第一章　总　　则

第一条　为了加强公路管理，保障公路完好、安全和畅通，提高公路服务水平，促进公路事业发展，根据《中华人民共和国公路法》、《公路安全保护条例》等有关法律、行政法规，结合本市实际，制定本条例。

第二条　本市行政区域内公路的养护、路政、应急等管理适用本条例。

公路按照其在公路路网中的地位分为国道、省道、县道、乡道和村道；按照技术等级分为高速公路和普通公路。

本条例所称国道、省道、县道、乡道、村道，均指除高速公路以外的普通公路。

第三条　公路是公益性公共基础设施。任何单位和个人都有依法使用公路的权利，有爱护公路、公路用地及公路附属设施的义务。

第四条　市、区县（自治县）人民政府应当加强对公路管理工作的组织领导，将公路事业的发展纳入国民经济和社会发展规划，加强公路突发事件应急管理，根据实际情况配备公路管理人员、车辆及其他必要设备，将公路管理所需经费列入本级财政预算。

第五条　市交通运输主管部门主管全市公路管理工作，其所属的市公路管理机构具体负责全市公路的监督管理。

区县（自治县）交通运输主管部门主管本行政区域内普通公路管理工作，其所属的公路管理机构具体负责本行政区域内国道、省道和县道的管理工作，并对乡道、村道管理工作进行指导。

乡（镇）人民政府、街道办事处负责本行政区域内乡道、村道的管理工作。村（居）民委员会在乡镇人民政府、街道办事处的指导下，做好村道相关工作。

其他有关部门依据各自职责，做好与公路相关的工作。

第六条　高速公路经营企业应当依法履行高速公路养护、经营管理、保障通行等义务，协助公路管理机构做好高速公路管理工作。

第七条　市、区县（自治县）交通运输主管部门应当依法做好公路管理工作，努力采用科学的管理方法和先进的技术手段，提高公路管理水平，完善公路服务设施，适应国民经济和社会发展以及人民群众生产、生活需要。

第二章　养 护 管 理

第八条　公路管理机构、高速公路经营企业应当按照国务院交通运输主管部门规定的技术规范和操作规程加强公路养护，保证公路经常处于良好技术状态。

前款所称良好技术状态，是指公路自身的物理状态符合有关技术标准的要求，包括路面平整，路肩、边坡平顺，有关设施完好。

市交通运输主管部门可以结合实际，制定本市公路养护技术规范和操作规程。

第九条　公路管理机构、高速公路经营企业应当按照公路等级、里程、路况、养护定额、养护规范及检测评定结果等组织编制公路养护计划。

高速公路养护计划由高速公路经营企业编制并报市公路管理机构同意后组织实施。

国道、省道养护计划由市公路管理机构编制并报市交通运输主管部门同意后组织实施；县道养护计划由区县（自治县）公路管理机构编制并报区县（自治县）交通运输主管部门同意后组织实施；乡道、村道养护计划由乡（镇）人民政府、街道办事处编制后组织实施，并报区县（自治县）交通运输主管部门备案。

第十条 公路管理机构应当加强公路养护通行秩序管理，统筹安排公路养护作业计划，避免造成交通堵塞。

进行公路养护作业，可能造成交通堵塞的，公路管理机构应当会同道路交通安全管理部门共同制定疏导预案，确定分流路线。

第十一条 公路养护作业需要封闭公路的，或者占用半幅公路进行作业的，除紧急情况外，公路养护作业单位应当在作业开始之日至少五日前，通过媒体向社会公告施工路段、施工时间、分流路线等信息，并在施工路段前方及分流路口设置公告牌；不能绕行的，应当修建临时道路。

第十二条 公路管理机构、高速公路经营企业应当按照国家和本市对公路巡查频次、巡查内容等要求进行巡查，并制作巡查记录，建立巡查信息档案；发现公路损毁、有影响交通安全的障碍物或者设施未正常使用的，应当及时设置警示标志，并尽快采取措施修复或者排除险情。

第十三条 公路沿线边坡以及周边的地质灾害防治由公路管理机构负责，其他范围内的地质灾害防治依照《重庆市地质灾害防治条例》等法规规定执行。

第十四条 公路养护工程按照工程性质、复杂程度、规模大小划分为日常养护、小修保养、中修、大修和改建工程。

公路养护工程程序按照国家和本市规定执行。

第十五条 从事公路养护作业的单位应当符合国家规定的资质条件，按照国家和本市规定的养护作业标准、技术规范和操作规程实施作业。

对乡道、村道实施日常养护，乡（镇）人民政府、街道办事处可以承包给前款规定以外的养护组织和个人。公路管理机构应当对养护组织和个人进行指导、培训。

公路养护作业人员应当统一穿着符合相关标准的反光安全标志服，公路养护作业车辆应当喷涂明显反光标志图案。

第十六条 公路管理机构应当逐步实现公路养护管理和养护作业分离，选择符合国家资质条件的公路养护作业单位承担养护作业。

第十七条 公路养护资金包括：

（一）中央财政转移支付资金；

（二）地方财政安排的专项资金；

（三）社会捐赠，或者通过拍卖、转让县道、乡道、村道冠名权等方式筹集的资金；

（四）公路经营的收入；

（五）村（居）民委员会通过“一事一议”等方式筹集的资金；

（六）依法筹集的其他资金。

公路养护资金应当专款专用。财政、审计、交通运输主管部门和公路管理机构应当加强公路养护资金的监督管理。村务监督委员会应当加强自筹资金的监管。

第十八条 区县（自治县）人民政府负责筹集乡道、村道养护资金，并适时组织乡镇人民政府、街道办事处实施专业养护或者集中养护。

第十九条 公路管理机构、高速公路经营企业应当按照公路工程技术标准组织实施公路用地范围内的绿化工作。

第二十条 市、区县（自治县）交通运输主管部门应当加强公路养护质量管理，建立目标责任考核制度，考核结果作为公路养护工程项目和养护资金安排的重要依据。

第三章　路 政 管 理

第二十一条　交通运输主管部门应当建立健全公路管理档案，对公路、公路用地和公路附属设施调查核实、登记造册，加强对公路建设、管理中形成的资料的管理。

公路管理机构、高速公路经营企业应当按照交通运输主管部门的要求收集、整理公路管理过程中形成的资料。

第二十二条　在公路建筑控制区范围内除公路保护、养护需要外，禁止修建建筑物和地面构筑物。公路建筑控制区划定前已经合法修建的不得扩建，因公路建设或者保障公路运行安全等原因需要拆除的应当依法给予补偿。

公路建筑控制区的范围，从公路用地外缘起向外的距离标准为：

（一）国道不少于二十米；

（二）省道不少于十五米；

（三）县道不少于十米；

（四）乡道不少于五米；

（五）村道不少于三米。

属于高速公路的，公路建筑控制区的范围从公路用地外缘起向外的距离标准不少于三十米，高速公路立交桥匝道不少于五十米。

公路弯道内侧、互通立交以及平面交叉道口的建筑控制区范围根据安全视距等要求确定。

第二十三条　有下列情形之一的，应当按照国家规定办理路政许可：

（一）因修建铁路、机场、供电、水利、通信建设等工程需要占用、挖掘公路、公路用地或者使公路改线的；

（二）跨越、穿越公路修建桥梁、渡槽或者架设、埋设管道、电缆等设施的；

（三）在公路用地范围内架设、埋设管道、电缆等设施的；

（四）利用公路桥梁、公路隧道、涵洞铺设电缆等设施的；

（五）在公路用地范围内设置公路标志以外的其他标志的；

（六）利用跨越公路的设施悬挂非公路标志的；

（七）在公路建筑控制区内埋设管道、电缆等设施的；

（八）在公路上增设或者改造平面交叉道口的；

（九）更新采伐公路、公路用地上的护路林的；

（十）在普通公路用地、公路建筑控制区范围内开展修车、洗车、停车、加水、加油等业务的；

（十一）因抢险、防汛需要在中型以上的公路桥梁和渡口周围两百米范围内修筑堤坝、压缩或者拓宽河床的。

前款第一项至第十项活动涉及高速公路的，应当向市公路管理机构提出申请；涉及国道、省道、县道的，应当向区县（自治县）公路管理机构提出申请。涉及乡道、村道的，应当向乡（镇）人民政府、街道办事处提出申请。第十一项活动涉及高速公路的，应当向市交通运输主管部门提出申请；涉及国道、省道、县道、乡道、村道的，应当向区县（自治县）交通运输主管部门提出申请。

本条第一款所列活动涉及村道的，应当事先征求村（居）民委员会的意见；影响交通安全的，应当征求道路交通安全管理部门意见。

第二十四条　进行涉路施工活动的建设单位因工程建设需要占用、挖掘公路，或者跨越、穿越公路，在公路用地范围内架设、增设管线设施的，应当遵守下列规定：

（一）在公路管理机构批准的路段和时间内施工作业；影响交通安全的，还应当经道路交通安全管理部门的同意。

（二）制定施工路段现场管理方案和交通组织方案，并规范设置施工标志和安全设施，配备安全管理人员，公示施工时间和责任人。

（三）按照现场管理方案和交通组织方案组织施工，维护施工现场秩序，疏导指挥交通，保障公路畅通。

（四）施工作业完毕，应当迅速清除公路上的障碍物，消除安全隐患，经公路管理机构验收合格后，及时恢复通行；影响交通安全的，还应当经道路交通安全管理部门验收。

涉路施工活动应当尽量缩短施工周期，减少对道路安全和畅通的影响。

第二十五条 在公路建筑控制区范围内设置广告牌应当符合本市户外广告设置规划，广告设施不得影响公路完好、安全和畅通。

第二十六条 因管道、杆线、电缆、护栏及检查井（孔）等设施缺损、移位、下沉等影响公路通行安全的，所有权人应当及时修复、更新或者拆除。

第二十七条 因公路建设、养护管理需要，在公路、公路用地范围内设置的各类设施、标志标线等，其所有权人应当主动配合，予以迁移、加固或者自行拆除。

第二十八条 禁止破坏公路、公路用地范围内的绿化物。

护路林梢与电力线垂直距离少于三米，或者与通讯线垂直距离少于两米，电力、通信部门可以修剪树枝。

第二十九条 任何单位和个人不得损害和侵占用于战备的公路渡口及其附属设施。确因公共建设需要占用、利用战备渡口的，必须经公路管理机构审查，报经市交通战备主管部门同意。

占用并改变战备渡口原貌的单位，应当按照不低于该战备渡口功能设计技术标准还建；利用战备渡口的单位不得改变战备渡口使用功能，国家决定启用战备渡口时，应当退还。

第三十条 在公路、公路用地范围内，禁止任何单位和个人从事下列活动：

（一）设置路障、摆摊设点、堆放物品、打场晒粮、挖沟引水、种植作物、放养牲畜、经营性修车洗车及其他影响公路畅通；

（二）倾倒垃圾杂物，向公路或者利用公路排水设施排污；

（三）将公路作为检验机动车辆制动性能试验场；

（四）擅自设置、损毁、移动、涂改、遮挡公路标志或者擅自损毁、移动公路其他附属设施；

（五）堵塞、损坏、改变公路排水系统或者利用公路桥梁、涵洞、排水沟等设施，设置闸门、筑坝蓄水、引水灌溉；

（六）擅自挖掘公路、修建桥梁、渡槽或者架设、埋设管线、电缆等设施；

（七）铁轮车、履带车和其他可能损害公路路面的机具在公路上行驶；

（八）法律、法规禁止的其他活动。

第三十一条 在高速公路、高速公路用地范围内，禁止下列行为：

（一）非机动车、摩托车、拖拉机、轮式专用机械车、铁轮车、履带车和可能损害路面的机具行驶；

（二）利用非专用清障、救援车辆拖曳故障车、肇事车辆；

（三）随意上下乘客、装卸货物、停放车辆；

（四）在隔离栅内行走、滞留；

（五）设置棚房、摊点和经营修车、洗车、停车、加水、加油等业务。

第三十二条 道路交通安全管理部门在处理交通事故时，发现因交通事故造成公路、公路附属设施损坏，或者使公路、公路附属设施存在安全隐患的，应当及时通知公路管理机构；公路管理机构应当及时依法处理。

第四章　超限运输管理

第三十三条 车辆的外廓尺寸、轴荷和总质量应当符合国家有关车辆外廓尺寸、轴荷、质量限值等机动车安全技术标准，不符合机动车安全技术标准的不得生产、销售。

机动车产品主管部门应当依法加强对生产、销售拼装机动车或者生产、销售改装机动车等活动的管理；公安机关交通管理部门对不符合机动车国家安全技术标准的车辆不予登记，不发放车辆号牌和行驶证。

第三十四条 超过公路、公路桥梁、公路隧道限载、限高、限宽、限长标准的车辆，不得在公路、公路桥梁或者公路隧道行驶；超过汽车渡船限载、限高、限宽、限长标准的车辆，不得使用汽车渡船。

公路管理机构、高速公路经营企业应当在公路明显位置设置限载、限高、限宽、限长标志；公路标志对货运车辆的总体外廓尺寸、总质量、轴荷有特别限制的，车辆应当遵守特别限制。

第三十五条 乡（镇）人民政府、街道办事处可以根据保护公路的需要，在乡道、村道的入口处设置必要的限高、限宽设施，但是，不得影响消防、卫生急救、抢险救灾等应急通行需要。

第三十六条 车辆因运输不可解体物品，超过国家规定限值行驶的，从事运输的单位和个人应当申请公路超限运输许可：

（一）跨市、区县（自治县）进行超限运输的，向市公路管理机构提出申请，由市公路管理机构受理并审批；

（二）在区县（自治县）行政区域内普通公路上进行超限运输的，向所在地区县（自治县）公路管理机构提出申请，由区县（自治县）公路管理机构受理并审批。

涉及村道的超限运输，应当征求村（居）民委员会的意见，并经乡镇人民政府、街道办事处同意。

公路超限运输影响交通安全的，公路管理机构在审批超限运输申请时，应当征求道路交通安全管理部门的意见。

第三十七条 申请公路超限运输许可，应当提供下列材料：

（一）超限运输车辆行驶申请书；

（二）货物名称、重量、外廓尺寸以及必要的总体轮廓图；

（三）运输车辆的厂牌型号、自载质量、轴载质量、轴距、轮数、轮胎单位压力、载货时总的外廓尺寸等有关资料；

（四）货物运输的起讫点、拟经过的路线和运输时间；

（五）车辆行驶证原件及复印件。

第三十八条 公路管理机构审批超限运输申请，应当根据实际情况勘测通行路线，需要采取加固、改造措施的，可以与申请人签订有关协议，制定相应的加固、改造方案。

公路管理机构应当根据其制定、核准的加固、改造方案，委托具有资质的单位对通行的公路桥梁、涵洞等设施进行加固、改造；必要时应当对超限运输车辆进行监管。

勘测、加固、改造等相关费用由申请人按照实际发生费用承担；超限运输车辆监护费用由公路管理机构按照市价格主管部门核定的标准收取。

第三十九条 经批准的超限运输车辆应当携带公路管理机构核发的超限运输车辆通行证，按照指定的时间、路线、速度行驶，并悬挂明显标志。

第四十条 公路管理机构应当根据实际情况设置固定公路超限检测站、流动检测点、超限运输车辆监控检测装置，对车辆的车货总质量、轴荷，车货总长度、总宽度和总高度进行检测。

固定公路超限检测站的设置应当经市人民政府批准；流动检测点的设置应当经区县（自治县）人民政府批准并报市公路管理机构备案；超限运输车辆监控检测装置应当符合市公路管理机构编制的统一规划。

用于超限运输检测的仪器设备，应当经法定计量检定机构检测合格后，方可使用。

第四十一条 经固定公路超限检测站、流动检测点检测发现违法超限的，公路管理机构应当责令当事人在规定的时限内到指定的地点接受处理。

公路管理机构依据监控检测记录资料，可以对违法超限车辆的所有人或者管理人依法予以处理。

第四十二条 通行高速公路的车辆经检测超限，且不能提供超限运输车辆通行证的，或者提供的超限运输车辆通行证与超限实际情况不相符合的，高速公路经营企业应当拒绝其通行，并及时报告市公路管理机构。市公路管理机构应当及时派员到场，依法处理。

第四十三条 市、区县（自治县）人民政府可以组织公路管理机构、道路运输管理机构、道路交通安全管理部门、安全生产监督管理部门等有关行政管理部门开展超限运输治理联合执法。

第五章 应急管理

第四十四条 市、区县（自治县）人民政府统一领导、协调本行政区域内的公路突发事件应对工作，并将公路突发事件应急管理纳入全市突发事件应急管理体系，建立健全公路突发事件应急物资储备保障制度，确保发生公路突发事件时能够满足应急处置工作的需要。

第四十五条 市、区县（自治县）交通运输主管部门应当依法编制地震、泥石流、雨雪冰冻灾害以及其他影响、破坏公路的突发事件应急预案，报本级人民政府批准后实施。

公路突发事件应急预案应当规定公路突发事件应急管理工作的组织指挥体系和职责，以及公路突发事件的预防和预警机制、处置程序、应急保障措施、事后恢复与重建措施等内容。

公路管理机构、高速公路经营企业应当根据公路突发事件应急预案，制定公路突发事件专项应急方案或者现场应急处置方案，组建应急队伍，并定期组织应急演练。

第四十六条 公路管理机构、高速公路经营企业应当定期对公路、公路附属设施等进行检查、监控，对发现的可能引发公路突发事件的隐患进行调查、登记和风险评估，并及时消除安全隐患或者采取安全防范措施。

客运车辆或者危险化学品车辆通行高速公路的，高速公路经营企业应当配合执行限时通行等管理措施，避免引发公路突发事件。

第四十七条 公路突发事件发生后，市、区县（自治县）人民政府应当立即开展应急处置。

市、区县（自治县）交通运输主管部门及其公路管理机构、有关行政管理部门和高速公路经营企业，应当按照规定启动公路突发事件应急预案。

第四十八条 公路突发事件造成公路以及相关安全防护设施损毁的，应当及时维修、恢复。

影响通行的，公路管理机构、高速公路经营企业应当及时修复公路、恢复通行，并及时向社会发布有关公路运行信息。

难以及时修复、恢复通行的，公路管理机构、高速公路经营企业应当及时向灾害发生地区县（自治县）人民政府报告，灾害发生地区县（自治县）人民政府应当及时调集抢修力量，集中抢修。同时，向社会发布抢修时段、改道或者绕行线路等信息，引导车辆选择通行线路。

第四十九条 公路管理机构可以根据公路突发事件等因素，会同道路交通安全管理部门对公路通行采取完全封闭、部分封闭、改道、绕行等措施，并及时向社会公告；高速公路经营企业及其他单位和个人应当对公路疏导通行工作予以协助。

因处置公路突发事件、抢险救援和缓解收费道口拥堵，确需快速疏导、分流车辆的，市交通运输主管部门可以决定临时免费放行车辆。

第五十条 高速公路经营企业应当建立快速清障救援机制，并按照市交通运输主管部门确定的标准配备救援车辆、人员及其他设施设备。

清障救援服务单位收取清障救援服务费，应当执行市价格主管部门规定的收费项目、收费标准。

第五十一条 公路执法车辆执行紧急任务时，在确保安全的前提下，可以不受行驶速度、行驶路线、行驶方向和交通标志、标线的限制。

法律、法规对警车、消防车、救护车、工程救险车等特种车辆通行公路另有规定的，从其规定。

第五十二条 机动车不得在应急车道内行驶。机动车发生交通事故或者故障确需在应急车道内临时停车时，应当按照规定使用灯光、设置故障车警告标志。

第六章　服务与监督

第五十三条　交通运输主管部门、公路管理机构应当依法履行职责，完善工作制度，公开办事程序，加强对公路监督检查人员的管理和教育，公正执法，热情服务，接受社会监督。

第五十四条　公路管理机构、高速公路经营企业应当加强公路服务设施建设，并保持服务设施的完好。

属于高速公路的，公路管理机构、高速公路经营企业应当在收费站、服务区、重点路段等区域设立电子信息显示屏等，及时发布通行状况、施工作业、气象预报等服务信息。

高速公路经营企业应当为公路使用人提供短暂休息、如厕、临时停车、饮水、车辆加水等免费服务和加油、购物、餐饮、汽车维修等经营性服务。

第五十五条　公路管理机构应当设立信息采集、传输和公路监控系统，建立健全公路信息监控服务网络，收集、汇总公路基础设施、养护施工作业、公路交通阻断等与公路通行有关的信息，并及时通过互联网或者移动通信终端等渠道向社会发布。

高速公路经营企业应当将其公路养护等信息纳入公路信息监控服务网络。

公安、国土资源、气象等有关行政管理部门应当加强与公路管理机构的信息沟通，实现信息共享。

第五十六条　公路管理机构应当加强日常监督管理，依法检查和制止各种侵占、损坏、污染公路、公路用地、公路附属设施及其他违反公路法律、法规的行为，保障公路完好、安全和畅通。

高速公路经营企业应当保证高速公路上的照明、通风、消防等安全设施处于完好状态和正常使用。

公路监督检查人员依法进行监督检查时，公路服务区经营者应当为监督检查提供必要的协助。

第五十七条　公路管理机构对占（利）用或者损坏公路、公路用地、公路附属设施，以及超限运输的单位和个人收取公路赔（补）偿费，应当执行由市价格主管部门会同市财政部门制定的公路赔（补）偿费标准。收取的费用应当专项用于公路路产的恢复和公路养护、管理，任何单位和个人不得侵占、挪用和截留。

公路管理机构不得擅自扩大公路赔（补）偿费收取范围、提高收费标准。

第五十八条　公路管理机构应当建立公路保护举报制度，公开举报电话、通信地址或者电子邮件信箱。

公路管理机构收到举报后，应当依法及时处理，对检举属实的单位和个人可以给予奖励。

第七章　法 律 责 任

第五十九条　在村道建筑控制区内修建、扩建建筑物、地面构筑物的，由乡（镇）人民政府、街道办事处责令限期拆除；逾期不拆除的，处三千元以上三万元以下罚款。

第六十条　在公路用地范围、公路建筑控制区内擅自经营修车、洗车、停车、加水、加油等业务的，由公路管理机构责令停止违法行为，处一千元以上五千元以下罚款。

第六十一条　违反本条例第二十六条、第二十七条规定的，由公路管理机构责令限期恢复原状或者拆除；逾期不改正的，由公路管理机构代履行，其费用由违法行为人所在单位承担。

第六十二条　进行涉路施工活动的建设单位有下列行为之一的，由公路管理机构责令停止违法行为，处一千元以上一万元以下罚款：

（一）未按照公路管理机构批准的路段和时间施工作业的；

（二）未制定施工路段现场管理方案或者交通组织方案的；

（三）未按照现场管理方案或者交通组织方案施工的；

（四）未规范设置施工标志或者安全设施的；

（五）未配备安全管理人员的；

（六）未公示施工时间和责任人的；

（七）未组织人员维护施工现场秩序，导致交通混乱的；

（八）施工作业完毕未清除公路上的障碍物或者消除安全隐患的。

第六十三条 损害或者侵占战备渡口及其附属设施的，由公路管理机构责令停止违法行为，处两百元以上两千元以下罚款；情节严重的，处两千元以上一万元以下罚款。

第六十四条 违反本条例第三十条第一项、第二项规定的，由公路管理机构责令停止违法行为，处两百元以上一千元以下罚款；情节严重的，处一千元以上五千元以下罚款。

违反本条例第三十条第四项至第七项规定的，由公路管理机构责令停止违法行为，处五千元以上三万元以下罚款。

第六十五条 在高速公路、高速公路用地范围内有下列行为之一的，由公路管理机构责令停止违法行为，处两百元以上两千元以下的罚款：

（一）行驶摩托车的；

（二）随意上下乘客、装卸货物、停放车辆的；

（三）设置棚房、摊点和经营修车、洗车、停车、加水、加油等业务的。

第六十六条 高速公路经营企业有下列行为之一的，由公路管理机构责令改正；拒不改正的，处两千元以上两万元以下罚款：

（一）对通行高速公路的客运车辆或者危险化学品车辆，高速公路经营企业拒绝配合公路管理机构执行限时通行等管理措施的；

（二）未按照规定建立快速清障救援机制，或者未按照标准配备救援车辆、人员及其他设施设备的；

（三）未为公路使用人提供短暂休息、如厕、临时停车、饮水、车辆加水等免费服务的；

（四）未将公路养护等信息纳入公路信息监控服务网络的；

（五）未按照要求收集、整理公路建设、养护和管理中形成的资料的。

第六十七条 通行高速公路的车辆有下列行为之一的，由公路管理机构责令改正；拒不改正的，责令车辆停放在指定地点接受处理，处一千元以上五千元以下罚款：

（一）拒交、逃交、少交车辆通行费的；

（二）强行冲卡的；

（三）故意堵塞收费道口的。

拒不按照前款规定将车辆停放在指定地点的，由公路管理机构或者高速公路经营企业将车辆拖移至指定地点。

第六十八条 违反规定在应急车道内行驶或者停车的，由道路交通安全管理部门处警告或者二十元以上两百元以下罚款。

第六十九条 造成公路、公路附属设施损坏，拒不接受公路管理机构现场调查处理的，公路管理机构可以扣留车辆、工具。公路管理机构对被扣留的车辆、工具应当妥善保管，不得使用。

公路管理机构扣留车辆、工具的，应当当场出具凭证，并告知当事人在规定期限内到公路管理机构接受处理，处理完毕后，应当立即退还扣留的车辆、工具；逾期不接受处理，并且经公告三个月仍不来接受处理的，对扣留的车辆、工具，公路管理机构可以依法拍卖，所得价款扣除拍卖费用，抵扣应缴赔偿费及罚款后，不足部分继续追缴，超过部分余款退还当事人。

前两款规定涉及村道的，由乡（镇）人民政府、街道办事处负责实施。

对载有乘客、鲜活物品、危险物品等不宜暂扣的车辆，可以对驾驶人的驾驶证、车辆行驶证予以先行登记保存，且当场出具凭证，并在七日内作出处理决定。处理完毕后，应当立即退还驾驶人的驾驶证、车辆行驶证。

第七十条 交通运输主管部门、公路管理机构以及其他相关部门的国家工作人员在公路管理工作中滥用职权、玩忽职守或者徇私舞弊的，依法给予处分；构成犯罪的，依法追究刑事责任。

第七十一条 本条例规定的行政处罚，涉及国道、省道、县道的，由区县（自治县）公路管理机构负责实施；涉及乡道的，由公路管理机构委托乡（镇）人民政府、街道办事处实施；涉及村道的，由乡（镇）人民政府、街道办事处负责实施；涉及交通综合行政执法改革的，由交通综合行政执法机构负责实施。

第八章　附　　则

第七十二条 公路行政等级调整或者公路权属变更的，应当按照国家和本市有关规定办理审批手续。交接双方应当自批准之日起三十日内办理交接手续；接收单位应当自办理交接手续之日起履行相关职责。

高速公路行政等级调整或者调整为城市道路，但是技术等级不变的，其公路管理、道路交通安全管理职责不变。

第七十三条 乡（镇）人民政府、街道办事处实施对乡道、村道的管理工作时，履行本条例规定的公路管理机构的有关公路行政管理职责。

公安机关交通管理部门和市交通运输主管部门履行高速公路综合执法的机构，按照职责分工分别负责普通公路和高速公路交通安全行政执法工作，条例中统称道路交通安全管理部门。

第七十四条 经依法批准用于社会公共运输的专用公路，以及等外级公路的管理，参照本条例执行。

第七十五条 本条例自2015年7月1日起施行。2002年3月27日重庆市第一届人民代表大会常务委员会第三十九次会议通过的《重庆市公路路政管理条例》同时废止。

387. 重庆市农村公路养护管理办法

（渝交管养〔2019〕55号）

第一章　总　　则

第一条　为规范农村公路养护管理，促进农村公路可持续健康发展，根据《公路法》《公路安全保护条例》《重庆市公路管理条例》《农村公路养护管理办法》相关规定，制定本办法。

第二条　本市行政区域农村公路的养护管理，适用本办法。

本办法所指农村公路是指纳入农村公路规划，并按照公路工程相关技术标准修建的县道、乡道、村道及其所属设施，包括经市交通运输主管部门认定并纳入统计年报里程的农村公路，包括公路桥梁、隧道和渡口。

第三条　农村公路养护管理应当遵循区县为主、分级负责、群众参与、保障畅通的原则，按照相关技术规范和操作规程进行，保持路基、边坡稳定，路面、构造物完好，保证农村公路处于良好的技术状态。

第四条　市交通运输主管部门主管全市农村公路养护管理工作，负责制定农村公路养护管理政策制度和技术标准，统筹安排国家和市级补助资金，建立健全对区县（自治县）交通运输主管部门的监督考核机制。

市公路机构承担全市农村公路养护管理的事务性、辅助性、技术性工作。

区县（自治县）人民政府是农村公路养护管理的主体责任，应当按照国务院、市人民政府的规定建立符合本地实际的农村公路管理体制，建立并实施“路长制”和养护公示制度，开发公路管护公益性岗位，建立完善养护管理资金财政预算保障机制。

区县（自治县）交通运输主管部门主管本行政区域内农村公路养护管理工作，建立健全农村公路养护工作机制，执行和落实各项养护管理任务，审定农村公路养护计划，统筹安排养护资金，监督考核公路机构和乡级人民政府的养护管理工作。区县（自治县）公路机构承担本行政区域内农村公路养护管理的事务性、辅助性、技术性工作，编制所管养公路的养护建议计划并组织实施，协助区县（自治县）交通主管部门审核乡级人民政府农村公路养护计划并指导实施。

乡级人民政府负责本行政区域内乡道、村道的养护管理工作。

第五条　鼓励农村公路养护管理应用新技术、新材料、新工艺、新设备，提高农村公路养护管理水平。

第二章　养 护 资 金

第六条　农村公路养护管理资金的筹集和使用应当坚持“政府主导、多元筹资、统筹安排、强化监管、绩效考核”的原则。

第七条　农村公路养护管理资金主要来源包括：

（一）区县（自治县）人民政府安排的财政预算资金；

（二）中央补助的专项资金；

（三）市级补助的专项资金；

（四）村民委员会通过“一事一议”等方式筹集的用于村道养护管理的资金；

（五）企业、个人等社会捐助，或者通过出让公路冠名权、广告权、相关资源开发权等其他方式依法筹集的资金。

第八条 区县（自治县）人民政府应当按照国家规定，根据农村公路养护和管理的实际需要，安排必要的公共财政预算，保证农村公路养护管理需要，并随农村公路里程和地方财力增长逐步增加。

第九条 经市交通运输主管部门认定并纳入统计年报的农村公路里程应作为市级补助基数，补助标准按照国家和市有关规定执行，补助经费不得用于人员开支。

第十条 区县（自治县）交通运输主管部门应当统筹使用好上级补助资金和其他各类资金，努力提高资金使用效益，不断完善资金监管和激励制度。

第十一条 企业和个人捐助的资金，应当在尊重捐助企业和个人意愿的前提下，由接受捐赠单位统筹安排用于农村公路养护。

村民委员会通过“一事一议”筹集的养护资金，由村民委员会统筹安排，专项用于村道养护。

鼓励探索建立农村公路灾毁保险制度。

第十二条 农村公路养护资金应当合规使用，实行独立核算，使用情况接受有关部门的审计和监督检查。

第三章 养护管理

第十三条 区县（自治县）交通运输主管部门和公路公益服务机构应当建立健全农村公路养护质量检查、考核和评定制度，建立健全质量安全保证体系和信用评价体系，加强检查监督，确保工程质量和安全。

第十四条 农村公路养护分为日常养护和养护工程。日常养护包括日常巡查、日常保养和小修；养护工程包括预防养护、修复养护和应急养护。

预防养护、修复养护应按有关规范和标准进行设计，履行相关管理程序，并按照有关规定进行验收。

第十五条 养护计划应以路面技术状况为基本依据，结合通行安全和社会需求等因素，按照轻重缓急统筹安排，依照交通运输部颁发的农村公路养护定额，结合养护工作特点科学编制。

预防养护、修复养护计划应以路况水平、使用年限、资金需求、交通流量等因素按项目编制。

日常养护计划应考虑行政等级、技术等级、交通流量、使用年限等因素，采用年公里定额的方式编制。

应急养护计划应根据历史年均养护需求情况编制。

第十六条 农村公路养护应当逐步向规范化、专业化、机械化、市场化方向发展。

第十七条 区县（自治县）交通运输主管部门和公路公益服务机构要优化现有农村公路养护站点和服务设施布局，扩大作业覆盖面，提升专业技能，充分发挥其在公共服务、应急抢险和日常养护与管理中的作用。

鼓励将日常保养交由公路沿线村民负责，采取个人、家庭分段承包等方式实施，并按照优胜劣汰的原则，逐步建立相对稳定的群众性养护队伍。

合理开发农村公路管护公益性岗位，用于过渡性安置就业困难人员。

第十八条 农村公路养护应逐步推行市场化，实行合同管理，计量支付，并充分发挥信用评价的作用，择优选定养护作业单位。

鼓励从事公路养护的事业单位、社会力量组建养护企业，参与养护市场竞争。

第十九条 区县（自治县）交通运输主管部门和公路公益服务机构要完善农村公路养护管理信息系统和公路技术状况统计更新制度，加快决策科学化和管理信息化进程。

第二十条 区县（自治县）交通运输主管部门、公路公益服务机构应当按照重庆市农村公路技术状况评定标准定期组织开展技术状况评定。

县道评定频率每年不少于一次，其他农村公路在五年规划期内不少于两次。

桥梁、隧道按照有关规范进行评定。

路面技术状况评定宜采用自动化快速检测设备。

相关评定结果应及时纳入公路养护统计年报。

第二十一条 区县（自治县）交通运输主管部门和公路公益服务机构应当将公路技术状况评定结果作为养护质量考核的重要指标，并建立相应的奖惩机制。

第二十二条 农村公路应逐步完善护栏、交通标志标线等安防设施和养护公示牌等附属设施，提升农村公路服务水平。

新建农村公路的安防设施应按“同步设计、同步施工、同步验收”的要求同步设置。

第二十三条 农村公路养护作业单位和人员应当按照《公路安全保护条例》规定和相关技术规范要求开展养护作业，采取有效措施，确保施工安全、交通安全和工程质量。

农村公路养护作业单位应当完善养护质量和安全制度，加强作业人员教育和培训。

第二十四条 负责农村公路日常养护的单位或者个人应当按合同规定定期进行路况巡查，发现突发损坏、交通中断或者路产路权案件等影响公路运行的情况时，及时按有关规定处理和上报。

农村公路发生严重损坏或中断时，应及时组织修复和抢通。难以及时恢复交通的，应当设立醒目的警示标志，并告知绕行路线。

加强宣传引导，将爱路护路要求纳入乡规民约、村规民约，形成全社会共同参与的爱路护路良好氛围。

第二十五条 大型建设项目在施工期间需要使用农村公路的，应当按照指定线路行驶，符合荷载标准。对公路造成损坏的应当进行修复或者依法赔偿。

第二十六条 区县（自治县）交通运输主管部门和公路管理机构应在区县（自治县）人民政府统一领导下，大力整治农村公路路域环境，加强绿化美化，逐步实现田路分家、路宅分家，努力做到路面整洁无杂物，排水畅通无淤积，打造畅安舒美的农村公路通行环境。

第四章 法律责任

第二十七条 区县（自治县）交通运输主管部门应对乡镇加强农村公路养护绩效考核，建立奖惩机制。

第二十八条 违反本办法规定，不按规定对农村公路进行养护的，由有关交通运输主管部门或者由其向地方人民政府建议对责任单位进行通报批评，限期整改；情节严重的，停止补助资金拨付，依法对责任人给予行政处分。

第二十九条 违反本办法其他规定，由区县（自治县）交通运输主管部门或者公路公益服务机构按照《公路法》《公路安全保护条例》《重庆市公路管理条例》相关规定进行处罚。

第五章 附则

第三十条 各区县（自治县）可根据本办法，结合本行政区域实际情况，制定实施办法。

第三十一条 通组公路的养护管理结合实际参照本办法执行。

第三十二条 本办法自2019年7月29日起施行。原市交委2006年8月18日发布的《重庆市农村公路管理养护办法》（渝交委法〔2006〕22号）同时废止。

388. 重庆市深化农村公路管理养护体制改革实施方案

（渝府办发〔2020〕83号）

为贯彻落实《国务院办公厅关于深化农村公路管理养护体制改革的意见》（国办发〔2019〕45号）精神，深化我市农村公路（包括县、乡、村道，下同）管理养护体制改革，结合我市实际情况，制定本实施方案。

一、指导思想

以习近平新时代中国特色社会主义思想为指导，全面贯彻党的十九大和十九届二中、三中、四中全会精神，深化落实习近平总书记对重庆提出的“两点”定位、“两地”“两高”目标、发挥“三个作用”和营造良好政治生态的重要指示要求，践行以人民为中心的发展思想，紧扣打赢脱贫攻坚战、实施乡村振兴战略和统筹城乡发展，以质量为本、安全至上、自然和谐、绿色发展为原则，深化农村公路管理养护体制改革，着力补齐短板，加强农村公路与农村经济社会发展统筹协调，形成上下联动、密切配合、齐抓共管的工作局面，推动“四好农村路”高质量发展，为广大农民群众致富奔小康、加快推进农业农村现代化提供更好保障。

二、工作目标

到2022年，基本建立权责清晰、齐抓共管的农村公路管理养护体制机制，形成财政投入职责明确、社会力量积极参与的格局。农村公路治理能力明显提高，治理体系初步形成。农村公路通行条件和路域环境明显提升，交通保障能力显著增强。农村公路列养率达到100％，年均养护工程比例不低于5％，中等及以上农村公路占比不低于75％。

到2035年，全面建成体系完备、运转高效的农村公路管理养护体制机制，基本实现城乡公路交通基本公共服务均等化，路况水平和路域环境根本性好转，农村公路治理能力全面提高，治理体系全面完善。

三、重点任务

（一）持续深化农村公路管理养护体制改革。

1. 加强统筹协调和指导监督。市政府建立完善农村公路管理养护权力和责任清单，强化市级统筹和政策引导，对各区县（自治县，以下简称区县）政府公路管理养护工作进行绩效管理。市交通局负责建立健全农村公路管理养护制度，加强公路养护机构能力建设，建立以公路技术状况评定结果为重要指标的评价体系和以“以奖代补”为主的奖惩机制，协助市政府对区县政府进行绩效管理，并将考核结果与相关投资挂钩；市财政局负责落实农村公路养护工程和日常养护等市级补助资金，并建立公路养护补助资金动态调整机制，按规定用好均衡性转移支付、税收返还等相关政策，并将农村公路发展纳入一般债券重点支持范围；市审计局负责对农村公路管理养护资金的审计监督；市发展改革委、市公安局、市生态环境局、市农业农村委、市规划自然资源局等部门按照职能职责做好服务指导工作。

2. 区县政府履行主体责任。各区县政府是本行政区域内农村公路管理养护责任主体，要按照“县道县管、乡村道乡村管”的原则，建立健全农村公路管理养护责任体系，明确有关部门、乡镇政府（街道办事处）农村公路管理养护权力和责任清单，并指导监督有关部门和乡镇政府（街道办事处）履职尽责；大力推广“县、乡、村”三级路长制，区县政府、乡镇政府（街道办事处）主要负责人和村委会主要负责人分别为县、乡、村三级路长，建立“精干高效、专兼结合、以专为主”的管理体系和养护公示制度；按照“有路必养、有路必管、管养到位”的要求，保障落实农村公路养护工程和日常养护等区县级补助资金，将农村公路养护资金及管理机构运行经费和人员支出纳入一般公共财政预算，加大履职能力建设和管理养护投入力度；区县交通主管部门具体负责辖区内县道的管理养护工作，指导乡镇政府（街道办事处）对乡道、村道的管理养护工作。

3. 发挥乡村两级作用和农民群众积极性。乡镇政府（街道办事处）负责本乡镇（街道）乡道、村道的管理养护工作，要确定专职工作人员，组织实施好乡道的管理养护工作，指导村委会组织实施好村道管理养护工作；村委会要坚持“村民自愿、民主决策”的原则，采取一事一议、以工代赈等方式组织开展村道的管理养护工作；要加强宣传引导，将爱路护路要求纳入乡规民约、村规民约；鼓励采用以奖代补等方式，推广将日常养护与水毁等应急抢通捆绑实施并交由农民承包；鼓励农村集体经济组织和社会力量自主筹资筹劳参与农村公路管理养护工作；乡镇政府（街道办事处）要通过将农村公路管理养护纳入公益岗位等方式，为贫困户提供就业机会。

（二）持续加大农村公路管理养护资金保障力度。

1. 落实成品油税费改革资金。市财政局应完善成品油税费改革转移支付政策，合理确定转移支付规模，加大对普通公路养护的支持力度。成品油税费改革新增收入替代原公路养路费部分占成品油燃油税的比例不得低于70%，且成品油税费改革转移支付用于普通公路养护的比例不得低于80%，并不得用于公路新建。市级补助资金与切块到区县部分之和占成品油税费改革新增收入替代原公路养路费部分的比例不得低于15%，其中市级补助资金主要以先建后补、以奖代补的形式，根据区域性质差别补助区县农村公路修复养护、预防养护等养护工程。各区县政府要将农村公路养护资金纳入本级财政预算，用于农村公路养护的资金不得低于市级补助资金总额，保障养护工程及时实施。

2. 加大财政资金支持力度。市、区县要确保财政支出责任落实到位，将相关税收返还用于农村公路养护。市财政将继续安排车购税资金支持农村公路升级改造、安全生命防护工程建设和危桥危隧改造等。从2021年起，市、区县用于农村公路日常养护的总额不低于以下标准：县道每年每公里10000元，乡道每年每公里5000元，村道每年每公里3000元。市级补助资金根据市财政资金状况确定承担比例，2022年后市级农村公路日常养护补助资金不低于日常养护费用标准的50%。市、区县公共财政对农村公路日常养护的投入，补助里程以上一年度公路养护年报里程为依据，补助标准应根据养护成本变化、里程变化等因素进行调整，原则上调整周期不得超过5年。

3. 建立科学合理的市级资金补助机制。安排成品油燃油税资金（含国省道和农村公路）的30%，作为养护工程以奖代补资金，按照先建后补的原则，在项目经验收合格后，按项目补助给区县。各区县政府应建立稳定的农村公路管理养护资金渠道，利用“一事一议”、社会捐赠等方式多渠道筹集资金，不断提高农村公路养护资金保障能力。采取以奖代补方式引导地方开展示范县、示范乡、示范路创建，并根据不同时期的养护发展目标和工作重点调整奖励支持方向。

4. 强化养护资金使用监督管理。市财政局、市交通局要对各区县公共财政用于农村公路养护的资金实施全过程预算绩效管理，确保及时足额拨付到位。各区县财政、交通和审计主管部门要加强农村公路养护资金使用监管和审计，严禁农村公路建设采用施工方带资的建设—移交（BT）模式，严禁地方以“建养一体化”名义新增隐性债务，公共资金使用情况要按有关规定对社会公开，接受群众监督。村委会要将村道养护资金使用和养护质量等情况纳入监督范围。各级审计主管部门要加强对农村公路养护资金使用情况进行审计。

5. 创新农村公路发展投融资机制。市、区县财政主管部门要发挥政府资金的引导作用，采取资金补助、先养后补、以奖代补等多种方式支持农村公路养护。将农村公路发展纳入地方政府一般债券支持范围。鼓励区县政府将农村公路建设和一定时期的养护进行打捆招标，将农村公路与产业、园区、乡村旅游等经营性项目实行一体化开发，运营收益用于农村公路养护。鼓励保险资金通过购买地方政府一般债券方式合法合规参与农村公路建设发展。积极探索将农村公路相关附属设施等有收益的项目与农村公路养护打包运行，创新资金筹措方式，拓宽资金来源渠道。

6. 积极探索农村公路灾毁保险制度。市财政局要加强全市统筹，积极协调商业保险机构，引导区县政府探索建立农村公路灾毁保险制度，建立稳定灾毁资金保障；区县政府应加强农村公路桥梁、隧道的动态监管，加大地质灾害易发多发路段的管控力度，建立健全预警机制，完善自然灾害和各种突发事件情况下的应急抢险预案，做好抢险资金、机具、物资的储备工作。农村公路交通中断或严重损坏后，区县政府应及时组织抢修，尽快恢复交通。

（三）着力建立农村公路管理养护长效机制。

1. 创新农村公路管养发展机制。将人民群众满意度和受益程度、养护质量和资金使用效率作为衡量标准，分类有序推进农村公路养护市场化改革，逐步建立政府与市场合理分工的养护生产组织模式。鼓励通过签订长期养护合同、招投标约定等方式，引导专业养护企业加大投入，提高养护机械化水平；鼓励探索将普通国省干线公路和农村公路建设养护与一定时期的养护捆绑招标，支持养护企业跨区域参与市场竞争。节约集约利用资源，大力开展“美丽农村路”建设；推进农村公路与特色产业、乡村旅游等多元融合；推动运用新技术、新手段赋能农村公路管理养护工作。

2. 加强安全和信用管理。公路安全设施要与主体工程同时设计、同时施工、同时投入使用，区县交通、公安、应急等主管部门应参与通客运农村公路竣（交）工验收。已建成但未配套安全设施的农村公路要逐步完善。加强农村公路养护市场监管，着力建立以质量为核心的信用评价机制，对从业单位和从业人员采取定期评价和动态评价。实施守信联合激励和失信联合惩戒，并将信用记录按照国家有关规定纳入全国信用信息共享平台，依法向社会公开。对信用等级高的投标人或者中标人，可以给予增加参与投标的合同段数量，减免投标保证金，减少履约保证金、质量保证金等优惠措施。

3. 强化法规政策和队伍建设。推动《重庆市农村公路管理条例》立法调研，探索通过民事赔偿保护路产路权。坚持经济实用、绿色环保理念，全面开展“美丽公路”创建工作，提高农村公路养护技术；完善路政管理指导体系，建立县有路政员、乡有监管员、村有护路员的路产路权保护队伍。各区县政府应建立农村公路管理体系，加强路产路权保护宣传，实施路域环境综合整治，加大车辆超限超载治理力度和路面巡查频率，及时查处损坏路产、侵害路权的违法行为，保障农村公路设施使用安全和交通安全。

四、保障措施

（一）加强组织实施。市级有关部门、各区县政府要将深化农村公路管理养护体制改革作为打赢脱贫攻坚战、实施乡村振兴战略、推进农业农村现代化的一项重点工作内容，同步部署落实。市级有关部门要加强统筹和指导，协调解决重大问题，按照职责完成各项任务，并督促区县政府压实责任，认真抓好任务落实。各区县政府要加强对本辖区农村公路管理养护体制改革工作的领导，着力补短板、强弱项、抓重点、求实效，确保改革落到实处。

（二）建立考核机制。全市各级交通、财政主管部门要推动将农村公路管理养护工作纳入绩效管理，建立健全激励约束机制，将工作推进情况与财政补助资金挂钩，对工作推进情况良好的，给予奖励或增量补助；对工作推进情况较差的，实行约谈、责令整改、扣减补助等措施。

（三）强化跟踪督导。全市各级交通主管部门要会同有关部门定期开展督导和评估，跟踪分析改革进展情况，评估改革推进效果，及时研究解决矛盾问题，适时调整政策措施，抓好改革落实，提升改革实效。

本实施方案自印发之日起施行。《重庆市人民政府办公厅关于印发重庆市农村公路管理养护体制改革方案的实施意见的通知》（渝办发〔2006〕36号）同时废止。

389. 四川省公路路政管理条例

（2012年7月27日四川省第十一届人民代表大会常务委员会第31次会议修改）

第一章　总　　则

第一条　为加强公路路政管理，保护公路路产，保障公路完好畅通，适应社会主义现代化建设需要，根据国家有关法律、法规，结合四川实际，制定本条例。

第二条　本条例适用于我省行政区域内的国道、省道、县道、乡道的公路路政管理。

专用公路可参照本条例执行。

第三条　公路、公路用地、公路设施统称公路路产，受国家法律保护，任何单位或个人均不得侵占和破坏。

第四条　县级以上人民政府交通主管部门主管本行政区域的公路路政管理工作，县级以上交通主管部门设置的公路路政管理机构依照本条例的规定行使公路路政管理职责。

第五条　各级人民政府应当加强对公路路政管理工作的领导。公安、国土、城建、规划、工商等部门应在各自的职责范围内，依法行使职权，积极配合做好公路路政管理工作。

第六条　公民有遵守公路管理法规，爱护公路路产的义务；对违章侵占、损坏公路路产的行为有检举、揭发的权利。

第七条　禁止任何单位和个人在公路上非法设卡、收费、罚款和拦截车辆。

第八条　公路路政管理应遵循依法治路、预防为主、管养结合、综合治理的原则。

第二章　机构与职责

第九条　各级公路路政管理机构的职责是：

（一）负责贯彻执行公路路政管理法律、法规和规章；

（二）负责管理和保护公路路产；

（三）实施公路路政巡查；

（四）对违反公路路政管理法律、法规、规章的行为，有权制止并依法进行处罚；

（五）与规划、国土、城建部门共同依法控制公路两侧建筑红线；

（六）审理从地下、地面、上空穿（跨）越公路的其他建筑设施事宜；

（七）核批公路的特殊占用及超限运输，并对其实施行为进行监督检查；

（八）维护公路、公路渡口的养护、施工作业的正常秩序；

（九）法律、法规、规章规定的其他职权。

第十条　公路路政管理机构应配合公路养护部门加强公路养护工作，保持公路完好、平整、畅通。

第十一条　公路路政管理人员执行公务时，按国家规定统一着装，并持有国家或省人民政府制发的行政执法证件。路政巡查车须装有交通行政执法统一的标志和示警灯。

第十二条　下列行为由市、州交通主管部门报省交通主管部门审批：

（一）国道、省道经营使用权变动；

（二）在国道上设置立交、平交道口，埋设管道、杆线、电缆；

（三）跨越市、州行政区域的超限运输。

前款第（一）项中国道经营使用权变动还需转报国家交通主管部门审批。

第十三条 下列行为由市、州交通主管部门审批：

（一）县道经营使用权变动；

（二）在省道及县道设置立交、平交道口、埋设管线、杆线、电缆；

（三）砍伐国道、省道和县道行道树在20棵以上的（砍伐19棵以下的由县交通主管部门审批）；

（四）跨越县、区的超限运输。

前款第（一）、（二）、（三）项需报省交通主管部门备查。

第三章 路产保护

第十四条 不准擅自占用、挖掘、损坏公路、公路用地和公路设施。确因兴建铁路、机场、电站、水库、水渠、铺设管线、电缆、架设杆线或者进行其他建设工程，需要占用、挖掘公路和公路用地、利用公路设施的，建设单位或个人必须事先征得公路路政管理机构同意，并缴纳公路路产占用费或公路路产赔偿费。影响车辆通行的，还应在公安交通管理机关办理手续。

第十五条 不得在公路上打场晒粮、摆摊设点、堆物作业、设置障碍、挖沟引水、利用公路边沟排放污水，以及进行其他危及公路畅通的活动。

第十六条 堆放公路维修养护材料，应当符合《公路养护技术规范》；公路改建要保证车辆通行。

第十七条 在大中型公路桥梁、渡口上下游各200米范围内，不得进行爆破作业、采挖砂石、拦河筑坝、倾倒垃圾、堆放物资材料。在公路隧道中心线周围100米范围内禁止取土、采石、放炮、伐木等作业。

在公路两侧取土采石、开矿、开山放炮和其他施工作业，不得危及公路及公路设施的安全。

第十八条 超过公路和公路桥梁、隧道、渡船限载、限高、限宽、限长标准的车辆不得任意通行。必须通行的，须经公路路政管理机构批准，并发给通行证。对车辆运载不可解体的超限物品的，应当按照指定的时间、路线、时速行驶，并悬挂明显标志。

超限运输单位，应向公路路政管理机构缴纳为保障超限车辆通行而采取技术保护措施和修复损坏部分所发生的费用。

第十九条 铁轮车、履带车以及可能损害路面的机具，不得在铺有路面的公路上行驶。必须通行的，须经公路路政管理机构同意，并采取有效的防护措施。对公路造成损坏的，应按照原公路技术标准及时修复或赔偿。

第二十条 严禁在桥梁、隧道内铺设输送易燃、易爆和有毒物品的管道。

修建跨越、穿越公路的桥梁、渡槽、管线等，应符合公路技术标准和公路的远景发展规划，并事先征得公路路政管理机构和公安交通管理机关的同意。

第二十一条 禁止涂改、移动和损坏公路标志、标线、测桩、界碑、护栏等附属设施。

第二十二条 单位和个人在公路及公路两侧设置标牌、广告牌，不得有碍公路通畅和交通安全。在公路及公路用地设置标牌、广告牌，必须报经公路路政管理机构批准，有偿设置。

第二十三条 严禁乱砍滥伐和损坏公路行道树，确需间伐更新的，应经公路路政管理机构批准并办理手续。行道树梢与电力线距离不足3米，与电信线不足2米，电力、电信部门可以修剪枝丫。剔除上述规定距离以外的枝丫，须征得公路路政管理机构同意。

第二十四条 禁止在公路两侧的建筑控制区内修建建筑物和地面构筑物。需要在公路两侧修建建筑物和地面构筑物的，其建筑设施边缘与公路边沟外缘的间距为：国道不少于20米，省道不少于15米，县道不少于10米，乡道不少于5米。

第二十五条 在公路上设置交叉道口，必须经公路路政管理机构和公安交通管理机关批准。在国道、省道或二级以上的高等级公路上接道的应向公路路政管理机构缴纳接道费。

第二十六条 在国道、省道和重要县道沿线规划和新建集镇，应选在公路的一侧进行，新建集镇的边缘与公路边沟外缘的净距：国道、省道不少于 80 米，县道不少于 50 米；乡道不少于 15 米。

夹公路形成的场镇，一时不能改造的，应加强集市管理，划行归市，不应再沿公路发展。公路已绕过场镇的，不得再夹道建房，形成新的集市。

第二十七条 公路与城市道路的划分，应以是否形成街道或近期城市发展规划区域为界限，由省级交通主管部门与当地城建部门共同商定，并随城市建设区域的发展变化进行合理调整。

第二十八条 通过公路渡口的车辆和人员，应当遵守公路渡口的管理规定。

第二十九条 收费公路设置收费站，须经省人民政府批准。

同一收费公路由不同的交通主管部门组织建设或由不同的公路经营企业经营的，应当按照“统一收费、按比例分成”的原则，统筹规划，合理设置收费站。

收费公路的收费标准，由公路收费单位提出方案，由省交通主管部门会同省物价主管部门审查批准，实施收费管理。

第三十条 高速公路的路政管理还应遵循以下规定：

（一）禁止在高速公路上设置平交道口；

（二）禁止铁轮车、履带车、垃圾车、教练车、拖拉机、非机动车以及其他可能损害路面的机具在高速公路上行驶；

（三）禁止低于规定时速的车辆在高速公路上行驶；

（四）禁止在高速公路上乱停车辆，占道行驶，摆摊设点、上下乘客；

（五）禁止在高速公路两侧边沟外缘 30 米和立交桥通道边缘 50 米内修建永久性设施。

第四章　法 律 责 任

第三十一条 违反本条例第十四条、第十五条、第十六条、第十七条、第二十条、第二十一条、第二十二条、第二十四条、第二十五条规定的，由县级以上公路路政管理机构依照公路法的有关规定处罚。

对违反第三十条规定的，由高速公路路政管理机构责令停止违法行为，恢复原状，对公路路产造成损失的，责令赔偿，并可处以 500 元以上 1 万元以下的罚款。

第三十二条 违反本条例规定，擅自在公路上设卡、收费的，由县级以上交通主管部门依照公路法第七十四条规定处罚。

对违反本条例第十条、第十二条、第十三条规定的，由县级以上交通主管部门责令限期改正，对主要责任人由其主管机关追究行政责任。

第三十三条 对擅自在公路上设立收费站（卡）收取车辆通行费的，由省交通运输主管部门责令限期撤除收费设施，逾期不撤除的，由省交通运输主管部门撤除，费用由设置者承担。

对擅自在公路上设置的障碍物、堆放的物件材料，公路路政管理机构可以责令当事人限期清除，当事人不能清除的，行政机关可以决定代为清除；当事人不在场的，行政机关应当在事后立即通知当事人，并依法作出处理。

对损害公路路产又拒不接受查处的车辆，公路路政管理机构可以扣押车辆、工具。

第三十四条 当事人对处罚决定不服的，可在接到处罚通知书之日起 15 日内向一上级管理机关申请复议，也可直接向人民法院起诉。对复议决定不服的，可在接到复议决定书之日起 15 日内向人民法院起诉。

逾期不申请复议、不起诉又不执行处罚决定的，作出处罚决定的机构可申请人民法院强制执行。

第三十五条 因公路路政管理机构或路政管理人员履行职责失误，造成管理相对人经济损失的，由公路路政管理机构承担经济责任。

第三十六条 公路路政管理人员违反本《条例》规定，玩忽职守，徇私舞弊，滥用职权，滥施处罚的，由其所在单位或上级主管部门给予行政处分或经济处罚。触犯刑律的，由司法机关依法追究刑事责任。

第三十七条 违反本《条例》规定，应受治安管理处罚的，由公安机关依照《中华人民共和国治安管理处罚条例》处理。构成犯罪的，由司法机关依法追究刑事责任。

第五章 附 则

第三十八条 公路路产赔偿费的标准由省交通主管部门制定；公路路产占用费和接道费的标准，由省交通主管部门会同省物价部门制定。收费票据必须使用省交通主管部门统一印制省财政监章的专用票据，票据由省公路路政管理机构负责管理、发放。

收取的公路路产赔偿费、公路路产占用费和接道费，应专项用于公路路产的恢复和公路养护，任何单位和个人不得平调、挪用、滥用和截留。

罚没收入的收缴办法依照国家有关法律、法规规定执行。

第三十九条 经营性公路的路政管理职责，由县级以上交通主管部门或路政管理机构的派出机构、人员行使。

第四十条 本条例自公布之日起施行。省人民代表大会常务委员会 1987 年公布的《四川省公路路政管理条例》同时废止。

附 录

公路：是指经公路主管部门验收认定的城间、城乡间、乡间能行驶汽车的公共道路。公路包括公路的路基、路面、桥梁、涵洞、隧道。

公路用地：是指公路两侧边沟（或者截水沟）及边沟（或者截水沟）以外不少于 1 米范围的土地。

公路用地的具体范围由县级以上人民政府确定。

公路设施：是指公路的排水设备、防护构造物、交叉道口、界碑、测桩、安全设施、通信设施、服务设施、渡口码头、花草林木、专用房屋等。

国道：是指具有全国性政治、经济意义的主要干线公路，包括重要的国际公路、国防公路，联结首都与各省、自治区首府和直辖市的公路，联结各大经济中心、港站枢纽、商品生产基地和战略要地的公路。

省道：是指具有全省政治、经济意义，联结省内中心城市和主要经济区的公路，以及不属于国道的省际间的重要公路。

县道：是具有全县政治、经济意义，联结县城和县内主要乡、主要商品生产和集散地的公路，以及不属于国道、省道的县际间的公路。

乡道：是指主要为乡（镇）内部经济、文化、行政服务的公路，以及不属于县道以上公路的乡与乡之间及乡与外部联络的公路。

专用公路：是指专供或主要供厂矿、林区、油田、农场、旅游区、军事要地等与外部联络的公路。

高速公路：具有四个或四个以上车道，并设有中央分隔带，全部立体交叉并具有完善的交通安全设施与管理设施、服务设施，全部控制出入，专供汽车高速行驶的公路。

390. 四川省《中华人民共和国公路法》实施办法

（2008年11月21日四川省第十一届人民代表大会常务委员会第六次会议通过）

第一章 总　　则

第一条 为加强公路建设、养护和管理，促进公路事业发展，根据《中华人民共和国公路法》等有关法律法规，结合四川省实际，制定本实施办法。

第二条 四川省行政区域内公路的规划、建设、养护、收费、使用以及其他相关活动适用本实施办法。

第三条 县级以上地方人民政府交通行政主管部门主管辖区内的公路工作，高速公路和国道、省道的监督管理职责由省人民政府确定。

县级以上地方人民政府交通行政主管部门及其公路管理机构具体行使所管辖公路的规划、建设、养护、收费、路政等行政管理职责。

第四条 县级以上地方人民政府发展改革、财政、规划、建设、国土、公安、工商、环境保护、安监、物价等部门，应当在各自职责范围内做好公路的建设和管理工作。

第五条 县级人民政府负责本行政区域内县道、乡道、村道的规划建设和管理养护工作，其交通行政主管部门行使规划实施、养护资金的筹集管理、养护工程质量检查等具体管理职责。

各级地方人民政府应当根据村道养护的实际需要给予适当的补助资金。村道日常维护经费由村民委员会根据村民自治原则筹集。

第二章 公路规划和建设

第六条 公路规划应当根据国民经济和社会发展以及国防建设的需要编制，与城乡体系规划和其他方式的交通运输发展规划相协调。

公路规划编制应当坚持科学、规范、公开和公众参与的原则，规划编制时应当进行听证和专家论证。

第七条 交通行政主管部门应当将依法批准的公路规划及其实施情况向社会公开，自觉接受社会监督。

任何单位和个人非经法定程序不得变更已批准的公路规划。

新建、改建公路应当符合公路规划，未纳入规划或者与规划不一致的项目不得开工建设。

第八条 公路建设应当随经济发展加大财政投入力度，并积极运用市场机制多渠道、多方式地筹集建设资金。具体可以通过下列渠道和方式筹集：

（一）财政拨款，包括依法征税筹集的公路建设专项资金转为的财政拨款；

（二）国内外金融机构或者外国政府贷款、赠款；

（三）国内外企业或者其他组织、个人的投资、捐款；

（四）依法出让公路收费权益的收入；

（五）开发、经营公路的公司依法发行股票、公司债券；

（六）法律、法规、规章规定的其他方式。

筹集公路建设资金不得强行摊派。

公路建设资金应当依法加强管理，专款专用，不得挪作他用。

第九条 公路建设应当按照国家和省规定的基本建设程序和有关规定进行，实行项目法人负责制度、招投标制度和工程监理制度。

第十条 公路建设使用土地应当依法办理用地手续。公路建设土地的征收、征用、补偿和拆迁安置等，由工程项目所在地人民政府具体实施。

第十一条 公路建设项目的立项和工程可行性研究，根据项目性质、投资规模和有关规定，由地方各级人民政府发展改革部门依职权批准。

公路建设项目的初步设计、施工图设计、施工许可和竣工验收等，根据项目性质、技术等级和有关规定，由地方各级人民政府交通行政主管部门依职权批准。

第十二条 县级以上地方人民政府交通行政主管部门和有关监督管理部门应当加强公路建设的监督管理，维护公路建设市场秩序，依法查处公路建设中的违法、违规行为。

县级以上地方人民政府财政、审计部门应当对公路建设工程概算、预算、决算进行监督。任何单位和个人不得擅自提高工程造价或者以降低工程质量来降低工程造价。

第十三条 保修责任期内发现公路有施工质量问题，施工单位应当先行维修、返工；施工单位在规定期限内不予维修、返工的，由项目业主组织维修、返工，维修、返工所需费用由施工单位承担。保修责任期以外、设计使用年限以内出现的影响交通安全和畅通的重大质量问题，经交通行政主管部门组织鉴定，确属建设管理、设计、监理、施工所致的，有关单位应当承担相应的责任。

第十四条 公路建设项目实行代建制的，应当通过公开招标方式选择代建管理单位。

公路建设项目选择投资人的，应当通过公开招标方式选择。

第十五条 承担公路建设项目的从业单位和从业人员应当依法取得相应的资质证书或资格证书。交通行政主管部门应当配合建设行政主管部门加强公路工程建设从业单位的资质和从业人员的资格管理，并具体负责公路工程建设从业单位的资质和从业人员的资格初审以及动态管理工作。

第十六条 新建公路的附属设施、公路客运站点应当与公路同步规划、同步设计、同步建设。

第十七条 新建、改建公路的，在急弯、陡坡、连续下坡、视距不良和路侧险要的路段应当按照国家公路工程技术规范的要求，设置必要的防护、警示设施。

第十八条 公路改建时，施工单位应当按照规定在施工路段设置明显施工标志、安全标志。需要车辆绕行的，项目业主和施工单位应当在绕行路口设置标志；不能绕行的，应当组织修建临时通行道路，保证车辆和行人的通行安全。

第十九条 公路改变用途和报废的，依法办理变更或者报废手续并及时向社会公告。

因城市发展需要将国道、省道调整为城市道路的，报省人民政府交通行政主管部门批准。经批准将公路调整为城市道路的，公路管理机构应当及时向城市建设管理部门办理该路段的管理和养护移交手续。移交后，由城市建设管理部门负责管理。

第三章 公路养护

第二十条 公路养护实行预算管理制度，县级以上地方人民政府应当保障所管辖公路的养护经费。

省人民政府交通行政主管部门负责制定全省公路养护维修工程费和小修保养的定额标准，并根据市场情况定期进行调整。

第二十一条 公路管理机构应当按照国务院交通行政主管部门规定的技术规范和操作规程要求，及时组织对公路进行养护。

第二十二条　公路养护应当逐步实行养护管理和养护作业分离制度，并逐步采用招标投标的方式，选择符合条件的养护作业单位承担公路养护作业。

公路养护作业单位应当具有与其承担的养护工程项目相适应的人员、设备和技术，具体管理办法由省人民政府交通行政主管部门依照国家有关规定制定。

第二十三条　公路管理机构应当按照国家和省有关标准规范，建立公路养护巡查制度和养护维修信息档案，设立养护公示牌，公示养护责任单位名称、养护路段以及报修和投诉电话。

公路管理机构应当加强对公路养护作业单位的监督和指导，督促其依法履行养护作业义务。公路养护作业单位应当定时进行养护巡查，记录养护作业、巡查、检测以及其他相关信息。

第二十四条　公路管理机构应当向社会公示公路养护大修、中修等工程作业及路况信息。因公路养护或自然灾害影响公路正常通行的，公路管理机构应当及时告知公安交通管理部门，公安交通管理部门应当依法加强现场交通安全管理，维护道路交通秩序。

公路养护作业单位应当按照公路管理机构批准的工期、时段进行养护大修、中修工程作业。

第二十五条　公路管理机构应当定期组织对养护的公路桥梁进行检查。需要进行检测的，应当委托符合资质条件的机构进行检测。

公路桥梁经检测荷载等级达不到原标准的，应当设置明显的限载标志，并及时采取维修和加固等有效措施；经检测发现公路桥梁严重损坏影响通行安全的，应当先行设置禁止通行和绕行标志，并及时采取修复措施。

第四章　公路路政管理

第二十六条　县级以上地方人民政府及其交通行政主管部门、公路管理机构应当采取措施，保障公路的完好、安全和畅通。公路管理机构应当按照《中华人民共和国公路法》、《四川省公路路政管理条例》及本实施办法的规定，依法履行公路路政管理职责。

第二十七条　地方各级人民政府及其交通行政主管部门、公路管理机构应当加强对超限运输车辆的管理。严禁货运车辆超限运输。确需超限运输的，跨省和跨市（州）行政区域进行超限运输，报省交通行政主管部门设置的公路管理机构批准；在本市（州）行政区域内进行超限运输，报市（州）交通行政主管部门设置的公路管理机构批准。

经检测超限运输且未经批准的，公路管理机构应当责令承运人自行卸载超限物品；拒不卸载的，公路管理机构可以组织卸载，所需费用由承运人承担。

设置固定超限检测站由省人民政府批准，设置流动超限检测点由省人民政府交通行政主管部门批准。

第二十八条　高速公路两侧封闭区外水平距离30米，互通式立交和特大型桥梁两侧封闭区外水平距离50米为高速公路建筑控制区。建筑物边沿的界限计算以建筑物的垂直投影为准。

建筑控制区范围内不得擅自设置非交通标志标牌等设施，确需设置的，应当由交通行政主管部门统一规划，规范设置。

第二十九条　新建、改建公路线路经批准后，交通行政主管部门及其公路管理机构应当书面通知沿线人民政府规划、建设、国土部门和乡（镇）人民政府。沿线人民政府规划、建设部门自接到通知之日起，在新建、改建公路建筑控制区内不得再审批建筑物、构筑物的规划和建设。

对已经开工建设的公路，公路管理机构应当予以公告并依法实施路政管理。自公告之日起，任何单位和个人不得在公路建设用地范围内抢建、抢种。

第三十条　在新建、改建公路建筑控制区内，原有建筑物、构筑物对交通安全和公路畅通无严重影响的，可维持原状，不得重建和改建。

第三十一条 高速公路清障施救服务由高速公路经营者组织实施。高速公路清障救援车辆应当安装示警标志灯和喷涂标志，执行清障任务时，应当开启标志灯和危险报警闪光灯，并设置必要的安全警戒区。

除紧急救援外，禁止任何单位和个人在高速公路上从事修车等经营活动。

第五章 收费公路

第三十二条 县级以上地方人民政府交通行政主管部门利用贷款或者向企业、个人有偿集资建设的公路，国内外经济组织投资建设或者依照公路法的规定受让政府还贷公路收费权的公路，经依法批准后可收取车辆通行费。

建设收费公路应当符合国家和省公路发展规划，符合国家规定的收费公路的技术等级和规模。

收费公路收费站的设置、收费期限由省人民政府依法审查批准。收费公路收费标准由省人民政府财政、物价、交通行政主管部门审核后报省人民政府批准。

第三十三条 交通行政主管部门和审计部门应当依法加强对经营性收费公路经营者的管理和财务收支状况的监督检查，督促其履行公路养护义务，提高服务水平。经营性收费公路经营者应当如实提供相关资料，接受监督检查。

经营性收费公路经营者应当依法履行公路养护义务，建立公路大修工程预备金制度，确保养护资金的投入，具体办法由省人民政府制定。

第三十四条 经营性收费公路经营者应当按照国务院交通行政主管部门规定的技术规范和操作规程要求，保障收费公路的养护工作。

经营性收费公路经营者进行公路养护大修、中修工程的，应当报公路管理机构批准，并按照批准的工期、时段进行施工作业和采取保障公路通行的措施。因公路养护维修影响车辆正常通行的应当予以公告。

第三十五条 政府还贷收费公路项目实行市（州）统一管理。市（州）交通行政主管部门应当按照坚持标准、合理规划、统收统支、规范管理、加强监督的原则做好政府还贷收费公路管理工作。

第三十六条 收费公路收取车辆通行费应当科学、公平、合理地确定收费方式和计费办法，应当逐步对货运车辆通过收费公路实行计重收费。

高速公路和其他有条件联网的收费公路应当实行联网收费，减少中间收费站。

第三十七条 收费公路权益转让应当按照国家规定办理，严禁违规转让政府还贷收费公路。

第三十八条 交通行政主管部门应当建立健全收费公路路况考核和监管机制。路况标准达不到规定标准的，省人民政府交通行政主管部门责令其限期整改；整改不及时或经过整改仍达不到标准的，省人民政府交通行政主管部门责令其停止收费，但不得影响公路正常使用。

第三十九条 在收费公路上行驶的车辆，应当按照规定交纳车辆通行费。车辆进入收费站区，应当服从管理，不得拒绝缴费，强行通过；不得故意堵塞收费车道，影响收费公路畅通。

进入封闭式收费公路的车辆，应当凭通行卡（券）入出。有下列情形之一的，收费单位可以按照联网内最远端的驶入站到本站的距离收取车辆通行费：（一）无通行卡（券）的；（二）持无效通行卡（券）的；（三）出入口车牌号与车辆不一致的；（四）采取其他方式偷逃车辆通行费的。

第六章 公路突发事件应急管理

第四十条 公路突发事件应急管理应当纳入地方各级人民政府突发事件应急管理体系。县级以上地方人民政府交通行政主管部门负责组织制定本辖区公路突发事件应急预案，经同级人民政府批准后实施。

公路突发事件应急预案应当具体规定公路突发事件应急管理工作的组织指挥体系和职责，以及突发事件的预防和预警机制、处置程序、应急保障措施、事后恢复与重建措施等内容。

第四十一条 县级以上地方人民政府交通行政主管部门及其公路管理机构负责公路突发事件应急处理的组织实施工作；其他相关部门按照各自职责负责公路突发事件的应急处理工作。

第四十二条 公路建设、养护和经营管理单位应当根据国家和省有关应急预案的规定，制定公路先期应急处置方案，组织应急处置队伍。

第四十三条 县级以上地方人民政府交通行政主管部门及其公路管理机构应当对可能引发公路突发事件的危险源、危险区域进行调查、登记、风险评估，定期进行检查、监控，并及时采取或通知有关单位采取安全防范措施。

县级以上地方人民政府交通行政主管部门及其公路管理机构应当建立专职和兼职相结合的公路突发事件专业应急救援队伍，并配备必要的应急救援物资、设备和设施。

县级以上地方人民政府交通行政主管部门及其公路管理机构应当建立公路突发事件监测网点和信息系统，及时监测、收集、储存、分析和传输公路突发事件信息。

第四十四条 县级以上地方人民政府交通行政主管部门及其公路管理机构应当定期组织公路建设、养护和经营管理单位进行公路突发事件应急预案演练。

公路建设、养护和经营管理单位应当定期组织应急处置队伍进行先期应急处置方案演练。

第四十五条 公路突发事件发生后，县级以上地方人民政府交通行政主管部门及其公路管理机构和有关部门以及公路建设、养护和经营管理单位应当按照规定启动应急预案。

公路突发事件造成公路损毁的，公路管理机构应当及时组织修复，并依法向事件发生地人民政府报告。损毁特别严重的，事件发生地人民政府应当及时组织抢修。

公路突发事件发生后，公安和交通行政主管部门应当采取交通管制措施，维护现场秩序，向社会发布交通管制信息。

第四十六条 为应对公路突发事件，县级以上地方人民政府及其交通行政主管部门可以向单位和个人征用应急救援必需的物资、设备或设施。被征用的物资、设备或设施在使用完毕或者公路突发事件应急处置工作结束后应当及时返还，被征用或者征用后毁损、灭失的，应当给予补偿。

第七章 法律责任

第四十七条 违反本实施办法第三十一条规定的，由交通行政主管部门设置的公路管理机构责令其停止违法行为，可以并处500元以上2000元以下的罚款。

第四十八条 违反本实施办法第三十九条规定，不按规定缴纳车辆通行费并故意堵塞收费车道的，可处应缴通行费1至3倍的罚款；强行通过收费站的，可处应缴通行费3至5倍的罚款。

故意堵塞收费车道，影响收费站正常管理秩序的，可以采取措施将堵塞收费车道的车辆拖至安全场所接受调查处理，所需费用由当事人承担。

违反本实施办法第三十九条规定，构成违反治安管理行为的，依照《中华人民共和国治安管理处罚法》予以处罚；构成犯罪的，依法追究其刑事责任。

第四十九条 交通行政主管部门及其公路管理机构违反本办法规定，未依法履行公路管理职责的，由其上级行政机关或者监察机关责令改正，对直接负责的主管人员和其他直接责任人员依法给予行政处分；构成犯罪的，依法追究刑事责任。

交通行政主管部门及其公路管理机构的工作人员玩忽职守、徇私舞弊、滥用职权，尚不构成犯罪的，依法给予行政处分；构成犯罪的，依法追究刑事责任。

第五十条 公路管理机构违反本实施办法第二十一条规定、经营性收费公路经营者违反本实施办法第三十四条第一款规定，未履行养护义务或者养护不符合国务院交通行政主管部门规定的技术规范和操作规程要求造成重大安全隐患，致使行驶公路的车辆及人员受到严重损害的，应当依法承担相应的赔偿责任。

第五十一条 违反本实施办法规定的其他行为，由有关部门依照相关法律、法规处理。

第八章 附 则

第五十二条 本实施办法所称的公路是指四川省行政区域内的高速公路、国道、省道、县道、乡道、村道，包括公路桥梁、公路隧道和公路渡口。

第五十三条 本实施办法所称的公路附属设施，是指公路的防护、排水、养护、管理、服务、交通安全、监控、通信、收费、绿化等设施、设备以及专用建筑物、构筑物等。

第五十四条 本实施办法所称的公路突发事件，是指因自然灾害、事故灾难、公共卫生事件和社会安全事件等造成公路损毁、交通中断或严重堵塞，需要采取应急措施予以处置的事件。

第五十五条 本实施办法自 2009 年 1 月 1 日起施行。

391. 四川省高速公路条例

（2015 年 9 月 25 日四川省第十二届人民代表大会常务委员会第十八次会议通过）

第一章　总　　则

第一条　为了促进高速公路事业的健康发展，保障高速公路安全、畅通、完好，根据《中华人民共和国公路法》《中华人民共和国道路交通安全法》等有关法律、法规的规定，结合四川省实际，制定本条例。

第二条　四川省行政区域内高速公路的规划、建设、养护、经营、服务、使用、管理等活动，适用本条例。

第三条　省人民政府交通运输主管部门主管全省高速公路工作，所属高速公路管理机构按照职责和本条例规定，具体负责高速公路的路政管理和养护、经营服务、收费等监督管理工作。

高速公路道路运输行政执法由高速公路管理机构负责实施。

第四条　省人民政府公安机关负责全省高速公路交通安全和治安管理工作，所属交通管理部门按照职责和本条例规定，具体负责高速公路的交通秩序维护、交通安全违法行为查处、交通事故处理和交通安全宣传教育等工作。

第五条　县级以上有关地方人民政府及其相关部门按照国家和省有关规定，负责高速公路筹资、建设、管理等工作。

高速公路沿线乡镇人民政府应当建立健全基层交通安全协助机制，开展道路交通安全宣传，协助做好本辖区高速公路沿线交通安全工作。

第六条　高速公路经营者依法取得的高速公路收费权、广告经营权和服务设施经营权受法律保护，任何单位和个人不得侵害。

高速公路经营者从事高速公路养护、收费和其他经营服务等活动应当依法进行。

第七条　高速公路沿线县级以上地方人民政府应当按照应急预案，负责本行政区域内高速公路突发事件的应急处置工作。

省人民政府交通运输主管部门应当制定全省高速公路突发事件应急预案，报省人民政府批准后组织实施。

高速公路经营者应当按照高速公路突发事件应急预案，配备应急设施、设备和物资，组建应急队伍并定期组织演练。

第八条　任何单位和个人都有爱护高速公路及其附属设施的义务，不得破坏、损坏、非法占用或者非法利用高速公路、高速公路用地和高速公路附属设施。

第九条　鼓励开展高速公路科学技术研究，积极推广、使用先进的管理方法、技术、设备。

第二章　建设和养护

第十条　省人民政府交通运输主管部门应当会同省级有关部门和有关市（州）、县（市、区）人民政府，根据国民经济和社会发展以及国防建设需要，按照国家高速公路规划的总体要求和国家规定的程序编制省高速公路规划。

省高速公路规划的调整，按照前款规定的程序执行。

第十一条 高速公路项目可以采取政府投资、社会投资、政府和社会资本合作等方式建设，具体筹集资金方式由省人民政府决定。鼓励、引导国内外经济组织依法投资建设高速公路。

政府投资高速公路项目由省人民政府按照有关规定确定依法成立的单位负责建设，或者由省人民政府授权单位与通过竞争方式确定的国内外经济组织合作建设。

社会投资高速公路项目应当向社会公布，由省人民政府授权单位依法采取公开招标投标方式选择投资人。

第十二条 高速公路建设用地规划应当符合土地利用总体规划。

拟建高速公路沿线地方人民政府应当组织有关单位依法做好高速公路建设征地拆迁和安置补偿工作。高速公路建设征地拆迁、安置补偿和被征地农民社会保险费用的相关标准按照国家和省的规定核定。任何单位和个人不得截留、挪用征地拆迁、安置补偿和被征地农民社会保险费用。

拟建高速公路沿线县级以上地方人民政府及其有关部门应当依法保障高速公路建设所需水电、砂石、民用爆炸物品、临时用地等，维护高速公路建设秩序。

第十三条 高速公路建设应当遵循基本建设程序，执行国家和省有关工程勘察、设计、施工和监理规范以及技术标准。

第十四条 高速公路建设应当严格执行批准工期。因项目投资人自身原因造成建设期延长的，延长的建设期计入收费期。

第十五条 高速公路收费、监控、通信等系统以及超限运输检测设施、服务区、管理用房等应当按照国家和省有关规定和标准，与高速公路同步规划、同步建设、同步投入使用。管理用房应当满足高速公路经营者、高速公路管理机构和公安机关交通管理部门的工作需要。

已经通车的高速公路未按照前款规定建设相关系统、设施、服务区和管理用房的，由高速公路经营者负责建设和完善。

高速公路管理机构、公安机关交通管理部门和高速公路经营者应当建立相关系统和设施的共享共用机制。

第十六条 高速公路项目建成后，应当按照国家和省有关规定进行验收，涉及交通安全的，征求公安机关交通管理部门的意见；未经验收或者验收不合格的，不得交付使用。

高速公路经营者应当在项目竣工验收后六个月内，按照国家和省有关规定，向高速公路管理机构提供相关档案资料。

第十七条 高速公路经营者应当按照国家和省规定的养护技术规范，编制高速公路养护规划和年度养护计划，并报高速公路管理机构备案。

高速公路经营者应当按照年度养护计划实施养护作业，保证高速公路经常处于良好的技术状态。

第十八条 高速公路大修、中修工程施工应当经高速公路管理机构批准；影响交通安全的，高速公路管理机构应当征得公安机关交通管理部门同意后批准。

高速公路大修、中修工程施工单位应当在施工开始之日前五日向社会公告，并在施工路段前方及相关入口处设置公告牌，在施工区域设置警示标志和安全防护设施，配备安全管理人员。高速公路大修、中修工程完工后，应当按照规定验收；涉及交通安全的，公安机关交通管理部门应当参与验收。

第十九条 高速公路经营者应当科学调度，统筹安排养护作业，确定合理的施工时间和工期并提前向社会公告，按期完工，减少对车辆通行的影响。

第二十条 高速公路经营者应当按照国家和省有关规定做好高速公路绿化和用地范围水土保持工作。

第二十一条 高速公路经营者应当开展日常养护巡查，并制作巡查记录；发现高速公路及其附属设施损毁或者存在安全隐患的，应当立即设置警示标志和安全防护设施，及时组织抢修或者采取措施消除安全隐患。

高速公路经营者应当定期对高速公路及其附属设施进行技术检测；发现不符合有关技术标准和车辆通行安全要求的，应当及时维修，并向社会公告。

第二十二条 高速公路管理机构应当定期对高速公路及其附属设施的完好情况进行抽检，对达不到国家和省规定要求的，责令高速公路经营者限期采取相应措施。

公安机关交通管理部门、高速公路管理机构发现高速公路坍塌、坑槽等损毁，应当责令高速公路经营者采取措施及时修复；危及交通安全，尚未设置警示标志的，公安机关交通管理部门、高速公路管理机构应当及时采取安全措施，疏导交通，并通知高速公路经营者。

第三章 经营和服务

第二十三条 高速公路管理机构应当制定全省统一的高速公路服务规范，定期对高速公路运营服务质量进行考评，并向社会公告。

高速公路经营者应当健全制度，加强管理，提高公共服务和运营管理水平，保障服务设施完好，公开服务项目、收费标准、监督电话等事项，接受社会监督，为高速公路使用者提供优质、安全、便捷、文明的服务。

第二十四条 高速公路管理机构、公安机关交通管理部门和高速公路经营者应当共同建立高速公路联合指挥调度服务平台，开展高速公路的指挥调度、运行监测、信息研判等工作；通过电视、报纸、广播、互联网、可变情报板等方式发布高速公路施工、事故、拥堵、气象、交通管制、行车提示及安全警示等信息。

第二十五条 高速公路车辆通行费收费标准，应当根据高速公路的技术等级、投资总额、当地物价指数、偿还贷款或者有偿集资款的期限和收回投资的期限以及交通量、建设质量等因素计算确定并报省人民政府审查批准。

高速公路车辆通行费收费标准根据道路技术状况、运营服务质量等情况调整，具体办法由省人民政府制定。

第二十六条 高速公路实行全省联网收费，统一清分和结算，具体办法由省人民政府交通运输主管部门制定。

第二十七条 车辆通行高速公路有下列情形之一的，按照车辆出站点距联网内最远入站点的最短路径收取车辆通行费：（一）无通行卡的；（二）持调换或者伪造的通行卡的；（三）故意损坏、屏蔽通行卡，或者干扰收费设施的；（四）采取其他方式偷逃通行费的。

第二十八条 军队车辆、武警部队车辆，公安机关、高速公路管理机构在辖区内高速公路上处理交通事故、执行巡查任务、实施监督检查和处置突发事件的统一标志的制式车辆，运输跨区作业的联合收割机（包括插秧机）的车辆，整车合法装载运输鲜活农产品的车辆，以及国务院交通运输主管部门或者省人民政府批准执行抢险救灾任务的车辆，免交车辆通行费。

第二十九条 高速公路经营者应当按照规定在高速公路入口设置计重检测设施，对货运车辆进行计重检测，不得放行违法超限车辆驶入高速公路。违法超限车辆强行驶入高速公路，故意堵塞收费站或者影响高速公路通行秩序，在高速公路服务区、高速公路出口等发现违法超限车辆的，高速公路经营者应当及时报告公安机关交通管理部门和高速公路管理机构。公安机关交通管理部门和高速公路管理机构应当派员及时到达现场，依法处理。

第三十条 高速公路经营者不得擅自关闭高速公路收费站、服务区和互通立交匝道。

第三十一条 高速公路经营者应当设置和开启足够数量的收费车道。高速公路收费站出入口排行车辆超过二百米或者匝道收费站出站车辆排行至主线车道的，高速公路经营者应当采取增加收费人员、增设相关设备等应急管理措施，保证车辆通行畅通。收费站通行能力不能满足通行需要且采取前款规定的应急管理措施不能解决拥堵问题的，高速公路经营者应当改造或者迁建收费站。

第三十二条 高速公路清障救援由高速公路经营者组织实施，具体收费项目和收费标准由省人民政府发展改革、交通运输等部门确定并向社会公布。高速公路清障救援单位应当遵循安全、高效、就近的原则，将障碍物或者故障车辆拖移至距事发地最近的出口处或者与当事人商定的地点，不得指定维修场所，不得擅自增加收费项目、提高收费标准。

高速公路监督检查车辆和清障救援的车辆，应当按照规定分别设置统一的标志和示警灯。

第三十三条 高速公路服务区对外承包、租赁经营的，其承包、租赁经营期不得超过高速公路收费期。

第三十四条 高速公路经营者负责高速公路服务区日常管理及服务。

高速公路服务区应当提供如厕、停车、饮用水等免费服务，有条件的还应当提供车辆加油、加水、维修和购物、餐饮、住宿、医疗急救等经营性服务。

高速公路服务区所在地人民政府有关行政主管部门负责对服务区消防、食品安全、环境保护、价格等的监督管理。

第三十五条 社会投资高速公路项目收费期届满，高速公路经营者应当将高速公路及其附属设施、与高速公路项目有关的其他权益按照合同约定移交省人民政府指定的项目接收单位，国家另有规定的除外。

第四章 路政管理

第三十六条 新建、改建高速公路初步设计文件批准之日起三十日内，沿线县级以上地方人民政府应当依法划定高速公路建筑控制区的范围。

在高速公路建筑控制区域内，除公路养护、防护需要以外，不得新建、扩建建筑物或者构筑物。

高速公路建成通车前，沿线县级以上地方人民政府相关部门应当依法查处在高速公路用地、建筑控制区内违规新建、改建建筑物、构筑物的行为。高速公路建成通车后，由高速公路管理机构依法实施路政管理，沿线县级以上地方人民政府相关部门应当协助和配合。

第三十七条 高速公路交通标志、标线应当符合国家有关标准和技术规范。

高速公路管理机构根据路网运行、交通管理等需要，经过科学评估并征求公安机关交通管理部门意见后调整交通标志、标线，由高速公路经营者负责实施。

第三十八条 在高速公路用地范围内设置非交通标志标牌，应当经高速公路管理机构批准。经批准设置的非交通标志标牌，不得遮挡交通标志，不得妨碍安全视距。

在高速公路建筑控制区内禁止设置广告牌等非交通标志标牌。

第三十九条 高速公路经营者应当加强对所管辖高速公路桥梁桥下空间和涵洞的日常巡查和管理。发现违法堆积物或者设施的，应当立即劝阻和制止，并向高速公路管理机构报告，及时消除安全隐患。

第四十条 运输不可解体物品的超限运输车辆确需行驶高速公路的，承运人应当向高速公路管理机构申请办理《超限运输车辆通行证》；影响交通安全的，高速公路管理机构应当征求公安机关交通管理部门的意见。承运人应当按照公安机关交通管理部门指定的时间、路线、速度行驶，并采取有效的通行安全保障措施。

第五章 交通安全管理

第四十一条 行人、非机动车、摩托车、拖拉机、轮式专用机械车、铰接式客车、全挂拖斗车，以及其他设计最高时速低于七十公里的车辆，禁止进入高速公路。

第四十二条 高速公路入口加速车道后的适当位置应当标明允许通行的车型及最高、最低行驶速度，驶入高速公路的车辆应当按照交通信号行驶。

同方向为二条行车道的，左侧为小型客车道，右侧为客货车道；载货汽车、专项作业车及大、中型载客汽车可以借用小型客车道超车，超越后应当及时驶回客货车道。同方向为三条及以上行车道的，左侧第一条行车道只允许小型客车通行，禁止其他车辆驶入。

除执行抢险救援等紧急任务的警车、消防车、救援车、救护车以及从事高速公路管理、养护活动的车辆外，其他车辆不得在非紧急情况下占用应急车道行驶或者停车。

第四十三条 驶入高速公路的车辆有下列情形之一的，驾驶人应当立即开启危险报警闪光灯，将车辆移至应急车道或者路肩，在来车方向一百五十米外设置故障车警告标志牌：（一）车辆发生交通事故或者故障，无法及时移至服务区或者收费站外的；（二）驾驶人突发疾病影响驾驶安全的；（三）发生危及交通安全的其他突发情形的。

第四十四条 在高速公路上行驶，应当遵守下列规定：（一）不得穿越中央隔离带；（二）不得在车道上下人员或者装卸货物；（三）从匝道驶入行车道时，应当在加速车道内提高车速并开启左转向灯，不得妨碍行车道内车辆的通行；（四）从应急车道驶入行车道时，应当在应急车道内提高车速并开启左转向灯，不得妨碍行车道内车辆的通行；（五）遇前方交通阻塞时，应当在行车道内等候或者依次通行，开启危险报警闪光灯，不得驶入应急车道或者路肩。

第四十五条 因自然灾害、恶劣天气或者发生交通事故等情形影响车辆正常通行的，公安机关交通管理部门应当及时采取交通管理措施，疏导车辆；采取措施仍然无法保障交通安全的，公安机关交通管理部门依法关闭高速公路，并及时告知高速公路管理机构、高速公路经营者，同时向社会通告；紧急情况下，公安机关交通管理部门现场执法人员可以先行处置，同时报告省人民政府公安机关交通管理部门。省人民政府公安机关交通管理部门、高速公路管理机构等应当组织路网调度和区域交通分流。影响交通安全情形消除后，应当立即恢复交通，并及时发布相关信息。

第四十六条 车辆通过隧道时应当遵守下列规定：（一）进入隧道前注意观察交通信号，并开启灯光装置；（二）在隧道内依次通行，不得随意穿插、变道行驶；（三）除车辆发生故障不能继续行驶外，隧道内严禁停车。

高速公路隧道入口前方的限速标志应当按二十公里/小时速度级差设置。

隧道群、特长隧道出口适当位置应当按照规定设置限速标志。

第四十七条 运载爆炸物品、易燃易爆化学物品以及剧毒、放射性等危险物品的车辆不得进入高速公路危险化学品运输车辆限行路段。确需进入的，应当经公安机关交通管理部门批准，按照指定的时间、路线、速度行驶，悬挂明显标志，采取必要的安全措施。

高速公路危险化学品运输车辆限行路段由省人民政府公安机关规定，并向社会公告。

危险化学物品运输车辆发生事故，当事人应当立即报告公安机关交通管理部门。事故发生地县级以上地方人民政府应当组织安全监管、公安、交通运输、环境保护等部门以及高速公路经营者、医疗机构等，开展事故抢险救援工作。

第四十八条 在高速公路上发生交通事故，仅造成财产损失、人员轻微受伤的，当事人应当立即将车辆移至就近服务区、收费站外等地点，再协商处理或者报警；发生人员伤亡的交通事故或者事故车辆不能移动的，应当立即开启危险报警闪光灯，在来车方向一百五十米外设置故障车警告标志牌，车上人员应当迅速转移到路外安全地点，并立即报警。

第六章　法律责任

第四十九条 违反本条例规定，法律、法规已有规定的，从其规定。

第五十条 违反本条例第十八条规定，未经批准或者未按照规定要求进行高速公路大修、中修工程施工的，由高速公路管理机构责令停止施工，并处以三万元罚款；情节严重的，处以五万元罚款。

第五十一条 违反本条例第二十七条规定，持调换或者伪造的高速公路通行卡，故意损坏、屏蔽通行卡或者干扰收费设施等方式偷逃高速公路车辆通行费的，由高速公路管理机构责令当事人补缴，可并处以应缴车辆通行费三倍罚款。

第五十二条 违反本条例第二十九条规定，高速公路经营者在入口放行违法超限车辆驶入高速公路的，由高速公路管理机构没收放行车辆的全部通行费，并按照放行车辆数每辆处以二千元罚款。

第五十三条 违反本条例第三十条规定，高速公路经营者擅自关闭高速公路收费站、服务区和互通立交匝道的，由高速公路管理机构责令改正，并处以五万元以上七万元以下罚款；情节严重的，处以七万元以上十万元以下罚款。

第五十四条 违反本条例第三十一条规定，高速公路经营者未采取应急管理措施，导致收费站车辆拥堵的，由高速公路管理机构责令改正，并处以一万元以上三万元以下罚款；情节严重的，处以三万元以上五万元以下罚款。

第五十五条 违反本条例第三十二条规定，清障救援单位违法指定车辆维修场所的，由高速公路管理机构没收违法所得，并处以二千元以上五千元以下罚款。

第五十六条 驾驶人违反本条例规定，有下列情形之一的，由公安机关交通管理部门处以二百元罚款：（一）非紧急情况下在应急车道行驶或者停车的；（二）违反车道行驶规定，占用小型客车道行驶的；（三）违反规定超车的；（四）发生交通事故不按照规定撤离现场的。

第五十七条 驾驶人违反本条例规定，有下列情形之一的，由公安机关交通管理部门处以五百元以上一千元以下罚款：（一）在高速公路车道上下人员或者装卸货物的；（二）驾驶禁止驶入高速公路的车辆驶入高速公路的。

第五十八条 高速公路管理机构、公安机关交通管理部门等有关部门及其工作人员在高速公路管理过程中滥用职权、玩忽职守、徇私舞弊的，对直接负责的主管人员和其他直接责任人员依法给予行政处分；构成犯罪的，依法追究刑事责任。

第七章 附 则

第五十九条 本条例下列用语的含义：（一）高速公路，是指按照国家公路工程技术标准建设的专供汽车分道高速行驶并全部控制出入的多车道公路及其附属设施，以及划定为高速公路管理的区域；（二）应急车道，是指高速公路行车道边缘线以外可供车辆在紧急情况下停车或者行驶的硬路肩区域；（三）高速公路管理机构，是指省人民政府交通运输主管部门依法设置并按照规定权限履行高速公路行政管理职能的省高速公路管理机构及其下设的各级高速公路管理机构。

第六十条 法律、行政法规对高速公路投资、建设、管理等相关事项另有规定的，从其规定。

第六十一条 本条例自 2015 年 12 月 1 日起施行。

392. 四川省农村公路条例

（2017 年 7 月 27 日四川省第十二届人民代表大会常务委员会第三十五次会议通过）

第一章　总　　则

第一条　为了促进农村公路事业的发展，适应农村经济社会发展和人民群众生产生活的需要，根据《中华人民共和国公路法》《中华人民共和国道路运输条例》《公路安全保护条例》等有关法律、法规，结合四川省实际，制定本条例。

第二条　四川省行政区域内农村公路的规划、建设、管理、养护和运输等活动，适用本条例。

本条例所称农村公路，是指纳入农村公路规划，按照国家、交通运输部和省制定的公路建设有关标准修建的县道、乡道、村道及其附属设施。

第三条　农村公路的发展应当遵循统筹规划、因地制宜、保护环境、建管养运并重的原则，实行政府主导、部门协作、社会参与和分级负责、分类管理。

第四条　县级以上地方人民政府应当将农村公路发展纳入国民经济和社会发展规划，加强农村公路工作的组织领导和监督考核，促进农村公路持续健康发展。

县（市、区）人民政府是本行政区域内农村公路规划、建设、管理、养护和运输的责任主体，应当健全农村公路县、乡、村三级建设、管理和养护体系，完善农村公路工作机制，组织协调有关部门做好农村公路工作。

乡（镇）人民政府在县（市、区）人民政府确定的职责范围内做好农村公路工作，明确相应的机构和人员具体负责本行政区域内乡道、村道的建设、养护及村道管理工作。

第五条　村民委员会在乡（镇）人民政府和县（市、区）交通运输主管部门指导下按照村民自愿、民主决策原则，组织村民做好本区域内村道的日常养护工作，配合乡（镇）人民政府和县（市、区）人民政府交通运输主管部门做好本区域内村道的建设和管理工作。

第六条　省人民政府交通运输主管部门负责编制全省农村公路发展规划，执行中央和省农村公路投资计划，指导、监督全省农村公路工作。

市（州）人民政府交通运输主管部门负责本行政区域内农村公路相关工作的监督和管理 。

县（市、区）人民政府交通运输主管部门负责组织实施本行政区域内农村公路规划、建设、管理、养护和运输工作。

县级以上地方人民政府交通运输主管部门所属的公路管理机构、道路运输管理机构和质量监督机构具体负责相关工作。

第七条　县级以上地方人民政府发展改革、财政、公安、国土资源、环境保护、城乡规划建设、农业、扶贫等有关部门，按照本条例和各自职责做好农村公路相关工作。

第八条　县级以上地方人民政府应当将农村公路规划、建设、养护、管理和运输所需经费列入本级财政预算，经费应当随着农村公路里程的增加和地方财力的增长逐步增加。

第九条　县级以上地方人民政府应当在政策、资金、物资等方面，帮助和扶持贫困地区、少数民族地区、边远地区和革命老区推进农村公路事业的发展。

鼓励社会各界通过多种方式参与推进农村公路事业发展。

第十条　农村公路受法律保护，任何单位和个人不得破坏、损坏或者非法占用农村公路、公路用地及公路附属设施。

任何单位和个人有权制止、检举和控告影响农村公路安全的违法行为。

第二章　规划与建设

第十一条　县级以上地方人民政府交通运输主管部门应当编制农村公路规划，并根据农村公路建设规划、资金规模等因素，编制农村公路建设规划项目库。

农村公路规划应当符合国民经济和社会发展规划、土地利用总体规划、城乡规划和生态环境保护规划，与交通运输发展规划相协调，与农村客货运输需求相适应。

第十二条　县道规划及其项目库由县（市、区）人民政府交通运输主管部门会同有关部门编制，经本级人民政府审定后，报上一级人民政府批准。

乡道、村道规划及其项目库由县（市、区）人民政府交通运输主管部门协助乡（镇）人民政府编制，报县（市、区）人民政府批准。

依照第一款、第二款规定的县道、乡道、村道规划及其项目库，应当报批准机关的上一级人民政府交通运输主管部门备案。

经批准的农村公路规划及其项目库需要修改的，应当按照原程序报批和备案。

第十三条　县道、乡道的命名和编号，由省人民政府交通运输主管部门按照国务院交通运输主管部门的规定确定。

村道的命名和编号，由县（市、区）人民政府交通运输主管部门按照省人民政府交通运输主管部门的规定确定。

新建、改建农村公路应当按照国家标准和规范设置交通标志标牌。

第十四条　农村公路的建设应当根据经济社会发展、自然地理条件和公路功能需求等实际情况，合理确定技术标准。

新建、改建县道、乡道应当执行国家、交通运输部和省有关标准。新建、改建村道路面宽度不少于4.5米，受地形、地质等自然条件限制的路段，路面宽度不得少于3.5米，并按照规定设置错车道。

第十五条　县道、乡道建设使用土地由县级以上地方人民政府国土资源部门依照有关法律、法规的规定办理。

村道建设使用土地由项目所在地村民委员会召开村民会议或者村民代表会议协商解决，法律、法规另有规定的，从其规定。

第十六条　县道、乡道建设项目应当报县级以上地方人民政府发展改革部门按照有关规定批准，工程可行性研究报告应当由具有相应资质的单位编制。

纳入农村公路建设规划项目库的村道建设项目可以简化程序，具体办法由省人民政府制定。

第十七条　农村公路建设项目应当由具有相应资质的单位设计，设计文件报县级以上地方人民政府交通运输主管部门批准。规模较小、技术简单的村道建设项目可以由县（市、区）人民政府交通运输主管部门无偿提供设计文件。

新建、改建县道、乡道和通客运的村道交通安全等设施应当与主体工程同步设计、同步建设、同步使用，已建成的县道、乡道和通客运的村道应当逐步完善。

第十八条　农村公路建设项目应当依法进行招投标。社会捐资、群众投劳为主的村道建设项目，可以不进行招投标，由村民会议或者村民代表会议自主决定。

第十九条　农村公路建设项目施工许可应当按照有关规定报县（市、区）人民政府交通运输主管部门批准。

第二十条　农村公路设计、建设、施工、监理等单位应当建立安全生产责任制度和工程质量责任追究制度。

农村公路建设项目按照国家有关规定实行质量缺陷责任期制度和质量保证金制度。

第二十一条 县级以上地方人民政府交通运输主管部门应当建立健全农村公路质量安全监督管理机制，加强对农村公路建设质量安全的监督管理。

县级以上人民政府交通运输主管部门所属的质量监督机构具体负责农村公路建设质量安全的监督工作，可以委托具有相应资质的监测单位进行质量检测。

第二十二条 农村公路建设实行工程监理制度，鼓励社会化监理。

农村公路社会化监理应当由具备相应资质的监理单位实行。建设规模较小、技术简单的村道建设项目可以由县（市、区）人民政府交通运输主管部门进行监管。

第二十三条 农村公路建设项目应当按照国家和省有关规定进行验收；涉及交通安全的，应当征求公安机关交通管理部门的意见。未经验收或者验收不合格的，不得交付使用。

第二十四条 农村公路建设单位应当按照档案管理有关规定，收集、整理、保存工程资料，建立工程档案，验收合格后移交县（市、区）人民政府交通运输主管部门保存。

县级以上地方人民政府交通运输主管部门应当按照规定核查、更新本行政区域内农村公路基础数据库、电子地图等信息，确保数据真实准确。

第三章　路政管理

第二十五条 县（市、区）人民政府交通运输主管部门公路管理机构负责县道、乡道的路政管理工作，指导和监督本行政区域内村道的路政管理工作。

乡（镇）人民政府负责做好本行政区域内村道的路政管理工作，协助县（市、区）人民政府交通运输主管部门公路管理机构做好县道、乡道的路政管理工作。

第二十六条 县（市、区）人民政府应当确定农村公路两侧自边沟、截水沟、坡脚护坡道外缘起不少于一米的范围为公路用地，自公路用地外缘起，按照县道不少于十米、乡道不少于五米、村道不少于三米的标准划定公路建筑控制区，并依法向社会公告。

第二十七条 在农村公路建筑控制区内，除农村公路保护需要外，禁止修建建筑物和地面构筑物。农村公路建筑控制区划定前已经合法修建的不得扩建，因农村公路建设、养护或者保障公路通行安全等原因需要拆除的应当依法给予补偿。

在农村公路建筑控制区外修建的建筑物、地面构筑物以及其他设施不得遮挡公路安全标志、妨碍安全视距。

第二十八条 其他建设工程需要占用、挖掘村道等影响村道畅通安全的行为，应当征求村民委员会的意见，并报乡（镇）人民政府同意，由乡（镇）人民政府报县（市、区）人民政府交通运输主管部门公路管理机构备案。占用、挖掘村道的应当按照不低于该路段原有的技术标准予以修复、改建，或者给予相应的经济补偿。

第二十九条 违法超限运输车辆不得在农村公路上行驶。运载不可解体物品的超限运输车辆确需在农村公路上行驶的，应当经县（市、区）人民政府交通运输主管部门公路管理机构批准，并采取有效防护措施，按照指定的时间、路线、时速行驶，悬挂明显标志；影响交通安全的，应当征求公安机关交通管理部门的意见。

第三十条 建设工程重载车辆确需通过农村公路特定路段的，建设单位应当合理规划行车线路，控制车辆荷载，减少对农村公路质量安全的影响，在工程施工前应当与通行路段农村公路养护责任主体签订修复、补偿等相关协议。

第三十一条 禁止在村道的公路用地外缘起向外五十米、大中型桥梁和渡口周围二百米、隧道上方和洞口外一百米范围内从事采矿、爆破等危及村道安全的活动。

第三十二条 禁止在农村公路及其用地范围内从事下列活动：

（一）设置集贸市场、摆摊设点、堆放物品、设置障碍或者倾倒废弃物；

（二）打场晒粮、种植作物；

（三）挖砂、采石、取土、挖沟引水；

（四）非法设卡、收费；

（五）其他影响农村公路安全的活动。

第三十三条 县（市、区）人民政府交通运输主管部门公路管理机构或者乡（镇）人民政府根据农村公路保护需要，可以在乡道、村道的出入口规范设置必要的限高、限宽设施，但不得影响抢险救灾、消防和卫生急救等应急通行。限高、限宽设施应当有明显标志和夜间反光标志。

第四章 养　　护

第三十四条 农村公路养护应当遵循预防为主、防治结合、全面养护、保障畅通的原则，坚持专业养护与群众养护、日常养护与集中养护相结合。

鼓励通过政府购买服务的方式，由专业化养护作业单位承担农村公路养护工作。

第三十五条 县（市、区）人民政府交通运输主管部门公路管理机构具体承担桥梁、隧道的养护工作、县道的日常养护和组织实施县道、乡道大中修工程。

乡（镇）人民政府具体承担乡道的日常养护和组织实施村道大中修工程，可以通过设置公益性岗位或者采取个人、家庭分段承包等方式对乡道、村道进行日常养护。

村民委员会具体承担村道的日常养护工作，在乡（镇）人民政府的指导下，做好村道的小修保养、日常保洁等工作，维护村道的路容路貌。

第三十六条 县道、乡道大中修养护工程年度计划由县（市、区）人民政府交通运输主管部门会同有关部门或者乡（镇）人民政府编制，经县（市、区）人民政府批准后实施；村道大中修养护工程年度计划的编制参照执行。

第三十七条 农村公路大中修养护工程，应当按照有关技术规范和标准设计、施工，完工后按照规定进行验收。

农村公路大中修养护工程按照国家有关规定实行质量缺陷责任期制度。

第三十八条 农村公路养护人员进行养护作业时，应当穿着安全标志服，遵守道路交通安全规定；利用车辆作业时，应当在车辆上设置明显作业标志，其他车辆应当注意避让。

农村公路因养护作业确需中断交通的，养护作业单位应当在作业开始五日前向社会公告，明确绕行路线，设置绕行标志。

第三十九条 因自然灾害或者其他突发事件导致农村公路中断的，县（市、区）人民政府、乡（镇）人民政府应当组织有关部门及时修复公路、恢复交通。

第四十条 县级以上地方人民政府应当建立农村公路养护质量检查、考核、评定和奖惩机制。

第五章 运　　输

第四十一条 县（市、区）人民政府应当积极发展农村客货运输，推进城乡客运一体化和农村物流发展，促进交通运输基本公共服务均等化。

第四十二条 政府投资新建、改建农村公路，应当将农村客货运输站场、招呼站等与农村公路同步规划、同步建设、同步交付使用和同步维护。

第四十三条 县（市、区）人民政府应当编制农村客运和物流发展规划，优化站点布局，拓展站场物流服务功能，促进农村生产生活资料、农副产品流通和农村经济发展。

第四十四条 县（市、区）人民政府应当组织公安、交通运输、安全生产监督等部门对农村公路进行勘验，符合客运车辆通行条件的，按规定开行农村客运；符合公交车辆通行条件的，可以参照城市公交标准开行农村公交；对于出行需求少且相对分散的边远地区，鼓励开展预约、定制客运服务。

第四十五条 县（市、区）人民政府应当建立公安、交通运输、安全生产监督等部门参与的农村公路运输安全监管机制，督促乡（镇）人民政府落实安全监管责任；相关部门按照职责分工加强对运输企业的安全监管，督促企业落实安全生产主体责任。

第六章　资金筹集与管理

第四十六条　省、市（州）人民政府应当安排财政性资金用于对农村公路建设、管理、养护和运输的补助，并加大对贫困地区、少数民族地区、边远地区和革命老区的投入，具体办法由省、市（州）人民政府交通运输主管部门会同本级财政部门另行制定。

农村公路可以由地方自筹资金先行组织建设，待补助资金到位后拨付归垫。

第四十七条　县（市、区）人民政府应当建立以政府公共财政投入为主的资金保障机制，按照财政事权与支出责任相匹配的原则，将农村公路建设、管理、养护和运输资金纳入本级财政预算予以保障，并随农村公路里程和地方财力的增长逐步增加。

第四十八条　农村公路建设、管理、养护和运输资金主要来源：

（一）地方公共财政收入；

（二）中央、省、市等上级补助资金；

（三）地方政府债券资金；

（四）通过以奖代补、以工代赈等方式筹集的资金；

（五）企业投资，企业、个人等社会捐助，或者通过利用农村公路冠名、路域资源开发等方式筹集的资金；

（六）整合各类扶贫、涉农项目中按照规定可用于交通发展的资金；

（七）通过其他方式筹集的资金。

第四十九条　鼓励企业和个人捐款捐物用于农村公路建设和养护；鼓励利用农村公路冠名、路域资源开发等方式筹集资金用于农村公路建设和养护。

第五十条　农村公路建设、管理、养护和运输资金实行专款专用，任何单位和个人不得挤占、挪用和截留。

县级以上地方人民政府交通运输主管部门应当加强农村公路建设、管理、养护和运输资金的监管，提高资金的使用效益。

财政、审计等部门应当依法对农村公路建设、管理、养护和运输资金的使用情况进行监督检查。

第五十一条　村民委员会自行筹集村道建设、养护资金的，应当遵循村民自愿、量力而行的原则，并对资金的使用情况进行公示，接受村民监督。

乡（镇）人民政府应当依法加强对村道建设、管理、养护和运输资金的管理。

第七章　法律责任

第五十二条　违反本条例规定，法律、法规已有规定的，从其规定。

第五十三条　违反本条例规定，造成农村公路及其附属设施损坏的，应当按照不低于原技术标准予以修复，或者按照损毁程度予以补偿。

第五十四条　违反本条例第二十七条规定，在村道建筑控制区内修建、扩建建筑物、地面构筑物，或者在村道建筑控制区外修建的建筑物、地面构筑物以及其他设施遮挡公路安全标志、妨碍安全视距影响交通安全的，由县（市、区）人民政府交通运输主管部门公路管理机构责令限期拆除，可以处二百元以上二千元以下的罚款；情节严重的，处二千元以上五千元以下的罚款。

第五十五条　违反本条例第二十八条规定，实施占用、挖掘村道等影响村道畅通安全的行为，未经乡（镇）人民政府同意的，县（市、区）人民政府交通运输主管部门公路管理机构可以处三万元以下的罚款。

第五十六条 违反本条例第二十九条规定，驾驶违法超限运输车辆在农村公路上行驶的，由县（市、区）人民政府交通运输主管部门公路管理机构责令停止违法行为，可以处三万元以下的罚款。

第五十七条 违反本条例第三十一条规定，实施危及村道安全活动的，由县（市、区）人民政府交通运输主管部门公路管理机构责令改正，可以处二千元以上一万元以下的罚款；情节严重的，可以处一万元以上三万元以下的罚款。

第五十八条 违反本条例第三十二条第一项、第二项、第三项规定，造成村道路面损坏、污染等影响村道安全的，由县（市、区）人民政府交通运输主管部门责令改正，可以处一百元以上五百元以下的罚款；情节严重的，处五百元以上二千元以下的罚款。

违反本条例第三十二条第四项规定，非法设卡、收费的，由县（市、区）人民政府交通运输主管部门责令改正，没收违法所得，可以处一万元以下的罚款。

第五十九条 地方各级人民政府及其有关部门工作人员在农村公路工作中滥用职权、玩忽职守、徇私舞弊的，依法给予行政处分。

第八章 附 则

第六十条 本条例下列用语的含义：

（一）县道是指国道、省道以外的县际间公路以及连接县（市、区）人民政府所在地与乡（镇）人民政府所在地和主要商品生产、集散地的公路；

（二）乡道是指县道及其以上等级公路以外的乡际间公路以及连接乡（镇）人民政府所在地与建制村的公路；

（三）村道是指纳入县（市、区）农村公路规划，乡道及其以上等级公路以外的连接乡（镇）与建制村、建制村与建制村的公路；

（四）农村公路附属设施，是指为保护、养护农村公路和保障农村公路安全畅通所设置的农村公路防护、排水、养护、管理、服务、交通安全、监控、绿化等设施、设备以及专用建筑物、构筑物。

第六十一条 专用公路、农机化生产道路不适用本条例。

第六十二条 本条例自2017年10月1日起施行。

393. 四川省深化农村公路管理养护体制改革实施方案

（川办发〔2020〕70号）

为深入贯彻落实《国务院办公厅关于深化农村公路管理养护体制改革的意见》（国办发〔2019〕45号）精神，加快建立农村公路管理养护长效机制，结合我省实际，制定本方案。

一、指导思想

以习近平新时代中国特色社会主义思想为指导，深入贯彻党的十九大精神，认真落实习近平总书记关于"四好农村路"和对四川工作系列重要指示精神，按照党中央国务院决策部署，践行以人民为中心的发展思想，紧紧围绕打赢脱贫攻坚战、实施乡村振兴战略，坚持政府主导、强化保障、创新管理、转型发展，深化农村公路管理养护体制改革，加快构建与经济社会发展相适应、符合农村特点的农村公路管理养护体系，推动"四好农村路"高质量发展。

二、工作目标

到2022年，基本建立权责清晰、保障有力、齐抓共管的农村公路管理养护体制机制。农村公路治理体系初步形成，路长制全面推行，县乡村三级管理养护体系健全，养护专业化、规范化、机械化、信息化建设效果明显，通行条件和路域环境基本改善，抗灾能力显著提升，列养率达到100%，年均养护工程比例不低于5%，中等及以上农村公路占比不低于75%。

到2035年，全面建成体系完备、运转高效的农村公路管理养护体制机制，城乡交通运输公共服务均等化基本实现。农村公路治理体系全面完善，治理能力全面提高，全面实现"品质高、网络畅、服务优、路域美"的目标。

三、完善农村公路管理养护体制

（一）加强省级统筹和政策引导。省人民政府将农村公路管理养护工作情况纳入对市级人民政府绩效管理。交通运输厅加强对农村公路管理养护工作的指导和监管，制定发展政策，健全技术标准体系，会同财政厅制定以路况评定、资金使用和投入、组织和管养能力建设等为主要内容的年度绩效考核办法，加强结果应用，将绩效考核结果与交通投资计划、项目安排和"四好农村路"示范创建挂钩。财政厅会同交通运输厅加强资金使用监管，拓宽养护资金筹集渠道，逐步建立补助资金增长机制。省发展改革委、公安厅、自然资源厅、生态环境厅、住房城乡建设厅、农业农村厅、审计厅、省扶贫开发局等部门按照各自职能职责，做好相应工作。省级公路管理机构负责监督指导全省农村公路管理养护工作。

（二）加强市级政策支持和监督指导。市级人民政府要发挥好承上启下作用，以市（州）为单位整体推进区域内各县（市、区）体制改革相关工作，制定完善市级农村公路管理养护资金补助政策，指导督促县级人民政府履行主体责任，将农村公路管理养护工作纳入对县级人民政府绩效管理。市级交通运输主管部门应落实具体机构和人员负责指导辖区内农村公路管理养护工作。

（三）严格落实县级人民政府主体责任。县级人民政府要按照县乡村分级管理原则，明确县级相关部门、乡级人民政府、村民委员会的农村公路管理养护权力和责任清单；将养护资金、管理机构运行经费和人员支出纳入一般公共财政预算，加大履职能力建设和管理养护投入力度；推行由县、乡两级人民政府和村民委员会主要负责人担任路长的县、乡、村三级路长制；建立健全县、乡、村三级管理养护体系，形成"精干高效、专兼结合、以专为主"的管理养护运行机制；结合"美丽四川·宜居乡村"建设，加强路域环境整治。组织实施"金通工程"，提升农村公路客货运输服务水平。县级公路管理机构作为辖区内县道、乡道公路管理养护工作的组织和实施主体，要依法履行农村公路路政管理职责，采取切实可行措施保护农村公路路产路权。

（四）充分发挥乡村两级作用。乡级人民政府要落实专职工作人员负责农村公路管理养护工作，完善乡级交通管理站农村公路管理养护职能职责，指导村民委员会做好村道管理养护工作。乡级交通管理站是辖区内村道管理养护工作的实施主体，通过制定乡（村）规民约等方式，加强农村公路管理，协助县级公路管理机构保护农村公路路产路权。村民委员会负责实施村道的日常养护工作，要统筹用好村级公共设施运行维护基金等资金，按照“村民自愿、民主决策、量力而行”的原则，采取“一事一议”等方式组织实施村道管理养护工作。

（五）积极发动农民群众参与。县级人民政府要督促指导乡级人民政府、村民委员会将爱路护路纳入乡（村）规民约。鼓励农村集体经济组织和社会力量自主筹资筹劳参与农村公路管理养护工作；将农村公路管理养护纳入公益性岗位，优先聘用贫困家庭或个人；推广将日常养护与应急抢通捆绑实施并交由农民承包。推行养护公示制度，组织实施满意度调查，充分保障农民群众的参与权、知情权和监督权。

四、强化农村公路管理养护资金保障

（六）全面落实成品油税费改革资金。继续执行省人民政府对农村公路养护工程的补助政策，全省成品油税费改革新增收入替代原公路养路费部分（以下简称替代养路费部分）用于农村公路养护工程的资金比例不得低于15%。2022年起，替代养路费部分不再列支管理机构运行经费和人员等其他支出。

（七）加大各级财政资金支持力度。农村公路管理养护所需资金原则上由县级人民政府通过自有财力安排，市级人民政府应给予一定的资金支持。市、县两级人民政府要确保所承担的支出责任落实到位，将相关税收返还和转移支付用于农村公路管理养护。从2021年起，省、市、县三级公共财政资金用于农村公路日常养护的总额不得低于以下标准：县道10000元/年·公里、乡道5000元/年·公里、村道3000元/年·公里、桥梁隧道100元/年·延米；其中，省级财政承担30%，市级财政根据财力情况确定分担比例，原则上按20%承担，剩余部分由县级财政承担。省级财政承担部分按年度绩效考核、各县（市、区）财政收入情况、养护成本和农村公路里程分区分级统筹安排。省、市、县三级公共财政投入应建立与养护成本等因素相关联的动态调整机制，原则上每五年调整一次。具体分配办法由财政厅和交通运输厅另行制定。

（八）严格资金使用监管。各级财政和交通运输主管部门要加强农村公路管理养护资金的监管，确保规范使用。资金使用情况按有关规定及时公开，接受群众和社会监督。严禁农村公路建设采用施工方带资的“建设—移交（BT）”模式，严禁地方以“建养一体化”名义新增隐性债务。村务监督委员会要将村道养护资金使用情况纳入监督范围。各级审计部门要加强对资金使用情况的审计监督，从2022年起，严禁在替代养路费部分列支管理机构运行经费和人员等其他支出。

（九）积极探索投融资新路径。各级人民政府要充分发挥政府投资的引导作用，采取资金补助、以奖代补、先养后补等多种方式支持农村公路管理养护。将管理养护纳入地方政府一般债券支持范围。鼓励将农村公路建设和一定时期的养护进行捆绑招标，将农村公路与产业、园区、乡村旅游和运输等经营性项目实行一体化开发，运营收益按一定比例用于农村公路养护；鼓励村道公路折资入股参与农村集体经济组织经营，将分红资金用于管理养护，形成良性反哺机制。省、市两级财政部门要加强统筹，协调商业保险部门，探索建立灾毁保险制度，形成稳定灾毁资金保障。鼓励保险资金通过购买地方政府一般债券方式合法合规参与农村公路发展。

五、建立农村公路管理养护长效机制

（十）全面推行“路长制”。县级人民政府要全面推行路长制，完善“总路长＋县、乡、村道路长”组织模式，建立总路长办公会议、公路巡查和绩效管理等三项制度，用好县、乡、村三级路政管理和养护管理两支队伍，确保管理养护责任有效落实。

（十一）完善养护生产组织模式。具备市场化条件的地区，养护服务可通过政府购买服务方式交由养护企业承担。其他地区要建立完善专业化养护队伍，统筹干线公路养护与农村公路养护捆绑实施；坚持“专群结合”的养护模式，乡道、村道公路日常养护可通过分段承包、定额包干等方式，吸收沿线群众参与。结合电商物流客运发展需求，完善养护站点功能。

（十二）推进养护市场化改革。将人民群众满意度和受益程度、养护质量和资金使用效率作为衡量标准，分类有序推进养护市场化改革，积极稳妥引导符合市场属性的公路事业单位转制为现代企业，支持养护企业在全省范围内参与竞争。农村公路养护合同周期原则不低于三年。鼓励通过招投标约定等方式与履约情况良好的企业续签长期养护合同，引导专业养护企业加大投入，提高养护规范化、机械化水平。

（十三）完善养护市场信用管理。交通运输厅要建立以养护质量为核心的信用评价机制，县级人民政府要加强养护市场监管。实施守信联合激励和失信联合惩戒，将信用记录按照国家有关规定纳入全国信用信息共享平台，依法向社会公开。

（十四）全面加强安全管理。县级人民政府要按照“三同时”原则，完善安全设施。按照国家和省有关规定，组织公安、交通运输、应急等部门参加农村公路竣（交）工验收。已建成但未配套安全设施的应及时完善，加强农村公路安全隐患整治，把安全设施的修复纳入农村公路养护工程。

（十五）切实加强路政管理。健全路政管理机构，加强县有路政员、乡有监管员、村有护路员的路政管理体系规范化建设；强化路产路权保护，探索村道公路通过民事赔偿保护路产路权。

（十六）加快推进农村交通信息化建设。市、县两级人民政府要加强信息资源整合，推动交通与“雪亮工程”、气象、水利、自然资源等信息资源共享。各级交通运输主管部门要充分应用数字化、物联网、大数据等信息化技术，推动农村公路管理数字化、智能化。

（十七）开展“幸福美丽乡村路”创建工作。各级交通运输主管部门要树立经济实用、绿色环保、融合发展理念，坚持“实、安、绿、美”发展方向，完善停车区等公共设施，鼓励绿道与农村公路融合发展，提升发展品质。

六、组织保障

市、县两级人民政府要加强组织领导，制定具体方案并组织实施，强化政策宣传，营造良好社会氛围。围绕路长制、创新养护生产模式、信息化管理等主题积极开展试点工作，利用好省“四好农村路”培训基地、乡村振兴学院和农民夜校等加强人才队伍培养。交通运输厅要会同相关部门加强跟踪、督查和指导，并及时总结推广应用好经验好做法。

本方案自印发之日起施行。《四川省人民政府办公厅关于农村公路管理养护体制改革的实施意见》（川办发〔2006〕42号）同时废止。我省相关农村公路管理养护体制改革规定与本方案不一致的，以本方案为准。

394. 贵州省高速公路管理条例

（2012 年 3 月 30 日贵州省第十一届人民代表大会常务委员会第二十七次会议通过）

第一章　总　　则

第一条　为加强高速公路管理，保障高速公路完好、安全、畅通和高效营运，维护高速公路经营者、使用者的合法权益，根据《中华人民共和国公路法》和有关法律、法规的规定，结合本省实际，制定本条例。

第二条　本省行政区域内高速公路的养护、经营、使用、管理等活动，应当遵守本条例。

第三条　高速公路管理遵循安全高效、畅通便民、集中统一的原则。

第四条　省人民政府交通运输主管部门负责全省高速公路管理工作，其所属的高速公路管理机构具体承担全省高速公路路政管理、联网收费管理工作和履行对高速公路经营服务活动的行业监督管理职责。高速公路管理机构行使高速公路行政管理职能所需经费纳入省级财政预算。

省人民政府公安机关负责全省高速公路交通安全工作，公安机关交通管理部门具体承担高速公路的交通秩序管理、交通事故处理、交通安全宣传和治安、刑事案件的先期处置等工作。

省人民政府其他有关部门和高速公路沿线各级地方人民政府按照职责分工，依法做好高速公路管理有关工作。

第五条　高速公路经营者依法取得的高速公路收费权、广告经营权和服务设施经营权受法律保护，任何单位和个人不得侵害。

高速公路经营者从事高速公路养护、收费和其他经营服务等活动应当依法进行。

第六条　省人民政府交通运输主管部门应当制定全省高速公路突发事件应急预案，报省人民政府批准后组织实施。

省人民政府其他有关部门和高速公路沿线各级地方人民政府应当按照各自职责负责高速公路突发事件的应急处置工作。

第七条　高速公路是国家公共基础设施，任何单位和个人不得破坏、损坏、非法占（利）用高速公路、高速公路用地和高速公路附属设施。

任何单位和个人都有爱护高速公路、高速公路用地和高速公路附属设施的义务，有权检举和控告破坏、损坏、非法占（利）用高速公路、高速公路用地、高速公路附属设施和影响高速公路安全的行为。

第二章　养 护 管 理

第八条　高速公路经营者应当按照国务院交通运输主管部门规定的技术规范和操作规程，做好高速公路养护、绿化和高速公路用地范围内的水土保持工作，保证高速公路经常处于良好技术状态。

高速公路经营者应当按照有关规定编制高速公路年度养护计划，报省高速公路管理机构备案后实施。

高速公路管理机构应当按照国家和省的有关规定对高速公路养护实施监督检查，督促高速公路经营者依法履行高速公路养护义务。

第九条　高速公路经营者应当按照规定对高速公路及其附属设施进行日常养护巡查，并制作巡查记录；发现高速公路坍塌、坑槽、隆起等损毁或者有影响交通安全的障碍物的，应当立即设置警示标志，并及时进行修复或者排除险情。

高速公路管理机构在路政巡查中应当制作巡查记录，发现高速公路有前款规定情形的，应当立即设置警示标志，并督促高速公路经营者及时修复或者排除险情；公安机关交通管理部门发现高速公路有前款规定情形的，应当及时采取措施，疏导交通，并通知高速公路经营者或者高速公路管理机构。

第十条 高速公路经营者应当定期对高速公路及其桥梁、隧道进行检测和评定，保证其技术状况符合有关技术标准；对经检测发现不符合车辆安全通行要求的，应当进行维修或者改造，及时向社会公告，并通知公安机关交通管理部门和高速公路管理机构。

高速公路经营者应当按照有关规定收集高速公路及其桥梁、隧道数据，建立数据库，并将数据资料报送省高速公路管理机构。因高速公路交通安全管理需要，公安机关交通管理部门要求提供相关数据资料时，高速公路经营者应当及时提供。

第十一条 高速公路养护作业应当科学调度、统筹安排，确定合理的施工时间和工期，减少对车辆通行的影响。

高速公路经营者组织实施高速公路中修、大修或者改建工程项目的，应当提前15日将高速公路保畅方案报送高速公路管理机构和公安机关交通管理部门备案，并在工程项目开工之日前5日向社会公告。需要对高速公路双向全幅封闭、单向全幅封闭借用对向车道分流车辆或者占用单向一个车道作业的路段在2公里以上且作业期限超过30日的，高速公路经营者应当将制定的养护施工组织方案和保畅方案报请高速公路管理机构和公安机关交通管理部门同意；除紧急情况外，在养护作业开始之日前5日将施工路段、施工时间、车辆分流路线等信息通过公共媒体向社会公告，并在施工路段前方及相关入口处设置公告牌。

第十二条 高速公路养护作业单位应当按照国务院交通运输主管部门规定的技术规范和操作规程实施作业，按照工期施工，不得无故拖延。

高速公路养护车辆、工程作业车应当安装示警灯，喷涂明显标志图案。进行作业时，养护人员应当穿着统一的安全标志服，养护车辆、工程作业车应当开启示警灯和危险报警闪光灯。在不影响过往车辆通行的前提下，养护车辆、工程作业车的行驶路线和方向不受高速公路标志、标线的限制。过往车辆应当按照设置的导向标志减速行驶，注意避让高速公路养护人员和养护车辆、工程作业车。

高速公路管理机构和公安机关交通管理部门应当根据各自职责对高速公路养护作业路段加强监督检查，维护高速公路正常的养护施工和交通安全秩序。

第三章 经营服务

第十三条 收费高速公路实行全省联网收费；高速公路经营者应当按照规定统一解缴车辆通行费，并共同承担联网收费、通信、监控系统的运行维护和升级改造费用。

收费高速公路联网方案、收费流程、车辆通行费统一结算和管理等规范，由省高速公路管理机构组织制定并监督实施。

新建收费高速公路应当按照有关标准同步建设通信、监控、联网收费等设施，并经检测合格后并入全省高速公路联网收费系统。

第十四条 通行收费高速公路的车辆应当依法交纳车辆通行费，法律、法规规定免交车辆通行费的车辆以及经国务院交通运输主管部门和省人民政府批准执行抢险救灾任务的车辆除外。

高速公路经营者应当向交纳车辆通行费的车辆出具合法有效的收费票据。

第十五条 车辆通行费收费标准、收费期限的审批和车辆通行费的使用管理按照《收费公路管理条例》和其他有关规定执行。

审计机关应当依法加强收费高速公路的审计监督，对违法行为依法进行查处。

第十六条 高速公路经营者可以按照车型、计重等收费方式收取车辆通行费。

通行收费高速公路的货车应当按照省人民政府有关计重收费的规定交纳车辆通行费。

高速公路计重收费使用的计量器具应当按照有关规定经法定检定机构检定合格并定期进行维护，保证其计量符合规定要求；高速公路经营者应当在收费站公布监督举报电话。

第十七条 高速公路经营者应当在收费站显著位置设置公告牌，公示收费站名称、审批机关、收费单位、收费标准、收费起止年限、车辆运输鲜活农产品免交车辆通行费的有关规定和监督电话等内容，接受社会监督。省人民政府交通运输主管部门和省高速公路管理机构应当将公示内容通过本部门网站向社会公布。

高速公路经营者应当在收费站口、服务区和高速公路入口处、桥梁、隧道、涵洞等重要路段及区域逐步建立和完善电子信息平台，设置明显标志，及时发布交通状况、气象信息、安全注意事项、施工作业、收费标准等有关服务信息，并保持完好。

高速公路经营者应当及时向省高速公路管理机构提供路网运行、收费、养护和管理等有关信息资料。

第十八条 通行收费高速公路的车辆应当在收费站入口领取或者出示通行凭证，在收费站出口交回或者出示通行凭证。

对损坏、调换、不能出示通行凭证或者违规折返进出同一收费站的车辆以及从不停车收费车道驶入的无电子标签的车辆，经高速公路经营者按照车辆驾驶人提供的信息核查后，仍难以确定驶入站或者通行里程的，应当按照从出口处收费站到联网收费区域内最远端收费站的通行里程交纳车辆通行费；因高速公路经营者的原因无法核实车辆驾驶人提供的信息的，应当按照驾驶人提供的驶入站信息收取车辆通行费。

领取的通行凭证损坏、遗失的，应当按照省人民政府价格主管部门核定的通行凭证工本费标准予以赔偿。

第十九条 新建高速公路的收费道口设置，应当符合车辆行驶安全的要求，收费道口的数量应当符合车辆安全、快速通行的需要；已建高速公路收费道口数量不符合车辆安全、快速通行需要的，高速公路经营者应当及时采取措施增设收费道口，有关地方人民政府应当按照国务院交通运输主管部门和省人民政府的规定予以支持配合。

第二十条 高速公路经营者应当开通足够数量的收费道口，适应车流量的需要，并公布投诉举报电话，接受社会监督；必要时采取调整进出收费道口、启用便携式收费机等应急措施对车辆进行疏导。

因处置突发事件、抢险救援和缓解收费道口拥堵，确需快速疏导、分流车辆的，省人民政府交通运输主管部门可以决定临时免费放行车辆。

高速公路经营者应当按照国家和本省的统一规划和要求建设高速公路联网电子不停车收费等智能收费系统，并采取包括优惠车辆通行费等各种措施促进其推广应用，不断提高高速公路通行效率。

第二十一条 高速公路经营者应当建立健全各项规章制度，依法经营，规范收费，提供优质服务。

高速公路经营者及其收费人员在收费活动中不得有下列行为：

（一）擅自设立收费项目、提高收费标准和扩大收费范围；

（二）在车辆通行费以外代收任何其他费用，通行凭证赔偿费用除外；

（三）收费不出具合法有效足额票据；

（四）违规操作收费系统或者擅自减免车辆通行费；

（五）刁难、勒索驾乘人员；

（六）擅离职守，影响车辆正常通行；

（七）其他违反收费规范的行为。

有前款所列第一项、第二项和第三项行为之一的，车辆驾驶人有权拒绝交纳车辆通行费。

第二十二条 车辆驾驶人应当按照有关规定驾驶车辆出入收费高速公路，不得有下列妨碍高速公路交费通行秩序的行为：

（一）拒交、逃交、少交车辆通行费；

（二）强行驾车冲闯高速公路收费站；

（三）故意堵塞高速公路收费道口；

（四）调换或者使用伪造的高速公路通行凭证；

（五）侮辱、威胁、殴打高速公路收费人员；

（六）以跳磅、垫磅、绕磅等方式妨碍计量器具正常计重；

（七）假冒绿色通道优惠车辆；

（八）其他妨碍高速公路交费通行秩序的行为。

收费人员需要识别车辆收费类别时，车辆驾驶人应当出示相应的有效证件。

第二十三条 高速公路经营者发现拒交、逃交、少交车辆通行费的车辆，有权采取必要措施拒绝或者限制其通行，要求其补交应当交纳的车辆通行费，在其补交应当交纳的车辆通行费后予以放行；拒不补交车辆通行费的，高速公路经营者可以将车辆拖移到指定地点依法处理，由此造成的损失和发生的费用由当事人承担。

高速公路经营者发现拒交、逃交、少交车辆通行费的，应当及时报告高速公路管理机构，并配合高速公路管理机构对其进行查处。

高速公路管理机构应当组织高速公路经营者建立拒交、逃交、少交车辆通行费的车辆数据库；对两次以上拒交、逃交、少交车辆通行费的车辆，高速公路经营者有权拒绝其通行，并向社会公布。

高速公路管理机构应当制定高速公路车辆通行费稽查制度，及时查处各种拒交、逃交、少交车辆通行费的行为。

第二十四条 高速公路服务区服务设施应当与高速公路同步设计、同步建设、同步运营。已建高速公路服务区服务设施以及进出口通道不符合规定要求的，应当逐步进行完善，有关地方人民政府应当按照国务院交通运输主管部门和省人民政府的规定予以支持配合。

高速公路经营者应当保持高速公路服务区设施完好，环境整洁，干净卫生。

高速公路经营者应当在高速公路服务区提供短暂休息、如厕、停车、饮水、车辆加水等免费服务和加油、购物、餐饮、汽车维修等经营性服务，并公开服务项目、服务标准和经营性服务的收费价格，依法经营，诚实守信，文明服务。

省高速公路管理机构应当组织制定全省统一的高速公路服务区服务规范及考评标准，并依法做好监督管理工作。

第二十五条 高速公路经营者在高速公路、高速公路用地范围内从事广告经营的，应当编制广告设置规划，报省高速公路管理机构备案，并依法组织实施和经营。

第四章　路 政 管 理

第二十六条 高速公路管理机构应当建立健全高速公路管理档案，对高速公路、高速公路用地、高速公路附属设施调查核实、登记造册。

高速公路项目竣工验收后，高速公路建设单位应当依照档案管理法律、法规和国务院交通运输主管部门的规定，向高速公路管理机构移交建设项目档案资料。其他有关单位应当协助做好高速公路档案管理工作。

第二十七条 高速公路用地范围包括：

（一）高速公路及其匝道、连接线边沟外缘起不少于1米的区域；

（二）高速公路及其匝道、连接线无边沟的，为路缘石外缘起不少于5米的区域；

（三）高速公路桥梁为桥梁垂直投影面外缘起不少于1米的区域；

（四）高速公路收费站、服务区、固定超限检测站点、养护及管理用房等设施用地。

前款规定的高速公路用地范围有征地界限的，从其界限。

第二十八条 在高速公路、高速公路用地范围内，禁止下列行为：

（一）擅自占用、挖掘高速公路；

（二）非法设置棚屋、摊点、维修场及其他临时设施或者非法加水、洗车；

（三）抛洒、堆放、焚烧物品，倾倒垃圾，利用高速公路边沟排放污物；

（四）设置障碍，挖沟引水，打场晒粮，种植作物，放养牲畜；

（五）进行采石、取土、采空作业；

（六）车辆装载物触地拖行或者掉落、遗洒、飘散；

（七）其他侵占、损坏、污染高速公路和影响高速公路畅通的行为。

第二十九条 高速公路用地外缘起向外30米，互通立交和特大型桥梁用地外缘起向外50米，高速公路匝道、连接线用地外缘起向外20米的区域为高速公路建筑控制区；高速公路弯道内侧建筑控制区范围根据安全视距等要求确定。

高速公路建筑控制区范围的划定、公告和标桩、界桩的设置，按照《中华人民共和国公路法》、《公路安全保护条例》的有关规定执行。

第三十条 除保护高速公路需要外，禁止在高速公路建筑控制区内修建、扩建建筑物和地面构筑物或者未经许可埋设管道、电缆等设施。

在高速公路建筑控制区外修建、扩建的建筑物和地面构筑物以及其他设施不得遮挡高速公路标志，不得妨碍安全视距。

新建村镇、开发区、学校和货物集散地、大型商业网点、农贸市场等公共场所，与高速公路建筑控制区边界外缘的距离不得少于50米。

第三十一条 禁止损坏、擅自移动、涂改、遮挡高速公路附属设施或者利用高速公路附属设施架设管道、悬挂物品。

第三十二条 禁止在高速公路用地外缘起向外100米、中型以上桥梁周围200米、隧道上方和洞口外100米范围内从事挖砂、采矿、采石、取土、爆破作业、倾倒废弃物等危及高速公路及其桥梁、隧道安全的活动。

在前款规定的范围内，因抢险、防汛需要修筑堤坝、压缩或者拓宽河床的，应当经省人民政府交通运输主管部门会同水行政主管部门批准，并采取安全防护措施方可进行。

第三十三条 禁止擅自在中型以上高速公路桥梁跨越的河道上下游各1000米范围内抽取地下水、架设浮桥以及修建其他危及高速公路桥梁安全的设施。

在前款规定的范围内，确需进行抽取地下水、架设浮桥等活动的，应当经水行政主管部门、流域管理机构等有关单位会同高速公路管理机构批准，并采取安全防护措施方可进行。

第三十四条 在高速公路桥梁跨越的河道上下游各500米范围内依法进行疏浚作业的，应当符合高速公路桥梁安全要求，经高速公路管理机构确认安全方可作业。

第三十五条 禁止利用高速公路桥梁进行牵拉、吊装等危及高速公路桥梁安全的施工作业。

禁止利用高速公路桥梁（含桥下空间）、高速公路隧道、高速公路涵洞堆放物品，搭建设施以及铺设高压电线和输送易燃、易爆或者其他有毒有害气体、液体的管道。

第三十六条 进行下列涉路施工活动的，建设单位应当向高速公路管理机构提出申请：

（一）因修建铁路、机场、供电、水利、通信、广播电视等建设工程需要占用、挖掘高速公路、高速公路用地或者使高速公路改线；

（二）跨越、穿越高速公路修建桥梁、渡槽或者架设、埋设管道、电缆等设施；

（三）在高速公路用地范围内架设、埋设管道、电缆等设施；

（四）利用高速公路的桥梁、隧道、涵洞铺设电缆等设施；

（五）在高速公路及其连接线上增设或者改造道口；

（六）在高速公路建筑控制区内埋设管道、电缆等设施；

（七）在高速公路、高速公路用地、高速公路建筑控制区范围内或者利用跨越高速公路的设施设置宣传牌、广告牌、地名牌等非公路标志。

第三十七条 建设单位申请进行涉路施工活动的，应当按照《公路安全保护条例》的规定提交申请材料；高速公路管理机构按照规定对建设单位的申请作出许可决定前，应当征求高速公路经营者的意见；影响交通安全的，应当征得公安机关交通管理部门的同意。

涉路工程设施经验收合格投入使用后，其所有人、管理人应当加强维护和管理，确保工程设施不影响高速公路的完好、安全和畅通。

第三十八条 经批准占（利）用高速公路路产或者损坏、污染高速公路路产的，应当按照省人民政府价格主管部门、财政主管部门会同省人民政府交通运输主管部门制定的收费项目和收费标准缴纳赔（补）偿费。

第三十九条 高速公路管理机构应当按照《公路安全保护条例》的规定和国务院交通运输等主管部门及省人民政府的要求，依法做好高速公路超限运输治理工作。

超过高速公路及其桥梁、隧道限载、限高、限宽、限长标准的车辆，不得在高速公路及其桥梁、隧道行驶。

高速公路管理机构在监督检查中发现车辆超过高速公路及其桥梁、隧道的限载、限高、限宽、限长标准的，应当就近引导至固定超限检测站点进行处理；车辆应当按照超限检测指示标志或者高速公路管理机构执法人员的指挥接受超限检测，不得故意堵塞固定超限检测站点通行车道、强行通过固定超限检测站点或者以其他方式扰乱超限检测秩序，不得采取短途驳载等方式逃避超限检测。

第四十条 车辆载运不可解体物品，车货总体的外廓尺寸或者总质量超过高速公路及其桥梁、隧道的限载、限高、限宽、限长标准，确需在高速公路及其桥梁、隧道行驶的，从事运输的单位和个人应当向高速公路管理机构申请超限运输许可；影响交通安全的，高速公路管理机构在审批超限运输申请时，应当征求公安机关交通管理部门的意见。

经批准进行超限运输的车辆，应当随车携带超限运输车辆通行证，按照指定的时间、路线和速度行驶，并悬挂明显标志；禁止租借、转让或者使用伪造、变造的超限运输车辆通行证。

为满足经许可进行超限运输的车辆安全通行的条件，确需对高速公路及其桥梁、隧道进行检测、改造和加固的，由高速公路管理机构组织相关各方签订协议，高速公路经营者制定检测、改造和加固方案并实施；必要时高速公路管理机构应当对超限运输车辆进行监管。

第四十一条 高速公路管理机构统一组织高速公路的车辆清障救援工作。车辆清障救援的收费项目和收费标准按照省人民政府价格主管部门的规定执行。

高速公路管理机构组织实施车辆清障救援时，被清障救援车辆当事人应当配合；高速公路管理机构根据工作需要对被清障救援车辆实施转移或者对车辆装载物进行卸载、转运的，产生的合理费用和造成的合理损失由被清障救援车辆当事人承担。

第五章　交通安全与应急管理

第四十二条 高速公路经营者应当按照国家有关规定设置、维护交通标志、标线，保持交通标志、标线清晰、醒目、准确、完好，并根据高速公路路网结构的变化和交通安全管理的需要及时进行调整。

第四十三条 高速公路经营者应当定期检查和维护高速公路及其桥梁、隧道的监控、照明、排水、通风、报警、消防、救援、安全防护等附属设施，保证设施处于完好状态和正常使用。因交通事故等原因造成相关设施损毁的，应当及时维修、恢复。

前款规定的相关设施除检修、维护等特殊情况外，不得随意停止使用，不得影响车辆通行安全。

第四十四条 高速公路防护栏和中央分隔带活动护栏由高速公路经营者负责维护和管理。

禁止任何单位和个人擅自在高速公路防护栏开口和开启中央分隔带活动护栏，但因高速公路养护工作、处置交通事故等突发事件或者抢险救灾确需临时开口、开启的除外。

因处置交通事故等突发事件或者抢险救灾，确需临时开启高速公路中央分隔带活动护栏或者在防护栏的适当位置开口的，由公安机关交通管理部门征求高速公路管理机构和高速公路经营者意见后决定，高速公路经营者负责实施并按照规范设置安全警示标志和防护设施。

本条第三款规定的情形消除后，由公安机关交通管理部门通知高速公路经营者及时关闭。

第四十五条 禁止在收费站安全岛通道前后200米以内从事与高速公路管理、服务和交纳车辆通行费无关的活动。

除高速公路管理机构人员、公安机关交通管理人员执行任务和养护人员作业外，其他人员不得在高速公路隔离栅以内行走、滞留。

机动车在高速公路上因故障、交通事故等突发情况停驶时，车上人员应当迅速转移到右侧路肩上或者应急车道内，并迅速报警。

第四十六条 机动车在高速公路上遇前方交通堵塞无法正常行驶时，应当依次停车排队等候，不得占用应急车道或者紧急停靠带，不得影响高速公路救援车辆的行驶。

禁止在高速公路行车道、桥梁、匝道上和隧道内停放、检修车辆，因车辆发生故障需要停车排除故障的，驾驶人应当迅速开启危险报警闪光灯，将车辆移入紧急停车带，设置警示标志；难以移动的，车辆驾驶人应当在来车方向150米外设置警示标志，持续开启危险报警闪光灯并且迅速报警。

第四十七条 造成高速公路及其附属设施损坏的单位和个人应当立即报告高速公路管理机构，接受高速公路管理机构的现场调查处理；危及交通安全的，还应当采取必要的安全防护措施，并迅速报告公安机关交通管理部门。

高速公路上行驶车辆的装载物掉落、遗洒或者飘散的，车辆驾驶人、押运人员应当及时采取措施处理；无法处理的，应当在掉落、遗洒或者飘散物来车方向150米外设置警示标志，并迅速报告高速公路管理机构或者公安机关交通管理部门。其他人员发现高速公路上有影响交通安全的障碍物的，应当及时报告高速公路管理机构或者公安机关交通管理部门。

第四十八条 高速公路上发生交通事故时，公安机关交通管理部门、高速公路管理机构和高速公路经营者等有关部门和单位接到报告后应当互相通报，并立即派员赶赴现场。

公安机关交通管理部门负责组织抢救受伤人员、调查处理交通事故、维持事故现场交通秩序直至恢复交通；高速公路管理机构负责路产损失的调查处理和组织事故车辆的清障救援；高速公路经营者负责事故现场安全防护设施的设置、受损设施的恢复和路面污染物及障碍物的清理。

公安机关交通管理部门处理交通事故涉及路产损失的，在对被扣留的事故车辆解除扣留前，应当及时通知高速公路管理机构。

第四十九条 公安机关交通管理部门和高速公路沿线公安机关应当维护高速公路及其收费站、服务区、车辆超限运输检测站点的治安秩序，保护驾乘人员、高速公路经营和管理人员的人身、财产安全，依法查处破坏、盗窃高速公路设施、故意堵塞收费道口、强行冲闯收费站卡等违法行为。

高速公路上发生交通肇事逃逸案件的，公安机关交通管理部门有权向高速公路经营者调取逃逸车辆的相关信息。公安机关交通管理部门需要拦截逃逸车辆的，高速公路经营者和高速公路管理机构应当予以配合。

第五十条 高速公路管理机构和高速公路经营者应当根据各自职责，建立健全高速公路突发事件应急方案，根据实际需要组建高速公路应急救援队伍，配备适应抢险救援需要的设备及物资，提高应急救援能力。

省人民政府交通运输主管部门及其高速公路管理机构、省人民政府公安机关及其交通管理部门、高速公路经营者应当建立高速公路突发事件应急处置联动协调工作机制，组织高速公路应急演练，按照各自职责建设相应的高速公路应急管理平台，建立互通互联和资源共享的高速公路应急管理信息系统，提高高速公路应急管理效能。

第五十一条 因自然灾害、恶劣气象条件、交通事故等突发事件影响高速公路通行的，高速公路经营者应当及时修复或者排除危险。损坏严重难以及时修复的，以及装载危险物品车辆发生交通事故或者故障可能造成严重后果的，高速公路管理机构、公安机关交通管理部门以及所在地县级以上地方人民政府应当组织力量协助抢修和救援，尽快排除危险。

遇有高速公路损坏、施工或者发生交通事故等影响车辆正常安全行驶的情形时，高速公路经营者应当在现场设置安全防护设施，并在高速公路出入口进行限速、警示提示，或者利用高速公路沿线可变信息板等设施予以公告；造成交通堵塞时，应当及时报告有关部门并协助疏导交通。

遇有高速公路严重损毁、恶劣气象条件或者重大交通事故等严重影响车辆安全通行的情形时，公安机关应当根据情况，依法采取限速通行、关闭高速公路等交通管制措施；关闭高速公路的，应当征求高速公路管理机构意见。高速公路经营者应当积极配合，及时将有关交通管制信息向通行车辆进行提示。关闭高速公路的情形消除后，公安机关应当及时通知高速公路经营者开通高速公路。

第六章　监督检查

第五十二条　高速公路管理机构执法人员执行公务时，应当佩戴标志，持证上岗、着装规范、举止文明；对在执行公务中掌握和了解的国家秘密、商业秘密，应当按照有关规定履行保密义务。

高速公路管理机构用于高速公路监督检查的车辆和清障救援车辆，应当按照国家规定设置统一的标志和示警灯；在执行公务时免交车辆通行费；执行紧急救援任务时，在确保安全的前提下，可以不受行驶速度、行驶路线、行驶方向和交通标志、标线的限制。

高速公路治超、救援和路政、交通安全管理应当具备的场所、设施，与高速公路同时设计、建设；已投入使用的高速公路的相关场所、设施未建设或者不完善的，应当予以建设或者完善。

第五十三条　高速公路管理机构依法进行监督检查时，可以调阅、复制有关资料，调查了解情况，依法进行录音、照相、摄（录）像等，任何单位和个人不得阻挠。

高速公路管理机构对检查中发现的违法施工作业行为，应当责令其立即停止违法行为。

造成高速公路及其附属设施损坏，拒不接受高速公路管理机构现场调查的，高速公路管理机构可以扣押车辆、工具。

第五十四条　高速公路管理机构依法扣押车辆、工具的，应当当场出具凭证，并告知当事人在规定期限内到高速公路管理机构接受处理。逾期不接受处理，并且经公告 3 个月仍不接受处理的，对扣押的车辆、工具，由高速公路管理机构依法处理。

高速公路管理机构对被扣押的车辆、工具应当妥善保管，不得使用。

第五十五条　省人民政府交通运输主管部门及其高速公路管理机构应当公开办事制度、办事程序，建立执法责任和执法评议考核等制度，加强对高速公路管理机构执法人员的执法监督和管理。

省人民政府交通运输主管部门及其高速公路管理机构应当建立举报、投诉制度，公开举报、投诉电话和电子邮箱，受理社会投诉、举报，并及时调查处理和反馈查处结果。

第七章　法律责任

第五十六条　违反本条例规定的，由高速公路管理机构或者其他有关部门依法予以处罚。

第五十七条　违反本条例规定，高速公路经营者有下列行为之一的，责令限期改正，并根据情节轻重，处以 5 万元以上 20 万元以下罚款：

（一）未按照国务院交通运输主管部门规定的技术规范和操作规程进行高速公路养护的；

（二）未按照规定合理设置和维护交通标志、标线的；

（三）收费道口设置不符合车辆行驶安全要求或者收费道口数量不符合车辆快速通过需要的；

（四）遇有高速公路损坏、养护施工或者发生交通事故等影响车辆正常安全行驶的情形，未按照规定设置安全防护设施或者未进行提示、公告，或者遇有交通堵塞不及时协助疏导交通的；

（五）未及时公布有关限速通行或者关闭高速公路等交通管制信息的。

有前款第一项情形的，高速公路管理机构可以依法组织其他符合资质条件的单位进行养护，所需费用由高速公路经营者承担。

高速公路经营者未履行高速公路绿化和水土保持义务的，由高速公路管理机构责令限期改正，并可处以履行绿化、水土保持义务所需费用1倍以上2倍以下罚款。

第五十八条 违反本条例规定，有下列行为之一的，予以警告，责令限期改正；逾期不改正的，处以1万元以上3万元以下罚款：

（一）违反本条例第八条第二款、第十条第二款、第十一条第二款、第十七条第三款、第二十五条规定，未按照要求报送资料或者报备案的；

（二）违反本条例第十一条第二款规定，高速公路养护作业施工组织方案和保畅方案未经同意即进行养护作业或者未按照规定公告养护作业施工路段、施工时间、车辆分流路线等信息的；

（三）有本条例第二十一条第二款第四项、第六项规定行为的；

（四）高速公路服务区经营者提供的服务设施或者经营行为不符合规范要求的；

（五）高速公路经营者未及时关闭高速公路中央分隔带活动护栏或者恢复高速公路防护栏的。违反本条例第二十三条第二款规定，高速公路经营者发现拒交、逃交、少交车辆通行费的行为，不及时报告或者不予配合的，予以警告，并处以1万元以上3万以下罚款。

第五十九条 高速公路经营者未按照规定统一解缴车辆通行费的，责令其立即解缴，并从应当解缴之日起，按日处以应缴车辆通行费3%的罚款。

第六十条 违反本条例第二十二条第一款第一项、第七项规定的，责令交纳车辆通行费，可以处以应交车辆通行费1倍以上5倍以下罚款。

违反本条例第二十二条第一款第二项、第三项、第四项、第六项规定的，责令改正，处以1000元以上1万元以下罚款；情节严重的，处以1万元以上3万元以下罚款。

第六十一条 违反本条例第二十八条第二项至第六项规定之一的，责令停止违法行为，处以500元以上1000以下罚款；情节严重的，处以1000元以上5000元以下罚款；对违法设置的设施可以清除，有关费用由违法行为人承担。

擅自在高速公路防护栏开口和开启中央分隔带活动护栏的，责令改正，处以1000元以上5000元以下罚款；情节严重的，处以5000元以上3万元以下罚款。

第六十二条 未经许可在高速公路及其连接线上增设或者改造道口的，责令改正，可以处以1万元以上5万元以下罚款。

未经许可在高速公路建筑控制区范围内或者利用跨越高速公路的设施设置非公路标志的，责令改正，可以处以3000元以上3万元以下罚款；拒不改正的，由高速公路管理机构拆除，有关费用由违法行为人承担。

第六十三条 违反本条例规定，在高速公路上行驶的车辆，车货总体的外廓尺寸、轴荷或者总质量超过高速公路及其桥梁、隧道限定标准的，责令改正，可以处以3万元以下罚款。

采取故意堵塞超限检测站通行通道、强行通过超限检测站等方式扰乱超限检测秩序的，以及采取短途驳载等方式逃避超限检测的，强制拖离或者扣押车辆，处以3万元以下罚款。

第六十四条 违反本条例规定，交通运输主管部门、高速公路管理机构以及其他相关管理机构工作人员有下列行为之一，尚不构成犯罪的，依法给予行政处分；给当事人造成损失的，依法予以赔偿：

（一）违法实施行政许可的；

（二）未及时督促高速公路经营者履行养护义务的；

（三）收取高速公路路产损坏赔（补）偿费或者罚款不开具合法票据的；

（四）违法扣押车辆、工具或者使用依法扣押车辆、工具的；

（五）发现违法行为不依法查处的；

（六）有其他玩忽职守、徇私舞弊、滥用职权行为的。

第八章　附　　则

第六十五条　本条例中下列用语的含义：

（一）高速公路，是指符合国家高速公路工程技术标准，经验收合格向社会公告，专供车辆分道高速行驶，并全部控制出入的公路。

（二）高速公路附属设施，是指高速公路的防护、安全、排水、养护、绿化、服务、监控、通信、收费、供电、供水、照明和交通标志、标线及管理等设施、设备和专用的建筑物、构筑物。

（三）高速公路经营者，是指依法取得政府还贷高速公路或者经营性高速公路收费权、广告经营权和服务设施经营权的有关组织和单位。

（四）高速公路管理机构，是指省人民政府交通运输主管部门依法设置并按照规定权限具体履行高速公路行政管理职能的省高速公路管理机构及其下设的各级高速公路管理机构。

第六十六条　纳入高速公路联网收费区域内的一级公路和高速公路连接线、匝道的管理，参照本条例执行。

第六十七条　本条例自2012年7月1日起施行。1999年5月30日贵州省第九届人民代表大会常务委员会第九次会议通过的《贵州省高等级公路管理条例》同时废止。

395. 贵州省公路条例

（2015 年 5 月 25 日贵州省第十二届人民代表大会常务委员会第十五次会议通过）

第一章　总　　则

第一条　为加强公路建设、养护和管理，促进公路事业发展，适应经济社会发展和人民生活需要，根据《中华人民共和国公路法》、《公路安全保护条例》和有关法律、法规的规定，结合本省实际，制定本条例。

第二条　本省行政区域内公路的规划、建设、养护、经营、使用和管理，适用本条例。本条例所称公路（含公路桥梁、公路隧道和公路渡口），包括国道、省道、县道、乡道和村道。县道、乡道和村道，统称农村公路。

第三条　公路事业发展应当遵循科学规划、合理布局、功能完善、适度超前、确保质量、保障畅通、保护生态、建设改造与养护管理并重的原则。

第四条　县级以上人民政府应当加强公路工作的领导，协调解决公路工作中的重大问题，将公路事业纳入本地区国民经济和社会发展规划，并将政府及其有关部门从事公路管理和养护所需经费、公路管理机构行使公路行政管理职能所需经费纳入本级财政预算。收费公路和专用公路的养护经费除外。

第五条　省人民政府交通运输主管部门主管全省公路工作。

省人民政府交通运输主管部门所属省公路管理机构负责国道、省道的建设、养护和管理，并对农村公路的建设、养护工作进行行业管理和业务指导；省公路管理机构直管的市州、县（市、区）公路管理机构具体实施辖区内国道、省道的建设、养护和管理工作。

市、州人民政府交通运输主管部门主管本行政区域内的农村公路工作。

县级人民政府负责本行政区域内农村公路的建设、养护和管理，其交通运输主管部门及其公路管理机构负责具体组织实施。

乡、镇人民政府对乡道和村道的建设、养护具体职责，由县级人民政府确定。

国家对公路管理体制进行调整的，从其规定。

第六条　县级以上人民政府发展改革、财政、国土资源、规划建设、经济和信息化、公安、工商、质监、水利、环保、农业、安监、林业等部门，在各自职责范围内做好公路相关工作。

第二章　规划与建设

第七条　编制省道和县道规划，按照国家有关规定执行。

乡道和村道规划由县级人民政府交通运输主管部门指导、协助乡镇人民政府编制，报县级人民政府批准，并报市、州人民政府交通运输主管部门备案。编制村道规划，应当广泛征求村民意见。

经批准的乡道和村道规划需要修改的，由乡、镇人民政府提出修改方案，并按前款规定报批和备案。

第八条　公路建设资金依法通过下列方式筹集：

（一）各级财政拨款；

（二）向国内外金融机构或者外国政府贷款；

（三）国内外经济组织或者个人投资、捐款；

（四）开发、经营公路的公司依法发行股票、公司债券；

（五）出让公路收费权益的收入；

（六）依法向企业和个人集资；

（七）符合法律、法规和国务院规定的其他方式。

公路建设资金应当专款专用，不得截留或者挪作他用。

第九条 省人民政府交通运输主管部门根据职责负责国内外经济组织投资的公路建设项目监督和管理。

建设政府还贷公路，可以依法实行统一管理、统一贷款、统一还款。

第十条 国内外经济组织投资建设公路，投资协议依法解除或者撤销后，中标人应当停止公路建设项目相关活动；招标人应当向社会公告并依法收回公路建设项目。

因投资协议的原因致使特许权协议丧失效力以及特许权协议被依法解除或者撤销后，项目法人应当停止特许经营相关活动；招标人应当向社会公告并书面通知许可机关，许可机关应当依法撤回或者撤销相关行政许可并注销。

投资协议、特许权协议依法解除或者撤销后，原协议当事人及第三人的权利义务依照有关法律规定处理。

第十一条 公路建设的项目建议、可行性研究、勘察、设计、施工、竣（交）工验收和后评价等，应当按照国家和省有关规定进行，并符合公路工程技术标准。

公路建设项目实行法人负责制度、招标投标制度、工程监理制度、合同管理制度和工程质量安全责任追究制度。

第十二条 公路的建设工期应当科学合理确定，不受其他因素影响，确保公路建设质量。

第十三条 省人民政府交通运输主管部门应当建立公路建设市场信用管理体系，对本省公路建设市场的从业单位和主要从业人员的信用情况进行记录并向社会公布。

信用记录依法作为公路建设项目的招标资格审查和评标工作的重要依据。

第十四条 公路建设项目严格执行估算、概算、预算和决算管理。

省人民政府交通运输主管部门根据职责负责公路建设项目计价体系管理、造价咨询机构和造价人员在公路行业的从业管理。

县级以上人民政府发展改革、交通运输主管部门根据职责依法履行公路建设项目立项、设计、施工、竣工等环节的造价监管职责，审计部门对政府投资和以政府投资为主的公路项目预算执行情况和决算进行审计监督。

第十五条 公路建设用地应当按照有关法律、行政法规的规定办理。

公路建设用地按照有关规定征收、征用的，征地标准及数额应当公示，有关费用应当按时足额发放，不得截留或者挪作他用。

第十六条 县级以上人民政府应当确定公路两侧边沟（截水沟、坡脚护坡道）外缘、桥梁垂直投影面外缘起不少于1米的公路用地。

村道用地范围由村民会议或者村民代表会议参照前款规定确定。

第十七条 公路改建或者改线的，应当科学论证、广泛征求意见，并向社会公示。

公路改线后，原公路及公路用地处于改线后公路建筑控制区范围内的，继续作为公路规划建设用地管理；需要改变土地用途或者报废公路的，应当依法办理变更或者报废手续。

第三章　公路养护

第十八条 公路管理机构、公路经营者应当按照国家规定的技术规范和操作规程对公路进行养护，保证公路经常处于良好技术状态，加强应急保畅工作，并按照相关规定履行公路用地范围内的水土保持职责。

前款所称良好技术状态，是指公路自身的物理状态符合有关技术标准的要求，包括路面平整，路肩、边坡平顺，有关设施完好。

第十九条 省人民政府交通运输主管部门负责制定全省公路养护工程预算定额，并根据市场情况适时进行调整。

公路管理机构按照公路等级、里程、路况、交通量、养护工程预算定额及养护规范等组织编制公路养护计划，并报有管辖权的交通运输主管部门批准后组织实施。

第二十条 除收费公路外的国道和省道养护所需资金，由国家和省级政府投入。

农村公路养护大、中修和改建工程资金主要由省人民政府根据中央转移支付和省级财力统筹安排，其余养护资金由市、州和县级政府分担。市、州和县级政府应当及时足额拨付由其分担的公路养护资金。

农村公路小修保养资金由县级政府安排。

第二十一条 公路管理机构、公路经营者应当设立公路养护标牌，公示养护责任单位名称或者责任人姓名、养护路段以及报修和投诉电话等内容。

公路管理机构、公路经营者应当向社会公示公路养护作业路段及养护作业期间的公路通行信息。

第二十二条 实施公路养护作业，养护作业单位应当按照国家规定的养护安全作业规程进行，设置养护作业控制区，并按照相关规定设置安全警示标志和安全防护设施。

第二十三条 公路管理机构、公路经营者应当依照国家和省相关规定对公路进行巡查，并制作巡查记录。巡查发现公路坍塌、坑槽、隆起等损毁的，应当立即设置警示标志，并及时进行修复或者排除险情。

第二十四条 公路管理机构、公路经营者应当定期对公路、公路桥梁、公路隧道进行检测和评定，保证其技术状态符合有关技术标准，经检测发现不符合车辆通行安全要求的，应当先行设置限行、禁行或者绕行标志，及时进行维修和向社会公告，并通知公安机关交通管理部门。

特大公路桥梁、长度大于 1000 米的隧道，应当保持清障、救援等设备齐全完好，能够及时应对恶劣天气和突发事故等情况下的养护管理工作。

第二十五条 公路管理机构、公路经营者应当按照公路工程技术标准的要求，在公路用地范围内因地制宜地种植花草树木，绿化、美化公路。

第四章　公路线路管理

第二十六条 从公路用地外缘起高速公路不少于 30 米、国道不少于 20 米、省道不少于 15 米、县道不少于 10 米、乡道不少于 5 米的区域为公路建筑控制区范围。公路弯道内侧、互通立交以及平面交叉道口的建筑控制区范围根据安全视距等要求确定。

公路建筑控制区范围由公路沿线县级以上人民政府划定并公告，新建、改建、扩建公路的建筑控制区范围，应当自公路初步设计批准之日起 30 日内划定并公告。

公路沿线县级以上人民政府尚未划定公路建筑控制区范围的，公路管理机构按照本条规定的最低标准进行管理。

第二十七条 公路建筑控制区范围内，除公路防护、养护需要外，禁止修建、扩建建筑物和地面构筑物。

公路沿线所在地人民政府规划建设、国土资源等相关部门，不得批准在公路建筑控制区内修建或者扩建建筑物和地面构筑物。

第二十八条 在公路、公路用地范围内以及对公路附属设施，禁止实施下列行为：

（一）在公路、公路用地范围内摆摊设点、堆放物品、倾倒垃圾、设置障碍、挖沟引水、打场晒粮、种植作物、放养牲畜、采石、取土、采空作业、焚烧物品、利用公路边沟排放污物或者进行其他损坏、污染公路和影响公路畅通的行为；

（二）将公路作为检验车辆制动性能的试车场地；

（三）利用公路桥梁进行牵拉、吊装等危及公路桥梁安全的施工作业；

（四）利用公路桥梁（含桥下空间）、公路隧道、涵洞堆放物品，搭建设施以及铺设高压电线和输送易燃易爆或者其他有毒有害气体、液体的管道；

（五）损坏、擅自移动、涂改、遮挡公路附属设施或者利用公路附属设施架设管道、悬挂物品；

（六）在公路路肩边缘之外填土影响公路排水；

（七）法律、法规禁止的其他行为。

第二十九条 申请法律、法规规定的涉路施工许可，涉及不同公路管理机构均有管理权的，建设单位可以向任何一个公路管理机构提出申请，受理申请的公路管理机构应当会同其他公路管理机构作出决定；公路管理机构之间意见不一致的，应当报请共同的上一级管理部门决定。

第三十条 发生交通事故造成公路、公路附属设施损坏的，公安机关交通管理部门、公路管理机构巡查发现或者接到报告后应当及时赶到事故现场，相互通报，并按照各自职责分工处理。

第三十一条 公路建设单位、公路管理机构、公路经营者应当按照国家规定的标准，结合公路交通状况、沿线设施等情况科学合理设置交通标志、标线。省际公路交通标志、标线的设置或者变更，应当与相邻省（区、市）公路交通标志、标线相衔接。

交通标志、标线应当保持清晰、准确、完好、易于识别。交通标志、标线缺失、损毁、不易识别或者容易发生辨认错误确需调整的，设置单位应当及时增设、调换或者更新。

第三十二条 公路交付使用后，对存在交通安全隐患、交通事故频发等特定公路路段，需要设置限速标志的，由公安机关交通管理部门作出决定，公路管理机构、公路经营者应当根据公安机关交通管理部门的决定完善相关限速标志；在高速公路特殊路段设置限速标志，应当采取逐级限速。公安机关交通管理部门作出决定前，应当征求社会公众、公路管理机构、公路经营者的意见，必要时召开听证会。

第三十三条 公路部分路段调整为城市道路的，应当按照国家和省有关规定办理交接手续。接收方应当自办理交接手续之日起履行相关职责。

公路部分路段调整为城市道路的，在没有新路替代的情况下，原公路部分路段的编号、桩号保持不变。

第五章　超限运输管理

第三十四条 公路超限运输管理实行政府负责、交通协调、部门协作、区域联动、责任倒查的工作机制。

建立和完善高速公路入口检测、普通公路站点监管、乡道村道限宽限高等相结合的公路超限运输管理网络建设。

第三十五条 县级以上人民政府应当组织交通运输、公安、发展改革、工商、质监、安全监管等部门对公路超限运输实施综合管理。

市、州和县级人民政府相互之间应当加强协作，开展公路违法超限运输区域联动治理。省人民政府交通运输主管部门及其所属省公路管理机构应当根据省际公路路网实际情况，加强与相邻省（区、市）交通运输主管部门、公路管理机构的协调，建立公路违法超限运输治理协作机制。

第三十六条 超过公路、公路桥梁、公路隧道的限载、限高、限宽、限长标准的车辆，不得在公路、公路桥梁和公路隧道行驶。

车辆载运不可解体物品，车货总体的外廓尺寸或者总质量超过公路、公路桥梁、公路隧道的限载、限高、限宽、限长标准，确需在公路、公路桥梁、公路隧道行驶的，从事运输的单位和个人应当依法办理公路超限运输许可。

第三十七条 固定超限检测站点的设立，由省人民政府交通运输主管部门按照统一规划、合理布局、适时调整的原则提出方案，报省人民政府批准。

固定超限检测站点应当根据检测路段交通流量、车辆出行结构等配置超限检测执法设备和能够适应检测需要的相关设施。

固定超限检测站点应当规范执法，并公布监督电话。

第三十八条 违法超限运输车辆的认定，应当经过依法检定合格的计量检测设备检测，并按照国家有关违法超限运输认定标准执行。

第三十九条 车辆超限检测应当采取固定检测为主。固定超限检测站点附近路网密度较大或者短途超限运输情形多发的地区，可以按照省人民政府交通运输主管部门的有关规定，利用移动检测设备等流动检测方式进行监督检查。但除高速公路收费站出入口、服务区、停车区外，禁止在高速公路主线上开展流动检测。

经流动检测认定的违法超限运输车辆，应当就近引导至固定超限检测站点进行处理；远离固定超限检测站点的，应当就近引导至县级以上人民政府交通运输主管部门指定并公布的路政执法站所、停车场、卸载场等具有停放车辆及卸载条件的场所进行处理。

第四十条 经检测认定的违法超限运输车辆，按照以下方式处理：

（一）运载可分载货物的，责令当事人采取卸载、分装等改正措施，消除违法状态；

（二）运载不可解体物品的，责令当事人停止违法行为，并告知当事人到有关部门申请办理超限运输许可手续；

（三）运载鲜活农产品、易燃易爆危险品等特殊物品的，按照国家和省有关规定处理。

第四十一条 超限运输车辆行驶公路，损害公路赔（补）偿费按照国家和省有关规定执行。

第六章 农村公路特别规定

第四十二条 县级人民政府应当完善农村公路养护和管理体制，充实农村公路养护和管理力量。

第四十三条 村民委员会在县级人民政府交通运输主管部门及所属公路管理机构和乡镇人民政府的指导下，按照民主决策、一事一议等原则，组织本村村民做好村道的建设、养护和管理工作。

在不违反法律、法规的前提下，村民会议可以将村道的养护和管理纳入村规民约。

第四十四条 农村公路建设和养护实行政府投入为主，鼓励群众筹资投劳、社会捐助等多种形式筹集资金。

省、市州两级财政投入的农村公路养护资金，由县级人民政府交通运输主管部门按照财政国库管理相关规定实行专账核算、专款专用。

村道建设和养护的资金由群众筹资的，其资金筹集方式、资金用途和资金监管等事项应该由村民会议或者村民代表会议讨论确定，不得强行摊派。

第四十五条 县道应当按照三级以上技术等级建设，对达不到三级以上技术等级的应当逐步改造；乡道和村道一般按照四级以上技术等级建设，对达不到四级以上技术等级的应当逐步改造。

工程艰巨、地质复杂的村道，难以按照四级以上技术等级建设和改造的，应当按照因地制宜的原则，合理确定建设和改造标准。

第四十六条 四级以上技术等级的农村公路（含中型以上桥梁和隧道工程）的设计，应当由具备相应资质的设计单位承担；其他农村公路工程的设计，可以由县级以上人民政府交通运输主管部门组织具有相应资格的技术人员承担。

二级以上技术等级的农村公路（含大型以上桥梁和隧道工程）项目应当按照国家有关规定，分初步设计和施工图设计两个阶段进行；其他农村公路工程项目可以直接采用施工图一阶段设计。

第四十七条 农村公路建设项目的勘察、设计、施工、监理以及与工程建设有关的重要设备、材料等的采购，符合国家和省工程建设项目招标范围和规模标准规定的，应当进行招标。

农村公路建设项目工程监理达不到招标条件的，由建设单位直接委托具备相应资质的工程监理机构或者聘请具备相应资格的技术人员组成监理组进行监理。

第四十八条 二级以上技术等级的农村公路（含中型以上桥梁、隧道工程）项目应当依法办理施工许可；其他列入年度建设计划的农村公路建设项目，完成相应准备工作并经县级以上人民政府交通运输主管部门同意的，视同批准开工建设。

第四十九条 农村公路建设项目的交工、竣工验收可以合并进行。县道、乡道一般按项目验收；村道可以以乡镇为单位，分批组织验收。

依前款规定进行合并验收的，由项目初步设计审批部门组织。

第五十条 推行公开竞争选择承包人承担农村公路小修保养工作。

乡道和村道难以通过公开竞争方式选择承包人承担小修保养工作的，可以择优选择承包人。

第五十一条 农村公路建设项目验收合格后，县级人民政府应当组织交通运输、公安、安监等相关部门对开通客运条件进行综合评估，评估合格后按照相关规定开通客运。

第五十二条 村道的命名和编号，由县级人民政府交通运输主管部门按照国家和省有关规定确定。

第七章 监督与服务

第五十三条 交通运输主管部门、公路管理机构依法监督检查公路法律、法规执行情况，有权制止各种侵占、损坏公路、公路用地、公路附属设施及其他违法行为。

第五十四条 县级以上人民政府应当加强公路监督检查的执法队伍建设。

交通运输主管部门、公路管理机构应当加强公路监督检查人员的管理和教育，提高执法水平，秉公执法，公正廉洁，热情服务，对公路监督检查人员的违法行为应当及时纠正，依法处理。

第五十五条 公路监督检查人员执行公务，应当佩戴标志，持证上岗、文明执法。

第五十六条 用于公路监督检查的专用车辆应当按照国家规定设置统一标志和示警灯，工程救险车应当按照国家规定喷涂标志图案、安装警报器、标志灯具。

公路监督检查的专用车辆和清障救援车辆在执行紧急救援任务时，在确保安全的前提下，可以不受交通标志、标线的限制。

第五十七条 公路监督检查人员依法在公路、公路建筑控制区以及其他相关场所进行监督检查时，对涉嫌公路违法行为的，有权查阅、复制有关资料，进行录音、摄像，核实涉嫌公路违法行为人员和车辆信息，任何单位和个人不得拒绝或者阻挠。

公路经营者、公路使用者和其他有关单位及个人，应当接受公路监督检查人员依法实施的监督检查，并为其提供方便。

公路管理机构、公安机关交通管理、安全监管等部门应当相互配合、信息共享，按照职责协调做好公路管理工作。

第五十八条 交通运输主管部门、公路管理机构应当依法履行职责，完善规章制度，简化办事程序，建立健全管理信息系统并保证其正常运行，为公众查询信息、申请许可等提供便利，提高服务水平和服务效率。

第五十九条 交通运输主管部门、公路管理机构应当建立举报投诉制度，公开举报投诉电话和电子邮箱等受理社会举报或者投诉，及时调查处理并反馈查处结果。

第八章 法律责任

第六十条 经流动检测认定的违法超限运输车辆，拒不服从本条例第三十九条第二款规定的引导接受处理，故意堵塞公路或者强行继续行驶的，由公路管理机构强制拖离或者扣押车辆，处 3 万元以下罚款。

第六十一条 违反本条例第四十四条第二款规定，由上级主管部门责令改正，专款挪作他用的，责令限期追回，并对直接负责的主管人员和其他责任人员依法给予处分。

第六十二条 交通运输主管部门、公路管理机构的工作人员玩忽职守、徇私舞弊、滥用职权的，依法给予处分。

第六十三条 违反本条例规定的其他行为，按照有关法律、法规的规定处罚。

第九章 附 则

第六十四条 本条例使用的下列术语，其含义为：

（一）国道，是指全国性的主要干线公路，包括重要的国际公路，国防公路，联结首都与各省、自治区首府和直辖市的公路，联结各大经济中心、港站枢纽、商品生产基地和战略要地的公路。

（二）省道，是指联结省内中心城市和主要经济区的公路，以及不属于国道的省际间的重要公路。

（三）县道，是指联结县级人民政府所在地和主要乡镇、主要商品生产和集散地的公路，以及不属于国道、省道的县际间公路。

（四）乡道，是指主要为乡镇内部经济、文化、行政服务的公路，以及不属于县道以上公路的乡与乡之间及乡与外部联络的公路。

（五）村道，是指不属于乡道以上公路，直接为农村经济、村民生产生活服务，纳入公路规划并按照公路技术标准建设或者已经建成并符合国家农村公路统计标准的建制村所辖区域内公路、建制村之间的联络公路、建制村与乡道以上之间的联络公路。

（六）公路附属设施，是指为保护、养护公路和保障公路安全畅通所设置的公路防护、排水、养护、管理、服务、交通安全、渡运、监控、通信、收费等设施、设备以及专用建筑物、构筑物等。

（七）公路经营者，是指经营政府还贷公路和经营性公路的企业或者组织。

第六十五条 高速公路的养护、经营、使用和管理，法律、法规另有规定的，适用其规定。

第六十六条 本条例自 2015 年 7 月 1 日起施行。1987 年 4 月 30 日贵州省第六届人民代表大会常务委员会第二十四次会议通过的《贵州省公路管理暂行条例》和 2001 年 9 月 23 日贵州省第九届人民代表大会常务委员会第二十四次会议通过的《贵州省公路路政管理条例》同时废止。

396. 贵州省全面深化农村公路管理养护体制改革实施方案

（黔府办发〔2020〕13号）

为认真贯彻落实《国务院办公厅关于深化农村公路管理养护体制改革的意见》（国办发〔2019〕45号），加快建立农村公路管理养护长效机制，结合我省实际，制定本实施方案。

一、总体要求

（一）指导思想。以习近平新时代中国特色社会主义思想为指导，全面贯彻党的十九大和十九届四中全会精神，认真落实习近平总书记关于"四好农村路"的重要指示精神，按照党中央、国务院和省委、省政府安排部署，践行以人民为中心的发展思想，紧紧围绕打赢脱贫攻坚战、实施乡村振兴战略和统筹城乡发展，以质量为本、安全至上、自然和谐、绿色发展为原则，全面深化农村公路管理养护体制改革，加强农村公路与农村经济社会发展统筹协调，加快构建权责清晰、上下联动、运转高效、多方参与的农村公路管理养护体系，推动农村公路高质量发展，为全省广大农民群众致富奔小康、加快推进农业农村现代化提供更好交通运输保障。

（二）工作目标。到2022年，基本建立"县为主体、乡村参与、各方支持、多方监督、政府考核"的农村公路管理养护体制机制，形成财政投入为主、社会力量参与为辅的工作格局。农村公路治理能力明显提高，治理体系初步形成。农村公路通行条件和路域环境明显提升，交通保障能力显著增强。农村公路路长制实现县、乡、村三级100%全覆盖；农村公路管理养护100%纳入乡规民约、村规民约；农村公路列养率100%，年均养护工程比例不低于5%，中等及以上农村公路占比不低于75%；创建"美丽农村路"里程不低于20%；创建"四好农村路"示范市（州）2个、示范县不低于50个。

到2035年，全面建成体系完备、运转高效的农村公路管理养护体制机制，更好实现城乡公路交通基本公共服务均等化，路况水平和路域环境根本性好转，"美丽农村路"广泛覆盖，农村公路治理能力和治理水平全面提高，治理体系全面完善，服务乡村振兴战略能力显著增强，有效支撑交通强国建设工作顺利实施。

二、完善农村公路管理养护体制

（三）省级加强统筹和考核指导。省交通运输厅负责指导监督全省农村公路管理养护工作，拟订有关农村公路政策，制定农村公路建设规划，编制下达养护计划，会同省财政厅开展养护资金绩效管理和评估，对各市（州）政府农村公路建设和管理养护工作进行考核。省财政厅负责筹集省级农村公路养护工程和日常养护资金并纳入一般公共财政预算。省公安厅会同省交通运输厅负责指导、监督、考核全省农村公路超载超限运输治理。省人力资源社会保障厅负责指导各市（州）政府将符合条件的农村公路养护人员纳入公益性岗位进行管理。省有关部门积极支持配合，引导和促进农村公路事业发展。

（四）市级加强政策支持和指导监督。各市（州）政府要发挥好承上启下作用，建立健全规章制度，完善农村公路及通组公路建设和管理养护相关政策，筹集市级农村公路养护工程资金、日常养护资金和"美丽农村路"创建资金并纳入一般公共财政预算，统筹"四好农村路"示范市（州）、示范县和"美丽农村路"创建工作，制定本级政府农村公路管理养护权力清单和责任清单。加强对县级政府农村公路管理养护工作的指导和监督。

（五）县级履行主体责任。县级政府是本辖区农村公路管理养护工作责任主体，要按照"有路必养、养必到位"要求，积极筹集和管理县级农村公路及通组公路养护资金并纳入一般公共财政预算，做好实施“四好农村路”示范县、示范乡（镇）、示范村和“美丽农村路”创建等工作。要按照“县道县管、乡村道乡村管”原则，建立健全农村公路管理养护责任制，明确相关部门、乡级政府农村公路管理养护权力清单和责任清单，指导监督乡级政府履职尽责。要强化管理养护能力建设，优化县、乡两级农村公路管理养护机构职责配置，设置农村公路及通组公路养护公益岗位，建立稳定的县、乡专职养护队伍。要在辖区内全面推行农村公路“路长制”，建立“精干高效、专兼结合、以专为主”的管理养护体系，县、乡级政府主要负责人和村委会主要负责人分别为县、乡、村三级路长，县级路长办公室设在县交通运输主管部门，乡级路长办公室设在乡级政府。

（六）乡村两级积极参与管理养护。乡级政府要认真履行乡道、村道及通组公路管理养护职责，落实责任单位和人员，保障必要工作条件，组织好乡道日常养护，将爱路护路要求纳入乡规民约，指导并监督村民委员会组织好村道及通组公路管理养护。村级按照“农民自愿、民主决策”原则，发挥农民作为农村公路直接受益主体的作用，落实村级养护人员，采取一事一议、以工代赈、投工投劳等村民自治办法组织村道及通组公路管理养护工作，将爱路护路要求纳入村规民约。

三、强化农村公路管理养护资金保障

（七）落实成品油税费改革资金。成品油税费改革新增收入替代原公路养路费部分，不得低于改革基期年（2009年）全国公路养路费收入占“六费”（公路养路费、航道养护费、公路运输管理费、公路客货运附加费、水路运输管理费、水运客货运附加费）收入的比例。成品油税费改革转移支付约80%用于普通公路养护且不得用于公路新建，15%用于农村公路养护工程，剩余5%由省级统筹安排使用。2022年起，该项资金不再列支管理机构运行经费和人员经费等其他支出，该部分经费由一般公共财政预算保障。市、县两级投入农村公路养护工程资金分别不得低于省级投入标准，筹资比例由市（州）政府结合辖区实际情况确定。

（八）加大财政资金投入。全省农村公路日常养护及通组公路养护不得低于下列标准：县道每年每公里10000元、乡道每年每公里5000元、村道每年每公里3000元、通组公路每年每公里1500元，农村公路日常养护及通组公路养护资金由省、市、县三级财政按5：2：3比例筹集，实际资金标准和筹资比例高于上述规定的市（州）不得降低。各地要落实财政支出责任，将相关税收返还用于农村公路养护。对县级政府落实支出责任存在的收支缺口，市级政府可根据不同时期发展目标给予一定资金支持。

（九）创新农村公路发展投融资机制。各地要充分发挥政府资金的引导和激励作用，采用资金补助、先养后补、以奖代补、一般债券、无偿提供料场等多种方式支持农村公路养护，保障农村公路资金供给，积极引导社会资本参与农村公路管理养护。鼓励将农村公路建设和一定时期的养护进行捆绑招标，将农村公路与产业、园区、乡村旅游等经营性项目实行一体化开发，运营收益用于农村公路养护。支持通过出让公路冠名权等方式，引导单位、社会团体和个人捐资，多渠道筹集农村公路管理养护资金。鼓励保险资金通过购买地方政府一般债券方式合法合规参与农村公路发展，探索开展农村公路灾毁保险，提升农村公路抗灾抢修能力。

（十）强化管理养护资金使用监管。加强农村公路信息管理系统、路网资产管理系统等建设，运用大数据管理技术，对全省农村公路管理养护资金使用实施全过程预算绩效管理，充分发挥资金使用效益。各级财政和交通运输主管部门要加强农村公路养护资金使用监管，严禁农村公路建设采用施工方带资的建设——移交（BT）模式，严禁以各种名义新增隐性债务，公共资金使用情况要按有关规定对社会公开，接受群众监督。村务监督委员会要将村道养护资金使用和养护质量等纳入监督范围。各级审计部门根据工作需要列入审计计划，对农村公路养护资金使用情况进行审计。

四、健全农村公路管理养护长效机制

（十一）加快推进农村公路养护市场化改革。将人民群众满意度和受益程度、养护质量和资金使用效率作为衡量标准，分类有序推进农村公路养护市场化改革，逐步建立政府与市场合理分工的养护生产组织模式。鼓励各地将农村公路建设和一定时期的养护进行捆绑招标，支持将普通国省干线公路与农村公路养护捆绑招标开展区域化养护，支持养护企业跨区域参与市场竞争。通过签订长期养护合同、招投标约定等方式，引导专业养护企业加大投入，提高机械化水平。鼓励符合市场属性的事业单位转制为现代管理养护企业。

（十二）鼓励家庭承包日常养护。鼓励采用以奖代补等方式，推广将日常养护与应急抢通捆绑实施并交由群众承包。鼓励公路沿线群众通过家庭承包方式参与农村公路日常养护，支持各地开发农村公路养护公益性岗位，吸引农村居民尤其是建档立卡贫困户参加农村公路管理养护。鼓励将区域相近的乡村两级养护员、护林员、护河员整合，提高综合养护质量。

（十三）加强安全和信用管理。公路安全设施要与主体工程同时设计、同时施工、同时投入使用，县级政府要组织公安、应急等职能部门参与农村公路竣（交）工验收。已建成但未配套安全设施的农村公路要逐步完善。强化安全隐患整治，持续推进安全生命防护工程、危（病）桥隧改造，保障群众出行安全。加强农村公路养护市场监管，着力建立以质量为核心的信用评价机制，实施守信联合激励和失信联合惩戒，并将信用记录按照国家有关规定纳入全国信用信息共享平台，依法向社会公开。

五、保障措施

（十四）加强组织领导。各市（州）政府要加强辖区内农村公路管理养护改革工作的组织领导，于2020年底前制定农村公路管理养护体制改革具体实施办法并抄送省交通运输厅、省财政厅备案。实施办法中要明确改革任务落实落地的时间表、路线图，细化工作举措，确保改革任务落到实处。省交通运输厅要加强工作指导和督促落实，重大情况及时报省政府。

（十五）加强政策宣传。要紧紧围绕改革重点任务开展政策解读，正确引导社会预期，及时回应社会关切，积极宣传改革中的先进典型，充分调动广大群众参与、监督改革工作的积极性，为改革工作营造浓厚氛围，确保改革顺利推进。

（十六）广泛开展试点。各地要围绕“路长制”、资金保障、投融资机制创新、美丽农村路、养护市场化、群众参与、政府考核、信用评价机制等主题广泛开展试点工作。省交通运输厅要会同有关部门加强跟踪督查，遴选示范带动作用强的试点项目进行全省推广，积极稳妥推进改革。

（十七）强化政府考核。要将农村公路管理养护工作纳入地方政府绩效评价考核体系，重点考核责任落实、资金到位、工程质量等内容，建立激励约束机制，将考核结果与补助资金挂钩，具体考核办法由省交通运输厅牵头商省财政厅制定。

本方案自印发之日起施行，《省人民政府办公厅关于印发贵州省农村公路管理养护体制改革实施方案的通知》（黔府办发〔2007〕53号）和《省人民政府办公厅关于进一步加强全省农村公路管理养护工作的通知》（黔府办发〔2011〕92号）同时废止。

397. 云南省高等级公路管理条例

（1995 年 7 月 21 日云南省第八届人民代表大会常务委员会第十四次会议通过）

第一章　总　　则

第一条　为加强高等级公路管理，保障高等级公路的完好和安全畅通，根据《中华人民共和国公路管理条例》及有关法律、法规的规定，结合云南实际，制定本条例。

第二条　本条例所称的高等级公路是指按国家《公路工程技术标准》修建的高速公路和一二级汽车专用公路。

第三条　省交通行政部门是全省高等级公路的主管部门，其所属的公路管理部门设立的高等级公路管理机构，负责对辖区内的高等级公路实施养护、路政、收费管理。

有关行政管理部门在各自职责范围内配合高等级公路管理机构做好管理工作。

第四条　高等级公路管理机构有权依法稽查、制止、查处非法利用、侵占、污染、损坏高等级公路路产及控制红线内土地的行为，依法维护高等级公路经营者、管理者和使用者的合法权益。

第五条　国内外企业和其他经济组织或者个人投资建设、经营高等级公路及其设施，经有关主管部门批准设立的高等级公路经营管理组织，依法自主经营，接受省公路主管部门的监督管理。

第六条　各级人民政府应当广泛宣传公路管理的法律、法规和本条例，教育群众自觉维护高等级公路的完好和畅通。

任何组织和个人有权对违反本条例的行为加以劝阻、制止、检举、控告。

第二章　养 护 管 理

第七条　高等级公路管理机构应当根据国家有关技术标准和技术规范，对高等级公路的路面、路基、桥涵构造物及其他附属设施进行日常养护和维修；应当加强绿化管理，改善和美化行车环境，防止边坡水土流失。

第八条　高等级公路管理机构应当逐步建立监控系统，掌握高等级公路的使用和变化情况，及时发现并处理道路自然破损、肇事损坏和设施故障。

第九条　高等级公路养护人员上路实施作业时，必须穿着统一的安全标志服，养护维修作业的车辆、机械必须有明显标志。施工作业现场必须按有关规定设置明显的施工安全标志、安全防护设施，夜间和雨雾天气施工必须设置红色警示信号。

通过施工现场的车辆，必须减速并按照设置的标志有序行驶，服从现场人员的指挥。

第十条　因恶劣气候、特大自然灾害或者重大交通事故影响车辆通行时，高等级公路管理机构可以限制行车时速，封闭部分或者全部车道和匝道，采取紧急措施恢复交通，必要时当地人民政府应当动员和组织人力、物力协助高等级公路管理机构抢险、排除路障和修复高等级公路。

第三章　路 政 管 理

第十一条　负责维护高等级公路路产的交通公安机构和路政管理机构，必须组织交通公安干警、路政管理人员每天上路巡逻检查，对非法利用、侵占、污染、损坏路产的行为及时进行制止和查处。

路政管理使用的巡查车，应当悬挂《中国公路路政管理》标牌，安装使用标志灯饰。执行路政管理的交通公安车辆，还应当装置示警音响。

第十二条 禁止任何组织和个人从事危害高等级公路安全畅通的下列活动：

（一）占用、拆除、移动、涂抹、污染、损毁高等级公路及其设施；

（二）在高等级公路上试刹车；

（三）装载货物出现滴、撒、漏并损坏高等级公路及其设施的车辆在高等级公路上行驶；

（四）在高等级公路用地范围内取土、开矿、堆放杂物、种植作物、倾倒垃圾废土、埋设管线电杆、开沟引水；

（五）利用高等级公路的边沟养鱼、排放污物及跨路排水；

（六）在高等级公路的桥梁上下游200米范围内挖沙、取石、取土、修筑坝堤、压缩或者拓宽河床、进行爆破作业；

（七）在高等级公路隧道上方、隧道洞口两侧100米范围内从事爆破、采石、开矿、取土、引水、伐木等活动；

（八）其他严重污染高等级公路环境或者危及高等级公路安全的活动。

第十三条 严禁在高等级公路两侧开设平交道口。确需修建立交道口的，必须经省公路主管部门批准。

第十四条 禁止在高等级公路两侧边沟外缘各30米范围内新建或者原地改扩建永久性建筑。

第十五条 未经高等级公路管理机构批准，任何组织和个人不得在高等级公路路产范围内设置广告、宣传标志。经批准设置的，应当符合设置标准，其中商业性广告、宣传标志，按规定收取占用费。

第十六条 凡修建跨（穿）越高等级公路的桥梁、渡槽、通道、排污排水道、管线等设施，或者其他必须在高等级公路临时作业的，应当提供设计图纸经高等级公路管理机构审核，报请省公路主管部门批准后方能实施。施工作业需暂时移动高等级公路设施或者损坏高等级公路及其设施的，作业完成后，应当及时恢复原状或者按有关规定有偿委托高等级公路管理机构及时恢复原状。

第十七条 在高等级公路上发生故障的车辆，需临时停车检修时，必须驶离行车道，停于紧急停车带内，不能及时修复的，应当立即报告就近的公安交通管理机关或者高等级公路管理机构，接到报告的机构应当迅速采取措施，将故障车辆转移到附近的停车场或者服务区内，费用由车主负责。

第四章　收 费 管 理

第十八条 凡利用贷款和必须偿还的集资、外资修建的高等级公路及桥梁、隧道，经省人民政府批准可以设置收费站，过往的车辆必须交纳通行费。法律、法规另有规定的除外。

禁止其他组织和个人在高等级公路上擅自设卡收费。

第十九条 车辆通行费的收费办法，由省人民政府制定。

收取车辆通行费，必须使用财政部门统一制定的收费票据。

第二十条 收取的车辆通行费，专项用于偿还集资、贷款和公路养护建设，不得挪作他用。

投资建设、经营高等级公路及其设施的国内外企业和其他经济组织或者个人收取的车辆通行费，按合同规定办理。

第二十一条 车辆通行费收费人员在履行职责时，必须持有收费证件并佩带明显标志；坚持文明收费，方便行车，不得随意关闭收费站道口。

第五章　奖励与处罚

第二十二条 执行本条例，有下列事迹之一的组织和个人，由县级以上人民政府或者公路主管部门给予表彰和奖励：

（一）发现高等级公路及其设施重大隐患，及时报告或者排除隐患避免重大损失的；

（二）在高等级公路抢险救援工作中成绩突出的；

（三）同破坏高等级公路及盗窃损坏其设施的行为作斗争有功的；

（四）检举、揭发偷、漏车辆通行费或者伪造车辆通行费票据的行为有功的。

第二十三条 违反本条例第七条、第九条第一款规定，未造成事故的，由所在单位或者上级主管部门给予通报批评或者行政处分；造成事故的，由有关部门依法处理。

违反本条例第九条第二款规定的，处以50元至200元的罚款。

第二十四条 违反本条例第十二条规定的，高等级公路管理机构有权责令其立即停止危害行为。造成损失的，依照国家有关法律、法规处理。

第二十五条 违反本条例第十三条、第十四条规定的，高等级公路管理机构有权责令其立即停工，限期拆除。逾期不拆除的，由高等级公路管理机构强行拆除，所发生的费用由责任方承担。

第二十六条 违反本条例第十五条规定的，由高等级公路管理机构责令拆除，并处占用费2倍以下的罚款。

第二十七条 违反本条例第十六条规定，擅自在高等级公路上作业的，由高等级公路管理机构责令其停止作业；因作业移动，损坏高等级公路设施，逾期不恢复原状或者不按规定补偿的，由高等级公路管理机构责令其恢复原状或者给予补偿，可以并处50元以上1000元以下的罚款。

第二十八条 违反本条例第十八条第一款规定的，由高等级公路管理机构责令其补交车辆通行费，可以并处车辆通行费5倍以下的罚款。

违反本条例第十八条第二款规定的，由高等级公路管理机构依法取缔，并没收违法所得。

第二十九条 涂改、伪造车辆通行费票据的，由高等级公路管理机构处以100元以上3000元以下的罚款，情节严重构成犯罪的，由司法机关依法追究刑事责任。

第三十条 罚款必须使用财政部门统一印制的专用票据，罚款全部上交财政。

第三十一条 违反条例第九条第二款、第十二条、第十七条、第十八条规定，不接受处理或者当场不能处理的，必要时高等级公路管理机构可以暂时扣留其车辆，待处理完毕后，立即放行。因扣留车辆造成的经济损失，由过错方承担。

第三十二条 当事人对行政处罚决定不服的，在接到处罚通知之日起15日内向作出决定机关的上一级机关申请复议，当事人对复议决定不服的，可以在接到复议决定书之日起15日内向人民法院起诉。逾期不申请复议，不起诉又不执行处罚决定的，由作出处罚决定的机关申请人民法院强制执行。

第三十三条 高等级公路管理人员、收费人员玩忽职守、滥用职权、徇私舞弊、贪占票款的，由公路主管部门或者高等级公路管理机构给予行政处分；构成犯罪的，由司法机关依法追究刑事责任。

第六章 附 则

第三十四条 混合交通的普通一、二级公路和专用单位的一、二级专用公路的管理，可以参照本条例执行。

第三十五条 本条例具体应用的问题由省交通行政部门负责解释。

第三十六条 本条例自1995年10月1日起施行。

398. 云南省公路路政管理条例

（2018年7月26日云南省第十三届人民代表大会常务委员会第四次会议通过）

第一章　总　　则

第一条　为了加强公路路政管理和服务，保障公路完好、安全和畅通，根据《中华人民共和国公路法》、国务院《公路安全保护条例》等有关法律法规，结合本省实际，制定本条例。

第二条　本省行政区域内国道、省道、县道、乡道和纳入农村公路规划的村道的公路路政管理和服务，适用本条例。

本条例所称公路路政，是指对公路、公路用地、公路附属设施（以下统称公路路产）和公路建筑控制区及其周边公路保护规定区域（以下统称公路路域）依法实施保护和管理的行政活动。

第三条　县级以上人民政府应当加强对公路路政管理和服务工作的领导，提高公路路政管理和服务水平。公路路政管理所需经费应当纳入本级人民政府财政预算。

第四条　县级以上人民政府交通运输主管部门主管本行政区域内公路路政管理工作，其负责公路路政管理的机构（以下简称公路路政管理机构）具体承担公路路政管理工作。

县级以上人民政府有关部门依据各自职责，做好公路路政管理的相关工作。

第五条　乡（镇）人民政府、街道办事处应当根据国家和本省的有关规定，做好公路路政有关工作。

村（居）民委员会可以组织群众和通过村规民约倡导爱路护路，协助做好公路路政有关工作。

公路路政管理机构可以与公路沿线乡（镇）人民政府、街道办事处和村（居）民委员会建立爱路护路协作机制，共同做好公路保护工作。

第六条　负责公路养护的单位、公路经营企业应当加强对公路的养护，依法做好公路保护工作，支持和配合公路路政管理机构做好公路路政有关工作。

第七条　各级人民政府及其交通运输主管部门应当做好公路保护宣传教育工作，提高公民爱路护路意识。

第二章　机构职责与执法监督

第八条　公路路政管理机构依法履行下列职责：

（一）宣传、贯彻公路路政管理的法律、法规和规章；

（二）保护公路路产，监督管理公路路域；

（三）实施公路路政巡查；

（四）参与公路工程交工、竣工验收；

（五）查处违反路政管理法律法规的行为；

（六）法律法规规定的其他职责。

第九条　县级以上人民政府及其交通运输主管部门应当加强公路路政管理执法队伍建设，并配备与所管辖公路的技术等级、通车里程等管理工作相适应的执法人员及执法装备。

公路路政管理机构可以按照规定聘用执法辅助人员，协助公路路政执法人员开展路政管理和服务工作。

第十条 公路路政管理执法人员在履行路政管理职责时，应当遵守下列规定：

（一）遵循便民原则，提高办事效率，提供优质服务；

（二）规范着装、佩戴标志、持证上岗；

（三）遵守执法程序和要求，公正文明执法。

第十一条 公路路政管理执法专用车辆应当设置统一的标志和示警灯，实施公路路政巡查时，应当开启示警灯。

第十二条 公路路政管理机构应当加强信息化建设，运用科技手段提高管理和服务效率。

第十三条 公路路政管理机构应当建立完善行政执法公示平台，公示执法主体、依据、权限和程序等执法内容，公开监督举报方式。

交通运输主管部门、公路路政管理机构等有关单位接到投诉举报后，应当及时处理。

第十四条 公路路政管理机构应当根据国家和本省有关规定，储备公路路政应急物资，提高公路突发事件应急处置能力。

第三章 公路保护与通行

第十五条 县级以上人民政府应当依法确定公路用地范围。

公路两侧有边沟（截水沟、坡脚护坡道，下同）的，其用地范围为边沟外缘起不少于 1 米的区域；公路两侧无边沟的，其用地范围为公路路缘石外缘或者坡脚线向外不少于 1 米的区域。

公路实际征收或者征用土地超过公路边沟外缘 1 米以上的，公路用地范围以实际征收或者征用土地的范围为准。

村道用地范围由村民委员会通过村民会议或者村民代表会议确定。

第十六条 公路、公路用地范围内禁止下列行为：

（一）打场晒粮、种植作物、放养牲畜；

（二）摆摊设点、堆放物品、排放污水、倾倒废弃物；

（三）挖沟引水、堵塞、损坏公路排水设施；

（四）采石采矿、挖砂取土、爆破作业；

（五）破坏、损坏、涂改或者擅自移动公路标志、标线、标桩、护栏和其他公路附属设施；

（六）擅自搭建建筑物、构筑物和其他设施；

（七）运输车辆载物拖地行驶或者泄漏、抛撒物品损害、污染公路及其附属设施；

（八）其他影响公路畅通或者损害公路的行为。

第十七条 任何单位和个人不得擅自利用公路附属设施搭接、架设生产生活设施，或者从事其他侵占公路上方空间、桥下空间，影响公路完好、安全和畅通的行为。

第十八条 公路两侧的绿化物、树木不得遮挡公路标志、妨碍安全视距或者影响公路完好、安全和畅通。

公路用地范围内的绿化物、树木，由负责公路养护的单位、公路经营企业按照公路工程技术标准管理和维护。

公路用地范围外影响公路安全和畅通的绿化物、树木，由所有权人或者管理者及时处理。公路路政管理机构发现公路用地范围外的绿化物、树木影响公路安全和畅通的，应当及时通知所有权人或者管理者进行处置。

第十九条 涉路施工单位应当按照规定向社会公告施工路段、施工时间、绕行路线等信息。

涉路施工单位应当科学合理组织施工作业，设置安全警示标志，服从公路路政管理机构、公安机关交通管理部门的监督管理，确保公路安全和畅通。

第二十条 公路路政管理机构应当会同公安机关交通管理部门、负责公路养护的单位、公路经营企业建立公路巡查联动和信息共享机制。

公路路政管理机构在巡查中发现交通事故，应当及时通知公安机关交通管理部门，并协助做好事故现场保护、公路保通等有关工作。

公安机关交通管理部门发现交通事故造成公路、公路附属设施损坏的，应当及时通知公路路政管理机构。

公路路政管理机构发现公路交通安全设施、交通标志、交通标线和交通测速设施设置不规范的，应当会同公安机关交通管理部门和负责公路养护的单位、公路经营企业对其进行评估，对存在问题的，由责任单位进行整改。

第二十一条 负责公路养护的单位、公路经营企业发现破坏、损坏公路和公路附属设施，利用公路桥梁（含桥下空间）、公路隧道、涵洞堆放物品、搭建设施、铺设高压电线和输送易燃、易爆或者其他有毒有害气体、液体的管道等违法行为，应当及时劝阻并告知公路路政管理机构，由公路路政管理机构依法查处。

对违法行为频发的路段（含桥下空间），由公路路政管理机构会同公安机关交通管理部门和负责公路养护的单位、公路经营企业采取隔离、限高、绿化等措施进行治理；存在重大安全隐患的，应当及时采取措施进行处理并向当地县级人民政府报告。

第二十二条 县级以上人民政府交通运输主管部门应当根据国家和本省有关规定，实施公路安全生命防护工程，完善公路安全设施并定期进行维护更新，确保公路安全设施完好。

第二十三条 造成公路及其附属设施损坏的，责任者应当向公路路政管理机构报告，并按不低于原有技术标准恢复原状或者依法予以赔偿。

第二十四条 公路调整为城市道路的，应当由当地州（市）、县（市、区）人民政府提出调整意见，按照国家和省的有关规定办理，由州（市）、县（市、区）人民政府指定的部门履行管理和养护职责。

第二十五条 新建、改建公路时，公路建设单位应当统筹规划、建设公路路政管理执法站所、公路超限运输检测站等配套设施，并在公路设计过程中征求公路路政管理机构的意见。公路路政管理机构应当做好公路建设期间的路政法规宣传和保通服务工作。

第二十六条 省交通运输主管部门可以根据货运车辆违法超限运输治理工作的需要，提出固定超限检测站点设置方案，报省人民政府批准后实施。

公路路政管理机构可以采取固定站点检测、流动检测、动态检测技术监控等方式对货运车辆进行超限检测。经流动检测认定的违法超限运输车辆，应当就近引导至固定超限检测站点或者指定的场所进行处理。

第二十七条 收费公路入口应当按照规定设置检测设备对货运车辆进行检测。经检测超限且不能提供超限运输车辆通行证，或者使用伪造、变造超限运输车辆通行证的，公路经营企业应当拒绝其通行，并及时通知公路路政管理机构依法处理。

第二十八条 遇有公路严重损毁、自然灾害或者重大事故等严重影响车辆安全通行的情形，公安机关交通管理部门实行交通管制时，交通运输主管部门或者公路经营企业应当配合公安机关交通管理部门及时发布交通管制信息。公路路政管理机构应当配合维持现场秩序，共同做好保通服务。

第四章　公路管理与服务

第二十九条 公路建筑控制区的范围，从公路用地外缘起向外的距离标准为：

（一）国道不少于 20 米；

（二）省道不少于 15 米；

（三）县道不少于 10 米；

（四）乡道不少于 5 米；

（五）村道不少于 3 米。

属于高速公路的，公路建筑控制区的范围从公路用地外缘起向外的距离标准不少于30米。

公路弯道内侧、互通立交以及平面交叉道口的建筑控制区范围根据安全视距等要求确定。

第三十条 县级以上人民政府应当根据保障公路安全运行和公路发展的需要，组织交通运输、国土资源、城乡规划等部门划定公路建筑控制区的范围，加强公路路域环境整治，优化和改善公路通行环境。

国土资源、城乡规划等部门编制有关规划涉及公路建筑控制区和公路保护规定区域的，应当征求交通运输等有关部门的意见。

在公路建筑控制区内不得违法批准修建建筑物、地面构筑物。

第三十一条 新建、改建公路建筑控制区的范围，应当自公路初步设计批准之日起30日内，由公路沿线县级以上地方人民政府依照本条例划定并公告。

新建、改建公路过程中，在公路建筑控制区内违法新建、扩建建筑物、构筑物的，当地人民政府应当组织相关部门依法及时查处。

第三十二条 在公路建筑控制区内设置非公路标志的，应当符合交通运输主管部门统一规划和有关设置规范，不得影响公路通行安全、畅通和公路路域环境协调。

第三十三条 公路规划建设时，应当根据公路技术等级、车辆流量及相关标准，统筹规划、规范建设公路服务设施。

前款所称公路服务设施，是指按照规范在公路上设置的为公众提供休息、如厕、购物、餐饮、停车、加油、加气、加水、充电、维修等服务的场所和设施。

公路服务设施不符合设置规范的，应当按照规定进行整改完善。

第三十四条 公路服务设施所有者、管理者、经营者应当按照本省有关规定实行规范化管理，文明经营，保持公路服务设施功能齐全、设施完好、清洁卫生、秩序良好，并提供短暂休息、停车、饮用水供应、公共厕所等免费使用的场所和设施。

驾乘人员应当爱护公路服务设施，维护公共秩序和环境卫生，文明出行。

第三十五条 县级以上人民政府交通运输主管部门应当加强对公路服务设施的监督管理，建立公路服务设施监督检查制度，并进行定期考核。

公路路政管理机构应当做好公路服务设施的日常监督检查工作。

第五章　法 律 责 任

第三十六条 国家机关及其工作人员，有下列行为之一的，由上级主管部门或者监察机关责令改正；情节严重的，对直接负责的主管人员和其他直接责任人员依法给予处分；构成犯罪的，依法追究刑事责任：

（一）未依法确定公路用地范围的；

（二）未按照规定的权限、条件和程序实施涉路施工许可的；

（三）发现公路交通安全设施、交通标志、交通标线设置不规范未进行评估，或者对评估确认问题未进行整改的；

（四）未依法划定公路建筑控制区范围的；

（五）违法在公路建筑控制区内批准修建建筑物、地面构筑物的；

（六）未按照规定对公路服务设施进行考核管理和日常监督检查的；

（七）其他贪污贿赂、玩忽职守、滥用职权、徇私舞弊的行为。

第三十七条 违反本条例第十六条规定的，由公路路政管理机构责令停止违法行为，并按照下列规定进行处罚：

（一）违反第一项至第三项规定情节较轻的，予以警告；情节较重的，处300元以上1000元以下的罚款；造成公路路产损坏、污染或者影响公路畅通的，处1000元以上5000元以下的罚款；

（二）违反第四项至第六项规定的，处 2000 元以上 1 万元以下的罚款；可能危及公路安全的，处 1 万元以上 3 万元以下的罚款；

（三）违反第七项、第八项规定情节较轻的，予以警告；情节较重的，处 1000 元以上 2000 元以下的罚款；造成公路路产损坏、污染或者影响公路畅通的，处 2000 元以上 5000 元以下的罚款。

第三十八条 违反本条例第十七条规定情节较轻的，由公路路政管理机构责令改正，可以处 500 元以上 2000 元以下的罚款；情节较重的，处 2000 元以上 5000 元以下的罚款。

第三十九条 违反本条例第十九条规定的，由公路路政管理机构责令改正，予以警告；拒不改正的，处 1 万元以上 3 万元以下的罚款。

第四十条 违反本条例第二十三条规定未向公路路政管理机构报告的，由公路路政管理机构处 200 元以上 1000 元以下的罚款。

第四十一条 违反本条例第三十二条规定的，由公路路政管理机构责令改正，处 2000 元以上 1 万元以下的罚款。

第四十二条 违反本条例第三十四条第一款规定的，由公路路政管理机构责令公路服务设施所有者、管理者改正，予以警告；拒不改正或者改正后仍不符合规范的，处 1 万元以上 5 万元的以下的罚款。

第四十三条 违反本条例的违法行为，本条例未作处罚规定的，依照《中华人民共和国公路法》《公路安全保护条例》等法律法规的规定予以处罚。

违反本条例规定涉及村道的处罚，《云南省农村公路条例》有规定的，从其规定。

第六章　附　　则

第四十四条 本条例自 2018 年 10 月 1 日起施行。1997 年 1 月 14 日云南省第八届人民代表大会常务委员会第二十五次会议通过的《云南省公路路政管理条例》同时废止。

399. 云南省收费公路管理条例

（2000年9月22日云南省第九届人民代表大会常务委员会第十八次会议通过）

第一章　总　　则

第一条　为了加强收费公路的建设、养护和管理，维护收费公路投资者、经营者、管理者和使用者的合法权益，促进公路事业的发展，根据《中华人民共和国公路法》及有关法律、法规，结合本省实际，制定本条例。

第二条　在本省行政区域内从事收费公路的投资、建设、养护、经营、使用和管理活动，适用本条例。

第三条　本条例所称收费公路，是指符合公路法第五十九条和本条例第六条规定，依法收取车辆通行费的收费还贷公路和收费经营公路。

收费还贷公路是指县级以上交通行政主管部门利用贷款或者集资建成的收费公路；收费经营公路是指国内上投资者依法有偿受让收费还贷公路的收费权或者投资建成的收费公路。

第四条　省人民政府应当将收费公路的建设纳入国民经济和社会发展计划，合理布局，总量控制。

省交通行政主管部门负责收费公路的建设和管理工作。

省交通行政主管部门可以决定由有关管理机构行使部分收费公路的管理职责。

第五条　禁止破坏、损害或者非法占用收费公路、公路用地和公路附属设施。

禁止在收费公路上乱开道口，非法设卡、收费、罚款、拦截车辆。

禁止侵占、挪用经营性收费公路企业的合法财产，不得对其强行摊派。

第二章　收费公路的设立

第六条　设立收费公路，应当具备下列条件之一：

（一）高速公路连续里程20千米以上；

（二）新建连续里程30千米以上的一级公路或者连续里程40千米以上的二级公路；

（三）改建连续里程40千米以上的一级公路或者连续里程50千米以上的二级公路；

（四）二车道600米以上的桥梁、隧道。

收费公路的设立由省交通行政主管部门会同省财政、物价行政主管部门审核后，报省人民政府审批。

第七条　开放式的收费公路，在同一条连续的国道主线上，相邻收费站的间距不得少于60千米；在其他连续公路主线上，相邻收费站的间距不得少于40千米。

封闭式的收费公路除出入口外，不得在其主线上设置收费站。

第八条　新建、改建收费公路，资本金应当不低于该收费公路建设投资总额的30%，其余不足部分方可以其他方式筹集。

第九条　收费公路建成后，省交通行政主管部门应当及时组织验收，经验收合格后，方可通行和收费。

第十条　收费公路的收费权依法可以向国内金融机构申请质押贷款。质押贷款只能用于公路建设。

收费公路收费权的质押合同签订后应当经省交通行政主管部门登记。质押合同自登记之日起生效。

出质人未按照国家规定或者贷款合同约定偿还贷款本息时，质权人依法可以对质押收费公路的收费权实现质押权。

第十一条 国内外投资者投资建成和经营收费公路，应当经省交通行政主管部门审核后报省人民政府审批。

收费公路的收费权经省交通行政主管部门同意后可以依法转让。

转让收费还贷公路收费权的收益，应当全部用于偿还建设该收费公路的贷款、集资本息或者投资建设新的公路。

转让收费公路收费权的受让方，未经转让方同意，不得再将该收费公路的收费权转让给第三方。

第十二条 收费公路的经营者应当依法成立经营收费公路的企业。

经营收费公路的企业应当与具有管辖权的交通行政主管部门签订收费公路经营责任书。

第十三条 收费公路的经营者应当根据省交通行政主管部门的规划设立服务区。

第十四条 收费公路的经营期限届满后，该收费公路由国家无偿收回，由交通行政主管部门管理。

收费公路的经营期限届满前 3 个月，省交通行政主管部门应当对收费公路进行鉴定和验收，经营收费公路的企业移交的收费公路应当符合规定的技术、质量和标准。

第三章　收费公路的管理

第十五条 收费公路车辆通行费的收费标准应当根据投资来源和额度、当地经济发展水平、公路的技术等级和规模、通行能力、还贷期限、使用者受益程度以及投资合理回报等因素分等级确定或者调整，由收费公路的投资者提出方案，报省交通行政主管部门审查后，由省物价行政主管部门批准。

第十六条 收费还贷公路的收费期限不得超过 25 年；收费经营公路的收费期限不得超过 35 年。需要延长收费期限的，须经省人民政府批准。

第十七条 除军车、警车和执行扑救火灾任务的消防车外，在收费公路上行驶的其他车辆应当交纳车辆通行费。

本条例所称的军车是指悬挂军队（含武装警察）专用号牌的车辆；警车是指公安、国家安全、司法行政部门和法院、检察院使用，装有警灯、警报器，悬挂红色反光“警”字专门号牌的车辆；消防车指装有警灯、警报器的红色专用车辆。

免交通行费的车辆通过收费站时应当主动停车，接受查验。

第十八条 收费还贷公路收取的车辆通行费纳入财政专户，实行收支两条线管理。车辆通行费按省财政行政主管部门批准的预算用于偿还贷款、集资本息和按国家规定用于收费公路的养护管理、路政管理、收费机构经费。

收费经营公路收取的车辆通行费按照经营责任书和企业章程使用。

车辆通行费的票证由省财政或者地税部门统一印制。

第十九条 收费站的设置，应当保证车辆安全、便利通行；收费道口应当多于车道数量。收费站不得擅自关闭道口和设置障碍物。

收费站应当悬挂省交通、物价行政主管部门统一制式的收费站标牌，公示审批文号、收费标准、收费年限、收费单位和监督电话。

收费公路收费终止时，其管理者、经营者应当及时拆除收费站设施。

第二十条 收费人员应当经培训合格，持证上岗，依法收费，文明服务，自觉接受社会监督。

收费人员的人身安全和人格尊严受法律保护。

第二十一条 收费公路的管理人员、收费人员不得有下列行为：

（一）违反标准收取车辆通行费；

（二）擅自不收费；

（三）贪污、挪用票款。

第二十二条 收费公路的经营者应当按照国务院和省交通行政主管部门规定的技术规范、操作规程和有关制度做好收费公路的养护、抢修工作。

收费公路的经营者负责收费公路的绿化、公路用地范围内的水土保持和环境保护工作。

第二十三条 收费公路的路政管理依照公路法和《云南省公路路政管理条例》的规定。

第四章 监督检查

第二十四条 县级以上交通行政主管部门和被授权的管理机构依照公路法和本条例规定对收费公路的投资、建设、养护、经营、使用和管理进行监督检查。

县级以上财政、物价、审计、行政监察等部门依法对收费情况进行监督检查。

第二十五条 公路监督检查人员执行公务时，应当出示国务院交通行政主管部门制发的交通行政执法证或者云南省行政执法证。任何单位和个人不得阻挠、拒绝监督检查。

第二十六条 收费公路的经营者、管理人员、收费人员违反本条例规定，任何单位和个人有权投诉或者举报。交通行政主管部门或者被授权的管理机构在接到投诉或者举报后，应当及时调查处理，自受理之日起 30 日内将办理结果答复投诉人或者举报人。

第五章 法律责任

第二十七条 破坏、损害、非法占用收费公路、公路用地、公路附属设施或者在收费公路上乱开道口、非法设卡、收费的，按照公路法的有关规定处罚。

违反本条例规定，在收费公路上非法罚款、拦截车辆或者侵占、挪用收费公路企业合法财产的，由交通行政主管部门责令停止违法行为，没收违法所得，依法承担赔偿责任，并可以处 500 元以上 5000 元以下的罚款；对负有直接责任的主管人员和其他直接责任人员，依法给予行政处分。

第二十八条 违反本条例规定，擅自设立收费站、应当终止收费而不终止或者应当拆除收费站设施而不拆除的，由省交通行政主管部门责令停止违法行为，没收违法所得，并处 1 万元以上 10 万元以下的罚款；拒不拆除擅自设立的收费站或者应当拆除的收费站设施的，依法强制拆除。拆除费用由擅自设立收费站的单位、个人或者应当终止收费的原经营者承担。对负有直接责任的主管人员和其他直接责任人员，依法给予行政处分。

第二十九条 违反本条例规定，逃交、拒交、少交车辆通行费的，交通行政执法人员可以责令其停车，补交车辆通行费，并处通行费 5 倍以下的罚款。

在交纳车辆通行费过程中阻碍车辆正常通行的，由交通行政执法人员排除障碍。对故意阻碍车辆正常通行的，处 200 元以上 2000 元以下罚款。

第三十条 以暴力、威胁、辱骂等方式阻碍、拒绝公路监督检查人员和收费公路的管理人员依法执行职务的，由交通行政执法人员先行制止，由公安机关依照《中华人民共和国治安管理处罚条例》处罚；构成犯罪的，依法追究刑事责任。

第三十一条 交通行政主管部门或者被授权的管理机构作出的行政处罚决定不能执行的，经省公安机关批准，可以采取暂扣车辆或者滞留驾驶证、行驶证的处理措施，并告知被处罚人限期到指定的交通部门接受处理。

第三十二条 违反本条例规定，收费公路的经营者不履行或者不按照交通行政主管部门规定的技术规范和操作规程履行收费公路养护、抢修职责的，由交通行政主管部门或者被授权的管理机构责令限期改正，并可处 2000 元以上 2 万元以下的罚款；逾期不改的，由交通行政主管部门或者被授权的管理机构派员养护和抢修，所需费用由收费公路经营者承担。

违反本条例第二十二条第二款规定的，由交通、水利、环保行政主管部门依照有关法律、法规处罚。

第三十三条 收费公路管理人员和收费人员滥用职权、徇私舞弊、玩忽职守的，依法给予行政处分或者由其所在单位处理；构成犯罪的，依法追究刑事责任。

第六章 附 则

第三十四条 本条例自公布之日起施行。

本条例施行前省人民政府已批准设立的收费还贷公路，可以在省人民政府规定的期限内继续收费。

400. 云南省农村公路条例

（2013年11月29日云南省第十二届人民代表大会常务委员会第六次会议通过）

第一章 总 则

第一条 为了加强农村公路的规划、建设、养护和管理，促进农村公路事业发展，根据《中华人民共和国公路法》、《公路安全保护条例》等有关法律、法规，结合本省实际，制定本条例。

第二条 本省行政区域内农村公路的规划、建设、养护和管理，适用本条例。

本条例所称农村公路，是指纳入农村公路规划，并按照国家和本省制定的公路建设技术标准修建的县道、乡道和村道。

第三条 农村公路的发展应当遵循全面规划、合理布局、确保质量、保障畅通、保护环境，以及建设、养护和管理并重的原则。

农村公路实行政府主导、行业监管、部门协作、分级负责、社会参与的管理体制。

第四条 县级以上人民政府应当把农村公路的发展纳入国民经济和社会发展规划，将农村公路规划、建设、养护和管理所需经费列入本级财政预算，经费应当随着农村公路里程的增加和财力的增长逐步增加。

县（市、区）人民政府是本行政区域内农村公路规划、建设、养护和管理的责任主体，负责组织协调有关部门做好农村公路工作。

乡（镇）人民政府在县（市、区）人民政府确定的职责范围内做好农村公路相关工作。

第五条 省、州（市）人民政府交通运输主管部门是农村公路工作的行业主管部门，负责本行政区域内农村公路工作的指导和监督。

县（市、区）人民政府交通运输主管部门承担本行政区域内农村公路工作，并指导乡（镇）人民政府做好农村公路工作。

县级以上人民政府发展改革、财政、国土资源、住房城乡建设、环境保护、水利、农业、林业、公安、安全生产监督等有关部门，按照各自职责做好农村公路的相关工作。

第六条 村民委员会在当地人民政府指导下，按照村民自愿、民主决策、一事一议的原则，组织村民配合做好本村村道的建设、养护和管理工作。

第七条 农村公路及其附属设施受法律保护。任何单位和个人都有保护农村公路、农村公路用地和农村公路附属设施的义务，有权制止、检举和控告破坏、损坏或者非法占用农村公路、农村公路用地、农村公路附属设施以及其他影响农村公路安全的违法行为。

禁止在农村公路上非法设卡、收费、罚款和拦截车辆。

第二章 规划和建设

第八条 县级以上人民政府交通运输主管部门应当会同同级有关部门，编制本行政区域的农村公路规划。

县道、乡道规划依法进行编制、审批和备案；村道规划由县（市、区）人民政府交通运输主管部门协助乡（镇）人民政府编制，报县（市、区）人民政府批准，并报州（市）人民政府交通运输主管部门备案。

第九条 经批准的农村公路规划不得擅自修改，确需修改的，应当按照原编制和审批程序办理。

第十条 农村客运站（场）、渡口、码头等设施应当与农村公路统一规划，并按照国家和本省的有关标准进行建设。

第十一条 县（市、区）人民政府交通运输主管部门应当根据农村公路规划编制农村公路年度建设计划，并按照规定程序报经批准后组织实施。

第十二条 农村公路应当根据国家和本省制定的技术标准，结合本行政区域的实际情况和经济条件进行建设。

对现有道路进行改建和扩建的，一般不低于四级公路标准。

第十三条 县道、乡道的新建、改建和扩建，安全保护工程应当与主体工程同时设计，同时施工，同时交付使用，并纳入项目建设成本。安全防护设施、警示标志的设置应当符合国家和本省有关标准。

第十四条 四级以上农村公路工程、中型以上桥梁和隧道工程的设计，应当由具有相应资质的设计单位承担；其他农村公路工程的设计，可以由县级以上人民政府交通运输主管部门组织具有相应工程技术资格的技术人员进行设计。

第十五条 农村公路建设项目符合法定招标条件的，应当依法进行招标，对未达到法定招标条件的项目可以实行合并招标。

第十六条 州（市）人民政府交通运输主管部门对下一级交通运输主管部门组织的县道、乡道建设项目的招标活动履行监督职责；村道建设项目的招标可以由乡（镇）人民政府组织或者委托有相应资质的招标代理机构办理，县（市、区）人民政府交通运输主管部门对该活动履行监督职责。

第十七条 农村公路建设项目实行工程监理制度。

四级以上农村公路和中型以上桥梁、隧道建设项目，应当选择具有相应资质的监理单位进行监理；其他农村公路建设项目，可以以县为单位组建1个或者多个监理组进行监理。

第十八条 县级以上人民政府交通运输主管部门应当加强对农村公路建设质量、造价和施工安全的监督工作。

县（市、区）人民政府交通运输主管部门和乡（镇）人民政府可以聘请技术人员或者村民代表参与农村公路建设质量、造价和施工安全的监督工作。

农村公路建设施工现场应当设立质量、安全责任公示牌，公开有关责任单位、责任人以及主要质量、安全控制指标和质量监督举报电话。

第十九条 农村公路建设项目应当建立安全生产责任制和工程质量责任追究制。农村公路设计、建设、施工和监理单位应当按照职责，建立质量安全责任人档案，明确安全、质量管理责任，落实安全、质量保证措施，实行建设质量缺陷责任期制度。

第二十条 农村公路建设项目完工后，交工验收由项目法人负责，竣工验收由交通运输主管部门按照农村公路建设项目审批权限组织。交工、竣工验收根据有关规定和实际情况可以合并进行。

第二十一条 农村公路建设项目法人应当按照档案管理有关规定，建立工程档案，竣工验收后移交农村公路养护管理单位保存使用。

第二十二条 县道、乡道两侧边沟（截水沟、坡脚护坡道）外缘起不少于1米的土地为县道、乡道用地范围。村道用地范围由村民委员会通过村民会议或者村民代表会议确定。

农村公路用地范围内的土地按照公路用地或者农用地规划控制管理。

第三章 养护管理

第二十三条 农村公路养护实行专业养护与群众养护相结合、日常养护与集中养护相结合的方式，注重预防性养护，逐步实现专业化养护。

鼓励面向社会公开招标，选择具备资质条件的养护单位，对农村公路进行养护。

对等级较低、自然条件特殊等难以通过市场化运作进行养护的农村公路，可以实行干支线搭配，建设、改造和养护一体化招标，也可以采取个人（农户）分段承包等方式进行养护。

第二十四条 农村公路养护应当按照国务院交通运输主管部门规定的技术规范和操作规程实施作业，做到路基稳定、路面平整、路肩整洁、水沟畅通、边坡顺适、构造物和有关设施完好，保证农村公路处于良好技术状态。

第二十五条 农村公路养护大、中修工程，应当按照规范和标准进行设计，履行建设程序，并按照有关规定进行验收，实行养护质量缺陷责任期制度，期限不少于1年。

第二十六条 县道的小修工程和日常养护由县（市、区）人民政府交通运输主管部门负责；乡道、村道的小修工程和日常养护由乡（镇）人民政府负责。

第二十七条 因自然灾害或者其他突发事件致使农村公路中断或者严重损坏时，县（市、区）、乡（镇）人民政府应当及时组织修复。

第二十八条 县（市、区）人民政府交通运输主管部门应当根据农村公路养护特点，建立健全养护安全生产管理制度，督促养护作业单位和养护作业人员严格执行养护作业安全操作规程。

农村公路养护单位进行养护作业时，应当按照有关规定设置安全警示标志，养护作业人员应当穿着统一安全标志服。

县道、乡道因养护作业需要中断交通的，公路养护作业单位应当按规定提前向社会公告，明确绕行线路，并在绕行处设置标志；村道因养护作业需要中断交通的，乡（镇）人民政府应当告知沿线单位和村民。

第二十九条 农村公路养护作业用地、砂石料场以及因养护需要挖砂、采石、取土、取水应当依法办理相关手续的，由县（市、区）人民政府统筹协调解决，乡（镇）人民政府应当给予支持和协助。

第三十条 县（市、区）、乡（镇）人民政府应当组织开展农村公路的绿化工作。

第四章　资金筹措和管理

第三十一条 各级人民政府应当建立政府投资为主、多渠道筹措为辅、鼓励社会各界共同参与的农村公路规划、建设、养护和管理资金筹措机制。

第三十二条 农村公路规划、建设、养护和管理资金来源主要包括：

（一）国家补助的专项资金；

（二）各级人民政府安排的财政性资金；

（三）通过金融机构贷款等方式筹措的资金；

（四）社会捐助资金；

（五）通过拍卖、转让农村公路冠名权、绿化经营权、广告经营权、路域资源开发权等方式筹集的资金；

（六）其他方式筹集的资金。

第三十三条 农村公路规划、建设、养护和管理资金应当按照有关规定及时拨付，专款专用、分账核算，任何单位和个人不得截留、侵占、挪用。

当年未完工项目的建设资金以及结余的养护和管理资金，按照规定程序批准后可以结转下一年度使用。

第三十四条 县级以上人民政府交通运输、财政、审计等部门应当按照各自的职责，加强对农村公路规划、建设、养护和管理资金分配、拨付和使用情况的监督检查。

第五章　路政管理

第三十五条 县（市、区）人民政府交通运输主管部门负责本行政区域内农村公路的路政管理工作，可以聘任农村公路协管员，协助交通运输主管部门开展农村公路管理和保护工作。

第三十六条 农村公路及其用地范围内禁止下列行为：

（一）摆摊设点、堆放物品、打场晒粮、倾倒垃圾、焚烧物品、放养牲畜；

（二）设置障碍、挖沟引水、种植作物；

（三）利用公路边沟排放污物、堵塞边沟；

（四）采石、取土、采空作业；

（五）其他损坏、污染农村公路和影响农村公路畅通的行为。

第三十七条 任何单位和个人不得损坏、擅自移动、涂改农村公路附属设施。

第三十八条 农村公路两侧自公路用地外缘以外，按照县道不少于10米、乡道不少于5米、村道不少于3米的标准划定公路建筑控制区。具体范围由县级以上人民政府依法划定并公布。

除农村公路防护、养护需要外，禁止在农村公路建筑控制区内新建、扩建建筑物和构筑物。

在公路建筑控制区外修建的建筑物、地面构筑物以及其他设施不得遮挡公路标志，不得妨碍安全视距。

第三十九条 禁止在下列范围内从事采矿、采石、取土、爆破作业等危及农村公路、公路桥梁、公路渡口和公路隧道安全的活动：

（一）县道的公路用地外缘起向外100米，乡道、村道的公路用地外缘起向外50米；

（二）农村公路大中型桥梁和渡口周围200米；

（三）农村公路隧道上方和洞口外100米。

第四十条 县级以上人民政府应当加强在农村公路上行驶的超限车辆的治理，组织有关部门做好相关工作。

经省人民政府批准，县级以上人民政府交通运输主管部门可以在县道、乡道上设置固定超限检测站（点）。

县（市、区）人民政府交通运输主管部门或者乡（镇）人民政府可以根据保护乡道、村道的需要，在乡道、村道的出入口设置必要的限高、限宽设施，但是不得影响抢险救灾、消防和卫生急救等应急通行需要，不得向通行车辆收费。

第四十一条 超过农村公路、桥梁、隧道限载、限高、限宽、限长标准的车辆，不得在农村公路、桥梁上或者隧道内行驶。确需行驶的，应当经县级以上人民政府交通运输主管部门同意，并按要求采取有效的防护措施，所需费用由运输单位或者个人承担。

第四十二条 除农业机械因当地田间作业需要在农村公路上短距离行驶外，铁轮车、履带车和其他可能损害公路路面的机具不得擅自在农村公路上行驶。确需在县道和乡道上行驶的，应当经县（市、区）人民政府交通运输主管部门同意；确需在村道上行驶的，应当经乡（镇）人民政府同意。车辆和机具使用人应当采取有效防护措施，并承担所需费用。

第六章 法律责任

第四十三条 违反本条例，有下列行为之一的，由各级人民政府以及有关主管部门按照管理权限对责任单位予以通报批评，责令限期改正；由其主管部门或者监察机关对直接负责的主管人员或者其他直接责任人员依法给予处分；构成犯罪的，依法追究刑事责任：

（一）不依法履行农村公路养护和管理职责的；

（二）违反招标投标规定的；

（三）造成重大质量问题的；

（四）截留、侵占和挪用农村公路规划、建设、养护和管理资金的；

（五）其他玩忽职守、徇私舞弊、滥用职权的行为。

第四十四条 违反本条例的行为，涉及村道的，由县（市、区）人民政府交通运输主管部门按照下列规定给以处罚：

（一）违反第七条第二款规定的，责令停止违法行为，没收违法所得，可以处违法所得三倍以下罚款，没有违法所得的可以处 5000 元以下罚款；

（二）违反第三十六条第一、二、三、五项规定的，责令停止违法行为，限期改正，逾期不改的，处 100 元以上 300 元以下罚款，情节严重的，处 300 元以上 1000 元以下罚款；违反第三十六条第四项规定的，责令停止违法行为，限期改正，逾期不改的，处 200 元以上 500 元以下罚款，情节严重的，处 500 元以上 2000 元以下罚款；

（三）违反第三十七条规定的，责令停止违法行为，限期改正，逾期不改的，处 50 元以上 300 元以下罚款；

（四）违反第三十九条规定的，责令停止违法行为，限期改正，逾期不改的，处 500 元以上 2000 元以下罚款；

（五）违反第四十一、四十二条规定的，责令停止违法行为，可以处 200 元以上 2000 元以下罚款，情节严重的，可以处 2000 元以上 5000 元以下罚款。

第四十五条 违反本条例的行为，涉及县道、乡道的，由县（市、区）人民政府交通运输主管部门，按照《中华人民共和国公路法》和《公路安全保护条例》等法律、法规的规定处理。

第四十六条 违反本条例，对农村公路及其附属设施造成损害的，依法承担民事责任；构成犯罪的，依法追究刑事责任。

第七章 附 则

第四十七条 本条例下列用语的含义是：

（一）县道是指连接县（市、区）人民政府所在地与乡（镇）人民政府、街道办事处所在地、主要商品生产和集散地的公路，以及不属于国道、省道的县际间、县与外部连接的公路；

（二）乡道是指不属于国道、省道、县道的乡际间、乡与外部连接的公路；

（三）村道是指连接乡（镇）与村、村之间的公路。

第四十八条 本条例自 2014 年 1 月 1 日起施行。

401. 云南省深化农村公路管理养护体制改革实施方案

（云政办发〔2020〕40号）

为贯彻落实《国务院办公厅关于深化农村公路管理养护体制改革的意见》（国办发〔2019〕45号）精神，进一步管理好、养护好农村公路，加快建立农村公路管理养护长效机制，按照《交通运输部 财政部贯彻落实〈国务院办公厅关于深化农村公路管理养护体制改革的意见〉的通知》（交公路发〔2020〕26号）有关工作安排，结合我省实际，制定本方案。

一、总体要求

（一）指导思想

以习近平新时代中国特色社会主义思想为指导，全面贯彻党的十九大和十九届二中、三中、四中全会精神，认真落实习近平总书记关于“四好农村路”的重要指示精神，按照党中央、国务院和省委、省政府的决策部署，践行以人民为中心的发展思想，紧紧围绕打赢脱贫攻坚战、实施乡村振兴战略和统筹城乡发展，坚持质量为本、安全至上、自然和谐、绿色发展，深化农村公路管理养护体制改革，加快构建适应经济社会发展、符合农村特点的农村公路管理养护体系，推动“四好农村路”高质量发展，为加快推进农业农村现代化、实现云南高质量跨越式发展提供更好保障。

（二）主要目标

到2022年，基本建立权责清晰、齐抓共管的农村公路管理养护体制机制，形成财政投入职责明确、社会力量积极参与的格局。农村公路治理能力明显提高，治理体系初步形成。农村公路通行条件和路域环境明显提升，交通保障能力显著增强。农村公路列养率达到100%，年均养护工程比例不低于5%，中等及以上农村公路占比不低于75%。

到2035年，全面建成体系完备、运转高效的农村公路管理养护体制机制，基本实现城乡公路交通基本公共服务均等化，路况水平和路域环境根本性好转，农村公路治理能力全面提高，治理体系全面完善。

二、完善农村公路管理养护体制

（一）省级加强统筹和政策引导。省交通运输厅负责全省农村公路行业管理，要制定州、市、县、区人民政府农村公路管理养护权力和责任清单，建立健全有关制度，编制农村公路建设规划和省级养护补助资金计划，加强养护管理机构能力建设指导；会同省财政厅开展农村公路养护资金绩效评价，建立健全激励约束机制，对州、市、县、区人民政府进行绩效管理。省财政厅负责筹集农村公路省级养护补助资金，指导和监督各级农村公路管理养护资金的筹集和管理使用。省自然资源厅负责指导全省农村公路管理养护用地、砂石料供应等工作。省发展改革委、省农业农村厅、省扶贫办等部门负责制定有关配套政策，引导、支持和促进农村公路事业发展。

（二）州、市人民政府加强政策支持和指导监督。各州、市人民政府要发挥好承上启下作用，加强组织领导和监督管理，完善支持政策和养护资金补助机制，及时足额筹集州市级农村公路养护补助资金，加强农村公路养护管理机构能力建设，督促和支持县级政府履行主体责任。

（三）县级政府履行主体责任。县级政府是农村公路管理养护的责任主体，要按照“县道县管、乡村道乡村管”的原则，建立健全农村公路管理养护责任制，明确县级有关部门、乡镇人民政府（含街道办事处，下同）农村公路管理养护权力和责任清单，指导监督县级有关部门和乡镇人民政府履职尽责。健全完善县、乡、村三级路长制，各级路长负责相应农村公路管理养护工作，建立“精干高效、专兼结合、以专为主”的管理体系。按照“有路必养、养必到位”的要求，将农村公路养护资金及管理机构运行经费和人员支出纳入一般公共财政预算，加大履职能力建设和管理养护投入力度。

（四）发挥乡、村两级作用和农民群众积极性。乡镇人民政府具体负责本行政区域内乡道、村道的管理养护工作，要确定专职工作人员，指导村民委员会组织好村道的管理养护工作。村民委员会要按照“农民自愿、民主决策”的原则，采取一事一议、以工代赈等办法组织村道的管理养护工作。要加强宣传引导，将爱路护路要求纳入乡规民约、村规民约；鼓励采用以奖代补等方式，推广将日常养护与应急抢通捆绑实施并交由农民承包；鼓励农村集体经济组织和社会力量自主筹资筹劳参与农村公路管理养护工作，通过将农村公路管理养护纳入公益岗位等方式，为困难群体提供就业机会。

三、强化农村公路管理养护资金保障

（一）落实成品油税费改革资金。成品油税费改革新增收入替代原公路养路费部分，不得低于改革基期年（2009年）公路养路费收入占“六费”（公路养路费、航道养护费、公路运输管理费、公路客货运附加费、水路运输管理费、水运客货运附加费）收入的比例。加大对普通公路养护的支持力度，成品油税费改革转移支付用于普通公路养护的比例不低于80%且不得用于公路新建。2022年起，该项资金不再列支管理机构运行经费和人员等其他支出。

（二）落实养护工程资金补助政策。继续执行省人民政府对农村公路养护工程的补助政策，省级补助资金与切块到州、市、县、区部分之和占成品油税费改革新增收入替代原公路养路费部分的比例不得低于15%，维持现行标准不变。

（三）落实日常养护资金补助政策。自2021年起，省、州市、县三级公共财政一般预算资金用于农村公路日常养护的标准为：县道每年每公里10000元、乡道每年每公里5000元、村道每年每公里3000元。省、州市、县三级财政投入比例分为4类：一类地区（昆明市），省、州市、县分担比例为10%、20%、70%；二类地区（曲靖市、玉溪市、楚雄州、红河州、大理州），省、州市、县分担比例为30%、20%、50%；三类地区（昭通市、保山市、文山州、普洱市、西双版纳州、德宏州、丽江市、临沧市），省、州市、县分担比例为40%、20%、40%；四类地区（怒江州、迪庆州），省、州市、县分担比例为50%、20%、30%。其中，镇雄县、宣威市、腾冲市3个财政省直管县，州市级承担部分由省级补助。根据养护成本变化等因素对补助政策进行动态调整，调整周期原则上不超过5年。

（四）强化养护资金使用监督管理。省交通运输厅、省财政厅要建立对各州、市人民政府的农村公路管理养护考核机制，将考核结果与有关投资挂钩。各级财政、交通运输主管部门要对公共财政用于农村公路的资金实施全过程预算绩效管理，确保及时足额拨付到位；要加强农村公路养护资金使用监管，严禁农村公路建设采用施工方带资的建设—移交（BT）模式，严禁地方以“建养一体化”名义新增隐性债务，公共资金使用情况要按照有关规定向社会公开，接受群众监督。村务监督委员会要将村道养护资金使用和养护质量等情况纳入监督范围。审计部门要定期对农村公路养护资金使用情况进行审计。

（五）创新农村公路发展投融资机制。各地要发挥好政府资金的引导作用，采取资金补助、先养后补、以奖代补、无偿提供料场等多种方式支持农村公路养护。将农村公路发展纳入地方政府一般债券支持范围。鼓励将农村公路建设和一定时期的养护进行捆绑招标，将农村公路与产业、园区、乡村旅游等经营性项目实行一体化开发，运营收益用于农村公路养护。鼓励保险资金通过购买地方政府一般债券方式合法合规参与农村公路发展，探索开展农村公路灾毁保险。

四、建立农村公路管理养护长效机制

（一）加快推进农村公路养护市场化改革。省交通运输厅要指导各地将人民群众满意度和受益程度、养护质量和资金使用效率作为衡量标准，分类有序推进农村公路养护市场化改革，逐步建立政府与市场合理分工的养护生产组织模式。引导符合市场属性的事业单位转制为现代企业，鼓励将干线公路建设养护与农村公路捆绑招标，支持养护企业跨区域参与市场竞争。鼓励通过签订长期养护合同、招投标约定等方式，引导专业养护企业加大投入，提高养护机械化水平。

（二）加强安全和信用管理。公路安全设施要与主体工程同时设计、同时施工、同时投入使用，县级政府要组织公安、应急等职能部门参与农村公路竣（交）工验收。已建成但未配套安全设施的农村公路要逐步完善。省交通运输厅要督促和指导各地加强农村公路养护市场监管，着力建立以质量为核心的信用评价机制，实施守信联合激励和失信联合惩戒，并将信用记录按照国家有关规定纳入全国信用信息共享平台，依法向社会公开。

（三）加强队伍建设和路产路权保护。各地要建立健全县有路政员、乡有监管员、村有护路员的路产路权保护队伍，构建上下联动、齐抓共管的工作机制。各级交通运输主管部门要加强农村公路管理从业人员培训，提高农村公路管理能力。严格执行《中华人民共和国公路法》《云南省农村公路条例》等法律法规，切实加强农村公路路政管理，规范农村公路路产登记，全面开展农村公路巡查、监管、行政许可，坚决制止损坏公路行为，探索通过民事赔偿保护路产路权。

（四）开展“美丽公路”创建。各地要结合实际，坚持经济实用、绿色环保理念，提高农村公路管理养护能力，全面开展“美丽公路”创建工作，打造绿色生态、安全畅通、美丽舒适的路域环境，为广大人民群众提供良好的公路出行条件。

五、有关工作要求

（一）加强组织领导。各州、市人民政府要加强统筹和组织领导，制定本行政区域农村公路管理养护改革实施细则，细化工作举措，压实工作责任，认真抓好任务落实；实施细则要于2020年底前抄送省交通运输厅、省财政厅。省交通运输厅要加强工作指导和督促落实，重大情况及时报省人民政府。

（二）做好政策宣传。各地、有关部门要对深化农村公路管理养护体制改革重点任务开展政策解读，正确引导社会预期，及时回应社会关切，积极宣传改革中的先进典型，充分调动广大人民群众参与、监督改革工作的积极性，为改革工作营造浓厚氛围，确保改革顺利推进。

（三）开展试点创建。省交通运输厅、省财政厅要组织各地围绕路长制、资金保障、创新投融资机制、美丽农村路、创新养护生产模式、信息化管理、政府考核、信用评价机制等试点主题，积极开展试点创建工作。要遴选工作基础扎实、典型示范带动性强、推广价值高的试点地区向交通运输部和财政部推荐，并将好的经验做法纳入“四好农村路”示范创建工作。

本方案自印发之日起施行。《云南省人民政府办公厅关于印发云南省农村公路管理养护体制改革方案的通知》（云政办发〔2007〕172号）同时废止。

402. 西藏自治区公路条例

（2011 年 11 月 24 日西藏自治区第九届人民代表大会常务委员会第二十五次会议修订）

第一章　总　　则

第一条　为加强公路的建设、养护和管理，促进公路事业的发展，根据《中华人民共和国公路法》及有关法律、法规，结合自治区实际，制定本条例。

第二条　自治区管辖公路的规划、建设、养护、使用，以及公路用地、公路附属设施和公路建筑控制区的管理适用本条例。

第三条　本条例所称的公路，是指自治区管辖的国道、省道、县道、乡道、村道、专用公路，包括公路的路基、路面、桥梁、涵洞、隧道、公路渡口和公路净空。

本条例所称的公路附属设施，是指公路主体工程以外的公路安全设施、防护设施、管理设施、监控设施、通信设施、服务设施及公路绿化工程。

第四条　公路发展应当遵循全面规划、合理布局、确保质量、保障畅通、保护环境、节能降耗、建设改造与养护管理并重的原则。

第五条　县级以上人民政府应当将公路发展纳入国民经济和社会发展规划，采取有力措施促进公路建设，鼓励、引导国内外经济组织或民间资本依法投资建设、经营公路。

自治区人民政府在公路建设、养护管理以及人才培养等方面对边远和贫困地区应当给予优先安排和扶持。

第六条　自治区人民政府交通主管部门主管全区公路工作。

自治区公路管理机构负责全区公路的养护管理工作，其派出机构负责对国道的养护、管理。

市（地）人民政府交通主管部门负责本行政区域内省道、县道的养护、管理。

县（市）交通主管部门负责本行政区域内乡道、村道公路的养护、管理。

专用公路由建设使用单位负责养护、管理。

第七条　各级人民政府国土、建设、公安等部门应当在各自职责范围内协助交通主管部门做好公路工作。

第二章　公 路 规 划

第八条　自治区公路建设规划应当根据国家公路总体规划、自治区国民经济和社会发展规划以及国防建设需要编制，与城镇建设、农村建设发展规划和其他方式的交通运输发展规划相协调。

第九条　编制公路建设规划应当符合土地利用总体规划，在经县级以上人民政府批准的公路建设规划用地及控制区内，不得新建建筑物、地面构筑物；需要埋设管（杆）线等设施的，应当征求交通主管部门或公路管理机构的意见。

第十条　规划和新建村镇、开发区、居民区、厂矿、学校、集市贸易场所等建筑群，其外缘与公路用地界外最小间距一般：国道不少于 35 米，省道不少于 25 米，县道、专用公路不少于 15 米，乡道、村道不少于 10 米。公路两侧建筑应当避免对应进行，防止造成公路街道化，影响公路的运行安全与畅通。

第十一条　规划建设铁路、河道、渡槽、管线等各类设施需要上跨、下穿或者并行于规划公路的，应当征得交通主管部门的同意，符合公路工程技术标准规定的几何尺寸和净空要求。

第三章　公路建设

第十二条　县级以上人民政府交通主管部门应当依据职责维护公路建设秩序，加强对公路建设程序、投资、质量、安全、环保和劳务用工的监督管理，依法查处公路建设中的违法行为。

第十三条　公路建设项目应当按照国家规定进行环境影响评价，未进行评价的，交通主管部门不予审批工程可行性研究报告和初步设计。

公路建设需要配套建设的环境保护工程，应当与主体工程同时设计、同时施工、同时验收。

第十四条　公路建设资金应当按照有关法律、法规规定进行筹集、使用，必须坚持专款专用，不得挪作他用。

第十五条　公路建设需要使用国有土地的，可以由县级以上人民政府依法予以划拨，需要使用农民集体所有土地的，由国土主管部门依法办理农用地转用、征收和征用手续；公路建设用地的土地补偿费、安置补助费、地上附着物和青苗补偿费等费用标准按照《西藏自治区实施〈中华人民共和国土地管理法〉办法》，由工程项目所在地县级人民政府负责实施；公路建设征地范围内地上、地下建筑物、构筑物由产权单位或个人自行拆除或迁移，建设单位按有关费用标准予以补偿。

第十六条　公路建设需要在国有荒山、荒地、河滩、滩涂上挖砂、采石、取土的，依照有关法律、法规的规定办理，任何单位和个人不得阻挠或者非法收取费用。

第十七条　公路建设应当按照国家规定的基本建设程序和自治区的有关规定进行，实行项目法人负责、招标投标、工程监理和质量监督管理制度。

禁止低于成本价的投标，禁止指定分包或指定采购。

第十八条　公路勘察、设计、施工、监理、咨询、试验检测、养护等从业单位，应当具备相应的资质，禁止无资质或越级承揽工程和工程业务。

公路建设项目的勘察、设计单位不得转包或违法分包所承揽的工程；监理工作不得分包或转包；施工单位不得转包或者违法分包工程，分包工程不得再次分包。

第十九条　符合法律、法规规定条件的公路从业单位和从业人员均可进入我区公路建设市场，任何单位和个人不得对公路建设市场实行地方保护，不得歧视符合市场准入条件的外来从业单位和从业人员。

第二十条　具备开工条件的公路建设项目，由项目法人办理公路工程质量监督手续后，向有管辖权的交通主管部门提出公路施工许可申请，经批准后方可开工建设；有管辖权的交通主管部门收到施工许可申请后，应当在15个工作日内作出是否批准的决定，并予以书面答复。

第二十一条　因公路建设造成通信、电力、管道、水利等设施损坏的，由建设单位按照不低于该设施原有的技术标准予以修复，或者给予相应的修复费用。

第二十二条　监理单位应当依照法律、法规以及有关公路技术规范、设计文件和公路工程承包合同、监理服务合同，对施工质量、进度、费用和合同管理等实施全过程监理，并承担相应的法律责任。

监理单位不得对不合格建筑材料、构件和设备进行签认。

第二十三条　施工单位应当严格按照批准的设计文件及施工图施工，不得擅自修改工程设计。重大设计变更和概算调整，应当按程序报原审批单位批准，未经批准不得变更和实施。设计变更与可行性研究报告批复内容不一致的，应当征得原可行性研究报告批复部门同意。

第二十四条　施工单位应当在设计指定的地点取料、弃料。因采砂、采石、取土等对植被造成破坏的，应当及时恢复。

第二十五条　维修、改建、整治公路造成交通阻断的，施工单位应当在施工路段设置明显标志；需要绕行的，应当在绕行路口设置标志；没有绕行路线的，应当按照公路建设规范修建便道并负责维护，保证车辆和行人安全通行，不得在绕行路段设卡收费。确需中断交通的，除紧急情况外，施工单位应当报有关部门批准，并提前 5 日向社会公告，公路工程完工或分段工程完工后，应当及时恢复通行。

第二十六条　公路建设从业单位应当严格执行国家有关安全生产的法律、法规以及国家标准和行业标准，建立健全安全生产的各项规章制度。发生重特大安全事故和工程质量事故后，施工单位应当及时向有关主管部门报告，不得拖延和隐瞒。

第二十七条　公路建设项目实行保修制度。保修期和保修范围由合同约定，在保修期和保修范围内出现的质量问题，施工单位应当履行保修义务，并对造成的损失依法承担赔偿责任。

第四章　质量监督

第二十八条　县级以上人民政府交通主管部门及其公路工程质量监督机构依据法律、法规和强制性标准对公路工程质量实施监督检查。项目法人、勘察、设计、施工、监理、咨询、试验检测等从业单位及人员应当按照合同对工程质量负责，承担相应的工程质量责任，接受监督检查，不得拒绝和阻挠。

第二十九条　公路工程质量监督的主要内容：

（一）强制性技术标准和规范的执行情况；

（二）质量保证体系及其运转情况；

（三）勘察、设计、工程施工、使用的材料、设备等质量情况；

（四）工程试验检测工作情况；

（五）工程质量资料的真实性、完整性、规范性、合法性情况；

（六）在工程实施过程中的质量行为；

（七）施工单位在公路工程施工作业中安全制度建立、措施落实情况。

第三十条　县级以上人民政府交通主管部门及其公路工程质量监督机构监督检查时，有权采取下列措施：

（一）要求被检查的单位提供有关工程质量的文件和资料；

（二）进行现场检查，提取资料和检测样本。

第三十一条　县级以上人民政府交通主管部门及其公路工程质量监督机构对检查中发现的问题，应当及时书面通知相关单位。对一般质量缺陷，责令限期整改；对不合格工程，责令限期返修，并承担工程返修全部费用。

第三十二条　公路建设项目交（竣）工验收应当符合国家和自治区交通主管部门规定的验收标准。公路工程竣工验收前，公路工程质量监督机构应当对公路工程质量作出鉴定，对从业单位的质量行为作出评价，并对质量鉴定结果负责。未经公路工程质量监督机构鉴定的项目不得组织竣工验收。

第三十三条　新建、改建、整治的公路，在设计使用年限内出现重大质量事故，由公路工程质量监督机构专项调查、鉴定。交通主管部门根据鉴定结果，依照有关法律、法规追究相关单位和责任人的责任。

第五章　公路养护

第三十四条　公路养护应当按照国家和自治区人民政府交通主管部门规定的技术规范和操作规程进行，保持路面平整、路肩坚实、边沟畅通、边坡平顺，构造物及公路附属设施完好，标志、标线齐全、规范等，确保公路经常处于良好的技术状态。

第三十五条　公路养护资金，专项用于公路的养护、修理、技术改造和管理，不得挪作他用。

第三十六条　公路养护应当逐步实行养护管理和养护作业分离制度，采用招投标方式，确定养护作业单位。

第三十七条 公路养护作业按照下列安全规定进行：

（一）公路养护作业应当避开交通高峰时段；

（二）在夜间和恶劣天气进行公路养护作业时，现场应当设置警示标志或灯光信号；

（三）公路养护作业用料应当堆放至公路一侧，不得占用公路通行路面；

（四）通过公路养护施工路段的车辆和行人应当遵守施工现场秩序，服从现场管理人员的指挥，维护公路畅通；

（五）公路养护作业时，车辆、行人需绕道通行或中断交通的，施工单位应当按照本条例第二十五条规定执行。

第三十八条 公路沿线县级人民政府，应当根据公路养护需要，结合当地实际，依法划拨公路养护料场和养护道班（工区）生活用地、废料弃放地。

第三十九条 公路管理机构应当按照公路桥梁养护技术规范的规定对公路桥梁定期进行检测和评定，经检测荷载等级达不到原设计标准的，应当设置明显限载标志。经检测公路桥梁严重损坏影响通行安全的，应当设置禁止通行和绕行标志，并及时采取维修和加固等修复措施，保证桥梁的技术状况符合有关标准。

第四十条 公路用地范围内宜林宜草地带的绿化工作，应当按照因地制宜、稳固路基、防护边坡、美化路容的要求，由公路养护作业单位组织实施。公路用地范围内的树木等绿化物不得影响车辆安全行驶，不得任意砍伐、割损。因工程建设需要更新、砍伐、割损的，应当征得公路管理机构的同意，并由工程建设单位及时补种。不能补种的，工程建设单位应当缴纳补种费用。

第四十一条 发生严重雪阻、水毁、塌方、泥石流、滑坡、地震等重大自然灾害致使公路交通中断的，公路管理机构应当及时修复。难以修复的，当地人民政府应当组织附近驻军、机关、团体、企事业单位进行紧急抢修，尽快恢复交通。所需工程抢险材料由当地人民政府负责紧急征用，抢险保通任务完成后由公路管理机构按当地市场价给予补偿。

第六章 路政管理

第四十二条 县级以上人民政府交通主管部门或其公路管理机构，实施保护公路、公路用地、公路附属设施及公路建筑控制区的行政管理，维护公路管理者、经营者、使用者的合法权益。

第四十三条 任何单位和个人不得非法占用公路、公路用地，不得破坏、损坏公路附属设施。

任何单位和个人有爱护公路的义务，有检举破坏、损坏公路和影响公路安全行为的权利。

第四十四条 公路两侧边沟（截水沟、坡脚护坡道）外缘起，国道、省道不少于 3 米范围的土地和县道、乡道、村道、专用公路不少于 2 米范围的土地为公路用地。

第四十五条 公路两侧边沟（截水沟、坡脚护坡道）外缘起（无边沟的以坡角外 3.5 米）的下列范围以内为公路建筑控制区：

（一）国道不少于 20 米；

（二）省道不少于 15 米；

（三）县道、专用公路不少于 10 米；

（四）乡道、村道不少于 5 米；

（五）高速公路和一级公路隔离栅外侧不少于 20 米，特大型桥梁外两侧不少于 100 米。

新建、改建公路的两侧建筑控制区，应当自公路规划批准之日起 30 日内，由当地县级人民政府划定，并予以公告。

本条例第十条、第四十五条规定的公路两侧建筑控制区内土地的原所有权不变。

第四十六条 在大中型公路桥梁上、下游各 500 米、渡口周围 300 米、公路隧道上方和洞口外 200 米范围内，不得进行挖砂、取土、倾倒废弃物；在公路用地、公路桥梁外两侧起 1000 米范围内，及在公路隧道上方中心线两侧起1000米范围内，不得从事采矿、采石及爆破作业。

第四十七条 在公路及公路用地范围内禁止下列行为：

（一）破坏、损坏、污染公路路基、路面、桥梁、隧道、渡口及附属设施；

（二）非法设置路障，占道摆摊，设点修车、洗车，堆放杂物，打谷晒粮，积肥制坯或者其他影响公路畅通的；

（三）倾倒垃圾淤泥，利用公路排水设施排污，车辆装载的泥砂石、杂物抛落路面；

（四）毁坏、擅自移动、涂改、遮挡公路附属设施或利用公路附属设施架设管线、悬挂物品；

（五）利用公路桥梁、隧道、涵洞铺设输送易燃、易爆和有害气体、液体的管道和高压线；

（六）堵塞公路排水系统，利用公路桥梁、隧道、涵洞堆放物品或搭建设施；

（七）利用公路桥梁进行带缆、牵拉、吊装等施工作业；

（八）其他侵占、破坏、损坏公路，影响公路完好、安全、畅通的行为。

第四十八条 已经立项的公路建设项目，公路管理机构应当予以公告并依法实施路政管理，相关部门在建筑控制区内不得再审批建筑物、地面构筑物等建设项目；任何单位和个人不得在公路建设用地范围内抢建建筑物、地面构筑物，抢种农作物。对非法抢建、抢种的，当地人民政府交通主管部门或公路管理机构可以清除，不予补偿。

第四十九条 公路、公路用地、公路两侧建筑控制区内从事下列行为的，应当征得交通主管部门或公路管理机构同意：

（一）修建铁路、机场、电站、通信设施、水利工程和其他建设工程需要占用、挖掘公路或者使公路改线的；

（二）跨越、穿越公路修建桥梁、渡槽或者架设、埋设管线等设施的；

（三）在公路建筑控制区、公路用地范围内架设、埋设管（杆）线等设施的；

（四）在大中型公路桥梁1000米范围内修筑堤坝、压缩或者拓宽河床、建设浮桥、围垦造田、抽取地下水，以及修建影响或者危及桥梁安全设施的；

（五）铁轮车、履带车和其他可能损害公路路面的机具需要在公路上行驶的；

（六）在公路用地范围内设置非公路标志的；

（七）在公路上增设平面交叉道口的。

实施本条第（一）、（二）项建设工程和修建设施，影响交通安全的，还须征得公安交通管理部门同意。

本条第（五）项规定的铁轮车、履带车和其他机具在公路上行驶的，还应当按照公安交通管理部门指定的时间、线路行驶。

第五十条 在公路上行驶的车辆的轴载质量应当符合公路工程技术标准要求。

交通行政执法人员依法对在公路上行驶的车辆进行超限、超载检测、检查，被检查单位和被检查人员应当积极配合。经检测超限、超载车辆应当在指定的地点停放，卸载至符合轴载质量及其他限值标准。

第五十一条 超过公路、公路桥梁、公路隧道或者汽车渡船限定标准，确需行驶或运输不可解体物品超过国家规定限值标准的，应当经县级以上人民政府交通主管部门或公路管理机构批准。运输不可解体的超限物品的，应当按照指定的时间、路线、速度行驶，并悬挂明显标志。

县级以上人民政府交通主管部门或公路管理机构在审批超限运输时，应当根据实际情况计算公路、桥梁承载能力，制定通行与加固方案。对运输线路、桥涵等进行的勘测、方案论证、加固、改造等措施及修复损坏所需的费用，由运输人承担，并与运输人签订有关协议。

第五十二条 损坏公路及公路附属设施、超限运输应当承担赔（补）偿责任，赔（补）偿费标准按照自治区有关公路赔（补）偿标准执行。

因交通事故造成公路及公路附属设施损坏或者污染公路路面的，公安交通管理部门应当及时通知交通主管部门。造成交通阻塞的，由公安交通管理部门负责清障保通。

第五十三条 行驶车辆因故障等原因需要在公路上停放的，应当按照规定设置警示标志，禁止用石块、木料等障碍物替代警示标志，影响公路畅通。

第七章 监督检查

第五十四条 县级以上人民政府交通主管部门应当对有关公路建设、管理、养护的法律、法规执行情况进行监督检查。

县级以上人民政府交通主管部门在进行监督检查时，被检查的单位和个人应当积极配合，如实提供情况，不得拒绝、阻挠。

第五十五条 公路监督检查专用车辆的车型、标志、示警灯和使用证由自治区人民政府交通主管部门按照国家规定统一管理。

任何单位和个人不得违反规定擅自喷印、安装、使用公路监督检查专用车辆的标志和示警灯；不得伪造、涂改、转让和转借使用证。

第五十六条 交通行政执法人员应当定期接受法律、法规、职业道德、业务知识培训，并定期进行考核。对考核不合格的，取消交通行政执法资格，不得上岗执法。

第五十七条 交通行政执法机构及其执法人员应当依据法定的职权和程序秉公执法，公开办事制度，接受社会监督。

交通行政执法人员执行公务时，应当佩戴标志、出示有效执法证件。

第八章 法律责任

第五十八条 违反本条例第十七条规定，指定分包或指定采购的，由交通主管部门责令改正，可处 20 万元以上 50 万元以下的罚款；后果严重的，可暂停项目执行或暂缓资金拨付。

第五十九条 违反本条例第十八条第一款规定，从业单位无资质或越级承揽工程的，由交通主管部门责令其停止违法行为。对勘察、设计、监理单位处合同约定的勘察、设计、监理酬金 1 倍以上 2 倍以下的罚款；对施工单位处工程合同价款 2%以上 4%以下的罚款。

第六十条 违反本条例第十八条第二款规定的，由交通主管部门责令改正，没收违法所得，对勘察、设计、监理单位处合同约定的勘察费、设计费、监理酬金 25%以上 50%以下的罚款；对施工单位处合同价款 5‰以上 10‰以下的罚款。

第六十一条 违反本条例第二十条规定，未办理质量监督手续的，由质量监督机构责令限期补办，可并处 20 万元以上 50 万元以下的罚款；未经批准擅自开工的，由交通主管部门责令停止施工，并可处 5 万元以下的罚款。

第六十二条 违反本条例第二十二条第二款规定的，由质量监督机构责令改正；情节严重的，处 50 万元以上 100 万元以下的罚款；有违法所得的，予以没收；造成损失的，承担赔偿责任。

第六十三条 违反本条例第二十三条规定的，由交通主管部门责令限期改正，可暂停项目执行或暂缓资金拨付；造成损失的，承担赔偿责任。

第六十四条 违反本条例第二十六条规定，造成工程质量事故或安全事故的，由交通主管部门对项目法人给予警告、限期整改；情节严重的，可暂缓资金拨付，取消其 2 年至 5 年区内招标项目的投标资格。

第六十五条 违反本条例第二十七条规定的，由交通主管部门责令改正，可处 10 万元以上 20 万元以下的罚款；造成损失的，承担赔偿责任。

第六十六条 违反本条例第四十六条规定的，由交通主管部门或公路管理机构处 1 万元以上 3 万元以下的罚款。

第六十七条 违反本条例第四十七条规定的，由交通主管部门或公路管理机构责令停止违法行为，并可处 500 元以上 5000 元以下的罚款。

第六十八条 违反本条例第五十条规定的，由交通主管部门或公路管理机构责令停止违法行为，恢复原状；不予恢复的，由公路管理机构负责恢复，所需费用由责任人承担，并可处 5000 元以上 2 万元以下的罚款。

第六十九条 违反本条例第五十一条、第五十二条第一款规定的，由交通主管部门或公路管理机构处 1000 元以上 3 万元以下的罚款；造成损失的按照自治区有关公路赔（补）偿标准赔（补）偿。

第七十条 违反本条例第五十四条规定的，由交通主管部门或公路管理机构责令清除，可处 50 元以上 200 元以下的罚款。

第七十一条 交通主管部门、交通行政执法机构的工作人员玩忽职守、徇私舞弊、滥用职权，尚不构成犯罪的，依法给予行政处分；构成犯罪的，依法追究刑事责任。

第九章　附　　则

第七十二条 本条例自 2007 年 3 月 1 日起施行。

403. 西藏自治区农村公路管理养护办法（试行）

第一章　总　　则

第一条　为加强和规范农村公路管理与养护，保障农村公路完好畅通，促进农牧区经济和社会持续发展，依据《中华人民共和国公路法》、《西藏自治区农村公路管理养护体制改革实施方案》及相关法律法规的规定，结合西藏实际，制定本办法。

第二条　本办法适用于西藏自治区管养范围内的农村公路管理和养护工作。

第三条　本办法所称农村公路是指西藏自治区管养范围内的县道、乡道、专用公路（含二类边防公路）和村道。

第四条　农村公路管理养护工作遵循“统筹规划、分级管理、保障投入、确保通畅”的原则。

第五条　各级人民政府应加强农村公路管理养护工作，并将农村公路管理养护工作纳入各级人民政府年度工作考核目标。

各地（市）、县（市、区）人民政府应根据当地经济社会发展需要和农村公路管理养护工作的实际，采取有力措施，多渠道、多方式筹措养护资金，并鼓励、引导社会经济组织或个人投资农村公路管理养护。

自治区交通厅和各地（市）交通局，负责农村公路管理养护工作的监管和指导。

第六条　县（市、区）人民政府是本行政区域农村公路管理养护的责任主体，其交通主管部门负责管理和监督使用本行政区域农村公路养护资金，具体负责本行政区域农村公路管理养护和路政管理工作。

第七条　农村公路受国家保护，任何单位和个人不得破坏、损坏农村公路及其附属设施，不得非法占用农村公路用地，不得干涉正常的养护生产作业。任何单位和个人都有权检举和控告破坏、占用农村公路、农村公路用地、农村公路设施和影响农村公路安全的行为。

第二章　管理职责

第八条　自治区交通厅授权自治区公路管理局负责全区农村公路管理和养护工作，其主要职责是：

（一）负责全区农村公路管理养护工作的行业管理，编制全区农村公路管理养护规划；

（二）拟定全区农村公路管理养护规章制度和技术规范，报交通厅审批后执行；

（三）负责编制初审全区农村公路养护补助资金建议计划并报交通厅审核；

（四）监督检查养护任务计划执行情况、养护质量和养护补助资金的使用情况，指导、监督全区农村公路管理养护工作及路政管理工作；

（五）负责组织全区农村公路管理养护业务培训和经验交流；

（六）建立农村公路养护数据库。

第九条　地（市）交通局的主要职责是：

（一）负责本辖区农村公路管理养护工作的行业管理，每年 11 月 30 日前向自治区公路管理局编报本地（市）下一年度农村公路养护补助资金建议计划；

（二）结合本地区实际，制定具体的管理制度和办法，建立本地区农村公路养护数据库；

（三）监督本辖区农村公路养护资金的使用；

（四）指导、监督和检查本辖区农村公路管理养护工作及路政管理工作，培育、监管本辖区农村公路养护市场；

（五）负责组织本辖区农村公路管理养护业务培训和经验交流。

第十条 县（市、区）级人民政府交通主管部门的主要职责是：

（一）具体负责本辖区农村公路管理养护工作，统筹安排和管理农村公路养护补助资金；编制本辖区农村公路行政等级规划和下一年度本辖区农村公路养护补助资金建议计划；

（二）制定本辖区农村公路管理养护实施细则，建立和完善农村公路养护数据档案；

（三）每年11月15日前向地（市）交通局编报下一年度本辖区农村公路养护补助资金建议计划（含本年度经有管辖权的主管部门交竣工验收合格的农村公路新增里程）；

（四）积极探索符合本辖区实际的农村公路养护运行机制，并具体负责组织管理农村公路养护工作，监督、考核本辖区乡镇人民政府或常设养护队伍完成农村公路养护生产和任务指标的执行情况，对农村公路管理养护补助资金、养护质量负总责；

（五）负责本辖区农村公路的路政管理和路产、路权保护工作；

（六）负责组织本辖区农村公路管理养护业务培训和经验交流。

第十一条 乡（镇）人民政府负责组织村民委员会或帮助常设公路养护队伍做好本辖区乡道、村道的日常管理养护工作，具体职责由县（市、区）级人民政府结合本地实际确定。

第三章 管理养护

第十二条 农村公路养护作业应从实际出发、因地制宜，采取科学合理、切实可行的养护运行机制，养护人员当地农牧民为主。

第十三条 各级农村公路管理养护部门应当按照《西藏自治区农村公路养护技术规范》对农村公路进行管理和养护。

第十四条 农村公路养护应保持路面平整，路肩坚实，横坡适度，边坡稳定，排水畅通，构造物完好。

第十五条 农村公路应保证两侧边沟（截水沟、坡脚护坡道）外缘起不少于2米的公路用地。

在农村公路两侧修建永久性工程设施，其建筑物边缘与公路边沟（截水沟、坡脚护坡道）外缘（无边沟的以边坡坡脚外3.5米）的间距，县道、专用公路不少于10米；乡道、村道不少于5米。

第十六条 农村公路养护采取就近取料原则，砂石料场以及养护需要的挖砂、采石、取土、取水，由县（市、区）、乡（镇）人民政府无偿提供，保证养护生产需要。但应规范养护取料、弃料行为，切实保护生态环境。

第四章 资金筹措与管理

第十七条 农村公路养护资金的筹集与管理遵循“多方筹措、分级管理、专户存储、专款专用”的原则。

第十八条 农村公路养护资金主要来源：

（一）自治区补助的农村公路养护专项资金；

（二）地（市）、县（市、区）财政安排的养护、抢险保通及修复资金；

（三）拖拉机（摩托车）养路费返还用于农村公路养护的资金；

（四）企业、个人、社会团体等捐助筹集的农村公路养护资金；

（五）其他方式筹措的农村公路养护资金。

第十九条 农村公路养护资金应全部用于农村公路养护，任何单位、个人不得截留、挤占和挪用。

第二十条　加强养护资金管理，建立健全年公里养护成本考核制度，实行养护成本核算制度，建立农村公路养护资金使用明细台账，定期分析养护费用支出情况。

第五章　灾害预防及抢险保通

第二十一条　为减少农村公路灾害损失，各级农村公路管理养护部门应积极贯彻“预防为主，防治结合”的方针，制定农村公路灾害抢险保通预案，主动做好预防工作。

第二十二条　暴雨、暴雪、暴风等恶劣气候期间，各级农村公路管理养护部门应坚持对管养路段进行巡视，密切注意恶劣气候条件对公路的不利影响，发现灾害隐患要及时采取相应措施予以处理，尽量避免和减轻灾害损失。已发生灾害路段应及时设置交通安全标志及车辆诱导标志，预防行车安全事故。

第二十三条　农村公路一旦发生雪阻、塌方、泥石流、滑坡、地震等自然灾害致使交通中断的，应及时上报，并迅速组织当地群众、驻军、机关干部和企事业单位职工进行抢修排险，尽快恢复通车。

第六章　检查与考核

第二十四条　各级农村公路管理养护部门应按《西藏自治区农村公路养护质量检查评定标准》相关要求，坚持对农村公路管理养护工作进行检查考核，检查结果实行年、季度通报制度。

（一）县（市、区）人民政府交通主管部门、乡（镇）人民政府对本辖区农村公路管理养护工作进行经常检查及考核；

（二）各地（市）交通局对本地区农村公路管理养护工作组织半年、年终检查和考核、评定；

（三）自治区公路管理局每三年进行一次全区农村公路管理养护工作大检查，每年对各地（市）、县（市、区）公路的养护情况进行抽查。

第二十五条　各级农村公路管理养护部门应采取定期检查与不定期抽查相结合的工作方法，对在检查中发现的先进典型和存在的问题，应实事求是地及时进行表彰与批评，并以此作为年终奖优罚劣的重要依据。

第二十六条　各级农村公路管理养护部门应经常掌握养护计划任务执行情况，全面、准确、及时地做好统计上报工作。

第二十七条　农村公路管理养护考核、评定包括下列内容：

（一）好路率及综合值指标完成情况；

（二）建章立制及推行规范化管理工作情况；

（三）灾害抢通与修复工程实施情况；

（四）年公里养护成本、财务计划指标及执行财务制度情况；

（五）路政管理工作情况；

（六）组织农牧民群众投工投劳和增加收入情况；

（七）专项养护生产活动和其他任务的完成情况。

第七章　附　　则

第二十八条　本办法自二〇〇七年七月一日起施行。

404. 西藏自治区生态补偿农村公路养护员管理办法（试行）

（藏交发〔2019〕182号）

第一章　总　　则

第一条　为进一步加强和规范生态补偿农村公路养护员管理，切实发挥生态补偿农村公路养护员岗位职责，促进建档立卡贫困人口脱贫致富，根据《中华人民共和国公路法》《农村公路养护管理办法》《自治区“十三五”时期生态补偿脱贫实施方案》等法律法规和相关政策，制定本办法。

第二条　各县（区）人民政府为生态补偿农村公路养护员的管理责任主体，负责统筹协调生态补偿农村公路养护员管理工作。

第三条　生态补偿农村公路养护员，必须符合《自治区“十三五”时期生态补偿脱贫实施方案》相关要求，各市（地）、县（区）政府不得随意扩大政策范围，并且生态补偿农村公路养护员按要求必须从事农村公路养护工作。

第二章　岗位设置

第四条　结合本县（区）农村公路及养护补助资金实际情况，吸纳符合生态岗位对象条件的人员参加农村公路养护。生态补偿农村公路养护员岗位职数原则上不得超过：拉萨市479人、日喀则市2177人、山南市1022人、昌都市2083人、林芝市681人、那曲市2971人、阿里地区1587人。

第五条　各县（区）根据实际确需调整岗位职数的，必须逐级上报审批，明确资金来源，并经自治区脱贫指挥部、自治区财政厅、自治区交通运输厅审核同意后，方可调整生态补偿农村公路养护员岗位职数。

第六条　各县（区）交通运输局结合本县（区）农村公路实际，合理安排生态补偿农村公路养护员和工作时段，实现生态补偿农村公路养护员就近就业。

第三章　岗位职责

第七条　生态补偿农村公路养护员每月上路不少于3次，总工作时间不少于12小时。

第八条　工作内容：

（一）清扫路面，保障路面整洁干净；

（二）局部砂石路面的整平及坑槽的填补；

（三）修整路肩、边坡，清除路肩、边坡杂草、杂物，并运送至相关处置地；

（四）疏通边沟，确保排水畅通；

（五）抛洒防滑料等措施对局部结冰路段的临时处置工作，确保行车安全；

（六）清理小型塌方及坠落物，发现重大塌方和水毁等安全隐患，及时上报情况，并设置临时防范措施，确保行人和车辆安全。

第九条　经常上路巡查，及时阻止和举报在公路红线控制区内建房、挖掘和侵占公路等违法行为。

第四章 岗位管理

第十条 生态补偿农村公路养护员实行选聘制。由县政府牵头，县（区）扶贫部门负责生态补偿农村公路养护员的选聘、解聘、清退等政策符合性把关工作；县（区）财政局根据相关人员的考核情况负责补助资金的兑现工作；县（区）交通运输局负责生态补偿养护人员的考核工作。相关人员台账及考核情况及时向上级行业主管部门备案。

第十一条 农村公路养护员岗位人员选聘条件：

（一）政治立场坚定，遵纪守法，坚持原则，责任心强；

（二）具有当地户口，且符合《自治区“十三五”时期生态补偿脱贫实施方案》对相关人员要求；

（三）具有相应劳动能力，并有意愿从事农村公路养护工作。

（四）不得担任其他生态保护岗位。

第十二条 根据本县（区）生态岗位职数及农村公路养护岗位需求，合理确定生态补偿农村公路养护员岗位职数，并按照以下程序落实选聘工作。

（一）符合第十一条规定的条件；

（二）个人向村（居）民委员会提出申请；

（三）村（居）民委员会推荐或推选并公示；

（四）乡（镇）人民政府及县区扶贫部门审核通过后，签订聘用合同；

（五）县（区）扶贫办及时将生态补偿农村公路养护员选聘情况备案县（区）交通运输局，县（区）交通运输局与乡（镇）人民政府签订相应责任书，乡（镇）人民政府与生态补偿农村公路养护员签订聘用协议书。

第十三条 县交通运输局与乡（镇）人民政府协商，根据行业相关规定结合生态补偿农村公路养护员岗位补助资金合理确定养护路线及里程，养护模式可采取个人承包或定期统一组织开展养护工作等模式。

第十四条 生态补偿农村公路养护岗位人员解聘。对解聘已实现脱贫农牧民，应按区脱贫攻坚指挥部办公室有关规定执行。对不能从事、不愿从事生态补偿农村公路养护岗位工作的，应由本人向村（居）民委员会提出申请，乡（镇）人民政府核准后报县交通运输局及扶贫办备案，并于10个工作日内告知本人。

第五章 安全管理

第十五条 各县（区）交通运输局、乡（镇）政府负责对生态补偿农村公路养护岗位人员的安全培训工作，并定期开展安全检查活动。确保从业人员安全意识入脑入心，规范安全从业行为。

第十六条 各县（区）人民政府结合财力情况，统筹协调解决生态补偿农村公路养护员的必要安全保障装备，如：橘黄色养护作业服、安全帽、反光背心、安全锥等。

第六章 资金管理

第十七条 生态补偿农村公路养护员岗位补助资金从生态补偿脱贫岗位补助资金及农村公路养护补助资金中解决。

第十八条 岗位补助资金专项用于符合相关政策，且从事岗位工作人员的劳动报酬，不得截留挪用，且杜绝拿钱不干事，吃空饷情况出现。

第十九条 岗位补助标准严格按照自治区有关要求执行，不得擅自提高标准或降低标准。

第二十条 补助资金的兑现方式及程序，各县（区）交通运输局、扶贫办、乡（镇）政府协商确定，并报市脱贫攻坚指挥部、财政局、交通运输局备案。

第七章　考 核 管 理

第二十一条　生态农村公路养护员岗位的工作考核，由各县（区）交通运输局、扶贫办、责任乡（镇）政府定期共同组织实施，原则上每年开展一次考核。

第二十二条　加强过程的监督检查，县（区）交通运输局、扶贫办、乡（镇）政府工作人员不定期对农村公路养护工作进行监督检查，及时反馈存在的问题，将检查结果纳入年度考核范畴。

第二十三条　考核内容：

（一）依据合同或协议，结合乡（镇）考勤情况，检查出勤、出工情况；

（二）根据出勤情况或线索上报情况，检查日常公路巡查工作落实情况；

（三）考核硬化路面是否整洁干净；

（四）砂石路面是否无搓板路段、是否平整无坑槽；

（五）边沟是否无淤塞无杂物；

（六）路肩是否整洁平顺；

（七）责任路段小型坍塌物的清理情况。

第二十四条　按照考核内容，相关工作落实或完成较好的为合格，合同约定出勤、出工率达不到要求或路面脏乱差，工作不到位的为不合格。

第八章　奖　　惩

第二十五条　考核不合格，工作不到位的生态补偿农村公路养护员，乡（镇）政府、县扶贫办、县交通运输局应进一步加强教育引导工作，激发相关人员工作责任心，对于不服从管理或无心从事本岗位的，乡（镇）政府、县扶贫办、县交通运输局加强沟通协调，原则上建议从本岗位进行清退处理，相关情况上报县（区）人民政府，并逐级做好备案工作。

第二十六条　考核情况合格，热爱农村公路养护工作，且工作成效明显的生态补偿农村公路养护员或队伍，合理增加养护里程规模，在享受原岗位补助基础上，从农村公路养护补助经费中相应兑现增加里程规模部分的劳动报酬，进一步激发困难群众的劳动积极性，促进劳动脱贫、劳动致富能力，提升困难群众的获得感。

第二十七条　对于生态补偿农村公路养护员中，热爱农村公路养护工作，工作表现突出的，脱贫后按照本人自愿原则，支持各县（区）交通局积极与县政府沟通协调，制定工作措施，积极吸收为农村公路养护工作聘用范畴，为农村公路养护工作长效发展及当地群众稳定就业奠定基础。

第九章　附　　则

第二十八条　各县区交通运输应依照本办法，并根据当地具体情况制订细则。

第二十九条　本办法自发布之日起执行。

405. 西藏自治区深化农村公路管理养护体制改革实施方案

（藏政办发〔2020〕18号）

为进一步贯彻落实习近平总书记关于“四好农村路”重要指示精神，根据《国务院办公厅关于深化农村公路管理养护体制改革的意见》（国办发〔2019〕45号）和《交通运输部财政部贯彻落实〈国务院办公厅关于深化农村公路管理养护体制改革的意见〉的通知》（交公路发〔2020〕26号）要求，切实加强我区农村公路管理养护工作，建立管理养护长效机制，巩固好建设成果，更好地服务农牧区经济社会发展及乡村振兴战略，结合我区实际，制定本实施方案。

一、总体要求

（一）指导思想。以习近平新时代中国特色社会主义思想为指导，全面贯彻落实党的十九大和十九届二中、三中、四中全会精神，认真贯彻落实习近平总书记关于“四好农村路”的重要指示精神，按照党中央、国务院和自治区党委、政府决策部署，践行以人民为中心的发展思想，紧紧围绕打赢脱贫攻坚战、实施乡村振兴战略和统筹城乡发展，深化农村公路管理养护体制改革，加快构建适应经济社会发展阶段符合农牧区特点的农村公路管理养护体系，推动“四好农村路”高质量发展，为全区广大农牧民群众致富奔小康、加快推进农业农村现代化提供更好保障。

（二）基本原则。通过改革，消除制约“四好农村路”高质量发展的体制机制障碍，切实解决管好、护好的短板问题，建立农村公路管理养护长效机制。通过构建“区市统筹、县级负责、乡村齐抓、社会参与”的农村公路管理养护责任体系，推动落实县级人民政府的主体责任。加大各级财政投入，拓宽投融资渠道，建立财政投入为主、多渠道融资的农村公路管养资金保障体系。分类有序推进养护市场化改革，坚持绿色发展、融合发展，推进农村公路高质量发展。

（三）工作目标。到2022年，基本建立权责清晰、齐抓共管的农村公路管理养护体制机制，形成财政投入职责明确、社会力量积极参与的格局。农村公路治理能力明显提高，治理体系初步形成。农村公路通行条件和路域环境明显提升，交通保障能力显著增强。农村公路管理养护主体责任全面落实，农村公路列养率达到100%，年均养护工程比例和中等及以上农村公路占比有效提升。到2035年，全面建成体系完备、运转高效的农村公路管理养护体制机制，基本实现城乡公路交通基本公共服务均等化，路况水平和路域环境根本性好转，农村公路治理能力全面提高，治理体系全面完善。

二、主要任务

（一）健全农村公路管理养护体制。

1. 加强自治区统筹和政策引导。交通运输厅加强农村公路管理养护工作的指导、监督，拟订农村公路有关政策，提出农村公路发展指导意见，加强政策引导和业务指导。财政厅加强自治区级资金统筹，安排自治区养护补助资金。自治区人民政府对地（市）行署（人民政府）的农村公路管理养护工作进行绩效管理。（责任单位：交通运输厅、财政厅）

2. 地（市）行署（人民政府）加强政策支持和指导监督。地（市）行署（人民政府）制定相关部门、县级人民政府农村公路管理养护权力和责任清单，强化地（市）级统筹和政策引导，抓好农村公路管理养护体制改革工作，建立健全规章制度，筹集养护补助资金，加强地方农村公路管理养护机构及应急力量的建设，支持、督促县级人民政府履行主体责任，对县级人民政府进行目标管理和绩效考核，提升农村公路灾害治理能力和服务水平。［责任单位：各地（市）行署（人民政府）］

3. 县级人民政府履行好主体责任。县级人民政府将农村公路管理养护工作纳入“三农”工作统筹谋划，按照“县道及重要专用公路县管、乡村道及其他专用公路乡村管”的原则，具体负责管理养护、路政管理、治超执法、路网监测和公路用地确权等工作，建立健全农村公路管理养护责任制、优化体制机制，落实县、乡、村农村公路养护工作机构和人员，完善管理养护资金财政预算保障机制，推广将日常养护与应急抢险捆绑实施并交由农牧民承包，鼓励农牧民集体经济组织和社会力量自主筹资筹劳参与农村公路管理养护工作，结合养护工作实际需求提供生态补偿农村公路养护员岗位等方式，为贫困户提供就业机会。全面推进农村公路“路长制”，设立县级农村公路总路长制、由县级党委或政府主要负责同志担任，负责统筹全县农村公路管理养护等工作，并设立县道路长、乡道（专用公路）路长、村道路长，原则上分别由县级负责同志、乡党委或政府主要负责同志、村党支部或村委会主要负责同志担任，各自负责县道、乡道（专用公路）、村道的管理养护等工作。鼓励每条农村公路设置路长。[责任单位：各县（区）人民政府]

4. 发挥乡村两级作用和农牧民群众积极性。乡级人民政府在县级人民政府确定的职责范围内，具体负责本行政区域内乡村道及其他专用公路的管理养护工作，确定专职工作人员，指导村民委员会组织好乡村道管理养护工作，推进乡（镇）农村公路管理体系建设。村民委员会要充分发挥老支书、老村长、老党员、老模范和驻村工作队的积极性，按照“农牧民自愿、民主决策”的原则，采取一事一议、以工代赈等办法组织乡村道的管理养护工作，加强宣传引导，将爱路护路要求纳入乡规民约、村规民约。[责任单位：各县（区）人民政府]

（二）建立农村公路管理养护长效机制。

1. 逐步推进农村公路养护市场化改革。将群众满意度和受益程度、养护质量和资金使用效率作为衡量标准，逐步分类有序推进农村公路养护市场化改革。大中修等专业性工程，逐步通过市场化运作交由专业化队伍承担；日常保养、绿化等非专业项目，鼓励通过分段承包、定额包干等模式交由沿线自然村（组）、家庭和个人组织实施，并按照优胜劣汰的原则，逐步建立相对稳定的群众性养护队伍；鼓励通过政府购买服务将农村公路日常养护交由第三方公司实施，在同等条件下优先考虑当地农牧民施工队和养护专业合作社，逐步建立政府与市场合理分工的养护生产组织模式。[责任单位：交通运输厅，各地（市）行署（人民政府），各县（区）人民政府]

2. 加强安全和信用管理。农村公路新（改）建工程要保障安全设施建设投资，安全设施与主体工程同步设计、施工和投入使用。已建成但未配套安全设施的农村公路要逐步完善，及时排查治理安全隐患。加强农村公路养护市场监管，着力建设以质量为核心的信用评价机制，实施守信联合激励和失信联合惩戒，并将信用记录按照国家有关规定纳入信用信息共享平台，依法向社会公开。[责任单位：交通运输厅，各地（市）行署（人民政府），各县（区）人民政府]

3. 强化法规政策和队伍建设。严格执行国家有关农村公路的法律、法规和技术规范，进一步建立健全各级农村公路政策法规和制度体系。县级人民政府进一步加强农村公路行政执法机构组建和人员配备工作，完善路政管理体系，建立县有路政员、乡有监督员、村有护路员的路产路权保护队伍。[责任单位：交通运输厅，各地（市）行署（人民政府），各县（区）人民政府]

4. 进一步提升应急处突能力。县级人民政府结合本行政区域内农村公路网布局和灾害区域分布等情况，制定应急处突预案，合理配置应急力量，保障农村公路发生水（雪）毁等自然灾害及交通事故、交通拥堵等应急事件时，做到反应迅速、组织得力、抢险保通及时，确保人民群众生命财产安全。[责任单位：各县（区）人民政府]

5. 积极推进“美丽农村路”创建工作。坚持因地制宜、经济适用、绿色环保理念，按照“公路基础好、路域环境美、服务效果优”的标准，全面开展“美丽农村路”创建工作。鼓励农村公路管理养护应用新技术、新材料、新工艺、新设备，加强信息化建设，提高农村公路管理养护水平。[责任单位：交通运输厅、财政厅，各地（市）行署（人民政府），各县（区）人民政府]

（三）强化农村公路管理养护资金保障。农村公路管理养护资金由日常养护、养护工程和抢险保通费等组成，在加大地方财政资金投入的同时，积极争取中央加大对我区成品油税费改革转移支付力度，建立与我区经济发展及物价上涨等因素挂钩的逐年增长机制。

1. 日常养护费用。区、市、县三级财政用于农村公路日常养护补助资金不得低于以下标准：县道及重要专用公路每年每公里10000元，其中自治区财政承担5000元，地（市）财政承担3000元，县（区）财政承担2000元；乡道及其他专用公路每年每公里5000元，其中自治区财政承担2500元，地（市）财政承担1500元，县（区）财政承担1000元；村道每年每公里3000元，其中自治区财政承担1500元，地（市）财政承担900元，县（区）财政承担600元。旅游、厂矿、林场和产业园区等专用公路日常养护经费和管理养护工作由受益或使用单位配套和负责。[责任单位：财政厅、交通运输厅，各地（市）行署（人民政府），各县（区）人民政府]

2. 养护工程费用。继续执行自治区人民政府对农村公路养护工程的补助政策，补助方式由原来的按里程定额补助（"7351"补助标准）转为按比例补助。按照成品油税费改革新增收入替代原公路养路费部分（包括成品油税费改革转移支付的"替代性返还＋增长性补助"）的15%，安排农村公路养护工程补助资金，按照各地（市）农村公路占比测算，列入各地（市）下一年度预算，由各地（市）统筹用于农村公路养护工程，不得用于农村公路日常养护。[责任单位：财政厅、交通运输厅，各地（市）行署（人民政府），各县（区）人民政府]

3. 抢险保通费用。农村公路抢险保通费用由县级人民政府承担。[责任单位：各县（区）人民政府]

4. 优化养护资金支出结构。将农村公路养护资金及管理机构运行经费和人员支出纳入县级人民政府一般公共财政预算。2022年起，成品油税费改革转移支付资金用于普通公路养护部分不再列支管理机构运行经费和人员等其他支出。[责任单位：各地（市）行署（人民政府），各县（区）人民政府]

5. 建立动态调整机制。农村公路日常养护和养护工程补助政策，根据里程、养护成本变化等因素进行动态调整，原则上5年调整一次。[责任单位：财政厅、交通运输厅，各地（市）行署（人民政府），各县（区）人民政府]

6. 强化养护资金使用和监督管理。农村公路养护资金要专账管理，专款专用，确保及时到位、足额用于农村公路养护工作，不得挤占、挪用。各级财政和交通运输主管部门要加强资金的使用监管，积极配合审计等部门做好资金的审计、检查等工作。县乡级人民政府及村民委员会应将农村公路养护资金使用情况对社会公开，并接受社会和群众监督。[责任单位：财政厅、交通运输厅，各地（市）行署（人民政府），各县（区）人民政府]

7. 创新农村公路发展投融资机制。地（市）行署（人民政府）和县（区）人民政府要发挥政府资金的引导作用，采取资金补助、先养后补、以奖代补、无偿提供料场等多种方式支持农村公路养护。鼓励将农村公路与产业、园区、乡村旅游等经营性项目实行一体化开发，运营收益用于农村公路养护。[责任单位：各地（市）行署（人民政府），各县（区）人民政府]

三、保障措施

（一）加强组织实施。各地各部门要提高政治站位，切实履行工作职责和义务。将深化农村公路管理养护体制改革作为打赢脱贫攻坚战、实施乡村振兴战略、推动农业农村现代化的一项先行工程，同步部署落实。各地（市）行署（人民政府）和县（区）人民政府应深入分析本地农村公路发展实际，因地制宜研究制定深化农村公路管理养护体制改革具体方案并组织实施。方案要明确改革任务落地的时间表、路线图、成果形式，细化工作举措、责任主体、考核问责等内容，确保改革任务落到实处。

（二）广泛开展试点创建工作。各地（市）行署（人民政府）和县（区）人民政府围绕"路长制、创新养护生产模式、信息化管理、美丽农村路、资金保障、创新投融资机制、信用评价机制和政府考核"等主题，广泛开展试点工作。交通运输厅、财政厅会同有关部门加强跟踪和督导，并遴选示范带动作用强的试点区进行全区推广，成熟一批，推广一批，积极稳妥推进改革工作。

（三）强化政府督导考核。各地（市）行署（人民政府）和县（区）人民政府将深化农村公路管理养护改革纳入本地重点改革事项，建立改革进展情况反馈机制，及时掌握改革进程，及时发现并协调解决改革过程中出现的问题，确保改革顺利进行。交通运输厅、财政厅积极跟踪督导，将考核督导结果与财政补助资金和项目建设投资挂钩，充分发挥改革激励作用。

（四）加大改革宣传力度。紧紧围绕改革主要工作，大力宣传改革的新进展、新成效，准确解读改革政策举措，积极宣传改革中的先进典型，充分调动广大群众参与、监督改革工作的积极性，为改革工作营造浓厚氛围。

本实施方案自印发之日起施行。《西藏自治区人民政府办公厅关于印发西藏自治区农村公路管理养护体制改革实施方案的通知》（藏政办发〔2007〕9号）同时废止。

406. 陕西省公路路政管理条例

（2010年3月26日陕西省第十一届人民代表大会常务委员会第十三次会议修订）

第一章 总 则

第一条 为加强公路路政管理，规范公路路政管理行为，保障公路完好、安全、畅通，促进国民经济和社会发展，根据《中华人民共和国公路法》和有关法律、行政法规，结合本省实际，制定本条例。

第二条 本省行政区域内的国道、省道、县道和纳入公路路网的乡道的路政管理，适用本条例。

第三条 本条例所称公路路政管理，是指县级以上人民政府交通行政主管部门及其所属的公路管理机构，依法对公路、公路用地、公路附属设施以及公路建筑控制区进行的行政管理活动。

第四条 公路路政实行统一管理、分级负责的原则。

县级以上交通行政主管部门是本行政区域内公路路政的主管部门，其所属的公路管理机构依照本条例规定具体负责公路路政管理工作。

有偿转让公路收费权的公路、国内外经济组织投资建成并经营的公路，其路政管理职责由公路管理机构的派出机构、人员行使。

第五条 各级人民政府在制定其他专业规划时，应当与公路规划相协调，并采取措施加强对公路路政管理工作的领导，保障公路完好、安全、畅通。

国土资源、建设、公安、水利、林业、工商行政管理等有关行政主管部门，依照各自职责，协助交通行政主管部门做好公路路政管理工作。

第二章 管理职责

第六条 公路管理机构的路政管理职责是：

（一）宣传、贯彻公路路政管理的法律、法规和规章；

（二）管理和保护公路路产，检查、督促公路养护单位及时修复受损公路，维护公路及其标志、标线的完好；

（三）进行公路巡查，依法制止和查处侵占、损坏公路路产的行为；

（四）依法管理公路建筑控制区；

（五）法律、法规、规章规定的其他事项。

第七条 公路路政监督检查人员执行公务，应当统一着装，佩戴标志，持证上岗。

用于公路路政监督检查的专用车辆，应当设置统一的车身标志、路政检查标牌和示警灯。

第八条 公路路政监督检查人员执行公务时，应当恪尽职守、公正廉洁、文明执法，不得有下列行为：

（一）违反规定收费、罚款；

（二）擅自提高路产的赔偿、补偿标准；

（三）要求过往车辆带货带人；

（四）刁难或者勒索行政管理相对人；

（五）其他违法行为。

交通行政主管部门及其所属的公路管理机构应当加强对公路路政监督检查人员的管理、培训和监督，提高其业务素质和执法水平。

第九条 公路路政监督检查人员依法在公路、公路用地、公路建筑控制区、车辆停放场所、车辆所属单位进行监督检查时，有关单位和个人应当予以配合，接受检查。

第三章 公路路产管理

第十条 公路、公路用地、公路附属设施属于公路路产，受法律保护，任何单位和个人不得破坏、损坏或者非法占用。

第十一条 公路两侧边沟（截水沟、坡脚护坡道，下同）外缘起不少于 1 米的土地为公路用地。公路用地按公路的技术等级确定，具体标准为：

（一）高速公路、一级公路不少于 3 米；

（二）二级公路不少于 2 米；

（三）三级及三级以下公路不少于 1 米。

新建、改建、扩建公路的公路用地，建设单位应当依法办理公路用地土地征用手续，由国土资源行政主管部门核发证书；已建成的公路未确定公路用地权属的，由县级以上人民政府组织有关部门调查核实，依法办理土地登记手续，确认公路用地权属。

公路用地确权后，国道、省道、县道由县级以上公路管理机构负责埋设界桩；乡道由乡（镇）人民政府负责埋设界桩；新建、改建、扩建公路由建设单位负责埋设界桩。

第十二条 公路用地与铁路、管线、河道、水利设施等用地重叠、交叉造成权属不清的，由双方协商解决；协商不成的，依法申请人民政府处理。对处理决定不服的，可以依法申请行政复议或者依法向人民法院起诉。

第十三条 公路经核准报废后，由公路所在地的国土资源行政主管部门依法办理土地变更登记手续；核准报废前，任何单位和个人不得占用、处置公路和公路用地。

第十四条 公路、公路用地范围内禁止下列行为：

（一）打场晒粮、种植作物、积肥堆土、放养牲畜；

（二）摆摊设点、堆放物品，修车洗车，排放污水、倾倒废弃物，设置电杆、变压器等设施；

（三）堵塞、损坏、利用公路排水设施；

（四）采石采矿、挖砂取土、挖沟引水、爆破、烧窑；

（五）破坏、损坏、涂改和擅自移动公路标志、标线、标桩、护栏和其他公路附属设施；

（六）运输车辆载物拖地行驶或者泄漏、抛撒物品损坏、污染公路及其附属设施；

（七）在桥梁、隧道、涵洞内铺设输送易燃、易爆和有害气体、液体的管道；

（八）将公路作为检验机动车制动性能的试车场地和驾驶培训、考试场地；

（九）其他影响公路畅通和损坏公路的行为。

第十五条 在大中型公路桥梁周围 200 米、小型公路桥梁周围、公路隧道上方及洞口外 100 米范围内禁止下列行为：

（一）采石采矿、挖砂取土、爆破、烧荒、倾倒废弃物；

（二）停放装载危险物品的车辆；

（三）危及公路桥梁、公路隧道安全的其他行为。

第十六条 在公路、公路用地范围内，进行下列活动，应当事先经公路管理机构批准，并采取相应的保护措施；影响交通安全的，还应当经同级公安机关批准：

（一）设置非公路标志牌的；

（二）除法律另有规定外，履带车、铁轮车以及其他可能损害公路路面的车辆、机具横穿公路或者行驶的；

（三）跨越、穿越公路修建桥梁、渡槽或者埋设、架设管线、电缆的；

（四）利用公路进行超限运输的；

（五）铁路、机场、电站、水利和其他建设工程需要占用、挖掘公路或者使公路改线的；

（六）设置公路平面交叉道口的。

前款规定事项涉及占用、利用公路路产的，当事人应当给予经济补偿。补偿的具体标准和管理办法，由省交通行政主管部门会同省财政、物价部门制定。

第十七条 经批准在公路、公路用地和公路附属设施范围内埋设、架设管线、电缆和设置非公路标志牌的，建设单位应当与公路管理机构签订协议，约定双方的权利义务。因管线、电缆、非公路标志牌需要重新埋设、架设和设置的，或者因公路改建、扩建需要迁移、拆除管线、电缆、非公路标志牌的，按照协议的约定执行。

第十八条 公路管理机构依照本条例第十六条规定审批有关事项，影响收费公路经营的，应当事先征求收费公路经营组织的意见。

第十九条 损坏公路、公路附属设施的，当事人应当恢复原状或者赔偿经济损失。赔偿费按照恢复原状所需费用计算。当事人对公路管理机构确定的赔偿事项有异议的，可以向人民法院起诉。

赔偿费应当用于受损公路及其附属设施的修复。

第二十条 对公路造成较大损害的车辆，应当立即停止行驶，接受公路管理机构调查处理。拒不接受调查处理的，公路管理机构可以留置车辆，不宜留置的车辆可以留置道路运输证，并出具留置证明。

被留置车辆或者道路运输证的当事人，应当在30日内到指定地点接受处理。当事人接受处理或者提供担保的，公路管理机构应当立即放行车辆、发还证件。逾期不接受处理的，公路管理机构可以申请人民法依法拍卖被留置车辆，对留置的道路运输证建议有关部门处理。

公安机关在处理交通事故时，涉及损坏公路路产的，应当通知公路管理机构对路产损失赔偿部分进行处理。

第二十一条 公路改建、扩建和养护作业，应当按照公路施工、养护规范堆放物料，设置施工标志、安全标志或者绕道行驶标志，竣工后及时清理现场，保证车辆和行人安全通行。

第二十二条 各级人民政府应当按照统一规划、分级负责的原则，组织有关部门、单位和个人在公路两侧植树种草，并落实管护责任，推进公路绿化工作。

公路用地范围内的绿化工作，由公路管理机构按照规划和公路工程技术标准组织实施。

建设单位或者养护单位因公路改建、扩建或者树木更新确需砍伐公路用地范围内林木，属国道、省道、县道的，经省公路管理机构审查同意；属乡道的，经县级公路管理机构审查同意，在年采伐限额内，依法办理林木采伐许可证，并由采伐单位负责组织更新补种。

第四章 超限运输管理

第二十三条 在公路上行驶车辆的轴载质量和车货总高度、总长度、总宽度和总质量，应当符合所行驶公路的工程技术标准要求和国务院交通行政主管部门的规定。

公路管理机构应当在公路路口、桥梁、隧道、渡口设置限载、限宽、限高标志。

禁止超限运输车辆在四级公路、等外公路和技术状况低于三类的桥梁上行驶。

第二十四条 承运不可解体物资、设备的超限运输车辆，需要在公路上行驶的，承运人应当持有关资料向始发地公路管理机构提出书面申请，由公路管理机构按照下列规定，办理《超限运输车辆通行证》，实行一证通行：

（一）在县（市）行政区域内行驶的，由县（市）公路管理机构审核发证；

（二）跨县（市）行政区域行驶的，由市（地区）公路管理机构审核发证；

（三）跨市（地区）行政区域、跨省（自治区、直辖市）行驶的，由省公路管理机构审核发证。

公路管理机构应当自收到承运人申请之日起3日内予以书面答复。

第二十五条 经批准进行超限运输的车辆，由公路管理机构根据实际情况对指定路线进行勘测，制定通行与加固方案，必要时应当监护通行。公路管理机构勘测、护送和采取工程技术保护措施所需费用，由承运人承担。

承运人应当按照公路管理机构的要求和指定的时间、路线、时速行驶，并悬挂明显标志。

第二十六条 经省人民政府批准，省交通行政主管部门可以在重要公路入口处和重要公路路段，设置超限运输检测装置，对超限运输车辆进行检测。

公路路政监督检查人员检测超限运输车辆不得影响其他车辆通行。超限运输的承运人应当按照公路路政监督检查人员的停车示意，主动接受检测，不得强行通过。

第二十七条 经检测属于超限运输的车辆，承运人应当卸去超限部分的物品；属于不可解体的物资、设备的，按规定补办超限运输手续。

对超限运输卸载物品，公路管理机构应当为承运人提供场所或者联系分载车辆。承运人应当在卸载之日起七日内处置卸载物品，逾期不处置的，由公路管理机构按照有关规定处理。

第五章 公路建筑控制区管理

第二十八条 公路建筑控制区的范围由县级以上人民政府根据保障公路运行安全和节约用地的原则，自公路两侧边沟外缘起，按照下列规定划定：

（一）国道平川地区不少于20米，山区不少于15米，临砭、临江河路段一般不少于10米；

（二）省道平川地区不少于15米，山区不少于10米，临砭、临江河路段一般不少于5米；

（三）县道平川地区不少于10米，山区不少于5米，临砭、临江河路段一般不少于3米；

（四）乡道平川地区不少于5米，山区不少于3米，临砭、临江河路段一般不少于2米。

公路建筑控制区范围划定后，由县级以上人民政府予以公告。公路建筑控制区范围内土地的权属不变。

第二十九条 公路建筑控制区内不得新建、改建、扩建建筑物、构筑物。

在公路建筑控制区内进行采石采矿、挖砂取土等活动的，应当采取必要的防护措施，不得危及公路安全。

第三十条 在公路建筑控制区内埋设、架设管线、电缆等设施或者设置非公路标志的，应当经公路管理机构批准。

第三十一条 国土资源、建设行政主管部门审批临近公路建筑控制区的建设项目和建设用地，应当按照本条例规定注明建筑物、构筑物与公路的控制距离。

第三十二条 规划和新建、扩建村镇、经济开发区、商业街等规模性建设，不得沿公路两侧对应进行。确需顺沿公路建设的，应当选择公路一侧进行，其建筑物边缘与公路边沟外缘的距离为：国道平川地区不少于80米，山区不少于30米；省道平川地区不少于50米，山区不少于20米；县道、乡道不少于20米。

第三十三条 因城乡建设规划造成国道、省道改线的，当地人民政府应当提供相应的公路建设月地，并承担改线工程的建设费用。

第六章 法律责任

第三十四条 违反本条例第十三条规定，擅自占用、处置未经核准报废的公路、公路用地的，由公路管理机构责令恢复原状；有违法所得的，没收违法所得；对负有直接责任的主管人员和其他直接责任人员，依法给予行政处分。

第三十五条 违反本条例规定，有下列行为之一的，由公路管理机构责令停止违法行为，限期改正，并按照下列规定给予行政处罚，构成犯罪的，由司法机关依法追究刑事责任：

（一）违反第十四条规定行为之一，给予警告；造成公路路产损坏、污染或者影响公路畅通的，处以 200 元以上 2000 元以下罚款；情节严重的，处以 2000 元以上 5000 元以下罚款；

（二）违反第十五条规定行为之一，从事危及公路安全的作业的，处以 1000 元以上 1 万以下罚款；情节严重的，处以 1 万元以上 3 万元以下罚款；

（三）未经批准，有第十六条第（一）项规定行为的，处以 5000 元以上 2 万元以下罚款；有第十六条第（二）、（三）、（四）、（五）项规定行为之一的，处以 5000 元以上 3 万元以下罚款；有第十六条第（六）项规定行为的，处以 1 万元以上 5 万元以下罚款。

第三十六条 违反本条例第二十九条、第三十条规定的，责令停止违法行为；属违章建筑的，责令限期拆除，并可处以 2 万元以上 5 万元以下罚款；逾期不拆除的，由公路管理机构拆除，有关费用由建筑者、构筑者承担。

第三十七条 当事人对公路管理机构作出的具体行政行为不服的，可以依法申请行政复议，对复议决定不服的，可以依法向人民法院起诉。当事人逾期不申请复议，又不履行处罚决定的，由作出具体行政行为的公路管理机构申请人民法院强制执行。

公路管理机构对个人作出 5000 元以上、对单位作出 2 万元以上罚款处罚决定的，应当告知当事人有要求举行听证的权利。

第三十八条 拒绝、阻碍公路路政监督检查人员依法执行公务未使用暴力、威胁方法的，由公安机关依照《中华人民共和国治安管理处罚法》的规定处罚；构成犯罪的，由司法机关依法追究刑事责任。

第三十九条 公路路政监督检查人员和其他国家机关工作人员滥用职权、玩忽职守、徇私舞弊、索贿受贿的，依法给予行政处分；构成犯罪的，由司法机关依法追究刑事责任；给当事人造成经济损失的，依照《中华人民共和国国家赔偿法》有关规定承担赔偿责任。

第七章　附　　则

第四十条 本条例自 2002 年 1 月 1 日起施行。

407. 陕西省公路条例

（2014 年 3 月 27 日陕西省第十二届人民代表大会常务委员会第八次会议通过）

第一章　总　　则

第一条　为了加强公路建设和管理，促进公路事业发展，适应经济社会发展需要，根据《中华人民共和国公路法》、国务院《公路安全保护条例》等有关法律、行政法规，结合本省实际，制定本条例。

第二条　本条例适用于本省行政区域内公路的规划、建设、养护、经营、使用和管理。

第三条　公路发展应当遵循全面规划、合理布局、确保质量、安全畅通、保护环境、规范经营、建设改造与养护并重的原则。

第四条　各级人民政府应当加强对公路建设和管理工作的领导，把公路发展纳入本地区国民经济和社会发展计划。

第五条　省人民政府交通运输主管部门主管全省公路工作。设区的市、县（市）交通运输主管部门主管本行政区域内的公路工作。

县级以上交通运输主管部门所属的公路管理机构按照其职责具体负责公路的监督管理工作。

高速公路的建设、养护和管理责任主体由省人民政府确定。

县级以上发展改革、公安、财政、国土资源、环境保护、规划建设、水利、林业、安全生产监督管理等部门，在各自的职责范围内共同做好公路的相关工作。

第六条　县级以上人民政府应当依法采用多种方式筹集公路建设资金，根据财政收入的增长逐步增加公路建设资金投入。

县级以上人民政府应当将非收费公路的管理和养护经费纳入本级财政预算。

第七条　单位和个人不得破坏、损坏、非法占用或者非法利用公路、公路用地及公路附属设施，并有权举报涉路违法行为。受理举报的部门应当及时调查处理。

第二章　规　　划

第八条　县级以上人民政府交通运输主管部门、乡（镇）人民政府应当依照法律、法规规定的职权和程序，编制公路规划。

经批准的公路规划需要修改的，由原编制机关提出修改方案，报原批准机关审批。

第九条　本省公路规划应当符合国家公路总体规划要求，遵循合理布局、节约资源、保护生态环境、适度超前的原则，并与土地利用总体规划、城乡建设规划和其他方式的交通运输发展规划相协调。

编制公路规划应当经过专家论证。公路规划经批准后，除涉及国防的内容外，应当向社会公布。

编制公路规划时应当明确公路的命名和编号。

第十条　列入规划的公路建设项目，应当有计划地组织实施，未纳入公路规划的项目，不得开工建设。

第十一条　新建、改建公路，应当统筹规划客货运站（点）、服务区、养护道班、加油（气）站、超限检测站、交通流量观测站、交通标志标线、交通安全设施等公路附属设施，并与公路主体工程同步设计、同步建设；交通安全设施应当与公路主体工程同步投入使用。

第十二条 编制公路建设用地计划应当符合土地利用总体规划，保证公路用地需要，符合公路技术等级标准，切实保护耕地，节约用地，合理使用土地。对已经纳入土地利用总体规划的公路建设用地，依法进行用途管制。

第十三条 规划和新建村镇、开发区、学校、货物集散地、商业网点、农贸市场等，其外缘与公路建筑控制区边界外缘的距离，国道、省道不少于50米，县道、乡道不少于20米，并尽可能在公路一侧建设。

第十四条 规划铁路、水利、电力、通讯、油气管线等各类设施时，需要上跨、下穿、并行于既有或者规划公路的，应当征求交通运输主管部门的意见，保证既有公路的安全畅通和规划的相互协调。

第三章 建 设

第十五条 公路建设应当按照国家规定的基本建设程序、建设工程有关规定和技术规范组织实施。

公路建设项目应当依法实行项目法人负责制度、招标投标制度、工程监理制度、合同管理制度和工程质量责任追究制度。

第十六条 公路建设项目的设计单位、施工单位和工程监理单位等，应当遵循公开、公平、公正的原则，通过招标投标方式确定。

公路建设项目的招标投标活动不受地区或者部门的限制。单位和个人不得限制或者排斥本地区、本系统以外的法人或者其他组织参加投标，不得以任何方式干涉招标投标活动。

第十七条 公路建设资金可以采取下列方式筹集：

（一）财政拨款，包括依法征集的公路建设专项资金转为的财政拨款；

（二）国内外金融机构或者外国政府贷款、赠款；

（三）国内外企业或者其他组织、个人的投资、捐款；

（四）依法出让公路收费权的收入；

（五）开发、经营公路的公司依法发行股票、公司债券；

（六）法律、法规或者国家、省人民政府规定的其他方式。

第十八条 交通运输主管部门和公路建设项目法人单位应当加强公路建设资金的财务管理与会计核算工作，严格实施财会监督和内部审计监督。

审计、财政等部门依法对公路建设资金的使用进行监督检查，确保公路建设资金的安全、合理和有效使用。

第十九条 承担公路建设项目设计、施工、工程监理和试验检测的单位，应当依法对工程质量负责，并按照国家有关规定建立健全质量保证体系，落实公路工程质量和保修责任。

公路工程保修期和保修范围由合同约定，在保修期和保修范围内发生因施工原因造成的质量问题，施工单位应当履行保修义务，并对造成的损失依法承担赔偿责任。

第二十条 新建、改建的铁路、水利、电力、通讯、油气管线等设施与公路交叉时，交叉工程应当符合公路工程技术标准，并满足公路养护和发展的需要。

第二十一条 公路建设用地由县级以上人民政府依法提供。公路建设用地的土地补偿费、安置补助费、地上附着物和青苗补偿费等费用标准，按照国家和省有关规定执行。

第二十二条 公路建设项目完工后，公路建设单位应当按照有关规定组织设计、施工、监理等相关单位进行交工验收，并明确具体的管理和养护单位，交工验收合格后投入试运营。

公路建设项目试运营期满，并符合竣工验收条件的，交通运输主管部门应当按照有关规定组织公路建设项目的建设、设计、施工、监理、工程质量监督、接管养护等单位，进行竣工验收，未经验收或者验收不合格的不得交付使用。

第二十三条 新建、改建公路的，施工单位应当按照规定设置明显的施工标志、安全标志和相应的防护设施。

禁止非施工车辆和人员擅自进入施工现场以及施工完毕尚未投入试运营的路段。

第四章 养 护

第二十四条 公路管理机构应当按照国家和省有关标准和规范实施公路养护管理，建立公路养护检查、巡查制度和养护档案。

公路管理机构负责对公路养护作业单位的指导和监督，督促其依法履行养护作业义务。公路养护作业单位应当按照有关技术规范进行养护巡查，并将巡查、检测、养护作业以及其他相关信息记录归档。

第二十五条 公路养护应当按照技术规范和操作规程作业，保证公路路基稳定，路面平整，桥隧构造物和附属设施完好。

第二十六条 公路管理机构应当统筹安排公路养护作业计划，除涉及通行安全的紧急养护作业外，避免在法定节假日期间或者集中在同一区域进行养护作业，防止造成交通堵塞。

在省际交界区域进行公路施工作业，可能造成交通堵塞的，有关公路管理机构应当会同同级公安机关交通管理部门事先书面通报相邻的省、自治区、直辖市有关公路管理机构、公安机关交通管理部门，共同制定疏导预案，确定分流路线。

第二十七条 公路养护作业单位需要临时占用公路路面进行日常性养护作业的，应当保证通行和养护作业的安全。

公路养护作业人员应当遵守公路安全作业规程，穿着统一的安全标志服；公路养护车辆、机械设备作业时，应当设置明显的作业标志，开启危险报警闪光灯。

公路养护作业影响车辆正常通行的，公路养护作业单位应当配合公安机关交通管理部门维护道路交通秩序；通过养护作业路段的车辆驾驶人和行人应当按照养护作业路段交通标志行驶，遵守交通秩序，服从现场交通指挥。

第二十八条 公路管理机构、公路经营企业应当推行公路养护管理和养护作业分离，选择具有养护资质的单位承担公路养护作业，实行合同管理。

第二十九条 国道、省道调整为城市道路的，应当由所在地县级以上人民政府提出调整意见，报经省交通运输主管部门按照国家和省有关规定办理审批手续。

国道、省道经批准调整为城市道路的，公路管理机构应当及时向建设行政主管部门办理该路段的管理和养护移交手续。移交后，由建设行政主管部门负责管理和养护。

除前款规定外，公路的管理和养护责任发生转移的，按照国家和省有关规定执行。

第三十条 国家成品油价格和税费改革转移支付资金基数和增量中相当于养路费占原基数比例的部分，应当用于非收费公路的养护管理。依法收取的车辆通行费应当按照公路养护定额，安排足额资金用于收费公路养护。

第三十一条 公路交通标志、标线应当按照国家标准设置，清晰、准确、易于识别。

公路管理机构、公路经营企业应当做好与城市道路及相邻省、自治区、直辖市省际公路的交通标志设置的衔接，保证公路交通标志的连续、系统。

第五章 保 护

第三十二条 公路管理机构应当建立健全公路管理档案，对公路、公路用地和公路附属设施调查核实、登记造册，并向社会公示。

第三十三条 新建、改建公路的建筑控制区的范围，应当自公路初步设计批准之日起三十日内，由公路沿线县级以上人民政府依法划定并向社会公告；自公告之日起，公路建筑控制区内不得再审批建筑物、构筑物的规划和建设。

第三十四条 在公路上增设或者改造平面交叉道口的，应当按照管理权限报经批准。属于收费公路的，应当征求收费公路经营企业的意见。

增设或者改造平面交叉道口，应当满足视距要求，按照公路工程技术标准和批准的设计图纸修建。平面交叉道口与公路搭接不少于100米长路段的路面应当采取硬化措施，并在距离平面交叉道口30米至50米处的公路两侧设置警告标志。

第三十五条 县级人民政府和有关主管部门对位于公路两侧的房屋，应当在公路用地边界处设置必要的隔离设施，并在两端设置出入道口。

任何单位和个人不得擅自移动或者破坏公路隔离设施。

第三十六条 因工程建设需要将公路特定路段作为施工通道使用的，建设单位应当与公路管理机构、公路经营企业签订养护和修复协议，保证施工期间车辆正常通行，工程结束后，按不低于原有公路技术标准及时修复。

第三十七条 车辆应当遵守国家公路限载、限高、限宽、限长规定。特定路段对车辆的总体外廓尺寸、总质量、轴载质量有特别限制的，车辆驾驶人应当遵守特别限制标准。

第三十八条 公路管理机构采用固定检测和流动检测相结合的方式，对车辆进行超限检测。在未设置超限检测站路段，公路管理机构可以使用检测设备进行流动检测。

公路管理机构在流动检测中发现的超限车辆，当事人对超限事实和超限的质量、外廓尺寸无异议的，可以作为处理依据；当事人有异议的，检查人员应当将超限车辆引导至邻近的超限检测站或者卸货场，按照静态检测磅秤复检结果进行处理。

第三十九条 车辆载运不可解体物品，车货总体的外廓尺寸或者总质量超过公路、公路桥梁、公路隧道的限载、限高、限宽、限长标准的，从事运输的单位和个人应当向公路管理机构申请公路超限运输许可，并提供以下材料：

（一）超限运输车辆行驶公路申请表；

（二）证明运输货物名称、质量、外廓尺寸的说明书或者铭牌以及总体轮廓图、运输装载示意图；

（三）必要的桥梁检测安全通行可行性报告、车辆装载后的预检数据和照片；

（四）其他需要提供的材料。

超限运输不可解体物品应当使用多轴多轮胎特种运输车辆，单轴轴载质量不超过10000千克，双联轴轴载质量不超过18000千克。

不可解体物品的生产企业、运输企业所提供的运输货物总重量、外廓尺寸等方面的数据和资料，应当真实有效。

第四十条 下列超限运输不可解体物品的车辆，应当在路政管理人员的引导下通行：

（一）车货总质量超过120000千克，在高速公路行驶的；

（二）车货总质量超过60000千克，在其他公路行驶的；

（三）载货后轮廓尺寸可能影响桥梁和隧道安全的。

第四十一条 公路管理机构、公路经营企业可以与保险公司签订保险合同，对桥梁、涵洞、公路附属设施等路产投保。

第四十二条 县级人民政府对属于国务院《公路安全保护条例》第二十条规定的范围，应当设置禁止采砂区域标志，禁止采砂取石。在禁止采砂区域外采砂取石的，应当避免影响公路桥梁基础的安全。

第四十三条 公安机关交通管理部门发现已经投入使用的公路存在交通事故频发路段，或者配套设施存在交通安全隐患，需要对公路限速标志进行增设或者变更的，由公安机关交通管理部门向当地人民政府提出书面意见，当地人民政府应当及时作出处理决定。公路管理机构接到人民政府的处理意见后，应当按照公路工程技术标准进行排查和处置。

第四十四条 重要公路桥梁和公路隧道按照《中华人民共和国人民武装警察法》和国务院、中央军委的有关规定由中国人民武装警察部队守护。

重要公路桥梁和公路隧道的名录由省人民政府确定。

第六章 应急服务

第四十五条 县级以上交通运输主管部门应当按照《中华人民共和国突发事件应对法》的规定，依法制定自然灾害以及重大交通事故等公路突发事件应急预案，报本级人民政府批准后实施。

公路突发事件应急预案应当明确应急管理工作的组织指挥体系与职责、处置程序、应急保障措施以及事后恢复与重建措施等内容。

第四十六条 公路管理机构、公路经营企业应当组建应急保障队伍，定期开展应急培训和演练。

公路管理机构、公路经营企业应当建立公路突发事件应急物资储备保障制度，储备必要的应急救援物资，满足应急处置需要。

第四十七条 公路突发事件的应急管理应当纳入县级以上人民政府突发事件应急管理体系，由县级以上人民政府统一领导，交通运输主管部门及其公路管理机构具体负责组织实施，其他相关部门按照各自职责负责公路突发事件的相关应急处置工作。

第四十八条 县级以上交通运输主管部门及其公路管理机构应当对可能引发公路突发事件的危险源、危险区域进行调查、登记和风险评估，定期进行检查、监控；发现安全隐患的，及时采取安全防范措施或者通知有关单位处理。

县级以上交通运输主管部门及其公路管理机构应当建立公路突发事件监测网点和信息系统，及时监测、收集、储存、分析和传输公路突发事件信息。

第四十九条 公路突发事件发生后，县级以上交通运输主管部门及其公路管理机构和有关部门应当按照规定启动应急预案。

公路突发事件造成公路损毁的，公路管理机构、公路经营企业应当及时组织修复，并依法向事件发生地人民政府报告。损毁特别严重的，事件发生地人民政府应当及时组织抢修。

公路突发事件发生后，公路管理机构、公路经营企业应当配合公安机关交通管理部门及时采取交通管制措施，维护现场秩序，并向社会发布交通管制信息。

第五十条 县级以上交通运输主管部门及其公路管理机构负责公路出行信息管理工作，及时发布公路出行信息。

第七章 收费公路的特别规定

第五十一条 依法设立的收费公路包括政府还贷公路和经营性公路。

建设和管理政府还贷公路，应当按照政事分开的原则，依法设立专门的不以营利为目的的法人组织。

经营性公路建设项目应当向社会公布，采用招标投标方式选择投资者。经营性公路由依法成立的公路企业法人建设、经营和管理。

收费公路的路政管理职责由公路管理机构的派出机构、人员行使。

第五十二条 收费公路车辆通行费的收费标准和收费期限依照国务院《收费公路管理条例》的规定确定，并向社会公布。

收费公路经营企业应当加强收费管理，提高工作效率，减少车辆缴费等待时间；其开启的收费道口和在岗的收费人员应当满足车辆快速安全通过的需要，不得造成车辆堵塞。

第五十三条 车辆通行收费公路应当交纳车辆通行费，不得拒交、逃交，不得故意堵塞收费道口或者强行通过。

车辆驾驶人不能提供有效通行交费凭证的，经收费公路经营企业核查后，能够确定实际通行里程的，按照实际通行里程交纳车辆通行费；经核查无法确定通行里程的，按照出口收费站到联网收费区域内最远端收费站的通行里程交纳车辆通行费。因收费公路经营企业的原因无法核查的，应当按照驾驶人提供的驶入站信息收取车辆通行费。

车辆驾驶人调换通行交费凭证的，应当按照从出口收费站到联网收费区域内最远端收费站的往返通行里程交纳车辆通行费。

第五十四条 收费公路因处置突发事件、抢险救援，确需快速疏导、分流车辆的，省交通运输主管部门可以决定暂时免费放行车辆。

收费公路道口发生拥堵的，应当及时采取措施疏导、分流车辆，确需免费放行的，具体实施办法由省交通运输主管部门另行制定。

第五十五条 收费公路服务区的设置应当遵循统筹规划、合理布局、功能完善、适度超前的原则。

收费公路服务区应当设置停车、临时休息、饮用水供应、公共厕所等免费使用的公益性服务设施，以及加油、购物、餐饮等经营性服务设施。

禁止单位和个人擅自在收费公路服务区兜售商品、揽客经营。

第五十六条 收费公路与其他公路或者城市道路的分界，由省交通运输主管部门会同有关部门划定并设置分界标志，明确管理和养护责任。

第五十七条 收费公路经营企业发现载运不可解体物品的超限运输车辆，无超限运输通行证或者实际状况与超限运输通行证上信息不一致的，应当及时报告公路管理机构处理。

第五十八条 车辆在高速公路上发生故障不能立即修复的，车辆驾驶人应当报告公安机关交通管理部门或者收费公路经营企业。

第八章　农村公路的特别规定

第五十九条 县级人民政府负责本行政区域内农村公路事业发展，组织协调有关部门做好农村公路的规划、建设、养护和管理等相关工作。

乡（镇）人民政府按照县级人民政府的规定，履行对农村公路的养护和管理职责。

第六十条 农村公路养护工程费应当全额用于农村公路养护工程，不得改变计划、截留、侵占和挪作他用。

第六十一条 农村公路应当按照有关技术规范和操作规程养护，做到路基、边坡稳定，路面、构筑物完好，排水畅通，保证正常使用。

新建、改建农村公路根据需要同步建设安全设施，已建成的农村公路应当按照安全、有效、经济、实用的原则，逐步完善安全设施。

第六十二条 农村公路的日常养护，可以采取建立养护组织或者由个人分段承包等方式实施。

鼓励采用公开招标等方式，择优选定具有相应资质或者从业经验的养护单位，逐步推行农村公路养护市场化。

县级公路管理机构或者乡（镇）人民政府应当与养护单位或者个人签订养护合同，明确双方的权利义务。

第六十三条 设区的市交通运输主管部门及其公路工程质量监督机构应当加强对农村公路养护工程质量的监督，确保农村公路养护工程质量。

农村公路养护工程符合招标投标条件的，应当实行招标投标管理。

第六十四条 乡道的超限运输认定标准需要作出特别规定的，县级交通运输主管部门或者乡（镇）人民政府应当按照乡道的设计标准在公路出入口公示。超过公示标准的车辆不得在乡道上行驶。

第九章　法 律 责 任

第六十五条　违反本条例规定，车货总质量超过核定标准的（不含静态磅秤称量的误差），由县级以上公路管理机构责令改正，并按照下列标准予以处罚：

（一）超过核定标准500千克以下的，予以警告；

（二）超过核定标准500千克以上2000千克以下的，处一百元以上五百元以下罚款；

（三）超过核定标准2000千克以上5000千克以下的，处五百元以上一千元以下罚款；

（四）超过核定标准5000千克以上10000千克以下的，处三千元以上一万元以下罚款；

（五）超过核定标准10000千克以上的，处一万元以上三万元以下罚款。

违反本条例规定，车货总长、总宽、总高超过省交通运输主管部门规定标准的车辆，由县级以上公路管理机构责令改正，可以处五百元罚款。

第六十六条　违反本条例规定，申请人提供虚假材料或者信息申请超限运输许可车辆通行证的，由公路管理机构予以警告，并在一年内不予受理其超限运输车申请；申请人利用虚假材料或者信息取得超限运输车辆通行证的，由公路管理机构处一千元以上五千元以下罚款，并在三年内不再受理其超限运输申请。

第六十七条　违反本条例规定的其他行为，法律、法规有处罚规定的，从其规定。

第六十八条　交通运输主管部门、公路管理机构及其工作人员在公路管理工作中，滥用职权、玩忽职守、徇私舞弊的，由其所在单位或者上级主管部门依法给予行政处分；构成犯罪的，由司法机关依法追究刑事责任。

第十章　附　　则

第六十九条　本条例中下列用语的含义：

（一）公路，是指本省行政区域内的国道、省道、县道、乡道，包括公路桥梁，公路隧道和公路渡口，并按技术等级分为高速公路、一级公路、二级公路、三级公路和四级公路；

（二）收费公路，是指符合《中华人民共和国公路法》和《收费公路管理条例》规定，经批准依法收取车辆通行费的公路（含桥梁和隧道）；

（三）农村公路，是指县道、乡道。

第七十条　村道应当逐步改造为符合国家和省技术标准的公路。村道规划、建设、管理和养护的具体职责由县级人民政府确定。

第七十一条　企业或者其他单位建设、养护、管理专为或者主要为本企业或者本单位提供运输服务的专用公路，不适用本条例。

第七十二条　本条例自2014年7月1日起施行。

408. 陕西省转变功能干线公路管理办法

（2017 年 2 月 28 日　陕西省人民政府令第 197 号）

第一条　为了保障公路通行安全，加强已转变功能的干线公路管理，根据《中华人民共和国公路法》《陕西省公路条例》等法律法规，结合本省实际，制定本办法。

第二条　本办法所称转变功能干线公路是指因路网调整、公路建设等失去原有功能，永久性停止使用的报废干线公路，或者调整为农村公路和其他道路使用的干线公路（含公路桥梁、公路隧道、公路渡口和其他附属设施）。

第三条　转变功能干线公路处置遵循利用为先、规范合理、保障安全的原则。

第四条　县级以上人民政府领导本行政区域内转变功能干线公路管理工作，协调解决转变功能干线公路利用和处置工作中的重大问题。

第五条　省人民政府交通运输主管部门负责全省转变功能干线公路管理工作。省公路管理机构具体负责转变功能干线公路的处置和利用等工作。

设区的市、县（市、区）人民政府交通运输主管部门负责本行政区域内转变功能干线公路的管理工作。

县级以上人民政府有关部门按照各自职责做好转变功能干线公路管理的相关工作。

第六条　对因路网调整和公路建设等失去干线公路功能的，应当优先调整为农村公路，并按照相关程序处置。

对因路网调整和公路建设等失去公路功能，可以作为其他道路使用的，应当依法按照相关程序处置。

对已不通达、永久性停止使用的干线公路，应当按照报废公路相关程序处置。

第七条　新建、改建、扩建干线公路，建设项目的工程可行性研究报告中，应当对可能转变功能的干线公路线路预先提出处置意见。

第八条　转变功能干线公路由省人民政府交通运输主管部门认定。程序如下：

（一）公路管理单位提出处置方案，经所在地设区的市人民政府交通运输主管部门初审后报省公路管理机构审查；

（二）省公路管理机构提出审查意见报省人民政府交通运输主管部门审批；

（三）省人民政府交通运输主管部门同意后，由所在地人民政府交通运输主管部门报同级人民政府备案。

经认定为转变功能干线公路的，省人民政府交通运输主管部门应当报省人民政府备案。

第九条　经认定转变功能的干线公路，设区的市、县（市、区）人民政府应当按照公路管理权限依法确定管理单位。

经认定调整为农村公路使用的干线公路，由所在地县（市、区）人民政府确定管理单位，原管理单位应当在移交前对调整路段进行必要的修整。

经认定调整为其他道路使用的干线公路，由设区的市人民政府依法确定管理单位。

经认定为永久性停止使用的报废干线公路，由所在地设区的市人民政府依法处置。

第十条　省人民政府交通运输主管部门应当在认定批复作出后五日内，将认定的转变功能干线公路相关信息向社会公告。

新确定的管理单位应当于公告之日起 30 日内与原公路管理单位完成移交手续。

第十一条 经认定调整后的干线公路上的分离式立交（含引道、涵洞等设施），由交叉道路所属的管理单位管理。分属不同公路管理单位的，由共同上一级交通运输主管部门确定管理单位。

经认定调整后的干线公路上的分离式立交两端公路技术等级不一致的，按照较高公路等级管理。

第十二条 经调整认定后的高速公路连接线的管理单位，由省人民政府交通运输主管部门商设区的市人民政府确定。

第十三条 永久性停止使用的报废干线公路，其土地使用管理和涉及的矿产压覆依照国家有关法律、法规执行，有条件的应当退路还田、还林、还草，或者与新建公路用地进行置换。

第十四条 永久性停止使用但尚未移交的报废干线公路，原公路管理单位应当采取封闭措施禁止通行。

第十五条 国家机关、有关单位及其工作人员，在转变功能干线公路管理工作中，玩忽职守，失职渎职，造成国有资产损失或者重大安全事故的，对其主要负责人、直接责任人员依法给予行政处分；构成犯罪的，依法追究刑事责任。

第十六条 本办法自 2017 年 4 月 1 日起施行。

409. 陕西省公路隧道安全保护办法

（2017 年 2 月 28 日　陕西省人民政府令第 198 号）

第一条　为了确保公路隧道的安全、完好和畅通，有效处置突发事件，根据有关法律法规，结合本省实际，制定本办法。

第二条　公路隧道安全保护工作应当坚持政府领导、属地管理，部门联动、责权一致，预防为主、安全高效的原则。

第三条　县级以上人民政府应当加强对公路隧道安全保护工作的领导，支持、督促有关部门和单位依法履行公路隧道安全保护职责，及时协调、解决公路隧道安全管理中存在的重大问题。

第四条　县级以上人民政府发展改革、财政、环境保护、水利、林业、卫生计生、气象、通信管理等部门和单位，按照法定职责开展公路隧道保护的相关工作。

第五条　县级以上人民政府交通运输主管部门及其所属的公路管理机构按照职责具体负责公路隧道的安全保护工作。

第六条　县级以上人民政府公安机关依法查处属于公安机关管辖的破坏公路隧道设施、影响公路隧道交通安全的违法犯罪行为。

公安机关交通管理部门负责公路隧道的通行秩序管理，预防和处理交通事故。

公安消防机构负责公路隧道消防设施的竣（交）工验收、监督检查工作，实施公路隧道火灾扑救及其他应急救援工作。

第七条　县级以上国土资源行政主管部门负责指导、监督有关部门和单位做好公路隧道地质灾害危险性评估及防治措施的实施，负责公路隧道建成后安全保护区的相关保护工作。

第八条　县级以上人民政府安全生产监督管理部门，负责指导、协调、监督各有关部门和单位开展公路隧道安全保护工作。

第九条　公路隧道建设单位执行国家技术规范与标准时，可以适当超前并加强施工质量安全管理，确保土建结构安全，机电设施和其他工程设施完善。

公路隧道管养单位负责执行国家技术规范与标准，加强公路隧道的养护和运营管理，落实安全生产主体责任。

第十条　县级以上人民政府应当将公路隧道安全保护和应对突发事件所需经费列入本级财政预算。

第十一条　任何单位和个人不得破坏、损坏、非法占用或者非法利用公路隧道及其附属设施。

第十二条　公路隧道基础设施的安全保护范围应当包括土建结构、机电设施、其他工程设施和公路隧道的安全保护区。

第十三条　公路隧道建设单位应当建立健全工程质量控制体系，落实安全生产责任，依法实行项目法人负责制、招标投标制、合同管理制、工程监理制和工程质量责任追究制度。

第十四条　公路隧道应当根据国家技术规范与标准要求，配套建设通风、照明、监控、消防等安全设施，并与主体工程同步设计、同步施工、同步投入使用。公路隧道工程设计审查、竣（交）工验收时，负有管理权限的当地公安机关和安全生产监督管理部门应当参加。

第十五条　公路隧道管养单位应当加强日常养护工作，按照规范要求养护公路隧道的主体结构和附属设施。

第十六条　公路隧道养护工程施工，需要封闭交通或长时间占用行车道时，除紧急情况外，公路隧道管养单位应当在施工开始之日前十五日，向社会发布施工信息。

公安机关交通管理部门可以根据情况发布交通管制信息。

第十七条 公路隧道管养单位在养护施工期间，应当合理布设施工作业区，规范设置标志和安全防护设施。公安机关交通管理部门应当做好养护期间的交通疏导工作。

第十八条 国土资源部门应当受理并查处在安全保护区范围内山体的采石、采矿、取土、实施爆破作业、倾倒废弃物等危及公路隧道安全的行为。

水利部门应当受理并查处在河道管理范围内安全保护区的挖砂、挖金、倾倒废弃物等危及公路隧道安全的行为。

安全生产监督部门应当受理并查处在安全保护区范围内实施储存危险物品等危及公路隧道安全的行为。

第十九条 公路隧道管养单位应当在公路隧道变电站、竖井、斜井、高低位水池、通风塔等非公用设施区域设置警示标志，禁止非工作人员进入。

第二十条 禁止在公路隧道及其附属设施上从事下列行为：

（一）设置非交通标志；

（二）涂写、刻划，张贴、悬挂无关物品；

（三）在公路隧道内抛掷火种、使用明火、燃放烟花爆竹；

（四）其他有可能危害公路隧道安全的行为。

第二十一条 公路隧道管养单位应当建立健全公路隧道技术档案管理制度，及时更新数据，保证公路隧道技术档案真实完整。

公安机关、安全生产监督管理部门因保护公路隧道安全需要，可以向公路隧道管养单位调取公路隧道技术档案，公路隧道管养单位应当予以配合。

第二十二条 公安机关和交通运输部门根据公路隧道保护的需要，在公路超长隧道和隧道群应当建立负责日常安全管理和养护管理的工作队伍。

第二十三条 重要公路隧道按照有关规定，由中国人民武装警察部队守护。重要公路隧道的名录由省人民政府交通运输主管部门报省人民政府确定。

第二十四条 车辆在公路隧道内应当按照标志、标线及限定速度行驶，不得强行超车、随意变道，禁止在公路隧道内倒车、掉头、逆行。禁止危化品运输车辆通行对其禁行的公路隧道，禁止违法超限超载车辆通行公路隧道。

第二十五条 公安机关交通管理部门应当根据公路隧道交通流量变化、交通违法行为、事故规律特点等，按照相关工作要求，加强公路隧道内巡逻管控，充分利用测速、监控等装置，依法查处交通违法行为。

第二十六条 公安机关交通管理部门、公路隧道管养单位应当建立健全联勤联动机制，共同做好公路隧道交通秩序管理和公路隧道基础设施管理工作。

第二十七条 当公路隧道内出现车辆拥堵时，公安机关交通管理部门应当视情况采取禁止车辆驶入、疏导分流等措施，并及时发布拥堵信息。

第二十八条 公路隧道内发生交通事故时，公安机关交通管理部门应当快速进行处置，并视情况采取疏导分流，交通管制等措施。公路隧道管养单位应当做好配合工作。

第二十九条 公安机关可以根据公路隧道安全保护需要，结合公路隧道技术条件，指定危化品运输车辆通行线路、通行时间，或者禁止危化品运输车辆通行，并向社会公告。

第三十条 公安机关根据公路隧道安全管理的需要，在危化品运输车辆通行较为集中或者禁止危化品运输车辆通行的公路隧道前方路段设置执勤点，依法查处危化品运输车辆违法行为。

第三十一条 载运不可解体物品的车辆通行公路隧道，超过规定吨位或者外廓尺寸可能影响隧道安全的，应当由公路管理机构监护通行。

第三十二条 公路隧道管养单位应当落实消防安全责任制，依法履行消防安全职责，定期组织公路隧道消防演练，及时消除火灾隐患。

第三十三条 公安消防机构依法对公路隧道消防设计进行审核，对公路隧道消防设施进行验收。

未经消防审核或者审核不合格的公路隧道项目不得施工。未经消防验收或者消防验收不合格的，不得投入使用。

本办法施行前已经建成的公路隧道，由公安消防机构组织有关部门进行安全评估，及时消除安全隐患。

第三十四条 公路隧道管养单位应当定期对消防设施进行检查和维护，确保其使用功能完好。公安消防机构应当对公路隧道消防工作进行监督检查，督促公路隧道管养单位落实消防安全责任制。

第三十五条 县级以上人民政府应当按照统筹公路隧道，保障沿线乡镇等消防工作需求，合理规划消防队站建设，提升公路隧道火灾救援能力。

对于消防体系难以覆盖的公路隧道，县级以上人民政府应当建立公路隧道消防执勤点。

公路超长隧道和隧道群的管理单位应当建立专职消防队伍，承担本单位的火灾扑救工作，并建立专职消防人员意外事故保障机制。公安消防机构应当加强对专职消防队的业务指导和培训。

第三十六条 发生公路隧道火灾后，公路隧道管养单位和专职消防队应当及时组织火灾扑救。

公安消防机构应当在接到公路隧道火警后，立即赶赴火灾现场，进行火灾扑救。

第三十七条 县级以上人民政府应当将公路隧道的突发事件处置，纳入政府突发事件应急管理体系，建立公路隧道突发事件应急预案，有关部门及单位应当按照职责制定与当地政府预案相衔接的部门预案。

第三十八条 公路隧道管养单位、公安机关交通管理部门发现和接到预警信息，经核实确认后，应当立即启动部门或者单位预案进行处置，并及时向本级人民政府和上级部门报告。必要时，应当报请公路隧道所属地县级以上人民政府，启动相应政府预案。

第三十九条 公路隧道突发事件现场处置工作由当地人民政府统一领导指挥，交通运输部门负责公路隧道抢修保通工作；公安机关负责人员搜救，交通管制和疏导，现场秩序维护；卫生计生部门负责医疗救援工作；其他部门和单位根据应急预案做好配合工作。

第四十条 突发事件处置结束后，由交通运输部门负责提出公路隧道恢复或者重建意见，报同级人民政府批准后组织实施。

第四十一条 负有公路隧道安全保护责任的部门、单位及其工作人员在履行职责过程中，滥用职权、玩忽职守、徇私舞弊的，由其所在单位或者上级主管部门依法给予行政处分；构成犯罪的，依法追究刑事责任。

第四十二条 违反本办法第二十条规定，未经批准进入公路隧道非公用区域，危害公路隧道安全的，由公路管理机构予以警告。

第四十三条 违反本办法规定的其他行为，法律、法规有处罚规定的，从其规定。

第四十四条 本办法所称公路超长隧道是指单洞长度在 6 公里以上的公路隧道；公路隧道群是指连续 3 座以上，且相邻隧道洞口间距不超过 1 公里，单洞累计长度在 6 公里以上的公路隧道群。

本办法所称公路隧道的安全保护区是指，公路隧道上方和洞口外一百米范围内的区域。

第四十五条 本办法自 2017 年 4 月 1 日起施行。

410. 陕西省公路桥梁安全保护办法

（2020年1月7日 陕西省人民政府令第225号）

第一条 为了加强公路桥梁保护，保障公路桥梁安全、完好和畅通，根据《中华人民共和国公路法》《公路安全保护条例》等有关法律、法规，结合本省实际，制定本办法。

第二条 本办法适用于本省行政区域内国道、省道、县道、乡道公路桥梁及其附属设施的安全保护活动。

第三条 公路桥梁安全保护工作应当坚持政府领导、部门联动、预防为主、安全高效的原则。

第四条 公路桥梁安全保护范围如下：

（一）公路桥梁及其附属设施；

（二）公路桥梁用地和桥下空间；

（三）法律、法规、规章规定的公路桥梁安全保护范围。

第五条 任何单位和个人不得破坏、损坏、非法占用或者非法利用公路桥梁、公路桥梁用地和公路桥梁附属设施。

任何单位和个人都有爱护公路桥梁、公路桥梁用地和公路桥梁附属设施的义务，有权检举和控告破坏、损坏公路桥梁、公路桥梁用地、公路桥梁附属设施和影响公路桥梁安全的行为。

第六条 县级以上人民政府应当加强对公路桥梁安全保护工作的领导，建立健全政府负责、部门联动、行业监管和社会监督相结合的工作机制，协调解决公路桥梁桥下空间治理等重大问题，依法履行公路桥梁保护职责。

第七条 县级以上人民政府交通运输主管部门主管本行政区域的公路桥梁安全保护工作。

交通运输综合执法机构负责依法查处破坏、损坏公路桥梁及其附属设施等危及公路桥梁安全的行为。公路桥梁养护管理单位负责公路桥梁的养护和运营管理。航运管理单位负责船舶通过公路桥梁的安全通行管理工作。

第八条 县级以上人民政府公安、自然资源、水利、应急管理等部门按照职责分工，依法开展公路桥梁安全保护的相关工作。

第九条 县级以上人民政府应当鼓励和支持有关部门及单位采用科学的管理方法和先进的技术手段，提高公路桥梁的安全保护水平。

第十条 禁止利用公路桥梁进行牵拉、吊装等危及公路桥梁安全的施工作业。

禁止利用公路桥梁（含桥下空间）堆放物品，搭建设施以及铺设高压电线和输送易燃、易爆或者其他有毒有害气体、液体的管道。

禁止在公路桥梁、公路桥梁用地范围内摆摊设点、倾倒垃圾、设置障碍、挖沟引水、打场晒粮、种植作物、放养牲畜、采石、取土、采空作业、焚烧物品、利用公路边沟排放污物或者进行其他损坏、污染公路桥梁和影响公路桥梁畅通的行为。

第十一条 在中型以上公路桥梁周围200米、小型公路桥梁周围范围内禁止下列行为：

（一）采矿、采石、挖砂取土、爆破作业；

（二）烧荒、倾倒废弃物；

（三）停放装载危险物品的车辆；

（四）危及公路桥梁安全的其他行为。

除按照国家有关规定设立的为车辆补充燃料的场所、设施外，禁止在中型以上公路桥梁周围200

米范围内设立生产、储存、销售易燃、易爆、剧毒、放射性等危险物品的场所、设施。

在中型以上公路桥梁周围200米范围内，因抢险、防汛需要修筑堤坝、压缩或者拓宽河床的，应当经省交通运输主管部门会同水行政主管部门或者流域管理机构批准，并采取安全防护措施方可进行。

第十二条 禁止擅自在中型以上公路桥梁跨越的河道上下游各1000米范围内抽取地下水、架设浮桥以及修建其他危及公路桥梁安全的设施。

在前款规定的范围内，确需进行抽取地下水、架设浮桥等活动的，应当经水行政主管部门、流域管理机构等有关单位会同交通运输主管部门批准，并采取安全防护措施方可进行。

第十三条 禁止在公路桥梁跨越的河道上下游的下列范围内采砂：

（一）特大型公路桥梁跨越的河道上游500米，下游3000米；

（二）大型公路桥梁跨越的河道上游500米，下游2000米；

（三）中小型公路桥梁跨越的河道上游500米，下游1000米。

第十四条 公路桥梁养护管理单位应当按照国务院交通运输主管部门规定的技术规范和操作规程实施作业，记录归档公路桥梁巡查、检测、养护作业以及其他相关信息，实行桥梁养护工程师制度，保障公路桥梁安全运营。

第十五条 公路桥梁养护管理单位应当对所养护管理的公路桥梁进行经常检查、定期检查和特殊检查；评定公路桥梁技术状况等级及适用性；根据公路桥梁技术状况评定结果，及时分类采取不同的养护管理措施。

一类公路桥梁应当进行正常保养；二类公路桥梁应当进行小修，及时修复轻微病害；三类公路桥梁应当进行中修，由公安机关交通管理部门酌情进行交通管制，及时修复或者更换较大损坏构件；四类公路桥梁应当进行大修或者改造，由公安机关交通管理部门及时进行交通管制或者封闭交通；五类公路桥梁应当由公安机关交通管理部门及时封闭交通，依法进行改建或者重建。

公路桥梁养护管理单位应当配合公安机关交通管理部门设置相应的公路桥梁限速、限载、限行等标志。

第十六条 县级以上人民政府应当组织和协调本级有关部门和单位将高速公路、铁路跨线公路桥梁纳入地方公路网。

第十七条 交通运输综合执法机构、公安机关交通管理部门、公路桥梁养护管理单位应当建立健全联勤联动机制，共同做好公路桥梁交通秩序管理工作。

第十八条 公安机关交通管理部门应当根据道路和交通流量的具体情况，加强公路桥梁巡逻管控，充分利用交通技术监控设备，依法查处道路交通安全违法行为。

当公路桥梁上发生交通事故或者出现车辆排队滞留时，公安机关交通管理部门应当及时处置，并视情况采取疏导、限制通行、禁止通行等措施。

第十九条 载运易燃、易爆、剧毒、放射性等危险物品的车辆，应当符合国家有关安全管理规定，并避免通过特大型公路桥梁；确需通过特大型公路桥梁的，负责审批易燃、易爆、剧毒、放射性等危险物品运输许可的机关应当提前将行驶时间、路线通知特大型公路桥梁的管理单位，并对在特大型公路桥梁行驶的车辆进行现场监管。

第二十条 超过公路桥梁的限载、限高、限宽、限长标准的车辆，不得在有限定标准的公路桥梁上行驶。超过公路桥梁限载标准确需行驶的，必须经县级以上人民政府交通运输主管部门批准，并按照要求采取有效的防护措施；运载不可解体的超限物品的，应当按照指定的时间、路线、时速行驶，并悬挂明显标志。

运输单位不能按照前款规定采取防护措施的，由交通运输主管部门帮助其采取防护措施，所需费用由运输单位承担。

第二十一条 对违法超限超载运输的车辆，交通运输综合执法机构和公安机关交通管理部门应当按照各自的职责分工依法进行查处。

第二十二条 交通运输主管部门应当加强公路桥梁养护工程的施工管理。公路桥梁养护工程施工单位应当按照相关规定，合理布设施工作业区，设置标志和安全防护设施，保证施工车辆、人员和过往车辆的安全，必要时还应当协助有关部门做好交通疏导工作。

在公路桥梁养护工程施工过程中，公安机关交通管理部门应当做好交通秩序管理工作，公路桥梁养护工程施工单位应当予以配合。

第二十三条 县级以上人民政府交通运输主管部门应当牵头制定包括应对公路桥梁突发事件内容的专项应急预案，报本级人民政府批准后印发实施；其他有关部门应当按照总体应急预案、专项应急预案和部门职责，制定部门应急预案。

第二十四条 公路桥梁突发事件发生后，有关部门和单位应当按照规定启动应急预案。

公路桥梁突发事件造成公路桥梁损毁的，公路桥梁养护管理单位应当及时组织修复，并依法向事件发生地人民政府报告。损毁特别严重的，事件发生地人民政府应当及时组织抢修。

第二十五条 县级以上人民政府交通运输主管部门应当依法依托本省公共信用信息平台实现信用信息共享和公开。有关部门和单位依法实施守信联合激励和失信联合惩戒措施。

第二十六条 县级以上人民政府及其有关部门在公路桥梁安全保护工作中未依法履行职责、滥用职权、玩忽职守、徇私舞弊的，对负有责任的领导人员和直接责任人员依法给予处分；构成犯罪的，依法追究刑事责任。

第二十七条 违反本办法规定的行为，法律、法规已有处罚规定的，从其规定。

第二十八条 专用公路桥梁的安全保护不适用于本办法。专用公路是指由企业或者其他单位建设、养护、管理，专为或者主要为本企业或者本单位提供运输服务的道路。

411. 陕西省深化农村公路管理养护体制改革实施方案

（陕政办发〔2020〕29 号）

为认真贯彻《国务院办公厅关于深化农村公路管理养护体制改革的意见》（国办发〔2019〕45 号），切实解决“四好农村路”工作中管好、护好的短板问题，加快建立农村公路管理养护长效机制，制定本实施方案。

一、工作目标

到 2022 年，基本建立权责清晰、齐抓共管、建养并重的农村公路管理养护体制机制，农村公路养护资金及管理机构运行经费和人员支出纳入一般公共财政预算，形成财政投入职责明确、社会力量积极参与的格局。建立对农村公路管理养护的绩效考核机制。农村公路“路长制”全面推行，农村公路治理能力明显提高，治理体系初步形成。农村公路通行条件和路域环境明显提升，交通保障能力和安全管理水平显著增强。农村公路列养率达到 100%，年均养护工程比例不低于 5%，路况中等以上占比不低于 75%。

到 2035 年，全面建成体系完备、运转高效的农村公路管理养护体制机制，基本实现城乡公路交通基本公共服务均等化，路况水平和路域环境根本性好转，农村公路治理能力全面提高，治理体系全面完善。

二、重点任务

（一）完善农村公路管理养护体制。

1. 强化省级统筹和政策引导。省级交通运输部门负责全省农村公路管理养护的行业指导工作，加强对全省管理养护机构能力建设指导，会同省级财政部门对市级人民政府进行绩效考核。省级财政部门负责落实农村公路管理养护省级补助资金，根据不同时期的发展目标给予一定资金支持，会同省级交通运输部门加强养护资金使用监管。省发展改革委、省农业农村厅、省扶贫办等部门通过制定和实施相关政策，引导、支持和促进农村公路事业发展。（省交通运输厅、省财政厅、省发展改革委、省农业农村厅、省扶贫办按职责分工落实）

2. 加强市级政策支持和指导监督。市级人民政府负责行政区域内农村公路管理养护的指导监督工作，完善市级支持政策，加大市级财政投入，落实市级养护补助资金，加强市级管理养护机构能力建设，协调推进市域“四好农村路”建设，对县级人民政府农村公路管理养护工作进行绩效考核，督促县级人民政府履行主体责任。

3. 落实县级人民政府主体责任。县级人民政府是农村公路管理养护工作的责任主体，负责推进县域“四好农村路”建设，负责县道、乡道管理养护工作，指导监督乡级人民政府和村民委员会开展村道的管理养护工作，完善农村公路管理养护责任制，健全县级农村公路质量监督体系，将农村公路养护资金及管理机构运行经费和人员支出纳入一般公共财政预算，加大履职能力建设和管理养护投入力度。

4. 发挥乡村两级作用和农民群众积极性。乡级人民政府要确定专职工作人员，组织村民委员会做好村道管理养护工作。村民委员会要按照“农民自愿、民主决策”的原则，采取一事一议、以工代赈等办法组织村道的管理养护工作。要加强宣传引导，将爱路护路要求纳入乡规民约、村规民约。鼓励采用以奖代补等方式，推广将日常养护与应急抢通捆绑实施并交由农民群众承包。鼓励农村集体经济组织和社会力量自主筹资筹劳参与农村公路管理养护工作，通过将农村公路管理养护纳入公益岗位等方式，为沿线农民群众提供就业机会。

（二）强化农村公路管理养护资金保障。

5. 落实成品油税费改革资金。严格执行国家关于成品油税费改革资金有关政策和要求，完善成品油税费改革转移支付政策，加大对普通公路养护的支持力度。成品油税费改革新增收入替代原公路养路费部分，不得低于改革基期年（2009 年）公路养路费收入占“六费”（公路养路费、航道养护费、公路运输管理费、公路客货运附加费、水路运输管理费、水运客货运附加费）收入的比例，其中用于普通公路养护的比例一般不得低于 80%且不得用于公路新建。2022 年起，成品油税费改革转移支付资金不再列支农村公路管理机构运行经费和人员等其他支出。（省财政厅、省交通运输厅按职责分工落实）

6. 加大财政资金支持力度。继续执行省级财政对农村公路养护工程的补助政策，省级补助与切块到市县部分之和用于养护工程的资金占成品油税费改革新增收入替代原公路养路费部分的比例不低于 15%。市、县级人民政府要本着“有路必管、有路必养”的原则，足额安排农村公路管理、养护资金。市、县级公共财政用于农村公路日常养护的总额不得低于以下标准：县道每年每公里 10000 元，乡道每年每公里 6000 元，村道每年每公里 3000 元，并建立与里程、养护成本变化等因素相关联的动态调整和逐年增长机制。市、县财政分担比例由市级人民政府根据本地实际情况确定，其中，市级财政分担比例不得低于 20%。（省财政厅、省交通运输厅，市、县级人民政府按职责分工落实）

7. 强化养护资金使用监督管理。各级公共财政用于农村公路养护的资金要实施全过程预算绩效管理，确保及时足额拨付到位。市、县级财政和交通运输主管部门要加强农村公路养护资金使用监管，严格防控债务风险，严禁以各种名义新增隐性债务，公共资金使用情况要按规定对社会公开，接受群众监督，不断提升资金配置效率和使用效益。村务监督委员会要将村道养护资金使用和养护质量等情况纳入监督范围。审计部门要定期对农村公路养护资金管理和使用情况进行审计。（省财政厅、省交通运输厅、省审计厅，市、县级人民政府按职责分工落实）

8. 创新投融资机制。发挥政府资金的引导作用，采取资金补助、先养后补、以奖代补、无偿提供料场等多种方式支持农村公路养护。将农村公路发展纳入地方政府一般债券重点支持范围，积极发挥农业政策性金融作用，加大对乡村振兴农村公路项目的支持力度。按规定用好均衡性转移支付、税收返还等相关政策，鼓励将农村公路建设和一定时期的养护进行捆绑招标，农村公路与产业、园区、乡村旅游等经营性项目实行一体化开发，运营收益用于农村公路养护。积极探索将农村公路相关附属设施等有收益的项目与农村公路养护打包运行。推广农村公路灾毁保险，鼓励保险资金通过购买地方政府一般债券方式合法合规参与农村公路发展。（省交通运输厅、省财政厅、省农业农村厅、省扶贫办，市、县级人民政府按职责分工落实）

（三）建立农村公路管理养护长效机制。

9. 全面推行县、乡、村三级路长制。县级人民政府主要负责人担任县域农村公路总路长，县级人民政府分管交通运输负责人、乡级人民政府和村民委员会主要负责人分别担任本区域县级、乡级和村级路长。总路长全面负责县域农村公路管理养护工作，推进县域“四好农村路”和美丽农村路建设，推动农村公路养护市场化改革，各级路长分别负责相应农村公路管理养护和路域环境整治工作，各级路长对总路长负责、下级路长对上级路长负责。

10. 加强管理养护能力建设。市、县级人民政府要落实乡级专职工作人员，完善人才培养吸引和激励保障制度。要充分发挥好村民委员会在组织村道管理养护工作中的作用，鼓励设置多种形式公益岗位，聘用沿线贫困劳动力。不断完善村级议事机制，充分调动农民群众的积极性、主动性。（省交通运输厅、省委编办、省农业农村厅、省扶贫办，市、县级人民政府按职责分工落实）

11. 建立管理养护考核激励机制。省级财政和交通运输部门要建立对市、县级人民政府的农村公路管理养护绩效考核机制，制定考核评价办法，将管理养护工作的责任、资金和质量落实保障情况纳入绩效考核，考核结果与相关投资补助资金挂钩。对主体责任落实到位、工作推进情况较好的，给予奖励或增量补助；对主体责任落实不到位、工作推进情况较差的，实行约谈、责令整改，并扣减省级补助资金，充分发挥激励考核“指挥棒”作用。（省财政厅、省交通运输厅按职责分工落实）

12. 推进农村公路养护市场化改革。将人民群众满意度和受益程度、养护质量和资金使用效率作为衡量标准，分类有序推进农村公路养护市场化改革，逐步建立政府与市场合理分工的养护生产组织模式。积极培育市场主体，引导符合市场属性的事业单位转制为现代企业，鼓励将干线公路建设养护与农村公路捆绑招标，支持养护企业跨区域参与市场竞争。鼓励通过签订长期养护合同、招投标约定等方式，引导专业养护企业加大投入，提高养护机械化水平。（省交通运输厅，市、县级人民政府按职责分工落实）

13. 加强安全和信用管理。市、县级人民政府要建立农村公路应急管理体系，提高自然灾害和重大突发事件的应急管理能力。公路安全设施要与主体工程同时设计、同时施工、同时投入使用，县级人民政府要组织公安、应急等部门参与农村公路竣（交）工验收。要大力开展农村公路安全隐患排查治理，已经建成但安全设施不完善的农村公路要逐步完善。要加强农村公路养护市场监管，着力建立以质量为核心的信用评价机制，实施守信联合激励和失信联合惩戒，并依法向社会公开信用记录。（省交通运输厅、省发展改革委、省公安厅、省自然资源厅、省应急厅，市、县级人民政府按职责分工落实）

14. 强化路产路权保护和绿色发展。完善路政管理指导体系，建立县有路政员、乡有监管员、村有护路员或专管员的路产路权保护队伍，及时发现、制止、纠正并依法查处各类涉路违法行为，做好农村公路路域环境治理工作。坚持绿色发展，节约集约利用资源，严守生态保护红线，大力推广沥青路面再生利用、水泥路面就地利用等绿色养护技术，推动农村公路可持续发展。（省交通运输厅、省公安厅、省自然资源厅、省生态环境厅、省水利厅、省农业农村厅、省林业局，市、县级人民政府按职责分工落实）

三、保障措施

（一）加强组织领导。各地、各部门要按照职责分工，将深化农村公路管理养护体制改革作为打赢脱贫攻坚战、实施乡村振兴战略、推进农业农村现代化的一项先行工程，同步部署落实。

（二）落实工作职责。市、县级人民政府要深入分析本地区农村公路发展实际，细化农村公路管理养护权力和责任清单，指导乡、村建立健全农村公路管理养护制度。

（三）开展改革试点。市、县级人民政府要围绕资金保障、创新投融资机制、美丽农村路、养护市场化、群众参与、政府绩效考核、信用评价机制等主题，广泛开展试点工作。省交通运输厅要会同省财政厅加强指导和督查，遴选示范带动作用强的试点项目进行全省推广，积极稳妥推进改革工作。

（四）做好宣传引导。各地、各部门要大力做好农村公路管理养护体制改革的宣传工作，让广大人民群众了解政策制度，有效发挥乡规民约、村规民约在农村公路管理养护中的积极作用，增强人民群众爱路护路的责任意识，引导人民群众参与到农村公路管理养护工作中来，营造全社会广泛关心支持农村公路管理养护工作的良好氛围。

本实施方案自印发之日起施行。《陕西省人民政府关于印发陕西省农村公路管理养护体制改革实施意见》（陕政发〔2006〕72 号）同时废止。

412. 甘肃省高速公路管理条例

（2008 年 5 月 29 日甘肃省第十一届人民代表大会常务委员会第三次会议通过）

第一章　总　　则

第一条　为了加强高速公路管理，保障高速公路完好、安全和畅通，根据《中华人民共和国公路法》、《中华人民共和国道路交通安全法》和国家有关法律、法规，结合本省实际，制定本条例。

第二条　本条例适用于本省行政区域内高速公路的养护、运营、路政、交通安全管理。

第三条　省人民政府交通行政主管部门主管全省高速公路工作，其所属的高速公路养护、运营、路政管理部门依据本条例的规定分别负责高速公路的养护、运营和路政管理工作。省公安机关主管全省高速公路交通安全管理工作，公安交通管理部门具体负责高速公路的交通安全管理工作。

第四条　省人民政府有关部门和高速公路沿线各级人民政府，应当积极支持高速公路的管理工作。

第二章　养 护 管 理

第五条　公路养护部门应当按照公路技术规范和操作规程实施高速公路养护，实行专业化养护，做好预防性、周期性养护，保证高速公路处于良好的技术状态。

高速公路养护应当积极应用新技术、新材料、新工艺，降低养护成本，及时处治公路病害，提高养护质量。

第六条　公路养护部门应当加强高速公路巡查和公路技术状况检测评定。发现公路病害和危及高速公路正常运行的情况时，应当及时组织修复，排除险情。

第七条　高速公路管理、养护人员实施检查、维护作业时，应着统一的安全标志服装。高速公路管理和养护作业车辆、机械进行现场作业时，必须设置明显统一的标志，开启示警灯；在确保过往车辆通行的前提下，其行驶路线、方向、速度和停靠可以不受高速公路标志、标线限制，过往车辆应当注意避让。

高速公路养护、维修施工时，应当选择交通量较小的时段，避免影响车辆通行。施工单位应当设置规范的施工标志、安全标志等养护安全设施。通过施工现场的车辆，必须减速并按设置标志行驶，服从现场指挥人员的指挥。

养护作业人员进行正常养护作业时，任何单位和个人不得阻挠。

第八条　公路养护部门在高速公路占道养护作业时，应当事先通报公安交通管理部门、路政管理和公路运营管理部门。影响交通安全的，公安交通管理部门应当根据情况适当增加警力，加强交通安全监督检查，维护道路交通秩序。

高速公路养护作业需要半幅封闭或者中断交通时，养护单位应当编制施工路段现场交通安全预案，在施工 5 日前通过新闻媒体和高速公路信息发布系统公告相关信息，并在施工路段前方与相关入口设置公告牌。

高速公路养护作业完毕，养护单位应当迅速清除公路上的障碍物。确认无安全隐患后，方可恢复通行。

第九条 公路养护专用料场应当依法办理有关手续，在专用料场采取养护用料时，任何单位和个人不得非法干涉。

第十条 高速公路养护、运营管理部门应当制定紧急抢险预案。因自然灾害致使交通中断时，应当及时组织修复，恢复通行，并发布相关信息。难以及时恢复通行的，应当报告当地人民政府帮助组织抢修。

第三章 运 营 管 理

第十一条 高速公路运营管理部门应当健全制度，加强管理，公开收费、服务等事项，接受社会监督，提高公共服务和运营调度水平，保障服务设施完好，为通行车辆及人员提供安全、快捷、文明、优质的服务。

第十二条 高速公路服务区应当实行统一的规范化经营管理，提供必要的住宿、餐饮、加油、车辆维修等经营性服务和免费停车、洗手间等公益性服务。

省高速公路运营管理部门应当加强对服务区经营单位服务质量的监督检查。对达不到管理要求的，应当责成其采取相应措施，限期整改。

第十三条 高速公路互通出入口、服务区的增设或者关停，应当适应当地经济社会发展需要，以方便群众生产生活和符合高速公路建设规定为原则，并报经省交通行政主管部门批准。

第十四条 高速公路运营管理部门应当及时收等、汇总和掌握辖区路段内交通流量、路况、施工作业、气象等有关信息，并对路网信息及时研究分析和判断，需要做出调度决定的，应当及时下达路网调度指令，并通过新闻媒体和高速公路信息发布设施发布有关服务信息。

第十五条 驶入收费高速公路的车辆，均应缴纳车辆通行费，法律、法规另有规定的除外。

收费高速公路的车辆通行费收费标准、收费期限和收费站设置应当按照国务院《收费公路管理条例》的规定审批。收费标准和年限应当在收费站口向社会公示。收费公路收费期满的应当按照规定停止收费，拆除收费设施，并由省人民政府向社会公告。

收费高速公路实行联网收费。

对进入高速公路的货运车辆，其通行费收取可以采用计重收费的方式，具体办法由省人民政府制定。

第十六条 驶入收费高速公路的车辆应当在收费站入口领取通行凭证，在收费站出口交回通行凭证，不得冲卡、损坏和中途更换通行凭证。

对无通行凭证、损坏通行凭证、互换通行凭证、违规折返进出同一收费站的车辆，按照联网区域内最大里程收取车辆通行费。

对无正当理由超时行驶的车辆，按照时速 60 公里所能行驶里程收取车辆通行费。

第十七条 收费人员识别车辆收费类别时，车辆驾驶人员应当出示相应的有效证件或者证明材料，拒不出示证件或者证明材料的，应当在收费站指定的停车地点接受处理。

第十八条 高速公路运营管理部门应当根据车流量开启足够的收费道口。收费道口全部开启后，待交费车辆排队超过 200 米或者遇有紧急情况时，应当启动应急措施，保证道口畅通。

第十九条 紧急抢险救援、部队军事行动、运输鲜活农产品及其他重大活动需通行高速公路时，相关部门应事先与高速公路运营管理部门进行协调，高速公路运营管理部门应当在进出口设立专门通道，确保快捷通行。

高速公路上发生重、特大交通事故以及其他突发事件时，有关救援机构应及时告知高速公路运营管理部门为执行现场抢险、救护任务的车辆开辟免费紧急通道。

第二十条 高速公路运营管理部门及其工作人员不得有下列行为：

（一）违反收费标准收费；

（二）在车辆通行费标准之外加收或者代收其他费用；

（三）强行提供商业性服务。

第四章　路 政 管 理

第二十一条　公路路政管理部门应当依法加强路政管理，保护公路路产路权，保障公路完好畅通。

第二十二条　高速公路隔离栅外缘起30米，立交桥、特大型桥梁隔离栅外缘起50米范围为高速公路建筑控制区。没有隔离栅的，建筑控制区范围从公路用地外缘起算。

在建筑控制区内，除公路防护、养护需要外，禁止新建、扩建建筑物和地面构筑物。

拆除建筑控制区内既有合法建筑物，应当按规定给予补偿。

第二十三条　高速公路特大型桥梁周围300米、大中型桥梁周围200米、隧道洞口上方和洞口外100米范围内以及公路两侧一定距离内，不得从事挖沙、采石、取土、倾倒废弃物、爆破、地下开采等危及高速公路安全的活动。

第二十四条　在高速公路、高速公路用地范围内、高速公路建筑控制区内设置广告设施及其他非公路标志，应当报省路政管理部门批准。

第二十五条　任何单位和个人不得擅自占用、挖掘、阻断高速公路。因工程建设等确需占用、挖掘高速公路、高速公路用地和附属设施，跨越或者穿越高速公路修建桥梁、渡槽、架埋设管线及修建地下构筑物，以及在高速公路建筑控制区内埋设管线、电缆及修建地下构筑物的，建设单位应当报经路政管理部门批准。

因工程建设损坏已有公路的，建设单位应当在撤离现场前修复或者给予相应经济补偿。

高速公路改扩建时，相关设施建设单位应当根据签订的合同将其设施迁移。

第二十六条　任何单位和个人不得损坏、擅自移动、涂改高速公路标志、标线、标桩、界桩以及其他附属设施；不得填埋高速公路边沟、开设平面交叉道口。

第二十七条　在高速公路上行驶车辆的外廓尺寸及轴载质量必须符合公路工程技术标准。超限车辆不得在限定标准的高速公路及其桥梁、隧道通行；确需通行的，超限运输承运人应当向路政管理部门提出书面申请，并按要求采取有效的防护措施。承运人不能按规定采取防护措施的，由路政管理部门帮助采取防护措施，所需费用承运人承担。

路政管理部门应当在省人民政府批准的超限运输检测站对载货车辆进行检查。载货车辆应当按照引导标志行驶到指定地点接受检查处理，不得强行通过。

第二十八条　运输易抛洒物品的车辆在高速公路上行驶时，应采取有效封闭措施，不得向车外滴漏、流淌、抛洒物品。

第二十九条　对高速公路及其附属设施造成损坏的，当事人应当立即报告公路路政管理部门。公路路政管理部门应当及时赶赴现场调查处理。

第五章　交通安全管理

第三十条　公安交通管理部门应当依法加强高速公路交通安全管理工作，保护高速公路交通参与者的人身、财产安全。

第三十一条　进入高速公路的车辆应当配备故障车警告标志牌和灭火器；货运车辆和挂车要按规定安装、粘贴侧面及后下部防护装置、车身反光标识。

禁止在机动车号牌上安装、喷涂、粘贴影响交通技术监控信息接收的材料。

第三十二条　机动车在高速公路上行驶，不得超过限速标志标明的速度。在无限速或者解除限速标志的路段，车辆最低时速不得低于60公里；小型客车最高时速不得高于120公里；大型客车、货运车辆最高时速不得高于100公里；运载危险物品的货运车辆最高时速不得高于80公里。

第三十三条 车辆在隧道或者特大型桥梁遇障碍、发生故障等原因停车的，驾驶人应当采取安全措施，组织乘车人迅速撤离，并立即报告公安交通管理部门。

在高速公路上行驶的车辆发生故障不能立即修复的，应当报告公安交通管理部门，公安交通管理部门应当将故障车辆拖离。

第三十四条 除执行指挥疏导交通、抢险救援等紧急任务的车辆机具及其他从事高速公路管理、养护活动的车辆机具外，其他车辆禁止在应急车道内行驶。正常通行车辆遇前方交通堵塞等情形时，须在右侧行车道内依次排队等候，不得占用最左侧车道，同时开启危险报警闪光灯，夜间还应当同时开启示廓灯、后位灯。

第三十五条 车辆通过收费站安全岛通道时，最高时速不得超过5公里；在安全岛通道前后各100米内应当按照标线、道口指示灯行驶，不得变更行驶路线。

除领卡、缴费和其他特殊情况外，禁止在安全岛通道前后各200米内停车及上下人员。除执勤警察及高速公路管理工作人员外，其他人员不得在上述范围内行走、滞留。

除遇有障碍、发生故障等必须停车的情况外，高速公路上禁止停车、上下人员或者装卸货物。驾乘人员休息、检查车辆应当进入服务区。

第三十六条 因雨、雪、雾、沙尘天气和路面结冰、道路施工作业、交通事故、突发事件及其他情况影响车辆正常行驶时，公安交通管理部门可以采取限制车速、车道等临时交通管制措施，并在车道入口处设立明显标志。

确需关闭高速公路的，由省公安交通管理、高速公路运营管理部门共同商定，并及时发布信息。紧急情况下，现场执法人员可以先行处置，同时分别报告省公安交通管理、高速公路运营管理部门组织路网调度和区域交通分流。需要关闭高速公路的情况消除后，有关部门应及时开通高速公路，恢复交通。

第三十七条 运输爆炸物品、易燃易爆化学物品以及剧毒、放射性等危险物品的车辆通过高速公路时，承运人应当按照公安交通管理部门指定的时间和速度行驶，悬挂明显标志，采取必要的防护措施。

运输危险物品车辆发生事故或者故障，当事人应当立即报告公安交通管理部门或者有关部门。安监、公安、卫生、环保、质监等部门，应当在当地县级以上人民政府的统一指挥下，协作配合开展事故抢险救援工作。

第三十八条 公安交通管理部门应当积极查处破坏、盗窃、损坏高速公路设施的行为，追缴盗窃的公路设施，取缔非法设置的摊点、加水点等，保障高速公路行车安全。

第三十九条 公安交通管理部门或者路政管理部门接到高速公路上发生交通事故报告后，应当相互通告，并及时赶到事故发生地点，实施救援，按各自职责分工，勘查现场和路产损失，疏导交通，尽快恢复正常交通秩序。

公安交通管理部门在处理涉及高速公路路产损失的交通事故时，应当通知路政管理部门，处理路产损失的赔偿。

对交通肇事逃逸的车辆，高速公路运营管理部门应当积极协助公安交通管理部门缉查。

第六章　法律责任

第四十条 违反本条例规定，拒交、逃交车辆通行费的，由高速公路收费站责令补交；拒不补交，堵塞收费车道，影响其他车辆正常通行的，由路政管理部门将堵塞收费车道的车辆拖离，所需费用由当事人承担，并处以200元罚款。

第四十一条 违反本条例规定，在高速公路建筑控制区新建、扩建建筑物和地面构筑物的，由高速公路路政管理部门责令限期拆除，并可处以2万元以下罚款；逾期不拆除的，由高速公路路政管理部门拆除，所需费用由修建、设置者承担。

第四十二条　违反本条例第二十条第（一）项规定的，由价格主管部门依法予以处罚，省交通行政主管部门应当对运营管理部门负责人和有关责任人给予行政处分。

第四十三条　违反本条例第二十三条、第二十五条、第二十六条规定的，由高速公路路政管理部门责令停止违法行为，限期恢复原状，并可处以 2 万元以下罚款。

第四十四条　违反本条例第二十七条规定，车辆在高速公路上擅自超限行驶的，由路政管理部门责令停止违法行为，可以处以 3 万元以下罚款。

第四十五条　违反本条例规定，运输易抛洒物品的车辆向车外滴漏、流淌、抛洒物品的，由高速公路路政管理部门责令改正，可以处以 500 元以下罚款；造成严重后果的，依法承担法律责任。

第四十六条　围堵收费站、服务区，聚众闹事，闯卡通行，打骂、侮辱收费服务人员，妨碍正常交通秩序的，由公安机关依法处理；构成犯罪的，依法追究刑事责任。

第四十七条　违反本条例交通安全规定的，由公安交通管理部门依照有关法律法规予以处罚。

第四十八条　高速公路相关管理部门工作全员有下列行为之一的，由其主管部门按照规定给予行政处分；构成犯罪的，依法追究刑事责任：

（一）违反规定在高速公路上拦截车辆的；

（二）收缴的罚款不按规定上缴国库的；

（三）违法扣留车辆及其他有效证件的；

（四）勒索司乘人员财物的；

（五）不履行法定职责的。

第七章　附　　则

第四十九条　全封闭控制出入并收取车辆通行费的其他公路管理，参照本条例执行。

第五十条　本条例自 2008 年 7 月 1 日起施行。

413. 甘肃省公路路政管理条例

（2018 年 9 月 21 日甘肃省第十三届人民代表大会常务委员会第五次会议修订）

第一章　总　　则

第一条　为了规范公路路政管理，加强对公路的保护，保障公路完好、安全和畅通，根据《中华人民共和国公路法》《公路安全保护条例》等有关法律、行政法规，结合本省实际，制定本条例。

第二条　本省行政区域内国道、省道、县道、乡道、专用公路的公路路政管理，适用本条例。

本条例所称公路路政管理，是指为了保障公路完好、安全和畅通，依法保护公路、公路用地及公路附属设施，管理公路两侧建筑控制区的行政管理。

第三条　公路路政管理实行依法管理、分级负责、综合治理的原则。

第四条　省人民政府交通运输主管部门主管全省公路路政管理工作。各级交通运输主管部门或者其设置的公路管理机构负责各自管辖路段的路政管理工作。专用公路的路政管理工作由专用单位负责。

县级以上人民政府其他相关部门，依照各自职责，配合交通运输主管部门或者其设置的公路管理机构做好路政管理工作。

第五条　交通运输主管部门或者其设置的公路管理机构应当依法履行职责，做好公路保护工作，完善公路服务设施，提高公路服务和管理水平，维护公路经常处于良好的技术状态，保障公路完好、安全和畅通。

第六条　公路受国家保护，任何单位和个人不得破坏、损坏或者非法占用公路、公路用地及公路附属设施。

任何单位和个人都有爱护公路、公路用地及公路附属设施的义务，有权检举和控告破坏、损坏或者非法占用公路、公路用地、公路附属设施和影响公路安全的行为。

第二章　管 理 职 责

第七条　交通运输主管部门或者其设置的公路管理机构的路政管理职责是：

（一）宣传、贯彻公路路政管理的法律、法规；

（二）管理和保护公路路产；

（三）实施公路路政巡查，依法查处损害公路的行为；

（四）维护公路养护作业的正常秩序；

（五）依法管理公路两侧建筑控制区；

（六）监督管理超过公路限载、限高、限长、限宽标准和超过载重质量的运输车辆（以下简称“超限运输”）及公路状况；

（七）设置、维护、更新建成公路的标志、标线；

（八）负责在建公路的路政管理；

（九）法律、法规规定的其他职责。

第八条　县级以上人民政府交通运输主管部门或者其设置的公路管理机构按照各自的管理范围或者职责范围许可以下事项：

（一）涉路施工；

（二）载运不可解体物品的超限运输；

（三）公路用地范围内设置公路标志以外的其他标志。

第九条 公路、公路用地范围内的护路林及其他绿化物的更新、养护、管理工作，由交通运输主管部门或者其设置的公路管理机构按照公路绿化工程技术标准统筹规划并组织实施。

第三章 路产管理

第十条 交通运输主管部门或者其设置的公路管理机构应当按规定对既有公路路产进行调查核实，建立健全路产档案资料。新建公路竣工时，应当同时建立路产档案资料。

第十一条 在公路两侧边沟、截水沟、边坡、坡脚护坡道、隔离栏栅以外各不少于 1 米宽的土地，以及用于建设、养护公路和公路附属设施的其他土地为公路用地。

公路用地应当按照国家规定办理相关手续。

因公路改线而不再行驶车辆的公路，经县级以上人民政府批准，可调换公路建设用地或者改作其他公路附属设施的用地。

第十二条 在公路、公路用地范围内，禁止下列行为：

（一）设置棚屋、维修、洗车、加水、加油场点和电杆、变压器及其他非公路设施和障碍；

（二）打场晒粮、堆放物品、摆摊设点、违规设置广告牌等公路标志以外的其他标志；

（三）进行集市贸易以及其他商业性活动；

（四）采矿、采石、取土、挖砂、挖沟引水、采空作业；

（五）种植作物、放养牲畜；

（六）填埋、堵塞、损坏公路排水系统或者利用公路桥涵、排水沟等设施引水灌溉、排放污水、筑坝蓄水、设置闸门；

（七）倾倒、堆积、抛撒、焚烧物品和垃圾等；

（八）盗窃、移动、损坏、涂改公路标志、标线及测桩、界桩、护栏、花草树木等公路附属设施；

（九）铺设妨碍公路安全畅通的空中或者地下管线；

（十）其他侵占、破坏、损坏、盗窃、迁移、污染公路路产和影响公路畅通的行为。

第十三条 在大、中型公路桥梁和公路渡口周围 200 米，小型桥梁周围 50 米，公路隧道上方和洞口外 100 米范围内，以及在法律、法规规定的公路两侧一定距离内，禁止下列行为：

（一）采挖砂石、淘金、开矿、修筑堤坝，压缩或者拓宽河床、烧荒、刷坡、爆破、取土、伐木及其他类似行为；

（二）倾倒废弃物，堆放物品以及其他类似活动；

（三）设立生产、储存、销售易燃、易爆、剧毒、放射性等危险物品的场所、设施；

（四）铺设输送易燃、易爆、易漏和有毒物品的管道及其他妨碍、危及公路、公路桥梁、公路渡口、公路隧道安全的活动。

在前款范围内因抢险、防汛需要修筑堤坝、压缩或者拓宽河床的，应当事先报经省人民政府交通运输主管部门会同相关部门批准，并采取有效的保护有关的公路、公路桥梁、公路隧道、公路渡口安全的措施。

第十四条 禁止任意乱砍滥伐和损坏公路护路林；禁止利用公路护路林架设电线、悬挂各种标牌。

需要更新采伐公路护路林的，应当向交通运输主管部门或者其设置的公路管理机构提出申请，经批准方可更新采伐，并及时补种。不能及时补种的，应当交纳补种所需费用，由交通运输主管部门或者其设置的公路管理机构代为补种。

第十五条 任何单位和个人不得擅自占用、挖掘公路。

因修建铁路、机场、通信设施、水利工程、油气管线和进行其他建设工程需要占用、挖掘公路或者使公路改线的，建设单位应当事先征得交通运输主管部门或者其设置的公路管理机构同意；影响交通安全的，还须征得公安机关交通管理部门同意。

占用、挖掘公路或者使公路改线的，建设单位应当按照不低于该段公路原有的技术标准予以修复、改建或者给予相应的经济补偿。

第十六条 修建穿（跨）越公路的各种桥梁、渡槽、管线、牌楼等设施，以及在公路用地范围内架设、埋设管线、电缆等设施的，应当事先经交通运输主管部门或者其设置的公路管理机构同意；影响交通安全的，还须征得公安机关交通管理部门同意；所修建、架设或者埋设的设施应当符合公路工程技术标准的要求。对公路造成损坏的，应当按照损坏程度给予补偿。

经许可修建、架设或者埋设的设施由建设单位负责日常维护、安全和运营管理，确保工程设施不影响公路的完好、安全和畅通。

第十七条 在公路上不得擅自增设、改造平面交叉道口。确需设置、改造的，应当事先向交通运输主管部门或者其设置的公路管理机构提交申请书和设计图或者平面布置图，经批准后，按照国家规定的公路技术标准建设。

第十八条 铁轮车、履带车和其他可能损害公路路面的机具，不得在公路上行驶。

农业机械因当地田间作业需要在公路上短距离行驶的，可以不受前款限制，但应当采取有效的保护措施，并按照公安机关交通管理部门指定的时间、路线行驶；对公路造成损坏的，应当按照损坏程度给予补偿。

第十九条 车辆应当规范装载，装载货物不得触地拖行。车辆装载物易掉落、遗洒或者飘散的，应当采取厢式密闭等有效防护措施方可在公路上行驶。

车辆需要在公路上进行临时检修等作业的，应当采取安全保护措施，不得损坏、污染公路。

任何单位和个人不得将公路作为检验机动车制动性能的试车场地。

第二十条 通过公路渡口的一切车辆和人员，应当遵守公路渡口管理规定。

第二十一条 施工单位在公路施工和养护时，应当保障车辆通行，并设置明显的安全警示标志。施工作业完毕，应当及时清除公路上的障碍物，消除安全隐患。

第二十二条 禁止任何单位和个人在公路上非法设卡、收费、罚款和拦截车辆。

收费公路设置车辆通行费的收费站，应当报经省人民政府审查批准。

车辆通过经批准设立的收费站时，应当按照规定缴纳通行费。收费站应当按照规定期限、标准收费，禁止擅自延长收费期限、提高收费标准。

第二十三条 公安机关交通管理部门在处理交通事故时，对涉及损坏公路路产的，应当及时告知交通运输主管部门或者其设置的公路管理机构。

第四章　公路两侧建筑控制区管理

第二十四条 公路两侧建筑控制区，是指公路用地外缘向外一定距离内，除公路防护、养护需要外，禁止修建建筑物和地面构筑物的范围。

建筑控制区的具体范围：国道不少于 20 米，省道不少于 15 米，县道不少于 10 米，乡道不少于 5 米。其中：高速公路不少于 30 米，立交桥、通道不少于 50 米。

新建、改建公路在建设期内，两侧建筑控制区依照前款规定管理。

第二十五条 在公路弯道内侧和平交道口附近修建建筑物，其距离必须依照国家相关规定满足行车视距或者改作立体交叉的需要。在建筑控制区以外修建的建筑物，不得在空中延伸至控制区界限内，地面构筑物以及其他设施不得遮挡公路标志，妨碍安全视距。

第二十六条 在公路两侧建筑控制区内不得开山炸石、采矿、取土；不得填埋公路路基、边坡；矿井不得穿越公路。在公路两侧建筑控制区外实施上述行为的，不得危及公路安全。

第二十七条 禁止擅自在中型以上公路桥梁跨越的河道上下游各1000米范围内抽取地下水、架设浮桥以及修建其他危及公路桥梁安全的设施。

第二十八条 禁止利用公路桥梁进行牵拉、吊装等危及公路桥梁安全的施工作业。

禁止利用公路桥梁（含桥下空间）、公路隧道、涵洞堆放物品，搭建设施以及铺设高压电线和输送易燃、易爆或者其他有毒有害气体、液体的管道。

第二十九条 县级以上人民政府相关部门和乡镇人民政府，在编制城市、村镇规划，审批建设项目、征用土地时，涉及公路路政管理的，依照本条例第二十四条、第二十五条的规定办理。

第三十条 任何单位和个人未经有管理权限的交通运输主管部门或者其设置的公路管理机构批准，不得在公路用地范围内设置公路标志以外的其他标志。确需设置的，应当事先向交通运输主管部门或者其设置的公路管理机构提交申请书和设计图，依照公路标志相关标准规范制作，不得遮挡公路标志，不得妨碍安全视距，不得影响行车安全。

第三十一条 因公路建设或者交通安全等原因需要拆除建筑控制区内既有合法建筑物、地面构筑物的，应当依法给予补偿。对公路建设及交通安全无影响的，可以保留，但不得扩大占地面积和建筑面积。

第五章　超限运输管理

第三十二条 公路上行驶车辆的车货总质量、轴载质量及车货总长度、总宽度、总高度，不得超过国家规定的最高限值。

第三十三条 车辆因运输不可解体物品，确需超过规定最高限值行驶的，应当事先经交通运输主管部门或者其设置的公路管理机构批准。

交通运输主管部门或者其设置的公路管理机构接到申请后，应当对拟经路线进行勘测，计算公路、桥梁承载能力，需要采取加固、改造措施的，可与申请人签订有关协议，制定通行与加固、改造方案。公路加固、改造以及修复损坏公路所需的费用，由申请人承担。申请人无法自行采取护送措施的，可以委托交通运输主管部门或者其设置的公路管理机构进行护送，并承担护送费用。相关收费标准应当公开、透明。

经批准的超限运输车辆应当按照指定的时间、路线、速度行驶，并悬挂明显标志。

第三十四条 经省人民政府批准，交通运输主管部门或者其设置的公路管理机构可以在公路上设置固定式超限运输检测站（点），对车辆的车货总质量、轴载质量及车货总长度、总宽度、总高度进行检测。

交通运输主管部门或者其设置的公路管理机构可以根据实际需要，利用移动检测设备开展流动检测。经流动检测认定的违法超限运输车辆，应当就近引导至公路超限检测站进行处理。

流动检测点远离公路超限检测站的，应当就近引导至县级以上交通运输主管部门指定并公布的执法站所、停车场、卸载场等具有停放车辆及卸载条件的地点或者场所进行处理。

第三十五条 对拉运可卸载物品的超限运输车辆，交通运输主管部门或者其设置的公路管理机构应当责令其在指定地点或者不影响公路畅通的地点，自行卸载至符合轴载质量及其他限值，消除违法状态并接受处理后，方可上路行驶。对自行卸载有困难的，可委托第三方进行卸载，卸载费用由当事人承担。

对拉运不可解体物品的违法超限运输车辆，应当责令其立即停驶，依照本条例第三十三条的规定补办手续并接受处理后，方可上路行驶。

第三十六条 各级公安机关交通管理部门应当依据其治理超限职责，与各级交通运输主管部门或者其设置的公路管理机构建立健全路面执法协作和联合治理超限机制，配合维护治超检测站（点）的交通及治安秩序，加大路面执法力度，共同做好治理超限工作。

第六章　执法监督

第三十七条　交通运输主管部门应当加强对公路路政管理工作的监督指导，依法对各级公路管理机构执行法律、法规的情况进行监督检查。

第三十八条　交通运输主管部门或者其设置的公路管理机构应当规范执法行为，设置便民设施，完善服务措施，公开办事程序，提高办事效率和服务水平。

第三十九条　交通运输主管部门或者其设置的公路管理机构应当建立公路路政管理举报制度，公开举报电话、通信地址、电子邮件信箱。

交通运输主管部门或者其设置的公路管理机构收到举报后，应当依法处理，对检举属实的举报单位和个人可予以奖励。

第四十条　公路路政管理人员执行公务时，应当着标志服装，出示省人民政府或者交通运输部统一制发的行政执法证件。

公路监督检查车辆应当按照规定设置统一的标志和示警灯。

第四十一条　公路路政管理人员执行公务时，不得有下列行为：

（一）无行政执法证件执法、越权执法；

（二）擅自改变收费、罚款范围和标准；

（三）收费、罚款不出具有效单据；

（四）违规使用执法车辆、示警标志；

（五）刁难、勒索行政相对人；

（六）强制提供有偿服务；

（七）其他违法行为。

第四十二条　公路路政管理人员履行管理职责时，有权向有关单位和个人了解情况，查阅、复制有关资料，必要时可以录音、录像，相关单位和个人应当如实提供有关资料或者说明情况。

第七章　法律责任

第四十三条　违反本条例第十二条、第十九条规定，造成公路路面损坏、污染或者影响公路畅通的，交通运输主管部门或者其设置的公路管理机构应当责令其停止违法行为、限期改正，可以处五千元以下罚款。

第四十四条　违反本条例第十四条规定，乱砍滥伐和损坏公路护路林或者未经批准更新采伐护路林的，由交通运输主管部门或者其设置的公路管理机构责令补种，没收非法所得，并处采伐损坏林木价值三倍以上五倍以下罚款；构成犯罪的，依法追究刑事责任。

第四十五条　有下列违法行为之一的，由交通运输主管部门或者其设置的公路管理机构责令停止违法行为，可以处三万元以下罚款：

（一）违反本条例第十三条规定，从事危及公路安全作业的；

（二）违反本条例第十五条规定，擅自占用、挖掘公路或者使公路改线的；

（三）违反本条例第十六条规定，未经同意修建桥梁、隧道、渡槽、牌楼等设施的；

（四）违反本条例第十八条规定，铁轮车、履带车和其他可能损害路面的机具擅自在公路上行驶的；

（五）违反本条例第二十六条规定，在公路两侧建筑控制区内开山炸石、采矿、取土，填埋公路路基、边坡，危及公路安全的。

第四十六条　违反本条例第十七条规定，未经批准或者未按照国家规定的公路技术标准增设、改造平面交叉道口的，由交通运输主管部门或者其设置的公路管理机构责令恢复原状，处五万元以下罚款。

第四十七条 违反本条例第二十二条规定，擅自在公路上设卡、收费或者擅自延长收费期限、提高收费标准的，由省人民政府交通运输主管部门责令改正，强制拆除收费设施；有违法所得的，没收违法所得，并处违法所得二倍以上五倍以下罚款；没有违法所得的，处一万元以上五万元以下罚款。

第四十八条 违反本条例第二十四条、第二十五条规定，擅自在公路两侧建筑控制区内修建建筑物、地面构筑物的，或者擅自埋（架）设管（杆）线等设施以及设施遮挡公路标志或者妨碍安全视距的，由交通运输主管部门或者其设置的公路管理机构责令限期拆除，可以处五万元以下罚款。逾期不拆除的，由交通运输主管部门或者其设置的公路管理机构拆除，有关费用由建设者、构筑者承担。

第四十九条 违反本条例第二十七条规定，擅自在中型以上公路桥梁跨越的河道上下游各1000米范围内抽取地下水或者修建危及公路桥梁安全设施的，由相关部门依法处理。

第五十条 违反本条例第二十八条规定，利用公路桥梁进行危及公路桥梁安全的施工作业的，由交通运输主管部门或者其设置的公路管理机构责令改正，处两万元以上十万元以下罚款。

第五十一条 违反本条例第三十条规定，未经批准设置公路标志以外的其他标志的，由交通运输主管部门或者其设置的公路管理机构责令限期拆除，可以处二万元以下罚款。逾期不拆除的，由交通运输主管部门或者其设置的公路管理机构拆除，有关费用由设置者承担。

第五十二条 违反本条例第三十二条规定，在公路上行驶的车辆，车货总质量、轴载质量及车货总长度、总宽度、总高度超过国家规定的最高限值，由交通运输主管部门或者其设置的公路管理机构责令改正，可以处三万元以下罚款。

第五十三条 违反本条例第三十三条规定，经批准进行超限运输的车辆，未按照指定时间、路线和速度行驶的，由交通运输主管部门或者其设置的公路管理机构、公安机关交通管理部门责令改正；拒不改正的，可以扣留车辆。

第五十四条 违反本条例有关规定，造成公路路产损失或者造成公路损害的，依法承担民事责任。

对公路造成较大损害的车辆，应当立即停车，保护现场，报告交通运输主管部门或者其设置的公路管理机构，接受调查、处理后方得驶离。

责任人在履行处理决定前，应当将其车辆停放在交通运输主管部门或者其设置的公路管理机构指定的位置或者提供担保。

第五十五条 公路路政管理人员有本条例第四十一条规定行为的，由其所在单位、上级主管部门或者监察机关依法给予处分；构成犯罪的，依法追究刑事责任。

第五十六条 交通运输主管部门、公路管理机构和其他依照本条例规定行使监督管理权的部门，违反本条例规定，有下列行为之一的，由相关的行政主管部门或者监察机关对直接负责的主管人员和其他直接责任人员依法给予处分：

（一）不依法作出行政许可决定或者办理批准文件的；

（二）未经批准设置收费站的；

（三）擅自延长公路收费期限、提高收费标准的；

（四）发现违法行为或者接到对违法行为的举报不予查处的；

（五）有其他玩忽职守、徇私舞弊、滥用职权行为的。

第八章　附　　则

第五十七条 公路损害赔偿费、补偿费具体标准，由省价格、财政部门制定。

第五十八条 法律、法规对公路路政管理已有规定的，依照其规定执行。

第五十九条 本条例自2018年12月1日起施行。

414. 甘肃省农村公路条例

（2012年9月28日甘肃省第十一届人民代表大会常务委员会第二十九次会议通过）

第一章　总　　则

第一条　为了加强农村公路规划、建设、养护和管理，保障农村公路安全畅通，根据《中华人民共和国公路法》、《公路安全保护条例》等有关法律、行政法规，结合本省实际，制定本条例。

第二条　本省行政区域内农村公路的规划、建设、养护和管理，适用本条例。

本条例所称农村公路是指纳入农村公路规划的县道、乡道和村道及其附属的桥梁、隧道和渡口。

第三条　县级以上人民政府应当把农村公路的发展纳入当地国民经济和社会发展规划，实行政府主导、分级负责、统筹规划、建养并重的原则，促进农村公路持续健康发展。

第四条　县（市、区）人民政府是本行政区域内农村公路规划、建设、养护和管理的责任主体，应当加强对农村公路工作的组织领导和监督管理，建立健全农村公路建设、养护和管理的县、乡、村三级组织管理体系，并将农村公路工作纳入本级人民政府年度工作目标进行考核建立并落实责任追究制。

乡（镇）人民政府在县（市、区）人民政府确定的职责范围内，负责农村公路的建设、养护和管理工作，指导和帮助村民委员会建立村道管护群众组织。

第五条　县级以上交通运输主管部门主管本行政区域内的农村公路工作，其所属的公路管理机构具体负责农村公路的建设、养护和管理工作。

乡（镇）公路管理机构，按照规定的职责，具体做好农村公路的建设、养护和管理工作。

县级以上发展和改革、财政、公安等部门应当按照各自职责，协同做好农村公路的相关工作。

第六条　各级人民政府鼓励发展农村公路运输，提高农村公路利用水平，采取必要措施促进城乡客运一体化和农村物流发展，满足广大农民的生活和生产需要。

第七条　任何单位和个人不得破坏、损坏、非法占用农村公路、农村公路用地和农村公路附属设施。

第二章　规划和建设

第八条　农村公路规划应当根据当地经济社会发展和新农村建设的实际需要编制，与国道、省道发展规划和干线公路网相衔接，与农村运输网络规划相适应，与城乡建设规划及其他运输发展方式相协调，符合国家及全省交通运输发展目标。

第九条　县道规划由县（市、区）交通运输主管部门会同有关部门编制，经同级人民政府审定后，报上一级人民政府批准。

乡道、村道规划由县（市、区）交通运输主管部门协助乡（镇）人民政府编制，报县（市、区）人民政府批准。

经批准的农村公路规划应当由市（州）交通运输主管部门统一汇编后报省交通运输主管部门备案。

第十条　经批准的农村公路规划需要修改的，由原编制机关提出修改方案，并按原程序报批、备案。

第十一条　县（市、区）交通运输主管部门按照农村公路规划，结合本地实际提出年度建设建议计划，经同级人民政府审定后，报市（州）交通运输主管部门汇总、审核，由省交通运输主管部门审核批准。

第十二条 农村公路建设应当充分利用现有道路进行改建或者扩建。县道按照不低于三级公路技术标准建设，乡道按照不低于四级公路技术标准建设，村道建设标准根据当地实际需要和经济条件确定。

第十三条 二级以上农村公路和中型以上桥梁、隧道工程项目的设计，分初步设计和施工图设计两个阶段进行；其他工程项目可以直接采用施工图一阶段设计。

第十四条 四级以上农村公路和中型以上桥梁、隧道工程的设计，应当由具有相应资质的设计单位承担；其他农村公路工程的设计，可以由具有工程技术资格的技术人员承担。

第十五条 二级以上农村公路、中型以上桥梁、隧道工程项目，应当由市（州）交通运输主管部门办理施工许可；其他列入年度建设计划的农村公路建设项目，完成施工图设计批复即可开工建设。

第十六条 农村公路建设项目实行工程监理制度。

二级以上农村公路、中型以上桥梁、隧道建设项目，应当通过招标选择具有相应资质的监理单位进行监理；其他农村公路项目工程监理，建设单位可以通过招标方式委托社会监理机构或者聘请具备相应资格的人员进行监理。

第十七条 农村公路建设项目符合法定招标条件的，应当依法进行公开招标。

农村公路建设项目可以在同一乡（镇）范围内多项目一并招标，规模较大、技术复杂的农村公路建设项目以及大桥、特大桥和隧道建设项目应当单独招标。

招标结果应当在当地进行公示。

第十八条 县级以上交通运输主管部门应当建立健全质量监督管理机制，加强对农村公路建设质量的技术指导和监督检查。

县（市、区）交通运输主管部门和乡（镇）人民政府应当聘请技术人员、群众代表参与农村公路建设质量监督工作。

第十九条 农村公路建设项目实行安全生产责任制和工程质量责任追究制。

农村公路建设、设计、施工、监理和质量监督等单位应当明确安全和质量管理责任，落实安全和质量保证措施，加强安全和质量管理。

第二十条 农村公路建设项目实行质量缺陷责任期制度和质量保证金制度。质量缺陷责任期为交工验收合格后一年，质量保证金一般为施工合同总额的百分之五。

第二十一条 农村公路建设项目应当按照规定进行交（竣）工验收。未经验收或者验收不合格的，不得交付使用。

交工验收由项目法人负责，竣工验收由各级发展和改革部门或者交通运输主管部门按照农村公路建设项目审批权限组织进行，验收结果应当送省交通运输主管部门备案。

二级以上农村公路、大桥、特大桥、隧道建设项目工程，按公路基本建设项目进行交（竣）工验收；其他农村公路建设项目交（竣）工验收可以合并进行，但应当执行相应的质量缺陷责任期和工程质量保修期制度。

第二十二条 农村公路建设单位应当按照档案管理的有关规定建立工程档案，及时收集、整理、保存工程资料，竣工验收合格后移交县（市、区）农村公路管理机构保存。

第三章 养护和管理

第二十三条 农村公路养护遵循预防为主、防治结合、全面养护、保障畅通的原则，坚持专业养护与群众养护、日常养护与集中养护等多种养护方式相结合，保证农村公路经常处于良好的技术状态。

第二十四条 农村公路养护分为日常养护和养护工程。日常养护主要指小修保养，养护工程主要指中修、大修和改建。

第二十五条 县（市、区）交通运输主管部门及其公路管理机构负责县道和主要乡道的养护工作，并对乡道、村道的养护和管理工作进行监督和技术指导。

乡（镇）人民政府及其公路管理机构负责乡道、村道的养护工作，指导村民委员会组织村民做好村道的日常管护工作。

第二十六条 乡（镇）人民政府可以结合农村最低生活保障、政府购买公益性岗位等，建立相对稳定的群众性养护组织，或者采取个人、家庭分段承包等方式，对乡道、村道实施日常养护。

鼓励通过向社会招标等竞争方式，择优选定具有相应资质或者从业经验的养护单位，逐步推行农村公路养护市场化。

农村公路管理机构或者乡（镇）人民政府应当与养护单位或者个人签订养护合同，明确双方权利义务。

第二十七条 养护工程年度计划由县（市、区）交通运输主管部门编制，市（州）交通运输主管部门审查，省交通运输主管部门审定。

第二十八条 公路管理机构应当加强农村公路养护巡查，并制作巡查记录。发现公路损坏和危险情况时，应当及时组织人员修复和排除。难以及时修复和排除的，应当在危险路段按照规定设置警示或者限行限载标志，并采取必要措施保障公路通行安全。

县道和乡道养护作业需要中断交通的，应当经县（市、区）交通运输主管部门同意，按照规定设置绕行标志或者修建临时道路，并由公安交通安全管理部门提前向社会公告。

第二十九条 因自然灾害或者其他突发事件致使农村公路中断或者严重损坏无法通行时，县（市、区）、乡（镇）人民政府应当立即组织修复，尽快恢复交通。

第三十条 农村公路养护作业用地、砂石料场以及因养护需要挖砂、采石、取土、取水的，由县（市、区）、乡（镇）人民政府统筹解决，并依法办理相关手续。

第三十一条 县（市、区）、乡（镇）人民政府应当按照绿化规划和公路工程技术标准的要求，结合农村公路实际情况，因地制宜做好农村公路绿化工作。

第三十二条 县级以上交通运输主管部门主管本行政区域内农村公路的路政管理工作，其所属的公路管理机构具体负责公路路政管理工作。

乡镇人民政府及其公路管理机构在县（市、区）人民政府确定的职责范围内负责乡道和村道的路政管理工作。

市（州）、县（市、区）人民政府根据工作实际逐步推行道路运政和农村公路路政管理综合执法。

第三十三条 农村公路两侧自公路边沟（截水沟、坡脚护坡道）以外各不少于一米宽的土地以及用于建设、养护公路和公路附属设施的其他土地为公路用地。

县道两侧各不少于十米、乡道不少于五米、村道不少于二米为公路建筑控制区。

第三十四条 禁止超限运输车辆通行农村公路。因工程建设重载车辆确需反复通过特定农村公路路段的，建设单位应当与交通运输主管部门签订公路修复协议，并交纳相应数额的公路修复保证金，按不低于原有公路技术标准及时修复、改建或者给予相应的经济补偿。

第三十五条 县级以上人民政府应当加强农村公路交通安全工作，加大交通安全基础设施建设投入，组织全社会参与维护道路交通秩序，制定道路交通安全管理规划并组织实施。

县级以上人民政府公安机关交通管理部门负责本行政区域内的农村公路交通安全管理工作。县级以上人民政府交通运输、建设、农业（农业机械）等部门按照各自职责，做好有关道路交通安全工作。

第四章　资金筹措与管理

第三十六条 各级人民政府应当建立政府投资为主、多渠道筹资为辅、鼓励社会各界共同参与的农村公路建设、养护和管理资金筹措机制。

第三十七条 农村公路建设、养护和管理资金的来源主要包括：

（一）国家和省人民政府补助的专项资金；

（二）市县人民政府安排的财政性资金；

（三）村民委员会通过“一事一议”等方式筹集的资金；

（四）企业、个人等社会捐助资金；

（五）通过拍卖、转让农村公路冠名权、路域资源开发权等方式筹集的资金；

（六）通过其他方式筹集的资金。

第三十八条 省人民政府每年从新增财政收入中，按一定比例安排农村公路养护资金，具体标准由省人民政府制定。

市（州）、县（市、区）人民政府应当根据财政增长情况，逐步调整提高农村公路养护资金筹集比例，加大资金投入。

第三十九条 省交通运输主管部门按照规定，统筹安排农村公路大中修等养护工程资金。

第四十条 各级人民政府应当加强对农村公路建设、养护和管理资金的管理，建立健全资金管理制度，提高资金使用效益。农村公路建设、养护和管理资金应当按工程进度及时拨付到位，并实行专项核算、专款专用，任何单位和个人不得截留、挤占和挪用。

审计、财政部门应当做好农村公路建设、养护和管理资金的审计和监督检查工作。

第五章 法律责任

第四十一条 违反本条例规定的行为，法律、法规有行政处罚规定的，从其规定；构成犯罪的，依法追究刑事责任；造成农村公路损害的，依法承担民事责任。

第四十二条 违反本条例规定，有下列行为之一的，由上级交通运输主管部门或者本级人民政府对责任单位进行通报批评，限期整改；情节严重的，对责任人依法给予行政处分；构成犯罪的，依法追究刑事责任。

（一）农村公路建设、养护和管理资金不按时到位；

（二）截留、挤占和挪用农村公路建设、养护和管理资金的；

（三）农村公路未经验收或者验收不合格即交付使用的；

（四）在农村公路建设中，采取强制手段向单位、个人集资的；

（五）其他造成农村公路质量安全事故的行为。

第四十三条 造成公路、公路附属设施损坏，拒不接受公路管理机构现场调查处理的，公路管理机构可以依法采取扣留车辆、工具等行政强制措施。

第四十四条 各级人民政府及其有关部门工作人员在农村公路建设、养护和管理工作中滥用职权、玩忽职守、徇私舞弊的，给予相应的行政处分；构成犯罪的，依法追究刑事责任。

第六章 附 则

第四十五条 村道的路政管理参照《甘肃省公路路政管理条例》执行。

第四十六条 本条例自2013年1月1日起施行。

415. 甘肃省深化农村公路管理养护体制改革实施方案

（甘政办发〔2020〕48号）

为更好解决我省“四好农村路”工作中管好、护好的短板问题，加快建立农村公路管理养护长效机制，切实提高农村公路综合服务品质，根据《国务院办公厅关于深化农村公路管理养护体制改革的意见》（国办发〔2019〕45号）精神及《甘肃省农村公路条例》相关规定，制定本实施方案。

一、总体要求

以习近平新时代中国特色社会主义思想为指导，全面贯彻党的十九大和十九届二中、三中、四中全会精神，深入贯彻落实习近平总书记关于“四好农村路”重要指示及对甘肃重要讲话和指示精神，紧紧围绕党中央、国务院和省委、省政府打赢脱贫攻坚战、实施乡村振兴战略、统筹城乡发展等决策部署，践行以人民为中心的发展思想，加强农村公路与农村经济社会发展统筹协调，形成党委领导、政府主导、上下联动、密切配合、齐抓共管的工作格局，努力提高农村公路管理养护质量和安全管理水平，为广大农民群众脱贫致富奔小康、加快推进农业农村现代化提供更好保障。

二、基本原则

——改革驱动，补齐短板。通过改革，消除制约“四好农村路”高质量发展的体制机制障碍，切实解决管好、护好的短板问题，建立农村公路管理养护长效机制。

——上下联动，落实责任。通过构建“省市统筹、县级负责、乡村齐抓、社会参与”的农村公路管理养护责任体系，推动县级政府落实主体责任。

——政府主导，多方支持。加大各级财政投入，拓宽投融资渠道，建立财政投入为主、多渠道融资的农村公路资金保障体系。

——创新机制，转型发展。分类有序推进养护市场化改革，坚持绿色发展、融合发展，推进农村公路高质量发展。

三、工作目标

到2020年底，农村公路列养率达到100%，路长制推行达到100%，爱路护路的乡规民约、村规民约制定率达到100%。

到2022年，基本建立权责清晰、齐抓共管的农村公路管理养护体制机制，形成财政投入职责明确、社会力量积极参与的格局。农村公路治理能力明显提高，治理体系初步形成。农村公路通行条件和路域环境明显提升，交通保障能力显著增强。农村公路养护资金、管理机构运行费用和人员支出纳入一般公共财政预算，各市州内农村公路年均养护工程比例不低于5%，中等及以上农村公路占比不低于75%。

到2035年，全面建成体系完备、运转高效的农村公路管理养护体制机制，基本实现城乡公路交通基本公共服务均等化，路况水平和路域环境根本性好转，农村公路治理能力全面提高，治理体系全面完善。

四、主要任务

（一）完善农村公路管理养护体制。

1. 加强省级统筹领导和政策引导。省政府成立农村公路“路长制”领导小组，编制相关部门和市、县农村公路管理养护权力和责任清单，将农村公路工作纳入对市、县级政府的绩效管理。省级交通运输主管部门负责全省农村公路养护管理的行业指导，建立健全规章制度，指导示范、试点工作，检查考核全省农村公路养护管理工作，统筹安排省级补助资金，强化绩效考核，建立健全激励约束机制。省级财政部门负责落实省级养护补助资金。省直相关部门各负其责、相互联动，推动农村公路建管养工作全面提升。（责任单位：省交通运输厅、省财政厅、省发展改革委、省自然资源厅、省农业农村厅、省扶贫办、省邮政管理局、省供销联社）

2. 强化市州承上启下作用和监督管理职能。市州参照成立领导机构，落实省级领导小组的要求，对县级农村公路“路长制”进行指导、监督，负责完善支持政策，加强市县两级农村公路管理机构和能力建设，支持、督促县级政府履行主体责任，检查考核县级农村公路养护管理工作，筹集、分配市级农村公路养护补助资金，并将农村公路养护纳入对县级政府的绩效管理。（责任单位：各市州政府、兰州新区管委会）

3. 履行县市区主体责任。县级政府按照“县道县管、乡村道乡村管”的原则，建立健全农村公路管理养护责任制，明确相关部门、乡镇农村公路管理养护权力和责任清单，指导监督相关部门和乡镇履职尽责，将农村公路工作纳入对乡镇的考核管理，考核结果与养护补助相挂钩。同时，按照“有路必养、养必到位”的要求，规范设置乡镇农村公路管理所，将农村公路养护资金、管理机构运行经费和人员支出纳入一般公共财政预算，加大履职能力建设和管理养护投入力度。建立县乡村三级路长制，负责相应等级农村公路管理养护工作，建立“精干高效、专兼结合、以专为主”的管理体系。开发公益性岗位，鼓励引导农民群众参与农村公路养护管理工作。（责任单位：各市州政府、兰州新区管委会）

4. 发挥乡村两级作用和农民群众积极性。乡镇负责乡道的养护管理工作，指导村委会做好村道和自然村组道路的管理养护。村委会要按照“农民自愿、民主决策”的原则，成立村道、自然村组道路的管理养护组织，采取一事一议、以工代赈等方式组织开展管理养护工作。乡、村两级要加强宣传引导，将爱路护路的要求纳入乡规民约、村规民约。鼓励推行个人或家庭分段承包养护、集中养护、企地共养等模式；鼓励采用以奖代补等方式，推广将日常养护与应急抢通捆绑实施并交由农民承包；鼓励设置护路员等公益性岗位，为贫困户提供就业机会；鼓励农村集体经济组织和社会力量自主筹资筹劳，参与农村公路管理养护工作。（责任单位：各市州政府、兰州新区管委会）

（二）强化农村公路管理养护资金保障。

5. 落实成品油税费改革资金。为确保普通国省干线公路、农村公路整体路网服务水平稳步提升，省级下达的成品油税费改革新增收入替代原公路养路费部分（包括成品油税费改革转移支付的“替代性返还＋增长性补助”）用于普通公路养护的比例一般不得低于80％，且不得用于公路新建。2022年起，使用成品油税费改革转移支付的管理机构运行经费和人员等其他支出纳入一般公共财政预算，不再从成品油税费改革转移支付中列支。继续执行省级财政对农村公路养护工程的补助政策，补助方式由原来的按里程定额补助（“7351补助标准”）转变为按比例补助，确保用于农村公路养护工程的资金（省级补助资金与切块到市县部分之和）占成品油税费改革新增收入替代原公路养路费部分的比例不低于15％，实际高于上述比例的不再降低。（责任单位：省财政厅、省交通运输厅）

6. 加大财政资金支持力度。农村公路养护属于地方财政事权，资金原则上由地方通过自有财力安排，对县级落实支出责任存在的收支缺口，省、市可根据不同时期发展目标给予一定的资金支持。省级在均衡性转移支付中将进一步考虑农村公路管理养护因素，加大对重点贫困地区支持力度。管好用好农村公路升级改造、安全生命防护工程建设和危桥改造等项目配套的中央车购税资金。各级政府要确保财政支出责任落实到位，将相关税收返还用于农村公路养护。日常养护资金按照通车总里程筹措，县道每公里1万元，乡道每公里0.5万元，村道每公里0.3万元，省、市、县按照1：1：8比例承担。省、市交通运输主管部门要做好养护资金统筹安排工作，切实发挥补助资金激励作用。（责任单位：省财政厅、省交通运输厅，各市州政府、兰州新区管委会）

7. 强化养护资金使用监督管理。各级公共财政用于农村公路养护的资金，实施全过程预算绩效管理。各级财政和交通运输主管部门要加强资金使用监管，严禁农村公路建设采用施工方带资的建设—移交（BT）模式，严禁以“建养一体化”名义新增隐性债务，公共资金使用情况要按有关规定对社会公开，接受群众监督。各级审计部门要定期对农村公路养护资金使用情况进行审计。（责任单位：

省财政厅、省交通运输厅、省审计厅）

8. 创新农村公路发展投融资机制。市、县、乡三级政府要发挥政府资金的引导作用和激励作用，采取资金补助、先养后补、以奖代补、无偿提供料场等多种方式支持农村公路管理养护，将农村公路发展纳入地方政府一般债券重点支持范围。鼓励地方政府将农村公路建设和一定时期的养护进行捆绑招标，将农村公路与产业、园区、乡村旅游等经营性项目实行一体化开发，运营收益用于农村公路养护管理。鼓励保险资金通过购买地方政府一般债券方式合法合规参与农村公路发展，大力推行农村公路灾毁保险制度。（责任单位：各市州政府、兰州新区管委会）

（三）构建农村公路管理养护长效机制。

9. 加快推进农村公路养护市场化改革。将人民群众满意度和受益程度、养护质量和资金使用效率作为衡量标准，分类有序推进农村公路养护市场化改革，逐步建立政府与市场合理分工的养护生产组织模式。引导符合市场属性的事业单位转制为现代企业，鼓励将干线公路建设养护与农村公路捆绑招标，支持养护企业跨区域参与市场竞争。鼓励通过签订长期养护合同、招投标约定等方式，引导专业养护企业加大投入，形成以市场供给为主、政府采购为辅的养护设备配置体系，提高养护专业化和机械化水平。（责任单位：省交通运输厅，各市州政府、兰州新区管委会）

10. 加强安全和信用管理。公路安全设施要与主体工程同时设计、同时施工、同时投入使用，市、县政府要组织公安、应急等职能部门参与农村公路竣（交）工验收。已建成但未配套安全设施的农村公路要逐步完善。进一步加强农村公路养护市场监管，着力构建以质量为核心的信用评价机制，实施守信联合激励和失信联合惩戒，并将信用记录按照国家和我省有关规定纳入信用信息共享平台，依法向社会公开，营造诚实守信的农村公路建设养护市场环境。（责任单位：省交通运输厅，各市州政府、兰州新区管委会）

11. 强化法规政策和执法队伍建设。按照《甘肃省农村公路条例》等相关法律法规，探索通过民事赔偿保护路产路权。坚持经济实用、绿色环保理念，因地制宜开展旅游风景道建设，结合人居环境整治行动、路域环境治理，全面开展“美丽公路”创建工作，提高农村公路养护技术。结合全省交通运输综合行政执法改革，完善路政管理指导体系。各县合理建设治超站（点），加强执法队伍建设，合理完善和配备执法装备。发挥乡镇公路管理所职责，建立县有路政员、乡有监管员、村有护路员的路产路权保护队伍。（责任单位：省交通运输厅，各市州政府、兰州新区管委会）

五、保障措施

（一）加强组织领导。各市州、县市区政府要提高思想认识，把加强农村公路养护管理工作摆上重要议事日程，深入分析本地农村公路发展实际，因地制宜研究制定深化农村公路管理养护体制改革具体实施细则，细化工作举措，明确责任主体，严格考核问责，确保改革任务落到实处。

（二）靠实工作责任。省级交通运输和财政部门要协同联动，督促市县管好、用好转移支付资金。地方各级政府要切实落实主体责任，有序推进实施方案落地见效。各级政府要将农村公路管理养护体制改革工作纳入政府绩效、乡村振兴、“四好农村路”高质量发展等考核范畴，建立考核结果与补助资金挂钩机制，确保改革取得实效。

（三）发挥示范引领。省交通运输厅、省财政厅等部门要结合建设交通强国要求，做好“四好农村路”示范工作申报，推动市、县开展创建工作，总结推广试点单位好经验、好做法，及时将全年工作分析和总结上报省政府和交通运输部、财政部。

（四）注重宣传引导。发挥传统媒体和新媒体作用，加强政策解读，明确村级公益设施管护责任，提高广大农民群众爱路护路意识。宣传改革先进典型，充分调动广大群众参与、监督改革工作的积极性。同时，畅通意见表达渠道，积极回应各方合理关切。

416. 青海省公路路政条例

（2017 年 7 月 27 日青海省第十二届人大常务委员会第三十五次会议通过）

第一章　总　　则

第一条　为了加强公路保护，保障公路完好、安全和畅通，根据《中华人民共和国公路法》《公路安全保护条例》等法律、行政法规，结合本省实际，制定本条例。

第二条　本省行政区域内国道、省道、县道、乡道的公路路政管理及相关活动适用本条例。

本条例所称公路路政管理，是指依法保护和管理公路、公路用地、公路附属设施以及公路建筑控制区的行政行为。

公路、公路用地、公路附属设施统称为公路路产。

第三条　公路路政实行统一管理、分级负责、综合治理的原则。

第四条　各级人民政府应当加强对公路路政工作的领导，建立健全工作协调机制，提高公路综合管理水平。

第五条　省人民政府交通运输主管部门主管全省公路路政管理工作。省公路路政管理机构具体负责全省公路路政监督管理工作，其下辖的公路路政管理机构负责管辖路段的公路路政管理工作。

州、县级人民政府交通运输主管部门设立的公路路政管理机构，依照职权负责管辖路段的公路路政管理工作。

县级以上人民政府发展改革、公安、财政、国土资源、环保、住房城乡建设、水利、农牧、林业、卫生计生、工商（市场监管）、安全生产监督等部门，按照职责分工，依法开展公路保护相关工作。

第六条　公路路政管理机构的职责是：

（一）宣传、贯彻执行公路管理的法律、法规；

（二）保护和管理公路路产；

（三）实施公路路政巡查；

（四）管理公路两侧建筑控制区；

（五）维持公路养护作业现场秩序；

（六）依法查处违反路政管理法律、法规的行为；

（七）法律、法规规定的其他职责。

第七条　在建公路所在地公路路政管理机构，依照职责权限负责该路段的公路路政管理。

在建公路所在地建设单位、施工单位应当配合公路路政管理机构的工作。

第八条　任何单位和个人不得破坏、损坏或者非法占用、利用公路路产，禁止在公路上非法设卡、收费、罚款和拦截车辆。

对破坏、损坏或者非法占用、利用公路路产和影响公路安全的行为，任何单位和个人有权检举和控告。

第二章　公路路产保护

第九条　公路路政管理机构应当对公路路产调查核实、登记造册，建立健全公路管理档案。新建、改建公路竣工时，应当同时建立公路路产档案。

第十条 县级以上人民政府应当按照下列标准确定公路用地范围：

（一）公路两侧有边沟（坡顶截水沟、坡脚护坡道）的，其用地范围为边沟外缘起不少于一米的区域；

（二）公路两侧无边沟的，其用地范围为路堤或者护坡道坡脚向外不少于一米的区域。

已明确并安放公路界桩的，公路用地范围为界桩以内区域。

第十一条 县级以上人民政府应当组织公路路政管理机构和公安、工商（市场监管）等部门，依法制止、查处占用公路经营等违法行为，保障公路安全畅通。

县级以上人民政府应当组织交通运输、国土资源、环保、水利、农牧、林业等部门加强对公路沿线河道、湖泊、荒坡、破损山体的整治，优化路域环境。

第十二条 公路改建、扩建和养护施工单位应当采取防护措施，规范施工和堆放材料，并在施工路段设置明显的安全警示标志。施工作业完毕，应当及时清除公路上的障碍物，消除行车安全隐患。

第十三条 提高建筑物与公路路肩边缘之间原地面标高的，应当经公路路政管理机构批准，并负责修建排水设施，保证公路排水畅通。

第十四条 下列事项应当依法向公路路政管理机构提出许可申请：

（一）因修建铁路、机场、供电、水利、通信等建设工程需要占用、挖掘公路、公路用地或者使公路改线的；

（二）跨越、穿越公路修建桥梁、渡槽或者架设、埋设管道、电缆等设施的；

（三）在公路用地范围和公路建筑控制区内架设、埋设管道、电缆、光缆等设施的；

（四）利用公路桥梁、公路隧道、涵洞铺设电缆等设施的；

（五）利用跨越公路设施悬挂非公路标志的；

（六）在公路上增设或者改造平面交叉道口的；

（七）超限车辆确需在公路上行驶的；

（八）更新采伐公路护路林的。

第十五条 禁止在公路、公路用地范围内从事下列活动：

（一）打场晒粮、晒物、种植作物、放养牲畜、焚烧物品；

（二）倾倒垃圾，堆放物品或者其他非公路养护维修施工材料；

（三）损坏公路排水设施或者利用公路排灌水；

（四）挖沟、挖沙、采石、取土和采空作业；

（五）摆摊设点，设置维修场、洗车场、加水点及影响公路畅通的障碍物；

（六）将公路作为检验车辆制动性能的试车场地；

（七）其他影响公路完好、安全和畅通的活动。

第十六条 各级人民政府应当组织有关部门、单位和个人在公路两侧植树种草，并落实管护责任，推进公路绿化工作。

禁止破坏公路、公路用地范围内的绿化物。更新采伐公路护路林的，应当按规定办理审批手续，并及时补种；不能补种的，应当缴纳补种所需的费用，由公路路政管理机构代为补种。

第十七条 公路标志、标线应当保持清晰、醒目、准确、完好，符合公路工程技术标准。公路路政管理机构发现损坏的公路标志、标线，应当通知公路养护单位修复、更换；无法按时修复、更换的，应当设置临时公路标志。

在公路用地范围内设置非公路标志或者利用跨越公路设施悬挂非公路标志，应当符合非公路标志设置规划、技术标准和公路安全畅通的要求。

公安机关交通管理等部门需要增设或者变更公路交通标志的，应当征求所在辖区公路路政管理机构的意见。

第十八条 设置公路平面交叉道口应当符合安全畅通和合理布局的要求，并按照公路工程技术标准建设平面交叉道口。对不符合公路工程技术标准的，应当在公路路政管理机构规定的期限内达到标准或者封闭。

第十九条 公路路政管理机构发现有下列影响公路通行情形的，应当设置明显警示标志，并通知公路养护单位处理：

（一）公路坍塌、坑槽、隆起、桥涵断裂；

（二）公路上有难以清除的障碍物或者污染物；

（三）交通事故导致公路路产损毁；

（四）其他影响公路通行的情形。

第二十条 车辆应当规范装载，装载物不得触地拖行。车辆装载物易掉落、遗洒或者飘散的，应当采取厢式密闭等有效防护措施方可在公路上行驶。

第二十一条 公路路政管理机构发现破坏、损坏公路路产行为的，应当进行现场勘验、调查、收集证据，依法予以处理。

破坏、损坏公路路产的单位、个人应当依法予以赔偿；占用、利用公路路产的单位、个人应当依法予以补偿。

第二十二条 公安机关交通管理部门处理交通事故，发现公路路产损坏、路面上有难以清除的障碍物或者污染物时，应当通知公路路政管理机构处理。

因交通事故或者其他原因造成公路路产损坏、路面污染的责任者，应当及时报告公路路政管理机构，并接受调查处理。

第三章　公路建筑控制区

第二十三条 县级以上人民政府应当根据公路发展的需要、公路运行安全要求以及节约用地的原则，组织交通运输、国土资源等部门划定公路建筑控制区的范围。

公路建筑控制区的范围，从公路用地外缘起向外的距离标准为：

（一）国道不少于二十米；

（二）省道不少于十五米；

（三）县道不少于十米；

（四）乡道不少于五米。

属于高速公路和一级公路的，公路建筑控制区的范围从公路用地外缘起向外的距离标准不少于三十米。

第二十四条 在公路建筑控制区内，除公路保护需要外，禁止修建建筑物和地面构筑物；公路建筑控制区划定前已经合法修建的不得扩建，因公路建设或者保障公路运行安全等原因需要拆除的应当依法给予补偿。

在公路建筑控制区内设置广告牌等设施，应当依法征得公路路政管理机构的同意，并办理相关手续。

第二十五条 县级以上人民政府住房城乡建设、国土资源等主管部门在审批临近公路的建设项目、建设用地时，应当依照本条例规定，注明建筑物、构筑物与公路的控制距离，并书面告知公路路政管理机构。

公路沿线新建村镇、开发区、旅游景点、学校、货物集散地、大型商业网点、农贸市场等公共场所，应当与公路建筑控制区保持规定的距离。

第二十六条 禁止在下列范围内从事采矿、采石、取土、爆破作业等危及公路、公路桥梁、公路隧道、公路渡口安全的活动：

（一）国道、省道、县道的公路用地外缘起向外一百米，乡道的公路用地外缘起向外五十米；

（二）公路渡口和中型以上公路桥梁周围二百米；

（三）小型桥梁周围、公路隧道上方和洞口外一百米。

在前款规定的范围内，因抢险、防汛需要修筑堤坝、压缩或者拓宽河床的，应当经省人民政府交通运输主管部门会同水行政主管部门或者流域管理机构批准，并采取安全防护措施方可进行。

第四章　超限运输管理

第二十七条　在公路上行驶的车辆，应当符合国家有关车辆外廓尺寸、轴荷、质量限值等机动车安全技术标准。

超过公路、公路桥梁、公路隧道限载、限高、限宽、限长标准的车辆，不得在公路上行驶。

第二十八条　县级以上道路运输管理机构应当建立重点货运源头单位信誉考核和货运驾驶人员诚信考核制度，加强对重点货运源头单位和其他装载现场的监督管理，并采取巡查或者派驻执法人员的方式，依法履行监督管理职责。

重点货运源头单位应当安装合格的称重和计量设备，建立健全货运车辆驾驶和放行岗位职责规定及责任追究制度。

道路运输企业应当按照有关规定，加强对车辆装载及运行全过程监控，防止驾驶人违法超限运输。

第二十九条　经省人民政府批准，交通运输主管部门可以设立固定超限检测站。

省交通运输主管部门可以根据需要，在高速公路入口处设置有称重检测设备的超限运输劝返站。

县级人民政府交通运输主管部门或者乡级人民政府可以根据需要，在县道、乡道设置明显的限载、限高、限宽、限长警示标志，在乡道出入口或者主要节点设置必要的限高、限宽设施，但是不得影响消防和卫生急救等应急通行，不得向通行车辆收费。

第三十条　超限运输检测应当坚持科学检测、卸货放行的原则。公路路政管理人员依法进行超限运输检查时，应当确保公路安全和畅通。承运人应当配合，接受检查，不得强行通过。

承运人不接受公路路政监督检查强行通过的，公路路政管理机构将车辆信息抄告公安机关，由公安机关依法予以处理。

第三十一条　公安机关应当依据治理超限职责，与公路路政管理机构建立健全路面执法协作和联合治理超限工作机制，在固定超限检测站设立警务室，维护固定超限检测站的交通和治安秩序。

第三十二条　县级以上人民政府交通运输主管部门，应当加强科技治理超限工作，设置非现场执法监控查测设备，实施远程监管。

公安机关交通管理部门、公路路政管理机构、道路运输管理机构可以根据工作需要开展联合执法，运用网络信息平台，依据监控检测记录资料，依法处理货运车辆超限运输违法行为。

第三十三条　货运车辆应当按照超限检测指示标志或者公路路政管理人员的指挥接受超限检测，承运人应当出示道路运输证、从业资格证、驾驶证、机动车行驶证。

第三十四条　运输不可解体物品超过最高限值规定，车辆确需上路行驶的，应当事先向公路路政管理机构申请。经批准进行超限运输的车辆，应当按照指定的时间、路线和速度行驶，并悬挂明显标志。影响交通安全的，公路路政管理机构在审批超限运输申请时，应当征求公安机关交通管理部门意见。

公路路政管理机构接到超限运输申请后，应当根据实际情况组织人员勘测通行路线。需要采取加固、改造措施的，承运人应当按照国家相关规定采取有效的加固、改造措施，所需费用，由承运人承担。

第三十五条　经检测属于超限运输可分解物品的车辆，公路路政管理机构应当责令承运人自行卸去超限部分的物品，消除违法状态，接受处理后，方可上路行驶。

承运人需要固定超限检测站协助卸载或者保管货物的，应当签订保管合同并支付劳务或者保管费用。收费标准按照省人民政府价格部门制定的标准执行。

鼓励有条件的卸货场仓储经营人对承运人无法自行保管、分流的卸载货物提供仓储保管服务。

第三十六条 超限运输易燃、易爆、剧毒、放射性等危险货物的车辆，不得在固定超限检测站卸载，由所在地公安机关及交通运输等负有安全监督管理职责的行政主管部门引导至具有安全卸载设施和条件的场所卸载。

第五章 监督检查

第三十七条 县级以上人民政府交通运输主管部门应当完善公路服务设施，建立健全公路路政管理信息系统，实现公众查询、许可办理等功能，提高公路路政管理水平。

第三十八条 县级以上人民政府交通运输主管部门应当建立健全公路保护举报制度，公开举报电话、通信地址或者电子邮件信箱，对检举属实的单位和个人给予奖励。

第三十九条 县级以上人民政府交通运输主管部门应当加强对公路路政管理机构及其人员执法行为的监督检查，纠正和处理违法行为。

公路路政管理机构应当依法履行职责，完善规章制度，公开办事程序，加强对公路路政执法人员的管理和培训，公正执法，热情服务，接受社会监督。

第四十条 公路路政管理人员执行公务时，应当规范着装，佩戴标志，持证上岗，不得有下列行为：

（一）侵占公民、法人、其他组织的财产；

（二）利用职权索贿受贿、徇私舞弊；

（三）违法审批或者违法处罚；

（四）不按规定开具罚没票据。

第四十一条 公路路政管理机构应当加强对涉路工程建设、非公路标志设置等事项的监督检查，发现未按许可要求实施的，应当责令被许可人限期整改。

公路路政管理机构和公安机关交通管理部门对经批准进行危险作业的路段应当实施监控，保证行车安全和公路路产安全。发现未经批准进行危险作业的，公路路政管理机构应当责令责任人立即停止违法行为。

第四十二条 公路路政管理人员履行职责时，有权向有关单位和个人了解情况，查阅、复制有关资料，相关单位和个人应当配合，如实提供有关资料或者说明情况，不得阻挠。

第六章 法律责任

第四十三条 违反本条例规定，法律法规已有规定的，从其规定。

第四十四条 违反本条例第十五条、第二十条规定的，由公路路政管理机构责令停止违法行为，恢复原状；违法情节轻微，未造成公路路产损失的，给予警告，并处二百元以上一千元以下罚款；违法情节严重，造成公路路产损失的，处一千元以上五千元以下罚款。

第四十五条 有下列行为之一，尚未构成犯罪的，依照治安管理相关法律规定处理；构成犯罪的，依法追究刑事责任：

（一）拒不接受检查，堵塞固定超限检测站通行车道、强行冲卡、破坏检测设备、殴打公路路政管理人员或者从事其他扰乱固定超限检测站秩序的；

（二）损毁、移动、涂改公路标志、标线等公路附属设施，严重影响交通安全的；

（三）其他拒绝、阻碍公路路政管理人员依法执行公务行为的。

第四十六条 公路路政管理人员滥用职权、玩忽职守、徇私舞弊、索贿受贿，尚不构成犯罪的，依法给予处分；构成犯罪的，依法追究刑事责任。造成公民、法人和其他组织经济损失的，依法承担赔偿责任。

第七章　附　　则

第四十七条　公路路产赔偿或者补偿的具体标准，由省交通运输主管部门会同省财政、价格主管部门制定。收取赔偿费、补偿费的，应当出具由省财政部门统一印制的专用票据。

收取的赔偿费、补偿费，应当专项用于公路路产的恢复和公路养护，任何单位和个人不得挪用或者截留。

第四十八条　本条例自2017年10月1日起施行。2004年9月25日青海省第十届人民代表大会常务委员会第十二次会议通过的《青海省公路路政管理条例》同时废止。

417. 青海省农村公路条例

（2018 年 11 月 28 日青海省第十三届人民代表大会常务委员会第七次会议通过）

第一章　总　　则

第一条　为了保障农村公路安全畅通，促进农村公路事业发展，加快实施乡村振兴战略，根据《中华人民共和国公路法》《公路安全保护条例》等法律、行政法规，结合本省实际，制定本条例。

第二条　本省行政区域内农村公路的规划、建设、养护、运营和管理，适用本条例。

本条例所称农村公路是指纳入农村公路规划，并按照公路工程技术标准修建的县道、乡道、村道及其附属设施，包括农村公路的桥梁、隧道和渡口。

第三条　农村公路的发展应当遵循科学规划、因地制宜、确保质量、生态环保、建管养运并重的原则，实行政府主导、行业监管、部门协作、分级负责、社会参与的管理体制。

第四条　县级以上人民政府应当将农村公路的发展纳入国民经济和社会发展规划，并将所需的建设、养护、管理等经费列入本级财政预算，建立与农村公路发展相适应的稳定增长机制。

省、市（州）人民政府应当建立农村公路资金补助机制，结合农村公路里程增加、物价变动、等级提升等因素，及时调整农村公路资金补助标准，促进农村公路健康可持续发展。

第五条　县级人民政府是本行政区域内农村公路规划、建设、养护、运营和管理的责任主体，应当完善农村公路工作机制，组织协调有关部门做好农村公路工作。

乡（镇）人民政府在县级人民政府确定的职责范围内负责本行政区域内乡道、村道的建设、养护和管理工作，负责指导沿线村民委员会建立村道管护群众组织。

村民委员会在乡（镇）人民政府的指导下，协助做好村道的建设、养护和管理工作；提倡在村规民约中规定爱路护路的内容，组织教育村民自觉维护路容路貌。

第六条　省人民政府交通运输主管部门负责编制全省农村公路发展规划，指导和监督全省农村公路工作。

市（州）人民政府交通运输主管部门负责本行政区域内农村公路相关工作的指导和监督。

县级人民政府交通运输主管部门负责本行政区域内农村公路的规划、建设、养护、运营和管理工作。

县级以上人民政府发展改革、财政、公安、生态环境、自然资源、文化旅游、农业农村等有关部门，应当依法履行农村公路的相关工作职责。

第七条　各级人民政府应当加强宣传教育，提高全社会对农村公路的保护意识。

任何单位和个人应当爱护农村公路和公路用地，有权制止和举报破坏、损坏或者非法占用农村公路、公路用地以及其他影响农村公路安全的行为。

第二章　规划与建设

第八条　农村公路规划应当符合国民经济和社会发展规划，与土地利用总体规划、城乡规划、区域经济发展规划相适应，与国道、省道以及铁路、民航、水运等交通运输发展规划相协调。

第九条　县道规划由县级人民政府交通运输主管部门会同有关部门编制，经本级人民政府审定后，报上一级人民政府批准。

乡道和村道规划由县级人民政府交通运输主管部门会同有关部门协助乡（镇）人民政府编制，报县级人民政府批准。

经批准的农村公路规划，应当报批准机关的上一级人民政府交通运输主管部门备案。

经批准的农村公路规划，不得擅自变更或者调整，确需变更或者调整的，应当按照原程序报批和备案。

第十条 县级人民政府及相关部门应当在符合规划、改善民生、保护生态的前提下，支持农村公路建设。

农村公路的建设应当根据经济社会发展、自然地理条件、公路功能需求等实际情况，合理确定技术等级，逐步提高建设标准。

县道、乡道的建设应当执行国家和本省有关标准，并充分利用现有道路进行改建或者扩建。

第十一条 县级人民政府交通运输主管部门应当依据农村公路规划，统筹考虑经济社会发展、财政投入等因素，会同有关部门编制农村公路建设项目年度计划，按照规定程序报经批准后组织实施。

第十二条 农村公路建设项目应当按照有关标准设置交通安全、防护、排水、客运汽车停靠站等设施，并与主体工程同时设计、同时施工、同时投入使用。

鼓励有条件的地区将农村公路与产业园区、乡村旅游等进行一体化建设和开发。

第十三条 农村公路建设项目应当按照国家有关规定，实行招标投标制度。

第十四条 农村公路建设项目的设计，应当由具有相应资质的设计单位承担。

农村公路建设项目的设计文件由市（州）人民政府交通运输主管部门审批。

第十五条 县道、乡道建设项目由市（州）人民政府交通运输主管部门办理施工许可。

村道建设项目由县级人民政府交通运输主管部门办理施工许可。

第十六条 县级以上人民政府交通运输主管部门应当建立健全质量和安全监督管理机制，加强对农村公路建设质量和安全的技术指导及监督检查。

鼓励农村公路建设项目的建设单位聘请专家或者群众代表，参与农村公路建设质量和安全的监督工作。

第十七条 农村公路建设项目竣工后，应当按照国家和本省有关规定进行验收，未经验收或者验收不合格的，不得交付使用。

农村公路建设项目由市（州）人民政府交通运输主管部门组织竣工验收。

第十八条 农村公路建设项目年度计划、补助政策、招标投标、施工管理、质量监管、资金使用、工程验收等信息应当及时公开，接受社会监督。

第十九条 农村公路建设项目的建设单位应当按照档案管理有关规定，收集、整理、保存工程资料，建立工程档案，竣工验收合格后移交县级人民政府交通运输主管部门保存。

第二十条 省人民政府交通运输主管部门应当建立健全信用评价体系，并实施守信联合激励和失信联合惩戒。

市（州）、县级人民政府交通运输主管部门应当对农村公路建设项目有关单位进行信用评价，并将评价结果报上一级人民政府交通运输主管部门。

第三章 养护与运营

第二十一条 农村公路养护实行专业养护与群众养护、日常养护与集中养护相结合的方式，注重预防性养护，保证农村公路处于良好技术状态。

第二十二条 农村公路养护分为日常养护和养护工程。

县级人民政府交通运输主管部门负责县道的日常养护并组织实施县道、乡道的养护工程。

乡（镇）人民政府负责乡道的日常养护并组织实施村道的养护工程。

村民委员会负责村道的日常养护工作。

鼓励采取个人、家庭分段承包、定额包干等方式，通过多种渠道开发农村公路养护岗位，对乡道和村道进行日常保养。

第二十三条 县级人民政府交通运输主管部门应当编制农村公路养护工程年度计划。养护工程年度计划应当结合通行安全和社会需求等因素统筹安排。

第二十四条 县级人民政府交通运输主管部门应当开展农村公路养护质量检测和评定，科学确定养护方案和预算。

县级以上人民政府应当将农村公路养护质量检测和评定结果纳入农村工作评价体系，定期开展绩效考核，实施奖励或者惩戒。

第二十五条 县道、乡道因养护作业需要中断交通的，养护单位应当会同公安机关交通管理部门，提前五日向社会公告，并按规定设置警示、绕行标志，采取必要的安全防护措施。

村道因养护作业需要中断交通的，由乡（镇）人民政府提前三日告知沿线单位和居民，并按规定设置警示、绕行标志，采取必要的安全防护措施。

第二十六条 因自然灾害或者其他突发事件致使农村公路中断或者严重损坏无法通行时，突发事件发生地人民政府应当及时将灾害情况报告上一级人民政府，组织有关部门抢通和修复，并设置警示标志，公告绕行路线。

第二十七条 农村公路养护作业用地、砂石料场以及因养护需要挖砂、采石、取土、取水的，由县级人民政府统筹解决，依法办理相关手续，并负责生态环境的修复工作。

第二十八条 县级人民政府应当组织相关部门以及乡（镇）人民政府，按照国土绿化规划要求，因地制宜做好农村公路绿化工作。

第二十九条 县级人民政府应当完善农村公路运输服务网络，推进城乡客运一体化和农村物流发展，促进交通运输基本公共服务均等化。

第三十条 县级人民政府应当统筹做好农村公路运输服务站点布局规划，配套建设客运和物流等设施，逐步完善服务功能。

第三十一条 县级人民政府交通运输主管部门应当会同有关部门对农村客运通行条件进行审核，保障农村客运安全运行。具备通行条件的，应当开通农村班车、城乡公交。

对于出行需求少且相对分散的边远地区，鼓励开展预约、定制客运服务。

第四章　资金筹集与管理

第三十二条 县级以上人民政府应当建立公共财政投入为主、多渠道筹资为辅的农村公路资金筹集机制，保障农村公路的建设、养护、运营和管理。

第三十三条 农村公路建设、养护、运营和管理的资金来源包括：

（一）国家补助的专项资金；

（二）县级以上人民政府安排的财政性资金；

（三）社会力量捐助的资金；

（四）通过拍卖、转让农村公路冠名权、路域资源开发权、绿化权等方式筹集的资金；

（五）按照规定可以用于农村公路发展的涉农资金；

（六）合法筹集的其他资金。

第三十四条 农村公路资金应当按工程进度及时拨付到位，独立核算、专款专用，任何单位和个人不得截留、挤占和挪用。

第三十五条 县级以上人民政府应当建立健全农村公路资金管理制度，实行预算绩效管理，提高资金使用效能。

审计、财政等部门依法负责农村公路资金的审计和监督检查工作。

第五章　路 政 管 理

第三十六条　县级人民政府应当按照下列标准确定农村公路用地范围：

（一）两侧有边沟（坡顶截水沟、坡脚护坡道）的，其用地范围为边沟外缘起不少于一米的区域；

（二）两侧无边沟的，其用地范围为路堤或者护坡道坡脚向外不少于一米的区域。

已明确并安放界桩的，用地范围为界桩以内区域。

第三十七条　县级人民政府应当依法划定农村公路建筑控制区，农村公路建筑控制区的范围，从农村公路用地外缘起向外的距离按照县道不少于十米、乡道不少于五米、村道不少于一点五米的标准划定。

县道、乡道建筑控制区范围由县级人民政府向社会公告。村道建筑控制区范围，由乡（镇）人民政府向村民公告。

除农村公路养护、防护需要外，禁止在农村公路建筑控制区内新建、改建、扩建建筑物和构筑物。

第三十八条　任何单位和个人不得擅自占用、挖掘农村公路，不得损坏或者擅自拆除、移动、涂改农村公路附属设施。

第三十九条　在县道、乡道进行下列施工活动的，建设单位应当经县级人民政府交通运输主管部门许可：

（一）因修建铁路、机场、供电、水利、通信等建设工程需要占用、挖掘公路、公路用地或者使公路改线的；

（二）跨越、穿越公路修建桥梁、渡槽或者架设、埋设管道、电缆、光缆等设施的；

（三）在公路用地范围和公路建筑控制区内架设、埋设管道、电缆、光缆等设施的；

（四）利用公路桥梁、公路隧道、涵洞铺设电缆、光缆等设施的；

（五）利用跨越公路设施悬挂非公路标志的；

（六）在公路上增设或者改造平面交叉道口的。

在村道进行前款所列施工活动的，建设单位应当事先征得相关村民委员会的意见并经乡（镇）人民政府同意。

以上施工活动可能影响交通安全的，应当征得有关公安机关交通管理部门的同意。

第四十条　在农村公路及公路用地范围内禁止从事下列活动：

（一）打场晒粮、晒物、种植作物、放养牲畜、焚烧物品；

（二）倾倒垃圾，堆放物品或者其他非公路养护维修施工材料；

（三）损坏公路排水设施或者利用公路排灌水；

（四）挖沟、挖砂、采石、取土和采空作业；

（五）摆摊设点，设置维修场、洗车场、加水点及影响公路畅通的障碍物；

（六）将公路作为检验车辆制动性能的试车场地；

（七）其他影响公路完好、安全和畅通的活动。

第四十一条　铁轮车、履带车和其他可能损害公路路面的机具，不得在农村公路上行驶。

农业机械因当地田间作业需要在农村公路上短距离行驶或者军用车辆执行任务需要在农村公路上行驶的，可以不受前款限制，但是应当采取安全保护措施。

第四十二条　县级人民政府应当组织相关部门以及乡（镇）人民政府，加强农村公路路域环境治理，营造畅通、安全、舒适、美丽的农村交通环境。

第四十三条　县级人民政府及其有关部门应当依照《青海省公路路政条例》的规定，在各自职责范围内加强对超限运输行为的治理，保护农村公路安全。

第六章　法律责任

第四十四条　违反本条例规定的行为，涉及县道、乡道的，法律、法规已经规定法律责任的，从其规定。

第四十五条　违反本条例规定的行为，涉及村道的，由县级人民政府交通运输主管部门按照下列规定给予处罚：

（一）违反本条例第三十七条第三款规定，在农村公路建筑控制区内新建、改建、扩建建筑物和构筑物的，责令限期拆除，可以处五万元以下的罚款。

（二）违反本条例第三十八条规定的，责令停止违法行为，可以处三万元以下的罚款。

（三）违反本条例第三十九条第一项至第五项规定，未经同意进行相关涉路施工活动的，责令改正，可以处三万元以下的罚款；违反第六项规定，未经同意在公路上增设或者改造平面交叉道口的，责令改正，处五万元以下的罚款。

（四）违反本条例第四十条规定的，责令停止违法行为，恢复原状，可以处五千元以下的罚款。

（五）违反本条例第四十一条规定，铁轮车、履带车和其他可能损害村道路面的机具擅自在村道上行驶的，责令停止违法行为，可以处三万元以下的罚款。

第四十六条　各级人民政府和负有农村公路监管职责的部门及其工作人员有下列行为之一的，对直接负责的主管人员和其他直接责任人员依法给予处分；构成犯罪的，依法追究刑事责任：

（一）农村公路建设项目应当招标而未招标的。

（二）未依法履行农村公路建设项目质量和安全监督管理职责，造成重大质量问题的。

（三）截留、挤占和挪用农村公路资金的。

（四）其他滥用职权、玩忽职守、徇私舞弊的行为。

第四十七条　对农村公路及其附属设施造成破坏、损坏的，应当按照不低于农村公路原有的技术标准予以修复，或者按照破坏、损坏程度给予相应的赔偿或者补偿。

第七章　附　　则

第四十八条　本条例下列用语的含义：

（一）县道是指除国道、省道以外的县际间公路以及连接县级人民政府所在地与乡级人民政府所在地和主要商品生产、集散地的公路。

（二）乡道是指除县道及县道以上等级公路以外的乡际间公路以及连接乡级人民政府所在地与建制村的公路。

（三）村道是指除乡道及乡道以上等级公路以外的连接建制村与建制村、建制村与自然村、建制村与外部的公路，但不包括村内街巷和农田间的机耕道。

（四）农村公路附属设施是指为保护、养护农村公路和保障农村公路安全畅通所设置的农村公路防护、排水、养护、管理、服务、交通安全、限高和限宽等设施、设备以及专用建筑物、构筑物等。

（五）良好技术状态是指公路自身的物理状态符合有关技术标准的要求，包括路面平整，路肩、边坡平顺，有关设施完好。

（六）日常养护是指日常巡查、日常保养和日常小修，养护工程是指预防养护、修复养护、专项养护和应急养护。

第四十九条　本条例自 2019 年 1 月 1 日起施行。

418. 青海省高速公路条例

（2019 年 11 月 28 日青海省第十三届人民代表大会常务委员会第十三次会议通过）

第一章　总　　则

第一条　为了促进高速公路事业的发展，保障高速公路安全、畅通和完好，根据《中华人民共和国公路法》等有关法律、行政法规，结合本省实际，制定本条例。

第二条　本省行政区域内高速公路的规划、建设、养护、经营、服务、使用、管理等活动，适用本条例。

第三条　本条例所称高速公路，是指符合国家公路工程技术标准，经验收合格并向社会公告，专供汽车分向分车道行驶并应全部控制出入的多车道公路。

第四条　高速公路发展应当坚持科学规划、确保质量、安全畅通、高效便民、保护环境、建管养运并重的原则。

第五条　高速公路网建设应当与城乡交通发展相协调，与全国高速公路网相衔接。

第六条　省人民政府交通运输主管部门主管全省高速公路工作。

省人民政府公安机关主管全省高速公路的交通安全和治安管理工作。公安机关交通管理部门具体负责高速公路的交通安全管理、交通秩序管理、交通事故处理工作。

第七条　省人民政府交通运输主管部门、公安机关应当加强高速公路路警联动体系建设，建立健全路警联动管理工作机制，完善路警联动协作措施，保障高速公路安全畅通。

第八条　高速公路沿线县级以上人民政府及其发展改革、财政、生态环境、自然资源、住房城乡建设、公安、市场监管、应急管理等部门，应当依法履行高速公路工作的相关职责。

高速公路沿线乡（镇）人民政府应当建立健全基层交通安全协助机制，开展道路交通安全宣传，协助做好本辖区高速公路交通安全工作。

第九条　高速公路经营者依法从事高速公路投资建设以及收费、养护、经营等活动，其合法权益受法律保护。

第十条　任何单位和个人都应当爱护高速公路及其附属设施，有权检举控告毁坏、非法占用高速公路以及影响高速公路安全畅通的行为；有权对高速公路的收费、养护和经营行为进行监督。

省人民政府交通运输主管部门应当建立完善投诉举报受理制度，公布投诉举报受理方式、处理程序、处理时限等事项。

第二章　规划建设与养护

第十一条　省人民政府交通运输主管部门应当根据国民经济和社会发展以及国防建设需要，按照国家高速公路总体规划的要求，会同有关部门并商沿线市（州）人民政府编制全省高速公路规划，经省人民政府批准后，报国务院交通运输主管部门备案。

编制高速公路规划应当符合国土空间规划和生态环境保护要求，依法避让国家公园等自然保护地，严格控制建设用地规模，节约集约用地。

经依法批准的高速公路规划，不得擅自变更或者调整，确需变更或者调整的，应当依照程序重新报批和备案。

第十二条 高速公路建设资金可以采取下列方式筹集：

（一）财政拨款，包括依法征税筹集的建设专项资金转为的财政拨款；

（二）政府举债；

（三）国内外企业或者其他组织、个人的投资、捐款；

（四）依法出让高速公路收费权的收入；

（五）开发、经营高速公路的企业依法发行的股票、债券；

（六）符合法律或者国务院规定的其他方式。

第十三条 高速公路沿线县级以上人民政府及其有关部门应当依照法定职责，依法做好高速公路建设征地拆迁、安置补偿和协调工作。

高速公路征地补偿费用支付标准和方式依照法律法规和省人民政府的规定执行，任何单位和个人不得截留、挪用。

第十四条 新建、改建、扩建高速公路，应当科学合理设置生产生活通道，采取有效防控措施，保护文物古迹、自然景观、水体、野生动植物资源等。

依法批准新建的高速公路，确需穿越国家公园等自然保护地的，应当充分论证、科学设计和合理施工，预留野生动物通道并设置警示标志。

高速公路经营者应当按照国家和省有关规定做好高速公路绿化和用地范围水土保持工作。

第十五条 新建、改建、扩建高速公路，施工单位应当按照规定设置明显的施工标志、警示标志和相应的安全防护设施。

第十六条 新建高速公路的通信、监控、收费等系统以及入口检测、交通量观测、服务区、管理用房和交通安全及交通安全监控等设施，应当按照全省高速公路规划、联网运行和管理的要求，与高速公路主体工程同步设计、同步建设、同步投入使用。

已经投入运营的高速公路不具备前款规定设施条件的，由高速公路经营者负责建设完善。

第十七条 承担高速公路建设项目设计、施工、监理和试验检测的单位，应当依法对工程质量负责，并按照国家有关规定建立健全质量保证体系。

第十八条 高速公路建设单位应当按照档案管理有关规定，收集、整理、保存工程资料，建立工程项目档案，在工程竣工验收合格后三个月内将工程档案资料移交高速公路经营者保存。

高速公路大型养护工程的项目档案资料管理，按照前款规定执行。

第十九条 高速公路经营者应当按照国家和省规定的养护技术规范，编制高速公路养护规划和年度养护计划，并报省人民政府交通运输主管部门备案。

高速公路经营者应当按照年度养护计划，做好预防性、周期性养护工作，保证高速公路处于良好的技术状态。

第二十条 高速公路养护作业单位应当具备国家规定的资质条件。

第二十一条 高速公路的养护作业应当遵守下列规定：

（一）养护作业单位应当按照国家有关规定设置养护作业区，实行作业交通控制；

（二）养护作业现场应当设置安全作业设施和标志，开启防撞预警系统或者危险报警闪光灯，养护作业人员应当穿着统一的安全标志服；

（三）养护车辆作业时，应当避开车辆通行高峰期，确定合理时段进行施工养护，减少对通行车辆的影响；

（四）养护作业完毕，养护作业单位应当立即清除作业现场或者道路上的障碍物，消除安全隐患恢复通行。

第二十二条 高速公路经营者应当开展日常养护巡查，并制作巡查记录；发现高速公路及其附属设施损毁等安全通行隐患的，应当立即设置警示标志和安全防护设施，及时组织抢修或者采取措施消除安全隐患，并报告省人民政府交通运输主管部门。

高速公路经营者应当定期对高速公路及其附属设施的完好情况进行路况评定检测，并将检测结果报省人民政府交通运输主管部门，对达不到国家和本省规定要求的，由省人民政府交通运输主管部门责令高速公路经营者限期整改。

第二十三条 高速公路经营者根据养护要求，需要建立养护专用料场的，应当向料场所在地县级以上人民政府提出申请，依法办理有关手续，并做好生态环境修复工作。

第二十四条 高速公路调整为城市道路的，应当由所在地市（州）人民政府提出调整意见，报省人民政府批准。

高速公路经批准调整为城市道路的，高速公路经营者应当及时向调整路段的所在地市（州）人民政府办理该路段的管理和养护移交手续，移交后由所在地市（州）人民政府负责管理和养护。

第三章 经营与服务

第二十五条 省人民政府交通运输主管部门应当制定全省统一的高速公路服务规范，定期对高速公路运营服务质量进行监测和评估，并向社会公告。

高速公路经营者应当健全经营制度，提高公共服务和运营管理水平，保障服务设施设备完好，公开服务项目、收费单位、收费标准、收费年限、收费范围、批准文件和监督电话等事项，履行服务承诺，接受社会监督，提供优质、安全、便捷、文明的服务。

第二十六条 高速公路经营者应当在收费站口、服务区和高速公路出（入）口处、桥梁、隧道、涵洞等重要路段及沿线区域设置保障安全、规范统一、指示清晰的标志、标线。

第二十七条 省人民政府交通运输主管部门、公安机关和高速公路经营者应当推进路况信息资源共享，完善高速公路联合指挥调度服务平台，开展高速公路指挥调度、运行监测、信息研判、预报预警等工作；通过报纸、广播、互联网、手机客户端和高速公路信息发布系统等，及时准确向公众发布高速公路施工、事故、拥堵、气象、交通管制、行车提示以及安全警示等信息。

第二十八条 高速公路收费站应当依法、科学设置，除出（入）口外，不得在省界设置收费站。

进入高速公路的车辆，应当依法交纳车辆通行费，不得拒交、逃交、少交车辆通行费。

第二十九条 高速公路车辆通行费由高速公路经营者按照省人民政府规定的方式和标准计收，其他单位和个人无权计收。

车辆通行费的减免按照国家相关规定执行。

高速公路收费年限、收费标准等发生变化的，应当经省人民政府批准，并及时向社会公告。

第三十条 省人民政府交通运输主管部门应当建设完善高速公路收费体系，推广应用不停车收费系统；高速公路经营者应当按照国家和本省统一规划要求，建设联网电子不停车收费或者移动支付等智能收费系统，提高通行效率。

第三十一条 经过人工收费车道驶入高速公路的车辆应当在入口处领取通行凭证，在出口处交回通行凭证。

通行凭证损坏或者遗失的，经核查能够确定实际通行里程的，按照实际通行里程交纳车辆通行费；经核查无法确定通行里程的，按照路网最远站点间收费里程交纳车辆通行费。

第三十二条 高速公路经营者及其工作人员不得有下列行为：

（一）擅自设立收费项目、提高收费标准和扩大收费范围；

（二）在车辆通行费收费标准之外加收或者代收任何其他费用；

（三）不开具合法、有效、足额票据；

（四）擅离职守，影响车辆正常通行；

（五）擅自关闭收费站、服务区；

（六）法律法规禁止的其他行为。

第三十三条 高速公路服务区经营者应当加强服务区、停车区日常管理，设置规范、清晰的标志标识，保持秩序良好和环境整洁，保证服务设施设备正常运行。

高速公路服务区应当按照国家规定的标准，配备安全、无障碍公共卫生间、停车、饮用水等免费服务设施设备。有条件的地方应当提供车辆加油、加水、加气、充电、维修和购物、餐饮、住宿、医疗急救等经营性服务。

第三十四条 高速公路服务区经营者从事经营活动应当诚实守信，合理定价、明码标价，不得任意抬高物价、从事不正当竞争、销售假冒伪劣商品。

高速公路服务区所在地县级以上人民政府市场监管、生态环境、卫生健康、商务等部门应当依法对高速公路服务区经营活动进行监督管理，并在高速公路服务区公布举报投诉电话。

第三十五条 高速公路服务区、停车区因故中断部分服务的，高速公路经营者应当通过高速公路信息发布系统等及时发布信息，并采取措施尽快恢复服务。

相邻两个服务区、停车区同时中断部分服务的，服务区经营者应当做好应急服务保障工作。

第四章　应急管理与交通安全

第三十六条 省人民政府交通运输、公安等部门应当制定高速公路突发事件应急预案，加强应急演练，提高处置突发事件综合能力。

高速公路沿线县级以上人民政府应当将高速公路突发事件应急预案纳入本级人民政府突发事件应急救援体系，形成联动机制。

高速公路发生突发事件，所在地县级以上人民政府应当会同省人民政府交通运输主管部门、高速公路经营者按照应急预案的要求，组织交通运输、公安、应急管理、卫生健康等部门及时有效开展应急救援工作。

第三十七条 高速公路经营者应当根据高速公路突发事件应急预案和有关规定，制定高速公路突发事件应急救援预案。

高速公路经营者应当组建应急救援队伍，配备必要的救援设备和器材，协助和配合当地人民政府及其交通运输、公安、应急管理、生态环境、卫生健康等部门处置高速公路火灾、危险品泄漏和其他事故。

高速公路经营者应当在特长隧道、特大桥梁科学配置养护专业技术人员，配备必要消防、救援设备和器材。

第三十八条 因高速公路严重损毁、自然灾害、恶劣气象条件或者重大交通事故、突发事件等严重影响行车安全的，公安机关交通管理部门依法采取限速通行、间断放行、调换车道等交通管制措施，并及时向社会发布信息。

确需封闭高速公路的，由公安机关交通管理部门征求省人民政府交通运输主管部门意见后决定，并及时发布信息；封闭高速公路的情形消除后应当及时开通高速公路并发布信息。

第三十九条 除省人民政府交通运输主管部门、公安机关执行公务和养护人员养护作业外，任何人不得在高速公路隔离栅以内行走和逗留，不得开启中央分隔带活动护栏。

省人民政府交通运输主管部门、公安机关、高速公路经营者处置交通事故、突发事件或者抢险救灾，确需临时开启中央分隔带的，应当设置安全警示标志和安全防护设施。

前款规定情形消除后，应当及时恢复并关闭中央分隔带。

第四十条 高速公路车辆行驶速度由省人民政府公安机关、交通运输主管部门，根据国家要求和高速公路建设标准经充分论证后科学合理设定。

高速公路入口处应当标明允许通行的车辆行驶速度，驶入高速公路的车辆应当按照交通标志行驶。

第四十一条 高速公路应当设置应急车道，最右侧车道为应急车道。除执行指挥疏导交通、处理交通事故、抢险救援、医疗救护等紧急任务的车辆以及从事高速公路养护作业的车辆机具外，其他车辆禁止在应急车道内行驶。

第四十二条 禁止在高速公路行车道、桥梁、匝道和隧道内停放、检修车辆，因车辆发生故障需要停车排除故障的，或者发生交通事故的，驾驶人应当迅速开启危险报警闪光灯，将车辆移入紧急停车带，设置警示标志；难以移动的，车辆驾驶人应当在来车方向一百五十米以外设置警示标志，持续开启危险报警闪光灯，车上人员应当迅速转移至安全地点，并迅速报警等待救援和清障。

第四十三条 高速公路经营者应当在高速公路沿线显著位置公布救援电话。

高速公路清障救援服务，由高速公路经营者统筹组织实施。

当车辆发生故障或者事故时，当事人可以向高速公路经营者求助。高速公路经营者接到求助信息后，应当调度指挥就近的救援车辆和人员及时赶赴现场施救。

当事人在不影响高速公路正常运行的情况下，也可以选择社会救援机构实施救助，任何单位和个人不得强制指定救援机构，也不得妨碍和阻止当事人委托的救援机构进场服务。

第四十四条 高速公路经营者对事故车辆实施清障救援时，应当将车辆拖至与当事人商定的地点；协商不成的，应当从最近的出口处将车辆拖离高速公路。

清障救援收费应当执行省人民政府价格主管部门核定的收费标准。

第四十五条 省人民政府交通运输主管部门、公安机关交通管理部门应当建立交通安全隐患排查机制，发现高速公路及其附属设施存在交通安全隐患的，应当要求高速公路经营者及时消除安全隐患。存在重大交通安全隐患，经评估论证需要整改的，由高速公路经营者按照公路工程技术标准和国家有关技术规范进行处置。

第四十六条 高速公路入口应当按照国家规定设置检测设备，对检测发现的违法超限车辆应当拒绝其驶入高速公路；确实无法退出车道的车辆，应当引导其从最近出口驶出高速公路。

第五章 法律责任

第四十七条 违反本条例规定，法律法规已经规定法律责任的，从其规定。

第四十八条 违反本条例规定，高速公路经营者擅自关闭收费站、服务区的，由省人民政府交通运输主管部门责令改正，并处以一万元以上三万元以下罚款。

第四十九条 违反本条例规定，在高速公路隔离栅以内行走和逗留的，由公安机关交通管理部门处以警告或者五十元罚款。

第五十条 违反本条例规定，擅自开启中央分隔带活动护栏的，由省人民政府交通运输主管部门责令停止违法行为，可以处以二千元以上一万元以下罚款；情节严重的，处以一万元以上三万元以下罚款。

第五十一条 违反本条例规定，省人民政府交通运输主管部门、公安机关、高速公路经营者等有关部门及其工作人员在高速公路管理过程中滥用职权、玩忽职守、徇私舞弊的，对直接负责的主管人员和其他直接责任人员依法给予处分；构成犯罪的，依法追究刑事责任。

第六章 附 则

第五十二条 一级公路的收费、养护和管理参照本条例的规定执行。

第五十三条 高速公路的路政管理按照《青海省公路路政条例》的规定执行。

第五十四条 本条例自2020年1月1日起施行。

419. 青海省深化农村公路管理养护体制改革实施方案

（青政办〔2020〕29号）

为深入贯彻落实《国务院办公厅关于深化农村公路管理养护体制改革的意见》（国办发〔2019〕45号），加快建立我省农村公路管理养护长效机制，根据交通运输部、财政部《贯彻落实〈国务院办公厅关于深化农村公路管理养护体制改革的意见〉的通知》（交公路发〔2020〕26号）精神，结合我省实际，制定以下实施方案。

一、总体要求和目标

以习近平新时代中国特色社会主义思想为指导，全面贯彻党的十九大精神，认真落实习近平总书记关于“四好农村路”重要指示批示精神和省委、省政府决策部署，以“质量为本、安全至上、自然和谐、绿色发展”为原则，坚持党的领导，推动完善党委领导、政府主导、行业指导、部门联动的工作机制，进一步夯实县级人民政府主体责任，落实各级交通运输主管部门的管理职责，建立以政府公共财政投入为主、多渠道筹集、社会各界共同参与的资金筹集机制，形成上下联动、密切配合、齐抓共管的工作局面，全面推动《交通强国建设纲要》《青海省农村公路条例》的实施和“四好农村路”高质量发展，为广大农牧民群众致富奔小康、加快推进农业农村现代化提供更好保障，进一步增强农牧民群众的获得感、幸福感、安全感。

到2022年，基本建立权责清晰、齐抓共管的农村公路管理养护体制机制，形成财政投入职责明确、社会力量积极参与的格局。农村公路治理能力明显提高，治理体系初步形成。农村公路通行条件和路域环境明显提升，交通保障能力显著增强。农村公路列养率达到100%，年均养护工程比例不低于5%（2020年不低于3%，2021年不低于4%），中等及以上农村公路占比不低于75%。

到2035年，全面建成体系完备、运转高效的农村公路管理养护体制机制，基本实现城乡公路交通公共服务均等化，路况水平和路域环境根本性好转，农村公路治理能力全面提高，治理体系全面完善。

二、落实责任，明确农村公路管理养护职责

（一）各级政府职责。

各级人民政府要加强统筹和指导监督，建立健全农村公路管理养护规章制度和工作责任制，明确权力和责任清单，认真履行本行政区域内农村公路管理养护职责。

省、市州人民政府主要负责组织筹集农村公路养护补助资金，监督农村公路管理养护工作。

县级人民政府是本行政区域内农村公路管理养护的责任主体，对本行政区域内农村公路管理养护工作进行全面监管和考核。负责筹集和管理农村公路养护资金；建立“县道县管、乡村道乡村管”的责任体系和“精干高效、专兼结合、以专为主”的管理体系及“分工合理、权责清晰、协调统一”的组织体系；合理设置或优化整合农村公路养护管理机构、路政管理机构及质量安全监督机构，落实管理养护责任、人员和经费，完善养护管理资金一般公共财政预算保障机制；大力推行县、乡、村三级“路长制”，各级路长负责相应的农村公路管理养护工作，建立县有路政员、乡有监管员、村有护路员的路产路权保护队伍；监督农村公路养护工程与日常养护的质量、安全等工作；及时处置自然灾害等突发事件，保证农村公路畅通；开发公益岗位，落实乡级专职工作人员。

乡级人民政府确定专职工作人员，发挥农村公路养护管理站的作用，指导村（牧）民委员会按照“农民自愿、民主决策”的原则，采取一事一议、以工代赈等办法组织好村道的管理养护工作；加强宣传引导，将爱路护路要求纳入乡规民约、村规民约。

（二）各级交通运输主管部门职责。

省级交通运输主管部门负责全省农村公路管理养护的行业管理，负责制定农村公路管理养护有关制度和技术规范，编制农村公路管理养护省级补助资金预算；与省级财政部门统筹安排和监管农村公路养护资金。省级公路管理机构具体负责指导、监督和考核全省农村公路管理养护工作。

市州交通运输主管部门负责本地区农村公路管理养护工作，负责制定本地区农村公路的有关制度；会同同级财政部门编制本地区农村公路养护补助资金预算，下达农村公路养护工程计划；审核辖区各县（市、区、行委）农村公路养护年度计划，监督和考核辖区各县（市、区、行委）农村公路养护计划执行情况和养护质量、安全等工作，监管本区域内农村公路养护市场；负责督查、指导县级交通运输主管部门农村公路养护工程质量与安全监督工作；负责农村公路养护工程质量问题的调查处理及质量鉴定工作。

县级交通运输主管部门负责本行政区域内农村公路管理养护工作，负责制定本行政区域内农村公路管理养护工作实施细则；执行和落实各项养护管理任务，指导乡道、村道的养护管理工作；编制农村公路管理养护年度计划；建立农村公路养护工程项目库，编制农村公路养护工程实施方案；组织农村公路养护工程的招投标和发包工作，对养护工程质量、安全、进度、资金负总责；负责农村公路养护计划执行情况和养护质量、安全等工作，同时负责本行政区域内农村公路路政管理工作。

（三）各级财政部门职责。

省级财政部门负责会同省级交通运输部门下达全省农村公路管理养护省级补助资金预算，开展农村公路资金管理、使用的监督检查工作。

市州财政部门负责会同同级交通运输主管部门将市州补助的农村公路管理养护资金纳入市州财政预算管理，下达市州补助资金预算；会同同级交通运输主管部门下达农村公路养护工程计划；负责本地区农村公路资金管理、使用及监督检查工作。

县财政部门负责本行政区域内农村公路养护资金管理有关工作；将省、市州财政部门拨付的农村公路管理养护资金和本级财政资金全部纳入县财政预算管理，并向本级交通运输主管部门批复年度部门预算，按相关规定拨付农村公路管理养护资金；会同相关监督部门加强资金监管。

三、加大投入，强化农村公路管养资金保障

（四）落实成品油税费改革资金。继续执行农村公路养护工程成品油税费改革资金补助政策。成品油税费改革转移支付用于普通公路养护的比例一般不得低于80%，且不得用于公路新建。2022年起，该项资金不再列支管理机构运行经费和人员等其他支出。继续执行省级财政对农村公路养护工程的补助政策，省级补助资金与切块到市县部分之和占成品油税费改革新增收入替代原公路养路费部分的比例不得低于15%，省级补助比例仍按现行标准执行。（省财政厅、省交通运输厅负责）

（五）强化日常养护资金补助政策。农村公路管理养护属于县级财政事权，将农村公路养护资金及管理机构运行经费和人员支出纳入县级一般公共财政预算，省、市州财政按照一定标准给予补助，并纳入本级财政部门预算。省、市州、县三级公共财政资金用于农村公路日常养护的总额不得低于以下标准：县道每年每公里10000元，乡道每年每公里5000元，村道每年每公里3000元。省级与各市州资金分担比例为西宁市、海西州2：8，海东市、海南州、海北州3：7，玉树州、果洛州、黄南州5：5，且保持同比例到位。结合农村公路里程、物价变动、等级提升等因素，建立与养护成本等因素相关联的动态调整机制，市州与县农村公路养护资金分担比例由各市州根据实际情况制定具体实施意见时加以明确。（省财政厅、省交通运输厅，各市州人民政府负责）

（六）加大政策扶持力度。加大对贫困县、少数民族自治县和“四好农村路”示范县农村公路管理养护政策扶持力度。省级交通运输主管部门在安排农村公路建设项目和配置养护机械设备时适当向贫困县、少数民族自治县、“四好农村路”示范县倾斜，对获得“四好农村路”全国示范县给予不少于1000万元、省级示范县不少于200万元的配套投资补助。积极争取中央预算内或专项资金支持，实施农村公路升级改造、安全生命防护工程和危桥改造等。（省交通运输厅负责）

（七）强化养护资金使用监督管理。各级财政、交通运输主管部门要加强农村公路养护资金使用监管，公共财政资金实施全过程预算绩效管理，按有关规定对社会公开，接受群众监督，不断提升资金配置效率和使用效益。建立县、乡、村公路台账，实行动态监测管理制度，并建立农村公路养护管理档案，便于适时追溯。严禁农村公路建设采用施工方带资的建设—移交（BT）模式，严禁以“建养一体化”名义新增隐性债务。各级审计部门要定期对农村公路养护资金使用情况进行审计。村务监督委员会要将村道养护资金使用情况和养护质量等情况纳入监督范围。（省财政厅、省交通运输厅、省审计厅，各市州人民政府负责）

（八）创新农村公路发展投融资机制。地方各级人民政府要发挥政府资金的引导作用，采取资金补助、先养后补、以奖代补、无偿提供料场等多种方式保障资金供给，按规定用好均衡性转移支付、整合相关资金、税收返还等相关政策。将农村公路发展纳入地方政府一般债券支持范围。鼓励地方政府将农村公路建设和一定时期的养护进行捆绑招标，将农村公路与产业、园区、乡村旅游等经营性项目实行一体化开发，运营收益用于农村公路养护。鼓励保险资金通过购买地方政府一般债券方式合法合规参与农村公路发展，探索开展农村公路灾毁保险。（各市州人民政府，省财政厅、省交通运输厅、青海银保监局负责）

（九）建立动态调整机制。农村公路养护工程和日常养护补助政策，应建立与里程、养护成本变化等因素相关联的动态调整机制，原则上调整周期不超过五年。（各市州人民政府，省交通运输厅、省财政厅负责）

四、创新机制，促进农村公路转型发展

（十）加强安全和信用管理。农村公路安全设施要与主体工程同步设计、同步施工、同步投入使用，县级人民政府要组织公安、应急等职能部门参与农村公路竣（交）工验收。逐步完善已建成但未配套安全设施的农村公路。加强农村公路市场监管，建立以质量为核心的信用评价机制，实施守信联合激励和失信联合惩戒，并将信用记录依法向社会公开。（各市州人民政府，省交通运输厅负责）

（十一）推进农村公路养护市场化改革。将人民群众满意度和受益程度、养护质量和资金使用效率为衡量标准，鼓励西宁、海东、海西等地推进农村公路养护市场化改革，通过市场化手段提高养护专业化、机械化水平，引导逐步建立政府与市场合理分工的养护生产组织模式。鼓励将干线公路与农村公路捆绑招标，鼓励通过签订长期养护合同、招投标约定等方式，引导专业养护企业加大投入，提高养护机械化水平。鼓励市州、县交通运输主管部门将所属的养护事业单位剥离出来，组建养护公司跨区域参与养护生产。市州、县级人民政府制定出台优惠政策，统筹解决农村公路建设、养护所需要砂、石、土料场、作业用地、生活用地、取水和供电等问题，为培育养护市场化创造良好的条件。（各级人民政府，省交通运输厅负责）

（十二）拓展农村公路养护方式。采用以奖代补等方式，推广将农村公路日常养护与应急抢通捆绑实施并交由农牧民承包；鼓励农村集体经济组织和社会力量自主筹资筹劳参与农村公路管理养护工作，将农村公路管理养护纳入公益性岗位等方式，为贫困户提供就业机会。（各市州人民政府负责）

（十三）推动实现路与自然和谐共生。坚持生态优先、融合发展，合理规划建设农村公路，节约集约利用资源，开展路域环境整治，将农村公路日常养护与农牧区人居环境整治、高原美丽乡村建设结合起来一同管养，持续推进“路田分家”“路宅分家”，积极拓展农村公路的旅游服务功能，大力开展“美丽农村路”创建，切实提升路域环境，将交通之美融入村容整体环境美当中。（各市州人民政府，省交通运输厅负责）

（十四）加快开展改革试点工作。各市州、县交通运输、财政部门要着眼建立长效机制等重点改革任务，结合加快建设交通强国要求，推动市州、县级政府围绕试点推荐主题（见附件）积极开展试点创建工作。被表彰为省级以上“四好农村路”的示范县至少向各市州上报一个试点主题，由各市州向省交通运输厅、省财政厅上报试点区推荐报告，内容包括试点主题、试点单位、试点内容、预期成效等。其余市州、县也要积极创建，根据各地情况成熟一个申报一个（可以市州、县名义申报，以县为主）。省交通运输厅遴选部分工作基础较好、典型示范带动性强、推广价值高的试点区向交通运输部和财政部推荐。（各市州人民政府，省交通运输厅、省财政厅负责）

五、多措并举，推进农村公路改革任务全面落实

（十五）加强组织领导。各级人民政府和相关部门要将农村公路管理养护体制改革作为打赢脱贫攻坚战、实施乡村振兴战略、推进农业农村现代化的一项先行工程，加强领导，落实责任，精心组织，扎实推进。市州人民政府要按照本实施方案要求，结合本地实际制定本地区实施方案，明确工作目标、资金标准和具体措施，协调解决重大问题，督促县级人民政府落实主体责任，确保各项改革任务落到实处。（各市州人民政府负责）

（十六）健全协同联动机制。市州、县级交通运输、财政部门要推动本级人民政府建立协同联动机制，出台配套政策措施，有序推进实施方案落地见效。各级交通运输部门要主动作为，既要做好具体改革举措推进，又要做好牵头改革任务统筹协调；既要抓好本部门改革，又要加大对地方改革的指导。要加强宣传和舆论引导，为深化改革营造良好的社会舆论氛围。（各级人民政府负责）

（十七）完善考核激励机制。将深化农村公路管理养护体制改革相关指标纳入县、乡人民政府绩效考核，建立健全激励约束机制，将考核结果与相关项目安排和资金分配挂钩。对落实工作不力，影响农村公路管理养护体制改革工作推进的，实行限期整改、谈话提醒等措施予以督导落实。（省考核办、省交通运输厅、省财政厅负责）

（十八）强化跟踪督导落实。省级交通运输主管部门要会同财政等有关部门定期开展督导和评估，跟踪分析改革进展情况，及时研究解决矛盾问题，适时调整政策取向，抓好改革落实，提升改革实效。（省交通运输厅、省财政厅负责）

420. 宁夏回族自治区公路路政管理条例

（2020年6月9日宁夏回族自治区第十二届人民代表大会常务委员会第二十次会议第二次修正）

第一章　总　　则

第一条　为了加强公路路政管理，维护公路路产、路权，保障公路完好、安全、畅通，根据《中华人民共和国公路法》和有关法律、法规，结合自治区实际，制定本条例。

第二条　本条例适用于自治区行政区域内国道、省道、县道和乡道的路政管理。

第三条　公路按其在公路网中的地位分为国道、省道、县道和乡道，并按技术等级分为高速公路、一级公路、二级公路、三级公路、四级公路。

第四条　公路路政管理应当遵循管养一体，综合治理，预防为主，依法治路的原则。

第五条　各级人民政府应当加强对公路路政管理工作的领导，采取有力措施，扶持、促进公路建设，加强对公路的保护。

县级以上人民政府交通运输主管部门应当做好公路保护、管理工作，努力采用先进科学的管理方法和技术，提高公路的管理水平，完善服务设施，保障公路的完好、安全、畅通。

公安、自然资源、住建、市场监督管理等部门以及公路沿线的村民委员会应当在各自的职责范围内，协助、配合交通运输主管部门做好公路路政管理工作。

第六条　公路、公路用地和公路附属设施（以下统称公路路产）受法律保护，任何单位和个人不得侵占和破坏。

任何单位和个人都有爱护公路路产的义务，有权检举和控告破坏、损坏公路路产和影响公路安全的行为。

第七条　禁止任何单位和个人在公路上非法设卡、收费、罚款和拦截车辆。

第二章　监督管理

第八条　自治区人民政府交通运输主管部门主管全区公路工作。

市、县人民政府交通运输主管部门主管本辖区内的县道、乡道工作。

公路管理机构、交通运输综合执法机构依据职责具体负责公路的保护管理、综合执法工作。

乡（镇）人民政府负责本乡（镇）内乡道的建设和养护工作。

第九条　公路路政管理职责是：

（一）负责宣传、贯彻、执行有关公路的法律、法规和规章；

（二）负责管理和保护公路路产；

（三）实施公路路政巡查；

（四）制止和查处各种违法利用、侵占和破坏、损坏公路路产和其他违反本条例规定的行为；

（五）依法管理公路两侧建筑控制区；

（六）审理从地下、地面上穿（跨）越公路修建建筑物或者其他设施的事宜；

（七）审批特殊情况下利用、占用公路和超限车辆通过公路事宜，对其实施情况进行监督检查；

（八）维护公路和公路养护、施工作业现场的正常秩序；

（九）为查处违法行为，向有关单位和人员进行调查、取证，查阅有关文件、档案、资料和凭证；

（十）法律、法规规定的其他职责。

第十条 公路路政管理人员执行职务时，应当按照国家规定着装，佩戴标示，持证上岗；用于路政巡查的专用车辆须设置统一的标志和示警灯。

第三章 公路路产管理

第十一条 公路养护、改建所需砂、石、土料场、生产用地等，应当按照有关规定报请县级以上人民政府有关行政主管部门划定。公路养护、施工人员在划定的料场内取土、采石、挖沙，任何单位和个人不得阻挠或者非法收取费用。

因养护、改建公路采石、挖沙、取土时，不得影响附近的建筑物和水利、电力、通信设施，影响或者破坏水土保持。

第十二条 在公路及公路用地范围内，禁止下列行为：

（一）挖沟、截水、取土、采石，利用公路、公路边沟进行灌溉或者排放污水（物），填埋、堵塞、损坏公路排水设施，利用桥涵、边沟筑坝蓄水，设置闸门；

（二）打场晒粮，堆放物料，倾倒垃圾、废料，放养牲畜，积肥，制坯，种植作物，燃烧物品；

（三）设置电杆、变压器及其他类似设施；

（四）摆摊设点，占道经营，乱停乱放车辆；

（五）其他违法利用、侵占以及危及公路安全畅通的行为。

第十三条 任何单位和个人不得擅自占用、挖掘公路。

因修铁路、机场、电站、通信设施、水利工程和其他建设工程，确需占用、挖掘公路或者公路改线的，建设单位应当事先征得有关交通运输主管部门同意，并应当按照不低于该段公路原有的技术标准予以修复或者改建。

建设单位不能按照本条第二款的规定修复或者改建被占用、挖掘或改线的公路的，应当承担按照该段公路原有的技术标准修复或者改建公路的补偿费用。

第十四条 跨越、穿越公路修建桥梁、渡槽或者架设、埋设管线等设施的，以及在公路用地范围内架设、埋设管线、电缆等设施的，应当事先经交通运输主管部门批准，所修建、架设或者埋设的设施应当符合公路工程技术标准的要求。对公路造成损坏的，应当按照损坏程度予以补偿。

第十五条 在大中型公路桥梁和渡口周围二百米、公路隧道上方和洞口外一百米以及公路两侧十米范围内，不得挖沙、采石、取土、倾倒垃圾和其他废弃物，不得进行爆破作业及其他危害公路、桥梁、渡口安全的活动。

在前款范围内因抢险、防汛需要修筑堤坝、压缩或者拓宽河床的，应当经自治区人民政府交通运输主管部门会同水行政主管部门批准，并采取有效的保护公路安全的措施。

第十六条 在本条例第十五条规定的范围以外进行爆破、开山、采矿等项作业，可能危及公路安全的，应当事先征得交通运输主管部门同意，并采取安全防护措施后，方可进行作业。

第十七条 铁轮车、履带车和其他可能损害公路路面的机具，不得在公路上行驶。

农业机械因当地田间作业需要在公路上短距离行驶或者军用车辆执行任务需要在公路上行驶的，可以不受前款限制，但是应当采取安全保护措施。对公路造成损坏的，应当按照损坏程度给予补偿。

第十八条 在公路上行驶的车辆的轴载质量应当符合公路工程技术标准要求。

第十九条 超过公路、公路桥梁、公路隧道或者汽车渡船的限载、限高、限宽、限长标准的车辆，不得在公路、公路桥梁上和公路隧道内行驶。确需行驶的，必须经县级以上交通运输主管部门批准，并按要求采取有效的防护措施；影响交通安全和交通秩序的，还应当经同级公安机关批准；运载不可解体的超限物品的，应当按照指定的时间、路线、时速行驶，并悬挂明显标志。

运输单位不能按照前款规定采取防护措施的，由交通运输主管部门帮助其采取防护措施，所需费用由运输单位承担。

第二十条 机动车制造厂、修理厂和其他单位不得将公路作为检验机动车制动性能的试车场地。

第二十一条 任何单位和个人不得损坏、擅自移动、涂改公路标志、标线、测桩、界碑、护栏等公路附属设施。

严禁在公路桥梁、隧道内铺设输送易燃、易爆和有毒物质的管道。

第二十二条 任何单位和个人未经交通运输主管部门批准，不得擅自在公路、公路用地上设置除公路标志以外的标牌、广告牌等其他标志。

在公路两侧建筑控制区范围内设置除公路标志以外的标牌的，必须符合交通安全要求，标牌与公路路肩边缘的间距保持在五米以上。

第二十三条 在公路上不得擅自增设平面交叉道口，确需增设平面交叉道口，须经交通运输主管部门批准，并按照国家规定的公路工程技术标准建设，占用或者损坏公路路产的，应当支付补偿费用。

第二十四条 运输车辆的运件不得拖地行驶。运输易遗漏、抛撒货物的车辆，应当采取有效的防护措施，不得污染、损坏公路。污染公路的，应当负责清除污染物或承担清理费用；损坏公路的，应当予以补偿。

第二十五条 造成公路损坏的，责任者应当及时报告公路管理机构，并接受公路管理机构的现场调查处理。因交通事故造成公路损坏的，公安机关应当及时通知当地公路管理机构查验路产损坏情况，并依法协助追索路产损坏补偿费。

第二十六条 禁止乱砍滥伐和损坏公路行道树、绿化花草；确需更新、间伐树木的，应当经交通运输主管部门同意后，依照《中华人民共和国森林法》的规定办理并完成更新、补种任务。

第二十七条 公路管理机构进行养护作业、养护工程施工时，应在施工现场两端设置明显的施工标志和安全标志。需堆放养护物料时，只能堆放在公路一侧，并不得超越路面宽度的三分之一；停放养护车辆、机械时必须紧靠路面边缘，并在车辆、机械前后设置明显的安全反光标志。

公路养护人员进行养护作业时，应当穿着统一的安全标志服；利用车辆进行养护作业时，应当在公路作业车辆上设置明显的作业标志。

公路养护车辆进行作业时，在不影响过往车辆通行的前提下，其行驶路线和方向不受公路标志、标线限制；过往车辆对公路养护车辆和人员应当注意避让。

第四章 公路两侧建筑控制区管理

第二十八条 本条例所称公路两侧建筑控制区是指公路用地外缘以外一定距离的区域，其距离的标准是：

（一）高速公路和一级公路不少于三十米；

（二）国道不少于二十米；

（三）省道不少于十五米；

（四）县道不少于十米；

（五）乡道不少于五米。

建筑控制区划定后，县级以上人民政府交通运输主管部门应当设置标桩、界桩。

第二十九条 除公路防护、养护需要的以外，禁止任何单位和个人在公路两侧建筑控制区范围内修建建筑物、地面构筑物或者其他工程设施。

第三十条 有关部门审批临近公路的建筑控制区以外的建设用地时，应当按照本条例的规定，注明建筑物与公路的控制距离，并通知交通运输主管部门；建筑单位开工时，审批部门和交通运输主管部门应当派员进行现场监督。

第三十一条 在公路沿线规划和新建村镇、开发区、应当在公路一侧建筑控制区以外的范围进行，与公路保持规定的距离，并避免在公路两侧对应进行，防止造成公路街道化。

第三十二条 新建、改建公路施工期间建筑控制区的管理，由承建方、公路管理机构与沿线市、县、乡人民政府共同负责。工程竣工后移交公路管理机构管理。

第三十三条 在公路两侧的建筑物与公路路肩边缘之间填土打地坪的，应当报交通运输主管部门批准，并负责重建公路排水设施，其地坪标高必须低于公路路肩三十厘米以上。对公路路产造成损失的，应当给予补偿。

第三十四条 公路两侧建筑控制区内已有的建筑物、地面构筑物或工程设施，按下列规定处理：

（一）未经审批修建的，应当在当地人民政府规定的期限内自行拆除；

（二）因历史原因存在于公路建筑控制区内的，当地人民政府和有关部门应当根据经济发展、公路建设以及交通安全畅通的需要，制定计划，分批迁出。迁出有困难的，暂时可以维持原状，但不得再行改建、扩建。

第三十五条 公路穿越城镇的路段，建筑控制区管理由交通运输主管部门和建设部门共同确定城市道路与公路的界线后，依照有关规定，按各自的职责负责控制公路两侧建筑物、构筑物和工程设施的建设。

第五章 法律责任

第三十六条 违反本条例第七条，擅自在公路上设卡、收费的，由交通运输主管部门责令停止违法行为，没收违法所得，可以处违法所得三倍以下的罚款，没有违法所得的，可以处二万元以下的罚款；对负有直接责任的主管人员和其他直接责任人员，依法给予行政处分。

第三十七条 有下列违法行为之一的，由交通运输综合执法机构责令停止违法行为，可以处三万元以下的罚款：

（一）违反本条例第十三条第一款规定，擅自占用、挖掘公路的；

（二）违反本条例第十四条规定，未经同意或未按照公路工程技术标准的要求修建桥梁、渡槽或架设、埋设管线、电缆等设施的；

（三）违反本条例第十五条第一款规定，从事危及公路安全的作业的；

（四）违反本条例第十七条第一款规定，铁轮车、履带车和其他可能损害路面的机具擅自在公路上行驶的；

（五）违反本条例第十九条规定，车辆在公路上擅自超限行驶的；

（六）违反本条例第二十一条第一款规定，损坏、移动、涂改公路附属设施或者损坏、挪动建筑控制区的标桩、界桩，可能危及公路安全的。

第三十八条 违反本条例第十二条、第二十四条规定，造成公路路面损坏、污染或者影响公路畅通的，或者违反本条例第二十条规定，将公路作为试车场地的，由交通运输综合执法机构责令停止违法行为，可以处五千元以下的罚款。

第三十九条 违反本条例第二十二条规定，在公路用地范围内，设置公路标志以外的其他标志的，由交通运输综合执法机构责令限期拆除，可以处二万元以下的罚款；逾期不拆除的，由交通运输综合执法机构拆除，有关费用由设置者负担。

第四十条 违反本条例第二十三条规定，未经批准在公路上增设平面交叉道口的，由交通运输综合执法机构责令恢复原状，处五万元以下的罚款。

第四十一条 违反本条例第二十五条规定，造成公路损坏未报告的，由交通运输综合执法机构处一千元以下的罚款。

第四十二条 违反本条例第二十九条规定，在公路建筑控制区内修建建筑物、地面构筑物或者其他工程设施的，由交通运输综合执法机构责令限期拆除，并可以处五万元以下的罚款。逾期不拆除的，由交通运输综合执法机构拆除，有关费用由建筑者、构筑者承担。

第四十三条 违反本条例有关规定，对公路造成损害的，应当依法承担民事责任。

对公路路产造成较大损害的车辆，必须立即停车、保护现场，报告公路管理机构，接受调查、处理后，方得驶离。

对公路路产造成严重损坏，拒不接受公路管理机构现场调查处理的，交通运输综合执法机构可以依法扣留车辆、工具。

交通运输综合执法机构扣留车辆必须开具扣留凭证，当事人接受处理后，车辆必须放行。

第四十四条 拒绝、阻碍公路监督检查人员依法执行职务，未使用暴力、威胁方法的，或者阻碍公路抢修，致使公路抢修不能正常进行，尚未造成严重损失的，由公安机关依照治安管理处罚法的有关规定处罚。

第四十五条 违反本条例，构成犯罪的，由司法机关依法追究刑事责任。

第四十六条 当事人对行政处罚决定不服的，可以依法申请行政复议或者提起行政诉讼；逾期不申请行政复议，又不起诉，也不履行行政处罚决定的，由作出行政处罚决定的机关申请人民法院强制执行。

第四十七条 交通主管部门、公路管理机构、交通运输综合执法机构的工作人员执行职务时，玩忽职守，徇私舞弊，滥用职权，尚未构成犯罪的，由其所在单位或者上级主管部门依法给予处分；构成犯罪的，由司法机关依法追究刑事责任。

第六章　附　　则

第四十八条 公路路产补偿费收费项目和收费标准，由自治区财政、物价部门会同自治区交通行政管理部门制定。

第四十九条 本条例下列用语的含义是：

“公路”是指经交通运输主管部门验收认定的城间、城乡、乡间能行驶汽车的公共道路。公路包括公路的路基、路面、桥梁、涵洞、渡口、隧道。

“公路用地”是指公路两侧边沟、坡脚护道、坡顶截水沟外缘以外，川区不少于一点五米、山区不少于三米的土地。

“公路附属设施”是指为保护、养护公路和保障公路安全畅通所设置的公路防护、排水、养护、管理、服务、交通安全、渡运、监控、通信、收费等设施、设备以及专用建筑物、构筑物等。

第五十条 本条例自1998年1月1日起施行。

421. 宁夏回族自治区收费公路管理条例

(2006年9月27日宁夏回族自治区第九届人民代表大会常务委员会第二十四次会议通过)

第一章　总　　则

第一条　为了加强收费公路的建设、经营和管理，规范公路收费行为，促进公路事业的发展，根据《中华人民共和国公路法》、国务院《收费公路管理条例》和有关法律、法规的规定，结合自治区实际，制定本条例。

第二条　在自治区行政区域内从事收费公路的建设、经营、使用和管理等活动的，适用本条例。

第三条　本条例所称收费公路，是指按照公路法的规定，经批准依法收取车辆通行费的公路及其桥梁、隧道。

第四条　县级以上人民政府交通主管部门利用贷款或者向企业、个人有偿集资建设的公路（以下简称政府还贷公路），国内外经济组织投资建设或者依照公路法的规定受让政府还贷公路收费权的公路（以下简称经营性公路），经依法批准后，方可收取车辆通行费。

第五条　自治区人民政府交通主管部门负责收费公路的监督、管理工作。

自治区人民政府交通主管部门可以委托其所属的管理公路机构负责政府还贷公路的具体管理工作。

经营性公路由依法成立的公路企业法人建设、经营管理。

第六条　自治区人民政府交通主管部门对自治区行政区域内的政府还贷公路实行统一管理、统一贷款、统一还款。

第七条　自治区人民政府应当将收费公路的建设纳入公路建设总体规划，坚持发展非收费公路为主，适当发展收费公路，合理布局、总量控制。

第八条　任何单位或者个人不得违反法律、法规规定，在公路上设站（卡）收取车辆通行费。

第九条　收费公路的经营管理者，经依法批准有权向通行收费公路的车辆收取车辆通行费。

下列车辆依法免交车辆通行费：

（一）军队车辆、武警部队车辆；

（二）公安机关在自治区行政区域内收费公路上处理交通事故、执行正常巡逻任务和处置突发事件的统一标志的制式警车；

（三）经自治区人民政府批准执行抢险救灾任务的车辆；

（四）进行跨区作业的联合收割机、运输联合收割机（包括插秧机）的车辆，联合收割机不得在高速公路上行驶。

对在国家和自治区规定的绿色通道上运输鲜活农产品的车辆，可以减半或者免交车辆通行费。

第十条　任何单位或者个人不得以任何形式非法干预收费公路的经营管理，不得挤占、挪用收费公路车辆通行费。

第十一条　任何单位和个人不得在高速公路上或者收费站进出口、服务区拦截检查行驶的车辆，公安机关的人民警察依法执行紧急公务除外。

第二章　收费公路的建设

第十二条　建设收费公路，应当符合下列技术等级和规模：

（一）高速公路连续里程30公里以上。但是，城市市区至本地机场的高速公路除外；

（二）一级公路连续里程50公里以上；

（三）二车道的独立桥梁、隧道，长度800米以上；

（四）四车道的独立桥梁、隧道，长度500米以上。

技术等级为二级以下（含二级）的公路不得收费。但是国家确定的自治区建设的技术等级为二级，连续里程60公里以上的公路，可以收取车辆通行费。

第十三条 收费公路建成后，自治区人民政府交通主管部门应当组织验收。验收合格的，方可设置车辆通行费收费站。

第十四条 收费公路收费站的设置，由自治区人民政府按照下列规定审查批准：

（一）高速公路以及其他封闭式的收费公路，除两端出入口外，不得在主线上设置收费站。但是，与相邻省、自治区之间确需设置收费站的除外；

（二）非封闭式的收费公路的同一主线上，相邻收费站的间距不得少于50公里。

第十五条 经自治区人民政府批准设置的收费站，应当在明显位置悬挂自治区人民政府交通主管部门统一制式的收费站牌和物价主管部门核发的收费许可证复制件并设置公告牌，公布审批机关、主管部门、收费标准、收费期限、收费单位和监督电话。

第十六条 政府还贷公路车辆通行费收入应当纳入自治区财政专户，严格实行收支两条线管理，除必要的收费公路管理、养护费用从财政部门批准的车辆通行费预算中列支外，全部用于偿还贷款和集资款本息，不得挪作他用。

政府还贷公路的附属设施（含广告、加油站、光缆、服务区等）管理的收入，实行收支两条线，纳入自治区财政专户，全部用于偿还贷款本息，不得挪作他用。

第十七条 政府还贷公路的收费期限，最长不得超过20年；经营性公路的收费期限，最长不得超过30年。

第十八条 收费公路终止收费后，收费公路经营管理者应当自终止收费之日起15日内拆除收费设施。

第十九条 车辆通行费收费标准的制定和调整，应当按照规定的程序审批和报备案。

第三章 收费公路的经营管理

第二十条 收费公路经营管理者应当按照国家规定的标准，结合公路交通状况、沿线设施等情况设置交通标志、标线。

交通标志、标线应当清晰、准确、易于识别，符合公路技术标准。重要的车辆通行信息应当重复提示。

第二十一条 收费公路经营管理者应当保证收费公路处于良好的技术状态，逐步采用新的收费技术，改善通行条件，为通行车辆和人员提供优质服务，提高收费效率。

收费站应当设置安全可靠的车道开闭系统和电视监控系统，保障收费道口安全畅通。

第二十二条 收费公路经营管理者应当按照规定的标准收取车辆通行费，不得擅自提高收费标准或者代收其他费用。

收费公路经营管理者应当向收费公路使用者出具收费票据。政府还贷公路的收费票据，由自治区人民政府财政部门统一印（监）制。经营性公路的收费凭据，由自治区人民政府税务部门统一印（监）制。

对违法收费或者不出具收费凭据的，交费人有权拒交车辆通行费。

第二十三条 车辆通过收费站时，应当按照交通标志和信号灯指示减速驶入收费车道，主动交纳车辆通行费。

第二十四条 收费公路收费采用计重和按照吨（座）位计收两种方式。

通行收费公路的货运车辆，其通行费可以采用计重收费的方式收取，按吨（座）位计收车辆通行费的车辆，吨（座）位的确认以国家规定的技术参数为准。具体办法和标准由自治区人民政府交通主管部门会同自治区人民政府财政、物价部门制定。

第二十五条 车辆在高速公路上行驶，不得有下列情形：

（一）无通行卡行驶；

（二）持无效通行卡行驶；

（三）U形行驶；

（四）损毁、使用伪造的通行卡；

（五）中途倒换通行卡；

（六）从收费车道以外的通道驶离高速公路；

（七）超载超限。

有前款（一）、（二）、（三）、（四）、（五）情形之一的，收费单位可以按最长里程计收车辆通行费。

第二十六条 遇有收费公路损坏、施工或者发生交通事故等影响车辆正常安全行驶的情形时，收费公路经营管理者应当在现场设置安全防护设施，并在收费公路出入口进行限速、警示提示，或者利用收费公路沿线可变信息板等设施予以公告；造成交通堵塞时，应当及时报告有关部门并协助疏导交通。

遇有公路严重损毁、恶劣气象条件或者重大交通事故等严重影响车辆安全通行的情形时，公安机关应当及时采取限速通行、关闭公路等交通管制措施。收费公路经营管理者应当配合公安机关，及时将有关交通管制的信息向通行车辆驾驶人员提示。

第二十七条 收费公路经营管理者对依法应当交纳而拒交、逃交、少交车辆通行费的车辆，有权拒绝其通行，并要求其补交应交纳的车辆通行费。

任何人不得为拒交、逃交、少交车辆通行费而故意堵塞收费道口、强行冲卡、殴打收费公路管理人员、破坏收费设施，扰乱收费公路经营管理秩序。

对扰乱收费公路经营管理秩序的，收费公路经营管理者应当及时报告公安机关，公安机关应当依法予以处理，确保收费公路安全畅通。

第二十八条 高速公路和一级公路沿线两侧边沟外缘200米、公路匝道及连接线两侧、立交桥、收费站界桩两侧200米为公路户外广告牌控制区。未经批准，任何单位和个人不得在控制区内擅自设置户外广告牌。

第二十九条 收费公路经营管理者应当加强对收费站工作人员的业务培训，收费人员应当持证上岗，依法收费，文明服务，自觉接受社会监督。

第三十条 自治区人民政府交通主管部门或者其委托的管理公路机构，应当按照有关法律、法规的规定，依法对收费公路的经营者和收费站进行监督检查。

对收费公路管理人员和收费站工作人员的违法行为，任何单位和个人均有权投诉举报。自治区人民政府交通主管部门或者其委托的管理公路机构应当按照管理权限及时调查处理。

第四章　法律责任

第三十一条 擅自在公路上设立收费站（卡）收取车辆通行费的，由自治区人民政府交通主管部门责令改正，强制拆除收费设施；有违法所得的，没收违法所得，并处违法所得2倍以上5倍以下的罚款；没有违法所得的，处1万元以上5万元以下的罚款；负有责任的主管人员和其他直接责任人员属于国家工作人员的，依法给予记大过直至开除的行政处分。

第三十二条 违反本条例规定，未交纳车辆通行费的，由自治区人民政府交通主管部门或者其委托的管理公路机构责令按全额交纳；少交纳车辆通行费的，责令其足额补交。

第三十三条 违反本条例规定，拒不按规定及时交纳车辆通行费，造成收费车道堵塞或者影响其他车辆安全通行的，由自治区人民政府交通主管部门或者其委托的管理公路机构强制拖移。

第三十四条 违反本条例规定，采用伪造通行费票据、通行卡和各种证件等弄虚作假手段逃交、少交车辆通行费的，由自治区人民政府交通主管部门或者其委托的管理公路机构责令其足额补交，没收假票、凭证；构成犯罪的，依法追究刑事责任。

第三十五条 违反本条例的规定，拒交、逃交、少交车辆通行费故意堵塞收费道口、强行冲卡、殴打收费公路管理人员、破坏收费设施或者从事其他扰乱收费公路经营管理秩序活动，违反治安管理处罚行为的，由公安机关依法予以处罚；构成犯罪的，依法追究刑事责任；给收费公路经营管理者造成损失或者造成人身损害的，依法承担赔偿责任。

第三十六条 违反本条例规定，在收费公路上私开道口、便道，为车辆绕行收费站提供方便的，自治区人民政府交通主管部门或者其委托的管理公路机构应当及时制止；给收费公路经营者造成损失的，依法承担赔偿责任。

第三十七条 未经批准，擅自在高速公路和一级公路广告牌控制区内设置广告牌的，责令限期拆除；逾期不拆除的，由自治区人民政府交通主管部门或者其委托的管理公路机构强制拆除，拆除费用由广告牌设施所有者承担。

第三十八条 当事人对自治区人民政府交通主管部门或者其委托的管理公路机构作出的具体行政行为不服的，可以依法申请复议或者提起行政诉讼；逾期不申请复议，不起诉又不履行行政决定的，由做出具体行政行为的机关申请人民法院强制执行。

第三十九条 交通管理部门、收费公路管理机构及其工作人员在收费公路管理工作中，玩忽职守、徇私舞弊、滥用职权的，由其所在单位或者上级主管部门给予行政处分；构成犯罪的，依法追究刑事责任；给收费公路使用者造成损失的，依法承担赔偿责任。

第五章　附　　则

第四十条 本条例自 2006 年 11 月 1 日起施行。

422. 宁夏回族自治区农村公路条例

（2017年9月28日宁夏回族自治区第十一届人民代表大会常务委员会第三十三次会议通过）

第一章 总 则

第一条 为了加强农村公路建设和管理，促进农村经济社会发展，根据《中华人民共和国公路法》《公路安全保护条例》等有关法律、行政法规，结合自治区实际，制定本条例。

第二条 自治区行政区域内农村公路的规划、建设、养护、管理和运营，适用本条例。

本条例所称农村公路，是指纳入农村公路规划，并按照公路建设技术标准修建的县道、乡道、村道及其附属设施，包括农村公路的桥梁、隧道和渡口。

第三条 农村公路发展应当遵循统筹规划、合理布局、保护环境以及建设与养护并重的原则。

农村公路管理实行政府主导、分级负责、行业监管、部门协作、社会参与的体制。

第四条 县级以上人民政府应当将农村公路的发展纳入国民经济和社会发展规划，将农村公路规划、建设、养护和管理所需经费列入本级财政预算。

第五条 县级人民政府是本行政区域内农村公路规划、建设、养护、管理和运营的责任主体。

乡（镇）人民政府在县级人民政府确定的职责范围内，负责本行政区域内乡道、村道的建设、养护和管理工作。

村民委员会应当教育村民爱路、护路，维护农村公路的路容、路貌。

第六条 自治区和设区的市人民政府交通运输主管部门是农村公路工作的行业主管部门，依据职责做好农村公路的建设、养护和管理工作，加强对农村公路建设、养护和管理的监督考核和指导。

县级人民政府交通运输主管部门负责本行政区域内的农村公路工作，其所属的公路管理机构具体承担农村公路管理和养护工作。

县级以上人民政府发展改革、财政、公安、国土资源、环境保护、农牧、林业、住房和城乡建设等部门，按照各自的职责做好农村公路的相关工作。

第七条 任何单位和个人不得破坏、损坏或者非法占用农村公路、公路用地及公路附属设施。

任何单位和个人都有爱护农村公路、公路用地及公路附属设施的义务，有权检举和控告破坏、损坏或者侵占农村公路、公路用地、公路附属设施以及其他影响公路安全的违法行为。

第二章 规划与建设

第八条 农村公路规划的编制应当以空间规划为依据，与国民经济和社会发展规划、土地利用总体规划相协调，与国道、省道规划和乡（镇）规划、村庄规划相衔接，与农村客运发展规划、旅游规划相适应。

第九条 县道规划由县级人民政府交通运输主管部门会同有关部门编制，经本级人民政府审定后，报上一级人民政府批准，并报自治区人民政府交通运输主管部门备案。

乡道、村道规划由县级人民政府交通运输主管部门协助乡（镇）人民政府编制，报县级人民政府批准，并报设区的市人民政府交通运输主管部门备案。

第十条 县道、乡道的命名和编号，由自治区人民政府交通运输主管部门按照国家有关规定确定。

村道的命名和编号，由县级人民政府交通运输主管部门按照自治区人民政府交通运输主管部门的有关规定确定。

第十一条 新建、改建和扩建农村公路，其相应的公路附属设施应当与公路主体工程同时设计、同时施工、同时交付使用。

农村公路建设项目应当依法进行验收；未经验收或者验收不合格的，不得交付使用。

第十二条 新建、改建和扩建农村公路，应当执行国家和自治区制定的技术标准。

农村公路建设项目符合法定招标条件的，应当依法进行公开招标。

第十三条 农村公路建设项目实行建设质量缺陷责任制度，建设、设计、施工和监理单位依法承担相应的质量责任。

第十四条 农村公路建设项目的建设单位应当建立工程档案，保存工程资料，竣工验收合格后移交农村公路养护单位。

第三章 公路养护

第十五条 县级人民政府交通运输主管部门应当建立健全农村公路养护质量检查、考核和评定制度，建立健全质量安全保证体系和信用评价体系，加强检查监督。

第十六条 农村公路养护实行日常养护与集中养护相结合的方式，注重预防性养护，逐步实现专业化养护。

农村公路可以通过公开招标选择养护单位，也可以实行建设、改造和养护一体化招标确定养护单位。

农村公路日常保洁、绿化等非专业养护项目，可以通过分段承包、定额包干等方式，吸收沿线村民参与。

第十七条 县道、乡道因养护作业需要中断交通的，养护单位应当征求公安机关交通管理部门意见，提前向社会公告，并按规定设置警示标志和绕行标志。发生交通阻塞时，公安机关交通管理部门应当及时做好车辆分流和疏导，维护交通秩序。

村道因养护作业需要中断交通的，由乡（镇）人民政府告知沿线单位和村民。

第十八条 因自然灾害或者其他突发事件造成农村公路严重损坏的，县、乡（镇）人民政府应当启动公路突发事件应急预案，并组织抢修，尽快恢复交通。

第四章 路政管理

第十九条 县级人民政府交通运输主管部门负责农村公路的路政管理工作。

第二十条 县级人民政府交通运输主管部门所属的公路管理机构应当对农村公路、公路用地和公路附属设施进行调查核实、登记造册，逐步建立农村公路基础数据库和电子地图。

农村公路属性不得擅自变更；确需变更的，应当依法办理变更手续。

第二十一条 县道、乡道两侧自边沟（截水沟、坡脚护坡道）外缘起不少于一米的范围为农村公路用地；自公路用地外缘起县道不少于十米、乡道不少于五米的范围为建筑控制区。

第二十二条 任何单位和个人不得实施下列行为：

（一）在农村公路上堆放物料、设置障碍、挖沟引水或者打场晒粮、倾倒垃圾、排放污物等；

（二）损毁、擅自移动、涂改农村公路标志或者擅自设置其他标志；

（三）在公路用地范围内挖砂、采石、取土等；

（四）在农村公路建筑控制区内新建、扩建永久性非公路防护、养护需要的建筑物和地面构筑物；

（五）在公路建筑控制区外修建遮挡公路标志、妨碍安全视距的建筑物、地面构筑物以及其他设施。

第二十三条 下列施工活动，涉及县道、乡道的，依法办理审批手续；涉及村道的，建设单位应当事先征求相关村民委员会的意见，并经乡（镇）人民政府同意：

（一）因修建铁路、机场、供电、水利、通信等设施需要占用、挖掘公路及其用地；

（二）跨越、穿越公路修建桥梁、渡槽或者架设、埋设管道、电缆等设施；

（三）在公路用地范围内架设、埋设管道、电缆等设施；

（四）利用公路桥梁、隧道、涵洞铺设电缆等设施；

（五）利用跨越公路的设施悬挂非公路标志；

（六）在公路上增设或者改造平面交叉道口；

（七）在公路建筑控制区内埋设管道、电缆等设施。

前款规定活动影响道路交通安全的，应当征得公安机关交通管理部门的同意。

第二十四条 超限超载车辆不得在农村公路上行驶。

县级人民政府交通运输主管部门可以根据保护县道、乡道的需要，在县道、乡道的出入口设置必要的限高、限宽设施，乡（镇）人民政府可以根据保护村道的需要，在村道的出入口设置必要的限高、限宽设施，但是不得影响消防和卫生急救等应急通行需要，不得向通行车辆收费。其他单位和个人不得设置限高、限宽等设施。

第五章　公路运营

第二十五条 农村公路的运营应当坚持城乡统筹、以城带乡、城乡一体、客货并举、运邮结合的原则。

第二十六条 农村公路的运营应当执行国家标准、行业标准和地方标准。

第二十七条 鼓励有条件的地区将农村公路建设与产业园区、乡村旅游等进行一体化建设和开发。

鼓励单位和个人投资农村旅游公路服务设施建设。

第二十八条 农村客运站（点）等设施应当与农村公路统一规划，并按照国家和自治区的有关标准统一建设。

农村客运站（点）应当与新建、改建的农村公路同步竣工验收并交付使用。

第二十九条 农村物流场站设施和信息系统建设，应当与农村公路规划、建设相互衔接，逐步实现多站合一、资源共享。

第三十条 鼓励农村客货运站（点）开展快递服务业务。

第六章　资金筹集与管理

第三十一条 自治区建立以政府投入为主、多渠道筹资为辅的农村公路建设和养护资金筹集机制。

县、乡（镇）人民政府可以通过政府购买服务，引入专业企业、社会资本养护农村公路。

第三十二条 农村公路建设、养护资金来源：

（一）国家补助的专项资金；

（二）国家成品油价格和税费改革转移支付资金；

（三）县级以上人民政府安排的财政性资金；

（四）企业、个人等社会力量捐助资金；

（五）以出让公路冠名权、广告权、路域资源开发权、绿化经营权等方式筹集的资金；

（六）其他资金。

第三十三条 农村公路建设、养护资金实行统一管理，专款专用，任何单位和个人不得挤占、挪用和截留。

第三十四条 县级以上人民政府交通运输主管部门和公路管理机构应当加强农村公路专项资金管理，提高资金使用效益。

审计、财政等部门应当依法对农村公路建设、养护资金的使用情况进行监督和检查。

第七章 法律责任

第三十五条 违反本条例规定，涉及县道、乡道的，依照《中华人民共和国公路法》和《公路安全保护条例》等法律、行政法规的规定处理。

第三十六条 有下列情形之一，涉及村道的，由县级人民政府交通运输主管部门予以处罚；造成村道及其附属设施损坏的，依法承担赔偿责任。

（一）违反本条例第二十二条第一项、第二项、第三项规定的，责令停止违法行为，处三百元以上三千元以下的罚款；

（二）违反本条例第二十二条第四项、第五项规定的，责令限期拆除，处三千元以上三万元以下的罚款；责令期满未拆除的，由公路管理机构拆除，拆除费用由违法者承担；

（三）违反本条例第二十三条规定，未经同意擅自进行施工活动的，责令停止违法行为，处五千元以上五万元以下的罚款；

（四）违反本条例第二十四条第一款规定，超限超载车辆在村道上行驶的，责令停止违法行为，处二百元以上二千元以下的罚款；情节严重的，处五千元以上三万元以下的罚款。

第三十七条 县级以上人民政府交通运输主管部门、农村公路管理机构、乡（镇）人民政府的工作人员，在农村公路工作中，玩忽职守、徇私舞弊、滥用职权，构成犯罪的，依法追究刑事责任；尚不构成犯罪的，依法给予处分。

第八章 附　　则

第三十八条 本条例下列用语的含义：

（一）县道是指除国道、省道以外的县际间公路以及连接县级人民政府所在地与乡（镇）人民政府所在地和主要商品生产、集散地的公路。

（二）乡道是指除县道及县道以上等级公路以外的乡际间公路以及连接乡（镇）人民政府所在地与建制村的公路。

（三）村道是指除乡道及乡道以上等级公路以外的连接建制村与建制村、建制村与自然村、建制村与外部的公路，但不包括村内街巷和农田间的机耕道。

（四）农村公路附属设施是指为保护、养护农村公路和保障农村公路安全畅通所设置的防护、排水、养护、管理、服务、交通安全、限高和限宽等设施、设备以及专用建筑物、构筑物等。

第三十九条 本条例自 2017 年 11 月 1 日起施行。

423. 宁夏回族自治区深化农村公路管理养护体制改革实施方案

（宁政办发〔2020〕38号）

为贯彻落实党中央、国务院关于“四好农村路”建设的重要部署，加快建立农村公路管理养护长效机制，按照《国务院办公厅关于深化农村公路管理养护体制改革的意见》（国办发〔2019〕45号）要求，结合我区实际，制定本实施方案。

一、总体要求

以习近平新时代中国特色社会主义思想为指导，全面贯彻党的十九大和十九届二中、三中、四中全会精神，认真落实习近平总书记关于“四好农村路”的重要指示精神和党中央、国务院决策部署，践行以人民为中心的发展思想，紧紧围绕打赢脱贫攻坚战、实施乡村振兴战略和统筹城乡发展，以质量为本、安全至上、自然和谐、绿色发展为原则，深化农村公路管理养护体制改革，建立权责清晰、齐抓共管、运转高效的农村公路管理养护机制，推动“四好农村路”高质量发展，为广大农民群众脱贫致富奔小康和推进农业农村现代化提供有力的支撑和保障。

二、工作目标

到2022年，基本建立权责清晰、齐抓共管的农村公路管理养护体制机制，形成财政投入职责明确、社会力量积极参与的格局。农村公路路长制运行高效，农村公路治理能力明显提高，治理体系初步形成。农村公路通行条件和路域环境明显提升，交通保障能力显著增强。农村公路列养率达到100%，年均养护工程比例不低于5%，中等及以上农村公路占比不低于75%。

到2035年，全面建成体系完备、运转高效的农村公路管理养护体制机制，基本实现城乡公路交通基本公共服务均等化，路况水平和路域环境根本性好转，农村公路治理能力不断提高，治理体系全面完善，为推动农业农村现代化提供更加有力的保障。

三、主要任务

（一）完善农村公路管理养护体制。

1. 加强自治区级统筹和政策引导。制定自治区相关部门和市、县（区）人民政府农村公路管理养护事权和责任清单，强化自治区相关部门政策引导，对各市、县（区）人民政府的农村公路管理养护工作进行目标管理和绩效考核。自治区交通运输厅加强农村公路管理养护工作的指导、监督，拟订有关农村公路管养政策，加强政策引导和业务指导。自治区财政厅筹集自治区级养护补助资金。自治区发展改革委、农业农村厅、扶贫办等部门通过制定实施相关政策，引导、支持和促进农村公路事业发展。（责任部门：自治区交通运输厅、财政厅、发展改革委、农业农村厅、扶贫办）

2. 强化地级市人民政府指导监督。各地级市人民政府要发挥好承上启下作用，负责落实自治区相关要求，完善市级支持政策，筹集市级农村公路养护补助资金，加强地方农村公路管理机构能力建设，对各自行政区域内的农村公路管理养护工作进行指导、监督和考核，支持和督促县级人民政府履行主体责任。（责任单位：各地级市人民政府）

3. 落实县级人民政府主体责任。县级人民政府是农村公路管理养护的责任主体，要将农村公路管理养护工作纳入“三农”工作统筹谋划，按照“县道县管、乡村道乡村管”的原则，建立“精干高效、专兼结合、以专为主”的管理体系；负责落实农村公路管理养护的体制保障、政策保障和资金保障；建立健全符合本行政区域实际的农村公路管理养护制度体系，明确相关部门和乡级人民政府的管理养护权力和责任清单，指导监督相关部门和乡级人民政府履职尽责。按照“有路必养、养必到位”的要求，将农村公路养护资金及管理机构运行经费和人员支出纳入一般公共财政预算，落实农村公路

管理养护经费支出责任，明确农村公路管理养护机构，配备管理养护专业人员。[责任单位：各县〔市、区〕人民政府]

4. 发挥乡村两级作用和农民群众积极性。乡级人民政府要按照县级人民政府制定的权利和责任清单开展农村公路管理养护工作，具体负责各自行政区域内乡道、村道的管理养护工作。要根据农村公路等级、数量和任务轻重等实际情况，建立乡村道路专职管理员制度。乡村道路专职管理员在各级路长和路长办公室的指导、监督下，具体负责乡、村道的日常路况巡查、隐患排查、信息上报，参与管养单位监督考核、管理。村民委员会按照“农民自愿、民主决策”的原则，采取一事一议和以工代赈等办法组织开展村道管理养护工作。乡级人民政府要加强宣传引导，将爱路护路要求纳入乡规民约、村规民约，积极引导、激发农民群众爱路护路热情，对爱路护路积极性高、群众参与度深、管理养护效果好的建制村，鼓励给予“爱路村”荣誉称号。鼓励采用以奖代补等方式，推广将日常养护与应急抢通捆绑实施交由村民承包；鼓励农村集体经济组织和社会力量自主筹资筹劳参与农村公路管理养护工作，通过将农村公路管理养护纳入公益岗位等方式，为贫困户提供就业机会。[责任单位：各县（市、区）人民政府]

（二）强化农村公路管理养护资金保障。

1. 落实成品油税费改革资金。完善成品油税费改革转移支付政策，合理确定转移支付规模，加大对普通公路养护的支持力度。成品油税费改革新增收入替代原公路养路费部分，不得低于改革基期年（2009 年）公路养路费收入占“六费”（公路养路费、航道养护费、公路运输管理费、公路客货运附加费、水路运输管理费、水运客货运附加费）收入的比例，其中用于普通公路养护的比例一般不得低于 80%且不得用于公路新建。自 2022 年起，该项资金不再列支管理机构运行经费和人员等其他支出。继续执行自治区人民政府对农村公路养护工程的补助政策，用于农村公路养护工程的资金（自治区级补助资金与切块到市县部分之和）占成品油税费改革新增收入替代原公路养路费部分的比例不得低于 15%。[责任单位：自治区交通运输厅、财政厅，各市、县（区）人民政府]

2. 加大财政资金保障力度。农村公路养护属于地级市、县级财政事权，自治区人民政府可根据不同时期发展目标给予一定资金补助。2021 年起，自治区、地级市、县三级公共财政资金用于农村公路日常养护的总额不得低于以下标准：县道每年每公里 10000 元，乡道每年每公里 5000 元，村道每年每公里 3000 元。其中：自治区补助比例为最低标准的 20%，地级市投入比例不低于最低标准的 20%，县级投入比例不低于最低标准的 60%，实际高于上述比例的不得再降低。自治区、地级市、县三级公共财政投入农村公路日常养护的资金结合农村公路里程、养护成本变化、市县自有财力等因素原则上每三至五年调整一次。提高农村公路信息化和养护机械化程度，地级市、县两级财政每年要有计划地安排一定财政资金更新添置养护机具和进行信息化建设。[责任单位：自治区财政厅、交通运输厅，各市、县（区）人民政府]

3. 强化养护资金使用监督管理。自治区财政厅、交通运输厅要建立市、县（区）人民政府农村公路管理养护考核机制，并将考核结果与相关投资挂钩。全区各级公共财政用于农村公路养护资金应当实施预算绩效管理，确保及时足额拨付到位。成品油价格和税费改革专项资金应当专款专用，不得挤占、挪用。全区各级财政和交通运输主管部门要加强农村公路养护资金使用监管，严禁农村公路建设采用施工方带资的建设—移交（BT）模式，严禁地方以“建养一体化”名义新增隐性债务。县级、乡级人民政府应当统筹使用好上级补助资金和其他各类资金，努力提高资金使用效益（统筹使用），并将公共资金使用情况按有关规定对社会公开，接受群众监督。村务监督委员会应将村道养护资金使用和养护质量等情况纳入监督范围，并将监督结果上报乡级人民政府。全区各级审计部门要对农村公路养护资金到位和使用情况进行审计。[责任单位：自治区财政厅、交通运输厅、审计厅，各市、县（区）人民政府]

4. 创新农村公路发展投融资机制。要发挥政府资金的引导作用，采取资金补助、先养后补、以奖代补、无偿提供料场等多种方式支持农村公路养护。将农村公路养护纳入一般债券支持范围。鼓励县级人民政府将农村公路建设和一定时期的养护进行捆绑招标，鼓励将农村公路与产业、园区、乡村旅游等经营性项目实行一体化开发，运营收益用于农村公路养护，促进农村公路与地方经济、社会、生态、文明融合发展。支持利用农村公路冠名权、广告权、路域资源开发权、绿化经营权等方式，多渠道筹集社会资金，用于农村公路管理、养护。鼓励保险资金通过购买地方政府一般债券方式合法合规参与农村公路发展，探索开展农村公路灾毁保险。[责任单位：自治区交通运输厅、财政厅、农业农村厅、扶贫办、地方金融监管局、宁夏银保监局，各市、县（区）人民政府]

（三）建立农村公路管理养护长效机制。

1. 全面建立农村公路“路长制”。各县（市、区）要全面建立农村公路总路长、县级路长、乡级路长、村级路长的路长管理体系。总路长由县级党委或政府主要负责同志担任，县级路长、乡级路长、村级路长，分别由县级负责同志、乡级党委或政府主要负责同志、村党支部或村委会主要负责同志担任。总路长是辖区内农村公路管理的第一责任人，负责全县农村公路的建设、管理、养护、运营工作。县乡村三级路长负责相应农村公路的管理工作，落实上级路长相关工作部署。[责任单位：各县（市、区）人民政府]

2. 加快推进农村公路养护市场化改革。将人民群众满意度和受益程度、养护质量和资金使用效率作为衡量标准，因地制宜、分类有序推进农村公路养护市场化改革。修复性等专业性工程，逐步通过市场化运作交由专业化队伍承担；日常保养、绿化等非专业养护项目，可通过分段承包、定额包干等方式，吸引沿线群众参与，积极为建档立卡贫困群众提供就业机会。鼓励通过政府购买服务将农村公路日常养护交由第三方公司实施，逐步建立政府与市场合理分工的养护生产组织模式。引导符合市场属性的事业单位转制为现代企业，通过投标方式获得公路养护权。鼓励将干线公路建设养护与农村公路捆绑招标，支持养护企业跨区域参与市场竞争。鼓励通过签订长期养护合同、招投标约定等方式，引导专业养护企业加大投入，提高养护机械化水平。[责任单位：自治区交通运输厅，各市、县（区）人民政府]

3. 加强安全和信用管理。严格落实县级人民政府农村公路安全管理主体责任，公路安全设施要与主体工程同时设计、同时施工、同时投入使用，县级人民政府要组织公安、应急等部门人员参与农村公路竣（交）工验收。安全生命防护工程验收不合格的不得通车运行。加强运营期农村公路的安全隐患排查，及时消除安全隐患。加强农村公路养护市场监管，着力建设以质量为核心的信用评价机制，实施守信联合激励和失信联合惩戒，并将信用记录按照国家有关规定纳入自治区信用信息共享平台，依法向社会公开，并与农村公路建设、养护等工作挂钩。[责任单位：自治区交通运输厅、发展改革委、公安厅、应急厅，各市、县（区）人民政府]

4. 强化法规政策和队伍建设。严格执行国家和自治区有关农村公路的法律法规和技术规范，进一步健全农村公路政策法规和制度。完善路政管理体系，建立县有路政员、乡有监管员、村有护路员的路产路权保护队伍，逐步形成县乡村三级联动、专业执法与日常管护紧密配合的保障机制。加强农村公路管理养护人才队伍建设，加大培训力度，提高管理养护人员工作水平。市、县（区）人民政府应当加强各自行政区域内农村公路的货物运输源头超限超载治理工作。市、县（区）可根据需要，在农村公路出入口设置必要的限高、限宽设施，在农村公路重要节点可依法依规设置固定超限站点或治超非现场执法设施。县级人民政府应统筹美丽乡村、旅游乡村建设，实施农村公路路域环境综合治理，推进农村公路沿线洁化、绿化、美化，促进农村公路与生态环境自然和谐。坚持经济实用、绿色环保理念，全面开展“美丽公路”建设工作，力争实现乡乡有美丽农村路。[责任单位：自治区交通运输厅、财政厅，各市、县（区）人民政府]

四、保障措施

（一）加强组织实施。各市、县（区）人民政府和各有关部门要将深化农村公路管理养护体制改革作为打赢脱贫攻坚战、实施乡村振兴战略、推进农业农村现代化的一项先行工程，加强部署落实。各市、县（区）人民政府要深入分析本地农村公路发展实际，健全协同联动机制，在2020年底前研究制定深化农村公路管理养护体制改革具体方案并组织实施。方案要明确改革任务落地的时间表和工作要求，细化举措标准、责任主体、考核激励等内容，确保改革任务落到实处。

（二）加快开展改革试点工作。各市、县（区）人民政府要围绕路长制、创新养护生产模式、信息化管理、美丽农村路、资金保障、创新投融资机制、信息评价机制、目标考核等主题，广泛开展试点工作。自治区交通运输厅会同有关部门加强跟踪和督查，并遴选示范带动作用强的试点项目进行全区推广，成熟一批，推广一批，积极稳妥推进改革工作。

（三）强化政府督导考核。各市、县（区）人民政府要将深化农村公路管理养护体制改革纳入重点改革事项，加强工作考核，将考核结果与干部绩效、财政补助资金等挂钩。要在自治区统一领导下建立改革进展情况报告机制，及时发现并协调解决改革过程中出现的问题，确保改革顺利进行。自治区交通运输厅、财政厅每年 12 月 31 日前要向交通运输部和财政部报备改革进展和落实情况。

（四）加大改革宣传力度。各市、县（区）人民政府和各有关部门要紧紧围绕改革主要工作，大力宣传改革的新进展、新成效，准确解读改革政策举措，积极宣传改革中的先进典型，充分调动广大群众参与、监督改革工作的积极性。加强宣传和舆论引导，为改革工作营造浓厚氛围。

本方案自印发之日起实施。《自治区人民政府办公厅关于印发〈宁夏回族自治区农村公路管理养护体制改革实施方案〉的通知》（宁政办发〔2007〕71 号）同时废止。

自治区推进“四好农村路”高质量发展实施意见

加强“四好农村路”建设，是习近平总书记亲自总结提出、亲自推动实践的一项民心工程、民生工程，是新时代实施乡村振兴战略、打赢脱贫攻坚战、推进社会主义新农村建设的一项重要举措。为贯彻落实习近平总书记关于“四好农村路”建设重要批示精神，根据《国务院办公厅关于深化农村公路管理养护体制改革的意见》（国办发〔2019〕45 号）、《交通运输部　国家发展改革委　财政部　自然资源部　农业农村部　国务院扶贫办　国家邮政局　中华全国供销合作总社关于推动“四好农村路”高质量发展的指导意见》（交公路发〔2019〕96 号）要求，结合我区实际，现就推进全区“四好农村路”高质量发展提出如下意见。

一、总体要求

（一）指导思想。

以习近平新时代中国特色社会主义思想为指导，全面贯彻党的十九大和十九届二中、三中、四中全会精神，深入贯彻落实党中央、国务院决策部署，坚持以人民为中心的发展思想，坚持新发展理念，按照“产业兴旺、生态宜居、乡风文明、治理有效、生活富裕”的乡村振兴总要求，坚持“增优质供给、促提档升级、助服务提升”的方针，突出问题导向、需求导向和目标导向，以改革创新为动力，突出农村公路制度完善和政策创新，加快农村公路发展从规模速度型向质量效益型转变，推进“四好农村路”高质量发展，有力支撑交通强国建设，为服务打赢脱贫攻坚战、实施乡村振兴战略和建设现代化经济体系提供坚实的农村交通运输保障。

（二）基本原则。

坚持党的领导，推动完善党委领导、政府主导、行业指导、部门联动的工作机制，进一步夯实地方政府主体责任。坚持农民主体地位，尊重农民意愿，不断增强农民获得感、幸福感。坚持改革创新，破解制约高质量发展的体制机制保障，有效推进农村公路建管养运协调发展。坚持绿色发展，实现路与自然和谐共生。坚持统筹推进，促进农村公路与产业融合发展。坚持融合发展，推进城乡统筹、资源共享、客货兼顾、多方融合发展。坚持因地制宜，结合农村交通运输发展特征和需求差异，分类指导、精准施策。

（三）目标任务。

到 2022 年，农村路网结构明显优化，技术状况和安全通行能力明显提升，养护管理全面加强，路产路权得到有效保护，路域环境优美整洁，逐步提高城乡客运一体化水平。基本建成城乡一体化交通运输网络，形成“公路大家建、建好大家管、管好大家用”的良好格局。

到 2025 年，“四好农村路”全面进入高质量发展轨道，基本建成布局合理、连接城乡、安全畅通、服务优质、绿色生态的农村公路网络，实现具备条件的自然村（组）通硬化路，农村交通条件和出行环境得到根本改善，现代农村物流体系基本完善，运输服务品质明显提升，农村公路发展政策体系基本健全，建管养运长效机制全面建立，治理能力和水平显著提高，服务乡村振兴和现代经济体系建设作用充分发挥。

到 2035 年，城乡公路交通公共服务均等化基本实现，体系完备、治理高效的农村公路管理养护体制机制全面建立，农村公路全面实现品质高、网络畅、服务优、路域美，服务乡村振兴战略、统筹城乡发展和建设现代经济体系作用更加充分，有效支撑基本建成交通强国目标。

到 2050 年，农村交通更加安全便捷、智能高效、绿色低碳，充分满足广大群众对美好出行的需要，保障乡村全面振兴，助力全面建成交通强国。

二、工作重点

（一）强化规划引领。县级人民政府要科学编制“四好农村路”中长期发展规划，并纳入区域经济社会发展总体规划范畴。同时根据我区省道网布局规划，科学编制县级农村公路路网布局规划，确保农村公路网结构科学、规模合理、衔接顺畅，统筹建设、管理、养护和运营工作，与国民经济和社会发展规划、国土空间规划（含村庄规划）、综合交通运输规划等有效衔接，规划内容应当包含资金筹措情况。县级人民政府根据规划，逐年推进实施。各地级市人民政府要指导做好县级“四好农村路”中长期发展规划编制和审批工作。自治区交通运输厅要做好“四好农村路”中长期发展规划编制的指导和备案管理工作。

（二）加快提档升级。加强农村公路建设，推进窄路加宽、县乡道改造、贫困地区旅游路资源路产业路修建、自然村通水泥（沥青）路等工作。鼓励与农业机械生产作业的机耕道合理衔接、科学过渡。加强农村公路安保设施建设和危桥改造力度，提升农村公路安全保障能力。县级交通运输主管部门要联合公安、应急管理等相关部门对农村公路安保设施建设进行全面验收，地级市交通运输、公安、应急管理等部门要联合组织开展验收抽查工作。

到 2022 年，全区农村公路等级路率为 100%，基本完成县、乡道和通行客车线路村道的安全隐患治理，确保农村客运线路上的危桥发现一座、改造一座。到 2025 年，全区农村公路路网结构明显优化，三级及以上技术等级公路占比明显提升，新改建农村公路一次交工验收合格率达到 100%。

（三）提升建设品质。加强农村公路建设质量管理，以优质耐久、安全舒适、经济环保、社会认可为目标，打造品质工程。提升工程设计水平，因地制宜确定建设标准。鼓励整合旧路资源，推动资源循环利用，鼓励推行标准化施工。实行质量责任终身制、安全生产责任制。加强建设市场监管，健全自治区、地级市、县三级工程质量安全监督机制，保障质量监督检测能力和条件，加强施工质量安全标准化建设，确保建设质量安全。严格执行基本建设程序，实行项目法人制、招投标制、合同管理制和工程监理制。建立健全信用评价制度，构建以质量为核心的信用评价机制。落实农村公路建设项目“七公开”制度和安全设施“三同时”制度。

到 2025 年，农村公路工程质量耐久性、抗灾能力得到显著增强，安全保障水平进一步提升，群众安全感、获得感、幸福感进一步增强。

（四）完善管理体制。大力提升农村公路治理能力，建立完善“自治区、地级市统筹和指导监督，县级负责，乡村齐抓，社会参与”的农村公路管理体系。自治区党委编办、发展改革委、公安厅、财政厅、自然资源厅、生态环境厅、住房城乡建设厅、交通运输厅、水利厅、农业农村厅、文化和旅游厅、应急厅、扶贫办、供销社、宁夏邮政管理局等有关部门加强本行业涉及“四好农村路”工作的统筹指导、政策支持，对市、县级人民政府进行目标管理和绩效考核。地级市人民政府要发挥好承上启下作用，完善支持政策，加强指导、监督和考核，不断提高农村公路治理能力和水平。

按照“县道县管、乡村道乡村管”的原则，县级人民政府要建立县级有关部门、乡级人民政府的农村公路管理权力和责任清单。全面推行农村公路“路长制”。乡级人民政府要根据辖区内农村公路等级、数量和任务轻重等实际情况，建立乡村道路专职管理员制度，乡村道路专职管理员在各级路长和路长办公室的指导、监督下，具体负责乡、村道的日常路况巡查、隐患排查、信息上报，参与管养单位监督考核、管理。加强制度建设、资金保障、监督指导，落实乡镇农村公路管理和建制村村道管理议事机制。进一步加强农村公路秩序管控，县、乡级人民政府要加强对沿路居民出行安全的宣传教育，强化居民安全意识，营造出行安全环境。县级公安部门要指导乡镇人民政府，加强路面管控，依法查纠酒驾、非法载人等违法违规驾驶行为，防范道路交通事故。

到 2022 年，全区农村公路"路长制"全面建立，以公共财政投入为主的资金保障机制全面建立，县、乡农村公路管理养护责任落实率达到 100%，农村公路管理机构运行经费及人员支出纳入政府预算安排的比例达到 100%，爱路护路的乡规民约、村规民约制定率达到 100%。

（五）强化执法监督管理。各市、县（区）人民政府要建立健全"政府负责、部门执法、群众参与、综合治理"的管理体系，深化交通运输综合执法，建立健全县级综合执法队伍，完善农村公路保护设施，在农村公路的出入口设置必要的限高、限宽设施，建立农村公路治超站点，及时依法查处违法超限运输及其他各类破坏、损坏农村公路及公路设施等行为。县级人民政府要结合自治区农村人居环境综合整治工作、美丽乡村建设，大力整治农村公路路域环境，具备条件的农村公路全部实现路田分家、路宅分家、绿化全覆盖，全面清理路域范围内的杂物和非公路标志，打造"畅安舒美"的农村交通环境。

到 2022 年，农村公路法规规章制度基本健全，建立"县有路政员、乡有监管员、村有护路员"的路产路权保护队伍。

（六）全面加强养护。自治区交通运输厅要会同有关部门建立健全养护工作制度，建立县级农村公路养护考核评价机制，在县（市、区）检测评定农村公路路况的基础上，自治区每年抽检一定比例的农村公路，将检测评定结果作为农村公路养护年度考核评分的主要依据，将各县（市、区）的考核结果进行通报，并与自治区级农村公路养护补助资金挂钩，奖优罚劣。加强预防性养护工作，防止出现"油返砂""畅返不畅"，提升全区农村公路管理养护信息化水平，逐步构建农村公路智能化管理系统平台。县级人民政府要建立健全"县为主体、行业指导、部门协作、社会参与"的养护工作机制，逐步建立以技术状况为依据的养护资金预算申请机制和决策机制，逐步实现养护规范化、专业化、机械化、市场化。落实"县道县管、乡村道乡村管"，加强乡级人民政府管养能力建设，明确相关负责人和工作人员具体负责乡村道养护工作。

到 2022 年，全区农村公路养护资金纳入财政预算比例达到 100%，农村公路列养率达到 100%，年均养护工程实施比例不低于 5%；到 2025 年，优良中等路率达 80%以上。

（七）全力推进城乡客运一体化。进一步推进农村客运转型升级发展，提升城乡公共交通服务水平，分步实施交通运输客运一体化示范县创建。各县（市、区）要建立健全农村客运发展长效机制，落实农村客运线路通行条件联合审核制度，并建立农村运输安全运营协调监管机制，保障运营安全。加快"两客"智能监管平台建设，逐步覆盖农村客运车辆，提升农村客运安全管理水平。在城镇化水平较高地区推进农村客运公交化，鼓励有条件的地区发展镇村公交。

到 2025 年，城乡道路客运一体化格局基本形成，所有县（市、区）城乡道路客运一体化发展达 AAAA 级以上（含）水平。

（八）发展农村现代物流。推进县、乡、村三级物流网络节点和信息系统建设，打造"互联网＋农村物流"工程，鼓励多站合一、资源共享。探索利用农村客运车辆运转、村民委员会代收代投等方式解决邮件、快件"最后一百米"难题，全面提升农村物流网络覆盖率和综合服务能力。

到 2022 年，通过邮政、快递渠道基本实现建制村电商配送服务全覆盖。到 2025 年，县、乡、村三级农村物流网络体系基本建成。

（九）加强示范创建。按照"好中选好、优中选优"和"经验突出、可推广、可复制"的原则，持续组织开展全国"四好农村路"示范县创建活动。对于获评国家级示范县的，在国家奖补的基础上，自治区再配套补助 1000 万元，地级市再配套补助不得低于 500 万元并足额落实到位。补助资金全部用于农村公路建设、养护工程、安全生命防护工程及危桥改造工程等，并在农村公路自治区级（建设和养护）补助方面给予倾斜。对不履行政府承诺，示范引领不突出，工作开展不力或出现重大安全生产和质量事故的示范县，建议由原命名单位取消示范资格。

结合美丽乡村建设，积极开展“美丽农村路”建设，对确定为自治区“美丽农村路”的农村公路，在执行已有养护资金补助基础上，进行专项奖补支持，县道每年每公里10000元、乡村道每年每公里5000元，专项用于“美丽农村路”的日常养护，周期为3年。

三、保障措施

（一）加强组织领导，落实工作责任。自治区人民政府成立由分管副主席任组长，自治区党委编办、发展改革委、公安厅、财政厅、自然资源厅、生态环境厅、住房城乡建设厅、交通运输厅、水利厅、农业农村厅、文化和旅游厅、应急厅、扶贫办、供销社、宁夏邮政管理局等部门负责人为成员的“四好农村路”建设领导小组。领导小组办公室设在自治区交通运输厅，负责日常协调、部门衔接工作，承担规划指导、技术标准规范和管理办法制定、工程质量监督以及年度考评职责。各市、县（区）人民政府也要成立相应领导机构，并将“四好农村路”建设纳入“三农”工作统筹谋划，充分发挥职能部门的积极性、创造性，抓好相关工作。县级党委或政府主要负责同志是本行政区域农村公路总负责人，负责建立健全农村公路责任制，指导、监督相关部门履职尽责。

（二）加强资金保障，强化资金监管。根据财政事权和支出责任划分，建立健全以公共财政分级投入为主、多渠道筹措为辅的农村公路资金筹措机制，建立与物价增长、公路里程和财政收入增加等因素相适应的养护管理资金投入增长机制。

农村公路建管养运属于地级市、县级财政事权，自治区人民政府根据不同时期发展目标给予不低于20%的资金补助。地级市人民政府要加大对农村公路建管养运资金的支持力度。县级人民政府为农村公路工作的责任主体，要将农村公路建设、养护、管理等所需经费纳入本级财政预算。要加大筹资力度，整合涉农资金用于农村公路发展。发挥好“一事一议”在农村公路发展中的作用，鼓励企业、单位、社会团体和个人捐款，以及利用农村公路冠名权、广告权、路域资源开发权、绿化经营权等多种方式筹集社会资金用于农村公路发展。

市县公共财政预算资金足额投入农村公路工作，确保及时足额拨付到位。严格执行“专款、专账、专用”的原则，提高资金使用效益，全区各级财政和交通运输主管部门要加强资金使用监管，审计部门应加强农村公路资金到位与使用情况的审计。鼓励委托第三方专业机构进行审计和监督。县、乡级人民政府应将农村公路资金使用情况对社会公开，村委会应将村道资金使用情况张榜公示，接受社会和群众监督。

（三）完善规章制度，加强监督考核。各市、县（区）人民政府和各有关部门要根据职责制定相关办法和标准，逐步完善规章制度。健全自治区、地级市、县、乡四级农村公路工作巡查制度，重点对责任落实、质量安全、工作进度、资金到位等情况进行检查指导，及时发现和解决存在的问题。地级市、县级要加强农村公路建设、养护、运营市场监管，加强对农村公路从业单位和人员的信用评价，实施守信联合激励和失信联合惩戒，并将信用记录按照国家有关规定纳入自治区信用信息共享平台，依法向社会公开，并与农村公路建设、养护等工作挂钩。

推动将“四好农村路”高质量发展纳入自治区党委农村工作领导小组对各市、县（区）的目标管理考核体系，将考核结果与财政补助资金挂钩，并进行专项奖励。对工作推进情况好的，分川区、山区，由自治区人民政府分别对前三名给予500万、300万、100万专项奖励，奖励资金继续用于推动“四好农村路”高质量发展，不得用于弥补办公经费不足和发放职工奖金、福利等。对工作推进情况差的，实行约谈、责令整改、扣减补贴等措施，充分发挥激励考核“指挥棒”效应。

424. 新疆维吾尔自治区实施《中华人民共和国公路法》办法

（2001 年 9 月 28 日新疆维吾尔自治区第九届人民代表大会常务委员会第二十四次会议通过）

第一章　总　　则

第一条　为实施《中华人民共和国公路法》（以下简称《公路法》），结合自治区实际，制定本办法。

第二条　在自治区境内从事公路规划、建设、养护、经营、使用和管理的单位和个人，必须遵守本办法。

本办法所称公路包括自治区境内的国道、省道、县道、乡道、专用公路及公路桥梁、公路隧道和公路渡口。

第三条　自治区交通主管部门主管全区公路工作。

自治区公路管理机构及其派出机构负责全区国道、省道以及由公路管理机构负责养护、管理的专用公路的建设、养护和管理工作。

州（地）、市、县（市）交通主管部门负责辖区内县道、乡道的建设、养护实施工作。

交通主管部门对农牧场、石油、厂矿、林业、水利等单位的专用公路的规划、建设、管理工作进行指导。

第四条　新疆生产建设兵团交通管理机构负责建设、养护和管理的公路，服从自治区和当地政府的统一规划，业务上接受自治区交通主管部门的指导和监督。

第五条　自治区鼓励、引导国内外经济组织或个人依法投资建设、经营公路。

自治区对投资建设、经营公路的经济组织或个人给予扶持和帮助，依法保护其合法权益。

自治区在公路规划、投资建设、养护管理以及人才培养等方面对边远和贫困地区给予扶持和帮助。

第二章　公 路 建 设

第六条　自治区交通主管部门依法对全区公路建设活动实施监督管理，维护公路建设秩序，规范公路建设行为。

州（地）、市、县（市）交通主管部门对本辖区管理权限范围内的公路建设活动实施管理。

第七条　公路建设资金通过下列方式筹集：

（一）国家对重点公路项目进行投资和各级人民政府财政拨款；

（二）依照法律、法规征集资金；

（三）国内外金融机构和外国政府贷款；

（四）国内外经济组织以合作、合资、独资等方式投资公路建设；

（五）以 BOT（建设—经营—转让）方式筹集资金；

（六）开发经营公路的公司依法以发行股票、公司债券等方式筹集资金；

（七）国家、自治区规定的其他方式。

公路建设资金必须专款专用，不得挪用。

第八条　公路建设项目设计与施工应尽可能避免对生态环境和人文景观造成破坏，实行文明施工。公路施工造成公路两侧地表毁坏的，建设、施工单位应负责平整恢复。

第九条 公路建设项目应按照国家有关规定执行项目法人负责制、招标投标制、工程监理制，加强质量监督管理、合同管理。

第十条 公路建设项目的勘察设计、施工、监理和重要设备、材料的采购均应依法招标投标。

承担公路建设项目的勘察、设计、施工、监理和咨询单位的资质认证和资信登记，依照国务院有关部门的有关规定办理。

公路建设单位应与项目中标单位分别签订合同。

第十一条 公路建设项目实行质量终身负责制和保修制度。缺陷责任期不低于1年。

缺陷责任期内发现公路有施工质量问题，施工单位应当先行维修、返工；施工单位在规定期限内不予维修、返工的，由建设单位组织维修、返工，维修、返工所需费用由施工单位承担。

缺陷责任期以外、设计使用年限以内出现的影响交通安全和畅通的重大质量问题，经交通主管部门组织鉴定，确属建设管理、设计、监理、施工所致的，有关单位应当承担相应的责任。

第十二条 公路建设应不占或少占耕地。

确需占用耕地的免征耕地占用税，但应当依法办理有关用地手续。

第十三条 各级人民政府应当根据上一级人民政府公路建设统一规划做好本辖区内的公路建设规划工作。计划、交通、土地等有关部门在审查、审批公路建设项目时，应当简化办事手续，提高办理效率。

第十四条 维修、改建、扩建公路阻断交通时，建设、施工单位应当先行在绕行路段设置标志；没有绕行路线的，应当按照公路建设规范修建便道并负责维护，便道不应过长，保证车辆和行人安全、顺利通行，任何单位或个人不得在绕行路段设卡收费。公路管理机构、建设单位应当加强监督和管理。公路工程完成或分段完成后，要及时恢复通行。

第十五条 公路建设项目立项时，应当确定公路的命名和编号。

公路建设项目竣工后，公路建设单位应当组织设计、施工、监理、养护等单位，按照国家规定进行验收。

建成的公路，应当设置准确、齐全、明显的标志、标线。

第十六条 公路两侧宜林宜草地带的绿化工作，由公路管理机构按照公路工程技术标准组织实施。当地人民政府应当给予支持和配合。

公路绿化实行谁投资、谁所有、谁收益的原则。

第三章 公路养护

第十七条 公路养护应当坚持提高质量、注重效率、合理使用资金的原则，逐步实行养护社会化、市场化。

公路养护应当实行公路养护管理和养护作业分离制度；养护作业应当采用招标投标方式。

第十八条 公路养护作业单位应当按照国家和自治区交通主管部门规定的技术规范和操作规程对公路及其附属设施进行养护。

本办法所称公路附属设施，包括公路的防护、排水、绿化、电力、照明、养护、管理、服务、交通安全、监控、通信、收费等设施、设备以及专用建筑物、构筑物等。

第十九条 公路养护单位应当按照养护作业划分做好收费公路的养护和沿线原有公路的养护，确保收费公路和原有公路的等级标准。

第二十条 依法征集的公路养护资金，应当专项用于公路的小修保养、中修、大修、绿化、改建工程以及公路管理等，不得挪用。

第二十一条 公路的大、中修及改建工程，应当按照本办法第九条、第十条的规定执行。

第二十二条 公路管理机构和州（地）、市、县（市）交通主管部门应当按照公路养护技术规范，定期对所管辖的公路、桥梁进行检查。对经检测荷载达不到原标准的，应当及时设置限载标志，并采取有效措施进行加固和维修。

第二十三条 公路养护作业应当在依法划定的公路料场内取土、挖砂、采石、取水。县、乡（镇）人民政府应当给予支持和协助。

公路养护作业取土、挖砂、采石、取水时应当注重保护植被，不得任意扩大采取范围，并对废弃的公路养护料场采取水土保持措施。

第二十四条 公路养护需要封闭路段或因自然灾害造成公路部分损坏影响车辆正常通行时，公路管理机构应及时通报当地公安交通管理机关，并应及时发布公告或设置安全标志，标明绕行路线，采取疏导措施，保证车辆和行人通行。

第四章 路政管理

第二十五条 自治区公路管理机构及其派出机构负责国道、省道、专用公路、县道、乡道的路政管理工作，兵团交通管理机构负责兵团养护、管理的公路的路政管理工作，业务上接受自治区交通主管部门及公路管理机构的领导。

交通主管部门、公路管理机构应当依法对已立项即将开工和正在建设的公路项目实施路政管理。

第二十六条 公路两侧建筑控制区的划定，依照国务院的规定，以公路边沟外缘起（无边沟的以坡角外 3.5 米）最小间距应符合下列规定：

（一）国道不少于 20 米；

（二）省道、专用公路不少于 15 米；

（三）县道、乡道不少于 10 米；

（四）高速公路和一级公路隔离栅外侧不少于 50 米，立交桥外侧控制点连线以外不少于 100 米。

第二十七条 规划和新建村镇、居民区、开发区，其边缘应与国道、省道边沟外缘保持不少于 100 米的距离，并应避免在公路两侧对应建设，防止造成公路街道化，影响公路的运行安全和畅通。

第二十八条 在建筑控制区内禁止修建建筑物和构筑物。在建筑控制区内埋设、架设管线、光缆、电缆等设施，事先应经过交通主管部门、公路管理机构批准。

本办法实施前的建筑控制区管理，按照国务院《公路管理条例》的规定执行，建筑控制区内原有的合法永久性建筑物和构筑物不得改建、扩建、翻建；根据公路建设或安全通行的需要必须拆除的，应当按照有关法律法规的规定给予补偿。

本办法实施后建筑控制区的管理，按照本办法的规定执行。

第二十九条 公路两侧建筑控制区内，大中型公路桥梁周围 200 米、公路隧道上方和洞口外 100 米范围内，不得进行挖砂、采石、取土、采矿、倾倒废弃物、爆破及其他危及公路安全的活动。

第三十条 任何单位和个人不得在公路上及公路用地范围内摆摊设点、堆放物品、打场晒粮、倾倒垃圾、冰雪、设置障碍、挖沟引水、放牧牲畜、利用公路边沟灌溉农田、排放污物或者进行其他损坏、污染公路和影响公路畅通的活动。

在公路上行驶车辆，不得抛弃、散落物品，不得滴漏、流淌液体或拖刮路面。车辆因故障等原因需在公路上停放的，应按规定设置警示标志。禁止以摆放石块、木料等障碍物方式设置警示标志。

第三十一条 公路管理机构应当及时清理公路，检查公路标志、标线是否齐全、明显，保证公路畅通和行车安全。

第三十二条 公路上发生交通事故造成公路及其附属设施损坏时，公安交通管理机关应当及时通知公路管理机构。交通事故责任者应当按照其应负责任，承担相应的公路路产赔偿责任。

因重大灾害或特大交通事故造成交通受阻的，公路管理机构应当通知公安交通管理机关，并可以对部分路段实行限时关闭。需全路限时关闭时，应报告自治区交通主管部门和通知公安交通管理机关并发布通告。

第三十三条 公路路政稽查车辆应设置统一、明显的标志和示警灯。遇有抢险、清障、交通事故等紧急情况时，稽查车辆在不影响过往车辆通行的前提下，其行驶的路线和方向可以不受公路标志、标线限制。

路政稽查人员执行公务时，应统一着装、佩带标志、持证上岗。

第五章 收费公路

第三十四条 经自治区人民政府批准，可以在符合国家规定要求的收费公路上设置车辆通行收费站。

设置收费站应统筹规划、合理布局、总量控制、规范建设，符合国家有关规定。收费站的设置间距应当不少于国家规定的距离。

第三十五条 收费公路车辆通行费收费标准和收费期限，由公路收费单位提出方案报自治区交通主管部门会同物价主管部门审查批准后执行。收费公路收费标准的确定，应当同自治区经济发展水平和人民群众的承受能力相适应。需调整收费标准或延长收费期限的，应当报经原审批机关批准。收费单位不得擅自变更收费标准或延长收费期限。

利用贷款改造原有公路、提高等级标准达到收费要求的，其收费标准应低于高等级公路的收费标准，收费站间距设置应大于高等级公路的收费站间距。

经营性收费公路应当依法纳税。

第三十六条 公路收费站应当根据交通量变化调整收费通道，确保车辆快速通过。禁止车辆逃费、冲卡、拒缴通行费。

收费公路的管理者和经营者应当保障收费公路经常处于安全、畅通状态。

第三十七条 公路收费站应在明显位置公布收费审批部门、收费年限、收费标准、收费单位和监督电话，并应使用自治区财政主管部门或税务部门统一印制的车辆通行费票据。

第三十八条 修建高速公路应尽可能不占用原有的国道，确需占用的，应当设置辅道，以便于农用车辆及其他车辆和行人通行。在人口密集地区修建高速公路，还应当合理设置保障行人横向通过的设施，在适宜地点修建生活卫生服务设施。

第六章 法律责任

第三十九条 违反本办法第二十八条第一款规定的，责令限期拆除，可处以 3 万元以下罚款；逾期不拆除的，由公路管理机构负责拆除，有关费用由建筑者、构筑者承担；违反第二款、第三款规定，改建、扩建、翻建公路建筑控制区内建筑物、构筑物的，可处以 1 万元以下罚款。

第四十条 违反本办法第二十九条规定的，责令停止违法行为，可处以 2 万元以下罚款。

第四十一条 违反本办法第三十条第一款规定的，可处以 2000 元以下罚款；违反第二款规定，抛弃、散落物品、滴漏、流淌液体、拖刮路面或者摆放石块、木料等障碍物，尚未对公路造成损害或不足以影响交通安全的，责令予以清除；造成公路损害或足以影响交通安全的，除依法赔偿路产损失外，可处以 3000 元以下罚款。

第四十二条 违反本办法第十条、第二十一条、第二十三条规定的，依照《招标投标法》、《合同法》、《森林法》等法律、法规的规定予以处罚。

第四十三条 违反本办法第三十六条规定，拒缴、逃缴公路车辆通行费的，责令其补交全程通行费，并处以 1000 元以下罚款。

第四十四条 对公路造成较大损害的车辆，以及抗拒检查的，公路路政稽查人员可以责令立即停车，并到指定的停车点停放车辆；对运输危险品、贵重或鲜活易腐物品不宜停驶的车辆，可暂扣其道路运输证、登记其驾驶证号码和车辆号码并通知车籍所在地运政部门，责令其限期到指定的公路管理机构接受处理。停驶车辆或暂扣道路运输证的单位或个人接受处理后，公路管理机构应当立即退还停驶的车辆或暂扣的道路运输证。

公路管理机构应当对停驶的车辆状况进行登记并妥善保管，除不可抗力外，造成车辆及随车物品损坏、遗失的，应当予以赔偿。

第四十五条 交通主管部门、公路管理机构及其他工作人员违反本办法有下列情形之一的，由所在单位或上级主管部门给予行政处分；造成损失的，应当予以赔偿；构成犯罪的，依法追究其刑事责任：

（一）滥用职权、徇私舞弊的；

（二）以权谋私、索贿受贿的；

（三）玩忽职守、严重失职的；

（四）非法拦截车辆的；

（五）违反规定收费、处罚的；

（六）侵犯公路运输经营者人身、财产权利的。

第四十六条 公路管理机构未按照本办法第三十一条规定及时清理公路障碍物或者因收费公路标志标线不全、不清造成车辆和行人损害的，应当依法承担赔偿责任。

第四十七条 违反本办法应当受到处罚的其他行为，依照《公路法》及有关法律法规的规定进行处罚。

第七章　附　　则

第四十八条 本办法自2001年12月1日起施行。

425. 新疆维吾尔自治区农村公路管理办法

（2012 年 12 月 19 日　新疆维吾尔自治区人民政府令第 181 号）

第一章　总　　则

第一条　为了加强农村公路的建设、养护和管理工作，保障农村公路安全畅通，促进农村经济社会发展，根据《中华人民共和国公路法》和有关法律、法规，结合自治区实际，制定本办法。

第二条　自治区行政区域内农村公路的规划、建设、质量监督、管理和养护，适用本办法。

本办法所称农村公路，包括县道、乡道、村道及其附属的桥梁、隧道和渡口。

第三条　农村公路建设、养护和管理所需资金投入采取州、市（地）、县（市）筹措，国家和自治区补助，社会多元化投资，农民自愿投工投劳相结合的方式。

农村公路发展应当坚持因地制宜、经济实用、保护环境和建设、管理与养护并重的原则。

第四条　各级人民政府应当加强农村公路工作的领导，采取有效措施，扶持和促进农村公路发展。

县级人民政府负责组织、协调有关部门实施本行政区域内农村公路规划、建设、质量监督、养护和管理工作。乡（镇）人民政府按照县级人民政府确定的职责，负责农村公路的相关管理工作。

第五条　县（市）以上交通运输主管部门负责本行政区域内农村公路管理工作。县（市）交通运输主管部门所属的农村公路管理机构负责农村公路的养护和路政管理工作。

发展和改革、财政、国土资源、公安、环境保护、建设等有关部门在各自法定职责范围内，履行相关的农村公路管理工作职责。

第六条　农村公路受法律保护。任何单位和个人不得破坏、损坏或者非法占用农村公路、公路用地和公路附属设施。

任何单位和个人都有保护农村公路、公路用地及公路附属设施的义务；都有权制止、检举和控告破坏、损坏或者非法占用农村公路、公路用地和公路附属设施的违法行为。

第七条　禁止任何单位和个人在农村公路上非法设卡、收费。

第二章　规划与建设

第八条　农村公路规划应当结合社会主义新农村建设，根据国民经济和社会发展规划、土地利用总体规划以及人民群众生产生活、农业生态环境的实际编制，符合国家和自治区农村发展目标，与国道、省道发展规划和其他方式的交通运输发展规划相协调，并与城乡规划相衔接。

农村公路渡口和客货运点、停车港湾等设施应当与农村公路统一规划、统筹建设。

第九条　县道规划由县（市）交通运输主管部门会同有关部门编制，经本级人民政府审定后，报上一级人民政府批准实施，并向自治区交通运输主管部门备案。

乡道、村道规划由县（市）交通运输主管部门会同乡、民族乡、镇人民政府编制，报县级人民政府批准实施，并向上级交通运输主管部门备案。

经批准的农村公路规划需要修改的，应当经原批准机关批准，并向原备案机关备案。

第十条　县道、乡道的命名和编号由自治区交通运输主管部门按照国家和自治区有关规定确定。

村道的命名和编号由州、市（地）交通运输主管部门按照自治区交通运输主管部门有关规定确定。

第十一条 县道和乡道一般应当按照等级公路建设标准建设；村道的建设标准应当根据当地实际需要和经济条件确定。

县道、乡道、村道均应当按照国家有关标准设置交通标志、标线、防护等安全设施。

第十二条 州、市（地）交通运输主管部门负责编制农村公路年度建设计划建议，经本级人民政府同意后，报自治区交通运输主管部门；自治区交通运输主管部门应当会同发展和改革、财政等有关部门根据全区农村公路发展需求以及建设资金性质、来源，批准下达农村公路年度建设计划。

第十三条 农村公路建设项目应当由具有相应资质的设计单位按照国家和自治区有关规定进行设计。

农村公路建设项目设计，由县（市）以上交通运输主管部门按照管理权限审批。

第十四条 农村公路建设项目依法实行项目法人负责制度、招标投标制度、施工许可制度、工程监理制度、合同管理制度和工程质量责任追究制度。

第十五条 自治区交通运输主管部门负责履行农村公路质量监督工作的指导职责，具体工作由其所属的农村公路质量监督机构实施。

州、市（地）、县（市）交通运输主管部门应当建立农村公路建设质量管理体系，其所属的农村公路质量监督机构应当加强对农村公路建设质量的技术指导和监督检查。未设立农村公路质量监督机构的，由交通运输主管部门委托公路管理机构实施农村公路质量管理。

第十六条 农村公路建设项目施工现场应当设立质量责任公告牌，公告有关责任单位、责任人、主要质量控制指标和质量举报电话。

农村公路建设项目实行质量缺陷责任期和质量保证金制度。质量缺陷责任期不低于竣工验收后一年。

第十七条 农村公路建成后，应当按照国家和自治区有关规定进行交工、竣工验收；竣工验收合格后方可交付使用。

第十八条 农村公路建设单位应当按照档案管理有关规定，收集、整理、保存工程资料，建立工程档案，并在竣工验收合格后移交县（市）农村公路管理机构。

第三章 养护管理

第十九条 县（市）交通运输主管部门应当根据农村公路养护类别和公路技术状况，编制农村公路年度养护计划建议，报州、市（地）交通运输主管部门批准后实施。

第二十条 县道的日常养护由县（市）农村公路管理机构组织实施；乡道、村道的日常养护由乡（镇）人民政府组织实施，县（市）农村公路管理机构应当进行技术指导和检查。

第二十一条 农村公路养护应当遵守技术规范和操作规程，做到路基稳定，路面平整，路肩、边坡平顺，有关设施完好，保证公路处于良好的技术状态。

第二十二条 农村公路养护工程按照工程性质、规模、技术难易程度划分为小修保养、中修、大修三类。

农村公路养护工程应当依法进行公开招标，择优选择专业化施工单位，并实行工程监理制度和质量保修制度，保修期限不少于一年。

鼓励农村公路沿线单位出资或者农民投工投劳实施乡道、村道小修保养。

第二十三条 县（市）农村公路管理机构和乡（镇）人民政府应当根据农村公路养护特点，建立养护安全生产管理制度，督促养护作业单位和养护人员严格执行养护作业安全操作规程。

第二十四条 实施农村公路养护作业时，应当按照有关规定设置安全警示标志；养护作业人员应当穿着安全标志服；利用车辆、机械作业时，应当在车辆、机械上设置明显作业标志。

县道和乡道因养护作业需要中断交通的，应当设置绕行标志；必要时向社会公告。

第二十五条 因自然灾害等原因造成农村公路严重损坏时，县级和乡（镇）人民政府应当及时组织修复。

第二十六条 县（市）交通运输主管部门应当根据养护规范，定期组织对养护的公路、桥梁进行检查和评定；需要检测的，应当委托有资质的检测机构进行；经检测荷载等级达不到原设计标准的，养护单位应当设置明显的限载标志，并及时进行维修和加固；对严重影响通行安全的桥梁，应当采取封闭交通和绕行措施，向社会公告，并及时修复。

第二十七条 农村公路养护作业用地、砂石料场以及因养护需要挖砂、采石、取土、取水的，应当依法办理相关手续。

从事前款规定的活动，由县（市）人民政府统筹协调，乡（镇）人民政府应当给予支持和协助。

第四章 路政管理

第二十八条 农村公路两侧自公路用地外缘以外，按照县道不少于10米，乡道、村道不少于5米划定公路建筑控制区。具体范围由县（市）人民政府依法划定并公布。

第二十九条 除农村公路保护需要外，禁止在农村公路建筑控制区内新建、扩建建筑物和构筑物；需要在建筑控制区内埋设管线、电缆等设施的，应当经县（市）以上交通运输主管部门按照管理权限审批。

第三十条 任何单位和个人不得擅自占用、挖掘农村公路。

因工程建设确需占用、挖掘农村公路的，建设单位应当事先征得县（市）交通运输主管部门的同意；影响交通安全的，还应当征得同级公安机关交通管理部门的同意。占用、挖掘农村公路造成农村公路损坏或者改线的，建设单位应当按照原有技术标准予以修复、改建或者给予相应的经济补偿。

第三十一条 跨越、穿越农村公路修建桥梁、渡槽或者架设、埋设管线等设施，以及在农村公路用地范围内架设、埋设管线、电缆等设施的，应当事先经县（市）交通运输主管部门同意，影响交通安全的，还应当征得同级公安机关交通管理部门的同意。所修建、架设或者埋设的设施应当符合国家和自治区农村公路技术标准的要求，对农村公路造成损坏的，应当按照损坏程度给予补偿。

第三十二条 禁止在农村公路上实施下列行为：

（一）摆摊设点、设置集贸市场；

（二）打场晒粮、堆放物品或者设置其他障碍物；

（三）挖沟引水、漫路灌溉或者利用边沟灌溉；

（四）法律、法规、规章规定禁止实施的其他行为。

第三十三条 机动车辆不得在标明限载、限高、限宽、限长标识的农村公路超限行驶。

违反前款规定的，县（市）农村公路管理机构应当就近引导至固定超限检测站点进行处理；附近没有固定超限检测站点的，应当选择适宜卸货的地点进行卸载和处理。

第三十四条 县（市）农村公路管理机构执法人员对车辆进行超限检测时，不得收取检测费用；对接受调查处理的超限行驶车辆，不得收取停车费用。

第三十五条 县（市）农村公路管理机构应当实行路政巡查制度，及时发现、制止和纠正、依法查处各类损坏、侵占、污染、占用农村公路路产的违法行为。

第五章 资金筹措与管理

第三十六条 农村公路建设、养护、管理资金投入来源：

（一）政府安排的财政性资金；

（二）国家和自治区的专项补助；

（三）村民委员会筹集的村道建设、养护资金；

（四）社会多元化投资、捐助；

（五）利用农村公路、桥梁冠名权、路域资源开发权等方式筹集的资金；

（六）农民自愿投工投劳；

（七）法律、法规、规章规定的其他投资、投入。

第三十七条 自治区人民政府对列入自治区农村公路建设计划的建设项目安排资金给予补助，并对贫困地区予以扶持。州、市（地）、县（市）人民政府安排的建设资金应当与自治区人民政府安排的补助资金同步到位。

第三十八条 自治区人民政府结合县（市）经济发展状况，对农村公路养护给予资金补助。州、市（地）、县（市）人民政府安排的养护资金应当与自治区人民政府安排的补助资金同步到位。

第三十九条 农村公路建设、养护、管理资金应当专款专用，任何单位、个人不得截留、挤占和挪用。

第四十条 交通运输、财政、审计等部门应当依法对农村公路建设、养护、管理资金的使用情况进行监督和检查。

第六章 法律责任

第四十一条 有关行政机关违反本办法规定，有下列行为之一的，由其上级行政机关责令改正；对负有直接责任的主管人员和其他直接责任人员，由其主管机关或者监察机关给予行政处分；构成犯罪的，依法追究刑事责任：

（一）农村公路建设项目应当依法招标而未招标的；

（二）因管理失职，造成农村公路重大质量问题的；

（三）因监督不力，造成农村公路损坏的；

（四）截留、挤占、挪用农村公路建设、养护资金的；

（五）其他玩忽职守、徇私舞弊、滥用职权的行为。

第四十二条 违反本办法第十一条规定，擅自变更经批准的农村公路建设标准的，由自治区交通运输主管部门暂停批准项目所在地县（市）下一年度农村公路建设项目。

第四十三条 违反本办法第三十二条规定的，由县（市）农村公路管理机构责令改正，可以处1000元以上5000元以下的罚款。

第四十四条 违反本办法第三十三条第一款规定的，由县（市）农村公路管理机构责令改正，可以并处3万元以下罚款。

第四十五条 违反本办法规定的其他行为，应当承担法律责任的，依照有关法律、法规的规定执行。

第七章 附 则

第四十六条 本办法自2013年3月1日起施行。

426. 新疆维吾尔自治区国省干线公路养护工程管理实施办法（试行）

（新交规〔2020〕8号）

第一章　总　　则

第一条　为加强和规范自治区国省干线公路养护工程管理工作，提高养护质量和投资效益，根据《中华人民共和国公路法》《公路安全保护条例》《收费公路管理条例》《新疆维吾尔自治区实施〈中华人民共和国公路法〉办法》《公路养护工程管理办法》等规定，结合自治区公路养护工程项目管理实际，制定本办法。

第二条　本办法所规定的公路养护工程（以下简称养护工程）是指在一段时间内集中实施并按照项目进行管理的公路养护作业，不包括日常养护和公路改扩建。

第三条　本办法适用于自治区行政区域内国省干线公路（含桥梁、隧道）的养护工程管理工作。

第四条　养护工程应当遵循“决策科学、管理规范、技术先进、优质高效、绿色安全”的原则。

第五条　养护工程管理工作实行自治区交通运输厅统一领导下的监督管理机制。

（一）自治区交通运输厅负责自治区国省干线公路养护工程的行业管理，委托自治区公路管理机构具体负责对养护工程监管和指导。

（二）驻地（州、市）公路管理机构配合自治区公路管理机构对辖区内公路经营管理单位负责的养护工程管理进行日常监督。

（三）自治区公路管理机构及其驻地（州、市）公路管理机构和公路经营管理单位负责组织编制公路养护工程建议计划、项目清单和施工图设计文件；按照标准规范、有关规定及本办法要求组织实施养护工程，并接受指导和监督。

第六条　公路养护工程应按照“谁管理、谁招标、谁负责”的方式开展项目管理工作。

第七条　公路管理机构和公路经营管理单位应加大养护工程投入，确保公路保持良好技术状况。

非收费公路养护工程资金以财政保障为主，主要通过自治区财政资金安排。收费公路养护工程资金主要从车辆通行费中安排。

任何单位和个人不得截留、挤占或者挪用养护工程资金。

第八条　公路管理机构和公路经营管理单位应加强信息技术、“四新”技术在养护工程中的应用。

第二章　养护工程分类

第九条　养护工程按照养护目的和养护对象分为预防养护、修复养护、专项养护和应急养护。

第十条　预防养护是指公路整体性能良好但有轻微病害，为延缓性能过快衰减、延长使用寿命而预先采取的主动防护工程。

第十一条　修复养护是指公路出现明显病害或部分丧失服务功能，为恢复技术状况而进行的功能性、结构性修复或定期更换，包括大修、中修、小修。

第十二条　专项养护是指为恢复、保持或提升公路服务功能而集中实施的完善增设、加固改造、拆除重建、灾后恢复等工程。

第十三条　应急养护是指在突发情况下造成公路损毁、中断、产生重大安全隐患等，为较快恢复公路安全通行能力而实施的应急性抢通、保通、抢修。

第十四条 养护工程实行养护市场化机制，公路管理机构和公路经营管理单位组织实施各类养护工程所涉及的技术服务与工程施工等相关作业，依法通过工程招投标、政府采购等方式选择具备相应资格条件和技术能力的单位承担。

养护工程项目可以实行设计施工总承包招标，增强市场竞争力度，提高养护资金使用效率。

应急养护，应根据应急处置工作需求，可直接委托具备相应能力的专业队伍实施。

第十五条 养护工程应当按照前期工作、计划编制、工程设计、工程施工、工程验收等程序组织实施。应急养护除外。

第三章　前 期 工 作

第十六条 自治区公路管理机构和公路经营管理单位应按照《公路技术状况评定标准》规定的频率和指标要求，定期组织开展路基、路面、桥隧涵、沿线设施技术状况检测与评定，应采用路面自动化快速检测技术开展工作。

第十七条 公路管理机构和公路经营管理单位应结合公路技术等级、使用年限、交通量、自然环境、病害分布、养护历史、公路病害调查分析结果、安全运行状况等条件，划分养护单元，通过科学决策，编制养护需求决策分析报告。

第十八条 自治区公路管理机构和公路经营管理单位根据养护需求决策分析报告结果，建立养护工程项目库，并采取“储备一批、安排一批、实施一批”的滚动调整方式，动态更新养护工程项目库，筛选养护工程项目清单。

第十九条 公路经营管理单位编制的养护工程项目清单（应急养护除外）由自治区公路管理机构依规审核并提出意见，审核通过后，报送自治区交通运输厅。

自治区公路管理机构编制的养护工程项目清单（应急养护除外）由自治区交通运输厅进行审核、下达。

第四章　计 划 编 制

第二十条 公路管理机构或公路经营管理单位应当根据年度养护资金规模、养护管理目标、养护工程项目清单，合理编报养护工程建议计划。

第二十一条 养护工程建议计划编制应当优先安排以下项目：

（一）严重影响公众安全通行的；

（二）具有重大政治、经济意义的；

（三）路网公路技术状况监测被部省督办的；

（四）上一年度已完成施工图批复，但因特殊原因未能实施的项目，经重新勘察，施工图设计内容满足规范要求的；

（五）技术状况差、明显影响公路整体服务水平的；

（六）预防性养护项目。

第二十二条 养护工程计划应当统筹安排，避免集中养护作业造成交通拥堵，地区间养护作业做好沟通衔接。

第二十三条 公路管理机构编制养护工程计划由自治区交通运输厅审核、下达；公路经营管理单位审核、下达的养护工程计划应向自治区公路管理机构报送。

第二十四条 养护工程计划应当结合自治区有效施工期特点及时下达，确保与养护施工的最佳时间相匹配，保障工程实施效益。

第五章　工程设计

第二十五条　养护工程应加强技术方案设计，一般采用一阶段施工图设计。技术特别复杂的，可以采用技术设计和施工图设计两阶段设计。

应急养护和法定招标限额以下且技术简单的养护工程可以按照技术方案组织实施。

第二十六条　编制设计文件前，设计单位须充分听取和考虑公路管理机构和公路经营管理单位提出的意见，并收集相关涉改路段的养护历史资料；应当以专项检测或评估为依据，加强结构物承载力和旧路性能评价，强化对显性、隐性病害的诊断分析，并作为编制设计文件的依据。

第二十七条　养护工程设计文件应当符合法律、法规、公路工程设计规范标准及行业强制性标准的要求。并应当遵循以下要求：

（一）因地制宜、就地取材、循环利用、绿色环保，涉及废旧沥青路面材料回收利用的养护工程项目，应对材料回收和循环利用数量和比例予以明确说明，指标不低于交通运输部要求；

（二）针对不同病害的分布特点进行分段、分类设计，并进行方案比选；

（三）做好交通保障方案设计，降低养护工程施工对交通影响，保障运行安全；

（四）做好养护安全作业方案设计，保障养护作业安全；

（五）做好配套附属设施的设计。

第二十八条　公路经营管理单位组织编报的养护工程施工图设计文件，原则上根据管理权限自行审批并组织实施。养护工程批复文件应报送自治区公路管理机构。

自治区公路管理机构组织编报的养护工程施工图设计文件，由自治区交通运输厅组织联合审查，根据意见修改完善后，自治区交通运输厅在5个工作日内完成批复。

第二十九条　鼓励养护工程推广“四新”技术应用。对尚无相关标准可参考的，应当经过试验论证报自治区交通运输厅审查后，方可规模化使用。

第三十条　设计单位应当加强养护工程动态设计，及时跟踪公路病害发展和施工进展情况，并做好设计交底，及时解决施工中出现的设计问题。

第三十一条　自治区公路管理机构和公路经营管理单位应结合实际，制定公路养护工程设计变更实施细则。

公路管理机构根据养护工程变更审批权限进行审批，并向上级主管部门备案；经营性国省干线公路养护工程设计变更由公路经营管理单位根据管理权限进行审批，并向自治区公路管理机构报送重大设计变更批复文件。

第三十二条　设计变更应遵循“先批后干”的原则，不得未批先干，拆分变更。项目管理单位应加强养护工程设计文件前期审查，减少工程实施过程中的各类变更。

第六章　工程施工

第三十三条　养护工程施工前，公路管理机构和公路经营管理单位应当根据设计文件和相关要求，对施工单位提交的交通保障、养护安全作业方案提出审核意见，经有关部门批准后，通过媒介提前向社会公众发布施工有关信息。

第三十四条　养护工程应当明确项目法人，实行项目法人制。建立健全“政府监督、社会监理、企业自检”的质量安全管理体系，落实养护工程质量管理制度，确保养护工程质量。

第三十五条　养护工程实施应精细化管理，严格原材料进场的检验检测和施工工艺管理，严格控制关键指标，提高养护工程质量管控水平。

第三十六条　自治区公路管理机构应结合国省干线公路养护工程实施情况，组织开展专项检查。对辖区内公路经营管理单位的养护工程项目主要检查质量、安全、环保、交通保畅等措施执行情况。

第三十七条 养护工程应当加强成本控制和管理，严格按照合同的约定进行计量支付，按照有关规定及时进行财务决算。

第三十八条 公路管理机构、公路经营管理单位、施工单位、监理单位按职责分工应建立健全养护工程档案管理制度，按规定做好养护档案归集、整理和归档。项目法人应当组织对养护工程施工、监理、试验检测档案进行验收并归档，确保全过程档案资料完整、闭合。

第三十九条 养护工程应当按照审查或审批通过的设计文件进行施工。对施工中发现的设计问题，应当由施工单位书面提出设计变更申请，并按有关规定办理。

第四十条 公路管理机构和公路经营管理单位应督促施工单位严格执行环境保护的各项规定，做好料场、拌和站、施工作业现场管理；完善各项环保措施和各类设施设备，做好防尘、垃圾、排污、噪声等问题的治理。

第七章　工 程 验 收

第四十一条 养护工程验收分为交工、竣工两阶段和竣（交）工合并的一阶段验收。

自治区公路管理机构受自治区交通运输厅委托，负责全区国省干线公路养护工程交工、竣工两阶段和竣（交）工合并的一阶段验收管理工作；交工验收由项目法人负责。按照部有关规定编制工程决算，进行竣工决算。

第四十二条 建安费超过3000万元、技术难度复杂的养护工程以及新建特大、大、中桥等养护工程项目，按交工验收和竣工验收两阶段执行；其他养护工程按一阶段验收执行。

第四十三条 一阶段验收的养护工程项目一般在工程完工交付使用后6个月内完成验收；两阶段验收的养护工程项目，在工程完工后应当及时组织交工验收，一般在养护工程质量缺陷责任期满后12个月之内完成竣工验收。

养护工程质量缺陷责任期一般为6个月，最长不超过12个月。

第四十四条 养护工程通过验收前，由施工单位承担养护、应急、安全等工作，直至养护工程验收合格，办理完移交手续；验收不合格的，由施工单位返修补做。

在质量缺陷责任期内，施工单位应当履行保修义务，并对因工程质量造成的损失承担责任。

第四十五条 公路养护工程通过验收后，自治区公路管理机构或公路经营管理单位应及时向自治区交通运输厅报告；对未通过竣工验收或不申请组织竣工验收的，参照《公路工程竣（交）工验收办法》，由项目法人责令整改。

第四十六条 已通过竣（交）工验收的养护工程项目档案，应参照自治区交通运输厅有关规定整理、移交、归档。

第四十七条 公路管理机构和公路经营管理单位要建立养护工程效果评价机制，开展跟踪效果评价工作，对质量和效益进行评估，作为养护工程决策，提高投资效益和质量效益的重要依据。

第八章　监 督 管 理

第四十八条 自治区交通运输厅根据工作实际，不定期对国省干线公路养护工程监督、管理、实施等情况进行督导、抽查；自治区公路管理机构、驻地（州、市）公路管理机构应加强对养护工程的监管力度，通过综合性检查、专项检查、日常检查等方式，对存在的问题及时督促整改；对于养护工程实施中出现的重大质量、安全、进度、交通保畅等问题，由自治区公路管理机构向自治区交通运输厅报告，自治区交通运输厅依法处理。

第四十九条 自治区交通运输厅组织开展公路养护市场信用评价工作；自治区公路管理机构负责养护市场信用评价的事务性工作；公路管理机构和公路经营管理单位应加强过程管理，有效记录养护工程从业单位的违法违规及失信行为，上报自治区公路管理机构。

第九章　附　　则

第五十条　公路管理机构和公路经营管理单位应根据《公路养护工程管理办法》和本办法的规定，结合养护工程管理实际，制定公路养护工程管理实施细则。

第五十一条　本办法中所称公路管理机构指各级公路管理局；自治区公路管理机构指自治区公路管理局；驻地（州、市）公路管理机构指自治区公路管理局驻地（州、市）公路管理局。事业单位改革后，按照改革后确定的单位名称，继续由改革后的单位承担相应职责。

第五十二条　本办法由自治区交通运输厅负责解释。

第五十三条　本办法自印发之日起试行，有效期至 2022 年 8 月 30 日。

427. 新疆维吾尔自治区国省干线公路养护管理办法（试行）

（新交规〔2020〕8号）

第一章 总 则

第一条 为加强和规范自治区国省干线公路养护管理工作，根据《中华人民共和国公路法》《公路安全保护条例》《收费公路管理条例》《新疆维吾尔自治区实施〈中华人民共和国公路法〉办法》《公路养护工程管理办法》《公路养护技术规范》《公路技术状况评定标准》等规定，结合自治区实际，制定本办法。

第二条 本办法适用于自治区行政区域内国省干线公路的养护管理活动。主要内容包括：路况调查与评定、科学决策、计划管理、巡道管理、质量管理、验收管理、应急抢修、安全管理、文明施工与环境保护等。

第三条 国省干线公路养护管理工作由公路管理机构和公路经营管理单位依法负责。

第四条 国省干线公路养护管理应以公路资产全生命周期内投资效益最大化为目标，推行科学决策、预防养护和绿色养护，推广和应用新技术、新材料、新设备和新工艺。

第五条 自治区交通运输厅负责对国省干线公路养护管理工作进行行业管理，委托自治区公路管理机构进行业务指导与监管。自治区公路管理机构具体负责国省干线公路养护管理事务性和技术性工作，并承担自治区交通运输厅有关行政辅助工作；公路管理机构和公路经营管理单位按照标准规范、相关规定及本办法要求，负责所辖路段公路养护管理工作具体实施，并接受监管和指导。国省干线公路穿越各地（州、市）城区段已移交的，由接养单位按照城市道路有关规定，负责养护管理工作。

第二章 一般规定

第六条 公路管理机构和公路经营管理单位应对国省干线公路实行经常性、及时性、预防性和周期性养护，保障公路处于路面平整，路肩、边坡平顺，桥涵、隧道构造物及沿线设施完好，标志、标线齐全、规范。

第七条 公路管理机构和公路经营管理单位对公路机电系统、服务设施的运维，应当遵循“保障安全、优化服务”的原则，按照国家有关技术规范要求进行维护，及时维修和更换损坏部件，保持系统、设施处于良好的技术状态。

第八条 公路管理机构和公路经营管理单位应加强公路养护管理体系建设，建立健全并落实公路养护管理工作制度，做好养护管理人员和必要的养护设备、经费、技术保障，保持公路处于良好的技术状态和服务水平。

第九条 自治区公路管理机构应遵循信息化顶层设计、数据共享等原则，推动公路养护工作与信息技术融合发展，提升信息化应用水平；公路管理机构和公路经营管理单位应及时做好相关系统维护和信息数据的更新工作，并及时向自治区公路管理机构传送相关数据。

第十条 公路管理机构和公路经营管理单位应当建立国省干线公路养护科学决策体系，确保技术状况检测和路面自动化采集覆盖率达到100%，科学决策技术运用基本普及。

第十一条 公路管理机构和公路经营管理单位应按照有关要求，加强养护工程前期、计划、设计、施工、验收等管理工作；积极开展对盐渍土、风积沙、雨雪冻融、冻土等典型病害路段的资料收集和技术研究，为编制具有新疆地域特点的公路养护技术指南奠定基础。

第十二条　自治区国省干线公路应实行养护市场化机制，自治区交通运输厅应加强从业单位信用评价，确保养护市场健康持续发展。

第十三条　公路管理机构和公路经营管理单位应按照规定开展长大桥隧养护管理和安全运行工作；组织实施桥涵、隧道经常性检查、定期检查、特殊检查；做好桥涵、隧道日常养护和专项养护管理工作。

第十四条　公路管理机构和公路经营管理单位对被评定为四、五类的桥梁及危险隧道以及影响结构安全的情况，应当及时采取相应应急处置措施，设置警示或禁止通行的标志，同时立即报告自治区公路管理机构，报请公安机关交通管理部门进行交通管制。

第十五条　公路管理机构和公路经营管理单位应结合桥梁、隧道结构安全、运行状况和防护标准等对桥梁安全防护设施、公路隧道交通工程与附属设施、土建结构病害进行排查评估，存在安全运行风险的，制定处置方案并组织实施。

第十六条　应急抢修坚持“快速反应、先通后畅”的原则，一般灾害情况下，普通公路应急抢通应在48小时内完成，高速公路应在24小时内完成。

第十七条　国省干线公路养护文件、台账、巡查记录、检查记录、交通情况调查、路况基础数据、年度养护计划及实施管理资料应当真实、齐全、有效，并按照规定分类、归档。

第三章　路况调查与评定

第十八条　公路管理机构和公路经营管理单位应按照《公路技术状况评定标准》《公路桥梁技术状况评定标准》相关要求，组织开展管养公路的路况调查与评定工作。

第十九条　公路路况人工调查与评定工作每年组织开展两次，一般安排在每年4月份和9月份进行。其中4月份路况调查与评定是制定养护科学决策、编制年度日常养护计划和养护工程建议计划的重要依据；9月份路况调查与评定是开展年度养护效果评价工作的依据。

遭遇地震、山体滑坡等特殊情况，公路管理机构和公路经营管理单位应及时开展路况专项排查评估。

第二十条　公路管理机构和公路经营管理单位应在开展国省干线公路路况调查工作前，举办相关技术培训，制定路况调查工作计划，确保公路病害识别准确、数据真实、录入精准；并采用信息化手段对公路技术状况数据进行管理与评定；组织对公路路况调查数据进行抽检、复核。

第二十一条　公路管理机构和公路经营管理单位在进行公路技术状况评定时，桥隧涵技术状况等级宜采用当年的定期检查评定结果。

第二十二条　公路管理机构和公路经营管理单位应将公路技术状况数据及评定结果报送至自治区公路管理机构进行路况汇总分析。自治区公路管理机构根据路况评定结果、养护需求决策分析等情况，制定上报年度公路养护管理目标任务，经自治区交通运输厅同意后下达实施；同时对年度养护管理目标与实际完成公路技术评定结果进行对比，并纳入公路养护管理考核评价范畴。

第二十三条　自治区公路管理机构和公路经营管理单位每年应对国省干线公路路面开展自动化快速检测，检测结束后，公路经营管理单位应及时向自治区公路管理机构提供公路技术状况检测报告。高速、一级公路每个检测方向应至少检测一个主要行车道，二、三、四级公路的路面技术状况检测宜选择技术状况相对较差的方向进行检测。

第二十四条　路面自动化快速检测比例达到当年管养里程100%，正在实施的公路基本建设项目、公路路面养护工程或因局部点位公路设施改造导致部分路段无法正常进行检测、正在施工或还未交工验收的项目除外。

第四章　科 学 决 策

第二十五条　公路管理机构和公路经营管理单位应根据公路基础数据、技术状况数据、通行和自然环境等因素，及时开展路况现状分析、病害分布规律分析、路况衰变规律分析，编制公路养护需求决策分析报告，为制定公路中长期养护规划、年度养护计划和公路网级决策提供依据。

第二十六条　自治区公路管理机构和公路经营管理单位应在养护管理实践中，加强对国省干线公路各类数据的收集，通过运用大数据、云计算、技术合作等方式、方法进行数据分析，逐步建立适应新疆地域特点的公路路况衰变和养护决策需求分析模型。

第二十七条　公路管理机构和公路经营管理单位应结合实际，编制公路养护需求决策分析报告，内容应包括：数据统计分析、长期性能预测、养护需求分析和养护决策分析等。

第五章　计 划 编 制

第二十八条　公路管理机构和公路经营管理单位应结合公路技术状况评定结果、年度养护管理目标、公路养护需求决策分析结果及养护资金安排等情况，合理编制年度养护计划，主要由日常养护和养护工程两部分计划组成。

第二十九条　自治区公路管理机构应加强公路管理机构和公路经营管理单位日常养护计划编制的指导工作，确保计划编制满足科学规范、标准统一的要求。

第三十条　公路管理机构和公路经营管理单位应采用信息化手段，科学划分养护单元，科学统筹编制日常养护计划。

第三十一条　公路管理机构和公路经营管理单位在编制公路日常养护计划时，应充分结合养护单元路段路况分析、路况发展趋势，优化养护资金分配，提高路面和桥涵、隧道养护资金投入比例。

第三十二条　公路管理机构和公路经营管理单位将编制的日常养护计划向自治区公路管理机构报送，作为执行监管的依据；对日常养护计划按月进行分解，并在实施过程中加强内部管控。

第三十三条　公路养护工程建议计划的编报、审核和下达按照有关规定执行。其中公路养护工程建议计划编报前，应依据公路网级决策结果，进行项目级决策，初步确定拟采取养护工程技术方案，建立并更新养护工程项目库。

第六章　巡　　道

第三十四条　公路管理机构、交通运输综合行政执法机构和公路经营管理单位应加强联合巡道，做好公路日常巡道、夜间巡道和特殊巡道管理工作。加强国省干线公路路域环境综合管理，达到路域环境无违章建筑物和无违法搭接道口等“八个无”要求。

第三十五条　巡道的方式、频次和内容应符合标准、规范要求。

第三十六条　公路管理机构和公路经营管理单位应根据巡道结果，建立公路病害信息传递、处置流程，确保闭合管理。

第七章　质 量 管 理

第三十七条　公路管理机构和公路经营管理单位应以保证公路养护质量为目的，加强公路养护项目施工管理和规范养护作业流程。

第三十八条　自治区公路管理机构和公路经营管理单位应建立或完善《公路日常养护质量评定细则》，明确检查质量、方式与频次要求，应结合不同的作业类型，设置适当的自检比例；在养护作业过程中，公路管理机构和公路经营管理单位应开展养护质量自检工作，加强养护作业质量管控力度。

第八章　应 急 抢 修

第三十九条　公路管理机构和公路经营管理单位应结合实际，加强地域、部门之间协调联动机制，建立公路突发事件、自然灾害、恶劣天气综合性应急预案及各类专项应急预案，并报自治区公路管理机构备案。

第四十条　公路管理机构和公路经营管理单位应建立公路应急抢修队伍、做好应急物资储备，加强机械设备检修；入汛或入冬前，应提前对公路桥梁、沿线设施等进行全面检查。

第四十一条　发生公路交通灾毁应急事件时，公路管理机构和公路经营管理单位应迅速启动应急预案，科学制定抢险方案，组织人员、机械、物资进行抢修，做好现场安全管理工作；存在次生灾害危险的，应派专人密切观测周围环境；抢修结束后，应及时组织相关专家和人员进行总结评估。

第四十二条　因公路突发事件、自然灾害、恶劣天气等造成公路交通阻断，公路管理机构和公路经营管理单位应按照有关要求，向上级主管部门和当地人民政府报告，及时向社会公众发布路网通行信息；配合相关部门做好交通疏导及应急救援、救助等工作，并收集相关信息和影像资料。

第九章　安全管理与培训

第四十三条　公路管理机构和公路经营管理单位养护作业项目涉及长时间、大范围占道施工的，应编制专项公路养护安全作业区布设方案，向当地公安机关交通管理部门、交通运输综合行政执法机构通报；其他一般性公路养护作业应以年度为单位，编制综合性公路养护安全作业区布设方案，并抄告当地公安机关交通管理部门。

第四十四条　公路管理机构和公路经营管理单位应按照国家、行业管理部门有关规定，组织公路养护作业人员进行安全教育和养护管理业务培训；公路养护作业前，对养护作业人员进行安全技术交底。

第四十五条　公路管理机构和公路经营管理单位应按照《公路养护安全作业规程》做好安全生产和现场监管工作，安全员检查养护安全作业区布设到位，养护人员按照要求穿戴着装，方可开展公路养护作业。

第四十六条　公路管理机构和公路经营管理单位应按照规范要求，为养护作业人员配备有关安全警示标志、标识和其他辅助安全提示物品。

第四十七条　公路养护工程实施前，公路管理机构和公路经营管理单位应根据设计文件和相关要求，组织对施工单位提交的交通组织方案和养护安全作业方案进行审查，经有关部门批准后实施，并加强施工安全监管工作。

第十章　文明施工与环境保护

第四十八条　公路养护应当科学管理、精心组织、文明施工，公路管理机构和公路经营管理单位应加强管理，严禁在养护作业现场附近乱采乱挖；标识规范齐全，车辆疏导有序，确保作业路段行车安全有序。

第四十九条　公路管理机构和公路经营管理单位应督促公路养护工程施工单位加强便道管理，做好沿线扬尘防治和社会车辆疏导工作。

第五十条　公路管理机构和公路经营管理单位应按照有关环境保护要求，做好公路养护涉及区域的粉尘、噪声等治理工作。

第五十一条　公路管理机构和公路经营管理单位应加强环保材料的在公路养护中的推广与应用，

提高路面废旧材料回收和循环利用率。

第十一章 验收管理

第五十二条 公路管理机构和公路经营管理单位应建立日常养护作业项目验收制度，依据《公路日常养护质量评定细则》有关要求，组织对所辖国省干线公路进行验收。

第五十三条 公路管理机构和公路经营管理单位各自负责组织管养线路养护工程的验收工作，具体按照有关规定执行。

第十二章 监管考核

第五十四条 自治区交通运输厅或受其委托的自治区公路管理机构，根据有关规定和要求，对自治区国省干线公路养护管理和路况服务质量进行监督考核。

第五十五条 监督检查分综合性检查、专项检查和日常检查。自治区公路管理机构原则上每年对国省干线公路组织1次综合性检查，一般安排在10月进行；根据实际情况组织实施专项检查（如路况服务质量、养护工程、除雪保通、其他等）；州、市（地）公路管理机构配合自治区公路管理机构每季度进行1次日常检查。

第五十六条 公路管理机构和公路经营管理单位应根据自治区公路管理机构、州、市（地）公路管理机构检查下发的整改通知单，按照要求进行整改落实，并在限定的时间内，将整改结果报送至检查单位。

第五十七条 每年12月底，自治区公路管理机构根据年度内对公路管理机构和公路经营管理单位公路养护管理工作的检查结果进行全面汇总后，提出监督考核意见报自治区交通运输厅。

第五十八条 自治区交通运输厅根据自治区公路管理机构报送的监督考核意见进行结果运用。

第十三章 附 则

第五十九条 公路管理机构和公路经营管理单位应结合本办法和工作实际，制定公路养护管理实施细则。

第六十条 本办法中所称公路管理机构指各级公路管理局；自治区公路管理机构指自治区公路管理局；驻地（州、市）公路管理机构指自治区公路管理局驻地（州、市）公路管理局。事业单位改革后，按照改革后确定的单位名称，继续由改革后的单位承担相应职责。

第六十一条 本办法由自治区交通运输厅负责解释。

第六十二条 本办法自发布之日起试行，有效期至2022年8月30日。

428. 新疆维吾尔自治区国省干线公路管理养护运营监督考核办法（试行）

（新交规〔2020〕8号）

第一章　总　　则

第一条　为进一步加强对自治区国省干线公路管理养护运营工作的监督考核，提高国省干线公路技术状况和综合服务水平，根据《中华人民共和国公路法》《收费公路管理条例》《新疆维吾尔自治区实施〈中华人民共和国公路法〉办法》《公路养护工程管理办法》等规定，结合自治区实际，制定本办法。

第二条　本办法适用于自治区国省干线公路管理养护运营的监督考核。

第三条　国省干线公路管理养护运营监督考核方式包括：综合性检查、专项检查和日常检查。

第四条　对公路管理养护运营的监督考核，应遵循公开公正公平的原则，督促公路管理机构和公路经营管理单位提高公路管理养护运营水平。

第二章　职责划分

第五条　自治区交通运输厅负责全区国省干线公路管理养护运营的行业监督考核工作；依据监督考核意见进行结果运用。

第六条　自治区公路管理机构受自治区交通运输厅委托，拟定检查考核细则、评价标准，报自治区交通运输厅下发；组织对公路管理机构和公路经营管理单位管理养护运营工作进行监督考核，并将考核意见报自治区交通运输厅。

第七条　驻地（州、市）公路管理机构负责对辖区内公路管理机构和公路经营管理单位公路管理养护运营进行日常检查；配合自治区公路管理机构开展综合性检查和专项检查。

第八条　公路管理机构和公路经营管理单位应加强公路管理养护运营，积极配合监督考核工作，按照要求进行整改落实。

第三章　监督考核内容

第九条　公路管理机构和公路经营管理单位制度体系健全，责任明确、执行良好，符合国家、自治区有关法律法规、标准规范、规章制度的要求。

第十条　公路管理养护运营监督考核内容由公路养护规范化管理、路况服务质量和运营服务共同组成。

第十一条　公路养护规范化管理包括日常养护规范化管理和公路养护工程规范化管理：

（一）日常养护规范化管理监督考核的主要内容包括：路况调查与评定、科学决策、计划管理、巡道管理、质量管理、应急抢修、安全管理、文明施工与环境保护、验收管理和信息化系统应用等内容。

1. 路况调查与评定。路况调查频率满足《公路技术状况评定标准》要求；路况调查与评定前及时举办技术培训；公路病害识别准确、数据真实、录入精准，并进行抽检、复核；路面自动化快速检测技术应用比例达到100%，检测报告齐全；路况指标达到公路养护管理目标要求。

2. 养护决策。建立科学决策分析方法；探索和研究逐步建立公路路况衰变和养护决策需求分析模型；编制公路养护需求决策分析报告，有效指导编制年度养护计划；科学决策技术运用基本普及。

3. 计划管理。采用信息化手段进行养护单元划分，编制年度日常养护计划，预算单价编制合理；养护资金投入、配置科学；执行落实情况良好。

4. 巡道管理。公路巡查类型、频率、内容符合要求；公路巡查信息传递效果良好，病害处置及时。

5. 质量管理。建立或完善《公路日常养护质量评定细则》，检查质量、方式与频次要求明确；开展养护作业项目质量自检工作，抽检比例符合要求。

6. 应急抢修。制定公路突发事件、自然灾害、恶劣天气应急预案及各专项应急预案，按要求备案并进行演练；建立应急抢修队伍、应急物资储备充足，保持物账一致；公路交通阻断信息上报及时；交通疏导及应急救援、救助资料齐全。

7. 安全管理。组织安全教育培训；养护安全作业区制度执行良好；进行养护安全技术交底；现场养护安全作业区布设符合规范要求。

8. 文明施工与环境保护符合相关要求，公路环保材料的推广应用以及路面废旧材料的回收和循环利用率满足要求。

9. 验收管理。建立日常养护作业项目验收制度，并有效执行。

10. 信息化系统应用。公路养护工作与信息技术融合发展效果良好，应用广泛；系统数据录入全面、准确；数据审核、传输及时，能够及时升级更新。

（二）公路养护工程规范化管理监督考核的主要内容包括：

1. 养护工程相关法规、制度和标准、规范的执行情况；

2. 养护工程前期、计划、设计、招投标、施工过程管理、验收等工作规范化管理情况；

3. 养护工程进度、质量和安全管理情况；

4. 养护工程资金使用情况；

5. 能够结合实际开展对盐渍土、风积沙、雨雪冻融、冻土等典型特殊路段的养护技术研究；

6. 其他要求的相关事项。

第十二条 路况服务质量监督考核主要内容包括：

（一）国省干线总体技术状况、MQI优等路率（优良路率）、平均路面使用性能指数不低于交通运输部有关要求；

（二）路基、路面、桥隧、公路沿线设施养护质量符合规范有关要求。

第十三条 运营服务包括机电系统管理、收费管理和服务设施管理。

（一）机电系统管理具体监督考核以下内容：

1. 隧道机电设施管理情况。隧道通风、消防、监控、通信、供配电、照明和监测系统等机电设施养护要求、维护频率应符合有关规定；通风、消防设施外观整洁、无明显损坏、工作状态正常；控制设备能及时变换送风方向；消防设施标志应完好，醒目。

2. 收费机电系统管理。硬件和软件的维护质量，及各项运营指标情况；联网收费系统网络传输及状态名单下发时限满足要求；收费系统网络安全管理工作；ETC数据逾期情况。

3. 路网运行监测系统设施管理。公路交通量观测站、监控视频通信、桥隧技术状况动态监测、环境监测等系统设施布设合理、维护到位、运行良好；数据、图像等信息采集、传输、处理符合路网运行信息监测质量要求。

（二）收费管理具体监督考核以下内容：

1. 政策执行落实。遵照执行国家、自治区制定的法律法规、收费政策及管理规定，建立并落实各项收费运营管理制度，机构岗位职责等。

2. 资金结算管理。按时报送各类数据统计报表并做好通行费拆分确认、定额票补录、废票补录、确认银行交款资金等站级通行费拆分工作。并及时报送通行费实际收入，用于核对拆分数据。

3. 收费业务管理。收费站拥堵情况、文明服务情况、车道业务流程规范化情况、收费站内部稽查管理、通行介质调度管理、省部级稽查工作开展情况、投诉处理情况。

（三）服务设施管理具体监督考核以下内容：

1. 政策执行。服务设施的建设、管理、运营、服务符合国家和行业相关政策、标准、规范要求。

2. 制度管理。建立健全各类管理制度，明确岗位职责和操作规程；强化安全管理应急机制。

3. 用工管理。规范用工行为，建立员工档案，组织进行岗前和定期培训，持证上岗。

4. 服务标准。提供24小时免费公益性服务；公共卫生间设施齐全、完好；停车公共区布局合理，停车位实行划区设置；场区平整，标志标线齐全、清晰；照明设施使用良好，覆盖范围满足要求；绿化环境适宜、美观；休息区提供必要完好服务设施；提供信息查询服务；各类消防器材完好符合标准；设立监督方式公示栏；投诉渠道畅通，反馈及时；经营性服务证照齐全，明码标价，符合相关行业管理和技术标准；整体卫生环境干净整洁。

5. 其他。服务设施监管有力；定期组织品质等级评定。

第四章　监督考核方式

第十四条　自治区交通运输厅对国省干线公路管理养护运营工作不定期进行督导检查。

第十五条　自治区公路管理机构每年对国省干线公路组织1次综合性检查，一般安排在10月进行；根据实际情况组织实施专项检查（如路况服务质量、养护工程、除雪保通、其他等）；驻地（州、市）公路管理机构配合自治区公路管理机构每季度进行1次日常检查。根据工作需要，可引入第三方机构对国省干线公路管理养护运营工作进行社会公众满意度评价。

第十六条　自治区交通运输厅、自治区公路管理机构、驻地（州、市）公路管理机构随机检查发现公路养护运营过程中存在的违反安全生产管理规定、因养护不力危及行车安全等问题，有效记录责任主体后，纳入监督考核。

第十七条　公路管理机构和公路经营管理单位应加强内部监管；根据自治区交通运输厅、自治区公路管理机构、驻地（州、市）公路管理机构检查下发的整改通知单，按照要求进行整改落实，并在限定的时间内，将整改结果报送至检查单位。

第十八条　每年12月底，自治区公路管理机构全面汇总年度内对公路管理机构和公路经营管理单位的监督考核情况，形成意见上报自治区交通运输厅。

第十九条　自治区交通运输厅根据监督考核意见进行结果运用，具体包括：通报表扬、通报批评、约谈、挂牌督办等方式；对收费公路管理机构和公路经营管理单位可依法采取罚款、责令停止收费、指定其他单位进行养护等处理措施；并将养护工程施工、监理、设计咨询等纳入当年自治区交通建设项目从业单位和人员信用评价中。

第二十条　自治区交通运输厅在进行结果运用时，对监督考核中存在以下情况的，应采取挂牌督办措施：

（一）公路养护安全生产、管理存在重大以上事故隐患的；

（二）公路技术状况监测结果低于部、省挂牌督办的线路或路段指标的；

（三）国省干线公路桥梁技术状况评定为四、五类的。

第二十一条　对公路经营管理单位监督考核的有关情况，由自治区交通运输厅抄送其上级主管部门。

第五章　附　　则

第二十二条　本办法由自治区交通运输厅负责解释。

第二十三条　本办法中所称公路管理机构指各级公路管理局；自治区公路管理机构指自治区公路管理局；驻地（州、市）公路管理机构指自治区公路管理局驻地（州、市）公路管理局。事业单位改革后，按照改革后确定的单位名称，继续由改革后的单位承担相应职责。

第二十四条　本办法自印发之日起试行，有效期至2022年8月30日。